परिमल संस्कृत ग्रन्थमाला संख्या - ११३

श्रीभुवनदेवाचार्योक्ता सूत्रसन्तानगुणकीर्तिप्रकाशापरनामधेया

अपराजितपृच्छा

(बृहच्छिल्पस्थापत्यशास्त्रञ्च)

(संस्कृत मूल, 'मोहनबोधिनी' हिन्दी व्याख्या एवं श्लोकानुक्रमणिका सहित)

प्रथम भाग

(सूत्र : १-१३८ तक)

सम्पादक एवं अनुवादक

डॉ. श्रीकृष्ण 'जुगनू'

प्रो. भँवर शर्मा

परिमल पब्लिकेशन्स

दिल्ली

प्रकाशक :

परिमल पब्लिकेशन्स

२७/२८ शक्ति नगर

दिल्ली - ११०००७

दूरभाष : २३८४५४५६, ४७०१५१६८

ई-मेल : order@parimalpublication.com

ISBN : 978-81-7110-386-7 (सेट)

978-81-7110-387-4 (भाग-१)

प्रथम संस्करण : वर्ष २०११

मूल्य - १८५०.०० रुपये (भाग १-२)

मुद्रक

विशाल कौशिक प्रिंटर्स

नजदीक जी.टी.बी. हॉस्पिटल,

जगतपुरी विस्तार, दिल्ली-११००९३

Parimal Sanskrit Series No. 113

Bhuvanadevācārya's Sūtrasantānaguṇakīrtiprakāśāparanāmadheyā

APARĀJITAPṚCCHĀ

(Treatise of Housing, Architecture, Mathematics, Iconography, Music and Dance etc.)

[Along with Sanskrit Text & 'Mohanabodhinī' Hindi commentary]

Vol. I

(Sūtra : 1-138)

Translated & Edited with scholarly notes

by

Dr. Shri Krishna 'Jugnu'
Prof. Bhanwar Sharma

PARIMAL PUBLICATIONS
DELHI

Published by

PARIMAL PUBLICATIONS

Office : 27/28, Shakti Nagar, Delhi-110007 (INDIA)

Retail Outlet : 22/3, Shakti Nagar, Delhi-110007 (INDIA)

ph. : +91-11-23845456, 47015168

e-mail : order@parimalpublication.com

url : http://www.parimalpublication.com

First Edition : Year 2011

ISBN : 978-81-7110-386-7 (Set)

978-81-7110-387-4 (Vol. I)

PRICE : Rs. 1850.00 (Set of 2 Vols.)

Printed at

Vishal Kaushik Printers

Near G.T.B. Hospital, Jagat Puri Vistar, Delhi-93

अलख, आनन्द, लक्ष्मी

अध्यात्म गुरु एवं माता-पिता की स्मृति में

शिल्पशास्त्र के अनुवाद का यह पुष्प...

-भँवर शर्मा

परम श्रद्धेय पिताश्री एवं सद्गुरु

नित्यलीलालीन पण्डिततुल्य

श्रीमद् मोहनलालजी चौहान

की पुण्य स्मृति में...

-श्रीकृष्ण

उपोद्‌घात

कला किसी भी सभ्यता और संस्कृति की जीवन्त साक्ष्य होती है। मानवीय मन्तव्य और मनन के मूर्त-स्वरूप के रूप में कला ही किसी क्षेत्र की विरासत और थाती को स्वर देती प्रतीत होती है। कलारूपों ने ही किसी भूखण्ड और उसके कालखण्ड के मानकीकरण का आदर्श प्रस्तुत किया है। ज्यों-ज्यों कला में निखार आता गया, वह आदिम राहों से निकलकर लोक की पगडण्डी पर अग्रसर होती हुई अभिजनीय शास्त्रोचित राजमार्ग के निर्देशक-स्तम्भ के रूप में सम्मान प्राप्त करती चली गई। इस प्रकार हम कल्पनाओं की प्रसूती से लेकर प्रौढ़ावस्था तक की यात्रा का अवलोकन करते आए हैं। देववाद के विकास के साथ ही कलाओं के प्रवर्तनकर्ता के रूप में शिल्पदेव विश्वकर्मा का आविर्भाव कुछ ऐसे ही सोपानों से होकर सम्मान के सिंहासन तक पहुँचा है। वेदों में यह कामना की गई है कि हम सुखकर, रमणीय और ऐश्वर्ययुक्त स्थान प्राप्त करें। हमारी प्राप्तियाँ और प्राप्त होने वाले श्रेष्ठ धन-वैभव का आप रक्षण करें। हमें सदैव कल्याणकारी साधनों-उपस्करों से सुरक्षित रखें : वास्तोष्पते शग्मया संसदा ते सक्षीमहि रण्वया गातुमत्या। पाहि क्षेम उत योगे वरं नो यूयं पात स्वस्तिभिः सदा नः॥ *(ऋग्वेद 7, 54, 3)*

वैदिक काल में यद्यपि इस मान्यता के बीजों को देखा जा सकता है किन्तु उत्तरवैदिक काल में स्पष्टतः शिल्प के देवता के रूप में विश्वकर्मा सुस्थापित हुए हैं। यद्यपि कई विद्वानों ने दो-तीन विश्वकर्माओं की मान्यताओं का विचार भी दिया है किन्तु इसमें दो मत नहीं हो सकते हैं कि कलाओं के रूपों में ज्यों-ज्यों विकास हुआ, विश्वकर्मा की परम्परा को बल मिला और एक अजस्त्र धारा के रूप में यत्र-तत्र ही नहीं, सर्वत्र उनकी उपस्थिति को स्वीकारा गया। पुराणों में सर्वत्र ईश्वरीय रचनाओं के लिए विश्वकर्मा का स्मरण किया गया है, चाहे वह सूर्य को उचित स्वरूप देने का ही विचार क्यों न हो। प्रभासपुत्र के रूप में विश्वकर्मा की मत्स्यपुराणोक्त विचारधारा के मूल में ऐसा जान पड़ता है कि धातु-रत्नादि के व्यापार के लिए आने-जाने वालों ने प्रभास-सौराष्ट्र ही नहीं, मेवाड़ क्षेत्र को भी बहुत प्रतिष्ठा और समृद्धि प्रदान की और वहाँ जिस शिल्पी समुदाय की उन्नति हुई, वह विश्वकर्मा की परम्परा का पोषणकर्ता सिद्ध हुआ। यह परम्परा मौर्यकाल से ही देखने में आती है क्योंकि तब थल ही नहीं, जल स्थापत्य तक का वहाँ विकास हो चुका था। ज्यों-ज्यों इस समुदाय का महत्व बढ़ा, वह अनेक क्षेत्रों में शासकों ही

नहीं, सामन्तों और सर्वसामान्य द्वारा भी ससम्मान निमन्त्रित किया जाने लगा और ये शिल्पी अपने साथ अपनी कलाओं को ले गए। इसलिए पश्चिमी भारत में एक क्षेत्र से दूसरे क्षेत्र में 10वीं सदी तक की अनेक निर्मितियों में अद्भुत एकता का दर्शन होता है।

विक्रम की पहली सदी पूर्व सम्पादित माने जाने वाले भरतमुनि के नाट्यशास्त्र के अनेक स्थलों के गहन अवगाहन के आधार पर यह प्रतीत होता है कि जिन दिनों रत्न-धातु आदि के व्यापारियों और विक्रेताओं के लिए अगस्तिमत जैसे ग्रन्थ सम्मान्य थे, तब ही विश्वकर्मा का कोई विशाल ग्रन्थ अस्तित्व में आ चुका था और उनमें जनोपयोगी समस्त शिल्प सामग्रियों के संयोजन से लेकर निर्माण और न्यास तक की विधियों को विस्तार से वर्णन था। भरताचार्य ने उसी आधार पर नाट्यशाला सहित वास्तुकर्म की विधि को उद्धृत किया, इन्द्रध्वज सहित रत्नाभूषणों, आयुधों का निर्माण-निरूपण को अङ्गीकार किया। यह निश्चित ही पश्चिमी भारत में रचा गया था क्योंकि जितने प्रकार के भूरूपों भाषाओं, भूवासी-जातियों की भूषाओं का उसमें प्राथमिकताओं के साथ वर्णन है, वह विविधता इस क्षेत्र में प्रथमतया विद्यमान रही है। इसी आधार पर मैंने 'वास्तुतन्त्र' जिसे बाद में विश्वकर्माप्रकाश नाम दिया गया, के आद्यरूप की रचना इसी क्षेत्र में होना स्वीकारा है, गर्गसंहिता के वास्तु विषयक अध्याय और उसी आधार पर रचित 'बृहत्संहिता', 'विष्णुधर्मोत्तरपुराण', 'मत्स्यपुराण' इत्यादि भी इस विचार का पोषण करने वाले हैं। इसी क्षेत्र में 'जयपृच्छा' का प्रणयन हुआ जिसके विस्तृत रूप में 'प्रतिष्ठालक्षणसारसमुच्चय' और 'समराङ्गणसूत्रधार' का सम्पादन हुआ और इसी विषय-वस्तु के आश्रय में 12वीं सदी में अपराजितपृच्छा का प्रणयन हुआ।

यह ग्रन्थ मूलतः भारतीय शिल्पियों के उस सोच और सङ्कल्प का सजीव साक्ष्य है जबकि सोमनाथ मंदिर पर हमला हो चुका था और पश्चिम से लेकर सिन्धु-सागर सङ्गम तक के प्रदेश के अनेक शिल्पधाम आक्रान्ताओं की चपेट में आ चुके थे। मानवीय क्रूरता ही नहीं, अकाल जैसी प्राकृतिक त्रासदियों से भी तत्कालीन भारत के अनेक प्रदेश आहत हो रहे थे, नगरों की स्थिति भयावह थी अथवा पतनोन्मुखी हो चुकी थी, ऐसे में जल संरक्षण, जीर्णोद्धार जैसी आवश्यकताओं के साथ ही आस्थाओं के केन्द्र-स्थलों के शिलान्यास सहित विविध देव स्वरूपों की प्रतिष्ठा सुखद हो सकती थी। गुरु-शिष्य जैसे सम्बन्धों की स्थापना और संहार के देवता शिव का सहायक स्वरूप अभीष्ट था। शिल्पियों ने भारतीय ज्ञान-सम्पदा सहित कला के प्रत्येक स्वरूप को संरक्षित करने का सङ्कल्प

किया— अपराजितपृच्छा के सूत्र सर्वत्र यह संकेत करते चलते हैं। सोलंकी ही नहीं, गुहिल कला के विकास में इस ग्रन्थ का बड़ा योगदान रहा। गुहिल राजाओं के शिल्पी तो प्राय: इसी ग्रन्थ के निर्देशों के अनुसरणकर्ता रहे। महाराणा कुम्भा के शिल्पी मण्डन के रचनाकर्म पर इस ग्रन्थ का सर्वत्र प्रभाव परिलक्षित होता है।

इस ग्रन्थ के प्रारम्भिक अंशों को प्रकाश में लाने का कार्य 'बृहच्छिल्पशास्त्र' के प्रणेता जगन्नाथ अम्बाराम सोमपुरा, वढवाण ने 1933 ई. में किया किन्तु, श्लोक प्राय: अशुद्ध थे। इसे समग्रत: प्रकाशित करने का श्रेय गायकवाड़ ऑरियण्टल इंस्टिट्यूट, बडोदरा को जाता है। 1950 ई. में जूनागढ़ रियासत के अभियन्ता श्रीमान् पोपटभाई अम्बाशंकर मंकड़ ने दो पाण्डुलिपियों के आधार पर इसका पाठ तैयार किया। श्री मंकड़ जोधपुर-मारवाड़ में मुख्य अभियन्ता रहे और हैदराबाद में मुख्याधिकारी रहे थे। उन्हें सिविल अभियान्त्रिकी का अच्छा अनुभव था। उन्होंने बहुत धैर्य और परिश्रम के साथ इसका पाठ तैयार किया और विस्तृत भूमिका लिखी किन्तु इसके कुछ ही स्थलों को स्पष्ट कर पाए, इसका अनुवाद नहीं हुआ। इस दिशा में कोई प्रयास भी कहीं नहीं हुआ, हाँ कुछ विद्वानों ने इस पर शोधपत्र अवश्य लिखे और प्रो. लालमणि दुबे ने इसका आलोचनात्मक अध्ययन किया; विगत साठ वर्षों से विद्वज्जगत को इस ग्रन्थ के अनुवाद की प्रतीक्षा रही है। यह विडम्बना ही कही जाएगी कि भारत के अधिकांश तकनीकी ग्रन्थ प्रकाशन के बाद अनूदित नहीं हुए। ऐसा क्यों? एक दिन यह प्रश्न मैंने उदयपुर के शिल्पी परिवार में जाये-जन्मे आदरणीय प्रोफेसर श्री भँवरलालजी शर्मा से इस रूप में किया कि कई लोगों के पास प्राचीन वैज्ञानिक, तकनीकी ग्रन्थ हैं किन्तु अर्थ क्यों नहीं करते? उन्होंने सहजता से कहा कि प्रथमत: इसकी शब्दावली का लुप्त होना है और फिर यह भी कटु सच है कि ऐसे ग्रन्थों का मिलना और अपने पास होना तो गौरवस्पद समझा जाता है किन्तु अध्येता को नहीं देने की मानसिकता ने इन ग्रन्थों को ताक में ही सजाये रखा; पुस्तकालयों से ऐसे ग्रन्थ सबसे पहले गायब हुए और यहाँ तक भी हुआ कि भाई ने भाई तक को अपने ऐसे ग्रन्थ नहीं दिखाए, भले ही उन्हें बाद में दीमक ने अपना आहार बना डाला...।

इसी विचार ने हम दोनों को उद्विग्न कर दिया और संकल्प किया कि हमें ऐसे तकनीकी ग्रन्थों का अनुवाद करना चाहिए। मैं सूत्रधार मण्डन, चक्रपाणि मिश्र, सूत्रधार नाथा, सूत्रधार गोविन्द, बहुरी महाराणा आदि के कोई डेढ़ दर्जन ग्रन्थों पर कार्य कर चुका था किन्तु अपराजितपृच्छा को देखकर ही भय लगता था कि इतना बड़ा ग्रन्थ कैसे अनूदित होगा किन्तु बहुत सुनियोजित रूप से इसका अर्थ हुआ,

श्रीमान् शर्मा साहब ने बहुत मनोयोग से इसके कई सूत्रों के भाव को ग्रहण किया और मैंने इसकी विषय वस्तु सहित आधारभूत ग्रन्थों पर ध्यान दिया। उनके द्वारा अनुवाद रूप में यह प्रथम ग्रन्थ था किन्तु मुझे अनेक स्थलों के अनुवाद को लेकर भय था और जब समराङ्गणसूत्रधार का अनुवाद सम्पन्न हुआ तो आत्मविश्वास हो गया कि इसका अनुवाद ठीक हो गया है। समराङ्गण. का सम्पादन-अनुवाद करते-करते ही इस ग्रन्थानुवाद का संशोधन भी होता चला गया। इसलिए इसके प्रकाशन में भी किञ्चित विलम्ब हुआ, अन्यथा यह अनुवाद 2007 ई. में ही प्रकाशित हो जाता। मैं मानता हूँ कि भगवान् विश्वकर्मा ने ही स्वयं इस ग्रन्थ की गुत्थियों को खोला है क्योंकि अनेक स्थल ऐसे थे जो बहुत जटिल थे और प्रकाशित पाठ में अनेकत्र त्रुटियाँ थी, कई स्थलों पर प्रश्नवाचक चिह्न थे। इसे एक प्रकार से पुनर्सम्पादित किया गया है। पाठकों और विद्वानों को ऐसा सर्वत्र प्रतीत होगा, इसमें कई श्लोक नए भी जुड़े हैं जिन्होंने खण्डित पाठ की पूर्ति की है, इस सम्बन्ध में भूमिका में चर्चा की गई है और सूत्रस्थलों पर भी यथोचित पाद टिप्पणियाँ दी गई हैं।

मैं श्रीमान् शर्मा साहब का आभार मानूँ या उनको धन्यवाद दूँ, कह नहीं पा रहा हूँ। यह तो अनुग्रह ही है कि विश्वकर्मा-वंशज स्वयं इस महत् कार्य में सूत्रधार बने। मैं उनके ऋणि होने की बात कहता हूँ तो वे कहते हैं कि आपके अभियान के साथ जुड़कर मुझे अपना जीवन सार्थक होता प्रतीत हो रहा है। उनकी पहल ने इस ग्रन्थ के अनुवादोद्धार की दिशा में एक सशक्त ताल दी तो मैंने और मेरे परिवार के सदस्यों ने भी कदम बढ़ाए। अनुदित स्वरूप को मैंने उत्स ढूँढ़कर पूर्णतः शास्त्र-सम्मत स्वरूप देने के लिए जीतोड़ प्रयास किया है, मेरी कनिष्ठ पुत्री अनुकृति चौहान ने इसका मूलपाठ टंकित किया तो इसकी टिप्पणियों को खोजने का श्रम ज्येष्ठ पुत्री आयुष्मति अनुभूति चौहान और अनुज अरविन्द चौहान ने किया है। सहधर्मिणी पुष्पा चौहान भी बहुत मददगार रही, पुत्र गौरव चौहान ने भी सहयोग किया। यह एक समूह-श्रम ही कहा जाएगा। मैं परिजनों के स्नेहाधीन और श्रीमान् शर्मा साहब के अनुग्रह से अभिषिंचित हूँ।

इस क्रम में मैं बड़ौदा ऑरियण्टल इंस्टिट्यूट के निदेशक प्रो. मुकुन्दलालजी वाडेकर का भी आभार मानता हूँ कि जिन्होंने इसके अनुवाद की सदिच्छा प्रकट की और प्रोत्साहन दिया। उन्होंने इस ग्रन्थ की मातृकाओं के पृष्ठ भी उपलब्ध करवाए और यह कहा कि इस अनुवाद से इस ग्रन्थ के अध्ययन-अध्यापन और अभ्यास का कार्य आगे बढ़ेगा। मैं डूंगरपुर (राजस्थान) के वयोवृद्ध शिल्पी श्रीमान्

रघुनाथजी सोमपुरा का भी आभार मानता हूँ जिन्होंने अपने संग्रह से इसकी एक मातृका उपलब्ध करवाई। इसी प्रकार राजस्थान प्राच्य विद्या प्रतिष्ठान, जोधपुर के अधिकारियों के प्रति भी धन्यवाद, जहाँ से इसकी खण्डित मातृका मिली। मनीषी आदरणीय डॉ० महेन्द्र जी भानावत सदैव की तरह मेरे प्रेरक बने रहे, उनके प्रति आभार।

इसके प्रकाशन की पहल करने के लिए परिमल पब्लिकेशंस, दिल्ली के संस्थापक संस्कृतविद् श्रीमान् कन्हैयालालजी जोशी का स्मरण करता हूँ, जिन्होंने इसकी पाण्डुलिपि देखकर सन्तोष किया और कहा था कि इसका प्रकाशन निश्चित ही गौरवशाली कार्य होगा। वे गत दिनों नित्यलीलालीन हो गए, उन स्मृतिशेष, यशात्मकाय के प्रति मैं श्रद्धावनत हूँ...। उनके पुत्र चि. श्री परिमल जोशी ने इस कार्य को आगे बढ़ाया। वे इसका पहला संस्करण बहुत समर्पित भाव से प्रकाशित कर रहे हैं। वे धन्यवादार्ह है। इस ग्रन्थ का पाठ तैयार करने में जिन ग्रन्थों की सामग्री का सहयोग लिया और चित्रादि का उपयोग हुआ, उनके लेखकों, सम्पादकों और प्रकाशकों का आभार।

इस ग्रन्थ की जो भी अच्छाइयाँ हैं, वे आनन्द-कन्द-नन्द-नन्दन प्रभुप्रवर श्रीनाथजी की कृपा का प्रसाद है और जो त्रुटियाँ हों, वे मुझ अल्पज्ञ की हैं। मुझे आशा ही नहीं अपितु पूर्ण विश्वास है कि विद्वज्जनों के बीच इस ग्रन्थानुवाद को आदर और सम्मान मिलेगा तथा शोधजगत में इसकी विषय-वस्तु पर पुनः वैज्ञानिक शोधानुसन्धान होगा...

40 राजश्री कॉलोनी, विनायकनगर,
उदयपुर (राजस्थान)
राधाष्टमी विक्रम संवत् 2067
15 सितम्बर, 2010 ईस्वी

विदुषां वशंवद
श्रीकृष्ण 'जुगनू'

भारतीय कला ग्रन्थ और अपराजितपृच्छा

भारतीय कला के मूल ग्रन्थों में अपराजितपृच्छा का अप्रतिम स्थान माना जाता है। नाट्यशास्त्र के लिए जो विश्वकर्मीय शास्त्र द्वितीय अध्याय से लेकर कई स्थलों पर उपस्कारक रहा, उसी प्रकाशमयी परम्परा की कीर्ति-रश्मियाँ अपराजितपृच्छा तक पहुँची जिसके आधार पर मध्यकाल में विश्वकर्मीयशिल्प, ज्ञानप्रकाश दीर्पाणव, वृक्षार्णव, वास्तुसार समुच्चय, स्तम्भराज जैसे अनेक शिल्प ग्रन्थों की रचना हुई और सूत्रधार मण्डन, उसके अनुज सूत्रधार नाथा और मण्डन के पुत्र सूत्रधार गोविन्द आदि कृत लगभग दो दर्जन ग्रन्थों की रचनाएँ हुईं। भुवनदेवाचार्य कृत अपराजितपृच्छा केवल ग्रन्थ नहीं है बल्कि हजारों सूत्रधारों, शिल्पकारों के कार्य-सम्पादन का निर्देशक रहा है। इसलिए इसे शिल्पी समुदाय में गुरु-गौरव का स्थान प्राप्त है। विशेषकर, उत्तर और पश्चिमी भारत में इस ग्रन्थ के आधार पर अष्टांग वास्तु रचनाओं का न्यास-विन्यास हुआ है। सूत्रधार समुदाय में इस ग्रन्थ के पूजन-सबद के उच्चारण के बाद अपने कार्य के श्रीगणेश की परम्परा रही है, ऐसा गौरव सम्भवतः अन्य किसी शिल्प-ग्रन्थ को नहीं मिला।

ग्रन्थ का स्वरूप विशिष्टताएँ :

यह ग्रन्थ केवल वास्तु-स्थापत्य पर आधारित नहीं है बल्कि इसमें कई विषयों का वर्णन है और 12वीं सदी के समय के पश्चिम भारत में प्रचलित विभिन्न सामाजिक परम्पराओं तथा आवश्यकताओं सहित राजाज्ञाओं अथवा शासकोचित संकल्पों का भी सम्यक् विवरण प्रस्तुत करता है। अपराजित के प्रश्न पर विश्वकर्मा ने स्थल-स्थल पर ऐसे निर्देश किए हैं जो तत्कालीन समाज की आवश्यकताओं और अनुकरण योग्य प्रवृत्तियों का द्योतक है। 'शस्यावतार सूत्र' में नित्य सुकाल के ध्येय से जल की बचत के लिए गाँव-गाँव जलाशयों की श्रृंखला खड़ी करने के मूल में रचनाकार समकालीन स्थितियों का सन्दर्भ ही प्रस्तुत करता है। संयोग से यह निर्देश कालजयी हो गया है। इसके पठन-पाठन और निर्देशों को राजा-प्रजा के लिए अनुकरण योग्य बनाने के उद्देश्य की पूर्ति का ग्रन्थकार ने सूत्र-दर-सूत्र ध्यान रखा है। विषय-विवरण के पार्थक्य के परम्परित 'अध्याय' संज्ञा के विपरीत 'सूत्र' नामकरण के मूल में भी यह ध्येय लक्षित है। इसमें सूत्र वह है जो श्लोक रूपेण मुक्ताओं को पिरोये हुए है और वह सूत्र अपने-आप में गुर (टिप्स, नियम) का स्वरूप लिए हुए है। चरक ने सूत्र को गम्भीरता के साथ किसी वेद की शाखा, विद्या, ज्ञान, शास्त्र, लक्षण और तन्त्र के पर्याय और समानार्थी के रूप में स्वीकृत

किया है : तन्त्रायुर्वेदः शाखा विद्या सूत्रं ज्ञानं शास्त्रं लक्षणं तन्त्रमित्यनर्थान्तरम्॥ *(चरक. सूत्रस्थान 30, 31)* इस प्रकार इसके अर्थ-गाम्भीर्य को लक्षित किया जा सकता है।

इस ग्रन्थ में भारत में प्राचीन काल से ही चली आ रही वैज्ञानिक कलाओं का सम्यक् विवेचन मिलता है, चूँकि विश्वकर्मा ही इन कारू व चारू कलाओं के प्रवर्तक माने जाते हैं, अतः वे ही इसमें प्रवक्ता के स्वरूप में हैं। ग्रन्थ पूरी तरह उद्देश्यमूलक है और ग्रन्थकार ने इसकी संकल्पना के मूल में कलाओं के संरक्षण सहित उनके सम्पादन का विचार अपने सम्मुख रखा है। यह ग्रन्थ शास्त्रों का शास्त्र है, समकालीन समाज में जो कुछ कौतुक था अथवा जिन बातों को लेकर जन-मन में कुतूहल था, वह सब इस ग्रन्थ का प्रतिपाद्य है। यह कारू-कर्मनों का ही मैन्यूअल नहीं है, बल्कि पुराविदों के लिए पौराणिक प्रसंगों की पूर्ति का प्रकाशपुंज है; दैवज्ञों के लिए साक्षात् ज्योतिर्ज्ञान है; सूत्रधारों के लिए स्थापत्य-शास्त्र है, मूर्तिकारों के लिए प्रतिमाशास्त्र, चित्रकारों के लिए चित्रकर्मशास्त्र है; तन्त्रज्ञों के लिए तन्त्रागम हैं; पटवों-आभूषणकर्मियों के लिए प्रसाधनीय आभरण-निर्देशिका, गजपालकों और अश्वपालकों के लिए पशुपालन है; सिकलीगरों-शस्त्रकारों के लिए आयुध-ज्ञानावली और गायकों-वादकों, नट-शैलूषों के लिए गान्धर्व-ज्ञानकोश है— जो जिस ज्ञानानुशासन का पण्डित है, यह उसके पूर्णतः पठन-पाठन योग्य प्रमाण-पुस्तक है, क्योंकि सब कोई विश्वकर्मा की सन्तान है और इससे उनके गुण-कौशल में अभिवृद्धि होती है, यह उनके लिए गुणमञ्जरी है।

विषय-वस्तु के आधार पर इस ग्रन्थ में लोक-मान्यताओं सहित कई शास्त्रों का स्वरूप दिखाई देता है और उसे निम्न शीर्षकों में विभाजित किया जा सकता है—

1. पुरागमशास्त्र : ग्रन्थारम्भ में गन्धमादन पर्वत के वर्णन से लेकर अट्ठासी तपस्वियों की तपश्चर्या, विश्वकर्मा के दिव्याश्रम और उनके स्वरूप का वर्णन और सूत्रधारों के लिए ज्ञातव्य विषयों का विवरण देते हुए ग्रन्थकार ब्रह्माण्डोत्पत्ति से अपने विषयों का चयन और उनका सम्यक् परिपाक करता हुआ बढ़ता है। इस क्रम में पातालों, द्वीपों, समुद्रों, पर्वतों, ऊर्ध्वाध लोकों का वर्णन एकदम पौराणिक शैली में करता है। इसमें प्रकृति, गुण, विप्रादि वर्णों, उनके गोत्रों, संसारावतरण और लोकों सहित जम्बूद्वीप, नव-वर्षों में निवास करने वाली प्रजा का वर्णन ज्ञेय है। इसके अन्तर्गत गन्धर्वादि संस्थान, संसारभूत ग्रामोत्पत्ति, गर्भ विकास, पञ्चतत्त्व, पञ्चगुण, गर्भविज्ञान, अठारह गुण-दोष, शिव-शक्ति ब्रह्मज्ञान और गीता के

महत्वपूर्ण विषयों के प्रतिपादन के साथ ही सत्त्व-रज-तम गुणों के लक्षणों का वर्णन भी ज्ञातव्य है। देश जाति, कुल, स्थान, वर्ण भेद तत्कालीन स्थितियों का द्योतक है।

2. कल्प व अवतारशास्त्र : इस क्रम में कल्पान्त क्रम, कल्प के देवता, पञ्चलिंग, हरिक्षेत्र, मत्स्यादि दस अवतारों का वर्णन, एकादश रुद्र, विश्वकर्मा, बारह शिवरात्रि निर्णय, शिव पूजन विधि व माहात्म्य वर्णित है। इसी में विश्वकर्मावतार के साथ ही पृथु-पृथ्वी संवाद में पृथ्वी की रचना और जय-विजय-सिद्धार्थ पृच्छा और अपराजित के प्रश्न से पुनः पौराणिक विषयों का वर्णन ज्ञेय है। इसमें सप्तद्वीप, सागर, पर्वत, महाशैल, भारत के ग्रामों, नृपराज्यों का प्रमाण, महावन, उपवन एवं वनयात्रा का रोचक विवरण है।

3. ज्योतिषशास्त्र : इस क्रम में विष्णु व लिंगादि महापुराणों के अनुसार ग्रहादि ध्रुव मण्डल, सूर्यादि नव ग्रहों के बिम्बों के मान, ग्रहादिकों की ध्रुव प्रदक्षिण गति, काल-संख्या प्रमाण, तिथियों, कलाओं, पक्ष, मास, ऋतु, साठ संवत्सरों, युगों के भेद, चौदह मन्वन्तर का वर्णन और फिर ज्योतिष पञ्चाङ्ग वासना के अन्तर्गत आवश्यक निर्देश एवं नष्ट ध्रुवक ज्ञात करना, तिथि भुक्ति, संक्रांति, दिन नक्षत्र, महा नक्षत्र भुक्ति, योग निकालना, करण, सात वार, तिथि, अश्विनी आदि नक्षत्रों, योगों के नाम, अवकहोडा ज्योतिष चक्र, नक्षत्र देवताओं के नाम, योनि वैर, आठ वर्ण, सूर्यादि ग्रहों की दशाओं के फलाफल, चन्द्रमा की बारह अवस्था व उसके फल और ज्योतिष लक्षण वर्णित है।

4. गणित-मपितशास्त्र : ग्रन्थ में संख्याओं की गणना व पहचान दी गई है वहीं गणित शब्द निघण्टु आया है। शिलामान निकालने, वृत्तफल, गोलफल, अष्टकोण फल, षट्कोण क्षेत्रफल, धनुषाकार क्षेत्रफल, त्रिकोणादि आकार सहित पिण्ड के क्षेत्रफल को निकालने के सूत्र दिए गए हैं। आयादि वास्तु-गणित भी ज्ञातव्य है।

5. वास्तुशास्त्र : इस क्रम में मानव वास्तु और देववास्तु का प्रधानता से वर्णन अवलोकनीय है। इसमें क्रमशः भूमि परीक्षण, शकुन निरीक्षण, ग्रह पूजा, वास्तुपूजा, आचार्यादि पूजन, सूत्रधार परीक्षा, भूपरिग्रह, कीलकारोपण, कूर्मप्रमाणपद प्रतिष्ठा, वास्तु की उत्पत्ति का आख्यान, देवता न्यास, सोलह सन्धि, अष्टाङ्ग, अष्टसूत्र पञ्चक्षेत्र का वास्तु स्वरूप एवं वास्तुदेवता निघण्टु ज्ञेय है। इसमें स्वस्तिकादि विभिन्न वास्तु क्षेत्रों, उनके पदों की संख्या, स्थान, चतुरश्रादि क्षेत्र व उनके प्रयोजन, वास्तु मर्म निर्णय, दिक्पालादि वास्तुदेव पूजा-बलि कर्मयुक्ति,

आचार्य-सूत्रधार पूजा निर्णय, वास्तु परिभ्रमणादि गुण-दोष, प्रशस्त मास, प्राची साधन, आय-व्ययादि विचार, मेरु आदि छन्द और विकाश संख्या, विविध प्रकार के गृह, शाल, राजवेश्म, नगरों के प्रमाण, वहाँ निवेश योग्य रचनाओं की विधि, प्राकार के ऊपर स्थापनीय सूर्य यन्त्र, भैरवादि यन्त्र, विविध पुर-कूट-खेटक, ग्रामादि के स्वरूप और जलस्रोतों की रचना का वर्णन ज्ञेय है। इसी प्रकार त्रिविध राजालय, महामण्डेश्वरादि के राजगृहों के प्रमाण, प्रतोली, एक से लेकर पाँच पोलें, धारागृह, जलयन्त्र, वेद्यशाला, ध्रुवादि षोडश गृह, गृहों के छह प्रकार के छन्द, हवेलियों के गुणदोष, एक से लेकर दशशाल भवन, शुद्धा-सम्बद्धा-संयुता, परिभ्रम चार शालाएँ, छन्दभिन्ना, सम्पुटा, प्रतिक्रम जैसी अन्य शालाएँ, गृहमाला, गृहनाभि, गृहसंघट्ट, गृहाण आदि चार गृह भेद, खण्ड, पाण्डु, वाजिपूर्ण, तृणच्छन्द, पट्टक नामक गृहकर्म षट्च्छन्द, बत्तीस देवताओं के पदानुसार द्वार के शुभाशुभ, राश्यानुसार द्वारमुख और महाराज प्रसादायतन निवेश, राजपुर-ब्रह्मपुर-शूद्रपुर के प्रमाण नामक सूत्रों में मनुष्य वास्तु का विवेचन है।

इसी प्रकार देववास्तु के अन्तर्गत त्रैलोक्य दीक्षा का वर्णन, वैराज्यादि पाँच नागर प्रासाद, प्रासादों की संख्या, चौदह प्रकार के प्रासादों की उत्पत्ति, स्वस्तिकादि द्राविड प्रासादों की उत्पत्ति और उनके लक्षण, रुचकादि लतिन प्रासाद के भेद, उनकी उत्पत्ति व संख्या, वराट प्रासाद, विमान प्रासाद, केसरी प्रासाद, मिश्रक प्रासाद, भूमिज प्रासाद, विमान नागर प्रासाद, विमान पुष्पक प्रासाद, वलभी प्रासादों की उत्पत्ति, सिंहावलोकन प्रासाद, दारुज प्रासाद एवं फांसनाकार प्रासादों की उत्पत्ति का वर्णन ज्ञातव्य है। इसी प्रकार नागर-द्राविड-भूमिज-वराट-विमान प्रासादों के लक्षण, मिश्रक-सान्धार-विमाननागरादि प्रासाद और उनके प्रमाण, प्रासाद हर्म्य भेद, द्वार मान, प्रतोली मान, शिवतीर्थोदक का वर्णन, देवता प्रदक्षिणा, जीर्ण वास्तु चालन पर शुभाशुभता, वृष प्रकार दृष्टिस्थान, जीर्णवास्तु गुणदोष, प्रासाद देशानुक्रम, न्यूनाधिक लक्षण, सप्तपुण्याह व उनका माहात्म्य, चौदह शान्तियाँ, चौदह प्रकार की जगती, शिवालय, ब्रह्मालय, विष्णवालय, सूर्यालय, गौर्यालय, जिनालय के साथ-साथ बलाणक के मान व भेद, भिट्ट का मान व लक्षण, पीठ का मान इत्यादि अनेक विषयों का वर्णन अवलोकनीय है। इसी में कलाओं का विचार बहुत वैज्ञानिक रूप से दिया गया है। प्रासादों के विभिन्न अङ्गों के विवरण सहित यज्ञ-मण्डप विचार, मण्डल विधि, प्रतिष्ठा के लिए रत्नादि न्यास, महोत्सव, प्रासादाङ्गों में देवताओं का न्यास और सात प्रकार के मठों का वर्णन भी ज्ञातव्य है।

6. कृषिशास्त्र : इसके अन्तर्गत जलाशय माहात्म्य, कलियुग और लोकोत्तर प्रश्न, सुभिक्ष-दुर्भिक्ष लक्षण, कलियुग में तारण के लिए शस्योद्भव, जलोत्थान यन्त्र और जल बचत के निर्देश अध्ययन-अनुसरण के योग्य हैं।

7. पशुपालनशास्त्र : इस विषय के अन्तर्गत भद्रादि जातियों के गज और उनके उत्पत्ति एवं विहार योग्य वन तथा अश्व और उनकी विप्रादि प्रजातियों सहित दन्तिन्यादि गजशालाएँ एवं अश्वशाला बनाने के नियमों के निर्देश ज्ञातव्य है। यह वर्णन परम्परित रूप से संहिता ग्रन्थों के अनुसार मानक है। शस्यावतार सूत्र में बैलों की महिमा भी आई है।

8. शिल्पशास्त्र : राजोपस्कारक वस्तुओं के अन्तर्गत आसन व मसूरक, गदिका एवं पट्टगदी, राजच्छत्र, सिंहासन, नौ प्रकार के रथ, नन्दादि सभाष्टक लक्षण, चतुर्विध वेदी, कवच-आयुध आदि का निर्माण निर्देश ज्ञातव्य है।

9. प्रतिमाशास्त्र : इस शास्त्र के अन्तर्गत लिङ्गार्चादि उपयोगी शिलाओं के लक्षण, हस्त-कम्बी प्रमाण, परमाणु प्रमाण, उत्तम-मध्यम-अधम हस्त मान, कम्बिका के वास्तु देवता, उत्तम-मध्यम-अधम कम्बिका और उसका पूजन, शल्यदोष, विविध प्रकार के लिङ्गों व उनकी पीठिकाओं के लक्षण और शिव सहित विष्णु, ब्रह्मा, सूर्य, देवियों और जिन देवताओं उनके लाञ्छनों, यक्षों, शासन देवी-देवताओं की प्रतिमाओं का वर्णन भी ज्ञातव्य है। स्वच्छन्द भैरव के अवतार व उनके रूप-आयुधों का वर्णन पठनीय है। इसी प्रकार प्रतिमाओं के ताल-मान, पूजा-मन्त्र आदि का विवरण भी पठनीय है।

10. चित्रशास्त्र : इसके अन्तर्गत चित्रों व पत्रों की उत्पत्ति, पत्रजाति, कण्टकभेद जीव सूत्र निर्णय, जातिक्रम छन्द से आठ कण्टक, पत्राकारादि का वर्णन, पट्ट, पत्र, वर्तना निर्णय, लेपकर्म विधि, गुरु-शिष्य सम्बन्ध व उनके लक्षण, रूपालङ्कार संयुत् चित्रकर्म कथन, षोडश व्यालों, स्त्री-पुरुष के लक्षण आदि ज्ञातव्य है।

11. आयुध-आभरणशास्त्र : इस विषय के अन्तर्गत कवच और आयुधों की संख्या एवं लक्षणादि का वर्णन तथा सोलह आभूषणों का वर्णन ज्ञातव्य है।

12. गान्धर्वशास्त्र : नाट्य शास्त्रसम्मत इस विषयानुशासन में ताल एवं वादित्र लक्षण, ताल के प्रकार, वाद्यों के प्रकार, सात स्वर, राग और रागिनियाँ, चौदह प्रकार के गीतों के दोष और नौ प्रकार के ताण्डव नृत्यों का वर्णन पठनीय है।

इस प्रकार अनेकानेक शास्त्रीय विषयों की पृष्ठभूमि पर इस अपराजितपृच्छा का न्यास-विन्यास हुआ है। लोकावश्यकताओं की पूर्ति के लिए इसमें यथेष्ट शास्त्रीय निर्देशों से पूर्णता प्रदान की गई है। रचनाकार इस ग्रन्थ की संकल्पना से लेकर समाहार तक पूरी तक केन्द्रीय-चित्त रहा है। उसके ध्येय में अबोध शिल्पी से लेकर पाण्डित्य-प्रतिभा सम्पन्न सुजन तक के लिए इसकी उपादेयता सिद्ध करना रहा है और इसमें वह सर्वाङ्गतया सफल रहा है।

नामकरण, आशय और पृष्ठभूमि :

जैसा कि कहा गया है कि अपराजितपृच्छा अनेक शास्त्रों का सूत्रित-स्वरूप है। इससे ग्रन्थकार के अध्ययन-आसमान का अवज्ञान तो होता ही है जो कि बहुत विस्तृत एवं व्यापक है, साथ ही उसके विषय चयन और उसे सूत्रित करने के कौशल का बोध होता है— एक गुरुकुल के परिवेश रूप में वह ग्रन्थ की संकल्पना करता है और जनता की ओर से की जाने वाली जिज्ञासाओं को वह अपराजित के मुख से प्रश्न के रूप में प्रस्तुत करता है और उनका उत्तर-प्रत्युत्तर स्वयं विश्वकर्मा प्रस्तुत करते हैं।

अपराजित के प्रश्नों के कारण ही यह 'पृच्छा' संज्ञाभिधान लिए हुए है। प्रश्न या पृच्छा की परम्परा हमारे यहाँ ब्राह्मण और उपनिषद-काल से तो रही है ही उत्तर-बौद्धकाल में ग्रन्थों के नामकरण के रूप में भी ज्ञातव्य है। 'मिलिन्दपञ्ह' ग्रन्थ तो बहुत प्रसिद्ध है ही जिसमें भिक्षु नागसेन और मिलिन्द का संवाद है, इसमें मिलिन्द जिसे यवन मिनेण्डर के रूप में पहचाना गया है, के प्रश्नों का विवरण मात्र नहीं है बल्कि उसके प्रश्नों का समाधान इसका मुख्य विषय है, इसी ग्रन्थ में लक्खणपञ्ह, विमतिच्छेदनपञ्ह, मेण्डकपञ्ह, योगिकथापञ्ह, अनुमानपञ्ह और ओपम्मकथापञ्ह जैसे प्रश्नों की शृङ्खला है और इन सबमें मिलिन्द के अनेक प्रश्नों का समाधान है। *(विशेष विवरण : आर. डी. वाडेकर सम्पादित मिलिन्दपञ्ह, मुम्बई विश्वविद्यालय, मुम्बई, 1940 ई.)* शब्दकोशों में 'प्रच्छ जिज्ञासायाम् + गुरोश्च हलः' के रूप में इस शब्द पर विचार हुआ है। अमरकोश में इसे प्रश्न का पर्याय कहा है। *(शब्दकल्पद्रुम खण्ड 3, पृष्ठ 224)* चरक के सूत्रस्थान में कहा गया है कि शास्त्र में जो विषय जिस प्रकार से कहा गया है, उसे उसी रूप में विधिपूर्वक पूछना प्रश्न कहलाता है : पृच्छा तन्त्राद्यथाम्नायं विधिना प्रश्न उच्वते। प्रश्नार्थो युक्तिमांस्तस्य तन्त्रेणैवार्थनिश्चयः॥ *(चरकसंहिता सूत्र. 30, 69)*

भरत के नाट्यशास्त्र में आया है कि जब कोई जिज्ञासुभाव से अपनी अभीष्ट वस्तु की तलाश करते हुए अनुनय-विनयपूर्वक प्रश्न करता हो तो उसे पृच्छा

समझना चाहिए : यत्रान्वेषणमर्थानां वाक्यैरभ्यर्थनापरैः। जिज्ञासुः पृच्छति परं सा पृच्छा त्वभिधीयते॥ *(नाट्य. 17, 32; एवं नाटक लक्षणरत्नकोश, 179)* कतिपयों का यह मत भी है कि जब कोई व्यक्ति स्वयं से या दूसरे से प्रश्न करते हुए किसी भावना एवं रस से पूर्ण तथ्य को कहता हो तो उसे पृच्छा समझना चाहिए : यत्र भावरसोपेतमात्मात्मानमथवा परम्। पृच्छन्निवाभिधत्तेऽर्थं सा पृच्छेत्युच्यते यथा॥ *(तत्रैव)* इस प्रकार अपराजितपृच्छा में अपराजित के प्रश्न ही नहीं है अपितु उसके प्रश्नों का सारगर्भित समाधान है। इसमें अपराजित पुत्र के रूप में और विश्वकर्मा पिता के रूप में हैं। जैसे पिता वात्सल्य भाव के साथ अपने पुत्र की प्रत्येक जिज्ञासा के शमन का प्रयत्न करता है, वैसा ही प्रयास इसमें हुआ है। अपराजित निश्चित ही गुणग्राहक होकर उभरते हैं। यह इसके 'सूत्रसन्तान गुणकीर्ति' के नाम को भी सार्थक करता है।

फिर, यहाँ सूत्रसन्तान से आशय सूत्रधार है— वह नाटक से लेकर स्थापत्य शास्त्र तक अपनी ज्ञानात्मक धारणा के लिए प्रसिद्ध है, उनका ज्ञानकोश केवल कल्पना तक सीमित नहीं हैं बल्कि वह कलम और करनी की करामात दिखाने में सुकान्त होता है। भरताचार्य की परिभाषा पर विचार करें तो सूत्रसन्तान या सूत्रधार वह है जो चारों प्रकार के वाद्यों के वादन में प्रवीण होता है, जिसे अनेकानेक व्यावहारिक कार्यों का अनुभव होता हैं, जिसे अनेक धार्मिक परंपराओं और धर्मों-मतों का व्यवहार विदित हो, जो नीति व अर्थशास्त्र का ज्ञाता हो, वेशोपचार का जानकार हो, जिसे कामशास्त्र का व्यवस्थित ज्ञान हो, पात्रों की अनेक प्रकार की गतियों व उनके रङ्गमञ्च पर चलने के परम्परागत आचार का जिसे भली प्रकार परिचय हो, जिसे रस और भावों का पूर्णतः ज्ञान हो, प्रस्तुति-प्रदर्शन में जो दक्ष हो, सभी शिल्प और कलाओं का सम्यक् वेत्ता हो, जिसे पदों व छन्दों का विभाग विदित हो, जो अनेक शास्त्रों का जानकार हो, जिसे ग्रह, नक्षत्र आदि विज्ञानों की तत्त्वतः जानकारी हो, जिसे शारीर-शास्त्र तथा शारीरिक गतियों का व्यवस्थित ज्ञान हो, जो पृथ्वी पर विद्यमान द्वीप, वर्ष, पर्वत, वहाँ के निवासीगण और उनके उचित आचार-विचार, वेशभूषा आदि का प्रामाणिक ज्ञान रखता हो, जिसे अनेक राजवंशों की परंपराओं व इतिवृत्त का ज्ञान हो, जिसने शास्त्रों में प्रतिपादित गुण, आचार और कार्यों का व्यवस्थित रूप से श्रवण किया हो और उन तत्त्वों को सम्यक् रूप से हृदयङ्गम किया हो और इन्हीं तत्त्वों का जो दूसरों को शिक्षण या उपदेश देने में भी समर्थ हो तो इन गुणों से युक्त पुरुष सूत्रधार होता है : चतुरातोद्य कुशलः नानाकर्मसु शिक्षितः। नानापाषण्डकार्यज्ञो नीतिशास्त्रार्थतत्ववित्॥ वेशोपचारनिपुणः

कामशास्त्रविचक्षणः। नानागतिप्रचारज्ञ रसभावा विशारदः॥ नाट्यप्रयोगकुशलो नानाशिल्पसमन्वितः। पदच्छन्दोविधानज्ञः सर्वशास्त्रविचक्षणः॥ ग्रहनक्षत्रतत्त्वज्ञो देहव्यापारपण्डितः। पृथिवी द्वीपवर्षाणां पर्वतानां जनस्य च॥ प्रमाणाचरितज्ञश्च राजवंशप्रसूतिवित्। श्रोता शास्त्रार्थकार्याणां श्रुत्वा चैवावधारकः॥ अवधार्य प्रयोक्ता च शक्तश्चैवोपदेशने। एवं गुणस्तथाचार्यः सूत्रधारो विधीयते॥ *(नाट्यशास्त्रम् 35, 66-71)* देखा जाए तो भरतोक्त ये सारे ही विषय अपराजितपृच्छा में विद्यमान हैं। निश्चित ही यह सूत्रसन्तान-गुणकीर्तिप्रदायक है।

रचनाकाल और रचना स्थल :

अपराजितपृच्छा के रचनाकाल को लेकर विद्वानों में निश्चित ही उहापोह की स्थिति रही है। इस ग्रन्थ के बड़ौदा संस्करण के सम्पादक, जूनागढ़ रियासत सहित जोधपुर और हैदराबाद व अन्य म्यूनिसिपलटीज में इंजीनियर रहे श्री पोपटभाई अम्बाशङ्कर मंकड; स्थापत्य शास्त्र के विद्वान मधुसूदन अमीभाई ढाकी, एम. पी. वोरा आदि ने इस समस्या के निस्तारण की दिशा में अपने कतिपय प्रयास किए हैं और इन्हीं मतों की समीक्षा इस ग्रन्थ के शोधार्थी प्रो. लालमणि दुबे ने भी की है।

श्री मंकड ने माना है कि इसका रचनाकाल 12वीं और 13वीं सदी के मध्य रखा जाना उचित है। *(अपराजित. बड़ौदा, भूमिका पृष्ठ 12)* श्रीवोरा और श्रीढाकी ने कतिपय उद्धरणों के आधार पर इसके रचनाकाल के पुनर्निधारण का प्रयास किया व कहा कि पीठ के जाड्यकुम्भ, वाजीपीठ जैसी गुजरात के देवालयों के निर्माण में प्रचलित इस पीठ की परम्परा इसे 12वीं सदी में प्रवर्तित बताती है क्योंकि सोमनाथ में 1169 ई. की ऐसी रचनाएँ सामने आई हैं। इसी प्रकार 1140 में सिद्धपुर-गुजरात में बने रुद्रमातरालय में यह विधान परिलक्षित होता है। भित्ति में मञ्चिका, शिरावटी और कूटछाद्य जैसी रचनाएँ 11वीं सदी से पहले सामने नहीं आती और इनका वर्णन अपराजितपृच्छा में हुआ है। इस आधार पर इस ग्रंथ का रचनाकाल 12वीं सदी कल्पित किया जा सकता है। इसी प्रसङ्ग में केसरादि, श्रीधरादि, सुरटर्वादि, सागरतिलकादि और मेरु शैली के मन्दिर गुजरात व राजस्थान में इसी काल में दिखाई देते हैं। *(द डेट ऑफ अपराजितपृच्छा, जर्नल ऑफ ऑरियण्टल इंस्टीट्यूट, बडौदा, भाग 9, पृष्ठ 426-431)*

यही नहीं, साधारण शैली के चार स्तम्भों वाले प्राग्ग्रीव मण्डप एवं कई स्तम्भों वाले सभागारों का जो वर्णन अपराजितकार ने किया है, वैसे 11वीं सदी से ही बनने आरम्भ होते हैं। घट-पल्लवों से युक्त स्तम्भों का विधान जो कि इस ग्रन्थ में आया है, वह 12वीं सदी के बाद दिखाई नहीं देता है, ऐसे में भी इस ग्रन्थ का

रचनाकाल 12वीं सदी के समापन से पूर्व का ही निर्धारित होता है। यही स्थिति मण्डपादि में स्वास्तिकाकार संवराणाओं की हैं जो कि उक्त अवधि में ही गुजरात, राजस्थान सहित मध्य भारत में प्रचलित रही हैं। चतुर्भुजी दिक्पालों की मूर्तियाँ और उनमें आयुध-न्यास का जो वर्णन अपराजितकार ने किया है, वह 11वीं सदी और अधिकतम 12वीं सदी में गुजरात में निर्मित देवालयों में ही सामने आता है। *(उपर्युक्त)*

उक्त विवरणों से स्पष्ट होता है कि यह ग्रन्थ 11वीं-12वीं सदी के मध्य आकार ले चुका था। चूँकि इस ग्रन्थ पर 'समराङ्गणसूत्रधार' का पूरा प्रभाव है, ऐसे में यह ग्रन्थ समराङ्गण के रचयिता धाराधिप भोजराज (1010-1053 ई.) के बाद ही अस्तित्व में आया होगा। प्रो. ढाकी ने अपराजितपृच्छा पर समराङ्गणसूत्रधार के प्रभाव की चर्चा अपने एक आलेख में की है *(द इन्फ्लुएंस ऑफ समराङ्गणसूत्रधार ऑन अपराजितपृच्छा, जर्नल ऑफ ऑरियण्टल इंस्टीट्यूट, भाग 10, पृष्ठ 231-234)* किन्तु, यह भी प्रतीत होता है कि समराङ्गण व अपराजित दोनों ही ग्रन्थों के सामने कोई अन्य विश्वकर्मीय ग्रन्थ भी रहा होगा और उसी से इन ग्रन्थकारों ने सामग्री और विषय को उद्धृत किया है। समराङ्गणसूत्रधार के पहले ही अध्याय में विश्वकर्मीय ग्रन्थ-परम्परा का उल्लेख किया गया है और अपराजितकार ने भी जय, विजय, सिद्धार्थ आदि के नाम से ग्रन्थों के विद्यमान रहने और उनके विषयों की सूची भी दी है।

बहुत सम्भव है कि उस काल में कोई विश्वकर्मीय मत-ग्रन्थ प्रधान स्रोत के रूप में या आदर्श के रूप में सबके लिए ज्ञातव्य था। हालांकि भुवनदेवाचार्य ने कहीं भी समराङ्गणसूत्रधार का स्पष्टतः उल्लेख नहीं किया है, हाँ अनेकत्र विश्वकर्मा के मुख से भी 'आद्य विश्वकर्मा' का उल्लेख अवश्य करवाया है। यह विश्वकर्मीय ग्रन्थ कहीं विश्वकर्मा प्रकाश या वास्तुतन्त्र प्रतीत होता है तो कहीं-कहीं 'जयपृच्छा' (विद्यमान अहमदाबाद संस्करण से भिन्न और 10वीं सदी में प्रचलित आधारभूत पाठ जिसे भोज, सूत्रधार नकुल, हेमाद्रि पण्डित, महाराणा कुम्भा आदि ने उद्धृत किया है) का प्रभाव जान पड़ता है। स्कन्दपुराण, बृहद्देशी, नारदपुराण, विष्णुधर्मोत्तरपुराण, लिङ्गपुराण, नन्दीकेश्वरपुराण, शिवधर्म और शिवधर्मोत्तर, सुप्रभेदादि शैवागम आदि का प्रभाव भी अनेकत्र दिखाई देता है। स्कन्दपुराण के श्लोक ग्रन्थकार ने 'स्कन्दागम' के नाम से स्मरण भी किए गए हैं। भुवनदेवाचार्य की यह सूचना भी महत्वपूर्ण है कि उस काल तक छिन्न-भिन्न हो चुके स्कन्दपुराण को पुनर्संस्कारित किया जा रहा था। वास्तव में यह वही काल है जबकि पाटन-

गुजरात के राजा कुमारपाल चालुक्य (1140–1174 ई.) का चरित्र भी स्कन्दपुराण में *(ब्राह्मखण्ड, धर्मारण्य माहात्म्य अन्तर्गत)* स्थान पा चुका था।

यह सङ्केत स्कन्दपुराण के स्वरूप को लेकर विद्वानों के उन प्रश्नों का उत्तर भी देता है कि इस पुराण के दो स्वरूप है—संहितात्मक और खण्डात्मक; यह पुराण वर्तमान में खण्डात्मक (माहेश्वरखण्ड, वैष्णव, ब्राह्म, काशी, आवन्त्य, नागर एवं प्रभास) ही मिलता है जबकि संहितात्मक स्कन्दपुराण से केवल 'सूतसंहिता' लब्ध होती है शेष सनत्कुमारसंहिता, शाङ्करी, वैष्णवी, ब्राह्मी एवं सौरसंहिता अनुपलब्ध है। महामहोपाध्याय हरप्रसाद शास्त्री का कथन है कि संहितात्मक स्कन्दपुराण की एक प्रति नेपाल दरबार पुस्तकालय में 7वीं सदी की प्राप्त होती है। प्रो. पी. वी. काणे ने इस समस्या के उत्तर में कहा है कि यह स्कन्दपुराण 7वीं सदी के पूर्व नहीं रखा जा सकता है और न ही नवीं सदी के पश्चात् का हो सकता है। *(धर्मशास्त्र का इतिहास खण्ड 4, पृष्ठ 428)* इन मतों के विपरीत अपराजितकार के सङ्केत और कुमारपाल चरित्र का इस पुराण में मिलना इसे 12वीं सदी तक ले जाता है।

कुमारपाल चालुक्य के चरित्र–मूलक ग्रन्थों पर विश्वास करें तो सहज विश्वास होता है कि गुर्जर–चालुक्य चक्रवर्ती इस नृपति के जीवन प्रसङ्गों को समकालीन और परवर्ती विद्वानों को बहुत प्रभावित किया। तभी तो अज्ञातकर्तृक ने पुरातन संक्षिप्त कुमारपालदेव चरित की रचना की, सोमतिलक सूरि ने कुमारपालदेवचरित रचा, जिनमण्डन ने कुमारपाल प्रबन्ध लिखा, किसी अन्य ने कुमारपाल–प्रतिबोध की रचना की। इसी प्रकार चतुरशीतिप्रबन्ध में कुमारपालदेवप्रबन्ध का निबन्धन किया वहीं हीरकलश, देवप्रभगणि, ऋषभदास व जिनहर्ष ने कुमारपालरास नाम से पृथक्–पृथक् काल में कृतियों का प्रणयन किया तो सोमप्रभाचार्य ने कुमारपालप्रतिबोध को उद्धृत किया। तीर्थकल्प, मोहपराजय नाटक, प्रभावकचरित्र, प्रबन्धचिन्तामणि, उपदेशतरङ्गिणी, उपदेशप्रसाद सहित कई प्रशस्तियों में कुमारपाल का वर्णन आया है। *(कुमारपालचरित्र संग्रह, सिंघी जैन ग्रन्थमाला, क्रमाङ्क 41)* इसी प्रकार चित्रकूट (चित्तौड़गढ़) के समीधेश्वर महादेव मन्दिर से उसका शिलालेख 1141 ई. का मिला है। उस समय तक वह शैव मतावलम्बी था और विक्रम संवत् 1216 के मार्गशीर्ष की शुक्ल पक्ष की द्वितीया (दिसम्बर 1160 ई.) को कुमारपाल ने जैनधर्म स्वीकार कर लिया था, जैसा कि प्रो. पीटर पीटर्सन का मत भी है।

अपराजितकार उस समय के जैनधर्म के प्रसार–प्रभाव से अनभिज्ञ नहीं था। उसने यदुवंशी श्रीकृष्ण के नेमिनाथ के रूप में गिरनार–रैवताचल या उज्जयन्त पर्वत

पर प्रकट होने की सूचना दी है। ऐसा प्रतीत होता है कि यदुवंश में माण्डलिक राजा के गुरु हेमाचार्य ने उक्त पर्वत पर नेमिनाथ या नेमनाथ की मूर्ति प्रतिष्ठित की थी। *(कर्नल जेम्स टॉड कृत पश्चिम भारत की यात्रा, जोधपुर 1965, परिशिष्ट पृ. 540)* कदाचित इसी प्रसङ्ग को अतिशयोक्ति के रूप में ग्रन्थकार ने दिया हो। इस उज्जयन्त पर्वत के श्रीनेमिनाथ मन्दिर का जीर्णोद्धार विक्रम संवत् 1333 (1276 ई.) के ज्येष्ठ की चतुर्दशी को हुआ था। संवत् 1227 (1170 ई.) के एक अभिलेख में आया है कि तब तक नेमीश्वर तीर्थ बहुत प्रसिद्ध हो चुका था और अनेक प्रकार के ऐसे रत्नों से विभूषित था जिनको धनिक व्यापारी दूर-दूर के समुद्र-तटों से लेकर आए थे।

इससे पूर्व संवत् 1204 (1147 ई.) के फाल्गुन मास की षष्ठि, बुधवार के तेजपाल और बसन्तपाल बन्धुओं द्वारा स्थापित एक लेख में कहा गया है कि पवित्रता के सागर के समान यदुवंश में इन्दु नेमीश्वर हुए जिनके चरण कमलों का अनुसरण करते हुए परमोच्च उज्जयन्ति तक चढ़कर यदुवंशियों के समूह के समूह युग-युग से नेमिनाथ के चरणों में शीश नवाते आए हैं। *(वही, पृष्ठ 524-526)* इस प्रकार अपराजितकार इससे पूर्व हो चुका था और तब तक गिरनार पर नेमिनाथ-तीर्थ की मान्यता का विकास हो चुका था।

अन्तःसाक्ष्य के अन्तर्गत ही ग्रन्थकार ने महाग्रावभी रत्नकूट, मेरुतिलकादि संज्ञक जिन देवालयों के स्वरूपों का वर्णन किया है, वे अन्यान्य वास्तु विधियाँ 12वीं सदी के पूर्वार्द्ध तक समाज में प्रचलित थी। इनमें से कई नाम वलभी संवत् 850 तद्नुसार 1169 ई. के कुमारपाल चालुक्य के एक अभिलेख में आए हैं। यथा— बस्तियों में ब्रह्मपुर, राजाओं के मण्डल, यतियों के मठ, नृपशाला, कूपिका, रौप्यप्रणाल, मण्डुकासन, पट्टशालिका, सोपान, महागृह, वापिका आदि मुख्य हैं। मन्दिरों के लिए कैलाश-शैल के समान जैसी तुलनाएँ आई हैं। मेरु के समान मन्दिर को खड़ा करवाना, जीर्णोद्धार कार्य की प्रशंसा, देवालयों पर स्वर्ण-कलश की स्थापना, जल-कुल्याएँ बनवाना और देव प्रतिमाओं के लिए सिंहासन निर्माण जैसे प्रसङ्ग तत्कालीन परम्परानुसार अपराजितपृच्छा में आए हैं। फिर, तब तक सोमनाथ-प्रभास क्षेत्र का महत्व उजागर हो चुका था। अपराजितकार ने विस्तार से सोमनाथ का वर्णन किया है। वहाँ तब शिल्पियों का बृहद् समूह विद्यमान था और उक्त मन्दिर के लिए विशिष्ट कार्य के सम्पादक होने के कारण उनकी ख्याति सोमनाथपुरवासी होने से सोमपुरा के रूप में ख्यातिलब्ध हुई।

ऐसा प्रतीत होता है कि संक्रमण युग में जबकि कला की काया ऐसे दौर में थी

जिसमें भाव पुरातन थे और विचार नए रूप में थे, यह ग्रन्थ लिखा गया। यह पश्चिमोत्तर भारत में गुर्जर-गुहिल काल में प्रवर्तित प्रवृत्तियों का ग्रंथन है जिसमें कला का प्रवाह कुछ आहत हुआ, शिल्पी समुदाय सताया गया, उन्हें ग्रामादि से विमुख किया गया था और तब उन्हें एक शास्त्र की जरूरत पड़ी। दिक्पालों को विशेष प्रतिष्ठा देने के लिए चारभुजा सहित मूर्त्यांकन किया गया — यह पश्चिमी भारत के राजाओं और राजन्यशक्ति की अभिवृद्धि के ध्येय का भी सूचक है क्योंकि इसी ओर से अरबों की आक्रमणकारी गतिविधियाँ निरन्तर थी और दिक्पाल के रूप में राजाओं को सशक्त करने का विचार शिल्पियों के मानस में भी जन्म ले चुका था। फिर प्रतिहार युगीन शिल्प के शिखर अल्पवय में ही झूलते दिखाई दे रहे थे। ऐसे में रेखावर्णन का विन्यास किया गया — अपराजितपृच्छा की रचनात्मक पृष्ठभूमि में इन बातों का भी विचार किया जाना चाहिए।

ऐसे ही विभिन्न वर्णनों के आधार पर इस ग्रन्थ का रचनाकाल 12वीं सदी निर्धारित होता है। प्रो. ढाकी ने भी ऐसे ही प्रमाणों की बुनियाद पर विभिन्न मारु-गुर्जर शिल्प ग्रन्थों का परीक्षण करते हुए इसे कुमारपाल चालुक्य की शासनावधि की देन सिद्ध किया है। इस प्रसङ्ग में कुमारपाल के अभिन्न, मन्त्रियों में प्रधान गुरु भावबृहस्पति ने इस काल में जीर्णोद्धार के कार्यों को प्रमुखता दी। कुमारपाल ने उसे अपनी मुद्रा, कोष और सर्वस्व दे दिया और कहा कि जाओ एवं देवपत्तन के तीरन (देवसमुद्र-तटवर्ती) मन्दिरों का जीर्णोद्धार करवाओ। वहाँ उत्सव हुआ, प्रथमतः चन्द्रमा ने स्वर्णमन्दिर खड़ा किया, फिर रावण ने चाँदी का मन्दिर बनवाया। बाद में कृष्ण, भीमदेव ने इसका पुनर्निर्माण करवाया। इसमें जवाहरात जड़वाए। एक बार पुनः कुमारपाल के प्रयासों से यह मेरु संज्ञक प्रासाद के समान बनाया गया...। इसे भावबृहस्पति ने कैलास के समान बनवा दिया और राजा को अपने कार्यों के अवलोकन के लिए आमन्त्रित किया। कुमारपाल ने जब उनको देखा तो प्रशंसापूर्वक कहा कि मेरा हृदय आनन्दित है, मैं तुम्हें और तुम्हारी सन्ततियों को मेरे राज्य में प्रधानता प्रदान करता हूँ। जैसा कि 1169 ई. के एक अभिलेख में आया है—

एवं राज्यमनारत विदधति श्रीवीरसिंहासने
श्रीमद्वीरकुमारपालनृपतौ त्रैलोक्यकल्पद्रुमे।
गण्डो भावबृहस्पतिः स्मरपिपोरुद्वीक्ष्य देवालये
जीर्णं भूपतिमाह देवसदनं प्रोद्धर्तुमेतद्वचः॥

आदेशात् स्मरशासनस्य सुबृहत्प्रासादनिष्पादकं
चातुर्जातकसम्मतं स्थिरधियं गार्गेयवंशोद्भवम्।
श्रीमद्भावबृहस्पतिं नरपतिः सर्वेशगण्डेश्वरं
चक्रे तं च सुगोत्रमण्डलतया ख्यातं धरित्रीतले॥
दत्वालङ्करणं करेण तु गले व्यालम्ब्य मुक्त्या... प्रणम्याग्रतः।
उत्सार्यात्म महत्तमं निजतमामुच्छिद्य मुद्रामदात्।
स्थानं भव्य पुराणपद्धतियुतं निस्तन्त्रभक्त्यव्ययम्॥
प्रासादं यदकारयेत् स्मररिपोः कैलासशैलोपमं
भूपालस्तदतीवहर्षमगमत् प्रोवाच चेदं वचः।
श्रीमद्गण्डमहामतिं प्रति गण्डत्वमेतत्तव प्रत्तं
सम्प्रति पुत्रपौत्रसहिताया चन्द्रतारारुणम्॥
सौवर्णं सोमराजो रजतमयमथो रावणोदारवीर्यः
कृष्णश्रीभीमदेवो रुचिरमहाग्रावभी रत्नकूटम्।
तं कालज्जीर्णमेष क्षितिपतितिलको मेरुसञ्ज्ञं
चकार प्रासादं सप्रभावः सकलगुणनिधेगण्डसर्वेश्वरस्य॥
पश्चाद् गुर्जरमण्डलक्षितिभुजा सन्तोषहृष्टात्मना
दत्तो ब्रह्मपुरीति नामविदितो ग्रामः सवृक्षोदकः।
कृत्वा त्रैपुटताम्रशासनविधिं श्रीमण्डलीसन्निधौत्वत्पुत्रैसततदनुव्रतैः
स्वकुलजैः सम्भुज्यतां स्वेच्छया॥ *(भावनगर प्राचीन संस्कृत इंस्क्रिप्शंस, पृष्ठ 185, श्लोक 11-16)*

लगभग यही वर्णन कुमारपाल के चरित्र संग्रह में भी आता है : बृहस्पत्यभिधानेन गण्डेनानुगतो नृपः। गाढं सोमेश्वरं लिङ्गमालि लिङ्गानुरागवान्॥ श्रीजैनादपरं देवं नामी वन्दन्त इत्यसो। मिथ्यादृग्वचसा भ्रान्तो भूपः सूरीनभाषत॥ भगवन्! यदि युज्यते तदेतैर्बलिभिः स्वयम्। अर्चयन्तु प्रभुं शम्भु समयज्ञस्ततो गुरुः॥ तदैवोद्गमनीयेन भूपादिष्टेन भूषितः। आरुह्य चैत्यदेहल्यां शम्भुं दृष्ट्वेदमभ्यधात्॥ *(कुमारपालदेव चरितम् : सोमतिलकसूरीकृत, मुनि जिनविजय सम्पादित कुमारपालचरित्रसंग्रह में संकलित, द्वितीय संस्करण श्रुत रत्नाकर, अहमदाबाद, 2008 ई., पृष्ठ 48, श्लोक 358-361)*

ग्रन्थकार ने भी प्रासादोत्पत्ति के प्रसङ्ग में इस प्रकार से प्रासादविधान का वर्णन

किया है और सम्मान स्वरूप दानादि का विधान भी वर्णित किया है। प्रतीत होता है कि अपराजितकार उस घटना का दर्शक रहा होगा और यह ग्रन्थ 1150 ई. के आसपास लिखा जा चुका था अथवा लिखा जा रहा था। किन्तु, यह सन्देह स्थल-स्थल पर प्रकट होता है कि भुवनदेव गुजरात से लगे प्रदेश मेवाड़ से परिचित था। यद्यपि कुमारपाल ने मेवाड़ को विजित किया था, ऐसे में धारानगरी के परमारों के पश्चात् मेवाड़ गुजरात के चालुक्यों के अधिकार में रहा। कुमारपाल ने चित्तौड़गढ़ स्थित परमार भोज के बनवाए समीधेश्वर मन्दिर में पूजन किया था और वहाँ स्वर्णकलश चढ़ाकर भूमिदान किया—

सन्निवेश्य शिविरं पृथु तत्र त्रासिता सहनभूपतिचक्रम्।
चित्रकूटगिरि पुष्कलशोभां द्रष्टुकुमारनृपतिः कुतुकेन॥
यदुच्चसुरसद्माग्रोपरिष्टात् प्रपतन् सदा।
रथं नयत्यलं मन्दं मन्दं भङ्गभयाद्रविः॥
यत्सौधशिखरारूढकामिनीमुखसन्निधौ।
वर्तमानो निशानाथो लक्ष्यते लक्ष्मलेखया॥ *(प्रो. कीह्लोर्न सम्पादित चित्तौड़गढ़ स्थित कुमारपाल का अभिलेख : इण्डियन एण्टीक्वेरी भाग 2, पृष्ठ 521)*

इस समस्त पृष्ठभूमि में मेरा विचार है कि यह ग्रन्थ निश्चित तौर पर 1140 से लेकर 1150 ई. तक तैयार हो गया था। इसके तैयार होते ही इसकी प्रतिलिपियों का देशभर में आदान-प्रदान हुआ। देवगिरिराज्य के यादववंशीय नरेश महादेव (1260-1271 ई.) के धर्मशास्त्री हेमाद्रि पण्डित ने अपराजितपृच्छा के श्लोक प्रथमतयाः ग्रन्थ के नामोल्लेख के साथ अपने प्रसिद्ध ग्रन्थ 'चतुर्वर्गचिन्तामणि' के परिशेषखण्ड के तीसरे भाग कालनिर्णयोक्त 'प्रासादाद्यारम्भकालः' के प्रसङ्ग में प्रमाण के रूप में उद्धृत किए। इससे इस ग्रन्थ के 12वीं सदी के बाद लिखे जाने की धारणा निर्मूल हो जाती है। ये श्लोक हैं —

रवौ कन्यातुलालिस्थे वास्तौ पूर्वे शिरः स्थितम्।
चापे च मकरे कुम्भे दक्षिणेन व्यवस्थितम्।
आदित्यवारयोगेन स वास्तुः सरति भ्रमात्॥
यत्र भानुः शिरस्तत्र लक्षितव्यं रविक्रमात्।
देवागारं गृहञ्चैव न कुर्याच्छीर्षसन्मुखम्॥
मृत्युरोगभयानि स्युः प्रशस्तं कुक्षिसन्मुखम्।

तुला-वृश्चिक-कन्यासु भास्करो यदि संस्थितः।
न तदा प्राङ्मुखं कुर्यात् गृहं भवति निष्फलम्॥
धनुर्मकरकुम्भेषु यदि तिष्ठति भास्करः।
तदा याम्यमुखं वेश्म राजचौराग्निभीतिदम्॥
मीने मेषे वृषे प्रत्यङ्मुखं स्त्रीकलहावहम्।
मिथुने कर्कटे सिंहे न कुर्याच्चोत्तराननम्।
तथा कृतं भवेद्वेश्म दोष-शोक-भयावहम्॥ *(हेमाद्रि : चतुर्वर्गचिन्तामणि, परिशेषखण्ड कालनिर्णय अध्याय 15, पृष्ठ 819-820)*

अपराजितपृच्छा के वर्तमान पाठ में ये श्लोक निम्नांकित क्रम और पाठान्तर के साथ प्राप्त होते हैं—

रवौ कन्यातुलालौच पूर्वे शिरः समाश्रितः।
धनोश्च मकरे कुम्भे दक्षिणे तु व्यवस्थितः॥
मीने मेषे वृषे चैव पश्चिमे तु समाश्रितः।
मिथुने सिंहकर्के च ह्युत्तरेण व्यवस्थितः॥
सर्वकालक्रमोऽयं च राशिमध्ये ह्यतः शृणु।
देवताश्च क्रमयोगेन स वास्तुः सरते महीम्॥
यत्र भानुस्तत्र शिरं लक्षितव्यं रविक्रमात्।
अन्यथा कुरुते दुःखं शिरो वास्तावलङ्कृतम्॥
देवागारं गृहं यत्र न कुर्याच्छिरः सन्मुखम्।
मृत्युरोगभया नित्यं शस्तं च कुक्षिसन्मुखम्॥
कन्यातुलावृश्चिके च भास्करो यदि संस्थितः।
पूर्वे मुखं न कर्त्तव्यं गृहं भवति निष्फलम्॥
मकरे चैव धनुषि कुम्भे वा च दिवाकरे।
याम्यादिशि मुखं कुर्याद्राजचौराग्निजं भयम्॥
मीने मेषे वृषे चेव पश्चिमा दिग् च दूषिता।
स्त्रीणां रोगं महाघोरं भवति ह्यतिदारुणम्॥
मिथुने सिंहकर्के च वेश्म नैवोत्तराननम्।
दोषशोकभयं तत्तु न कुर्याच्च विचक्षणैः॥ *(अपराजित. 62, 3-11)*

इससे यह भी प्रतीत होता है कि यह ग्रन्थ रचनाकाल के बाद पुनर्संस्कारित या पुनर्सम्पादित हुआ है क्योंकि श्लोकों के बीच-बीच भी अन्य पङ्क्तियाँ मिलती हैं और पाठ भेद भी है। इसके अतिरिक्त भुवनदेव ने शिवरात्रि का विस्तृत वर्णन किया है, वर्ष की सभी शिवरात्रियों का नामोल्लेख किया है। उसके काल में शिवरात्रि का महत्व इस बात से भी प्रतीत होता है कि किराडू-जोधपुर के 1152 ई. के एक अभिलेख में कुमारपाल के एक सामन्त आल्हणदेव द्वारा एक आज्ञा से शिवरात्रि पर पशुवध निषेध करने का निर्देश दिया गया है। *(एन्यूअल रिपोर्ट ऑफ राजपूताना म्यूजियम 1931)* हमें याद रखना चाहिए कि शिवरात्रि के व्रत की कथा आबू से जुड़ी हुई है और उस कथा में मूलतः शिकारी द्वारा मृग-मृगी का वध नहीं करने का वर्णन ही है।

ग्रन्थ के साङ्गोपाङ्ग अध्ययन से प्रतीत होता है कि भुवनदेव जितना गुजरात से परिचित था, उतना ही वह गुजरात से लगे मेवाड़ क्षेत्र से भी परिचित था। बहुत सम्भव है कि वह सोमपुरा हो किन्तु बहुत विद्वान था। वह कुमारपाल के साथ मेवाड़ आया हो जैसा कि कुमारपाल के साथ दण्डपाल सज्जन भी आया था जिसे पाटी सहित चित्तौड़ दिया और वहाँ का राजा किया *(जैसा कि कुमारपालदेव प्रबन्ध गाथा 14 में आया है)* अथवा भुवनदेव मेवाड़ में उस काल में चल रही शिल्प गतिविधियों के क्रम में निमन्त्रण पर आया हो किन्तु जब परमारों के प्रभाव से मेवाड़ में समराङ्गणसूत्रधार जैसे ग्रन्थ प्रचलित रहे होंगे तो ऐसे में अपराजितपृच्छा जैसे ग्रन्थ की क्या आवश्यकता रही होगी?

ऐसे में कुछ कारण दिखाई देते हैं —

1. प्रथमतः चालुक्यों का परमार भोज के साथ वैर-भाव था। भोज के पूर्वजों ने गुजरात पर अधिकार के लिए चढ़ाई की थी और वहाँ पर्याप्त रक्तपात हुआ था। इसके बदले में चालुक्यों ने भोज की राजधानी को रौंद डाला था, जैसा कि विक्रमाङ्कदेवचरित *(अध्याय प्रथम)* आदि से विदित होता है। ऐसे में चालुक्य नहीं चाहते थे कि वे परमार शासकों के किसी मत को स्वीकार करें। ग्रन्थों और विचारधारा के प्रसङ्ग में यह विचार कुछ अधिक ही चरितार्थ होता है। इसलिए भुवनदेव ने भोजकृत समराङ्गणसूत्रधार के श्लोकों को ज्यों-का-त्यों लिया भी है किन्तु कहीं भी भोज का नामोल्लेख नहीं किया है बल्कि उन्हें विश्वकर्मा-वचन कहा है।

2. द्वितीयतः समराङ्गणसूत्रधार के निर्देश लगभग एक सदी पुराने हो चुके थे और कला में नवीनता देना अपरिहार्य हो चुका था। फिर मालवा व गुजरात में

भौगोलिक स्थितियाँ पृथक् भी थीं। ऐसे में नवीन कला परम्परा का प्रवर्तन होना प्रासङ्गिक ही था। अरबों के हमले में विनाश को प्राप्त सोमनाथ व अन्य देवालयों के जीर्णोद्धार के साथ ही कला में नवीन धारा का प्रवाह अनिवार्य था।

3. सोमनाथ पर आक्रमण के साथ ही कई सोमपुरा शिल्पी वहाँ से तत्काल मेवाड़ आदि की ओर पलायन कर गए हों और उनमें से किसी को अपने सूत्रसन्तानों के लिए निर्देश तैयार करने हों और उसने अपनी स्मृति के अनुसार भोज के मतों को लिखते हुए नवीन ग्रन्थ की रचना की हो।

बहुत सम्भव है कि इस ग्रन्थ की रचना चित्तौड़गढ़ स्थित समीधेश्वर (समाधीश्वर) मन्दिर में हुई हो क्योंकि वह भोजकृत रहा है और वहाँ चालुक्यों का अधिकार और परमारों की प्रभुत्व के अवसान के बाद भुवनदेव निश्चिन्त रहा हो। इस क्रम में मेवाड़ के शिल्पियों का वह प्राचीन 'सबद-सूत्र' उद्धृत करना अप्रासङ्गिक नहीं होगा जिसमें समीधेश्वर मन्दिर में विश्वकर्मा-अपराजित संवाद के रूप में इस ग्रन्थ की रचना का उल्लेख आता है। यह कहना न होगा कि जहाँ इतिहास के अन्य स्रोत मौन होते हैं, तब एक वातायन लोकसाहित्य भी खोलने का यत्न करता है। इस सबद-सूत्र में अपराजितपृच्छा की न केवल विषय-वस्तु दी गई है, बल्कि भुवनदेवाचार्य का परिचय भी है। भुवनदेव की शिल्पविद्या का प्राचीन 'सबद' (कण्ठ-दर-कण्ठ) स्मृत्यमान चम्पूतुल्य यह रचना इस प्रकार हैं—

ॐ गुरुजी! विद्या में सिलपविद्या जो साधे सो पावै अमरापुरवास। जो भणै सो सधैरे जावे कैलासवास॥ चितरकोट समाधीसर बैठ भणै चेजारो भवनदेव, गंधमंगरे वराज्या मादेव, रिसी वन्दावै। विस्क्रमाजी भाषै हुणै अपराजित- अगम, पछम, स्त्रस्टि री उतपत-लोप, जडखान, पिण्डखान, परेवखान, बीजखान, चार समन्द सतखण्डी प्रथ्वी, सात लोक, नौ नाथ, साम्भरू मेवाड़। रिश्यां री सन्ताण। गणतभणै, जोतीस भणै, भणत भणै, गड़त भणै, जोऊं लेयर हाथ तईं नापै, मिण्डीऊं करोड़ नापै। आवक आछौ लागै, जावतो रंज लागै। भाण्डता देवल जोड़े, नवा करै। चोथ, सिवरात, मैल-माळिया, तळाब-नाड़ी-बावड़ी-कूड़ा-निवाण, नीम-सीम, इण्ड-मीण्ड, देवळ-मूरत, पूजा-परसाद, राग-रागणी, नरतन-किरतन कोइ भेद बाकी नहीं। आठ सेहस गरन्थ माण्ड्या, दो पोटी पानड़ा। जदी चाल्या चीरवे ने नागदा ने धोके है। कैलास नगरी में राजा वैसळ सन्माने। आबू रे मथारे हुणै टंकोड़, पाथोड़, राठौड़ चाक दे, क्रमचारो देवळ बांधता। अठी नाळे तो मारवाड़, वठी जावै तो गुजरात। वणै सूरी जो चेला वदावै। करै भगती वदावै

अगती। भवनदेव री वात कुण भणै। मैल वणातो राजा, देवळ बांधतो सूतरपत, मठ वणातो जत्ती, मूरत घड़तो रूपौ, चणतो चेजारो, पीणतो पिंजारो, गावतो गवैयो, नाचतो नच्चयौ, कटार-तरवार-नेजो चलावतो सूर, वणती विंदणी, ओतरतो भेरू रो भोपो। भवन सुधर्‌यां भव सुधरे, सुधरे भजन भाव। विस्क्रमाजी ते ऽप्राजित सुत सन्ता (न) रे ग्यान॥ इति सिलप-सबद सम्पूर्ण भयो, अनन्त क्रोड़ सिद्धां में गादी बैठ गुरु माराज भाषिया। साईं ने सलाम, गुरांजी ने परणाम, नाथजी कूं आदेस, सब सन्तां ने हरे हर।

(सांवरियाजी मन्दिर मण्डफिया के शिल्पी कजोड़ीदास से 1989 में सङ्कलित)

अर्थ :— ॐ गुरुजी, विद्याओं में शिल्पविद्या प्रमुख है। इसकी जो साधना करता है, वह देवलोक में निवास करता है। जो इसे पढ़ता है, वह कैलासवास प्राप्त करता है। चित्रकूट (चित्तौड़गढ़) के समाधीश्वर मन्दिर में बैठकर स्थपति भुवनदेव रचना-पाठ करता है। गन्धमादन पर्वत पर विराजित शिव की ऋषि वन्दना करते हैं। विश्वकर्मा कहते हैं और अपराजित सुनते हैं। वे पूर्व मत, परवर्ती मत, सृष्टि की उत्पत्ति, प्रलय, जड़ योनि, पिण्डयोनि, श्वेदज, बीज योनि कहते हैं। चारों समुद्र, सप्तखण्डा पृथ्वी, सप्त लोक, नौ नाथ के बारे में बताते हैं। साम्भर से लेकर मेवाड़ तक का देश-वृतान्त कहते हैं। ऋषियों की वंश परम्परा बताते हैं। इसी क्रम में गणित का वर्णन, ज्योतिष का वर्णन, शिक्षा-व्याकरण का वर्णन, प्रस्तर व उसकी गड़ाई का वर्णन करते हैं। यव से लेकर हस्त का प्रमाण बताते हैं। शून्य से लेकर कोटि तक गणना बताते हैं। वास्तु में आय श्रेष्ठ व व्यय अनुचित होता है। जीर्ण देवालय का उद्धार, नवीनीकरण बताते हैं। चतुर्थी व्रत शिवरात्रि, महल-हवेली, तालाब, जलाशय, बावड़ी, कूप, शस्य, शिलान्यास, शिखर, आमलक, कलश, देवालय, मूर्ति, पूजा-विधि, प्रसाद बताते हैं। इसी क्रम में राग-रागिनी, नृत्य, कीर्तन मिलाकर कोई शिल्प विद्या का भेद शेष नहीं रहता। आठ हजार (श्लोकों) का ग्रन्थ प्रमाण लिखते हैं। दो बैलों पर उठाने योग्य भार प्रमाण के पत्रों पर यह शास्त्र लिखा गया। भुवनदेव (चित्तौड़गढ़) से निकलकर चीरवा होकर नागदा (मेवाड़ की प्राचीन राजधानी) जाते हैं। कैलासपुरी में राज वैजल (विजयसिंह) सम्मानित करता है। आबू के पर्वत पर इस ग्रन्थ को टाँकी चलाने वालों ने सुना, पत्थर तोड़ने वालों ने सुना। राठौड़ों ने सुना व तलच्छन्द बनवाया। वहाँ देवालय निर्माण में जुटे कर्मचारियों ने सुना। इधर देखें तो मारवाड़, उधर देखें तो गुजरात तक इस ग्रन्थ का परिचय फैला। इसके बाद भुवनदेव तत्कालीन सूरीश्वर का शिष्य होता है, शिष्यों को बढ़ाता है। भक्ति करता है, जन्म सुधारता है। इस भुवनदेव की वार्ता को कौन

सुनता है ? महल बनाने वाला राजा, देवालय बनाने वाला स्थपति, मठ बनाने वाला यति, मूर्ति तैयार करने वाला रूपाङ्कनकर्ता, भित्ति की चुनाई करता चेजारा, रूई की पिंजाई करने वाला पिंजारा, गाने वाला गायक, नाचने वाला नर्तक, कटार-तलवार, भाला चलाने वाला शूरवीर, शृङ्गार करने वाली दुल्हन, भावाविष्ट होकर देवाराधना करने वाला भोपा सुनता है। यदि भवन सुधर जाता है तो भव (संसार) सुधर जाता है। भजन-भाव सफल-सार्थक हो जाते हैं। विश्वकर्माजी से अपराजित की ज्ञान-सन्तानों (मानसपुत्रों) का यह ज्ञान है। इस प्रकार शिल्प सबद पूर्ण हुआ। अनन्त करोड़ सिद्धों के बीच विराजित गुरु महाराज ने इसे कहा है। सांई का सलाम, गुरुदेव का प्रणाम, नाथजी को आदेश, सभी सन्तों से कहना हरे-हर।

इस ग्रन्थ के मेवाड़ में रचित होने के कई प्रमाण इसी में अन्तःसाक्ष्य के रूप में प्राप्त होते हैं जिनको यथास्थान पाद टिप्पणियों के रूप में दिया गया है। इसको अपराजित के नाम लिखने के मूल में यह कारण स्पष्ट होता है कि मेवाड़ को शिल्पधाम के रूप में प्रतिष्ठित करने का श्रेय गुहिल वंशी अपराजित को ही दिया जाता है। प्रो. डी. आर. भाण्डारकर *(इपिग्राफिया इण्डिका जिल्द 39, पृष्ठ 190)*, कविराजा श्यामलदास *(वीरविनोद भाग 1, पृष्ठ 252)* आदि इतिहासकारों ने मेवाड़ के गुहिल राजवंश के राजा शील या शीलादित्य (शिलालेख 646 ई.) के पुत्र के रूप में अपराजित (शिलालेख 661 ई.) को परिगणित किया है। यद्यपि बापा रावल का आद्य-पुरुष के रूप में नाम लिया जाता है किन्तु इतिहासविदों में यह विवाद ही है कि बापा किसी का नाम है अथवा विरुद? क्योंकि कई प्राचीन शिलालेखों में बापा, बाष्प, बप्प आदि नामाभिधानों का प्रयोग हुआ है। *(नागरी प्रचारिणी पत्रिका भाग 1, पृष्ठ 248-50 एवं टिप्पणियाँ)*

इसी प्रकार कुम्भलगढ़ की महाराणा कुम्भाकालीन (1433-1468 ई.) प्रशस्ति में आया है— तस्मिन् गुहिलवंशेद्भूद्भोजनामावनीश्वरः। तस्मान्महीन्द्रनागाह्वो बप्पाख्यश्चापराजितः॥ (श्लोक 139) यहाँ बप्पा नाम वाले राजा के बाद अपराजित का वर्णन आया है, ऐसे में शीलादित्य का नाम बप्पा होने का मत कर्नल जेम्स टॉड ने प्रतिपादित किया। *(कर्नल जेम्स टॉड जिल्द 1, पृष्ठ 259-69)* किन्तु, शीलादित्य के सामोली अभिलेख (643 ई.) में उसके लिए यह अपर नामाभिधान नहीं आया है, इसी आधार पर इतिहासकार गौरीशङ्कर ओझा ने इस तर्क को निर्मूल कह दिया। *(उदयपुर राज्य का इतिहास, पृष्ठ 104)*,

तथापि यहाँ यह अवश्य हो सकता है कि अपराजित का यह अपरनाम रहा हो; चूंकि एकलिंग माहात्म्य के आधार पर बप्पा रावल का समय 734-753 ई. का

निर्धारित किया गया है, ऐसे में अपराजित से पूर्व बप्पा का होना अथवा अपराजित व बप्पा का अभिन्न होना बताने के लिए अन्य कोई प्रमाण नहीं है और फिर शीलादित्य की प्रशस्ति गुजरात की सीमा वाले सामोली से मिली है जबकि अपराजित की प्रशस्ति नागदा से। नागदा मेवाड़ की प्राचीन राजधानी रहा है, ऐसे में मेवाड़ के प्रथम प्रतापी शासक के रूप में अपराजित का होना प्रतीत होता है बहुत सम्भव है कि उसने नागदा-कैलाशपुरी क्षेत्र को अधिकृत रखने वालों से घोर सङ्घर्ष किया हो और इस क्षेत्र को गुहिलाधिकृत किया हो। इसी के वंशधर बापा ने 734 ई. में मान मौर्य से चित्तौड़गढ़ का राज्य लिया एवं पूरे मेवाड़ को गुहिल वंशाधिपत्य करने का यत्न किया। सम्भवतः भुवनदेवाचार्य इस तथ्य से परिचित था, ऐसे में उसने मेवाड़ में गुहिल राज्य के प्रवर्तक अपराजित को प्रश्नकर्ता के रूप में प्रस्तुत किया हो। इस क्षितिभृत अपराजित ने मेवाड़ की प्राचीन राजधानी में स्थापत्य की परम्परा का प्रवर्तन किया, उसी के दरबारी वराहसिंह की पत्नी यशोमति ने कुण्डा ग्राम (उदयपुर जिलान्तर्गत बड़गाँव पंचायत समिति) में कैटभ-रिपु विष्णु का जहाज-आकार में मन्दिर बनवाया था।

अपराजित की उदयपुर जिलान्तर्गत कुण्डेश्वर से प्राप्त 661 ई. की प्रशस्ति में कहा गया है कि गुहिल वंश के तेजस्वी राजा अपराजित ने सब दुष्टों का विनाश किया, अनेक राजा उसके आगे शिरावनत थे। उसने शिवात्मज पुत्र महाराज वराहसिंह को, जिसकी शक्ति का भञ्जन कोई नहीं कर सका और जिसने भयङ्कर शत्रुओं को परास्त किया तथा जिसकी यशकीर्ति दिग्दिगन्त तक प्रसारित थी, अपना सेनापति बनाया। अरुन्धती के समान विनयवाली उस वराहसिंह की पत्नी यशोमती ने लक्ष्मी, यौवन और वित्त को क्षणिक मानकर संसार रूपेण विषय समुद्र को तैरने के निमित्त नाव रूपी कैटभ-रिपु विष्णु का मन्दिर बनवाया। यह लेख इस प्रकार हैं—

ॐ नमः स्पृष्ठा वक्षसि लीलया कररुहैः काचित्कचाकर्षणादन्या कामपरेण पादपतनैः कण्ठग्रहेणापरा धन्यास्ता। भुवने सुरेन्द्रतनयो याः प्रापिता निर्वृति स्मृत्वेत्थं स्पृहयन्ति गोपवनिता यस्मै सपायाद्धरि॥ लक्ष्मीलीलोपधानं प्रलयजलनिधिस्थायिनो गण्डशैलादर्षोद्धृत्ता सुरेन्द्रद्रुम गहनवनच्छेददक्षाः कुठाराः। संसारापारवारि प्रसररयमुत्तारणे बद्धकुक्ष्याः दोर्दण्डाः पान्तुशौरेस्त्रिभुवन भवनोत्तम्भस्तम्भभूताः॥ राजा श्रीगुहिलान्वयामल पयोराशौ स्फुरद्दीधिति धवस्तध्वान्त समूहदुष्टसकलव्यालावलेपान्तकृत्। श्रीमानित्यऽपराजितः क्षितिभृतामभ्यर्चितो मूर्धभिः वृत्तस्वच्छतयैव कौस्तुभमणिर्ज्जातो जगद्भूषणम्॥ शिवात्मजो

खण्डितशक्तिसम्पद्धर्यः समाक्रान्तभुजङ्गशत्रू तेनेन्द्रवत्स्कन्द इव प्रणेता वृत्तो महाराज वराहसिंहः॥ जनगृहीतमपि क्षयवर्जितं धवलमप्यनुरञ्जितभूतलं स्थिरमपि प्रविकासि दिशोदशभ्रमति यस्य यशो गुणवेष्ठितम्॥ तस्य नाम दधति यशोमती गेहिनी प्रणयिनी यशोमती चित्तमुत्पथगतं निरुन्धती सा बभूव विनयादरुन्धती॥ श्रीर्व्वन्धकी स्थागुणरता च गौरी वैधव्यदुःखोपहता रतिश्च...॥ *(जे. ए. एस. बी. 1935, पृष्ठ 122, इपिग्राफिया इण्डिका भाग 4, पृष्ठ 31-32)*

वैसे अपराजित को विश्वकर्मा का मानसपुत्र समराङ्गणसूत्रधार में कहा गया है— आययुर्विश्वकर्माणं चत्वारो मानसाः सुताः॥ जयो विजयसिद्धार्थौ चतुर्थश्चापराजितः। *(समराङ्गण. 2, 2-3)* फिर जय, विजय व सिद्धार्थ के नाम से ग्रन्थों का प्रणयन हो चुका था, जैसा कि भुवनदेव ने भी सूचित किया है, ऐसे में अपराजित के नाम पर ही ग्रन्थ रचना शेष रही होगी। यह नामाभिधान मेवाड़ाधिपति अपराजित से मेल भी खाता था, फिर भुवनदेव के जीवनकाल में अपराजित नाम विशेषतः चलन में रहा था, जैसा कि जालोर-भीनमाल से प्राप्त 1108 ई. के ताम्रपत्र में देवराट् के पुत्र के रूप में अपराजित का नाम आया है— चन्दनोमहीपस्तन्नन्दनो देवराट्। तत्सूनुश्चपराजितः...; जालोर के तोपखाना से प्राप्त 1117 ई. के अभिलेख में भी ये ही नामाभिधान आए हैं। *(शोधपत्रिका भाग 1, अङ्क 2, 1956, पृष्ठ 1-12 एवं इपिग्राफिया इण्डिका भाग 42, पृष्ठ 41)* इसी प्रकार राजस्थान के जालोर के निकटस्थ सुन्धा चामुण्डा माता की 1262 ई. प्रशस्ति में अपराजितेश के मन्दिर का वर्णन आया है— प्रोत्तुङ्गेप्यपराजितेश भवने सौवर्णकुम्भध्वजारोपी रूप्यमेखला वितरणस्तस्यैव देवस्य यः॥ चक्रे श्रीरपराजितेश भवने शाला तथास्यां रथः कैलाश प्रतिमस्त्रिलोक कमलालङ्कार रत्नोच्चयः। येन क्षोणि पुरन्दरेण कृतिना मानन्द संवित्तये भाग्यं वा निजमेव पर्वततुलां नीतं समनतादपि॥ *(इपिग्राफिया इण्डिका भाग 5, पृष्ठ 74)* इस प्रशस्ति के अनुसार वहाँ पर चाचिगदेव ने स्वर्ण कलश और ध्वजा चढ़ाई, चाँदी की मेखला-लेन का वितरण किया, अपराजितेश के भवन की शाला के लिए रथ बनवाया जो कैलाश के समान प्रतीत होता था और उस पर रत्न-कमलों का अलङ्करण था।

यह अपराजितेश मन्दिर के जीर्णोद्धार और उसके लिए व्यवस्थाओं का सशक्त सन्दर्भ देता है। यह मन्दिर लगभग एक शताब्दी पूर्व बना होगा और यह प्रतीत होता है कि वह काल अपराजितपृच्छा की रचना का ही रहा होगा। लोक-सबद में भुवनदेव का आबू गमन का सङ्केत है और तत्कालीन जाबालीपुर (जालोर) वहाँ से अधिक दूर भी नहीं है जो कि तब ज्ञान-विज्ञान के केन्द्र के रूप में ख्यात था। उक्त

सबद में ही भुवनदेव के सूरीश्वर से दीक्षित होने का सङ्केत भी हैं किन्तु इस सम्बन्ध में समकालीन स्रोत मौन हैं। उदयपुर जिलान्तर्गत चीरवा ग्राम जिसका कि सङ्केत उक्त सबद में भुवनदेव की यात्रा के प्रसङ्ग में आया है, से प्राप्त 1273 ई. की प्रशस्ति में अवश्य भुवनचन्द्र सूरी का नाम आया है। यह प्रशस्ति भुवनचन्द्र सूरी के शिष्य रत्नप्रभसूरी ने चित्तौड़गढ़ में रहते हुए रची थी। *(इपिग्राफिया इण्डिका भाग 27, पृष्ठ 285-92 एवं वियना ऑरियण्टल जर्नल जिल्द 21, पृष्ठ 155-162)*

किन्तु, इस प्रशस्ति में अन्य किसी भुवनचन्द्र सूरी का वर्णन रहा हो क्योंकि इतने वर्षों तक भुवनदेवाचार्य के शिष्य का रहना सम्भव प्रतीत नहीं होता तथापि चीरवा का महारावल पद्मसिंह द्वारा तत्कालीन तलारक्ष योगराज को मिलना और वहाँ पर योगेश्वर शिव व योगेश्वरीदेवी के मन्दिर के निर्माण, उसके पिता द्वारा उद्धरण स्वामी-विष्णु के मन्दिर की प्रतिष्ठा और पुत्र मदन द्वारा प्रायश्चित स्वरूप योगेश्वर व योगेश्वरी के मन्दिर के जीर्णोद्धार एवं उक्त देवालयों के नैवेद्यार्थ कालेला सरोवर के पृष्ठभाग की गोचर भूमि से दो खेतों के भेंट करने का वर्णन आया है और यह वर्णन भुवनदेव के ग्रन्थोक्त निर्देश के समरूप ही है।

इसी प्रकार मेवाड़ के आड़ा-अवला पर्वत *(आड़ावल या अरावली पर्वतमाला, तुलनीय : दृश्यते पर्वतो यत्र ह्यनेकशिखराकृतिः। राजा सेनावधं कुर्यान्मासेनाऽत्र न संशयः॥ सूत्र 203, 8)*, जावर जैसे खदान क्षेत्र, वर्तना जैसे कला-संसाधनों आदि से भुवनदेव का परिचित होना उसकी इस क्षेत्र से सम्बद्धता को दर्शाता है फिर इस रूप में भी वह मेवाड़ का स्मरण करता है कि तीन भूमिमध्य मालिका-हर्म्य वह बनवा सकता है जो सूर्यवंशी हो और शिव का आराधक हो *(त्रिभूमिमध्यकर्त्तव्या मालिका क्रमतः स्थिता। सूर्यवंशोद्भवाः शैवा वतरन्ति यदा महीम्॥ तेषां वेश्मानि कार्याणि नान्येषां तु कदाचन। सूत्र 69, 43-44)* यह पहचान भी मेवाड़ के राजवंश की रही है, जिसे रघुकुल के समान कीर्ति-प्रसारकर्ता और सूर्यवंशी माना जाता है और वह एकलिंगजी का आराधक रहा है, तथापि इस दिशा में पर्याप्त शोध की सम्भावना अभी समाप्त नहीं हुई है।

प्रस्तुत पाठ के सम्पादन के आधार :

अपराजितपृच्छा का प्रस्तुत संस्करण पूर्ववर्ती प्रकाशित पाठ का अनुवाद नहीं है बल्कि इसमें कई नवीन पाण्डुलिपियों का सहयोग भी लिया गया है। उल्लेखनीय है कि इस ग्रन्थ के प्रथम संस्करण के लिए पोपटभाई अम्बाशङ्कर मंकड ने निम्न मातृकाओं का सहारा लिया था—

बी–1 पाण्डुलिपि और बी–2 पाण्डुलिपि। ये दोनों ही मातृकाएँ बड़ौदा ऑरियण्टल इंस्टीट्यूट में क्रमशः 3587 एवं 9214 पंजीकृत संख्या पर विद्यमान हैं। इनमें से पहली मातृका में 238 सूत्र पूर्ण एवं 239वाँ सूत्र अपूर्ण रूप से प्राप्त होता है और यह अधिक पुरानी नहीं है जबकि दूसरी मातृका में 225 सूत्र मिलते हैं जिनमें से 101 से 156 सूत्र नदारद हैं। इनमें लगभग 7500 श्लोक प्राप्त हुए।

इस ग्रन्थ के प्रकाशन के बाद एक मातृका प्रसिद्ध शिल्पशास्त्री प्रभाशङ्कर ओघड़भाई सोमपुरा और मधुसूदन ढांकी को अहमदाबाद के श्रीमनसुखलालभाई सोमपुरा से प्राप्त हुई थी। मुझे अपराजितपृच्छा की एक पाण्डुलिपि क्रमशः प्राच्य विद्या प्रतिष्ठान के जोधपुर मुख्यालय से (संख्या 18078–12) और एक इसी प्रतिष्ठान की उदयपुर शाखा से भी मिली जिनमें एक–दो अध्याय ही मिले जबकि एक अपूर्ण मातृका डूँगरपुर जिले के सागवाड़ा निवासी वयोवृद्ध स्थपति श्री रघुनाथ सोमपुरा से साभार प्राप्त हुई। इसमें 137 अध्याय हैं। देवालय शिखर विधान सम्बन्धी कुछ अध्याय बड़ौदा में विद्यमान सूत्रधार गोविन्द कृत् 'कलानिधि' (संख्या 8276 पृष्ठ 9, 11001 पृष्ठ 11 तथा 11069 पृष्ठ 23) में प्राप्त हुए जिनका सम्पादन और उपयोग मैंने पूर्व में उस ग्रन्थ के लिए किया था। कई श्लोकों का संशोधन, परीक्षण गुजराती में प्रकाशित 'बृहच्छिल्पशास्त्र' एवं 'प्रासादमण्डनम्' के आधार पर किया गया है। इनके अतिरिक्त इस ग्रन्थ के मुख्य उपस्कारक समराङ्गण सूत्रधार के आधार पर भी सैकड़ों श्लोकों का परीक्षण कर यथास्थल उनका सम्पादन कर, पाद टिप्पणियाँ दी गई हैं। इसके कई श्लोक ज्ञानप्रकाश दीपार्णव में भी मिलते हैं।

इस प्रकार अपराजितपृच्छा के प्रकाशित पाठ में जहाँ कहीं खण्डित और भ्रष्ट श्लोक थे, उनकी पूर्ति और संशोधन सम्भव हुआ वहीं कई नवीन श्लोक भी प्राप्त हुए। इस प्रयास में लगभग पाँच सौ श्लोकों की पूर्ति भी हुई है। हालांकि ग्रन्थकार ने शिव के नौ ताण्डवों का सन्दर्भ कहाँ से उद्धृत किया, यह पता नहीं चल सका किन्तु नाट्यशास्त्र, मयमतादि के आधार पर क्षेपक रूप में उनकी किञ्चित पूर्ति का प्रयास किया गया है। इसी प्रकार स्त्री–पुरुष लक्षणाध्याय में खण्डित श्लोकों की पूर्ति बृहत्संहिता की भट्टोत्पलीय विवृत्ति और स्कन्दपुराण आदि के सहारे की गई है किन्तु सर्वत्र यह ध्यान रखा गया है कि श्लोकों की पूर्ति इस ग्रन्थ की अपेक्षा प्राचीन पाठों के सहारे ही की जाए। यथास्थान सन्दर्भ इस ग्रन्थ को हमारी ग्रन्थ परम्परा से संयुक्त करता हुआ प्रतीत होगा, ऐसा मैंने अपनी समझ के अनुसार प्रयत्न किया है।

विषयानुक्रमणिका

॥ श्रीगणेशाय नमः ॥

श्रीभुवनदेवाचार्योक्ता

सूत्रसन्तानगुणकीर्तिप्रकाशापरनामधेया

अपराजितपृच्छा

गन्धमादनो नाम प्रथमं सूत्रम् ॥ 1 ॥

अथ ग्रन्थस्य निर्बाधपरिसमाप्त्यर्थं परम्परानुमितश्रुतिबोधितकर्त्तव्यताकं स्वाभीष्ट गणाधीशादिदेवानामाशीर्वादस्वरूपं मङ्गलम् —

अभीप्सितार्थसिद्ध्यर्थं पूजितो यः सुरैरपि।
सर्वविघ्नच्छिददे तस्मै गणाधिपतये नमः ॥ 1 ॥

अपने अभीष्टार्थ की सिद्धि के निमित्त देवगण जिनका पूजन करते हैं जो समस्त विघ्नों का उच्छेदन करने वाले है, उन गणाधिपति को नमस्कार है।

चतुर्मुखमुखाम्भोजवनहंसवधूर्मम (-र्सम!)।
मानसे रमतां नित्यं सर्वशुक्ला सरस्वती ॥ 2 ॥

चतुर्मुख ब्रह्माजी के मुखरूपी कमलों के वन को हंसवधू अर्थात् हंसिनी के समान अनुरागपूर्ण भाव से निहारती हुई, ब्रह्माजी के मन रूपी मानसरोवर में नित्य रमण करने वाली सर्वशुक्ला अर्थात् श्वेतपुष्प माला व वस्त्रों को धारण करने वाली निर्मल, उज्ज्वल सरस्वती को प्रणाम है।

ग्रन्थार्थ गन्धमादनपर्वताश्रये प्रवर्तनमाह —

अथ श्रीहिमान्तभागे पर्वते गन्धमादने।
विचित्रशिखराकीर्णे चित्रस्फटिकशोभने ॥ 3 ॥
चन्द्रकान्तशिलारम्ये सेव्यामृतनिवासिने।
सिद्धामरकन्याकीर्णे क्रीडामणिगुहागृहे ॥ 4 ॥

अब हिमाचल के अन्तिम भाग में विद्यमान गन्धमादन पर्वत का वर्णन किया जा रहा है जो अपने विचित्र शिखरों से युक्त, स्फटिक चित्र-सा शोभित होता है। वहाँ रमणीक चन्द्रकान्त शिला है जो कि देवताओं का निवास है। वहीं पर सिद्ध, देव-कन्याओं के निमित्त क्रीडामणि गुहागृह विद्यमान है।

हंसकारण्डवाकीर्णे चक्रवाकोपशोभिते।[1]
नीलजीमूतसङ्काशे तरुणादित्यसप्रभे॥ 5॥
उच्छ्रयाकाशशिखरे रत्नधातूपशोभिते।
अनन्तगह्वरे रम्ये यथाख्यातात्य (इ ?) हासके[2] ॥ 6 ॥

हंस और बतखों के समूहों से भरपूर और चक्रवाकों के शोभित नीले वर्ण के बादलों के समान शोभित और मध्याह्न के सूर्य के समान तेज प्रभावाले ऊँचे-ऊँचे गगनचुम्बी शिखरों वाला, रत्न और धातुओं से उपशोभित, अनेकों गह्वर गुहाओं से रमणीयता को वैसे ही लिए हुए हैं जैसे कि इतिहासों में उसकी ख्याति है।

महाद्रुमलताकीर्णे वनोपवनकानने।
दिव्यासनसभारम्ये सरितां तटवासिते॥ 7॥
इदं वै आश्रमं रम्यं पर्वते गन्धमादने।
भूर्भुवनेश्वरं देवं तच्छिलापृष्ठशायिनम्॥ 8॥

वहाँ महावृक्षों, लताओं से युक्त वनोपवन वाले देवकानन हैं। वहाँ प्रवाहमान सरिता के तट पर दिव्यासन वाली सुन्दर सभा है। रम्य गन्धमादन पर्वत पर इस रम्य आश्रम में भू सहित अन्य समस्त लोकेश्वर के देव उक्त शिला के ऊपर शयनासन में थे।

नद्युद्गमैर्नगस्थैश्च सुद्रुमैः समलङ्कृतम्।
अनाश्रयाम्बुपतितं महानगशिखोत्थितम्॥ 9॥
तच्च शैलशिखोद्भूतं प्रस्थितं सागरावधि।
शोभितं भिल्लशबरैर्भूतं स्याच्छरपुङ्खजम्॥ 10॥

वहाँ नदियों के उद्गम स्थानों पर और पहाड़ों के शिखरों पर सुन्दर वृक्षों से अलंकृत शोभा थी। बड़े-बड़े पहाड़ों के ऊँचे शिखरों से लगातार जल के झरने गिरकर प्रपात का रूप ले रहे थे और वे सब शैल शिखर से निकलकर महासागर तक बह रहे थे। उनके आसपास शर के पङ्खों से बने हुए अलङ्करणों से शोभित भिल्ल व शबर जातियों के लोग बसे हुए थे।

तत्रोद्भूत सरितादीनां —

गङ्गासरस्वती पुण्या देवका (वेदिका) मधुमती तथा।
पारा सिन्धुश्च कावेरी गोमती चन्द्रतारका॥ 11॥

---

1. तुलनीय— स्कन्दपुराण (प्रभासमाहात्म्य 22, 8)
2. 'इत्यहासके' इति स्यात्।

इन पर्वत शिखरों से निकलकर बहने वाली नदियों के नाम हैं— गङ्गा, सरस्वती, पुण्यवती वेदका (वेदिका) मधुमती, पारा, सिन्धु, कावेरी, गोमती और चन्द्रतारका।

मज्जन्मातङ्गगण्डच्युतमदमदिरामोदमत्तालिमालं
स्नानैः सिद्धाङ्गनानां कुचयुगविगलत्कुङ्कुमासङ्गपिङ्गम्।
सायं प्रातर्मुनीनां कुशकुसुमचयच्छिन्नतीरस्थनीरं
पायान्नो गाङ्गमम्भः करिमकरकराकान्तरं हस्तरङ्गम्॥ 12॥

इन नदियों के जल में स्नान-मज्जन करने वाले मदमाते हाथियों के गण्डस्थल, कपोलों से बहने वाले हस्तिमद रूपी मदिरा के जल में घुलने से फैली सुगन्ध के मोद में मस्त भँवरों के झुण्ड चारों ओर सर्वत्र उड़ते दिखाई देते हैं। इसी प्रकार इन नदियों के प्रवाह के जल में सिद्ध और महात्माओं की रमणियों के स्नान करने से उनके कुच युगल अर्थात् दोनों स्तनों पर चिपके हुए कुङ्कुम-केसर के लाल रङ्ग के पानी में गलकर बहने से अपूर्व शोभा और सुगन्ध फैल रही है। इसके साथ ही मुनियों द्वारा अपने सायंकाल और प्रातःकाल के स्नान करते समय पूजा-अर्चना में प्रयुक्त कुश, कुसुमादि चयनित पुष्पों के नदियों के किनारे ठहरे हुए जल में एकत्रित हो जाने से वहाँ की वायु में अपूर्व सुरभि का वास मिलता है। गङ्गा नदी के जल में हाथियों के मस्ती में स्नान करने और मकर, सारस आदि जन्तुओं के तैरने और उछालने से जो अन्तरङ्ग जल राशि की उत्ताल तरङ्गे प्रसारित होती हैं, वे ऐसे लगती हैं मानो ओले वाली वर्षा हो।

दंष्ट्रिगजेन्द्रवनजाः सिंहव्याघ्रगुहास्तथा।
गण्डभल्लूकशार्दूलाः शूकरा महिषा मृगाः॥ 13॥
शुककोकिलकुलायै रम्भं शीशि(चीचि)रवोद्भवैः।
वदन्त्येतैते (रे ?) व गिरा तपोवननदीस्वराः॥ 14॥

इन विशाल वनों और पहाड़ों की उपत्यकाओं में जंगली हाथियों, गजेन्द्रों, सिंहों, व्याघ्रों को यहाँ की गुहाओं में बसे हुए देखा जा सकता है। इनके साथ ही यहाँ के वनों में गेण्डे, भालू, शार्दूल, शूकर, भैंसे, मृग, तोते, कोयलों के समूहों के गान और चहचहाहट से शिशिर अर्थात् ठण्ठ के मौसम का आभास होने लगता है। इन पशु-पक्षियों की वाणी व नदियों के बहने के स्वरों से यहाँ के तपोवन जीवन्त बने रहते हैं और बड़े ही आनन्दप्रद लगते हैं।[1]

---

1. उक्त श्लोकों में ग्रन्थ रचनाकार भुवनदेव की कल्पना ही नहीं, प्रासाद और माधुर्य शब्दशक्ति के प्रयोग के साथ-साथ साहित्य और अलङ्कारिक वर्णन की क्षमता परिलक्षित होती है।

इत्यमनन्तर अष्टाशीतितापसानां तपश्चर्या —

अगस्त्यः कश्यपश्चैव याज्ञवल्क्योऽथ कौशिकः ।
भारद्वाजो वैश्रवणो वसिष्ठो नारदस्तथा ॥ 15 ॥
पाराशरो जमदग्निर्मार्कण्डेयानकौ तथा ।
मरीचिर्गौतमोऽग्निश्च भृगुर्वै एकशृङ्गकः ॥ 16 ॥
कपिलः पुलमाहेन्द्रौ पुलस्त्यः पुलहः क्रतुः ।
वसुदेवश्च दुर्वासाः कनकः शौनकस्तथा ॥ 17 ॥
भार्गवोऽर्थ सुराचार्यो ह्याङ्गिरा मनुजल्मुकः ।

वहाँ अगस्त्य, कश्यप, याज्ञवल्क्य, कौशिक, भारद्वाज, वैश्रवण, वसिष्ठ, नारद, पराशर, जमदग्नि, मार्कण्डेय, मरीचि, गौतम, अग्नि, भृगु, शृङ्गी, कपिल, पुलमाहेन्द्र, पुलस्त्य, पुलह, क्रतु, वसुदेव, दुर्वासा, कनक, शौनक, भार्गव, सुराचार्य शुक्र, अङ्गिरा, मनुजल्मुक थे।

अन्यदप्याह —

हरितोत्सङ्गनागेन्द्रा देवन्यः किंशुकस्तथा ॥ 18 ॥
पद्मकः पार्श्वकः संपदङ्ग ईक्षण एव च ।
विश्वामित्रश्च जनको व्यासवाल्मीकिनौ तथा ॥ 19 ॥
मैत्रेयो धर्मकश्चैव प्रचेता वैजयन्तकः ।
शान्तः समुद्रकश्चैव वैशम्पायनपाचकौ ॥ 20 ॥
जीवध्वनो बाल्यषष्टिः शम्भुश्चर्णक एव च ।
शुकात्रियमकाश्चैव विशाला ब्रह्मतेजसा ॥ 21 ॥
शान्तोऽथ विद्रुमश्चैर बहुधान्यो वो (भ ?ग) व्यस्तथा ।
गर्गोऽथ लम्पटः ख्यातो नीलश्च सत्य एव च ॥ 22 ॥
मृगाक्षो वृषचक्रश्च शङ्खवर्णोऽथ लोमशः ।
चन्द्रभानुर्वज्रसूचिः किरातश्चाथ सम्भ्रमः ॥ 23 ॥
सुपर्णः श्यामतुङ्गश्च हेमकान्तिश्च देवलः ।
शिखिध्वजो महाकान्तिः शिवात्मा चन्द्रशेखरः ॥ 24 ॥
जयश्च विजयश्चैव सिद्धार्थश्चापराजितः ।
अष्टाशीतिः 88 समाख्याता ऋषयो ब्रह्मतेजसः ॥ 25 ॥
अधः शीर्षोर्ध्वपादाश्च वर्षाणां शतसङ्ख्यया ।
हृष्टास्तुष्टास्तु सर्वेषु ज्ञानध्यानपरायणाः ॥ 26 ॥

(इनके अतिरिक्त) हरित, उत्सङ्ग, नागेन्द्र, देवन्य, किंशुक, पद्मक, पार्श्वक, संपदङ्ग, ईक्षण, विश्वामित्र, जनक, व्यास, वाल्मीकि, मैत्रेय, धर्मक, प्रचेता, वैजयन्तक, शान्त, समुद्रक, वैशम्पायन, पाचक, जीवध्वन, बाल्यषष्टि, शम्भु, चर्णक, शुक, अत्रि, यमक, विशाला, ब्रह्मतेजस्, शान्त, विद्रुम, बहुधान्य, गव्य, गर्ग, लम्पट, ख्यात, नील, सत्य, मृगाक्ष, वृषचक्र, शङ्खवर्ण, लोमश, चन्द्रभानु, वज्रसूचि, किरात, सम्भ्रम, सुवर्ण, श्यामतुङ्ग, हेमकान्ति, देवल, शिखिध्वज, महाकान्ति, शिवात्मा, चन्द्रशेखर, जय, विजय, सिद्धार्थ, अपराजित व अठासी महाख्याता ब्रह्मतेजस् ऋषिगण, नीचा सिर और ऊपर पाँव करके सैकड़ों वर्षों तक शीर्षासन की तपस्या करते हुए, सभी ज्ञान ध्यान परायण महात्माओं को प्रसन्न किया और सन्तुष्ट किया।

तत्र वनस्पतिवर्णनं —

केचित्कन्दफलाहाराः पञ्चगव्योपजीविताः।
केचिद् विस्तृतपथ्याश्च केचिन्नक्षत्रभोजनाः॥ 27॥

इनमें से कोई तो कन्द और फलाहारी थे। कोई पञ्चगव्य पर जीवित थे। कोई बहुत ही पथ्यों को पालन करने वाले थे। कोई-कोई नक्षत्रानुसार भोजन करने वाले थे।[1]

तत्र विश्वकर्मदिव्याश्रमवर्णनम् —

इत्येते ऋषयः सर्वे पृष्ठे वै गन्धमादने।
भूर्भुवः स्वर्भृतश्चैव वने दिव्यावतोत्तमे॥ 28॥

ये सभी ऋषिगण गन्धमादन पर्वत के पृष्ठभाग में रहते थे। इनके द्वारा उच्चारित गायत्री मन्त्र जाप के भूः भुवः स्वः के उच्चारण से वन दिव्य और उत्तम हो रहे थे।

अनेकधा वने तत्र चन्दनागरुपादपाः।
पुन्नागनागबकुला विविधा वृक्षजातयः॥ 29॥
जातीचम्पकमन्दारा नीलरक्तोत्पलं तथा।
कङ्कोलकलवङ्गादि कर्पूरोद्गमपादपाः॥ 30॥
अतीवफलसंयुक्ता लताभिर्विविधाः कृताः।
रक्तचन्दनवृक्षाश्च प्रभूततृणपादपाः॥ 31॥

उक्त वन में अनेक प्रकार के चन्दन, अगरु के पेड़, पुन्नाग, नाग, बकुल आदि

1. तुलनीय— केचित्पुष्पफलाहाराः शीर्णपर्णाशिनस्तथा॥ केचिद्गोमयभक्षाश्च जलाहारास्तथा परे। साग्निहोत्राः सुविद्वांसो मोक्षमार्गार्थचिन्तकाः॥ (स्कन्द. प्रभास. 22, 21-22)

के विविध जातियों के वृक्ष थे। जाति-चमेली के पुष्प, चम्पक, मन्दार, नीलकमल, रक्तकमल, कङ्कोल, लवङ्गादि, कर्पूर देने वाले पादप और बहुत ही फलों से लदी विविध प्रकार की लताएँ थीं। रक्तचन्दन के वृक्ष और बहुत से तृण-पादप थे।

अगस्त्याम्बुरुहाशोकबिल्ववृक्षाः सचन्दनाः।
नागकेसरपनसा द्राक्षाखर्जुरदाडिमाः ॥ 32 ॥
शालतालतमालाश्च हिन्तालमधुपादपाः।
कर्णिकारद्रुमा रम्या नानापुष्पफलान्विताः ॥ 33 ॥

इसी प्रकार अगस्त्य, अम्बु वृक्ष, अशोक, बिल्व के वृक्ष चन्दन सहित थे। नागकेसर, पनस, द्राक्षा, खर्जुर, दाड़िम, शाल, ताल, तमाल, हिन्ताल, मधुक के वृक्ष और कर्णिकार के रमणीय वृक्ष नाना पुष्पों और फलों से लकदक थे।

चन्द्रकान्तकलाभूमिः क्वचिन्मरकतप्रभा।
प्रवालकसमाम्या क्वचित्स्फटिकनिर्मला ॥ 34 ॥
कर्पूरकुङ्कुमसमपुष्पप्रकरसङ्कुला।
सधूपामोदबहुला कुङ्कुमैरिव सिञ्चिता ॥ 35 ॥

वह भूमि चन्द्रमा के कलाओं-सी दीप्तिमान और कदाचित मरकत की प्रभा जैसी प्रतीति देती थी। वह प्रवालक के समान रम्य और कदाचित स्फटिक के समान मल रहित थी। वहाँ कर्पूर, कुङ्कुम के समान वर्ण वाले पुष्पों का पुञ्ज था और धूपादि से सदा आमोदित रहता था तथा कुङ्कुम की भाँति प्रभविष्णुता से सिञ्चित प्रतीत होता था।

इत्येवं भवनं दिव्यं दशयोजन$_{10}$विस्तरम्।
गवाक्षचन्द्रिकोपेतं वातायनसमन्वितम् ॥ 36 ॥

वहाँ पर दिव्य भवन था जो दस योजन विस्तार लिए हुए था। वह भवन गवाक्ष, चन्द्रिका के साथ ही वातायनों से युक्त था।

अभ्रंलिहैर्ध्वजैश्चित्रैश्चामरैश्च विभूषितम्।
घण्टाकोटिनिनादाढ्यनैकवादित्रसङ्कुलम् ॥ 37 ॥

वह मेघों तक समुन्नत ध्वज-पताका, चित्रादि से अलङ्कृत चामरों से युक्त था। वहाँ कोटि-कोटि घण्टाओं का निनाद होता था। नाना वाद्य वादकों का सङ्कुल वहाँ विद्यमान था।

किङ्किणीरावणोपेतमर्धचन्द्रैर्विभूषितम्।
वितानसाहस्त्रयुतं चित्रपट्टादिशोभितम् ॥ 38 ॥

प्रवेशनिर्गमोपेतं नरनारीजनाकुलम्।

वे ध्वजादि किङ्किणियों से युक्त और अर्द्धचन्द्रों से विभूषित थे। वहाँ नाना कोणों वाले वितानों की निर्मितियाँ थीं जो चित्रपट्टादि से शोभित थीं। वहाँ प्रवेश और निर्गम मार्ग पर नर-नारियों के समूहों का आना-जाना लगा रहता था।

तत्र सङ्गीतादीनामाह —

महामुरजशब्दैश्च गीतैश्च विविधैः पुनः ॥ 39 ॥
मनोहरं गृहं दिव्य देवानामपि दुर्लभम्।
लास्यहास्यैश्च विविधाः क्रीडन्ते रुद्रकन्यकाः ॥ 40 ॥
देवकन्याश्च विविधा ऋषिनार्यस्तथोत्तमाः।
सहिता नृत्यमानाश्च मङ्गलैः कौतुकैः सह ॥ 41 ॥

महामृदङ्गों के निनाद के साथ नाना प्रकार के गीत मनोहर, दिव्य गृहों में गाए जा रहे थे जो देवताओं के लिए भी दुर्लभ थे और उन गीत, वाद्यों के साथ कई रुद्र कन्याएँ अपने लास्य नृत्य और हास्य से विविध प्रकारेण कीड़ा कर रही थीं। वे आमोद-प्रमोद में तत्पर थीं। उक्त रुद्रकन्याओं के सङ्ग में विविध देवकन्याएँ तथा उत्तमोत्तम ऋषि नारियाँ, महिलाएँ भी माङ्गलिक कौतुकों के साथ नृत्य में उनका साथ दे रही थीं।

त्रिसङ्गीतैश्च विविधैः प्रेक्षणीयं गणेश्वरैः।
गणाः किलकिलायन्ति प्रवल्गन्ति मुहुर्मुहुः ॥ 42 ॥

इधर, इस प्रकार नाच-गान की तरह ही त्रिसङ्गीत (गायन, वादन व नर्तन) के विविध प्रकारों से दर्शनीय गणेश्वरगण भी बारम्बार किलकिलाकर उछलते-कूदते हैं और हंसते हुए नृत्यादि में मग्न थे।

भवनशोभावर्णनमाह —

इदं च भुवनं नित्यं शुद्धस्फटिकसन्निभम्।
वज्रवैडूर्यखचितं रत्नप्राकारशोभितम् ॥ 43 ॥

इसी तरह वहाँ के भवनों की शोभा बहुत रमणीक प्रतीत होती थी। मानो वे शुद्ध स्फटिक से निर्भित हो। यह भी लगता था कि मानो उनकी सुन्दरता में उनमें हीरे, वैदूर्य, मणियाँ और नाना प्रकार के रत्नादि विजड़ित हों, ऐसी वहाँ की भित्तियाँ थीं।

तोरणैर्दिव्यमाख्यातं पूर्वापरयाम्योत्तरम्।
तन्मध्ये दिव्यपर्यङ्कं सिंहव्यालैरलङ्कृतम् ॥ 44 ॥
हंसतुल्यं समारूढं शिरोद्धारद्वयान्वितम्।

उक्त भवनों के पूर्व-पश्चिम, उत्तर-दक्षिण में चारों ही ओर दिव्य तोरणों की शोभा है व उनके मध्य में दिव्य पर्यङ्क-शय्या सजी हुई है जिसे सिंह-व्याल आदि के चित्र-कौशल से अलङ्कृत किया हुआ है। इन पर्यङ्कों पर स्वच्छ, श्वेतवर्ण के मसनद (सिरहाने) रखे हुए हैं जो ऐसे दिखाई देते हैं मानो दो हंस वहाँ पर विराजित हों।

तत्र भगवान् विश्वकर्मावर्णनमाह —

तत्रस्थं सुखमासीनं विश्वकर्ममहौजसम्॥ 45॥
वेदवेदाङ्गतत्त्वज्ञं सर्वशास्त्रविशारदम्।
सर्व विज्ञानवन्तं च सर्वज्ञंमानसागरम्[1] ॥ 46॥

(उन शिरोद्धारों के सहारे ही) वहाँ पर महाओजस् तेजस्वी भगवान विश्वकर्मा सुखासन अवस्था में विराजमान है। भगवान् विश्वकर्मा वेद (ऋग्वेद, यजुर्वेद, सामवेद, अथर्ववेद) एवं वेदाङ्गों (शिक्षा, कल्प, व्याकरण, निरुक्त, ज्योतिष एवं छन्द) और तत्त्व (कूटस्थ पुरुष, प्रकृति, महत्तत्त्व, अहङ्कार, शब्द, स्पर्श, रूप, रस, गन्ध, आकाश, वायु, अग्नि, जल, पृथ्वी, हस्त, पाद, जिह्वा, लिङ्ग, गुह्याङ्ग, श्रवण, त्वक्, चक्षु, रसना, घ्राण तथा मन[2]) के मर्मज्ञ और सर्वशास्त्रों के विशारद है, सर्वविज्ञानवन्त है और मानादि प्रमाणों के अगाध सिन्धुरूपेण ज्ञान के भी सर्वज्ञ है।

चतुर्भुजं ब्रह्मतेजस्तप्तकाञ्चनसन्निभम्।
दीप्तकुण्डलशोभाढ्यं त्रिनेत्रं चन्द्रशेखरम्॥ 47॥
अक्षसूत्रं वामहस्ते दक्षिणे तु कमण्डलुम्।
पुस्तकं वामहस्तोर्ध्वे जपमाल्यां तु दक्षिणे॥ 48॥

उनका तेजोमय स्वरूप चतुर्भुज हैं और ब्रह्मतेज से तप्त होकर तपाए गए स्वर्ण, हेमकुन्दन के समान जगमगाहट कर रहा है। उनके कानों में दीप्त कुण्डलों की शोभा वृद्धिस्पद है और उनके विशाल ललाट पर ज्ञान-चक्षु त्रिनेत्र और सिर पर चन्द्रमा का दिव्य दर्शन हैं। उनके वाम हाथ में अक्षसूत्र हैं और दक्षिणी हाथ में कमण्डलु है। इसी प्रकार उनके ऊपर के बाँये हाथ में (शिल्पविज्ञान की) पुस्तक और ऊपरी दायें हाथ में वे जपमाला को धारण किए हैं।

ज्ञानदं मोक्षदं चैव विश्वहा सृष्टिकारकम्।
तिष्ठन्तं च विनोदेन ह्यनेकैश्च कुतूहलैः॥ 49॥

---

1. यहाँ मानसागर से आशय रचनाकार के समय में प्रचलित कोई गणित-मापित ग्रन्थ भी हो सकता है।
2. शुक्रनीति (4, 48); तुलनीय सांख्यदर्शन।

ऐसी सुख मुद्रा में भगवान् विश्वकर्मा ज्ञानप्रदाता, मोक्षप्रदाता ओर विश्व के दुखों के निवारक और सृष्टिकर्ता के रूप में अनेकों कुतूहल, आश्चर्यजनक कार्यों को करते हुए विनोदपूर्वक, प्रसन्नचित्त से विराजित है।

अथ विश्वकर्मानामपर्यायदीनां —

विश्वकृद्विश्वकर्माणं त्वष्टारं देववर्धकिम्।
भूर्भुवर्भुवनेशस्य स्वर्गदेवस्य विश्रुतम्॥ 50॥

भगवान् विश्वकर्मा के अनेक नाम विश्रुत हैं। जैसे— विश्वकृत, विश्वकर्मा, त्वष्टा, देववर्द्धिकी, भूर्भुवः भुवनेश, स्वर्गदेव आदि।[1]

पुनरुच्चार्य नामाथ प्रभासवसुनन्दनम्।
दण्डवत् प्रणतो भूत्वा जानुभ्यां धरणीतले॥ 51॥
भक्तिमान् भो महाभूत पृच्छति त्वपराजितः।

और भी, कहें तो तो वे प्रभावसुनन्दन हैं। अस्तु, इन परमप्रभु विश्वकर्मा को भूमि पर साष्टाङ्ग प्रणाम करके, दण्डवत् लेटकर, प्रणत होकर भक्तिभाव से अभिभूत होकर अपराजित उनसे प्रश्न करते हैं।

अथापराजित प्रश्नं —

समचित्तं च सम्बोध्य ह्यज्ञानां ज्ञानदो भवान्॥ 52॥
सूत्रशास्त्रार्णवमध्यादुद्धृतं सारबीजकम्।
सूक्ष्मात्सूक्ष्मतरं गुह्यं मध्यादुद्धरतो यथा॥ 53॥

अपराजित बोले कि हे (महाभूत) प्रभु! आप मुझे समचित्त होकर सम्बोधित करके मेरे अज्ञान को हटाते हुए मुझे ज्ञान प्रदान करें जिससे मैं समस्त सूत्रशास्त्रों को, शिल्पज्ञान के शास्त्रों के महासागर के मध्य से अद्भुत सार बीज निकाल सकूँ जो सूक्ष्म से भी सूक्ष्मतर होने और गुह्य होने पर भी मैं उसका उद्धार करके समझ सकूँ।

निशाकरे चास्तमिते उदिते च दिवाकरे।
सूत्रार्थस्य प्रवक्तुवै ज्ञानं चक्षुः प्रकाशनम्॥ 54॥

---

1. तुलनीय : विश्वकार्म विमना आद्विहाया धाता च विधाता परमोत संदृक्। तेषामिष्टानि समिषा मदन्ति यत्रा सप्तऋषिन् पर एक माहुः॥ (ऋगवेद 10, 82, 2) देखें यास्क भाष्य : विश्वकर्मा विभूतमनाः व्याप्ता धाता च विधाता च परमः च संद्रष्टा भूतानां। तेषां इष्टानि वा। कान्तानि वा। गतानि वा। मतानिं वा। नतानि वा। अद्भिः समोदन्ते। यत्र एतानि सप्त ऋषीणानि ज्योतीषिं। तेभ्यः परः आदित्य। तानि एतस्मिन् एकं भवन्ति। इति आदि दैवतम्। (निरुक्त : यास्कभाष्य 10, 26)

जिस प्रकार निशाकर के अस्त होने पर दिवाकर भगवान् सूर्य के उदित होने से सर्वत्र प्रकाश प्रसारित हो जाता है, वैसे ही मेरे ज्ञान चक्षुओं में सूत्रार्थ का प्रकाश प्रसारित हो जाएँ।

यद्यत्पृच्छामि तदहं सूत्रशास्त्रप्रकाशकम्।
देहि ज्ञानं प्रसादेन तारा तिमिरहरं यथा॥ 55॥[1]

हे प्रभु! मैं जो-जो भी प्रश्न सूत्रशास्त्र के प्रकाश करने के सम्बन्ध में करूँ, उस पर कृपा करके मुझे ऐसा उज्ज्वल ज्ञान प्रदान करें जैसे तारों के प्रकाश को सूर्य का प्रकाश हर लेता है।

इति सूत्रसन्तानगुणकीर्तिप्रकाशप्रो(प्रयो)क्तृश्रीभुवनदेवाचार्योक्तापराजित पृच्छायां गन्धमादनाधिकारो नाम प्रथमं सूत्रम्॥ 1॥

इस प्रकार भुवनदेवाचार्य कृत सूत्रसन्तानगुणकीर्ति प्रकाश या अपराजितपृच्छा में गन्धमादन अधिकार संज्ञक पहला सूत्र समाप्त हुआ॥ 1॥

सूत्रलक्षणं द्वितीयं सूत्रम्॥ 2॥

अथ सूत्रधारेण ज्ञातव्य विषयाः। अपराजित उवाच —

सृष्टिकौतूहलं देव उत्पत्तिर्भूतधातृभिः।
ब्रह्माण्डं च कथं प्रोक्तं केन सङ्ख्या प्रमाणतः॥ 1॥

अपराजित (विश्वकर्मा के प्रति कहने लगे) हे देव! आप इस सृष्टि के कुतूहल, ब्रह्मा ने उसकी उत्पत्ति कैसे की, ब्रह्माण्ड की रचना कैसे हुई, उसका संख्या प्रमाण क्या है, यह सब बताएँ।

कया युक्त्या समुत्पन्नं वर्द्धितं केन हेतुना।
विकासः केन सञ्जातः कैराधारैश्च धार्यते॥ 2॥
धरायाः केचिदाधारा आकाशस्य कथं विदुः।
के च मेर्वादयः शैलाः कैराधारैः कुलाचलाः॥ 3॥

किस युक्ति से ब्रह्माण्डादि की रचना हुई, किस हेतु से उसका विस्तार होता है,

---

1. 'यछत्पृच्छामि तव्यं हं सूत्रशास्त्र प्रद्योतक। तासु ज्ञानं प्रज्ञाहेन तारातिमिहरं यथा' इति 'न' पाठः।
2. इस अध्याय में ग्रन्थ में प्रतिपादित विषयों के बारे में कहा गया है। एक प्रकार से यह इस ग्रन्थ की विषय सूची भी है। संयोग से किञ्चित विषयों को छोड़कर प्रस्तुत पाठ में समस्त विषय आ गए हैं। जहाँ कहीं विषय खण्डित मिला है, प्रस्तुत पाठ में अन्य पाठ या ग्रन्थान्तर से उक्त विषय की पूर्ति का प्रयास किया गया है।

किस प्रयोजन से विकास होता है और उसको कौन धारण करता है, धरती का आधार कौन है, आकाश किस प्रकार स्थित है, मेरू आदि पर्वत और कुलाचल शैल का आधार क्या है, यह भी कहें।

किं धरित्र्याः प्रमाणं च सप्त[7]द्वीपा वसुन्धरा।
समुद्राश्च कथं प्रोक्ता वनोपवनकाननम्॥ 4॥
द्वीपद्वीपेषु क्षेत्राणां प्रमाणानि कथं विदुः।
जम्बूद्वीपस्य मध्ये तु नवक्षेत्राणि[9] कानि च॥ 5॥

सात द्वीपों को धारण करने वाली वसुन्धरा का प्रमाण क्या है, इस पर विद्यमान समुद्र, वन-उपवन, कानन, द्वीप, उपद्वीप के क्षेत्रों का प्रमाण भी कहें। इस जम्बूद्वीप के बीच कौन-कौन से नवद्वीप हैं, बताएँ।

उत्तमं भारतं क्षेत्रं तत्प्रमाणं च ख्यातु मे।
स्वेदाण्डोर्ध्वजरायुजो भूतग्रामः कथञ्चन॥ 6॥
को धर्मः कुत्र क्षेत्रेषु रम्यकादौ वदेद्भवान्।
ये देशा भारते क्षेत्रे आश्रमा ग्रामसङ्ख्यया॥ 7॥

इस उत्तम भारत क्षेत्र का प्रमाण क्या है, बताइए। स्वेदज, अण्डज, पिण्डज और जरायुज जैसे भूत प्राणियों के विषय में बताएँ। किस क्षेत्र का क्या धर्म है, कौन क्षेत्र रमणीय है, हे भगवान्! आप बताएँ। इस देश की आश्रम व्यवस्था, ग्राम संख्या आदि को भी स्पष्ट करें।

को धर्मः कुत्र देशे तु भरतक्षेत्रमध्यतः।
कृतत्रेताद्वापरे तु चतुर्थे[4] वा कलौ युगे॥ 8॥
युगान्ते च कथं धर्मो युगरूपानुदेवताः।
धर्मः कृतयुगादीनां द्विजदेवयज्ञादयः॥ 9॥

इस भरत क्षेत्र के बीच के किस देश का कौनसा धर्म है, कृतयुग, त्रेतायुग, द्वापर और चौथे कलियुग के विषय में, युगान्त के धर्म, युगानुरूप देवताओं और कृतयुगादि के धर्म, द्विज, देवयज्ञादि के विषय में भी कहें।

कश्च धर्मः कथं कीर्तिर्द्विजदेवालयादितः।
आलयः सर्वसत्त्वानां वेशमहर्म्यप्रसाधनम्॥ 10॥
वास्तूत्पत्तिः कथं तात देवादेश्च निघण्टुकम्।
एकपादादिकं वास्तु यावत्पदसहस्त्रकम्॥ 11॥

हे तात! इसी प्रकार धर्म के विषय में भी कहो और द्विजों की कीर्ति, देवालयों,

समस्त लोगों के लिए भवन, हवेलियों व प्रसाधनों, वास्तु की उत्पत्ति को भी कहो। इसी प्रकार निघण्टु और एक पद से लेकर हजार पद तक के वास्तु पद विन्यास को भी कहो।

मर्मोपमर्मवंशाश्च रेखाषट्कसंख्यादिकम्।
वज्रत्रिशूललाङ्गूलं हस्तसूत्रादिपद्मकम्॥ 12॥
बलिकर्मविधिं ब्रूहि वास्तुपादनिवासिनाम्।
विद्यात् स्थानानि सर्वाणि प्रासादभवनादितः॥ 13॥

इसी प्रकार मर्म, उपमर्म, वंश, रेखा षटक्, संख्याओं, वज्र, त्रिशूल, हल, हस्त सूत्रादि पद्मक, बलिकर्म की विधि भी कहो। वास्तुपदानुसार वहाँ न्यसित देवताओं के विषय में कहो और समस्त प्रासाद, भवनों के स्थानों के विषय में कथन करें।

हस्तलक्षणमानं च देवतापादसम्भवम्।
मानोन्मानप्रमाणं च सर्वकर्मादिकारणम्॥ 14॥
सूत्रधारो हि जानीयाद्वर्णकं रुतमेव च।

इसी क्रम में हस्त लक्षण, हस्तमान, हस्त के पदानुसार वहाँ के देवताओं, मान-उन्मान के प्रमाण और उनका समस्त कर्मों में उपयोग, सूत्रधार की परीक्षा, वर्णादि के विषय में भी कहें।

भूपरीक्षां शल्योद्धारं कीलिकारोपणादिकम्॥ 15॥
वर्णगन्धरसास्वादप्लवादिभूमिलक्षणम्।
दीपवर्त्तिप्राग्विशुद्धिं दिशां च साधनादिकम्॥ 16॥

भूमि की परीक्षा, शल्योद्धार, कीलिकारोपणादि के साथ ही वर्ण, गन्ध, रस, स्वाद, प्लवादि के अनुसार भूमि के लक्षण, दीये की बाती के अनुसार पूर्वादि दिशाओं का ज्ञान जिस विधि से सम्भव हो, उसको भी कहें।

प्रस्तारक्रमसूत्रं च राजधान्याः पुरादिकम्।
पुरग्रामनगराद्यं खेटं कूटं च कर्वटम्॥ 17॥
पुरप्राकारपरिखाप्रतोलीमार्गगोपुरम्।
वेश्मानि राजवेश्यामानि सभां शालां गजाश्वयोः॥ 18॥

भवनादि के लिए प्रस्तार क्रमसूत्र, राजधानी योग्य पुरों के अतिरिक्त जनवास के उपयोगी पुर, ग्राम, नगर, खेट, कूट, कर्वट के विषय में कहें। पुर की चहारदिवारी, परिखा, प्रतोली, मार्ग, गोपुर, योग्य महल, राजभवन, सभा, अश्व-गजशालाओं के बारे में कथन करें।

सूत्रपातविधिं ज्ञात्वाऽऽयव्ययादेश्च लक्षणम्।
ज्योतिषे केवलं ज्ञानं स्त्रीपुरुषादिलक्षणम्॥ 19॥

निर्माण कार्य के लिए सूत्रपात की विधि और आय-व्ययादि के लक्षण, ज्योतिष, स्त्री-पुरुष लक्षणों के विषय में भी कहें।

प्रासादप्रतिमालिङ्गःजगतीपीठमण्डपान्।
प्रासादान् विविधाकारान् वैराज्यकुलसम्भवान्॥ 20॥
अष्टजातिक्रमच्छन्दो देशानुरूपसूत्रणे।

प्रासाद, प्रतिमा, लिङ्ग, जगती, पीठ, मण्डप, वैराज्यादि कुलों से बनने वाले नाना प्रकार के प्रसादों, आठ जाति के छन्द और देशानुरूप सूत्र-प्रमाण के विषय में भी कहने का कष्ट करें।

रेखाश्च विविधास्तत्र प्रासादे शिखरे मताः॥ 21॥
घण्टाकलशध्वजानां प्रमाणं सृष्टिसम्भवम्।
प्रतिष्ठा सप्तधा ख्याता कूर्माद्या च ध्वजान्तगा॥ 22॥

प्रासादों के शिखरों के लिए प्रयुक्त होने वाली नाना प्रकार की रेखाओं, शिखरोपयोगी घण्टा, कलश, ध्वजादि के निर्माण के प्रमाण, कूर्मादि सहित सात प्रकार की प्रतिष्ठा और ध्वजान्तगामी विधियाँ कहें।

प्रासादे गर्भद्वारे च देवतानामनुक्रमः।
द्वारदृष्टिपदस्थानं दिग्द्वारं च कथञ्चन॥ 23॥

प्रासाद के गर्भद्वार और देवता नामानुक्रम, द्वार दृष्टि, पद स्थान, दिशाओं के द्वार के विषय में भी कहने की कृपा करें।

द्वारलक्षणं प्रोक्तव्यं दारुकर्मरथारुहे (त्मके)।
सिंहकर्णकपोतालीनिर्यूहच्छाद्यकं लुमम्॥ 24॥
वितानानि विचित्राणि क्षिप्तान्युत्क्षिप्तकानिं च।
पद्मकं नाभिच्छन्दं च सभामार्ग मन्दारकम्॥ 25॥

इसके अतिरिक्त, द्वार के लक्षण, काष्ठादि के लक्षण, सिंहकर्ण, कपोताली, निर्यूह, छाद्यक, लुमा, वितान, चित्र-विचित्र क्षिप्त-अनुक्षिप्त, पद्मक, नाभिछन्द, सभा, मार्ग, मन्दारक आदि के विषय में भी बताएँ।

प्रतिमालक्ष्मस्थानानि दृष्टिस्थानादिकं तथा।
भृत्यचारप्रभेदाश्च स्वरवयानादिकं तथा॥ 26॥

प्रतिमा, लाञ्छन के स्थान, दृष्टिस्थानादि, सेवकाचार के भेद और उनके यानादि, वाहनों के विषयों में भी कहें।

तालप्रस्तारगीताद्यं वादित्रैः स्याच्चतुर्विधम्।

चित्रपट्टप्रभेदाश्च रेखाचित्रसमुद्भवाः ॥ 27 ॥

इसी प्रकार सङ्गीत में ताल, प्रस्तार छन्द, गीतादि, चार प्रकार के वाद्यों (तत्, सुषिर, घन, आबद्ध), चित्रपट्ट के भेद, रेखाचित्रों के बनने की विधि कहें।

वर्णरूपरसवृत्तिभावानुभावकोद्भवाः।

शुद्धाबद्धानि चित्राणि पत्राणि पञ्च एव च ॥ 28 ॥

शालभञ्जी प्रतांचारी लास्यताण्डवकादिकम्।

वर्ण, रूप, रस, वृत्ति, भाव, अनुभाव से बनने वाले, शुद्ध, आबद्ध चित्रों, पाँच पत्रों, शालभञ्जिका, नृत्य में चारी, लास्य, ताण्डवादि नृत्यों के विषय में कहें।

भूषणानि विचित्राणि देवासुरनृणां किल ॥ 29 ॥

छत्रं सिंहासनं शय्यां यानानि चायुधानि च।

वेदिकानामलङ्कारं रत्नधातूद्भवं तथा ॥ 30 ॥

देवताओं, असुरों और मनुष्यों के नाना आभूषणों, छत्र, सिंहासन, शय्या, यान-विमान, आयुध, वेदिका, अलङ्कार, रत्नों-धातुओं की उत्पत्ति के विषय में कहें।

एतत्सर्व प्रसादेन कथय स्वयमीश्वर।

भक्तवत्सल देव त्वं प्रसादं कुरु मे प्रभो ॥ 31 ॥

हे स्वयं ईश्वर! भक्त वत्सल देव!! उक्त समस्त विषयों के विषय में आप प्रभु! मेरे प्रति कहने का अनुग्रह करें।

इति सूत्रसन्तानगुणकीर्तिप्रकाशप्रोक्तश्रीभुवनदेवाचार्योक्तापराजितपृच्छायां सूत्रलक्षणाधिकारो नाम द्वितीयं सूत्रम् ॥ 2 ॥

इस प्रकार भुवनदेवाचार्य कृत सूत्रसन्तानगुणकीर्ति प्रकाश या अपराजितपृच्छा में सूत्र लक्षण अधिकार नामक द्वितीय सूत्र पूर्ण हुआ ॥ 2 ॥

ब्रह्माण्डोत्पत्तिर्नाम तृतीयं सूत्रम् ॥ 3 ॥

विश्वकर्मोवाच —

श्रृणु वत्स प्रयत्नेन यत्त्वया परिपृच्छितम्।

कथयामि न सन्देहस्तव भ्रान्तिहरं च तत् ॥ 1 ॥

(अपराजित के प्रश्न करने पर) विश्वकर्मा बोले— सुनो पुत्र! तुमने परिश्रम से जो-जो प्रश्न किए हैं, मैं तुम्हारा सन्देह और भ्रान्ति दूर करने को कहता हूँ।

ब्रह्माण्डोत्पत्ति वर्णनमाह —

पूर्वं ब्रह्माण्डमुत्पन्नं संसाराधारकं च तत्।[1]
ततस्तस्मिन् समस्तं च जगत्स्थावरजङ्गमम्॥ 2॥

पहले ब्रह्माण्ड की उत्पत्ति हुई और संसार को धारण करने वाले की उत्पत्ति हुई। इसके बाद उस पर समस्त स्थावर, जङ्गम जगत की उद्भावना हुई।

आद्योद्भवसृष्टिसूत्रं ब्रह्मज्ञानादिकोद्भवम्।
तदनुक्रमयुक्ती च कथयामि च साम्प्रतम्॥ 3॥[2]

आदिकाल में सृष्टि किस रीति से उत्पन्न हुई, वैसे ही किस प्रकार ब्रह्मज्ञान का उद्भव हुआ, ऐसी ही समस्त युक्तियों का मैं यहाँ अब कथन कर रहा हूँ।

नैव भूर्वायुराकाशं नैव चन्द्रार्कतारकम्।
देवासुरमनुष्याणां नोत्पत्तिं प्रलये विदुः॥ 4॥[3]

पूर्वकाल में न तो पृथ्वी थी, न वायु न ही आकाश था, न चन्द्रमा था, न सूर्य और न ही तारागणादि थे। इसी प्रकार न तो देवता थे, न असुर; मनुष्यों की उत्पत्ति भी नहीं हुई थी, ऐसा विद्वज्जन कहते हैं।

न पृथ्वी सागरा द्वीपाः शैला मेर्वादयस्तथा।
भूतग्रामः समस्त्वेवं स्वेदाण्डोद्भिज्जरायुजाः॥ 5॥[4]

तब पृथ्वी पर न सागर थे न द्वीप और न ही मेरु आदि पर्वत ही थे। इसी प्रकार न कोई ग्रामादि बस्ती थी। इसके बाद, यहाँ समस्त स्वेदज (पसीने से उत्पन्न होने वाले जीव), अण्डज (अण्डों से पैदा होने वाले जीव), जरायुज (जर से उत्पन्न होने वाले जीव) पैदा हुए।

अन्ये च बहवो जीवाः कीटसर्पपतत्रिणः।
चतुरशीति लक्षाणि जीवयोनिरनेकधा॥ 6॥[5]

---

1. पूर्व ब्रह्माण्डत्पत्ति संसारोधारकोद्भवं इति पाठः।
2. आद्योद्भवसृष्टिसूत्रं (स्तत्र) ब्रह्माण्डादिकटोद्भवम् (?)। तस्यायुक्ति अनुक्रमेण कथयामि च साम्प्रतमिति पाठः।
3. न च भूमि चराकाशान् चन्द्रादितारकान् च। देवासुरमनुष्याणां तस्योत्पत्ति प्रलायाम्बिभू इति पाठः।
4. न च पृथ्वी सागरोविद्व पमेवीदि शिलोद्भवान्। भूतग्रामोग्राममस्त्व वंस्वेत जाण्डद्विजा रज इति पाठः।
5. अन्येषां बहवोजीवाकीट सर्पपतङ्गादयः। चतुराशी तीगणानि जीवयानि अनेकधा इति पाठः।

इसी प्रकार कीट, सर्प, पतङ्गादि बहुत प्रकार के जीव हुए— कुल चौरासी लाख जीव योनियाँ कही गई हैं।

सृष्टयनन्तरे सम्भूताः सर्वे जीवानुरूपकाः।
सृष्टिस्तत्र यथान्यायं कथ्यते च यथाक्रमम्॥ 7॥

सृष्टि निर्माण के अनन्तर समस्त जीवरूपों की उत्पत्ति हुई, इस सृष्टि के विषय में जैसा न्याय में कहा गया है, मैं यथाक्रम कहता हूँ।

कल्पान्तसम्भवा सृष्टिः संसारसृष्टिसञ्ज्ञिता।
मन्वन्तरमनुक्रान्तं युगान्तं चैव यादृशम्॥ 8॥[1]

कल्प के अन्त में सृष्टि की उत्पत्ति हुई जिसको संसार नाम से कहा गया है। इस मन्वन्तर के क्रम से, युगान्त की क्रिया को मैं कहता हूँ।

वर्षान्ते भावरूपाश्च ऋत्वन्ते तामसोद्भवाः।
पक्षान्ते च सिताः कृष्णा दिनान्ते शर्वरी यथा॥ 9॥[2]

यहाँ वर्ष के अनन्तर (प्रकृति के) भावरूप ऋतुओं, (उजाले व) अन्धेरे की उत्पत्ति हुई। पक्ष में शुक्ल एवं कृष्ण पक्ष हुए और दिन के साथ ही रात्रि आदि हुए।

एतद् दृष्ट्वा विशेषेण कल्पान्त एवमुद्भवः।
कल्पे कल्पे पुनः सृष्टिर्जगत्स्थावरजङ्गमम्॥ 10॥

इस प्रकार अनेक विशेषताओं के साथ कल्पान्त में रचना होती है। प्रत्येक कल्प के अन्त में पुनः पुनः स्थावर-जङ्गम वाली जगत सृष्टि होती है।

अपराजित उवाच —

आदिसृष्ट्युद्भवो देव ब्रह्माण्डादिसमुद्भवः।
ब्रह्माण्डं कथमुत्पन्नं कथं च द्वीपशैलयोः॥ 11॥
ब्रह्मा विष्णुः शशी सूर्य इन्द्रः स्कन्दो हुताशनः।
नैव भूर्वायुराकाशं न देवासुरमानुषाः॥ 12॥
वेदोद्भवा च या सृष्टिः कर्म चैव सनातनम्।
अस्माकं भक्तियुक्तानां कथयस्व परेश्वर॥ 13॥

अपराजित बोले— हे परमेश्वर! मैं भक्तिपूर्वक आपसे निवेदन करता हूँ कि मुझे आदिकाल में सृष्टि कैसे उत्पन्न हुई; ब्रह्माण्डादि का उद्भव कैसे हुआ और इस ब्रह्माण्ड

---

1. कल्पान्तोद्भवासृष्टी संसारासृष्टीकोद्भवा। मन्तरस्तनुकान्ता युगान्तामेव याद्रुशी इति पाठः।
2. वर्षान्तो भावरूपाश्चरित्वर्तो मासोद्भवा। पक्षान्त शित कृष्णादि दिनान्ते शर्वशा यथा इति पाठः।

में कैसे द्वीप-पर्वतादि उत्पन्न हुए; कैसे ब्रह्मा, विष्णु, चन्द्रमा, सूर्य, इन्द्र, स्कन्द, अग्नि हुए? तब न तो भूमि थी, न वायु न ही आकाश और देव-असुर और मानव ही थे फिर वेदोद्भवा यह सृष्टि कैसे सनातनतः कर्म वाली हुई, कृपया इस विषय को कहिए।

विश्वकर्मोवाच —

अनादेरादिसम्भूतादन्धकारोद्भवं तमः।
आदौ तथान्धतमसं निराधारं निरन्तरम्॥ 14॥[1]

अनादि काल में यह सृष्टि उत्पन्न हुई। लय के बाद जब इसकी उत्पत्ति हुई तब अन्धकार ही था, अन्य कोई नहीं। आदिकाल में यह अन्धकार ही था जो निराधार और निरन्तर था।

निराकारादकारश्च अकारादम्भउद्भवः।
अम्भसो रूपमाख्यातमम्बुदो रूक्षसुदूर्ध्वतः?॥ 15॥[2]

उस काल में निराकारादकार से ही आकाराद का उद्भव हुआ था। तब जलार्णव से रूप सम्भूत रूप हुआ जो रुक्षरूप (जलाण्ड या बुलबुला) में उठा हुआ था।

अव्यक्ताद् व्यक्तमापन्नमवर्णे वर्णतां विदुः।
व्यक्ताख्यं वर्णरूपं च फेनस्थानसमुत्थितम्॥ 16॥[3]

उक्त अव्यक्त से व्यक्त बुद्बुद अवर्णवत् हुआ, जैसा कि मनीषियों ने वर्णन किया है, वह बाद में व्यक्त नाम से वर्णरूप हुआ और फेन के स्थान पर उठा हुआ दिखाई देता था।

फेनवर्णे निबद्धं च ह्यण्डके रूपमाश्रितम्।
शनैः शनैः प्रवर्द्धन्ते लोलकाकाररूपिणः॥ 17॥[4]

वह अण्ड फेन के ही वर्ण से निबद्ध होने लगा और रूपाश्रित होने लगा। धीरे-धीरे वह बड़ा होने लगा और दोलायमान रूप में आया।

वृद्धेर्वृद्धिः पुनस्त्वेवं शनैश्चापि महोद्भवः।
महोद्भवो महावृद्धिः शनैश्चापि विवर्द्धते॥ 18॥[5]

---

1. अनाद्यानादि सम्भूता तमध्वजान्धकोद्भवा। यदा अन्धतमन्धश्च निरन्धाश्च निरन्तरा इति पाठः।
2. निरन्धारे अकारेश्च अंकारेशुं भुकोद्भवा। अम्भोद्भवरुपाख्याता आशुकोद् इत उर्ध्वत इति पाठः।
3. अव्यक्ताव्यक्तोपमानां अवर्णे वर्णित विभु। वर्णरूपं व्यक्ताकारं च फनस्थाने च सम्भवम् इति पाठः।
4. फनर्णेन विबन्धश्च अण्डकं रुपमा स्थितः। शनैशनै प्रवर्द्धन्तो गोलाकाररुपिणः इति पाठः।
5. वृद्धि पुस्त्यं शतैश्चापि महोद्भवम्। वृद्धते महतोद्भग विअधोदे पृष्ठमावृत्तमिति पाठः।

ज्यों-ज्यों समय बीता, वह वृद्धि को प्राप्त होता रहा और महारूपवान् होता चला गया। महोद्भव के साथ-साथ वह महावृद्धि को प्राप्त हुआ अर्थात् विशालकाय होता चला गया।

क्रमसंवर्धनात्त्वेवं विकाशं प्राप्त सर्वथा।
वर्धते च महाभावर्ब्रह्माण्डं पृथुतां गतम्॥ 19॥

वह क्रमशः बढ़ता हुआ, विकास को प्राप्त हुआ अपने महाभाव में ब्रह्माण्ड तुल्य पृथुता की गति को पाने लगा।

अण्डव्यासपृथुमानं योजनैः शतकोटिभिः।
सुनिष्पन्नाण्डकं यातं विकाशं वै द्विधा स्थितम्॥ 20॥[1]

धीरे-धीरे उस अण्ड का व्यास और विस्तार का मान योजन से शतकोटि तक होता चला गया। वह इससे भी दोहरे विकास को प्राप्त होता हुआ, अर्णव पर स्थित था।

अर्धस्योर्ध्वे तथाकाशमर्धस्याधस्तु मेदिनी।
तन्मध्ये वै समस्तं च येषां शम्भुकोद्भवात्?॥ 21॥

उसी अण्ड के ऊपरी स्वरूप से आकाश और नीचे के स्वरूप से पृथ्वी की रचना हुई। इसके बीच समस्त चराचर था जो कि शम्भू से उत्पन्न हुआ था।

स्वर्गलोकार्णवद्वीपाः शैलाः शम्भुसमुद्भवाः।
वनोपवनकाननं यथा रचितसम्भवम्॥ 22॥

इसके साथ ही शिव ने स्वर्गलोक, समुद्र, द्वीप, पर्वत, वनोपवन, कानन आदि की रचना की।

महामेरूद्भवमध्ये रचितं शम्भुकोद्भवम्।[2]
तस्योर्ध्वे तु परं देवं संसारसृष्टिकारणम्॥ 23॥

इसी प्रकार पृथ्वी पर महामेरु की रचना हुई, यह शम्भू द्वारा रचित हुआ। उसके ऊपर ही देव ने सांसारिक सृष्टि की।

एकविंशति$_{21}$स्वर्गाश्च मेरुव्यङ्गसमुद्भवाः?।
[3]**शम्भूद्भवाः क्रमेणैव पात्रे पात्रमिवापरम्॥ 24॥**

---

1. कस्याण्डकष्ट गमनं योजनै शतकोटिभिः। सुष्यैनित्रन्त्पऽकं जातं विकाशंवैद्विधास्थितमिति पाठः।
2. महामेरुद्भवं मध्ये अपरचि सम्भूद्भवा इति पाठः।
3. महामेरुद्भवं मध्ये योगे पात्रेपात्रभिवातपरमिति पाठः।

इसी प्रकार शिव ने इक्कीस स्वर्गों की रचना की और मेरु सहित अन्य अङ्गों को उत्पन्न किया। ये लोक क्रमशः एक पात्र के ऊपर रखे अन्य पात्र की भाँति स्थित हैं।

पातालं सप्तधा$_{7}$ ख्यातं सप्तद्वीपा$_{7}$ वसुन्धरा।[1]
सप्त$_{7}$लोकास्तथा चोर्ध्वे स्वर्गाणां त्वेकविंशतिः$_{21}$ ॥ 25 ॥

इसी तरह सात पाताल[2] और सात प्रसिद्ध द्वीपों[3] वाली वसुन्धरा की रचना की। इसमें सात लोक[4] और ऊपर इक्कीस स्वर्गलोकों की रचना की।

ततः सरांसि प्रतिमा जलस्य तु यानिकाः।
पुष्पावाटी प्राकारो शाला द्विनयमुपवनं वेदिकान्त ध्वजा ?॥ 26 ॥

इसके बाद, सरों, तालाबों, जलाशयों का स्वरूप (प्रतिमा) बना। साथ ही उनमें तैरने वाले यानों (नौका, जहाजादि) की रचना हुई। इसी प्रकार पुष्पवाटिकाएँ अपना आकार ग्रहण करने लगीं और, परकोटा, शालाएँ बनने लगीं। इसी प्रकार विनय, उपवनयुक्त वेदिकाओं (चबूतरों) पर ध्वजाएँ फहराने लगीं।

शालकल्पद्रुमाणां [5]परिवर्ति वनान्तदूप[6]हम्या ?।
वली च पातालस्फटिकोपेतं वृसुरमुनिसुरा पीठिकार्गस्वर्गभूः ?॥ 27 ॥

इसी प्रकार शाल जैसे विशाल कल्पद्रुमों के ऊपर की ओर हर्म्यावली अर्थात् हवेलियों की पङ्क्तियुक्त भवनों की कतार जो अपने ऊपर तल से लेकर ऊपर तक स्फटिक से ही निर्मित थी। यह वसुओं, मुनियों, सुरों, देवताओं की पीठिका आवास रूपी स्वर्गभूमि जैसी प्रतीत होती थी।

इति सूत्रसन्तानगुणकीर्तिप्रकाशप्रोक्तश्रीभुवनदेवाचार्योक्तापराजितपृच्छायां ब्रह्माण्डोत्पत्त्यधिकारो नाम तृतीयं सूत्रम्॥ 3॥

इस प्रकार भुवनदेवाचार्य कृत सूत्रसन्तानगुणकीर्ति प्रकाश या अपराजितपृच्छा में ब्रह्माण्ड की उत्पत्ति अधिकार नामक तृतीय सूत्र पूर्ण हुआ॥ 3॥

---

1. पातालसप्तमाख्याता सप्तद्वीपा वसुन्धरा। सप्तलोकोर्द्धमाख्याता स्वर्गाणां चैकविंशति इति पाठः।
2. अतलं वितलं चैव सुतलं च तलातलम्। महातलं च पातालं रसातलमधस्ततः॥ (ब्रह्माण्डपुराण ब्रह्मखण्ड 7, 13)
3. जम्बू, शाल्मलि, क्रौञ्च, कुश, शाक, पुष्कर तथा प्लक्ष द्वीप।
4. भूर्लोक, भुवर्लोक, स्वर्लोक, महर्लोक, जनलोक, तपोलोक व सत्य या ब्रह्मलोक।
5. 'परिवर्ति' प्रकाशित पाठः।
6. 'हर्म्या' स्यात्।

पातालद्वीपार्णवसूत्रणं(सूचनं)चतुर्थ सूत्रम्॥ 4॥

अपराजित उवाच —

काचिच्छम्भूद्भवा सृष्टिः काचिद्देवांशसम्भवा।
काचित्सृष्टिसमुद्भूता काचित्तद्वरदानतः॥ 1॥
केचिच्छम्भूद्भवा वर्णा वनादीनां क्व चोदयः।
निशासृष्ट्युद्भवाः केचिद् वनोपवनकाननम्॥ 2॥

अपराजित बोले— हे प्रभु! यह बताइएगा कि कौनसी सृष्टि शम्भु के द्वारा और कौनसी देवांश द्वारा सम्भूत हुई है? कौनसी सृष्टि स्वयं हुई और कौनसी सृष्टि वरदान से हुई? इसी प्रकार शम्भु से कितने वर्ण उत्पन्न हुए और वनादिकों की उत्पत्ति कैसे हुई तथा कोई वन, उपवन और कानन निशाचरों, राक्षसों व पिशाचों द्वारा भी कैसे उत्पन्न किए गए हैं?

अथ पातालद्वीपार्णवसूत्राणं विश्वकर्मोवाच —

शम्भुजा भूधरा लोकाः पातालतलवासिनः।
तथै (त्रै) सागरद्वीपाः शम्भुना रचिताः पुरा॥ 3॥
पातालः सप्तधा त्वेवं ब्रह्मभागव्यवस्थितः।
सप्तद्वीपाः समुद्राश्च आख्याता विष्णुसम्भवाः॥ 4॥

विश्वकर्मा बोले— इस लोक में समस्त भूधर अर्थात् पहाड़ शम्भु द्वारा ही उत्पन्न हुए हैं। इसी प्रकार समस्त पाताल तल के निवासी और समस्त सागरों के द्वीप भी शम्भु द्वारा ही पूर्वकाल में रचित है। पहले के समय में पातालों के सात भाग स्वयं ब्रह्मा द्वारा व्यवस्थित किए गए थे और सातों समुद्रों के सातों विख्यात द्वीपों की रचना भगवान विष्णु द्वारा की गई।

रुद्रभागोद्भावालोकादीनां —

सप्तोर्ध्वलोकाश्च$_7$ ख्याता रुद्रभागसमुद्भवाः।
स्वर्गश्च मर्त्यपातालौ स्वर्गाणां त्वेकविंशतिः$_{21}$ ॥ 5॥

इसी प्रकार सात ऊर्ध्वलोक जो विख्यात हैं, उनको स्वयं भगवान रुद्र ने ही उत्पन्न किया। इस प्रकार से देखने पर हम पाते हैं कि स्वर्गलोक, मृत्युलोक और पाताल लोकादि स्वर्गों की संख्या इक्कीस है।

पातालः स्वर्ग आख्यातो मर्त्यो द्वीपार्णवात्मकः।
स्वर्गश्च लोक आख्यातस्त्रैलोक्यं नाम प्रोच्यते॥ 6॥

महोमेर्वादयः ख्याताः शम्भुना रचिताः किल।

अब मैं पाताल स्वर्ग कहलाने वाले, मृत्युलोक के द्वीपार्णव तथा स्वर्गलोक नाम से कहे जाने वाले तीनों ही लोकों के नाम कहता हूँ। महामेरु आदि नाम से विख्यात सभी पहाड़ भगवान शम्भु द्वारा रचित है।

अथ पृथ्वीविस्तारवर्णनं —

तेषामनुक्रमश्चात्र कथ्यते त्वपराजित॥ 7॥

ब्रह्माण्डान्ते तु या पृथ्वी योजनैः शत$_{100}$कोटिभिः।

विनसन्त्यन्तरे लोका भुवनानि निवासिनाम्॥ 8॥

हे अपराजित! मैं उन सभी को अनुक्रम से तुम्हें यहाँ कहता हूँ। यह पृथ्वी ब्रह्माण्ड के अन्त तक सौ करोड़ योजन तक फैली हुई है। इनके अनन्तर में अनेकों भुवनों में निवास करने वाले लोक बसते हैं।

सरितश्च समुद्राश्च शैलाश्चैवं प्रकीर्तिताः।

तडागा विविधास्तत्र तीर्थश्च धर्मकीर्तनः॥ 9॥

उन सभी में विविध प्रकार की सरिताएँ, समुद्र, शैल-पहाड़ जो ख्याति प्राप्त हैं तथा विविध तड़ाग, तीर्थ आदि धर्मकीर्ति के स्थान पाए जाते हैं।

पातालान्ते च या पृथ्वी योजनैर्दशकोटिभिः।

तस्या अग्रं सहस्त्राणामेकोनविंशति स्तथा॥ 10॥

देवाग्निगुरुपूजा च धर्मतीर्थमहोत्सवः।

नदीसमुद्रदेवाश्च तीर्थादिपुण्यनिर्मलाः ?॥ 11॥

अब देखिए कि पाताल के अन्त तक भी इस पृथ्वी की सीमा दस करोड़ योजनों की हैं। उससे भी आगे उन्नीस हजार देवाग्निपूजा, गुरुपूजा व धर्म तीर्थ के महोत्सव के स्थान तथा नदी और समुद्र देवताओं के निर्मल पुण्य तीर्थ हैं।

तथा च पातालवर्णनं —

पातालभूधरा लोकास्तीर्थाणि पुण्यसागराः।

संस्थिताः कर्मयोगेन पात्रे पात्रमिवापरम्॥ 12॥

अतलो वितलश्चैव सुतलो नितलस्तथा।

तलातलश्च विज्ञेयः ? (पातालः) सप्तमोऽथ रसातलः:॥ 13॥

ये सभी पाताल के पहाड़ों के लोक, तीर्थों के लोक पुण्य सागरों के लोक कर्मयोग के द्वारा एक दूसरे पर इसी प्रकार बने हुए हैं जिस प्रकार घड़ों पर घड़े

रखे गए हों। इनके नाम हैं— (1.) अतल, (2.) वितल, (3.) सुतल, (4.) नितल, (5.) तलातल (6. पाताल) और 7. रसातल।

पातालाः सप्तधा ख्याताः पात्रे पात्रमिवापरम्।
अविरचित विना शास्त्रे सृष्टिकालसमुद्भवाः ॥ 14 ॥

इस प्रकार सप्त पाताल एक दूसरे पर रखे गए पात्रों परिपात्रों के अनुसार विख्यात हुए और ये सृष्टिकाल के समय ही बिना किसी शास्त्रीय आधार के निर्मित हुए हैं।

आदिपीठोद्भवं मानं द्वि ? सहस्त्रेर्लक्षयोजनैः।
तलसङ्ख्यान्तरे विद्यात् पाताले सप्तधोच्छ्रिते ॥ 15 ॥
ततो द्विगुणविस्तीर्णाः क्रमेणापि सुसंस्थिताः।
ब्रह्मासृष्ट्युद्भवांशे तु पातालतलमेव च ॥ 16 ॥

सबसे आदि में जो पीठ बनी, वह दो सहस्त्र लाख योजनों की थी। उसके ऊपर एक-एक तल संख्या के अन्तर पर सात पाताल बनते गए। इससे भी दोगुनी विस्तार वाली क्रमवार सुसंस्थित ब्रह्मा की सृष्टि में बने हुए पातालों के तल हैं।

तदूर्ध्व सागरा द्वीपाः [1]शैलेश्चापि भूसंस्थिता।
जम्बूद्वीपादिमानेन सप्तद्वीपा वसुन्धरा ॥ 17 ॥
तथा सप्तसमुद्राश्च प्रमाणेन प्रकीर्तिताः।

इन सबके ऊपर सागर और द्वीप तथा पहाड़ों की भूमि पर स्थिति बनी हुई है। इस भूमि पर यहाँ जम्बू द्वीपादि के मान से सात महाद्वीप इस वसुन्धरा पर बने हुए हैं तथा सात समुद्र भी इनके ही प्रमाणानुसार बने हुए हैं।

अथ द्वीपनामवर्णनञ्च —

जम्बूः प्लक्षः कुशक्रौञ्चौ शाल्मलिश्च तथैव च ॥ 18 ॥
शाकस्तथा समाख्यातः पुष्कराख्यश्च सप्तमः।
द्वीपाः सप्त समाख्याता अकृता शम्भुना हि ते ॥ 19 ॥

(उक्त द्वीपों के नाम हैं—) (1.) जम्बू, (2.) प्लक्ष, (3.) कुश, (4.) क्रौञ्च, (5.) शाल्मलि, (6.) शाक और सातवाँ (7.) पुष्कर। ये सातों विख्यात द्वीप शम्भु के द्वारा निर्मित हैं।

जम्बूद्वीपो लक्षमेकं योजनानां तु सङ्ख्यया।
तत्परमर्णवा जाताः सप्तसृष्टिविरजिताः ॥ 20 ॥

---

1. 'शनैश्चापि भू (त ?) संस्थिता' प्रकाशित पाठः।

सातश्च ? सप्तमां यान्ति क्रमेणापि सुसंस्थिताः।
क्षारार्णवक्रमेणैव संस्थिताः सप्त सागराः॥ 21॥

यह जम्बूद्वीप एक लाख योजन का है। इसके बाद ये सात सृष्टियों में बने समुद्र आते हैं। ये सातों ही समुद्र सातवें तक क्रमंवार सुसंस्थित है और क्षारार्णव (लवणसागर) के क्रम से ये सातों सागर संस्थित है।

सागरान्ते भवेद् द्वीपो द्वीपान्ते चैव सागरः।
समुद्राः संस्थिताः सर्वे नगरान्तेषु च विश्रुताः॥ 23॥
अयुतायुतयोजनाः पृथगेकैकसागराः।
विपुलागाधगम्भीरा आवर्तबहुलाकुलाः॥ 24॥

इन सागरों के अन्त में अन्य द्वीप होते हैं और उन द्वीपों के अन्त में अन्य सागर होते हैं। ये समुद्र इसी प्रकार एक दूसरे के बाद स्थित है जैसे किसीनगर के बाद दूसरा नगर स्थित होता है। पृथक्-पृथक् ये सागर अयुतायुत योजनों अर्थात् अरबों योजन के विस्तार में विस्तृत हैं और एक दूसरे से अलग-अलग भी हैं। ये सभी सागर बहुत बड़े, बहुत गहरे, बहुत गम्भीर और बहुत ही भ्रमरियों युक्त उत्ताल लहरों से आकुल-व्याकुल रहते हैं।

सागरनामानि —

क्षारः क्षीरोदधिः सर्पिमधुरिक्षूरसोदकः।
समुद्राः सप्तधेत्युक्ताः सन्ति विष्णुसमुद्भवाः॥ 25॥

(इन सागरों के नाम हैं—) (1.) क्षार, (2.) क्षीरोद, (3.) दधि, (4.) सर्पि, (5.) मधु, (6.) इक्षु, (7.) रसोदक। ये सातों ही समुद्र भगवान् विष्णु द्वारा रचित है।

कुलादीनां शैलनामानि —

नैकशैला कुलारम्या पृथ्वी च द्वीपसागराः।
पृथुमानाः स्थिराः सर्वे शम्भोश्चाऽथ समुद्भवः ?॥ 26॥

इस पृथ्वी पर अनेकों प्रकार के रम्य पहाड़ों के कुल समूह, द्वीप, सागर विशाल प्रमाणयुक्त और स्थित है। ये सभी शम्भु की रचना हैं।

मेरुश्च मन्दरश्चैव तृतीयो गन्धमादनः।
हिमवान् हेमकूटश्च निषधो नील एव च॥ 27॥
श्वेतश्च शृङ्गवांश्चैव जाता अन्ये कुलाचलाः।

इनके नाम हैं— (1.) मेरु, (2.) मन्दर, (3.) गन्धमादन, (4.) हिमालय, (5.) हेमकूट, (6.) निषध, (7.) नील, (8.) श्वेत, (9.) शृङ्गवान एवं (10.) कुलाचल।

तदाश्रित्य वना ख्याता वनोपवनकाननाः ॥ 28 ॥
माहेन्द्रो मलयश्चैव सह्यो विन्ध्यस्तथैव च।
हेमन्तः पारिजातश्च श्रीशैलश्च तथाऽर्बुदः ॥ 29 ॥
उदयाद्रिस्त्रिकूटश्च द्वीपशैलो विन्ध्याजलः।
मैनाको भूपरीषश्च कङ्कतः प्रान्तकोद्भवः ॥ 30 ॥

इन पहाड़ों के आश्रित जो वन, उपवन व कानन हैं, उनके नाम हैं — (1.) माहेन्द्र, (2.) मलय, (3.) सह्य, (4.) विन्ध्य, (5.) हेमन्त, (6.) पारिजात, (7.) श्रीशैल, (8.) आबू, (9.) उदियाद्रि, (10.) त्रिकूट, (11.) द्वीपशैल व (12.) विन्ध्याजल। मैनाक इस भूभाग पर परिखा की भाँति कङ्क से प्रान्त तक रचित है।

एते शम्भूद्भवाः सृष्ट्यां कुलशैलाश्च चलाः स्थिराः।
विष्णुऽरचिता ह्येते संस्थिताः कुलशैलकाः ॥ 31 ॥
क्वचित्पर्वतरम्या च क्वचित्सागरशोभिता।
क्वचित्सरिद्द्रुमै रम्या तडागैः शोभिता क्वचित् ॥ 32 ॥

ये सब शम्भु के द्वारा रचित सृष्टि के कुलपर्वत, अचल व चल शैल है। विष्णु के द्वारा रचित शैलादि भी इतने ही हैं। (इस सृष्टि में) कहीं सुन्दर रम्य पर्वत हैं तो, कहीं सुन्दर रम्य सागर हैं। कहीं सरिताओं के किनारे रम्य द्रुमों की पङ्क्तियाँ हैं तो कहीं सुन्दर तड़ागों की शोभा हो रहा है।

एवं मही महारम्या शम्या शस्यैः संशोभिता क्वचित्।
मुख्यैः काञ्चनपुष्पैश्च रम्यासुरनरोरगैः ॥ 33 ॥

इस प्रकार यह पृथ्वी बहुत ही रमणीय सौन्दर्य से युक्त है जिसमें शम्या शान्तिदायक सभी प्रकार के धान्य कहीं-कहीं सुशोभित हो रहे हैं। यहाँ कहीं पर कई मुख्य-मुख्य प्रकार के काञ्चन के समान सुन्दर पुष्प पाए जाते हैं जो सुर, नर और नागों को भी बड़े सुन्दर और प्यारे लगते हैं।

रचिता विरचिताख्या योजनैः कलितोन्नतिः।
यथोक्तेन प्रमाणेन द्वीपशैलार्णवादिकम् ॥ 34 ॥

इस प्रकार की योजनों तक के विस्तार में रचित कलित विरचित यथोक्त प्रमाणानुसार बनी द्वीप, शैल, अर्णव-सागरादिक यहाँ हैं।

अथाङ्गुलात्योजनप्रमाणम् —

वेदयुग्माङ्गुलैर्हस्तो दण्डो वेदकैर्मतः।
द्विसहस्त्रदण्डैः क्रोशो योजनं वेदक्रोशकैः ॥ 35 ॥

(वेदयुग्माङ्गुलैर्हस्तो अर्थात्) चौबीस अङ्गुल के गज से और चार गज के दण्ड के नाप से बने दो हजार दण्डों से एक क्रोश बनता है और ऐसे चार क्रोश से एक योजन होता है। यह सब अङ्गुल से क्रमानुसार योजन तक का प्रमाण जानना चाहिए।

इति सूत्रसन्तानगुणकीर्तिप्रकाशप्रोक्तृश्रीभुवनदेवाचार्योक्तापराजितपृच्छायां पातालद्वीपार्णव सूत्रणा (संचरा)धिकारो नाम चतुर्थ सूत्रम् ॥ 4 ॥

इस प्रकार भुवनदेवाचार्य कृत सूत्रसन्तानगुणकीर्ति प्रकाश या अपराजितपृच्छा में पातालद्वीपार्णव सूत्र (संचर) अधिकार नामक चतुर्थ सूत्र पूर्ण हुआ ॥ 4 ॥

सप्तोर्ध्वलोको नाम पञ्चमं सूत्रम् ॥ 5 ॥

अपराजित उवाच —

पातालमर्त्यलोकौ च कथितौ हि प्रमाणतः।
स्वर्गान्कथत मे तात प्रसादं कुरु मे प्रभो ॥ 1 ॥

अपराजित बोले— पाताल, मर्त्यलोक और स्वर्गों के बारे में हे प्रभु! आप प्रमाणतः बताने की कृपा करें और मुझ पर अनुग्रह करें।

अथ सप्तोर्ध्वलोकवर्णनं विश्वकर्मोवाच —

जम्बूत ऊर्ध्वमाख्याता स्वर्गलोकाश्च सप्तधा।
सप्तैते कथिताः स्वर्गा देवानामालयाः स्मृताः ॥ 2 ॥

विश्वकर्मा बोले— जम्बूद्वीप से ऊपर की ओर सात प्रकार के स्वर्गलोक विख्यात हैं। ये सातों ही कहे गए स्वर्गदेवताओं के रहने के आवास माने जाते हैं।

संस्थिताः क्रमयोगेन पात्रे पात्रमिवापरम्।
सृष्टिः शम्भूद्भवा स्वर्गः कथ्यते तव साम्प्रतम् ॥ 3 ॥

ये सभी एक पात्र के ऊपर रखे हुए पात्र के ऊपरोपर रखे समान स्थित हैं। अब मैं इन सृष्टि में उद्भूत स्वर्गों के विषय में कहता हूँ।

भुवर्लोकश्च स्वर्लोको महोलोकश्च तत्परम्।
तुरीयो जनलोकश्च तपोलोकश्च पञ्चमः ॥ 4 ॥

सत्यलोकः सत्यगामी ज्ञानलोकोऽत्र सप्तमः ॥

विना विरचिताः शस्त्रै ?र्लोका वै शम्भुसम्भवाः ॥ 5 ॥

इनमें से पहला भुवर्लोक है, फिर स्वर्लोक, तीसरा महर्लोक उससे भी ऊपर है। चौथा जनलोक और पाँचवाँ तपःलोक है। छठवाँ सत्यलोक है जहाँ सत्यानुगामी पहुँचते हैं। सातवाँ ज्ञानलोक है। ये सब बिना ही विरचित सातों ही लोक शम्भू या स्वयम्भू सम्भव हुए हैं।

तदूर्ध्वं मेरुराख्यात एकविंशदिवाधिपः [21] **।**

ब्रह्माण्डमध्ये मेरुर्वै त्रैलोक्यस्तम्भकः स्मृतः ॥ 6 ॥

निर्गन्धाः कल्पदेव्यः परिचिता देवतात्मकाः ।

प्रद्योतकं समस्तं तज्जगदाल्हादकारकम् ॥ 7 ॥

उसके ऊपर इक्कीस स्वर्गों का अधिपति मेरु विख्यात है जो एक प्रकाश के ब्रह्माण्ड का मध्य स्तम्भ मेरु होकर तीनों ही लोकों का स्तम्भ माना जाता है। वह निर्गन्धा कल्पदेव परिचित देवात्मा होकर प्रभविष्णुमय है और समस्त जगत को आनन्द देने वाला है।

स्वर्गे चाग्निः ? (चाग्र) स्थिता देवास्तेषां पृथ्व्युद्भवाः ।

सप्त चिन्तात्मका लोकाः संसारहितकाम्यया ॥ 8 ॥

स्वर्ग में आगे जो देव हैं, उनमें जो देव पृथ्वी पर उत्पन्न हुए हैं, उनके सात चिन्तात्मक लोक हैं जो संसार के हित की कामना करने के लिए हैं।

स्वर्गतो यो भवेद्वातस्तदूर्ध्वं सप्तमालिकाः ।

एकैकास्तेजोरूपाढ्याः स्वर्ग ?(सूर्य)कोटिसमुद्भवाः(समप्रभाः)\॥ 9 ॥

इन स्वर्गों के ऊपर भी सात मालिकाएँ हैं जिनमें एक से एक बढ़कर तेजोमय हैं और करोड़ों सूर्यों की प्रभा से युक्त हैं।

प्रथमा काञ्चनसमा ह्यन्या स्फटिकनिर्मला ।

तृतीया त्विन्द्रनीला च वैडूर्य्या च चतुर्थिका ॥ 10 ॥

पञ्चमी पद्मरागा च षष्ठी वै वज्रका मता ।

सप्तमी सर्वरत्नाढ्या ब्रह्मातेजस्तदूर्ध्वके ॥ 11 ॥

इनमें पहली मालिका स्वर्ग की-सी चमक से युक्त है। दूसरी स्फटिक जैसी निर्मल है। तीसरी इन्द्रनीलमणि के समान कान्तिवाली है। चौथी वैदूर्यमणि के समान, पाँचवीं पद्मरागमणि के समान, छठी हीरे के समान और सातवीं समस्त रत्नों की चमक से युक्त है। इनसे ऊपर ब्रह्मतेज है।

तेजसोऽम्भोभवो ज्योतिः संसारसृष्टिकारणम् ?।
तदुद्भवं समं चेदं जगत्स्थापरजङ्गमम् ॥ 12 ॥

तेज-अग्नि से ही जल हुआ। इस प्रकार यह ज्योतिष्मय तेज ही संसार की सृष्टि का कारण हुआ जिससे यह सारा स्थावर-जङ्गम जगत् हुआ।

त्रैलोक्यप्रभवं ज्योतिर्जगदाल्हादकारकम्।
धर्मार्थकाममोक्षाणां सम्भवा ज्योतिषस्तथा ॥ 13 ॥

तीनों लोकों को बनाने वाली यह ज्योति जगत को आनन्द प्रदान करने वाली है और इसी ज्योति से धर्म-अर्थ-काम और मोक्ष के चारों पदार्थ उत्पन्न हुए हैं।

तेजो ज्ञानोद्भवं ज्योतिः कोटिसूर्यसमप्रभम्।
तदुद्भवं महारूपं संसारमोक्षसौख्यदम् ॥ 14 ॥

तेज से ही ज्ञान रूप ज्योति उत्पन्न हुई जो करोड़ों सूर्यों की प्रभा के समान प्रकाशमान हैं। इस ज्योति से ही यह महारूप विशाल संसार उत्पन्न हुआ जो मोक्ष-सुख का देने वाला है।

कालागिरवि सम्भूतं रुद्ररूपं महाभयम् ?।
रुद्रत्वं ? कलते काल महाकालो मुहुर्मुहुः ॥ 15 ॥

इसी से कालाग्नि के समान महामय कारक रुद्ररूप उत्पन्न हुआ। यही रुद्रतत्त्व क्षण-क्षण करके काल की रचना करते हुए महाकाल सिद्ध हुआ।

ज्योतीरूपं भवेद् व्योम्नि कल्पाग्निज्योतिसद्भवम् (रुद्भवम ?)।
व्योम्नि सद्योजातमूर्तिः शक्तिः स्याज्ज्योतिसद्भवा ॥ 16 ॥

व्योम आकाश में यह ज्योति स्वरूप ही कल्पाग्नि ज्योति को भी उत्पन्न करता है जिससे ही सद्योजात मूर्ति शिव-शक्ति आकाश में उत्पन्न हुई है।

शिवशक्तिसमायुक्तमुद्भवेद्रुद्ररूपकम्।
शम्भो रुद्रोद्भवः प्रोक्तो ब्रह्मविष्णु तदुद्भवौ ॥ 17 ॥

इसी शिव-शक्ति से मिलकर शिव का रुद्र रूप समुद्भव हुआ। इस प्रकार शम्भू रुद्र से उत्पन्न हुए और कहा जाता है कि ब्रह्मा व विष्णु भी इसी रुद्र से हुए।

ततः शम्भूद्भवा सृष्टिर्जगत् स्थावरजङ्गमम्।
देवासुरमनुष्याश्च पशुपक्षिशरीरिणः ॥ 18 ॥

इनसे यह सारी स्थावर, जङ्गम सृष्टि उत्पन्न हुई जिनमें देव, असुर, मनुष्य, पशु-पक्षी आदि शरीरधारी हुए।

शम्भोर्मनोभवा रम्या परब्रह्मात्मचेतसः।

तदुद्भवा ततः सृष्टिः पञ्चतत्त्वयुता परम्॥ 19॥

शम्भू की मानसी सुन्दर रचना में परब्रह्मचित्त उत्पन्न हुआ। उससे ही यह परम पञ्चतत्त्वों से युक्त सृष्टि उत्पन्न हुई।

हरचित्तोद्भवाद् भव्यो ? नाम ? (भव्यस्तथा) विश्वाधिपो हरिः।

ततस्तदुद्भवा सृष्टिस्त्रैलोक्ये सचराचरे॥ 20॥

हर-शिव के चित्त से ही विश्व के स्वामी हरि-विष्णु उत्पन्न हुए। इसके ही पश्चात् इनसे ही चराचरयुक्त यह त्रैलोक्य सृष्टि हुई।

तदुद्भवं रजः सत्त्वं तमश्चापि तृतीयकम्।

तत्र सृष्टिरनेकाऽभूज्जनसन्तानकारिणी॥ 21॥

इससे ही सतोगुणी, रजोगुणी, तमोगुणी रचना हुई जिससे अनेक जीवों की सन्तानकारिणी अनेकों सृष्टियाँ उत्पन्न हुईं।

रजो ब्रह्मा तमो विष्णुः सत्त्वं चैव महेश्वरः।

ते चक्रयोद्भवं सत्त्वं सृष्टिसंसारसम्भवम्॥ 22॥

रजोगुण से ब्रह्मा, तमोगुण से विष्णु और सतोगुण से महेश्वर उत्पन्न हुए। इन तीनों के चक्र से ही सत्व रूपा यह सांसारिक सृष्टि सम्भव हुई है।

रजसो रचना ख्यातिः संसारसृष्टिकोद्भवा।

चतुरशीतिलक्षाणि जीवयोनिरनेकशः॥ 23॥

रजोगुण से रचना विख्यात है जिससे यह संसार रूपी सृष्टि हुई। इसमें चौरासी लाख संख्या में विविध योनियों के जीवों की सृष्टि अनेकों प्रकार की हुई।

तमसस्तामसी शक्तिस्तमसा तेजोवर्द्धिनी।

माया मोहमयी कामं वैष्णवी मोहनाशिनी॥ 24॥

तमोगुण से तामसी शक्ति उत्पन्न हुई और तमस से तेज को बढ़ाने वाली मोहमयी माया उत्पन्न हुई जिससे कामनाएँ बढ़ती हैं और तेज तमस से ही वैष्णवी शक्ति उत्पन्न होती है जो मोह का नाश करने में सक्षम है।

सत्त्वशान्तिकशक्तिश्च सत्यज्ञानाद्ब्रह्मात्मजा।

संसारपापमुक्तानां मोक्षार्थं सत्त्वशान्तिकी॥ 25॥

सत्वगुण से शान्तगुण वाली शक्ति का उद्भव हुआ और सत्व की ज्ञान और ब्रह्म को उत्पन्न करने व संसार के पापों से मुक्त हुए जीवों को मोक्ष प्राप्ति के लिए

शान्ति प्रदान करने वाली शक्ति होती है।

इति सूत्रसन्तानगुणकीर्तिप्रकाशप्रोक्तश्रीभुवनदेवाचार्योक्तापराजितपृच्छायां सप्तोर्ध्वलोकाधिकारो नाम पञ्चमं सूत्रम्॥ 5॥

इस प्रकार भुवनदेवाचार्य कृत सूत्रसन्तानगुणकीर्ति प्रकाश या अपराजितपृच्छा में सप्त ऊर्ध्वलोक अधिकार नामक पाँचवाँ सूत्र पूर्ण हुआ॥ 5॥

अष्टशक्त्युद्भवो नाम षष्ठं सूत्रम्॥ 6॥

अपराजित उवाच —

उत्पत्ति कथ्यतां सर्वा देवानां च नृणां तथा।
दैत्यरक्षोऽसुराणां च पशुपक्षिशरीरिणाम्॥ 1॥
के ते ब्रह्मसमुद्भूताः के ते विष्णुसमुद्भवाः।
कस्माद्देवाच्च के जाताः संसारे रूपधारिणः॥ 2॥

अपराजित बोले — आपने सभी देवों, मनुष्यों तथा दैत्यों, राक्षसों और असुरों और पशु-पक्षी देहधारी जीवों के विषय में उनकी उत्पत्ति का वर्णन तो किया, परन्तु कितने जीव ब्रह्मा से उत्पन्न हुए, कितने जीव विष्णु से उत्पन्न हुए तथा किस प्रकार किस देव से कौन-कौन उत्पन्न हुए और इस संसार में रूप धारण कर सके?

विश्वकर्मोवाच —

ब्रह्मणो हृदयाज्जातः काश्यपो मुनिपुङ्गवः।
कश्यपप्रभवा सृष्टिस्त्रैलोक्योदयशालिनी॥ 3॥
कश्यपस्य परा ह्याष्टावादित्याद्याश्च शक्तयः।
जनन्यो जगतस्ताभ्यः संसारसृष्टिकोद्भवः॥ 4॥

विश्वकर्मा बोले — ब्रह्मा के हृदय से मुनिपुङ्ग, मुनियों में राजा काश्यप मुनि उत्पन्न हुए। इन कश्यप से ही तीनों लोकों को बढ़ाने वाली सृष्टि का प्रादुर्भाव हुआ। कश्यप की पत्नी अदिति से निरन्तर आठ पराशक्तियाँ ही इस जगत की जननियाँ हैं और इनसे ही संसार की समस्त सृष्टि उद्भूत हुई है।[1]

1. विष्णपुराण में दक्ष कन्याओं, कश्यप की स्त्रियों के नाम क्रमशः अदिति, दिति, दनु, अरिष्टा, सुरसा, खसा, सुरभि, विनता, ताम्रा, क्रोधवशा, इरा, कद्रु और मुनि आए हैं— कश्यपस्य तु भार्या यास्तासां नामानि मे शृणु। अदितिर्दितिर्दनुश्चैवारिष्टा च सुरसा खसा॥ सुरभिर्विनता चैव ताम्रा क्रोधवशा इरा। कद्रुर्मुनिश्च धर्मज्ञ तदपत्यानि मे शृणु॥ (विष्णु. 1, 15, 124-125) इसी पुराण के पहले अंश के 21वें अध्याय में इनकी सन्तानों का भी वर्णन उपलब्ध होता है।

अथाष्टशक्तिनामावलिः —

दित्यासुर्यौ च गन्धर्वी यक्षी विद्याधरी तथा।
नरेन्द्री नागराजेन्द्री ह्यदितिश्चाष्टमी मता॥ 5॥

इन आठों के नाम क्रमशः (1.) दिति, (2.) आसूर्या, (3.) गन्धर्वी, (4.) यक्षी, (5.) विद्याधरी, (6.) नरेन्द्री, (7.) नागराजेन्द्री और (8.) अदिति है।

तस्यवंशाः —

दित्या दैत्याश्च सम्भूता आसुर्या असुरास्तथा।
गन्धर्व्याश्चैव गन्धर्वा यक्ष्या यक्षास्तथा स्मृताः॥ 6॥
विद्याधर्या विद्याधरास्तथाऽऽदित्याश्च देवताः।
जाता नागाश्च नागेन्द्रा नागेन्द्रो वासुकी मतः॥ 7॥
(नागेन्द्राश्च विहङ्गाश्च नागराजेन्द्रिकोद्भवाः)

दिति से दैत्य उत्पन्न हुए, आसुर्या से असुर, गान्धर्वी से गान्धर्व, यक्ष्या से यक्ष, विद्याधरी से विद्याधर, अदिति से देवता, नागेन्द्री से नाग एवं नागेन्द्रवासुकी नागेन्द्र और विहङ्ग पक्षीगण नागराजेन्द्री से उत्पन्न हुए।

नरेन्द्याश्च नरा जाता विप्रशूद्रानुर्मातः।
अष्टादश$_{18}$ प्रकृतीनां कुलीनानामनेकशः॥ 8॥

नरेन्द्री से समस्त नर उत्पन्न हुए जो विप्र से लेकर शूद्र के मार्गानुसार हुए। इन अठारह प्रकृतियों के अनेकों कुलीन नाम है।

दैत्यानां नवभेदाः$_{9}$ स्युः पञ्च$_{5}$भेदास्तथासुराः।
चतुर्भेदाश्च$_{4}$ गन्धर्वास्त्रिभेदा$_{3}$ यक्षकाः स्मृताः॥ 9॥
विद्याधराः पञ्चभेदा$_{5}$ वैदेवीं च गुरोत्तमा ?।

दैत्यों के नौ भेद है तथा असुरों के पाँच भेद है। गन्धर्वों के चार, यक्षों के तीन और विद्याधरों के पाँच भेद कहे गए हैं।

द्विधाश्च नागराजेन्द्रा नरेन्द्राणामनेकधा ?(नरेन्द्रास्तु ह्यनेकधा)॥ 10॥
शशाङ्कश्च तथा सूर्यस्ताभ्यां नृपकुलोदयः।
विश्वेदेवाश्च वस्वाद्याः सन्ति विश्वासमुद्भवाः॥ 11॥

इसी प्रकार नागराजेन्द्रों के दो भेद है और नरेन्द्रों के अनेकों प्रकार के भेद हैं। शशाङ्क-चन्द्रमा से और सूर्य से कई नृपकुलों (चन्द्र और सूर्यवंश) का उदय हुआ। विश्वा से वसु आदि विश्वेदेवा उत्पन्न हुए।

देवानामङ्गिराणां च मातृणां च तथापरम्।
दैत्यादिषु च सर्वेषु पूजिताश्च तदन्वये॥ 12॥

देवों में अङ्गिरागणों में एवं उनके बाद मातृगणों में, दैत्यों आदि के भी सभी वंश पूज्य है।

असुरो दानवो दैत्यः शुक्रो राहुश्च पञ्चमः।
गन्धर्व्याश्चैव चत्वारस्तौर्यत्रिकप्रकाशकाः॥ 13॥

असुर, दानव, दैत्य तथा शुक्र और पाँचवाँ राहु गन्धर्वों के चार-चार त्रिक् प्रकाशकों के हैं।

कुबेरः कङ्कतो यक्षो यक्ष्या जातास्त्रयः$_3$ किल।
समस्ता दैत्यपालानां दैत्या भक्तवशानुगाः॥ 14॥
तुम्बरुर्नारदश्चैव नटेशः कात्यकोद्भवः।
आसुर्याश्च समुत्पन्नाः पञ्चैते$_5$ सुरसम्भ्रमाः॥ 15॥

कुबेर, कङ्कत, यक्ष ये तीनों सभी यक्ष्या से उत्पन्न हुए तथा सभी दैत्यपालगण दैत्या के भक्त व अनुचर हैं। तुम्बरु, नारद और नटेश कात्यका से उत्पन्न हुए। आसुर्या से ये पाँचों देवों को भ्रमित करने वाले उत्पन्न हुए।

मन्मथः पौरुषं लोभो मोहः क्रोधश्च पञ्चमः।
विद्याधरीसमुत्पन्नाः पञ्चैते वीरविक्रमाः॥ 16॥
भैरवः क्षेत्रपालश्च गणो वै दूतसम्भवः।
वैदेवीजाश्च चत्वारः सदा पूज्याश्च मानुषैः॥ 17॥

मन्मथ या कामदेव, पौरुष-कटुवचन, लोभ, मोह और पाँचवाँ क्रोध तथा विद्याधरी से पाँच वीर विक्रम उत्पन्न हुए। भैरव, क्षेत्रपाल व गण दूत से उत्पन्न हुए और वैदेवी से उत्पन्न होने वाले चारों सदा मनुष्यों के द्वारा पूज्य माने जाते हैं।

उत्पन्ना नागराजेन्द्र्या वासुक्याद्या उरङ्गमाः(विहङ्गाः पन्नगास्तथा)।
वासुकी पन्नगः प्रोक्तो विहङ्गा विनतात्मजाः॥ 18॥

नागराजेन्द्री से वासुकी आदि सर्प और पक्षिगण और नाग उत्पन्न हुए। वासुकी नाग को गरुड़ादि पक्षियों को विनता से उत्पन्न कहा गया है।

नरेन्द्रीभ्यः समुत्पन्ना विख्याता वै नरोत्तमाः।
तदनुक्रमयुक्ती च कथयामि समासतः॥ 19॥

अब नरेन्द्री से उत्पन्न होने वाले विख्यात नरोत्तमों के बारे में समास रूप से अनुक्रमपूर्वक कहता हूँ।

विप्रक्षत्रियवैश्यशूद्राणां गोत्रसंख्या: —

प्रथमो ब्राह्मणो जात: क्षत्रियस्तु द्वितीयक:।
वैश्यो जातस्मृतीयो वै शूद्रश्चैव चतुर्थक: ॥ 20 ॥
अष्टाशीति सहस्त्राणि विप्रगोत्राणि वै विदु:।
षट्त्रिंशच्च क्षत्रियाणां कुलीनानां तथैव च ॥ 21 ॥
चतुर्विंशति वैश्यानां शूद्राणां नैकधा तथा।

पहले ब्राह्मण, दूसरे क्षत्रिय, तीसरे वैश्य और चौथे शूद्र उत्पन्न हुए। विद्वानों ने अस्सी हजार गोत्र ब्राह्मणों के माने हैं। क्षत्रियों के छत्तीस हजार और वैसे ही कुलीनों के कहे गए हैं। वैश्यों के चौबीस हजार और शूद्रों के तो अनेक प्रकार के गोत्र माने गए हैं।

एते वंशा: समाख्याता यथाकल्पं भवन्ति ते ॥ 22 ॥
कल्पान्ते च विशीर्यन्ते ?(विनश्यन्ति) सर्वे रूपसमुद्भवा:।
समुद्भवन्ति ते सर्वे कल्पादौ च पुन: पुन: ॥ 23 ॥

इस तरह ये इतने अपने-अपने कर्म के अनुसार कल्पित वंश हुए जो विख्यात हैं। ये सभी कल्प के अन्त में नाश को प्राप्त होंगे और सभी नाम रूप मिट जाएँगे। इसी प्रकार ये सब कल्प के आरम्भावसर पर बारम्बार उद्भव को प्राप्त होते रहते हैं।

इति सूत्रसन्तानगुणकीर्तिप्रकाशप्रोक्तृश्रीभुवनदेवाचार्योक्तापराजितपृच्छा-
यामष्टशक्त्युद्भवाधिकारो नाम षष्ठं सूत्रम् ॥ 6 ॥

इस प्रकार भुवनदेवाचार्य कृत सूत्रसन्तानगुणकीर्ति प्रकाश या अपराजितपृच्छा में अष्ट शक्ति उद्भव अधिकार नामक छठवाँ सूत्र पूर्ण हुआ ॥ 6 ॥

सृष्टिसंसारावतारणं सप्तमं सूत्रम् ॥ 7 ॥

अपराजित उवाच —

मूर्धजास्तृणधान्यानि वृक्षाश्चैवमनेकधा:।
तदुत्पत्ति: कथं नाम(थ) पशुपक्षिशरीरिणाम् ॥ 1 ॥
कृमिकीटपतङ्गाश्च ये च जीवानुरूपका:।
कथयस्व प्रसादेन संसारे सृष्टिसम्भवा: ॥ 2 ॥

अपराजित ने पूछा— तृण और धान्यों में मुख्य-मुख्य तथा वृक्षों के भी अनेक प्रकार और पशु-पक्षी शरीरधारी जीवों की उत्पत्ति कैसे हुई? हे नाथ! यह कहें।

इसी तरह कृमि, कीट-पतङ्गादि जो ये जीव अनुरूप संसार की सृष्टि में उत्पन्न हुए हैं, उनके बारे में भी आप कृपा करके अवश्य कहें।

विश्वकर्मोवाच —

काश्यपस्य हृदुत्पन्ना मानस्यः पञ्च कन्यकाः।
तदुत्पन्ना च या सृष्टिः कथये तां च साम्प्रतम्॥ 3॥
अश्वी गजी नखी चैव शृङ्गी शुकी तु पञ्चमी।
पृथगेकैकसम्भूतिं कथयामि यथाश्रुतम्॥ 4॥

विश्वकर्मा बोले — कश्यप मुनि के हृदय से पाँच मानसी कन्याएँ उत्पन्न हुईं जिनके द्वारा जो सृष्टि उत्पन्न हुई, उसके बारे में अब मैं तुम्हें कहता हूँ। इनमें अश्वी, गजी, नखी, शृङ्गी तथा शुकी पाँचवीं कन्या है। इसमें से प्रत्येक के पृथक-पृथक जीव जैसे उत्पन्न हुए, उनके विषय में जैसा मैंने सुना, उन्हें यथावत कहता हूँ।

वृक्षा श्चैवाम्बुकी जाता आम्बुकाः पञ्चमूर्धजाः।
अम्बो जम्बूस्तथाऽश्वत्थो वटश्चोदुम्बरस्तथा॥ 5॥

इसी प्रकार आम्बुकी से वृक्षों में पाँच मुख्य-मुख्य अम्बुक उत्पन्न हुए जो इस प्रकार हैं— (1.) आम, (3.) जामुन, (3.) अश्वत्थ, (4.) वट और (5.) उदुम्बर।

आम्बकात् सरलोजातस्तस्यैव सप्तपुत्रिकाः।
ताली चैव तदुद्भूताः तमालतालवृक्षकाः॥ 6॥
धान्यकी च तृणी चैव व्याख्याताः सप्तपुत्रिकाः।
शाली च व्यन्तरी चैव लता चैवौषधिस्तथा॥ 7॥

आम्बका से सरल उत्पन्न हुआ जिसके सात पुत्रियाँ हुईं। ताली और उससे उत्पन्न हुए तमाल और ताल वृक्ष, धान्यकी, तृणी, शाली, व्यन्तरी, लता और औषधि।

व्यन्तर्याश्च समुद्भूता व्यन्तराश्चैव ''मूर्धजाः''?।
लताश्चैव लतोद्भूताः शैलाद्यं भूतले यथा॥ 8॥
औषध्यश्चौषधीजाता लक्षाणि वै समुद्भवाः।
धान्यकी धान्यसम्भूतिः सङ्ख्याताष्टादशात्मिका[18]॥ 9॥

व्यन्तरी से मुख्य-मुख्य व्यन्तरा वृक्ष उत्पन्न हुए। इसी तरह लता से भी भूतल पर लता से उत्पन्न होने वाले शैलाद्य उत्पन्न हुए। औषधि से उत्पन्न लाखों औषधियाँ पैदा हुईं। धान्यकी से भी अठारह प्रकार की संख्या के धान्य उत्पन्न हुए।

तृण्यास्तृणानिजातानि चतुरशीतिः सङ्ख्यया।
तृणानां दूर्विकादीनां समस्तानां ततो भवः॥ 10॥

तृणी से चौरासी की संख्या के तृण उत्पन्न हुए। उन तृणों में समस्त प्रकार की दुर्विका-दूब उनसे उत्पन्न हुई।

शृङ्ग्याश्चैव प्रवक्ष्यामि मानसीः सप्तपुत्रिकाः।
वृषी महिषी मेषी च ह्यजा मृगी च शम्बरी॥ 11॥
गण्डकी सप्तमी जाता गण्डक्याश्चैकशृङ्गकाः।
शम्बर्याः शम्बरा जाता मृग्या श्चैवं मृगा मताः॥ 12॥
मेष्या मेषाः समुत्पन्नास्तथाजाया अजोद्भवः।
वृष्या वृषाश्च सञ्जाता महिष्या महिषोद्भवः॥ 13॥

शृङ्गी के भी सात मानसी पुत्रियाँ हुई जिनके विषय में अब कहता हूँ। उनमें (1.) वृषी, (2.) महिषी, (3.) मेषी, (4.) अजा, (5.) मृगी, (6.) शम्बरी और (7.) गण्डकी। गण्डकी से उत्पन्न होने वाले एक सींग वाले गेण्डे तथा शम्बरी से शम्बर उत्पन्न हुए और मृगी से मृग उत्पन्न माने गए। मेषी से मेष-भेड़ें उत्पन्न हुई और अजा से बकरी उत्पन्न हुई। वृष्या से वृष-बैल उत्पन्न हुए और महिषी से महिष-भैंसे हुए।

पुत्रिकाश्चैव शुक्यास्तु शतान्यष्टौ$_{108}$ द्विधाश्च$_{2}$ ताः।
विहङ्गाश्च समस्तास्तु ह्यण्डजाः पक्षिणस्तथा॥ 14॥

इसी प्रकार शुकी के एक सौ आठ पुत्रिकाएँ हुईं जो दो प्रकार की हैं। उनसे ही सभी विहङ्ग और अण्डों से उत्पन्न होने वाले पक्षी उत्पन्न हुए।

एकैव च नखीजाता द्वात्रिंशच्च$_{32}$ तदात्मजाः।
ग्रामारण्यव्योमचराः सङ्ख्याताश्च समस्तकाः॥ 15॥

एक मात्र नखी के बत्तीस सन्तान हुई उनमें ग्रामवासी, अरण्यवासी, आकाशचारी आदि की समस्त संख्या आ जाती है।

गजा वराहाश्चैवं च एकान्वयसमुद्भवाः।
कथिता चान्वयोद्भूतिरश्वीनां तु ह्यतः परम्॥ 16॥

गज और वराह आदि दन्ति एक ही वंश से समुद्भूत हुए हैं। आगे मैं अश्वी के एक ही वंश में उत्पन्न होने वाले जीवों के बारे में कहता हूँ।

अश्वः खरश्च पौराश्च गैरा म (क) र्कटकादयः।
अन्ये च श्वापदाः सर्वे ह्यश्व्युत्पत्तिः प्रकीर्तिता॥ 17॥

अश्व, खर, पौर, गैर (गवय), मर्कट आदि अन्य श्वापद सभी अश्व से ही हुई उत्पत्ति में कहे गए हैं।

तिस्त्रः पुत्र्यः समुत्पन्ना मानस्यः कश्यपस्य तु।
पद्मा चाम्भोभवी क्रौञ्चा तिस्त्रश्चैवं प्रकीर्तिताः॥ 18॥

कश्यप से त्रिस पुत्रियों से उत्पन्न होने वाले मानस्य और पानी से पैदा होने वाले पद्म, क्रौञ्च ये त्रिस्त्र ही कहे गए हैं।

अम्भोभव्या जलचराः पद्मायाः पद्मसम्भवः।
कौञ्चात्मजाश्च शैवालास्त्रिधा चैवं समुद्भवम्॥ 19॥

अम्भोभव्या— पानी में उत्पन्न होने वाले सभी जलचर और पद्म-कमल तथा कमल से उत्पन्न होने वाले, क्रौञ्च-सारस और तीन प्रकार के शैवाल जो पानी में उत्पन्न होते हैं।

चतुर्वर्णाः प्रकृतयो ह्यान्त्यजा नीचकोद्भवाः।
भौमाः कीटपतङ्गाश्चोष्मजा उरगव्यन्तराः॥ 20॥
भूम्युदकेषु सम्भूता विख्याता बीजतस्तथा।
भूमौ समुद्भवं चैवं सम्योगे वारिणां खलु॥ 21॥

चारों वर्णों की प्रकृति प्रजा व निम्न योनि में जन्म लेने वाले अन्त्यज, भूमि में पैदा होने वाले कीट-पतङ्ग जो गर्मी से उत्पन्न होते हैं तथा उरग-सर्पादि व्यन्तर जीव, भूमि और पानी से उत्पन्न होने वाले विख्यात बीज जो भूमि में पानी के संयोग से सभी उत्पन्न होते हैं।

उदके सर्वबीजानां सम्भूतिः सर्वतः स्मृता।
केचिदाकाश उत्पन्नाः केचित्पातालसम्भवाः॥ 22॥
केचिद्भूम्युद्भवाश्चैव त्रिविधः$_3$ सृष्टिसम्भवः।
वर्षाकाले समुत्पत्तिर्हेमन्ते तु प्रवर्तनम्॥ 23॥
प्रलयो ग्रीष्मसम्प्राप्तौ अजीर्णे ? पुनराव्रजेत्।
चतुरशीति$_{84}$ लक्षाणि जीवयोनिरनेकधा॥ 24॥

जल से ही समस्त बीजों की उपज-निपज होती है, ऐसा सभी को ज्ञान है। कितनी ही आकाश में उत्पन्न होने वाली तथा कितनी ही पाताल में उत्पन्न होने वाली, कितनी ही भूमि में उत्पन्न होने वाली ऐसी तीन प्रकार की सृष्टि सम्भव होती है जो वर्षाकाल में उत्पन्न होकर हेमन्त ऋतु में प्रवर्तित होती है जबकि ग्रीष्मकाल के आने पर सूख जाती है परन्तु नष्टभूत नहीं होती और पुनः उत्पन्न हो सकती है।

इस प्रकार चौरासी लाख योनियाँ[1] हैं जो नाना प्रकार की होती है।

इति सूत्रसन्तागुणकीर्तिप्रकाशप्रोकृश्रीभुवनदेवाचार्योक्तापराजितपृच्छायां-
सृष्टिसंसारावतारणधिकारो नाम सप्तमं सूत्रम्॥ 7॥

इस प्रकार भुवनदेवाचार्य कृत सूत्रसन्तानगुणकीर्ति प्रकाश या अपराजितपृच्छा में सृष्टि
संसार अवतारण अधिकार नामक सातवाँ सूत्र पूर्ण हुआ॥ 7॥

सप्तपातालराज्योद्भवो नामाष्टमं सूत्रम्॥ 8॥

अपराजित उवाच —

के च स्वर्गं कृता देवा के च पातालसम्भवा:।
मर्त्यलोके च भूतानि कथयस्व परेश्वर॥ 1॥

अपराजित बोले — स्वर्ग के कौन-कौन देवता है और पाताल में होने वाले देव कौन-कौन हैं, इसी प्रकार हे परमेश्वर! आप मुझे मर्त्यलोक में होने वाले प्राणियों के बारे में भी उपदेश कीजिए।

विश्वकर्मोवाच —

तलो वितलस्सुतलो नितलश्च तलातल:।
रसातलश्च पाताल उरगेशाश्च सप्त च॥ 2॥
उरगोद्भवपाताले सप्तपातालविक्रमम्।
पृथगेवं समुद्दिष्टा ? नवनागकुलानि च॥ 3॥

विश्वकर्मा बोले — तल, वितल, सुतल, नितल, तलातल, रसातल व पाताल- ये सात सर्पराजाओं के, उरगेशों के लोक हैं। इन उरगों-सर्पों के पातालों में सातों पाताल बड़े ऐश्वर्यवाले है। इनसे अलग नौ नागकुलों को बताया गया है।

नवकुलनागराजनामावली —

पद्मः कर्कोटकश्चैव पुण्डरीकोऽथ तक्षकः।

---

1. गरुडपुराण में आया है— चतुरशीतिलक्षाणि चतुर्भेदाश्च जन्तव:। अण्डजा: स्वेदजाश्चैव उद्भिजाश्च जरायुजा:॥ एकविंशति लक्षाणि ह्यण्डजा: परिकीर्तिता:। स्वेदजाश्च तथैवोक्ता उद्भभिजास्तत् प्रमाणत:॥ जरायुजाश्च तावन्तो ममुष्याद्याश्च जन्तव:। सर्वेषामेव जन्तूनां मनुषत्वं सुदुर्लभम्। (प्रेतकल्पोक्त धर्मप्रकटन नामक द्वितीय अध्याय)

बृहद्विष्णुपुराणे— जलजा नवलक्षाणि स्थावरा लक्षविंशति:। कृमयो रुद्रसङ्ख्याका: पक्षिणां दशलक्षकम्॥ त्रिंशल्लक्षाणि पशवश्चतुर्लक्षाणि मानुषां। सर्वयोनिं परित्यज्य ब्रह्मयोनिं ततोऽभ्यगात्॥ (शब्दकल्पद्रुम चतुर्थ खण्ड पृष्ठ 63)

अनन्तः शङ्खचूडश्च वासुकिः सप्तमो मतः ॥ 4 ॥
सप्तपाताललोकेशो महावीर्या मदोत्कटाः।
रौद्राश्च विद्रुताः सर्वे ह्यमात्या वीरविक्रमाः ॥ 5 ॥

ये नौकुली नाग हैं- (1.) पद्म, (2.) कर्कोटक, (3.) पुण्डरीक, (4.) तक्षक, (5.) अनन्त, (6.) शङ्खचूड़, (7.) वासुकी। ये सभी सप्त पातालों के बड़े बलवान, मदोन्मत अधिपति, लोकेश हैं। ये बड़े भयङ्कर रौद्ररूप व शीघ्रगामी तथा सभी आमात्य वीर और पराक्रमी होते हैं।

तलेषु पद्मको राजा वितले च कर्कोटकः।
सुतले पुण्डरीकाक्षो नितले चैव तक्षकः ॥ 6 ॥
तलातले त्वनन्तश्च शङ्खचूडो रसातल।
वासुकिर्नागराजेन्द्रः पाताले सर्वतोऽधिपः ॥ 7 ॥

इनमें से तल नामक पाताल के राजा पद्मक हैं, वितल के कर्कोटक, सुतल के पुण्डरीकाक्ष और नितल के राजा तक्षक है। तलातल के राजा अनन्त, रसातल के शङ्खचूड़ और इन सब पर वासुकी नागराजेन्द्र समस्त पातालों के महाराजा है।

कुलानि नव$_{9}$ प्रत्येकं त्रिषष्टि$_{63}$ कुलपन्नगाः।
सप्त$_{7}$ पाताललोकेशोः संस्थिताः क्रमयोगतः ॥ 8 ॥

इन सातों में प्रत्येक के नौ-नौ कुल है और इस प्रकार ये सभी सात गुणा नौ मिलाकर कुल तिरसठ प्रकार के नाग उक्त सातों पातालों के लोकेश के रूप में क्रमशः संस्थित हैं।

पद्मेशराज्यवासिनामाह —

यत्पद्मेशस्य वै राज्यमाद्यपातालसञ्ज्ञितम्।
तत्रामर्त्यनिवासाश्च चन्द्रकान्तिसमा भुवः ॥ 9 ॥
दिव्यरूपधराः सर्वे दिव्याभरणभूषिताः।
स्वेच्छारूपं स्त्रीनराणां स्वेच्छागम्यास्तदात्मजाः ॥ 10 ॥

जो पद्मेश नाग का राज्य है, उसे आदिपाताल नाम से कहा गया है। वहाँ के रहने वाले मर्त्य लोग चन्द्रकान्ति वाले अर्थात् गौरवर्ण होते हैं। वे सभी दिव्य कान्ति वाले रूपयुक्त और दिव्य वस्त्राभरणों को धारण किए सुशोभित होते हैं। इन क्षेत्र की यह विशेषता भी है कि ये सब नर-नारी अपनी इच्छा के अनुसार रूप धारण करने वाले (इच्छाधारी) होते हैं और उनकी सन्तानें भी मनैच्छित ढंग से, स्वच्छन्द रूप से कहीं भी आ-जा सकती हैं अर्थात् निरङ्कुश हैं।

रक्तोष्ठी कम्बुग्रीवा च कर्णपूरायतेक्षणा।
वर्णश्यामा क्षाममध्या दशनैर्मौक्तिकोपमा॥ 11॥
नीलोत्पलदलाभासा करवीरदलाकृतिः।
सारद्रुमनितम्बा च रम्भाजङ्घा तथैव च॥ 12॥

इनकी सन्तानों की विहारचर्या देखने योग्य है। ये ओठों को रक्तवर्ण से रङ्गे रखते हैं। इनकी गर्दन शङ्ख के समान सुडौल भरी हुई होती है और इनके विशाल नेत्रों की लम्बाई कानों तक पहुँचती भौंहों से युक्त होती है। इनका वर्ण साँवला होता है और इनकी कमर का मध्य प्रदेश बहुत क्षाम अर्थात् पतला होता है। इनकी दन्तपङ्क्तियाँ मोती की भाँति चमकदार होती है। इनका शरीर नीलकमल की पँखड़ियों जैसा सौन्दर्याभास देता है। इनका मांसल शरीर करवीर की पँखड़ियों जैसी भरी हुई आकृति वाला होता है। इनमें नवाङ्गना सुन्दरियों के नितम्ब भरे हुए पुष्ट, सुडौल सारद्रुम की भाँति मोटाई लिए हुए गोल होते हैं और इन सुन्दरियों की जङ्घाएँ बड़ी सुडौल भरी हुई केले के तने जैसी पुष्ट होती है।

एवं स्त्रियः पुमांसश्च स्वेच्छारूपधराः किल।
पद्मेशस्य महाराज्यं पूर्व पातालवासिनाम्॥ 13॥

इस प्रकार इन नाग लोकों के समस्त स्त्री-पुरुष स्वैच्छा रूप धारण किए हुए, मनमाने ढंग से पद्मेश के राज्य के पहले के पातालवासी होते हैं।

कर्कोटकराज्यवासिनामाह —

दिव्यतेजोमयाश्चैवं शुद्धस्फटिककान्तयः।
तथा वायतनेत्राश्च प्रवालसदृशाधराः॥ 14॥
केतकीदलसारूपप्या करदग्रेन शोन्यता ?।
श्वेताः स्त्रियश्च पुरुषाः ख्याता वितलवासिनः॥ 15॥
ताम्बूलादिरसाहाराः शत्रुरूपा महाबलाः।
एवं कार्कोटकं राज्यं पाताले तु द्वितीयके॥ 16॥

दिव्य तेजयुक्त आभा वाले और शुद्ध स्फटिक के समान उज्ज्वल और पारदर्शी स्वभाव के और विशाल नेत्र व मूंगा जैसे लाल-लाल रङ्गों से रङ्गे ओष्ठ, अधर वाले केतकी के फूलों की पँखड़ियों के समान कोमल हाथों की शोण्यता युक्त सुन्दरता लिए हुए ये विख्यात वितलवासी नर-नारीगण गौर वर्ण के होते हैं। इस तरह के ये द्वितीय पातालवासी कर्कोटक के राज्य वाले ताम्बूलादि रसों के आहारी शत्रुओं के लिए महा बलवान् सिद्ध होने वाले लोग हैं।

पुण्डरीकराज्यनिवासिनामाह —

कुङ्कुमाङ्कितनागास्तु (सर्व)दाश्वासकोद्भवा।
पद्मपुष्परसाहाराः स्वेच्छारूपा महाबलाः ॥ 17 ॥
रक्तोष्ठनखपादाश्च तथा च रक्तपाणयः।
राज्यं च पुण्डरीकस्य पाताले तु तृतीयके ॥ 18 ॥

कुङ्कुम के तिलक लगाए, सर्वदा गम्भीर श्वास लेते हुए, कमल के पुष्पों का रसपान करने वाले, भ्रमरों की भाँति मनमौजी रूप बनाए हुए नवयुवतियों के कमलाननों के शौकिन, छैल-छबीले और महाबलवान, सुडौल लालिमायुक्त नख-ओष्ठ-पदतलों और कर-कमलों वाले लोग पुण्डरीक के राज्य, तीसरे पाताल के निवासी है।

तक्षकस्य तथा राज्यं कथयामि समासतः।
रक्ताक्षाश्च महोत्साहा दिव्यरूपास्तथोत्तमाः ॥ 19 ॥
रक्ताक्षं च महद्भूतं रक्तोत्पवलमिवांभसि।
सस्थाव (र) तीररेखामण्डितं स्त्रीणां तनुमावृते ? ॥ 20 ॥
रक्तोत्पलदलाभासा मध्यक्षामाः स्तनोन्नताः।
पूर्णचन्द्राननाश्चैवं स्त्रियस्सन्ति सुशोभनाः ॥ 21 ॥
एवं तक्षकराज्यं वै पाताले तु चतुर्थके।

अब मैं तक्षक के राज्य के निवासियों के विषय में संक्षेप से कहता हूँ। वहाँ के लोग मदमाते लाल रङ्गों वाली आँखों व दिव्य चमक वाले सुन्दर, उत्तम रूपवान और परम उत्साही होते हैं। जल सरोवर में जिस प्रकार से लाल कमल शोभायमान होते हैं, उसी प्रकार ये बड़ी-बड़ी अद्भुत लाल आँखों वाले छैले कामिनियों के सङ्ग रतिक्रीड़ा में आई अपने तन पर पड़ी खरोंचों से मण्डित छैल-छबीली नवयुवतियों के तनों से घिरे रहते हैं। जो लाल कमलदलों की आभा वाले सौन्दर्ययुक्त क्षीणकटि और पीन पयोधरों युक्त पूर्णिमा के चन्द्रमा जैसे खिले-खिले सुशोभित मुख वाली रमणियाँ हैं और तक्षक के राज्य चतुर्थ पाताल की निवासी हैं।

अथानन्तराज्यनिवासिनामाह —

पञ्चमेऽनन्तको राजा तस्य वक्ष्यामि साम्प्रतम् ॥ 22 ॥
नीलोत्पलदलाभासा अतसीपुष्पसन्निभाः।
मणिरत्नसुशोभाढ्या दिव्याभरणमण्डिताः ॥ 23 ॥

दिव्यरसाहारमाला दिव्यदेहा महोत्कटाः।
संसारामोघमालिन्यस्तद्राज्ये च स्त्रियस्तथा॥ 24॥
मोहिन्यो दिव्यदेहैस्तु मोहयन्ति जगद्गुरुम्।
एवं गुणैः समुद्भूता आनन्ते न तलातले॥ 25॥

अब मैं पाँचवें अनन्त नागराज के बारे में कहता हूँ। नीलकमल दलों के समान कान्तिवाले और अतसी पुष्पों के समान आभा वाले, मणिरत्नों से भरपूर शोभा वाले, दिव्य आभूषणों से सजे-धजे, दिव्यरसों का पान करने वाले दिव्य पुष्पहारों को धारण करने वाले, दिव्य देह युक्त ये महाबलवान उत्कट योद्धा होते हैं और वहाँ की स्त्रियाँ भी सांसारिक व्यर्थ की मलीनता से मुक्त भाव से अपनी दिव्य देह से और मोहिनी रूप से जगत के बड़े-बड़े गुणवानों को मोहित करने वाली एवं महान गुणवाली ये सन्नारियाँ अनन्त नाग के राज्य तलातल नामक पाताल की उत्तम उपज हैं।

रसातलनिवासिनामाह —

रसातले तु पाताले रसानां दिव्यदेहकम्।
यस्तच्चारसैर्दिव्यैर्शोभि वे दिस्य देहिनः ?॥ 26॥
दिव्यपरत्नोपमाः कान्ता दिव्यदेहाः सुरूपकाः।
नागकन्या महारूपाश्चूडामणिमहोत्सवाः॥ 27॥
श्वेतरक्तपीतकृष्णविचित्ररूपशोभिताः।
राज्ये वै शङ्खचूडस्य नागराजेन्द्रकन्यकाः॥ 28॥

रसातल नामक पाताल निवासी समस्त पृथ्वी (रसा) पर दिव्य गुणों (रसों) से युक्त व दिव्य शोभायुक्त देह वाले होते हैं। इनके स्वरूप की कान्ति दिव्य रत्नों के समान उपमा वाली, सुन्दर कान्ताओं, महा रूपवती महोत्सवों की चूड़ामणि रूप, सुन्दर नाग कन्याओं की गौरवर्णी, रक्तवर्णी, पीतवर्णी, कृष्णवर्णी विचित्र रूपवती इन सन्नारियों से शोभित नागराजेन्द्र शङ्खचूड़ के राज्य की ये सब नाग कन्याएँ हैं।

इत्यमनन्तर पातालनिवासिनामाह —

सप्तमं कथयिष्यामि पातालं च यथाक्रमम्।
पातालेु च सर्वेषु श्रेष्ठं नागसमाकुलम्॥ 29॥
समारूपैराकीर्णे श्वेतरक्तशरीरिभिः।
पद्मरागनिभाः सन्ति सर्वरत्नैश्च शोभिताः॥ 30॥

अब मैं सातवें पाताल लोक का यथाक्रम वर्णन करता हूँ जो समस्त पातालों में सर्वश्रेष्ठ नागों का समाकुल सङ्गठन है। यहाँ के नाग सभी समान रूपों से भरपूर है।

इनके स्वरूप गौरवर्ण, रक्तवर्ण, पद्मराग के समान वर्ण युक्त होते हैं और सभी प्रकार के रत्नों से ये शोभायमान होते हैं।

मोहमुद्रापमा दृष्टिः संसारफलदोपमाः।
तथा चूडोन्नताः केशाश्चित्ररत्नसमुज्ज्वलाः॥ 31॥
चन्द्रसूर्योपमैश्चैव कुण्डलैस्समलङ्कृताः।
नैकरत्नमयैश्चैव हारैः पापप्रणाशनैः॥ 32॥

इनकी मोहक दृष्टि से संसार में जन्म लेने का फल सार्थक लगने लगता है। इनके सिर के केश विचित्र रत्नों से जड़े हुए चमकदार ऊँचे जूड़ों में गूँथे हुए तथा चन्द्र, सूर्य की उपमा की शोभायुक्त कर्ण कुण्डलों से अलङ्कृत और अनेक रत्नों से निर्मित हारों को धारण करने से ये समस्त पापों, बुराइयों, कमियों को समाप्त कर देने वाली हैं।

मेखलाकटिसूत्राद्यैस्सर्वरत्नोपमैः सदा।
एवमाभरणैर्युक्ता दिव्यकान्त्या सुतेजसा॥ 33॥
स्वर्गादिदेवताभक्ताः पन्नगास्सुमहोत्सवाः।
देवाग्निगुरुभक्ताश्च संस्थिताश्चैव निश्चलाः॥ 34॥

ये सब रत्नों से भरपूर मेखला व कटिसूत्रादि से आभूषित सदा ऐसे उत्तम आभूषणों की दिव्य कान्ति और सुन्दर चमक-दमक युक्त रहकर स्वर्गादि देवताओं की भक्ति में देव, अग्नि और गुरु की भक्ति में, नागों के महोत्सवों में भाग लेती हुई नित्य निश्चल दृढ़ता के साथ संस्थित रहती हैं।

सहस्त्रफणसङ्कीर्णाः सहस्त्ररदशोभिताः।
स्वेच्छारूपधरा दिव्याः स्वर्गपातालगामिनः॥ 35॥
एवं वासुकिराज्यं च सप्तपातालकक्रमः।
वासुकिर्नागराजेन्द्र ईश्वरानन्यभक्तिमान्॥ 36॥

ये सभी हजारों फणों से युक्त, हजारों दांतों से शोभित, मन चाहा रूप धरने में समर्थ, दिव्य सन्नारियाँ हैं और स्वर्ग से लेकर पाताल तक आवागमन करने वाली हैं। इस तरह ईश्वर की अनन्य भक्ति में लीन वासुकी नाग राजेन्द्र की वासुकी राज्य की प्रजा सप्त पातालों के क्रम में वर्णित हैं।

इति सूत्रसन्तानगुणकीर्तिप्रकाशप्रोक्तश्रीभुवनदेवाचार्योक्तापराजितपृच्छायां
सप्तपातालराज्योद्भवाधिकारो नामाष्टमं सूत्रम्॥ 8॥

इस प्रकार भुवनदेवाचार्य कृत सूत्रसन्तानगुणकीर्ति प्रकाश या अपराजितपृच्छा में सप्त पाताल राज्य उद्भव अधिकार नामक आठवाँ सूत्र पूर्ण हुआ॥ 8॥

भूराज्यनिवेशनो नाम नवमं सूत्रम् ॥ 9 ॥

अपराजित उवाच —

के च देवाः स्थिता लोके सप्तद्वीपेषु के स्थिताः।
सिन्धूपकण्ठनिर्वासाः के च शैलाश्रमस्थिताः ॥ 1 ॥
कानि क्षेत्राणि द्वीपेषु कास्तथा वासभूमयः।
राजानः के च तत्रोक्ताः कथयस्व जगत्प्रभो ॥ 2 ॥

अपराजित बोले — सप्त द्वीपों तथा लोकों में कौन-कौन से देवता निवास करते हैं तथा समुद्र के किनारे रहने वाले और पर्वतों के आश्रमों में रहने वाले कौन हैं, किन-किन क्षेत्रों और द्वीपों में रहने वालों की वासभूमि कैसी है, उनके राजा कौन हैं, हे जगत्प्रभो! आप यह सब कहिए।

विश्वकर्मोवाच —

श्रृणु वत्स प्रवक्ष्यामि द्वीपानां चैव लक्षणम्।
प्रमाणं च तथोक्तानां कथये तव साम्प्रतम् ॥ 3 ॥
द्वीपांश्च कथयिष्यामि सप्तद्वीपा तु मेदिनी।
पृथक् पृथक् महाराज्यं कथयामि समाहितः ॥ 4 ॥

विश्वकर्मा बोले — हे वत्स सुनो! मैं तुम्हें द्वीपों के लक्षण तथा उनके कहे गए प्रमाण, लम्बाई-चौड़ाई, विस्तारादि अब कहता हूँ। इस सप्तद्वीपा मेदिनी के पृथक्-पृथक् द्वीपों, महाराज्यों के विषय में विस्तार से कहता हूँ।

पृथुश्च कुशकोञ्चौ च शाकः शाल्मलिकस्तथा।
गोमेदः पुष्कराख्यश्च सप्तद्वीपा नृपैः कृता ॥ 5 ॥
महाराजाभिधानैश्च सप्तद्वीपाभिधानकम्।

1. पृथु, 2. कुश, 3. क्रौञ्च, 4. शाक, 5. शाल्मलि, 6. गोमेद और 7. पुष्कर ये सात द्वीप राजाओं ने किए हैं। इन सप्तद्वीपों के अधिनायक महाराजा के अभिधान (उपाधि, पदवी) से सुशोभित होते हैं।

पुष्कराख्यो महाराजः सप्तमद्वीपदीपकः ॥ 6 ॥
गोमेदस्य गोमेदः शाल्मलेः शाल्मलो नृपः।
शाकश्च शाकद्वीपे च कौञ्चः कौञ्चाधिपस्तथा ॥ 7 ॥
कुशश्च कुशद्वीपे च महोत्कटा महाबलाः।
महारूपाश्च भूपालाः संस्थिता मेरुदक्षिणे ॥ 8 ॥

सातवें द्वीप पुष्कर के कीर्तिमान महाराज पुष्कर (अधिपति) नाम से विख्यात है। इसी तरह से गोमेद द्वीप के महाराज गोमेद और शाल्मलि द्वीप के महाराज शाल्मलि नृप कहे गए हैं। शाकद्वीप के महाराज शाक और क्रौञ्च द्वीप के महाराजा क्रौञ्च के नाम से विख्यात है। कुश द्वीप के महाराज परमवीर महाबली कुश नरेश है। इस तरह मेरु के दक्षिणी भाग में महान् रूपों वाले भूपालगण महाराजा विद्यमान हैं।

अथ जम्बूद्वीपवर्णनमाह —

पृथुः पृथुमहीश्वरः जम्बूद्वीपाधिपः पृथुः।
मेरोः प्रदक्षिणे कुक्षौ जम्ब्वाख्यश्च महातरुः।
यस्य नाम्ना तु विख्यातो जम्बूद्वीपेतिसञ्ज्ञितम्॥ 9॥

जम्बू द्वीप के अधिपति महाराज पृथु है और ये पृथु महाराज इस समस्त पृथ्वी के महीश्वर, स्वामी है। मेरु पर्वत के प्रदक्षिण कुक्ष में जम्बू नाम का एक वृक्ष है, इसी के नाम से इस द्वीप का नाम जम्बू विख्यात हुआ है।

एकच्छत्रं पृथोराज्यं जम्बूद्वीपे बभूव तत्।
क्षारार्णवस्य मध्ये तु पृथुत्वे लक्षयोजनम्॥ 10॥
पृथोश्च नवपुत्राश्च जम्बूद्वीपाधिपा मताः।
तेषामेवाभिधानैश्च क्षेत्राणां नवधोच्यते॥ 11॥

(ऐसा सुना जाता है कि) इस जम्बूद्वीप के एकछत्र चक्रवर्ती राजा पृथु हुए जिनका साम्राज्य लवण समुद्रों के मध्य विस्तार से फैला हुआ लाखों योजन का यह जम्बू द्वीप है। इस जम्बू द्वीप के अधिपति महाराजा पृथु के नौ पुत्र बताए गए हैं। इनके ही नाम से नौ प्रकार के क्षेत्रों का नामकरण हुआ।

नवक्षेत्रनामानि —

इलावृतो रम्यकश्च केतुमाल्यो हरिस्तथा।
भारतः कुरुभद्राश्वौ किम्पुरुषहिरण्यकौ॥ 12॥
इत्युक्ताभिधानाः पुत्रा विभक्ताः पृथुभूपतेः।
तेषामेवाभिधानैश्च नवखण्डाः, प्रकीर्तिताः॥ 13॥

(1.) इलावृत्त, (2.) रम्यक, (3.) केतुमाल, (4.) हरि, (5.) भारत, (6.) कुरु, (7.) भद्राश्व, (8.) किम्पुरुष और (9.) हिरण्यक हैं। इन-इन अभिधान वाले पुत्रों में पृथु भूपति ने अपने राज्य को विभाजित कर दिया। अतः इन्हीं के नामाभिधान से उक्त नौ खण्ड विख्यात हुए।

मेर्वावृत्त्या प्रदक्षिणै रम्यको मुक्तिभूतल।
मेरोश्च पुरतो भागे इलाख्यः केतुमालिका॥ 14॥
दक्षे हरिर्भारतश्च किम्पुरुषश्च पुष्करे।
अब्ध्यन्तः कुरुभद्राश्वौ मेरोश्चैवोत्तरे स्थिताः॥ 15॥

मेरु के घेरे में दक्षिण की ओर भूतल पर मुक्ति का रम्यक धाम है। मेरु के अग्रभाग (पूर्व) में इला नामक केतुमालिका है। मेरु के दक्षिण में हरिभारत, किम्पुरुष और पुष्कर हैं। मेरु के उत्तर भाग में स्थित समुद्र के अन्त तक फैले हुए कुरु और भद्राश्व प्रदेश हैं।

तत्रैव गन्धर्वविद्याधराक्षनिवासिनामाह —

मेरुवृत्ताङ्गे दक्षिणे रम्यकस्योर्ध्वमालिका।
गन्धर्वानगरी रम्या नाम्ना गन्धर्वमालिनी॥ 16॥
विद्याधरास्तदूर्ध्वे तु यक्षाश्चैवं तदूर्ध्वतः।
तदूर्ध्व वैदेवाः ख्याता देवाश्चैवं तदूर्ध्वतः॥ 17॥

इसी प्रकार मेरु के घेरे में दक्षिणी भाग में रम्यक पर्वतों की ऊँची-ऊँची पर्वत मालिकाएँ हैं जहाँ गन्धर्वों की नगरी बड़ी सुन्दर गन्धर्वमालिनी नाम से विख्यात है। मेरु से ऊपर की ओर विद्याधरों का वास है और इनसे भी ऊपर की ओर यक्षों का आवास है। इनके ऊपर की ओर वैदेवों का वास तथा फिर आगे देवों का आवास विख्यात है।

तथोर्ध्व सप्तलोकाश्च संस्थिताः क्रमयोगतः।
तदूर्ध्व मेरुराख्यात ऊर्ध्व शम्भूद्भवाः किल॥ 18॥
विचित्रशिखरे रम्ये रत्नधातूपशोभिते।
चन्द्रसूर्योपमः कान्तो नीलार्कसदृशस्तथा॥ 19॥

इनके ऊपर की ओर मेरु के विख्यात क्षेत्र से ऊपर की ओर क्रमयोग से सात लोक स्थित है जो सभी ऊपर की ओर भगवान् शम्भू शिव से उद्भूत हुए हैं। इनके तरह-तरह के सुन्दर पर्वत शिखर हैं जिनमें नाना प्रकार के रत्न और धातु पाए जाते हैं। इन पर्वतों की कान्ति चन्द्र और सूर्य के समान उपमा वाली और नीले सूर्य (या नीले मन्दार पुष्प) के समान दिखाई देती है।

वज्रवैडूर्यगोमेदैः पुष्परागेन्द्रनीलकैः।
द्वादशादित्यतेजोभिः सूर्यकोटिसमप्रभः॥ 20॥

तत्र शम्भुमहादेवो ह्यव्यक्तं परमं पदम्।
प्राचीना च भवेन्मूर्तिः सूर्यतेजरसमुद्भवा॥ 21॥

यहाँ पर सभी प्रकार के रत्न जैसे हीरा, वैदूर्य, गोमेद, पुष्पराग, इन्द्रनील आदि सब द्वादश आदित्यों के तेज से युक्त और करोड़ों सूर्यों के समान प्रकाश्यमान हैं। यहीं पर महादेव शम्भू अव्यक्त रूप से परमपद में अवस्थित है और यह मूर्ति अति प्राचीन है जो सूर्य के तेज से समुद्भूत हुई है।

ब्रह्मविष्णु ततो जातौ संसारसृष्टिकोद्भवौ।
ब्रह्मतेजस्समुत्पन्नः काश्यपो मुनिपुङ्गवः॥ 22॥
सृष्टिस्तदुद्भवा त्वेवं जगत्स्थावरजङ्गमम्।
चतुर्विधो भूतग्रामः पृथक् पृथक् शरीरिणाम्॥ 23॥

इन्हीं शम्भू से ब्रह्मा और विष्णु का जन्म हुआ है जो संसार की सृष्टि के उद्भव के कारक हैं। ब्रह्मा के तेज से मुनि पुङ्गव काश्यप उत्पन्न हुए। उन्हीं से यह सृष्टि उद्भूत हुई है जिसमें स्थावर-जङ्गम जगत बना और चार प्रकार के प्राणी समूह अलग-अलग देहधारण किए उत्पन्न हैं।

इति सूत्रसन्तानगुणकीर्तिप्रकाशप्रोक्तश्रीभुवनदेवाचार्योक्तापराजितपृच्छायां भूराज्यनिवेशनाधिकारो नाम नवमं सूत्रम्॥ 9॥

इस प्रकार भुवनदेवाचार्य कृत सूत्रसन्तानगुणकीर्ति प्रकाश या अपराजितपृच्छा में भू राज्य निवेशन अधिकार नामक नवाँ सूत्र पूर्ण हुआ॥ 9॥

संसारभूतग्रामोत्पत्तिपञ्चतत्त्वनिर्णयो नाम दशमं सूत्रम्॥ 10॥

अपराजित उवाच —

केनोत्पत्तिः समस्तानां भूतानां च तथालयः।
केनासौ कलते कालो लयं यान्ति च सर्वशः॥ 1॥
केनासौत्र नाति कालन्यानास्यासः ? वद प्रभो।
ज्ञानं तनु युक्तोद्रव्यं पश्यन्ते च परस्परं विदुः ?॥ 2॥

अपराजित बोले— संसार में समस्त भूत प्राणियों की और उनके आवास की उत्पत्ति किसके द्वारा हुई तथा किसके द्वारा यह काल-कलित हो रहा है? किसके द्वारा ये सब पूरी तरह से विलीन होकर मिट जाते हैं? यहाँ कौन ऐसे हैं जो काल से भी प्रभावित नहीं होते? ऐसे ज्ञान स्वरूप तन युक्त द्रव्य को जो परम विद्वान परस्पर देखते हैं, उनके विषय में हे प्रभु! आप कुछ कहिए।

विश्वकर्मोवाच —

पञ्चात्मकं पञ्चसु वर्तमानं षडाश्रयं षड्गुणयोगयुक्तम्।
तं सप्तधातुविमलं तं योनिं चतुर्विधं हारमयं शरीरकम्॥ 3॥

विश्वकर्मा बोले — पाँच से पञ्चात्मक वर्तमान में, छह से छह गुणों का योग बनता है। उसी सप्तधातु रूपी विमल को तथा योनि को और चार प्रकार के मनोमय (यष्टि) शरीरों को समझो।

पृथिव्यापस्तथा तेजो वायुराकाशमेव च।
पञ्चात्मकमिति प्रोक्तं कथयामि गुणोद्भवान्॥ 4॥

(इस शरीर की रचना में) (1.) पृथ्वी, (2.) जल, (3.) तेज, (4.) वायु और (5.) आकाश— इनको पञ्चात्मक कहा गया है। अब इनसे उत्पन्न गुणों को कहता हूँ।

कठिना या सा तु पृथ्वी द्रवाश्चापस्तदुद्भवाः।
दीप्तं चत्तद्भवेत्तेजः चलं तत् पवनात्मकम्॥ 5॥
यच्छिदं तु तदाकाशं तेभ्यः सर्वसमुद्भवः।
इत्थं पञ्चात्मकं भूतं कथितं हि यथाक्रमम्॥ 6॥

जो कठिन या ठोस है, उसे पृथ्वी कहा गया है, जितने भी द्रव्य पदार्थ है, वे जल से उत्पन्न हुए हैं, जितने भी दीप्त स्वरूप पदार्थ हैं वे तेज या अग्नि से उत्पन्न हैं, जो हलचल या चलिष्णुता है वह पवनात्मक है जबकि जो छिद्र जैसी पोल है, वही आकाश है तथा उस आकाश से ही सब कुछ उत्पन्न या प्रकट हुआ है। इस प्रकार इसी को पञ्चात्मक भूतसृष्टि या पञ्चभूतात्मक सृष्टि कहा गया है, जिसे मैंने यथाक्रम कहा है।

पृथिवी धारणं कृत्वा द्रवीकरणं तथैव च।
तदुद्भवं तेजः पुञ्जस्तेजत्वेषु समुद्भवे ?॥
आकाशस्याधिकारश्च पञ्चात्मकःस्यादनुक्रमात् ?।

अब पृथ्वी द्वारा धारण किए गए गुण, जल से द्रवीकरण वाले गुण तेज से प्रकट होने वाले गुण, वायु से होने वाले गुण और आकाश के अधिकार में रहने वाले गुण के पञ्चात्मक को अपने अनुक्रम से कहता हूँ।

स्पर्शो रसश्च रूपं च गन्धः शब्दश्च पञ्चमः॥ 7॥
जिह्वयां रस आयाति स्वादस्यैव च कारणम्।
रूप च चक्षुषश्चैव गन्धो घ्राणात् तथा मतः॥ 8॥

शब्दो ब्रह्मादि ? सम्भूतः पञ्चतत्त्वानि वै विदुः।
गतिर्ग्राहस्स्तुतिर्व्याप्तिर्विसर्गश्चैव पञ्चकम्॥ 9॥

पृथ्वी से (1.) स्पर्श, जल से (2.) रस, तेज से (3.) रूप, वायु से (4.) गन्ध और आकाश से (5.) शब्द गुण उत्पन्न जानना चाहिए। जिह्वा से जो रस आता है, उसका कारण स्वाद है। आँखों से रूप का और नासिका से गन्ध का भान होता है, ऐसा माना जाता है। जिसे शब्द कहा है, वह ब्रह्म के आदि में आकाश से सम्भूत हुआ, इन्हीं को विद्वानों से पञ्चतत्त्व कहा है। (1.) गति, (2.) ग्रहण करना, (3.) स्तुति, (4.) व्याप्ति और (5.) विसर्ग— ये पाँच शारीरिक क्रियाएँ हैं।

पादैः स्याद् गतिसंयोगः हस्तैस्तु ग्रहणं भवेत्।
उपस्थानैर्व्यापयन्ति विसर्जन्ति गुदेन च॥ 10॥
श्रुतिः श्रोत्रेन्द्रियेणैव जिह्वया च तथा रसः।
एवं तत्त्वोद्भवा सृष्टिस्तन्मात्रादिकमुच्यते॥ 11॥

पाँव से गति का संयोग होता है और हाथों से ग्रहण करने का कार्य होता है। उपस्थान से व्याप्ति का कार्य एवं गुदा से विसर्जन का कार्य होता है। श्रोतेन्द्रिय, कानों से सुनने की क्रिया, जिह्वा से रस का बोध होता है। इस प्रकार से उन-उन इन्द्रियों से होने वाले ज्ञान की (तत्त्वोद्भव) सृष्टि को तन्मात्रादिक कहा जाता है।

आत्मा तन्मात्राण स ? मनः सङ्कल्पलक्षणम्।
व्यवसायो बुद्धिभावः प्रज्ञाहङ्कारकौ तथा॥ 12॥
तत्तथा तु तन्मात्रं बुद्धीन्द्रियक्रमस्फुटम्।
व्यवसायो बुद्धियोगः प्रज्ञा विकाशकोद्भवा॥ 13॥
अहङ्कारश्च विकृतो रागद्वेषाकुलो ध्रुवम्।
पञ्चपित्तोद्भवाश्चैवं आतपकुलसम्भवाः॥ 14॥

आत्मा की तन्मात्रा का ज्ञान सः (वह परमतत्त्व है?), मन की तन्मात्रा सङ्कल्प को तथा बुद्धि की तन्मात्रा व्यवसाय भाव, काम करने का तरीका है, बुद्धि की तन्मात्रा अहङ्कार का भाव है। इन-इन तन्मात्राओं से ही बुद्धि आदि इन्द्रियों का क्रम स्पष्ट हो पाता है। व्यवसाय से बुद्धियोग तथा विकाश से उत्पन्न होता है प्रज्ञा का परिचय। जब अहङ्कार में विकृति होती है, तब राग-द्वेष से दुखी होना तो निश्चित है। आतप या गर्मी के समूह से उत्पन्न होने वाले पाँच पित्त से होने वाले विकार हैं।

पृथिव्यापस्तथा तेजो वायुराकाशमेव च।
शब्दः स्पर्शो रसो रूपं गन्धश्च पञ्चकं त्विदम्॥ 15॥

गतिर्ग्राहः श्रुतिर्व्याप्तिर्विसर्गो दशपञ्चकम्$_{15}$ ।

(1.) पृथ्वी, (2.) जल, (3.) तेज (4.) वायु और (5.) आकाश— ये पाँच, (1.) शब्द, (2.) स्पर्श, (3.) रस, (4.) रूप (5.) गन्ध— ये पाँच और (1.) गति, (2.) ग्राह्यता, (3.) श्रुति, (4.) व्याप्ति, (5.) विसर्ग— ये पाँच मिलकर कुल पन्द्रह होते हैं।

अहङ्कारो रागद्वेषौ क्रोधोऽस्मिता प्रकृतयः ॥ 16 ॥
मनः प्रज्ञा बुद्धिचित्तभावाश्च पञ्चविंशतिः$_{25}$ ।
कामो मदो लोभमोहौ भयं तत्त्वानि त्रिंशतिः$_{30}$ ॥ 17 ॥

इनमें (1.) अहङ्कार, (2.) राग, (3.) द्वेष, (4.) अस्मिता, (5.) क्रोध, (6.) प्रकृतियाँ, (7.) मन, (8.) प्रज्ञा, (9.) बुद्धि और (10.) चित्त के भाव— मिलकर पच्चीस होते हैं। इनके अतिरिक्त (1.) काम, (2.) मद, (3.) लोभ, (4.) मोह और (5.) भय— ये पाँच और मिलते हैं तो तीस तत्त्व हो जाते हैं।

चित्तं चैतन्यरूपं च भाव एवमतः परम्।
तदुद्भवः समस्तोऽयं संसारो यो प्रवर्तते ॥ 18 ॥

इन सबमें चित्त चैतन्य रूप से मिलकर परम भाव को उत्पन्न करता है जिससे यह समस्त संसार उत्पन्न होकर सब प्रवृत्तियाँ सञ्चालित होती है।

अथ षडाश्रयाः —

पाणिपादौ च बुद्धिर्वाक् चक्षुः श्रुतिः षडाश्रयाः।
एते षडाश्रया नित्यं मूलसम्भाय तद्भवा ? ॥ 19 ॥
बुद्धिज्ञानं शास्त्रज्ञानं हेतुज्ञानं तृतीयकम्।
सहजं गुरुजं कार्यं षड्विधं ज्ञानमुच्यते ॥ 20 ॥

अब षडाश्रय के विषय में सुनो! (1.) हाथ, (2.) पाँव, (3.) बुद्धि, (4.) वाणी, (5.) आँख, (6.) कान— ये छहों षडाश्रय के मूल रूप हैं और इनसे बनने वाले नित्य भाव तद्भवा कहलाते हैं। इनमें (1.) बुद्धि ज्ञान, (2.) शास्त्र ज्ञान, (3.) हेतु ज्ञान, (4.) सहज या अपने आप होने वाला, (5.) बड़ों से होने वाला तथा (6.) कार्य से होने वाला— यह छह प्रकार का ज्ञान कहा जाता है।

एवं योगादीनामाह —

संयोगां योगयुक्तानां अयोगं योगयुक्तिदम् ?।
शिवशक्तिसमायोगं ब्रह्माविष्णु एवनात्मजम ? ॥ 21 ॥

ब्रह्मबिन्दुसमायोगं शिवशक्तिः परात्परम्।

संयुक्तयोग एवं यो योगयुक्तः स उच्यते॥ 22॥

योग युक्तियों के प्रयास से बनने वाले संयोगों, कामों में तथा योग युक्ति रहित (?) कामों में बनने वाले अयोगकारी काम आदि सब शिव-शक्ति के सम्मिलित प्रयास से होने वाले सफल काम की तरह एवं ब्रह्मा, विष्णु की सम्मिलित शक्ति अपने आप होने वाले काम की तरह संयोग ही है। ब्रह्म और नादबिन्दु के समायोग से जो परात्पर सर्वोच्च शिवशक्ति प्रकट होती है, उसे ही संयुक्तयोग तथा योगयुक्त—ऐसा कहा जाता है।

रक्तः पीतः श्वेतकृष्णौ श्यामो नीलस्तथा हरित्।

सप्तधास्तु इमे प्रोक्ताः सप्तस्थानादिकोद्भवाः॥ 23॥

सात स्थानों से उत्पन्न होने वाले (1.) रक्त-लाल, (2.) पीत-पीला, (3.) श्वेत-सफेद, (4.) कृष्ण, (5.) श्याम-सांवला (6.) नील-आसमानी, (7.) हरित्- हरा— ये सप्तधातु कहलाते हैं।

श्वेताः श्वेतसमुद्भूता रक्ता रक्तसमुद्भवाः।

पीताः पीतसमुत्पन्नाः कृष्णाश्च मेचकोद्भवाः॥ 24॥

श्यामाः श्यामसमुद्भूता नीलाश्च ज्योतिर्मण्डले।

निशा भासाद्भवोत्पन्नाः सङ्ख्याः सप्त प्रकीर्तिताः॥ 25॥

श्वेत सभी श्वेत वस्तुओं से बनते हैं, रक्त सभी लाल वस्तुओं से, पीत सभी पीली वस्तुओं से, कृष्ण काली वस्तुओं से बनते हैं। श्यामा-सांवले रङ्गों की वस्तुओं से तथा नीले नील की वस्तुओं से इस ज्योतिर्मण्डल में बनते हैं। इसी प्रकार (हरित) हल्दी जैसी वस्तुओं से होते हैं, इन सबकी संख्या सात कही गई है।

रागद्वेषालसाश्चैव विमला मतसम्भवाः।

चतुर्विधा भूतग्राम मेतसांनि चतुर्विधा ?॥ 26॥

अण्डजा उद्भिजाश्चैव जरायुजाश्च स्वदेजाः।

चतुर्विधा योनिजाश्च संसारे सृष्टिसम्भवाः॥ 27॥

(1.) राग, (2.) द्वेष, (3.) आलस्य, (4.) विमल-निर्मलता और (5.) मल-मैल से उत्पन्न होने वाले चार तरह के प्राणी समूह होते हैं जो भी सब चार प्रकार के होते हैं। ये चारों (1.) अण्डज- अण्डों से उत्पन्न होने वाले, (2.) उद्भिज- पृथ्वी पर उगने वाले पेड़-पौधे, (3.) जरायुज- गर्भ में उत्पन्न होने वाले मनुष्य, पशु आदि और (4.) स्वेदज- पसीने से उत्पन्न होने वाले जूँ, खटमल आदि जीव। ये चार प्रकार

की योनियाँ हैं जिनसे यह संसार की सृष्टि सम्भव हुई है।[1]

कामक्रोधलोभमोहभयादि पञ्चकोद्भवाः।
एवमादि गुणोपेताः पञ्चकामेन्द्रियाणि च॥ 28॥

अब पञ्च कामेन्द्रियों से उनके गुणों से उत्पन्न होने वाले (1.) काम, (2.) क्रोध, (3.) लोभ, (4.) मोह और (5.) भय को समझें।

इति सूत्रसन्तानगुणकीर्तिप्रकाशप्रोक्तृश्रीभुवनदेवायार्चोक्तापराजितपृच्छायां संसारभूतग्रामोत्पत्तिपञ्चतत्त्वनिर्णयाधिकारो नाम दशमं सूत्रम्॥ 10॥

इस प्रकार भुवनदेवाचार्य कृत सूत्रसन्तानगुणकीर्ति प्रकाश या अपराजितपृच्छा में संसार भूतग्राम उत्पत्ति पञ्चतत्त्व निर्णय अधिकार नामक दसवाँ सूत्र पूर्ण हुआ॥ 10॥

पञ्चतत्त्वपञ्चगुणनिर्णयो नामैकादशं सूत्रम्॥ 11॥

अपराजित उवाच —

कथं भवश्च जीवनां स्नेहः स्त्रीणां नृणां कथम्।
स्नेहात्त्वां परिपृच्छामि ह्लादयन्तं निजात्मजम्॥ 1॥

अपराजित बोले — इस भव-संसार में जीवों में स्नेह किस प्रकार बनता है और यहाँ के स्त्री-पुरुषों में भी लगाव किस प्रकार बनता है, यह सब मैं आपसे स्नेह होने के कारण बड़ी नम्रतापूर्वक पूछता हूँ, अतः इसका उद्बोधन करके आप अपने आत्मज मुझ अपराजित को आह्लाद-प्रसन्नता प्रदान करें।

विश्वकर्मोवाच —

शिवशक्तिस्नेहात्मकः कामश्च हृदयात्मजः।
ततः सम्युक्तयोगश्च शिवशक्ती परात्परे॥ 2॥
इति कामस्य संयोगाच्छिवशक्तिप्रभावतः।
स्वयं ब्रह्मरुतेनैव नादबिन्दुसमुद्भवः॥ 3॥

विश्वकर्मा बोले— शिव तथा शक्ति[2] के हृदय से उत्पन्न होने वाले काम से ही शिव-शक्ति में स्नेहात्मक भाव की उत्पत्ति हुई तथा इससे ही यह संयुक्तयोग बन

---

1. तथा च भागवतीगीतायां— अण्डजाः स्वेदजाश्चैवोद्भिज्जाश्चैव जरायुजा। अण्डजाः पक्षिसर्पाद्याः स्वेदजा मशकादयः॥ वृक्षगुल्मप्रभृतयश्चोद्भिज्जा हि विचेतनाः। जरायुजा महाराज मानुषाः पशवस्तथा॥ शुक्रशोणितसम्भूतो देहो ज्ञेयो जरायुजः। (महाभागवत अपरनाम देवीपुराण 17, 6-8)
2. अन्यच्च— शक्तिद्वयं हि मायया विक्षेपावृत्तिरूपकम्। विक्षेपशक्तिर्लिङ्गदिब्रह्माण्डन्तं जगत्सृजेत्॥ अतर्दृग्दृश्ययोर्भेद बहिश्च ब्रह्मसर्गयोः। आवृणोत्यपरा शक्तिः सा संसारस्य कारणम्॥ (वेदान्तसारटीका)

सका जिससे शिव-शक्ति परात्पर, सबसे महान माने जाते हैं। यह सब काम के संयोग से शिव-शक्ति का ही प्रभाव है जिससे स्वयं ब्रह्मा के हृदय में इसी तरह का नाद और बिन्दू का समुद्भव हुआ।

एकीभूतं यदा काले त्वन्तकाले प्ररोहति।
सङ्क्रमच्छुक्ररक्तं तु ब्रह्मविष्णुशिवात्मजम्॥ 4॥

इस तरह जब जिस काल में यह नाद और बिन्दू एकीभूत हुआ या मिला और अन्त में जब वह एकीभूत स्वरूप शुक्र व रक्त के संक्रमण से मिलने से प्ररोहण करने लगा, बढ़ने लगा तो वह ब्रह्मा, विष्णु और शिव का ही आत्मज-सन्तान है, ऐसा समझना चाहिए।

पिण्डनिर्माणचरणमाह —

कललं त्वेकरात्रेण पञ्चरात्रैश्च बुद्बुदम्।
शोणितं दशरात्रैश्च मांसहीनं चतुर्दशैः॥ 5॥
घनं मांसं विंशतिभिर्गर्भस्थं वर्द्धते क्रमात्।
एकमासे च सम्पूर्णे पञ्चतत्त्वानि धारयेत्॥ 6॥

यह शुक्र-रक्त का एकीभूत रूप जब बढ़ता है तो एक रात्रि में उसका रूप कलल कहा जाता है और वही जब पाँच रात्रि का हो जाता है तब बुद्बुद कहा जाता है। दस रात्रि का हो जाने पर उसे ही शोणित कहते हैं और चौदह दिन का हो जाने पर उस मांसहीन कहते है। इस प्रकार वह बढ़ते-बढ़ते बीस दिन में घन मांसपिण्ड रूप बनकर गर्भस्थ होकर क्रमपूर्वक बढ़ता जाता है और पूरा एक मास का हो जाने पर पञ्चतत्त्वों को धारण कर लेता है।

मासद्वये च सम्पूर्णे मांसपिण्डः प्रजायते।
मज्जास्थिनी त्रिभिर्मासैः केशाङ्गुल्यश्चतुर्थके॥ 7॥
कर्णजिह्वानासिकाश्च रन्ध्रं मासे तु पञ्चमे।
कण्ठरन्ध्रोदरे षष्ठे गुह्यं चाण्डं च सप्तमे॥ 8॥
सर्वाङ्गसन्धिसम्पूर्तिरष्टमासैः प्रजायते।
मासे च नवमे प्राप्ते गर्भस्थः स्मरति स्वयम्॥ 9॥

यही जब दो मास का हो जाता है तो मांसपिण्ड बन जाता है। उसमें तीन मास में मज्जा, अस्थि आदि बनती है और चौथे मास में उसके केश और अङ्गुलियाँ भी बनने लगती है। इस तरह बढ़ते-बढ़ते पाँचवें मास में उसके कान, जिह्वा, नासिका आदि के रन्ध्र बनते हैं। छठे मास तक बढ़ने पर तो इसमें कण्ठ के और उदर के

रन्ध्र-छिद्र तथा सातवें माह में उसके गुप्ताङ्ग और अण्डकोश बनते हैं। इस प्रकार बढ़ते-बढ़ते वह कलल आठवें मास तक सभी अङ्गों की सम्पूर्ति से युक्त हो जाता है और नवें मास में पहुँचने पर वह गर्भस्थ प्राणी स्वयं अपने आपको स्मरण करने लगता है।[1]

मातरं पितरं भ्रातॄन् पुत्रपौत्रादिकं तथा।
ज्ञानतोऽथ प्रार्थयते धर्मं च देवतादिकम्॥ 10॥
येनाहं न पतेयं वै संसारयोनिसङ्कटे।
अहं तं च करिष्यामि निःसृतो गर्भवासतः॥ 11॥

इस प्रकार स्मरण करता हुआ वह अपने पूर्व के माता-पिता, भाई-बन्धु, पुत्र-पौत्रादिकों को याद करता हुआ अपने धर्म और देवताओं की प्रार्थना करता है कि जिससे मैं संसार में इस योनि सङ्कट गर्भवास में पुनः नहीं पड़ूँ, वही मैं करूँगा, यदि मैं गर्भवास से बाहर आ जाऊँ।

विकासो जायते तस्य गर्भवासं ततस्त्यजेत्।
योनेर्यो निस्सरेत्तिर्यक् मृत्युस्तस्य भवेद् ध्रुवम्॥ 12॥
बधिरो वा भवेदन्धो जायते मूर्च्छनादिकम्।
एवं विनिःस्त्रतो जन्तुः संसारे मुह्यते क्षणात्॥ 13॥

इस प्रकार पूर्ण विकास हो जाने पर वह गर्भवास को तत्काल त्याग देता है। इस अवस्था में यदि वह गर्भस्थ शिशु योनि से बाहर निकलते समय तिर्यक् अर्थात् आड़ा पड़ जाए तो उसकी निश्चित ही मृत्यु हो जाती है, यह ध्रुव सत्य है। यदि योनि से बाहर आते समय वह मूर्च्छित अवस्था में होता है तो बहरा अथवा अन्धा हो जाता है परन्तु इस प्रकार स्वस्थ जन्म लेने वाला जन्तु जीव संसार को तत्क्षण मोहित कर लेता है और सबको प्रसन्न कर देता है।

---

1. वराहमिहिर का मत है कि गर्भाधान के पहले मास से लेकर सातवें मास तक क्रमशः शुक्र, मङ्गल, गुरु, सूर्य, चन्द्र, शनि और बुध मासाधिपति होते हैं। इनके प्रभाव से पहले मास में गर्भ का रूप कलल अर्थात् शुक्र-शोणित मिश्रित झिल्ली का आकार, द्वितीय में पिण्डाकार (घन) तीसरे में अवयव, चतुर्थ में अस्थिवाला, पाँचवें में त्वचा, छठे में रोम और सातवें में स्मृतियुक्त होता है। इसके बाद, आठवें से दसवें मास तक क्रमशः लग्नेश, चन्द्र और सूर्य मासाधिपति होते हैं। उनके प्रभाव से आठवें मास में असन (मातृभुक्त-अन्नभोजन), नवें मास में उद्वेग और दसवें मास में प्रसव होता है—कललघनावयवास्थित्वग्रोमस्मृति समुद्भवाः क्रमशः। मासेषु शुक्रकुजजीवसूर्यचन्द्रार्कि सौम्यानाम्॥ अशनोद्वेगप्रसवाः परतो लग्नेशचन्द्रसूर्याणाम्। कलुषैः पीडा पतनं निपीडितैर्निर्मलैः पुष्टिः॥ (लघु जातकम् 5, 6-7)

इत्यमनन्तरमहाभूतादिकमाह—

अथ चैवं प्रवक्ष्यामि महाभूतविनिर्णयम्।
पञ्चात्मकः परो भावो ह्यपरं पञ्चभूतकम्॥ 14॥

अब मैं महाभूतादिकों के विषय में कहता हूँ। इन पञ्चभूतों का परोभाव पञ्चात्मक होता है, जो निम्नानुसार होगा—

त्वचामांसास्थिनखरा रोमाण्यत्राद्य पञ्चकम्।
क्षितेरेतान् गुणान् पञ्च वदन्ति ब्रह्मवादिनः॥ 15॥

देह में (1.) त्वचा, (2.) मांस, (3.) अस्थि, (4.) नख और (5.) रोम— ये पाँचों पृथ्वी के गुण होते हैं, ऐसा ब्रह्मवादियों का कहना है।

लाला मूत्रं तथा शुक्रं मज्जा रक्तं च पञ्चमम्।
इमान्यपांव्यञ्जकानि वदन्ति ज्ञानिनः सदा॥ 16॥

इसी प्रकार (1.) लार, (2.) मूत्र, (3.) शुक्र, (4.) मज्जा और (5.) रक्त— ये पाँचों गुण जल से बनते हैं, ज्ञानियों का सदा से ही ऐसा कहना है।

क्षुधा तृषा तथा निद्रा चालस्यं कान्तिरेव च।
तेजस्तु समुत्पन्ना वदन्ति ब्रह्मवादिनः॥ 17॥

इसके अतिरिक्त (1.) क्षुधा, (2.) तृष्णा, (3.) निद्रा, (4.) आलस्य और (5.) कान्ति— देह में इन पाँचों गुणों को तेजोत्पन्न जानना चाहिए, ऐसा ब्रह्मवादियों का कहना है।

धावनं प्लवनं चैव सङ्कोचनप्रसारणे।
निरोधः पञ्चमश्चैव वायोरेतत्तु पञ्चकम्॥ 18॥

वायु से उत्पन्न होने वाले गुण हैं— (1.) धावन या दौड़ना, (2.) प्लवन या बहना, (3.) सङ्कोचन या सिकुड़ना, (4.) प्रसारण या फैलना और (5.) निरोध।

रागद्वेषौ भयं मोहः प्रसादश्चैव पञ्चमः।
एते पञ्च गुणाः प्रोक्ता आकाशस्य व्यवस्थिताः॥ 19॥

इसी प्रकार (1.) राग, (2.) द्वेष, (3.) भय, (4.) मोह और (5.) प्रसाद या प्रसन्नता— ये पाँचों गुण आकाश की व्यवस्था में कहे गए हैं।

पञ्चतत्त्वैः समुत्पन्ना गुणानां पञ्चविंशतिः$_{25}$ **।**
पृथक् पृथक् च प्रत्येकं पञ्च पञ्चकसम्भवः॥ 20॥

इस प्रकार इन पञ्चतत्त्वों से पच्चीस गुण उत्पन्न होते हैं। इन सबके पृथक्-

पृथक् प्रत्येक के पुनः पाँच गुण होते हैं।

इति सूत्रसन्तानगुणकीर्तिप्रकाशप्रोक्तश्रीभुवनदेवाचार्योपराजितपृच्छायां
पञ्चतत्त्वपञ्चगुणनिर्णयाधिकारो नामैकादशं सूत्रम्॥ 11॥

इस प्रकार भुवनदेवाचार्य कृत सूत्रसन्तानगुणकीर्ति प्रकाश या अपराजितपृच्छा में पञ्चतत्त्व
पञ्चगुण निर्णय अधिकार नामक ग्यारहवाँ सूत्र पूर्ण हुआ॥ 11॥

गर्भविज्ञानोद्भवो नाम द्वादशं सूत्रम्॥ 12॥

अपराजित उवाच —

पञ्चविंशगुणैर्युक्ताः पञ्चतत्त्वसमन्विताः।
वर्तन्ते संसृतौ ये तु तेषां मोक्षः कथञ्चन॥ 1॥
धर्मार्थकाममोक्षाणां प्राप्तिरेषां कथं भवेत्।
किं तेषां च फलं लोके संसारसारसागरे॥ 2॥

अपराजित बोले — पच्चीस गुणों से युक्त इन पञ्चतत्त्वों से समन्वित होकर जो प्राणी इस संसार में आते हैं, उनका मोक्ष, उद्धार कैसे होता है? कहें। इनको धर्म, अर्थ, काम और मोक्ष— इन पुरुषार्थ चतुष्टय की प्राप्ति किस प्रकार होती है और उनको इस संसार रूपी भवसागर में आने का इस लोक में क्या फल मिलता है?

विश्वकर्मोवाच —

उत्पन्ना गर्भसम्भूतेर्निःसृता योनिसङ्कटात्।
अचैतन्या अस्मराश्च उद्भूता बधिरान्धकाः॥ 3॥
तत्रैवं ते प्रवर्तन्ते संसारजालमोहिताः।
कामात्मानः प्रपीडयन्ते तृष्णाक्रान्तास्तथैव च॥ 4॥

विश्वकर्मा बोले— गर्भवास मे आकर योनि सङ्कट से निकलने वाले प्राणी यदि, अचेतन अवस्था में जन्मते हैं तो या तो बहरे हो जाते हैं या अन्धे होते हैं। इसी तरह से वे संसार जाल से मोहित होकर तृष्णाओं से घिरे हुए तरह-तरह की कामनाओं से पीड़ा पाते हुए प्रवृत्त होते हैं।

चक्षुर्भिः स्नेहपाशैश्च मोहं कुर्वन्ति कामिनः।
पुनः पतन्ति संसारे पतङ्गा दीपवर्त्तिषु॥ 5॥
आत्मानं वेदचक्षुर्भिः पश्यन्ति ज्ञानदृष्टयः।
ते नराः परमं यान्ति न पतन्ति पुनर्भवे॥ 6॥

अपनी आँखों के स्नेह-पाश से कामीजन मोह रूपी अज्ञान में पड़कर ऐसे कर्म कर बैठते हैं जिनसे वे इस संसार रूपी गर्त में वैसे ही गिरते हैं, जैसे कोई पतङ्गा दीप की बाती को जलते हुए देखकर स्नेह और मोहवश जलते हुए दीप की लौ में हठात् गिरकर अपने पङ्ख जला बैठता है और मृत्यु को प्राप्त करता है। इसके विपरीत जो लोग अपने को वेद की दृष्टि के अनुसार चलकर ज्ञान की दृष्टि से देखते हैं, वे लोग परमपद को प्राप्त करते हैं और पुनर्भव में नहीं पड़ते अर्थात् पुनर्जन्म नहीं लेते, उनकी सीधे ही मुक्ति हो जाती है।

उद्यमैः साहसैर्धैर्यैर्गुरुभक्तिपरायणाः।
धर्मार्थकाममोक्षाणां प्राप्तिहेतुर्मनीषया॥ 7॥
नाभुक्तं क्षीयते कर्म कल्पकोटिशतैरपि।
अवश्यमेव भोक्तव्यं कृतं कर्म शुभाशुभम्॥ 8॥

अतः मनीषियों, ज्ञानियों, समझदारों को चाहिए कि वे धर्म, अर्थ, काम और मोक्ष के पदार्थ चतुष्टय की प्राप्ति के लिए उद्यमपूर्वक, धैर्य और साहस के साथ गुरु-भक्ति परायण होकर सदाचरण युक्त जीवन व्यतीत करें। क्योंकि, अरबों-खरबों कल्पों में भोगे गए कर्मों का फल कभी भी क्षीण नहीं हो सकता और शुभ या अशुभ कर्म जो भी किए जा चुके हों, उनका शुभ या अशुभ फल भी अवश्य भोगना पड़ता है।

कृतयुगानुरूपेणज्ञानमाह —

कृतत्रेताद्वापरे च चतुर्थे वा कलौ युगे।
ज्ञानं धर्मो गुरुर्देवो युगानुरूपभावना॥ 9॥
कृते तु सहजं ज्ञानं त्रेताया कुलजं तथा।
द्वापरे शास्त्रजं ज्ञानं क्षेत्रजं तु कलौ युगे॥ 10॥
सहजं कुलजं चैव शास्त्रजं क्षेत्रजं तथा।
एवं चतुर्विधं ज्ञानं युगरूपानुमोदितम्॥ 11॥

(1.) कृतयुग, (2.) त्रेतायुग, (3.) द्वापरयुग और (4.) कलियुग में (1.) ज्ञान, (2.) धर्म, (3.) गुरु और (4.) देवता के प्रति अपने-अपने युग के अनुरूप ही लोगों की भावना होती है। इस नियमानुसार सतयुग में अपने सहज ज्ञान से; त्रेतायुग में अपने कुल की परम्परा के ज्ञान से; द्वापर में शास्त्रों के अनुसार प्रचलित ज्ञान से और कलियुग में अपने क्षेत्र के आसपास के रीति-रिवाजों के ज्ञान प्रवृत्त होते हैं। इस प्रकार सहज, कुलज, शास्त्रज और क्षेत्रज—इन चार विधियों का ज्ञान इन युगों के अनुरूप अनुमोदित किया गया है।

ज्ञानं गुरुमुखोद्भूतं संसृतेः पाशच्छेदनम्।
ये भजन्ति गुरुं भक्तया सूर्य तमिहरं यथा॥ 12॥
लभन्ते ते ततो ज्ञानं धर्मे तीर्थे महात्मनि।
अर्थदानप्रभावेण ज्ञास्यन्ति तपसां क्रमम्॥ 13॥
ज्ञाने मोक्षं तपो राज्यं दाने भोग्यं महोत्कटम्।
एवं तु जायते मुक्तिर्यो जानाति स पण्डितः॥ 14॥

गुरुमुख से उद्भूत ज्ञान संसार रूपी भवसागर के पाशों को काटने वाला है और जो लोग भक्तिपूर्वक गुरु की पूजा और आज्ञा में रहते हैं, उनका अज्ञानान्धकार उसी प्रकार नष्ट हो जाता है जैसे सूर्य का प्रकाश अन्धकार को समाप्त कर देता है। ऐसे भक्त लोग इस ज्ञान को धर्मस्थानों में तथा तीर्थस्थानों में महात्मा स्वरूप गुरुओं से प्राप्त करते रहते हैं और अपने अर्थ के दान-पुण्य के प्रभाव से वे तपस्या के क्रम को जान लेते हैं। वे यह सम्यक् प्रकार से जान जाते हैं कि ज्ञान का फल मोक्ष है, तप का फल राजपद पाना है, दान का फल महान भोगों को भोगना है। इसी तरह से मुक्ति होती है। यह जानने वाला ही सही तौर पर पण्डित कहा जाता है।

यः करोति स कर्त्ता च भूतात्मा कथ्यते बुधैः।
जीवसञ्ज्ञो ह्यन्तरात्मा सहजः सर्वदेहिनाम्॥ 15॥
येन वेदयते सर्व सुखं दुःखं च जन्मसु।
न भूत भूतसम्पर्कौ महाक्षेत्रज्ञ एव सः॥ 16॥

जो करता है, वही कर्ता है जिसे विद्वान लोग 'भूतात्मा' कहते हैं और सभी देहियों की सहज अन्तरात्मा को 'जीव' संज्ञा से कहा जाता है और जिससे जन्म लेने के उपरान्त के सभी सुख-दुःख जाने जाते हैं, उसे ही 'महाज्ञेत्रज्ञ' कहा गया है[1], उसे कोई भूत-प्राणी या भूत सम्पर्क-प्राणी का स्पर्श नहीं होता। वह तो केवल साक्षी और द्दष्टा मात्र है।

एकधा बहुधा चैव दृश्यते जलचन्द्रवत्।
इदं शरीरं ज्ञानेन क्षेत्रमित्यभिधीयते॥ 17॥
आत्मैव चात्मचैतन्यमात्मना सृजति स्वयम्।
आत्मना कृतं नानात्वमात्मन्येव प्रलीयते॥ 18॥

वह ज्ञानी अपने सात्विक ज्ञान से इस शरीर को 'क्षेत्र' समझता है। उसे एक

1. श्रीमद्भगवद्गीतायां— इदं शरीरं कौन्तेय क्षेत्रमित्यभिधीयते। एतद्यो वेत्ति तं प्राहुः क्षेत्रज्ञ इति तद्विदः॥ (13, 1)

प्रकार से या बहुत प्रकार से वैसे ही देखता है जैसे एक चन्द्रमा जल ही लहरों पर अनेक रूपों में दिखाई देता है, फिर भी वह वास्तव में एक ही है। इसी जल-चन्द्रवत न्यायानुसार आत्मा ही आत्म चैतन्य को अपनी आत्मा में ही स्वयं सृजन करती है और अपनी स्वयं की की गई नानात्व की कृतियों को वही आत्मा स्वयं उन्हें प्रलीयते अर्थात् मिटा देती है।[1]

ऊर्ध्वमूलमधःशाखमश्वत्थं प्राहुरव्ययम्।
छन्दांसि यस्य पर्णानि यस्तं वेद स वेदवित्॥ 19॥[2]

आकाश की ओर मूलवाले और नीचे की ओर शाखा वाले जिस संसार-रूप अश्वत्थ वृक्ष को अव्यय अर्थात् कभी व्यय नहीं होने वाला— ऐसा कहते हैं और वेद जिसके पत्ते हैं (अर्थात् विविध छन्दों के सृष्टि के रूप ऐसे ही असंख्य हैं जैसे किसी पीपल के असंख्य पर्ण हों), उस संसार-वृक्ष को जो तत्त्व से जानता है, वह सम्पूर्ण वेदों को जानने वाला है।

एकस्तम्भे नवद्वारे त्रिशूले पञ्चदेवताः।
क्षितिप्राकारसन्नर्द्धऽनुपरिचारनायकाः॥ 20॥

यह जीवात्मा एक स्तम्भ पर टिका हुआ है, वह स्तम्भी ऐसा है कि जिसमें नौ द्वार हैं, तीन शूल हैं, पाँच देवता हैं और उसके भूमि पर परकोटे पर सन्नद्ध पहरेदार चार नायक सैन्य है।[3]

इति सूत्रसन्तानगुणकीर्तिप्रकाशप्रोक्तृश्रीभुवनदेवाचार्योक्तापराजितपृच्छायां गर्भविज्ञानोद्भवाधिकारो नाम द्वादशं सूत्रम्॥ 12॥

इस प्रकार भुवनदेवाचार्य कृत सूत्रसन्तानगुणकीर्ति प्रकाश या अपराजितपृच्छा में गर्भविज्ञान उद्भव अधिकार नामक बारहवाँ सूत्र पूर्ण हुआ॥ 12॥

---

1. श्रीमद्भगवद्गीतायां— क्षेत्रक्षेत्रज्ञयोरेवमन्तरं ज्ञानचक्षुषा। भूतप्रकृतिमोक्षं च ये विदुर्यान्ति ते परम्॥ (13, 34)
2. श्रीमद्भगवद्गीतायां (15, 1) तथा च कठोपनिषदे — ऊर्ध्वमूलोऽवाक्शाख एषोऽश्वत्थः सनातनः। तदेवं शुक्रं तद्ब्रह्म तदेवामृतमुच्यते॥ तस्मिँल्लोकाः श्रिताः सर्वे तदु नात्येति कश्चन्। एतद्वैतत्॥ (2, 3, 1)
3. एक स्तम्भ अर्थात् यह शरीर। नवद्वार अर्थात् इस देह के नौ द्वार— दो आँखें, दो कान, दो नासिका, एक मुँह, एक उपस्थ और एक गुह्य। तीन शूल अर्थात् सतोगुण, रजोगुण और तमोगुण। पाँच देवता अर्थात् पृथ्वी, जल, तेज, वायु और आकाश। चार सेनानायक अर्थात् धीरोदात्त, धीरप्रशान्त, धीरललित, धीरोद्धत (अग्निपुराण, काव्यशास्त्रीय भाग) या अनुकूल, दक्षिण, शठ और धृष्ट अथवा चार अन्तःकरण— मन, बुद्धि, चित्त व अहङ्कार।

कर्मज्ञानोद्भवो नाम त्रयोदशं सूत्रम्॥ 13॥

अपराजित उवाच —

केवलं कुलज्ञं ज्ञानं शास्त्रजं क्षेत्रजं तथा।
चतुर्मार्गबहिस्थं च कथय परमेश्वर॥ 1॥
कष्टं साध्यं विना कष्टैरभ्यासं किल शाश्वतम्।
कथयस्व प्रसादेन ज्ञानाभ्यासस्तु वै यथा॥ 2॥

अपराजित बोले — केवलज्ञान, कुल से प्राप्त होने वाले ज्ञान, शास्त्र से प्राप्त होने वाला ज्ञान और क्षेत्रीय परम्परानुसार होने वाले ज्ञान के अतिरिक्त जो बाहरी ज्ञान शेष है, उसे भी हे परमेश्वर! कहिए। यह सब ज्ञान प्राप्त करने का अभ्यास चाहे कष्ट साध्य हो अथवा बिना कष्ट साध्य, सारा शाश्वत ज्ञान आप कृपाकर जैसा भी हो, कहिए।

विश्वकर्मोवाच —

अग्निः काष्ठे तिले तैलं क्षीरमध्ये यथा घृतम्।
गुरुवत् कर्मयोगेन अभ्यासो ज्ञानदेहजः॥ 3॥
यथा चात्यूर्ध्वसंस्थोऽपि दृश्यते जलचन्द्रमाः।
तथा सर्वत्रसंस्थोऽपि ह्यात्माल्पैरवे दृश्यते॥ 4॥

विश्वकर्मा बोले — हे वत्स! जिस प्रकार अग्नि काष्ठ में, तेल तिल में और घी दूध में अदृश्य रूप में स्थित है, परन्तु अभ्यास से ये सब ही प्राप्त किए जाते हैं, उसी तरह ज्ञान भी देह में अदृश्य रूप में उपस्थित है जिसे गुरु के समान कर्मयोग के अभ्यास द्वारा ही प्राप्त किया जा सकता है। जिस प्रकार अत्यन्त ऊँचे होने पर भी चन्द्रमा को हम जल में आसानी से निकट देख सकते हैं, उसी प्रकार सभी में सर्वत्र स्थित आत्मा को भी अपनी आत्मा द्वारा अल्प प्रयास मात्र से देखा जा सकता है।

अदृष्टरूपे दृष्टव्यं हस्तौ चापि तथा श्रुतिः।
अव्यक्ते व्यक्तरूपं च व्यक्ताव्यक्तस्य सम्भवः॥ 5॥
क्षरं चैव परित्यज्य ध्यायेदात्मानमक्षरम्।
त्रिपदं(थं) स्यात्परं स्थानं परं ब्रह्म तदुच्यते॥ 6॥

जिस प्रकार हाथ से स्पर्श करके या या कान से सुनकर भी अदृष्ट वस्तु का ज्ञान दृष्ट रूप की तरह हो जाता है, उसी प्रकार अव्यक्त को भी व्यक्त रूप में और मिश्र रूप में व्यक्ताव्यक्त भाव को भी देखा जाना सम्भव है। व्यक्ति को चाहिए कि

क्षर अर्थात् नाशवान वस्तु का ध्यान करना त्यागकर अक्षर अर्थात् नित्य रहने वाले आत्मतत्त्व का ध्यान करें क्योंकि त्रिपदं- त्रिपदासावित्री के ध्यान करने से ऊँचा कोई स्थान नहीं है, उस परम ध्यान को ही परमब्रह्म कहा गया है।

ब्रह्मरन्ध्रं ततो मध्ये जलसूर्य पुरभेदकम ?।
तन्मध्ये च समस्तं तु जगत्स्थावरजङ्गमम्॥ 7॥
ऊर्ध्वं चन्द्रो ह्यधः सूर्यो ब्रह्ममूलोद्भवान्तरम्।
वर्षन्त्यमोघमेघाश्च चन्द्रस्थानमतः परम्॥ 8॥

इस ब्रह्मरन्ध्र अर्थात् ब्रह्माण्ड की पोल में जलसूर्य अर्थात् सूर्य की गर्मी से वाष्पीभूत हुआ जल, पुरभेदक अर्थात् पूरी तरह भेदकर पूर्णतः ब्रह्माण्ड में व्याप्त है और इसी के बीच में यह समस्त स्थावर जङ्गम जगत समाया हुआ है। ऊपर चन्द्रलोक स्थित है, उसके नीचे सूर्यलोक है और इनके बाद ब्रह्म का मूलोद्भव हुआ। चन्द्रस्थान अर्थात चन्द्रलोक से और उससे भी ऊपर से अमोघ मेघों से वृष्टि होती रहती है।

चन्द्रस्थं च महापद्मं बिन्दुं बिन्दुस्वरूपिणम्।
विचित्रपङ्क्तिपत्रस्थं महाकान्त्युपशोभितम्॥ 9॥
ध्यातव्यं पूर्वदेहैस्तु ह्यक्षरं नाऽत्र संशयः।
नाऽसौ लिप्तः पुण्यपापैः पद्मपत्रमिवाम्भसा॥ 10॥
ततः परतरं यान्ति न भवन्ति पुनर्भवे।
एवमभ्यासयोगैः स्यात्कर्मज्ञानसमुद्भवः॥ 11॥

चन्द्रस्थ अर्थात् चन्द्रलोक में महापद्म है जिस पर बिन्दू स्वरूपी असंख्य बिन्दू हैं जो विचित्र पङ्क्तियों में टिके हुए हैं और उनकी महान कान्ति अर्थात् उनसे महान प्रकाश फैल रहा है (*यह एक प्रकार से ब्रह्माण्ड में व्याप्त तारा मण्डल की कान्ति की ओर सङ्केत है*)। इसलिए आत्मा रूपी पूर्व देह से सदा ही अक्षरब्रह्म का ही ध्यान करते रहना चाहिए। इसमें तनिक भी संशय नहीं रखना चाहिए। कारण यह है कि यह आत्मा सदैव निष्कल, निर्मल और निष्पाप है। यह पुण्य-पाप से कभी भी लिप्त नहीं होता, जिस तरह कमलपत्र जल से कभी लिप्त नहीं होता है। अस्तु, ब्रह्म का ध्यान अर्थात् त्रिपदा सावित्री की उपासना से गायत्री वेदमाता की कृपा से ऐसे अभ्यास योग की साधना करते-करते साधक को कर्मज्ञान का समुद्भव स्पष्ट दिखाई देता है जिसके पुण्य प्रताप से साधक की आत्मा ब्रह्मलोक से परे पहुँच जाती है और उस आत्मा को पुनर्जन्म की पीड़ा नहीं भोगनी पड़ती है।

अथ हंसयोगसाधनमाह —

हकारादि सकारान्तं संस्मरेत्तदहर्निशम्।
लक्षयेत्तत्र सञ्चारं वर्णोच्चारविवर्जितम्॥ 12॥
अनन्तं सहजं हंसं नित्याभ्यासपदे स्थितम्।
गमागमनयोगेन सप्तकोटिजपः स्मृतः॥ 13॥
षट्त्रिंशदङ्गुलं चारे वामदक्षिणगोचरे।
स्वयमुच्चार्यते हंसो हंसस्तेन स उच्यते॥ 14॥

(उसके आगे) साधक को हंस-योग की साधना करनी चाहिए। इसके अभ्यास में हकार से आरम्भ करें और सकार से अन्त करें परन्तु ध्यान रखें कि यह प्राणायाम की साधना है जिसमें केवल प्राण के आवागमन को साक्षी भाव से लक्ष्य करके देखना है। आते श्वास में 'ह' की ध्वनि जैसा अभ्यास और जाते श्वास में 'स' की ध्वनि जैसा आभास मात्र करना है और किसी प्रकार का 'ह' वर्ण या 'स' वर्ण का वर्णोच्चार अर्थात् ध्वनि मुख उच्चारित नहीं होनी चाहिए। इस प्रकार इस सहजयोग में अनन्त हंस के नित्याभ्यास से पद पर दृढ़ स्थिति प्राप्त होती है और इस सहजयोग में नित्य श्वास के आने-जाने के स्वरूप योग में सात करोड़ जप सहज ही प्रतिदिन होते रहते हैं— इस योग में मात्र श्वास पर आते-जाते समय लक्ष्य रखना है। इस सहजयोग के हंसं प्राणायाम में नासिका के वाम व दक्षिण गोचर से अर्थात् चन्द्रनाड़ी व सूर्यनाड़ी से सञ्चरित होने वाले श्वास की लम्बाई छत्तीस अङ्गुल की होनी चाहिए अर्थात् व्यक्ति को सदा दीर्घ श्वास लेने का अभ्यास होना चाहिए। जिससे वायु में स्थित प्राणी की पूर्ण प्राप्ति होती रहे। इस योग की सहज प्रक्रिया में 'हंसो', 'सोऽहं' की ध्वनि स्वयं ही उच्चारित होती रहती है, इसीलिए इसे हंस (योग) कहा जाता है।[1]

---

1. तथा च योगगीतायां — शृणु राजन्प्रवक्ष्यामि हंसमन्त्रस्य साधनम्। यथोक्तं शम्भुना पूर्व गिरिजायै महात्मना॥ हृदयादुत्थितः प्राणो बहिर्याति महीपते। द्वादशाङ्गुलमानेन नासाद्वारा निरन्तरम्॥ परावृत्य ततस्तूर्णं हृदयं प्रति गच्छति। हृदयाम्भोजतः पश्चाद्बहिरायाति सत्वरम्॥ एवं पुनः पुनः प्राणः श्वासोच्छ्वासक्रमेण वै। सर्वेषामेव जन्तूनां बहिरन्तः प्रधावति॥ निर्गमेहं भवेच्छब्दः प्रवेशे सः प्रकीर्तितः। हंसो हंस इति प्राणी वारम्वारं जपेत्सदा॥ बहिरागमने हंसः सोहं स्यादन्तरागमे। हंसः सोहं जपो देहे स्वतो नित्यं प्रवर्त्तते॥ षट्शतानि च संख्या स्यात्सहस्राण्येकविंशतिः। जपस्याष्टसु यामेषु नित्यमेव दिने दिने॥ एकान्ते समुपाविश्य परेशं हंसविग्रहम्। ध्यायन्नेकाग्रचित्तेन पश्येत्प्राणगति बुधः॥ निर्गमे चप प्रवेशे च हंसः सोहं निरन्तरम्। चेतसा चिन्तयेन्मन्त्र वाचा नोच्चारयेत्क्कचित्॥ एवमभ्यासतो नित्यं जपकोटिर्यदा भवेत्। तदा प्रवर्त्तते नादः स्वयमेव न संशयः॥ (योगगीता 15, 65-74; तुलनीय हंसोपनिषद् एवं दत्तात्रेयसंहिता)

यावन्न चालयेद्योगी ह्यक्षसूत्रकरस्थितम्।
सप्तकोटिजपं कृत्वा हंसस्त्वेवं निवर्तते॥ 15॥
एवं विश्वगतश्चारः प्राणिनां शुभदायकः।
हंसरूपे स्थिताः प्राणाः प्राणास्तत्त्वैः प्रकीर्तिताः॥ 16॥

इस प्रकार के हंसयोग के जाप में योगी अपने हाथ में अक्षमाला नहीं चलाता है तथापि उसके जाप सात करोड़ इस हंसत्व से पूरे निवर्त हो जाते हैं। इस प्रकार का विश्वगत सञ्चार समस्त प्राणियों के लिए शुभदायक है। इसीलिए हंस रूप में इन प्राणों के स्थित होने से ही इनको प्राणतत्त्व नाम से कहा गया है।

अथ हृदयकमलमाह —

हृदये सहजं पद्ममष्टपत्रं सबिन्दुकम्।
इच्छाशक्तिस्तथा मध्ये दलान्ते कुलदेवताः॥ 17॥
शृङ्गारहास्यकरुणारौद्रवीरभयानकाः।
बीभत्साद्भुतशान्ताश्चाल्पाष्टौ ? कमले स्थिताः॥ 18॥
कुलदेव्यष्टकोपेतमिच्छाशक्तिर्हृदिस्थिता।

अब हृदय के भावों का विशेष परिचय दिया जा रहा है— हृदय में सहज ही आठ पँखड़ियों और मध्य में बिन्दु युक्त कमल कहा गया है। इसमें बिन्दु रूप मध्य में तो इच्छा शक्ति है और आठों दलों–पँखड़ियों में कुल देवता हैं। इस कमल में (1.) शृङ्गार, (2.) हास्य, (3.) करुणा, (4.) रौद्र, (5.) वीर, (6.) भयानक, (7.) वीभत्स, (8.) अद्भुत- ये आठ (अल्परूप से शान्त भी) रस और मध्य बिन्दु में कुल देवियाँ भी स्थित हैं तथा इच्छा शक्ति भी हृदय में ही स्थित हैं।

ऊर्ध्वाकारैः स्थिता ख्यातेन्द्रियैर्बुद्धिरनुक्रमात्॥ 19॥
शब्दः स्पर्शास्तथा रूपं रसो गन्धश्च पञ्चमः।
मनो बुद्धिरहंकारः सत्त्वं रजस्तमस्तथा॥ 20॥

इस हृदय में ही ऊर्ध्वाकार में स्थित इन्द्रियाँ भी बुद्धि के अनुक्रम में स्थित हैं। इसी हृदय–कमल में शब्द, स्पर्श, रूप, रस और पाँचवाँ गन्ध तथा मन, बुद्धि और आठवाँ अहङ्कार तथा सत्वगुण, रजोगुण एवं तमोगुण युक्त स्थित है।

कामः क्रोधश्च मोहश्च लोभो हर्षो मदो भयम्।
विषादश्चाष्टमः प्रोक्त इत्यष्टौ च गुणाः स्मृताः॥ 21॥

इसी प्रकार हृदय कमल की अष्ट पँखड़ियों में ही काम, क्रोध, मोह, लोभ, हर्ष, मद, भय और आठवाँ विषाद स्थित हैं। इन्हीं आठों को गुण भी कहा गया है।

शरीरस्थगुणदोषादीनां —

क्षुधा तृषा भयं द्वेषो मोहचिन्तानुरागकाः।
जरा मृत्युश्च दोषाश्च विस्मयं जननं तथा॥ 22॥
निद्रा शोकोद्वेग परा हीच्छाशक्तिसमुद्भवाः।
गुणदोषाः शरीरस्था अष्टादश$_{18}$ प्रकीर्तिताः॥ 23॥

अब शरीरस्थ गुण-दोषों के विषय में कहा जा रहा है कि (1.) क्षुधा, (2.) तृषा, (3.) भय, (4.) द्वेष, (5.) मोह, (6.) चिन्ता, (7.) अनुराग, (8.) जरा, (9.) मृत्यु, (10.) दोष, (11.) विस्मय, (12.) जनन, (13.) निद्रा, (14.) शोक, (15.) उद्वेग, (16.) परा इच्छा, (17.) शक्ति और (18.) गुण-दोष ये अठारह इसी शरीर में स्थित कहे गए हैं।

इति सूत्रसन्तागुणकीर्तिप्रकाशप्रोक्तृश्रीभुवनदेवाचार्योक्तापराजितपृच्छायां कर्मज्ञानोद्भवाधिकारो नाम त्रयोदशं सूत्रम्॥ 13॥

इस प्रकार भुवनदेवाचार्य कृत सूत्रसन्तानगुणकीर्ति प्रकाश या अपराजितपृच्छा में कर्म ज्ञान उद्भव अधिकार नामक तेरहवाँ सूत्र पूर्ण हुआ॥ 13॥

शिवशक्तिब्रह्मज्ञानं चतुर्दशं सूत्रम्॥ 14॥

अपराजित उवाच —

कश्चन्द्रश्च कथं सूर्यः कथं ब्रह्मासनं स्मृतम्।
कथं कामाख्यनिलयोऽब्जनिलयं कथं विदुः?॥ 1॥
कथं ग्रहणसङ्क्रान्ती कथं कालकलास्तथा।
काम(य)रूपं कथं प्रोक्तं कामाख्यनिलयः कथम्॥ 2॥

अपराजित बोले — किसे चन्द्र, किसे सूर्य, किसे ब्रह्मासन कहा जाता है, किसे कामाख्य-निलय और किसे कमल-निलय जानें? किस प्रकार ग्रहण और सङ्क्रान्ति होती है और किस तरह काल के तहत कलादि की गणना होती है? काम (काय)रूप किसे कहते हैं और कामाख्यनिलय किसे कहते हैं, यह सब बताइए।

विश्वकर्मोवाच —

ब्रह्मरन्ध्रस्थितश्चन्द्रो ह्यग्निमध्ये रविस्तथा।
कामाख्यनिलयः प्रोक्तश्चन्द्रपीठे च संस्थिता?॥ 3॥

प्रविष्टा पद्मनालेऽपि सूर्यपीठे लयं गता।
संस्थिता कामरूपान्ते सूर्येन्दुग्रहणे रता॥ 4॥

विश्वकर्मा कहने लगे — ब्रह्मरन्ध्र अर्थात् ब्रह्माण्ड की पोल में चन्द्रमा स्थित है और अग्नि के बीच में रवि या सूर्य विद्यमान है तथा जिसे कामाख्य निलय कहते हैं वह चन्द्र के पीठ के पीछे संस्थित है। पद्मनाल में प्रवेश करने पर भी वह सूर्य के पीछे ही लय हो गई। जब सूर्य और चन्द्र ग्रहण में रत होते हैं, तब उन्हें कामरूपान्त में संस्थित कहा जाता है।

रविचन्द्रयुते काले शक्तिः सङ्क्रमते यदा।
तत्काले ग्रहणं प्रोक्तं सङ्क्रान्तिर्विष्णुसम्भवा॥ 5॥
ग्रहणान्ते पराशक्तिः पद्मतन्तुनिभा स्थिता।
सृजति स्वेच्छया कामः भूतग्रामं चतुर्विधम्॥ 6॥

रवि-चन्द्र की युति होने के समय जब शक्ति का सङ्क्रमण होता है, उस समय को ग्रहण कहा जाता है और इससे सङ्क्रान्ति तो विष्णु से ही सम्भव होती है। ग्रहण के अन्त में पराशक्ति पद्मतन्तु के समान स्थित रहकर अपनी स्वयं की इच्छा से काम का सृजन करती है जिससे चार प्रकार के भूतग्राम अर्थात् प्राणियों के समूह उत्पन्न होते हैं।

कर्मकर्तृमणिर्बन्धुः करहीनाऽपि कर्षति।
सृजति ज्ञानतस्तद्वच्चक्षुर्हीना जगत्त्रयम्॥ 7॥
भ्रामको(की) भ्रामयेद् बन्धूः करहीनोऽपि भागशः ?।
सृष्टिमार्गस्थिता शक्तिः करहीना करोति च॥ 8॥

कर विहीन होने पर भी यह काम करने वाली कलाई (मणिबन्ध) पकड़कर खींचती है और चक्षु विहीन होने पर भी चक्षु वाले की तरह ज्ञान से ही तीनों लोकों की रचना कर देती है। यही भ्रामकी सभी बन्धुओं को स्वयं कर हीन होने पर भी उनकी कलाई पकड़कर भ्रामती, नचाती है। इस तरह यह पराशक्ति कर हीन होने पर भी अपने सृष्टि मार्ग पर चलती हुई सृष्टि की रचना करती है।[1]

चन्द्रः कोऽपि मणिर्बद्धो नष्टचन्द्रः प्रमुञ्चति ?।
मुखहीना तथा शक्तिर्वाङ्मयं दर्शयेत् खलु॥ 9॥

---

1. तथा चोपनिषद्वाक्यम्— 'अपाणिपादो जवनो ग्रहीता पश्यत्यचक्षुः स शृणोत्यकर्णः'— वे परमात्मा हाथ-पैरों से रहित होने पर भी ग्रहण करने में समर्थ और वेगपूर्वक चलने वाले हैं। वे नेत्रों के बिना ही देखते हैं और कानों के बिना ही सुनते हैं। (श्वेताश्वतरोपनिषद् 3, 19)

अद्रवाऽपि द्रावयति यत्किञ्चित्काञ्चनादिकम्।
ज्ञानशक्तिस्तथा चैवं निद्रवेत्सृष्टितोऽम्बरम्॥ 10॥

इसी तरह वह किसी चन्द्र को भी उनकी कलाई पकड़कर छुड़ाती है। यह पराशक्ति मुखहीन होने पर भी समस्त वाङ्मय साहित्य-शास्त्रादि को कहकर प्रकट करती है। यह पराशक्ति स्वयं अद्रवा होने पर भी काञ्चनादि जो कुछ भी धातुएँ हैं, उनको द्रवित करती हैं, पिघलाती है। यह पराशक्ति ही अपनी सृष्टि से समस्त ज्ञानशक्ति को आकाश में प्रसारित करती है।

अग्नितेजोगुणा यद्वत् सूर्यरश्मिगुणा यथा।
रवेरिव गुणास्तद्वत् सहजाः शक्तिसंस्थिताः॥ 11॥
निर्गुणाऽपि गुर्णर्युक्ता रूपहीनाऽपि रूपिणी।
सञ्चरेत्पादहीनाऽपि कर्णहीना शृणोति च॥ 12॥
जिघ्रति घ्राणहीनाऽपि वक्त्रहीनाऽपि जल्पति।
चक्षुर्हीना लोकते च त्रैलोक्यं च करस्थितम्॥ 13॥

जिस प्रकार सूर्य की रश्मियों के साथ गुण का सम्बन्ध है, उसी प्रकार अग्नि का अपने तेज से गुण-सम्बन्ध है। रवि के समान ही सभी गुण उसी तरह शक्ति के साथ सहज ही स्थित है। यह पराशक्ति निर्गुणा होने पर भी गुणों के साथ है और रूप हीन होते हुए भी रूपवती है। यह पाँव विहीन होने पर भी चलती है और कानों के नहीं होने पर सुनती है। यह नासिका से विहीन होने पर भी सूँघती है और मुख हीन होने पर भी बोलती है। चक्षुहीना होकर भी यह देखती है और सारे तीनों लोक उसके कर-कमलों में स्थित है।[1]

एवं सा सर्वरूपस्था ह्यमूर्ता मूर्तिचारिणी।
पराशक्तिरितिख्याता ह्येका त्रैकोल्यनायिका॥ 14॥
एषा सा परमा शक्तिरिच्छाज्ञानक्रियात्मिका।
पृथगेकाष्टकैर्युक्ता ह्यज्ञानां ज्ञानदा स्मृता॥ 15॥

इस प्रकार वह पराशक्ति सभी रूपों में स्थित होकर अमूर्त होने पर भी मूर्ति रूप में चलने वाली है इसीलिए तो इसे पराशक्ति नाम से विख्यात किया जाता है

---

१. तथा च गीतायां— सर्वतःपाणिपादं तत्सर्वतोऽक्षिशिरोमुखम्। सर्वतःश्रुतिमल्लोके सर्वमावृत्य तिष्ठति॥ सर्वेन्द्रियगुणाभासं सर्वेन्द्रियविवर्जितम्। असक्तं सर्वभृच्चैव निर्गुणं गुणभोक्तृ च॥ (13, 13-14)
गोस्वामी तुलसीदास ने कहा है—बिनु पद चलइ सुनइ बिनु काना। कर बिन करम करइ बिधि नाना॥ आनन रहित सकल रस भोगी। बिनु बानी बकता बड़ जोगी॥ तन बिनु परस नयन बिनु देखा। ग्रहइ घ्रान बिनु बास असेषा॥ (रामचरितमानस 1, 118, 3-4)

जो तीनों लोकों— स्वर्गलोक, मर्त्यलोक व पाताललोक की नायिका अकेली एकछत्रा रूप में है। इस तरह की यह परमशक्ति इच्छा, ज्ञान और क्रियात्मिका है। यही पराशक्ति पृथक्-पृथक् अठारह रूपों से युक्त होकर ही सब अज्ञानियों को ज्ञान देने वाली मानी गई है।

अनेकभाविकं कर्म दग्धबीजमिवाम्भसि।
भविष्यदपि संरुद्धं ज्ञानकं भुवि गोचरम्॥ 16॥
सहजं भोगजं कर्मानर्गलं भविष्यत्तथा।
शक्तित्रयविभागेन दद्यात् सर्व शुभाशुभम्॥ 17॥

अनेक भावों से उत्पन्न कर्म भी इस पराशक्ति की कृपा से वैसे ही नष्ट हो जाते हैं जैसे जले हुए बीजों को अङ्कुरण के अर्थ में जल से सींचना व्यर्थ है। इस महामाया की कृपा से बन्धे और अवरुद्ध कार्य भी होने लगते हैं और ऐसे दिखने लगते हैं मानो ये पहले ही हमारे ज्ञान में हों और हमें गोचर होते रहे हों। इस पराशक्ति की कृपा से जन्म के साथ उत्पन्न होने वाले तथा पूर्वजन्म के प्रारब्ध, भोग के कारण उत्पन्न होने वाले कर्म भी अनर्गल हो जाते हैं अर्थात् अर्गला, बाधा रहित हो जाते हैं और तीनों ही शक्तियों के विभागानुसार सभी शुभाशुभ फल देने में समर्थ हो जाते हैं।[1]

अथ शक्त्याप्रमाणानि —

कारणे च क्रियाशक्तिरिच्छाशक्तिः प्रवर्तने।
ज्ञानशक्तिस्तथाचारे सञ्चरेत्सचराचरम्॥ 18॥
सर्वाङ्गसन्धिसञ्चारे नखकेशाग्रमध्यके।
व्यापिनी संस्थिता देहे रेणुमात्रस्वरूपिणी॥ 19॥

ये शक्तियाँ इस प्रकार हैं— (1.) कारण में क्रियाशक्ति लगती है, (2.) प्रवर्तन या चलने में, बढ़ने में इच्छाशक्ति लगती है और (3.) आचरण में ज्ञानशक्ति लगती है। इस तरह ये तीनों ही शक्तियाँ समस्त चराचर जगत में सञ्चरित होती है। देह के सभी अङ्गों के सञ्चारण के लिए, सभी सन्धियों को गति देने के लिए जैसे नख व केश के अग्रभाग में, मध्यभाग में भी सञ्चरण के लिए यह पराशक्ति रेणु-मात्र स्वरूप की होकर समस्त देह में स्थित रहती है।

---

१. तथा च श्रीमद्भगवद्गीतायां— अविभक्तं च भूतेषु विभक्तमिव च स्थितम्। भूतभर्तृ च तज्ज्ञेयं ग्रसिष्णु प्रभविष्णु च॥ (13, 17)

पुराणेऽपि— सृष्टिस्थित्यन्तकरणाद् ब्रह्माविष्णुशिवात्मकः। स सञ्ज्ञां याति भगवानेक एव जनार्दनः॥ (पद्मपुराण सृष्टिखण्ड 2, 114)

बीजरूपा तु सा देवी जगन्माता व्यवस्थिता।
तां ज्ञात्वा मुच्यते पाशैस्सर्वज्ञस्तु नरो भवेत्॥ 20॥
क्रियेच्छयोस्तथा ज्ञाने त्रिकरूपे व्यवस्थिता।
प्रातर्यस्तु प्रबुद्धात्मा विन्द्यात् शक्तिपतिं तु सः॥ 21॥

यह पराशक्ति बीज रूपा होकर ही जगन्माता के रूप में व्यवस्थित है। इस जगन्माता को ही सही-सही जान लेने पर सभी पाशों से मुक्ति मिल जाती है और इस प्रकार जान लेने वाला व्यक्ति सर्वज्ञ हो जाता है। क्रियाशक्ति, इच्छाशक्ति और ज्ञानशक्ति के इस त्रिक् रूप व्यवस्था से वह सर्वज्ञ प्रबुद्धात्मा भवसागर को तैर जाता है और शक्तिपति को पाने का अधिकारी हो जाता है।

एवं शारीरिकं चक्रं शक्तित्रयसमन्वितम्।
शक्त्यन्ते च शिवं विद्याद्यो दशान्ते कलौर्विना?॥ 22॥

इस प्रकार उक्त तीनों शक्तियों[1] के समन्वय को पाया हुआ यह शारीरिक चक्र शक्ति को जान लेने के अन्त में शिवतत्त्व को जान लेता है और इस तरह भवदशा के अन्त में बिना किसी कलह (कला?) के भवसागर से तर जाता है, उसका मोक्ष हो जाता है।[1]

एकः शिवः परं ब्रह्मपदमेव निराश्रयम्।
पश्येत् संसारबीजं यो रम्भास्तम्भपुटं यथा॥ 23॥
यस्य शिवशक्तिज्ञानं तस्य मुक्तिर्विधीयते।
शक्तित्रयविमुक्तस्य भुक्तिर्मुक्तिविमोचनम्॥ 24॥
दर्पणेषु यथा छाया पिण्डः पिण्डाकृतिर्भवेत्।
तथा सर्वगतः शम्भुर्दृश्यते जलचन्द्रवत्॥ 25॥

एक ही शिव परम ब्रह्मपद है और वह निराश्रय है अर्थात् वह किसी के सहारे से नहीं है। जो इस संसार-बीज रूप शिव को केले के स्तम्भ की परतों की तरह देख लेता है, उसे ही शिव-शक्ति का ज्ञान प्राप्त कहा जाता है और उसकी मुक्ति निश्चित विधि के अनुसार हुई मानी जाती है क्योंकि शक्तित्रय के द्वारा हुए विमुक्त नर की प्रारब्ध भुक्ति भी और मुक्ति भी विमोचन को प्राप्त हो जाती है अर्थात् भुक्ति-मुक्ति भी छूट जाती है। उदाहरण के लिए जैसे दर्पण में अपनी परछाई भी पिण्ड शरीर की आकृति जैसी दिखाई पड़ती है, उसी तरह ऐसे जीवन्मुक्त पुरुष को समस्त चराचर में शिव ही दिखाई देते हैं; यह दर्शन जल की उर्मियों पर सर्वत्र चन्द्र ही चन्द्र की भाँति दृष्टिगोचर होता है।

---

1. तथा च— इच्छाज्ञानक्रियारूपास्त्रिशूलं शक्तयो मताः। उक्तास्ता एव खट्वाङ्गं शुद्धसत्त्वप्रवर्तिकाः॥

स्वयं देवी स्वयं देवः स्वयं शिष्यः स्वयं गुरुः।
स्वयं ध्यानं स्वयं धाता स्वयमेव परात्परम्॥ 26॥
यत्र यत्र मनो याति (यायात्) तत्र तत्र परः शिवः।
वेदो वेद्यं जपो मौनमाचारः प्रार्थना क्रिया॥ 27॥
व्रतं स्नानं तीर्थयात्रा चोपवास्यं त्रिरात्रिकम्।
इत्येतदाश्रयस्थानं मुक्तिस्थानं निराश्रयम्॥ 28॥

(इससे निष्कर्ष यह हुआ कि 'सोऽहं' का जाप करने वाला पराशक्ति को पाकर शिवतत्त्व को पा लेता है जिसमें) वह स्वयं को देवी तथा स्वयं को देव, स्वयं को शिष्य और स्वयं को गुरु, स्वयं को ध्यान और स्वयं को ध्यान करने वाला जानकर स्वयं को ही परात्परम् परमात्मा जान लेता है। ऐसी अवस्था में जहाँ-जहाँ उसका मन जाता है, वहाँ-वहाँ उसे परम शिव के ही दर्शन होते हैं और उसे समस्त वेद जाने हुए हो जाते हैं और उसके समस्त जप भी मौन में समा जाते हैं। उसके समस्त आचार-व्यवहार ही उसकी प्रार्थना की क्रिया बन जाती है। इस संसार के भवसागर में व्रत, स्नान, तीर्थयात्रा, उपवास, त्रिरात्रिक जपादि सब आश्रय के स्थान है, परन्तु जीवन्मुक्त को प्राप्त मुक्तिस्थान ही एक मात्र निराश्रय है अर्थात् स्वतन्त्र है।

इति सूत्रसन्तानगुणकीर्तिप्रकाशप्रोक्तश्रीभुवनदेवाचार्योक्तापराजिपृच्छायां
शिवशक्तिब्रह्मज्ञानाधिकारो नाम चतुर्दश सूत्रम्॥ 14॥

इस प्रकार भुवनदेवाचार्य कृत सूत्रसन्तानगुणकीर्ति प्रकाश या अपराजितपृच्छा में शिव शक्ति ब्रह्मज्ञान अधिकार नामक चौदहवाँ सूत्र पूर्ण हुआ॥ 14॥

गीतासद्भावोऽपरेऽपराजितबोधनार्थं पञ्चदश सूत्रम्॥ 15॥

अपराजित उवाच —

बीजरूपा कथं जाता वृद्धिंयाता परेश्वर।
क्रियाशक्तिः कथं भूता बीजयोनिरथाम्भसि॥ 1॥

अपराजित बोले — हे परमेश्वर! यह प्राणी बीज रूप में कैसे जन्म लेता है, जन्म के बाद वृद्धि को कैसे प्राप्त करता है? इस प्राणी में क्रियाशक्ति कैसे होती है जो कि बीज योनि को जैसे जल से सींचने पर बीज बढ़ता है, वैसे ही बढ़ती है।

गुरुमार्गाः कथं प्रोक्ताः कुलाकुलोभयोद्भवाः?।
कथयस्व महाभाग मम भ्रान्तिहरं प्रभो॥ 2॥

इसी प्रकार गुरु प्रदर्शित मार्ग किसे कहते हैं और कुल व अकुल इस भव में

उद्भव करने वाले क्या हैं? हे महाभाग! यह सब ठीक-ठीक कहकर हे प्रभो, मेरी भ्रान्ति को दूर करें।

विश्वकर्मोवाच —

वटो यथा च बीजथस्तथा शुक्रगता तनुः।
सङ्घाटे काञ्चनं यद्वत् क्रियादीपेन दृश्यते ॥ 3 ॥

हे वत्स! जिस प्रकार सूक्ष्मातिसूक्ष्म वट बीज में सम्पूर्ण वट वृक्ष समाया हुआ है उसी प्रकार जीव के शुक्र में उसका समस्त शरीर सम्पूर्ण रूप से समाया हुआ है। जिस प्रकार कञ्चन में स्थित आभूषण का घड़ा गया रूप क्रिया अर्थात् घड़ाई रूपी दीप से दिखाई पड़ता है, वैसे यह सब है।

क्रियामाध्यात्मिकीं विद्यात् क्रियाशक्तेरनुक्रमात्।
देहस्थं दीपकं दिव्यं शक्तिरूपण बोधितम् ॥ 4 ॥
तेन बोधितमात्रेण पश्यन्ति भुवनत्रयम्।
त्रैलोक्यदीपकं दिव्यं तत्त्वोद्योतकरं परम् ॥ 5 ॥

प्राणी की क्रिया शक्ति को आध्यात्मिक समझा जाता है। इसी क्रियाशक्ति के अनुक्रम से बढ़ते-बढ़ते देह में स्थित दिव्य दीपक प्रज्वलित हो जाता है, उसे ही शक्ति रूप से समझा जाता है। यह समझ में आते ही तीनों लोकों के चराचर जगत के प्राणी समूहों का ज्ञान से स्पष्ट दर्शन होने लगता है। इस तरह यह ज्ञान, तत्त्व को प्रकाशित करने वाला परम दिव्य त्रैलोक्य दीपक स्वरूप है।

मूढात्मानो न बुध्यन्ति गुरुमार्गविवर्जिताः।
गुरुवक्त्रे स्थितं तत्त्वं प्राप्यते तत्प्रसादतः ॥ 6 ॥
तस्मात्सर्वप्रयत्नेन गुरोराराधनं कुरु।

इस तत्त्व को गुरुमार्ग पर नहीं चलने वाले मूढ़ लोग नहीं समझ सकते क्योंकि यह परम तत्त्व तो गुरुदेव के मुख में ही स्थित होता है और वह गुरु की कृपा से ही प्राप्त हो सकता है। इसलिए यह तत्त्व प्राप्त करने के लिए सभी प्रयत्नों से गुरुदेव की आराधना करो।

गुरुपूजननिर्देशमाह —

गुरुपूजा प्रकर्त्तव्यागन्धपुष्पाक्षतादिभिः ॥ 7 ॥
पुष्पधूपैश्च नैवेद्यैर्वस्त्रालङ्कारभूषणैः।
गृहक्षेत्रपुरग्रामैर्गजाश्वशयनासनैः ॥ 8 ॥

तस्मात् पूजा प्रकर्तव्या ह्यात्मना च धनेन च।

गुरुदेव की पूजा गन्ध, पुष्प, अक्षतादि से करनी चाहिए। गुरु पूजार्थ पुष्प, धूप, नैवेद्य, वस्त्रालङ्कार, गृह, खेत, नगर, ग्राम, हाथी-घोड़े, शयन-आसनों को समर्पित करना चाहिए। उन्हें यह सब भेंट में अर्पण करना चाहिए। इसलिए गुरुतत्त्व प्राप्ति के लिए स्वयं अपने आपको और धनादि को समर्पण करके गुरुदेव की पूजा करनी चाहिए।

गुरुमाहात्म्यमाह —

गुरुलोपो न कर्तव्यः स्वच्छन्दो यदि वा भवेत्॥ 9॥
यावत्कालं भवेद्देहस्तावदेव गुरुं स्मरेत्।
गुरुर्माता पिता देवो गुरुर्ज्ञानं कुलाकुलम्॥ 10॥

गुरु का लोप कभी नहीं करना चाहिए अर्थात् कभी भी गुरु विहीन नहीं रहना चाहिए। यदि कभी ऐसा अवसर भी आ जाए कि गुरु से दूर, स्वच्छन्द, अकेला रहना पड़े तो भी जब तक इस देह से जीवित रहो, तब तक गुरुदेव का सदा स्मरण करते रहो क्योंकि गुरुदेव ही माता, पिता, देव और सर्वस्व है, कुल और अकुल का बोधक भी गुरुज्ञान ही है।

यस्यैवं संस्थितो भावस्तस्य देवसमं कुलम्।
आसनं शयनं यानं मणिकाञ्चनभूषणम्॥ 11॥
साधकेन न कर्तव्यं गुरो (वैं) चाधिकं ननु।

यह भली-भाँति समझ लेना चाहिए कि जिस देव के प्रति आपका भाव दृढ़ता से संस्थित हो गया हो, उसी देव के समान कुल के आप हो जाते हैं। साधक को चाहिए कि वह अपने आसन, शयन, यान तथा मणिकाञ्चन, आभूषणादि को किसी भी प्रकार से गुरु से अधिक महत्व न दें। गुरु के सामने अपना वैभव प्रदर्शन नहीं करें।

गुरोः शय्यासने यानं पादुकोपानहौ पदम्॥ 12॥
स्नानोदकं तथाच्छायां लङ्घयेन्न कदाचन।
कर्मणा मनसा वावा यैश्च नाराधितो गुरुः॥ 13॥
तस्माद् ज्ञानं महारत्नमत्यन्तं गूढतां गतम्।
योगिनी शाकिनी कर्म ? यस्य भक्तिस्तु निश्चला॥ 14॥

गुरुदेव की शय्या, आसन, यान, पादुका, पनही-पगरखी, चरणचिह्न, स्नान का जल तथा गुरुदेव के शरीर की परछाई को कभी नहीं लाङ्घना चाहिए क्योंकि जिसने

मनसा, वाचा, कर्मणा गुरु तत्त्व की आराधना की है अर्थात् उसके लिए यह परम कर्त्तव्य है। इस तरह जिस साधक की गुरुतत्त्व में निश्चला, अडिग भक्ति है, वह योगिनी, शाकिनी क्रम के अत्यन्त गूढ़ता को पहुँचे हुए ज्ञान महारत्न का अधिकारी हो जाता है।

तस्य प्रवर्तते शीघ्रं निर्वाणं परमं पद्म।
इत्थं समययुक्त्या च गुरुभक्तो यतेन्द्रियः॥ 15॥
दृढचित्तेन चादद्याद् ज्ञानं त्रैलोक्यपूजितम्।
मूलसूत्रमहारत्नं रत्नपीठविनिर्गतम्॥ 16॥

ऐसा साधक शीघ्र ही निर्वाण के परमपद की ओर अग्रसर हो जाता है। यही यतेन्द्रिय गुरुभक्त के लिए युक्त समय समझना चाहिए और वह दृढ़चित्त से साधना करने से प्राप्त इस ज्ञान के बल पर त्रैलोक्य पूजित हो जाता है। यह ज्ञान मूलसूत्र रूपी महारत्न है जो गुरुतत्त्व रूपी रत्नपीठ से निकला हुआ समझना चाहिए।

सारभूतं महातत्त्वं मुक्तिमार्गप्रकाशकम्।
आदेयं गुरुभक्ताय वज्रकपाटमुत्तमम्॥ 17॥

यही सारतत्त्व, महातत्त्व है जो मुक्तिमार्ग को प्रकाशित करने वाला है और गुरुभक्त को गुरुदेव के द्वारा दिया गया, उसकी रक्षा करने वाला, सर्वोत्तम वज्रकपाट रूप से मिला हुआ तत्त्वज्ञान है।

इति सूत्रसन्तानगुणकीर्तिप्रकाशप्रोक्तृश्रीभुवनदेवाचार्योक्तापराजितपृच्छायां गीतासद्भावोऽपरेऽपराजितबोधनाधिकारो नाम पञ्चदश सूत्रम्॥ 15॥

इस प्रकार भुवनदेवाचार्य कृत सूत्रसन्तानगुणकीर्ति प्रकाश या अपराजितपृच्छा में गीता सद्भाव अपरनाम अपराजितबोध अधिकार नामक पन्द्रहवाँ सूत्र पूर्ण हुआ॥ 15॥

सत्वरजस्तमः षोडश सूत्रम्॥ 16॥

अपराजित उवाच —

सत्त्वं रजस्तमः कीदृक् कथं तेषां समुद्भवः।
संसारस्य समस्तस्य जननी जगमालिनी?॥ 1॥
समुद्भूता कथं देव संसारसृष्टिमालिका।
सत्त्वं रजस्तमश्चैवं कथयस्व प्रसादतः॥ 2॥

अपराजित बोले — सत्व, रज और तम (गुण) क्या हैं? इनका उद्भव कैसे होता है? इस समस्त संसार की जननी इन्हीं सत्व, रज, तम की शृङ्खला ही है? हे

देव! यह संसार की सृष्टि शृङ्खला सत्व, रज, तम की किस प्रकार उत्पन्न हुई, इसके विषय में आप कृपा करके कहिए।

विश्वकर्मोवाच —

उत्पत्तिर्जगतो हेतुर्निर्मिता किल विष्णुना।
स्त्रष्टा वै सर्वशिल्पाना शङ्खशार्ङ्गादिधारिणा॥ 3॥
तत्रोद्भूतं रजः सत्त्वं तमश्चापि तृतीयकम्।
तदुद्भवा च सृष्टिस्तु जनसन्तानसन्ततिः॥ 4॥

विश्वकर्मा बोले — जगत की उत्पत्ति के लिए ही शङ्ख, शार्ङ्गपाणि भगवान् विष्णु ने इन सब सत्व, रज व तम का निर्माण किया है और वे विष्णु ही समस्त शिल्पों के सृष्टा है। श्रीविष्णु भगवान् से ही सत्व, रज और तीसरा तम उत्पन्न हुआ है और इनसे ही सृष्टि की जन सन्तान परम्परा का उद्भव हुआ है।

रजो ब्रह्मा तमो विष्णुः सत्त्वं चैव महेश्वरः।
ततस्त्रिकं समुत्पन्नं संसारसृष्टिकोद्भवम्॥ 5॥

इस सृष्टिक्रम में रज ब्रह्मा स्वरूप, तम विष्णु स्वरूप और सत्व महेश्वर रूप है। इस त्रिक् से समस्त संसार की सृष्टि का उद्भव हुआ है।

चतुरशीतिलक्षाणि जीवयोनिरनेकधा।
तमसस्तामसी शक्तिस्तपस्तेजोविवर्द्धिनी॥ 6॥

चौरासी लाख की संख्या में अनेक प्रकार की जीव योनियाँ हैं। तम से उत्पन्न होने वाली तामसी शक्ति तप और तेज को बढ़ाने वाली है।

रजसो राजसी ख्याता रजो ज्ञाने ब्रह्मात्मजा।
माया मोहश्च तत्कार्य वैष्णवी मोहशालिनी॥ 7॥

रजस से राजसी शक्ति विख्यात है। वह ब्रह्मात्मजा है और ज्ञान क्षेत्र का वर्द्धन करने वाली है। भगवान् विष्णु से उत्पन्न होने वाली तामसी शक्ति मोहशालिनी हैं और उसके कार्य माया और मोह है।

सत्त्वाच्च सात्त्विकी शक्तिः सत्त्वज्ञाने शिवात्मजा।
संसारप्रीतिमुक्तानां मोक्षदा सत्त्वसात्त्विकी॥ 8॥

सत्वगुण से सात्विकी शक्ति शिव से उत्पन्न हुई है और सत्वज्ञान का वर्द्धन करने वाली है। यह सत्वज्ञान शक्ति संसार की वासनाओं से मुक्तात्माओं को मोक्ष प्रदान करने वाली है।

तमः पिता रजो माता गुरुः सत्त्वं प्रतिष्ठितम्।
एवं प्रवर्तते सृष्टिः संसारे मोहशालिनी॥ 9॥
रजो रक्तं समाख्यातं तमः शुक्रं प्रतिष्ठितम्।
सत्त्वं पवन इत्युक्तं संसारे सृष्टिमालिनी॥ 10॥

तम पिता के रूप में, रज माता के रूप में और सत्व गुरु के रूप में प्रतिष्ठित है। इस प्रकार इन तीनों से संसार में मोहशालिनी यह सृष्टि प्रवर्तित हुई है। रज रक्त' रूप में विख्यात है और तम शुक्र के रूप में प्रतिष्ठित है। सत्व पवन रूप में कहा गया है। इस तरह इस संसार में सृष्टि होने से इन तीनों रज, तम और सत्व को: शृङ्खला बनी हुई है।

रजः सूर्यः समाख्यातस्तमश्चैवं तु चन्द्रमाः।
सत्त्वं पवनमित्याहुः संसारमोघमालिका॥ 11॥

इसी प्रकार रज सूर्य के रूप में विख्यात है और तम चन्द्रमा के रूप में है जबकि पवन के रूप में सत्व है। इससे संसार में अमोघ शृङ्खला चलिष्णु है।

रजः पृथ्वी समाख्याता तमश्चाकाशसम्भवम्।
सत्त्वं पवनमित्युक्तं वर्तते मोघमालिनी॥ 12॥

पुनः देखें कि रज पृथ्वी कही गई है और तम को आकाश तथा सत्व को पवन कहा गया है। इस तरह यह पवन इस रज-तम की मोघमाला को वर्तता है अर्थात् चलाता है।

रज आपस्तथा ख्याता तमस्तेजः समुद्भवम्।
सत्त्वं मारुतमित्याहुस्त्रिभिः संसारसम्भवः॥ 13॥

रज जो जल के रूप में विख्यात है और तम अग्नि के रूप में उद्भूत है। सत्व मारुत के रूप में है। इन तीनों से ही यह संसार सम्भव हुआ है।

इच्छाशक्ती राजसी स्यात् तामसी तु क्रियात्मिका।
सात्त्विकी ज्ञानशक्त्याख्या शम्भुसंसारसम्भवाः॥ 14॥

इच्छा शक्ति को राजसी कहा है और क्रियात्मिका शक्ति को तामसी कहा है जबकि ज्ञानशक्ति को सात्विकी कहा है जो शम्भू स्वरूप है और इन तीनों से ही यह संसार हुआ है अर्थात् यह सृष्टि रचना हुई है।

शक्तिरूपे रजः ख्यातं शिवरूपे तमो मतम्।
बीजरूपे स्थितं सत्त्वं त्रिभिः संसारसम्भवः॥ 15॥

शक्ति रूप में रज विख्यात है और शिव रूप में तम विख्यात है, ऐसा समझें।

इनमें बीज रूप से सत्व स्थित है। इस प्रकार इन तीनों से इस संसार की उत्पत्ति सम्भव हुई है।

इति सूत्रसन्तानगुणकीर्तिप्रकाशप्रोक्तृश्रीभुवनदेवाचार्योक्तापराजितपृच्छायां
सत्त्वरजस्तमोऽधिकारो नाम षोडश सूत्रम्॥ 16॥

इस प्रकार भुवनदेवाचार्य कृत सूत्रसन्तानगुणकीर्ति प्रकाश या अपराजितपृच्छा में सत्व-रज-तम अधिकार नामक सोलहवाँ सूत्र पूर्ण हुआ॥ 16॥

ग्रहादिध्रुवमण्डलं सप्तदश सूत्रम्॥ 17॥

अपराजित उवाच —

कथं दिनं कथं रात्रिः संसारसृष्टिकोद्भवः।
केन साऽऽक्रमते चेत्थं चन्द्रसूर्यभ्रमणे रता॥ 1॥
नक्षत्राणि ग्रहाश्चैव ध्रुवाद्याश्च समस्तकाः।
तेषां मृत्युः कथं प्रोक्तः कथयस्व प्रसादतः॥ 2॥

अपराजित बोले — इस संसार में दिन कैसे उत्पन्न हुआ और रात्रि कैसे हुई और किसके द्वारा इन चन्द्र-सूर्य को भ्रमण कराने में क्रम से शक्ति लगी हुई है? समस्त ग्रहों, नक्षत्रों और ध्रुवादिक की विलुप्ति कैसे होती है, इसे आप कृपापूर्वक कहिए।

विश्वकर्मोवाच —

तेजसः काश्यपस्यर्कचन्द्रमृत्युसमुद्भवः।
शिवशक्तिसमायोगात् संसारसृष्टिसम्भवः॥ 3॥
शिवः सूर्यः शशी शक्तिः संसारसृष्टिकोद्भवः।
दिवाकरः शिवो भूत्वा शशी चैव निशाकरः॥ 4॥
दिवारात्रिसमायोगो योगश्च चन्द्रसूर्ययोः।
तेजसो मृत्युसंयोगः संयोगः सृष्टिकारकः॥ 5॥

विश्वकर्मा बोले — काश्यप के तेज से सूर्य-चन्द्र और मृत्यु समुद्भूत हुए। शिव-शक्ति के सहयोग से ही यह सृष्टि सम्भव हुई है। शिव सूर्यरूप है और शक्ति चन्द्ररूप, इन दोनों से सृष्टि उत्पन्न हुई और दिवाकर सूर्य होकर तथा निशाकर शक्ति होकर दिन और रात्रि का समायोग करते हैं। यही योग सूर्य और चन्द्र दोनों का है। इसी तरह तेजस से मृत्यु का संयोग होता है और इस संयोग को सृष्टिकारक भी कहते हैं।

अथ सूर्यचन्द्रवंशानुकीर्तनम् —

सूर्यवंशोद्भवाश्चैव चन्द्रवंशोद्भवा नृपाः।
प्रवर्तते मही राज्य नृपश्च पृथिवीपतिः॥ 6॥

(प्रारम्भिक वंशों में) सूर्यवंश में उत्पन्न होने वाले राजाओं और चन्द्रवंश में उत्पन्न होने वाले राजाओं ने इस पृथ्वी पर राज्य सञ्चालित किया और पृथ्वीपति कहलाए।

सूर्यवंशे पृथूराजा बुधः शशिकुलोद्भवः।
सूर्यवंशसमृद्धौ तु क्षीयते सोमवंशकः।
सोमवंशसमृद्धौ च क्षीयते सूर्यवंशकः॥ 7॥
एकोत्तरशतं यावत् क्षीयते वंशकावुभौ।
पृष्ठोरुस्पर्शभूतश्च सम्प्रवेत द्वंसाधिपः ?॥ 8॥

सूर्यवंश में राजा पृथु हुए और चन्द्रवंश में बुध राजा हुए। इस तरह जब-जब सूर्यवंश समृद्ध हुआ तब-तब चन्द्रवंश क्षीण हुआ और जब चन्द्रवंश समृद्ध हुआ तो सूर्यवंश क्षीण हुआ। इन दोनों ही वंशों में एक सौ एक वंशज जब तक क्षय होते हैं, तब उनके पीछे, उरुस्पर्शभूत अर्थात् अन्य वंशों के विकास के साथ-अन्य नए वंशाधिपति राजा होते हैं।

ब्रह्मापुत्रो मरीचिश्च तज्जातः कश्यपो मुनिः।
सूर्यो जातः कश्यपाच्च सूर्यपुत्रो मनुस्तथा॥ 9॥
मनोश्चेक्ष्वाकुरुत्पन्नस्ततश्च कुक्षिसम्भवः।
कुक्षिपुत्रो विकुक्षिश्च विकुक्षेर्वेनसम्भवः॥ 10॥

पितामह ब्रह्मा के पुत्र मरीचि हुए। मरीचि के कश्यप हुए जो मुनि हुए। कश्यप मुनि के सूर्य हुए और सूर्य के पुत्र मनु हुए। मनु के इक्ष्वाकु उत्पन्न हुए और इक्ष्वाकु के कुक्षिवान् हुए। कुक्षिवान के विकुक्षि हुए जबकि विकुक्षि के वेन नामक राजा हुआ।[1]

---

1. चन्द्रगुप्त वेदालङ्कार ने अपने 'बृहत्तरभारत' में मेसोपोटामिया के सुमेर राजवंश और भारत के सूर्यवंशी राजवंश का एक तुलनात्मक परिचय देते हुए लिखा है कि सुमेर-सुराष्ट्र भारत से गए व्यापारी थे जिनके इतिहास में भारतीय राज्य के रूप में मेसोपोटामिया समाहित हुआ। इसी से वहाँ की वंशावली भारतीय वंशावली ही है:—

सुमेरिया की वंशावली	*भारत की सूर्यवंशावली*
1......................	1. वैवस्वत मनु

वेनो नाम महाराजो महावीर्यो महाबलः।
शरीरमथनात्तस्य तथा पृथुः समुद्भवः॥ 11॥
पृथुश्चैवं समुद्भूतस्तथा ख्यातः कुलाधिपः।
रामश्च रघुवंशेऽभूत् सूर्यवंशे महाबलः॥ 12॥

उक्त वेन नामक महाराजा महा पराक्रमी और महाबली थे। इनके शरीर के मन्थन से पृथु का जन्म हुआ। पृथु से कई एक विख्यात राजा इस कुल में हुए। सूर्यवंश में महा बलवान रघुवंश में राम का जन्म हुआ।

इत्यमनन्तरकेत्वादीनामाह —

सूर्यपुत्रः शनिजीतः केतुकश्च समुद्भव ?।
अष्टोत्तरशतं$_{108}$ चैव केतुकश्च ब्रह्मकोद्भवः ?(दण्डकौः)॥ 13॥
शम्भुतेजोभवं चोर्ध्वं दृश्यते ज्ञानचक्षुषा।

(अब केतु व ग्रहादि के विषय में कहा जा रहा है) सूर्य के शनि नामक पुत्र हुआ और केतु भी हुए। केतु ब्रह्मा से भी हुए। इनकी संख्या 108 हैं।[1] ये समस्त केतु शम्भू के तेज से ऊँचे आकाश में ज्ञानचक्षु से ही दिखाई देते हैं, सामान्य आँखों से नहीं।

---

2. उक्कुसी	2. इक्ष्वाकु
3. बक्कुस	3. विकुक्षि
4. पुनपुन	4. पुरञ्जय
5. (नक्ष) अनेना	5. अनेना (वेन)-पृथु.... राम

यह अनेना ही मेसोपोटामिया में ओनेस नाम से और भारत में वेन नाम से पुराणों में विख्यात हुआ है। मेसोपोटामिया के बोगजकोई नामक स्थान पर वक्कुस (विकुक्षि) की विशाल मूर्ति चट्टान पर खुदी हुई है जिसके एक हाथ में गेहूँ की बाली और दूसरे हाथ में हल धारण किया हुआ है। यह आर्यों का कृषि प्रचार है। वहीं 1360 ई. पू. का मितन्नी राजा दशरथ और मिस्र के फराहों के बीच हुआ सन्धिनामा लिखा हुआ शिलालेख ह्यूगोविकलर को खुदाई करते हुए मिला था जिसमें आर्यदेवता- मित्र, वरुण, इन्द्र और नासत्य को साक्षी मानकर सन्धि की गई। ये लोग भारत से गए आर्य हैं। मोहनजोदाड़ा की खुदाई से भी यही लगता है। (बृहत्तरभारत, गुरुकुल कांगड़ी, 1939, पृष्ठ 470)

1. नारदीय मयूरचित्रकम् में सूर्यपुत्र केतु का वर्णन आया है जो मोती व सोने के समान पचीस संख्या वाले, पूर्व या पश्चिम दिखाई देने वाले है जिनके उदय होने पर भय होता है— मुक्ता कनक संकाशाः पञ्चविंशतिसंख्यकाः। प्राक् परस्याञ्च ते दृष्टाः सूर्यपुत्राः भयप्रदाः॥ (1, 6) 'ब्रह्मकोद्भव' या 'ब्रह्मदण्डको' भी केतु माने गए हैं जो ब्रह्मा के पुत्र हैं और क्रूर, तीन रङ्गवाले और तीन शिखा वाले तथा क्षयकारी कहे गए हैं— क्रूरस्त्रिवर्णस्त्रिशिखः क्रूरो ब्रह्मसुतः स्मृतः। सर्वास्वाशासु संदृष्टो ब्रह्मदण्डः क्षयावहः॥ (तत्रैव 1, 11) ग्रन्थकार ने यहाँ ब्रह्मा के पुत्र केतुओं की संख्या 108 बताई है जबकि मयूरचित्रकम् में इनकी संख्या 204 दी गई है।

अथ पञ्चाङ्गलक्षणानि —

नक्षत्रयोगा राशिश्च तिथयः करणादिकम्॥ 14॥

तारकालिङ्गमित्युक्तं मातृमण्डलसम्भवम्।

वैष्णवे च पदे चैव भ्राम्यतीत्थं ध्रुवावृतम्॥ 15॥

नक्षत्र, योग, राशि, तिथियाँ और पाँचवाँ करण— ये सभी पञ्चाङ्ग कहे जाते हैं। इन सबको तारक नाम से कहा गया है और ये सभी मातृमण्डल से उत्पन्न हुए हैं। ये समस्त तारक विष्णु के पद से ध्रुववृत्त के चारों ओर भ्रमणरत हैं।

ग्रहनामादीनां —

दिवाकरः शशाङ्कश्च भौमश्च बुध एव च।

त्रिदशाचार्यशुक्रौ च शनिश्च राहुकेतुकौ॥ 16॥

सूर्याद्यं च समं त्वेवं ध्रुवग्रहादिकं तथा।

भ्राम्यति दक्षिणावर्तमचाल्यं ध्रुवसत्पदम्॥ 17॥

सूर्य, चन्द्र, मङ्गल, बुध, गुरु, शुक्र, शनि, राहू और केतु ये ग्रह कहलाते हैं। सूर्य से लेकर सभी ग्रह समान रूप से अचल ध्रुव के चारों ओर प्रदक्षिणा क्रम से भ्रमण करते हैं।

प्रदक्षिणं तथर्क्षाणां सम्पूर्णा सप्तविंशतिः$_{27}$।

ऋक्षमध्ये यथा राशौ ग्रहास्तिथ्यादयस्तथा॥ 18॥

चारः क्रामति योगेन मेरुमावृत्य दक्षिणम्।

प्रदक्षिणा करने वाले सम्पूर्ण नक्षत्रों की संख्या 27 है। इन्हीं नक्षत्रों के बीच में ग्रह राशियाँ, तिथियाँ आदि होती हैं। ये सब मेरु पर्वत को दक्षिणावर्त करके विविध योगों में भ्रमण या चार करते हैं।

तत्रैव मण्डलपृथुत्वञ्च बिम्बमानमाह —

मण्डलानि पृथुत्वं च बिम्बमानं च कथ्यते॥ 19॥

क्षारार्णवोदकं भूमौ कथ्यते ग्रहमण्डलम्।

योजनैर्व्योमसङ्ख्यातं कथयामि समासतः॥ 20॥

अब मैं इनके मण्डल, प्रसार और बिम्बमान आदि के विषय में कहूँगा। भूमि पर लवणीय समुद्र के बारे में, ग्रहमण्डल के बारे में और असंख्य योजन की दूरी तक व्याप्त इस व्योम आकाश के बारे में भी संक्षेप से कहूँगा।

चतुर्दशलक्षाणां च योजनानां तु सङ्ख्यया।

ध्रुवचक्रसमुत्थाध्वा चक्षुर्ज्ञानेन व्योम्नि च ॥ 21 ॥
सप्तलक्षार्धमादित्यं सहस्त्राणां द्विसप्ततिः ।
भूमिक्षारार्णवोर्ध्वं च योजनान्यर्कमण्डलम् ॥ 22 ॥

ब्रह्माण्ड के इस व्योमाकाश में चौदह लाख योजनों की संख्या तक असंख्य ध्रुवचक्र (निहारिकाएँ) फैले हुए हैं जो खुली आँखों से दिखाई देते हैं (अर्थात् दृग्गणित ज्योतिष के विषय हैं, दूरवीक्षण यन्त्रों की सहायतासे दिखाई सकने वाले ध्रुवचक्रों की तो बात नई नहीं है)। इन दिखाई देने वाले ध्रुवमण्डलों में साढ़े सात लाख तो आदित्य हैं, जो इस लवणीय समुद्र के ऊपर चौदह हजार योजनों की ऊँचाई पर स्थित अर्कमण्डलों अर्थात् सूर्यलोकों में फैले हुए हैं।

तत्परं चन्द्रमण्डलं पञ्चाशत्सहस्त्रैः स्थितम्।
अष्टाशीतिसहस्त्राणि भौमोर्ध्वे भौमसंस्थितिः ॥ 23 ॥

इनके परे चन्द्र मण्डल अर्थात चन्द्रलोक है जो पचास हजार योजनों की दूरी पर स्थित है। इसी तरह चन्द्र मण्डल के ऊपर अठासी हजार योजन दूरी पर मङ्गल मण्डल की स्थिति है।

लक्षं त्रिषष्टिसहस्त्राणि भौमोर्ध्वे बुधमण्डलम्।
चतुर्विंशसहस्त्राणि बुधोर्ध्वे च बृहस्पतिः ॥ 24 ॥

एक लाख तिरसठ हजार योजनों की दूरी पर स्थित, भौममण्डल से ऊपर बुध मण्डल है और बुध मण्डल से चौबीस हजार योजन ऊपर बृहस्पति मण्डल है।

सूर्योर्ध्वे चैव लक्षार्द्धं शुक्रस्य मण्डलं विदुः।
शुक्रलोकात्तथा चोर्ध्वं षट्षष्टिभिः सहस्त्रकैः ॥ 25 ॥
सूर्यतश्च परे ख्यातः सूर्यपुत्रशनैश्चरः।

सूर्य के ऊपर आधे लाख योजन की दूरी पर शुक्र का मण्डल विद्यमान है। शुक्रलोक से ऊपर, छासठ हजार योजन दूरी पर सूर्य से परे सूर्यपुत्र शनैश्चर का मण्डल विख्यात है।

सूर्याधः षष्टिसहस्त्रै राहुमण्डलमास्थितम् ॥ 26 ॥
रवेः समन्तात् केतुश्च रथपृष्ठेऽनुगच्छति।
शतकोटिर्योजनानां ब्रह्माण्डस्य प्रमाणकम् ॥ 27 ॥

इसी प्रकार सूर्य से नीचे, साठ हजार योजन पर राहुमण्डल स्थित है और रवि या सूर्य के अन्त में साथ-साथ सूर्यरथ के पीछे-पीछे केतु जाता है। इस प्रकार इस ब्रह्माण्ड का विस्तार प्रमाण सौ करोड़ योजनों का है।

मेरुर्लिङ्गं समाख्यातं पृथ्वी च जलधारिका।
वितानं व्योमचाख्यातं लम्बतीत्थमुमापतिः ॥ 28 ॥

भूमण्डल में मेरु पर्वत शिवलिङ्ग के समान आख्यात है और यह पृथ्वी उस शिवलिङ्ग की जलधारिक स्वरूप है, यह व्योमाकाश विशाल वितान के रूप में आख्यात है जिसमें उमापति महेश्वर लम्बायमान रूप में मेरु स्वरूप स्थित है।

ध्रुवमण्डलमुत्पन्नं ब्रह्माण्डाकारूपकम्।
तारामण्डलमित्युक्तं कथ्यते तच्च सङ्ख्यया॥ 29॥
सप्तदशार्बुदमेव लक्षाणां षष्टिरेव च।
षष्टिश्च तारकायुक्तं खङ्ख्यातं ध्रुवमण्डलम्॥ 30॥
अरुन्धती विष्णुपदी सप्तर्षयस्तथोत्तमाः।
ध्रुवाद्यं तारकालिङ्गमेतेषां बाह्यतो ध्रुवम्॥ 31॥

ध्रुव मण्डल में ब्रह्माण्डाकार रूप में जो तारा मण्डल कहा गया है, उसकी संख्या सत्रह अरब, साठ लाख और साठ तारकों के साथ संख्या वाला यह ध्रुव मण्डल है। अरुधन्ती, विष्णुपदी, सप्तऋषि उत्तम और ध्रुव से आरम्भ होने वाले समस्त तारक लिङ्ग है जो ध्रुव के बाहर की ओर है अर्थात् ध्रुव केन्द्र में है।

इति सूत्रसन्तानगुणकीर्तिप्रकाशप्रोक्तृश्रीभुवनदेवाचार्योक्तापराजितपृच्छायां ग्रहादिध्रुवमण्डलाधिकारो नाम सप्तदश सूत्रम्॥ 17॥

इस प्रकार भुवनदेवाचार्य कृत सूत्रसन्तानगुणकीर्ति प्रकाश या अपराजितपृच्छा में ग्रहादि ध्रुवमण्डल अधिकार नामक सत्रहवाँ सूत्र पूर्ण हुआ॥ 17॥

ग्रहगतिमानमुहूर्तादिप्रमाणमष्टादश सूत्रम्॥ 18॥

अपराजित उवाच —

कथितानि मण्डलानि ध्रुवादेर्ग्रहसङ्ख्यया।
अतस्तेषां पुनस्त्वेवं बिम्बमानं निबोधय॥ 1॥
बिम्बमानगतिश्चैव ग्रहाद्याः क्रमयोगतः।
भ्रमन्ति दक्षिणावर्ते ह्यध्वनि स्वप्रमाणतः॥ 2॥
तिथिसङ्ख्याप्रमाणं च पक्षमासौ तथैव च।
ऋतुकालं वत्सरांश्च कथयस्व समासतः॥ 3॥

अपराजित बोले — ध्रुवादि ग्रह मण्डलों की संख्या आपने कही, अब पुनः कृपा करके उनके बिम्बमानों के बारे में भी कुछ बताएँ। ग्रहों के क्रमवार बिम्बमान

और गति बताते हुए उनके किसी भी प्रकार की ध्वनि किए बिना अपने आप स्व प्रमाणतः दक्षिणावर्त भ्रमण करने के बारे में भी कहिए। हे प्रभो! तिथियों की संख्या, प्रमाण, पक्ष, मास, ऋतुकाल, वर्ष आदि के बारे में भी संक्षेप से बताइए।

विश्वकर्मोवाच —

बिम्बमानं ततस्तात श‍ृणुचैकाग्रमानसः।
अनुक्रमेण कथये सूर्यादीनामथोऽधुना॥ 4॥
सूर्यादीनां ग्रहाणां तु कथ्यन्ते बिम्बकानि तु।
वृत्तव्यासौ बिम्बमाने कथयामि समासतः॥ 5॥

विश्वकर्मा कहने लगे — हे तात! मैं सूर्यादि से लेकर अभी तक के बिम्बमानों के बारे में अनुक्रम से कहता हूँ जिसे तुम एकाग्र मन से सुनो। सूर्यादि ग्रहों के बिम्बों के वृत्त और व्यास तथा उनके बिम्बमानों को संक्षेप से कहता हूँ।

सूर्यादिग्रहाणां बिम्बप्रमाणमाह —

षट्सहस्त्रपञ्चशतयोजनैः स्याच्च विस्तरः।
सूर्यबिम्बप्रमाणं तु विद्युत्कोटिसमप्रभम्॥ 6॥

सूर्य के बिम्बमान का विस्तार छह हजार पाँच सौ योजन का है और उसकी प्रभा अर्थात तेज चमक करोड़ों विद्युत तड़ितों के समान है।

चतुर्भिश्च सहस्त्राणां द्व्यष्टाशीत्या च योजनैः।
सोमबिम्बप्रमाणं तत् सुधातेजः समुद्भवम्॥ 7॥

चन्द्रमा का बिम्बमान चार हजार अठासी योजनों का है, उससे अमृत रूपी तेज निकलता रहा है।

भौमस्य बिम्बमानं तु पृथु योजनविंशतिः।
बुधस्य बिम्बमानं च विस्तृतं शतयोजनैः॥ 8॥

मङ्गल के बिम्बमान का प्रमाण बीस योजन के विस्तार का है और बुध के बिम्बमान का प्रमाण एक सौ योजन के विस्तार में है।

द्वाचत्वारिंशश्च सार्ध गुरुबिम्बं प्रमाणतः।
पञ्चसप्ततिः शुक्रस्य शतार्ध पञ्च वै शनैः॥ 9॥

साढ़े बयालीस योजन गुरु का बिम्बमान है और पिचहत्तर योजन शुक्र का बिम्बमान है। इसी प्रकार पचपन योजन का बिम्बमान शनि ग्रह का कहा गया है।

अष्टसहस्त्रयोजनप्रमाणं राहुमण्डलम्।

केतोश्च भौमतुल्यं स्यात् कथितं च प्रमाणतः ॥ 10 ॥

इसके अतिरिक्त राहु मण्डल का प्रमाण आठ हजार योजन का है तथा केतु का बिम्बमान मङ्गल के तुल्य अर्थात् बीस योजन का है। यह मैंने प्रमाणतः कहा है।

ध्रुवस्य प्रदक्षिणागतिक्रमाह —

गतिक्रमं च वक्ष्याति ध्रुवमेकं प्रदक्षिणम्।
योजनैश्च गतिस्त्वेवं गम्यते च प्रदक्षिणम्॥ 11 ॥

अब मैं ध्रुव की एक प्रदक्षिणा के गतिक्रम तथा प्रदक्षिणा में जाते समय की उनकी योजनों में होने वाली गति के बारे में कहता हूँ।

निमिषे द्विशतं भानुः ग्लौः सार्धद्विसहस्त्रकम्।
त्रयस्त्रिंशदधिकशतयोजनैर्भौमगतिः ॥ 12 ॥
बुधश्च सूर्यमानेन भ्रमति ध्रुवदक्षिणम्।
गुरुश्च क्रमते चैव योजनैर्दशपञ्चभिः ॥ 13 ॥
शुक्रसूर्यगतिश्चैव द्विशतं निमिषान्तरे।
सप्तयोजनत्रिभागं निमिषात्तु शनैश्चरः ॥ 14 ॥
योजनरकादशभी राहोश्च निमिषे गातः।
केतुर्भानोः समन्ताच्च भ्रमते दक्षिणावृतम्॥ 15 ॥

निमिष में सूर्य की गति दो सौ योजन और ग्लौ (चन्द्रमा) की एक निमिष में ढाई हजार योजन गति होती है। एक निमिष में ही मङ्गल की गति एक सौ तैतीस योजन की होती है। बुध की गति सूर्य के मान के बराबर एक निमिष में दो सौ योजन होती है जो ध्रुव के दक्षिण में भ्रमण करता है। गुरु की भ्रमण गति भी एक निमिष में पन्द्रह योजन की होती है। शुक्र की भी सूर्य की गति के समान ही एक निमिष में दो सौ योजन की होती है तथा शनि की गति एक निमिष में पौने आठ योजन की होती है। इसी प्रकार राहु की गति एक निमिष में ग्यारह योजन और केतु का गतिमान भी राहु के समान ही ग्यारह योजन प्रति निमिष होता है जो दक्षिणावृत्त में भ्रमण करता है।

आमध्याह्नमुदयतो ह्यष्टधा च दिनार्धकम्।
चत्वारिंशत्त्वेकहीनं सहस्त्राण्याद्यसङ्क्रमे ॥ 16 ॥

सूर्योदय से मध्याह्न तक अष्टधा अर्थात् दिनार्द्ध होता है। इस अवधि से चालीस से एक कम अर्थात् उनतालीस हजार संक्रमण सूर्योदय से मध्याह्न तक होते हैं।

तदूर्ध्वं च षड्विंशत्या त्वेकत्रिंशतृ सदा क्रमः।
चतुर्विंशतिरूपर्ध्वे तु दशपञ्च तथोत्तरे॥ 17॥

इससे ऊपर छब्बीस से लेकर इकतीस तक के सदाक्रम में, चौबीस से ऊपर पन्द्रह, इस प्रकार कुल उनतालीस उत्तर में भी होते हैं।

अग्रे गतिश्च दशभिः पञ्चभिर्मध्यमाश्रिते।
त्रिभिः सहस्त्रैर्मध्याह्ने योजनैर्गतिमादिशेत्॥ 18॥

इसके आगे की गति दस और पाँच के मध्य आश्रित रहती है। तीन हजार योजन की गति मध्याह्न तक (आदिशेत्) कही गई है।

पूर्वाह्णे च गतिं ज्ञात्वा विपरीता परेऽहनि।
एवं क्रमैः युक्तियोगो ग्रहाणां च गतिस्तथा॥ 19॥

पूर्वाह्ण की गति जानने पर उससे विपरीत करके अपराह्ण की गति लानी चाहिए। इस क्रम से युक्तियोग और ग्रहों की गति लाई जाती है।

भुक्तिमानं गतिश्चैवं सूर्यादिग्रहमण्डले।
प्रयुक्तश्च ध्रुवो मध्ये भ्रमते दक्षिणावृतम्॥ 20॥

सूर्यादि ग्रह मण्डल में जितनी गति भुक्तिमान हुई है, उसे प्रयुक्त करके वे ध्रुव के मध्य में दक्षिणावृत्त में भ्रमण करते हैं।

प्रदक्षिणीकृते तस्मिनहोरात्रमितिस्मृतम्।
प्रदक्षिणार्द्धमावृत्ते दृष्टे सूर्ये तथा दिवि॥ 21॥
तथा रात्रिरथाख्याता सूर्ये चादृष्टतां गते।
तस्यैव षष्टिकांशस्तु60 प्रोच्यते घटिकाभिधा॥ 22॥

इस प्रकार के प्रदक्षिणा करने से इससे अहोरात्र अर्थात दिन-रात की संज्ञा से स्मरण किया जाता है। प्रदक्षिणा की अर्ध आवृत्ति में जब तक सूर्य दिखाई देता है, तब तक दिन कहा जाता है तथा सूर्य के अदृष्ट हो जाने पर (प्रदक्षिणा की दूसरी अर्ध आवृत्ति को) रात्रि कहा जाता है। इसी दिन और रात का साठवाँ अंश घटिका के नाम से जाना जाता है।

ताभिर्दिनं षष्टिभिश्च मासस्त्रिंशद्दिनैर्भवेत्।
घटिकाषष्टिपलैर्निमेषः पञ्चदशपलैः॥ 23॥

ऐसी साठ-साठ घटियों के योग से बनने वाले तीस दिनों का मास बनता है और घटिका साठ पल की तथा निमेष पन्द्रह पल का होता है।

निमेषषोडशांशस्तु कला कलार्धं लम्बकः।
लम्बकार्धे लम्बकाक्ष्यो लम्बकार्धे पादैस्त्रिभिः ? ॥ 24 ॥

निमेष के सोलहवें अंश को कला कहते हैं और आधी कला को लम्बक तथा लम्बक का आधा लम्ब और लम्ब का आधा पाद होता है। तीन पाद से ?

उभौ करगृह्येत अलम्बं त्रुटिशब्दतः ?।
द्वे घट्यौ च मुहूर्तं स्यात् लग्नं पञ्चघटीभवम् ॥ 25 ॥

दोनों हाथों से अलम्ब त्रुटि शब्द से जाना जाता है ? दो घटी का मुहूर्त होता है और पाँच घटी का लग्न होता है।[1]

सूर्यादि सप्तवाराश्च क्रमेण तिथयस्तथा।
एवं प्रोक्तं मुहूर्तादि ह्यहोरात्रादिमध्यतः ॥ 26 ॥
क्रमयुक्तिर्विधातव्या कालसङ्ख्यामतः परम्।

सूर्यादि से शुरू करते हुए सात (रविवार, सोम, मङ्गल, बुध, गुरु, शुक्र एवं शनि) वार होते हैं और एक के क्रम से (पन्द्रह तक) तिथियाँ होती हैं। इस प्रकार से दिन और रात के मध्य मुहूर्त आदि कहे गए हैं। ऐसा क्रम युक्ति से बनाना चाहिए। इसके परे काल संख्या को कहा जाएगा।

इति सूत्रसन्तानगुणकीर्तिप्रकाशप्रोक्तश्रीभुवनदेवाचार्योक्तापराजितपृच्छां ग्रहगतिमान मुहूर्तादिप्रमाणनिर्णयाधिकारेऽष्टादश सूत्रम् ॥ 18 ॥

इस प्रकार भुवनदेवाचार्य कृत सूत्रसन्तानगुणकीर्ति प्रकाश या अपराजितपृच्छा में ग्रहगतिमान मुहूर्तादि प्रमाण निर्णय अधिकार नामक अठारहवाँ सूत्र पूर्ण हुआ ॥ 18 ॥

तिथिमासर्तुकालसंवत्सरो नामैकोनविंशं सूत्रम् ॥ 19 ॥

अपराजित उवाच —

कालसङ्ख्या कथं देव ह्यष्टयामादिकं तथा।
तिथिसंवत्सराद्यं च कथयस्व प्रसादतः ॥ 1 ॥
संवत्सराभिधानानि पृथक् चैवं प्रमाणतः।

1. विष्णुपुराण में 15 निमेष की 1 काष्ठा तथा 30 काष्ठा की 1 कला और 30 कला का 1 मुहूर्त कहा गया है, 30 मुहूर्त का 1 दिन एवं रात्रि बताई गई है और 30 अहोरात्र का एक मास कहा है— काष्ठापञ्चदशाख्याता निमेषा मुनिसत्तम। काष्ठा त्रिंशत्कला तास्ता त्रिंशन्मौहूर्त्तिको विधिः॥ तावत्संख्यैरहोरात्रं मुहूर्तैर्मानुषं स्मृतम्। अहोरात्राणि तावन्ति मासः पक्षद्वयात्मकः॥ तैः षड्भिरयनं वर्षं द्वेऽयने दक्षिणोत्तरे। अयनं दक्षिणं रात्रिर्देवानामुत्तरं दिनम्॥ (अंश 1, 3, 8-10)

कथयस्व प्रसादेन विश्वेश जगतांपते ॥ 2 ॥

अपराजित बोले — हे देव! अष्टयामादिक काल संख्या कितनी है, आप कृपा करके तिथि, संवत्सरादि उन सबको कहें। सभी संवत्सरों के नामों को प्रमाणपूर्वक पृथक्-पृथक् समझाएँ। हे जगत्पते! विश्वेश!! इस बारे में आपका कृपा-प्रसाद चाहिए।

विश्वकर्मोवाच —

अहोरात्रादितः सङ्ख्या दृष्टे सूर्योदये मता।
अष्टौ यामाश्च सम्प्रोक्ता अहोरात्रसमुद्भवाः ॥ 3 ॥
जयो विजय अख्यातो महाशङ्कुश्च शङ्कुकः।
उदयाद्धि समाख्याताश्चत्वारश्च निशापतेः ॥ 4 ॥

विश्वकर्मा ने कहा — दिन-रातों की संख्या सूर्य के उदय होने के साथ देखकर मानी गई है। इन दिन-रातों में आठ याम होते हैं, ऐसा पहले (सूत्र 18) कहा गया है। उदयात् ही से निशापति या चन्द्रमा के चारों (1.) जय, (2.) विजय, (3.) महाशङ्कु, और (4.) शङ्कुक ये (याम) कहे गए हैं।

अथ तिथ्यादीनामाह —

अहोरात्रैस्तिथेर्नाम प्रोक्तं नन्दादिपञ्चकम्।
नन्दा भद्रा जया रिक्ता पूर्णा वै पञ्चमी स्मृता ॥ 5 ॥
पञ्च पञ्च पुनः पञ्च मासार्धे तिथयस्तथा।
तिथिभिः पञ्चदशभिः पक्षो मासो द्विपक्षतः ॥ 6 ॥

दिन-रातों के तिथियों के नाम नन्दादि पाँच क्रम से कहे गए हैं— नन्दा (1, 6, 11), भद्रा (2, 7, 12), जया (3, 8, 13), रिक्ता (4, 9, 14) और पाँचवीं पूर्णा (5, 10, 15, 30) तिथियाँ हैं। इस प्रकार मासार्ध में ये पाँच-पाँच और पाँच तीन बार तिथियाँ होती हैं। ऐसी पन्द्रह तिथियों से पक्ष या पखवाड़ा बनता है और दो पक्षों से एक मास होता है।

तथा च स्पष्टाह—

आदौ नन्दादिकश्चैवं कालः स्याद् दशपञ्चभिः$_{15}$।
नन्दा प्रतिगदा$_{1}$ ज्ञेया द्वितीया$_{2}$ भद्रिका मता ॥ 7 ॥
तृतीया$_{3}$ च जया रिक्ता चतुर्थी$_{4}$ सम्प्रकीर्तिता।
तिथिः पूर्णा पञ्चमी$_{5}$ स्यादेवं हि तिथयो मताः ॥ 8 ॥

षष्ठी$_{6}$ च सप्तमी$_{7}$ चैव ह्यष्टमी$_{8}$ नवमी$_{9}$ तथा।
दशम्ये$_{10}$कादशी$_{11}$ चैव द्वादशी$_{12}$ च त्रयोदशी$_{13}$ ॥ 9 ॥
चतुर्दशी$_{14}$ पौर्णमासी$_{15}$ तिथयश्चन्द्रसम्भवाः।
चन्द्रस्तु षोडश$_{16}$कलस्तिथयो दशपञ्चभिः$_{15}$ ॥ 10 ॥

नन्दादिक से आदि करके काल पन्द्रह होते हैं। प्रतिपदा को नन्दा, द्वितीया को भद्रा, तृतीया को जय, चतुर्थी को रिक्ता और पञ्चमी को पूर्णातिथि कहा जाता है और ऐसे ही आगे (इसी क्रम से षष्ठ्यादि से न्यास करने पर) अन्य तिथियाँ होती है। षष्ठी, सप्तमी, अष्टमी, नवमी, दशमी, एकादशी, द्वादशी, त्रयोदशी, चतुर्दशी और पूर्णमासी तिथियाँ चन्द्रमा से बनती है। चन्द्रमा की सोलह कलाएँ हैं और तिथियाँ पन्द्रह हैं।

षोडशचन्द्रकलामाह —

शशिनी शान्तिनी चैव लक्ष्मिणी कामिनी तथा।
पुष्पिणी च शुभा शान्ता चाह्लादा कुमुदा तथा॥ 11 ॥
शस्याशिनी मानिनी च तथा विद्याविशोधिनी।
महिषी द्वीपिनी सौम्या चामृता षोडशी तथा॥ 12 ॥

चन्द्रमा की सोलह कलाएँ इस प्रकार हैं— (1.) शशिनी, (2.) शान्तिनी, (3.) लक्ष्मिणी, (4.) कामिनी, (5.) पुष्पिणी, (6.) शुभा, (7.) शान्ता (8.) आह्लादा, (9.) कुमुदा, (10.) शस्याशिनी, (11.) मानिनी, (12.) विद्या विशोधिनी, (13.) महिषी, (14.) द्वीपिनी, (15.) सौम्या और सोलहवीं (16.) अमृता।

सितपक्षे वर्द्धते च क्षीयते कृष्णपक्षके।
पूर्णिमा पूर्णचन्द्रेऽमावास्या क्षीणविधौ स्मृता॥ 13 ॥

शुक्लपक्ष में चन्द्रमा की कलाएँ बढ़ती हैं और कृष्णपक्ष में घटती जाती हैं। पूर्णचन्द्र होने पर पूर्णिमा कही जाती है और चन्द्रमा के क्षीण हो जाने को अमावस्या कहा जाता है।

मासनामानि —

पूर्णमासे उभौपक्षावथ मासाभिधेयकम्।
कार्तिको मार्गशीर्षश्च पौषो माघोऽथ फाल्गुनः॥ 14 ॥
चैत्रौ वैशाखज्येष्ठौ च ह्याषाढश्चैव श्रावणः।
भाद्रपद आश्विनश्च मासा एते प्रकीर्तिताः॥ 15 ॥

पूर्णमास दो पक्षों का होता है। इसे ही मास का नाम दिया गया है। कार्तिक, मार्गशीर्ष, पौष, माघ, फाल्गुन, चैत्र, वैशाख, ज्येष्ठ, आषाढ़, श्रावण, भाद्रपद और आश्विन— ये बारहों मासों के नाम हैं।

कार्तिक्यात्षड्तुर्व: —

कार्तिकाद्या द्वादशस्युर्याभ्यां द्वाभ्यामृतूद्भवः।
अभिधानानि कथये षड्ऋतूनामनुक्रमात्॥ 16॥

कार्तिक आदि से आरम्भ करके बारहों मास में दो-दो मास की ऋतुएँ होती हैं। इन षट् ऋतुओं के नाम अनुक्रम से कहता हूँ—

वसन्तग्रीष्मौ वर्षाश्च शरद्धेमन्त एव च।
शिशिरश्च षड्ऋतवश्चैत्रिकादिद्विमासका:॥ 17॥

(1.) वसन्त, (2.) ग्रीष्म, (3.) वर्षा, (4.) शरद, (5.) हेमन्त और (6.) शिशिर— ये दो-दो मास की ऋतुएँ चैत्रादि मास से क्रमशः होती है।

वार्षिकात्मकद्वैर्तुकालमाह —

द्वौ ऋतू भवतः कालः शीतोष्णवार्षिकात्मकः।

दो ऋतुओं का काल भी होता है जो एक वर्ष में शीत और ग्रीष्म ऋतु दो नामों से जाना जाता है।

त्रयर्तुकालमाह —

कीर्तिकादिभवः शीतो ग्रीष्मः फाल्गुनतः स्मृतः॥ 18॥
तथाषाढादितः प्रावृट् सर्वबीजहितात्मिका।
एवं स्यात् त्रिविधः कालः शीतोष्णप्रावृडात्मकः॥ 19॥

कार्तिक से आरम्भ होने वाले को शीत एवं फाल्गुन से आरम्भ होने वाले काल को ग्रीष्म कहते हैं तथा आषाढ़ से आरम्भ होने वाली ऋतु को प्रावृट् या वर्षाकाल कहा जाता है जो कि समस्त बीजों के लिए हितकारी है। इस तरह शीत, ग्रीष्म और वर्षाकाल— ये तीन काल होते हैं।

कालत्रयं षड्ऋतबो माससङ्ख्यातु द्वादश$_{12}$।
चतुर्विंशति$_{24}$ पक्षाश्च षष्ठ्युत्तरशतत्रयम्$_{360}$॥ 20॥
दिनानि स्युस्तथा चैवं वर्ष चैव प्रवर्तते।
इत्यादियुक्तियोगेन प्रोक्तः संवत्सराभिधः॥ 21॥

जैसा कि कहा गया है कि काल तीन है, ऋतुएँ छह हैं और मास बारह हैं जबकि पक्ष चौबीस। इनमें सामान्यतः तीन सौ साठ दिन होते हैं। इतने ही दिनों से

अर्थात् तीन सौ साठ दिनों से (सौर) वर्ष बनता है[1] और इस तरह पूरे युक्तिक्रम से संवत्सर के नामों को बताया गया है।

अथ प्रभवादिषष्ठिसंवत्सरनामानि —

संवत्सराभिधानानि षष्टिः स्युः प्रभवादितः।
प्रभवो विभवश्चैव शुक्लो मोदः प्रजापतिः॥ 22॥
अङ्गिराः श्रीमुखो भावो युवा धाता तथेश्वरः।
बहुधान्यः प्रमाथी च विक्रमो वृष एव च॥ 23॥
चित्रभानुः सुभानुश्च तारणः पार्थिवो व्ययः।
सर्वजित्सर्वधारी च विरोधी विकृतिः खरः॥ 24॥
नन्दनो विजयो जयो मन्मथो दुर्मुखस्तथा।
हेमलम्बो विलम्बश्च विकारी शार्वरी तथा॥ 25॥
प्लवश्च शुभकृच्चैव शोभनः क्रोधनस्तथा।
विश्वावसुः पराभवः प्लवङ्गः कीलको मतः॥ 26॥
सौम्यः साधारणश्चैव तथैवं च विरोधकृत्।
परिधावी प्रमादी च ह्यानन्दो राक्षसोऽनलः॥ 27॥
पिङ्गलः कालयुक्तश्च सिद्धार्थो रौद्रदुर्मती।
दुन्दुभी रुधिरोद्गारी रक्ताक्षी क्रोधनः क्षयः॥ 28॥
इत्थं संवत्सराणां च षष्टीभेदाः प्रकीर्तिताः।

प्रभवादि से कुल साठ संवत्सर होते हैं जिनके नाम क्रमशः निम्न हैं— (1.) प्रभव, (2.) विभव, (3.) शुक्ल, (4.) मोद, (5.) प्रजापति, (6.) अङ्गिरा, (7.) श्रीमुख, (8.) भाव, (9.) युवा, (10.) धाता, (11.) ईश्वर, (12.) बहुधान्य, (13.) प्रमाथी, (14.) विक्रम, (15.) वृष, (16.) चित्रभानु, (17.) सुभानु, (18.) तारण, (19.) पार्थिव, (20.) व्यय, (21.) सर्वजित्, (22.) सर्वधारी, (23.) विरोधी, (24.) विकृत, (25.) खर, (26.) नन्दन, (27.) विजय, (28.) जय, (29.) मन्मथ, (30.) दुर्मुख, (31.) हेमलम्ब, (32.) विलम्ब, (33.) विकारी, (34.) शार्वरी, (35.) प्लव, (36.) शुभकृत्, (37.) शोभन, (38.) क्रोधी, (39.) विश्वावसु, (40.) पराभव, (41.) प्लवङ्ग, (42.)

---

1. कुल 360 दिन का सौर वर्षमान होता है। ज्योतिर्विदाभरण में आया है ; सौरा नभो$_0$ऽङ्गा$_6$ग्नि$_3$मितानी वासरा। (ज्योतिर्विदाभरण प्रथम प्रकरण, 25)

कीलक, (43.) सौम्य, (44.) साधारण, (45.) विरोधकृत, (46.) परिधावी, (47.) प्रमादी, (48.) आनन्द, (49.) राक्षस, (50.) नल, (51.) पिङ्गल, (52.) कालयुक्त, (53.) सिद्धार्थ, (54.) रौद्र, (55.) दुर्मती, (56.) दुन्दुभि, (57.) रुधिरोद्गारी, (58.) रक्ताक्ष, (59.) क्रोधन तथा (60.) क्षय— ये साठ संवत्सर के नाम कहे गए हैं।[1]

एतद्विंशत्यानि —

ब्रह्मसृष्टिर्विंशतिश्च प्रभवादि व्ययान्तगा॥ 29॥
विष्णोः सर्वजिदाद्याश्च विंशतिश्चापराभवम्।
प्लवङ्गादि क्षयान्त च तथास्याद्रुद्रविंशतिः॥ 30॥
गुणा यथाभिधानं च शस्ताशस्ते विदुर्बुधाः।

(इनमें से बीस-बीस संवत्सर क्रमशः ब्रह्म, विष्णु व रुद्रबीसी संज्ञक है) प्रभव से लेकर व्यय तक के बीस संवत्सरों को ब्रह्मसृष्टिर्विंशति या ब्रह्म-बीसी कहा जाता है। सर्वजित से पराभव तक बीस संवत्सरों को विष्णुसृष्टिर्विंशति या विष्णु-बीसी और प्लवङ्ग से क्षय संवत्सर तक की गणना रुद्रसृष्टिर्विंशति या रुद्र-बीसी के अन्तर्गत होती है। इन संवत्सरों के जैसे नाम हैं, वैसे ही इनके प्रशस्त-अप्रशस्त गुण भी होते हैं, ऐसा विद्वान जानते हैं।

युगमानं च कल्पान्तमथ मन्वन्तरं तथा।
दिनसङ्ख्या प्रमाणेन तथा युगचतुष्टयम्॥ 31॥

कल्पान्त से आरम्भ करके मन्वान्तर तक की दिन संख्या को युगमान प्रमाण

---

१. तथा च ज्योतिषरत्नमालायां— प्रभवविभवाख्यशुक्लाः प्रमोदनामा प्रजापतिरथाब्दः। परतोऽङ्गिरास्ततश्च श्रीमुखभावौ युवाख्योऽन्यु॥ धातेश्वरव्यहुधान्यौ प्रमाथिनामाथ विक्रमाख्यातः। सवृषोऽथ चित्रभानुरस्मात्सुभानुरथ तारणाख्यश्च॥ पार्थिवनामाव्यय इति सर्वजिदाख्यो सर्वधारी च। तदनु विरोधी विकृतः खरनन्दनजयविजयसञ्ज्ञाः॥ मन्मथदुर्मुखसञ्ज्ञावथापरौ हेमलम्बकविलम्बौ। तद्वद्विकारिनामाथ शर्वरी प्लव इति च शुभकृच्च॥ शोभनकृदथ परः क्रोधीविश्वावसुरनुपराभवाख्यश्च। परतः प्लवङ्गनामाकीलक इति सौम्यसञ्ज्ञश्च॥ साधारणो विरोधकृदथपरिधा विप्रमादिनागानौ। आनन्दराक्षसाख्यौ नलपिङ्गलकालयुक्ताश्च॥ सिद्धार्थरौद्रदुर्मति दुन्दुभयोवत्सराः क्रमादपरे। रुधिरोद्गारीरक्ताक्ष सञ्ज्ञकः क्रोधनः क्षयकृत्॥ (ज्योतिषरत्माला 1, 4-10)
श्रीपति का मत है कि गुरु के मध्यम गति से एक राशि के भोग समय को वत्सर माना गया है अर्थात् गुरु अपनी मध्यम गति से चलता हुआ एक राशि का जब तक उपभोग करता है, उतने समय तक एक प्रभवादि संवत् का समय होता है। गुरु के मान से ही प्रभवादि साठ वर्षों की गणना प्रवृत्ति को स्वीकारा गया है— इयं हि षष्टिःपरिवत्सराणां बृहस्पतेर्मध्यमराशिभोगात्। उदाहृता पूर्वमुनिप्रवर्य्यैर्नियोजनीया गणना क्रमेण॥ (तत्रैव 1, 11)

बताकर युग चतुष्टय— कृतयुग, त्रेता, द्वापर और कलियुग कहे गए हैं।

इति सूत्रसन्तानगुणकीर्तिप्रकाशप्रोक्तृश्रीभुवनदेवाचार्योक्तापराजितपृच्छायां
तिथिमासर्तुकालसंवत्सराद्यधिकार एकोनविंशं सूत्रम्॥ 19॥

इस प्रकार भुवनदेवाचार्य कृत सूत्रसन्तानगुणकीर्ति प्रकाश या अपराजितपृच्छा में तिथि, मास, ऋतुकाल, संवत्सरादि अधिकार नामक उन्नीसवाँ सूत्र पूर्ण हुआ॥ 19॥

कल्पान्तो नाम विंशं सूत्रम्॥ 20॥

अपराजित उवाच —

संवत्सरास्तु कथिता मन्मनोभ्रान्तिहारकाः।
युगानां तु प्रमाणं च कथयस्व परेश्वर॥ 1॥
मन्वन्तरप्रमाणं किम् कथं युगचतुष्टयम्।
कल्पान्तं च कथं देव प्रसादं कुरु मे प्रभो॥ 2॥

अपराजित बोले— हे परमेश्वर! आपने संवत्सरों के बारे में कहकर मेरे मन की भ्रान्ति का निवारण कर दिया है। अब कृपा करके युगों के प्रमाण कहिए। मन्वन्तरों का क्या प्रमाण है, चारों युगों का प्रमाण क्या है, कल्पान्त किसे कहते हैं। हे प्रभु! कृपा करके मुझे कहिए।

विश्कर्मोवाच —

अतस्तात प्रवक्ष्यामि प्रमाणं तु युगोद्भवम्।
चतुर्दशमन्वन्तरैः कल्पमेकं तु सङ्ख्यया॥ 3॥
येन सङ्ख्याप्रमाणं च वत्सरादि प्रवर्तते।
अनुक्रमेण वक्ष्यामि यथा प्रोक्तं पृथग्विधम्॥ 4॥

विश्वकर्मा ने कहा — हे प्रिय! अब मैं तुम्हें युगोद्भव के प्रमाण के बारे में कहता हूँ। पहले यह समझ लो कि चौदह मन्वन्तरों की संख्या से एक कल्प होता है।। जिन संख्या प्रमाणों से इनके वर्ष आदि होते हैं, उनके विषय में भी मैं यहाँ अनुक्रम से कहता हूँ।

युग प्रमाणमाह —

अष्टाविंशतिसहस्त्राण्यग्रे चाष्टशतानि च।
संवत्सरैश्च गुणयेत् कृतसङ्ख्याप्रमाणतः॥ 5॥

एक गणना के अनुसार 28 हजार को 8 सौ से गुणित करने पर (22, 40000) कृतयुग अर्थात् सतयुग की वर्ष प्रमाण संख्या होती है।

सहस्त्राण्यष्टाविंशतिर्लक्षाणि दशसप्त च।

प्रमाणं कृतयुगस्य दैवज्ञैश्च प्रभाषितम्॥ 6 ॥

(किन्तु) दैवज्ञों ने 17, 28, 000 की वर्ष संख्या को भी कृतयुग की वर्ष संख्या माना है।[1]

तस्य पादत्रयं त्रेता द्वापरं तत्पदद्वयम्।

पादमेकं कलियुगं प्रमाणमुदितं त्विदम्॥ 7 ॥

उक्त संख्या के तीन पाद (अर्थात् 17, 28, 000 × 3/4 = 12, 96, 000 वर्ष) त्रेतायुग की, इसके दो पाद के बराबर अर्थात् (17, 28, 000 × 1/2 = 8, 64, 000 वर्ष) द्वापर की तथा इसके एक पाद के बराबर अर्थात् (17, 28, 000 × 1/4 = 4, 32, 000 वर्ष) कलियुग का वर्ष संख्या का प्रमाण कहा है।[2]

तथा युगचतुष्कं च चतुर्भिश्च युगैर्भवेत्।

चतुष्कस्य प्रमाणं च कथयामि यथाक्रमम्॥ 8 ॥

इस प्रकार इन चारों की वर्ष संख्या को जोड़ने पर युगचतुष्क बनता है जिसकी प्रामाणिक वर्ष संख्या मैं यथाक्रम से कहता हूँ।

त्रिचत्वारिंशल्लक्षाणि सहस्त्राणां च विंशतिः।

चतुष्कस्य प्रमाणं च सृष्टिकालसमुद्भवम्॥ 9 ॥

---

१. युगादि के कालमान को लेकर कई मत है, उक्त गणना सिद्धान्तशिरोमणि के अनुसार हैं जबकि विष्णुपुराणकार ने माना है कि पुराविदों ने सतयुग आदि का परिमाण क्रमशः चार, तीन, दो एवं एक हजार दिव्य वर्ष बतलाया है। प्रत्येक युग के पूर्व उतने ही सौ वर्ष की सन्ध्या बताई जाती है और युग के पीछे उतने ही परिमाणवाले सन्ध्यांश होते हैं। इन सन्ध्याओं व सन्ध्यांशों के बीच का जितना काल होता है, उसे ही कृतादि नाम वाले युग जाने— दिव्याब्दानां सहस्त्राणि युगेष्वाहुः पुराविदः॥ तत्प्रमाणैः शतैः सन्ध्या पूर्वा तत्राभिधीयते। सन्ध्यांशश्चैव तत्तुल्यो युगस्यानन्तरो हि सः॥ सन्ध्यासन्ध्यांशयोरन्तर्यः कालो मुनिसत्तम। युगाख्यः स तु विज्ञेयः कृतत्रेतादिसञ्ज्ञितः॥ (विष्णुपुराण 1, 3, 12-14)
उक्त श्लोक ब्रह्मगुप्त के मत से तुलनीय है। ब्राह्मस्फुटसिद्धान्त में आया है— प्राणैर्विनाडिकार्क्षी षड्भिर्घटिका विनाडिका षष्ट्या। घटिका षष्ट्या दिवसो दिवसानां त्रिंशता मासाः॥ मासा द्वादशवर्षं विकलालिप्तांशराशिभगणान्तः। क्षेत्रविभागस्तुल्यः कालेन विनाडिकाद्येन॥ स्वचतुष्टयरदवेदा रविवर्षाणां चतुर्युगं भवति। 4320000 सन्ध्या सन्ध्यांशै सह चत्वारि पृथक्कृतादीनि॥ युगदशभागो गुणितः कृतं चतुर्भिस्त्रिर्गुणस्त्रेता। द्विगुणो द्वापरमेकेन सङ्गुणः कलियुगं भवति॥ (ब्राह्मस्फुट. पूर्वादशाध्याय्यां, मध्यम., 5-8)

2. भोजराज का मत है कि उनको चार से गुणा किया जाए तो कृतयुग का प्रमाण होगा, तीन से गुणा करने पर त्रैता, दो से गुणा करने पर द्वापर और एक से गुणा करने पर कलियुग होगा : तद्दशगुणितं कृतं चतुर्भिस्त्रिभिस्त्रेता। द्विगुणो द्वापरं एवं कलिरेकगुणः समाख्यातः॥ (राजमार्तण्ड 1440)

तियालीस लाख बीस हजार वर्ष संख्या का प्रमाण अर्थात् (43, 20, 000 वर्ष) सृष्टि के आरम्भ काल से एक चतुर्युग या एक युगचतुष्क पूरा होने तक समझें।

द्वासप्ततिचतुष्काणि मनुश्चैव प्रवर्तते।

कालसङ्ख्या मनोः प्रोक्ताः पृथक् सङ्ख्या चतुर्दश$_{14}$ ॥ 10 ॥

ऐसी बहत्तर (अन्य ज्योतिषीय गणनानुसार 71)[1] चतुर्युगियों में 14 मनु की स्थिति है जिनकी यह काल संख्या चौदह मनुओं की है।

संभूक्षे तलाभिधानं च प्रारमुनिस्तृतीयकम ?।

सङ्कल्पभाव सांतश्च सावर्णिकस्यानु सप्तमम् ?॥ 11 ॥

समनु प्लवसौम्याश्च आह्लादश्च सूर्यात्मकः।

त्रिदशाक्ष पूर्णस्य तु सप्तभि र्न चतुर्दश ?॥ 12 ॥

(दोनों श्लोकों का पाठ भ्रष्ट होने से विष्णु व मार्कण्डेय पुराणों के प्रमाणानुसार) चौदह मनुओं के नाम इस प्रकार हैं— (1.) स्वायम्भुव, (2.) स्वारोचिष, (3.) उत्तम, (4.) तामस, (5.) रैवत और (6.) चाक्षुष। वर्तमान मन्वन्तर (7.) वैवस्वत है जबकि भविष्य के मनु हैं—(8.) सावर्णि, (9.) दक्षसावर्णि, (10.) ब्रह्मसावर्णि, (11.) धर्मसावर्णि, (12.) रुद्रसावर्णि, (13.) रुचिसावर्णि और (14.) भौमसावर्णि।[2]

---

1. पौराणिक गणनाओं में कृतादि चतुर्युगों के एक हजार चतुर्युग का ब्रह्मा का एक दिन होता है। इस एक दिन में चौदह मनु होते हैं। सप्तर्षि, देवगण, इन्द्र, मनु और मनु के पुत्र राजालोग एक ही काल में रचे जाते हैं और एक ही काल में उनका संहार होता है। इकहत्तर चतुर्युग से कुछ अधिक काल का एक मन्वन्तर होता है! इकहत्तर चतुर्युग की गणना से चौदह मन्वन्तरों में 994 चतुर्युग होते हैं और ब्रह्मा के एक दिन में एक हजार चतुर्युग होते हैं, अतः छह चतुर्युक शेष रहते हैं। छह चतुर्युग का चौदहवाँ भाग कुछ कम पाँच हजार एक सौ तीन दिव्य वर्ष होता है, इस प्रकार से एक मन्वन्तर में इकहत्तर चतुर्युग के अलावा इतने दिव्य वर्ष और अधिक होते हैं। विष्णुपुराण में आया है— कृतं त्रेता द्वापरश्च कलिश्चैव चतुर्युगम्।... सप्तर्षयः सुराः शक्रो मनुस्तत्सूनवो नृपाः। एककाले हि सृज्यन्ते संह्रियन्ते च पूर्ववत्॥ चतुर्युगाणां सङ्ख्याता साधिका ह्येकसप्ततिः। मन्वन्तरं मनोः कालः सुरादीनां च सत्तम॥ (विष्णुपुराण 1, 3 15 एवं 17-18)
2. विष्णुपुराण (1, 3, 1-2 एवं 6, 3, 6-11); मार्कण्डेयपुराण (53वें अध्याय) में भौम का नाम भौत्य भी आया है और अन्यत्र इसका नाम इन्द्रसावर्णि भी मिलता है। इस सम्बन्ध में सामान्यतया गणनाएँ इस प्रकार की गई है— मानव का 1 मास = पितृ का एक दिन-रात। मनुष्य का एक वर्ष = देवता का 1 दिन-रात। मनुष्य के तीन वर्ष = देवता का 1 मास। मनुष्य के 360 वर्ष = देवता का एक दिव्य वर्ष। 432000 मानव वर्ष = 1200 दिव्य वर्ष = 1 कलियुग। 864000 मानव वर्ष = 2400 दिव्य वर्ष = 1 द्वापर। 1296000 मानव वर्ष = 3600 दिव्य वर्ष = 1 त्रेतायुग। 1728000 [illegible] वर्ष = 4800 दिव्य वर्ष

मनुभिश्चतुर्दशभिः कल्पसङ्ख्या प्रमाणतः।
एवमुक्तं च कल्पान्तं पुनरेवं समुद्भवः॥ 13॥

इन चौदह मनुओं की कुल वर्ष संख्या को एक कल्प की संख्या का प्रमाण कहा है। इस प्रकार कहे गए कल्प के अन्त में यह सृष्टि पुनः उत्पन्न होती है।

अपराजित उवाच —

कल्पान्तश्च कथं तात कैश्चिह्नैरुपलक्षितः।
देवेशाहं न जानामि कल्पान्ते सृष्टिच्छन्दकम्॥ 14॥

अपराजित ने पूछा कि हे तात! कल्पान्त के समय क्या-क्या चिह्न उपस्थित होते हैं? हे देवेश! कल्पान्त के बाद सृष्टि का कैसा छन्द होगा, कैसी रचना होगी, यह मैं नहीं जान पाता हूँ।

विश्वकर्मोवाच —

कल्पान्तो प्राप्यते वत्स ह्युल्कापातैरनेकशः।
तस्य चिह्नानि रूपाणि कथयामि समासतः॥ 15॥

विश्वकर्मा बोले — कल्पान्त आने पर अनेकशः उल्कापात होते हैं, उनके चिह्न और रूप मैं संक्षेप में कहता हूँ।

कल्पान्तचिह्नादीनामाह —

उल्कापाताद् वज्रघातादन्नाभावाज्जनात्ययः।
सादित्ये च विनामेघैर्वज्रविद्युत्पातोद्भवः॥ 16॥
अब्दान्ते भूमिकम्पश्च ह्यब्दार्धे तु पुनः पुनः।
पांशुवृष्टिश्च पतति सादित्ये रजनी यथा॥ 17॥

उल्कापात से, वज्राघात से अर्थात् बिजली गिरने से, अन्न के अभाव में प्रजा दुखी हो जाती है। सूर्य का आतप असहनीय हो जाता है और बिना मेघों के भी

= 1 कृत युग। इन सबको मिलाकर योग 43, 20, 000 मानव वर्ष = 12000 दिव्य वर्ष = 1 महायुग या चतुर्युगी। इस प्रकार एक चतुर्युगी में 12000 दिव्य वर्ष या 43 लाख 20 हजार मानव वर्ष होते हैं और इसी को महायुग कहा जाता है। यह भी स्पष्ट है कि प्रत्येक युग में सन्ध्या, मुख्यभाग और सन्ध्यांश नाम से तीन-तीन गणनाएँ होती है। यह गणना इस प्रकार होती है। जैसे— कृतयुग में सन्ध्या 400 वर्ष, मुख्यभाग 4000 तथा सन्ध्यांश 400 वर्ष का है। त्रेतायुग में सन्ध्या 300 मुख्यभाग 3000 तथा सन्ध्यांश 300, द्वापर में सन्ध्या 200, मुख्यभाग 2000 तथा सन्ध्यांश 200 और कलिकाल में सन्ध्या 100 मुख्यभाग 1000 तथा सन्ध्यांश 100 वर्ष का होता है। प्रो. ह्विटने का कथन है कि 12000 वर्षों को देववर्ष मानने की कल्पना मनु की नहीं है, बहुत बाद की है। (सूर्यसिद्धान्त : जे. बर्गेस द्वारा अनूदित पृष्ठ 10)

वज्र, विद्युत्पात होने लगते हैं। वर्ष के अन्त में भूकम्प होते हैं। कभी-कभी वर्ष के आधे में भी रह-रहकर भूकम्प पुनः होते हैं। दिन-रात धूल की वृष्टि होती है।

यमदंष्ट्रासमं रौद्रं भूतलं च प्रदृश्यते।
आन्ध्यं घोरं भवेन्मेघैः सर्पवृष्टिः प्रजायते ॥ 18 ॥
स्वर्गतः पतति त्वेवं पुरुषो विकृताननः।
सर्वेशे सौरसम्भूया मनुजा वीरविक्रमाः ? ॥ 19 ॥

चारों ही ओर यम के दाढ़ों वाले रौद्र रूप भूतल पर दिखाई देने लगते हैं। घोर आँधियाँ चलती हैं और मेघों से सर्पों की वर्षा होती है। स्वर्ग से ऐसे-ऐसे विकृत मुँहों वाले लोग गिरते हैं जो सभी वीर विक्रम मनुष्य सौर सम्भूया अर्थात् उग्र प्रकृति लिए होते हैं।

यक्ष किन्नरगन्धर्वाः पिशाचोरगराक्षसाः।
सर्वे ते प्रलयं यान्ति कल्पान्ते च समुत्थिते ॥ 20 ॥
पर्वताः सागरा द्वीपाः सरितः सागरादिकम्।
भक्षन्ति सर्वभूतानि कालाग्निश्च यमो यथा ॥ 21 ॥

कल्पान्त के होने पर यक्ष, किन्नर, गन्धर्व, पिशाच, उरग, राक्षस आदि सभी प्रलय में समाप्त हो जाते हैं। पर्वत, सागर, द्वीप, नदियाँ, सागरादि सब लोगों को ऐसे ही खा जाते हैं जैसे कालाग्नि में यम सब का भक्षण कर लेता है।

चतुर्दशमन्वन्ते च दिने प्राप्ते यथा ध्रुवम्।
रजन्यन्ते च सम्प्राप्ते ह्युदिते सूर्यमण्डले ॥ 22 ॥
बिम्बमध्यसमास्त्वेवं पुरुषाननसंनिभाः।
विकृताननरुपाश्च दंष्ट्रायुक्ताः करालिनः ॥ 23 ॥

चौदह मनुओं के अन्त में पुनः दिन यथा ध्रुवं- सदा की भाँति होने लगते हैं जैसे रजनी-रात्रि के अन्त होने पर सूर्य मण्डल का उदय होता है और सूर्य मण्डल के समस्त बिम्बों में कराल दांत किटकिटाते हुए विकृत, खूँखार मुँह वाले मनुष्यों के मुखों के समान दिखाई पड़ते हैं।

द्वौ सूर्यौ पूर्वदिग्भागे द्वो च दक्षिणदिक्स्थितौ।
सूर्यद्वयं पश्चिमे चोत्तरे सूर्यद्वयोदयः ॥ 24 ॥
द्वौ सूर्यौ नागलोकस्थौ द्वौ सूर्याबुपरि स्थितौ।
इत्थं ते द्वादशादित्याः कल्पान्ते सर्वतो दिशम् ॥ 25 ॥
दहन्ति पृथिवीं कृत्स्नां सशैलवनकाननाम्।

सर्वभूतानि दहति कालाग्निश्चापरस्तथा॥ 26॥

कल्पान्त में सभी दिशाओं में भीषण सूर्यों का आतप फैल जाता है— पूर्व में दो सूर्य, दक्षिण में दो, पश्चिम में दो, उत्तर में दो सूर्य; नागलोक, पाताल में दो सूर्य और आकाश में ऊपर की ओर भी दो सूर्य— इस प्रकार बारहों आदित्य कल्पान्त में सभी दिशाओं से पृथ्वी को इस प्रकार जलाने लगते हैं मानों कालाग्नि में जल रहे हों।

देवदानवगन्धर्वान् पिशाचोरगराक्षसान्।
पृथिव्यां दह्यमानायां हविर्गन्धः प्रजायते॥ 27॥
अस्तंगते सूर्यबिम्बे द्रोणमेघोद्भवस्तथा।
वर्षन्ते च महोमेघा धारा करिकरानिव॥ 28॥

इस तरह देवों, दानवों, गन्धर्वों, पिशाचों, उरगों, राक्षसों और पृथ्वीवासी मनुष्यों के जलने से ऐसी दुर्गन्ध प्रसारित हो जाती है जैसी पशुओं की हवि देने पर फैलती है। सूर्य बिम्ब के अस्तंगत होने पर भयङ्कर द्रोण मेघों का उदय होता है। वे बहुत घनी वर्षा करते हैं। इन महामेघों से होने वाली भयानक वर्षा की झड़ी और धाराएँ ऐसी लगती है मानों विशाल हाथी अपनी सूण्ड से पानी की भयङ्कर बौछार कर रहे हों।

अष्टादशैव मेघाश्च महाद्रोणघनोदये।
पृथिवीत्थं समन्ताच्च समुद्रैश्चार्णवीकृता॥ 29॥
चतुर्दशलक्षयोजनानि ध्रुवं रक्षतु उद्कोद्भवाम्।
तमस्रौ विशीर्यन्ते अम्भोर्भव तनो वृता ?॥ 30॥
अन्धकारे तथा घोरे नष्टे स्थावरजङ्गमे।
चन्द्रार्कपवने नष्टे ज्योतिषि प्रलयं गते॥ 31॥

इस तरह प्रलयङ्कारी महाद्रोण मेघों के उदय होने पर अठारहों प्रकार के मेघ चारों ओर से घिर आते हैं और समस्त पृथ्वी को भयानक वर्षा से आप्लावित करके एक तरह से चारों ओर समुद्र रूप में अर्णवीकृत कर देते हैं। जल ही जल का सागर बना देते हैं। चौदह लाख योजनों तक यह जल चारों ओर एक तरह से ध्रुव रूप से, स्थायी लगने लगता है और जब रात्रि की तमिस्रा अर्थात् अन्धकार मिटने लगता है और पुनः सूर्य बिम्ब का उदय होने लगता हे तो इस जल से आवृत्ता सभी स्थावर, जङ्गम जीव, चन्द्र, सूर्य, पवन, ज्योतियाँ आदि जो अन्धकार में नष्ट होकर प्रलय को प्राप्त हो गई थीं (पुनः सृष्टिभूत होने लगती हैं)।

एवं जाते तदाकाले विष्णौ क्षीरोदसंस्थिते।
क्षीरोदस्थितविष्णोश्च शेषपर्यङ्कशायिनः॥ 32॥
नाभेर्ब्रह्मा समुत्पन्नः पद्मयोनिश्च सृष्टिकृत्।
ततः सर्वं समुत्पन्नं जगत्स्थावरजङ्गमम्॥ 33॥

ऐसे हो जाने पर तब क्षीरसागर में शेषनाग के पर्यङ्क पर सोने वाले विष्णु की नाभि से निकलने वाले कमल नाल से पद्मयोनि से जन्म लेने वाले ब्रह्मा पुनः सृष्टि की रचना करते हैं जिससे सभी स्थावर, जङ्गम जीवों की उत्पत्ति होती है।

योऽसौ क्षीरोदमध्ये तु सप्तलोकजलाम्बुधौ।
शेषे च नागपर्यङ्के शेषस्याहेश्च तद्विधिः ?॥ 34॥
.... फणिमणिकिरणैर्व्यज्यते श्वासवातैः।
.... ऋषिमुनिगणैर्ऋग्यजुः साममन्त्रैः।
.... स्तूयमानो .... ब्रह्मादि देवैः।
विष्णुस्त्रैलोक्यनाथः कलिकलुषहरः पातु वैः पद्मनाभः॥ 35॥

इस प्रकार ये सभी जीव क्षीर समुद्र में सप्तलोक में व्याप्त जलाम्बुधि अर्थात् सागर में शेषशय्या के नाग पर्यङ्क पर सोये हुए विष्णु भगवान् कलि-कलुष के हरने वाले प्रभु की सर्प तो अपने फणों मणियों से श्वासाघात से पँखा करके और ऋषि मुनिगण ऋक्, यजु और साम मन्त्रों से तथा ब्रह्मादि देवतागण उनकी स्तुतिगान करके, उन पद्मनाभ भगवान विष्णु से रक्षा की प्रार्थना करते हैं।

इति सूत्रसन्तानगुणकीर्तिप्रकाशप्रोक्तृश्रीभुवनदेवाचार्योक्तापराजितपृच्छायां कल्पान्ताधिकारो नाम विंशं सूत्रम्॥ 20॥

इस प्रकार भुवनदेवाचार्य कृत सूत्रसन्तानगुणकीर्ति प्रकाश या अपराजितपृच्छा में कल्पान्त अधिकार नामक बीसवाँ सूत्र पूर्ण हुआ॥ 20॥

अक्षयलिङ्गसृष्ट्युद्भवो नामैकविंशं सूत्रम्॥ 21॥

अपराजित उवाच —

पूर्वसृष्ट्युद्भवो यद्वत्तथा तन्नाम देवता।
अन्यथा वा भवेदिन्द्रस्तथा च त्रिदशोद्भवः॥ 1॥
उपस्थिते च कल्पान्ते किं पुनः सृष्टिरुद्भवेत्।
पूर्वाभिधानयुक्ता चान्यथा वा कथय प्रभो॥ 2॥

अपराजित बोले — 'पूर्व में जिस प्रकार से सृष्टि उत्पन्न हुई और उसके नाम के जो-जो देवता हुए, क्या उनसे अन्यथा अर्थात् अन्य प्रकार के इन्द्र और देवता, कल्पान्त के उपस्थित होने पर पुनः उत्पन्न होते हैं ? हे प्रभु! क्या वे पहले का नाम, धाम वाले ही होते हैं या अन्य प्रकार के होते हैं, यह सब आप कहिए।

विश्वकर्मोवाच —

कल्पान्ते च गते त्वेवं जीवरूपा नु चेतसा।
सर्वे ते प्रलयं यान्ति गङ्गेव हरमस्तके॥ 3॥
कल्पे कल्पे प्रलीयन्ते यत्र यत्रापि देवताः।
आत्मरूपे पञ्चलिङ्गे सर्वभूतात्मकेषु च॥ 4॥

विश्वकर्मा ने कहा — कल्पान्त होने पर इस प्रकार समस्त जीव रूपी चैतन्य प्राणी प्रलय को प्राप्त हो जाते हैं जैसे शिव के मस्तक में गङ्गा समा गई थी। कल्प-कल्प में जहाँ कहीं भी देवता होते हैं, वे भी उसी प्रकार प्रलय में लुप्त हो जाते हैं तथा सभी भूतात्मकों में अर्थात् प्राणियों में सभी पाँच लिङ्गों की आत्मा-रूप में लीन हो जाते हैं।

अविमुक्तं च केदारं ओङ्कारामरकण्टके।
पञ्चमं श्रीमहाकालं कल्पान्ते लिङ्गमव्ययम्॥ 5॥
ततः काले समुद्भूता भरतक्षेत्रदेवताः।
बदरीमथुरायोध्या योगेशं विश्वसम्भवः॥ 6॥
पञ्चाक्षयानि कल्पान्ते हरिक्षेत्राणि वै विदुः।
एषु भव्यकलाः सर्वा विष्णोश्चामोघमालिनी॥ 7॥

पहला अविमुक्त, द्वितीय केदार, तृतीय ओङ्कारेश्वर, चतुर्थ अमरकण्टक और पञ्चम श्रीमहाकाल— ये पाँचों कल्पान्त में अव्यय लिङ्ग में समा जाते हैं। भरत क्षेत्र में उत्पन्न होने वाले देवता, बदरीनाथ, मथुराधीश, अयोध्यापति, योगेश, द्वारकाधीश और विश्वेश्वर विष्णु क्षेत्रों के पाँचों देवता कल्पान्त में क्षय को प्राप्त होते हैं, ऐसा सभी जानते हैं और इन सभी की पुनः उत्पन्न होने की कला भगवान् विष्णु की अमोघमाला वाली अर्थात् कभी व्यर्थ नहीं होने वाली है।

केतुमालादि लिङ्गोद्भवक्षेत्राणि —

भूर्भुवं भुवनेशं च भवोद्भवं तृतीयकम्।
अट्टहांस तत्पुरुषं केतुमालं स्वयम्भुवम्॥ 8॥

(1.) भूर्भुव, (2.) भुवनेश, (3.)भवोद्भव, (4.) अट्टहास और (5.) तत्पुरुष— ये पाँचों यक्षलिङ्ग केतुमाल में उत्पन्न हुए।

ईश्वरं शङ्करं श्रेयं श्रीकण्ठं व उग्रोहरम्।
अक्षयपञ्चलिङ्गस्य इलावर्ते समुद्भवः ॥ 9 ॥

(1.) ईश्वर, (2.) शङ्कर, (3.) श्रेय, (4.) श्रीकण्ठ और (5.) उग्रोहर— ये पाँच अक्षय लिङ्ग इलावर्त में उत्पन्न हुए।

पुष्करं पुष्कराख्यं च शङ्कुतेजं महाबलम्।
गोकर्ण पञ्चमं लिङ्ग पुष्कराख्येऽक्षयोद्भवम् ॥ 10 ॥

(1.) पुष्कर, (2.) पुष्कराख्य, (3.) शङ्कुतेज, (4.) महाबल और (5.) गोकर्ण— ये पाँच लिङ्ग अक्षय होकर पुष्कर नामक क्षेत्र में उत्पन्न हुए।

सद्यं शान्तं महाकान्तं विश्वतेजो महोद्भवम्।
पञ्चाक्षयानां लिङ्गानां पौरुषे स्यात्समुद्भवः ॥ 11 ॥

(1.) सद्य, (2.) शान्त, (3.) महाकान्त, (4.) विश्वतेज, (5.) महोद्भव— ये पाँचों लिङ्ग अक्षय पौरुष क्षेत्र में उद्भूत हुए।

शङ्कुं शशाङ्कशम्भू च सिद्धेशं चन्द्रशेखरम्।
पञ्चाक्षयानि लिङ्गानि शङ्कुक्षेत्राधिपानि च ॥ 12 ॥

(1.) शङ्कु, (2.) शशाङ्क, (3.) शम्भू (4.) सिद्धेश और (5.) चन्द्रशेखर— ये पाँचों अक्षय लिङ्ग शङ्कु क्षेत्र में उत्पन्न हुए।

वामदेवं महादेवं कान्तं कमललोचनम्।
अक्षयं कल्पजं लिङ्गं सागराक्षे ? त्पराजित ॥ 13 ॥

इसी प्रकार (1.) वामदेव, (2.) महादेव, (3.) कान्त कमललोचन (4.) अक्षय और (5.) कल्पज— ये पाँचों अक्षय लिङ्ग, हे अपराजित! सागराक्ष क्षेत्र में उत्पन्न हुए।

सद्योवामस्तथाधोरस्तत्पुरुष ईश एव च।
अक्षये वक्त्रजा देवा रम्यके सृष्टिसम्भवे ॥ 14 ॥

इसके अतिरिक्त (1.) सद्योवाम, (2.) अघोर, (3.) तत्पुरुष, (4.) ईश और (5.) अक्षयवक्त्र— ये पाँचों अक्षय लिङ्ग रम्यक क्षेत्र में उत्पन्न हुए।

लीयन्ते सर्वदेवाश्च कल्पान्ते लिङ्गमध्यगाः।
कल्पान्ततोऽक्षयं लिङ्गं सागरे ? क्षेत्राधिपम् ॥ 15 ॥

कल्प के अन्त में लिङ्ग के मध्य में सभी देवता प्रलय में लीन हो जाते हैं। कल्प के अन्त होने के साथ ही सागर में अक्षय लिङ्ग उत्पन्न हो जाते हैं।

द्वीपे द्वीपे पुनस्त्वेवं रुद्रलोकलिङ्गोद्भवम्।
तेभ्यो जाता पुनः सृष्टिर्जगत्स्थावरजङ्गमम्॥ 16॥

प्रत्येक द्वीप में पुनः इसी प्रकार रुद्रलोक के लिङ्गों का उद्भव हो जाता है जिनसे पुनः जगत में स्थावर-जङ्गम सृष्टि की उत्पत्ति होती है।

सजलाम्भोधिसंसारे एकार्णवीभूतसंस्थितौ।
विशीर्णानुमार्गाख्यात तत्प्रवाहेन समुद्भवाः ?॥ 17॥

प्रलयकाल में एकार्णवी भूत अर्थात् एक ही सागर में लीन हो चुकी समस्त सृष्टि इस सजलाम्भोधि संसार अर्थात् जल में डूबे हुए संसार के विशीर्ण होने के साथ-साथ ही उसके प्रवाह मार्ग से विख्यात होने वाले नए संसार की उत्पत्ति हो जाती है।

वर्षाश्रयासमुद्राश्च सृष्टिकालसमुद्भवाः।
प्रदक्षिणं स्थितास्त्वेवं मेरोश्च परिखार्णवाः॥ 18॥

वर्षा जल से भरने वाले समुद्र भी इस नई सृष्टि के उत्पन्न होते समय मेरु के चारों ओर प्रदक्षिणा क्रम से स्थित रहकर उसकी परिखा अर्थात् खाई का रूप ले लेने वाले सागर से बन जाते हैं।

क्षीरोदे संस्थितो विष्णुः सजलाम्भोदनिस्वनः।
शेषपर्यङ्कशयनः पादलग्नश्रियोत्तमः॥ 19॥[1]

क्षीरसागर में संस्थित विशाल समुद्र के जल पर शेषनाग के पर्यङ्क पर शयन किए भगवान् विष्णु जिनके पाँव श्रीलक्ष्मी की गोद में हैं।

ब्रह्माऽभवद् विष्णुनाभेः स्वयम्भूः सृष्टिकारणम्।
ब्रह्मासूनुस्ततो जातः काश्यपो मुनिपुङ्गवः॥ 20॥

भगवान् ब्रह्माजी विष्णु भगवान् की नाभि-कमल से स्वयंभू रूप से उत्पन्न होकर समस्त सृष्टि रचना के कारण बने। इन ब्रह्माजी के पुत्र मुनि पुङ्गव काश्यप हुए।

तथा च काश्यपीय सृष्टिवर्णनमाह —

ख्याता तदुद्भवा सृष्टिर्जगत् स्थावरजङ्गमम्।
ताभ्यां च शक्तिराख्याता संसारसृष्टिकोद्भवा॥ 21॥

---

1. प्रकाशित पाठे इत्यमनन्तर 'क्षीरोदसंस्थितो विष्णुः सजलाम्भोदनिस्वनः। शेषपर्यङ्कशयनः पादलग्नश्रियोत्तमः' श्लोक पुनप्रास्तव्यः। सम्भवः यह श्लोक पुनरुक्ति है जो भूल से पाण्डुलिपिकार ने लिख दिया है, इसमें क्रम 20 की अपेक्षा 27 दिया गया है। (सं.)

उन्हीं से यह स्थावर-जङ्गम सृष्टि इस जगत में उत्पन्न हुई है, ऐसी ख्याती है। उन्हीं काश्यप से इस संसार की सृष्टि करने वाली शक्ति रूपा प्रकृति भी हुई, ऐसा विख्यात है।

दैत्यासुरी च गन्धर्वी यक्षी विद्याधरी तथा।
वैदेवी नागराजेन्द्री नरेन्द्री नाम चाष्टमी॥ 22॥

उसी शक्ति से (1.) दैत्या, (2.) आसुरी, (3.) गन्धर्वी, (4.) यक्षी, (5.) विद्याधरी, (6.) वैदेवी, (7.) नागराजेन्द्री और (8.) नरेन्द्री मातृकाएँ उत्पन्न हुईं।

दितेश्च देवाः सम्भूता असुर्य्याश्चासुरोद्भवः।
गन्धर्वीजाश्च गन्धर्वी यक्ष्या यक्षसमुद्भवः॥ 23॥

इनमें से दिति से देवता उत्पन्न हुए, आसुरी से असुर हुए, गन्धर्वों से गन्धर्व और यक्षी से यक्ष उत्पन्न हुए।

विद्याधर्यास्तदभिधाः वैदेध्याश्चेव देवताः।
विहगा नागराजेन्द्रा जाता नागेन्द्रकास्तथा॥ 24॥

इसी प्रकार विद्याधरी से उत्पन्न विद्याधर नामधारी हुए। वैदेवी से देवता हुए, नागराजेन्द्री से समस्त पक्षीगण हुए और नाग, उरग सर्पादि भी हुए।

नरेन्द्राश्च नरा विप्रक्षत्रविद्शूद्रसञ्ज्ञकाः।
षट्त्रिंशच्च्य 36 कुलान्येवं प्रकृतीनामनेकधा॥ 25॥

इसी तरह नरेन्द्री से सभी नर— विप्र, क्षत्रिय, वैश्य, शूद्र और मनुष्यों के छत्तीसों प्रकार के कुल व प्रकृति के अनुसार उनके अनेक प्रकार के प्राणी हुए।

इति सूत्रसन्तानगुणकीर्तिप्रकाशप्रोक्तृश्रीभुवनदेवाचार्योक्तापराजितपृच्छायां
अक्षयलिङ्गसृष्टयुद्भवाधिकारो नामैकविंशं सूत्रम्॥ 21॥

इस प्रकार भुवनदेवाचार्य कृत सूत्रसन्तानगुणकीर्ति प्रकाश या अपराजितपृच्छा में अक्षय लिङ्ग सृष्टि, उद्भव अधिकार नामक इक्कीसवाँ सूत्र पूर्ण हुआ॥ 21॥

पञ्चलिङ्गोद्भवकाश्यपसृष्ट्युद्भवो नाम द्वाविंश सूत्रम्॥ 22॥

अपराजित उवाच —

कथं लिङ्गभवा सृष्टिः समस्ता सचराचरा।
कथं ब्रह्मोद्भवा चैव कथयस्व प्रसादतः॥ 1॥
ब्रह्माद्यप्रभवाः के चाक्षयलिङ्गोद्भवाश्च के।
के च ज्योतिर्भवाश्चैव कथयस्व प्रसादतः॥ 2॥

अपराजित बोले — हे प्रभु! यह सचराचर सृष्टि किस प्रकार लिङ्ग से उत्पन्न हुई और किस प्रकार ये सब ब्रह्मा से उत्पन्न हुए, कृपा करके कहिए। ब्रह्मा से आरम्भ होने वाले कौन हैं, अक्षय लिङ्ग से उत्पन्न होने वाले कौन हैं और ज्योति से उत्पन्न होने वाले कौन हैं, इस सब को कृपाकर कहिए।

विश्वकर्मोवाच —

एकादशकोटिरुद्रा भैरवाश्चाष्टकोटयः।
योगिन्यो द्विरद कोटयो लिङ्गेभ्यश्च समुत्थिताः॥ 3॥
खेचरी भूचरी विद्या स्तम्भिनी मोहिनी तथा।
विद्वेषिणी त्रोटिनी च एता लिङ्गसमुद्भवाः॥ 4॥

विश्वकर्मा कहने लगे — हे पुत्र! अक्षयलिङ्ग से 11 करोड़ रुद्र, 8 करोड़ भैरव और 64 करोड़ योगिनियाँ उत्पन्न हुईं। इसी प्रकार खेचरी (आकाशगामी), भूचरी (भूगामी), स्तम्भिनी (स्तम्भन करने वाली), मोहिनी (मोहित करने वाली), विद्वेषिणी (वैरोत्पन्न करने वाली), त्रोटिनी (टोनाहिन)— सभी विद्याएँ अक्षयलिङ्ग से उत्पन्न हुईं हैं।

अणिमा लघिमा ख्याता महिमा सहजा तथा।
अष्टासिद्ध्युद्भवा विद्याक्षयलिङ्गसमुद्भवा॥ 5॥

इसी प्रकार अणिमा, लघिमा, महिमा, सहजा आदि अष्ट सिद्धियों[1] से उत्पन्न होने वाली प्रसिद्ध विद्याएँ भी अक्षयलिङ्ग से उत्पन्न हुईं।

मन्त्रमुद्राः समस्ताश्च योगिनोर्योगनिर्मलाः।
अर्चा पूजा प्रतिष्ठाश्च सर्वा लिङ्गसमुद्भवाः॥ 6॥

समस्त मन्त्र मुद्राएँ और योग से निर्मल योगिनियाँ, मूर्तियाँ और उनकी पूजा एवं प्रतिष्ठा विधि भी अक्षयलिङ्ग से उत्पन्न हुईं।

वेदागमपुराणानि अन्थादिदर्शनानि च।
अक्षयलिङ्गोत्पन्नानि तथान्यच्च वदामि ते॥ 7॥

इसी प्रकार वेद, आगम, पुराण, दर्शनों के ग्रन्थादि भी अक्षयलिङ्ग से उत्पन्न हुए हैं। अन्य जो उत्पत्तियाँ हुई हैं उनको भी मैं कहता हूँ।

निघण्टुर्व्याकरणानि ह्यष्टौ स्थानानि वै तथा।
वेदोद्भवश्च लिङ्गेभ्यस्तथान्ये च दिवौकसः॥ 8॥

अष्टसिद्धि— 1. अणिमा, 2. महिमा, 3. लघिमा, 4. गरिमा, 5. प्राप्ति, 6. प्राकाम्य, 7. ईशित्व एवं 8. वशित्व। (मार्कण्डेयादि पुराण)

सप्तस्वरास्त्रयो ग्रामा मूर्च्छनास्त्वेकविंशतिः।
एकोनपञ्चशत्तानाः सर्वे लिङ्गसमुद्भवाः ॥ 9 ॥

अष्टाध्यायी व्याकरण और निघण्टु-शब्दकोश तथा आठों प्रकार के वेदोद्भव के स्थान (जटा माला शिला लेखा ध्वजो दण्डो रथो घन, अष्टोविकृतयः प्रोक्ता क्रम पूर्वा मनीषिभिः॥ विकृतवल्ली 1, 5) भी अक्षयलिङ्ग से उत्पन्न हुए तथा समस्त देवता भी इसी से उत्पन्न हुए। सङ्गीत के सातों स्वर, तीनों ग्राम और इक्कीस मूर्च्छनाएँ[1] आदि तथा उनचास तानें[2] सभी अक्षयलिङ्ग से उत्पन्न हुईं।

सर्वाणि यानि तीर्थानि ह्युद्भवन्तीह भूतले।
तान्युत्पन्नानि लिङ्गेभ्यो वर्तन्ते सचराचरम् ॥ 10 ॥

इस भूमितल पर जहाँ-जहाँ भी सब तीर्थ होते हैं, उनकी उत्पत्ति भी अक्षलिङ्ग से हुई, ऐसा सचराचर में व्यवहार किया जाता है।

मन्त्रसिद्धिक्रियायोग तीर्थधर्मसत्यानृतम्।
पृथिव्यापस्तथा तेजो वायुराकाश एव च ॥ 11 ॥
लिङ्गोद्भवानि चैतानि जगदुत्पत्तिकारणम्।
सर्वात्मलीला भूतानां लिङ्गानां लिङ्गतो भवः ॥ 12 ॥

---

1. इक्कीस प्रकार की मूर्च्छनाओं में से सात-सात प्रति ग्रामाश्रित है। इनके नाम हैं- 1. सौवारी, 2. हारिणीश्वा, 3. कलोपनता, 4. शुद्धमध्यमा, 5. मार्गी, 6. पौरवी और 7. ऋषका। ये सात मध्यम ग्राम की हैं। इसके बाद 1. उत्तरमन्द्रा, 2. रजनी, 3. उत्तरायता, 4. शुद्धषड्ज, 5. मत्सरीकृता, 6. अश्वक्रान्ता और 7. उद्गता- ये षड्ज ग्रामिका की कही गई है। इसी प्रकार 1. आलापा, 2. कुन्तिमा, 3. शुद्धा, 4. उत्तरा, 5. षड्जा, 6. पञ्चायता और 7. उद्गता। ये सात गान्धार ग्रामाश्रित कही गई है। (विष्णुधर्मोत्तरपुराण तृतीय खण्ड, अध्याय 18)

2. वायुपुराण (86, 41-50) में आया है कि मध्यम ग्राम की तान संख्या 20, षड्ज ग्राम की 14 तथा गांधार ग्राम की 15 भी मानी गई है। इस प्रकार उनचास तानें होती हैं। विष्णुधर्मोत्तरपुराणकार की भी मान्यता यही है। इनके नाम किञ्चित पाठान्तर से इस प्रकार आए हैं— 1. अग्निष्टोमिक, 2. अति अग्निष्टोमिक, 3. वाजपेयिक, 4. पौण्डरीक, 5. आश्वमेधिक, 6. राजसूयिक, 7. बहुसुवर्णिक, 8. गोसविक, 9. महाव्रतिक, 10. ब्रह्मतान, 11. प्राजापत्य, 12. नागाश्रय, 13. यज्ञाश्रय, 14. गोदानिक, 15. हयक्रान्त, 16. अजक्रान्त, 17. विष्णुक्रान्त, 18. अरण्य, 19. मत्तकोकिल और 20. उज्जीविक — ये मध्यम ग्रामाश्रित हैं।

चौदह तानें षड्ज ग्रामिका हैं- 1. प्रस्वापन, 2. पैशाच, 3. जीवन, 4. सावित्र, 5. अर्धसावित्र, 6. सर्वतोभद्र, 7. सुवर्ण, 8. विष्णु, 9. जिष्णुः, 10. विष्णुनर, 11. शारद, 12. विजय, 13. हंस और 14. ज्येष्ठ। इसी प्रकार गान्धार ग्रामाश्रिता पन्द्रह तानें कही गई हैं— 1. तुम्बुरुप्रिय, 2. महालक्ष्मण, 3. गन्धर्वानुमत, 4. अलम्बुसप्रिय, 5. नारदप्रिय, 6. भीमसेनप्रिय, 7. विनत, 8. मातङ्ग, 9. भार्गवप्रिय, 10. अभिराम, 11. संश्राव्य, 12. किन्नरप्रिय, 13. पुण्य, 14. मनोहर और 15. कल्याणकर। (विष्णुधर्मोत्तर. 3, 18 गद्य भाग)

मन्त्रसिद्धि, क्रियायोग, तीर्थ, धर्म, सत्य, झूठ, पृथ्वी, जल, अग्नि, वायु और आकाश आदि सब अक्षयलिङ्ग से उत्पन्न हुए हैं जो जगत की उत्पत्ति के कारण होते हैं। इस प्रकार प्राणीमात्र की सभी सर्वात्म लीलाएँ और पहचान के चिह्न अक्षयलिङ्ग से ही उद्भूत हैं।

क्षेत्राणि च तथा द्वीपाः संसारसृष्टिकोद्भवाः।
एवमक्षयलिङ्गेभ्यः सर्वभूतालयस्तथा॥ 13॥

इस संसार की सृष्टि में उत्पन्न सभी द्वीप, क्षेत्र, जो सभी जीवों, प्राणियों के लिए रहने के स्थान बने हुए हैं, वे सब भी अक्षयलिङ्ग से ही उत्पन्न हुए हैं।

शेषोद्भवास्तथा पुत्र जीवा वै काश्यपादयः।
मानसेभ्यः समुत्पन्ना मानस्याः पुत्रिकादयः॥ 14॥
अश्वी गजा शुकी शृङ्गी वृक्ष्यम्बु सरली तथा।
स्थालिकां शालिधान्यं(ध्यानं ?) च तृणीव लतिकोद्भवाः॥ 15॥
शृङ्गी नखी मीन क्रोञ्चा पद्मान्तादिकसम्भवाः।
एवं काश्यपसम्भूताः सृष्टिजीवा अनेकधा॥ 16॥
कृमिकीटपतङ्गाश्च व्यन्तराश्चोरगादयः।
भूमिबीजोदकाद्यैश्च सम्भूता जीवयोनयः॥ 17॥

हे पुत्र! शेष सभी उत्पन्न जीव भी काश्यप की मानसी सृष्टि में उत्पन्न हुए हैं और काश्यप की मानसी सृष्टि की पुत्रिकाओं में अश्वी, गजा, शुकी, शृङ्गी, वृक्षी, अंबु, सरली, स्थालिका, शालिधान्या (साँवा धान्य), तृणी, लतिका, शृङ्गी, नखी, मीन, क्रौञ्चा, पद्मान्ता आदि काश्यप से उत्पन्ना अनेक प्रकार के सृष्टि जीव है। कृमि, कीट, पतङ्गा, व्यन्तर, उरगादि, भूमि के बीज व जलीय बीजों से अनेक प्रकार की जीव योनियाँ सम्भूत हुई हैं।

भूम्युच्छ्वासे समुद्भूते संयोगे तेजसस्तथा।
उदके सर्वबीजानि रूपतः सम्भवन्ति च॥ 18॥
केचिच्च काश्यपोत्पन्नः केचित्पातालसम्भवाः।
केचिद्भूम्युद्भवास्त्वेवं त्रिविधः सृष्टिसम्भवः॥ 19॥

भूमि के उच्छ्वास से उत्पन्न होकर, तेज-सूर्य के प्रकाश के संयोग तथा जल के सींचने से सभी बीज अपना रूप-आकार ग्रहण करते हैं। इन सबमें कितने ही तो काश्यप से उत्पन्न हुए हैं, कितने ही पाताल से सम्भव हुए हैं, कितने ही भूमि से पैदा हुए। इस प्रकार इनकी यह सृष्टि तीन प्रकार से सम्भव हुई है।

चतुर्विधास्तथा चैवं स्वेदाण्डोद्भिज्जरायुजाः।
चतुर्विधभूतग्रामे जीवयोनिरनेकथा॥ 20॥

इसी प्रकार से चार तरह की जीवसृष्टि—स्वेदज, अण्डज, उद्भिज और जरायुज भी हैं जिसमें चार प्रकार का भूतग्राम है और वे अनेक जीव योनियों के रूप में उत्पन्न होते रहते हैं।

इति सूत्रसन्तानगुणकीर्तिप्रकाशप्रोक्तश्रीभुवनदेवार्चोक्तापराजितपृच्छायां
पञ्चलिङ्गोद्भवकाश्यपसृष्ट्युद्भवाधिकारो नाम द्वाविंशं सूत्रम्॥ 22॥

इस प्रकार भुवनदेवाचार्य कृत सूत्रसन्तानगुणकीर्ति प्रकाश या अपराजितपृच्छा में पञ्च लिङ्गोद्भव काश्यपीय सृष्टि उद्भव अधिकार नामक बाईसवाँ सूत्र पूर्ण हुआ॥ 22॥

प्रथमहरि-मत्स्यावतारो नाम त्रयोविंशं सूत्रम्॥ 23॥

अपराजित उवाच—

मत्स्यादिकावतारांश्च विष्णुरूपसमुद्भवान्।
कथयस्व प्रसादेन ज्ञानदाल्हादकारकान्॥ 1॥
यत्स्मृतौ पापमुक्तिः स्यात् संसारभयनाशनम्।
छिद्यन्ते सर्वविघ्नाश्च स्वर्गादिभोगसाधनम्॥ 2॥

अपराजित बोले — हे तात! विष्णु रूप से समुद्भूत होने वाले ज्ञान और आनन्द देने वाले मत्स्यादि अवतारों के बारे में कृपा करके कहिए। इन अवतारों के स्मरण मात्र से पापों से मुक्ति मिल जाती है तथा संसार के समस्त भय का नाश हो जाता है और स्वर्गादि के भोग के साधनों की भी समस्त बाधाओं का नाश हो जाता है।

विश्वकर्मोवाच—

सर्वतीर्थभवं पुण्यं यस्य तु स्मरणे ननु।
सर्वदेवमयं दृष्ट्वा सर्वयज्ञफलं भवेत्॥ 3॥
शृणु त्वं च महानन्दं विष्णोर्जन्मरहस्यकम्।
दशावतारजननं पठितं पापनाशनम्॥ 4॥
तदहं कथयिष्यामि प्रादुर्भावं च वैष्णवम्।
पठन्ति प्रयता भक्त्या यास्यन्ति परमां गतिम्॥ 5॥

विश्वकर्मा ने कहा — जिसके अल्प मात्र भी स्मरण करने से सभी तीर्थों का मिल जाता है, जिनको सर्वदेवमय देखकर सभी यज्ञों का फल प्राप्त हो जाता

है। ऐसे विष्णु के जन्म रहस्य के बारे में तुम सुनों जो महाआनन्द देने वाला है। पठन पर यह दशावतार का उत्पत्ति प्रसङ्ग पापों का नाश करने वाला है, उस वैष्णव-स्वरूप के प्रादुर्भाव को मैं कहता हूँ जिसको भक्ति और प्रयत्न पूर्वक पढ़ने वाला व्यक्ति परमगति को प्राप्त कर लेता है।

दशावतारनामानि —

मत्स्यः कूर्मो वराहश्च नारसिंहोऽथ वामनः।
रामो रामश्च कृष्णश्च बुद्धः कल्की च ते दश॥ 6॥

विष्णु के दस अवतार हैं— (1.) मत्स्य, (2.) कूर्म, (3.) वराह, (4.) नरसिंह, (5.) वामन, (6.) परशुराम, (7.) दाशरथीराम, (8.) श्रीकृष्णचन्द्र, (9.) बुध एवं (10.) कल्कि।

तस्मिन्नकार्णवे घारे नष्टे स्थावरजङ्गमे।
चन्द्रार्कपवने नष्टे ज्योतिषि प्रलयं गते॥ 7॥
एवं जाते तदा काले ध्यानयुक्तः पितामहः।
सम्भूतो दानवः शङ्खो हृतवान् वेदमर्णवे॥ 8॥

(पूर्वकाल की बात है जब सर्वत्र जल ही था) उस एकार्णव स्थिति में समस्त स्थावर-जङ्गम सृष्टि नष्ट हो गई थी। चन्द्र-सूर्य, पवन भी नष्ट हो गए और ज्योतिष या समस्त तारागण भी प्रलय में तिरोहित थे। जब सब कुछ इस स्थिति में नष्टभूत थे, पितामह ब्रह्माजी ध्यानस्थ थे। तब शङ्ख नामक दानव उत्पन्न हुआ जो वेदों को चुराकर उस महासागर में डूबो देने को आतुर था।

गतश्च विष्णुपार्श्वे च क्षीराब्धौ च पितामहः।
महासुरोऽनन्तरूपो वेदान् हृत्वा गतोऽर्णवे॥ 9॥

वह शङ्ख दानव क्षीरसागर में अनन्त नाग की शय्या पर शयन किए भगवान् विष्णु और उनके नाभिकमल से उत्पन्न, ध्यानस्थ पितामह के पास गया और वह महा असुर अनन्त का रूप धरकर चारों ही वेदों को चुराकर महासागर में ले गया।

अवतीर्णकालावधिमाह —

कृतेऽष्टलक्षसहस्त्रशताब्देषु गतेषु च।
शताब्दान्ते यथा ख्याते माघे कृष्णप्रतिपदि॥ 10॥
पुष्यान्ते च मुहूर्ते च मनुर्नाम शुभप्रदः।
महामीनो भविष्यामि सहस्त्रयोजनायतः॥ 11॥

(भगवान् विष्णु की प्रतिज्ञा है कि उक्त स्थिति में) कृत अर्थात् सतयुग के आठ लाख एक हजार (80, 1000) वर्ष बीतने पर शताब्दी के अन्त में विख्यात माघ माह के कृष्णपक्ष की प्रतिपदा को पुष्य नक्षत्र के अन्तिम चरण में, शुभ मुहूर्त में मनुगणों को शुभफल देने वाले महामीन, एक हजार योजन के आकार वाले मत्स्यावतार के रूप में अवतरित होता हूँ।

घनवन्नीलवर्णश्च रताक्षश्च महोत्कटः।
भृकुटिस्फुरद्दशनः कृत्वा कोपं जनार्दनः॥ 12॥
क्रीडन्तमब्धिमध्यस्थं निहितां च कूपकर्तरि।
स्यात्कलित लग्नाम्बु पद्म पुष्पोद्भवमालिका ?॥ 13॥

उक्त महा मत्स्यावतार का गहरे नील वर्ण के बादलों के समान नीला वर्ण और महोत्कट— महाभयानक लाल-लाल आँखें, भृकुटि क्रोध से चढ़ी हुईं और दांत कटकटाते हुए भगवान् जनार्दन प्रकट हुए जो उस महासागर के जल के बीच में पुष्पों के बीच कलिका की भाँति क्रीड़ा करते दिखाई दिए।

मत्स्यपुच्छाच्च निहतस्तदा चोच्छलिता छटा।
छोग्र धाराकुलोत्तरं भगं सुरा कुलावर्तपद्म ?॥ 14॥
स्थलता फेनवर्णा ग्रन्थावर्णतकम् दोद्धव ?।
यथा अग्र कुलावर्त भङ्गात् पुरतो वनमालिका!॥ 15॥
हतो महासुरः शङ्खो हतैर्वेदैस्ततस्तदा।
आसनं कृतमुत्सङ्गे ब्रह्माणश्चैव नन्दतः॥ 16॥

उन मत्स्य के पूँछ के झपट्टों से महासागर की जलराशि के उछाल की छटा अद्भुत थी, वे विराट उर्मियाँ बारम्बार तटों को स्पर्श करने के लिए उमड़ती थीं। सागर के स्थल पर चारों ओर फेन स्वरूपी बड़े-बड़े आवर्तक लहरों के उठे मानो अग्नि के झंझावाती कुलावर्तों, भँवरों से वनमालिका पूरी तरह भङ्ग हो गई हो। इस संघर्ष में शङ्खासुर मारा गया। तब उसके द्वारा चुराए गए वेद भी वे मत्स्यरूप भगवान् अपनी गोद में भली प्रकार रखकर लाए जिससे ब्रह्मा को भी बहुत आनन्द हुआ।

पटहाद्या अवाद्यन्त वेदे प्राप्तेऽनु पञ्चमम्।
महोत्सवे ब्रह्मलोके विष्णुलोके तथैव च॥ 17॥
धर्मः प्रस्थापितो लोके सत्यं ज्ञानं च भूतले।
लक्ष्म्यायुष्का नराश्चैवमक्लेशा दृढयौवनाः॥ 18॥

वेदों के प्राप्त हो जाने के हर्ष में पटहा आदि पाँचों प्रकार के वाद्यों का वादन कर ब्रह्मलोक व विष्णुलोक में महोत्सव मनाया गया। इस प्रकार शङ्खासुर के वध के उपरान्त पुनः लोक में धर्म की स्थापना हुई और भूतल पर सत्य व ज्ञान का विस्तार हुआ। इसके फल स्वरूप नर-नारी क्लेश रहित होकर दृढ़ यौवनयुक्त हुए और लाखों वर्षों की आयु प्राप्त करने में सक्षम हुए।

एकच्छत्रं नृपो राज्यं प्राप्तवान् वेदसङ्गतौ।
चक्रवर्तित्व विज्ञेयो शिवभटं सुदर्शनम् ?॥ 19॥
देवाग्निगुरुपूजा च सतीसत्यं तथोत्तमम्।
अग्राह्यं च प्रजादण्डं अद्वास्यता कृषि वेश्मता ?॥ 20॥

इस समस्त पृथ्वी पर वेद सङ्गत अर्थात् वेदों में दिए गए आदेशों का पालन करने वाला एकछत्र चक्रवर्ती राजा का राज्य प्राप्त हुआ। उस चक्रवर्तीत्व को पाने वाला लोकप्रिय सुदर्शन राजा शिवभट नाम से जाना गया। इस राजा के राज्य में देवपूजा, हवनादिक अग्निपूजा और गुरुपूजा तथा सर्वोत्तम सतियों का सत्य अर्थात् पातिव्रत्य पूरी तरह से व्याप्त था फलस्वरूप प्रजा धर्मानुसार चलने के कारण दण्ड प्राप्ति के लिए अग्राह्य हो गई अर्थात् तब दण्ड का प्रचलन नहीं था। सभी नागरिक स्वतन्त्रता से जीवन यापन करते थे। कोई भी व्यक्ति खेती के लिए अथवा गृहादि के लिए दास बनाकर नहीं रखा जाता था।

न शोकदुःखदुर्भिक्षं न चौराश्चाभवंस्तदा।
धर्मेण पालयन्धात्रीमाज्ञां चक्रे च मेदिनी॥ 21॥
ईप्सितोदकं च मेघात् सर्वसस्या च मेदिनी।
लक्षात्परेऽनल्पधना अतिरूपा नराः स्त्रियः॥ 22॥

उस काल में कोई शोक, दुःख, दुर्भिक्ष नहीं था तथा चोरों का भी कोई भय नहीं था। तब पृथ्वी का धर्म से पालन होता था और उस राजा की आज्ञा समस्त संसार में मानी जाती थी। इसी प्रकार के खुशहाल में मेघ भी आवश्यकतानुसार वर्षा करते थे और सारी धरती पर सभी प्रकार के धान्य उत्पन्न होते थे। फलतः यहाँ के नर-नारी अत्यन्त रूपवान और स्वस्थ होते थे और लखपति होते थे, अनल्पधनी होते थे अर्थात् बहुत समृद्ध होते थे।

कामिन्य ऋतुगम्याश्च ह्यायुष्काः कान्तिभिर्युताः।
लोकाः शास्त्रविशेषज्ञ अग्निहोत्रं गृहेगृहे॥ 23॥
त्रिदशतिथिपूजा च नित्यमेव प्रतिगृहम्।

न विषं नैव दुःस्थानं गृहे तु धनधान्यकम्॥ 24॥

उस राज्य की कामिनियाँ अर्थात् ऋतुमति नारियाँ ऋतुकाल में ही सहवास करने वाली होने के कारण कान्तियुक्त, सौन्दर्य व तेजयुक्त तथा पूरी आयु तक जीवित रहने वाली होती थी। वहाँ के निवासी लोक और शास्त्रों के विशेषज्ञ होते थे और घर-घर अग्निहोत्र का प्रचलन था। प्रत्येक घर में देवता और अतिथि की नित्य पूजा अवश्य ही होती थी। कहीं भी विष का प्रयोग (नशा) नहीं होता था। इसलिए घरों में खटपट का दुःख भी नहीं था। सभी घर धन-धान्य से परिपूर्ण होते थे।

भुञ्जन्ते काञ्चने पात्रे उदते नास्ति गृह्णता ?।
सन्तुष्टाः सर्वलोकास्तु धनधान्यैश्च काञ्चनैः॥ 25॥
ईप्सितं तु गवां क्षीरं क्षीरे सर्पिस्तथाधिकम्।
इच्छारसश्चेक्षुदण्डे षीधुपानं घटैस्तथा॥ 26॥

उस समय लोग स्वर्णपात्रों में भोजन करते थे और दान देने वालों से भी दान लेने वाले कोई नहीं थे क्योंकि सभी सम्पन्न थे। कोई किसी के आगे हाथ नहीं फैलाता था। सभी लोग धन-धान्य और स्वर्णादिक से पूर्णतया सन्तुष्ट थे। ऐसे ही धर्म सम्पन्न राज्य में गायें मनचाहा दूध देती थीं और उस दूध में घी भी बहुत होता था। ईखों में पर्याप्त रस होता था, जो इतना मीठा होता था मानो घड़ों में भरा हुआ गन्ने का रस नहीं होकर अमृत हो।

त्रिलक्षाब्दं मीनरूपो विष्णुः पर्येति सागरन्।
पुनर्जन्म करिष्यामि उद्धरिष्येऽमृतं यतः॥ 27॥

इस प्रकार यह मत्स्यावतार रूपी विष्णु आगामी तीन लाख वर्षों तक सागर में समस्त दिशाओं में तैरते रहे। उन्होंने यह भविष्यवाणी भी की थी कि 'मैं पुनर्जन्म लूँगा और उसमें अमृत घट का उद्धार करूँगा।'

इति सूत्रसन्तानगुणकीर्तिप्रकाशप्रोक्तृश्रीभुवनदेवाचार्योक्तापराजितपृच्छायां प्रथमहरि-मत्स्यावताराधिकारो नाम त्रयोविंशं सूत्रम्॥ 23॥

इस प्रकार भुवनदेवाचार्य कृत सूत्रसन्तानगुणकीर्ति प्रकाश या अपराजितपृच्छा में प्रथम हरि-मत्स्यावतार अधिकार नामक तेईसवाँ सूत्र पूर्ण हुआ॥ 23॥

कूर्मावतारे मन्दरार्णवमन्थनं चतुर्विंशं सूत्रम्॥ 24॥

विश्वकर्मोवाच-

कल्पान्ते रत्नजातं यद् श्रीधेनुरमृतादिकम्।
अन्योपस्करजातानि क्षीराब्धौ स्थापितानि तु॥ 1॥
याचमानाः समस्तास्तु सुरासुरनरोरगाः।
ददस्व भो विभो सर्व स्थापितं विष्णुना च यत्॥ 2॥

विश्वकर्मा ने (विष्णु के अवतारों के प्रसङ्ग में अपराजित से आगे) कहा—कल्प का अन्त होने पर जिस भाँति से रत्नों की प्राप्ति हुई, जैसे कि श्री, सुरभि, अमृत, आदि और अन्य भी काम की वस्तुएँ प्राप्त हुई, जो क्षीरसागर में स्थित थी, इन सब रत्न राशियों को समस्त सुर, असुर, नर और उरगों ने प्रमुख माँग बना ली थी। इसलिए ये सभी मिलकर भगवान् विष्णु के पास गए और उनसे प्रार्थना करने लगे कि हे प्रभो! सागर में स्थित समस्त वैभव की वस्तओं को, रत्नों को हमें दिलाने की व्यवस्था करें।

इन्द्र उवाच —

काष्ठे चाग्निस्तिले तैलं क्षीरमध्ये यथा घृतम्।
उद्धरिष्यामि तान् सर्वान् क्षीराब्धित विष्णुना च यत्॥ 3॥

इन्द्र ने (देवों की ओर से विष्णु से) कहा— हे प्रभु! जिस प्रकार काष्ठ में अग्नि छिपी हुई है और तिल में तेल छिपा हुआ है तथा दूध में घी छिपा है, उसी तरह समुद्र के गर्भ में भी समस्त उपस्कर अर्थात् जीवनोपयोगी वस्तुएँ छिपी हुई है, उन सबको मैं उद्धार करके निकालना चाहता हूँ।

चक्रुस्ते मन्थनारम्भं सुरासुरनरोरगाः।
मन्थानं मन्दरं कृत्वा नेत्रं कृत्वाऽथ वासुकिम्॥ 4॥[1]

इसी प्रयोजन से समस्त सुर-असुर, नर-उरगों ने मिलकर समुद्र का मन्थन करना आरम्भ किया। इस कार्य के लिए इन सब लोगों ने मन्दराचल पर्वत का मन्थान अर्थात् रवाई या मथनी बनाई और वासुकी नाग को उसे घूमाने के लिए नेत्र (नेतरा, रस्सी) के रूप में काम में लिया।

उद्धरिष्यति कस्तत्र क्षीरार्णवे तु मन्दरम्।
गतास्ते विष्णुपार्श्वे तु सुरासुरनरोरगाः॥ 5॥

---

1. तुलनीय विष्णुपुराणे— चकर्ष नागराजानं दैत्यमध्येऽपरेण च॥ (विष्णु. 1, 9, 89) मन्थानं मन्दरं कृत्वा नेत्रं कृत्वा च वासुकिम्॥ (तत्रैव 1, 9, 77 व 84)

तदोपरान्त ये सभी सुर, असुर, नर और उरगगण यह जानने के लिए भगवान् विष्णु के पास गए कि क्या वे वहाँ इस क्षीरसागर से मन्दर के प्रयोग द्वारा उन समस्त उपस्करों को, रत्नों को जो क्षीरसागर में स्थित है, उद्धरित करने, निकालने में समर्थ हो सकेंगे ?

कूर्मावतारमासतिथ्यादीनां —

चतुर्लक्षसहस्त्रादि शतान्ताब्दे कृते गते।
फाल्गुने कृष्णपक्षे च द्वितीयायां तिथौ तथा ॥ 6 ॥
मुहूर्ते कार्मुके चैव हस्तान्ते घटिकाद्वयम्।
कूर्मावतारो मेदिन्यां मुहूर्ते तत्र चाभवत् ॥ 7 ॥

इस सबके उद्धार के लिए सतयुगके चार लाख, एक हजार एक सौ वर्ष बीत जाने पर, फाल्गुन मास के कृष्णपक्ष की द्वितीया तिथि के दिन, हस्त नक्षत्र के अन्तिम चरण में, दो घटी के बीत जाने पर कार्मुक मुहूर्त में इस मेदिनी पर (भगवान् विष्णु का) कूर्मावतार हुआ।

तले तु कूर्मरूपेण हेमकूटनिभं गिरिम्।
मन्दरं धारयिष्यामि ह्यमृतार्थेऽपराजित ॥ 8 ॥

इस पर विष्णु भगवान् ने कहा कि 'मैं कूर्म रूप में सागर के तल में रहकर स्वर्ण के स्तम्भ के समान बने हुए इस मन्दराचल पर्वत को अपनी पीठ पर धारण करूँगा जिससे मेरा अमृतोद्धार का प्रयोजन सिद्ध हो सके।'

पीतवर्णो महादिव्यो दृश्यतेऽथानुवर्तुलम्।
हारिद्रकश्वेतपादैर्ज्योतिर्दृष्टोऽथ निर्मलैः ? ॥ 9 ॥
शैलेन्द्रस्योत्तररे पार्श्वे क्षीरोदो नाम सागरः।
प्रारब्धं मन्थनं तत्र सुरासुरनरोरगैः ॥ 10 ॥
मन्दरं मन्थनं कृत्वा नेत्रं कृत्वा तु वासुकिम्।
एकतश्च सुराः सर्वे बलिमेकत्र संस्थिताः ॥ 11 ॥

पीले रङ्ग, महादिव्य वर्तुल की भाँति दिखाई देने वाला हल्दी जैसा, श्वेतपाद वाला निर्मल ज्योति वाले मन्दराचल नामक शैलेन्द्र के उत्तरी पार्श्व में यह क्षीरोद नामक क्षीरसागर था जिसे वहाँ सुर, असुर, नर और उरगों ने मथना प्रारम्भ किया। मन्दराचल को मथनी करके और वासुकी नाग को नेत्र बनाकर एक ओर तो सभी देवता एकत्र हो गए और दूसरी ओर बलि आदि असुरगण एकत्र होकर स्थित हो गए थे।

क्षीरार्णवात् निर्गतरत्नद्रव्यादीनां —

क्षीरार्णवे मथ्यमाने सफेनोर्मिमहोत्कटे।
समुद्भूतानि रत्नानि गुणतेजोमयानि च॥ 12॥
मौक्तिकं वज्रवैडूर्यं पद्मरागश्च नीलकम्।
हिरण्याद्यष्टलोहानि मथ्यमाने तदुद्भवः॥ 13॥

इस प्रकार दोनों ही ओर से सुरों और असुरों के प्रयास से क्षीरार्णव के मध्य में मन्दराचल के द्वारा मन्थन से फेनयुक्त ऊँची-ऊँची लहरें उठने लगी। मन्थन के फलस्वरूप गुण और तेजों से युक्त रत्न निकलने लगे। उन रत्नों में मोती, हीरे, वैदूर्य, पद्मराग, नीलम, सोना आदि अष्टलोह धातुएँ समुद्र के बीच से निकलीं।

तदोद्भूता कामधेनुर्घृतदध्युद्भवस्ततः।
क्षीरं च गोमयं मूत्रं पञ्चगव्यं प्रकीर्तितम्॥ 14॥
सर्वसृष्ट्युद्भवा धेनुः सर्वकामफलप्रदा।
सर्वकाममवाप्नोति कामधेनुनमस्कृतिः॥ 15॥

उसी समुद्र मन्थन से कामधेनु निष्पन्न हुई जिससे घी, दही, दूध, गोमय, गोमूत्र निकले जो पञ्चगव्य नाम से जाने जाते हैं। यह कामधेनु सभी कामनाओं को पूर्ण करने वाली है इसलिए समस्त कामों को पूर्ण करने वाली कामधेनु नमस्कृत्य है।

ऐरावतो गजेन्द्राणां चन्द्रश्चाप्सरसस्तथा।
उच्चैश्रवास्तुरङ्गाणां सूर्यादीनां च वाहनम्॥ 16॥

इसके उपरान्त, समुद्र मन्थन से जो अन्य अन्य रत्न निकले वे हैं— गजेन्द्रों में ऐरावत हाथी, चन्द्रमा, अप्सराएँ और उच्चैश्रवा नामक अश्व जो सूर्यादि देवताओं के वाहन बने।

अमृतानां सप्तकुम्भा अमृतत्वं च दायिनः।
समस्थाली च पात्राणं तलिकातां वा (वो) लुकोद्भवाः ?॥ 17॥
पर्यङ्कमासनं चैव तथा सिंहासनानि च।
छत्रचामरालङ्कारा धूपामोद आरार्त्तिकम्॥ 18॥
सिंहासनरुद्रासनवेत्रासनमसूरकम्।
गदिका पट्टपं गिद्दि प्रोक्तान्यासनकानि च॥ 19॥
षोडशाभरणं दिव्यं पदादि मुकुटान्तकम्।
षट्त्रिंशच्चैव$_{36}$ शस्त्राणां निर्गतानि क्षीरार्णवात्॥ 20॥

इसी प्रकार अमरता देने वाले अमृत से भरे सात अमृतकुम्भ प्राप्त हुए। पकाने के लिए स्थाली- वटलोई आदि पात्र और ताम्बे की करधनी- कमरपेटी, कमरबन्ध, पर्यङ्क, आसन, सिंहासनादि, छत्र, चामर सहित अलङ्कार और आरती में प्रयुक्त होने वाले धूप-गन्धादि, सिंहासन, रुद्रासन, बेंत का आसन, मसूरक अर्थात् मसहरी या मच्छरदानी, गदला, पट्टप अर्थात् रेशम के महीन वस्त्र, गिट्टी आदि के अनेक आसन, सोलह प्रकार के दिव्य आभूषण जो कि पैर से सिर तक धारण करने योग्य थे और छत्तीस प्रकार के आयुध भी उस समुद्र से निर्गत हुए।

कवचानि च रत्नानि बलीवर्दोत्सवास्तथा।
पुष्पकादिविमानानि श्रीवत्सस्वस्तिकानि च॥ 21॥
क्षीरार्णवे मध्यमाने निमज्जद्भिः सुरासुरैः।
तत्रोत्पन्नो महावृक्षो नाम्नासुरतरुस्तथा॥ 22॥

इसी प्रकार कवच[1], अन्य रत्न, बैलों से होने वाले समस्त उत्सव, पुष्पकादि विमान, श्रीवत्स, स्वस्तिकादि प्राप्त हुए। इसी क्षीरसागर का सुर व असुरगणों द्वारा मन्थन किए जाने पर इसके बीच निमज्जित हुआ सुरतरु नाम का महावृक्ष उत्पन्न हुआ अर्थात् कल्पवृक्ष प्राप्त हुआ।

अथ कल्पवृक्षवर्णनमाह —

नानापुष्पसमाकीर्णो नानापत्रसमाकुलः।
नानाफलसमायुक्तो पञ्चशाखासमन्वितः॥ 23॥
पुण्यानि तस्य पत्राणि दृष्ट्वा तीर्थमहाफलम्।
तस्यानुक्रमरूपं च जातिभेदं च लक्षणम्॥ 23-1॥
देशजातिकुलस्थानं वर्णभेदमतः परम्।
शाखानुक्रमयुक्ती च कथयामि समासतः॥ 23-2॥

उक्त कल्पवृक्ष तरह-तरह के पुष्पों से लदा हुआ था और नाना प्रकार के पत्तों से पूरी तरह लकदक था। तरह-तरह के फल इसकी पाँचों शाखाओं में लगे हुए थे। इस कल्पवृक्ष के दर्शन करने मात्र से सभी तीर्थों की यात्रा का महापुण्य फल

---

1. कौटिलीय अर्थशास्त्र में पाँच प्रकार के कवचों का वर्णन हुआ है— लोहजाल (सिर से पाँव तक ढँकने वाला), लोहजालिका (सिर के अतिरिक्त शेष समस्त देह को ढँकने वाला), लोहपट्ट (भुजाओं को छोड़कर समस्त शरीर को ढँकने वाला), लोहकवच (केवल वक्ष व पीठ को ढँकने वाला), सूत्रकण्टक (सूत का कवच) और पँचचर्मवर्म (मस्त्य, गेंडा, नीलगाय, गज एवं वृषभ के चर्म, खुर व शृङ्ग से निर्मित कवच)। (अर्थशास्त्र अधिकरण 2, 34, 18)

मिल जाता है। उनका क्रमवार रूप, जाति भेद और लक्षण, इनके देश, जाति, कुल-स्थान, वर्णभेद ओर इसके बाद शाखा अनुक्रम से मैं संक्षेप से कहता हूँ।

नागरं द्राविडं चैव कालिङ्गं यामुनं तथा।
निश्वेश्वरं समाख्यातं पञ्चपत्रसमुद्भवम्॥ 23-3॥
नागरा चोत्तरा शाखा द्राविडा दक्षिणोद्भवा।
कालिङ्गा पश्चिमा शाखा यामुना पूर्वदिग्भवा॥ 24॥
विश्वेशा ऊर्ध्वशाखायां एञ्चजातिमहोत्सवाः।
एकैकं पञ्चभेदाश्च$_5$ कथयाम्यपराजित॥ 25॥

इसके पाँच पत्र भी उत्पन्न हुए जिनके 1. नागर, 2. द्राविड़, 3. कलिङ्ग, 4. यामुन और 5. विश्वेश्वर आदि पाँच नाम विख्यात है। इनमें नागर उत्तरी शाखा के हैं और द्राविड़ दक्षिणी शाखा से उत्पन्न हुए हैं। कलिङ्ग पश्चिम शाखा से और यामुन पूर्वी शाखा से उत्पन्न हुए हैं। विश्वेशा ऊर्ध्वशाखा से उद्भूत हुए। ये पाँचों जाति महोत्सवा रूप में मान्य हैं। इनके भी पाँच-पाँच भेद हैं जिन्हें हे अपराजित! मैं अब कहता हूँ।

पञ्च$_5$ जातिर्दश$_{10}$ भेदास्तथा षोडश$_{16}$ वै कलाः।
मासपत्रं चतुर्जातमर्बुदादिसमुद्भवम्॥ 26॥
जलजं स्थलजं पत्रं मेघजं गिरिकोद्भवम्।
जीवपत्रं निभाकारं भेदभिन्नं व्यवस्थितम्॥ 27॥

इनकी पाँच जातियाँ हैं जिनके दस भेद हैं और उनकी सोलह-सोलह कलाएँ हैं ओर इनके हर मास चारों से उत्पन्न होने वाले अर्बुदादि (अरबों की) संख्या में हैं। जल से उत्पन्न होने वाले, स्थल से उत्पन्न होने वाले, बादलों से उत्पन्न होने वाले, पहाड़ों में उत्पन्न होने वाले जीवपत्रों के समान भिन्न-भिन्न रूपों में व्यवस्थित हैं।

सर्वाभरणसंस्थानं हारकेयूरकादिकम्।
स्तम्भे द्वारे गृहे शुद्धं प्रासादेषु च सर्वतः॥ 28॥
× × × × × × × × × × × × × × × ॥ 29॥

इस कल्पवृक्ष के द्वारा उत्पन्न होने वाले सभी आभूषणों के संस्थान में हार-केयूर आदि हैं। सर्वतः स्तम्भ, द्वार, गृह सभी शुद्ध प्रासादों के उपयुक्त हैं। ××××।

यत्र तद् दृश्यते पत्रं स्त्रियस्तत्र हितेक्षणाः।
तत्रोत्पन्नं तु कलशमष्टामाङ्गल्यसम्भवम्॥ 30॥

जहाँ-जहाँ ये पत्र दिखाई देते हैं, वहाँ-वहाँ मनोहारी दृष्टि युक्त स्त्रियाँ उत्पन्न हो जाती हैं और उनसे अष्ट माङ्गल्य प्रदान करने वाले कलश उत्पन्न हो जाते हैं।

संछन्नं फलपुष्पैश्च पत्रैश्च वलयीकृतम्।
अभिषेके पट्टबन्धे प्रतिष्ठोद्वहनादिषु॥ 31॥
प्रासादे राजभवने कलशं विनिवेदयेत्।
षोडशाभरणैर्युक्ता लक्ष्मीस्तत्र विनिर्गता॥ 32॥
द्वादशादित्यसङ्काशास्त्रैलोक्यम(पि)णिदीपिका।
[1](यस्य प्राप्ये न दारिद्र्यं सा देवी प्रकीर्तिता॥ 33॥)

(वे कलश) फल और पुष्पों से आच्छादित और उनके चारों ओर वलयाकार में पत्र से निर्मित सजावट लिए होते हैं, जो अभिषेक के अवसर पर, पट्टबन्ध के अवसर पर और प्रतिष्ठा के लिए कलशों में विवाह व गङ्गोज यात्रा आदि में, प्रासादों और राजप्रासादों में इन गङ्गाजल के कलशों को आदरपूर्वक स्थपित करें। उन पर से षोडशाभरणों से युक्त महालक्ष्मी वहाँ आ जाती है। जो बारहों आदित्यों के समान जाज्वल्यमान प्रकाश को प्रसारित करने वाली, तीनों लोकों को आलोकित करने वाली मणिदीप की भाँति शोभायमान होती है और जिसके प्राप्त होने पर दारिद्र्य नहीं रहता जो ऐसी देवी के रूप में प्रसिद्ध है।

अमृतं सर्वदेवेषु ह्यैरावतः सुराधिपे।
अश्वश्च भास्करे देवेऽपस्करः सर्वतः समः॥ 34॥

(मन्थन के उपरान्त) सभी देवताओं को अमृत दिया गया और इन्द्र को ऐरावत तथा सूर्य को (उच्चैश्रवा अश्व) दिया गया। ये वस्तुएँ सभी को समान रूप से दी गई।

पुनर्मन्थनात् अलक्ष्मीनिर्गतनं —

पुनश्च मन्थनं कृत्वा अलक्ष्मीस्तत्र निर्गता।
समुपेता पञ्चगुणैर्दत्ता, या तु पितामहे॥ 35॥
अतिक्षुधा च दीनत्वं याचनं भ्रमणं तथा।
अलक्ष्म्याः पञ्चमुद्राश्च करपात्रं च यष्टिकम्॥ 36॥

(जब देवासुरों ने) पुनः क्षीरसागर का मन्थन किया तो अलक्ष्मी सागर से निकली जिसको पितामह ने एक साथ पाँच गुण दिए। अतिक्षुधा, दीन-मलीन, याचना के लिए भटकाव और भिक्षापात्र तथा यष्टि— ये पाँचों मुद्राएँ अलक्ष्मी को

1. प्रकाशित पाठे न लभ्यते।

प्रदान की गईं।[1]

तथा च मन्थनै विषप्राप्तिं —

पुनर्मन्थनं कृत्वा तु विषं तत्र विनिर्गतम्।
न तद् गृह्णन्ति वै देवा दानवैर्नैवगृह्यते॥ 37॥
नीलकण्ठे मयूरे च तद्रूपं वृषभध्वजे।
तद्रूपेण तथेशेन तस्मात्तद्भक्षितं परम्॥ 38॥

(इसके उपरान्त) पुनर्मन्थन किए जाने पर उसमें से हलाहल विष निकला जिसे न तो देवताओं ने स्वीकारा न ही दानवों ने। ऐसे में वृषभध्वज भगवान् शिव और मयूर ने उसे ग्रहण किया। इससे शिव नीलकण्ठ हो गए और मयूर भी उस विष का भक्षण करने से नीलकण्ठ रूप हो गया।

इत्यमनन्तर वारुणी कलिकोद्भवं —

पुनर्विनिर्गता चैव मदिरा कलिकोद्भवा।

---

1. ऋग्वेदोक्त श्रीसूक्त में लक्ष्मी की ज्येष्ठभगिनी के रूप में अलक्ष्मी का उल्लेख है। उसका स्वरूप क्षुधा-तृष्णा से मलिन एवं क्षीण शरीर वाला बताया गया है। ऋषि ने उसके विनाश की कामना की है और लक्ष्मी से अपने घर की दरिद्रता व अपूर्णता को दूर करने की कामना की है— क्षुत्पिपासामलां ज्येष्ठामलक्ष्मीं नाशयाम्यहम्। अभूतिमसमृद्धिं च सर्वां निर्णुद मे गृहात्॥ (श्लोक 8)
पद्मपुराण के उत्तरखण्ड में शिवमुख से भगवती के प्रति ज्येष्ठा का परिचय दिलवाया गया है कि यह समुद्र मन्थन के दौरान उत्पन्न हुई जो रक्त-मांसादि से आवृत्त थी, उत्पन्न होते ही उसने पूछा कि मेरे लिए क्या कर्तव्य है? इस पर उसके लिए कलह योग्य गृह का आवास निश्चित किया गया— ज्येष्ठा देवी समुत्पन्ना रक्तस्रग्वाससावृत्ता। उत्पन्ना साब्रवीद्देवान् किं कर्त्तव्यं मयेति वै॥ तामब्रुवंस्तदा देवीं सर्व्वे देवगणा भृशम्। येषां गृहान्तरे नित्यं कलहं सम्प्रवर्त्तते॥ तत्ते स्थानं प्रयच्छामो वासस्तत्र शुभानने। (शब्दकल्पद्रुम भाग 3 पृष्ठ 549 पर उद्धृत)
पद्मपुराण में उसको कलिवल्लभा कहा गया है— इत्यादिश्य सुराः सर्वे ते ज्येष्ठां कलिवल्लभाम्। (तत्रैव)
हेमाद्रि ने विश्वकर्माशास्त्र से ज्येष्ठा को रक्तवस्त्रा, उग्र रूप वाली, कपाल, चमरी धारण करने वाली, काले मुख वाली और सुभीषण कहा है— रक्तवस्त्रा तथा रौद्री कपालचमरीकरा॥ शेषपूर्वा तु विज्ञेया कृष्णवक्त्रा सुभीषणा। (वृत्तस्था जटिला त्र्यक्षा वह्निज्वालासमप्रभा। कपालाभयहस्तोग्रा वामा बागफलप्रदा॥ द्विबाहुरेकवक्त्रैषा विधातव्या विपश्चिता।) (चतुर्वर्गचिन्तामणि व्रत. अध्याय 1, पृष्ठ 85)
हेमाद्रि ने रक्तज्येष्ठा व नीलज्येष्ठा का स्वरूप भी दिया है— तुङ्गनासा च लम्बोष्ठी लम्बमानस्तनोदरी। आलोहिता स्मृता ह्येषा ज्येष्ठा लक्ष्मीरिति श्रिये॥ उत्पलाभहस्तेयं द्विभुजा वीरवन्दिता। रक्तज्येष्ठा च नीला च भूतलन्वितपादिका॥ भूतलं स्पृशते दोर्भ्यां द्विभुजा वीरवन्दिता। (तत्रैव पृष्ठ 81)
इसी प्रकार मयमतम् में अलक्ष्मी को ज्येष्ठा कहा गया है। लम्बे, लटकते ओष्ठ, उठी हुई नासिका तथा लम्बमान स्तनों वाली ज्येष्ठा की प्रतिमा को लम्बे उदरवाली बनाने का निर्देश है। ज्येष्ठा महालक्ष्मी की ज्येष्ठ बहन या अलक्ष्मी है और हाथ में लाल कमल का पुष्प धारण करती है— लम्बोष्ठी तुङ्गनासी च लम्बमानस्तनोदरी॥ ज्येष्ठा ज्येष्ठा महालक्ष्म्या लोहितोत्पलपाणिका। (मयमतम् 36, 268-69)

तां च पीत्वा कलिर्जातो मथनस्य विसर्जनम्॥ 39॥
अर्थक्षया शौचभ्रंशा गूढमन्त्रप्रकाशिका।
नष्टकार्या तनुकृष्टा चागम्यागमपापदा॥ 40॥

(एक बार) पुनः सागर का मन्थन किए जाने पर उसमें से कलियुग (क्लेश) स्वरूप मदिरा निकली जिसको पीने से कलियुग का प्रादुर्भाव हो गया और सागर मन्थन का अन्त हो गया। तब से मदिरा पीने वाले में कई अवगुण प्रकट होने लगे। यथा— वह व्यक्ति के धन का क्षय करती, उसकी पवित्रता का विनाश करती, उसके गुप्त विचारों को प्रकट कर देती और उसके समस्त कार्यों को नष्टकर डालती है, वह उसके विवेक का हरण कर लेती है जिससे वह बहन-बेटी, माता-गुरुपत्नी आदि अगम्या के साथ भी दुराचार करने में प्रवृत्त कर देती है और ऐसे जघन्य पाप करवाती है।

अधर्मकलिकोद्भावा गृहच्छिद्रादिकारिका।
तथा त्यक्तोत्तमस्नेहा मृतनिर्गतचेतना॥ 41॥
एवं निन्द्यगुणैर्युक्ता मदिरा पानतः कृता।
मुक्ता यैः सा स्वहितैश्च तेषां श्रीर्बलवर्द्धिनी॥ 42॥

इसी प्रकार कलियुग के सभी अधर्मों को कराने वाली, गृह की रहस्यों को खोलकर परिवार के स्नेह, प्रेम व्यवहार को छुड़ा देती है और मदिरा पीने वाले व्यक्तियों की चेतना को मृत कर देती है। इस प्रकार के निन्द्य गुणों से मदिरापायीयुक्त होकर बरबाद हो जाता है। इसके विपरीत, जो समझदार व्यक्ति इसके अवगुणों को समझकर इससे मुक्त हो जाता है, वह अपना स्वयं का ही हित कर लेता है और ऐसे लोगों का धन व बलवर्धिनी वह त्यागी गई मदिरा स्वयं बन जाती है।

इति सूत्रसन्तानगुणकीर्तिप्रकाशप्रोक्तश्रीभुवनदेवाचार्योक्तापराजितपृच्छायां कूर्मावतारे मन्दरमन्थनाधिकारो नाम चतुर्विंशं सूत्रम्॥ 24॥

इस प्रकार भुवनदेवाचार्य कृत सूत्रसन्तानगुणकीर्ति प्रकाश या अपराजितपृच्छा में कूर्मावतार मन्दार मन्थन अधिकार नामक चौबीसवाँ सूत्र पूर्ण हुआ॥ 24॥

वराहावतारो नाम पञ्चविंशं सूत्रम्॥ 25॥

अपराजित उवाच —

पृथिव्यां सागरा द्वीपाः सशैलवनकाननाः।
कैराधारैरुध्रियन्ते कथयस्व परेश्वर॥ 1॥

अपराजित बोले— वन-जंगल और पहाड़ों सहित पृथ्वी इन सागरों और द्वीपों के लिए किस के आधार से घूर्णित होती है अर्थात् चक्र लगा रही है? हे परमेश्वर! इस बारे में कहिए।

विश्वकर्मोवाच —

नागराजधृताः शैलाः पृथिव्यां द्वभ्पसागराः।
भाराक्रान्ता च वसुधा भीता याता रसातले॥ 2॥

विश्वकर्मा ने कहा— नागराज के द्वारा यह समस्त पृथ्वी द्वीप, सागर और पहाड़ों सहित धारण की गई है और इस वसुधा के भार से आक्रान्त होकर वह नागराज रसातल में चला गया।

तदाक्षीरार्णवे सर्वे विष्णुपार्श्वे गताः सुराः।
रक्ष रक्ष परं विष्णो जगत्स्थावरजङ्गमम्॥ 3॥
रक्षरक्षाऽऽर्यलोकांश्च पादोऽधर्मस्य वर्तते।
तेन सा च भराक्रान्ता भूतधात्री ह्यधोगता॥ 4॥

ऐसे में सभी देवतागण क्षीरसागर में शयन करने वाले भगवान् विष्णु के पास पुकार करने पहुँचे कि 'हे विष्णु! हमारे इस स्थावर जङ्गम, जीव सृष्टियुक्त जगत की रक्षा करें। हे प्रभु! अब धर्म केवल चतुर्थांश ही रह गया है। इसलिए धर्म की रक्षा और आर्य-लोकों की रक्षा करिए क्योंकि चतुर्थांश धर्म के रहने से और तीन चतुर्थांश पाप के भार से दबकर यह पृथ्वी पाताल में जा रही है।'

विष्णुरुवाच —

रसातले गमिष्यामि भूताधारधरा मही।
आत्मस्थाने स्थापयिष्ये तामधो गम्यते मया॥ 5॥

(इस पर विष्णु ने देवताओं से कहा कि) इस भूतमात्र की आधार पृथ्वी को मैं उद्धार करके उसके अपने सही स्थान पर स्थापना करने के लिए रसातल में जाऊँगा।

कृतार्धे च समायाते चैत्रकृष्णजयातिथौ।
सूर्यनाममुहूर्तान्ते हस्तान्ते घटिकाद्वयम्॥ 6॥
वराहरूपमास्थाय अप्रमाणं महोत्कटम्।
भृकुटिस्फुरद्दशनं तेजः पुञ्जसमुद्भवम्॥ 7॥
दंष्ट्राग्रे वसुधां धृत्वा सशैलद्वभ्पसागराम्।
सम्पूजितः सर्वदेवैरागतः पृथिवीधरः॥ 8॥

कृतयुग के आधे बीत जाने पर चैत्र मास के कृष्णपक्ष की जया तिथि (तृतीया) को सूर्य नामक मुहूर्त (तृतीय मैत्र[1] संज्ञक मुहूर्त) के अन्त में, हस्त नक्षत्र के अन्तिम चरण में, दो घटिका शेष रहते महोत्कट महाविशाल, अकल्पनीय प्रमाण वाले वराह के रूप में फड़कती हुई भ्रकुटी और किटकिटाते हुए दाँतों और अत्यन्त प्रकाशमान तेजपुञ्ज से समुद्भव अर्थात् उत्पन्न होकर इस शैल-द्वीप-सागर से युक्त पृथ्वी को अपने दाढ़ के आगे के भाग पर धारण करके सभी देवताओं से सम्पूजित होकर पृथ्वीधर होता हुआ पुनः आऊँगा।

तथा च वराहावतार वर्णनं —

पुष्करे परमेश्वरो नासाग्रे पवनात्त्मकः।
वलिका ऊर्ध्वकेशेषु शम्भुसृष्टिसमुद्भवा॥ 9॥

(देवताओं को इस आश्वासन के बाद) भगवान् विष्णु परमेश्वर जल के तालाब में नाक से आगे पवन की फुफकार छोड़ते हुए अपने आयाल के ऊँचे-ऊँचे केशों सहित भगवान् शिव की सृष्टि में उत्पन्न हुए।

अधरैश्चाधकोद्भूतं ? दंष्ट्रायां शैलसम्भवः।
सरस्वती च जिह्वायां तालुकेऽमरकोटयः॥ 10॥
ग्रीवायां सुरसङ्घाश्च ओष्ठयोश्चासुरास्तथा।
कपाले कार्मुककरश्चन्द्राकौं चेव नेत्रयोः॥ 11॥
कर्णयोश्चेव गन्धर्वास्त्रिकोटिः सार्धमस्तके।
पृष्ठोपरि तथा मेरुर्लिङ्गाकारेण संस्थितः॥ 12॥

अधरों के नीचे से निम्न भाग उद्भूत होता जान पड़ा तो दाढ़ों से पहाड़ बने हों, ऐसी छवि थी। जिह्वा में सरस्वती को बसाकर और तालू में करोड़ों देवताओं को 'बसाकर, गले में देवताओं के समूहों को बसाकर और ओठों पर असुरों को

---

1. मुहूर्ततत्त्व में आया है कि दिन के 15 मुहूर्तों के लिए दिनमान में 15 का भाग देकर एक मुहूर्त का घट्यात्मक मान निकाला जा सकता है। दिन के ये मुहूर्त-स्वामी क्रमशः निम्नलिखित हैं— 1. ईश, 2. सर्प, 3. मित्र, 4. पितृ, 5. वसु, 6. सलिल, 7. विश्वेदेव, 8. अभिजित् (विधि), 9. विधाता, 10. इन्द्र, 11. इन्द्राग्नि, 12. राक्षस अथवा निर्ऋति, 13. अम्बुनाथ, 14. अर्यमा और 15. भग—; अहीशः सर्पमित्रौपितृवसुसलिलं विश्वकौकश्च वज्रीन्द्राग्नी रक्षोम्बुनाथार्यमभगमथोर्धेभिजिद्यान इष्टः। (मुहूर्ततत्त्व 1, 8) विष्णुधर्मोत्तरपुराण में वज्र के प्रश्न पर मार्कण्डेय का कथन है— दिनरात्र्योस्समारम्भे ह्यर्धं भवति पार्थिव॥ तयोर्मध्ये च सततमभिजिच्चाभिधीयते। तयोर्द्वित्वान्मया त्रिंशन्मुहूर्ता विहितास्तव॥ नक्षत्रैर्दैवतैस्तेषां देवताः परिकीर्तिताः। केवलं क्रमहानिश्च क्रमस्तेषां निबोध मे॥ रौद्रस्सार्पस्तथा मैत्रः पैत्रो वासव एव च। आप्यो वैश्वस्तथा राजन्केश्वरः शक्रदैवतः॥ ऐन्द्राग्नेयौ नैर्ऋतस्तु वारुणश्च महीपते। आर्यम्णस्तु तथा भोग्यो मुहूर्तास्तु दिवाचराः॥ (विष्णुधर्मोत्तर. प्रथमखण्ड 84, 66-70)

बसाकर, कपाल में धनुषाकार को, चन्द्रमा व सूर्य को नेत्रों में धारण करके, कानों और मस्तक में साढ़े तीन करोड़ गन्धर्वों को, पीठ पर और मेरु पर्वत को लिङ्गाकार में स्थापित किया।

पञ्चवक्त्रो महादिव्यो व्योमव्यापी सदाशिवः।
तस्य प्रदक्षिण मेरुर्भुवनानि चतुर्दश$_{14}$ ॥ 13 ॥
स्थिताश्चैकादश$_{11}$ रुद्रा द्वादशादित्यकास्तथा$_{12}$ ।
चतुर्दशमन्वश्च$_{14}$ त्रिदशास्स्युरनेकधा ॥ 14 ॥

(इसी प्रकार) यह महान वराह का स्वरूप एक प्रकार से महादिव्य व्योम व्यापी सदाशिव का ही पञ्चवक्त्र स्वरूप है जिसके मेरु शिखर के चतुर्दिक चौदह भुवन प्रदक्षिणा करते हैं। इस वराह अवतार के स्वरूप में एकादश रुद्र और द्वादश आदित्य, चौदह मनु और अनेक देवता अवस्थित हैं।

उभयोर्गिरिगोत्राश्च भुजयोः शैलजास्तथ।
कर्णिकायां च संसारो मणिबन्धे महोत्कटाः ॥ 15 ॥
इन्द्रः खुरेषु गन्धर्वाः क्षुररन्ध्रुषु पन्नगाः।
क्षुराग्रे चाश्विनौ देवौ जानुसन्धौ च रुग्व्ययः ॥ 16 ॥
अहिला(?जा) हृदयदेशे जठरे जगतो धृतिः।
कुक्षौ सप्तार्णवाः प्रोक्ताः पुच्छे सृष्टिकरस्तथा ॥ 17 ॥

भगवान् वराह की दोनों भुजाओं में गिरिगोत्रा, पहाड़ों का समूह तथा शैलजा पहाड़ी चोटियों का समूह स्थित है। श्रीवराह के कानों में और कलाइयों में महोत्कट संसार स्थित है। उनके पाँवों के खुरों में इन्द्र और गन्धर्वों का वास है जबकि खुरों के मध्य में रन्ध्र, रिक्त स्थान में पन्नग-सर्पों का वास है। खुरों के अग्रभाग में अश्विनीकुमारों का वास है। जङ्घा के सन्धि में सभी रोगों का नाश करने वाले तत्त्वों का वास है। अहिला (जा) साँपों के वंशज वराह के हृदयदेश में और समस्त जगत को वराह ने अपने पेट में धारण कर रखा है। श्रीवराह के दोनों कुक्षों में सातों महासागरों का वास कहा है और श्रीवराह की पुच्छ में सृष्टिकर ब्रह्मा का वास है।

तदूर्ध्व कूर्मरूपं तु कूर्मोर्ध्वे गरुडो मतः।
पञ्चद्वे$_{25}$ तत्त्वानि यतः स्मृतः सृष्टिसमुद्भवः ॥ 18 ॥
पञ्चतत्त्वोद्भवा सृष्टिः ख्यातः संसारसागरः।
एवमाद्योद्भवो देवः संसाराच्च समुद्धरेत् ॥ 19 ॥

पापात्समुद्धरेद्येन लीलया धार्यते महीम्।
खुणमध्यगतो यस्य मेरुः खुणखुणायते॥ 20॥

इससे ऊपर कूर्म रूप है और कूर्म के ऊपर गरुड़ माना गया है। इससे आगे पच्चीस (पञ्च द्वे 5 × 5 = 25) तत्त्व कहे गए हैं जिनसे सृष्टि उत्पन्न हुई है। यूँ पञ्चतत्त्वों से इस सृष्टि में संसार, सागरादि की उत्पत्ति विख्यात् है। उसी आदिकाल में उत्पन्न होने वाले संसार का श्रीवराहदेव ने बड़ी लीला से अर्थात् खेल-खेल में आसानी से मही अर्थात् पृथ्वी को धारण करके पाप से समुद्धरित किया।

पातालं यस्य कुक्षौ सकलशिखरिणो मन्दरो मेरुकाद्याः
दंष्ट्राग्रे यस्य लग्ना त्रिभुवनसहिता मेदिनी सागरान्ता।
आरक्ते यस्य नेत्रे सुरभिसुरदितं घर्घरं यस्य काले
द्वौ कर्णौ भुजगदृष्टि कपट तनुकृत ? पातु वः श्रीवराहः॥ 21॥

श्रीवराह के कुक्षों में पाताल के समस्त गिरि शिखिर मन्दराचल, सुमेरु आदि का वास है और श्रीवराह के दाँतली में त्रिभुवन सहिता यह सागरान्त महि-मेदिनी टिकी हुई है, लगी हुई है। श्रीवराह के लाल-लाल नेत्रों में सुरभि, सुर व दैत्य (?) वसते हैं और उनके घर्घर शब्द में, गुरनी में काल का वास है। दोनों कान ऐसे फैले हैं मानो फन फैलाई हुई भुजङ्ग की दृष्टि हो। इस प्रकार के कपट तनु, छलिया रूप वाले श्रीवराह हमारी रक्षा करें।[1]

इति सूत्रसन्तानगुणकीर्तिप्रकाशप्रोक्तश्रीभुवनदेवाचार्योक्तापराजितपृच्छायां वराहावतारनिर्णयाधिकारो नाम पञ्चविंशं सूत्रम्॥ 25॥

इस प्रकार भुवनदेवाचार्य कृत सूत्रसन्तानगुणकीर्ति प्रकाश या अपराजितपृच्छा में वराहावतार निर्णय अधिकार नामक पचीसवाँ सूत्र पूर्ण हुआ॥ 25॥

---

1. मत्स्यपुराण में यज्ञवराह का स्वरूप इस प्रकार आया है— वेदपादो यूपदंष्ट्रः क्रतुदन्तश् चितीमुखः। अग्निजिह्वो दर्भलोमा ब्रह्मशीर्षो महातपाः। अहोरात्रेक्षणधरो वेदाङ्गश्रुतिविभूषणः॥ आज्यनासः स्रुवतुण्डः सामघोषस्वनो महान्। सत्यधर्ममयो श्रीमान् कर्मविकर्मसत्कृतः॥ प्रायश्चितनखो घोरः पशुजानुर्मखाकृतिः। उद्गीथहोमलिङ्गोऽथ बीजौषधि महाफलः॥ वाय्वन्तरात्मा यज्ञास्थितिविकृतिः सोमशोणितः। वेदस्कन्धो हविर्गन्धो हव्यकव्यविभागवान्॥ प्राग्वंशकायो द्युतिमान् नानादीक्षाभिरन्वितः। दक्षिणाहृदयो योगी महासत्रमयो महान्॥ उपाकर्मौष्ठरुचकः प्रवर्ग्यावर्त्तभूषणः। नानाछन्दोगतिपथो गुह्योपनिषदासनः। छायापत्नीसहायो वै मणिशृङ्ग इवोच्छितः॥ (मत्स्य. आनन्द आश्रम संस्करण, पूना, 248, 68-73)

नृसिंहवामनावतारो नाम षड्विंशं सूत्रम् ॥ 26 ॥

अपराजित उवाच —

हिरण्यकशिपुर्घोरो जातः कस्मादुपायतः।
अफलं वर्धितं केन ? कथयस्व प्रसादतः ॥ 1 ॥

अपराजित बोले — महाघोर दुर्दान्त हिरण्यकशिपु किस उपाय से उत्पन्न हुआ ? हे तात ! कृपा करके इस बार में कहिए कि इससे क्या-क्या अफल-निष्फल कार्य हुए।

विश्वकर्मोवाच —

हिरण्यकशिषुं पूर्व कथयिष्यामि साम्प्रतम्।
महोत्कटश्च येनाऽसाववध्यो देवदानवैः ॥ 2 ॥
तेनस्ववशमानीताः देवासुरनरोरगाः।
ससुतं वैष्णवं दिव्यं विष्णुपादसुचिन्तकम् ॥ 3 ॥
हिरण्यकशिपुर्हन्तुं प्रह्लादं प्राञ्जलिं सुतम्।
कृत्वा चैवाग्निमध्यस्थं पर्वताद् विनिपातितम् ॥ 4 ॥
निबध्य च जयस्तम्भे शुभं वै वज्रशृङ्खलैः।
तेनाऽसौ स्तूयमानश्च विष्णुः स्तम्भार्दनार्चितः ॥ 5 ॥

विश्वकर्मा बोले —अब मैं पहले संक्षेप में हिरण्यकशिपु के बारे में कहता हूँ। इस महोत्कट, भयङ्कर असुर के द्वारा अनेकों देव-दानवों का वध हुआ। उसने समस्त देवता, असुर, मनुष्यों और नागों को अपने वश में कर रखा था। इस दुष्ट ने, विष्णु भगवान् के चरणों में भक्ति रखने वाले अपने दिव्य वैष्णवपुत्र केा भी वश में करने के लिए अग्नि के मध्य में जलाने, ऊँचे पर्वत शिखरों से गिराने, बड़ी सुदृढ़ साँकलों से जय खम्भ से बाँधकर तरह-तरह के कष्ट दिए परन्तु प्रह्लाद खम्भे से बन्धे हुए अपनी अञ्जलियों को भगवान् विष्णु की स्तुति करने में जोड़े हुए प्रार्थना करते रहे।

अथ नरसिंहावतार कालादीनां —

त्रयोदश[13] लक्षाब्देषु गतेषु च कृते युगे।
राधशुक्लचतुर्दश्यां[14] ज्येष्ठान्ते च मुहूर्तके ॥ 6 ॥
ऊर्ध्व सिंहतनुं कृत्वा चाधो नरतनुं तथा।
स्तम्भं संस्फोट्य तं घोरं सूदयिष्यति दानवम् ॥ 7 ॥

---

1. 'वामनावतारो नाम षड्विंशं सूत्रम्' इति प्रकाशित पाठः।

जब कृतयुग के तेरह लाख वर्ष व्यतीत हो जाएँगे, तब वैशाख मास शुक्ला चतुर्दशी (राध[1]शुक्ल चतुर्दशी), ज्येष्ठा नक्षत्र के अन्तिम मुहूर्त में (मैं अवतार लूँगा)। मेरे देह के ऊर्ध्वभाग में सिंह का स्वरूप होगा और नीचे का भाग मानव स्वरूप में होगा। मैं उक्त विशाल स्तम्भ को फाड़कर विकराल रूप में निकलकर उस हिरण्यकशिपु को सूदयिष्यति— मारूँगा।

प्रह्लादस्य तथा राज्यं विष्णुर्दास्यति भूतले।
एकच्छत्रां स दत्तां च पालयेद्भूतधारिणीम्॥ 8॥

(हे अपराजित!) भगवान नरसिंह का रूप धारण करने वाले विष्णु इस भूतल का राज्य प्रह्लाद को देंगे जो समस्त पृथ्वी का एक छत्र राज्य करके धरती का पालन करेंगे।

नरसिंहवर्णनं —

यं दृष्ट्वा नारसिंहं विकृतनखमुखं तीक्ष्णदंष्ट्राकरालम्
पिङ्गाक्षं स्तब्धकर्णं हुतवहसदृशं कुञ्चिताग्रोऽग्रकेशम्।
भीतास्ते दानवेन्द्रा असुरवरभटाः शस्त्रमुद्गीर्यहस्तात्
हाहा किं किं किमेतत् क्षुभितजनपदः पातु वो नारसिंहः॥ 9॥

जिस नारसिंह रूप को भयानक नख-मुख, तीक्ष्ण और कराल दाँतों, लाल-लाल आँखों, चकित खड़े कानों, भयानक हुताग्नि जैसा और सिर के अयाल भाग के भयानक रूप में बिखरे उठे हुए बालों को देखकर वे सभी दानवेन्द्र, असुर वीर जिनके हाथों में गदा रूपी शस्त्र धारण किए हुए थे, भयभीत होकर हाहाकार करने लगे और डर से काँपते हुए समस्त जनपद के लोग, यह क्या है? यह क्या है?? पुकारने लगे— ऐसे नरसिंह भगवान हमारी रक्षा करें।

यः स्तम्भाद् गर्जमानो गगडगडगडदू बालचन्द्रार्कदंष्ट्रः
व्योमाभुव्याप्यमानः पपटपटपटत् पोट्यमानः शटाभिः।
दंष्ट्राभिः खाद्यमानः ककहकहकहत् स्तूयमानः सुरेन्द्रैः
निष्कान्तो हास्ययुक्तः ककहकहकहत् पातु वो नारसिंहः॥ 10॥

इति नृसिंहावतारश्चतुर्थः।

जो स्तम्भ फाड़कर उसमें से गर्जन करते हुए गगड-गडगडद शब्द ध्वनि करते

---

1. ग्रन्थान्तर में द्वादश माह के नाम पर्यायानुसार इस प्रकार आए हैं— मधु-चैत्र, माधव-वैशाख, ज्येष्ठ-शुक्र, शुचि- आषाढ़, नभ-श्रावण, नभस्य-भाद्रपद, इष- आश्विन, ऊर्ज-कार्तिक, सहा- मार्गशीर्ष, सहस्य-पौष, तप-माघ, तपस्य-फाल्गुन। ये क्रमानुसार चैत्रादि बारह महीनों के पर्याय हैं— मधुश्च माधवः शुक्रः शुचिश्चापि नभाह्वयः॥ नभस्य इष ऊर्जश्च सहाख्यश्च सहास्त्र्यश्च सहस्यकः। तपस्तपस्यः क्रमशश्चैत्रादीनां तु संज्ञकाः॥ (नारदसंहिता 3, 81-83)

हुए और उदित होते बालचन्द्र, द्वितीया के चन्द्र की तरह तीखे दाँतों वाले, भूमि से लेकर व्योम तक विस्तीर्ण पपटपटपटत् फटकारते हुए भरपूर बालों से युक्त, तीक्ष्ण दाढ़ों से चबाकर खा जाने की तैयारी में दाँतों को ककटकटकटत् करते हुए भगवान नरसिंह है— उनकी सुरेन्द्र आदि ने भी निष्प्रभ होते हुए स्तुति की। इससे भगवान् नरसिंह की हंसी छूट गई और वे ककहकहकहत् खिलखिलाकर हंस पड़े— ऐसे नरसिंह भगवान हमारी रक्षा करें।

अथ पञ्चम वामनावतारणवर्णनम् —

सन्धौ च समनुप्राप्ते त्रेतायाश्च कृतस्य च।
अयुक्ताश्च नरा नार्यश्चाल्पशस्या तु मेदिनी॥ 11॥
तीर्थात् पुण्यानि गच्छन्ति लोको दानानि वाञ्छति।
दासन्ति विप्राः शूद्रेषु वैश्याश्च नृपपावनाः॥ 12॥

(अब विष्णु के पाँचवें वामन अवतार का वर्णन किया जा रहा है। यहाँ प्रथमतः युगवर्णन है) त्रेतायुग एवं सतयुग के सन्धिकाल के आते-आते नर-नारी के परस्पर सम्बन्ध टूटने लगेंगे और धरती पर कृषि की उपज क्षीण हो जाएगी। ऐसे समय में तीर्थ क्षेत्रों से पुण्य का लोप हो जाएगा। लोग दान एवं भिक्षा की वाञ्छा से भट जाएँगे, विप्र लोग शूद्रों के दास होकर उनकी सेवा में तत्पर होंगे जबकि वैश्यगण भी राजाओं के आदेश बजाने में लगेंगे।

भुञ्जते रौप्यपात्रेषु स्मरार्ता विप्रजातयः।
नैव साङ्ख्ययं नास्ति भाट्टं न दर्शनचतुष्टयम्॥ 13॥
नृपा युद्धानि कुर्वन्ति भूम्यर्थे च परस्परम्।
त्रिपादो वर्तते धर्मः पादश्चैकस्त्वकर्मणि॥ 14॥

(तब) स्वर्णपात्रों में खाने वाले विप्रगणों का इतना पतन हो जाएगा कि उनको चाँदी के पात्रों में भोजन करना पड़ेगा, वे स्मरार्ता (कामदेव के वशीभूत) हो जाएँगे। उनमें कथा-पुराण वाचक भट्टगणों के गुण नष्टभूत होंगे और वे दर्शनचतुष्टय[1] को विस्मृत कर जाएँगे। राजा लोग ऐसे समय में अतिक्रमण करने के

1. दर्शन चतुष्टय से आशय है— साक्षात्, पात्रिक (पत्राचार-जात), चित्र एवं स्वप्न। इनके प्रतिपाद्य भी चार हैं— हेय (त्याज्य), हेयहेतु (दुःखकारण), हान (दुःखनिवृत्ति), हानोपाय (दुःख से निवृत्ति के उपाय)। भाट्ट से यहाँ आशय नाट्यवृत्ति के उस तीसरे प्रकार से भी हो सकता है जिसके चार भेद हैं— संक्षिप्ति (संक्षिप्त वस्तु रचना), सम्फेट (दो पात्रों के बीच सक्रोध सङ्घर्ष), वस्तूत्थापन (मन्त्रबल और मायाजाल से प्रस्तुत दृश्य) एवं अवपात (किसी पात्र के मञ्च पर उपस्थित होने से भगदड़ मचना)। (दशरूपक 2, 57-59)

प्रयोजन से परस्पर युद्धरत रहेंगे और धर्म का एक चतुर्थांश घट जाएगा जिससे धर्म केवल तीन चौथाई ही रह जाएगा।

दैत्यवंशोद्भवो राजा बली स्याद् दानगर्वितः।
गर्वहा सम्भविष्यामि विष्णुर्वै बलिवञ्चने॥ 15॥
अदितेः कश्यपसुतः सम्भविष्यामि भूतले।
भाद्रशुक्लद्वादश्यां[12] वै श्रवणे सुमुहूर्तके॥ 16॥

उक्त सन्धिकाल में दैत्यवंश में उत्पन्न होने वाले राजा बलि दान देने के अपने गर्व में फूल जाएगा, अभिभूत हो जाएगा और उसके गर्व को चूर करने के लिए विष्णु के वामन अवतार रूप में बलि राजा को ठगने के लिए अदिति के गर्भ में कश्यप ऋषि के पुत्र के रूप में इस पृथ्वी पर अवतार लेंगे। यह अवतार भाद्रपद के शुक्ल पक्ष की द्वादशी को हस्त नक्षत्र में शुभ मुहूर्त में होगा।[1]

अदितेश्च समुत्पन्नो लघुकायो दृढात्मकः।
तत्रोद्भविष्यदेवं च विष्णुर्वै वामनाकृतिः॥ 17॥
ततो वामनरूपेण स्तूयमानो द्विजोत्तमैः।
स्वागतः सिंहद्वाराग्रे बलिर्यत्र धरापतिः॥ 18॥
समुच्चार्य वेदशास्त्रं द्विजसहस्रध्वनिर्यथा।
बलिस्तुष्टोऽथ विप्रेन्द्र ददामि यत्तवेप्सितम्॥ 19॥

(विष्णु की यह प्रतिज्ञा है कि) 'मैं अदिति के गर्भ से लघुकाय— वामन रूप में तथा दृढ़ात्मक अर्थात् दृढ़ आत्मबल वाला विष्णु वामनाकृति में इस प्रकार उत्पन्न होऊँगा। तब मैं वामन रूप में बड़े-बड़े उत्तम द्विजों के द्वारा बलिराजा के राज्यद्वार, सिंहद्वार के आगे पूजित होकर स्वागत पाऊँगा। वहाँ मैं मानो हजारों द्विजों की ध्वनि हो रही हो, ऐसी वेदशास्त्रों की ध्वनि का उच्चारण करूँगा जिससे बलि मुझसे सन्तुष्ट हो जाएगा और मुझे विप्रेन्द्र मानकर जो कुछ मैं चाहूँगा, (वह मुझे कहेगा कि) आप जो चाहते हैं, वह मैं प्रदान करता हूँ।'

विष्णुरुवाच —

ममपादत्रयं भूमेर्याचनीयं नृपोत्तम।
नैवाऽकाङ्क्षे च राजेन्द्र महादानानि भोगिनाम्॥ 20॥

---

1. भागवत में भी आया है— श्रोणायां श्रवणद्वादश्यां मुहूर्तेऽभिजिति प्रभुः। सर्वे नक्षत्रताराद्याश्चक्रुस्तज्जन्म दक्षिणम्॥ द्वादश्यां सवितातिष्ठन्मंदिनगतो नृप। विजया नाम सा प्रोक्ता यस्यां जन्म विदुर्हरेः॥ (भागवत 8, 18, 5-6)

हस्तोदकं मया दत्तं यावच्चन्द्रार्कतारकम्।
तं दिव्यरूपमास्थाय क्रमिष्यामि वसुन्धराम्॥ 21॥

विष्णु ने (अवतार के समय राजा से कहा था) 'हे नृपोत्तम! मुझे तो केवल तीन पाँवों जितनी ही भूमि याचनीय है। हे राजेन्द्र! मैं तो अन्य भोगवादियों की भाँति बड़े-बड़े दानों की तनिक भी आकांक्षा नहीं रखता हूँ।[1] इसलिए राजा बलि यह सङ्कल्प करेगा कि 'जब तक चन्द्रमा व सूर्य सहित तारागणों की स्थिति रहेगी, तब तक के लिए मेरे द्वारा यह दान दिया जा रहा है।' ऐसे में मैं दिव्यरूप होकर समस्त वसुन्धरा को नाप लूँगा।'

बलिं चैव करिष्यामि पातालतलवासिनम्।
देवांश्चैव करिष्यामि स्वस्वस्थानेषु शाश्वतम्॥ 22॥

'इसी बीच, भूमि का नाप पूर्ण नहीं होने पर बलि पर अधिकार कर उसे, पातालवासी बना दूँगा और देवताओं को उसके पंजे से छुड़ाकर उनके अपने-अपने स्थानों पर शाश्वत रूप में स्थापित कर दूँगा।'

इति सूत्रसन्तानगुणकीर्तिप्रकाशप्रोक्तृश्रीभुवनदेवाचार्योक्तापराजितपृच्छायां वामनावतारनिर्णयाधिकारो नाम षड्विंशं सूत्रम्॥ 26॥

इस प्रकार भुवनदेवाचार्य कृत सूत्रसन्तानगुणकीर्ति प्रकाश या अपराजितपृच्छा में वामनावतार निर्णय अधिकार नामक छब्बीसवाँ सूत्र पूर्ण हुआ॥ 26॥

रामावतारो नाम सप्तविंशं सूत्रम्॥ 27॥

विश्वकर्मोवाच —

त्रेतार्द्धे चाब्द आद्ये च ह्याषाढे कृष्णषष्ठिका।
नाम प्रोक्तं पुण्डरीकं धनिष्ठान्ते मुहूर्तके॥ 1॥
जमदग्निसुतो भूत्वा रामः शस्त्रभृतां वरः।
क्षत्रियांश्च वधिष्याभि पृथ्वी निःक्षत्रयी कृता॥ 2॥

विश्वकर्मा ने आगे कहा-- त्रेतायुग के आधे व्यतीत हो जाने पर आने वाले आद्यवर्ष की आषाढ़ माह की कृष्ण पक्ष की षष्ठितिथि को पुण्डरीक नामक धनिष्ठा नक्षत्र के अन्तिम मुहूर्त में शस्त्रधारियों में परमश्रेष्ठ, महर्षि जमदग्नि के पुत्र

---

1. वामनपुराण में आया है-- गजाश्वभूमिहिरण्यादि तदर्थिभ्यः प्रदीयताम्। एतावता त्वहं चार्थी देहि राजन् पदत्रयम्॥ अर्थात् हे राजन्, हाथी, घोड़े, भूमि, सुवर्ण आदि उन-उन वस्तुओं के याचकों को दीजिए, मैं तो इतने की ही याचना करता हूँ कि मुझे तीन पग भूमि प्रदान कीजिए। (वामन. 91, 16)

(परशु)राम हुए जिन्होंने क्षत्रियों का वध करके इस पृथ्वी को निःक्षत्रयी अर्थात् क्षत्रियों वे विहीन कर दिया।

परशुराममाहात्म्यमाह —

एकविंशतिवारांश्च$_{21}$ समुद्रान्ता च मेदिनी।
तेन दत्ता द्विजवरे कश्यपे च त्वकण्टका॥ 3॥
विप्रयुक्ताश्च राजेन्द्रा उत्पन्ना च वसुन्धरा।
समुद्रः शाम्यते येन आसिद् द्वादश$_{12}$ यौजनैः॥ 4॥

उन्होंने समुद्रान्त समस्त पृथ्वी को इक्कीस बार क्षत्रियों से शून्यकर निष्कण्टक भूमि द्विजवर कश्यप ऋषि को दान कर दी। तब से इस वसुन्धरा पर विप्रों से युक्त कराकर अर्थात् विप्रों से नियोग द्वारा नवीन राजेन्द्र उत्पन्न किए जिनसे बारह योजन तक की दूरी तक समुद्रों का शमन किया अर्थात् शासन किया।

प्रवृत्ताश्चैव देशाश्च कोङ्कणाश्च चतुर्दिशम्।
क्षत्रमुत्सादयिष्यामि सभृत्यबलवाहनम्॥ 5॥

उन्होंने कोङ्कण सहित कई देशों के चारों ओर से आगे बढ़कर क्षत्रियों का उनके नौकरों, सेना व वाहन सहित उत्साद अर्थात् सर्वविनाश कर दिया।

जमदग्निसुतो रामः पुनर्जन्म करिष्यति।
तेनाहं प्रहरिष्याभ्ययोध्यायां सप्तमो हरिः॥ 6॥
षष्ठं परशुरामं च हरिर्हन्ति च सप्तमः।
सन्धौ च समनुप्राप्ते त्रेताया द्वापरस्य च॥ 7॥

इति परशुरामावतार षष्ठः।

उक्त जमदग्निसुत (परशु)राम पुनः जन्म लेगा। (भविष्य में) उसको मैं सातवें विष्णु अवतार में राम के रूप में जन्म लेकर आहत करूँगा। इस प्रकार छठवें परशुराम का सातवें हरि (श्रीराम) त्रेता एवं द्वापर युग की सन्धि आने पर हनन करेंगे।

अथ दाशरथीरामचरित्रं —

रामोदाशरथिर्भूत्वा कौशल्यानन्दवर्धनः।
विश्वामित्रयज्ञधुर्यस्ताडकां राक्षसीं हत्वा
जमदग्निसुतं जित्वा धनुर्भङ्गे सीतापतिः॥ 8॥

(अब सातवें विष्णु के अवतार श्रीराम के चरित्र का वर्णन है) कौशल्या के आनन्द को बढ़ाने वाले राम दाशरथी होकर तथा विश्वामित्र के यज्ञ की धुरी बनकर

ताड़का राक्षसी को मारकर और जामदग्न्य राम को जीत कर धनुर्भङ्ग करके सीता के पति होंगे।

वनवासं करिष्यामि सीतालक्ष्मणसंयुतः।
चित्रकूटे तथा सीता पर्ययुक्ता च लक्ष्मणैः ॥ 9 ॥[1]
रामगिर्य्याश्रमे प्राप्ते तत्र वै दण्डकावने।
लङ्केशेन हृता सीता कपटैर्मृगरूपतः ॥ 10 ॥

बाद में सीता और लक्ष्मण के साथ वनवासी होंगे और चित्रकूट से सीता, लक्ष्मण के साथ दण्डकवन में जाकर रामगिरि आश्रम बनाकर रहेंगे। वहाँ कपटमृग का रूप बनाकर मारीच के छल से लङ्केश रावण ने सीता का अपहरण किया।

हतो मृगश्च सीतार्थे त्रिशिराः खरदूषणा ॥
वेषमाना शूर्पणखा धृतासु राक्षसी कृता ॥ 11 ॥
सुग्रीवस्य समक्षं च हतो वाली महाबलः।
तैश्चापि वानरैः सार्धं करिष्यामि यथा सुखम् ॥ 12 ॥
दशयोजन विस्तीर्णमायतं शतयोजनैः।
सेतुबन्धनमावृत्तं जले शैलसमाकुलम् ॥ 13 ॥

राम ने सीता के लिए मायामृग को मार गिराया और सूर्पणखां राक्षसी जब अपमानित होकर त्रिशिरा खरं और दूषण से लड़ने के लिए अपने साथ घर लाई तो राम ने खर-दूषण को भी मार दिया। बाद में राम ने सुग्रीव के समक्ष बाली जैसे महाबली को मार गिराया। इसके बाद, वानरों के साथ मिलकर आसानी से दस योजन चौंड़ा और सौ योजन लम्बा शिखाखण्डों से निर्मित सेतु बाँधकर समुद्र के जल को आवृत्त किया।

हत्वा तु रावणं घोरं सभृत्यं देशकण्टकम्।
विभीषणाय दास्यामि राज्य निहतकण्टकम् ॥ 14 ॥
सीताशुद्धिं समानीय पुष्पवृष्टिः सुरैः कृता।
दत्ते विभीषणे राज्ये प्रत्यागच्छतृ स्वकां पुरीम् ॥ 15 ॥

इसके बाद, लङ्का पर चढ़ाई की और महादुष्ट रावण रूपी देशकण्टक को उसके समस्त सहायक अधिकारी, भृत्यों सहित मारकर विभीषण को निष्कण्टक राज्य प्रदान किया। इसके बाद सीता की मुक्ति मानकर देवताओं ने पुष्पवृष्टि की

---

1. 'चित्रकूटे तथा सीता पर्ययुक्ता न लक्षणैः ?' प्रकाशित पाठः। विशेष वाल्मीकि रामायण (२,५.६,२२-३१)

और राम विभीषण को राज्य देकर सीता के साथ अपनी स्वयं की अयोध्यापुरी की ओर अग्रसर हुए।

दशवर्षसहस्राणि दशवर्षशतानि च।
धर्मेण पालयेद् राज्यं समुद्रान्ता च मेदिनीम्॥ 16॥

इति रामावतारसप्तमम्।

अयोध्या में राजतिलक होने के बाद राम ने ग्यारह हजार वर्षों तक इस धरती पर आसमुद्र चक्रवर्ती राज्य किया और धर्मपूर्वक प्रजा का पालन किया।

इति सूत्रसन्तानगुणकीर्तिप्रकाशप्रोक्तश्रीभुवनदेवाचार्योक्तापराजितपृच्छायां रामावतारनिर्णयाधिकारो नाम सप्तविंशं सूत्रम्॥ 27॥

इस प्रकार भुवनदेवाचार्य कृत सूत्रसन्तानगुणकीर्ति प्रकाश या अपराजितपृच्छा में रामावतार निर्णय अधिकार नामक सत्ताईसवाँ सूत्र पूर्ण हुआ॥ 27॥

हरेष्टमः कृष्णावतारो नामाष्टाविंशं सूत्रम्॥ 28॥

विश्वकर्मोवाच —

पुनर्जन्म करिष्यामि धर्मार्थे त्वपराजित।
मथुरायां चापरं तु द्वापरानते कलौ युगे॥ 1॥
जातोऽवतारो विष्णोश्च दानवानां वधार्थकः।
कृष्णपक्षे भाद्रपदे ह्यष्टम्यां च तिथौ तथा॥ 2॥
रोहिणी नाम नक्षत्रे ह्यर्धरात्रे तथागते।
वसुदेवसुतः श्रीमान् वासुदेव इति श्रुतः॥ 3॥

विश्वकर्मा बोले — (भगवान विष्णु की प्रतिज्ञा है कि) धर्म के लिए मैं द्वापर युग के अन्त में कलियुग के आरम्भ में, मथुरा नगर में पुनर्जन्म लूँगा। दानवों के वध के लिए विष्णु के अवतार के रूप में जन्म ग्रहण करूँगा। भाद्रपद माह के कृष्ण पक्ष की अष्टमी तिथि, रोहिणी नक्षत्र में आधी रात्रि बीत जाने पर वसुदेव के पुत्र श्रीमान् वासुदेव के नाम से ख्यात होऊँगा।

अवतारप्रयोजनोपरान्तकृष्णलीलावर्णनं —

तस्य कर्माणि चाख्यास्ये शृणु चैकाग्रमानसः।
पूतनां घातयिष्यामि दुष्टां वै बालघातकीम्॥ 4॥
गोकुले च गतो देवो वर्तमानं महाधनम्।
गवार्थे चाद्धरिष्येऽहं गिरिं गोवर्द्धनं तथा॥ 5॥

प्रवृत्तायां महावृष्टौ गिरिपृष्ठनिवासिनाम्।
कालीयकं वशीकृत्य यमुनायां महार्णवे॥ 6॥

अब मैं उस अवतार में किए गए कार्यों के विषय में कहता हूँ, जिसे तुम एकाग्रचित्त होकर सुनो। सबसे पहले मैं बालधातिनी दुष्टा पूतना को मारूँगा और गोकुल में पूजनीय देवस्वरूप में जाकर वर्तमान युग के महाधन गौओं के लिए गोवर्द्धनगिरि का उद्धार करूँगा। साथ ही उस गोवर्द्धनगिरि पर रहने वालों की महावृष्टि से रक्षा करूँगा। यमुना नदी के महासागर रूपी ह्रद में निवास करने वाले कालीयक नाग को वश में करूँगा।

समानीष्ठा ? (हा)नि पद्मानि कंसस्यार्थे तु विग्रहे।
मल्लयुद्धं करिष्यामि सह तैस्तु महोत्कटम्॥ 7॥
मथुरायां वधिष्यामि कंसं च केशिनं तथा।
चाणूरं च तथा बाहुं मुष्टिकं च महाबलम्॥ 8॥
प्रलम्बं धेनुकं चैव ह्यरिष्टं वृषरूपिणम्।
कालनेमिं हनिष्यामि त्रिषु लोकेषु विश्रुतम्॥ 9॥

कंस के साथ विग्रह करने जाते समय मैं उसके लिए हानिकारक कमल के पुष्प लाऊँगा और कंस के महोत्कट, भीषण युद्ध करने वाले पहलवानों के साथ मल्लयुद्ध करूँगा। मथुरा नगरी में जाकर मैं कंस, केशी, चाणूर तथा महाबलवान् बाहु व मुष्टिक को मारूँगा। इसी प्रकार प्रलम्बासुर, धेनुकासुर, अरिष्टासुर जो कि बैल के रूप में रहता है और कालनेमि जो तीनों लोकों में विख्यात है, को भी मारूँगा।

कुशस्थलीं गमिष्यामि तीर्थे चावन्तिकाश्रिते।
नरकं च वधिष्यामि कुण्डलार्थे महासुरम्॥ 10॥
शोणिताख्यां पुरीं गत्वा करिष्ये कदनं महत्।
भुजच्छेदं करिष्यामि बाणस्य रणमूर्धनि॥ 11॥
शङ्करं योधयिष्यामि बाणस्यार्थे परं तप।
शोणिताख्यां पुरीं गत्वा जरासन्धेन विग्रहः॥ 12॥

इसके बाद मैं आवन्तिकापुरी के आश्रित कुशस्थली तीर्थ[1] को जाऊँगा। बाद में, कुण्डलों के लिए महानरकासुर का वध करूँगा। इसी प्रकार शोणितपुर नामक

---

1. कुशस्थली उज्जैन का भी पूर्वनाम है। स्कन्दपुराण के आवन्त्यखण्ड में इसके नामकरण व माहात्म्य का वर्णन मिलता है। ब्रह्मा ने यहाँ कुश की मुष्टि हाथों में लेकर स्थिर व अवस्थित जगत की सृष्टि का सङ्कल्प किया था। विष्णु ने इसको ब्रह्मा को प्रदान किया था। विष्णु स्वयं यहां कुशासन पर विराजित

बाणासुर की नगरी में जाकर भीषण रण-संग्राम मचाऊँगा और बाणासुर की भुजाओं को रणाङ्गन में काट गिराऊँगा। इस भयङ्कर युद्ध में परम तपस्वी शङ्कर भी अपने भक्त बाणासुर की सहायतार्थ आएँगे जिनके साथ मैं युद्ध करूँगा। शोणितपुर जाने के बाद जरासन्ध से विग्रह करूँगा।

जरासन्धो हतो भ्रात्रा शोणितस्थे जनार्दने।
जरासन्धभयत्रस्तान् रक्षिष्यति च पार्थिवान्॥ 13॥
जरासन्धसुतं बाला वृद्धा पृष्टाश्च यादवाः।
नव$_{9}$कोटयः सङ्ख्ययया दन्तिनां लक्षविंशतिः$_{20}$ ॥ 14॥
रथानां सार्धकोटिश्च तदर्धं च पदातयः।
कोटयोऽष्टादश$_{18}$ तथाऽग्रे निगर्च्छन्ति यादवाः॥ 15॥

वहाँ मैं जरासन्ध का वध करूँगा। (विश्वकर्मा ने आगे कहा कि) इसी तरह शोणितपुरी में रहने वाले बाणासुर के भाई जरासन्ध को मारकर जनार्दन विष्णु अवतार जरासन्ध से भयत्रस्त समस्त राजाओं की रक्षा करेंगे। जरासन्ध के पुत्र के बालक, वृद्ध, अनुयायी यादवों की संख्या नौ करोड़ थी जिनके पास बीस लाख हाथी थे और डेढ़ करोड़ रथ थे और इनकी आधी संख्या में पदाती (पैदल युद्ध करने वाले) सैनिक थे। इसी प्रकार अठारह करोड़ यादव (योद्धा) उसके आगे चलते थे।

कृष्णाकुलमध्ये भवा मध्यतलान्तरस्थिताः।
तेभ्यो कपटचिताज्वालाय देवो(वां)भिधानको विदुः ?॥ 16॥
प्रविष्टस्तत्र वै काले प्रतिज्ञातो महारथी।

हुए जिससे इसका नाम कुशस्थली हुआ। पूर्वकाल में इसका नाम हेमशृङ्गा था— कुशस्थलीं संस्थित एवं देव इत्थं विधात्रा पुरुषोत्तमः स्तुतः। स्थलीं कुशैरास्तरितामुपाविशत्कुशस्थलीं देवमुनीन्द्र सेविताम्॥ समन्ततो योजनसङ्ख्ययावृत्तां ततो विधाता पुरुषोत्तमस्तथा। कुशस्थलीति प्रथितं जगत्त्रये प्रचक्रतुर्नाम च तावुभावपि॥ तत्र विश्वपतिः श्रीमान् विश्वेशो विश्वकृद्विभुः। विश्वं शशास विश्वात्मा सर्वविश्वस्य नायकः॥ एवं कुशस्थली ख्याता हेमशृङ्गेति या पुरा। स्तीर्णा कुशैर्यतो धात्रा कुशस्थली ततः स्मृता॥ (स्कन्द. अवन्तिक्षेत्र माहात्म्य, 41, 29-32)

इसके विपरीत हरिवंश में यह वर्णन है कि गरुड़ द्वारा पश्चिम दिशा में कुशस्थली को देखा गया जो रैवत की स्थली थी और वहाँ रमणीय रैवतगिरि और मनोहर वन थे। यह पर्वत व समुद्रतट का आशय लेकर अवस्थित थी— देव यास्यामि नगरीं रैवतस्य कुशस्थलीम्। रैवतं च गिरिं रम्यं नन्दनप्रतिमं वनम्। रुक्मिणोद्भासितां रम्यां शैलोदधितटाश्रयाम्। (हरिवंश, विष्णुपर्व 55, 7-8) स्कन्दपुराण से पता चलता है कि कुशस्थली का राजा रैवत मूलतः तक्षकनाग था किन्तु वह ब्राह्मणों के श्राप से प्रभास में राज करता था। (स्कन्द. नागर. अध्याय 116)

इसी बीच कृष्णकुल (ब्रज में) अन्तराल हुआ। यादवजनों में विछोह शुरू हुआ। वहाँ कपट की चिता की ज्वाला प्रज्वलित हुई जिसको विद्वानों ने दैव (देवक्लेश) नाम से कहा है।[1] उस क्षेत्र में काल का प्रतिज्ञान रखने वाला (कालयवन) महारथी चढ़ आया (?)।

शेषाश्च विनिवर्तन्ते जरासन्धभयार्दिताः॥ 17॥

ये देवगिरिमाश्रित्य सौराष्ट्रदेशवासिनः।

वारुण्यां च दिशायां च प्रभासक्षेत्रमागताः॥ 18॥

(वहाँ से) शेष सभी जन जरासन्ध के भय से दुखी होकर लौट गए जो देवगिरि होते हुए सौराष्ट्र के निवासी हुए और पश्चिम दिशा में प्रभास क्षेत्र तक पहुँचे।[2]

समुद्राभ्यर्थनं कृत्वा कृष्णो वा बलदेवकः।

सद्यो(द्रो ?)गेन्द्र भूमिसेना स्थितावुभौ दन्तकाष्ठादिभिः॥ 19॥

वरुणेषु यत्र द्वारं चतुर्विंशति$_{24}$ योजनैः।

वहाँ श्रीकृष्ण और बलदेव ने समुद्र की पूजा की। दोनों ने अपनी पैदल सेना व गजों को ध्यान पूर्वक देखा अर्थात् सेना का निरीक्षण किया। वरुण या पश्चिम दिशा में जहाँ द्वार (समुद्र के बाद देश का द्वार होने से द्वारका की पहचान, समुद्र-द्वार) था, भूमि चौबीस योजन विस्तार था।

शक्रेन प्रेषितास्तत्र निधयो धनदेव च॥ 20॥

तेभ्यः समुद्भवा सृष्टिः काञ्चनै रत्नसञ्चितैः।

दिनानां त्वेकविंशत्या$_{21}$ [3]सम्भवाः कुलयादवाः॥ 21॥

---

1. हरिवंश में यवनाधिपति के लिए 'दैवादपुत्रः' शब्द का प्रयोग हुआ है जो देवयोग से पुत्र विहीन था और पुत्र की कामना रखता था। (हरिवंश विष्णुपर्व 57, 12) महारथी कालयवन गोपाली नामक अप्सरा से तपस्वी गार्ग्यमुनि के द्वारा नियोग से उत्पन्न हुआ— मानुष्यां गार्ग्यभार्यायां नियोगाच्छूलपाणिनः। स कालयवनो नाम जज्ञे शूरो महाबलः॥ (तत्रैव 57, 15) कृष्ण ने मथुरा में वैर का अन्त कर डालने की इच्छा से द्वारकापुरी बसाकर वृष्णिवंशियों को आश्वासन दिया था— वैरस्यान्तं विधित्संस्तु वासुदेवो महायशाः। निवेश्य द्वारकां राजन् वृष्णीनाश्वास्य चैव ह॥ (तत्रैव 57, 39)
2. हरिवंश आदि में लोगों के उत्तर क्षेत्र से पलायन कर पश्चिम दिशावर्ती क्षेत्रों में जाकर बसने का वर्णन मिलता है। 'अन्तगिरिद्रोणी' सङ्केत पर विद्वानों ने विचार करते हुए कहा है कि लोग देश की सीमाओं पर स्थित पहाड़ी प्रदेशों की घाटियों की ओर पलायन करेंगे। लोग वनाञ्चलों, राजस्थान की लूणी नदी के तटवर्ती क्षेत्रों और हिमालय के पार्श्व में जाकर म्लेच्छों के साथ बस जाएँगे—कृत्स्नं वा हिमवत्पार्श्वं कूलं च लवणाम्भसः। अरण्येषु च वत्स्यन्ति नराः म्लेच्छगणैः सह॥ (हरिवंशपुराण भविष्यपर्व 3, 4, 32)
3. 'सम्बद्धाः कुलयादवाः ?' इति प्रकाशित पाठः। विशेष— महाभारत के खिल हरिवंश, ब्रह्मवैवर्तपुराण में द्वारकापुरी की रचना का विशेष वर्णन मिलता है।

तत्राष्टादशकोटीनां निवासाश्च महोत्सवाः।

वहाँ देवराज इन्द्र ने सहायता की और कुबेर ने निधियाँ अर्पित कीं। वहाँ भी सृष्टि से पूर्व सञ्चित रत्न और स्वर्ण सभी यादव कुलों के सामुहिक प्रयास से इक्कीस दिनों में बाहर निकला। इसी के बल पर वहाँ अठारह करोड़ निवास गृह बनाए गए और महोत्सव रखा गया।

अथ द्वारकापुरीवर्णनं —

सा पुरी च महारम्या हेमप्राकारसम्भवा॥ 22॥
पुर-प्राकार-परिखा-प्रतोली-मार्ग-गोपुरम्।
प्रासाद-प्रतिमा-सद्ममाडोत्तुङ्गमहोत्सवम्॥ 23॥

उस द्वारकापुरी की बसावट बहुत रमणीक थी जिसमें स्वर्ण से निर्मित परकोटे थे। उसकी रचना में पुर, प्राकार, परिक्खा (खाई), प्रतोली (लघु द्वार), महापथ, गोपुर, प्रासाद और उनमें प्रतिमाएँ, भवन, माड बहुत उन्नत थे जिनमें महोत्सव का माहौल था।

हिन्दोलकैस्तोरणैश्च रत्नैश्चैव विभूषिता।
रत्नोद्योतकुलाकीर्णा हेमरौज्यादितो भवा॥ 24॥
स्फटिकैर्दिव्यसोपानैस्तडागैर्विविधैस्तथा।
पुष्परागेन्द्रनीलाढ्यपदकैः सूर्यरश्मिभिः॥ 25॥

द्वारका नगरी को हिन्दोलों, तोरणों और नाना रत्नों से सजाया गया था जिससे असंख्य रत्नों के पुञ्ज की और सोने-चाँदी के उपकरणों की चारों ओर चमक-ही-चमक प्रसारित हो गई थी। द्वारका नगरी के तरह-तरह के जलाशयों के सोपान, स्फटिक से निर्मित बड़े दिव्य बने हुए थे जिन पर सूर्य की किरणों से पुष्पराग (पुखराज), इन्द्रनीलमणि (नीलम) आदि की शोभायुक्त छवि देखते ही बनती थी।

श्वेतरक्तहरित्पीतैः प्राकारैरैन्द्रकोपमैः।
अनेकोद्यानवाटीभिर्दिव्यवृक्षलतागृहैः॥ 26॥
एकोद्येकविंशत्यन्तभूम्युद्भवगृहाणि च।
मालमौलिशुद्धशृङ्गहर्म्याणि च तथैव च॥ 27॥

श्वेत, रक्त, पीत, हरित रङ्ग के परकोटे इन्द्रधनुष की छटा बिखरते थे। द्वारकापुरी में अनेकों उद्यान, वाटिकाएँ थीं जिनमें दिव्य वृक्ष और नाना कुञ्ज बने हुए थे। द्वारकापुरी के भवन एक तल से लेकर इक्कीस तल तक के थे। इनमें माल-मौली (पङ्क्तियों की कतारों) से शुद्ध कँगूरों वाली बड़ी-बड़ी हवेलियाँ थीं।

राजालयस्य मध्ये च सद्मानि विष्णुतेजसा ?।
तानि द्व्यष्टसहस्त्राणि माणिक्यादियुतानि च॥ 28॥
मण्डपैः सुवितानैश्च चन्द्रार्कद्युतिसन्निभैः।
वसन्तोत्सवसम्प्राप्तौ गोपीक्रीडार्थमेव च॥ 29॥

इसी प्रकार वहाँ राजालय थे जिनके बीच-बीच विष्णु के तेज के समान प्रकाशित होने वाले कक्षालय थे। इनमें सोलह हजार माणिक्यादि रत्नों से विजड़ित मण्डप बने हुए थे जिनके चन्दोवे, वितानों की शोभा सूर्य और चन्द्रमा की चमक के समान प्रतीति देती थी और जो वसन्तोत्सव आने पर गोपीजन के साथ क्रीड़ा अर्थात् रासलीला के निमित्त बनाए गए थे।

तथा त्रिवलिकैस्तालैस्तथा च पटहोत्तमैः।
स्वैरैश्च मधुरैर्वंश्या हुडक्कैश्च सलीलया॥ 30॥
विष्णोर्महोत्सवश्चैवं द्वारकापुरमण्डनः।
वर्णितो देवदैत्याद्यैर्विष्णुराजमहोत्सवः॥ 31॥

वहाँ लीलाओं के बीच-बीच त्रिवलिका[1] की तालों पर और बड़े-बड़े नगारों का स्वर वंशी का मधुर निनाद और हुडक्का का वादन होता। उक्त विष्णु महोत्सव से द्वारकापुर की शोभा बढ़ती है। विष्णुराज महोत्सव का ऐसा वर्णन देवताओं व दानवों ने किया है।

ध्यष्टयोजनविस्तारा ह्यायता त्र्यष्टयोनैः।
समुद्रेण त तद्द्वारमुत्तमा द्वारिकाभिधा॥ 32॥
सर्वश्रेष्ठा पूरीणां च द्वारिका विष्णुभक्तिदा।

वह सोलह योजन विस्तार और चौबीस योजन लम्बाई वाली जो द्वारका नामक की नगरी[2] है, वह वास्तव में समुद्र यात्रा करने वालों के लिए उत्तम समुद्र द्वार ही है। भगवान् विष्णु की भक्ति देने वाली जितनी भी सर्वश्रेष्ठ पुरियाँ हैं, उनमें द्वारकापुरी भी एक हैं।

तत्र बलादीनां वर्णनं —

चत्वारिंशत्सहस्त्राणि दन्तिनश्च महोत्कटाः॥ 33॥

---

1. कृदिकारादिति पक्षे डीपि त्रिवलीत्यपि। (शब्दकल्पद्रुम खण्ड 2, पृष्ठ 662)
2. वराहपुराण में इसको पाँच योजन विस्तृत एवं दस योजन लम्बी बताई गई है, इसको इन्द्रपुरी के समान व विश्वकर्मा द्वारा निर्मित कहा गया है—अस्ति द्वारवती नाम पुरी शक्रपुरी यथा। मत्प्रभावानुरूपा च निर्मि[illegible]र्मणा॥ पञ्चयोजनविस्तारा दशयोजनमायता। (वराह. 147, 7-8)

चतुर्लक्षाणि सङ्ख्ययाता अश्वास्तेजस्विनस्तथा।
रथाः सपादकोट्यश्च चोष्ट्राः सार्धत्रिकोटिकाः ॥ 34 ॥
तथाष्टादशकोट्यश्च यादवाश्च महाबलाः।
सुभटाश्च महावीरा असङ्ख्ययाताः पदातयः ॥ 35 ॥

इस द्वारकापुरी में चालीस हजार महोत्कट अर्थात् महाबलवान दुर्दम हाथी हैं और चार लाख की संख्या में बड़े तेजस्वी अश्व भी हैं। इसके अतिरिक्त सवा करोड़ रथ और साढ़े तीन करोड़ ऊँट हैं। इस नगरी के निवासी यादवगण महाबलवान हैं जिनकी संख्या अठारह करोड़ हैं, ये सब के सब वीर योद्धा हैं और उनके साथ असंख्य पैदल सैनिक भी हैं।

द्वारिका या पुरी ख्याता पूज्या सुरनरोरगैः।
सिद्धचारणसङ्गीता ह्याप्सरोगणसेविता ॥ 36 ॥
विद्याधरैश्च गन्धर्वैर्नागेन्द्रैश्चोपसेविता।
तषोधनैश्च दिव्यैश्च ऋषिवृन्दैः समावृता ॥ 37 ॥
माया च मथुरा चैवायोध्या वाराणसी तथा।
काञ्ची जयन्ती द्वारका ह्येता मुक्तिप्रदायिका ॥ 38 ॥

सुर, नर और उरग-नागों के द्वारा पूजित यह द्वारकापुरी बहुत प्रसिद्ध है। सिद्ध, चारणों द्वारा इसकी महिमा गायी गई है तथा अप्सरा व गणों के द्वारा यह सेवित है। विद्याधरों, गन्धर्वों, नागराजाओं आदि से यह उपसेवित है और यहाँ तपोधनी, दिव्य ऋषिगणों के समूहों की बहुतायत है। इसीलिए मुक्तिप्रदायिका नगरियों[1] में द्वारका भी माया, मथुरा, अयोध्या, वाराणसी, काञ्चीपुर, जयन्ती (अमरावती) इन सात पुरियों के साथ स्मरण योग्य है।

जरासन्धं वधिष्यामि हेतुमात्रेण भीमतः।
शिशुपालं वधिष्यामि यज्ञे धर्मसुतस्य वै ॥ 39 ॥
ततः पश्चात्करिष्यामि साहाय्यमर्जुनस्य च।
विष्णोर्वाक्यसहायेन हनिष्यामि कुरून् रणे ॥ 40 ॥

(कृष्ण पुनः स्मरण कराते हैं कि) मैं भीम के बहाने से जरासन्ध को मारूँगा और शिशुपाल को धर्मराज युधिष्ठिर के यज्ञ के बहाने मारूँगा। इसके बाद, मैं अर्जुन का सहायक बनकर भगवान् विष्णु के वचनों के सहाय (श्रीमद्भगवद्गीता के

1. अन्यत्र 1. अयोध्या, 2. मथुरा, 3. माया, 4. वाराणसी, 5. काञ्ची, 6. अवन्ती और 7. द्वारका—सप्तपुरियों का यह क्रम मिलता है।

वचनानुसार) से अर्जुन को तैयार कर कौरवों का रणाङ्गन में संहार करूँगा।

शस्त्रहस्ता मृता ये ऽत्र स्वर्गं यास्यन्ति क्षत्रियाः।
कलौ च समनुप्राप्ते चतुर्थे युगपर्यये॥ 41॥
नेमिनाथाभिधानस्तु समुद्रविजयात्मजः।
गिरिमस्तकसम्भूतो द्वाविंशश्च$_{22}$ तीर्थङ्करः॥ 42॥

(उक्त महाभारत के रण में) जो क्षत्रिय हाथ में शस्त्र लिए हुए मरेंगे, वे सीधे स्वर्ग में जाएँगे। यह सब घटना कलियुग, चतुर्थ युग आते-आते ही हो जाएगी। इसके उपरान्त मैं समुद्रविजय राजा के पुत्र के रूप में नेमिनाथ नाम धारण करके गिरिनार पर्वत के मस्तक पर बाईसवाँ तीर्थङ्कर बनकर उत्पन्न होऊँगा।

पाण्डवांश्च करिष्यामि केदारे तु हिमाश्रयान्।
गमयिष्यति स्वर्गे तान् केदारः प्रकटीकृतः॥ 43॥

मैं पाण्डवों को हिमालय के आश्रय में भेजकर उन्हें केदार की ओर जाने को कहूँगा और वहाँ से जब वे स्वर्ग को जाएँगे, तो केदार तीर्थ को प्रकट करूँगा।

अथ केदारमाहात्म्य —

पृथिव्यां यानि तीर्थानि यानि तिष्ठन्ति भूतले।
केदारं प्रति गत्वा च तदनुग्रहदायकम्॥ 44॥
भारते च महापुण्यं न तीर्थं केदारात्परम्।
यदिच्छन्ति नरा मोक्षमाश्रयन्तु हिमाचलम्॥ 45॥

पृथ्वी पर जितने भी तीर्थ हैं और भूतल पर जितने भी तीर्थ हैं, उन सबमें से जो भी केदार तीर्थ की ओर जाएगा, उस पर केदार का अनुग्रह दान सदा ही बरसता रहेगा। समस्त भारत में केदारसे अधिक पुण्यवान् कोई तीर्थ नहीं है। जो भी व्यक्ति मोक्ष प्राप्ति की इच्छा रखता हो, उसे हिमाचल का आश्रय लेकर केदार तीर्थ में अवश्य आना चाहिए।

इति सूत्रसन्तानगुणकीर्तिप्रकाशप्रोक्तश्रीभुवनदेवाचार्योक्तापराजितपृच्छायां हरेरष्टमः कृष्णावतारनिर्णयाधिकारो नामाष्टाविंशं सूत्रम्॥ 28॥

इस प्रकार भुवनदेवाचार्य कृत सूत्रसन्तानगुणकीर्ति प्रकाश या अपराजितपृच्छा में हरि का आठवाँ कृष्णावतार निर्णय अधिकार नामक अठाईसवाँ सूत्र पूर्ण हुआ॥ 28॥

विष्णोर्जन्मरहस्यदशमोऽवतारो नाम नवविंशं सूत्रम्॥ 29॥

विश्वकर्मोवाच —

कलौ युगे तु सम्प्राप्ते आश्विने कृष्णपक्षके।
नवम्यां च तिथौ चैव मृगान्ते सुमुहूर्तके॥ 1॥
शुद्धोदनसुतो भूत्वा मोहयिष्यामि मानवम्।
युगे तत्र भविष्यन्ति मुण्डाः काषायवाससः॥ 2॥

विश्वकर्मा बोले— कलियुग के आ जाने पर आश्विन मास के कृष्णपक्ष की नवमी तिथि को मृग (मृगशिरा) नक्षत्र के अन्तिम चरण व शुभ मुहूर्त में, राजा शुद्धोदन का पुत्र होकर, मैं बुद्ध का अवतार लेकर संसार के मानवों को मोहित कर लूँगा अर्थात् उनको धर्म सम्बन्धी विवेकहीन कर लूँगा।[1] तब कलियुग के ऐसे समय में काषाय गेरुए वस्त्रधारी केशमुण्डित बौद्ध संन्यासी होने लगेंगे।

शूद्राः शूद्रेषु दास्यन्ति विष्णौ बुद्धत्वमागते।
तेषामल्पतो धर्म इह लोके परत्र च॥ 3॥
दिगम्बरवृत्तिकास्तत्र बुद्धयुक्तकलौ युगे।
श्वेताम्बरास्तथान्ये च तथा नीलाम्बराः क्वचित्॥ 4॥

इस प्रकार विष्णु के बुद्धत्व अवतार लेने पर उस युग में शूद्र शूद्रों को दीक्षा देंगे जिससे उनमें धर्म अल्पतर होता जाएगा और वे इस मृत्युलोक में और परलोक

---

1. इतिहास में वैशाख पूर्णिमा बुद्ध जयन्ती के रूप में मान्य है जबकि काशीनाथोपाध्याय कृत 'धर्मसिन्धु' में दशावतार जयंती निर्णय प्रकरण में आश्विन शुक्ल दशमी तिथि को सन्ध्या में बुद्धावतार होने की बात लिखी है— आश्विनशुक्लदशम्यां सायं बुद्धोऽभूत्।
विष्णुपुराण में इस अवतार को मायामोह कहा गया है। मायामोह के जैन और अन्य रूप धारण करने के प्रसङ्ग में बौद्धधर्म का उल्लेख है। वह जितेन्द्रिय मायामोह रक्तवस्त्र धारण कर अन्यान्य असुरों के पास पहुँचा और उनसे मृदु, अल्प और मधुर वाणी में बोला कि हे असुरगण! यदि तुम लोगों को स्वर्ग या मोक्ष की इच्छा है तो पशुहिंसा आदि दुष्टकर्मों का त्याग कर तुम बोध को प्राप्त करो— पुनश्च रक्ताम्बरधृङ् मायामोहो जितेन्द्रियः। अन्यानाहासुरान् गत्वा मृद्वल्पमधुराक्षरम्॥ स्वार्गार्थं यदि वो वाञ्छा निर्वाणर्थमथासुराः। तदलं पशुघातादिदुष्टधर्मैर्निबोधत॥ (विष्णु. 3.18.16-17)
रक्ताम्बरधारी मायामोह ने कहा कि यह सम्पूर्ण जगत् विज्ञानमय है- ऐसा जानो। मेरे वाक्यों पर पूरी तरह ध्यान दो। इस प्रसङ्ग में बुधजनों का ऐसा ही कहना है कि यह संसार अनाधार है, भ्रमजन्य पदार्थों की प्रतीति पर ही स्थिर है और रागादि दोषों से दूषित है। इस संसार-सङ्कट में जीव निरन्तर भटकता रहता है। इस प्रकार बुद्ध के ज्ञानसूचक शब्द भी पुराणकार ने दिए हैं- बुध्यत (जानिये), बुध्यध्वम् (समझिये), बुध्यत (जानिये)— विज्ञानमयमेवैतेदशेषमवगच्छ॥ बुध्यध्वं मे वचः सम्यग्बुधैरेवमिहोदितम्॥ जगदेतदनाधारं भ्रान्तिज्ञानार्थ तत्परम्। रागादि दुष्टमत्यर्थं भ्राम्यते भव सङ्कटे॥ (तत्रैव 3. 18.18-19)

में दिगम्बर वृत्तियुक्त से बुद्ध वृत्तियुक्त और अन्य श्वेताम्बर युक्त रूप में तथा कहीं-कहीं नीलाम्बर रूप में कलियुग में दिखाई देंगे।

केवलिन चतुर्विंशतितीर्थङ्कराः —

जिनोक्ताः केवलिनश्च चतुर्विंशतितीर्थगाः$_{24}$।
अनन्तरं चर्षभाद्याश्चतुर्विंशति$_{24}$ रेव च॥ 5॥
हुताशनः पद्मनाभो जिनानां तु च सङ्ख्यया।
उक्ताः शासनदेव्यश्च यक्षाणां च तथैव च॥ 6॥
पृथगेकैकशः प्रोक्ता अष्टौ$_{8}$ वै प्रतिहारिणः।

(इनके अतिरिक्त मायामोह के रूप के ही अनुयायी ऐसे अन्य धार्मिक जन) जिन कहलाएँगे। वे केवली भी कहलाएँगे और चौबीस तीर्थङ्करों को मानने वाले होंगे। इनके ऋषभादि नाम वाले चौबीस तीर्थङ्कर हैं। उन सभी जिन तीर्थङ्करों की अपनी चौबीस संख्या के अनुसार अपने-अपने हुताशन, पद्मनाभ, शासनदेवियाँ, यक्षगण आदि कहे गए हैं। इसी प्रकार उनके एक-एक के पृथक्-पृथक् आठ-आठ प्रतिहारीगण भी होते हैं।

तस्यानुयायी कथनं —

वणिगधर्मेण मुदिता ज्ञानार्णव उदाहृताः॥ 7॥
तेषां न स्नानहोमानि पितृपिण्डो न दीयते।
पाखण्डिनो विकर्मस्याः पाणिपात्रेषु भक्षकाः॥ 8॥

इनके अनुयायी सभी वणिक् धर्म को मानने वाले मुनियों द्वारा मात्र कथा, प्रवचन सुनने के ज्ञानसागर में उदारता से लीन रहने और प्रसन्न रहने वाले होंगे। इनके अतिरिक्त उनमें स्नान, ध्यान, होम, पिण्डदान आदि का पूर्णतः लोप हो जाएगा। वे (परम्परित) धर्म के विपरीत और विकर्म या नहीं करने योग्य कर्मों में लिप्त रहेंगे और करपात्री या हथेली में लेकर अन्नाहार करने वाले होंगे।

दर्शनेऽपण्डिताश्चैव गमिष्यन्ति च नारकान्।
तेषां दत्तं च भुक्तं च भस्मीभवति काष्ठवत्॥ 9॥
स्वाध्याये चैव सीदन्ति ब्राह्मणाः शौचवर्जिताः।
वेदविक्रयिणश्चैव लोभिनोऽस्थिरचेतसः॥ 10॥

उनके दर्शनशास्त्र का आधार नहीं, इस दृष्टि से वे अपण्डित होंगे और दुष्कर्मों से नरकगामी होंगे क्योंकि उनके द्वारा दिया गया दान और उस दान का भोग करने वाले सभी काष्ठ की राख के समान निष्फल होंगे। वे अपना प्रभाव इस कलिकाल में इतना

फैला देंगे कि उनसे प्रभावित होकर ब्राह्मण लोग भी शौचाचार त्याग देंगे और उनमें वेदों का स्वाध्याय भी स्थगित हो जाएगा। यहाँ तक कि वे अपने पूर्वजों की परम्परा से प्राप्त वेद ग्रन्थों तक को बेच देंगे। इतने लोभी हो जाएँगे कि अस्थिर चित रहने लगेंगे।

न स्निह्यन्ति पिता पुत्रा योषितो भ्रातरस्तथा।
न भृत्या नैव मित्राणि भविष्यन्ति न शान्तिदाः ॥ 11 ॥
धर्मो जितो ह्यधर्मेण सत्यं चैवानृतेन च।
जिताश्चौरैश्च राजानः स्त्रीभिश्च पुरुषा जिताः ॥ 12 ॥

वे इतने स्वार्थी हो जाएँगे कि पिता-पुत्र, नारियाँ, भाई-भाई, नौकर, मित्रगणों आदि किसी में स्नेह सम्बन्ध नहीं रहेगा और पारस्परिक सम्बन्ध भी शान्ति देने वाले नहीं होंगे।[1] इस मायामोह के अवतार के प्रभाव से धर्म को अधर्म जीत लेगा। सत्य को झूठ पराजित कर डालेगा। चोर-तस्कर राजाओं को जीत लेंगे, स्त्रियाँ पुरुषों को जीत लेंगी।

अथ युगवर्णनमाह —

सीदन्ति चाग्निहोत्राणि गुरुपूजा प्रणश्यति।
दशमे$_{10}$ द्वादशे$_{12}$ वर्षे नारी गर्भवती भवेत् ॥ 13 ॥
कन्याश्चैव प्रसूयन्ते तस्मिन्कलियुगे सदा।
सम्प्राप्ते षोडशे$_{16}$ वर्षे नरा गलितयौवनाः ॥ 14 ॥

(इसी प्रकार युग की दशा का वर्णन किया जा रहा है) कलिकाल के प्रभाव से अग्निहोत्र की वैदिक परम्परा विनष्ट हो जाएगी। गुरुपूजा की आश्रमीय प्रणाली नष्टभूत हो जाएगी और व्यभिचार, दुराचार इतना फैल जाएगा कि दस और बारह वर्ष की कन्याएँ भी इसका शिकार होकर गर्भवती होने लगेंगी। फलतः इस कलिकाल में ऐसी गर्भवती नारियाँ केवल कन्याओं को जन्म देने वाली होंगी और सभी नर विषयासक्त होकर सोलह वर्ष की आयु तक आते-आते गलित-यौवन हो जाएँगे अर्थात् वृद्ध-से प्रतीत होने लगेंगे।

अल्पोदकास्तथा मेघा अल्पशस्या तु मेदिनी।
अल्पक्षीरास्तथा गावः क्षीरे सर्पिर्न विद्यते ॥ 15 ॥

---

1. महाभारत में आया है कि पुत्र पिता का और पिता पुत्र का वध करके भी उद्विग्न नहीं होंगे। अपनी प्रशंसा के लिए लोग बड़ी-बड़ी बातें बनाएँगे किन्तु समाज में उनकी निन्दा नहीं होगी। उस समय सारा जगत् म्लेच्छ हो जाएगा, इसमें संशय नहीं है। एक हाथ दूसरे हाथ को लूटेगा, सगा भाई भी भाई के धन को हड़प लेगा— पुत्रः पितृवधं कृत्वा पिता पुत्रवधं तथा। निरुद्वेगा बृहद्वादी न निन्दामुपलप्स्यते॥ म्लेच्छीभूतं जगत् सर्वं भविष्यति न संशयः। हस्तो हस्तं परिमुषेद् युगान्ते समुपस्थिते॥ (महा. वनपर्व 190, 28, 38)

एकवर्णीभविष्यन्ति वर्णाश्चत्वार एव च।
वर्णान्तराणि भिद्यन्ते यास्यन्ति प्रलयं प्रजाः ॥ 16 ॥

कलिकाल की इस दुराचार की विभीषिका के फलस्वरूप मेघों में पानी की कमी से वर्षा कम हो जाएगी। वर्षा की कमी से धरती में अनाज की पैदावार घटेगी और गायों के दूध भी कम हो जाएगा या सूख जाएगा तथा कुछ दूध गायों से प्राप्त भी होगा तो उसमें घी नाम मात्र का भी नहीं रहेगा। समय इतना विकृत होगा कि चारों वर्णों (ब्राह्मण, क्षत्रिय, वैश्य और शूद्र) का लोप हो जाएगा और सभी लोग एकवर्णी हो जाएँगे तथा एक दूसरे वर्ण आपस में अन्तर्वर्णी सम्बन्ध स्थापित करके वर्णसङ्करी हो जाएँगे। इस प्रकार से प्रजा प्रलय को प्राप्त हो जाएगी।

दुर्भिक्षाणि भविष्यन्ति राज्ञां दुर्दयचेतसाम्।
वर्णान्तर वि राज्ञां ते विदुर्दुर्गे शून्यचेतसा ?॥ 17 ॥
अधर्मीभवत् समस्तं दयाधर्मविवर्जितम्।
कीर्तितो बुद्धावतारः कलौ च नवमो हरिः ॥ 18 ॥

ऐसा समय भी आ जाएगा कि दुर्भिक्ष, अकाल पड़ते रहेंगे, राजा लोग भी दुर्दान्त और दुष्टचित्त वाले हो जाएँगे और राजा कई वर्णान्तरों के होने लगेंगे। विद्वान वर्गों में भी चेतना शून्यता इतनी बढ़ जाएगी कि वे भी अपना कर्त्तव्य भूल जाएँगे। सभी अधर्मी हो जाएँगे और दयाधर्म रहित हो जाएँगे। इस प्रकार की स्थिति इस कलिकाल में बुद्धावतार के रूप में आने वाले नवें विष्णु अवतार के बाद की होगी।

अथ कल्कि अवतारवर्णनं —

ततः कलियुगान्ते चोत्पत्स्यति दशमो हरिः।
ब्राह्मणो हरिपिङ्गलः याज्ञवल्क्यपुरोहितः ॥ 19 ॥
ततो हरिः कलेरन्ते दशमः सम्भविष्यति।
कुम्भलग्नभवो देवो ह्यश्वारूढो जगत्पतिः ॥ 20 ॥
म्लेच्छानां छेदनं कृत्वा यजेद् देवं सुवर्णकम्।
एकच्छत्रं धराराज्यं लक्ष्म्याः कृतयुगे पुरा ॥ 21 ॥

ऐसे में दसवें अवतार के रूप में कलियुग के अन्त में विष्णु हरिपिङ्गल नामक याज्ञवल्क्य पुरोहित ब्राह्मण के घर जन्म लेंगे। वह कलियुग के अन्त में जन्म लेने वाले दशमें हरि होंगे जो कुम्भ लग्नोदय की वेला में अश्वारूढ़ होकर सारे जगत के पति होंगे। वे म्लेच्छों का नाश करके सुवर्णक देव की यज्ञ, पूजा प्रचलित करेंगे और इस पृथ्वी पर पुनः एकच्छत्र शासन की स्थापना करेंगे तथा पहले के सतयुग जैसी लक्ष्मी का पुनः प्रसार करेंगे।

वैष्णवावतारकीर्तन फलमाह —

इदं जन्मरहस्यं तु कीर्तयिष्यन्ति ये नरः।
सुलभश्च हरिस्तेषां नित्यं वै सर्वजन्मसु॥ 22॥
ॐ नमो वासुदेवाय नमो नारायणाय च।
नमः कृष्णायेतिमन्त्राः सर्वप्रापप्रणाशनाः॥ 23॥

हरि के इस प्रकार के जन्म रहस्य को जो लोग गाते रहेंगे, उनको सभी जन्मों में भगवान् विष्णु सदा सुलभ होंगे। उन हरि को कीर्तन द्वारा पाने का उपाय 'ॐ नमो वासुदेवाय', 'ॐ नमो नारायणाय', 'ॐ नमः कृष्णाय' आदि मन्त्र है जो समस्त पापों का प्रणाशन करने वाले, शमन करने वाले हैं।

शृणोति जन्मरहस्यं ब्रह्महा गुरुतल्पगः।
स्त्रीबालघातकश्चैव सुरापो वृषलीपतिः॥ 24॥
मुच्यते सर्वपापेभ्यो विष्णुलोकं स गच्छति।
यः पठेत् परया भक्त्या विष्णुजन्मप्रकीर्तितम्॥ 25॥
मर्त्यलोकपरिभ्रष्टो विष्णुलोकं स गच्छति!
ईप्सितं लभते राज्यं स्वर्गे वा भूमिशासने॥ 26॥
गतागता निवर्तन्ते चन्द्रसूर्यादयो ग्रहाः।
अद्यापि न निवर्तन्ते द्वादशाक्षरचिन्तकाः॥ 27॥

श्री हरि के इस जन्म रहस्य को भी सुनते रहेंगे, वे ब्रह्मघाती या गुरुतल्पगामी पापी स्त्रीघाती, बालघाती, सुरापान करने वाला और कुलटा स्त्री के पति भी क्यों न हो, सभी पापों से भुक्त होकर वे विष्णुलोक में जाएँगे। अतः जो भी परम भक्तिपूर्वक इस विष्णु जन्म की कथा को पढ़ेगा, वह मर्त्यलोक में परिभ्रष्ट होने पर भी विष्णुलोक में ले जाने का अधिकारी हो जाएगा एवं पुनर्जन्म लेने पर वह अपनी इच्छानुसार चाहा हुआ भूमिशासन या स्वर्ग का राज्य प्राप्त करेगा। इस द्वादशाक्षर मन्त्र (ॐ नमो भगवते वासुदेवाय) का जाप करने वाले को कोई ग्रहबाधा नहीं पहुँचा सकते, सूर्य-चन्द्रमा आदि ग्रहों की पूरी दशाएँ भी आई-गई हो जाती है।

इति सूत्रसन्तानगुणकीर्तिप्रकाशप्रोकृभुवनदेवाचार्योक्तापराजितपृच्छायां
विष्णोर्जन्मरहस्यदशावताराधिकारो नाम नवविंशं सूत्रम्॥ 29॥

इस प्रकार भुवनदेवाचार्य कृत सूत्रसन्तानगुणकीर्ति प्रकाश या अपराजितपृच्छा में विष्णु के जन्म रहस्य, दशावताराधिकार नामक उनतीसवाँ सूत्र पूर्ण हुआ॥ 29॥

विष्णुवाक्योद्भवारण्ये श्रीसोमेश्वरनिर्णयो नाम त्रिंशं सूत्रम्॥ 30॥

विश्वकर्मोवाच —

अथातोऽनन्तरं तत्र पर्वते गन्धमादने।
आगतश्च स्वयं विष्णुर्जगदाल्हादकारकः॥ 1॥
उद्धृत्याम्ब्वर्थपात्रं तु त्वष्ट्राद्यैर्मुनिसत्तमैः।
सुरासुरैः समस्तैश्च स्तूयमानं जगत्पतिम्॥ 2॥
स्थित्वासने महोत्सवे सिंहरूपाद्यलङ्कृते।
प्रहृष्टं च जगन्नाथं शङ्खचक्रगदाधरम्॥ 3॥

विश्वकर्मा बोले — इसके बाद, गन्धमादन पर्वत पर जगत को प्रसन्न कर देने वाले भगवान् विष्णु स्वयं पधार गए और त्वष्टादि मुनि सत्तमों ने अपने कमण्डलों को हाथ में उठाकर और सभी सुरों व असुरों ने जगत्पति भगवान् विष्णु की स्तुति करने लगे। भगवान् जगन्नाथ को शङ्ख-चक्र-गदादि धारण किए हुए प्रसन्न मुद्रा में सिंह की आकृतियों से अलङ्कृत सिंहासन पर विराजमान करते हुए बड़ा महोत्सव मनाया।

त्वष्ट्राद्याश्च मुनीन्द्राश्च हरिपार्श्वे तु संस्थिताः।
सिंहासने निविष्टं तमादितेजोभवं प्रभुम्॥ 4॥
'ॐ नमो भगवते वासुदेवाय'
'ॐ नमो नारायणाय।'
'ॐ नमः कृष्णाय' इति
मूलमन्त्राः सर्वपापप्रणाशनाः॥ तानुच्चार्य॥

इसमें त्वष्टादि समस्त मुनिगण भगवान् विष्णु के पास में खड़े हो गए और उन आदि तेजोभव प्रभु को सिंहासन पर निविष्ट करके, आसीन करके 'ॐ नमो भगवते वासुदेवाय', 'ॐ नमो नारायणाय', 'ॐ नमः कृष्णाय' इत्यादि मूल मन्त्रों का उच्चारण आरम्भ किया जो सर्व पापों का नाश करने वाला है।

दण्डवत् प्रणतो भूत्वा पृच्छति त्वपराजितः।
दशावताराः श्रीविष्णोः कथिता विश्वकर्मणा॥ 5॥
त्वष्टा चैव कथं देव कथं तस्य समुद्भवः।
कस्मिन्कालेवतारश्च कथयस्व जगत्पते॥ 6॥

इसी बीच विश्वकर्मा ने दशावतार ग्रहण करने वाले भगवान् विष्णु की ओर सम्मुख हुए कहा कि दण्डवत प्रणाम करके अपराजित यह पूछता है कि हे

जगत्पते! त्वष्टा[1] कौन देवता है और उनका समुद्भव कैसे हुआ तथा उनका अवतार किस समय हुआ, यह कृपा कर कहिए।

विष्णुरुवाच —

सरस्वत्यर्णवाभ्यां च पुण्यप्रभास आश्रमः।
प्रयतात्मा महातीर्थं गत्वा तु हरजन्मदम्॥ 7॥
दृष्ट्वा तु हरते पापं स्नात्वा देवत्वदायकम्।
समागतः सोमराजो दृष्ट्वाश्रममथोत्तमम्॥ 8॥

(विश्वकर्मा के प्रश्न पर) भगवान् विष्णु कहने लगे— सरस्वती सागर[2] के पास प्रभास आश्रम का पुण्यक्षेत्र है। कोई यदि प्रयत्न करके उस महातीर्थ को जाए तो

---

1. यहाँ त्वष्टा के सम्बन्ध में पूछा तो गया है किन्तु इस सूत्र में वर्णन नहीं है। द्राविड़ वास्तुग्रन्थ 'मानसार' में आया है कि ब्रह्मादि के समान विश्वकर्मा चार मुख वाले हैं। चारों मुखों में से पूर्वमुख विश्वभू कहलाता है। दक्षिणमुख विश्वविद कहलाता है। उत्तरमुख विश्वस्थ कहलाता है जबकि पश्चिम मुख विश्वसृष्टा कहलाता है। इन्हीं चारों मुख से पहले चार विश्वकर्मा हुए। पूर्वी मुख के विश्वकर्मा, दक्षिण से मय, उत्तर से त्वष्टा तथा पश्चिमी मुख से मनु हुए। विश्वकर्मा का विवाह इन्द्र की पुत्री से, मय का विवाह सुरेन्द्र की पुत्री, त्वष्टा का विवाह वैश्रवण की पुत्री और मनु का विवाह नल की पुत्री से हुआ। विश्वकर्मा के पुत्र स्थपति कहलाए। मय के पुत्र सूत्रग्राही, त्वष्टा के पुत्र वर्धकी और मनु के पुत्र तक्षक कहलाए। ये ही आदि स्थपति है— विश्वकर्मा चतुर्वर्णजाति ब्रह्मादिवर्णवत्। पूर्वोक्तवर्ण चत्वारि नामं वक्ष्ये पृथक् पृथक्॥ विश्वभूरिति नामैतत्पूर्ववक्त्रं प्रकीर्तितम्। दक्षिणे विश्वविद्वक्त्रं विश्वस्थश्च तथोत्तरे॥ पश्चिमे विश्वस्त्रष्ट्राख्यं वक्त्रमेवं चतुर्विधम्। एतेभ्यः प्रथमो जातो विश्वकर्मा चतुष्टयः॥ पूर्वानने विश्वकर्मा जायते दक्षिणे मयः। उत्तरस्य मुखे त्वष्टा पश्चिमे तु मनुः स्मृतः॥ उपयेमे विश्वकर्मा इन्द्रस्य तनयां तदा। मयः सुरेन्द्रतनयामुपयेमे त्वनन्तरम्॥ त्वष्टा वैश्रवणसुतामुपयेमे त्वनन्तरम्। मनुर्नलस्य तनयामुपयेमे तु तुर्यकम्॥ विश्वकर्माख्यनाम्नोस्य पुत्रः स्थपतिरुच्यते। मयस्य तनयः सूत्रग्राहीति परिकीर्तितः॥ त्वष्टुर्देव-ऋषिः पुत्रो वर्धकीति प्रकथ्यते। मनोः पुत्रस्तक्षकः स्यात्स्थपत्यादि चतुष्टयमये॥ (मानसार 1, 3-10) मानसार के तहत वास्तुशास्त्र प्रणेताओं में भी त्वष्टा का नामोल्लेख हुआ है— अगस्त्यः काश्यपश्चैव भृगुगौतमभार्गवाः॥ गालव इति ऋषयः प्रोक्ताः कर्षणाद्यर्चनार्थकम्। तत्तत्तन्त्रवशात्सर्व कुर्यात् षट् सम्पादस्पदम्॥ तत्तत्तन्त्रविपरीतं चेद् विपत्यं नित्यमावहेत्। अनुक्तं तत्र तन्त्रैस्तु ग्राह्यं दोषो न विद्यते॥ विश्वकर्मा च विश्वेच विश्वसारं प्रबोधकः। वृतश्चैव मयश्चैव त्वष्टा चैव मनुर्नलः॥ मानविन्मानकल्पश्च मानसारो बहुश्रुतः। प्रष्टा च मानबोधश्च विश्वबोधो नायकश्च तथा॥ (तत्रैव 1, 2-6)
2. गुजरात में राजा सिद्धराज के समय में सरस्वतीपुराण का प्रणयन माना जाता है। इसमें सरस्वती के क्षेत्र में नाग जाति के बसी होने का विशेष विवरण मिलता है। यथा— एष उखर संगृह्य अन्धकूपान्महामनः। नागलोके स्वयं गत्वा नागान् सञ्जीवयिष्यति॥ (सरस्वती. अध्याय 15) स्कन्दपुराण के नागरखण्ड में चमत्कारपुर के पास सारस्वतह्रद का वर्णन है जहाँ स्नान के लिए आने वाले विप्रों को नागजन त्रास देते रहते थे। (स्कन्द. नागर. 114, 17-18-83) इसी प्रकार प्रभासक्षेत्र माहात्म्य में आया है— सरस्वत्यां ब्रह्मकुण्डेऽसंख्याता मुनयः स्मृताः। दशार्बुदसहस्राणि कोटित्रितयमेव च॥ ऋषयस्तत्र तिष्ठन्ति यत्र प्राची सरस्वती। ब्रह्महत्या गता यत्र शङ्करस्य च तत्क्षणात्॥ कायः सुवर्णतां प्रापं कपालं पतितं करात्। ज्ञात्वैवं

हर, महादेव उसे नया जन्म प्रदान कर देते हैं। उस देवत्वदायक तीर्थ में स्नान करते ही और उसे देखने मात्र से समस्त पाप दूर हो जाते हैं। उस सर्वोत्तम आश्रम के अवलोकन मात्र से सोमराजा तुरन्त प्रकट हो गए।

अथाश्रमवर्णनमाह—

विविधैर्वनजैः कीर्ण तथा पुष्पैः समाकुलम्।
सुरभितामृतोपेतं नानाफलैश्च सङ्कुलम्॥ 9॥
पारिजातप्रभृतिभिः कङ्कोलैश्चैव पादपैः।
देवदारुभिराकीर्णं तथा वै रक्तचन्दनैः॥ 10॥
तालतमालाशोकैश्च रम्भाप्रियङ्गुचम्पकैः।
पुन्नागनागबकुलैः पाटलैर्बिल्बचन्दनैः॥ 11॥
जातीतगुरुकुमुदानेकपुष्पैः सुपुष्पितम्।
विविधैश्च तथा वृक्षैः शोभितं दिव्यमाश्रमम्॥ 12॥

वहाँ विविध प्रकार के वन पुष्पों के समूह थे जिनसे वह स्थान अमृत के समान सुरभित हो रहा था और वहाँ नाना प्रकार के फलों की भरमार थी। पारिजातादि स्वर्ग के वृक्ष और कङ्कोल के पौधे व देवदारु व रक्तचन्दन के पेड़ों से लकदक वह क्षेत्र ताल, तमाल, अशोक, रम्भा, केल, प्रियङ्गु, चम्पक, पुन्नाग, नाग, बकुल, पाटल (गुलाब) और बिल्व व चन्दन, जाती, तगर, कुमुद आदि अनेक प्रकार के पुष्पों से सुपुष्पित विविध वृक्षावलियों से वह दिव्य आश्रम सुशोभित था।

विचित्रं हेमरचितं निर्मलं कुमुदेशवत्।
विपुलजलं- ? स्फटिकशङ्खवेदी ?॥ 13॥
तरङ्गभङ्गुरावर्तमुग्रं मीनैरनेकशः।
शिशुमारैश्च नक्रैश्चाऽनन्तं दुर्गं शुक्त्यादिभिः॥ 14॥
योजनायुतविस्तीर्णं भीषणीयं ग्रहाकुलैः।
भयावहं च गहनं गम्भीरावर्तव्याकुलम्॥ 15॥
इमं सामुद्रतीरस्थं माहेन्द्रं विन्ध्यगामिनम् ?।
रम्याश्रमं प्रभासस्य प्रविष्टस्तारकाधिपः॥ 16॥

इसी प्रकार वहाँ विचित्र रूप से स्वर्ण से बनी हुई, शुद्ध विशाल कमल के

शङ्किना पूर्वं कृतं तत्र महातपः॥ तुष्टः श्रीशङ्करो देवो लिङ्गं वासवरेण तु। कोटियज्ञफलं स्नाने प्राच्यां लिङ्गस्य पूजन॥ (स्कन्द. प्रभास. 5, 22-25)

समान अर्थात् कमल दलों में राजा की तरह शोभित, विपुल जलराशि से पूर्व सरोवर में स्फटिक से शङ्ख की रचना जैसी वेदी बनी हुई थी। उस सरोवर में अनेकों मछलियाँ आतुरता से तैरती हुई उग्र तरङ्गों की चक्रियाँ बना रही थीं और उस सरोवर में अनेक शिशुमार (जलमानुष, एक प्रकार का मत्स्य), मगर, और बड़े सीप आदि भी थे। यह सरोवर एक युत (अरब) योजन विस्तार वाला और भीषण, भयङ्कर ग्रहादि जल-जन्तुओं से भरा हुआ, बहुत गहरा और बड़ी-बड़ी विशाल लहरों के भँवरों से उद्वेलित था। इस समुद्र के किनारे विन्ध्याचल पर्वत पर बने सुन्दर आश्रम में तारकाधिप महेन्द्र प्रभास प्रविष्ट हुए।

प्रणिपत्य तदा देवं प्रभासं भुक्तिमाप्नुयात्।
अस्माकमीश्वरं भक्त्या राधयामि च संयतः॥ 17॥
तदाज्ञया चाश्रमेऽस्मिन् निष्ठाराध्यमहेश्वरम्।
तदा लब्ध्याश्रमं श्रेष्ठं दत्तं प्रभासतुष्टिदम्॥ 18॥

(प्रभास ने) वहाँ प्रणाम किया। इस पर वहां के (महेश्वर) देव ने प्रभास को भुक्ति-मुक्ति प्रदान की। प्रभास ने कहा कि 'आप मेरे ईश्वर है और मैं आपकी संयत चित्त से भक्तिपूर्वक आराधना करता हूँ।' 'इस आश्रम में स्थित महेश्वर की निष्ठापूर्वक आराधना करो'— ऐसी आज्ञा के साथ ही यह श्रेष्ठ आश्रम प्रभास को प्रदान किया जिसे पाकर उसे परम शान्ति हुई।

मन्वन्तरं शतं सार्धं सोमोऽकार्षीत् तपो नृपः।
तोषयित्वा महादेवं प्रत्यक्षं शिवसम्भवम्॥ 19॥
आह्लादितमना भूत्वा दृष्ट्वा च परमेश्वरम्।
राजेन्द्र क्षिति कृत्वा तु निश्चलं देवसम्भवम्?॥ 20॥

इस आश्रम में एक सौ पचास मन्वन्तरों तक सोम राजा ने बड़ा ही कठोर तप किया जिससे उसने महादेव शिव को तप द्वारा सन्तुष्ट करके उनका प्रत्यक्ष दर्शन प्राप्त किया। महादेव शिव स्वयं उस राजा के सामने प्रकट हुए। भगवान् महादेव शिव परमेश्वर को देखकर बड़े ही प्रसन्न मन वाला होकर उस राजेन्द्र सोम ने इस पृथ्वी पर भगवान् शिव के प्राकट्य को निश्चल (प्रतिमा रूप में साकार, स्थापित) किया।

ईश्वर उवाच —

तुष्टो ऽहं तव राजेन्द्र भक्त्या च परया त्वयि।
वरं ब्रूहि च दास्यामि यथेच्छं तारकाधिप॥ 21॥

धर्मार्थकाममोक्षाणां ददामि यत्त्वदीप्सितम्।
नासत्यं नान्यथा चैवं त्वद्भक्त्या रोहिणीपते॥ 22॥

(इस पर) ईश्वर बोले— हे तारकाधिप सोमराजा! मैं तुम्हारी पराभक्ति से परम तुष्ट हुआ हूँ अतः तुम कोई वर माँगो क्योंकि मैं तुम्हें यथेच्छ वर देना चाहता हूँ। हे रोहिणीपति सोम, चन्द्रराजा तुम्हारी पर भक्ति के फलस्वरूप जिस तुम्हारे चाहे हुए धर्म, अर्थ, काम और मोक्ष को प्राप्त कराने वाला वर मैं तुम्हें दे रहा हूँ, वह कभी भी असत्य नहीं होगा न ही किसी तरह अन्यथा होगा।[1]

चन्द्र उवाच —

अस्माकमात्मनः पार्श्वे मानसाङ्गं सुधार्यकम्?।
ममाभिधानतश्चैवाऽवतारस्तव साम्प्रतम्॥ 23॥

(वर माँगते समय) चन्द्र बोले— हे प्रभु! मैं तो यह वर माँगता हूँ कि आप मेरे आत्मा के पास मानस अङ्ग धारण करके मेरे गात्र को ही अपना स्थान बनाते हुए तुरन्त अवतरित हों।

देव्युवाच —

शशाङ्क देवदेवेश तिलकत्ववाप्नुहि।
अथातस्त्वं तत्तिलके तथा तिष्ठ मम प्रिय॥ 24॥

(इस बीच पार्वती) देवी बोली— हे शशाङ्क! मैं तुम्हारे मस्तक पर देवदेवेश महादेव शिव का तिलक लगा देती हूँ जिससे ज्योंहि यह तिलक तुम्हारे मस्तक पर लगेगा, त्योंहि मेरे प्रिय स्वामी महादेव शिव तुम्हारे तिलक में स्थित हो जाएँगे।

ईश्वर उवाच —

त्वयेप्सितं वरं यच्च प्रयच्छामि हितैषिणे।
इच्छयात्ममुखनैवाऽसारसंसारमोक्षदम्॥ 25॥
निश्चितात्मसुखैरेवं शान्तावस्था मुखबोधिनी?।
स्वप्नावस्थायां न सौख्यमात्मनो राहिणीपतेः॥ 26॥
स्वप्नावस्थो यदा द्दष्टो भस्मोदूधूलिततापसः।
स्कन्धारुह्य हतं चारै? अस्मत्त्वयि विनिवेदयेत्?॥ 27॥

---

1. आद्य जगद्गुरु शङ्कराचार्य ने सोमनाथ की आराधना इस प्रकार की है— सौराष्ट्रदेशे विशदेऽतिरम्ये ज्योतिर्मयं चन्द्रकलावतंसम्। भक्तिप्रदानाय कृपावतीर्णं तं सोमनाथं शरणं प्रपद्यते॥ (द्वादशज्योतिलिङ्गस्तोत्र)

ईश्वर ने कहा कि तुम्हारे माँगे हुए जिस वरदान को मैं हित भावना से दे रहा हूँ, वह इस असार संसार से मुक्ति दिलाने वाला है। मेरे मुख से जो यह ज्ञान तुम्हें मिला है, यह निश्चित ही आत्मसुख एवं शान्तावस्था और हे रोहिणीपति सोम! तुम्हारी आत्मा को भी सुख देने वाला है परन्तु तुम्हारी स्वप्नावस्था में नहीं, जागृत रहने पर ही यह सम्भव है। यदि स्वप्नावस्था में तुम्हें भस्म-धूलि लगाए हुए कोई तपस्वी दिखाई पड़ जाए जो किसी मारे गए चोर को अपने कन्धे पर उठाए हुए हो और अपने बारे में तुम्हें ऐसा कहे कि—

तापस उवाच —

अहं सोम जगत्कर्ता वैरं स्यात्तु लङ्काधिपे।
त्वद्भतयाऽऽगतोऽहं वत्स चन्द्रनामाऽवतारतः ॥ 28 ॥
योगावस्थास्थितस्त्वेवं चिन्तात्मा रोहिणीपते।
उदकोल्लङ्घनं कृत्वा ऐन्द्रीं गतो दिशां प्रति ॥ 29 ॥

(उक्त तापस कहे कि)— हे सोम! मैं ही इस जगत का कर्ता भगवान् विष्णु हूँ जिसका लङ्काधिपति रावण से वैर हो गया था वही मैं तुम्हारी भक्ति से हे वत्स! चन्द्र नामावतार से आ गया हूँ। हे रोहिणीपति! इस प्रकार की योग स्थिति में चिन्तात्मा होकर समुद्र को लाङ्घकर मैं, पूर्वदिशा की ओर गया।

कैलासाल्लिङ्गमानीय दानवेन्द्रो लङ्काधिपः।
आगमिष्यामि ? क्षेत्रैषु तस्य वाचा प्रबलोद्भवम् ? ॥ 30 ॥
ददामि ते त्वहं सोम सोमे वदति दुर्धरः।
क्षणार्ध तु धृतं विप्र यदाहं भो क्षितौ ततः ? ॥ 31 ॥
गृहीत्वा सोमराजेन्द्रो लङ्कावधि वनैः स्थित ?।
उक्तं लिङ्गं तु राजेन्द्र क्षितौ भूत्वा तु निश्चलम् ? ॥ 32 ॥

वह दानवेन्द्र लङ्कापति रावण कैलाश पर्वत से शिवलिङ्ग लाकर समस्त क्षेत्र में उसकी प्रबल वाचा का उद्घोष करेगा कि मैं आ गया हूँ। हे सोम! वही शिवलिङ्ग मैं तुम्हें देता हूँ और वह सोम को बड़े ही भयानक उद्धत ढंग से कहता है कि हे विप्र! थोड़ी देर के लिए इस शिवलिङ्ग को थामे रहो जब तक कि मैं पृथ्वी पर खड़ा रहूँ। उसे ग्रहण करके सोम राजेन्द्र तब तक ठहरा रहा जब तक लङ्काधिपति रावण उस वन में स्थिर रहा और उसके आने की अवधि तक प्रतीक्षारत रहा परन्तु जब रावण बड़ी अवधि तक नहीं आया तो शिवलिङ्ग को सोम राजेन्द्र ने धरती पर रख दिया और निश्चल अर्थात् वहीं पर प्रतिष्ठित कर दिया।

पूजितं लिङ्गराजेन्द्रं लङ्कावधि स्वस्थचेतसा ?।
सोमाभिधानदेवत्वं सोमनाथ इति श्रुतम्॥ 33॥
शशाङ्कं मुकुटे धृत्वा तन्नाम शशिभूषणः।
ईश्वरः सोमनाथाख्योऽवतरितः सोमेश्वरः॥ 34॥

जब तक लङ्काधिपति रावण के आने की अवधि हो, तब तक उसकी प्रतीक्षा में वह सोमराजा बड़े स्वस्थचित से उस शिवलिङ्ग राज की पूजा में रहे। इसलिए सोमराज राजा के द्वारा पूजित होने के कारण शिव वहाँ सोमाभिधान देवत्व के रूप में सोमनाथ नाम से विख्यात् हुए। इस प्रकार चन्द्रमा को अपने मुकुट में धारण करके और उसके ही नाम से शशिभूषण अर्थात् सोमनाथ नाम धरकर स्वयं ईश्वर शिव ही सोमनाथ कहलाकर सोमेश्वर के रूप में अवतरित हुए हैं।

तदा सुरतरोर्वत्स प्रभासे भक्तिस्वागतः।
जगन्नाथः सोमनाथस्त्रैलोक्ये चाऽपि दुर्लभः॥ 35॥
आरामनगरे रम्ये जगदाह्लादकारकः।
जगन्नाथः सोमनाथस्त्रैलोक्ये चाऽपि दुर्लभः॥ 36॥

तब से ही हे वत्स! यह सुरतर देव प्रभास क्षेत्र में भक्ति के स्वागत से जगन्नाथ सोमनाथ से आए हैं जो तीनों ही लोकों में दुर्लभ है। अस्तु, यह सदा ध्यान में रखना चाहिए, बाग-बगीचों में, सुन्दर नगरों में ऐसे जगत को आनन्द प्रदान करने वाले जगन्नाथ सोमनाथ तीनों लोकों में भी दुर्लभ हैं।

नाम्ना कैलासनगरे सोमनाथो महेश्वरः।
संसारतारणो देवः संसारपाशछेदनः॥ 37॥
धर्मार्थकाममोक्षाणां वाञ्छितार्थफलप्रदम्।
सर्वतीर्थ महोत्साहं स्वर्गादिभोगभुक्तिदम्॥ 38॥

कैलास नामक नगर में भी सोमनाथ नाम के महेश्वर देव हैं जो कि संसार से तारण करवाकर संसार में पुनरागमन के पाश को ही काट देते हैं। ये सोमनाथ धर्म, अर्थ, काम और मोक्ष के वाञ्छित फल के दाता हैं और समस्त तीर्थों में सबसे महान और स्वर्गादिक भोग और मुक्ति प्रदाता है।

इति सूत्रसन्तानगुणकीर्तिप्रकाशप्रोक्तश्रीभुवनदेवाचार्योक्तापराजितपृच्छायां
विष्णुवाक्योद्भवारण्ये श्रीसोमेश्वरनिर्णयाधिकारो नाम त्रिंशं सूत्रम्॥ 30॥

इस प्रकार भुवनदेवाचार्य कृत सूत्रसन्तानगुणकीर्ति प्रकाश या अपराजितपृच्छा में विष्णु वाक्यानुसार अरण्य में उद्भूत श्रीसोमेश्वर निर्णय अधिकार नामक उनतीसवाँ सूत्र पूर्ण हुआ॥ 30॥

विष्णुवाक्योद्भवसोमनाथोक्तद्वादशशिवरात्रि निर्णयो नामैकत्रिंशं सूत्रम् ॥ 31 ॥

विष्णुरुवाच —

ततश्चानन्तरं वत्स प्रभासे भुक्तिमुक्तिदे।
कृत्वा सोमेश्वरे भक्तिं पूजा स्यात्तु महोत्सवः ॥ 1 ॥
चन्दनागुरुकङ्कोलकर्पूरैः कुङ्कुमादिकैः।
पञ्चामृतादिस्नानैश्च धूपाद्यैश्च सुगन्धिभिः ॥ 2 ॥
मन्त्रस्तोत्रगीतवाद्यैर्नृत्यैश्च सुरयोषिताम्।
इन्द्राद्याश्च सुराः सर्वे ब्रह्माद्याश्च मुनीश्वरः ॥ 3 ॥
विष्णुश्च भगवान् देवो मरीचिः काश्यपो गणाः।
सूर्याद्याश्च ग्रहाश्चैव तथा चैवं गणोत्तमाः ॥ 4 ॥
अष्टौ च वसवः सिद्धा वासुक्याद्याश्च पन्नगाः।
पृथिव्यां यानि तीर्थानि पार्थिवाश्चैव भूतले ॥ 5 ॥
पातालस्वः सप्तके च पृथिव्यां सप्तकं तथा।
आनीताश्च त्रयो लोकाः सुरासुरनरोरगैः ॥ 6 ॥
प्रभासेन कृता पूजा देवदेवजगद्गुरोः।
तुष्टः प्रभासं देवेशः पुत्रत्वं समुपागमत् ॥ 7 ॥

विष्णु बोले — हे वत्स! इसके उपरान्त ही भुक्ति-मुक्ति प्रदान करने वाले प्रभास क्षेत्र में भगवान् सोमेश्वर की भक्तिपूर्वक पूजा करके महोत्सव होने लगे। चन्दन, अगरु, कङ्कोल, कर्पूर, कुङ्कुम और पञ्चामृत आदि से स्नान, धूप, सुगन्धित द्रव्यों से, मन्त्र-स्तोत्र, गीत-वाद्य-नृत्यों से देवाङ्गनाएँ और इन्द्रादि देवगण, ब्रह्मादि मुनीश्वर, भगवान् विष्णु देव, मरीचि, काश्यप गण, सूर्यादि सभी ग्रह और ऐसे ही अनेक उत्तम गणों और आठों वसु, सिद्धगण, वासुकि आदि समस्त नाग पृथ्वी पर जितने भी तीर्थ क्षेत्र और भूतल पर जितने भी राजा, सातों पातालों, सातों पृथ्वी मण्डलों और तीनों लोकों के सुर-असुर-नर और नागों को निमन्त्रित करके प्रभास क्षेत्रवासियों ने देव देव जगद्गुरु महेश्वर की पूजा की जिससे सन्तुष्ट होकर देवेश भगवान् शिव महेश्वर ने प्रभास को पुत्रत्व प्रदान किया।

वाचस्पतेर्भागिनेयं वसुहृन्नन्द्रदायकम्।
प्रोवाच वचनं पुत्र एकादश ममांशकाः ॥ 8 ॥

सोमनाथः प्रभासश्च कर्दमः शशिभूषणः।
निष्कदाख्यः सहस्त्राक्ष ऋणमुक्तिः पापान्तकः॥ 9॥
अर्कस्थाल्यमनार्कस्वरं ? तवपुत्रा एकादश।
एकादशैते रुद्राक्ष प्रभासक्षेत्रसम्भवाः॥ 10॥

इस प्रकार बृहस्पति के भानजे और वसु के हृदय को आनन्द देने वाले उनके पुत्र प्रभास को भगवान् शिव महेश्वर ने वचन दिया कि तुम्हारे ग्यारह पुत्र होंगे जो मेरे ही अंशरूप होंगे। इनके नाम होंगे— 1. सोमनाथ, 2. प्रभास, 3. कर्दम, 4. शशिभूषण, 5. निष्कद, 6. सहस्त्राक्ष, 7. ऋणमुक्ति, 8. पापान्तक, 9. अर्कस्थाली, 10. अनार्क और 11. स्वर। ये तुम्हारे ग्यारह पुत्र कहलाएँगे। ये सभी प्रभास क्षेत्र में उत्पन्न एकादश रुद्रों के ही समान समझें।[1]

विश्वकृद् विश्वकर्मा च त्वष्टा स्याद् देववर्धकिः।
भूर्भुवर्भुवनेशश्च तथा भुवनदेवकः॥ 11॥
पुनरुच्चार्य नामानि विश्वेशः त्रिदशेश्वरः।
विश्वश्च विश्वनिरतस्स्वयं च सृष्टिकोद्भवः॥ 12॥
नासत्यावश्विनौ दस्त्रौ प्रोक्तौ देवचिकित्सकौ।
जगत्कर्ता च रुद्रश्च प्रभासो वसुनन्दनः॥ 13॥
सृष्टा च सर्वशिल्पानां जगन्नेत्रस्तदुद्भवः।
चतुर्दश्यां समुत्पन्नः स्त्रष्टा विश्वपतिस्तथा॥ 14॥
कार्तिक्यां कृष्णपक्षे तु दीपोत्सवसमुद्भवः।
महोत्सवास्तथा पञ्च तृतीयो [2]यावतीदिनी॥ 15॥
स्वयं साक्षाद् रुद्रमूर्तिर्विश्वकृद् विश्वशेखरः।

विश्वकृद्, विश्वकर्मा, त्वष्टा, देववर्धकी, भूर्भुवः भुवनदेव, भुवनदेवक— इन नामों को पुनः कहते हुए विश्वेश, त्रिदशेश्वर, विश्व, विश्वनिरत और सृष्टिकोद्भव, नासत्य, अश्विनी, दस्त्र, देव चिकित्सक, जगतकर्ता, रुद्र, प्रभाव, वसुनन्दन, सृष्टा और सभी शिल्पियों के जगतनेत्र[3] स्वरूप आपकी उत्पत्ति चतुर्दशी को हुई। कार्तिकमास में

---

1. इन्हीं से सोमपुरा शिल्पियों की एकादश गोत्रों का प्रवर्तन माना जाता है।
2. 'यावनोदिनी ?' प्रकाशित पाठः। शब्दकल्पद्रुम में 'यावतिथः' शब्द के लिए कहा है— यावत्+ तस्य पूरणे डट्। ऐसे में मनुस्मृति का यह वचन प्रमाण है— आद्याद्यस्य गुणांस्त्वेषामवाप्नोति परःपरः। योयो यावतिथश्चैषां सस तावद्गुणः स्मृतः॥ (मनु. 1, 20)
3. ये विश्वकर्मा के नाम हैं। विश्वकर्मापुराण में विश्वकर्मा के सौ नामों की सूची है। यह यहाँ प्रासङ्गिक ही

कृष्ण पक्ष की चतुर्दशी को उत्पत्ति हुई तब हे विश्वपति! दीपोत्सव मनाया गया और अन्य महोत्सव रूप में पाँच तृतीया भी अगली तिथि (के पूर्ण अथवा उदयव्यापिनी) सहित मानी गई है। आप स्वयं साक्षात् रुद्रमूर्ति विश्वकृत और विश्वशेखर है।

विश्वकर्मोवाच —

दीपोत्सवः कथं देव किमर्थश्च तदुद्भवः।
सुरोरगासुरनराः कुर्वन्ति कथमुत्सवम्॥ 16॥

विश्वकर्मा बोले — हे प्रभु! दीपोत्सव क्या है और इसका प्रचलन किसलिए है? देवता, नाग, असुर और मानवगण यह उत्सव कैसे मनाते हैं, सो कहिये।

ईश्वर उवाच —

द्वादश$_{12}$ दीपोत्सवानां श्रेष्ठाः स्युः कार्त्तिकादितः।
शिवरात्रयो द्वादश व्रतानामुत्तमा मताः॥ 17॥
आद्या मार्गशिरे कृष्णचतुर्दश्यां तिथौ भवेत्।
त्रयोदश्यामेकभोजी ह्युपोष्या च चतुर्दशी॥ 18॥
स्नानं कृत्वा चोदकेन यस्तिष्ठेल्लिङ्गमाश्रितः।
दिनान्ते च निशाप्राप्तौ कुर्याद् वै दन्तधावनम्॥ 19॥

ईश्वर बोले — कार्तिकादित[1] या कार्तिक से आरम्भ होने वाले बारह (मासों के) दीपोत्सव श्रेष्ठ है और बारह शिवरात्रियों को व्रतों के लिए उत्तम माना गया है।

होगी— अज, अतुल, अधिकर्मिक, अधिनायक, अधिष्ठाता, अधीश्वर, अभिधेय, अभिनन्द्य, अभिरक्षक, अभ्युदयकारी, अमन्द, अर्चनीय, आढ्यङ्कर, आदिकर, आदिकर, आनन्त्य, आनन्दन, आयःशूलिक, आराधनीय, इरेश, ईक्षक, ईश्वर, उच्चण्ड, उत्तमश्लोक, उत्पादक, उद्यमी, एकाक्षर, एकान्त, ऐकात्म्य, ऐश्वर्यवन्त, ओजस्वी, औपमिक, क, कष्टक विशोधक, कल्याणक, कार्मुक, कालाध्यक्ष, कालक्ष, कीर्तिकीय, कुशाग्रबुद्धि, कृतकार्य, कृताभरण, कृतायास, कृतधी, कृतप्रतिज्ञ, कृतलक्षण, कृतसङ्कल्प, कृतहस्त, कृती, कृतु, कृपालु, केवक, केलिमुख, कौतुकप्रिय, क्रतुप्रिय, क्रतुपति, क्रियापटु, क्वाचित्क, क्षन्ता, क्षिप्रकारी, ख्यातिप्राप्त, गणितज्ञ, गण्डकघ्न, गमनीय, गुणी, चक्रवर्ती, चक्री, चञ्चुर, चण्ड, चण्डविक्रम, चारक, चित्रकार, चिन्मय, छत्वरक, जगतीश्वर, जगत्स्रष्टा, जनाश्रय, जागरूक, जिष्णु, तक्षक, तितिक्षु, तक्ष्णकर्मी, त्यागी, त्रिकालविद्, त्वष्टा (त्वष्ट्र), दक्ष, दाता, दिव्य, दिष्णु, दृप्त, देववर्धकि, धृतात्मा, नन्दक, नमस्य, नित्य, निपुण, नियामक, निरज, पटु, पारङ्गत, पृथु, ब्रह्मवत्, विश्वात्मा, विश्वकर्मा, सर्वेश्वर और सृष्टिकर्ता। (शिल्पशास्त्रम् : सम्पादक-अनुवादक : श्रीकृष्ण 'जुगनू', चौखम्बा संस्कृत सीरिज ऑफिस, वाराणसी, 2008 ई., भूमिका, पृष्ठ 15)

1. यहाँ कार्तिकादि वर्षारम्भ का सङ्केत है जो कि मेवाड़ के बाद गुजरात आदि में अद्यावधि प्रचलन में है। अन्यत्र चैत्रादि या श्रावणादि वर्षारम्भ किया जाता है। ग्रन्थ के 19वें सूत्र (14-15) में भी इसी क्रम से गणना है। विष्णु आदि पुराणों से ज्ञात होता है कि पूर्व गुप्तकाल तक नक्षत्रों की गणना कृत्तिकादित थी, वराहमिहिर ने प्रथमतः अश्विन्यादित गणना की। यहाँ बारह शैवव्रतों का विधान किया गया है।

मार्गशीर्ष मास की कृष्णपक्ष की चतुर्दशी तिथि आद्या होती है और उसके लिए त्रयोदशी को एकासन रखे तथा चतुर्दशी को उसका पारणा करें। जल से स्नान करके शिवलिङ्ग के आश्रय में रहे और दिन के अन्त में आने पर दन्तधावन करें।

ततः शिवालये गत्वा पुष्पधूपादिसंयुतः।
पञ्चामृतैः स्नापयित्वा धूपैर्वै लेपनादिभिः॥ 20॥
पूजां कृत्वा त्रिरात्र्यन्तं स्तोत्रमन्त्रकगीतकैः।
वादित्रैर्विविधैश्चैव स्वेच्छया चात्मशक्तितः॥ 21॥
स्वयंभुवि तथा बाणे घाट्ये स्वगृहलिङ्गे।
यामे यामे गते रात्रौ पूजां कृत्वा महोत्सवम्॥ 22॥

इसके बाद शिवालय में जाकर पुष्प, धूपादि से संयुक्त होकर, पञ्चामृत और धूप लेपनादि से स्नान कराके अपने सामर्थ्य के अनुसार पूरी श्रद्धा से तरह-तरह के स्तोत्र मन्त्र, गीत आदि वाद्यों से तीन रात्रियों के अन्त तक पूजा करके स्वयंभुवि लिङ्ग अथवा बाणलिङ्ग या फिर घड़े हुए अपने-अपने घर में पूजार्थ रखे शिवलिङ्ग की रात्रि के प्रत्येक प्रहर बीतने पर पूजा करते हुए यह महोत्सव मनाया करे।

शिवरात्र्योत्सवविधिं—

शिवरात्र्युत्सवे चाल्यं शिवं स्तुत्वा समस्तकम्।
पुराणश्रवणं कृत्वा दानं चैव समानयेत्॥ 23॥
प्रतियामोत्सवं कृत्वा स्वगृहं भावतो व्रजेत्।
दन्तधावनस्नानार्चाः कृत्वा चैव महोत्सवम्॥ 24॥
अग्निपूजां ततः कृत्वा दत्त्वा चाहुतिपञ्चकम्।
द्वे द्वे कृत्वा मण्डले च बाह्ये मध्ये गृहेऽथवा॥ 25॥
आत्मपादौ च प्रक्षाल्य तापसानां तथैव च।
भुक्तिस्थानं गृहमध्ये मण्डलेषु प्रदीयते॥ 26॥

शिवरात्रि के उत्सव में चलकर जाना चाहिए और शिव की स्तुति करके साष्टाङ्ग प्रणाम करें, पुराण (वायुपुराण, लिङ्गपुराण, शिवपुराणादि कथा) का श्रवण करना चाहिए। दानपुण्य भी करने चाहिए। प्रतिदिन भी अपने घर में हर प्रहर इसी

जाबालश्रुति के दस शैवव्रतों का वर्णन शिवपुराण की कोटिरुद्रसंहिता के अध्याय 37 में आया है। वहाँ पर माघ मास के कृष्णपक्ष में शिवरात्रि तिथि का विशेष महत्व बताया गया है। जिस दिन आधी रात के समय तक वह तिथि विद्यमान हो, उसी दिन उसे व्रत के लिए ग्रहण करना चाहिए। शुक्लपक्ष से मास का आरम्भ मानने से फाल्गुन मास की कृष्णपक्ष की त्रयोदशी माघ मास की कही जाती है।

भाव का आचरण करता रहे। दन्तधावन, स्नान, अर्चा-पूजादि महोत्सव करता हुआ हवन करे और पञ्चक आहुति प्रदान करें। इसके लिए घर में, घर के मध्य में अथवा घर के बाहर दो-दो मण्डल बनाए। (भोजन से पूर्व) पहले अपने पाँवों का प्रक्षालन करे। तदोपरान्त इस अवसर पर आमन्त्रित तपस्वी साधुओं के पाँवों का प्रक्षालन करके उन्हें घर मध्य में भोजनशाला में भोज-प्राङ्गण में ले जाना चाहिए।

सम्प्राश्य शिवनैवेद्यं ततो दद्यातु भोजनम्।
भोजनानन्तरं दद्याद् दक्षिणां वस्त्रसंयुताम्॥ 27॥
यज्ञोपवीतं पट्टं च पादुकां छत्रसंयुताम्।
क्षमापयेच्छिवं देवं मठं सम्प्राप्य तापसम्॥ 28॥

(इसके बाद) उन तपस्वीगणों को शिव-नैवेद्य का प्रसाद प्रदान कर बाद में सन्तोषपूर्वक भोजन करवाएँ और भोजनोपरान्त उन्हें वस्त्र के साथ दक्षिणा भी प्रदान करे। यज्ञोपवीत, पट्टवस्त्र, पादुका, छाता भेंटकर भगवान् शिव से क्षमापन करते हुए उन समस्त आगन्तुक तपस्वियों को उनके मठ तक आदरपूर्वक पहुँचाने जाए।

द्वादशोत्सवनामानि —

एवमुक्ता कृष्णचतुर्दशी मार्गशिरादिका।
मार्गादि कार्तिकान्तं च तासां नामानि द्वादश $_{12}$ ॥ 29॥

इस प्रकार से मृगशिरादिक कृष्णपक्ष की चतुर्दशी के विषय में कहा गया है। यहाँ कहे गए मार्गादि से कार्तिकान्त तक आने वाले बारहों चतुर्दशी उत्सवों (शैवव्रतों) की नामावली इस प्रकार है—

शिवा शान्ता सिद्धिदा च जया चैव मनोरमा।
कान्ताह्लादा च सौम्या च शुभा स्यात्तु मणिप्रभा॥ 30॥
विश्वा विश्वकृदुद्भवा चेत्थं नामानि द्वादश $_{12}$ ।
मार्गादि कार्तिकान्तं च कृष्णपक्षे चतुर्दशी॥ 31॥

(1.) शिवा, (2.) शान्ता, (3.) सिद्धिदा, (4.) जया, (5.) मनोरमा, (6.) कान्ता, (7.) आह्लादा, (8.) सौम्या, (9.) शुभा, (10.) मणिप्रभा, (11.) विश्वा और (12.) विश्वकृदुद्भवा— ये मार्गादि से आरम्भ होकर कार्तिक के अन्त तक, कृष्ण पक्ष की चतुर्दशियों के नाम हैं।

अथ मासानुसार चतुर्दश्यां सफलञ्च —

मार्गपौषयोर्मध्ये च शिवा स्वर्गादिभोगदा।
पौषमाघयोर्मध्ये च शान्ता कल्याणकारिणी॥ 32॥

मार्गशीर्ष और पौष के मध्य में पड़ने वाली शिवा संज्ञक चतुर्दशी स्वर्गादि भोग देने वाली है और पौष व माघ के मध्य पड़ने वाली शान्ता नामक चतुर्दशी कल्याणकारिणी है।

माघफाल्गुनयोर्मध्ये सिद्धिदा सर्वसिद्धिदा।
ख्याता जया फाल्गुनान्ते विजयस्वर्गराज्यदा॥ 33॥

माघ व फाल्गुन के मध्य में आने वाली सिद्धिदा चतुर्दशी समस्त सिद्धियों को देने वाली है और फाल्गुन के अन्त में आने वाली जय नाम से ख्यातिलब्ध चतुर्दशी विजय व स्वर्ग का राज्य देने वाली है।

मनोरमा च चैत्रार्धे मनोरथप्रदायिनी।
वैशाखज्येष्ठयोर्मध्ये कान्ता च स्वर्गभुक्तिदा॥ 34॥

चैत्र मास के मध्य में आने वाली मनोरमा चतुर्दशी मनोरथों को पूर्ण करने वाली और वैशाख व ज्येष्ठके मध्य में आने वाली कान्ता चतुर्दशी स्वर्ग और मुक्ति देने वाली कही गई है।

ज्येष्ठाषाढयोर्मध्ये च आह्लादाऽऽह्लाददायिनी।
आषाढार्धे तथा ख्याता सौम्या देवत्वदायिनी॥ 35॥

ज्येष्ठ व आषाढ़ के मध्य में आने वाली आह्लादा चतुर्दशी आह्लाद देने वाली है जबकि आषाढ़ के आधे में आने वाली सौम्या चतुर्दशी देवत्व देने वाली के रूप में प्रसद्धि है।

श्रावणार्धे शुभा ख्याता तेजः सौभाग्यवर्द्धिनी।
मणिप्रभा भाद्रपदे संसारे च मणिप्रदा॥ 36॥

श्रावण मास के आधे में पड़ने वाली शुभा चतुर्दशी तेज और सौभाग्यवर्द्धिनी के रूप में विख्यात है और भाद्रपद मास के कृष्णपक्ष की चतुर्दशी मणिप्रभा के नाम से संसार में मण्यादि रत्न प्रदान करने वाली है।

आश्विने च तथा मासे विश्वा त्रैलाक्यतोषदा।
कार्तिके कृष्णपक्षे तु तथा विश्वकृदुद्भवा॥ 37॥

इसी प्रकार आश्विन मास में पड़ने वाली विश्वा चतुर्दशी तीनों ही लोकों में सन्तुष्टि प्रदान करने वाली है जबकि कार्तिक मास के कृष्णपक्ष में पड़ने वाली चतुर्दशी को विश्वकृदुद्भवा कहा गया है।

तास्तु समस्तदेशेषु दीपोत्सवसमुद्भवाः।
कैलासे च पुरेरम्ये विख्याताश्च महीतले॥ 38॥

इन सभी चतुर्दशियों में समस्त देशों में दीपोत्सव मनाए जाते हैं जो कैलाश में, नगरों में और पृथ्वीतल पर सर्वत्र विख्यात हैं।

शिवरात्रिमाहात्म्यमाह —

शिवरात्रिसमं पुण्यं नास्ति यज्ञसहस्त्रकैः।[1]
मासे मासे कृष्णपक्षे या भवेच्चं चतुर्दशी॥ 39॥
शिवरात्रिस्तु सा ज्ञेया व्रतानामुत्तमोत्तमा।

शिवरात्रि के समान कोई भी पुण्य हजारों यज्ञ करने पर भी नहीं मिल सकता अतः प्रत्येक मास में जब-जब कृष्णपक्ष की चतुर्दशी हो, उसको शिवरात्रि के रूप में जाने (और व्रत करें) जो व्रतों में उत्तम व्रत है।

अन्यदप्याह —

त्रिरूपा कृष्णवर्णा सा देवी कल्याणवर्द्धिनी॥ 40॥
ललाटे मुकुटे लिङ्गे कर्णयोः स्कन्धयोस्तथा।
प्रकोष्ठे मणिबन्धे च कण्ठे ऊर्वोः स्तने तथा॥ 41॥
मेखलायां कटिसूत्रं कटिमालादितस्तथा।
लिङ्गाधारमयाः सर्वे ऊर्ध्वाः करपुटैः कृताः॥ 42॥
तद्रूपा शिवसामर्थ्यात् शिवरात्रिः शिवशासना।
द्वादशोद्भवन्ति मर्त्ये नाम्नैवं शिवरात्रयः॥ 43॥

वह देवी तीन रूपों वाली, कृष्णवर्ण की है और कल्याणवर्द्धिनी है। उसके ललाट पर, सिर, कानों, स्कन्धों, प्रकोष्ठ, मणिबन्ध, कण्ठ, वक्ष, स्तनों पर मेखलाएँ हैं। वह कटिसूत्र व कटिमालादि सहित शिवलिङ्गाधारमय होती है। इसके करपुट ऊर्ध्वस्थ कल्पित किए जाएँगे। इस रूप में शिव के सामर्थ्यवशात् शिवरात्रि से शिवशासन सिद्धि होगी। (इस प्रकार यहाँ) बारह शिवरात्रियों को नामानुसार कहा गया जो कि मर्त्यलोक में होती है।

इति सूत्रसन्तानगुणकीर्तिप्रकाशप्रोक्तश्रीभुवनदेवाचार्योक्तापराजितपृच्छायां विष्णुवाक्योद्भवसोमनाथोक्तद्वादशशिवरात्रिनिर्णयाधिकारो नामैकत्रिंश सूत्रम्॥ 31॥

इस प्रकार भुवनदेवाचार्य कृत सूत्रसन्तानगुणकीर्ति प्रकाश या अपराजितपृच्छा में विष्णु के वाक्यानुसार उद्भूत सोमनाथोक्त बारह शिवरात्रि निर्णय अधिकार नामक इकतीसवाँ सूत्र पूर्ण हुआ॥ 31॥

---

1. यह श्लोक हेमाद्रि के निम्न श्लोक से तुलनीय है— शिवरात्रिसमं नास्ति कृत्वा यज्ञसहस्त्रकम्॥ न ते यमपुरस्थास्तैः कृतेयं शिवप्रदा। भुक्तिमुक्तिप्रदा देवि सत्यं सत्यं वरानने॥ (चतुर्वर्गचिन्तामणि व्रतखण्ड भाग 2, पृष्ठ 88)

विश्वकर्मावतारो नाम द्वात्रिंशं सूत्रम् ॥ 32 ॥

विश्वकर्मोवाच —

नमस्कृत्वा सोमनाथमज्ञानां ज्ञानदो भवान्।
तव प्रसादाद् देवेश तथाऽस्माभिश्च दृश्यते ॥ 1 ॥
कथं चान्यब्रह्माण्डसृष्ट्युत्पत्तिप्रलयादिकम्।
ब्रह्मा विष्णुः शशी सूर्य इन्द्राग्नी चान्यसम्भवः ॥ 2 ॥
कुर्वेतं देवदेवेश प्रसादं पार्वतीपते।
ज्ञानोपदेशं सन्देहच्छेदनं च जगत्प्रभोः ॥ 3 ॥

विश्वकर्मा बोले — हे सोमनाथ! आप अज्ञानियों को भी ज्ञान प्रदान करने वाले हैं, मैं आपको नमस्कार करके प्रार्थना करता हूँ कि आप अपने ज्ञानरूपी प्रसाद से हमें दिखाएँ कि किस प्रकार इन अन्य ब्रह्माण्डों की उत्पत्ति और प्रलय होता है और ब्रह्मा, विष्णु, शशि-सूर्य-इन्द्र-अग्नि और अन्य देवता कैसे उत्पन्न हुए? हे पार्वतीपति देव-देवेश! कृपा करके हे जगत्प्रभो हमारे सन्देह का निवारण कीजिए।

ईश्वर उवाच —

पूर्वं ब्रह्मभवा सृष्टिर्जगत्स्थावरजङ्गमम्।
समांशेन समुत्पन्नावुभौ ब्रह्मा तथा हरिः ॥ 4 ॥
ब्रह्मा तु सृष्टिकर्ता च पालकस्तु जनार्दनः।
तस्मात्तथाऽपरे नैव ब्रह्माविष्णुसदाशिवाः ॥ 5 ॥

पूर्व ब्रह्म में होने वाली यह सृष्टि जगत में स्थावर, जङ्गमयुक्त हुई और समान अंशों से दोनों ही ब्रह्मा और विष्णु उत्पन्न हुए। ब्रह्मा तो सृष्टिकर्ता हुए और इसके पालनकर्ता जनार्दन विष्णु हुए। इनसे बाद में इसी प्रकार ब्रह्मा, विष्णु, सदाशिव हुए।

गन्तव्यं ब्रह्मलोकेषु यत्र तौ परमेष्ठिनौ।
तत्रोद्भूता च या सृष्टिस्त्वमवाग्रतो भवेत्? ॥ 6 ॥
पुष्पकारूढः स्त्रष्टा च युक्तः पुत्रैश्च मानसैः।
जयश्च विजयश्चैव सिद्धार्थश्चापराजितः ॥ 7 ॥

(उक्त तीनों ही) परमेष्ठिगण जब ब्रह्मलोक की ओर जाने को तत्पर हुए तब आप ही इस सृष्टि के रचनार्थ उनके साथ अग्रसर हुए और पुष्पक विमान में आरूढ़ होकर स्त्रष्टा के पद से युक्त होकर अपने मानस पुत्रों— जय, विजय, सिद्धार्थ और अपराजित को साथ ले गए।

पुष्पकस्य च स्रष्टा वै स्वयं त्वं सृष्टिसम्भवः।
पुष्पविमानमारूढश् छत्रादिझल्लरीयुत्॥ 7-1॥
कलशकनकदण्डै रत्नैर्नैकेर्विभूषितम्।
घण्टारवकोपेतं वै नैकविद्याधराकुलम्॥ 7-2॥
तरुणादित्यसङ्काशं तप्तकाञ्चनसम्प्रभम्।
प्रभासक्षेत्रसम्भूतं द्वितीयमिव भास्करम्॥ 8॥

पुष्पक विमान के स्रष्टा तो आप स्वयं हैं जिनसे समस्त सृष्टि रचना सम्भव होती है। पुष्पक विमान में आरूढ़ होने योग्य छत्रादि और झल्लरीयुक्त कलश, स्वर्णदण्ड, अनेकों रत्नों से विभूषित सजावट, घण्टाघोष आदि ध्वन्योपस्कर और अनेक विद्याध्ररों के समूह तरुण सूर्य के समान प्रकाशमान, जगमगाते हुए तथा तपाए गए सोने की चमक के समान, प्रभास क्षेत्र में उत्पन्न हुए। ऐसा लगता था कि दूसरे भास्कर ही हों।

विष्णुः शक्रश्च सूर्यश्च स्वामी चैव गणाधिपः।
रुद्रतेजः समुद्भूताः स्वयं वा सृष्टिकर्मणा॥ 9॥
जटामुकुटशोभाढ्यः कुण्डलाभ्यालङ्कृतः।
चतुर्भुजो महातेजा दिव्यहंसकवाहनः॥ 10॥
अक्षसूत्रं करे याम्ये वामे चैव कमण्डलुः।
पुस्तकं वामहस्तोर्ध्वे दक्षोर्ध्वे कम्बिका तथा॥ 11॥

वे विष्णु, इन्द्र, सूर्य, कार्तिकस्वामी, गणाधिप और रुद्र के तेज से समुद्भूत स्वयं सृष्टि कर्म करने वाले विश्वकर्मा जयमुकुट की शोभा से भरपूर और कानों में सुन्दर कुण्डलों से अलङ्कृत चतुर्भुज स्वरूप, महातेजस्वी, दिव्य हंस पर सवारी करने वाले, हाथों में अक्षमाला और सूत्र दाहिने हाथ में धारण किए हुए और बायें हाथ में कमण्डलु धारण किए हुए तथा बायें ऊपरी हाथ में पुस्तक (शिल्पवेद) तथा दायें ऊपर के हाथ में कम्बिका या हस्त-गज धारण किए हुए।

विश्वकर्मा सदागौरस्तेजः पुञ्जसमुद्भवः।
बृहस्पतेर्भागिनेयस्तेजः कूट इवापरः॥ 12॥
सम्प्राप्तो ब्रह्मलोके तु महौजा विश्वकर्मकः।
ब्रह्मणां चासनं त्यक्त्वा करयुगमं च योजितम्॥ 13॥

भगवान् विश्वकर्मा सदा गौरवर्ण और तेजस्विता के पुञ्जरूप उत्पन्न होकर बृहस्पति के भानजे तेजस्विता के शिखर के समान होकर यहाँ से आगे ब्रह्मलोक में

पधारे जिनको आदर देने हेतु स्वयं ब्रह्मा भी आसन त्याग करबद्ध होकर खड़े हो गए।

तस्मै तदासनं दत्त्वा स्थितावासनयोरुभौ।
चत्वारो मानसाः पुत्रा विश्वकृत्पार्श्वतः स्थिताः॥ 14॥
एकैके च यथाशक्ति स्वयं वै सृष्टिकारकाः।
जयो विजय आख्याताः सिद्धार्थश्चापराजितः॥ 15॥

ब्रह्मा ने उन विश्वकर्मा को वह आसन दिया और दोनों ही एक साथ बैठे। अपने पास में ही विश्वकर्मा के उन चारों मानसपुत्रों को भी खड़ा किया जो अपने आपमें एक-एक भी स्वयं सृष्टिकर्ता के रूप में विख्यात हैं। वे जय, विजय, सिद्धार्थ और अपराजित नाम से विख्यात् हैं।

ब्रह्मोवाच —

स्वयं रुद्रस्त्वमाख्यातो मया सृष्टो महेश्वरः।
न्यूनाधिकां तथा सृष्टिं पूरयामि च साम्प्रतम्॥ 16॥
स्वयं रुद्रो विष्णुः शिवो मम सृष्टिकृतोऽभिधाः।
त्रैलोक्येऽमरपदं च सृष्टव्यं विश्वकर्मणा॥ 17॥

(इसके बाद ब्रह्मा कहने लगे कि) स्वयं महेश्वर ने आपको कहा है कि उन्होंने ही मेरी सृष्टि की है उसमें जो भी कमी-वेशी है, मैं उसे अब पूरी कर दूँगा। स्वयं रुद्र (का मत है कि) विष्णु, शिव भी मेरी ही सृष्टि के नामधारी है। अब तीनों लोकों में अमरपद देवताओं की सृष्टि विश्वकर्मा द्वारा होनी है।

त्रैलोक्ये चामरपदं सृष्टव्यं विश्वकर्मणा।
जानासि त्वं विश्वकर्मन् न किं ब्रह्मसमुद्भवम्॥ 18॥

तीनों लोकों के अमरपद देवता स्वयं विश्वकर्मा के द्वारा की जाने वाली सृष्टि में होते हैं। हे विश्वकर्मा! आप यह सब जानते हैं। यह ब्रह्म किसी से उत्पन्न नहीं हुआ। यह सब आप ही की सृष्टि है अर्थात् आपसे ही उत्पन्न हुई है।

भुवनसृष्ट्यादिदेवो भुवर्देवस्स उच्यते।
समीपगताथ तत्र पृथिवी तु भयातुरा।
तत्पृष्ठतश्चागतो वै पृथुश्च पृथिवीपतिः॥ 19॥

इस भुवनमय सृष्टि का आदिदेव भुवनदेव विश्वकर्मा को ही कहते हैं। एक बार पृथ्वी भयातुरा होकर भगवान् विश्वकर्मा के समीप पहुँची और उसके पीछे के पीछे पृथ्वीपति राजाधिराज पृथु भी पहुँच गया।

इत्युक्त विष्णुमाख्यातं विश्वकर्म प्रकथ्यते।
पक्षिराजं समारुह्या शङ्खशार्ङ्गादिधारिणम्॥ 20॥
सप्तकोटिगणैर्युक्तविमानैश्चैव सङ्कुलम्।
सिद्धचारणगन्धर्वैर्ऋषिभिः परिवेष्टितम्॥ 21॥
सुरदुन्दुभिसंनादैर्नैकवादित्रसङ्कुलम्।
पुष्पकैश्छत्रमाच्छाद्यं पृथिव्यान्तक्षीरार्णवम्॥ 22॥
अकस्मादागतो विष्णुर्ब्रह्मलोकेऽमृतार्णवात्।
गन्धमादनशैलेन्द्रे विश्वकर्मा जगत्पतिः॥ 23॥

ऐसा विष्णु द्वारा कहा प्रसिद्ध है।[1] विश्वकर्मा इसको ही पुनः कहते हैं कि विष्णु भगवान् शङ्ख-शार्ङ्गधनुषादि धारण करके पक्षीराज गरुड़ पर आरूढ़ होकर सात करोड़ गणों को साथ लेकर, जो कि विमानों के समूहों में आए थे और जिनमें सिद्ध, चारण, गन्धर्व ऋषिगण बैठे हुए थे और उन सबसे घिरे हुए स्वर्ग के दुन्दुभि आदि के निनाद से और अनेकानेक वाद्यों के समूह पुष्पक विमान के छत्र के नीचे आच्छादित होकर पृथ्वी के अन्त में क्षीरसागर में अकस्मात् आ गए। इस प्रकार विष्णु और ब्रह्मलोक के अमृतसागर से विश्वकर्मा जगत्पति के प्रभाव से पुष्पक विमान द्वारा तत्काल पृथ्वी के अन्तिम क्षेत्र में स्थित सागर में गन्धमादन पर्वत पर आकर उतरे।

पुनः पृच्छति तं पुत्रः कनिष्ठस्त्वपराजितः।
विश्वकर्मा पुनर्वाक्यं श्रुत्वोवाच मुनीन्द्रकः॥ 24॥

तब उन्हें पुनः उनके कनिष्ठपुत्र अपराजित ने प्रश्न प्रारम्भ किए और विश्वकर्मा ने उनको सुनकर हे मुनीन्द्रक! पुनः उत्तर देने आरम्भ किए।

इति सूत्रसन्तानगुणकीर्तिप्रकाशप्रोक्तश्रीभुवनदेवाचार्योक्तापराजितपृच्छायां
विश्वकर्मावताराधिकारो नाम द्वात्रिंशत्तमं सूत्रम्॥ 32॥

इस प्रकार भुवनदेवाचार्य कृत सूत्रसन्तानगुणकीर्ति प्रकाश या अपराजितपृच्छा में विश्वकर्मा
अवतार नामक बत्तीसवाँ सूत्र पूर्ण हुआ॥ 32॥

---

1. यहाँ सम्भवतः 'विष्णुपुराण' की ओर सङ्केत है। पराशरकृत इस पुराण में कहा गया है कि महाराज पृथु अपरा आजगव नामक दिव्य धनुष और दिव्य बाण लेकर क्रुद्ध होते हुए पृथ्वी के पीछे दौड़े। तब भय से व्याकुल होकर पृथ्वी गौ का रूप धारण कर भागी और ब्रह्मलोकादि में पहुँची— ततस्तु नृपतिर्दिव्यमादायाजगवं धनुः। शरांश्च दिव्यान्कुपितः सोन्वधावद्वसुन्धराम्॥ ततो ननाश त्वरिता गौर्भूत्वा च वसुन्धरा। सा लोकान्ब्रह्मलोकादीनान् सन्त्रासादगमन्मही। यत्र यत्र ययौ देवी सा तदा भूतधारिणी। तत्र तत्र तु सा वैन्यं ददृशेऽभ्युद्यतायुधम्॥ (विष्णु. 1, 13, 69-71)

पृथुपृथिवीसंवादे भूर्लोके विश्वकर्मागमनं
त्रयस्त्रिंशं सूत्रम्॥ ३३॥

विश्वकर्मोवाच —

शृणु वत्स महाप्राज्ञं संवादं च पृथोः क्षितेः।
जम्बूद्वीपे पृथो राज्यमेकच्छत्रं समस्तकम्॥ 1॥
तेनावलोकिता चैव समुद्रान्ता च मेदिनी।
पर्वतैः स्थलजैः सर्वैः सूत्रारम्भे समीकृता॥ 2॥
रसवा सर्वबीजानि ह्यात्मन्येव धृतानि च।
प्रजाश्च क्लेशितास्तस्माद् गृहीतात्मेच्छया तु सा॥ 3॥
तदुच्छेदे समारब्धे निःसृता सा भयातुरा।
ततः पृथ्वी भयोद्विग्ना पृथोश्च पृथिवीपतेः॥ 4॥

विश्वकर्मा बोले — हे महाप्रज्ञ बुद्धिमान वत्स! पृथुराज का संवाद सुनो। समस्त जम्बूद्वीप पर पृथुराजा का एकछत्र सार्वभौमिक राज था। उनकी देखी गई समस्त भूमि को समुद्रान्त तक पर्वतों-पहाड़ियों की उबड़-खाबड़ स्थिति को सूत्रता, समतलता, समान सतह की बना दी गई थी (ताकि वहाँ कृषि-कार्य सरलता से हो सके)।[1] उस धरा पर सब प्रकार के बीजों को स्वयं अपने हाथ में लेकर प्रजा के क्लेश निवारणार्थ उन्होंने पृथ्वी को अपनी इच्छा के वशीभूत कर उसको इकसार करने को प्रवृत्त हुए तो वह पृथ्वी निःश्वास छोड़ते हुए भयातुर होकर और भय से उद्विग्न होकर पृथुराजा के पास पहुँची।

पृथ्वी उवाच —

तथागताऽब्रवीत्तत्र यत्र तौ परमेश्वरौ।
रक्ष रक्ष महाभूत त्वमेव शरणं प्रभो॥ 5॥

पास आकर पृथ्वी बोली— आप मेरे परमेश्वर हो, मेरी रक्षा करो, रक्षा करो। हे प्रभु! आप ही मेरे लिए उपयुक्त शरण स्थल हो।

---

1. विष्णुपुराण में कहा गया है कि पृथु ने अपने धनुष की कोटि से सैकड़ों-हजारों पर्वतों को उखाड़ा व उन्हें एक ही स्थान पर इकट्ठा कर दिया। इससे पूर्व पृथ्वी के समतल न होने से पुर और ग्राम आदि का कोई नियमित विभाग नहीं था। उस समय अन्न, गोरक्षा, कृषि और व्यापार का कोई क्रम नहीं था। यह सब वेनपुत्र पृथु के समय से ही आरम्भ हुआ है— तत उत्सारयामास शैलान् शतसहस्रशः। धनुष्कोट्या तदा वैन्यस्तेन शैला विवर्द्धिताः॥ न हि गूर्वबिसर्गे वै विषमे पृथिवीतले। प्रविभागः पुराणां वा ग्रामाणां वा पुराऽभवत्॥ न सस्यानि न गोरक्ष्यं न कृषिर्न वणिक्पथः। वैन्यात्प्रभृति मैत्रेय सर्वस्यैतस्य सम्भवः॥ (विष्णु. 1, 13, 82-84)

पृष्ठतश्च ततः प्राप्तः पृथुर्बाणधनुर्धरः।
ब्रह्मणश्चाग्रतः स्थित्वा धनुर्बाणौ निवेदितौ॥ 6॥
भूराज्यं च समस्तं च ह्यर्पितं ते हितैषिणः।
अस्माभिश्च परित्यक्ता सम्प्राप्ता चाऽत्र मेदिनी॥ 7॥
धनुर्बाणौ स्वर्पयित्वा पृथुस्त्वं पृथिविपतिः।
मा भीस्त्वं वत्स राजेन्द्र राज्यं च तव मेदिनी॥ 8॥

राजा पृथ्वी के पीछे (आजगव नामक) धनुष-बाण लिए आ रहे थे परन्तु उन्होंने ब्रह्माजी को आगे खड़ा हुए देखा तो अपने धनुर्बाण ब्रह्मा को समर्पित कर दिए तब उन्होंने पृथुराजा से कहा कि तुम्हारे हितैषी होकर ही तो समस्त भू राज्य को हमने परित्याग करके तुम्हें अर्पित कर दिया था। इसी कारण यह मेदिनी तुम्हें आज तुम्हें प्राप्त हुई है। इसलिए हे पृथुराजा, तुम धनुष-बाण को समर्पित करके भयभीत मत होना क्योंकि हे वत्स! राजेन्द्र पृथु अभी भी तेरा यह राज्य और तेरी ये पृथ्वी तेरी ही है।

धरित्री कम्पिता तत्र ब्रह्मा प्रोवाच सान्त्वयन्।
मा भीर्धरे च पुत्री त्वं ज्ञातं कष्टं निवेदितम्॥ 9॥
पृथो शृणु त्वं राजेन्द्र स्वयं रुद्रस्तु विश्वकृत्।
करिष्यति द्वयोर्योग्यं धात्री स्यादमरावती॥ 10॥

इस पर ब्रह्मा ने धरती को कम्पायमान देखकर उसे ढाढ़स बंधाते हुए कहा कि हे पुत्री धरा! डरो मत। तुम्हें जो भी कष्ट हो, वह पूरी तक मुझसे कहो। हे राजेन्द्र पृथु! तुम सुनो कि स्वयं रुद्रावतार विश्वकृत विश्वकर्माजी तुम्हारे और पृथ्वी के दोनों के बीच का निस्तारण बड़ी चतुराई के साथ करवा देंगे जिससे तुम्हारी यह धरती अमरावती (इन्द्रपुरी) के समान हो जाएगी।

त्वत्पार्श्वे पुत्रि बीजानि तिष्ठन्त्वाकल्पमेव च।
विषया रक्षणीयाश्च विश्वेश्वर तथा त्वया॥ 11॥
पालनीयावुभौ त्वेवं पृथू राजा च मेदिनी।
विश्वज्ञ हस्तकर्तस्त्वं श्रियमाधत्स्व चेतयोः॥ 12॥

इसके बाद, उन्होंने धरती को सम्बोधित करते हुए उसे आश्वस्त किया कि हे पुत्री! तेरे पास रखे गए समस्त बीज कल्पों तक विद्यमान रहेंगे।[1] इसलिए ये कृषि

---

1. अराजकता की स्थिति में पृथ्वी ने समस्त ओषधियों, बीजों को अपने में लीन कर लिया था, ऐसे में प्रजा क्षीणकाय हो गई— अराजके नृपश्रेष्ठ धरित्या सकलौषधीः। ग्रस्तास्ततः क्षयं यान्ति प्रजाः सर्वाः प्रजेश्वर। त्वन्नो वृत्तिप्रदो धात्रा प्रजापालो निरूपितः। देहि नः क्षुत्परीतानां प्रजानां जीवनौषधीः॥ (विष्णु. 1, 13, 67-68)

के समस्त विषय विश्वेश्वर विश्वकर्मा तथा तुम्हारे द्वारा भी रक्षणीय है। पृथ्वीपति पृथुराजा और मेदिनी पृथ्वी तुम दोनों को यह मेरा आदेश पालनीय होना चाहिए जिससे कि विश्वज्ञ विश्वकर्मा के हाथ से किए गए तुम दोनों के कल्याण कार्य को चित्त लगाकर पूरा कर सको। इसलिए तुम दोनों ही मिलकर विश्वकर्मा जगतपति को इस प्रकार स्थापित कर दो, यह कहते हुए ब्रह्माजी ने उन दोनों को हस्त मिलाप करवाकर परस्पर प्रतिबद्ध कर दिया।[1]

उभावेवं च स्थाप्येतां विश्वकर्मन् जगत्पते।
ब्रह्मणे च तथोभाभ्यां करयुग्मे च योजिते॥ 13॥
विश्वकर्मा समुत्थाय चतुर्भिर्मानसैः सुतैः।
संस्थितः पुष्पविमाने पृथु धरे च मानसे ?॥ 14॥
जयो विजय आख्याताः सिद्धार्थस्त्वपराजितः।
ततो हिमवतः पृष्ठे भूर्लोके तु समागताः॥ 15॥

इसके साथ ही विश्वकर्मा को भी अपने चारों मानस पुत्रों के साथ उठने का कहकर पुष्पक विमान में राजा पृथु, धरा व मानस पुत्रों को उसमें बिठाया जिससे वे

---

1. समराङ्गणसूत्रधार में आया है कि ब्रह्मा ने पृथ्वी को अभयदान देते हुए पृथु से कहा कि यह पृथ्वी तुम्हारे द्वारा विधिपूर्वक पालन किए जाने पर ही उपायों के सहारे से धान्यादि से तुम्हारी भोग्या बनेगी और जो अभीष्ट स्थानादि निवेश का कार्य है, उसको त्रिदशाचार्य, सर्वसिद्धि प्रवर्त्तक, प्रभासवसु के पुत्र, बृहस्पति के भानजे, सम्पूर्ण विश्व में महाप्राज्ञ विश्वकर्मा महाराज सम्पादित करेंगे— अथैकदा जगज्जन्महेतुमम्बुरुहासनम्। पृथ्वी पृथुभभ्रान्ता चकिताक्षी समाययौ॥ प्रणम्य प्रणतिपह्वनिखिलत्रिदशेश्वरम्। सगद्गदमुवाचेति भूतधात्री पितामहम्॥ भगवन्नहमेतेन पृथुना पृथुतेजसा। उप (द्रु? द्रु) ता त्वां शरणं प्राप्ता त्रायस्व मां ततः॥ वदन्त्यामिति मेदिन्यामाविरासीदथो पृथुः। संरम्भमुक्तहृदयो ब्रह्माणं प्रणनाम च॥ जगादैनमथ स्निग्धध्वनिगम्भीरया गिरा। कुर्वंस्तद्यानहंसानां पयोदध्वनिशङ्कितम्॥ त्वयास्मि जगतां नाथ जगतोऽधिपतिः कृतः। स्थापितानि च भूतानि सर्वाण्यपि वशे मम॥ तेष्वियं मम विश्वेश कदाचिद् वशवर्तिमी। समीकरोमि पाषाणजालान्यस्याः किलाधुना॥ व्यस्तानि धनुषा तावद् गौर्भूत्वेयं पलायिता। दोग्धुकामोऽहमप्येनां चिरमन्वगमं महीम्॥ यत्रक्वापि प्रयात्येषा तत्र मामेव पश्यति। अपश्यन्त्यन्यत्त्राणमदुग्धा त्वामुपस्थिता॥ अस्यां वर्णाश्रमस्थानविभागश्च विधास्यते। इयं च दुर्गमानेकक्षोणीधर कुलाकुला॥ विधास्येऽस्यां कथं त्वेतदिति मे शङ्कितं मनः। पृथुनेत्यथ विज्ञप्तो भगवानब्जसम्भवः॥ उवाच बोधयन्नेनं कृत्वा भूमिं च निर्भयाम्। इयं मही महीपाल विधिवत् पालिता सती॥ सस्यैरुत्पाद्य निष्पन्नैस्तव भोग्या भविष्यति। यच्च ते स्यादभिप्रेतं स्थानादिविनिवेशनम्॥ तदेष त्रिदशाचार्यः सर्वसिद्धिप्रवर्तकः। सुतः प्रभासस्य विभोः स्वस्त्रीयश्च बृहस्पतेः॥ विश्वाभिसायिधीः सर्वं विश्वकर्मा करिष्यति। राजन्नसौ महेन्द्रस्य विदधावमरावतीम्॥ अन्या अप्यमुना रम्याः पुर्यो लोकभृतां कृताः। त्वया क्षेत्रीकृतां मूर्त्तिं दृष्ट्वा साद्रिदुमामसौ॥ सन्निवेशान् पुरग्रामनगराणां विधास्यति। तद् गच्छ वत्स लोकानामितस्त्वं हितकाम्या॥ भयोज्झिता त्वमप्युर्वि पृथोः प्रियकरी भव। काले स्मृतः स्मृतः पुण्यो राज्ञः प्रियचिकीर्षया॥ इत्युक्त्वा गमनमुपेयुषि प्रजेशे स्वं स्थानं क्षितिभुंजि चाश्रिते मुदोर्व्याम्। प्रालेयावनिभृतमाजगाम खेलत्सिद्धस्त्रीपरिगतमाशु विश्वकर्मा॥ (समराङ्गण. 1, 6-24)

जय, विजय, सिद्धार्थ और अपराजित नाम से आख्यात मानस पुत्र हिमालय के पार्श्व में भूलोक में आ गए।

पृथिवी प्रेषिता स्थाने सम्बोध्य भूतधारिणि।
विना कष्टं त्वया ग्राह्यं कारयिष्ये तु निश्चलाम्॥ 16॥

इसके बाद, पृथ्वी को उस प्रेषित स्थान में सम्बोधित किया कि हे पृथ्वी! तुम प्राणिमात्र को धारण करने वाली हो, यह बात तुम्हें बिना किसी कष्ट के ग्राह्य होनी चाहिए अर्थात् तुम्हें स्वीकार लेनी चाहिए इसका तुम निश्चलमना होकर पालन करोगी।

नृपश्च प्रेषितः स्थाने पृथुः सम्बोधितस्तथा।
यथामरावती चैव त्वदर्थे मेदिनी कृता॥ 17॥
पृथो चागम्य स्वस्थाने यावत्त्वं पालयेर्महीम्।
निर्जलान् सजलान् देशांस्तावत्त्वमवलोकय॥ 18॥
पुष्पकेऽस्माकमारुह्य मेरुमावृत्य दक्षिणम्।
आलोकय भूतधात्रीमासमुद्रान्तमेदिनी॥ 19॥

राजा पृथु को भी प्रेषित स्थान पर पहुँचने पर ब्रह्मा ने सम्बोधित करते हुए कहा कि हे पृथुराजा! तुम्हारे लिए ही आज हमने इस मेदिनी को अमरावती के समान बना दिया है इसलिए हे पृथु अब तुम स्वस्थान को जाओ और जब तक तुम इस पृथ्वी का पालन करते रहेगो, तब तक तुम पाओगे कि तुम्हारे जो स्थान निर्जल थे, वे सजल हो गए हैं। अब तुम हम सब लोगों को पुष्पक विमान पर आरूढ़कर मेरुपर्वत के चारों ओर घूमाकर दक्षिण की ओर ले चलो और इस समस्त पृथ्वी को, जो कि प्राणीमात्र की माता के रूप में आसमुद्रान्त विस्तृत है, देख सको।

इति सूत्रसन्तानगुणकीर्तिप्रकाशप्रोक्तृश्रीभुवनदेवाचार्योक्तापराजितपृच्छायां पृथुपृथिवीसंवादे विश्वकर्मभूर्लोकागमनाधिकारो नाम त्रयस्त्रिंशत्तमं सूत्रम्॥ 33॥

इस प्रकार भुवनदेवाचार्य कृत सूत्रसन्तानगुणकीर्ति प्रकाश या अपराजितपृच्छा में पृथु-पृथ्वी संवाद में विश्वकर्मा के भूलोकगमन अधिकार नामक तैंतीसवाँ सूत्र पूर्ण हुआ॥ 33॥

जयविजयसिद्धार्थपृच्छा नाम चतुस्त्रिंशं सूत्रम्॥ 34॥

अपराजित उवाच —

जयपृच्छागमश्चैव कस्मिन् स्थाने जगत्पते।
विजयपृच्छागमश्च कुत्रस्थाने बभूव च॥ 1॥
सिद्धार्थपृच्छागमश्च किं स्थाने च तथाभवत्।

एवमस्मत् प्रसादं तु कुरु शास्त्रार्थकौशल ॥ 2 ॥

(शिल्पादि आगम शास्त्रों की उत्पत्ति के प्रसङ्ग में कहा गया है) अपराजित बोले— हे जगत्पते! जयपृच्छागम किस स्थान पर और विजयपृच्छागम किस स्थान पर हुए। इसी प्रकार सिद्धार्थपृच्छागम भी किस स्थान पर हुआ। इस विषय में हे शास्त्रार्थ कौशल गुरुदेव! हमें आप कृपाकर बताइए।

विश्वकर्मोवाच —

ततो हिमवतः पृष्ठे ब्रह्मालोकात्समागतौ।
शृङ्गाकुले घवनाकीर्णे हिमवन्तश्रियोद्भवे॥ 3 ॥
नैकगुहाश्रमरम्ये गन्धर्वगणसेविते।
सिद्धामरकुलाकीर्णे क्रीडामणिगुहागृहे ॥ 4 ॥
जयः पृच्छति तत्रेदं वास्तुविद्योद्भवं तदा।
तदिदं कथनीयं च शृणु संवादमुत्तमम् ॥ 5 ॥

उस समय हिमालय पर्वत की पीठ पर, पार्श्वभाग पर ब्रह्मलोक से आए हुए (देवादि से), मेघों के समूह से आच्छादित शिखरों के समूहों की शोभा से हिमालय पर्वत की श्रीवृद्धि हो रही थी। वहाँ पर गन्धर्वगणों से सेवित अनेकों रम्य गुहाश्रयों का समूह था जिनमें सिद्धगण, देवतागणों के कुलों के समूह उन मणिगुहागृहों में क्रीड़ा कर रहे थे। ऐसे में वहाँ जय ने वास्तुविद्या के उद्भव के विषय में प्रश्न किया जो यहाँ कहना प्रासङ्गिक है। इसलिए इस संवाद को सम्यक् प्रकार से सुनो।

जयपृच्छादीनां परिचयमाह—

चतुर्विंशति$_{24}$साहस्त्रसङ्ख्यग्रन्थस्तथा कृतः।
लिङ्गपीठार्चानिलयवेश्मराजवेश्मादिकम् ॥ 6 ॥
पुरप्राकारपरिखाप्रतोलीमार्गगोपुरम्।
अन्योपस्करजातानि वास्तुवेदोद्भवानि च ॥ 7 ॥
जयपृच्छादिशास्त्रं च विश्वकर्मप्रभाषितम्।
जयस्य कथितं चैतदू भक्तिवात्सल्यतः पुरा ॥ 8 ॥

(उस ग्रन्थ के विषय में कहा गया है कि) उक्त वास्तुविषयक ग्रन्थ की ग्रन्थ संख्या 24 हजार थी। उसमें लिङ्ग, पीठ, प्रतिमा या अर्च्चा, निलय, वेश्म, राजवेश्मादि, पुर, प्राकार, परिक्खा, प्रतोली, मार्ग, गोपुर और भी अनेक उपकरण सामग्री जो कि वास्तुवेद के उद्भव में आवश्यक होती है, वे सब जयपृच्छादि शास्त्र

में भगवान् विश्वकर्मा द्वारा कही गई है।[1] यह विषय-वर्णन पूर्वकाल में जय के भक्तिवात्सल्य के कारण कहा गया था।

हेमकूटे महाशैले शतयोजनमुच्छ्रिते।
विरूपाख्याश्रमे रम्ये विचित्रशिखरोद्भवे॥ 9॥
नानाद्रुमलताकीर्णे रत्नधातूपशोभिते।
सुरविद्याधरारम्ये गन्धर्वगणसेविते॥ 10॥
विजयेन ततः पृष्टो वत्साहं भक्तवत्सलः।
श्लोका विजयपृच्छायां सहस्राणि च द्वादश $_{12}$ ॥ 11॥

हेमकूट महापर्वत पर, जो कि सौ योजन की ऊँचाई वाला है, उस पर विचित्र मनोहर शिखरों के बीच बना हुआ विरूपाख्य नामक आश्रम बड़ा ही सुन्दर है। वहाँ नाना वृक्ष, लतादि की भरमार है और तरह-तरह के रत्नों, धातुओं से शोभायमान है। वहाँ विजय ने भक्तवत्सल भगवान् विश्वकर्मा से प्रश्न किया कि हे प्रभु! आपका वत्स हूँ। आप मुझे उपदेश करे। इस पर विश्वकर्मा ने जो उपदेश किया, उससे विजयपृच्छा शास्त्र निर्मित हुआ इसमें बारह हजार श्लोक हैं।

ततघनमुरजादिवादित्रैर्विविधैस्तथा।
लास्यहास्यताण्डवाद्यैस्तालमूलसमुद्भवाः॥ 12॥
सप्तस्वरास्त्रयो ग्रामा मूर्च्छनास्त्वेकविंशतिः।
ताना एकोनपञ्चाशदित्येतत्स्वरमण्डलम्॥ 13॥
रागाः षट् समुत्पन्नाः षट्त्रिंशच्चैव तत्स्त्रिम्।
एतत्सर्व विजयस्य कथितं भरताभिधम्॥ 14॥

---

1. इस ग्रन्थ का खण्डित पाठ वर्तमान में उपलब्ध है। हेमाद्रि कृत चतुर्वर्गचिन्तामणि में जयोपदिष्ट वास्तु, मूर्ति विषयक श्लोक उपलब्ध होते हैं। जयपृच्छा ग्रन्थ का सम्पादन प्रभाशङ्कर ओघड़भाई सोमपुरा ने किया है किन्तु वह पूर्ण नहीं है। लगभग समस्त श्लोक भ्रष्ट हैं। 'देवतामूर्तिप्रकरणं' भी जय-विश्वकर्मा संवाद के रूप में लिखा गया है जिसका सम्पादन डॉ. श्रीकृष्ण 'जुगनू' ने किया है। इससे यह सङ्केत मिलता है कि यह ग्रन्थ जयपृच्छा के ही मूर्ति विषयक अधिकार या रूपाधिकार का अङ्ग है। 16वीं सदी में इसके पुनर्सम्पादन का श्रेय चित्तौड़गढ़-कुम्भलगढ़ के सूत्रधार मण्डन के पिता सूत्रधार खेता को दिया जाता है क्योंकि इसमें मस्जिद (रहमानप्रासाद) निर्माण तक के निर्देश मिलते हैं। जयपृच्छा नाम से ही एक अन्य पाठ भी मिलता है, इसका प्रचलन मालवा से हुआ माना जाता है। इसका खण्डित पाठ मिलता है। धाराधिप भोजराज के सूत्रधार मल्लकृत 'प्रमाणमञ्जरी' में उक्त ग्रन्थ का सङ्केत आया है— अथोच्यते सारतरस्य सारं काष्ठोदयालिन्दसमुद्भवं तम्। मानं समस्तं जयवीक्षदृष्टं सुशिल्पिकं सर्वजनोपकृत्यम्॥ (प्रमाणमञ्जरी 2) चित्तौड़गढ़ के महाराणा कुम्भा (1433-68 ई.) ने कीर्तिस्तम्भ की एक शिला पर स्तम्भराज को उत्कीर्ण करवाया था जिसमें जयकृत ग्रन्थ का उल्लेख है— स्तम्भस्य लक्ष्मानुते नृपालः श्रीकुम्भकर्णे जयभाषितेन॥ (डॉ. श्रीकृष्ण 'जुगनू' : प्रासादमण्डनम् की भूमिका)

(इस शास्त्र का सम्बन्ध सङ्गीत विद्या से है जिसमें) तत्, घन, मुरजादि विविध प्रकार के वाद्यों, नृत्य सम्बन्धी लास्य, हास्य, ताण्डव आदि तालमूल से उत्पन्न होने वाले सप्तस्वर, तीन ग्राम, इक्कीस मूर्च्छना, उनचास तान व स्वरमण्डल, छह राग, छत्तीस रागिनियों का वर्णन किया गया है। यह वर्णन विजय के प्रति 'भरत' के नाम से कहा गया था।[1]

मन्दरस्थं सुखासीनं सिद्धार्थः पृष्टवान् पुरा।
तालुकण्ठस्वरशास्त्र गणितं ज्योतिषं तथा॥ 15॥
निघण्टुश्च व्याकरणं छन्दोलङ्कारसंयुतम्।
मनुसाध्यसमुद्भूतं संसारपाशछेदनम्॥ 16॥
मुक्तिमार्गरहस्यं च कथितं भक्तवत्सलैः।
तुर्योऽयं मानसः पुत्रः पृच्छति त्वराजितः॥ 17॥

पूर्वकाल में मन्दर पर्वत पर सुखासन पर बैठे हुए सिद्धार्थ ने प्रश्न किया था। इस पर जिस ग्रन्थ का कथन हुआ[2] उसमें तालुकण्ठ से सम्बद्ध स्वरशास्त्र, गणितशास्त्र, ज्योतिषशास्त्र, निघण्टु-शब्दकोष, व्याकरण, छन्दालङ्कार भी रहे हैं। यह ग्रन्थ (सिद्धार्थ पृच्छा) मनुओं, साध्यों द्वारा संसार के सम्बन्धों को काटने (संसारपाश के छेदन) के प्रयोजन से रचा गया। इनमें इन भक्तिवत्सल भक्तों पर कृपा करने वाले महापुरुषों ने मुक्तिमार्ग का रहस्य भी कहकर समझाया है। अब चौथा मानसपुत्र अपराजित यह प्रश्न करता है।

ग्रन्थोत्पत्तिवर्णनं, अपराजित उवाच —

अस्मच्चिते प्रबोद्धव्यं जयाय पृच्छते च यत्।
विजयश्च सिद्धार्थश्च पृच्छायां यत्तथैतयोः॥ 18॥
भवान् पुष्पकमारुह्य प्रोक्तवान् यदनुग्रहात्।
पूर्व सर्व प्रसादेन कथयस्व जगत्पते॥ 19॥

अपराजित ने कहा— आपने कृपाकर मेरे चित्त को प्रबोध किया है। आपने पूर्व में कथित जयपृच्छा और उसी प्रकार विजयपृच्छा तथा सिद्धार्थपृच्छा के विषय

---

1. विजयपृच्छा नामक यह मूल ग्रन्थ वर्तमान में अनुपलब्ध हैं किन्तु नाट्यशास्त्र व उसकी वृत्ति, विष्णुधर्मोत्तर पुराणोक्त नृत्तसूत्राध्याय, सङ्गीतरत्नाकर, सङ्गीतराज, सङ्गीतमकरन्द आदि में उक्त समस्त विषय मिलते हैं।
2. सिद्धार्थपृच्छा संज्ञक ग्रन्थ अद्यावधि अनुपलब्ध, असूचित है। ये अधिकांश विषय नारदपुराण के पूर्वभाग में प्रकीर्णित हैं और अग्निपुराण में भी आए हैं। हेमाद्रि के व्रतखण्ड में सिद्धार्थपृच्छा के श्लोक मूर्तिलक्षणों के प्रसंग में उद्धृत हैं।

में भी मुझे समझाया है। अब हे जगत्पते! आप पुष्पक विमान पर आरूढ़ हो जाएँ और मेरे पर अनुग्रह कर जो कुछ आपने पूर्व में कहा है, उस सब विषयों को मेरे प्रति यहाँ (इस ग्रन्थ के प्रयोजन से) पुनः कृपाकर कहें।[1]

पुष्पकं तु समारुह्य मेरुमार्गप्रदक्षिणम्।
अवालोकि तथा चैषा समुद्रान्ता च मेदिनी॥ 20॥

इस पर पुष्पक विमान पर आरूढ़ होकर मेरुपर्वत के मार्ग से प्रदक्षिणा करते हए समस्त पृथ्वी को समुद्रपर्यन्त देखते हुए विश्वकर्मा आगे बढ़े।

इति सूत्रसन्तानगुणकीर्तिप्रकाशप्रोक्तृश्रीभुवनदेवाचार्योक्तापराजितपृच्छायां जयविजयसिद्धार्थपृच्छाधिकारो नाम चतुस्त्रिंशं सूत्रम्॥ 34॥

इस प्रकार भुवनदेवाचार्य कृत सूत्रसन्तानगुणकीर्ति प्रकाश या अपराजितपृच्छा में जय-विजय-सिद्धार्थपृच्छा अधिकार नामक चौंतीसवाँ सूत्र पूर्ण हुआ॥ 34॥

एकविंशतिस्वर्गा नाम पञ्चत्रिंशं सूत्रम्॥ 35॥

विश्वकर्मोवाच —

पुष्पकं तु समारुह्य मेरुमाश्रित्य दक्षिणम्।
विलोकिता भूतधात्री समुद्रान्ता च मेदिनी॥ 1॥
अथातो भूतधात्रीणां प्रमाणं च प्रवक्ष्यते।
विष्कम्भः परिधिश्चैव बाहुल्यं (क्षेत्रणां) शृणु॥ 2॥

पुष्पक विमान पर आरुढ़ हो, सुमेरु पर्वत के आश्रय से प्रदक्षिणा करते हुए और समुद्रान्त तक के प्राणियों को धारण करने वाली धरती को देखते हुए भगवान् विश्वकर्मा ने कहा कि अब मैं प्राणीमात्र को धारण करने वाली इस पृथ्वी का प्रमाण बताता हूँ। तुम इसके विष्कम्भ या व्यास, परिधि और क्षेत्र के बाहुल्य के बारे में सुनो।

पृथ्वीप्रमाणमाह —

योजनानि तु विष्कम्भो दशकोट्यः प्रकीर्तितः।
लक्षस्याग्रे सहस्त्राणामेकोनाविंशतिस्तथा॥ 3॥

---

1. इस प्रकार इस ग्रन्थ में जयपृच्छा, विजयपृच्छा, सिद्धार्थपृच्छा के समस्त विषयों का वर्णन होना सिद्ध होता है। विमानारूढ़ होकर विषय वर्णन करने से यहाँ आशय ग्रन्थकार के यायावर होकर ग्रन्थ विषयों की संग्राहानुभूति भी सम्भव है। वैसे ग्रन्थकार ने एकाधिक देशों की यात्रा की और वहाँ के भूगोल, परम्पराओं को स्वयं जाना व तदोपरान्त ही उन्हें लिखित रूप दिया।

विष्कम्भे च त्रिगुणिते तदश्वांशसमन्विते।
परिधिश्च समस्तोऽसौ समुद्रान्तक्षितेः स्मृतः ॥ 4 ॥
एकविंशतिकोटीनां सप्तलक्षाणि चाग्रतः।
ततः परं सहस्राणि सङ्ख्यया सप्तविंशतिः ॥ 5 ॥
एवं समस्तपरिधिर्वृत्ताकारा च मेदिनी।
त्रैलोक्यमध्ये चैवं सा तलाद्याश्चैव बाह्यतः ॥ 6 ॥

इसका व्यास दस करोड़ योजनों का बताया गया है और एक लाख उन्नीस हजार विष्कम्भ के तिगुने तथा उसके सप्तांश युक्त परिधि की समुद्रान्ता पृथ्वी की कही गई है अर्थात् विष्कम्भ से $3^{1/7}$ परिधि है। इक्कीस करोड़, सात लाख, एक हजार- इस प्रकार समस्त परिधियुक्त वृत्ताकार में यह पृथ्वी है जो तीनों ही लोकों के मध्य में तलादि पातालों के बाहर है।

स्वर्गपातालनामादीनां —

एकविंशतिस्वर्गाश्च मेरुमावृत्य दक्षिणम्।
परितश्चार्णवाः सप्त रचिताश्च समस्तकाः ॥ 7 ॥
तलश्च वितलश्चैव सुतलो नितलस्तथा।
तलातलो रसातलः पातालः सप्तमस्तथा ॥ 8 ॥

इस प्रकार मेरु को आवृत्त करते हुए दक्षिण की ओर इक्कीस स्वर्ग है जिनके बाद में सात महासागर रचे गए हैं। अब पाताललोक के नाम सुनो जो इस प्रकार हैं— (1.) तल, (2.) वितल, (3.) सुतल, (4.) नितल, (5.) तलातल, (6.) रसातल और सातवाँ (7.) पाताल।

आदौ मेरुः कमोद्भूताः पात्रे पात्रमिवापरम्।
एते च सप्तपातालाः सृष्टिकालसमुद्भवाः ॥ 9 ॥
उद्भूतश्चादितो मेरुर्द्विसहस्रैश्च योजनैः।
द्विद्विसहस्रान्ते पुनः पातालाः सप्तधोदिताः ॥ 10 ॥

आदि में तो यह मेरु उत्पन्न हुआ और बाद के क्रम में जैसे घड़े-पर-घड़े रखे जाते हैं, वैसे ही एक दूसरे पर ये सातों पाताल भी क्रमानुसार सृष्टिकाल में उत्पन्न हुए। आदि में मेरु पर्वत पृथ्वी में से दो हजार योजन ऊँचा उठा और इसी प्रकार दो-दो हजार योजनों के अन्तर पर उसमें सातों पाताल नीचे की ओर से उठते चले गए।

अधस्तात्तु तथा द्व्यष्टसहस्त्रर्योजनैर्गतः।
मेरुर्वै चतुरशीतिसहस्त्रयोजनोच्छ्रितः ॥ 11 ॥
पृथगेकैकपाताले नवनागकुलानि च।
नवकानि सप्त चेत्थं त्रिषष्टिः$_{63}$ कुलपन्नगाः ॥ 12 ॥

इन नीचे वाले पातालों में सोलह हजार योजन तक जाने पर मेरु चौरासी हजार योजन ऊँचा उठा। इन पातालों में भी एक-एक पृथक् पाताल में नौ नागों के कुल कहे गए हैं और इनके भी इसी तरह सातों पातालों में 9 × 7 के हिसाब से नागों के कुल 63 कुल होते हैं।

नागकुलनामश्च —

प्रोक्तानि पृथगेवं च नवनागकुलानि च।
उरगाः सप्तपातालसंस्थिताः सप्त$_{7}$ वै क्रमात्॥ 13 ॥
पद्मः कर्कोटकश्चैव पुण्डरीकोऽथ तक्षकः।
आनकः शङ्खचूडश्च वासुकिः सप्तमस्तथा॥ 14 ॥

इस प्रकार पृथक् रूप में नौ नागकुल कहे गए हैं। सात पातालों में संस्थित सात उरग या नागों के क्रमानुसार नाम हैं— (1.) पद्म, (2.) कर्कोटक, (3.) पुण्डरिक, (4.) तक्षक, (5.) आनक, (6.) शङ्खचूड और सातवाँ (7.) वासुकि।

सप्तपातालाधिराजा महोत्कटमहाबलाः।
रौद्राश्च विद्रुताः सर्वे ह्यगम्या वीरविक्रमाः ॥ 15 ॥

उक्त सभी सातों ही पातालों के अधिराज है और बड़े ही विकट, महाबलवान हैं। ये सभी बड़े भयानक, बड़े तीव्रगामी और इतने वीर विक्रम हैं कि इनको कोई पार नहीं पा सकता।

तले तु पद्मको राजा वितले स्यात्कर्कोटकः।
सुतले पुण्डरीकश्च नितले स्यात्तु तक्षकः ॥ 16 ॥
तलातले आनकश्च शङ्खचूडो रसातले।
वासुकिर्नागराजन्द्रः पाताले सर्वतोऽधिपः ॥ 17 ॥
एकैके नवकुलकास्त्रिषष्टिः$_{63}$ कुलपन्नगाः।

तल का राजा पद्मक$_{1}$ है, वितल का राजा कर्कोटक$_{2}$, सुतल का पुण्डरिक$_{3}$, नितल का तक्षक$_{4}$, तलातल का आनक$_{5}$, रसातल का शङ्खचूड़$_{6}$ तथा वासुकि$_{7}$ नाग राजेन्द्र पाताल में सबके अधिपति कहे गए हैं। इस प्रकार एक-एक नौकुलों के तिरेसठ नागकुल होते हैं।

धरत्र्यां द्वीपनामानि —

सप्तपातालतश्चोर्ध्वं द्वीपाः स्युर्द्वीपतः परे॥ 18॥

जम्बूः प्लक्षः कुशः क्रौञ्चः शाकः शाल्मलिकस्तथा।

सप्तमः पुष्कराख्यश्च सप्तद्वीपा तु मेदिनी॥ 19॥

इन सात पातालों के ऊपर कई द्वीप हैं और इन द्वीपों के ऊपर (1.) जम्बू, (2.) प्लक्ष, (3.) कुश, (4.) क्रौञ्च, (5.) शाक, (6.) शाल्मलि तथा (7.) पुष्कर द्वीप है। इसी प्रकार यह पृथ्वी सप्तद्वीपा कही गई है।

नृपाभिधानतः प्रोक्तं सप्तद्वीपाभिधानकम्।

पुष्कराख्यो महाराजा द्वीपे सप्तमकेऽधिपः॥ 20॥

गोमेदेशश्च गोमेदः शाल्मलिके च शाल्मलिः।

शाकस्तु शाकद्वीपेशः क्रौञ्चः क्रौञ्चाधिपस्तथा॥ 21॥

कुशेशस्तु कुशः प्रोक्ता महोत्कटो महाबलः।

अब इन सात द्वीपों के क्रमवार नृपों के नामों के विषय में कहता हूँ। सातवाँ द्वीप पुष्कर नाम का है जिसके अधिपति महाराज पुष्कर है। गोमेद द्वीप के राजा गोमेद, शाल्मलि द्वीप के शाल्मलि, शाक द्वीप के शाक और क्रौञ्च द्वीप के क्रौञ्च अधिपति है। कुशद्वीप का अधिपति कुश नाम से है जो बड़ा ही विकट और महाबलवान है।

महाविक्रमभूपालाः संस्थिता मेरुदक्षिणम्॥ 22॥

मेरुदक्षिणकुक्षौ च महाजम्बुतरूद्भवः।

यस्य नाम्ना तु विख्यातो जम्बुद्वीपः स उच्यते॥ 23॥

इस मेरु के दक्षिण कुक्षों में महापराक्रमी राजा बसे हुए हैं। मेरु के दक्षिण में एक महान् जम्बूतरु या जामुन का वृक्ष है। इसी के नाम से विख्यात् होने से इसको जम्बू द्वीप कहा जाता है (जैसा कि वायुपुराण में भी आया है)।

एकछत्रं पृथो राज्यं जम्बुद्वीपे प्रकीर्तितम्।

क्षीरार्णवमध्ये चैवं पृथुत्वं लक्षयोजनः॥ 24॥

इस जम्बू द्वीप का एक छत्र राजा पृथु के नाम से विख्यात है। यह जम्बू द्वीप क्षीरार्णव के बीच में एक लाख योजन के विस्तार वाला है।

समस्ताः समभूयास्तु प्रयुक्ता द्वीपसागराः।

अभिधानानि चैतेषां कथ्यन्ते त्वपराजित॥ 25॥

ये समस्त सातों ही द्वीप समान भाव से सागरों में फैले हुए हैं जिनके नाम हे अपराजित! अब मैं तुम्हें कहता हूँ।

सागरनामानि —

क्षारोदं चैव क्षीरोदं सागरौ दधिसर्पिषोः।
मध्विक्षूदं तथा ख्यातं रसोदं सप्तमं तथा॥ 26॥
सप्तैते द्वीपान्तरेषु स्थिता मेरुप्रदक्षिणम्।
सप्तद्वीपार्णवाश्चैवं सृष्टिकाले समुद्भवाः॥ 27॥

(1.) क्षारोद, (2.) क्षीरोद, (3.) दधि, (4.) सर्पि, (5.) मधु, (6.) इक्षु तथा (7.) रसोद— ये सात सागरों के नाम विख्यात हैं। ये सभी सातों द्वीपान्तरों पर मेरु के प्रदक्षिण क्रम में बने हुए सप्तद्वीपार्णव सृष्टिकाल में ही उत्पन्न हुए थे।

स्वर्गनामानि —

भुवर्लोकश्च स्वर्लोको महर्लोकस्तथा जनः।
तपश्च सत्यलोकश्च ज्ञानलोकश्च सप्तमः॥ 28॥
इत्येकविंशतिस्वर्गा₂₁ अधिरचित ? शम्भूद्भवाः।

(अब सात स्वर्गों के नाम सुनो) इनमें पहला (1.) भुवर्लोक, (2.) स्वर्लोक, (3.) महर्लोक, (4.) जनलोक, (5.) तपलोक, (6.) सत्यलोक और (7.) ज्ञानलोक है। ये सब इक्कीस स्वर्ग विधिरचित है और स्वयंभू है, शम्भु के द्वारा उद्भूत हुए है।

सृष्टिकाले सुदृष्टाश्च स्वर्गाणामेकविंशतिः॥ 29॥
पातालाश्च ब्रह्मभागे सप्तैवं तु सुसंस्थिताः।
तदूर्ध्वे सप्त चाख्याता विष्णुभागे द्वीपार्णवाः॥ 30॥

सृष्टिकाल से ही ये भली प्रकार से देखे गए इक्कीस स्वर्ग है। सातों पाताल भी ब्रह्मभाग में इसी प्रकार सुसंस्थित है। इनके ऊपर विख्यात सात द्वीपार्णव विष्णुभाग में स्थित हैं।

पुष्करोर्ध्वे भुवर्लोकः स्वर्लोकश्च तदूर्ध्वतः।
तथा चैवनन्यलोकाः शम्भुभागे व्यवस्थिताः॥ 31॥
बाह्यतः सप्तलोकानां शिवलोकस्तदूर्ध्वतः।
इत्युच्छ्रिते महामेरो स्वर्गा एवं सुसंस्थिताः॥ 32॥

पुष्कर के ऊपर ही भुवर्लोक है, इसके ऊपर स्वर्लोक है। इसी प्रकार अन्य सभी लोक शम्भुभाग में व्यवस्थित हैं। इन सात लोक के बाहर शिवलोक इनसे ऊपर है,

इससे भी ऊँचा महामेरु है जहाँ स्वर्ग इसी प्रकार सम्यक् प्रकार से स्थित है।

लोकाश्च सप्त चाख्याता मृत्युलोके द्वीपार्णवाः।
पातालाः सप्तधा चैव त्रैलोक्यमिति प्रोच्यते॥ 33॥
एकविंशतिस्त्रैलोक्ये स्थिताः स्वर्गा यथाक्रमम्।
ऊर्ध्वं चैव भवस्थानं पात्रे पात्रमिवापरम्॥ 34॥

सात लोक विख्यात् है। मृत्युलोक में द्वीपार्णवों में पाताल भी सात और इन सबको त्रैलोक्य कहते हैं। इन इक्कीस त्रिलोकों में स्वर्ग क्रमवार स्थित है। ये सभी भवस्थान से ऊपर की ओर ऊपरोपरि इसी प्रकार स्थित हैं जैसे कि कलशों पर कलश होते हैं।[1]

मध्ये च जम्बुद्वीपस्य प्रमाणमपि कथ्यते।
मेर्वाद्या मुख्यशैलाश्च क्षेत्राणि च समासतः॥ 35॥

इस जम्बू द्वीप के मध्य का प्रमाण भी कहता हूँ। मेरु से लेकर मुख्य-मुख्य पर्वतों और क्षेत्रों के बारे में भी मैं आगे संक्षेप से कहूँगा।

इति सूत्रसन्तानगुणकीर्तिप्रकाशप्रोक्तश्रीभुवनदेवाचार्योक्तापराजितपृच्छायां मेकविंशतिस्वर्गाधिकारो नाम पञ्चत्रिंशत्तमं सूत्रम्॥ 35॥

इस प्रकार भुवनदेवाचार्य कृत सूत्रसन्तानगुणकीर्ति प्रकाश या अपराजितपृच्छा में इक्कीस स्वर्गाधिकार नामक पैंतीसवाँ सूत्र पूर्ण हुआ॥ 35॥

महापर्वतप्रमाणं षट्त्रिंशं सूत्रम्॥ 36॥

विश्वकर्मावाच —

जम्बूद्वीपप्रमाणं च विस्तारे लक्षयोजनैः।
तस्यान्ते वृत्तपरिधौ समस्तं च क्षीरार्णवम्॥ 1॥

विश्वकर्मा बोले— जम्बूद्वीप का प्रमाणतः विस्तार एक लाख योजन का है। इसके अन्तमें चारों ओर वृत्त की परिधि रूप में समस्त क्षीरार्णव है।

क्षेत्राणां क्षेत्रमानं च पर्वताश्च मेघोपमाः।
महापर्वतोद्भवाश्चाप्रमाणा मानवर्जिताः॥ 2॥

---

1. यही वर्णन ग्रन्थ के चौथे व अन्य सूत्रों में भी आया है— सप्तोर्ध्वलोकाश्च ख्याता रुद्रभागसमुद्भवाः। स्वर्गश्च मर्त्यपातालौ स्वर्गाणां त्वेकविंशतिः॥ (अपराजित. 4, 5) अर्थात्— सात ऊर्ध्वलोक जो विख्यात हैं, उनको स्वयं भगवान रुद्र ने ही उत्पन्न किया। इससे हम पाते हैं कि स्वर्गलोक, मृत्युलोक और पाताललोकादि स्वर्गों की संख्या इक्कीस है।

इसके क्षेत्रों का क्षेत्रमान तथा इसके पर्वत विशाल मेघों, बादलों जितने बड़े हैं जिनका प्रमाण और उद्भव का मान बताना अत्यन्त दुष्कर है अर्थात् इनका अनुमान भी नहीं लगाया जा सकता है।

जम्बूद्वीपस्य मध्ये तु मेरुश्च पर्वतो महान्।
स्थितौ मेरोः पूर्वतश्च मन्दरो गन्धमादनः ॥ 3 ॥

इस जम्बूद्वीप के मध्य में स्थित है महान मेरुपर्वत जिसके पूर्व की ओर मन्दर और गन्धमादन पर्वत है।

हिमवान् हेमकूटश्च महोशैलस्य दक्षिणे।
पश्चिमे पर्वतौ रम्यौ निषधो नील एव च ॥ 4 ॥

इसी तरह हिमवान, हेमकूट नामक महापर्वत मेरु के दक्षिणी ओर है और मेरु के ही पश्चिम में बड़े सुन्दर निषध और नील पर्वत हैं।

श्वेतश्च शृङ्गवांश्चैव मेरोरुत्तरतः स्थितौ।
एते चाष्टकुला रम्या दिक्षु चैवं व्यवस्थिताः ॥ 5 ॥

श्वेत और शृङ्गवान पर्वत मेरु के उत्तर में स्थित है। ये सभी पर्वतों के आठों ही कुल बड़े सुन्दर है और अपनी-अपनी दिशाओं में व्यवस्थित है।

देशे समुद्रापकण्ठे महाशैलाः पुरोभवाः।
उदयाद्रिर्मलाशैलः पूर्वायां च बलादिषु ? ॥ 6 ॥

जम्बूद्वीप के समुद्रों के उपकण्ठ अर्थात् किनारे के प्रदेश में जो महान पर्वत पहले उत्पन्न हुए हैं, उनमें उदयाद्रि नामक जो महाशैल है, वह पूर्व दिशा की ओर विस्तृत है (चलादिषु ?)।

वारुण्यां तु महावृद्धस्त्रिकूटाख्यश्च दक्षिणे।
उत्तरे द्विपशैलाख्यः संस्थिताः स्युरनुक्रमैः ॥ 7 ॥

जम्बूद्वीप की वारुणी दिशा में महावृद्ध और दक्षिणी दिशा में त्रिकूट पर्वत है तथा उत्तर में द्विपशैलाख्य अर्थात् हाथियों का कदली वन वाला पर्वत है। ये सब अनुक्रम में स्थित है अर्थात् दिशावार अवस्थित है।

द्व्यष्टसहस्त्रमध्यस्थः सप्तपातालतो भवः।
सपद्मकर्णकाकारैर्मेरुः काञ्चनकन्दरैः ॥ 8 ॥

सोलह हजार के मध्य में सप्तपाताल से उत्पन्न पद्म के सहित कर्णिका दण्डी के आकार में मेरु पर्वत सोने की-सी कन्दरओं से युक्त है।

योजनैर्दशसाहस्त्रैः पृथुत्वं मेरुमस्तके।

द्वात्रिंशद्भिः सहस्त्रैश्च जम्बूद्वीपस्य मस्तके॥ 9॥

वह दस हजार योजन के विस्तार वाला, मोटाई लिए हुए मस्तक अर्थात् शिखर वाला है और यह जम्बूद्वीप के मस्तक पर बत्तीस हजार योजन में फैला हुआ है।

मन्दरो हेमकूटश्च निषधश्च श्वेताचलः।

भृदण्डवत्प्रमाणाश्च सहस्त्रयोजनोच्छ्रिताः॥ 10॥

इस जम्बूद्वीप में मन्दर, हेमकूट, निषध तथा श्वेताचल इस भूमि को नापने वाले दण्ड की भाँति है और प्रमाण में एक हजार योजन ऊँचाई के हैं।

हिमवान् शृङ्गवांश्चैव नीलो वै गन्धमादनः।

प्रमाणं योजनैः ख्यातं सार्धद्वयं समुच्छ्रितेः॥ 11॥

इसी प्रकार हिमवान, शृङ्गवान, नील और गन्धमादन भी प्रमाण में ढाई हजार योजन ऊँचे हैं।

मन्दरस्य तुलोदयाक्ष चतुराशी त्रिकूटो द्युतः ?।

महाविन्ध्योदयतुल्यः शैलोऽन्यस्त्रिकूटस्तथा॥ 12॥

उच्छ्रयो द्विगुणस्तारात् तदर्ध मध्यतुङ्गता।

एवं मानं च शैलानां कथितं त्वपराजित॥ 13॥

मन्दर के तुलोदयाक्ष, चतुराशी, त्रिकूट और द्यूत हैं जो महा विन्ध्योदय के समान है और अन्य पर्वत त्रिकूट तथा ऐसे अन्य ऊँचाई में उनसे दुगुने हैं और ऊँचाई में उनसे आधे हैं। वे मध्यम तुङ्ग अर्थात् मध्यम ऊँचाई के पर्वत है। हे अपराजित! इस प्रकार का मान मैंने इन पर्वतों का कहा है।

मन्दरो गन्धमादश्च याम्योत्तरे च दण्डवत्।

हिमवान् हेमकूटश्च पूर्वापरे स्थितौ तथा॥ 14॥

मन्दर, गन्धमादन याम्योत्तर दिशा में लम्बाई में दण्डवत फैले हुए हैं और हिमवान, हेमकूट पूर्वापर लम्बाई में दण्डवत स्थित है।

उत्तरे ? नीलनिषधौ श्वेतशृङ्गी पूर्वापरौ ?।

कुलाचलाश्च कर्णस्था विदिशोद्भवसागरैः ?॥ 15॥

उत्तर की ओर नील और निषध; श्वेत और शृङ्गी पूर्व व पश्चिम की ओर; कुलाचल और कर्ण विदिशोद्भव होकर सागर के किनारे पर स्थित है।

इत्यमनन्तर क्षेत्रसीमाविस्तारमाह —

क्षेत्रसीमा प्रमाणाख्यं मेरुमावृत्य दक्षिणैः।

शैलान्तरेषु क्षेत्राणि कथयामि समासतः ॥ 16 ॥

अब मैं क्षेत्र सीमाओं का प्रमाण मेरु के चारों ओर दक्षिण के पहाड़ों के अन्तर में पड़ने वाले क्षेत्रों आदि का संक्षेप में कहता हूँ।

उदयाद्रिश्च पूर्वे तु त्रिकूटः स्यात्तु दक्षिणे।
महाविन्ध्योऽपरे चैवं द्वीपशैलाः पूर्वोत्तरे ॥ 17 ॥

पूर्व की ओर जो उदयाद्रि है और दक्षिण की ओर त्रिकूट पर्वत है तथा महाविन्ध्यों परे भी द्वीपशैल पर्वत पूर्वोत्तर दिशा में है।

तेषामन्ते समुद्राश्च संस्थिताः स्युः प्रदक्षिणम्।
तेषामन्ते पुनर्द्वीपो द्वीपान्ते चैव सागराः ॥ 18 ॥

इन सब के अन्त में समुद्र संस्थित है जो प्रदक्षिणा करता हुआ-सा प्रतीत होता है। इसके अन्त में पुनः द्वीप है और उन द्वीपों के अन्त में पुनः सागर है।

सप्तद्वीपाः समुद्राश्च क्रमेणापि सुसंस्थिताः।
जम्बूद्वीपप्रमाणेन द्विगुणा द्विगुणोत्तराः ॥ 19 ॥

इस तरह सात द्वीप और सात सागर क्रमवार बने हुए हैं जो जम्बूद्वीप के प्रमाण से प्रत्येक एक दूसरे से दुगुने होते जाते हैं।

इयं युक्तिर्विधातव्या द्वीपे द्वीपे तु शैलजाः ?।
संस्थिताः क्रमयोगेन पूर्वापरयाम्योत्तरे ॥ 20 ॥

इस युक्ति से द्वीप-द्वीप में शैल बने हुए हैं जो क्रमवार स्थित है। एक दूसरे के बाद दक्षिण से उत्तर दिशा तक विस्तार में फैले हुए हैं।

इति सूत्रसन्तानगुणकीर्तिप्रकाशप्रोक्तृश्रीभुवनदेवाचार्योक्तापराजितपृच्छायां
महापर्वतप्रमाणाधिकारो नाम षट्त्रिंशं सूत्रम् ॥ 36 ॥

इस प्रकार भुवनदेवाचार्य कृत सूत्रसन्तानगुणकीर्ति प्रकाश या अपराजितपृच्छा में महापर्वत प्रमाण अधिकार नामक छत्तीसवाँ सूत्र पूर्ण हुआ ॥ 36 ॥

विश्वकर्मोवलोकितपृथ्वीनवखण्डानिं सप्तत्रिंश सूत्रम् ॥ 37 ॥

विश्वकर्मोवाच —

राजेन्द्रस्य पृथोः पूर्वमष्ट8 पुत्रा प्रकीर्तिताः।
अष्टवर्षाधिपतय आत्मराज्यं तु मध्यतः ॥ 1 ॥

विश्वकर्मा बोले कि पृथु राजा के आठ पुत्र पूर्वकाल में कहे गए हैं जो आठ प्रदेशों के अधिपति बनाए गए और राजा पृथु ने अपना राज्य उन प्रदेशों के

मध्यवाले प्रदेश में रखा था।

तद्विभक्तानि क्षेत्राणि क्षारार्णवस्य मध्यतः।

शैलान्तरेषु ख्यातानि क्षेत्राणि नव सङ्ख्यया॥ 2॥

क्षारार्णव या लवण सागर के मध्य के इन क्षेत्रों को उन पुत्रों में विभक्त करके अलग-अलग पहाड़ों के अन्तर से सीमाबद्ध करके इस प्रकार से अपने राज्य सहित कुल नौ संख्या में क्षेत्रों का निर्माण किया।

इलाक्षं दिव्यकं चैव भारतं हरिवर्षकम्।

किम्पुरुषः केतुमालः सम्भवो मानदण्डकः॥ 3॥

रम्यकं मध्यक्षेत्रं च मेरुमावृत्य दक्षिणम्।

एतानि नवक्षेत्राणि जम्बूद्वीपस्य मध्यतः॥ 4॥

इलाक्ष, दिव्यक, भारत, हरिवर्ष, किंपुरुष, केतुमाल, सम्भव, मानदण्ड और नवाँ रम्यक— इस प्रकार ये सभी मध्य क्षेत्र और मेरु पर्वत की परिक्रमा करके दक्षिण में स्थित थे। ये सभी नवक्षेत्र जम्बूद्वीप के मध्य में थे।[1]

मन्दरो हेमकूटाख्यो निषधः श्वेतपर्वतः।

एतन्मध्ये रम्यकं च मेरुमावृत्य दक्षिणम्॥ 5॥

मन्दर, हेमकूट, निषध, श्वेतपर्वत और इनके मध्य में रम्यक है। ये सभी मेरुपर्वत के चारों ओर वृत्ताकार होते हुए दक्षिण में स्थित पर्वत है।

मन्दरगन्धमादनमध्ये चेलावृतोद्भवः।

गन्धमादनोदयाद्रिमध्ये दिव्यकमुच्यते॥ 6॥

मन्दर और गन्धमादन के मध्य में इलावर्त तथा गन्धमादन और उदयाद्रि के मध्य दिव्यक है।

हिमवद्धेमकूटान्तर्वर्षो नाम्ना हरिस्तथा।

त्रिकूटहिमवन्तर्वर्षो भारत उच्यते॥ 7॥

हिमवत् और हेमकूट के बीच के वर्ष अर्थात् क्षेत्र का नाम हरि है तथा त्रिकूट और हिमवन्त के बीच के वर्ष अर्थात् क्षेत्र का नाम भारत कहा जाता है।

निषधनीलयोर्मध्ये किम्पुरुषो नाम्नोत्तमः।

नीलाम्बुध्योर्मध्यतश्च केतुमालश्च नामतः॥ 8॥

---

1. विष्णुपुराण में आया है— इन्द्रद्वीपः कसेरुश्च ताम्रपर्णो गभस्तिमान्॥ नागद्वीपस्तथा सौम्यो गन्धर्वस्त्वथ वारुणः। अयं तु नवमस्तेषां द्वीपः सागरसंवृतः॥ (2, 3, 6-7)

निषध और नील के मध्य के क्षेत्र को भी किम्पुरुष उत्तम नाम से जाना जाता है। नीलम्बुध के मध्य में केतुमाल नाम से जाना जाता है।

निषधनीलयोर्मध्ये किम्पुरुषः नाम्नोत्तमः।

नीलाम्बुध्योर्मध्यतश्च केतुमालश्च नामतः ॥ 9 ॥

उक्त श्लोक पुनर्प्रकाशित हुआ है।

श्वेतशृङ्गवतोर्मध्येप्रम्यको नाम नामतः।

शृङ्गवद् द्वीपशैलान्तर्मानदण्डसमुद्भवः ॥ 10 ॥

श्वेत और शृङ्गव के मध्य क्षेत्र को रम्यक् नाम दिया गया है। शृङ्गवद और द्वीप शैलान्त के बीच मानदण्ड का उद्भव हुआ।

शुद्धस्फाटिकसङ्काशा दिव्याभरणभूषिताः।

चन्द्रकान्त्यमृताहारा नरा नार्योऽयुतायुषः ॥ 11 ॥

इलावर्ते ज्ञानयुता नरानारीस्वरूपिणः।

इन सभी क्षेत्रों के अरबों की संख्या में नर-नारी निवास करते हैं जो सब शुद्ध स्फटिक के समान गौर वर्ण के हैं और ये सभी जन दिव्याभरणों से विभूषित है तथा चन्द्रमा के समान शीतल कान्ति युक्त और अमृत का आहार करने वाले हैं। इलावर्त के सभी नर-नारी ज्ञानवान और स्वरूपवान है।

अथ दिव्यवर्षवर्णनम् —

अथातो दिव्यवर्ष च कथयामि समासतः ॥ 12 ॥

धूलिता भस्माङ्गरागाः कूरा उग्रा मलीकृताः।

जटामुकुटशोभाढ्या दिव्यक्षेत्रेऽयुतायुषः ॥ 13 ॥

अब मैं दिव्य वर्ष के अर्थात् क्षेत्र के बारे में संक्षेप से कहता हूँ। अङ्ग में भस्म, राग से धूलित, क्रूर स्वभाव के तथा उग्र रूपी मैले-कुचैले, जटामुकुट धरे लोग अरबों की संख्या में दिव्य क्षेत्र में बसते हैं।

शतायुषो हरिवर्षे बौद्धाख्या हीनतेजसः।

गौरश्यामा नरा नार्यो बुद्धधर्मप्रपालकाः ॥ 14 ॥

सौ वर्ष की आयु पाने वाले बौद्ध नाम से विख्यात्, हीन तेज वाले, कुछ गोरे और कुछ काले श्यामवर्णी नर-नारी बुद्धधर्म को पालने व्राले लोग हरिवर्ष में निवास करते हैं।

श्यामा गौराश्चतुर्वर्णो भरते च शतायुषः।

देवाग्निगुरुभक्ताश्च वेदशास्त्रदपारगाः ॥ 15 ॥

श्याम वर्णी, गौर वर्णी चारों ही वर्णों के लोग सौ वर्ष तक की आयु तक जीने वाले भारत में रहते हैं। वे सभी देवता, अग्नि और गुरुभक्ति में लीन और वेद शास्त्रादि में पारङ्गत होते हैं।

चतुरशीतिविद्यासु सूत्रकर्मसु कौशलाः।
धर्मशास्त्रादिनिपुणा भोगयुक्ता विभूतिकाः ॥ 16 ॥

ये सभी चौरासी प्रकार की विद्याओं में तथा सूत्रकर्म-शिल्प में कुशल और धर्म शास्त्रादि में निपुण तथा सभी भोगों से युक्त और विभूतियों से सम्पन्न हैं।

नराः श्वेताः किंपुरुषे महारूपास्तथा स्त्रियः।
युक्ताः केशाद्यलङ्कारै रमन्ते कामवन्दकाः ॥ 17 ॥

किंपुरुष क्षेत्र के नर-नारी सभी गौरवर्ण और महान् रूपवाले होने से केशादि अलङ्कारों से युक्त रहते हुए तरह-तरह की काम-क्रीड़ा में मौज-मस्ती में रहते हैं।

केतुमाले किन्नराणां नार्यो रूपसमन्विताः।
सर्वे धर्मरताश्चैव त्रिशतायुष्कजीवनाः ॥ 18 ॥

केतुमाल क्षेत्र में किन्नरगणों की नारियाँ बड़ी रूप-यौवना समन्वित है और सभी धर्मभावना में लीन रहते हुए तीन सौ वर्षों तक की आयु तक जीवित रहते हैं।

सम्भवे ब्रह्मतेजस्विवेदशास्त्रादिपारगाः।
पञ्चशतवर्षायुषः पद्मरागनिभोदराः ॥ 19 ॥

सम्भव क्षेत्र के निवास ब्रह्मतेज से युक्त होते हैं और वे सभी वेद शास्त्रादि में पारङ्गत होते हैं तथा पाँच सौ वर्षों तक जीवन यापन करने वाले पद्मराग के समान उदर वाले होते हैं।

मानदण्डे प्रचण्डाश्च नरा नार्यो ज्ञानोद्भवाः ?।
योगीन्द्राश्चायुतायुष्का दिव्या नार्योऽग्नितेजसः ॥ 20 ॥

इसी प्रकार मानदण्ड क्षेत्र के नर-नारी बड़े ही प्रचण्ड और ज्ञानी होते हैं। यहाँ के योगीन्द्र तो अरबों वर्षों की आयुष्य वाले होते हैं। नारियाँ भी अग्नि के तेज के समान दिव्य होती है।

रम्यके दिव्यरूपाश्च नरा नारीगणास्तथा।
देवलोके तत्पराख्या देवरूपानुरूपकाः ॥ 21 ॥

रम्यक क्षेत्र के नर दिव्यरूप होते हैं। नारियाँ भी वैसी ही होती हैं। देवलोक में तत्परता वाले ये देवरूप के अनुरूप ही होते हैं।

नवक्षेत्रप्रमाणानि क्षेत्राणां क्रमतस्तथा।
नवखण्डा इति प्रोक्ता जम्बूद्वीपस्य मध्यतः॥ 22॥

इन नवक्षेत्रों के प्रमाण को क्षेत्रवार क्रमशः कहकर जम्बूद्वीप के मध्य बसे हुए इन नवखण्डों का वर्णन पूरा हुआ।

षट् खण्डानां च भोक्तारो भवन्ति चक्रवर्तिनः।
त्रिखण्डभूमिपो देवः सन्धावर्णवमण्डले॥ 23॥

यह ज्ञातव्य है कि ऐसे छह खण्डों पर भी राज्य करने वाला कोई है तो वह 'चक्रवर्ती' कहलाता है और तीन खण्डों पर राज्य करने वाले को (सन्धावर्ण मण्डल में) 'देव' की पदवी से विभूषित किया जाता है।

त्रिखण्डोर्ध्वे चक्रवर्ती द्विखण्डभुक् मतोऽधिपाः।
एकखण्डे भवेद्राजा शेषां स्वल्पास्तु राजकाः॥ 24॥

तीन खण्डों से ऊपर के भोक्ता 'चक्रवर्ती' तथा दो खण्डों के भोक्ता को 'अधिप', एकखण्ड के भोक्ता को 'राजा' और शेष सभी 'स्वल्प राज' कहे जाते हैं।

इति सूत्रसन्तानगुणकीर्तिप्रकाशप्रोक्तृश्रीभुवनदेवाचार्योक्तापराजितपृच्छायां विश्वकर्मावलोकितपृथ्वीनखण्डाधिकारो नाम सप्तत्रिंशत्तमं सूत्रम्॥ 37॥

इस प्रकार भुवनदेवाचार्य कृत सूत्रसन्तानगुणकीर्ति प्रकाश या अपराजितपृच्छा में विश्वकर्मा अवलोकित पृथ्वी नवखण्ड अधिकार नामक सैंतीसवाँ सूत्र पूर्ण हुआ॥ 37॥

भारतक्षेत्रग्रामसङ्ख्यानृपराज्यप्रमाणमष्टात्रिंशं सूत्रम्॥ 38॥

विश्वकर्मोवाच —

प्रोक्ता तु भारते वर्षे पवित्रे कर्मभूम्यसौ।
पुण्यपापप्रभवाणि सर्वभूतानि वै तथा॥ 1॥

विश्वकर्मा बोले कि इस भारत भूमि को पवित्र कर्मभूमि कहा गया है[1] जहाँ सभी प्राणियों के उनके कर्मों के अनुसार पुण्य और पापों का प्रभवण होता है अर्थात् उत्पत्ति होती है।

---

1. मार्कण्डेयपुराण और विष्णुपुराण में यह मान्यता आई है। यथा— गायन्ति देवाः किल गीतकानि धन्यास्तु ते भारतभूमिभागे। स्वर्गापवर्गास्पदमार्गभूते भवन्ति भूयः पुरुषाः सुरत्वात्॥ कर्माण्यसङ्कल्पिततत्फलानि संन्यस्य विष्णौ परमात्मभूते। अवाप्य तां कर्ममहीमनन्ते तस्मिंल्लयं ये त्वमलाः प्रयान्ति॥ (विष्णु. 2, 3, 24-25) तथा— भारतं नाम यद्देशं दक्षिणेन मयोदितम्। तत्कर्मभूमिर्नान्यत्र सम्प्राप्तिः पुण्यपापयोः॥ (मार्कण्डेय. 55, 21-22)

ग्रामाणां च तथा सङ्ख्या देशानां च प्रमाणतः।
राज्ञां च युक्तिमानं च अलङ्कारैस्तद्रूपतः॥ 2॥

अब यहाँ के ग्रामों तथा देशों की प्रमाणतः संख्या और यहाँ के राजागणों के युक्तिमान और उनके अनुरूप अलङ्करणों यानी पदवियों को बताता हूँ।[1]

कान्यकुब्जे ग्रामखङ्ख्या षट्त्रिंश$_{36}$ल्लक्षकाणि च।
अष्टादश$_{18}$लक्षमानं राज्यं गौडेश्वरे मतम्॥ 3॥

कान्यकुब्ज की ग्राम संख्या छत्तीस लाख है और यहाँ के राजा गौड़ेश्वर की पदवी या उपाधि धारण करते हैं जिनकी आय अठारह लाख मान कही गई है।

तदर्ध$_{18}$ कामरूपाश्च तत्समं मण्डलेश्वरम्।
कार्त्तिकपुरे तत्सङ्ख्या चौडे लक्षद्वासप्तति:$_{14}$॥ 4॥

इसका आधा कामरूप या आसाम है जहाँ के मण्डलेश्वर की पदवी प्राप्त राजा की आय भी इसी के अनुरूप आधी है। कार्तिकपुर में भी संख्या उतनी ही अर्थात् अठारह लाख है और यहाँ के अधीश्वर चौड़ कहलाते है जिनकी (वार्षिक) आय चौदह लाख है।

---

1. स्कन्दपुराण के माहेश्वरखण्ड-कुमारिकाखण्ड में राजा शतशृङ्ग के उत्तराधिकारियों के वर्णन में कुलदेवी कुमारी द्वारा भारतवर्ष के नौ खण्डों के बहत्तर विभाग करने का वर्णन है। इसमें मण्डल प्रदेश में चार करोड़ ग्राम व बालाक प्रदेश में ढाई करोड़ ग्राम निर्धारित किए गए। प्रदेशानुसार ग्रामों की संख्या इस प्रकार दी गई है—
खुरासाहणक = सवा करोड़ ग्राम, अन्धला = चार लाख, नेपाल = एक लाख, कान्यकुब्ज = छत्तीस लाख, जनक = बहत्तर लाख, गौड़ = अठारह लाख, कामरूप = नौ लाख, लाहर्व व मालदेश = नौ-नौ लाख, कान्तिपुर = नौ लाख, माचिपुर = नौ लाख, जालन्धर व लोहपुर = नौ लाख, पाम्बीपुर व रटराज = सात-सात लाख, हरिआल = पाँच लाख, इड् = साढ़े तीन लाख, षाम्भण वाहक = साढ़े तीन लाख, नीलपुर = इक्कीस हजार, अम्ल = एक लाख, नरेन्दु = सवा लाख, तिलङ्ग = सवा लाख, मालव = अठारह लाख बानवे हजार, सयम्भर = सवा लाख, मेवाड़ = सवा लाख, बागुरि = अस्सी हजार, गुर्जर = सत्तर हजार, पाण्डु = सत्तर हजार, तेजाकुति = बयालीस हजार, काश्मीर मण्डल = अड़सठ हजार कौङ्कण = छत्तीस हजार, लघु कौङ्कण = चौदह सौ चालीस, सौराष्ट्र = पचपन हजार, ताड़ = इक्कीस हजार, अतिसिन्धु, अश्वमुख, सजानुहूति, बेणु, प्रविड़, भद्राश्व एवं देवभद्राश्व = दस-दस हजार, चिरायुष व यमकोटि = छत्तीस-छत्तीस हजार, रोमक = अठारह करोड़, कामरु, कर्णाटक तथा जाङ्गल = सवा-सवा लाख, स्त्रीराज्य = पाँच लाख, पुलस्ति = दस लाख, काम्बोज व कौशल = दस-दस लाख, वाह्लीक = चार लाख, लङ्का = छत्तीस हजार, वर्धमान = चौसठ हजार, सिंहलद्वीप = दस हजार, पाण्ड्य = छत्तीस हजार, भयानक = एक लाख, वरेन्दक = तीस हजार, मूलस्थान = पच्चीस हजार, यवन = चालीस हजार, पक्षबाहु = चार हजार ग्राम है। इस प्रकार बहत्तर देशों और उनके ग्रामों की संख्या है। भारतवर्ष के कुल ग्रामों की संख्या 96 करोड़, 72 लाख व 36 हजार है। (कुमारिकाखण्ड 39, 125-163)

दक्षराज्ये सार्धसप्तलक्षाणि चैव सङ्ख्यया।
अष्टादश च लक्षाणि सहस्राणि द्विनवतिः ॥ 5 ॥
उज्जयिन्यां वै सपादलक्षाणि च स्वयम्भरे।
ललाटे गुर्जरे कच्छे सौराष्ट्रे लक्षकद्वयम् ॥ 6 ॥

दक्षराज्य में ग्रामों की संख्या साढ़े सात लाख है और उनसे होने वाली आय भी साढ़े सात लाख ही है। उज्जयिनी के ग्रामों की संख्या अठारह लाख है और आय भी अठारह लाख है। स्वयम्भर (साम्भर) राज्य की ग्राम संख्या सवा लाख है तथा लाट, गुर्जर, कच्छ और सौराष्ट्र की ग्राम संख्या दो-दो लाख है।

सार्धत्रयं मरुकोटे लक्षाणां मरुमण्डले।
सिन्धुसागरदेशे तु सार्धलक्षत्रयं स्मृतम् ॥ 7 ॥

मरुकोट के ग्रामों की संख्या साढ़े तीन लाख है तथा मरुमण्डल, सिन्धुसागर देश के ग्रामों की संख्या भी साढ़े तीन लाख मानी गई है।

खुरषाणे चत्त्वारिंशल्लक्षाणि च तथैव च।
त्रिगर्तके द्विलक्षाणि तथा ग्रामास्तु सङ्ख्यया ॥ 8 ॥

खुरासान के ग्रामों की संख्या चार लाख है तथा इसी तरह त्रिगर्त के ग्रामों की संख्या दो लाख है और उनके आय भी उतनी ही है।

सूर्यलक्षाण्यहिराज्ये षट्सार्धानि गुडाद्वीपे।
जलन्धरे सार्धत्रयं तथा लक्षाणि सङ्ख्यया ॥ 9 ॥

अहिराज्य की ग्राम संख्या बारह लाख और गुडाद्वीप की साढ़े छह लाख, जालन्धर की साढ़े तीन लाख है।

ग्रामाः षष्टिसहस्राणि तथा षष्टिशतानि च।
षष्टित्रयस्तथा चैव चेत्थं काश्मीरमण्डलम् ॥ 10 ॥
स्त्रीराज्यं च त्रिकूटाख्यं काश्मीरपूर्वगणाधिपः ?(पञ्चलक्षाधिश्च)।[1]
हिमवान् दण्ड आख्यातो वर्षे भारतके तथा ॥ 11 ॥

काश्मीर मण्डल के ग्राम साठ हजार, साठ सौ तिरसठ है। काश्मीर के पूर्व में त्रिकूट नाम का स्त्री गणराज्य है जहाँ स्त्रियाँ ही राज करती है। यही हिमवान् अर्थात् हिमालय पर्वत भारतवर्ष की दण्डमान दीवार की तरह स्थित है।

---

1. 'पञ्चलक्षाधिश्च' इति स्यात्। तथा च स्कन्दपुराणे माहेश्वरखण्डे— पञ्चलक्षाश्च ग्रामाणां स्त्रीराज्यं परिकीर्तितम ॥ (कुमारिकाखण्ड 39, 53)

महापर्वताश्रिताश्च सजलाशयवर्तिनः।
पर्वतार्णवमध्यस्थाः सजला देशसम्भवाः॥ 12॥

इस हिमालय महापर्वत के आश्रय में अनेकों सजल जलाशय है इसलिए यह भारत वर्ष हिमालय पर्वत और सागर के मध्य एक बहुत ही सम्पन्न सजल देश सम्भव हो सका है।

सिन्धुसागरतो देशाः काश्मीरान्ता जलैर्युताः।
गौडबङ्गकामरूपाः सजलाः कार्तिकेश्वरे॥ 13॥

इसी के फलस्वरूप सिन्धुसागर तक के देशों से लेकर काश्मीर के अन्त तक के देश सभी पूर्णतः जल से सम्पन्न है और गौड़, बङ्ग, कामरूप, कार्तिकेश्वर आदि भी सजल, सम्पन्न क्षेत्र है।

महापर्वताश्रमा वै हिमाद्रौ गन्धमादने।
श्वेतशृङ्गे हेमकूटे नीलनिषधमन्दरे॥ 14॥

इस हिमालय महापर्वत में अनेकों आश्रम है जिनमें गन्धमादन, श्वेतशृङ्ग, हेमकूट, नील, निषध, मन्दर विख्यात है।

सौराष्ट्रकच्छकलाटा कोङ्कणानि चतुर्दश।
श्रीशैलसमुद्रे च सजलाश्चोत्तमा मताः॥ 15॥

सौराष्ट्र, कच्छ, लाट, कौङ्कण के चौदहों प्रदेश, श्रीशैल आदि समुद्रपर्यन्त सभी देश उत्तम जल से भरपूर सम्पन्न माने गए हैं।

महाराष्ट्रे सुरराज्ये गौडे रत्नपुरादिकै।
डहाले कान्यकुब्जे च मध्यमाश्च जलाश्रयाः॥ 16॥

महाराष्ट्र, सुरराज्य, गौड़, रत्नपुर, डहाल, कान्यकुब्ज आदि मध्यम जलाश्रय वाले देश हैं।

कान्यकुब्जे मथुरायामवन्त्यां च कालञ्जरे।
गुर्ज्जरे सौराष्ट्रादिके मध्यमा अम्बुकाश्रयाः॥ 17॥

कान्यकुब्ज, मथुरा, अवन्ती, कालञ्जर, गुर्जर, सौराष्ट्रादिक भी मध्यम जलराशि के आश्रित क्षेत्र है।

मरुकोटे मरुचण्ड्यां गुर्ज्जरे सिन्धुपार्श्वगे।
सङ्कीर्णे जलमाख्यातमल्पवृष्टिः प्रवर्तते॥ 18॥

मरुकोट, मरुचण्ड, गुर्जर, सिन्धु नदी के पार्श्वभाग में बहुत ही सङ्कीर्ण जल, बहुत ही कम जल है क्योंकि वहाँ हमेशा अल्पवृष्टि होती रहती है।

आत्रिकूटं हिमाद्यन्तं योजनैः शतपञ्चभिः।
पूर्वापरौतोयनिधी हिमदण्डश्च भारते॥ 19॥

आत्रिकूट अर्थात त्रिकूट से लेकर हिमालय के अन्त तक की लम्बाई पाँच सौ योजन की कही गई है और पूर्वा-पर स्थिति में तोयनिधि, समुद्रपर्यन्त फैलकर भारतवर्ष के लिए एक हिमदण्ड अर्थात् हिमालय की दीवार बनकर खड़ा है।

इति सूत्रसन्तानगुणकीर्तिप्रकाशप्रोक्तृश्रीभुवनदेवाचार्योक्तापराजितपृच्छायां भरतक्षेत्रग्रामसङ्ख्यानृपराज्यप्रमाणसङ्ख्याधिकारो नामाष्टात्रिंशत्तमं सूत्रम्॥ 38॥

इस प्रकार भुवनदेवाचार्य कृत सूत्रसन्तानगुणकीर्ति प्रकाश या अपराजितपृच्छा में भरत क्षेत्र की ग्राम संख्या, नृपराज्य प्रमाण संख्या अधिकार नामक अड़तीसवाँ सूत्र पूर्ण हुआ॥ 38॥

वनयात्रानामैकोनचत्वारिंशं सूत्रम्॥ 39॥

विश्वकर्मोवाच —

मेरुश्च मन्दरश्चैव पर्वतो गन्धमादनः।
हिमवान् हेमकूटश्च निषधो नील एव च॥ 1॥
श्वेतश्च शृङ्गवांश्चैव महाशैलाः प्रकीर्तिताः।
एते पर्वतराजाश्च महावननदीभवाः॥ 2॥

विश्वकर्मा बोले कि मेरु, मन्दर, गन्धमादन, हिमवान, हेमकूट, निषध, नील, श्वेत, शृङ्गवान आदि सब महाशैल कहे गए हैं। ये सभी पर्वतराज हैं और इनसे महावन और महानदियाँ उत्त्पन्न हुई हैं।

महेन्द्रौ मलयश्चैव महाविन्ध्यस्तथैव च।
हिमाद्रिः पारियात्रश्च श्रीशैलश्च तथाऽर्बुदः॥ 3॥
महावनानि ख्यातानि शृणु चोपवनानि च।
त्रिधोदितं च क्रमतो वनोपवनकाननम्॥ 4॥

महेन्द्र, मलय, महाविन्ध्याचल, हिमाद्रि, पारियात्र, श्रीशैल तथा अर्बुद ये सब महावनों के लिए विख्यात है। अब उपवनों के विषय में सुनो, जो कि तीन प्रकार के हैं। यथा— 1. वन, 2. उपवन और 3. कानन।

उपवनदीनां लक्षणं —

यत्र देशाश्च विरला वनकूलेषु संस्थिताः।
उपवनानि ज्ञेयानि येषु ग्राह्या द्रुमाः शिलाः॥ 5॥

जिन देशों में विरले वनों के समूह स्थित है, उन्हें उपवन समझना चाहिए। इनसे जलाऊ लकड़ी के पेड़ तथा वहाँ स्थित खदानों से शिलाएँ ली जा सकती हैं।

कीर्तिमान् कीर्तयेद्यत्र रोप्यमाना द्रुमैर्लताः।
काननं तच्च विज्ञेयं नृपक्रीडनहेतुकम्॥ 6॥

जिन प्रसिद्ध वनों में द्रुम, लतादि का रोपण किया गया हो और जिनको राजाओं की क्रीड़ा के लिए यथा मृगया, आखेटादि के लिए छोड़ा गया हो, उन वनों को कानन कहते हैं।

क्रमागतं शम्भुभवं वनोपवनकाननम्।
वनयात्रा तु कर्तव्या तेषां कूलसमाश्रितैः॥ 7॥

इन वन, उपवन और काननों में क्रमशः शम्भु, शिव की स्थापना करनी चाहिए और इन वन, उपवन, काननों के किनारे इन शिव स्थानों की स्थापना करके वहाँ इनके दर्शनार्थ वनयात्राएँ करना भी परम कर्त्तव्य समझना चाहिए।

योग्याः प्रासादप्रतिमालिङ्गगेहादिके तथा।
प्रशस्ता दारुशैलाश्च ग्राह्या यत्र सदा स्मृताः॥ 8॥

इन स्थानों में योग्यतानुसार प्रासाद, प्रतिमा, लिङ्ग, गृहादि प्रशस्त माने गए हैं। इनके निर्माण के लिए सदा ही पाषाण और पेड़, काष्ठादि ग्राह्य माने गए हैं।

अशोकशोकखदिराः कदम्बा देवदारवः।
श्रीपर्णास्तिनिशाश्चैव सरलाश्चन्दनास्तथा॥ 9॥
भूर्जत्रिमिसश्रेण्यश्च ? शाल्मलीरक्तचन्दनाः।
अन्येऽपि बहवो वृक्षा महत्यश्च शिलास्तथा॥ 10॥

इनके योग्य वृक्षों में अशोक, शाक, खदिर, कदम्ब, देवदारू, श्रीपर्ण, तिनिश, सरल, चन्दन, भूर्ज, त्रिमिस, श्रेणी, शाल्मली, रक्तचन्दन आदि अन्य भी बहुत से वृक्ष हैं। महान शिलाएँ भी ग्राह्य हैं।

संछन्ना बहुभिः पत्रैः प्रदेशा यत्र संस्थिताः।
सरित्तीरं समाश्रित्य रविरश्मिविवर्जिताः॥ 11॥

(शिला, काष्ठ ग्रहणावसर पर यह विचारणीय है कि) जिस स्थान के प्रदेश पूरी तरह बहुत से पत्रों से ढके हुए हों और नदी के किनारे के स्थान हों जहाँ इतनी छाया हो कि सूर्य की किरणें भी भूमि पर नहीं पहुँच पाती हों।

ईशान्यान्त वादिनेत्रं पूर्ववातैः प्रपादिताः।
अन्यवातैर्हताद्येषु अप्रशस्ताः शुभप्रदाः ?॥ 12॥

वन में जाते समय वायु प्रवाह पर विचार करना अपेक्षित है। ईशानकोण के अन्त से जब ध्वनि करती हुई जोर की हवाएँ बहती हुई आती है और उनके साथ अन्य हवाएँ भी आहत होती हो तो यह अनुचित और अशुभ है।

सुप्रदेशाः सुसङ्ग्राह्याः सर्वकानफलप्रदाः।
अप्रशस्ता अन्यकाले निमित्तं चोपलक्षयेत्॥ 13॥

जहाँ-जहाँ सुप्रदेश पाए जाएँ उन्हें सुसंग्रह पूर्वक ग्राह्य किया जाए जिससे सभी कामनाओं की शुभफलप्रद पूर्ति होती है तथा जो भी अप्रशस्त प्रदेश हों, उन्हें अन्य काल के निमित शकुन हेतु भी दरगुजर कर देना चाहिए।

दिव्यानि चेव भौमानि शुभानि चाशुमानि च।
प्रशस्तानि शुभान्यत्र चाशुभानि विवर्जयेत्॥ 14॥

दिव्यों की, देवतादिकों की भूमि शुभ और अशुभ होती है उनमें वही प्रशस्त हैं जो शुभ है, परन्तु जो अशुभ हो उन्हें छोड़ देना चाहिए।

नानाविधनिमित्तानि —

निमित्तानि गजश्चाश्वो वृषभश्च रथो विदुः।
घृतं पुष्पाक्षते विप्रः कन्या रम्भा च गौर्मृगः॥ 15॥
शतपत्रं च वैश्या च नृपः कुम्भश्च दीपकम्।
वस्त्रयुग्मं फलं छत्रं यानं झम्यानमासनम्॥ 16॥
वसुन्धरा धृत्यमानाय? बहलं धान्यं पत्रादिकम?।
एतेषु दृश्यमानेषु निष्पत्तिः सुश्रियस्तथा॥ 17॥

अब यात्राकाल में होने वाले निमित्तों या शकुनों के बारे कहता हूँ। गज, अश्व, वृषभ, रथ, विद्वान, धृत, पुष्प, अक्षत, विप्र, कन्या, केला, गाय, मृग, शतपत्र या तुलसीपत्र, वैश्या, राजा, घट, दीपक, दो वस्त्रों की जोड़ी, फल, छत्र-यान, पङ्खा, आसन, वसुन्धरा, धृतिमान, बहुत धान्य पत्रादिक— यदि ये सब यात्रा काल में दिखाई पड़े, तो अच्छे शकुन या श्रीवृद्धिकारक समझना चाहिए।[1]

---

1. पूर्वोक्त शकुन काश्यपशिल्पम्, समराङ्गण. आदि में भी आए हैं। ये श्रीपति के मत से तुलनीय है— भृङ्गाराञ्जनवर्द्धमान मुकुराबद्धेकपश्वा मिषोष्णीष क्षीरनृयानपूर्ण कलशच्छत्राणि सिद्धार्थकाः। वीणाकेतनमीनपङ्कज दधिक्षौद्राज्य गोरोचनाः कन्याशङ्खसितोक्ष वस्तुमनोविप्राश्वरत्नानि च॥ प्रज्वलज्वलनदन्ति तुरङ्गाभद्रपीड गणिकाङ्कुशमृत्स्नाः। अक्षतेक्षुफलचामरभक्षाण्यायुधानि च भवन्ति शुभानि॥ भेरिमृदङ्ग मृदुर्मद्दल शङ्खवीणा वेदध्वनिर्मधुरमङ्गलगीतघोषाः। पुत्रान्विता च युवतीः सुरभिः सवत्सा धौताम्बरश्वरजकोऽभिमुखः प्रशस्तः॥ (ज्योतिषरत्नमाला 15, 62-64)

तैलाभ्यक्तस्तथाहिश्च मुक्तकेशाः स्त्रियस्तथा।
काष्ठभारं चाग्रहीनं विधवा गुरुषादिकम् ?॥ 18॥
उल्कापातो दिशादाहो महावातप्रवर्तनम्।
तारापातोऽशनिघातः परितः पांशुवर्षणम्॥ 19॥
एतेषु दृश्यमानेषु च भविष्यन्ति वै श्रियः।
न गच्छेत् पदमेकं तु यदीच्छेच्च निवर्तनम्॥ 20॥

अशुभनिमित्त के विषय में कहा जा रहा है। तैलाभ्यङ्ग किए हुए, सर्प, खुले केश वाली स्त्री, लकड़ी का भार लिए हुए सामने आता, आगे से हीन, विधवा, गुरुघाति, उल्कापात, दिशाओं का दाह, झंझावात चलना, तारा टूटना, गाज गिरना, इसके उपरान्त पत्थर बरसना— ऐसा यदि सामने दिखाई पड़े तो समझना चाहिए कि भला नहीं होने वाला है।[1] उपर्युक्त अपशकुन होने पर कहीं बाहर जाना हो तो भूल कर भी एक भी कदम आगे न बढ़ाएँ यदि इन अपशकुनों का निवर्तन करना चाहते हों तो।

मेघगर्जनवृष्टी च मत्स्योदयानि शोभनम्।
अन्तरिक्षे भवेच्छेदः फलपुष्पनिपातनम्॥ 21॥
वायुकां सुरङ्गिकं वागि वामे वृक्ष्याग्रसंस्थिताम् ?।
कौशिको वामतः श्रेष्ठो ह्यशुभो दक्षिणे तथा॥ 22॥

इसी प्रकार यदि मेघ गर्जन के साथ वृष्टि होती हो, मीन राशि आदि का शुभ उदय हो, अन्तरिक्ष में छेद हो और उससे फल तथा पुष्प गिरते हों। वायुका सुरङ्गिक वागी (शकुन चिड़िया) वामभाग में वृक्ष पर बैठी हो, कौशिक या उल्लू बायीं ओर श्रेष्ठ और दक्षिण और अशुभ है।

कङ्कणं हारकेयूरौ मुकूटं कुण्डलादिकम्।
एतेषु दृश्यमानेषु सर्वकामफलं भवेत्॥ 23॥

---

1. वराह का मत है कि यात्रा में कपास, औषध, काला अन्न, नमक, नपुंसक व्यक्ति, अस्थियाँ, ताल-हरताल, अग्नि, साँप, कोयला, विष, कञ्चुली, मल, छुरा, रोगी, वमन करने वाला, पागल, पक्षाघातपीड़ित, अन्धा, तृण, तुस-भूसी, क्षुधापीड़ित, तक्र, शत्रु, मुण्डित सिर, तेल लगाया व्यक्ति, खुले केश वाला, पापी, लाल कपड़े पहने व्यक्ति आदि अशुभ होते हैं— कार्पासौषधकृष्णधान्यलवणक्लीबास्थितानलं सर्पाङ्गारगराहिचर्मशकृतः केशारिसव्याधिताः। वातोन्मत्तजडान्धकतृणतुष क्षुत्क्षामतक्रारयो मुण्डाभ्यक्तविमुक्तकेशपतिताः काषायिणश्चाशुभाः॥ (बृहद्योगयात्रा 27, 6; योगयात्रा 13, 14 एवं लघुटिक्कनिका 9, 15)

एवं शुभैश्च शकुनैः प्रविष्टो वनमध्यतः।

वृक्षं सम्पूज्य तु करे कुटारं पूर्वतो धरेत्॥ 24॥

इसी प्रकार कङ्कण, हार, केयूर, मुकुट, कुण्डलादि— इतने शकुन यदि दिखाई पड़े तो सर्वकामना की सिद्धि होती है। इस तरह के शुभ शकुनों को ध्यान में रखकर ही वन में प्रवेश करना चाहिए और पहले वृक्ष की अच्छी तरह पूजा सम्पन्न करके पूर्व दिशा की ओर मुँह किए हुए हाथ में कुल्हाड़े को ग्रहण करे।

अयं मन्त्रः —

"तत आँ नमोरुद्राय पिङ्गलाय महात्मने।

विश्वेदेवा विश्वरूप विश्वकर्मणे वै नमः"॥ 25॥

अनेन चैव मन्त्रेण कुठारमभिमन्त्रयेत्।

तत्र क्षेत्रं बलिं दद्यात् समर्च्य सर्वदेवताः॥ 26॥

इसके उपरान्त इस मन्त्र से कुल्हाड़े को अभिमन्त्रित करें— 'ॐ नमो रुद्राय पिङ्गलाय महात्मने, विश्वेदेवा विश्वरूप विश्वकमणे नमः।' इसके उपरान्त उक्त क्षेत्र के सभी देवताओं की ठीक तरह से पूजन करके बलि का चरु निवेदित करे।

तदा च छेदयेद् वृक्षं पतितं चोपलक्षयेत्।

ईशानोत्तरपूर्वे च सर्वकामफलप्रदम्॥ 27॥

इसके बाद ही वृक्ष का छेदन करे और ध्यानपूर्वक यह भी देखें कि वृक्ष कटकर किस दिशा की ओर गिरता है? यदि कटा हुआ वृक्ष ईशान कोण अर्थात् उत्तर पूर्व की ओर गिरे, तो इसे सर्वकामफलप्रद समझना चाहिए।

अशुभश्चान्यदिशायां शाखापातस्तथोच्यते।

दिशायां चाप्रशस्तायां तच्छाखां वर्जयेद् बुधः॥ 28॥

अन्य दिशाओं में वृक्ष की शाखाओं का गिरना अशुभ कहा गया है। जो शाखाएँ अप्रशस्त दिशाओं की ओर गिरी हों, उन शाखाओं को काम में लेना विद्वानों[1] ने वर्जित किया है।

एवं संगृह्यते वृक्षमानयेन्नगरादिके।

वेशयेदुत्तरदिशि वादित्रैर्ब्रह्मघोषकैः॥ 29॥

इस प्रकार की सावधानीपूर्वक संग्रह किए हुए वृक्ष को नगर में गाजे-बाजे

---

1. यह विधि समराङ्गणसूत्रधार, विश्वकर्माप्रकाश, मयमतम्, मानसार, ईशानशिवगुरुदेवपद्धति, शिल्परत्नम्, वास्तुमण्डनम् आदि में भी आई है।

और ब्रह्म घोष के साथ लाकर उत्तर दिशा की ओर सम्भालकर उसको स्थान देना चाहिए।

इति सूत्रसन्तानगुणकीर्तिप्रकाशप्रोक्तृश्रीभुवनदेवाचार्योक्तापराजितपृच्छायां वनयात्राधिकारो नामैकोनचत्वारिंशत्तमं सूत्रम्॥ 39॥

इस प्रकार भुवनदेवाचार्य कृत सूत्रसन्तानगुणकीर्ति प्रकाश या अपराजितपृच्छा में वनयात्रा अधिकार नामक उनचालीसवाँ सूत्र पूर्ण हुआ॥ 39॥

वनयात्राशिलापरीक्षा नाम चत्वारिंशं सूत्रम्॥ 40॥

विश्वकर्मोवाच —

लिङ्गार्चादिशिलानां च सम्प्रवक्ष्यामि लक्षणम्।
पूजा पूर्वविधानेन शिलोद्धारं तु कारयेत्॥ 1॥

विश्वकर्मा बोले कि अब लिङ्ग, अर्चा-प्रतिमादि में प्रयुक्त होने वाली शिलाओं के लक्षण कहता हूँ। शिलोद्धार हेतु अर्थात अर्चा, लिङ्गादि के निर्माण में काम आने वाली शिला को भूमि से निकालने के लिए पहले वृक्ष लाने में जो (पूर्व अध्याय में) पूजा विधान कहा गया, वैसा ही पूजा विधान शिला के उद्धार के लिए भी करना चाहिए।

यो दक्षिणे शिलाभागस्तत्शीर्ष चोत्तरे पदम्।
पूर्वापरक्रमेणैव ह्यपरे शिर उत्तमम्॥ 2॥

जो दक्षिण दिशा की ओर शिला का भाव हो और उसका शीर्ष भाग उत्तर के पद की ओर हो तो पूर्वापर क्रमानुसार ही उत्तर की ओर अपर शिर भाग उत्तम समझे।

उद्धरेत्तु शिलां तत्र पूर्वमन्त्राभिमन्त्रिताम्।
विलोकयेच्च तां प्राज्ञ मन्त्रैश्चापादमस्तकम्॥ 3॥

उस शिला को पहले कहे गए मन्त्रों द्वारा अभिमन्त्रित करके ही भूमि से निकालना चाहिए, उसका, उद्धार करना चाहिए। उस शिला को प्राज्ञ, समझदार शिल्पी मन्त्रों के साथ शिला के पाँव से लेकर मस्तक तक भली प्रकार से अवलोकन करता जाए, ठीक-ठीक निरीक्षण करता जाए और मन्त्र भी पढ़ता जाए।

पादोर्ध्व कुक्षिदंशे च छेदं तत्र समारभेत्।
परीक्ष्य सूत्रे चाकारं छेदश्चेत् पुरुषाकृतिः॥ 4॥

शिला के पाँव से कुक्षिदेश पर छेद बनाएँ और सूत्र से ठीक तरह से परीक्षा

करके उस शिला में पुरुषाकृति में (किस दिशा में सिर और किधर पैर होंगे, ऐसा देखकर) आकार के हेतु छेद करता जाए।

शिलालक्षणं, युवावृद्धाबालावयपरीक्षणम् —

निबिडा निर्व्रणा तीव्रगम्भीरमधुरान्विता।
शीतला च सुगन्धा च मृद्धी तेजसमन्विता॥ 5॥

अब योग्यायोग्य शिलाओं के गुण के बारे में कहता हूँ[1]— शिला निविडा हो अर्थात् गाँठ-गठीली न हो, निर्व्रणा हो अर्थात खाड़े खोचर युक्त न हो, तीव्र मधुर गम्भीर ध्वनि देने वाली हो अर्थात अच्छी टङ्कार ध्वनि वाली हो, ठण्डी हो, सुगन्ध वाली हो, मुदु हो, घड़ाई में सरल हो, तेज युक्त हो अर्थात आकर्षक हो।

युव नाम्नी शिला ज्ञेया सर्वकामफलप्रदा।
पूजिता सर्वलिङ्गेषु ह्यर्चना सर्वशोभना॥ 6॥

ऐसी शिला को युवा नाम की शिला कहते है जो सभी कामनाओं की पूर्ति करने वाली होती है। यह सभी लिङ्गों के निर्माणार्थ पूजित होती है और सभी अर्चाओं, मूर्त्तियों के निर्माण में भी सब तरह से शोभायमान होती है।

मत्स्यमण्डूकतरला यैतैश्चिन्है: प्रदृश्यते।
वृद्धा सा तु शिला ज्ञेया सर्वकार्यविनाशिनी॥ 7॥

जिस शिला में मत्स्य, मेंढ़क और तरला या लहरों के चिह्न दिखाई देते हों, उस शिला को वृद्धा समझना चाहिए। यह सभी कार्यों में विनाशकारी है।

अतिमृद्धी भवेद् बाला मन्दपुष्पकवेष्टिता।
टङ्कघातैः साधनीया छेदाद्यं च परीक्षयेत्॥ 8॥

जो शिला बहुत मृदु या नरम हो, वह बाला शिला होती है। यह मन्दपुष्पों से ढँकी हुई होती है। इसको टाँकी के आघात, छेदादि करके परीक्षा करने के बाद ही उंपयुक्त हो तो काम में लिया जा सकता है।

विमलैर्दूषिता या तु वर्जयेत्तां शिलां बुधः।
विमलं त्रिविधं ज्ञेयं लोहकांस्यजहेमऽम्॥ 9॥

जो शिला विमलों से दूषित होती है, उसे समझदार लोग काम में लाने से मना करते हैं। ये विमल तीन प्रकार के होते हैं- लोहज, कांस्यज और हेमज।

लोहविमलैर्दुर्भिक्षमनावृष्टिश्च कांस्यजैः।

---

1. देवतामूर्तिप्रकरण और रूपमण्डनं में भी ये ही लक्षण आएँ हैं। इनका उत्स मयमतम् है।

हेमजैर्विमलैः पीडा ह्युदितं च त्रिधा क्रमात्॥ 10॥

जिस शिला में लोहज विमल पाया जाए, उससे दुर्भिक्ष होता है। जिसमें कांस्य विमल पाया जाता हो, उससे अनावृष्टि और हेमज विमल से पीड़ा पैदा होती है। इसी प्रकार इन तीन दूषित शिलाओं को फल सहित क्रम से कहा गया।

छेदनावसरेमण्डलादीनां दर्शनफलं —

छेदने च कृते तस्या मण्डलं यत्र दृश्यते।
तद् गर्भितं विजानीयात् जीवशिल्प-विचक्षणः॥ 11॥

जिस शिला के छेदन करते समय मण्डल बन जाते हों, उस शिला को गर्भित समझना चाहिए, ऐसा जीव-शिल्प के जानकार विद्वानों ने कहा है।[1]

माञ्जिष्ठे चैव मण्डूको हरिते कर्कटो भवेत्।
पीते गोधा विजानीयात् कृष्णे विद्याद् भुजङ्गमम्॥ 12॥

ऐसी गर्भित शिलाओं के रङ्ग भेद से भी विविध जीवों के होने के सङ्केत मिलते हैं जैसे मंजिष्ठ रङ्ग की शिला में मेंढ़क होगा और हरित वर्ण की शिला में केंकड़ा पाया जाएगा। पीले रङ्ग की शिला में गोह या गोधा का होना जाने जबकि काले रङ्ग की शिला में भुजङ्ग की स्थिति होती है।

पतिले मूषको ज्ञेयः कृकलाशश्च श्यामके।
अतिरक्तेन वर्णेन चेन्द्रगोपकामादिशेत्॥ 13॥

इसी प्रकार से पतिल वर्ण की शिला में मूषक जाने, श्याम वर्ण की शिला में कृकलाश या करगेंटिया अथवा गिरगिट और बहुत ही लाल वर्ण की शिला में इन्द्रगोप या वीरबहूटी (रामजी की गाय, मखमली जीव जो सावन के दिनों में खेतों में रक्त के छींटों की तरह दिखाई देता है) जाने।

किंशुकाभे तु खर्ज्जूरोऽतसीपुष्पे पिपीलिकाः।
गुडवर्णे तु पाषाणं कूर्म स्यादापसन्निभे॥ 14॥

पलाश के पुष्पों जैसी दिखाई देने वाली शिला में बिच्छू होगा और अलसी के पुष्पों जैसी प्रतीत होने वाली शिला में चींटियाँ होंगी और गुड़ के रङ्ग वाली शिला में पानी के साथ कछुआ हो सकता है।

भस्माभे तिमिरी ज्ञेयो वारला श्वेतभस्मभे।
विचित्रे वृश्चिकं विद्यात् खद्योतं मधुवर्णके॥ 15॥

---

1. यहाँ ग्रन्थकार का निश्चय ही सङ्केत जीवाश्म या फॉसिल्स की ओर है। पाषाणों में ही पूर्वकाल में जीवों के जीवन के लक्षण मिलते हैं।

राख जैसी शिला में तिमिरी (मत्स्य तुल्य रचना) हो सकती है और श्वेत भस्म के समान दिखाई देने वाली शिला में वारला अर्थात् बर्रे होते है और चितकबरी शिला में बिच्छू होता है। शहद जैसे वर्ण वाली शिला में जुगुनू होता है।[1]

पञ्चाल्यां खेचरा ज्ञेयाः श्वेतवर्णे नरो भवेत्।
एतैर्दोषैस्त्यजेल्लिङ्गं प्रतिमादोषमेव च॥ 16॥

पञ्चाली शिला में खेचर और श्वेतवर्णी में नर होता है। ये सभी शिलाएँ सदोष है और लिङ्ग एवं प्रतिमा निर्माण में दोषपूर्ण कही गई है। ऐसे में इनका प्रयोग नहीं करना चाहिए।

उत्तमाधमवर्णैश्च पाषाणानुपलक्षयेत्।
श्वेतश्च पद्मवर्णश्च कुमुदो मुद्गसन्निभः॥ 17॥
पाण्डरो माक्षिकवर्णः कपोतो भृङ्गसन्निभः।

उत्तम, अधम रङ्गों के आधार पर ही शिलाओं की पहचान करनी चाहिए। सामान्यतया इनका रङ्ग श्वेत, पद्मवर्ण, कुमुद, मूँग जैसा, पाण्डुर, मधुमक्खी के शहद जैसा, कपोत जैसा, भँवरे जैसा होता है।

श्वेते विप्राश्च वर्द्धन्ते राजन्याः पद्मवर्णके॥ 18॥
वैश्याश्च कुमुदाभेन मुद्गभे शूद्रजातयः।
अन्ये तु शेषवर्णेषु वृद्धिमेवं तु लक्षयेत्॥ 19॥

श्वेत रङ्ग के पाषाणों का प्रयोग लिङ्ग, प्रतिमादि के लिए किया जाने पर ब्राह्मणों की वृद्धि होती है। पद्मवर्णी शिलाओं के प्रयोग से राजन्यवर्ग की वृद्धि होती है। कुमुद की आभा वाली शिलाओं के प्रयोग से वैश्य समुदाय की और मूँग के रङ्ग जैसी शिलाओं से शूद्र जाति की वृद्धि होती है। अन्य शेष वर्णों की शिलाओं से तो केवल वृद्धि मात्र लक्षित होगी।

आरोग्यं पाण्डुवर्णेषु माषाभे विजयः स्मृतः।
कपोते चार्थवृद्धिश्च भृङ्गाभेषु प्रजाश्रियः॥ 20॥

पाण्डु वर्ण की शिला से आरोग्य और उड़द के रङ्ग वाली शिला से विजय समझें और कपोत वर्ण की शिला से अर्थवृद्धि तथा भृङ्ग जैसी आभा वाली शिला से

---

1. विष्णुधर्मोत्तरपुराण में आया है— सगर्भां तां विजानीयाद् यत्नेन च विवर्जयेत्। माञ्जिष्ठवर्ण संकाशे गर्भे भवति दर्दुरः॥ पीतके मण्डले गोधा कृष्ण विद्याद्भुजङ्गमम्। कपिले मूषकं विद्यात् कृकलासं तथारुणै॥ गुडवर्णे तु पाषाणं कापोते गृहगोधिका। आपो निस्त्रिंशवर्णाभे भस्मे वर्णे तु वालुका॥ (तृतीयखण्ड 90, 11-13; विशेष द्रष्टव्य — प्रतिष्ठा लक्षण सार समुच्चय, पूर्वार्द्ध)

प्रजा का भला होता है।[1]

अपराजित उवाच —

यदि तत्प्राप्यते चिह्नं यथोक्तं च द्रुमाः शिलाः।
तेषां विधिं क्रियायुक्तं कथयस्य परेश्वर॥ 21॥

अपराजित ने पूछा कि यदि आपने जितने चिह्न बताए हैं, वे चिह्न पेड़ों और शिला में पाए जाएँ तो हे परमेश्वर! उनकी दुरस्ती की विधि और क्रिया के बारे में भी बताने की कृपा करें।

विश्वकर्मोवाच —

पुनश्चेत्प्राप्यते चिह्नमानीत्वा नगरोत्तरे।
आरोपयेत्ततो वृक्षं क्षिपेद् भूमध्यतः शिलाम्॥ 22॥

विश्वकर्मा बोले कि पुनः यदि लाए गए वृक्ष नगर के उत्तर में रखे हों और उनमें ये चिह्न पाए जाएँ, उन वृक्षों को भूमध्य में डाली गई शिला के पास आरोपित कर दें।

शिलोपरि स्थण्डिलं च वृक्षं चोत्तरमाश्रितम्।
मृत्युञ्जयजपं चाष्टाधिकं कुर्यात्तथायुतम्॥ 23॥

और, शिला पर मिट्टी का ढेर लगा लें और वृक्ष को उस स्थण्डिल के ढेर के

---

1. शिला लक्षणों को उभारने की विधि विष्णुधर्मोत्तर व विवेकविलास में आई है। निर्मल कांजी के साथ बिल्वफल अथवा श्रीफल की छाल पीसकर पाषाण या काष्ठ पर लेप करने से उसका मण्डल (दाग) उजागर हो जाता है। जिसकी प्रतिमा बनानी हो उस काष्ठ या पाषाण पर लेपन करना चाहिए। लेप करने से यदि पाषाण में स्वाभाविक रूप से मधु जैसा रङ्ग दृष्टिगोचर हो तो उसमें जुगुनू होगा, भस्म जैसा मण्डल दिखाई दे तो रेत, गुड़ के समान हो तो लाल मेंढ़क, अम्बर जैसा हो तो पानी, कबूतर जैसा वर्ण हो तो छिपकली, मञ्जीठ जैसा रङ्ग हो तो मेंढ़क, रक्त जैसा हो तो गिरगिट, पीले वर्ण का दीख पड़े तो गोह, कपिल वर्ण का हो तो चूहा, काले वर्ण का हो तो सर्प तथा चित्र-विचित्र मण्डल दृष्टिगोचर हो तो भीतर बिच्छू है— ऐसा जानना चाहिए। उक्त दाग वाले पाषाण या काष्ठ की प्रतिमादि बनाने से सन्तान, लक्ष्मी, प्राण और राज्य का विनाश होता है। प्रतिमा के काष्ठ में या पाषाण में कीला, छिद्र, पोलेपन, जन्तुओं के जाले, सन्धि, मण्डलाकार रेखा या गार हो तो बड़ा दोष समझना चाहिए। प्रतिमा के काष्ठ या पाषाण में जो किसी भी तरह रेखा पड़ी हुई हो तो वह मूल वस्तु के रङ्ग सम हो तो कुछ दोष नहीं और मूल वस्तु से यदि अन्य वर्ण की हो तो दोष जानना चाहिए— निर्मलेनारनालेन, पिष्ट्या श्रीफल त्वचा। विलिप्तेऽश्मनि काष्ठे वा, प्रकटं मण्डलं भवेत्॥ मधुभस्मगुडव्योम कपोतसदृशप्रभैः। माञ्जिष्ठैररुणैः पीतैः कपिलैः श्यामलैरपि॥ चित्रैश्च मण्डलैरेभिरन्तर्ज्ञेया यथाक्रमम। खद्योतो वालुका रक्तभेकोऽम्बुगृहगोधिका॥ दर्दुरः कृकलासश्च गोधाखुसर्पवृश्चिकाः। सन्तानविभवप्राण राज्योच्छेदश्च तत्फलम्॥ कीलिकाछिद्रसुषिरत्र सजालकसन्धयः॥ मण्डलानि च गारश्च, महादूषणहेतवे॥ प्रतिमायां दवरका भवेयुश्च कथञ्चन॥ सदृग्वर्णा न दुष्यन्ति, वर्णान्तरत्वेऽतिदूषिताः॥ (विवेकविलास 1, 183-188)

उत्तर में आश्रित या खड़ा करें। इसके बाद एक अयुत से आठ अधिक अर्थात् दस हजार आठ महामृत्युञ्जय जप करने चाहिए।

अष्टोत्तरसहस्त्रं च हुत्वापामार्गसमिद्भिः।
दिक्षु चिन्हैः पूरितं च समुद्धरेत्पुनर्नवम्॥ 24॥

इसी प्रकार एक हजार आठ आहुतियाँ अपामार्ग या चिचड़ा की समिधा से हवन में देनी चाहिए। उनके सभी दिशओं में प्राप्त चिह्नों को पूरित करके उन सबको पुनः नए बनाकर उनका उद्धार कर लें।

अनेन विधिना वत्स उद्धरेच्च शिलाद्रुमम्।
अप्रशस्तं प्रशस्तं स्यादनेन विधिनान्वितम्॥ 25॥

हे वत्स! इस विधि से तुम शिला और वृक्षों के काष्ठ का उद्धार करके अप्रशस्त को भी प्रशस्त कर सकते हो। यह विधि अप्रशस्त को प्रशस्त करने वाली है।

इति सूत्रसन्तानगुणकीर्तिप्रकाशप्रोक्तश्रीभुवनदेवार्चोक्तापराजितपृच्छायां वनयात्राशिलापरीक्षाधिकारो नाम चत्त्वारिंशत्तमं सूत्रम्॥ 40॥

इस प्रकार भुवनदेवाचार्य कृत सूत्रसन्तानगुणकीर्ति प्रकाश या अपराजितपृच्छा में वनयात्रा शिलापरीक्षा अधिकार नामक चालीसवाँ सूत्र पूर्ण हुआ॥ 40॥

हस्तकर्म्मप्रमाणमेकचत्वारिंशं सूत्रम्॥ 41॥

विश्वकर्मोवाच —

हस्तलक्षणमानं च गायत्रीमानसम्भवः 24।
मानोन्मान-प्रमाणं च सर्वकर्मसु कारणम्॥ 1॥

विश्वकर्मा बोले कि हस्त लक्षण मान अर्थात् गज के लक्षणमान गायत्री छन्द के चौबीस अक्षरों की तरह ही चौबीस खण्डों का होता है और यह गजमान, उन्मान, प्रमाण आदि के लिए सभी कर्मों में, कारणरूप में प्रयुक्त होता है।

विज्ञेयं सूत्रधारेण हस्तमानं च लक्षणम्।
मानोन्मानप्रमाणाख्यं वास्तुशास्त्रादिदीपकम्॥ 2॥

अतः सूत्रधार के हस्तमान अर्थात् गज के मान के लक्षण जानने चाहिए जो मान, उन्मान, प्रमाणादि वास्तुशास्त्र को प्रकाशित करने वाले दीपक के समान हैं।

भास्करोदयनाद् दिष्टः किरणैश्च प्रकाशितः।
जालान्तरगते रश्मौ सूक्ष्मरेण्वष्टमांशकः॥ 3॥

परमाणुः प्रमाणं तत् समुद्दिष्टं समन्ततः।
परमाणुरष्टगुणमेकत्र पिण्डलक्षणम्॥ 4॥
रजोभिरष्टगुणितं केशाग्रं च प्रसिद्ध्यति।
केशाग्रैरष्टगुणितैर्लिक्षाक्रमं तु योजयेत्॥ 5॥
केशाग्रैश्चाष्टगुणितैर्लिक्षा चैका तु सिद्ध्यति।
लिक्षाभिरष्टभिर्यूका यूकाभिश्चाष्टभिर्यवः॥ 6॥

किसी अन्धेरे कक्ष में सूर्योदय के बाद छप्पर के किसी जालान्तरगत छिद्र से जो रश्मि आती है, उस रश्मि में अन्धकार कमरे में सूक्ष्मातिसूक्ष्म धूलिकण प्रकाशित होते दिखाई पड़ते हैं, ऐसे सूक्ष्म धूलीकणों को परमाणु कहते हैं और इस तरह के आठ परमाणु की मात्रा का एक रेणु का प्रमाण कहा गया है। इस परमाणु का आठ गुणा एक पिण्ड अर्थात् एक रज कहा गया है। ऐसे रज का आठ गुना केशाग्र अर्थात् बाल की नोक प्रमाण प्रसिद्ध है। केशाग्र का आठ गुना एक लिक्षा बनती है तथा ऐसी लिक्षा का आठ गुना एक यूका होती है और यूका का आठ गुना यव अथवा जौ होता है।[1]

तथाष्टगुणितैश्चेव यवैर्मानं प्रसिद्ध्यति।
निर्दोषं मानमेतं च स्यात्परमाणुमूलकम्॥ 7॥

इस तरह आठ-आठ गुणित करते हुए रेणु से यव मान प्रसिद्ध हुआ। इस प्रकार यह परमाणु मूलक मान निर्दोष मान कहा गया है।

उत्तममध्यमाधमं त्रिविधो माननिर्णयः।
न्यूनाधिके कृते हस्ते दोषः स्याच्च महाभयम्॥ 8॥

ऐसे मानों के भी तीन प्रकार कहे गए हैं जिन्हें उत्तम, मध्यम तथा अधम त्रिविध मान

---

1. इसी प्रकार वराहमिहिर ने कहा है— जालान्तरगे भानो यदणुतरं दर्शनं रजो याति। तद्विन्द्यात् परमाणुं प्रथमं तद्धि प्रमाणानाम्॥ परमाणुरजो वालाग्रलिक्षयूकं यवोऽङ्गुलं चेति। अष्टगुणानि यथोत्तरमङ्गुलमेकं भवति संख्या॥ (बृहत्संहिता 58, 1-2) इसकी टीका में उत्पलभट्ट ने निम्न प्रमाण उद्धृत किया है— जालान्तरगते भानौ यत् सूक्ष्मं दृश्यते रजः। प्रथमं तत्प्रमाणां परमाणुं प्रचक्षते॥ तस्माद्रजः कचाग्रं च लिक्षा यूका यवोऽङ्गुलम्। क्रमादष्टगुणं ज्ञेयं जिनसङ्ख्याङ्गुले करः॥ (सविवृत्तिबृहत्संहितायाम् 57, 2) कौटलीयार्थशास्त्र में आया है— अष्टौ परमाणवो स्थचक्रविप्रुट। अष्टौ लिक्षा। ता अष्टौ यूकामध्यः। ते अष्टौ यवमध्यः। अष्टौ यवमध्या अङ्गुलम्॥ अर्थात्- आठ परमाणु एक स्थरेणु के बराबर होते हैं, आठ स्थरेणु एक लिक्षा, आठ लिक्षा एक यूकामध्य, आठ यूकामध्य एक यवमध्य तथा आठ यवमध्य एक अङ्गुलमान के बराबर होते हैं। इसी प्रकार मत्स्यपुराण में कहा गया है— जालान्तारप्रविष्टानां भानूनां यद्रजः स्फुटम्। त्रसरेणुः स विज्ञेयो बालाग्रं तैरथाष्टभिः॥ तदष्टकेन लिख्या तु यूका लिख्याष्टकैर्मता। यवो यूकाष्टकं तद्वष्टभिस्तैस्तदङ्गुलम्॥ (अध्याय 258, 17-18)

निर्णय किए गए हैं। अस्तु, हस्त में अर्थात् गज के प्रमाण में इनको बताए गए नियमों से न्यूनाधिक रखने पर महान भय उत्पन्न हो सकता है, अतः पूरा ध्यान रखना चाहिए।

ज्येष्ठादीना हस्तभेदाः —

ज्येष्ठं चाष्टयवैः$_{8}$ प्रोक्तं मध्यमं सप्तभिर्यवैः$_{7}$।
स्यात्कनिष्ठं षड्$_{6}$ यवैस्तच्चतुर्विंशतिभिः$_{24}$ करः ॥ 9 ॥[1]

आठ यव के प्रमाण के 24 भागों वाले गज को ज्येष्ठ गज कहा जाता है। सात यव के प्रमाण के चौबीस भागों वाले गज को मध्यम और छह यव के प्रमाण के चौबीस भागों वाले गज को कनिष्ठ गज कहा जाता है। यहाँ गज को ही कर अथवा हस्त या हाथ कहा है।

एवं मानोद्भवो हस्त उदितश्च त्रिधा क्रमात्।
अङ्गुष्ठाग्रे पर्वरेखा पुष्पकं त्रिभिरङ्गुलैः ॥ 10 ॥

इस प्रकार के मान अर्थात् नाप से ही उद्भव होने वाले अर्थात् बनने वाले हस्त का उदित भी तीन प्रकार का होता है— हस्त या गज के अङ्गूठे से दबे भाग के आगे से पर्व रेखाएँ आरम्भ होती है उनमें तीन अङ्गुल यव प्रमाणानुसार बने भाग पर पुष्पचिह्न बनाए जाते हैं[2] और निम्न रुद्र गायत्री मन्त्र के चौबीस अक्षरों के अनुसार ये चौबीस भाग बनते हैं—

अथ रुद्रगायत्री —

ॐ तत्पुरुषाय विद्महे महादेवाय धीमहि।
तन्नो रुद्रः प्रचोदयात्............. ॥ 11 ॥

(वह तत्पुरुष जिसका का कि रूप महादेव है, उसका ध्यान करते हैं, वह रुद्र हमारी बुद्धियों को आलोक के मार्ग पर प्रेरित करें।) इसमें चौबीस अक्षर हैं।[3]

---

1. यह श्लोक समराङ्गण. से तुलनीय है— अष्टाभिः सप्तभिः षड्भिरङ्गुलानि यवोदरैः। ज्येष्ठमध्यकनिष्ठानि तच्चतुर्विंशतिः करः ॥ (समराङ्गण. 9, 5)
2. राजवल्लभ में कहा गया है कि एक मात्रा या अङ्गुल बिना छिलके के छह उत्तम यवों के मध्य को संयुक्त करने से होती है। हस्त के पूर्व भाग में एक-एक अङ्गुल की दूरी पर चार पुष्प, इसके बाद हस्त के मध्य से अङ्गुल आठों पर्व पर्यन्त पुष्प करने चाहिए— हस्तः पर्वाष्टयुक्तो मुनिवररचितः पर्व चैकं त्रिमात्रम् मात्रा षण्णां यवानामुदरविमिलिता निस्त्वचामुत्तमानाम्। (राजवल्लभ. 1, 33)
3. यह मन्त्र लिङ्गपुराण में (खण्ड 2, 27, 45; 2, 48, 7 तथा 2, 48, 7 पर) आया है। साधकों के लिए इसके जाप का नियम इस प्रकार कहा गया हैं— ॐ तत्पुरुषाय से अङ्गुष्ठ, विद्महे से तर्जनी, महादेवाय से मध्यमा, धीमहि से अनामिका, तन्नो रुद्रः से कनिष्ठिका का स्पर्श करें, प्रचोदयात् से करतलकर पृष्ठ स्पर्श करें। इसके लिए अङ्गन्यास - ॐ तत्पुरुषाय से हृदय, विद्महे से सिर, महादेवाय से शिखा, धीमहि से कवच, तन्नो रुद्रः से नेत्रत्रय, प्रचोदयात् से अस्त्र हथेली में दो अङ्गुली ताडन करे।

एते अङ्गुलाक्षराणि क्रमतश्चेव संस्थितः।
पुष्पके देवतास्तिस्त्रः प्रतिष्ठाप्या यथाक्रमम्॥ 12॥

ये इतने अङ्गुल अक्षरोंके अनुसार क्रमशः बनते हैं और प्रत्येक पुष्प चिह्न के स्थान पर तिस्र पर यथाक्रम देवताओं की प्रतिष्ठा करके स्थापना करनी चाहिए।

आदौ विष्णुरग्रे रुद्रो ब्रह्मा मध्ये च संस्थितः।
भूर्भुवः त्वर्बीजत्रयं स्युराद्यस्वरदेवताः॥ 13॥

हस्त-गज के अन्त में विष्णु, आगे की ओर रुद्र और मध्य में ब्रह्मा स्थित होते हैं तथा भूर्भुवः स्वः की बीजत्रयं की आद्यस्वर देवता रूप में प्रतिष्ठा है।

ईश्वरो वायुविश्वे च वह्निर्ब्रह्मा दिवाकरः।
रुद्रौ यमो विरूपाख्यो वसुरिन्द्रो जलाधिपः॥ 14॥
स्कन्द इच्छा क्रियाज्ञानं धनदो विजयस्तथा।
वासुदेवो बलभद्रः प्रद्युम्नश्चानिरुद्धकः॥ 15॥
एते च वासुदेवांशाः कम्बिकानिश्चला स्मृताः।
आगमैर्वेदमन्त्रैश्च पूज्याश्च परमाः कलाः॥ 16॥

ईश्वर, वायु, विश्वेदेव, वह्नि, ब्रह्मा, दिवाकर, रुद्र, यम, विरुपाक्ष, वसु, इन्द्र, वरुण, स्कन्द, इच्छा, क्रिया, ज्ञान, कुबेर, विजय, वासुदेव, बलभद्र, प्रद्युम्न और अनिरुद्ध— इतने सभी वासुदेव के अंश इस कम्बिका, गज में निश्चल रूप से अवस्थित है, ऐसा माना जाता है। अस्तु, आगमों और वेद मन्त्रों से इस परमा शिल्प कला को पूजा जाता है।

रुद्रश्च पवनस्त्वष्टाऽनलो ब्रह्मा तथा यमः।
वरुणो धनको विष्णुर्मूलतश्चान्ततः स्थिताः॥ 17॥

रुद्र, पवन, त्वष्टा, अनल, ब्रह्मा, यम, वरुण, कुबेर, विष्णु आदि मूल से लेकर अन्त तक गज में स्थित है।

हस्तोपयोगीकाष्ठादीनां —

अञ्जनैः खदिरैर्वंशैः कनिष्ठाः सर्जपादपैः।
हेमरौप्यताम्रमयाः श्रेष्ठा लौहाश्च मध्यमाः॥ 18॥

हस्त जिन-जिन धातु, काष्ठादि से बनाए जा सकते हैं उनके नाम हैं— अञ्जन वृक्ष की लकड़ी, खदिर, बाँस तथा सर्जपादप या सहजना के कनिष्ठ तथा स्वर्ण, चाँदी, ताम्र के श्रेष्ठ और लोहे के हस्त-गज मध्यम कहे गए हैं।[1]

---

1. राजवल्लभ. में कहा गया है— पुष्पैः चत्वारि पूर्वं तदनु च विभजेदुलैः पर्वपुष्पैर्निग्रन्थी रक्तकाष्ठो मधुमय

आयामश्चतुर्विंशत्या त्रिविधाङ्गुलतः स्मृतः।

ज्येष्ठमध्यकनिष्ठानां प्रत्येकं हस्तसङ्ख्यया॥ 19॥

हस्त, गज की लम्बाई, आयाम को त्रिविध अङ्गुल मानों में भी चौबीस अङ्गुल का ही माना है। इनमें ज्येष्ठ, मध्यम, कनिष्ठ तीनों में प्रत्येक की संख्या गज में चौबीस ही होती है।

नगरादीनामानार्थहस्तप्रमाणम् —

नगरग्रामपुरः खेटकूटानां कर्वटस्य च।

मानसङ्ख्या योजनैश्च ज्येष्ठहस्तेन मापयेत्॥ 20॥

इस मान प्रमाण से नाप किए जाने वाले स्थानों के नाम इस प्रकार हैं— नगर, ग्राम, पुर, खेट, कूट, कर्वट आदि की मान संख्या योजनों में ज्येष्ठ गज से मापनी चाहिए।

प्रासादप्रतिमालिङ्गजगतीपीठमण्डपान्।

राज्ञां निवेशं भवनं मापयेन्मध्यमानतः॥ 21॥

प्रासाद, प्रतिमा, लिङ्ग, जगती, पीठ, मण्डप, राजा के निवास भवन के लिए मध्यम गज मान से मापना चाहिए।

शय्यासनं स्थालीपात्रं छत्रसिंहासनादिकम्।

शस्त्रं ज्ञानं च झम्पानं नापयेच्च कनिष्ठतः॥ 22॥

शय्या, आसन-बाजोट-चौकी, स्थाली, पात्र, छत्र, सिंहासनादि, शस्त्र, यान, पङ्खे आदि को कनिष्ठ गज से मापना चाहिए।

सिद्धार्थाङ्गुलपृथुत्वे पिण्डं कुर्यात् तदर्धतः।

चतुर्विंशत्यङ्गुलानां क्रमेण नवदेवताः॥ 23॥

सिद्धार्थ अङ्गुल अर्थात् मध्यमा अङ्गुल के समान मोटाई का पिण्ड करके, उसके आधे से चौबीस अङ्गुल के क्रम से नव देवता हैं।

रुद्राद्या ब्रह्मापर्यन्तं देवाः स्थानेषु पुष्पके।

ब्रह्मतो विष्णुपर्यन्तं रेखाः स्युर्द्वादशाङ्गुलैः॥ 24॥

इनमें रुद्र से आरम्भ करके ब्रह्मा तक के देवों के पुष्पक होते हैं और ब्रह्मा से विष्णु पर्यन्त के बारह अङ्गुल में रेखा होती है।

उदितः खदिरो वंशधात्वोः॥ (राजवल्लभ. 1, 33)

समराङ्गण. में आया है— तस्य निर्माणदारूणि देवताश्च प्रचक्ष्महे॥ खदिराञ्जनवंशादिश्लूक्ष्णरूपं मनोरमम्। सारवच्च भवेदिष्टं दारु हस्तप्रकल्पने॥ ग्रन्थिलं लघु निर्दग्धं जीर्णं विस्फुटितं तथा। अदृढं कोटराक्रान्तं दारु हस्ताय नेष्यते॥ (समराङ्गण. 9, 10-12)

ब्रह्मादिस्थानपञ्चकं द्विभक्तं चाङ्कितं त्रिधा।
अष्टतङ्गुलं कार्य चतुर्धा द्वादशाङ्कितम्॥ 25॥

ब्रह्मा से आरम्भ होने वाले स्थान पञ्चक को दो भागों में बाँटे और अष्टम स्थान को तीन भाग में बाँटे तथा बारहवें अङ्गुल स्थान को चार भाग में बाँटकर अङ्कित कर देना चाहिए।

इत्युक्तमानप्रमाणं प्रयुक्तं वास्तुवेदिभिः।
वास्तोरुत्तपार्श्वेऽर्च्य कम्बिकाकलशादिकम्॥ 26॥

इस प्रकार मान प्रमाण को वास्तुशास्त्र के विद्वानों ने प्रयुक्त किया है। इस कम्बिका-गज की और कलशों की वास्तु के उत्तर की ओर स्थापना करके पूजा करनी चाहिए।

आच्छादयेद्वस्त्रयुग्मैः कम्बिकां कलशांस्तथा।
सुगन्धधूपपुष्पैश्च देवतार्थानादिकैः॥ 27॥

इसके बाद, दो वस्त्रों से कम्बिका-गज और कलश को अलग-अलग ढक दे और सुगन्धित धूप, पुष्पों से देवताओं का पूजन, अर्चादिक करें।

समुद्धरेत् पूजयित्वा स्तोत्रैर्याम्यकरोत्तमैः।
उच्चाटनं व्याधी रोगस्तथा सन्तापकारणम्॥ 28॥
अग्निभयं प्रजापीडा मृत्युर्व्याधिः पुनस्तथा।
निधनं नरकपातं रुद्रादि विष्णुतस्तथा॥ 29॥

इसी प्रकार स्तोत्र का पाठ करते हुए दाहिने उत्तम हाथ से उनको उठाएँ। कम्बिका-गज के रुद्र से आरम्भ करके ब्रह्मा भाग तक (पीड़ित होने पर) होने वाले विघ्न हैं— 1. उच्चाटन, 2. व्याधि, 3. रोग, 4. सन्ताप, 5. अग्निभय, 6. प्रजापीड़ा, 7. मृत्यु व्याधि, 8. निधन और 9. नरक में गिरना।

एकाङ्गुलौ मानप्रयोग एवं सङ्ख्याशब्दादिकोत्तमः ?।
पर्यायशब्दा व्यवहारयोगे समीरिताः सूत्रकलाप्रवीणैः॥ 30॥

एक अङ्गुल से बनने वाले मान, माप का प्रयोग एवं शब्दादिकों के द्वारा समझी जाने वाली संख्या के उत्तम पर्याय शब्द जो व्यवहार में लाने के योग्य हैं, ऐसे सूत्र कला के प्रवीण विद्वानों ने निर्धारित किए हैं।

इति सूत्रसन्तानगुणकीर्तिप्रकाशप्रोक्तश्रीभुवनदेवाचार्योक्तापराजितपृच्छायां हस्तकम्बीप्रमाणाधिकारो नामैकचत्त्वारिंशत्तमं सूत्रम्॥ 41॥

इस प्रकार भुवनदेवाचार्य कृत सूत्रसन्तानगुणकीर्ति प्रकाश या अपराजितपृच्छा में हस्तकम्बी प्रमाण अधिकार नामक इकतालीसवाँ सूत्र पूर्ण हुआ॥ 41॥

गणितशब्दनिघण्टुर्नाम द्विचत्वारिंशं सूत्रम् ॥ 42 ॥

विश्वकर्मोवाच —

शब्दा उक्ता अङ्गुलाद्या निघण्टौ भाषितानि च।
भूयोजनप्रमाणानि प्रवक्ष्यामि यथार्थतः ॥ 1 ॥

विश्वकर्मा बोले कि निघण्टु में भाषित जो शब्द अङ्गुल से आरम्भ करके भूमि के योजन प्रमाणों के लिए कहे गए हैं, उनको मैं ठीक-ठीक तरह से कहता हूँ।

अथाङ्कज्ञानमाह —

क्ष्माक्षितितनुशब्दरूप-मन्त्रचन्द्राश्चैकपर्यायाः।
पक्षयुग्मनेत्रद्वन्दगोलकं दस्त्राश्विन्यौविषाणचरणा द्वयोः ॥ 2 ॥

एकादि संख्याओं के पर्यायार्थक शब्द क्रमशः ये हैं— संख्या 1 के लिए क्षमा, क्षिति, तनु, शब्द, रूप, मन्त्र और चन्द्रमा शब्दों का प्रयोग होता है। इसी प्रकार संख्या 2 के लिए—पक्ष, युग्म, नेत्र, द्वन्द, गोलक, हस्त, अश्विनौ, विषाण और चरण होते हैं।

अग्नयो गुणरामाश्च कालसङ्ख्याविधिस्तथा।
शक्तयो हरनेत्राणि त्रयाणां वाचका इमे ॥ 3 ॥

संख्या 3 के लिए अग्नि, गुण, राम, काल, संख्या, विधि, शक्ति-त्रिशूल, हरनेत्र— इतने तीन के पर्याय हैं।

कृतकोणयुगविध्यास्य तुर्याम्बुधि दिग्विदिग्मङ्गला।
गोचरणमार्गाख्यातं भागाः श्रुतयश्च सङ्ख्या चतुर्णाम् ॥ 4 ॥

संख्या 4 के लिए कृत, कोण, युग, विधिमुख या आस्य, तुर्य, अम्बुधि, दिक्-विदिक्, मङ्गल, गोचरण, मार्ग, भाग, श्रुतियाँ— ये संख्या चार के पर्याय हैं।

इषुविषयतत्त्वेन्द्रियधृषण ? (स्वर्द्व!)शम्भुवक्त्र क्षेत्राणि।
वास्तुलिङ्ग प्रतीता द्दत ? (व्रत!)भवमुखानि च पञ्चानाम् ॥ 5 ॥

संख्या 5 के लिये इषु, विषय, तत्त्व, इन्द्रिय, (धृषण ? स्वर्द्व), भूषण, शम्भुवक्त्र, क्षेत्र, वास्तुलिङ्ग, प्रतीत, द्दत ? भवमुख— ये पाँच के पर्याय हैं।

गायत्रीदर्शनखण्डरसर्तुयान कर्णिक ?(कोणक!) रागषण्मिश्रम्।
द्विशक्ति काणगण रत्नशक्त्या ननामृत ग्रन्थ स्कन्दवक्त्रं षण्णाम् ॥ 6 ॥

संख्या 6 के लिए गायत्री, दर्शन, खण्ड, रस, ऋतु, यान, कर्णिक ? (कोणक), राग, षण, मिश्र, द्विशक्ति, काणगण, रत्नशक्ति, नानामृत, ग्रन्थ, स्कन्दवक्त्र (कार्तिकेय के मुख, षडानन)— इतने छह संख्या के पर्याय हैं।

समुद्राद्रिद्वीपनगा कन्या यक्ष स्वर नाद खण्डाग्रम ?(खण्डाङ्गम्)।
ऋषिमुनीन्द्रसप्तलोकसूर्याश्व(श्च ?) पातालानि सप्तानाम्॥ 7॥

संख्या 7 के लिए समुद्र, अद्रि, द्वीप, नग, कन्या, यक्ष, स्वर, नाग खण्डाग्र ?, खण्डाङ्गम, ऋषि, मुनीन्द्र, सप्तलोक, सूर्याश्व, पाताल— ये सात संख्या के पर्याय हैं।

शैलान्वय वसुपद्मदल जातिक्रमच्छन्दांसि ?।
व्यक्तिगम स्वराम्रमानशंभव अष्टानाम् ?॥ 8॥

संख्या 8 के लिए शैल, अन्वय, वसु, पक्षदल, जातिक्रम, छन्द ? व्यक्तिगम, स्वर, आम्रमान— ये संख्या आठ के पर्याय हैं।

अलङ्कार रन्ध्र प्रदेश अङ्गस्थान कत्याहस्ताङ्गलवण(?कुलमुद्रणां)।
भू वरिष्टं ताराष्टैक क्रमोद्भव नवानाम ?॥ 9॥

संख्या 9 के लिए अलङ्कार, रन्ध्र, प्रदेश, अङ्गस्थान, कत्या, हस्ताङ्ग, लवण, भू, वरिष्ठ, ताराष्टैक— ये संख्या नौ के पर्याय हैं।

निस्वरादिकविष्णवतारप्रदेशैकनखार्धस्वरताल दशानाम ?

संख्या 10 के लिए निस्वरादिक, विष्णु के अवतार, प्रदेश, नख, अर्धस्वर और ताल— ये दस की संख्या के पर्याय है।

दशैकरुद्रभूताद्विगोकर्णशातत्वेकादशानाम् ?

संख्या 11 के लिए दशैक (दस + एक), रुद्र, भूताद्विगोकर्णशतत्वे ?— ये ग्यारह के पर्याय हैं।

तालवितस्तिमुखवदनसूर्यमासा केशं च भानु
रुद्रैक शिव द्वादशानाम् ?

संख्या 12 के लिए ताल, वितस्ति, मुख, वदन, सूर्य, मास, केश, भानु, रुद्रैक व शिव— ये बारह संख्या के पर्याय हैं।

दैत्यादि सुरेन्द्रादित्या सूर्यैक खात त्रिदशास्त्रयोदशसुवाचकाः ?

संख्या 13 के लिए दैत्य, सुरेन्द्र, आदित्य, सूर्येक, खात, त्रिदशा, त्रयोदश अर्थात् तेरह संख्या के पर्याय हैं।

भुवनमनुव्यक्ति शाक्तेन्द्र खण्डल द्विसप्तमन्वन्तर चतुर्दशानाम् ?

इसी प्रकार संख्या 14 के लिए भुवन, मनु, व्यक्ति, शाक्तेन्द्र, खण्डल, द्विसप्त और मन्वन्तर— ये चौदह संख्या के पर्याय हैं।

तिथिर्मासार्धं पञ्चदशानाम्।

संख्या 15 के लिए तिथि और मासार्ध को पर्याय कहा गया है।

कला द्विरष्ट तृपभृङ्गा पक्षैक बिन्दुषोडशानाम्।

संख्या 16 के लिए कला, द्विरष्ट, तृपभृङ्ग, पक्षैक, बिन्दु और षोडश ये सोलह के पर्याय हैं।

जन्मपक्षरंभोभ्यासश्चेति द्विरष्टैकन्यून सप्तदशानाम्।

संख्या 17 के लिए जन्मपक्षरंमोभ्यास? द्विरष्टैकन्यून (8 + 8 + 1 = 17)— ये सप्तदश संख्या के पर्याय (स्पष्ट नहीं है)।

वेदाङ्गस्मृति शान्ति विभूति पौराण्यभवोद्भव
महाव्रत मेघराजश्चाष्टादशानाम्।

संख्या 18 के लिए वेदाङ्ग, स्मृति, शान्ति (आहुति- वैष्णवी, ऐन्द्री, ब्राह्मी, रौद्री, वायव्या, वारुणी, कौबेरी, भार्गवी, प्राजापत्या, त्वाष्ट्री, कौमारी, वह्निदेवता, मारुद्गणा, गान्धारी, नैर्ऋतकी, आङ्गिरसी, याम्या, सर्वकामदा, पार्थिवी- अग्निपुराण 264, 7-9), विभूति, पुराण, भवोद्भव, महाव्रत, मेघराज— ये अठारह संख्या के पर्याय हैं।

अधृति अतृप्ति विफला अमोघात्वेकोनविंशतिः।

संख्या 19 के लिए अधृति, अतृप्ति, विफला, अमोघा— ये एकोनविंशति यानी उन्नीस के पर्याय हैं।

नखविश्वा विश्वपार स्वन्ती धृतीप्ति स्याद्विंशतिः।

संख्या 20 के लिए नख, विश्वा, विश्वपार, स्वन्ती, धृतिप्ति— ये बीस संख्या के पर्याय हैं।

त्रिषाक्रान्तामूर्च्छनास्तेकविंशतिः।
कृष्णाक्रान्ता भूर्ध्यानां त्वेकविंशतिः।

संख्या 21 के लिए त्रिषाक्रान्ता, मूर्च्छना, कृष्णाक्रान्ता, भूर्ध्याना— ये इक्कीस संख्या पर्याय है।

श्रुत्याऽहुत्याक्रमानां द्वाविंशत्तिः।[1]

संख्या 22 के लिए श्रुतियाँ (सङ्गीत में तीव्रा, कुमुद्वती, मन्दा, छन्दोवती, दयावती, रञ्जनी, रक्तिका, रौद्री, क्रोधी, वज्रिका, प्रसारिणी, प्रीति, मार्जनी, क्षिति, रक्ता, सन्दीपिनी, आलापिनी, मदन्ती, रोहिणी, रम्या, उग्रा एवं क्षोभिणी श्रुतियाँ

---

1. तृसृतां स्वामारोप्या द्वाविंशत्तिः ? इति प्रकाशित पाठः।

होती हैं) और आहुति क्रम (विष्णुस्मृति में आया है कि आहुति के क्रमशः बाईस क्रम हैं)— ये बाईस के पर्याय हैं।

त्रिकात्रीयंकास्तीर्णा त्रयोविंशतिः।

संख्या 23 के लिए त्रिकात्रीयं कास्तीर्णा— ये तेबीस के पर्याय हैं।

तीर्था जिनमहाद्विशासनी चतुर्विंशतिः।

संख्या 24 के लिए तीर्थ, जिन, महाद्विशासनी— ये चौबीस के पर्याय हैं।

तत्त्वगुणयुग्मात् पञ्चविंशतिः।

संख्या 25 के लिए तत्व, गुण$_5$ युगम्$_2$— ये पच्चीस के पर्याय हैं।

एकाङ्गुलादि हस्तान्ता समाः शब्दाः प्रकीर्तिताः।
निघण्टौ एतावन्तश्च पर्यायकाः सुदीपकः॥ 18॥

इस प्रकार एक अङ्गुल से आरम्भ करके हस्त-गज के अन्त तक के लिए समान शब्दों को कहा गया। निघण्टु[1] में इनको पर्याय शब्द से स्पष्ट किया जाता है।

---

1. 'सङ्गीतदामोदर' नामक ग्रन्थ में विस्तृत अङ्कप्रतीक कोष आया है। अपराजित. के प्रस्तुत अध्याय के खण्डित होने के कारण यह उद्धृत करना अप्रासङ्गिक नहीं होगा। संख्या सूचक पारम्परिक शब्द निम्नानुसार होंगे— एकः शान्तरसः शुक्लः रोचनी रजनीमणिः। आत्मा गजास्यवदनः स्वाराड् गजतुरङ्गमौ॥ द्वयं शृङ्गारपङ्कासिधारा श्रीरामनन्दनाः। आश्विनेय नदीकूलस्तनदन्तच्छदभ्रुवः॥ त्रयं वीरस्वरग्रामग्रीवारेखागुणाग्रयः। गङ्गाधरहरदृक् कालवलिशूलशिखाजगत्॥ ग्रामनाड्घ्रिमहीकोणरामज्वरशिरःपुरः। मेरुशृङ्गं कालिदासकाव्यं सन्ध्याथ पुष्करम्॥
अर्थात् : एक होता है— शान्तरस, शुक्ल (शिव), (रजनीमणि), आत्मा, गणेश (गजवदन), इन्द्र (स्वाराट्), गज (ऐरावत) तथा तुरङ्गम (उच्चैः श्रवा)। दो संख्या के सूचक है— शृङ्गार (द्विविध), पङ्क, असिधारा, राम के पुत्र (लव-कुश), अश्विनीकुमार, नदीकूल, स्तन, अधरोष्ठ, भौंहें। तीन हैं— वीर (त्रिविध), स्वरग्राम, गर्दन की रेखाएँ, गुण, अग्नियाँ, गङ्गाधर शिव के नेत्र, काल, वलि, शूल, शिखा जगत्, वामन के चरण, मही के कोण, राम, ज्वर, मस्तक, पुर, मेरु के शिखर, कालिदास के काव्य, सन्ध्याएँ तथा पुष्कर।
चत्वारि मार्गा वर्गाब्धिवेदब्रह्मामुखाश्रमाः। उपायवर्णसेनाङ्गयामविष्णुभुजायुगम्। पशुपादेन्द्रमातङ्गदन्तशास्त्रदशादयः॥ पञ्च हास्यरसस्वर्द्रुभूतरौद्रास्यपाण्डवाः। व्रताग्नीन्द्रियवर्गाङ्गानिलप्रेतमहागखाः॥ पुराणलक्षणं पूर्वमहापापेन्द्रियार्थकाः॥ षट् चक्रवर्तितर्काङ्गसेनानीमुखदर्शनम्। त्रिशिरोदृग्वज्रकोणो हास्यं रसगुणर्तवः॥
अर्थात्— चार होते हैं- मार्ग, वर्ग, समुद्र, वेद, ब्रह्मा के मुख, आश्रम, उपाय, सेना के अङ्ग, याम, विष्णु की भुजाएँ, युग, पशु के चरण, इन्द्र के मातङ्ग, उसके दाँत, शास्त्र और दशा आदि। पाँच के बोधक हैं— हास्य इस, स्वर्द्रु (स्वर्ग के वृक्ष), भूत, रुद्र के मुख, पाण्डव, व्रत, अग्नि, इन्द्रिय, वर्ग, अङ्ग, अनिल (प्राण), प्रेत, महायज्ञ, पुराण के लक्षण, पूर्व, महापाप एवं इन्द्रियार्थ। छह होते हैं— चक्रवर्ती, तर्क के अङ्ग, सेनानी-मुख, (कार्तिकेय के मुख), दर्शन, त्रिशिरा के नेत्र, वज्र के कोण, हास्य-भेद, रस, गुण तथा ऋतुएँ।

सप्त स्वराब्धिगमकपातालार्कतुरङ्गमाः। वारव्रीहिमुनिद्वीपराज्याङ्गत्रिदशालयाः। वैश्वानरशिखामुक्तिनगरीभुवनादयः॥ अष्टौ गीतगणब्रह्माकर्णयोगाङ्गिदिग्गजाः। कुलाचलव्याकरणवसुसिद्धिभुजङ्गमाः॥ दिक्कालशरभाङ्घ्रीशमूर्तयो गोखुरादयः। नवाङ्क रसभूखण्डपत्रीज्वरदृशो ग्रहाः॥ उत्कृत्तो रावणशिरोऽङ्गद्वाक्षकुलमुद्रणाः। सुधाकुण्डोपवीतीय-गुणव्याघ्रीस्तना निधिः॥

अर्थात्— सात के सूचक हैं— स्वर, समुद्र, गमक, पाताल, सूर्य के अश्व, वार, चावल (व्रीहि), ऋषि, द्वीप, राज्य के अङ्ग (सप्तप्रकृति), देवताओं के आलय, वैश्वानर की शिखाएँ, मुक्तियाँ, नगरी, भुवन आदि। अष्ट की संख्या के ज्ञापक है- गीत, गण, ब्रह्मा के कान, योग के अङ्ग, दिग्गज, कुलपर्वत, व्याकरण, वसु, सिद्धियाँ, भुजङ्ग (महानाग), दिक्, काल, शरभ के पैर (अष्टापद), ईश की मूर्त्तियाँ (अष्टमूर्ति), गाय के खुर आदि। नवाङ्क वाचक शब्द हैं- रस, भूखण्ड, पत्र, ज्वर, नेत्र, ग्रह, कटे हुए रावण के मस्तक, अङ्गद्वार, कुलमुद्रणा, सुधा-कुण्ड, उपवीती के गुण, व्याघ्री के स्तन तथा निधियाँ।

दशानङ्गदशहस्ताङ्गुलिरावणमस्तकाः। शङ्करश्रुतिदिग्विश्वेदेवशीतांशुवाजिनः। कृष्णावतारगिरिजाबाहुदायार्जुनाभिधः॥ एकादश महादेवाः सेनाः कुरुमहीपतेः॥ द्वादशादित्यसंक्रान्तिसारिकोष्ठकराशयः। सेनानीबाहुनयनमासक्षौणीशमण्डलाः॥

अर्थात्— दस की संख्या में हैं- अनङ्ग के दस हाथ, अङ्गुलियाँ, रावण के मस्तक, शङ्कर के कान, दिशाएँ, विश्वेदेव, चन्द्रमा के घोड़े, कृष्ण के अवतार, गिरिजा की भुजाएँ, दाय तथा अर्जुन के नाम। एकादश होते हैं-रुद्र (महादेव) तथा कुरुराज की सेनाएँ (ग्यारह अक्षौहिणी)। बारह हैं-आदित्य, उनकी संक्रान्तियाँ, सारियों (गोटियों) के कोष्ठक और राशियाँ, सेनानी (कार्तिकेय) की भुजाएँ और नयन, मास तथा राजा के मण्डल।

त्रयोदश स्युस्ताम्बूलगुणा दोहादितः कला॥ चतुर्दश स्युः सप्ताब्धिकूलेन्द्रध्रुवतारकाः। विद्याभुवनमन्वर्करथघोटकदृग्यमाः॥ पञ्चदश स्युस्तिथयः षोडशेन्दुकलाऽम्बिकाः। पृथ्वीचरणवर्णौघास्तथा सप्तदशोदिताः॥

अर्थात्— तेरह की संख्या के सूचक हैं- ताम्बूल के गुण तथा दोहा छन्द के आदिचरण की कला (मात्राएँ)।

चौदह होते हैं-सप्तसमुद्रों के किनारे, इन्द्र, ध्रुवतारक, विद्याएँ, भुवन, मनु, सूर्य-रथ के अश्वों के नेत्र तथा यम।

पन्द्रह की संख्या के बोधक है-तिथियाँ। षोडश हैं— इन्दु की कलाएँ तथा अम्बिकाएँ। पृथ्वी के चरण तथा वर्णों के समूह सत्रह कहे गए हैं।

अष्टादश द्वीपविद्यापुराणस्मृतिध्यान्यकम्। अक्षौहिण्यः कुरुक्षेत्रे पर्वाणि दीपकेश्वराः॥ महास्थानलक्षणानि कथितान्यूनविंशतिः॥ विंशती रावणभुजाङ्गुलीन्द्रहयलोचनम्। मूर्छनैकविंशतिः स्याद् द्वाविंशतिरपि श्रुतिः। जरासन्धे त्रयोविंशत्यक्षौहिण्यो रणानुगाः॥ चतुर्विंशतिरुद्दिष्टा वैशेषिकगुणादयः॥

अर्थात्— अठारह होते हैं— द्वीप, विद्याएँ, पुराण, स्मृति, ध्यान्यक, कुरुक्षेत्र में खड़ी अक्षौहिणी सेनाएँ, पर्व (महाभारत के) तथा दीपकेश्वर। महास्थान के उन्नीस लक्षण कहे गये हैं। बीस हैं— रावण की भुजाएँ, अङ्गुलियाँ तथा इन्द्र के अश्व के लोचन। इक्कीस मूर्च्छना होती है। बाईस श्रुतियाँ हैं। जरासन्ध का रण में अनुगमन करने वाली तेईस अक्षौहिणी सेनाएँ थीं। वैशेषिक दर्शन में चौबीस गुणादि बताये गए हैं।

शतं शतभिषक्तारेन्द्रयज्ञपुरुषायुषम्। रावणाङ्गुल्यब्जदलधार्तराष्ट्राब्धियोजनम्॥ सहस्रं शेषाहिशिरोगङ्गास्यकमलच्छदाः। सूर्यरश्म्यर्जुनकरा वेदशाखेन्द्रदृष्टयः॥ द्विसाहस्रेण गणिता जिह्वा वासुकिशेषयोः॥ अयोध्यावासिनामायुरब्दो दशसहस्रतः। अयुतञ्च तनूजानां पुष्पवाहनभूपतेः॥ पुत्राः

वास्तुशास्त्रोद्भवं वेदेशे मानसङ्ख्या मानं सङ्ख्यायाश्च प्रमाणतः।
पद्मपद्देकः ? प्रमाणशास्त्रतः वास्तुशास्त्रार्थदीपकाः ॥ 19 ॥

वेदेश के द्वारा वास्तुशास्त्रोद्भव करते समय मापने के लिए प्रयोग करने हेतु प्रमाणतः मान संख्याओं को पद्म प(त्र)क रूप में प्रमाण शास्त्र को वास्तुशास्त्र के लिए अर्थ को समझने के लिए दीपिका या प्रकाश स्वरूप बनाया है।

हस्तः करो जिनाङ्गुलो द्वितालो मानदण्डकः।
वर्णवभुजोमाख्याता तमुशाश्वास्तुया ग्रहस्ताना ? ॥ 20 ॥

हस्त, गज, कर आदि संज्ञा से कम्बिका मानदण्ड का जिनाङ्गुल अर्थात् 24 अङ्गुल प्रमाण का द्विताल अर्थात् 12 + 12 ताल अर्थात् 24 अङ्गुल प्रमाण का होता है। इसी को वर्णवभुज भी कहते हैं। इसी से ये शाश्वत हाथ-हस्त-गज-कर भी कहा जाता है।

(वर्णचतुष्क विख्यातः तत्तु शाखासु या गृहस्थानाम ?)
घन निबिड निर्धूट शिलार्ध ? द्विकरो दण्डार्धः युग्महस्तावदार्धा ? ॥ 21 ॥

(यह वर्ण चतुष्क विख्यात है। इससे शा(स्त्रा)स्तु या ग्रहस्थों को) ? घन निबिड़ निर्धूट शिलार्ध को ? दो हाथ को दण्डार्ध युग्महस्ता, दो हाथ के बराबर अर्थात् आधा ?

द्विगुण द्विहस्तानां तुत्र इषु जिनन्य
इषु त्रिपाद दण्ड पा (प्रा) दु (द) नश्च।

षष्ठिसहस्राणि सगरस्य महात्मनः। लक्षमिन्दीवराक्षीणां शशबिन्दोरभूदिति। पूर्णं षष्ठिटसहस्रेण पुत्रलक्षं मुरद्विषः॥

अर्थात्— सौ की संख्या में सौ भिषक्, तारेन्द्र, यज्ञपुरुष की आयु, रावण की अङ्गुलियाँ, शतदल (कमल), धृतराष्ट्र के पुत्र कौरव, समुद्र के योजन। हजार हैं— शेष नाग के मस्तक, गङ्गा के मुख, कमल के पत्र (दल), सूर्य की रश्मियाँ, सहस्रार्जुन के हाथ, वेद की शाखाएँ और इन्द्र की आँखें। दो सहस्र गिनी जाती है वासुकि और शेषनाग की जिह्वाएँ। अयोध्यावासियों की आयु दस हजार वर्ष की होती थी। पुष्पवाहन भूपति के पुत्रों की संख्या भी 'अयुत' (दस हजार) थी। महात्मा सगर के आठ हजार पुत्र थे। शशबिन्दु (विष्णु या चन्द्र) की एक लाख कमललोचना पत्नियाँ थीं। साठ हजार से पूर्ण एक लाख पुत्र मुररिपु (विष्णु) के थे। सङ्गीत में भरत का मत यही है।

लक्षाणि षट् प्रचक्ष्यन्ते काकायुर्वत्सराः किल। नवलक्षं रामरुद्रनरेन्द्रस्य धनुर्धराः॥ पुरोक्तः शशबिन्दुयों दशलक्षाणि तत्सुताः। रन्तिदेवस्य नृपतेः पुत्राः कोटितयोदिताः॥ छलात् प्रकाशिता संख्या प्रायो ज्योतिर्विदां मुदे॥

अर्थात्— कौए की आयु के वर्ष छह लाख कहे जाते हैं। राम और रुद्र नरेन्द्र के नौ लाख धनुर्धर थे। शशबिन्दु के दस लाख पुत्र थे। राजा रन्तिदेव के करोड़ पुत्र कहे गए हैं। इस प्रकार गणितज्ञों के चित्र के आनन्द हेतु ये संख्याएँ प्रकाशित की गई हैं। (पं. शुभङ्कर लाहिड़ी कृत सङ्गीतदामोदर स्तबक पञ्चम)

द्वासम्याङ्गुलं प्रोक्तं पक्षहस्तनि
(द्वि) हस्तानाम ? ॥ 22 ॥

दो हाथ से दुगुना (यह श्लोक भ्रष्ट है।)

दण्डश्चापो धनुः स्मृतर्भुमाप्य बृहद्करशिलायाम् ?।
मविघ्न (धन) श्च (स्य) तु हस्तानामेव च ? ॥ 23 ॥

दण्ड को चाप और धनु भी कहा जाता है जिनसे भूमि और बड़ी-बड़ी शिला को मापते हैं......(शेष श्लोक भ्रष्ट होने से अर्थ अस्पष्ट है।)

अन्वयसन्ताकश्च सन्तानोद्भव मानतः।
सृष्ट्युद्भवं दण्डाग्र आदिछन्द पर्वनिष्काशः ? ॥ 24 ॥
एकोद्भवमालाक्ष आद्योक्त माप्य घराक्ष घ (र) न्यम!।
करतलवंश विंशतिहस्तानां च ? ॥ 25 ॥

(उक्त दोनों श्लोक भ्रष्ट होने से अर्थ अस्पष्ट है।)

यवान्तं प्रमाणं मध्यं प्रयुक्तं परमाणुतः।
मध्याङ्गुलस्य कथये अंशाश्चैव प्रमाणतः ॥ 26 ॥
अङ्गुलस्याष्टमांशं यद् तन्मानं निन्यशो यवः।
द्विरष्टांशो भवेच्छिख्या ? अंशानां चतुर्विंशतिः ॥ 27 ॥

परमाणु को आधार मानकर यव-जौ मोटाई तक माप के प्रयोग से मध्यमा अङ्गुलि की मोटाई अंश का माप बना इस प्रमाण से मध्यमा अङ्गुलि के अष्टमांश से जो माप बनता है उसे यव कहते है। दो अष्टांश के बराबर शिख्या ? होती है। अंश चौबीस होते हैं।

अङ्गुलस्याष्टमांशेन यवो यूका तदंशतः।
लिक्षा यूकाष्टमांशेन केशं तदष्टमांशकम् ॥ 28 ॥

अङ्गुलि मध्यमा की मोटाई का अष्टमांश यव होता है, यव का अष्टमांश यूका तथा यूका का अष्टमांश लिक्षा और लिक्षा का अष्टमांश केशाग्र होता है।

रेणुः केशस्याष्टमांशः प्रमाणं तत्तदंशतः।
तस्याष्टमांशे छाया च कथिताश्च क्रमेण तु ॥ 29 ॥

उक्त केशाग्र का अष्टमांश रेणु और रेणु का अष्टमांश परमाणु तथा परमाणु का अष्टमांश छाया क्रमवार कह दिया गया है।

प्रयुक्तं मानमुद्दिष्टं प्रमाणशास्त्रदीपकम्।
निघण्टु भाषोत्तमाख्या प्रयुक्ता वास्तुवेदिभिः ॥ 30 ॥

ये मान अर्थात् माप करने की लम्बाई प्रमाण पूर्वक बता दी है। वास्तुशास्त्र के दीपक की तरह काम करके ज्ञान का प्रकाश होगा। इसी उद्देश्य से वास्तुवेत्ताओं ने भाषा में बड़े उत्तम तरीके से यह निघण्टु-शब्द पर्यायकोश प्रयुक्त किया है।

इति सूत्रसन्तानगुणकीर्तिप्रकाशप्रोक्तृश्रीभुवनदेवार्चोक्तापराजितपृच्छायां
गणिशब्दनिर्घण्टवधिकारो नाम द्विचत्वारिंश सूत्रम् ॥ 42 ॥

इस प्रकार भुवनदेवाचार्य कृत सूत्रसन्तानगुणकीर्ति प्रकाश या अपराजितपृच्छा में गणित शब्द निघण्टु अधिकार नामक बयालीसवाँ सूत्र पूर्ण हुआ ॥ 42 ॥

ज्योतिषपञ्चाङ्गवासना नाम त्रयश्चत्वारिंशं सूत्रम् ॥ 43 ॥

विश्वकर्मावाच —

ज्योतिषं च प्रवक्ष्यामि [1]पञ्चपदार्थकोत्तमम्।
यतः समस्तमुत्पन्नं चन्द्रार्कद्रुतिवेदनम् ॥ 1 ॥

विश्वकर्मा बोले कि अब मैं ज्योतिष के बारे में कहता हूँ जो उत्तम पाँचवें पदार्थ की तरह है (चार पदार्थ- धर्म, अर्थ, काम व मोक्ष है), ज्योतिष इनमें पाँचवाँ कहा है जिससे चन्द्र, सूर्य आदि की द्रुत गति आदि जानने की समस्त जानकारी प्राप्त होती है।

अथ ज्योतिषमाहात्म्याह —

यथा दिनं विना सूर्य शशाङ्कं शर्वरी विना।
कुटुम्बिनो विना पुत्र शास्त्रं वै ज्योतिषं विना ॥ 2 ॥

ज्योतिष का महत्व बताने के लिए कहा है कि जिस प्रकार सूर्य के अभाव में दिन का होना व्यर्थ है, चन्द्र के प्रकाश बिना रात्रि होना व्यर्थ है, कुटम्ब में पुत्र बिना सब व्यर्थ है उसी प्रकार समस्त शास्त्र भी ज्योतिष के अभाव में व्यर्थ लगते हैं।

तिथिर्वारश्च नक्षत्रं योगः करण एव च।
[2]चन्द्रार्कयोश्च सङ्क्रान्त्या वक्ष्ये पञ्चाङ्गवासनाः ॥ 3 ॥

---

1. 'ज्योतिषं च प्रवक्ष्यामि पञ्चमादार्थकोत्तमम्। यतोद्भव समस्त्वेदं चन्द्रार्कमिववाछति' इति न. पाठः। इस श्लोक में 'पञ्चपञ्चाङ्गकोत्तमं' पाठ सम्भव है क्योंकि सूत्र का शीर्षक भी इसे कहता है। ज्योतिषपञ्चाङ्ग में तिथि, वार, योग, करण और नक्षत्रों की गणना होती है। महर्षि गर्ग का मत है— ज्योतिश्चक्रे तु लोकस्य सर्वस्योक्तं शुभाशुभम्। ज्योतिर्ज्ञानं च यो वेद स याति परमां गतिम् ॥ (मुहूर्तचिन्तामणि, पीयूषधारा टीका 1, 2)
2. 'सङ्क्रान्ति चन्द्रसूर्यश्च कथयपञ्चाङ्गसना' इति न. पाठः।

तिथि, वार, नक्षत्र, योग और करण में चन्द्र और सूर्य की जब-तब संक्रान्ति होती है, उसे ही पञ्चाङ्ग-वासना कहते हैं।

अथ संवत्सरानयनं —

कल्यन्तस्था कृताद्या च प्रतिष्ठाप्येव भुक्तिका।
संवत्सरैर्हरेद्भागं लब्धं शेषैक कृताः ?॥ 4 ॥
संवत्सरैः पुनर्भागं लब्धं सूत्र समुद्धरेत ?।
एकनवत्याष्टशताभिष्टश्रं ? तदाङ्कः शाक उच्यते[1] ॥ 5 ॥

कृत् अर्थात सतयुग से लेकर कलियुग के अन्त तक जितने वर्ष अर्थात् संवत्सर भुक्त हुए, उनको प्रतिष्ठित करें। भुक्त संवत्सर को घटाने-हरने से जो भाग शेष बचता है लब्ध होता है एक कृता ?। संवत्सरों, वर्ष के पुनः भाग करके जो लब्ध आए उससे सूत्र समुद्धरेत, बनाएँ। इससे जो मान बनता है वह एकानवे के ऊपर आठ सौ (891 इष्टश्र ?) होते हैं, इस अङ्क को 'शक' कहते है।[2]

तथाङ्कं नखाङ्गहीनमर्कगणचैत्रादियुक्[3] ?।
त्रिस्थानैः स्थापयेच्चैवं नन्दयुग्मयमैस्तथा ॥ 6 ॥
फलवेदगुणा मध्याः पातं वाष्टनियोजिताः।
शून्यरामेन्दुभिर्भागैर्योजयेत् प्रथमं फलम् ॥ 7 ॥
अनष्टकारे शेषः ? पञ्चरामनिशाकराः[4]।
मासे धनोभ्यनष्टहीना षष्ठिभागैः शेषमृणम् ॥ 8 ॥

---

1. 'कृतान्यो कृति क्रंतस्था उक्तिमेवं प्रतिष्ठयेत्। संवत्सरे हरेद्भागं लघुशेषा कृत कृता॥ संवत्सरो पुनर्भागं लब्धं सूत्रं समुद्धरेत्। एकनवत्याष्टाशतमिष्टेश्च तदशकंश उच्यते॥' इति न. पाठः।
2. यहाँ पाठ भ्रष्ट होने से यह विधि युक्तिसंगत प्रतीत होती है कि कल्पोक्तगत वर्ष में 1972947179-1706430 घटाने पर 195583617 ये सृष्टि से शकादि तक सौर वर्ष हुए। इसमें इष्ट शक जोड़ने पर अभीष्ट शक के प्रारम्भ में सृष्टि से वर्ष संख्या होती है : नन्दान्द्रीन्दुगुणाष्टाष्टबाणपञ्चनवेन्दवः (1972947179)। संयुक्ताः शककालेन सृष्टिसंवत्सरा गताः॥ (बृहद्दैवज्ञरञ्जनम् 3, 28) श्रीपति के अनुसार शक संख्या जानकर बार्हस्पत्य संवत्सर की संख्या और वर्तमान नाम जानने की रीति यह है कि जिस शक में बार्हस्पत्य संवत्सर का नाम जानना हो उसे शाके की संख्या को पृथक रखकर, 22 से गुणा कर प्राप्त गुणफल में 4291 का योग करें उपरान्त उसमें 1875 का भाग दें। वर्ष-मास आदि जो प्राप्त हो उसको अलग रखे हुए शाक संख्या में जोड़े और 60 से तष्टित करने से शाकारम्भ समय में प्रभव आदि 60 संवत्सर के भुक्त वर्षादि समझना चाहिए। भुक्त वर्षादि को 60 में घटाने से भोग्य वर्षादि होते हैं— शकेन्द्रकालः पृथगाकृतिघ्नः$_{22}$ शशाङ्कनन्दाश्वियुगैः$_{4291}$ समैतः। शराद्रिवस्विन्दु$_{1875}$ हृतः सलब्धः षष्ट्याप्तशेषे प्रभवादयोऽब्दाः॥ (ज्योतिषरत्नमाला 1, 3)
3. 'तथायां ततथंणहीनं अर्कगणा चैत्रादिमासपूत्।' इति न. पाठः।
4. 'अनष्टकारे शेषः सवरामनिशाकराः। मासे धनो अनष्टं हीनां कष्टभोगकं सिखरिणं' इति पाठः।

पूर्वोक्त अङ्क संख्या में नख (20) अङ्ग (9)अर्कगण से चैत्रादि युक् तीन स्थानों पर स्थापित करें और नन्द (9) युग्म (2) यम (1) फल वेद (4) गुण (3) घटाकर (पातं) आठ जोड़ दें। इसके बाद, शून्य, राम, इन्दुभि (130) भागों को जोड़ देने से प्रथम फल आता है। पुनः अनष्ट करे, शेष? पञ्चराम निशाकर (135) मान के घन नष्टहीन साठ भागों में शेष को ऋण करें।[1]

अमावास्या ध्रुवकस्य मासे मासे तथा पुनः।[2]
चारुभद्र ध्रुवकमासे द्विधा द्विरामधना?॥ 9॥
वेदानवेन्दुभिर्भागैः फलोनेक षष्ठिभाग-
घटिकामाप्नोति तिथि विज्ञेय फलमासगुणामिश्रितः?॥ 10॥

अमावस्या ध्रुवक संख्या प्रति मास अर्थात् हर एक मास में पुनः बारम्बार चारुभद्र ध्रुवक मासों में दो प्रकार से द्विराम (6) अथवा (32) धन बना? वेदानवेन्दु भिर्भागै (194) भागों में फलाने से षष्टिभाग (60) भाग की घटिका (आप्नोति) आती है, इसको तिथि कहते हैं, जिसमें फल मास गुणा मिश्रित (312) होगी।

सप्तमे स्थितारन्येन्द्र वार उदये यमहरे मासगणे?।
द्विसङ्गच्छेद्विसार्धभाग पिण्डामग्निलबुद्धाद्विके।
युक्तोवसयमसेसा?[3] ॥ 11॥

इति नष्टध्रुवकायनम्।

इसी प्रकार सातवें अन्य इन्द्रादि से वार उदय होते हैं, यम हरे मासगणे? दो के साथ ढाई भाग को पिण्ड अर्थात् मिलाकर अग्नि (3) लव आदि युक्तो वस यम सेसा? होता है।

अमावास्या [4]ध्रुवमासे मासे मासे तथा पुनः।
एवं युक्तिर्विधातव्या वर्तते चाङ्गवासना॥ 12॥

मास-मास में अमावस्या को ध्रुवक मानें और इसी युक्ति से वासना अङ्गों का विचार किया जाता है।

---

1. पाठ भ्रष्ट होने से यह अर्थ अस्पष्ट है, केवल शब्दार्थ मात्र किया गया है। यदि 'चैत्रादियुक्' पाठ माना जाए तो मकरन्द (बृहद्दैवज्ञरंजनम् 4, 12-13) की तरह की गणित हो सकती है।
2. 'अमास्या ध्रुवस्य माध्यं मासे तथा पुनः। एवं युक्ति विधातव्या वर्तेपेत्येवांग वासना॥ कंसभदध्रूकमासं द्विधारामध्वाना इन्दुभिभागैः फलैःनि कष्टीभाग घटिका प्रोतिथी यज्ञेफल मासगुणामिश्रित।' इति न. पाठः।
3. 'सप्तासा सतारख्ये द्वार सदयेवसहाय। मासगणे द्विसंगस्थे सिद्धाभागपिटाग्निलबुध्वा। द्विके युक्ते वसुव मास सा। इति नष्टध्रुवकामयंत।' इति न. पाठः।
4. 'ध्रुवमासे न मासे मासे तथा पुनः। एवं युक्तिविध्यातवर्तावेत्पञ्चाङ्गवासिनी।' इति न. पाठः।

एकोत्तरे ध्रुवमध्ये द्वात्रिंशद् घटिकायुतम्।
पक्षपिण्डं च युग्धर्क्षं घटिके चन्द्रसङ्ख्यया[1] ॥ 13 ॥

इस अमावस्या से अमावस्या तक के स्थिर मान में ध्रुवमध्य से साठ घटिका युक्त दो पक्ष पिण्डों मे चौपन (युग्मर्क्षे) घटिका की चन्द्रसंख्या होती है।

प्रथमं स्थापयेद्वारं वारघट्यस्तदूर्ध्वतः।
पिण्डकेषु अधरताच्च ऋक्षं च घटिकार्धतः ॥ 14 ॥

पहले वार लिख कर स्थापित करें, उस वार की घटिका उसके ऊपर की ओर लिखें, इन दोनों के पिण्ड के नीचे नक्षत्र और उनकी घटिका आधी घटिका तक लिखें।

एवं भुक्ती रवेः ख्याता सङ्क्रात्याद्युपलक्षयेत्।
एषा त्वन्तरयुक्तीश्च लक्ष्याः पञ्चाङ्गवासनाः ॥ 15 ॥

इस युक्ति से सूर्य की संक्रान्ति आदि उपलक्षित होती है। इस प्रकार की अन्तर युक्तियों को लक्ष्य में रखकर पञ्चाङ्ग-वासना का विचार किया जाता है।

मासान्ते पूर्वध्रुवके योज्याऽमावास्यिकान्ततः।
वारसप्तभागं त्यक्त्वा घटिकाः षष्ठि वारोच्यते ॥ 16 ॥

मास के अन्त में पहले के स्थिरमान ध्रुवक अङ्क में इनको अमावस्या के अन्त तक जोड़ कर सात भागों मे वार को छोड़कर साठ घटिका को वार कहते हैं।

एवं वारो ध्रुवे साध्यो घटिकाः षष्ठिरग्रतः।
अष्टाविंशतिभिर्भाग्यं शेषैः स्याद् ध्रुवसाधका ॥ 17 ॥

इस प्रकार फिर वार स्थिर हो जाने पर आगे भी साठ साठ घटिका साधते जाए और अट्ठाईस से भाग देकर शेष को ध्रुव-स्थिर साधक बनाएँ।

अमावास्या ध्रुवमासे मासे मासे तथा पुनः।
एवं युक्तिर्विधातव्या वृत्ता पञ्चाङ्गवासना ॥ 18 ॥

इस तरह अमावस्या को ध्रुवक बनाकर प्रतिमास इसी तरह करते हुए आवृति से पञ्चाङ्ग-वासना का विचार किया जाता है।

सप्तविंशतिभागैस्तु घटिकाः षष्ठिरेव च।
एवमृक्षं साध्यं घटिकाषष्टिरग्रतः ॥ 19 ॥

सताईस भागों की साठ घटिकाओं वाले नक्षत्रों को स्थिर अङ्क साध्य बनाकर आगे की घटिका षष्टि इसी तरह बनाएँ।

---

1. 'वेकोतार ध्रुवकामध्या योज्या द्वाविंशघटिका युतां। क्षययन युग्मं रक्षं घटिकाचन्द्रसंख्यया' इति न. पाठः।

एवं ध्रुवः क्रमात्साध्यो मासान्तेषु पुनः पुनः।
अमान्ते च ध्रुवः साध्यस्तिथिं पश्चात् प्रवर्तयेत्॥ 20॥

इस प्रकार ध्रुव स्थिराङ्क क्रमपूर्वक, साधते हुए मास के अन्त में बारम्बार अमावस्या तक स्थिराङ्क बनाएँ जिससे तिथियाँ बनती हैं।

वारस्थाने तिथिर्योज्या ?[1] हरेद्भागं तु सप्तभिः।
यच्छेषं लभ्यते वारस्तेषु तिथिं तद्भाषिता ?॥ 21॥

वार के स्थान पर तिथि को लगाकर ? उसमें सात का भाग दें और जो शेष बचें उसे वार और उसी से तिथि कही जाती है ?।

तिथिपिण्डं पुनर्भक्त्या भागं स्याद्वै द्विसप्तभिः।
भागमध्ये धनं ख्यातं लब्धिमध्ये ऋणं तथा॥ 22॥

तिथियों की पिण्ड राशि बनाकर उसे चौदह से भाग दें और योग के बीच धन् विख्यात् होता है और लब्धि मध्य में ऋण विख्यात होता है।

द्वितीयोर्ध्वं धनं ख्यातं तृतीयोर्ध्वमृणं तथा।
चतुर्थोर्ध्वे धनं चैव षष्ठात्परं न विद्यते॥ 23॥
भागात्परं वदेदूवाचः ? यच्छेषं तत्र तिष्ठति।
शब्दयोगं च सन्त्यज्य शब्दाख्यं चैव स्थापयेत्॥ 24॥

द्वितीया के ऊपर धन और तृतीया के ऊपर ऋण विख्यात् होता है, फिर चतुर्थी के ऊपर धन और छह से परे धन नहीं होता। भाग के बाद वाच कहे ? जहाँ चाहे वहाँ रखे और शब्दयोग को छोड़ कर शब्दाख्य को भी स्थापित करें।

नाडीज्ञानमाह —

आद्ये त्रयोदशे पञ्च द्वितीये द्वादशे दश।
एकादशे तृतीये च नाड्यः पञ्चदश स्मृताः॥ 25॥
चतुर्थे दशमे तु स्यादेकोनविंशतिस्तु ताः।
पञ्चमे नवमे नाड्यो द्वाविंशतिरुदाहृताः॥ 26-1॥

पहली से तेरह तक पाँच, दूसरी से बारह तक दस, तीसरी से ग्यारह तक नाड़ी पन्द्रह होती है। चौथे से दशम तक उन्नीस होती हैं। पाँचवें से नवें तक नाड़ी बाईस कही गई है।

षष्ठेऽष्टमे च घटिकाश्चतुर्विंशतिरीरिताः।

---

1. 'वारस्थानेर्विदैवोत्य' इति न. पाः।

प्रतिष्ठिता शब्दसञ्ज्ञा सप्तमे पञ्चविंशतिः ॥ 26-2 ॥

इसी प्रकार छठे-आठवें घटिक (घड़ियाँ) चौबीस होती है और इन शब्दों के नाम से प्रतिष्ठित सातवीं से पच्चीस होती है।

धनर्ऋणकल्पनाह —

धनं चैव ऋणं वापि कल्पयेच्छब्दमर्थतः।
धने धनं प्रयोज्यं स्यान् मिश्रयेच्च ऋणे ऋणम्॥ 27 ॥

धन से और ऋण से भी शब्द और अर्थ साथ-साथ कल्पित करें। धन में धन को जोड़ें और ऋण में ऋण का मिश्रण करें।

तिथिः सदा ऋणं प्रोक्ता वारघट्यः सदा धनम्।

यह ज्ञातव्य है कि तिथि को सदा ऋण ही कहा है और वार तथा घटियाँ सदा ही धन के रूप में कही गई हैं।

स्यात् कर्कटाभिधमृणं धनं मकरराशिकम्॥ 28 ॥

कर्क राशि नाम से ऋण हैं और मकर राशि धन स्वरूप है।

धनवृद्धिस्तिथिभुक्त्वा ऋणवृद्धिरशोधिता।
शेषाख्याता तिथिभुक्तिरन्या वारेषु भाषिता॥ 29 ॥

भुक्ता तिथि को धनवृद्धि होती है और ऋणि वृद्धि अशोधित होती है। शेष सभी तिथि भुक्ति नाम से और अन्य वारों से कही गई हैं।

धनाधिकेषु वारेषु तिथिभुक्तिरनुक्रमात्।
यदा षष्ठे धनाक्रान्तिर्वारवृद्धिस्तु भाषिता॥ 30 ॥

वारों में धन अधिक होने से तिथि भुक्ति के अनुक्रम से यदि छठे में धन की क्रान्ति हो तो वारवृद्धि कही जाती है।

तिथिसंयोगभुक्ती च प्रयुक्ता विश्वकर्मणा।
तिथित्रयादिनक्षत्रं महापर्व च तत्स्मृतम्॥ 31 ॥

तिथि के संयोग से भुक्ति को विश्वकर्मा ने प्रयुक्त किया है। तीन तिथियों आदि से नक्षत्र को महापर्व कहा गया है।

तिथित्रयादि वारादि नक्षत्रत्रयकं विदुः ?।
तिथित्रयं चैकवारे तद्वै तिथित्रयाभिधम्॥ 32 ॥
एवमादिगुणोपेते भुक्त्यृद्धी तिथिवारयोः।

तीन तिथियों और वारादि को नक्षत्रत्रय समझें। तीन तिथि और एक वार को

तथा दो तिथियों को तीन से अधिक रखते हुए इस प्रकार आदि गुणों के साथ तिथि, वारों की भुक्ति एवं वृद्धि होती है।

अथार्कनाड्यानुक्रमाह —

त्रिषट्कं कर्कमकरे सिंहे कुम्भ चाष्टादश ॥ 33 ॥
कन्यामीने रुद्ररुद्रास्तुलामेषे दशाष्टकम्।
अष्टषड् वृश्चिकवृषे धनुर्युग्मे त्रिशून्यकम् ॥ 34 ॥
सङ्क्रान्तियोगे दातव्या रविका च विनिर्गता।
युगमसिद्धार्थपक्षे तु द्वौ पक्षौ शब्दतो न्यसेत्।
एवमादिक्रमोक्तश्च रविनाड्या अनुक्रमः ॥ 35 ॥

इति तिथिभुक्त्यधिकारः।

तीन षट्क कर्क और मकर राशि में और आठ दस सिंह व कुम्भ राशि में, ग्यारह ग्यारह कन्या व मीन राशि में और दस एवं आठ तुला व मेष राशि में, आठ और छह वृश्चिक एवं वृष राशि में, दो धनु में और तीन शून्यक होती है। संक्रान्ति योग में रवि के विनिर्गत यानी निकलने के अनुसार देनी चाहिए। सिद्धार्थ पक्ष में दो पक्षों को शब्द से रखें। इस प्रकार से आदि क्रमानुसार सूर्य-नाड़ियों का अनुक्रम होता है।

सङ्क्रान्तिवर्तमानाधिकारमाह —

युगादि साधयेत् पूर्वं नष्टानयनकं क्रमात्।
तदङ्कं स्थापयेदेवं सङ्क्रान्त्या ध्रुवसाधना ॥ 36 ॥

संक्रान्ति मान के लिए पहले युगादि साधन करें, तदोपरान्त क्रम से नष्ट अयन को करें। पुनः उनके अङ्कों को स्थापित करें जिससे संक्रान्ति का ध्रुव साधन हो सके।

तदाकं षट् अग्नि ऋतुदं सन्निभिः स्थापयेत् ?
अत्यंतिथी गुणमेर्थ अप्रयोजयेत् षष्टिभिर्भागः ? ॥ 37 ॥

उसके अङ्कों को छह, तीन, छह सत्रों में स्थापित करें ? अन्त्य तिथि को इस तरह गुणित करें और साठ का भाग अप्रयोजित करें।

लब्धं फलं च मूलं च सर्वं शशिनियोजयेत् ?।
सप्तप्रेसित सङ्क्रान्तीवकयुगाद्याअङ्कतोद्भवा ? ॥ 38 ॥

इस तरह से लब्ध फल और मूल को सभी को एक नियोजित करके जोड़ें। सात संक्रान्ति को प्रेसित करें और वकयुगादि से अङ्कों का उद्भव लें।

वेदा दिशाश्च विषया मालाश्चैवाग्निभास्कराः ?।
ऋषयश्च तथादित्या अग्नयश्चर्त्विजश्चपरसम्मति-
इदम्पत्योरिवजश्चं वेदरोस्थलोचनाश्च ?॥ 39 ॥

वेद (4), दिशा (10), विषय (5), माला (?), अग्नि (3), भास्कर (12), ऋषि (7), आदित्य (12), अग्नि (3), ऋतु (6) चपर सम्मति इदम्पत्यो रिवजश्च वेद (4), उदरस्थ लोचना (2) ? (आशय अस्पष्ट है)।

सरदिसा$_9$ रसमादिनी$_{10}$ सत्यरजात्माश्च $_{11}$
विद्धिमासश्चदंशब्दार्थं-
आद्योतो पूर्वार्द्ध कटिकोत्तमौधिकारो यत्र
नं रणि वोषं धनं प्रकीर्तितम्॥ 40 ॥

सरदि (9), रसमादिनी (10), सत्यरजात्मा (11) को मास के अर्थ अंशों को शब्दों से जाने। आदि से पूर्वार्द्ध तक कटिकोत्तमो अधिकार जहाँ हो, उसे नरणिवोष (?) धन कहा गया है।

पूर्वा ध्रुवकं साध्यमानं च ... घो पुनः साधयेत् ?।
वर्णे वर्षे क्षिपेत्तार घटिकौ दशपञ्चाधिकम् ?॥ 41 ॥

पूर्वा को ध्रुवक साध्य मान करके पुनः साधन करें। तदोपरान्त वर्ण में वर्ष में चार को रखें तथा घड़ियों को 15 अधिक रखें।

शब्दार्थं च क्षिपेद्वारं सप्तभिर्भागमाहरेत्।
यच्छेषं लभ्यते वारः सङ्क्रान्तावेव भाषितम्॥ 43 ॥

शब्दार्थ के साथ वार को रखें और उसमें सात का भाग देकर आहरण करें जो शेष बचें, उसे वार समझना चाहिए। इस प्रकार से संक्रान्तियों को कहा गया है।

ऋणं वाऽपि धनं वाऽपि घटिका मध्यतः क्षिपेत्।
भुक्तिः ख्याता ऋणे त्यक्ते धनमिश्रे च सोत्तमा॥ 44 ॥

इति सङ्क्रान्तिवर्तमानाधिकारः।

ऋण हो अथवा धन हो, घटियों को मध्य में रखें। ऋण छोड़ने को भुक्ति कहते हैं और धन को जोड़ने से उत्तमा कहा जाता है।

दिननक्षत्राधिकारः —

उदयार्धे घटिकायाः पञ्चचत्वारिंशत्तमाः ?।
अभ्रमध्ये भवेत्तारा शेषं वै पूर्ववत्क्रमात्॥ 45 ॥

दिन नक्षत्र के विषय में कहा जा रहा है कि उदय के आधे में घटियाँ पैंतालीस होती है? अभ्र के मध्य में तारा होती है और शेष पूर्ववत् क्रमानुसार ही होते हैं।

साध्यां तिथिं च द्विःकृत्य षड्भिर्भागैर्विवर्जिता।
तिथिभुक्तिसमायुक्ता रविकां विपरीततः ?॥ 46 ॥
ऋणं त्यक्त्वर्क्षघटिका शेषा भुक्तिरथोच्यते।
असाध्यघटिकामध्यं त्यक्ता शेषा च भुक्तिका॥ 47॥

तिथि को साधकर उसका दुगुना करें और उसे छह से भाग नहीं दें तथा तिथि भुक्ति को समायुक्त करके रवि को विपरीत करके?, ऋण छोड़कर नक्षत्रों की घटिका शेष भुक्ति कही जाती है। असाध्य घटिकाओं के मध्य में शेष को छोड़कर भुक्ति कहा जाता है।

ध्रुवं कृत्वा तिथिं युक्त्वा ऋक्षसङ्ख्याधिकं यदि।
षष्ठाधिके ऋक्षं त्यक्त्वा ऋणाधिको रिषवृद्धये ?॥ 48 ॥

इति दिननक्षत्राधिकारः।

ध्रुव को तिथि में जोड़कर यदि नक्षत्रों की संख्या अधिक हो तो साठ से अधिक नक्षत्र को छोड़कर ऋण अधिक करके?

महानक्षत्रभुक्त्यधिकारः —

तिथिं चतुर्गुणीकृत्य ऋक्षघटीविमिश्रितम्।
रथिका तिथिं क्रमतः ऋक्षभुक्तिं प्रभाषते॥ 49॥

तिथि को चौगुनी करके नक्षत्र की घटी मिलाएँ। रथिका तिथि को क्रम से नक्षत्र युक्ति कहा जाता है।

षष्ठिभागे लब्धमृक्षं शेषा भुक्तिः प्रकीर्तिता।
ध्रुवं कृत्वा लब्धं योज्यं शेषं वै ऋक्षभुक्तिभिः॥ 50॥

इति महानक्षत्रभुक्त्यधिकारः।

साठ का भाग देने पर जो नक्षत्र आए, उसमें शेष को भुक्ति कहा जाता है। ध्रुव में लब्ध को जोड़ने पर जो शेष बचे, उसे नक्षत्र में जोड़ें।

योग आनयनाधिकारः —

चन्द्रभुक्तिर्दिनर्क्षं च सूर्यस्यात महारिषम् ?।
सदा धनं चन्द्रभुक्ति ? सूर्यभुक्तिर्ऋणं तथा॥ 51॥

चन्द्र की भुक्ति और दिन के नक्षत्र को सूर्य से महारिषम ? चन्द्र युक्ति सदा धन होती है ? और सूर्य की भुक्ति सदा ही ऋण होती है।

चन्द्रभुक्तेर्मध्यतश्च रथे(थ) युक्तिं विशोधयेत्।
चन्द्रसूर्यर्क्षमेकत्र योगसङ्ख्या ह्यनुक्रमात्॥ 52 ॥[1]

इति योग आनयनाधिकारः

चन्द्र भुक्ति के मध्य और रथ युक्ति को विशोधित करें। इस तरह से चन्द्र, सूर्य, नक्षत्रों को एकत्र करके योग संख्या अनुक्रम से होती है।

करणाधिकारः —

साध्यां तिथिं च द्विःकृत्य तदेक तु परित्यजेत्।
सप्तभिस्तु हरेद्भागं शेषं करणमुद्धरेत्॥ 53 ॥

इति करणाधिकारः।

(शुक्लपक्ष की प्रतिपदा से आरम्भकर) साध्य तिथि को दो से गुणा करें तथा गुणनफल में से एक घटाकर शेष में सात का भाग देने से बवादि करण निकल आते हैं। (इनके नाम है—1. बवकरण, 2. बालवकरण, 3. कौलवकरण, 4. तैतिलकरण, 5. गरकरण, 6. वणिजकरण और 7 विष्टिकरण।[2])

सप्तैव$_7$ करणाः ख्याताः वाराः सप्तैव$_7$ कीर्तिताः।
तिथय पञ्चदश$_{15}$ च योगर्क्षं सप्तविंशतिः$_{27}$ ॥ 54 ॥

ज्योतिष की मान्यताओं में उपर्युक्त सात करण प्रसिद्ध हैं, सात ही वार (रवि से शनि तक), पन्द्रह तिथियाँ (प्रतिपदा से अमावस्या या पूर्णिमा तक), योग और सत्ताईस नक्षत्र (विष्कम्भादि एवं अश्विन्यादि) हैं।

इति सूत्रसन्तानगुणकीर्तिप्रकाशप्रोक्तृश्रीभुवनदेवाचार्योक्तापराजितपृच्छायां ज्योतिषपञ्चाङ्गवासनाधिकारो नाम त्रयश्चात्वारिंशं सूत्रम्॥ 43 ॥

इस प्रकार भुवनदेवाचार्य कृत सूत्रसन्तानगुणकीर्ति प्रकाश या अपराजितपृच्छा में ज्योतिषपञ्चाङ्गवासना अधिकार नामक तियालीसवाँ सूत्र पूर्ण हुआ॥ 43 ॥

---

1. योग ज्ञात करने की रीति चण्डेश्वर ने इस प्रकार बताई है कि जिस दिवस को योग का ज्ञान वाञ्छित हो, उस दिन सूर्य जिस नक्षत्र में हो, उसकी संख्या और चन्द्रमा जिस नक्षत्र में हो उस नक्षत्र की संख्या को जोड़ें और उसमें से एक को घटाकर 27 से भाजित किए जाने पर जो शेष हो, उसे विष्कम्भादि क्रमानुसार योग जानना चाहिए— यस्मिन्नृक्षे स्थितो भानुर्यत्र तिष्ठति चन्द्रमाः। एकीकृत्य त्येजदेकं योगा विष्कम्भकादयः॥ (बृहद्दैवज्ञरञ्जनम् 25, 1)
2. आचार्य श्रीपति का मत है— बवाह्वयं बालवकौलवाख्यं ततो भवेत्तैतिलनामधेयम्। गराभिधानं वणिजं च विष्टिरित्याहुरार्याः करणानि सप्त॥ (ज्योतिषरत्नमाला 6, 1)

अवकहोडाचक्रज्योतिषं चतुश्चत्वारिंशं सूत्रम् ॥ 44 ॥

विश्वकर्मोवाच —

आदित्यसोमभौमाश्च बुधश्चाथ बृहस्पतिः।
शुक्रः शनिश्चरश्चैते सप्तसूर्यादिवासराः ॥ 1 ॥

विश्वकर्मा बोले कि सूर्य, सोम, मङ्गल, बुध, बृहस्पति, शुक्र और शनि— ये सब रविवार के क्रम से सातों वार होते हैं अर्थात् रविवार, सोमवार, मङ्गलवार, बुधवार, बृहस्पतिवार, शुक्रवार और शनिवार हैं।

तिथ्यादीनामाह —

नन्दा भद्रा जया रिक्ता पूर्णा स्यात् पञ्चमी तथा।
पञ्च पञ्च तथा पञ्च मासार्धेषु यथातिथि ॥ 2 ॥

तिथियों की संज्ञाओं में 1. नन्दा (1, 6, 11), 2. भद्रा (2, 7, 12), 3. जया (3, 8, 13), 4. रिक्ता (4, 9, 14) और पाँचवीं तिथि की संज्ञा 5. पूर्णा (5, 10, 30, 15) है। इस प्रकार पाँच, पाँच और पाँच मिलकर मासार्द्ध अर्थात् एक पखवाड़े की तिथियाँ होती है।[1]

प्रतिपद्षष्ठ्येकादशी नन्दा भद्रा द्व्यश्चार्कका:।
जया त्र्यष्टत्रयोदश्यो रिक्ता वेदाङ्कशक्रतः ॥ 3 ॥

प्रतिपदा, षष्ठि और एकादशी (1, 6, 11) को नन्दा तिथि कहा जाता है। द्वितीया, सप्तमी और द्वादशी (2, 7, 12) को भद्रा तिथि कहते हैं। तृतीया, अष्टमी और त्रयोदशी (3, 8, 13) तिथियों की संज्ञा जया है और चतुर्थी, नवमी व चतुर्दशी (4, 6, 14) की संज्ञा रिक्ता है।

पञ्चमी दशमी चैव पूर्णमासी तथैव च।
एषा पूर्णा तिथिर्ज्ञेया दैवज्ञैर्जल्पिता हि सा ॥ 4 ॥

इसी प्रकार से पञ्चमी, दशमी व पूर्णमासी (5, 10, 15 तथा अमावस्या) को पूर्णा तिथि कहा जाता है, ऐसा ज्योतिषियों ने कहा है।

अश्विनी भरणी चैव कृत्तिका रोहिणी तथा।
मृगार्द्रे च पुनर्वसुः पुष्याश्लेषा मघा तथा ॥ 5 ॥
पूर्वोत्तरे च फाल्गुन्यौ हस्तश्चित्राथ स्वातिका।

---

1. ज्योतिषरत्नमाला में कहा गया है — नन्दा च भद्रा च जया च रिक्ता पूर्णेति सर्वास्तिथयः क्रमात्स्युः। कनिष्ठमध्येष्ट फलास्तु शुक्ले कृष्णे भवत्युत्तममध्यहीनाः ॥ (तत्रैव 2, 4)

विशाखानुराधाज्येष्ठा मूलं पूर्वोत्तराषाढे ॥ 6 ॥
श्रवणश्च धनिष्ठा च शतभिषा च पूर्विका।
उत्तराभाद्रपदा च रेवती सप्तविंशतिः$_{27}$ ॥ 7 ॥

इति नक्षत्र नामानि।

सत्ताईस नक्षत्र होते हैं — 1. अश्विनी, 2. भरणी, 3. कृतिका, 4. रोहिणी, 5. मृगशिरा, 6. आर्द्रा, 7. पुनर्वसु, 8. पुष्य, 9. आश्लेषा, 10. मघा, 11. पूर्वाफाल्गुनी, 12. उत्तरा, 13. हस्त, 14. चित्रा, 15. स्वाती, 16. विशाखा, 17. अनुराधा, 18. अनुराधा, 19. मूल, 20. पूर्वाषाढ़ा, 21. उत्तराषाढ़ा, 22. श्रवण, 23. धनिष्ठा, 24. शतभिषा, 25. पूर्वाभाद्रपद, 26. उत्तराभाद्रपद और 27. रेवती— इस प्रकार सत्ताईस नक्षत्र होते हैं।

अथ योगनामानि —

विष्कुम्भः प्रीतिरायुष्मान् सौभाग्यः शोभनस्तथा।
अतिगण्डः सुकर्मा च धृतिः शूलस्तथैव च ॥ 8 ॥
गण्डो वृद्धिर्ध्रुवश्चव व्याघातो हर्षणस्तथा।
वज्रसिद्धी व्यतीपातो वरीयान् परिधः शिवः ॥ 9 ॥
सिद्धः साध्यः शुभः शुक्लो ब्रह्मेन्द्रौ वैधृतिः क्रमात्।
सप्तविंशतिसङ्ख्याका योगाश्चन्द्रार्कयोगतः ॥ 10 ॥

इति योगानामानि।

(विष्कुम्भादि योग सत्ताईस होते हैं) 1. विष्कुम्भ, 2. प्रीति, 3. आयुष्मान्, 4. सौभाग्य, 5. शोभन, 6. अतिगण्ड, 7. सुकर्मा, 8. धृति, 9. शूल, 10. गण्ड, 11. वृद्धि, 12. ध्रुव, 13. व्याघात, 14. हर्षण, 15. वज्र, 16. सिद्धि, 17. व्यतीपात, 18. वरीयान्, 19. परिघ, 20. शिव, 21. सिद्धि, 22. साध्य, 23. शुभ, 24. शुक्ल, 25. ब्रह्म, 26. ऐन्द्र और 27. वैधृति। ये क्रम से सत्ताईस संख्यक योग चन्द्र और सूर्य के योग से बनते हैं।

अथ करणनामानि —

बवश्च बालवश्चैव कौलवस्तैतिलस्तथा।
गरो वणिजविष्ठी च सप्तकरणाभिधाः स्मृताः ॥ 11 ॥

1. बवकरण, 2. बालवकरण, 3. कौलवकरण, 4. तैतिलकरण, 5. गरकरण, 6. वणिजकरण और 7. विष्टिकरण ये चर करण होते हैं, ऐसा जाना जाता है।

अथावहकडाचक्रमाह —

चुचेचोला चाश्विनी स्याल् लिलूलेलो भरण्यपि।
कृत्तिका स्यादईऊए रोहिण्यूवाविवु स्मृता॥ 12॥
वेवोकाकी मृगश्चार्द्रा कूघाङ्छा प्रकीर्तिता।

(अब राशि विचारार्थ नक्षत्र के चरणभेदानुसार उनके अक्षरों पर विचार किया जा रहा है) राशिचक्र में चू चे चो ला अश्विनी; लि ला ले लो भरणी नक्षत्र के अक्षर हैं। कृत्तिका के इ ऊ ए; रोहिणी के वा वि वु; मृगशिरा के वे वो का की और आर्द्रा नक्षत्र के कु घ ङ छ अक्षर कहे गए हैं।

केकोहाही पुनर्वसुर्हूदेहोढा च पुष्यभम्॥ 13॥
अश्लेषा तु डिडूडेडो मामीमूमे मघाह्वयम्।
मोटाटीटू तु पूर्वाख्या मुफाटेटो पपि स्मृता॥ 14॥
प्रोक्तः पूषणटो हस्तः पेपोरारी तु चित्रका।
रूरेरोता तथा स्वाती तितूतेतो विशाखिका॥ 15॥

इसी प्रकार के को हा ही पुनर्वसु के; हू हे हो ढा पुष्य; डि डू डे डो आश्लेषा; मा मी मू मे मघा; मो टा टी टू पूर्वाफाल्गुनी; मु फा टे टो उत्तराफाल्गुनी; पू ष णा टो हस्त; पे पो रा री चित्रा; रु रे रो ता स्वाती; ति तू ते ता विशाखा नक्षत्र के अक्षर हैं।

अनुराधा ननीनूने ज्येष्ठा नोयायियुर्मता।
तथा येयोभभी मूलं पूर्वाषाढा भुधाफढा॥ 16॥
भेभोजज्युत्तराषाढा जुजेजोषा तथाभिजित्।
खिखूखेखो श्रवो ज्ञेयो गगीगूने धनिष्ठिका॥ 17॥

न नी नू ने अनुराधा; नो या यी यू ज्येष्ठा; ये यो भ भी मूल; भू धा फ ड पूर्वाषाढ़; भे भो ज जु उत्तराषाढ़; जू जे जो ष अभिजित्; खी खू खे खो श्रवण; गा गी गू गे धनिष्ठा नक्षत्र के अक्षर होते हैं।

गोसासिसू शताख्यं च पूभा सेसोददी मता।
ऊभा दूथाझझा ज्ञेया देदोचाची च रेवती॥ 18॥

इसके अतिरिक्त गो सा सी सु शतभिषा नामक नक्षत्र के; से सो द दी पूर्वाभाद्रपद; दू धा झ झा उत्तराभाद्रपद और दे दो चा ची रेवती के अक्षर होते हैं।

अष्टोत्तरशतं वर्णाः (नक्षत्र चरणोद्भवाः।
सम्भवन्त्यवकहोडयचक्रानुक्रमतः किल)॥ 19॥

इस प्रकार 108 वर्ण इन नक्षत्रों के चरण के कहे जाते हैं जिससे सारा अवकहोडा चक्र पूरा क्रमवार बनता है।

अथ राशिचरणविचारमाह —

अश्विनीभरणीधिष्ण्ये कृत्तिकाप्रथमांघ्रिकम्।
मेषः स्यात् कृत्तिकापादत्रितयं रोहिणी तथा॥ 20॥
वृषभो मृगपूर्वार्धं तदर्धं च तथार्द्रभम्।
पादत्रयं पुनर्वस्वोः स राशिर्मिथुनाभिधः॥ 21॥
तदन्त्योऽघ्रिस्तथा पुष्यो ह्यश्लेषा कर्कटाभिधः।
मघापूर्वोत्तराद्योऽघ्रिः सिंहस्तच्चरणत्रयम्॥ 22॥

(उक्त चक्र के बाद नक्षत्रानुसार राशिज्ञान कहा जा रहा है) अश्विनी, भरणी और कृत्तिका के एक पाद या चरण पर्यन्त मेष राशि गिनी जाती है। कृत्तिका के तीन चरण, रोहिणी और मृगशिरा के दो चरण वृष राशि; मृगशिरा के दो चरण, आर्द्रा और पुनर्वसु के तीन चरण मिथुन राशि; पुनर्वसु का अन्तिम चरण, पुष्य और आश्लेषा से कर्क राशि; मघा, पूर्वाफाल्गुनी और उत्तराफाल्गुनी के एक चरण से सिंह राशि होती है।

हस्तचित्राभपूर्वार्धं कन्या चित्रोत्तरं दलम्।
स्वातिभं च विशाखायाश्चरणत्रितयं तुला॥ 23॥
तदन्त्योघ्र्यनुराधाख्ये ज्येष्ठाभं वृश्चिकः स्मृतः।
मूलं पूर्वोत्तराषाढाप्रागङ्घ्रिः कथितो धनुः॥ 24॥

उत्तराफाल्गुनी के तीन पाद, हस्त तथा चित्रा के दो चरण कन्या; चित्रा के अन्तिम दो चरण, स्वाती, विशाखा के तीन चरणों से तुला; विशाखा का अन्तिम चरण, अनुराधा और ज्येष्ठा से वृश्चिक; मूल, पूर्वाषाढ़ और उत्तराषाढ़ का एक चरण धनु राशि होती है।

उत्तराङ्घ्रित्रयं कर्णे धनिष्ठाप्रथमार्धकम्।
मकराख्यो धनिष्ठाद्विर्दलं च शततारका॥ 25॥
पूर्वापादत्रयं कुम्भस्तदन्यश्चरणस्तथा।
ऊभाभं रेवती चैव मीनराशिः प्रकीर्तितः॥ 26॥

इसी प्रकार उत्तराषाढ़ के तीन चरण शेष, श्रवण और धनिष्ठा के दो चरण से मकर राशि; धनिष्ठा के अन्तिम दो चरण, शतभिषा और पूर्वाभाद्रपद के तीन चरण कुम्भ और पूर्वाभाद्रपद का अन्तिम चरण, उत्तराभाद्रपद और रेवती से मीन राशि होती है।

राशिनामानि —

मेषो वृषोऽथ मिथुनं कर्कटः सिंहकन्यके।
तुलाथ वृश्चिको धन्वी मकरः कुम्भमीनकौ॥ 27॥
द्वादशेव राशयः स्युर्मेषाद्याः सम्प्रकीर्तिताः॥

इस प्रकार मेष, वृष, मिथुन, कर्क, सिंह, कन्या, तुला, वृश्चिक, धनु, मकर, कुम्भ और मीन— ये बारह राशियाँ मेषादि क्रम से कही गई है।

इति सूत्रसन्तानगुणकीर्तिप्रकाशप्रोक्तृश्रीभुवनदेवाचार्योपराजितपृच्छायां
अवकहोडाचक्रज्योतिषाधिकारो नाम चतुश्चत्वारिंशं सूत्रम्॥ 44॥

इस प्रकार भुवनदेवाचार्य कृत सूत्रसन्तानगुणकीर्ति प्रकाश या अपराजितपृच्छा में
अवकहोड़ाचक्रज्योतिष अधिकार नामक चवालीसवाँ सूत्र पूर्ण हुआ॥ 44॥

अवकहोडाचक्रज्योतिषं ज्योतिषफलं पञ्चचत्वारिंशं सूत्रम्॥ 45॥

विश्वकर्मोवाच —

दस्रोयमोऽनलो धाता चन्द्रः शिवस्तथादितिः।
वाक्पतिर्नागपितरौ भगार्यमदिवाकराः॥ 1॥
त्वष्टा च वायुरिन्द्राग्नी मित्र इन्द्रश्च नैर्ऋतिः।
जलं च विश्वेदेवाश्च विधिर्विष्णुस्तथा वसुः॥ 2॥
वरुणाऽजैकपाच्चैव तथाहिर्बुध्न्यपूषणौ।
इत्यश्विन्यादिनक्षत्रदेवनामानि सन्ति हि॥ 3॥

(इस प्रकरण में अश्विन्यादि क्रम से नक्षत्रों के स्वामी के नाम कहे जा रहे हैं) 1. अश्विनी नक्षत्र का स्वामी दस्र या अश्विनीकुमार, 2. भरणी का यम, 3. कृत्तिका का अग्नि, 4. रोहिणी का धाता, 5. मृगशिरा का चन्द्र, 6. आर्द्रा का शिव, 7. पुनर्वसु का अदिति (देवमाता), 8. पुष्य का वाक्पति (बृहस्पति), 9. आश्लेषा का नाग, 10. मघा का पितर, 11. पूर्वाफाल्गुनी का भग, 12. उत्तराफाल्गुनी का अर्यमा, 13. हस्त का दिवाकर, 14. चित्रा का त्वष्टा, 15. स्वाति का वायु, 16. विशाखा का इन्द्राग्नि, 17. अनुराधा का मित्र, 18. ज्येष्ठा का इन्द्र, 19. मूल का नैर्ऋति (राक्षस), 20. पूर्वाषाढ़ा का जल, 21. उत्तराषाढ़ा का विश्वेदेव, 22. अभिजित् का विधि, 23. श्रवण का विष्णु, 24. धनिष्ठा का वसु, 25. शतभिषा का वरुण, 26. पूर्वाभाद्रपद का अजैकपाद, 27. उत्तराभाद्रपद का अहिर्बुध्न्य तथा 28. रेवती नक्षत्र का स्वामी पूषा है।[1]

---

1. दैवज्ञवल्लभ में श्रीपति भट्टाचार्य ने यही सूची दी है— भेशाः क्रमशोश्वनौयमाग्निः केन्दुशर्वोदिति

अथ योनिवैरमाह —

योनिवैरं च कथये गणानां च समुद्भवम्।
अश्वोगजश्छागसर्पौ सर्पश्वानबिडालकाः।
मेषो बिडालकश्चैव मूषको मूषकश्च गौः॥ 4॥
महिषी च ततो व्याघ्रो महिषो व्याघ्रकः क्रमात्।
मृगो मृगस्तथा श्वा च कपिर्नकुल एव च॥ 5॥
नकुलो वानरः सिंहस्तुरगो मृगराट् च गौः।
इभ एताः क्रमेणैव ह्यश्विन्यादिभयोनयः॥ 6॥

अब मैं गणों से बनने वाले योनि वैर के विषय में कहता हूँ। अश्व, गज, छाग, सर्प मे; सर्प, श्वान, बिडाल में; मेष और बिडाल में; मूषक, मूषक में और गौ में; महिषी और व्याघ्र में; महिष और व्याघ्र में भी; मृग, मृग में और श्वान में; कपि और नकुल में; नकुल और वानर में; सिंह और तुरग में; मृगराज और गौ में, हाथी में— ये सब क्रम से अश्विन्यादि में भयोत्पादक कहे गए हैं।

स्थिरचरद्विस्वभावमृदूग्रातुरतेजसः।
अष्टाविंशतिकं[28] यावद् भचतुष्कनिबन्धनम्॥ 7॥

स्थिर, चर, द्विस्वभाव, मृदु, उग्र, आतुर, तेजस— सभी अट्ठाईस नक्षत्र इन चार कोटियों में परिबद्ध होते हैं।

गोव्याघ्रं गजसिंहं च महिषाश्वं श्वहारिणम्।
बभ्रुसर्प कीशमेषं बिडालोन्दुरकं तथा॥ 8॥
चतुर्दश भद्रिकानां योनिवैरं च सप्तधा।

जीवकाद्रूजेयाः। परनोथभगोर्यमाभिधानो मार्त्तण्डोमुखर्द्वकिः समीरः॥ पुरहूतहुताशनौ च मित्रं शक्रोनिर्ऋतिरथोजलं च विश्वेक। हरिवसवोम्बुपाजपादोऽहिर्बुघ्न्यः कथिनस्त तस्य पूषाः॥ (दैवज्ञवल्लभ, बड़ौदा ऑरियंटल इंस्टीट्यूट में विद्यमान मातृका, 5, 1-2)

विष्णुधर्मोत्तरपुराण में कृतिका से नक्षत्र स्वामी की गणना की गई है। अश्विन्यादि के क्रम से गणना की देन वराहमिहिर की है। पुराणकार की मान्यता है— अतः परं प्रवक्ष्यामि तव नक्षत्रदैवताः। कृत्तिका चाग्निदैवत्या रोहिण्यर्केश्वरा स्मृता॥ इन्द्वर्क्षः सौम्यदैवत्यो रौद्री आर्द्रा तथा स्मृता। पुनर्वसुस्तथादित्यो पुष्यश्च गुरुदेवतः॥ आश्लेषा सर्पदैवत्या मघा च पितृदैवता। भाग्याश्च पूर्वफाल्गुन्य आर्यमाश्च तथोत्तराः॥ सावित्रश्च तथा हस्तश्चित्रा त्वाष्ट्री प्रकीर्तिता। स्वातिश्च वायुदैवत्यो मूलश्च तदुदाहृतम्। आप्यस्त्वाषाढ पूर्वाः स्युश्चोत्तरा वैश्वदैवताः॥ ब्राह्मी चैवाभिजित्प्रोक्ता श्रवणो वैष्णवः स्मृतः। वासवं च तथा ऋक्षं धनिष्ठा प्रोच्यते बुधैः॥ तथा शतभिषक्प्रोक्त नक्षत्रे वारुणं नृप। आजं भद्रापदापूर्वा आर्हिर्बुध्न्यं तथोत्तरा॥ पौष्णं च रेवती चार्क्षमश्विनी चाश्विदैवतम्। भरण्यश्च तथा याम्य प्रोक्तास्ते ऋक्षदैवताः॥ (विष्णुधर्मोत्तर. 1, 84, 13-21, तुलनीय — बृहत्संहिता 98, 4-5)

गौ-व्याघ्र में, गज-सिंह में, महिष-अश्व में, श्वान-हरिण में, नकुल-सर्प में, वानर-मेष में, बिडाल और उन्दर में— इन चौदहों में योनि वैर सात प्रकार का कहा गया है।

अथाष्टकवर्गमाह —

अष्टवर्ग तथा चैषां कथयाम्यपराजित॥ 9॥
अकचटतपयशा (इत्येते) अष्टवर्णाः।
आऽऽद्याः शान्ता अष्टवर्णा दैवज्ञवचनैः शुभाः।

अब हे अपराजित! मैं अष्टवर्ग के बारे में कहता हूँ। अकचट तपयश— ये अष्टवर्ण कहे जाते हैं। आ से आरम्भ होने वाले अष्टवर्णों को ज्योतिषियों के वचनों में शान्त और शुभ कहा गया है।

दम्पती स्वामिभृत्ये च ग्रहग्रामाधिपे गणाः॥ 10॥
साध्यवर्गे दशगुणे परवर्गेण मिश्रिते।
वसुभिश्च8 हरेद्भागं यच्छेषं लभ्यमादिशेत्॥ 11॥

इनसे पति-पत्नी, स्वामी-सेवक, ग्रह और ग्रामाधिपतियों का गणन करते हैं। साध्व वर्ग में दश से गुणित करते हैं, परवर्ग में मिश्रित करके, आठ से भाग दें और जो लब्ध हो, उसे ग्रहण करें।

एवं वर्ग पुनः शोध्यमनेनानुक्रमेण च।
शेषोद्धरितमध्यपात्य वृद्ध्यर्थे दैवदैत्यकः ?॥ 12॥
तस्य लभ्यं च योऽग्रतः पृष्ठोऽसौ ददते ध्रुवम्।
लाभालाभौ चैव येषां कथये त्वपराजित॥ 13॥

इस प्रकार वर्ग को पुनः शोधन करके इसी प्रकार के अनुक्रम से शेष को उद्धरित करके मध्यमान करके बुद्धि के लिए दैव-दैत्य (?) उसके लब्ध को आगे रखें और पीछे को ध्रुव स्थिर देवें। इससे जो लाभ-हानि होती है, उसको हे अपराजित! मैं कहता हूँ।

अईऊए तार्क्ष्यः पूर्वे आग्नेय्यां च कखादिकाः।
दक्षिणे च छावर्गाश्च नैर्ऋते च टठादिकाः॥ 14॥
पश्चिमे तथादिवर्गा वायव्ये च पफादिकाः।
उत्तरे च यरलवा ईशाने शषासास्तथा॥ 15॥

इति वर्गाष्टकम्।

अ ई ऊ ए नक्षत्रों को पूर्वदिशा में, क ख आदि को आग्नेय दिशा में, छ वर्ग

को दक्षिण दिशा में, टठादि को नैर्ऋत्य दिशा में, त थ आदि वर्ग को पश्चिम दिशा में, प फ आदि को वायव्य दिशा में, य र ल व को उत्तर दिशा में और श ष स आदि को ईशान कोण में (न्यसित करें)।

अथोष्टत्तरीदशामाह —

रविचन्द्राङ्गारबुधशनिवाक्यपतिराहवः।
तथा शुक्रः समाख्याताः प्राच्यादिषु प्रदक्षिणम्॥ 16॥
षट्$_{6}$ तथा तिथयश्चैव$_{15}$ वसवश्च$_{8}$ सप्तदश$_{17}$।
दश$_{10}$ चैकोनविंशति$_{19}$ द्वादश$_{12}$ त्वेकविंशतिः$_{21}$ ॥ 17॥
सूर्यादेः क्रमयोगेन प्राच्यादिषु प्रदक्षिणम्।
भुक्तिमार्गदशाश्चैव वर्षाणां सङ्ख्यया तथा॥ 18॥

(अब अष्टोत्तरीदशा का वर्णन किया जा रहा है) सूर्य, चन्द्र, मङ्गल, बुध, शनि, बृहस्पति, राहु तथा शुक्र— ये सब प्राची अर्थात् पूर्व दिशा से प्रदक्षिणतः रहते हैं। छह, पन्द्रह, आठ, सत्रह, दस, उन्नीस, बारह तथा इक्कीस सूर्य के आदि क्रम से पूर्व दिशा की ओर से प्रदक्षिणतः रहते हैं। इस प्रकार महादशाओं के भोग मार्ग के वर्ष की संख्या होती है।[1]

यस्य नामाक्षरं प्रोक्तं विभक्ती ? चर्क्षभुक्तया।
तेषामनुक्रमेणैव कथयेऽन्तर्दशाफलम्॥ 19॥

---

1. यहाँ ग्रन्थकार ने अष्टोत्तरी महादशा का वर्णन किया है। ज्योतिषशास्त्र में कहा गया है कि गुर्जर-मरु, कच्छ, सौराष्ट्र, पाञ्चाल, सिन्धु पर्वतादि क्षेत्र में अष्टोत्तरी दशा से जातक का विचार किया जाना चाहिए— गुर्जरे कच्छसौराष्ट्रे पाञ्चाले सिन्धुपर्वते। एतेष्वष्टोत्तरी श्रेष्ठाऽन्यत्र विंशोत्तरीयता॥ बृहत्पाराशर होराशास्त्र में महर्षि पराशर ने मैत्रेयी के प्रश्न पर विंशोत्तरी की श्रेष्ठता के साथ ही अष्टोत्तरी की दशा को भी स्वीकार्य किया है। 'मानसागरी' में कहा गया है कि शुक्ल पक्ष में जन्म हो तो अष्टोत्तरी तथा कृष्णपक्ष में जन्म हो तो विंशोत्तरी दशा से विचार करना चाहिए। साथ ही मानसागरीकार ने अष्टोत्तरी दशा का विवरण भी दिया है। (मानसागरी : मानसागरकृत व्या. विजयकान्त मिश्र शास्त्री, वाराणसी 1999, 5, 14-15 व 23)

सूत्रधार मण्डन के अनुसार इस दशा में क्रमानुसार सूर्य, चन्द्र, मङ्गल, बुध, शनि, गुरु, राहु व शुक्र— इन आठ ग्रहों को दशाधिप बताया है, इसमें केतु की दशा नहीं होती। (राजवल्लभ. 12, 35)

इसकी विधि मानसागरी में आई है। पहले दशा को दशा से गुणा करें और 9 का भाग दें। इस प्रकार मास को निकालकर शेष को 30 से गुणाकर 9 का भाग दें, जिससे दिन निकलता है और पुनः शेष को 60 से गुणाकर यदि 9 का भाग दें तो घटी निकलती है। इस प्रकार दशा में अन्तर्दशा को जाना जा सकता है— नवभिर्वर्षैर्मासः शेषमर्कगुणं कुरु। मासान् क्षिप्त्वा ततास्त्रिंशद्गुणं तत्र दिन क्षिपेत्॥ अष्टोत्तरशतेनाप्तं 108 दिनं तद्ध्रुवका बुधाः। तच्च षष्टिगुणं कृत्वा तन्मध्ये घटिकाः क्षिपेत्॥ अष्टोत्तरशतैर्भागं 108 लब्धाङ्के घटिका:वदेत्। शेषं षष्टि 60 गुणं कृत्वा स्वहरैर्भागमाहरेत॥ लब्धाङ्के च पलं ज्ञेयं शेषं षष्टि 60 गुणं कुरु। अष्टोत्तरशतैर्भागं लब्धं तद्विपलं वदेत्॥ (मानसागरी 5, 24-27)

एकैकदशयुक्तांश्च प्रवर्तन्ते चाष्टौ दशाः।
भुक्तमानभुक्तायुक्ता ? दशाश्चैव दशोद्भवाः ?॥ 20॥
वरिष्यन्ते दि(द)शासाध्य दिनान्ते चारुवर्द्धनम ?।
अष्टद(त्रिं)श कृत्वानां भक्ते ग्रहाष्टौ भुक्त व दशा ?॥ 21॥

जातक का जो नामाक्षर हो, उसके नक्षत्रों की भुक्ति देखकर, उसी के अनुक्रम से अन्तर्दशा और उसका फल कहा जाना चाहिए।[1] एक-एक दशा में आठों ही अन्तर्दशाएँ चलती हैं और भुक्ता व भुक्तमान दशा दस प्रकार की होती है। दशासाध्या का वरण दिनान्त में ठीक वर्धन युक्त होता है(?)। अष्ट व त्रिंश का भाग देने से आठों भुक्त दशा निकल आती है।

अथ सूर्यदशाफलमाह —

सक्लेशाः कार्यहीनाश्च गृहसन्तापवर्द्धनम्।
शत्रुक्षयस्तेजोवृद्धिभास्करस्य दशाफलम्॥ 22॥

जातक के जब सूर्य की महादशा चलती हो तब क्लेश, कार्यहीनता, गृह सन्तापवर्द्धन लेकिन शत्रुओं का क्षय और तेजस्विता में वृद्धि होती है।

चन्द्रदशाफलमाह —

शत्रुश्च जायते मित्रममृतवाग् जनप्रियः।
लभते चोत्सवं नित्यं शैत्यं चन्द्रदशाफलम्॥ 23॥

जातक के जब चन्द्र की महादशा चलती है तब शत्रु भी मित्र बन जाते हैं, वाणी में अमृत तुल्य मधुरता आती है। लोकप्रियता बढ़ती है। उत्सवधर्मिता होती है एवं शान्ति रहती है।

अथाङ्गारकदशाफलमाह —

क्रूररोगा जनाः सर्वे ह्यग्निदाहोद्भवादिकम्।
अर्थक्षयो दिने नित्यमङ्गारकदशाफलम्॥ 24॥

---

1. इसको निम्न सारणी से समझा जा सकता है—

दशेश	सू.	चं.	मं.	बु.	श.	बृ.	श	शु.
वर्ष	6	15	8	17	10	19	12	21
नक्षत्र	आ.	म.	ह.	अनु.	पू.षा.	ध.	उ.मा.	कृ.
	पुन.	पू.फा.	चि.	ज्ये.	उ.षा	श.	रे.	रो.
	पुष्य	उ.फा.	स्वा.	मू.	अभि.	पू.भा.	भ.	मृ.
	श्ले.		विशा.		श्रवण			

मङ्गल की महादशा में लोग क्रूर रोगों से ग्रस्त होते हैं। अग्निदाह की सम्भावना रहती है। धन का क्षय होता है।

बुधदशाफलमाह —

बुद्धिवृद्ध्यर्थवृद्धी च सस्नेहं शोकशान्तिकम्।
धनपुत्रभार्यामित्रं बुधग्रहदशाफलम्॥ 25॥

बुध की महादशा में बुद्धि बढ़ती है। स्नेह बढ़ता है और शोक का निवारण होकर शान्ति की प्राप्ति होती है। धन, पुत्र, भार्या, मित्र सभी अनुकूल होते हैं।

अथ शनिदशाफलमाह —

देशत्यागो भय पीडा मित्रैः सह विरोधनम्।
पुत्रबन्धुस्त्रीवियोगः शनिश्चरदशाफलम्॥ 26॥

शनि की महादशा में अपना देश त्यागना पड़ता है। भय बढ़ता है। पीड़ा होती है, मित्रों से विरोध हो जाता है और पुत्र, बन्धु व स्त्री से वियोग हो जाता है।

गुरुदशाफलमाह —

आरोग्यं राज्यसन्मानमर्थवृद्धिः सदाजयः।
पूज्यन्ते गुरुतुल्याश्चाशोका गुरुदशाफलम्॥ 27॥

जब गुरु की महादशा आरम्भ होती है तो आरोग्य में वृद्धि होती है। राज्य से सम्मान मिलता है। धन की वृद्धि होती है और सदा विजय मिलती है। लोग जातक की गुरु तुल्य भाव से पूजा आरम्भ करते हैं। कोई शोक नहीं रहता।

राहवादशाफलमाह —

सदा पीडा गृहबन्धुस्थानत्यागोऽथ जायते।
राजगृहदण्डदुःखं प्रोक्तं राहुदशाफलम्॥ 28॥

राहु की महादशा नित्य कष्ट पीड़ा बनाए रखती है। गृहत्याग, बन्धु त्याग और स्थान त्याग सम्भव है। राजदण्ड की आशंका भी रहती है और दुःख-पीड़ा की वृद्धि होती है।

शुक्रदशाफलमाह —

तेजः सदा च सन्मानं पुत्रलाभो धनागमः।
सुखमाप्नोति शारीरं शुभं शुक्रदशाफलम्॥ 29॥

इति दशाफलम्।

शुक्र की महादशा में सदा तेज में वृद्धि होती है। सम्मान मिलता है। पुत्र जन्म का लाभ मिलता है। धन की प्राप्ति होती है। सुख मिलता है व शरीर स्वस्थ रहता है।[1]

अथ चन्द्रस्य द्वादशावस्थामाह —

चन्द्रस्यापि तथावस्था द्वादशैव$_{12}$ भवन्ति च।
तथा राशिगते चन्द्रे रुद्रघट्यः सपादिकाः$_{11।}$ ॥ 30 ॥
प्रवासा च तथा नष्टा मृता जया च हसिता।
कम्पिता ज्वरिता स्वस्था भुक्तस्वप्ना जाग्रता ? भोग्या ॥ 31 ॥

चन्द्रमा की बारह दशाएँ होती हैं। जब-जब किसी राशि में चन्द्रमा का प्रवेश होता है, तब वह सवा ग्यारह घटिका तक रहता है। चन्द्रमा की द्वादश अवस्थाएँ हैं— 1, प्रवासावस्था, 2. नष्टावस्था, 3. मृतावस्था, 4. जयावस्था, 5. हसितावस्था, 6. कम्पितावस्था, 7. ज्वरितावस्था, 8. स्वस्थावस्था, 9, भुक्तावस्था 10. स्वप्नावस्था, 11. जाग्रतावस्था एवं 12. भोग्या।[2]

तस्यफलमाह —

प्रवासायां प्रवासः स्यात् नष्टायां हानिमोदिशेत्।
मृतायां मृत्युसम्भूतिर्जयायां जयमादिशेत् ॥ 32 ॥

---

1. गरुडपुराण में ग्रहों की महादशा का फलाफल बताया गया है कि सूर्य की दशा दुःख देने वाली होती है और उद्वेग पैदा करती है तथा राजा का नाश करती है। चन्द्र की दशा ऐश्वर्य देने वाली, सुख पैदा करने वाली तथा मनोनुकूल अन्नदायक होती है। मङ्गल की दशा दुःखदायिका, राज्यादि विनाशकारक होती है। बुध की दशा दिव्य स्त्री का लाभ, राज्य प्राप्ति व कोष वृद्धिकारक है। शनि की दशा राज्यनाशक और बन्धु-बान्धवों को कष्टदायक होती है। बृहस्पति की दशा राज्यलाभ व सुखसमृद्धि तथा धर्मदायक होती है। राहु की दशा राज्य का नाश करती है, व्याधिकारक तथा दुःखदायक है। शुक्र की दशा में गज, अश्व, राज्य तथा स्त्री का लाभ होता है। (गरुडपुराण अध्याय 60)
2. प्रथम प्रवास, द्वितीय नष्ट, तृतीय जय, चतुर्थ अमृत, पञ्चम हास्य, षष्ठ रति, सप्तम क्रीडित, अष्टम सुप्त, नवम भुक्त, दशम ज्वर, एकादश कम्पित और द्वादश सुस्थिर अवस्था होती है। ये अपने नाम के अनुसार ही फल प्रदान करती है—प्रवासनष्टाख्यजयामृताख्या हास्यारतिः क्रीडितसुप्तभुक्ता। ज्वराह्वया कम्पित सुस्थिरा च द्विषट् च सङ्ख्या हिमगोरवस्था॥ (ज्योतिषरत्नमाला 11, 8) नारद ने अवस्थाएँ ज्ञात करने के लिए कहा है कि अश्विनी आदिगत नक्षत्रों की संख्या को साठ से गुणाकर वर्तमान नक्षत्र घटी प्रमाण जोड़ दें और उसमें चार का गुणाकर 45 से भाजित करने से जो शेष रहे, उसमें 12 का भाग देने पर प्रथम से शून्य या द्वादश तक अवस्थाएँ स्वीकारनी चाहिए— चन्द्रस्य द्वादशावस्था दिवा रात्रो यथाक्रमात्। यत्रोद्वाहादिकार्येषु संज्ञातुल्यफलप्रदा॥ षष्टिघ्नं चन्द्रनक्षत्रं तत्कालघटिकान्वितम्। वेदघ्नमिषुनेदाप्तमवस्था भानुभाजिताः॥ प्रवासनष्टाख्यमृता जयाहास्यारतिर्मुदा। सुप्तिर्भुक्ति ज्वराकम्पसुस्थितिर्नामसंनिभाः ॥ (नारदसंहिता 13, 6-8)

हसितायां च हास्यं स्यात् कम्पितायां च कम्पनम्।
ज्वरितायां ज्वरपीडा स्वस्थायां स्वस्तिकोद्भवः ॥ 33 ॥
भुक्तायां भोजनप्राप्तिः सुप्तायां चैव निद्रितम्।
जागर्तिर्जागृतायां च भोग्यायां बहुभोग्यता ॥ 34 ॥

इनके नामानुसार ही चन्द्रमा की प्रवासावस्था में प्रवास होता है, नष्टावस्था में हानि, मृतावस्था में मृत्यु की आशंका रहती है। जयावस्था में विजय होती है और हसितावस्था में प्रसन्नता होती है। कम्पितावस्था में भय से कम्पन होता है और ज्वरितावस्था में ज्वर पीड़ा होती है। स्वस्थावस्था में स्वस्त्यायन का उदय होता है। भुक्तावस्था में भोजन की प्राप्त और सुप्तावस्था में निद्रा होती है। जाग्रतावस्था में जाग्रति बनी रहती है। भोग्यावस्था में जातक को बहुत प्रकार के भोगों का सुख सुलभ होता है।

पञ्चत्रिंशोत्तरशतं घटिका राशिकोद्भवाः।
राशिद्वादशके चैव शुभश्चन्द्रो यथाबलम् ॥ 35 ॥

राशियों से 135 घटिकाएँ उत्पन्न होती हैं। इन बारह राशियों में शुभ चन्द्र हो तो वह बलवान होता है।[1]

जन्मानुसारेणचन्द्रदशासफलमाह —

जन्मस्थः कुरुते पुष्टिं जन्मनक्षत्रवर्जितम्।
तथानुक्रमतश्चैव द्वितीये नैव निर्वृतिः ॥ 36 ॥

जन्मस्थ बलवान चन्द्रमा पुष्टि करता है चाहे जन्म नक्षत्र कोई भी हो, उससे कोई तात्पर्य नहीं है। इसी अनुक्रम में दूसरे गृह में शुभ चन्द्रमा बलवान हो तो काम-धन्धे में कोई कमी नहीं होती, धनागम बना रहता है।

तृतीये राजसन्माजं चतुर्थे कलहागम्।
पञ्चमेऽर्थपरिभ्रंशः षष्ठे चैव धनागमः ॥ 37 ॥

यदि तृतीय स्थान में चन्द्रमा हो तो राज्य की ओर से सम्मान मिलता है किन्तु

---

1. मुहूर्तकल्पद्रुम में कहा गया है कि मेष आदि द्वादश राशियों में क्रम से अपने नामानुसार फल देने वाली चन्द्रमा की अवस्थाएँ हैं— 1. प्रवासावस्था (11.15 घटी-पल)2. नष्टावस्था (22.30 घटी-पल) 3. मृतावस्था (33.45 घटी-पल) 4. जयावस्था (45.00 घटी) 5. हास्यावस्था (56.15 घटी-पल) 6. प्रीति या कामोपभोग (67.30 घटी-पल) 7. क्रीड़ावस्था (78.45 घटी-पल) 8. सुप्तावस्था (90.00 घटी) 9. भुक्तावस्था (101.15 घटी-पल)10. ज्वरावस्था (112.30 घटी-पल)11. प्रकम्पावस्था (123.45 घटी-पल) और 12 स्थिरावस्था (135.00 घटी)— प्रवासनष्टे च मृता जया च हास्या च मुत्क्रीडनसुप्तभुक्ताः ॥ ज्वरप्रकम्पस्थिरनामधेया नाम्ना समं तासु फलं शुभेषु। (मुहूर्तकल्पद्रुम 10, 25)

चतुर्थ स्थान में चन्द्रमा कलहकारी होता है। पाँचवें गृह में चन्द्रमा धननाश करता है और छठवें स्थान में चन्द्रमा हो तो धनागम होता है।

सप्तमे राजपूजा च ह्यष्टमे प्राणनाशनम्।
नवमे शोच्यता चैव दशमे कार्यसिद्धिदः ॥ 38 ॥

सातवें स्थान का चन्द्रमा राजपक्ष से आदर दिलवाने वाला है परन्तु आठवाँ चन्द्रमा सदा ही प्राणघातक होता है। नवम चन्द्रमा पवित्रता वर्द्धक होता है और दशम चन्द्रमा सदा ही कार्य सिद्धि कराता है।

बलं च बुद्धिं सन्मानं चन्द्र एकादशे स्थितः।
द्वादशस्थे शशाङ्के च मृत्युरेव न संशयः ॥ 39 ॥

एकादश स्थानस्थ चन्द्रमा बल, बुद्धि और कीर्तिवर्धक है जबकि यदि बारहवें स्थान में चन्द्रमा हो तो निश्चय ही मृत्युकारक, महान हानि करने वाला होता है।[1]

अथ चन्द्र-ताराबलमाह —

शुक्लपक्षे चन्द्रबलं कृष्णे ताराबलं शुभम्।
द्विपञ्चनवमे चन्द्रः शुक्लपक्षे तु कामदः ॥ 40 ॥

शुक्लपक्ष में चन्द्रमा का बल बढ़ा हुआ होता है जो शुभ है परन्तु कृष्णपक्ष में तारा बल प्रशस्त माना जाता है। दूसरे, पाँचवें और नवें भाव में चन्द्रमा शुक्ल पक्ष में बड़ा ही लाभप्रद और कामनापूर्ति करने वाला होता है।[2]

---

1. यवनाचार्य ने चन्द्राचार के शुभाशुभ फल को इस प्रकार स्पष्ट किया है- स्वस्थानगो भोजनगन्धमाल्यनारीसुहृद्वस्त्ररतिप्रदः स्यात्। चन्द्रो द्वितीयर्क्षगतस्तु तस्माद् बहुव्ययायासविवादकारी॥ तृतीयगो वस्त्रहिरण्ययोषित्सुहृद्यशोभोजनदो हिमांशु। स्वबन्धुपीडाधननाशजानि कुर्वीत दुःखानि चतुर्थसंस्थः॥ धनक्षयाजीर्णरुगध्वदैन्यविक्षोभकृत् पञ्चमगः शशाङ्कः। क्षुडव्याधिचिन्ताकलहार्थनाशो मृत्युक्षयोपद्रवन्दोऽष्टमस्थः॥ धनक्षयारिव्ययमानभङ्ग रोगादिकारी नवमः शशाङ्कः। मेषूरणोस्थो बहुमानहर्षचेष्टाफलौदार्यविरोधकारी॥ एकादशः स्निग्धविवाहशय्यास्त्रीभोजनप्राप्तिसुखार्थकारी। निशाकरो द्वादशगस्तु दैन्यमालस्यमीर्ष्यापि चयं च कुर्यात्॥ (सविवृत्तिबृहत्संहितायाम् 103, 10 पर उद्धृत)
2. चन्द्रमा तीसरा, दसवाँ व छठा शुभ होता है। इसी प्रकार शुक्लपक्ष में दूसरा, पाँचवाँ तथा नवाँ शुभ होता है। अन्यत्र दोनों पक्षों में साधारण शुभ माना गया है किन्तु बुध से अतिरिक्त छठे, आठवें और चौथे में स्थित किसी ग्रह से विद्ध नहीं होना चाहिए— गोचरेण नवमो द्वितीयगः पञ्चमोऽपि शुभ कृन्निशाकरः। वर्द्धमानतनुरीष्यत्ते बुधैर्वेधमन्त्रि सदशः फलेनसः॥ (ज्योतिषरत्नमाला 11, 3)
नारदसंहिता में भी कहा गया है— शुक्लपक्षे शुभश्चन्द्रो द्वितीयनवपञ्चके। रिपुमृत्युम्बुसंस्थश्च न विद्धो गगनेचरैः॥ (नारदसंहिता 13, 2)
लल्लाचार्य का मत है— न कृष्णपक्षे शशिनः प्रभावो ताराबलं तत्र शुभं प्रदिष्टम्। देशान्तरस्थे विकले च पत्यौ सर्वाणि कार्याणि करोति नारी॥ अत्रापि तारापतिवीर्यमेव वदन्ति पक्षद्वितयेऽपि केचित्। केचिच्च तासां बलयुक्तमिन्दोर्बलं सदा देयमिति ब्रुवन्ति॥ (ज्योतिर्निबन्ध पृष्ठ 49, श्लोक 8-9)

तिथिस्त्वेकगुणा प्रोक्ता नक्षत्रञ्च चतुर्गुणम्।
करणः षोडशगुणो वारश्चाष्टगुणो मतः॥ 41॥

इनमें भी तिथि का बल मात्र एक गुण ही होता है जबकि नक्षत्र सदा ही उससे चौगुना फलदायी होता है। इससे सोलह गुणा फल करण बल का कहा है और वार बल इससे आठ गुना फल देता है।[1]

द्वात्रिंशद्गुणको योगस्ताराश्चतुःषष्ठिगुणाः।
चन्द्रः शतगुणः प्रोक्तस्तस्माच्चन्द्रबलं बलम्॥ 42॥[2]

इसी प्रकार बत्तीस गुणा फल योग से और ताराओं से चौंसठ गुणा फल का लाभ होता है परन्तु ध्यान रहे कि चन्द्रमा का फल सदा ही सौ गुणा माना गया है। इसीलिए चन्द्रबल को ही सही तौर पर बल कहा गया है।

न सूर्यवेधो दशचक्रसङ्कुलम् गण्डेऽतिशूले परिधे च वैधृते।
न राहुपृथ्वीग्रहयोग... ...(यद्यैव) हनते चन्द्र सहस्त्रदोषम्॥ 43॥

सूर्यवेध, दशचक्र समूह का गण्ड, अतिशूल, परिघ, वैधृति, राहु-पृथ्वी योग ग्रहणादि कोई भी दोष नहीं होते क्योंकि केवल एक चन्द्रमा के बलवान शुभ होने पर हजारों दोषों को अकेला ही हर लेता है।

इति सूत्रसन्तागुणकीर्तिप्रकाशप्रोक्तृश्रीभुवनदेवाचार्योपराजितपृच्छायां
ज्योतिषलक्षणाधिकारो नाम पञ्चचत्वारिंश सूत्रम्॥ 45॥

इस प्रकार भुवनदेवाचार्य कृत सूत्रसन्तानगुणकीर्ति प्रकाश या अपराजितपृच्छा में ज्योतिष लक्षण अधिकार नामक पैतालीसवाँ सूत्र पूर्ण हुआ॥ 45॥

---

1. राजमार्तण्ड में यह श्लोक इस प्रकार आया है— तिथिरेकगुणा प्रोक्ता नक्षत्रञ्च चतुर्गुणम्। वाराश्चाष्टगुणश्चैव चन्द्रः शतगुणः स्मृतः॥ (ज्योतिर्निबन्ध पृष्ठ 62, श्लोक 25) राजमार्तण्ड के मूल पाठ में 41-42वें श्लोक इन श्लोकों का पाठान्तर इस प्रकार आया है— तिथिरेकगुणा प्रोक्ता वारश्चैव चतुर्गुणः। ऋक्षं षोडशमित्याहुर्योगश्चैव शताधिकः॥ सहस्त्रांशा रविः प्रोक्तश्चन्द्रो लक्षगुणाधिकः। वर्जयित्वा बलं सर्वं तस्माच्चन्द्रबलाबलम्॥ (राजमार्तण्ड 596-597)
2. उक्त दोनों श्लोक नारद के हैं, अत्यल्प पाठान्तर के साथ ये तुलनीय हैं— तिथिस्त्वेकगुणा प्रोक्ता नक्षत्रं च चतुर्गुणम्। वारश्चाष्टगुणः प्रोक्तः करणं षोडशान्वितम्॥ द्वात्रिंशल्लक्षणो योगस्तारा षष्ठिगुणा स्मृता। चन्द्रे शतगुणं पुंसां तस्माच्चन्द्रबलं बलाधिकम्॥ (बृहद्दैवज्ञरञ्जनम् 27, 10-11 पर उद्धृत)

ज्योतिषलक्षणात्मकं षट्चत्वारिंशं सूत्रम् ॥ 46 ॥

विश्वकर्मोवाच। नक्षत्रसञ्ज्ञा च प्रत्येकनक्षत्रंकृत्यानि। तत्रैव पार्श्वतोमुखीनक्षत्रं —

रेवती चाश्विनी चित्रा हस्तः स्वातिपुनर्वसु।
अनुराधा मृगो ज्येष्ठा नवैताः, पार्श्वतोमुखाः ॥ 1 ॥

विश्वकर्मा बोले— रेवती, अश्विनी, चित्रा, हस्त, स्वाती, पुनर्वसु, अनुराधा मृगशिरा और ज्येष्ठा— ये नौ नक्षत्र पार्श्वतोमुखी कहे जाते हैं।

गजोष्ट्राश्वाजमहिषवृषादेर्दमनं शुभम्।
कुर्याद्वेश्मप्रवेशादि गमनागमने तथा ॥ 2 ॥

इन नक्षत्रों में हाथी, ऊँट, घोड़े, अज, महिष, वृष आदि का दमन (बधियाकरण) शुभ है। घर में आते-जाते समय भी इनका मिलना शुभ हैं।

अरहट्टचक्रयन्त्रं रथप्रभृतियापनम्।
प्रमाणं प्रेरणं चैव कार्यं वै पार्श्वतोमुखैः ॥ 3 ॥

इसी प्रकार रहट या जलोत्थान यन्त्र का सञ्चालन, रथादि वाहनों को चलाना, इनको प्रमाणित करना, प्रेरित करना आदि सभी कार्यं इन पार्श्वतोमुखी नक्षत्रों में करना हो तो ठीक रहता है।

अधोमुखीनक्षत्रं —

कृत्तिका भरणी चैव मघा मूलविशाखिके।
तिस्त्रः पूर्वास्तथाश्लेषा ह्यधोवक्त्राः प्रकीर्तिताः ॥ 4 ॥

कृतिका, भरणी, मघा, मूल, विशाखा, चित्रा, पूर्वा, आश्लेषा— ये सब अधोमुखी नक्षत्र माने जाते है।

वापी कूपतडागानि तथा भूमिगृहाणि च।
विद्यारम्भं निधानं च पातालादिप्रवेशनम् ॥ 5 ॥

इनमे वापी, कूप, तड़ाग, भूमिग्रहण, विद्यारम्भ, निधान (पूँजी गाड़ना), पाताल-गुहादि में प्रवेश कार्य किए जाते हैं।

ऊर्ध्वमुखीनक्षत्रं —

पुष्यार्द्रे रोहिणी चैव धनिष्ठा चोत्तरात्रयम्।
श्रवणं शतताराश्च नवैवोर्ध्वमुखाः स्मृताः ॥ 6 ॥

पुष्य, आर्द्रा, रोहिणी, धनिष्ठा, उतरात्रय (उत्तराफाल्गुनी, उत्तराषाढ़ व उत्तराभाद्रपद), श्रवण, शतभिषा— ये नौ ऊर्ध्वमुखी नक्षत्र कहे जाते हैं।

आसु राजाभिषेकं च पट्टबन्धं महोत्सवम्।
प्रासादं च गृहं चैव पताका छत्रचामरम्॥ 7॥
आरामनगरारम्भं निधीनां तु निषेचणम्।
ऊर्ध्ववक्त्रेषु कर्माणि तानि सर्वाणि कारयेत्॥ 8॥

इन नक्षत्रों में जो कार्य होते हैं उनमें राज्याभिषेक, पट्टबन्ध, महोत्सव, प्रासाद, गृह, पताका, छत्र, चामर, बगीचे, नगर-निवेशारम्भ, राशि निवेशन मुख्य हैं अर्थात् ऊर्ध्वमुखी नक्षत्रों में उक्त कार्य करने चाहिए।[1]

राक्षसगुणप्रधाना: —

मघाश्लेषा विशाखा च कृत्तिका शततारका।
चित्रायुक्ता धनिष्ठा च ज्येष्ठा मूलं च राक्षसः॥ 9॥

मघा, आश्लेषा, विशाखा, कृतिका, शतभिषा, चित्रा, धनिष्ठा, ज्येष्ठा और मूल— ये नक्षत्र राक्षस गुण प्रधान होते हैं।

मनुष्यगुणप्रधाना: —

पूर्वास्तिस्त्रो रोहिणी च ह्यार्द्रा च भरणी तथा।
तिस्त्रश्चैवोत्तराश्चैवं मनुष्यः सम्प्रकीर्तितः॥ 10॥

तीनों पूर्वा, रोहिणी, आर्द्रा, भरणी और तीनों उत्तरा— ये नौ नक्षत्र मनुष्य गुण (गण क्रम से) प्रधान माने जाते हैं।

देवगुणप्रधाना: —

मृगाश्विनी रेवती च हस्तः स्वातिपुनर्वसू।
पुष्यानुराधाश्रवणमिति देवगणः स्मृतः॥ 11॥

---

1. राजवल्लभ. में भी यह वर्णन आया है। इसे इस तालिका से स्पष्ट किया जा सकता है—

क्रम	संज्ञा	नक्षत्रों के नाम	करणीय कार्य
1.	अधोमुख	पूर्वात्रय, आश्लेषा, मघा, कृतिका, मूल, भरणी, विशाखा	भूमिखात, विधिरोपण, उग्रकार्य
2.	पार्श्वमुख	चित्रा, अश्विनी, अनुराधा, पुनर्वसु, स्वाती, ज्येष्ठा, मृगशिरा, रेवती, हस्त	वाहन, यन्त्र, हलारोहण, पशुकृत्य
3.	ऊर्ध्वमुख	पुष्य, उत्तरात्रय, आर्द्रा, श्रवण, धनिष्ठा, रोहिणी, शतभिषा	गृहप्राकार, देवगृह, उच्चहर्म्य, छत्र-चामर, राज्याभिषेक

मृगशिरा, अश्विनी, रेवती, हस्त, स्वाती, पुनर्वसु, पुष्य, अनुराधा और श्रवण— ये नौ देवगण प्रधान नक्षत्र माने जाते हैं।

स्वगणे चोत्तमा प्रीतिर्मध्यमा देवमानुषे।
देवासुरे च कलहो मरणं नरराक्षसे॥ 12॥

उक्त नक्षत्रों में अपने गण वाले नक्षत्रों में उत्तम प्रीति होती है। देवगण और मनुष्यगण नक्षत्रों में मध्यम प्रीति होती है। देवगण और राक्षसगण नक्षत्रों में कलह होता है और राक्षसगण तथा मनुष्यगण में मरण की आशंका रहती है।

सूर्यपातस्ययोगमाह —

आदित्ये द्वादशे ऋक्षे वर्जयेद् रविपातशः।
मृत्युरष्टादशाश्चैव कम्पो वै एकोनविंशतिः ?॥ 13॥

सूर्य अपने से बारहवें नक्षत्र पर रवि पातशः योग बनाता है। अतः ऐसे योग में काम नहीं करना चाहिए। इसी तरह सूर्य अठारहवें नक्षत्र पर मृत्युयोग और उन्नीसवें नक्षत्र पर कम्पयोग बनाता है। अतः ये योग भी वर्जित है, शुभ नक्षत्रों को ही ग्राह्य समझें (?)।

एकविंशतिमे ऋक्षे निर्घातं पतते सदा।
योगानेतान् रविपातान् वर्जयेच्छुभकर्मसु॥ 14॥

इक्कीसवें नक्षत्र पर सूर्य आने पर सदा निर्घातपात् योग होता है। अतः इन सभी रविपात योगों को शुभ कर्म अवसर पर वर्जनीय कहा गया है।

ग्रहाणां जन्मनक्षत्रं वर्जयेच्छुभकर्मसु।
एते कलङ्क योगाः स्युर्गृहजन्मसु दूषिताः॥ 15॥

जन्म नक्षत्र के ग्रहों को भी शुभ कर्म में वर्जनीय कहा है। ये सभी कलङ्क योग कहे गए हैं, जो गृहजन्म से दूषित है।

त्रीणि च त्रीणि चार्क्षाणि रविभौमशनिश्चराः।
आलिङ्गितं धन्विनं चैव ? तृतीयमवलोकितम् ?॥ 16॥

सूर्य, मङ्गल और शनिश्चर— ये तीनों जब तीन नक्षत्रों से आलिङ्गित या साथ, धन्विन तथा तृतीय अवलोकित-दृष्टि सम्बन्ध बनाते हों तो ये भी कलङ्क योग हैं, जो शुभ कर्म में वर्जित माने जाते हैं (?)।

अथ क्षेत्राधिपत्याह —

मेषवृश्चिकयोर्भौमः शुक्रो वृषतुलाधिपः।
बुधः कन्यामिथुनयोः सोमो वै कर्कटाधिपः॥ 17॥

सूर्यक्षेत्रं भवेत्सिंहो धनुर्मीनाधिपो गुरुः।
शनिर्मकरकुम्भेश एते क्षेत्राधिपा ग्रहाः॥ 18॥[1]

ग्रह स्वामी रूप में मङ्गल मेष और वृश्चिक का; शुक्र वृष और तुला का; बुध कन्या और मिथुन का; चन्द्रमा कर्क का; सूर्य सिंह राशि का; गुरु धनु और मीन राशि का; शनि मकर और कुम्भ राशि का स्वामी अर्थात् क्षेत्राधिपति ग्रह होते हैं।

न पीडयन्ति स्वक्षेत्रे स्वमित्रे च ग्रहास्तथा।
विषमस्थाः पीडयन्ते भस्मीकुर्वन्ति विग्रहे॥ 19॥

जब कोई ग्रह स्वक्षेत्र में हो और स्वमित्र के क्षेत्र में हो तो कभी भी पीड़ा नहीं पहुँचाते, परन्तु विषम ग्रह के क्षेत्र में हो तो बड़े विग्रहकारक बन जाते हैं और इतनी पीड़ा पहुचाते हैं कि वे भस्मसात कर देते हैं।

ग्रहमैत्री —

सोमश्च सूर्यभौमौ च त्रिदशाचार्य एव च।
स्नेहानुगाश्च चत्वारो मैत्री स्यात्तु परस्परम्॥ 20॥

सोम, सूर्य, मङ्गल और गुरु— ये चारों परस्पर मित्र भाव में स्नेहपूर्वक रहते हैं।

भार्गवः सूर्यपुत्रश्च बुधश्चापि तृतीयकः।
स्नेहानुगास्त्रयः प्रोक्ता मैत्री स्यात्तु परस्परम्॥ 21॥

शुक्र, शनि और बुध— ये तीनों भी परस्पर स्नेह रहने से मित्रभाव वाले कहे गए हैं।

ग्रहा एकत्र चत्वारिस्त्रिभिरेकत्र संस्थिताः।
तेषां मध्ये रौद्रं घोरं महद्वैरस्य कारणम्॥ 22॥
रविक्षेत्रे गते जीवे जीवक्षेत्रे गते रवौ।
विवाहं व्रतबन्धं च कुर्याद्देशान्तरं तथा॥ 23॥

यदि तीन या चार ग्रहों की युति एक क्षेत्र में हो तो यह स्थिति उनमें महान् रौद्र रूप में घोर वैर का कारण बनती है, रवि के क्षेत्र में गुरु हो या गुरु के क्षेत्र में रवि हो तो ऐसे समय में विवाह, व्रतबन्ध और देशान्तर गमन वर्जित है।

(द्विर्द्वादशे त्रिकोणे च न कदाचित्षडष्टके)।[2]
उद्वेगं कलहो हानिः सुखं नैव कदाचन॥ 24॥

---

1. ये श्लोक नारद से तुलनीय है— मेषवृश्चिकयोर्भौमः कन्यामिथुनयोर्बुधः। धनुर्मीन द्वयोर्मन्त्री शुक्रो वृषतुलेश्वरः॥ शनिर्मकरकुम्भेश इत्येते राशिनायकाः। (नारदसंहिता 29, 32-33)
2. प्रकाशित पाठे नोपलभ्यते।

द्विर्द्वादश, त्रिकोण और षडष्टक हो तो सम्बन्ध नहीं करें क्योंकि, ऐसे अवसर पर उद्वेग, कलह और हानि होती है और सुख तो कभी भी सुलभ नहीं होता।

लग्नघटिकाप्रमाणं —

वक्ष्ये द्वादश लग्नानि घटिकानां प्रमाणतः।
सप्तपञ्चाशत्पलानि त्रिघट्यो मीनमेषयोः॥ 25॥

(विश्वकर्मा बोले कि) अब मैं बारह लग्नों को उनकी घटिकाओं तक सप्रमाण कहता हूँ। मीन, मेष की घटिकाएँ 3 घड़ी और 57 पल की होती हैं।

वृषे कुम्भे चतस्त्रश्च षड्विंशति पलानि च।
मिथुन मकरे पञ्च घट्यो नव पलानि च॥ 26॥

वृष व कुम्भ की 4 घड़ी और 26 पल होती हैं। मिथुन और मकर की 5 घड़ी और 9 पल होती हैं।

धनुः कर्कटयोः पञ्च सप्तत्रिंशत् पलैः सह।
सिंहवृश्चिकयोः पञ्च द्वात्रिंशच्च पलानि च॥ 27॥

धनु और कर्क की 5 घड़ी और 37 पल की होती है। सिंह और वृश्चिक की 5 घड़ी और 32 पल की होती है।

पञ्चैव कन्यातुलयोरेकोनविंशतिपलैः।
इत्थं लग्नप्रमाणानि प्रोक्तानि द्वादशैव च॥ 28॥

कन्या तुला की भी घटिकाएँ 5 घड़ी और 19 पल की होती हैं। इतने ये लग्न प्रमाण बारहों लग्नों के कहे गए हैं।

दिवानिशालग्नानि —

कर्कटानि निशालग्नं नक्रादि दिनलग्नकम्।
लग्नानि षट् तथा रात्रौ दिने स्युः षट् तथैव च॥ 29॥

कर्कादि से रात्रि के लग्न और मकरादि से दिन के लग्न— इस तरह छह लग्न रात्रि के और छह लग्न दिन के होते हैं।

अथ विप्रादीनाभिधानं —

वृश्चिकः कर्कटो मीनो ब्राह्मणाः परिकीर्तिताः।
धनुर्मेषस्तथा सिंहो राजानश्च शुभाः स्मृताः॥ 30॥
कन्या वृषश्च मकरश्चैते वैश्या उदाहृताः।
मिथुन च तुला कुम्भः शूद्रा एते प्रकीर्तिताः॥ 31॥

वृश्चिक, कर्क और मीन राशि की ब्राह्मण संज्ञा कही है। धनु, मेष और सिंह राशि की क्षत्रिय संज्ञा; कन्या, मकर और वृष राशि की वैश्य संज्ञा और मिथुन, तुला एवं कुम्भ राशि की शूद्र संज्ञा कही गई है।[1]

विप्रः कार्यो द्वादशभिः क्षत्रियो नवभिस्तथा।
षड्लग्नैश्च भवेद् वैश्यस्त्रिभिः शूद्रः प्रशस्यते॥ 32॥

सामान्यतया बारह लग्नों से विप्र (ब्राह्मण) कार्य होते है। नौ लग्नों से क्षत्रिय कार्य; छह लग्नों से वैश्य कार्य और तीन लग्नों से शूद्र कार्य प्रशस्त कहे गए हैं।

सिंहाली च घटवृषौ लग्नवेलासु चोत्तमाः।
प्रासादप्रतिमालिङ्गजगतीपीठमण्डपात्॥ 33॥

प्रासाद, प्रतिमा, लिङ्ग, जगती, पीठ और मण्डप के लिए सिंह, वृश्चिक, कुम्भ और वृष राशि के लग्न उत्तम माने गए हैं।

नगरारामनिर्वेशं प्रतिष्ठाऽम्बुनिधेस्तथा।
गढदुर्गाणि[2] गृहाश्च स्थिरलग्नेऽतिशोभनाः॥ 34॥

नगर, बाग-बगीचे का निवेश, मकान, तालाब, गढ़, दुर्ग और गृह की प्रतिष्ठा हेतु स्थिर लग्न बड़े शुभ माने गए हैं।

कन्याधनुर्मीनयुग्मे स्वभावा लग्न वै दिवे ?।
महोत्सवाभिषेकं च विवाहव्रतबन्धनम्॥ 35॥

कन्या, धनु, मीन और मिथुन— ये दिन के स्वाभाविक लग्न हैं ? इन्हें महोत्सव, अभिषेक, विवाह, व्रतबन्ध, गृहप्रवेश आदि शुभ कर्मों के लिए प्रशस्त कहा है।

तुलाकर्कमेषनक्रे लग्नाश्चत्वार उत्तमाः।
यात्राद्या विविधा एषु राजकटकोदिशोभनाः॥ 36॥

तुला, कर्क, मेष, मकर— ये चारों लग्न विविध यात्राओं, राजा की सेना के प्रयाण और स्कन्धावार (राजकटक) हेतु उत्तम कहे गए हैं।

---

1. नारद का मत है— झषालिकर्कटा विप्रास्तदूर्ध्वाः क्षत्रियादयः। पुंवर्णराशौ स्त्रीराशौ समैहीने तथा शुभम्॥ (नारदसंहिता 29, 140) कन्या का वर्ण वर के वर्ण से सम या न्यून हो तो शुभ होता है।
2. यहाँ 'गढ़' शब्द का प्रयोग रचनाकार को मेवाड़ (राजस्थान) या गुजरात क्षेत्र का होना बताता है क्योंकि गढ़ दुर्ग के पर्याय के रूप में यहाँ की देशज भाषा मेवाड़ी, गुजराती में व्यवहृत है। इसी आधार पर सूत्रधार मण्डन ने भी राजवल्लभ. में गढ़ शब्द का प्रयोग किया है। भोजराज ने दुर्ग शब्द का ही प्रयोग किया है किन्तु भोजदेव के नाम से लिखित 'युक्तिकल्पतरु' में 'द्वन्द्व' (देखिए— युक्तिकल्पतरु के अन्तर्गत द्वन्द्वयुक्ति) शब्द का प्रयोग किया है जो निश्चित ही किसी अन्य रचनाकार भोज की ओर सङ्केत करता है।

सप्तपञ्चशलाकाश्च मद्रभिश्चककोत्तमम् ?।

स्वरे स्वामिकान्तारेषु ग्रहवेधविशोधनम्॥ 37॥

इसी प्रकार वेध दर्शन के लिए ग्रहों की स्थिति पञ्चशलाका और सप्तशलाका चक्रों से उत्तम प्रकार से देखी जा सकती है। स्वर (वर = चुनाव) में स्वामी और कान्तार (अपने एवं पराए एवं पति-पत्नी) क्षेत्र में ग्रह वेध विशोधन करना चाहिए।

रविवेधे च वैधव्यं चन्द्रे भृत्यं न जीवति।

कुजे प्रजाक्षयं विद्याद् वन्ध्या सोमसुते मता॥ 38॥

रवि वेध से वैधव्य, चन्द्र वेध से सेवक की मृत्यु, मङ्गल वेध से प्रजा को क्षति जानना और सोमसुत अर्थात बुध के वेध से वन्ध्यत्व सूचित होता है।

प्रव्रज्या गुरुवेधे तु अपुत्रा शुक्रवेधतः।

दुःखदा सूर्यपुत्रेण ग्रहवेधविशोधनम्॥ 39॥

गुरु का वेध होने से प्रवज्या करनी पड़ती है। शुक्र वेध से सन्तानहीनता होती है तथा शनि के वैध से निश्चय ही दुःख आता है। इस प्रकार से यहाँ यह ग्रहों का वेध विशोधन कहा गया।

इति सूत्रसन्तागुणकीर्तिप्रकाशप्रोकृश्रीभुवनदेवाचार्योक्तापराजितपृच्छायां ज्योतिषलक्षणाधिकारो नाम षट्चत्वारिंशं सूत्रम्॥ 46॥

इस प्रकार भुवनदेवाचार्य कृत सूत्रसन्तानगुणकीर्ति प्रकाश या अपराजितपृच्छा में ज्योतिष लक्षण अधिकार नामक छिलीसवाँ सूत्र पूर्ण हुआ॥ 46॥

गणितक्षेत्रनिर्णयो नाम सप्तचत्वारिंशं सूत्रम्॥ 47॥

विश्वकर्मोवाच —

उद्धृत्य गणितात्सारं सर्वशास्त्रादिदीपकम्।

वेदाश्रः क्षेत्रवास्तुश्च वृत्तश्चाष्टाश्र एव च॥ 1॥

ज्ञेयो द्वात्रिंशदश्रश्च शिलायां विविधोत्तमः।

षट्कोधश्च त्रिकोणश्च चन्द्रार्धो गोलकः परम्॥ 2॥

विश्वकर्मा बोले कि सभी शास्त्रों के दीपक-तुल्य माने जाने वाले गणितशास्त्र का सार उद्धृत करके चतुरश्रक्षेत्र वास्तु, वृत्तक्षेत्र वास्तु, अष्टाश्रक्षेत्र वास्तु, बत्तीसकोणीयक्षेत्र वास्तु को विविध प्रकार की उत्तम शिलाओं से षट्कोण, त्रिकोण, अर्धचन्द्राकार तथा गोलाकार तक कहूँगा।

अथ गणितपादं —

आदौ गणितपादं च कथयिष्याम्यनुक्रमात्।
तदन्तराणि क्षेत्राणि कथये विविधानि च॥ 3॥

इसमें सबसे पहले 'गणित पाद' भाग को अनुक्रम से कहता हूँ, उसके बाद विविध प्रकार के क्षेत्रों के विषय में कहूँगा।

एकात्पर्द्धादीनां गणनामाह —

एकं दश शतमस्मात् सहस्त्रमनु चायुतम्।
नियुतं प्रयुतं तस्मादर्बुदन्यर्बुदे अपि॥ 4॥
वृन्दं खर्वनिखर्वाणि शङ्कुपद्माम्बुराशयः।
ततः स्यान्मध्यमन्त्यं च परं चापरमप्यतः॥ 5॥
परार्धं चेति विज्ञेयं दशवृद्ध्योत्तरोत्तरम्।[1]

संख्या-स्थानानुसार मान इस प्रकार बताया है कि एक (1), दस (10), शत (100), सहस्त्र (1000), अयुत (10000), नियुत (100000), प्रयुत (1000000), अर्बुद (10000000), अन्यर्बुद (100000000), वृन्द (1000000000), खर्ब (10000000000), निखर्ब (100000000000), शङ्कु (1000000000000), पद्म (10000000000000) और इसके बाद अम्बुराशि (100000000000000) मध्य (1000000000000000), इसके उपरान्त अन्त्य (10000000000000000), पुनः पर (100000000000000000), अपर (1000000000000000000) तथा इसी प्रकार परार्ध (10000000000000000000) संज्ञक इन संख्याओं को उत्तरोत्तर दस-दस की वृद्धि से जानना चाहिए।

अधोयोगे सङ्कलितास्तत् सङ्कलितमुच्यते॥ 6॥

एक के नीचे एक संख्या रखते हुए उन्हें योग से सङ्कलित करने को सङ्कलित अर्थात् जोड़ कहते हैं।

---

1. इस प्रकार से एक, दश, सौ, हजार, दस हजार, नियुत, प्रयुत, अर्बुद, अन्यर्बुद वृन्द, खर्व, निखर्व, शङ्कु, पद्म राशियाँ, संख्याएँ होती है। इनमें भी मध्यम, अन्त्य और परं और ऊपरं तथा उनसे परे भी परार्ध आदि तक इन संख्याओं को समझना जो एक एक से दस गुनी वृद्धि को प्राप्त होती है। उक्त श्लोक ज्यों के त्यों समराङ्गणसूत्रधार (9, 47-49) में आए हैं। अपराजित के इस अध्याय पर भास्कराचार्य कृत लीलावती का प्रभाव भी परिलक्षित होता है। यही अध्याय सूत्रधार मण्डन कृत राजवल्लभ के 11वें अध्याय का मूल उत्स रहा है। नारदपुराण में यह क्रमवार गणना इस प्रकार आई है— एकं दश शतं चैव सहस्त्रायुतलक्षकम्॥ प्रयुतं कोटिसंज्ञां चार्बुदमब्जं च खर्वकम्। निखर्वं च महापद्मं शङ्कुर्जलधिरेव च॥ अन्त्यं मध्यं परार्द्धं च संज्ञा दशगुणोत्तराः। (नारद. पूर्व. 54, 12-13)

अग्रेऽङ्काङ्क स्थापनीयस्तद्गुणैः पृष्ठपादतः।
ऊर्ध्वमूर्ध्व क्रमान्मूलं सङ्ख्या सङ्कलिता भवेत्॥ 7॥

आगे-आगे अङ्कों की स्थापना करते हुए पीछे की संख्याओं के ऊपर से ऊपर की मूल से क्रमवार जोड़ते जाने से (या गुणा से) संख्या सङ्कलित होती है।

एवं पादाश्च चत्वारो गणिताङ्कसमुच्यते।
सङ्कलितं करणसूत्रामार्याद्वयंत्तेकोवृद्धिश्च ?।
अधोयोगे सङ्कलीकृता तस्माद्भेदशोत्तरां च ?॥ 8॥

इस प्रकार गणिताङ्क कहलाने वाले चार पाद होते है। सङ्कलित, करण सूत्र को, आर्याद्वय अन्त में एक की वृद्धि ? नीचे योग करे सङ्कलित करें, उसके भेदशः उत्तराच ?।[1]

अथ संख्यापद नामानि च —

अग्रपृष्ठो अग्रकोत्तरा वा शून्यपृष्ठोक्त ?।
भवेद् दशोत्तरा वृद्धी........ ?॥ 9॥
एकराशिस्तु गणिते मूलं वर्गो द्विराशिकः।
त्रिराशिकोऽथवोक्तश्च घनो वै कर्णसम्पुटे॥ 10॥

आगे पीछे के आगे के बाद वा शून्य पृष्ठोवत्त ?। दशोत्तरा वृद्धि होती है ? एक ही संख्या से मूल संख्या को गणित करने से 'वर्ग द्विराशिक' बनता है। इसी तरह एक ही राशि को मूल से तीन बार गणित करने से घन संख्या बनती है, जो 'कर्ण सम्पुट' कहलाती है।

पदद्वयं हते पादे पदैस्तद् गुणितं तथा।
पदघ्नं च पदहतमित्यभिख्यं च राशिकम्॥ 11॥

दो पाद को एक पाद से भाग देने पर जो संख्या आए, उसे पुनः पाद से गुणित करे तो उसे 'पदघ्न' तथा 'पदहत राशि' कहते हैं।

---

1. यहाँ पाठ भ्रष्ट होने से नारदीय निर्देश को देखना चाहिए। यथास्थानीय अङ्कों का योग या अन्तर क्रम या व्युत्क्रम से करें। गुण्य के अन्तिम अङ्क को गुणक से गुणा करें। इसके बाद उसके पार्श्ववर्ती अङ्क को भी उसी गुणक से गुणा कर दें। इस प्रकार आदि से अङ्क तक गुणा करने पर गुणनफल लब्ध हो जाता है। इसी प्रकार भागफल जानने के लिए भी प्रयास करना चाहिए। जितने अङ्क से भाजन के साथ गुणा करनेपर भाज्य में से घट जाए, वही अङ्क लब्धि अर्थात् भागफल होता है। दो समान अङ्कों के गुणनफल को वर्ग कहा गया है। ज्ञानियों ने उसे ही कृति कहा है— क्रमादुत्क्रमतो वापि योगः कार्योत्तरं तथा॥ हन्याद्गुणेन गुण्यं स्यात्तेनैवोपान्तिमादिकान्। शुद्धेद्धरोगद्गुणश्च भाण्यान्त्यात्तफलं मुने॥ समाङ्कतीऽथो वर्गः स्यात्तमेयाहुः कृतिं बुधः। अन्त्यात्तु विषमात्त्यक्तवा कृतिं मूलं न्यसेत् पृथक्॥ इत्यादि... (नारद. पूर्व 54, 14-16)

द्वाभ्यां तु द्विगुणीकृत्य मूलभागोद्भवं पदम्।
एवं मूलाभिधानं च वास्तुविद्भिरुहाहृतम्॥ 12॥

दोनों को दुगुना करके मूल भाग से निष्पन्न पद को 'मूलाभिधान' नाम से वास्तुशास्त्री जानते हैं।

एवं यद् द्विगुणीकृत्य चतु ? र्द्विगुणमेव च।
प्रख्यातं द्विगुणं चेति प्रयुक्तं गुणितादिके॥ 13॥

इस प्रकार जब दुगुने किए जाए चार को? इस द्विगुण राशि को गुणित करने वाले विद्वान 'द्विगुण' (पहाड़े की तरह) नाम से जानते हैं।

कर्मान्तर व्यवहार क्षेत्रं चाऽपि प्रदापयेत्।
दीर्घं हन्यात्पृथुत्वेन वेदाश्रस्य फलं भवेत्॥ 14॥

कार्य करते समय व्यवहार क्षेत्र में भी इसे प्रयोग में लाना करना चाहिए। लम्बाई को चौड़ाई से गुणा करके चतुर्भुज क्षेत्र का फल प्राप्त होता है।

सूत्र इस प्रकार है— लम्बाई × चौड़ाई = क्षेत्रफल।

खातमानं तु पाषाणे गोलपिण्डैस्तु ताडयेत्।
तदसङ्ख्याता कर्माणं पाषाणस्य तदन्तरम् ?॥ 15॥

पाषाण को खात-मान से अर्थात् खान से निकालते समय गोलपिण्ड से चोट करनी चाहिए, इसके लिए संख्या अंकित कर ही कार्य में लेना चाहिए।

नवत्यङ्गुलदैर्घ्ये च पृथुत्वे चतुर्विंशतिः।
द्वादशाङ्गुलपिण्डं च शिलामानप्रमाणतः॥ 16॥

नब्बे अङ्गुल की लम्बाई और चौबीस अङ्गुल की चौड़ाई (मोटाई) से बारह अङ्गुल का पिण्ड शिलामान प्रमाण से कहा है।

यच्छिलायाः समानं च गणित्वा क्रमयोगतः।
तेषां गुणितसङ्ख्याश्च पाषाणाश्च क्रमोदिताः॥ 17॥

जिस शिला के समान ही क्रम योगानुसार गणित करके जो गुणित संख्या आए, उसे पाषाण की क्रमोदिता संख्या कहते है।

दीर्घं द्वादशको भागः षड्भागश्चैव विस्तरः।
पिण्डस्य तुर्यो भागश्च अन्योन्मपि ताडयेत्॥ 18॥

बारह भाग की लम्बाई और छह भाग की चौड़ाई से पिण्ड के चार भाग को एक दूसरे से ताड़न करें।

दीर्घहस्तान् पृथुत्वेन पुनः पिण्डेन ताडयेत्।
द्व्यष्टाशीतिशतैर्भागं लब्धिरङ्गुलसङ्ख्यिका॥ 19॥
पृथुपिण्डे ताड्यमाने वृद्धिह्रासससमुद्भवे।
शिलानां क्रमयोगे तु खातमानं तथोच्यते॥ 20॥

दीर्घस्थान बड़े गज की संख्या 24 की मोटाई पुनः 24 से ताड़न करने पर एक सौ बयासी (182) भाग को अङ्गुल संख्यिका कहते है। मोटाई पिण्डमान को ताड़न से वृद्धि और ह्रास बनता है, उसे शिलाओं के क्रमयोग से 'खात-मान' कहा जाता है।

पिण्डाङ्गुलैर्दीर्घहस्ता गुणितव्याः प्रयत्नतः।
पृथुह्रस्ववृद्ध्यार्धा च धत्ते मानं शिलादिकम्॥ 21॥

इति शिलामानः।

दीर्घहस्त-गज के 24 अङ्गुल पिण्ड से गुणित करके मोटाई के ह्रस्व, दैर्घ्य को आधा करने पर शिलादिक मान लब्ध होता है।

वृत्तदीनां फलानयनं —

व्यासे त्रिगुणे परिधिः षष्ठभागविमिश्रिते।
व्यासार्ध च परिध्यर्ध गुणे वृत्तफलं भवेत्॥ 22॥

व्यास की तिगुनी परिधि षष्ठांश युक्त होती है। व्यासार्ध और परिधि का अर्ध गुणा करने पर किसी भी वृत का क्षेत्रफल आता है।

समस्ता वृत्तपरिधिर्गुणिता व्यासपादतः।
हरेच्चतुर्विंशतिभिर्लब्धमङ्गुलतत्फलम्॥ 23॥

समस्त वृत्त की परिधि को व्यास के चतुर्थांश से गुणित करके चौबीस अङ्गुल से भाग देने पर जो लब्धि आए उतने अङ्गुल उसका फल समझना चाहिए।

व्यासे वर्गस्य ? गुणिते चतुर्थांशं तु पातयेत्।
शेषेऽष्टादशके भागे क्षिप्ते वृत्तफलं भवेत्॥ 24॥

व्यास को वर्ग गुणित करके चतुर्थांश घटा दे, फिर शेष के अठारह भाग करने पर वृत्तफल बनता है।

व्यासवर्गहस्तैकोनपञ्चाङ्गुलानि पातयेत्।
शेषं यल्लभ्यते तच्च वृत्तस्यापि फलं भवेत्॥ 25॥

वर्ग हस्त 24 × 24 को व्यास से एक कम पञ्चाङ्गुली (चतुर्थांश) से भाग दे, जो शेष प्राप्त हो, वह वृत्त का फल होता है।

तस्यास्तु(स्त्रु)वौलेनहितं खातकूपफलं भवेत्।
पाषाणपिण्डहतं वा शिलामानं तु सङ्ख्यया ॥ 26 ॥

उपर्युक्त विधि से कूप के खात परिणाम प्राप्त होता है। जो पाषाण पिण्डमान से भाग देने पर शिला मान की संख्या आती है।

भूवदन समासार्ध च लम्बकेनात्र गुणितम ?।
कुद्दलं लम्बहतं च जायते क्षेत्रफलम् ॥ 27 ॥

भूवदन के समान ही आधा और ले और उसे लम्बक से गुणित करे (?), तो कुद्दल लम्बहत क्षेत्रफल आता है।

तविवेधगुणितं च खातफलं प्रसिद्धयेत्।
समविषमाधवेधैः पदैर्विषमवेधकैः ॥ 28 ॥

इस प्रकार से वेध के गुणित करके खातफल आता है। सम-विषम आध वेधों में पदों में विषम वेध कहा है।

गोलव्यासवर्गगुणं ताड्यं व्यासार्धपिण्डकम्।
द्विशताष्टाशीतिहृतं लब्धं गोलफलं भवेत् ॥ 29 ॥

गोल और व्यास के वर्ग को गुणित कर व्यासार्ध पिण्डक को भाग दें। उससे दो सौ अस्सी (280) निकाल लें तो गोलफल की लब्धि होती है ॥ 29 ॥

व्यासवर्गे तु गुणितं फलमेकं ? प्रकीर्तितम्।
षड्भागं द्विरसं त्यक्त्वाऽष्टाश्रे क्षेत्रफलं भवेत् ॥ 30 ॥

इत्यष्टाश्रक्षेत्रम्।

व्यास के वर्ग को गुणित करके एक फल कहा जाता है। इसके बारह (द्विरसं) के छह भाग को छोड़ने पर अष्टाश्र क्षेत्र का क्षेत्रफल आता है।

षडंशमेकशेषं च त्यक्त्वा सूत्रापरः शिखा ?।
दीर्घ पृथुत्वे गुणितं षडश्रे क्षेत्रजं फलम् ॥ 31 ॥

इति षडश्रक्षेत्रम्।

षडंश में एक शेष को अर्थात 1 $^{1/6}$ छोड़कर सूत्रा पर शिखा? लम्बाई को मोटाई से गुणित करने से षडश्र क्षेत्रफल बनता है।

वर्गमूलफलं त्यक्त्वा षड्भागं शक्रांशं त्यजेत्।
शेषं फलं विजानीयात् क्षेत्रे वै षोडशाश्रके ॥ 32 ॥

इति षोडशाश्रक्षेत्रम्।

वर्गमूल फल को छोड़कर छह भाग शक्रांश (14वाँ या 13वाँ) भाग या 1/13 छोड़ दे, शेष को षोडशाश्र का क्षेत्रफल समझे।

चापाकारे यदा क्षेत्रे पृथुत्वं मध्यपादतः।
त्रिभागं द्विगुणं कृत्वा पृथुत्वं चैव साधयेत्॥ 33॥

जब धनुषाकार क्षेत्र हो और मोटाई मध्य पाद जितनी हो तो उसके तीन भागों को दुगुना करके मोटाई को ज्ञात करना चाहिए।

पादान्तं गुणिताग्रं च मध्ये गुणं पृथु मध्यम ?।
वामे च द्विगुणं दीर्घ चापाकारे क्षेत्रफलम्॥ 34॥

इति चापाकारक्षेत्रम्।

पादान्त तक गुणित करके मध्य में मध्यम गुणित कर? बायीं ओर दुगुनी चौड़ाई वाला चापाकार क्षेत्रफल बनता है।

षड्बृहद्भुजार्धवासं भिन्नैः शीर्ष शिखान्तकैः।
पृथुदीर्घगुणिते त्रिकोणे क्षेत्रफलं भवेत्॥ 35॥

इति त्रिकोणक्षेत्रम्।

बृहद् भुजार्धवास को अर्थात 24/2 को छह से गुणित करके शिखान्त तक मोटाई व लम्बाई को गुणित करके त्रिकोण क्षेत्रफल बनाएँ।

दीर्घं समभुजान्ते च पृथुत्वं मध्यस्थाके।
पृथुपादं परित्यज्य षडंशं च पुनर्ददेत्॥ 36॥

इत्यर्धचन्द्रक्षेत्रम्।

समभुजान्त तक लम्बाई और मध्य स्थान तक की चौड़ाई का चतुर्थांश छोड़कर षष्ठांश को पुनः जोड़ दें।[1]

इति सूत्रसन्तागुणकीर्तिप्रकाशप्रोक्तृश्रीभुवनदेवाचार्योक्तापराजितपृच्छायां
गणितक्षेत्रनिर्णयाधिकारो नाम सप्तचत्वारिंशं सूत्रम्॥ 47॥

इस प्रकार भुवनदेवाचार्य कृत सूत्रसन्तानगुणकीर्ति प्रकाश या अपराजितपृच्छा में
गणितक्षेत्रनिर्णय अधिकार नामक सैंतालीसवाँ सूत्र पूर्ण हुआ॥ 47॥

---

1. गणित का यह वर्णन पर्याप्त रूप से त्रुटित है। इसे विशेष रूप से भास्करकृत लीलावती नामक ग्रंथ में देखना चाहिए। इसके लिए श्रीपति कृत गणिततिलक और सिद्धान्तशेखर ग्रंथ भी देखे जा सकते हैं।

भूपरीक्षाग्रहपूजा नामाष्टचत्वारिंशं सूत्रम् ॥ 48 ॥

विश्वकर्मोवाच। ग्रहणयोग्यपर्वताश्रितभूप्रदेशमाह —

महेन्द्रो मलयश्चैव सिंहश्च विक्रमस्तथा।
समुद्रः पारिजातश्च श्रीशैलश्च तथार्बुदः ॥ 1 ॥
नीलश्च श्वेतशृङ्गश्च चन्द्रः प्रभाससम्भवः।
गन्धमादनोज्जयन्तौ प्राप्ता श्वेतसम्भवः ?॥ 2 ॥

विश्वकर्मा बोले कि पर्वतों में (1.) महेन्द्र, (2.) मलय, (3.) सिंह, (4.) विक्रम, (5.) समुद्र, (6.) पारिजात, (7.) श्रीशैल, (8.) अर्बुद, (9.) नील, (10.) श्वेतशृङ्ग, (11.) चन्द्र, (12.) प्रभाससम्भव, (13.) गन्धमादन और (14.) जयन्त— ये श्वेत से उत्पन्न हुए हैं। (इनके क्षेत्रों को ग्रहण की दृष्टि से विचारणीय जानना चाहिए।)

गङ्गाया यमुनायाश्च नर्मदायास्तटे तथा।
गोदावर्याः सरस्वत्याः सिन्धौ पृष्ठे तथैव च ॥ 3 ॥
तापी मही तुङ्गभद्रा कावेरी चन्द्रभागिका।
पयस्वती साभ्रमती कृष्णा नीरा च निर्मला ॥ 4 ॥
भीमाक्षी सिंहिका ख्याता नीलोद्भवा च वेत्रकी।
रेवती मधुरा ख्याता विश्वामित्री च मूलका ॥ 5 ॥

(ग्रहणयोग्य नदियों के तटवर्ती क्षेत्रों के विषय में कहा जा रहा है) गङ्गा के, यमुना, नर्मदा, गोदावरी, सरस्वती, सिन्धु, तापी, मही, तुङ्गभद्रा, कावेरी, चन्द्रभागा, पयस्वती, साबरमती, कृष्णा, नीरा, निर्मला, भीमाक्षी, सिंहिका, नीलोद्भवा व वेत्रकी के, रेवती, मधुरा नाम से विख्यात विश्वामित्री और मूलका (के क्षेत्र परीक्षण के योग्य हैं।)

नद्यादीनां भूक्षेत्रं —

कुरुक्षेत्रे च गङ्गायामन्र्वेद्यां तथैव च।
नैमिषे कुब्जाम्रकेषु महाकालवने तथा ॥ 6 ॥
सिद्धायतनतीर्थेषु नदीनां सङ्गमेषु च।
उर्वरीषु श्मशानेषु चत्वरे उदकाश्रिते ॥ 7 ॥
सुप्रदेशे शुभ रम्ये गह्वरे गिरिमाश्रिते।
वने चोपवने चैव यत्र वा रोचते मनः ॥ 8 ॥

इसी प्रकार कुरुक्षेत्र में, गङ्गा के अञ्चलों, नैमिषारण्य, कुब्जक्षेत्र, आम्रक (उत्कल क्षेत्र) तथा महाकाल[1] के वनों में, सिद्धायतन, तीर्थों में और नदियों के संगमों पर, उर्वरी में, श्मशानों में, चौराहों पर, जलाशयों के निकट, सुन्दर भूभागों पर तथा पहाड़ियों में स्थित गुफाओं में, वनों तथा उपवन-बाग-बगीचों और जहाँ कही भी मन लग जाय ऐसे सुलभ स्थान पर (भूमि को ग्रहण करने पर विचार करना चाहिए।)

नगरग्रामपूर्मध्ये खेटके चैव कर्वटे।
तडागकूपमाश्रित्य प्रसिद्धनृपमार्गके॥ 9॥
प्रपादे कुलसम्भवे कुर्याद्वैशवमण्डपम्।
जनालयदिक्कुड्यानि वापिर्द्वारयुता तथा॥ 10॥

कोंई नगर-पुर या ग्राम हो, खेटक (खेड़ा) अथवा कर्वट हो, उनके बीच और प्रसिद्ध राजमार्ग पर तालाब और कूपों को बनाया जाना चाहिए। यदि राजकुलों के अपने शवमण्डप या समाधियों का क्षेत्र हो तो वहाँ पर बावड़ी हो और जनालय (लोगों का आवास और धर्मशाला हो) या चारदिवारी हो तो द्वारों सहित बावड़ी बनवाएँ।[2]

शुभे दिने शुभे ऋक्षे सुलग्ने सुमुहूर्तके।
आदौ च भूपरीक्षायां शकुनं हि विलोकयेत्॥ 11॥

---

1. महाकाल के वनों का वर्णन स्कन्दपुराण के आवन्तिखण्ड में सम्यक् प्रकार से आया है।
2. देवालयचन्द्रिका में कहा गया है कि किसी तीर्थ की सीमा में, नदी के तट पर, सरोवर के तीर पर, नदियों के सङ्गम पर, पर्वतों व पहाड़ों के आगे, वन-उपवन, उद्यानों में और सिद्धों के आश्रम या गुरुकुल, ग्राम, पुर, पत्तन अथवा देश में कहीं सुन्दर स्थल पर देवताओं के लिए प्रासाद निर्माण के लिए भूमि का चयन करना चाहिए। ऐसी भूमि देवालयों के निर्माण की दृष्टि से श्रेष्ठ है जहाँ पर कर्पूर, अगरु, नारियल, तिलक, दर्भ, कदम्ब, अर्जुन, मालेय, क्रमुक या सुपाड़ी, इक्षु, केतकी, कुश, कुन्द, कमल, उत्पलादि की उपज होती हों। ऐसा स्थल जहाँ पर कि जल का प्रवाह पूर्व की ओर होता हो अर्थात् भूमि का प्लव पूर्व की ओर हों, जो भूमि बहुत जल वाली हो अथवा जहाँ उचित सुविधाएँ हों, शान्ति हों, देवाधिपति का यजन होता हो और कमलों से परिपूर्ण पृथ्वी हो, वह देवालय के लिए सर्वथा उचित है— तीर्थान्ते तटिनीतटे जलनिधेस्तीरे सरित्सङ्गमे शैलाग्रेऽद्रितटे वनोपवनयोरुद्यानदेशे तथा। सिद्धाद्यायतनेषु वा गुरुवरो ग्रामे पुरे पत्तने देशेऽन्यत्र मनोरमे सुरसमिज्यायै क्षितिं कल्पयेत्॥ कर्पूरागरुनालिकेर तिलकैर्दर्भैः कदम्बार्जुनेर्मालेयैः क्रमुकेक्षुकेतककुशैः कुन्दारविन्दोत्पलैः। पूर्वोदक्प्लवशालिनी बहुजला वा या दरीदृश्यते सेयं शान्तिकरी सुरेशयजने सूक्ता सुपद्मा मही॥ तीरं वारिनिधेः श्रितार्थं सरितस्तीर्थस्य वा दक्षिणे व्रीहि- क्षेत्रविचित्रिताप्यदिशि यज्ञार्हाङ्घ्रिपैरङ्किता। कीर्णा पूर्वफलप्रसूतनरुभिर्योद्यानहृद्यापि वा भद्रा सा परिगीयते वसुमती प्रीतिप्रदा यज्वनाम्॥ (देवालय. 2-4 एवं तन्त्रसमुच्चय 1, 28, 39-40)

(अब भूमि परीक्षाविधि के प्रसङ्ग में कहा जा रहा है) इस शुभ कार्य के लिए शुभ दिन, शुभ नक्षत्र, सुलग्न और सुमुहूर्त का अवश्य ध्यान रखें। पहले भूपरीक्षा के लिए शकुनों को अच्छी प्रकार से देख लें।

पूजाबलिविधानेन शकुनेशं तथा परम्।
दुर्लभं लभते वत्स विश्वकर्मप्रभाषितम्॥ 12॥

शकुन के लिए भी पूजा बलि विधानपूर्वक शकुनेश का तथा परमतत्त्व का ध्यान करें। हे पुत्र! समझ लो कि विश्वकर्मा के द्वारा कही गई यह शिक्षा बड़ी दुर्लभ है जिसका तुम्हें लाभ मिलेगा।

आदावुत्तरतो वत्स पश्चाद्दक्षिणतो भवेत्।
उत्तरे सिद्धिसम्पत्तिः क्षेमलाभस्तु दक्षिणे॥ 13॥

हे पुत्र! इसके लिए पहले उत्तर दिशा और बाद में दक्षिण दिशा की ओर जाना चाहिए। उत्तर में सिद्धि, सम्पति और दक्षिण में क्षेम-कुशल का लाभ होता है।

पुनः शब्दोत्तरे स्थाने शकुनस्यापराजित।
सर्वकामफलं तत्र शकुनेशे न संशयः॥ 14॥

हे अपराजित! पुनः यदि शब्द उत्तर दिशा से आता हो तो उस स्थान का शकुन सब कामनाओं की पूर्ति करने वाला, फलदायक है, ऐसा शकुनेश का निश्चित सङ्केत समझना चाहिए।

प्राप्ते शकुनराजे तु सुलग्ने सुमुहूर्तके।
आचार्ये चागमैर्युक्ते बलिपूजां निवेदयेत्॥ 15॥

इस प्रकार से सर्वोतम शकुनराज को प्राप्त करके, सुलग्न और सुमुहूर्त में आचार्य के आगमन पर उन्हें बलि-पूजा निवेदित करें।

सूत्रधारलक्षणम् —

सूत्रधारः शास्त्रयुक्तो वास्तुवेदोपलक्षकः।
सूत्रकम्बीसमायुक्तः सर्वशास्त्रसुकौशलः॥ 16॥
तदा क्षेत्रे प्रतिष्ठा तु पुण्यस्थाने सुशोभने।
आचार्यसूत्रधारैश्च कृता पूजा महोदिता॥ 17॥

इस अवसर पर समस्त शिल्पशास्त्रों में कुशल, वास्तु वेद में वर्णित समस्त उपलक्षणों को समझने वाला, सूत्र और गज के सही-सही प्रयोगकर्त्ता सूत्रधार शिल्पशास्त्री को उस स्थान में पवित्र और शोभायमान मञ्च पर प्रतिष्ठित करके अन्य सभी सूत्रधार, आचार्यों के साथ महापूजा, सम्मान करना चाहिए।

आदौ तु पूजयेद् देवं गणनाथं विनायकम्॥
सिद्धिबुद्धिसमायुक्तं मुदा विधिविधानतः॥ 18॥

इस क्रम में सर्वप्रथम गणनाथ विनायक का पूजन करें जिनके साथ में सिद्धि व बुद्धि भी विराजमान हो। इस पूजा को बड़े आनन्द और प्रसन्न मन से विधि-विधान पूर्वक करना चाहिए।

ब्रह्मा विष्णुश्च रुद्रश्च पूजनीयाः प्रयत्नतः।
येषां स्मरणमात्रेण सर्वसिद्धिः प्रजायते॥ 19॥

तदन्तर ब्रह्मा, विष्णु, रुद्रदेव की प्रेम-प्रयत्नपूर्वक पूजा करनी चाहिए जिनके स्मरण मात्र से सब प्रकार की सिद्धि हमें मिलती है।

क्षेत्रपालं ततोऽभ्यर्चेत् लाभार्थी सुजटाधरम्।
योगिनीर्बटुकं देवीः कुमारीः सविशेषतः॥ 20॥

फिर, लाभार्थी यजमान सुजटाधर, क्षेत्रपाल की अभ्यर्चना करें तथा सभी चौंसठ योगिनियों, बटुकों, देवियों और कुमारियों की विशेष तौर पर पूजा-अर्चना करें।

सर्वदेवास्ततः पूज्या दिक्पालांश्च ततोऽर्चयेत्।
प्रतिदिक्पालदेवांश्च तज्जातीयसपर्यया॥ 21॥

इसके बाद सर्व देव पूजा, दिक्पाल, प्रतिदिक्पालों की और उनकी जाति और नाम-पर्याय के साथ पूजन करे।

वास्तुपूजाविधानं तु कर्तव्यं दिशकोत्तमैः ?।
निर्विघ्नं च भवेतत्र हेतुकादिः समर्चने॥ 22॥

वास्तुपूजा विधान को सभी उत्तम दिशाओं में सम्पादित करना चाहिए क्योंकि इस प्रकार के पूजार्चन से वहाँ के सभी कार्य-कारण आदि निर्विघ्न पूरे होते हैं।

वरुणार्चाविधानं तु विशेषात्कारयेत्ततः।
आचार्यं पूजयेद्वत्स विप्रैश्च सह सुन्दरम्॥ 23॥

इस सब के उपरान्त हे वत्स! वरुणार्चा विधान से (वरुणपूजा अथवा गङ्गोज यात्रा) विशेष रूप से करके सभी आचार्यों का, विप्रों का ठाठ-बाट से बड़ी ही सुन्दरता और प्रीतिभोज पूर्वक पूजन समारोह करना चाहिए।

सूत्रधारं ततोऽभ्यचेदष्टसूत्रप्रबोधकम्।
हस्तपूजाविधानं तु कर्त्तव्य त्वपराजित॥ 24॥

हे अपराजित! इसके बाद कार्यारम्भ के पूर्व समारोह पूर्वक शिल्पशास्त्र के अष्ट

सूत्रों[1] के जानकार सूत्रधार, गजधर कर्मान्त्रि का पूजन करना चाहिए और उनके प्रयोग में आने वाले गज (हस्त) का भी पूजन करना चाहिए।

भूमिदानं ततो दद्याद् गोमहिष्यश्वसंयुतम्।
हिरण्यवस्त्रछत्राद्यैर्महादानैः क्षमापयेत्॥ 25॥

इस अवसर पर सूत्रधार को भूमिदान, गो-महिष-अश्वयुक्त स्वर्णाभूषण, वस्त्र-पेरावणी, छत्रादि महादान श्रद्धापूर्वक देना चाहिए।

वन्दितान् पूजयेद्वत्स सुभक्त्या क्षितिपालकैः।
कृपा च सर्वजन्तूनां कर्त्तव्या सिद्धिमिष्यतैः॥ 26॥

इसी तरह हे वत्स! इस अवसर पर क्षितिपालक, भू स्वामी यजमान द्वारा सभी आगन्तुक वन्दनीय महानुभावों, अतिथियों की भक्तिपूर्वक पूजा-अर्चना करनी चाहिए और समस्त जीव-जन्तुओं पर दया-करुणा का भाव रखते हुए सिद्धि की आकांक्षा रखनी चाहिए।

पश्चाद् दानं तथा कुर्याद् दीनान्धकृपणेषु च।
ततः कामं समारभ्य चाष्टसूत्रं विधिक्रमम्॥ 27॥

इसके बाद में दीन-अन्ध और निर्धन व्यक्तियों को दान-पुण्य करके ही अष्टसूत्र विधि-क्रमानुसार शिल्प कर्म का समारम्भ करना चाहिए।

पूजा बलिविधानं च कृत्वा दीनान्धकृपणेषु च।
सर्व सिद्ध्यति तत्कर्म सर्वकामफलप्रदम्॥ 28॥

पूजा, बलि-विधान के साथ जो काम किए जाते हैं, वे सभी काम सिद्ध होते हैं और ऐसे काम सभी कामनाओं की पूर्ति करते हैं।

स्थिरे चित्ते सुधीस्तत्र स्फुरति विपुलाऽमला।
नित्यं पुंसां यदुक्तं गुरुणा विधानं दैवेन या निर्मिता?॥ 29॥

इस प्रकार पूजन विधान के समारोह और उत्साह से, स्थिरचित से आरम्भ किए गए कार्य में समय-समय पर बड़ी ही विमल बुद्धि भी आवश्यकतानुसार स्फुरित होती रहती है। इससे हमेशा गुरुजनों द्वारा कही गई, देवताओं द्वारा निर्मित विधान के अनुसार लोगों को नित्य नई दृष्टि मिलती रहती है।

शास्त्रगणितमूर्ध्नि मपरे स्वस्थे बुद्धिशोभना।

---

1. अष्टसूत्रों में 1. दृष्टिसूत्र, 2. गज, 3. मूँज की डोरी, 4. सूत की डोरी, 5. अवलम्ब या साउल, 6. गुणिया, 7. साधणी और 8. परकाल या विलेख्य को गिना गया है। शिल्पस्मृति में कहा गया है- दृष्टि : करस्तथा मौञ्जं कार्पासञ्चावलम्बकम्। काष्ठसृष्टिविलेख्यानि सूत्राण्यष्ट वदन्ति च॥ (शिल्प. 2, 107)

नित्यं स्फुरति दर्पणे मनःस्था महतामपि न विसाद्भुताः ?॥ 30 ॥

यह एक महत्वपूर्ण नियम है कि महात्मा लोगों में बड़े ही अद्भुत ढङ्ग से शास्त्रगणित के मूर्धन्य जानकारों और दूसरे स्वस्थ बुद्धि शोभन महानुभावों के सभी गुण नित्य नए-नए स्फुरित होते रहते है, मानो ये सभी विचार उनके मन रूपी दर्पण में उन्हें दिखाई पड़ते हैं।

तेनेदं सिद्ध्यते सर्व वास्तुस्थानपरिग्रहम्।
पूजादानैश्च सूत्रश्च संयोगैः प्रभुरभूत्तयोः ?॥ 31 ॥

इन्हीं स्फुरित विचारों से समस्त वास्तुशास्त्र के परिग्रह, काम-काज सिद्ध होते हैं। पूजा, दान, सूत्रादि तो इस संयोग में प्रभुतापूर्वक विशेष लाभदायक हैं।

सर्वार्थे पोषयेद् भृत्यो ये केचित् कर्मदायकाः।
कर्मकरांस्ततो वत्स सर्वार्थे नित्यं पोषयेत्॥ 32 ॥

अन्त में, कार्य सिद्धि का मूल मन्त्र देते हुए श्रीविश्वकर्मा भगवान् अपराजित को कहते हैं कि हे पुत्र! जो भी कोई भृत्य कैसे भी काम में लगाया गया है, उसे सभी तरह से पोषण देना, अच्छा भर-पूर वेतन देना और समस्त कर्मकारों, कारीगरों को भी पूरा-पूरा वेतन देकर उनके पोषण हेतु उनके सभी अर्थों की नित्य पूर्ति करते रहना सदा ही लाभप्रद रहता है।

इति सूत्रसन्तानगुणकीर्तिप्रकाशप्रोक्तृश्रीभुवनदेवाचार्योक्तापराजितपृच्छायां
भूपरीक्षाग्रहपूजाधिकारो नामाष्टचत्वारिंशं सूत्रम्॥ 48 ॥

इस प्रकार भुवनदेवाचार्य कृत सूत्रसन्तानगुणकीर्ति प्रकाश या अपराजितपृच्छा में
भूपरीक्षाग्रह पूजा अधिकार नामक अड़तालीसवाँ सूत्र पूर्ण हुआ॥ 48 ॥

सूत्रधारपरीक्षा नामैकोनपञ्चाशं सूत्रम्॥ 49॥

विश्वकर्मोवाच —

कर्माधिपस्य कर्तव्या परीक्षा शिष्यवत्तथा।
त्रिभावे निःस्पृहो दक्षः कर्तव्यः कर्मनायकः॥ 1 ॥

विश्वकर्मा बोले कि जिस व्यक्ति को कर्माधिप नियुक्त किया जाता है अर्थात् वास्तुकर्म के लिए गजधर बनाया जाता है, उसकी परीक्षा उसके शास्त्रज्ञान, कर्म, कर्त्तव्य, ईमानदारी, दक्षता आदि के बारे में एक शिष्य की परीक्षा की भाँति ही तीन भावों से की जानी आवश्यक है।

चतुर्विधपरीक्षणं —

यथा चतुर्भिः कनकं शिष्यवच्च परीक्ष्यते।
ताडनच्छेदतापैश्च घर्षणैः पुरुषस्तथा ॥ 2 ॥

जिस तरह सोने को और शिष्य को चार प्रकार से परीक्षा करके देखा जाता है, यथा— ताड़न, छेदन, तपाना और घिसना, उसी प्रकार पुरुष की भी इन चार प्रकारों से परीक्षा करनी चाहिए।

भृत्यलक्षणं —

उद्यमः साहसं धैर्य बलं बुद्धिः पराक्रमः।
यस्मिन् भृत्ये चिह्नषट्कं तस्माद् देवोऽपि शङ्कते ॥ 3 ॥

जिस भृत्य में अर्थात कर्म कार्य में नियुक्त कर्मकर में उद्यम, साहस, धैर्य, बल, बुद्धि और पराक्रम— ये छह चिह्न पाए जाते है, उससे तो देवता भी भय खाते हैं अर्थात् आशङ्कित रहते हैं।

पूर्व परीक्षितो भृत्यस्तस्य द्रव्यं निवेदयेत्।
स्वामिकार्यकरो नित्यमसाध्यं साधयेद् ध्रुवम् ॥ 4 ॥

पहले कर्मकर या भृत्य की ठीक परीक्षा कर लेनी चाहिए। उसमें यदि वह पूर्णतः सफल सिद्ध होता है, तो उसको उसका वेतन अवश्य बता देना चाहिए जो उसकी योग्यता के उपयुक्त हो क्योंकि समुचित एवं पुष्कल वेतन पाने वाले कर्मकर सदा स्वामीभक्त, स्वामी के कार्य को कुशलता से पूरा करने वाले, प्रत्येक अवसर पर उपलब्ध रहकर काम को सफल बनाने वाले, असाध्य कामों को भी अवश्य ही साधने वाले और निश्चयपूर्वक कर दिखाते हैं।

सुशीलः सुगुणो भृत्यः सुकुलः सत्यताधिकः।
सोद्यमो विनयैर्युक्तो विभवे निःस्पृहो ध्रुवः ॥ 5 ॥
परदारधनत्यागी प्रियालापी च देशजः।
स्वामिकार्यकरो नित्यं त्रैलोक्यं तस्य शङ्करम् ॥ 6 ॥

जिस कर्मकर में सुशीलता, सुगुण, सुकुल, सत्यवादिता, उद्यमिता, विनय और वैभव में भी सरलता, निस्पृहता दृढ़ हो, वह पराई स्त्रियों, पराए धन का त्यागी एवं प्रियवाणी बोलने वाला होता है। मुख्य बात यह कि वह उसी क्षेत्र का निवासी अर्थात् देशज हो जो क्षेत्र की पूरी जानकारी रखता है। वह स्वामी का कार्य सदा सफल करके दिखाता है और तीनों लोकों में शान्तिकारक होता है।

सुभृत्यः सुगुणैर्युक्तः शीलवांश्च विवेकवान्।
क्रमजातकुले जातो महासत्यप्रियंवदः॥ 7॥

अच्छा कर्मकर या भृत्य, सुगुणों से युक्त हो, शीलवान, विवेकवान, उत्तम कुल में जन्मा हो, महा सत्यवादी और मधुरवाणी में बोलता हो।

संयमैर्नियमैर्युक्तस्त्रिभावे निःस्पृहो ध्रुवम्।
स्वामिकार्यकरो नित्यं त्रैलोक्यं तस्य गोचरम्॥ 8॥

वह संयम, नियम से रहता है और स्त्री जाति के प्रति सदा दृढ़ता पूर्वक निस्पृही हो, वह एक ऐसा स्वामी का कार्य करने वाला व्यक्ति होता है जिसे तीनों ही लोकों के बारे में सही, सूझबूझ वाली दृष्टि हो।

प्रारब्धं तु भवेद् यावत्तावद् वन्द्येषु भावना।
तादृशं कारयेद्भावं खलु देवेषु यादृशम्॥ 9॥

प्रारब्ध तो तभी तक काम करता है जब तक कि आपकी भावना वन्दनीय लोगों के प्रति भक्ति और प्रेमपूर्वक है। यह नियम ही समझो, आप जिस तरह की भावना देवताओं के प्रति रखेंगे, उसी तरह वे भी आप पर भी अनुकम्पा करते हैं।[1]

देवपादे स्वरूपेण पूर्णभावे सदास्थितः।
अर्थसामर्थ्यदानेन स्वामिपुण्यं तु धार्यते॥ 10॥

जो देवता के चरणों में और स्वरूप में पूर्णश्रद्धा भाव से हमेशा स्थिता रहता है और अपने सामर्थ्यानुसार अर्थ का दान करके वह स्वामी के पुण्यों को धारण करने का अधिकारी हो जाता है।

सुदानेषु रतो नित्यं सुभृत्यः प्रभुकाम्ययोः ?।
स्वामी सुहृत्संयोगे तु जल्पे किंकरतां व्रजेत्॥ 11॥

जो सुभृत्य, कर्मकर नित्य सुदान में लगा रहता है और अपनी स्वामी की सेवा पूरी करता है, तो इससे स्वामी-सेवक को आपसी प्रेम संयोग शीघ्र ही हो जाता है। वह कर्मकर, सेवक अपने स्वामी के साथ बातचीत करने में सदा नम्रता, आदरयुक्त व्यवहार करता है।

स्वयं धराधिपो वत्स बहुकर्मसु संस्थितः।
नित्यं सन्मानोद्यमनधर्मकर्मादिकारकः॥ 12॥

---

1. श्रीमद्भगवद्गीता में श्रीकृष्ण ने कहा है कि जो मुझे जिस भाव से भजता है, मैं भी उसे उसी भाव से भजता हूँ— ये भजन्ति तु मां भक्त्या मयि ते तेषु चाप्यहम्॥ (गीता 9, 29)

स्वयं क्षेत्र का स्वामी तो हे वत्स! बहुत से कार्यों में व्यस्त रहता है, अतः उसे नित्य धर्म, कर्मादि करने वाले कर्मकारों का सम्मान का उद्यम करते रहना चाहिए।

दातव्यं वस्त्रताम्बूले खाद्यं पानं दिने दिने।
सन्मानं जन्मतो दद्यात् प्रियालापैः सुनित्यशः ॥ 13 ॥

उनको वस्त्र, ताम्बूल, खाद्य वस्तुओं और पान योग्य पेय पदार्थ प्रतिदिन देते रहकर खुश रखना चाहिए। (व्यवहार के रूप में) किसी जन्म से कुलीन व्यक्ति को सम्मान देकर, किसी से मधुरवाणी में बात करके तो किसी किसी के कार्य की प्रशंसा करके सदा प्रसन्न रखना चाहिए।

इत्यमनन्तर सुभाषितानि —

असहाये कुतः सिद्धिर्धनहीनः पराजितः।
पुष्कलं साधनं यस्य सिद्धिस्तस्य करे स्थिता ॥ 14 ॥

क्योंकि, यह नियम है कि सहायकों के अभाव में सिद्धि कैसे मिल सकती है और धन के अभाव में व्यक्ति सदा पराजित होता रहता है। इसलिए जिसके सहायक और धन का पुष्कल साधन है, सिद्धि भी उसके ही हाथ में आती है।

बहुवित्तचयो वत्स बुद्धिसोद्यमसाहसैः।
सूत्रमन्त्रं सुभृत्यैश्च स्यात्सदा च सुखी नृपः ॥ 15 ॥

इसलिए हे वत्स! अपार धन का संग्रह करो और इसी में अपनी बुद्धि और साहस को उद्यमपूर्वक लगाओ जिससे शिल्पशास्त्र के सभी सूत्र, मन्त्रादि और अच्छे कर्मकर, भृत्य सदा ही उपलब्ध होते रहे, जिससे राजा भी सुखी रहे और कर्मकर भी सुखी रहे।

सर्वकार्येषु निबन्धं त्रिकालज्ञः सदा भवेत्।
वर्तमानं तथातीतं भाव्यं नित्यं विलोकयेत् ॥ 16 ॥

सभी कार्यों पर पूरा प्रबन्ध बनाए रखना चाहिए, सदा ही व्यक्ति को त्रिकालज्ञ या भूत-भविष्य-वर्तमान का ज्ञानवान होना चाहिए ताकि वर्तमान को अतीत की तुलना में देखते हुए भविष्य की पूरी तैयारी हो सके।

प्रारम्भे सर्वकार्याणां सर्वोपकरणैर्युतः।
आदिमध्यान्ततः पृष्ट्वा कृत्यान्तं कारयेद् बुधः ॥ 17 ॥

समझदार व्यक्ति सदा सभी कार्यों के प्रारम्भ करने के समय सभी प्रकार के उपकरणों का संग्रह कर लें जिससे कार्य को आदि से लेकर मध्य और अन्त तक पहुँचाकर कृत-कृत्य हो सके।

बुद्धिकामी भवेन्नित्यं सर्वत्रैवापराजित।
व्यवहारे निर्मला ये ते भृत्या वसुधाधिपाः॥ 18॥

हे अपराजित! सर्वत्र जो व्यक्ति बुद्धि का सदा प्रयोग करता रहे और अपना व्यवहार निर्मल रखे, वे ही अपने सेवक और वसुधा के स्वामी कहे जा सकते हैं।

अर्थेन वर्धते चार्थ सन्मानैर्वन्दिता भया ?।
व्यवहारे वर्धते लोकश्चतुरङ्गः प्रियागमः॥ 19॥

यह तो एक ध्रुव सत्य है कि अर्थ से ही अर्थ की वृद्धि होती है और सम्मान से और वन्दन से निर्भयता बढ़ती है। इसी तरह सद्व्यवहार से परस्पर प्रेम और निर्मलता बढ़ती है और लोक के चारों अङ्ग— धर्म, अर्थ, काम, मोक्षादि तथा प्रियजनों का आगमन बना रहता है।

तेषां सुसिद्ध्यति सर्वमसाध्यं साध्यं नित्यशः।
दानसन्मानमात्रेण दैवोऽपि च सन्मानयेत्॥ 20॥

ऐसे ही मनुष्यों के सब साध्य और असाध्य काम नित्य साध्य होते रहते हैं क्योंकि दान और सम्मान मात्र ही देवताओं का भी सम्मान हो जाता है।

इति सूत्रसन्तानगुणकीर्तिप्रकाशप्रोक्तृश्रीभुवनदेवाचार्योक्तापराजितपृच्छायां सूत्रधारपरीक्षाधिकारो नामैकोनपञ्चाशं सूत्रम्॥ 49॥

इस प्रकार भुवनदेवाचार्य कृत सूत्रसन्तानगुणकीर्ति प्रकाश या अपराजितपृच्छा में सूत्रधार परीक्षा अधिकार नामक उनचासवाँ सूत्र पूर्ण हुआ॥ 49॥

सूत्रधारलक्षणात्मकं पञ्चाशं सूत्रम्॥ 50॥

विश्वकर्मावाच —

श्रृणु वत्स यथान्यायं सूत्रधारस्य लक्षणम्।
शास्त्रज्ञः कुशलो दक्षो वास्तुविद्याविबोधकः॥ 1॥

विश्वकर्मा ने कहा— हे वत्स! न्यायतः सूत्रधार के जो लक्षण होते हैं उन्हें सुनो! सूत्रधार शास्त्रज्ञ हो, कुशल हो, दक्ष हो और वास्तुविद्या को समझने-समझाने वाला होना चाहिए।

सूत्रधारो महाप्राज्ञः षट्कर्मसु निरन्तरम्।
यो नित्यं त्यमरतत्त्वं [1]साद्दष्टोऽपि महालयम्॥ 2॥

---

1. 'सामुष्टोऽपि तद्यालयम्?' इति प्रकाशित पाठः।

सूत्रधार महाप्राज्ञ होना चाहिए। वह निरन्तर षट्कर्म में संलग्न रहकर नित्य आत्मतत्त्व को अपने हृदय मन्दिर में अमरतत्त्व के रूप में दर्शन करता रहे।

माधुर्यवांस्तथालापे वास्तुविद्यादिकौशलः।
ज्ञानचक्षः सुहृदयः प्रारम्भादिरुजापहः ॥ 3 ॥

उसका वार्तालाप माधुर्यतायुक्त हो, वह वास्तुविद्यादि शास्त्रकर्म में कुशल हो, उसमें ज्ञानचक्षु की अन्तःचेतना दृष्टि की सूझ-बूझ हो, वह सरल हृदय हो और प्रारम्भ से ही निरोगी स्वस्थ देह वाला हो।

हस्तलाघवसम्पन्नो घाट्यचित्रादिकौशलः।
चक्षुः प्रत्यक्षकृच्चैव ह्यदृष्टं ज्योतिषो यथा ॥ 4 ॥

सूत्रधार में अपनी हस्तकला में अनन्य कुशलता ऐसी हो कि वह अपने हाथ से घड़ी गई मूर्ति अथवा चित्रकला से ऐसा प्रभाव उत्पन्न कर दें कि उन्हें देखने वाला मानो उन वस्तुओं को नहीं वरन उनमें प्रतिबिम्बित रूपों को साकार प्रत्यक्ष देख रहा हो, जिसका प्रकाश उसके हृदय में भी ज्योतिस्वरूप में प्रकट हो रहा है।

ग्रन्थार्थगुणसम्युक्तो वास्तुमर्मादिबोधकः।
आत्ममत्युद्भवं रूपं ससूत्रं स च कर्मणा ॥ 5 ॥

सूत्रधार की प्रमुख विशेषता यह होनी चाहिए कि वह शिल्प-वास्तुग्रन्थों के ठीक-ठीक अर्थ को समझने के गुण से सम्पन्न हो तथा वास्तु में जो भी मर्म-दोष होते है, उनको बता सकने में समर्थ हो, इस तरह से वह अपने आत्मोद्भव ज्ञान को स्वरूप देकर उसे अपनी कार्य कुशलता से ससूत्र, सटीक सिद्ध कर सके।

सूत्रधारोपयोगार्थ[1] वास्तुशास्त्रादिबोधनम्।
भुवनकोशविज्ञानं प्रमाणं सूत्रकर्मणि ॥ 6 ॥

वास्तुशास्त्रादि को समझने व समझाने के लिए सूत्रधारों के उपयोगार्थ अनेकों ग्रन्थ-विषय हैं यथा— भुवनकोश विज्ञान, प्रमाणसूत्रकर्मणि।[2]

समुद्रोपकण्ठदेशमहाशैलाश्रमादिकम्।
भूमिभागैरनेकैश्च परीक्षा सूत्रकर्मणाम् ॥ 7 ॥

---

1. 'सूत्रधारोपचारोर्थ ?' इति प्रकाशित पाठः।
2. इस श्लोक से ग्रन्थकार वास्तु के जिन ग्रन्थों के विषयों, नामों का उल्लेख करता है, ऐसा लगता है कि वह समराङ्गणसूत्रधार की ओर सङ्केत कर रहा है क्योंकि वास्तुशास्त्रबोधन के बाद भुवनकोश, सूत्रकर्म के प्रमाणादि विषयों से ही समराङ्गणसूत्रधार का आरम्भ होता है। आगे के विषय भी समराङ्गणसूत्रधार के अनुसार ही है। वैसे भी अपराजितपृच्छा पर समरांगणसूत्रधार का पर्याप्त प्रभाव विद्यमान है।

मर्मोपमर्मवेधाश्च वंशोपवंशकानि च।

सन्धिरेखाषट्कशूलं लाङ्गलं पञ्चकादिकम्॥ 8॥

समुद्रोपकण्ठ प्रदेश, महाशैल, आश्रमादि भूमिभाग अनेक प्रकार के हैं जिनकी परीक्षा हेतु सूत्रकर्म के ग्रन्थ-विषय है। इसी प्रकार मर्म और उपमर्म, वेध जानने के ग्रन्थ, वंश एवं उपवंश जानने के ग्रन्थ-विषय, सन्धि, रेखादि षट्कशूल (छह प्रकार के शूल), लाङ्गल या हलकादि यन्त्रों का ज्ञान और पञ्चकादि जानने के साधन तन्त्र मूलक ग्रन्थ-विषय हैं।

षण्मर्मवेधा विज्ञेया वास्तुदेहसमुद्भवाः।

निघण्टुं देवतानां च जानीयात् सूत्रकर्मणि॥ 9॥

वास्तुदेह भवनादि में होने वाले छह मर्मवेध वास्तुशास्त्रों में बताए गए हैं तथा वास्तुपदीय देवताओं के बारे में जानने के लिए निघण्टु (शब्दकोष) बने हैं जिनकी जानकारी सूत्रकर्म करने वाले सूत्रधार को होनी ही चाहिए।

नगरग्रामखेटाद्यं वास्तुवेदसमुद्भवम्।

कूटकर्वटकूप्यादि ज्ञायते सूत्रकर्मणा॥ 10॥

सूत्रधार को इन वास्तुवेद से निर्मित नगर, खेट, ग्राम, कूट, कर्वट, कूपादि की भी पूरी जानकारी होनी चाहिए।

पुर-प्राकार-परिखा-प्रतोली-मार्ग-गोपुरम्।

गृहं च राजवेश्माद्यं ज्ञायते सूत्रकर्मणा॥ 11॥

पुर, प्राकार (नगरकोट), परिक्खा (नगर कोट के बाहर की खाई), प्रतोली (नगर की पोल), राजमार्ग, गोपुर (दरवाजे), गृह, भवन, राजप्रासाद (राजमहल) को भी जानकारी सूत्रधार के लिए आवश्यक होती है॥ 11॥

प्रासादप्रतिमालिङ्गजगतीपीठमण्डपम्।

वेदीकुण्डं स्त्रुचा चैव ज्ञायते सूत्रकर्मणा॥ 12॥

सूत्रकर्मी या सूत्रधार को प्रासाद, मन्दिर आदि, प्रतिमा, लिङ्ग, जगती, पीठ, मण्डप, वेदी, कुण्ड, स्त्रुचा (हवनार्थ स्त्रुवा) आदि का भी पूरा ज्ञान होना चाहिए।

प्रासादा विविधाकारा वैराज्यकुलसम्भवाः।

विभक्त्यूर्ध्वतलच्छन्दं ज्ञायते सूत्रकर्मणा॥ 13॥

रेखानां विविधाकारा प्रासादशिखरोत्तमाः।

घण्टाकलशध्वजाद्यं ज्ञायते सूत्रकर्मणा॥ 14॥

मन्दिर, प्रासाद विविध आकारों के होते है, जो वैराज्यादि जाति कुलों में वर्णित

है, उन सब प्रासादों के समस्त विभाग, उसके ऊर्ध्वरूप और तलछन्द (आधुनिक एलिवेशन प्लान) को भी सूत्रधार को ठीक तरह से जानने चाहिए। प्रासादों के शिखरों की विविध आकारों की रेखाएँ बनती हैं, उनकी जानकारी तथा घण्टा, कलश, ध्वजा आदि की भी पूर्ण जानकारी सूत्रधार को होनी चाहिए।

द्वारशाखाविधिं ज्ञात्वा मूलप्रासादच्छन्दजम्।
द्वारपालविधिश्चैव ज्ञायते सूत्रकर्मणा॥ 15॥

इस तरह मूल प्रासाद के छन्द के अनुरूप ही प्रासाद की द्वार और द्वारशाखा निर्माण की विधि तथा द्वारों पर द्वारपाल की मूर्तियों के निर्माण की विधि भी सूत्रधार को अवश्य जाननी चाहिए।

द्वारदृष्टिपदस्थानं तथाग्रे वाहनादिकम्।
दृष्टिस्थानं चान्तरं तु ज्ञायते सूत्रकर्मणा॥ 16॥

प्रासाद में पूज्य मूर्ति की दृष्टि द्वार के किस-किस भाग तक की प्रशस्त मानी जाती है तथा प्रधान मूर्ति के वाहन को मूर्ति के आगे कहाँ स्थापित किया जाए, उनमें दृष्टि स्थान का कितना अन्तर होना चाहिए, ये सब बातें भी सूत्रधार को अवश्य जानना चाहिए।

लक्षणं च द्वासरविधिं शिवलिङ्गेषु सर्वतः।
मानोन्मानप्रमाणं च ज्ञायते सूत्रकर्मणा॥ 17॥

एक बहुत ही महत्वपूर्ण बात है कि शिवलिङ्गों में सर्वत्र सभी जगह सब प्रकार से जो-जो लक्षण बताए गए हैं और उनके प्रासादों के भी द्वारों की जो-जो विधियाँ बताई गई हैं, उन सबका मान, उन्मान अर्थात् सही माप लम्बाई, ऊँचाई, चौड़ाई आदि प्रमाणों की जानकारी सूत्रधार के लिए परम आवश्यक है।

वितानानि विचित्राणि क्षिप्तान्युत्क्षिप्तकानि च।
मन्दारसभापद्मानि ज्ञायन्ते सूत्रकर्मणा॥ 18॥

प्रायः प्रासादों, मन्दिरों में तरह-तरह के वितानों भी छतों की रचना कही गई हैं जिसमें कई विचित्र प्रकार की है, जैसे कोई क्षिप्त और अनुक्षिप्त अर्थात् बाहर की ओर उभरी हुई और भीतर की ओर दबी हुई आकृति अलङ्करणों से युक्त बनती है। उनमें सभा मण्डप की वितानों, छतों में ही मन्दार, कहीं पद्म आदि अलङ्करणों की रचना भी होती है, इनकी जानकारी भी सूत्रकर्म करने वाले सूत्रधार को अवश्य होनी चाहिए।

वितानानां संवरणा घण्टाकूटसमाकुलाः।
सिंहसङ्घटनाकीर्णा ज्ञायन्ते सूत्रकर्मणा॥ 19॥

सूत्रधार को इन वितानों के ऊपरी भाग में निर्माण के काम जैसे संवरणा, घण्टा, कूट के समाकुलों की रचना, सिंहों की सङ्घटना के समूहों आदि की भी जानकारी होनी चाहिए।

शुक्लाम्बरधरः सूत्र स्वस्थचित्तः समाहितः।

पूजापरिग्रहं दद्यादात्मचिन्ता तु दैवते॥ 20॥

इसके अलावा स्वयं सूत्रधार की वेशभूषा, स्वभाव में भी कई विशेषताएँ होनी चाहिए, यथा— वह स्वच्छ श्वेत वस्त्रधारी हो, स्वस्थचित्त हो, समाहित हो, निर्लेप हो, पूजा और परिग्रह मूर्ति में आत्मचिन्तनपूर्वक देवता भक्ति हो।

तुष्टिदानं ततो दद्यात्सर्वकर्मसु वै तथा।

सुभृत्यांस्तोषयेत्तत्र कर्मकारापरैः सह॥ 21॥

सभी कर्मों में सदा सन्तुष्टि प्रदान करता हो तथा अपने आधीन काम करने वाले समस्त कर्मकारी भृत्यों को सन्तोष और प्रेम से साथ लेकर चलता है।

तोषितैः सर्वसूत्रैश्च गुरुतः क्षेममाप्नुयात्।

निर्विघ्नं च भवेत्तत्र सर्वकामफलं भवेत्॥ 22॥

क्योंकि, सभी सूत्रधारों, कर्मकरों के गुरु की भाँति अपने अनुग्रह में रखकर उनको सन्तुष्ट रखते हुए उनके क्षेम-कुशल का पूरा ध्यान रखने से सभी काम निर्विघ्न पूर्ण होते हैं और सभी कामनाएँ फलीभूत होती है।

सिद्धिं विनायकं चादौ क्षेत्रपालांस्ततोऽर्चयेत्।

पूजयेदुक्तविधिना योगिनीश्च कुमारिकाः॥ 23॥

अस्तु, जब भी कोई वास्तुकर्म का समारम्भ हो तो सदा ध्यान रखे कि सबसे पहले सिद्धि-विनायक की पूजा-अर्चना करें। इसके बाद क्षेत्रपाल की पूजा-अर्चना करें और बाद में उसी विधि से योगिनी और कुमारिकाओं की भी पूजा-अर्चना करें।

भूपरिग्रहणं प्रोक्तं शुभं धात्रीपरीक्षणम्।

पूर्वं त्वेवं प्रवक्ष्यामि शृणु चैकाग्रमानसः॥ 24॥

(हे अपराजित!) भू-परिग्रहण के लिए भी कहा है कि धरती की शुभ परीक्षा करके ही लेनी चाहिए जैसा पहले ही मैंने तुम्हें कहा, वही पुनः कहता हूँ जिसे एकाग्र मानस होकर सुनो।

इति सूत्रसन्तानगुणकीर्तिप्रकाशप्रोक्तश्रीभुवनदेवाचार्योक्तापराजितपृच्छायां सूत्रधारलक्षणाधिकारो नाम पञ्चांशं सूत्रम्॥ 50॥

इस प्रकार भुवनदेवाचार्य कृत सूत्रसन्तानगुणकीर्ति प्रकाश या अपराजितपृच्छा में सूत्रधार लक्षण अधिकार नामक पचासवाँ सूत्र पूर्ण हुआ॥ 50॥

भूपरीक्षाग्रहकीलकारोपणमेकपञ्चाशं सूत्रम् ॥ 51 ॥

विश्वकर्मोवाच —

भूमेः परिग्रहं कृत्वा सप्तावनिमितिक्रमैः ।
दिव्यानि वीक्ष्य भौमानि शुभान्यशुभकानि च ॥ 1 ॥

विश्वकर्मा बोले कि भूमि का परिग्रह करके निर्माणार्थ चयन करके सात प्रकार से भूमि परीक्षा क्रमानुसार करें। इस क्रम में पहले दिव्योत्पात्, भौमोत्पात् आदि निमित्तों[1] का शुभाशुभ भी देख लेना चाहिए।

शुभेषु प्रस्थिते सिद्धिर्विजयः स्यान्महोत्सवः ।
अशुभेषु निवर्तेत न गच्छेत् पदमग्रतः ॥ 2 ॥

शुभ निमित्त होने पर काम शुरू करने पर सिद्धि और विजय मिलती है तथा सदा महोत्सव होते रहते हैं परन्तु अशुभ निमित्तों में कोई काम नहीं करना चाहिए और एक पद भी आगे नहीं बढ़ाना चाहिए।

तन्मध्ये तथा धानं शकुनानि न लक्षयेत् ।
चेष्टायुक्तिसमाख्यातं तत्फलं शकुनोत्तमैः ॥ 3 ॥

उन निमित्तों के मध्य में तो उस धान अर्थात् स्थान का शकुन आदि का भी देखना उचित नहीं अस्तु, केवल चेष्टा युक्ति के रूप में प्रसिद्ध प्रयोग मात्र ही किए जाने चाहिए, इन्हीं को उत्तम शकुन और उनकी फलश्रुति के रूप में जानना चाहिए।

आचार्यप्रशंसाह —

आचार्यः सूत्रधारैश्च यजमानैश्च संयुतः ।
त्रयश्च साधकैश्चैव कर्मकारादिसंयुताः ॥ 4 ॥

आचार्य, सूत्रधार और यजमान अर्थात् गृहकर्ता के साथ-साथ कर्मकर या अन्य कार्य करने वाले आदि जन (वास्तुकार्य में) जुड़ते हैं।

आचार्यश्च स्वयं ब्रह्मा शिल्पी चैव जनार्दनः ।
यजमानस्तु शक्रः स्यात् त्रिभिः कर्म प्रवर्तते ॥ 5 ॥

वास्तुकर्म में प्रमुख आचार्य स्वयं ब्रह्मा रूप है और शिल्पी जनार्दन विष्णुरूप है तथा यजमान स्वयं इन्द्र स्वरूप में होता है; इन तीनों के समन्वय से ही सभी कार्य आगे बढ़ते हैं।

---

1. मत्स्यपुराण और विष्णुधर्मोत्तरपुराण सहित बृहत्संहिता आदि में इन उत्पातों का वर्णन आया है। अद्भुतसागर और कृत्यकल्पतरु का शान्तिकाण्ड इन उत्पातों की शान्तियों पर ही लिखे गए बृहत्संग्रह हैं।

तत्र भूमिं समीकृत्य त्रयः सह साहायकैः।
दिशाक्षेत्रबलिं दद्युः कुर्युः खातपरीक्षणम्॥ 6॥

अस्तु, इन तीनों को चाहिए कि वे अपने साथी, सहायक कर्मकर भृत्यों को साथ लेकर उस भूमि को सर्वप्रथम समतल कराएँ, फिर दिशाओं और क्षेत्रपालादि को बलि देने के उपरान्त ही खात परीक्षण का कार्य सम्पादित करें।

प्रथमपरीक्षणं —

हस्तमात्रं खनेद्भूमिं तस्यान्तर्धृतपांशुकम्।
ततः खातं समाशोध्य पूरयेत् पांशुना वृतम्॥ 7॥

भूपरीक्षा के लिए एक हाथ प्रमाण का लम्बा-चौड़ा और गहरा खड्डा खोदें, उसमें से सभी कँकड़-पत्थर बाहर निकाल लें और उस खड्डे को पूरा साफ-सुथरा करके निकाले गए कँकड़-मिट्टी से पुनः पूर दें।

अधिके पांशुके श्रेष्ठा मध्यमा समपांशुके।
हीनपांशौ कनिष्ठा च ज्येष्ठा मध्याधमा त्रिधा$_3$॥ 8॥

इसके बाद, देखें कि यदि खात से कँकड़-पत्थर अधिक पाए जाएँ तो उस भूमि को श्रेष्ठ समझें और यदि इन कँकड़-पत्थरों की खात के बराबर ही पूर्ति हो जाए, तो उस भूमि को मध्यमा समझे और यदि इनको पुनः भरने पर वे खात से भी कम में भर जाए तो उस भूमि को कनिष्ठा समझें। इस तरह ज्येष्ठा, मध्यमा और कनिष्ठा तीन प्रकार की भूमि का परीक्षण होता है।[1]

अन्यदप्याह —

खातं तत्रोदकैर्भृत्वा शिल्पी शतपदं$_{100}$ व्रजेत्।
अर्धे समे च पादोने कनिष्ठोत्तममध्यमाः॥ 9॥

---

1. वराहमिहिर का मत है कि निश्चित क्षेत्र के बीच एक हाथ चौड़ा, लम्बा और गहरा गड्ढा खोदकर निकाली गई मिट्टी से पुनः उसे भरें। इस दौरान देखें कि गड्ढा पूरा भर जाए और यदि मिट्ट बच जाए तो उस भूमि को सर्वथा उत्तम माने। बराबर होने पर सम और मिट्टी के घट जाने पर वह स्थान अशुभकारी होगा, ऐसा जाने— गृहमध्ये हस्तमितं खात्वा परिपूरितं पुनः श्वभ्रम्। यद्यूनमनिष्टं तत् समे समं धन्यमधिकं यत्॥
एक अन्य विधि के अनुसार गड्ढे में मिट्टी की भाँति ही पानी भरें और समान गति से सौ कदम जाएँ तथा लौटकर देखें कि यदि थोड़ा बहुत भी पानी बचता हो, तो वह भूमि धन्य है अथवा भूमि से निकली मिट्टी यदि चौंसठ आढ़क हो तो भी शुभ जानना चाहिए— श्वभ्रमथवाम्बुपूर्णं पदशतमित्वागतस्य यदि नोनम्। तद्धन्यं यच्च भवेत् पलान्यपामाढकं चतुष्षष्टिः॥ (बृहत्संहिता 53, 92-93) ईशानशिवगुरुदेवमिश्र का मत है—तत्खातं वा जलापूर्णं कृत्वा पदशतं व्रजेत्॥ पुनरागच्छतः प्राग्वत् पूर्णं चेद् भूमिरुत्तमा। यद्यन्यूना मध्यमा स्यात् त्याज्या न्यूना ततोऽधिकम्॥ (ईशानशिवगुरुदेव. उत्तरार्धे 23, 39-40)

भूमि परीक्षा की एक अन्य विधि इस प्रकार है— उस खात, खड्डे को पानी से भरपूर भर दें और शिल्पी सौ कदम तक चलें। उतने समय में देखें कि यदि उसमें पानी घट कर आधा तक रह गया है तो उस भूमि को कनिष्ठ समझे, यदि पानी पूरा का पूरा भरा रहे तो समझे कि भूमि श्रेष्ठ, उत्तम है और यदि पानी पौन भाग तक ही उतर पाए तो उस भूमि को मध्यमा समझना चाहिए।

अन्यदप्याह —

पुण्योदकैर्भृतं खातमूर्ध्वं बाणं समुत्क्षिपेत्।
भृते मही चोत्तमा स्यान्मध्यमाङ्गुलहीनतः ॥ 10 ॥
द्व्यङ्गुलोने कनिष्ठा स्यात् त्रिविधं भूमिलक्षणम्।
अल्पोदकेऽतिहीना स्याद्वर्जयेदधमाधमम् ॥ 11 ॥

इसी तरह एक और विधि से भी भूमि परीक्षा की जाती है— इसमें खात अर्थात् खड्डे को पवित्र जल से पूरा भरकर तत्काल खात से ऊपर एक बाण छोड़े और बाण पुनः भूमि पर आकर गिरे, उतने समय में यदि खात में पानी पूरा का पूरा भरा पाया जाए तो समझें कि वह भूमि उत्तम है, यदि खात में भरा पानी उतने समय में एक अङ्गुल प्रमाण से घट जाय तो उस भूमि को मध्यमा समझे और यदि उतने समय में ही खात का भरा पानी दो अङ्गुल प्रमाण से घट जाए तो उस भूमि को कनिष्ठा समझें। इस तरह ये तीन अन्य प्रकार से भी भूमि परीक्षा के कहे हैं और यह भी देखें कि उस खात में पानी यदि बहुत थोड़ा रह जाए उतने ही समय में तो उस भूमि को अति हीना समझें, ऐसी भूमि को अधमाधम समझकर पूरी तरह त्याग देनी चाहिए।

ततः सम्पूरयेद्वत्स सुदिने सम्प्रधार्यते।
परीक्षयेच्च भूम्याद्यं वर्णगन्धैश्च स्वादतः ॥ 12 ॥

इसके उपरान्त, हे वत्स! अच्छा दिन देखकर उस खड्डे को वापस भर दें, खुला न छोड़ें और भूमि की वर्ण, गन्ध और स्वाद से भी तीन प्रकार की परीक्षा करें।[1]

अथ प्लवानुसारेण गुणदोषादीनां —

भूमीनामष्टप्लवादि गुणदोषान् ब्रवीमि ते।
पूर्वप्लवा धरा श्रेष्ठा ह्यायुः श्रीबलवर्द्धिनी ॥ 13 ॥

---

1. इसके बाद का वर्णन श्लोक 49 के बाद प्राप्त होता है। ऐसा प्रतीत होता है कि इसके बीच के श्लोक प्रक्षिप्त हैं, अथवा कोई सूत्र बीच में जोड़ा गया है क्योंकि 49वें श्लोक के बाद पुनः श्लोक 1 से गणना आरम्भ हो जाती है। वैसे इस सूत्र के नामकरण में भी इस विषय का उल्लेख नहीं है। किन्तु, 'न' मातृका में भी आगे श्लोकों के क्रम में अन्तर नहीं है।

हे वत्स! अब मैं तुम्हें भूमि के आठ प्रकार के प्लव के गुण-दोष के बारे में कहता हूँ। पूर्व प्लवा भूमि अर्थात् पूर्व की ओर ढलान वाली भूमि श्रेष्ठ होती है, उसे आयु, श्री-सम्पति और बल को बढ़ाने वाली समझें।

सर्वसम्पत्करी पुंसां प्रासादानां विभूतिदा।
राज्यपूज्या सदानन्दा प्राक्प्लवाचेद्भवेन्मही॥ 14॥

इसी प्रकार लोगों के लिए सभी सम्पतियों को दिलाने वाली और प्रासादों, मन्दिरों के निर्माण में भी विभूति या महिमा को बढ़ाने वाली, राजाओं द्वारा पूज्या, सदा आनन्द प्रदान करने वाली कही गई है। इस तरह पूर्व दिशा के प्लव वाली भूमि के गुण बताए गए हैं।

आग्नेयप्लवभूमिफलमाह —

आग्नेयप्लवका भूमिरग्निदाहभयावहा।
शत्रुसन्तापदा नित्यं कलिदोऽग्निप्लवः स्मृतः॥ 15॥

परन्तु, जो भूमि आग्नेय कोण की ओर ढलान वाली होती है, वहाँ अग्निदाह का भय रहता है, वहाँ शत्रुओं से सन्ताप मिलता रहता है। आग्नेय प्लव वाली भूमि नित्य ही कलह कराने वाली बताई गई है।

दक्षिणप्लवाफलं —

नश्यन्ति पुरुषास्तत्र देवता च प्रणश्यति।
धनहानिकरो नित्यं रोगकृद् दक्षिणः प्लवः॥ 16॥

अब दक्षिण में प्लव या ढलान वाली भूमि को लें, ऐसी भूमि पर देवता और पुरुष नाश को प्राप्त होते हैं और उन्हें प्राणों का भय बना रहता है। वह नित्य रोग बढ़ाने वाली और धन की हानि कराने वाली होती है।

नैर्ऋतिप्लवाफलं —

प्रवर्तयेद् गृहे पुंसां रोगांश्च मृत्युदायकान्।
धनहानिं तथा नित्यं कुरुते नैर्ऋतिप्लवा॥ 17॥

इसी तरह नैर्ऋति दिशा में ढलान वाली भूमि भी वहाँ बनने वाले घरों में रहने वाले लोगों में रोगों को बढ़ाने वाली तथा मृत्युदायक कष्टों से भरी तथा नित्य धन हानि कराने वाली होती है।

पराप्लवाफलं —

पश्चिमप्लवका भूमिर्धनधान्यविनाशिनी।

शोकदाह्यं कुलं तत्र यत्र भूः पश्चिमप्लवा॥ 18॥

अब पश्चिमी दिशा में ढलान वाली भूमि को देखें जो धन-धान्य का विनाश करने वाली होती है। ऐसी भूमि में शोक, दाह आदि गृहकर्ता के कुल में बने ही रहते हैं जो पश्चिम की ओर प्लव वाली होती है।

वायव्यप्लवाफलमाह —

शत्रुकर्त्री विरागा च गोत्रक्षयकरी तथा।
गृहे च कन्यकाहन्त्री सदा दुःखभयावहा॥ 19॥

अब वायव्य कोण की ओर ढलान वाली भूमि के दोषों को देखें। ऐसी भूमि शत्रुओं को बढ़ाने, वाली वैराग्य बढ़ाने वाली, गोत्र के परिजनों का क्षय करने वाली और ऐसे घरों में रहने वालों की कन्याओं को हनन करने वाली तथा सदा दुःख और भय देने वाली होती है।

भुक्तं न जीर्यते तस्य मह्यां तत्र तु यो वसेत्।
एतान् दोषानावहति दोषदा वायुदिक्प्लवा॥ 20॥

इस भूमि पर जो भी बसता है, उसका खाया-पीया कभी नहीं पचता। इतने दोष इस वायव्य की ओर ढलान वाली भूमि के कहे हैं।

उत्तरप्लवाभूफलं —

पूज्या लाभकरी नित्यं पुत्रपौत्रविवर्धिनी।
कामदा भोगदा चैव धनदा चोत्तरप्लवा॥ 21॥

इन सबके विपरीत देखें कि उत्तर में प्लव या ढलान वाली भूमि कितनी शुभ होती है। ऐसी भूमि पूज्या होती है, नित्य लाभकारी होती है। वहाँ रहने वालों के परिवार में पुत्र-पौत्रों की वृद्धि होती है। यह भूमि सब कामनाओं को पूर्ण करने वाली होती है और इसमें सभी प्रकार के भोग उपलब्ध होते रहते हैं।

ईशानप्लवाभूफलं —

नरसौख्यसतीसत्यसौभाग्यादिविवर्द्धिनी।
धनार्थैश्वर्यसम्पन्ना धर्मदेशानकप्लवा॥ 22॥

इसी प्रकार ईशान कोण की दिशा में ढलान वाली भूमि भी बहुत ही शुभ मानी गई है। यह भूमि अपने यहाँ रहने वाले लोगों में सुख, सत्, सत्य और सौभाग्य बढ़ाने वाली होती है। इसमें धन, अर्थ, ऐश्वर्यों से सम्पन्नता प्रदान करने वाली, धर्म भावना बढ़ाने वाली सभी प्रवृत्तियाँ पाई जाती हैं।

पुनरपि प्राक्प्लवाभूमिप्रशंसामाह —

सा विद्या धनसम्पन्ना सर्वलोकहितावहा।
विनयाचारसम्पन्नपुत्रपौत्रादिसङ्कुला॥ 23॥

परन्तु, इन सब में पूर्व दिशा की ओर प्लव, ढलान वाली भूमि तो बड़ी ही शोभना कही गई है क्योंकि इस भूमि में रहने वालों को धन-सम्पन्नता, सर्व लोकहितकारी भावना, विनयपूर्वक आचार की भावना, पुत्र-पौत्रादि की बहुलता होती है।

नीरोगा दानशीला च विशिष्टजनसेविता।
पर्वप्लवा तु या भूमिः शोभना सा प्रकीर्तिता॥ 24॥

यहां के निवासी सदा निरोग, दानशील और सम्माननीय, विशिष्ट ज़नों की सेवा करने वाले होते हैं।

गृहप्रासादोचितभूमिलक्षणं —

गृहप्रासादयोर्भूम्याः कथ्यतेऽनुक्रमोऽधुना।
मध्यप्लवा निकृष्टा स्यात् कनिष्ठा मध्यवर्तका॥ 25॥
सर्वनाशकरी पुंसां सा भूमिस्तु निवासिनाम्।
वर्जयेद्विद्रुमां क्ष्मां तु करालां मस्तकोन्नताम्॥ 26॥

अब गृह और प्रासादों अर्थात राजमहलों, देवालयों आदि के लिए जो भूमि काम में ली जाती है, उनके बारे में क्रमपूर्वक कहने जा रहा हूँ। ध्यान रहे कि जो भूमि मध्य प्लवा है अर्थात् जो स्वयं खड्डे में है और चारों ओर का पानी उसमें आकर एकत्र होता है, वह भूमि कार्य या आवास के लिए निकृष्ट अर्थात् बिल्कुल गई बीती और व्यर्थ होती है। ऐसी 'मध्यवर्तका' भूमि कनिष्ठा कहलाती है जो वहाँ के लोगों के लिए और निवासियों के लिए सर्वनाशकारी होती है। इसी तरह यह भी ध्यान रखने की बात है कि जो भूमि पेड़ों से रहित हो अर्थात् उजाड़ हो और बड़ी कराल, कठोर ऊँचाई से युक्त हो अर्थात् जिसका मस्तक भाग बीच में उन्नत हो, ऐसी भूमि भी वर्जित कही गई है।

चौरेभ्यो भयदा नित्यं द्रव्यनाशकरी स्मृता।
उच्छिन्ना च देवभूमी [1]ऊर्ध्वचा अधोगन्तव्यहीनः॥ 27॥

क्योंकि, ऐसी भूमि पर चौरों का भय बना रहता है और इसके रखरखाव में भी

1. 'ऊर्ध्वसार्धस्यतव्यही ?' इति प्रकाशितपाठः।

बहुत द्रव्य का नाश होता है। ऐसी उच्छिन्ना भूमि (ऊँची भूमि) या ऊँची देवभूमि ऊपर चढ़ने और पुनः उससे नीचे उतरने योग्य नहीं होती है।

अजोष्ट्रखरसंसेव्यां वर्जयेत्तादृशीं महीम्।
सशल्या बहुभक्ता च ह्यूषरा शोककारिका ॥ 28 ॥

जिस भूमि में अज-बकरी, ऊँट और गधे विचरण करते हों, जो भूमि शल्ययुक्त (हड्डियों वाली) हो, कण्टीली हो, जगह-जगह कटी-फटी और ऊसर भूमि हो, वे सब शोककारक होती हैं। अस्तु, ऐसी सभी भूमियाँ गृह के लिए वर्जनीय कही गई है।

त्रिविधा स्फुटिता मृद्वी वृष्टिशुष्का रिक्ताङ्गिका।
कप्पिलः[1] भ्रमगम्भीरा घटिका त्र्यक्षसिद्धिदा ॥ 29 ॥

जो भूमि वर्षाजल रिक्त हो जाने पर, कीचड़-मिट्टी के सूख जाने से तीन प्रकार से स्फुटित हो गई है अर्थात् मिट्टी फट गई हो, भूरे वर्ण की हो और उसमें गम्भीर भ्रमघटिका अर्थात चक्र बने पाए जाए, तो ऐसी भूमि त्र्यक्ष (शिव, त्रयम्बक) की सिद्धि कराने वाली मानी जाती है।

द्रुमानुसारेणभूगुणदोषं —

वेणुगुल्मलताच्छाया द्विगुणां मध्यदूषिता।
त्रिगुणा पुन्नागवृक्षैः क्षीरवृक्षैश्चतुर्गुणा ॥ 30 ॥

अब घर पर वृक्षों की पड़ने वाली छाया के दोष बताए जाते हैं। बांसों के झुरमुट से पड़ने वाली छाया भवनों के लिए दुगुनी मध्य दूषिता कही गई है। पुन्नाग अथवा सुपाड़ी के वृक्षों की छाया तिगुनी और दूध वाले वृक्षों की छाया चतुर्गुणी दूषिता है।

पञ्चधाश्वत्थवृक्षैश्च षड्धा धात्री महीरुहैः।
सप्तधा पूर्णवृक्षैश्च लिङ्गच्छाया तथाष्टधा ॥ 31 ॥

अश्वत्थ वृक्ष की छाया वाली भूमि पाँच गुणी दूषित है। इसी तरह आँवले के पेड़ की छाया छह गुणी, पूर्ण वृक्ष की छाया वाली सात गुणी और शिवलिङ्ग की भवन पर पड़ने वाली भूमि आठ गुणी हानिकारक है।

एताश्च्छायाः परित्यज्य वेश्म कुर्यादथाभयम्।
वृक्षप्रासादयोश्च्छायां गृहे त्यक्त्वा शुभप्रदा ॥ 32 ॥

---

1. 'कापादैः ?' इति प्रकाशित पाठः। 'काकपदै' या 'कप्पिलः' पाठ स्यात्।

अस्तु, इन छाया से भयभीत रहते हुए ही, इन छायाओं को छोड़कर ही घर बनाएँ क्योंकि यह एक ध्रुव सत्य मानकर चलें कि वृक्षों की और देव मन्दिरों की छाया घरों पर नहीं पड़े। यही शुभप्रद है। ऐसे में छायाओं को त्यागकर ही घर बनाएँ।

द्वयोः प्रहरयोश्च्छाया वृक्षप्रासादगुल्मजा।
हर्म्यगृहे तथैवं स्यादधःस्तान्नैव निन्दिता॥ 33॥

जिन वृक्षों, प्रासादों और गुल्मों से दोपहर में होने वाली छाया हवेलियों और घरों पर पड़ती है, वह अवश्य ही त्याज्य है परन्तु जो छाया उन घरों और हवेलियों से नीचे ही रह जाती है, वह निन्दित नहीं समझी जाती है।

अका अशोका अश्वत्थाः केतकीबीजपूरकाः।
यस्मिन् गृहे प्ररोहन्ति तद् गृहं नैव वर्द्धते॥ 34॥

जिस घर में आक, अशोक, अश्वत्थ, केतकी, बीजोरा (बीजपूरक, जम्बीर) के वृक्ष उगते हैं, उस घर में कभी भी वृद्धि, सम्पन्नता, सुख आदि नहीं बढ़ते।

दाडिमं च हरिद्रां च श्वेतां च गिरिकर्णिकाम्।
यदीच्छेदात्मनः श्रेयो गृहद्वारे न रोपयेत्॥ 35॥

दाड़िम, हल्दी, श्वेता, गिरिकर्णिका आदि वृक्षों को अपनी भलाई चाहने वाले व्यक्ति कभी भी अपने गृह के द्वार के पास रोपण न करें।

त्यक्त्वा चोग्रतमं वृक्षं कटुकं कण्टकान्वितम्।
अपि सौवर्णिकान्वृक्षान् गृहाश्रये न रोपयेत्॥ 36॥

इसी तरह उग्रतम समझे जाने वाले वृक्ष, कड़वे वृक्ष, काँटों वाले वृक्ष, सुनहरे पुष्पों वाले, कनेर के वृक्ष भी घर के पास नहीं रोपण करें।

न्यग्रोधोदुम्बरप्लक्षांस्तथा वै कार्मुकादिकान्।
वर्जयेद् गृहमाश्रित्य हर्म्यवृद्धिर्न विद्यते॥ 37॥

बरगद, उदुम्बर, पलाश और सुपाड़ी के वृक्ष घरों के पास हों तो वे भी वर्जनीय है क्योंकि इनके रहते हवेली और घरों में सम्पन्नता की वृद्धि नही होती है।

खर्ज्जूरी दाडिमी रम्भा कर्कन्धू बीजपूरिका।
यस्मिन् गृहे प्ररोहन्ति तद् गृहं नैव वर्द्धते॥ 38॥[1]

---

1. तुलनीय— बदरी कदली चैव डाडिमी बीजपूरिका। प्ररोहन्ति गृहे यत्र तद् गृहं न प्ररोहति॥' (वृक्षायुर्वेद : सुरपालकृत, सम्पादक – श्रीकृष्ण 'जुगनू', चौखम्बा, वाराणसी, 2004, 29, समराङ्गणसूत्रधार 48, 131)

खर्जूर, दाड़म, केला, कर्कन्धू (करौन्दा) और बीजोरा जिन घरों में उगते हैं, वे कभी वृद्धि नहीं पाते हैं।

अथ भूमिस्थनिधिसाधनं —

नकुलश्चोरगो यत्र क्रीडतः स्नेहत उभौ।

तत्रस्थाने महीं खात्वा द्रव्यं तिष्ठति निश्चयम्॥ 39॥

अब भूमि में गड़े धन आदि द्रव्यों को जानने के लक्षण बताये जा रहे हैं— जिस स्थान में नेवले और सर्प आपस में दोनों स्नेहपूर्वक क्रीड़ा करते पाए जाएँ ऐसे स्थान की भूमि को खोदने पर निश्चय ही द्रव्य, धन होने का पता लगता है।[1]

बिडाला मूषकाः स्नेहाद्रमन्ते च परस्परम्।

तत्र स्थाने महीं खात्वा द्रव्यं तिष्ठति निश्चयम्॥ 40॥

जिस स्थान पर बिल्लियाँ और चूहे आपस में, परस्पर स्नेहपूर्वक रमण करते हों, उस स्थान की भूमि खोदने पर भी निश्चय ही धन और द्रव्य मिलता है।

सर्पाश्च मूषकाः स्नेहात् क्रीडन्त्यानन्दरूपकाः।

तत्र स्थाने महीं खात्वा द्रव्यं तिष्ठति निश्चयम्॥ 41॥

इसी तरह जिस स्थान पर सर्प और चूहे भी प्रेमपूर्वक और आनन्द में क्रीड़ा करते पाए जाएँ, उस स्थान में भी भूमि खोदने पर निश्चय ही धन और द्रव्य की प्राप्ति होती है।

---

1. भूमिगत द्रव्य या दफीनों की खोज का बहुत रोचक विषय रहा है। प्राचीन भारत में तान्त्रिकों ने इस प्रकार की विधियों के अनुसन्धान में ही अपने को लगाए रखा है। रुद्रादि यामलों, स्वरशास्त्रों में भी इस विषय का वर्णन मिल जाता है। 'नरपतिजयचर्यास्वरोदय' में यह वर्णन आया है। वराहमिहिर, मेघमालाकार ने काकाण्ड, खञ्जनदर्शन आदि का वर्णन करते हुए निधि प्राप्ति का वर्णन किया है जिसे मुहूर्ततत्त्वकार केशव दैवज्ञ ने भी दिया है। अपराजितपृच्छा के इस विषय के श्लोकों को सूत्रधार मण्डन ने वास्तुमण्डनम् के पहले अध्याय में उद्धृत किया है। कौतुकचिन्तामणि में भी उड़ीसा के राजा प्रतापरुद्रदेव ने इस विधि को दिया है।

   'न' पाठ में इसके बाद श्लोक इस क्रम से मिलते हैं— नकुलोरुद्रभोश्च क्रीडास्ते हिस्तिजोत्तमा। सूत्रस्थाने मर्हयित्वा द्रव्यं तिष्टन्ति निश्चय॥ 38॥ यत्र ना द्रश्यते शल्यं द्रव्यं वामं च योच्यते। सूत्रस्थाने महर्षित्वा द्रव्यं तिष्ठन्तिनिश्चयम्॥ 39॥ द्वारमध्ये कृतिकाश्च भरणीविशाखयो। शेषं पूर्वं विधातव्यं सनन्द सर्वकामयम्॥ 40॥ इति मन्दवेदयुगैका वेदाश्च गर्भस्फुरितरा। स्वकौद्वैभित्तिभ्रमयुक्ता च पदैकैका प्रकल्पयेत्॥ 41॥ द्विभागं कर्णमित्युक्तं भागद्वे तु च कर्णिका। प्रतिरथं सार्धभागं निर्गमं विस्तरं तथा॥ 42॥ पुनकरगी अर्धभागं त्रिभागं अर्द्धविस्तरम्। निर्गमं भागमेकेन शिखराधो समुद्भवेत्॥ 43॥ वेदासभद्रविस्तारं तद्द्वित्तु विनिर्गमम्। चन्द्रावलोकनं कुर्याद् छाद्यघण्टा समन्वितम्॥ 44॥ शेषं पूर्व विधातव्यं पीषदेछाद्यके कथम्। नागरोक्तं विधमानं च प्रयुक्तं वास्तुवेदिभिः॥ 45॥ ('न' संज्ञक मातृका पृष्ठ 51)

यत्र ना दृश्यते शल्यं द्रव्यं तत्र तथोच्यते।
तत्र स्थाने महीं खात्वा द्रव्यं तिष्ठति निश्चयम्॥ 42॥

जिस स्थान में किसी भी प्रकार का शल्य न पाया जाए तो समझो कि वहाँ भी द्रव्य है। अतः उस स्थान पर भी भूमि को खोदने पर धन, द्रव्य निश्चय ही मिलता है।

अथाहिबलचक्रम् —

अष्ट$_8$ पूर्वायता रेखा भिन्नाः पञ्च$_5$ समुद्धरेत्।
पदैरष्टाविंशति$_{28}$भिर्ऋक्षसङ्ख्या तथैव च॥
द्वारमध्ये कृत्तिका च शाखयोर्भरणीमघे॥ 43॥

(भूमिस्थनिधि के अवलोकन के लिए अहिचक्र की विधि कही जा रही है) इसके लिए सर्वप्रथम पूर्वापर आठ रेखाएँ खींचनी चाहिए और तिर्यक् या आड़ी पाँच रेखाएँ डालें। यह रचना इस प्रकार से की जाए कि अन्दर 28 कोष्ठक बन जाएँ। इन पदों में (अभिजित सहित) सभी 28 नक्षत्रों का इस प्रकार से न्यास किया जाना चाहिए कि द्वार के मध्य में कृतिका नक्षत्र और दोनों शाखाओं में मघा और भरणी नक्षत्र आ जाए।

चन्द्रे द्रव्यं तथा सूर्ये शल्यं चैव विनिर्दिशेत्।
अहिबलचक्रे प्रोक्ता [1]सारोधृत्यां च केवली॥ 44॥

इस प्रकार केवली के स्वरशास्त्र में कहे गए अहिबल चक्र में विन्यसित नक्षत्रों में चन्द्रमा के नक्षत्रों से द्रव्य और सूर्य के नक्षत्रों से शल्य का ज्ञान करना चाहिए।

अश्विन्यादि त्रिकं$_3$ चैव आर्द्रादि पञ्चकं$_5$ तथा।
पूर्वाषाढा चतुष्कं$_4$ च रेवती चोत्तरात्रयम्॥ 45॥
शशिभानि किलैतानि शिष्टानि रविभानि च।[2]

---

1. 'स्वसरो धृत्याश्च केवली ?' प्रकाशित पाठः। 'स्वरोधृत्यां च केवली' सुझाव पाठः।
यहाँ ग्रन्थकार ने सारोद्धार नामक स्वरशास्त्र के साथ ही 'केवली' का उल्लेख किया है। बहुत सम्भव है कि यह केवली कवि नरपति हो। नरपति का नरपतिजयचर्या नामक ग्रन्थ स्वरशास्त्रों में बहुत प्राचीन और महत्वपूर्ण माना जाता है जिसका रचनाकाल शङ्करबालकृष्ण दीक्षित (भारतीयज्योतिष, पृष्ठ 624) ने विक्रम संवत् 1232 (शकाब्द 1097 तद्नुसार 1175 ई.) माना है। नरपति को जैन मतावलम्बी कहा गया है, इसलिए भुवनदेव ने सम्भवतः उन्हें केवली कहा हो। वे अन्हिलपट्टन के थे और उनके पिता आम्रदेव धारानगरी में रहते थे। इस ग्रन्थ को सारोद्धार भी कहा जाता है— पुस्तकेन्द्रं पटौकश्रीदर्पणं ज्योतिषार्णवम्॥ सारोद्धारं प्रवक्ष्यामि...। प्रस्तुत वर्णन नरपति के आधार पर किया गया प्रतीत होता है।
2. सूत्रधारमण्डनकृत वास्तुमण्डनम् में ये श्लोक इस रूप में आए हैं—अश्विन्यादित्रिकं$_3$ चैव आर्द्रायाश्चैवपञ्चकम्$_5$। पूर्वाषाढाचतुष्टं$_4$ च उत्तरारेवतीद्वयम्$_2$॥ एतानि शशिधिष्ण्यानि शेषानि रविभानि च। (वास्तुमण्डनम् 1, 160–161)

अश्विन्यादि तीन (अश्विनी, भरणी व कृत्तिका), आर्द्रा आदि पाँच (आर्द्रा, पुनर्वसु, पुष्य, आश्लेषा व मघा), पूर्वाषाढादि चार (पूर्वाषाढा, उत्तराषाढ, अभिजित् व श्रवण) तथा रेवती और उत्तरात्रय नक्षत्रों को मिला कर कुल सोलह नक्षत्र चन्द्रमा के नक्षत्र होते हैं और शेष नक्षत्र (रोहिणी, मृगशिरा, पूर्वाफाल्गुनी, हस्त, चित्रा, स्वाती, विशाखा, अनुराधा, ज्येष्ठा, मूल, धनिष्ठा, शतभिषा) सूर्य के हैं।

चन्द्रर्क्षे च स्थिते सूर्ये चन्द्रे सूर्यर्क्षसंस्थिते ॥ 46 ॥
तत्र शून्यं भवेत्स्थानं द्रव्यशल्यविवर्जितम्।

जब चन्द्र के नक्षत्र सूर्य के नक्षत्र में और सूर्य के नक्षत्र चन्द्र में समागत हों, ऐसे योग में उक्त स्थान पर कुछ भी नहीं होता है, न द्रव्य और न शल्य ही मिलता है।

द्रव्यशल्यविना त्वेतं [1]शल्यद्रव्यं विनिर्दिशेत् ॥ 47 ॥
चन्द्रः पूर्व परं भानुस्तत्र शल्यं विनिर्दिशेत्।
भानुः पूर्व परं चन्द्रस्तत्र शल्यं विनिर्दिशेत् ॥ 48 ॥[2]

किन्तु यदि सूर्य व चन्द्रमा अपने अपने-अपने नक्षत्र में हों तो वहाँ धन व शल्य दोनों ही कहना चाहिए। गणना से यह ज्ञात करें कि यदि चन्द्र पूर्व नक्षत्र में और सूर्य परवर्ती नक्षत्र में हो तो उस भूमि में हड्डी होती है और सूर्य पूर्व तथा चन्द्रमा परवर्ती नक्षत्र में स्थित हो तो भी वहाँ शल्य बताना चाहिए।[3]

नरपति में यह श्लोक इस प्रकार है जिसका आशय है कि अश्विनी से तीन, आर्द्रा से पाँच एवं पूर्वाषाढ़ा से चार व रेवती-पूर्वाभाद्रपद- ये चन्द्रमा के नक्षत्र है और शेष सूर्य के नक्षत्र हैं—अश्वीशपूर्वाषाढादित्रिं पञ्च चतुष्टयम्। रेवती पूर्वाभाद्रेन्दोर्भानि शेषाणि भास्वतः ॥ (नरपति. नाडीचक्रप्रकरणम् 1, 9)

नरपति ने सम्पूर्ण चक्र इस प्रकार बताया है— अहिचक्रं प्रवक्ष्यामि यथा सर्वज्ञभाषितम्। द्रव्यं शल्यं तथा शून्यं येन जानन्ति साधकाः ॥ निधिर्निवर्तनैकस्थः सम्भ्रान्तो यत्र भूतले। तत्र चक्रमिदं स्थाप्यं स्थानद्वारमुखस्थितम् ॥ ऊर्ध्वरेखाष्टकं लेख्यं तिर्यक् पञ्च तथैव च। अहिचक्रं भवेत्येवमष्टाविंशति कोष्ठकम् ॥ तत्र पौष्णाश्वि याम्यर्क्षं कृत्तिकापितृभाग्यकम्। उत्तराफाल्गुनी लेख्यं पूर्वपङ्क्त्यां भसप्तकम् ॥ अहिर्बुध्न्याजपादर्क्षं शतभं ब्राह्मसार्पभम्। पुष्यं हस्तं समालेख्यं द्वितीयां पङ्क्तिमास्थितम् ॥ विधिविष्णुर्धनिष्ठाख्यं सौम्यरौद्रंपुनर्वसू। चित्राभं च तृतीयायां पङ्क्तौ धिष्ण्यस्य सप्तकम् ॥ विश्वर्क्षं तोयभं मूलं ज्येष्ठा मैत्रविशाखिके। स्वाती पङ्क्त्यां चतुर्थ्यां च कृत्वा चक्रे प्रस्तारः प्रन्नगाकृतिः। द्वारशाखामघायाम्ये द्वारस्था कृत्तिका मता ॥ (नरपति. पूर्वोक्त 1, 8)

1. 'शल्यद्रव्यादि कथ्यते ?' प्रकाशित पाठः।
2. वास्तुमण्डनम् में उक्त श्लोक इस रूप में मिलते हैं— चन्द्रधिर्ण्येस्थितेसूर्ये सूर्यचन्द्रसमागते ॥ तत्र शून्यं भवेस्थानं द्रव्यशल्य विवर्जितम्। द्रव्यशल्यविना ह्येवशल्यद्रव्यं विनिर्दिशेत् ॥ चन्द्रपूर्वापरोभानुस्तत्र शल्यं विनिर्दिशेत्। भानुपूर्वापरश्चन्द्रस्तत्र द्रव्यां विनिर्दिशेत् ॥ (वास्तु. 1, 161-163)
3. उक्त प्रसङ्ग में नरपति. का मत विचारणीय है चन्द्र व सूर्य के नक्षत्र को जानकर देखें कि दोनों अपने नक्षत्र में हैं अथवा दूसरे के नक्षत्र में, यदि चन्द्रमा के नक्षत्र में सूर्य व चन्द्रमा दोनों हों तो उस स्थान में निश्चय ही द्रव्य होता है। सूर्य के नक्षत्र में दोनों हों तो शल्य होगा और कोई पदार्थ नहीं। यदि दोनों

सूर्यचन्द्रनक्षत्रसाधनम् —

गतघटि ऋक्षभघ्ना:$_{27}$ (हता: ?) षष्ठिहते$_{60}$ च शेषकम्।
रविशशिभुक्तकालं रविचन्द्रर्क्षलग्नकम्॥ 49॥

भूमिस्थ निधि प्राप्ति के लिए प्रश्न की गत घटियों को 27 से गुणा करें और उसमें 60 का भाग दें तो प्राप्त फल सूर्य व चन्द्रमा का भुक्तकाल होगा और यही सूर्य व चन्द्रमा के नक्षत्रों से लग्न होगा। (यदि प्राप्त नक्षत्र की संख्या में अश्विन्यादि गत नक्षत्र जोड़ा जाएगा तो अश्विन्यादि क्रम से चन्द्रमा के नक्षत्र का पता चलेगा।)[1]

अपने-अपने नक्षत्र में हों तो दोनों पदार्थ होंगे व इनके विपरीत हो तो कुछ नहीं होता है। नवांश के अनुमान से भूमि का अनुमान किया जाना चाहिए। यदि चन्द्रमा कूर ग्रह से युक्त हो तो द्रव्य नहीं मिलता है। पूर्ण चन्द्रमा हो तो पूर्ण द्रव्य, क्षीण चन्द्रमा हो तो अल्पद्रव्य होता है। ग्रह दृष्टि के अनुरूप द्रव्य नव प्रकार का होता है। सूर्यादि ग्रहों का क्रम से स्वर्ण, रजत, ताम्र, पित्तल, रत्न, काँसा, लोहा, शीशा और नाग। चन्द्रमा को जो ग्रह देखता है उसके अनुसार द्रव्य होता है। मिश्र ग्रह देखते हैं तो मिश्रद्रव्य होगा।

यथा— चन्द्रऋक्षे यदाऽर्केन्दू तत्रास्ति निश्चितं निधि:। भानुऋक्षे स्थितौ तौ चेत्तदा शल्यं च नान्यथा। स्वस्वभे द्वितयं ज्ञेयं नास्ति किञ्चिद्विपर्यये। नवांशकानुमानेन भूमानं तस्य कल्पयेत्। स्थितं न लभते द्रव्यं चन्द्रे क्रूरग्रहान्विते॥ पुष्टे चन्द्रे भवेन्मुद्रा क्षीणे चन्द्रेऽल्पको निधि:। ग्रहदृष्टिवशात्सोपि विज्ञेयो नवधा बुधै:॥ हेम तारं च ताम्रारं रत्नं कांस्यायसं त्रपु। नागं चन्द्रे विजानीयाद्भास्करादिगृहेक्षिते॥ मिश्रैर्मिश्रं भवेद् द्रव्यं शून्यं दृष्टिविपर्यये। सर्वग्रहेक्षिते चन्द्रे निर्दिष्टोऽसौ महानिधि:॥ शुभक्षेत्रगते चन्द्रे लाभ: स्यान्नात्र संशय:। पापक्षेत्रे न लाभो हि विज्ञेय: स्वरपारगै:॥ हेमं तारं च ताम्रं च पाषाणं मृन्मयायसम्। सूर्यादिगृहगे चन्द्रे द्रव्यभाण्डं प्रजायते॥ भुक्तराश्यंशमानेन भूमानं काम्बिकै: करै:। नीचे द्विघ्नं परं नीचे जलस्थोऽसौ भवेन्निधि:॥ स्वोच्चस्थे भूर्ध्वगं द्रव्यं नवांशक क्रमेण च। परमोच्चे परे तुङ्गे भित्तिस्थमृक्षसङ्क्रमे॥ (नरपति. वही 11-21)

1. वास्तुमण्डनम् और नरपतिजयचर्या में आया है कि निधि की प्राप्ति के लिए प्रश्नकालिक नक्षत्र में उदय से जितनी घड़ी बीत गई हो अर्थात् भयात घटिकाओं को 27 से गुणाकर 60 से या भभोग से भाग देने पर लब्धि नक्षत्र, घटीपल मिलें, उस नक्षत्र की संख्या में अश्विन्यादि गत नक्षत्र की संख्या को जोड़ने पर अश्विन्यादि क्रम से चन्द्रमा के स्पष्ट नक्षत्र का ज्ञान होता है। मूल श्लोक में ग्रन्थकार 60 की कल्पना भभोग के स्थान पर करता है किन्तु टीकाकार ने भभोग से ही भाजित करना उचित माना है। नाक्षत्रीय साठ घटिकात्मक चक्रानुसार नक्षत्रों का परिभ्रमण ध्यान में रखकर उक्त प्रकार से ही गणना की जानी उचित है— उदयादिगता नाड्यो भघ्ना: षष्ट्याप्तशेषके। दिनेन्दुर्भुक्तियुक्तोऽसौ भवेत्तात्कालचन्द्रमा:॥ (वास्तु. 1,164 एवं नरपति. वही 10)

जिस तरह चन्द्र नक्षत्र के भयात भभोग से स्पष्ट चन्द्रमा का साधन कहा गया, उसी प्रकार इष्ट समय में नक्षत्र स्थित सूर्य का साधन किया जाना चाहिए। अर्थ यह है कि जिस नक्षत्र में सूर्य हो, उसमें सूर्य के प्रवेश काल से इष्टकाल तक गत दिनादि को सूर्य सम्बन्धी भयात माने और आगे के नक्षत्र में सूर्य के प्रवेश दिन से पूर्व तक भभोग दिन समझकर क्रिया कनी चाहिए। फिर यह देखना चाहिए कि ये दोनों अपने-अपने नक्षत्र में अथवा भिन्न-भिन्न नक्षत्र में हैं— चन्द्रवत् साधयेत् सूर्यमिष्टर्क्षे चेष्टकालिकम्। पश्चाद्विलोकयेत्तो चेत्स्वर्क्षे वा चान्यभे स्थितौ॥ (वास्तु. 1, 165, एवं नरपति. वही 11)

इत्थमनन्तर वर्णानुसारेणयोग्यायोग्यभूमिलक्षणं —

श्वेता च ब्राह्मणी भूमी रक्ता वै क्षत्रिया स्मृता।
पीतवर्णा भवेद्वैश्या शूद्री तु कृष्णवर्णिनी॥ 1॥[1]

अब रङ्ग, वर्ण के अनुसार भूमि के लक्षण कहते हैं। जो भूमि श्वेत वर्ण की हो, वह ब्राह्मणी भूमि होती है, रक्तवर्णा क्षत्रिया, पीतवर्णा वैश्या तथा कृष्णवर्णा भूमि शूद्री होती है।

गन्धानुसारेणभूमिलक्षणं —

घृतगन्धा भवेद्विप्री राज्ञी रक्तानुगन्धिनी।
क्षारगन्धा भवेद्वैश्या शूद्री विष्ठानुगन्धिनी॥ 2॥

जिस भूमि से घी जैसी गन्ध आए, वह भूमि विप्रा होती है, रक्तगन्धा भूमि राज्ञी या क्षत्रिया, क्षारगन्धा भूमि वैश्या तथा विष्ठानुगन्धिनी भूमि शूद्री होती है।

स्वादानुसारेणभूमिः —

ब्राह्मणी मधुरास्वादां कषाया क्षत्रिया तथा।
क्षारास्वादा भवेद्वैश्या शूद्री स्यात्कटुका तथा॥ 3॥
एवं परीक्षयेद् भूमिं वर्णैर्गन्धैश्च स्वादतः।
गोमयेन समालिप्य नन्द्यावर्तं तु स्वस्तिकम्॥ 4॥

ऐसी भूमि जो चखने पर मधुर स्वाद वाली हो, वह ब्राह्मणी भूमि होती है, कषाय स्वाद वाली भूमि क्षत्रिय, क्षार स्वाद वाली वैश्या तथा कटु स्वाद वाली भूमि शूद्री होती है। इस प्रकार भूमि का वर्ण, गन्ध और स्वादानुसार परीक्षण किया जाना चाहिए। इसके बाद उस भूमि को गोबर से लीप कर उस पर नन्द्यावर्त स्वस्तिक बनाएँ।

स्थापयेदामघटं वर्धमानेन संयुतम्।
घृतेन ज्वालयेद्वर्तीश्चतस्त्रश्च चतुर्दिशम्॥ 5॥

फिर उस स्वस्तिक पर कच्चा घड़ा और उस पर बीजोरा या ढक्कन रखा हुआ हो, ऐसा रखें तथा उस घट पर चारों ओर चार दिशाओं में जलने वाली बातियाँ रखे और उन्हें घी से जलाएँ, दीपक बनाएँ।

आद्योद्भवे यथा वर्तिस्तद्वर्णा सा मही मता।
सूत्रधारस्य हस्ते तु कुद्दालं तु तथोत्तमम्॥ 6॥

---

1. यहाँ से इसी सूत्र के 12वें श्लोक के बाद का विषय पुनः आरम्भ होता है। 'न' मातृका में इस क्रम से उक्त श्लोक नहीं मिलते हैं।

इस अवसर पर देखें कि जो वर्तिका पहले ऊँची जलती दीखे, उसी के अनुसार उस भूमि का वर्ण निश्चय करें, और तब सूत्रधार के हाथ में उत्तम कुदाली दें।

स्थित्वा पूर्वाभिमुखतः शुचिः स्नातो जितेन्द्रियः।
शुक्लोम्बरधरो नित्यं शुक्लमाल्यानुलेपनः॥ 7॥
प्रहारं दापयेत्तत्र लक्षयेद्रेणुमुच्छ्रितम्।
पूर्वापरयाम्योत्तरं वर्णैः प्राच्यादिशस्तकम्॥ 8॥

सूत्रधार जो कि पवित्र हो, स्नानादि से शुद्ध हो, जितेन्द्रिय, श्वेत वस्त्रधारण किए हो और नित्य श्वेतपुष्पों की माला पहनकर श्वेत चन्दन का अनुलेप तिलक आदि करता है, पूर्वाभिमुख स्थित होकर उस कुदाल से प्रहार करें और जो मिट्टी उस प्रहार से निकले, उसे ध्यानपूर्वक देखें कि वह किधर अधिक गिरती है— पूर्व की ओर या पश्चिम या दक्षिण अथवा उत्तर की ओर? इसी के अनुसार पूर्वादि दिशा क्रम से भूमि का वर्ण निश्चित करें जो शास्त्रसम्मत माना जाता है।

ततो वास्तुं च सम्पूज्य तत्तत्क्षेत्रेषु कल्पितम्।
पुष्पाक्षतैः समालिख्य निलयाधः प्रमाणतः॥ 9॥

इसके उपरान्त ही वास्तु का पूजन करें और उस क्षेत्र के नक्शे के अनुसार डाकवेल या आकार कल्पित करें तथा पुष्प, अक्षतादि से समस्त निलयों (कमरों) को प्रमाणानुसार अङ्कित कर दें।

सूत्रधारो महाप्राज्ञं शुक्लोम्बरधरः शुचिः।
करे गृहीत्वा कुद्दालं दृढश्चैकाग्रमानसः॥ 10॥
तूरवादित्रनिर्घोषैर्मङ्गलैः शब्दसङ्कुलम्।
प्रहारं दापयेत्तत्र तत्कुक्षौ वह्निगोचरे॥ 11॥

पुनः कहते हैं कि श्वेत वस्त्रधारी, पवित्रभाव वाले सूत्रधार महाप्राज्ञ को चाहिए कि वह दृढ़ और एकाग्रमन से कुदाल को ग्रहण करें और गाजे-बाजे के साथ उच्च मङ्गल गीतों के गान, कोलाहल के बीच कुदाल के प्रहारों से उस भूमि के कुक्ष को खोदकर बाहर निकाल कर दिखाएँ।

दिशानुसारेण रेणुपतनफलं —

उद्धृते चैव कुद्दाले ततो रेणुं निरीक्षयेत्।
उत्तरे तु भवेत्क्षेमं पश्चिमे पुत्रपौत्रकम्॥ 12॥

और, कुदाल से निकाली गई मिट्टी का पुनः ठीक-ठीक ढंग से निरीक्षण करें कि उक्त मिट्टी यदि उत्तर की ओर गिरे तो क्षेम-कुशल होता है और पश्चिम में गिरे

तो पुत्र–पौत्र की वृद्धि होती है।

पूर्वे तथोत्तमं विद्यादीशाने मोक्षदायकम्।
इतरासु चतुर्दिक्षु सर्वदोषसमुद्भवः ॥ 13 ॥

पूर्व की ओर से सर्वोतम जाने और ईशान की ओर गिरे तो मोक्षदायक मानें। इनके अलावा चारों दिशाओं में जो इतर रह जाती है, सभी प्रकार के दोषों को उत्पन्न करने वाली है।

कीलकरोपणविचार —

आनीय कीलकं सूत्रं रोपयेच्च चतुर्दिशम्।
कीलकस्य च सूत्रस्य वर्णभेदांश्च लक्षये ॥ 14 ॥

अब कीलक के वर्ण भेद बताते हैं— पहले कीलक को लाकर स्थापित करें और उस पर चारों ओर सूत्र लपेटें। इससे कीलक और सूत्र के वर्ण भेद देखे जाते हैं।

प्रशस्यन्ते ब्राह्मणानां कीला आश्वत्थकीलकाः।
उदाहृता क्षत्रियाणां खादिरा रक्तचन्दनाः ॥ 15 ॥

ब्राह्मणों के लिए अश्वत्थ का कीलक प्रशस्त है और क्षत्रियों के लिए खदिर और रक्त चन्दन के कीलक शुभ हैं।

शिरीषशालतालानां वैश्यजातेः प्रकीर्तिताः।
सर्जकार्जुनयोस्त्वेवं शूद्राणां च सुखावहाः ॥ 16 ॥

वेश्यजनों के लिए शिरीष, शाल और ताड़ के कीलक शुभ कहे गए हैं और शूद्र समुदाय के लिए सर्जक और अर्जुन वृक्ष के कीलक सुखदायक होते हैं।

कीलकस्य आयामप्रमाणं —

द्वात्रिंशदङ्गुलो$_{32}$ विप्रे चाष्टाविंशतिः$_{28}$ क्षत्रिये।
चतुर्विंशाङ्गुलो$_{24}$ वैश्ये शूद्रे विंशाङ्गुलो$_{20}$ भवेत्॥ 17 ॥

अब कीलकों की लम्बाई के बारे में कहते हैं— ब्राह्मणों के लिए 32 अङ्गुल लम्बे कीकल, क्षत्रियों के लिए 28 अङ्गुल लम्बे, वैश्यों के लिए 24 अङ्गुल लम्बे और शूद्रों के लिए 20 अङ्गुल के कीलक प्रशस्त कहे गए हैं।

चतुरश्रो भवेद् विप्रे चाष्टाश्रः क्षत्रिये मतः।
षोडशाश्रस्तु वैश्ये स्याद् वृत्तः शूद्रे प्रकीर्तितः ॥ 18 ॥

इसी तरह ब्राह्मणों के कीलक चतुरस्त्र (चौकोर) हो, क्षत्रियों के कीलक अष्टाश्र (अष्टकोणीय), वेश्यों के कीलक षोडशास्त्र (सोलहकोणीय) हो और शूद्रों के लिए कीलक गोलाकार होने चाहिए।

सूत्रलक्षणं —

विप्रस्य दर्भजं सूत्रं मौञ्जं तु क्षत्रियस्य च।
कासजं तु भवेद् वैश्ये शाणं शूद्रस्य कीर्तितम्॥ 19॥

अब सूत्र के बारे में कहते हैं— यदि ब्राह्मण हो तो उसको दर्भ या दाभ का सूत्र काम में लेना चाहिए, क्षत्रिय हो तो मूँज का, वेश्य हो तो कास अर्थात् कपास का बना हुआ तथा शूद्र हो तो शण का बना हुआ सूत्र काम में लिया जाना चाहिए।

न काष्ठलोहाङ्गारैश्च नखपादैरुद्घाटनम्।
शस्त्रे शस्त्रभयं विन्द्यात् सूत्रछेदे तु मृत्युदम्॥ 20॥

कभी भी केवल काष्ठ, केवल लोह, अङ्गारों, नख़ों, पाँवों, शस्त्रों और सूत्रच्छेद से भी भूमि का उद्घाटन अर्थात् खुदाई कार्य उचित नहीं है क्योंकि शस्त्र से शस्त्र भय और सूत्रच्छेद से मृत्यु की आशङ्का रहती है।[1]

सूत्रपातनमाह —

आलिख्य होमशालायां धर्मकामार्थसाधकम्।
कृत्वा पुष्पाक्षतं पात्रे जलरेखां समुद्धरेत्॥ 21॥

इसके बाद, नक्शे के अनुसार जहाँ होमशाला बनाने का विधान हो, उस भूभाग पर धर्म-काम आदि की साधक होमशाला के लिए निशानदेही (डाकवेल) डालकर लिख दें और पात्र में पुष्पाक्षतयुक्त जल से उसके चारों और जलरेखा बना दें।

बलिं दद्याद्यथान्यायं शास्त्रदृष्टेन कर्मणा।
आफालयेत् ततः कीलं प्रथमं वह्निगोचरम्॥ 22॥

फिर वहाँ शास्त्रीय दृष्टि अनुसार कर्म करके यथान्याय बलि प्रदान करें और प्रथम कील को अग्निकोण में गाड़ना चाहिए।

नैर्ऋत्यान्ते द्वितीयं च वायव्यं तदनन्तरम्।
ईशान्यां च पुनर्दद्यात् सूत्रं यावच्चवह्निगम्॥ 23॥

दूसरी कील को नैर्ऋत्य कोण में गाड़े और उसके बाद की कील वायव्य कोण में गाड़े और बाद में ईशान कोण में गाड़े। इस प्रकार अग्निकोण की कील से बाँधा

---

1. इस सम्बन्ध में कई शास्त्रीय प्रमाण है। यथा— नखान्न खादयेच्छिन्द्यान्न तृणं न महीं लिखेत्॥ न श्मश्रु भक्षयेल्लोष्टं न मृद्नीयाविचक्षणः। (विष्णुपुराण तृतीयांश, 12, 10-11) तुलनीय : लोष्ठमर्दी तृणच्छेदी नखखादी च यो नरः। स विनाशं व्रजत्याशु सूचकोऽशुचिरेव च॥ (मनुस्मृति 4, 71) तथा : लोष्टमर्दी तृणच्छेदी नखखादी च यो नरः। नित्योच्छिष्टः शङ्कुशुको नेहायुर्तिन्दते महत्॥ (महाभारत शान्तिपर्व 193; अनु. 104, 15)

गया सूत्र इन सभी कीलों के चारों ओर लिपटता हुआ पुनः अग्निकोण की कील में ले जाकर बाँध दें।

गृहीत्वा मुद्गरं शिल्पी प्रहारांस्त्रीन् प्रदापयेत्।
चतुर्थांशे गते कीले सा मही चोत्तमा मता॥ 24॥

इसके बाद, शिल्पी अपने हाथ में हथौड़ा (मुद्गर) लेकर तीनों कीलों पर प्रहार करें और परीक्षा करें कि यदि कीलें भूमि में केवल चतुर्थांश तक ही गड़ी हों तो उस भूमि को उत्तम भूमि समझें।

मध्यमा स्यात्त्रिभागेन कनिष्ठार्धेन च स्मृता।
अत ऊर्ध्वं गते कीले विद्यान्न शिवमालयम्॥ 25॥

यदि कीलें तीसरे भाग तक गड़ गई हों, तो उस भूमि को मध्यमा समझें तथा यदि कील आधे तक गड़ गई हो, तो उस भूमि को कनिष्ठा समझें और आधे से ऊपर तक यदि कील भूमि में गड़ जाए तो समझ लें कि वहाँ भूमि शिवालय के निर्माण योग्य नहीं है।

हन्यमानो यदा कीलो नमितः कां दिशां प्रति।
तन्माहात्म्यमथाख्यास्ये नमिते कीलके फलम्॥ 26॥
प्राच्यां स्यादर्थसम्पत्तिः सन्तापो ह्यग्निगोचरे।
दक्षिणे विपुला भोगा नैर्ऋत्ये कलहः सदा॥ 27॥

अब हम कील को प्रहार करते समय वह जिस दिशा की ओर झुक जाए तो उसका फल बताते हैं और उसके नमित होने या झुक जाने का माहात्म्य भी बताते हैं। यदि कील पूर्व दिशा की ओर झुक जाय तो अर्थ, धन-सम्पति की प्राप्ति होती है परन्तु कील यदि अग्निकोण की ओर नमित हो जाए तो सन्ताप का कारण बनती है। वही कील यदि दक्षिण की ओर नमित हो जाए तो शुभ है और विपुल भोगों की देने वाली सिद्ध होती है परन्तु, नैर्ऋत्य कोण की ओर नमित कील से तो महान कलह सदा ही बना रहता है।

वारुण्यां धनधान्यं च वायव्यां स्त्रीप्रदूषणम्।
उत्तरे सर्वभद्राणि हीशाने मरणं ध्रुवम्॥ 28॥

इसी प्रकार यदि कील वारुणी (पश्चिम) दिशा की ओर नमित हो जाए तो धन-धान्य का भरपूर लाभ देती है परन्तु यदि कील वायव्य कोण की ओर नमित हो जाए तो समझो कि घर की स्त्रियों में दूषण अर्थात् दुराचार होने का भय उत्पन्न होगा। इसी तरह उत्तर दिशा की ओर यदि कील नमित हो जाए तो सभी ओर से

लाभ और शुभ की ही सम्भावना रहती है और यदि कील ईशान कोण की ओर नमित हो जाए तो निश्चित ही मृत्यु की आशङ्का बन जाएगी।

प्राञ्जलः सिद्धिदः प्रोक्तोऽन्यथा चैवमसिद्धिदः।
भग्नश्च मृत्युदः प्रोक्तः कीलकस्य महात्म्यकम्॥ 29॥

यदि कील प्रहार के साथ ही सरलता से भूमि में गड़ जाए तो वह सिद्धि देने वाली होती है, अन्यथा वह सिद्धि देने वाली नहीं कही जाती। इसी तरह यदि कील हथौड़े से प्रहार के समय भूमि में गड़ने के समय टूट जाए तो उसको अवश्य ही मृत्युदायक कष्टपूर्ण समझें। इस तरह यहाँ मैंने कीलक के माहात्म्य को बताया है।

इति सूत्रसन्तानगुणकीर्तिप्रकाशप्रोक्तृश्रीभुवनदेवाचार्योक्तापराजितपृच्छायां भूपरिग्रहकीलकारोपणाधिकारो नामैकपञ्चाशं सूत्रम्॥ 51॥

इस प्रकार भुवनदेवाचार्य कृत सूत्रसन्तानगुणकीर्ति प्रकाश या अपराजितपृच्छा में भू परिग्रह, कीलक आरोपण अधिकार नामक इकावनवाँ सूत्र पूर्ण हुआ॥ 51॥

कूर्मप्रमाणपदप्रतिष्ठा नाम द्विपञ्चाशं सूत्रम्॥ 52॥

विश्वकर्मोवाच —

शस्ते मासे सिते पक्षे ह्यतीते चोत्तरायणे।
ताराचन्द्रबले चैव योगे चामृतसम्भवे॥ 1॥
सूत्रपातस्तु कर्त्तव्यः प्राची साध्या ततो भवेत्।

विश्वकर्मा ने कहा कि शुभ माह में, शुक्ल पक्ष हों और उत्तरायण का अतीत हो चुका हो, उस समय ताराबल और चन्द्रबल देखकर और अमृतयोग आने पर कार्य का सूत्रपात करना चाहिए। ऐसा करते समय प्राची-दिक्साधन का अवश्य ध्यान रखना चाहिए।

दिग्मूढनिषेधमाह —

चतुरश्रं समं कृत्वा दिग्मूढं परिवर्जयेत्॥ 2॥
पूर्वपश्चिमदिग्मूढं वास्तु स्त्रीनाशकं स्मृतम्।
दक्षिणोत्तरदिग्मूढं सर्वनाशकरं भवेत्॥ 3॥

भूमि के चतुरस्र बनाते समय कभी दिग्मूढ़, दिशाओं में मूल न आने देना चाहिए। जो वास्तु पूर्व-पश्चिम दिशा में दिग्मूढ़ होता है अर्थात् गलत दिक्साधनयुक्त होता है, उसका फल स्त्रीजन के नाश का कारण बनता है। इसी तरह दक्षिण-उत्तर में जो वास्तु दिग्मूढ़ हो, वह भी सर्व नाशकारक होता है।

विसूत्रं च भवेत्तच्चेत् सूत्रसन्तापकारकम्।
प्रासादस्य प्रमाणेन सूत्रैः क्षेत्रं प्रसाधयेत्॥ 4॥
प्रासादे भित्तिसंयुक्तो गृहे भित्तिस्तु बाह्यतः।
कर्त्तव्यो मण्डपैर्युक्तो जगत्यायाम एव च॥ 5॥

और जो वास्तु विसूत्र हो, सीधवत सूत्र में न होकर टेढ़ा-मेढ़ा हो, वह सूत्रधार को सन्तापकारक होता है। अतः प्रासाद, मन्दिर के प्रमाणानुसार ही सूत्रधारों को उस भूमि क्षेत्र की ठीक-ठीक साधना चाहिए। यह ध्यान रहे कि प्रासाद, मन्दिरों में भित्ति से संयत अर्थात भित्ति के नाप के साथ ही मण्डप का नाप और जगती, पीठिका का नाप होता है, परन्तु मकानों, भवनों में भित्ति के नाप के बाहर मण्डप का नाप और जगती पीठ का नाप होता है।

अथ जीर्णप्रासादलक्षणं —

अथाख्यास्ये पुनश्चान्यद् जीर्णप्रासादलक्षणम्।
भग्नं द्रव्यादिकं वाऽपि उद्धारेऽष्टगुणं फलम्॥ 6॥

अब हम पुनः दूसरे जीर्ण प्रासादों के लक्षण कहते हैं जिनके द्रव्यादिक अङ्ग-उपाङ्ग भग्न हो गए हो, उनका पुनः उद्धार करने अर्थात् जीर्णोद्धार करके पुनः नवीन करने का फल नवीन निर्माण किए गए से आठ गुणा अधिक पुण्य होता है।

पूर्वमानप्रमाणं च कारयेत्तद्विचक्षणः।
तद्रूपं तत्प्रमाणं च पूर्वसूत्र च चालयेत्॥ 7॥

जिन-जिन भग्न वास्तुओं का जीर्णोद्धार किया जाए, उनमें विचक्षण सूत्रधार या गजधर को चाहिए कि उन वास्तुओं का पहले का मान-प्रमाण नींव-सीम से वैसा ही सही रखें, उन्हे तद्रूप और तत्प्रमाण रखते हुए पूर्व के सूत्र में, सूत-सावल में अन्तर नहीं आने दें।

चलिते चालिते वापि दिग्मढे स्थानवास्तुषु।
तस्मात्सर्वप्रयत्नेन पूर्वसूत्रं च चालयेत्॥ 8॥
चलिते चालिते चैव सूत्रस्थाने च विग्रहम्।
हीने हानिं प्रकुर्वीत चाधिके स्वजनक्षयम्॥ 9॥

क्योंकि, सूत्र प्रमाण में न्यूनाधिकता, हेर-फेर से उस सूत्रस्थान में विग्रह खड़े हो जाते हैं, जैसे कम रखने पर हानि होती है और वेशी रखने पर अपने ही परिवार जनों का क्षय होता है।

भूपरिग्रहणे चैव वास्तुविद्याविशारदैः।
वास्तुस्थानं पुरा ज्ञात्वा खनेच्चैवं प्रदक्षिणम्॥ 10॥

भूमि का परिग्रहण करते समय भी सभी वास्तुविद्या विशारद सूत्रधार, गजधरों को चाहिए कि वे उस वास्तु-स्थान की पहले की पुरानी जानकारी अच्छी तरह कर लें, उसके बाद ही उसकी प्रदक्षिणा करके खुदाई आरम्भ करें।

मर्मवेधविचार —

पिता माता च पुत्राश्च नाशं गच्छन्ति मस्तकै।
पृष्ठे चात्मविनाशश्च देशत्यागश्च जायते॥ 11॥

क्योंकि, यदि पुरानी जानकारी न की जाए और उस वास्तु-स्थान में मर्मवेध रह जाए तो बड़ा अनर्थ हो जाता है। जैसे— मस्तक की ओर मर्मवेध रह जाए तो उस गृहपति के माता-पिता व पुत्रों का नाश हो जाता है तथा यदि पीठ की ओर मर्मवेध रह जाए तो स्वयं गृहस्वामी का ही नाश हो जाता है अथवा उसे देश त्याग करके जाना पड़ सकता है।

स्त्रीस्वगोत्रविनाशश्च चतुःपादेषु वै क्रमात्।
जायते धननाशश्च मर्मवेधे कृते सति॥ 12॥

और, इसी क्रम में स्त्री, स्वगोत्र बन्धुजन, चौपायों और धन का भी विनाश हो जाता है— यदि मर्म वेध बने रहे तो ऐसा फल जाने।

शुभं पुत्रो धनं धान्यं ज्ञात्वा कुक्षिं यदा खनेत्।
कृत्वा प्रदक्षिणं कुम्भं गृहीत्वा स्थापितं ततः॥ 13॥
कुक्षिं चातोदकैर्भृत्वा शान्तिमुच्चार्यशोभनाम्।
तथोदकैर्वन्दनीयं वास्तुदेवं विसर्जयेत्॥ 14॥

इसलिए यदि पुत्र, धन, धान्यादि के लिए शुभ मुहूर्त निकलवाकर शुभ, मङ्गल जान लिया जाए तभी नींव-कुक्षी को खोदना चाहिए। इसके लिए हाथ में कुम्भ लेकर उस स्थान की प्रदक्षिणा करके उस कुम्भ को उस स्थान पर स्थापित करें। तदोपरान्त नींव की खुदाई को कुम्भ के जल से भरकर, बड़े प्रेम से शान्तिपाठ का उच्चारण करें और इस प्रकार जल को वन्दन करके वास्तुदेव का विसर्जन करें।

विदिक्षु दिक्षु खातानि प्राच्यादिषु प्रदक्षिणम्।
तथा घटोदकैर्भृत्वा वन्दयेच्छान्तिपाठकैः॥ 15॥
इत्यन्तं तु समुद्दिष्टं वास्तुस्थानविसर्जनम्।

इसी तरह विदिशाओं और दिशाओं के नींवों के खात को भी पूर्व दिशा से

प्रारम्भ करते हुए प्रदक्षिण क्रम से आगे करते जाए और घड़ों में जल भर-भरकर शान्ति पाठ के साथ वन्दन करते जाए। इस प्रकार वास्तुस्थान का विसर्जन बताया गया है।

खात्पूर्वकशल्यादीनोद्धारनिर्देशं —

शिलान्तं वा जलान्तं वा खात्वा शल्यं समुद्धरेत्॥ 16॥

नींव की खुदाई करते समय ध्यान रखें कि उसकी खुदाई करते-करते या तो नीचे नींव में कठोर शिला आ जाए अथवा खुदाई करते भूमि में जल का स्रोत आ जाए, वहाँ तक उसे खोदते जाए। खोदते समय जो भी शल्य (अस्थि, केश, कोयला आदि) मिलते जाएँ उन्हें भी निकालते जाना चाहिए।

जलान्तेषु यदा खातो गोविप्रोदक ? पालनम्।
वास्तु पूजां ततः कृत्वा मध्ये कूर्मं तु स्थापयेत्॥ 17॥

अब नींव के खात की भराई के बारे में कहा जा रहा है। जो नींव की खुदाई जलान्त अर्थात जल आ जाने तक की गई हो, वह उत्तम होती है और गो, ब्राह्मण को पालने वाली कही गई है। अस्तु, वास्तुपूजा करके उसके मध्य में कूर्म की स्थापना करनी चाहिए।

तत्र कूर्मलक्षणं —

हिरणमयो भवेत्कूर्मो वास्तुविस्तारधारणः।
उरोरत्नैर्नेत्ररत्नैः पृष्ठरत्नैश्च शोभितः॥ 18॥
समुपेतैः सर्वगात्रे रौप्यपादोपशोभितः।
एवं वै सूत्रितं सर्व रत्नकाञ्चनरूप्यकम्॥ 19॥
तत्रैव स्थापिताः सूत्र पर्वता द्वीपसागराः।
शिलाभिरिष्टिकाभिश्च ततः खातं त्रपूरयेत्॥ 20॥

वह कूर्म सोने का बना हो। वह वास्तु के पूरे विस्तार को धारण करने वाला होता है। उस कूर्म की छाती पर, नेत्र पर, पीठ पर रत्न जड़े हुए शोभायुक्त हों। इसी तरह वे बताए गए सभी रत्नों से, सोने से और चाँदी से बने हुए पर्वत, सागर द्वीपादि भी वहाँ सूत्रधार, गजधर के द्वारा ठीक तरह से स्थापित किए जाने चाहिए। इस सबके बाद ही शिलाओं से और ईंटों से उस खात की भराई आरम्भ की जानी चाहिए।

इष्टकाचयनं कृत्वा पूरयेच्च स्तरं स्तरम्।
कपिशीर्षे च पाषाणे मृगश्चाष्टाङ्गुला दहेत्॥ 21॥

इस तरह नींव के खात मुहूर्त की समारोह पूर्वक भराई हो जाने पर जब नींव की ईंटों से चुनाई की जाए तो ध्यान रखें कि भित्ति की चुनाई की पूर्ति स्तरवार हो अर्थात् पूरी नींव की एक स्तर चुनाई हो जाए। उसके बाद ही उसके ऊपर के दूसरे स्तर की चुनाई करनी चाहिए। इस चुनाई कार्य में काम आने वाले पाषाणों का आकार कपिशीर्ष के समान (बन्दर के कपाल के बराबर) टुकड़ों में होना चाहिए और इनकी चुनाई करते समय जिस मिट्टी में इनकी चुनाई की जाए, उसका स्तर भी लगभग आठ अङ्गुल का हो और उस मिट्टी में ये पाषाण पूरी तरह से गच्च करके चुने जाएँ ताकि कहीं से भी खाली स्थान नहीं रहे और वे पाषाण हिले-डुले नहीं।

जलेन प्लावितास्ताश्च मुहूरस्या हनेत्ततः।
पालाशस्वस्थसम्भूतैर्हनेत्ताः सुदृढं ततः॥ 22॥

फिर, चुनी गई दीवार पर किनारी बनाकर उस पर जल भर दें ताकि दीवार पूरी तरह से तर रहे और बाद में उसे ठोस रूप देने के लिए मोहरी, घूँसे से कूटते जाए और इसके उपरान्त उस दीवार को पलाश (खाखरे) की स्वस्थ, हरी-भरी शाखाओं कामड़ियों से तड़ा-तड़ पीट-पीटकर सुदृढ़ बनाएँ।

पादोनं पूरयेत्प्रान्तं तत्घनं च प्रादायिकम् ?।
ह्रस्वं ह्रस्वं तु कर्तव्यं प्रासादस्य तलं तथा॥ 23॥

प्रासाद के नींव के प्रान्त भाग को एक चतुर्थांश पूरा हो जाने पर उसे घन के द्वारा धीरे-धीरे कूटते जाना चाहिए जिससे प्रासाद का तल भाग पक्का, दृढ़ हो जाए।

इत्यमनन्तर प्रासादस्य कूर्मलक्षणं —

एक हस्ते तु प्रासादे कूर्मः स्याच्चतुरङ्गुलः।
अर्धाङ्गुला भवेद्वृद्धिः प्रतिहस्तं दशावधि॥ 24॥

(अब प्रासाद की नींव रचना के समय रखे जाने वाले कूर्म के बारे में पूरी जानकारी दी जा रही है) इस नियम को सदा ही ध्यान में रखें कि यदि प्रासाद की ऊँचाई 1 हाथ की अर्थात् एक गज (चौबीस अङ्गुल) हो, तो उसके प्रमाणानुसार कूर्म का आकार 4 अङ्गुल का होना चाहिए। इसके उपरान्त ज्यों-ज्यों प्रासाद की ऊँचाई की वृद्धि होती जाए, तो दश हाथ (दस गज) की वृद्धि तक प्रति हाथ (प्रति गज) के प्रमाण में कूर्म का प्रमाण भी आधा अङ्गुल बढ़ाते जाएँ। इस तरह एक हाथ से दस हाथ तक बढ़ते कूर्म का प्रमाण 4 अङ्गुल के बाद और साढ़े चार अङ्गुल बढ़ जाएगा अर्थात् दस हाथ के प्रासाद का कूर्म साढ़े आठ अङ्गुल का हो जाएगा।

पादवृद्धिः पुनः कुर्याद्विंशतिहस्ततः करे।
ऊर्ध्वं वै त्रिंशद्धस्तान्तं वसुहस्तैकमङ्गुलम्॥ 25॥

इसके बाद, प्रासाद की ऊँचाई 11 से 20 हाथ (गज) तक बढ़ती जाए तो कूर्म का प्रमाण प्रति गज चतुर्थांश अङ्गुल की वृद्धि पाता जाए अर्थात् अगले दस हाथ, गज की ऊँचाई प्रासाद की बढ़ने पर कूर्म के प्रमाण में ढाई अङ्गुल और जुड़ जाएँगे और कूर्म का प्रमाण साढ़े आठ से बढ़कर 11 अङ्गुल हो जाएगा और 20 हाथ (गज) से 30 हाथ (गज) तक प्रासाद के बढ़ने तक हर आठवें गज पर एक अङ्गुल प्रमाण कूर्म में वृद्धि होगी।

ततः परं शतार्धान्तं सूर्यहस्तैकमङ्गुलम्।
अनेन क्रमयोगेन मन्वङ्गुलं$_{14}$ शतार्धके॥ 26॥

इससे भी ऊपर, यदि प्रासाद 31 हाथ से 50 हाथ (गज) की ऊँचाई तक बढ़े तो कूर्म का प्रमाण प्रति 12 हाथ (गज) पर मात्र एक अङ्गुल प्रमाण ही बढ़ेगा। एक तरह से इस क्रम योग से 50 हाथ तक के प्रासाद के लिए कूर्म का प्रमाण 14 अङ्गुल का होगा।

कनिष्ठादित्रिविधकूर्मप्रमाणं —

कनिष्ठं पादहीनं च ज्येष्ठं पादाधिकं तथा।
साधारणमिदं मानं त्रिविधं कूर्ममानतः॥ 27॥

इस तरह कूर्म के मान-प्रमाण को देखें तो 14 अङ्गुल में चतुर्थांश अङ्गुल की कमी वाला कूर्म कनिष्ठ माना जाएगा, 14 अङ्गुल से एक चतुर्थाश अङ्गुल अधिक वाला कूर्म ज्येष्ठ माना जाएगा और 14 अङ्गुलमान का कूर्म प्रमाण साधारण माना जाएगा। इस तरह कूर्म का यह तीन तरह का मान प्रमाण बताया गया है।

धात्वानुसारेणकूर्मफलं —

हैमो रौप्यश्च कर्त्तव्यः सर्वपापप्रणाशनः।
इत्थं कूर्म यः करोति सर्वयज्ञफलं भजेत्॥ 28॥

अब विविध धातुओं से बनने वाले कूर्मों के फल बताते है। सोने और चाँदी से बने हुए कूर्म सभी प्रकार के कोपों का शमन करते हैं। जो व्यक्ति ऐसे सोने-चाँदी के कूर्म बनवाते हैं, उनको सभी प्रकार के यज्ञों का फल मिल जाता है।

स्नानं पञ्चामृतैः कार्यं कूर्मस्य च यथाविधि।
अर्चयित्वा प्रयत्नेन धूपयित्वा सुगन्धिना॥ 29॥

तिलैर्यवैस्तथा होमं कुर्यात् पूर्णाहुतिं तथा।
निवेशयेदिमं कूर्मं वेद-वादित्र-मङ्गलैः ॥ 30 ॥

ऐसे बने हुए कूर्म को यथाविधि पञ्चामृतादि से स्नान कराएँ और प्रयत्नपूर्वक अर्चना करके सुगन्धित द्रव्यों से धूप दें। फिर, तिलों से, यवों से होम करके बाजे-गाजे के साथ वेदपाठ (स्वस्तिवाचन[1]), मङ्गलगान करते हुए पूर्णाहुति देने के साथ ही कूर्म को भी वहाँ निवेश करवाना चाहिए।

इति सूत्रसन्तानगुणकीर्तिप्रकाशप्रोक्तश्रीभुवनदेवाचार्योक्तापराजितपृच्छायां कूर्मप्रमाणपदप्रतिष्ठाधिकारो नाम द्विपञ्चाशं सूत्रम् ॥ 52 ॥

इस प्रकार भुवनदेवाचार्य कृत सूत्रसन्तानगुणकीर्ति प्रकाश या अपराजितपृच्छा में कूर्मप्रमाण पद प्रतिष्ठा अधिकार नामक बावनवाँ सूत्र पूर्ण हुआ ॥ 52 ॥

देवासुरसङ्ग्रामादिवास्तूद्भवो नाम त्रिपञ्चाशं सूत्रम् ॥ 53 ॥

अथ पुराख्यानं कथ्यते —

गन्धमादनपृष्ठेऽथ शैलराजमहोत्सवे।
सुरविद्याधरै रम्भे ऋषिसङ्घसमाकुले ॥ 1 ॥
सिद्धचारणसङ्गीते ह्यप्सरोगणसेविते।
दिग्विदिग्वासिभीरम्ये सरिताद्वयसङ्गमे ॥ 2 ॥

पूर्वकाल में गन्धमादन पर्वत पर देवताओं, विद्याधरों तथा ऋषि सङ्घों की भीड़-भाड़ में आयोजित होने वाले सुन्दर 'शैलराज महोत्सव' में सिद्ध चारणों के सङ्गीत और अप्सराओं के नृत्य-गान से सेवित दिग्दिगन्त के निवासी वहाँ प्रवहमान

---

1. मयादि शास्त्रों में भी भूपरिग्रहावसर पर वेदपाठ या स्वस्तिवाचन करते हुए मङ्गल स्वरोच्चार करने पर जोर दिया है। भूमिपूजन के लिए शास्त्रों में निम्न मन्त्र आता है— समुद्रवसने देवि पर्वतस्तनमण्डले। विष्णुपत्नि नमस्तुभ्यं पुण्यकर्म समारभे ॥ स्वस्तिवाचन वैदिक परम्परा है। अनेकत्र स्वस्त्ययन का निर्देश मिलता है। यह पाठ इस प्रकार किया जाना चाहिए— 'ॐ स्वस्ति न इन्द्रो वृद्धश्रवाः स्वस्ति नः पूषा विश्ववेदाः। स्वस्ति नस्तार्क्ष्यो अरिष्टनेमिः स्वस्ति नो बृहस्पतिर्दधातु ॥ पृषदश्वा मरुतः पृश्निमातरः शुभं यावानो विदथेषु जग्मयः। अग्निजिह्वा मनवः सूरचक्षसो विश्वे नो देवा अवसागमन्निह: ॥ भद्रं कर्णेभिः शृणुयाम देवा भद्रं पश्येमाक्षभिर्यजत्राः। स्थिरैरङ्गैस्तुष्टुवाꣳ सस्तनूभिर्व्यशेमहि देवहितं यदायुः ॥ शतमिन्नु शरदो अन्ति देवा यत्रा नश्चक्रा जरसं तनूनाम्। पुत्रासो यत्र पितरो भवन्ति मा नो मध्या रीरिषतायुर्गन्तोः ॥ अदितिर्द्यौरदितिरन्तरिक्षमदितिर्माता स पिता स पुत्रः। विश्वे देवा अदितिः पञ्च जना अदितिर्जातमदितिर्जनित्वम् ॥ द्यौः शान्तिरन्तरिक्षꣳ शान्तिः पृथिवी शान्तिरापः शान्तिरोषधयः शान्ति। वनस्पतयः शान्तिर्विश्वे देवाः शान्तिर्ब्रह्म शान्ति सर्वꣳ शान्तिः शान्तिरेव शान्तिः सा मा शान्तिरेधि ॥ यतो यत. समीहसे ततो नो अभयं कुरु। नं नः कुरु प्रजाभ्योऽभ्यं नः पशुभ्यः ॥' सुशान्तिर्भवतु ॥ (यजु. वाजसनेयी. 25,6-12)

सुन्दर, दोनों सरिताओं के सङ्गम स्थान में एकत्र हुए थे।

तत्रस्थं च सुखासीनं विश्वकर्ममहौजसम्।
वेदवेदाङ्गतत्त्वज्ञं सर्वशास्त्रविशारदम्॥ 3॥
शिरसा प्रणिपत्याथ जानुभ्यां धरणीगतः।
दण्डवच्चाग्रतो भूत्वा पप्रच्छं त्वपराजितः॥ 4॥

उसी काल में वहाँ पर वेद-वेदाङ्ग के तत्त्व को जानने वाले और सभी शास्त्रों के विशारद महान् तेजस्वी भगवान् विश्वकर्मा सुख से विराजमान थे। उनको अपराजित ने दण्डवत प्रणाम किया, धरती पर अपने घुटने टेककर प्रणिपत्य होकर, सिर झुकाकर प्रणिपात् होकर प्रश्न किया।

अपराजित उवाच —

कथं वास्तु समुत्पन्नं निर्मितं वा कुतः कदा।
वास्तोरुत्पत्तिस्तात देवादेश्च निघण्टुकम्॥ 5॥
एकपादादिकं वास्तु यावत्पदसहस्त्रगम्।
मर्मोपमर्मवंशांश्च रेखासन्धिसुरादिकम्॥ 6॥

अपराजित बोले— हे तात! यह वास्तु कैसे समुत्पन्न हुआ, कब और कहाँ निर्मित हुआ, वास्तु की उत्पति, उसके सम्बन्धित निघण्टु (कोश) आदि के बारे में हे देव! आदि से बताएँ। एकपद से आरम्भ होकर जब तक एकसहस्त्र पद तक जाएँ उतने वास्तु के पद, मर्म, वंश, रेखा, सन्धि और सुरादिकों के विषय में भी कहें।

बलिकर्मविधिं चैव वास्तुपादनिवासिनाम्।
एतत्सर्व प्रयत्नेन कथयस्व जगत्पते॥ 7॥

हे जगत्पते! इसी प्रकार बलिकर्म विधि, वास्तु पदानुसार विन्यसित होने वाले सभी दैवतगणों के बारे में भी प्रयत्नपूर्वक मुझ पर कृपा करके कहिए।

देवासुरमहाघोरसङ्ग्रामवर्णनं विश्वकर्मोवाच —

शृणु वत्स महाप्राज्ञ यत्त्वया परिपृच्छितम्।
कथयामि न सन्देहो वास्तोरुत्पत्तिलक्षणम्॥ 8॥

विश्वकर्मा बोले कि हे वत्स! महाप्राज्ञ जो कुछ तुमने पूछा है उसे कहता हूँ जिसे सुनो जिससे वास्तु की उत्पति के लक्षणों के बारे में कोई सन्देह न रहे।

पूर्व देवासुरे युद्धे महाघोरे सुदारुणे।
सङ्घट्टे नरसङ्कीर्णे श्रोणीगात्रैः परस्परम्॥ 9॥

पूर्वकाल की बात है। महाघोर व सुदारुण रूप देव और असुरों में युद्ध छिड़ा। वहाँ मनुष्यों के बड़े-बड़े सङ्घट्टों की भीड़-भाड़ हुई जिसमें सभी परस्पर युद्ध में रत होने से अपने शरीरों को रक्त से लथपथ किए हुए थे।

महारौद्रैः कटाक्षैश्च शस्त्रघातैः परस्परम्।
महाबलोत्कटा वीराः सङ्ग्रामे हेतिकाङ्क्षिणः॥ 10॥

वे महान् रौद्र रूप में, कटाक्षपूर्वक एक दूसरे पर बारम्बार शस्त्राघात कर रहे थे। वे महान् उत्कट वीर थे और संग्राम में एक दूसरे को जीतने की आकांक्षा लिए हुए थे।

निर्जिताश्च ततो देवा दैत्येन्द्राः प्रबलाः स्थिताः।
तथा किलकिलायन्ति पूर्वदेवात्मसम्भवाः॥ 11॥

उस युद्ध में दैत्येन्द्रगण प्रबल पड़ते थे और देवतागण हार गये थे। पूर्वदेवा अर्थात् दैत्यगण अपनी जीत की खुशी में किल-किली मारते हुए उछल रहे थे।

भूमिकम्पं प्रकुर्वन्ति ह्यचाल्याः पर्वता इव।
अनन्तरं सुरा इन्द्रो मन्त्रयित्वा परस्परम्॥ 12॥

इससे इतना भूमिकम्प हुआ कि मानो पर्वत ही चलायमान हो गए हैं। इसके बाद, देवराज इन्द्र ने देवताओं को आमन्त्रित किया और परस्पर विचार-विनिमय किया।

ततः स्मृत्वात्मशक्तीश्च ज्ञानदेहसमुद्भवाः।
त्रयस्त्रिंशत्कोटयश्च सुरास्ते च महोत्कटाः॥ 13॥

इन्द्र ने यह कहकर उन सभी देवताओं में बड़े उत्साह से उनमें अपनी ज्ञान देह से समुद्भव होने वाली आत्मशक्ति की स्मृति जगाई कि 'हे देवगणो! यह न भूलो कि तुम तैंतीस कोटि संख्या के महोत्कट योद्धा हो जिस पर सुरों को गर्व है।

पुनरायेज्यसङ्ग्रामं दैत्येन्द्रैश्च परस्परम्।
सकोपाश्चैव सङ्ग्रामे सुरासुरमहोत्कटाः॥ 14॥

इसलिए निराश मत हो वो और पुनः संग्राम का आयोजन करें।' और, दैत्येन्द्रों से परस्पर सकोप संग्राम करके सभी सुर-असुर इस महोत्कट युद्ध में कूद पड़े।

निर्जिता असुरा युद्धे देवाश्च प्रबलाः स्थिताः।
तदाव्याप धरास्वेवं सुरराज्यं महोत्सवम्॥ 15॥

इस तरह उत्साहवर्धन से देवताओं की स्थिति प्रबलतर हो गई और असुरगण उस युद्ध में हार गए। तभी से इस धरा पर यह 'सुरराज्य महोत्सव' गन्धमादन पर्वत पर मनाया जाता रहा है।

शैलेन्द्रात् दैत्येन्द्रागमनं —

अनन्तरं महाभूता दैत्याश्चैव महोत्कटाः।
(अ)वतरिताः शैलेन्द्रेषु दैत्येन्द्राश्च महोत्कटाः॥ 16॥

इसके अनन्तर, महाभूता विशालकाय प्राणियों के रूप में महान्, उत्कट विकराल दैत्यगण उस पर्वतराज शैलेन्द्र से अवतरित होकर महोत्कट दैत्येन्द्र आए।

शैलरूपैश्च सम्भूय सपक्षाः क्रोधपर्वताः।
तथा पतन्त्युत्पतन्ति यत्र भूर्जनसङ्कुला॥ 17॥

वह सभी पहाड़ों के रूप धारण किए हुए थे और उनके पङ्ख थे जिनसे ये पर्वत क्रोध करके उड़ते रहते और जहाँ कहीं भी भूमि पर लोगों की भीड़ या समूह होता उन पर बार-बार घड़ाघड़ गिर पड़ते।

निर्दहन्ति धराधार्य खेटग्रामपुरादिकम्।
नरोरगसुरेन्द्राश्च पर्वतैर्भस्मसात्कृताः॥ 18॥

और, इस तरह भूमि का आधार ही आग से जला देते जिससे खेट, ग्राम, पुर आदि सभी आ जाते और उन स्थानों में रहने वाले नर, उरग और सुरेन्द्र आदि उन पर्वतों से चकनाचूर हो जाते और भस्मसात् हो जाते।

ततो देवादिकाः सर्वे मरुत्वत्पुरमाश्रिताः।
व्यज्ञापयन् सहस्राक्षं धराधरविनाशिनम्॥ 19॥

इससे समस्त देवादिकों ने मरुतवत पुरमाश्रित होकर अर्थात् हवा की-सी शीघ्रता का आश्रय लेकर हजार आँखों वाले इन्द्रदेव को जाकर निवेदन किया कि ये धराधर अर्थात् पहाड़ विनाश करने पर उतारु हो गए हैं, उनसे हमें प्राण दिलाएँ।

क्रोधादिन्द्रेण वज्रेण स्थापिता भुवि पर्वताः।
छेदिताश्च ततः पक्षा अचला यत्र संस्थिताः॥ 20॥

इन्द्र ने क्रोधावेश में आकर इन पर्वतों पर वज्र से प्रहार किया और उनके पङ्खों को काट गिराया जिससे वे इधर-उधर उड़कर उत्पात नहीं मचा सके और उन्हें जहाँ के तहाँ अचल होकर रहना पड़ा।[1]

गङ्गायमुनयोर्मध्ये प्रारब्धो यज्ञ उत्तमः।
निर्जिताश्च सुरैर्यज्ञरक्षा वज्रायुधैः कृता॥ 21॥

1. इन्द्र द्वारा पर्वतों का संहार करने का वर्णन ऋग्वेद और श्रीमद्भागवतपुराण में आया है। देवराज इन्द्र का नाम शक्र इसलिए पड़ा।

पर्वतों के पङ्ख काटकर उन्हें अचल करने का यह यज्ञ गङ्गा-यमुना नदियों के मध्य के भूभाग में आरम्भ हुआ था[1] जिसमें वज्रायुध के प्रयोग से सुरों ने यज्ञ की रक्षा की और दैत्यों को जीता।

असुराश्च ततः सर्वे चिन्तातुरतया स्थिताः।
नैर्ऋत्ये कुण्डसम्भूतं [2]भार्गवोरुशक्त्यात्मकम्॥ 22॥

दैत्यों और असुरगण भी सभी चिंतातुर होकर नैर्ऋत्य कुण्ड से सम्भूत होने वाले उशना पुत्र भार्गव की शरण में गए।

दुर्जयं दुर्निरीक्षं च महोघोरं सुदारुणम्।
स्फुरन्तं विद्रुमाकारं लोचनैरग्निसन्निभैः॥ 23॥

उन असुरों की पुकार और दुर्जय दुर्निरीक्षा अर्थात् देवताओं को जीतना कठिन देखकर भार्गव को महाघोर क्रोधावेश हुआ। वह महादारूण, भयानक रूप में फुफकारने लगे और अपनी आँखों में क्रोधाग्नि से मानो लाल चिनगारियाँ-सी निकालने में लगे।

हुताशनगर्भसम्भूतं प्रलयान्तसमप्रभम्।
स्फुरत्स्फुलिङ्गं ज्वलन्तं दुर्निरीक्ष्यं भयप्रदम्॥ 24॥

उस समय उनका यह भयप्रद रूप ऐसा लग रहा था मानो अग्नि के गर्भ से ही प्रलयाग्नि के समान प्रभावाली जलती मशाल से उठती हुई स्फुलिंगों, चिनगारियाँ को देखना भयभीत होने का कारण बनता है।

त्रिनेत्रं विकृतं रौद्रं जटिलं वाललोहितम्।
दंष्ट्राकरालमत्युग्रं मुखे दावाग्निसन्निभम्॥ 25॥

उस समय भार्गव का विकराल रूप, त्रिनेत्र, संहारक शिव के त्रिनेत्रों के समान रौद्र और जटिल तेज लाल वर्ण वाला होकर अति उग्र कराल दाँतों-दाढ़ों वाला था और मुख से दावाग्नि की ज्वालाएँ निकलती थीं।

कृतान्ततुल्यं दशनैश्चण्डोष्ठकपुटान्तरे।
भूतलान्ते तलं तस्य आलोके बाहुपञ्जरम्॥ 26॥

उनके दाँत यमराज की दाढ़ों की भाँति भयानक थे जो होठों की विशालता में और भी भयानक लग रहे थे। उनकी काया इतनी विशाल हो गई थी कि उनके पाँव

---

1. गङ्गा-यमुना के मध्य में यज्ञ होने की अवधारणा शतपथ ब्राह्मण सम्मत है। कभी इस क्षेत्र में बहुत-से पेड़ थे जिनका संहारकर भूमि को यज्ञकर्म योग्य बनाया गया था।
2. 'भार्गवा रूशनात्मकं' पाठ स्यात्। 'भागीवेषु शक्त्यात्मकम्' मिति 'न' पाठः।

के तलवे भूमि के पाताल तक और उनके हाथों और शरीर का पञ्जर आसमान को स्पर्श करता–सा लग रहा था, जो तीनों लोकों तक फैल गया।

स्कन्धग्रीवाकरा व्योम्नि ब्रह्माण्डे च गतं शिरः।
तेजोरूपं स्फुरन्तं च प्रलये भैरवं यथा॥ 27॥

उनका कन्धा, ग्रीवा और हाथ आसमान को छू रहे थे और उनका सिर ब्रह्माण्ड की ऊँचाई तक जा लगा था और उनका तेजोमय रूप ऐसा विकराल चमक रहा था जैसे प्रलयकाल में भैरव का विकराल तेजोमय रूप हो।

निनदन्तं महाभीमं मन्ये कल्पान्तगर्जितम्।
त्रस्तास्तु देवताः सर्वा रूपं दृष्ट्वा सुदारुणम्॥ 28॥

उनकी आवाज इतनी घोर निनादयुक्त थी मानो महाभीम कल्पान्त की गर्जना हो रही हो। इस तरह का बहुत दारूण रूप देखकर भार्गव से सभी देवता त्रस्त या भयभीत हो गए थे।

ध्यानयुक्ताश्च चलिताः भयभीता महोरगाः।
दिक्पाला लोकपालाश्च प्रणश्यन्ति महासुराः॥ 29॥

जो सदा ध्यान युक्त रहते थे, वे भी इस भय से विचलित हो गए थे और जो महान् उरग थे वे भी भयभीत थे। दिक्पालगण, लोकपालगण आदि समस्त महान् सुर देवता भय से मरणासन्न थे।

ब्रह्मराक्षसवैताला आश्रयन्ति महेश्वरम्।
आदित्याद्या ग्रहाः सर्वे आश्रयन्ति जनार्दनम्॥ 30॥

इस बीच, ब्रह्मराक्षस और वैतालादि भय के मारे भगवान शिव के आश्रय में जा बैठे और आदित्यादि सभी ग्रह भी भयातुर होकर जर्नादन भगवान् विष्णु की शरण में चले गए।

देवराजः सुरैर्युक्तः समुपास्ते जगत्पतिम्।
दुर्निरीक्ष्यं दुराराध्यं कालानलसमप्रभम्॥ 31॥
तं दृष्ट्वाद्भुतरूपं च विरञ्चिरपि विस्मितः।

इसी प्रकार देवराज इन्द्र भी सभी देवताओं के साथ जगत्पिता ब्रह्मा की पर्युपासना में लग गए। ऐसे दुनिरीक्ष्य भयानक और दुराराध्य महाकालाग्नि के समान, अद्भुत रूप को देखकर विरञ्चि भगवान् ब्रह्मा भी विस्मित हो गए थे।

दुर्जयं दुर्निरीक्ष्यं च महोघोरं सुदारुणम्॥ 32॥
स्फुरन्तं विद्युदाकारं लौचनैरपि सन्निभः।

भूः क्रान्ता पादतलतो ब्रह्मलोकं गतं शिरः ॥ 33 ॥

वे सोचने लगे कि यह दुर्जय और दुर्निरीक्ष्य, महाघोर दारुण भयानक रूप, जो बिजली के समान चमकते व कड़कते नेत्रों वाला है और इसका पदतल भूमि से भी क्रान्त, अतिक्रमण कर रहा है और सिर ब्रह्मलोक तक जा पहुँचा है।

तस्य रूपभयाद्भीताः त्रिदशासुरराक्षसाः।
नष्टाश्च ऋत्विजो ब्रह्मा शक्राद्या द्वारपालकाः ॥ 34 ॥

उसके ऐसे रूप से सभी देवता, राक्षस और असुरगण भी भयभीत है और सभी ऋत्विजगण, ब्रह्मा, इन्द्रादि सभी द्वारपाल नष्ट प्रायः हो गए।

तत्र देवा द्विजा राजा आश्रयन्ति महेश्वरम्।
'रक्ष रक्ष महादेव-भयभीतान् जगत्प्रभो ॥ 35 ॥

यह सब विचित्रता देखकर सभी द्विज और राजा भी भगवान् महेश्वर के आश्रय में जा पहुँचे और पुकार करने लगे कि हे महादेव! जगत्प्रभो!! हम भयभीत लोगों की रक्षा कीजिए।

महद्भूतं मर्त्यलोके यज्ञे च रिपुक्रोधजम्।
सुरराजद्विजानां च भूमौ रक्षाकरो भवान्॥ 36 ॥

(सभी ने कहा कि) हे प्रभु! मृत्युलोक में यज्ञों में महान् क्रोध से रिपु द्वारा महान् सङ्कट उत्पन्न कर दिया गया है। अस्तु, सुरराज इन्द्र और ब्राह्मणों की तथा इस भूमि की आप रक्षा कीजिए।

प्रत्यक्षं भव ईशान सुरार्थे द्विजभूपते।
महद्भूतं महादेवं दैत्यानां दहनं परम्॥ 37 ॥

हे ईशान! महादेव शिव!! कृपा करके आप देवताओं, ब्राह्मणों और भूपति राजाओं के लिए प्रत्यक्ष प्रकट होकर हे महद्भूत महादेव! आप दैत्यों का पूर्ण दहन कर दीजिएगा।

ललाटनेत्रसङ्कुद्धं कालरूपमिवापरम्।
वलोकितो भवो भद्रे असाध्ये वृद्धताङ्गतः ॥ 38 ॥

आपके ललाट के तीसरे नेत्र के संक्रुद्ध होने पर तो महाकालरूप से भी परम भयानक दृष्टि के सामने असाध्य भी भद्र होकर वृद्धि को प्राप्त करने लगते हैं।

मूलकल्पोद्भवं यत्र निग्राह्यमस्तकोभवम्।'
वलोकितं तदा चक्रं त्रिषु लोकेषु मध्यतः।
लीयते शिवदेहे तु यत्र स्यात्सुरसम्भवः ॥ 39 ॥

मूलकल्प से उत्पन्न इस आपत्ति को निग्रह करके उसको अस्तगत कर दीजिए। तब तीनों लोकों के मध्य में इस चक्र को देखकर भगवान् शिव ने अपनी शिवदेह में लीनकर लिया और तब से देवताओं का जीवन पुनः सम्भव हो सका।[1]

इति सूत्रसन्तानगुणकीर्तिप्रकाशप्रोक्तृश्रीभुवनदेवाचार्योक्तापराजितपृच्छायां
देवासुरसंग्रामादिवास्तूद्भवाधिकारो नाम त्रिपञ्चाशं सूत्रम्॥ 53॥

इस प्रकार भुवनदेवाचार्य कृत सूत्रसन्तानगुणकीर्ति प्रकाश या अपराजितपृच्छा में
देवासुरसंग्रामादि वास्तु उद्भव अधिकार नामक तिरपनवाँ सूत्र पूर्ण हुआ॥ 53॥

वास्तूत्पत्तिर्नाम चतुःपञ्चाशत्तमं सूत्रम्॥ 54॥

रुद्र उवाच —

भो भार्गव महावीर कस्मात्स्थानादुपागतः।
कृतं त्वया त्वद्भुतं हि धराधर्मविनाशनम्॥ 1॥

(पूर्व सूत्रानुसार) रुद्र बोले कि हे भार्गव महावीर! आप कहाँ से आए हैं और आपके द्वारा किया गया यह धराधर्म का विनाश कार्य भी बहुत ही अद्भुत है।

---

1. एष वास्तुपुरुषकथावस्तुसङ्क्षेपः— पुरा किल देवासुरे युद्धे विष्णुसाह्येन पराजितानां स्वशिष्याणां विजयाय सलक्षणम् छागमभिचारविधानेन जुह्वतः शुक्रस्य स्वेदाम्भःकणिकायामग्नौ पतितायां तत एको महासुरोऽतिभीषणाकारः समुदभूत्। छागाननत्वाच्छागासुर इति प्रख्यातः स चासुरसम्राट स्वपितुः शुक्रस्याज्ञया देवान् भुजबलेन विद्राव्य तदाश्रयाणां लोकानामपि महत् कदनमुपजनयन्नवर्तत। अथ शुक्रतपःप्रभावात् क्षणे-क्षणे वर्धिष्णुनामुना वीर्योत्सिक्तेन महासुरेण बहु कदर्थिता देवाः कालपर्ययात् किञ्चिदपि प्रतिकर्त्तुमपारयन्तो दुष्टदमनदीक्षितं भगवन्तं त्रिपुरान्तकं शरणमापुः। ततः स्वभक्तेभ्यो द्रुह्यतेऽस्मै क्रूराय क्रुध्यन् कृपानिधिर्महादेवोऽस्य प्रशमनाय स्वतृतीयनेत्रात् सर्वसंहारक्षमं प्रलयानलमुत्थाप्य तमभि प्राहिणोत्। ज्वालामालया व्याप्तदिगन्तराले तस्मिंश्च कालानले त्रिलोकीं भ्रमन्तमपि तमभिद्रुत्य दग्धुमुपस्थिते स छागासुरो भीतभीतः प्रशान्तमनाः शरणकामनया तनीयसीं तनुमाश्रित्य महेश्वरस्योदरं प्रविवेश। तेन तुष्टो भगवानप्यस्मै अभयं प्रदाय शुक्ररूपेण स्वोदरात् तं निर्गन्तुमाज्ञापयत्। तथा निर्गतत्वात् तदाप्रभृति शुक्र इति प्रथितः स भगवन्तं दण्डवत् प्रणत एव सन् क्षोणीतले वस्तुं, स्वशरीरे ब्रह्मादिका नवस्थापयितुं च वरमयाचत। तदनुसारेण भगवानपि-- 'वस्तुं वरं त्वया। वृतोऽहं यत् ततो नाम्ना वास्तुकोऽसि तथास्तु ते। वसन्तु च त्वयि प्रीताः शता[illegible]देवताः॥ अद्यप्रभृति भूलोके दैवं वान्यच्च मानुषम्। कुर्वते वास्तु वासार्थं प्रथमं त्वां यजन्तु ते॥ पुष्पैश्च धूमदीपैश्च बलिभिश्च विलक्षणैः। त्वं च त्वद्देहसंस्थाश्च पूज्याः स्युर्देवताः क्रमात्॥ एवं मयैव विहितं कुर्वतां वास्तुपूजनम्। तदायतनवेश्मादौ वसतां सन्तु सम्पदः॥ अकृत्वा वास्तुयजनं प्रासादभवनादिकम्। कृतं तदासुरं सर्वं भूयात् तत्र च यत् कृतम्॥' (ईशानशिवगुरुदेवपद्धति क्रियापाद, उत्तरार्ध 26, 117-123) इति तस्मै वरं दत्तवान्। तच्छरीरे वस्तुं देवान् न्ययोजयच्च। तेन स महेशं प्रणत एवाद्यापि क्षोणीतले शेत इति। एषा च कथा शैवसम्प्रदायप्रवृत्तानां **गुरुदेवा**दीनां मतमनुसृत्य विवृता।

सामर्थ्यतो विसृजता पुरुषं यज्ञध्वंसकम्।
इन्द्राद्या असुरपार्श्वे निग्राह्य इति निश्चयात्॥ 2॥

इस यज्ञध्वंक्ष कार्य को पुनः सुधारने में समर्थ जो इन्द्रादि देव और असुरगण हैं, वे भी तुम्हारे पास में निश्चय ही निग्रहावस्था या कैदी तुल्य हो चुके हैं।

शुक्र उवाच —

पुरा चाऽऽराधितो दिव्यं वर्षसहस्रकम्।
तदाज्ञया मया लभ्या विद्यामरत्वदायिनी॥ 3॥

इन्द्र ने कहा कि पूर्वकाल में जिस देवता की मैंने सहस्र दिव्य वर्ष तक आराधना की थी, उसी की आज्ञा से मुझे अमरत्वदायिनी विद्या का लाभ हुआ है।[1]

रुद्र उवाच —

दिव्यं वर्षसहस्रं च तपः कृत्वा सुदारुणम्।
तोषितोऽहं तथा विष्णुः शुक्रेण मुनिना त्वया॥ 4॥

रुद्र ने कहा कि हजारों दिव्य वर्षों तक का जो इतना कठोर तप है, शुक्र मुनि आपके द्वारा किया गया है। उससे मैं और भगवान विष्णु भी बहुत ही सन्तुष्ट और प्रसन्न हुए हैं।

त्वया लिङ्गोद्भवे[2] व्योम्नि तुष्टो देवो जगत्पतिः।
ध्यानं मन्त्रजपं कृत्वा प्रीणय त्वं परेश्वरम्॥ 5॥

तुम्हारे द्वारा व्योम तक उद्भव को प्राप्त लिङ्ग स्वरूप जगत्पति देव तुष्ट हुए हैं और ध्यान तथा मन्त्र जाप करके तुमने परमेश्वर की प्रसन्नता प्राप्त की है।

प्रासादान्मान्त्रिकी विद्या सप्ताक्षर्यथ संहिता।
तुष्टेन कथिता विद्या सर्वकर्मानुसारिणी॥ 6॥

और, उस प्रसन्नता के फलस्वरूप ही तुम्हें यह 'प्रासादमान्त्रिकी विद्या' और 'सप्ताक्षर्य संहिता' मिली है। यह 'सर्वकर्मानुसारिणी विद्या' भी उनकी प्रसन्नता से, तुष्टि मिलने के कारण ही तुम्हें कही गई है।

साधयामि यत्कृते च सर्वदेवभयङ्करम्।
मन्त्रैः स्तुत्या च युद्धैश्च दायं दास्यन्ति देवताः॥ 7॥

---

1. इत्यमनन्तर 'सदा च भवतुष्टित वेष्टय तदधासुरासुरैश्च। आज्ञालोपं भव प्रभो तवशास्त्रमयोच्छेद। उदेकस्या प्रीतप्रियते अग्निमभ्ये समुत्पन्नां आबाधादेवदानवैः॥' इत्यादयो...'न' पाठः।
2. 'जरा ? लिङ्गोद्भवे' इति प्रकाशित पाठः। न पाठे नोपलब्धते।

परन्तु, हे सर्वभयङ्कर देव! मैं तुम्हारे द्वारा किए गए विनाश को सुधारने हेतु मन्त्रों द्वारा तुम्हारी स्तुति की साधना करके अथवा तुमसे साक्षात् युद्ध करके देवताओं का दायभाग उन्हें वापस दिलाऊँगा।

अहो ये मुनः सर्वे रुद्रेशं पुरुषोत्तमम्।
उपाश्रयन्ति देवेशं भयं जयन्ति निर्जराः ॥ 8 ॥

देखो, ये सभी मुनिगण भी भय से परास्त होकर पुरुषोत्तम भगवान रुद्र देवेश के उपाश्रय में आ गए हैं।

पद्मासन शृणु त्वं च विष्णुर्वचनमब्रवीत्।
न त्वया वध्यते साधो अस्माभिर्न च दैवतैः ॥ 9 ॥

तब भगवान शिव की युद्ध से या आराधना से शुक्राचार्य को जीतने की यह प्रतिज्ञा सुनकर भगवान विष्णु ने इन वचनों को कहा— 'हे पद्मासनस्थ, आप यह ध्यान देकर सुने कि न तो यह साधु शुक्राचार्य तुमसे वध को प्राप्त हो सकते हैं न मुझसे और न ही अन्य देवताओं से इनका वध हो सकता है।

मन्त्रमूर्तिरियं वास्तू रुद्रदेहसमुद्भवः।
इदं तु वास्तुरूपं च दुर्धरं च पुनः शिवात्॥ 10 ॥

'क्योंकि, ये स्वयं मन्त्रमूर्ति रूप में वास्तु है, जो रुद्र भगवान् शिव की देह से समुद्भूत हुए हैं। इसलिए अब तो ये वास्तु रूप होकर स्वयं भगवान् शिव से भी पुनः अधिक दुर्धर, असाध्य और अजेय हो गए हैं। अतः शिव भी इन्हें नहीं जीत सकते।'

इदं च वचन श्रुत्वा पद्मभूः पुरुषोत्तमात्।
शरणं वद देवानां विष्णुरद्भुतविक्रमः ॥ 11 ॥

भगवान् विष्णु के ये वचन सुनकर पद्मभूः ब्रह्मा ने देवताओं को कहा कि अब तो तुम सब अद्भुत विक्रमी भगवान विष्णु की ही शरण में जाओ।

रुद्रलोके ततो गत्वा ध्यात्वा देवं महेश्वरम्।
अद्भूतं भूतमभ्यर्च्य भूतं दृष्ट्वा च भूतले॥ 12 ॥

तब वे सभी देवगण रुद्रलोक में पहुँचकर भगवान् महेश्वर का ध्यान करने लगे और भूतल पर भूतों को देखकर सब से अद्भुत भूत भगवान् रुद्र की अभ्यर्चना करने लगे।

यदा सत्त्वं भवेद् ज्ञानं [1]भवेत्तुष्टिभवोऽवृथा।
तदा सुरासुरैर्वध्य आज्ञालोपो भवेत्प्रभोः ॥ 13 ॥

---

1. 'भवेत्तुष्टिर्भवो ? वृथा' प्रकाशित पाठः।

वे कहने लगे कि हे प्रभु! यदि आप हम पर तुष्ट हो गए हो तो कृपा करके आप सत्य रूप में प्रकट होकर हमें ऐसा ज्ञान दें, जो अवृथा हो, अचूक हो। तभी सुर और असुरों के द्वारा वध्य होने की आज्ञा का लोप हो सकता है।

शास्त्रच्छेदो न च भवेत् म्रियते न तथोदके।
अग्निदेवात्समुत्पन्नो ह्यवन्ध्यो देवदानवैः ॥ 14 ॥

तब न तो कोई शस्त्र से छेदन या मारण होगा न ही जल में डुबोकर मारना सम्भव होगा क्योंकि अग्निदेव से समुत्पन्न होने से देव-दानव सभी से अवध्य ही है।

ईश्वर उवाच —

शृणु भार्गव दैत्येन्द्र विद्याप्रस्तारनिर्णयम्।
त्रिषु स्थानेषु प्रस्तार्य्य गुरुस्थाने नियोजितः ॥ 15 ॥

ईश्वर ने कहा कि हे भार्गव दैत्येन्द्र सुनो! हमारा विद्या प्रस्तार निर्णय यह है कि तीन स्थानों में प्रस्तार करके हम तुम्हें गुरु स्थान में नियोजित करते हैं।

अविद्यागुरुलब्धाङ्गदोषपापानुसङ्ग्रहे।
ज्ञानोन्मीलनं तद्भक्त्वा विद्यासिद्धिश्च वृद्धतः ॥ 16 ॥

अविद्यागुरु, लोभी-अङ्गदोषी और पाप की कमाई से संग्रह करने वाले इन तीन प्रकार के गुरुओं से ज्ञान उन्मीलन होगा तब तुम्हारी भक्ति से विद्यासिद्धि भी बढ़ेगी।

भार्गव उवाच —

इयं विद्या च देवेश सर्वपुण्यानुचेतसा।
पुण्ये न सूक्ष्मतां याति प्रकाशात् पापविग्रहौ ॥ 17 ॥

भार्गव बोले कि हे देवेश! इस विद्या से सभी लोगों में पुण्य की भावना का उदय होता है और (पुण्येन) पुण्य से उनके विचारों में सूक्ष्मता आती है जिसके प्रकाश से पाप, विग्रह आदि स्पष्ट होते हैं।

पुण्यस्थानानि सर्वाणि यानि कुर्वन्ति भूतले।
पृथगेकैकसंस्थाने पूजा चाऽस्य प्रदीयते ॥ 18 ॥

अस्तु, भूतल पर जितने भी पुण्य स्थान किए जाए, उनमें एक स्थान में इस विद्या को भी रखना व पूजा जाना चाहिए।

प्रतिष्ठा सप्तपुण्याह शान्तिकानि चतुर्दश।
समस्तपुण्यस्थानेषु पूजा चास्य प्रदीयते ॥ 19 ॥

पुण्य प्रतिष्ठावसर सात प्रकार के हैं[1] और शान्तिकर्म भी चौदह प्रकार के हैं[2] अस्तु, समस्त पुण्यस्थानों में इस विद्या की भी पूजा होनी चाहिए।

एषां वृद्धिं च सन्त्यज्य ? ततो यान्ति स सूक्ष्मतः ?।
ब्रह्माद्याश्च सुराः सर्वे निवसन्त्यस्यदेहके ॥ 20 ॥

इसकी अच्छी प्रकार पूजा करके (संपूज्य ?) वृद्धि को प्राप्त करके फिर वह सूक्ष्म दृष्टि युक्त होता है अथवा (धीमतः ?) बुद्धिमान होता है जिससे ब्रह्मा से लेकर सभी देवता उसके देह में आकर निवास कर लेते हैं।

यदा विमुक्तो देवैस्तु अस्य पूजा न दीयते।
ततः काले समुद्भूतः सुरासुरभयङ्करः ॥ 21 ॥

यदि इस विद्या को पूजा न दी जाए और व्यक्ति देवों से भी विमुक्त हो जाए तो ऐसी दशा में भयङ्कर सुर-असुरों का समुद्भव हो जाता है।

देवतागृह आद्यानां[3] शिवः साक्षाद्भृगूदितः।

---

1. प्रासादमण्डनम् में कहा गया है कि इस प्रकार देवालय के निर्माणारम्भ से लेकर निर्माणोपरान्त देवप्रतिष्ठा तक सात कर्म होते हैं जिन्हें यथा विधि, निर्देश पूरा करना चाहिए। ये कर्म हैं— 1. कूर्म स्थापना, 2. द्वार स्थापना, 3. पद्मशिला स्थापना, 4. प्रासादपुरुष की स्थापना, 5. कलश, 6. ध्वजारोहण तथा 7. देवप्रतिष्ठा। इन सभी अवसरों पर वास्तुपूजन आवश्यक है। इससे कार्य निर्विघ्न, निरापद सम्पन्न होता है। कूर्मसंस्थापने द्वारे पद्माख्यायां तु पौरुषे। घटे ध्वजे प्रतिष्ठायां एवं पुण्याहसप्तकम् ॥ (प्रासाद. 1, 36 एवं 8, 37)
इसी प्रकार अपराजित. के मिश्रकप्रासादसप्तपुण्याहमाहात्म्यसूत्र में भी इस सम्बन्ध में निर्देश किया गया है— कृते कूर्मप्रतिष्ठायाः खाते पूर्णे च संस्थितौ। भूमिलोके तथा राज्यं सर्वजन्मसु शाश्वतम् ॥ प्रतिष्ठायां शिलायास्तु दैवज्ञैस्सत्यमुच्यते। इच्छास्थाने स्वर्गलोके राज्यं जन्मनि जन्मनि ॥ द्वारे प्रतिष्ठामाने तु स्तम्भोच्छ्रयसमन्विते। महापुरं च लभते काञ्चनं शतयोजनम् ॥ पद्मशिला प्रतिष्ठायां शिवालये भूमस्तके। एकच्छत्रं महाराज्यं जनलोके च प्राप्नुयात् ॥ पुरुषे स्थाप्य मानेत्वागमोक्तमन्त्रतस्तथा। तपालोके ब्रह्मलोके क्रीडति त्रिदशैः सह ॥ प्रस्थाप्यमाने कलशे क्षीरार्णवसमुद्भवे। काञ्चने पुष्पविमाने सत्यलोके स गच्छति ॥ कृते महाध्वजारोपे पताकाध्वजचामरैः। स गच्छेद् ज्ञानलोके तु यत्र शम्भुश्च देवता। बलीवर्दाः कर्मकरा अपराश्च शिवालये। ते यान्ति परमं लोकं यत्र देव उमापतिः ॥ मृत्काष्ठलोहशैला वा ये लग्नाश्च शिवालये। दिव्यमूर्तिधराः सर्वे शिवलोक व्रजन्ति ते ॥ (अपराजित. 114, 11-19)
2. शान्तिपूजादि के चौदह चरण निम्न हैं— 1. भूम्यारम्भ अथवा भूमि का चयन, 2. कूर्मन्यास, 3. शिलान्यास, 4. सूत्रपात या आरेखन, 5. खुरशिला स्थापना, 6. द्वार, 7. कुम्भ या स्तम्भ स्थापना, 8. पट्यारोहण, 9. पद्मशिला, 10. शुकनासिका, 11. प्रासादपुरुष की स्थापना, 12. घण्टिका या आमलक, 13. कलश स्थापना और 14. ध्वजारोहण, ये चौदह अवसर है, जबकि स्थापक को शान्तिकर्म का विधान अवश्य ही करना चाहिए— भूम्यारम्भं तथा कूर्मे शिलायां सूत्रपातने। खुरे द्वारोच्छ्रये स्तम्भे पट्टे पद्मशिलासु च ॥ शुकनासे च पुरुषे घण्टायां कलशेस्तथा। ध्वजोच्छ्रायेण कुर्वीत शान्तिकानि चतुर्दशः ॥ (प्रासाद. 1, 37-38)
3. 'देतागृहवावाद्यां ?' इति प्रकाशित पाठः। 'देवतागृहवावाद्या शिवसाक्षात्भृगोदित। सांकल्पपुण्यस्थानार्नान पूजा चास्य निवेदितम्' इति न पाठः।

सङ्कल्पुण्यस्थानानि पूजा चास्य निवेदिता ॥ 22 ॥

देवतागृह, प्रासाद-मन्दिर और गृह आदि को स्वयं शिव ने साक्षात् देकर भृगु में वास्तुविद्या के प्रकाश से उदित किया है जिससे पुण्य स्थानों की सङ्कल्पना हुई और उनकी पूजा के साथ यह विद्या (वास्तुविद्या की पूजा) निवेदित की गई।

तदा तत्सूक्ष्मतां याति विद्यारूपं महासनम्।
सुरैराक्रम्यते स्मैवमधोवक्त्रं निपातितम् ॥ 23 ॥

(यहाँ वास्तु की उत्पति कही जा रही है) इसके बाद, सूक्ष्मता से यह विद्या विस्तृतविद्या का स्वरूप धारण कर सकी। इस विद्या पर देवताओं ने आक्रमण करके इसे औंधे मुख गिरा दिया।

संस्थाप्य मध्यपाताले सुहितैः सुरसङ्घटैः।
तद्वच्च संस्थिताः पूज्या ब्रह्माद्या देवतास्तथा ॥ 24 ॥

और, इसे मध्य पाताल में स्थापति करके देवताओं के समूह एवं संगठन का सुहित, भलाई, साधी परन्तु वहाँ संस्थित करके भी इसे ब्रह्मादि सभी देवताओं द्वारा पूज्या ही माना जाता रहा।

शिरस्तस्यैवमीशाने पादौ नैर्ऋत्यगोचरौ।
अग्निकोणे च वायव्ये प्रकोष्ठजानुसंस्थितिः ॥ 25 ॥

इस वास्तु का शिर ईशानकोण में और पाँव नैर्ऋत्य कोण में और अग्निकोण और वायव्यकोण में इसकी कमर कोहनी और जङ्घाएँ स्थित हैं।

पञ्चचत्त्वारिंशद्देवा$_{45}$ देव्यष्टकमथापि$_{8}$ च।
त्रिपञ्चाशच्च$_{53}$ त्रिदशाः पूज्यास्तत्र क्रमोदिताः ॥ 26 ॥

इसके देह में पैंतालीस देवता और आठ देवियाँ स्थित हुईं। इस प्रकार कुल तिरेपन देवताओं की क्रमोदित पूजा इसमें उदित हुई।[1]

इस श्लोक में भृगु के वास्तुशास्त्र का सङ्केत आया है। मत्स्यपुराण में भृगु के वास्तुशास्त्र का विवरण है-- भृगुरत्रिर्वसिष्ठश्च विश्वकर्मा मयस्तथा। नारदो नग्नजिच्चैव विशालाक्षः पुरन्दरः ॥ ब्रह्मा कुमारो नन्दीशः शौनको गर्ग एव च। वासुदेवोऽनिरुद्धश्च तथा शुक्रबृहस्पती ॥ अष्टादशैते विख्याता वास्तुशास्त्रोपदेशका। (मत्स्य. 252, 2-4) शुक्रनीति से यह विवरण मिलता है, किन्तु वह परवर्ती ग्रन्थ है।

1. वास्तुपुरुष की उत्पति और उसके पूजा विधान की आवश्यकता पर उपरोक्त प्रकाश पड़ता है। मत्स्यपुराण में आया है कि अन्धकासुरवध के समय शिव के ललाट से गिरे स्वदेबिन्दु से विकराल मुख वाले उत्कट प्राणी की उत्पत्ति हुई। उसके क्षुभातुर होने पर शिव ने उस पर अनुग्रह किया। उक्त प्राणी भूमण्डल और आकाश को अवरुद्ध करता हुआ पृथ्वी पर गिर पड़ा, देवताओं ने उसे स्थम्भित किया और जो देवता जहाँ था, वहीं पर उस प्राणी की देह पर स्थित हो गया— स्वदेहानान्तरिक्षं च रुन्धानं

इति सूत्रसन्तानगुणकीर्तिप्रकाशप्रोक्तश्रीभुवनदेवाचार्योक्तापराजितपृच्छायां
महेश्वरशुक्रसंवादे वास्तूत्पत्त्यधिकारो नाम चतुःपञ्चाशंतमं सूत्रम् ॥ 54 ॥

इस प्रकार भुवनदेवाचार्य कृत सूत्रसन्तानगुणकीर्ति प्रकाश या अपराजितपृच्छा में महेश्वर-
शुक्र संवाद में वास्तु उद्भव अधिकार नामक चौपनवाँ सूत्र पूर्ण हुआ ॥ 54 ॥

वास्तूत्पत्त्यधिकारे देवतान्यासो नाम पञ्चपञ्चाशत्तमं सूत्रम् ॥ 55 ॥

विश्वकर्मोवाच —

ईशस्तु संस्थितो मूर्ध्नि पर्जन्यः कर्णयोर्दितिः।
जयादिती स्कन्धयोश्च ह्युभयोर्वामदक्षिणम् ॥ 1 ॥

(अब वास्तुपुरुष पर देवताओं की न्यास स्थिति बताई जा रही है) विश्वकर्मा बोले कि वास्तुपुरुष के मुँह पर ईश, कानों पर दिति और पर्जन्य तथा दोनों ही वाम- दक्षिण कन्धों पर अदिति और जयादिति का निवास कहा गया है।

आपस्तथा च गलके आपवत्सो हृदि स्थितः।
मरीचिः पृथ्वीधरश्च संस्थितौ स्तनयोर्द्वयोः ॥ 2 ॥

गले में आप और हृदय स्थान में आपवत्स तथा दोनों स्तनों पर मरीचि और पृथ्वीधर का निवास है।

नाभिमध्ये स्थितो ब्रह्मा नाभिपृष्ठानुसंस्थितौ।
सावित्री कुक्षिमध्ये तु रुद्रदासो द्वितीयके ॥ 3 ॥

नाभि के मध्य में ब्रह्मा और नाभि के पीठ पर सावित्री तथा काँखों के मध्य रुद्र और रुद्रदास का निवास है।

इन्द्र इन्द्रजयश्चैव श्रोणीमध्ये तु संस्थितौ।
अङ्गुष्ठाग्रे च पितरौ गुल्फे दौवारिको मृगः ॥ 4 ॥

इन्द्र और इन्द्रजय कुल्हों के मध्य में, अँगूठों के अग्रभाग में पितरगण और टखनों पर दौवारिक का निवास है।

अन्तरीक्षः कूर्परागे नागश्चैव द्वितीयके।
वामे जानौ स्थितो रोगो दक्षिणे चाग्निदेवता ॥ 5 ॥

प्रपतद् भुवि ॥ भीतभीतैस्ततो देवैर्ब्रह्मणा चाथ शूलिना। दानवासुररक्षोभिरवष्टब्धं समन्ततः ॥ येन यत्रैव चाक्रान्तं स तत्रैवावसत् पुनः। निवासात् सर्वदेवानां वास्तुरित्यभिधीयते ॥ अवष्टब्धेन तेनापि विज्ञसाः सर्वदेवताः। प्रसीदध्वं सुराः सर्वे युष्माभिर्निश्चलीकृतः ॥ (मत्स्य. 252, 12-15)

एक कोहनी पर मृग, अन्तरिक्ष और दूसरी कोहनी पर नाग, बाँयें घुटने पर रोग और दाहिने घुटने पर अग्नि देवता का निवास है।

महेन्द्रादित्यसत्यादि भृशान्ता दक्षिणे भुजे।
मुख्यभल्लाटसोमादि गिर्यन्ता वामके भुजे॥ 6॥

महेन्द्र, आदित्य, सत्य, भृशान्तगण दाहिनी भुजा पर तथा मुख्य, भल्लाट, सोम, गिर्यन्तगण (शैल) बाँयी भुजा पर वास करते हैं।

सविता याम्यतो बाहौ रुद्रश्चैव द्वितीयके।
मित्रश्च वामत ऊरौ विवस्वांश्चैव दक्षिणे॥ 7॥

सविता बायीं बाँह पर और रुद्र दूसरी दायीं बाँह पर तथा मित्र बायें उरु भाग पर और विवस्वान दायें उरु भाग पर निवास करते हैं।

सुग्रीवः पुष्पदन्तश्च वरुणासुरशोषकाः।
पापयक्ष्मा षडेते वै नलके वामके स्थिताः॥ 8॥

सुग्रीव, पुष्पदन्त, वरुण, असुर, शोषका और पापयक्ष्मा— ये छहों बायें नलके में स्थित कहे गए हैं।

पूषा च वितथश्चैव गृहक्षतयमो तथा।
गन्धर्वभृङ्गा देवाः षड् दक्षिणे नलके स्थिताः॥ 9॥

इसी प्रकार पूषा, वितथ, गृहक्षत, यम, गन्धर्व, भृङ्ग देवता— ये छहों दक्षिण नलके में अवस्थित हैं।

ईशोर्ध्वे चरकीं विद्यात् पावकोर्ध्वे विदारिकाम्।
निर्ऋत्यूर्ध्वे पूतनां च रोगोर्ध्वे पापराक्षसीम्॥ 10॥

ईश के ऊपर (बाहर) चरकी और अग्नि के ऊपर विदारिका, नैर्ऋत्य के ऊपर पूतना और रोग के ऊपर पापराक्षसी का निवास है।

प्राच्यां तु पिलिपिच्छां स्याज्जृम्भा स्याद्याम्यतो दिशि।
वारुण्यां विन्यसेत्स्कन्दामर्यमा चोत्तरस्थिता॥ 11॥

पूर्व दिशा की ओर पिलिपिच्छा एवं पश्चिम दिशा में जृम्भा, वारुणी दिशा में स्कन्द तथा उत्तर दिशा में अर्यमा का निवास है।

नास्ति चासां पदविधिः पूजां गृह्णन्ति केवलम्।
निवासः सर्वदेवानां वास्तु वै स्थानतो विदुः॥ 12॥

इन सभी बाह्य देवताओं की कोई पद विधि नहीं है, ये केवल पूजा ही ग्रहण

करते हैं। इस तरह विद्वान् लोग वास्तुपुरुष में सभी देवताओं के निवास स्थान को जानते हैं और उनमें उनका निवास मानते हैं।

अङ्गं सन्धि च सूत्रादिं विद्यात्पश्चाच्च वास्तुनः।
समस्तपुण्यस्थानानि वास्तुपूजासु वै विदऊः ॥ 13 ॥

अङ्ग, सन्धि, सूत्रादि जानने के पश्चात् ही वास्तु के समस्त पुण्यस्थानों की वास्तुपूजा विद्वान् लोगों को करनी चाहिए।

द्व्यष्टसन्धि तथाष्टाङ्गं द्व्यष्टसूत्रं तथैव च।
पञ्चक्षेत्रमिदं वास्तु स्वरूपं पुरुषाकृति ॥ 14 ॥

सोलह सन्धि तथा आठ अङ्ग, सोलह सूत्र वाले वास्तु के पाँच क्षेत्र है और इनका स्वरूप पुरुषाकृति का है।

वास्तोत्पत्ति अङ्गमाह —

वास्तोत्पत्तिः पूर्वमङ्गं यक्षोत्पत्तिर्द्वितीयकम्।
चतुर्थकं तथा सूत्रं तृतीयं भूपरिग्रहः ॥ 15 ॥
पञ्चमं वेशमाधिकारं षष्ठं च सुरसद्मकम्।
सप्तमं लिङ्गमूर्त्त्याद्यं प्रतिष्ठाविधिष्टमम् ॥ 16 ॥

पहला अङ्ग वास्तु की उत्पत्ति है, दूसरा अङ्ग यक्ष की उत्पत्ति है, तृतीय अङ्ग भूपरिग्रह है और चौथा अङ्ग सूत्र है, पाँचवाँ अङ्ग वेशमाधिकार है, छठा अङ्ग सुरसद्म, मन्दिरादि है और सातवाँ अङ्ग लिङ्ग-मूर्त्यादि है और उनकी प्रतिष्ठा विधि ही वास्तु का आठवाँ अङ्ग है।

इमान्यष्टाङ्गसूत्राणि वास्तुवेदोदितानि च।
वास्तुवेदोद्भवं चाद्यं समस्तं सूत्रनिर्गतम् ॥ 17 ॥

ये आठों ही अङ्गसूत्र वास्तुवेदोदित या वास्तुशास्त्र में कहे गए हैं। अस्तु, वास्तु वेद से ही आद्यादि समस्त सूत्रों का निकास हुआ है।

इति सूत्रसन्तानगुणकीर्तिप्रकाशप्रोक्तृश्रीभुवनदेवाचार्योक्तापराजितपृच्छायां वास्तूत्पत्त्यङ्गे देवतान्यासाधिकारो नाम पञ्चपञ्चाशत्तमं सूत्रम् ॥ 55 ॥

इस प्रकार भुवनदेवाचार्य कृत सूत्रसन्तानगुणकीर्ति प्रकाश या अपराजितपृच्छा में वास्तु उत्पत्ति, अङ्ग अधिकार नामक पचपनवाँ सूत्र पूर्ण हुआ ॥ 55 ॥

वास्तुदेवतानिघण्टुर्नाम षट्पञ्चाशत्तमं सूत्रम् ॥ 56 ॥

विश्वकर्मोवाच —

निघण्टुः प्रोच्यते नानावास्तुपदनिवासिनाम्।
ईशादीनां च देवानां प्रदक्षिणमनुक्रमम् ॥ 1 ॥

विश्वकर्मा ने कहा कि वास्तुपदों के निवासी नाना देवताओं के वास्तुपद के निवास को ईशादि देवताओं के प्रदक्षिणा क्रम से निघण्टु को कहा जा रहा है।

ईशश्च शङ्करो देवः पर्जन्यो वृष्टिकारकः।
जयन्तः काश्यपो देवः स्वयं [1]वृष्टिकरो मुनिः ॥ 2 ॥

(निघण्टु के अनुसार) ईश शङ्कर देव है; पर्जन्य वृष्टिकारक देव है; जयन्त काश्यपदेव भी स्वयं वृष्टिकर्ता मुनि है।

महेन्द्रश्च सुराधीश आदित्यश्च प्रभाकरः।
सत्यश्चैव स्वयं धर्मो भृशो मन्मथ उच्यते ॥ 3 ॥

महेन्द्र सुराधीश इन्द्र है और आदित्य प्रभाकर (सूर्य) है; सत्य तो स्वयं धर्मराज ही है तथा भृश को मन्मथ कामदेव कहते हैं।

नमोऽन्तरीक्ष आकाशमग्निस्तेजः समुद्भवः।
पूषा मातृगणाश्चैव चाधर्मो वितथाभिधः ॥ 4 ॥

नम, अन्तरिक्ष, आकाश तथा अग्नि को तेज समुद्भव भी कहते हैं; पूषा को मातृगण और अधर्म को वितथ नाम दिया गया है।

गृहक्षतो बुधश्चैव यमः प्रेताधिपस्तथा।
गन्धर्वो नारदः प्रोक्तो भृङ्गीराण् निर्ऋतेः सुतः ॥ 5 ॥

गृहक्षत को बुध तथा यम को प्रेतों का राजा या प्रेताधिप भी कहते है; गन्धर्व को नारद व भृङ्गिराट् को निर्ऋति सुत कहा है।

मृगोऽनन्तः स्वभूर्धर्मो विश्वेदेवास्तु पितरः।
दौवारिको भवेन्नन्दी सुग्रीवो मनुदेवता ॥ 6 ॥

मृग को अनन्त; स्वभूः को धर्म; विश्वदेवों को पितर, दौवारिक को नन्दी, सुग्रीव को मनु देवता कहा है।

---

1. 'सृष्टिकरो मुनिः' स्यात्। विष्णुमार्कण्डेय प्रभृति पुराणान्तर्गते काश्यपीयसृष्टिसर्गादिवर्णनं मिलितौ। कतिपय आलोचकों ने वास्तु के अनेक देवताओं को प्रचलित देवताओं के नामों के अनुसार नहीं मानते हुए कल्पितभर कहा है, ऐसे में यह सूत्र उनके वास्तविक स्वरूप-मान्यताओं को परिभाषित करता है।

महाजवः पुष्पदन्तो वरुणः सलिलाधिपः।
असुरो राहुराख्यातः शोषः सौरिः शनिश्चरः॥ 7॥

महाजव को पुष्पदन्त; वरुण को सलिलाधिप तथा असुर को राहु कहा है और शोष को सौरि या शनिश्चर भी कहते हैं।

पापयक्ष्मा क्षयः प्रोक्तो ज्वरो रोगश्च दूषकः।
नागस्तु वासुकिः प्रोक्तो मुख्यस्त्वष्टा च विश्वकृत्॥ 8॥

पापयक्ष्मा को क्षय; ज्वर को रोगदूषक, नाग को वासुकी और मुख्य त्वष्टा को विश्वकृत कहा गया है।

भल्लाटश्चन्द्र इत्युक्तः सोमश्चैव कुबेरकः।
गिरिश्च हिमवान् शैलो ह्यदितिः श्रीः प्रकीर्तिता॥ 9॥

भल्लाट को चन्द्र कहा है और सोम को कुबेर बताया गया है; गिरि को हिमवानशैल तथा अदिति को श्री के रूप में जानना चाहिए।

वृषध्वजो दितिः शर्व आपश्चैव धरार्णवः।
आपवत्स उमापत्यं ह्यर्यमा स्यात्तु भास्करः॥ 10॥

दिति को वृषध्वज शर्व, आप को पृथ्वीपर का सागर कहा है; आपवत्स को उमापति और अर्यमा को भास्कर सूर्य कहा है।

सविता जाह्नवी गङ्गा सावित्री वेदमातृका।
विवस्वांस्तु भवेन्मृत्युरिन्द्र उक्तोऽमराधिपः॥ 11॥

सविता को जाह्नवी, गङ्गा और सावित्री को वेदमाता तथा विवस्वान को मृत्यु कहा है। इन्द्र को अमरों (देवताओं) का राजा, अमराधिप कहा है।

कालानल इन्द्रजयो मित्रश्च बलभद्रकः।
रुद्रं तथेश्वरं विद्याद्रुद्रदासस्तदात्मजः॥ 12॥

कालानल को इन्द्रजय; मित्र को बलभद्रक; रुद्र को ईश्वर जानो और रुद्रदास को रुद्र का पुत्र समझना चाहिए।

पृथ्वीधरो भवेत् विष्णुर्हेमगर्भः पितामहः।
द्वादश$_{12}$ ब्रह्मपरिधौ द्वात्रिंशद्$_{32}$ बाह्यतस्ततः॥ 13॥

पृथ्वीधर को विष्णु और हेमगर्भ को पितामह ब्रह्मा समझो। ये द्वादश तो ब्रह्मा की परिधि पर और बत्तीस परिधि के बाहर रहते हैं।

चरकी च विदारी च पूतना पापराक्षसी।
पिलि[illegible] तथा जृम्भा स्कन्दार्यमा दिशां प्रति॥ 14॥

चरकी, विदारी, पूतना, पापराक्षसी, पिलिपिच्छा तथा जृम्भा, स्कन्द एवं अर्यमा, दिशा के प्रति,

विदिक्षु दिक्षु संस्थाने ह्यष्टौ कुर्याच्च शासनीः।
आसां पदविधिर्नास्ति पूजां गृह्णन्ति केवलम्॥ 15॥

विदिशा और दिशा के संस्थानों में— ये आठों ही शासन करते है। इनकी कोई पद विधि (इसके अतिरिक्त) नहीं है; ये केवल पूजा ही ग्रहण करते हैं।

इत्येवं च समाख्याता देवतानामनुक्रमात्।
निघण्टुपरिभाषाश्च वास्तुवेदसमुद्भवाः॥ 16॥

इतने में ही सब देवताओं के अनुक्रम से निघण्टु परिभाषा वास्तुवेद से समुद्भव होने वाली के बारे में कह दिया गया है।[1]

एतान् वास्तुपुरुषस्य अङ्गपदेनदेवताः।
इत्यमनन्तर ब्रूमोऽथ वास्तुक्षेत्रामरायनम्॥ 17॥[2]

ये समस्त वास्तुपुरुष के अङ्गीय पदों पर स्थापित होने वाले देवताओं का रहस्य है। इसके बाद, मैं वास्तुक्षेत्र में देवतायतन के विषय में कहता हूँ।

इति सूत्रसन्तानगुणकीर्तिप्रकाशप्रोक्तृश्रीभुवनदेवाचार्योक्तापराजितपृच्छायां
वास्तुदेवतानिघण्ट्वधिकारो नाम षट्पञ्चाशं सूत्रम्॥ 56॥

इस प्रकार भुवनदेवाचार्य कृत सूत्रसन्तानगुणकीर्ति प्रकाश या अपराजितपृच्छा में
वास्तुदेवता निघण्टु अधिकार नामक छप्पनवाँ सूत्र पूर्ण हुआ॥ 56॥

---

1. यह वास्तुनिघण्टु समराङ्गणसूत्रधार से प्रेरित है। इन श्लोकों में भी पर्याप्त समानता है। यथा— योऽयं वह्निरिहोक्तः स सर्वभूतहरो हरः। पर्जन्यनामा यश्चायं वृष्टिमानम्बुदाधिपः॥ जयन्तस्तु द्विनामाख्यः कश्यपो भगवानृषिः। महेन्द्रस्तु सुराधीशो दनुजानां विमर्दनः॥ आदित्यं पुनरिच्छन्ति विवस्वन्तमहस्करम्। सत्यो भूतहितो धर्मो भृशः कामोऽथ मन्मथः॥ योऽन्तरक्षिः स्मृतो देवस्तत्रभः समुदाहृतम्। मारुतो वायुरुद्दिष्टः पूषा मातृगणः स्मृतः॥ अधर्मो वितथाख्यः स्यात् कलेरप्रतिमः सुतः। गृहक्षतः पुनर्योत्र स चन्द्रतनयो बुधः॥ प्रेताधिपो मतः श्रीमान् यमो वैवस्वतश्च सः। गन्धर्वो भगवान् देवो नारदः परिकीर्तितः॥ भृङ्गराजमिहेच्छन्ति राक्षसं निर्ऋतेः सुतम्। यो मृगोऽस्मिन्ननन्तः स स्वयंभूर्धर्म इत्यपि॥ आदिः प्रजापतिः स्त्रष्टा मनुः सुग्रीव ईरितः। पुष्पदन्तस्तु विनतातनयः स्यान्महाजवः॥ वरुणः पाथसां नाथो लोकपालः स कीर्तितः। असुरो राहुर्केन्दुमर्दनः सिंहिकात्मजः॥ शोषस्तु भगवानेपु सूर्यपुत्रः शनैश्चरः। पापयक्ष्मा क्षयः प्रोक्ता रोगस्तु कथितो ज्वरः॥ भुजङ्गमानामधिपः श्रीमान् नागस्तु वासुकिः। त्वष्टा स्यान्मुख्यसंज्ञोऽत्र विश्वकर्माभिधश्च सः॥ चन्द्रो भल्लाट इत्युक्तः कुबेरः सोमसंज्ञितः। चरको व्यवसायाख्यः श्रीरिहादितिसंज्ञिका॥ दितिरत्रोच्यते शर्वः शूलभृद् वृषभध्वजः। हिमवानाप इत्युक्त आपवत्स उमा स्मृता॥ आदित्यस्त्वर्यमा वेदमाता सावित्र उच्यते। देवी गङ्गात्र विद्वद्भिः सवितेति प्रकीर्तिता॥ मृत्युः शरीरहर्तासौ विवस्वानिति स स्मृतः। जयाभिधस्तु वज्रीति स्यादिन्द्रो बलवान् हरिः॥ मित्रो हलधरो माली रुद्रस्तूक्तो महेश्वरः। राजयक्ष्मा गुहः प्रोक्तः क्षितिध्रोऽनन्त उच्यते॥ चरकी च विदारी च पूतना पापराक्षसी। रक्षायोनिभवा ह्येता देवतानुचरीर्विदुः॥ इत्येषु वास्तुदेवानां निघण्टुः परिकीर्तितः। (समराङ्गण. 14, 14-31)
2. प्रकाशितपाठे नोपलभ्यते।

वास्तुक्षेत्रात्मकं सप्तपञ्चाशं सूत्रम् ॥ 57 ॥

अथैकादशवास्तुपदानि। विश्वकर्मोवाच —

स्वस्तिकं पुष्पकं नन्दं षोडशाक्षं चतुर्थकम्।
पञ्चमं कुलतिलकं सुभद्रं षष्ठमेव च॥ 1॥
सप्तमो मरीचिगणो भद्रकं स्यात्तथाष्टमम्।
नवमं कामदं प्रोक्तं दशमं भद्रमुच्यते॥ 2॥
सर्वतोभद्रनामाख्यमतऊर्ध्वं न कारयेत्।
वास्तून्येकादशैव स्युः प्रोक्तानि परमेश्वरैः॥ 3॥

(अब वास्तुपद के ग्यारह भेदों को कहा जा रहा है) (1.) स्वस्तिक, (2.) पुष्पक, (3.) नन्द, (4.) षोडशाक्ष, (5.) कुलतिलक (6.) सुभद्र, (7.) मरीचिगण, (8.) भद्रक, (9.) कामद, (10.) भद्र और (11.) सर्वतोभद्र। इन ग्यारह वास्तुपदों से ऊपर कोई पद नहीं करने चाहिए[1] क्योंकि इन्हीं एकादश वास्तुपदों को परमेश्वर द्वारा कहा गया है।

पदमेकं स्वस्तिकं स्यात्पुष्पकं पच्चतुष्टयम्।
नन्दं नवपदं प्रोक्तं षोडशं षोडशपदैः॥ 4॥

इनमें से स्वस्तिक एक पद का होता है। पुष्पक पाँच पद तथा नन्द नव पद का कहा है और षोडश पदवास्तु सोलह पदों का होता है।

---

1. वास्तुशास्त्रों में मय ने बत्तीस वास्तुपदों का उल्लेख किया है। वास्तु उपयोगी पदों में क्रमशः 1. सकल पद विन्यास, 2. पेचक, 3. पीठ, 4. महापीठ, 5. उपपीठ, 6. उग्रपीठ, 7. चण्डित (स्थण्डिल का नाम), 8. मण्डूक, 9. परमशायिक, 10. आसन, 11. स्थानीय, 12. देशीय, 13. उभयचण्डित, 14. भद्र महासन, 15. पद्मगर्भ, 16. त्रियुत, 17. व्रतभोग, 18. कर्णाष्टक, 19. गणित, 20. सूर्य विशालक, 21. सुसंहित, 22. सुप्रतिकान्त, 23. विशाल, 24. विप्रगर्भ, 25. विश्वेश, 26. विपुलभोग, 27. विप्रतिकान्त, 28. विशालाक्ष, 29. विप्रभक्ति, 30. विश्वेशसार, 31. ईश्वरकान्त और 32. इन्द्रकान्त पद विन्यास कहा गया है—सकलं पेचकं पीठं महापीठमतः परम्॥ उपपीठमुग्रपीठं स्थण्डिलं नाम चण्डितम्। मण्डूकपदकं चैव पदं परमशायिकम्॥ तथासनं च स्थानीयं देशीयोभयचण्डितम्। भद्रं महासनं पद्मगर्भं च त्रियुतं पदम्॥ व्रतभोगपदं चैव कर्णाष्टकपदं तथा। गणितं पादमित्युक्तं पदं सूर्यविशालकम्॥ सुसंहितपदं चैव सुप्रतीकान्तमेव च। विशालं विप्रगर्भं च विश्वेशं च ततः परम्॥ तथा विपुलभोगं च पदं विप्रतिकान्तकम्। विशालाक्षपदं चैव विप्रभक्तिकसञ्ज्ञकम्॥ पदं विश्वेशसारं च तथैवेश्वरकान्तकम्। इन्द्रकान्तपदं चैव द्वात्रिंशत् $_{32}$ कथितानि वै॥ (मयमतम् 7, 1-7) मानसार (7, 1-25), शिल्परत्न (पूर्वभाग 6, 1-7) में भी इतनी ही संख्या है। समराङ्गणसूत्रधार में 81 पद, 100 एवं 64 पदीय वास्तु का वर्णन है जो कि प्रधानभेद कहा गया है— एकाशीतिपदो यः स्यात्तथा शतपदश्च यः। चतुःषष्टिपदो यश्च वास्तुरत्नः त्रिधोदितः॥ (समराङ्गण. 13, 1)

पञ्चविंशतिभिः कुलं षट्त्रिंशद्भिः सुभद्रकम्।
एकोनपञ्चाशत्पादैर्मरीचिगण उच्यते॥ 5॥

कुलतिलक पच्चीस पदों का और सुभद्रक छत्तीस पदों का तथा मरीचिगण उनचास पद का कहा गया है।

भद्रकं तु चतुः षष्ठिरेकाशीतिश्च कामदम्।
शतपदैस्तु भद्राख्यं सहस्त्रैः सर्वतोद्भवम् (सर्वतोभद्रकम्)॥ 6॥

भद्रक चौसठ पद का और कामद इक्यासी पद तथा सौ पद का भद्र संज्ञक और सर्वतोभद्र पदवास्तु हजार पदों का होता है।

इत्यमनन्तर वास्तुस्थानमाह —

पदसङ्ख्यास्तु कथिता वास्तुस्थानानि वच्म्यहम्।
स्वस्तिकं पदसंस्थाने ध्रुवतः कथ्यते बुधैः॥ 7॥

इस प्रकार उपर्युक्त प्रकार से इन वास्तुओं की पद संख्या के बारे में बताया गया। अब इन वास्तुओं के स्थानों के बारे में कहता हूँ। स्वस्तिक के पदस्थान को ध्रुवतः विद्वान लोग कहते हैं।

श्रीधरं राजगेहानां हर्म्यादीनां ध्रुवं यथा।
चतुष्की देवताग्रे या विद्यारम्भे तत्स्वस्तिकम्॥ 8॥

श्रीधर (एक प्रकार के भवन की कोटि या माड) में, राजभवनों में, हर्म्यादि या हवेलियों में भी यही ध्रुव जैसे होता है, वैसे ही देवताओं के आगे रखी जाने वाली चतुष्की बजोट में तथा विद्यारम्भ के समय भी इसी स्वस्तिक को पदस्थान देना चाहिए।

दीक्षा विविधयात्रासु कन्यालग्ने च पुष्पकम्।
नन्दं प्रपूजयेद्वास्तु वनयात्रादिशोभनम्॥ 9॥

दीक्षा के प्रसङ्ग में, विविध यात्राओं के प्रसङ्ग, कन्या लग्न के प्रसंग में पुष्पक का पदस्थान तथा वनयात्रादि नन्द पदस्थान की वास्तुपूजा शुभ है।

लतिने रुचकादीनां मण्डपेषु गृहादिके।
जगती वसुधायुक्तं षोडशाख्यं तु पूजयेत्॥ 10॥

इसी तरह लतिन में, रुचकादि में, मण्डपों और गृहादिकों में जगती वसुधा युक्त में षोडशाख्य अर्थात् षोडश पदवास्तु की पूजा की जानी चाहिए।

दक्षिणोत्तरषट्काद्यं [1]शक्रध्वजऽब्जोद्भवम्।

---

1. 'शक्राद्यं ? कमलोद्भवम्' इति प्रकाशित पाठः।

श्रीमात्रादिषु दीक्षासु तिलकं तु प्रपूजयेत्॥ 11॥

दक्षिणोत्तर तथा षट्काद्य में और शक्रध्वज (इन्द्रध्वजोत्सव) में, कमलोद्भव ब्रह्मा के लिए श्रीमात्रादिकों में और दीक्षा के अवसर पर तिलक वास्तु की पूजा करनी चाहिए।

सुकर्मणि च प्रस्थाने सुभद्रगं च प्रशस्यते।
समस्तजीर्णोद्धारेषु मरीचिगणमर्चयेत्॥ 12॥

इसी प्रकार से अच्छे कार्यों के लिए, प्रस्थान करते समय भी सुभद्र वास्तु का पूजन प्रशस्त कहा गया है। समस्त जीर्णोद्धार, पुनर्संस्कार के कार्य हो तो मरीचिगण वास्तुपद की अर्चना करनी चाहिए।

ग्रामखेटपुरादा च कूपे च कर्वटादिके।
तथा राजनिवेशे च भद्रकं पूजयेत्सदा॥ 13॥

इसी तरह जब ग्राम, खेट, पुर, कूप, कर्वट तथा राजभवन का काम हो तो उसमें भद्रक वास्तु का पूजन करना चाहिए।

गृहादिषु समस्तेषु तृणपट्टच्छन्दादिषु।
पाण्ड्वश्वपूर्णखण्डेषु कामदं वास्तु पूजयेत्॥ 14॥

सभी गृहों के कार्यों में, तृण से, पट्ट से, छादन से पाण्डवाश्व के पूर्ण खण्डों में कामद वास्तु का पूजन करें।

प्रासादा विविधाश्चैव विविधश्चात्र मण्डपाः।
जगतीलिङ्गपीठे च भद्राख्यं, राजवेश्मनि॥ 15॥

विविध प्रकार के प्रासादों में, मन्दिरों में, विविध प्रकार के मण्डपों तथा जगती, पीठ, लिङ्गादि में भद्र नामक वास्तु का पूजन करना चाहिए।

प्रासादाश्च व मेर्वाद्या लिङ्गं षट्करतः परम्।
महार्था देशराष्ट्रे च सर्वतोभद्रमर्चयेत्॥ 16॥

इसी प्रकार राजभवनों में, मन्दिरों में, मेरु आदि प्रासादों में तथा छह हाथ से ऊपर तक के लिङ्गों में, महा अर्थों में, देश एवं राष्ट्रों में सर्वतोभद्र वास्तुपद की अर्चना करें।

अधस्तात् सर्वतोभद्राद् भद्राख्योपरि वास्तुकम्।
मध्ये च द्वाविंशतिभिर्गुणिता पदकल्पना॥ 17॥

सर्वतोभद्र से नीचे के समस्त वास्तुओं में भद्राख्य, वास्तु के ऊपर तक के मध्य में जो भी वास्तु है उनमें 22 से गुणा करके पदों कल्पना की गई है।

षट्क्षेत्राणिवर्णनम् —

षट्क्षेत्राणि प्रवक्ष्यामि वास्तुपदनिवासिनाम्।
संस्थानोन्मानसूत्रं च वास्तुवेद समुद्भवम्॥ 18॥

अब इन वास्तुपद निवासी देवों के छह क्षेत्रों के बारे में कहता हूँ, उसके संस्थानोन्मान सूत्र को भी कहता हूँ जो कि वास्तु वेद से समुद्भूत स्वीकार्य है।

चतुरश्रमायतं च वृत्तं वृत्तायतं तथा।
अष्टाश्रं चार्धचन्द्रं च वास्तुसूत्रं तु षड्विधम्॥ 19॥

1. चतुरस्र, 2. आयत, 3. वृत्त, 4. वृत्तायत, 5. अष्टाश्र और 60 अर्धचन्द्र— ये छह प्रकार के वास्तुसूत्र कहे गए हैं।

प्रासादेषु गृहाद्येषु पुरग्रामनिवेशने।
क्षेत्राणि चतुरश्राणि चतुरश्रं समर्चयेत्॥ 20॥

इनमें कौन कहाँ उपयुक्त हैं, उनके बारे में बताते हैं। प्रासादों, मन्दिरों में गृहादिकों में, पुर और ग्राम के आवास गृहों में तथा चौकोर क्षेत्रों में चतुरश्र वास्तु सूत्र की अर्चना करनी चाहिए।

तथायताश्च प्रासादाः पुष्पाक्षकुलसम्भवाः।
यथायतानि क्षेत्राणि पूजयेच्च तथायतम्॥ 21॥

आयत, प्रासाद मन्दिरों में, पुष्पाक्ष कुल से उत्पन्न होने वाले आयत क्षेत्रों में आयत वास्तु सूत्र से पूजन करना चाहिए।

वापीकूपक्षेत्रकाणि वृत्तानि प्रतिमास्तथा।
कैलासच्छन्दोद्भवाश्च सर्वे वृत्ताः प्रकीर्तिताः॥ 22॥

इसी प्रकार वापी या बावड़ी, कूप कुई जैसे क्षेत्रों में वृत्त वास्तुसूत्र, प्रतिमाओं में तथा सभी कैलाश छन्दोद्भव रचनाओं में वृत्त वास्तुसूत्र से पूजन करना चाहिए।

वृत्तायताश्चमणिका अष्टशाला अष्टाश्रकाः।
तडागेषु समस्तेषु ह्यर्धचन्द्रं प्रपूजयेत्॥ 23॥

मणिका को वृत्तायत वास्तुसूत्र से तथा अष्टशाला को अष्टाश्रक वास्तुसूत्र से पूजन करना चाहिए। समस्त तालाबों को अर्धचन्द्र वास्तुसूत्र से पूजन करना चाहिए।

क्षेत्रषट्कात्मके वास्तौ बाणवेदाश्च$_{45}$ देवताः।
त्रयोदशे$_{13}$ स्थिता मध्ये द्वात्रिंशद्$_{32}$ बाह्यतस्तथा॥ 24॥

इस तरह छह क्षेत्रात्मक वास्तु में पैंतालीस देवता हैं, जिसमें तेरह तो मध्य में स्थित हैं और बत्तीस इन क्षेत्रों के बाहर अवस्थित हैं।

सूत्रबाह्येऽष्टदेव्यश्च ईशादिषु प्रदक्षिणम्।
तासां पदविधिर्नास्ति केवलं पूजनं स्मृतम्॥ 25॥

वास्तुसूत्र के बाहर आठ देवियाँ भी ईशानकोण से प्रदक्षिण क्रम से अवस्थित हैं उनकी कोई पदविधि नहीं है, उनके लिए तो केवल पूजन ही बताया गया है।

इति सूत्रसन्तानगुणकीर्तिप्रकाशप्रोक्तृश्रीभुवनदेवाचार्योक्तापराजितपृच्छायां वास्तुक्षेत्राधिकारो नाम सप्तपञ्चाशत्तमं सूत्रम्॥ 57॥

इस प्रकार भुवनदेवाचार्य कृत सूत्रसन्तानगुणकीर्ति प्रकाश या अपराजितपृच्छा में वास्तुक्षेत्र अधिकार नामक सत्तावनवाँ सूत्र पूर्ण हुआ॥ 57॥

वास्तुपददेवताभिधाननिर्णयो नामाष्टपञ्चाशं सूत्रम्॥ 58॥

विश्वकर्मोवाच —

स्वस्तिकं च प्रवक्ष्यामि तच्चैकपदसंश्रितम्।
त्रयोदश सुरा मध्ये द्वात्रिंशद् बाह्यतः स्थिताः॥ 1॥
तथा कूटं त्रिभिः कृत्वा मध्ये ब्रह्मा नवांशके।
तृतीयांशेष्वर्यमाद्या त्र्यंशेषु कर्णदेवताः॥ 2॥
तासामूर्ध्वे बाह्यतश्च द्वात्रिंशत्परिधौ क्रमात्।
इदं च स्वस्तिकं प्रोक्तं सर्वशान्तिकरं नृणाम्॥ 3॥

इति स्वस्तिकवास्तु।

अब मैं एक पद वाले स्वस्तिक वास्तु के बारे में कहता हूँ इसके मध्य में तेरह देवता वास करते हैं और बत्तीस देवता इसके बाहर की ओर स्थित रहते हैं। इसमें तीन कूट बनाएँ और नवांश के मध्य में ब्रह्मा तथा तृतीयांश में ईश्वर अर्यमा आदि और तृतीयांश में कर्ण देवताओं को रखें और उनके ऊपर की ओर, बाहर की तरफ बत्तीस देवताओं को परिधि पर क्रमानुसार स्थित करें। इस तरह स्वस्तिक वास्तु को सभी लोगों के लिए सर्वप्रकार की शान्ति के लिए उपयुक्त कहा गया है।

अथातः पुष्पकं वक्ष्ये वेदाश्रं च चतुष्पदम्।
ब्रह्मणः पदमेकं तु तत्पादेष्वर्यमादयः॥ 4॥
अर्यम्णः पदमानेन चाष्टौ ताः कर्णदेवताः।

मूलपदषोडशांशे शेषा बाह्ये प्रकीर्तिताः ॥ 5 ॥

इति पुष्पकवास्तु।

अब पुष्पक वास्तु के बारे में कहता हूँ जो चार भुजाओं वाला एवं चतुष्पद वाला होता है। इसके एक पद में ब्रह्मा और एक बाद में ईश्वर अर्यमा आदि स्थित होते हैं। अर्यमा के पद के मान के अनुसार ही आठों कर्ण देवता वहाँ होते हैं। मूल पद षोडश अंश का और शेष बाहर की ओर कहे गये हैं।

नन्दे ब्रह्मा पदं चैकं त्रह्मत्र्यंशेन चार्यमा।
तत्त्र्यंशैः कर्णदेवाश्च द्वात्रिंशच्च तदर्धतः ॥ 6 ॥

इति नन्दवास्तु।

अब नन्द वास्तु के बारे में कहता हूँ। नन्द वास्तु के एक पद में ब्रह्मा और ब्रह्मा के पद के तृतीयांश में अर्यमा और उसके भी तृतीय अंश में कर्ण देवता और बत्तीस देवता उससे आधे आधे भाग में होंगे।

षोडशाख्ये पदं ब्रह्मा ह्यर्यमार्धे तु कर्णगाः।
कर्णार्धे बाह्यतो देवास्तदर्धार्धे कर्णाष्टकम्॥ 7 ॥

इति षोडशाख्यवास्तु।

षोडशाख्य वास्तु में एक पद का ब्रह्मा और आधे भाग में अर्यमा कर्ण देवता स्थित होते हैं। कर्णार्ध के बाहर देवता उससे भी आधे-आधे भाग में आठ कर्ण देवता होते हैं।

ब्रह्मार्यमैकैकपदं तदर्ध कर्णषोडश।
चतुर्थांशपदाः सर्वे तद्वास्तु तिलकं भवेत्॥ 7 ॥

इति कुलतिलकवास्तु।

ब्रह्मा का एक पद और उसका आधा सोलह कर्ण देवता के लिए ये सभी चतुर्थांश पद वाले होते हैं। यह तिलक वास्तु होगा।

चतुष्पदो भवेद् ब्रह्मा द्विपदाश्चार्यमादयः।
कर्णाश्चार्धपदाः सर्वे त्र्यंशोनेषु च शेषकाः ॥ 9 ॥

इति सुभद्रवास्तु।

चार पद में ब्रह्मा और दो पदों में अर्यमा आदि देवता कर्ण देवता 'आधे पद वाले और अन्य सभी शेष देवतागण तृतीयांश के होते हैं। यह सुभद्र वास्तु के लक्षण हैं।

चतुष्पदो भवेद् ब्रह्मा त्रिपादा अर्यमादयः।
कर्णाः सपादाश्चैकोनं कर्णबाह्येऽर्धपादकाः॥ 10॥
षडंशोनपदाः शेषाश्चतुर्विंशतिसङ्ख्यया।
मरीचिगणमित्युक्तं सप्तसप्तपदात्कम्॥ 11॥

चार पाद के ब्रह्मा, तीन पाद का अर्यमादि देवता, कर्ण देवता सवाये पद के और कर्ण देवता के बाहर के देवता आधे पद के, षडंश कम एक पाद के शेष सभी चौबीस संख्या के मरीचिगण सात सात पद वाले कहे गये हैं।

चतुः षष्टिपदं वक्ष्ये वास्तु पुरनिवेशने।
विभक्तिपदसंस्थानं देवतानामनुक्रमात्॥ 12॥
चतुष्पदो भवेद् ब्रह्मा तत्समा अर्यमादयः।
अर्यमार्धे कर्णगाश्च कर्णार्धे चतुर्विंशतिः॥ 13॥
बाह्यकर्णे स्थिताश्चाष्टौ लाङ्गले पदमर्धकम्।
ईदृशं भद्रकं प्रोक्तं चतुःषष्टिपदस्थितम्॥ 14॥

इति भद्रकवास्तु।

वास्तु पुर निवेशादिक के चौंसठ पदों के बारे में कहता हूँ। उनके देवताओं के नाम भी विभक्ति पद संस्थानों को क्रम वर्ग कहता हूँ। चार पदों में ब्रह्मा और उसी के समान चार पदों में अर्यमादि और अर्यमा से आधे पद के कर्णदेवता और कर्णदेवता के आधे पदों में चौबीस देवता तथा कर्णे देवता के बाहर की और आठ लाङ्गल आधे पद के स्थित करें। इस तरह चौंसठ पद वाला भद्रक वास्तु कहा गया है।

ब्रह्मा नवपदो मध्ये षट्पदा अर्यमादयः।
द्विपदा मध्यकर्णाद्या द्वात्रिंशदेकपादकाः॥ 15॥

इति कामदवास्तु।

ब्रह्मा मध्य के नव पदों में और छह पदों में अर्यमादि दो पदो के मध्यमें कर्णादि और अन्य बत्तीस देवता एक पद वाले कहे गए हैं। ऐसा कामद वास्तु होता है।

ततः शतपदं वक्ष्ये पूज्यं प्रासादमण्डपे।
ब्रह्माद्याः सकलाश्चैवाष्टपादा अर्यमादयः॥ 16॥
द्विपदा ब्रह्मकर्णेऽष्टौ बाह्येऽष्टौ सार्धपादकाः।
शेषाश्चैकपाद ज्ञेयाश्चतुर्विंशतिसङ्ख्यया॥ 17॥

इति शतपदं भद्राख्यवास्तु।

अब इसके बाद शतपद वास्तु के बारे में कहता हूँ जो प्रासाद मन्दिरों और मण्डपों में पूज्य होता है। इसमें ब्रह्मादि सभी आठ पद वाले अर्यमादि दो पदों वाले तथा ब्रह्म कर्ण देवता आठ और बाहर के आठ देवता आधे पद के, शेष सभी एकपद वाले चौबीस संख्या में होते हैं।

चतुरश्रीकृते क्षेत्रे द्वात्रिंशद्भिर्विभाजिते।
षट्पञ्चाशत्पदैर्युक्तान्येकादश शतानि हि॥ 18॥

चौकोर किये गये क्षेत्र को बत्तीस खण्डों में विभाजित करें। इसी तरह चौकोर किए गए अन्य क्षेत्र को छप्पन खण्डों में तथा एक अन्य को ग्यारह सौ खण्डों में (क्रमशः 32, 56, 1100) विभाजित करें।

मध्यस्थाने लिखेत् पद्मं वेदगर्भ इति स्मृतम्।
ब्रह्मान्ते च भवेद्वीथी चत्वारिंशत्पदैः क्रमात्॥ 19॥

इस क्षेत्र के मध्य में पद्म का चित्र बना दें। इसे वेदगर्भ या ब्रह्मस्थल कहा गया है। ब्रह्म के अन्त में चालीस पदों की एक वीथी क्रम से बनाएँ।

अर्यम्णोऽन्ते भवेद्वीथी शतं च द्वादशोत्तरम्।
वीथीकर्णे समस्तैवं पदमुक्तिः क्रमोदिता॥ 20॥
सप्तदशमण्डलेषु चाद्ये पद्मं निपायेत्।
तदनन्तरपङ्क्तौ च ब्रह्मा षण्णवतिपदः॥ 21॥

अर्यमा के अन्त में भी एक सौ बारह खण्डों की वीथी बनाएँ और वीथी के समस्त कर्णों पर पदमुक्ति क्रमवार बनाएँ। सत्रह मण्डलों में आदि से पद्म बनाएँ इसके बाद अन्तर पंक्तियों में छानवें पदों में ब्रह्मा बना दें।

तदन्ते वीथिका कार्या चत्वारिंशत्पदान्विता।
अशीतिभिश्च चत्वारोऽर्यमाद्याश्च चतुर्दिशम्॥ 22॥
चत्वारिंशत्पदैरर्धैरष्टौ स्युर्ब्रह्मकर्णतः।
तदन्तर्वीथिका कार्या शतं च द्वादशोत्तरम्॥ 23॥

इसके अन्त की चालीस पदों की वीथिका बनाएँ तथा अस्सी पदों की भी बनाएँ जिसमें चारों अर्यमादि चारों दिशाओं में बनाएँ। चालीस पदों के अर्धे में आठों ब्रह्मा कर्ण पर बनाएँ। इसके अन्तरवीथिका एक सौ बारह पदों की बनाएँ।

तद्बाह्ये च भवेद्वीथी द्वात्रिंशदधिकं शतम्।
कोणे लोप्याश्च षट्पादाश्चतुर्षु चतुर्विंशतिः॥ 24॥

उसके बाहर की जो वीथी हो वह एक सौ बत्तीस पदों की हों तथा चारों कोणों

पर छह पदों का लोप करके— इस तरह चौबीस पदों का लोप कर दें।

ईशाद्या रुद्रदासान्ता लता वीथ्यन्तरे गताः।
एवं पदानि जायन्ते षट्त्रिंशदधिकं शतम्॥ 25॥
बाह्यकर्णे तु चत्वारः प्रस्थाप्या नवभिः पदैः।
सप्त सप्त तदाश्रिता योज्या अष्टाष्टभिः पदैः॥ 26॥
तन्मानानुक्रमाद्योज्याः शेषा अष्टपदास्तथा।
एवं सहस्त्रपदैर्युक्तं सर्वतोभद्रलक्षणम्॥ 27॥

इति सहस्त्रपदं सर्वतोभद्रवास्तु।

ईशादि से रुद्रदासान्त तक इन वीथियों के अन्तर में लता जाती है। इस प्रकार एक सौ छत्तीस पद बनते हैं। चारों बाह्य कर्णों पर नव पदों की प्रस्थापना करें तथा उनके अश्रित आठ-आठ पदों की सात-सात ओर प्रस्थापित करें। उन्हीं के मानानुक्रम से शेष आठो पदों को भी जोड़े इस तरह हजार पदों वाला सर्वतोभद्र लक्षण का वास्तु बनता है।

ईशस्तथा च पर्जन्यो जयो माहेन्द्र एव च।
आदित्यः सत्यभृशौ चाऽन्तरक्षिान्ताऽष्ट पूर्वतः॥ 28॥
अग्निः पूषा च वितथो गृहक्षतो यमस्तथा।
गन्धर्वो भृङ्गराजश्च मृगान्ताश्चाष्ट दक्षिणे॥ 29॥
पितरो दौवारिकश्च सुग्रीवः पुष्पदन्तकः।
वरुणश्चासुरः शोषः पापयक्ष्मा तु पश्चिमे॥ 30॥
रोगोनागस्तुमुख्यश्च भल्लाटः सोम एव च।
गिर्यदितिर्दितिश्चैवाष्टावुत्तरदिशि क्रमात्॥ 31॥

इसी प्रकार ईश, पर्जन्य, जय, महेन्द्र, आदित्य, सत्य, भ्रश और अन्तरिक्ष— ये आठों पूर्व दिशा की ओर; अग्नि, पूषा, वितथ, गृहक्षत, यमगन्धर्व, भृङ्गराज और मृग— ये आठों दक्षिण दिशा की ओर; पितर, दौवारिक, सुग्रीव, पुष्पदन्त, वरुण, असुर, शोंष और पापयक्ष्मा पश्चिम दिशा की ओर; रोग, नाग, मुख्य, भल्लाट, सोम, गिरि, अदिति, दिति— ये आठों क्रम से उत्तर दिशा की ओर होती हैं।

ब्रह्मकर्णे तथा चाष्टावीशान्यादि क्रमेण तु।
आपश्चैवापवत्सश्च ईशकर्णे तु संश्रितौ॥ 32॥
सविता चैव सावित्री आग्नेय्यां तु समाश्रितौ।
इन्द्र इन्द्रजयश्चेव नैर्ऋत्यां ब्रह्मणः स्थितौ॥ 33॥

ब्रह्मकर्ण पर इसी तरह अट्ठाईस क्रमवार इस तरह बनाएँ— ईशान कोण पर आप और आपवत्स संश्रित हों। आग्नेयकोण पर सविता और सावित्री समाश्रित हों। ब्रह्मा की नैर्ऋत्य कोण में इन्द्र और इन्द्रजय स्थित हों।

रुद्रश्च रुद्रदासश्च संस्थितौ वायवीदिशि।
मरीचिश्च विवस्यांश्च मित्रश्च पृथिवीधरः॥ 34॥
पूर्वादिक्रमयोगेन संस्थिताश्च चतुर्दिशम्।
एवमादिक्रमयोगः सर्वेषां वास्तुमण्डले॥ 35॥

वायव्य कोण की दिशा में रुद्र और रुद्रदास संस्थित हों। इसी तरह मरीचि, विवस्वान, मित्र और पृथ्वीधर भी पूर्वादि क्रम से योग बनाते हुए चारों दिशाओं में संस्थित हों। इस प्रकार सभी वास्तुमण्डलों में आदि क्रम योग होता है।

इति सूत्रसन्तानगुणकीर्तिप्रकाशप्रोक्तृश्रीभुवनदेवाचार्योक्तापराजितपृच्छायां वास्तुपददेवताभिधाननिर्णयाधिकारो नामाष्टपञ्चाशत्तमं सूत्रम्॥ 58॥

इस प्रकार भुवनदेवाचार्य कृत सूत्रसन्तानगुणकीर्ति प्रकाश या अपराजितपृच्छा में वास्तुपद देवता अभिधान निर्णय अधिकार नामक अठावनवाँ सूत्र पूर्ण हुआ॥ 58॥

वास्तुमर्मोपमर्मनिर्णयो नामैकोनषष्टितमं सूत्रम्॥ 59॥

विश्वकर्मोवाच —

चतुःषष्टिपदैः$_{64}$ क्षेत्रे पुरवास्तु प्रकल्पेयत्।
मर्मोपमर्मसन्धींश्च वास्तुदेहसमुद्भवान्॥ 1॥

विश्वकर्मा ने कहा कि चौंसठ पद वाले क्षेत्र में पुर-वास्तु की कल्पना करें तथा उसी में मर्म[1], उपमर्म, सन्धि आदि को वास्तुदेह से समुद्भव होता हुआ देखें।

अथ वास्तुमर्मस्थानज्ञानफलयोर्विशेषमाह —

पूर्वापरायता वंशा उपवंशाः प्रभेदतः।
मर्माणि वंशसम्पाता उपमर्माणि मध्यतः॥ 2॥

पूर्व-पश्चिम की ओर आयत में वंश और उपवंशों को उनके भेदों सहित मर्मों, वंश-सम्पातों आदि को उपमर्मों सहित उनके मध्य देखें।

इन्द्रादित्यतस्त्रिरेखा वरुणपुष्पदन्तगाः।
एते वंशाः समाख्याता उपवंशा याम्योत्तराः॥ 3॥

---

1. यहाँ मर्म विषय पर पुरुषाकारवास्तुरूप की परिकल्पना की गई है।

इन्द्र आदित्य तक तीन रेखा, वरुण, पुष्पदन्त तक जाती हुई हों, वे सब वंश के नाम से समाख्यात है और उपवंश उत्तर-दक्षिण आयत में होते हैं।

सोमभल्लाटतस्तिस्त्रो गृहक्षतयमान्तगाः।

पूर्वापरायता रेखाः पुनिर्भिन्नाश्च तिसृभिः ॥ 4 ॥

सोम, भल्लाट, तिस्र, गृहक्षत, यम के अन्त तक जाने वाली, पूर्व से पश्चिम की ओर आयत रेखा पुनः तीनों को भिन्न करती अर्थात् काटती हुई होगी।

ईशब्रह्मपितृतश्च शिरा रोगाग्निमध्यतः।

शिरास्त्वेवं विकर्णस्था ईशाग्निपितृरोगतः ॥ 5 ॥

ईश, ब्रह्म और पितृ तक शिरा; रोग, अग्नि के मध्य तक ये शिराएँ— इस प्रकार विकर्ण ईश, अग्नि, रोग तक जाती हैं।

जयगन्धर्वसुग्रीवगिरिभिश्च प्रभेदिताः।

सत्यमुख्यायता रेखा वितथाच्चासुरान्तगाः ॥ 6 ॥

और, जय, गन्धर्व, सुग्रीव, गिरि आदि को भेदती जाती है तथा सत्य और मुख्य की ओर की आयत रेखा वितथ और असुर के अन्त तक जाने वाली होती है।

एते च सूत्रसम्पाता महामर्माणि कीर्तिताः।

सूत्रसम्पाताग्रपङ्क्तिषट्कं लाङ्गलमुच्यते ॥ 7 ॥

ये सभी सूत्र सम्पात महामर्म नाम से जाने जाते हैं तथा सूत्र सम्पात के आगे की छह पङ्क्तियाँ- पङ्क्ति षट्क 'लाङ्गल' कहलाती है।

शिरासूत्रपातषट्कं तच्चापि लाङ्गलं स्मृतम्।

चतुर्विंशति लाङ्गलानि पदार्धेषु [1]त्रिकर्णगा ? ॥ 8 ॥

शिरा सूत्रपात षट्क को भी लाङ्गल कहा जाता है। इस तरह के चौबीस लाङ्गल पदों के आधे भाग करते हुए विकर्ण की ओर जाते हैं।

ब्रह्मणश्च चतुःपार्श्वेष्टवष्टसूत्राणि पद्मकम्।

पक्षेषु लाङ्गलं द्वन्द्वं षड्रेखाभिर्विधीयते ॥ 9 ॥

ब्रह्मा के चारों ओर आठ सूत्रों के पद्मक होते हैं और दोनों पक्षों में दो-दो लाङ्गल षड् रेखाओं से बनते हैं।

चतुःकर्णेषु शूलाानि षडरेखाभिश्च वज्रकम्।

त्रिशूललाङ्गलपद्म शिरानाडिविवर्जितम् ॥ 10 ॥

---

1. 'विकर्णगा' स्यात्।

चारों कर्णों में शूल तथा षड्रेखाओं में वज्र और त्रिशूल लाङ्गल पद्म शिरा, नाड़ी वर्जित होते हैं।

उपवंशादीनां मर्मफलमाह —

बन्धूच्छेदश्चोपवंशे मर्मणि स्यात्कुलक्षयः।
वज्रे च वज्रपाताः स्युस्त्रिशूले च रिपोर्भयम्॥ 11॥

उपवंश के प्रभावित होने पर बन्धुओं में विरोध-विच्छेद तथा मर्मों में कुलक्षय और वज्र में वज्रपात की आशङ्का रहती है और त्रिशूल मर्म हो तो शत्रुओं से भय बना रहता है।

पद्मे पतिविनाशश्च लाङ्गलेषु प्रजाक्षयः।
कर्णशिरा स्त्रीविनाशः सम्पाते चाग्रजातके ॥ 12॥

पद्म से पति का विनाश और लाङ्गल से प्रजा, बाल-बच्चों की क्षय होता है। कर्ण शिरा से स्त्री का विनाश होता है और सम्पात मर्म दोष से अग्रज की मृत्यु होती है।

ब्रह्मकर्णेषु महामर्ममाह —

चतुर्षु ब्रह्मकर्णेषु महामर्म सुकीर्तितः।
धनधान्यविनाशश्च सर्वनाशस्तथैव च॥ 13॥

ब्रह्मा के चारों कर्णों पर महामर्म विख्यात है जिनका वेध होने से धन-धान्य के विनाश के साथ ही सर्वनाश तक हो जाता है।

पदव्यास[1]षोडशांशो भागो द्वादशकः पुनः।
बालाग्रं सन्धिसम्पाते वर्ज्यते मर्मशिल्पिभिः॥ 14॥

पदव्यास के षोडशांश भाग तथा पुनः बारह भाग— ये सब बालाग्र, सन्धि सम्पातों में शिल्पियों ने वर्ज्य माने हैं।

अष्टवर्गाः समाख्याताः कर्णपार्श्वाश्च कीर्तिताः।
ब्रह्मकर्ण च पद्मान्ते[2] महामर्मचतुष्टयम्॥ 15॥

कर्णों के पार्श्व भाग के अष्टवर्ग नाम से कहे जाते हैं। ब्रह्म कर्ण और पद्म के अन्त में महामर्म चतुष्टय होता है।

मर्मोपमर्मणी रक्ष्ये महादोषभयावहे।
वंशोपवंशौ सन्धिश्च रेखाषट्कं च लाङ्गलम्॥ 16॥

---

1. 'पदन्यास' स्यात्।
2. 'ब्रह्मकर्णे त्रिपद्मान्ते' इति प्रकाशित पाठः।

अस्तु, मर्म, उपमर्मों से सदा रक्षा करनी चाहिए क्योंकि ये महादोष और भय के कारक होते हैं।[1] इसी तरह वंश, उपवंश, सन्धि, रेखाषट्क और लाङ्गलों को भी बचाकर न्यास करना चाहिए।

वास्तुपुरुषस्य शिरोखातफलमाह —

भूपरिग्रहो वास्तुश्च मर्मादि कथितं तव।
पित्रोर्घातो भवेच्चैवं कृते शिरसि खातके॥ 17॥

(हे अपराजित! इस प्रकार से) मैंने तुम्हें भूमि परिग्रह करते समय के वास्तु के मर्मों के बारे में सब कह दिया है। अब वास्तुपुरुष के अङ्गों पर खात के विविध भयों को कहता हूँ। वास्तुपुरुष के शिर पर खात, खनन करने से पितृ घात होता है।

भुजे स्कन्धे बन्धुनाशो हृदये च महाभयम्।
धनधान्यसमृद्धिश्च जायते कुक्षिखातके॥ 18॥

और, उसकी भुजाओं पर खनन करने पर बन्धुनाश होता है। उसके हृदय पर खनन करने से महान् भय उपस्थित हो जाता है जबकि कुक्षि पर खनन से धन-धान्य और समृद्धि प्राप्त होती है।

इति सूत्रसन्तानगुणकीर्तिप्रकाशप्रोक्तृश्रीभुवनदेवाचार्योक्तापराजितपृच्छायां
वास्तुमर्मोपमर्मनिर्णयोधिकारो नामैकोनषष्टितमं सूत्रम्॥ 59॥

इस प्रकार भुवनदेवाचार्य कृत सूत्रसन्तानगुणकीर्ति प्रकाश या अपराजितपृच्छा में
वास्तुमर्मोपमर्म निर्णय अधिकार नामक उनसठवाँ सूत्र पूर्ण हुआ॥ 59॥

---

1. समराङ्गणसूत्रधार में आया है कि महावंशों के अतिक्रमण से निश्चय ही स्वामी का वध होता है। वंशों के निपीड़न से वर्षा त्रास व ताप का भय जानना चाहिए। उपमर्मों के निपीड़न से रोग व मर्मों के पीड़न ने अचानक कुल की हानि होती है। शिरा के उत्पीड़न से उद्वेग और अनर्थ उत्पन्न होता है। सन्धि व अनुसन्धियों के पीड़न ने कलह होता है, ऐसा जाने। इस प्रकार इन दोष-फलों को जानकर वास्तुपुरुष के शरीर के शिराओं-अनुशिराओं-नाडियों, वंशों-अनुवंशों व मर्मों को समझकर उन्हें पीड़ित न कर वास्तु का निवेशन किया जाना चाहिए क्योंकि वेध रहित निर्माण नित्य निरापद होता है— महांवशसमाक्रान्तौ भवेत् स्वामिवधो ध्रुवम्॥ वर्षेण तपनाद्भीतिं वंशानां पीडनाद्विदुः। उपमर्माणि रोगाय मर्माणि कुलहानये॥ उद्वेगायार्थनाशाय सिराश्च स्युः प्रपीडिताः। कलिः स्यात् सन्धिविद्धेषु पीडितेष्वनुसन्धिषु॥ तस्मादेतानि सर्वाणि पीडितान्युपलक्षयेत्। ज्ञात्वा सिराः सानुसिराश्च नाडीर्वंशानुवंशानपि वास्तुदेहे। यत्नेन मर्माणि फलानि चैषां वेधं त्यजेद्वास्तमुपैति नापत्॥ (समराङ्गण. 12, 34-37)

दिक्पालादिवास्तुदेवपूजाबलिकर्मयुक्तिर्नाम षष्ठितमं सूत्रम् ॥ 60 ॥

विश्वकर्मोवाच —

अत ऊर्ध्वं पुनश्चान्यत् प्रवक्ष्यामि यथाक्रमम्।
वास्तुदेहे स्थिता देवाः सम्पूज्या वृद्धये तथा ॥ 1 ॥

विश्वकर्मा बोले कि इसके उपरान्त पुनः अन्य विधि क्रम से बताता हूँ जिससे पूजा करने पर वास्तु के देह में स्थित देवताओं की वृद्धि अर्थात् वे प्रसन्न होकर गृही के लिए अभिवृद्धिकारक होते हैं।

घृताक्षतानमीशाने पर्जन्ये चोत्पलोदकम्।
जये पीताम्बरं चैव वज्रं पिष्टमयं त्वथ ॥ 2 ॥
माहेन्द्रे सर्वरत्नानि सूर्ये धूम्रवितानकम्।
गोधूमाः सघृताः सत्ये भृशे मत्स्यांस्तु दापयेत् ॥ 3 ॥
सङ्कुलिं चान्तरिक्षे तु शुचिं दद्याद्धुताशने।
धान्यकल्कं तथा पूष्णि वितथे चणकौदनम् ॥ 4 ॥
गृहक्षते गोरोचनं शमीपत्रं यमे तथा।
गन्धर्वे शतपत्रं च भृङ्गराजे तु पीठकम् ॥ 5 ॥

(वास्तुपूजा के अन्तर्गत) ईशान देव की पूजा घृत और अक्षतों से, पर्जन्य की पूजा कमल के फूलों से, जय की पूजा पीताम्बर से और वज्र की पिष्टमय अन्न अर्थात् आटे से करें। महेन्द्र की पूजा सभी प्रकार के रत्नों से, सूर्य की पूजा धूम्रवितान अर्थात् धूप से, सत्य की पूजा घृत युक्त गेहूँ से और भृश की पूजा मछली भेंट कर करें। अन्तरिक्ष की पूजा सङ्कुलि से, हुताशन (अग्नि) की पूजा शुचि की भेंट, पूष्णि की पूजा धान्य के आटे से और वितथ की पूजा भापे गए चने (वरवा) से करें। गृहक्षत देव की पूजा गोरोचन से, यम की पूजा शमीपत्र, गन्धर्व की पूजा शतपत्र और भृङ्गराज की पूजा पीठक से करनी चाहिए।

अन्य देवताः —

मृगे नीलयवं ख्यातं पितृषु गुलमोदकाः।
दौवारिके मातुलिङ्गं सुग्रीवे विविधं फलम् ॥ 6 ॥
शतपत्रं पुष्पदन्ते पद्मं स्यादब्धिनायके।
असुरे तु सुरा देया शोषे तैलं तिलस्तथा ॥ 7 ॥
पक्वमांसं राजयक्ष्माभिधे रोगे तथौषधम्।

नागे चैव क्षीरपानं श्रीखण्डं तु विश्वाधिपे॥ 8॥
भल्लाटे काञ्चनं देयं सोमे दद्याच्च मण्डकान्।
गिरौ तु सक्तुतोयं तु चादितौ लपिकां तथा॥ 9॥

मृग की पूजा नीलयव से, पितृ की पूजा गुलमोदक, दौवारिक की पूजा मातुलिङ्ग अथवा बिजौरा, सुग्रीव की पूजा विविध फलों, पुष्पदन्त की पूजा शतपत्र, अब्धिनायक वरुणदेव की पूजा पद्म, असुर की पूजा सुरा और शोष की पूजा तिल के तेल से करनी चाहिए। राजयक्ष्मा की पूजा पक्वमांस से, रोग की पूजा औषध, नाग की पूजा क्षीरपान कराकर तथा विश्वाधिप की पूजा श्रीखण्ड से करें। भल्लाट की पूजा स्वर्णदान से, सोम की पूजा कसार अथवा फुलका या पतली रोटी से, गिरि की पूजा सक्तु के जल से और अदिति की पूजा लपसी से करनी चाहिए।

तथा चान्य देवताः —

दितौ कम्बलयुग्मं च ह्यापे दद्यात्तु मालतीः।
तथा गोदध्यापवत्से त्वर्यम्णि रक्तचन्दनम्॥ 10॥
शतपत्रं सवितरि सावित्रे सर्वपुष्पकम्।
विवस्वति मोदकानि हीन्द्रे स्यात्पुष्पमालिका॥ 11॥
चम्पकानि त्विन्द्रजये मित्रे स्यात्तु घृतोदनम्।
रुद्रे गन्धः गुग्गुलानां सिद्धान्नं रुद्रदासके॥ 12॥
पृथ्वीधरे रत्नमाला ब्रह्मण्यमृतकुम्भकम्।
फलपुष्पयवाक्षतैः पञ्चगव्यैः पुनर्युतम्॥ 13॥

इसी प्रकार दिति की पूजा कम्बल की जोड़ी से, आप की पूजा मालती पुष्पों, आपवत्स की पूजा गाय के दही तथा अर्यमा की पूजा रक्तचन्दन से करें। सविता की पूजा शतपत्र-कमल से, सावित्री की पूजा सभी प्रकार के पुष्पों, विवस्वान की पूजा मोदकों तथा इन्द्र की पूजा पुष्पमालाओं से करनी चाहिए। इन्द्रजय की पूजा चम्पक पुष्पों से, मित्र की पूजा घृतोदन या घी मिश्रित खिचड़ी, रुद्र की पूजा गुग्गुलु की धूप तथा रुद्रदास की पूजा पके हुए अन्न से करें। पृथ्वीधर की पूजा रत्नमाला से, ब्रह्मा की पूजा अमृतकुम्भ, क्षत की पूजा फलपुष्प से तथा पुनर्युत की पूजा पञ्चगव्य से करें।

चरक्यादीनामष्टदेव्यां पूजासम्भाराह —

चरक्यां चैव दातव्या अस्थिमांससुरास्तथा।
पीतौदनं पक्वमांसं विदारीपिलिपिच्छयोः॥ 14॥

मद्यं मांसं च जृम्भायां पूतनायां रक्तौदनम्।
अर्यम्णि चास्थिमांसं चास्थिमांसं पापराक्षसी॥ 15॥
स्कन्दायां च पशुं मद्यं देव्योऽष्टौ सुप्रदक्षिणाः।
आसां पदविधिर्नास्ति पूजां गृह्णन्ति केवलम्॥ 16॥

(इसके अनन्तर बाह्यदेवियों में) चरकी की पूजा अस्थि मांस-सुरा से तथा विदारी और पिलिपिच्छा की पूजा पीले भोजन और पक्वमांस से करें। जृम्भा की पूजा मद्य और मांस, पूतना की पूजा रक्त और खिचड़ी, अर्यमा की पूजा अस्थि व मांस और पापराक्षसी की पूजा भी इसी प्रकार अस्थि-मांस से करें। स्कन्द की पूजा पशु और मद्य से करें। इन आठों ही देवियों की पूजा भली प्रकार से प्रदक्षिणतः करें। इन देवियों का कोई पद विधान नहीं होता (ये वास्तुपद के बाहर होती है अतः) ये केवल पूजा ही ग्रहण करती हैं।

दिक्पालक्षेत्रपालश्च बलिं —

आच्छाद्यन्ते वस्त्रयुग्मैरम्बिका भद्रकुम्भके।
दिक्पालेभ्यो बलिं दद्यात्क्षेत्रपेभ्यो विशेषतः॥ 17॥

अम्बिका और भद्रकुम्भ को दो अलग-अलग वस्त्रों से ढँककर दिक्पालों को बलि प्रदान करें। इसी तरह क्षेत्रपालों को भी बलि प्रदान करनी चाहिए।

प्राचीं इन्द्रपूजानिर्देशमाह —

ॐ पूर्वायां दिशापते वज्रहस्त महाबल।
ऐरावतस्कन्धारूढ इन्द्रदेव यथाविधि॥ 18॥
आवाहनमन्त्रैः पूजां बलिं गृह्ण गृह्ण स्वाहा।
अष्टगजारूढ क्षेत्रपालैः परिवेष्टित सुराधिराज नमोऽस्तुते॥ 19॥

इन क्षेत्रपालों में पूर्व दिशा के अधिपति इन्द्रदेव जो महाबली है और अपने हाथ में वज्र धारण करते है तथा ऐरावत के स्कन्ध पर सवारी करते हैं, की यथाविधि पूजा करनी चाहिए। इन्द्रदेव के आवाहन का मन्त्र है— हे आठ गजारुढ़ क्षेत्रपालों से परिवेष्टित सुराधिराज इन्द्रदेव! हम आपको नमस्कार करते हैं और आपका आवाहन करते हैं कि आप हमारी प्रदत्त बलि पूजा को ग्रहण करें, ग्रहण करें — स्वाहा।

आग्नेयां अग्निदेवपूजानिर्देशमाह —

ॐ आग्नेय्यां दिशापते श्रुवाहस्त महाबल।
मेषं चैव समारूढ अग्निदेव यथाविधि॥ 20॥

आवाहनमन्त्रैः पूजां बलिं गृह्ण गृह्ण स्वाहा।

अष्टमेषारूढ क्षेत्रपालैश्च परिवेष्टित प्रेतराज नमोऽस्तुते॥ 21॥

इसी प्रकार यथाविधि पूजा-बलि-आवाहन अग्निदेव का भी करें जो आग्नेय कोण के अधिपति है। जो महाबली है और जो अपने हाथ में यज्ञ का स्रुवा धारण किए हुए है और मेष पर सवार हैं। आवाहन मन्त्रों से की गई पूजा और बलि को आप अष्ट मेषारूढ़ क्षेत्रपालों से परिवेष्टित हे प्रेतराज! आपको नमस्कार है और आप हमारी प्रदत पूजा-बलि को ग्रहण करें, ग्रहण करें— स्वाहा।

दक्षिणदिशायां यमदेवपूजानिर्देशमाह —

आँ याम्यायां तु दिशापते दण्डहस्त महाबल।

महामहिषामरूढ यमदेव यथाविधि॥ 22॥

आवाहनमन्त्रैः पूजां बलिं गृह्ण गृह्ण स्वाहा।

अष्टमहिषारूढ क्षेत्रपेश्च परिवेष्टित प्रेताधिराज नमोऽस्तुते॥ 23॥

दक्षिण दिशा के अधिपति, महाबलवान, हाथ में दण्ड धारक, महामहिष पर आरूढ़ यमराज भी यथाविधि आवाहन मन्त्रों से 'पूजा-बलि ग्रहण करें, ग्रहण करें' ऐसे निवेदन करते हुए कहें कि 'हे प्रेताधिराज आप आठ महिषारूढ़ क्षेत्रपालों से परिवेष्टित होकर हमारी पूजा ग्रहण करें स्वाहा, आपको हमारा नमस्कार है।'

नैर्ऋत्यायां पूजानिर्देशमाह —

आँ नैर्ऋत्या च दिशापते खड्गहस्त महाबल।

प्रेतस्कन्धसमारूढ बलिदेव यथाविधि॥ 24॥

आवाहनमन्त्रैः पूजां बलिं गृह्ण गृह्ण स्वाहा।

अष्टप्रेतारूढ क्षेत्रपालैश्च परिवेष्टित प्रेताधिराज नमोऽस्तुते॥ 25॥

और, नैर्ऋत्य के दिशाधिपति, महाबलवान, हाथ में खड्ग धारण करने वाले प्रेतों के कंधों पर सवारी करने वाले बलिदेव की भी यथाविधि पूजा करें। कहें कि 'हे! अष्टप्रेतारूढ़ क्षेत्रपालों से परिवेष्टित प्रेताधिराज! आपको हमारा नमस्कार है; हम आपकों आवाहन मन्त्रों से पूजा-बलि निवेदित कर रहे है; इसे ग्रहण करें, ग्रहण करें, स्वाहा।'

परदिशायां जलेश्वरपूजानिर्देशमाह —

आँ पश्चिमायां दिशापते पद्महस्त महाबल।

नक्रं चैव समारूढ जलेश्वर यथाविधि॥ 26॥

आवाहनमन्त्रैः पूजां बलिं गृह्ण गृह्ण स्वाहा।

अष्टनक्रसमारूढ क्षेत्रपैः परिवेष्टित जलाधिराज नमोऽस्तुते॥ 27॥

और, पश्चिम दिशाधिपति, महाबलवान, हाथ में कमल धारण करने वाले, मगर पर सवारी करने वाले जलेश्वर वरुणदेव की भी यथाविधि पूजा करें। कहें कि 'हे आठ नक्रों-मगरों पर समारूढ़ क्षेत्रपालों से परिवेष्टित जलाधिराज वरुणदेव! हम आवाहन मन्त्रों से आपको बलि-पूजा निवेदित करते हुए नमस्कार करते हैं कि आप इसे ग्रहण करें, ग्रहण करें, स्वाहा।

वायव्यकोणयां वायुदेवपूजानिर्देशमाह —

ॐ वायव्यां तु दिशापते ध्वजहस्त महाबल।

मृगपृष्ठसमारूढ वायुदेव यथाविधि॥ 28॥

आवाहनमन्त्रैः पूजां बलिं गृह्ण गृह्ण स्वाहा।

अष्टमृगारूढ क्षेत्रपालैश्च परिवेष्टित पवनाधिराज नमोऽस्तु ते॥ 29॥

इसी प्रकार वायव्य दिशाधिपति, महाबलवान, हाथ में ध्वज धारण करने वाले तथा मृगारूढ़ वायुदेव की भी यथाविधि पूजा करें। कहें कि 'हे आठ मृगारूढ़ क्षेत्रपालों से परिवेष्टित, पवनाधिराज वायुदेव आपको नमस्कार है। हम आवाहन मन्त्रों से आपको बलि-पूजा निवेदन करते हैं, इसे ग्रहण करें, ग्रहण करें, स्वाहा।

उत्तरदिशायां निधिराजपूजानिर्देशमाह —

ॐ उत्तरस्यां दिशापते निधिहस्त महाबल।

हस्तिस्कन्धसमारूढ निधिराज यथाविधि॥ 30॥

आवाहनमन्त्रैः पूजां बलिं गृह्ण गृह्ण स्वाहा।

अष्टगजारूढ क्षेत्रपालैश्च परिवेष्टित निधिराज नमोऽस्तु ते॥ 31॥

और, उत्तर दिशा के अधिपति, महाबलवान, हाथों में निधि धारण किए हुए, हाथी के कन्धे पर सवारी करने वाले निधिराज कुबेर की भी यथाविधि पूजा करें। कहें कि 'हे आठ गजारूढ़ क्षेत्रपालों से परिवेष्टित निधिराज कुबेरदेव आपको नमस्कार है, आपको हम आवाहन मन्त्रों के साथ बलि-पूजा निवेदन करते हैं, उसे आप ग्रहण करें, ग्रहण करें, स्वाहा।

ईशान्यां रुद्रदेवपूजानिर्देशमाह —

ॐ ईशान्यां तु दिशापते शूलहस्त महाबल।

वृषपृष्ठसमारूढ रुद्रदेव यथाविधि॥ 32॥

आवाहनमन्त्रैः पूजां बलिं गृह्ण गृह्ण स्वाहा।

अष्टवृषारूढ क्षेत्रपालैश्च परिवेष्टित भूतराज नमोऽस्तु ते॥ 33॥

और, ईशानकोण की दिशा के अधिपति, महाबलवान, हाथ में शूल को धारण करने वाले और बैल की पीठ पर सवारी करने वाले रुद्र देव की भी यथाविधि पूजा करे। कहें कि 'हे अष्टवृषारूढ़ क्षेत्रपालों से परिवेष्टित भूतराज रुद्रदेव! आपको नमस्कार है; हम आपको आवाहन मन्त्रों से बलि-पूजा निवेदित करते हैं; इसे ग्रहण करें, ग्रहण करें, स्वाहा।'

अधस्तात्तु विष्णुदेवपूजानिर्देशमाह —

आँ अधस्तात्तु दिशापते चक्रहस्त महाबल।

गरुडं च समारूढ विष्णुदेव यथाविधि॥ 34॥

आवाहनमन्त्रैः पूजां बलिं गृह्ण गृह्ण स्वाहा।

अष्टगरुडस्थ क्षेत्रपालैश्च परिवेष्टित जगत्पते नमोऽस्तु ते॥ 35॥

इसी प्रकार अधस्तात्तु (नीचे स्थित) दिशाधिपति, महाबलवान, हाथ में चक्र को धारण करने वाले गरुड़ की सवारी करने वाले विष्णुदेव की भी यथाविधि पूजा करे। इस अवसर पर कहें कि 'हे आठ गरुड़ों पर सवारी करने वाले क्षेत्रपालों से परिवेष्टित जगत्पते! आपको नमस्कार है; हम आवाहन मन्त्रों से पूजा-बलि आपको निवेदित करते हैं; इसे आप ग्रहण करें, ग्रहण करें, स्वाहा।'

अथोर्ध्वायां ब्रह्मदेवपूजानिर्देशमाह —

आँ ऊर्ध्वायां तु दिशापते अक्षहस्त महाबल।

हंसे चैव समारूए ब्रह्मदेव यथाविधि॥ 36॥

आवाहनमन्त्रैः पूजा बलिं गृह्ण गृह्ण स्वाहा।

अष्टहंसारूढ क्षेत्रपालैश्च परिवेष्टित सृष्टिराज नमोऽस्तु ते॥ 37॥

और, ऊर्ध्व दिशा के अधिपति, महाबलवान, हाथ में अक्षमाला धारण करने वाले और हंस सवार ब्रह्मदेव की भी यथाविधि पूजा करें। कहें कि 'हे आठ हंसारूढ़ क्षेत्रपालों से परिवेष्टित सृष्टिराज-ब्रह्मदेव! आपको नमस्कार है, हम आपको आवाहन मन्त्रों से बलि-पूजा निवेदन करते हैं; इसे ग्रहण करें, ग्रहण करें, स्वाहा।'

अन्यदप्याह —

स्थानदेवा जलदेवाः स्थलदेवास्तथैव च।

तथाऽन्तरिक्षदेवाश्च भूमिदेवास्तथैव च॥ 38॥

तथा पातालदेवाश्च अमृतवृक्षदेवताः।
तथा प्रासाददेवाश्च गृहदेवास्तथैव च॥ 39॥
बृहद्देवाः क्षेत्रदेवा दद्यादेभ्यो बलिं बुधः।
क्षमापयेन्नमस्कृत्य तथैव सर्वदेवताः॥ 40॥

(इसके अनन्तर इसी क्रम में) स्थानदेव, जलदेव, स्थलदेव, अन्तरिक्षदेव, भूमिदेव, पातालदेव, अमृतवृक्षदेवता, प्रासाददेव, गृहदेव, बृहद्देव, क्षेत्रदेव आदि समस्त देवताओं को समझदार लोगों को बलि प्रदान करते हुए नमस्कार और क्षमा प्रार्थना करनी चाहिए।

इति सूत्रसन्तानगुणकीर्तिप्रकाशप्रोक्तृश्रीभुवनदेवाचार्योक्तापराजितपृच्छायां दिक्पालादिवास्तुदेवपूजाबलिकर्मयुक्त्यधिकारो नाम षष्टितमं सूत्रम्॥ 60॥

इस प्रकार भुवनदेवाचार्य कृत सूत्रसन्तानगुणकीर्ति प्रकाश या अपराजितपृच्छा में दिक्पालादिवास्तुदेव पूजा-बलिकर्मयुक्त अधिकार नामक साठवाँ सूत्र पूर्ण हुआ॥ 60॥

आचार्यसूत्रधारपूजानिर्णयो नामैकषष्टितमं सूत्रम्॥ 61॥

विश्वकर्मोवाच —

आचार्य पूजयेत्तत्र वस्त्रालङ्कारभूषणैः।
स्वर्णपट्टैः कुण्डलाभ्यां कण्ठाभरणकङ्कणैः॥ 1॥
रत्नयुक्तमुद्रिकाभिः कटिसूत्रादिकैस्तथा।
पादाभरणकैश्चैव हवेन्द्र [1]साङ्गमालिकाः॥ 2॥

विश्वकर्मा बोले कि वास्तुपूजावसर पर आचार्य की वस्त्र, अलङ्कार, आभूषण, स्वर्णपट्ट, कानों के कुण्डलों, गले के आभरण और हाथों के स्वर्ण कङ्कणों, रत्नयुक्त अङ्गूठी, कमरबन्द करधनी, पाँवों के गहने, हवि वस्तु और समस्त अङ्गों में धारण हो सके—ऐसी मालाओं को प्रदान कर पूजन करना चाहिए।

परीपट्टैरूर्णवस्त्रैः [2]शिखिरोमाश्च छत्रकैः।
वाहनैर्युक्तमेवाथ यानझम्पानकोत्तमैः॥ 3॥
अश्वो गजो रथो वापि दातव्या भूमिसम्युताः।
ग्रामो देशाः पृथगुक्तं गुरुपत्नीं विशेषतः॥ 4॥

---

1. 'साङ्गमात्रिकाः' इति प्रकाशित पाठः।
2. 'शिखरो मात्र? छत्रकैः' इति प्रकाशित पाठः।

भूमिस्थानगेहदानमाचन्द्रार्क च तत्फलम्।
वस्त्रालङ्करणैर्युक्तं गुरुं शिष्यस्तु भक्तितः ॥ 5 ॥

इति गुरुपूजा।

इसी तरह सुन्दर रेशमी और ऊनी वस्त्रों से तथा मोरपङ्खों से बने हुए छत्रक, पङ्खों से युक्त वाहनों से, गाड़ी, ऐसे उत्तम यान झम्पानक अर्थात् जिन यानों से आसानी से किसी बाधा को छलाङ्ग लगाने में सफलता मिलती है; अश्व, गज, रथ, बावड़ी आदि भूमि सहित देनी चाहिए। ग्राम, देश आदि गुरु पत्नी को भी अलग से देने चाहिए। भूमि स्थान, ग्रह दानों को आचन्द्रार्क देना चाहिए अर्थात् ऐसा दान हो जो सूर्य-चन्द्र जब तक रहें तब तक के लिए देने चाहिए, वे वापस नहीं लिए जाए— तभी उनका पुण्यफल मिलता है। इसी तरह गुरु के शिष्य को भी भक्तिपूर्वक वस्त्रालङ्करण युक्त भेंट करनी चाहिए।

सूत्रधारप्रशंसामाह —

भूमेस्तले सूत्रधारो विश्वाधिपो द्वितीयकः।
वेदवेदाङ्गसम्भूतो हविष्याशी [1]क्षिते द्विजः ॥ 6 ॥

इस भूमितल पर सूत्रधार एक प्रकार से दूसरा विश्वाधिप है। वह वेद-वेदाङ्ग से सम्भूत हविष्य को भोग करने वाला क्षिति पर रहने वाला द्विज है।

सूत्रधारं ततः प्राज्ञः सर्वसूत्रादिबन्धकम्।
वास्तुवेदप्रववतारं शास्त्रज्ञं प्रियवादिनम्॥ 7 ॥
माधुर्यालापनोपेतं संसारमोहमुद्रकम्।
यस्य नाशात्परे साध्यं धर्मार्थकाममोक्षकम्॥ 8 ॥
तं शिल्पिनं पूजयेत आर्यदेशसमुद्भवम्।
आर्यालापबालबोध्यं संसारार्णवतारणम्॥ 9 ॥
वाग्मिनं च तथा हेतुज्ञानातर्कितकौशलम्।
सर्वशास्त्रज्ञानवन्तं विज्ञानादिसमन्वितम्॥ 10 ॥

इस तरह सूत्रधार सभी प्रकार के सूत्रादि बन्धयुक्त प्राज्ञ एवं वास्तुवेद का प्रवक्ता तथा शास्त्रज्ञ और प्रियवादी होता है। वह मधुर वाणी में बातचीत करने वाला और संसार के मोह की मुद्रा का नाश करना इसके लिए परम साध्य है जो धर्म, अर्थ, काम और मोक्ष का कारक है। ऐसे ही शिल्पी की पूजा करनी चाहिए

---

1. 'धिते ?' इति प्रकाशित पाठः।

जो आर्यदेश (भारत) में उत्पन्न हुआ हो क्योंकि आर्यों की बोली में बातचीत बालक भी सरलता से समझ सकते है, वह बोली बड़ी सरल एवं संसार सागर से तारने वाली है। ऐसे आर्य देशोत्पन्न शिल्पी वाग्मिन या बृहस्पति के समान वाक्पटु, बुद्धिमान और हेतुज्ञान से तार्किकता के कौशल को जानने वाले, सभी शास्त्रों में ज्ञानवान्, विज्ञानादि से समन्वित होते हैं।

शिल्पिनसम्मानाह —

पूजयेद् दिव्यवस्त्रैश्च दिव्यालङ्कारभूषितैः।
पृष्ठपट्टैर्नेत्रपट्टैः सुवर्णैर्दशाङ्ग[1]मालिकाः ॥ 11 ॥
पुत्रकलत्रसंयुक्तं भ्रातृयुक्तं तथोत्तमम्।
सभृत्यं बलयुक्तं च शैलकर्माधिकारकम् ॥ 12 ॥

ऐसे योग्य शिल्पी को दिव्य वस्त्रों, दिव्य अलङ्कारों और आभूषणों से भूषित करें। पीठ वाला पट्ट, महीन रेशमी कपड़ा (नेत्रपट्ट), सुवर्ण की बनी हुई दशाङ्ग मालाएँ आदि उनके पुत्र-पत्नी तक और भाइयों तक को तथा उनके उत्तम भृत्यबलों तक भी और पाषाण कर्माधिकारी, सलाट, तक्षक गणों को भी भेंट-पूजा करें।

कुटुम्बगृहचिन्ताश्च खाद्यपेयादिकोद्भवाः।
वस्त्रताम्बूलादि चिन्ता गृहेषु या भवन्ति च ॥ 13 ॥
ताश्चापहारणीया वै कर्मचिन्ता यथा भवेत्।
ग्रामं वा भोग्यभूमिं वा कर्मकारोचितं यथा ॥ 14 ॥
बलीवर्दाश्च वाहिनीयानझम्पानकादिकम्।
हलं सकूपं क्षेत्र च पुष्पोद्यानं फलैर्युतम् ॥ 15 ॥
गृहं दिव्यं च भुवनं पञ्चभूम्यादिकं गृहम्।
ध्वजाकलशसंयुक्तं कर्त्तव्यं शिल्पिने तथा ॥ 16 ॥

इसी प्रकार खाद्य, पेय आदि के कारण होने वाली कुटम्ब-गृहचिन्ता, घरों में आवश्यक वस्त्र ताम्बूलादि की चिन्ता जो प्रायः घर-घर होती है, उन सब चिन्ताओं का जो कर्मकारों में भी होती है— उन चिन्ताओं के निवारण हेतु उन कर्मकारों के लिए उचित ग्राम या भोगभूमि, खेती के लिए वलीवर्द अर्थात् बैल, गाड़ी, वाहन, यानादि झम्पादि से युक्त तथा हल[2] प्रमाण वाली ऐसी भूमि जो कूप, फल-पुष्पोद्यान

---

1. 'मात्रिका: ?' इति प्रकाशित पाठः।
2. यहाँ हल से आशय हल के प्रमाण की भूमि से प्रतीत होता है। हल भू-माप की इकाई के रूप में स्वीकृत है। एक हल से जोती गई भूमि के माप को हल-माप कहा जाता है। वासिष्ठीपुत्र पुलुमवि के

युक्त हो देनी चाहिए। इसी प्रकार गृह, भुवन दिव्यस्वरूप के, यहाँ तक कि पाँच तलों तक के भवनों, गृहों को ध्वजा-कलश से युक्त सजावट के साथ शिल्पियों के लिए प्रदान करने की व्यवस्था होनी चाहिए।

पादापत्यददे तस्या प्रेक्षनादिक्ष सन्तताः ?।
तेन तत् ह्रियते चैव गृहचिन्तादि बाह्यतः॥ 17॥
एकचित्ते समाधिष्ठे प्रासादकर्मकौशलम्।
परब्रह्मानुष्ठानवत् लीयमानो यथा भवेत्॥ 18॥
तस्याहार्य्यं वृद्धिहेतु प्रारब्धकृतनिश्चयम्।
तेनासौ लभते सिद्धिमिहलोके परत्र च॥ 19॥

इसी प्रकार उनके लिए (आपदाओं का निवारण करने वाले निरीक्षक पदादि की व्यवस्था करें) ताकि वे गृह विषयक चिन्ताओं को बाहर ही त्याग दें और एकचित से अर्थात् एकाग्र मन से प्रासाद कर्म कौशल दिखाने में समाधिष्ठ हो सकें। उनकी सांसारिक चिन्ताओं को दूर करने पर वे अपने कर्म-कौशल में इतने लीन हो जाएँ मानों वे परब्रह्मानुष्ठान में ही लीयमान हो गए हों। यह स्मरणीय है कि उन शिल्पियों के कर्म-कौशल दिखलाने में उनकी सहायता में वृद्धि हेतु ही उपर्युक्त तरीकों के प्रारब्ध के उपायों का कृतनिश्चय अर्थात् पूरी व्यवस्था की गई है, जिससे कि ये इस लोक और परलोक में भी सिद्धि का लाभ पा सके।

सूत्रधारसम्मुखे प्रार्थनानिवेदनम् –

सूत्रधारं तथाचार्यं बद्धहस्तः क्षमापयेत्।
पिता च मम त्वष्टा च इह लोके भवान् मतः॥ 20॥

यजमान को चाहिए कि इस सब भेंट-पूजा-सम्मान के बाद वह सूत्रधार तथा आचार्य से हाथ जोड़कर क्षमा याचना करें और कहे कि 'आप ही हे त्वष्टा! मेरे

द्वितीय शती के नासिक गुहाभिलेख में यह माप पहली बार देखने में आया है। (सेलेक्टेड इन्सक्रिप्शंस फ्रॉम महाराष्ट्र : एम. जी. दीक्षितार, पूना 1947 ई., भाग 1, पृष्ठ 208) ऐसी भूमि करमुक्त होती थी। कृष्णा-गुण्टूर (आन्ध्रप्रदेश) से प्राप्त तीसरी व चौथी शताब्द के एक अभिलेख से हलवाहा द्वारा हल से जोते जाने योग्य कर-मुक्त भूमि भिक्षुओं को पुण्यवृद्धि के प्रयोजन से दान में दिए जाने का उल्लेख मिलता है— ...हल सतस पदायिस...। (तत्रैव पृष्ठ 238) इतिहासकारों के अनुसार हल का वास्तविक भू-माप क्षेत्र निर्धारित करना कठिन है किन्तु अभिलेखों के अनुसार यह अनुमान लगाया जा सकता है कि कृषि योग्य भूमि की, एक हल द्वारा वर्ष पर्यन्त जोती गई सारी भूमि का माप 'एक हल भूमि' से लगाया जा सकता है। डॉ. गोपीनाथ शर्मा का मत है कि मेवाड़ में भूमि का माप बीघा व हल से होता आया है जो छोटे और बड़े नाप थे। एक हल में 50 बीघा का प्रमाण होता था। बीघा साधारणतः 25 से 40 बाँस तक आंका जाता था। (राजस्थान के इतिहास के स्रोत, जयपुर 1982 ई. पृष्ठ 237)

पिता है इस लोक में — ऐसा मेरा मत है।

परत्र च स्वयं स्त्रष्टा तथा मम भवान् गुरुः।
त्वं माता च पिता चैव त्वं च पितृपितामहः ॥ 21 ॥
संसारपाशच्छेदं च त्वं कुर्या मम योगतः।
भूषणार्थैः पूजनीया वस्त्रैश्च खातकारकाः ॥ 22 ॥

आप ही स्वयं सृष्टा है तथा आप ही मेरे गुरु है; आप ही माता और आप ही पिता तथा आप मेरे पितृ, पितामह ही हैं। सुयोग से कृपा करके आपने मेरे संसार पाश रूपी फँदे को काट दिया है और मुझ से बन पड़ी, उतनी मैंने भूषण से, अर्थ और वस्त्र से हे खातकारकगणो! मैंने आपकी पूजा की।

विश्रामस्तद् दिने वास्तो सर्वविघ्नोपशामकः।
दीनान्धयाचकेभ्यस्तु तुलादानं समर्पयेत् ॥ 23 ॥

अस्तु, आज के दिन अब आप विश्राम करें; आज के दिन को विश्राम का दिवस समझें जिससे वास्तु सर्व विघ्नों को शमन करने वाला सिद्ध हो सके।' इसके बाद यजमान दीनों को, अन्धों, याचकों को तुलादान[1] की सामग्री को समर्पित कर दें।

इति सूत्रसन्तानगुणकीर्तिप्रकाशप्रोकृश्रीभुवनदेवाचार्योक्तापराजितपृच्छा-
यामाचार्यसूत्रधारपूजानिर्णयाधिकारो नामैकषष्टितमं सूत्रम् ॥ 61 ॥

इस प्रकार भुवनदेवाचार्य कृत सूत्रसन्तानगुणकीर्ति प्रकाश या अपराजितपृच्छा में आचार्य-
सूत्रधार पूजा निर्णय अधिकार नामक इकसठवाँ सूत्र पूर्ण हुआ ॥ 61 ॥

वास्तुपरिभ्रमणादिगुणदोषनिर्णयो नाम द्वाषष्टितमं सूत्रम् ॥ 62 ॥

विश्वकर्मोवाच —

अतः परं प्रवक्ष्यामि ज्ञानं च धर्मदुर्लभम्।
वास्तुविद्यापूर्वकं च सर्वसिद्धिप्रदायकम् ॥ 1 ॥

विश्वकर्मा बोले कि इसके आगे मैं वास्तुविद्यापूर्वक सर्व सिद्धि देने वाले धर्म हेतु परम दुर्लभ ज्ञान के विषय में कहता हूँ।

---

1. तुलादान की सामग्री का वर्णन मत्स्यपुराण, लिङ्गपुराण व अग्निपुराण में आया है। मत्स्यपुराण में तुलापुरुषदान की विधि आई है। आरोहणकाल में राजा खड्ग, ढाल, कवच एवं अन्य समस्त आभरणों से भूषित रहे एवं स्वर्ण निर्मित सूर्य सहित धर्मराज को बँधी मुट्ठी वाले दोनों हाथों से पकड़कर विष्णु के मुख की ओर देखता हुए स्थिर रहे— सखड्गचर्मकवचः सर्वाभरणभूषितः ॥ धर्मराजमथादाय हैमं सूर्येण संयुतम्। कराभ्यां बद्धमुष्टिभ्यामास्ते पश्यन् हरेर्मुखम् ॥ (मत्स्य. 274, 65-66)

वास्तुदिशामुक्तिमानं रव्यानुसारेण वास्तुमुखस्थितिं —

ज्योतिःशास्त्रप्रणेतारं सर्वकामफलप्रदम्।
प्रणम्यं तं च पुरुषं राशिमध्ये तथा स्थितम्॥ 2॥
रवौकन्यातुलालौच पूर्वे शिरः समाश्रितः।
धनोश्च मकरे कुम्भे दक्षिणे तु व्यवस्थितः॥ 3॥
मीने मेषे वृषे चैव पश्चिमे तु समाश्रितः।
मिथुने सिंहकर्के च ह्युत्तरेण व्यवस्थितः॥ 4॥
सर्वकालक्रमोऽयं च राशिमध्ये ह्यतः शृणु॥
देवताश्च क्रमयोगेन स वास्तुः सरते महीम्॥ 5॥

यह ज्ञान ज्योतिष शास्त्र के जानकारों के लिए सर्वकाम फल प्रदान करने वाला है। अतः राशियों के मध्य स्थित रहने वाले पुरुष को प्रणाम करें। वृश्चिक, कन्या, तुला (के सूर्य में) पूर्व की ओर सिर रखे हुए; धनु, मकर कुम्भ को दक्षिण की ओर सिर किए हुए; मीन, मेष और वृष को पश्चिम की ओर सिर किए हुए; मिथुन, सिंह और कर्क का उत्तर दिशा की ओर सिर किए हुए— इस समस्त काल क्रम को राशियों के मध्य चलता हुआ समझें। अतः इसके बारे में सुनें कि देवता भी अपने क्रमानुसार ही इस भूमि पर वास्तु में आते हैं।

यत्र भानुस्तत्र शिरं लक्षितव्यं रविक्रमात्।
अन्यथा कुरुते दुःखं शिरो वास्तावलङ्कृतम्॥ 6॥

उक्त विधि से जहाँ सूर्य की स्थिति हो वहीं वास्तु का सिर लक्षित करके सूर्य के ही क्रम से वास्तु का अलङ्करण करना चाहिए, यदि वास्तु के सिर का इसके अतिरिक्त अलङ्करण किया जाएगा तो दुःख का कारण बनेगा।

देवागारं गृहं यत्र न कुर्याच्छिरः सन्मुखम्।
मृत्युरोगभया नित्यं शस्तं च कुक्षिसन्मुखम्॥ 7॥

वहाँ देवागार, देवता के मन्दिर तथा घर वास्तुपुरुष के सिर के सम्मुख कभी भी नहीं करना चाहिए क्योंकि ऐसा करने पर नित्य ही रोग और मृत्यु का भय बना रहता है अस्तु, वास्तुदेव की कुक्षि के सन्मुख ही देवागार, गृहादिक बनाने चाहिए, यही प्रशस्त माना गया है।

इत्यमनन्तर एषां फलमाह —

कन्यातुलावृश्चिके च भास्करो यदि संस्थितः।
पूर्वे मुखं न कर्त्तव्यं गृहं भवति निष्फलम्॥ 8॥

यदि सूर्य कन्या, तुला और वृश्चिक राशि पर हो तब कभी भी घरों को पूर्व की ओर मुख किए हुए नहीं बनाना चाहिए क्योंकि ऐसा करने पर ये भवन गृह निष्फल हो जाएंगे।

मकरे चैव धनुषि कुम्भे वा च दिवाकरे।
याम्यादिशि मुखं कुर्याद्राजचौराग्निजं भयम्॥ 9॥

यदि सूर्य धनु, मकर, और कुम्भ राशि पर स्थित हो तो भवनादिक का मुख दक्षिण दिशा की और नहीं बनाएँ क्योंकि ऐसा करने पर राज्य की ओर से, चोर-तस्कर तथा अग्नि से होने वाला भय बना रहेगा।

मीने मेषे वृषे चैव पश्चिमा दिग् च दूषिता।
स्त्रीणां रोगं महाघोरं भवति ह्यतिदारुणम्॥ 10॥

यदि सूर्य मीन, मेष और वृष राशि पर स्थित हो तब भवनादिक का मुख पश्चिम दिशा की और नहीं रखें क्योंकि ऐसा करने पर घर की स्त्रियों में महाघोर रोग अतिदारुण रूप से बढ़ने का भय बना रहता है।

मिथुने सिंहकर्के च वेश्म नैवोत्तराननम्।
दोषशोकभयं तत्तु न कुर्याच्च विचक्षणैः॥ 11॥

इसी प्रकार यदि सूर्य मिथुन, सिंह और कर्क राशिस्थ हो तो घरों को उत्तराभिमुखी कभी नहीं बनाएँ। इसे विद्यावान् लोगों ने दोषपूर्ण बताया है और शोक तथा भय का कारक कहा है।

तत्र ना सर्पति वास्तु [1]भ्रमतेरग्निमध्यतः।
पूर्वदक्षिणतश्चैव पश्चिमोत्तरतो मुखम्॥ 12॥

अग्नि कोण के मध्य से सर्प-वास्तु नहीं चलता है अथवा नहीं फिरता। अस्तु, पूर्व-दक्षिण तथा उत्तर-पश्चिम की ओर मुख से भवन बना सकते हैं।

शिरो नेत्रे च बाहू च उदरं कटिजङ्घया।
वेधयन्ते गृहे मर्म पूजाहानिर्महद्भयम्॥ 13॥

यदि वास्तुपुरुष के सिर, नेत्र, बाहू, उदर, कटि, जङ्घा को गृह के मर्म वेधते हों तो पूजा की हानि और महद्भय की उत्पत्ति होगी।

कन्यादिसङ्क्रान्तियोगे प्राच्यादिक्रमतो दिशि।
न कुर्वीतं शिरो वास्तोर्न कार्यं तन्मुखं गृहम्॥ 14॥

---

1. 'भ्रमणै ?' इति प्रकाशित पाठः।

कन्यादि संक्रान्ति योगों में प्राच्यादि दिशा क्रम से वास्तु का सिर नहीं करना चाहिए और उस सिर की ओर गृह का मुख भी नहीं रखना चाहिए।

क्षपाकरेणैव गृहं पुरस्तात् कुर्यान्न वास्तु न च यातु कर्ता।
पतन्ति खन्या न च दृष्टिसंस्थिता तस्मात्प्रयत्नेन त्विदं विचिन्त्यताम्॥ 15॥

इति वास्तुदिशामुक्तिमानम्।

पिशाचों (प्रवृत्तिवालों या चन्द्रमा) के अनुसार गृह नहीं बनवाएँ क्योंकि उनके बनाए गए गृह, वास्तु तथा वे पिशाच वास्तुकर्त्ता[1] सभी खड्डे में पड़ते हैं परन्तु जिनके सही-सही शास्त्र बुद्धि की आँखें हैं, वे खड्डे में नहीं पड़ते। अतएव इस बात पर पूरे प्रयत्न के साथ ध्यान देना और इनको हमेशा मनन करते रहना चाहिए।

अथ दिक्विदिक् वास्तुवेधमाह —

दिशायां विदिशायां च वास्तुवेधविशोधनम्।
जीर्णे नवतरे वापि वेधदोषं विवर्जयेत्॥ 16॥

दिशाओं और विदिशाओं में जो वास्तुवेध पड़ते हों, उनका विशोधन अवश्य करना चाहिए परन्तु जीर्ण वास्तु को पुनः उद्धार करके नवीन बनाया जाता हो तो कोई वेध दोष का चिन्तन नहीं करें।

वेधा नः कथिता पूर्वं दोषांश्चैव ततः शृणु।
एकपादादिकं वास्तु पर्यन्तं सहस्रान्तिकम्॥ 17॥

अब तक मैंने वेधों के बारे में नहीं कहा है। अस्तु, अब वेधों के दोषों को सुनो जो एक पादादिक वास्तु से सहस्र पादादिक वास्तु पर्यन्त पाए जाते हैं।

सुरस्थानं यदा शून्यं पदं पूजां विना यदा।
विघ्नोत्कटं महाघोरं कुरुते दारुणं भयम्॥ 18॥

जिस वास्तु में यदि सुरस्थान बिना पूजा के और बिना पद के शून्य ही रह जाए तो ऐसे वास्तु को 'विघ्नोत्कटवास्तु' कहते है जो महाघोर दारुण भय कारक बनता है।

वीथिकान्तरबाह्येषु पदमेकं सुरैर्विना।
विरोधं गोत्रकलहं मुक्तकोणस्य तत्फलम्॥ 19॥

---

1. पिशाच से आशय सम्भवतः पिशाचपद भी हो सकता है। मयमतं में पैशाचपद का वर्णन हुआ है। नारदसंहिता में भी पिशाचांश का वर्णन है। इक्यासीपद वास्तुचक्र में मध्य के नौ कोष्ठक ब्रह्मस्थान के होने से त्याज्य हैं, चक्र के चारों ही ओर 32 कोष्ठकों को छोड़कर समीप के 24 कोष्ठक पिशाचांश कहे जाते हैं। इसमें यदि गृहारम्भ, शिलान्यासादि किया जाता है तो दुःख, शोक तथा भयप्रद होता है— मध्ये नवपदं ब्रह्मस्थानं तदतिनिन्दितम्। द्वात्रिंशदंशाः प्राकाराः समीपांशाः समन्ततः॥ पिशाचांशा गृहारम्भें दुःखशोकभयप्रदाः। शेषास्युर्गृहनिर्माणे पुत्रपौत्र धनप्रदाः॥ (नारद. 31, 20-21)

जिस वास्तु की वीथिका अन्दर और बाहर की ओर से सुरों के बिना हो तो ऐसे वास्तु को 'विरोधवास्तु' (मुक्त कोण) कहते हैं। इसका फल यह होता है कि अपने ही गोत्र में कलह उत्पन्न होता है और बिखराव उत्पन्न करता है।

अन्यपृष्ठे यदा चान्यं प्रासादं पुरमन्दिरम्।
खादकं नाम तद्वास्तु परस्परविरोधकृत्॥ 20॥

जिस वास्तु में प्रासाद मन्दिर आदि एक के पीछे एक बने हों तो ऐसे वास्तु को 'खादक' नाम दिया जाता है जो आपस में विरोध उत्पन्न कराता है।

कुक्षिद्वारं गृहे वापि कुर्याद्वा सुरसद्मनि।
विभ्रमं नाम तद् वास्तु विभ्रमेत गृहाधिपम्॥ 21॥

यदि देवता के मन्दिर का या गृह का कोई भीतरी द्वार (कुक्षि द्वार) बना हो तो ऐसे वास्तु को 'विभ्रम' नामक वास्तु कहते हैं। उसके गृहस्वामी को सदा ही भ्रम बना रहता है।

कुक्षिभागे यदा चान्यं गृहं च सुरसद्म वा।
कुक्षिदं नाम तद्वास्तु विभ्रमेनैतद् दृश्यत॥ 22॥

यदि इसी तरह देवता के मन्दिर के या गृह के भीतरी भाग (कुक्षिभाग) में कोई अन्य देव मन्दिर या अन्य गृह बना हो तो उसे 'कुक्षिदवास्तु' नाम दिया गया है। इसे देखते ही विभ्रम उत्पन्न होने लगता है।

अग्रे द्वारोन्नतं गेहं निम्नगं मध्यसंस्थितम्।
उच्छ्रितं नाम तद् वास्तु वृद्धिपूजादिकं हनेत्॥ 23॥

जिस गेह के आगे का द्वार उन्नत हो और मध्य का द्वार नीचा हो उस वास्तु को 'उच्छ्रितवास्तु' नाम दिया गया है। ऐसे वास्तु वृद्धि, पूजादिक में हानि पहुचाते हैं।

समगृहं समरूपं द्वारमध्ये पट्टाग्रजम्।
बिन्दूकं नाम तद् वास्तु हनेच्च सन्तत्यादिकम्॥ 24॥

समान रूप वाले दो समान गृहों के मध्य का द्वार यदि चौकी युक्त हो तो ऐसे वास्तु का नाम 'बिन्दूकवास्तु' नाम दिया गया है। यह दोष सन्तानादि की मृत्यु का कारण बनता है।

अन्यान्य दोषमाह —

गृहव्यासकर्णायतं त्रिपञ्चहस्तमुच्छ्रितम्।
द्रव्यादिकं बहुकाष्ठं शाश्वतं न भवेद् गृहम्॥ 25॥

जिस गृह का व्यास कर्णायत हो और वह पन्द्रह हाथ (गज) ऊँचा हो उसको 'द्रव्यादिकवास्तु' कहते है। ऐसा बहुत से काष्ठ से बनता है, इसलिए यह गृह शाश्वत अर्थात् चिरस्थायी नहीं होता है।

कर्णशाला यदा लग्ना आग्नेय्यां दिशि संश्रिताः।
अग्निदं नाम तद्वास्तु कुरुतेऽग्निभय ध्रुवम्॥ 26॥

यदि किसी गृह की कर्णशाला (कोने में निकला हुआ कक्ष) आग्नेय दिशा से लगी हुई हो तो ऐसे वास्तु को 'अग्निद' नाम दिया गया है। ऐसे वास्तु से निश्चय ही अग्निभय बना रहता है।

नैर्ऋत्ये च यदा लग्नाः शालाश्च वास्तुबाह्यतः।
नैर्ऋत्यं नाम तद्वास्तु व्याध्याधिक्यं तु मृत्युकृत्॥ 27॥

यदि किसी गृह की नैर्ऋत्य दिशा से लगी हुई कोई शाला बाहर की ओर बनी हुई हो तो उसे 'नैर्ऋत्य वास्तु' नाम से कहा है। उसमें इतनी व्याधियाँ आती है कि जिनसे मृत्यु का सङ्कट ही उत्पन्न हो जाता है।

वायव्ये तु यदा लग्नाः शालाश्च गृहबाह्यतः।
वायव्यं नाम तद् वास्तु गृहे वायुभयं भवेत्॥ 28॥

इसी प्रकार से गृह की वायव्य दिशा से लगी हुई कोई शाला बाहर की ओर बनी हो तो ऐसे वास्तु का 'वायव्य' नाम दिया गया है, ऐसे घर में वायु (अन्धड़, प्रभञ्जनादि) से भय सदा बना रहता है।

ईशाने तु यदा लग्नाः शालाश्च गृहबाह्यतः।
देवकं नाम तद्वास्तु देवदोषः सदा भवेत्॥ 29॥

यदि किसी गृह के ईशान कोण से लगी हुई कोई शाला बाहर की ओर बनी हुई हो तो ऐसे वास्तु को देवक वास्तु कहते हैं। इसमें सदा ही देव दोष बने रहते हैं।

अधोभम्यां तु ये दोषास्तथैव चोर्ध्वमादिशेत्।
ऊर्ध्वभूमिदिशाश्रं चैतद्गुणं दोषमादहेत्॥ 30॥

मकानों, घरों में अधो भूमि (नीचे के तल) में जो-जो दोष बताए गए हैं, वे ही दोष ऊपर के तलों में भी उसी प्रकार होते है, ऐसा समझे। अस्तु, ऊँचे तल या मंजिलों की दीवारों (अश्र) की दिशाओं के भी यह गुण-दोष दुःखदायी होते हैं।

इति सूत्रसन्तानगुणकीर्तिप्रकाशप्रोक्तश्रीभुवनदेवाचार्योक्तापराजितपृच्छायां
वास्तुपरिभ्रमणादिगुणदोषनिर्णयाधिकारो नाम द्वाषष्टितमं सूत्रम्॥ 62॥

इस प्रकार भुवनदेवाचार्य कृत सूत्रसन्तानगुणकीर्ति प्रकाश या अपराजितपृच्छा में
वास्तुपरिभ्रमणादि गुण-दोष निर्णय अधिकार नामक बासठवाँ सूत्र पूर्ण हुआ॥ 62॥

गृहारम्भप्रतिष्ठादिनमासनिर्णयो नाम त्रिषष्टितमं सूत्रम्॥ 63॥

विश्वकर्मोवाच —

इदानीमभिधास्यामः सूत्रपातविधिक्रमम्।
शस्ते मासे सिते पक्षे सुलग्ने च शुभे दिने॥ 1॥

विश्वकर्मा बोले कि अब मैं यहाँ पर भवन निर्माणार्थ सूत्रपात की विधि क्रमशः कहता हूँ। एतदर्थ व्यक्ति को चाहिए कि वह किसी शुभ मास के शुक्ल पक्ष के सुलग्न और शुभ दिन का चयन करें।

मासानुसारेणगृहारम्भफलमाह —

चैत्रे शोकाकुलो भर्ता वैशाखे च धनान्वितः।
ज्येष्ठे गृहा निपद्यन्ते आषाढे पशुनाशनम्॥ 2॥

उसके लिए निम्न बातों को पूरी तरह ध्यान में रखे कि चैत्र माह में भवनारम्भ करने पर गृहस्वामी के लिए शोकाकुल का कारण हो सकता है। यदि वैशाख माह में गृहारम्भ किया जाए तो धन-सम्पति देने वाला हो जाता है। ज्येष्ठ मास में कार्यारम्भ करने पर गृह गिर पड़ते हैं और आषाढ़ में आरम्भ करने पर पशुओं का नाश होता है।

श्रावणे धनवृद्धिश्च भाद्रे तु न वसेद् गृहे।
कलहश्चाश्विने मासे भृत्यनाशश्च कार्तिके॥ 3॥

श्रावण मास में गृहारम्भ से धन की वृद्धि होती है परन्तु भाद्रपद में गृहारम्भ करने पर उस गृह में कोई भी बस नहीं सकता। आश्विन मास में गृहारम्भ से कलह बढ़ने की आशङ्का रहती है और कार्तिक में गृहारम्भ करने पर नौकरों का नाश होता है।

मार्गशीर्षे धनप्राप्तिः पौषे वै कामसम्पदा।
माघे चाग्निभयं कुर्यात् फाल्गुने श्रियमुत्तमाम्॥ 4॥[1]

मार्गशीर्ष मास में गृहारम्भ से धन की प्राप्ति होती है और पौष में आरम्भ करने पर भी सुख-सम्पदा और कामनाओं की पूर्ति होती है। माघ मास में गृहारम्भ से अवश्य ही अग्नि का भय बना रहता है परन्तु फाल्गुन मास में गृहारम्भ करना सर्वोतम और श्रिय सुख-सम्पति व आनन्दवर्द्धक माना गया है।

---

1. उक्त श्लोक समराङ्गणसूत्रधार, ज्ञानप्रकाशदीपार्णव व सूत्रधार मण्डनकृत आयतत्त्वं में भी आए है। किञ्चित् पाठान्तर के साथ तुलनीय है— इदानीमभिधास्यामः सूत्रपातविधेः क्रमम्। शस्ते मासि सिते पक्षे विदध्यात् तं शुभेऽहनि॥ चैत्रे शोकाकुलो भर्ता वैशाखे च धनान्वितः। ज्येष्ठे गृही विपद्येत नश्यन्ति पशवः शुचौ॥ श्रावणे धनवृद्धिः स्यान्नभस्ये न वसेद् गृहे। कलहश्चाश्विने मासि भृत्या नश्यन्ति कार्त्तिके॥ मार्गशीर्षे धनप्राप्तिः सहस्ये कामसम्पदः। माघे वह्निभयं चैव फाल्गुने श्रीरनुत्तमा॥ (समराङ्गण. 26, 1-4)

स्पष्टार्थ चक्र[1]

चैत्र	वैशाख	ज्येष्ठ	आषाढ़	श्रावण	भाद्र	आश्विन	कार्तिक	मार्ग	पौष	माघ	फाल्गुन	मास
शो.	धन प्रा.	मरण	पशु हा.	पशुवृद्धि	शून्य	कलह	मृत्यु नाश	धान्य	धा.	अग्निभय	श्री	फल

अथ तिथ्यानुसारेणगृहारम्भफलमाहं —

तृतीदया पञ्चमी चैव सप्तमी नवमी तथा।
एकादशीत्रयोदश्यौ तिथयश्च सुखावहाः ॥ 5 ॥

इसी तरह तिथियों के बारे में भी विचार किया जाता है कि तृतीया, पञ्चमी, सप्तमी, नवमी, एकादशी और त्रयोदशी तिथियाँ शुभ और सुखदायी हैं।

बलादीनां विचारमाह —

चन्द्रताराबलं भर्तू राजमानं हि शस्यते।
सूर्यपाततिथिं दद्याद् विष्टिगण्डान्तवर्जितम् ॥ 6 ॥

चन्द्र और ताराबल देखकर निकाला गया मुहूर्त भर्ता को राजा से सम्मान दिलाने वाला, शुभ होता है। इसके साथ ही यह भी ध्यान रखना चाहिए कि उस समय कोई सूर्यपात तिथि[2], विष्टिकरण (भद्रा)[3], गण्डान्त[4] आदि न हो।

---

1. श्रीपतिभट्टाःचार्य का मत है— शोको धान्यं मृतपशुहतीं द्रव्यवृद्धिर्विनाशो युद्धं भृत्यक्षतिरथ फलं श्रीश्च वह्नेर्भयं च। लक्ष्मीप्राप्तिर्भवति भुवनारम्भकर्तुः क्रमेण चैत्रादूचे मुनिरिति फलं वास्तुशास्त्रोपदिष्टम्॥ (ज्योतिषरत्नमाला 17, 14)

2. महेश्वरोपाध्याय ने ज्योतिषवृत्तशतं में त्याज्य विषयों को लिखा है। यथा— नक्षत्रादि न संयुता तिथिद्दतीद्रैकोनविंशाष्ट दिक्त्रिःसप्ताङ्गतित च शैल विकृतीः वर्हत्प्रसङ्ख्येषु च। धिष्ण्येब्दिन्दु युतेषु दण्डकमुखायोगा भवन्ति क्रमात त्याज्याः कर्मसु शोभनेषु सुधियो सर्वेषु देशेषु वै॥ वाराणां त्रितयं तिथिः स्पृशति या वारस्तिथीनां त्रयं त्याज्योर्यम्णइने दिने तु हिमगौब्राह्मयस्तथा राक्षसः। पित्र्यस्यो क्षितिजे बुधे चभिजितोरक्षोभसोर्वाक्पतौ तिथ्यांशो पितृवेधसोभृगुसुतो- युषोशयोः सूर्यजे॥ (ज्योतिषवृत्त. 1, 5-6)

3. मास के शुक्लपक्ष में चतुर्थी, अष्टमी, एकादशी एवं पूर्णिमा तथा कृष्णपक्ष में एक-एक तिथि पूर्व अर्थात् तृतीया, सप्तमी, दशमी और चतुर्दशी को भद्रा की पुच्छ होती है। यह उक्त तिथियों में क्रमशः आठवें, पहले, छठे, तीसरे, सातवें, दूसरे, पाँचवें और चौथे प्रहर के अन्त में तीन-तीन घटी तक होती है। उक्त तिथियों में उक्त अवधि को ही शुभ जानना चाहिए, शेष अवधि शुभ कार्यार्थ त्याज्य होती है। इसी प्रकार चन्द्रमा और खलग्रहों (सूर्य, मङ्गल, शनि, राहु व केतु व इनसे युक्त बुध एवं क्षीण चन्द्रमा) का लग्न और नवांश भी त्याज्य है जैसा कि बृहस्पतिसंहिता में भी आया है— सिते चतुर्थ्यामन्त्यार्धमष्टम्याद्यार्धमेव च। एकादश्यां परार्धे तु पूर्वार्धे पूर्णशीतगौ॥ कृष्णे तृतीयान्त्यार्ध हि सप्तम्याद्यार्धमेव च। दशम्यामुत्तरार्धं तु चतुर्दश्यर्धमादितः। विष्ट्याख्योऽयं महादोषः कथितोऽत्र समस्तगः। तदानीं कृतसत्कर्मकर्त्रा सह विनश्यति॥ (पीयूषधाराटीका 1, 43 पर उद्धृत)

4. त्रिविध गण्डान्त के विषय में ज्योतिष की मान्यता यह भी है कि नक्षत्र, तिथि व लग्न या राशि संज्ञक तीनों ही गण्डान्त का त्याग करना चाहिए। नक्षत्र गण्डान्त में नौ 2 के अन्त में 2 घटी, तिथि में पाँचवीं 2 के बाद 1 घटी तथा लग्न या राशि गण्डान्त में चौथी 2 के अन्त वाली घटी का त्याग किया जाना

इह वै सूत्रपातैश्च क्रियाः प्रासादकर्मणि।
कार्याः पुरनिविशे तु प्रारम्भे भवनस्य च॥ 7॥

भवन, प्रासादों के निर्माण के सूत्रपात के आरम्भ अर्थात् डाकवेल डालने (चूर्णादि डालकर या डोरी आदि बाँधकर भूमि चयन) तथा पुर निवेश, भवनादि के प्रारम्भ करने की यही विधि है।

भूम्यारम्भे शिलान्यासे द्वारस्तम्भोच्छ्र्यादिषु।
आदित्ये चोत्तरस्थे च शोभने लग्न एव च॥ 8॥[1]

इत्यारम्भादिशस्तमासादीनाः।

भूमि चयन के आरम्भ में, शिलान्यास के अवसर पर, द्वार तथा स्तम्भों को खड़ा करते समय सदा ध्यान रखें कि सूर्य की स्थिति उत्तरायण में हो और लग्न भी शुभ और शोभन हो।

निर्माणोपरान्त प्रासादप्रतिष्ठाविधिं —

प्रतिष्ठाद्यं प्रवक्ष्यामि प्रोक्तं यत्परमेश्वरैः।
अहं तत्कथयिष्यामि प्राग्दैवज्ञैश्च भाषितम्॥ 9॥

अब जबकि भवन, प्रासादिक बनकर तैयार हो जाए तब उनकी प्रतिष्ठा होना भी परम आवश्यक है, उसके बारे में परमेश्वर ने जो प्रतिष्ठा विधि कही है, उसे मैं भी वैसे ही पुनः कहता हूँ, जैसे पहले के देवज्ञों, ज्योतिषियों ने कही थी।

दीक्षा च सर्वकालेषु प्रतिष्ठा पञ्चमासिकी।
चैत्रश्रावणवैशाखे शिवरात्रौ च कीर्तिके॥ 10॥

यह ध्यान में रखने की बात है कि दीक्षा और प्रतिष्ठादि सभी का समय पाँच मास का होता है। ये हैं— चैत्र, श्रावण, वैशाख, शिवरात्रि और कार्तिक मास।

दीक्षाश्च द्वादश$_{12}$ प्रोक्ता मासे मासे च शाश्वताः।

चाहिए। आश्लेषा, मूल एवं गण्डान्त की निवृत्ति के लिए अपने निमित्त शुभैच्छु जनों को विधिपूर्वक सूतकान्त में तीसरे मास में अथवा वर्ष के अन्त में, उसी जन्म नक्षत्र में उसकी शान्ति शाक्तोक्त विधि से करवानी चाहिए, ऐसा वशिष्ठ का मत है— नैर्ऋत्य भौजङ्गमगण्डदोषनिवारणायाभ्युदयाय नूनम्। पितामहोक्तां रुचिरां च शान्ति प्रकुर्याद्वंशस्य हिताय नूनम्॥ शास्त्रोक्तरीत्या खलु सूतकान्ते मासे तृतीयेऽप्यथ वत्सरान्ते। कुर्याच्छान्तिं तद्दक्षे वा तद्दोषस्यापनुत्तये॥ (वशिष्ठसंहिता 42, 22 एवं 27–28)

1. उक्त श्लोक समराङ्गण. से तुलनीय है— द्वितीया पञ्चमी मुख्या सप्तमी नवमी तथा। एकादशीत्रयोदश्यस्ति (श्यौ ति) थयः स्युः शुभावहाः॥ चन्द्रताराबलं भर्तुरनुकूलं च शस्यते। इयं हि सूत्रपाताख्या क्रिया प्रासादकर्मणि॥ कार्या पुरनिवेशे च प्रारम्भे भवनस्य च। शिलानिवेशने द्वारस्तम्भोच्छ्रायादिकेषु च॥ आद्रियेत सिते पक्षे शोभने लग्न एव हि। (समराङ्गण. 26, 5–8)

धर्मार्थकाममोक्षाश्च शिष्यैर्वै गुर्वनुग्रहात्॥ 11॥

दीक्षा भी बारह कही गई है जो प्रति मास शाश्वत रूप से धर्म, काम, मोक्ष के हेतु से शिष्यों को गुरु के अनुग्रह से प्रदान की जाती है।

फाल्गुने वाऽथ चैत्रे वा माघे वैशाख उत्तमा।
ज्येष्ठे मासे तथाऽऽषाढे आदित्ये चोत्तरस्थिते॥ 12॥

इसके लिए फाल्गुन, चैत्र, माघ, वैशाख, ज्येष्ठ तथा आषाढ़ मास सूर्य के उत्तरायण में स्थिति में होने से उत्तम मानी गई है।

द्वितीया च तृतीया च पञ्चमी चाऽथ सप्तमी।
दशम्येकादशी रम्या पूर्णिमा च त्रयोदशी॥ 13॥

इसी तरह तिथियों में द्वितीया, तृतीया, पञ्चमी, सप्तमी, दशमी, एकादशी, त्रयोदशी और पूर्णिमा बड़ी ही रम्य सुन्दर शुभ मानी गई हैं।

उत्तरात्रयरोहिण्य आर्द्रा चैव पुनर्वसू।
पुष्यानुराधाश्रवणं मृगस्वात्यौ च हस्तकम्॥ 14॥
मूलं च नक्षत्राणि हि गृहे विष्टिविवर्जितम्।
एतत्प्रोक्तं प्रतिष्ठादौ देवानां देववेश्मनाम्॥ 15॥

इसी तरह शुभ नक्षत्रों का भी ध्यान रखना चाहिए जो इस प्रकार है— तीनों उत्तरा (उत्तराषाढ़ा, उत्तराफाल्गुनी, उत्तरा भाद्रपद), रोहिणी, आर्द्रा, पुनर्वसु, पुष्य, अनुराधा, श्रवण, मृगशिरा, स्वाती, हस्त और मूल— ये नक्षत्र गृह निर्माण के लिए ठीक हैं, इनमें यही ध्यान रखना आवश्यक है कि उस समय विष्टिकरण या भद्रा नहीं हो। यही समयादि देवताओं के मन्दिरों की प्रतिष्ठा में भी उपयुक्त कहा गया है।

नक्षत्रफलमाह —

उत्तरायां सदा वृद्धिर्हस्ते सिद्धिर्यथेप्सिता।
ज्ञानलाभश्च श्रवणे मूले नन्दन्ति मन्त्रिणः॥ 16॥
आर्द्रायां चैव सौभाग्यं रोहिण्यां न च संशयः।
स्वातिः शान्तिप्रदा नित्यमनुराधा वरप्रदा॥ 17॥
पुनर्वस्वोः प्रजावृद्धिः पुष्ये नीरोगिताश्रियौ।
एतावन्त्येव लग्नानि यानि पूर्वोदितानि च॥ 18॥

इति द्वादशप्रतिष्ठाः।

(अब इन नक्षत्रों में कार्यारम्भ के फल कहते हैं) उत्तरा नक्षत्र में कार्यारम्भ करने पर सदा वृद्धि होती है; हस्त में भी जैसी चाहो वैसी सिद्धि प्राप्त होती है;

श्रवण में ज्ञान लाभ होता है और मूल में मन्त्रिगणों में आनन्द होता है। आर्द्रा में सौभाग्य और रोहिणी में भी निश्चित सौभाग्य मिलता है; स्वाती में शान्ति प्राप्त होती है और अनुराधा नक्षत्र में किया गया कार्य सदा वरद होता है। पुनर्वसु में प्रजावृद्धि होती है और पुष्प में निरोगता और श्रिय, सम्पति आदि इन नक्षत्रों में आने वाले लग्नों के पूर्व में उदित होने पर मिलते हैं।

अथ प्राचीमतमाह —

प्राचीमतः प्रवक्ष्यामि दिङ्मूढभ्रान्तिनाशिनीम्।
सा च पञ्चविधा उक्ता कथये यामनुक्रमात्॥ 19॥

अब मैं प्राची साधन-मत के बारे में कहता हूँ, (प्राच्यादि दिशाओं के साधन के अभाव में) भवन या प्रासाद के दिङ्मूढ़ होने की भ्रान्ति का विनाश हो जाता है। यह प्राची साधन भी पाँच प्रकार का कहा गया है जिसे मैं अनुक्रम से कहता हूँ।

राश्यानुसारेण शङ्कुच्छायाविचारः —

दिनादौ मेषतुलयोः कृत्तिकाश्रवणोदये।
चित्रास्वात्यन्तरे चेव शङ्कुच्छाया ध्रुवेषु च॥ 20॥

दिवस के आरम्भ के समय तो मेष और तुला राशि का, उदय के पश्चात् कृतिका व श्रवण नक्षत्र का चित्रा व स्वाती नक्षत्र के अन्तर पर शङ्कु की छाया ध्रुव की ओर पड़ती है।

नक्षत्रवेधवशाद्दिक्साधनम् —

कृत्तिकोदये या प्राची सा प्राची श्रवणोदये।
चित्रास्वात्यन्तरे प्राची तत्र सूत्रान्तरोत्तरा॥ 21॥
ध्रुवशङ्कोद्भवा प्राची सूत्रसूत्रान्तरोत्तरा।
दिनादौ मेषतुलयोः सूर्यसूत्रान्तरोत्तरा॥ 22॥

कृतिका नक्षत्र के उदय होने पर जो प्राची (पूर्व) होती है, वही प्राची श्रवण नक्षत्र के उदय होने पर होती है और जो प्राची चित्रा और स्वाती नक्षत्र के अन्तर पर होती है और वहाँ उत्तरोत्तर सूत्र-सूत्र का अन्तर हो जाता है।[1] ध्रुव शङ्कु के

1. कात्यायन शुल्बसूत्र में कहा गया है कि कृतिका, पुष्य, श्रवण और चित्रा स्वाती का अन्तर प्राची दिशा का रूप है अर्थात् कृतिका वेध की भाँती पुष्य व श्रवण का भी वेध करके प्राची या पूर्व दिशा का ज्ञान करना अपेक्षित होता है। यह साधन युगमात्र या 86 अङ्गुल नक्षत्रोंके ऊपर चढ़ने पर किया जाता है— कृतिका श्रवणं पुष्यं चित्रास्वात्योर्यदन्तरम्। एतत्प्राच्या दिशो रूपं युगमात्रोदिते पुरे॥ (कात्यायन. 34) यह मत है कि उज्जयिनी से दक्षिण में रहने वालों को चित्रा व स्वाती के अन्तर से पूर्वा-पर दिशा का ज्ञान करना चाहिए

उद्भव से प्राची सूत्र-सूत्रान्तर जाने, वहाँ दिन के आरम्भ में मेष और तुला राशि में सूर्य का भोग एक मार्गतः होता है।

स्यात्पलत्रयतो वृद्धिर्ह्रस्वे ह्रस्वानुवर्धयेत्।
ह्रासवृद्धीअर्बुदार्द्धमयनं दक्षिणोत्तरम्॥ 23॥

वह तीन-तीन पलों से वृद्धि को प्राप्त होता हुआ थोड़ा-थोड़ा अनुवर्धन प्राप्त करता जाता है। यह ह्रास-वृद्धि दिन के अर्बुदार्ध अर्थात् मध्याह्न सूर्य की ऊँचाई तक आते-आते दक्षिण और उत्तर दिशा का सूत्रक हो जाता है।

समक्षित्योपायमाह —

जलाग्रमस्तकभवा साधने स्यात् समक्षितिः।
साधनीया क्षमा त्वेवं शङ्कुमूर्ध्वे च स्थापयेत्॥ 24॥

(अब भूमि समतल करने के लिए उपाय बताए जाते हैं, इसे अंग्रेजी में लेवल करना कहते हैं) इस कार्य के लिए मस्तक तक जल से भरे समतल पात्र का साधन काम में लेते है जिससे भूमि की समक्षिति जानी जाती है और इस प्रकार भूमि को पानी की सहायता से समतल साधनीय करके उस पर शङ्कु की स्थापना करनी चाहिए।[1]

शङ्कुलक्षणमाह —

भ्रमसिद्धाः समतला निर्व्रणा दोषवर्जिताः।
द्वादशपर्वोद्भवाश्च शङ्कूच्छायाश्च पर्वभिः॥ 25॥

शङ्कु जिसे भ्रमसिद्धा भी कहा है, कहीं से भी बाँका-टेढ़ा न हो, समतल हो अर्थात् वह चारों ओर से एक रूप तल का हो, वह निर्व्रणा अर्थात् खड्डे-खोचर वाला न हो तथा अन्य कोई भी दोष भी उसमें नहीं हो। शङ्कु पर 12 पर्व-चिह्न बने हों और प्रत्येक पर्व पर शङ्कु की छाया बनती हो।[2]

अर्थात् दृष्टि को स्थिर करे और पहले नलिका द्वारा चित्रा नक्षत्र का वेधकर नलिकाग्र से समतल भूमि पर लम्ब डाले। इन दोनों लम्ब मूलों में सूत्र को बाँधे, यही पूर्वा-पर दिशा होगी। जो लोग उज्जयिनी से उत्तर में रहते हैं, उनको कृतिका के वेध से प्राची दिशा को जानना चाहिए— चित्रास्वात्यन्तरे श्रोणादक्षिणापथवासिनाम्। प्राची तु कृतिका ज्ञेया उत्तरापथवासिनाम्॥ (वास्तुरत्नाकर 2, 5)

1. सिद्धान्तशिरोमणि में दिक्साधनप्रकार इस प्रकार से आया है— वृत्तेऽभःसुसमीकृते क्षितिगते केन्द्रस्थशङ्कोः क्रमाद् भाग्रं यत्र विशत्यपैति च यतस्तत्रापरैन्द्र्यौ दिशौ। तत्कालापमजीवयोस्तु विवराद्भाकर्णमित्याहताल्लम्बज्यासमिताङ्गुलै- रयनदिश्यैन्द्री स्फुटा चालिता। तन्मत्स्यादय याम्यसौम्यककुभौ सौम्याधुवे वा भवेदेकस्मादपि भाग्रतो भुजमितां कोटमितां शङ्कुतः। न्यस्येद्यष्टिमृजुं तथा भुवि यथा यष्ट्यग्रयोः संयुति कोटिः प्राच्यपरा भवेदिति कृते बाहुश्च याम्योत्तरा॥ (सिद्धान्त. 3, 8-9)
2. गोलयन्त्राध्याय में शङ्कु के लक्षण इस प्रकार दिए गए हैं— समतलमस्तकपरिधिर्भ्रमसिद्धो दन्तिदन्तजः शङ्कुः। तच्छायातः प्रोक्तं ज्ञानं दिग्देशकालानाम्॥ (सिद्धान्त. गोलयन्त्राध्याय 9)

द्वादश दशाष्टाभिश्च त्रिभिर्वृत्तं क्षिप्ताङ्कितम्।
शङ्कुच्छायस्त्रिगुणतो द्विपर्व[1]युक्तिको समा॥ 26॥

उस समतल भूमि पर 12, 10 और 8 शङ्कु के पर्वों की लम्बाई के नाप से क्रमशः तीन वृत अङ्कित करें। भूमि में क्षिप्त अर्थात् खुदाई करके— इस तरह दो-दो पर्व समान युक्ति से शङ्कु की छाया पथ 12 पर्व के वृत्त पर, दूसरा छायापथ 10 पर्व के वृत्त पर और तीसरा छायापथ 8 पर्व के वृत्त पर देखा जा सकेगा।

परिधौ बाह्यवृत्तस्य व्यासे शङ्कुतुल्योत्तमा।
कूलवंश पूर्वा छाया [2]शङ्कुश्चरण आश्रितैः॥ 27॥

यह तो स्पष्ट ही है कि बाह्य वृत की परिधि तो शङ्कु के तुल्य 12 पर्वों के व्यास से बनी है। इन के वृत्तों के किनारे की छाया (कूलवंश) पूर्व की ओर से आती है, जो शङ्कु के ऊपर चलने से आती है।

छायाग्रे वृत्ततुल्या च छाया पूर्वापरोद्भवा।
प्रवेशे निर्गमे छाया याति सूत्रं सदा भवेत्॥ 28॥

यह शङ्कु की छाया पूर्व से पश्चिम की और पड़ती हुई उद्भव होती है और छायाग्र वृत्त के तुल्य बनती जाती है अर्थात् बारह पर्व की छाया बड़े वृत्त पर, दश पर्व की छाया मध्यम वृत्त पर और आठ पर्व की छाया कनिष्ठ वृत्त पर होगी। इस तरह छाया का प्रवेश और छाया के निर्गम से वृत्तों पर ध्यान देने से याति सूत्र सदा बनता रहता है।

याम्योत्तरं सूत्रपाते मत्स्यमुखं पुच्छाग्रसूत्रे ?।
याम्योत्तरोदूगतं सूत्रं विकर्णैः कर्णसाधनम्॥ 29॥

दक्षिण और उत्तर के सूत्रपात से (चुम्बकीय विधि से, कुतुबनुमा की सुई से?) मत्स्य की पुच्छ और मुख सीध में होते हैं। इस दक्षिण उत्तर से बनने वाले सूत्र से ही विकर्ण का कर्ण साधन बनता है।

निशाकाले ध्रुवसाधनमाह —

अथ रात्रौ ध्रुवमसाध्यं दक्षिणोत्तरम्।
मण्डलोभयपक्षे च मध्ये स्थाप्यं त्रिदीपकम्॥ 30॥

अब रात्रि में ध्रुव साधन की विधि कहते हैं। रात्रि में ध्रुव का अक्ष सीधा,

---

1. 'युक्तिकोत्तमा?' इति प्रकाशित पाठः।
2. 'शङ्कुश्चरुणाश्रितैः ?' इति प्रकाशित पाठः।

हमेशा दक्षिण उत्तर की दिशा की सूचक है। उस शङ्कु मण्डल के घेरों पर दोनों ओर एक मध्य में तीन दीपक रखें।

एकसूत्रे यदा त्रीणि दीपशिखाग्रकाणि च।
पूर्वसंस्थं ध्रुवसाध्यमपरस्थं च दोषकृत् ?॥ 31॥

जब तीनों दीपकों का शिखाग्र एक सूत्र में आ जाए, तो पूर्व की तरह की ध्रुव साध्य हो जाता है। इसमें अन्य अन्तर रह जाए तो दोषपूर्ण माना जाता है।

शस्तं तु मीनपातैश्च पूर्वापरादिसाधनम्।
विकर्णकर्णगा साध्या ध्रुवशङ्कुप्राच्युद्भवः॥ 32॥

(अब यह सिद्ध हो गया है कि ध्रुवार्थ चुम्बक विधि से) मत्स्यपातानुसार देखा गया पूर्वा-पर दिक् साधन प्रशस्त है अर्थात् ठीक-ठीक है तथा विकर्ण और कर्ण की ओर जाने वाली दिशा-रेखाएँ इससे साध्य हैं, वैसे ही जैसे ध्रुव शङ्कु से प्राच्युद्भव छाया से साध्य होती है।[1]

इति सूत्रसन्तानगुणकीर्तिप्रकाशप्रोक्तश्रीभुवनदेवाचार्योक्तापराजितपृच्छायां गृहारम्भप्रतिष्ठादिनमासनिर्णयाधिकारो नाम त्रिषष्टितमं सूत्रम्॥ 63॥

इस प्रकार भुवनदेवाचार्य कृत सूत्रसन्तानगुणकीर्ति प्रकाश या अपराजितपृच्छा में गृहारम्भ, प्रतिष्ठा दिन मास निर्णय अधिकार नामक तिरसठवाँ सूत्र पूर्ण हुआ॥ 63॥

आयाधिकारो नाम चतुःषष्टितमं सूत्रम्॥ 64॥

विश्वकर्मोवाच —

आयव्ययांशका ऋक्षं ताराचन्द्रबलं गृहे।
जीवितं मरणं ज्ञेयं वास्तुविज्ञानपूर्वकम्॥ 1॥

विश्वकर्मा ने कहा कि गृहों के आय-व्यय, अंशक, नक्षत्र, ताराबल, चन्द्रबल,

---

1. ग्रन्थकार यहाँ दिक्सूचकयन्त्र की प्रशंसा करता ही प्रतीत होता है। वैसे दिक्सूचकयन्त्र बहुत पहले ही प्रयोग में आ चुका था। ज्योतिषियों ने भी इसकी प्रशंसा में कहा है कि शिल्पीगण चुम्बकीय यन्त्र से भी दिशा का ज्ञान करते हैं, पूर्वा-पर का जो ज्ञान किया गया, वह सममण्डलीय है, इससे सूर्य के उदयास्त, पूर्वा-पर और अर्ध्यादि उदित और अन्यत्र अल्प अन्तरादि को समझा जा सकता है — सच्चुम्बकादेव सुशिल्पविज्ञाः कुर्वन्ति दिग्ज्ञानमितोऽन्यथैव। पूर्वापरा याऽत्र कृता प्रकारैर्ज्ञेया बुधैः सा सममण्डलीया॥ अर्कोदयास्तजे पूर्वापरे तेऽर्घ्यादिषूदिते। अन्यत्राल्पान्तरात् केचिदुदङ्मेरुं ततो जगुः॥ (सिद्धान्ततत्त्वविवेक : कमलाकर भट्ट, परिष्कर्ता : पं. सुधाकर द्विवेदी व पं. मुरलीधर शर्मा, ब्रजभूषणदास एण्ड कंपनी, बनारस, द्वितीयावृत्ति, 3, त्रिप्रश्नाधिकार 378-379, पृष्ठ 302-303)

उनका जीवन और मरण वास्तुविज्ञान के अनुसार ठीक-ठीक से जानना चाहिए।[1]

वास्तुदण्डाह —

नगरे वा पुरे चैव मानं दण्डैर्विधीयते।
वास्तुदण्ड इति प्रोक्तः सोऽत्र वै हस्तसङ्ख्यया॥ 2॥
चतुर्हस्तं च यत्क्षेत्रमङ्गुलैश्च फलप्रदम्।
वस्वङ्गुलैश्च क्षेत्रं तु पादैर्वा प्रतिशोधयेत्॥ 3॥

नगर और पुर आवासों का लम्बाई-चौड़ाई के माप के मान को दण्ड विधि से करना चाहिए। इसे 'वास्तुदण्ड' कहते है। उसकी हस्त संख्या (गज की संख्या) लम्बाई हेतु इस प्रकार समझें— चार हाथ के गज का जो क्षेत्र हो उसका उतने ही अङ्गुल माप का फल होता है। आठ अङ्गुल का क्षेत्र होने पर उसमें एक पाद से शोधन करना चाहिए।

तत्क्षेत्रं तु यथाकारमश्मकार्ये विशोधयेत्।
यत्र हस्तमितिः क्षेत्रे तद्गृहं हस्तसङ्ख्यया॥ 4॥
क्षेत्रालाभे तु तत्रैव स्यात्स्वदेहाङ्गुलैर्गृहम्।
अङ्गुलैः क्षेत्रमाने च अङ्गुलैस्तदलाभतः॥ 5॥

उस क्षेत्र के आकार के ही पाषाण कार्य का शोधन करना चाहिए। जहाँ हस्त (गज) के नाप में क्षेत्र आते हों उन गृहों में हस्त-गज की संख्यानुसार क्षेत्रलाभ में वहाँ अपनी ही देह के अङ्गुल प्रमाण का गृह होता है तथा अङ्गुलों के क्षेत्रमान के अनुसार अङ्गुलों को उसका लाभ माने।

पादैर्वापि यवैर्वापि गृहक्षेत्रानुसारतः।
तृणच्छन्दे स्वामिहस्तैर्हर्म्यादौ कर्मिहस्ततः॥ 6॥

(इसके अभाव में या वैसा सम्भव नहीं हो तो) गृहक्षेत्रानुसार पादमान से या यवमान लें। तृणछन्दों में तो गृहस्वामी के हाथ (गज) के अनुसार और हवेलियों आदि में कर्मिहस्त अर्थात् शिल्पी के हस्त (गज) अनुसार माप का मान लेना चाहिए।

राजवेश्मपुरादीनां वापीकूपादिकस्य च।
प्रासादेषु च देवानां शास्त्रहस्तेन केवलम्॥ 7॥

---

1. आचार्य श्रीपति का मत है— आयव्याक्षांशकचन्द्रताराबलानि शास्त्रादवलोक्य सम्यक्। आयुर्धनाऽऽरोग्ययशोभिवृद्धयै गृहं गृहस्थो हि निधापयीत्॥ (ज्योतिषरत्नमाला 17, 1)

इसी तरह राजाओं के महल, पुर आदि तथा कूपादिक और प्रासाद, देवमन्दिरों तथा देवों के लिए केवल शास्त्रविहित हाथ (गज) ही मान्य है।

अथायानयनमाह —

दैर्घ्यं हन्यात्पृथुत्वेन हरेद्भागं ततोऽष्टभिः।
शेषमायं चैव विद्याच्छास्त्रदृष्टं ध्वजादिकम्॥ 8॥

लम्बाई से चौड़ाई के माप को गुणा करके प्राप्त गुणनफल में 8 का भाग दें, जो शेष आएगा, उसे ध्वजादिक आय को शास्त्रीय दृष्टि से समझना चाहिए।

विधि — लम्बाई × चौड़ाई / 8 = क्रमशः 1 से 8 तक ध्वजादि आय।

आयनामानि —

ध्वजो धूमश्च सिंहश्च श्वानो वृषखरौ गजः।
ध्वाङ्क्षश्चेति समुद्दिष्टाः प्राच्यादिषु प्रदक्षिणाः॥ 9॥

इन आयों के नाम हैं- 1. ध्वज, 2. धूम, 3. सिंह, 4. श्वान, 5. वृष, 6. खर, 7. गज और 8. ध्वांक्ष। इनको सदा प्राच्यादि, प्रदक्षिणतः क्रम में लेना चाहिए।

अन्योऽन्याभिमुखास्ते च क्रमच्छन्दानुसारतः।
पूर्वं च ये समुद्दिष्टाः आयुवृद्धिविधायकाः॥ 10॥

ये परस्पर आमने-सामने हो सकते हैं, छन्द-क्रमानुसार हो सकते हैं, ऐसा पूर्व में (मनीषियों द्वारा) कहा गया है। गृह में ये आयु की वृद्धि के विधायक अर्थात् लाभदायक व अनुकूल होते हैं।

आय प्रयोजनमाह —

ध्वजः सिंहो वृषगजौ शस्यन्ते सुरवेश्मनि।
अधमानां खरध्वजाङ्क्षधूमश्वानः सुखावहाः॥ 11॥

देववेश्म अर्थात् मन्दिरादि में ध्वज, सिंह, वृष और गजाय प्रशस्त मानी गई है। इनको ही उचित मान कर ग्रहण किया गया है, परन्तु इन से कम के लिए खर, ध्वांक्ष, धूम और श्वानाय सुखप्रद होती है।

युगादिपरत्वेन ग्राह्याया: —

ध्वजः प्रायः कृतयुगे त्रेतायां सिंह एव च।
द्वापरे वृषबाहुल्यं गज एव कलौ युगे॥ 12॥

ध्वज आय प्रायः सतयुग में तथा सिंह आय त्रेतायुग में और वृष बाहुल्य से वृष आय द्वापर युग में तथा गज आय कलियुग में मान्य कही गई है।

विप्रादिजातिपरत्वेन ग्राह्याया: —

कल्याणं कुरुते सिंहो नृपाणां च विशेषतः।
ध्वजः प्रशस्यते विप्रे त्रृषो वैश्ये उदाहृतः॥ 13॥

सिंह आय विशेषकर राजा लोगों का कल्याण करती है जबकि ध्वजाय विप्रों के लिए लाभकारी शुभ है और वृष आय वैश्यों के लिए उचित कही है।

उत्तरोत्तरमाख्याताश्चतुर्वर्णफलप्रदाः।
ध्वजे चैवार्थलाभः स्याद् धूमे सन्ताप एव च॥ 14॥

इस तरह ये आय चारों वर्णों के लिए उत्तरोत्तर कही गई है, जो उनके लिए शुभ फलदात्री है। (अब इन के लाभ हानि भी देखें) ध्वज आय आने पर धन की प्राप्ति होती है, अर्थ लाभ होता है परन्तु धूमाय आने पर सन्ताप का कारण बनता है।

सिंहे च विपुला भोगाः कलिः श्वाने सदा भवेत्।
धनधान्यं वृषे चैव स्त्रीदूषणं च रासभे॥ 15॥
गजे भद्राणि पश्यन्ति ध्वाङ्क्षे च मरणं ध्रुवम्।

इसी तरह सिंह आय आने पर विपुल भोग उपलब्ध होते हैं परन्तु श्वान आय आने पर सदा कलह होता रहता है। वृष आय आने पर धन-धान्य की प्राप्ति होती है परन्तु खर आय आने पर स्त्रीवर्ग में दूषण फैलने की आशङ्का होती है। गज आय से भला, सुन्दर होता है परन्तु ध्वांक्ष आय से निश्चित मरणान्तद कष्ट होता है।

अथ प्रशस्तऽऽयोच्यते —

प्रासादप्रतिमालिङ्गे जगतीपीठमण्डपे॥ 16॥
वेदीकुण्डशुचिष्वेवं पताकाछत्रचामरे।
वापीकूपतडागानां कुण्डानां च जलाशये॥ 17॥
ध्वजोच्छ्र्यस्य संस्थाने ध्वजं तत्र निवेशयेत्।

(अब प्रशस्त आय कहाँ, कैसी हो उसके बारे में कहता हूँ) प्रासाद, प्रतिमा, लिङ्ग, जगती, पीठ, मण्डप, वेदी-कुण्ड, शुचि, पताका, छत्र, चामर, वापी, कूप, तड़ाग, कुण्ड, जलाशय और ध्वजा की ऊँचाई के स्थापन पर हमेशा ध्वज आय का प्रयोग करना चाहिए।

आसने देवपीठेषु वस्त्रालङ्कारयोजने॥ 18॥
केयूरमुकुटाद्ये च वेशयेच्च ध्वजं शुभम्।

इसी तरह आसन, देवपीठ, वस्त्रालङ्कार के नियोजन में, केयूर, मुकुट आदि वेशों में भी ध्वज आय शुभ होती है।

अग्निकर्मसु सर्वेषु होमशालामहानसे ॥ 19 ॥

धूमोऽग्निकुण्डसंस्थाने होमकर्मगृहेऽपि वा ।

सभी प्रकार के अग्नि सम्बन्धी कार्यों में, यज्ञ-होमशाला, रसोईघर, अग्निकुण्ड संस्थान में, होम करने के गृह में धूम आय देनी चाहिए।

आयुधानां समस्तानां नृपाणां भवनेषु च ॥ 20 ॥

नृपासने सिंहद्वारे सिंहं तत्र निवेशयेत् ।

समस्त आयुधों के निर्माण, राजाओं के महलों में, राजा के सिंहासन तथा राजप्रासाद के सिंहद्वार पर सिंह आय देनी चाहिए।

श्वानश्च म्लेच्छजातौ च गेहे श्वानोपजीविनाम् ॥ 21 ॥

तथा चाऽशुद्धसंस्थाने प्रशस्तः श्वानको मतः ।

म्लेच्छ जाति के लोगों के घरों में, श्वान पालने वाले लोगों के घरों में तथा सभी अशुद्ध संस्थानों में श्वान आय ही प्रशस्त कही गई है।

वणिक्कर्मसु सर्वेषु भोज्यपात्रेषु मण्डपे ॥ 22 ॥

वृषस्तुरङ्गशालायां गोशालायां च गोकुले ।

सभी वणिक कर्मों (व्यावसायिक प्रतिष्ठानों, शोरूम, दुकानादि के कलम, फर्नीचर) में, खाने-पीने के पात्रों में, मण्डपों में, घुड़साल में, गोशाला में, गोकुलों में वृष आय प्रशस्त कही गई है।

ततविततादिस्वरे वादित्रे विविधे तथा ॥ 23 ॥

कुलालरजकादीनां खरो गर्दभजीविनाम् ।

तत् वाद्य में, वितत् वाद्य में, अन्य तरह-तरह के वाद्यों (सुषिर, घनादि[1]) में, कुलाल-कुम्भकारों के यहाँ, रजकों (धोबी) और गधों द्वारा जीविका चलाने वालों (ओड्रादि) के यहाँ खर आय प्रशस्त कही गई है।

गजश्च गजशालायां यानझम्पानयो रथे ॥ 24 ॥

शय्यायां शिविकायां च गजमुद्रा चतुष्कतः ।

अन्तःपुरे गृहे प्रोक्तः पिण्डांवास्यादिकोद्भवः ? ॥ 25 ॥

अन्योपस्करकादौ च मदनागारके गजः ।

इसी प्रकार गजशाला में, यान, झम्पान में, रथों में, शय्या में, शिबिका, तम्बू-

1. वाद्यों का वर्णन अपराजित. में 237वें सूत्र में आया है। नाट्यशास्त्र, सङ्गीतरत्नाकर आदि ग्रन्थों में भी यह वर्णन हुआ है। यथा— वाद्यतन्त्रीततं वाद्यं सुषिरं मतम् ॥ चर्मावनद्धवदनमवनद्धं तु वाद्यते घनो मूर्तिः साभिघाताद् वाद्यते यत्र तद्घनम् ॥ (सङ्गीतरत्नाकर 6, 5-6)

डेरों (शिविर) में, गजमुद्रा की चौकी पर, अन्तःपुर में, पिण्ड आवास आदि गृहों में, अन्य उपकरणों में भी, मदनागार अर्थात् रतिगृहों में, शीशमहल में गज आय प्रशस्त होती है।

तथाऽरहट्टयन्त्रेषु जिनशालादिकेषु च॥ 26॥

ध्वाङ्क्षः कल्याणकृच्चैवं शिल्पकर्मोपजीविनाम्।

अरहट्ट यन्त्रों अर्थात् जलोत्थान के लिए प्रयोक्तव्य रहटों में और जिनालयों में ध्वांक्ष आय देना शिल्प कर्मोपजीवियों के लिए कल्याणकारक है।

स्वके स्वके वै स्थाने च सर्वे कल्याणकारकाः॥ 27॥

मित्रस्नेह्यानुगाश्चैव ते सर्वे हितकामदाः।

इस प्रकार जिस-जिस स्थान के लिए जो-जो आय कही गई है, उन आयों को अपने-अपने स्थान पर देना कल्याणकारक है। जो मित्रों के स्नेह के अनुसार चलती है, वे भी सभी हितकारी व कामनाओं को पूर्ण करने वाली होती है।

परस्परदेय आयानि —

वृषस्थाने गजं दद्यात् सिंहं वृषभहस्तिनोः॥ 28॥

वृष के स्थान पर गज आय दी जा सकती है और सिंह के स्थान पर वृष आय और गज आय दी जा सकती है।

ध्वजः सर्वेषुदातव्यो वृषो नाऽन्यत्रदीयते।

गजाभिदृष्टिः सिंहः स्याद् वारुणाभिमुखो ध्वजः॥ 29॥

वृषभः प्राच्यभिमुखो गजो वाम्युमुखस्तथा।

सन्मुखा याम्योत्तराश्च अशस्ताः पृष्ठातोमुखाः॥ 30॥

स्वके स्वके वै स्थाने च प्रशस्ताश्च त्रिदिक्षु च।

ध्वज आय सभी स्थानों पर दी जा सकती है, परन्तु वृष आय को अन्यत्र कहीं भी नहीं देना चाहिए। गज के सम्मुख सिंह आय हो, वारुणाभिमुख ध्वज आय हो, वृषभ आय पूर्वाभिमुख हो, गज आय दक्षिणमुखी हो और ये सभी सम्मुख, दक्षिण-उत्तर की ओर की तथा पृष्ठतोमुखी आए तो ठीक नहीं, अशस्त कही गई है। अपने-अपने स्थान पर तो ये तीनों दिशाओं से प्रशस्त ही होती है।

अथाऽऽयस्वरूपाणि —

ध्वजः पुरुषरूपश्च सिंहः सिंहस्वरूपकः॥ 31॥

वृषो वृषभरूपाढ्यो गजो हस्तिस्वरूपकः।

धूमो मार्जाररूपश्च श्वानः श्वानाधिरूपकः॥ 32॥

खरो गर्दभरूपाढ्यो ध्वाङ्क्षः काकस्वरूपकः।

(अब आयों के स्वरूप के विषय में कहा जा रहा है) ध्वज आय का पुरुष रूप है। सिंह आय का सिंहरूप, वृष आय वृषभरूप है और गज आय हाथी का रूप है। धूम आय मार्जार या बिलाव रूप और श्वान आय श्वान रूप है। खर आय गर्दभ रूप है और ध्वांक्ष आय काकस्वरूपी है।

सर्वे च वृषभारूढाः [1]पुरुषाकारमुदराः ॥ 33 ॥
तद्रूपकाश्च हस्ताभ्यां पादाभ्यां विहगानुगाः।
ग्रीवया सिंहरूपाश्च प्रबलाश्च महोत्कटाः ॥ 34 ॥

इन सभी आयों का आकार पुरुष जैसा, पेट भी वैसा ही होता है, वे वृषभारूढ़ हैं। उनके हाथ भी पुरुष के हाथों जैसे है परन्तु उनके पाँवों का आकार पक्षियों के पंजों जैसा होता है। उनकी ग्रीवा बड़ी प्रबल, महोत्कट और सिंह की गर्दन के आकार की होती है।

महागणेश्वराः प्रोक्ता अष्टदिक्क्षेत्रपालकाः।
वास्तुकर्मसु सर्वेषु आया दिक्पतयोऽष्ट हि ॥ 35 ॥

इन आयों को ही महागणेश्वर और अष्टदिक्-क्षेत्रपाल कहा गया है अस्तु, सभी वास्तुकर्मों में ये आय आठों दिक्-क्षेत्रपाल ही है।

पूजिताः पूजयन्त्येव निघ्नन्ति चापदस्थिताः।[2]
साध्यक्षेत्र च त्रिपुटं प्रभिन्नं च नवांशकः ॥ 36 ॥

इनकी पूजा करते रहने से, ये अपने पद पर स्थित रहते हुए निर्विघ्न कार्य करवाते हैं। इनके साध्य क्षेत्र त्रिपुट वाले है और इनके भाग नवांशक होते हैं।

अष्टौ तथाऽऽयस्थानानि मध्ये स्यात्कुलदेवता।
गृहस्याऽभिमुखाः शस्ताः मध्यमाश्च पराङ्मुखाः ॥ 37 ॥

इन आठों आय स्थानों के मध्य में कुल देवता का वास है। अस्तु, सभी आय गृहों के सम्मुख शुभ होती है और विपरीत मुख वाली मध्यम होती है।

नगरभिमुखाः शस्ताः पुरबाह्ये तु देवताः।
देवानां प्रतिमा आया दिशापाला इति स्मृताः ॥ 38 ॥

---

1. 'पुरुषाकारमुद्गला?' इति प्रकाशित पाठः। तुलनीय— मुखैः स्वनामसदृशा नराकारकरोदराः। हस्ताभ्यां तद्रूपाढ्याः पादाभ्यां विहगाकृतिः॥ सर्वेषां सिंहवद्ग्रीवा प्रबलाश्च महोत्कटाः। (ज्ञानप्रकाशदीपार्णव 1, 35-36)
2. तुलनीय— महागणेश्वराः प्रोक्ताः क्षेत्रपाश्च दिशाष्टसु॥ वास्तुकर्मसु सर्वेषु आयादिक्पतयोऽष्ट हि। पूजिताः पूजयन्त्येव निघ्नन्ति च पदे स्थिताः॥ (दीपार्णव 1, 36-37)

पुर के बाहर के जितने भी देव मन्दिरादि हों, वे नगराभिमुख ही शुभ होते हैं। देव प्रतिमा की आय ही दिशापाल कही गई है, ऐसा जानें।

वसवः प्रतिदेवाश्च शिवयोगसमुद्भवाः।
यावत्तु शिवदेवत्वं यावच्चन्द्रार्कमेदिनी।
तावच्च वास्तुशास्त्रोक्ता आयाश्च समुदाहृताः॥ 39॥

प्रत्येक देवता का आवास स्थान मन्दिरादि शिव के योग से ही समुद्भूत है। अस्तु, इस जगत में जब तक सूर्य और चन्द्र रहेंगे और जब तक शिव का देवत्व रहेगा तब तक ये वास्तुशास्त्रोक्त आय गण भी स्थिरता से विद्यमान रहेंगे।

साध्यक्षेत्रगुणाकारैरायाश्चैव प्रतिष्ठिताः।
यावत्तु क्षेत्रभक्तिश्च तावदायः प्रपालयेत्॥ 40॥

आय जानने के सरल उपाय में है, साध्यक्षेत्र के गुणाकार ले आने के बाद आयों से भाग देकर यवादि की सूक्ष्मता तक आयों को शुद्ध करके ग्रहण करना चाहिए।

खण्डितं स्फुटितं जीर्णं विशीर्णं स्फुटस्फोटितम्।
त्यक्त्वा च वास्तुदेवाद्यमायास्तेषु विवर्जिताः॥ 41॥

परन्तु, जो वास्तु खण्डित हो गया हो, फूट गया हो, फट गया हो, जीर्ण हो चुका हो, विशीर्ण या विकृत हो गया हो, फूटकर बिखर गया हो और जिसको वास्तु देवता भी छोड़कर चले गए हो— ऐसे भवनों, मन्दिरों या प्रासादों के (पुनर्संस्कार) प्रसङ्ग में आय निकालना स्पष्टतः वर्जित है।[1]

अपदं तस्य संस्थानं मासान्ते सन्धिशोधितम्।
दिनाष्टके प्रलिप्ताङ्गं वर्जयन्ति च नित्यशः॥ 42॥

ऐसे जीर्ण संस्थानों को (वैसे ही या गिरे जानकर) मासान्त में सन्धियों को शोधित करके जोड़कर ठीक करके आठवें दिन लीपते-पोतते रहें, प्रतिदिन नहीं।

भानूदये मण्डलं च पुष्पप्रकरसङ्कुलम्।
उदुम्बरोत्तरङ्गाढ्यं जलकुम्भादिपूजनम्॥ 43॥

ऐसे जीर्णोद्धार वाले भवन में सूर्योदय के समय प्रातःकाल ही मण्डल बनाकर एक समूह में आकर तथा हाथों में पुष्पों के भार लिए हुए मन्दिर द्वार के उदुम्बर से लेकर उत्तरङ्ग तक जल कुम्भादि से पूजन (प्रक्षालादि) करें।

---

1. इस सम्बन्ध में विशेष जानकारी सूत्रधार गोविन्दकृत 'वास्तु उद्धारधोरणी' (सम्पादक : डॉ. श्रीकृष्ण 'जुगनू', चौखम्बा, बनारस, 2008 ई.) नामक ग्रन्थ का अवलोकन करना चाहिए।

गृह्णाति [1]हुताशन्नं स्वस्तिकैश्च महोत्सवैः।
एवं वास्तावायाद्यं च श्रियं चिन्तति नित्यशः॥ 44॥

इसी प्रकार अन्नादि से हवनादि करें जिससे अग्निदेव उस पूजा को ग्रहण करें। स्वस्तिवाचन पूर्वक महोत्सव मनाते हुए उस जीर्ण भवन को पुनः निर्मित करें जिससे सदा कल्याण बना रहे, श्रिय की प्राप्ति नित्य होती रहे।

अन्यदप्याह —

शिवस्य पुष्पैश्चरणौ सुपूजितौ वराङ्गनासेवनमल्पभोजनम्।
अनग्रशायित्वमपर्वमैथुनं चिरप्रनष्टां श्रियमानयन्ति॥ 45॥

शिव के चरणों की पुष्पों से पूजा करें, वराङ्गना का सेवन नहीं करें, अल्पभोजन करें, अनग्र रहकर ही सोएँ, अपर्व में ही स्त्रीसङ्ग करें, पर्वों[2] में करे तो पहले के प्रनष्ट हुए जीर्ण भवनों में भी जीर्णोद्धार के बाद लक्ष्मी का आगमन हो जाता है, श्री वृद्धि होती है और वे घर पुनः श्री सम्पन्न हो जाते हैं।

इति सूत्रसन्तागुणकीर्तिप्रकाशप्रोक्तृश्रीभुवनदेवाचार्योक्तापराजितपृच्छाया-मायाधिकारो नाम चतुःषष्टितमं सूत्रम्॥ 64॥

इस प्रकार भुवनदेवाचार्य कृत सूत्रसन्तानगुणकीर्ति प्रकाश या अपराजितपृच्छा में आयाधिकार नामक चौसठवाँ सूत्र पूर्ण हुआ॥ 64॥

नक्षत्रराशिचन्द्रमैत्र्यनुक्रमो नाम पञ्चषष्टितमं सूत्रम्॥ 65॥

विश्वकर्मोवाच-

आयानां यत्तुक्षेत्रं च गुणितव्यं प्रतिष्ठयेत्।
तत्क्षेत्रस्य फलं साध्यं गुणितं दैर्घ्यविस्तरैः॥ 1॥
फले चाष्टगुणे तस्मिन् सप्तविंशतिभाजिते।
यच्छेषं लभ्यते तत्र नक्षत्रं तद्गृहस्य च॥ 2॥

विश्वकर्मा बोले कि जो भी क्षेत्र हो उनकी गुणित कर करके प्रतिष्ठा कर दें। उस क्षेत्र का फल साधने के लिए उसके दैर्घ्य-लम्बाई और विस्तार-चौड़ाई को

---

1. 'हुताशनं ?' इति प्रकाशि पाठः।
2. अनग्रशयन व स्नान का धर्मशास्त्रों में निर्देश है— 'स्वप्तव्यं नैव नग्नेन' (महाभारत अनु. 104, 67); न कदाचिद्रात्रौ नग्नः स्वपेत् (गौतमधर्मसूत्र 1, 9, 60); पर्वतिथियाँ क्रमशः 14, 8, 15, 30 व संक्रान्ति मानी गई हैं— ऋतुर्दश्यष्टमी चैव ह्मावस्या च पूर्णिमा। पर्वाण्येतानि राजेन्द्र रविसङ्क्रान्तिरेव च॥ तैलस्त्रीमांससम्भोगी सर्वेष्वेतेषु वै पुमान्। विण्मूत्रभोजनं नाम प्रयाति नरकं मृतः॥ (विष्णुपुराण 3, 11,118-119)

गुणा करें। इससे क्षेत्रफल (लम्बाई × चौड़ाई = क्षेत्रफल) निकल जाता है। उस फल को 8 से गुणा करके जो राशि आए उसमें 27 का भाग दें और उस भागफल में जो शेष बचे, उसे गृह की नक्षत्र संख्या समझनी चाहिए।[1]

त्रिविध नक्षत्रगणमाह —

देवनृराक्षसानां च नक्षत्राणां त्रिधा गणः।
यस्य यस्याऽनुगा मैत्री वैरं स्याच्च परस्परम्॥ 3॥
स्वगणे परमा प्रीतिर्मध्यमा दैवमानुषे।
मर्त्यराक्षसयोर्मृत्युः कलहो देवरक्षसोः॥ 4॥

गणानुसार नक्षत्रों के तीन प्रकार के गण होते हैं— देवगण, मनुष्यगण और राक्षसगण। जो नक्षत्र एक से गण वाले है, उनमें आपस में मैत्री होती है जबकि अन्य में साथ होने पर वैर होता है। स्वगण के साथ तो परम प्रीति होती है, देव और मानुष गण में मध्यम प्रीति होती है और मनुष्य और राक्षस गण में तो मृत्यु ही समझें जबकि देव और राक्षस गण में सदा कलह रहता है।

नव देवगणाः प्रोक्ता मानुषा नव कीर्तिताः।
नव रक्षोगणाश्चैव नक्षत्राणां त्रिधा गणः॥ 5॥

(कुल 27 नक्षत्रों में) नौ देवगण, नौ राक्षसगण और नौ ही मनुष्यगण कहे गए है, इस तरह नक्षत्रों के तीन प्रकार के गण होते हैं।

कृत्तिका मघा विशाखा आश्लेषा शततारका।
चित्रायुक्ता धनिष्ठा च ज्येष्ठा मूलं च राक्षसाः॥ 6॥
मृगोऽश्विनी रेवती च हस्तः स्वातिः पुनर्वसू।
पुष्यानुराधाश्रवणमेते देवगणः स्मृतः॥ 7॥
तिस्त्रः पूर्वाश्च भरणी आर्द्रा वै रोहिणी तथा।
उत्तरात्रयसम्युक्तः कीर्तितो मानुषो गणः॥ 8॥[2]

इति नक्षत्राधिकारः।

---

1. उदाहरण — क्षेत्र की लम्बाई 6 गज 1 अङ्गुल; क्षेत्र की चौड़ाई 6 गज 1 अङ्गुल। इनके अङ्गुल बनाए— 145 × 145 = 21025 अङ्गुल फल। इस फल को 8 से गुणा करके उसमें 27 का भाग देने पर, गणितानुसार 21025 × 8 / 27 शेष रहे 17 जो अश्विनी नक्षत्र से गिनने पर 17वाँ अनुराधा नक्षत्र आया जो कि उस गृह का नक्षत्र समझना चाहिए।
2. समराङ्गण. के श्लोक तुलनीय है— मृगाश्विरेवतीस्वात्यो मैत्रं पुष्यपुनर्वसू॥ हस्तः श्रवण इत्येष देवाख्यो नवको गणः। विशाखा कृत्तिकाश्लेषा नैऋतं वारुणं मघा॥ चित्रा ज्येष्ठा धनिष्ठेति नवको राक्षसो गणः॥ आर्द्राभरण्यौ रोहिण्या तिस्त्रः पूर्वास्तथोत्तराः॥ इति नक्षत्र नवकं विज्ञेयं मानुषे गणे। (समराङ्गण. 26, 45-48)

राक्षसगण के अन्तर्गत— कृत्तिका, मघा, विशाखा, आश्लेषा, शतभिषा, चित्रा, धनिष्ठा, ज्येष्ठा और मूल नक्षत्र परिगणित है। देवगणान्तर्गत— मृगशिरा, अश्विनी, रेवती, हस्त, स्वाती, पुनर्वसु, पुष्य, अनुराधा व श्रवण ये नौ नक्षत्र होते है। इसी प्रकार मनुष्यगण में— तीनों पूर्वा (पूर्वाफाल्गुनी, पूर्वाषाढ़, पूर्वाभाद्रपद), भरणी आर्द्रा, रोहिणी और तीनों उत्तरा (उत्तराफाल्गुनी, उत्तराषाढ़, उत्तराभाद्रपद नक्षत्र आते हैं।

अथ नक्षत्रातराश्यानयनमाह —

अथ राशीः प्रवक्ष्यामि लब्ध्या क्षेत्रफलेषु च।
तदनुक्रमयुक्तीश्च कथये तव साम्प्रतम्॥ 9॥

अब प्राप्त क्षेत्रफल के आधार पर राशि जानने की विधि कहता हूँ। उस विधि को पूरे अनुक्रम के साथ बता रहा हूँ।

गृहक्षेत्रेषु यद्दक्षं पञ्चत्रिंशशताहतम्।
षष्टिभिश्च हरेद्भागं भुक्तघट्यस्तु शेषतः॥ 10॥
ऋक्षभुक्तिक्रमयुक्ता स्वस्वराशिकसंज्ञिताः ?।
स्युर्मेषाद्या राशयश्च अश्विन्यादिक्रमेषु च॥ 11॥[1]

गृहक्षेत्र का जो नक्षत्र आए, उसकी संख्या को 135 से गुणा करके जो फल आए, उसको 60 से शाजित करे और जो शेष बचे वह क्रमयुक्त नक्षत्रभुक्ति होगी, उनकी अपनी राशि बनेगी जो मेषादि राशि होगी जबकि अश्विन्यादि नक्षत्र क्रम होगा।

---

1. पाठ शङ्कास्पद है, स्पष्ट न होने से इसे अन्य ग्रन्थों में देखना चाहिए। नक्षत्र से राशि जानने की विधि 'शिल्परत्नाकर' में इस प्रकार कही है— गृहक्षेत्रेषु यद्दक्षं षष्टिघ्न खशरोनितम्। पञ्चत्रिंशतशतैर्भक्ते शेषं वै मेषकादयः॥ (शिल्प. 1,125)

उदाहरण— माना कि क्षेत्र का नक्षत्राङ्क 5 (मृगशिरा है), उसको 60 से गुणा करने पर 60×5 = 300 आया। इस 300 से 50 घटाने पर 300-50 = 250 आया शेष। इस शेष को 135 से भाग देने पर 250/135 = 1 और शेष बचे 115 इस राशि को अङ्क 1 माने। उसे लब्धाङ्क 1 में जोड़ें 1+1 = 2 तो अङ्क 2 आया। यह 2 अङ्क या वृष राशि को बताता है। अस्तु, गृह की राशि वृष है।

यही बात ज्ञानप्रकाशदीपार्णव में इस प्रकार दी है— गृह क्षेत्रस्य यद्दक्षं पष्टिभिर्गुणितं तथा। पञ्चत्रिंशच्छतं भक्तं शेष मुक्तिरजादयः॥ (दीपार्णव 1, 54)

उदाहरण—गृह के नक्षत्र (5) को 60 से गुणा करें (5 × 60 = 300) फिर उसे 135 से भाग दें जो लब्धि आए उसे गत राशि और शेष रहे उसे चालू राशि जाननी चाहिए, 300 / 135 = 2, 30 / 135 अर्थात् लब्धि 2 से वृष राशि पूरी व शेष 30 से चालू राशि आई। मिथुन (शेष को 1 मानकर लब्ध 2 में जोड़ें तो 2+1 = 3) मिथुन राशि। लगता है दीपार्णवकार ने 300 से 50 नहीं घटाया, इसी से यह अन्तर आया है। यथा 300-50 = 250 / 135 गत राशि लब्धि 1 आती है शेष वृष हुई।

वास्तुचक्रादिचक्रेषु ग्रहवेधविशोधनैः।

अष्टाविंशतिरेवं च साभिजित् कृत्तिकादयः॥ 12॥

वास्तु चक्रादि चक्रों को और ग्रह वेध के शोधन के लिए अभिजित् नक्षत्र के साथ कृत्तिकादि अट्ठाईस नक्षत्र इस प्रकार लाने चाहिए।

वर्णानुसार प्रशस्तराशयः —

चातुर्वर्ण्यप्रशस्तांश्च राशीनथ वदाम्यहम्।

तत्र त्रयस्त्रयः प्रोक्ता विप्रशूद्रान्तमार्गतः॥ 13॥

वृश्चिकः कर्कटो मीनो ब्राह्मणाः परिकीर्तिताः।

धनुर्मेषस्तथा सिंहो राजन्याश्च शुभाः स्मृताः॥ 14॥

वृषः कन्या च मकर एते वैश्या उदाहृताः।

मिथुनं च तुला कुम्भस्त्रयः शूद्राः प्रकीर्तिताः॥ 15॥

अब मैं चारों वर्णों के लिए जो-जो प्रशस्त राशियाँ हैं, उनके बारे में कहता हूँ। ये तीन-तीन कही गई है जो कि विप्र से शूद्र वर्ण तक है। ब्राह्मण की राशियाँ वृश्चिक, कर्क और मीन को कही है। क्षत्रिय या राजन्य की धनु, मेष तथा सिंह राशि कही गई है। वैश्य के लिए वृष, मकर और कन्या राशि शुभ है और शूद्र वर्ण के लिए मिथुन, तुला और कुम्भ राशियाँ शुभ कही गई हैं।

भवेद् द्वादशभिर्विप्रः क्षत्रियो नवभिस्तथा।

षड्राशिभ्यो भवेद् वैश्यस्त्रिभिः शूद्रः प्रशस्यते॥ 16॥

इनमें 12 राशियाँ ब्राह्मण के लिए, 9 राशियाँ क्षत्रिय के लिए, 6 राशियाँ वैश्य और 3 राशियाँ शूद्र के लिए प्रशस्त जाननी चाहिए।

चातुर्वर्णान्तरभेद एवमुक्तोऽपराजित।

प्रीत्यर्थं च पुनर्भेदं कथये तव साम्प्रतम्॥ 17॥

हे अपराजित! तुम्हें यह चातुर्वर्णान्तर भेद इस प्रकार से कहा गया। अब मैं पुनः तुम्हारे स्नेह के कारण इनके भेद पूरी तरह कहता हूँ।

अथ षड्ष्टकादीनां —

षडष्टके ध्रुवं मृत्युः प्रीतिः स्यात् समसप्तमे।

अनिष्टं पञ्चनवमे पुष्टिर्दशचतुर्थके॥ 18॥

इन राशियों में षडाष्टक (छठे-आठवें) होने पर निश्चय ही मरणान्तक पीड़ा होती है परन्तु एक दूसरे के सम-सप्तम राशि होने पर प्रीति भी गाढ़ होती है।

राशिक नवपञ्चक होना अनिष्ट का सूचक है और चतुर्थ-दशम होना पुष्टिकारक होता है।

तृतीयैकादशे मैत्री [1]द्वितीयद्वादशे रिपुः।
राशयः षड्विधा एवमन्योन्यं पतिवेश्मनोः॥ 19॥

राशि का तृतीय-एकादश होना मैत्रीकारक है परन्तु द्वितीय-द्वादश होना शत्रुता का कारक है। इस तरह छह प्रकार से राशियों व गृहस्वामियों का अन्योन्य सम्बन्ध बताया गया है।

चन्द्रस्थितिफलमाह —

गृहाग्रे च यदा चन्द्रो क्षयं वेश्म करोति हि।
रात्चौराग्निभयं घोरं चन्द्रे वै पृष्ठमागते॥ 20॥
धनधान्यक्षमारोग्यं कुरुते दक्षिणस्थिते।
श्रीस्त्रीपुत्रा उत्तमाश्च चन्द्रे वै उत्तरे स्थिते॥ 21॥

अब चन्द्र की स्थिति अनुसार फल देखते हैं। यदि गृह के आगे चन्द्र रहता है तो गृह की क्षति करता है और चन्द्र पीछे रहता है तो रात्रि में चोरादि और अग्निभय घोर होता है। चन्द्रमा यदि दायें हो तो धन-धान्य भूमि, आरोग्य प्रदाता होता है और यदि चन्द्रमा उत्तर दिशा में स्थित हो तो स्त्री-पुत्रादि के लिए सर्वोत्तम होता है।

इत्यमनन्तर सप्तशलाकयचक्रमाह —

सप्तोर्ध्वे स्थापयेद्रेखाः पुनर्भिन्नाश्च सप्तभिः।
रेखाः प्रोक्तानि साभिजिन्नक्षत्राण्यष्टविंशतिः॥ 22॥
कृत्तिकादशमीशान्यां शेषर्क्षाणि प्रदक्षिणे।
हक्षेत्रोक्तमृक्षं च तत्र चन्द्रमुदीरयेत्॥ 23॥

(सप्तशलाका चक्र के लिए) सात ऊर्ध्व रेखाएँ बनाएँ और सात ही इनको काटती हुई आड़ी रेखाएँ बनाएँ। इस तरह अभिजित् सहित 28 नक्षत्रों की ये रेखाएँ बनती हैं। कृत्तिकादि को ईशानकोण से आरम्भ करते हुए प्रदक्षिण क्रम में एक-एक रेखाग्र पर नक्षत्रों के नाम लिखते जाएँ। इस क्षेत्र के इन नक्षत्रों पर चन्द्रमा की स्थिति देखनी चाहिए।[2]

---

1. मुद्रितपुस्तके 'तृतीयद्वादशे' इति पाठः। ज्योतिष की मान्यताओं में दो-बारह या बीया-बारहवाँ होना वैरभाव का सूचक माना जाता है।
2. यह सप्तशलाका चक्र नक्षत्रों का वेध जानने हेतु बनाया गया है। आमने-सामने के नक्षत्रों का सप्तशलाका वेध होता है। इनमें भी पाप ग्रह से वेध हो तो सम्पूर्ण नक्षत्र को त्यागना चाहिए और शुभ

ग्रहराश्यादि मैत्रीविचारः —

वेशमपत्योर्भवेच्चैव गृहमैत्री परस्परम्।
द्वादशङ्गोक्ता राशयश्च नवैव च ग्रहास्तथा ॥ 24 ॥

गृह और गृहस्वामी की परस्पर ग्रह मैत्री हो, इन बारह राशियों और नवग्रहों की भी ग्रह मैत्री होनी चाहिए।

तथैकराशिकाः केचित् केचिच्चैव द्विराशिकाः।
तदनुक्रमकं वक्ष्ये यदुक्तं परमेश्वरैः ॥ 25 ॥

कोई ग्रह एक राशि के स्वामी होते है और कोई ग्रह दो-दो राशियों के स्वामी होते हैं, मैं यहाँ उनका अनुक्रम कहता हूँ, जैसा परमेश्वर ने पहले बताया था।

भौमस्य वृश्चिको मेषो भार्गवस्य तुला वृषौ।
बुधस्य कन्यामिथुने सोमस्यैवं तु कर्कटः ॥ 26 ॥
सिंहः सूर्यस्य क्षेत्र स्याद् धनुर्मीनौ तश्च गुरोः।
शनेश्च कुम्भमकरौ गृहक्षेत्राधिपा इति ॥ 27 ॥

मङ्गल की वृश्चिक और मेष राशि, शुक्र की तुला और वृष राशि, बुध की कन्या व मिथुन राशि, चन्द्रमा की कर्क राशि, सूर्य की सिंह राशि, गुरु की धनु व मीन राशि, शनि की कुम्भ और मकर राशि है— इसे ही गृह व गृहस्वामी के प्रसङ्ग में भी समझें।

न पीडयन्त्यात्मक्षेत्रं स्नेहिनः क्षेत्रपालकाः।
रिपुगृहं पीडयन्ति भस्मीकुर्वन्ति विग्रहे ॥ 28 ॥

ये सभी क्षेत्रपाल राशिपति अपने स्वक्षेत्र को कभी हानि नहीं पहुँचाते और अपने स्नेही मित्रों के क्षेत्र में होने पर भी हानि नहीं पहुँचाते परन्तु शत्रु के क्षेत्र में आने पर ये ग्रह पीड़ाकारी हो जाते हैं और विग्रह कराते हैं।

स्यात्सूर्यमन्दयोर्वैरं तथा च कुजमन्दयोः।
गुरुशुक्रयोः स्याद्वैरं चन्द्रेण च बुधस्य तु ॥ 29 ॥

ग्रह से वेध हो तो केवल चरण वेध ही त्याज्य होता है। ऐसा नारदीय सूत्र का वचन है- 'पदभेवशुभैर्विद्ध अशुभैर्नैव कृत्स्नजः।' मुहूर्ततत्त्वं में इसकी विधि आई है—सात रेखाएँ तिर्यक् और सात ही रेखाएँ ऊर्ध्व रूप से खींचने पर सप्तशालाका चक्र बनता है। इसमें रुद्र अथवा ईशान की रेखा पर कृत्तिका नक्षत्र लिखें और बाद में शेष नक्षत्रों का क्रमशः न्यास करें। यह न्यास अन्तिम सिरे तक किया जाएगा और प्रत्येक रेखा के आमने-सामने नक्षत्र न्यास होगा। इन नक्षत्रों पर जो कोई ग्रह होगा तो उसका सामने वाले नक्षत्र से वेध जानना चाहिए। यह वेध विवाहादि माङ्गलिक कार्यों के अतिरिक्त अन्यत्र स्वीकार्य है। (मुहूर्त. 1, 5)

रवेरङ्गारकस्यैव मैत्री च गुरुचन्द्रयोः।
एषां त्रयाणां वै मैत्री अन्येषां तु न विद्यते॥ 30॥

सूर्य और शनि ग्रह में परस्पर वैर है। इसी तरह मङ्गल और शनि में भी वैर है। गुरु व शुक्र का वैर है और चन्द्र व बुध का भी वैर है। सूर्य और मङ्गल की मैत्री है। गुरु और चन्द्र की मैत्री है। इनकी तीनों में भी मैत्री है। अन्यों में यह मैत्री नहीं है।

स्पष्टार्थचक्र

राशि	ग्रह	मित्रभाव	शत्रुभाव	समभाव
सिंह	सूर्य	चन्द्र गुरु मङ्गल	शुक्र शनि	बुध
कर्क	चन्द्र	सूर्य बुध	–	गुरु शुक्र मङ्गल शनि
मेष, वृश्चिक	मङ्गल	सूर्य चन्द्र गुरु	बुध	शुक्र शनि
मिथुन, कन्या	बुध	सूर्य शुक्र	चन्द्र	मङ्गल गुरु शनि
धन, मीन	गुरु	सूर्य चन्द्र मङ्गल	बुध शुक्र	शनि
वृषभ, तुला	शुक्र	बुध शनि	सूर्य मङ्गल	चन्द्र गुरु
मकर, कुम्भ	शनि	बुध शुक्र	सूर्य चन्द्र मङ्गल	गुरु

ग्रहाश्चत्वार एकत्र त्रय एकत्रसंस्थिताः।
उभयोरन्तरं घोरं कालानल इवाऽपरः॥ 31॥

यदि चार ग्रह एकस्थान पर एकत्र हो जाए या तीन ग्रह एक स्थान पर स्थित हो जाए अथवा इन दोनों के अन्तर की स्थितियाँ हो तो घोर विपत्ति (काल-अग्नि जैसी परिस्थितियाँ) होती है।

इति सूत्रसन्तानगुणकीर्तिप्रकाशप्रोक्तृश्रीभुवनदेवाचार्योक्तापराजितपृच्छायां नक्षत्रराशिचन्द्रमैत्र्यनुक्रमो नाम पञ्चषष्टितमं सूत्रम्॥ 65॥

इस प्रकार भुवनदेवाचार्य कृत सूत्रसन्तानगुणकीर्ति प्रकाश या अपराजितपृच्छा में नक्षत्र-राशि-चन्द्र-मैत्री अनुक्रम नामक पैसठवाँ सूत्र पूर्ण हुआ॥ 65॥

व्ययांशकतारग्रहजीवमृत्युसर्वबलं षट्षष्टितमं सूत्रम्॥ 66॥

अथ व्ययानयनं विश्वकर्मोवाच —

नक्षत्रे वसुभि8र्भक्ते यच्छेषं व्ययमादिशेत्।
अष्टौ व्ययास्तथाप्रोक्ता आयेष्वष्टसु योजिताः॥ 1॥

विश्वकर्मा ने कहा कि नक्षत्र को 8 से भाजित करें, जो शेष रहे उसे 'व्यय' कहा जाता है। व्यय भी आठ कही गई है, जो आठ आयों के साथ योजित होती है।

आयाश्च कथिताः पूर्वं व्ययानां लक्षणं शृणु।
एकैका यस्य संस्थाने व्ययाश्च त्रिविधाः स्मृताः ॥ 2 ॥

आयों के बारे में तो पहले कहा जा चुका है। अब तुम इन व्यय के लक्षणों के बारे में सुनो। एक-एक व्यय अपने संस्थान में तीन (पिशाच, राक्षस व यक्ष) प्रकार की होती है।

समो व्ययः पिशाचश्च राक्षसस्तु व्ययोऽधिकः।
व्ययो न्यूनो यक्षश्चैव धनधान्यकरः स्मृतः ॥ 3 ॥

पिशाचों का व्यय समान होता है; राक्षसों का व्यय अधिक होता है और यक्षों का व्यय न्यून होता है। इसलिए इनका व्यय धन-धान्यकर कहलाता है।

अनायव्यये कर्तरि आयहीने व्यये तथा।
व्ययाधिक विनश्यन्ति अचिरैणै सर्वदा ॥ 4 ॥

अनाय से व्यय छुरी या कैंची (कर्तरीदोष) का काम करता है। आय हीन से भी व्यय होता है और व्यय अधिक होने पर तो शीघ्र और सदा-सर्वदा के लिए विनाश हो जाता है।

ध्वजादिष्वष्टस्वायेषु अष्टौ शान्तादिका व्ययाः।
प्रत्येकव्ययसंस्थाने आयो न्यूनेत्तरः स्मृतः ॥ 5 ॥

ध्वजादि आठों आयों में आठों ही शान्तिकादिक व्यय हैं। अस्तु, प्रत्येक व्यय के संस्थानों में आय बहुत ही कम होती है।

व्ययनामानि —

शान्तः पौरः प्रद्योतश्च श्रियानन्दो मनोहरः।
श्रीवत्सो विभवश्चैव चिन्तात्मा च व्ययाः स्मृताः ॥ 6 ॥

1. शान्त, 2. पौर, 3. प्रद्योत, 4. श्रियानन्द, 5. मनोहर, 6. श्रीवत्स, 7. विभव और 8. चिन्तात्मा— ये आठ व्यय कही गई हैं।

प्रशस्ताप्रशस्त व्ययमाह —

आयस्थाने व्ययो योज्यो ह्यप्रशस्तो व्ययोऽधिकः।
व्ययो न्यूनस्तथा श्रेष्ठो धनधान्यकरः स्मृतः ॥ 7 ॥

आय स्थान में व्यय को लगाना अप्रशस्त अर्थात् ठीक नहीं है, क्योंकि व्यय अधिक है। व्यय तो न्यून ही श्रेष्ठ होता है जो धन-धान्यकारक माना जाता है।

स्मृतो ध्वजे शुभः शान्तः नित्यं कल्याणकारकः।
भोज्यं पूजाफलं शान्तिर्नृत्यं गीतं सुरालये ॥ 8 ॥

ज्ञातव्य है कि ध्वज आय के साथ शान्त व्यय दिया जाना शुभ और नित्य कल्याणकारक होता है तथा इससे भोज्य पदार्थ, पूजा के फल, शान्तिक नृत्य, गीतादि मन्दिरों में बने रहते हैं।

धूमस्थाने यदा शान्तो हेमरत्नादिसम्भवः।

अग्न्युपजीवकानां च धातुद्रव्यफलप्रदः ॥ 9 ॥

धूम आय के साथ यदि शान्त व्यय हो तो सोना-चाँदी रत्नादि सम्भव हो जाते हैं जो अग्नि से उपजीविका चलाने वालों के लिए और धातु-द्रव्यों में फलप्रद है।

सिंहस्थाने च पौरश्चेत् सिंहवच्च पराक्रमैः।

निहन्ति रिपुसैन्यानि ह्यात्मस्थाने महोत्सवाः ॥ 10 ॥

सिंह आय के स्थान पर पौर व्यय सिंह के समान ही पराक्रमी होता है, ऐसे योग के फलस्वरूप रिपुओं के सैन्य दल स्वयं अपने स्थानों में मारे जाते हैं और महोत्सव होते हैं।

प्रद्योतः श्वानसंस्थाने नित्यं भोगसुखावहः।

शय्यासु वेश्मनि तथानेकभोगादिकामदः ॥ 11 ॥

श्वान आय के स्थान में प्रद्योत व्यय दिए जाने से नित्य भोग और सुख देने वाला होता है। इससे गृह में विविध शय्या-सुख और ऐसे ही अनेक भोगादि से मनोकामनाएँ पूर्ण होती हैं।

श्रियानन्दो वृषस्थाने नित्यं श्रीसुखशान्तिदम्।

व्यवहारोपस्करं च गुरुदेवार्चने रतिम् ॥ 12 ॥

वृष आय के स्थान में श्रियानन्द व्यय होने पर नित्य ही सुख और शान्ति बनी रहती है। इससे व्यवहार में आने वाले सभी उपस्कर अर्थात् साधन सुलभ होते हैं और गुरुदेव के पूजन-अर्चन में भी रुचि और प्रेम बना रहता है।

मनोहरः खरे युक्तः सर्वमनोरथप्रदः।

समस्तभोगयुक्तानां तीर्थयात्राप्रकाशकः ॥ 13 ॥

खर आय के साथ मनोहर व्यय होने पर सब प्रकार के मनोरथ सिद्ध होते रहते हैं। इससे समस्त भोगयुक्त साधन सुलभ होते हैं और तीर्थयात्रा का सौभाग्य भी प्रकट होता है।

श्रीवत्सो गजसंस्थाने स्त्रीणां क्रीडात्मनः स्मृताः।

शृङ्गारभोगयुक्तानां बलपुष्टिप्रदायकः ॥ 14 ॥

गज आय के संस्थान पर श्रीवत्स व्यय होने पर स्त्रियों में क्रीड़ा, आमोद-प्रमोद

का और शृङ्गार-भोग आदि के योग बनते है। अस्तु, ऐसा संयोग भी बल-पुष्टि प्रदायक होता है।

विभवो ध्वाङ्क्षसंस्थाने शिल्पिनां हितकामदः।
सूत्रशास्त्रर्थसम्पन्ना भोगशृङ्गारनिश्चलाः॥ 15॥

ध्वांक्ष आय के संस्थान में विभव व्यय होने पर शिल्पियों के हित और कामनाओं की पूर्ति होती हैं। इससे वे सूत्रशास्त्रार्थ सम्पन्न होते है और उन्हें भोग-शृङ्गार की उपलब्धि निश्चल बनी रहती है।

सर्वेषु शान्त आयेषु प्रशस्तः सर्वकामदः।
षट्सु सिंहादिषु शुभः पौरो धूमध्वजौ विना॥ 16॥

सभी आयों में शान्त व्यय प्रशस्त और सभी कामनाओं को पूर्ण करने वाला है। सिंहादि से छह आयों में पौर व्यय शुभ है, इनमें धूम, ध्वज ये दो आय नहीं होनी चाहिए।

ध्वजे धूमे तथा सिंहे प्रद्योतादीन् विवर्जयेत्।
शेषाणां सुप्रशस्ताश्च तथा स्थानेषु पञ्चसु॥ 17॥

ध्वज आय में धूम आय में तथा सिंह आय में प्रद्योतादि व्यय विवर्जित है, शेष पाँच स्थानों में ये सुप्रशस्त हैं।

खरे वृषे श्रियानन्दो गजे ध्वाङ्क्षे च शोभनः।
मनोहरं त्यजेत्सोऽथ खरे ध्वाङ्क्षे गजे शुभः॥ 18॥

खर आय और वृष आय स्थान पर श्रियानन्द व्यय, इसी तरह से गज आय और ध्वांक्ष आय के साथ भी श्रियानन्द व्यय शोभन, लाभप्रद है परन्तु खर आय, ध्वांक्ष आय और गज आय— तीनों में मनोहर व्यय को त्यागना ही शुभ है।

श्रीवत्सश्च गजे ध्वाङ्क्षे विभवो ध्वाङ्क्षके शुभः।
व्ययो न्यूनतरः श्रेष्ठो ह्यधिकश्चैव राक्षसः॥ 19॥

गज आय, ध्वांक्ष आय के स्थान पर श्रीवत्स व्यय शुभ है। ध्वांक्ष आय के स्थान पर विभव व्यय भी शुभ है। अस्तु, व्यय सदा न्यूनतम रहना ही श्रेष्ठ है। अधिक व्यय तो राक्षसों का होता है।

चिन्तात्मकं व्ययं चापि आयेष्वष्टसु वर्जयेत्।
पिशाचकमायसमं न कुर्याच्छुभकर्मसु॥ 20॥

इति व्ययाधिकारः।

इसी प्रकार आठों आयों के स्थान पर कभी भूल से भी चिन्तात्मक व्यय नहीं

आने देना चाहिए, इसे वर्जनीय कहा है। इसी तरह सम आय-व्यय भी पिशाचों की होती है। अस्तु, इसे भी शुभकर्मों में त्यागना समुचित है।

अथांशकाधिकार: —

शृणु वत्स यथा चांशो वास्तुवेदे त्रिधा स्मृतः।
एकैकक्रमयोगो वै शुभश्चाशुभ उच्यते॥ 21॥

हे वत्स सुनो! अंश भी वास्तु वेद में तीन प्रकार के होते है। ये सभी क्रम योग से एक-एक शुभ और अशुभ कहलाते हैं।

यदुक्ता मूलराशो च आयार्थेषु फलं कृतम्।
तत्र राशौ व्यये मिश्रे गृहनामाक्षराणि च॥ 22॥
गुणैर्भक्ते व्यये शेषं अंशकं त्रिविधं विदुः।
इन्द्रौ यमश्च राजा च त्रिभिर्नामभिरंशकाः॥ 23॥[1]

जैसे कहा गया है कि मूल राशियाँ आयों के लिए फल निकालने में काम में ली जाती है, वहाँ राशियों के साथ व्ययों को मिलाने से गृहों के नामाक्षरों से गुणा करके व्यय का भाग दें, जो शेष बचे उनके 'अंशक' तीन प्रकार से जाने। ये क्रमशः 1. इन्द्र, 2. यम और 3. राजा— तीनों अंशों के ये तीन नाम हैं।

प्रासाद-प्रतिमा-लिङ्गे-जगतीपीठ-मण्डपे।
वेदी-कुण्डश्रुक्षु चैव इन्द्रश्चैव ध्वजादिषु॥ 24॥
क्षेत्रपाल[2] नागेन्द्रे गणाध्यक्षे च भैरवे।
ग्रहमातृगणे देव्यामादित्ये च यमांशकः॥ 25॥

प्रासाद, प्रतिमा, लिङ्ग, जगतीपीठ, मण्डप, वेदी-कुण्ड, श्रुवा के निर्माणादि में इन्द्र व्यय ध्वजादि आय के साथ दें। क्षेत्रपाल, नागेन्द्र या गजराज, गणाध्यक्ष, भैरव, ग्रह-मातृगण, देवियों, आदित्य में यमांशक व्यय देते हैं।

पुर-प्राकार-नगर-खेट-कूटे च कर्वटे।
हर्म्ये च राजवेश्मादौ शस्तो राजा तथा मतः॥ 26॥

इसी प्रकार पुर, प्राकार-परकोटा, नगर, खेट-खेड़ा, कूट, कर्वट, हर्म्य, राजवेश्म आदि में राजा अंशक देना प्रशस्त मत है।

---

1. तुलनीय— व्ययं क्षेत्रफले क्षिप्त्वा गृहनामाक्षराणि च॥ भागं त्रिभिर्हरेत् तत्र यच्छेषु सोंऽशको भवेत्। चतुरङ्गो यथा मन्त्रो मुख्यो लग्ने नवांशकः॥ तथा गृहादिषु प्रोक्तं मुख्यत्वेनांशकत्रयम्। इन्द्रो यमश्च राजा च त्रयो नामाभिरंशकाः॥ स्वनामतुल्यफलदा विज्ञातव्यास्त्रयोऽपि च। (समराङ्गण. 26, 37-39)
2. 'क्षेत्राद्विसंक्षा ?' इति प्रकाशित पाठः।

स्वर्गादिभोगयुक्तानां नृत्यगीतमहोत्सवे।
प्रजावने च पाण्डित्ये इन्द्रांशश्चोत्तमो मतः ॥ 27 ॥

स्वर्गादि भोगों से युक्त प्रतीति देने वाले नृत्य-गीत महोत्सवों में, प्रजावनों, पाण्डित्य प्रदर्शक कार्यों के मंत्रों में भी इन्द्रांशक को ही प्रशस्त माना गया है।

विविधं च वणिक्कर्म मद्यमांसादिकं तथा।
इत्युक्तं क्रमतश्चेत्थं प्रशस्तं च यमांशके ॥ 28 ॥

इसी प्रकार विविध प्रकार के वणिक् कर्मों में, मद्य-मांसादिकों में यमाशंक को ही प्रशस्त कहा गया है।

गजाश्वरथक्रीडायां यानजम्भानकादिके।
स्वर्गादितुल्यभोगाश्च राजांशक उदाहृताः ॥ 29 ॥

गज, अश्व, रथ, क्रीड़ा में, यान, जम्भानादिक (पालकी आदि) एवं स्वर्ग के समान भोगों में राजांशक को प्रशस्त कहा गया है।

त्र्यक्षराणि त्रिभेदाश्च त्रिदेवास्त्रिहुताशनाः।
त्रयः कालास्त्रिसन्ध्याश्च रजः सत्वतमस्त्रयम् ॥ 30 ॥

तीन ही अक्षर (ओ, ऊ, म्), तीन भेद (स्वजातीय, स्वगत, विजातीय), तीन देव (ब्रह्मा, विष्णु, महेश), तीन अग्नि (गार्हपत्य, आहवनीय, दक्षिणाग्नि), तीन काल (भूत, भविष्य, वर्तमान), तीन सन्धियाँ (स्वर, व्यञ्जन, विसर्ग या प्रातः अपराह्न, सायंकाल) और (गुण भी) रज, सत्व और तम तीन है।

प्रमाणत्रयमेवं च ज्येष्ठमध्याधमैः क्रमात्।
त्र्यंशकं तु समानीय वास्तुवेदभवं ततः ॥ 31 ॥

इत्यंशकाधिकारः।

इस प्रकार के प्रमाणत्रय— ज्येष्ठ, मध्यम और अधम के क्रम से अंशकों को भी लाकर वास्तुवेद बनता है।

अथ ताराधिकारः —

गणयेत्स्वामिनक्षत्राद्यावदृक्षं गृहस्य च।
नवभिस्तु हरेद्भागं शेषास्तारा: प्रकीर्तिताः ॥ 32 ॥

स्वामी के नाम-नक्षत्र से लेकर गृह के नक्षत्र तक गणना करें और उसमें 9 का भाग दें तो जो शेष रहे उसे 'तारा' कहा जाता है।

तारानामानि सफलं —

शान्ता मनोहरा क्रूरा विजया कलिका तथा।

पद्मिनी राक्षसी वीरा ह्यानन्दा नवमी स्मृता ॥ 33 ॥

1. शान्ता, 2. मनोहरा, 3. क्रूरा, 4. विजया, 5. कलिका, 6. पद्मिनी, 7. राक्षसी, 8. वीरा और 9. आनन्दा— ये नौ ताराओं के नाम है।[1]

शान्ता शान्तिकरी नित्यं मनोह्लादा मनोहरा।
क्रूरा प्रवर्जिता प्राज्ञैश्चौराग्न्यादिभयङ्करी ॥ 34 ॥

शान्ता तारा सदा शान्तिकारक होती है, मनोहरा तारा मन में आह्लाद उत्पन्न करती है। क्रूरा तारा प्राज्ञों-विद्वानों के लिए वर्जित है और अग्नि आदि के भय उत्पन्न करने वाली है।

विजया जयकल्याणा कलिका कलहप्रदा।
पद्मया प्राप्यते सौख्यं महत्तीर्थफलं तथा ॥ 35 ॥

विजया तारा विजय और कल्याण देने वाली तथा कलिका तारा कलह कराने वाली है। पद्मिनी तारा से सुख मिलता है जैसे महान् तीर्थ का फल।

राक्षसी च तथा घोरा निशायां भयदायिनी।
वीरा सौम्या भोगदा च ह्यानन्दानन्दकारिणी ॥ 36 ॥

राक्षसी तारा भयङ्कर है और रात्रिकाल में भयोत्पादक है। वीरा तारा सौम्य है और भोगों को देने वाली है तथा आनन्दा तारा आनन्द करने वाली है।

एवं नवविधाकारा निराकारा हि तारकाः।
क्षीणश्चन्द्रो यदा वारे भवेत्तारा बलप्रदा ॥ 37 ॥

इस प्रकार ये निराकार तारका नव प्रकार के आकार वाली है। जब चन्द्रमा क्षीण होता है, तब उस वार के दिन तारा बलवान होती है।[2]

---

1. ताराओं के नामादि को लेकर शास्त्रों में दो रूप मिलते हैं। समराङ्गण. में कहा गया है—गणयेत् स्वामिनक्षत्राद् यावत् स्याद् भवनस्य भम्॥ नवभिर्भाजिते तस्मिञ् शेषं तारा प्रकीर्तिता। जन्मसम्पद्विपत्क्षेमपापसाधकनैधनीः॥ मैत्रीपरममैत्र्यौ च प्राहुः सञ्ज्ञाः समाः फले। त्रिसप्तपञ्चमीर्भर्तुर्गृहतारा विवर्जयेत्॥ आद्याद्वितीयाष्टम्यस्तु ताराः स्युरिह मध्यमाः। तथा ऋक्षेऽपि चानिष्टे चन्द्रेऽष्टमगतेऽपि च॥ नयते दुरितं तारा चतुःषण्णवती नृणाम्। (समराङ्गण. 26, 40-44) इस प्रकार यहाँ 1. जन्म, 2. सम्पद, 3. विपत्, 4. क्षेम, 5. प्रत्यरि, 6. साधक, 7. बध, 8. मित्र व 9. परममित्र नाम से ताराओं की गणना हुई है। यही मत नारदसंहिताकार का है किन्तु जन्म सहित तीसरी, पाँचवीं व सातवीं तारा को अशुभद बताया है— जन्मसम्पद्विपत्क्षेम प्रत्यरिस्साधको वधः। मित्रं परममित्रं च जन्मभाच्च पुनः पुनः॥ जन्मत्रिपञ्चसप्ताख्या तारा नेष्टफलप्रदाः। (नारद. 13, 3-4)
2. कृष्ण पक्ष में चन्द्रबल की अपेक्षा ताराबल की प्रधानता होती है। क्षीण चन्द्रमा होने पर तारा वैसे ही बलवान होती है जिस प्रकार पति के परदेश में होने पर पत्नी ही गार्हस्थ्य का सारा दायित्व निभाती है— न खलु बहुलपक्षु शीतरश्मेः प्रभावः कथितमिह हि तारा वीर्यमार्यैः प्रधानम्। अतिविकल शरीरे प्रेयसि

क्रूरा च कलिका चैव राक्षसी तु तृतीयका।
क्रूराद्या इति वै तिस्रो वर्जयेच्छुभकर्मसु॥ 38॥
शान्ता मनोहरा चैव विजया पद्मिनी तथा।
वीरा नन्देति षट्तारा नित्यं कल्याणकारिकाः॥ 39॥

इति ताराधिकाराः।

उक्त ताराओं में पहली क्रूरा, दूसरी कलिका और तीसरी राक्षसी ताराओं को 'क्रूराद्यातिस्र' कहते हैं। इन्हें शुभ कर्मों में कभी नहीं लेना चाहिए, ये वर्जित हैं परन्तु शान्ता, मनोहरा, विजया, पद्मिनी, वीरा, आनन्दा— ये छह ताराएँ नित्य ही कल्याण करने वाली होती हैं।

अथाधिनायकमाह —

कर$_{2}$राशि$_{12}$हतोत्था ये भागैर्हृष्टं$_{8}$ तथोऽष्टभिः$_{8}$।
आधिपत्यं भवेच्छेषं नाम्ना च सदृशं फलम्॥ 40॥

(अब अधिनायक के विषय में कहा जा रहा है) आधिपत्य ज्ञात करने के लिए दो और बारह को गुणा कर (2 ×12 = 24), इनका चौंसठ (8 × 8 = 64) में भाग दें तो जो शेष रहेगा, वह 'अधिपति' कहलाता है। जिस अधिपति का जो नाम है, तद्नुसार ही उसका फल जानना चाहिए।

अधिपतिनामानि —

विकृत[1] कनकश्चैव धूम्रको विजयः स्वरः।
बिडालविजयौचैव दन्तः कान्तस्तथा मृगः॥ 41॥

अधिपतियों के नाम हैं— विकृत, कनक, धूम्रक, विजय, स्वर, विडाल, विजय, दन्त, कान्त और मृग।[2]

प्रोषिते वा प्रभवति खलु कर्त्तुं सर्वकार्याणि योषा॥ (ज्योतिषरत्नमाला 11, 5) लल्लाचार्य का भी यही मत है— न कृष्णपक्षे शशिनः प्रभावो ताराबलं तत्र शुभं प्रदिष्टम्। देशान्तरस्थे विकले च पत्यौ सर्वाणि कार्याणि करोति नारी॥ अत्रापि तारापतिवीर्यमेव वदन्ति पक्षद्वितयेऽपि केचित्। केचिच्च तासां बलयुक्तमिन्दोर्बलं सदा देयमिति ब्रुवन्ति॥ (ज्योतिर्निबन्ध में उद्धृत पृष्ठ 49, श्लोक 8-9)

1. 'वित्तत्य?' इति प्रकाशित पाठः।
2. यह पाठ त्रुटित जान पड़ता है। ज्ञानप्रकाशदीपार्णव में इसका पाठ मिलता है जो समझने योग्य है। दीपार्णवकार का कहना है कि बुद्धिमान शिल्पी को गृह के उदय क्षेत्रफल के अङ्क के साथ गुणा करते जो अङ्क आए उसे 8 से भाग करते जो शेष रहे, उसे अधिपति जाने और जो अधिपति सम हो वह शुभ है। इनके नाम हैं—1. विकृत, 2. कर्णक, 3. धूम्रद, 4. वितथस्वर, 5. विडाल, 6. दुन्दुभि, 7. दान्त, 8. कान्त—गेहस्योदयकं क्षेत्रफलेन गुणयेद् बुधः। अष्टभिस्तु हरेच्छेषं शुभः सोऽधिपतिः समः॥ विकृतः

विषमआया भवेत्सप्त$_7$ आयहीना व्यया: शुभा:।
आधिपत्यं समं शान्तं शुभदं सर्वदा नृणाम्॥ 42॥

इत्याधिपत्यम्।

विषम आय सात हैं और आयहीन व्यय शुभ होते हैं। आधिपत्य सम संख्यक हो तो व्यक्ति के लिए सदा ही शान्त व शुभ होते हैं।

अथायुष्यत्थाविनाश: —

अष्टभिश्च$_8$ हते क्षेत्रे फले षष्टि$_6$विभाजिते।
लब्धे दशगुणे जीवो मृत्युर्वै भूतभाजिते॥ 43॥[1]
पृथिव्यापस्तथा तेजो वायुराकाशमेव च।
पञ्च तत्त्वानि प्रोक्तानि विभक्तानि स्युरन्तके॥ 44॥

जो क्षेत्रफल हो उसको 8 से गुणाकर जो फल आए उसे 60 की संख्या से विभाजित करने पर जो अङ्क आए, उससे 10 को गुणा करें। इस लब्धि तक उस वास्तु के जीवन-मृत्यु या आयुष्य को जानना चाहिए। साठ की संख्या से भाग करने पर जो शेष रहे, उसे 5 से भाजित करने पर पञ्चतत्त्वों को जाना जा सकता है, इसके अनुसार ही गृह के अन्त का कारण जानना चाहिए।[2] पृथ्वी, आप या जल, तेज या अग्नि, वायु, आकाश— इनको पञ्चतत्व कहा गया है इनको अन्त में विभक्त किया गया।

कर्णकश्चैव धूम्रदो वितथस्वर:। विडालो दुन्दुभिश्चैव दान्त: कान्तोऽधिनायक:॥ (दीपार्णव 1, 10-11) अधिपति की गणित की दूसरी विधि के अनुसार आय और व्यय के अङ्क को जोड़कर उसके 8 से भाग करने से जो शेष बचे, उसे अधिपति जाने। वह अधिपति अगर विषम अङ्की हो तो वह भय उत्पन्न करता है—यदायव्ययसंयोगे यदैक्यं वसुभिर्जजेत्। शेषस्त्वधिपति: केचिद् विषम: सभयावह:॥ (दीपार्णव 1, 12)

1. धाराधिप भोज का प्रकारान्तर से मत है— हतेऽष्टभि:$_8$ क्षेत्रफले ख$_0$नेत्र$_2$शशि$_1$भाजिते। शेषं जीजितमेतस्मिन् पञ्च$_5$भक्ते भवेन्मृति॥ (समराङ्गण. 26, 53)
2. उक्त पाँच से भाग देने पर यदि एक शेष रहे तो पृथ्वी तत्त्व (भूकम्पादि से), दो शेष हो तो जल (प्लावन), तीन शेष हो तो अग्नि (आगजनी), चार शेष रहे तो वायु (आंधी या प्रबल पवन) तथा पाँच शेष रहे तो आकाश तत्त्व (वज्रपात, उल्का पिण्डादि का पतन) को विनाश का हेतु जानना चाहिए अथवा गृह शून्य रहता है। इस प्रकार पाँचों तत्त्वों से वास्तु के अन्तकाल को समझा जा सकता है। सूत्रधार मण्डन का मत है— हनेद् वृद्धिभिक्षेत्रं फलं षष्ठी विभाजित्तात्। लब्ध्वां सदशगुणं जीवो शेषाङ्के भूतभाजिते॥ पृथ्व्यिापस्तथा तेजो वायुराकाशमेव च। पञ्चतत्त्वे तथा मृत्यु अन्तकाले प्रभेदित:॥ (आयतत्त्वं 1, 74-75) तुलनीय— हनेदष्टभि: क्षेत्रं च फले पष्ठिविभाजिते। लब्धं दशगुणं जीव: शेषांक भूतभाजितम्॥ पृथिव्यापस्तथा तेजी वायुराकाशमेव च। पञ्चतत्त्वे भवेन्मृत्युरन्तकाले प्रभेदिते॥ (दीपार्णव. 1, 88-89) तथा : गुणयेद्दष्टिभि: क्षेत्रफलं षष्ठिविभाजितम्। लब्धं दशगुणं जीवंच्छेषं भूत समाहतम्॥ पृथ्व्यिापस्तथा तेजोवायुराकाशमेव च। पञ्चतत्त्वानि जानीयादन्तकाले प्रभेदने॥ (क्षीरार्णव 1, 48-49)

अप्सु चाद्भिर्भवेन्मृत्युस्तेजस्यग्निबलं भवेत्।
वायुर्वायुकरो देहे त्वाकाशे शून्यता भवेत्॥ 45॥

(पृथ्वी से चलन होने पर विनाश) आप से जल या वृष्टि के कारण विनाश, तेज से अग्निकाण्ड से विनाश, वायु देह में वायुविकार की भाँति है जबकि आकाश से शून्यता होती है।

धनधान्येषु नष्टेष देहः पतति जर्जरः।
इत्थं मृत्युः प्रभवति पञ्चतत्त्वविनाशतः॥ 46॥

जब धन-धान्य नष्ट हो जाए व देह जर्जर हो जाए और गिर पड़े तो इस प्रकार की अवस्था को मृत्यु कहते हैं यह पञ्चतत्त्वों के नष्ट होने से होती है (वैसे ही वास्तु के सन्दर्भ में भी विचार करना चाहिए)।

अन्यदप्याह —

आयव्ययांशनक्षत्रं ताराचन्द्रमैत्र्यादिकम्।
प्रीतिरायुश्च मृत्युश्च चिरं नन्दति चेच्छुभाः॥ 47॥[1]

(इस प्रकार उपर्युक्त) आय, व्यय, अंशक, नक्षत्र, तारा, चन्द्र की मैत्री आदि, प्रीति, आयु, मृत्यु आदि के लक्षण यदि शुभ हो तो चिरकाल तक आनन्द देते हैं।

तथा च शुभानि —

त्रिभिः श्रेष्ठैस्तु श्रेष्ठं स्यात् पञ्चभिश्चोत्तमोत्तमम्।
सप्तभिः सर्वकल्याणं नवभिर्जयसम्पदा॥ 48॥

इसमें से तीन के श्रेष्ठ होने पर सब कुछ श्रेष्ठ होता है, पाँच के श्रेष्ठ होने पर उत्तमोत्तम माना जाता है और यदि नौ ही तत्त्व-निर्देश श्रेष्ठ हो तो जय एवं सम्पदा मिलती है।

वास्तुकर्मे अशुभानि —

न षट्काष्टकं त्रिकोणं द्वादशी द्वितीयाष्टमी।
न चाष्टद्वादशे शशी तारा त्रिपञ्चसप्तमी॥ 49॥
न द्वितीयांशकं कुर्यात् तथा चाष्टममायकम्।[2]

---

1. तुलनीय— आयव्ययांशनक्षत्रं ताराचन्द्रमैत्रादिकम्। प्रीतिआयुष्य मृत्युश्च शुभं नन्दति चच्चिरं॥ (दीपार्णव 1, 91) तथा च— आयऋक्ष चन्द्रगण व्ययतारांशक राशयः। राशिमैत्री ग्रहमैत्री नाडीवेधाधिपतिः॥ लग्नतिथिर्वारोत्पत्ति अधिपति वर्गवैरकं। योनिवैरं ऋक्षवैरं स्थितिर्नाशेक विंशतिः॥ (तत्रैव 1, 51-52)
2. समराङ्गण में आया है— आयो व्ययश्च योनित्वं ताराश्च भवनांशकाः॥ गृहनामेति चिन्त्यानि करणानि गृहस्य षट्। त्रिभिः शुभैः शुभं वेश्म द्वाभ्यामेकेन चाशुभम्॥ करणैश्चतुराद्यैस्तु शुभैरतिशुभं भवेत्। न समायव्ययं वेश्म नाव्ययं नाधिकव्ययम्॥ न द्वितीयांशमसद्दग्योनिभं च न कारयेत्। भर्तृतुल्याभिधानं च

न पृष्ठतस्तथा चन्द्रं नववास्तुककर्मणि॥ 50॥

नए वास्तुकर्म के प्रसङ्ग में न षडाष्टक, न त्रिकोण, न द्विद्वादशक, न द्विष्टमक योग को लेना चाहिए। इसी प्रकार आठवाँ, बारहवाँ चन्द्रमा भी न लें; न ही तीसरी, पाँचवीं और सातवीं तारा को ग्रहण करें। न द्वितीय अंशक (यमांश) ले न आठवीं आय (ध्वांक्ष) में कार्य करे। इसी प्रकार पृष्ठ का चन्द्रमा[1] भी नहीं लेना चाहिए।

नाधिकस्तु व्ययः कार्यो न वेरा [2]विषमाग्रहा।
न स्वकुल अतिरिष्टं(?) न राशिवर्णबाह्यतः॥ 51॥

इसी प्रकार निर्माण कार्य में क्षेत्र को जानकर आय से अधिक व्यय को न रखें और न विषम ग्रहों के वैर रखें। न एक ही कुल के अति अरिष्टों को ले और न राशि को वर्ण के बाहर से लें।

पदे पूज्याः स्थिताः सर्वे हिंसन्ति त्वपदे स्थिताः।
ग्रहा गावस्तथा विप्राः शापानुग्रहकारकाः॥ 52॥

पद पर होने पर सभी पूज्य होते हैं और पदच्युत होने पर सभी उसकी हिंसा-निन्दा करते हैं। ग्रह, गाय और विप्र सदा ही शाप और अनुग्रह के कारक बनते हैं।

इति सूत्रसन्तानगुणकीर्तिप्रकाशप्रोक्तृश्रीभुवनदेवाचार्योक्तापराजितपृच्छायां व्ययांशकताराग्रहजीवमृत्युसर्वबलाधिकारो नाम षट्षष्टितमं सूत्रम्॥ 66॥

इस प्रकार भुवनदेवाचार्य कृत सूत्रसन्तानगुणकीर्ति प्रकाश या अपराजितपृच्छा में व्यय-अंशक-तारा-ग्रह-जीव-मृत्यु, सर्वबलाधिकार नामक छासठवाँ सूत्र पूर्ण हुआ॥ 66॥

गृहं दूरात् परित्यजेत्॥ समसप्तकमेकर्क्षं तृतीयैकादशं तथा। चतुर्थदशकं चेति कर्तव्यं मन्दिरं सदा॥ षट्कोष्ठकं त्रिकोणं च वर्ज्यं द्विर्द्वादशं तथा। षट्कोष्ठके मृतिर्दैन्यं वियोगश्च भवेद् गृहे॥ त्रिकोणे वसतां दुःखं वैधव्यं च प्रजायते। द्विर्द्वादशे पुत्रपौत्रगुरुबन्धुधनक्षयः॥ (समराङ्गण. 26, 49-55) इस प्रकार समराङ्गणसूत्रधार में इन अङ्गों को करण कहा गया है। यह मान्यता वशिष्ठसंहिता के निकट है जिसमें योनि, तारा, व्यय, गृहांशक, आय व नाम इन छहों को करण नामाभिधान देते हुए गृहस्थ को इन पर विचार करने को कहा है— त्वं योनित्वं तथा तारा व्ययोऽथ भवनांशकं आयोऽथ गृहनामानि करणानि षडेष्वहि। गृहस्यैतानि चिन्त्यानि प्रयत्नेन च धीमता... (वशिष्ठसंहिता 39, 75)

1. ज्योतिष व अन्य वास्तुग्रन्थों में कहा गया है कि आगे का चन्द्रमा आयु का हरण करता है व पृष्ठचन्द्र धन का क्षय करता है, चन्द्रमा वाम-दक्षिण का हो तो धन-धान्यकर्ता है। तथापि यदि देवप्रासाद व राजगृहादि का प्रसङ्ग हो तो आगे का चन्द्रमा दिया जाए अन्यत्र नहीं— अग्रतो हरते आयु पृष्ठतो हरते धनं। वामदक्षिण तो चन्द्रो धनधान्य करस्मृताः॥ (क्षीरार्णव 1, 19)
   विशेषोच्च— अग्रतो हरते ह्यायुः पृष्ठतो हरते धनम्। वामदक्षिणयोश्चन्द्रो धनधान्यकरः स्मृतः॥ प्रासादे राजगेहे च चन्द्रं दद्यात् सदाग्रतः। अन्येषां तु न दातव्यं श्रीमन्तादिगृहेषु च॥ (दीपार्णव 1, 58-59)
2. 'विमलाग्रहा ?' इति प्रकाशित पाठः।

शास्त्रच्छन्दनिर्णयोनाम सप्तषष्टितमं सूत्रम् ॥ 67 ॥

अपराजित उवाच —

छन्दश्च क्रमतः प्रोक्तं शाश्वतं शास्त्रकौशलम्।
तदनुक्रमयुक्तीश्च कथयस्व प्रसादतः ॥ 1 ॥

अपराजित बोले कि हे प्रभु! कृपा करके शाश्वत शास्त्र कौशल में बताए गए सभी छन्दों को क्रमवार बताएँ और उनकी अनुक्रम से युक्ति भी कहें।

विश्वकर्मावाच —

एकाक्षरा क्षरे भिन्नं व्याप्तं चैतच्चराचरम्।
त्रैलोक्यस्योत्पत्तिकरं छन्दो मेरुसृष्ट्युद्भवम् ॥ 2 ॥

विश्वकर्मा बोले कि एक तो अक्षर और दूसरे क्षर इन भिन्न-भिन्नों से चराचर व्याप्त है। इनसे तीनों लोकों की उत्पति करने वाले सभी छन्द मेरुसृष्टि से उद्भूत हैं।

तथा शम्भुश्च-मेरुश्च-चिन्तामणि-र्वृत्तार्णवः।
चतुर्विधं छन्दशास्त्रमेकाद्यक्षरतः क्रमात् ॥ 3 ॥

अस्तु, एक छन्दशास्त्र से, एकाक्षर से क्रमानुसार चार प्रकार के छन्द उत्पन्न हुए यथा, 1. शम्भु, 2. मेरु, 3. चिन्तामणि और ४. वृत्तार्णव।

एकाक्षरोद्भवः शम्भुस्तथामेरुश्च युग्मतः।
चिन्तामणिस्त्रिभिश्चैव वेदैर्वृत्तार्णवः स्मृतः ॥ 4 ॥

एकाक्षर से उत्पन्न मेरु तथा शम्भु का युग्म तथा चिन्तामणि तीन से और वृत्तार्णव चार अक्षर से बने माने जाते हैं।

छन्दश्चतुर्विधमाह —

छन्दाश्चतुर्विधाः प्रोक्ता वेदान्ताश्चैकतः पृथक्।
गुरुलघूद्भवा मात्रा प्लुतह्रस्वादिसञ्ज्ञकाः ॥ 5 ॥

छन्द भी चार प्रकार के कहे गए हैं। एक सें चार तक अलग-अलग इनकी गुरु [ऽ] और लघु मात्रा [।] को प्लुत और ह्रस्व संज्ञा दी गई है।

सानुस्वारा विसर्गान्ता वेदान्तोद्भवकल्पना।
भिन्नाभिन्नास्तथानेके भेदाश्च्छन्दसमुद्भवाः ॥ 6 ॥

अनुस्वार से विसर्गान्त तक चार प्रकार की उत्पत्ति की कल्पना की गई है। इनको भिन्न-भिन्न स्थान पर रखते जाने से कई भेदों की उत्पति होती है।

एकाक्षरो द्रुतमात्रो भेदः सूर्यः स उच्यते।

निबन्धपादाः पङ्क्तौ च वेदसङ्ख्याः प्रकीर्तिताः ॥ 7 ॥

कलिकादिकवृत्तानां त्र्यष्टकं प्रोच्यते तथा।

एकाक्षर और द्रुत मात्रा होने से उसे 'सूर्य' भेद (बारह) कहते हैं। निबन्ध पादपङ्क्तियों (दस) को 'वेदसंख्या' भेद (चार) तथा कलिकादिक वृत्तों को 'त्र्यष्टक' भेद (तियासी) कहते हैं।

तेषां अभिधानपङ्क्तिमाह —

तदभिधानपङ्क्तिं च कथयिष्याम्यनुक्रमात् ॥ 8 ॥

अब मैं इनकी अभिधानपङ्क्ति को भी अनुक्रम से कहता हूँ।

कलिकाविकास्यवज्राः कुमारललितानुष्टुप्।

अक्षमश्चैव प्रणम्योपेन्द्रवज्राजलानि च ॥ 9 ॥

करणराज्यं वसन्ततिलका चैव मालिनी।

तिलगर्जितं चाद्भुता तथा च गिरिकर्णिका।

शार्दूलविक्रीडितं च तथा चैवातिवृत्तकम् ॥ 10 ॥

स्त्रग्धरा मदना मदनलता च मधुकरा।

कलिका विकास्य, वज्रा, कुमारललिता, अनुष्टुप, अक्षम और प्रणम्य, उपेन्द्रवज्रा, जलवृत्त और करणराज्य, वसन्ततिलका, मालिनी और तिलगर्जित अद्भुता, गिरिकर्णिका, शार्दूलविक्रीडित, अतिवृत्तक, स्त्रग्धरा और मदना तथा मदनलता मधुकरा।

अथ निबन्धमाह —

निबन्धश्चाथ गोविन्दः प्रोक्ता मुक्ताफला तथा ॥ 11 ॥

शुद्धसमो विषमश्च विषमसमकस्तथा।

समस्तुल्यपदैः ख्यातो विषमो विषमैः पदैः ॥ 12 ॥

विषमाक्षरगस्त्वेवं समवर्णगतस्तथा।

विषमसमसञ्ज्ञश्च दशभेदाः$_{10}$ क्रमोदिताः ॥ 13 ॥

इसके अतिरिक्त निबन्ध, गोविन्द, मुक्ताफल, शुद्धसम, विषम, विषमासम व समतुल्यपद के कारण और विषम-विषम पदों के कारण ख्यात हैं विषमाक्षरों में गए हुए भी ऐसे ही है, समवर्णगत की तरह विषमसम संज्ञा वाले— ऐसे दस भेद क्रमोदित हैं।

अथ गुणाः —

शान्तिः कर्णश्च सम्पातः सिंहो बाणश्च पल्लवः।
कर्णकारः शुक्रः शङ्कुस्तथाधर्मो गुणा दश॥ 14॥

शान्ति, कर्ण, सम्पात, सिंह, बाण, पल्लव, कर्णकार, शुक्र, शङ्कु और धर्म— ये दस गुण कहे गए हैं।

जयमाला तथा नन्दा मेघा च सिंहगर्जना।
तथा कल्लोलतरङ्गा रत्नावली पुष्पोद्गिरा॥ 15॥
पत्रोद्भवा अत्युद्भुता अतिच्छन्दा दशोदिताः।
एते दशाभिधानाश्च विषमा वाद्यकन्दतः ?॥ 16॥

जयमाला, नन्दा, मेघा, सिंहगर्जना, कल्लोलतरङ्गा, रत्नावली, पुष्पोद्गिरा, पत्रोद्भवा, अत्युद्भुता और अतिच्छन्दा— ये दश, इतने दशाभिधान है।

अथार्याच्छन्दोद्भूत छन्दं —

शान्ताद्भुता मुख्या सौम्या रम्या च रमणी पुरा।
मुखोद्गीर्णा चपलाख्या भैरवी भुवनोत्तमा॥ 17॥
शृङ्गारी हास्यकरणी तिलकारा पद्मोद्भवा।
विकारास्या प्रज्ञावती प्रबला वीरसम्भवा॥ 18॥
प्रकारणाक्षसम्भूतिर्विकास्याथ प्रभामला।
चतुर्विंशतिरार्याणां छन्दसां च समुद्भवाः॥ 19॥

(पूर्व श्लोकानुसार) विषमा, शान्ता, अद्भुता, मुख्या, सौम्या, रम्या, रमणी, पुरा, मुखोद्गीरा, चपला, भैरवी, भुवनोत्तमा, शृङ्गारी, हास्यकरणी, तिलकारा, पद्मोद्भवा, विकारास्या, प्रज्ञावती, प्रबला, वीरसम्भवा, प्रकारण, अक्षसम्भूति, विकास्या और प्रभामला— ये चौबीस आर्या छन्दों से सम्भूत है।

प्रकरणादीनां —

प्रकरणसूत्रसन्धिपरिच्छेदाध्यायास्तथा।
अङ्ककाण्डसर्गखण्डवर्गाद्या ग्रन्थसम्भवाः॥ 20॥

(ग्रन्थ रचना में विषय-वस्तु के विभाजन के लिए) प्रकरण, सूत्र, सन्धि, परिच्छेद, अध्याय, अङ्क, काण्ड, सर्ग, खण्ड, वर्ग (विरचन, उल्लास) आदि से ग्रन्थ रचना सम्भव होती है।

अङ्गाष्टमाह —

स्वयंभूक्तं तलकीर्णं शान्ते च मनुमन्दिरः ?।

प्रभामणिश्च ह्लादश्च ह्यङ्गाष्टकमुदाहृतम् ॥ 21 ॥

स्वयंभुक्त, तलकीर्ण, शान्त, मनु, मन्दिर, प्रभा, मणि, ह्लाद— इनको अङ्गाष्टक कहा गया है।

क्षराक्षरापदादीनां —

एकाक्षरपदं चैव वृत्तं वेदाक्षरं भवेत्।

चतुरक्षरपादं तु वृत्तं वै षोडशाक्षरम् ॥ 22 ॥

एकाक्षर, पद, वृत्त, चार अक्षरों का पद और चार अक्षरों के चरण से वृत्त के सोलह अक्षर होते हैं।

कलिकासञ्ज्ञकं वृत्तं षोडशाक्षरमुच्यते।

चतुरक्षरपादस्याष्टाक्षराण्यर्धसञ्ज्ञकम् ॥ 23 ॥

कलिका वृत्त के सोलह अक्षर कहे गए हैं। चार अक्षर पाद के आठ अक्षरों को अर्ध कहा जाता है।

अक्षरानुसारेण नानावृत्तनामाह —

पञ्चाक्षरं विकास्याख्यं तदर्धं तु दशाक्षरम्।

विंशत्यक्षरवृत्तं च विकास्याभिधमुच्यते ॥ 24 ॥

पाँच अक्षरों के पद वाले विकास्य नामक वृत्त का आधा दशाक्षर और इस तरह से बीस अक्षर वाले वृत्त को विकास्याभिध कहा जाता है।

पद षड्भिरक्षरैश्च वृत्तं वज्रकमुच्यते।

कुमारलतिका सप्तभिरष्टभिरनुष्टुपः ॥ 25 ॥

छह अक्षरों वाले पद से जो वृत्त बनता है उसे वज्र कहते हैं तथा सात अक्षरों वाले पद से कुमारलतिका वृत बनता है। आठ अक्षरों वाले पद से अनुष्टुप वृत्त बनता है।

नवारक्षैररक्षमं च प्रणम्यं च दशाक्षरैः।

उपेन्द्रवज्रैकादशाक्षरैर्द्वादशभिर्जलम् ॥ 26 ॥

नौ अक्षरों के पद से अक्षम वृत्त बनता है और दस अक्षर के पद से प्रणम्यवृत्त बनता है। इसी तरह ग्यारह अक्षरों के पद से उपेन्द्रवज्रा वृत्त बनता है और बारह अक्षरों वाले पद से जलवृत्त बनता है।

त्रयोदशा कर्णराज्यं वसन्ततिलकेन्द्रतः।
मालिनी पञ्चदशतः षोडशतिलगर्जितम्॥ 27॥

तेरह अक्षर वाले पद से कर्णराज्य वृत्त बनता है। चौदह अक्षरों के पद से वसन्ततिलक वृत्त बनता है। पन्द्रह अक्षर वाले पद से मालिनी वृत्त बनता है। सोलह अक्षरों वाले पद से तिलगर्जित वृत्त बनता है।

अद्भुतं सप्तदशभिर्गिरिरष्टादशाक्षरैः।
शार्दूलादि दिगङ्कैश्च विंशत्याश्चातिवृत्तकम्॥ 28॥

इसी प्रकार सत्रह अक्षरों वाले पद से अद्भुत नामक वृत्त बनता है और अठारह अक्षर वाले पद से गिरिकर्णिका वृत बनता है। इसी में दिशा के अङ्क या उन्नीस अक्षरों वाले पद से शार्दूलविक्रीडित वृत्त और बीस अक्षरों वाले पद से अतिवृत्तक बनता है।

स्त्रग्धरा चैकविंशत्या मदना द्वाविंशतिभिः।
त्रयोविंशत्या मदन-लता मधुकरोऽर्कयोः॥ 29॥

इक्कीस अक्षरों वाले पद से स्त्रग्धरा वृत्त बनता है और बाईस अक्षरों वाले पद से मदना वृत्त बनता है। तेईस अक्षरों वाले पद से मदन-लता वृत्त बनता है। चौबीस अक्षर वाले पद से मधुकर वृत्त बनता है।

निबन्धः पञ्चविंशत्या गोविन्दश्च षड्विंशत्या।
सप्तविंशतिभिर्मुक्ताफलेत्थं वृत्तकानि च॥ 30॥

पच्चीस अक्षरों के पद से निबन्ध वृत्त बनता है। छब्बीस अक्षरों के पद से गोविन्द वृत्त बनता है। इसी तरह से सत्ताईस अक्षरों वाले पद से मुक्ताफल वृत्त बनता है— इतने सब वृत्त कहे गए हैं।

इत्यमनन्तर गणश्च्छन्दमाह —

मयौ रसौ तजौ भो नो गणाश्चाष्टौ लघुर्गुरुः।
छन्दस्सुदशकं चेति प्रोक्तं वै शास्त्रकौशलैः॥ 31॥

अब मैं गण और छन्द के बारे में कहता हूँ। गण आठ होते है उनमें लघु और गुरु दो भेद हैं। (म-य-र-स-त-ज-भ-न ये आठगण हैं। यथा— मगण, यगण, रगण, सगण, तगण, जगण, भगण और नगण)।[1] इसी तरह छन्द दस कह गए हैं, शास्त्र के कुशल जानकारों द्वारा ऐसा कहा गया है।

---

1. छन्दोमञ्जर्यामप्येवमुक्तम्— मस्त्रिगुरुस्त्रिलघुश्च नकारो भादिगुरुः भादिगुरुः पुनरादिलधुर्यः। जो गुरुमध्यगतो रलमध्यः सोऽन्तगुरुः कथितोऽन्तलघुस्तः॥ गुरुरेको गकारस्तु लकारो लघुरेककः। क्रमेण चैषां रेखाभिः संस्थानं दर्श्यते यथा॥ गण पहचानने का सरल सूत्र है 'यमाताराजभानसलगा' इस सूत्र में

समविषमवृत्तानि —

समारक्षरपदं वृत्तं यत्तच्छुद्धसमं भवेत्।

असमाक्षरपादं च भवेद् विषमसञ्ज्ञकम्॥ 32॥

समान अक्षरों वाले चारों पाद के जो वृत्त हैं, उन्हें शुद्ध सम वृत्त कहते हैं। असमानक्षरों वाले पद के वृत्तों को विषम वृत्त नाम दिया गया है।

समपादं तु पूर्वार्द्धमुत्तरार्द्धं च वृद्धिगम्।

समविषमं तु तन्नाम अन्तपादोऽधिको भवेत्॥ 33॥

पूर्वार्द्धे च भवेद् वृद्धिः समवच्चोत्तरं समम्।

पूर्ववच्चान्यविषमं विषमविषमं च तत्॥ 34॥

आदिस्तृतीयो विषमां द्वितीयो वा चतुर्थकः।

एकवर्णगतावेवं सम्पुटं च दिशन्ति तत्॥ 35॥

यदि पहला पाद तो सम अक्षरों वाला हो और उसका उत्तरार्ध पाद अधिक अक्षरों वाला हो तो उसे समविषम वृत्त नाम दिया गया है, जिसका अन्त पाद अधिक होता है। परन्तु, जिस वृत्त के पूर्वार्ध में अक्षर अधिक हो और उत्तरार्ध में समान अक्षर हो तो उसे समवच्चोत्तर समवृत्त कहते है। जिस वृत्त में पहला पद भी विषम हो और उत्तरपद भी विषम हो, दूसरा पद विषम हो या चौथा पद विषम हो— ये एक वर्णगत इस तरह होने पर सम्पुट और दिशन्ति कहलाते हैं।

अष्टाविंशत्यक्षरतः सप्तत्रिंशत्तथान्ततः।

भवत्यक्षरवृद्ध्या तद् गद्यानां दशकं तथा॥ 36॥

अट्ठाईस (28) अक्षरों से लेकर सैंतीस (37) अक्षरों के अन्त तक अक्षर वृद्धि होते-होते उस गद्य को (पद्य को?) दशक नाम दिया गया है।

आर्यावृत्तनाह —

यदा वृत्तेषु पूर्वार्द्धमुत्तरार्द्धसमं न हि।

ह्रस्व-लघु (ल या।), दीर्घ अथवा गुरु (ग या ऽ)। इससे इनको बनाना आसान हो जाता है। उदाहरण— यगण (।ऽऽ), मगण (ऽऽऽ), तगण (ऽऽ।), रगण (ऽ।ऽ), जगण, (।ऽ।), भगण (ऽ।।), नगण (।।।), सगण (।।ऽ)। इन्हीं गणों को पहचानने का अन्य सूत्र इस प्रकार है— आदि मध्या वसानेषु यरता यान्ति लाघवम्। भजसा गौरवं यान्ति मनो तु गुरु लाघवम्॥ अर्थात्— यगण (।ऽऽ) में आदि, रगण (ऽ।ऽ) रगण में मध्य, तगण में (ऽऽ।) में अन्त में लघु रहता है। भगण (ऽ।।) जगण में (।ऽ।), सगण में (।।ऽ) क्रमशः गुरु रहता है तथा मगण (ऽऽऽ) और नगण (।।।) पूरे गुरु और पूरे लघु युक्त होते हैं। छन्दशास्त्रों में यह वर्णन विशिष्ट रूप से मिलता है। विशेष जानकारी के लिए पुराणों में नारदपुराण, अग्नि और गरुडपुराण में छन्दशास्त्र द्रष्टव्य है।

आर्याभिधानकं तच्च भिन्नं वृत्तं च पादतः ॥ 37 ॥

जब वृत्तों का पूर्वार्ध उत्तरार्ध के समान नहीं होता, तो उसे 'आर्या' नामक वृत्त कहते है क्योंकि उसके पाद भिन्न-भिन्न अक्षरों में होते हैं।

कलिकाद्ये च नवमं मुक्ताफलकमन्ततः।
त्यक्त्वा समानाक्षराणि शेषवृत्तानि सन्ति च ॥ 38 ॥
एतानि वर्णवृत्तानि मात्रावृत्तं तु शेषकम्।

नवें कलिकादि से लेकर मुक्ताफल तक के छोड़कर शेष वृत्त समान अक्षरों के होते हैं। इतने वर्णिक वृत्त हैं, मात्रिक वृत्त शेष होते हैं।

द्विमात्रको गुरु ज्ञेय एकमात्रो लघुर्भवेत् ॥ 39 ॥
सानुस्वारो विसर्गान्तो दीर्घो युक्तः परश्च यः।
गुरुर्वा तु पदान्तस्थो द्विमात्रश्च लघुस्तथा ॥ 40 ॥

दो मात्रा को गुरु (ऽ) एक मात्रा को लघु (।) कहते हैं। अनुस्वार सहित विसर्ग के अन्त तक के स्वर दीर्घ (ऽ) कहे जाते हैं। पदों के अन्त में दो मात्रा गुरु या लघु होते हैं।

गुरोर्लघुगता मात्रा सूर्यभेदसमुद्भवा$_{12}$।
एवं छन्दोगणाः प्रोक्ताः विज्ञेयाः शास्त्रकोविदैः ॥ 41 ॥

गुरु और लघु मात्रा के बारह प्रकार होते हैं। इस तरह छन्दों और गणों को शास्त्रकोविद् पण्डितों ने जाना और कहा है।

इति सूत्रसन्तानगुणकीर्तिप्रकाशप्रोक्तृश्रीभुवनदेवाचार्योक्तापराजितपृच्छायां
शास्त्रच्छन्दनिर्णयाधिकारो नाम सप्तषष्टितमं सूत्रम् ॥ 67 ॥

इस प्रकार भुवनदेवाचार्य कृत सूत्रसन्तानगुणकीर्ति प्रकाश या अपराजितपृच्छा में
शास्त्रच्छन्दनिर्णयाधिकार नामक सड़सठवाँ सूत्र पूर्ण हुआ ॥ 67 ॥

गृहप्रासादसम्भूतच्छन्दभेदो नामाष्टषष्टितमं सूत्रम् ॥ 68 ॥

अपराजित उवाच —

छन्दश्च कथितं देव सर्वशास्त्राद्यसम्भवम्।
अन्यत्र छन्दभेदांश्च कथयस्व परमेश्वर ॥ 1 ॥

अपराजित बोले कि हे देव! आपने सर्वशास्त्रों के आदि में सम्भव होने वाले छन्दों के बारे में अब तक कहा। अब हे परमेश्वर! अन्यत्र छन्दभेदों को भी कहिए।

गृहप्रासादसम्भूताश्छन्दाः षटसञ्ज्ञकाः स्मृताः।
कथयस्व प्रसादेन तेषां निर्णयमादितः॥ 2॥
मेरुश्च खण्डमेरुश्च पताका सूचिका तथा।
उद्दिष्टं नष्टमित्युक्ताश्छन्दाः षड्बुधसम्मिताः॥ 3॥

गृह-प्रासाद के बनने के छह प्रकार की संज्ञा के छन्द कहे गए हैं। अस्तु, कृपा करके आप उनका निर्णय आरम्भ से ही कहिए। वे छन्द क्रमशः 1. मेरु, 2. खण्डमेरु, 3. पताका, 4. सूचिका 5. उद्दिष्ट तथा 6. नष्ट छन्द— छह प्रकार के बुद्धिमानों ने स्वीकृत किए हैं।

एषां प्रस्तारसन्दोहं मम भ्रान्तिहरं परम्।
त्वत्प्रसादेन देवेश छन्दशास्त्रसमुद्भवम्॥ 4॥

हे देवेश! इस सब का प्रस्तार-सन्दोह (प्रस्तार समुच्चयक्रम) बताकर मेरी परम् भ्रान्ति का निवारण आप छन्दशास्त्र का उद्भव बताकर कृपापूर्वक कीजिए।

विश्वकर्मोवाच —

प्रोक्ता भेदाश्छन्दसां षट् रिपुरान्तवेदोद्भवाः(?)।
भेदे शून्यं त्रयशून्यं वेदाशू [1]उपाङ्गषड्ध्वः॥ 5॥
खशून्या भवेदमुक्ता सङ्ख्यामिति छन्दोद्भवा ?।
प्रयुक्तशास्त्रछन्देषु भेदाश्च षड्विधाः क्रमात्॥ 6॥

विश्वकर्मा बोले कि छन्दों के छह भेद कहे गए हैं। (आगे का अनुमानित अर्थ है कि षट्रिपु— काम, क्रोध, लोभ, मोह, मद, मात्सर्य है, भेद से शून्य, तीन से शून्य, वेद के उपरान्त उपाङ्गों और षड्ध्व हैं— कलाध्व, तत्त्वाध्व, भुवनाध्व, वर्णाध्व, पदाध्व तथा मन्त्राध्व; वैसे ही शून्य या आकाश से उत्पन्न स्वर-संख्या से निष्पन्न छन्दों के) शास्त्र में प्रयुक्त छन्दों के क्रमशः छह प्रकार के भेद होते हैं।

लक्षणालङ्कारयुता भिन्ना अर्थार्थतस्तथा।
भिन्नास्तथैकाक्षरत इत्थं छन्दसमुद्भवः॥ 7॥

लक्षण अलङ्कारों से युक्त और अर्थ भिन्न-भिन्न अर्थों युक्त— इस तरह एक अक्षर से लेकर भिन्न तरह-तरह के छन्द निर्मित करते हैं।

श्रुतिस्मृतिपुराणानि मन्त्रमुद्राक्षराणि च।
मेरुच्छन्दसमुत्पन्नमाब्रह्मभुवनान्तकम्॥ 8॥

---

1. उपाङ्गवध्रकशवः ? इति प्रकाशित पाठः।

श्रुतियों में, स्मृतियों में, पुराणों में, मन्त्रों में व मुद्राओं में मेरुछन्द से उत्पन्न हुए छन्द पूरे ब्रह्म और भुवनों अर्थात् चौदह भुवनों के अन्त तक भी व्याप्त है।

माड-मौड-शुद्ध-शृङ्ग-तुङ्गार-सिंहकादिकाः।
प्रोक्ता च राजवेश्मादौ मेरुच्छन्दसमुद्भवाः॥ 9॥

उनके विविध नाम हैं— माड, मौड़, शुद्ध, शृङ्ग, तुङ्गार, सिंह आदि। अब मेरु छन्द से बनने वाले राजवेश्म अर्थात् राजभवनों, महल व प्रासादों के बारे में सबसे पहले कहता हूँ।

आनकणाभि सङ्घाटा गृहमालाकूटपञ्जरम्।
सम्भूता मेरुच्छन्दाच्च गृहा हर्म्यादिसञ्ज्ञकाः॥ 10॥

आणक या सेना के काम आने वाले दुन्दुभि नगाड़े, घण्टादिकों की जोड़ी तथा सैनिकों के छावनी- गृहमाला के कूट, किले पञ्जर आदि और हर्म्यादि नाम के भवन सभी मेरुछन्द से ही बने हैं।

तृणपट्टवाजिपूर्णखण्डपाण्डव एव च।
प्रयुक्ता मेरुच्छन्दादौ वास्तुविद्भिरुदाहृताः॥ 11॥

इसी तरह वास्तुविदों ने मेरुछन्द के प्रयोग से तृण, पट्ट, वाजि (बाण या अश्व), पूर्ण, खण्ड, पाण्डव आदि भेद भी बनाएँ।[1]

लतिना नागरा भौमा द्राविडाश्च विराटका।
सावन्धारा विमानाख्या मेरुच्छन्दसमुद्भवाः॥ 12॥

इन्ही की तरह लतिन, नागर, भौम, द्राविड़, विराट, सावन्धार, विमान के नाम की निर्मितियाँ भी मेरुछन्द से समुद्भूत है।

स्तम्भगर्भतीर्यमाना खण्डा वेणुकलादिकम्।
मेरुच्छन्दोद्भवा रेखाः प्रोक्ताश्च सुरवेश्मनाम्॥ 13॥

स्तम्भ गर्भ से निकलने वाली खण्ड, वेणु-पर्व, कलादि भी मेरु छन्दोद्भव ही है जो रेखा देव मन्दिरों के शिखरों पर बनती है।

---

1. वास्तुमण्डनम् में कहा गया है कि पट्टछन्द के अनुसार विविध भेदों वाली शालाएँ व अलिन्दादि होते हैं तथा इसके विपरीत तृणछन्द से सोलह अन्य भेद होते हैं। जिसमें उदयमान न्यून होता है उसकी संज्ञा पाण्डु हैं तथा इनमें वाजन विस्तृत होता है। इसी प्रकार जिसमें फलक के अंत का उच्छ्रेय चार हाथ तक हो, वह शेष छन्द होता है— पट्टच्छन्दे यथा भेदा शालाऽलिन्दादिका मताः। विपरीतास्तृणछन्दे षोडशैवं प्रकीर्त्तिताः॥ हीनोदयाः पाण्डुसञ्ज्ञा वाजिनस्तु ब्रुयेऽधिकाम्। फलकान्ते चतुर्हस्ता शेष छन्देषुवोच्छ्रयः॥ (वास्तुमण्डनम् 6, 6-7)

तथैक-त्रि-पञ्च-सप्त-नवशाखसमुद्भवम्।
प्रयुक्तं द्वारविधानं वास्तूपदेशका विदुः ॥ 14 ॥

प्रासादों के द्वार पर बनने वाली रेखाएँ एक, तीन, पाँच, सात, नौ शाखा तक बनती है, ऐसा विद्वान वास्तुशास्त्रोपदेशकों ने द्वार-विधान में प्रयुक्त किया है।

अथ मण्डपानि —

गूढो नृत्यश्चन्द्रालोको भद्रावलोकनादिकाः।
चतुःषष्टिः$_{64}$ समाख्याता मण्डपा मेरुछन्दतः ॥ 15 ॥

अब मण्डपों के बारे में कहता हूँ जो गूढ मण्डप, नृत्य, चन्द्रावलोकन, भद्रावलोकन आदि नामों से चौंसठ प्रकार के मेरुछन्द से बनने वाले कहे गए हैं।

वितानानि —

पद्मनाभिसभामार्गमन्दारभिन्नमिश्रकम्।
षड्विधं च वितानं स्यान् मेरुच्छन्दादुदाहृतम्॥ 16 ॥

इसी तरह सभामण्डपों के वितान भी यथा— पद्म, नाभि, सभा-मार्ग, मन्दार, भिन्न, मिश्रक ये छह प्रकार के वितान मेरुछन्दानुसार बनते हैं।

शाला नामानि —

कर्णजा भ्रमजाश्चैव भद्रजा गर्भजास्तथा।
मध्यजाः पार्श्वजाः ख्याताः शालाश्च मेरुछन्दतः ॥ 17 ॥

कर्णजा, भ्रमजा, भद्रजा, गर्भजा, मध्यजा, पार्श्वजा नाम वाली शालाएँ भी मेरुछन्द से बनती हैं।

पीठानि —

वेदीबन्धं श्रीबन्धाख्यं पङ्कजं भद्रकं तथा।
सुभद्रं तारकं पीठं मेरुच्छन्दोविनिर्गतम्॥ 18 ॥

इसी प्रकार वेदीबन्ध, श्रीबन्ध, पङ्कज, भद्रक, सुभद्र और तारक इन नामों की पीठ भी मेरुछन्द से ही निकली हुई है।

विविध लिङ्गनामानि —

सुरार्चितं चाद्यनादि स्वभु बाणं चतुर्थकम्।
शक्त्याख्यं वर्धमानं च लिङ्गं मेरुविनिःसृतम्॥ 19 ॥

सुरार्चितलिङ्ग, आद्यनादिलिङ्ग, स्वभुलिङ्ग, बाणलिङ्ग, शक्त्यालिङ्ग और वर्धमानलिङ्ग नाम के लिङ्ग भी मेरुछन्द से बने हैं।

वेदाश्रादि पीठिकाः —

वेदाश्रा वर्तुलाख्या त्रिकोणा तु षडंशका।

वेदिका पद्मिका चैव पीठिका मेरुच्छन्दतः ॥ 20 ॥

चतुरस्र, वर्तुल, त्रिकोण, षट्कोण, वेदिका, पद्मिका जैसी पीठिकाएँ भी मेरुछन्द से चली हुई हैं।

अथार्चा —

सीमा गर्भस्तथा द्वारं तलकोर्ध्वविभक्तिकम्।

अर्चा च षड्विधा प्रोक्ता मेरुच्छन्दसमुद्भवा ॥ 21 ॥

सीमा, गर्भ, द्वार, तलक, ऊर्ध्व, विभक्तिक— ये अर्चा भी छह प्रकार की कही गई हैं जो मेरुछन्द से ही बनती हैं।

नगरादीनां —

नगरं च पुरं ग्रामः खेटः कूटश्च कर्व्वटः।

एते च षड्विधा ज्ञेया मेरुच्छन्दविनिर्गताः ॥ 22 ॥

इसी प्रकार नगर, पुर, ग्राम, खेट, कूट, कर्व्वट— ये छहों भी मेरुछन्द से बने कहे गए हैं।

जलस्रोतादीनां —

वापीकूपतडागं च रथयन्त्रचक्रादिकम्।

प्रयुक्तं मेरुच्छन्देषु वास्तुविद्भिरुदाहृतम् ॥ 23 ॥

वापी, कूप, तड़ाग, रथ, यन्त्र, चक्रादिक— ये भी सब छहों वास्तुविदों ने मेरुछन्द से ही बने कहे हैं।

वेदीसिंहासनं छत्रं शय्याकवचमायुधम्।

वास्तुवेदे समाख्यातं मेरुच्छन्दसमुद्भवम् ॥ 24 ॥

वेदी (बाजोट), सिंहासन, छत्र, शय्या, कवच, आयुध— इन छहों को भी वास्तुवेद में मेरुछन्द से बने कहा गया है।

रथवीथ्यन्तरमार्गाश्च षट् पन्थान एव च।

प्रयुक्ता वास्तुविद्भिश्च मेरुच्छन्दसमुद्भवाः ॥ 25 ॥

इति छन्दादिनिकाशसङ्ख्याधिकारः।

रथवीथिका, अन्तरमार्ग और अन्य षट् पन्थान (भ्रमर, पुर, प्राकार, तोरण, अट्ट, अट्टालक व संवाध- ये षट्पद) आदि भी वास्तुविदों ने मेरुछन्द से बने कहा है।

मेरुच्छन्दवर्णनं —

पृथ्व्याकारो यथा छन्दो मेर्वाकारसमुद्भवः।
षड्विधं मेरुच्छन्दश्च षडत्रिंशच्छन्दभेदकाः$_{36}$ ॥ 26 ॥

पृथ्वी के आकार का जो छन्द है वह भी मेरु के आकार से ही बना है। इस तरह मेरुछन्द छह प्रकार का होता है जिसके भी छत्तीस भेद के छन्द होते हैं।

भेदैस्तत्र त्र्यष्टशतैर्दशभिर्गुणितैस्ततः।
चतुर्विंशत्सहस्राणि छन्दभेदाश्च सङ्ख्यया॥ 27 ॥

इन भेदों से भी चौबीस सौ के दशगुणे अर्थात् चौबीस हजार (24000) छन्दों के भेदों की संख्या बन जाती है।

इन्द्रोद्भवक्ष्मावृद्धी भूतकोणान्तमध्यमैः ?।
इषु प्राणेषु भक्षन्ती प्रत्येकविषमेपदम् ?॥ 28 ॥

इन्द्रोद्भव, क्षमावृद्धि, पञ्चकोण, अन्त और मध्यम पञ्चप्राणों (संभवतः 14 से आरम्भ कर एक की शुद्धि करते हुए ?) से भक्षण.. प्रत्येक विषम पदस्थ होने पर?

षड्भिर्नभशब्दैः[1] कोटिमेंरुच्छन्दे तु सङ्ख्यया।
तत्रोक्तमेवप्रमाणं सृष्टाऽम्भोजप्रकाशिना॥ 29 ॥

नाभिकमल से उद्भूत सृष्टा ब्रह्माजी ने तीन सौ साठ कोटि (षड्भि$_6$र्नभ$_0$शब्दैः$_3$ कोटिर्मेरु?) मेरुछन्द संख्या वाले ये सब प्रमाण सहित प्रकाशित किए हैं।

मेरुर्मेरूपमः कार्यः शरावस्येव चाकृतिः।
सृष्टिस्तदुद्भवा सूत्र पात्रे पात्रमिवापरम्॥ 30 ॥

मेरु को मेरु रूप में ही करना चाहिए। उसकी आकृति शराव (सकोरे) के समान होती है। सारी सृष्टि उसी मेरु से उत्पन्न हुई है और ऐसे प्रतीत होती है जैसे कि घड़े पर घड़ा रखा गया हो।

षट् छन्दभेदाः —

मेरुश्च खण्डमेरुश्च पताका सूचिका तथा।
उद्दिष्टं नष्टमिति षट् छन्दांसीह प्रचक्षते॥ 31 ॥

परम्परा में 1. मेरु, 2. खण्डमेरु, 3. पताका, 4. सूचिका, 5. उद्दिष्ट और 6. नष्ट—ये छह छन्द कहे गए हैं।[2]

---

1. 'षड्भिर्नभशद्वैः' इति प्रकाशित पाठः। यहाँ ब्रह्मा के किसी आद्यशास्त्र का वर्णन है। बृहत्संहिता के वास्तुविद्याध्याय में वराहमिहिर ने 'कमलभवान्मुनिपरम्परायातम्' कहकर इसकी ओर सङ्केत किया है।
2. नारदपुराण के पूर्वभाग के द्वितीय पादस्थ अध्याय 57 और गरुडपुराण के 212वें अध्याय में छन्दशास्त्र

छन्दस्य पुराख्यानमाह —

मृत्युभीतैः पुरा देवैरात्मनश्छन्दनायकः।
संस्मृतानीह छन्दांसि छादितैस्तैस्ततो [1]महीः ॥ 32 ॥

पूर्वकाल में मृत्यु के भय से आक्रान्त देवताओं ने अपने छन्दनायक के पास जाकर इन छन्दों का स्मरण दिलाया था। तब उसने इनको छाया देकर इस भूमि पर रहने के योग्य बनाया।

छन्दे-छन्दं समुद्दिष्टं वाससी कृतिरेव च।
छन्दोभिरावृतं सर्वं वन्द्यं सर्वत्र नान्यथा ॥ 33 ॥

तब छन्दों में छन्दों का प्रयोग करते हुए भवनों का निर्माण करके उन्हें उन्नत किया। अस्तु, सर्वत्र वे सभी छन्दों से आवृत्त होकर वन्दनीय बन गए, इसमें कोई भी बात अन्यथा नहीं है।

व्योम्नः पतते बिन्दु ?पतितो स बिन्दुगर्भतो भवेत्।
गुरुर्लघुर्लतायाश्च तस्य चाष्टौ समुद्भवाः ॥ 34 ॥

व्योम से जो बिन्दु भूमि पर गिरता है, वह बिन्दु भी गर्भ बन जाता है, उससे गुरु और लघुतादि आठों की उत्पत्ति होती है।

अथ प्रस्तारक्रमाह[2] —

आद्यगुरोरधोह्रस्वं पुनः शेषं यथोपरि।

के अनुसार प्रस्तार, नष्ट, उद्दिष्ट, एकद्वयादिगलक्रिया, संख्या तथा अध्वयोग- ये छह प्रणालियां बताई गई है। वास्तुशास्त्र में मेरु, खण्डमेरु, पताका, सूचिका, उद्दिष्ट और नष्ट- इन षट्च्छन्दों का वर्णन है। प्रस्तार विषयक श्लोक इस मातृका सहित अपराजितपृच्छा के प्रकाशित पाठ में भी त्रुटित अधिक हैं इसलिए पुराणमत और समराङ्गणसूत्रधार के अनुसार इन पर विमर्श किया जा सकता है। समराङ्गण के 26वें अध्याय में उक्त श्लोक 60वें क्रम पर है। मेरु प्रस्तार के अनुसार किसी छन्द में कितने लघु, कितने गुरु तथा एकाक्षरादि छन्दों में कितने वृत्त होते हैं, इसका ज्ञान होता है, ऐसा छन्दशास्त्रविदों का कथन है। मेरुप्रस्तार में नीचे से ऊपर की ओर आधा-आधा अङ्गुल विस्तार कम होता जाता है, छन्द की संख्या को दूनी करके एक-एक घटा दिया जाए तो उतने ही अङ्गुल का उसका अध्वा अथवा प्रस्तारदेश होता है। शिल्पियों से चर्चा में ज्ञात हुआ कि यह ईंटों-पत्थरों को जमाकर उठाने की विधि है और इसी से शिखर तक पहुँचने और उसकी सुदृढ़ता की स्थिति रहती है। मेवाड़-मालवा और गुजरात के शिल्पी प्रस्तार छन्द को पग-बाँधना और शिखरोर्ध्व को माथा-बाँधना नाम से कहते आए हैं।

1. 'महा: ?' इति प्रकाशित पाठः।
2. छन्दशास्त्र की भांति ही वास्तुशास्त्र में छन्द मत स्वीकार्य है। इच्छित वास्तु के लिए सम्पूर्ण गुरु अक्षर वाले पाद में प्रथम गुरु के नीचे लघु लिखना चाहिए, तदोपरान्त दाहिनी ओर की पङ्क्ति को ऊपर की पङ्क्ति के समान भरें अर्थात् शेष स्थानों में ऊपर के अनुसार गुरु-लघु लिखें। इस क्रिया को लगातार करें। इसे करते हुए ऊनस्थान अर्थात् बायीं ओर के शेष स्थान में सब गुरु ही लिखें और तब तक लिखें कि जब तक सभी लघु न आ जाएँ, इसे प्रस्तार कहा जाता है।

अङ्कभिः पूरयेत् पश्चाद् यावत् सर्वहतं पदम्॥ 35॥

पहला गुरु है। उसके नीचे ह्रस्व या लघु हो, पुनः जो शेष बचे वह ऊपर हो, इनको अङ्कों से बाद में पूरा करें जब तक कि सभी पद गुणित न हो जाए।

गुरोरधस्ताच्च गुरुं निधाय शेषं समानं परिलक्ष्य सम्यक्।
खण्डं प्रकुर्याद् गुरुपूरणार्थं यावत्पदं सर्वलघुस्थमेते॥ 36॥

गुरु के नीचे गुरु रखें, शेष को ठीक तरह से समान परिलक्ष्य करें। गुरु पूरण हेतु उसके खण्ड करते जाएँ जब तक कि सभी लघुत्व तक न पहुँच जाएँ।

भवन्ति प्रस्तारगताश्च [1]एते षट् सप्तमीप्रत्यय वै गृहाणाम्?।
ये नैव जानन्ति गुरुपदिष्टान् ते सूत्रधारा रिपवः प्रजानाम्॥ 37॥

इस तरह प्रस्तार करते जाने से— (छियोत्तर प्रत्यय?) गृहों के बनते हैं, इस गणित को जो गुरु के उपदेश से नहीं जानते, उन सूत्रधारों को प्रजाजनों का शत्रु ही मानना चाहिए।

एकाद्येकोत्तरान् कोष्ठान् विन्यसेदिच्छयात्मनः।
आद्यादारभ्य तद्वृद्धिर्यथास्यात्पार्श्वयोः समम्॥ 38॥

एक से एक उत्तर कोष्ठों को अपनी इच्छानुसार न्यसित करें। पहले से आरम्भ करके फिर उसे बढ़ाते हुए सभी दोनों पास वालों को एक जैसा समान बनाएँ।

मेरोरेकाधिका सङ्ख्या शरावस्येव चाकृतिः।
प्रथमे कोष्ठके रूपमन्तं यावच्च पार्श्वयोः॥ 39॥

मेरु की एक से अधिक संख्या होती है और उनकी आकृति शराव (सकोरे) के समान है। प्रथम कोष्टक का जो स्वरूप है, वह अन्त तक होगा और इसमें पार्श्ववर्ती के आकार को भी वैसा ही करना चाहिए।

आसनोर्ध्वस्थयोर्न्यस्येन्मध्ये सङ्कलितं पृथक्।
तस्मिन्निष्टविकल्पानां सङ्ख्या स्यादन्त्यपङ्क्तिगा॥ 40॥

इति मेरुछन्दः।

यह स्मरणीय है कि ऊर्ध्वस्थित इन दोनों के मध्य में अलग सङ्कल्पित स्वरूप

---

1. यह श्लोक ग्रन्थान्त के 236वें सूत्र में त्रुटितपाठ के रूप में जुड़ गया है : (चत्वार आद्यास्सुरवेश्मनां च) कर्तारएवामरवेश्मनां च दक्षाअपि प्रत्ययकान् षडेतान्। ये वै न जानन्ति गुरुपदिष्टास्ते सूत्रधारा रिपवः प्रजानाम्॥ यह माना जाए कि इन छन्दों में से आरम्भ के चार छन्द देवताओं के लिए मंदिरों हेतु होते हैं। कर्ता को इन छहों की गणित में दक्ष होना चाहिए। गुरु के उपदेश से जो इनका ज्ञान नहीं रखते, वे मानों जनता के वैरी ही सिद्ध होते हैं।

हो जाता है, पुनः इच्छित क्रिया-परिकल्पनाओं की वैकल्पिक संख्या अन्त की पङ्क्ति में मिल जाती है।[1]

अथ खण्डमेरु वर्णनं —

खण्डमेरुं तु विन्यस्येत् तद्वदेवैकपार्श्ववतः।
प्रवृद्धैः कोष्टकैस्तत्राप्यङ्काः प्राग्वत् फलं यथा॥ 41॥

अब खण्डमेरु के लिए कहते हैं कि उसी प्रकार से पार्श्व से खण्डमेरु का विन्यास करना चाहिए। उसके कोष्ठक प्रवृद्ध हों और अङ्क दूसरी पङ्क्ति में छोर तक, पहलों में शून्य रखें और अन्य कोष्ठों में भी पूर्व की भाँति, फल में भी वैसा ही करें।

तथा चान्य खण्डमेरु (पताकाच्छन्दश्च) —

अथापरः खण्डमेरुः कोष्ठांस्तत्रेष्टसङ्ख्या।
कृत्वैकापचितान् वामविभागापचितानधः॥ 42॥

इसके उपरान्त, दूसरे खण्डमेरु के विषय में कहा जा रहा है। वहाँ पर कोष्ठों को आठ की संख्या में रखना चाहिए। इस प्रकार इसमें नीचे से ऊपर कोष्ठ आठ होते हैं। इसके बाद (सम्भवतः पताका छन्दार्थ) एक-एक कम करते हुए नीचे के बायें भागों में भी कमी करते जाएँ।

एकाद्येकोत्तरानङ्कानाद्यपङ्क्तौ निवेशयेत्।
अन्यासु पङ्क्तिष्वाप्रान्तं शून्यानाद्येषु कल्पयेत्॥ 43॥
द्वितीयेषु च कोष्ठेषु तासामेकैक साधयेत्।
द्वितीयायां तृतीयादिकोष्ठकेषु यथाक्रमम्॥ 44॥
विकर्णयोगजानन्यानूर्ध्वाधोयोगसम्भवान्।
फलं विकर्णयोगात्थमेकस्मिन् परिकल्पयेत्॥ 45॥[2]

---

1. यह मत समराङ्गणसूत्रधार से प्रेरित है। इसे इस तरह भी स्पष्ट किया जा सकता है—आगे से आगे एक एक कोष्ठों को इच्छानुसार विन्यसित करें, आदि से प्रारम्भ कर तदनन्तर बढ़ते जाएँ, जब तक दोनों पार्श्वों का एक समान सम्पादन हो जाए तब मेरुछन्द निष्पन्न होता है। मेरु की एक से अधिक संख्या होती है और शराव के सदृश्य उसकी आकृति होती है। प्रथम कोष्ठ का जो रूप होता है, वही पार्श्वों का रूप बन जाता है। ऊर्ध्वस्थित इन दोनों के मध्य में पृथक् सङ्कल्पित रूप हो जाता है, दुबारा इच्छित क्रिया कल्पनाओं की संख्या अन्तिम पङ्क्ति से संयुक्त हो जाती है— एकाद्येकोत्तरान् कोष्ठान् विन्यसेदिच्छयात्मनः। आद्यादारभ्य तद्वृद्धिर्यथा स्यात् पार्श्वयोः समम्॥ मेरोरेकाधिका सङ्ख्या शरावस्येव चाकृतिः। प्रथमे कोष्ठके रूपमन्तं यावच्च पार्श्वयोः॥ आसनोर्ध्वस्थयोर्न्यस्येन्मध्ये सङ्कलितं पृथक्। तस्मिन्निष्टविकल्पानां सङ्ख्या स्यादन्त्यपङ्क्तिगा॥ (समराङ्गण. 26, 61-63)
2. ये श्लोक ज्यों के त्यों समराङ्गण. में आए हैं— खण्डमेरुं तु विन्यस्येत् तद्वदेवैपार्श्वतः। प्रवृद्धैः कोष्टकैस्तत्राप्यङ्काः प्राग्वत् फलं तथा॥ अथापरः खण्डमेरुः कोष्ठांस्तत्रेष्टसङ्ख्यया। कृत्वैकापचितान्

इति खण्डमेरुः ?।

एक से आरम्भ करके उनके बाद के अङ्कों को पहली पङ्क्ति में रखें, दूसरों को पङ्क्ति के किनारे आदि से शून्यों की कल्पना करें। दूसरे कोष्ठक में भी उनको एक-एक करके, दूसरे को तीसरे कोष्ठक में क्रमशः रखते जाएँ। अब विकर्ण का योग जानने हेतु और ऊपर नीचे के योग लाने के लिए विकर्ण योग के फल को एक जगह कल्पित कर लेना चाहिए। इसका आशय है कि एक जिनके आरम्भ में है और एक ही जिनके अन्त में है, इस प्रकार के अङ्कों की पहली पङ्क्ति में रखें। इसमें भी यही क्रिया करें, पुनः तृतीय आदि कोष्ठकों में क्रमशः विकरण-योग से उत्पन्न या ऊर्ध्वाध योग से उत्पन्न अन्य अङ्कों का विन्यास करें। पुनः विकरण-योग से उत्पन्न फल की एक कोष्ठ में प्रकल्पना करें।

एकाधिकानभीष्टायाः सङ्ख्यायास्तिर्यगालिखेत्।
कोष्ठोनेतांश्च रूपादींस्तन्मध्ये द्विगुणोत्तरान्॥ 46॥
एकोनं पृष्ठतस्तेषामेकं द्विगुणमग्रतः।
नातिक्रमेत् परां सङ्ख्यां पताकाछन्द उच्यते।[1]
गृहमालायुक्ताक्ष्यातं पताकानामकं विदुः॥ 47॥

इति पताकाछन्दः।

एक से अधिक जब अभिष्ट हो तो उन संख्याओं को तिरछे लिखें। इन कोष्ठों को रुपादि मध्य दुगुणे करते जाएँ, एक के पीछे एक रखते हुए आगे वालों को दुगुना करते जाए। अब संख्या का अतिक्रमण न करें तो इसे 'पताका' छन्द कहते हैं। इसी को विद्वज्जन 'गृहमाला' नाम से भी पताका छन्द कहते हैं। आशय यह है कि अभीष्ट संख्या को एक से अधिक तिरछे लिखें। मध्य में दुगुने-दुगुने अन्तः कोष्ठ-रूपादि का न्यास करें। उनमें से पीछे एक संख्या कम करें और अग्रतः एक को दुगुना कर यदि परा संख्या का अतिक्रमण न हो तो पताका-छन्द होता है।

वामविभागाचितानधः॥ एकाद्येकोत्तरानङ्कानाद्यपङ्क्तौ निवेशयेत्। अन्यासु पङ्क्तिष्वाप्रान्तं शून्यान्या(ना)द्येषु कल्पयेत्॥ द्वितीयेषु च कोष्ठेषु तासामेकैकमावयेत्। द्वितीयायां तृतीयादिकोष्ठकेषु यथाक्रमम्॥ विकर्णयोगजानन्यानूर्ध्वाधोयोगसम्भवान्। फलं विकर्णयोगोत्थमेकस्मिन् परिकल्पयेत्॥ (समराङ्गण. 26, 64-68)

1. ये श्लोक ज्यों के त्यों समराङ्गण. में आए हैं— एकाधिकानभीष्टया: सङ्ख्यायास्तिर्यगालिखेत्। कोष्ठानेकांच (तांश्च) रूपादींस्तन्मध्ये द्विगुणोत्तरान्॥ एकोनं पृष्ठतस्तेषामेकं द्विगुणमग्रतः। नातिक्रामेत् परां सङ्ख्यां पताकाछन्द उच्यते॥ (समराङ्गण. 26, 69-70)

अथ सूचीछन्दः —

तद्विनेष्टाद्यगा सङ्ख्यत्येकाद्यैस्तैस्ततो गृहे।
न्यताङ्कसङ्ख्याः सङ्ख्याः [1]गुरुलघ्वाद्यैः प्रकल्पिताः ॥ 48 ॥

अब सूचीछन्द के विषय में कहा जा रहा है। इसी प्रकार नेष्टाद्य संख्या को भी एक के बाद एक गृह में रखते जाए, उन अङ्क संख्या के न्यस्त रखने पर संख्या गुरु और लघु आदि प्रकल्पित होती है।

एकैकमिष्टस्थानेषुः लिखेत् सैकेष्वतः(सैकेश्वतः!) परम्।
अन्त्याद्दते पूर्वपूर्वयुक्तेनायोजयेत् परम्॥ 49 ॥

एक-एक को इष्टस्थान पर लिखते जाए और एक से आगे अन्त तक पहली-पहली युक्ति अनुसार जोड़ते जाए अर्थात् पुनः अन्त की छोड़कर पहले-पहले वाली को दूसरी-दूसरी से मिलाएँ।

अन्त्यादारभ्यं तद्वानावेकाद्येषु च पर्ययात्।
अलिन्दादिषु यत्र स्यात् सङ्ख्या सूचीं तु तां विदुः ॥ 50 ॥[2]

इति सूचीछन्दः।

इसी प्रकार अन्त से पुनरारम्भ कर पीछे लौटे, जहाँ पर पर्याय से अलिन्द आदि की रचना में यह संख्या निकले, उसे विद्वानों ने सूचीछन्द कहा है।

अथोद्दिष्टछन्द नष्टच्छन्दश्च —

उद्दिष्टे स्थापयेत् सङ्ख्यामुद्दिष्टां सम्भजेच्च ताम्।
दलयेद् रूपयुक्तां तु दलयेन्नाम सम्भवेत्॥ 51 ॥
लघुस्वरूपदलने सैकार्धे करणे गुरुः।
यावदिष्टपदाप्तिः स्याल्लघवोऽलिन्दकोदयः ॥ 52 ॥[3]

---

1. समराङ्गण में यहाँ पाठ है—'स्युलिन्दाद्यैः प्रकल्पिताः।' इसका आशय होगा कि उसको छोड़कर पहली आदि इष्ट संख्याओं से अंक-विन्यास वाली संख्याओं को अलिन्दों से प्रकल्पित कर एक-एक को इष्ट स्थानों में रखें।
2. ये श्लोक भी ज्यों के त्यों समराङ्गण. में मिलते हैं—तद्विनेष्टाद्यगा सङ्ख्येत्येकाद्यैस्तैस्ततो गृहे। न्यस्ताङ्कसङ्ख्याः सङ्ख्याः स्युरलिन्दाद्यैः प्रकल्पिताः॥ एकैकमिष्टस्थानेषु लिखेत् सैकेश्वतः परम्। अन्त्याद(द्द)ते पूर्वपूर्वयुक्तेनायोजयेत् परम्॥ अन्त्यादारभ्य तद्वनावेकाद्येषु च पर्ययात्। अलिन्दादिषु यत्र स्यात् सङ्ख्या सूचीं तु तां विदुः ॥ (समराङ्गण. 26, 71-73)
3. ये श्लोक भी समराङ्गण. में इसी रूप में हैं—उद्दिष्टे स्थापयेत् सङ्ख्यामुद्दिष्टां सम्भवे (जे)च्च ताम्। दलयेद् रूपयुक्तां तु दलयेनाग सम्भवेत्॥ लघुस्वरूपदलने सैकार्धे करणे गुरुः। यावदिष्टपदाप्तिः स्याल्लघवोऽलिन्दकोदयः ॥ (समराङ्गण. 26, 74-75)

इसी प्रकार उद्दिष्टछन्द के क्रम में इष्ट संख्या को स्थापित करें, पुनः उसको समान रूप से विभाजित करे। रूप वाली संख्या लघु स्वरूप के दलन में आधे सहित एक में जब गुरु बन जाए और इष्टपद की प्राप्ति हो जाए और सारे लघु हो जाए तब अलिन्द का उदय होता है अर्थात् लघु स्वरूप में बाँटने पर आधे गुरु करते हुए जब तक इष्ट पद न आए तब तक लघु अलिन्द बनते जाएँगे।

कृत्वा छन्दः समुद्दिष्टं तदन्ते लघुनि द्विकम्।
न्यसेदेकं गुरूणां च द्विगुणं द्विगुणं ततः॥ 53॥
व्यत्ययाल्लघुनः स्थाने द्विगुणादेककं गुरोः।
कुर्यात् तमाद्यस्थानाङ्कसङ्ख्यं नष्टे गृहं भवेत्॥ 54॥[1]

इत्युद्दिष्टनष्टछन्द।

इसी प्रकार चाहा गया छन्द करके उसके अन्त में दो लघु रखें फिर एक गुरु रखे फिर उनको दुगुना-दुगुना करते जाए। फिर लघु के स्थान पर दुगुने युक्त को परस्पर रखे फिर उसको आद्य संख्या स्थान तक ले तो इसे नष्ट गृह कहते हैं। आशय यह है कि छन्द को समुद्दिष्ट करके अन्त लघु में एक जोड़ा न्यस्त करें, फिर दुगुना-दुगुना गुरुओं कों विन्यास कर फिर इस क्रिया को पलट दे, लघु के स्थान में एक गुरु रखे तो नष्ट में आदि संख्या वाला गृह कहलाता है।

प्राप्तस्यैकं कोष्ठमेकैकवृद्ध्या न्यस्येदूर्ध्व पङ्क्यो यावदिष्टाः।
इष्टानेकादींल्लिखेदानुपूर्व्या कर्णेनाधः शून्यरूपे च दद्यात्॥ 55॥

कोष्ठक में एक रखकर एक-एक कोष्ठक में वृद्धि करते जाए; यह ऊपर की पङ्क्ति में रखते जाएँ जब तक की इष्ट की प्राप्ति न हो जाए, एकादि से इष्टों को लिखकर अनुपूर्व कर्ण के नीचे शून्य रूप में लिखें।

कर्णस्थाङ्कश्लेषतोऽङ्के भवेद् यस्तं विन्यस्येत् कोष्ठकेषु क्रमेण।
उद्दिष्टाङ्को भद्रसङ्ख्यानि मध्ये याभ्यः कर्णश्लेषतो मूषिकास्ताः॥ 56॥
एकादिषु द्विगुणितेष्विहः यावदिष्टमूषाक्रमव्युपहितेष्वथ तेषु विद्यात्।
उद्दिष्टवेश्मकृतनिर्गमभमार्गमूषासत्काङ्कसैकयुतिनिर्मितसङ्ख्यमोकः॥ 57॥[2]

---

1. तुलनीय— कृत्वा छन्दः समुद्दिष्टं तदन्ते लघुनि द्विकम्। न्यसेदेकं गुरूणां च द्विगुणं द्विगुणं ततः॥ व्यत्ययाल्लघुनः स्थाने द्विगुणादेककं गुरोः। कुर्या तमाद्यस्थानाङ्कसङ्ख्यं नष्टे गृहं भवेत्॥ (समराङ्गण. 26, 76-77)
2. ये श्लोक समराङ्गणकार के हैं। तुलनीय— प्राप्तस्यैकं कोष्ठमेकैकवृद्ध्या न्यस्येदूर्ध्वं पङ्क्तयो यावदिष्टाः। इष्टानेकादील्लिखेदानुपूर्व्या कर्णेनाधः शून्यरूपे च दद्यात्॥ कर्णस्थाङ्कश्लेषतोऽङ्के भवेद् यस्तं विन्यस्येत् कोष्ठकेषु क्रमेण। उद्दिष्टाङ्को भद्रसङ्ख्यानि मध्ये याभ्यः कर्णश्लेषतो मूषिकास्ताः॥ एकादिषु द्विगुणितेष्विह

कर्णस्थ अङ्कों के श्लेष से जो अङ्क बने उसको क्रमवार कोष्ठक में लिखे। चाही गई अङ्क संख्या भद्र संख्या के मध्य में इनको रखने से कर्ण श्लेष से मूषिका न आ जाए, इस प्रकार एकादि और द्विगुणादि अंक संख्याओं से मूषाक्रम विन्यास का बोध होता है। इच्छित भवन के आने-जाने के मार्ग की मूषा के अङ्क से एक युति निर्मित संख्या बनती है। इसका यह आशय भी है कि इस रचना में मात्र अलिन्दों का ही ज्ञान नहीं होता है अपितु गृह में मूषा अर्थात् अवलोकन, गवाक्षों का अवबोध भी होता है।

इति सूत्रसन्तानगुणकीर्तिप्रकाशप्रोक्तृश्रीभुवनदेवाचार्योक्तापराजितपृच्छायां
षट्छन्दनिर्णयाधिकारो नामाष्टषष्टितमं सूत्रम्॥ 68॥

इस प्रकार भुवनदेवाचार्य कृत सूत्रसन्तानगुणकीर्ति प्रकाश या अपराजितपृच्छा में षट्छन्द
निर्णय अधिकार नामक अड़सठवाँ सूत्र पूर्ण हुआ॥ 68॥

गृहोत्पत्तिहर्म्यादिराजप्रासादनिर्णयो नामैकोनसप्ततितमं सूत्रम्॥ 69॥

विश्वकर्मोवाच —

अथर्दानीं प्रवक्ष्यामि गृहस्योत्पत्तिलक्षणम्।
उत्पद्यते यथात्वाद्यं गृहादीनां तु सम्भवम्॥ 1॥

विश्वकर्मा ने अपराजित से आगे कहा कि अब मैं यहाँ गृहोत्पति के लक्षण कहता हूँ। अस्तु, गृहों के निर्माण की, सभी उत्पत्तियों को आदि से कहता हूँ।

घटिकान्नादोत्पत्ति प्रसङ्गं —

आचार्यैर्दिव्यज्ञानैश्च पूर्वानतपद्मासनैः।
षडिका (घटिका ?) याम्यहस्तेषु त्रिपातहस्तोधृता ?॥ 2॥
षडिका संस्थिता पृथ्वी तत्र नाद्यबिन्दूद्भवाः ?।
बिन्दुलया शिखा ज्ञेया सा सृष्टिश्चैवमुद्भवः ?॥ 3॥

पूर्वकाल में पद्मासन में बैठे हुए आचार्य ने दिव्यज्ञान को प्राप्त किया था। उन्होंने बायें हाथ में घटिका ली और उसे नीचे से हाथ धर के ऊपर को उठाया? जब घटिका भूमि पर रखी तो नादबिन्दु उपजा। उस बिन्दु लय को शिखा कहते हैं, वही सृष्टि के समुद्भव का कारण है?

यावदिष्टमूषाक्रमव्युपहितेष्वथ तेषु विद्यात्। उद्दिष्टवेश्मकृतनिर्गममार्गमूषासत्काङ्कसैकयुतिनिर्मित-सङ्ख्यमोक॥ (समराङ्गण. 26, 78-80)

बिन्दु वामा कृता रेखा वामावर्ते पूर्वोदिताः।
पूर्वापरगतास्त्वेवं सृष्टिसञ्ज्ञाविधानकम् ?॥ 4॥

इस नादबिन्दु के बायीं और होती हुई पूर्व से आरम्भ होने वाली रेखा को पूर्व से पश्चिम जाने से सृष्टि संज्ञा विधान अर्थात् सृष्टि नाम दिया गया।

आश्रमवास्तु —

ऐशान्या अग्निपर्यन्तमाश्रमं [1]वस्तुसम्भवम्।
आश्रयन्ति समस्ताश्च जीवा महितचेतसः॥ 5॥

ईशान कोण से अग्नि कोण तक 'आश्रम' नामक वास्तु बनता है। वहाँ समस्त जीव आश्रय ग्रहण करते हैं और निश्चित होकर अपने हित का चिन्तन करते हैं।

अथालयमाह —

आग्नेयां निर्ऋतिर्यावत् सदा सृष्टिर्विनश्यति।
इत्थमालयसञ्ज्ञा स्यात् सृष्टितोऽयं समुद्भवः॥ 6॥
आलयः सर्वसत्त्वानां सर्वभूतात्मनां हितः।
तदेवं लीयते सर्वमालयादिसमुद्भवम्॥ 7॥

अब आग्नेय कोण (पूर्व-दक्षिण) से नैर्ऋत्य कोण (दक्षिण-पश्चिम) तक सदा सृष्टि का विनाश होता है। इनको 'आलय' नाम दिया गया है, जो यहाँ सृष्टि में उत्पन्न होता है। यह आलय भी सभी प्राणियों, सभी सत्वों और उनके हितों की रक्षा करता है, उसी तरह से सभी आलय आदि में सब लीन हो जाते हैं।

कोष्ठका —

नैर्ऋत्यनिलसम्भूता सृष्टिस्त्वेवं समुद्गता।
कोष्ठकाभिधानमेतत् चतुरश्रीकृतं शुभम्॥ 8॥

इसके बाद, नैर्ऋत्य से लेकर वायव्य दिशा तक जो सृष्टि बनती है उसका नाम 'कोष्ठका' है, वह चौकोर और शुभ है।

छाद्यकं —

आच्छादितं तथा चोर्ध्वं तच्च कोष्ठभिधानकम्।
कोष्ठकं चतुर्हस्तान्तमाच्छाद्यं छाद्यकं विदुः॥ 9॥

---

1. मय ने वास्तु की अपेक्षा 'वस्तु' नामाभिधान ही दिया है। वस्तु ही मूल है। वस्तु से होने वाला पदार्थ वास्तु कहा जाता है। पृथ्वी प्रथम वस्तु है। इसके बाद प्रासाद, यान व शयनादि भी वास्तु की श्रेणी के अन्तर्गत है— अमर्त्याश्चैव मर्त्याश्च यत्र यत्र वसन्ति हि। तद्वस्त्विति मतं तज्ज्ञैस्तद्भेदश्च वदाम्यहम्॥ भूप्रासादयानानि शयनं च चतुर्विधम्। भूरेव मुख्यवस्तु स्यात्तत्र जातानि यानि हि॥ (मयमतम् 2, 1-2)

उस कोष्ठका (कोठे) में ऊपर से छत की छवाई कोठे के चार हाथ तक अर्थात् चार गज तक की जाए, उस छवाई को विद्वज्जन 'छाद्यक' कहते हैं।

आच्छाद्यं तु यदा क्षेत्रमेकहस्ताच्छतार्धतः।
आवेष्टितं खलीपाटं फलकं स्याद् गृहाङ्गणम्॥ 10॥

परन्तु, जब उसे एक हाथ से (गज माप से) लेकर पचास गज तक छवाई कर दें तो खलीपाट से आवेष्टित गृह के आङ्गन में फलक बन जाता है।

प्राकारमाह —

एक-द्वि-त्रिसहस्त्रैश्च हस्तैर्मानसमन्वितम्।
नगरेषु तथावेष्टकूटप्राकारसञ्ज्ञितम्॥ 11॥

यदि छवाई मान, माप एक, दो या तीन हजार गजों का हो तो उन नगरों में 'तथावेष्टकूट' प्राकार नाम दिया जाता है।

अथ गृहं —

चतुर्हस्तादितः क्षेत्रं शिरश्छाद्यं समोदये।
पूर्वे चैकद्वारयुतं गृहसञ्ज्ञं तदुच्यते॥ 12॥

चार गज तक के क्षेत्र को सिर की छवाई तक ऊँचा रखें, उसमें पूर्व की ओर एक द्वार रखें तो उसे 'गृह' नाम दिया गया है।

एकद्वारं भवेद्वेश्म पूर्वापरद्वार निलयः।
त्रिद्वारं करणं प्रोक्तं चतुर्भिश्चातुरं भवेत्॥ 13॥

एक द्वार वाले गृह को 'वेश्म' कहते हैं। इसी तरह यदि वेश्म में तीन द्वार हो तो उसे 'करण' कहते हैं और यदि वेश्म के चार द्वार हो तो उसे 'चातुर' नाम दिया जाता है।

षड्जात्युत्पन्नच्छन्दा भेदैर्भिन्ना द्विरष्टभिः$_{16}$।
इत्युक्तकमरूपाढ्या गृहसङ्ख्या त्वनेकधा॥ 14॥

इस तरह छह प्रकार के जातियों से उत्पन्न गृहों के भिन्न-भिन्न सोलह भेद होते हैं। इस प्रकार के क्रम से गृहों के रूपों से अनेक संख्या में गृह बनते हैं।

तृणपट्टौ छादने स्तः वाजिच्छन्दः शिलामयः।
खण्डच्छन्दो गृहमध्ये पूर्णच्छन्दो ह्यधोगृहम्॥ 15॥

तृण पट्टिका से छवाई वाले गृह को 'छादन' तथा शिलापट्टी से छवाई वाले गृह को 'वाजिछन्द' तथा गृह के मध्य भाग की छवाई वाले गृह को 'खण्डछन्द' तथा ऊपर नीचे तक की छवाई वाले गृह को 'पूर्णछन्द' नाम दिया जाता है।

पाण्डुच्छन्दस्तथाचैव भूम्यूर्ध्वं शैलजाश्रितः।
षण्णां तु छन्दसां प्रोक्तः सृष्टिकाले समुद्भवः॥ 16॥

यदि गृह भूमि से ऊँचाई पर अर्थात् पहाड़ों पर बना हो तो उसे 'पाण्डुछन्द' नाम से जाना जाता है। इस तरह सृष्टि के समय छह प्रकार के छवाई या छादन बताए हैं।

अथ हर्म्यादीनां —

एकभौमं द्विभौमं वा हर्म्यं स्याद्वा त्रिभौमकम्।
पट्टच्छन्दादिका भेदा हर्म्यादिवेशमसञ्ज्ञकाः॥ 17॥

अब हर्म्य के बारे में कहता हूँ। हर्म्य अर्थात् हवेलियों के भवन, एक मंजिल से लेकर दो, तीन मंजिल वाले तक होते हैं। इनके पाटने और छवाई के भेद हर्म्यादि वेश्म नाम से कहे गए हैं।

शालालिन्दक्रमच्छन्दे भेदा भिन्नास्तु षोडश।
चतुरुत्तरशतानि ह्येकशालप्रकारकाः॥ 18॥

शाला, आलिन्दों के क्रम भेद से सोलह प्रकार के भिन्न-भिन्न भेद होते हैं। एकशाल प्रकार से इनके एक सौ चार भेद हैं।

गुणितास्ते दशशतैर्लक्षमेकमतः परम्।
चत्वारि च सहस्राणि एकशालादिषु क्रमात्॥ 19॥

उनको दस सौ (1000) से गुणित करने पर एक लाख से भी परे तक हो जाते हैं। एकशाल से क्रमिक वृद्धि करते-करते चार हजार तक के प्रकार हो जाते हैं।

पट्टच्छन्दे यथा भेदाः शालालिन्दादितस्तथा।
विपरीतास्तृणच्छन्दे षोडशैव प्रकीर्तिताः॥ 20॥

पटछन्दों अर्थात् पटावों के जितने भेद है और शाला तथा अलिन्दों के जितने भेद हैं, उनके विपरीत ही तृणछन्दों के पटाव भी सोलह प्रकार के कहे गए हैं।

वाजिच्छन्दोऽधिकोच्छ्रायः पाण्डुर्हीनोदयात्मकः।
चतुर्हस्तं फलकान्ते शेषच्छन्दाः प्रशंसिताः॥ 21॥

वाजिछन्द नामक पटाव अधिक ऊँचा होता है, पाण्डुहीन पटाव उससे कुछ नीचा होता है; अन्य शेष पटाव सामान्यतः चार गज की ऊँचाई तक (फलकान्त) होते हैं, जो प्रशंसित माने गए हैं।

द्विपञ्चाशद् द्विशालानां प्रत्येकं द्विसहस्रतः।
स चतुःसहस्रं लक्षं द्विशालानां प्रकीर्तितम्॥ 22॥

बावन प्रकार की द्विशालाओं के प्रत्येक के दो हजार तक भेद होते हैं। इसी तरह की चार हजार लाख द्विशालाओं के भेद होते हैं।

द्विसप्ततित्रिशालानां प्रत्येकं त्रिसहस्त्रतः।

लक्षद्वयं त्रिशालानां तथा द्व्यष्टसहस्त्रकम्॥ 23॥

बहत्तर त्रिशालाओं के भी प्रत्येक के तीन-तीन हजार भेद होते हैं और त्रिशालाओं के दो लाख सोलह हजार भेद होते हैं।

चतुःशालगृहाणां षट्पञ्चाशच्च शतद्वयम्।

प्रत्येकं चतुःसहस्त्रगुणितं च भवेदिदम्॥ 24॥

चतुर्विंशतिसहस्त्रोतरं च दशलक्षकम्।

चतुःशालकभेदे तु हर्म्याणि च भवन्ति हि॥ 25॥

चतुःशाल गृहों के भेद भी दो सौ छप्पन होते हैं। इनमें प्रत्येक को हजार से गुणित करे तो ये दस लाख चौबीस हजार होते हैं। इस तरह से चतुःशाल भेद इन हवेलियों, हर्म्यों के होते हैं।

चतुर्दशलक्षाण्यष्टचत्वारिंशत्सहस्त्रतः।

मेरुसङ्ख्या तथा चेत्थं हर्म्यादिगृहेषु च॥ 26॥

तत्राष्टाष्टगता भेदा एकैकस्य तथैव च।

कोटिः पञ्चदशलक्षा वेदाशीतिसहस्त्रकम्॥ 27॥

इसी तरह से चौदह लाख अड़तालीस हजार संख्या भेद मेरु हर्म्यादि गृहों के होते हैं। इनके भी आठ-आठ भेद से अलग-अलग प्रकार से वे सब एक करोड़ पन्द्रह लाख चौरासी हजार हो जाते हैं।

एवं हर्म्यादिगृहाणां मेरुच्छन्दात् समुद्भवः।

इषुच्छन्दोद्भवाश्चान्ये तत्तुल्याश्चैव सङ्ख्यया॥ 28॥

इत्युक्तं हर्म्यादिवेश्म प्रासादानामतः परम्।

इस प्रकार हर्म्यादि गृह मेरुछन्द से बनते हैं और पाँच-पाँच छन्दों में और भी अन्य उतनी ही संख्या के बन जाते हैं। इस तरह अब तक हर्म्यादि वेश्म, भवनों के विषय में कहा गया।

प्रासादसञ्ज्ञक हर्म्यवर्णनं —

प्रासादा देवभूपानामन्येषां हर्म्यमुच्यते॥ 29॥

अब मैं प्रासाद नामक भवनों के बारे में कहता हूँ। राजाओं और देवताओं के

आवास को तो 'प्रासाद' और अन्य बड़े लोगों के आवास को 'हर्म्य' कहते हैं।[1]

माडश्च मौडः शुद्धश्च शिखरं च चतुर्थकम्।
तुङ्गारः सिंहकश्चैव षड् भेदा राजवेश्मनाम्॥ 30॥

राजभवनों के 1. माड, 2. मौड, 3 शुद्ध, 4 शिखर, 5 तुङ्गार, 6 सिंहक— इस तरह से छह भेद कहे गए हैं।

छाद्यघण्टाकूटैर्माडो मौडश्चोर्ध्ववरण्डिकः।
वरण्डिकाः सर्वभूषु शुद्धो बाह्यचतुष्कतः॥ 31॥

छाद्य या पटाव, घण्टा या घूमट, कूट कंगूरों से युक्त भवन को 'माड' कहते हैं; जिसके ऊपर की ओर ऊँची वरण्डिका अर्थात् दीवार या बरामदा हो उसे 'मौड' कहते है। जिसके चारों तरफ बरामदा अर्थात् वरण्डिका हो और बाहर से भी चौकोर हो उसे 'शुद्ध' नाम दिया गया है।

माडच्छन्दोद्भवे भद्रे भूमिशृङ्गाणि सन्ति चेत्।
तच्च मौडाभिधानं स्यात् प्रशस्तं राजवेश्मनि॥ 32॥

यदि माडछन्द से बनी हुई भद्रों में अर्थात् दीवारों में भूमिशृङ्ग हो तो अर्थात् कंगूरे हो तो उसको 'मौड' नाम से प्रशस्त राजभवन कहा है।

शिखरं शिखराकारं सुरसद्मादिसम्भवम्।
भद्रे भद्रे तवङ्गानि तुङ्गारा द्विगुणं गता॥ 33॥

जो पहाड़ी की चोटी, शिखराकार के भवन हैं जैसे सुर सद्मादि सम्भव अर्थात् मन्दिरों की आकृति वाला हो तो उसे 'शिखर भवन' कहते हैं। जिसकी हर एक दीवार पर तवङ्ग बने हों और ऊँचे-ऊँचे गुम्बज हो और जो दुगुनी ऊँचाई लिए हुए हो, उसे तुङ्गार भवन कहते हैं।

सिंहावलोकनं कुर्यात् सिंहकर्णैर्विभूषितम्।
एवं वै षड्विधं प्रोक्तं राजवेश्म सुखावहम्॥ 34॥

जिसके कोनों पर सिंहकर्ण-सी आकृति हो अर्थात् बड़े-बड़े कंगूरे हो, उसे 'सिंहावलोकन' भवन कहते हैं। इस तरह सुखदायी राजभवनों के छह प्रकारों के बारे में कहा गया।

मालिकानि कथ्यते —

मालिकानि यथोक्तानि कथयामि समासतः।

---

1. 'हर्म्यादि धनिनाम् वासः प्रासादो देव भुर्भुजाम्' इति अमरकोष (पुरवर्ग. 2,9)।

द्विशतहस्तविस्तीर्णं पञ्चषष्टिकरोच्छ्रयम्॥ 35॥
द्वारं सप्तदशहस्तं मध्यमं रङ्ग [1]सत्वरम्।
याम्येपरे उत्तरेषु उच्छ्रूयति विंशतिकरैः ?॥ 36॥

अब मैं मालिकाओं यानी महलों के बारे में संक्षेप में कहता हूँ। दो सौ हाथ अर्थात 200 गज की चौड़ी और 65 गज ऊँची और जिसके द्वार भी 17 गज ऊँचे हों और मध्य में रङ्गशाला हो तथा उभयपार्श्व से 20 गज की ऊँचाई से युक्त हो (वे मालिका कही जाती है, मेवाड़ में 'महल–मालिया' शब्द व्यवहृत है)।

राजा वा चक्रवर्ती वा खण्डजा मण्डलाधिपाः।
मुकुटध्वजा भूपालाः सामन्ता लघवस्तथा॥ 37॥

राजा हो, चक्रवर्ती हो, खण्डजा या खण्डपति हो, मण्डलाधिप हो, मुकट-ध्वजाधारी भूपाल हो अथवा छोटे सामन्तगण हों।[2]

छत्रधासः प्रतीहाराः खड्गधराश्चतुर्वराः।
वंशोपानद्धराश्चैव अङ्गरक्षा[3]चतुष्किका॥ 38॥

छत्रधारी स्तर का हो, प्रतिहार पद का हो, खड्गधारी पद का, चतुर और श्रेष्ठ पदधारक हो, पानधरा या पाणेरी वंश[4] का हो, अङ्गरक्षकों के या चौकीदारी पद पर हो।

सुभट्टैरभिभज्यन्ते साधु साधुजनाकुलैः।
राजगृहं सदासेव्यमीशस्य चामरैर्यथा॥ 39॥

महान् वीर हो, अभिजात्य वर्ग में अभिनन्दित हुए हों, साधुजनों में भी साधु मान्य हो अर्थात् बहुत ही सज्जन हो, सदा राजगृह की सेवा में रहते आए हों, अपने स्वामी के चामरधारी रहे हों।

दासीदासाः सूपकाराश्छत्रधाराश्चव्यञ्जनाः।
महिषी कुरुते देवी चामरधारी त्वमासन्ना॥ 40॥
तथा च केशबन्धाश्च जातीचम्पकग्रन्थिकाः।
कुङ्कुमश्रीखण्डहस्ता उद्वर्तनोत्तरिनायिकाः॥ 41॥

---

1. 'सत्करम्?' इति प्रकाशित पाठः।
2. यहाँ राजाओं की विविध कोटियाँ आई हैं। ग्रन्थकार ने आगे 81वें सूत्र में श्लोक 2 से 12 तक इनका विस्तार से वर्णन किया है। सूत्रधार मण्डन ने भी इसी को आधार बनाया है। (राजवल्लभ 5, 2–4)
3. 'चतुलिका' इति प्रकाशित पाठः।
4. 'पाणेरी' जैसे व्यक्ति का वर्णन अर्थशास्त्र में आया है, मेवाड़ में राजदरबार में जलप्रबन्धक के लिए पानेरी पद रहा है। आज भी पानेरी नामधारी लोग इसी मान्यता की पुष्टि करते हैं।

जिनके दासी-दास और रसोइयों की पूरी व्यवस्था हो, छत्र और व्यञ्जन-पङ्खे धारण करने का अधिकारी हों, जिनकी महिलाओं को महिषी की पदवी हो, जिनके पार्श्व में चामरधारी चलें— ऐसे अधिकार प्राप्त हो तथा जो केश के शृङ्गार में चमेली, चम्पक आदि पुष्पों की माला-गजरे आदि केश विन्यास के प्रसाधन प्रबन्धक के पद पर हो, जो शृङ्गारादि के लिए चन्दन लेप, कुङ्कुमादि तथा उबटन, उत्तरीय आदि के रखने की नायिकाएँ हो, उस पद पर काम करने वाली पदाधिकारी हो (इनके लिए मालिका गृह उपयोगी है)।

अक्षौ च त्रीमुने सै सर्वे नेन्द्रीपञ्जिचोरका।[1]
इष्टराज्ञीं सदा ध्यात्वा मुनिषोडशां तथा ?॥ 42॥

(वहाँ पर) अक्षक्रीड़ा[2] अर्थात् पाशों का खेल, इक्कीस (त्रीमुने) घरों वाला खेल, नयनबन्दी[3], पञ्जिचोरका[4] जैसी क्रीड़ाएँ हों और अपनी इष्ट रानी का सदा वैसे ही ध्यान रखें जैसे कि मुनियों की भी षोडशी युवती के प्रति कामुक दृष्टि बनी रहती है।

त्रिभूमिमध्यकर्त्तव्या मालिका क्रमतः स्थिता।

मालिका अर्थात् महलों को सदा त्रिभूमि मध्य अर्थात् तीन चौक पार करने के बाद क्रमवार, मध्य में बनाना चाहिए।

सूर्यवंशोद्भवाः शैवा वतरन्ति यदा महीम्॥ 43॥
तेषां वेश्मानि कार्याणि नान्येषां तु कदाचन।
एवं तु राजवेश्मानि कर्त्तव्यानि च सर्वदा॥ 44॥

---

1. 'अक्ष्णौ ? च त्रीमुने सै सर्वे नेन्द्रीप्रतिचोरका ?' इति प्रकाशित पाठः।
2. 'अक्षक्रीड़ा' में तीस पाशकों या सारिकों का प्रयोग होता जिसमें 15 श्वेत व 15 चित्रित पाशे होते थे— दशपञ्च सितास्तत्र दशपञ्च विचित्रता। त्रिंशद्देताः समाख्याता.... पाशककेलिषु॥ (मानसोल्लास 5, 13, 705)
3. 'दृड्मीलन' नाम से इस खेल का उल्लेख शार्ङ्गधरपद्धति में हुआ है जिसमें परस्पर अचानक आँखें बन्द कर दी जाती थी— इत्थं बालतया सखीभिरसकृद्दृड्मीलनाकेलिषु व्याषिद्धा रजनीमुखे च नयने स्वे गर्हते कन्यका॥ (शार्ङ्गधर. श्लोक 3942) सोमेश्वर ने दिखाई नहीं देने वाले स्थान में ऐसी ही तिमिर क्रीड़ा का वर्णन किया है जो राजा अपनी प्रेयसियों के साथ करता था— तथाविधं तमः कुर्याद्यत्र किञ्चिन्न लक्ष्यते। (मानसो. 5, 17, 935)
4. 'पञ्जिका' क्रीड़ा में राजा स्वयं स्त्रियों के साथ भाग लेता जो रूपसियाँ, प्रेमभाव से पूर्ण, विलास-विभ्रम से युक्त, परिहार रस को प्रसारित करने वाली व चतुर होती थीं— तरुणी रूपसम्पन्ना प्रेमभावसमन्विता। विलासविभ्रमे युक्ता परिहासरसप्रिया॥ आहूय चतुराःकान्ताः पञ्जीक्रीडाविशारदाः। ताभिः सह महीपालः पञ्जिक्रीड़ां समाचरेत्॥ (मानसो. 5, 16, 885-886) यदि यहाँ 'प्रतिचोरका' शब्द माने तो भागवत में निलयन क्रीड़ा का वर्णन हुआ है जिसमें एक जना चोर बनकर अन्य को ढूँढ़ता था। (भागवत. 10, 38, 27)

इस पृथ्वी पर जो सूर्यवंश में उत्पन्न होने वाले और शैवोपासक राजा हों[1], उनके लिए ऐसे सर्वाङ्ग वेश्मों का निर्माण करना चाहिए। किसी अन्य के लिए कभी ऐसे उन्नत महल नहीं बनाएँ, क्योंकि यह खानदान और उच्चकुल की मर्यादा रखने की बात है, अतएव ऐसे भवन सदा राजाओं के ही बनाने चाहिए।

इति सूत्रसन्तानगुणकीर्तिप्रकाशप्रोक्तश्रीभुवनदेवाचार्योक्तापराजितपृच्छायां गृहोत्पत्तिहर्म्यादिराजप्रासादनिर्णयाधिकारो नामैकोनसप्ततितमं सूत्रम्॥ 69 ॥

इस प्रकार भुवनदेवाचार्य कृत सूत्रसन्तानगुणकीर्ति प्रकाश या अपराजितपृच्छा में गृहोत्पत्ति हर्म्यादि राजप्रासाद निर्णय अधिकार नामक उनसठवाँ सूत्र पूर्ण हुआ॥ 69 ॥

भूधरादिब्रह्मनगरं सप्ततितमं सूत्रम्॥ 70 ॥

विश्वकर्मोवाच —

गृहाणि नृपदेवानां स्वर्गपातालवासिनाम्।
ब्राह्मणानां हितार्थाय नगरं वच्मि सम्प्रति॥ 1 ॥

विश्वकर्मा बोले कि अब मैं राजाओं और देवताओं, स्वर्ग व पाताल के निवासियों तथा ब्राह्मणों के हित के लिए रहने योग्य आवासीय नगरों के बारे में कहता हूँ।

---

1. ग्रन्थकार का यह सङ्केत सम्भवतः मेदपाट-मेवाड़ के सूर्यवंशी राजकुल की ओर है जो शैवोपासक हैं। सूर्यवंशी यह कुल गुजरात के आनन्दपुर से उठा हुआ है और गुहदत्त से चला है। एकलिङ्गनाथ इनके परमेश्वर और आराध्य है। यह मन्दिर कैलाशपुरी-उदयपुर में बना हुआ है। यहाँ से प्राप्त 971 ई. के शिलालेख में इसे प्रथम तीर्थ कहा गया है और उसमें मेवाड़ राज्य के संस्थापक बप्पा और नरवाहन के प्रबल प्रताप का यशोगान है। (जर्नल ऑफ बॉम्बे एशियाटिक सोसायटी, जिल्द 22, पृष्ठ 166-167, नागरी प्रचारिणी पत्रिका, भाग 1, पृष्ठ 256-259) राजप्रशस्ति नामक शिलोत्कीर्ण 17वीं सदी के अभिलेख में इस वंश की सूर्य, मन्वादि क्रम से परम्परा दी गई है। कर्नल जेम्स टॉड ने भी यह वंशावली दी है। यह भी एक महत्वपूर्ण सङ्केत है कि यह ग्रन्थ किसी सूर्यवंशी राजा के आश्रय में ही लिखा गया हो। इसी वंश में 'अपराजित' नामक राजा हुआ है जिसका अभिलेख कुण्डा नामक ग्राम से प्राप्त हुआ है। यह प्रशस्ति मार्गशीर्ष शुक्ला पञ्चमी, तद्नुसार 2 नवम्बर 661 ई. की है। वह शिवभक्त था किन्तु उसका सेनापति विष्णुभक्त था। उसकी पत्नी यशोमति ने कुण्डेश्वर के निकट विष्णु का मन्दिर बनवाया। (एपिग्राफिया इण्डिका जिल्द 4, पृष्ठ 31)
अपराजित के काल से ही मेवाड़ में स्थापत्य के स्थायी कार्यों की शृङ्खला दिखाई देती है। नागदा गाँव में तो 999 मन्दिरों की घण्टियाँ एक साथ बजती थीं— ऐसी अनुश्रुति चली आती है। सम्भव है कि उन स्थितियों को अङ्गीकार करके भुवनदेवाचार्य ने इस ग्रन्थ का प्रणयन किया हो, तब तक मेवाड़ में समराङ्गणसूत्रधार का भी पर्याप्त प्रचार हो चुका था। भोज ने नागदा-कैलाशपुरी के पास जलाशय खुदवाया, चित्तौड़गढ़ पर समीधेश्वर महादेव का मन्दिर बनवाया। इन स्थितियों और इस अर्थ में अपराजितपृच्छा पर समराङ्गण. का प्रभाव इस क्षेत्र में इस ग्रन्थ के प्रणयन का आधार बताता है। उक्त रचनाकार मरुभूमि और गुर्जरत्रा की परम्पराओं का भी अच्छा जानकार था।

भूधरं हेमकूटं च रत्नकूटं तृतीयकम्।
त्रिषु लोकेषु विख्यातं पूज्यं सुरनरोरगैः॥ 2॥

इनमें भूधर, हेमकूट, रत्नकूट प्रकार के ये तीनों लोकों में देवताओं, मनुष्यों और नागों में पूज्य हैं।

सहस्त्रैरधमं हस्तैर्मध्यं सार्धसहस्त्रकैः।
द्विसहस्त्रैर्भवेज्जयेष्ठं त्रिविधं हस्तसङ्ख्यया॥ 3॥

जो नगर हजार गज के हों उन्हें अधम, डेढ़ हजार गज के हों उन्हें मध्यम और दो हजार गज के हो उन्हें ज्येष्ठ कहा जाता है। इस तरह गज संख्या के अनुसार तीन प्रकार के अधम, मध्यम और ज्येष्ठ नगर होते हैं।

कनिष्ठं चाष्टभागैश्च मध्यं च दशभागतः।
ज्येष्ठं द्विरष्टभागैश्च पदसङ्ख्या त्रिधोदिता॥ 4॥

कनिष्ठ नगर के आठ भाग, मध्यम के दस भाग और ज्येष्ठ के सोलह भाग के अनुसार पद संख्या भी तीन तरह की होती है।

चतुःषष्टिः कनिष्ठं च शतं मानं तु मध्यमम्।
द्विशतं तु भवेच्छ्रेष्ठं षट्पञ्चाशत्पदायतम्॥ 5॥

इस तरह कनिष्ठ नगर के चौंसठ पद, मध्यम नगर के सौ पद और ज्येष्ठ नगर के दो सौ छप्पन पद का आयतन, विस्तार होता है।

द्वात्रिंशद्धस्तमधमं द्विचत्वारिंशद्भिर्मध्यम्।
ज्येष्ठं द्विपञ्चाशद्धस्तं गृहाणां तु प्रमाणतः॥ 6॥

इसी तरह बत्तीस गज को अधम, बयालीस गज को मध्यम और बावन गज को ज्येष्ठ गृह का प्रमाण है।

कनिष्ठं पञ्चशतकं मध्यं सार्धसप्तशतम्।
सहस्त्र तु भवज्ज्येष्ठं गृहसङ्ख्या यथाक्रमात्॥ 7॥

कनिष्ठ पाँच सौ का, मध्यम साढ़े सात सौ का और ज्येष्ठ एक हजार गज का— इस क्रमानुसार तीनों गृहों की संख्या होती है।

कनिष्ठे नवमार्गाश्च मध्यमे च त्रयोदश।
कुर्याज्ज्येष्ठे सप्तदश मार्गसङ्ख्या प्रकीर्तिता॥ 8॥

कनिष्ठ नगर के नौ मार्ग होते हैं, मध्यम नगर के तेरह और ज्येष्ठ नगर के सत्रह मार्ग संख्या कही गई है।

एक-द्वि-त्रिक्रमात्प्रोक्ताश्छन्दाश्च विबुधैर्युताः।
मर्त्यलोकेषु सम्प्राप्ताः स्वर्गपातालभूषणाः॥ 9॥

एक, दो और तीन क्रम से विद्वान शिल्पशास्त्रियों ने छन्द कहे हैं जो मृत्युलोक, स्वर्गलोक और पाताललोक में भूषण रूप में माने गए हैं।

चतुरश्रं समं क्षेत्रमायव्ययविशोधितम्।
आदिगर्भं प्रकुर्वीत भुजकर्णविशोधितम्॥ 10॥

चौकोर क्षेत्र को समतल करके उसके आय और व्यय को शोधित करें, फिर भुजाओं के कोनों से शोधित कर्ण रेखाओं से आदिगर्भ निश्चित करें।

भाजयेदष्टभागंस्तु आयामं विस्तरं समम्।
एकांशं च त्रिधा कृत्वा चोभयोश्च समन्ततः॥ 11॥

तदनन्तर आयाम को आठ से भाग दें और उसी के समान विस्तार को भी आठ से भाग दें। फिर, जो एकांश आए उन्हें तीन-तीन भागों में दोनों के रख दें अर्थात् आयाम के तीन और विस्तार के तीन भाग होंगे।

मध्यकोष्ठं परित्यज्य अष्टसद्मैश्च जायते ?।
पूर्वापरे च द्वाराणां याम्यकौबेरसंस्थितौ ?॥ 12॥

इस तरह मध्य कोष्ठ को छोड़ने पर आठ घर बन जाते हैं जिससे पूर्व-पश्चिम के द्वार और उत्तर-दक्षिण के द्वार बन जाते हैं।

सर्वेषामीदृशं छन्दश्चतुःषष्टिदेषु च।
ब्रह्मस्थाने गृहाश्चैव पादानां च चतुष्टये॥ 13॥

इसी तरह चौंसठ पदों के छन्दों में भी ऐसे ही बनते है, केवल उनके गृहों के ब्रह्मस्थान में चार पाद होते हैं।

गृहाणां गृहसङ्ख्या च द्वात्रिंशद्भिः करैर्मता।
ब्रह्मवंशयोर्द्वयोश्च चतुर्थांशकराः स्मृताः॥ 14॥

उनमें गृहों की बत्तीस गज की गृह संख्या बनती है और ब्रह्म अंश के दो पद चतुर्थांश गज माने गए हैं।

चत्वरे द्वादशमार्गाश्चत्वरे षोडशान्विताः।
नवमार्गकृता सङ्ख्या निर्मिता विश्वकर्मणा॥ 15॥

इनके चारों ओर बारह मार्ग और चारों और सोलह मार्ग या चारों और नौ मार्ग रखना चाहिए—इस संख्याक्रम को विश्वकर्मा ने निर्धारित किया है।

सीमा करसहस्त्रं तु आयामो विस्तरः समः।
चतुःषष्टिपदं कुर्याद् ब्रह्मरन्ध्रप्रमाणतः॥ 16॥

यदि क्षेत्र की सीमा एक हजार गज हो और आयाम भी उसके ही समान एक हजार गज का हो तो उसको भी चौंसठ पदों में विभाजित करें और उसमें भी ब्रह्मरन्ध्र अर्थात् मध्य का रिक्त भाग प्रमाणानुसार ही रखें।

नगरस्य केन्द्रे ब्रह्मप्रासादं —

चतुर्मुखं चतुर्द्वारं चतुर्वक्त्रं पितामहम्।
कुर्यान्नगरकेन्द्रे च प्रासादं कमलोद्भवम्॥ 17॥

इस तरह का क्षेत्र विभाजन करके नगर के केन्द्र में कमलोद्भव ब्रह्मा का प्रासाद, मन्दिर को बनाएँ जिसके चारों और चार द्वार हो जो ब्रह्मा के चारों मुखों के दर्शन सुलभ करा सकें।

चतुरो वरुणाद्यांश्च चतुर्दिक्षु यथाक्रमम्।
महास्थानेषु चत्वाराश्चतुःकर्णेषु संस्थिताः॥ 18॥

इसी तरह उस नगर के चारों दिशाओं में वरुणादि चारों देवों को स्थिति दें और क्रम से चारों कोनों के महास्थान में भी देवताओं के मन्दिर बनाएँ।

सीमान्तेषु च सर्वेषु चतुःषष्ट्यादिसाधिते।
प्राकार उत्तमः कार्यो नवहस्तैः समुच्छ्रितः॥ 19॥

नगर के सभी सीमान्त भागों पर चौंसठ पदों के साधने के पश्चात् नौ गज ऊँची उतम दीवार या प्राकार बनाएँ।

द्विहस्तोच्छ्रिता च कार्या त्रिगूढा कण्डवारणी।
तत्तुल्योदयमाना कपिशीर्षैधनाकुला॥ 20॥

उस प्राकार के ऊपर भी दो गज की ऊँचाई की त्रिगूढ़ा कण्डवारणी अर्थात् तीन खण्डो की डोली बनाएँ। उसमें दो गज की ही ऊँचाई के कंगूरे पास-पास बनाएँ।

कर्णे कर्णे तु कर्त्तव्या वृत्ताट्टालकशोभना।
(त्रि)सहस्त्रान्ते पुनः कुर्याद्योधविद्याधरीं तथा॥ 21॥

इस परकोटे के प्राकार के प्रत्येक कोने के भाग में गोलाकार गुम्बद युक्त अट्टालिका शोभायमान करें। इसी तरह प्राकार के प्रति तीन हजार गज की दूरी पर पुनः योध विद्याधरी अर्थात बारहदरी बनाएँ।

तत्तद्भागप्रमाणेन कुर्यात् सिंहावलोकनम्।
प्रतोलीनां तु चत्वारि चक्रद्वाराणि कल्पयेत्॥ 22॥

उस बारहदरी में भी उसके उचित भाग प्रमाण से सिंहावलोकन अर्थात् गोखड़े, झरोखें बनाएँ। उस नगर की प्राकार में चार बड़ी-बड़ी पोलें बनाएँ। उनके सुदृढ़ चक्रद्वार अर्थात् घूमने वाले किंवाड़ बने हुए हों।

अष्टौ सटक्क्या द्वाराणि प्रशस्तानि शुभानि च।
खटक्की सर्वद्वारेषु कुर्यात् सोपानसञ्चयम्॥ 23॥

इसी तरह प्रत्येक पोल के अलावा प्राकार के चारों दिशाओं में दो-दो खिड़की द्वार अर्थात् छोटे आवागमन के द्वार— इस तरह चारों और आठ द्वार भी बनाएँ जो प्रशस्त और शुभ माने गए हैं। साथ ही यह भी ध्यान रखें कि इन सभी खिड़की द्वारों में छोटी खिड़की भी अवश्य रखें जिसमें से निकलने के लिए सीढ़ियाँ बनी हों ताकि उन पर चढ़कर खिड़की से आवागमन हो सके।

रथमार्गोद्भवं शस्तं प्रतोलीषु प्रवेशनम्।
कपाटाः सर्वद्वारेषु दृढार्गलयुतास्तथा॥ 24॥

बड़े-बड़े यानों के मार्ग रथमार्ग अथवा राजमार्ग सदा पोलों से होकर ही जाने वाले प्रशस्त कहे गए हैं। साथ ही ध्यान रखें कि इन पोलों के कपाट अर्थात् किंवाड़ भी दृढ़ हो और उन्हें बन्द करने के बाद उनकी दृढ़ता के लिए उनके भीतर से अर्गला आगलों की वल्लियों को खिसकाने (अर्गलक्रिया, आगलकिया) की भी व्यवस्था हो।

प्रोक्तस्तम्भ च कीर्तिस्तम्भं —

विस्वाद्विपेषुरा सर्वमाज्ञातं सांशुभः निद्वौ ?।
प्रोक्तस्तम्भो ध्वजास्तम्भः कीर्तिस्तम्भो महान्तथा॥ 25॥

प्रत्येक प्रतोली द्वार पर सबको सूचित करके दो-दो शुभ हाथियों को बसाने की सुविधा करें ? तथा हर एक पोल के पास 'प्रोक्त स्तम्भों' अर्थात् सूचनापट्ट आदि लगाने के स्तम्भों की व्यवस्था हो। हर एक पोल पर ध्वज स्तम्भ की व्यवस्था भी हो। इसी प्रकार बृहद् कीर्तिस्तम्भों की भी व्यवस्था हो जिससे राज परिवार, नगर के कीर्तिमान गर्णो, घटनाओं और गौरव की जानकारी भी समस्त आने-जाने वाली जनता को मिलती रह सके।[1]

---

1. कालिदास ने जयस्तम्भ का वर्णन किया हैं। विजय मनाने के लिए बनाया गया स्तम्भ जयस्तम्भ कहा जाता है- निचखान जयस्तम्भान् गङ्गास्रोतोऽन्तरेषु सः। (रघुवंशम् 4, 36)

षड्विधं तदधः पीठं मालिकास्त्वेकविंशतिः$_{21}$ ।
तन्मध्ये देवताः सर्वे स्वर्गपातालवासिनः ॥ 26 ॥

उस कीर्तिस्तम्भ के अधःपीठ की रचना छह प्रकार की कही है। उस पर बनी हुई मालिकाएँ इक्कीस बनाई जाए और उन इक्कीस मालिकाओं में समस्त स्वर्ग, पाताल निवासी देवताओं की स्थापना करें।

महाराणा कुम्भा ने कीर्तिस्तम्भ निर्माण पर 'स्तम्भराज' ग्रन्थ का प्रणयन किया है। चित्तौड़गढ़ पर कुम्भा का बनवाया कीर्तिस्तम्भ वर्तमान है। यहाँ लगी प्रशस्ति में इसका वर्णन है— कीर्तिस्तम्भमकारयेत्सरणधीरभ्रंलिहाग्रं समाधीशासर्वसुपर्वराजहरिति क्रीडानिवासं श्रियः। यत्रागत्यसुराङ्गनाः सकलभूसाम्राज्यलीलानिधेरस्येन्द्रस्य नितम्बिनीजनकृतान् पश्यन्ति लीलारसान्॥ इसी की एक शिला पर स्तम्भराज को उत्कीर्ण किया गया था। देश में यह एकमात्र शिलोत्कीर्ण वास्तुशास्त्र है। इसमें कई देवी-देवताओं को समर्पित स्तम्भों के निर्माण की विधियाँ दी गई हैं। इसके प्रारम्भ में वनावली में सङ्गीत साधिका भगवती सरस्वती की आराधना करते हुए लक्ष्मी के हृदय निवासी विष्णु का स्मरण है। तदनन्तर विश्वकर्मीय योगदान का सन्दर्भ देते हुए कुम्भा स्तम्भों के लक्षणों को कहते हैं, जैसा कि जय ने कहा था। जय और अपराजित ने भी अपने विद्याभ्यास में इन लक्षणों को तीन प्रकार से बताया। ये स्तम्भ क्रमशः इन्द्र, ब्रह्मा और विष्णु के लिए बनाए जाते थे। इन्द्र के लिए कीर्तिस्तम्भ की ऊँचाई 65 गज, विष्णु के लिए 108 और ब्रह्मा के लिए कीर्तिस्तम्भ का उदयमान इन्द्र व विष्णु के स्तम्भ का मध्यमान वाला होगा। इस प्रकार कीर्तिस्तम्भ उत्तम, मध्यम और निम्न मान का बनता है किन्तु जो भी कीर्तिस्तम्भ शास्त्रोक्त विधि से बना हो, वह उत्तम होता है। इसको 14 भागों में विभाजित किया गया है। इसको तारकाकार पीठ पर बनाने का सङ्केत है जो अपराजित. में भी आया है। यह मेरुच्छन्द में बनाया जाता है।

इस खण्डित अभिलेख का आरम्भ इस प्रकार है—स्वस्ति। श्रीमत्सकलकविताकदलीकदम्बबन्धुःकोमुल्लासः स्फुरतु सुकवेश्चारु सङ्गीतदेव्याः। सान्द्रानन्दं दिशतु शोचिश्च वि...क मूर्तिर्लक्ष्मीवक्षस्थल कमलिनी कोशदेश द्विरेफः॥ 1॥ श्रीविश्वकर्मा(ख्य)महार्यवीर्यमाचार्यमुत्पत्तिविधावुपास्य। स्तम्भस्य लक्ष्मातनुते नृपालः श्रीकुम्भकर्णे जय भाषितेन॥ 2॥ जयपराजित मुखैर्भणितस्य त्रिधा यथा। इन्द्रस्य ब्रह्मणाश्चापि विष्णोर्नामभिरङ्कितः॥ 3॥ पञ्चषष्टि करोच्छ्रायः शक्रस्तम्भो विधीयते अष्टोत्तरं शतं हस्ता विष्णुस्तम्भसमुच्छ्रय... द्वयोर्मध्यमं मानं ब्रह्मस्तम्भस्य तन्मत्रम् उत्तमादिभिदायोगात्स प्रत्येकं त्रिधा भवेत्। (...) उत्तमं भेदामारूढो ब्रह्मस्तम्भोयमिष्यते। अमुष्योत्तमता प्रोक्ता मुख्यमान समाश्रयात्॥ 4॥ मे(घ)मानं विभजेच्चतुर्दश विभा(जयेत् तथा?)। एक भागमितं पक्षे चेकस्मिन्पीमा(न् भवे?)त॥ 5॥ चतुर... स्थिरं तारकासंज्ञकं तस्या तत्रैव ... रपत्रीत्यनुक्रमात्। विमान छन्दसा....यां दिशि तद्वारमाद्य भूपो प्रकल्पये... भाग.... क॥ 8॥ भमन्ते नमितंत्यमद्ये.......... कर्म्म मनोहरम्॥ 9॥ मेरो पृ... (हैण्डबुक टू विक्टोरिया हॉल म्यूजियम उदयपुर, राजस्थान राज्य पुरातत्वविभाग, जयपुर 1961, पृष्ठ 11 क्रमांक 38 व शिलालेख संख्या 10)

इसके कुछ और अंश प्राप्त हुए हैं जिनके श्लोकों में वही मत है जो कि 'अपराजितपृच्छा' और 'ज्ञानप्रकाशदीपार्णव' के स्तम्भ निर्माण निर्देशों के सम्बन्ध में कहा गया है। बहुत सम्भव है कि जयता अथवा मण्डन ने ही इस ग्रन्थ का प्रणयन किया हो और इसको नृपैच्छा से उत्कीर्ण किया गया हो। इसका उत्कीर्णकर्ता पोमा रहा होगा जिसकी मूर्ति कीर्तिस्तम्भ के पञ्चमखण्ड में इस अभिलेख के साथ विद्यमान है— 'स्वस्ति श्री संवत् 1510 वर्षे श्रावणसुदि सोमवारे कीर्तिस्तम्भ राणा कुम्भकरणं कारापितं सूत्रधार जइता पुत्र नापा भूमि चूथी।'

मेरुच्छन्दभवः स्तम्भो ब्रह्माण्डसदृशः पुरः।
तदुपरि शिवमूर्तिः शक्तिस्त्रिज्योतीरूपिणी॥ 27॥

इसी तरह जो कीर्तिस्तम्भ बनेगा, वह मेरुछन्द का बना हो और पूरे ब्रह्माण्ड के सदृश हों अर्थात् उसमें समस्त सृष्टि की रचना मूर्तिकलारूप में प्रदर्शित हो। उस कीर्तिस्तम्भ के ऊपरी भाग में तीन ज्योति रूपिणी शक्तियों के साथ शिवमूर्ति की स्थापना करें।

तदर्थे मेरुच्छन्दमाह —

मेरुच्छन्दः समाख्यातः विभागान् शृणु साम्प्रतम्।
चतुरश्रं समं कृत्वा तारकं पीठमुत्तमम्॥ 28॥

अब मेरुछन्द के विभागों के बारे में कहता हूँ, उसे सुनो। चौकोर क्षेत्र को समतल करके उत्तम तारक-पीठ बनाएँ।

उक्ताश्च चतुरशीतिः कीर्तिस्तम्भा विभागशः।
समस्ता उत्सेधभागाः शतमष्टोत्तरं स्मृताः॥ 29॥

उस पीठ पर चौरासी प्रकार के कीर्तिस्तम्भ विविध विभागों के अनुसार बनते हैं। उन सभी की ऊँचाई के भाग एक सौ आठ कहे गये हैं।[1]

---

1. वास्तुविद्या और ज्ञानप्रकाशदीपार्णव में पाँच प्रकार के ही कीर्तिस्तम्भों का वर्णन आया है। उक्त पाठ भी प्रासङ्गिक है — कीर्तिस्तम्भलक्षणम्— अथातः सम्प्रवक्ष्यामि कीर्तिस्तम्भस्थ लक्षण। पुराण भूषणार्थाय राज्ञादि विजया यत्र॥ 1॥ वापिकूपतडागानां कुण्डानां पुष्करादिनाम्। ध्वजास्तत्रैव कर्तव्या सर्वमानेन लक्षयेत्॥ पुरे च नगरे चैव कूटं कुर्यात् ध्वजरुहा। गजगृहे रथो वापि ध्वजास्तत्रैव कारयेत्॥ कण्टका सफलतव्यज्ञै महाराज ध्वजेद्भवा। यत्र गजा ध्वजास्तत्र अनेकाकार रूपिण्मि्॥ विधातव्या पताकैश्च राज्ञा च मानया। सङ्ग्राम रोहणे पताका गजारोहे मनोरमा॥ वसन्तादिकोत्सवेषु ध्वज सर्वेषु शोभना। नगरे पुरे ग्रामादौ होलिकायां महोत्सवे॥ राज प्रवेशे नगरेषु नृत्यमाण्डो महोत्सवे। दिव्य वस्त्र पताका च तोरणैर्युस्वसम्भवे॥ ततस्ता वाद्यभवने कोटे नित्यं तथैव च। कपिशीर्षान्तरे कुर्यात् त्रिपञ्चैकमथोच्यते॥ प्रतोल्याद्यालयालादि प्राकारे सर्वस्तथा। ध्वजामाला कुलसिद्धि कुर्यात्कैलाशोभवा॥ अर्क युद्धोद्भव स्थाने पुष्यप्राकार सङ्कुले। अष्ट$_8$ द्विष्ट$_{16}$ द्वात्रिंश$_{32}$ दिव्यवस्त्रोद्भवा ध्वजा॥ ध्वजास्तम्भोद्भवा कार्यां कीर्तिपताकश्च हस्तिषु। जयन्तश्च प्रतापख्य कीर्तिनन्दो महोत्सव॥ एकैच्छत्रस्तथा कार्यां कीर्तिस्तम्भाश्च पञ्च हि। एकविंशति$_{21}$ यदा हस्तौ जयन्तो नाम नामत॥ प्रतापाख्यस्तत् कुर्यात् त्रयचत्वारि$_{43}$ हस्तकम्। पञ्चषष्टिः$_{65}$ यदा हस्त स एव कीर्तिनन्दन॥ सप्ताशिति$_{87}$ हस्तान्तं तु महोत्सवै कीर्तितम्। नवोत्तरशतं$_{109}$ हस्तै एकछत्रोद्भवास्तथा॥ एवं पञ्च महास्तम्भा महाराज्ञीद्वा पुरे। पृथुत्वे चतुर्थांशेन तत्षडांशे न चोर्ध्वत्॥ पञ्चमांशे नाऽधः कुर्यात षडांशोच्छ्य मानतः। ऊर्ध्वेषु माऽमर्ध्वतु त्रिचतुष्टय भूमिकम्॥ (तत् षडांशेन ऊर्ध्वेषु ऊर्ध्वमानं त्रिभूमिकम्)। वृत्ताकारं प्रकर्तव्य घण्टा कलश संयुतम्। दक्षिणे कीर्तिपताका वामे कीर्तिस्तादर्ध्वत्॥ एवं त्रिभूमोद्भवमाड धर्म कीर्ति यशोद्भवम्। पीठबन्धस्तत कुर्यात् ऊर्ध्वे तस्य मेखला॥ दिक्पाल लोकपालाश्च वसन्तानां च महोत्सवे। चतुःषष्टिश्च देवानां स्वर्गिणात्वेकविंशति॥ मौढपरि

तेन भागप्रमाणेन विस्तारः स्याच्चतुर्दश 14 ।
तत्त्वभागैश्च भद्रार्ध कर्णश्चैव द्विभागकः ॥ 30 ॥

उन भाग प्रमाणों के अनुसार उनकी चौड़ाई अर्थात् कीर्तिस्तम्भों की विस्तार चौदह भागों का हो तथा उनके भींत का भद्र अर्ध भाग तत्व अर्थात् पाँच भाग का और कर्ण दो भाग के होंगे।

पूर्वभद्रे भवेद् ब्रह्मा दक्षिणे तु जनार्दनः ।
अनन्तः पश्चिमे भद्रे रुद्रश्चोत्तरतो दिशि ॥ 31 ॥

पूर्व की दिशा के भद्र अर्थात् दीवार पर ब्रह्मा की मूर्ति हो, दक्षिण दिशा की भद्र अर्थात् दीवार पर जनार्दन, पश्चिमी भद्र पर अनन्त और उत्तरी भद्र पर रुद्र की प्रतिमा स्थापित करनी चाहिए।

कोणे भद्रे तथा स्तम्भे सप्तभागसमुच्छ्रिते ।
महाशृङ्गाणि चाष्टैव मेघाकाराणि तानि च ॥ 32 ॥

अब कोणों की दीवार के तथा स्तम्भों की भद्र दीवार के सात भाग की ऊँचाई तक मेघाकार अर्थात् विशाल महाशृङ्गों की रचना करें जितनी संख्या प्रतिकोण दो के अनुसार से चारों कर्णभागों पर कुल आठ महाशृङ्ग बुर्ज बनेंगे।

सार्ध भागं तु परिधौ त्यजेच्छृङ्गक्रमेण वै ।
तदूर्ध्वे दशभागा च इल्लका तौरणैर्युता ॥ 33 ॥

इन बुर्जों की परिधि के डेढ़ भाग को छोड़ने के बाद उसके ऊपर के दस भागों में तोरणयुक्त इल्लका बनाएँ अर्थात् आने-जाने के लिए रोस निकला हुआ बनाएँ जिस पर तोरण अर्थात् छज्जा हो।

कोणे भद्रे तथा शृङ्गे यक्षगन्धर्वपन्नगाः ।
भवन्ति ते स्वेच्छया च देवा वा दैत्यदानवाः ॥ 34 ॥

इन कीर्तिस्तम्भों के कोणों पर भद्र अर्थात् दीवारों पर, शृङ्ग अर्थात् कंगूरों पर यक्षों, गन्धर्वों, नागों, देवों; दानवों व दैत्यों के अपनी-अपनी इच्छानुसार कृत्तियों में रचना करके सज्जित करें।

ध्वजाकार्या दण्ड पताक मर्कटिम्। एवं विधेय कर्तव्य इति कीर्तिस्तम्भलक्षणम्॥ तडागं च महायज्ञे ध्वजास्तम्भ समोद्भवा। आनन्दो दुन्दुभि कान्तं श्रीमुख सुमनोहरम्॥ नव हस्तो भवेदाद्य सप्तदशकरोन्नतम्। तदग्रे कलश कुर्याद् ध्वजावंश समन्तितः॥ वापिषु दक्षिणे द्वारे ध्वजस्तम्भ प्ररोपयेत्। पीठबन्ध सुकर्त्तव्या एकद्वित्रिकरोन्नतम्॥ त्रिहस्त पञ्चसप्त समुन्नत तदूर्ध्वे कलशं दिव्य। कुण्डेषु पुष्करे कूपे ध्वजास्तम्भ समुद्भवेत्॥ त्रिपञ्चसप्त हस्तान्ते उदकान्तर? शतशुभम्। तथा प्राचिमिशान मध्ये विभज्ये नवभागत्। वामे त्रयं परित्यजे दक्षिणे च त्रयत्यनेत्॥ (दीपार्णव उत्तरार्ध 23, 1-25)

परिधौ मत्स्यादिदेवाश्च तथैकादशरुद्रकाः।
शिवशक्तयोऽनेकाश्च रूपभेदेन संस्थिताः॥ 35॥

परिधि को विष्णु के मत्स्यावतार आदि देवताओं तथा एकादश रुद्रावतार और अनेकों शिव-शक्तियों के विविध रूप-भेद से बनी मूर्तियों से अलंकृत करें।

सागराः पर्वता द्वीपा समस्ता भोगरूपका।
समुद्रशैलवसना पृथ्वी च सप्तमातरः॥ 36॥
भूपालाश्च तथा कल्पवृक्षाश्च मुनिसत्तमाः।
वायुश्च सूर्यचन्द्राद्याः सनक्षत्राः सराशयः॥ 37॥

इसी क्रम में समस्त सागरों के मूर्त रूप, पर्वतों के मूर्तरूप, द्वीपों के मूर्तरूप और समस्त भोग सामग्रियों के भी मूर्तरूप बनाएँ। इस समुद्र-शैल रूपी वस्त्रों को धारण करने वाली पृथ्वीमाता का मूर्तरूप तथा सप्तमातृकाओं के मूर्तरूप, कल्पवृक्षों के मूर्तरूप, मुनीश्वरों के मूर्तरूप, समस्त उनचास प्रकार के पवनों के मूर्तरूप और सूर्य-चन्द्रादि ग्रहों से लेकर समस्त नक्षत्रों व राशियों के मूर्तरूप भी अलङ्करणार्थ लगाएँ।

इन्द्रो रुद्रस्तथोपेन्द्रो ब्रह्मा विष्णुस्तथैव च।
शैलेयी (पञ्चलीलया) शङ्करश्च सदाशिवः॥ 38॥
शान्ता ... शान्तातीता याति योत्परती तव।
[1]तापर तपस्विनां कुर्यु कीचकं तस्योपरि॥ 39॥

इसके अतिरिक्त इन्द्र, रुद्र, उपेन्द्र, ब्रह्मा, विष्णु, शैलेधीश्वरी, पञ्चलीला, शङ्कर, सदाशिव, शान्ता, ...शान्तातीता के अतिरिक्त तपस्वी और उन पर कीचकमुख बनाएँ।

प्रतिष्ठापनावसरेकर्त्तव्यं —

पूर्वद्वारे ध्वजस्थानं कीर्तिस्तम्भं तथोत्तमम्।
तदूर्ध्व च प्रतिष्ठाप्या कीर्तिर्हस्तपताकिका॥ 40॥

नगर प्राकार के पूर्व द्वार पर ध्वजस्थान और कीर्तिस्तम्भ को बड़ी उत्तम विधि से स्थापित करके उसके ऊपर कीर्तिहस्तपताकिका की प्रतिष्ठा करें।[2]

---

1. 'तापर तस्वपेता काच त्योपरि?' प्रकाशित पाठः।
2. वास्तुविद्या में आया है— शुद्धभूमिं तले स्तम्भः कीर्ति कर्त्तव्य ज्ञायते। भूमितोऽकुरपात्राद्यै श्रेष्ठतिश्चामलैरिभै॥ नटै नाटिकरूपैश्च रूपिणी शत संयुते। द्रव्यपाषाणसम्पन्नरंशेर्नाना विधैयुते॥ प्रभाभूषित शक्तिनां मध्यकोणतां मुख्यकम्। भद्रकर्णविकर्णाद्य वक्ष्ये वास्तुविचारिन्॥ प्रासादाग्रेऽगणवारे स्थापितो विश्वकर्मणा। प्रतोल्या सहितो दैवे पूजितेऽखिलसिद्धिदम्॥ (वास्तुविद्या 13, 3-6)

शिलोलूखलयन्त्राणि शय्यासनानि पट्टकाः।
नित्यकर्मस्थानस्थानं सन्ध्यावन्दनकुण्डिकाः॥ 41॥
सर्वं गृहोपस्करं च आयसं काष्ठकादिकम्।
द्विजदेवेषु दातव्यमात्मार्थे तु सनन्दनम्॥ 42॥

इसी तरह प्राकार रक्षक अधिकारिगों के सुख सुविधा के साधन रूप में शिलानिर्मित ऊखल यन्त्रों, शय्या, खाट, कुर्सी मोढ़े आदि आसन, पाटले, नित्यकर्म पूजा-सन्ध्यादि के पूर्व किए जाने वाले स्नान के लिए स्नानघर, सन्ध्या वन्दन के समय हवनादि के उपयोगार्थ हवन-कुण्ड आदि और घर के काम-काज में आने वाले सभी उपकरणों आयस अर्थात् लोहादि धातुओं से अथवा काष्ठ से निर्मित हो, ये सब द्विज देवों को उनके कार्य में आने हेतु सनन्दन अर्थात् भवन सहित दान में देना चाहिए।

भूमिदानं गजाश्वाश्च देशा ग्रामं च पत्तनम्।
मयूरलाक्षभिच्छत्रं हेमरत्नादिभूषणम्॥ 43॥

उन द्विज-देवों को भूमिदान, माफी पट्टे, हाथी, घोड़े, ग्राम, देश पतन, मयूर के लक्षणों से चित्रित छत्र चन्दोवे आदि और सोने व रत्नो के अनेक आभूषणों का दान करें।

पूजयेत्सपत्नीकान् विप्रान् पूर्वे देषु पूजिताः ?।
इन्द्रतुल्योद्भवं राज्यं स्वर्गे वा भूमिशासने॥ 44॥

इन ब्राह्मणों की सपत्नी के उसी तरह से इस कार्य में पूजा करनी चाहिए जिस तरह से इसके पहले उनके पूर्वजों को पूजा जाता रहा है, तभी उस नगर का राजा अपने को इन्द्रतुल्य राजा मान सकेगा और इस भूमि को स्वर्ग के समान बना कर शासन करके राजेन्द्र कहा जा सकेगा।

अन्यदप्याह —

क्रमोऽयमत्र विप्राणां कथयामि द्विजोत्तम।
वंशावंशेस्तदेवा ? इन्द्राद्या ईशकोणतः॥ 45॥
विष्णुदेवधान्याविप्रा पूर्वदेशे तां स्थापयेत् ?।
निगमं[1] पूजयन्ति विप्रा दक्षिणां दिशं द्विजोत्तमाः ?॥ 46॥

---

1. 'जिगमं ?' इति प्रकाशित पाठः। मयमतम् में निगम का वर्णन है। यह भी कहा है कि वास्तुक्षेत्र में ब्राह्मण और देवता की स्थापना की जानी चाहिए— एतस्याभ्यन्तरे विप्रदेवता स्थापनं भवेत्। (9, 64) मानसार में कहा गया है कि जिस नगर में विष्णुभगवान् का देवालय हो, उसको राजधानी कहा जाता

अब मैं यहाँ ब्राह्मणों के उत्तमोत्तम वंशों के, उनके देवों के क्रम को कहता हूँ। इन्द्रादि देवताओं को ईशान कोण से आरम्भ करके पूर्व दिशा में विष्णु देव, धान्य, विप्रादि की स्थापना करे? निगमों के पूजन करने वाले ब्राह्मणों (देशिक, तांत्रिक) को दक्षिण दिशा की ओर स्थापित करें।

नैर्ऋत्यां दिशि पितृश्च प्रावृषे पौरुषं तथा।
उत्तरे पुनराचार्य ईशं च प्रतिपूजयेत्?॥ 47॥

नैर्ऋत्य दिशा की और पितरों को, वर्षा करने वाले देवों को, पौरुष अर्थात् बल या धूपघड़ी को भी स्थापित करें। उत्तर की दिशा में पुनः आचार्य और ईश अर्थात् महादेव शङ्कर का पूजन करें।

कनिष्ठं च समाख्यातं नगरं नाम भूधरम्।
देवलोकेषु विख्यातं पूज्यं सुरनरोरगैः॥ 48॥

ऐसे ही जो कनिष्ठ नगर होते हैं उनका नाम भूधर कहा गया है जो सुर, नर और नागों के द्वारा देवलोकों में पूजा जाता है और विख्यात है।

इति सूत्रसन्तानगुणकीर्तिप्रकाशप्रोक्तश्रीभुवनदेवाचार्योक्तपराजितपृच्छायां
भूधरादिब्रह्मनगराधिकारो नाम सप्ततितमं सूत्रम्॥ 70॥

इस प्रकार भुवनदेवाचार्य कृत सूत्रसन्तानगुणकीर्ति प्रकाश या अपराजितपृच्छा में भूधरादि ब्रह्मनगर अधिकार नामक सित्तरवाँ सूत्र पूर्ण हुआ॥ 70॥

हेमकूटाख्यनगरप्रमाणमेक-सप्ततितमं सूत्रम्॥ 71॥

अपराजित उवाच—

चित्रकूट-त्रिकूटादिनगराणां च सर्वशः।
प्रमाणं गुणदोषांश्च कथयस्व प्रसादतः॥ 1॥

अपराजित ने कहा कि हे तात्! अब आप सभी चित्रकूट, त्रिकूट[1] आदि नगरों के प्रमाण, गुण और दोषों को कृपाकर कहिए।

है— तत्रागते नगर्यन्तं यदि विष्णवालयं भवेत्। राजधानीति तन्नाम विद्वद्भिर्वक्ष्यते सदा॥ (मानसार 10, 23-24)

1. ग्रन्थकार के रचनाकाल तक चित्रकूट के रूप में चित्तौड़गढ़ और त्रिकूट के रूप में नागदा नगर अस्तित्व में थे। ये दोनों ही मेवाड़ की राजधानियाँ रहे हैं। तेरहवीं-चौदहवीं सदी के शिलालेखों और 15वीं सदी के 'एकलिङ्गमाहात्म्य' में ये नाम आए हैं। हालांकि शिवपुराण में भी चित्रकूट-त्रिकूट का नाम है— क्षणं तु गिरिवत्तस्थौ चित्रकूटत्रिकूटकः (शतरुद्रसंहिता 15, 48) किन्तु, मेवाड़ के इन पर्वतों

गृहाश्च कतिः सङ्ख्याता मार्गाश्च कतिधा स्मृताः।
श्रेष्ठा वा निन्दिता वाथ प्रतोलीपरिखादिकाः ॥ 2 ॥

वहाँ गृह कितनी संख्या में होते हैं और उनके मार्ग कितने प्रकार के होते हैं? उनके श्रेष्ठत्व को और निन्दित को, प्रतोली अर्थात् पोल व परिक्खा अर्थात् प्राकार के बाहर बनने वाली खाई आदि के बारे में भी अवश्य कहिए।

कतिः स्थानानि देवानां कतिदेवाश्च संस्थिताः।
एतत्सर्वं प्रयत्नेन तथा जनपदादिकम् ॥ 3 ॥

किन-किन स्थानों में किन-किन देवताओं की स्थापना की जाए— ये सभी प्रयत्नपूर्वक कहें।

भोगाय भूमिपालानां भोगिनां चैव सर्वदा।
विश्रामो वनितानां च यथा चेन्द्रपुरी तथा ॥ 4 ॥

इसके साथ ही जनपद के निवासी लोगों के भोग के लिए तथा भूमि विश्राम करने हेतु और रमणियों के सदा आवास हेतु इन्द्रपुरी स्वर्ग के समान सुखदायी भवनों के बारे में भी कहिए।

विश्वकर्मोवाच —

अथातः सम्प्रवक्ष्यामि नगराणां च लक्षणम्।
हेमकूटाभिधानं च विश्रुत भुवनत्रये ॥ 5 ॥

विश्वकर्मा ने कहा कि अब मैं तीनों लोकों में विख्यात् हेमकूट नामक नगरों के लक्षणों को ठीक प्रकार से कहता हूँ।

पदादीनां विन्यासमाह —

चतुरश्रं समं कृत्वा भुजकर्णविशोधितम्।
भाजयेद् द्वादशांशैर्वा न्यूनाधिकपदैस्तथा ॥ 6 ॥

(इनके निवेशार्थ सर्वप्रथम) भूमिक्षेत्र को समतल करके चौकोर बनाएँ और उसकी भुजाएँ और कोनों को भी सही-सही देख लें। इसके उपरान्त उसे बारह अंशों में विभाजित करें अथवा कुछ न्यूनाधिक पदों में विभाजित करें।

और उन पर विद्यमान नगरों के रूप में चित्तौड़गढ़ व नागदा अनुमित किया जाना समीचीन है। चित्रकूट की स्थापना चित्रङ्गदा मौर्य ने 7वीं सदी में और नागदा की स्थापना गुहिल राजाओं ने आठवीं सदी में की थी। अपराजित यहाँ का शासक रहा था। जैसा कि 69वें सूत्रान्त पर टिप्पणी में कहा गया है नागदा के पास ही स्थित कुण्डेश्वर से अपराजित का 661 ई. का अभिलेख मिला है। इस सूत्र में प्रश्न के विपरीत विश्वकर्मा ने हेमकूटादि नगरों की रचना के विषय में कहा है।

ब्रह्मस्थानेषु सङ्गृह्य ह्येकांशं वामदक्षिणम्।
द्विधा तथा पुनस्त्रीणि द्वे द्वे त्रीणि द्वयं तथा॥ 7॥
इन्द्रयाम्यापरसौम्ये विभज्य पदसङ्ख्यया।
जायन्ते तत्र सद्मानि ख्यातानि वसुधातले॥ 8॥

उस क्षेत्र के ब्रह्मस्थान अर्थात् मध्य भाग के बायें और दायें एक अंश को अर्थात् एक-पद भाग को दो प्रकार से तथा पुनः तीन को दो-दो प्रकार से और तीनों तथा दोनों को पूर्व से पश्चिम तक भली प्रकार से पद संख्या में विभाजित करके वहाँ भवन निवेश किए जाते हैं, जो कि पृथ्वीतल पर सुख्यात हैं।

वसति मार्गादीनां न्यासक्रमाह —

निवसन्ति च सीमान्ते चतुर्वर्णा यथाक्रमम्।
द्वादशाथमार्गाश्च द्वौ त्रयः सद्मनां तथा॥ 9॥

इन नगरों के सीमान्त में चारों वर्ण के लोग यथाक्रम निवास करते हैं। दो-दो या तीन-तीन घरों को छोड़कर ऐसे नगर में बारह मार्ग बनाए जाते हैं।

अन्तरे कर्णभुजयोर्मार्गसङ्ख्या त्रयोदश।
सद्ममानं समाख्यातं चत्वारिंशत्सहस्रकम्॥ 10॥

कर्णभुज के अन्तर पर जाने तक मार्ग संख्या तेरह भी हो जाती है। इसमें भवनों की संख्या का प्रमाण चालीस हजार तक का कहा गया है।

ब्रह्मरन्ध्रप्रमाणं च शतमष्टोत्तरं शुभम्।
कर्णगर्भान् विजानीयाच्छतमष्टोत्तरं मतम्॥ 11॥

इसी तरह ब्रह्मरन्ध्र अर्थात् मध्य का भाग रखते हुए एक सौ आठ पद भागों का क्षेत्र भी शुभ होता है तथा कर्णगर्भ भी एक सौ आठ माने गए हैं।

चतुर्वक्त्रं महापद्मं प्रासादं सुरवल्लभम्।
स्थापयेद् ब्रह्मकेन्द्रे च ब्रह्माणं तु पितामहम्॥ 12॥

ब्रह्म केन्द्र में अर्थात् नगर के मध्य भाग में चौमुखा, महापद्म नामक देवताओं को प्रिय लगने वाला प्रासाद बनाएँ और उसमें पितामह ब्रह्मा की मूर्ति की स्थापना करें।

चत्वारः कर्णप्रासादाः कर्णगर्भे च संस्थिताः।
आयान्तस्तु व्ययं कुर्यात् क्षेत्रमानानुसारतः॥ 13॥

कर्णगर्भ के चारों ही कोनों पर भी कर्णप्रासाद चार की संख्या में बनाएँ। उसके लिए आय और व्यय क्षेत्र मानानुसार ही शोधित करने चाहिए।

हस्तसङ्ख्याप्रमाणं च शतानां दशपञ्चतः।
वेश्म सङ्ख्याप्रमाणं च सार्धसप्तशतानि च॥ 14॥

गज की संख्या प्रमाण से इन नगरों में गृहों की संख्या एक सौ पन्द्रह से लेकर साढ़े सात सौ तक हो सकती है।

प्रासादोपस्करं सर्वं प्रतोल्यादिसमन्वितम्।
कीर्तिस्तम्भादिकं चैव कथितं पूर्वमेव हि॥ 15॥

इति हेमकूटनगराभिधानम्।

इन नगरों के अन्य प्रासादों और उपकरणों, प्रतोली आदि से समन्वित कीर्ति स्तम्भादिक के बारे में तो पहले ही (70वें सूत्र में) कहा जा चुका है।

अथ रत्नकूट नगरादीनां लक्षणं —

अतः परं प्रवक्ष्यामि नगराणां च लक्षणम्।
नाम्ना तु रत्नकूटं तद् विज्ञातं वसुधातले॥ 16॥

इनके बाद, अब मैं उन नगरों के लक्षणों के बारे में कहता हूँ जो रत्नकूट नाम से वसुधातल पर पूर्णतः विख्यात है।

चतुरश्रं समं क्षेत्र भुजकर्णविशोधितम्।
भाजयेद्वा षोडशांशैर्विविधैर्वा पदैस्तथा॥ 17॥

इनके लिए समचौरस क्षेत्र हो और भुजाओं तथा कर्णों को पूर्णतः शोधित करके सोलह अंश पदों में विभाजित करें या विविध अंशों के पदों में विभाजित करें।

ब्रह्मस्थानं तु सङ्गृह्य चैकांशं वामदक्षिणम्।
तच्चैकं तु त्रिधा कृत्वा पुनर्द्वौ चैकमेव हि॥ 18॥

इसके ब्रह्म भाग अर्थात् मध्य के पदों के बायें-दायें एक के तीन भाग करके पुनः उनके दो-दो भाग करें।

द्वौ द्वौ तु भागसंस्थाने च्चैकद्वयं त्रयं तथा।
चत्वारश्च चतुर्दिक्षु पदसङ्ख्यां विभाजयेत्॥ 19॥

इन दो-दो भागों के स्थानों पर एक, दो, तीन तथा चार भागों में चारों ओर के पदों की संख्याओं को विभाजित करें।

गृहाणां जायते सङ्ख्या त्वेकमेव सहस्त्रकम्।
पदांशषट्कविस्तारं तदंशं निर्गमं विदुः॥ 20॥

इससे गृहों की संख्या एक से लेकर हजार तक हो जाएगी; उन भवनों में छह-छह पदों के अंश पर अर्थात् छह गृहों को छोड़कर उतने ही अर्थात् छह-छह निर्गम मार्गों की रचना करें।

चतुर्दिक्षु विधातव्यं भद्रस्थानं मनोहरम्।
चतुःकर्णास्तु प्रासादे मार्गाः सप्तदश स्मृताः ॥ 21 ॥

इस प्रकार से रचे गए नगर के भवनों की दीवारों को चारों ओर से मनोहर रूप दें और चारों कोणों पर प्रासाद, मन्दिरादि बनाएँ और सत्रह मार्ग आवागमन हेतु बनाएँ।

द्विपञ्चाशत् सप्तहस्ता ज्ञातव्या अत्र पण्डितः।
द्वात्रिंशन्मध्यवंशे तु चत्वारः षोडशान्विताः ॥ 22 ॥

इन मार्गों में भी बावन मार्गों की चौड़ाई तो सात गज की हो, ऐसा शिल्पशास्त्र के पण्डितों ने बताया है और बत्तीस मार्ग मध्य में, आने-जाने वाले चार-चार सोलह गज की चौड़ाई वाले कहे गए हैं।

सीमान्ते कर्णकर्णेषु चतुर्विंशतिकाः स्मृताः।
अष्टौ मार्गा द्वादश च हस्तसङ्ख्या निगद्यते ॥ 23 ॥

वहाँ पर कोनों से कोनों तक के सीमान्त पर चौबीस मार्ग हों, इनमें आठ मार्ग बारह गज की चौड़ाई वाले होंगे।

चत्वारिंशच्च चत्वारो द्विशतं गर्भमध्यतः।
कर्णे कर्णे च सीमान्ते शेषा विंशतिकान्विताः ॥ 24 ॥

क्षेत्र के नगर के मध्य से चारों ओर दो सौ मार्ग चालीस गज की चौड़ाई के तथा कोनों से कोनों तक के सीमान्त के शेष मार्ग बीस गज की चौड़ाई के कहे हैं।

नामपादप्रमाणं च संस्थानोन्मानलक्षणम्।
सर्वेषामीदृशं मानं निर्मितं विश्वकर्मणा ॥ 25 ॥

भगवान् आद्य विश्वकर्मा ने इन नगरों के नाम, पाद प्रमाण, संस्थानों के मान, उन्मान के लक्षण आदि सभी मानों को इस प्रकार निश्चित किया है।

चतुर्द्वारं तु कैलासं चतुर्दृष्ट्य[1] समन्वितम्।
स्थापयेद् ब्रह्मकेन्द्रेषु ब्रह्माणं च पितामहम् ॥ 26 ॥

कैलास नगर के चार द्वार चारों ओर दृष्टि किए हुए (वातायन सहित) हों—ऐसे मध्य ब्रह्मकेन्द्र के भाग में पितामह ब्रह्मा की मूर्तियुक्त मन्दिर की स्थापना करें।

---

1. 'चतुर्व्यष्ट ?' इति प्रकाशित पाठः।

सरस्वतीं तथेशान्यां वायव्यां तु जनार्दनम्।
नैर्ऋत्ये च सहस्त्राक्षमाग्नेय्यां तु गणाधिपम्॥ 27॥

इसके ईशान कोण में सरस्वती मूर्ति सहित मन्दिर, वायव्य में जनार्दन मूर्ति मन्दिर, नैर्ऋत्य में सहस्त्राक्ष मूर्ति मन्दिर और आग्नेय दिशा में गणपति मूर्ति मन्दिर स्थापित करें।

सर्वेषामीदृशं स्थानं ज्येष्ठमध्यकनिष्ठकम्।
कुर्यात् कनिष्ठके प्राज्ञो मध्यस्थाने चतुष्टयम्॥ 28॥
ज्ञात्वा नगरचिह्नानि द्विरष्टकैकेन ? शिल्पिभिः।
न्यूनाधिकं च द्वाराणां सूत्र सम्बोध्य बोधकम् ?॥ 29॥

यह ज्ञातव्य है कि ज्येष्ठ, मध्यम और कनिष्ठ— सभी नगरों का इसी व्यवस्था से निवेशन करें। कनिष्ठ नगर के मध्य स्थान (ब्रह्मस्थल) में चारों पदों में नगर चिह्नों के जानकर सोलह शिल्पीगणों के द्वारा न्यूनाधिक द्वारों की रचना हेतु (सूत्र सम्बोध्य बोधकम्) कोई सूत्र ढूँढने पर विचार-विमर्श किया जाए।

रत्नकूटाभिधानं च गृहसङ्ख्या सहस्त्रतः।
ज्येष्ठनागरमानं च सूत्रे चैव प्रसारिते॥ 30॥
द्वारप्राकारकाद्यं च गृहोपस्करमेव च।
पूर्वोक्तं तु विधातव्यं द्विजदेवालयस्तथा॥ 31॥

ऐसे रत्नकूट नामक नगर के अन्तर्गत गृहों की संख्या हजारों तक हो सकती है। इसी तरह के कार्य के लिए ज्येष्ठ नागर मान लगाकर ऐसा ही सूत्र प्रसारित करके निवेशन किया जाना चाहिए। नगरों में द्वार तथा प्राकार, गृह उपस्कर-उपकरणों सहित वहाँ बसने वाले द्विजों, देवालयों के विषय में पूर्व में कहा जा चुका है।

इति सूत्रसन्तानगुणकीर्तिप्रकाशप्रोक्तृश्रीभुवनदेवाचार्योक्तापराजितपृच्छायां
हेमकूटाख्यनगरप्रमाणसूत्राधिकारो नामैकसप्ततितमं सूत्रम्॥ 71॥

इस प्रकार भुवनदेवाचार्य कृत सूत्रसन्तानगुणकीर्ति प्रकाश या अपराजितपृच्छा में हेमकूट नामक नगर व प्रमाण सूत्र अधिकार नामक इकत्तरवाँ सूत्र पूर्ण हुआ॥ 71॥

महाराजाधिराजपुरनिवेशो नाम द्वासप्ततितमं सूत्रम्॥ 72॥

अथ विविधपुरस्य प्रमाणं। विश्वकर्मोवाच —

चतुर्भिस्तु सहस्त्रैश्च कनिष्ठं विस्तृतं पुरम्।
मध्यमं चाष्टसाहस्त्रं हस्तानां मानतः स्मृतम्॥ 1॥

द्व्यष्टसाहस्त्रहस्तं च व्यासे ज्येष्ठं पुरं मतम्।
चतुरष्टद्विरष्टं वा त्रिविधं चोदितं क्रमात्॥ 2॥

विश्वकर्मा बोले कि (अब महाराजाधिराज के पुर निवेश के लिए कहता हूँ। इनमें) पहले कनिष्ठ पुर का विस्तार 4 हजार गज का होता है और दूसरे मध्यम पुर का विस्तार मान 8 हजार गज का रखा गया है। तीसरे, ज्येष्ठ पुर का व्यास 16 हजार गज का माना गया है। इस तरह चार, आठ और सोलह हजार गज के त्रिविध क्रमों में कनिष्ठ, मध्यम और ज्येष्ठ नगरों के मान क्रमशः कहे हैं।

कनिष्ठज्येष्ठयोर्मध्ये सहस्त्रवृद्ध्यैकादश।
चतुर्धापुनरेकैकं कनिष्ठं मध्यमुत्तमम्॥ 3॥

उक्त कनिष्ठ, मध्यम और ज्येष्ठ पुर में भी हजार गज की वृद्धि अनुसार क्रमशः 11 भेद बनते हैं। उनके भी फिर, एक के चार भेद कनिष्ठ, मध्यम, और ज्येष्ठ नाम से होते हैं।

साष्टमांशं सपादं वा सार्द्धं वास्तु समायतम्।
कुर्यादेकैकमिश्रं च चतुरश्रीकृतं शुभम्॥ 4॥

अष्ठमांश युक्त-($1^{1/8}$), सपाद युक्त ($1^{1/4}$) या अर्ध युक्त ($1^{1/2}$) वास्तु समायत होते हैं और इनको भी एक-एक से मिलाकर शुभ चतुरस्त्र बनाए जाते हैं।

वेदाश्रं वेदभक्तं च वेदापर नृपवेश्मने ?।
समस्तनृपगेहानां वेदवत् संस्थिता स्थितिः॥ 5॥

इन क्षेत्रों के पार्श्व में चार (वेदाश्र) और चार भाग से चार ही राजमहल— इस तरह समस्त राजमहलों की स्थिति भी वेदवत् अर्थात चार-चार कही गई है।

एकस्यां द्वित्रिभिर्वंशास्त्रिधा पञ्चपदान्तगाः।
प्रसिद्ध राजमार्गाच्च षट् पन्थानो नवांशकाः॥ 6॥

पाँच-पाँच पद अर्थात् पाँच भाग के एक, दो और तीन अंशों वाले तीन विधियों के प्रसिद्ध राजमार्ग तथा छह पन्था, पैदल मार्ग नौ अंश के होंगे।

इत्यनुक्रमवंशाश्च यानमार्गप्रभेदतः।
पुरान्तेषु समस्तेषु घण्टामार्गप्रसिद्धितः ?॥ 7॥

इन अनुक्रम अंशों में यान-मार्गों के भेद बनते है जिन्हें समस्त नगरों के अन्त तक घण्टा मार्ग नाम से प्रसिद्धि प्राप्त है। इन्हें नगर की मुख्य सड़क (घण्टा मार्ग या घण्टा पथ) राजमार्ग भी कहते हैं।

प्राकारोच्छ्रयमाह —

सूर्यषोडशविंशत्यः प्राकारोर्ध्व त्रिधोदितम्।
द्वादशाष्टौ दश वापि प्राकारस्कन्धविस्तृतिः ॥ 8 ॥

अब नगर के प्राकारों की तीन प्रकार की ऊँचाई के अनुसार बताते हैं कि यह ऊँचाई 12, 16 और 20 गज की क्रमशः कनिष्ठ, मध्यम और ज्येष्ठ होती है। इन प्राकारों के ऊपर के स्कन्धों की चौड़ाई भी क्रमशः 8, 10 और 12 गज उपयुक्त कही गई है।

सप्तादशकरोच्छ्रिता [1]प्राकारं द्विहीनाधिकम् ?।
द्विकराधिकैर्मध्यं च चोच्छ्रिता कण्डवारणी ॥ 9 ॥
कण्डवारणी स्थिता च पृथूदये च शिरोवापि ?।
घनानि कपिशीर्षाणि ह्यष्टाङ्गुल्यन्तराणि ॥ 10 ॥

इसके साथ ही 17 गज की ऊँचाई वाले प्राकार-परकोटे के दो कम दो अधिक गज तक की छूट समझें। प्राकार के स्कन्ध पर बने चौड़े मार्ग पर सुरक्षा के लिए उसके एक ओर दो गज के आसपास की ऊँचाई की कण्डवारणी अर्थात् डोली बनानी चाहिए (कण्ड = रक्षा करना, बचाना; वारणी = प्रतिरक्षा करने वाली) अर्थात् डोली-भित्ति। यह कण्डवारणी पर्याप्त ऊँची होनी चाहिए और उसके सिर पर घनानि (पास-पास) कपिशीर्ष या कंगूरे 8-8 अङ्गुल के अन्तर पर बनाने चाहिए।

प्राकारान्ते रथाः कार्या दिग्भास्वच्छक्रविस्तरः।
चत्वारिंशस्त्रिंशमध्यं शाश्वतं च रथान्तरम् ॥ 11 ॥

प्राकार के अन्त में रथमार्ग करने चाहिए जो स्वच्छ विस्तार युक्त दश गज तक की चौड़ाई के होंगे और इन रथमार्गों के मध्य का अन्तर 20 या 30 गजों को आस-पास शाश्वत कहा गया है।

प्रवेशद्वारलक्षणं —

उत्सङ्गः पूर्णबाहुश्च हीनबाहुस्तथापरः।
प्रतिकायमिति प्रोक्तं प्रवेशानां चतुष्टयम् ॥ 12 ॥

अब चार प्रकार के नगर प्रवेश द्वारों के बारे में कहता हूँ— 1. उत्सङ्ग, 2. पूर्णबाहु, 3. हीनबाहु और 4. प्रतिकाय— ये चार प्रवेश द्वारों के नाम कहे गए हैं।

---

1. 'प्रासादं ?' इति प्रकाशित पाठः।

आनन्दश्च तथोत्कण्ठो जयन्तो रिपुमर्दनः।
कर्णालयश्च चत्वारो वृत्ताकारेण संस्थिताः॥ 13॥

इन द्वारों में भी 1. आनन्द, 2. उत्कण्ठ, 3. जयन्त और 4. रिपुमर्दन नगर के चारों कोनों पर गोलाकार निर्मितियाँ अच्छी तरह से बनाई जाती हैं।

सिंहावलोकनाश्चैव योधविद्याधरीयकाः।
एकान्तरप्रभेदेन क्रमेवापि सुसंस्थिताः॥ 14॥

इन सभी द्वारों के ऊपर की ओर सिंहावलोकन अर्थात् विशाल गोखड़े-झरोखे और योध विद्याधरी अर्थात् बारहदरी[1] एक-एक के अन्तर पर क्रम से ठीक तरह बनी होती है अर्थात् झरोखों के बाद बारहदरी और बारहदरी के बाद पुनः अन्तराल पर झरोखे आदि क्रमानुसार बनाए जाते हैं।

चत्वरे देवस्थानानि —

षट्त्रिंशत्तश्च षड्वृद्धौ विदुरष्टोत्तरं शतम्।
पुरे प्रासादसङ्ख्याभिर्देवस्थानानि चत्वरे॥ 15॥

इसके अतिरिक्त 36 से आगे 6-6 की वृद्धि करते हुए 178 संख्या हो जाए, उतनी संख्या नगरों के प्रासादों अर्थात् मन्दिरों की और देवता के स्थानों की होती है जो कि चौराहों (चत्वर) के साथ बनते हैं।[2]

पुर्मानानि द्वादशैव चत्वरं देवसङ्ख्यया।
अनुक्रमेण कर्त्तव्यं पुरच्छन्दानुरूपतः॥ 16॥

पुरों के मान भी बारह है जो चौराहों पर स्थापित देवताओं की संख्या जितने ही हैं। इनको भी पुरों के छन्दों के अनुरुप ही अनुक्रम से निवेशित करना चाहिए।

देवस्य मुखस्थितिं —

नोत्तराभिमुखाः कार्या न देवा दक्षिणमुखाः।
पूर्वापरमुखाः कार्या वास्तुशास्त्रेषु गीयते॥ 17॥

पुरों में देवताओं को न तो कभी उत्तराभिमुखी करें न दक्षिणाभिमुखी क्योंकि

---

1. सूत्रधार मण्डन ने कहा है— प्राकारेऽपि च कोष्ठका दशकराः सूर्येन्द्रहस्तास्तथा प्रोक्तास्तेन समैव कोणसहिता विद्याधरी मध्यगाः। (राजवल्लभ. 4, 15)
2. सूत्रधार मण्डनकृत वास्तुमण्डनं में कहा गया है कि दुर्ग, देवस्थान व चत्वर या चबूतरों पर यदि 36 हाथ की चौड़ाई हो तो वहां की लम्बाई छह हाथ अधिक रखनी चाहिए। इस प्रकार सौ पर अनुपाततः बारह हाथ अधिक रखना चाहिए—षट्त्रिंशत् प्रथमे दुर्गे देवस्थानानि चत्वरेषण्णाम्। (वि)वृद्ध्या क्रमेणैव द्वादशेह्यऽधिकशतम्॥ (वास्तुमण्डनम् 3, 13)

वास्तुशास्त्रों में यह कहा गया है कि देवता सदा पूर्वाभिमुखी अथवा पश्चिमाभिमुखी ही स्थापित होते हैं।

पुरप्राकारबाह्ये तु देवा यत्र च संस्थिताः।
नगराभिमुखास्त्वेव मध्यमे च पराङ्मुखाः॥ 18॥

पुर की दीवार या प्राकार के बाहर जो देव मन्दिरादि बनाए जाएँ उनके मुख सदा नगराभिमुखी होने चाहिए और पुर के मध्य में जो देवता मन्दिर बने हैं उनको बाह्यमुखी बनाएँ।

पराङ्मुखा स्थिता ये तु शिवः सूर्यो विधिर्हरिः।
हन्यते तत्पुरं राष्ट्रं राज्यध्वंसश्च जायते॥ 19॥

यदि शिव, सूर्य, विधि और हरि की मूर्तियाँ नगर के पराङ्मुख अर्थात् उलटी हुई या पीठ पीछे की हुई बनाई जाएंगी तो नगर, उस पुर, या राष्ट्र का हनन होगा और राज्य विध्वंस तक हो जाएगा। अस्तु, इन देवों की स्थापना नगर की ओर मुख किए हुए ही करनी चाहिए जो शुभफलदायी होती है।[1]

प्राकारान्तरे परिखप्रमाणादीनां —

प्राकारोच्छ्रयाद् द्विगुणं तदन्ते परिखात्रयम्।
अम्भो ? विमार्गशस्तादिग्विदिक्षु च जलाश्रयाः॥ 20॥

अब प्राकार के बाहर परिखाओं, खाइयों के बारे में कहता हूँ। प्राकार अर्थात् नगरकोट जितने हाथ गज ऊँचा हो उतने से दुगुने गजों की दूरी रखते हुए बाहर की ओर तीन परिखा अर्थात् खाइयाँ खोदी जाए। उनको पर्याप्त जल से पूरित कर दें और उनके द्वारा दिशा और विदिशाओं में आने-जाने के मार्ग भी जल के आश्रय के बने हों अर्थात् जल से भरी हुई खाइयों के आर-पार जाने के साधन या तो जलाश्रयी नावें हो या काष्ठ निर्मित उठाऊ पुलिया बनी हुई हों जो आवश्यकता के अनुसार आवागमन के लिए लगाई जा सके और रोकने के लिए हटाई जा सके जिससे खाई के जल को पार न किया जा सके।

कनिष्ठे च पुरे पादात् मध्यमे च पदार्धतः।
षोडशांशात् पुरे ज्येष्ठे ह्यतिरिक्ते च बाह्यतः॥ 21॥

कनिष्ठ पुर में एक चौथाई, मध्यम पुर में आधा और ज्येष्ठ पुर में पूरा हो बाहर की ओर अतिरिक्त भाग रखें।

---

1. राजवल्लभ में भी यही मत है— ब्रह्मा विष्णुशिवेन्द्रभास्करगुहाः पूर्वापरास्याः शुभाः प्रोक्तौ सर्वदिशामुखौ शिवजिनौ विष्णुर्विधाता तथा। चामुण्डा ग्रहमातरो धनपतिर्द्वैमातुरो भैरवो देवा दक्षिणदिङ्मुखाः कपिवरो नैर्ऋत्यवक्त्रो भवेत्॥ (राजवल्लभ. 4,13) अग्निपुराण में भी मंदिर नगरोन्मुखी बनाने का उल्लेख है।

प्रतोली राजगेहाग्रे राजमार्गस्तदग्रतः।
विस्तीर्णा विंशतिकरैर्द्विरष्टद्वादशाधमा॥ 22॥

राजभवन के आगे बनी प्रतोली अर्थात् बड़ी पोल से जाने वाला राजमार्ग आगे से 20 गज चौड़ा हो तो ज्येष्ठ, 16 गज चौड़ा हो तो मध्यम और 12 गज चौड़ा हो तो कनिष्ठ कहा गया है।

हट्टश्रेणिस्ततः कार्या षोडशांशेन मार्गतः।
बलिकर्मसमस्तानां हट्टोपरि गृहोत्तमम्॥ 23॥

इसके बाद, राजमार्ग पर दुकानों की कतारें बनानी चाहिए जो राजमार्ग के 16वें भाग की चौड़ाई जितनी सड़क से दूरी पर हों। इन हाटों अर्थात दुकानों के ऊपरी भागों पर समस्त कर्मों के लिए उत्तम गृहों (कार्यशालाएँ) को बनाएँ।

विदिशासु पुरं कार्यं जगत्यस्त्रिगुणं शुभम्।
युग्मगृहाश्च कर्त्तव्याः पक्षयोश्चैव सन्मुखाः॥ 24॥

पुर अर्थात नगर की विदिशाओं में इससे भी अर्थात् सोलवें भाग की चौड़ाई से भी तीन गुणी चौड़ाई की शुभ जगती अर्थात् चबूतरियाँ बनाएँ जिनके दोनों पक्षों पर अर्थात आजू-बाजू पर, आमने-सामने युग्म भवन होने चाहिए।

प्रासादस्य प्रमाणेन पादोनेनाथवोच्यते।
प्रासादार्धात्तु कर्तव्या ज्येष्ठ-मध्य-कनिष्ठिकाः॥ 25॥

प्रासाद अर्थात् भवन के प्रमाणानुसार उन्हें प्रासाद के प्रमाण के बरावर ज्येष्ठ, प्रासाद के प्रमाण के एक पाद कम अर्थात् पौन भाग मध्यम और प्रासाद प्रमाण का आधा कनिष्ठ को रखें।

एकभौमा द्विभौमा वा शाला निर्गमभूषिता।
मत्तवारणसंयुक्ता निर्गताश्चित्रशालिकाः॥ 26॥
जगत्यग्रे वामनं स्याद् भिट्टं तद्भुवि संस्थितम्।
महोत्सवे च वासन्ते कुर्याद्धिन्दोलकं त्विह॥ 27॥

इन भवनों में भी एक मंजिला, दो मंजिला भवन और शाला निर्गम अर्थात रोस भी बनाएँ जिससे आने-जाने की सुविधा रहे। उस रोस पर छाया के लिए मत्तवारण भी बना हो अर्थात छज्जे हों। उन भवनों के बाहर की ओर चित्रशाला बनाएँ अर्थात् दीवारों पर चित्र बने हों।[1] जगती के आगे उससे लगी हुई छोटी भिट्ट अर्थात् भींत

1. प्राचीन भवनों में ऐसे चित्र आज भी देखे जा सकते हैं। चित्तौड़ दुर्ग पर कुम्भा महल, जयमल-पत्ता की हवेलियों पर इस प्रकार का चित्राङ्कन कार्य अद्यावधि शेष है। नाथद्वारा में महुआगढ़, मोतीमहल आदि

बनाएँ और किसी महोत्सव या त्योहारों के लिए आमोद-प्रमोद हेतु वहाँ हिन्दोलक[1] अर्थात् हिन्दे-झूले, डोलर इत्यादि लगाएँ (अथवा हिण्डोलक तोरण बनवाएँ)।

नृत्यशालिका: —

देवस्य परतः कार्या निगूढा नृत्यशालिकाः।
पूर्वस्यामथवाग्नेय्यां वायव्ये वारुणे शुभम्॥ 28॥

देव मन्दिर के सामने बड़ी गहरी नृत्यशालिका बनानी चाहिए। इनकी स्थिति पूर्व में, अग्निकोण में वायुकोण में या वारुण अर्थात् पश्चिम दिशा में उचित होती है।

मठस्थानं —

शेषासु ह्यप्रशस्ताश्च आग्नेय्यां सत्रमण्डपम्।
वास्तुवेदीसंस्थितं तन् मठः स्थाप्यस्तु दक्षिणे॥ 29॥

अन्य दिशाएँ उक्त नृत्यशाला के लिए अप्रशस्त कही गई है। आग्नेय कोण में यज्ञादिक सत्रों के लिए मण्डप बनाने चाहिए। जहाँ वास्तु की यज्ञ वेदी बनी हुई हों और उस के सञ्चालन का मठ अर्थात् याजक ब्रह्मचारियों के पढ़ने-रहने के आवास दक्षिण की दिशा में बनाएँ।

गृहं पञ्चारिकायुक्तं मैत्रस्थानसमाश्रितम्।
यतिध्यानालयं कुर्यात् [2]प्रलीना यत्र शासने॥ 30॥

वहाँ गृह पञ्चारिका युक्त अर्थात् उपयुक्त आकार का पञ्चायत घर बनाएँ तथा वह मैत्र स्थान या पद के समाश्रित कहा है अर्थात् नगर की चौपाल (मैत्रस्थान) से लगा हुआ हो; वहीं आस-पास यतियों, साधु-महात्मा के लिए एकान्त ध्यानार्थ उपयुक्त, शान्त वातावरण वाला ध्यानालय भी बनाएँ जो शासन के प्रबन्ध से चलाया जाए।

पुरसीमान्तप्राकारे प्रतोलीहट्टमार्गयोः।
जलाश्रयं जगत्यन्ते(यत्रे!) घटिमालासमुद्भवम्॥ 31॥

और उदयपुर में बागोर की हवेली और अन्य हवेलियों के हाथी-घोड़े, छड़ीदार, वरयात्रा, कलशधारिणी रमणियों आदि के चित्राङ्कन मनोहारी दिखाई देते हैं।

1. भूलोकमल्ल सोमेश्वर ने हिन्दोलक क्रीड़ा का वर्णन किया है। अजन्ता के चित्रों में हिण्डोल क्रीड़ा के चित्र बने हैं। ये वसन्तोत्सव की वेला में होती थीं— ऋतुराजे परिप्राप्ते वसन्तेति मनोहरे। आन्दोलने प्रकुर्वीत पृथुसम्बद्धयान्विताम्॥ महता तूर्यघोषेण वन्दीवन्देन वन्दितः। गीतवाद्यविनोदेन विप्राशीर्भिरष्टुतः॥ आरोहेच्चतमान्दोलनं प्रेयसीभिः समन्वितः॥ स्तूयमान्वस्तदा राजा राजते देवराजवत्। सन्तर्प्य प्रियै (मुखे ताम्बूलं) वस्त्रविभूषणैः॥ ब्राह्मणान्गायकादींश्चैतत् सर्वान्वितसर्जितः। ततः कान्ताजनैः सार्ध क्रीडादान्दोलकैर्नृपः॥ (मानसो. 5, 3, 183-187)
2. 'प्रलीना' जिसमें घुला मिला हो; 'यत्र' जहाँ शासन भी हो।

इसी तरह शासन की ओर से और भी व्यवस्थाओं का वर्णन है। नगर के सीमान्त या दीवारों, परकोटों के पास, प्रतोली या पोलों-दरवाजों के पास, हट्टमार्गयो- बाजारों के मार्गों के पास जगत्यन्ते- चबूतरों के अन्त में जलाश्रय बनाए जाने चाहिए और उन पर जलोत्थान के लिए घटिमाला[1] (रहट अथवा नेज-डोरी गिरगिड़ी) की व्यवस्था होनी चाहिए।

तत्र मण्डपिकादीनां —

क्रय्यवस्तुयुतौकश्च तदग्रे विक्रयादिकम्।
यतश्चागम्यते लोकैर्वर्तते जनसङ्कुलम्॥ 32॥

(अब व्यापार मण्डी की व्यवस्था के बारे में कहते हैं) जहाँ मण्डियों में क्रय वस्तु अर्थात् सामान के क्रय-विक्रय के निमित्त लोगों का आना-जाना लगा रहे और भीड़-भाड़ बनी रहती हो [वहाँ उपर्युक्त जलस्रोतादि के प्रबन्ध में कमी नहीं रहनी चाहिए]।

स्वर्णकारं सुगन्धं च गन्धिकं च तृतीयकम्।
दन्तकर्म धान्यगृहमेतत्कुर्यात्तु पूर्वतः॥ 33॥

इसी तरह मण्डी की व्यवस्थाओं में स्वर्णकारों-सर्राफों की दुकानें, तथा

---

1. उपनिषदों में रहट का वर्णन मिलता है, 906 ई. के आसपास हुए सिद्धर्षि ने 'उपमितिभावप्रपञ्चकथा' में रहट का वर्णन किया है तथा 10वीं सदी में ही जालोर में लिखित 'कुवलयमाला' में रहट का उल्लेख मिलता है, वहां जन्मचक्र को रहट के उपमान के साथ समझाया गया है। आद्य शङ्कराचार्य ने छान्दोग्योपनिषद के भाष्य और अज्ञानबोधिनी ग्रन्थ में 'घटीयन्त्रकूपे' लिखकर इस यन्त्र के आठवीं सदी में प्रचारित होने का सङ्केत दिया है। 'प्रबन्धचिन्तामणि' में अरघट्टघटीयन्त्र नाम से उल्लेख मिलता है। रहट का प्राचीनतम विवरण विनयपिटक पर समन्तपादिका टीका में उपलब्ध होता है, जबकि चुल्लवग्ग में तुलम्, करकटकम्, चक्कवट्टकम् नाम से सिंचाई के यन्त्रों का सङ्केत मिलता है। दूसरी सदी में हुए विष्णु शर्मा ने 'पञ्चतन्त्र' तथा इसके प्राचीन पाठ 'तन्त्राख्यायिका' में भी रहट का वर्णन एक मेंढक व सांप के आख्यान के साथ हुआ है। बारहवीं में पूर्णभद्र द्वारा लिखित 'पञ्चाख्यानक' में भी रहट का जिक्र है, यह ग्रन्थ मेवाड़ में लोकप्रिय था और महाराणा उदयसिंह के शासनकाल में चित्तौड़ में इसकी प्रतिलिपि तैयार हुई थी। इसी प्रकार हर्षचरित, कादम्बरी में क्रमशः उद्घाटघटी, चूनम नाम से रहट का उपयोग हुआ है, ये मालवा-मेवाड़ में लोकप्रिय थे। 'विक्रमाङ्कदेवचरित' में 'घटियन्त्रगुणोपम' कहकर इसे उपमेय रूप में दर्शाया गया है। हलायुध के 'अभिधानरत्नमाला' में नहरों के पानी का उत्थान करने वाले एक साधन के रूप में रहट का उल्लेख किया गया है जिस पर शब्दकोशकार मोनियर विलियम ने अपना विश्लेषण प्रस्तुत किया है। मेवाड़ की सीमा पर मन्दसौर में यशोधर्मन के 510 ई. के अभिलेख में वहाँ खुदवाए गए कूप पर निरन्तर जलोत्थान के लिए प्रयुक्त यन्त्र के रूप में मालाकार जलयन्त्र का प्राचीनतम उल्लेख है जबकि रहट के साथ खेतों के दान का प्रथमतः उल्लेख वीरपुरा, उदयपुर के 1185ई. के ताम्रपत्र में है जिसमें गुजरात के भीमसिंह के सामन्त अमृतपाल द्वारा लसाड़िया गाँव में अरहट के साथ भूमिदान का अहद है। (कला की कालकथा : डॉ. श्रीकृष्ण 'जुगनू', रहट प्रकरण)

गन्धी- अत्तारों की दुकानें और गन्ध-मसालों की दूकानें, हाथी-दांत के कारीगर, चूड़ीगरों आदि की दुकानें, धान्यगृह अर्थात अनाज, गेहूँ, तिलहन-दलहन आदि जिंसों के भण्डारों की व्यवस्था भी जरूरी है। वहाँ भी पहले बताई, वैसी ही जल आदि की व्यवस्था भी होनी चाहिए।

ताम्बूलफलसङ्कीर्णं पुष्पमालादिसङ्कुलम्।
राजद्वाराग्रतश्चैव यतः स्याच्च जनाकुलम्॥ 34॥

इसी प्रकार राजद्वारों के आगे भी जहाँ लोगों की भीड़-भाड़ बनी रहती है, वहाँ भी पनवाड़ियों-तम्बोलियों की दुकानें, फल वाले, पुष्प-मालादि के लिए मालियों की दुकानों का सङ्कुल अर्थात् समूह रूप में विपणन केन्द्र होना चाहिए।

मञ्जिष्ठरङ्गशोभाढ्यं नारिकेलसमाकुलम्।
त्रिगणोपस्कराद्यं च राजद्वारोत्तरे शुभाः॥ 35॥

इसी तरह राजद्वार के उत्तर की दिशा में में मञ्जिष्ठ या मंजिठे के रंग बनाने वाले रङ्गरेजों, नारियल के भण्डारों के व्यापारी तथा सांसारिक जीवन में धर्म, अर्थ और काम— त्रिगणों के काम में आने वाले पदार्थ, उपस्करों की दुकानों की व्यवस्था भी शुभ कही है।

आयसोपस्करं सर्वं शस्त्रादि विविधं तथा।
व्यजनच्छत्रमायूरं शाश्वतं दक्षिणे शुभम्॥ 36॥

इसी तरह राजद्वार के दक्षिण की ओर के विपणन केन्द्र में लोहादि धातु के उपकरणों, वस्तुओं के व्यापारियों की दुकाने और सभी प्रकार के विविध शास्त्रादि के व्यापारियों की दुकानें— व्यजन, पङ्खे-बीजणे, छत्र, चामर, मक्खी-मच्छर हटाने की चँवरियाँ आदि के विक्रेताओं की स्थायी दुकानें बनी हुई शुभ होती हैं।

ईशाने च वस्त्रहयं पट्टिनेत्रपट्टाद्यकम्।
स्वल्पवस्त्राद्याग्नेय्यां च वस्त्रबन्धस्तदग्रतः॥ 37॥

राजद्वार के ईशान कोण की ओर के विपणन केन्द्र में कपड़े के व्यापारियों या बजाजों की दुकानें और घोड़े के गजगाव-झूल, झीण आदि वस्त्र और काठी तथा लगाम, (पट्टिनेत्रपट्टदिकं) की दुकानों के व्यापारियों की स्थिति उचित है। राजद्वार के आग्नेय दिशा की ओर छोटे वस्त्रों की व्यापारियों तथा वस्त्रों की-बन्धनी के रङ्गरेज-बनारा आदि और दर्जी आदि की दुकानें होनी चाहिए।

रक्तकाद्युत्तरे शस्तं कृष्णरङ्गादि दक्षिणे।
पूर्वतः श्वेतवस्त्राद्यं राजवेशमाग्रकल्पितम्॥ 38॥

यह भी ध्यान रखना चाहिए कि राजद्वार के उत्तर की ओर लालरङ्ग से कपड़ों की रङ्गाई करने वालों के मोहल्ले या दुकानें होना ठीक है और काले रङ्ग से कपड़ों की रङ्गाई करने वालों के मोहल्ले व दुकानें दक्षिण दिशा में प्रशस्त मानी है। सफेद वस्त्रों के व्यापारियों के बाजार, मोहल्ले व दुकानें पूर्व दिशा में होना प्रशस्त कहा है, जिसे राजभवन के आगे की ओर कल्पित किया जाएगा।

अष्टादशानां धान्यानां सर्वदिक्षु च विक्रयः।
ताम्बूलानां च पूगानां विक्रयो देवताग्रतः ॥ 39 ॥

नागरिकों के लिए अठारह प्रकार के धान्यों के क्रय-विक्रय की दूकानें नगर की सभी दिशाओं के बाजारों में, सर्वत्र होनी चाहिए। पान वालों या पनवाड़ियों-तम्बोलियों की दूकानें व सुपाड़ी बेचने वाले की दुकानें देवताओं के मन्दिरों के आगे लगे बाजारों में होनी चाहिए।

(तां)दलांक्ष ?[1] चित्रलेखाद्या गृहेषु पुरवासिनाम्।
छिंपिका रजकास्त्रैणाः स्वदेवादिपुरे स्थिताः ॥ 40 ॥

पुरवासियों की सुविधा के लिए (तलारक्ष या लक्षकार-लखारे), चित्रकार-चितारे, छीपा, रजक-धोबी आदि की दुकानें उनके अपने-अपने (पुरे) मोहल्लों में ही उनके देवालयों सहित होनी चाहिए।

वर्णादीनां निवेशनं —

ब्राह्मणाः पूर्ववास्तव्याः क्षत्रियाश्चैव दक्षिणे।
प्रशस्ताश्चोत्तरे शूद्रा वैश्या मध्ये च सङ्कुलाः ॥ 41 ॥

नगर में चारों वर्ण के समाजों की बस्तियों की भी समुचित व्यवस्था होनी ही चाहिए जैसे- ब्राह्मणों की ब्रह्मपुरी राजभवन के पूर्व दिशा के नगर भाग में हो, क्षत्रियों की हवेलियाँ दक्षिण के नगर भाग में, शूद्रों के मोहल्ले उत्तर के भाग में बसाने चाहिए और वैश्यों के आवास नगर के भीड़ भरे मध्य भाग में निवेशित करने चाहिए।

पुरे पुरे च विप्राक्ष क्षत्रिया वैश्यशूद्रकाः।
तद् बाह्यतस्तथा चान्यास्तथा स्थपतिसङ्कुलाः ॥ 42 ॥

---

1. 'तलारक्ष' इति स्यात्। इस ग्रन्थ की रचना के समय तक नगरों में तलारक्ष का पद होता था। चीरवा के 1273 ई. के अभिलेख में तलारक्ष के रूप में योगराज के पुत्र पमराज का नाम आया है, योगराज का चौथा पुत्र क्षेम चित्तौड़दुर्ग का तलारक्ष था : श्रीपद्मसिंह भूपालयोगराजस्तलारताम्। नागह्रदपुरे प्रापपौर प्रीति प्रदायकः॥ क्षेमस्तु निर्मित क्षेमाश्चित्रकूटे तलारताम्। राज्ञः श्रीजैत्रसिंहस्य प्रासादादापदुत्तमात्॥ (वियना ऑरियण्टल जर्नल जिल्द 21, पृष्ठ 155-162 एवं एपिग्राफिया इण्डिका जिल्द 27, पृष्ठ 285-292) इसी शिलालेख में भुवनदेव का नाम भी आया है।

अलग-अलग मोहल्लों में (यथा- गुर्जरपुरा, तेलीपुरा आदि) ब्राह्मणों की, क्षत्रियों की, वैश्यों की और शूद्रों की बस्तियाँ साथ हो परन्तु इन मोहल्लों से बाहर अन्य स्थपति सङ्कुल अर्थात् कारीगरों के समूह व कारखाने होंगे।

विप्र-क्षत्रिय-वैश्यानां प्राकारा वै निवासिनाम्।
वणिक् कर्मकराणां च मध्यानां च सुखावहाः ॥ 43 ॥

नगर व्यवस्था में यह बात भी ध्यान रखनी चाहिए कि विप्र, क्षत्रिय और वैश्यों की बस्तियाँ नगर के परकोटे की तरह बनी हो और वणिकों की तथा कारीगरों की बस्तियाँ इनके बीच में बनी हो तो सुखदायी होती है।

विदिक्षु दिक्षु वै कार्या नगरस्वस्तये यथा।
अष्ट$_8$ द्विरष्ट$_{16}$ द्वात्रिंश$_{32}$ दधमा मध्यमोत्तमाः ॥ 44 ॥
चतुर्वर्णांश्च प्रकृतीरेकैकेषु पुरेषु च।
सर्वत्र वासयेच्चैव नागरांश्च सुखावहान्॥ 45 ॥

इन सभी बस्तियों को सभी दिशाओं और विदिशाओं में निर्देशानुसार ही नगर के स्वस्ति अर्थात् भलाई के लिए बसाना आवश्यक है। नगर में चारों वर्णों के पुर अर्थात् मोहल्ले भी क्रमशः आठ-आठ की संख्या में हो तो अधम, सोलह-सोलह हो तो मध्यम और तीस-तीस हो तो उत्तम माने जाते हैं। इस प्रकार से वर्णानुसार बस्तियों का निवेशन नागरिकों के लिए सुखद होता है।

पूर्वे ब्राह्मणलोकाश्च क्षत्रियाश्चैव दक्षिणे।
निवश्याश्चौत्तरे शूद्राः पश्चिमे तु जलाश्रयाः ॥ 46 ॥

ब्राह्मणों की बस्तियाँ पूर्व की ओर, क्षत्रियों की बस्ती दक्षिण, शूद्रों की बस्ती उत्तर की ओर हो तथा पश्चिम दिशा की ओर जलाशय बनाएँ।

पूर्वयाम्योत्तरे शस्तं हट्टमार्गादिचत्वरम्।
ईशाने शिल्पिनः सर्वे रजकाश्छिंपकाः परम्॥ 47 ॥

पूर्व दिशा, दक्षिण दिशा और उत्तर दिशा की ओर हाट-बाजार व मार्ग, चत्वर-चौक आदि प्रशस्त माने गए हैं। ईशान कोण की दिशा में समस्त शिल्पियों की, धोबियों, रङ्गरेजों, छीपों की बस्तियाँ ठीक रहती हैं।

चर्मकाराश्च वरुटा आग्नेया दिशमाश्रिताः।
नैर्ऋत्ये शोण्डिका ज्ञेया वायव्ये तन्तुवायकाः ॥ 48 ॥

इसी प्रकार चर्मकारों और मोचियों की तथा वरुटा-म्लैच्छ जातियों के लोगों की बस्तियाँ अग्नि कोण में बसाई जानी चाहिए। नैर्ऋत्य कोण में कलालों या शराब

बनाने-बेचने वालों की बस्तियाँ व वायव्य कोण में बुनकर-जुलाहों-सालवियों की बस्तियाँ बसानी चाहिए।

पुरसुरक्षार्थे प्राकारोपरि यन्त्रनिवेशनं —

पुरमध्ये च सर्वत्र प्राकारस्य तथोपरि।
स्थापयेत्सूत्रयन्त्रं च विविधं कर्मरौद्रकम्॥ 49॥
यन्त्राणि चित्ररूपाणि विश्वकर्मेरितानि च।

अब नगर की सुरक्षा व्यवस्था के बारे में कहता हूँ। नगर के मध्य में तथा परकोटे के ऊपर भी सर्वत्र तरह-तरह के भयानक, रुद्र कर्म करने में समर्थ सूत्र यन्त्र अर्थात् गोफण अथवा यन्त्रों के सूत्र में रखना अर्थात् परकोटे आदि पर क्रमबद्ध रखना चाहिए। तरह-तरह के विचित्र रूप के यन्त्र विश्वकर्मा ने बनाए हैं।[1]

नाना यन्त्रनामानि —

तेषां नामानुक्रमं च कथये तव साम्प्रतम्॥ 50॥
प्रथमं भैरवं यन्त्रं द्वितीय चैव भास्करम्।
गौरीयन्त्रं चतुर्थस्यात्तृतीयं महिषासुरम्॥ 51॥
वाराहं पञ्चमं चैव महायन्त्रं च षष्ठकम्।

अब मैं उन यन्त्रों के नामों को अनुक्रम से कहता हूँ। जो परकोटे पर नगर सुरक्षा में बड़े महत्व के हैं इनमें प्रथम है भैरव यन्त्र, द्वितीय भास्कर यन्त्र, तृतीय महिषासुर यन्त्र, चतुर्थ गौरी यन्त्र, पञ्चम वाराह यन्त्र और षष्ठ महा यन्त्र है।[2]

---

1. मत्स्यपुराण में कहा गया है— यन्त्रायुधाट्टालचयोपपन्नं समग्रधान्योषधिसम्प्रयुक्तम्। वणिग्जनैश्चावृतमावसेत दुर्गे सुषुसं नृपतिः सदैव॥ (मत्स्य. 217, 87) तुलनीय— दुर्गे च यन्त्राः कर्तव्या नाना प्रहरणान्विताः। सहस्रघातिनो राम तैस्तु रक्षा विधीयते॥ (विष्णुधर्मोत्तर 2, 26, 27) राजवल्लभ. में कहा गया है— यन्त्राः पुराणामथ रक्षणाय संग्रामवह्न्यम्बुसमीरणाख्याः। विनिर्मितास्ते जयदा नृपाणां भवन्ति पूज्याः सुरया च मांसैः॥ (राजवल्लभ. 4, 21)
पूर्वकाल में विश्वकर्मा के बनाए यन्त्रों का वर्णन वास्तुमण्डनम् में आया है। प्राचीनकाल में जबकि देवताओं और असुरों के बीच सङ्ग्राम हुआ, देवताओं के विजय के लिए शङ्कर ने जिन यन्त्रों का प्रयोग किया, वे विश्वकर्मा ने बनाए थे। रक्तबिन्दु ने जब पाषाण यन्त्रों से देवसेना को छिन्न-भिन्न करने का प्रयास किया तब देवताओं ने उक्त शिवोक्त विश्वकर्मणीय यन्त्रों का प्रयोगकर दैत्यों पर विजय को प्राप्त किया था। ये यन्त्र चौरासी प्रकार के हैं। इनमें से वायव्य और जलयन्त्रों के नौ-नौ भेद हैं। अग्नियन्त्र के छह भेद है जबकि संग्राम यन्त्र के साठ भेद, इस प्रकार कुल चौरासी प्रकार के यन्त्र कहे गए हैं— देवाऽसुरेणे दैत्येः प्रबलैर्निर्जिताः सुराः। ततो यन्त्राः गिरीशेनगदिता विश्वकर्मणेः॥ भिन्नास्ते यन्त्रं पाषाणै रक्तबिन्दु विवर्जिताः। छातुनरहिता दैत्यास्तदा देवैर्विनिर्जिता॥ चतुरशीति यन्त्रेषु नव वायोर्जलस्य च। अग्नियन्त्रस्य षड्भेदाः षष्टि सङ्ग्रामयन्त्रजाः॥ (वास्तुमण्डनम् 3, 37-39)
2. आकाशभैरवकल्प में दुर्ग की दीवारों को नाभिमात्र गहरा छिद्र कर पङ्क्तिवार क्रमशः इसकी शिलाओं पर

अचिन्त्यमुद्गराघातं ज्वालावलि शराकुलम् ॥ 52 ॥

ये सभी छह प्रकार के यन्त्र बड़े ही अकल्पनीय आघात करने वाले मूसल, मुद्गर या गोलों को शरयुक्त[1] शृङ्खलाबद्ध अग्नि विस्फोटों और ज्वालाओं के साथ छोड़ने वाले भयानक हथियार हैं।[2]

भैरव यन्त्र, नाग यन्त्र, त्रिशूल यन्त्र, रज्जु यन्त्र, मौसल यन्त्र, विषकण्टक यन्त्र, शूलमुख यन्त्र और धनुर्यन्त्रादि को स्थापित करने का उल्लेख है— नाभिमात्रे ततस्सालवलये पङ्क्तिशः क्रमात्। शिलासु भैरवयन्त्रं नागयन्त्रश्च मौसलम् ॥ विषकण्टकयन्त्रश्च शुक्लं शूलमुखं तथा ॥ धनुर्यन्त्रादियन्त्रादि व्यस्तमिति यन्त्रकम् ॥ (आकाश. साम्राज्यदीपिका, अष्टविध सालदुर्गकथनं. 17-19) सूत्रधार मण्डन ने आठों यन्त्रों के नाम बताए हैं जो क्रमशः भैरव यन्त्र, चन्द्र यन्त्र, सूर्य यन्त्र, भीमगज यन्त्र, युग्म यन्त्र, शिखी यन्त्र, यमदण्ड यन्त्र व महाभैरव यन्त्र है। इनका प्रमाण इस प्रकार होगा— हस्ता अष्ट च भैरवो नवकरश्चान्द्रो दशाढ्यो भवेद् रुद्रोर्भीमगजोऽपि भास्करकरैर्युग्मं च विश्वैः शिखी। प्रोक्तोऽसौ यमदण्ड एव मुनिभिस्तिथ्या महाभैरवो ... ॥ (राजवल्लभ. 4, 22)

1. कुम्भाकाल में अग्निवर्षक बाणों का उल्लेख इतिहास में आया है। वर्ष 1446-68ई. में मालवा में खिलजी शासन में लिखित 'मआसिरे-महमूदशाही' में बान नामक आग्नेयास्त्रों का वर्णन मिलता है। माण्डलगढ़ के निकट कुम्भा की सेना व सुल्तान महमूद खिलजी की फौजों के बीच 1443ई. में जो मुठभेड़ हुई, उसमें कुम्भा ने नैफ्ता की आग 'आतिशे-नफ्त' और तीरे हवाई का प्रयोग किया था। ऐसा ही एक उल्लेख इन दोनों फौजों के बीच 1456-57ई. में हुए एक और टकराव के दौरान भी मिलता है। (मआसिरे-महमूदशाही पृष्ठ 57-58)

   इस समय प्रचलित आतिशे नफ्त और तीरे-आतिशी सम्भवतः यहां वर्णित अग्नियन्त्र ही थे। इनका विस्तार से वर्णन वास्तुमण्डनं के तीसरे अध्याय में आया है। (विशेष द्रष्टव्य- कला की कालकथा में तीर से तोप तक के यन्त्रों का वर्णन)

   ऐसे अग्निवर्षक बाणों का उल्लेख आकाशभैरवकल्प में आया है जो आकाश में भयङ्कर गर्जना अग्नि की चिनगारियाँ छोड़ते थे। (आकाश. साम्राज्यलक्ष्मीपीठिक पटल 107, 29-31) इसी प्रकार मनु ने धर्मयुद्ध में अग्नि लगाने वाले बाणों के प्रयोग का निषेध किया है। (मनु. 10, 83)

2. यहाँ ग्रन्थकार ने निश्चय ही आग्नेयास्त्रों का वर्णन किया है और बारुदी प्रयोग का सङ्केत भी है। तोप को परवर्ती यन्त्र कहा जाता है, इतिहासकारों की यह धारणा अब मिथ्या सिद्ध हो चुकी है कि बारुद का आविष्कार 14वीं सदी में बर्थोल्ड श्वार्ज नामक पादरी ने किया था। एनसाइक्लोपीडिया ब्रिटानिका में कहा है कि बारुद का आविष्कार सम्भवतः चीन अथवा भारत में हुआ। (एनसाइक्लोपीडिया. पृष्ठ 5) यह मान्यता भी है कि तोप शब्द संस्कृत की तुप तुफ़ पीडार्थक धातु से निष्पन्न है और उसका भारतीय नाम नालिकास्त्र रहा है और बारुद को भारतीय ग्रन्थों में अग्निचूर्ण (शुक्रनीति), शुष्कमदिरा (शतघ्न्या शुष्कमदिरागोलकेन समन्विता। गर्गसंहिता 10, 33, 38-39 व 50), रञ्जक (वाशिष्ठ धनुर्वेद श्लोक 75) और जामदग्न्य चूर्ण (राजराजेश्वर परशुराम ग्रन्थ में उद्धृत जामदग्न्य धनुर्वेद) मानसोल्लास में पाषाण वर्षक व अग्नि लगाने वाले यन्त्रों से आक्रमण करने का निर्देश मिलता है— आरभेत ततो युद्धं यन्त्रपाषाणपातकैः। अनलं चानुकूलेन वायुना समुदापयेत् ॥ पाषाणपातिभिर्यन्त्रैर्हाहनाद् दहनेन वा ॥ (मानसो. 1, 2, 20, 1070-73) इसी प्रकार भुवनदेव के मुख्य उत्सकारक समराङ्गणसूत्रधार में कहा गया है कि दुर्ग की रक्षा के लिए अग्नि इत्यादि की सहायता से धनुष, शतघ्नी और उष्ट्रग्रीवादि यन्त्रों का निर्माण करना चाहिए— ये चापाद्या ये शतघ्न्यादयोऽस्मिन्नुष्ट्रग्रीवाद्याश्च दुर्गस्य गुप्तयै। ये क्रीडाद्या क्रीडनार्थं च राज्ञां सर्वेऽपि स्युर्योगतस्ते गुणानाम् ॥ (समराङ्गण. 31, 10)

अक्षयं च दृढं युक्त्या नैकढिल्लिकसङ्कुलम्।
एभिर्यन्त्रैः समायुक्तं प्राकारं भीमरूपकम्॥ 53॥

ये इतने दृढ़ और अक्षय है कि इनकी गर्जना अनेक ढोलों की गर्जना से भी अधिक घनघोर (सङ्कुल) होती है। अस्तु, इन जैसे यन्त्रों से, तोपों से सुसज्जित प्राकार अर्थात् नगर परकोटा बहुत ही भयानक परिदृश्य उत्पन्न करने वाला ही सिद्ध होता है।

इति सूत्रसन्तानगुणकीर्तिप्रकाशप्रोक्तृश्रीभुवनदेवाचार्योक्तापराजितपृच्छायां
महाराजाधिराजपुरनिवेशाधिकारो नाम द्वासप्ततितमं सूत्रम्॥ 72॥
इस प्रकार भुवनदेवाचार्य कृत सूत्रसन्तानगुणकीर्ति प्रकाश या अपराजितपृच्छा में
महराजाधिराज पुर निवेश अधिकार नामक बहत्तरवाँ सूत्र पूर्ण हुआ॥ 72॥

पुरलक्षणं त्रिसप्ततितमं सूत्रम्॥ 73॥

विश्वकर्मोवाच —

वक्ष्ये पुरस्य चाकारं साम्प्रतं लक्षणं पुनः।
प्रशस्तं दोषरहितं पुरनामानि विंशतिः$_{20}$॥ 1॥

विश्वकर्मा बोले कि अब मैं उन पुरों, नगरों के आकार और लक्षणों के बारे में कहता हूँ जो प्रशस्त है और दोष रहित हैं, उनके बीस नाम हैं।

विंश पुरनामानि —

माहेन्द्रं सर्वतोभद्रं सिंहावलोकवारुणे।
नन्द्यावर्त च नन्दाख्यं पुष्पकं चैव स्वस्तिकम्॥ 2॥
पार्श्वदण्डं जयन्तं च श्रीपुरं रिपुमर्दनम्।
स्राहं दिव्यमुत्तरं च धर्मं कमलशक्रदे॥ 3॥
महाजयं पौरूषं च साम्प्रतं कथितं बुधैः।
पुराणां विंशतिश्चैव ख्याता भुवनमण्डनम्॥ 4॥

इन पुरों में (1.) माहेन्द्र, (2.) सर्वतोभद्र, (3.) सिंहावलोकन, (4.) वारुण, (5.) नन्द्यावर्त, (6.) नन्द (नन्दाक्ष), (7.) पुष्पक, (8.) स्वस्तिक, (9.) पार्श्वदण्ड, (10.) जयन्त, (11.) श्रीपुर, (12.) रिपुमर्दन, (13.) स्राह, (15.) दिव्य, (15.) उत्तर (16.) धर्म, (17.) कमल (18.) शक्रद, (19.) महाजय और (20.) पौरुष— ये नाम विद्वानों ने अब तक कहे हैं। इस तरह से पुरों की

विंशति भुवन मण्डल स्वरूप में विख्यात है।[1]

नामस्य स्वरूपाणि —

माहेन्द्रं चतुरश्रं च सर्वतोभद्रमायतम्।
सिंहावलोकनं वृत्तं वृत्तायतं च वारुणम्॥ 5॥

इनमें से माहेन्द्र नामक नगर चौकोर होता है और सर्वतोभद्र आयत रूप में होता है। सिंहावलोकन पुर वृत्तरूप में होता है और वारुण पुर वृत्तायत रूप का होता है।

मुक्तकोणं च नन्दाक्षं(ख्यं!) नन्द्यावर्तं च स्वस्तिकम्।
पुष्पकमष्टदलाख्यं स्वस्तिकं तु चाष्टाश्रकम्॥ 6॥

नन्दाक्ष पुर मुक्तकोण युक्त होता है और नन्द्यावर्त पुर, स्वस्तिक पुर, पुष्पक पुर, आठ पंखुड़ियों वाला और स्वस्तिक पुर आठ भुजाओं वाला होता है।

यवाकृति जयन्तं च दण्डं स्यादतिदीर्घकम्।
श्रीपुरं चैकप्राकारे द्वाभ्यां तु रिपुमर्दनम्॥ 7॥

इसी प्रकार जयन्त पुर का आकार यव की आकृति जैसा होता है। जयन्त पुर

---

1. मयमतं, मानसारादि में भी नगरों का वर्णन है। मानसार का नगरादि वर्णन तुलनीय है—नगरादि संग्रामं च प्रोक्तदुर्ग च सत्तमम्। राष्ट्रमध्ये नदीतीरे बहुपुण्यजनावृतम्॥ मध्ये राजयुतं चैव नगरं कृतमिष्यते। तत्रागते नगर्यन्तं यदि विष्ण्वालयं भवेत्॥ राजधानीति तन्नाम विद्वद्भिर्वक्ष्यते सदा। चतुर्दिक्षु चतुर्द्वारं गोपुरैश्य समन्वितम्॥ रक्षागृहैः समाकीर्ण विष्वक्सेनालयान्वितम्। वणिग्भिश्च समाकीर्णमापणैश्च समावृतम्॥ अन्तर्बहिर्जनैः पूर्ण नानादेवालयैरपि। केवलं नगरं प्रोक्तं य तत् तन्त्रपारगैः॥ काननोद्यानसंयुक्तं नानाजनगृहान्वितम्। क्रयविक्रयविद्भिश्च वैश्यरवेण संयुतम्॥ देवसत्तसमायुक्तं पुरमेतत्प्रकथ्येते। अस्यान्ते राजनिलय नगरीति तदिष्यते॥ नदीपर्वतत्प्रान्ते च शूद्रालय समन्वितम्। महाप्रावृतसंयुक्तं खेटमुक्तं पुरातनैः॥ परितः पर्वतैर्युक्तं नानाजातिगृहैर्वृतम्। सर्वप्रचारसंयुक्तमेतत् खर्वटमीरितम्॥ खेटखर्वटयोर्मध्ये सर्वमर्त्यालयान्वितम्। वप्राभावस्वत्वे तु तत्तु कुब्जकमुदाहृतम्॥ अब्धितीरप्रदेशे तु नानाजातिगृहैर्वृतम्। वणिग्जातिभिराकीर्ण क्रयविक्रयपूरितम्॥ रत्नैर्द्वीपान्तरानीतैः क्षौमैः कर्पूरकादिभिः। एतत्पत्तनमाख्यातं वप्रायतसमन्वितम्॥ अन्यभूपालभूम्यन्ते युद्धारम्भक्रियान्वितम्। सेनानामयुतानां च पृतनाभिः समन्वितम्॥ तदेतच्छिविरं प्रोक्तं तन्त्रविद्भिः पुरातनैः। नानाजनैश्च सम्पूर्ण भूपहर्म्येण संयुतम्॥ बहुरक्षसमोपेतमेतत्सेनामुखं भवेत्। नदीपार्श्वाद्रिसंयुक्तं भूपालाल[illegible] संयुतम्॥ बहुतक्षमायुक्तं नित्यं सन्नृपसंयुतम्। स्थानीयं सर्वविद्भिः प्रोक्तं बहुसुखावम्॥ समुद्रतटिनीयु[illegible] तटिन्या दक्षिणोत्तरे। वणिग्भिः सह नानाभिर्जनैर्युक्तं जनास्पदम्॥ नगरस्य प्रतितटे ग्राहकैश्च समावृतम्। क्रयविक्रयसंयुक्तं द्रोणान्तरमुदाहृतम्॥ महाग्रामसमीपे तु क्षुल्लकग्रामसंयुतम्। तन्नगरं स्यादाश्रयाद ग्रहोरोपजीविनाम्॥ तस्मात्तु तत्र विद्वद्भिः संविद्ध तदुदीरितम्। महाराजस्य मध्ये तु गृहं तत्कोलकात्मकम्॥ द्विजाति चतुर्वर्णैर्वर्णान्तरजनैर्वृतम्। बहुकर्मकरैर्युक्तं निगमं तदुदाहृतम्॥ नद्यादिकाननोपेतं बहुतीरजनालयम्। राजमन्दिरसंयुक्तं स्कन्धावारमुदाहृतम्॥ पार्श्वे चान्यद्विजातीनां गृहं तश्चेरिकमक्तम्। (मान. 10, 22-43)

और दण्डपुर अतिदीर्घ होते हैं। श्रीपुर के एक प्राकार, एक परकोटा होता है जबकि रिपुमर्दन पुर के दो प्राकार या दो परकोटे होते हैं।

शैलकुक्षौ तथा स्त्राहं दिव्यकं शैलमस्तके।
नद्युत्तरे च सौम्याख्यं सरिद्याम्ये तु धर्मकम्॥ 8॥

स्त्राह पुर पहाड़ी के तले में होता है और दिव्य पुर पहाड़ी के सिर पर होता है। सोम नामक पुर नदी के उत्तर की ओर तथा धर्म पुर नदी के दक्षिण में होता है।

कमलं पश्चिमे नद्या नद्याः पूर्वे तु शक्रदम्।
पौरुषं पुरुषाकारं नद्योश्चैवं महाजयम्॥ 9॥

कमल नामक पुर नदी के पश्चिम में और शक्र नामक पुर नदी की पूर्व दिशा में होता है। पौरुष नामक पुर पुरुषाकृति का और महाजय पुर नदियों के मध्य में स्थित होता है।

पुरस्य फलाफलमाह —

पुरं विंशतिसङ्ख्याकं रम्यं सुरनरोरगैः।
स्वस्तिशान्तिकरं नित्यं गो-ब्राह्मण-धराभुजाम्॥ 10॥

ये विंशति संख्यात्मक पुर सुर-नर और नाग जाति के लोगों को शान्ति और खुशहाली लाने वाले हैं और नित्य गौ, ब्राह्मण और राजाओं को सुखप्रद हैं।

माहेन्द्रं चतुरश्रं च प्रतापकीर्तिवर्द्धनम्।
वृद्धिदं सर्वतोभद्रं नित्यं तद्भद्रदशान्तिदम्॥ 11॥
सिंहावलोकनं रम्यं हरे (ते) रिपुरिषाव (त) धी(वी) ?।
वारुणे तु प्रजावृद्धिर्नन्दाख्ये नन्दनं चिरम्॥ 12॥

इनमें माहेन्द्र नामक पुर चौकोर होता है और वह वहाँ रहने वाले लोगों की कीर्ति में अभिवृद्धि का कारक होता है, उनके यशः प्रताप को बढ़ाने वाला होता है। सर्वतोभद्र नामक पुर भी सदैव शुभ होता है और रिपुओं का नाश करने वाला तथा वारुण नामक पुर प्रजा वृद्धिकारक, और नन्द नामक पुर सदा आनन्ददायी होता है।

नन्द्यावर्त मङ्गलाख्यं त्रिदशानां च पुष्पकम्।
स्वस्तिकृत्स्वस्तिकं प्रोक्तं जयन्तं च जयावहम्॥ 13॥

नन्द्यावर्त पुर मङ्गलकारी है और पुष्पक संज्ञक पुर देवताओं को भी मङ्गलकारी कहा गया है। स्वस्तिक पुर सदा स्वस्तिकारक होता है और जयन्त नामक पुर सदा जय कराता है।

वृद्धिदं पार्श्वदण्डं च श्रीपदं श्रीपुरं तथा।
रिपुमर्द्दनं रिप्वन्तं स्नाहं चैवाभयप्रदम्॥ 14॥

पार्श्वदण्ड पुर वृद्धिकारक होता है और श्रीपुर नामक तो धनलक्ष्मी श्रीप्रद ही है। रिपुमर्दन पुर शत्रुओं का नाश करता है। स्नाह नामक पुर भी अभय दिलाता है।

दिव्यकं देवभवनमुत्तरं चोत्तमोत्तमम्।
धर्मं धर्मकरं नित्यं कमलं शान्तिदायकम्॥ 15॥

दिव्य पुर देव मन्दिरों-सा सुख और उत्तर नामक पुर सदा उत्तम से उत्तम सुख देता है। धर्म नामक पुर नित्य धार्मिक भाव बढ़ाता है और कमल नामक पुर शान्तिप्रद होता है।

इन्द्रराज्योद्भवं शक्रं पौरुषं भीमविक्रमम्।
महाजयं पुरं नाम सर्वदानन्दकारकम्॥ 16॥

शक्र नामक पुर इन्द्र के स्वर्ग-सा सुखदायी और पौरुष नामक पुर बड़ा पराक्रम प्रदर्शित करवाता है। महाजय नामक पुर भी सर्वदा आनन्ददायक होता है।

इत्थमाकृतयो गुणाः कथितास्तव मयाधुना।
शुभानां सुप्रशस्तानां पुराणां विंशतिस्तथा॥ 17॥

इति पुरगुणाधिकारः।

इतनी इन पुरों की आकृतियों की गुण-गाथा मैंने अभी तुमसे कही, इस तरह पुरों की यह विंशति शुभ की और सुप्रशस्तियों की वृद्धि करने वाली होती है।

इत्यमनन्तर अशुभ पुराकृतिमाह —

अग्निदं वायवं चैव शकटं युग्मशाकटम्।
वज्रं त्रिशूलमाख्यातं कर्णिकं चैव सप्तमम्॥ 18॥
एताः सप्तपुरश्चैव महोदोषभयावहाः।
तासां रूपं तथाकारं कथये तव साम्प्रतम्॥ 19॥

अब कुछ अशुभ आकृतियों के पुरों को भी बताता हूँ। इनमें 1. अग्निद, 2. वायव, 3. शकट, 4. युग्मशाकट, 5. वज्र, 6. त्रिशूल, और 7. कर्णिक— ये सातों पुर महादोष, भयकार है। इनके रूप तथा उनके आकार अब तुम्हें कहता हूँ।[1]

---

1. इसी प्रकार कहा गया है— विस्तीर्णं समाभागञ्च संस्थितं परिकीर्तितम्। चतुरस्त्रं चतुष्कोणं समभागं विभागतः॥ वृत्तमेतत् समाख्यातं वास्तुलक्षण कोविदैः। चतुर्भिर्विभजेत् कोणैस्तद्वास्तुवृत्तमुच्यते॥ आयतं चतुरस्त्रं च मध्यकोष्ठे भवेत् फलम्। यदि वर्तुलपीताभं स्थानं भद्रासनं विदुः॥ चक्रवक्रसमाकारे विजयं निम्नतोन्नतम्। निम्नता चापकृष्टा च शक्रचापस्य कीर्तिता॥ त्रिकोणं शकटाकारं तद्वास्तुकृदिहोच्यते।

अग्निदं च त्रिकोणाख्यं षट्कोणं चैव वायुवम्।
शकटं शकटाकारं युग्मं द्विशकटाकृति॥ 20॥

अग्निद नामक पुर त्रिकोणाकृति का होता है। वायुव छह कोणों की आकृति वाला होता है। शकट पुर गाड़ी के आकार का होता है जबकि युग्मशाकट पुर दो गाड़ियों की जोड़ी के आकार वाला होता है।

वज्रकं वज्रसङ्काशं त्रिशूलं त्रिशूलाकृति।
कर्णिकारं विकर्ण तु चाकाराः कथितास्तव॥ 21॥

वज्रक पुर वज्र जैसा कठोर दुःखदायक होता है और त्रिशूल पुर त्रिशूल की आकृति में बसाया हुआ होता है। कर्णिकपुर बिना कोणों का होता है— इतने इन सभी पुरों के आकारों को तुम्हें कह दिया है।

तस्य फलोच्यते —

अग्निदेऽग्निभयं घोरं वायुवं बहुक्लेशदम्।
शकटं तु पुरं चैवं प्रजाक्लेशावहं स्मृतम्॥ 22॥

अब उनके गुणों को सुनो— अग्निद पुर में सदा अग्निभय बना रहता है। वायुव पुर बहुत कष्ट देने वाला और शकट पुर में तो वहाँ की निवासी प्रजा क्लेश में बनी रहती है।

पुरे द्विशकटाकारे तस्करादि भयं भवेत्।
वज्राकृति पुरं यत्र वज्रपातस्तदोद्भवेत्॥ 23॥

युग्म शकट पुर में भी चोरों-तस्करों का भय बना रहता है और वज्राकृति पुर में भी सदा वज्रपात होते रहते हैं।

त्रिशूले च पुरे चैव सदा युद्धं समुद्भवेत्।
कर्णिकारे च दुर्भिक्षं प्रजा तत्र न नन्दति॥ 24॥

त्रिशूल पुर में सदा ही युद्ध की स्थिति बनी रहती है और कर्णिकाकार पुर में प्रायः दुर्भिक्ष-अकाल पड़ते रहते हैं और प्रजा दुःखी रहती है।

दीर्घदण्डमिति ख्यातं पवनं पवनात्मकम्॥ मुरजं मुरजाकारं बृहन्मध्यं प्रकीर्तितम्। अश्वत्थपर्णवत् कुम्भो धनुःकोणाकृतिर्धनुः॥ शूर्प शूर्भनिभं ज्ञेयं गृहं गणितकोविदैः॥ (वास्तुरत्नावली और राजमार्तण्ड में शिल्पशास्त्र के मत से उद्धृत)

समराङ्गण में छिन्नकर्ण, विकर्ण, वज्र, सूचीख्य, बर्तुल, व्यजनाकार, धनुषाकार, द्विगुणायत, शकटद्विसमाकार, कुदिशस्थ, सर्पचक्र जैसे अप्रशस्त पुरों या अगर्हित पुरों का वर्णन मिलता है, जिनके नियोजन-निर्माण का निषेध किया गया है। (समराङ्गण, पुरनिवेश 53-54 व 67)

इत्यादिसप्तदोषांश्च वर्जयेत् पुरदोषदान्।
विंशतिः सुखदाः ख्याता दोषदाः सप्त एव च॥ 25॥

इस प्रकार उक्त सात पुरों के दोष होते हैं। अस्तु, इन आकारों में पुरों का निवेशन वर्जित जानना चाहिए। यहाँ प्रजा हितावह पुरों की विंशति और सात दोषकारक पुरों का वर्णन किया गया।

अथाकारानुसारेण पुरग्रामादीनां प्रमाणमाह —

पुरार्धेन भवेद् ग्रामो ग्रामार्धेन तु खेटकम्।
खेटकार्धेन भवेत् कूटं कूटार्धेन तु कर्वटम्॥ 26॥

अब विविध नामों के आकार प्रमाण कहता हूँ। पुर के आधे भाग पर बसी हुई बस्ती को ग्राम और ग्राम के आधे को खेटक कहा जाता है। खेट के आधे को कूट और कूट का आधा कर्वट कहलाता है।[1]

पुरे सप्दश मार्गा ग्रामो वै नवमार्गतः।
खेटके पञ्च मार्गाः स्युस्त्रिभिर्मार्गैश्च कूटकम्॥ 27॥

पुर नामक बस्ती में 17 सड़कें होती हैं जबकि ग्राम में 9 सड़कें ही होती हैं। खेटक में 5 मार्ग होते हैं और कूट में केवल 3 ही मार्ग होते हैं।

द्वौ मार्गौ कर्वटे ख्यातौ छन्दाः पञ्च प्रकीर्तिताः।
पुर-ग्राम-खेटकं च कूटं च कर्वटाभिधम्॥ 28॥

इसी प्रकार कर्वट में तो 2 मार्ग ही होते हैं। इस तरह इनके ये पाँच छन्द—पुर, ग्राम, खेटक, कूट और कर्वट नाम से बताए गए हैं।[2]

इति सूत्रसन्तानगुणकीर्तिप्रकाशप्रोक्तश्रीभुवनदेवाचार्योक्तापराजितपृच्छायां पुरलक्षणाधिकारो नाम त्रिसप्ततितमं सूत्रम्॥ 73॥

इस प्रकार भुवनदेवाचार्य कृत सूत्रसन्तानगुणकीर्ति प्रकाश या अपराजितपृच्छा में पुर लक्षण अधिकार नामक तिहत्तरवाँ सूत्र पूर्ण हुआ॥ 73॥

---

1. अग्निपुराण में ग्राम बस्तियों का विस्तार 100 धनुषों के बराबर कहा गया है। नगर का विस्तार उससे दुगुना अथवा तिगुना माना गया है— धनुः शतं परीणाहो ग्रामस्य तु समन्ततः॥ द्विगुणं त्रिगुणं वाऽपि नगरस्य च कल्पयेत्। (अग्नि. 227, 19-20)
2. समराङ्गणसूत्रधार में कहा गया है— खेटं तदर्धविष्कम्भमाहुर्ग्रामं तदर्धतः। योजनने पुरात् खेटं खेटाद् ग्रामं प्रचक्षते। गव्यूतिपरिमाणेन ग्रामाद् ग्रामं प्रचक्षते॥ द्विक्रोशाद् विषये सीमा तदर्धेन पुरस्य सा। खेटके पुरसीमार्धं ग्रामे खेटार्धतः स्मृता॥ त्रिंशद्धनूंपि विष्कम्भः पुरे दिग्वर्त्मसु स्मृतः। विंशति खेटके मार्गो ग्रामे दश च दर्शितः॥ (समराङ्गण. 10, 79-82)

वापीकूपतडादिनिर्णयो नाम चतुःसप्ततितमं सूत्रम् ॥ 74 ॥

विश्वकर्मोवाच —

पुरस्य बाह्याभ्यन्तरे विविधाः स्युर्जलाशयाः ।
वापी-कूप-तडागानि कुण्डानि विविधानि च ॥ 1 ॥

विश्वकर्मा बोले कि नगर के बाहर और अन्दर की ओर भी विविध प्रकार के जलाशयों की व्यवस्था होनी चाहिए, क्योंकि जैसा कहा है कि जल ही जीवन है अस्तु, वहाँ वापी, कूप, तड़ाग, कुण्ड आदि विविध प्रकार के जलस्रोत बनाएँ।[1]

दश$_{10}$ कूपाश्चतु$_{4}$र्वाप्यश्चात्वारि$_{4}$ कुण्डकानि च।
तडागाः षड्विधाश्चैवं$_{6}$ कथयाम्यपराजित ॥ 2 ॥

हे अपराजित! अब मैं तुम्हें दस प्रकार के कूप, चार प्रकार की वापियाँ, चार प्रकार के कुण्डों और छह प्रकार के तड़ागों के बारे में कहता हूँ।

दशविध कूपमाह —

श्रीमुखो विजयः प्रान्तो दुन्दुभिश्च मनोहरः ।
चूडामणिश्च दिग्भद्रो जयो नन्दश्च शङ्करः ॥ 3 ॥
चतुर्हस्तादितो वृद्धिर्यावद्धस्तस्त्रयोदशम् ।
श्रीमुखाद्याः शङ्करान्ता दश कूपाः प्रकीर्तिताः ॥ 4 ॥

(1.) श्रीमुख, (2.) विजय, (3.) प्रान्त, (4.) दुन्दुभि, (5.) मनोहर, (6.) चूड़ामणि, (7.) दिग्भद्र, (8.) जय, (9.) नन्द और (10.) शङ्कर— ये चार गज की चौड़ाई से लेकर क्रमशः एक-एक बढ़ते-बढ़ते तेरह गज की चौड़ाई के श्रीमुखादि से शङ्करान्त दस प्रकार के कूपों के लक्षण बताए गए हैं।[2]

चतुर्हस्तः श्रीमुखः स्याद् विजयः पञ्चहस्तकः ।
षड्भिर्हस्तैर्भवेत् प्रान्तो दुन्दुभिः सप्तहस्तकः ॥ 5 ॥
मनोहरश्चाष्टहस्तश्चूडामणिर्नवकरः ।
दिग्भद्रो दशहस्तश्च ह्येकादशकरो जयः ॥ 6 ॥

---

1. आदित्यपुराण में आए इसी प्रकार के वचनों को जलाशयतत्त्व में उद्धृत किया गया हैं— सेतुबन्धरता ये च तीर्थशौचरताश्च ये। तडागकूपकर्त्तारो मुच्यन्ते ते तृषाभयात्॥ (शब्दकल्पद्रुम खण्ड 2, पृष्ठ 170) विष्णुधर्मोत्तर में कहा गया है कि जो तडाग, कूप को बनवाता है, कन्यादान करता है, छत्र, उपानह देता है वह व्यक्ति स्वर्ग को जाता है— तडागकूपकर्त्तारस्तथा कन्या प्रदायिनः। छत्रोपानहदातारन्ते नराः स्वर्गगामिनः॥ (तत्रैवोद्धृत)
2. चक्रपाणि मिश्र ने भी कहा है— श्रीमुखो विजयः प्रान्तो दुन्दुभिश्च मनोहरः। चूडामणिश्च भद्रो जयो नन्दश्च शङ्कर॥ आरभ्य यावच्चतुष्करं ते व्यासेक्रमादेकक साभिवर्द्धया। (विश्ववल्लभ 2, 14-15)

नन्दे च द्वादशकराः शङ्करे च त्रयोदश।
एवमादिगुणापेतो वृत्तकूपा दशोत्तमाः ॥ 7 ॥

इति दशकूपाः।

इनमें से श्रीमुख कूप 4 गज का चौड़ा, विजय कूप 5 गज का चौड़ा, प्रान्त कूप 6 गज का, दुन्दुभि 7 गज का, मनोहर 8 गज का, चूड़ामणि 9 गज का, दिग्भद्र 10 गज, जय 11 गज का, नन्द 12 गज का और शङ्कर 13 गज का होता है। इस प्रकार से दस वृत्त कूपों के आदि से गुणों को बताया गया है।[1]

कूपिका सफलमाह —

शेषास्तु कूपिका वत्स त्रिहस्ताश्चादिमादधः।
द्विहस्ता वै प्रशस्ताश्च कर्त्तव्याः सर्वकामदाः ॥ 8 ॥

हे वत्स! शेष तो छोटी कूपिकाएँ (कुइयाँ) कहलाती है जो 3 गज की चौड़ाई से भी कम की होती जाती हैं। इनमें 3 गज वाली, 2 गज वाली आदि कूपिकाओं में दो गज की चौड़ाई वाली कूपिकाएँ सभी काम में शुभ होती हैं। अस्तु, उन्हें कर्तव्य समझ कर बनाएँ।[2]

अथ चतुर्वाप्यः —

नन्दा भद्रा जया चैव चतुर्थी विजया तथा।
एकवक्त्रा त्रिकूटा च नन्दा नाम वरप्रदा ॥ 9 ॥

चार प्रकार की वापी या बावड़ियाँ होती हैं— (1.) नन्दा (2.) भद्रा (3.) जया (4.) विजया। इनमें से 'नन्दा' वापी एकमुखी होती है और तीन ओर से कूट अर्थात् बन्द होती है। इस तरह नन्दा नाम की वापी नामानुसार वरप्रदायक है।

---

1. अल्प विस्तार से जहाँ मण्डलाकृति में भूमि को खोदा जाता है और जिस गर्त में पानी मिलता है, वह चाहे पक्का बन्धा हुआ हो या निर्बन्ध हो, 'कूप' कहा जाता है— भूमौ खातोऽल्पविस्तारो गम्भीरो मण्डलाकृतिः। बद्धोऽबद्धः स कूपः स्यात्तदम्भः कौपमुच्यते॥ (भावप्रकाश) इसी प्रकार राजवल्लभ. में आया है— कूपाः श्रीमुखवैजयोऽपि तदनु प्रान्तस्तथा दुन्दुभिस्तस्मादेव मनोहरश्च परतः प्रोक्तस्तु चूडामणिः। दिग्भद्रो जयनन्दशङ्करमतो वेदादिहस्तैर्मिता विश्वान्तैः क्रमवर्द्धितैश्च कथिता वेदादधः कूपिका॥ (राजवल्लभ : चक्रपाणिमिश्र, 4, 27)
विश्वकर्मीय दीपार्णव में कहा गया है— चतुर्हस्तादिद्वैका यावत् हस्त त्रयोदश। श्रीमुखो विजय चैव प्रान्तो दुन्दुभि श्रीमनोहरः॥ चूडामणि दिग्भद्रो जया नन्दस्तु शङ्करः। श्रीमुखो चतुर्हस्ताद्य शङ्करस्य त्रयोदश॥ एव नामा द्विगुणोपेत वृत्तकूपादशोगमा। सङ्ख्याहस्तद्वयं कुर्यात् कूपिका नामतद्भवेत्॥ (दीपार्णव उत्तर. 18, 2-4)
2. गर्त, कूपिका, कुल्या, आलवाल आदि बिना मान के होते हैं—भवन्ति गर्तानि च कूपिकाश्च कुल्यालवालादि विनैव मानम्॥ (विश्ववल्लभ 2, 15)

द्विवक्त्रा च षट्कूटा भद्रा नाम सुशोभिता।
त्रिवक्त्रा नवकूटा च जया वै देवदुर्लभा॥ 10॥

दूसरी 'भद्रा' नामक वापी के दो ओर मुख होते हैं अर्थात् उसमें दो ओर से आवागमन होता है, उनके छह ओर से रोक होती है— इस प्रकार भद्रा सुशोभित है।[1] तीन ओर के आवागमन या मार्ग के मुखों वाली तीसरी 'जया' नामक वापी के नौ ओर रोक होती है। यह बड़ी ही उत्तम होती है। देवताओं को भी ऐसी वापी दुर्लभ मानी जाती है।

चतुर्वक्त्रा सूर्यकूटा विजया सर्वतोमुखी।
वाप्यश्च कथिता वत्स कुण्डानि शृणु सम्प्रति॥ 11॥

इति चतुर्वाप्यः।

'विजया' वापी के चारों और मुख होते हैं अर्थात् आवागमन योग्य सीढ़ियाँ होती हैं जिसके बारह रोक होती है[2]— ऐसे हे वत्स! मैंने बावड़ियों के बारे में कहा। अब तुम कुण्डों के बारे में सुनो।

चतुर्विधकुण्डानि —

भद्रकं सुभद्रकं च नन्दाख्यं परिघं तथा।
कुण्डानि देवताग्रेषु कार्याणि शान्तिमिच्छता॥ 12॥

(1.) भद्रक, (2.) सुभद्रक, (3.) नन्दाख्य व (4.) परिघ— ये चार प्रकार के कुण्ड होते हैं, शान्ति के इच्छुकों को इनको देवमन्दिरों के आगे बनाना चाहिए।[1]

चतुरस्त्रं भद्रकं स्यात् सुभद्रं भद्रसंयुतम्।
नन्दाख्यं प्रतिभद्रेषु परिघं मध्यभिट्टकम्॥ 13॥

भद्रक कुण्ड चौकोर होता है और सुभद्र कुण्ड के चारों ओर दीवारें या भद्र होते हैं। नन्दाख्य कुण्ड के भी प्रतिभद्र होती है और परिघ कुण्ड के मध्य में भिट्ट

---

1. राजवल्लभ. में कहा गया है— भद्राख्यकुण्ड चतुरस्त्रकं च सुभद्रकं भद्रयुतं द्वितीयम्। नन्दाख्यकं स्यात् प्रतिभद्रयुक्तं मध्ये सभिट्टं परिघं चतुर्थम्॥ (राजवल्लभ. 4, 31) दीगार्णब में कहा गया है— कुण्डानां लक्षणं चैव चतुर्विध मुदाहृतः॥ चतुरश्च भद्रकं नाम सुभद्र भद्रसंयुत। नन्दा क्षौ प्रतिभद्रेषु परिघो मध्यभिट्टोद्भवं॥ प्रवेशा निर्गमा चैव कर्तव्यास्तेरनेकधाः। (दीपार्णव 18, 7-9)
2. राजवल्लभ. में कहा गया है—वापी च नन्दैकमुखी त्रिकूटा षट्कूटिका युग्ममुखा च भद्रा। जया त्रिवक्त्रा नवकूटयुक्तास्त्वर्कैस्तु कूटैर्विजया मता सा॥ (वही 4, 28) अपराजित के अनुसार ही दीपार्णव में वापियों के लक्षण व भेद इस प्रकार स्पष्ट किए गए हैं— एक वक्त्रां त्रिकूटाश्चं नन्दा नाम वरप्रदा। द्वितक्त्रा षटकूटाश्च भद्रा नाम सुशोभना॥ त्रिवक्त्रा नवकूटाश्च जयास्तु देवदुलभा। चर्तुवक्त्रा द्वादशकूटा विजया सर्वतो मुख॥ चतुर्वापि भवेत्प्राज्ञ नन्दाद्या शुभलक्षणम्॥ (दीपार्णव 18, 5-7)

की रचना होती है।

चतुर्द्वाराणि सर्वाणि सगवाक्षाणि मध्यतः।
गवाक्षमस्तकान्येवं प्रवेशो वाम-दक्षिणे॥ 14॥

इन कुण्डों के चारों और चार द्वार बने होते हैं और उन द्वार पर गोखड़े बने होते हैं। मध्य की ओर तथा उन गवाक्षों-गोखड़ों के मस्तक की ओर से बायें-दायें प्रवेश मार्ग बने होते हैं।

प्रवेशा निर्गमास्तत्र विधातव्या ह्यनेकधा।
कर्णे चतुष्किकाः कार्यास्तवङ्गपट्टशालिकाः॥ 15॥
मध्ये भिट्टं तु कर्त्तव्यं माडं च तद्धि श्रीधरम्।

इसी प्रकार वहाँ, कुण्ड में प्रवेश और निर्गम अनेक प्रकार के बनाने चाहिए। इनके कोनों पर चौकियाँ भी बनानी चाहिए। ये चौकियाँ तवङ्ग एवं पट्टशालिका से युक्त छतरियों के रूप में बनाएँ जिसमें श्रीधर नामक माड की प्रतिष्ठा करें।[1]

तत्रैवार्च्चा निर्देशमाह —

तन्मध्ये जलशायी स्याद् वाराहो वा तथोच्यते॥ 16॥
भद्रे चैकादश रुद्राः प्रशस्ता द्वारके तथा।
दुर्वासा नारदश्चैव विविधा गणनायकाः॥ 17॥

कुण्ड के मध्य में जलशायी वाराह बनाया जाना चाहिए (अथवा जल तक पहुँचने वाली सीढ़ियाँ हों)। कुण्डों के दीवारों (भद्र) पर और द्वारों पर एकादश रुद्र मूर्तियाँ और महर्षि दुर्वासा, देवर्षि नारद व विविध गण नायक देवताओं की मूर्तियाँ प्रशस्त मानी गई हैं।

क्षेत्रपालो भैरवश्च तथा चोमामहेश्वरः।
कृष्णशङ्करः कर्तव्या दण्डपाणिर्विशेषतः॥ 18॥

इन मूर्तियों की शृङ्खला में क्षेत्रपाल, भैरव, उमा-महेश्वर, कृष्णशङ्कर और विशेष करके दण्डपाणि यमराज-धर्मराज की भी स्थापना करनी चाहिए।

कात्यायनी चण्डिका च भल्लस्वामी च भास्करः।
हरिहरपितामहश्चन्द्रादित्यपितामहः॥ 19॥

---

1. राजवल्लभ. में उक्त प्रमाण के साथ ही चारों कोनों में पट्टशाला के निर्माण का निर्देश भी दिया गया है— कराष्टतो हस्तशतं प्रमाणं द्वारैश्चतुर्भिः सहितानि कुर्युः। मध्ये गवाक्षाश्च दिशो विभागे कोणे चतुष्कास्त्वपि पट्टशालाः॥ (राजवल्लभ. 4, 32)

हरिहरस्वर्णगर्भः पट्टशाला वाराणसी।
तदनुक्रमं वक्ष्यामि यदुक्तं परमेश्वरैः ॥ 20 ॥

इसी तरह कात्यायनी, चण्डिका, मल्लस्वामी, भास्कर, हरिहर पितामह तथा चन्द्रादित्यपितामह, हरिहर स्वर्णगर्भ, पट्टशाला वाराणसी के बारे में भी मैं तदनुक्रम से कहूँगा जैसा कि परमेश्वर ने पूर्व में कहा है।

चतुर्दशेशलिङ्गानि रुद्राश्चैवकादशैव तु।
सर्वे च द्वादशादित्या द्वादशाथ गणाधिपाः ॥ 21 ॥

चौदह ईश अर्थात् महादेव के लिङ्गों को तथा एकादश रुद्रों के लिङ्गों तथा सभी द्वादश आदित्यों और द्वादश गणाधिपों को भी स्थापित करना चाहिए।

पञ्चलीला नवदुर्गा लोकपालाश्च पञ्चधा।
त्रयोऽग्रयश्च दिक्पाला मातृणां च तथाष्टकम्॥ 22 ॥
अब्धयश्चैव चत्वारो गङ्गा च सरिदुत्तमा।
तन्मध्ये तु प्रकर्तव्या वाराणसी पद्मासने॥ 23 ॥

इसी प्रकार पञ्चलीलाओं को, नवदुर्गा, पाँच तरह के लोकपालों, तीनों अग्नियों, अष्ट दिक्पालों तथा आठों मातृकाओं, चारों समुद्रों और गङ्गा आदि उत्तम सरिताओं को बनाकर उसके सबके मध्य में वाराणसी को पद्मासन पर विराजमान करना चाहिए।[1]

यच्च वाराणसीवासे तत्पुण्यं नित्यदर्शनात्।
नित्यमेव स्नानपूजा गङ्गास्नानादिकं फलम्॥ 24 ॥

वाराणसी (काशी या बनारस) में आवास करने का जैसा पुण्य फल वहाँ नित्य दर्शनों से मिलता है, वैसा ही पुण्यफल इस तरह की देवमूर्तियों के कुण्ड की दीवाल पर स्थापित करके गंगा स्नानोपरान्त पूजन-अर्चन करने से मिलता है।

तस्यार्चने भवेन्मोक्षो यथा गङ्गाजलान्मृतौ।
पतन्ति नैव संसारे यावच्चन्द्रार्कतारकम्॥ 25 ॥

उनकी अर्चना से वैसे ही मुक्ति मिलती है अर्थात् मोक्ष की प्राप्ति होती है जैसे कि गङ्गा जल रूपी अमृत से मिलती है। मृतकों और मनुष्य का पुनर्जन्म होकर इस संसार-सागर में जब तक सूर्य-चन्द्रमा-तारागण स्थित हैं, तब तक पतन नहीं होता।

---

1. मण्डन ने देवार्चाओं के सन्दर्भ में यही मत दिया है— गङ्गाद्या रवयो हरेश्च दशकं रुद्रा दशैकाधिका दुर्गा भैरवमातृका गणपतिर्वह्नेस्त्रिकं चण्डिका। दुर्वासा मुनिनारदस्तु सकला द्वारावतीलीलिका लोकाः पञ्च पितामहादिविबुधाः स्युर्मध्यदेशे सदा॥ (राजवल्लभ. 4, 33)

इत्यमनन्तर तीर्थवर्णनं —

कृते च नैमिषं तीर्थं त्रेतायां पुष्करं तथा।
द्वापरे च कुरुक्षेत्रं कलौ गङ्गा प्रशस्यते॥ 26॥

अब तीर्थों के बारे में कहता हूँ। सतयुग में नैमिषारण्य की महिमा रही है, त्रेतायुग में पुष्करराज की; द्वापर में कुरुक्षेत्र की महिमा रही और कलियुग में गङ्गा को प्रशस्त तीर्थ माना जाता है।

गङ्गाद्वारे कुशावर्ते बिल्वके नीलपर्वते।
स्नात्वा कनखले तीर्थे पुनर्जन्म न विद्यते॥ 27॥

अस्तु, गङ्गाद्वार (गङ्गोत्री), कुशावर्त (द्वारिका), बिल्व, नीलपर्वत (पुरी), कनखल में स्नान करने पर पुनर्जन्म नहीं होता है।

गङ्गा गङ्गेति यो ब्रूयाद् योजनानां शतैरपि।
मुच्यतेसर्वपापेभ्यः स्वस्थानेऽपि वसन्नरः॥ 28॥

यहाँ तक कि आदमी कहीं भी स्नान करते हुए भी गङ्गा का नामोच्चारण करता रहे तो गङ्गा से सैकड़ों योजन दूर होने पर भी अपने स्थान पर स्नान करता हुआ समस्त पापों से मुक्त हो जाता है।

या गतिर्योगमुक्तानां मुनीनामूर्ध्वरेतसाम्।
सा गतिः सर्वभूतानामन्तर्वेदिनिवासिनाम्॥ 29॥

जो सद्गति योग से मुक्ति प्राप्त करने वालों को तथा ऊर्ध्वरेतस् मुनियों की होती है, वैसी ही सद्गति अन्तर्वेदी निवासी समस्त प्राणियों की भी होती है।

फलं तस्य दशगुणं प्राप्नोति चैव नित्यशः।
नरोत्तमः स चाप्नोति नित्यं वाराणसीफलम्॥ 30॥

इस प्रकार से बनाए गए कुण्डों में स्नानोपरान्त पूजा-अर्चना से नित्य उससे दश गुना फल मिलता है उतना ही जितना कोई नरोत्तम नित्य वाराणसी में रहकर गङ्गास्नान का फल प्राप्त करता है।

तस्य तुलादिकपुण्यं स्थाने वाराणसी भवेत्।
धर्मार्थकाममोक्षांश्च यथेच्छं प्राप्नुयान्नरः॥ 31॥

इति चतुःकुण्डवाराणसी।

ऐसे व्यक्ति को वाराणसी में होने वाले पुण्य के तुल्य पुण्य उन्हीं कुण्ड स्थानों में स्नान करने से भी मिल जाता है और मनुष्य यथेच्छ धर्म-अर्थ-काम और मोक्ष

प्राप्त कर लेता है।[1]

अथ सरोवरमाह —

सरो महासरश्चैव भद्रकं च तृतीयकम्।
चतुर्थं यन्मया प्रोक्तं सुभद्राख्यं तदुच्यते॥ 32॥
परिघं युग्मपरिघं तडागं षड्विधं स्मृतम्।

अब सरोवरों के विषय में कहता हूँ– (1.) सर, (2.) महासर, (3.) भद्रक, (4.) सुभद्राख्य, (5.) परिघ और (6.) युग्मपरिघ— इस तरह तड़ाग छह प्रकार के होते हैं।

बकैकस्थलं परिघं युग्मपरिघं तद् द्वितः॥ 33॥

इसमें से वहाँ एक स्थल पर बकादि पक्षियों के बैठने का स्थल और परिघ यदि दो एक साथ हो तो युग्मपरिघ कहलाते हैं।[2]

अर्धचन्द्रः सरः प्रोक्तं वृत्ताकारं महासरः।
भद्रकं चतुरश्रं स्यात् सुभद्रं भद्रसंयुतम्॥ 34॥

इनमें 'सर' अर्धचन्द्राकार तड़ाग होता है। 'महासर' गोलाकार अथवा वृतीय होता है। 'भद्रक' तड़ाग चौकोर और 'सुभद्र' तड़ाग भद्रयुक्त अर्थात् पाल-दीवार युक्त होता है।

---

1. दीपार्णव में कुण्डों पर माड, देवार्चाओं के सन्दर्भ में यही मत पाठभेद से दिया गया है— मध्यभिट्ट कर्तव्या मण्डपे श्रीधरोत्तमम्। तन्मध्ये तु जलशायी वाराह वाथ उच्यते॥ रुद्रएकादशकार्या द्वारिकायां संयुता। दुर्वासा नारदं चैव विघ्नस्य गणनायकम्॥ क्षेत्रपाल भैरवश्च उमा महेश्वरं तथा। कृष्णशङ्कर कर्तव्यं दण्डपाणि महेश्वर॥ कात्यायनि चण्डिका च सौम्यादित्य मेव च। हरिहरपितामह चन्द्रार्कश्चपितामह॥ हरिहरहिरण्यगर्भ पट्टशाला वाराणसि। तस्यानुक्रमं वक्षौ यदुक्तं परमेष्टितम्॥ चतुर्दश लिङ्गानी रुद्रैकादशस्तथा। द्वादशार्क गणनाधिप्यं केशवाश्च द्वादश॥ पञ्चलीला नवदुर्गा लोकपालस्यपञ्चक। तथाग्निदशदिग्पालो मातृका च तथाष्टकम्॥ द्विविध पतिपातता चैव गङ्गा च सरितोत्तमे। तन्मध्ये च कर्त्तव्या वाराणसी पद्मशाने॥ बहित्रिर्भागे कुण्डस्य चतुर्दश व्यवस्थितम्। ब्रह्माविष्णु शिवादीनां विविध सद्यसुन्दरम्॥ वाराणसि ता यत्पुण्यं नित्यं पुण्ये दर्शनात्। नित्य स्नानादिकं पूजा गङ्गास्नानादिकं फलम्॥ तस्यार्च्चने भवेत् सौरव्यं गङ्गाते मरणं तथा। तपतेविव संसारे यावच्चन्द्रार्क तारकम्॥ कृते च नैमिषं तीर्थ त्रेतायां पुष्करं तथा। द्वापरे कुरुक्षेत्रे कलो गङ्गा प्रशस्यते॥ गङ्गाद्वारे कुशावर्त बिल्वके नीलपर्वते। स्नानं कनखले तीर्थे न लमेश पुनर्भव॥ याग तीर्थाग मुक्ताना मुनीनामुर्ध्वरितसा। सागरति सर्व भूताना मन्त्रवेध निवासिनम्॥ तस्मादशगुण्यं पुण्यं नित्य प्राप्ताति नित्यस। तस्य तुल्य दिक् पुण्यं कुण्डे वात्र वाराणसि। धर्मार्थकाममोक्षाणां इच्छं प्राप्नोति मानवः॥ (दीपार्णव 18, 10-25)
2. राजवल्लभवास्तुशास्त्र में भी यही वर्णन आया है। वहाँ सुभद्र में पक्षियों के बैठने के स्थान का वर्णन भी किया गया है— सरोऽर्धचन्द्रं च महासरश्च वृत्तं चतुष्कोणकमैव भद्रम्। भद्रैः सुभद्रं परिघैकयुग्मं बकस्थलैकद्वयमेव यस्मिन्॥ (राजवल्लभ. 4, 29)

पालिप्रमाणमाह —

दण्डसहस्त्रकं ज्येष्ठं मध्यमं च तदर्धकम्।
मध्यमार्धं कनिष्ठं च त्रिविधं पालिदैर्घ्यत:॥ 35॥

इनमें भी हजार दण्ड की लम्बाई वाला तड़ाग ज्येष्ठ, पाँच सौ दण्ड वाला मध्यम और ढाई सौ दण्ड प्रमाण वाला तड़ाग पाल की लम्बाई के अनुसार कनिष्ठ माना जाता है— ये तीन भेद हैं।

पञ्चाशद्धस्तकैर्ज्येष्ठं मध्यमं च तदर्धकम्।
कनिष्ठं द्वादशकर: पालिमानं च विस्तरे॥ 36॥

तड़ाग के पाल-मान के अनुसार 50 गज की दीर्घता वाली पाल ज्येष्ठ, 25 गज वाली मध्यम और 12 गज वाली कनिष्ठ पाल होती है।

वापीकूपतडागानि नैकश उदगाश्रया:।
जलाश्रयं च सम्पाद्य कुर्यात् पुण्यं महोत्सवम्॥ 37॥

वापी, कूप, तड़ाग इत्यादि अनेकों जलाशय होते हैं। अस्तु, ऐसे कोई भी जलस्रोत का निर्माण कराकर पुण्य महोत्सव मनाना चाहिए।

यस्य गोपदमात्रं तु ह्युदकं धारयेन्मही।
वर्षषष्टिसहस्त्राणि शिवलोकं स गच्छति॥ 38॥

यह एक ध्रुव सत्य है कि जो कोई पुण्यार्थी इस धरती पर गाय के खुर प्रमाण का भी जलाशय बनवाता है, वह व्यक्ति साठ हजार वर्षों तक शिवलोक का निवासी होने का पुण्यफल प्राप्त करता है।[1]

इति सूत्रसन्तानगुणकीर्तिप्रकाशप्रोक्तृश्रीभुवनदेवाचार्योक्तापराजितपृच्छायां वापीकूपतडादिनिर्णयाधिकारो नाम चतु:सप्ततितमं सूत्रम्॥ 74॥

इस प्रकार भुवनदेवाचार्य कृत सूत्रसन्तानगुणकीर्ति प्रकाश या अपराजितपृच्छा में वापी कूप तडागादि निर्णय अधिकार नामक चौहत्तरवाँ सूत्र पूर्ण हुआ॥ 74॥

---

1. भविष्योत्तरपुराण में भगवान् श्रीकृष्ण द्वारा युधिष्ठिर के प्रति जलाश्रयों की महिमा इसी प्रकार कही गई है। जीवन में जलस्रोतों का निर्माण करवाना पुण्यकारक है। तडाग, देवालय, बावड़ी और सघन छायादार वृक्षों के आरोपण से चतुर्थ फल या मोक्ष की प्राप्ति होती है। जिस प्रकार पुत्र अपने निजी गुणों द्वारा माता का शील स्वभाव प्रकट करता है, उसी प्रकार जल के आस्वादन द्वारा उसके कर्ता का शुभ ज्ञात होता है। अत: शुभ कर्म द्वारा उपार्जित धन तडाग आदि जलाशयों के निर्माण पर खर्च करना उचित ही है— तडाग देवभवनं वापीवृक्षोघनच्छद:॥ चतुर्थकं फलं प्राप्तं कारितेऽस्मिंश्चतुष्टये। यथा मातु: समाचष्टे पुत्र: शीलं स्वकैर्गुणै:॥ तथा स्वादेन च जलं कर्तु: सर्वं शुभाशुभम्। अत: शुभागतं द्रव्यं तडागादिषु लापयेत्॥ (भविष्य. उत्तर 127, 71-73)

शस्यावतारो नाम पञ्चसप्ततितमं सूत्रम्॥ 75॥

अथ युगलक्षणं। अपराजित उवाच —

कृते पुण्यमयं सर्वं जगदेतत् चराचरम्।
पुण्यात्मनः प्रजा राजा सुवृष्ट्या शोभना क्षितिः॥ 1॥
पुण्यं त्रिभागं त्रेतायां द्विभागं द्वापरे तथा।
एकभागं कलियुगे मेघाः स्वल्पजलप्रदाः॥ 2॥
सम्प्राप्ते वै कलियुगे पुण्ये च प्रलयं गते।
सर्वार्थनाशतो लोका व्याधिदुःखप्रपीडिताः॥ 3॥

अपराजित बोले कि सतयुग में सारा जगत् चराचर पुण्यमय था तथा राजा और प्रजाजन भी पुण्यात्मा थे। अस्तु, सर्वत्र सुवृष्टि होती रहने से पृथ्वी भी बड़ी शोभायमान थी। इसके बाद, त्रेतायुग में पुण्य तीन भाग; द्वापर युग में पुण्य दो भाग तथा कलियुग में केवल एक भाग ही पुण्य रह गया जिससे मेघ उत्तरोत्तर कम वर्षा करते गए और जब वे कलियुग तक आया तब तो पुण्य तो प्रलय ही हो गया और सर्वार्थों का समस्त लोक में विनाश हो गया और लोग व्याधि, दुःख से पीड़ा भोगने लगे।

त्वं पिता जगतां नाथ प्रभो विश्वस्य पालक।
प्राप्तो कलियुगो घोरः कथं लोकस्तरिष्यति॥ 4॥

हे प्रभु! आप जगत् के परमपिता हैं, कृपया हे प्रभु! विश्व के पालक!! यह बताएँ कि इस घोर कलियुग के प्राप्त होने पर लोग किस तरह उससे तैरकर पार होंगे?

विश्वकर्मोवाच —

अधर्मस्थं शिवो हन्ति सृष्टिस्थितिप्रणाशकृत्।
अधर्मस्य शिवः कालो नित्यं संहारहेतुकः॥ 5॥

विश्वकर्मा बोले कि शिव अधर्म में लगे हुए लोगों का संहार कर-करके सृष्टि की ऐसी स्थिति का नाश कर देंगे क्योंकि अधर्म के लिए तो शिव स्वयं काल-स्वरूप हैं और नित्य उस अधर्म का संहार करने के हेतु लगे हुए हैं।

कलियुगे कृतयुगं शिवपादाब्जसेवनात्।
अन्नं नराणामाधारो वाहनानां तु पोषणम्॥ 6॥

भगवान् शिव के चरण कमलों की सेवा करने से कलियुग में भी सतयुग जैसी प्राप्ति हो जाती है क्योंकि इस कलियुग में भी अन्न ही मनुष्य मात्र का जीवन आधार है और सभी के पोषण का वाहक है।

अथात्र प्रशंसामाह —

अन्नं तत्र दयाहेतु भोगलिङ्गं महीतले।
निग्रहानुग्रहे शक्तः स भवेत् पृथिवीपतिः ॥ 7 ॥

अस्तु, इस महीतल पर जो भी व्यक्ति अन्न का संग्रह करने और उस राशन का अनुग्रहपूर्वक जनता में दया करके भोग कराने में समर्थ होगा, वही यहाँ का पृथ्वीपति अर्थात् राजा के समान माननीय होगा।

गृहे वा नगरे ग्रामे आधिपत्यं च दुर्लभम्।
किं पुना राज्यलब्धौ तु चाधिपत्यं महीतले ॥ 8 ॥

अरे, इस बात को समझो कि जब व्यक्ति को अपने घर में, नगर में या ग्राम में भी आधिपत्य मिलना दुर्लभ है, तो फिर इस भूमि पर महीतल पर राज्य-शासन पाना और आधिपत्य कर पाना कितना महत्त्वपूर्ण है!

राज्यार्थं धार्यते शस्यं शस्यार्थं तु जलाश्रयः।
भूमिर्भागपरीक्षार्थं सूत्रधारं परीक्षयेत् ॥ 9 ॥

अस्तु, ऐसा राज्याधिकार पाने के लिए सदा अन्न संग्रह करके उस पर अधिकार रखना चाहिए और इस अन्नोत्पादन कार्य को बढ़ाने के लिए जगह-जगह जलाश्रयों की व्यवस्था करनी चाहिए। इन जलाशयों के लिए उपयुक्त भूमि भाग की परीक्षा हेतु सदा सूत्रधार शिल्पी, गजधर या शिल्पशास्त्रों के ज्ञान की सेवा लेना चाहिए कि वह सूत्रधार शास्त्र ज्ञान सम्पन्न हैं भी या नहीं ?[1]

प्रजाहीनो ध्रुवं वत्स राजा दुःखस्य भाजनम्।
शेषं भुङ्क्ते महादुःखे विषये स्वेऽपराजित ॥ 10 ॥

इस तरह यह पाया गया कि प्रजा का आधार अन्न है और राजा, जलाशय और अन्न— इन तीनों का आधार सूत्रधार का शिल्पज्ञान है जिससे वह भूमिजल को उपलब्ध कराता है। इसके अभाव में राज्य प्रजाहीन हो जाता है। हे वत्स! यह राजा के लिए भी बड़े दुःख की बात होगी और वहाँ रहने वाले जो शेष जन समुदाय होंगे, वे भी महान् दुःख भोगेंगे।

---

1. काश्यपीयकृषिसूक्ति में आया है कि भूमि की शुभाशुभता की परीक्षा के लिए ऐसे व्यक्तियों को नियुक्त किया जाना चाहिए जो कि गुणों, लक्षणों के आधार पर उसका वर्गीकरण करने की पर्याप्त दक्षता रखते हों। भूमिविद् चाहे ब्राह्मण हो, क्षत्रिय, वैश्य या शूद्र हो, उनके लिए यह भी आवश्यक है कि वे भूमिगत जलानुसन्धान की विधियों के ज्ञाता हो और कृषिशास्त्र विशारद भी होने चाहिए— भूपरीक्षाक्रविदो गुणाढ्या नृपचोदिताः॥ ब्राह्मणाः क्षत्रिया वापि विशः शूद्रास्तु वा पुनः। दकार्गल प्रमाणज्ञाः कृषिशास्त्रविशारदाः ॥ (काश्यप. 2, 46-47)

लोकमङ्गलमूलमाह —

लोको मूलं भूश्च वृक्षश्चाम्भो भूपालरक्षणम्।
तेनाक्षयं भवेद्राष्ट्रं प्रजावांस्तु चिन्तामणिः॥ 11॥

हे अपराजित! लोगों के मङ्गल का मूल है— भूमि, वृक्ष, जल, भूपाल और सबका रक्षण। अस्तु, यदि इनमें से किसी का भी क्षय होता है तो राष्ट्र और राष्ट्र की प्रजा के लिए बड़ी चिन्तामणि अर्थात् शोचनीय स्थिति उत्पन्न हो जाती है। सारांश यह कि सूत्रधार का जलशोधन का शिल्पशास्त्रीय ज्ञान सबको चिन्तामुक्त कर सकता है।

बहुपुण्यप्रभावेण प्रसन्नः साम्प्रतं शिवः।
प्रजास्तु पीडिता येन तद्राष्ट्रं गच्छति क्षयम्॥ 12॥

यह सब कुछ बहुत पुण्य के प्रभाव से ही सम्भव होता है जिसके कारण शिव तत्काल प्रसन्नता ही समझें। अस्तु, शास्त्रज्ञान से जल की उपलब्धि सर्वोपरि शिव की प्रसन्नता ही समझें। जिस राजा के राज्य में प्रजा को पीड़ा पहुँचती है, उस राष्ट्र का क्षय हो जाता है।[1]

अन्यायद्रव्यनिरता न्यायं त्यक्त्वा तु लोभतः।
कुलमूलविनाशार्थं राजा हन्ति प्रजां समाम्॥ 13॥

जिस राजा के राज्याधिकारी अन्याय से धन कमाने में लगे हों, रिश्वत और भ्रष्टाचार से न्यायमार्ग छोड़कर लोभ में पड़ गए हो, ऐसा बेसुध और अयोग्य शासक राजा अपना, अपने कुल और अपनी तमाम प्रजा के भी नाश का कारण बनता है और स्वयं आत्म हन्ता होता है।

वसुधायाः प्रजा मूलं [2]धान्यो यस्तां विशेषतः।
प्रतिपालयते भूपः सर्वकामफलप्रदः॥ 14॥

इसलिए यह बात सदा अपने ध्यान में रखें कि इस पृथ्वी पर उसका मूल प्रजा ही है और उसमें भी धान्यों की अपनी विशेषता है। प्रजा के जीवनाधार के रूप में और जो राजा अपनी प्रजा का धन-धान्य से पालन करता है, जलाशयों की सुख-

---

1. गोस्वामी तुलसीदास ने भी यही बात कही है- जासु राज प्रिय प्रजा दुखारी, सो नृप अवसि नरक अधिकारी॥ (रामचरितमानस बालकाण्ड, 70, 6)
2. 'धन्यो' इति प्रकाशित पाठः। काश्यप मुनि का मत है कि देवताओं ने पृथ्व्योत्पन्न धान्य, धागे को माङ्गलिक सूत्र कहा है। इस पर होने वाला धान्य एवं शाक जीवनाड़ी अथवा जीवनदायिनी है, वे पृथ्वी पर जीवनतत्त्व का निर्माण करने वाली है— माङ्गल्यसूत्रं च तथा सस्यमाहुर्दिवौकसः। सस्यादिरेव मेदिन्याः जीवनाडी कलात्मिका॥ (काश्यप. 1, 17)

सुविधा का सूत्रधार के शास्त्रज्ञान से प्रबन्ध कराता है, वह सभी कामनाओं को पूरा करने का फल प्राप्त करता है।

वसुधा तु ध्रुवं पुष्पं फल राष्ट्रेषु वै प्रजा।
तस्मात् सर्वप्रयत्नेन प्रजा पाल्या महीभृता ॥ 15 ॥

क्योंकि, यह समझ लें कि यह वसुधा तो केवल पुष्प मात्र है, यह ध्रुव सत्य है परन्तु वही पुष्प राष्ट्र की प्रजा के रूप में फल बन जाता है, इसलिए राजा को चाहिए कि वह सारे प्रयत्न करके अपनी प्रजा के न्यायपूर्वक पालन-पोषण में वृद्धि करें।

स्वस्थ देशलक्षणं —

यत्र देशे प्रजाः स्वस्थाः सदा च धनिनो जनाः।
तत्र देशे च कल्याणमिच्छासिद्धिर्भवेन्नृपः ॥ 16 ॥

जिस देश की प्रजा स्वस्थ या तन्दुरुस्त है, वहाँ के सभी उद्योग-धन्धे सुचारू रूप से चलते हैं और प्रजा अपने उद्यम व उद्योग से धनवान होती है। ऐसे ही स्वस्थ और धनवान प्रजा वाले देशों में सदा कल्याण बना रहता है और वहाँ के राजाओं को भी सभी इच्छाओं की सिद्धि मिलती रहती है।

यत्र देशे प्रजाः स्वस्था हेमरत्नविभूषिताः।
स देशो दुर्लभो वत्स स्वर्गादिभोगदायकः ॥ 17 ॥

हे वत्स! मैं तो यहाँ तक कहता हूँ कि जिस देश की प्रजा स्वस्थ है और इतनी धनवान है किसभी लोग सोने-चाँदी-रत्नों आदि के आभूषणों से सुशोभित हो, ऐसा देश इस धरती पर दुर्लभ है और वह स्वर्ग के समस्त भोगों का अधिकारी है।

यत्र देशे प्रजाः स्वस्था उत्तमाधममध्यमाः।
सर्वकार्येषु सोत्साहाः स देशो दुर्लभः सुरैः ॥ 18 ॥

जिस देश की प्रजा—उत्तम, मध्यम और अधमादि रूप से स्वस्थ-सानन्द हैं और सब कामों में सोत्साह लगी रहती है, वह देश तो देवताओं को लिए भी दुर्लभ है अर्थात् देवताओं से भी बढ़-चढ़कर सुखी है।

यत्र देशे प्रजाः स्वस्था दिव्यवस्त्रविभूषिताः।
दिव्यभोगा नष्टरिपुः स देशो देवदुर्लभः ॥ 19 ॥

जिस राज्य अथवा देश की प्रजा स्वस्थ है और दिव्य वस्त्रों को धारण करने वाली सम्पन्नता से युक्त है, जिसको दिव्य भोग प्राप्त हैं और जिसके समस्त शत्रु नष्ट हो चुके है— ऐसा देश देवों को भी दुर्लभ है।

यत्र देशे प्रजाः स्वस्था दिव्यलेपनलेपिताः।
सर्वभोगप्रभोग्यश्च स देशो देवदुर्लभः॥ 20॥

इसी तरह जिस देश की प्रजा स्वस्थ है और दिव्य लेपन से लेपित है अर्थात् अगरु-चन्दनार्चित देह और सभी तरह के भोग भोगने में समर्थ, सम्पन्न हो— वह देश देवताओं के लिए भी दुर्लभ है, देवता भी उसकी बराबरी नहीं कर सकते।

सुभिक्षे तु सदा सौख्यं दुर्भिक्षे तत्कथं भवेत्।
यस्य कीर्तिः सुराष्ट्रैश्च नित्यमिच्छन्ति तं नृपम्॥ 21॥

यह स्मरणीय है कि सुभिक्ष में सदा सुख रहता है और दुर्भिक्ष में वह कैसे हो सकता है? उसमें तो दुःख ही होता रहेगा। अस्तु, जो राजा अपनी, अपनी प्रजा की और अपने राष्ट्र की सुराष्ट्र के रूप में कीर्ति की नित्य इच्छा रखता है वही वास्तव में नृप कहलाने का अधिकारी है।

लोकाः सुभद्रैर्युक्ताश्च गजैरश्वोष्ट्रवाहनैः।
[1](नाना द्रव्यभोक्ताश्च नित्यानन्दप्रमोदितम्)॥ 22॥

ऐसे राजा के राज्य में रहने वालों में समृद्धि होती है और वे हाथी, घोड़े, ऊँट आदि वाहनों को रखने में सक्षम होते हैं। वे नाना द्रव्यों के भोक्ता और नित्य ही आनन्दित, प्रमुदित रहते हैं।

सुभिक्षे[2] तु प्रजाः स्वस्था राजा तत्र प्रमोदते।
प्रजास्वास्थ्ये नृपाः स्वस्था आसमुद्रवसुन्धरम्॥ 23॥

सुकाल होने पर प्रजा स्वस्थ रहती है और प्रजा के स्वस्थ रहने से राजा भी प्रमुदित रहता है। प्रजा के स्वास्थ्य से नृप भी स्वस्थ रहते हैं और समुद्रपर्यन्त सारी पृथ्वी भी प्रमुदित रहती है।

दुर्भिक्षे क्षीयते धर्मो धन-धान्यक्षयो भवेत्।
प्रजाराजक्षयश्चैव दुर्भिक्षा द्रक्षति प्रभुः॥ 24॥

इसके विपरीत, जिस राष्ट्र में दुर्भिक्ष, अकाल पड़ जाता है, वहाँ के निवासियों के धर्म, आचार, विचार, धन-धान्य आदि सब क्षय को प्राप्त होते हुए नष्टभूत हो जाते हैं, दुर्भिक्ष से प्रजा व राजा और राजा की प्रभुता भी क्षय को प्राप्त हो जाती है।

प्रजां पोषयते राजा राजानं पोषयेत् प्रजा।
अन्योन्यपोषणान्नित्यं राष्ट्रं नन्दति तच्चिरम्॥ 25॥

---

1. प्रकाशित पाठे नोपलभ्यते।
2. 'दुर्भिक्षे' इति प्रकाशित पाठः। (इस पाठ को स्वीकृत करने पर विपरीतार्थ होगा और व्यंग्योक्ति होगी)।

यह एक शाश्वत नियम समझें कि जो राजा अपनी प्रजा का पोषण करते हैं, प्रजा की सुख-सुविधा का पूरा ध्यान रखते हैं, उन राजाओं का प्रजा भी पोषण करती हैं और उन राजाओं का नित्य बल बढ़ाने में तत्पर रहती है। इस तरह से दोनों एक दूसरे का पोषण करते हुए चिरकाल तक अपने राष्ट्र को आनन्दित और सुखी रखते हैं।[1]

प्रजाहानौ ध्रुवं वत्स राजा स्याद् दुःखभाजनम्।
सर्वाङ्गं क्षीयते राष्ट्रं जीवन्तोऽपि मृता नृपाः ॥ 26 ॥

हे वत्स! यह भी ध्रुव सत्य समझ लो कि प्रजा को हानि पहुँचाने वाला राजा भी दुःख का भाजन हो जाता है और ऐसे राजा के सभी विभागों व क्षेत्रों में अव्यवस्था हो जाने से क्षय होने लगता है। इसके चलते ऐसे राजा जीवित होते हुए भी मरे के समान हो जाते हैं।

स्वामी तु निर्दयः कालो दुर्भिक्षं चैव रौरवम्।
अल्पोदकाश्च मेघाश्च अल्पशस्या च मेदिनी ॥ 27 ॥

जिस राज्य, देश, राष्ट्र का स्वामी निर्दयी होता है, वहाँ सदा काल पड़ता रहता है और यह दुर्भिक्ष भी रौरव नरक के समान दुःखदायी हो जाता हैं, वहाँ वर्षा के मेघों में पानी भी कम होता है जिससे धरती भी खेती की धन-धान्य की उपज की कमी वाली हो जाती है।

अपराजित उवाच —

यदा मेघा न वर्षन्ति काले वा फल्गुवर्षणम्।
अनावृष्टौ स्वल्पवृष्टौ कथं लोका भवन्ति ते ॥ 28 ॥
कथं प्रवर्तते राष्ट्रं सुखिनश्च नृपाः कथम्।
कथं च धान्यनिष्पत्तिर्धनादिसुखिनो जनाः ॥ 29 ॥

यह सुनकर अपराजित बोले कि यदि समयोचित वर्षा न हो निस्सार वर्षा हो, अवृष्टि और अनावृष्टि हो अथवा स्वल्प वृष्टि हो तब वहाँ के लोग कैसे रहते हैं? वहाँ सुख कैसे हो? लोग सुखी कैसे हों और राजा भी सुखी कैसे हो? वहाँ धन-धान्य की निष्पत्ति कैसे हो— ताकि वहाँ के लोग धनादि से सुखी हो सके।

---

1. विश्वकर्मीयचित्रलक्षण में आया है कि अधर्मपूर्वक शासन सञ्चालित होने वाले देश में अकाल मौतें होती हैं। जहाँ पर राजा धर्मपूर्वक शासन करता है, उसके राज्य में कभी अकाल मृत्यु नहीं होती है— तव शासनकालेऽस्मिन् देशेऽकालमृतिर्यतः ॥ ततोऽधर्मेण राज्यं तं शाससीदं नृप निश्चितम्। विस्मयो य इतः पूर्वं न जातोऽसौ प्रवर्तते ॥ (चित्रलक्षणम् : नग्नजित्, सम्पादक : डॉ. श्रीकृष्ण 'जुगनू', चौखम्बा संस्कृत सीरिज, वाराणसी, 2007 ई., प्रथम परिवर्त 20-21)

शस्यहानौ कुतो लोकाः कुतो राष्ट्रं सराजकम्।
कुतः प्रवर्तते सृष्टिर्विश्वेश कथयस्व मे॥ 30॥

हे विश्वेश! अब यह सब मुझे कहने की कृपा करें कि शस्य की हानि होने पर भी लोक और राष्ट्र कैसे सराजक अर्थात् प्रसन्न रह सके?[1]

विश्वकर्मोवाच —

शृणु वत्स महागुह्यं त्वत्पृष्टमपराजित।
वक्ष्यामि दुस्तरे काले तारणं समुदाहृतम्॥ 31॥

अपराजित के प्रश्न पर विश्वकर्मा बोले कि हे वत्स सुनो! तुम्हारा पूछा गया यह प्रश्न महान गुह्य (गोपनीय या अति कठिन) है तथापि दुर्भिक्ष जैसे दुस्तर काल में भी तारण का उपाय ठीक-ठीक तरह से कहता हूँ।[2]

दुभिक्षनिवारणोपाय —

यच्छस्यानि प्ररोहन्ति स्वल्पवृष्टौ च पुत्रक।
दुर्भिक्षं न भवेत्तत्र यदुपायेऽपराजित॥ 32॥

हे पुत्र अपराजित! स्वल्प वृष्टि अथवा कम वर्षा वाले क्षेत्रों में यदि ऐसे शस्य,

---

1. अपराजित का यह प्रश्न मरुभूमि-जाङ्गल प्रदेश की ओर सङ्केत है जहाँ 12-12 वर्ष तक वर्षा नहीं होती आई है। इस प्रदेश की यह विषमता भी है कि लगातार तीसरे वर्ष लघु अकाल और बारह-बारह वर्ष पर महादुर्भिक्ष होता आया है। इस क्षेत्र में जल का सदा ही अभाव रहा है। भुवनदेव ने निश्चय ही अकालजन्य त्रासदियों को देखा है। मौर्य साम्राज्य ने भी बारह वर्ष तक अकाल का सामना किया था। इस ग्रंथ के रचनाकाल के आसपास ही देशभर में जलाशयों की विशेष आवश्यकता समझी गई थी। जगडूचरितम् में इस काल के अकाल का वर्णन है। मालवा, मेवाड़ और गुजरात में 12-13वीं सदी में अनेक जलाशय और बाँध बने और गाँव-गाँव बाँधों को बाँधने की प्रवृत्ति का विकास भी हुआ। मेवाड़ में शासक विस्तृत बाँधों का निर्माण करके अपने नाम के आगे भी समुद्र के पर्याय के रूप में 'रांण' (राणा) या 'महाराणा' जैसे उपाधियाँ धारण करने वाले हुए।
2. चाणक्य का मत है कि दुर्भिक्ष जैसी आपातिक घटनाओं का सामना करने के लिए राजा सर्वप्रथम प्रजा के लिए बीज व खाद्य सामग्री (भक्त) का प्रबन्ध करता। इसके अतिरिक्त वह दुर्ग, सेतु के निर्माणादि से प्रजा को जीविकोपार्जन के साधन प्रदान करता। यदि ऐसा भी सम्भव नहीं होता तो अकाल राहत के रूप में प्रजा को खाद्य सामग्री देता (भक्त-संविभागम्) या कुछ समय के लिए अकाल पीड़ितों को किसी अन्य प्रदेश में भेज सकता है (देशनिक्षेपं वा) अथवा वह अपने किसी मित्र राज्य से सहायता ले सकता है या वह जनसंख्या के व्यवसायहीन लोगों को विदेश भेजकर (निरुपयोग जनानां तत्काले देशान्तर प्रेषणेन अल्पत्व करणम्), जनसंख्या को घटा (कर्षण) कर सकता है या बहुत बड़ी संख्या में अपनी प्रजा को किसी दूसरे समृद्ध देश में भेजने का प्रबन्ध कर सकता है या फिर वह समुद्र के तटवर्ती प्रदेश या किसी ऐसे देश की मदद ले सकता है जहाँ जलाशय हो ताकि वहाँ लोगों को मत्स्यादि आखेट कर उदरपूर्ति का आश्रय मिल सके। (अर्थशास्त्र अधि. 4, 3 तथा राधाकुमुद मुखर्जी : चन्द्रगुप्त मौर्य और उसका काल, पृष्ठ 100-101)

धान्यादि की बुवाई करें जो कि अल्पवृष्टि में भी अङ्कुरित होकर बढ़ सके तो इस उपाय से वहाँ दुर्भिक्ष कभी भी नहीं पड़ सकता है।

उत्पद्यते यतः शस्यं नराणां जलसङ्ग्रहात्।
जलाशये बन्धिते च क्षिप्रं शस्यं प्ररोहति॥ 33॥

इसके साथ ही जिन प्रदेशों के लोग खेती के लिए जहाँ कहीं भी जल संग्रह करने में सजग और तत्पर रहेंगे वहाँ भी धान्यों के उपजने में सुविधा होगी क्योंकि जलाशयों के बाँधने से धान्य जल्दी-जल्दी अङ्कुरित होकर वृद्धि को प्राप्त होते हैं।

केचिन्महानदीतीरे केचिच्च सरिदाश्रये।
केचित्कूपोदके वत्स अष्टाष्टौ शस्यसम्भवाः॥ 34॥

हे वत्स! सजग रहकर यदि श्रमपूर्वक कतिपय महानदियों या अन्य नदियों के किनारों पर और कुओं के जल से खेती की जाए तो आठ-आठ, कुल सोलहों प्रकार के धान्यों[1] की खेती करना सम्भव हो सकता है।

नगरे च पुरे ग्रामे खेटे कूटे च कर्वटे।
वापी-कूप-तडागानां नदीनां बन्धनादिकम्॥ 35॥

अतएव इस बात को गाँठ बाँध लो कि नगरों में, पुरों में, खेट, कूट और कर्वट में जहाँ भी अवसर मिले वहाँ वापी, कूप, तड़ागों की और नदियों पर बाँध बनाने और जल संरक्षण के लिए सदा तत्परता दिखाएँ।[2]

अरहट्टप्रवाहाणां सारणीनां तथैव च।
सञ्चये सर्वशस्यानि जलं वै भूमिसंस्थितम्॥ 36॥

---

1. पद्मपुराण के उत्तरखण्ड में विविध धान्यों के नाम आए हैं— श्याम-माष-मसूराश्च धान्य-कोद्रव-सर्षपाः। मुष्टको राजमाषश्च तुमुरो जुमरस्तथा॥ यव-गोधूम-मुद्गाश्च तिलक-ङ्गु-कुलुत्थकाः। गवेधुकाश्च नीवारा आतकश्च कलायकाः॥ माण्डुको वज्रकोरङ्क कीचको वडकस्तथा। तिलकाश्चणकाद्याश्च धान्यानि कथितानि वै॥ (शब्दकल्पद्रुम खण्ड 2, पृष्ठ 792) इसी प्रकार विष्णुपुराण में आया है कि ब्रीहि (धान), यव (जौ), गोधूम (गेहूँ), अणव (छोटे धान्य), तिल, प्रियङ्गु (काँगणी), उदार (ज्वार), कोरदूष (कोदो), सतीनक (उनालू ग्वार या छोटी मटर), माष (उड़द), मुद्ग (मूँग), मसूर, निष्पाव (बड़ी मटर), कुलुत्थ (कुलथ), आढक्य (अरहर), चणक (चना) और सन (सण)— ये सत्रह प्रकार की ग्राम्य औषधिवर्ग में हैं जिनमें से सन को छोड़कर सब खाद्याहार है। (विष्णु. 1, 6, 20-22)
2. विष्णुधर्मोत्तरपुराण में भी आया है—उदकेन विना वृत्तिर्नास्ति लोकद्वये सदा। तस्माज्जलाशयाः कार्याः पुरुषेण विपश्चिता॥ अग्निष्टोमसमः कूपः सोऽश्वमेधसमो मरौ। कूपः प्रवृत्तपानीयः सर्वं हरति दुष्कृतम्॥ कूपकृत्स्वर्गमासाद्य सर्वान्भोगानुपाश्नुते। तत्रापि भोगनैपुण्यं स्थानाभ्यासात्प्रकीर्तितम्॥ (विष्णुधर्मोत्तर. 3, 296, 5-7)

इसी प्रकार वहाँ रहट, प्रवाहमार्ग— नाली-धोरे, कुल्या-नहर आदि की व्यवस्था होनी चाहिए[1] ताकि भूमिस्थ जल का सञ्चय हो और वह समस्त प्रकार के धान्यों की निष्पत्ति के निमित्त सिंचाई के कार्य आ सके।

पातालोद्भवा मेघाश्च घटिका [2]मोघधारिणः।
सेतुबन्धभवा नद्याः शस्योभयतटोद्भवाः ॥ 37 ॥

समझ लो कि भूमिगत जल को (दकार्गल[3] विद्या से) प्राप्त करके एक तरह से हम पातालों में उत्पन्न हुए बादलों से जल प्राप्त करते हैं। वह जल रहट के विज्ञान से अर्थात् रहट की माल के घड़ों में ही बादलों को धारण करके लाने के समान है। इसी तरह नदियों पर भी स्थान-स्थान पर सेतु बाँधकर दोनों तटों की भूमि में भी खेती की जा सकती है।

---

1. मौर्यकाल में नदीपाल नामक अधिकारी की नियुक्ति का विधान किया गया है। चाणक्य ने सीताध्यक्ष के लिए नदी, झील, जलाशय व कूओं के जलद्वारों के नियमन द्वारा पानी के उचित वितरण की व्यवस्था का निर्देश किया है— उद्‌घाटं उद्‌घाट्यते निस्सार्यते जल अननति उद्‌घाटो अरघट्टकादियन्त्रम्॥ (अर्थशास्त्र अधि. 3, 9) काश्यपीयकृषिसूक्ति में आया है कि जलाशयों, जलस्रोतों के अभाव में पेयजल का प्रबन्ध नहीं होगा, जल के अभाव में न तो सांध्यकर्म होगा न ही स्नान हो सकता है फिर भला पौधों की वृद्धि कैसे हो सकती है? इसी कारण मुनियों ने कहा है कि पानी के अभाव में सुख नहीं होता, यह निश्चित है अतः प्रजारक्षा का सङ्कल्प करने वाले शासक को चाहिए कि वह सर्व प्रयत्न पूर्वक जलस्रोतों का भी विकास करें। पुनः कहा गया है कि शासक को चाहिए कि वह ग्राम, देश के वनखण्ड में गम्भीर, वृहदाकार जलाशयों का निर्माण करवाएँ। जलाशयों से नहरों को भी निकाला जाए जो बहुत मजबूत बनी हो और हमेशा उनमें पानी का प्रवाह बना रहे। बड़ी नहरों से जुड़ी अनेक शाखाओं या वितरिकाओं का विस्तार भी किया जाना चाहिए जो अन्तःसम्बद्ध हो। इनका और जलाशयों का निर्माण बहुत मजबूत करवाना चाहिए— जलाशयविहीने तु सुखं नैवोपजायते। न सान्ध्यकर्म न स्नानं वृक्षाणामपि वर्द्धनम्॥ न स्यादित्येव मुनिभिः सौख्यं त्विति विनिश्चितम्। अतः सर्वप्रयत्नेन भूपालो रक्षणव्रती॥ ग्रामेष्वपि च देशेषु वनमध्ये तु वा पुनः। स्थापयित्वा तु गम्भीरं जलाशयमतन्द्रितः॥ कुल्यां दृढतरां नित्यं सुलभोदकनिः स्रवाम्। नानाशाखासमाक्रांतां महाकुल्यायुतां तथा॥ जलाशयेन सहितां स्थापयेत् बहुशोदृढाम्। (काश्यपीय. 3, 107-110 तुलनीय कृषिपाराशर 196-97)
2. मेघ धारिणः स्यात्।
3. दकार्गल विद्या एक प्रकार से भूमिगत पानी के ज्ञान की कुञ्जी मानी जाती है। वराहमिहिर के मतानुसार सारस्वत मुनि ने इस विद्या का सूत्रपात किया। बाद में मनु, बलदेव, काश्यप आदि ने इसे लिखा। वराह ने इसे बृहत्संहिता में आर्यादि विविध छन्दों में निरूपित किया— धर्म्यं यशस्यं च वदाम्यतोऽहं दकार्गलं येन जलोपलब्धिः। पुंसां यथाङ्गेषु शिरास्तथैव क्षितावपि प्रोन्नतनिम्नसंस्थाः॥ एकेन वर्णेन रसेन चाम्भश्च्युतं नभोस्तो वसुधाविशेषात्। ननारसत्वं बहुवर्णतां च गतं परीक्ष्यं क्षितितुल्यमेव॥ (बृहत्संहिता 54, 1-2) इसके बाद सुरपाल ने वृक्षायुर्वेद में उद्धृत किया और 1577 ई. में चक्रपाणि मिश्र ने इसको पुनः नए अनुभवों के साथ भी लिखा। (विशेष द्रष्टव्य— डॉ. श्रीकृष्ण 'जुगनू' सम्पादित वृक्षायुर्वेद और विश्ववल्लभ-वृक्षायुर्वेद)

अजलाश्च जलाकीर्णा अवृष्ट्यैकार्णवीकृता।
धर्मस्त्राता च दुर्भिक्षे धर्मराजो महोत्सवः ॥ 38 ॥

उक्त सभी उपायों से जहाँ की भूमि में जल का अभाव देखा गया हो, वहाँ की भूमि जलाकीर्ण अर्थात् जल से लबालब तालाबों वाली हो जाएगी और अवृष्टि होने पर भी चारों ओर सागरों से भरी-पूरी सी होगी क्योंकि दुर्भिक्ष में यही ज्ञान धर्मत्राता बनकर आता है। अस्तु, इस धर्मराज के महोत्सव अर्थात् जल संग्रह के श्रमदान-अनुष्ठान को महोत्सव की तरह मनाकर जल सञ्चय से सुखी होना चाहिए।

सम्प्राप्तो धर्मराजत्वं वरुणस्त्रिदशैः सह।
तं देशं स्वर्गमाख्याति चेन्द्रतुल्यस्य भूपतेः ॥ 39 ॥

इस प्रकार के श्रमदान या धर्म की साधना से धर्मराजत्व की सम्प्राप्ति होती है और वरुण देवता के साथ अन्य देवताओं की कृपा से वह देश स्वर्ग कहलाने लगता है और वहाँ ऐसे जल सञ्चय और संरक्षण करने के उद्योग में लगे रहने वाला राजा भी इन्द्र के समान आदरणीय और सुखी रहता है।

रसो रसायणं ज्ञानं धनधान्यादिसम्भवाः।
सर्वं प्राप्तं फलं तेन येन वै सञ्चितं जलम् ॥ 40 ॥

सभी प्रकार के रसों और रसायनों का ज्ञान भी धन-धान्य सम्भव होने पर ही होता है। अस्तु, जिसने जल सञ्चयन का विज्ञान प्राप्त कर लिया, उसने सभी फलों को प्राप्त कर लिया— ऐसा समझें।

स्वर्णपुष्पफलैर्युक्तो नित्यं स त्वपराजित।
नृपेण सूत्रधारेण महीशस्यादिभूषिता ॥ 41 ॥

हे अपराजित! यह समझ लो कि ऐसे उद्योगों के कर्ता और समझदार राजा ने सूत्रधार के ज्ञान की सहायता से इस भूमि को धन-धान्य से भूषित करके मानों स्वर्ण-पुष्प-फलों की खेती-बाड़ी का अनुष्ठान कर लिया है।[1]

---

1. जिस देश की माटी सोना उगले और जहाँ डाल-डाल पर सोने की चिड़ियाँ गीत-गुञ्जार करे— ऐसा खुशहाल देश हो, इसी प्रकार के जल सञ्चय और जल संग्रहण के अनुष्ठान से छोटे-छोटे चेक डेम, एनीकट के प्रयोग जैसे कार्य आज अति आवश्यक है। अपराजित शिल्पशासन ने लगभग आठ सौ वर्ष पूर्व ऐसे उपाय बताए हैं। इन निर्देशों का मेवाड़ के राजाओं ने सर्वाधिक पालन किया। इस ग्रन्थ के रचनाकाल के आसपास ही, 1265 ई. में घाघसा (चित्तौड़गढ़) गाँव में वापी का निर्माण हुआ था। यहाँ से कार्तिक शुक्ला प्रतिपदा संवत् 1322 की प्रशस्ति मिली है जिसमें अपराजित के वंशज जैत्रसिंह द्वारा गुजरात के तुरुष्कों व शाकम्भरी के शासकों को पराजित करने का वर्णन है। इसकी रचना आचार्य रत्नप्रभ ने की जो आचार्य भुवनदेव सिंहसूरी का शिष्य था। इस प्रशस्ति के ठीक तीन साल पहले

इति सूत्रसन्तानगुणकीर्तिप्रकाशप्रोक्तृश्रीभुवनदेवाचार्योक्तापराजितपृच्छायां शस्यावताराधिकारो नाम पञ्चसप्ततितमं सूत्रम्॥ 75॥

इस प्रकार भुवनदेवाचार्य कृत सूत्रसन्तानगुणकीर्ति प्रकाश या अपराजितपृच्छा में शस्यावतार अधिकार नामक पचहत्तरवाँ सूत्र पूर्ण हुआ॥ 75॥

महाराजनिवेशोनाम षट्सप्ततितमं सूत्रम्॥ 76॥

विश्वकर्मोवाच —

चतुःषष्टिपदैर्भक्ते राजवेश्मनि वास्तुनि।
देववेश्य(?म)राजवेश्म मैत्रपदे समाश्रितम्॥ 1॥

विश्वकर्मा बोले कि राजभवन के वास्तु में चौंसठ पद विन्यास के वास्तुमण्डल के अनुसार जो भवन बनाए जाते हैं, वे देववेश्म अथवा राजवेश्म जो भी हों, मैत्रपद के समाश्रित होते हैं।

उच्चरङ्गिका प्रमाणमाह —

प्रदक्षिणान्ते मार्गाच्च निवेशयेत्तु वेश्मनः।
गजस्कन्धसमोत्सेधा प्रथमा ह्युच्चरङ्गिका॥ 2॥

उन वेश्मों अर्थात् भवनों में प्रदक्षिणा के अन्त में मार्गों का निवेश होना चाहिए अर्थात् मार्गों को बनाएँ। उनमें जो पहली उच्चरङ्गिका बनाएँ, उसे हाथी के कन्धे जितनी ऊँचाई की बनाएँ।

अन्य गृहादीनां —

इन्द्रेन्द्रजयोर्मध्ये च राजमातुर्निवेशनम्।
रुद्रे रुद्रदासे चैव वेश्मनः पेटमादिकम्॥ 3॥

इसी प्रकार उसमें इन्द्र और इन्द्रजय पद विन्यास के भाग में राजमाता के लिए भवन बनाना चाहिए। रुद्र और रुद्रदास वाले पद विन्यास में पेटमादिक के भवन बनाने चाहिए अर्थात शृङ्गार-पेटियों और टोकरियों, थैलों का भण्डार गृह बनाना चाहिए।

चौहानवंशी चाचिगदेव द्वारा जोधपुर के निकट सुण्डा या सुगन्धाद्रि पर्वत पर अपराजितेश के मन्दिर के लिए स्वर्ण कलश व ध्वजा बनवाने का वर्णन वहाँ से प्राप्त प्रशस्ति में मिलता है। जयसमुद्र के पास वीरपुरा में रहट सहित कुएँ वाली भूमि का दान हुआ। आहाड़ में भी रहट-हल-निवाण की भूमि का दान गुजरात के शासक भोला भीम ने किया था।

वेदाक्षेन्द्रजयोर्मध्ये भ्रमणी पदमध्यगा।
राजभुवनस्यार्धे तु भ्रमणी मार्गनिर्गता ॥ 4 ॥

उक्त इन्द्र और इन्द्रजय के चारों पद विन्यास के मध्य में पदों के मध्य से गुजरती हुई भ्रमणी बनानी चाहिए। उस राजभवन के आधे से बनने वाली भ्रमणी मार्ग के बाहर की ओर निकलती हुई बनानी चाहिए।

तद्वीथ्यग्रसन्धौ च प्रतोलीः कारयेच्छुभाः।
कार्याश्च भ्रमणीमध्ये गजशालास्तथोत्तमाः ॥ 5 ॥

उन वीथियों के अर्थात् मार्गों के अग्रभाग की सन्धि पर एक सुन्दर प्रतोली अर्थात् पोल बनाएँ। उन भ्रमणियों के मध्य वाले भाग में उत्तम गजशाला (हाथीखाना) का निर्माण करना चाहिए।

पूर्वार्धे तु त्रिभिर्माडैः पङ्क्तिरेका तु संस्थिता।
अपरयाम्योत्तराणि ? शालाकिन उदाहृताः ॥ 6 ॥

उसके पूर्वार्ध भाग में तीन-तीन माड़ों की एक कतार बनानी चाहिए और दूसरी पश्चिम और उत्तर दिशा की ओर भी शाला ऐसी ही बनानी चाहिए।

तद्बाह्यतोऽन्तर्मार्गश्च कर्तव्यं शुभलक्षणम्।
महिषीगृहाल्पहीनं राजमातुर्गृहं भवेत् ॥ 7 ॥

उनमें बाहर जाने और भीतर आने के अन्तःमार्ग भी भली प्रकार आरामदायक बनाए जाने चाहिए। यह भी ध्यान में रखें कि राजमहिषी अर्थात् राजरानी या पटरानी के महल से राजमाता का महल आकारादि में थोड़ा न्यून होना चाहिए।

मैत्रान्ते पुरतो भागे द्वारगर्भस्तथान्तरे।
गोपुराकृतिः कर्तव्यो दृढार्गलसमन्वितः ॥ 8 ॥

वास्तुपद विन्यास के अनुसार मैत्रान्त तक के पद भाग पर नगर के लिए आगे के भाग में द्वारगर्भ बनाना चाहिए जिसकी आकृति गोपुरम् के आकार की हो। उनमें भी कपाट बन्द होने के बाद सुदृढ़ अर्गला लगाकर सुरक्षा की व्यवस्था होनी चाहिए।

तत्सूत्रेण कृतं द्वारं राजमातुर्गृहात्परम्।
मैत्राग्निकर्णे कुर्याच्च सभामाडं सुशोभितम् ॥ 9 ॥

इसी द्वार की सीध के सूत्र में राजमाता के गृह का भी द्वार भी उसके परे होना चाहिए और वास्तुपद विन्यास के मैत्राग्निपद कर्ण पर एक सुन्दर सुशोभित सभामाड अर्थात् सभामण्डप बनाएँ अर्थात् मैत्रपद के अग्निकोण वाले भाग पर सभामण्डप बनेगा।

सिंहासनसमायुक्ता याम्यस्था चोत्तरानना।
सिंहावलोकनयुक्ता महाराजसभा भवेत्॥ 10॥

इसी तरह मैत्रपद के पश्चिमी भाग में उत्तराभिमुख सिंहासन से युक्त सजी हुई ऊँचे सिंहावलोकनयुक्त अर्थात् बड़े-बड़े, विशाल झरोखों वाली महाराज सभा का निर्माण कराना चाहिए।

सभामध्ये तु कर्त्तव्यं वेद्यां सिंहासनं महत्।
श्रीधरोद्भवमाडं च सुवर्णरत्नभूषितम्॥ 11॥

सभा भवन के मध्य भाग में ऊँची वेदिका बनाकर उस पर बृहद् सिंहासन की स्थापना करें। उस पर स्वर्ण, रत्नादिकों से भूषित श्रीधर नामक माड़ की रचना होगी।

ब्रह्मस्थानार्धतः स्तम्भैः सिंहद्वारं गर्भोत्तरे।
याम्योत्तरे तु कर्तव्या गजयुधा गजोत्तमाः ?॥ 12॥

इसके बाद, ब्रह्मस्थान के आधे भाग से उत्तर की ओर बीचो-बीच सिंहद्वार, बनाएँ और ब्रह्मद्वार के बने सिंहद्वार के उत्तर-दक्षिण दोनों भागों में अच्छे बलवान हाथियों की लड़ाई करने के गजयुध के अग्गड़ बनाए जाए, जहाँ हाथियों की नियमित बल परीक्षा हो सके।

तदग्रे चाट्टालकानि प्राकारे स्याद्रथाकृतिः।
राजगृहाद् द्वे प्रतोल्यौ प्राकारान्तर्विनिर्गते॥ 13॥

उन गजयुधों अर्थात् हाथियों के लड़ाई के अग्गड़-ठाणों के आगे ऊँची-ऊँची अट्टालिकाएँ बनाई जाए जिनकी दीवार की आकृति रथ के समान हो अर्थात् उनसे चारों ओर फिर करके हाथियों की लड़ाई देखने का मनोरञ्जन हो सके। उन्हीं अट्टालिकाओं के प्राकारान्त से लगी राजगृह की ओर से आती हुई मार्ग पर दो बड़ी पोलें कुछ आगे की ओर निकली हुई बनानी चाहिए।

राजमातुः पट्टराज्याः प्राकारो गृहतो भवेत्।
सिंहद्वारसमानान्यनेकद्वाराणि कारयेत्॥ 14॥

जहाँ से राजमाता, पटरानियाँ आदि प्राकार, परकोटे पर बने हुए गृहों से सिंहद्वार के समान बने हुए अनेक झरोखों के द्वारों से यह गजयुद्ध का मनोरञ्जन देख सके।

विवस्वत् पृथ्वीधरार्धे प्राकारः पूर्वनिर्गतः।
ब्रह्मणोऽन्ते तु प्राकारो जयद्वारं गर्भोत्तरे॥ 15॥

वास्तुपद विन्यास के भवन निर्माण क्षेत्र के विवस्वत और पृथ्वीधर के भाग के आधे क्षेत्र में पूर्व दिशा की ओर निकलते हुए प्राकार अर्थात् परकोटा बनाएँ। इसी तरह ब्रह्मभाग वाले पद स्थान के गर्भ से उत्तर की ओर परकोटा बनाकर उसके आगे जयद्वार की रचना करें।

तत्प्राकारमध्यकर्णे गजशालावुभौ मतौ।
तस्य बाह्ये गृहमन्यं राजपिण्डपाद्यादिकम्॥ 16॥

उस परकोटे के मध्यवर्ती कोनों पर भी दोनों और हाथियों के ठाण या गजशालाएँ बनाएँ। फिर, उनके बाहर की ओर अन्य कोई गृह निर्माण किया जाए जिसमें राजा के पिण्ड अर्थात् खाद्य और पाद्य अर्थात् पीने की सामग्री के संग्रह की व्यवस्था होगी।

आपवत्समरीच्यर्धे राजवेश्म गृहोत्तमम्।
कपिशीर्षयुतश्चैव प्राकारो वास्तुबाह्यतः॥ 17॥

वास्तुपद विन्यास के आपवत्स और मरीचि पद के क्षेत्र के आधे में उत्तम राजवेश्म या राजमहल बनाए जाएँ जिनके बाहर के परकोटे पर कपिशीर्ष अर्थात् सुन्दर कंगूरे बने हुए हों।

पित्रग्नीशरोगकर्णेष्वट्टालकचतुष्टयम्।
महाप्रतोल्या माहेन्द्रे गिरिसंस्था तथोत्तरे॥ 18॥

इसी तरह वास्तुपद विन्यास के क्षेत्र के पितृ, अग्नि, रोग और ईश— इन चारों कोनों के पद भागों पर चार बड़ी-बड़ी अट्टालिकाएँ बनाई जाएँ जिन्हें 'अट्टालक चतुष्टय' नाम दिया गया है तथा वास्तुपद विन्यास के उत्तर भाग में माहेन्द्र, गिरि के स्थान पर एक महा प्रतोली या बड़ी पोल बनाई जाए।

भास्वतो यमदिग्भागे समस्ता च वलूरिका।
राजवेश्मान्तर्भागे च वाद्यशाला तथोत्तरा॥ 19॥

वास्तुपद विन्यास क्षेत्र के दक्षिण दिशा के भाग में सभी प्रकार की वलूरिकाएँ, वनकुञ्ज, पर्णशाला, झुरमुट, निकुञ्ज, बीहड़ क्षेत्र आदि रखे जाएँ। महल की ओर के अन्तरङ्ग भाग में बाद्यशाला का निर्माण अवश्य होना चाहिए जहाँ राजमहल की रमणियाँ, महिलाएँ गाने-बजाने, सङ्गीत का आनन्द ले सकें और आमोद-प्रमोद में अपना रहन-सहन स्थिर कर सके।

वितथे गिरिसंस्थाने रथरन्ध्राणि कारयेत्।
गिरौ काष्ठगृहं चैव वितथे चाम्भसां गृहम्॥ 20॥

वास्तुपद विन्यास के दक्षिण की ओर वितथ, गिरि पद भाग पर रथों (यानों के रखने के) रथखाना आदि बनाने चाहिए। गिरि के भाग में काष्ठगृह (काठ, ईंधन गोदाम, टाल, बाड़ा) बनाएँ, उसके पास के ही वितथ पदभाग में जल भण्डारण (पानी के हौज और सभी प्रकार के जल संग्रह के उपाय) की समुचित व्यवस्था का क्षेत्र बनाएँ अर्थात् जल विभाग के भवनों का निर्माण हो।

सुग्रीवनन्दिसन्धौ च युद्धद्वारं पराङ्मुखम्।
असुरशेषसन्धौ च द्वारमम्भोगृहैर्युतम्॥ 21॥

वास्तुपद विन्यास क्षेत्र के सुग्रीव व नन्दी के पद भाग के सन्धि-स्थल में पश्चिम दिशोन्मुख युद्धद्वार का निर्माण करना चाहिए। इसी तरह असुर व शोष पद भाग के सन्धि-स्थल में पश्चिम दिशा की ओर पानेरा रूपी जल गृहों युक्त द्वार का निर्माण करना चाहिए।

सुग्रीवपुष्पदन्तयोर्वरुणासुरयोस्तथा।
अश्वशाला द्वादशैव कर्तव्याश्च शुभोत्तमाः॥ 22॥

इसी तरह सुग्रीव व पुष्पदन्त के सन्धि-स्थल पद पर तथा वरुण और असुर के सन्धि-स्थल पद पर बारहों प्रकार की अश्वशालाएँ अर्थात् घुड़साल बड़े ही सुन्दर ढंग की, व्यवस्थित बनानी चाहिए।

अर्धे तवङ्गनिष्कास ? सैन्यविस्तरविस्तृतम्।
प्राकारासमुत्सेधानि त्रिमाडानि तदूर्ध्वतः॥ 23॥

जिनके आधे में तवङ्गों का निष्कास होना चाहिए जो सेना के विस्तार के अनुरूप ही विस्तार वाली हो अर्थात् सेना अश्वारोही सैनिकों की समस्त अश्व पूर्ति करने में समर्थ हो। उनके बाहर पर्याप्त ऊँचा परकोटा भी बनाना चाहिए, परकोटे पर ऊपर के भाग में तीन माड भी बनाए जाए।

कार्यं दौवारिके भिट्टं गजस्कन्धसमोच्छ्रितम्।
द्वाराग्रे तु भवेन्माडं मल्लैरग्रे तु युध्यते॥ 24॥

उस परकोटे की भिट्ट पर हाथी के कन्धे के बराबर ऊँचाई वाले द्वारपालों की विशाल मूर्तियाँ भी बनानी चाहिए। दरवाजे के विशाल माड गृह भी बनाने चाहिए जिसके आगे अखाड़े में मल्ल-पहलवान लोग तरह तरह के मल्लयुद्ध का अभ्यास कर सकें।

पूर्वापरद्वारद्वयं द्वात्रिंशत्$_{32}$ स्तम्भभूषितम्।
तद्वृत्तमाडं वृत्तं तु पञ्चविंशतिभिः$_{25}$ करैः॥ 25॥

पूर्व दिशा में और पश्चिम दिशा में ऐसे दो बड़े द्वार हों जिनमें प्रत्येक द्वार बत्तीस

स्तम्भों से विभूषित हों और उनका वृत्त भी पच्चीस गज के विस्तार वाला होगा।

स्तम्भे स्तम्भे पताका च द्विजालोककलोद्भवम्।
रक्तपुष्पसमाकीर्णं द्वारिकं चतुरङ्गुलम्॥ 26॥

उन प्रत्येक स्तम्भ पर पताकाएँ फहराती हुई हो जो (द्विजालोक कलोद्भवं) चार अङ्गुल मोटे लाल पुष्पमालाओं से समाकीर्ण अर्थात् सजे-धजे दो-दो जालोक अर्थात् झरोखों पर उठी हुई शोभायमान होती है।

खड्गविद्याविज्ञयुद्धं छुरिकायुद्धमुत्तमम्।
तथैव मल्लयुद्धं च गात्रभङ्गैरनेकधा॥ 27॥
निरीक्ष्यते यतः सर्वं खड्गाद्यायोधनं तथा।
एवं युद्धोद्भवा राजप्रासादे च महोत्सवाः॥ 28॥

इस प्रकार के द्वारगृहों वाले राजप्रासादों में खड्ग विद्याविज्ञ युद्ध अर्थात् तलवारों से लड़ने के पैंतरेबाज योद्धाओं के अभ्यास, छुरी से लड़ाई के विविध दाँव-पेंच के अभ्यास तथा पहलवानी के कुश्ती के अनेक प्रकार के गात्रभङ्ग अर्थात् दाँव-पेंच, पटखनी देने के तौर-तरीकों के जानकार यहाँ आकर खड्गादि युद्धकला के करतब देखने को आते रहते हैं और ऐसे युद्ध सम्बन्धी महोत्सव भी राजमहल के आङ्गन में समय-समय पर होते रहें।

नियन्त्रितोभयद्वारं माडं रश्माक्ष्यमुन्नतम्।
भिट्टे चापरद्वाराणि कार्याणि चासुरोन्मुखम्॥ 29॥

इन दोनों दरवाजों पर उन्नत ढँग की रस्सियों से नियन्त्रित ऊँचा माड बनाना चाहिए (सम्भवतया यह कनात युक्त तम्बू या छौलदारी की मजबूत रस्सियों वाली व्यवस्था दरवाजों के ऊपर समय-समय पर आवश्यकतानुसार बनाई जाने वाली अस्थायी माड़ के बारे में सङ्केत है)। भिट्ट के अन्य द्वारों को भी वास्तुपद विन्यास के अनुसार असुर पद भाग पर बनाने चाहिए।

बाह्यदेवपङ्क्तिमध्ये राजवेश्मान्तमार्गतः।
मुख्यभल्लाटसौम्येषु गजशालपङ्क्तिद्वयम्॥ 30॥

राजमहलों के अन्त में बाहरी देवपङ्क्ति के मध्य के मार्ग पर वास्तुपद विन्यास क्षेत्र के मुख्य, भल्लाट और सौम्य पद भाग तक उत्तर की दिशा में गजशालाओं की दो पङ्क्तियों को बनाना चाहिए।

याम्योत्तरमुखं कार्यं प्रशस्तं सर्वकामदम्।
सौम्यान्ते हस्तिनीवेश्म तद्द्वारमपरोन्मुखम्॥ 31॥

बुधे यमे च गन्धर्वे तद्रूपा च द्वितीयका।
शोषे क्षये च रोगे च कोष्ठागारं तथादिमम्॥ 32॥

जिनका मुख उत्तर-दक्षिण दिशाओं की ओर बनाना प्रशस्त कहा गया है, जो सभी कामनाओं को पूर्ण करने वाला है और सौम्य वास्तु पद के अन्त में हस्तिनिवेश अर्थात् गजशाला (हाथी के ठाण) हो और उसके द्वार के परे दूसरी ओर दक्षिण दिशा के वास्तुपद विन्यास के बुध, यम और गन्धर्व पद भाग पर भी वैसा ही दूसरा द्वार भी उसी के अनुरूप बनाए और वास्तुपद विन्यास के शोष, पापयक्ष्मा और रोग के पद भाग पर बड़ा-सा कोठार बनाएँ जो आरम्भ से ही भरा-पूरा भण्डार गृह हो।

पित्रिमृगभृङ्गेषु च कोष्ठागारं द्वितीयकम्।
गोष्ठागारं कार्यमित्थं प्रोक्तं च विश्वकर्मणा॥ 33॥

इसी तरह से वास्तुपद विन्यास के दक्षिण-पश्चिम कोण में स्थित पितर, मृग, और भृङ्ग पद भाग पर भी दूसरा वैसा ही विशाल कोठार या भण्डारगृह बनाएँ। उसी के पास ऐसा ही गोठ (आमोद-प्रमोद हेतु गोष्ठागार) भी बनाया जाना चाहिए— ऐसा भगवान् विश्वकर्मा[1] ने कहा है।

ईशादितिदितिषु च भाण्डागारमापार्धतः।
पुष्पागारं सवित्रर्धे ह्यग्नौ भृत्यान्तरिक्षयोः॥ 34॥
तृणशाला प्रकर्तव्या प्रशस्ता शुभकर्मणा।

पूर्वोक्त वास्तुपद विन्यास क्षेत्र के उत्तर-पूर्वी कोण पर स्थित ईश, दिति और अदिति के पद भाग पर बड़ा भाण्डागार अर्थात् भण्डार बनाए जाए। उत्तर-पूर्व कोण पर आप के पद के आधे भाग पर पुष्पागार और दक्षिण-पूर्व के सवित्र-पद के आधे में, अग्नि, भृत्य और अन्तरिक्ष पद भाग पर तृणशाला बनाई जाए, जो सभी शुभ कार्यों में प्रशस्त कही गई है।

पर्जन्ये चाधिकरणं राज्ञः कार्यं पराङ्मुखम्॥ 35॥
शुभा प्रतोली माहेन्द्रे जये श्रीकरणादिकम्।
आदित्ये वप्रकरणं सन्मुखं श्रीकरादिषु॥ 36॥
धर्माधिकरणं सत्ये कर्तव्यं चापराङ्मुखम्।

वास्तुपद विन्यास के पूर्व की ओर पर्जन्य के पद पर अधिकरण हो, राजा का कार्य पराङ्मुख होगा। माहेन्द्र पद पर सुन्दर प्रतोली होगी। जय के पदस्थान पर

---

1. यहाँ ग्रन्थकार आद्य विश्वकर्मा के ग्रन्थ का स्मरण करता है। सम्भवतः यह ग्रन्थ विश्वकर्माप्रकाश हो अथवा विश्वकर्मीय शिल्पशास्त्र हो। समराङ्गण. में भी राजनिवेश में ऐसा निर्देश आया है।

राजकार्य के लिए (श्रीकरणादिकं) कार्यालय भवन हो, वप्रकरण व सन्मुख सूर्य पद भाग पर कोशाधिकारी तथा सत्य पद भाग पर धर्माधिकारी का भवन भी दूसरी ओर मुख किए हुए बनाएँ अर्थात् सत्य पद भाग और श्री मन्दिर, परकोटे के साथ न्यायालय के भवन (धर्माधिकरण) बनाएँ जाएँ।

कर्णोर्ध्वे भूमिकाश्चैव तदग्रार्धे चतुष्किका ॥ 37 ॥
जयस्य बाह्यपक्षे तु कुर्यात् कारागृहं तथा।
कात्यायनी च माहेन्द्रे प्रतोल्याः [1]पुरतबुधः ? ॥ 38 ॥

इसके पास ही वास्तुपद विन्यास के कोने के आधे भाग में ऊँची भूमि पर चौकी बनाकर जय पद भाग के बाहर की ओर कारागृह भवनों का निर्माण कराएँ और पूर्व दिशा में (महेन्द्र पद ?) प्रतोली या पोल बनाएँ जिसके पास कात्यायनी देवी का मन्दिर भी बनाएँ— ऐसा विद्वानों का मत है।

आदित्याग्रे च बाह्ये तु कुर्याद् द्वयकरणाद्यकम् ?।
रूपकं दुःसाध्यकानां चतुष्कं तु राजादिकम् ? ॥ 39 ॥

इसी प्रकार वास्तुपद विन्यास क्षेत्र के सूर्य पद भाग के बाहर की ओर आगे दोनों कोनों पर दो लेखागार भवन (दस्तावेजों के लिखित प्रमाणीकरण हेतु बनाएँ अर्थात् आधुनिक पञ्जियक कार्यालय भवन की तरह के दो भवन बनाएँ) जिसके चौक में दुःसाध्य को अर्थात् गुण्डे-बदमाशों को राजादिकों अर्थात् राजकर्मचारियों, पुलिस विभाग के अधिकारियों द्वारा बन्दी बनाए और दण्डित करने की अवस्था में बेड़ी, हथकड़ी युक्त दशा में दिखाए जाएँ— ऐसी मूर्तियाँ बनाएँ। ऐसी मूर्तियों से रूपकों से दुःसाहसी गुण्डे बदमाशों में भय उत्पन्न हो सके और राजतन्त्र का दब-दबा प्रकट हो सके।

मरीचिस्थ गर्भोत्तरे देवी राजकुलार्चिता।
पृथ्वीजयाख्यः प्रासादस्तेजःप्रतापवर्धकः ॥ 40 ॥

वास्तुपद विन्यास क्षेत्र के गर्भभाग अर्थात् ब्रह्म क्षेत्र के उत्तर-पूर्व (मरीचिस्थ) भाग में राजकुल की अर्चिता देवी की प्रतिमा स्थापित की जाए। उसका नाम पृथ्वीजय प्रासाद रखें जो राजा के प्रताप और तेज का वर्धक स्वरूप हो।

इति सूत्रसन्तानगुणकीर्तिप्रकाशप्रोक्तृश्रीभुवनदेवाचार्योक्तापराजितपृच्छायां महाराजनिवेशाधिकारो नाम षट्सप्ततितमं सूत्रम् ॥ 76 ॥

इस प्रकार भुवनदेवाचार्य कृत सूत्रसन्तानगुणकीर्ति प्रकाश या अपराजितपृच्छा में महाराज निवेश अधिकार नामक छिहत्तवाँ सूत्र पूर्ण हुआ ॥ 76 ॥

---

1. 'पुरतबधुः ?' इति प्रकाशित पाठः।

सभाष्टकवेदीनिर्णयो नाम सप्तसप्ततितमं सूत्रम् ॥ 77 ॥

विश्वकर्मोवाच —

नन्दा-भद्रा-जया-पूर्णा-दिव्या-यक्षी च रत्नजा।
उत्पला तदनुज्ञेया सभा अष्टौ प्रकीर्तिता: ॥ 1 ॥[1]

विश्वकर्मा बोले कि आठ सभाएँ होती हैं, जिनके नाम हैं— (1.) नन्दा, (2.) भद्रा, (3.) जया, (4.) पूर्णा, (5.) दिव्या, (6.) यक्षी, (7.) रत्नजा और (8.) उत्पला।

सभा निर्माण प्रकारलक्षणञ्च —

चतुरश्रीकृते क्षेत्रे द्विरष्टपदभाजिते।
मध्यमपदचतुष्केण चतुष्कोऽलिन्दशेषत: ॥ 2 ॥

सभाओं के लिए किसी चौकोर क्षेत्र को सोलह भागों में विभाजित करें। मध्य के चार पदों की चौकड़ी के बाद शेष चार अलिन्द या चबूतरे हो जाते हैं।

नन्दा नाम समाख्याता सर्वकामफलप्रदा।
चतुष्के भद्रविस्तार एकोभागश्च निर्गम: ॥ 3 ॥

इनमें नन्दा नाम से विख्यात् सभा में चौकड़ी की दीवार का एक भाग निर्गम, द्वार युक्त होता है। यह सभी सर्वकाम फलप्रद करने वाली होती है।

भद्रा त्वेवं समाख्याता तेज:प्रतापवर्धका।
भद्रं भद्रं चतुष्के तु जया नित्यं जयावहा ॥ 4 ॥

इसी तरह भद्रा नाम की सभा भी तेज और प्रताप को बढ़ाने वाली होती है। उसके समान ही जया नामक सभा के भी प्रत्येक दीवार में निर्गम, द्वार होते हैं जो नित्य ही जय कराने वाले कहे गए हैं।

अलिन्दैर्वेष्टितं सर्वं निर्यूहाच्छाद्यकं तथा।
तथा पूर्णा भवत्येवं सर्व कल्याणकारिका ॥ 5 ॥

पूर्णा नामक सभा के सभी ओर के अलिन्दों, बरामदों में निर्व्यूह निकले होते हैं जिन पर छज्जे बने होते हैं। ऐसी सभा भी सर्व कल्याणकारक होती है।

नवांशानुसारेण सुन्दरीशाला: —

चतुरश्रं समं क्षेत्रं विभक्तं च नवांशकै:।
केवला नवशालाश्च दिव्या नामापि सुन्दरी ॥ 6 ॥

---

1. सभादि का वर्णन समराङ्गणसूत्रधार (अध्याय 27, 1) में भी आया है।

(उक्त शालाओं के अतिरिक्त यदि) चौकोर क्षेत्र को नौ भागों में विभाजित किया जाए तो केवल नवशालाएँ बनती हैं। इसका नाम सुन्दरी दिव्या है।

निष्कान्ता च चतुर्भद्रैर्यक्षी कार्या सुशोभना।

भद्रे भद्रे द्विशालानि सा मता रत्नसम्भवा॥ 7॥

यक्षी सभा के चारों ओर की दीवारों में निकलने के लिए सुन्दर सुशोभन द्वार बनाने चाहिए। रत्नसम्भवा नामक सभा की प्रत्येक दीवार से सटी हुई दो शाला अर्थात् कमरे बने हुए होते हैं।

तस्याश्च प्रत्येकशालं प्रतिभद्रविभूषितम्।

उत्पला च समाख्याता महाराजेन्द्रवल्लभा॥ 8॥

उत्पला नामकी सभा की भी प्रत्येक दीवार पर एक-एक शाला (प्रतिभद्र) से शोभा बढ़ाई जाती है, ऐसी सभा महाराजाओं को बड़ी प्रिय लगती है।

लम्बिन्याख्यवितानानि विचित्राणि च मध्यतः।

अनेकाकाररूपाश्च राजक्रीडोचिताः स्थिताः॥ 9॥

इन सभाओं के ऊपर लम्बिनाख्य वितान अर्थात् झालरदार चन्दोवों से छतों की सजावट और बड़े ही विचित्र, विविध प्रकारों से सभा मध्य में की जाती है जिनमें अनेक तरह के रूपाकार जो राजक्रीड़ाओं से सम्बन्धित विषयाधारित होते हैं।

शालभञ्ज्यादि प्रतिमा स्तम्भविमानसम्भवाः।

मुक्तलूमच्छाद्योपरि घण्टाकूटैरलङ्कृताः॥ 10॥

उन सभाओं के स्तम्भों पर शालभञ्जिका (शालद्रुम की शाखा तोड़ती युवती) की मूर्तियों से सजावट होती है। स्तम्भशीर्षों पर विमानों की रचना और छत से लटकती हुई मुक्तलूम अर्थात् मोतियों की मालाओं के लूम-लुम्बक लटकते हुए और घण्टा, घण्टियों के समूह से सजे हुए बनाए जाते हैं।

दिव्यसौवर्णकलशैर्मत्तवारणसम्युताः।

सुरसद्मोपमाश्चैव नृपसद्माग्रमण्डपाः॥ 11॥

इति सभाष्टकम्[1]।

---

1. समराङ्गणसूत्रधार में आठ सभाओं के नाम आए हैं किन्तु नामों में भेद है, भाविता, दक्षा, प्रवरा व विदुरा— ये चार अन्य नाम हैं और इनमें नन्दादि चार के लिए क्षेत्र को सोलह भागों में और भाविताादि के लिए क्षेत्र को छह भागों में विभाजित कर कर्णभित्ति करने विभाजित करने का निर्देश है— नन्दा भद्रा जया पूर्णा सभा स्याद्भाविता तथा। दक्षा च प्रवरा तद्वद् विदुरा चाष्टमी मता॥ चतुरश्रीकृते क्षेत्रे ततः षोढा विभाजिते। मध्ये पदचतुष्कं स्यात् सीमालिन्दस्तु भागिकः॥ तद्बाह्योऽलिन्दकस्तद्वद् भवेत्

उन सभाओं के द्वारों पर चमकदार स्वर्ण के घड़े हुए कलशों से कुम्भों से सजे हुए मत्तवारण शोभायमान होते हैं जिससे ये राजमहलों के आगे बने मण्डप स्वर्ग के सुन्दर मण्डपों की समानता करते हुए उपमा लिए प्रतीति देते हैं।

इत्यमनन्तर वेदीलक्षणं —

तन्मध्ये याम्यभद्रे तु वेदी सिंहासनान्विता।
श्रीधर्याद्या तथा चैव वैराजकुलसम्भवा ॥ 12 ॥

इन सभाओं के मध्य में दक्षिणी भद्र या दीवार से सटी हुई वेदी बनाई जाए जिस पर सिंहासन रखा हुआ हो। ये श्रीधरादि वैराज्यकुल से उत्पन्न होने वाली वेदियाँ कही जाती हैं।

स्वस्तिका भद्रिका चैव श्रीधरी पद्मिनी तथा।
चतुर्विधा भवेद् वेदी सर्वशान्तिकरी नृणाम् ॥ 13 ॥

वेदियाँ चार प्रकार की हैं— (1.) स्वस्तिका, (2.) भद्रिका, (3.) श्रीधरी और (4.) पद्मिनी। ये राजाओं को सभी प्रकार से सुख-शान्ति प्रदान करने वाली हैं।

स्वस्तिका चतुरश्रा स्याद् भद्रिका भद्रसम्युता।
श्रीधरी विंशतिकोणा प्रतिभद्रैर्विभूषिता ॥ 14 ॥
पद्मिनी वै पद्मदला ह्यष्टकोणैर्विभूर्षिता।

इन वेदियों में स्वस्तिका वेदी चौकोर होती है; भद्रिका वेदी भद्रों सहित अर्थात् दीवारों वाली होती है; श्रीधरी वेदी बीस कोणों वाली होती है और उसका प्रत्येक भद्र या दीवार अलंकृत होती है। पद्मिनी वेदी पद्म-कमल की आठ पङ्खुड़ियों के आकार वाली अर्थात् आठ कोणों से अलंकृत होती है।

वर्णानुसारेण वेदीप्रमाणमाह —

विप्राणां सप्तहस्ता$_{7}$ च क्षत्रियाणां तु षट्करा$_{6}$ ॥ 15 ॥
[1]वैश्यानां पञ्चहस्ता$_{5}$ च शूद्राणां वेदहस्तिका$_{4}$।

प्रतिसराभिधः। प्राग्ग्रीवाख्यस्तृतीयश्च बहिः क्षेत्राच्चतुर्दिशम्॥ निसृष्टरौर्ध(धे) यैर्वा स्यादेकस्यां वा यदा दिशि। नन्दा भद्रा जया पूर्णा क्रमेण स्युः सभास्तदा॥ षड्भागभाजिते क्षेत्रे कर्णभित्तिं निवेशयेत्। सभा स्याद् भाविता नाम सप्राग्ग्रीवात्र पञ्चमी॥ स्तम्भान् षट्त्रिंशदेतासु पञ्चस्वपि निवेशयेत्। स्तम्भान् प्राग्ग्रीवसम्बद्धान् पृथगेभ्यो विनिर्दिशेत्॥ दक्षेति षष्ठी परितस्तृतीयालिन्दवेष्टिता। प्रवरा सप्तमी द्वारैर्युक्तैषा परिकीर्तिता॥ प्राग्ग्रीवद्वारसंयुक्ता विदुरेत्यष्टमी सभा। सभानामिदमष्टानां लक्षणं समुदाहृतम्॥ इत्यष्टानां लक्ष्म सम्यक् सभानामेतत् प्रोक्तं दिग्भवालिन्दभेदात्। तद्वद् द्वारालिन्दसंयोगतश्च ज्ञातेऽत्र स्याद् भूभृतां स्थानयोगः॥ (समराङ्गण. 27, 1-9)

1. विप्रेषु सप्तहस्ता च षड्ढस्ता क्षत्रियेषु। पञ्चहस्ता भवेद्वैश्ये शूद्रे वेदाः प्रकीर्तिताः॥ इति पाठः।

त्रिहस्ता$_3$ कर्षकाणां च प्रकृतेर्द्व्येकहस्तिका$_1$ ॥ 16 ॥

विप्रों के लिए वेदी सात गज के प्रमाण वाली, क्षत्रियों के लिए छह गज, वैश्यों के लिए पाँच गज, शूद्रों के लिए चार गज और कृषकों के लिए तीन गज की हो किन्तु सामान्य जनों के लिए वेदी दो गज की कही जाती है।

कार्यानुसारेण वेदीप्रयोगमाह —

विवाहेषु च सर्वेषु स्वस्तिका सर्वकामदा।
भद्रा भद्रा नरेन्द्राणां सर्वकल्याणकारिका ॥ 17 ॥
देवतास्थापने चैव स्वस्तिका भद्रा श्रीधरी।
देवानां च प्रतिष्ठादौ पूजायां चैव पद्मिनी ॥ 18 ॥

सभी प्रकार के वैवाहिक और माङ्गलिक कार्यों के लिए स्वस्तिका वेदी समस्त कामनाओं को पूरी करने वाली कही गई है। भद्रा वेदी राजाओं के लिए सर्वप्रकारेण कल्याणकारक है। देवी-देवताओं के स्थापना कार्य में स्वस्तिका, भद्रा, श्रीधरी वेदी उचित रहती है और देवताओं की प्रतिष्ठादि या पूजा का कार्य हो तो पद्मिनी वेदी उचित ही मानी गई है।[1]

सिंहासनं तदूर्ध्वे च भद्रासनमथापि वा।
पट्टप्रस्तारिका चैवं गदिकाद्यं तथोत्तरे ॥ 19 ॥

प्रयोजन के अवसर पर वेदिका के ऊपर सिंहासन अथवा भद्रासन लगाया जाए जिस पर महीन चद्दर से ढकी हुई गद्दी उत्तर मुखी लगी हो।

अन्यदप्याह —

चतुःस्तम्भसमायुक्तं छाद्यत्रयविभूषितम्।
ऊर्ध्वे च घण्टाकलशं मत्तवारणशोभितम् ॥ 20 ॥

वेदी के चारों ओर चार स्तम्भों से युक्त तीन चन्दोवे तने हुए हों जिन पर घण्टा, कलश युक्त मत्तवारणों की शोभा होनी चाहिए।

---

1. सिद्धान्तशेखर में आया है कि वेदियाँ चतुरस्र, पद्मिनी, श्रीधरी व सर्वतोभद्रा होती हैं। दीक्षा, स्थापनादि अवसरों पर चतुरस्रा का प्रयोग सर्वफलप्रद होता है। तड़ागादि की प्रतिष्ठा के अवसर पर पद्म के आकार वाली पद्मिनी का प्रयोग होगा। राज्याभिषेक के अवसर पर चतुर्भद्रा का प्रयोग होगा, विवाह में श्रीधरी का प्रयोग होगा जो कि बीस कोष वाली, दर्पणोदर जैसी समस्तरीयता लिए होंगी : वेदी चतुर्विधा प्रोक्ता चतरस्रा च पद्मिनी। श्रीधरी सर्वतोभद्रा दीक्षासु स्थापनादिषु॥ चतुरस्रा चतुःकोणा वेदी सर्वफलप्रदा। तडागादिप्रतिष्ठायां पद्मिनी पद्मसन्निभा॥ राज्ञां स्यात्सर्वतोभद्रा चतुर्भद्राभिषेचने। विवाहे श्रीधरी वेदी विंशत्यस्रसमन्विता॥ दर्पणोदरसङ्काशा निम्नोन्नत विवर्जिता। (कुण्डरत्नावली : सम्पादक- मिताली देव, वाराणसी, 2003 ई. पृष्ठ 19)

शुक्लपट्टैश्च शोभाढ्यं पुष्परागविभूषितम्।
इन्द्रनीलसमं कान्त्या हेमरत्नैश्च शोभितम्॥ 21॥

ऐसी वेदी के ऊपर राजा का आसन लगाया जाए जो स्वच्छ, श्वेत, रेशमी चद्दरों से ढका हुआ हो और उस पर पुष्पों की सुगन्ध वाला इत्रादि छिड़का हो। उसकी कान्ति इन्द्रनील के समान और स्वर्ण व रत्नों के जड़ाव का अलंकरण होना चाहिए।

मुक्ताफलैरनेकैश्च सूर्यकान्तिमनोरमैः।
एवं पुष्पकमाडं च वेद्यूर्ध्वं च नृपासनम्॥ 22॥

इसी प्रकार उन पर अनेकों मोतियों की मनोरम मालाएँ सूर्य की प्रभा विस्फारित करती प्रतीत होनी चाहिए, ऐसा पुष्पक माड नामक वेदी के ऊपर नृप के बैठने का स्थान होता है।

उत्तराभिमुखं कृत्वा याम्यायां स्थापयेद्दिशि।
तथाग्रे च समस्ताश्च भक्ता ये स्वामिनः स्थले॥ 23॥

यह आसन उत्तर दिशा की ओर मुख वाला और दक्षिण दिशा की ओर स्थापित होता है और इस वेदिका के आसन के आगे राजा के समस्त भक्त-सेवक अपने स्वामी के स्थल पर सामने ही विराजित होंगे।

इति सूत्रसन्तानगुणकीर्तिप्रकाशप्रोक्तश्रीभुवनदेवाचार्योक्तापराजितपृच्छायां
सभाष्टकवेदीनिर्णयाधिकारो नाम सप्तसप्ततितमं सूत्रम्॥ 77॥

इस प्रकार भुवनदेवाचार्य कृत सूत्रसन्तानगुणकीर्ति प्रकाश या अपराजितपृच्छा में सभा
अष्टक वेदी निर्णय अधिकार नामक सतत्तरवाँ सूत्र पूर्ण हुआ॥ 77॥

महाराजाधिकाराजो नामाष्टसप्ततितमं सूत्रम्॥ 78॥

विश्वकर्मोवाच —

सभामध्ये तथा वेदी तत ऊर्ध्वे सिंहासनम्।
पौती[1] पुष्पजाड्यकुम्भं सिंहवक्त्रं कनालिकम्॥ 1॥

---

1. 'पौती ?' इति प्रकाशित पाठः।
पोतिका स्तम्भाङ्ग के रूप में स्वीकृत है। मयमतं, मनुष्यालयचन्द्रिका इत्यादि में बोधिका या पौती जैसे पर्याय इसी सन्दर्भ में आए हैं। पोतिका के विषय में ईशानशिवगुरुदेवपद्धति और वास्तुविद्या प्रभृति ग्रन्थों में विस्तृत उल्लेख पाया जाता है। ईशानशिवगुरुदेवपद्धति में स्तम्भ पर स्थापित की जाने वाली पोतिका के लक्षण बताते हुए कहा गया है कि स्तम्भ के विस्तार से तीन, चार या पाँच गुणा मान प्रमाण वाली पोतिका क्रमशः नीच, मध्यम और उत्तम नाम से जानी जाती है। ये क्रमशः नागवृत्ता, पत्रचित्रा और समुद्रोर्मि संज्ञक होती हैं— तदूर्ध्वं पोतिका स्थाप्या तस्या लक्षणमुच्यते। सा च स्यात्

विश्वकर्मा आगे बोले कि सभा के मध्य में वेदी हो, उस वेदी पर सिंहासन हो और जो कि पोतिका, पुष्प और जाड्यकुम्भ, सिंहमुख और लड़ियों से अलंकृत हो।

गजाश्वनरपीठाढ्यं सिंहव्याघ्रैरलङ्कृतम्।
अनेकसिंहरूपैश्च क्रमतो विकृताननाः॥ 2॥

इस जाड्यकुम्भ के ऊपर के भद्रभाग पर प्रासाद मण्डोवर के अलङ्करण की भाँति ही विविध स्तरों पर गजथर, अश्वथर, नरथर, सिंहथर, व्यालथर (रासमुख) अनेक सिंहों के रूप में विकृत भयङ्कर मुखाकृतियों में बने अलङ्करण हों।

सिंहासने महाराजः शोभते मणिदीप्तिभिः।
यथा शक्रः सुरैर्युक्तो बालार्ककिरणोदितौ॥ 3॥

ऐसे सिंहासन पर महाराज एक प्रकार से अपनी मणिदीप्ति से ऐसे प्रभविष्णुमयता के विराजित हों, मानों स्वयं इन्द्र अपने देवगणों के मध्य में उदित होते हुए सूर्य की लालिमायुक्त किरणों से प्रकाशित हो रहे हों।

चक्रवर्त्यादीनां नृपकोटयः —

चक्रवर्त्यर्धपतिश्च भूत्रिभक्त्या महीपतिः।
एते वै तु महाराजा शेषाश्च मण्डलेश्वराः॥ 4॥

स्तम्भविस्तारात् त्रिगुणं वा चतुर्गुणम्॥ दीर्घा पञ्चगुणं वापि नीचमध्योत्तमा स्मृता। नागवृत्ता पत्रचित्रा समुद्रार्मिश्च पोतिकाः॥ त्रिविधा नामभिर्ज्ञेयास्तासां लक्षणमुच्यते। स्तम्भव्याससमोत्सेधविस्तारा श्रेष्ठपोतिका॥ शरांशोना मध्यमा स्यादूनद्व्यंशा कनिष्ठिका। भूतेभमकरव्यालरत्नबन्धविचित्रिता॥ वल्लीचित्राग्रपट्टा च सा ख्याता चित्रपोतिका। केवलं पत्रवल्लीभिर्विचित्रा पत्रपोतिका॥ तरङ्गमात्रचित्रा या पोतिका स्यात् तरङ्गिणी। तरङ्गाश्चात्र वेदर्तुव(स्वा? स्वङ्का)शादिसंख्यया॥ कार्यास्तूभयतस्तुल्याः पट्टिकाछत्रमध्यगाः। त्रिभागे पोतिकोत्सेधे सार्धांशेनाग्रपट्टकम्॥ तदर्धार्धेन तदधः क्षेपच्छायान्वितं भवेत्। तदुच्चार्धात् त्रिभिर्वांशैरंशाभ्यां वात्र कल्पयेत्। स्वव्यासार्धात् त्रिपादाद् वा कुर्यात् तास्वग्रमण्डनम्॥

'वास्तुविद्या' में इसका नाम 'बोधिका' है। पोतिका अपने न्यूनाधिक विस्तार के अनुसार तीन नामों वाली होती है। ये भित्ति के स्तम्भाग्र के आधार पर दण्डसंज्ञक, स्तम्भाग्र विस्तार के अनुसार उशन्तिदण्ड और चरणाग्रप्रतान से दण्ड नाम वाली हो जाती है। ग्रन्थान्तर में भी कहा गया है। प्रतिलोम क्रम से इनके नाम होते हैं— अधम प्रकार की त्रिदण्ड पोतिका पत्री कही जाती है। मध्यम प्रकार की चतुर्दण्ड पोतिका चित्री नामक और उत्तम प्रकार की पञ्चदण्ड पोतिका महार्णवी संज्ञक होती है— पोतिका तु त्रिधा ज्ञेया नामभेदेन दैर्घ्यतः। त्रिदण्डा च चतुर्दण्डा पञ्चदण्डा यथाक्रमम्॥ महार्णवी च चित्री च पत्री च प्रतिलोमतः। (वास्तुविद्या : सम्पादक - श्रीकृष्ण 'जुगनू', 8, 44-45) पोतिकेत्यादि। 'बोधिके'ति क्वचित् पाठः। नामभेदेन दैर्घ्यत इति। दैर्घ्यस्य न्यूनत्वाधिकत्वाभ्यां कृतेन नामभेदेनेत्यर्थः। तादृशं दैर्घ्यमेवाह— त्रिदण्डेनत्यादि। इह दण्डप्रमाणं तु 'कुड्यस्तम्भाग्रतारोऽप्यथ तदवयवाकल्पने दण्डसंज्ञः', 'स्तम्भाग्र-विस्तारमुशन्ति दण्डम्', 'चरणाग्रप्रतानो दण्डः' इत्यादि ग्रन्थान्तरोक्तं ग्राह्यम्! त्रिदण्डादीनां संज्ञा आह— महार्णवीत्यादि। प्रतिलोमत इति। प्रतिलोमक्रममनुसृत्येत्यर्थः। तथाच त्रिदण्डा पोतिका पत्री नामधमा। चतुर्दण्डा पोतिका चित्री नाम मध्यमा। पञ्चदण्डा पोतिका महार्णवी नाम उत्तमेति सिद्धम्। (तत्रैव विवृत्ति)

महाराज का विरुद धारण करने वाले राजाओं में चक्रवर्ती अधिपति, भूमि के तीनों भागों को धारण करने वाले (षष्ठांश प्राप्तकर्ता) महीपति कहलाने के अधिकारी हैं। इनसे अतिरिक्त जो शेष भूपाल हैं, मण्डलेश्वर पद के अधिकारी हैं।

मण्डलीकोऽधिसामन्तः सामन्तो लघुसञ्ज्ञकः।
चतुरंशिकाऽल्पराजाः शेषास्तु राजपुत्रकाः॥ 5॥

इनके नीचे मण्डलीक, उनसे नीचे के सामन्त तथा उनसे नीचे के भी लघु सामन्त कहलाते हैं और चतुर्थ अंश भाग के अधिकारी को अल्पराजा और इनके बाद शेष बचे सभी को केवल राजपुत्रक कहा गया है।

स्वके स्वभुक्तानुसारे राज्यं कुर्वन्ति स्वेच्छया।
अनेकभोगभोक्तारो राजक्रीडामनेकधा॥ 6॥

ये सभी अपने-अपने प्राप्त भाग के प्रदेश पर अपनी इच्छा के अनुसार राज्य करते हैं और अनेक प्रकार के भोग-आनन्द को भोगते हैं तथा नाना प्रकारेण राजक्रीड़ाओं की मौज-मस्ती मनाते हैं।

तपसाराधितः पूर्वं महात्मभिरुमापतिः।
तपसोऽर्थानुरूपैश्च राज्यं कुर्वन्ति भूतले॥ 7॥

इन सभी भाग्यवान् महीपतियों ने अपने पूर्व जन्म में तपस्या से उमापति महादेव की जो आराधना का पुण्य अर्जित किया था, उसी के अनुरूप उनको इस जन्म में यह सौभाग्य मिला और वे इस भूतल पर आज राज कर रहे हैं।

देवपूजार्चनं दानं पूज्यषड्दर्शनादिकम्।
पुराणागमग्रन्थादि राजनीतिरनेकधा॥ 8॥

ऐसे सौभाग्य के लिए अनेक प्रकार की देवपूजा, अर्चन, अनेक प्रकार के दान-पुण्य करने के अवसर, अनेक साधनाओं, षड्दर्शनादि के विधि-विधान, अनेक पुराण और आगम शास्त्र-ग्रन्थादि और अनेक राजनीतिक व्यवस्थाएँ पाई जाती हैं।

राज्योत्त्पतिमाह –

पञ्चमातृद्भवं राज्यं नैककलादिकौशलम्।
मातु (?) रेकैकोक्तगुणा नटेश्वरसमुद्भवाः॥ 9॥

राज्य की सामान्यतया उत्त्पति पाँच मातृकाओं से हुई है और उन्हीं से अनेक कला-कौशलों की भी रचना हुई है। ये माताएँ भी अपने एक-एक गुणों के साथ भगवान् शिव-नटेश्वर से समुद्भूत हुई हैं।

बृहच्छुश्रूषया माता द्वितीया पौरुषोद्भवा।
स्त्रीणामङ्गोद्भवा माता गजमाता चतुर्थिका॥ 10॥
पञ्चमी चाश्वमाता च शेषा उपाङ्गवर्त्तिकाः।
पञ्चमात्रद्भवमिति इन्द्रराज्यसमं भवेत्॥ 11॥

इन माताओं के भी विविध नाम हैं— (1.) बृहत् शुश्रूषया माता, (2.) पौरुषोद्भवा माता, (3.) स्त्रीणामङ्गोद्भवा माता, (4.) गज माता और (5.) अश्वमाता। शेष सभी उपाङ्गवर्त्तिका हैं। इस प्रकार यह सब पञ्चमातृकाओं से बना स्वर्ग के इन्द्रलोक के राज्य के समान होता है।

बृहत् शुश्रूषया मातायात् राज्ञो दिनचर्यायाः —

बृहच्छुश्रूषया वक्ष्ये प्रहरादित्र्यार्धकम्।
प्राप्ते प्रत्यक्षप्रहरे शय्यायां रात्रितो गतौ॥ 12॥[1]

अब मैं बृहत् शुश्रूषया माता (आराम देने वाली मातृका, बड़ी तिमारदारी जैसी) के बारे में कहता हूँ जो रात्रि के पहले प्रहर से आरम्भ होकर आधे रात के बीतने तक आराम की नींद निकालने में राजा को सुखदायी होती है। रात्रि के प्रथम प्रहर बीतते ही राजा को शयन के लिए अपनी शय्या पर आराम से नींद लेने हेतु चले जाना चाहिए।

शय्यास्थ उद्भवेद्राजा धर्ममूतिर्भवेत्सदा।
गोदानयुक् स्वर्णपादं निक्षिपेत् प्रतिभूतलम्॥ 13॥

प्रातः ब्रह्ममुहूर्त में राजा को चाहिए कि वह शय्या से उठ जाए। उस ब्रह्ममुहूर्त काल में जागा हुआ राजा अपनी शय्या से उठकर बैठा हुआ एक प्रकार से धर्ममूर्ति स्वरूप ही होता है। अस्तु, उसे उठते ही सबसे पहला कर्त्तव्य गोदान करना होता

---

1. 'बृहच्छुश्रूषया वक्ष्ये प्रहरादिजयार्धकम्?। प्राप्ते प्रत्यक्षप्रहरे शय्यायां संस्थितो गतौ?' इति प्रकाशित पाठः।
चाणक्य ने राजा की दिनचर्या बड़ी ही जटिल वर्णित की है। प्रशासन के भार को ध्यान में रखकर ही राजा की दिनचर्या निर्धारित करते हुए दिन-रात दोनों को आठ-आठ भागों में बाँट लिया गया था। समय का ध्यान सूर्य द्वारा या समय सूचक जलघड़ी से जाना जाता था। इस प्रकार समय का प्रत्येक विभाजन (नालिका) डेढ़ घण्टे के बराबर होता था। सामान्यतया रात्रि में डेढ़ से तीन बजे तक शयन, तूर्यवादन सुनकर उठना, शास्त्र व अगले दिन के कार्यों पर विचार करना। सुबह तीन से चार बजे तक नीति व योजनाओं का निर्धारण करना और उनके अनुसार अपने गुप्त दूत भेजना। सुबह साढ़े चार से छह बजे तक यज्ञ कराने वाले पुरोहित, राजगुरु व कुलपुरोहित के साथ बैठना, आशीर्वाद लेना इत्यादि...। विष्णुधर्मोत्तरपुराण, मनुस्मृति, शङ्खलिखितस्मृति, वृद्धवशिष्ठस्मृति, याज्ञवल्क्यस्मृति आदि में भी इस प्रकार की दिनचर्या का वर्णन हुआ है।

है। इसलिए भूमि पर पाँव रखने से पूर्व उसे गोदान की स्वर्ण मुद्रा भूमि पर भेंट करके उन पर शय्या से उतरते समय अपना पाँव रखना चाहिए।

दन्तकाष्ठादिकं स्नानमौषधादिकसम्भृतम्।
ततो देवार्चनं कृत्वा स्नापनालेप्य पुष्पतः॥ 14॥

इसके अनन्तर राजा को दन्तधावन हेतु (नीम या बबूल) काष्ठ से दाँतुन करना चाहिए। स्नान के लिए प्रयोजन वाले जल में सुगन्धित द्रव्यों, औषधियों को डालना चाहिए। इसके बाद राजा को चाहिए कि वह देवार्चन करके अपने शरीर पर देवपुष्पों से केसर, कुङ्कुमादि का लेप करे, तिलक छापा लगाएँ।

गन्ध-धूप-नैवेद्यैश्च पूजां कृत्वा अरार्त्तिकम्।
पुरोहिते ततो दानमपूर्वं [1]स्तुति आदिकम्॥ 15॥

गन्ध-पुष्प, धूप, नैवद्य से भगवान् की मूर्ति की पूजा करके आरती उतारें और पुरोहित से दान के पूर्व की स्तुति आदि करवाएँ।

राजा गुरूद्गतं दानं शैवशास्त्रेणपूजनम्।
भटेन स्तुतितो बोध्यं येनान्ते दर्शनं भवेत्॥ 16॥

इसके उपरान्त राजा अपने गुरु के सामने दान का सङ्कल्प लेकर गुरु द्वारा प्रदत्त जल को छोड़े, फिर भट अर्थात् पूजा पाठ कराने वाले पण्डित के द्वारा की जाने वाली देवस्तुति को सुनते-समझते हुए साथ-साथ स्तुति करें; उसके बाद ही लोक, प्रजा को दर्शन देवें।

गोपूजां च ततः कृत्वा योगिनीं च कुमारिकाम्।
अनास्तिके कृपादानं शस्त्रार्थे तु निरो(रु!)पणम्॥ 17॥

इसी बीच, गोपूजा करके योगिनी और कुमारिकाओं व आस्तिक लोगों पर कृपा करता हुआ शस्त्र धारण करने हेतु अर्थात् तलवार, कमरबन्ध आदि से सुसज्जित होने हेतु अग्रसर हो।

वस्त्रशृङ्गारकं कृत्वा सिंहासनसुसंस्थितः।
चतुष्कतिलकं कृत्वा प्रवृत्तस्तिलकेश्वरः॥ 18॥

साथ ही वस्त्रादि से अपना शृङ्गार करके सिंहासन पर जाकर विराजित हो जाए और चौकोर तिलक लगाने के बाद तिलकेश्वर रूप में प्रवृत्त हो जाएँ।

---

1. 'सप्तवादिकम् ?' इति प्रकाशित पाठः।
विष्णुधर्मोत्तरपुराण में आया है— स्नानं कुर्यात्ततः पश्चाद्दन्तधावनपूर्वकम्। औषधैर्मन्त्रपूतैस्तु पानीयैर्विविधैः शुभैः॥ [illegible]मुपास्य प्रयतः कृतजप्यः समाहितः। (वीरमित्रोदय, राजनीतिप्रकाश पृष्ठ 156)

नरवीरभटाश्चैव प्रणमन्ति महीपतिम्।
धर्मोपदेशं दत्वा च तथा जलसमाकुले॥ 21॥

इस अवसर पर राजा को सभी नरवीर और भटगण (ठाकुर, उमराव, सामन्तादि) प्रणाम करें और अपनी भक्ति-निष्ठा राजा के प्रति व्यक्त करें। इसके बाद, राजा सभी जन समुदाय को धर्मोपदेश (यथोचित आज्ञादि) करें।

शृङ्गारं च ततः कृत्वा दिव्यालङ्कारशोभितम्।
सभामण्डले गवाक्षे महासिंहासने स्थितम्॥ 20॥
चतुष्कावसरे चैव वर्तते जनसङ्कुलम्।
प्रणिपत्य समस्तैश्च मण्डलेश्वरकादिभिः॥ 21॥

राजा को चाहिए कि वह दिव्य अलङ्कारों से विभूषित होकर, शृङ्गार करके सभा मण्डप के झरोखे में रखे हुए सिंहासन पर विराजित होकर गवाक्ष से राजमहल के चौक में एकत्रित प्रजाजनों के सङ्कुल को दर्शन देकर उनका प्रणाम स्वीकार करें, उनमें यदि कई-एक मण्डलेश्वर भी हों तो उनका भी प्रणाम स्वीकारें।

गजयुद्धं मेषयुद्धं विविधं मल्लयुद्धकम्।
विधेयं छुरिकायुद्धं माहिषं कौर्कुटादिकम्॥ 22॥

इसी प्रकार अपने आमोद-प्रमोद के लिए गजयुद्ध, मेंढ़ों की भिड़न्त, तरह-तरह के पहलवानों की कुश्ती, तलवार-छुरी की पैंतरे बाजी, भैंसों की भिड़न्त, मुर्गों-लावकों की लड़ाई जैसे अनुरञ्जनकारी आयोजन करके उत्सव जैसा वातावरण बनाए और जनता सहित स्वानन्द लें।

पौरुषोद्भव मातायात्क्रमाह —

एषा पुरुषजा माता स्वीये स्वीये च राज्यके।
वाटिकां च समाश्रित्य पूर्वाह्ने देवताश्रमम्॥ 23॥

अब पुरुषजा माता के बारे में कहता हूँ। पूर्वाह्न काल में अपने-अपने राज्यों, ठिकानों से आए समस्त सामन्त-सरदारों, लघु राजा, माण्डलिक बगीचे में बने हुए देवमन्दिर के आङ्गन के आश्रम में एकत्रित हो जाएँ।

गजाश्वरथकोष्ट्रासिकिरीटच्छत्रसङ्कुलैः।
अलम्बचिह्नपताकैः टका ? स्तम्भैरनेकशः॥ 24॥

उनके साथ आए हुए हाथी, घोड़े, रथ, ऊँट, तलवारों, मुकुटों, छत्रों के समूहों तथा लम्बी-लम्बी ध्वज-पताकाओं, रेशमी पटकों और नाना स्तम्भों से सज-धजकर महोत्सव आयोजित करें।

प्रतिष्ठाप्य पुरे प्रीत्या राजगेहे उमापतिम्।
कण्ठस्नानादिकं कृत्वा मण्डपे च शनैः स्थितैः॥ 25॥

इसी अवधि में राजा अपने राजमहल में भगवान् उमापति शिव को प्रीतिपूर्वक प्रतिष्ठापित करके कण्ठ तक जल में डुबकी लगाकर स्नान करके धीरे से मण्डप में आकर बैठ जाएँ।

प्रेक्षणीयं देवताग्रे वाद्यगीतनृत्यादिकम्।
आरात्रिकं ततो दृष्ट्वा प्रदक्षिणविसर्जनम्॥ 26॥

इसी बीच, देवता के आगे जो-जो प्रेक्षणीय वाद्य, गीत, नृत्यादि हों उनको करके भगवान् की आरती उताकर दर्शन करें और प्रदक्षिणा कर सभा का विसर्जन करें।

भुक्ताशनः स्थितो राजाऽग्रवृत्त्या जनसङ्कुलैः।
भुक्त्वोत्तरं ततः स्थाने सैन्यावसरवर्त्तनम्॥ 27॥

राजा अपने अग्रवर्ती जनसङ्कुल (सभासद, सामन्तादिगण) आदि के समूह के साथ भुक्तासन में स्थित हों अर्थात् भोजनशाला में जाएँ और पङ्क्ति में बैठकर भोजन करें। इस प्रकार सभी के साथ भोजन ग्रहण कर अपनी सेना के निरीक्षण के लिए सैन्यस्थान या शिविर-छावनी में जाने को (सैन्यावसर वर्त्तन) कार्यक्रम तय करें।

स्त्रीणामङ्गोद्भवा मातायात्क्रमाह —

स्त्रीणामङ्गोद्भवा माता प्रवृत्तं जनसङ्कुलम्।
अबला बाला स्त्रियश्च मुग्धाः प्रौढादिकास्तथा॥ 28॥
एवं शय्यां महाराजः स्त्रीजनैः परिवेष्टितः।
निद्रानन्तरतो वत्स वर्तते जागृती दशा॥ 29॥

(अब मैं स्त्रीणामङ्गोद्भवा माता नामक आराम के विषय में बताता हूँ) इसमें प्रवृत्त होने पर राजा अबला, बाला, स्त्रियां, मुग्धा, प्रौढ़ादि विविध वयी महिलाओं की भीड़, जनसङ्कुलादि से घिरा रहता है और इस प्रकार घिरे-घिरे ही आराम के लिए अपनी शय्या पर लेट जाता है। इस प्रकार निद्रा लेकर हे वत्स! राजा पुनः जागता है।

तत्र रीत्युपयोग्यं च शृङ्गारं क्रियते पुनः।
द्वादशादित्यसङ्काशद्युतितोऽपि महान्परः॥ 30॥

जागने पर वह पुनः राजरीति के अनुसार उपयुक्त शृङ्गार धारण करता है और द्वादशादित्य की ज्योति के समान अपने तेज से प्रकाशित होकर शोभायमान होता है।

सभामध्ये समायातः स्थितः सिंहासने तथा।
सर्वावसरकं तत्र प्रवृत्तं जनसङ्कुलम्॥ 31॥

वह सभा के मध्य में आकर अपने सिंहासन पर विराजमान होकर अपराह्न काल में सर्वावसरक अर्थात् राजकीय सभी अवसरों के कार्यों के निस्तारण के लिए एकत्रित राजसभा के जनसङ्कुल में प्रवृत्त होता है।

राजसभासदवर्णनं —

द्वादशदण्डनायकाः$_{12}$ प्रतीहारद्वयी$_{2}$ तथा।
अमात्यराजकरणाः श्रीकरणा वयस्कराः॥ 32॥

राजा की सभा में, राजा के सामने बारह दण्डनायक, दो प्रतिहारी तथा आमात्य, राज्याधिकारी, कोषाधिकारी व अन्य वयस्क कर्मचारी होने चाहिए।

चत्वारो$_{4}$ मण्डलेशाश्च मण्डलीकाश्च द्वादश$_{12}$।
महासामन्ता द्विरष्ट$_{16}$ सामन्ताश्च युगाष्टकाः$_{32}$॥ 33॥

इसी प्रकार चार मण्डलेश, बारह मण्डलीक, सोलह महासामन्त तथा बत्तीस सामन्त होने चाहिए।[1]

लघवः षष्ट्युत्तरं चतुःशतं$_{460}$ चतुरंशिकाः।
शेषास्तु राजपुत्राश्च असङ्ख्यातास्तथैव च॥ 34॥

इसी प्रकार चार सौ साठ लघु सामन्त जो कि चतुरंशिकाः अर्थात् चौथ जमा कराने वाले या चतुर्थांश के अधिकारी होते और शेष राजपुत्र जिनकी संख्या निश्चित नहीं है, वे इस सभा में आएँगे।

स्वर्णालङ्कारखचितैर्नैकरत्नैस्तु सङ्कुलैः।
दिव्यशृङ्गारकैः सर्वे महाराजप्रत्यात्मिकाः॥ 35॥

ये सभी दरबारी जन स्वर्णाभूषणों से अलंकृत, अनेकों रत्नों से जटित गहनों को धारण करके और दिव्य वस्त्रों से भूषित ऐसे लगते हैं मानों ये सब महाराज के ही प्रतिरूप हों।

अथ गजमातायात्क्रमाह —

गजाः शृङ्गारयुक्ताश्च आनीतास्तु महोत्कटाः।

---

1. मेवाड़ रियासत में सोलह-बत्तीसों की परम्परा रही है। सोलह उमराव और बत्तीस राव सभा में होते थे। इनके ठिकानों को इसी दृष्टि से सम्मान दिया जाता था। महाराणा कुम्भ के काल में यह परम्परा थी। अमरसिंह द्वितीय के शासनकाल में भी इन कोटियों के अधिकार, मर्यादा आदि तय की गई।

युध्यमानास्तथा [1]कुर्य्यान्तरांश्च मारणे रतान्॥ 36॥
गजोद्भवा तत्र माता अश्वमाता सन्धोद्गमैः ?।

सभा के अवसर पर राजा व सभासद के सामने निरीक्षण के लिए सजे-धजे, आभरणों से भूषित, महोत्कट गजदलों को लाया जाता है जो युद्ध में लड़ने के निमित्त ही तैयार किए हों तथा नरों को मारने में रत रहने के लिए पूरी तरह से सिखाए गए हों। यह चतुर्थ गजोद्भवा माता के बारे में कहा गया, इसी तरह पाँचवीं अश्वमाता के बारे में भी सन्धिकाल को समझें।

परराष्ट्रोद्भवा ये च समये तत्र दर्शयेत्॥ 37॥
तस्यां ? मनोभवः कम्पः स्वराज्यं च स्वर्गा(?-र्गो)त्पतिः।
लघुराष्ट्रोद्भवा ये च प्रसङ्गे दर्शयेदपि॥ 38॥

इस बीच, सभा में कोई परराष्ट्र में जन्मे व्यक्ति तथा राजदूत आदि दिखाई देते हों तो राजा उनके मनोभाव, कम्प-दशा, उनके राज्य के बारे में जानकारी प्राप्त करने के लिए भेंट करें, उनके पूर्वजों के बारे में भी जानकारी लें। इसी तरह लघु राष्ट्रों में उत्पन्न कोई लोग इस प्रसङ्ग में दिखाई दें तो उनसे भी प्रेमपूर्वक भेंट का अवसर प्राप्त किया जाए।

महाराजाधिराजश्च परमेश्वरसञ्ज्ञितः।
भुवनैकनाथो महाराजचक्रचूडामणिः॥ 39॥

क्योंकि, यह ज्ञातव्य है कि महाराजाधिराज एक प्रकार से परमेश्वर स्वरूप हैं जो इस पृथ्वी का एकमेव स्वामी है और महाराज चक्रचूड़ामणि हैं अर्थात् एक चक्रवर्ती, एकछत्र महाराजाधिराज है।

भूपालः सर्वकलाकुशलः उमापतिवरलब्धप्रतापतेजाः।
तथाऽन्यनृपाद्यमुखदर्पणो धर्मादिप्रशस्यावतारः॥ 40॥

ऐसा भूपाल सब कलाओं में कुशल और उसे उमापति भगवान् शिव का वरदान प्राप्त है और उसी के प्रताप, तेज से तथा अन्य राजाओं के लिए मुखदर्पण की तरह आदर्श रूप है जो धर्मादि के प्रशस्त-मान्य अवतार स्वरूप ही है।

इति सूत्रसन्तानगुणकीर्तिप्रकाशप्रोक्तृश्रीभुवनदेवाचार्योक्तापराजितपृच्छायां
महाराजाधिराजाधिकारो नामाष्टसप्ततितमं सूत्रम्॥ 78॥

इस प्रकार भुवनदेवाचार्य कृत सूत्रसन्तानगुणकीर्ति प्रकाश या अपराजितपृच्छा में
महाराजाधिराज अधिकार नामक अठहत्तरवाँ सूत्र पूर्ण हुआ॥ 78॥

---

1. 'कुर्यान्नवांश्च' इति प्रकाशित पाठः।

गजशालाप्रमाणहस्तिलक्षणकमेकोनाशीतितमं सूत्रम् ॥ 79 ॥

अधुना गजशालार्थे क्षेत्रभक्तिविधिं। विश्वकर्मोवाच —

लक्षणं गजशालानां कथयिष्याम्यनुक्रमात्।
षट्त्रिंशद्भिः पदैर्भक्तं क्षेत्रं विंशतिभिः करैः ॥ 1 ॥

विश्वकर्मा बोले कि अब मैं अनुक्रम से गजशालाओं (हाथी बान्धने के ठाणों, पीलखाना) के बारे में कहता हूँ और उनके लक्षण बताता हूँ। इसके लिए सर्वप्रथम बीस गज के लम्बे चौड़े क्षेत्र को छत्तीस पदों में विभक्त करें।

वेदांशमध्यगर्भाढ्यं गजस्थानं महोत्तमम्।
दृढस्तम्भं भवेन्मध्यं घटैर्नवकरैर्युतम् ॥ 2 ॥

उन छत्तीस पदों में मध्य के चार पदों के गर्भस्थान को महोत्तम गजस्थान अर्थात् गज का ठाण समझें। इस गजस्थान के मध्य में नौ गज के पाषाण के घड़े हुए दृढ़ स्तम्भ अर्थात् खुमाल बनाएँ।

अलिन्दवेष्टितं भागे भागे भित्त्या च संयुतम्।
विस्तरोच्छ्रयतुल्यश्च पट्टानामुदयो भवेत् ॥ 3 ॥

इसके लिए अलिन्द या बरामदा बनाएँ जिसके बाहर भींत बनी हों। उस भींत की ऊँचाई उसके विस्तार के बराबर हो अर्थात् क्षेत्र के दो पद लगभग सात गज (चौदह फीट) हो और उस पर पट्टियों की छवाई की छत बनाई जाएँ।

भित्तित्रयसमायुक्तं द्वारमग्रदिशान्तिके।
छाद्यत्रयं क्रमयुक्तं घण्टाकलशभूषितम् ॥ 4 ॥

तीन ओर तीन भित्ति हो और आगे का भाग द्वार के रूप में खुला छोड़ें और तीन ओर की छत की छवाई पर गुम्बज और कलश बनाकर उसको सुन्दर रचना प्रदान करें।[1]

---

1. अमरकोश में गजशाला को वारी कहा गया है— वारी तु गजबन्धनीयत्यमरः। वराहमिहिर ने योगयात्रा में वारी या गजशाला के निर्माण की विधि इस प्रकार दी है— 150 हाथ लम्बा और 120 हाथ चौड़ी चतुष्कोण या वृत्ताकार हस्तिशाला के लिए वृद्धिकारक होती है। दस हाथ ऊँचा, दस हाथ लम्बा व चौड़ा तथा एक हाथ गहरा हस्तिस्थान बनाना चाहिए। हस्तिशाला का द्वार पूर्व दिशा में होना चाहिए, उत्तर में भी द्वार शुभदायक होता है किन्तु दक्षिण या पश्चिम में कभी द्वार नहीं रखना चाहिए। पूर्व व उत्तर दिशा में द्वार स्तम्भ गाड़ना चाहिए। उसमें सुदृढ काष्ठदण्डों को जोड़ना चाहिए तथा पश्चिम से पूर्व और दक्षिण से उत्तर की ओर अर्गला बनानी चाहिए। द्वार का विस्तार दस हाथ चौड़ा और दस हाथ ऊँचा रखना चाहिए। द्वार स्तम्भ के दोनों ओर चार-चार हाथ गड्ढ़ा खोदना चाहिए। द्वार के स्तम्भ की ऊँचाई चौदह हाथ से अधिक रखनी चाहिए। हस्तिशाला के द्वार के बाद घेरा बनाने में एक बड़े स्तम्भ

दन्तिन्यादि षड्विधा गजशालाह —

दन्तिनी नाम विज्ञेया शाला विघ्नहरी सदा।
अलिन्दयुक्तं भूस्थानं भित्तिर्बाह्ये तु भागिका॥ 5॥
तस्या द्वारप्रदेशे तु कर्त्तव्यौ कूर्परावुभौ।
कर्णप्रासादिका कार्या द्वितीयालिन्दसंयुता॥ 6॥

इनमें 'दन्तिनी' नाम की गजशाला सभी विघ्नों को हरने वाली समझी गई है। यह अलिन्द अर्थात् बरामदा युक्त होती है। इसका भूमि स्थान बाहर की ओर भित्तियुक्त होता है। उसके द्वार के प्रदेश में दो कूर्पर अर्थात् खुमाले बनाए जाए, जो दोनों ओर हों। 'कर्णप्रासादिका' नामक गजशाला दूसरे प्रकार की है जिसके भी आलिन्द बने होते हैं।

द्वे द्वे वातायने कुर्याद् द्विद्विदिक्षु त्रिभित्तिकाः।
प्राग्ग्रीवोऽग्रे भवेच्छाला सुभद्रेयमुदाहृता॥ 7॥

इस गजशाला के दो-दो झरोखे, वातायन प्रत्येक भींत में तीनों ओर की दिशाओं में बनाए जाएँ और उसके पूर्व की ओर एक शाला भी बनाएँ जो सुन्दर भद्र या दीवारों युक्त बनी हों।

अस्या एव यदा स्यातां प्राग्ग्रीवौ पार्श्वयोर्द्वयोः।
तदा सुभोगदा नाम तृतीया परिकीर्तिता॥ 8॥

ऐसी ही एक अन्य गजशाला के पूर्व की ओर आगे दोनों पार्श्वों में शाला बनी हो, तो ऐसी गजशाला को 'सुभोगदा' नामक तीसरी गजशाला कहा जाता है।

अस्या एव यदा पश्चात् प्राग्ग्रीवः क्रियतेऽपरः।
भद्रिका नाम शाला सा तदा द्विरदपुष्टिदा॥ 9॥

के बाद पाँच छोटे-छोटे स्तम्भ स्थापित करने चाहिए। उन स्तम्भों को चार-चार हाथ नीचे गाड़ना चाहिए। उन स्तम्भों में क्रम से छह, सात, आठ, नौ और दस छिद्र बनाने चाहिए और मातृका यानी कील छह अङ्गुल की बनानी चाहिए। इनको क्रमशः वेध योग्य छिद्रों में वेधित करना या ठोंकना चाहिए। इस प्रकार हस्तिशाला का सुदृढ़ द्वार बनाना चाहिए —सार्धं हस्तशतं दैर्घ्या सविंश बिपुलाशतम्। चतुरस्राऽथवा वृत्ता वारी वारणवृद्धिदा॥ दशावगाहेन करा विस्तीर्णा दश चोपरि। अधः खातस्य पदवी हस्तमात्रा प्रकीर्तिता॥ कर्तव्यं पूर्वतो द्वारमुत्तरं वा शुभावहम्। दक्षिणं पश्चिमं वाऽपि न कर्त्तव्यं कथञ्चन॥ मेढकस्तम्भ मात्तृणां वृक्षाग्रं नावनौ क्षिपेत्। पूर्वाग्राच्चोत्तराग्राच्च संयोज्या नित्यमर्गला॥ दश विस्तारतो द्वारं पार्श्वयोस्तस्य मातृकाः। चतुर्दशकरोत्सेधा निःखात्य चतुरःकरान्॥ षट्षण्मेढान्तरस्थाश्च मेढकाः पञ्च पञ्च च। चतुर्हस्तनिखातास्ते समुच्छ्रायान्वदाम्यतः॥ षट्सप्ताष्टनवोत्सेधा दश चेति यथाक्रमम्। नव वा दश वा वेधा मातृका याः षडङ्गुलाः॥ वेधहान्यावशेषाः स्युर्मातृकाः क्रमशोऽपराः। इति द्वारसमासोऽयं वार्य्यास्सम्परिकीर्तितः॥ (योगयात्रा 10, 2-9)

ऐसी ही एक अन्य गजशाला के पीछे की ओर प्राग्रीव शाला बनी हो तो उसे 'भद्रिका' नामक गजशाला कहते हैं जो हाथियों को पुष्टि देने वाली मानी जाती है। यह चौथे प्रकार की गजशाला है।

पञ्चमी चतुरश्रा स्याद् वर्षिणी नाम पूजिता।
प्राग्ग्रीवालिन्दनिर्यूह-हीना षष्ठी तथा परा॥ 10॥
शाला प्रमारिका धान्यधनजीवितहारिणी।
तदेतां वर्जयेदन्याः कुर्यात्सर्वार्थसिद्धये॥ 11॥

पाँचवें प्रकार की गजशाला का नाम 'वर्षिणी' है जो भी चौकोर आकार वाली होती है। इसी तरह प्राग्रीव, अलिन्द व निर्यूह से रहित छठवें प्रकार की गजशाला भी होती है जिसका नाम 'प्रमारिका' कहा गया है। ऐसी गजशाला धान्य, धन और जीवन का नाश करने वाली होती है। अस्तु, यह वर्जनीय है। इसे न बनाए और अन्य सभी पाँचों प्रकार की गजशालाएँ सर्वार्थ सिद्धिदायक होती है, अतः उन्हें अवश्य बनाएँ।

प्रमाणमिति शालानां हस्तिशालाः क्रमोदिताः।
षड्विधच्छन्दजा उक्ता वित्तजीवितवृद्धये॥ 12॥

इति षड्विधा[1] गजाशालाः।

इस प्रकार मैंने गजशाला का क्रमिक प्रमाण और स्वरूप बताया, जो छह प्रकार के छन्दों में निर्मित होती है और जिनसे धन और जनजीवन की वृद्धि होती है।

अधुना भद्रादीनां चतुर्विधा गजलक्षणमाह —

अथातः सम्प्रवक्ष्यामि हस्तिनां लक्षणं परम्।
गजा भद्रो मृगो मन्द्रः सङ्कीर्णश्च चतुर्विधाः॥ 13॥

अब मैं हाथियों के प्रधान लक्षणों को कहता हूँ। हाथियों के चार प्रकार होते हैं यथा— (1.) भद्र. (2.) मृग. (3.) मन्द्र और (4.) सङ्कीर्ण।

मुखन्ये (स्य) द्विगुणा दैर्घ्यं दीर्घांजे[2] जठरं भवेत् ?।
जठरार्द्धं भवेद् गात्रं गात्रार्द्ध करमूलतः॥ 14॥
मूलार्द्धं च भवेदग्रं तत्तुल्या दंष्ट्रिकोत्तमा।
दंष्ट्रास्थौल्यार्द्धनखाश्च क्रमेण परिकीर्तिताः॥ 15॥

---

1. गजशाला का उक्त वर्णन समराङ्गणसूत्रधार से उद्धृत है। (द्रष्टव्य समराङ्गण. अध्याय 32)
2. दीर्घार्द्धे- स्यात्।

हाथी के प्रमाण के लिए उसके मुख को आधार माना गया है। हाथी के मुख से उसकी लम्बाई दुगुणी होती है और लम्बाई का आधा उसका जठर या पेट होता है। जठर का आधा उसका गात्र होता है और गात्र का आधा उसकी सूण्ड का मूल भाग होता है। उसकी सूण्ड के मूल भाग का आधा उसकी सूण्ड का अग्रभाग होता है और उसके बराबर ही उसके दाँत की मोटाई होती है। उसके दाँत की मोटाई से आधा उसका नख भाग होता है, यह सब मैंने क्रमवार बता दिया है।

स्थिरास्थिरैर्न्यतस्यास्ता युग्मं कुम्भानुवृत्तोद्भवा ?।
तस्याधो चाग्रगर्भे तु वायु(क्तं) कुम्भास्तदोर्ध्वतः ?॥ 16 ॥

(पाठ अस्पष्ट है फिर भी) हाथी के स्वभावानुसार अपने सिर को स्थिर व कभी अस्थिर रखता, इधर-उधर झूमता हुआ, सिर पर दो कुम्भों के समान गोल-गोल कुम्भ स्थल उभरे होते हैं। उन दोनों के नीचे की ओर आगे के गर्भ भाग के एक ओर कुम्भाकार उभार होता है, जो हाथी के ललाट का उभरा हुआ भाग होगा।

कुम्भकार[1]ललिताङ्गुष्ठावुभौ दंष्ट्रानुमध्यतः ?।
निम्न निम्ना दीर्घकरैर्भूप्राप्ते कदस्तकुण्डलीकृता ?॥ 17 ॥

इसी तरह हाथी के दाँतों के मध्य भाग में भी दोनों ओर कुम्भ के आकार का उभरा हुआ सुन्दर अङ्ग होता है जो दाँतो के ऊपर होठ का काम करता है और उसके नीचे-नीचे होती हुई एक लम्बी सूण्ड भूमि तक जाती हुई आगे जाकर कुण्डली रूप मे मुड़ जाती है।

पद्मपत्रस्तदा तुष्टं विपुलं कपोलं गम्भीरतः ?।
सौम्यत्तमद गण्डस्थलः श्रवणा शोषपर्णवाकृति ?॥ 18 ॥

उसके बड़े बड़े कमल पत्तों के समान गम्भीर कपोलों से निकले हुए दो कान होते हैं जिनके पास के गण्डस्थल, ललाट भाग से शीतल मद झरता रहता है, उसके कान बड़े पङ्खे की तरह बने होते हैं।

वायुकुम्भोभयपार्श्वे सूक्ष्म पिङ्गलोद्भवाः ?।
हयखुराकारमेतद् दंष्ट्रावर्णश्च चम्पकः॥ 19॥

हाथी के मस्तक के दोनों ओर वायुकुम्भ अर्थात् गलफड़े कुछ-कुछ पीलेपन से युक्त होते हैं जो घोड़े की खुरों के आकार के होते हैं। उनसे ही चम्पक के सफेद रङ्ग के समान रङ्ग वाले दाँत निकले होते हैं।

---

1. 'कुम्भाकार'-इति स्यात्।

अग्रे तु तादिसि पुच्छान्त पृष्ठ अर्धोन्नता।[1]
ग्रीवास्तु ललिताङ्गाश्च वृत्ता [2]पादपोत्तमाः ॥ 20 ॥
सुविस्तीर्णा यस्य कुक्षिरर्धचन्द्राकृतिर्नखः।
सामान्यं मेढ्रमूलं च भद्राख्यः सर्वकामदः ॥ 21 ॥

आगे की ओर से पुच्छ के अन्त तक हाथी की पीठ आधे में कुछ उठी हुई होती है और हाथी की ग्रीवा बड़ी सुन्दर अङ्ग की गोल पेड़ के आकार की यानी पादप के गोल स्तम्भ जैसी। हाथी की काँख काफी विस्तीर्ण होती है। पाँवों के नख अर्धचन्द्राकृति के होते हैं। हाथी का मेढ्रमूल (जननेन्द्रिय का मूल) सामान्य होता है— ऐसे स्वरूप या लक्षण वाला 'भद्र' नामक हाथी होता है जो सकल मनोकामना पूर्ण करता है।

वादित्रैश्च समुत्साही सङ्ग्रामे चैव दुर्धरः।
सदानन्दोद्यतकरः प्रकरे सैन्यके पतिः ॥ 22 ॥

भद्र नामक हाथी गाजे-बाजे, नगारे, रणभेरी आदि वाद्यों के बजने पर बड़ा उत्साही हो जाता है और ऐसी स्थिति में संग्राम स्थल में बड़ा दुर्धर या पराक्रमी हो जाता है। सदा वह आनन्द में अपनी सूण्ड को ऊपर उठाए हुए सेना के समूह का नेतृत्व करता है मानो सेनापति स्वयं हो।

अविघ्नाक्षः साधुजने कालः क्रूरजने सदा।
महोत्कटो हस्तिबिम्बे नृपदृष्टेऽतिनन्दकृत् ॥ 23 ॥

यह भद्र हाथी बड़ा ही समझदार होता है। यह सज्जनों को कोई विघ्न नहीं पहुँचाता परन्तु क्रूर और दुष्ट जनों के लिए यह कालरूप बन जाता है— यह उसका सदा का ही स्वभाव है। ऐसे महोत्कट, बलवान और समझदार हाथी का बिम्ब अर्थात् शरीर-स्वरूप राजा की दृष्टि को बड़ा आनन्द पहुँचाने वाला होता है अर्थात् राजा ऐसे गुणवान हाथी को देख-देख कर सदा प्रसन्न रहते हैं।

पूजनीयः सदा राज्ञः तद्दन्तश्रीर्महोत्तमा।
तदेवा नृप सङ्कल्पं[3] सर्वानन्दकरो भवेत् ॥ 24 ॥

इसलिए ऐसा भद्रक हाथी राजा के लिए सदा पूजनीय है और उसके दाँतों की शोभा बड़ी महान है और उसी के अनुरूप राजा के सभी सङ्कल्प भी सर्वानन्द करने

---

1. 'अग्रे त चा द्रिसी पुच्छाद्यं पृष्ठ अर्धोन्नता ?' इति प्रकाशित पाठः।
2. 'पादकोत्तमाः ?' इति प्रकाशित पाठः।
3. 'तदेवानुप सकलापं ?' इति प्रकाशित पाठः।

वाले होते हैं।

समुद्रा सवक्त्रा सारी आपसे बालदंष्ट्रिणाम्।
तस्य दन्ता भुजा सञ्ज्ञा धनुर्हस्ताबाणोत्तमैः ॥ 25 ॥[1]

अपने मुख मुद्रा के ढँग से अर्थात् कठोर दाँतों से युक्त होने से उसके दाँत ही उसकी भुजा का नाम रखने वाले और महत्व के होते हैं मानो वे हाथों में धनुष और बाण लिए हुए हो।

रिपुराजनृपाः सर्वे चिन्तात्मानो भयातुराः।
आयुधत्यक्ताग्रतश्च स भवेद् भुवनेश्वरः ॥ 26 ॥

इति भद्रजातिलक्षणम्।

ऐसे बलवान और उत्तम गजराज से सभी शत्रु राजागण सदा चिन्ता में रहकर भयातुर रहते हैं और वे अपने आयुधों को उसके आगे त्याग कर ही (हथियार डालकर) कृपाकांक्षी बने रहकर अपनी भूमि के स्वामी बने रह सकते हैं।[2]

अथ मृगजातिलक्षणमाह —

दीर्घवक्त्रः श्रीमुखश्चाऽपि निर्मांसकपोलकः।
सुलोचनश्चलनेत्रः श्रवणद्वयातिक्रमः ॥ 2 ॥
भूम्यन्तं करदीर्घत्वं दन्तोर्ध्वं क्षामविस्तरम्।
तनुर्दीर्घोदरं क्षामं लघुमारः पवनात्मजः ? ॥ 28 ॥
वातात्मजमहावेगोऽङ्कुशमानयते क्रमम्।
उच्चनीचसमान् भागान् क्रमते शीघ्रचेतसा ॥ 29 ॥

द्वितीय मृग जाति का गज लम्बे मुख और सुन्दर मुख वाला होने पर भी निर्मांस कपोल, सुन्दर और चञ्चल नेत्रों वाला, बड़े-बड़े दो कानों वाला, भूमि तक पहुँचती लम्बी सूण्ड वाला होता है। उसके दाँतों का ऊपरिभाग कम विस्तार वाला

---

1. 'समुद्र सवक्ता सारी आपसेवालदंष्ट्रिणाम् ?। तस्य दन्ता भुजा राज्ञा ? धनुर्हस्ताबाणोत्तमैः ? ॥' इति प्रकाशित पाठः।

2. पालकाप्य के गजशास्त्रम् में हाथियों का वर्णन विस्तार से हुआ है। भद्रादि संज्ञक गजों के लिए कहा गया है— धैर्यं शौर्यं पटुत्वं च विनीतत्वं सुकर्मता। अन्वर्थवेदिता चैव भयरूपेष्वमूढता॥ सुभगत्वं च वीरत्वं भद्रस्यैते गुणाः स्मृता। तेजांशकत्वाद्भद्रस्य नवपूगफलप्रभः॥ कृते कामप्रचारास्तु कामरूपधरा गजाः। त्रेतायां द्वापरेऽन्यत्र वाहनत्वेन योजिताः॥ त्रेतायां तद्गुणे किञ्चिन्मन्दत्वान्मन्द उच्यते। द्वापरे तु युगे सर्वे मृगतां प्राप्य संस्थिताः॥ कलौ तद्गुणसाङ्कर्यात्सङ्कीर्ण इति कथ्यते। कृते भद्रगुणाः सर्वे भवन्ति करिणां यतः॥ ततस्तत्र समुद्भूतो भद्र इत्यभिधीयते। जायते रामद्वारः भद्रनामा मतङ्गजः। नवा$_9$ष्ट$_8$सप्त$_7$ चायामो सप्त$_7$षट्$_6$पञ्च$_5$ चोच्छ्रयः। (गज. 8, 1; तुलनीय बार्हस्पत्य संहिता वीर मित्रोदय में उद्धृत)

यानी पतला होता है। उदर पतला और लम्बा होता है। वह लघुमार और फुर्तीला होता है। वह बड़ा वेगवान और कठिनाई अर्थात् धीरे-धीरे अङ्कुश में आता है। उसके लिए उबड़-खाबड़ भूमि कोई मायने नहीं रखती। वह किसी भी प्रकार की भूमि पर बड़ी शीघ्रता से आक्रमण कर सकता है।

वादित्रे रमणीयत्वं समुत्साहेन नन्दति।
सङ्ग्रामे दुर्धरो घोर आरोहे चाऽऽक्रमेन्महीम्॥ 30॥

बाजो-गाजों के बीच रमणीय समारोह में वह बड़े उत्साह से आनन्दित होता है और संग्राम के अवसर पर बड़ा ही दुर्धर हो जाता है तथा घोर आक्रामक होकर भूमि पर आक्रमण के लिए उद्यत होता हुआ आरोही हो जाता है।

शृङ्गारानन्दरूपैश्च करे शृङ्गारकं विना।
मृगस्य लक्षणं चैतत् कथितं त्वपराजित॥ 31॥

इति मृगजातिलक्षणम्।

इस प्रकार के हाथी किसी भी शृङ्गार के बिना भी शृङ्गारानन्द प्रदान करते हैं। ये सब सुन्दर लक्षण हे अपराजित! मैंने तुम्हें मृग संज्ञक हाथी के बताए हैं।[1]

अथ मन्द्रजातिलक्षणमाह —

मन्द्रं च कथयिष्यामि शृणु चैकाग्रमानसः।
सुभरौ कपोलावङ्गं आत्मा गम्भीर एव च॥ 32॥

अब मैं मन्द्र गज के लक्षण कहता हूँ जिसे एकाग्र मानस से सुनो। ऐसा मन्द्र नामक हाथी भरे हुए कपोलयुक्त होता है। उसकी आत्मा भी बड़ी गम्भीर होती है।

बृहच्च जठरं कुक्षी विपुले विस्तृतेऽन्यतः।
रक्ताक्षोऽधोवक्त्रकश्च क्षुद्रदृष्टिनिरीक्षकः॥ 33॥
दुःखितौ च यदा कुम्भौ आद्येकादिषु पते ध्रुवम्?।
मदं विना समोदश्च रतो वै तारकर्मणि॥ 34॥

उसका जठर भी बड़ा होता है। उसकी कमर भी काफी विस्तृत और फैली हुई होती है। उसकी आँखें लाल-लाल होती है और वह सदा नीचे की ओर मुख लटकाए और क्षुद्र दृष्टि अर्थात् आस-पास ही देखता है। यदि इस प्रकार के हाथी

---

1. पालकाप्य का मत है— कृशकरचरणग्रीवा· स्थूलाक्षाः ह्रस्ववालमेढोष्ठाः। संक्षिप्तपृष्ठवंशाः तनुमृगदन्ता मृगा ज्ञेयाः। नाहायामप्रहीणः कृशनिखिलतनुः धूसरच्छायदेहः। जिह्मो ह्युत्तानवेदी चपलगतिमतिः क्रोधनः सिन्धुचारी। स्थूलाक्षो द्वापरस्थः शुभगतिरलसः राजसो ह्रस्ववालः चण्डः पित्तप्रधानो मृग इति कथितो दीर्घदन्तः सुगात्रः॥ (गज. 8, मृग. 3)

के कुम्भ स्थल में कोई दर्द उठता है अर्थात् शिर:शूल होता है अथवा वह बिना किसी मदपान के भी आनन्द में होता है तो वह ऊँची कर्कश आवाज में चिङ्घाड़ने में मस्त हो जाता है।

कृष्णशिराः श्वेतदन्तो न क्षमे ? प्रतिबन्धकः।
वादित्रैर्भक्तिशब्दैश्च किञ्चित्कोपः प्रशाम्यति॥ 35॥

इसकी रक्तवाहिनी शिराएँ काली होती है। इसके दाँत श्वेत रङ्ग के होते हैं और यह किसी भी प्रतिबन्धक को सहन नहीं करता है। इसे उत्पात से काबू में लाने के लिए बाजों-गाजों से, मीठे शब्दों से फुसलाकर और बीच-बीच में कुछ-कुछ कोप दिखलाते हुए प्रशमित किया जाता है।

स्वसैन्ये परसैन्ये वा दुर्धरो रक्तगन्धतः।
एवमादिगुणैर्युक्तो मन्दजातिर्गजोत्तमः॥ 36॥

इति मन्द्रजातिलक्षणम्।

यह हाथी अपनी सेना या शत्रु की सेना में रक्त की गन्ध पाते ही बड़ा दुर्धर और असाध्य हो जाता है। उक्त गुणों से युक्त यह मन्द्र जाति का गज बड़ा उत्तम होता है।[1]

अथ सङ्कीर्णजातिगजलक्षणमाह —

वृत्तकाकारसंयुक्त आपादतलमस्तकम्।
रूपवाँल्ललिताङ्गश्च दृढकायो लघुस्वहृत्॥ 37॥

चतुर्थ प्रकार का गज आपाद मस्तक गोल-मटोल आकार का, भरा-पूरा शरीराङ्ग वाला होता है। यह बड़ा रूपवान, सुन्दर अङ्गों और दृढ़ शरीर वाला होता है।

जनाकुले भीचकितो वादित्रैर्गच्छति ध्रुवम्।
प्रतिबिम्बेन प्रविष्टो दन्तं दत्ते न वै रथे॥ 38॥

यह हाथी भारी भीड़ में भय से चकित हो जाता है और बाजों-गाजों से चमककर भागने लगता है, ऐसा निश्चय समझें। अपना प्रतिबिम्ब देखकर भी यह

---

1. पालकाप्य ने इसके लिए मन्द संज्ञा दी है। उसका मत है— विपुलकरकर्णवदनाः महोदराः स्थूलपेचकविषाणाः। बहुलबललम्बमांसाः हर्यक्षाः कुञ्जराः मन्दाः॥ (गज. 8, 2)
वराहमिहिर ने कहा है कि जिसके छाती और कक्षावलय या देह के मध्य का वलय ढीले हों, उदर लम्बा, चमड़ा स्थूल, कण्ठ, पेट और पूँछ के जड़ा हो और सिंह के समान निगाह हो, वह मन्द संज्ञक होता है— वक्षोऽथ कक्षावलयः श्लथाश्च लम्बोदरस्त्वग्बृहति गलश्च। स्थूला च कुक्षिः सह पेचकेन सैंही च दृङ्मन्दमतङ्गजस्य॥ (बृहत्संहिता 67, 2)

दाँतों से भेंटी मारने पर उद्यत हो जाता है और कभी-कभी रथों, गाड़ियों से भी भड़क जाता है और उन्हें उलटाने लगता है।

अनेकाडम्बरं दृष्ट्वा त्रासमेति निनादतः।
आरेकान्ते पारवश्ये शीघ्रपादगतिक्रमः॥ 39॥

वह अनेक आडम्बरों को देखकर डर जाता है जोर-जोर से चिङ्घाड़ने लगता है और एकान्त की ओर परवश होकर शीघ्रता से भागने लगता है।

भङ्गेन दापयेतस्य दर्धरकारयेत्किलम्।[1]
एभिर्गुणैश्च सम्युक्तो नाम्ना सङ्कीर्णको गजः॥ 40॥

इति सङ्कीर्णजातिलक्षणम्॥

इसको भागते हुए रोकना कठिन होता है, इसको उत्कीलन करना भी निश्चित रूप से दुर्धर होता है। इन गुणों से युक्त यह सङ्कीर्ण जाति का सङ्कीर्ण गज नाम से विख्यात् है।[2]

अथ गजवननिरूपणमाह —

अष्टौ वनानि ज्ञेयानि यतो गजसमुद्भवः।
प्राचीलोहितके चैव पौरकौशलके अपि॥ 41॥
कच्छाख्यं चैव कृष्णाख्यं दाशेरं चैव सप्तमम्।
अष्टमं माणिकं दण्डवनान्यष्टौ भवन्ति हि॥ 42॥

अब हाथियों के उद्भव होने के स्थानों में मुख्य आठ वनों के बारे में कहते हैं— (1.) प्राची, (2.) लोहित, (3.) पौर, (4.) कौशल, (5.) कच्छ, (6.) कृष्ण, (7.) दाशेर और (8.) माणिक। इस तरह हाथियों के दण्डवन आठ होते हैं।[3]

---

1. 'भृङ्गो न दापयेत्तस्य? दुर्धरः कारयेत्कलिम्' इति प्रकाशित पाठः।
2. लक्षणप्रकाश में 'पराशरसंहिता' का मत उद्धृत करते हुए कहा गया है कि सङ्कीर्ण को ही मिश्र कहा जाता है। वह भद्र, मन्द्र, मृग तीनों का मिश्रण होता है— मिश्रस्तु तेषां परस्परसंयोगजः सर्वसङ्कुललक्षण इति। मिश्र एव सङ्कीर्ण इति कथ्यते। विष्णुधर्मोत्तर में आया है— सङ्कीर्णलक्षणो नागः सङ्कीर्णश्च निगद्यते॥ पालकाप्य के एक अन्य पाठ में आया है— बह्वाशी बह्वालीकश्च दन्तपातेषु चाक्षमः। गच्छेत्प्रकृष्टवेगश्च भारं प्राप्यावसीदति॥ कृच्छ्राच्चाप्यायते नागः क्षिप्रं च परिहीयते। कट्वम्ललवणैश्चैव रूक्षैश्चातुरतां व्रजेत्॥ नित्यं च सान्त्वयेदेनं न चैनमभितापयेत्। सर्वेषां लक्षणैः कैश्चिद्युक्तो मिश्रो भवेद्गजः॥ (वीरमित्रोदय, पृष्ठ 352) इसी प्रकार लक्षणप्रकाशकार ने बार्हस्पत्यसंहिता से भी अनेक श्लोक उद्धृत किए हैं।
3. पालकाप्य की संज्ञाएँ किञ्चित् पृथक् हैं— पूर्वं नागवनं प्राच्यं ततश्चेदिकरूषकम्। दशार्णकं ततो विद्यात् ततः स्यादाङ्गरेयिकम्॥ कालिङ्गकं पञ्चमं स्यात् षष्ठं स्यादपराजितम्। सौराष्ट्रकं सप्तमं स्यात् ततः पाञ्चनदं पुनः॥ (गज. प्रकरण 4, 1-2)

पूर्वे वेगवती तीरे प्राचीवनसमुद्भवः।
जालन्धरकाश्मीरान्तं लोहितं वनमुच्यते॥ 43॥

पूर्व दिशा में वेगवती नदी के किनारे पर 'प्राची' वन नामक प्रदेश है। जालन्धर से लेकर काश्मीर के अन्त तक के भाग को 'लोहित' वन कहते हैं।

वारुणोदधिमासाद्य वनं कच्छाभिधानकम्।
गोदावरीदण्डकाख्यं कृष्णं तद्वनमुच्यते॥ 44॥

समुद्र के साथ लगा हुआ जो भाग है वहाँ 'कच्छ' वन नामक भूभाग है। गोदावरी नदी के किनारे दण्डक वन नामक स्थान पर 'कृष्ण' नामक वन कहा गया है।

श्रीशैलः स्वामिदेवश्च मलयो नीलपर्वतः।
त्रिकूटः पर्वतोश्चैते वनं दाशेरसञ्ज्ञकम्॥ 45॥

श्रीशैल, स्वामीदेव, मलय, नीलपर्वत तथा त्रिकूट पर्वतों के वन को 'दाशेर' वन कहते है।

विन्ध्याख्यास्तु पर्यन्तं कलिङ्गरत्नपुरोदः ?।
मणिकदण्डाभिधानं वनानामुत्तमोत्तमम्॥ 46॥

विन्ध्याचल पर्वत से लेकर कलिङ्ग, रत्नपुर तक के भूभाग को 'मणिक' दण्ड वन नाम से वनों में सर्वोतम वन कहा गया है।

चौडबङ्गे कौशले च पौरे सौराष्ट्रके तथा।
बदरीकोपकण्ठे च विदुर्घोरवनानि च॥ 47॥

चौडप्रदेश बङ्ग प्रदेश के वनों को 'कौशल' वन नाम से जाना जाता है। इसके अतिरिक्त सौराष्ट्र प्रदेश में पौर और बदरी के उपकण्ठ प्रदेश के वन को उर्घोरवन नाम से विद्वान लोग वनों को जानते हैं।

परस्पर वनस्थितिं —

प्राचीलोहितयोर्मध्यं सामान्यं पौरकौशले।
कच्छे कृष्णे उत्तमं च दाशेर मणिकेऽधिकम्॥ 48॥

अब इन वनों की पारस्परिक तुलना करके देख रहे हैं। प्राची वन और लोहित वन के बीच में पौर और कौशल वन सामान्य कहे गए हैं। कच्छ के वन और कृष्ण वन उत्तम और दाशेर तथा मणिक वन तो इनसे भी अधिक उत्तम कह गए हैं।

परस्पर गजस्थितिं —

सामान्ये चैव सङ्कीर्णो मन्द्रश्चैवं तु मध्यमे।

उत्तमे मृगरूपश्च भद्राख्यश्चोत्तमोत्तमे ॥ 49 ॥

अब हाथियों की भी परस्पर तुलना करके देखें। सङ्कीर्ण नामक गज सामान्य होता है। मन्द्र नामक गज मध्यम होता है। मृग नामक गज उत्तम और भद्र नामक गज सर्वोत्तम होता है।

स्वके स्वके वने चैव एकैकं च चतुर्विधम्।
प्रमाणानि ततो वक्ष्ये हस्तसङ्ख्यादितः क्रमात् ॥ 50 ॥
सामान्यस्त्वेव षड्ढस्तो मध्यमः सप्तहस्तकः।
उत्तमश्चाष्टहस्तो नवहस्त उत्तमोत्तमः ॥ 51 ॥

अब अपने-अपने वन के एक-एक के चार प्रकार और प्रमाण तथा उनके क्रम से विस्तार का हस्त संख्या प्रमाण दिया जाता है। सामान्य वन का हाथी 6 गज की लम्बाई वाला, मध्यम वन का हाथी 7 गज, उत्तम वन का हाथी 8 गज तथा उत्तमोत्तम वन का हाथी 9 गज की लम्बाई वाला कहा गया है।[1]

मन्द्रो मृगश्च भद्रश्च सङ्कीर्णश्च चतुर्विधाः।
प्रमाणानि च ख्यातानि कथितान्यपराजित ॥ 52 ॥

इस तरह हे अपराजित! मैंने तुम्हें 1. मन्द्र, 2. मृग, 3. भद्र और 4. सङ्कीर्ण चारों प्रकार के हाथियों के प्रमाण एवं उनकी ख्याति कही है।

अन्यदप्याह —

हस्तिधामश्रयं कुर्यात् पञ्च पञ्च त्रयाङ्कुशाम्।
द्वार समद्भवोक्त्या सङ्ख्याश्च दशमेव च ॥ 53 ॥
पञ्चाश्रयाश्रयी शाला रन्ध सप्तहस्तोद्भवा।
खण्डवार हारत्रयं कार्या सन्ताप शमको विदुः ॥ 54 ॥[2]

(उक्त दोनों श्लोक भ्रष्ट हैं, साधु पाठ कल्पित करने पर निम्न अर्थ होगा) हस्तिधाम अर्थात् गजशाला के आश्रय में पाँच-पाँच त्रयांशक (सम्भवतया त्रिशूल जैसे भाले) जो हस्तिशाला के द्वारों की ऊँचाई के बराबर लम्बे हों और उनकी इस

---

1. उत्पलभट्ट ने इस प्रसङ्ग में पराशरसंहिता का मत उद्धृत किया है— परिणाहौ दशसमो नवायामः स उच्छ्रयः। सप्तज्येष्ठप्रमाणस्य नागस्य समुदाहृतः॥ ज्येष्ठात् सप्तमभागोनो मध्यमो मध्यमाद्गजः। अन्त्यः षड्भागहीनः स्यादतोऽन्यो न स पूजितः॥ मुखादापेचकं दैर्घ्यं पृथुपार्श्वोदरान्तरम्। अनाह उच्छ्रय. पादाद्विज्ञेयो यावदासनम्॥ (बृहत्संहिता 67, 4 पर उद्धृत)

2. 'हस्तिधामत्रयं कुर्यात् पञ्च पञ्च त्रयांकुशाम्?। द्वाद (र) सम (मु) दोक्तव्या वंस्थाश्च दशमेव च?॥ पञ्च (श्चा) श्रम तत्र यतारा गन्ध सप्तविधोद्भवा?। षड्वार हारत्रयकामं सप्तापशमक्तो विदुः?॥' इति प्रकाशित पाठः।

तरह से पाँच-पाँच मिलकर दश संख्या हो जाएगी। इस पाँच आश्रयों—भालों कुन्तलों के आश्रय में रहने वाली यह गजशाला के रन्ध्र-द्वार सात हाथ की ऊँचाई के हों। गजशाला की तीनों दीवारों में खण्डवार तीन द्वार बनाए जाने चाहिए जिनसे कभी कोई सङ्कट की अवस्था में हाथियों को इन त्रिशूलों, कुन्तलों से नियन्त्रण में किया जा सके और सन्ताप का शमन किया जा सके, ऐसा विद्वान् लोग मानते हैं।[1]

इति सूत्रसन्तानगुणकीर्तिप्रकाशप्रोक्तृश्रीभुवनदेवाचार्योक्तापराजितपृच्छायां
गजशालाप्रमाणहस्तिलक्षणाधिकारो नामैकोनाशीतितम सूत्रम्॥ 79॥

इस प्रकार भुवनदेवाचार्य कृत सूत्रसन्तानगुणकीर्ति प्रकाश या अपराजितपृच्छा में गजशाला प्रमाण, हस्तिलक्षण अधिकार नामक उनासीवाँ सूत्र पूर्ण हुआ॥ 79॥

अश्वलक्षणशाला नामाशीतितमं सूत्रम्॥ ८०॥

विश्वकर्मोवाच —

गजाश्च कथिता वत्स अश्वाख्यानमतः शृणु।
आदितेजोमया अश्वाः पारावारसमुद्भवाः॥ 1॥

---

1. वराहमिहिराचार्य ने बृहद्योगयात्रा में गजलक्षण इस प्रकार बताए हैं— माभूत् प्रसङ्गादतिविस्तरोऽत्र गजाश्वपुंलक्षणदर्शनेषु। निमित्तमात्रं कथयाम्यतोऽहं प्रयाणकालोपयिकं नृपाणाम्॥ ताम्रौष्ठतालुवदनाः कलविङ्कनेत्राः स्निग्धोन्नताग्रदशनाः पृथुलायतास्याः। चापोन्नतायतनिगूढनिमग्नवंशा स्तन्वेकरोमचितकूर्मसमानकुम्भाः॥ विस्तीर्णकर्णहनुनाभिललाटगुह्याः कूर्मोन्नतैर्द्विनवविंशतिभिर्नखैश्च। रेखात्रयोपचितवृत्तकराः सुवाला धन्याः सुगन्धिमदपुष्करमारुताश्च॥ दीर्घाङ्गुलिरक्तपुष्कराः सजलाम्भोदनिनादवृंहिणः। बृहदायतवृत्तकंधरा धन्या भूमिपतेर्मताङ्गजाः॥ निर्मदाभ्यधिकहीननखाङ्गान् कुब्जवामनकमेष विषाणाम्। दृश्यकोशफलपुष्करहीनान् श्यावनीलशवलासिततालून्॥ स्वल्पवक्त्ररुहमत्कुणखण्डान् हस्तिनीं च गजलक्षणयुक्ताम्। गर्भिणीं च नृपतिः परदेशं प्रापयेदतिविरूपफलास्ते॥ दत्तमूलपरिणाहदीर्घतां द्विः प्रमुच्य परतोऽस्य कल्पयेत्। श्यावपूतिमलरक्तदर्शनं पापसत्त्वसदृशं च पापदम्॥ पार्थिवोपरणाकृतिं यदा चिह्नमुद्वहति कल्पिते रदे। श्रीजयार्थबबलवृद्धयस्तदा स्निघशुक्लरुचिराश्च शोभनाः॥ दक्षिणे शुभमतीव शोभनं पापमप्यतिविरूपमन्यतः। याप्यता भवति तद्विपर्यये विस्तरोऽन्यमुनिभिः प्रकीर्तितः॥ मूलमध्यदशनाग्रसंस्थिता देवदैत्यमनुजाः क्रमात्ततः। स्फीतमध्य परिपेलवं फलं शीघ्रमध्यचिरकालसम्भवम्॥ दत्तभङ्गफलमत्र दक्षिणे भूपदेशबलविद्रवप्रदम्। वामतः सुतपुरोहिते भयान् हन्ति साटविकदारनायकान्॥ आदिशेदुभयभङ्गदर्शनात् पार्थिवस्य सकलं कुलक्षयम्। सौम्य लग्नतिथिभादिभिः शुभं वर्धतेऽशुभमतोऽन्यथा भवेत्॥ क्षीरवृक्षफलपुष्पपादपेष्वापगातटविघट्टनेन वा। वामध्यरदभङ्गखण्डने शत्रुनाश कृदतोऽन्यथापरम्॥ स्खलिगततिरकस्मात् त्रस्तकर्णोऽतिदीनः श्वसिति मृदु सुदीर्घ न्यस्तहस्तः पृथिव्याम्। द्रुतमुकुलितदृष्टिः स्वप्नशीलो विलोमो भयकृदहितभक्षी नैकशोऽसृज्छकृत्कृत्॥ वल्मीकस्थाणुगुल्मक्षुपतरुमथनः स्वेच्छया दृष्टिर्यायाद्यात्रानुलोमं त्वरितपदगतिर्वक्त्रमुन्नाम्य चोच्चैः। कक्षासन्नाहकाले जनयति न मुहुः शीकरं वृंहितं वा तत्कालं वा मदासिर्जयकृदथ रदं वेष्टयन् दक्षिणं च॥ (बृहद्यात्रा : वराहमिहिर 21, 1-15)

विश्वकर्मा बोले कि हे वत्स! अब तक तो मैंने हाथियों के बारे में कहा था। अब तुम अश्वाख्यान भी सुनो। ये अश्व आदि तेजोमय रूप है और समुद्र से उत्पन्न हुए हैं।

अथाश्वोत्पत्तिदेशा: —

तुरकाद्भवा विख्याताः प्रान्ता दक्षराष्ट्रोद्भवाः।
महावन्तन्तोद्भवा[1] वेण्वा वेगवती तटे॥ 2॥
चञ्चलाश्चाण्डदेशे च डाहाले प्रतिचारकाः।
एते चाष्टविधा$_8$ अश्वाश्चातुर्वर्ण्यं च कथ्यते॥ 3॥

सामान्यतया तुरक देश में उत्पन्न अश्व विख्यात है। दक्षराष्ट्रोद्भव, महावनों के अन्त में उत्पन्न होने वाले, वेणु, वेगवती नदी के तट पर उत्पन्न होने वाले, चञ्चला, चण्ड देश में उत्पन्न होने वाले, डाहाल में प्रतिचार करने वाले— ये आठ प्रकार के अश्व होते हैं। इनमें भी पृथक-पृथक चार वर्ण होते हैं।[2]

अथाश्वाश्चातुर्वर्ण्यमाह —

विप्रक्षत्रियविट्शूद्रा अश्वाश्चत्वार उत्तमाः।

इनमें (1.) ब्राह्मण, (2.) क्षत्रिय, (3.) वैश्य और (4.) शूद्र— ये चार प्रकार के उत्तम अश्व होते हैं।

बहूदके प्रविष्टश्च पिबेत्तोयं शिरोद ये॥ 4॥
स्थिरक्रमाद् गच्छति चाऽऽसने शुद्धमना स्थिरः।
स्वामिनो रोहणे चेतः पश्येद्धृदयचक्षुषा॥ 5॥
शब्दैश्च गर्जनाकारैः सङ्ग्रामे स्वामितारणः।
एभिर्गुणैः समायुक्तः सोऽश्वो वै विप्रजातिकः॥ 6॥

जो गहरे पानी में प्रवेश करके सिर तक डुबकी लगा कर पानी पीते हैं, जो स्थिरतापूर्वक क्रम से चलते हैं, स्वामी के आसन ग्रहण करते समय भी स्थिर चित्त से खड़े रहते हैं, स्वामी की सवारी को मन-ही-मन अनुभव करते हैं यानी मन की

---

1. 'महावनान्तरुद्वेगा?' इति प्रकाशित पाठः।
2. हमारे यहाँ पर अश्वशास्त्र की विस्तृत परम्परा देखने में आती है। नकुल का अश्वशास्त्र, पराशरसंहिता, वररुचि कृत अश्वविद्या, किल्हण का सारसमुच्चय, गणकृत अश्वायुर्वेद, जयदत्तकृत अश्वायुर्वेद, भोजकृत शालीहोत्रम् आदि ग्रन्थ प्रसिद्ध है। नकुलकृत अश्वचिकित्सा में चार प्रकार अश्वों का वर्णन है। देश भेद से उत्पन्न अश्वों का वर्णन इस प्रकार आया है— चतुर्धा वाजिनो भूमौ जायन्ते देशसंश्रयात्। ताजिकाः खुरासाणाश्च तुषाणाश्चोत्तमा हयाः। गोजिकाणाश्च केकाणाः पोटाहाराश्च मध्यमाः। गाहुराः साहुराणाश्च सिन्धुवाराः कनीयसः॥ अन्यदेशोद्भवा ये च नीचनीचास्तथा परे॥ (लक्षणप्रकाश पृष्ठ 415 पर उद्धृत)

आँख से देखते हैं। इनका हिनहिनाने का शब्द बड़ी गर्जनाकार का होता है और ये इतने स्वामीभक्त होते हैं कि संग्राम में कोई कठिन परिस्थिति आ पड़े तो अपने स्वामी को बचाकर निकल जाते हैं। इन गुणों वाला जो अश्व समझदार और स्वामीभक्त होता है वह विप्र जाति का अश्व माना गया है।

द्रुह्येत्प्रविष्ट उदकेऽन्यशब्दे विद्रुतो भवेत्।
स्वामिनं रोहयेच्छुद्धश्चान्यं तु परिपातयेत्॥ 7॥
सङ्ग्रामे दुर्धरश्चाश्वो जैत्रहारी प्रबुध्यति।
कामातुरश्च शूरश्च जात्या क्षत्रियसञ्ज्ञकः॥ 8॥

जो अश्व पानी में उतरते समय अड़चन करे, विरोध करे, अचकचाए और किसी अन्य व्यक्ति का शब्द सुनके भड़क उठे, चमके तथा अपने स्वामी को पहचान करके उसके अश्वारोहण के समय तो शुद्ध मन से स्थिर रहे परन्तु स्वामी के सिवाय अन्य कोई आरोहण करने की चेष्टा करे तो वह उसे तुरन्त पटक देता हो, ऐसा अश्व संग्राम में बड़ा दुर्धर यानी खतरनाक हो जाता है परन्तु अपने अश्वारोही की लगाम में रहकर उसके सङ्केत को समझता हुआ चलता हो— ऐसा अश्व कामातुर और शूरवीर भी होता है, यह क्षत्रिय जाति के अश्व के लक्षण हैं।

पिबेच्च स्वेच्छया कामं तोयं जानुसमोदके।
स्थिरासनः स्थिरोक्तेश्च स्थिरकायो युधिस्थिरः॥ 9॥
एते अश्वा वैश्यसञ्ज्ञास्स्युः शूद्रसञ्ज्ञानतः श्रृणु।

जो अश्व अपनी जङ्घाओं तक पानी में उतरकर स्वैच्छा के अनुसार पानी पीता है और वह स्वामी के आरोहण पर स्थिर आसन रहता है, स्थिर ओक्त अर्थात् चुपचाप रहता है, स्थिरकाय अर्थात् बिना हिले-डुले स्थिर खड़ा रहता है और युद्ध में भी स्थिरचित्त रहता है, भयभीत नहीं होता, न कोई चञ्चलता ही दिखाता है, ऐसा अश्व वैश्य जाति संज्ञक होता है। अब आगे शूद्र संज्ञक अश्व के बारे में सुनो।

उदके चाऽप्रविष्टस्तु बाह्यस्थो हि पिबेज्जलम्॥ 10॥

जो अश्व पानी में उतरने से ठिठक जाए, पानी में नहीं उतरे और पानी के बाहर ही खड़ा रह कर पानी पीता है। उस अश्व को शूद्र संज्ञक जाति का समझें।

वैश्ये तु मधुरः शब्दः शूद्रे वै कर्कशः स्वरः।
क्षणं शुद्धासने स्वस्थः सङ्ग्रामे प्राञ्जालः क्षणम्॥ 11॥
क्षणं तथातुरः स्त्रीणां क्षणं स्वस्थानमानसः।
एते चाश्वाः शूद्रसञ्ज्ञाश्चतुर्थज्ञातिका मताः॥ 12॥

वैश्य जाति के अश्वों का स्वर मधुर होता है। इसके विपरीत शूद्र जाति के अश्व का शब्द कर्कश होता है। जो अश्व किसी क्षण में शुद्धासन या आरोहण के समय स्वस्थ, शान्त रहे, संग्राम में भी सावधान किन्तु चञ्चल रहे परन्तु किसी क्षण में घोड़ियों की ओर आकर्षित होकर आतुर हो उठे एवं किसी क्षण पुनः स्वस्थ और शान्तचित्त होकर स्थिर रहे, ऐसे सभी अश्व शूद्र संज्ञक यानी चतुर्थ जाति के माने गए हैं।

इत्युत्तमा मता अश्वाः शेषाः प्रकृतिजातकाः।
इति ज्ञातिप्रभेदाः स्युः प्रमाणं सप्तधोत्तमम्॥ 13॥
सुन्दरश्चाऽथ श्रीवत्स आह्लादश्च मनोहरः।
विजयो विभवः शान्तः सप्ताऽश्वा उत्तमात्तमाः॥ 14॥

उक्त वर्णित उत्तम अश्व माने गए हैं। अन्य शेष को सामान्य प्रकृतिजात अश्व समझें। ये सभी जातिभेद बताए, जिनके प्रमाण भी सात प्रकार के उत्तमोत्तम कहे गए हैं जो इस प्रकार है— (1.) सुन्दर, (2.) श्रीवत्स, (3.) आह्लाद, (4.) मनोहर, (5.) विजय, (6.) विभव और (7.) शान्त— ये सातों प्रकार के उत्तमोत्तम अश्व होते हैं।

तथा चोच्छ्रयादीनां प्रमाणमाह —

षष्ट्यङ्गुलः$_{60}$ सुन्दरः स्याच्छ्रीवत्सश्चतुःषष्टिभिः$_{64}$।
अष्टषष्टिभिराह्लादो$_{68}$ द्वासप्तत्या$_{72}$ मनोहरः॥ 15॥
षट्सप्तत्या$_{76}$ च विजयो विभवोऽशीतिभिस्तथा$_{80}$।
चतुरशीतिभिः$_{84}$ शान्तः प्रमाणं सप्तधा$_{7}$ विदुः॥ 16॥

अब इन घोड़ों के उक्त नामानुसार उनकी ऊँचाई आदि के प्रमाण कहते हैं। सामान्यतया (1) सुन्दर जाति का घोड़ा 60 अङ्गुल ऊँचा होता है, (2) श्रीवत्स जाति का घोड़ा 64 अङ्गुल, (3) आह्लाद जाति का घोड़ा 68 अङ्गुल, (4) मनोहर जाति का घोड़ा 72 अङ्गुल, (5) विजय जाति का घोड़ा 76 अङ्गुल, (6) विभव नाम की जाति का घोड़ा 80 अङ्गुल तथा (7) शान्त जाति का घोड़ा 84 अङ्गुल की ऊँचाई लिए होता है। इस प्रकार विद्वानों ने घोड़ों के सात प्रकार से प्रमाण कहे हैं।

अशुभाश्वलक्षणमाह —

ककुद्मान् कुम्भिकावांश्च कराली कृष्णतालुकः।
हीनदन्तोऽधिकदन्तः षडश्वाः स्वामिघातकाः॥ 17॥

अब अशुभ अश्वों की पहचान कहते हैं। जो घोड़े कूबड़ वाले, कुम्भि वाले,

कराली अर्थात् भयानक दाँत वाले, काले तालु वाले, कम दाँत वाले या अधिक दाँत वाले हो तो ये छह प्रकार के घोड़े स्वामी घातक होते हैं।[1]

अथाश्वशालालक्षणं —

अश्वशालां प्रवक्ष्यामि चतु:षष्टिकरायता$_{64}$ ।
शतार्द्धस्ता$_{50}$ मध्या स्यात् चत्वारिंशत्करेतरा$_{40}$ ॥ 18 ॥
पञ्चदशकरा$_{15}$ ज्येष्ठा त्रयोदशकरेतरा$_{13}$ ।
कनिष्ठैकादशकरा$_{11}$ पृथुत्वं त्रिविधं मतम् ॥ 19 ॥

अब अश्वशाला बनाने के बारे में प्रमाण कहते हैं— 1. ज्येष्ठ अश्वशाला 64 गज (हाथ) की लम्बाई या आयत तथा 15 गज की चौड़ाई वाली होती है; 2. मध्यम अश्वशाला 50 गज की लम्बाई और 13 गज की चौड़ाई वाली होती है तथा 3. कनिष्ठ अश्वशाला 40 गज की लम्बाई और 11 गज की चौड़ाई वाली होती है।

तत्रैव कूरार्थपात्रलक्षणमाह —

सप्त$_{7}$पञ्च$_{5}$त्रि$_{3}$हस्तं च विस्तरे त्रिविधं स्मृतम्।
द्विहस्तमुच्छ्रितं$_{2}$ कुर्यात् कूरार्थं लक्षणान्वितम् ॥ 20 ॥
तस्य बाह्ये भवेद् भित्तिरेक$_{1}$हस्ता च वेष्टने।

अब घोड़ों की ठाण में चरने के लिए बनाई जाने वाली कुण्डी के प्रमाणों को कहा जाता है— 7 गज लम्बी 2 गज चौड़ी ज्येष्ठ; 5 गज लम्बी 2 गज चौड़ी मध्यम, और 3 गज लम्बी तथा 2 गज चौड़ी कुण्डी कनिष्ठ कही गई है। ऐसी कुण्डियाँ कूरार्थ अर्थात् घोड़े के लिए चरने, भोजन करने की सामग्री रखने के लिए बनाई जाए। उस कुण्डी की दीवार का घेरा एक गज ऊँचाई वाला बनाएँ।

---

1. विष्णुधर्मोत्तर. में आए श्लोक उक्त श्लोकों से पर्याप्त साम्यता लिए हैं— हीनदन्तोऽधिदन्तश्च कराली कृष्णतालुकः। कृष्णजिह्वश्च यमजो जातमुष्कश्च यस्तथा॥ द्विशफश्च तथा शृङ्गी त्रिकर्णी व्याघ्रवर्णकः। खरवर्णो भस्मवर्णो जातवर्णश्च काकुदी॥ श्वित्री च काकसादी च खरसारस्तथैव च। वानराक्षः कृष्णसटः कृष्णमुष्कस्तथैव च॥ कृष्णप्रोथश्च मूकश्च यश्च तित्तिरसन्निभः। विषमश्वेतपादस्तु ध्रुवावर्तविवर्जितः॥ अशुभावर्त्तसंयुक्तो वर्जनीयस्तुरङ्गमः।
जयदत्तकृत अश्वायुर्वेद में भी ये ही लक्षण आए हैं। यथा— आवर्तो यस्य ककुदे काकुदी स दाहृतः। करालाश्चाधरा दन्ता जायन्ते यस्य चोत्तरे॥ स कराली इति प्रोक्तो भर्तुः पुत्रादिभक्षकः॥ चतुर्भिः पञ्चभिश्चैव हीनदन्तः प्रकीर्तितः। सप्तभिष्टाभिर्दन्तैर्जातश्चाधिकदन्तकः। अङ्गुष्ठपर्वसङ्काशं छागशृङ्गोपमं तथा। जम्बूबदररूपं च तथा चामलकोपम्॥ आम्रास्थिसदृशं चापि हरीतक्याः फलोपगम्। वग्धचर्मनिभं चापि वालसंस्थानमेव च॥ कीलं कर्णान्तरे यस्य केशान्ते चापि दृश्यते। धौरेयः सर्वपापानां वाह शृङ्गी स कीर्तितः॥ एवं विधेन शृङ्गे शृङ्गी राष्टे न वासयेत्॥ इत्यादि...। (लक्षणप्रकाश पृष्ठ 483-484 पर उद्धृत)

अश्वशालाप्रमाणं —

[1]पञ्च$_{7}$हस्तोच्छ्रितां भित्तिरर्द्धपञ्च$_{5\|}$करोऽथवा ॥ 21 ॥
सप्त$_{7}$हस्तोच्छ्रितं कार्यं द्वाभ्यां$_{2}$ पक्षस्तम्भकम्।
तोरणं सप्त$_{7}$हस्तान्ते उत्तरस्तम्भको भवेत् ॥ 22 ॥
अण्डच्छाद्यत्रयोच्छ्रिता यावत्तोराण्य स्तम्भकम्।
तत्रान्तरपत्रोच्छ्रिता अङ्गुल्यो द्वादशायतः ॥ 23 ॥
तदूर्ध्वे तु पुनः कुर्यादण्डच्छाद्यत्रयं तथा।
कलशास्तत्र दातव्याः प्रतिछाद्यमथोपरि ॥ 24 ॥
पूर्वापरमुखा अशस्ता तेजो अर्थप्रतापक्षयः।
तेजोवृद्धिः क्षीयते च यथा कृष्णे निशाकरः ॥ 25 ॥
दक्षोत्तरमुखाः शस्ताः प्रतापकीर्तिवर्द्धनाः।
नित्यं कल्याणकारिण्यः सर्वकामफलप्रदाः ॥ 26 ॥

अश्वशाला में भित्ति की ऊँचाई पाँच गज या साढ़े पाँच गज की हो तथा उसके दोनों पक्षों पर सात-सात गज ऊँचे दो स्तम्भ बनाए जाएँ। उन स्तम्भों की ऊँचाई के सात गज के अन्तिम भाग पर तोरण बनाने के लिए उत्तर स्तम्भक बनाए। जहाँ तक तोरण के स्तम्भ बने हुए हों वहाँ तक 3 गज ऊँची अण्डछाद्य अर्थात् अण्डाकार गुम्बज की छत बनाएँ। उसके ऊपर अन्तरपत्र 12 अङ्गुल की ऊँचाई के बनाएँ। फिर, उसके ऊपर अण्डाकार तीन गज ऊँची गुम्बजयुक्त छत बनाएँ और फिर उन छतों पर प्रत्येक पर कलश लगाएँ। इन अश्वशालाओं में पूर्व और पश्चिम दिशोन्मुखी शालाएँ अप्रशस्त मानी गई है। इन पूर्वमुखी-पश्चिममुखी शालाओं को तेज, अर्थ, प्रताप और तेज वृद्धि को क्षय करने वाली माना गया है और कहा गया है कि ऐसी शालाओं से तेज वैसे ही क्षय हो जाता है जैसे कृष्णपक्ष का चन्द्रमा दिन-दिन क्षय को प्राप्त होता हुआ अन्त में अमावस्या को प्राप्त करके पूरा क्षय हो जाता है। (घोड़ों को इस प्रकार से बान्धने से भी यही परिणाम होता है[1]) इसके विपरीत दक्षिणमुखी व उत्तरमुखी अश्वशाला प्रशस्त कही गई है। ये स्वामी के प्रताप और कीर्ति को

---

1. 'पञ्चहस्तोच्छ्रिता भित्तिरर्थपञ्चस्वरोऽथवा ?॥ सप्तहस्तोच्छ्रितं कार्यमुदाढ्या ? पक्षस्तम्भकम्। तोरणं सप्तहस्तान्ते उत्तरस्तम्भको भवेत्॥ दण्डच्छाद्यत्रयोच्छ्रिता यावत्ताराढ्यस्तम्भकम्। तत्रान्तरपत्रोच्छ्रिता अङ्गुल्यो द्वादशाऽन्यतः॥ तदूर्ध्वे तु पुनः कुर्याद्दण्डच्छाद्यत्रयं तथा। कलशास्तत्र दातव्याः प्रतिक्षणमथोपरि॥ पूर्वापरमुखास्त्रस्तास्तेजोऽर्थप्रतापक्षयः ?। तेजोवृद्धिः क्षीयते च यथा कृष्णे निशाकरः॥ दक्षोत्तरमुखाः शस्ताः प्रतापकीर्तिवर्द्धनाः। नित्यं कल्याणकारिण्यः सर्वकामफलप्रदाः॥' इति प्रकाशित पाठः।

बढ़ाने वाली है तथा नित्य कल्याण करने वाली और सभी कामनाओं को पूर्ण करने में फलदायी हैं।[1]

इति सूत्रसन्तानगुणकीर्तिप्रकाशप्रोक्तृश्रीभुवनदेवाचार्योक्तापराजितपृच्छाया-
मश्वलक्षणशालाधिकारो नामाशीतितमं सूत्रम्॥ 80॥

इस प्रकार भुवनदेवाचार्य कृत सूत्रसन्तानगुणकीर्ति प्रकाश या अपराजितपृच्छा में
अश्वलक्षण, अश्वशाला अधिकार नामक अस्सीवाँ सूत्र पूर्ण हुआ॥ 80॥

राजालयसिंहासनछत्रप्रमाणमैकाशीतितमं सूत्रम्॥ 81॥[2]

विश्वकर्मोवाच —

राज्ञालयं कथयिष्यामि प्रतापकीर्तिवर्द्धनम्।
लक्षणोच्छ्रितभूमीनां हस्तसङ्ख्या प्रमाणकम्॥ 1॥

विश्वकर्मा बोले कि अब मैं प्रताप, कीर्तिवर्धन करने वाले राजालयों, राजमहलों के निर्माण हेतु उनके लक्षण और ऊँचाई तथा भूमि क्षेत्र की विस्तार सीमा की गज की संख्या सप्रमाण कहता हूँ।

नृपस्य कोट्यानुसारेणनिर्माणमाह —

एकच्छत्रप्रभोक्ता यः स भवेत्सर्वं महीपतिः।
शतमष्टोत्तर$_{108}$ हस्तोच्चं कर्त्तव्यं भुवनोत्तमम्॥ 2॥

जो राजा एक छत्रराज का भोक्ता होता है उसे 'महीपति' संज्ञा दी गई है। ऐसे राजा के लिए एक सौ आठ गज विस्तार का भवन उत्तम होता है। अस्तु, उसके लिए ऐसा ही महल बनाना चाहिए।

---

1. मत्स्यपुराण में आया है कि राजमहल के बायीं ओर गौओं व अश्वों के निवास की व्यवस्था होनी चाहिए। अश्वों की पङ्क्ति उत्तराभिमुख अथवा दक्षिणाभिमुखी हो सकती है, अन्य दिशाभिमुखी निन्दित मानी गई है। जहाँ अश्व रखे जाएँ, वहाँ रातभर दीपक जलते रहना चाहिए। अश्वशाला में मुर्गा, बन्दर, मर्कट तथा बछड़े सहित गाय को भी रखना चाहिए। अश्वों का कल्याण चाहने वाला अश्वशाला में बकरियों को भी रखें। गौ, हाथी व अश्वादि शालाओं में उनके गोबर निकालने की व्यवस्था सूर्यास्त हो जाने पर नहीं करनी चाहिए। उन्हीं स्थानों में सारथियों को भी निवास देना चाहिए— गवां स्थानं तथैवात्र तुरगाणां तथैव च। उत्तराभिमुखा श्रेणी तुरगाणां विधीयते॥ दक्षिणाभिमुखा वाथ परिशिष्टास्तु गर्हिताः। तुरगास्ते तथा धार्याः प्रदीपैः सार्वरात्रिकैः॥ कुक्कुटान् वानरांश्चैव मर्कटांश्च विशेषतः। धारयेदश्वशालासु सवत्सां धेनुमेव च॥ अजाश्च धार्या यत्नेन तुरगाणां हितैषिणा। गोगजाश्वादिशालासु तत्पुरीषस्य निर्गमः॥ अस्तं गते न कर्तव्यो देवदेवे दिवाकरे। तत्र तत्र यथास्थानं राजा विज्ञाय सारथीन्॥ (मत्स्य. 217, 19-23)
2. गह सूत्र प्राच्यविद्या प्रतिष्ठान, जोधपुर में विद्यमान 'अपराजितपृच्छा' की खण्डित मातृका (संख्या 18078-12) से उद्धृत और तद्नुसार पुनर्सम्पादित किया गया है।

पृथिव्याश्च यदा राजाभुङ्क्तेऽर्द्धं पर मेव च।
तस्य वेश्म प्रकर्त्तव्यं शतं हीनकरद्वयम्$_{98}$ ॥ 3 ॥

जो राजा इससे आधे भूभाग का भोग करने वाला हो उसके लिए राजभवन सौ से दो गज हीन अर्थात् अठानवे गज के विस्तार वाला बनाए।

तथा महीत्रिभागं च भुङ्क्ते यो वै नराधिपः।
अष्टाशीतिकरं$_{80}$ वेश्म महीशानां त्रिधा$_{3}$ मतम् ॥ 4 ॥

जो राजा एक तिहाई भूमि का भोक्ता हो, ऐसे राजा के लिए अस्सी गज के विस्तार वाला राजभवन बनाना चाहिए। इस तरह उक्त राजभवनों के तीन प्रकार माने गए हैं।

लक्षग्रामाधिपो यस्तु स महामण्डलेश्वरः।
तस्य वेश्म प्रकर्त्तव्यं द्विहीनाशीतिहस्तकम्$_{78}$ ॥ 5 ॥

जो राजा एक लाख ग्रामों को अधिपति हो, उसकी संज्ञा मण्डलेश्वर होती है। उसका राजभवन अस्सी में दो कम अर्थात् अठत्तर गज विस्तार का होना चाहिए।

लक्षार्द्धं यदा भुङ्क्ते मण्डलीकोऽभिधानतः।
अष्टषष्टिकरं$_{68}$ तस्य कर्त्तव्यं भवनोत्तमम् ॥ 6 ॥

जो राजा आधे लाख ग्रामों का भोग करने वाला हो उसका 'मण्डलीक' नाम दिया गया है। उसका राजभवन अड़सठ गज का होना चाहिए॥ ६ ॥

अयुतद्वयग्रामाणां महा सामन्तसञ्ज्ञकः।
तस्य वेश्माऽष्टपञ्चाशत्$_{58}$ करं कामफलप्रदम् ॥ 7 ॥

राजा दो अयुत (20 हजार) ग्रामों का स्वामी हो, उसे 'महासामन्त' नाम दिया गया है। उसका राजभवन अट्ठावन गज विस्तार का होना चाहिए, जो उसकी कामना को फलवती बनाता है।

सामन्तसञ्ज्ञकः सोऽत्राऽयुतग्रामाधिपश्च यः।
अष्टचत्वारिंशद्धस्तं$_{48}$ भवनं शोभनम् ॥ 8 ॥

जो एक अयुत (10 हजार) ग्राम का अधिकारी हो उसे 'सामन्त' संज्ञा दी गई है। उसका राजभवन अड़तालीस गज के विस्तार वाला होना चाहिए, जो सब तरह से शोभा वाला होता है।

ईशोऽयुतार्द्धग्रामाणां लघुसामन्तक सञ्ज्ञकः।
अष्टत्रिंशत्करैर्युक्तं$_{38}$ भवनं तस्य कामदम् ॥ 9 ॥

जो डेढ़ हजार ग्रामों का स्वामी हो उसको 'लघुसामन्त' नाम दिया गया है। उसका राजभवन अड़तीस गज़ के विस्तार का होना चाहिए, जो उसकी सब कामना को पूरी करता है।

सहस्त्रमेकं ग्रामाणां भुङ्क्ते स चतुरंशिकः।
अष्टाविंशकरं$_{28}$ कुर्यात् वेश्मशान्तिप्रदं सदा॥ 10॥

जो राजा एक हजार ग्रामों का भोग लेता है वह 'चतुरंशिक' कहलाता है। उसका राजभवन केवल अट्ठाईस गज का शान्ति प्रदान करने वाला होता है।

ग्रामाणां विंशतिं भुङ्क्ते यः पञ्चदशकं तथा।
ग्रामांस्त्रीन्द्वौ तथा चैकं भुङ्क्ते पर्यायसंस्थितम्॥ 11॥

इसी प्रकार जो बीस ग्रामों का या पन्द्रह ग्रामों का भोग करता है अथवा तीन, दो या एक ग्राम का भोग करता है, उनके जैसे भी पर्याय[1] बन जाए, वैसा राजवेश्म उनके लिए बनाना चाहिए।

शतमेकं तु ग्रामाणां स्वल्पराष्ट्रं तु सञ्ज्ञितम्।
अष्टादशकरं$_{18}$ वेश्म कर्त्तव्यं सर्वकामदम्॥ 12॥

एक सौ ग्रामों के समूह के भोगकर्ता को 'स्वल्पराष्ट्र' संज्ञा दी गई है। ऐसे राजा के लिए अठारह गज विस्तार वाला भवन बनाना चाहिए, यह उसके लिए सर्व कामनाओं को पूर्ण करने वाला होता है।

विशेष : राजवल्लभवास्तुशास्त्रम् (5, 2 व अन्य) में भवनों का प्रमाण इस प्रकार आया है—

क्रम	नृपसंज्ञा	विशेषता/कोटि	गृहप्रमाण (व्यास)
1.	चक्रवर्ती	(सर्वाधिपति)	108 हाथ
2.	नृनाथ	चक्रवर्ती के समान भूमि या तृतीयांश हो	88 हाथ
3.	महामण्डलिक	1 से 2 लाख ग्रामों का अधिपति	78 हाथ
4.	नृपमण्डलिक	50 हजार ग्रामाधिपति	68 हाथ
5.	सामन्तमुख्य	20 हजार ग्रामाधिपति	58 हाथ
6.	सामन्त	10 हजार ग्रामाधिपति	48 हाथ

1. मयमत में इस प्रकार की विप्रवर्गीय कोटियों का निर्धारिण हुआ है और तद्नुसार ही ग्राम विन्यास का निर्देश दिया गया है। मेवाड़ में भौमिया, गोल, चौथिया ठाकुर आदि कोटियाँ भी निर्धारित की गई हैं।

7.	तृतीय (सामन्त)	5 हजार ग्रामाधिपति	38 हाथ
8.	चतुरंशिक	1 हजार ग्रामाधिपति	28 हाथ
9.	स्वल्पराष्ट्र/सैनिक	100 ग्रामाधिपति	18 हाथ

आरोहणमाह —

करमष्टादशमध्यस्थ कर्त्तव्यं तु क्रमेण तु।
सोपानपङ्क्मिर्यादा कथिता त्वपराजितम्॥ 13॥

हे अराजित! अब सोपानपङ्क्मिर्यादा अर्थात् सीढ़ियाँ बनाने का प्रमाण कहता हूँ। सामान्यतः अठारह गज के भीतर ही सीढ़ियाँ क्रम से बनानी चाहिए।

दण्डनायकादीनां भवनप्रमाणमाह —

राज्ञालये च यन्मानं तदर्द्धं दण्डनायके।
दण्डर्द्धे मन्त्रिसंस्थानं मन्त्र्यर्द्धे द्वारपालके॥ 14॥

राजालय का जो मान बताया गया है, उसका आधा दण्डनायक के भवन का मान होना चाहिए अर्थात् राजालय 108 गज का हो तो दण्डनायक का 54 गज विस्तार वाला भवन अपेक्षित है। दण्डनायक के भवन से आधा मन्त्री का भवन अर्थात् 27 गज का हो। मन्त्री के भवन से आधा द्वारपाल, ड्योढ़ी के दरोगा का भवन अर्थात् 13 गज विस्तार का होगा।

तत्समे पुरोहितं ज्ञेयं तदर्द्धं जनसङ्कुले।
अनुक्रमादिदं सर्वं ज्येष्ट-मध्य-कनिष्ठकम्॥ 15॥

राज पुरोहित का भवन भी उसी के बराबर अर्थात् 13 गज विस्तार का द्वारपाल के भवन के समान हो। इनसे भी आधे क्षेत्र विरतार का अर्थात् 6-7 गज प्रमाण का सामान्य नागरिक का भवन हो। इसी अनुक्रम से ज्येष्ठ, मध्यम और कनिष्ठ भवन समझना चाहिए।

अधुना तलविधानमाह —

अष्टहस्ते$_{8}$ त्वेकभूमिं$_{1}$ द्विभूमं$_{2}$ अष्टदशके$_{18}$ ।
त्रिभूम$_{3}$ मष्टाविंशत्या$_{28}$ ष्टत्रिंशद्भि$_{38}$ र्वेद$_{4}$ भूमम्॥ 16॥

आठ गज के क्षेत्र में जो भवन बने वह एक भूमि अर्थात् एकतलीय या एक मंजिला कहलाता है। अठारह गज का दो भूमि, मंजिला का बनाए। अठाईस गज वाला तीन भूमि का या तिमंजिला तथा अड़तीस गज का क्षेत्र वाला भवन चार भूमि वाला या चार मंजिला होता है।

अष्टचत्वारिंशद्भिः$_{48}$ पञ्चभु$_{5}$ षड्भ्व$_{6}$ष्टपञ्चाशद्भिः$_{58}$ ।
अष्टषष्ट्या$_{68}$ सप्तभूम$_{7}$मष्ट$_{8}$भ्वष्टसप्ततिभिः$_{78}$ ॥ 17 ॥

इसी प्रकार अड़तालीस गज क्षेत्र वाला भवन पाँच भूमि का अर्थात् पाँच मंजिला होता है। अठावन गज क्षेत्र का छह भूमि वाला अर्थात् छह मंजिला होता है। अड़सठ गज क्षेत्र का भवन सात भूमि का और अठत्तर गज क्षेत्र का भवन आठ तलीय या आठ मंजिला होता है।

अष्टाशीत्या$_{88}$ नवभूमं$_{9}$ दशभ्व$_{10}$ष्टनवतिभिः$_{98}$ ।
भद्रमेकादश$_{11}$ भूममष्टोत्तरशतात्मके$_{108}$ ॥ 18 ॥

अठासी गज की क्षेत्र भूमि का भवन नौ भौमिक अर्थात् नौ मंजिला होता और अठानवे गज क्षेत्र का भवन दस भूमि का यानी दश मंजिला होता है। इसी तरह एक सौ आठ गज क्षेत्र का भवन भद्र जाति का ग्यारह भूमि का अर्थात् ग्यारह मंजिला होता है।

इत्यमनन्तर सिंहद्वारानुक्रमाह —

सिंहद्वारानुक्रमं च कथये त्वपराजित।
उत्तमे च त्रयद्वारं[1] कर्त्तव्यं चक्रवर्त्तिभिः ॥ 19 ॥

अब हे अपराजित! सिंहद्वारों का अनुक्रम कहता हूँ। इस तरह द्वार-त्रय-उत्तम अर्थात् उत्तम त्रिपोलिया द्वार[2] चक्रवर्ती राजाओं के भवनों के लिए बनाना कर्त्तव्य है।

उत्तमं पञ्चदश$_{15}$ च मध्यमं च त्रयोदश$_{13}$ ।
कनिष्ठ रुद्र$_{11}$हस्तान्तमुच्छ्रयेण तु योजितम् ॥ 20 ॥

इन सिंहद्वारों में उत्तम त्रिपोलिया द्वार की ऊँचाई पन्द्रह गज, मध्यम त्रिपोलिया द्वार की ऊँचाई ऊँचाई तेरह गज और कनिष्ठ त्रिपोलिया द्वार की ऊँचाई ग्यारह गज योजित होगी।

सिंहद्वारमिदं मानं त्रिधा$_{3}$ स्याच्चक्रवर्तिनि।
महाराष्ट्रैश्वरे राज्ञि महामण्डलकेश्वरे ॥ 21 ॥
चक्रवर्तिनि मध्याद्ये कनिष्ठं मण्डलेश्वरे।

ये द्वार मान तीन प्रकार के चक्रवर्ती राजाओं के लिए कहे गए है। महाराष्ट्रेश्वर चक्रवर्ती के पन्द्रह गज की ऊँचाई वाला उत्तम त्रिपोलिया द्वार, महामण्डलेश्वर चक्रवर्ती के लिए तेरह गज की ऊँचाई वाला मध्यम त्रिपोलिया द्वार तथा मण्डलेश्वर

---

1. 'द्वारत्रयन्तूत्तमे' इति प्रकाशित पाठः।
2. प्राचीन राजधानी पुरों, नगरों में त्रिपोलिया द्वार बनते रहे हैं। जयपुर, उदयपुर में भी तीन द्वारों वाले सिंहद्वार की परम्परा देखने में आती है।

चक्रवर्ती राजा के लिए ग्यारह गज की ऊँचाई वाला त्रिपोलिया द्वार विहित है यह कनिष्ठ त्रिपोलिया है।

अनन्तरं कथयिष्यामि सिंहद्वारं यथाक्रमम् ॥ 22 ॥

द्वारयुग्मं तु कर्त्तव्यं महासामन्तके सदा।

द्वारमेकं तु कर्त्तव्यं तथा सामन्तकादिके ॥ 23 ॥

अब इसके बाद, अन्य सिंहद्वारों के बारे में क्रम से कहता हूँ। महासामन्त के भवन में सदैव दो पोल वाला द्वार तथा सामन्त आदि के केवल एक पोल का द्वार बनाना चाहिए।

तोरण प्रयोजनलक्षणञ्च —

अन्येषां स्वल्पराज्यानां ये स्मृताश्चान्यसञ्ज्ञका।

तेषां च तोरणं दद्यात् सिंहद्वारविवर्जितम् ॥ 24 ॥

अन्य छोटे राजा, ठाकुरों आदि के लिए जो केवल अन्य संज्ञक माने जाते हैं, उनके भवन के आगे केवल तोरण ही बनाए, उनके लिए सिंहद्वार का निर्माण करना वर्जित है, उचित नहीं माना गया है।

स्तम्भयुग्मोत्तराङ्गाढ्यं सिंहकर्णैर्विभूषितम्।

नपुंसकं विना कर्णैः स्वल्पराजेषु भाषितम् ॥ 25 ॥

इसलिए ऐसे, लघु राजाओं, ठाकुरों जागीरदारों आदि के भवनों के आगे सिंहकर्ण से युक्त विभूषित दो स्तम्भों पर उत्तरंग अर्थात् छाबना बनाकर नपुंसक जाति का, बिना कर्णों का तोरण बनाया जाए।

स्तम्भयुग्मोर्ध्वतः कुर्यात्पत्रमालात्रयं तथा।

विप्रेषु क्षत्रियोक्ताश्च मालायुग्मं च वैश्यके ॥ 26 ॥

उक्त तोरण के दोनों स्तम्भों के ऊपर तीन पत्रमालाएँ बनाकर उनका सुन्दर अलङ्करण करें। इसके अतिरिक्त विप्रों, क्षत्रियों के लिए भी ऐसे ही अर्थात् तीन पत्रमाला युक्त तोरण बनाए। वैश्यों के भवन के तोरण में दो माला का तोरण अलङ्करण करें।

एकमाला तु शूद्राणां स्तम्भोर्ध्वं वंशकोच्छ्रिताः।

वंशोच्छ्रिता विना स्तम्भैः प्रकृतीनां च सर्वशः ॥ 27 ॥

इसी प्रकार शूद्रों के भवन में एकमाला के तोरण अलङ्करणार्थ बनाए जाए जिनमें स्तम्भ एक बाँस की ऊँचाई के प्रमाण वाले हों। इनके अतिरिक्त सभी

प्राकृतजनों अर्थात् सर्वसामान्य ग्रामीणों और नगरवासियों के घरों के द्वार बिना स्तम्भों वाले ही एक बाँस की ऊँचाई के बनाने चाहिए।

इत्यमनन्तर आसनविधानमाह —

तोरणं कथितं वत्स आसनं शृणु साम्प्रतम्।
आसनं कथयिष्यामि दिव्यमानेन सुव्रत॥ 28॥

अब तक तोरणों के बारे में कहा गया। अब हे वत्स! तुम आसनों के विषय में सुनो। मैं आसनों का दिव्यमान कहता हूँ।

युक्तं च षष्टि$_{60}$ पञ्चाश$_{50}$च्चत्वारिंश$_{40}$द्भिरङ्गुलैः।
महाराजेषूचितं वै इत्थं सिंहासनं त्रिधा$_{3}$॥ 29॥

इनमें पूर्वोक्त सुव्रत नाम के उत्तम आसन साठ, पचास और चालीस अङ्गुल मान के होते हैं जो महाराज चक्रवर्तियों के लिए ही उचित है। इस तरह आसन ज्येष्ठ (60 अङ्गुल), मध्यम (50) और कनिष्ठ (40 अङ्गुल) मान से तीन प्रकार के कहे गए हैं।

भद्रासनं महाराष्ट्रे विलासैः पद्मसञ्ज्ञकम्।
विस्तारिका तु सामन्तैः चातुरी मन्त्रिमण्डले॥ 30॥

ऐसे राजगद्दी वाले सिंहासन महाराष्ट्र अर्थात् बड़े महाराजाओं के लिए भद्रासन; विलास के लिए पद्मासन (कमलपीठ) का प्रयोग करें। मन्त्रिमण्डल के लिए चातुरी (चौकी, कुर्सी) और सामन्तों के लिए विस्तारिका (तिपाई) नामके आसन बनाएँ।

अन्येषां स्वल्पराज्यानां दातव्यं तु मसूरकम्।
गदिका पट्टगद्दी च सर्वस्मिञ्जनसङ्कुले॥ 31॥
आसनं सिंहसञ्ज्ञं तु शयनं सुखमुत्तमम्।

अन्य छोटे राजाओं के लिए तो केवल मसूरक ही देना चाहिए अर्थात् उनके लिए केवल तकिया या मोढ़ा-मसन्द ही उचित है। अन्य सभी जन सङ्कुल के लिए तो आसन के रूप में गदरे अथवा पट्टगद्दी, जाजम-बिछात का प्रयोग करना चाहिए। सिंहसंज्ञक जो आसन होते हैं, वे शयन के प्रयोजन से बड़े सुखदायी हैं।[1]

यानं सुखासनं चैव यानं रथ उच्यते॥ 32॥
यानं महागजपृष्ठं यानं विद्याद्विसारयोः।

---

1. सम्भवतः ये आधुनिक सोफासेट की तरह कोमल, गद्दीदार और आरामदायक बनते होंगे और राजा-महाराजा, बड़े लोगों में तब भी प्रयोग में आते ही होंगे। आज भी उसी परम्परा में ड्राइंगरूमों की शोभा बढ़ा रहे हैं।

गजपृष्ठे च यद्बद्धं विद्धि तत्सिंह सञ्ज्ञकम्॥ 33॥
व्याघ्ररूपं विद्धि शिखि-कलापकभवं पुनः।
एवं विविधरूपाणि पताका छत्रमण्डलम्॥ 34॥

यान-वाहन, रथों आदि में भी बैठने के सुखासन बनाने चाहिए। जब महागजपृष्ठ अर्थात् हाथी की पीठ को यान बनाना हो तो उस महागज की पीठ पर विसार अर्थात् बड़ा बिछौना, गादी युक्त लगा देना चाहिए (इसे आजकल झूल कहा जाता है)। इसी तरह हाथी की पीठ के ऊपर बान्धकर जो आसन लगाए जाते हैं, उन्हें सिंहासन कहा जाता है (यथा— आधुनिक हौद्दा, ऐसे हौदे कई रूपों से सजाए जाते हैं, उनके पाये तथा दस्ते व्याघ्र के मुख बनाकर अलंकृत किए जाते हैं। कहीं-कहीं तो उन पर मोरपङ्खों के अलङ्करणों की भी साज-सज्जा होती है। उन पर विविध प्रकार की पताका, झण्डियाँ फहराती हैं तथा उन पर छत्र-मण्डल भी बनाए जाते हैं।

अधुना छत्रप्रमाणमाह —

चतुरशीत्यङ्गुलं च व्यासे छत्रं च वृतकम्।
मध्यमं द्विसप्तत्या षष्ट्यङ्गुलं कनिष्ठकम्॥ 35॥

(अब छत्रों के प्रमाण के बारे में क्रमवार कहता हूँ) छत्र के वृत्त अर्थात् घेरे का व्यास चौरासी अङ्गुल (लगभग सात फीट) होना चाहिए जिसे ज्येष्ठ या उत्तम छत्र कहा गया है। जो छत्र बहत्तर अङ्गुल व्यास का अर्थात् लगभग छह फीट का हो, उसे मध्यम छत्र कहा गया है तथा जो छत्र साठ अङ्गुल व्यास का अर्थात् पाँच फीट का हो उसे कनिष्ठ छत्र कहा गया है। (तुलनीय - बृहत्संहिता अध्याय 73)

शतार्धं प्रसाद दाने शेषाः प्रावृट्सु छत्रिकाः।
छत्राभिकल्लरीयुक्तां षोडशाङ्गुल प्रतिष्ठां लम्बिता॥ 36॥

अन्य प्रासादों या मन्दिरों के महोत्सवों आदि में काम आने वाले छत्रों का व्यास पचास अङ्गुल का होना चाहिए जो लगभग चार फीट का होता है। शेष सभी तो वर्षा काल में प्रयोगार्थ छत्रिकाएँ (आधुनिक छाता के समान) होती हैं। इन छत्रों की कल्लरी अर्थात् हाथ में पकड़ने की डण्डी सोलह अङ्गुल लम्बी होनी चाहिए जो लगभग डेढ़ फुट के बराबर लम्बी हो।

कनकजदण्डोर्ध्वं कलशं युग्मछत्रं तु भूपति।
महामण्डलेश्वरे तु शिखिकलापशर्करी॥ 37॥

(अब छत्रों की विविध शोभा के बारे में कहा जा रहा है) राजाओं के छत्र युग्म के हेमदण्डों के ऊपर अर्थात् दुहरी छत्रों के सोने के दण्डों के ऊपर सोने के

कलश की शोभा की जाए। महामण्डलेश्वरों के छत्रों पर मोरपङ्खों की शर्करी अर्थात् सजावट की जानी चाहिए।

चामरालङ्कारयुक्तं महाराजेश्वरं विदुः।
इत्येवमुक्तामाला च राज्ञाऽलङ्कारशोभना॥ 38॥

महाराजाओं के छत्रों के साथ चामरों के भी अलङ्करण हों और ऐसे महाराजेश्वरों को मोतियों की मालाओं के अलङ्कार या गहने धारण करके शोभायमान होना चाहिए।

लक्ष्मीश्च रमते नित्यं तथा सा चक्रपाणिना।
तपसार्थयता येन प्रतापकीर्त्तिवर्द्धनम्॥ 39॥

ऐसे चक्रपाणि राजाओं के राज्य में नित्य ही लक्ष्मी का वास होता है और लक्ष्मी के रमते रहने से उनके सभी तपों की सार्थकता प्रकट होती है। उनके प्रताप, कीर्ति का भी नित्य वर्द्धन होता रहता है।

इति सूत्रसन्तानगुणकीर्त्तिप्रकाशप्रोक्तृ श्रीभुवनदेवाचार्योक्तापराजितपृच्छायां
राजालयसिंहासनछत्रप्रमाणाधिकारोनामैकाशीतितमं सूत्रम्॥ 81॥[1]

---

1. जोधपुर भेदपाठः— सामन्तसञ्ज्ञकं नाम ग्रामस्यायुता द्वयम्। अष्ट चत्वारिंशत्करं तद्भवनं कुर्यात् शोभनम्॥ 8॥ अयुतार्द्धग्रामाणां च यश्च लघुसामन्तकः। कराष्ट त्रिंशद्धयक्तं च तद्भवनं अर्थ कामदम्॥ 9॥ सहस्त्रैकं तु ग्रामाणां सभवेच्चतुराशिकः। अष्टाविंश करं कुर्यात् वेश्मशान्ति प्रदं सदा॥ 10॥ विंश ग्रामे यदा भुक्ती ग्रामं तु दशपञ्चकम्। ग्रामे यत्रमेकं तु भुक्ती पर्याय संस्थितम्॥ 11॥ शतमेकं तु ग्रामाणां शल्यराष्ट्रसु सञ्ज्ञकम्। अष्टादश करं वेश्म कर्त्तव्यं सर्व कामदम्॥ 12॥ करमष्टादशमध्यस्थ कर्त्तव्यं कर्त्तव्यंतु क्रमेण तु। सोपान पंक्ति पर्यायः कथितं त्वपराजितम्॥ 13॥ राज्ञालयं तु यन्मानं तदर्द्धे दण्डनायकम्। दण्डार्द्धे मन्त्र संस्थानं मन्त्र्यर्द्धे द्वारपालकम् ॥ 14॥ तत्समं त्रौ हितं ज्ञेयं तदर्द्धे जन सङ्कुलम्। अनुक्रमेमिदं सर्वं ज्येष्ट-मध्यम-कनिष्टकम्॥ 15॥ अष्टहस्तेत्वेकभूमिं द्विभूमं अष्टदशतु। त्रिभूमं अष्टविंशत्यं अष्टत्रिंशैर्वेदभूमकम्॥ 16॥ अष्ट चत्वारिंशे भूपञ्चषड्भूम्याष्ट पञ्चाशकम्। अष्टषष्ट्यासप्तभौमं अष्ट भूम्याष्टसप्तति:॥ 17॥ अष्टाशीतिनवभूमं च दशभूऽष्टनवत्योत्तमम्। भूमैकादशभद्रां ते अष्टोत्तरशत हस्तकम्॥ 18॥ सिंहद्वारानुक्रमं च कथये त्वपराजित। उत्तरे च त्रयद्वारं कर्त्तव्यं चक्रवर्त्तिभिः॥ 19॥ उत्तमंदश पञ्चाशत्करैर्मध्यम च त्रयोदशं। कनिष्टं भद्रहस्तं तु उच्छ्रायेणतु योजितम्॥ 20॥ सिंहद्वारमिदं मानं चक्रवर्त्तित्वयोदिताः। महाराष्ट्रैश्वरे राज्ञैः महामण्डलेश्वरः॥ 21॥ अनन्तरं कथयिष्यामि सिंहद्वारं यथाक्रमम् ॥ 22॥ मध्यमोत्तम चक्रवर्तिश्च कनिष्ठं मण्डलेश्वरः। अष्टरं कथयिष्यामिसिंहद्वार यथाक्रमम्॥ 23॥ द्वारयुग्मं तु कर्त्तव्यं महासामन्तदायकम्। अन्येषां स्वल्पं राजानां ये स्थितामात्य सञ्ज्ञका। तेषां च तोरणं दद्यात् सिंहद्वार विवर्जित॥ 24॥ सिंहायुग्मार्द्धेन कुर्यात् पत्रमाला त्रयोत्तमा। विप्राद्याक्षत्रियायुक्ता वैश्ययुग्ममालास्थिता॥ 25॥ एकमाला तु शूद्राणां स्तम्भो द्विवशोच्छ्रिताः। स्तम्भैर्विनोच्छ्रितो वंशा प्रकृतीनां तु सर्वतः॥ 26॥ तोरणं कथितं वत्स आसनं शृणु साम्प्रतम्। आसनं कथयिष्यामि दिव्यमानेन सुव्रत॥ 27॥ महाराजादि सूचितं त्रिविधं च सिद्धासनम्॥ 28॥ भद्रासनं महाराज्ञे विलासैः पद्मसञ्ज्ञक। विकास्तरिका तु सामन्तैः चातुरी मन्त्रिमण्डलम्॥ 29॥ अन्येषां स्वल्प राजानां दातव्यं तु मस्तूरकम्।

इस प्रकार भुवनदेवाचार्य कृत सूत्रसन्तानगुणकीर्ति प्रकाश या अपराजितपृच्छा में राजालय, सिंहासन, छत्र प्रमाण अधिकार नामक इक्यासीवाँ सूत्र पूर्ण हुआ॥ 81॥

राजभुवनं द्व्यशीतितमं सूत्रम्॥ 82॥

विश्वकर्मोवाच —

चतुरश्रीकृते क्षेत्र भजेत्षोडश$_{16}$भागिकम्।
पदसङ्ख्यामितिः ख्याता षट्पञ्चाशच्छतद्वयम्$_{256}$॥ 1॥

(चूड़ामणि महाकूट वास्तु के प्रयोजनार्थ) श्री विश्वकर्मा कहने लगे कि चौरस समतल किए गए क्षेत्र को सोलह भागों में विभाजित करें। इस तरह इनसे बनने वाले पदों की संख्या 16 × 16 = 256 होगी।

ब्रह्माऽऽस्ते गर्भमावृत्य षट्त्रिंशत्पदकोष्ठकैः$_{36}$।
रुद्र$_{11}$सङ्ख्यापदैर्युक्ता एकैके अर्यमादयः॥ 2॥

इसमें ब्रह्मा का स्थान गर्भ को घेरकर छत्तीस पद कोष्ठकों वाला होगा। अर्यमादि एक-एक देव रुद्रसंख्या में अर्थात् ग्यारह पदों में न्यसित करें।

चतुष्पदाष्टकर्णेषु द्वात्रिंशत्पदकल्पिताः$_{32}$।
बाह्यकर्णे तथा चाऽष्ट द्विपदा भक्तितो मताः॥ 3॥

इसके आठों कोनों पर चार-चार पद कोष्ठकों से बत्तीस कोष्ठक कल्पित किए जाते हैं (अर्थात् 8 × 4 = 32)। बाहरी कोनों पर बने आठ पदों को दो भागों में विभक्त करने चाहिए।

अष्टावष्टपदा ज्ञेयाः शेषास्तु चतुरंशकाः।
जयः सत्योऽथ वितथो गन्धर्वसुग्रीवासुराः॥ 4॥
मुख्यश्चैव गिरिःख्यातः प्रत्येकं चाऽष्टपादकाः।

गदिकापदगर्दी च सर्वेषां जनमण्डलम्॥ 30॥ आसनं सन्धं सञ्ज्ञं तु शयनं सुखमुत्तमम्। यानं सुखासनं प्रोक्तं यानं रथ समुच्यते॥ 31॥ यानं महागज पृष्टे यानं बिम्बादिसारयोः। गजष्टेतु भयविधं सन्धान सञ्ज्ञकम्॥ 32॥ व्याघ्ररूपैर्विधिं शिखि कलापोद्भवम्। पुनएव तेध रूपाणि पताका छत्र मण्डलम्॥ 33॥ चतुरशीत्यंगुल व्यासं छत्रवृतं उत्तमोत्तमम्। मध्यमं द्विसप्तसत्या षष्ट्ययङ्गुलं कनिष्टकम्॥ 34॥ शतार्द्धे प्रसाद दाने शेषां प्रावृट्सु छत्रिकाः। छत्राभिकल्लरीयुक्तां षोडशाङ्गुल प्रतिष्ठां तालविनाः॥ 35॥ कनकजदण्डोर्ध्व कलशं युग्म छत्रं तु भूपति। महामण्डलेश्वर कुर्यात् शिखिकलापोशर्करी॥ 36॥ चामरालङ्कारयुक्तापि महाराजेश्वरं विदुः। इत्येवं क्रमाद्यो च राजालङ्कारशोभनम्॥ 37॥ लक्ष्मीश्वरते नित्यं यथा सा चक्रपाणिना। तपः समर्थ यते येन प्रतापंकीर्त्तिवर्द्धनम्॥ 38॥ (पाण्डुलिप्यात्)।

चूडामणिर्महाकूटो वास्तू राजालयार्थकम्॥ 5॥

इति चूडामणिमहाकूटवास्तुः।

ये आठ-आठ पद कहे गए हैं और शेष जो बचे, वे चतुर्थांश कहे गए है— (1.) जय, (2.) सत्य, (3.) वितथ, (4.) गन्धर्व, (5.) सुग्रीव, (6.) असुर, (7.) मुख्य और (8.) गिरि नाम के सभी प्रत्येक आठ पद कोष्ठकों के होते हैं। इस प्रकार से राजालयों, राजमहलों के लिए चूड़ामणि महाकूट वास्तु बनता है।

शयनभाण्डागारवारीगृहादीनां —

वेश्ममध्यं ब्रह्मस्थानं शयनं च विवस्वतः।
भाण्डागारं क्षितिधरे मैत्रे वै वारिमन्दिरम्॥ 6॥
अर्यम्णि सुरसौधं च कर्णान्तर्गुह्यवेश्मकम्।
आग्नेय्यामनलस्यैवं नैर्ऋत्यां वस्त्रसङ्ग्रहः॥ 7॥

उक्त प्रकार से पद न्यास कर ब्रह्मस्थान के चार पद कोष्ठकों के मध्य के दक्षिण- विवस्वत भाग में शयन स्थान बनाएँ। क्षितिधर और मैत्रेय के पदस्थान पर भण्डार और जलमन्दिर बनाएँ। अर्यमा के स्थान पर देवता का गृह-सुरसौध बनाएँ तथा कोनों पर अन्तर गुह्यगृह कोठार बनाएँ। आग्नेय भाग में, वायु भाग में और नैर्ऋत्य भाग में वस्त्र संग्रह के भण्डार बनाए जाने चाहिए।

वायव्येचाऽष्टधातूनामीशाने शिवभाण्डकम्।
मध्यकर्णे इमे प्रोक्ता बाह्यांश्च शृणु साम्प्रतम्॥ 8॥

इसी तरह वायव्य में अष्टधातु के भाण्ड और ईशान में शिवभाण्ड रखने के भण्डार बनाएँ। अब तक तो ये सब मध्य कर्ण में करने के कार्य बताए, आगे बाह्य भाग में करने के कार्यों के बारे में सुनो।

अर्चनागृहमहासनकोष्ठागारशस्त्रागारमाह —

ईशाने चाऽर्चनावेश्म आग्नेय्यां च महानसम्।
कोष्ठागारं तु वायव्ये नैर्ऋत्ये शस्त्रमण्डपम्॥ 9॥

ईशान कोण में अर्चनावेश्म अर्थात् देवपूजा-अर्चन का स्थान बनाएँ। आग्नेय कोण में महानस अर्थात् बड़ा रसोईघर बनाएँ। वायव्य कोण में कोष्ठागार अर्थात् बड़ा कोठार या समस्त सामग्रियों को रखने का स्थान बनाएँ। नैर्ऋत्य कोण के भाग में शस्त्रागार रखने का शस्त्रमण्डप बनाया जाना चाहिए।

राजपदमकराक्षमाह —

याम्यस्थं वारुणस्थं च सौम्यस्थं चैव लक्षयेत्।

इदं स्थानं राजपदं कर्त्तव्यं शान्तिमिच्छता॥ 10॥

यथोत्तरं मकराक्षं निर्गमे मकरान्वितम्।

मत्तवरणछाद्यं च क्षेत्रपादैस्तु निर्गतम्॥ 11॥

शान्ति के आकांक्षी को दक्षिण दिशा में, पश्चिम तथा उत्तर दिशा में कहीं भी लक्ष्य करके या देखकर इन स्थानों में राजपद स्थान बनाना चाहिए। उत्तर दिशा की ओर मकाराकृति युक्त निकले हुए मकराक्ष बनाए, जो क्षेत्र के पदों के बाहर की ओर निकले हुए मत्तवारण युक्त छाजों से बने हों।

सभाष्टकानुसारेण पुष्पकसिंहासनमाह —

सभाष्टकयुक्छन्देषु पूर्ववच्चाग्रनिर्गमः।

वेद्युत्तरमुखं कार्यं पुष्पकं सिंहमासनम्॥ 12॥

सुवर्णस्फटिकोपेतं नैकरत्नैर्विभूषितम्।

पुष्पकं चतुःस्तम्भाढ्यं छाद्यघण्टाद्यलङ्कृतम्॥ 13॥

सभाष्टक के युक्त छन्दों में पहले वर्णन किए गए तरीकों से बाहर की ओर निर्गतम या निकले हुए ढंग में उत्तर दिशा की और मुख किए हुए वेदी बनाएँ और उस पर पुष्पक नाम का सिंहासन लगाएँ, जो सोने और स्फटिक मणियों तथा अनेकानेक रत्नों से विभूषित हो। पुष्पक सिंहासन के चारों स्तम्भाढ्य, विशाल स्तम्भ भी छज्जों, चन्दोवों और घण्ट अर्थात् गुम्बजों से अलंकृत होने चाहिए।

हेमरत्नादिकोपेतं मुक्ताफलविभूषितम्।

राजासनं मध्यपीठं कर्तव्यं शुभलक्षणम्॥ 14॥

ऐसे सिंहासन के मध्य पीठ को सोने, रत्नों और मोतियों से विभूषित, शुभ लक्षणों वाली राजासन से युक्त बनाना चाहिए।

दन्तिशालामाह —

सिंहद्वारं तु तस्याग्रे गजक्रीडा याम्योत्तरे।

सिंहद्वाराग्रतः कार्ये दन्तिशाले तथोभयोः॥ 15॥

इस सभा के आगे सिंहद्वार अर्थात् बड़ी पोल बनानी चाहिए जिसके दायें-बायें अर्थात् दक्षिण और उत्तर दोनों ओर गजक्रीड़ा के योग्य चौगान क्षेत्र बनाने चाहिए।

तदग्रे विजयद्वारं कर्णावुभौ च स्वाग्रतः।

प्रतोल्या च तथोपेतं प्राकारैः परिवेष्टितम्॥ 16॥

इसके लिए सिंहद्वार अर्थात् बड़ी पोल के आगे ही दोनों ओर दो दन्तिशालाएँ (गजशाला, हाथियों के ठाण) बनाने चाहिए। इसके बाद, सभा मण्डप के चौक या

चौगान के उपरान्त, आगे की ओर दोनों कोनों पर और सामने के भाग में विजयद्वार अर्थात् विजय पोल बनानी चाहिए जिनके बाहर प्रतोल्या स्तम्भ युक्त पोलें प्राकार अर्थात् परकोटे से वेष्टित बनाई जाए।

राजवेश्मोभयपक्षे राज्ञीनां भवनादिकम्।

द्विभूमोच्छ्रयहीनानि शेषाणां क्रमयोगतः॥ 17॥

इसी प्रकार राजवेश्म अर्थात् राजा के रहने के राजमहल के दोनों पक्षों में, दोनों ओर रानियों के भवनादि बनाने चाहिए। शेष अन्य सभी के भवन रानियों के भवनों से दो मंजिल या द्वितल कम रखने चाहिए।

इति सूत्रसन्तानगुणकीर्तिप्रकाशप्रोक्तृश्रीभुवनदेवाचार्योक्तापराजितपृच्छायां
राजभुवनाधिकारो नाम द्व्यशीतितमं सूत्रम्॥ 82॥

इस प्रकार भुवनदेवाचार्य कृत सूत्रसन्तानगुणकीर्ति प्रकाश या अपराजितपृच्छा में राजभुवन
अधिकार नामक बयासीवाँ सूत्र पूर्ण हुआ॥ 82॥

एकत्रिपञ्चप्रतोली नाम त्र्यशीतितमं सूत्रम्॥ ८३॥

विश्वकर्मोवाच —

प्रतोलीश्च प्रवक्ष्यामि कनिष्ठ-मध्यमो-त्तमाः।

उच्छ्रयस्त्रिविधो वत्स द्वारां प्राकारतोऽपि च॥ 1॥

विश्वकर्मा बोले कि हे वत्स! अब मैं प्रतोली अर्थात् पोलों के बारे में कहता हूँ। ये इनकी ऊँचाई के अनुसार और द्वारों के प्राकार अर्थात् परकोटे के अनुसार भी तीन प्रकार की होती हैं— कनिष्ठ, मध्यम और उत्तम।

प्रतोल्योच्छ्रयप्रमाणमाह —

प्रतोल्या द्वारउत्सेधः पञ्चदशकरैः$_{15}$ शुभः।

मध्यस्त्रयोदशकरै$_{13}$ रुद्रहस्तैः$_{11}$ कनिष्ठकः॥ 2॥

इन प्रतोलियों में उत्तम प्रतोली के द्वार की ऊँचाई पन्द्रह गज की शुभ कही गई है, मध्यम की तेरह गज और कनिष्ठ की ग्यारह गज की ऊँचाई शुभ है।

कनिष्ठमेकभूमं$_1$ च द्विभूमं$_2$ चैव मध्यमम्।

उत्तमं च त्रिभूमं$_3$ स्यात् त्रिधोदितक्रमागतम्॥ 3॥

इनमें कनिष्ठ पोल या प्रतोली एक मंजिला ही होती है परन्तु मध्यम जाति की प्रतोली दो मंजिला होती है और उत्तम जाति की प्रतोली तो तीन मंजिला होती है। इस तरह क्रम से ये तीन प्रकार की ऊँचाई युक्त बनाई जाती हैं।

तत्रैव विस्तारमाह —

उत्तमं चाऽष्टहस्तैश्च$_8$ सप्तहस्तैश्च$_7$ मध्यमम्।
कनिष्ठं चैव षड्ढस्तैर्विस्तार$_6$स्त्रिविधो$_3$ मतः ॥ 4 ॥

इनमें उत्तम प्रतोली या पोल की चौड़ाई (विस्तार) आठ गज की, मध्यम प्रतोली की चौड़ाई सात गज की और कनिष्ठ प्रतोली की चौड़ाई छह गज की होती है। इस तरह इनकी चौड़ाई भी तीन प्रकार की बताई गई है।

नवहस्तोच्छ्रिताः$_9$ स्तम्भाः कुम्भकैः सुसमन्विताः।
ऊर्ध्वमेक$_1$द्वि$_2$त्रिक्षणा$_3$ मालिकाश्च ह्यनुक्रमात्॥ 5 ॥

नौ गज ऊँचाई के स्तम्भ कुम्भकों से युक्त हों और उनके ऊपर एक, दो अथवा तीन क्षणामालिका अनुक्रम से बनाई जाए अर्थात् एक, दो या तीन अवसर, खाली स्थान छोड़ते हुए मालिका अर्थात् माल अनुक्रम से बनाएँ।

मदलाःशीर्षस्तम्भिका निर्यूहे मदलाः पुनः।
स्वस्तिकाद्वयं शीर्षोध्व निर्यूहे मदलाः पुनः ॥ 6 ॥

जैसे कि मदल स्तम्भ के शीर्ष पर बनाएँ और फिर निर्यूह (नेजू) बनाकर उन पर पुनः मदल की रचना करें और उनके शीर्ष पर दो स्वस्तिक बनाकर निर्यूह बनाए तथा उन पर पुनः मदल की रचना करनी चाहिए।

शीर्षोर्ध्वे च भवेत्पट्टः शाखाद्यं चोत्तराङ्गकम्।
तुला जयन्ती पीता सा ? निर्मलं कपिशीर्षकम्॥ 7 ॥

इसके उपरान्त उसके शीर्ष के ऊपर छाबने का पाट धरें जो शाखा से लेकर उत्तरङ्ग अर्थात् छाबना बनें, यह जयन्ती नामक तोरण तुला कहलाती है जो निर्मल है और उसके ऊपर कँगूरे बने होते हैं।

तदूर्ध्वे च पुनर्भूमिश्चतुर्द्वारं तृतीयके।
दृढार्गलाः कपाटाश्चाऽपवरकास्ततः परम्॥ 8 ॥

इनके ऊपर पुनः तीसरी भूमि अर्थात् तीसरी मंजिल के चार द्वार बनाए जाए जिनके दृढ़ किंवाड़ हों और उनके बन्द करने अर्गला-आगल लगाने की व्यवस्था हो जिससे द्वार के किंवाड़ सुदृढ़ रूप से बन्द रहें तथा उसके परे भी दूसरे द्वार और कपाट अपवरक— इस प्रकार दृढ़तर बनाएँ।

प्रतोलीचतुष्टये मुखद्वारमाह —

वक्त्रद्वाराणि वक्ष्यामि प्रतोलीनां चतुष्टयम्।
अनुक्रमेण कर्तव्यं कथयामि समासतः ॥ 9 ॥

अब मैं प्रतोली चतुष्टय के मुख-द्वारों के बारे में क्रम से निर्माण-विधि संक्षेप से कहता हूँ।

उत्सङ्गः पूर्णबाहुश्च हीनबाहुस्तथापरः।
प्रतिकाय इति प्रोक्तं प्रतोलीनां चतुष्टयम्॥ 10॥

प्रतोली-चतुष्टय में एक द्वार उत्सङ्ग, दूसरा पूर्णबाहु, तीसरा हीनबाहु एवं चौथा प्रतिकाय संज्ञक होता है।

उत्तरामुख उत्सङ्गः पूर्णबाहुश्च पूर्वतः।
अपरे हीनबाहुश्च प्रतिकायस्तु दक्षिणे॥ 11॥

इसमें उत्तरामुखी द्वार उत्संग होता है, पूर्णबाहु पूर्व दिशा सम्मत, हीनबाहु पश्चिमाभिमुख एवं प्रतिकाय दक्षिणाभिमुख होता है।

सृष्टिप्रवेश उत्सङ्गः प्रतिकायोऽपसव्यतः।
पूर्णबाहुः पूर्ववक्त्रो वामास्यो हीनबाहुकः॥ 12॥

सृष्टि-प्रवेश (सृष्टिक्रम से) द्वार उत्सङ्ग कहा जाएगा, अपसव्य क्रम से प्रतिकाय होगा अर्थात् दायीं ओर होगा। पूर्णबाहु पूर्वमुख होता है और हीनबाहुक दक्षिणमुखी।[1]

वामभागे दिशि दिशि वामावर्तोद्भवास्तु ये।
द्वारं च दक्षिणावर्तं कथितं त्वपराजित॥ 13॥

इसके वाम भाग या बायें भाग में प्रत्येक दिशा में आवर्त (परिक्रमणक) होते हैं। इनके द्वार दक्षिणावर्त होते हैं। हे अपराजित! ऐसा कहा गया है।

पोलसमूहमाह —

एकपोल्यं त्रिपोल्यं वा पञ्चपोल्यमथोच्यते।
एवंविधः प्रकर्तव्यः पोल्यानां तु समुच्चयः॥ 14॥

अब पोल समूह के बारे में कहता हूँ। ये तीन प्रकार की होती है— एक पोल वाली, त्रिपोल्य या तीन पोल वाली तथा पञ्चपोल्य या पाँच पोल वाली।

---

1. यह वर्णन समराङ्गण. में द्वार के प्रसंग में आया है—उत्सङ्गो हीनबाहुश्च पूर्णबाहुस्तथापरः। प्रत्यक्षायश्चतुर्थश्च निवेशः परिकीर्तितः॥ उत्सङ्ग एवदीक्षाभ्यां (?) द्वाराणां वास्तुवेश्मनोः। स सौभाग्यप्रजावृद्धिधनधान्यजयप्रदः॥ यत्र प्रवेशतो वास्तु गृहं भवति वामतः। तद्धीनबाहुकं वास्तु निन्दितं वास्तुचिन्तकैः॥ तस्मिन् वसन्नल्पवित्तः स्वल्पमित्रोऽल्पबान्धवः। स्त्रीजितश्च भवेन्नित्यं विविधव्याधिपीडितः॥ वास्तुप्रवेशतो यत् तु गृहं दक्षिणतो भवेत्। प्रदक्षिणप्रवेशत्वात् तद् विद्यात् पूर्णबाहुकम्॥ तत्र पुत्रांश्च पौत्रांश्च धनधान्यसुखानि च। प्राप्नुवन्ति नरा नित्यं वसन्तो वास्तुनि ध्रुवम्॥ गृहपृष्ठं समाश्रित्य वास्तुद्वारं यदा भवेत्। प्रत्यक्षायस्त्वसौ निन्द्यो वामावर्तप्रवेशवत्॥ (समराङ्गण. 39, 11-17)

एकपोल्यं वक्त्रद्वारं त्रिपोल्यं भ्रमणीद्वयम्।
पञ्चपोल्यं तु चित्राढ्यं कर्तव्यं सर्वकामदम्॥ 15॥

एक पोल का तो मुख्य द्वार एक ही होता है परन्तु त्रिपोलिया में दो भ्रमणी होती हैं तथा पञ्चपोल्य में तरह-तरह के चित्र अर्थात् मूर्ति अलङ्करणों की आढ्य-भरमार होनी चाहिए जो सर्व कामनाओं को पूर्ण करने वाली है।

तस्य प्रकारलक्षणमाह —

प्राकारादियुक्तभागैर्विस्तरो भागषट्कतः।
निर्गमश्च चतुर्भागैः प्राकारो यत्र वाञ्छितः॥ 16॥

इन पोलों के प्राकार अर्थात् परकोटे भी समुचित भागों के विस्तार वाले होते हुए छह भाग तक होते हैं। जहाँ-जहाँ प्राकार-परकोटा वाञ्छित है, वहाँ-वहाँ उसका निकास-निर्गम चार भागों तक का होना चाहिए।

याम्यपार्श्वे समस्तत्र विस्तरस्तु त्रिभागिकः$_3$।
निर्गमश्च त्रिभागैश्च$_3$ सङ्क्षेपात्कथितं मया॥ 17॥

बायें भाग के समस्त अर्थात् बायीं बाजू के समस्त परकोटे तीन भाग के विस्तार-चौड़ाई वाले होने चाहिए। उनका निकास भी तीन भाग का होना चाहिए। ये सब मेरे द्वारा संक्षेप में कह दिया गया।

अन्यदप्याह —

त्रिभागं दक्षिणे त्यक्त्वा द्विभागं च तथोत्तरे।
शेषा प्रतोली चैकांशा भागं दक्षिणभित्तिका॥ 18॥

तीन भाग दक्षिण की ओर छोड़कर तथा दो भाग उत्तर की ओर छोड़े; एक अंश-भाग प्रतोली की दक्षिणी भित्ति का होता है।

भवेत् भागोत्तरा भित्तिः कर्णान्ते वलणं त्रिभिः$_3$।
दक्षिणे भित्तिपार्श्वेऽग्रे कर्णान्ते वलणं त्रिभिः$_3$॥ 19॥

जो भाग उत्तर की ओर की भित्ति का होता है, उसके कोने तक तीन वलण (घूमाव) होते हैं तथा उसके दक्षिण की भित्ति के पार्श्व में भी आगे की ओर कोने तक तीन वलण होते हैं।

द्विभागं विस्तरं कुर्याद् वक्त्रमार्गप्रवेशनम्।
एकपोल्यमिति ख्यातं सङ्क्षेपात्कथितं मया॥ 20॥

द्वार के मुखमार्ग में प्रवेश करने के लिए दो भाग का विस्तार होना चाहिए। इस प्रकार से यह एक पोल का संक्षिप्त वर्णन मैंने किया है।

त्रिपोल्यलक्षणमाह —

वामे द्विभागविस्तीर्णे अपरे दशभागिके$_{10}$।
दक्षिणे समभागश्च चतुर्भागं परे हितम्॥ 21॥

इसी प्रकार बायीं ओर का विस्तार दो भाग का और दूसरी ओर दस भाग दक्षिण में भी उतने ही समान भाग का और परे-दूसरी ओर चार भाग रखना उचित है।

त्रिभागे विस्तरं याम्ये अपरेऽस्य [1]समपदम्।
याम्ये कुर्याच्च वेदांशं$_{4}$ मूलद्वारं तु कारयेत्॥ 22॥

दक्षिण में तीन भाग के विस्तार का और अपरे-दूसरी ओर भी उतने ही समान पद अर्थात् तीन भाग का विस्तार हो तथा दक्षिण ओर का विस्तार चार भाग का हो, ऐसा मूलद्वार बनाना चाहिए।

चतुर्भागाग्रभ्रमणं[2] भागा भित्तिर्याम्योत्तरे।
भागा भित्तिस्तदग्रे च समद्वारं सतोरणम्॥ 23॥

आगे की ओर चार भाग का भ्रमण अर्थात् घूमाव हो जिसके उत्तर दिशा और दक्षिण दिशा में भित्ति हो। उसके आगे की ओर भी एक भाग की भित्ति हो और तोरणयुक्त समान द्वार हो।

पुनर्भ्रमश्चतुर्भागः षड्भागश्चैव विस्तरे।
विधेयं पूर्ववच्छेषं त्रिपोल्यं नाम शोभनम्॥ 24॥

उसके भी पुनः चार भाग का भ्रमण-घूमाव हो जिसका विस्तार छह भाग का हो, शेष सभी अङ्गों का न्यास पूर्व में बताए विधेय के अनुसार ही होगा। इस प्रकार के द्वार का नाम त्रिपोल्य अर्थात् त्रिपोलिया कहा है।

पञ्चपोल्यलक्षणं —

यथा वामे तथा दक्षे भित्तिर्भागा भुजान्ततः।
मध्यभित्तिर्यथा पूर्वं चतुष्काकृति तोरणे ?॥ 25॥

जैसा बायें वैसा ही दायें भित्तियों के भाग एक गज तक के हों। मध्य की भित्ति पूर्व की तरह की हो और चौकोर आकृति का तोरण हो (?)।

द्वारं द्वारस्य सूत्रेण भागिको भित्तिविस्तरः।
पुनरन्ते चान्तरे च द्वारं द्वारतृतीयकम्॥ 26॥

---

1. 'तमपदम् ?।' इति प्रकाशित पाठः।
2. 'चतुर्भागाग्ररमणं' इति प्रकाशित पाठः।

सभी द्वार एक सीध में या सूत्र में बने हों जिनकी भित्ति का विस्तार एक भाग का हो और उनके पुनः अन्तर-अन्तर पर द्वार तीन-तीन की संख्या में हों।

तद्वत्तल्यानि क्षेत्राणि कार्याणि शोभनानि वै।
पूर्वद्वारानुक्रमेण उभे द्वारे याम्योत्तरे॥ 27॥

उनके अनुरूप ही शोभायुक्त तल क्षेत्रों की रचना करनी चाहिए। पहले बने हुए द्वारों के अनुक्रम में दोनों द्वार उत्तर दक्षिण में बनाने चाहिए।

वक्त्रद्वारं पुनस्त्वेवं कर्तव्यं दक्षिणोत्तरे।
पञ्चपोल्यमिदं ख्यातं प्राकारः कपिशीर्षतः॥ 28॥

इसी प्रकार पुनः मुखद्वारों को भी दक्षिण-उत्तर की ओर बनाना चाहिए। इस प्रकार यह पञ्चपोल नामक द्वार उत्तम परकोटे और कपिशीर्ष--कँगूरों युक्त विख्यात है।

इति सूत्रसन्तानगुणकीर्तिप्रकाशप्रोक्तृश्रीभुवनदेवाचार्योक्तापराजितपृच्छायां (एकत्रि)पञ्चप्रतोल्यधिकारो नाम त्र्यशीतितमं सूत्रम्॥ 83॥

इस प्रकार भुवनदेवाचार्य कृत सूत्रसन्तानगुणकीर्ति प्रकाश या अपराजितपृच्छा में एक-त्रि-पञ्चप्रतोली अधिकार नामक तियासीवाँ सूत्र पूर्ण हुआ॥ 83॥

गृहग्रामनगरशोभा नाम चतुरशीतितमं सूत्रम्॥ 84॥

प्रतोल्योपर्यु माडनिर्देशं। विश्वकर्मोवाच —

प्रतोलीपरतः सर्वे कार्या माडास्तथोत्तमाः।
देवताग्रेषु सर्वत्र बलाणकोपरि तथा॥ 1॥

विश्वकर्मा बोले कि सभी प्रतोलियों के ऊपर (शोभा के प्रयोजन से) उत्तम माडों (मेडियों, कक्षों) की रचना होनी चाहिए और सभी देवमन्दिरों के द्वारों पर बलाणक बनाने चाहिए।

यतश्च भवनादग्रे माड उच्चैः प्रशोभते।
कर्णेषु च समस्तेषु माडान् कुर्यात्सभूमिकान्॥ 2॥

जहाँ-जहाँ भी भवनों के आगे की ओर ऊँचे माड अर्थात् कक्ष शोभायमान हो, वहाँ-वहाँ सभी कोनों पर भी समान भूमि के अर्थात् समान मंजिलों की ऊँचाई वाले माड-कमरे बनाने चाहिए।

राजद्वारे पञ्चभौमास्तुङ्गा माडाश्च शोभनाः।
चतुःकर्णेषु श्रीहट्टाश्चत्वरे हट्टतः परम्॥ 3॥

राजद्वारों पर पाँच मंजिले ऊँचे-ऊँचे माड-कमरे शोभायुक्त होते हैं। इसी तरह सभी व्यापारिक बाजारों के चौराहे पर भी चारों कोनों पर माड़ों या कमरों की शोभा होनी चाहिए।

श्रीधरश्च श्रीगृहाख्यो माडस्तुङ्गस्सुशोभनः।
दानाधिकरणं यत्र मण्डपाभिधमुच्यते॥ 4॥
कर्तव्यो माडउत्तुङ्गस्त्रिभूमिश्च तथोत्तमः।
घण्टाकलशशोभाढ्या कर्तव्या शुभलक्षणा॥ 5॥

यदि श्रीधर जाति के भवन हो तो उन पर श्रीगृह नामक उतुङ्ग माड की शोभा होती है। वहीं दानाधिकरण मण्डप अर्थात् दाणी चबूतरों का मण्डप बाजार के चौहाहे पर हो। उस पर तीन मंजिला उत्तम माड़-कमरों से युक्त मकान बनाना कर्तव्य होना चाहिए जिस पर घण्टा-गुम्बज और उस गुम्बज के ऊपर कलश की शोभा के शुभ लक्षण बनाने चाहिए।

श्रीहट्टेषु समस्तेषु द्वितीयभूमिकोपरि।
कार्या काष्ठचतुष्की तु मालाख्या छाद्यभूषिता॥ 6॥
पट्टादिकं तु राज्ञीनां राजगेहस्य मध्यतः।
पञ्चभौमं पटराज्ञ्याः शेषाणां तु त्रिभूमिकम्॥ 7॥

इसी प्रकार सभी बड़े-बड़े बाजारों की दूसरी मंजिलों के ऊपर लकड़ी से बनी चौकियाँ सुन्दर छतों के साथ बनाई जाए। इन्हें माला नाम दिया गया है।[1] ऐसे ही राजभवन-राजमहल के मध्य में पटरानियों के भवनों पर पांच मंजिले तथा अन्य रानियों के भवनों पर तीन मंजिले माड हो।

माडाकृतिस्तु कर्तव्या पङ्क्त्यनुक्रमशोभिता।
गृहाणां पिण्डवास्यादि यद्भवेद् वामदक्षिणम्॥ 8॥
कुर्यादुपयकभूमेस्तथा काष्ठचतुष्किकाः।
सर्वकामप्रदाः कार्याः कलशाश्छाद्यकोपरि॥ 9॥

वे माड़-कमरे सब एक ही पङ्क्तियुक्त बनाए हुए शोभायमान होते हैं। उनके बायें-दायें जो पिण्डवास्यादि गृह अर्थात् रानियों के भवनों के उभय पार्श्व में जो गोलाकार बुर्ज के बने भवन होते हैं उनके ऊपर की ओर एक मंजिला लकड़ी की बनी हुई चौकी हो जिस पर सुन्दर छत और कलशों की शोभा बनानी चाहिए जो

---

1. जैसे मुम्बई आदि नगरों में लकड़ी से बने कई मंजिले भवन आज भी 'माला' नाम से जाने जाते हैं- यथा पहला माला, दूसरा माला, ऊपर का माला आदि।

सभी कामनाओं की पूर्ति करने वाली होती है।

गजशाला शोभाङ्गं —

गजशालाः समाश्छाद्यघण्टाकलशसम्युताः।
उन्नताः पञ्चकलशैः पट्टहस्ताधिकोद्भवाः ?॥ 10॥

इसी तरह गजशाला को भी सुन्दर छत घण्टा-गुम्बज और कलशों से शोभित बनाना चाहिए जो पाँच ऊँचे-ऊँचे कलशों से पट्ट अर्थात छत से एक गज ऊँचे उठे हुए हों (आशय यह लगता है कि गजशाला के बीच में घूमट या गुम्बज पर एक कलश और उसके चारों कोनों पर छत से एक गज ऊँचे तक चार कलश— इस तरह कुल पाँच कलशों की शोभा होनी चाहिए)।

राजाधिकरणमाह —

सर्व श्रीकरणाद्यं च राजाधिकरणं तथा।
व्ययाधिकरणं चैव धर्माधिकरणं तथा॥ 11॥
द्विभूमिकाः समस्ताश्च ऊर्ध्वे छाद्यचतुष्किका।
घण्टाकलशशोभाढ्याः कर्तव्या लक्षणान्विताः॥ 12॥

अब समस्त राज्य अधिकरणों अर्थात् कार्यालय भवन के बारे में बताते हैं। श्रीकरण अर्थात् राजा के निवास से आरम्भ करते हुए, राजाधिकरण (राजसभा), व्ययाधिकरण (खजाना, हिसाब दफ्तर या कोष कार्यालय), धर्माधिकरण (न्यायालय) आदि सभी को दो मंजिला बनाने चाहिए और इनके ऊपर चौकोर छत पर गुम्बज बनाए जिन पर कलश बड़े ही शोभायुक्त लक्षणों वाले हों।

मालमौलिशुद्धशृङ्गं चतुःप्राकारसम्भवम्।
सप्तभौमं नवभौमं कर्तव्यं राजमन्दिरम्॥ 13॥

राजमहलों को चारों ओर परकोटे युक्त तथा शुद्ध शृङ्गों की कतार में एक माला रूप में, सात मंजिले, नौ मंजिले तक करना चाहिए।

श्रीराजपुरमध्ये तु श्रीमाडा उत्तमाच्छ्रिताः।
कलशैर्दिव्यशोभाढ्याः कर्तव्याः सर्वकामदाः॥ 14॥

साथ ही श्रीराजपुर मध्ये तु—अर्थात् राजा के श्रीराजपुर या राजधानी के मध्य में भी उत्तम ऊँचाई युक्त श्रीमाड-नामक कमरों का महल बनाना चाहिए जिस पर दिव्य चमकदार, शोभाकारक कलशावली हो जो सभी कामनाओं को पूर्ण करने वाली है।

कुर्याद्धर्म्यादिगेहानां पट्टच्छन्दं जनाकुले।
एकभौमा द्विभौमाश्च वरण्ड्य मालबन्धने॥ 15॥

नागरिकों के हर्म्य अर्थात धनवानों, ठाकुरों आदि बड़े लोगों की हवेलियों को भी जनाकुल या भीड़ भरे मोहल्लों में अच्छे पट्टछन्दों अर्थात् सुन्दर छतों से युक्त और एक मंजिली या दो मंजिली बनानी चाहिए। उनकी छतें (वलण्डी) एक-दो मंजिल बनानी चाहिए। उनके चारों ओर बरामदा की माला एक कतार में बनी हुई हों।

शेषाः सङ्कीर्णजातानां छाद्याः कपिलिकाः क्रमात्।
तस्य सङ्कीर्णास्तु येषां तृणच्छाद्यादिसम्भवाः॥ 16॥

इनके अलावा जनता के अन्य शेष सामान्य सङ्कीर्ण जाति के लोगों के मकानों को क्रम से खपरेल की छत युक्त ही बनाना चाहिए अर्थात् सामान्य जनों के घरों की छत डांडा-केवलु की ही हो। उनके घरों की पक्की छत या चाँदनी आदि न बनाएँ और इनसे भी सङ्कीर्ण अर्थात् गरीब श्रेणी के जो लोग हो उनके झोंपड़ों की रचना घास-पूस से हो और छत भी उनकी घास-पूस की ही हो।

तस्योपयोगीवृक्षादीनां —

सालतालब्रह्मवृक्षैः शाकाद्यैश्च दलाद्रिकैः।
शुष्कैरनार्द्रैः ख्याताश्छाद्यास्तु वै गृहोत्तमाः॥ 17॥

गृहों, भवनों की छत बनाने के काम में आने वाले पेड़ों में साल, ताल-ताड़, ब्रह्मवृक्ष (ढाक, पलाश), गूलर, अद्रि पहाड़ के वृक्ष, सूखे हुए न कि गीले— वे छवाई के लिए उत्तम गृहों का निर्माण कराते हैं।

तृणाच्छादनकार्यमाह —

प्रावृषे भवेद् छिन्नानि गूढांस्तु पुरस्तारकाग्र ?।
प्राकारस्य गुप्तिघटैरर्ध(ग्र) निर्गमतस्तथा॥ 18॥
अधश्चाग्रं घनमूर्ध्वे संच्छन्नाः क्रमयोगतः।
तदूर्ध्वं तु तृणैश्चाद्यं सपत्रैस्त्राणकारणम्॥ 19॥

वर्षाकाल के पूर्व ग्रीष्म में भिन्न ढके घरों के छाद्य के अग्रभाग छिन्न-भिन्न हो जाए या फट जाए, उनमें तारक-जाल से दिखाई दें और प्राकार अर्थात् परकोटा भींत आदि की सुरक्षा हेतु घड़े गए (घटैरग्र), चुनाई किए गए पत्थर भी निकल गए हों तब नीचे के अग्रभाग से घनमूर्ध्वे अर्थात् छाद्य के शहतीर-बलेवण की ऊँचाई तक क्रमयोग से संछन्न करते या ढँकते जाएँ। उनके ऊपर आरम्भ में तृण-घास से और बाद में उसके ऊपर पेड़ के पत्तों से त्राणकारण अर्थात् सुरक्षा का उपाय करें।

दोराकारैर्नालबन्धैर्विविधैश्च यथाक्रमम्।
केवलदर्भकैश्छन्ना केचिच्च वीरणैस्तथा॥ 20॥

इसी प्रकार तृण और पत्तों को काट-छाँट कर डोरी से बाँधते हुए तरह-तरह के बन्धनों से क्रमवार कुछ को तो केवल दाभ के गुच्छों से और कुछ को वीरण अर्थात् खस की घास से बने गुच्छों से छादन करें यानी ढँकते जाएँ।

एवं समस्तं संच्छन्नं पुरग्रामगृहादिकम्।
ग्रीष्मकालाभ्यन्तरेषु वृष्टिकाले न वै घने॥ 21॥

इस प्रकार से पुर और ग्राम के सभी गृहों की ग्रीष्मकाल के अभ्यन्तर अर्थात् बीच में ही अच्छी छवाई कर लेनी चाहिए ताकि वर्षाकाल में घने बादलों के बीच फिर यह छवाई नहीं करनी पड़े।

आरोहणं च निश्रेणीकार्यमाह —

अन्यभूम्यारोहणाय कार्यास्सोपानपङ्क्त्यः।
सदृशायामनिश्रेणिः सारदारुमयी तथा॥ 22॥
विस्तीर्णैः फलकैः पट्टै सोपानसदृशैस्तथा।
सोपानानुक्रमैः स्थाप्यं गृहारोहणमुत्तमम्॥ 23॥
पादोन्नतं शिरोभागे द्विहस्तानां[2] तु विस्तरे।
वंशं चोभयतः कुर्यात्कराधारं तु रोहणे॥ 24॥

अन्य भूमि अर्थात् अन्य मंजिलों पर चढ़ने के लिए सोपानपङ्क्ति यानी सीढ़ियाँ बनानी चाहिए। उसी के आयाम के अनुसार निश्रेणी (निसरनी, निसैनी) भी बनाई जा सकती है जो सारदारु अर्थात् मजबूत लकड़ी की बनी हो। उसके पट्टे सोपान सदृश अर्थात् सीढ़ियों के समान ही फलकाकार-चौड़े हों, ऐसे स्थाप्य या लगाए जाएँ जो कि गृह पर आरोहण के लिए उत्तम हो। निश्रेणी शिरोभाग की ओर जाने में पादोन्नत— एक-एक पाँव की ऊँचाई जितनी और दो गज की चौड़ाई वाले पट्टों से बनाए जिनके दोनों ओर बांस का दृढ़ आधार ऊपर चढ़ने में सहारे के लिए बनाए अर्थात् बांस का रोस (रेलिंग) सहारे के लिए बनाए, जिससे ऊपर आरोहण करते समय सुरक्षा बनी रहे।

इति सूत्रसन्तानगुणकीर्तिप्रकाशप्रोक्तश्रीभुवनदेवाचार्योक्तापराजितपृच्छायां गृहग्रामनगरशोभाधिकारो नाम चतुशीतितमं सूत्रम्॥ 84॥

इस प्रकार भुवनदेवाचार्य कृत सूत्रसन्तानगुणकीर्ति प्रकाश या अपराजितपृच्छा में गृह-ग्राम-नगर शोभा अधिकार नामक चौरासीवाँ सूत्र पूर्ण हुआ॥ 84॥

गृहग्रामनगरशोभावर्णनं[1] नाम पञ्चाशीतितमं सूत्रम् ॥ 85 ॥

विश्वकर्मोवाच —

राजपुरे च नगरे ग्रामे खेटे तु [2]सुव्रत।
पुराणां बाह्यतः कुर्यात् स्वस्था वै नगरोत्तमाः ॥ 1 ॥

विश्वकर्मा बोले कि राजधानी और नगर में, ग्राम, खेटे अर्थात् खेड़ा में धार्मिक सुव्रत स्थान बनाने चाहिए। पुरों के बाहर भी वैसे ही स्वस्थ नगरोत्तम धार्मिक स्थानों का निवेशन करना चाहिए।

राजलिङ्गोद्भवां पूजां स्वयम्भूधर्मसोच्यते ?।
पुरबाह्यतो ये देवा महारम्यांस्तुकारयेत् ॥ 2 ॥

राजलिङ्ग से होने वाली पूजा को स्वयंभू-धर्म नाम से जाना जाता है। अतः पुर के बाहर की ओर जो भी देवमन्दिरादि बनाएँ, वे बहुत रमणीक, सुन्दर बनाने चाहिए।

प्रतापतेजोभवं च स्वर्गे वा भूमिशासने।
देवाभिधानतः कुर्यात् पूज्यं सुरनरोरगैः ॥ 3 ॥

ऐसे देवाभिधान, देवता के मन्दिर प्रताप और तेज को बढ़ाने वाले तथा भूमि और शासन के लिए स्वर्ग तुल्य माने जाते हैं।[3] अस्तु, उन्हें सुर, नर और नागों के लिए पूजार्थ बनाने चाहिए।

देवालाश्रित पुरनिवेशनं —

अष्ट$_{8}$द्व्यष्ट$_{16}$द्वात्रिंशद्भिः$_{32}$ पुरैश्च परिवेष्टितम्।
अष्टाविंशति$_{28}$श्चतुर्विंशति$_{24}$विंशत्याथ$_{20}$ द्वादश$_{12}$ ॥ 4 ॥

ऐसे देवस्थानों को चारों ओर से घेरे हुए आठ, सोलह, बत्तीस अथवा

---

1. पूर्व सूत्र भी इसी नाम का होने से यहाँ 'वर्णनं' शब्द को जोड़ा गया है।
2. यहाँ सुव्रत सम्बोधन भी हो सकता है किन्तु पूर्वकाल में सुव्रत के साथ-साथ सदाव्रत नामक स्थान भी होते थे जहाँ पर निराहारों, असहायों को भोजन की नियमित व्यवस्था रहती थी। स्वामी रामानन्दाचार्य के शिष्य सन्त पीपाजी महाराज (वि. सं. 1380) द्वारा गुजरात के पीपावाव बन्दरगाह पर सदाव्रत स्थान की स्थापना का वर्णन भक्तमाल की प्रियादास कृत टीका और अनन्तदास कृत 'पीपाजी की परिचयी' में आया है।
3. यहाँ यह अर्थ भी कल्पित होता है कि देव मन्दिरों के साथ भूमिदान करने से प्रताप, तेज मिलता या स्वर्ग की सिद्धि भी होती है। स्कन्दपुराण के ब्रह्मखण्ड में 34वें अध्याय के 5वें श्लोक 'शासनं तत्र रामस्य राघवस्य च नामतः। शृणु ताम्राश्रयं तत्र लिखितं धर्मशास्त्रतः' में इसी अर्थ की फलश्रुति देखने में आती है।

अठाईस, चौबीस, बीस या बारह पुरों (मोहल्लों) को बसाना चाहिए जो इस केन्द्रीय देवस्थान की पूजा का लाभ उठा सके।

षोडशपुर$_{16}$सम्युक्तं ज्येष्ठं तन्नगरं भवेत्।
मध्यमं द्वादशपुरैः$_{12}$ कनिष्ठं दशभिः$_{10}$ पुरैः ॥ 5 ॥

जिस नगर के भीतर सोलह पुर (सम्भवतया मोहल्ले जैसे कि तेलीपुरा, गुर्जरपुरा, मालीपुरा, ब्रह्मपुरी आदि) हो वह ज्येष्ठ, जिसमें बारह पुर हो वह मध्यम और जिसमें दस पुर हो वह कनिष्ठ नगर होता है।

संस्थानेषु तत्र तत्र रम्यं कुर्यात्पुरं तथा।
शिवाश्रमं महारम्यं वाटिकापरिवेष्टितम् ॥ 6 ॥

जहाँ-जहाँ देवमन्दिर स्थित हों, वहाँ के आस-पास के पुरों को यानी आवासीय मोहल्लों को रम्य या साफ-सुथरे, सुन्दर और आकर्षक बनाने चाहिए। वहाँ महारम्य शिवालय या शिवाश्रम बनाएँ जिसके चारों ओर वाटिकाएँ बनाई गईं हों।[1]

तत्र मठनिवेशनं —

यः कारयेन्महारम्यं मठस्थानं तु दक्षिणे।
त्रिभौमं पञ्चभौमं वा मध्ये वेदिसमन्वितम् ॥ 7 ॥

इनको और भी सुन्दर, महारम्य बनाने चाहिए। इनके दक्षिण की ओर के भूभाग में साधुओं, ब्रह्मचारियों, विद्यार्थियों के आवास हेतु मठ बनाने चाहिए।[2] ये

---

1. मेवाड़ के एकलिङ्गजी महातीर्थ में शिवाश्रम के आस-पास पार्वती विलास, शिवाश्रम जैसी निर्मितियाँ रही हैं। एकलिङ्ग माहात्म्य (रचना लगभग 1462 ई.) में धारेश्वर, नागह्रदादि तीर्थ स्थितियों का वर्णन मिलता है। इसी प्रकार नगरी (चित्तौड़गढ़) में ईसापूर्व ही विष्णु प्रासादों के साथ वाटिकाओं का निर्माण होने लगा था। वहाँ से प्राप्त ब्राह्मी अभिलेख में सङ्कर्षण-वासुदेव के पूजागृह के चतुर्दिक प्राकार और नारायण वाटिका का वर्णन मिलता है। (प्रो. आर. डी. भाण्डारकर : वैष्णव, शैव और अन्य सम्प्रदाय में उल्लिखित) इस प्रकार वराहपुराण एवं सात्त्वतसंहिता में भी उल्लिखित है।
   वराहमिहिर ने देवालयों के निमित्त निम्न स्थानगत अर्हताएँ स्वीकृत की हैं— सलिलोद्यानयुक्तेषु कृतेष्वकृतकेषु च। स्थानेष्वेषु सान्निध्यमुपगच्छन्ति देवताः॥ सरःसु नलिनीच्छत्रनिरस्तरविरश्मिषु। हंसांसाक्षिप्तकह्लारवीथीविमल वारिषु॥ हंसकारण्डवक्रौञ्चचक्रवाकविराविषु। पर्यन्तनिचुलच्छायाविश्रान्तजलचारिषु॥ (बृहत्संहिता 56, 3-5) अर्थात्— निर्मित अथवा प्राकृत जल एवं उद्यान से युक्त स्थानों में देवता सान्निध्य प्रदान करते हैं। कमलों के छत्र से जहाँ सूर्य की किरणें प्रवेश नहीं कर पाती जिनमें हंसों के कन्धों से प्रेरित श्वेत कमलों से निर्मित मार्ग से युक्त विमलवारि हो, जिनमें हंस, बतखें, क्रौञ्च, चक्रवाक पक्षियों का कलरव होता हो, जिसके तट पर वृक्ष की छाया में जलचर विश्राम करते हों, देवतागण ऐसे सरोवराश्रित होते हैं।
2. मेवाड़ में एकलिङ्गजी मन्दिर में इसी प्रकार से निर्मित लाकुलीश सम्प्रदाय का मन्दिर और उससे लगा मठ रहा है। शंकराचार्य [illegible] की जो परंपरा चली, वह बहुत लोकप्रिय हुई और [illegible] की दशनामी

मठ तीन मंजिले, पाँच मंजिलों तक बनाए जाए, उनमें वेदी या प्रधानपीठ बनाई जाएँ।

कारयेत् कपिलीगर्भे गर्भसूत्रेण मण्डपम्।
जगत्या अग्रकर्णेषु समसूत्रे तथोच्यते॥ 8॥

इसी प्रकार उनके मण्डप में गर्भसूत्र से कपिलीगर्भ बनाए जो जगती पीठ के आगे के कोने से समसूत्र या जैसे उचित हो, वैसे ही रखना चाहिए।

जगतीक्षेत्रमानेन मठस्यान्तरमादिशेत्।
तदर्धं तु प्रकर्तव्यं पादोनांशमथापिवा॥ 9॥

इस मठ के जगतीमान क्षेत्र के अनुसार ही अन्य मठों के अन्तर को रखें। इन मठों की जगती-पीठ पहले मठ की जगती से आधी की जा सकती है और उससे चतुर्थांश कम भी की जा सकती है।

दिशानुसारेण मठस्य फलाफलम् —

दक्षिणायामथाग्नेय्यां मठं वै सर्वकामदम्।
नैर्ऋत्ये चैव वायव्ये शोकसन्तापकारकम्॥ 10॥

ये मठ दक्षिणतः आयाम और आग्नेय आयाम में बनने पर सभी कामनाओं की पूर्ति करने वाले और शुभ होते हैं परन्तु नैर्ऋत्य और वायव्य कोण की ओर बनने वाले मठ शोक, सन्तापकारक व अशुभ होते हैं।

वारुणे चोत्तरे प्रोक्तं मोक्षदं मोक्षकारकम्।
ईशान्यां पूर्वतश्चैव पूजितं दानपुण्यतः॥ 11॥

इसी प्रकार पश्चिम और उत्तर में बनने वाले मठों को मोक्षदायक, मोक्षकारक कहा जाता है, ये सब आपत्तियों से मुक्त रखते हैं। ऐसे ही ईशान कोण में बनने वाले मठ भी शुभ होते है और पूर्व में बनने वाले भी प्रशस्त होते हैं। अस्तु, इन्हें दान-पुण्य से पूजित किया जाता है।

जगत्युच्छ्रयत ऊर्ध्वं मठभूम्यादिकोच्छ्रये।
मठं स्थाप्यं तदुपरि प्रशस्तं लक्षणान्वितम्॥ 12॥
सुवेदीसहितं कुर्यात्तदूर्ध्वे भूमिकाक्रमम्।
गूढं पञ्चापवरकैर्मैत्रस्थाने समाश्रितम्॥ 13॥

परम्परा के अनेकानेक शिष्यों ने इस प्रकार से गाँव-गाँव लघु मठ-शिवाश्रमों का प्रवर्तन किया था। शंकरदिग्विजय और एकलिंग माहात्म्य में शंकराचार्य की शिष्य परम्परा सहित मठों की परंपरा का वर्णन मिलता है।

इनमें जगती-पीठ की ऊँचाई से ऊपर मठ की मंजिलों की ऊँचाई रखते हुए उनके ऊपर भी प्रशस्त लक्षण से युक्त मठों की स्थापना करनी चाहिए, जो सुवेदिकाओं से युक्त हों और उनमें गूढ़मण्डप, पाँच अपवरक या बरण्डे हों एवं वे मैत्रस्थान से समाश्रित होने चाहिए।

इष्टध्यानालयं कुर्यात् प्रलीनास्तपशासने।
एवं युक्त्या विधातव्यं द्वारसोपानसञ्चयम्॥ 14॥
धूमनिर्गमसंयुक्तं दिश्याग्रेय्यां महानसम्।

यहीं पर अपने इष्टदेव के ध्यान करने के लिए ध्यानालय बनाना चाहिए जहाँ साधकगण तप के शासन-नियम में रहकर ध्यान में प्रलीन रहे लगे रहें। इन मठों के लिए बड़े युक्ति क्रम से समझ-बूझकर द्वार और सोपानों की संरचना करें। इन मठों के लिए बड़ा रसोईघर आग्रेय दिशा में बनाना चाहिए। इनमें अच्छे धूमनिर्गम अर्थात् धुआँकश भी बनाएँ।

सत्रमण्डपादीनां —

पुरतोऽग्रे तु संस्थाने कर्तव्यं सत्रमण्डपम्॥ 15॥

इस तरह मठ सङ्कुल के निर्माण के बाद पुर अर्थात् नगर के आगे के विस्तारयुक्त भाग में सत्र मण्डप संस्थान (यज्ञशाला) का निवेशन करें।

संस्थानं पत्रसमिधामायुधानां तु नैर्ऋते।
वापीकूपतडागं च वारुणे चोदकाश्रयम्॥ 16॥
कोष्ठागारं तु वायव्ये भाण्डागारं तथोत्तरे।
पुष्पागारं तथेशाने कर्तव्यं पट्टसंयुतम्॥ 17॥

वहाँ नैर्ऋत्य कोण में पत्र, समिधा और आयुधों के संग्रह का स्थान बनाया जाए तथा पश्चिम दिशा में वापी, कूप, तड़ाग, जलसंग्रह के लिए जलाशय बनाएँ। वायव्य कोण में कोठार बनाएँ और उत्तर दिशा में भाण्डों, बर्तनों के रखने के भाण्डागार अर्थात् भण्डार बनाएँ। ईशान कोण में पुष्पागार अर्थात् फूलघर बनाए जहाँ पाटले-चौकियाँ आदि भी होनी चाहिए।

कुर्यान्मठस्योपरि च विद्याव्याख्यानमण्डपम्।
वलभीकारमध्ये तु सगवाक्षं सदोगृहम्॥ 18॥

मठ के ऊपरी भाग में विद्या व्याख्यान मण्डप बनाना चाहिए अर्थात् छात्रों को पढ़ाने के कक्ष, कमरे आदि बनाए जो मध्य में वलभीकार हो अर्थात् उन पर ढलवा छत बनी हो और झरोखे, गोखड़े व साथ में छोटे गृह भी बनाए।

गृहान्तराणि सर्वाणि सजलैः कदलैः शुभैः।
पञ्चवर्णैश्च कुसुमैः शोभितानि प्रकल्पयेत्॥ 19॥
प्राकारस्यान्तबाह्यांशं कपिशीर्षसमन्वितम्।
हस्तान्तरे तस्य बाह्ये कर्तव्यं परिखादि च॥ 20॥

गृहों के अन्तर में, अर्थात् बीच-बीच में सभी स्थानों में जल की व्यवस्था और केलों के बाग लगे हों तथा पाँचों प्रकार के रंगों के पुष्पों की वाटिकाएँ भी बनाएँ जिनके बाहर-भीतर बाड़ बनी हो, प्राकार परकोटे की सुरक्षा भी हो तथा परकोटे पर सुन्दर कपिशीर्ष अर्थात् कंगूरों की शोभा हो। उनके एक-एक गज की दूरी पर परिक्खा बाहर की ओर बनाएँ।

प्रतोली चाग्रतः कार्या कपाटपुटसंयुता।
प्रतोल्यूर्ध्वे भूमिकोर्ध्वे वाद्यं समयसूचकम्॥ 21॥

मठ के भवन के आगे की ओर प्रतोली बनाए। उसके खोलने-बन्द करने हेतु कपाट, किंवाड़ भी बने हों। वहाँ इस बात की भी व्यवस्था हो कि पोल के ऊपर की मंजिल पर समय-सूचक वाद्य अर्थात् घण्टी (जैसी कि पूर्वकाल में व्यवस्था थी) भी लगी हों जिसके बजने से समय की सूचना छात्रों, अन्य निवासियों की भी मिलती रहे।

याम्योत्तरानुगाश्चैव प्राकाराः समसूत्रतः।
निर्गमः सूत्रमानेन प्रतोल्यग्रसमन्वितः॥ 22॥
युग्मं गृहाणां कर्तव्यं पक्षयोश्चैव सन्मुखम्।
प्रासादस्य प्रमाणेन पादूनं वा तदुच्यते॥ 23॥

प्रतोली के दक्षिण और उत्तर की ओर जाती हुई एक सीध में प्राकार भित्ति अर्थात् परकोटा बनाए और प्रतोली की सीध में ही दो गृहों का निर्माण किया जाए जिनके पक्ष प्रासाद के सामने बनाए जाए जिनका प्रमाण चतुर्थांश कम हो या जैसा भी उचित लगे वैसा बनाया जा सकता है।

एकभौमा द्विभौमा वा शाला निर्गमभूषिताः।
मत्तवारुणसंयुक्ता निर्मिताश्चित्रशालिकाः॥ 24॥

ऐसे ही मठ और विद्यालय के छात्रों, आध्यापकों व नागरिकों के मनोरञ्जन और ज्ञानवर्धन के लिए एक मंजिला या दो मंजिला निर्गम से भूषित अर्थात् बाहर आने-जाने के खुले स्थान से युक्त बरामदे वाली चित्रशाला अति सुन्दर बनाई जाए जिसके द्वार के झरोखे पर सुन्दर मत्तवारणों की बनावट के अलङ्करण हो।

जगत्यग्रे वामतश्च भिट्ट स्याद् भूमिकोच्छ्रितम्।
महोत्सवे च वासन्ते तत्र हिन्दोलकं भवेत्॥ 25॥

मठ की जगती के आगे, बाईं ओर ऊँची भूमि पर भिट्ट बनाएँ जहाँ किसी महोत्सव के अवसर पर, विशेषकर वसन्तोत्सव में आमोद-प्रमोद के लिए हिण्डोला, झूला लगाया जाए।

घटीस्थानोत्तरे कार्या विचित्रा नृत्यशालिकाः।
वितानैः शालभञ्जीभिर्घण्टाछाद्यैर्विभूषिताः॥ 26॥

मठ में घड़ी, घण्टा बजाने के स्थान से उत्तर दिशा की ओर आकर्षक नृत्यशाला बनाई जाए जिस पर सुन्दर वितान, चन्दोवा लगे हों। उसकी भीतरी छत अलंकृत होनी चाहिए और द्वारों, भीतों पर शालभञ्जिकाओं की मूर्तियाँ विविध शृङ्गार की मुद्राओं में बनाई जाए। चित्रकारी में पुतलियाँ बनी हों तथा इस नृत्यशाला पर सुन्दर घण्टा अर्थात् गुम्बज की शोभाजनक छत होनी चाहिए।[1]

तत्रैव वाटिकाविधानमाह —

तासामुत्तरतः कार्या दक्षिणे वामतोऽपि वा।
अथवा वारुणे कुर्यात् क्षेत्रालाभे सुवाटिकाः॥ 27॥
तासु वै विविधा वृक्षा जातिपुष्पाण्यनेकधा।
सर्वे च देवतरवो नोपरिष्ठाः समन्ततः॥ 28॥

उसके उत्तर तथा दक्षिण अथवा पश्चिम की ओर समस्त क्षेत्रवासियों के लाभ के लिए सुन्दर वाटिका भी बनाई जाए जिसमें विविध वृक्ष ऐसे हों जिनमें नाना जातियों के पुष्प खिलते हो जो सभी देवतरुवत् हों अर्थात् देवपूजनार्थ काम में आएँ। उनके समान 'नोपरिष्ठाः' यानी पूजा गें काम न आने योग्य कोई अन्य न हों,

---

1. मेवाड़ के महाराणा कुम्भा कृत सङ्गीतराज के नृत्यरत्नकोश में नाट्यशाला के अलङ्करण के प्रसङ्ग में निम्न निर्देश है— मूर्घ्नि तेषां विचित्राणि काष्ठानि परिकल्पयेत्। भरणाख्येषु काष्ठेषु विचित्राः शालभञ्जिकाः॥ कार्या मूर्द्धसु तेषां स्युर्धरिण्यः शिल्पिसंस्कृताः। तास्वथ स्थापनीयं स्यात् तिर्यग् दारुचयं दृढम्॥ परस्परं संहताः स्युः पट्टिकास्तत्र दारुजाः। सुश्लिष्टसंन्धिकं रन्ध्रं निर्मुक्तं स्याद् यथा तथा॥ छादनीयं प्रयत्नेन काष्ठानामन्तरालकम्। छादनक्रममाश्रित्य परं लोहानुसारतः॥ तथा सुधा निधेयाऽत्र यथा चन्द्रकराः परम्। तत्रानुबिम्बमासाद्य चन्द्रकोटिभ्रमावहाः॥ स्युरेवं भित्तिकर्माथो शिल्पिवर्यः प्रयोजयेत्। स्तम्भं वा नागदन्तं वा वातायनमथापि वा॥ कोणं वासप्रतिद्वारं विद्धं न कारयेत्। दृढमूला समा भित्तिः पक्वेष्टकचिता दृढा॥ यथोचितद्वारदेशस्तम्भार्द्रच्छादनोचिता। चन्द्रबिम्बप्रतिकाशा सुधालेपविभूषिता॥ विचित्रचित्र संयुक्ता वा.सायनविनिर्मितैः। रतप्रबन्ध रुचिरा नानानाटकचित्रिता॥ नायिकानायकोपेत नानारूपविचित्रता। लताशृङ्खलिकापिण्डी भेद बन्धविनिर्मितैः॥ श्रीकुम्भकर्णसङ्गीतगीतगोविन्दरूपकैः। कर्तव्या चित्रिता भित्तिर्विचित्रा चित्रकर्मठैः॥ इत्यादि... (नृत्यरत्नकोश 1, 1, 85-96)

ऐसे देवतरु चारों ओर लगाएँ।

तत्र रोपणीय वृक्षादीनां —

प्रियङ्गुशिरीषाशोका जीवे करिटकैः शुभैः ?।
पुन्नागनागबकुलैः पाटलैर्बिल्वचम्पकैः ॥ 29 ॥
श्वेतमन्दारविजयाजातीतगरकुब्जकैः।
अनङ्गैः सुवर्णपुष्पैश्च बाणा भ्रान्ताः [1]काकाण्डकैः ॥ 30 ॥
मुद्गरैः शतपत्रैश्च रम्भाकाञ्चनपुष्पकैः।
नारङ्गैः कर्णजम्बीरैस्तालतमालकेतकैः ॥ 31 ॥
पनसैर्नारिकेलैश्च वृक्षैः पूगीफलैस्तथा।
द्राक्षनागरवल्लीनां विविधैश्च लतागृहैः ॥ 32 ॥

वहाँ लगाने योग्य वृक्षों में प्रियङ्गु, शिरीष, अशोक, जीव, करिटक शुभ होते हैं। इसी प्रकार पुन्नाग, नाग, बकुल, पाटल, बिल्व, चम्पक, श्वेतमन्दार, विजया, चमेली, तगर, कुब्जक या महासहा, अनङ्ग, सुवर्णपुष्प, बाण, भ्रान्ता, काकाण्ड या महानिम्ब, मुद्गर, शतपत्र, केला, काञ्चनपुष्प, नारङ्गी, कनेर, जम्बीर, ताल, तमाल, केतकी, पनस, नारियल, सुपाड़ी, द्राक्षा-लता, नागरवल्लिका तथा ऐसे ही विविध प्रकार के वृक्षादिकों से लतागृह अर्थात् लताकुञ्जों की रचना करें।

वापी चैवाथ कूपश्च दृढयन्त्रैरलङ्कृतः।
तस्य बाह्ये तु प्राकारं कपिशीर्षविवर्जितम् ॥ 33 ॥

इस तरह बाग-बगीचों के वृक्ष, लता-पुष्पों की सिंचाई की व्यवस्था के लिए वापी-बावड़ी अथवा कूप बनाने का ध्यान रखें। उनमें मजबूत (अरहट) यन्त्रों से सज्जित करके जल के निकास की व्यवस्था के लिए नालियाँ बनाएँ। इनके बाहर भी सुरक्षार्थ परकोटा बनाए जिसके लिए सुन्दर कँगूरों की बनाने की आवश्यकता नहीं, केवल परकोटा ही पर्याप्त है।

परिखायास्तत्र बाह्ये सप्त हस्तप्रमाणतः।
इन्दिरावासनं कुर्याद् देवदेवजगत्प्रभुः ॥ 34 ॥

---

1. 'काका(र)टकैः ?।' इति प्रकाशित पाठः।
विशेष : यहाँ पुष्पवृक्षों का प्रधानता से वर्णन है। शब्दार्थचिन्तामणि में नरसिंहपुराण के मत से पुष्पीय पौधों की तुलनात्मक उच्चता का वर्णन आया है— चम्पकात् पुष्पशतकादशोकं पुष्पमुत्तमम्। अशोकात् पुष्पसाहस्रात् सेवतीपुष्पमुत्तमम्॥ सेवतीपुष्प साहस्रात् कुब्जकः पुष्पमुत्तमम्॥ (शब्दकल्पद्रुम द्वितीय खण्ड पृष्ठ 144)

उस परकोटे के बाहर की ओर सात गज के प्रमाण की चौड़ाई की खाई बनाई जाए। ऐसे नगरों में लक्ष्मीजी का मन्दिरों और देव, जगत्प्रभु भगवान् विष्णु का मन्दिर भी बनाएँ।

कृते याति पुरे रम्ये यत्र साक्षान्महेश्वरः।
कैलाससदृशं रम्यं राज्यं यावत्तु मेदिनी॥ 35॥

इसी प्रकार से इस सुरम्य पुर में साक्षात् भगवान् महेश्वर का कैलास पर्वत के समान मन्दिर बनाएँ जो बड़ा ही सुन्दर हो और जब तक यह पृथ्वी रहे, तब तक राज्य की शोभा विद्यमान रहे।

इति सूत्रसन्तानगुणकीर्तिप्रकाशप्रोक्तश्रीभुवनदेवाचार्योक्तापराजितपृच्छायां
गृहग्रामनगरशोभावर्णनाधिकारो नाम पञ्चाशीतितमं सूत्रम्॥ 85॥

इस प्रकार भुवनदेवाचार्य कृत सूत्रसन्तानगुणकीर्ति प्रकाश या अपराजितपृच्छा में नगर,
ग्राम, नगर शोभा वर्णन अधिकार नामक पिचासीवाँ सूत्र पूर्ण हुआ॥ 85॥

महाराजाधिगृहशुद्धशेखरसङ्घाटमिश्रकच्छन्दनिर्णय-ब्रह्मनगरभूधराख्यगृहो नाम षडशीतितमं सूत्रम्॥ 86॥

विश्वकर्मोवाच —

अथातः सम्प्रवक्ष्यामि लक्षणं राजवेश्मनाम्।
विभक्तिभागसङ्ख्यानां छन्दालङ्कारसम्युतम्॥ 1॥

विश्वकर्मा बोले कि अब मैं राजमहलों, राजवेश्मों के उचित लक्षणों को उनकी विभक्ति के अनुसार भागों की संख्या तथा उनके छन्दों, अलङ्कारों के साथ कहता हूँ।

राजवेश्मार्थ तलच्छन्दमाह —

क्षेत्रं विभज्य यत्नेन भागाः स्युः षोडशैव $_{16}$ च।
मध्ये शाला द्विभागा स्यादलिन्दः शेषभागतः॥ 2॥

राजमहल के वास्तुक्षेत्र को बहुत यत्नपूर्वक सोलह भागों में विभाजित करें और उनके मध्य में बनने वाली शाला को दो भागों में बनाएँ, शेष भागों में अलिन्द अथवा बरामदा रखें।

क्षेत्रादौ विन्यसेद् गर्भं दक्षिणे करमात्रकम्।
त्रिभागं वामतः कुर्यात् त्रिभागं चैव मध्यतः॥ 3॥

इसी प्रकार गर्भ के दायें भाग में एक गज का क्षेत्र रखें, तीन भाग बायीं ओर रखे और तीन भाग का ही मध्य कल्पित करें।

षड्भागं विस्तृतं द्वारमायतं द्विगुणं तथा।
द्विभागं ब्रह्मसंस्थानं सीमां तत्र प्रकारयेत्॥ 4॥

उसका द्वार छह भाग चौड़ा और उसका दुगुना ऊँचा रखें अर्थात् बारह भाग के बराबर ऊँचा हो और दो भाग ब्रह्मस्थान की वहाँ पर सीमा करें।

शेषोऽलिन्दविधिर्युक्त्या तन्मानं पुरतः शुभम्।
तलच्छन्दमितिप्रोक्तमूर्ध्वमानमतः शृणु॥ 5॥

शेष भागों में अलिन्द, खुले बरामदे युक्तिपूर्वक निवेशित करें जिनका मान पुर के लिए शुभ व सुन्दर हो। इस प्रकार भवन का तलछन्द मैंने बताया। इसके बाद उसका ऊर्ध्वमान (एलिवेशन) भी सुनो।

अथ राजवेश्मोर्ध्वमानमाह —

सार्धत्रिभागसंयुक्ता चादिभूमिः समुच्छ्रिता।
शेषा नवान्ताः सद्वृत्ताः पादहीना यथाक्रमम्॥ 6॥

इसके लिए आदि भूमि से साढ़े तीन भाग संयुक्त करते हुए उसकी ऊँचाई रखें, शेष सभी भूमियों या मंजिलों को नौ मंजिल तक जाते-जाते इस प्रमाणवृत्त में क्रमशः चतुर्थांश कम करते जाएँ।

वेदीकण्ठं तथा पद्मं कलशं चाग्रशोभितम्।
चतुर्विंशतितिलकैर्भागं कुर्यात्समुच्छ्रये॥ 7॥

उनके सबसे ऊपर वेदीकण्ठ अर्थात् चौकोर वेदिका कण्ठ स्वरूप बनाकर उसके ऊपर पद्म स्वरूप गुम्बज और गुम्बज के ऊपर कलश शोभायुक्त बनाएँ, उसके चारों और चौबीस ऊँचे उठे हुए तिलक अर्थात् शृङ्ग बनाएँ।

प्रवेशं स्तम्भवेश्चारु ? हृदेशां सक्रमोद्गतः ?।
प्रमाणमीदृशं चैव उपशोभां तथा पुनः॥ 8॥
नानारूपसमाकीर्णं छाद्यघण्टाविभूषितम्।
नानापुष्पकशोभाढ्यं चन्द्रशालासमन्वितम्॥ 9॥

प्रवेश द्वार पर सुन्दर स्तम्भों का क्रमशः निर्माण करें जो हृदेश-सामने की ऊँचाई में ही बने और उनका प्रमाण इस तरह रखें कि उनकी उपशोभा भी पुनः नाना प्रकार के पुष्पकों के अलङ्कारों युक्त छाद्य-छत और घण्टा-गुम्बज से विभूषित चन्द्रशाला या चन्दोवा अर्थात् भीतर की अलंकृत छत से युक्त हों।

निर्यूहं निर्गमं श्रेयः ? सहश्चैवरनेकधा ?।

शुद्धच्छन्दमिति प्रोक्तं सुशर्म चैव सुव्रत ॥ 10 ॥

इन स्तम्भों और गुम्बजों के बाहर की ओर निकले हुए निर्व्यूह बड़े सुन्दर और अनेक प्रकार के बनाएँ तब इस प्रकार के भवन को शुद्ध छन्द में बना हुआ कहा जाएगा। इसके बाद मैं सुशर्म व सुव्रत (शेष आगे)।

अथ गर्भच्छन्दमानमाह —

सङ्घाटं कथयिष्यायि क्षेत्रभक्त्या द्विरष्टकम्।

तेन क्षेत्रप्रमाणेन नवमं दक्षिणे भवेत् ॥ 11 ॥

ततश्च वामतो दद्यात् पूर्वतः पश्चिमं ततः।

(पूर्वानुसार सुशर्म व सुव्रत के) सङ्घाट-निर्माण के बारे में कहता हूँ। कुल पिण्ड-क्षेत्र को सोलह भागों में बाँटकर उस क्षेत्र के ही प्रमाण से नौ भागों को दायें और नौ भागों को बायें दें। इसी प्रकार से पूर्व और पश्चिम में भी नौ-नौ भाग देने चाहिए।

नवान्ते पञ्चमं भागं वामतो दक्षिणं तथा ॥ 12 ॥

मध्यतो ब्रह्मसंस्थाने सीमासूत्रं तु विन्यसेत्।

सीमान्ते द्वावलिन्दौ च भित्तिर्भागा तदन्ततः ॥ 13 ॥

द्वावलिन्दौ च तत्पश्चाद् भित्तिभागः समः पुनः।

भित्त्यन्तेऽलिन्द एकः स्यात्तदन्तेष्वन्तभित्तिभिः ॥ 14 ॥

गर्भच्छन्दमिति प्रोक्तं सङ्घाटं कथयाम्यहम्।

बाद में नौ भागों के अन्त में पाँच भाग वाम, उत्तर, दक्षिण में दे, फिर मध्य के ब्रह्मभाग से सीमासूत्र रखें और सीमासूत्र के लगे हुए दो अलिन्द या बरामदे बनाएँ। उनके अन्त में भित्ति भाग छोड़े और उसके बाद भित्ति भाग के बराबर पुनः दो अलिन्द या बरामदे बनाएँ और उनके बाद भित्ति बनाएँ। इसके अन्त में एक अलिन्द और बनाए तथा इसके उपरान्त अन्तिम भित्तियों को निर्मित करें। इस प्रकार बनने वाले छन्द को 'गर्भछन्द' कहा गया है। अब मैं अन्य सङ्घाट-समूह को कहता हूँ।

वीरभद्रसङ्घाटमाह —

अलिन्दद्वयसंयुक्तं सङ्घाटं तु विचिन्तयेत् ॥ 15 ॥

भित्तिभागं तु मध्यान्ते सीमांश्चैव द्विभागतः।

भद्रान्ते निर्गमं तत्र छन्दे याम्योत्तरे न्यसेत् ॥ 16 ॥

ऐसे एक अलिन्द के साथ बनने वाले सङ्घाट-समूह की परिकल्पना करें जिसके मध्य भाग के अन्त से भित्ति भाग की सीमा दो भागों की हो और उस भद्रभाग अर्थात् भित्ति के अन्त में निर्गम-निकास उत्तर-दक्षिण की ओर रखें।

सतेनैव पश्चिमे दद्यादष्टांशं पुरतस्तथा।
मुखशाला प्रकर्तव्या तलच्छन्दात्परा भवेत्॥ 17॥

इसी प्रकार अष्टांश भाग पश्चिम में और अष्टांश भाग पूर्व में रखें जहाँ पर मुख्य द्वार पर मुखशाला तलछन्द के अनुसार-परा अर्थात् बड़ी सुन्दर बनाएँ।

ततो गृहीत्वा क्षेत्रांशमङ्कयेद् भूमिकोच्छ्रयम्।
मूलभूम्युच्छ्रयान्ते च चतुर्भागैस्तु कारयेत्॥ 18॥
शेषास्तु पादहीनाश्च भूमयो नवसङ्ख्यया।
तलच्छाद्यं तथा वेदी ग्रीवा घण्टा च छत्रकम्॥ 19॥
कलशं तु शिखान्तं च त्रिभागैश्चैव लाञ्छयेत्।
ऊर्ध्वमानमिति प्रोक्तं रेखाश्चैव तु पूर्ववत्॥ 20॥

तलछन्द के अनुसार क्षेत्रांशों को लेकर मंजिलों की ऊँचाई का अङ्कन करें। मूल भूमि अर्थात् पहली मंजिल से ऊँचाई की ओर बढ़ते समय चार भाग तो मूल भाग की मंजिल जितने ऊँचे करें और शेष जो नौ मंजिलों तक बने, उनको इस पहली मंजिल की ऊँचाई से पादहीन अर्थात् चतुर्थांश कम ऊँचाई की बनाएँ और उनके सबसे ऊपर छत बनाएँ। चौकोर वेदीकण्ठ बनाकर उस पर गुम्बज का छत्र और कलश शिखा के अन्त तक बनाएँ। इसके शिखान्त तक तीन भागों के स्पष्ट सङ्केत या लाञ्छन करें। इस प्रकार यह नौ मंजिले भवन का ऊर्ध्वमान (एलिवेशन) कहा गया है जिसकी रेखा तो पूर्ववत ही बनेगी।

सङ्घाटत्रयसंयुक्तं तच्च निर्द्वरिसंयुतम् ?।
त्रिपुष्पकं प्रकर्तव्यं सङ्घाटं गर्भमध्यतः॥ 21॥
चतुःसङ्घाटकोपेतं षट्पुष्पकविभूषितम्।
एवं तु कारयेद्वत्स दशमान्तं तु सुव्रत॥ 22॥
तथा चन्द्रशालामेकामृजाक्षोम[1] शालभञ्जिका।
छाद्यकपोतकलां तु निर्गता माडमालिका॥ 23॥
सङ्घाटं वीरभद्रं तु भित्तसञ्ज्ञमुदाहृतम्।

1. 'चन्द्रकलामेकामृजाक्षोभ ?।' इति प्रकाशित पाठः।

इस संयुक्त त्रिसङ्घाट को निर्द्वारि-प्रणालों से युक्त बनाते हुए सङ्घाट समुच्चय के मध्य से त्रिपुष्पक अलङ्करण बनाएँ और चौथे सङ्घाट समुच्चय से छह पुष्पों के अलङ्करणों द्वारा विभूषित करते हुए हे वत्स! दसवें सङ्घाट तक इस सुव्रत को बनाएँ। इसी प्रकार एक खुली छत बनाए जिस पर एक छत पर बनने वाला कमरा (मृजाक्षोप) हो। उसके अलङ्करण में नवयौवनाओं पुतलियों या शालभञ्जिका की शोभा तथा सुन्दर छत युक्त एक कपोतकला (कबूतरखाना, चिड़ियाओं का आश्रय स्थल) भी माडमालिका अर्थात् मेड़ियों की कतार से आगे निकला हुआ बनाना चाहिए। इस प्रकार यह सङ्घाट वीरभद्र नाम का भित्तियों सहित वर्णित किया गया।

तथा चान्ये —

सप्तभौमं तु कर्तव्यं[1] शुद्धच्छन्द नवान्तिकम्॥ 24॥
एवं तु नवसंयुक्ता भूम्यः कार्यास्तु सुव्रत।
राज्ञां विनिर्मिताश्चैता विचित्रास्त्वपराजित॥ 25॥

इसके अतिरिक्त, सात मंजिला शुद्धछन्द नामक भवन नौ मंजिलों के अन्त तक बनाया जा सकता है। इस प्रकार जब नौ मंजिलों को संयुक्त रूप में लें तो उसे सुव्रत छन्द में बना हुआ कहा जाता है। हे अपराजित! राजाओं द्वारा बनाए हुए इतने सभी विचित्र भवन हैं।

त्रिसङ्घाटं महादिव्यं नाम्ना वै सुन्दरं गृहम्।
पञ्चसीमं त्रिसङ्घाटं कथितं चैव सुन्दरम्॥ 26॥

त्रिसङ्घाट-समूहों में बने हुए महादिव्य भवनों को सुन्दर गृह कहा गया है। पाँच सीमा वाले त्रिसङ्घाट समूहों को भी सुन्दर कहा है।

इत्यमनन्तर पञ्चसङ्घाटकमिश्रकछन्दमाह —

पुनरन्यं प्रवक्ष्यामि भेदोपभेदनिर्णयम्।
नवसीमासमायुक्तं पञ्चसङ्घाटकं विदुः॥ 27॥

अब मैं पुनः अन्य प्रकार के भेद, उपभेद के निर्णयानुसार नौ की सीमा तक बनने वाले पञ्चसङ्घाटक समूहों के बारे में कहता हूँ जिसे सुनो।

नवपुष्पकसङ्कीर्णं$_9$ सप्तघण्टाविभूषितम्$_7$।
षोडशांशं$_{16}$ शुद्धद्वयं सङ्घाटषोडशं$_{16}$ तथा॥ 28॥
द्वादशान्तं$_{12}$ द्विसङ्घाटं वामदक्षिणसंस्थितम्।
पश्चिमे चेदृशं छन्दं पुरतश्चैव तादृशम्॥ 29॥

---

1. 'सप्तभौमं तु सङ्गव्यं' इति प्रकाशित पाठः।

द्विर्द्विश्छन्देन दातव्यं भित्त्यष्टकसमन्वितम्।
छन्दलक्षणसंयुक्तं पूर्वमर्मविवर्जितम्॥ 30॥

नौ पुष्पकों के समूहयुक्त और सात घूमटों-गुम्बजों से विभूषित षोडशांश युक्त शुद्धद्वय— शुद्ध जोड़ों में सोलह सङ्घाट-समूह बनाए जाए तथा द्वादशान्त अर्थात् बारह द्विसङ्घाट— दो जोड़ों के समूह उनके बायें-दायें स्थित बनाएँ। इसी तरह पश्चिम में भी और पूर्व में भी दो-दो छन्दों अर्थात् दो-दो ढङ्ग से आठ भित्तियों से युक्त भित्ति अष्टक भी दिया जाए जिसमें कोई पूर्वमर्म यानी कमी नहीं हो और वह सभी शुभ लक्षणों से संयुक्त हो।

पञ्चसङ्घाटसंयुक्तं षोडशाण्डकभूषितम्।
तादृशं तादृशैर्युक्तं प्रस्तारः पूर्वतः स्मृतः॥ 31॥

इस तरह यह पञ्चसङ्घाट संयुक्त भवन समूह जिस पर सोलह गुम्बजों की शोभा है, का प्रस्तार पहले जैसा बना था, वैसे ही प्रस्तार के साथ निर्मित होगा।

सुन्दराख्यं महादिव्यं राज्ञां विजयकारणम्।
तत्कर्तार एकछत्रं भोक्तारो भुवनत्रये॥ 32॥

ये सुन्दर नाम के महादिव्य भवन राजाओं की विजय-कीर्त्ति के कारण होते हैं। ऐसे भवनों को बनवाने वाले इन तीनों लोकों में एकछत्र अर्थात् समस्त राजाओं के महाराजा चक्रवर्ती सम्राट होते हैं।

मिश्रकं पूजयेच्चैव वास्तुं सूत्र सुरार्चितम्।
सर्वथा पूजयेद्[1] वत्स मिश्रकं वेधवर्जितम्॥ 33॥

ऐसे मिश्रक वास्तुसूत्र को जिसे देवताओं के द्वारा भी पूजा जाता है, उसे पूजना चाहिए। हे वत्स! सभी प्रकार से वेधवर्जित मिश्रक को ही महत्व दिया जाना चाहिए।

चतुःषष्टि$_{64}$ प्रभिन्नं च शतपांच्यापराजित।
पूजयेद् वास्तुनी तत्र पूज्याः सर्वे पृथक् सुराः॥ 34॥

चौंसठ प्रकार के भिन्न-भिन्न और पाँच सौ वास्तु भवनों को हे अपराजित! पूजना चाहिए जिन्हें सभी देवताओं ने भी पृथक्-पृथक् पूजा था।

त्रिदशाः पूजिता येन त्रैलोक्यं सचराचरम्।
एवं विचार्य कर्तव्यं न न्यूनं चाधिकं न हि॥ 35॥

इति महाराजाधिगृहशुद्धशेखरसङ्घाटमिश्रकच्छन्दनिर्णयाधिकारः।

---

1. 'अन्यथा वेधयेद्' इति प्रकाशित पाठः।

देवताओं ने जिनका तीनों लोकों में और सकल चराचर में पूजन किया, इस बात को भली प्रकार से विचार लें और इसमें न्यूनाधिक्यता नहीं करे।

भूधराख्यगृहरचनावर्णनमाह —

सङ्घाटकसमायुक्तं त्यक्त्वा पुष्पककोष्ठकम्।
पूर्वा-परवासराणामष्टपदौ$_{8}$ च जायते॥
------------ याम्यकौबेरसंस्थितौ॥ 21-22॥[1]

पुष्पक कोष्टकों को त्यागते हुए जो सङ्घाट-भवन समूह बनते हैं, उनके पहले और बाद के भवनों के लिए अष्टापद बनाए जाते हैं....। जो उत्तर-दक्षिण भागों में संस्थित होते हैं।

सर्वेषामीदृशश्छन्दश्चतुःषष्टिपदेषु$_{64}$ च।
ब्रह्मस्थानगृहाश्चैव पादानां च चतुष्टये॥ 23॥

इन सभी के लिए छन्द उसी प्रकार बनता है जो चौंसठ पदों वाला होता है जिनमें ब्रह्मस्थान में बनने वाले गृहों के भी चार पाद-भाग होते हैं।

गृहाणां मानसङ्ख्या च द्वात्रिंशद्धस्तकैर्मता$_{32}$।
उभयोर्ब्रह्मवंशस्य चतुर्थांशकराः स्मृताः॥ 24॥

इन गृहों की मान संख्या अर्थात् लम्बाई का मान बत्तीस गज का होता है जो दोनों ब्रह्मवंशों में चतुर्थांश गज या चौथाई हाथ प्रमाण का होगा।

चत्वारो द्वादशमार्गाश्चत्वारो षोडशान्विताः$_{16}$।
नवमार्गकृताः$_{9}$ सङ्ख्या निर्मिता विश्वकर्मणा॥ 25॥

इनमें से चार तो बारह मार्गों वाले हैं और चार सोलह मार्गों वाले हैं। विश्वकर्मा[2] ने इस सम्बन्ध में नौ मार्गों की संख्या तक भी स्वीकृत की है।

सीमा करसहस्त्रं तु आयामो विस्तरः समौ।
चतुःषष्टिपदं$_{64}$ कुर्याद् ब्रह्मरन्ध्रप्रमाणतः॥ 26॥

यदि किसी पिण्ड का सीमा क्षेत्र लम्बाई-चौड़ाई में एक हजार गज तक का समानतः हो तो ऐसे चौंसठ पद बनाएँ और उसमें प्रभाणानुसार ब्रह्मरन्ध्र भी परिकल्पित करना चाहिए।

चतुर्मुखं चतुर्द्वारं चतुर्दिक्षु[3] पितामहम्।

---

1. प्रकाशित पाठे 1—20 पर्यन्ताः श्लोका लुप्ताः।
2. यहाँ अपराजितकार ने किसी पूर्व विश्वकर्मीय शास्त्र का स्मरण किया है।
3. 'चतुर्थक्ष?' इति प्रकाशित पाठः।

कारयेच्च स्वनगरे प्रासादं कमलोद्भवम्॥ 27॥

इस क्षेत्र में चतुर्मुख, चतुर्द्वार और चारों दिशाओं में देखते हुए पितामह का, कमलोद्भव ब्रह्मा का (सर्वतोभद्र) प्रासाद या मन्दिर अपने नगर में बनाना चाहिए।

स्थापयेच्च चतुर्वर्णं चतुर्दिक्षुः यथाक्रमम्।
महास्थानानि चत्वारि चतुर्वर्णाश्रितानि च॥ 28॥

और, उस नगर में चारों वर्णों का चारों ही दिशा में यथाक्रम न्यास होना चाहिए। चारों महास्थान चारों वर्णों से ही आश्रित हो अर्थात् वहाँ वे बसे हुए हों।

तत्र प्राकार लक्षणमाह —

सीमान्तेषु च सर्वेषु चतुःषष्ट्यादिसाधिते$_{64}$।
प्राकारः सुदृढः कार्यो नवहस्तैः समुच्छ्रितः॥ 29॥

सभी छोर, सीमान्त पर उक्त चौंसठ पदों के अनुसार साधित किए गए प्राकार सुदृढ़ और नौ गज ऊँचे बनाने चाहिए।

नवहस्ता वृत्ता कार्या त्रिगूढा कण्डवारुणी।
तत्तुल्योदयमानं च कपिशीर्षघनाकुलम्॥ 30॥

उन परकोटों के नौ गज आयाम की तीन छतों वाली— त्रिगूढ़ गोलबुर्जें अर्थात् कण्डवारुणी भी बनाए और ऊँचाई के मान के अनुरूप कँगूरों की समूह रचना (कपिशीर्षघनाकुलं) भी करें।

कर्णे कर्णे तु कर्तव्या वृत्ताः कुड्मलशोभनाः।
त्रिहस्तान्ते पुनः कुर्याद्योधविद्याधरी तथा॥ 31॥

इस प्राकार या परकोटे के कोने-कोने पर गोल भित्ति वाले बुर्ज शोभायुक्त बनाएँ और पुनः प्राकार पर उनके तीन-तीन गज के अन्तराल पर विद्याधरी-बारादरी या बरामदा बनाए जहाँ से योद्धा सुरक्षा कार्य में सन्नद्ध होकर काम कर सके।[1]

तद्वद्भागप्रमाणेन कुर्यात् सिंहावलोकनम्।
प्रत्योल्यन्तं चत्वरे तु चतुर्द्वाराणि कारयेत्॥ 32॥
द्वाराण्यष्टौ$_{8}$ खडक्कीनां शस्तानि शुभदानि च।
खडक्की सर्वद्वारेषु कुर्यात्सोपानसञ्चयम्॥ 33॥

---

1. इस प्रकार की रचना चित्तौड़गढ़, कैलाशपुरी और कुम्भलगढ़ में देखी जा सकती है। प्राचीन काल में देवकुल पाटन, अमहिलवाडपट्टन में भी इस प्रकार के दुर्गों के प्राकारों का विन्यास रहा है। सूत्रधार मण्डन ने यही निर्देश वास्तुमण्डनम् में भी दिया है।

उसी विद्याधरी या बरामदे के मान-प्रमाण के अनुसार ही सिंहावलोक यानी गोखड़े भी बनाए जाएँ जहाँ से दूर-दूर तक सैनिकों की दृष्टि जा सके। चत्वरों, चौक के चारों और जाने वाले मार्गों के अन्त में चार द्वार बनाए और उन पर प्रतोलियाँ-पोलें बनाई जाए जिनके आठ खिड़कियाँ अर्थात् लघु द्वार भी प्रति पोल के उभय पार्श्व में दो खिड़की के क्रम में बनाए, यह शुभदायी है। इस तरह चारों द्वारों के कुल आठ खिड़कियाँ हों जिन पर चढ़ने-उतरने के सोपान बनाएँ अर्थात् उनके द्वारा परकोटे से बाहर आते-जाते सीढ़ियों से चढ़ना-उतरना पड़े, ऐसी बाधा रखें।

रथमार्गोचितं शस्तं प्रतोलीषु प्रवेशनम्।
द्वारेषु च कपाटानि दृढार्गलयुतानि च॥ 34॥

इसी प्रकार गाड़ी-घोड़ा और रथयान आदि से सीधे सड़क मार्ग से प्रतोली-पोल के द्वारा आते-जाते रहें। प्रतोली के द्वारों के कपाटों की व्यवस्था के साथ ही उनकी सुदृढ़ता के लिए दृढ़ अर्गलाओं का भी वहाँ पर प्रबन्ध होना चाहिए।

पूर्वद्वारे ध्वजस्थाने कीर्तिस्तम्भं महोदयम्।
तद्भद्रे तु प्रतिष्ठाप्यः कीर्तिपताक हस्तकः॥ 35॥

नगर के पूर्व दिशा के द्वार के आगे ध्वज-स्थान पर बहुत ऊँचा (महोदय) कीर्तिस्तम्भ बनाया जाए[1] और उसके भद्र, शिखर के कक्ष पर कीर्तिपताका हस्तक अर्थात् ध्वजदण्ड की प्रतिष्ठा होनी चाहिए।

तथा च शिल्पीदानसम्मानकर्तव्यमाह —

शिलोंछखननं त्राणं शय्यासनपट्टिका।
नित्यकर्मस्थानस्थानं सन्ध्यावन्दकण्डिका॥ 36॥
गृहोपस्करं सर्वमायसकाष्ठकादिकम्।
द्विजदेवाय दातव्यमात्मार्थं स्वर्गमानदम्॥ 37॥

जो विप्र स्वयं शिलाखनन करके अपने लिए शय्या, आसन-बाजोट, पट्टिका, त्राण या कवचादि बनाते हों तथा नित्यकर्म-पूजन का स्थान बनाना, सन्ध्या-वन्दन करने की कण्डिका बनाने आदि के कठिन कार्य करते हों और जिनके घरों में काम आने वाले सभी उपस्कर (गृहोपयोगी औजार, सामान) जो लोहे, धातु-काष्ठादि से

---

1. चित्तौड़गढ़ पर अपराजितकार के जीवन काल तक सम्भतः ऐसी व्यवस्था हो चुकी थी। वहाँ दो कीर्तिस्तम्भ है और उक्त निर्देशों की परिपालना वर्तमान में भी द्रष्टव्य है। इससे पूर्व महाराष्ट्र में अजन्तादि की गुफाओं के द्वार पर स्तम्भ बनाए गए थे।

बनते हो— ऐसे द्विज-देव ब्राह्मणों के लिए अपने कल्याण के लिए तथा मरणोपरान्त स्वर्ग में सम्मान पाने के लिए दानकृत्य करना चाहिए।

भूम्यादिकं गजाश्वं च देशग्रामं च पत्तनम्।
पयस्वती रथं छत्रं हेमरत्नादिभूषणम्॥ 38॥
सपत्नीकाय पूज्याय विप्रा देवैश्च पूजिताः।

इसी प्रकार से विप्रों को भूमिदान, गजदान, अश्वदान, देश और ग्रामदान, पत्तनदान, दूधारू गाय का दान, रथदान, छत्रदान, स्वर्ण-रत्नादि वाले आभूषणों के दान को देवताओं की पूजा करने के बाद— विप्रपत्नी सहित विप्र या भूदेवों को करना चाहिए।

इन्द्रराज्यसमं राज्यं स्वर्गे वाऽथ धरातले॥ 39॥
धान्यसञ्चायकं ख्यातं नगरं नाम भूधरम्।
देवलोकेषु विख्यातं पूज्यं सुरनरोरगैः॥ 40॥

उक्त दान इसलिए करना चाहिए कि राजा की प्रतिष्ठा इस धरातल पर राजा इन्द्र के स्वर्ग के समान राज्य की हो जिससे उसके नगर का 'भूधर' नाम धान्य सञ्चायक अर्थात् धन-धान्य सञ्चय से पूर्ण देवलोकों में भी विख्यात् हो जाए और देवताओं, मनुष्यों तथा नागलोकों द्वारा पूजित होता रहे।

इति सूत्रसन्तानगुणकीर्तिप्रकाशप्रोक्तश्रीभुवनदेवाचार्योक्तापराजितपृच्छायां ब्रह्मनगरभूधराख्यगृहपञ्चाशत् सङ्ख्याधिकारोनामषडशीतितमं सूत्रम्॥ 86॥

इस प्रकार भुवनदेवाचार्य कृत सूत्रसन्तानगुणकीर्ति प्रकाश या अपराजितपृच्छा में ब्रह्मनगर, भूधर नामक गृहपञ्चाशत्संख्या अधिकार नामक छियासीवाँ सूत्र पूर्ण हुआ॥ 44॥

महाराजगृहमाडलक्षणं सप्ताशीतितमं सूत्रम्॥ 87॥

विश्वकर्मोवाच —

इदानीमभिधास्यामि यथावदनुपूर्वशः।
महाराजगृहाः सर्वे जय-श्री-कीर्तिवर्धनाः॥ 1॥

(अब महाराजगृह और माड लक्षण के विषय में कहा जा रहा है) विश्वकर्मा बोले कि अब मैं पूर्व कथनानुसार ही महाराज गृहों के बारे में कहता हूँ जो सब प्रकार से जय, श्रीसम्पत्ति और कीर्ति को बढ़ाने वाले हैं।

महाराजगृहनामानि —

श्रीधरः श्रीगृहश्चैव प्रतापवर्धनस्तथा।

लक्ष्मीविलासकश्चैव त्रैलोक्यविजयस्तथा॥ 2॥

नन्दनः श्रीनिवासश्च विमुक्तः पुष्पशेखरः।

इन्द्रनीलो विमानश्च दिग्भद्रः क्षोणीभूषणः॥ 3॥

गृहराजः सिद्धिकामो नन्दिघोषस्त्रिकूटकः।

धराधरः श्रीतिलकः उत्तुङ्गः कमलोद्भवः॥ 4॥

रतिगृहश्च सिद्धार्थः पृथिवीजयमन्मथौ।

शत्रुमर्दननामा च षड्विंशतिरितिस्मृताः $_{26}$ ॥ 5॥

महाराजगृहों के नाम क्रमशः निम्न हैं— (1.) श्रीधर, (2.) श्रीगृह, (3.) प्रतापवर्धन, (4.) लक्ष्मीविलास, (5.) त्रैलोक्यविजय, (6.) नन्दन, (7.) श्रीनिवास, (8.) विमुक्त, (9.) पुष्पशेखर, (10.) इन्द्रनील, (11.) विमान, (12.) दिग्भद्र, (13.) क्षोणीभूषण, (14.) गृहराज, (15.) सिद्धिकाम, (16.) नन्दिघोष, (17.) त्रिकूट, (18.) धराधर, (19.) श्रीतिलक, (20.) उत्तुङ्ग, (21.) कमलोद्भव, (22.) रतिगृह, (23.) सिद्धार्थ, (24.) पृथ्वीजय, (25.) मन्मथ और (26.) शत्रुमर्दन— इस प्रकार इनके छब्बीस नाम हैं।

तस्य कनिष्ठमध्योत्तमलक्षणमाह —

अष्टोत्तरशतं $_{108}$ ज्येष्ठं नवतिर्ज्येष्ठमध्यमम् $_{90}$ ।

सप्ततिः $_{70}$ कनिष्ठज्येष्ठं त्रिविधं ज्येष्ठमुच्यते॥ 6॥

(इनकी भी गज-प्रमाणानुसार ज्येष्ठ, मध्यम और कनिष्ठ प्रकार से अनेक जातियाँ हैं। यथा—) इनमें 108 हाथ के ज्येष्ठ, 90 ज्येष्ठ-मध्यम और 70 कनिष्ठ-ज्येष्ठ— इस प्रकार से तीन प्रकार के ज्येष्ठ बताए गए हैं।

षष्टिश्च $_{60}$ मध्यमे ज्येष्ठं पञ्चाशन्मध्यमध्यमम् $_{50}$ ।

कनिष्ठं मध्यमं ज्ञेयं चत्त्वारिंशच्च $_{40}$ सङ्ख्यया॥ 7॥

इसके अतिरिक्त, 60 हाथ के मध्यम-ज्येष्ठ, 50 मध्यम-मध्यम और 40 मध्यम-कनिष्ठ की संख्या होती है।

अधमेऽग्र्यं पञ्चत्रिंशन् $_{35}$ मध्यं त्रिंशत्कनिष्ठके $_{30}$ ।

कनिष्ठं च कनिष्ठे स्यात् पञ्चविंशतिहस्ततः $_{25}$ ॥ 8॥

अब कनिष्ठों के क्रम से भी देखें- 35 अधम-अग्रय (कनिष्ठाग्रगण्य), 30 कनिष्ठ-मध्यम और 25 कनिष्ठ-कनिष्ठ गज तक होते हैं।

एकैकं त्रिविधं चेत्थं ज्येष्ठमध्यकनिष्ठकम्।

त्रिधा च पुनरेकैकं सप्तविंशतिमानकम् $_{27}$ ॥ 9॥

इनके भी एक-एक के तीन-तीन प्रकार के ज्येष्ठ, मध्यम और कनिष्ठ प्रकार होते हैं और पुनः उनके भी एक-एक के सत्ताईस मानक बनते हैं।

श्रीधरश्रीगृहञ्च —

श्रीधरं श्रीगृहं चैव शोभार्थं कारयेद्दृढम्।
त्रयोविंशतिकं$_{23}$ त्वेवं नित्यं कल्याणकारकम्॥ 10॥

श्रीधर और श्रीगृह भवनों को शोभायुक्त और दृढ़ बनाना चाहिए। इनमें ये तेईस प्रकार सर्वदा कल्याणकारक होते हैं।

चतुरश्रीकृते क्षेत्रे भाग एको विभाज्यते।
चतुःस्तम्भसमयुक्तमेकद्वारण भूषितम्॥ 11॥

इनके लिए चौकोर समतलीकृत क्षेत्र को एक भाग में ही कल्पित करें। उसमें चार स्तम्भों (चौखट) से युक्त एक द्वार बनाया जाना चाहिए।

क्षेत्रभागोदयः स्तम्भे [1]द्वयोभूफलकान्तरे।
आदिभूम्युदयोर्ध्वे वै पीठबन्धं प्रकल्पयेत्॥ 12॥

उस क्षेत्र भागसे उदय होते हुए स्तम्भों के दोनों ओर की भूमि के फलक अर्थात् पट्टों के अन्तर पर आदि भूमि से लेकर ऊँचाई तक आधार बन्धों को कल्पित करें।

उदये नवभिर्भक्ते भागेनैकेन कुम्भिका।
चतुरश्रा-ष्टाश्र-वृत्तः स्तम्भ ऊर्ध्वे चतुष्कतः॥ 13॥

इसमें स्तम्भ की जो ऊँचाई हो उसको नौ भागों में विभाजित करें। उसमें से एक भाग के बराबर स्तम्भ की कुम्भी बनाएँ, उसके ऊपर की ओर स्तम्भ को चौकोर, अष्टकोणीय, वृत्ताकार— किसी भी छन्द में बनाए और पुनः ऊपर का भाग चौकोर रखें।

तदूर्ध्वं तु विधातव्यं भागोनं व्यालकं तथा।
हीरग्रहणकं कार्यं भागं पादविवर्जितम्॥ 14॥

उसके ऊपर एक भाग कम वाला व्यालक बनाए तथा उस पर पुनः एक भाग में चतुर्थांश कम रखते हुए (पौन भाग का) हीरग्रहणक बनाए।

सपादभागिकः पट्टस्तन्त्रकेन समन्वितम्।
भागार्धेन जयन्ती च भूमिभूमिद्वयं[2] क्रमः॥ 15॥

---

1. 'रहोभूफलकान्तरे।' इति प्रकाशित पाठः।
2. 'भूमिभूमिष्वयं' इति प्रकाशित पाठः।

इसी प्रकार एक भाग में चतुर्थांश जोड़ते हुए अर्थात् सवाया भाग का पट्टतन्त्र बनाएँ और आधे भाग की जयन्ती एक-एक भूमि दो के क्रम में बनाएँ।

गुण$_{3}$रागा$_{6}$न्विता भित्तिश्छाद्यद्वाराणि यानि तु।
तत्र छाद्यत्रयं कार्यं वेदीघण्टासमन्वितम्॥ 16॥

इसी प्रकार नौ भागों (3 + 6 = 9) वाली भित्ति पर छत और द्वारों से समन्वित— तीन छतें बनाए जिन पर वेदी और घण्टा-गुम्बज भी बने हों।

ज्वलद्दीप्यासनं वेद्यां मत्तावरणभूषितम्।
अर्धोदये प्रकर्तव्यो माडः श्रीधर उत्तमः॥ 17॥

इति श्रीधरः।

उनमें दोनों ओर जलते हुए दीपक रखने का आसन (दीवट या आसन-आले) बनाए। वेदी को मत्तवारणों से विभूषित करें और उसकी आधी ऊँचाई पर श्रीधर माड-मेड़ी या कमरा बड़ा उत्तम बनवाएँ।

श्रीगृहलक्षणं —

एतस्मिन्नेव संस्थाने सीमासूत्रविधिर्भवेत्।
निर्गमः सूत्रमानेन भद्रान्तस्य विधीयते॥ 18॥

ऐसे ही चौकोर समतल संस्थान में सीमासूत्र विधि से निर्गम सूत्रमान के अनुसार भद्रान्त—भित्तियों की दूरी कही गई है।

द्वादश$_{12}$स्तम्भसंयुक्त एकद्वारेण भूषितः।
सार्धभूमिसमायुक्तः श्रीगृहः श्रीविवर्द्धनः॥ 19॥

इति श्रीगृहः।

जहाँ बारह स्तम्भों से युक्त द्वार विभूषित हो, वह डेढ़ भूमि वाला श्रीगृह नामक वास्तु श्रीवृद्धिकारक बनता है।

प्रतापवर्द्धनलक्षणं —

प्रतापवर्द्धनस्येवं लक्ष्म साम्प्रतमुच्यते।
पञ्चविंशतिहस्तैश्च$_{25}$ सार्धभागत्रयाङ्कितम्$_{28}$॥ 20॥
चत्वारो मध्यतः स्तम्भा द्वादशाऽलिन्दभागतः।
पादा भित्तिर्विधातव्या चतुर्द्धारोपशोभिता॥ 21॥

अब प्रतापवर्द्धनगृह के लक्षण कहता हूँ। वह साढ़े अट्ठाईस गज से अङ्कित (28.5 × 28.5 = 812 पद) होता है जिसके मध्य से चारों और स्तम्भ हो जो

बारह अलिन्दों-बरामदों खुले चबूतरों के भाग हों। उनमें एक पाद या भाग की भित्ति बनाए जो चतुर्धाः यानी चारों ओर से शोभायमान होनी चाहिए।

भद्रभागाश्चतुर्दिक्षु चतुःस्तम्भविभूषिताः।
द्वात्रिंशत्स्तिम्भकैर्युक्तो बाह्यभ्यन्तरतस्तथा॥ 22॥
द्वितीयभूर्ध्वे माडाश्च सार्धभूमित्रयोच्छ्रिताः।
प्रतापकीर्तिकृन्नित्यं प्रतापवर्द्धनाभिधम्॥ 23॥

इति प्रतापवर्धनः।

उसकी चारों दिशाओं में बने हुए भद्रभाग यानी भित्तियों के भाग चार-चार स्तम्भों से विभूषित हों। इस तरह बत्तीस स्तम्भों से युक्त बाहर और भीतर से हो जिसके दूसरी मंजिल पर माड-कमरे बने जो डेढ़ मंजिल की ऊँचाई के हो— ऐसा भवन प्रतापकीर्तिकारक प्रतापवर्द्धन नामक गृह होता है।[1]

लक्ष्मीविलासलक्षणं —

प्रतापवर्द्धने भद्रं त्रिभागं चैव विस्तरे।
मुखभद्रं चैकभागं दशस्तम्भसमन्वितम्॥ 24॥
माडं द्वितीयभूम्यूर्ध्वे सार्धपञ्चकभूमिकम्।
लक्ष्मीश्च रमते तत्र लक्ष्मीविलास उच्यते॥ 25॥

इति लक्ष्मीविलासः।

प्रतापवर्धन के समान ही भित्तियों का तीन भागों में विस्तार करके एक भाग में मुखभद्र-आगे की दीवार बनाए जो दस स्तम्भों से युक्त हो। उसकी दूसरी मंजिल की ऊँचाई पर साढ़े पाँच मंजिलों का माड या कमरा बनाएँ। ऐसे गृह में लक्ष्मी का रमण होता है, इसीलिए इसे लक्ष्मीविलास गृह कहा जाता है।

त्रैलोक्यविजयलक्षणं —

त्रिभागायामविस्तारः पदिकं मुखभद्रकम्।
त्रीणि स्युर्मुखभद्राणि स्तम्भा द्वाविंशतिस्तथा$_{22}$ ॥ 26॥
बाह्यभ्यन्तरतः स्तम्भाः शतं च चतुरुत्तरम्$_{104}$ ।

---

1. भोजकृत समराङ्गणसूत्रधार में यही मत आया है— प्रतापवर्धनस्याथ लक्ष्म साम्प्रतमुच्यते। पञ्चविंशतिहस्ताङ्के सार्धभागत्रयाङ्किते॥ मध्ये चतुष्को भागेन चतुर्भिः सम्भृतो धरैः। अलिन्दो भागिकश्चास्य स्तम्भद्वादशकान्वितः॥ पादिका भित्तिरेतस्य भद्रं चास्य प्रकल्पयेत्। भागनिर्गमविस्तारं चतुःस्तम्भविभूषितम्॥ विधिरेष समग्रासु दिक्षु कार्योऽस्य सिद्धये। स्तम्भैर्द्वात्रिंशता$_{32}$ युक्तो बहिरन्तरयं भवेत्॥ धराणां चैव सर्वेषां चतुःषष्टिः प्रकल्पना। (समराङ्गण. 30, 109-113)

तृतीयभूर्ध्वे माडाश्च सार्धषड्भूमिकास्तथा ॥ 27 ॥

इति त्रैकोक्यविजयः।

त्रैलोक्यविजय नामक गृह के लिए तीन भागों के आयाम में विस्तार वाली एक पद की मुखभद्र अर्थात् आगे की भित्ति हो और तीन मुखभद्रों पर बाईस स्तम्भ हों। इस तरह बाहर-भीतर से मिलाकर स्तम्भों की संख्या 104 होती है। इसमें तीन मंजिल ऊँचाई पर साढ़े छह मंजिले माड-कमरे बनवाएँ।

नन्दनगृहलक्षणं —

मध्यभित्तिं परित्यज्य तत्र भद्राणि योजयेत्।
त्रिभागायामविस्तारो भद्रं द्वादश$_{12}$ द्वारकम् ॥ 28 ॥
श्रीगृहच्छन्दकाकारे चतुःषष्टिस्तु$_{64}$ स्तम्भकाः।
तृतीयभूर्ध्वे माडाश्च सार्धपञ्चकभूमिकाः ॥ 29 ॥

इति नन्दनः।

नन्दन नामक गृह में मध्यभित्ति को छोड़कर वहाँ अन्य भद्रों-भींतों को बनवाएँ जिनका आयाम विस्तार तीन भागों में हो और भद्र-भींत में बारह द्वार हों। उसके श्रीगृह के समानतः छन्द में ही चौंसठ स्तम्भ हो जिन पर तीन ऊँचे माड-कमरे साढ़े पाँच मंजिलों के होने चाहिए।

श्रीनिवासगृहलक्षणं —

पञ्चविंशतिपात्क्षेत्रे$_{25}$ स्तम्भाः षट्त्रिंशदेव$_{36}$ च।
पदिका तस्य भित्तिश्च चतुर्द्वारोपशोभिता ॥ 30 ॥
पादं पादं मुखभद्रं त्रयं भद्रं नवाङ्घ्रिकम्$_{9}$।

श्रीनिवास नामक गृह में पच्चीस पाद के क्षेत्र में छत्तीस स्तम्भ बनाए जाएँ, जहाँ एक पद की भित्ति हो और उसमें चार द्वार बने हुए हों। एक-एक पद पर मुखभद्र या आगे की दीवार हो तथा तीन भद्र यानी तीन भित्ति नौ पद (स्तम्भों ?) वाली हो।

भद्रे द्वाविंशतिः$_{22}$ स्तम्भा अष्टाशीतिश्चतुर्दिशम्$_{88}$ ॥ 31 ॥
सचतुर्विंशतिशतं$_{124}$ स्तम्भा बाह्ये तथाऽन्तरे।
तृतीयभूर्ध्वे माडाश्च सार्धपञ्चकभूमिकाः ॥ 32 ॥

इति श्रीनिवासः।

प्रत्येक भद्र पर बाईस स्तम्भ हो जो चारों ओर से मिलाकर 88 हों। इसी प्रकार 124 स्तम्भ बाहर तथा भीतर बने होंगे। इसमें तीसरी मंजिल पर साढ़े पाँच मंजिल के माड या कमरे बनाए जाएँगे।

विमुक्तगृहलक्षणं —

पूर्वभद्रं नवपदं त्रिपदं मुखभद्रकम्।
भद्रेस्तम्भाश्चतुस्त्रिंशत्$_{36}$ षट्त्रिंशदुत्तरं शतम्$_{136}$ ॥ 33 ॥
बाह्याभ्यन्तरतः स्तम्भा द्वासप्तत्युत्तरं शतम्।
तृतीयभूर्ध्वे माडाश्च सार्धषट्भूमिकास्तथा ॥ 34 ॥

इति विमुक्तः।

विमुक्त नामक गृह में पूर्व की ओर की भित्ति नौ पद की और मुखभद्र-आगे की भित्ति तीन पद की तथा भद्रों-भित्तियों पर 34 स्तम्भ बनाए जाएँ जो कुल 136 होंगे। इसमें बाहर-भीतर के मिलाकर ये स्तम्भ 172 होते हैं। इसमें तीन मंजिलों की ऊँचाई पर साढ़े छह मंजिलों के माड-कमरे बनाए जाते हैं।

कुसुमशेखरगृहलक्षणं —

त्यक्त्वा भित्तिं मध्यक्षेत्रे सप्तांशैर्विस्तृतायतम्।
पञ्चविंशति$_{25}$पाद्भद्रे त्रिकं च मुखभद्रके ॥ 35 ॥
मध्ये स्तम्भाश्चतुःषष्टिः$_{64}$ षड्त्रिंशद्$_{36}$ भद्रके तथा।
बाह्याभ्यन्तरतः स्तम्भा अष्टाधिकशतद्वयम्$_{208}$ ॥ 36 ॥
तृतीयभूर्ध्वे माडाश्च सार्धषड्भूमिकाः स्मृताः।
पुष्पबाणादिकोपेतो भवेत्कुसुमशेखरः ॥ 37 ॥

इति कुसुमशेखरः।

मध्य क्षेत्र की भूमि को छोड़कर सात अंशों के विस्तार और आयत वाले— पच्चीस पाद के भद्र-भित्ति और मुखभद्र-आगे की भित्ति पर त्रिक् बनाए। मध्य में चौंसठ स्तम्भ तथा छत्तीस भद्रकों की रचना हों। इस तरह बाहर-भीतर के स्तम्भ 208 बनते हैं। इस पर तीन मंजिल की ऊँचाई पर साढ़े छह मंजिल वाले माड-कमरे बनाए जिन पर पुष्पबाणादि के चित्रों का अलङ्करण हो— ऐसा कुसुमशेखर गृह कहलाता है।

अथैन्द्रनीलगृहलक्षणं —

द्विपादमुखभद्राणि त्रिपदं सर्वतो भवेत्।
अष्टाविंशत्यधिकं$_{128}$ च स्तम्भा भूम्यश्च पूर्ववत् ॥ 38 ॥

इतीन्द्रनीलः।

इन्द्रनील नामक गृह में मुखभद्र-आगे की भित्ति तो दो पाद की होगी और तीन पाद यानी तीन भाग सर्वत्र हों। वहाँ 128 स्तम्भों की भूमि पहले की ही तरह बनाएँ।

विमानगृहलक्षणं —

पूर्वभद्राणि सन्त्यज्य त्रिभागैर्भद्रनिर्गमः।
भद्रं तदुभयपक्षे त्रिभागायामविस्तरः॥ 39॥

विमान नामक गृह के लिए पूर्व की ओर भद्र (भित्ति) को छोड़कर भद्रों यानी भित्तियों का निर्गम तीन भाग का रखें और उसके दोनों पक्षों में भद्र बनाएँ जो तीन भागों के आयाम (विस्तार) वाली होगी।

षष्टिस्तम्भाः$_{60}$ प्रतिभद्रं चतुःषष्टिस्तु$_{64}$ मध्यमे।
शतत्रयं$_{103}$ च चत्वारः स्तम्भा बाह्ये तथान्तरे॥ 40॥

इसमें प्रत्येक भद्र पर साठ स्तम्भ बनाएँ और चौंसठ स्तम्भ मध्य में बनाए तथा तीन सौ स्तम्भ चारों ओर बाहर-भीतर मिलाकर बनेंगे।

सार्धषड्भूमिकाश्चाथ भद्राणि श्रीगृहे तथा।
समस्तं पुष्पकाकारं विमानं नृपशान्तिदम्॥ 41॥

इति विमानम्।

इस तरह साढ़े छह मंजिली श्रीगृहों की भित्ति पर समस्त पुष्पाकार विमान बनाया जाए जो राजाओं को शान्ति प्रदान करने वाला होता है।

दिग्भद्रगृहलक्षणं —

भद्रभद्रेषु सर्वेषु पदिकं मुखभद्रकम्।
पूर्वभूमिसमत्वेव नाम्ना दिग्भद्रकं च तत्॥ 42॥

इति दिग्भद्रम्।

सभी भद्रों (भित्ति) पर मुखभद्र (आगे की भित्ति) एक पद से बनाएँ। इस तरह पूर्वकथित भूमियों से युक्त यह दिग्भद्र नामक गृह बनता है।

क्षोणीभूषणगृहलक्षणं —

चतुरश्री कृते क्षेत्र [1]करशतोद्ववेदाश्रकम्$_{108}$।
अष्टाष्टकविभक्ते तु गर्भः स्यात्सप्तभागतः॥ 43॥
अष्टभागा भवेद् भितिश्चतुर्द्वारोपशोभिता।
पञ्चविंशत्यङ्घ्रि$_{25}$ भद्रं स्तम्भाः षट्त्रिंशदुत्तमाः$_{36}$॥ 44॥

क्षोणीभूषण संज्ञक गृह के लिए चौकोर समतल क्षेत्र में 108 गज के आयाम को आठ अष्ठकों में विभाजित करें अर्थात् 64 पद का वास्तु बनाए जिसके गर्भस्थ

---

1. 'करशतोद्ववेदश्रुकम ?।' इति प्रकाशित पाठः।

ब्रह्मभाग सात भाग अर्थात् (7 × 7 = 49 पद) का हो। इसमें आठ भाग की भित्ति हो जिसमें चार द्वार हो और 25 पदों की भद्र-भित्तियाँ हों जिनमें 36 उत्तम स्तम्भ होने चाहिए।

प्रतिभद्रत्रिकं भद्रे षट् स्तम्भाः प्रतिभद्रके।
द्विःषट्त्रिंशच्चैव भद्रे भद्रेषु स्युर्द्विसप्ततिः ॥ 45 ॥
तत्तुल्यानि च भद्राणि चतुःषष्टिस्तु$_{64}$ स्तम्भकाः।
तृतीयभूर्ध्वे माडाश्च सार्धं षड्भूमिकास्तथा ॥ 46 ॥

इति क्षोणीभूषणः।

भद्रों के प्रति त्रिक भद्र में 6-6 स्तम्भ प्रतिभद्र में बने हों जो 36 × 2 = 72 होते हैं अर्थात् इसी प्रकार प्रत्येक भद्र पर 72 होते हैं। उनके समान ही भद्रों-भित्तियों पर 64 स्तम्भ होते हैं। इनकी तीसरी मंजिल पर साढ़े छह मंजिले माड-कमरे बनाए जाते हैं।

गृहराजगृहलक्षणं —

प्रत्येकं त्रिपदं भद्रं मुखे कुर्यात्समन्ततः।
एकपादं मुखभद्रं सर्वदिक्षु तथाग्रतः ॥ 47 ॥
भद्रे स्तम्भास्तु षट्षष्टि$_{66}$श्चतुःषष्टिस्तु$_{64}$ मध्यतः।
गृहराजस्तु तन्नाम सार्धषड्भूमिकश्च सः ॥ 48 ॥

इति गृहराजः।

गृहराज भवन में प्रत्येक तीन पाद वाले भद्र-भित्ति के मुख पर अर्थात् आगे अच्छी तरह से एक पाद मुखभद्र यानी अग्रभिति चारों ओर बनाए। प्रत्येक भद्र पर 66 स्तम्भ और मध्य में 64 स्तम्भ बनाएँ। ऐसा गृहराज साढ़े छह मंजिला गृह होता है।

सिद्धिकामगृहलक्षणं —

नवपादं प्रतिभद्रं मुखभद्रत्रयं पदम्।
तृतीयभूर्ध्वे माडाश्च सार्धसप्तकभूमिकाः$_{7}$ ॥ 49 ॥

इति सिद्धिकामः।

सिद्धिकाम गृह के लिए प्रतिभद्र नौ भाग का होगा और मुखभद्र तीन भाग का होगा। इसमें तीन भूमि के ऊपर की ओर साढ़े सात मंजिल के माड़-कमरे होंगे।

नन्दिघोषलक्षणं —

कक्षयोर्भद्रभित्ती द्वे द्विपदौ कर्णयोस्तथा।
पदार्धेन भित्तिकोणमूर्ध्वे तु भूमिकावधि ॥ 50 ॥

भद्राग्रकर्णयोश्चैव पञ्चपात्स्वस्तिकाकृतिः।
दशभूर्ध्वे चैव शेषाः सुग्रीवसदृशास्तथा॥ 51॥

नन्दीघोष गृह के लिए दोनों बाजुओं में दो भद्र भित्तियां हो जो दो पदों की हो तथा कोनों पर भी ऐसी ही रचना होगी। इन भित्ति कोणों के ऊँचाई की ओर आधे पद से लेकर पूरी भूमिका अर्थात् मंजिल की ऊँचाई तक भद्रों के आगे वाले कोनों पर पाँच पदों वाली स्वस्तिक की आकृति वाली दस ऊँची ओर बने तथा शेष सभी सुग्रीव यानी सुन्दर ग्रीवाकृति के सदृश प्रतीति देने वाली रचना हो।

कर्णयोश्चैव चत्वारोऽन्तर्भागैश्च विनिर्गताः।
अशीति$_{80}$स्तम्भभद्रैश्च सार्धसप्तकभूमिकाः॥ 52॥

इति नन्दिघोषः।

इसी प्रकार इनके चारों कोनों को अन्तर्भाग से निर्गत बनाएँ। यह भद्रों पर 80 स्तम्भों पर साढ़े सात मंजिला गृह बनेगा।

त्रिकूटगृहलक्षणं —

अचाल्यपक्षभद्राण्यश्वतारं मूलभद्रकम्।
निर्गमश्चैव षड्भागः$_{6}$ पूर्वभूमिसमोच्छ्रितः॥ 53॥

इति त्रिकूटः।

उभय पार्श्व या आजू-बाजू के पक्ष भद्रों की सीध में मूलभद्र से छह भाग निर्गत या निकला हुआ और पहले बताए गए मंजिलों की ऊँचाई हो तो त्रिकूटगृह बनता है।

वसुधाधरलक्षणं —

त्यक्त्वा च कर्णभद्राणि मूलभद्रविनिर्गतम्।
त्रिभागं नवनिष्काशं तादृग् भित्तिः पुनस्त्रिभिः॥ 54॥
षष्टिस्तम्भाः$_{60}$ प्रतिभद्रे चतुःषष्टिस्तु$_{64}$ मूलके।
तत्तुल्यं च भवेन्मध्ये सार्धसप्तकभूमिकाः॥ 55॥

इति वसुधाधरः।

वसुधाधर गृह के लिए कर्णभद्रों को छोड़कर मूलभद्र से निकले हुए तीन भागों में नौ निष्कास बनाएँ। उनके जैसी ही पुनः तीन भितियाँ बनाएँ। उनके प्रतिभद्र पर 60 स्तम्भ बनें। मूलभद्र पर भी 64 स्तम्भ उनके तुल्य ही मध्य में हो। इनके ऊपर साढ़े सात मंजिला भवन बनेगा।

श्रीतिलकगृहलक्षणं —

मध्यभित्ति परित्यज्य भद्रं भद्रेषु योजयेत्।
कार्याणि पक्षभद्राणि अग्रभद्रोपमानि च॥ 56॥
चत्वारि मुखभद्राणि चत्वारः कर्णसम्पुटाः।
सार्धसप्तकभूम्यश्च श्रीतिलकः स कामदः॥ 57॥

इति तिलकः।

मध्य की भित्ति को छोड़कर भद्रों के साथ भद्र को जोड़ें और आगे की भद्र-भिति के समान ही आजू-बाजू में पक्षभद्रों का निर्माण करें। चार मुखभद्रों पर यानी आगे की भित्तियों पर और चार कोनों के सम्पुट होंगे। इस प्रकार साढ़े सात मंजिला यह श्रीतिलक गृह सभी कामनाओं को पूर्ण करने वाला है।

उत्तुङ्गगृहलक्षणं —

भद्रं त्यक्त्वा सम्पुटे च षट्त्रिंशत्पद$_{36}$संस्थितः।
मुखभद्रं नवपदमुत्तुङ्गः पूर्वभूमिकः॥ 58॥

इत्युत्तुङ्गः।

छत्तीस पद के वास्तु में भद्रों-भित्तियों का सम्पुट छोड़कर मुखभद्र यानी आगे की भित्ति को नौ पदों के प्रमाण में और पूर्वभूमि को (यथेष्ट उन्नत) मंजिलों की तरह उत्तुङ्ग यानी ऊँचा बनाए।

कमलोद्भवगृहलक्षणं —

चतुरश्रीकृते क्षेत्र दशधा$_{10}$ प्रविभाजिते।
एकाशीतिपदो गर्भो ह्यर्धभागा च भित्तिका॥ 59॥

सर्वप्रथम चौरस समतल क्षेत्र को दस भागों में विभाजित करें। वहाँ 81 पद का वास्तु बनाएँ। उसके गर्भ में आधे भाग की भित्तिका होती है।

सप्तसप्तपञ्चत्रीणि पदसङ्ख्या तु भद्रके।
स्तम्भा भद्रे चतुस्त्रिंशच्छतस्तम्भास्तु$_{304}$ मध्यतः॥ 60॥

सात-सात, पाँच और तीन पद संख्या के भद्रक भित्तियों पर स्तम्भ बनाएँ और 304 स्तम्भ मध्य में बनाएँ।

सार्धसप्तभूमिकाश्च नाम्ना स कमलोद्भवः।
पद्मपत्रोपमा चैव नित्यं श्रीस्तत्र क्रीडति॥ 61॥

इति कमलोद्भवः।

इस प्रकार साढ़े सात मंजिलों का यह कमलोद्भव गृह बनता है। उसकी उपमा या समानता पद्मपत्र जैसी होती है और वहाँ पर नित्य लक्ष्मी क्रीड़ा करती है।

रतिगृहलक्षणं —

सप्तचाऽऽयामविस्तारे भद्रं स्याच्च चतुर्दिशम्।
षट्पदानि प्रतिभद्रे त्रीणि त्रीणि च भद्रके॥ 62॥
चतुरशीति$_{84}$स्तम्भके च शतं वै गर्भमध्यतः।
तृतीयभूर्ध्वे माडाश्च सार्धसप्तकभूमिकाः॥ 63॥

इति रतिगृहः।

रतिगृह के लिए आयाम और विस्तार में सात और चारों दिशाओं में भद्र-भित्ति होगी। प्रतिभद्र पर छह पद और भद्र पर तीन-तीन तथा गर्भ के मध्य से 184 स्तम्भ हों। उनके ऊपर तीन माड-कमरे साढ़े सात मंजिलों के बनाएँ।

सिद्धार्थकगृहलक्षणं —

मुखभद्रं पुनर्दद्यात्सम्भद्वयविभूषितम्।
पूर्वभूमिगुणोपेतो भवेत् सिद्धार्थकः स च॥ 64॥

इति सिद्धार्थकः।

यदि मुखभद्र पर सुन्दर विभूषित दो स्तम्भ बनाएँ और पूर्व कथनानुसार ही मंजिलों युक्त भवन का निवेश किया जाए तो वह सिद्धार्थक संज्ञक होगा।

मन्मथगृहलक्षणं —

मुखभद्र परित्यज्य मूलभद्रं च पूर्ववत्।
अग्रकर्णे तु चत्वारि श्रीगृहाकारवत्तथा॥ 65॥

मन्मथ गृह के लिए मुखभद्र या सामने की भित्ति को छोड़कर पूर्ववत मूलभद्र का निवेश करें। उसके आगे चार कर्ण बनाए और श्रीगृहाकार रचना करें।

भित्तिकर्णलताश्चाष्टौ$_{8}$ द्विपदाश्च प्रकल्पयेत्।
चतुर्भूम्यूर्ध्वमाडांश्च तथा सार्धाष्टभूमिकाः॥ 66॥

इति मन्मथाः।

उस गृह में दो पदों के प्रमाणानुसार आठ भित्ति, कर्णलता को परिकल्पित करें। यह चार मंजिल पर माड-भवन से युक्त होगा जो कि साढ़े आठ भूमिका के होंगे।

शत्रुमर्दनगृहलक्षणं —

प्रतिभद्रे मुखभद्रं षट्स्तम्भैस्त्रिपदैस्तथा।

विच्छिन्नांश्च चतुःकर्णान् कुर्यात् प्रतापवर्द्धनम्॥ 67॥
लक्ष्मीविलासके चाऽग्रे भद्रे भद्रे विच्छिन्नता।
अष्टौ माडास्तस्य बाह्ये महामाडो ह्यधोभवः॥ 68॥

शत्रुमर्दन संज्ञक गृह के लिए प्रतिभद्र पर छह स्तम्भ और मुखभद्र पर स्तम्भ तीन पाद के बनाएँ। चारों कोनों को विच्छिन्न करने से प्रतापवर्द्धन तथा लक्ष्मीविलास के आगे की प्रत्येक भद्र में विच्छिन्नता होगी और उसके बाहर की ओर आठ माड-कमरे होंगे जबकि नीचे महामाड की रचना होगी।

चतुर्थभूम्यूर्ध्वमाडाः स्युः सार्धनवभूमिकाः।
शत्रून्यमर्दयते शीघ्रं नाम्ना वै शत्रुमर्दनः॥ 69॥

इति शत्रुमर्दनः।

इसमें चौथी मंजिल पर साढे नौ मंजिल तक माड-कमरे बनेंगे— यह शत्रुमर्दन नामक गृह होगा क्योंकि ऐसे गृह शीघ्र ही शत्रुओं का मर्दन करने वाले सिद्ध होते हैं।

अन्यदप्याह —

छन्दा माडो मोडशुद्धौ शेखरो वेदसङ्ख्यकाः$_4$।
प्रोक्तास्तु राजवेश्मानि वर्द्धन्ते श्रीधरादितः॥ 70॥

उक्त गृह रचना के प्रसङ्ग में यह ज्ञातव्य है कि श्रीधर से आदि में बढ़ते-बढ़ते माड़ों-कमरों के छन्दों से राजगृहों के मोड शुद्ध शेखरों की संख्या चार होती है।

सर्वे स्युस्ते समालिन्दा माडाश्छन्दाद् भवन्ति ये।
अत ऊर्ध्वे संवरणा घण्टाकलशभूषिताः॥ 71॥

उन सभी के आलिन्द या खुले स्थान (बरामदे) समान होते हैं और माड छन्द भी समान होते है जिनके ऊपर संवरणायुक्त छत गुम्बज और कलशों से विभूषित बनाई जाती है।

क्षेत्रस्यात्र दशांशेन आदिभूमिः समुच्छ्रिता।
त्रिभागैश्चैव तद्भूमेर्द्वारस्य तूदयो भवेत्॥ 72॥
आदिभूम्युदयार्धेन पीठं चास्य समुच्छ्रितम्।

यहाँ क्षेत्र के दशांश से आरम्भ होने वाली मंजिल उठती है। उस मंजिल के तीसरे भाग तक उसमें बनने वाले द्वार की ऊँचाई होती है। आदिभूमि यानी मंजिल के उदय या ऊँचाई से आधे तक के मान में उसका पीठा ऊँचा बनाएँ।

पीठोर्ध्वे भूमयः शेषा द्वादशांशेन$_{12}$ ह्रासिताः॥ 73॥
दण्डच्छाद्यं मल्लच्छाद्यं मुखपत्रैर्विभूषितम्।

रिङ्गिणीपट्टसंयुक्तं कर्तव्यं मल्लच्छाद्यकम् ॥ 74 ॥
वस्त्रवितानकोपेतं सुवर्णकलशान्वितम्।
तस्करसमराद्यं च भेदं यत्नेन वर्जयेत् ॥ 75 ॥

इसी प्रकार पीठा के ऊपर की ओर शेष मंजिलों को बारहवें भाग जितना कम करते जाए। तदनन्तर उस पर दण्डछाद्य (बल्ली की छत) या मल्ल (खोर, चूना-गिट्टी का मिश्रण जिसे मेवाड़ आदि में मरड़ा कहा जाता है) की छत बनाकर उसे मुखपत्रों से विभूषित करे। इसके अतिरिक्त, रिङ्गिणीपट्ट (सागवान या महुए के पटियों) से ढककर मल्ल की छत भी बनाई जा सकती है।[1] वस्त्र का वितान बनाकर अर्थात् कपड़े के तम्बू छोलदारी बनाकर उन पर सोने के कलशों से सजावट करें परन्तु यह भी ज्ञातव्य है कि तस्कर-चोरों और आतङ्कियों को यत्न से रोकने का प्रयास भी करना चाहिए।

इति सूत्रसन्तानगुणकीर्तिप्रकाशप्रोक्तश्रीभुवनदेवचार्योक्तापराजितपृच्छायां
महाराजगृहमाडलक्षणाधिकारो नाम सप्ताशीतितमं सूत्रम् ॥ 87 ॥

इस प्रकार भुवनदेवाचार्य कृत सूत्रसन्तानगुणकीर्ति प्रकाश या अपराजितपृच्छा में महाराज गृह माड लक्षण अधिकार नामक सत्तासीवाँ सूत्र पूर्ण हुआ ॥ 87 ॥

धारागिर्युद्यानलक्षणमष्टाशीतितमं सूत्रम् ॥ 88 ॥

अथ धारागृहवाटिकालक्षणं। विश्वकर्मोवाच —

धारागृहं प्रवक्ष्यामि वाटिकानां च लक्षणम्।
पुरस्यान्तरतो वत्स ज्ञात्वा भूमिं विशोधयेत् ॥ 1 ॥
वाटिका रोपयेत्तत्र ज्येष्ठ-मध्य-कनिष्ठिकाः।

विश्वकर्मा बोले कि अब मैं फव्वारों से युक्त स्नानगृह-धारागृह और वाटिका, उद्यानों के लक्षण बताता हूँ। हे वत्स! नगर के अन्तर पर ही यानी पास ही अच्छी विशोधित भूमि का पता लगाकर वहाँ पर वाटिकार्थ पेड़-पौधों का रोपण करना चाहिए। उक्त वाटिका के (1.) कनिष्ठ, (2.) मध्यम और (3.) कनिष्ठ तीन भेद हैं।

तस्य प्रमाणमाह —

धनुःशतत्रये$_{300}$ ज्येष्ठो मध्या धनःशतद्वयात्$_{200}$ ॥ 2 ॥

---

1. इन श्लोकों में आए दण्डछाद्य मेवाड़-मालवा में दाण्डा-वलिण्डा के नाम से आज तक प्रचलित है। मल्ल छाद्य को देहात में आज भी मरड़ा करना कहा जाता है और रिंगिणीपट्ट को छान-हरावणी कहा जाता है। इसमें पटियों के साथ ही कवेलू से छत को आच्छादित कर मल्ल या मरड़ा लगा दिया जाता है।

धनुः शतैः$_{100}$ कनिष्ठा स्याच्चतुरश्रा च भूमिका।

वाटिकाओं में ज्येष्ठ बगीचे का विस्तार तीन सौ धनुष प्रमाण का, मध्यम बगीचे का दो सौ धनुष और तृतीय बगीचे का विस्तार प्रमाण सौ धनुष का होगा अर्थात् ज्येष्ठ बगीचे का विस्तार या आयाम 300 × 4 = 1200 गज; मध्यम बगीचे का आयाम 200 × 4 = 800 गज तथा कनिष्ठ बगीचे का विस्तार 100 × 4 = 400 गज होगा।

सषण्णवतिशतपाद$_{196}$ वास्तौ देवान् समर्चयेत्॥ 3॥
योगिनीर्दश नाम्ना[1] च ब्रह्माणं च कुमारिकाः।
सूत्रधारमथाचार्यं क्षेत्रपालं च भैरवम्॥ 4॥
विश्वकर्मा ततः पूज्यो दिक्पाला लोकपालकाः।
गणनाथश्चण्डिका च तस्य क्षेत्रस्त देवताः॥ 5॥

इन बगीचों के लिए 196 पदीय वास्तु (मण्डल-विन्यास) बनाएँ जिसमें वास्तु-देवताओं की अर्चना करें। इसके अन्तर्गत दसों नाम वाली योगिनियों, ब्रह्मा, कुमारिकाओं, सूत्रधार, आचार्य और क्षेत्रपाल, भैरव, विश्वकर्मा, दिक्पाल, लोकपाल, गणनाथ, चण्डिका और उस क्षेत्र-विशेष के देवता (भौमियाँ, खेतरपाल, राड़ा आदि स्थानीय ग्राम्य देवता) इसमें पूजे जाएँ।

क्षमापयेत् सर्वदेवान् ततः कर्म समाचरेत्।
विविधक्षेत्रमानेन तत्र वास्तुं प्रकल्पयेत्॥ 6॥

उक्त पूजा के उपरान्त क्षमापन सभी देवताओं के सम्मुख करें और एतद्विषयक कृत्य सम्पन्न करें। इसके बाद, वहाँ क्षेत्रमान के अनुसार विविध वास्तु रचनाओं को परिकल्पित करना चाहिए।

धारासज्ञमण्डपं —

ब्रह्मक्षेत्रे प्रकर्तव्यं धाराख्यं मण्डपं शुभम्।
केतकीबहुलारम्भाः पुष्पजातिरनेकधा॥ 7॥

---

1. 'योगिनीर्दश नाना?' इति प्रकाशित पाठः। 'योगिन्योऽष्ट नाम्ना' स्यात्। कालिकापुराण में आठ योगिनियों का उल्लेख है जबकि मयदीपिका, स्कन्द, अग्नि, मत्स्यादि पुराणों में चौंसठ योगिनियों का नाम आया है। यथा— ततोऽष्टपत्रेष्वब्जस्य पूजयेदष्टयोगिनीः॥ शैलपुत्रीं चण्डघण्टा स्कन्दमातरमेव च। कालरात्रिश्च पूर्वादिचतुर्दिक्षु प्रपूजयेत्॥ चण्डिकामथ कूष्माण्डीं तथा कात्यायनीं शुभाम्। महागौरीं चाग्निकोणे नैर्ऋत्यादिषु पूजयेत्॥ (कालिकापुराण 54, 44-46) अर्थात्— अष्टदल कमल में शैलपुत्री, चण्डघण्टा, स्कन्दमाता एवं कालरात्रि का क्रमशः पूर्व, दक्षिण, पश्चिम और उत्तर दिशाओं में और चण्डिका, कूष्माण्डा, कात्यायनी एवं महागौरी का क्रमशः अग्नि कोण, वायव्य, नैर्ऋत्य एवं ईशान कोण इन उपदिशाओं में क्रम से पूजन किया जाना चाहिए।

(उक्त वास्तुपद विन्यास के) ब्रह्मक्षेत्र में धारा नामक मण्डप बहुत सुन्दर तरीके से बनाए अर्थात् बगीचे के क्षेत्र के बीचो बीच बड़ा-सा फव्वारों से युक्त स्नानगृह या 'सावन-भादौ' नाम जैसे वर्षा करने के यन्त्रों की व्यवस्था वाला मण्डप बनाएँ। इन मण्डपों के चारों ही ओर बहुत से केतकी, केला तथा अन्य अनेक जातियों के पुष्पादि लगाएँ।

तत्र पदानुसारेण रोपणीयद्रुमादीनां —

श्रीजातिस्तु लवङ्गानि एलाकर्पूरपादपाः।
चन्दनाश्चैव कङ्कोला ब्रह्मस्थाने प्रकल्पिताः॥ 8॥

श्रीफल या बिल्व, जाति या चमेली, लवङ्ग, इलायची, कर्पूर पादप, चन्दन और कङ्कोल— इन सब पौधों को ब्रह्मस्थान अर्थात् बगीचे के मध्य भाग में लगाए।

प्राच्यामुत्तरपर्यन्तं वास्तुकारो निवेशयेत्।
विटपाद्रिलतावल्लीः [1]कुर्याद् वै वास्तु स्थिताः॥ 9॥

पूर्व से लेकर उत्तर दिशा तक के भाग में वास्तुकार अर्थात् निर्माण कार्य, भवनादिकों का निवेश करें। बगीचे में विटप आदि लताओं को वास्तु पद विन्यास में बताए गए स्थानों के अनुसार लगाएँ।

अर्यमादिक्रमानुसारेण रोपणीयपादपाः —

स्थानेऽर्यम्णस्तु नारङ्गाः सचितुर्नलिकानि च।
सावित्रे च पदेऽक्षः स्याद् दाडिमास्तु विवस्वतः॥ 10॥
कुर्यात् शीतलं चैन्द्रेऽशोकमेन्द्रजये पदे।
मैत्रस्थाने च जम्बीरा रुद्रे तालतमालकाः॥ 11॥

वास्तुपदानुसार[2] अर्यमा के पद पर नारङ्गी, सविता के स्थान पर नलिका अर्थात् कमल तथा सावित्री के पद पर अक्ष अर्थात् बहेड़ा का पौधा, विवस्वत के पद पर दाड़िमों के पौधे, इन्द्र के पद पर शीतल अर्थात् चन्दन, इन्द्रजय के पद पर अशोक, मैत्रस्थान पर जम्बीर अर्थात् चकोतरा का पौधा और रुद्र के पद पर ताड़ एवं तमाल के वृक्ष लगाएँ।

---

1. 'कुर्याद् द्वौसता ? स्थिताः' इति प्रकाशित पाठः।
2. यहाँ वास्तुपदानुसार पौधशाला या उद्यानिकी का यह प्राचीन विचार है। वामनपुराण में नक्षत्रानुसार पौधों के उत्पत्ति प्रसङ्ग आए हैं। इन वास्तुपदों पर पौधों का रोपण कर वास्तु में होने वाले दोषों का निवारण भी सहजता पूर्वक किया जा सकता है। यह अनुभूत भी है। जिनके गृहों में पदों के अनुसार कोई दोष उत्पन्न होता हो, तो वहाँ पर भवन के अन्दर या बाहर ये पौधे लगाए जा सकते हैं।

अन्यदप्याह —

रुद्रदासेऽभयां प्राज्ञ आसूकं भूधरे पदे।
विद्यान्मधूकमापे च आपवत्से च चम्पकम्॥ 12॥
माहेन्द्रे मण्डपं कार्यं कदलीवनशोभितम्।
गृहक्षते च बृहतीं द्राक्षामण्डपमुत्तमम्॥ 13॥
पत्रैरलङ्कृतं चाक्षवृक्षैः सावित्रमाश्रितैः।
... ...॥ 14॥
अम्बालिकापुष्पयुक्तं पुष्पदन्ते तु मण्डपम्।
आदित्ये जलपत्रं च स्थलपद्मोपशोभितम्॥ 15॥

इसी प्रकार वहाँ रुद्रदास के पद पर अभया (हरितकी), भूधर पद पर आसूक (? आलूक), आप के स्थान पर मधूक या महुआ, आपवत्स के पद पर चम्पक, माहेन्द्र के पद पर कदलीवन या केलों के बगीचे से शोभित मण्डप बनाएँ। गृहक्षत के पद पर बृहती (कण्टकारी या भटकैया) एवं उत्तम द्राक्षा मण्डप बनाएँ। सावित्र के पद पर पत्तों से अलंकृत अक्ष (बहेड़ा) के वृक्षों को लगाएँ...। पुष्पदन्त के पद पर अम्बालिका (अम्बष्ठा या अम्बाड़ी) का पुष्पयुक्त मण्डप बनाएँ और आदित्य के पद की जलपत्र और स्थलपद्मों से शोभा बढ़ानी चाहिए।

अन्यदप्याह —

क्रीडापुष्करिणि कार्या नागवल्ली च वारुणे।
तथा भल्लाटके वंशाः प्रोक्ताः पातालमापकाः॥ 16॥

वरुण के पद पर क्रीड़ा-पुष्करिणी अर्थात् तरणताल बनाएँ और नागवल्ली-नागरबेल लगाएँ। भल्लाट के पद स्थान पर बांसों के पौध लगाएँ जो पाताल तक गहरे जाकर (? अथवा सात-सात हाथ के प्रमाणयुक्त) माप के हों।

अन्यदप्याह —

द्राक्षाभिर्मण्डपं सौम्ये नारिकेलोपशोभितम्।
ईशाने शिववृक्षं च देवदारुं प्रकल्पयेत्॥ 17॥
हयमारं चक्रचारं पर्जन्ये नाऽत्रसंशयः।
जये कदम्बोऽश्वत्थश्च सत्ये कुर्याच्च पाटलान्॥ 18॥

सौम्य के पद पर द्राक्षा-मण्डप और नारियल के पौधे लगाएँ। ईशान के पद पर शिववृक्ष-बरगद और देवदारु लगाएँ। पर्जन्य के पद पर हयमार (गन्धयुक्त करवीर

कनेर) के वृक्ष और अशोक वृक्ष चक्रवार लगाएँ। जय के पद पर कदम्ब और अश्वत्थ के वृक्ष लगाए, सत्य के पद पर पाटल (गुलाब) के पौधे लगाएँ।

अन्यदप्याह —

भृशे श्यामलिका ज्ञेया न्यग्रोधाश्चान्तरिक्षके।
इन्द्रपुष्पास्तथा चाग्नौ ईश्वरी चैव पूषणि॥ 19॥
जम्बूवृक्षश्च वितथे गन्धर्वे च हरीतकी।
आकीर्णाः पनसा भृङ्गे खर्जूरा मृगराणमुखे॥ 20॥

इसी प्रकार भृश के पद पर श्यामलिका (नील), अन्तरिक्ष के पद पर न्यग्रोध (वटवृक्ष), अग्नि के पद पर इन्द्रपुष्प (लाङ्गली), पूषा के पद पर ईश्वरी (लिङ्गिनी, बन्ध्या कर्कोटकी जा रुद्रजटा) की पौध, वितथ के पद पर जम्बू वृक्ष, गन्धर्व के पद पर हरितकी या हरड़े, भृङ्ग के पद पर पनस वृक्षों के समूह (कटहल वृक्षों का कुञ्ज), मृगराज के पद पर खजूर के पेड़ लगाएँ।

अन्यदप्याह —

हिङ्गुल्युदुम्बरौ पित्र्ये तिलको नन्दिके तथा।
शुभाः कपित्थाः सुग्रीवे भू? पाखोटैस्तथाऽसुरे॥ 21॥
शेषे पिप्पलिका ज्ञेया शिरीषा पापयक्ष्मके।
औषधी रोगसंस्थाने नागे [1]टङ्कारिपाटलाः॥ 22॥

पितृ के पद पर हिङ्गुलु और उदुम्बर के वृक्ष, नन्दी के पद पर तिलक के सुन्दर पुष्पों वाले वृक्ष, सुग्रीव के पद पर शुभ कपित्थ या कैथ के फलदार वृक्ष, असुर पद स्थान पर अखरोट, शोष के पद पर पिप्पलिका, पापयक्ष्मा के पद पर शिरीष या सरस वृक्ष, रोग के पद पर औषधियाँ, नाग के पद पर टङ्कारि के पाटल (विस्मयकारी पाटल) के पौधे लगाएँ।

अन्यदप्याह —

मुखे च वंशतिलकाः शैले वै बीजपूरकाः।
अदितौ ग्रन्थिपर्णश्च कुङ्कुमश्चाधिको भवेत्॥
शतपत्रं दितौ ज्ञेयं शेषां वै पदबाह्यतः।

---

1. काशीखण्ड में आया है— टीकिताशेषपाताला टङ्कैलोऽद्रिपाटले। टङ्कारनृत्यत्कल्लोला टीकनीया महातटा॥ (काशी. 29, 69, शब्दकल्पद्रुम में उद्धृत खण्ड 2, पृष्ठ 571) राजनिर्घण्ट के अनुसार यह औषध-गुणवाचक पर्याय भी है जो कि वात, श्लेष्म, शोफोदर व्याधिनाशक के अर्थ में प्रयुक्त होता है।

मुख्य के पद पर वंशतिलक, शैल के पद पर बीजपूरक या बिजौराफल, अदिति के पद पर ग्रन्थिपर्ण (गाँठियाला, वर्हिपुष्प या कुक्कुर) और कुङ्कुम, दिति के पद पर शतपत्र या पद्म लगाएँ तथा शेष वृक्षों को उक्त पद-विन्यास के बाहर की ओर लगाना चाहिए।

तथा चान्यनिर्देशादीनां —

महेन्द्रादित्ययोर्द्वारं प्रतिसन्धौ न संशयः ॥ 24 ॥
प्रवेशो निर्गमस्तावद् ज्ञातव्यस्तु सदा बुधैः।
विषवृक्षैस्तथा रक्ष्यः कटुकैः कण्टकान्वितैः ॥ 25 ॥
देवतापदवृक्षांश्च योऽन्यथा विनियोजयेत्।
तस्य राष्ट्रे शरीरे च निर्दिशेद्रोगतो भयम् ॥ 26 ॥

महेन्द्र, आदित्य के पदानुसार द्वार पर तथा प्रतिसन्धों पर; प्रवेश और निर्गम मार्ग पर सभी समझदार लोगों को यह ज्ञातव्य-घोषणा लगवानी या करवानी चाहिए कि जो कोई विष वृक्षों, रक्ष्य वृक्षों तथा कटु और कण्टकयुक्त वृक्षों या देवता के पद के योग्य वृक्षों को विपरीततः लगाएगा तो उस राष्ट्र रूपी शरीरों में उनसे रोग होने का भय पैदा होगा। अस्तु, मार्गों पर कोई अनुपयुक्त वृक्ष न लगाए।

ईदृशेन विधानेन उद्यानं यस्तु कारयेत्।
लभते शाश्वतान् भोगान् यथेन्द्रश्चामरालये ॥ 27 ॥

इस प्रकार के विधानानुसार ही उद्यानों का निर्माण कराना चाहिए ताकि शाश्वत भोगों का लाभ हो और भूतल पर भी हम ऐसे निवास कर सकें जैसे देवराज इन्द्र अपने स्वर्ग-अमरालय में सुखानन्दपूर्वक रहता है।

यदि न प्राप्यते वत्स! चन्दनादि महीतले।
सुलभास्तत्र संयोज्याः प्रशस्ता लक्षणान्विताः ॥ 28 ॥

हे वत्स! यदि वाटिका में लगाने के लिए चन्दनादि जैसे वृक्ष उस क्षेत्र में उपलब्ध न हो सके तो जो भी सुलभ वृक्ष प्रशस्त लक्षणों वाला वहाँ मिल सके, उन्हें (वैकल्पित तौर पर) संयोजित करना चाहिए।[1]

---

1. इस सम्बन्ध में जिज्ञासुजनों को पं. चक्रपाणि मिश्र कृत विश्ववल्लभ, सुरपाल रचित वृक्षायुर्वेद, शार्ङ्गधर पद्धति की वाटिका विनोद, काश्यप मुनि कृत काश्यपीयकृषिसूक्ति, पराशर कृत कृषि पराशर, सोमेश्वर कृत मानसोल्लास का अवलोकन किया जाना चाहिए।
वृक्षारोपण के लिए श्रीपति का मत है कि विशाखा, मूल, मृदु (मृगशिरा, चित्रा, अनुराधा, रेवती), ध्रुवसंज्ञक नक्षत्र (उत्तराफाल्गुनी, उत्तराषाढ़, उत्तराभाद्रपद व रोहिणी), शतभिषा, क्षिप्रसंज्ञक (हस्त,

इति सूत्रसन्तानगुणकीर्तिप्रकाशप्रोक्तृश्रीभुवनदेवचार्योक्तापराजि्तपृच्छायां
धारागिर्युद्यानलक्षणाधिकारो नामाष्टाशीतितमं सूत्रम् ॥ 88 ॥
इस प्रकार भुवनदेवाचार्य कृत सूत्रसन्तानगुणकीर्ति प्रकाश या अपराजितपृच्छा में धारागृह
उद्यान लक्षण अधिकार नामक अठासीवाँ सूत्र पूर्ण हुआ ॥ 88 ॥

जलयन्त्रलक्षेणकमेकोननवतितमं सूत्रम् ॥ 89 ॥

अथ जलयन्त्रार्थपदवास्तु। विश्वकर्मोवाच —

पदैर्द्वादशभिर्वास्तु योजयेज्जलयन्त्रके।
पदस्थाने तथा देवान् पश्चात् कर्म समाचरेत् ॥ 1 ॥

विश्वकर्मा बोले कि जलयन्त्र[1] के लिए बारह भाग का वास्तुपद बनाए और प्रत्येक पदस्थान के देवताओं की स्थापना करने के उपरान्त ही कार्य आरम्भ करें।

कृते सप्तपदे$_7$ क्षेत्रे ब्राह्यभद्रं पदत्रये।
विंशति$_{20}$स्तम्भसम्युक्तं पदिका स्तम्भशालिका ॥ 2 ॥

सात पदों के क्षेत्र पर बाहरी भित्ति तीन पदों की हो, इस तरह बीस स्तम्भों से युक्त पदों की स्तम्भ शाला बनाएँ।

मध्ये चतुष्किका कार्या ब्रह्मणः पदमाश्रिता।
वेदिकास्तत्र कर्तव्याश्चतुर्विंशतिपाद्युताः$_{24}$ ॥ 3 ॥

इसके मध्य में ब्रह्मपद स्थान में चौकी बनाएँ और वह वेदिका चौबीस पदों की बनाई जाएगी।

वास्तुं प्रपूजयेत्प्राज्ञो जलयन्त्रोचितं तथा।
षोडशा$_{16}$ङ्घ्रिसमायुक्तमन्यथा दोषकृद् भवेत् ॥ 4 ॥

वहाँ पर जलयन्त्र के उद्देश्य से समुचित वास्तु पूजन करें जो सोलह पदों वाला हो (अर्थात् 256 वास्तु)। अन्य प्रकार का पद-वास्तु दोषप्रद होता है।

चतुरश्रं समं क्षेत्रं स्तम्भैर्द्वादशभिर्युतम्$_{12}$ ।
पद्माकृति शुभं मध्ये जलयन्त्रं तु सुव्रत ॥ 5 ॥

अश्विनी, पुष्य) इन चौदह नक्षत्रों में लताओं, औषधिओं और वृक्षों का रोपण करना चाहिए— सावित्रतिष्याश्विनवारुणानि मूलं विशाखा च मृदुध्रुवाणि। लतौषधीपादपरोपणेषु शुभानि भानिप्रतिपादितानि ॥ (ज्योतिषरत्नमाला 4, 34)

1. जलयन्त्रों के विविध प्रकारों का वर्णन समराङ्गण. के 31वें यन्त्राध्याय में आया है।

अनभावृष्टिः कर्तव्या आयुधास्तुसमन्वितम्।[1]
नानाविचित्ररूपाणि चतुर्दिक्षु प्रकल्पयेत्॥ 6॥

चौकोर समतल क्षेत्र में बारह स्तम्भ हो और मध्य के भाग में पद्म की आकृति बनाकर जलयन्त्र सुव्रत यानी पूरी गोलाई में लगाए। बिना आकाश के बादलों के ही जलवृष्टि उस जलयन्त्र से सम्भव होगा यदि नाना विचित्र रूपों के आयुधों से यह जलयन्त्र समन्वित होगा। ये क्षेत्र की चारों दिशाओं में प्रकल्पित करके योजनानुसार लगाए जाएँगे।

सप्तभागविभाज्यनिर्देशमाह —

चतुरश्रीकृते क्षेत्र सप्त$_7$भागविभाजिते।
भद्राणि त्रिपदानि स्युः कोणे कूपाश्च कारयेत्॥ 7॥
विषमाः कूपिकाः कार्याः समा वै दोषदास्तथा।
यन्त्रतो द्विगुणोच्छ्रायं त्रिगुणं च तथायते॥ 8॥
अधस्तात्तु पुनर्मध्ये धाराख्यं मण्डपं शुभम्।
स्तम्भैर्द्वादश$_{12}$भिर्युक्तमेकेन कलशेन च॥ 9॥

इसके लिए किसी चौकोर क्षेत्र को सात भागों में विभाजित करें। उसके तीन पदों तक के भाग में भद्राणि-भितियाँ बनाए और क्षेत्र के कोनों में कूप खनन करके निर्माण करें। ध्यान रहे कि वहाँ विषय संख्या में बनी कूपिकाएँ ठीक होती है जबकि सम संख्या में बनी दोषकारक मानी गई हैं। यन्त्र के आयत से उसकी ऊँचाई दुगुनी या तीन गुनी रखें और उस यन्त्र के नीचे भी पुनः मध्य में धारा नामक मण्डप बनाएँ। उसके बारह स्तम्भों पर एक-एक कलश होगा।

अथारघट्टयन्त्रवर्णनं —

चतुष्किाश्चतुर्दिक्षु द्वौ द्वौ स्तम्भौ च कल्पयेत्।
करोटकं समायुक्तं कलशैश्चैकषष्टिभिः$_{61}$ ॥ 10॥
रथिकाकूटघण्टाभिः सुवृत्तं शुकनासकैः।
भ्रमच्च दर्शयत्तोयं विचित्रैर्मणिकुट्टिमैः॥ 11॥
तद्बाह्यतस्तु प्राकारं कपिशीर्षविवर्जितम्।
हट्टयन्त्रसमाकीर्णं सजलैः सारणैर्युतम्॥ 12॥

उसकी चारों दिशाओं में दो-दो स्तम्भों वाली चौकियाँ बनाए जिन पर कटोरों

---

1. 'आयुवास्तुसमन्वितम ?।' इति प्रकाशित पाठः।

के आकार के कलश-अर्थात् घेड़ें 61 की संख्या में बाँधे और रहट की रथिका का भ्रमणपथ पूरी गोलाई में हो। उस पर घूमट (घण्टाभि) का कूट समूह हो तथा पथ पक्का (मणि कुटिम) कङ्क्रीट से बना हो। उस गोल पथ के बाहर दीवार बनाएँ जिस पर कँगूरे-कपिशीर्ष नहीं बनाएँ। इस प्रकार का यह रहट्टयन्त्र-आधुनिक रहट का समूह जल से सभी सारणों यानी नालियों-नहरों को भर देता है।[1]

परिखाप्रमाणमाह —

परिखा तत्र बाह्ये तु सप्तहस्तप्रमाणतः।
काननं त्वेवमाख्यातं नृपाणां क्रीडनार्थकम्॥ 13॥
ग्रीष्मे क्रीडां प्रकुर्वन्ति नृपा नरसमन्विताः।
षण्डालीनां[2] च मध्यस्थं प्रविष क्रीडमानसैः॥ 14॥

बाग-बगीचे के बाहर की ओर सात गज के प्रमाण की चौड़ाई में खाई बनाएँ। इस तरह राजाओं के क्रीड़ा मनोरञ्जन के लिए कानन-बाग बनाया जाएगा। ग्रीष्म ऋतु में राजा लोग अन्य दरबारी लोगों के साथ क्रीड़ार्थ तालाबों के मध्य में प्रवेश करके मनोविनोद करते हैं।

दर्शयन्ति विचित्राणि रूपाणि चैव मूर्ध्वतः।
सर्वाङ्गश्रोतसः सन्धौ वृष्टिं कुर्वन्ति मेघवत्॥ 15॥

वे वहाँ पर विचित्र रूपों में ऊपर बने हुए फव्वारों (सर्वाङ्गश्रोतसः सन्धौ) से मेघ वर्षा के समान वृष्टि देखते हैं।

अवृष्टिगर्जिताः शब्दा विद्युदुद्योतकान्विताः।
एवमायासतो ग्रीष्मे पर्यटन्ति नृपा मुदा॥ 16॥

इसी प्रकार वहाँ बिना वृष्टि के भी गरजने के शब्द करते तथा बिजली चमकाते हुए इस प्रकार पूरे ग्रीष्म में राजा लोग मुदित हो पर्यटन करते हैं।

---

1. यशोवर्मन् के मालव संवत् 589 तद्नुसार 532 ई. के मन्दसौर अभिलेख में अरहट्ट यन्त्र का वर्णन कूप सहित इस प्रकार आया है कि जब तक समुद्र अपनी तरङ्ग रूपी भुजाओं से अपनी किरणों से कान्तिमान और समुद्र से अपने सम्पर्क के कारण उत्तरोत्तर सुन्दर होते सम्पूर्ण चन्द्र का आलिङ्गन करता रहेगा तब तक राजप्रासाद की उत्तुङ्गता की शोभा से युक्त यह सुन्दर कूप, मुण्डमालावत् वलयाकृत गति के द्वारा अमृतवत् स्वच्छ जल निःस्रत करता हुआ विद्यमान रहेगा— यावत्तुङ्गैरुदन्वान्किरणसमुद्रथं सङ्क्रान्तं तरङ्गैरालिङ्गन्निन्दुबिम्बं गुरुभिरिव भुजैः संविधत्ते सवृत्ताम्। बिभ्रत्सौधान्तलेखावलयपरिगतिं मुण्डमालामिवायं सत्कूपस्ताममृतसमरसस्वच्छविष्यन्दिताम्बुः॥ (कॉरप्स इंस्क्रिप्शंस इण्डिकेरम्, खण्ड 3, पृष्ठ 150-151)
2. 'धडालीनां' इति प्रकाशित पाठः।

वस्त्रालङ्कारकैर्यैस्तु प्रविशन्त्युदकेषु च।
तत्सर्व सूत्रधारेषु दातव्यं तु मुदान्वितैः ॥ 17 ॥
अन्येषां राजप्रासादे ग्रामं दद्यात् स्वराष्ट्रके।
कृत्वा क्रीडां नृपश्चेत्थं वासन्ते च महोत्सवे ॥ 18 ॥

(पहली बार) जिन वस्त्र और अलङ्कारों सहित राजा तालाब के जल में क्रीड़ार्थ प्रवेश करते हैं, वे सब स्नानोपरान्त मुदित मन से सूत्रधार को दान कर देना चाहिए जिसने ऐसी तालाब की अनुरञ्जनप्रद व्यवस्था की। शिल्पियों को भी राजा की प्रसन्नता स्वरूप अपने राष्ट्र के ग्रामों का दान करके राजा लोग इस प्रकार वसन्तोत्सव की क्रीड़ा करके महोत्सव मनाया करें।

इति सूत्रसन्तानगुणकीर्तिप्रकाशप्रोक्तृश्रीभुवनदेवचार्योक्तापराजितपृच्छायां
जलयन्त्रलक्षणमण्डपद्वाराधिकारो नामैकोननवतितमं सूत्रम् ॥ 89 ॥

इस प्रकार भुवनदेवाचार्य कृत सूत्रसन्तानगुणकीर्ति प्रकाश या अपराजितपृच्छा में
जलयन्त्रलक्षण मण्डपद्वार अधिकार नामक निवासीवाँ सूत्र पूर्ण हुआ ॥ 89 ॥

वैद्यशालालक्षणं नवतितं सूत्रम् ॥ ९० ॥

अथ राजवेश्माश्रितवैद्यशालावर्णनं। विश्वकर्मोवाच —

वैद्यशालाः प्रवक्ष्यामि आश्रिता राजवेश्मनि।
द्वात्रिंश$_{32}$द्धस्तविस्ताराश्चतुर्वृद्धिरनुक्रमात् ॥ 1 ॥
मण्डपा नव सङ्ख्याताश्चतुःषष्ट्यन्त$_{64}$ हस्ततः।
पृथगेकैकशः प्रोक्ताः कथयिष्यानुक्रमम् ॥ 2 ॥
मण्डपा द्वार एवोक्ताः प्राकारपरिवेष्टिताः।
अग्रे च पोलिकायुक्ताः कपाटैश्च दृढार्गलाः ॥ 3 ॥

विश्वकर्मा बोले कि अब मैं राजमहलों के आश्रित वैद्यशाला के विषय में कहता हूँ। इसमें बत्तीस गज के विस्तार से यदि क्रमशः चार-चार गज की अभिवृद्धि करते जाए तो नौ मण्डपों तक चौंसठ गज विस्तार हो जाएगा। इनको मैं पृथक्-पृथक् एक-एक के अनुक्रम से कहता हूँ। यहाँ जो मण्डप कहे गए हैं, द्वारों

1. 'वाद्यशाला' इति प्रकाशित पाठः। मत्स्यपुराण में राजधर्म वर्णन में सहायकों के क्रम में वैद्यलक्षण व आवश्यक उपस्कारकों का निर्देश किया गया है। यह वर्णन उसी का उत्तरवर्ती है। इसमें वैद्यशाला के साथ ही खनन, प्रद्रावण की विभि भी आई है। धातु विज्ञान के अध्येताओं के लिए यह वर्णन विशेष महत्व का है।

और प्राकारों-परकोटों से वेष्टित होते हैं जिनके आगे पोलिका-पोल दृढ़ किंवाड़ों और अर्गला से युक्त होते हैं।

मण्डपनामानि —

विमानः पुष्पको भद्रो गरुडश्चारुवर्द्धनः।

सिद्धिकामो रसः कान्तो विचित्रस्तेजस्सम्भवः॥ 4॥

मण्डपा न व चेत्येवं विमानाद्याः प्रकीर्तिताः।

इन मण्डपों में (1.) विमान, (2.) पुष्पक, (3.) भद्र, (4.) गरुड, (5.) चारुवर्धन, (6.) सिद्धिकाम, (7.) रसकान्त, (8.) विचित्र और (9.) तेजसम्भव— ये नौ मण्डप विमानादि से कहे गए हैं।[1]

द्वात्रिंश$_{32}$द्धस्तकश्चाद्यः क्रमाद्वृद्धिश्चतुःकरैः॥ 5॥

चतुःषष्टिकराः$_{64}$ अन्ते द्वात्रिंशद्भिर्विमानकाः$_{32}$।

अन्ते तेजस्सम्भवाख्यश्चतुःषष्टिकरैश्च$_{64}$ सः॥ 6॥

ये प्रारम्भ में 32 गज के होकर क्रमशः चार-चार गज की वृद्धि प्राप्त करते हुए अन्त तक 64 गज के हो जाते हैं। इस प्रकार बत्तीस विमान अन्त में तेजसम्भव नाम के विमान तक पहुँचते-पहुँचते 64 गज तक के हो जाते हैं।

तत्रैव वेद्यादीनां प्रमाणमाह —

मध्ये च वेदिकां कुर्यादष्टहस्तप्रमाणतः$_{8}$।

तत्रैव स्थापयेद् देवं भैरवं योगिनीस्तथा॥ 7॥

देवीश्च क्षेत्रपालं च जिनेन्द्रसिद्धमूर्तिकाः।

देवक्रमात्पूजयेच्च योगिनीश्च कुमारिकाः॥ 8॥

विप्रादान्दर्शयच्चैव स्थावरं जङ्गमं तथा।

तदाज्ञा च गृहीतव्या तत्र कर्म समाचरेत्॥ 9॥

(इसके बाद, निर्माण कार्य प्रारम्भ करने के लिए) मध्य में आठ गज की प्रमाण वाली वेदी बनाएँ और उसके ऊपर भैरवदेव और योगिनियों की स्थापना करें। देवियों, क्षेत्रपाल, जिनेन्द्र-सिद्धों (अर्हतों) की मूर्तियों की देवक्रमानुसार पूजा करें। योगिनियों

---

1. रसरत्नसमुच्चय में आया है कि रसशाला के समीप रसमण्डप होने चाहिए, इनकी रचना और अलंकरण के क्रम में कहा गया है : अत्यन्तोपवने रम्ये चतुर्द्वारोपशोभिते॥ तत्र शाला प्रकर्तव्या सुविस्तीर्णा मनोरमा। सम्यग्वातायनोपेता दिव्यचित्रैर्विचित्रताम्॥ तत्समीपे समे दीप्ते कर्तव्यं रसमण्डपम्। अतिगुप्तं सुविस्तीर्णं कपाटार्गलशोभितम्॥ ध्वज छत्रवितानाढ्यं पुष्पमालाविलम्बितम्। भेरीकाहलाघण्टादिशृङ्गीनादविनादितम्। भूः समा कर्तव्या सुदृढा दर्पणोपमा। तन्मध्ये वेदिका रम्या कर्तव्या लक्षणान्विता॥ (रसरत्नसमुच्चय 6, 12-16)

और कुमारिकाओं की पूजा करनी चाहिए। विप्रादिकों, स्थावरों, जङ्गमों को इनके दर्शन करवाकर उनकी अनुमति, आशीर्वाद से ही कार्यारम्भ करना चाहिए।

महोषध्यादीनां स्थापननिर्देशमाह —

ततः प्राकारमध्य तु स्थापयेच्च महोषधीः।
श्वेतरक्तपीतकृष्णैः पुष्पकाले प्रभेदिताः॥ 10॥
कटुतिक्तकषायाम्ललवणैर्मधुरेण च।
औषधीर्लक्षयेद्दिव्या वर्णैरास्वादनैस्तथा॥ 11॥

इसके बाद, वहाँ जो प्राकार बनेगा, उसके मध्य में महौषधी[1] की स्थापना, रोपण-निवेश का कार्य किया जाना चाहिए। इनको श्वेत, लाल, पीत, कृष्ण रङ्ग के पुष्पों के भेद और काल के भेदानुसार अलग-अलग रूप से लगाना चाहिए। इसी प्रकार कटु, तिक्त, कषाय, अम्ल, लवण और मधु स्वादानुसार औषधियों के लक्षण देखकर उनके दिव्य वर्ण और स्वाद के अनुसार वर्गीकरण करना चाहिए।

भैषज्यार्थोपस्करादीनां निर्देशमाह —

कोटिकायाः सूकरैश्च धमनीनलिकायसैः[2]।
सण्डिशानि विविधानि [3]काकचञ्चवाकृतीनि च॥ 12॥
ग्रादुकां[4] (?मौद्रिका)कर्त्तयुक्तां हस्तवडानि हारिणी।
खल्वे च मर्दनं कुर्याद् यन्त्राद्विविधधारिकाः[5]॥ 13॥

---

1. गोविन्दानन्दधृत मत्स्यपुराणवचनमाह— सहदेवीतथा व्याघ्री बला चातिबला तथा। शङ्खपुष्पी तथा सिंही अष्टमी च सुवर्च्चला॥ महौषध्यष्टकं प्रोक्तं महास्नाने नियोजयेत्। (शब्दकल्पद्रुम खण्ड 3, पृष्ठ 682) महौषधी श्वेतकण्टकारी च ब्राह्मी। पर्यायोऽस्या यथा— ब्राह्मी कपोतवङ्का च सोमवल्ली सरस्वती। मण्डूकपर्णी माण्डूकी त्वाष्ट्री दिव्या महौषधी॥ (भावप्रकाश पूर्वखण्ड, प्रथम भाग) कटुका च अतिविषा इति राजनिर्घण्टः।
2. अष्टाङ्गसंग्रह सूत्रसंस्थान में अग्निकर्म की विधि के अन्तर्गत धौकनी, जाम्बवोष्ठ-शलाका के प्रयोग का वर्णन आया है। धौंकनी को इसमें भस्त्रा कहा गया है, यही शब्द पाणिनी ने भी दिया है। इसका उपयोग लोह के पिघलाने, निर्धूम अग्नि दीप्त करने के लिए होता आया है—
निर्धूमबृहत्स्थिरदीप्तखदिरबदराद्यङ्गारैरयोघटनप्रकारेण भस्त्रानिलाध्मातैर्व्यजनेन वोर्ध्वनिर्गच्छज्ज्वालतयाऽऽपादितापाद्यमानभासुराग्निवर्णैजाम्बवोष्ठादिभिर्व्याधिप्रदेशवशद्वलयार्ध चन्द्रस्वस्तिकाष्टापदबिन्दुरेखाप्रतिसारणविकल्पै...। (अष्टाङ्ग. 40, 5)
3. स्वस्तिकयन्त्र कङ्क नामक पक्षी के मुख, काकमुख और कुरर नामक पक्षी के मुख जैसे बनते हैं— इतरेषु तु यथायोगं व्रणाकारानुरोधेन कङ्ककाककुरादिमुखानि॥ (तत्रैव 34, 5)
4. 'ग्राहकां' स्यात्।
5. यन्त्रों की संख्या 101 बताई गई है किन्तु छह प्रधान है— 1. स्वस्तिक यन्त्र, 2. सन्दंशयन्त्र, 3. तालयन्त्र, 4. नाडीयन्त्र, 5. शलाकायन्त्र तथा अनुयन्त्र— अन्ये पुनरेकोत्तरं यन्त्रशतमित्याचक्षते। इह तु

(अब औषधशाला, प्रदावण कार्यशाला के उपस्करों-उपकरणों के प्रसङ्ग में कहा जा रहा है) वहाँ सूअर की खाल की धमनी बनाकर और लोहे की नलिका से आग को फूँकने की धमण बनाएँ। वहाँ कौए की चोंच की आकृति वाली तरह-तरह की सण्डासियाँ भी स्थापित करें। इसी प्रकार पकड़ने के यन्त्र (अथवा मुद्रिका), कैंचियाँ, हस्तवडानी या चिमटा अथवा करपत्र, हारिणी या सफाई करने के यन्त्र; इसी प्रकार खरल करने, मर्दन करने के भी विविध प्रकार के यन्त्रों को बनाना चाहिए।

धातवोऽष्टाऽष्ट लौहानि विविधान्यौषधानि च।
मूषाभेदक्रमोक्तं[1] च रत्नं स्याद् वज्रकादिकम्॥ 14॥

इन यन्त्रों के उपयोग और अष्ट धातु, अष्ट लोहादि से विविध प्रकार की औषधियाँ बनाई जाए। वहाँ हीरादि रत्नों की (भस्मादि के प्रयोजन से) विविध मूषाओं को भी तैयार करना चाहिए।

मूषार्थ मृत्तिकादीनां —

मृत्तिका करणी श्रेष्ठा वज्रमूषादिकोद्भवम्।
हृदि चित्तेर्दृढात्मा[2] च एकीभूतमनास्तथा॥ 15॥

उनकी मृत्तिका या भस्म (श्रेष्ठ) सर्वोत्तम प्रकार की मूषादिक में पकाकर तैयार की जा सकती है (अथवा वज्र मूषादि को श्रेष्ठ मिट्टी से तैयार किया जा सकता है[3])। इसके लिए हृदय और चित्त को बलवान बनाकर यानी व्यक्ति को दृढ़ात्मा और एकाग्र चित्त होकर ही कार्य करना चाहिए।

समासतः षोढा निर्दिश्यन्ते। स्वस्तिसन्दंशतालनाडीशलाकख्यान्यनुयन्त्राणि च॥ (अष्टाङ्ग. 34, 4) भगवान् धन्वन्तरि ने 101 यन्त्रों को स्वीकृत किया है— तत्र चतुर्विंशति (24) स्वस्तिकयन्त्राणि, द्वे (2), सन्दंशयन्त्रे, द्वे (2), तालयन्त्रे, विंशतिः (20), नाड्यः, अष्टाविंशतिः (28), शलाका, पञ्चविंशतिः (25), उपयन्त्राणि। (सुश्रुत सू. अ. 7, 6)

1. यदि यहाँ 'माषाभेद क्रमोक्तं' पाठ हो तो माशा (आठ रत्ती = 1 माषा) के क्रम से भेद रखते हुए रत्नों को और हीरों को तौला जा सके— यह अर्थ भी निष्पन्न हो सकता है।
2. 'हृदि वित्तेर्दृढात्मा' इति प्रकाशित पाठः।
3. सरत्नसमुच्चय में वज्रमूषा निर्माण के लिए कहा गया है कि मूषोपयोगी तीन मिट्टी तीन भाग लें, सन का रेशा दो भाग, घोड़े की लीद दो भाग, धान की भूसी की रांखी, सिलखड़ी मिट्टी एक भाग तथा लोहकिट्ट आधा भाग लेकर इनको अच्छी तरह कूट-पीटकर वज्रमूषा बनाएँ : मृदस्त्रिभागाः शणलद्दिभागौ भागश्च निर्दग्धतुषोपलादेः। किट्टार्धभागं परिखण्ड्य वज्रमूषां विदध्यात्खलु सत्त्वपाते॥ (10, 9) उक्त ग्रंथ में योगमूषा, वज्रद्रावणीमूषा, गारमूषा, वरमूषा, वर्णमूषा, रौप्यमूषा, विडमूषा, वज्रद्रावण, वृन्ताकमूषा, गोस्तनीमूषा, मल्लमूषा, पक्वमूषादि नाम आए हैं।

अन्यदप्याह —

सद्‌गुरुणां पादभक्त्या गुरुपदेशग्राहकः।
मुक्तमत्सरकोपश्च सत्प्रियो जनवत्सलः॥ 16॥

यह विद्या उसी व्यक्ति की सफल होती है, जो सद्‌गुरु की चरण-सेवा में रहकर, गुरु के उपदेश को ग्रहण करने का पात्र हो और जो मत्सर, ईर्ष्या, कोप-क्रोधादि से मुक्त हो तथा सत्यप्रिय एवं जनकल्याण की भावना से ओत-प्रोत हो।

मूषानिर्माणविधिं —

पारदग्धा स्तोकदग्धा अदग्धा बालकर्तिका।
स्वरबिन्दुसमायुक्तं वज्रमूषस्य लक्षणम्॥ 17॥

(अब ऐसी आग पर तपाने के पात्र या मूषा के लक्षण कहे जा रहे हैं) ऐसी वज्रमूष के पारदग्धा या पूर्ण परिपक्व, स्तोकदग्धा या कम पकी हुई, अदग्धा या बिना पकी हुई, बालकर्तिका या बहुत छोटी और स्वरबिन्दु से युक्त या कोई खास चिह्न अथवा स्वर-टङ्कार देने वाली पकी हुई मूसा— ये लक्षण हैं।

घटिका करिकाकारा मृत्तिकाश्च सुयोजयेत्।
त्रीणि त्रीणि पुनस्त्रीणि तथा चत्वारि पञ्च च॥ 18॥
(ततः प्राप्नोति द्रव्यश्च यथाश्रमे तथा लाभः)।

इनकी बनी हुई छोटी घड़ियाँ या कुलकी जिसमें मृत्तिका या अयस्क (कच्चा द्रव्य) को भली प्रकार से जमाएँ और तीन-तीन और पुनः तीन-तीन या चार बार अथवा पाँच बार (तपाकर परम शुद्ध द्रव्यादि अथवा रत्न-धातु-भस्म को प्राप्त किया जा सकता है) जितना परिश्रम होगा, वैसा ही लाभ होगा।[1]

इति सूत्रसन्तानगुणकीर्तिप्रकाशप्रोक्तृश्रीभुवनदेवचार्योक्तापराजितपृच्छायां वैद्यशालक्षणाधिकारो नाम नवतितमं सूत्रम्॥ 90॥

इस प्रकार भुवनदेवाचार्य कृत सूत्रसन्तानगुणकीर्ति प्रकाश या अपराजितपृच्छा में वैद्यशाला लक्षण अधिकार नामक नब्बेवाँ सूत्र पूर्ण हुआ॥ 90॥

---

1. इस ग्रन्थ के रचनाकाल तक मेवाड़ में जावर, ईसवाल, राजपुरा आदि स्थानों पर रजत, यशद, लौह आदि का उत्खनन तथा उनका प्रदावण कार्य हो रहा था। ऐसे में रचनाकार मूषाओं के प्रयोग से परिचित था। ये नाना प्रकार की मिट्टियों से तैयार होती, इनमें अयस्क को रखकर पिघलाया जाता और शुद्धद्रव्य को प्राप्त किया जाता था। वर्तमान में जावर में ऐसी मूषाओं के ढेर मिले हैं। जिस प्रकार के देवी-देविताओं की स्थापना व पूजादि का यहाँ निर्देश है, वह रूप यथारूप जावर में द्रष्टव्य है। भैरव, योगिनियों, जिनेन्द्रसिद्धों के देवालयों के अवशेष विद्यमान हैं। इसके पास ही नठारा पाल गाँव के निकट और ईसवाल गाँव में भी पुरातात्त्विक उत्खनन से लोह-कर्म की पुष्टि हो चुकी है।

चतुरुत्तरशतैकशालगृहलक्षणमेकनवतितमं सूत्रम् ॥ 91 ॥

विश्वकर्मोवाच —

हर्म्यादीनि प्रवक्ष्यामि यथोक्तं पुरवासिनाम्।
निन्दितानि च शस्तानि भवन्ति भवनानि च ॥ 1 ॥

विश्वकर्मा बोले कि अब मैं नगरवासियों के लिए जैसी हर्म्यादि भवन रचना कही गई है, उसे कहता हूँ। भवन (1.) निन्दित और (2.) प्रशस्त— दो प्रकार के होते हैं।

अथ प्रस्तारक्रमाह —

पञ्च$_5$ पूर्वायता रेखा दशसप्त$_{17}$ च दक्षिणे।
चतुःषष्टिपदं$_{64}$ कार्यं कोष्ठकं पूर्वदक्षिणम् ॥ 2 ॥
चत्वारो विन्यसेत्पूर्वमक्षराणि गुरूणि वै।
तेभ्य एव प्रसूयन्ते भेदाः षोडश$_{16}$ वेश्मनाम् ॥ 3 ॥

पूर्व दिशा की ओर जाती हुई पाँच समानान्तर रेखाएँ खींचे और दक्षिण की ओर जाती सत्रह समानान्तर रेखाएँ डालें। इस प्रकार पूर्व-दक्षिण की बनी रेखाओं से चौंसठ कोष्ठक बनेंगे। सर्वप्रथम पूर्व के कोष्ठकों में चार गुरु (ऽ ऽ ऽ ऽ) का न्यास करें (और प्रस्तार क्रम देखे) इस प्रकार से सोलह प्रकार के भवनों का भेद निष्पन्न होगा।

गुरोरधो लघुं दद्याद् विद्याद्गुरु-लघुप्रदम्।
एकान्तरविभेदेन षोडशैव$_{16}$ पदाः स्थिताः ॥ 4 ॥

उक्त क्रम-निवेश के बाद नीचे के कोष्ठक में क्रमशः गुरु के नीचे लघु (।) चिह्न करे और यह जानना चाहिए कि गुरु (ऽ) लघु (।) का देने वाला है जो एकान्तर के भेद से सोलह पदों में कोष्ठकों में स्थित होता जाता है।

पदपक्षस्य संस्थाने द्वितीयं परिकीर्तितम्।
चतुरक्षरभेदेन तृतीयं च तथोपरि ? ॥ 5 ॥

पद के बाजू में द्वितीय कहा गया है जो चार अक्षरों के भेद से तीसरा उसके ऊपर होता है (पाठ अस्पष्ट है)।

अष्टाभिः क्रमभेदैश्च चतुर्थं शुभलक्षणम्।
एकोर्ध्वे मात्रिको लघु गुरुद्वक प्रतिष्ठिताः ? ॥ 6 ॥

इस प्रकार आठ भेदों के क्रम से चतुर्थ शुभ लक्षण बनता है। एक के ऊपर मात्रिक लघु (।) और गुरु दो के बाद प्रतिष्ठित करें (पाठ अस्पष्ट है)।

एकशाला गुरुव्यासा चालिन्दो ुस्थानके।
एकोर्ध्वेन गृहे मूषादलिन्दश्चेति निश्चये ? (न्यसेत्)॥ 7॥

गुरु (ऽ) के स्थान पर एक शाला समझें और अलिन्द, पटशाल, बरामदा, वातायनादि लघु (।) के स्थान पर समझें। एक के ऊपर ही ओर गृह में मूषा, वातायन होते हैं, ऐसा निश्चय करे (पाठ अस्पष्ट है)।[1]

पूर्वे वै कथितश्छन्दो गुरु लघुश्च ? समावृते।
प्रभेदांश्च तन्नामानि कथयाम्यपराजित॥ 8॥

पहले जो गुरु-लघु का छन्द कहा गया है, उसके प्रभेद और उनके नामों को हे अपराजित! अब मैं कहता हूँ।

ग्रन्थान्तर से गृहार्थ प्रस्तारचक्र

सं.	प्रस्तारभेद	गृहनाम	द्वारनाम
1.	ऽ ऽ ऽ ऽ	ध्रुव	ऊर्ध्वमुख
2.	। ऽ ऽ ऽ	धन्य	पूर्वमुख
3.	ऽ । ऽ ऽ	जयसंज्ञक	दक्षिणद्वार
4.	। । ऽ ऽ	नन्दसंज्ञक	पूर्व-दक्षिणद्वार
5.	ऽ ऽ । ऽ	खराभिध	पश्चिमद्वार
6.	। ऽ । ऽ	कान्त	पूर्व-पश्चिमद्वार
7.	ऽ । । ऽ	मनोरम	दक्षिण-पश्चिमद्वार
8.	। । । ऽ	सुमुख	पूर्व-याम्यपश्चिमद्वार
9.	ऽ ऽ ऽ ।	दुर्मुख	उत्तरद्वार
10.	। ऽ ऽ ।	क्रूर	पूर्वोत्तरद्वार
11.	ऽ । ऽ ।	सुपक्ष	दक्षिणोत्तरद्वार

---

1. श्रीपति का मत है कि भवन के लिए छन्दशास्त्रानुसार प्रस्तारक्रम समझना चाहिए। इसके लिए पहले चार गुरु (ऽऽऽऽ) लिखें, तदोपरान्त प्रथम गुरु के नीचे लघु लिखें और वाम भाग में गुरु लिखें तथा आगे जैसा पूर्व में लिखा गया है, वैसा ही लिखें (।ऽऽऽ)। इसी प्रकार सबके लघु (।।।।) होने तक लिखें तो प्रस्तारक्रम तय हो जाता है— स्थापयेल्लघुमघो गुरोः परं स्याद्यथोपरि तथैव पूरयेत्। पश्चिमं च गुरुभिः पुनः पुनः सर्वलघ्ववधिरित्ययं विधिः॥ (ज्योतिषरत्नमाला 17, 9)
नारदपुराण में आया है कि चार अक्षरों के प्रस्तार के भेद से क्रमशः इन गृहों की गणना करनी चाहिए— गृहाणि गणयेदेवं तेषां प्रस्तारभेदतः। गुरोरधो लघुः स्थाप्यः पुरस्तादूर्ध्वन्न्यसेत्॥ गुरुभिः पूरयेत्पश्चात्सर्वलघ्ववधीर्विधिः। कुर्याल्लघुपदेऽलिन्दं गृहद्वारात्प्रदक्षिणम्। पूर्वादिगेष्वलिन्देषु गृहभेदास्तु षोडश। (नारद. पूर्व. 56, 583-585)

12.	। । ऽ ।	धनद	पूर्व-याम्योत्तरद्वार
13.	ऽ ऽ । ।	क्षयाख्य	पश्चिमोत्तरद्वार
14.	। ऽ । ।	आक्रन्द	पूर्व-पश्चिमत्तरद्वार
15.	ऽ । । ।	विपुल	याम्य-पश्चिमोत्तरमुख
16.	। । । ।	विजयसंज्ञक	चतुर्मुख

षोडश गृहनामानि —

ध्रुवं धान्यं जयं नन्दं खरं कान्तं मनोरमम्।
सुमुखं दुर्मुखं क्रूरं सुपक्षं धनदं क्षयम्॥ 9॥
आक्रन्दं विपुलं चैव विजयं गृहमुत्तमम्।[1]
अलिन्दभेदाः कथिता ध्रुवादीनां तु षोडश 16 ॥ 10॥

1. ध्रुव, 2. धान्य, 3. जय, 4. नन्द, 5. खर, 6. कान्त, 7. मनोरम, 8. सुमुख, 9. दुर्मुख, 10. क्रूर, 11. सुपक्ष, 12. धनद, 13. क्षय, 14. आक्रन्द, 15. विपुल और 16 विजय— ये उत्तम गृहों और अलिन्दों के ध्रुवादि नामों से सोलह भेद कहे गए हैं।

तस्य फलाफलमाह —

ध्रुवे जयमवाप्नोति धान्ये धान्यागमो भवेत्।
जये सपत्नाञ् जयति नन्दे सर्वाः समृद्धयः॥ 11॥
खरमायासदं वेश्म कान्ते च लभते श्रियम्।
आयुरारोग्यमैश्वर्यं तथा चेप्सितसम्पदः॥ 12॥

इनमें से 'ध्रुव' संज्ञक गृह जय प्रदान करने वाला है। 'धान्य' से धान्यागम होता है। 'जय' से पत्नी, जय मिलती है। 'नन्द' से सर्व समृद्धियाँ होती हैं। 'खर' नामक गृह में कठिनाई होती है। 'कान्त' में लक्ष्मी प्राप्त होती है और आयु, आरोग्य, ऐश्वर्य तथा इच्छित सर्व सम्पदा मिलती है।

मनोरमे मनस्तुष्टिर्गृहभर्तुः प्रकीर्तिता।
सन्मुखे राज्यसन्मानं दुर्मुख कलहः सदा॥ 13॥

'मनोरम' नामक गृह से मन को सन्तोष होता है और गृहस्वामी को शान्ति मिलती है। 'सुमुख' से राजकीय सम्मान मिलता है जबकि 'दुर्मुख' नामक गृह से सदा ही कलह की आशङ्का जाननी चाहिए।

1. ये ही श्लोक समराङ्गणसूत्रधार (23, 6-7) और किञ्चित पाठभेद से वास्तुसौख्य, नारदपुराणादि में मिलते हैं।

क्रूरे व्याधिभयं घोरं सुपक्षं गोत्रवृद्धिदम्।
धनदे हेमरत्नानि गाश्चैव लभते पुमान्॥ 14॥
क्षये सर्वक्षयो घोर आक्रन्दं ज्ञातिमृत्युदम्।
आरोग्यं विपुले ख्यातिर्विजये सर्वसम्पदः॥ 15॥

इति ध्रुवादिषोडश।

इसी प्रकार 'क्रूर' संज्ञक गृह में निवास से घोर व्याधि और भय बना रहता है। 'सुपक्ष' से अपने गोत्र-कुल परिवार की वृद्धि होती है। 'धनद' से व्यक्ति को सोना, रत्नादि मिलते हैं और गायों की दूध की उपलब्धता होती है। 'क्षय' संज्ञक गृह से घोर हानि होती है। 'आक्रन्द' से परिवार की मृत्यु की आशङ्का होती है। 'विपुल' से आरोग्य और ख्याति तथा 'विजय' संज्ञक गृह से सभी प्रकार की सम्पदाओं की सुलभता होती है।[1]

अधुना रम्यादीनामष्टगृहमाह —

रम्येषु द्वितीयोऽलिन्दो धान्यादिर्विजयान्तगः।
तेषां भेदाः पुनश्चेत्थमष्टधास्तु प्रकीर्तिताः॥ 16॥
रम्यं श्रीधरं मुदितं वर्धमानं करालकम्।
सुनाभं ध्वाङ्क्षं समृद्धमिति रम्याष्टकं गृहम्॥ 17॥

इति रम्याष्टकं गृहम्।

अब (पूर्वोक्त षोडश गृहों में धान्य से विजय गृह तक एक को छोड़कर एक आठ गृहों यानी धान्य, नन्द, कान्त, सुमुख, क्रूर, धनद, आक्रन्द और विजय तक) यदि धान्यादि के मुख पर अलिन्द की रचना की जाए तो उससे बनने वाले आठ गृहों के बारे में कहा जा रहा है कि वे क्रमशः 1. रम्य, 2. श्रीधर, 3. मुदित, 4. वर्धमान, 5. कराल, 6. सुनाभ, 7. ध्वांक्ष और 8. समृद्ध— ये आठ रम्यादिक अष्ट गृह होंगे।[2]

---

1. वृद्धवशिष्ठ ने इन गृहों का फलाफल इस प्रकार बताया है— ध्रुवसंज्ञं गृहं त्वाद्यं धनधान्यसुखप्रदम्। धान्यं धनप्रदं नृणां जयं स्याद्विजयप्रदम्॥ नन्दं स्त्रीहानिदं नूनं खरं सम्पद्विनाशनम्। पुत्रपौत्रप्रदं कान्तं श्रीपदं स्यान्मनोरम्॥ सुवक्त्रं भोगदं नूनं दुर्मुखं विमुखप्रदम्। सर्वदुःखप्रदं क्रूरं विपक्षं शत्रुभीतिदम्॥ धनदं धनदं गेहं क्षयं सर्वक्षयप्रदम्। आक्रंदं शोकजननं विपुलं श्रीयशःप्रदम्। विपुलं नामसदृशं धनदं विजयाभिधम्॥ (वशिष्ठसंहिता 39, 100-103)
2. समराङ्गण. में आया है— यदि धन्ये द्वितीयोऽपि मुखालिन्दः प्रयुज्यते॥ तद् गृहं रम्यनामेह भर्तुः सौभाग्यकारकम्। मुखालिन्देन नन्दाख्यं द्वितीयेन सुयोजितम्॥ तच्छ्रीधरमिति ख्यातं तस्मिन् श्रीर्नित्यमाविशेत्। अलिन्दश्चेद् द्वितीयाऽपि कान्तस्यास्ये निवेश्यते॥ मुदितं तद् भवेद् भर्तुर्भूतिकृद्

अथ सुन्दरादि गृहषोडश: —

शालामध्ये ध्रुवादीनां न्यासे षड्दारुकस्य च।
अन्ये भेदाः पुनस्तेषां षोडशैव प्रकीर्तिताः ॥ 18 ॥

ध्रुवादि शालाओं के मध्य में यदि षड्-दारु (स्तम्भ व पाटन) का निवेशन किया जाए तो उक्त सोलह गृहों से अन्य सोलह प्रकार के गृह बन जाते हैं।

छन्दभेदपूर्ववद् ध्रुववद् सर्वाणि च।
नियतोपि षड्दारुकं नामाधुना कथ्यते[1] ॥19 ॥

इन भवनों में छन्द-प्रस्तार भेद पूर्वानुसार होगा और ध्रुवादि की भाँति ही स्थिति होगी किन्तु इनमें षड्दारुक ही नियत होंगे। अब मैं इनके नामों को कहता हूँ।

सुन्दरं वरदं भद्रं प्रमोदं विमुखं शिवम्।
सर्वलाभं विशालं च विलक्षमशुभं ध्वजम् ॥ 20 ॥
उद्योतं भीषणं शून्यमजितं कुलनन्दनम्।
प्रशस्तान्यप्रशस्तानि यथानामफलानि च ॥ 21 ॥

इति सुन्दरादिगृहषोडश।

ये नाम हैं— 1. सुन्दर, 2. वरद, 3. भद्र, 4. प्रमोद, 5. विमुख, 6. शिव, 7. सर्वलाभ, 8. विशाल, 9. विलक्ष, 10. अशुभ, 11. ध्वज, 12. उद्योत, 13. भीषण, 14. शून्य, 15. अजित और 16. कुलनन्दन गृह। ये प्रशस्त और अप्रशस्त गृह इनके नामानुसार ही फल देने वाले अर्थात् 'यथा नामानि तथा गुणानि' होते हैं।[2]

अथ हंसादि गृहषोडश: —

पूर्वालिन्देषु सर्वेषु कार्यं षड्दारुकं पुरः।

भवनोत्तमम्। सुमुखस्य यदालिन्दो वक्त्रेऽन्यो विनिवेश्यते॥ वर्धमानं तदा तत् स्यात् स्वामिलक्ष्मीविवर्धनम्। क्रूरं युक्तं द्वितीयेन मुखालिन्देन मन्दिरम्॥ करालं तद् विजयानीयाद् भर्ता तस्य विनश्यति। अलिन्देन द्वितीयेन धनदं योजितं पुनः॥ सुनाभं तद् भवेत् तस्मिन् पशून् पुत्रानवाप्नुयात्। आक्रन्दस्य पुरोभागे यद्यलिन्दः कृतोऽपरः॥ ध्वाङ्क्षसंज्ञं गृहं तज्ज्ञा निन्दितं प्रवदन्ति तत्। द्वितीयालिन्दघटना विजयस्य मुखे यदि॥ तत् समृद्धमिति ख्यातं गृहं स्यात् पुण्यकर्मणाम्। (समराङ्गण. 23, 12-19)

1. प्रकाशित पाठे नोपलभ्यते।
2. समराङ्गण. में आया है— शालाविभागं ज्ञात्वैषां तिर्यक् षड्दारु विन्यसेत्। षोडशान्ये च भेदाः स्युः सञ्ज्ञाश्चैषा- मनुक्रमात्॥ सुन्दरं वरदं भद्रं प्रमोदं विमुखं शिवम्। सर्वलाभं विशालं च विलक्षमशुभं ध्वजम्॥ उद्द्योतं भीषणं शून्यमजितं कुलनन्दनम्। नामभिर्वेश्मनामेषां गुणदोषान् प्रकल्पयेत्॥ (तत्रैव 23, 21-23)

षोडशैव$_{16}$ पुनर्भेदा हंसाद्या अपरे मताः ॥ 22 ॥

पूर्वोक्त सभी अलिन्दों के मध्य में यदि षड्दारुक या पाटड़ा निवेशित किए जाए तो उन सोलह गृहों के भी पुनः हंसादि भेद हो जाते हैं।

हंसं सुलक्षणं सौम्यं जयन्तं भव्यमुत्तमम्।
रुचिरं सम्भृतं क्षेममाक्षेमं सुकृतं वृषम् ॥ 23 ॥
उच्छन्नं व्ययमानन्दं सुनन्दं चेति कीर्तितम्।
यथाविधं गुणदोषा हंसादीनामुदाहृताः ॥ 24 ॥

इति हंसादि गृहषोडश।

इनके नाम हैं— 1. हंस, 2. सुलक्षण, 3. सौम्य, 4. जयन्त, 5. भव्य, 6. उत्तम, 7. रुचिर, 8. सम्भृत, 9. क्षेम, 10. अक्षेम, 11. सुकृत, 12. वृष, 13. उच्छन्न, 14. व्यय, 15. आनन्द और 16. सुनन्द। ये हंसादि गृह भी इनके नामानुसार ही गुणादि फल देने वाले हैं।[1]

अथ अलंकृतादि गृहषोडशः —

षड्दारुकं परित्यज्य ध्रुवादिक्रमसंस्थितौ।
शालामध्येऽपवरकं धनदं स्यादतः स्थितम् ॥ 25 ॥

यदि षड्दारुक को छोड़कर ध्रुवादि में क्रमशः स्थित शालाओं के मध्य में धनद से अपवरक (लघु कोठरी, अपवर्ग) बनाए जाएँ तो निम्न नाम वाले गृह होंगे—

अलङ्कृतमलङ्कारं रमणं पूर्णमम्बरम्।
पुण्यं सुगर्भं कलशं दुर्गतं रिक्तमीप्सितम् ॥ 26 ॥
सुभद्रं वञ्चितं दीनं विभवं सर्वकामदम्।
यथार्थनामतश्चैषान् गुणदोषान् प्रकल्पयेत् ॥ 27 ॥

इति अलङ्कृतादि गृहषोडश।

1. अलंकृत, 2. अलङ्कार, 3. रमण, 4. पूर्ण 5. अम्बर, 6. पुण्य, 7. सुगर्भ, 8. कलश, 9. दुर्गत, 10. रिक्त, 11. इप्सित, 12. सुभद्र, 13. वञ्चित, 14. दीप, 15. विभव और 16. सर्वकामद। इनके गुण-दोष भी इनके नामानुसार ही कल्पित करने चाहिए।[2]

---

1. समराङ्गण. में कहा गया है—शालापुराविनिर्युक्ततिर्यक् षड्दारुकारणात्। हंसं सुलक्षणं सौम्यं जयन्तं भव्यमुत्तमम्॥ रुचिरं सम्भृतं क्षेममाक्षेमं सुकृतं वृषम्। उच्छन्नं व्ययमानन्दं सुनन्दं चेति कीर्तितम्॥ एषामपि यथार्थत्वाद् गुणदोषान् निरूपयेत्। (तत्रैव 23, 25-27)
2. समराङ्गण. में कहा गया है— शालामध्ये च तिर्यक्त्वं षड्दारु विनिवेशयेत्॥ विहाय मर्मणां वेधानमीषामेव वेश्मनाम्। षोडशैव परेऽपि स्युर्भेदास्तांश्च यथाक्रमम्॥ कथयामः समासेन यथार्थैरेव

अथ प्रभवादि गृहषोडशः —

षड्दारुकं शालामध्येऽपवराणि ततः परम्।
एभ्योऽपरे गृहाः प्रोक्ताः प्रभवाद्यास्तु षोडश$_{16}$ ॥ 28 ॥

उक्त ध्रुवादि गृहों की शालाओं को अपवरक और षड्दारुक से युक्त कर दिया जाए तो प्रभवादि संज्ञक सोलह गृह होते हैं।

प्रभवं भाविकं क्रीडं तिलकं क्रीडितं शुभम्।
यशोदं कुमुदं कालं भासुरं सर्वभूषणम्॥ 29 ॥
वसुधारं धनहरं कुपितं वित्तवृद्धिदम्।
कुलोदयं समाख्यातं गुणदोषाश्च पूर्ववत्॥ 30 ॥

इति प्रभवादि गृहषोडश।

इनके नाम क्रमशः 1. प्रभव, 2. भाविक, 3. क्रीड, 4. तिलक, 5. क्रीडित, 6. शुभ, 7. यशोद, 8. कुमुद, 9. काल, 10. भासुर, 11. सर्वभूषण, 12. वसुधार, 13. धनहर, 14. कुपित, 15. वित्तवृद्धिद और 16. कुलोदय होंगे। इनमें नामानुसार ही गुण-दोष पूर्ववत् होंगे।[1]

अथ चूडामण्यादि गृहषोडशः —

अनन्तरं मया यानि गृहाण्युक्तानि षोडश$_{16}$ ।
चतुर्दिशमलिन्देन परिष्कुर्यात् पृथक् पृथक्॥ 31 ॥
भेदजानि तु यानीह श्रृणु तानि समासतः।

इसके अनन्तर, मेरे द्वारा षोडश गृहों में कहे गए चारों दिशाओं के अलिन्दों में पृथक्-पृथक् परिष्कृति की गई है (अर्थात् ध्रुवादि सोलहों गृहों के मुख भाग पर यदि अलिन्द तथा षड्दारुक तथा शाला में अपवरक भी हों)। इससे बनने वाले भेदों को अब तुम संक्षेप से सुनो।

चूडामणि प्रभद्रं च क्षेमं शेखरमुद्भवम्(?मुद्भूतम्)॥ 32 ॥
(विशालं भूतिदं हृष्टं विरोधं कालपाशकम्)[2]।

नामभिः। अलङ्कृतमलङ्कारं रमणं पूर्णमम्बरम्॥ पुण्यं सुगर्भं कलशं दुर्गतं रिक्तमीप्सितम्। सुभद्रं वन्दितं दीनं विभवं सर्वकामदम्॥ (तत्रैव 23, 27-30)

1. समराङ्गण. में आया है— शालान्तः स्थितषड्दारुपश्चादपवरैः कृतैः। एभ्योऽपरेऽपि निर्दिष्टा भेदाः षोडश वेश्मनाम्॥ प्रभवं भाविकं क्रीडं तिलकं क्रीडनं सुखम्। यशोदं कुकुदं कालं भासुरं सर्वभूषणम्॥ वसुधारं धनहरं कुपितं वित्तवृद्धिदम्। कुलोदयं च विज्ञेयं गुणदोषास्तु पूर्ववत्॥ (तत्रैव 23, 31-33)

2. प्रकाशितपाठे नोलभ्यते।

निरामयं सुलाभं च रौद्रं मेघं मनोरमम्।
सुभद्रं चेति गेहानां गुणाढ्यमभिधानतः ॥ 33 ॥

इति चूडामण्यादि गृहषोडश।

इनके नाम निम्न होंगे— 1. चूडामणि, 2. प्रभद्र, 3. क्षेम, 4. शेखर, 5. उद्भूत, 6. विशाल, 7. भूतिद, 8. हृष्ट, 9. विरोध, 10. कालपाश, 11. निरामय, 12. सुलाभ, 13. रौद्र, 14. मेघ, 15. मनोरम और 16. सुभद्र गृह बनते हैं जिनके नामानुसार ही गुणादि कहे गए हैं।[1]

अन्यदप्याह —

गृहाणामेकशालानां शतं स्याच्चतुरुत्तरम्$_{104}$।
एकैकोत्पन्नभेदाश्च शतैश्चदशभिस्ततः ॥ 34 ॥

इस प्रकार इन एक शाला के गृहों के 104 भेद कहे गए हैं।[2] इनके भी पुनः एक-एक के एक हजार भेद होते हैं।

स चतुःसहस्त्रलक्षमेकशालाख्यवेश्मनाम्।
तृणच्छन्दः पट्टच्छन्दः पूर्णच्छन्दश्च पाण्डुकम्॥ 35 ॥
खण्डच्छन्दो वाजिच्छन्द इतिषड्जातिवेश्मनाम्।
षोडशैव$_{16}$ प्रभेदाश्च वर्तन्ते परिवर्तनात्॥ 36 ॥

इस तरह एकशाल के गृहों, वेश्मों के एक लाख, चालीस हजार भेद होते हैं। इनमें 1. तृणच्छन्द, 2. पट्टच्छन्द, 3. पूर्णच्छन्द, 4. पाण्डुकच्छन्द, 5. खण्डच्छन्द, 6. वाजिच्छन्द— छह प्रकार के षड् जाति वेश्म होते हैं। इन सबके भी परिवर्तनानुसार एक-एक के सोलह प्रकार के प्रभेद हो सकते हैं।

इति सूत्रसन्तानगुणकीर्तिप्रकाशप्रोक्तृश्रीभुवनदेवाचार्योक्तापराजितपृच्छायां चतुरुत्तशतैकशालगृहलक्षणाधिकारो नामैकनवतितमं सूत्रम्॥ 91 ॥

इस प्रकार भुवनदेवाचार्य कृत सूत्रसन्तानगुणकीर्ति प्रकाश या अपराजितपृच्छा में एक सौ चार शालगृह लक्षण अधिकार नामक इकरानवाँ सूत्र पूर्ण हुआ॥ 91 ॥

---

1. धाराधिप भोजं का मत है—अनन्तरमिहोक्तानि यानि वेश्मानि षोडश। प्रत्येक तान्यलिन्देन परिकु(ष्कु) र्याच्चतुर्दिशम्॥ तद्भेदेभ्यः प्रसूतानि कथयामो विधानतः। चूडामणिं प्रभद्रं च क्षेमं शेखरमद्भुतम्॥ विकाशं भूतिदं हृष्टं विरोधं कालपाशकम्। निरामयं सुशालं च रौद्रं मोघं मनोरथम्॥ सुभद्रं चेति सदनं संज्ञाभिरुपलक्षयेत्। (तत्रैव 23, 34-37; तुलनीय— राजवल्लभ. 6, 13-15)
2. समराङ्गण. में कहा गया है— वेश्मनामेकशालानां शतं स्याच्चतुरुत्तरम्॥ (समराङ्गण. 23, 37)

हर्म्यादिगुणदोषो नाम द्वानवतितमं सूत्रम् ॥ 92 ॥

अधुना शालाविभागानुसारेण अलिन्दप्रमाणं। विश्वकर्मोवाच —

पञ्चभागद्विभागं च सप्तभागत्रिभागकम्।
नवभागचतुर्भागं शालालिन्दप्रमाणकम् ॥ 1 ॥

विश्वकर्मा बोले कि पाँच भाग की शाला के दो भाग अलिन्द, सात भाग की शाला के तीन भाग अलिन्द और नौ भाग की शाला के चार भाग अलिन्द का प्रमाण कहा गया है।

शालागृहप्रमाणञ्च —

चतुर्हस्ता भवेच्छाला द्वात्रिंशद्धस्तकं गृहम्।
तथैकभूमितः कुर्याद् यावत्सा वै त्रिभूमिकम् ॥ 2 ॥

चार गज तक के प्रमाण वाली शाला होती है और बत्तीस गज प्रमाण का गृह कहा जाता है। सामान्यतया इनको एक मंजिला करते हैं और बढ़ाकर तीन मंजिल तक भी ले जा सकते हैं।

एकशालं गृहमाद्यमन्तिमं दशशालकम्।
शालान्तरेषु च ततो भेदाश्चैवमनेकधा ॥ 3 ॥

प्रारम्भ में जो एक शाल गृह होता है, वह अन्तिम भेद तक दस शाल का गृह हो सकता है। इन शालाओं के अन्तराल में भी अनेक प्रकार के भेद होते हैं।

तस्योदयमानमाह —

अष्टाविंशतिर्हस्ताश्च$_{28}$ ह्यष्टादश$_{18}$ तथाष्टं$_{8}$ च।
कुर्यात् त्रिधोदयं यावत् फलकं चाग्रभूमिके ॥ 4 ॥

अठाईस गज की ऊँचाई, अठारह गज की ऊँचाई और आठ गज की ऊँचाई— तीन प्रकार की ऊँचाई आगे की भूमि अर्थात् मंजिल के फलक-सतह तक जाते-जाते मानी गई है।

षण्णवतिश्चतुरशीतिर्द्वासप्ततिरेव च।
षोडशांशयुतं चैव गृहं तु त्रिविधोदयम् ॥ 5 ॥

यहाँ गृहों का उदय मान भी तीन प्रकार का माना गया है जो क्रमशः छियानवें, चौरासी और बहत्तर गज या हाथ का होता है। इनमें भी प्रत्येक में सोलहवें भाग को मिलाने पर गृह की ऊँचाई के और तीन प्रकार हो सकते हैं।

षट्नवै त्रिस्थानौर्विस्मृतं सजितोदयम् ?।

षट् चन्द्राष्टिक विंशत्याश्चैकपाषाणमन्दिरे ?॥ 6॥
वेदवसुरङ्गुर्वह्नि संस्थानकै रिषु चन्दा रुपदन्त्यौ रिषुयुक्तोहयम्।
उत्तमं मध्यम कन्यसं जायते मध्यमादयम् ?॥ 7॥
पक्षे सप्तेङ्गुलैराश्च संस्थानं युक्तं तिथिम्। मूर्छनारिषयुक्तोदहयं ?।
उत्तममध्यमकन्यसं जायते कन्यसोदयम्॥ 8॥

(ये श्लोक भ्रष्ट होने से अर्थ स्पष्ट नहीं हो सकता है तथापि यह सम्भव लगता है कि क्षेत्र के विस्तार के आधार पर विषम मान से तीन, छह, नौ क्रम से उदय मान रखना चाहिए और यदि ईंटों से बनने वाला गृह है तो छह, आठ के क्रम से और पत्थरों से बनने वाला गृह है तो वहाँ इक्कीस गज प्रमाण कल्पित करें।... इनमें भी तीन प्रकार का उत्तम, मध्यम और कनिष्ठ उदय मान हो सकता है)।[1]

हस्तिन्यादि शालावर्णनं —

हस्तिनी महिषी चैव गावी च छागली तथा।
पदानां तु दिशाभेदैः प्राच्यादिषु प्रदक्षिणम्॥ 9॥

(अब द्विशालगृहों के बारे में कहा जा रहा है) पूर्वादि दिशा के भेद से प्रदक्षिण क्रम में पदों के दिशा भेदानुसार क्रमशः 1. हस्तिनी, 2. महिषी, 3. गावी और 4. छागली नामक भेद होते हैं।

हस्तिनी चेन्द्रसंस्थाने महिषी च यमस्थले।
गावी च वरुणस्थाने सौम्यस्थाने तु छागली॥ 10॥

---

1. इस सम्बन्ध में राजवल्लभ. का मत उद्धृत किया जा सकता है। वहाँ गृह की ऊँचाई के बारे में कहा है कि उसके विस्तार के 16वें अंश में 4 हाथ के योग पर जो माप हो उतनी ऊँचाई रखी जाए, उसे ज्येष्ठ ऊँचाई कहा जाता है। इसी तरह 3 हाथ के योग पर कनिष्ठ ऊँचाई, साढ़े तीन हाथ के योग पर मध्यम मान की ऊँचाई कही जाती है। चार हाथ के 96 अङ्गुल होते हैं, इसमें यदि 20 अङ्गुल जोड़कर 116 अङ्गुल ऊँचा गृह हो तो उसे ज्येष्ठ-ज्येष्ठ द्वार कहा जाता है, जबकि 16 जोड़कर 112 अङ्गुल वाले को ज्येष्ठ-कनिष्ठ तथा 18 जोड़कर 114 अङ्गुल वाले द्वार को ज्येष्ठ-मध्यम कहा जाता है। साढ़े तीन गज में 84 अङ्गुल होते हैं। इसमें यदि 15 अङ्गुल जोड़कर 99 अङ्गुल का ऊँचा (छत तक) हो उसे मध्यम-कनिष्ठ ऊँचाई, 27 जोड़ने पर 111 अङ्गुल वाले को मध्यम-ज्येष्ठ, 21 जोड़ने पर 105 अङ्गुल वाले को मध्यम-मध्यम ऊँचाई कहा जाता है। तीन गज में 72 अङ्गुल होते हैं। इस तरह इनमें 15 अङ्गुल जोड़ने पर 87 अङ्गुल वाली ऊँचाई को कनिष्ठ-कनिष्ठ, 27 अङ्गुल जोड़ने पर 99 वाले को कनिष्ठ-ज्येष्ठ ऊँचाई तथा 21 अङ्गुल जोड़ने पर 93 अङ्गुल की ऊँचाई को कनिष्ठ-मध्यम ऊँचाई कहा जाता है— वेश्मव्यासकलांशकैः युगगुणैर्हस्तैस्त्रिसार्द्धैर्युते हर्म्यस्य त्रिविधोदयः क्षितितलाद् यावच्च पट्टोर्द्धकम्। एकैकोऽपि पुनस्त्रिधा निगदितः सर्वे त एकादश क्षेप्याः षण्णवतौ नखाः शशिकला अष्टादशाङ्गास्त्रिधा॥ त्रिस्थाने युगपर्वतास्तिथियुता धिष्ण्यैकविंशान्विता मध्योऽयं त्रिकरैस्तदंशसहितैः प्रोक्तः कनिष्ठस्त्रिधा। (राजवल्लभ. 5, 15-16)

परस्परप्रकारेण कर्तव्यास्तु विचक्षणैः।

इनमें से हस्तिनी को पूर्व इन्द्र स्थान पर; महिषी को दक्षिण यम स्थान; गावी को पश्चिम वरुण स्थान और छागली को उत्तर सौम्य स्थान पर— इस प्रकार ये पूर्व, दक्षिण, पश्चिम और उत्तर में होती हैं। विचक्षण जनों को इनको परस्पर इसी प्रकार से बनाना चाहिए।

तत्राग्रमग्नौ दातव्यं भाषितं विश्वकर्मणा॥ 11॥
द्वितीयाग्रं च नैर्ऋत्यां तृतीयाग्रं च मारुते।
चतुर्थ्यग्रमीशकर्णे कर्तव्यां किल सर्वदा॥ 12॥

किन्तु, विश्वकर्मा का कथन है कि इनमें से प्रथम हस्तिनी को आग्नेय कोण से आरम्भ करें; द्वितीय के अग्र भाग को नैर्ऋत्य कोण; तृतीय के अग्र भाग को वायव्य कोण से और चतुर्थ छागली का अग्र भाग सदा ईशान कोण से आरम्भ करना चाहिए।[1]

गावी श्रेष्ठा चोपरिष्ठात् सर्वाः स्युर्वाथ हस्तिनी।
एतासां पट्टसंयोगैर्भवनानि पृथग् विदुः॥ 13॥

उक्त शालाओं में सर्वप्रथम गावी संज्ञक शाला श्रेष्ठ है और चारों में ही हस्तिनी शाला को श्रेष्ठ जानना चाहिए। इनके द्वारा पट्टसंयोगै— यानी छवाई गई छत के संयोग से बनने वाले भवनों को विद्वानों ने अलग से भी कहा है।

पदाधस्तात् तथाछन्दा[2] तुलाभिः क्षणसञ्ज्ञकाः।
ज्ञातव्या वै गृहच्छन्दाः स्वयम्भूकथिताः पुरा॥ 14॥

पद से नीचे के छन्दों, तुलादि की संज्ञा क्षण है जिससे सभी गृहच्छन्दों को जाना जाता है, ऐसा स्वयम्भू ने पूर्वकाल में कहा है।[3]

---

1. 'विश्वकर्माप्रकाश' या 'वास्तुतन्त्र' में यह मत नामादि के अभाव के साथ आया है — याम्यशाला न्यसेदादौ द्वितीया पश्चिमे ततः। तृतीया चोत्तरे स्थाप्या चतुर्थी पूर्व-पश्चिमा॥ (विश्वकर्मा. 2, 170) अपराजितकार पर विश्वकर्माप्रकाश का भी प्रभाव रहा है। इसी अध्याय का 19वाँ श्लोक विश्वकर्माप्रकाश से ही उद्धृत है।

   इसी प्रकार 'मानसोल्लास' में आया है कि आङ्गन से दक्षिण में होने वाली शाला हस्तिनी, पश्चिम में बनने वाली महिषी, उत्तर में होने वाली गौ और आङ्गन से पूर्व में बनने वाली गावी संज्ञक होती है— अङ्गणाद्दक्षिणा शाला हस्तिनी परिकीर्तिता॥ अङ्गणात्पश्चिमा शाला महिषीति निगद्यते। महिषी त्वङ्गणात्पश्चादुत्तरा गौः प्रकीर्तिता॥ अङ्गणात्पूर्वतच्छागी गावी चोत्तरतः स्थिता। (मानसोल्लास खण्ड 2, विंशति 3, 51-56)

2. 'तथालिन्दा ?' इति प्रकाशित पाठः।

3. यहाँ ग्रन्थकार किसी शैवागम या शिवप्रोक्त वास्तुशास्त्र की ओर सङ्केत करता है। सम्भवतः यह विश्वकर्माप्रकाश या वास्तुतन्त्र ही रहा हो। वैसे वैखानसागम में भी प्राक् वास्तुशास्त्र के विचार आए हैं।

द्वारं सर्वगृहाणां च पदस्थानेषु दापयेत्।
तुलाधस्तान्न दातव्यं भाषितं विश्वकर्मणा॥ 15॥

सभी गृहों के द्वारों को वास्तुपद न्यास में बताए गए पदों पर ही बनाना चाहिए[1], तुला स्थान से कभी नहीं देना चाहिए, ऐसा विश्वकर्मा ने कहा है।

त्रिविध द्वारमानमाह —

गृहविस्तारकरतो ग्राह्यमेकैकमङ्गुलम्।
सप्ततिः करसम्युक्तः षष्टिः पञ्चाशमेव च॥ 16॥
द्वारमानं समाख्यातं ज्येष्ठ-मध्य-कनिष्ठकम्।
एकशालक्रमयोगे पर्यन्तं च दशावधि॥ 17॥

गृह का विस्तार जितने गज का हो, उसके अनुसार ही प्रति गज एक-एक अङ्गुल लेते हुए गृह के द्वार को 70 गज तक, 60 गज तक और 50 गज तक ज्येष्ठ गृह द्वार 70 अङ्गुल का, मध्यम गृह द्वार 60 अङ्गुल का और कनिष्ठ गृह का द्वार 50 अङ्गुल— एक शाला के क्रम योग से दशशाल पर्यन्त बनाना चाहिए।

गृहादीनां मुखं पूर्वे भ्रमणद्वारसंयुतम्।
षोडशानामतः प्रोक्तमन्यथा चिन्तयेन्न हि॥ 18॥

गृहादिकों के मुख पूर्व की ओर भ्रमणद्वार युक्त बनाए जाते हैं जिनके सोलह नाम कहे गए हैं, इनको अन्यथा विचार नहीं करें।

प्रदक्षिणे सप्तमुखानलिन्दान् विद्याल्लघुस्थान समाश्रितांश्च।
गृहे तु पूर्वादिगतैरलिन्दैर्भवन्ति चैवं दशषट्$_{16}$ च भेदाः॥ 19॥[2]

प्रदक्षिण क्रम में गृहों के मुख-द्वारों पर अलिन्द-पटशालाओं को लघुस्थान के समाश्रित जाने अर्थात् गृह से पटशाला लघु अर्थात् कम विस्तार की समझें। ऐसे गृहों के पूर्वादि दिशाओं में बनने वाले अलिन्द-पटशाल सोलह भेद युक्त होते हैं।

अथ द्वारालङ्करणमाह —

दिशि दिशि वासाद् भागं तुर्येष्वङ्कितं द्वारं शोभनम्।

---

1. यह मत विश्वकर्माप्रकाश में आया है कि जिस पद में द्वार का शुभफल कहा है, उसमें ही द्वार होना शुभदायी है— पदे पदे कृतं श्रेष्ठं द्वारं सत्फलदायकम्॥ (विश्वकर्मा. 7, 65)
2. यह श्लोक विश्वकर्माप्रकाश से उद्धृत है। उसमें यह पाठ है— प्रदक्षिणे सप्तमुखादलिन्दं विद्याल्लघुस्थानसमाश्रितम्। गृहस्य पूर्वादिगतेष्वलिन्दैष्येवं भवेयुर्दशषट् च भेदाः॥ इसका आशय है कि लघु स्थानों में प्रदक्षिण क्रम से अलिन्द को रखने से सातमुख होते हैं, पूर्वादि क्रम से अलिन्दों को रखने से सोलह भेद होते हैं। (विश्वकर्मा प्रकाश 2, 107)

माहेन्द्र-गृहक्षत-कुसुमदन्त-भल्लाटकृतचिह्नैः ॥ 20 ॥

वास्तु भवन के द्वार प्रत्येक दिशा में क्रमशः अपने चार भागों में अङ्कित शोभनों, शोभावटियों के साथ बनाए जाते हैं।[1] इन चार भागों के शोभन चिह्नस्थल हैं— 1. माहेन्द्र, 2. गृहक्षत, 3. पुष्पदन्त, 4. भल्लाट।

उपर्युपरिभूमीनां द्वारं कुर्यात् प्रदक्षिणम्।
नापसव्येन कुर्वीत राजवेश्मादिभूमिका ॥ 21 ॥

एक दूसरे के ऊपर की मंजिलों के द्वार भी प्रदक्षिणा क्रम में ही करने चाहिए, राजभवनों में उन्हें अपसव्य या प्रदक्षिणा क्रम के विपरीत नहीं बनाएँ।

प्रवेशचतुष्टयं —

उत्सङ्गः पूर्णबाहुश्च हीनबाहुस्तथापरः।
प्रतिकाय इति प्रोक्तं प्रवेशानां चतुष्टयम् ॥ 22 ॥
उत्तरोन्मुख उत्सङ्गः पूर्णबाहुश्च पूर्वतः।
हीनबाहुस्तथा याम्यं प्रतिकायं च वारुणे ॥ 23 ॥

प्रवेशों यानी द्वारों के चार प्रकार हैं— 1. उत्सङ्ग, 2. पूर्णबाहु, 3. हीनबाहु और 4. प्रतिकाय। ये प्रवेश-चतुष्टय के नाम कहे गए हैं। इनमें उत्सङ्ग प्रवेश उत्तराभिमुख कहा गया है; पूर्णबाहु प्रवेश पूर्वाभिमुख; हीनबाहु प्रवेश दक्षिणाभिमुख और प्रतिकाय प्रवेश को पश्चिमाभिमुख माना गया है।[2]

अथ चित्रकर्मनिर्देशमाह —

दृश्या[3] रौद्रकरालं च भीषणं रौद्ररुतानि च।
वर्जयेत्तद् गृहं चैव श्रीश्च तत्र न विद्यते ॥ 24 ॥

---

1. अग्निपुराण में आया है कि द्वार की तुलना में शाखा में तीन, पाँच, सात और नौ भाग उचित है। इसमें से नीचे की शाखा पर चतुर्थांश प्रतिहार का निवेश करें और शेष भाग पर मिथुनाकृतियों का अलङ्करण करना चाहिए— त्रिपञ्चसप्तनवभिः शाखाभिर्द्वारमिष्टदम् ॥ अधःशाखाचतुर्थांशे प्रतिहारौ निवेशयेत्। मिथुनैः पादवर्णाभिः शाखाशेषं विभूषयेत् ॥ (अग्नि. 54, 29-30; तुलनीय बृहत्संहिता 56, 14-15)
2. समराङ्गण. में प्रतिकाय की अपेक्षा 'प्रत्यक्षाय' संज्ञा का प्रयोग हुआ है। तुलनीय है— उत्सङ्गः पूर्णबाहुश्च हीनबाहुस्तथापरः। प्रत्यक्षायश्चतुर्थश्च निवेशः परिकीर्तितः ॥ (समराङ्गण. 39, 11)
   इनके फलाफल इस प्रकार कहे गए हैं— उत्सङ्ग एवदीक्षाभ्यां द्वाराणां वास्तुवेश्मनोः। स सौभाग्यप्रजावृद्धिधन धान्यजयप्रदः ॥ यत्र प्रवेशतो वास्तु गृहं भवति वामतः। तद्धीनबाहुकं वास्तु निन्दितं वास्तुचिन्तकैः ॥ तस्मिन् वसेन्नल्पवित्तः स्वल्पमित्रोऽल्पबान्धवः। स्त्रीजितश्च भवेन्नित्यं विविधव्याधिपीडितः ॥ वास्तु प्रवेशतो यत् तु गृहं दक्षिणतो भवेत्। प्रदक्षिणप्रवेशत्वात् तद् विद्यात् पूर्णबाहुकम् ॥ तत्र पुत्रांश्च पौत्रांश्च धनधान्यसुखानि च। प्राप्नुवन्ति नरा नित्यं वसन्तो वास्तुनि ध्रुवम् ॥ गृहपृष्ठं समाश्रित्यं वास्तुद्वारं यदा भवेत्। प्रत्यक्षायस्त्वसौ निन्द्यो वामावर्तप्रवेशवत् ॥ (तत्रैव 39, 12-17)
3. 'दृष्ट्वा' इति प्रकाशित पाठः।

(अब भवन के भीतरी अलङ्करणों की शोभा के बारे में कहते हैं) रौद्र या भयानक दृश्यों और भीषण, रौद्र रूप, रोते हुए लोगों को दिखाने वाले दृश्य, चित्र, मूर्तियाँ और ऐसी ही कोई शिल्प रचना घर में वर्जित है क्योंकि इनसे लक्ष्मी और सौभाग्य वहाँ नहीं रहता है।

गृहे काक-कपोतादि-कपि-सङ्ग्राम-भीषणम्।
वर्जयेद् गृहचित्रेषु श्रीश्च तत्र न विद्यते॥ 25॥

इसी प्रकार गृहों में कौओं, कपोतों, बन्दरों और युद्ध सहित भीषण दृश्यों को भी चित्रित नहीं करना चाहिए। इनसे भी गृह में लक्ष्मी और सुख-सौभाग्य नहीं रहता।

तथा च लेपरूपाणि पाषाणोत्पातपट्टकम्।
वर्जयेद् राजगेहेषु लक्ष्मीस्तत्र न विद्यते॥ 26॥
अक्लेशां च वनस्त्स्य वातरोगोऽपि जायते।

इसी तरह घरों में लेपरूप या लेप चित्रों में, रङ्गीन चित्रों में पाषाणोत्पात पट्टकम् या एक दूसरे पर पथराव करते हुए, उत्पात मचाते हुए दिखाई देने वाले चित्रपटों (न तो लेपचित्रों में न ही पाषाणों पर उत्कीर्ण रूप) को भी प्रदर्शित नहीं करना चाहिए। ऐसा होने पर राजगृह में लक्ष्मी-सौभाग्य नहीं मिलता। यदि वहाँ कोई क्लेश या दु:ख नहीं हो तो भी वहाँ के लोगों में वातरोग ऐसे चित्रों के कारण होने की आशङ्का रहती है।[1]

---

1. विष्णुधर्मोत्तरपुराणोक्त चित्रसूत्रम् में आया है कि चित्रकला में केवल शुभ आकृतियों का प्रदर्शन ही करना चाहिए जैसे निधि शृङ्गों सहित वृषभ, निधि, शूण्ड सहित गज, नवनिधियाँ, विद्याधर, तपस्वी, गरुड, हनुमान और लोकाञ्चल में जो भी मङ्गलमय हों, उनको मनुष्यों के घरों में दिखाया जा सकता है, चित्रकार को स्वयं अपने गृह में चित्र नहीं बनाने चाहिए। दुर्बलता, मोटी और टूटी रेखाएँ, अस्पष्ट आकृतियाँ, अप्रमाण ग्रीवा, ओष्ठ और वक्र नयन एवं लोक विरुद्ध रेखाङ्कन सहित बेमेल रंग—चित्रों के ये आठ दोष कहे गए हैं— युद्धश्मशानकरुणामृत दु:खार्तकुत्सितान्। अङ्गल्यांश्च न लिखेत्कदाचिदपि वेश्मसु॥ निधिशृङ्गान्वृषान्त्रजन्निधि हस्तान्मतङ्गजान्। निधीन्विद्याधरान् राजनृषयो गरुडस्तथा॥ हनूमानांश्च सुमङ्गल्या ये च लोके प्रकीर्तिता:। लिखितव्या महाराज गृहेषु सततं नृणाम्॥ चित्रकर्म न कर्तव्यमात्मा स्वगृहे नृप। दौबल्यं स्थूलरेखत्वमविभक्तत्वमेव च॥ बृहद्रण्डौष्ठनेत्रत्वं वक्ररेखत्वमेव च। वर्णानां सङ्करश्चात्र चित्रदोषा: प्रकीर्तिता:॥ (विष्णुधर्मोत्तर. 3, 43, 14-18)
चित्रकला के प्रसङ्ग में यह भी कहा गया है कि शास्त्रज्ञ चित्रकार के चित्रों से सदैव लक्ष्मी आकर्षित होती है। वहाँ समृद्धि का आगमन होता है। अच्छे चित्र से व्यक्ति के मन की शुद्धि होती है। चिन्ताओं का निवारण होता है। विपुल सम्पन्नता आती है और आनन्द की प्राप्ति होती है। दु:स्वप्न नष्ट होते हैं, गृहदेवता प्रसन्न होते हैं। जहाँ चित्र होता है, वह स्थान रिक्त नहीं होता। अपितु अलंकृत लगता है, चित्रकला से धर्म, अर्थ, काम व मोक्ष की सिद्धि होती है, यह भद्रकला कही गई है— शास्त्रज्ञै:

वीथिकार्थ निर्देशं —

पाषाणवीथिका बाह्यमन्यत्र वर्जयेत् तु ताम्॥ 27॥
कुम्भिकातलपट्टं च आद्ये भ्रमणे च कारयेत्।
अन्यत्र दोषदं शैलं विना वीथि [1]सुखावहा:॥ 28॥

राजभवन के बाहर की ओर पत्थर जड़ी गली-वीथिका यानी खुरा या पथ हो सकता है परन्तु भवन में अन्यत्र पाषाण वीथिका नहीं बनाना चाहिए, यह वर्जनीय है। द्वार आदि की भ्रमणी अर्थात् कुम्भिका तलपट्ट या कुम्भी, ऊखली को तो पाषाण की बना सकते हैं परन्तु अन्यत्र पत्थर का प्रयोग दोषकारक होता है। पाषाण के बिना वीथी यानी मिट्टी का बना मार्ग सुखद होता है (उसमें फिसलने या ठोकर लगने का भय नहीं रहता है)।[2]

सोपानैः कुम्भिकां शैलां राजवेश्मसुखावहम्।
सर्वत्र वीथिकाबद्ध आयुः कामफलार्थिभिः॥ 29॥
कर्करा शर्करा शिष्टा सुधाभीरन्ध्रपूरिता।
गृहे भूमिस्तु कर्तव्या विचित्रा मणिकुट्टिमा॥ 30॥

सोपान या सीढ़ियाँ बनाने में, कुम्भिका बनाने में तो राजभवनों में शैल, पाषाणों का प्रयोग सुखदायी होता है परन्तु इसके अतिरिक्त सर्वत्र सभी आयु और कामनाओं के फलों के चाहने वाले लोगों को मार्गों को, गलियारों को सदैव ही अच्छी प्रकार की रेती और चूना से शेष गृह की भूमि के मंजिलों के छिद्र, खड्डों को भरकर तरह-तरह की विचित्र मणिकुट्टिम या रंगीन कंकरीट से पक्की फर्श को बनाना चाहिए।[3]

सुकृतैर्दक्षैश्चित्रं हि मनुजाधिप। श्रियमावहति क्षिप्रमलक्ष्मीं चापकर्षति॥ निर्णेजयति चात्कण्ठां न रुणद्ध्यागतं शुभम्। शुद्धां प्रथयति प्रीतिं जनयत्यतुलामपि॥ दुःस्वप्रदर्शनं हन्ति प्रीणाति गृहदेवताम्। न च शून्यमिवाभाति यत्र चित्रं प्रतिष्ठितम्॥ धर्मार्थकामशुभदं कर्णं चाप्यनलंकृतम्। (तत्रैव, 3, 43, 24-27)

1. 'तु पत्रका: ?॥' इति प्रकाशित पाठ:।
2. ईशानशिवगुरुदेव मिश्र का मत है— ग्रामपर्यन्तवीथिस्तु ख्याता मङ्गलवीथिका। नगरे जनवीथी स्याद् रथ्याख्या खेटकादिषु॥ (ईशानशिवगुरुदेवपद्धति. क्रिया. 25, 50)
3. यहाँ चूना या सुधा का विवरण आया है। मयमतम् (अध्याय 18), विष्णुधर्मोत्तरपुराण (खण्ड 3, अ. 92), बृहत्संहिता (56, 1-8), कल्पसूत्र, वास्तुविद्या आदि में भी इसका उल्लेख है। मय ने सुधा तैयार करने की विधि दी है, वास्तुविद्या में भी इसका विवरण आया है। वास्तुविद्याकार का मत है कि स्तम्भ में मध्यखण्ड-कल्पन, केवल उत्तरोत्तर अलङ्करणों का विन्यास, पाषाणमय अधिष्ठान, विशेष लेप या चूना युक्त अनुचित दीवार और रूपोत्तर अथवा लघुवाजन परिकल्पन- ये पाँच मनुष्यभवन की दृष्टि से वर्जित माने गए हैं। मान्यता यह भी है कि केवल शिलामय अधिष्ठान ही वर्ज्य है अन्य चार उत्तम हो तो

तत्रारोपणीयद्रुमा: सफलानि —

बदरी कदली चैव हीक्षुदण्डश्च दाडिमी।
यत्र गृहे प्ररोहन्ति तद् गृहं न प्ररोहति॥ 31॥

(अब भवनों के आस-पास के वृक्षों के बारे में कहा जा रहा है) जिस गृह में बेर का पेड़ (बोरड़ी), कदली (केला) और गन्ने उगाए जाते हैं, वहाँ पर कभी भी वृद्धि नहीं होती है।

द्राक्षा-मुनि-करवीर-जाती-तगर-कुब्जिका:।
अन्यांश्च देववृक्षांश्च न कुर्याद् गृहवास्तुत:॥ 32॥

इसी प्रकार द्राक्षा या अँगूर, मुनि (अगस्त्य का पौधा), कनेर, जाती (चमेली), तगर (कगर), कुब्जिका (एक पुष्पवृक्ष, महासह) या अन्य देववृक्षों को भी कभी गृह में नहीं लगाना चाहिए।

अन्य वर्जितानि —

स्तम्भे मरालपक्षिण्यौ [1]सोहते देवताग्रत:।
सन्मुखं वर्जयेद् द्वारं न च भित्त्यन्तरे परे॥ 33॥

स्तम्भों पर हंसों का जोड़ा देवता के मन्दिर के आगे ही अर्थात् देवालय के आगे ही शोभाजनक होता है परन्तु द्वार के सम्मुख या भित्तियों के अन्दर हंसों का जोड़ा न बनाएँ, यह पूरी तरह से वर्जित है।

अन्यदप्याह —

गृहाणामेकशालानां शतं स्याच्चतुरुत्तरम्$_{104}$।
द्विशालानां द्विपञ्चाशत्$_{52}$ त्रिशालानां द्विसप्तति:$_{72}$॥ 34॥

एकशाल गृहों के रूप गृहों में 104 गृह होते हैं, द्विशालाओं के रूप 52 और त्रिशालाओं के 72 होते हैं।

लक्षित होते हैं—अङ्घ्रेस्तथा मध्यखण्डमारूढं भूषणाय च॥ शिलाबद्धमसूरं च सुधामिलितभित्तिकम्। पञ्चैतान्यपि निन्ध्यानि दृश्यन्ते नरसद्मनि॥ (वास्तुविद्या 8, 54-55)

ग्रन्थान्तरे सुधायोगादि सङ्ग्रहस्तु— पूर्वं द्व्यंशं करालं मधुघृतकदलीनालिकेराम्बुमाषव्योषं वार्क्ष: कषाय: स्तनजदधिगुलत्रैफलाम्भांसि चैवम्। वृद्धान्यंशक्रमेण स्फुटशशिधवलं चूर्णमुक्तं शतांशं पिष्टं सर्वं यथावद् भवति वरसुधां वज्रबद्धं यथैव॥ चतुस्त्रिद्वयमासान्तमुषिता युक्तिमर्दिता। श्रेष्ठमध्याधमा ज्ञेया सुधा सौधादिबन्धनी॥ अथ कुड्यादिकं शुष्कं नीरन्ध्रं सुसमं मृदु। शुद्धाम्भसादौ प्रक्षाल्य दधिक्षीरगुलान्वितम्॥ बद्धोदकेन चालिप्य व्यपोह्यैकदिनं तत:। सुधां नियोजयेद् युक्त्या यथा यत्रोचितं भवेत्॥ (तन्त्रसमुच्चय, पूर्व. शिल्पभाग)

1. 'रोहतो' इति प्रकाशित पाठ:।

चतुःशालगृहाणां च षट्पञ्चशच्छतद्वयम्$_{256}$ ।

षड्जात्युत्पन्नभेदाश्च हर्म्यभेदा द्विरष्ट$_{16}$ च ॥ 35 ॥

इसी प्रकार से चतुःशाल गृहों के रूप 256 रूप भेद होते हैं। गृहों के छह जात्योत्पन्न भेद कहे हैं और हर्म्यों के सोलह भेद बताए हैं।

इति सूत्रसन्तानगुणकीर्तिप्रकाशप्रोक्तृश्रीभुवनदेवाचार्योक्तापराजितपृच्छायां हर्म्यादिगुणदोषाधिकारो नाम द्वानवतितमं सूत्रम् ॥ 92 ॥

इस प्रकार भुवनदेवाचार्य कृत सूत्रसन्तानगुणकीर्ति प्रकाश या अपराजितपृच्छा में हर्म्य आदि के गुण-दोष अधिकार नामक बानवाँ सूत्र पूर्ण हुआ ॥ 92 ॥

युग्महंसविमलगृहद्वात्रिंशद्भेदलक्षणं त्रिनवतितमं सूत्रम् ॥ ९३ ॥

अधुना युग्महंसादि गृहवर्णनं। विश्वकर्मोवाच —

हस्तिनी महिषी गावी छागली च यथाक्रमम्।

युग्मतः कथिताश्चैता हंसाद्या विमला गृहाः ॥ 1 ॥

विश्वकर्मा बोले कि हस्तिनी, महिषी, गावी, छागली के क्रमानुसार ही बनने वाले युगल गृहों, हंसादि विमल गृहों की जातियों के बारे में वर्णन हुआ है।

द्विहंसं च द्विचक्रं च द्विसारसमथापि वा।

द्विकोकिलमिति तथा हस्तिन्याद्याः प्रकीर्तिताः ॥ 2 ॥

पूर्वोक्त हस्तिन्यादि के आद्य क्रम से ये गृह द्विहंस, द्विचक्रवाक, द्विसारस और द्विकोकिल नाम से कहे जाते हैं।

तस्य क्षेत्रोपायमाह —

चतुरस्त्रं समं कृत्वा त्रिपुटे नवकोष्ठकम्।

मध्यकोष्ठपदं त्यक्त्वा शालायुग्मे प्रतिष्ठिताः ॥ 3 ॥

इसके लिए सर्वप्रथम क्षेत्र को चतुरस्र और समतल बनाएँ। इसमें तीन-तीन खण्डों की आयोजना कर नौ कोष्ठकों का निवेश करें। मध्य के कोष्ठपदों को छोड़कर दो-दो में युग्मशाला का निवेशन करें।

दिशास्थित्यानुसारेण हस्तिन्यादि युग्माष्टकं च तस्य नामानि —

दक्षिणस्यामथाऽऽग्नेय्यां हस्तिन्युत्तरदिङ्मुखा।

पितृवारुणसंयोगा महिषी चैन्द्रदिङ्मुखा ॥ 4 ॥

याम्यामुखा तथा गावी सौम्यमारुतसंस्थिता।
वारुणाभिमुखा शस्ता ऐन्द्रे रौद्रे च छागली॥ 5॥

इस प्रकार से दक्षिण और आग्रेय कोणीय युग्म होगा वह उत्तरमुखी हस्तिनी संज्ञक शाला होगी। पितृ और वारुण-पश्चिमी दिशा युग्य पूर्वमुखी महिषी शाला होगी। सौम्य या उत्तर दिशा और वायव्यकोण स्थित युग्म दक्षिणमुखी गावी शाला होगी। पूर्व और ईशान कोणीय दिशा का युग्म पश्चिममुखी छागली होगी।

अथालिन्दानुसारेण सञ्ज्ञामाह —

मुखालिन्दे श्रीधरश्च याम्याग्रे तु जयावहः।
प्रदक्षिणं श्रीजयश्च मुखयुग्मस्तु कामदः॥ 6॥

जिस गृह के मुख के सामने अलिन्द, पोशाल हो उसे श्रीधर कहा जाता है। जिसके दक्षिण की ओर अलिन्द, पोशाल हो उसे जयावह; जिसके प्रदक्षिण में पोशाल हो उसे श्रीजय और जिस गृह के मुख पर युग्म या दो पोशाल हों उसे कामद कहते हैं।

याम्याग्रमुखालिन्दे तु जयन्तो नाम शोभनः।
युग्मालिन्दे विशालश्च कर्तव्यः सुप्रदक्षिणम्॥ 7॥

दक्षिण दिशा मुखी अलिन्द, पोशाल वाले गृह को जयन्त शोभन नाम से कहा गया है, उसके प्रदक्षिणा में दो अलिन्द, पोशाल विशाल रूप से बनाने चाहिए।

अग्रे तृतीयालिन्देषु सो भवेत् सोमसम्भवः।
क्रमद्वारे च हस्तिन्या युग्माष्टक गृहा मताः॥ 8॥

जिस भवन के आगे तीन अलिन्द, पोशाल हो, उसे सोमसम्भव कहते हैं। इस प्रकार क्रमशः द्वारों से हस्तिनी आदि युग्माष्टक गृह माने गए हैं।

अन्याष्टाधा स्वरूपमाह —

तद्रूपं तादृशाकारं दिडमुखाद्यभिधानकम्।
अष्टा८ष्ट८धा च प्रत्येकं कथयाम्यपराजित॥ 9॥

उनके रूप और उनके अनुरूप आकार, दिशाओं में रहने वाले मुखादि से कहे जाते हैं जो एक-एक भी आठ-आठ प्रकार के हैं, हे अपराजित! अब मैं तुम्हें उनके बारे में भी कहता हूँ।

गजं भीमं पराक्रमं जयन्तं भासुरं तथा।
वसिष्ठं च समुद्रं च महिषीपृष्ठसम्भवम्॥ 10॥

उनके क्रमशः नाम हैं— 1. गज, 2. भीम, 3. पराक्रम, 4. जयन्त, 5. भासुर, 6. वसिष्ठ, 7. समुद्र और 8. महिषीपृष्ठ।

सुनाभं वर्तकं सौम्यं चन्द्रतेजश्च दीपकम्।
कुलद्योतं सुनेत्रं च गावीपृष्ठनिवासिनाम्॥ 11॥

अन्य के क्रमशः नाम हैं— 1. सुनाभ, 2. वर्तक, 3. सौम्य, 4. चन्द्रतेज, 5. दीपक, 6. कुलद्योत, 7. सुनेत्र और 8. गावीपृष्ठ निवास।

पाशुपतं महाकान्तं सुतेजस्तेजोवर्द्धनम्।
वामनं दस्युघातं च रुद्रतेजःसमुद्भवम्॥ 12॥
छागलीपृष्ठकोच्छ्राये गृहा एवं प्रकीर्तिताः।
अष्टा$_{8}$वष्टौ$_{8}$ प्रतिदिशं द्वात्रिंशच्च$_{32}$ गृहा मताः॥ 13॥

अन्य के नाम क्रमशः इस प्रकार होंगे— 1. पाशुपत, 2. महाकान्त, 3. सुतेज, 4. तेजवर्द्धन, 5. वामन, 6. दस्युघात, 7. रुद्रतेज समुद्भव और 8. छागलीपृष्ठक। ये आठ-आठ प्रत्येक दिशा में होकर 32 प्रकार के गृह हो जाते हैं।

हस्तिनी हंससम्भूता गावी सारससम्भवा।
छागली कोकिलोद्भूता महिषी चक्रवाकजा॥ 14॥

पूर्वोक्त गृहों में युग्मानुसार देखें तो हस्तिनी हंस सम्भूता है, गावी सारस सम्भवा है, छागली कोकिल से उद्भूत और महिषी शाला चकवा से हुई है।

अष्टौ हंससमुद्भूता अष्टौ सारससम्भवाः।
चक्रवाकभवा चाष्टाऽष्टकोकिलभवा मताः॥ 15॥

इसी तरह आठ शालाएँ हंस से उत्पन्न हुईं। आठ सारस से, आठ चक्रवाक और आठ ही कोकिल से सम्भूत मानी गई हैं।

गृहा द्वात्रिंशदेव हि युग्मभेदैः प्रभेदिताः।
अत ऊर्ध्वं द्विशालानि द्विपञ्चाशद्$_{52}$ गृहाणि च॥ 16॥

इस प्रकार बत्तीस गृह युग्म भेदानुसार बाँटे गए हैं। इसके उपरान्त द्विशाल गृह 52 प्रकार के कहे गए हैं।

इति सूत्रसन्तानगुणकीर्तिप्रकाशप्रोक्तृश्रीभुवनदेवाचार्योक्तापराजितपृच्छायां युग्महंसविमलगृहद्वात्रिंशद्भेदलक्षणाधिकारो नाम त्रिनवतितमं सूत्रम्॥ 93॥

इस प्रकार भुवनदेवाचार्य कृत सूत्रसन्तानगुणकीर्ति प्रकाश या अपराजितपृच्छा में युग्म हंसविमलगृह बत्तीस भेद लक्षण अधिकार नामक तिरानवाँ सूत्र पूर्ण हुआ॥ 93॥

द्विशालगृहलक्षणं चतुर्नवतितमं सूत्रम् ॥ 94 ॥[1]

अधुना द्विशालगृहं। विश्वकर्मोवाच —

द्विशालानि द्विपञ्चाशच्छुभानि वाशुभानि च।
लक्षणानि क्रमात् तेषां कथयामि समासतः ॥ 1 ॥

(अब द्विशाल गृहों के लक्षणों को कहा जा रहा है) विश्वकर्मा बोले कि अब मैं बावन शुभ और अशुभ द्विशालाओं के लक्षणों को क्रमशः संक्षिप्त रूप से कहता हूँ।

सिद्धादीनां नामाह —

सिद्धाख्यं(?-र्थं) यमसूर्यं च दण्डाख्यं वातसञ्ज्ञितम्।
चुल्ली काचं च मुख्यानि द्विशालानि प्रचक्षते ॥ 2 ॥

द्विशाल गृहों में मुख्य-मुख्य द्विशालाओं के नाम हैं— 1. सिद्धार्थ, 2. यमसूर्य, 3. दण्ड, 4. वात, 5. चुल्ली तथा 6. काच।[2]

---

1. यह सूत्र समराङ्गणसूत्रधार के 22वें अध्याय से किञ्चित पाठान्तर के साथ उद्धृत है।
2. सिद्धार्थादि नाम मत्स्यपुराण, बृहत्संहिता, विश्वकर्माप्रकाश आदि पूर्ववर्ती ग्रन्थों में आए हैं। मत्स्यपुराण में कहा गया है कि दक्षिण-पश्चिम दो शालाओं से युक्त भवन को धन-धान्यप्रद कहा जाता है, यह मनुष्यों के लिए कल्याणकारी तथा पुत्रप्रद होता है। पश्चिम-उत्तरशाला वाले भवन को यमसूर्य कहा गया है जो मनुष्यों के लिए राजा और अग्नि भयकारी तथा कुल का विनाशक होता है। जिस भवन में केवल पूर्व-उत्तर की ही दो शालाएँ हों, उसे दण्ड कहा जाता है। यह अकालमृत्यु और शत्रुपक्ष से भयोत्पादक होता है। पूर्व-दक्षिण की शालाओं से युक्त द्विशालभवन धन कहा जाता है। यह शस्त्र व पराजय का भय देने वाला है। केवल पूर्व-पश्चिम की ओर बना हुआ चुल्ली संज्ञक द्विशालभवन मृत्युसूचक और शोककारक होता है। केवल उत्तर-दक्षिण की शाला वाला द्विशालभवन भयकारी होता है अतः उसे नहीं बनवाना चाहिए—याम्यापराभ्यां शालाभ्यां धनधान्य फलप्रदम्॥ क्षेमवृद्धिकरं नृणां तथा पुत्रफलप्रदम्। यमसूर्यं च विज्ञेयं पश्चिमोत्तरशालकम्॥ राजाग्निभयदं नृणां कुलक्षयकरं च यत्। उदक्पूर्वे तु शाले दण्डाख्ये यत्र तद्भवेत्॥ अकालमृत्युभयदं परचक्रभयावहम्। धनाख्यं पूर्वयाम्याभ्यां शालाभ्यां यद् शालकम्॥ तच्छस्त्रभयदं नृणां पराभव भयावहम्। चुल्ली पूर्वापराभ्यां तु सा भवेन्मृत्युसूचनी॥ वैधव्यदायकं स्त्रीणामनेकभयकारकम्। कार्यमुत्तरयाम्याभ्यां शालाभ्यां भयदं नृणाम्॥ सिद्धार्थवज्रवर्ज्याणि द्विशालानि सदा बुधैः। (मत्स्य. 254, 8-14)

प्रकारान्तर से बृहत्संहिताकार का मत है कि जिस शाला के पश्चिम और दक्षिण में शाला हो, उसको 'सिद्धार्थ', जिसके पश्चिम और उत्तर में हो उसको 'यमसूर्य', जिसके उत्तर व पूर्व में हो उसे 'दण्ड', जिसके पूर्व व दक्षिण में हो उसे 'वात', जिसके पूर्व व पश्चिम में हो उसे 'गृहचुल्ली' और जिसके दक्षिण व उत्तर में हो उसे 'काच' संज्ञक वास्तु कहा गया है। सिद्धार्थ वास्तु में धनागम, यमसूर्य में गृहकर्ता की मृत्यु, दण्ड में दण्ड या वध, वात में नित्य कलह, गृहचुल्ली में धन विनाश और काच संज्ञक वास्तु में भ्रातृ या जाति विरोध होता है— सिद्धार्थमपरयाम्ये यमसूर्यं पश्चिमोत्तरे शाले। दण्डाख्यमुदक्पूर्वे वाताख्यं प्राग्युता याम्या॥ पूर्वापरे तु शाले गृहचुल्ली दक्षिणोत्तरे काचम्। सिद्धार्थेऽर्थावाप्तिर्यमसूर्ये गृहपतेर्मृत्युः॥ दण्डवधो दण्डाख्ये कलहोद्वेगः सदैव वाताख्ये। वित्तविनाशश्चुल्यां ज्ञातिविरोधः स्मृतः काचे॥ (बृहत्संहिता 54, 39-41)

अनेकभेदभिन्नानि लघुप्रस्तारयोगतः।
मूषाभेदक्रमेण स्युर्भेदाभेदक्रमेण च॥ 3॥

लघुप्रस्तार योग से इनके भी अनेकों भिन्न-भिन्न भेद होते हैं। इनके मूषाभेद क्रम से भी मुखाकार और भेदाभेद क्रम से भी नाना स्वरूप होते हैं।

तथा विलीनकरणाद् मूषा चालिन्दमार्गतः।[1]
प्राग्ग्रीवादिविधानेन द्विशालानि विपर्ययात्॥ 4॥
यथासम्भवमेतानि कथयामि समासतः।

इसी प्रकार द्विशालाओं में विलीनकरण (?निलीनकर्ण) से, मूषा (?वीथिका) और अलिन्द के मार्ग से, प्राग्ग्रीव विधान से और विपर्यय यानी उलटफेर से भी जितने भेद हो सकते हैं, उनके बारे में मैं संक्षिप्त रूप से कहता हूँ।

निर्वाहश्चैवमूषाणामनिर्वाहश्च नामतः॥ 5॥
छन्दतो गुणतो रूपादशुभानि शुभानि च।
हितार्थाय नरेद्राणां वर्णिनां लिङ्गिनामपि॥ 6॥

मूषाओं का वर्णन (निर्वाह) उनके नामों से नहीं करते हुए, उनके छन्द (यहाँ अभिप्राय उद्दिष्ट व नष्ट से है) से, गुण से, शुभ रूप आदि प्रस्तारों से, अशुभ रूप से, राजाओं, वर्णाश्रित वर्गों (विप्रादिकों) और लिङ्गियों के हित के लिए कहे गए हैं, उन चिह्न और नामों को कहता हूँ।

सिद्धार्थादि फलाफलमाह—

हस्तिनी महिषी चेति द्वे शाले यत्र वेश्मनि।
तत् सिद्धार्थमिति ज्ञेयं वित्तसम्पत्तिकारकम्॥ 7॥

जिस गृह में हस्तिनी और महिषी— इन दो शालाओं का संयोजन होता है, उसको 'सिद्धार्थ' नाम से जाना जाता है। यह वित्त, सम्पत्ति आदि की कारक है।

मृत्युदं महिषीणवीभ्यां भवेद् यमसूर्यकम्।
दण्डाख्यं छागलीगावीशालाभ्यां दण्डभीतिदम्॥ 8॥

जिस गृह में महिषी और गावी— इन दो शालाओं का संयोजन होता है, उसको 'यमसूर्यक' कहते हैं। यह मृत्युप्रद है। जिस गृह में छागली और गावी— इन दो शालाओं का संयोजन होता है, उसको 'दण्ड' नाम से जाना जाता है और यह दण्ड, भयदायक है।

---

1. तथा निलीनकरणाद् वीथिकालिन्दमार्गतः। इति समराङ्गणे. (22, 4)

करेणुच्छालीयुक्तं वातमुद्वेगकारकम्।
महिष्यजाभ्यामुद्वेगकरी चुल्ली धनापहा॥ 9॥

जिस गृह में हस्तिनी और छागली— इन दो शालाओं का संयोजन होता है, उसे 'वात' नाम से जाना जाता है, इससे उद्वेग बना रहता है। जिस गृह में महिषी और छागली शालाओं का संयोजन हो, उसे 'चुल्ली' कहा जाता है, यह धन अपहर्ता है।

काचं करेणुगावीभ्यां सुहृत्प्रीतिविनाशनम्।

जिस गृह में हस्तिनी और गावी— इन दो शालाओं का संयोजन होता है, उसे 'काच' नामक शाला के रूप में जाना जाता है, यह मित्रों में प्रीति विनाशक है।[1]

अन्यदप्याह —

एकमूषममूषं च न द्विशालेषु कारयेत्॥ 10॥

द्विशालाओं में कभी भी एक मूष (जाली, रोशनदान) न करें और उनको बिना मूष का भी नहीं करे।

व्यत्यासात् काचचुल्लयोश्च सर्वाभिस्तिसृभिस्तथा।

काच और चुल्ली के जैसे द्विशाल गृहों में वैपरीत्य या अदला-बदली कर दिया जाए तो समस्त अस्तित्व का नाश हुआ जानना चाहिए।

चत्वार्याद्यानि भिद्यन्ते लघुप्रस्तारयोगतः॥ 11॥
प्रत्येकमेकादशधा 11 मन्दिराण्यभिधानतः।

पूर्वोक्त चारों— सिद्धार्थ, यमसूर्यक, दण्ड और वात के भी लघु प्रस्तार योग से कई भाग बनते हैं। उन भागों में प्रत्येक के 11 प्रकार होते हैं जिनके मन्दिर आदि नाम रखे गए हैं।

अन्यदप्याह —

अन्ये चतुर्धा भिद्येते प्रत्येकं द्वे निवेशने॥ 12॥
एषां मूषाभिधाभेदात् तद्वाह्यावाहहेतुकाः।

---

1. मनुष्यालयचन्द्रिका में आया है कि ऐसी शाला जो पूर्व और पश्चिम में शाला से रहित हो 'काच' कही जाती है। ऐसी शाला कलह और उद्वेग को उत्पन्न करने वाली है। दक्षिण और उत्तर से रहित द्विशाला को 'सिद्धार्थ' कहा जाता है। यह अपने नामानुसार ही धन की सिद्धि देने वाली है। पूर्व आदि से क्रम से प्रारम्भ कर बनने वाली द्विशालाएँ मृत्य, भय, विक्रम और धनागम में सहायक मानी गई हैं, ऐसे याम्यादिक या दक्षिण के क्रम से द्विशालाओं का कार्य करवाया जाना चाहिए— प्राक्पाश्चात्यविहीनके कलहमुद्वेगं च काचाभिधे याम्योदग्रहितेऽर्थसिद्धिरुदिता सिद्धार्थकाख्ये द्विके। प्रागादिद्वितयोनिते क्रमवशान्मृत्युं भयं विक्रमं चार्थाप्तिं प्रवदन्त्यतः क्रमवशाद् याम्यादिकं कल्प्येत्॥ (मनुष्यालय 4, 29)

अन्य द्विशाल गृहों यानी चुल्ली और काच में प्रत्येक के चार-चार भाग होते हैं। इनके मूषा भेद यानी जालियाँ आदि रखने से गृह के बाहर से शुद्ध पवनादि का प्रवाह निश्चित होता है।

सिद्धार्थात् गृहनामानि —

वसुधारं भवेत् तेषामाद्यं सिद्धार्थकं ततः ॥ 13 ॥
कल्याणकं शाश्वतं च शिवं कामप्रदं सदा।
स्त्रीदं शान्तं निष्कलङ्कं धनाधीशं कुबेरकम् ॥ 14 ॥
सिद्धार्थमनुजात्येवमेतान्येकादश क्रमात्।

प्रथमतः 1. सिद्धार्थक के बाद उससे 2. वसुधार, 3. कल्याणक, 4. शाश्वत, 5. शिव, 6. कामप्रद, 7. स्त्रीद, 8. शान्त, 9. निष्कलङ्क, 10. धनाधीश और 11. कुबेरक— ये सिद्धार्थ के अनुक्रम से ग्यारह भेद कहे गए हैं।

यमसूर्यात् गृहनामानि —

संहारं यमसूर्यं च कालं वैवस्वतं यमम् ॥ 15 ॥
करालं विकरालं च कबन्धं मृतकं शवम्।
यमसूर्यस्य भेदाः स्युः सद्मनो महिषं तथा ॥ 16 ॥

इसके उपरान्त 1. यमसूर्य के बाद उससे 2. संहार, 3. काल, 4. वैवस्वत, 5. यम, 6. कराल, 7. विकराल, 8. कबन्ध, 9. मृतक, 10 शव और 11. महिष— ये सब यमसूर्य द्विशाल गृह के ग्यारह भेद हैं।

दण्डात् गृहनामानि —

प्रचण्डचण्डे दण्डाख्यमुद्दण्डं काण्डकोटरे।
विग्रहं निग्रहं धूम्रं निर्धूमं दन्ति दारुणम् ॥ 17 ॥
एकादशामी दण्डस्य भेदा दण्डभयप्रदाः।

इसके अनन्तर, 1. दण्ड के बाद उससे होने वाले 2. प्रचण्डचण्ड, 3. दण्ड, 4. उद्दण्ड, 5. काण्डकोटर, 6. विग्रह, 7. निग्रह, 8. धूम्र, 9. निर्धूम, 10. दन्ति और 11. दारुण— ये दण्ड द्विशाल गृह के ग्यारह भेद हैं और दण्ड, भयप्रद कहे गए हैं।

वातात् गृहनामानि —

मरुत्पवनवाताख्यान्यनिलं सप्रभञ्जनम् ॥ 18 ॥
(घ)धनार्यम्बुदविध्वंसि प्रलयं कलहं कलिः।
कलिचुल्ली च वातस्य भेदा उद्वेगकारकाः ॥ 19 ॥

पुनः 1. वात संज्ञित द्विशाल गृह से होने वाले 2. मरुत, 3. पवन, 4. अनिल, 5. प्रभञ्जन, 6. घनार्य, (घनाख्य, जैसा कि अगले सूत्र में आया है) 7. अम्बुद विध्वंसी (रोग!), 8. प्रलय, 9. कलह, 10. कलि और 11. कलि चुल्ली— ये ग्यारह वात द्विशाल गृह के भेद हैं जो उद्वेगकारक हैं।

चुल्ल्याकाचात् गृहनामानि —

रोगं चुल्ल्यनलं भस्म चुल्ल्या भेदचतुष्टयम्।
काचस्य तु च्छलं काचं कुलघ्नं च विरोधिकृत्॥ 20॥

इसके बाद चुल्ली द्विशाल गृहों के चार भेदों में 1. रोग, 2. चुल्ल, 3. अनल और 4. भस्म होते हैं। काच के द्विशाल गृहों के चार भेदों में 1. छल, 2. काच, 3. कुलघ्न और 4. विरोधीकृत कहे गए हैं।

अन्यदप्याह —

द्वापञ्चाशद$_{52}$ द्विशालानां नामभेदाः प्रकीर्तिताः।[1]
इत्युक्ताश्च पृथग्भेदा द्विशालानां यथाक्रमम्॥ 21॥

इस प्रकार से प्रारम्भ के सिद्धार्थादि चार गृहों के 11 के क्रम से चवालीस और अन्तिम चुल्ल्यादि दो के 4 क्रम से आठ- कुल मिलाकर सब द्विशाल गृहों के नामानुसार बावन भेद बताए गए हैं।

द्विपञ्चाशद् द्विशालानां प्रत्येकं द्विसहस्रतः।
सचतुःसहस्रलक्षं द्विशालानां त सद्मनाम्॥ 22॥

इन सब द्विशालाओं के कहे गए पृथक्-पृथक् भेदों के भी क्रम से इन 52 द्विशालाओं के प्रत्येक के 2000 भेद होते हैं और इसी प्रकार 52 × 2000 = 104000 यानी इन गृहों के एक लाख चार हजार भेद बनते हैं।

अष्टाष्टतो द्विशालनां हर्म्यादीनां पुनस्तथा।
द्वात्रिंशच्च सहस्राणि चाष्टलक्षाणि भेदतः॥ 23॥

यही नहीं, इन सभी द्विशाल गृहों के भी पुनः आठ भेद होते हैं जो मिलाकर 104000 × 8 = 832000 यानी आठ लाख बत्तीस हजार भेदों में कहे गए हैं।

एकशालागृहादीनामेतत्तुल्यं प्रभेदतः।
चतुःषष्टिसहस्राणि द्व्यष्टलक्षाणि वै तथा॥ 24॥

---

1. समराङ्गण. में यहाँ तक पाठ समानतः मिलता है, किञ्चित पाठभेद हैं— द्वापञ्चाशद् द्विशालानाममी भेदाः प्रकीर्तिताः। ब्रूमः साम्प्रतमेतेषां लक्षणानि पृथक्-पृथक्॥ (समराङ्गण. 22, 21) शेष श्लोक ग्रन्थकार ने अगले सूत्र में प्रयुक्त किए हैं।

एक शाल गृहों के भी इतने ही (832000) भेद होने से ये कुल सोलह लाख चौंसठ हजार (16, 64000) भेद हो जाते हैं।

इति सूत्रसन्तानगुणकीर्तिप्रकाशप्रोक्तश्रीभुवनदेवाचार्योक्तापराजितपृच्छायां द्विशालगृहलक्षणाधिकारो नाम चतुर्नवतितमं सूत्रम्॥ 94॥

इस प्रकार भुवनदेवाचार्य कृत सूत्रसन्तानगुणकीर्ति प्रकाश या अपराजितपृच्छा में द्विशाल गृह लक्षण अधिकार नामक चौरानवाँ सूत्र पूर्ण हुआ॥ 94॥

द्विशालगृहलक्षणक्रमो नाम पञ्चनवतितमं सूत्रम्॥ 95॥[1]

अधुना द्विशालप्रभेदस्य फलाफलं। विश्वकर्मोवाच —

सम्प्रत्येषां च कथये लक्षणानि पृथक् पृथक्।

अब मैं (सिद्धार्थादि) के प्रभेदों के फल लक्षणों को पृथक्-पृथक् कहता हूँ।

आद्याद्वितीये वहतो यत्र मूषे धनप्रदम्॥ 1॥

वसुधाराभिधानं तद् गृहं सर्वार्थसिद्धिदम्।

इन द्विशाल गृहों में पहली एवं द्वितीय धनप्रद मूषाओं (जाली, खिड़की) को वहन करने वाला सर्वार्थ-सिद्धक गृह 'वसुधार' नामक होता है।

आद्यातृतीये वहतो यत्र सिद्धार्थकं विदुः॥ 2॥

सर्वोपद्रवनिर्मुक्तं सिद्धिकृच्चिन्तितार्थकृत्।

द्वितृतीयं वहन्मूषं भवेत्कल्याणमृद्धिकृत्॥ 3॥

जिस गृह में पहली और तीसरी मूषाएँ हों, वह 'सिद्धार्थक' होता है। द्वितीय तृतीय मूषाओं को वहन करता हुआ, समस्त उपद्रवों से रहित, सिद्धिकारी, इच्छित अभीष्टों की पूर्ति करने वाला, ऋद्धिकारी कल्याण संज्ञक गृह कहा जाता है।

वहदाद्यचतुर्थीकं शाश्वतं गृहमुत्तमम्।

प्रथम और चतुर्थ मूषाओं से युक्त 'शाश्वत' नामक उत्तम गृह कहा जाता है।

शिवं द्वितीयातुर्याभ्यां वहन्तीभ्यां सुखप्रदम्॥ 4॥

कामदं त्रिचतुर्थीभ्यां भवेच्चिन्तितकामदम्।

द्वितीय व चतुर्थ मूषाओं का धारक सुख प्रदायक 'शिव' संज्ञक गृह होता है। अभीष्ट मनोरथों की पूर्ति करने वाला 'कामद' नामक गृह तृतीय और चतुर्थ मूषाओं से युक्त होता है।

---

1. यह सूत्र समराङ्गणसूत्रधार के 22वें अध्याय के श्लोक 22 से किञ्चित पाठान्तर के साथ उद्धृत है।

आद्याभिश्च तिसृभिश्च [1]स्त्रीपदं शं(?सम्)प्रदं प्रभोः ॥ 5 ॥

आद्याद्वितीयातुर्याभिः शान्तं शान्तिप्रदायकम्।

गृहकर्ता के निमित्त शान्ति और सुख प्रदाता 'स्त्रीप्रद' संज्ञक गृह पहले की तीन मूषाओं से संयुक्त होता है एवं शान्तिदायक 'शान्त' संज्ञक गृह पहली, द्वितीय एवं चतुर्थ मूषा से युक्त कहा जाता है।

आद्यातृतीयातुर्याभिर्निष्कलङ्कं समृद्धिकृत्॥ 6 ॥

द्वितृतीयाचतुर्थीभिर्धनेशं धनवर्द्धनम्।

आद्याद्याभिश्चतसृभिः कुबेरं वित्तवृद्धिकृत्॥ 7 ॥

प्रथम, तृतीय और चतुर्थ मूषा से युक्त गृह 'निष्कलङ्क' है जो समृद्धिकारी है और धनवर्धक गृह धनेश द्वितीय, तृतीय व चतुर्थ मूषा से युक्त होता है। इसी प्रकार वित्त वृद्धिकारी गृह 'कुबेर' पहले की चारों मूषाओं से युक्त होता है।

यमसूर्यस्य प्रभेदमाह —

यमसूर्यप्रभेदेषु कथये फललक्षणे।[2]

आद्याद्वितीयामूषाभ्यां संहारं स्वामिनाशनम्॥ 8 ॥

अब मैं यमसूर्य के प्रभेदों के लक्षणों व फलों को कहता हूँ। स्वामी का विनाशकारी 'संहार' संज्ञक गृह प्रथम व दूसरी मूषाओं से युक्त होता है।

गृहमाद्यातृतीयाभ्यां मृत्युदं यमसूर्यकम्।

द्वितीयातृतीयाभ्यां च कालं पीठविनाशनम्॥ 9 ॥[3]

गृहस्वामी के लिए मृत्युकारी 'यमसूर्यक' गृह प्रथम व तृतीय मूषाओं से युक्त होता है जबकि द्वितीय व तृतीय मूषाओं से युक्त गृह 'काल पीठ' विनाशक (पाठान्तर से स्त्री विनाशक) होता है।

वैवस्वतं वहत्तूर्यप्रथमं रोगकारकम्।

यमालयं द्वितुर्याभ्यां स्वामिनो यमदर्शनम्॥ 10 ॥

रोगकारक 'वैवस्वत' चतुर्थ और प्रथम मूषाओं का वाहक होता है। द्वितीय व चतुर्थ मूषाओं का धारक 'यमालय' गृहस्वामी को यम का दर्शन करवाता है।

करालं त्रिचतुर्थीभ्यां भर्तुः प्राणविनाशनम्।

आद्याभिस्तिसृभिः स्वामिनाशनं विकरालकम्॥ 11 ॥

---

1. 'श्रीपदं' इति प्रकाशित पाठः।
2. तथा च समराङ्गणे—यमसूर्यप्रभेदेषु ब्रूमो लक्ष्म फलानि च। (समराङ्गण. 22, 28)
3. तथा च समराङ्गणे—द्वितृतीयं वहन्मूषं कालं योषिद्विनाशनम्॥ (तत्रैव 22, 30)

'कराल' नामक गृह तृतीय व चतुर्थ मूषाओं से युक्त होता है और गृहस्वामी के प्राणों का विनाश करता है। स्वामिनाशक 'विकराल' संज्ञक गृह पहले की तीन मूषाओं से युक्त होता है।

आद्याद्वितीयातुर्याभिः कबन्धं भर्तृनाशनम्।
आद्यातृतीयातुर्याभिर्भर्तृघ्नं मृतकालयम्॥ 12॥

प्रथम, द्वितीय व चतुर्थ मूषाओं से उपलक्षित होने वाला 'कबन्ध' संज्ञक गृह भर्ता के प्राण लेने वाला होता है जबकि प्रथम, तृतीय व चतुर्थ मूषाओं का वाहक गृह 'मृतकालय' स्वामी का संहारक होता है।

शवं द्वित्रिचतुर्थीभिः स्वामिनो मरणप्रदम्।
आद्याद्याभिश्चतसृभिः स्वामिघ्नं महिषं विदुः॥ 13॥

इसी प्रकार 'शव' नामक गृह द्वितीय, तृतीय व चतुर्थ मूषाओं का वहनकर्ता और स्वामी के लिए मरणप्रद है। पहले की चारों मूषाओं से युक्त गृह महिष स्वामी का प्राणहन्ता होता है।

दण्डस्य प्रभेद सफलमाह —

प्रचण्डं दण्डभेदेषु पूर्वया सद्वितीयया।
गृहमादौ विजानीयाद् भर्तुर्नृपभयप्रदम्॥ 14॥

इसके अतिरिक्त दण्ड संज्ञक द्विशाल वाले गृहों के भेदों में प्रचण्ड संज्ञक गृह प्रथम व द्वितीय मूषाओं से युक्त होता है। इससे प्रारम्भ में स्वामी के लिए नृपभयकारी जानना चाहिए।

चण्डमाद्यातृतीयाभ्यां चण्डदण्डभयप्रदम्।
दण्डं स्याद् द्वितृतीयाभ्यां राजदण्डप्रदारुणम्॥ 15॥

प्रचण्ड दण्ड का भय उत्पन्न करने वाला 'चण्ड' संज्ञक गृह प्रथम व तृतीय मूषाओं से युक्त कहा है। राजदण्ड का हेतु 'दारुण दण्ड' संज्ञक गृह द्वितीय व तृतीय मूषाओं से युक्त होता है।

उद्दण्डमाद्यातुर्याभ्यां स्वामिनो दण्डभीतिदम्।
काण्डं द्वितीयातुर्याभ्यां काण्डवद्भेदकारकम्॥ 16॥

'उद्दण्ड' नामक गृह प्रथम व चतुर्थ मूषाओं से युक्त होता है और स्वामी को दण्ड और भय देने वाला होता है। 'काण्ड' संज्ञक गृह द्वितीय व चतुर्थ मूषाओं से युक्त और काण्डवत् भेद-कारक है।

कोटरं त्रिचतुर्थीभ्यां स्वामिनो विग्रहावहम्।
प्रथमाद्वितृतीयाभिर्विग्रहं वधबन्धकृत्॥ 17॥

'कोटर' संज्ञक गृह तृतीय व चतुर्थ मूषाओं से युक्त होता है एवं गृहस्वामी के लिए वैर-विग्रह खड़े करने वाला होता है। वध एवं बन्धन प्रदायक 'विग्रह' संज्ञक गृह प्रथम, द्वितीय व तृतीय मूषाओं से संयुक्त होता है।

आद्याद्वितीयातुर्याभिर्निग्रहं विग्रहावहम्।
आद्यातृतीयातुर्याभिर्धूम्रं सर्वधनापहम्॥ 18॥

इसी प्रकार विग्रह करवाने वाला 'निग्रह' संज्ञक गृह प्रथम, द्वितीय व चतुर्थ मूषाओं से युक्त बनता है। 'धूम्र' नामक गृह प्रथम, तृतीय व चतुर्थ मूषाओं से युक्त एवं समस्त धन का अपहर्ता होता है।

द्वितृतीयाचतुर्थीभिर्निर्धूमं धननाशनम्।
आद्याद्याभिश्चतसृभिर्दन्ति दारुणमर्थहृत्॥ 19॥

द्वितीय, तृतीय व चतुर्थ मूषाओं से विनिर्मेय गृह 'निर्धूम' धननाशक माना गया है। पहले ही चारों ही मूषाओं का वाहक 'दन्तिदारुण' गृह अर्थ क्षयकारी होता है।

वातस्य प्रभेद सफलमाह —

आद्याद्वितीयामूषाभ्यां वातभेदेषु मन्दिरम्।
मरुत्सञ्ज्ञं भवेत्तत्र वसतां कलहः सदा॥ 20॥

इसके बाद वात नामक मुख्य द्विशाल गृह के भेदों में 'मरुत' नामाभिधान उस मन्दिर का है जिसमें प्रथम व द्वितीय मूषाओं का संयोजन होता है। वहाँ जो भी निवास करते हैं, उनमें परस्पर कलह ही बना रहता है।

उद्वेगकारि पवनं तृतीयाद्योपलक्षितम्।
वाताख्यं द्वितृतीयाभ्यां सदा सन्तापकारकम्॥ 21॥

गृहस्वामी के लिए उद्वेगकारी गृह 'पवन' संज्ञक है जो तृतीय व प्रथम मूषाओं से उपलक्षित होता है। 'वात' संज्ञक गृह द्वितीय व तृतीय मूषाओं से युक्त होता है जो सदा ही सन्तापकारी कहा गया है।

सन्तापोद्वासकार्याद्यातुर्याभ्याममलिनं भवेत्।
प्रभञ्जनं द्वितुर्याभ्यां शोकसन्तापकारकम्॥ 22॥

'अनिल' नामक गृह सन्ताप और उद्वासकारक कहा गया है। यह प्रथम व चतुर्थ मूषाओं से युक्त होता है। 'प्रभञ्जन' नामक गृह द्वितीय व चतुर्थ मूषाओं से युक्त और शोक, सन्तापकारक होता है।

घनाख्यं मोदविध्वंसि चतुर्थ्या च तृतीयया।[1]
आद्यया द्वितृतीयाभ्यां रोगं कार्यार्थनाशनम्॥ 23॥

'घनाख्य' गृह आमोद-प्रमोद का विध्वंसकारी होता है जो कि चतुर्थ व तृतीय मूषाओं से विनिर्मित होता है। प्रथम, द्वितीय व तृतीय मूषाओं के योग से बनने वाला 'रोग' नामक गृह मनोरथ, अर्थ का विनाश करता है।

आद्याद्वितीयातुर्याभिः प्रलयं चित्ततापकृत्।
आद्यातृतीयातुर्याभिः कलहं कलहावहम्॥ 24॥

चित्त में तापोत्पादक गृह की संज्ञा 'प्रलय' है जो कि प्रथम, द्वितीय और चतुर्थ मूषाओं से बनता है। 'कलह' संज्ञक गृह कलहकारी होता है तथा प्रथम, तृतीय व चतुर्थ मूषाओं से विनिर्मितेय होता है।

द्वितृतीयाचतुर्थीभिः कलिः सन्तापकारकम्।
आद्याद्याभिश्चतसृभिः कलिशूलं(कलिचुल्ली!) धनापहम्॥ 25॥

द्वितीय, तृतीय व चतुर्थ मूषाओं से बनने वाला गृह 'कलि' है जो कि सन्तापकारक होता है। इसी प्रकार पहले की चारों ही मूषाओं से युक्त होने वाला 'कलिशूल' (पाठान्तर से कलिचुल्ली, जैसा कि पूर्व सूत्र में आया है) धन का अपहर्ता माना गया है।

चुल्लीगृहस्य प्रभेद सफलमाह —

रोगमाद्याद्वितीयाभ्यां चुल्लीभेदेषु शोकदम्।
स्याद् द्वितीयातृतीयाभ्यां चुल्ली वित्तविनाशनी॥ 26॥

द्विशाल गृहों में चुल्ली के भेदों में 'रोग' नामक गृह प्रथम व द्वितीय मूषाओं से निर्मित होता है और यह शोकप्रदायक है। इसी प्रकार द्वितीय, तृतीय मूषाओं की वाहक 'चुल्ली' वित्तविनाशक है।

वसुघ्नमनलं नाम त्रितुर्याभ्यां निवेशनम्।
वित्तघ्नमाद्यातुर्याभ्यां भस्माख्यं स्वामिनः सदा॥ 27॥

'अनल' संज्ञक गृह अपने यहाँ निवास करने वालों का प्राणान्तक (अथवा अर्थनाशक— वसुघ्न) है जो कि तृतीय व चतुर्थ मूषाओं के त्रिवेशन से बनता है। 'भस्म' नामक गृह उसके बनवाने वाले के वित्त का सदा विनाशक है जो कि प्रथम व चतुर्थ मूषाओं से बनता है।

---

1. तथा च समराङ्गणे—तृतीयया चतुर्थ्या च घनार्युद्वेगकारकम्॥ (तत्रैव 22, 43)

काच प्रभेद सफलमाह —

उदङ्मुखाभ्यां मूषाभ्यां काचभेदेषु मन्दिरम्।
छलं नाम भवेन्नित्यं बन्धुवर्गापमानकृत्॥ 28॥

काच संज्ञक द्विशाल के प्रभेदों में 'छल' नामक मन्दिर उत्तराभिमुखी दो मूषाओं के योग से विनिर्मितेय है और यह सर्वदा बन्धुवर्ग के लिए अपमानकारी कहा गया है।

दक्षिणोत्तरमूषाभ्यां पौरस्ते वहतो यदि।
काचं नाम तदा वेश्म सज्जनानन्दकारकम्॥ 29॥

दक्षिण तथा उत्तराभिमुख मूषाओं का यदि पूर्व की ओर वहन हो तो 'काच' संज्ञक वेश्म बनता है जो कि सज्जनों के लिए आनन्दकारक होता है।

मूषाभ्यां दक्षिणाभ्यां स्यात्कुलहं त्रिकुलक्षयम्।
दक्षिणोत्तरमूषाभ्यां पाश्चात्ये वहतो यदि॥ 30॥
विरोधं नाम तद्वेश्म सर्वलोकविरोधकृत्।

इसी प्रकार दक्षिण की दोनों ही मूषाओं से निर्मितेय गृह तीनों कुलों (अपनी तीन पीढ़ियों अथवा स्व-कुल, मातुल-कुल एवं श्वसुर-कुल) का क्षय करने वाला होता है। दक्षिण व उत्तर की मूषाओं का यदि वहन पश्चिम की ओर हो तब विरोध संज्ञक गृह होगा जो कि समस्त लोक का विरोध कराने वाला होगा।

उक्तान्येवं द्विपञ्चाशद्$_{52}$ द्विशालानि समासतः॥ 31॥
मूषावहनभेदास्तु द्विशालनां यथाक्रमम्।
निदर्शिता वेश्मनां च त्रिशालं सूत्र गद्यते॥ 32॥

इस प्रकार यहाँ द्विशाल भवनों के बावन भेदों (व उनके फलों) को संक्षिप्ततः बताया गया। उन द्विशालाओं के मूषा वहन (जालियों से पवन प्रवाह) भेदों को भी यथाक्रम से कहा गया है। अब आगे वेश्मों में त्रिशाल के सूत्रों को कहूँगा।

इति सूत्रसन्तानगुणकीर्तिप्रकाशप्रोक्तश्रीभुवनदेवाचार्योक्तापराजितपृच्छायां
द्विशालगृहलक्षणक्रमाधिकारो नाम पञ्चनवतितमं सूत्रम्॥ 95॥

इस प्रकार भुवनदेवाचार्य कृत सूत्रसन्तानगुणकीर्ति प्रकाश या अपराजितपृच्छा में द्विशाल गृह लक्षण क्रम अधिकार नामक पचानवाँ सूत्र पूर्ण हुआ॥ 95॥

त्रिशालक्षणं षण्णवतितमं सूत्रम् ॥ ९६ ॥

अधुना त्रिशालप्रभेदस्य फलाफलं। विश्वकर्मोवाच —

कालदण्डं सुनाभं च जयन्तं रिपुमर्द्दनम्।
त्रिशालानि तु चत्वारि दिशावहनभेदतः॥ 1॥

विश्वकर्मा अपराजित के प्रति आगे बोले— 1. कालदण्ड, 2. सुनाभ, 3. जयन्त और 4. रिपुमर्दन— त्रिशाल गृहों के ये चार नाम हैं जो दिशाओं के वहन के अनुसार होते हैं।[1]

दिशाच्छन्दोद्भवे छन्दे पृथगेकैकसद्मनाम्।
चतुःषष्टि₆₄स्त्वीरितानि पुनरन्यानि चाष्टभिः₈ ₈ ॥ 2॥

इनमें एक-एक भवन का छन्द दिशाओं के अनुसार बनता हुआ छन्द होता है। इस प्रकार से इन शालाओं के चौंसठ रूप होते हैं जो पुनः आठ-आठ के भेद से नए बनाए जाते हैं।

प्राच्यानुसारेण सञ्ज्ञामाह —

प्राग्दिग्मुखं भवेद्वेश्म कालदण्डं तु नामतः।
याम्यामुखं सुनाभं स्याद्वेश्मैवं नाम शोभनम्॥ 3॥
जयन्तं नामकं वेश्म तथा स्याद्वरुणोन्मुखम्।
उत्तरास्यं तु कर्तव्यं कामदं रिपुमर्द्दनम्॥ 4॥

दिशानुसार ही इन भवनों के नाम होते हैं। यथा— 1. पूर्व दिशा की ओर मुख वाला भवन कालदण्ड संज्ञक होता है; 2. दक्षिण दिशा की ओर मुख वाला भवन सुनाभ नामक शोभाजनक गृह होता है; 3. पश्चिम दिशा की ओर मुख वाला भवन जयन्त नामक होता है और 4. उत्तर दिशा की ओर मुख वाला भवन कामद नामक रिपुदमनकारी गृह होता है।

तस्य फलमाह —

कालदण्डं तथा वेश्म धनधान्यक्षयावहम्।
सुनाभे सर्वभद्रेषु पतिकल्याणकारकम्। 5॥
जयन्तं कीर्तिदं लोके सुरेन्द्रादिप्रपूजितम्।

---

1. समराङ्गणसूत्रधार में त्रिशाल भवनों के मुख्य नाम क्रमशः 1. हिरण्यनाभ, 2. सुक्षेत्र, 3. चुल्ली और 4. पक्षघ्न आए हैं— हिरण्यनाभमुत्कृष्टं हीनमुत्तरशालया। तत् स्याद् धनप्रदं भर्तुः सुक्षेत्रं पूर्वया विना॥ सुक्षेत्रं लक्षणोपेतमृद्धिवृद्धिप्रदं विभोः। चुल्ली दक्षिणया हीना शालया वित्तनाशिनी॥ (समराङ्गण. 22, 3–4)

रिपुमर्दनं तु राज्ञां शत्रूनुच्चाटयेद् ध्रुवम्॥ 6॥

इन भवनों के गुण इस प्रकार कहे गए हैं— कालदण्ड नामक भवन धन-धान्य का क्षरण करने वाला होता है। सुनाभ नामक भवन प्रत्येक भद्र, दिशा से प्रति कल्याणकारक होता है। जयन्त नामक गृह लोक में कीर्तिकारक होता है, ऐसा गृह सुरेन्द्रादि से पूजित होता है जबकि रिपुमर्दन संज्ञक गृह राजाओं के शत्रुओं का उच्चाटन करता है।

अथ प्रशस्तभवनमाह —

गृहाः प्राच्यापराः शस्ता नित्यं कल्याणकारकाः।
याम्योत्तरामुखा ये ते प्रतापकीर्तिवर्द्धनाः॥ 7॥

जो गृह पूर्व दिशोन्मुख अथवा पश्चिम दिशा मुखी होते हैं, वे प्रशस्त हैं और सदा कल्याणकारी होते हैं। इसी प्रकार जो गृह अपना मुख दक्षिण दिशा की ओर या उत्तर दिशा की ओर रखते हुए बनाए जाते हैं, वे भी प्रताप और कीर्ति बढ़ाने वाले होते हैं।

कालदण्डादिसद्मनामानि —

कालदण्डं प्रचण्डं च श्रीजयन्तं धनावहम्।
मायासद्मं महाकान्तं मनोहरं लक्ष्मीप्रियम्॥ 8॥
विमुखं क्रोधनाख्यं च स्वामिभक्तं धनेश्वरम्।
कालाख्यं विकरालाख्यं जनप्रियं च कामदम्॥ 9॥
कालदण्डादिसद्मानि सङ्ख्यया चैव षोडश$_{16}$।

अब कालदण्ड संज्ञक भवन के 16 भेदों के नाम दिए जाते हैं— 1. कालदण्ड, 2. प्रचण्ड, 3. श्रीजयन्त, 4. धनावह, 5. मायासद्म, 6. महाकान्त, 7. मनोहर, 8. लक्ष्मीप्रिय, 9. विमुख, 10. क्रोधन, 11. स्वामीभक्त, 12. धनेश्वर, 13. काल, 14. विकराल, 15. जनप्रिय और 16 कामद।

तस्य नामानुसारेण गुणदोषादीनां —

कालदण्डं विना मूषं त्रिशालं स्यादलङ्कृतम्॥ 10॥
आद्यमूषं प्रचण्डाख्यं श्रीजयं च द्वितीयया।
धनावहं तु द्वयाद्याभ्यां मायासद्म तृतीयया॥ 11॥

अब कालदण्ड भवनों के नामानुसार गुण-दोष कहे जाते हैं— 1. बिना मूषा या जाली के अलंकृत विशाल भवन को कालदण्ड कहा जाता है; 2. आगे एक मूषा वाला भवन प्रचण्ड कहलाता है; 3. वहीं दो मूषा वाला भवन श्रीजयन्त कहा

जाता है; 4. आरम्भ में ही दो मूषा वाला भवन धनावह और 5. आरम्भ में तीन मूषा वाला भवन मायासद्म कहा जाता है।

साद्ययैवं महाकान्तं द्वित्रयाभ्यां मनोहरम्।
द्व्याद्यतृतीयमूषैश्चेदेव लक्ष्मीप्रियं भवेत्॥ 12॥

इसके बाद, 6. दो-दो मूषाओं के साथ वाला भवन महाकान्त और 7. तीन-तीन मूषाओं वाला भवन मनोहर तथा इसी प्रकार 8. आदि में दो और तीसरी मूषाओं से युक्त भवन को लक्ष्मीप्रिय कहा जाता है।

विमुखं च चतुर्थ्या च क्रोधनाख्यं तु [1]साद्व्या।
स्वाभिभक्तं द्वितुर्याभ्यां [2]साद्व्या तु धनेश्वरम्॥ 13॥

इसके उपरान्त, 9. चतुर्थ मूषा युक्त भवन को विमुख; 10. दूसरी मूषा युक्त भवन को क्रोधन नाम से जाना जाता है; 11. दूसरी व चतुर्थ मूषायुक्त भवन को स्वामीभक्त कहते हैं और 12. दो-दो मूषा युक्त भवन को धनेश्वर कहा जाता है।

विना याम्यां तु कालाख्यं विकरालं चतुर्दिशम्।
जनप्रियं प्रतिमूषैः षड्दारुकं च कामदम्॥ 14॥

इसी प्रकार 13. दक्षिण दिशा में मूषा नहीं होने पर उसे काल नामक भवन कहते हैं; 14. चारों ही दिशाओं में मूषा हो तो उसे विकराल कहा जाता है। इसी तरह 15. प्रतिमूषा होने पर भवन जनप्रिय कहा जाता है जबकि 16. षड्दारुक का प्रयोग किए जाने पर भवन कामद हो जाता है।

कालदण्डाद्यष्टादशवेश्मानां वै भवन्ति हि।
नाम तुल्या गुणदोषाः शस्ताऽशस्ताश्च सर्वदा॥ 15॥

इस प्रकार कालदण्डादि से आरम्भ करके अठारह (? जबकि नामादि 16 ही आए हैं[3]) होते हैं जिनके नामानुसार ही उनका गुण-दोष और उपयोग की दृष्टि से वे सदा प्रशस्त-अप्रशस्त होते हैं।

सुनाभादिसद्मनामानि —

सुनाभं च शुभं शान्तं जयं च विभद्रं तथा।

---

1. 'साद्यया।' इति प्रकाशित पाठः।
2. 'स्म्रद्यया।' इति प्रकाशित पाठः।
3. समराङ्गण. में सभी अठारह नाम मिलते हैं किन्तु उनकी संज्ञाएँ पृथक् हैं। यहाँ ग्रन्थकार ने नामों में भेद तो किया किन्तु सम्भवतः दो नाम रह गए हैं। अतएव सूत्रान्त में भवनों की संख्या 72 बताई है जबकि नामानुसार यह गणना 70 ही होती है।

कुबेर यक्षं पक्षाख्यं विवक्त्रं कलिसौम्यके ॥ 16 ॥
सुवक्त्र क्षयं कालाख्यं विपुलं राज्यवर्धनम्।
आत्मकं दारुणाख्यं च अष्टादश$_{18}$ सुनाभतः ॥ 17 ॥

अब सुनाभ कोटि से अठारह प्रकार के भवनों के नामादि कहे जा रहे हैं— 1. सुनाभ, 2. शुभ, 3. शान्त, 4. जय, 5. विभद्र, 6. कुबेर, 7. यक्ष, 8. पक्ष, 9. विवक्त्र, 10. कलि, 11. सौम्यक, 12. सुवक्त्र, 13. क्षय, 14. काल, 15. विपुल, 16. राज्यवर्धन, 17. आत्मक और 18. दारुण।

जयन्तादिसद्मनामानि —

जयन्तं भासुरं भीमं श्रीजयं सुविश्वासकम्।
शस्तं च शाश्वतं सारं दुर्दयं चैव क्रोधनम् ॥ 18 ॥
सौख्यं पुष्टं भयं घोरमीश्वरानन्दकं तथा।
पशुपत्युत्तमे चैव अष्टादश$_{18}$ जयन्ततः ॥ 19 ॥

अब जयन्त कोटि से अठारह प्रकार के भवनों के नामादि बताए जा रहे हैं— 1. जयन्त, 2. भासुर, 3. भीम, 4. श्रीजय, 5. सुविश्वासक, 6. शस्त, 7. शाश्वत, 8. सार, 9. दुर्दय, 10. क्रोधन, 11. सौख्य, 12. पुष्ट, 13. भय, 14. घोर, 15. ईश्वर, 16. आनन्दक, 17. पशुपति और 18. उत्तम।

रिपुमर्दनादिसद्मनामानि —

रिपुमर्दनसुनेत्रे बलं चातिबलं तथा।
अशुभं च शिवं लाभं विशालं श्रीक्रूरे प्रभुम् ॥ 20 ॥
कालनेत्रं विनेत्र च लक्ष्मीधरं च श्रीपतिम्।
महाजयं जयाख्यं च अष्टादश$_{18}$ प्रकीर्तिताः ॥ 21 ॥

अब रिपुमर्दन भवन की कोटि के अठारह प्रकार के भवनों के नामादि कहे जा रहे हैं— 1. रिपुमर्दन, 2. सुनेत्र, 3. बल, 4. अतिबल, 5. अशुभ, 6. शिव, 7. लाभ, 8. विशाल, 9. श्री, 10. क्रूर, 11. प्रभु, 12. काल, 13. नेत्र, 14. विनेत्र, 15. लक्ष्मीधर, 16. श्रीपति, 17. महाजय और 18. जय।

यथानाम गुणाश्चैवं दोषा ये तान् विवर्जयेत्।
प्रोक्ता चैवं त्रिशालानां सङ्ख्या द्वासप्ततिस्तथा$_{72}$ ॥ 22 ॥

इनके यथा नाम तथा गुण-दोष कहे गए हैं। अस्तु, दोषकारक भवनों को वर्जित जानकर त्याग दें। त्रिशालाओं के ये 72 नाग क्रमानुसार होते हैं।

यथा युग्मोद्भवा भेदा द्विशाले च त्रिशालके।
तद्युक्तिश्च विधातव्या चतुःशालगृहेषु च॥ 23॥

जिस प्रकार से द्विशाल भवनों और त्रिशाल भवनों के युग्मोद्भवभेद अर्थात् दो के मिलन से बनने वाले गृह-प्रकार होते हैं, उसी प्रकार चतुःशाल भवनों का भी उक्त युक्ति के अनुसार ही भेद करने का विधान है।

इति सूत्रसन्तानगुणकीर्तिप्रकाशप्रोक्तश्रीभुवनदेवाचार्योक्तापराजितपृच्छायां त्रिशाललक्षणाधिकारो नाम षण्णवतितमं सूत्रम्॥ 96॥

इस प्रकार भुवनदेवाचार्य कृत सूत्रसन्तानगुणकीर्ति प्रकाश या अपराजितपृच्छा में त्रिशाल लक्षण अधिकार नामक छियानवाँ सूत्र पूर्ण हुआ॥ 96॥

त्रिशालगृहलक्षणक्रमो नाम सप्तनवतितमं सूत्रम्॥ 97॥[1]

विश्वकर्मोवाच —

कालदण्डं विनामूषैर्धनधान्यसुखावहम्।
आद्यमूषं प्रचण्डाख्यं प्रतापकीर्तिवर्द्धनम्॥ 1॥

विश्वकर्मा बोले कि कालदण्ड जाति का गृह बिना मूषा या जाली के ही धन-धान्य और सुख का दाता होता है। उसमें जो आगे की मूषा होती है, उस गृह का नाम प्रचण्ड होता है। उससे प्रताप व कीर्ति बढ़ती है।

श्रीजयं श्रीप्रदं चैव प्रोक्तं दक्षिणमूषिकम्।
धनावहं च धनदं पूर्वदक्षिणमूषिकम्॥ 2॥

जिस भवन के दक्षिण में मूषा हो, उसे श्रीजय और श्रीपद नाम वाला गृह कहा जाता है। जिस भवन के पूर्व ओर दक्षिण में मूषा होती है, उसे धनावह और धनद नामक गृह कहा जाता है।

कलिप्रियं मायासद्म मूषां पश्चिमतो वहत्।
श्रेयस्करं महाकान्तं पूर्वापरमुखं वहत्॥ 3॥

जिस भवन के पश्चिम में मूषा वहन हो तो उसे कलिप्रिय और मायासद्म नाम से जाना जाता है। जिसमें पूर्व व पश्चिम में वहन हो तो उसे श्रेयस्कर और महाकान्त नाम से जाने।

---

1. इस सूत्र में पुनः कालदण्डादि त्रिशाल गृहों के लक्षण क्रम के साथ फलों पर विचार है किन्तु इसमें गत सूत्र से वैपरीत्य भी लक्षित है।

मनोहरं मनस्तुष्टिं दक्षिणापरमूषिकम्।
लक्ष्मीप्रियं नामगुणं मूषा यत्रोत्तरां विना ॥ 4 ॥

जिस भवन के दक्षिण और उत्तर में मूषा हो उसे मनोहर और मन:तुष्टि नाम से जानना चाहिए। जिस भवन में उत्तर दिशा में मूषा नहीं होती, उसे लक्ष्मीप्रिय और नामगुण से जाना जाता है।

विमुखं चोत्तरामूषं कलिसन्तापकारकम्।
क्रोधनाख्यं सदाक्रूरं तत्पूर्वोत्तरमूषकम् ॥ 5 ॥

यदि भवन के उत्तर में मूषा होती है, उसे विमुख नाम से जाना जाता है और वह कलह तथा सन्तापकारक होता है। जिसमें पूर्व व उत्तर में मूषा होती है, उसे क्रोधन नाम से सदा ही क्रूर के रूप में जाना जाता है।

स्वामित्वदं स्वामिभक्तं दक्षिणोत्तरमूषिकम्।
धनेश्वरं धनप्रियं त्रिमूषं पश्चिमां विना ॥ 6 ॥

जिस भवन के दक्षिण और उत्तर में मूषा होती है, उसे स्वामित्त्वद व स्वामिभक्त के रूप में जाना जाता है। जिसमें तीनों ओर मूषा हो और पश्चिम दिशा में मूषा न हो, उसे धनेश्वर और धनप्रिय नाम से जानते हैं।

कालं चापि विना याम्यां कालानलसमप्रभम्।
विकरालं महाघोरं मूषा यत्र चतुर्दिशम् ॥ 7 ॥

जिस भवन के दक्षिण दिशा में मूषा नहीं होती उसे काल नामक भवन कहते हैं। यह बड़ा कष्टदायक, काल की अग्नि या कालानल रूप होता है। जिस भवन के चारों ही ओर मूषा होती है वह विकराल नाम का भवन भी महाघोर सङ्कट का कारक होता है।

सर्वलाभं जनप्रियं प्रतिमूषाश्चतुर्दिशम्।
भोगदं सिद्धिकामं च सदृशं च षड्दारुकम् ॥ 8 ॥

इसी प्रकार जिस भवन में चारों दिशाओं में प्रतिमूषा हो उसे सर्वलाभ और जनप्रिय नाम का कहते हैं। यह षड्दारुक निर्मिति की भाँति ही भोग और सिद्धियों यानी कामनाओं को देने वाला कहा गया है।

अन्यदप्याह —

स्वामिपुष्टिकृत् सुनाभं शुभं च शुभदायकम्।
शान्तं शान्तिप्रदं नित्यं जयन्तं जयकारकम् ॥ 9 ॥

सुनाभ नामक भवन स्वामी को पुष्टिदायक होता है और शुभ नामक भवन स्वामी का शुभ करने वाला होता है। शान्त नामक भवन स्वामी को शान्ति देने वाला और जयन्त नामक भवन जय कराने वाला होता है।

विभद्रं विहृतिं लोके कुबेरं पुरु तुष्टिदम्।
धनधान्यप्रदं यक्षं पक्षाख्यं प्रतिपक्षकृत्॥ 10॥

विभद्र नामक भवन लोक में विहार कराता है। कुबेर नामक भवन पुर को तुष्टिप्रद होता है। यक्ष नामक भवन धन-धान्य देने वाला होता है और पक्ष नामक भवन प्रतिपक्ष को लाभदायक होता है।

क्रूरं घोरं विवक्त्रं स्यात् कलहं कलिकारकम्।
सौम्यकं च शुभं शान्तं सुवक्त्रं च जनप्रियम्॥ 11॥

विवक्त्र गृह क्रूर, घोर कष्टप्रद होता है और कलिकारक कलह का कारक होता है। सौम्यक भवन शुभ, शान्त और सुवक्त्र नामक भवन जनप्रिय होते हैं।

क्षयं क्षयावहं वेश्म कालाख्यं कालसम्भवम्।
विपुलं राजसन्मानं प्रतापं राज्यवर्द्धनम्॥ 12॥

क्षय नामक भवन क्षयकारक होता है और काल नामक भवन काल का कारक होता है। विपुल भवन राज्य से सम्मान दिलाता है जबकि प्रताप नामक भवन राज्यवर्द्धक होता है।

प्रोक्ता हिताय लोकानां मूषाभेदास्तु पूर्वतः।
कालदण्डाद्यष्टादश$_{18}$ मूषावहननामकाः॥ 13॥

उक्त सभी पूर्व दिशा में मूषा युक्त भवनों को लोक के हितार्थ कालदण्डादि अठारह मूषा वहन नाम के साथ कहा गया है।

अन्यदप्याह —

जयन्तं जयदं प्राहुर्भासुरं पुष्टिदायकम्।
भीमविक्रमदं भीमं श्रीजयं जयकारकम्॥ 14॥

जयन्त्यादि भवनों में जयन्त जय दिलाने वाला गृह कहा है जबकि भासुर पुष्टिदायक, भीम नामक गृह बृहत्विक्रम प्रदायक है और श्रीजय नामक भवन जयकारक कहा गया है।

अतिशस्तं सुविश्वासं शस्तं शान्तिप्रदायकम्।
शाश्वतं च चिरायुष्यं सारं राजसन्मानदम्॥ 15॥

सुविश्वास अति प्रशस्त है और शस्त शान्ति प्रदायक है। शाश्वत संज्ञक भवन चिरायु करने वाला और सार संज्ञक भवन राज्य से सम्मान दिलाता है।

दुर्दयं च दयाहीनं क्रोधनं क्रोधकारकम्।
सौख्यं सौख्यप्रदं नित्यं पुष्टं पुष्टिप्रदायकम्॥ 16॥

इसी प्रकार दुर्दय नामक गृह दयाहीन होता है। क्रोधन संज्ञक भवन क्रोध-कोप देता है। सौख्य भवन सुखप्रदायक और पुष्ट भवन पुष्टि प्रदान करने वाला होता है।

भयं भयावहं घोरमीश्वरं श्रीकरं भवेत्।
आनन्दमानन्दकरं पाशुपत्यं च सौख्यदम्॥ 17॥

भय नामक भवन भयावह होता है, ईश्वर भवन श्री, सौभाग्यकारक होता है। आनन्द नामक भवन आनन्ददायक और पाशुपत संज्ञक भवन सुखदाता होता है।

उत्तुङ्गमुन्नतिकरं जयन्ताद्यास्तु भेदतः।
मूषास्तु पूर्वत उक्ताः कालदण्डादिके यथा॥ 18॥

इसी प्रकार उत्तुङ्ग या उत्तम नामक भवन उन्नति देता है। इस प्रकार ये जयन्तादि भेद से पूर्व दिशा की मूषा वाले भवनों के बारे में भी वैसे ही कहा गया, जैसे कि पूर्व में कालदण्डादि भवनों के विषय में कहा गया था।

अन्यदप्याह —

रिपुमर्दनं रिप्वन्तं सुनेत्रं सर्वनन्दकम्।
बलं बलप्रदं नित्यमतिबलं च महाबल्॥ 19॥

रिपुमर्दन नामक भवन शत्रुओं का अन्त करता है। सुनेत्र नामक भवन सभी को आनन्द देता है। बल नामक भवन बल-शौर्य प्रदायक और अतिबल नामक भवन नित्य ही महान् बल को देने वाला होता है।

अशुभं शुभहीनाङ्गं शिवं शान्तिप्रदायकम्।
यशोबलं सर्वलाभं विशालं विदितं गृहम्॥ 20॥

अशुभ संज्ञक भवन शुभ से हीन, शिव भवन शान्ति प्रदायक, लाभ नामक गृह यशोबल व सर्वलाभ और विशाल नामक भवन भी ऐसा ही विदित है।

क्रूरं क्रूरजनावासं श्रियं च विपुलां श्रियम्।
प्रभु प्रभुसमुत्साहं कालनेत्रं तु विद्रुतम्॥ 21॥

क्रूर नामक भवन जनावास की दृष्टि से क्रूर होता है जबकि श्रिय नामक गृह विपुल सम्पदा प्रदायक है। प्रभु संज्ञक गृह स्वामी के समान ही उत्साह देता है। काल व नेत्र भवन विद्रुत होते हैं।

विद्विनेत्रं श्रीविहीनं लक्ष्मीधरं तु श्रीकरम्।
श्रियः पति पतिमानं जयकृच्च महाजयम्॥ 22॥

विनेत्र भवन श्रीविहीन होता है जबकि लक्ष्मीधर नामक गृह श्रीकारक होता है। श्रीपति संज्ञक भवन गृहपति का मान रखने वाला और जयकृत नामक भवन महान् जय दिलाता है।

जयाख्यं च सदा तुष्टिमष्टादश 18 प्रकीर्तिताः।
कालदण्डादिवच्चैषां मूषाभेदा यथाक्रमम्॥ 23॥

इसी प्रकार जय नाम वाला भवन सदा ही सन्तुष्टि देता है। इस प्रकार ये अठारहों गृह कालदण्डादि भवनों के समान मूषा भेद या जालिकाओं के दिशावार भेद से युक्त यथाक्रम कहे गए हैं।

इति सूत्रसन्तानगुणकीर्तिप्रकाशप्रोक्तृश्रीभुवनदेवाचार्योक्तापराजितपृच्छायां त्रिशालगृहलक्षणक्रमाधिकारो नाम सप्तनवतितमं सूत्रम्॥ 97॥

इस प्रकार भुवनदेवाचार्य कृत सूत्रसन्तानगुणकीर्ति प्रकाश या अपराजितपृच्छा में त्रिशाल गृह लक्षण क्रमाधिकार नामक सत्तानवाँ सूत्र पूर्ण हुआ॥ 97॥

चतुःशालगृहलक्षणं नामाष्टनवतितमं सूत्रम्॥ 98॥

अधुना चतुश्शालविधानं। विश्वकर्मोवाच —

अथातः सम्प्रवक्ष्यामि चतुःशालं गृहोत्तमम्।
प्रस्तारनिर्णयं वत्स कथयामि समासतः॥ 1॥

विश्वकर्मा बोले कि अब मैं चतुःशाल नामक उत्तम भवनों के बारे में कहता हूँ। हे वत्स! उन भवनों के प्रस्तार निर्णय को भी संक्षेप से कहूँगा।

अष्टमूषायते छन्दे त्रिपुटेः स्यात्तु छन्दकम्।
द्वे द्वे मूषे प्रतिदिशं मूषाणां स्यादयं क्रमः॥ 2॥

उन भवनों का छन्द, रचना, बनावट, आठ मूषा या जालियों वाला छन्द और वह भी त्रिपुटीयुक्त अर्थात् तीन-तीन प्रकार का होता है। इन चतुःशाल भवनों में मूषाओं का क्रम दो-दो मूषा प्रत्येक दिशा, इसके अनुसार कल्पित किया जाता है।

स्वस्थानसंस्थिता स्थानं द्विगुणं चोत्तरोत्तरम्।
एषा युक्तिर्विधातव्या प्राच्यादिषु प्रदक्षिणम्॥ 3॥

अपने स्थान पर बना हुआ स्थान ही आगे से आगे दुगुना होता जाता है। यह युक्ति पूर्व दिशा से प्रदक्षिणतः करनी होती है।

मध्यकोष्ठकेषु रूपं[1] चन्द्रध्वजसञ्ज्ञान्तरे।
चन्द्रायुक्तमयोगे तु विधातव्याः प्रदक्षिणैः ॥ 4 ॥

मध्य कोष्ठक में जो रूप बनते हैं, उन्हें चन्द्रध्वज संज्ञक कहा जाता है। इसको चन्द्र के साथ ही प्रदक्षिणा क्रम में इन्हें बनाना चाहिए।

अथैक$_{1}$ द्वि$_{2}$ चतुर$_{4}$ ष्ट$_{8}$ द्विरष्ट$_{16}$ द्वात्रिंशस्तथा$_{32}$।
चतुःषष्टिः$_{64}$ शतमष्टाविंशत्युत्तरमेव$_{128}$ च ॥ 5 ॥

इस क्रम में 1, 2, 4, 8, 16, 32, 64, 128 इस प्रकार क्रमशः एक से 128 तक निर्मितियाँ होंगी।

द्वे द्वे मूषे प्रतिदिशं विधेये सुप्रदक्षिणम्।
कथयामि समासेन षट्पञ्चाशच्छतद्वयम्$_{256}$ ॥ 6 ॥

इनके प्रदक्षिण क्रम में दो-दो मूषा या जालियाँ प्रत्येक दिशा में विधेय बताई गई हैं जिनके मैं संक्षेप में 256 रूपों को कहता हूँ।

अथ चतुःषष्टिगृहाः —

सुनाभं च विना मूषामादिमूषं च पूर्वकम्।
द्वितीयात्वीश्वरे चाऽऽद्या द्वितीये य श्रियोद्भवे ॥ 7 ॥

अब विविध मूषाओं से युक्त भवनों के क्रमानुसार नाम और गुणों को कहा जा रहा है— मूषा रहित भवन को सुनाभ नाम से जानते हैं और पहली मूषा युक्त भवन को पूर्ण नाम से कहा गया है। दूसरी मूषा युक्त भवन को ईश्वर और पहली व दूसरी मूषा युक्त भवन को श्रियोद्भव नाम से कहा गया है।

याम्ये दक्षिणमूषे च धान्ये आद्यातृतीयके।
द्वितृतीये मूषिके च गृहसौख्यं च नामतः ॥ 8 ॥

दक्षिण दिशा में मूषा वाले भवन को याम्य और पहली व तीसरी मूषा साथ में हो तो ऐसे भवन को धान्य तथा दूसरी व तीसरी मूषा वाले भवन को गृहसौख्य नाम से जाना जाता है।

---

1. 'चन्द्रध्वजसङ्ख्यान्तरे ?' इति प्रकाशित पाठः।
राजवल्लभ. में आया है कि नौ त्रिशाल गृहों को चतुश्शाल कर उनके मुख के आगे दो लघु, दायें एक लघु बनाने पर वह गृह चन्द्र कहलाता है। इन चतुश्शाल गृहों में सदैव षट्दारु होते हैं। इसी तरह इन नौ गृहों में जो अन्तिम कामद गृह होता है, उसमें दो षट्दारु होते हैं, शेष आठ गृहों में एक-एक षट्दारु होता है—भवननवकमुक्तं तच्चतुःशालमध्यात्रयनलघुमुखं स्याद्दक्षिणैकेन चन्द्रम्। भवति सदनमध्ये सर्वतो दारुषट्कं द्वितयमपि च तेषामन्तिमं युग्मयुक्तम्॥ (राजवल्लभ. 7, 27)

मूषा आद्याद्वितृतीयाः श्रियः कान्ते चतुर्थकम्।
आद्यातुर्ये महाकान्ते द्वितुर्ये स्वामिवत्सले॥ 9॥

आद्य, दूसरी व तीसरी मूषा युक्त भवन का नाम श्रिय है और चौथी मूषा वाला भवन कान्त कहलाता है। पहली और चौथी मूषा युक्त भवन को महाकान्त व दूसरी व चौथी मूषा युक्त भवन को स्वामीवत्सल कहते हैं।

भोगदे आद्यादितुर्यास्त्रिचतुर्थ्यौ च शाश्वते।
क्षेमे आद्यात्रिचतुर्थ्यो द्वित्रित्तुर्याश्च संवरे॥ 10॥

पहली, दूसरी और चतुर्थ मूषा युक्त भवन को भोगद तथा तीसरी व चौथी मूषा युक्त भवन को शाश्वत कहते हैं। पहली, तीसरी व चतुर्थ मूषा युक्त भवन को क्षेम एवं दूसरी, तीसरी व चतुर्थ मूषा युक्त भवन को संवर कहा जाता है।

रम्ये आद्याद्वित्रितुर्याः पञ्चमी स्यात्तु वारुणे।
पञ्चम्याद्ये च पूर्णाक्षे द्विपञ्चम्यौ च सम्भवे॥ 11॥

पहली, दूसरी, तीसरी और चौथी मूषा युक्त भवन को रम्य और इसमें पाँचवीं मूषा युक्त भवन को वारुण तथा पाँचवीं व पहली मूषा युक्त भवन को पूर्णाक्ष तथा दूसरी व पाँचवीं मूषा वाले भवन को सम्भव नाम दिया गया है।

मोघे आद्याद्विपञ्चम्ये महामोघे त्रिपञ्चम्यौ।
शते आद्यात्रिपञ्चम्यो द्वित्रिपञ्चम्यो भोग्यदे॥ 12॥

पहली, दूसरी व पाँचवीं मूषा युक्त भवन को मोघ तथा तीसरी और पाँचवीं मूषा से युक्त भवन को महामोघ कहा जाता है। पहली, तीसरी व पाँचवीं मूषा युक्त भवन को शत तथा दूसरी, तीसरी व पाँचवीं मूषा युक्त भवन को भोग्यद नाम से जाना जाता है।

राज्याद्याद्वित्रिपञ्चम्यो भावुके पञ्चतुर्यके।
नेत्रे चाद्यापञ्चतुर्य्या नन्दे पञ्चद्वितुर्यकाः॥ 13॥

इसी प्रकार पहली, दूसरी, तीसरी और पाँचवीं मूषा युक्त भवन को राज्या एवं पाँचवीं और चौथी मूषा युक्त भवन को भावुक नाम का कहते हैं। पहली, पाँचवीं और चौथी मूषा युक्त भवन को नेत्र तथा पाँचवीं, दूसरी और चौथी मूषा युक्त भवन को नन्द नाम दिया गया है।

द्वित्रितुर्याद्याश्च राज्ये ईशे पञ्चत्रितुर्यकाः।
नाभ्ये द्व्याद्ये पञ्चतुर्य्ये भवे पञ्चद्वित्रितुर्याः॥ 14॥

दूसरी, तीसरी, चौथी व पहली मूषा युक्त भवन को राज्य तथा पाँचवीं, तीसरी

व चौथी मूषा युक्त भवन को ईश कहा है। दूसरी, पहली, पाँचवीं और चौथी मूषा युक्त भवन को नाभि एवं पाँचवीं, दूसरी, तीसरी व चौथी मूषा युक्त भवन को भव नाम से जाना जाता है।

आद्यद्वित्रिचतुःपञ्चमूषाणां वहनेषु च।
सालङ्कारमिदं प्रोक्तं गृहं तत्पूजितं श्रिया॥ 15॥

पहली, दूसरी, तीसरी और चौथी व पाँचवीं मूषाओं के वहन से युक्त भवनों को सालङ्कार नामक गृह कहा जाता है जिनकी पूजा करने से श्रिया या कल्याण होता है।

षष्ठी च षष्ठके ? नाम आद्या षष्ठ्यौ महोद्भवे।
मूषे द्वितीयाषष्ठ्यौ च महाभूते च नामतः॥ 16॥

छठी मूषा युक्त भवन का नाम षष्ठक (?) है। पहली और छठी मूषा युक्त भवन को महोद्भव और दूसरी व छठी मूषा युक्त भवन को महाभूत नाम से जानते हैं।

आद्याद्वितीयाष्ठ्यश्च श्रियि वै सर्वकामदाः।
मूषे तृतीयाषष्ठ्यौ च क्रूरे क्रूरफलोदये॥ 17॥

पहली, दूसरी और छठी मूषा से श्रियि सर्वकामना पूर्ति करने वाला भवन बनता है जबकि तीसरी व छठी मूषा युक्त भवन क्रूर नामक होता जिसका फल भी क्रूर ही होता है।

आद्यात्रिषष्ठ्यः शुभदे द्वित्रिषष्ठ्यश्च कामदे।
सौख्ये आद्याद्वित्रिषष्ठ्यस्तुर्याषष्ठ्यौ करालके॥ 18॥

पहली, तीसरी और छठी मूषा युक्त शुभद और दूसरी, तीसरी व छठी मूषा युक्त भवन को कामद कहते हैं। पहली, दूसरी, तीसरी, छठी मूषा युक्त भवन को सौख्य तथा चौथी व छठी मूषा युक्त भवन को करालक कहा जाता है।

धान्ये आद्याचतुःषष्ठ्यो द्विचतुःषष्ठ्य उत्तमे।
प्रिये द्व्याद्याचतुःषष्ठ्यः क्रोधे तुर्यात्रिषष्ठिकाः॥ 19॥

पहली, चौथी व छठी मूषा वाले भवन को धान्य और दूसरी, चौथी व छठी मूषा वाले भवन को उत्तम नाम से कहा गया है। पहली, दूसरी, चौथी और छठी मूषा युक्त भवन को प्रिय तथा तीसरी, चौथी और छठी मूषा युक्त भवन क्रोध कहलाता है।

आद्यायुक्ताश्च ताः शान्ते मेघे षड्द्वित्रितुर्यकाः।
आद्यायुक्ताः श्रियि च ताः प्रिये षष्ठी च पञ्चमी॥ 20॥

यहाँ पहली मूषा युक्त भवन को शान्त तथा छठी के साथ दूसरी, तीसरी व चौथी मूषा हो तो उस भवन को मेघ कहा जाता है और पहली मूषा युक्त भवन को श्रियि एवं छठी व पाँचवीं मूषा युक्त भवन को प्रिय कहते हैं।

आद्यायुक्ते च ते साम्ये सौम्ये पञ्चद्विषष्ठिकाः।

आद्यायुक्ताः समाख्ये ताः अर्थे पञ्चत्रिषष्ठिकाः॥ 21॥

इसमें पहली मूषा युक्त साम्य नामक भवन तथा पाँचवीं, दूसरी और छठी मूषा युक्त भवन का नाम सौम्य है तथा इसमें भी पहली मूषा युक्त हो तो सम तथा पाँचवीं, तीसरी व छठी युक्त हो तो उसका नाम अर्थ होगा।

आद्यायुक्ताः शोभने ताः द्वित्रिपञ्चषष्ठ्यो महे।

आत्महन्तुर्य्या[1]द्यायुक्ताश्चतुःपञ्चषष्ठ्योऽगाहे ?॥ 22॥

पहली मूषा युक्त गृह शोभन, उससे दूसरी, तीसरी, पाँचवीं व छठी मूषा युक्त हो तो मह भवन होगा। पहली मूषा युक्त व चौथी मूषा युक्त भवन को आत्महन्त तथा चौथी, पाँचवीं व छठी मूषा युक्त भवन को अगाह (?) कहा जाता है।

आद्यायुक्ता मोक्षदे द्विचतुःपञ्चषष्ठ्यः सत्ये।

आद्यायुक्ता उत्तमे त्रिचतुःपञ्चषष्ठ्योऽयने॥ 23॥

उसमें पहली मूषा युक्त भवन मोक्षद और दूसरी, चौथी, पाँचवीं और छठी मूषा युक्त भवन को सत्य तथा इसमें पहली मूषा युक्त हो तो उत्तम भवन एवं तीसरी, चौथी, पाँचवीं और छठी मूषा युक्त भवन को अयन कहा जाएगा।

आद्यायुक्तास्तुङ्गे समे अनाद्याः सद्वितीयकाः।

आद्ययुक्ता महदाख्ये चतुःषष्टिर्गृहा$_{64}$ मताः॥ 24॥

इति चतुषष्टिगृहाः।

यहाँ पहली मूषा युक्त तुङ्ग तथा बिना प्रथम व दूसरी मूषा युक्त को सम एवं पहली मूषा युक्त हो तो महद भवन होगा। इस प्रकार चौंसठ गृह हुए।

षण्णवतिगृहाः —

सप्तमी चैव स्वामित्वे सप्तम्याद्ये महाद्भुते।

द्विसप्तम्यावद्भुते च त्रिसप्तम्यौ सुसम्भवे॥ 25॥

(इस क्रम में अब छियानवें गृहों के विषय में कहा जा रहा है) सातवीं मूषा युक्त भवन का नाम स्वामित्व और सातवीं के साथ पहली मूषा हो तो उसका नाम

1. 'आत्महन्तर्य्या' इति प्रकाशित पाठः।

महाद्भुत होगा और यदि दूसरी और सातवीं मूषा हो तो अद्भुत तथा तीसरी व सातवीं मूषा युक्त हो तो उस भवन को सुसम्भव कहा जाता है।

आद्यायुक्ताः सम्भवे द्वित्रिसप्तम्यस्तु कामिके।
आद्यायुक्तास्तु कामाख्ये विध्वङ्से सप्ततुर्यके ॥ 26 ॥

पहली मूषा के साथ सम्भव और दूसरी, तीसरी व सातवीं के साथ हो तो कामिक तथा पहली के साथ युक्त हो तो कामाख्य तथा चौथी व सातवीं मूषा युक्त हो तो उसका नाम विध्वंस होता है।

आद्यायुक्ता ललिते द्विसप्ततुर्याश्च तिलके।
सौभाग्ये साद्या दुर्भार्ग्ये त्रितुर्ये सप्तमी तथा ॥ 27 ॥

इसमें पहली मूषा युक्त ललित, दूसरी, सातवीं व चौथी मूषा युक्त होने पर तिलक और पहली मूषा युक्त हो तो सौभाग्य तथा उसमें चौथी, तीसरी व सातवीं मूषा का न्यास हो तो दुर्भाग्य संज्ञक भवन होगा।

साद्याः कान्तारके कान्ते द्वित्रिसप्ततुरीयकाः।
आद्यायुक्ताः श्रिये पञ्चसप्तम्यौ रौरवे तथा ॥ 28 ॥

पहली मूषा युक्त कान्तारक, दूसरी, तीसरी, सातवीं और चौथी मूषा युक्त होने पर कान्त तथा पहली मूषा युक्त श्रिय और पाँचवीं, सातवीं मूषा युक्त हो तो रौरव नाम होगा।

साद्या ऋद्धौ च द्विपञ्चसप्तम्यश्चैव कामिके।
साद्या महाकामेऽकामे त्रिपञ्चम्यौ च सप्तमी ॥ 29 ॥

पहली मूषा सहित ऋद्धि को दूसरी, पाँचवीं और सातवीं मूषा युक्त होने पर कामिक तथा पहली मूषा युक्त महाकाम को तीसरी, पाँचवीं और सातवीं मूषा युक्त होने पर अकाम कहा जाता है।

साद्याः कान्तारके द्वित्रिपञ्चम्यः सप्तमी शिवे।
आद्यायुक्ताः सर्वलाभे सप्तपञ्चतुर्य्याः शुभे ॥ 30 ॥

इसी प्रकार पहली मूषा युक्त कान्तार को दूसरी, तीसरी, पाँचवीं और सातवीं मूषा युक्त होने पर शिव और पहली मूषा युक्त सर्वलाभ को सातवीं, पाँचवीं और चौथी मूषा युक्त होने पर शुभ कहते हैं।

साद्याः सिद्धार्थे द्विसप्तपञ्चतुर्यास्तुपूर्वके।
साद्या महापूर्व ईशे सप्तपञ्चत्रितुर्यकाः ॥ 31 ॥

पहली मूषा युक्त सिद्धार्थ को दूसरी, सातवीं, पाचवीं और चौथी मूषा युक्त होने

पर पूर्वक और पहली मूषा युक्त महापूर्व को सातवीं, पाँचवीं, तीसरी और चौथी मूषा युक्त होने पर ईश कहा जाता है।

साद्यास्तेजः सुतेजो द्वित्रिपञ्चसप्ततुर्यकाः।
आद्यायुक्ता महातेजो गृहाः षण्णवतिर्मताः$_{96}$ ॥ 32 ॥

इति षण्णवतिगृहाः।

इसी तरह पहली मूषा युक्त तेज को दूसरी, तीसरी, पाँचवीं, चौथी और सातवीं मूषा युक्त होने पर सुतेज नाम और पहली मूषा से महातेज को मिलाकर इन सब गृहों की संख्या छियानवें होती है।

अष्टाविंशत्युत्तरशतं गृहाणि —

घोरे च षष्ठीसप्तम्यौ स्वैरे आद्यायुते तथा।
पौरे द्विषष्ठीसप्तम्यः सौरे आद्यायुता मताः ॥ 33 ॥

(इस क्रम में अब एक सौ अट्ठाईस गृहों के विषय में कहा जा रहा है) छठी और सातवीं मूषा के साथ घोर भवन तथा पहली मूषा के साथ होने पर स्वैर नामक और दूसरी, छठी और सप्तमी मूषा युक्त हो तो तो पौर तथा यह पहली मूषा के साथ होने पर सौर कहलाता है।

रौद्रे त्रिषष्ठीसप्तम्यः साद्याः सारद्यके तथा।
शङ्खे द्वित्रिसप्तषष्ठ्यो महाशङ्खे तु सादिकाः ॥ 34 ॥

तीसरी, छठी और सातवीं मूषा के साथ रौद्र भवन और पहली मूषा के साथ हो तो सारद्यक भवन तथा दूसरी, तीसरी, सातवीं और छठी मूषा युक्त हो तो शङ्ख और पहली मूषा युक्त भवन को महाशङ्ख नाम से कहा गया है।

षट्सप्ततुर्याश्च परे साद्यास्ताः सुपरे मताः।
पक्षे द्विषट्सप्ततुर्या आद्यायुक्ताः सुपक्षके ॥ 35 ॥

छठी, सातवीं और चौथी मूषा युक्त हो तो पर कहते हैं और पहली मूषा युक्त हो तो सुपर नाम होगा जबकि दूसरी, छठी, सातवीं और चौथी को पक्ष नामक तथा पहली युक्त हो तो सुपक्ष नामक से जाना जाता है।

शान्ते त्रिषट्सप्ततुर्याः सान्ते आद्यायुतास्तथा।
द्वित्रितुर्याः सप्तषष्ठ्यावन्ते साद्यास्तु शान्तिके ॥ 36 ॥

इसी प्रकार तीसरी, छठी, सातवीं और चौथी मूषा युक्त होने पर शान्त नामक और पहली मूषा से युक्त होने पर सान्त एवं दूसरी, तीसरी, चौथी, सातवीं और छठी मूषा पर आवन्त तथा पहली मूषा युक्त होने पर शान्ति नाम से कहा गया है।

त्रिषष्ठयौ पञ्चसप्तम्यौ प्रिये साद्यास्तु सुप्रिये।
द्विपञ्चषट्सप्ततुर्याः सौम्ये भौक्ते च सादिकाः॥ 37॥

तीसरी, छठी, सातवीं और पाँचवीं मूषा युक्त भवन को प्रिय और पहली मूषा सहित होने पर सुप्रिय तथा दूसरी, पाँचवीं, छठी, सातवीं और चौथी मूषा युक्त होने पर सौम्य तथा यहाँ पहली मूषा युक्त हो तो भोक्त नामक भवन होगा।

पञ्चमी सप्तमी षष्ठी पुण्ये साद्याः सुपुण्यके।
द्वित्रिपञ्चसप्तषष्ठ्यः पुरे साद्याः सुपूर्वके॥ 38॥

पाँचवीं, छठी और सातवीं मूषा युक्त हो तो पुण्य तथा पहली मूषा से युक्त होने पर सुपुण्य नाम होगा। इसी प्रकार दूसरी, तीसरी, पाँचवीं, सातवीं और छठी मूषा युक्त होने पर पुर तथा यहाँ पहली मूषा समन्वित हो तो सुपूर्वक गृह कहा जाता है।

चतुःपञ्चषट्सप्तम्य इन्द्रे साद्यास्तथा शुभे ?।
पञ्चषड्द्वित्रिसप्तम्यः कङ्के काङ्के च सादिकाः॥ 39॥

इस कोटि में चौथी, पाँचवीं, छठी और सातवीं मूषा युक्त भवन को इन्द्र तथा पहली मूषा युक्त होने पर शुभ और पाँचवीं, छठी, दूसरी व तीसरी व सातवीं मूषा युक्त होने पर कङ्क तथा वह निर्माण भी पहली मूषा सहित हो तो काङ्क नाम से जाना जाता है।

त्रिपञ्चषट्सप्ततुर्याश्चिह्ने साद्यास्तु शुभ्रके।
त्यक्ताद्या चाष्टमी साक्ष्ये सन्मुखे सादिकाऽष्टमी॥ 40॥

इसी क्रम में तीसरी, पाँचवीं, छठी, सातवीं व चौथी मूषा से समन्वित भवन चिह्न कहा जाता है जबकि यह पहली मूषा से युक्त होने पर शुभ्र नाम से जाना जाएगा। पहली छोड़कर आठवीं मूषा से युक्त होने पर यह साक्ष्य नाम से जाना जाता है और पहली मूषा के साथ आठवीं मूषा समन्वित हो तो उसकी संज्ञा सम्मुख होगी।

सप्तमूषावहनाय सम्मुखाख्यं गृहं शुभम्।
अष्टम्यादौ ततश्चाद्याऽष्टमीत्थं क्रमतोऽष्टमी॥ 41॥

इसी प्रकार सात मूषाओं से वहनाय होने पर भवन की संख्या सम्मुखा होगी जो कि शुभ गृह होगा। आठवीं से आरम्भ करके बाद में पहली मूषा अष्टमी तक क्रम से रखते हुए भवन बनाएँ।

पुनस्तेन क्रमेणैवाऽष्टाविंशत्युत्तरं शतम्।
यथानाम गुणाश्चैते शुभा वा अशुभा अपि॥ 42॥

इसके उपरान्त उन्हें क्रमवार एक सौ अट्ठाईस बनाएँ जिनके यथा नाम तथा गुण अर्थात् नामानुसार उनकी शुभाशुभता को जानना चाहिए।

इति सूत्रसन्तानगुणकीर्तिप्रकाशप्रोक्तृश्रीभुवनदेवाचार्योक्तापराजितपृच्छायां चतुःशालगृहलक्षणाधिकारो नामाष्टनवतितमं सूत्रम्॥ 98 ॥

इस प्रकार भुवनदेवाचार्य कृत सूत्रसन्तानगुणकीर्ति प्रकाश या अपराजितपृच्छा में चतुःशाल गृह लक्षण अधिकार नामक अट्ठानुवाँ सूत्र पूर्ण हुआ॥ 98 ॥

गृहसंयोजननिर्णयो नाम नवनवतितमं सूत्रम्॥ 99॥

अधुना पञ्चशालगृहसंयोजननिर्णयः। विश्वकर्मोवाच —

कथये गृहसंयोगाश्चतुःशालात्परे क्रमात्।
एकशालं चतुःशाले संयुक्तं पञ्चशालकम्॥ 1 ॥

(इस सूत्र में गृहों के संयोजन की विधि का वर्णन किया जा रहा है। पूर्वोक्त एक से चतुश्शालाओं के संयोजन के उपरान्त पाँच से लेकर दस शालाओं के संयोजन तक की विधि यहाँ कही गई है) विश्वकर्मा ने कहा कि चतुःशाल गृहों के आगे के गृह संयोगों को क्रम से कहता हूँ। जब एकशाल गृह को चतुःशाल गृह के साथ योजित किया जाता है तो निर्मितेय शाला पञ्चशाला होगी (अर्थात् 1 + 4 = 5)।

युक्तं द्विशालं त्रिशाले पञ्चशालं तदिष्यते।
द्विशालद्विकयुक्तैकशालं स्यात्पञ्चशालकम्॥ 2 ॥

यदि द्विशाल गृह के साथ त्रिशाल गृह को संयोजित किया जाए तो भी पञ्चशाल गृह बनता है (अर्थात् 2 + 3 = 5) और ऐसे ही दो द्विशालगृहों के साथ एकशाल गृह संयोजित हो तो भी पञ्चशाला गृह होगा (अर्थात् 2 + 2 + 1 = 5)।

एकशालद्वये युक्तं त्रिशालं पञ्चशालकम्।
पञ्चकं चैकशालानामन्यत्तत्पञ्चशालकम्॥ 3 ॥

इति पञ्चशालं गृहम्।

यदि एकशाल गृह के साथ एकशाल गृह और लेकर उनके साथ त्रिशाल गृह मिलाएँ तो अन्य पञ्चशाल गृह होगा (अर्थात् 1 + 1 + 3 = 5) तथा पाँच एकशालाओं का संयोजन हो तो भी पञ्चशाल गृह होता है (अर्थात् 1 + 1 + 1 +1 +1 = 5)। इस प्रकार पाँच प्रकार से पञ्चशाल गृहों का निर्माण होता है।[1]

1. वास्तुमण्डनम् में छह प्रकार से संयोजन की विधि आई है। सूत्रधार मण्डन ने कहा है कि पञ्चशाला का विन्यास एक, द्वि, त्रि व चतुश्शाल के संयोजनपूर्वक छह प्रकार से हो सकता है। यह क्रमशः चतुश्शाल

अथ षट्शालगृहसंयोजननिर्णय: —

एकशालं द्विशालं च षट्शालं स्यात्रिशालकै।
त्रिशालद्वयसंयोगात् षट्शालं चैव तद्भवेत्॥ 4॥

एकशाल गृह के साथ द्विशाल गृह लें और इसमें त्रिशाल गृह को योजित करें तो षट्शाल गृह होगा (अर्थात् 1 + 2 + 3 = 6)। इसी प्रकार दो त्रिशालाओं के संयोजन से भी षट्शाल गृह बनता है (अर्थात् 3 + 3 = 6)।

द्विशालत्रयसंयोगे षट्शालं तद् विधीयते।
द्विशालद्वितयं चैकशलयुग्मं षट्शालकम्॥ 5॥

तीन द्विशाल गृहों के संयोग से भी षट्शाल गृह बनता है (अर्थात् 2 + 2 + 2 = 6)। दो द्विशाल गृह और दो एकशाल गृहों को मिलाकर भी षट्शाल गृह होता है (अर्थात् 2 + 2 + 1 + 1 = 6)।

एकशालानि चत्वारि द्विशाले च षड्भद्रकम्।
एकाशालत्रयं योज्यं त्रिशाले च षड्भद्रकम्॥ 6॥

चार एकशाल गृहों और एक द्विशाल गृह को मिलाकर षट्भद्रक या षट्शाल गृह बनता है (अर्थात् 1 + 1 + 1 + 1 + 2 = 6)। ऐसे ही तीन एक शाल गृहों के साथ त्रिंशाल गृह मिलाने से षट्शाल गृह होता है (अर्थात् 1 + 1 + 1 + 3 = 6)।

दिशालयुक्चतु:शालं षड्भद्रं तद्भवेत्खलु।
चतु:शालं चैकशालद्वयं षड्भद्रकं स्मृतम्॥ 7॥

द्विशाल गृह के साथ चतु:शाल गृह मिलाने से भी षट्शाल गृह बनता है (अर्थात् 2 + 4 = 6) और एक चतु:शाल गृह के साथ दो एकशाल गृह मिलाने पर भी षट्शाल गृह निष्पन्न होता है (अर्थात् 4 + 1 + 1 = 6)।

योजयेदेकशालानि षट् षट्शालं तदुच्यते।
पञ्चशालं च षट्शालं कथितं त्वपराजित॥ 8॥

इति षट्शालम्।

और एकशाल को मिलाकर (4+1), त्रिशाल व द्विशाल को मिलाकर (3+2), त्रिशाल के साथ एक-एकशाला को मिलाकर (3+1+1), दो द्विशाल के साथ एकशाला को मिलाकर (2+2+1), तीन एकशालाओं के साथ द्विशाला (1+1+1+2)को मिलाकर तथा पाँच एकशालाओं को मिलाकर (1+1+1+1+1) होता है— पञ्चशालं भवेद्योगा चतु:शालैक शालयो॥ त्रिशालयुग्मशालाभ्यां द्व्येकशालात्रिशाल:। द्वि-द्विशालेकशालैन त्र्येकशाल द्विशालत:॥ (वास्तुमण्डनम् : सम्पादक - डॉ. श्रीकृष्ण 'जुगनू', चौखम्बा सुरभारती, वाराणसी, 2009 ई., 6, 29-30)

छह एकशाल गृहों को मिलाएँ तो भी षट्शाल गृह बनता है (अर्थात् 1 + 1 + 1 + 1 +1 +1 = 6)। इस प्रकार हे अपराजित! मैंने पञ्चशाल और षट्शाल गृहों के विषय में कहा है।[1]

अथ सप्तशालगृहसंयोजननिर्णय: —

त्रिशालद्वितयं कुर्यादेकशालं तथैव च।
सप्तशालं तु तज्ज्ञेयमधुना कथितं शुभम्॥ 9॥

अब मैं सप्तशाल शुभ गृहगृह के विषय में कहूँगा। दो त्रिशालों में एक एकशाला गृह मिलाने पर सप्तशाल गृह बनता है (अर्थात् 3 + 3 + 1 = 7 शाल गृह)।

द्विशालत्रितयं युक्तमेकं वै चैकशालकम्।
सप्तशालं सुसङ्ख्यातं वास्तुविद्भिरुदाहृतम्॥ 10॥
द्विशालद्वितयं योज्यं त्रिशालं सप्तभद्रकम्।
चतुःशाले त्रिशालं च तद्भवेत् सप्तभद्रकम्॥ 11॥

दो शाल गृहों को तीन बार करके उनमें एक एकशाल गृह को मिलाएँ तो भी सप्तशाल गृह बनता है (यथा— 2+2+2+1= 7 शाल)। ऐसा वास्तुविदों ने कहा है। दो द्विशाल गृहों में एक त्रिशाल गृह मिलाएँ तो भी सप्तशाला गृह बनता है (यथा— 2 + 2 + 3 = 7 शालगृह) और चतुश्शाल गृह के साथ त्रिशाल गृह को मिलाएँ तो भी सप्तशाल गृह बनता है (यथा— 4 + 3 = 7 शाल गृह)।

एकशालं द्विशालं चतुःशाले सप्तभद्रकम्।
त्रिशालद्वितयं चैकशालं तत्सप्तशालकम्॥ 12॥

एकशाल गृह और द्विशाल गृह के साथ चतुश्शाल गृह मिलाने से सप्तशाल गृह बनता है (यथा— 1+2+4=7 शालगृह)। दो त्रिशाल गृहों के साथ एक एकशाल गृह मिलाने पर भी सप्तशाल गृह बनता है (यथा— 3 + 3 + 1 = 7 शालगृह)।

चतुःशालं त्रिभिरेकशालैस्तत्सप्तशालकम्।
एकशालानि चत्वारि त्रिशाले सप्तभद्रकम्॥ 13॥
एकशालानि पञ्चैव द्विशालं सप्तभद्रकम्।

---

1. वास्तुमण्डनम् में छह प्रकार से संयोजन की विधि आई है— चतुश्शाल में एकशालादि के क्रम से नौ प्रकार से संयोजन कर षट्शालाओं (यथा- 1+1+1+1+1+1, 1+1+1+1+2, 1+1+2+2, 2+2+2, 3+2+1, 3+3, 4+1+1, 4+2 तथा 3+1+1+1) का विन्यास किया जा सकता है— योगात्यं चैक शालानां तत् षोढेवं पराण्यपि। नवधा रसशालानां सप्तशाले शिवोन्मिता॥ (पूर्वोक्त 6, 31)

सप्तैव चैकशालानि तद्भवेत् सप्तशालकम्॥ 14॥

इति सप्तशालम्।

इसी प्रकार चतुश्शाल गृह के साथ तीन एकशाल गृह मिलाने से भी सप्तशाल गृह बनता है (यथा— 4 + 1 + 1 + 1 = 7 शाल गृह) और चार एकशालाओं के साथ एक त्रिशाल गृह मिलाने से भी सप्तशाल गृह बनता है (यथा— 1 + 1 + 1 + 1 + 3 = 7 शाल गृह) और सातों एकशालाओं से भी सप्तशाल गृह बनता है (यथा— 1 + 1 + 1 + 1 + 1 + 1 + 1 = 7 शालगृह)।[1]

अथाष्टशालगृहसंयोजननिर्णयः —

द्विशालानि च चत्वारि तद्भवेदष्टशालकम्।
चतुःशालद्वयं योज्यमष्टशालं तदुच्यते॥ 15॥

चार द्विशालाओं को मिलाने से एक अष्टशाला बनती है। इसी तरह दो चतुश्शालाओं को मिलाने से भी अष्टशाला बनती है (यथा— 2 + 2 + 2 + 2 = 8 और 4 + 4 = 8 शालगृह)।

त्रिशालद्वितयं योज्यं द्विशालं चाष्टशालकम्।
त्रिशालं चैकशालं द्वे द्विशाले चाष्टशालकम्॥ 16॥

दो त्रिशालाओं को एक द्विशाला के साथ मिलाने से अष्टशाल गृह बनता है (यथा— 3 + 3 + 2 = 8 शाल गृह) और एक त्रिशाला, एक एकशाला और दो द्विशाला मिलाकर भी अष्टशाला बनती है (अर्थात् 3 + 1 + 2 + 2 = 8 शालगृह)।

एकशालद्वयं चैव चतुःशालं द्विशालकम्।
तदुक्तमष्टशालं वै वास्तुशास्त्रविशारदैः॥ 17॥

दो एकशाला गृह, एक चतुश्शालगृह और एक द्विशाला गृहों को मिलाने से भी वास्तुविद्या विशारदों के अनुसार अष्टशाल गृह बनता है (यथा— 1 + 1 + 4 + 2 = 8 शालगृह)।

त्रिशालं योजयेदेवमेकशालत्रयं तथा।
द्विशालेन तु संयुक्तं तद्भवेदष्टशालकम्॥ 18॥

एक त्रिशाल, तीन एक शाल और एक द्विशाल गृह को मिलाने पर भी अष्टशाल गृह बनता है (यथा— 3 + 1 + 1 + 1 + 2 = 8 शालगृह)।

---

1. वास्तुमण्डनम् में ग्यारह प्रकार से संयोजन की विधि आई है— यथा- 1+1+1+1+1+1+1, 2+1+1+1+1+1, 2+2+1+1+1, 2+2+2+1, 3+1+1+1+1, 3+2+1+1, 3+2+2, 3+3+1, 4+1+1+1, 4+2+1 तथा 4+3 के अनुसार सप्तशाला लिए संयोजन होता है। (पूर्वोक्त)

एकशालद्वयं योज्यं द्विशालत्रितयं तथा।
एवं संयोजितं यत्तु तद्भवेदष्टशालकम्॥ 19॥

इसी प्रकार दो एकशाला के साथ तीन द्विशाल मिलाने पर भी अष्टशाल गृह बनता है (यथा— 1 + 1 + 2 + 2 + 2 = 8 शालगृह)।

एकशालानि चत्वारि द्विशालद्वयमेव च।
एवमादिसंयोगे तु तद्भवेदष्टशालकम्॥ 20॥

इत्यष्टशालम्।

इसके अतिरिक्त चार एकशाल गृहों के साथ दो द्विशाल गृह मिलाने पर भी अष्टशाल गृह बनता है (यथा— 1 + 1 + 1 + 1 + 2 + 2 = 8 शालगृह)। इस तरह से आदि संयोग करते-करते सब अष्टशाला गृह बन जाते हैं।[1]

अथ नवशालगृहसंयोजननिर्णयः —

द्विशालं च त्रिशालं चतुःशालं नवशालकम्।
चतुःशालद्वयं चैकशालं तु नवशालकम्॥ 21॥

अव नवशालाओं के लिए कहा जा रहा है। द्विशाल गृह, त्रिशाल और चतुश्शाल गृहों को मिलाने से नवशाल गृह बनता है (यथा— 2 + 3 + 4 = 9 शालगृह)। दो चतुश्शाल गृहों के साथ एक एकशालगृह मिलाने पर भी नवशाल गृह बनता है (यथा— 4 + 4 + 1 = 9 शालगृह)।

त्रिशालत्रितयं योज्यं तद्भवेन्नवशालकम्।
एकशालं द्विशालं त्रिशालद्वयेऽङ्क,शालकम्॥ 22॥

तीन त्रिशालों को मिलाने से भी नवशाल गृह बनता है (यथा— 3 + 3 + 3 = 9 शालगृह)। एकशाल, द्विशाल और दो त्रिशालाओं को मिलाने से भी नवशाल गृह बन जाता है (यथा— 1 + 2 + 3 + 3 = 9 शालगृह)।

एकशालं द्विशालानां चतुष्कं नवशालकम्।
पञ्चैकशालानि चतुःशालं तु नवशालकम्॥ 23॥

इति नवशालम्।

एकशाल गृह के साथ चार द्विशाल गृह मिलाने से भी नवशाल गृह बनता है

---

1. वास्तुमण्डनम् में अष्टशाल के लिए संयोजन पन्द्रह प्रकार से बताया गया है। यथा— 1+1+1+1+1+1+1+1, 1+1+1+1+1+1+2, 1+1+1+1+2+2, 2+2+2+2, 3+1+1+1+1+1, 3+2+1+1+1, 3+2+2+1, 3+3+1+1, 3+3+2, 3+3+1, 4+1+1+1+1, 4+2+1+1, 4+2+2, 4+3+1 तथा 4+4 हो सकता है। (पूर्वोक्त)

(यथा— 1 + 2 + 2 + 2 + 2 = 9 शालगृह)। एक पञ्चशाल गृह के साथ एक चतुश्शाल को मिलाने से भी नवशाल गृह बनता है (यथा— 5 + 4 = 9 शालगृह)।[1]

अथ दशशालगृहसंयोजननिर्णयः —

चतुःशालद्वयं योज्यं द्विशाले दशशालकम्।
त्रिशालत्रयमायोज्यैकशालं दशशालकम्॥ 24॥

दो चतुश्शाल गृह मिलाकर एक द्विशाल गृह जोड़ने से दशशाल गृह बनता है (यथा— 4 + 4 + 2 = 10 शालगृह) और तीन त्रिशाल मिलाकर एकशाल जोड़ने से भी दशशाल गृह बनता है (यथा— 3 + 3 + 3 + 1 = 10 शालगृह)।

द्विशालकानि पञ्चैव दशशालं तु तद्भवेत्।
द्विशालचतुष्के द्वयेकशालं तु दशशालकम्॥ 25॥

पाँच द्विशाल गृहों को मिलाने से दशशाल गृह बनता है (यथा— 2 + 2 + 2 + 2 + 2 = 10 शालगृह)। दो चतुश्शाल गृह के साथ द्विशाल गृह मिलाने से भी दशशाला गृह बनता है (यथा— 4 + 4 + 2 = 10 शालगृह)।

एकशालत्रयं चैव चतुःशालं त्रिशालकम्।
दशशालमिति प्रोक्तं वास्तुशास्त्रविशारदैः॥ 26॥

तीन एक शालागृह, एक चतुश्शाल गृह और एक त्रिशाल गृह सब मिलकर दशशाल गृह बन जाता है (यथा— 1 + 1 + 1 + 4 + 3 = 10 शालगृह)। इस तरह वास्तुशास्त्र के जानकारों ने संयोजनपूर्वक दशशाल कहे हैं।[2]

इति सूत्रसन्तानगुणकीर्तिप्रकाशप्रोक्तृश्रीभुवदेवाचार्योक्तापराजितपृच्छायां गृहसंयोजननिर्णयोधिकारो नाम नवनवतितमं सूत्रम्॥ 99॥

इस प्रकार भुवनदेवाचार्य कृत सूत्रसन्तानगुणकीर्ति प्रकाश या अपराजितपृच्छा में गृह संयोजन निर्णय अधिकार नामक निन्यानवाँ सूत्र पूर्ण हुआ॥ 99॥

---

1. वास्तुमण्डनम् में नवशाला के लिए इस प्रकार से संयोजन आया है—1+1+1+1+1+1+1+1+1, 2+1+1+1+1+1+1+1, 2+2+1+1+1+1+1, 2+2+2+1+1+1, 3+1+1+1+1+1+1, 3+2+1+1+1+1, 3+2+2+1+1, 3+2+2+2, 3+3+1+1+1, 4+2+1+1+1, 4+2+2+1, 4+3+1+1, 4+4+1, 4+3+2, 4+1+1+1+1+1, 3+3+3, 3+3+2+1 तथा 2+2+2+2+1 (पूर्वोक्त)
2. वास्तुमण्डनम् में दशशाला के लिए उक्त चारों शालाओं का संयोजन 23 प्रकार से बताया गया है। यथा— 1+1+1+1+1+1+1+1+1+1, 2+1+1+1+1+1+1+1+1, 2+2+1+1+1+1+1+1, 2+2+2+1+1+1+1, 2+2+2+2+1+1, 2+2+2+2+2, 3+1+1+1+1+1+1+1, 3+2+1+1+1+1+1, 3+2+2+1+1+1, 3+2+2+2+1, 3+3+3+1, 3+3+1+1+1+1, 3+3+2+1+1, 3+3+2+2, 4+1+1+1+1+1+1, 4+2+1+1+1+1, 4+2+2+1+1, 4+2+2+2, 4+3+1+1+1, 4+3+2+1, 4+3+3, 4+4+2 तथा 4+4+1+1— अष्टशाले तिथिमिता नवशालेऽष्टभूमिता। योजना दशशालानां त्रयोविंशतिधा मता॥ (पूर्वोक्त 6, 32)

शालागृहनिर्णयो नाम शततमं सूत्रम् ॥ 100 ॥

अधुना शुद्धासम्बद्धासंयुतापरिभ्रमेति चतुर्विधशालगृहं। विश्वकर्मोवाच —

शुद्धा तथा च सम्बद्धा संयुता च परिभ्रमा।
शालाश्चतुर्विधा: $_4$ प्रोक्ता: शृणु त्वमपराजित॥ 1 ॥

विश्वकर्मा बोले कि 1. शुद्धा, 2. सम्बद्धा, 3. संयुता और 4. परिभ्रमा— ये चार प्रकार की शालाएँ कही गई है। हे अपराजित! अब इनके बारे में सुनो।

शुद्धा च केवला शाला सम्बद्धालिन्दतस्तथा।
शालाश्रेण्या संयुता स्यात् मध्यालिन्दा परिभ्रमा॥ 2 ॥

जो केवल शाला मात्र होती है उसे 'शुद्धा' नाम से जानते है परन्तु जिस शाला के साथ में आलिन्द अर्थात् पौशाल, बरामदा होता है उसका नाम 'सम्बद्धा' कहा गया है और इसी तरह शालाओं की श्रेणियों कतारों को 'संयुता' कहते हैं। जिन शालाओं को आलिन्दों के मध्य में बनाया जाता है उनको 'परिभ्रमा' नाम से कहा गया है।

एकशालादितो वृद्ध्या चान्ते स्याद् दशशालिकम्।
सर्वाश्चालिन्दरहिता: शुद्धा नाम्ना समीरिता: ॥ 3 ॥

एकशाला से आरम्भ करके अन्त में दशशालिकाओं तक वृद्धि करते हुए सबको बिना आलिन्द-पौशाल के बनाने से उनको 'शुद्धा' नाम से कहा गया है।

साग्रालिन्दा दशशाला एकशालादित: क्रमात्।
सम्बद्धा नामतो ज्ञेया प्रोक्ताश्च गृहकर्मणि॥ 4 ॥

जिन शालाओं के आगे आलिन्द बना होता है और जो इस तरह एक से आरम्भ करके क्रमश: दशशाला तक होती है, उनको गृह कर्म के निर्माताओं ने 'सम्बद्धा' नाम से कहा है।

शालासङ्घट्टमध्ये तु बाह्यालिन्दैस्तु वेष्टिता।
संयुता नामतो ज्ञेया वास्तुविद्भिरुदाहृता॥ 5 ॥

शालाओं के सङ्घट्ट-समूह जब बाहर की ओर अलिन्दों से वेष्टित हों तो उन्हें 'संयुता' नाम दिया गया है, ऐसा सभी उदारमना वास्तुकर्म के ज्ञाताओं ने कहा है।

पृथगेकैकशालासु मध्येऽलिन्दा यदि स्थिता:।
परिभ्रमेति विज्ञेया सर्वशान्तिकरी नृणाम्॥ 6 ॥

जब एक एक पृथक् शाला के बीच-बीच में आलिन्द बने हुए हों तो ऐसी शालाओं को 'परिभ्रम' नाम से जाना जाता है, जो लोगों को सब प्रकार से शान्ति देने वाली होती है।

छन्दभिन्नासम्पुटाप्रतिक्रमेतिशालानामन्यभेदाः —

छन्दभिन्ना प्रतिभिन्ना सम्पुटा च प्रतिक्रमा।
उक्ताश्चतुर्विधाः शालाः पूर्वच्छन्दसमुद्भवाः ॥ 7 ॥

1. छन्दभिन्ना, 2. प्रतिभिन्ना, 3. सम्पुटा और 4. प्रतिक्रमा–– ये चार प्रकार की शालाएँ पूर्वच्छन्द समुद्भवा कही गई है।

शालामध्ये पवरका फलकानि भित्त्यन्तरे।
छन्दभिन्नेति तन्नाम सर्वकामप्रदायिनी ॥ 8 ॥

(अब इनके फलाफल पर विचार किया जा रहा है) 1. जिन शालाओं के मध्य में परवका (छोटी कोटड़ी या परसाल) हो व दीवार के पास फलक या किंवाड़ हो, उन शालाओं को 'छन्दभिन्न' नाम कहा गया है। ये सर्वकामनाओं की पूर्ति करती है।

शालामध्ये पवरकास्तथा षट्दारुकं भवेत्।
प्रतिभिन्नेति तन्नाम कर्तुः सर्वगृहोत्तमा ॥ 9 ॥

2. जिन शालाओं के बीच में पवरका हो और उनके षट्दारू-पाट भी हो, उनको 'प्रतिभिन्न' नाम से कर्ता ने कहा है, जो सब गृहों में उत्तम होते हैं।

भित्तिमध्ये च षड्दारु तथालिन्दे तु बाह्यतः।
सम्पुटेति च तन्नाम प्रशस्ता गृहकर्मणि ॥ 10 ॥

इसी प्रकार 3. जिन शालाओं की भित्तियों के मध्य में षडदारु-पाटड़ा हो तथा आलिन्द बाहर की ओर हो उनका नाम 'सम्पुट' और उनको गृहकर्मवेत्ताओं ने प्रशस्त बताया है।

शालोत्तरे द्वावलिन्दौ क्वचित्पूर्वे तथैव च।
प्रतिक्रमेति तन्नाम कर्तव्या सर्वकामदा ॥ 11 ॥

इनके अतिरिक्त 4. जिन शालाओं में उत्तर दिशा की ओर दो आलिन्द हो और इसी तरह कहीं-कहीं पूर्व दिशा की ओर भी हो उनको 'प्रतिक्रम' नाम से कहा गया है। इनको सर्वकामनाओं की पूर्ति हेतु बनाया जाना एक कर्त्तव्य समझें।

गृहमालागृहनाभिगृहसङ्घट्टगृहाणकेतिगृहभेद चतुष्टयमाह —

गृहमाला गृहनाभिर्गृहसङ्घट्ट एव च।
गृहाणक इति प्रोक्तं गृहभेदचतुष्टयम् ॥ 12 ॥

इसी क्रम में छन्दानुसार 1. गृहशाला, 2. गृहनाभि, 3. गृहसङ्घट्ट और 4. गृहाणक— इन चारों को गृहभेद चतुष्टय कहा गया है।

कुक्षौ चैवाग्रतः पृष्ठे पङ्क्तौ चैव गृहाः स्थिताः।

गृहमालेति नाम्ना वै प्रशस्ता छन्दसम्भवा॥ 13॥

इनकी पहचान के लिए कहा है कि 1. कुक्षी में अर्थात् मध्य में या अग्रतः अर्थात् आगे की ओर, पृष्ठे अर्थात् पीछे की ओर गृहों की पङ्क्तियाँ स्थित हो तो ऐसे छन्द को 'गृहमालाछन्द नाम से प्रशस्त माना है।

विदिक्षु दिक्षु पृष्ठेऽग्रे कुक्षौ वेश्मानि सर्वतः।

गृहसङ्घट्टनामासौ सम्प्रोक्तः शास्त्रकोविदैः॥ 14॥

सभी विदिशाओं में, दिशाओं में, पीछे, आगे, आजू-बाजू, कुक्षि में अर्थात् सब और भवन बने हों, उसे 'गृहसङ्घट्ट' नाम विद्वानों ने दिया है।

गृहमध्ये पवरका नानाकारा ह्यलिन्दकाः।

अलिन्दैश्चापवरकैर्गृहनाभिरितीर्यते॥ 15॥

इसके अतिरिक्त 3. जिन गृहों के मध्य में पवरका या छोटी कोटड़ियाँ और नाना प्रकार-आकार के आलिन्द-पौशालें बनी हों, उनको अतिरिक्त आलिन्दों के कारण ही 'गृहनाभि' नाम दिया गया है।

अधो भूमौ सुविस्तीर्ण उपर्युपरि वै पुनः।

गृहाणक इति प्रोक्ता गृहा वै वेदसङ्ख्यया $_4$॥ 16॥

जिन गृहों के नीचे की भूमि या मंजिल काफी विस्तीर्ण हो और एक दूसरे के ऊपर की मंजिल भी पुनः वैसी ही हो तो उन्हें 'गृहाणक' नाम से कहा गया है। इस तरह चार प्रकार के गृह कहे गए हैं।

खण्डपाण्डुवाजिपूर्णतृणच्छन्दपट्टकेति गृहकर्मषट्छन्दाः —

खण्डपाण्डू वाजिपूर्णौ तृणच्छन्दश्च पट्टकः।

छन्दाश्च षड्विधाः प्रोक्ताः प्रयुक्ता गृहकर्मसु॥ 17॥

1. खण्ड, 2. पाण्डू, 3. वाजि, 4. पूर्ण, 5. तृणछन्द और 6. पट्टक— ये छह प्रकार के छन्द अर्थात् छतें गृहकर्म में प्रयुक्त करनी चाहिए, ऐसा कहा गया है।

माडमौडशुद्धशेखरतुङ्गारसिंहकेति राजवेश्मषट्छन्दाः —

माडमौडौ शुद्धशृङ्गौ तुङ्गारः सिंहकस्तथा।

राजवेश्मसु षट्छन्दाः कथितास्त्वपराजित॥ 18॥

हे अराजित! राजभवनों के सन्दर्भ में 1. माड, 2. मौड, 3. शुद्ध, 4. शृङ्ग, 5. तुङ्गार, और 6. सिंह—ये छह अङ्ग राजभवनों के कह गए हैं।

सिंहकर्णः कपोताली घण्टा पद्मं च कुम्भकम्।
ध्वजा छत्रं कुमाराश्च गृहेषु परिवर्जिताः॥ 19॥

सिंहकर्ण, कपोताली, घण्टा, पद्म और कुम्भक अर्थात् कँगूरे (केवाल, घूमट), की रचना तथा ध्वजा, छत्र आदि की रचना राजकुमारों के भवनों (कुँवरपदा) में परिवर्जित है अर्थात् निषिद्ध है। अतएव उनको वहाँ नहीं बनाना चाहिए।

इति सूत्रसन्तानगुणकीर्तिप्रकाशप्रोक्तश्रीभुवनदेवाचार्योक्तापराजितपृच्छायां शालागृहनिर्णयाधिकारो नाम शततमं सूत्रम्॥ 100॥

इस प्रकार भुवनदेवाचार्य कृत सूत्रसन्तानगुणकीर्ति प्रकाश या अपराजितपृच्छा में शाला गृह निर्णय अधिकार नामक सौवाँ सूत्र पूर्ण हुआ॥ 100॥

द्वारलक्षणमेकाधिकशततमं सूत्रम्॥ 101॥

अधुना एकाशीतिपदानुसारेण द्वारस्य शुभाशुभफलं। विश्वकर्मोवाच[1] —

एकाशीतिपदे वास्तौ द्वात्रिंशद्देवतापदे$_{32}$ **।**

---

1. इसी अध्याय के आधार पर सूत्रधार मण्डन के पुत्र गोविन्द ने अपनी 'द्वारदीपिका' ग्रन्थ की रचना की है। वास्तुरत्नावली में बृहत्संहिता (53, 69-73) के मत से कहा गया है कि किसी भूखण्ड पर इक्यासी पद वास्तु में नवगुणित सूत्र (9 × 9) से और चौसठ पद वास्तु में अष्टगुणित सूत्र (8 × 8) से विभाजित होकर अनिल, पर्जन्यादि देवों के 32 द्वार बनते हैं। पूर्व के द्वार ईशान कोण से, दक्षिण के द्वार आग्नेय कोण से, पश्चिम के द्वार नैर्ऋत्य कोण से और उत्तर दिशा के द्वार वायव्य कोण जाने जाएँगे। पूर्व दिशा के द्वार का फल इस प्रकार है— शिखी के पद पर द्वार हो तो अग्निभय, पर्जन्य-द्वार से कन्याओं का जन्म, जयन्त के पद पर द्वार हो तो अत्यधिक धन, इन्द्र-द्वार से राजा का प्रियपात्र, सूर्य-द्वार से क्रोधभाव, सत्य-द्वार से असत्यभाषण, भृश-द्वार से क्रूरता एवं अन्तरिक्ष-द्वार से चोरी का भय। दक्षिण दिशा के द्वार के फल इस प्रकार होंगे— याम्य दिशा के प्रथम भाग अनिल में द्वार से अल्पपुत्र, पूषा-द्वार से दासता, वितथ-द्वार से नीचता, बृहत्क्षत्-द्वार से सुभोजन-सुपान एवं सत्पुत्र, यम-द्वार से रौद्रभाव, गन्धर्व-द्वार से कृतघ्नता, भृङ्गराज-द्वार से निर्धनता तथा मृग-द्वार से पुत्र बल की हानि होती है। पश्चिम दिशा के द्वार के निम्न फल होंगे— परा दिशा में पितृ पद पर द्वार हो तो पुत्रव्यथा, दौवारिक-द्वार से शत्रुवृद्धि, सुग्रीव-द्वार से पुत्र एवं धनागम, पुष्पदन्त-द्वार से पुत्र-धनागम, वरुण-द्वार से धन-सम्पदा, असुर-द्वार से राजभय, शोषद्वार से धन-नाश। उत्तर दिशागत द्वार के फल रोगादि स्थानों से इस प्रकार होंगे— प्रथम रोग के पद पर द्वार से वध एवं बन्धन, सर्प-द्वार में शत्रुओं की वृद्धि, मुख्य-द्वार में धन-पुत्रलाभ, भल्लाट-द्वार में सभी शौर्यादि गुण व सम्पदा प्राप्ति, सोम-द्वार में पुत्र-वित्त की सुलभता, भुजङ्ग-द्वार में पुत्र-विरोध, अदिति-द्वार में स्त्री दोष की उत्पत्ति एवं दिति-द्वार में निर्धनता होती है— नवगुणसूत्रविभक्ताम्यष्टगुणेनाऽथवा चतुःषष्टेः। द्वाराणि यानि तेषामनलादीनां फलोपनयः॥ अनिलभयं स्त्रीजननं प्रभूतधनता नरेन्द्रवाल्लभ्यम्। क्रोधपरताऽनृतत्वं क्रौर्यं चौर्यं च पूर्वेण॥ अल्पसुतत्वं प्रैष्यं नीचत्वं भैक्ष्यपानसुतवृद्धिः। रौद्रं कृतघ्नमधनं सुतवीर्यघ्नं च याम्येन॥ सुतपीडा रिपुवृद्धिर्न सुतधनाप्तिः सुतार्थफलसम्पत्। धनसम्पन्नृपतिभयं धनक्षयो रोग इत्यपरे॥ वधबन्धो रिपुवृद्धिः सुतधनलाभः समस्तगुणसम्पत्। पुत्रधनाप्तिर्वैरं सुतेन दोषाः स्त्रिया नैस्व्यम्॥ (वास्तुरत्नावली 7, 2-6)

पूर्वापरयाम्योत्तरे वच्मि द्वाराणि वै क्रमात्॥ 1॥

विश्वकर्मा बोले कि अब मैं क्रमशः एकाशीतिपद अर्थात् इक्यासी पद के वास्तु में 32 देवपदों में क्रमशः पूर्व, पश्चिम, दक्षिण और उत्तर दिशोन्मुखी द्वारों के बारे में कहता हूँ।

ईशे रौद्रं भवेद् द्वारं पर्जन्ये स्त्रीवियोगकृत्।
जये विजयदं ख्यातं माहेन्द्रे प्रभुतैधकृत्॥ 2॥

ईश के पद पर बनने वाला 'रौद्र' नामक द्वार भयानक होता है और पर्जन्य के पद पर बनने वाले द्वार से स्त्री से वियोग होता है। जय के पद पर बनने वाला द्वार जयकारक होता है और महेन्द्र के पद पर बनने वाला द्वार अधिक प्रभुता बढ़ाता है।

तेजोवृद्धिः सदादित्ये धर्मे वै शीलतः सुखम्।
सुखदं भृत्यदेवे तु चान्तरिक्षे सदा सुखम्॥ 3॥

आदित्य के पद पर द्वार से सदा तेज की वृद्धि होती रहती है। धर्म के पद पर शील और सुख बढ़ता है। भृत्यदेव के पद पर द्वार सुखदायी और अन्तरिक्ष के पद स्थान पर भी द्वार सदा सुखद होता है।

अग्निस्थाने वह्निभयं पूष्णि चैव भयावहम्।
अनारोग्यं तु वितथे बलदं च गृहक्षते॥ 4॥

अग्नि के पद स्थान पर बने द्वार से सदा अग्निभय बना रहता है। पूषा के पद स्थान पर भय की चिन्ता बनी रहती है। वितथ पर द्वार होने से बीमारी बनी रहती है परन्तु गृहक्षत के पद पर बनने वाला द्वार बल प्रदान करता है।

मृत्युश्च यमसंस्थाने गन्धर्वे च धनञ्जयः।
भृङ्गराजे नैव सुखं शौर्यं विक्रमदं मृगे॥ 5॥

यम के पद स्थान पर द्वार बनाने से मृत्युदायक, गन्धर्व के पद स्थान पर द्वार धनवान बनाता है। भृङ्गराज के पद पर द्वार से आखों की ज्योति बनी रहती है और मृग पद स्थान पर द्वार शौर्य और विक्रम बढ़ाता है।

आयुःप्रदं पितृपदे श्रीदं दौवारिके तथा।
सुग्रीवे कपिबाहुल्यं पुष्पदन्ते तथार्थदम्॥ 6॥

पितृ पद स्थान पर आयु वर्धन, दौवारिक पदस्थान पर श्रीवृद्धि करता है, सुग्रीव पद स्थान पर बन्दरों की बहुलता से उपद्रव और पुष्पदन्त पद स्थान पर बना द्वार धन देता है।

आरोग्यशान्ती वरुणे चासुरेऽर्थक्षयप्रदम्।
हीनवृद्धिकरं शोषे पक्षघ्नं पापयक्ष्मके॥ 7॥

वरुण के पद पर द्वार आरोग्य व शान्तिप्रद, असुर के पद पर धन का नाशक होता है। शोष के पद पर हानि-लाभ का बना रहना और पापयक्ष्मा के पद स्थान पर अपने पक्ष की हानि होती है।

सद्य उच्चाटनं रोगे नागे चोन्मादतो भयम्।
मुख्येऽभीष्टप्रदं चैव भल्लाटे चार्थवृद्धिकृत्॥ 8॥

रोग के पद पर द्वार से तत्काल उच्चाटन होता है। नाग के पद पर द्वार से उन्माद रोग होने का भय, मुख्य के पद पर मनैच्छित कार्य होता है और भल्लाट के पद स्थान पर द्वार से धन की वृद्धि होती है।

वृद्धिश्च क्षीणता सोमे सदोद्वेगस्तु पर्वते।
वृद्धिर्वृद्धिश्चादितौ च दितौ चैवाभिमानकृत्॥ 9॥

सोम के पद स्थान पर द्वार से घटा-बढ़ी होती रहती है। पर्वत के पद पर सदा उद्वेग बना रहता है। अदिति के पद पर हानि-लाभ बराबर और दिति के पद पर द्वार से व्यक्ति अभिमानी हो जाता है।

वास्तोश्च परिधावुक्ता द्वात्रिंशदमराः$_{32}$ क्रमात्।
शुभद्वारं तु गृह्णीयादशुभं नैव गृह्यते॥ 10॥

इस प्रकार वास्तु भवन की परिधि पर स्थिर बत्तीस देवता अपने-अपने क्रम से द्वार का शुभ-अशुभ फल देते हैं, ऐसे में शुभ के पद ही लें, अशुभ पदों को नहीं लें।[1]

तथा च शोभनमण्डितद्वारमाह —

दिशाभागेषु च तथा द्वारं शोभनमण्डितम्।
इन्द्रगृहक्षतपुष्पदन्तभल्लाटचिह्नतः॥ 11॥

इन्द्र, गृहक्षत, पुष्पदन्त और भल्लाट नामक वास्तु पदचिह्नों पर अपनी-अपनी दिशाओं के भाग के अनुसार सुन्दर और शोभनीय, सजे-धजे द्वार बनाने चाहिए।

राश्यानुसारेण दिशाद्वारमाह —

मीने सिंहे वृश्चिके च गृहं स्यात्पूर्वतोमुखम्।
याम्यं कन्यानक्रकर्के धनुस्तुलायुग्मेऽपरम्॥ 12॥

---

1. 'मत्स्यपुराण' में फलाफल सहित शालाओं का वर्णन मिलता है— याम्यापराभ्यां शालाभ्यां धनधान्यफलप्रदम्॥ क्षेमवृद्धिकरं नृणां तथा पुत्रफलप्रदम्। यमसूर्यं च विज्ञेयं पश्चिमोत्तरशालकम्॥ राजाग्निभयदं परचक्रभयावहम्। धनाख्यं पूर्वयाम्याभ्यां शालाभ्यां यद् शालकम्॥ तच्छस्त्रभयदं नृणां पराभवभयावहम्। चुल्ली पूर्वापराभ्यां तु सा भवेन्मृत्यु-सूचनी॥ वैधव्यदायकं स्त्रीणामनेक भयकारकम्। कार्यागुत्तरयाम्याभ्यां शालाभ्यां भयदं नृणाम्॥ सिद्धार्थवज्रवर्ज्याणि द्विशालानि सदा बुधैः॥ (मत्स्यपुराण 256, 8-14)

(व्यक्ति को राशि के अनुसार द्वार का न्यास करना चाहिए, ऐसे में कहा गया है कि) मीन, सिंह और वृश्चिक राशि वालों के अपने भवन पूर्वाभिमुख अर्थात् पूर्व दिशा की और मुख वाले होने चाहिए। कन्या, मकर और कर्क राशि वालों के भवन दक्षिण दिशोन्मुखी बनाएँ। धनु, तुला और मिथुन राशि वालों को अपने भवनों का मुख पश्चिम दिशा की ओर करना चाहिए।

वृषे मेषे तथा कुम्भे तत्कुर्यादुत्तरामुखम्।
द्वारं दिग्भागतो न्यसेद् गृहपादश्चानुजन्मनि ?॥ 13 ॥

मेष, वृष और कुम्भ राशि वालों के मकान उत्तर दिशा की ओर मुख वाले होने चाहिए। ये सभी द्वार अपनी अपनी दिशा के भागों के अनुसार वास्तु पद विन्यास के देवस्थानों के अनुसार ही रखने चाहिए।

दिशानुसारेण आय विचारमाह —

पूर्वतोऽभिमुखं वेश्म ध्वजे चाये तु शान्तिदम्।
याम्यतोऽभिमुखं गेहं सदाकल्याणकारकम्॥ 14 ॥

अब द्वारार्थ आयादि विचार करते हैं। जो भवन पूर्व दिशा की ओर मुख वाले हों उनके लिए ध्वज आय शान्तिदायक होती है। दक्षिण दिशा की ओर मुख वाले भवनों को भी यह सदा कल्याण कारक होती है।

गृहं च वारुणे शस्तं धनधान्यादिकं भवेत्।
कौबेरीमुखगेहं च शान्तिपुष्टि सुखावहम्॥ 15 ॥

पश्चिम दिशा की ओर मुख वाले भवनों को भी यह आय प्रशस्त मानी गई है और धन धान्यादि दिलाने वाली होती है। यह आय उत्तर दिशा की ओर मुख वाले भवनों को भी शान्ति, पुष्टि और सुख प्रदान करने वाली होती है।

कुर्युरायविरुद्धं न द्वारं वै शिल्पिनस्तथा।
सर्वेषामथवा चायं वृषं कुर्युर्विचक्षणाः॥ 16 ॥

शिल्पियों को चाहिए कि वे कोई भी द्वार आय के विरुद्ध नहीं लगाएँ। वे चाहे तो सभी द्वारों में वृष आय रखे। जो विचक्षण शिल्पी होते हैं, वे वृष आय का ही विचार रखते हैं।

अन्यदप्याह —

ध्वजे हरौ वा विशोध्यर्क्षं ताराश्चन्द्रमशंकम्।
मैत्रे वृद्धिप्रदं द्वारं नित्यं कल्याणकारकम्॥ 17 ॥
वेश्मनां वामकर्णे च मूलद्वारं तु कारयेत्।

हर वास्तुपद पर बनने वाला द्वार नक्षत्र, तारा, चन्द्र, अंशकों को विशोधित करके यानी ज्ञात करके ही ध्वज आय में बनाए। मैत्र वास्तु पद पर भी जो द्वार बने, उसे भी इसी तरह ध्वजाय में बनाने पर वह नित्य कल्याणकारक और वृद्धिप्रद होता है। इस बात का सदा ध्यान रहे कि भवनों के बायें कोने पर कोई भी मूल द्वार न बनाएँ।

हयशाला च गजशाला द्वारं —

दक्षिणे चाश्वशालानां मध्ये द्वारं तु दन्तिनाम्॥ 18॥

अश्वशालाओं का मुख्य द्वार दक्षिण और गजशालाओं का मुख्य द्वार मध्य में बनाना चाहिए।

इति सूत्रसन्तानगुणकीर्तिप्रकाशप्रोक्तृश्रीभुवनदेवाचार्योक्तापराजितपृच्छायां
द्वारलक्षणाधिकारो नामैकाधिकशततमं सूत्रम्॥ 101॥

इस प्रकार भुवनदेवाचार्य कृत सूत्रसन्तानगुणकीर्ति प्रकाश या अपराजितपृच्छा में द्वार लक्षण अधिकार नामक एक सौ एकवाँ सूत्र पूर्ण हुआ॥ 101॥

महाराजप्रासादायतननिवेशो नाम द्व्युत्तरशततमं सूत्रम्॥ 102॥

अधुना नृपस्यायतननिवेशं। विश्वकर्मोवाच —

आदौ पुन उच्चुश्च[1] प्रासादानृपपन्नोतमाः।
तनु पूर्वापरस्था याम्योत्तरे विपुलान्मही?॥ 1॥

विश्वकर्मा बोले कि अब मैं आदि से ही पुनः नृपों के लिए विहित उत्तम प्रासादों के बारे में कहता हूँ जो इस विपुला पृथ्वी पर पूर्व, पश्चिम, दक्षिण, उत्तर— चारों ही दिशाओं में प्रसार्यमान हैं।

दशाष्टौषट्शतान्येवं ₆₁₈ धनुषां स्मृतमुत्तमम्।
मानमायतनस्योक्तं त्रिधा ज्येष्ठादिभेदतः॥ 2॥
क्षेत्रमायामतश्चैव चतुरस्रं समं कृतम्।
तस्यानुजीवनं कुर्यात् प्रासादानां विधा यदि॥ 3॥

इन प्रासादों की भूमि का क्षेत्र-आयाम दस शत, अष्ट शत एवं षट् शत धनुष पैमाने का होता है। यह जो आयतमान कहा है वह क्रमशः ज्येष्ठ, मध्यम और

1. 'पुनरुध्युश्च' इति प्रकाशित पाठः। (यह सूत्र समराङ्गणसूत्रधार के आयतननिवेश नामक अध्याय पर आधारित है)।

कनिष्ठ भेद से तीन प्रकार का है। क्षेत्र आयाम को चौरस करके समतल करें। उसके बाद ही प्रासाद की विधि करनी चाहिए।

दन्तस्य$_{32}$ दिग्भागवशात्$_{10}$ स्थानमानादितः क्रमात्।
तेषां तत्र विधीयन्ते सर्वेषां वृद्धिहेतवे॥ 4॥

महाराज के लिए प्रासादों का मानक्रम दन्त (अर्थात् 32) के दिक् (अर्थात् 10) के भागानुसार यानी 1032 प्रकार के क्रम से विधिपूर्वक करना चाहिए ताकि सबकी वृद्धि का हेतु बना रह सके।

बन्ध्वादीनां निवेशमाह —

सूत्रभक्तानुकुर्वीत निवेश्य [1]स्वामीवास्तु सु।
प्रजावृद्धिकरा नित्यं सुखदाः स्युः पुरःपतेः॥ 5॥
सन्मान्यन्ते ये च राजा तुल्यजाता हितैषिणः।
तद्वेश्माकांशहीनं स्याद् बन्ध्वाद्याः पूर्वतः स्थिताः॥ 6॥
तस्यैव चाग्रतः कुर्यादुत्सेधद्विगुणान्तरे।
एवं विधा च कर्तव्या सभा देवोचितोत्तमा॥ 7॥

फिर, उस निवेश के स्वामी के भवन के सूत छाँटकर विधि के अनुसार कार्य का प्रारूप बनाए। जो प्रजा को सुखप्रद और पुरपति को भी सुखप्रद हों और वृद्धिकर हो सके। जो राजा के तुल्य कुल के हों, हितैषी हो और राजा का सम्मान करते हों, ऐसे बन्धु आदि को पूर्व दिशा में स्थित भवनों में बसाना चाहिए। उनके भवन राजभवन से बाहरवाँ भाग (1/12) कम रखने चाहिए। उनका अग्रभाग भी दुगुने अन्तर की ऊँचाई वाला हो। इसी विधा से देवों के लायक उत्तम सभा का निर्माण करना चाहिए।

ईशाने पूर्वदिशि वा देवधिष्ण्यानि कारयेत्।
नृपस्य श्वशुरादीनां विहीनान्यष्टमांशतः॥ 8॥
एतेषां पूर्वभागस्थं राजमातुर्निवेशनम्।
मातुर्मातुर्भगिन्यादेर्हीनमेकादशांशतः॥ 9॥
आग्नेय्यीं दिशमाश्रित्य पुत्राणां विनिवेशनम्।
हीनमेकादशांशेन तत्कार्यं पुरमध्यतः॥ 10॥

महल के ईशान कोण में या पूर्व दिशा में देवता का स्थान बनाना चाहिए। राजा

---

1. 'स्वामिवत्सल ?।' इति प्रकाशित पाठः।

के श्वसुरादिकों के भवन राजप्रासाद से अष्टांश (1/8) हीन बनाएँ। इनके पूर्व भाग में राजमाता के भवन का निर्माण करें। नानी, बहिन आदि के भवन राजभवन से एकादशांश (1/11) हीन बनाएँ। पुत्रों के भवन आग्नेय दिशा में बनाने चाहिए और वे पुर के मध्य मे हो और राजभवन से ग्यारहवें अंश (1/11) हीन बनाएँ।

पत्न्यादीनां प्रासादप्रमाणमाह —

तत्प्रासादास्तु तत्तुल्या न न्यूना न ततोऽधिकाः।
याम्यायां च प्रकुर्वीत पत्न्या मात्रादिकस्य च॥ 11॥
कुर्याद् दशांशहीनांश्च नैर्ऋत्यां दिशि भूपतेः।
प्रासादान् नृपपत्नीनां सर्वासां रतिकोत्तमान्॥ 12॥
राज्ञीप्रासादतुल्यांश्चाश्रितदेवीनां पश्चिमे।
स्वसॄणां मातुलानां च कुमाराणां तु वारुणे॥ 13॥

राजभवन के समान ही, न तो कम न अधिक राजा की पत्नियों, रानियों के भवन दक्षिणी भाग में बनाएँ जिनकी मात्रा मान-सम्मान को ध्यान में रखकर ही भवन बनेंगे। नैर्ऋत्य दिशा में राजा की अन्य सभी पत्नियों के भवन बने जो कि राजा के रतिकर्म में उत्तम मानी जाती है। वे भवन राजभवन से दशांश कम (1/10) कम रखने चाहिए। इसी तरह की रानियों के भवनों के समान ही आश्रित देवियों के भवन भी पश्चिमी भाग में बनावें और श्वसुरों, सासों, माताओं एवं कुमारों के भवन पश्चिमी भाग में बनाएँ।

मन्त्रीप्रतिहारपुरोहितावासं —

सौम्यायां मारुतं यावद् भगिन्या याम्यतस्तथा।
प्रासादा मन्त्रिणां गेहाः प्रतिहारपुरोधसाम्॥ 14॥

उत्तर दिशा से वायु कोण तक के भाग में राजा की बहनों के भवन बनाएँ और दक्षिणी भाग में मन्त्रियों, प्रतिहारों, पुरोहितों के भवन बनाने चाहिए।

सामन्त कुञ्ज संरोह वपुषौ रजनानि च ?।
ईशान्ये देवकुलानामष्टमांशहीना मताः॥ 15॥[1]

---

1. यह श्लोक समराङ्गणसूत्रधार में इस प्रकार आया है— सामन्तकुञ्जरारोहभटपौरजनाः क्रमात्। एतान्यायतनान्येषां यथाभागं प्रकल्पयेत्॥ (समराङ्गण. 51) अर्थात् राजा के सामन्तों, हाथियों पर सवारी करने के अधिकार प्राप्त भट-सैनिकों और नागरिकों आदि जनों के आवासों को क्रमानुसार (उत्तरोत्तर प्रमाण में कम करते हुए) यथाभाग परिकल्पित करना चाहिए।

सामन्तों के समूहों, रजनानि आदिकों के भवन (?) और देवकुलों[1] को ईशान कोण के भाग में अष्टांश हीन (1/8) बनाएँ।

---

1. प्राचीन अभिलेखों में 'देवकुल' शब्द का प्रयोग हुआ है। कुषाण नरेश अपने पूर्वजों की प्रतिमाओं से अन्तर्विष्ट देवकुल कहे जाने वाले देवायतनों की स्थापना करते थे। (आ. स. इ. ऐ. रि. 1911-12 पृष्ठ 124, अभिलेख की तृतीय पङ्क्ति)

सुवीरा जायसवाल का मत है कि इन देवकुलों की स्थापना सम्भवत: वृष्टि देवताओं से अधिष्ठित मन्दिरों के नमूने पर की गई थी जिनकी पूजा विदेशियों में काफी प्रचलित प्रतीत होती है। देवकुल शब्द, जिसका अर्थ मन्दिर या देवगृह होता है, देवता के कुल या परिवार का वाचक भी हो सकता है; और यह भी सम्भव है कि प्रारम्भ में इसका प्रयोग उन्हीं देवायतनों के लिए हुआ हो, जिनमें एक परिवार के ही कई देवताओं की प्रतिमाएँ अधिष्ठित रहीं हों जैसे कि वृष्णिवीरों के मन्दिरों में होती थीं। कुषाण राजाओं ने इस नीति को अपने पूर्वजों के निमित्त समर्पित देवायतनों में अपनाया। भास के 'प्रतिमा' नाटक में भरत अपने चार मृत पूर्वजों की प्रतिमा वाले देवकुल को देवताओं, प्रत्यक्षत: चार वृष्णि देवताओं वासुदेव, सङ्कर्षण, प्रद्युम्न एवं अनिरुद्ध का देवायतन समझने की भूल कर बैठते हैं। इससे जाना जा सकता है कि राजपरिवारों के पैतृक देवकुल वृष्टि देवकुलों के साधर्म्य पर ही निर्मित किए गए थे जिनके विषय में ऐतिहासिक दृष्टान्त केवल कुषाणों के ही उपलब्ध हैं। (वैष्णव धर्म का उद्भव और विकास, दिल्ली 2004 ई., पृष्ठ 175)

वैसे यह बात उदयपुर के निवेश के प्रसङ्ग में विचारणीय है। वहाँ राजप्रासाद के ईशान कोण में ही पूर्वजों की छतरियाँ, महासतियाँ अथवा देवकुल बने हुए हैं।

मयमतं में देवकुलों में स्थापनीय वैष्णव, शैवादि देवी-देवताओं के परिवार की सूची प्रस्तुत की गई है। मय का कथन है कि देवालयों के साथ ही बनाए जाने वाले अनुचर वर्ग, देव गणादि के निमित्त प्रासादों का निर्माण विशेष युक्ति से करना चाहिए। अनुचरवर्ग में आठ से लेकर बत्तीस गणों की गणना होती है। देवताओं के अनुचरवर्ग के विमानों, प्रासादों का गर्भगृह प्रासाद की चौड़ाई का आधा रखना चाहिए। यह मूल प्रासाद की चौड़ाई का एक तिहाई, आधा या तीन चौथाई प्रमाण से बाहर बनता है। (प्रकारान्तर से) परिवारालय की चौड़ाई तीन, चार, पाँच, छह अथवा सात हाथ रखी जा सकती है। शास्त्रविदों का मत है कि देवताओं के अनुचारों की संख्या आठ, बारह, सोलह अथवा बत्तीस होती है। (इसी संख्या में उनकी स्थिति कही गई है)। देवताओं के अनुचरों की प्रतिमा की ऊँचाई को निर्धारित प्रमाण से रखना चाहिए। प्रतिमा शिल्पियों को चाहिए कि वे बेर (प्रतिमा, रूप, अर्चा) के निमित्त निर्धारित मान को ही लेकर समस्त लक्षणों वाली स्थानक या आसनस्थ प्रतिमा का निर्माण करें। यदि प्रासाद को हीन अथवा लघु मान से निर्मित किया जाता है तो उसमें अष्ठ देवगणों के लिए आलय बनवाएँ और उसके लिए एक ही प्राकार को योजित करें। इसमें पीठपद विन्यास (नौ पद) करें और प्रथम स्थान पर आर्यक की स्थापना करें। इसके बाद ऋषभ, गणाधिप, ब्रह्मा, मातृ, गुह, आर्य, अच्युत और चण्डेश की प्रतिष्ठा करें। (बारह देवानुचरों के निमित्त) उपपीठ पद विन्यास (पच्चीस पद) करें और उनमें बारह अनुचरों को स्थापित करें। इसमें प्रथम पद पर वृष, ब्रह्मा, गुह और हरि को पूर्व के पदानुसार आर्यकादि से क्रमश: स्थापित करें। इसके उपरान्त सूर्यादि के पद से वामगत क्रम से रवि, गणेश, यम, मातृ, वरुण, दुर्गा, कुबेर तथा चण्ड को स्थापित करना चाहिए। (ये बारह अनुचर वर्ग अल्प प्रासाद में होते हैं)। सोलह अनुचरों के लिए उग्रपीठ विन्यास (छत्तीस पद) किया जाना अपेक्षित है। इसमें पूर्व कथनानुरूप से ही अन्दर के आर्यकादि पद से वृषादि का निवेश करना चाहिए। (इसके बाद) ईशादि पदों से निवेश करें अर्थात् ईश के पद पर चण्ड, जयन्त के पद पर चन्द्र, भृश के पद पर

अथ मर्मादिवेधमाह —

मर्मवेधं परित्यज्य द्वारवेधादिषु क्रमात्।
खातं कार्यं च स्वस्थाने तेषां च हितकाम्यया॥ 16 ॥[1]

सूर्य, अग्नि के पद पर गणेश, वितथ के पद पर श्री या लक्ष्मी, भृङ्गराज के पद पर सरस्वती, पितृ के पद पर मातृ, सुग्रीव के पद पर शुक्र, शोष के पद पर जीव, वायु के पद पर दुर्गा, मुख्य के पद पर दिति और अदिति के पद पर अदिति का निवेश करना चाहिए। (यह मध्यम प्रासाद में सोलह देवानुचरों का निवेशन हुआ)। बत्तीस देवानुचरों के निवेश के लिए स्थण्डिल पद विन्यास या चण्डित (उनचास पद) की रचनाकर स्थापना करनी चाहिए। इसके अनुसार ब्रह्मपद के नौ बाह्यपदों में साविन्द्र के पद में श्री, इन्द्रजय के पद में ज्येष्ठा, रुद्रजय के पद में उमा, आपवत्स के पद में सरस्वती और पूर्व कथनानुसार ही आर्यादि के पद से वृषभादि का निवेश करना चाहिए। (बत्तीस अनुचरों के उक्त परिवारालय में अन्य के निवेश के लिए पदक्रम इस प्रकार होगा) ईश के पद पर ईश, पर्जन्य के पद पर चन्द्र, माहेन्द्र के पद पर नन्दिकेश्वर, भानु के पद पर इन्द्र, सत्य के पद पर महाकाल, अन्तरिक्ष के पद पर सूर्य, अग्नि के पद में वह्नि, पूषा के पद पर बृहस्पति, गृहक्षत के पद पर गणेश, यम के पद पर आर्कि, गन्धर्व के पद पर भृङ्गिरीट, मृष के पद पर चामुण्डा, पितृ के पद पर निर्ऋति, बोधन के पद पर अगस्त्य, पुष्पदन्त के पद पर विश्वकर्मा, वरुण के पद पर वरुण, असुर के पद पर भृगु, यक्ष के पद पर प्रजापति, समीर के पद पर वायु, नाग के पद पर दुर्गा, भल्लाट के पद पर वीरभद्र, सोम के पद पर कुबेर, मृग के पद पर चण्डेश्वर और अदिति के पद पर शुक्र को निवेशित किया जाना चाहिए। पण्डितों ने इस तरह से स्थण्डिल, चण्डित पद विन्यास में देवानुचरों की स्थिति कही है—

परिवारविमानानां मानं गर्भार्धमिष्यते। मूलवस्तुत्रिभागैकं मध्यं वा पादबाह्यकम्॥ त्रि$_3$चतु$_4$ष्पञ्च$_5$षट्$_6$सप्त$_7$हस्तैर्वा हर्म्यविस्तृतम्। अष्टौ$_8$ वा परिवाराः स्युस्तथा द्वादश$_{12}$ षोडश$_{16}$॥ द्वात्रिंशत्$_{32}$ परिवारश्च हीष्यन्ते शास्त्रकोविदैः। परिवारामरोत्सेधं युक्त्या तत्रैव योजयेत्॥ युदक्तं सकले बेरे तन्मानं गृह्यतां वरैः। सर्वलक्षणसंयुक्तं स्थानकासनमेव वा॥ हीनविमानानामथ परिवाराश्चाष्ट$_8$ वै प्रोक्ताः। प्राकारोऽप्येकः स्यात् पीठपदे चार्यकः स्थाप्यः॥ ऋषभगणाधिप कमलजमातृगुहार्याच्युताश्च चण्डेशाः। उपपीठपदे चान्तर्द्वादश$_{12}$ परिवारकाः स्थाप्याः॥ वृषकमलजगुहहरयः पूर्ववदुदितास्तथार्यकादिपदे। रविगजवदनयमास्ते मातृजलेशौ च दुर्गा च॥ धनदश्चण्डः क्रमशः सूर्यपदादिष्ववामगताः। षोडश परिवाराः स्युश्चोग्रे पीठे निधात्रव्याः॥ अन्तश्चार्यकभागादिषु वृषभाद्यास्तथा प्राग्वत्। ईशपदे च जयन्ते भृशभागेऽग्नौ च वितथे च॥ भृङ्गनृपे पितृसुगले शोषे वायौ च मुख्यकेऽप्युदितौ। चण्डश्चन्द्रः सूर्यो गजवदनः श्रीः सरस्वती चेति॥ ता मातरश्च शुक्रो जीवो दुर्गा दितिस्तथाप्युदितिः। द्वात्रिंशत्$_{32}$ परिवाराः स्थण्डिलकाख्ये तु चण्डिते स्थाप्याः॥ ब्रह्मपदं नवबाह्ये श्रीज्येष्ठोमा सरस्वती चैताः। साविन्द्रेन्द्रजयांशे रुद्रजये चापवत्से च॥ आर्यादिषु च पदेषु वृषभाद्याः पूर्ववत् कथिताः। ईशे पर्जन्यपदे माहेन्द्रे भानुभागे तु॥ सत्यान्तरिक्षकानल पूषग्रहक्षतार्किभागे तु। गन्धर्वे मृषभागे पितृबोधनपुष्पदन्तवरुणेषु॥ असुरे यक्षसमीरणभागे नागे च भल्लाटे। सोमपदे ऋभ(?मृग) भागेऽप्युदितौ देवाः क्रमात् स्थाप्याः॥ ईशशशिनन्दिकेश्वरसुरपतयो वै महाकालः। दिनकरवह्नि बृहस्पतिगजवदनयमाश्च भिङ्गिरिटिः॥ चामुण्डाप्यथ निर्ऋतिश्चागस्त्यो विश्वकर्मा च। जलपतिरथ भृगुनामा दक्षः प्रजापतिर्वायुः॥ दुर्गा च वीरभद्रो धनदश्चण्डेश्वरः शुक्रः। स्थण्डिलचण्डितभागे पण्डितजनमण्डलैरुदिताः॥ (मयमतम् 23, 35–52, विशेष द्रष्टव्य : श्रीकृष्ण 'जुगनू' सम्पादित 'मयमतम्', चौखम्बा संस्कृत सीरीज, वाराणसी, 2008 ई., के द्वितीय भाग की भूमिका)

1. यह श्लोक समराङ्गणसूत्रधार से है। किञ्चित पाठान्तर है— मर्मवेधप्रदेशस्थान् द्वारवेधगतानपि। स्वस्थानान्तरितांश्चैतान् न कुर्याद्धितकाम्यया॥ (51,14)

अब वेधों के बारे में कहा जा रहा है। सदैव मर्मवेधों को छोड़कर, क्रम से द्वार वेधों के खातकार्य में स्वस्थान ही उचित है, ऐसा मत हितकामना रखने वालों ने बताया है।

अलिन्दैर्गर्भकोष्ठैश्च सीमास्तम्भगवाक्षकैः।
द्वारद्रव्यतलोच्छ्राये प्राग्ग्रीवे सिंहकर्णिकैः॥ 17॥
न कुर्याद् दूषणैस्तुल्यात् समन्ताच्छन्दरूपतः।
समरूपं भवेन्न्यूनमधिकं नैव निन्दति॥ 18॥

अलिन्दों-पौशालों को, गर्भकोष्ठों को, सीमा स्तम्भों को, गवाक्ष या गोखड़ों को द्वार-द्रव्यों को, उनके तल और ऊँचाई के प्राग्रीव को और सिंहकर्ण को बनाने में कोई भी खामी दूषण नहीं रखना चाहिए। सब के छन्दरूप एक-से हों तथा समरूप होने से न्यूनाधिक नहीं होने से उनकी कभी निन्दा भी नहीं होती है।

राजपीडा भवेन्न्यूनेऽधिपे स्यात्तु धनक्षयः।
प्रासादे भूमिपालस्य निवेशाः परिधौ क्रमात्॥ 19॥

यह ज्ञातव्य है कि इनमें न्यूनता रह जाए तो राजपीड़ा होती है और अधिकता होने पर धन का अपव्यय होता है। अस्तु, भूमिपालों या राजाओं के राजमहलों को परिधि या परकोटे से युक्त बनाएँ।

द्रव्ये न्यूनं न कर्तव्येमुत्कृष्टं चैव कारयेत्।
संस्थानोन्मानन्यूनं न विस्तरे चोच्छ्रयेऽपि च॥ 20॥

इस बात का पूरा ध्यान रखें कि काम को उत्कृष्ट रीति से करने के लिए द्रव्य खर्च करने में कोई कोताही कभी न करें और पूरे संस्थान निर्माण कार्य का मान, उन्मान न तो ज्यादा विस्तार में हो, न ही कम हो, न ऊँचाई में भी कोई कमी-बेशी हो।

पूर्वोक्तस्य विभागस्य किञ्चिद्धीनान्तरं शुभम्।
अन्योन्यद्विगुणोच्छ्रायैरेकैकस्यान्तरं शुभम्॥ 21॥

तथापि, पहले कहे गए विभागों में थोड़ी-बहुत कमी रखना शुभ होता है और एक दूसरे में अन्तर देकर द्विगुणी ऊँचाई भी शुभ होती है।

महानस चोपस्करादीनां —

सुभोग्यं तत्र कुर्वीत बहुभिर्भवनान्तरैः।
कोष्ठागारैर्भाण्डागारैर्भोजनोपस्करादिभिः॥ 22॥
शिलोदूखलशालाभिः पूरयेदन्यदन्तरम्।
प्रशस्तान् कारयेत् सर्वान् सुरूपान् सुमनोरमान्॥ 23॥

अब भोजनशाला के बारे में कहते हैं। बहुत से भवनों के अन्तर या दूरी पर जहाँ मनुष्य सुभोग अर्थात् भोजनादि करते हैं, वहाँ की रचना में कोठार, भण्डार और भोजन बनाने के अन्य उपकरण रखने के स्थान जैसे कि सिलबट्टे-ऊखल से काम करने की शालाएँ एक-दूसरे के अन्तर पर बनानी चाहिए। उन सभी को प्रशस्त नियमानुसार सुरूप और सुमनोरम बनाएँ।

जलस्त्रोतादीनां —

वापीकूपप्रपाद्याश्च सुराणां च गृहाणि च।
नरेन्द्रायतनं त्वेवं वेश्मानि परिकल्पयेत्॥ 24॥
अन्यथा तु महोदोषस्तथैव च कुलक्षयः।
इति प्रासाददिग्भेदाः सौम्यं सुरगृहादिकम्॥ 25॥
यस्तैतत्तस्य विजयश्चिरं स मुदितो भवेत्।
प्रतापी निर्भयस्तावत्सुचिरं प्राप्यते मही॥ 26॥

इसी प्रकार बावड़ी, कूएँ, प्याऊ और देव मन्दिरों को भी राजभवनों की तरह वैभव सहित परिकल्पित करना चाहिए। ऐसा नहीं करने पर महादोष होता है और उससे कुलक्षय भी हो सकता है। ये सब प्रासादों, राजभवनों के दिशानुसार भेद और शान्तिदायक देव मन्दिरों के बारे में बताया जिससे राजा की चिर-विजय होती है, राजा प्रसन्न रहता है और निर्भय, प्रतापी रहता हुआ चिरकाल तक भूमि पर राज करता है।

अन्यदप्याह —

यस्य यस्य यदा भूमिः फलं तस्यैव चोत्तमम्।
तस्मै क्रुध्यति देवो यो द्विजदेवमहीं हरे॥ 27॥

जैसी-जैसी जिसकी भूमि होती है, उसका फल भी उसी प्रकार का होता है। जो ब्राह्मणों और देवमन्दिरों की भूमि का हरण करते हैं, उन पर देवता भी क्रुद्ध होते हैं। (अतः अतिक्रमण नहीं करना चाहिए)।

अन्येभ्यश्चापि हर्म्याणि कन्यादिभ्यस्तथैव च।
वितरन्ति महीपाला लभन्ते पुण्यमुत्तमम्॥ 28॥

राजा को चाहिए कि यथावश्यकता अन्य भवन भी बनवाएँ और उन्हें कन्याओं आदि के साथ वितरण करें अर्थात् कन्याओं को दान करें। भवन भेंट करने से तो बड़े उत्तम पुण्य का लाभ अर्जित होता है।[1]

---

1. कूर्मपुराण में गृहदान का महत्व आया है— शक्तितः सर्ववित्तेन पूर्णं गृहमति त्रिधा। सदक्षिणं द्विजे दत्वा

इति सूत्रसन्तानगुणकीर्तिप्रकाशप्रोक्तृश्रीभुवनदेवाचार्योक्तापराजितपृच्छायां महाराजप्रासादायतननिवेशाधिकारो नाम द्व्युत्तरशततमं सूत्रम्॥ 102॥

इस प्रकार भुवनदेवाचार्य कृत सूत्रसन्तानगुणकीर्ति प्रकाश या अपराजितपृच्छा में महाराज प्रासादायतन निवेश अधिकार नामक एक सौ दोवाँ सूत्र पूर्ण हुआ॥ 102॥

त्रैलोक्यदीक्षा नाम त्र्युत्तरशततमं सूत्रम्॥ 103॥

अत ऊर्ध्वं प्रासादखण्डं भविष्यति।

अधुना प्रासादोत्पत्त्यादि वर्णनं। अपराजित उवाच —

प्रासादानां कथं तात चोत्पत्तिर्दिव्यसूत्रिणः।
किमाकारजातिरूपा नागराश्छन्दकास्तथा।। 1॥

(एक प्रकार से यहाँ से ग्रन्थ का प्रासादखण्ड आरम्भ होता है। इसके बाद नाना प्रकार के प्रासादों की उत्पत्ति, उनके प्रकार, भेदोपभेदादि पर विचार किया जा रहा है। इसी प्रसङ्ग में प्रश्न करते हुए) अपराजित ने पूछा कि हे तात! प्रासादों-मन्दिरों के दिव्य सूत्रों के अनुसार उत्पत्ति कैसे हुई और उनके क्या-क्या आकार, जातियाँ, नागर-छन्दादिकों में है?

द्राविडा मिश्रकाः ख्याता विमाना भूमिजास्तथा।
सान्धाराश्च वराटाश्च लतिनाश्चैवकामदाः॥ 2॥
वलभ्यः फांसनाकाराः सिंहालोकनदारुजाः।
विमानं नागरच्छन्दे कुर्याद् विमानपुष्पकम्॥ 3॥
भिन्नभिन्नतयोक्तानि गृहाण्येवाभिधानतः।
कस्यां जातौ कानि चैव ह्युत्पन्नानि ब्रवीहि मे॥ 4॥

इस क्रम में द्राविड़, मिश्रक नाम के विमान, भूमिज और सान्धार, वराट,

---

ब्रह्मलोकं व्रजेन्नरः॥ सर्ववित्तेन सर्वोपस्करणेनेत्यर्थः। गृहदाता सुखी प्राज्ञो वितृष्णः सर्ववस्तुषु॥ प्रज्ञासुखविवृद्ध्यर्थं पात्रे देय मतो गृहम्। (विधानपारिजात चतुर्थस्तबक 93, 224)

गरुडपुराण में भी आया है— ब्राह्मणाय दरिद्राय श्रोत्रियाय कुटुम्बिने। क्रीडित्वा सुचिरं स्वर्गे मानुष्यं लोकमास्थितः॥ भवत्यव्याहतैश्वर्यैः सर्वकाम समन्वितः॥ ऐष्टकं दारवं वापि मृन्मयं वापि शक्तितः। सर्वोपस्करणोपेतं यो दद्यात् विपुलं गृहम्॥ (तत्रैवोद्धृत पृष्ठ 225)

गृहादि दानमन्त्रो ब्रह्मवैवर्त्तपुराणे— इदं गृहं गृहाणत्वं सर्वोपस्कर संयुतम्। तव विप्र! प्रसादेन ममास्त्वभिमतं फलम्॥ एव मेकैकशो दत्त्वा प्रणिपत्य समर्पयेत्। स्वस्तीति ब्राह्मणैर्वाच्यं कोऽदादिति च पूजितैः। यद् यस्य विहितं पूर्वं तत्तस्मै प्रतिपादयेदिति। (तवैव पृष्ठ 232)

लतिन और कामद, वल्लभी, फांसनाकार, सिंहालोकन आदि काष्ठ से बनने वाले, नागरच्छन्द में बनने वाले विमान, पुष्पकविमान आदि भिन्न-भिन्न नामों से कहे जाने वाले गृह कैसे बने? किससे वे उत्पन्न हुए— यह सब आप कृपा करके मुझे कहिए।[1]

विश्वकर्मोवाच —

भारते च महापुण्ये हिमवान् वै महागिरिः।
तस्मिन्नेव महापुण्यं दण्डी दारुवनं महत्॥ 5॥

विश्वकर्मा बोले कि हे पुत्र! महापुण्यवान इस भारत देश में हिमवान् नामक एक महान् पर्वत है। उस महापर्वत में ही महापुण्यवान दण्डी नामक महान दारुवन है।

दारुवने द्रुमजात्यादीनां वर्णनं —

देवदारुवनं दिव्यं विविधा वृक्षजातयः।
कङ्कोलकलवङ्गाश्च तथा कर्पूरपादपाः॥ 6॥
चन्दनागरुसौभाग्यरक्तचन्दनकास्तथा।
अगस्त्योदुम्बराशोका बिल्ववृक्षश्च चम्पकाः॥ 7॥
पनसाश्च कपित्थाश्च द्राक्षाखर्जूरदाडिमाः।
सालतालतमालाश्च तथैव मधुपादपाः॥ 8॥
कर्णिकारद्रुमा रम्या नानापुष्पफलन्विताः।
अतीवफलसम्युक्ता लताः स्त्र्याकृतयस्तथा॥ 9॥
नागकेसरपुन्नागा विविधा वृक्षजातयः।
जातीचम्पकमन्दारा नीलरक्तोपत्पलानि च॥ 10॥

---

1. सूत्रधार मण्डन ने चौदह प्रकार के प्रसादों में आठ प्रकार के प्रासादों की श्रेष्ठता स्वीकार की है। ये हैं— 1. नागर, 2. द्राविड, 3. भूमिज, 4. लतिन, 5. सान्धार, 6. विमान-नागर, 7. पुष्पकाङ्क्तिा अथवा और 8. मिश्र जाति प्रासाद। ये आठों जातियों के प्रासाद सब देवों के लिए निर्मित किए जा सकते हैं तथापि भगवान शिव के लिए विशेष रूप से इन सभी प्रासाद स्वरूपों का प्रयोग किया जाना श्रेयस्कर माना जाता है— उत्तमजात्यष्टकम्-नागरा-द्राविडाश्चैव भूमिजा-लतिनास्तथा। सावन्धारा-विमानादि-नागराः पुष्पकाङ्क्तिाः॥ प्रासादमिश्रकाश्चैवमष्टौ जातिषु चोत्तमाः। सर्वदेवेषु कर्त्तव्याः शिवस्यापि विशेषतः॥ (प्रासादमण्डनम् 1, 7-8)
इसी प्रकार विश्वकर्माप्रकाश में शिखरानुसार प्रासादों के विभिन्न भेद कहे गए हैं— मेरुमन्दरकैलाशकुम्भसिंहमृगास्तथा॥ विमानच्छन्दकस्तद्वच्चतुस्तथैव च। अष्टास्त्रषोडशास्त्रश्च वर्त्तुलः सर्वभद्रकः॥ सिंहश्च नन्दनश्चैव नन्दिवर्धन एव च। सिंहोवृषः सुवर्णश्च पद्मकोऽथ समुद्रकः॥ (विश्वकर्मा. 6, 82-84; विशिष्ट सन्दर्भ - हरिवंश. विष्णु पर्व, 88,59)

इस दिव्य देवदारु वन में विविध प्रकार की वृक्ष जातियाँ हैं। अब उनके नाम सुनो! कङ्कोल, कलवङ्ग, कर्पूर के पेड़, चन्दन, अगरू, सौभाग्य, रक्तचन्दन, अगस्ती, उदुम्बर, अशोक, बिल्ववृक्ष, चम्पक, पनस, कपित्थ, दाख, खर्जूर, दाड़िम, साल, ताल, तमाल, महुआ, कर्णिकार के सुन्दर वृक्ष और नाना प्रकार के पुष्पों और फलों से लक-दक द्रुम और अतीव फलों से युक्त लताएँ स्त्री जाति की आकृति वाली भी नागकेसर, पुन्नाग जैसी विविध वृक्ष जातियाँ, जाती, चम्पक, मन्दार, नीले और लाल कमल आदि पाए जाते हैं।

पताकाध्वजसम्युक्तं तत्र वै यज्ञमण्डपम्।
पद्मपुष्पसुशोभाढ्यं वितानैर्नैककैर्युतम्॥ 11॥
श्वेतरक्तहरित्पीतैः कणधूमैस्तथैव च।
कर्पूरकुङ्कुमादित्यपुष्पप्रकरसङ्कुला॥ 12॥

वहाँ फहराती पताकाएँ और बड़े-बड़े ध्वजों के समूहों से यज्ञ मण्डप सजे हैं जिनमें पद्मपुष्पों की शोभा की भरमार है। उनमें तरह-तरह के वितान लगे हुए हैं जिनका वर्ण कहीं श्वेत, कहीं पीत, कहीं हरा है और उन पर धूम के कणों की शोभा है और भी कर्पूर, कुङ्कुम, आदित्यपुष्प (अर्क-मन्दार पुष्प) आदि का पर्याप्त है।

तत्रोत्सव वर्णनं —

सधूपामोदबहुला कुङ्कुमद्रवसिञ्चिता।
तत्र जाता महापूजाः देवेशस्य जगत्प्रभोः॥ 13॥
प्रवेशनिर्गमोपेतं नरनारीसमाकुलम्।
महामुरजशब्दैश्च गीतैश्च विविधैस्तथा॥ 14॥

वहाँ धूप की सुगन्ध के साथ आनन्द-प्रमोद हो रहा है। कुङ्कुम के द्रव से वह मोद समारोह सिञ्चित-सा हो रहा है क्योंकि वहाँ अभी जगत्प्रभो देवेश की महापूजा चल रही है। इस जैसे समारोह में नर-नारियों की भीड़ प्रवेश कर रही है और बाहर भी निकल रही है। वहाँ महामुरज (बृहत्मृदङ्ग) के वाद्ययन्त्रों की धुन के साथ ही विविध प्रकार के गीत भी गाए जा रहे हैं।

मनोहरं सद्म दिव्यं देवानामपि दुर्लभम्।
तत्र हास्यविदग्धाश्च क्रीडन्ति रुद्रकन्यकाः॥ 15॥

ऐसे मनोहर सद्म-भवन दिव्य देवताओं को भी प्राप्त होने में दुर्लभ है। ऐसे ही परिवेश में रुद्र कन्याएँ भी हँसी में बेसुध हुई-सी क्रीड़ा कर रही हैं।

देवकन्याश्च विविधा ऋषिनारीसमन्विताः।
सहिता नृत्यमानाश्च मङ्गलैः कौतुकैस्तथा॥ 16॥
त्रिसङ्गीतश्च विविधैः प्रेक्षणीयैर्गणेश्वरैः।
गणाश्च किलकिलायन्ते प्रवल्गन्ति मुहुर्मुहुः॥ 17॥

देव कन्याएँ भी यहाँ ऋषि नारियों के साथ इस समारोह में मिल-जुल कर नृत्य कर रही हैं। मङ्गल गीताचार हो रहा है और विचित्र-विचित्र कौतुक कर रही हैं। यहाँ तीनों प्रकार के सङ्गीत[1] के साथ-साथ विविध प्रकार से गणेश्वर भी देखने योग्य है जहाँ उनके गण तो बारम्बार बौराये-से किलकिला रहे हैं।

गृह्णन्ति तत्र वै दीक्षां सुरासुरनरोरगाः।
यक्षगन्धर्वदेवाश्च तथा विद्याधरोत्तमाः॥ 18॥
इदं च दीक्षितं सर्वं जगत्स्थावरजङ्गमम्।
दण्डीदारुवने तत्र ज्ञानध्यानैश्च किं पुनः॥ 19॥
तथैव च महाजाप्यैर्नियमैश्चप्यनेकशः।
[2]योगीवर्ध्यानं आराधितं परमेश्वरं प्रभो॥ 20॥

इस समारोह में सुर-असुर, नर और नाग, सभी दीक्षा ले रहे हैं। उनके साथ यक्ष, गन्धर्व, देव तथा विद्याधरों में जो उत्तम हैं, वे भी दीक्षा ले रहे हैं। इस तरह यह यज्ञ तो समस्त स्थावर और जङ्गमों को भी दीक्षित बनाकर दण्डी-संन्यासी बना रहा है जो इस दारुवन में पुनः ज्ञान ध्यान में लगने को उतावले है और महाजप से, नियम से, और अनेक प्रकार से इसमें लगे हैं। कई योगी ध्यान में लगे होकर परमेश्वर प्रभु को आराधित कर रहे हैं।

शिवदर्शन माहात्म्यमाह —

यदि यागेश्वरो दृष्टो दण्डीदारुवने शिवः।
धर्मार्थकाममोक्षान् स सम्प्राप्नोति यथेप्सितान्॥ 21॥

यदि इस दण्डी दारुवन में यागेश्वर शिव के दर्शन हो जाए, तो ऐसा व्यक्ति अपने धर्म-अर्थ-काम-मोक्ष— इन चारों पदार्थों को पा लेता है। उसकी सभी इच्छित कामनाओं की भी पूर्ति हो जाती है।

कृतघ्नश्चैव गोघ्नश्च ब्रह्महा गुरुतल्पगः।

---

1. ब्रह्मपुराण के 227वें अध्याय में विष्णुपूजा के प्रसङ्ग में त्रिविध सङ्गीत के अन्तर्गत गान, वाद्य एवं नृत्य का उल्लेख है।
2. 'योगीवर्ध्यानै.' प्रकाशित पाठे नोपलभ्यते।

दुष्टकर्मा दुराचारी मातृहा पितृहा तथा ॥ 22 ॥

मुच्यते सर्वपापेभ्यो दृष्ट्वा यागेश्वरं शिवम्।

संसारभयभीतानां पापक्षयकरः शिवः ॥ 23 ॥

ऐसा व्यक्ति चाहे कृतघ्न है, गोघाती हो, ब्राह्मण का घातक, गुरुतल्पग (गुरुपत्नीगामी) हो, दुष्टकर्मा हो, दुराचारी हो, मातृघाती और पितृघाती ही क्यों न हो, वह तो यागेश्वर शिव के दर्शन करते ही सभी पापों से मुक्त हो जाता है क्योंकि संसार में जितने भी भयभीत लोग हैं, उनके पापों का क्षयकर्ता शिव ही हैं।

कल्पकोटिसहस्त्रैश्च यत्पापं समुपार्जितम्।

दृष्ट्वा यागेश्वरं देवं तस्मात्पापात्पमुच्यते ॥ 24 ॥

हजारों करोड़ कल्पों तक भी किसी ने पाप क्यों न कमाये हों, वह तो यागेश्वर देव शिव का दर्शन करते ही, उस दर्शन के प्रभाव से उसी समय मुक्त हो जाता है।

पुंसां मृतानां चाकालेऽसंस्कृतानां जलाग्नितः।

तत्र भूमावदग्धानां मोक्षः स्यात् पञ्चभूततः ॥ 25 ॥

इसी तरह जो मनुष्य अकाल मृत्यु पाया हुआ हो अथवा जल और अग्नि से मरने के कारण जिसका संस्कार नहीं हुआ हो अथवा भूमिदग्ध हुआ हो, उसका भी पञ्चभूतों से मोक्ष हो जाता है।

दीक्षिताः सर्वदेवाश्च ब्रह्मविष्ण्विन्द्रकादयः।

त्रयस्त्रिंशत्कोटयश्च$_{33}$ देवताश्चैव दीक्षिताः ॥ 26 ॥

शुकाद्याश्चासुराः सर्वे दीक्षिताः परमेश्वरैः।

वासुक्याद्याः पन्नगाश्च दीक्षितास्तलवासिनः ॥ 27 ॥

ब्रह्मा, विष्णु इन्द्रादिक समस्त तैंतीस कोटि देवता शिव के दीक्षित थे। शुक्राचार्य से लेकर समस्त असुरगण भी परमेश्वर शिव से दीक्षित थे। इसी प्रकार वासुकादि समस्त तलवासी नाग भी दीक्षित थे।

यक्षाः सर्वे कुबेराद्या गन्धर्वास्तुम्बरादयः।

विद्याधरा मन्मथाद्या देवा वै वासवादिकाः ॥ 28 ॥

क्षत्रियाः सूर्यवंशाद्याः सोमवंशप्रसूतयः।

समस्ताश्चैव देवयस्तु हरसिद्ध्यादिकास्तथा ॥ 29 ॥

इसी तरह सभी यक्ष, कुबेर, गन्धर्व, तुम्बरगण, विद्याधर, मन्मथगण और वासवादिक देवगण, सूर्यवंश से जन्म लेने वाले और चन्द्रवंश में जन्मे सभी क्षत्रिय भी दीक्षित थे। समस्त देवता और हरिसिद्धि आदि माताएँ भी दीक्षित थीं।

पिशाचाश्च ततः प्रेता निशायां ये चरन्ति च।
क्षमादिकं समस्तं च जगत्स्थावरजङ्गमम्॥ 30॥
दशपञ्चोत्सवेष्वेवं[15] स्तोत्रैर्मन्त्रैस्तथार्चनैः।
प्रमथाद्याः पूजयन्ति ब्रह्मविष्ण्वादयस्तथा॥ 31॥

इसी भाँति पिशाचगण, प्रेतगण, निशाचरगण, पृथ्व्यादि और समस्त स्थावर, जङ्गम जगत दीक्षित थे। पन्द्रह उत्सवों से, स्तोत्र, मन्त्र और पूजा-अर्चना से प्रमथादि समस्त देवता और ब्रह्मा, विष्णु आदि देवता भी शिव की पूजा करते हैं।

इति सूत्रसन्तानगुणकीर्तिप्रकाशप्रोक्तृश्रीभुवनदेवाचार्योक्तापराजितपृच्छायां
त्रैलोक्यदीक्षाधिकारो नाम त्र्युत्तरशततमं सूत्रम्॥ 103॥

इस प्रकार भुवनदेवाचार्य कृत सूत्रसन्तानगुणकीर्ति प्रकाश या अपराजितपृच्छा में त्रैलोक्य दीक्षा अधिकार नामक एक सौ तीनवाँ सूत्र पूर्ण हुआ॥ 103॥

नागरप्रासादलक्षणं चतुरुत्तर शततमं सूत्रम्॥ 104॥

अधुना वैराज्यपुष्पककैलासमणिकत्रिविष्टपेति पञ्चनागरप्रसादभेदास्तेषामुत्पत्ति-र्लक्षणं च। विश्वकर्मोवाच —

ब्रह्मविष्ण्वादयो देवा कुर्वन्त्याद्यं महोत्सवम्।
नन्दा-भद्रा-जया-रिक्ता-पूर्णा स्यात् पञ्चमी तथा॥ 1॥

(इस सूत्र में नागरादि प्रासादों के लक्षणों का वर्णन है। इसमें तिथ्यानुसार प्रासादों का योग किया गया है। यह निश्चय ही पञ्चतिथियों के अनुसार प्रासादों का वर्गीकरण है, यह उत्तरोत्तर वृद्धि को प्राप्त होते प्रासादों के आकार, मानादि का द्योतक भी है) विश्वकर्मा बोले कि (हिमवान महागिरि के देवदारुवन में) ब्रह्मा, विष्णु आदि देवताओं ने आरम्भिक महोत्सव किया। इसमें नन्दा, भद्रा, जया, रिक्ता और पूर्णा तिथियाँ थीं। इनमें उत्सव पञ्चमी तिथि तक की अवधि पर्यन्त रहा।[1]

कृता महोत्सवाश्चैते ब्रह्माद्यैश्च सुरैरपि।
अभिधानुक्रमं तेषां शृणु पूजां समाहितः॥ 2॥

---

1. कृष्ण एवं शुक्ल दोनों ही पक्षों में पन्द्रह तिथियों में, प्रतिपत्, षष्ठ व एकादशी (1, 6, 11) इन तिथियों की संज्ञा नन्दा होती है। इसी प्रकार द्वितीया, सप्तमी व द्वादशी (2, 7, 12) की संज्ञा भद्रा, तृतीया, अष्टमी व त्रयोदशी (3, 8, 13) की संज्ञा जया, चतुर्थी, नवमी व चतुर्दशी (4, 9, 14) का नाम रिक्ता एवं पञ्चमी, दशमी, पूर्णिमा या अमावस्या (5, 10, 15 अथवा 5, 10, 30) की संज्ञा पूर्णा होती है। प्रथम कोटि के शिवप्रिय नागर प्रासाद प्रतिपदा से पञ्चमी तक की उद्भावना लिए माने जाते हैं।

उक्त महोत्सव ब्रह्मादि सभी सुरों द्वारा किए गए, जिनके नाम क्रम से सुनो और एतद् सम्बन्धी पूजाविधि को भी समाहित चित से सुनो!

अथ प्रासादनामानि —

वैराज्यं पुष्पकं चैव कैलासं मणिपुष्पकम्।
त्रिविष्टपं पञ्चमं च नन्दाद्याः क्रमयोगतः॥ 3॥

1. वैराज्य, 2. पुष्पक, 3. कैलास, 3. मणिपुष्पक, 5. त्रिविष्टप— ये पाँच नाम क्रमशः नन्दादि तिथि में पूजने जाने वाले प्रासादों के है।

तस्याकारमाह —

वैराज्यं चतुरश्रं स्यादायतं पुष्पकं तथा।
वृत्तं वृत्तायतं चैव कैलासं मणिपुष्पकम्॥ 4॥
त्रिविष्टपं तथाष्टाश्रं पञ्चपूजा महोत्सवाः।

(अब इनके आकार बताए जा रहे हैं) वैराज्य प्रासाद का आकार चतुरश्र या चौकोर होता है। पुष्पक प्रासाद का आकार आयत जैसी लम्बाई-चौड़ाई युक्त, कैलास प्रासाद का आकार वृत्त या गोल होता है। मणिपुष्पक प्रासाद का आकार वृत्तायत यानी लम्बगोल होता है। त्रिविष्टप प्रासाद का आकार आठ भुजाओं वाला अष्टाश्र या अष्टभुज का होता है। ये ही पञ्चपूजा महोत्सव के कहे गए हैं।

हेमरत्नमयैः स्तम्भैः शुष्कपादपच्छाद्यकैः॥ 5॥
मुक्तालङ्कारखचितैर्वितानैर्दिव्यभूषणैः।
स्फटिकैर्विविधैर्लक्षै रत्नैश्च मणिवेदिभिः॥ 6॥

इनके प्रासादों के स्तम्भ सोने व रत्नों से जटित और सूखे पादपपत्रों के छाद्यों से, मोतियों के अलङ्करणों से जड़े हुए वितानों के दिव्य भूषणों से सजे हुए थे। इनमें विविध प्रकार के स्फटिक पत्थरों से बनी मणिवेदियाँ, लाखों रत्नों से सजी हुई थी।

सिंहकर्णैः सुसंयुक्तैनिर्यूहाच्छाद्यकर्णिकैः।
शिखरैर्हेमरत्नाढ्यैः सिंहायकलशान्वितैः॥ 7॥

उनके सिंहकर्ण से युक्त निर्यूहों-नरजुओं पर आश्रित छाद्यों के कर्णि और प्रासादों के शिखर सोने और रत्नों की भरमार से और सिंह तक के कलशों से युक्त थे।

गणाश्चादित्यसङ्काशं[1] मणिरत्नविभूषितम्।
चतुर्द्वारसुशोभाढ्यमिलिकावलणैर्युतम्॥ 8॥

---

1. 'गणा ?श्चादित्यसङ्काशं' इति प्रकाशित पाठः।

उन प्रासादों के गण-रक्षक सेवक अपने तेज को सूर्य के समान प्रकाशित करते हुए, मणिरत्नों को धारण किए हुए विभूषित हो रहे थे। इस तरह से चारों ही द्वारों की अनुपम शोभा इलिका और बलणों से युक्त प्रतीति देने वाली थी।

जङ्घायां रूपसङ्घाट्यं दिक्पालैश्च समन्वितम्।
त्रिसन्धिभद्रकाकारं पताकाध्वजशोभितम्॥ 9॥

महोत्सव के उन प्रासादों की जङ्घाएँ रूप-सङ्घाटों अर्थात् मूर्तियों के रूपकों से सजी धजी थीं जिनमें दिक्पाल मूर्तियाँ भी बनी हुई थीं। उन प्रासादों के भद्र-दिवालें तीन प्रकार की संधियों से युक्त थीं जो त्रिसन्धि भद्रकाकार नाम से जानी जाती है और उन पर पताकाएँ और ध्वजों की शोभा भी बनी हुई थी।

तस्यवर्णा —

वैराज्यं श्वेतवर्णं च हेमरत्नविभूषितम्।
पुष्पकं रक्तवर्णं[1] च रक्तालङ्कारशोभितम्॥ 10॥
कैलासं हेमवर्णं च सर्वरत्नविभूषितम्।
हरितं मणिपुष्पं च सर्वरत्नं त्रिविष्टपम्॥ 11॥

अब इनके वर्णों के बारे में कहते हैं— 1. वैराज्य प्रासाद श्वेत वर्ण का होता है, और सोने व रत्नों से विभूषित भी होता है, 2. पुष्पक प्रासाद लाल वर्ण का होता है और लाल ही अलङ्करणों से शोभित होता है, 3. कैलास सोने के वर्ण का प्रासाद होता है जो सब प्रकार के रत्नों से विभूषित होता है, 4. मणिपुष्प प्रासाद हरित वर्ण का होता है और 5. त्रिविष्टप प्रासाद भी सभी रत्नों से विभूषित होता है।

पीठोपीठतङ्घाश्च मेखलाकूटछाद्यकम्।
शिखरं सिंहकर्णाढ्यं भूमिका रत्नभूषिता॥ 12॥
जालव्यालकपोतालीसिंहकर्णसुच्छाद्यकम्।
स्फटिकैर्हेमरत्नाढ्यैः सर्वलक्षणसंयुतैः॥ 13॥

इन प्रासादों में पीठ, उपपीठ, जङ्घा, मेखला, कूट, छाद्यक, शिखर, सिंहकर्णों की भरमार युक्त मंजिलें रत्नों से सजी-संवरी थी। वे प्रासाद जालियाँ, व्यालों की मूर्तियाँ एवं कपोताली-केवाल और सिंहकर्णों के अलङ्करणों से युक्त सुन्दर छाद्य-छत युक्त थे जो स्फटिक-पाषाणों और सोने व रत्नों से सजे सर्वलक्षण युक्त थे।

एष पञ्चोत्सवे योगो ध्यात्वा यागेश्वरं शिवम्।
भक्तिपूजास्तवस्तोत्रैर्गीतैश्च विविधैस्तथा॥ 14॥

---

1. 'रत्नवर्णं' इति प्रकाशित पाठः।

मङ्गलैर्दिव्यवादित्रैः प्रेक्षणीयैरनेकधा।
लास्यताण्डवनृत्यैश्च नाट्येशं च महोपमैः॥ 15॥

इन सभी पञ्चोत्सवों[1] के योगों में योगश्वर शिव का ध्यान करते हुए, युक्तियुक्त पूजा-स्तवन, स्तोत्र, गीत आदि विविध प्रकार से मङ्गलगान करते हुए और अनेक प्रकार के दर्शनीय, दिव्य वाद्य यन्त्रों के साथ लास्य नृत्य और ताण्डव नृत्य करके नाट्येश-शिव की महान उपमा, कीर्ति हुई।

नाट्यरसोत्तमानन्दैः कौतुकैश्च त्वनेकशः।
इत्यादिबहुभावैश्च अङ्गैरङ्गैर्महारसैः॥ 16॥
नुतस्तुष्टो महादेवो भक्तिपूजास्तवादिकैः।
ब्रह्माद्यांश्च सुरान् सर्वान् भक्तियुक्तानुवाच ह॥ 17॥
वरं ब्रूहि च दास्यामि यच्च ते मनसि स्थितम्।
ददाभि तुभ्यं भो ब्रह्मन् सुरार्थं वक्तुमर्हसि॥ 18॥

इससे नाट्यरस का सर्वोतम आनन्द प्रास करते हुए अनेक प्रकार के कौतुक-चमत्कारी क्रीड़ाएँ इत्यादि से बहुत प्रकार के भावों और अङ्गों की अङ्ग-भङ्गिमाओं से महारस अत्यन्त आनन्द की वृद्धि की और महादेव को सन्तुष्ट किया। अपने भक्ति से प्रसन्न हो कर सभी को महादेव ने प्रेमभक्ति से कहा है— भक्तों कहो जिससे मै तुम्हें वरदान देता हूँ, जो भी आप सबके मन में स्थित हो उसे कहो, हे ब्रह्मन्! मैं तुमको तुम्हारी इष्टकामना देता हूँ। अस्तु, देवताओं के लिए जो योग्य है, उसको कहो!

ब्रह्मोवाच—

यदि तुष्टोसि देवेश मुक्तिदं त्रिदशाधिप।
यस्मिंश्च तव पूजा स्यात् प्रकुर्या तं शिवालयम्॥ 19॥
भवत्प्रसादतुष्टी च पूज्याः प्रासादसञ्ज्ञकाः।
वैराज्यादिसमुत्पन्नाः सर्वे प्रासादसञ्ज्ञकाः॥ 20॥

ब्रह्मा ने कहा कि हे देवेश! यदि आप हमारी भक्ति भावना से पूर्णतः, तुष्ट हुए हैं, प्रसन्न हुए हैं तो है त्रिदशाधिप! देवदेव हमें मुक्ति प्रदान करने वाले देव! हमें

---

1. पञ्चोत्सव की परम्परा मेवाड़ के पञ्चमुख एकलिङ्ग मन्दिर में बहुत पुरानी है। यहाँ शिव-पूजा में पाँच-पाँच के अङ्कों का प्रयोग वैशिष्ट्य लिए है। यथा—इत्युदवास्य च मूलेन हरिण्या च मुदया। पञ्चपञ्चक्रमेणैव स्नापयित्वा मृदम्भसा॥ (एकलिङ्गमाहात्म्य 24, 29) सपुष्प सकुशं पाणिं न्यस्य देवस्य मस्तके। पञ्चवारं जपेन्मूलं चाष्टोत्तर शतावधि॥ (तत्रैव 24, 31) यहाँ प्रतिपक्ष से पूर्णिमा तक के देवताओं ने भी शिवार्चना की। (तत्रैव अ.३२)

ऐसे शिवालय के निर्माण करने के उपाय बताएँ जिनमें हम आपकी पूजा कर सकें जिससे आपके कृपा प्रसाद की तुष्टि हो, ऐसे पूज्य प्रासादों के नाम बताएँ।

इषुभेदात्मकं चैव सर्व प्रासादनायकम्।
सोमेश्वर उवाचाथ तथाऽस्तु ब्रह्मणोदितम्॥ 21॥

सभी प्रासादों के ये नायक प्रासाद ईषु भेदा-पाँच प्रकार के भेद युक्त होंगे, ऐसा ब्रह्मा के मांगने पर सोमेश्वर शिव ने 'तथास्तु' कहकर वरदान दिया।

ब्रह्मोवाच भवाल्लब्धाः प्रासादा विविधा मया।
वैराज्यः पुष्पकैलासौ मणिकश्च त्रिविष्टपः॥ 22॥

तब ब्रह्मा ने कहा हे प्रभु आपके द्वारा विविध प्रकार के प्रासाद मुझे उपलब्ध हुए वे हैं— 1. वैराज्य, 2. पुष्पक, 3. कैलास, 4. मणिक तथा 5. त्रिविष्टप।

वैराज्यसम्भव-चतुरश्रायतवृत्तवृत्तायताष्टाश्र नागरप्रासादसङ्ख्यावर्णनम् —

इषुभेदसमुत्पन्नाः प्रासादाः सर्वकामदाः।
अष्टाशीतिरन्यभेदा अष्टादशशतानि च॥ 23॥
शतानि पञ्च प्रासादा अष्टाशीत्युत्तराणि वै।
सर्वेषां मूलयोनिश्च वैराज्यो नाम नामतः॥ 24॥

ये सब पाँच प्रकार के प्रासाद उत्पन्न हुए हैं जो सब कामनाओं पूर्ति करने वाले हैं। इनके 1888 भेद हैं। इनमें 588 प्रासाद की मूल योनि वैराज्य नामक है। इससे ये वैराज्य प्रासाद कहे जाते हैं।

प्रोक्तं चायतछन्देषु पुष्पकाणां शतत्रयम्।
शतानि पञ्च भेदाश्च वृत्तकैलाससम्भवाः॥ 25॥
वृत्तायते च मणिके भेदाः सार्धशतानि च।
सार्धानि त्रिशतान्येवमष्टाश्रे च त्रिविष्टपे॥ 26॥

अब आयत लम्बाई चौड़ाई वाले छन्द में बने पुष्पक जाति के प्रासादों के बारे में कहता हूँ जिनके 300 भेद हैं। वृत्ताकार कैलास से उत्पन्न होने वाले 500 भेद हैं। वृत्तायत या लम्बगोल आकृति वाले मणिक प्रासाद के 150 भेद हैं। त्रिविष्टप प्रासाद के भी अष्टाश्र आकार वाले 350 भेद होते हैं।

अष्टाशीत्युत्तराण्येव शतान्यष्टादशव च।
ब्रह्मसृष्टास्तथा चैते आद्यवैराज्सम्भवाः॥ 27॥

इस तरह 1888 प्रासाद ब्रह्मा द्वारा सृष्ट हुए। ये सब वैराज्य से उत्पन्न हुए हैं

(इस प्रकार वैराज्य 588 + पुष्पक 300 + कैलास 500 + मणिक 150 + त्रिविष्टप 350 जो कुल मिलाकर 1888 हुए।)[1]

इति सूत्रसन्तानगुणकीर्तिप्रकाशप्रोक्तृश्रीभुवनदेवचार्योक्तापराजितपृच्छायां नागरप्रासादलक्षणधिकारो नाम चतुरुत्तरशततमं सूत्रम् ॥ 104 ॥

इस प्रकार भुवनदेवाचार्य कृत सूत्रसन्तानगुणकीर्ति प्रकाश या अपराजितपृच्छा में नागर प्रासाद लक्षण अधिकार नामक एक सौ चारवाँ सूत्र पूर्ण हुआ ॥ 104 ॥

चतुर्दशप्रासादोत्पत्तिमहोत्सवो नाम पञ्चोत्तरशततमं सूत्रम् ॥ 105 ॥

इत्यमनन्तर स्वस्तिकसर्वतोभद्रवर्धमानसूत्रपद्मनहापद्मेतिद्राविडप्रासादभेदास्तेषां उत्पत्तिलक्षणसङ्ख्यावर्णनं च। विश्वकर्मोवाच —

पुनस्तु दानवेन्द्रेण कृताः पूजा महोत्सवाः।
षष्ट्याश्च दशम्यन्ताः पञ्चपूजा महत्तमाः ॥ 1 ॥

(इस सूत्र में द्राविड़ प्रासादोत्पत्ति और उनके नामानुसार संख्यादि पर विचार किया जा रहा है। मन्दिर की द्राविड़ शैली के विकास और ग्रन्थ के रचनाकाल तक उनकी संख्यादि की दृष्टि से यह महत्वपूर्ण है। इस सूत्र से यह सङ्केत भी मिलता है कि द्राविड़ प्रासादों की उत्पत्ति दानवेन्द्र, सम्भवतः मय[2] से हुई है) विश्वकर्मा ने आगे कहा कि पूर्वोक्त महोत्सव के अनन्तर पुनः दानवेन्द्र ने एक पूजा महोत्सव को किया जो कि षष्ठि तिथि से दशमी तक महत्तम पञ्चपूजा के रूप में स्वीकृत है।

---

1. नागर कोटि प्रासाद चौरस तलदर्शन वाले, ऊपर वक्रीय रेखा वाले, अनेकानेक अण्डकों, शिखर, आमलसारक और कलश, पीठ, जङ्घा, मेखला, कूटच्छाद्य रूपयुक्त, मण्डप, वितान, कला, संवरणा, अङ्ग-प्रत्यङ्ग वाले होते हैं। ये प्रासाद पश्चिम भारत, उत्तर भारत, पूर्वी भारत के कतिपय क्षेत्रों, हिमालय प्रदेश में बने मिलते हैं।

2. मयमतं में आया है कि अष्ठकोणाकार और षट्कोणाकार प्रासाद जो कि लम्बवत्, आयताकार होते हैं, 'द्राविड' कोटि के प्रसाद होते हैं—अष्टाश्रं च षडश्रं च तत्तदायाममेव च। सौधं द्राविडमित्युक्तं....(मय. 19, 36) ये पीठ के ऊपर कर्णरेखाओं वाले और ऊर्ध्वाध्वर भूमिकाओं से युक्त, वेदी, घण्टा आदि से युक्त बनते हैं।

   शिल्पियों की ऐसी मान्यता है कि शिव की पूजा के दौरान पुष्पादि से शिवलिङ्ग पर जो सजावट की गई, वह जितने प्रकार की थी, उतने ही आकार-प्रकार के देवायतनों का पल्लवन हुआ।

   मय का यह भी कथन है कि नागर, द्राविड और वेसर संज्ञक प्रासादों को क्रमशः सत्व, रज और तम (गुणाश्रित) जानना चाहिए। इन्हीं के (प्रतीकात्मक रूप) महीसुर (ब्राह्मण), क्षत्रिय और वैश्य होते हैं जिनके अधिदेवता क्रमशः हरि (विष्णु), विधाता (ब्रह्मा) और हर (शिव) कहे गए हैं— स्यान्नागरं द्राविडवेसरं च क्रमेण वै सत्त्वरजस्तमांसि। महीसुरोर्वीपतिवैश्यकास्ते हरिर्विधाता हर आधिदैवाः॥ (तत्रैव 21, 99; प्रतिष्ठालक्षणसारसमुच्चय, पूर्वार्द्ध)

स्वस्तिका सर्वतोभद्रा वर्धमाना तृतीयका।
सूत्र पद्मा महापद्मा द्राविडैः कर्मचर्चिताः ॥ 2 ॥

इसके अनुसार 1. स्वस्तिक, 2. सर्वतोभद्र, 3. वर्धमान, 4. सूत्रपद्म और 5. महापद्म— ये द्राविड़ शैली के कर्म में चर्चित हुए हैं।

द्राविडाख्ये च प्रासादे इषुभेदाः$_{5}$ समीरिताः।
एकद्वित्रिचतुःपञ्च शतान्येकैकशः क्रमात् ॥ 3 ॥

इन द्राविड़ संज्ञक प्रासादों के भी पाँच भेद हैं और इन एक-एक के भी क्रमशः 100, 200, 300, 400 और 500 भेद होते हैं।

एवं द्राविडनमानः प्रासादा विविधा मताः।
सङ्ख्या सार्द्धसहस्त्रं$_{1500}$ तु पूर्वदेवैः कृता पुरा ॥ 4 ॥

इस प्रकार द्राविड़ नाम वाले प्रासाद भी विविध प्रकार के होते हैं जिन सबकी संख्या 1500 होती है, ऐसा पूर्व से ही देवकृत है।

शान्तिदाः सर्वकालेषु गोब्राह्मणहितावहाः।
वल्लभाः सर्वदेवानां शिवस्यापि विशेषतः ॥ 5 ॥

इति द्राविडोत्पत्तिः।

ये सभी प्रासाद सबको शान्ति देने वाले और सर्वकालों में गो-ब्राह्मणों के हितों को पूरा करने वाले कहे गए हैं। ये सभी देवताओं के प्रिय और शिव को विशेष प्रिय होते हैं।

अथ रुचकभवपद्ममलयवज्रकेति लतिनप्रासादभेदास्तेषामुत्पत्तिः सङ्ख्याश्च —

पुनः कृताश्च गन्धर्वैः पूजाः पञ्चमहोत्सवे।
महोत्सवा देवसदृशोपमा [1]क्षितिपति समुद्धृत ॥ 6 ॥

(लतिन प्रासादों की उत्पति गन्धर्वों की देन कही गई है) एक बार गन्धर्वों ने पञ्चपूजा महोत्सव किया। ये महोत्सव देवताओं के समान ही उपमेय रहा और राजा महाराजाओं द्वारा उद्धृत है।

रुचकश्च भवः पद्मो मलयो वज्रकस्तथा।
वैराज्योपमकायाश्च हीषुभेदाः$_{5}$ प्रकीर्तिताः ॥ 7 ॥

इन पाँचों के नामों हैं— 1. रुचक, 2. भव, 3. पद्म, 4. मलय और 5. वज्रक। इनकी रचना और आकृति वैराज्य प्रासादों के समान ही पाँच भेदों में कही गई है।

---

1. 'क्षतपाते तद्धृत ? ॥' इति प्रकाशित पाठः।

रुचकाद्याः षोडश$_{16}$ वै चतुरश्राः प्रकीर्तिताः।
भवश्च विभवश्चैव चतुरश्रायतौ तथा॥ 8॥

रुचकादि सोलह प्रासाद चौकोर या चतुरस्र होते हैं। भवन और विभव प्रासाद चतुरस्र या लम्बाई-चौड़ाई युक्त आयताकार होते हैं।

पद्मो मालाधरश्चैतो वृत्तावेव तु कारयेत्।
वृत्तायतौ तु कर्तव्यौ मलयो मकरध्वजः॥ 9॥

पद्म प्रासाद को मालाधर के जैसा, वृत्त या गोलाकार बनाएँ परन्तु मलय प्रासाद को लम्बगोल या वृत्तायत आकार में बनाएँ जो कि मकरध्वज कहलाता है।

वज्रकः स्वस्तिकः शङ्कुरष्टाश्राः परिकीर्तिताः।
इषु$_5$ भेदसमुत्पन्नाः प्रासादा लतिनास्तथा॥ 10॥

वज्रक प्रासाद स्वस्तिक, शङ्कु आदि आठ भुजा वाले अष्टाश्र आकार के कहे गए हैं। इस प्रकार इन पाँच भेदों में उत्पन्न लतिन प्रासादों के बारे में कहा गया है।

एकद्वाराश्च कर्तव्याः पुरशान्तिकराः सदा।
एते च जातिशुद्धाश्च लतिनाः पञ्चविंशतिः$_{25}$॥ 11॥

इति लतिनोत्पत्तिः।

इन प्रासादों में सदा एक द्वार ही करना चाहिए, यह पुरवासियों को सदा ही शान्ति प्रदान करता है। इतने ये लतिन प्रासाद जाति शुद्धि युक्त पच्चीस प्रकार के हैं।[1]

वराटपुष्पकश्रीपुञ्जपर्वतोभद्रसिंहेति वराटप्रासादभेदास्तेषामुत्पत्तिसङ्ख्याश्च —

वसुभिश्च कृताः पूजास्तथा पञ्च महोत्सवाः।
तेषां नामानि युक्तिं च कथयामि यथाक्रमम्॥ 12॥

इसके उपरान्त, वसुओं ने भी पञ्चपूजा महोत्सव को किया। इस क्रम में उद्भूत प्रासादों के नाम व उनके बनाने की युक्ति यथाक्रम से कहता हूँ।

वराटः पुष्पकश्चैव श्रीपुञ्जश्च तृतीयकः।
सर्वतोभद्रसिंहौ च वराटाः पञ्च कीर्तिताः॥ 13॥

---

1. इस शैली के मन्दिर भारत में हिमालय प्रदेश से दक्षिण में ऐहोल तक देखने में आते हैं। इस शैली में पीठ से ऊपर आमलक तक वक्ररेखा में हस्तगुल से उपाङ्ग किए जाते हैं। शिखर पर छज्जा नहीं होता है परन्तु एकाङ्गिक लतिन शैली का विकास पञ्चाङ्गिक, नवाङ्गिक, त्रयोदशाङ्गिक तक बनते रहे, प्रधानतः नवीं सदी तक ऐसा हुआ जबकि दसवीं और ग्यारहवीं सदी तक शिल्पियों ने शिखर की रचना में विकास किया और सैकड़ों-हजारों की संख्या में अण्डकों की योजना के साथ बड़ी संख्या में ऐसे प्रासादों की रचना की।

इनके नाम है— 1. वराट, 2. पुष्पक, 3. श्रीपुञ्ज, 4. सर्वतोभद्र और 5. सिंह। इस तरह वराट जाति के पाँच प्रासाद की कीर्ति है।

रत्नयोन्युद्भवाः सर्वे वास्तुवेदे समीरिताः।

द्विद्वादशशतान्येवं$_{2400}$ प्रासादास्तु वराटकाः ॥ 15 ॥

इति वराटोत्पत्तिः।

ये सभी प्रासाद रत्नयोनि से उत्पन्न हुए हैं और वास्तुवेद के अनुरूप बने हैं। ऐसे वराटक प्रासाद 2400 की संख्या में हैं।[1]

विमानगरुडध्वजविजयगन्धमादनेति विमानभेदास्तेषामुत्पत्तिलक्षणसङ्ख्याश्च —

यक्षर्महोत्सवं कृत्वा विमानानां समुद्भवाः।

विमानगरुडध्वजविजया गन्धमादनः ॥ 15 ॥

इसी प्रकार यक्षों द्वारा किए गए महोत्सव में जो विमान प्रासाद प्रकट हुए उनके नाम हैं— 1. विमान, 2. गरुड़, 3. ध्वज, 4. विजय और 5. गन्धमादन।

इमे विमानाः पञ्चैव$_{5}$ कर्तव्याः शान्तिमिच्छता।

पुष्पमालाधराकारा लताशृङ्गोत्तमास्तथा ॥ 16 ॥

इन पाँच प्रकार के विमान (मन्दिर) के निर्माण से शान्ति की कामना की पूर्ति होती है। ये सभी पुष्पमालाधर आकार में अर्थात् वृताकार में बनते हैं जिनमें लताएँ शृङ्ग-शिखर आदि भी बनाएँ जाते हैं।

त्रिचतुःपञ्च षट् सप्त शतान्येकैकतः पृथक्।

पञ्चविंशतिः शतानि$_{2500}$ तत्सङ्ख्येत्थमुदाहृता ॥ 17 ॥

इति विमानोत्पत्तिः।

इन प्रासादों के एक-एक के क्रमशः 300, 400, 500, 600, 700 अलग-अलग भेद हैं जो कुल मिलकर 2500 होते हैं।[2]

केसरिनन्दनमन्दरश्रीतर्विन्द्रनीलरत्नकूटगरुडेति सान्धारप्रासादभेदास्तेषामुत्पत्ति-सङ्ख्यावर्णनं च —

उरगेन्द्रैः कृता पूजा तदर्थे तु प्रदक्षिणा।

सान्धारास्तत्र सम्भूताः प्रासादा भ्रमसंयुताः ॥ 18 ॥

---

1. जो भूमिज प्रासाद जङ्घा रहित हो, शृङ्ग स्थान पर शृङ्गवाले, अनेकानेक शृङ्गों से युक्त, कर्ण, प्रतिरथ, भद्र, प्रतिभद्र, मन्दार, पुष्प और घण्टायुक्त होते हैं, वे वराट शैली के प्रासाद होते हैं। अन्य शास्त्रीय गणना से इनके 1202 भेद कहे गए हैं।
2. चतुरस्र तलदर्शन वाले रथ, उपरथ और भद्र वाले भूमिज प्रासाद विमान शैल्यान्तर्गत परिगणित हैं।

इसी प्रकार नागराजों ने भी पूजा की और उसके लिए उन्होंने प्रदक्षिणा की। इससे सान्धार प्रासाद उत्पन्न हुए, जो भ्रम-परिक्रमा (प्रदक्षिणा मार्ग) युक्त बनते हैं।

केसरी नन्दनश्चैव मन्दरः श्रीतरुस्तथा।
इन्द्रनीलो रत्नकूटो गरुडश्चेति नामतः ॥ 19 ॥
द्वौ त्रयश्चैकः षट् त्रयः सप्त त्रितयमेव च।
पञ्चविंशतिराख्याताः$_{25}$ प्रासादाः पर्वतोपमाः ॥ 20 ॥

इन प्रासादों के सात प्रकार हैं—1. केसरी, 2. नन्दन, 3. मन्दर, 4. श्रीतरु, 5. इन्द्रनील, 6. रत्नकूट और 7. गरुड़। ये कुल सात भेद हैं। इनके क्रमशः 2, 3, 1, 6, 3, 7 और 3 रूप होते हैं जो कुल मिलकर 25 होते हैं। ये पर्वत के समान समुन्नत प्रासाद होते हैं।

शान्तिदाः सर्वकालेषु पुरे राज्ञां जनस्य च।
देशशारिकथा नित्यं नित्यं कल्याणकारकाः ॥ 21 ॥

ये प्रासाद सभी कालों में राजा और पुर के निवासियों को शान्ति प्रदान करते हैं। वहाँ होने वाली 'देशशारिकथा' से नित्य ही कल्याण बना रहता है।

तद्भेदैश्च समुत्पन्नाः शतार्धं पृथगेकतः।
द्वादशेव शतान्येवं पञ्चाशदधिकानि$_{1250}$ च ॥ 22 ॥

इति सान्धारोत्पत्तिः।

इन सभी प्रासादों के जो भेद उत्पन्न हुए हैं, वे पृथक-पृथक 50 होते हैं। इस तरह 25 प्रासादों के कुल 1250 भेद बनते हैं।[1]

अथ मिश्रकोत्पत्तिः —

विद्याधरैः पुनः पूजा कृता यागेश्वरस्य तु।
मिश्रकाश्च समुत्पन्ना अनेकाकाररूपिणः ॥ 23 ॥

यागेश्वर शिव की पुनः पूजा विद्याधरों ने की जिससे मिश्रक प्रासाद उत्पन्न हुए। उनके अनेक आकार और रूप हैं।

बहुवर्णैस्तथा पुष्पैः पूजां कृत्वा शिवस्य च।
मिश्रका बहुरूपाढ्या नैकरत्नैर्विभूषिताः ॥ 24 ॥

---

1. विविध अङ्गों से परिपूर्ण सान्धार मन्दिर गर्भगृह की परिक्रमा की सुविधा वाले होते हैं। ये मूलतः नागर शैली के प्रासाद हैं। यदि इनमें प्रदक्षिणा मार्ग न हो तो इनको निरन्धार कहा जाता है। सान्धार जाति के प्रासाद गुजरात, सौराष्ट्र, राजस्थान के मेवाड़ क्षेत्र में बने हैं। मध्यप्रदेश के खजुराहो में भी इस प्रकार के देवालय बने हैं। सोमनाथ का प्रसिद्ध देवालय इसी कोटि का है।

विद्याधरों द्वारा शिव की पूजा बहुत तरह के रङ्ग-बिरङ्गे पुष्पों से की गई जिससे मिश्रक प्रासाद भी बहुत तरह के रूपों से पूर्ण और अनेक रत्नों से विभूषित हुए।

एकवर्णैर्बहुवर्णैः पूजाः पुष्पैरनेकधा।
बहुपुण्यप्रदाः सर्वे शान्तिदाश्च पुरःपतेः ॥ 25 ॥

एक रङ्ग के अथवा बहुत रङ्गों के पुष्पों से विविध प्रकार से पूजा की गई जो बहुत ही पुण्य देने वाली और सब को अर्थात् राजा-प्रजा को शान्ति देने वाली थी।

अष्टादशशतान्यङ्गमिश्रका$_{1800}$ द्विगुणास्ततः$_{3600}$।
भूपालैश्च महाराजैः कृताः पूजामहोत्सवाः ॥ 26 ॥

इति मिश्रकोत्पत्तिः।

इन प्रासादों के 1800 अङ्ग मिश्रक नाम के हैं और उनसे दुगने अर्थात् 3600 है। इन प्रासादों में राजाओं, महाराजाओं ने पूजा-महोत्सव किए हैं।[1]

अथ भूमिजप्रासादानामुत्पत्तिः सङ्ख्यावर्णनं च —

प्रासादानां च पतयो भूमिजा भूमिदानतः।
निषधः कुमुदः स्वस्तिस्त्रयः पूज्या माहान्तकाः ॥ 27 ॥

प्रासादों के सिरमौर भूमिज प्रासाद हैं जो ऐश्वर्य को देने वाले है; 1. निषध, 2. कुमुद और 3. स्वस्तिक— ये तीन प्रकार भूमिज प्रासाद के होते हैं।

चतुरश्रा वृत्तसंस्था अष्टशालास्ततः परम्।
दिशः सप्त तथाष्टौ च भूमिजाश्च त्रिधोदिताः ॥ 28 ॥
तदङ्गतः षट् शतानि पञ्चविंशतिभिः$_{625}$ सह।
[2]नानालङ्काराभूषितै तदाराध्यं भुभूजाम् ॥ 29 ॥

इति भूमिजोत्पत्तिः।

ये प्रासाद 1. चतुरश्र, 2. वृत्ताकार और इसके श्रेष्ठ 3. अष्टाश्र या आठ पक्ष वाले होते हैं। भूमिज प्रासादों की ऊँचाई चार, सात या आठ मंजिलों-भूमियों तक होती है। अङ्गतः इनके भेद 625 रूपों वाले होते हैं। इनको नाना अलङ्करणों से विभूषित किया जाकर राजाओं द्वारा पूजा गया।[3]

---

1. मिश्रक नागर शैली के प्रासाद माने गए हैं जिनमें तिलक से युक्त निर्मिति होती है। अपराजितकार ने इनके 1800 भेद बताए हैं।
2. प्रकाशितपाठे नोपलभ्यते।
3. भूमिज मन्दिरों की शैली का दर्शन मालवा, महाराष्ट्र और उत्तरी कर्नाटक में होता है। इनमें मन्दिर की पीठ पर देवरूप वाला मण्डोवर बनाकर छज्जा रहित बरण्डिका से शिखर का प्रारम्भ होता है। इनमें

अथ विमाननागरप्रासादोत्पत्तिः —

यस्माद् वेदाङ्गसम्भूतिर्देवदेवश्चतुर्थकः।
अतिजेजः पुञ्जकाढ्यग्रहयुक्तो दिवाकरः ॥ 30 ॥
कृता महोत्सवास्तेन पूजाश्चैव माहान्तकाः।
विमाननागराच्छन्दाः प्रासादेषु समीरिताः ॥ 31 ॥

इति विमाननागरप्रासादोत्पत्तिः।

जिससे वेदाङ्ग उत्पन्न हुए और जो देवों में भी परमदेव चतुर्थ गिना गया है, जो अति तेजवान् प्रकाशपुञ्ज और अपने चतुर्दिक समस्त ग्रहों से युक्त दिवाकर-सूर्यदेव है, उन्होंने भी महोत्सव मनाया और महान् पूजा की। इससे विमान नागर-छन्द के प्रसाद बनने लगे।[1]

अथ विमानपुष्पकप्रासादोत्पत्तिः —

नक्षत्राधीश्वरश्चैवं नक्षत्रैर्बहुभिर्वृतः।
विधुस्तेजोऽमृतमयः संसाराधारकारणम् ॥ 32 ॥

नक्षत्राधीश्वर अपने समस्त नक्षत्रों से घिरे हुए रहते हैं। ऐसे विधु-चन्द्रमा का प्रकाश अमृतमय है, जो संसार के आधार का कारण है क्योंकि इसी से समस्त पेड़ पौधे वनस्पति आदि उत्पन्न होते हैं।

द्विजराजस्तेन कृता पूजा यागेश्वरस्य च।
विमानपुष्पकाख्याताः प्रासादाः सर्वकामदाः ॥ 33 ॥

इति विमानपुष्पकप्रासादोत्पत्तिः।

अस्तु, चन्द्रमा द्विजराज ने भी यागेश्वर शिव की पूजा की। इससे विमान पुष्पक नामक प्रासाद उत्पन्न हुए जो सब कामनाओं की पूर्ति करने वाले हैं।[2]

तलदर्शन हस्ताङ्गुल होता है और उपाङ्ग नीचे से ऊपर आमलक तक वक्ररेखाओं को लम्बवत् किया जाता है। इसमें शिखर के उपाङ्ग को बालञ्जर कहा जाता है। शिखर के भद्र को लता-माला कहा जाता है। शिखर में भूमिका या माल की रचना होती है। इसमें स्तम्भ कुम्भी की भाँति ऊपर प्रहार बनाकर ऊपर शृङ्ग उत्तरोत्तर सात या नौ स्तर, भूमिक शिखर स्कन्ध तक चढ़ाया जाता है। सुन्दर आकृति वाली शुकनासिका को सूरसेन कहा जाता है। चतुरस्र तलदर्शन के ऊपर वर्तुलाकार शिखर लतिन जैसा होता है, जिसकी आकृति पृथक् होती है।

1. विमाननागर शैली केप प्रासादों में ऊर्ध्व भाग में लता और शृङ्गों का निरूपण मिलता है। विमान शैली का मिश्रण भी परिलक्षित होता है। ये प्रासाद तेजस्वी प्रतीत होते हैं।
2. ऐसे विमान नागर प्रासाद जिनमें उरुशृङ्ग के ऊपर पुष्पक तैयार होते हैं, वे विमानपुष्पक प्रासाद कहे जाते हैं।

वलभीप्रासादोत्पत्तिः —

गौर्याद्याभिश्च देवीभिः कृताः पूजा महोत्सवाः।
पुष्टप्राकारसङ्कीर्णा रत्नज्योतिर्महार्चिषः॥ 34॥
कृता वलभिकाकाराः प्रासादाः स्त्र्यभिधानकाः।
आयताश्चतुरश्राश्च वृत्ता वृत्तायतास्तथा॥ 35॥

इसी तरह से गौरी आदि अन्य देवियों ने भी पूजा महोत्सव किया। इससे पुष्ट परकोटों से युक्त, विविध रत्न ज्योतियों से, अर्चा-पूजा से वलभी के आकार के प्रासाद बनें जिनके रूपाभिधान अर्थात् आकृति 1. आयताकार, 2. चतुरश्र, 3. वृत्त और 4. वृतायत होती है।[1]

महापुण्योदयस्तेभ्यस्तेजः सौभाग्यवर्द्धनम्।
जन्मजन्मनि भूपालाः पुष्पबाणपरायणः॥ 36॥

इति वलभ्युत्पत्तिः।

ये सभी महान् पुण्य के उदय के कारण होते हैं और तेज व सौभाग्य को बढ़ाने वाले हैं। इनसे अनेक जन्मों तक भूपाल या राजागण पुष्पबाण परायण अर्थात् कामदेव के समान सुरूप, सुन्दर और स्वस्थ होते हैं।[2]

सिंहावलोकनप्रासादानां दारुजप्रसादानां चोत्पत्तिः —

हरसिद्ध्यादयो देव्यः समस्ताः समयेषु च।
ताभिर्महोत्सवाः पूजाः कृताश्चैव माहान्तकाः॥ 37॥
सिंहावलोकना सर्वे प्रासादा भुवनोत्तमाः।

इति सिंहालोकनोत्पत्तिः।

इसी प्रकार आगे हरसिद्धि आदि देवियों ने भी एकत्र होकर इस महान् पूजा-महोत्सव को किया जिससे सिंहावलोकन प्रासाद सभी प्रकार से इस भुवन में उत्तम

---

1. ग्रन्थकार भुवनदेवाचार्य का मत है कि इसका छन्द नागर कुल का है। इसके आकार भेद से चार प्रकार है। लम्ब चौरस हो तो पुष्टप्राकार या पुष्पक, चौरस हो तो सङ्कीर्ण, गोलाकार हो तो रत्नज्योति और लम्बगोल हो तो महार्चिष कहलाता है।
2. लम्ब चौरस तलदर्शन वाला घण्टा तथा भूमिकाओं से रहित और गज पृष्ठाकार शिखर वाला प्रासाद वलभी शैली का होता है। ऐसी मान्यता है कि ये प्रासाद लतिन और नागर शैली की अपेक्षा प्राचीन है। सौराष्ट्र में उत्तर गुप्तकाल के प्रभास के निकट कद्‌वार में ऐसे नमूने प्राप्त है। पोरबन्दर और द्वारका के बीच हर्षदमाता स्थान पर भी वलभी कोटि का प्रासाद मिला है। वलभीप्रासादों के उदाहरण दक्षिण में महाबलिपुरम्, हिमालय प्रदेश, कलिङ्गादि में देखने में आते हैं। भुवनेश्वर में वैताल का अलंकृत मन्दिर वलभी जाति का है।

माने जाने वाले उद्भूत हुए।

अथ दारुजप्रासादोत्पत्तिः —

दारुकर्मोद्भवाः सिंहालोकना दारुजाः समे ॥ 38 ॥

इति दारुजोत्पत्तिः।

इसी के अनुरूप दारुकर्मोद्भवा यानी लकड़ी का काम करने वाले शिल्पियों से दारू अर्थात लकड़ी से सिंहावलोकन प्रासाद बनें।

इत्यमनन्तर फांसनाकारप्रासादानामुत्पत्तिः —

पिशाचैश्चैव सर्वैश्च रक्षःप्रेतात्मकैस्तथा।
कृत्वा महोत्सवं पूजाः यागेश्वरस्य तु ॥ 39 ॥

यहाँ तक कि पिशाचों ने भी और सभी राक्षस व प्रेतात्माओं ने भी महोत्सव करके पूजा की जिससे योगेश्वर शिव प्रसन्न हुए।

ने ते स्त्रीलिङ्गतः कार्याः पुंलिङ्गास्तु विवर्जिताः।
नपुंसकाः फांसनाख्याः प्रासादाश्च भवन्ति च ॥ 40 ॥

इति फांसनाकारोत्पत्तिः।

उनके वरदान से न तो स्त्री लिङ्ग और न पुलिङ्ग प्रासाद उत्पन्न हुए। ये नपुंसक कोटि के 'फांसना' नाम प्रासाद हुए।

तथा च महोत्सव वर्णनं —

इमे चतुर्दश $_{14}$ प्राप्ताः समस्तैश्च गणेश्वरैः।
स्वर्गपातालाधिदेवैः सुरासुरनरोरगैः ॥ 41 ॥
दिक्पालैर्लोकपालैश्च देवीभिर्वसुभिस्तथा।
ऋषिवृद्धैस्तथा चैव भूपालाद्यैः समस्तकैः ॥ 42 ॥
इन्दलोकात् समायातः सुरराजः स्वयम्भुवा।
कृता तत्र महापूजा पुरुषत्रितयस्य च ॥ 43 ॥

समस्त गणेश्वरों से उक्त चौदह प्रासाद प्राप्त हुए हैं। सुर, असुर, उरग और नर, जो स्वर्ग-पाताल के अधिदेव है तथा समस्त दिक्पाल, लोकपाल, सभी देवियाँ, सभी वसुगण, सभी ऋषियों में वृद्धऋषि और समस्त भूपालों-राजाओं ने, इन्द्रलोक से आए सुरराज ने, स्वयम्भुव ने वहाँ त्रिपुरुषदेव की पूजा का महोत्सव किया।[1]

---

1. ग्रन्थकार ने यहाँ त्रिपुरुषदेव की ओर सङ्केत किया है। दक्षिण की गुफाओं में इस प्रकार की मूर्तियाँ मिली हैं। ग्रन्थकार के समय चित्तौड़गढ़ पर धाराधिप भोज के बनवाए त्रिभुवननारायण का मन्दिर

वामे विष्णुं देवदेवं ब्रह्माणं दक्षिणे तथा।
मध्ये यागेश्वरं देवं त्रैलोक्येशं जगद्गुरुम्॥ 44॥
गीतनृत्यैश्च वादित्रैः प्रेक्षणीयैरनेकधा।
लास्य-हास्यै-र्वैदग्ध्यैस्ताण्डवाद्यैश्च नर्त्तनैः॥ 45॥

बाएँ भाग में देवाधिदेव भगवान् विष्णु को रखा। दाएँ भाग में भगवान् ब्रह्माजी को रखा और दोनों के मध्य में यागेश्वर, त्रैलोक्य देवेश जगद्गुरु शिव को आसीन किया। सब ने ही मिलकर गीत, नृत्य, वाद्ययन्त्रों के साथ अनेक प्रकार के दर्शनीय लास्य, हास्य और विदग्ध सूझबूझ के ताण्डव आदि नर्तन से उत्सव मनाया।

विविधाभिः पताकाभिर्ध्वजैश्च तोरणैस्तथा।
कुङ्कुमद्रवसङ्कीर्णैः कुङ्कुमद्रवसिञ्चितैः॥ 46॥

उक्त महोत्सव स्थल को तरह-तरह की पताकाओं, ध्वजादि तोरणों को सजाया गया था। कुङ्कुम के घोल के अत्यधिक प्रयोग से ऐसा लग रहा था मानों कुङ्कुम-द्रव से ही सर्वत्र सिंचाई हो रही हो।

सद्धूपामोदबहुलैः कर्पूरागरुकैस्तथा।
इषुभेदैः$_5$ समुत्पन्नाः सर्वे प्रासादनायकाः॥ 47॥

इसी तरह अच्छे धूप की सुगन्ध की बहुतायत से और कर्पूर और अगरु से व्याप्त सुगन्धिपूर्ण महोत्सव से पाँच प्रकार के प्रासाद उत्पन्न हुए जो सर्वप्रकारेण प्रासादनायक ही थे।

सोमेश्वरस्तदोवाच तथास्तु ब्रह्मणोदितम्।
ब्रह्मोवाच भवाल्लब्धाः प्रासादा विविधा मया॥ 48॥

उस महोत्सव मे सोमेश्वर शिव ने ब्रह्मा के प्रति 'तथास्तु' कहा। इस पर ब्रह्मा ने भी कहा कि प्रभु आप से मेरे द्वारा विविध प्रकार के प्रासाद प्राप्त हुए।

वैराज्य-पुष्प-कैलासाः-मणिकाश्च-त्रिविष्टपाः।
इषुभेदैः$_5$ समुत्पन्नाः प्रासादाः सर्वकामदाः॥ 49॥
अष्टाशीत्युत्तराण्येव शतान्यष्टादशैव$_{1888}$ च।
... ... ॥ 50॥

ये सभी प्रासाद हैं— 1. वैराज्य, 2. पुष्पक, 3. कैलास, 3. मणिक और 5.

विद्यमान था। चीरवा गाँव से प्राप्त 1278 ई. के अभिलेख में इसका सङ्केत मिलता है— भोजराजरचित त्रिभुवननारायणख्य देवगृहे। वर्तमान में इसे समाधीश्वर मन्दिर कहा जाता है।

त्रिविष्टप। ये पाँच भेदों में उत्पन्न प्रासाद सब कामनाओं की पूर्ति करने वाले हैं और इन सबके कुल 1888 विविध रूप होते हैं।

नवनाट्यरसोपेतैः धृताराात्रिककैस्तथा।

मृदङ्ग-वंश-तालाद्यै-र्गीत-नृत्यादिभिस्तथा॥ 51॥

नाट्य के नौ ही रसों से परिपूर्ण होकर उन्होंने एक-एक रात्रि भर मृदङ्ग, बाँसुरी, ताल-मञ्जीरों से गीत और नृत्यों द्वारा उत्सव मनाया।

षड्रसाहारगौरैः पक्वान्नैश्च नेकधा।

चतुरशीत्यत्र साकारि [1]फेनाकुलीकनेकसङ्कुला॥ 52॥

इसी प्रकार अनेक प्रकार के पक्वान्नों से उन गौरियों ने षट् रसों से युक्त आहार किया। इस महोत्सव में चौरासी 84 आकारों के अनेक फेनाकुलिकों (फीणियों) के समूह जुटाए गए थे।

महेषु पञ्चदशसु$_{15}$ सर्वमारात्रिकादिकम्।

प्रथितं त्रिषु लोकेषु सुरासुरनरोरगैः॥ 53॥

स्तोत्रमन्त्रार्चनैर्भक्त्या प्रणिपत्य जगद्गुरुम्।

जपदीक्षा भवेत् सा हि दण्डीदारुवने तथा॥ 54॥

इस अवसर पर महेश द्वारा तीनों लोकों के सुर, असुर, नर और नागों में प्रकाशित-प्रचारित, पन्द्रह रात्रि में सभी प्रकार से की जाने वाली आरती की। उन्होंने स्तोत्र, मन्त्रों से अर्चना भक्तिपूर्वक जगद्गुरु शिव को प्रणिपत्य होकर यानी साष्टाङ्ग प्रणाम करते हुए की। इस प्रकार उक्त दण्डी दारुवन की जपदीक्षा होती है।

तस्य फलवर्णनं —

सोत्साहं यः पठेद् भक्त्या भक्तवत्सलसंस्तुतिम्।

मुक्तश्च सर्वपापेभ्यः शिवलोकं स गच्छति॥ 55॥

अस्तु, भक्तवत्सल भगवान् शिव की यह संस्तुति को उत्साह और युक्तिपूर्वक जो भी पढ़ेगा, वह सब पापों से तुरन्त मुक्त होकर शिवलोक को जाएगा।

अष्टम्यां च चतुर्दश्यां शिवस्तोत्रं जितेन्द्रियः।

यः पठेच्च तथा भक्त्या ह्येकचित्तः समाहितः॥ 56॥

यागेश्वरस्य यात्रायाः पुण्यं प्राप्नोति मानवः।

धर्मा-र्थ-काम-मोक्षाणां सम्प्राप्तिश्च तथेप्सिता॥ 57॥

---

1. 'फेनाकुलीकमेकसङ्कुला?॥' इति प्रकाशित पाठः।

इसी तरह अष्टमी और चतुर्दशी के दिन जितेन्द्रिय होकर जो शिवस्तोत्र को एकाग्रचित से समाहित होकर भक्तिपूर्वक पढ़ता है वह मानव यागेश्वर भगवान् शिव की यात्रा करने का पुण्य प्राप्त करता है और इच्छित धर्म, अर्थ, काम और मोक्ष की प्राप्ति कर सकेगा।

कृतघ्नश्च तथा गोघ्नो ब्रह्महा गुरुतल्पगः।
दुष्टकर्मा दुराचारः पितृहा मातृहा तथा॥ 58॥
मुच्यते सर्वपापेभ्यो दृष्ट्वा यागेश्वरोत्सवम्।

चाहे कोई कृतघ्न हो, गौघाती हो, ब्राह्मण का हत्यारा हो, गुरु-तल्पग (गुरु पत्नीगामी) हो, दुष्टकर्मा व दुराचारी हो, माता-पिता का हत्यारा हो वह भी यागेश्वर शिव के महोत्सव को देखते ही समस्त पापों से मुक्त हो जाता है।

कल्पकोटिसहस्त्रैस्तु यत्पापं समुपार्जितम्॥ 59॥
श्रुत्वा यागेश्वरोत्साहं मुच्यते सर्वपातकैः।
ये चादग्धा मृतास्तेषां मोक्षः स्यात्पञ्चभूततः॥ 60॥

इसी तरह हजारों, करोड़ कल्पों में जो पाप किसी ने उपार्जित किए हो, उनसे भी यागेश्वर शिव के महात्म्य को सुनते ही मुक्ति मिल जाती है। जो भी प्राणी मरने पर दाह संस्कार न पा सका हो, अदग्ध रहा हो उसको भी पञ्चभूतमय कायाचक्र से मुक्ति मिल जाती है।

वाचमानो महोत्साहः श्राद्धं कृत्वा स्वयं गृहे।
एकोत्तरसहस्त्रं च कुल [त्राता भवेन्नरः स्यात्]॥ 61॥

जो महान् उत्साहपूर्वक शिव माहात्म्य का वाचन करता है और अपने स्वयं के गृह पर ही श्राद्ध करता है, वह भी अपने एकोत्तर हजार कुलों को तार देता है।

इति सूत्रसन्तानगुणकीर्तिप्रकाशप्रोक्तृश्रीभुवनदेवाचार्योक्तापराजितपृच्छायां
चतुर्दशप्रासादोत्पत्तिमहोत्सवाधिकारो नाम पञ्चोत्तरशततमं सूत्रम्॥ 105॥

इस प्रकार भुवनदेवाचार्य कृत सूत्रसन्तानगुणकीर्ति प्रकाश या अपराजितपृच्छा में चौदह प्रासाद उत्पत्ति महोत्सव अधिकार नामक एक सौ पाँचवाँ सूत्र पूर्ण हुआ॥ 105॥

प्रासादचतुर्दशजातिलक्षणाकारो नाम षडुत्तरशततमं सूत्रम्॥ 106॥

अधुना नागरादि प्रासादलक्षणं। विश्वकर्मोवाच —

विमानाश्च तथा पञ्च ब्रह्मणा भाषिताः स्वयम्।
मनोह्लादकरा ह्येते कामं स्वच्छन्दचारिणः॥ 1॥

विश्वकर्मा ने आगे कहा कि स्वयं ब्रह्माजी ने पाँच प्रकार के विमानों के बारे में कहा है जो कि मन को आनन्द देने वाले, कामनापूर्ति करने वाले तथा स्वच्छन्दगामी या स्वतन्त्र रूप से चरण करने वाले हैं।

वैराज्यः प्रथमो नाम पुष्पकश्च द्वितीयकः।
कैलासो मणिकश्चाथ तथा चैव त्रिविष्टपः ॥ 2 ॥

इन प्रासादों के नाम हैं— 1. वैराज्य, 2. पुष्पक, 3. कैलास, 4. मणिक और 5. त्रिविष्टप।

प्रयुक्ता विविधाश्छन्दाः सूत्रमार्गैरनेकधा।
वैराज्यकुलसम्पन्नाः सर्वे प्रसादसञ्ज्ञकाः ॥ 3 ॥
प्रासादास्तु समस्ता वै सन्ति वैराज्यसम्भवाः।
वैराज्यजन्यप्रासादा इषु भेदोद्भवास्ततः ॥ 4 ॥
इषुभेदसमुत्पन्नाः प्रासादाः सर्वकामदाः।

ये सभी प्रासाद वैराज्य कुल से सम्पन्न कहे गए है। इनमें विविध छन्दों का प्रयोग हुआ है। अनेक सूत्रमार्गों का भी इनमें प्रयोग हुआ है। ये समस्त प्रासाद वैराज्य से सम्भव हुए है। इसलिए ये वैराज्यजन्य प्रासाद पाँच भेदों में बने हैं। ये पाँच भेदों में बने प्रासाद सब कामनाओं की पूर्ति करने वाले हैं।

धात्वादीनां प्रासादं —

सौवर्णै राजतैश्चैव देवानां सततं प्रियाः ॥ 5 ॥
मणिमुक्ताप्रवालाढ्यैर्भूषणैः सुविभूषिताः।
रीतिकाताम्ररङ्गैश्च पिशाचोरगरक्षसाम् ॥ 6 ॥

सोने और चाँदी के बने प्रासाद तो देवताओं को सतत प्रिय रहे हैं। इन्हें देवताओं ने मणियों, मुक्ताओं, प्रवालों की भरमार युक्त भूषणों से सुविभूषित किया है। पिशाचों, नागों और राक्षसों के लिए ये प्रासाद ताम्बा, पीतल और राङ्गा धातुओं के हैं।

लोकानुसारेण प्रासादलक्षणं —

देवलोके भवन्त्येते कामं स्वच्छन्दचारिणः।
पातालेऽपि विनिर्दिष्टाः पाषाणैः स्फटिकैस्तथा ॥ 7 ॥

ये देवलोक में अपनी कामना के अनुसार स्वच्छन्द चलित होते हैं। पाताल में भी ये प्रासाद पाषाण और स्फटिक से बनाएँ जाने के योग्य बताए गए हैं।

इष्टकाकाष्ठपाषाणैर्मृत्युलोके त्वनिन्दिताः।
नित्यं भवन्ति सुखदाः कर्तृकावरयोस्तथा ॥ 8 ॥

मृत्युलोक में इन प्रासादों को ईंटों, काष्ठ, पाषाण से बनाया जाना बताया गया है जो भी मान्य है, निन्दित नहीं है। ये नित्य ही उन प्रासादों के कर्ताओं को सुख देने वाले और वरदाता होते हैं।

देवालयमाहात्म्यमाह —

नगराणां भूषणार्थं देवानामालयाय च।
लोकानां धर्महेतोश्च क्रीडार्थं सुरयोषिताम्॥ 9॥
आलयः सर्वभूतानां विजयाय जितात्मनाम्।
धर्मार्थकाममोक्षाणां प्राप्तिहेतुर्मनस्विनाम्॥ 10॥

अतएव ये प्रासाद नगरों के भूषण रूप में, देवताओं के आवास रूप में, लोकों के धर्मवृद्धि हेतु में और देवाङ्गनाओं के क्रीड़ार्थ तथा सभी भूत प्राणियों के आश्रय के रूप में, जितात्माओं के विजय के लिए और मनस्वियों के लिए धर्म, अर्थ, काम और मोक्ष की प्राप्ति के हेतु बनते हैं।

यत्र येषां कृता पूजा तत्र तन्नामकास्तु ते।
प्रासादानां समस्तानां कथयिष्याम्यनुक्रमम्॥ 11॥

जहाँ इन प्रासादों की पूजा होती है, वहाँ वे उसी स्थान के नाम से जाने जाते हैं। (जो जिस देवालय की पूजा करता है, वह देवालय उसके अनुसार भी जाना जाता है) इन समस्त प्रासादों को अब अनुक्रम से कहता हूँ।

सुरैस्तु नागराः ख्याता द्राविडा दानवेन्द्रकैः।
लतिनाश्चैव गन्धर्वैर्यक्षैश्चापि विमानजाः॥ 12॥

देवताओं में तो इन प्रासादों को 'नागर' नाम से ख्याति मिली है। दानवेन्द्रों में इन प्रासादों को 'द्राविड़' नाम से जाना जाता है। गन्धर्वों में ये प्रासाद 'लतिन' नाम से और यक्षों में ये प्रासाद 'विमान' नाम से जाने जाते हैं।

विद्याधरैर्मिश्रकाश्च व्यन्तरैश्च वराटकाः।
सान्धाराश्चोरगैः ख्याता नरेन्द्रैर्भूमिजास्तथा॥ 13॥

विद्याधरों में ये प्रासाद 'मिश्रक', व्यन्तरों में ये प्रासाद 'वराटक', नागों में ये प्रासाद 'सान्धार' तथा नरेन्द्रों, राजाओं में ये प्रासाद 'भूमिज' नाम से विख्यात हैं।

लोकानुसारेण उत्पत्तिः —

विमाननागरच्छन्दाः सूर्यलोकसमुद्भवाः।
नक्षत्राधिपलोकोक्ताश्छन्दा विमानपुष्पकाः॥ 14॥

नागरच्छन्द के विमान सूर्यलोक से उत्पन्न हुए है। इसलिए नक्षत्रों के अधिपति ने इनके छन्द को पुष्पकविमान कहा है।

पार्वतीसम्भवाः सेना वलभ्याकारसंस्थिताः।
हरसिद्ध्यादिदेवीभिः कार्याः सिंहावलोकनाः॥ 15॥

इसी तरह पार्वती से सम्भव प्रासाद सेना को वलभी आकार में संस्थित किया गया है। हरसिद्धि आदि देवियों ने भी सिंहावलोकन प्रासाद बनाए हैं।

व्यन्तरस्थितदेवैस्तु फांसनाकारिणो मताः।
इन्द्रलोकसमुद्भूता रथाश्च विविधा मताः॥ 16॥

व्यन्तर में रहने वालों देवताओं ने फांसनाकार प्रासादों को बनाया है। इन्द्रलोक से उत्पन्न प्रासादों को विविध प्रकार के रथों का नाम दिया गया है।

एषां पृथक् पृथक् युक्तिमाह —

क्रमयुक्त्या विधातव्या अनेकाण्डजसङ्कुलाः।
सर्वासामथ जातीनां रूपालङ्कारमुच्यते॥ 17॥

इन प्रासादों को अपने क्रमानुसार अनेक अण्डों के समूहों के साथ बनाने का विधान है। इन सबकी जातियों के अनुरूप ही इनके रूप और अलङ्कार कहे गए हैं।

अथ नागरस्य क्रमयुक्तिविधीस्तथा —

आदौ तु नागरान् वक्ष्ये प्रासादान् सर्वकामदान्।
अनेकाण्डकसम्युक्तान् क्रमयुक्तिविधींस्तथा॥ 18॥

सबसे पहले मैं नागर जाति के प्रासादों के विषय में कहता हूँ जो सभी कामनाओं की पूर्ति करने वाले हैं, उनके अनेक अण्डों की संयुक्त क्रम युक्ति, निर्माण विधि को कहता हूँ।

उत्सेधे नागराः शृङ्गैरनेकाकाररूपिणः।
शृङ्गोरःशृङ्गप्रत्यङ्गतवङ्गादिकभूषिताः॥ 19॥

अपने उत्सेध अर्थात् ऊँचाई के रूप में नागर प्रासादों के शृङ्ग अनेक आकार के और अनेक रूपों के होते हैं। इसमें शृङ्ग, ऊरुशृङ्ग, प्रत्यङ्ग, तवङ्ग आदि की शोभा भी होती है।

एक$_1$ द्वि$_2$ त्रि$_3$ क्रमोन्नत्या रेखागर्भसमुद्भवाः।
दोषवहाश्च सङ्कीर्णा विपुला धन्यसौख्यदाः॥ 20॥

इनके गर्भ से उत्पन्न होने वाली रेखाएँ भी एक, दो, तीन आदि क्रम से उन्नति

को प्राप्त होती जाती है। ये समस्त दोषों का हरण करने वाले और विपुल धन व सुख प्रदान करने वाले होते हैं।

त्रिमूर्त्तयस्तु भद्रास्ते रथिकाः सर्वकामदाः।
शुकनासे च सङ्घाटा भद्रेत्वेकैकसंयुताः॥ 21॥

इनमें भद्र या दीवाल के अन्त में त्रिमूर्तियाँ— ब्रह्मा, विष्णु, महेश की मूर्तियाँ होती हैं और इनकी रथिका सब कामनाओं की पूर्ति करने वाली होती है। इनके एक-एक भद्र अर्थात् बाजू की दीवार पर शुकनास घड़े गए होते हैं।

आमलसारान्तस्थितकलशैः सुविभूषिताः।
पताकाध्वजयुक्ताश्च नागराः सर्वकामदाः॥ 22॥

इसी प्रकार ये आमलसार के अन्त तक कलशों से सुविभूषित होते हैं। पताका और ध्वजों से संयुक्त होकर ये नागर प्रासाद सब कामनाओं की पूर्ति करने वाले होते हैं।

पीठोपपीठजङ्घाभिर्मेखलाकूटच्छाद्यकैः।
दलभक्त्या च युक्ताश्च कर्तव्याः सर्वकामदाः॥ 23॥

इनके पीठ, उपपीठ, जङ्घाएँ, मेखला, कूट और छाद्य-छतों के विविध दलों के भागों को युक्तिपूर्वक करना चाहिए जिससे सकल कामनाओं की पूर्ति होती है।

मण्डपै रूपशोभाढ्यैर्वितानैर्बहुभिर्युताः।
छाद्यघण्टाकूटयुक्ता नानासंवरणास्तथा॥ 24॥

इनके मण्डपों को बहुप्रकारेण सुरूप, सुन्दर रूपों की बहुलता के साथ बने वितानों, छतों, घूमटों, कूटों और अनेक संवरणों से युक्त बनाने चाहिए।

नागरच्छन्दजा एवं प्रासादाः सर्वकामदाः।
वल्लभाः सर्वदेवानां शिवस्यापि विशेषतः॥ 25॥

इति नागरप्रासादलक्षणाधिकारः।

ऐसा होने पर ये नागरछन्द से उत्पन्न प्रासाद सभी कामनाओं की पूर्ति करने वाले तथा सभी देवताओं के वल्लभ या प्रिय होते है। शिव को तो ये विशेष प्रिय है।

अथ द्राविडप्रासादलक्षणं —

पीठोर्ध्वे कर्णरेखाश्च भूमिकाः क्रमसंस्थिताः।
विभक्तिदलनापूर्णा लताश्रृङ्गक्रमोद्भवाः॥ 26॥

(द्राविड़ शैली के प्रासाद के लिए) पीठ-जगतीपीठ से ऊँचाई की रेखा में

कर्णरेखा के क्रमानुसार भूमिका या मंजिलें बनती हैं। उसकी प्रत्येक विभक्ति अर्थात् भाग में पौधदलों से पूर्ण लताएँ शृंगों से निकलती हुई बनाएँ।

मेषमकरकूटपैः कण्टकैरावृताः शुभाः।
वेदीघण्टानासिकाद्याः द्राविडाः शुभलक्षणाः॥ 27॥

इति द्राविडाः।

इनको मेष, मकरादि के कूट रूप के कण्टकों से आवृत्त, शुभ रूप में अलंकृत किए जाएँ। उनमें वेदी-घूमट-नासिका आदि द्राविड़ोक्त शुभ लक्षण बनाने चाहिए।

अथ लतिनप्रासादलक्षणं —

या त्वेका नागरा रेखा शृङ्गे शिखरवर्जिताः।
लतिनास्तु समाख्याता रुचकादिसमुद्भवाः॥ 28॥

इति लतिनाः।

जिनकी रेखा तो नागर प्रासाद के अनुरूप हो, परन्तु नागर प्रासाद की भाँति के शिखर और शृङ्ग उन पर नहीं बनाए जाते, ऐसे प्रासादों को लतिन प्रासाद कहा जाता है जो रुचिक प्रासादों से बनते हैं।

अथ भूमिजप्रासादलक्षणं —

यत्र वंशोद्भवाः कूटा ह्रस्ववृद्धिक्रमस्थिताः।
दलविभक्त्या त्वङ्गैश्च भूमिजाः पुरभूषणाः॥ 29॥

इति भूमिजाः।

जहाँ के कूट वंश-बाँस से उत्पन्न हुए बनाए जाते हैं और जो ह्रस्व-वृद्धि के क्रम में स्थित रहते हैं और जिनके अङ्गों में दल-पौध विभक्तियाँ बनाई जाती हैं, उन प्रासादों को भूमिज प्रासाद कहते हैं जो नगरों के भूषण होते हैं।

अथ वराटप्रासादलक्षणं —

भूमिजा भूमिकाक्रमैर्जङ्घाहीननैश्च भूमिकैः।
शृङ्गे शृङ्गयुताः कार्या बहुशृङ्गसमाकुलाः॥ 30॥

जिन भूमिज प्रासादों में मंजिलें जङ्घाहीन होती है और सभी शृङ्ग शृङ्गों से युक्त होते हैं और समाकुल अर्थात् समूह रूप में शृङ्ग होते हैं।

कर्णे प्रतिरथे चैव भद्रे च प्रतिभद्रके।
मन्दारपुष्पिका घण्टा वराटाः शुभलक्षणाः॥ 31॥

इति वराटाः।

इसी प्रकार कर्णों पर प्रतिरथ और भद्रों या दीवारों पर प्रतिभद्र भी बनते जाते हैं। इन पर मन्दार पुष्पिका से अलंकरण सहित घूमट बनाए जाते हैं। ऐसे प्रासाद को वराटक प्रासाद और शुभलक्षणों से युक्त कहा है।

अथ विमानप्रासादलक्षणं —

भूमिजच्छन्दकाख्यातास्तलैश्च चतुरश्रकाः।
रथोपरथभद्रा वै विमानाः सर्वकामदाः॥ 32॥

इति विमानाः।

जो प्रासाद भूमिज छन्द में होते हुए तल भाग में चतुरश्र या चौकोर होते हैं और जिनमें रथ, उपरथ और भद्र या दीवार होती हैं, उन्हें सब कामनाओं को पूरा करने वाले विमान प्रासाद कहा है।

अथ मिश्रकसान्धारविमाननागरविमानपुष्पकवलभीनपुंसकसिंहावलोकनरथारुह प्रासादाः —

नागरच्छन्दकाख्यातास्तिलकैः स्युरनेकधा।
मिश्रका मिश्रजाताश्च कर्तव्यास्तिलकाङ्किताः॥ 33॥

इति मिश्रकाः।

जो प्रासाद नागर छन्द में बनकर अनेक तिलकों से युक्त होते हैं। उन्हें मिश्रक जाति के मिश्रक प्रासाद कहते हैं। वे सदा तिलकों से अङ्कित ही बनाए जाने चाहिए।

तलच्छन्दविभक्ताश्च गर्भभित्तिभ्रमन्तिकाः।
भ्रमणीक्रमयोगेन सान्धाराः शिखरैर्युताः॥ 34॥

इति सान्धाराः।

जिन प्रासादों के तलछन्द विभक्तियुक्त हो और गृर्भगृह की भिति के साथ भ्रमन्तिका हो, उनको इस भ्रमणी क्रम योग से सान्धार प्रासाद कहा जाता है। वे शिखर से युक्त बनाए जाते हैं।

नागरोर्ध्वच्छन्दयुक्ता लताशृङ्गैः समन्विताः।
विमाननागरच्छन्दाः प्रोक्तास्तेजस्समुद्भवाः॥ 35॥

इति विमान नागराः।

जो ऊर्ध्वछन्द में नागर प्रासाद जैसा हो और लता-शृङ्गों से युक्त हो, उनको विमाननागर छन्द कहते हैं। वे तेज से ही उत्पन्न हुए हैं।

विमाननागरच्छन्दे उरःशृङ्गे तु पुष्यकम्।
विमानपुष्यकच्छन्दाः कर्तव्याः सर्वकामदाः ॥ 36 ॥

इति विमानपुष्पकाः।

जिन प्रासादों में विमाननागर छन्द हो और उरु-शृङ्ग पुष्पक प्रासादों के जैसे हो, उनको विमानपुष्पक छन्द के प्रासाद कहते हैं। इनको भी बनाना चाहिए ताकि सब कामनाओं की पूर्ति होती रहे।

आयतच्छन्दकाः कार्या अघण्टो भूमिकाक्रमः।
गजपृष्ठाकृतिकुटी वलभी सर्वकामदा ॥ 37 ॥

इति वलभी।

जो प्रासाद आयत छन्द में अर्थात् लम्बाई-चौड़ाई युक्त चौकोर परिक्षेत्र में बनता है और उसके मंजिलों के क्रम से घूमट नहीं होती तथा हाथी की पीठ के समान आकार वाली कुटी बनती है, उस प्रासाद को वलभी कहते हैं। यह सर्वकामद है।

दलविभक्तिभद्राढ्या उदकान्तरवर्जिताः।
फांसनाकारिणस्तूर्ध्वे कर्तव्यास्तु नपुंसकाः ॥ 38 ॥

इति नपुंसकाः।

जिन प्रासादों के भद्र दलविभक्ति अर्थात् पौध-लताओं से भरपूर अलंकृत हो परन्तु उनमें कहीं भी उदकान्तर अर्थात् पनाले नहीं बनाए गए हों और ऊँचाई में फांसनाकार बनाए गए हों, उन्हें नपुंसक प्रासाद कहते हैं, ये भी बनाए जाएँ।

छाद्यछाद्योद्भवा ऊर्ध्वं सिंहकर्णैर्विभूषिताः।
घण्टां घण्टाकृतिं कुर्यादित्थं सिंहावलोकनाः ॥ 39 ॥

इति सिंहावलोकनाः।

जिनमें छत से छत निकलती हो और ऊपर जाते हुए जो सिंहकर्णों से विभूषित हो और घूमट, घण्टा की आकृति में बनाए जाते हैं, वे सिंहावलोकन प्रासाद होते हैं।

शकटोपरि कर्तव्याश्छन्दैर्वै नागरोद्भवैः।
त्रिचक्रं चैव शकटं कामदास्ते रथाभिधाः ॥ 40 ॥

इति रथारुहाः।

यदि गाड़ी के आकार पर नागरछन्द का प्रासाद बनाया जाए और गाड़ी के तीन-तीन पहियों को बनाया जाए, तो उनको सब कामनाओं की पूर्ति करने वाले रथारूह प्रासाद कहे जाते हैं।

... ... ।

... ... ॥ 41 ॥

... ... ।

... ... ॥ 42 ॥

... ... ।

... ... ॥ 43 ॥

अन्यदप्याह —

अभ्यासयोगाच्च गुरुप्रसादाद् बुद्धि [1]स्फुटदृष्ट्याथवा।

... ... ॥ 44 ॥

अभ्यास योग से और गुरु की कृपा अथवा स्फुट बुद्धि के प्रभाव से (ये विविध छन्द के प्रासादों की निर्मितियाँ सम्भव हो सकती है।)

निशाकरे वास्तमिते उदिते च दिवाकरे।

सूत्रशास्त्रं समस्तानामुक्तं प्रद्योतकारकम्॥ 45॥

जिस तरह चन्द्रमा के अस्त होने पर और सूर्य के उदय होने पर प्रकाश फैलता है वैसे ही समस्त सूत्रशास्त्र अर्थात् शिल्पशास्त्रों से ऐसा ही प्रकाश मिलता है जिससे कि विविध रूपों के प्रासादों की रचना सम्भव होती है।

इति सूत्रसन्तानगुणकीर्तिप्रकाशप्रोक्तृश्रीभुवनदेवाचार्योक्तापराजितपृच्छायां प्रासादचतुर्दशजातिलक्षणाकारनिर्णयाधिकारोनाम षडुत्तशततमं सूत्रम्॥ 106॥

इस प्रकार भुवनदेवाचार्य कृत सूत्रसन्तानगुणकीर्ति प्रकाश या अपराजितपृच्छा में प्रासाद चतुर्दश जाति लक्षण अधिकार नामक एक सौ छठवाँ सूत्र पूर्ण हुआ॥ 106॥

पुरप्रासादगृहप्रमाणं नाम सप्तोत्तरशततमं सूत्रम्॥ 107॥

अधुना पुरस्य प्रासादहर्म्यादीनां प्रमाणं। विश्वकर्मोवाच —

प्रमाणानि प्रवक्ष्यामि पुरप्रासादसद्मनाम्।

एकैकस्य पृथग्मानं यथाविधि तवाधुना॥ 1॥

विश्वकर्मा अपराजित से बोले कि अब मैं पुरों-नगरों और वहाँ बनने वाले प्रासादों और भवनों के बनाने के प्रमाणों को एक-एक की अलग-अलग विधि और यथा मान जो वर्तमान में मान्य है, उन्हें कहता हूँ।

---

1. 'स्फुट दृष्ट पवा ?।' इति प्रकाशित पाठः।

प्रासादप्रमाणं —

एकहस्तादिप्रासादा यावत्पञ्चाशद्धस्तकम्।
हस्तान्तरे ततो भेदस्तदर्धे च न संशयः ॥ 2 ॥

एक हाथ अर्थात् एक गज के प्रासाद से लेकर 50 गज तक के प्रासाद तक एक गज के अन्तर पर पड़ने वाले भेद और उससे भी आधे गज पर पड़ने वाले निश्चित भेद के बारे में कहता हूँ।

हस्तपादे त्र्यङ्गुले वा कुर्याच्च द्व्यङ्गुले क्रमात्।
योजयेद् विविधांश्छन्दान् प्रमाणं तत्र शास्त्रतः ॥ 3 ॥

गज के पाद या चतुर्थांश, तीन अङ्गुल का नाप और दो अङ्गुल का नाप क्रमपूर्वक करना चाहिए। इन प्रमाणों से ही कार्यार्थ शास्त्र के विविध छन्दों की आयोजना करनी चाहिए।

गृहप्रमाणं —

गृहं चैव तु हस्ताद्यं यावद् द्वात्रिंशद्धस्तकम्।
अष्टहस्ताद् दशवृद्ध्या यावदष्टोत्तरं शतम् ॥ 4 ॥

गृहों के लिए एक गज से लेकर जब तक 32 गज हो तब तक आठ गज से दस-दस की वृद्धि करते हुए 108 गज तक बढ़े।

षड्जातिसम्भवाः कार्याश्छन्दोभेदैरनेकधा।
प्रयुक्ता राजवेश्माद्याः कर्तव्याः सर्वकामदाः ॥ 5 ॥
माड-मौड-शुद्ध-शृङ्ग-तुङ्गार-सिंहकाभिधाः।

इनसे छह जाति के अनेक छन्दों और भेदों के गृह किए जाते हैं। ये सब राजभवनों में भी प्रयुक्त होते हैं और उन्हें सब कामनाओं की पूर्ति करने वाले बनाना चाहिए। ये छह प्रकार के छन्द हैं— 1. माड, 2. मौड, 3. शुद्ध, 4. शृङ्ग, 5. तुङ्गार और 6. सिंहक।

प्रासादहर्म्यभेदमाह —

प्रासादाश्च नरेन्द्राणामन्येषां हर्म्यमुच्यते ॥ 6 ॥

राजाओं के लिए बनवाए जाने वाले भवन 'प्रासाद' कहे जाते हैं और अन्य लोगों के भवनों को हर्म्य कहते हैं।

राजपुरब्रह्मपुरशूद्रपुरञ्च प्रमाणं —

कनिष्ठं चतुःसहस्त्रैरष्टसहस्त्रैर्मध्यमम्।

ज्येष्ठं द्व्यष्टसहस्त्रैश्च त्रिधा राजपुरं मतम्॥ 7॥

(अब पुरों का कनिष्ठ, मध्यम और उत्तम प्रमाण कहा जा रहा है) राजपुर चार हजार गज के कनिष्ठ, आठ हजार के मध्यम और सोलह हजार के ज्येष्ठ— इस प्रकार से तीन तरह के होते हैं।

साष्टमांशं सपादं वा सार्धं वा व्यासमायतम्।
पृथगेकैकमायामे चतुरश्रीकृतं शुभम्॥ 8॥

इनको व्यास और आयत अर्थात् लम्बाई-चौड़ाई में क्रमशः अष्टमांश (1/8), चतुर्थांश (1/4) या अर्धांश (1/2) के साथ एक-एक आयाम में अलग-अलग चतुरश्र बनाया जाना शुभ है अर्थात् चौकोर बनाए जाएँ।

कनिष्ठं सहस्त्रहस्तं मध्यं सार्धसहस्त्रकम्।
ज्येष्ठं द्विसहस्त्रहस्तं त्रिधा ब्रह्मपुरं मतम्॥ 9॥

ब्रह्मपुर के नाप प्रमाण तीन प्रकार के हैं— एक हजार गज का कनिष्ठ, डेढ़ हजार गज का मध्यम और दो हज़ार गज का ज्येष्ठ ब्रह्मपुर माना गया है।

कनिष्ठं सहस्त्रहस्तैर्द्विसहस्त्रैस्तु मध्यमम्।
ज्येष्ठं चतुजयेष्ठो मध्याधमा च शतद्वयी ?॥ 10॥

(पाठ अस्पष्ट है शायद क्षत्रियपुर के बारे में कहा है जो कि) कनिष्ठ प्रमाण से एक हजार गज का, मध्यम दो हजार गज का और ज्येष्ठ चार हजार गज का होता है।

ज्येष्ठं चतुःशतकरैर्मध्यमं द्विशतैस्तथा।
कनिष्ठं शतमेकं च त्रिधा शूद्रपुरं मतम्॥ 11॥

... ... ।
... ... ॥ 12॥

(यहाँ वैश्यपुर के बारे में पाठ नहीं है) शूद्रपुर का ज्येष्ठ प्रमाण चार सौ गज का, मध्यम दो सौ गज का और कनिष्ठ एक सौ गज का होता है। इस तरह तीन प्रकार का पुर कहा है।

प्रासाद-जगतीसम्बन्धः —

त्रिगुणा चोत्तमाख्याता मध्यमा च चतुर्गुणा।
कनिष्ठा पञ्चगुणोक्ता प्रासादाज्जगती मता॥ 13॥

(अब प्रासाद के लिए कहा जा रहा है कि प्रासाद से) प्रासाद की जगती पीठ यदि तीन गुणी है तो उसे उत्तम, चार गुणी हो तो मध्यम और पाँच गुणी है तो उसे कनिष्ठ माना गया है।

प्रासादोच्छ्यविस्तारा सीमान्ते वाम-दक्षिणे।
यथा भेदं यथा लिङ्गं जगती प्रासाद तद्विधम्॥ 14॥

प्रासाद की ऊँचाई और विस्तार बाएँ और दाएँ, वाम और दक्षिण में भेद और लिंग के अनुसार ही जगती की निर्माण विधि कही गई है।

अथार्चामानमाह —

नवहस्तान्तकं लिङ्गमेकहस्तादितः परम्।
एषां मध्ये तु कर्तव्यं घटितं शास्त्रनिश्चयः॥ 15॥

एक गज से लेकर नौ गज तक के लिङ्ग के बीच के सभी लिङ्गों को शास्त्र निश्चयानुसार घटित या घड़े हुए बनाए जा सकते हैं।

अङ्गुष्ठपर्वादिकार्चा पर्यन्तं नवहस्ततः।
प्रासादो प्रतिमा कार्या द्वारमानविधिक्रमात्॥ 16॥

एक अङ्गुष्ठ पर्व के प्रमाण की अर्चा या लिङ्ग, मूर्ति से लेकर नौ गज पर्यन्त की लिङ्ग मूर्ति को प्रासाद के द्वार मानानुसार विधिक्रम से ही करना चाहिए।

महार्चायास्तु विन्यासः कर्तव्यस्तु यथाविधि।
दशादिहस्ततस्त्वर्चा$_{10}$ प्रासादेन विना शुभा॥ 17॥

महार्चा अर्थात् बड़ी मूर्ति, लिङ्ग का विन्यास भी यथाविधि करना चाहिए। दस गज तक की अर्चा के यदि कोई प्रासाद न हो तो वह प्रतिमा अशुभ होती है।

पञ्चचत्वारिंशद्धस्ता$_{45}$ हस्तान्तरे षट्त्रिंशतिः$_{36}$।
महत्सः प्रतिमाः प्रोक्ताः कर्तव्याः सर्वकामदाः॥ 18॥

इसी प्रकार छत्तीस हाथ से लेकर पैंतालीस हाथ तक की प्रतिमा महत् प्रतिमा कही जाती है। ऐसी प्रतिमा सर्व कामनापूर्ति के प्रयोजन से करनी चाहिए।

प्रतोलीमानं —

एकहस्ताच्छतार्धान्तं... ... षष्ठ्यधिकं शतम्।
द्वारमानमिति प्रोक्तं सर्वकामफलप्रदम्॥ 19॥

प्रतोली सामान्यतया एक हाथ से 50 हाथ तक और 160 गज तक द्वार मान के अनुसार ही बनती है, जो सब कामना पूर्ण करती है।

प्रतोल्या द्वारमुत्सेधे हस्ताः पञ्चदशोत्तमम्$_{15}$।
त्रयोदश$_{13}$ तथा मध्यमेकादश$_{11}$ कनिष्ठकम्॥ 20॥

द्वारों की ऊँचाई के अनुसार ही प्रतोली भी पन्द्रह गज की उत्तम होती है। तेरह गज वाली मध्यम प्रतोली और ग्यारह गज की कनिष्ठ प्रतोली होती है।

पुरग्रामखेटककूटकर्वटमानं —

पुरार्धं भवति ग्रामो ग्रामार्धं चैव खेटकम्।
खेटकार्ध्धं भवेत्कूटः कूटार्धं चैव कर्व्वटम्॥ 21॥

पुर या नगर का आधा ग्राम कहलाता है, ग्राम का आधा खेटक (खेड़ा), खेटक का आधा कूट कहलाता है और कूट के आधे को कर्वट (खर्वट) कहते हैं।

इति सूत्रसन्तानगुणकीर्तिप्रकाशप्रोक्तश्रीभुवनदेवाचार्योक्तापराजितपृच्छायां
पुरप्रासादगृहप्रमाणाधिकारो नाम सप्तोत्तरशततमं सूत्रम्॥ 107॥

इस प्रकार भुवनदेवाचार्य कृत सूत्रसन्तानगुणकीर्ति प्रकाश या अपराजितपृच्छा में पुर प्रासाद गृह प्रमाण अधिकार नामक एक सौ सातवाँ सूत्र पूर्ण हुआ॥ 107॥

प्रासादसंस्थानोन्मानलक्षणमष्टोत्तरशततमं सूत्रम्॥ 108॥

अधुना प्रासादसंस्थानोन्मानं। विश्वकर्मोवाच —

अथातः सम्प्रवक्ष्यामि प्रासादानां तु लक्षणम्।
संस्थानोन्मानसूत्रं च वास्तुविन्यासपूर्वकम्॥ 1॥

(इस सूत्र में प्रासादानुसार प्रतिमा के लिए विशेष ज्ञातव्य लिखे गए हैं) विश्वकर्मा ने आगे कहा कि अब मैं प्रासादों के लक्षण, उनके संस्थान के मानसूत्र और उनका वास्तु विन्यासपूर्वक पूरा वर्णन करता हूँ।

एकपदादिकं$_1$ वास्तु यावत् पदसहस्त्रकम्$_{1000}$।
प्रासादे नवे जीर्णे तु वास्तूद्धारस्तथा भवेत्॥ 2॥

एक पद वास्तु से लेकर हज़ार पद के वास्तु विन्यास होता है। इन प्रमाणों के प्रासाद का जीर्ण हो जाने पर उसका वास्तु-उद्धारकर नवीन किया जाता है।

नाभिवेधवर्जितनिर्देशमाह —

अग्रतः पृष्ठतश्चैव वाम-दक्षिणतोऽपि वा।
प्रासादं कारयेच्चान्यं नाभिवेधविवर्जितम्॥ 3॥

प्रासादों के निर्माण में यह ध्यान रखना चाहिए कि वे आगे-पीछे, दायें-बायें कहीं भी बनाए जाएँ परन्तु उनका कहीं भी नाभिवेध नहीं हो, नाभिवेध को सदा ही वर्जित जानना चाहिए।

अथ देवतादृष्टिस्थानम्। लिङ्गाग्रे न प्रतिमास्थाप्यः —

लिङ्गाग्रे च न कर्तव्या ह्यर्चारूपेण देवता।

प्रभा नष्टा न भोगाय यथा तारा दिवाकरे॥ 4 ॥[1]

कभी भी शिवलिङ्ग के आगे पूजनार्थ किसी भी प्रतिमारूप देवता को स्थापित नहीं करना चाहिए क्योंकि शिवलिङ्ग से उस देवता का प्रभाव उसी प्रकार से नष्ट हो जाता है, जैसे सूर्य के उदय होने पर उसके सामने तारागणों की प्रभा नष्ट हो जाती है। अतएव ऐसी प्रतिमा का कोई लाभ भी नहीं भोगा जा सकता है।

शिवस्याग्रे शिवं कुर्याद् [2]ब्रह्माणं ब्रह्मणस्तथा।
विष्णोरग्रे भवेद्विष्णुर्जैने जैनं रवेरविम्॥ 5 ॥

यह नियम है कि सदा शिव के आगे शिव, ब्रह्मा के आगे ब्रह्मा, विष्णु के आगे विष्णु, जैन के आगे जैन और सूर्य की प्रतिमा के आगे सूर्य की प्रतिमा को ही स्थापित करना चाहिए।

चण्डिकाग्रे भवेन्माता यक्षः क्षेत्रादिभैरवः।
ज्ञेयास्तेषामभिमुखे ये येषां च हितैषिणः॥ 6 ॥[3]

इसी तरह चण्डिका देवी के आगे अन्य माताएँ, यक्ष, क्षेत्रपालादि भैरव आदि जो जिसके हितैषी जाने जाते हैं, वे उनके अभिमुख अथवा सामने स्थापित किए जा सकते हैं।

ब्रह्मविष्णोरेकनाभिर्जिनैर्दोषो न विद्यते।[4]
शिवाग्रे चान्यदेवानां दृष्टिवेधे महद्भयम्॥ 7 ॥

ब्रह्मा, विष्णु और जिन— ये तीनों परस्पर एक नाभि हों अर्थात् सम्मुख दृष्टिवेध हो तो उसका दोष नहीं होता है लेकिन शिव के सम्मुख अन्य देवता की स्थापना से दृष्टिवेध होता है जिससे महाभय होता है।

---

1. प्रभानष्टेति। लिङ्गाग्रे अर्चारूपेणदेवताः कृताश्चेत् प्रभानष्टा नष्टप्रभा भवन्ति। अत्र दृष्टान्तमाह— नभोगेति। यथा दिवाकरे उदिते नभोगा नभःस्थास्तारा नष्टप्रभा भवन्ति तद्वदित्यर्थः। (देवतामूर्तिप्रकरणं टीकायां 3, 18)
2. 'ब्रह्माणं ब्रह्मणोऽग्रतः' इति देवतामूर्तिप्रकरणपाठे। (3, 19)
3. मातरश्चण्डिकाग्रे स्युर्यक्षाः क्षेत्रादि भैरवः। स्वे-स्वे स्थाने सुराः स्थाप्या ये यस्याऽपि हितावहाः॥ (देवता. 3, 20)
4. 'ब्रह्मविष्ण्वोरेकनाभिर्जिने दोषो न विद्यते।' इति पाठः। पूर्वं 'ब्रह्माणं ब्रह्मणोऽग्रतः' इति 'विष्णौ विष्णुं जिने जैनम्' इत्युक्तम्, इदानीं तदपवादमाह— ये यस्यापीति ब्रह्मविष्ण्वोरिति च। यस्य देवस्य ये हितावहा हितकारका भवन्ति तेऽपि तदग्रतः स्थाप्या इत्यर्थः। ब्रह्मेत्यादि एकनाभिः सनाभिः सपिण्डस्तुल्यो वा, तादृशे जिने सम्मुखवर्तिनीत्यर्थः, दोषो न विद्यते, ब्रह्मणो विष्णोश्चाग्रे स्थापितो जिनो दोषाय न भवतीत्यर्थः। एवञ्च जिनास्याप्यग्रे ब्रह्मणि विष्णौ वा स्थापिते दोषो न भवतीति लभ्यते न्यायसाम्यात्। (देवता. टीका. 3, 20-21)

ब्रह्मा विष्णुः शिवः सूर्यश्चन्द्रः स्कन्दो हुताशनः।[1]
दिक्पाला लोकपालाश्च ग्रहा मातृगणस्तथा॥ 8॥
एते शिवाश्रये स्थाप्या दृष्टिवेधविवर्जिताः।
दूरेऽपि नैव कर्तव्या शिवदृष्टिषु सर्वदा॥ 9॥

इसलिए ब्रह्मा, विष्णु, शिव, सूर्य, चन्द्र, स्कन्द, अग्निदेव, दिक्पाल, लोकपाल, ग्रह, मातृगण— ये सभी शिवालय में दृष्टिवेध छोड़कर स्थापित किए जा सकते हैं। यदि शिव की दृष्टि पड़ती हो तो शिव से दूर भी इनको नहीं बनाना चाहिए, इसका सदा ध्यान रखना चाहिए।

ग्रामे-राष्ट्रे-पुरे-तीर्थे-नगरे-तापसाश्रये।
दृष्टिघातहतं यच्च न पुनस्तत् प्ररोहति॥ 10॥[2]

यह ध्यान रखा जाए कि जिस किसी ग्राम, राष्ट्र, पुर, तीर्थ, नगर, तपस्वी के आश्रम पर शिव का दृष्टिघात होता है तो फिर वे कभी भी विस्तार, उन्नति को प्राप्त नहीं होते हैं, नष्ट होते ही हैं।

अन्यदप्याह —

जिनेन्द्रस्य तथा यक्षा देवाश्च जिनमातृकाः।
आश्रयन्ति जिनं सर्वे ये चोक्ता जिनशासने॥ 11॥

जिन शासन में भी स्पष्ट कहा गया है कि सभी जिन प्रासादों में जिनेन्द्र के जो-जो यक्ष, देवता, जिनमातृका आश्रित होती है, उनका बनाया जा सकता हैं।

वर्जयेदर्हतः पृष्ठमग्रं तु शिवसूर्ययोः।
पार्श्वं तु ब्रह्मा विष्ण्वोश्च चण्ड्याः सर्वत्र वर्जयेत्॥ 12॥

परन्तु, अर्हत या जिनदेव को शिव और सूर्य के आगे या पीछे कभी न बनाए। इसी तरह ब्रह्मा और विष्णु के पास बायें-दायें भी न बनाएँ और चण्डी के तो सभी ओर अर्हत या जिनदेव की स्थापना नहीं करनी चाहिए।

प्रसिद्धराजमार्गाच्च प्राकारान्तरतोऽपि वा।
स्थापयेच्चान्यदेवांश्च बहिर्वास्तुकवर्जितम्॥ 13॥

---

1. 'ब्रह्मा विष्णुः शशी सूर्य इन्द्रः स्कन्दो हुताशनः।' इति देवताः पाठ। (3, 22)
2. 'दृष्टिपा(या?)तहितं यच्च पुराघं न प्ररोहति॥' इति देवता. पाठ। टीकायां— एत इति। दृष्टिवेधविवर्जिता इति ब्रह्मविष्ण्वादीनां परस्परदृष्टिवेधेन हीनाः, शिवदृष्टिवेधेन वा। 'दृष्टियातंहितं यच्च' इत्यत्र 'दृष्टिपातहिता यत्र' इति स्यात्। तथा सति यत्र देवा दृष्टिपातवशाद् हितास्तत्र स्थाने पुराघं नगरस्य पापम् अमङ्गलमित्यर्थः, न प्ररोहति न प्रोद्भवतीत्यर्थः। (तत्रैव 3, 23)

ऐसे वास्तुक-वर्जित देव को तो अन्य देवों की तरह प्रसिद्ध राजमार्गों पर अथवा नगर के परकोटे के बाहर ही स्थापित करें।

दिशां दोषैः परित्यक्तः शिवसूर्याजिनादयः।
उभयोरन्तरे सद्माश्रितं यत्तन्न निन्दितम्॥ 14॥

शिव, सूर्य, जिनदेव आदि यदि दिशादोष से मुक्त हों तो उनके एक दूसरे के प्रासाद आपस में अन्तर से बने तो ये निन्दित नहीं कहे जा सकते।[1]

घाट्ये वै शतहस्तं$_{100}$ स्याद् बाणे चैव श्यातद्वयम्$_{200}$।
त्रिशतं$_{300}$ स्वयम्भूलिङ्गे वास्त्वेवं पुरमध्यगम्॥ 15॥

इनकी दूरी को सदा इस तरह ध्यान में रखें कि घड़ी हुई मूर्तियाँ एक दूसरे से सौ गज की दूरी पर रहे, बाणलिङ्ग से दो सौ गज दूर रहे, स्वयंभूलिङ्ग से तीन सौ गज दूर रहे, इस प्रकार इनको पुर के मध्य में स्थापित करें।

अथ शिवतीर्थोदकलक्षणं —

घटिते[2] शतहस्तेषु$_{100}$ बाणे पञ्चशतेषु$_{500}$ च।
स्वभुवि सहस्त्रहस्ते$_{1000}$ शिवतीर्थोदकं स्मृतम्॥ 16॥

शिव के तीर्थोदक (शैव तीर्थ के सरोवर का जल) का भी विधान इस तरह है कि घटित शिवलिङ्ग से 100 गज तक, बाणलिङ्ग से 500 गज तक और स्वयंभू शिवलिङ्ग से 1000 गज तक की चतुर्दिक भूमि का जल तीर्थोदक माना जाता है।

प्रदक्षिणा फलमाह —

देवस्य दक्षिणे गत्वा पुण्यं शैवार्चनादिकम्।
गत्वापरे दशगुणं सौम्ये दशगुणं तथा॥ 17॥

---

1. देवतामूर्तिप्रकरणं में कहा गया है कि पूर्व और पश्चिम मुख वाले देवों का मुख दक्षिण और उत्तर में नहीं रखें। ब्रह्मा, विष्णु, शिव, सूर्य, इंद्र, कार्तिकेय— ये देव पूर्व और पश्चिम दिशा के मुख वाले हैं। वास्तु के मध्य में या बाहर जो देव स्थापित किए जाए, वे पुर के सम्मुख रखे जाए तो श्रेष्ठ है। शिव, ब्रह्मा, जिन और विष्णु इनके मुख चारों दिशा में रखना भी शुभ माना है। गणेश, भैरव, चण्डी, नकुलीश, नौ ग्रह, भूत और कुबेर का मुख दक्षिण में रखना शुभ है। मातृदेवता का देवालय उत्तर या दक्षिणाभिमुख करना और हनुमान का मुख नैर्ऋत्य कोण में करना चाहिए— पूर्वापरास्यं देवानां मुखं नो दक्षिणोत्तरम्। ब्रह्मा विष्णुः शिवार्केन्द्रा गुहः पूर्वापराङ्मुखः॥ नगराभिमुखाः श्रेष्ठा मध्ये बाह्ये च देवताः। शिवब्रह्माजिना विष्णुः सर्वाशाभिमुखाः शुभाः॥ गणेशो भैरवश्चण्डी नकुलीशो ग्रहास्तथा। भूताद्या धनदाश्चैव दक्षिणास्या शुभाः स्मृताः॥ मातृणां सदनं कार्यं दक्षिणोत्तरदिङ्मुखम्। हनुमान् वानरश्रेष्ठो नैर्ऋतास्यो विदिङ्मुखः॥ ज्ञात्वा सर्वं स्थापिता येन रीत्या देवा दैत्या मानुषाद्याश्च सर्वे। दृष्टात्मानं व्यापकं सृष्टिकारं स्थायी द्रष्टा विश्वकर्मा स वन्द्यः॥ (देवता. 2, 24-28)
2. 'धातवे शतहस्तेषु' इति देवता. पाठः। (6, 123)

शिवार्चन आदिक में देवता की प्रदक्षिणा में पश्चिम तक जाने से दस गुणा पुण्य होता है और उत्तर व आगे जाने पर दस गुणा पुण्य प्राप्त होता है।

आग्नेय्यां तेजसो वृद्धिर्नैर्ऋत्ये विघ्ननाशनम्।
वायव्ये श्रीश्चपुण्यं च त्वीशाने सर्वकामना॥ 18॥

प्रदक्षिणा करते हुए आग्नेयकोण तक भक्त के तेज की वृद्धि और नैर्ऋत्यकोण तक उसके सभी विघ्नों का नाश होता है। वायव्यकोण तक धन व पुण्य तथा ईशानकोण तक पहुँचने पर सभी कामनाएँ पूर्ण होती हैं।

धर्मार्थकाममोक्षाणां सर्वविघ्नविनाशकम्।
सर्वतीर्थादिपुण्यं च स्नात्वा देवाग्रतो भवेत्॥ 19॥

इसी प्रकार देवता के आगे स्नान करने से तो सभी तीर्थों का पुण्य मिलता है व धर्म, अर्थ, काम व मोक्ष की प्राप्ति होकर सभी विघ्नों का नाश हो जाता है।

घटिते जगतीमध्ये बाणे गर्भगृहे भवेत्।
स्वभुवि पीठिकास्थाने चण्डश्चले न विद्यते॥ 20॥

घटित शिवलिङ्ग में जगती के मध्य तक, बाणलिङ्ग में गर्भगृह तक, स्वयंभू शिवलिङ्ग में पीठिका स्थान तक चला जा सकता है परन्तु चण्ड के आगे चलना नहीं होता यानी चण्ड के स्थल का उल्लङ्घन नहीं करना चाहिए।[1]

अथ देवताप्रदक्षिणनियमः —

एकां चण्ड्या रवेः सप्त तिस्रो दद्याद्विनायके।
चतस्रो विष्णुदेवस्य शिवस्यार्धा प्रदक्षिणा॥ 21॥

प्रदक्षिणा करने का नियम यह है कि चण्डी (देवी) की केवल एक, सूर्य की सात, विनायक की तीन परिक्रमा करें। विष्णु की चार परिक्रमा करें किन्तु महादेव की आधी प्रदक्षिणा करने का ही विधान है।[2]

---

1. यह स्पष्टीकरण आगे श्लोक 23 में आया है। प्रासादमण्डनं में आया है कि शिवलिङ्ग के स्नानाभिषेक के उपरान्त जल गूढमार्ग से बहता हुआ चण्ड के मुख पर गिरना चाहिए। देवाभिषेक से गिरकर बहते हुए जल को कभी लाँघना नहीं चाहिए। ऐसा करने पर पूर्ववत पुण्यों का नाश होता हैं—शिवस्नानोदकं गूढमार्गं चण्डमुखे क्षिपेत्। दृष्टं न लङ्घयेत्तत्र हन्ति पुण्यं पुराकृतम्॥ (2, 32) देवतामूर्तिप्रकरणं में मण्डन ने यह भी कहा है कि शिवलिङ्ग की सम्मुख दिशा में, शिवतीर्थोदक में स्नान से महत्पुण्य की प्राप्ति होती है। प्रणालादि से निस्रत जल का उलङ्घन करने से महापाप लगता है- स्नानकृते महत्पुण्यं लिङ्गादिषु दिशं प्रति। लङ्घिते च महत्पापं शिवस्नानानोदके नृणाम्॥ (देवता. 6, 125)
2. नारदपुराण में भी आया है— देव्याः प्रदक्षिणामेकां सप्त सूर्यस्य भूमिप॥ तिस्रो विनायकस्यापि चतस्रो विष्णुमन्दिरे। (नारद. पूर्व. 13, 136-137) और— विष्णुसोमार्कविघ्नानां वेदार्धेन्द्वद्रिवह्नयः॥ (तत्रैव पूर्व. 67, 105)

जैनदेवालये विशेषः —

जैने च ह्यग्रसंस्थाने स्तोत्रमन्त्रादिनार्चनम्।
न देयं वर्तने पृष्ठं सन्मुखे द्वारलङ्घनम्॥ 22॥[1]

जिनदेव के आगे स्तोत्र-स्तवन, मन्त्रादि से अर्चना करें किन्तु निकलते समय अपनी पीठ पीछे नहीं होने दे अपितु देव के सम्मुख ही रहते हुए द्वार का उल्लङ्घन करना चाहिए।

स्नानोदकं गूढमार्गे तदा कुर्यात्प्रदक्षिणम्।
दृष्टं न लङ्घयेत्स्नानं हन्ति पुण्यं पुराकृतम्॥ 23॥

जब प्रदक्षिणा कर रहे हों तब गूढ़मार्ग से आने वाले स्नानोदक देख लेने पर उसे उल्लङ्घन नहीं करना चाहिए क्योंकि ऐसा करने पर पूर्वार्जित पुण्यों का हनन होता है।

लिङ्गादीनां प्रणालनियमः —

पूर्वा-परे यदा द्वारं प्रणालं चोत्तरे शुभम्।
[2]प्रशस्तं शिवलिङ्गानमिति शास्त्रार्थनिश्चयः॥ 24॥

जो मन्दिर पूर्व अथवा पश्चिम दिशा के द्वार वाले हों, उनमें पानी निकालने की प्रणाली या प्रणाल-परनाला उत्तर दिशा में रखना शुभ है। शिवलिङ्ग के लिए तो यह विशेष प्रशस्त है, ऐसा शास्त्रों का निश्चय है।

अर्चानां मुखपूर्वाणां प्रणालं वामतः शुभम्।
उत्तरास्य न विज्ञेया अर्चारूपेण देवताः॥ 25॥

जिस प्रतिमा का मुख पूर्व दिशा की ओर हो, उसका प्रणाल बाईं ओर शुभ होता है तथा अर्चा रूपी देवता कभी उत्तराभिमुख नहीं जाना गया है।

जैनमुक्ताः समस्ताश्च याम्योत्तरक्रमैः स्थिताः।
वाम-दक्षिणयोगेन कर्तव्यं सर्वकामदम्॥ 26॥

जैन प्रतिमाएँ समस्त उत्तर-दक्षिण क्रम में स्थित होने से मुक्त है। अतः उन्हें बायें-दायें योग से सर्वकामद बनाया जा सकता है।

---

1. 'जैनदेवाग्रसंस्थाने स्तोत्रमन्त्रार्चनादिकम्। नैव दृष्टिः प्रदातव्या (सन्मुखं ?) द्वारलङ्घनम्॥' इति देवतामूर्ति. पाठः। (6, 126; तुलनीय— अग्रतो जिनदेवस्य स्तोत्रमन्त्रार्चनादिकम्। कुर्यात्र दर्शयेत्पृष्ठं सन्मुख द्वारलङ्घनम्॥ प्रासादमण्डनं 2, 34)
2. 'प्रशस्तं सर्वदेवानामिति शास्त्रार्थनिश्चयः॥' इति देवता. पाठः। (6, 128)

मण्डपादीनां विधानं —

वामे वामं प्रकुर्वीत दक्षिणे दक्षिणं शुभम्।
मण्डपादिषु प्रतिमा येषु युक्त्या विधीयते॥ 27॥

वाम मुखी प्रतिमा का मण्डप वाम दिशा में और दक्षिण मुखी प्रतिमा का मण्डप दक्षिण दिशा में शुभ होता है। प्रतिमा और मण्डपों की यही युक्ति बताई गई है।

जगतीकर्णे ये देवास्तान् कुर्याज्जगतीस्थितान्।
पृष्ठादग्रोभयोः पार्श्वे शास्त्रार्थैर्युक्तमुत्तमम्॥ 28॥

जगती के कर्ण के जो देव हैं, उन्हें जगती में स्थित करें और पीछे, आगे व दोनों पार्श्वों में भी बनाया जाना शास्त्र सम्मत और उत्तम माना गया है।

कोणदिशाश्रितलिङ्गस्थापनफलमाह —

ईशानमाश्रयेत् किञ्चिच्छिवलिङ्गेषु कामदम्।
ईशाने मुक्तिदं प्रोक्तं भुक्तिदं चोत्तराश्रितम्॥ 29॥

इस बात का विशेष ध्यान रखें कि शिवलिङ्ग को सभी कामनाओं को पूर्ण करने वाला बनाने के लिए थोड़ा ईशान कोणाश्रित स्थापित करना चाहिए। ईशानकोण की ओर शिव मुक्तिदाता कहे गए हैं और वही यदि उत्तर दिशा की ओर आश्रित हो तो भोगों को देने वाले होते हैं अर्थात् संसार में भटकाते हैं, मुक्तिदाता नहीं होते।

इति सूत्रसन्तानगुणकीर्तिप्रकाशप्रोक्तृश्रीभुवनदेवाचार्योक्तापराजितपृच्छायां प्रासादसंस्थानोन्मानलक्षणाधिकारो नामाष्टोत्तरशततमं सूत्रम्॥ 108॥

इस प्रकार भुवनदेवाचार्य कृत सूत्रसन्तानगुणकीर्ति प्रकाश या अपराजितपृच्छा में प्रासाद संस्थान उन्मान लक्षण अधिकार नामक एक सौ आठवाँ सूत्र पूर्ण हुआ॥ 108॥

प्रासादजीर्णवास्तुनिर्णयो नाम नवोत्तरशततमं सूत्रम्॥ 109॥

अधुना जीर्णवास्तुचालने शुभाशुभं। विश्वकर्मोवाच —

अल्पलेपं बहुलेपं समसन्धि शिरोगुरुः।
अप्रतिष्ठं पादहीनं तच्च वास्तु विनश्यति॥ 1॥

(इस सूत्र से प्राचीन वास्तुओं के जीर्णोद्धार के नियम दिए जा रहे हैं। सूत्रधार गोविन्द ने इन्हीं सूत्रों के आधार पर 'वास्तूद्धारधोरणी' ग्रन्थ की रचना की है) विश्वकर्मा बोले कि जो गृह या प्रासाद अधिक लेपयुक्त हो, न्यून लेपयुक्त हो,

समसन्ध वाला हो, जो ऊपरी सिरे पर भारी होने के कारण ठीक से स्थिर नहीं हो, नीचे का भाग कमजोर हो— अप्रतिष्ठ हो यानी जिसकी नींव कमजोर हो या पूरी भरी गई नहीं हो तो वह वास्तु निर्माण शीघ्र नष्ट हो जाता है।

सशल्यं पादहीनं च ह्येकद्रव्येण पूरितम्।
अचिरात्तच्चालयेद्वा तूर्ध्वगं तद्विनश्यति॥ 2॥

अस्तु, जो वास्तु शल्य सहित हो, पादहीन या बिना सुदृढ़ नींव का हो, एक ही द्रव्य से बनाया गया हो, उसमें कहीं भी आवश्यक चूना आदि का समुचित प्रयोग न किया गया हो तो ऐसे वास्तु को शीघ्र हटा लें क्योंकि उसके ऊपर की मंजिल बनाने पर अवश्य ही नष्ट-भ्रष्ट होगा।

पुराद्रव्यफलं —

एकवास्तुचितं द्रव्यमन्यवास्तुनि वेशयेत्।
प्रासादे न भवेत्पूजा गृहे च न वसेत्पतिः॥ 3॥

यह भी ध्यान में रखना चाहिए कि एक ही वास्तुचित द्रव्य अर्थात् चुनाई में काम लिया गया पुराना द्रव्य दूसरे वास्तु के नवनिर्माण में काम नहीं लें, क्योंकि ऐसे बने प्रासाद में पूजा नहीं होगी और ऐसे बने किसी गृह में गृहस्वामी का निवास कभी सम्भव नहीं होगा।

वास्तुचालनफलं —

अचाल्यं चालयेद्वास्तु प्रासादे शिवब्रह्मणोः।
वंशच्छेदो भवेत्तस्य ह्यचिरेणैव शाश्वतः॥ 4॥

इसी प्रकार इस बात को भी पूरी तरह ध्यान में लें कि शिव व ब्रह्मा के प्रासाद सदा ही अचाल्य है, उन्हें कभी नहीं हटाया जाता है परन्तु किसी ने उन्हें चलाने, हटाने का दुस्साहस किया तो समझ लें कि उसका शाश्वत रूप से चले आ रहे वंश का शीघ्र ही उच्छेद हो जाएगा।

पूर्वस्थितं परित्यज्य चान्यद् वास्तु तथोपरि।
पूर्वत्यागानुदोषैश्च कर्ता तु नरकं व्रजेत्॥ 5॥

इसी भाँति पहले जिस स्थिति में वास्तु की विद्यमानता हो, उसे यदि छोड़ दिया जाए और उस पर अन्य नया वास्तु बना दिया जाए तो ऐसा करने वाला व्यक्ति पूर्व की स्थिति को त्यागने के दोष के कारण सीधा नरक में जाता है।

स्वस्थानसंस्थतं यच्च विप्रवास्तुशिवालयम्।
न चालयेत् सर्वदेशे चलिते राष्ट्रविभ्रमः॥ 6॥

इसलिए जो विप्रों का बनाया वास्तु, शिवालय अपने स्थान में बना हो, उसे कभी भी विचलित नहीं करें, अन्यथा उसे चलित करने पर सारे देश के निवासियों में मतिभ्रम हो जाएगा।

बाणलिङ्गस्य प्रासाद निर्देशमाह —

मरकतं बाणलिङ्गं मुक्ताजं रत्नजं तथा।
अव्यक्तं व्यक्तकं प्रोक्तं प्रासादे कारयेद् बुधः ॥ 7 ॥

बुद्धिमानों को चाहिए कि मरकत के बाणलिङ्ग और मुक्ता व रत्न से बनने वाले बाणलिङ्ग या अव्यक्त, व्यक्त और प्रोक्त बाणलिङ्ग को प्रासाद में ही स्थापित करें।

वृषभस्य प्रकारदृष्टिस्थाने —

बाणलिङ्गे वृषं कुर्यात् स्वयम्भूमुखमृण्मये।
सहस्रलिङ्गे च शतलिङ्गे न्यूनाधिकं विदुः ॥ 8 ॥

स्वयम्भू शिव के बाणलिङ्ग के सामने मुख किए हुए नन्दीकेश्वर की स्थापना करनी चाहिए। इसी प्रकार मिट्टी के सहस्रलिङ्ग अथवा शतलिङ्ग के पूजा निर्माण में न्यूनाधिक समझें अर्थात् चाहे तो वृष बनाएँ या नहीं बनाएँ।

परिधिश्च समो दीर्घ उच्छ्रये पीठसन्निभः।
पञ्च$_5$भागोन्नतश्चैवं सप्त$_7$भागायतो वृषः ॥ 9 ॥

वृष की पीठ परिधि की दीर्घता-मोटाई जितनी ऊँची बनाएँ और उस पर वृष को ऊँचाई में पाँच भाग व आयत लम्बाई में सात भाग के अनुपात में बनाएँ।

पादौ जानु कटिर्यावदर्चादृष्टिश्च वाहने।
वृषदृष्टिर्विष्णुभागे घटितेषु च शास्त्रतः ॥ 10 ॥

शिव की अर्चा यानी मूर्ति हो तो वृष की ऊँचाई मूर्ति के पाँव तक, जङ्घा तक, कटि तक अथवा दृष्टि तक ही बनाएँ और शास्त्रतः घटित हुए शिवलिङ्ग के सामने वृष की दृष्टि शिवलिङ्ग के विष्णुभाग से ऊपर कदापि नहीं रखें।

अर्चा श्रेष्ठा तथा लिङ्गं निलयांशेषु सर्वतः।
वृषं न्यूनाधिकं बाणे रत्नजे च स्वयम्भुवि ॥ 11 ॥

शिव-प्रासाद के अंशों के नियमानुसार बनी अर्चा या लिङ्ग सब तरह से श्रेष्ठ होता है परन्तु बाणलिङ्ग, रत्नलिङ्ग अथवा स्वयम्भूलिङ्ग के प्रसङ्ग में वृषाकार में न्यूनाधिक्यता हो सकती है।[1]

---

1. दीपार्णव में कहा है कि प्रासाद रेखाएँ कर्ण से चौड़ी हो, उसके दस भाग करके आधे भाग की शिवलिङ्ग की मोटाई करें। उस शिवलिङ्ग की लम्बाई के मान का नन्दी लम्बा करें। ये मान सान्धार

जीर्णवास्तुगुणदोषाः —

विषमपदस्तुलास्तम्भं पादभित्तिनष्टकम् ?।
क्रमं पदवलितं यच्च न शुभं कर्तृकारके ॥ 12 ॥

विषम पद वाले तुला स्तम्भ पादभित्ति को नष्ट करने वाले सिद्ध होते हैं अतएव उनके पद को वलित करने वाले क्रम को कार्यकर्ता शुभ नहीं मानते हैं।

खण्डितं स्फुटितं भग्नं चलितं चालितं तथा।
पतितं पातितं जीर्णमग्निलींढ समुद्धरेत् ॥ 13 ॥

वास्तुशास्त्र का यह विधान है कि खण्डित, स्फुटित, फटा हुआ, भग्न या टूटा हुआ, चलित या अपने स्थान से हटा हुआ, चालित या अपने स्थान से किसी के द्वारा हटाया गया, पति या गिरा हुआ, पातित या गिराया गया, जीर्ण या बहुत काल से क्षरित हो गया हो, अग्नि से झुलसाया गया हो— ऐसे वास्तु का जीर्णोद्धार समुचित विधान से करना चाहिए।

प्रासादे चाग्रहीने तु भोग्यस्थानं न विद्यते।
अप्रशस्तं विना न्यासैः स्त्रीपुंसां च सुखं तथा ॥ 14 ॥

जो प्रासाद अपने अग्र भाग से हीन या रहित हो, उसमें कोई भोग स्थान होता। वह बिना न्यास के अप्रशस्त माना गया है जैसे स्त्री-पुरुषों को भी बिना न्यास के सुख मिलना अप्रशस्त है।

अथ प्रतिमार्थ विचारमाह —

देवो भ्रष्टस्तथा भग्नो विषमे च तटे स्थितः।
यथाप्रतिष्ठितश्चार्यैस्तत्रदोषो न विद्यते ॥ 15 ॥

जो देवमूर्ति स्थानभ्रष्ट हो, भग्न हो, विषम तट पर स्थित हो गई हो, उसको आचार्य पुनः अपने स्थान पर प्रतिष्ठित कर दे तो इसमें कोई दोष नहीं माना जाता है।

तत्तत्स्थानेषु ये देवाः स्थापिताश्च महत्तरैः।
तत्सान्निध्यं सर्वकाले व्यङ्गितानपि न त्यजेत् ॥ 16 ॥

जिन-जिन स्थानों पर महापुरुषों ने जो देवमूर्तियाँ स्थापित की है, उनके सान्निध्य के आसपास की व्यङ्गित या खण्डित प्रतिमाओं को भी हमेशा के लिए नहीं त्यागना चाहिए।

प्रासाद के योग्य है— प्रासादे हि दशांशेन भागार्धं लिङ्गमेव च। लिङ्गमानं प्रमाणं तु तन्मानो वृषभो भवेत् ॥ (दीपार्णव 14, 12)

यद्यस्य स्थापतिं वास्तु तत्तथैव हि कारयेत्।
अव्यङ्गं चालितं वास्तु दारुणं कुरुते भयम्॥ 17॥

जिस-जिस देवमूर्ति का वास्तु स्थापित किया गया था, उसे उसी रूप में पुनः करना चाहिए क्योंकि जो देवमूर्ति अव्यङ्ग या पूरी तरह शुद्ध हो, कहीं से खण्डित नहीं हो, उसे उसके वास्तु से चालित करना, हटाना दारुणभय को उत्पन्न करने का कारण होता है।

अथ चेत् चाल्यते तत्तु जीर्णं व्यङ्गं च दूषितम्।
आचार्यैः शिल्पिभिः प्राज्ञैः शास्त्रदृष्ट्या समुद्धरेत्॥ 18॥

इसलिए, यदि किसी देवता की मूर्ति को जीर्ण हो जाने पर, खण्डित हो जाने पर अथवा दूषित हो जाने पर चालित करना पड़े या हटाना पड़े तो सभी आचार्य, शिल्पी व बुद्धिमान् लोग मिलकर शास्त्रदृष्टि को ध्यान में रखकर उसका पुनः समुद्धार करें और उसे पुनः यथावत् स्थापित करें।

स्वस्थाने संस्थितं वास्तु व्यङ्गदोषैश्च वर्जितम्।
तन्नैव चालयेत्प्राज्ञो बाह्यवास्तुनि कारयेत्॥ 19॥

अपने स्थान पर स्थित वास्तु जो किसी भी प्रकार के खण्डित दोष से रहित हो, उसे समझदार व्यक्ति को चाहिए कि कभी भी नहीं चालित करें और उसे वास्तु के बाहर भी नहीं करें।

पूर्ववास्तुस्थितिं त्यक्त्वा चान्यवास्तु तथोपरि।
विनश्यत्येव तद्वास्तु मृत्युः कारावरादिषु॥ 20॥

ध्यान रहे कि जो व्यक्ति पूर्व वास्तु की स्थिति को त्याग करके उस पर अन्य वास्तु का निर्माण करता है, वह वास्तु तो अवश्य विनष्ट होगा ही और उस पर उसके बनाने वाले कारीगर की भी मृत्यु का कारण बनता है, अतः पुनर्निर्माण पूर्व की स्थिति के अनुसार ही होगा।

द्रव्योपयोगनियमाः —

वास्तुद्रव्ये यदाहीनं दारुकर्मणि वा तथा।
समुद्धरेच्च तत्प्राज्ञो वास्तु द्रव्यविशेषतः॥ 21॥

वास्तु द्रव्यों में कोई कमी रह गई हो अथवा लकड़ी के काम में कोई न्यूनता हो तो उसे समझदार शिल्पी तद्वत् द्रव्य विशेष से उक्त वास्तु का समुद्धार कर दे।

उद्धरेच्च तथा दिव्यं वास्तुस्थानं न चालयेत्।
स्वस्थाने तूद्धते वास्तौ स्वर्लोकं लभते सुखात्॥ 22॥

उद्धार किए हुए दिव्य या देवतामूर्ति को तथा वास्तु स्थान को कभी चालित नहीं करें क्योंकि जो वास्तु अपने स्थान पर ही उद्धरित होता है, वह कर्ता को बड़ी आसानी से स्वर्गलोक का लाभ दिलाने में सक्षम होता है।

यानि खण्डितदग्धानि विशीर्णस्फुटितानि च।
तेषां न मन्त्रसंस्कारो गतासुस्तत्र देवता॥ 23॥

इसी प्रकार इस बात का भी पूरा ध्यान रखें कि जो भी खण्डित, दग्ध, टूटी-फूटी, तड़की हुई देवमूर्तियों हों, उनमें से उनकी देवात्मा चली गई होती है अत: उनका किसी मन्त्र से संस्कार नहीं होता।[1]

वास्तुवेधे स्थिता देवी पद्मिनी नाम राक्षसी।
पीडा पुत्रकलत्राणां वास्तुविद्भिरुदाहृता॥ 24॥

वास्तुविदों ने यह बात बड़ी स्पष्ट कही है कि वास्तु का वेध करती हुई स्थिति में यदि पद्मिनी देवी नाम की राक्षसी हो तो वह पुत्रों, पत्नियों व परिवार वालों के लिए पीड़ाकारी होती है।

मण्डलजालककीलकसुषिरछिद्रसन्धिकारेति महादोषा: —

मण्डलं जालकं चैव कीलकं सुषिरं तथा।
छिद्रं सन्धिश्च काराश्च महादोषा इति स्मृता:॥ 25॥

किसी प्रासाद में ये लक्षण यदि कहीं दिखाई दे तो उनको महादोष समझना चाहिए— चूना या अराइश पर धब्बे या मण्डल पड़ जाना, जाले या छज्जे बन जाना, कीलें निकल जाना, पोला या सुषिर हो जाना, दीवारों में छिद्र हो जाना, सन्धियों का उघड़ जाना या दीवार फट जाना और निरन्तर बन्द ही पड़े रहना।

मृत्काष्ठे शैलजं कुर्याच्छैलजे धातुजं तथा।
धातुजे रत्नजं कुर्यादुत्तमोत्तमतो न्यसेत्॥ 26॥

(जीर्णोद्धार प्रसङ्ग में विचारणीय है कि यदि पूर्व निर्मित वास्तु अल्पद्रव्य का हो तो उसे विशेष द्रव्ययुक्त अथवा अधिक द्रव्य वाला बनाया जा सकता है) इसे इस रूप में समझा जा सकता है कि यदि पूर्व वास्तु मृण से निर्मित हो तो उसे काष्ठ

---

1. पाञ्चरात्र विष्णुसंहिता में आया है कि जिस प्रकार जीर्ण देह को त्यागकर आत्मा अन्य देह में चली जाती है वैसे ही जीर्ण, क्षरित बिम्ब से देवात्मा अन्यत्र चली जाती है, यह वस्त्र के त्याग की भाँति ही होता है, इसमें यदि विलम्ब हो जाए तो यातुधान उस पर दृष्टि रखने लगते हैं— देहं देही यथा जीर्ण त्यक्त्वा देहान्तरं व्रजेत्। तयक्त्वा जीर्ण तथा बिम्बं देवोऽपि भजते नवम्॥ अर्चा त्यजति देवेशो जीर्णो जीर्णमिवस्त्रजम्। मा विक्षन् यातुधाना इत्युद्धरेदविलम्बितम्॥ (विष्णुसंहिता 24, 3-4)

का, काष्ठ का बना हो तो पाषाण का, पाषाण का हो तो धातु का तथा धातु निर्मित हो तो उसे रत्नादि से बनाना चाहिए।[1] यह क्रम उत्तरोत्तर होगा।

इति सूत्रसन्तानगुणकीर्तिप्रकाशप्रोक्तश्रीभुवनदेवाचार्योक्तापराजितपृच्छायां
जीर्णवास्तुनिर्णयाधिकारो नाम नवोत्तरशततमं सूत्रम् ॥ 109 ॥

इस प्रकार भुवनदेवाचार्य कृत सूत्रसन्तानगुणकीर्ति प्रकाश या अपराजितपृच्छा में जीर्ण वास्तु निर्णय अधिकार नामक एक सौ नौवाँ सूत्र पूर्ण हुआ ॥ 109 ॥

प्रासादनवजीर्णवास्तुकं दशोत्तरशततमं सूत्रम् ॥ 110 ॥

इत्यमनन्तर नवजीर्णप्रासादवास्तुलक्षणं। विश्वकर्मोवाच —

अभेद्यपतितं भेद्यं नार्चागेहं सुरालयम्।
शस्ताकारमिदं प्रोक्तं मूर्तास्तास्तत्र देवताः ॥ 1 ॥

विश्वकर्मा आगे बोले कि जो प्राचीन प्रासाद अभेद्य होते हुए भी गिर जाए, पतित हो जाए, उसे भेद्य या भिन्न प्रासाद कहते हैं। ऐसे सुरालय में मूर्ति में सत्व नहीं रहता। इनको शस्ताकार प्रासाद कहते हैं क्योंकि वहाँ की मूर्तियों में देवता अस्त हो चुके होते हैं।[2]

---

1. यह श्लोक सूत्रधार मण्डन के मत से तुलनीय है — वास्तु द्रव्याधिकं कुर्यान्मृत्काष्ठे शैलजं हि वा। शैलजे धातुजं चैव धातुजे रत्नजेऽथवा॥ (प्रासादमण्डनं 8, 8) मयमतं का अनुकर्मविधानं संज्ञक अध्याय जीर्णोद्धार कार्य पर आधारित है। इसके कुछ निर्देश विचारणीय है— भवनं भिन्नं पतितं वक्रं प्राचीनतत्त्वं च जीर्ण च॥ जातिश्छन्दविकल्पा भाससंस्थानकेभ्य इतरं च। यान्यप्यलक्षणानि हि तानि च तत्तल्लिङ्ग भेदवशात्॥ तत्र द्रव्यैरन्यैरुत्कृष्टैर्वा नवैस्तु घटैः। आयाद्यथोचितं तद्विस्तारोच्चादिभिस्त्व-लङ्कार्यैः॥ यानि सलक्षणकानि प्रत्यङ्गोपाङ्गदेशेषु। तानि च (तत्) तद्द्रव्यैर्हीनादीन्येव येन केन (चित्)॥ यावद्धनतां यान्ति यावत्सौम्यप्रयोज्यानि। यावत्तदेव धीमान्नवतां प्रकर्तुमिच्छति चेत्॥ तत्तद्विपुलोत्सेधे सौष्टिककोष्ठाद्यलङ्कारैः। नात्येकमुदितं तत्स्वाकृत्या सर्वथा तज्ज्ञैः॥ नागरभवने नागरमुदितं स्याद् द्राविडभवने द्राविडमुदितम्। वेसरभवने स्याद् वेसरं शुभदमर्पितभवनेऽप्यर्पितभवनम्॥ अर्पितादितरभवनेऽप्यर्पितादितर (भवनम्)। योज्यं क्रमेण विदुषा वस्तु सदा सर्वयत्नेन॥ सप्राकार (विमाने) सालाद्वहिर्वाबहिस्तूकाः। प्रासादे या गतयः कुरुते तद्विधिं सम्यग्गाढमथ वक्ष्ये॥ मूलविमानसमं वा तदधिकमन्यतरं निरुतेष्म्। दिक्षु समोन्नतत्त्वं बिदिषु शेपेपु पा कुर्यात्॥ विमान निष्क्रमं मूलाष्टमूलाब्धिहीनं तु युक्तिवशात्। उत्तरतो वा पुरतः परितः सालं तु वर्धयेद् विधिना॥ भवने जीर्णमथ तत्कर्तव्यं चेत्तदन्यस्मिन्। दिक्षु चतुर्ष्वपि नेष्टं तस्य बाह्ये वस्तुविदा॥ विपरीते तु विपत्त्यै तस्माद्युक्तक्रमेण कर्तव्यम्। सन्त्यज्य नष्टवस्तुगर्भविधानात् पुनः स्थाप्यम्॥ (मय. 35, 2-14)
2. 'शिल्परत्नाकर' नामक ग्रन्थ में नर्मदाशङ्कर मूलजीभाई सोमपुरा ने कहा है कि जीर्ण वास्तु में भिन्नदोष जीर्णता से उसके बिखराव टूटने के दोष सात बताए गए हैं— 1. मण्डल या स्थान-स्थान पर खड्डे पड़े हों, 2. जालक या स्थान-स्थान पर मकड़ी के जाले बने हों, 3. कलिक स्थान-स्थान पर भँवरी के बिल होना, 4. सुषिर या दरारें होना, 5. छिद्र या चूने की छत में दरारें पड़ना, छन्दी या दीवारों का झुकने

ब्रह्मविष्णुरवीनां च शम्भोः कार्या यदृच्छया।
गिरिजाया जिनादीनां मन्वन्तरभुवां तथा॥ 2॥
एतेषां च सुराणां च प्रासादा भिन्नवर्जिताः।
प्रासादमठवेश्मान्यभिननि शुभदानि हि॥ 3॥

ब्रह्मा, विष्णु, सूर्य, शम्भु—इनके प्रासाद भिन्नदोष युक्त हो या न हो, कोई अन्तर नहीं पड़ता परन्तु इनके अतिरिक्त गिरिजा, अम्बा, दुर्गा, जिनदेव, मन्वन्तर आदि देवताओं के प्रासाद सब भिन्न दोषों से रहित बनाने चाहिए। इसी तरह प्रासाद, मठों के गृह आदि भी अभिन्न अर्थात् भिन्नदोष से रहित होने पर शुभ माने जाते हैं।

मूषाभिर्जालकैर्द्वारैर्गर्भो यत्र न विद्यते।
अभिन्नं कथ्यते तच्च प्रासादो वेश्म वा मठः॥ 4॥

जहाँ मूषा या खड्डे, मकड़ी के जाले, द्वार या गर्भ खण्डित न हो, ऐसे प्रासाद या मठ को अभिन्न गृह, वेश्म या अभिन्न मठ कहा जाता है।

कुक्षिद्वारैस्तथा जालैर्मूषा रश्मिप्रभेदिता।
भिन्नस्तत्र स विज्ञेय आलयः सिद्धिकामदः॥ 5॥

जिस प्रासाद, मठ या वेश्म में कुक्षि अपने पार्श्व की भित्ति से, द्वार से, मकड़ी के जालों और स्थान-स्थान पर पड़े मूषा या खड्डों से सूर्य की रश्मियाँ भीतर झाँकती हों, उन्हें भिन्न अर्थात् जीर्ण, खण्डहर कहा जाता है।

पुरतः पृष्ठतो द्वारावुभौ कुक्ष्योः प्रभेदितम्।
मारुतैः स्पृश्यते यत्र भिन्नं नाम तदुच्यते॥ 6॥

जो प्रासाद, मठ या वेश्म आगे से, पीछे से, द्वारों से, उभय पार्श्व कुक्षियों से प्रभेदित या खण्डित-जर्जरित हो, जिसमें से होकर बाहर की हवा भीतर आती हो, उन्हें भिन्न अर्थात् खण्डहर के नाम से जाना जाता है।

व्यक्ताव्यक्तं लयं कुर्यादभिन्ना भिन्नमूर्तयोः।
मूर्तिलक्षणजं स्वामी प्रासादं तस्य तादृशम्॥ 7॥

अतः अभिन्न या अखण्डित और भिन्न या खण्डित मूर्तियों के अनुरूप ही व्यक्त अखण्डित और व्यक्त खण्डित के गुण-दोष देखकर ही उनके रहने के लय अर्थात् स्थान व्यक्त और अव्यक्त बनाएँ क्योंकि प्रासाद का स्वामी जिस तरह इष्ट वस्तु से अपना रक्षण करता है और अनिष्ट वस्तु से अपना बचाव, त्याग करता है उसी

लगना और कारा या दीवारों का फट जाना। ऐसे दोष वाले प्राचीन प्रासाद भिन्न प्रासाद कहे जाते हैं और इन दोषों से रहित प्रासादों को अभिन्न प्रासाद कहा जाता है। (शिल्परत्नाकर, ध्रांगध्रा 1939, पृष्ठ 202)

प्रकार प्रासाद, भवनादि भी व्यक्त इष्ट से तथा अव्यक्त अनिष्ट से अपना व्यवहार रखते हैं।

चतुर्दोषमाह —

दिग्मूढो नष्टछन्दश्च ह्यायहीनः शिरोगुरुः।
ज्ञेया दोषास्तु चत्वारः प्रासादाः कर्मदारुणाः॥ 8॥

कर्मकार शिल्पियों को चाहिए कि प्रासादों के निम्न चार दोषों को ठीक-ठीक जान लें— 1. दिग्मूढ़ (दिशा ज्ञान से हीन), 2. नष्टछन्द (जिसके निर्माण में कोई शास्त्रीय छन्द का प्रयोग नहीं हुआ हो), 3. आयहीन (जो आय के प्रमाण से हीन हो) और 4. शिरोगुरु (जो सभी प्रकार से ठीक होने पर ऊपरी भाग से भारी बना हुआ हो और नीचे का भाग हल्का हो)।

कुत्र दोषो न विद्यते —

पूर्वोत्तरं तु दिग्मूढं मूढं पश्चिमदक्षिणम्।
मूढामूढं च तेषां स्याद्यत्र तीर्थं समाहितम्॥ 9॥

मूढ़ के लक्षण स्पष्ट है कि जो देवालय पूर्वोत्तर या ईशान अथवा पश्चिम-दक्षिण या नैर्ऋत्य की ओर बना हुआ मुख का हो, उसे दिग्मूढ़ कहते हैं। ऐसे मूढ़ प्रासाद भी अमूढ़ माने जा सकते हैं यदि इनके साथ कोई तीर्थ जुड़ा हुआ हो।[1]

सिद्धायतनतीर्थेषु नदीनां सङ्गमेषु च।
स्वयम्भूबाणलिङ्गेषु तस्य दोषो न विद्यते॥ 10॥

क्योंकि, सिद्ध लोगों के आवास स्थलों में बने तीर्थों में, नदियों के सङ्गम पर बने देवालयों में, स्वयम्भू और बाणलिङ्ग वाले प्रासाद में इन मूढ़ दोषों को नहीं माना जाता है, मानो ये दोष उनमें है ही नहीं।

व्यक्तं तु मृणमयं चाल्यं त्रिहस्तान्तं तु शैलजम्।
दारुजं पुरुषार्धं तु तत ऊर्ध्वं न चालयेत्॥ 11॥

जो भी प्रासाद, वेश्म, भवन आदि व्यक्त हों, उनका जीर्णोद्धार करते समय ध्यान रखें कि मृणमय मिट्टी का प्रासाद हो तो उसे गिरा सकते है और उसके स्थान पर नया बना सकते है, शैल-पाषाण का भी यदि तीन गज तक ही बचा हो तो उसे भी गिरा कर नया बनाया जा सकता है। इसी तरह लकड़ी का बना हुआ भी यदि

1. मण्डन ने यही मत प्रासादमण्डनं में भी उद्धृत किया है। ईशान और नैर्ऋत्य कोण में टेढ़ा भी बन गया हो तो वहां दिग्मूढ़ उसी प्रकार नहीं माना जाता जैसे कि तीर्थस्थल में निर्मित प्रसाद में मूढ़ामूढ़ का दोष नहीं होता है।

पुरुष की ऊँचाई के आधे (60 अङ्गुल) तक हो तो उसे भी गिराकर नया बना सकते हैं परन्तु इन प्रमाणों के अतिरिक्त ऊँचे किसी भी प्रासाद, वेश्मादि को नहीं गिराना चाहिए और उन्हीं पर आगे नवनिर्माण होना चाहिए।

पातनाद् व्याधिदातात्मा महादुःखाय जायते।
सप्तोत्सवयात्राश्च तेषां रूपाणि कारयेत्॥ 12॥

क्योंकि, इनके गिराने से व्याधित आत्मा से महान दुःख पैदा हो सकता है। अस्तु, जीर्णोद्धार उपरान्त 'सप्त-उत्सव-यात्रा' के लिए भी उनमें तरह-तरह की सुन्दर रूपाकृतियों का निर्माण करके मनोहर रचना युक्त बनाना चाहिए।[1]

अथ वेधस्य फलमाह —

स्तम्भवेधैर्यथावास्तु वास्तुवेधैस्तथा सुराः।
देववेधे भवेन्मृत्युः शिल्पिकारावरादिषु॥ 13॥

जीर्णोद्धार और नवनिर्माण में भी वास्तु में स्तम्भवेध अर्थात् स्तम्भ आड़े आना, वास्तुवेध देवता से अर्थात् देवता के आड़े किसी वास्तु का सामने पड़ना या देववेध अर्थात् किसी देवता का सामने आड़े आना—इन वेधों के होने पर शिल्पी और उसके अन्य साथी कर्मकारों की भी मृत्यु का कारण हो सकता है।

एको वा बहुरूपश्च ब्रह्मणः शिवसूर्ययोः।
स्वके स्वके वै स्थाप्याः प्रासादे भिन्नवर्जिते॥ 14॥
भिन्नाश्चतुर्विधा ज्ञेया अष्टधा मिश्रका मताः।
मिश्रकाः पूजितास्तत्र भिन्ना वै दोषकारकाः॥ 15॥

ब्रह्मा के, शिव के और सूर्य के प्रासाद एक जैसे हो या अलग-अलग बहुत रूप के हों, परन्तु उनके अपने-अपने प्रासाद सब भिन्न वर्जित अर्थात् अखण्ड बनाने चाहिए। भिन्न अर्थात् खण्डित प्रासाद चार प्रकार के होते हैं और मिश्रक अर्थात् भिन्न-भिन्न खण्डित और अखण्डित प्रासाद आठ प्रकार के होते हैं। उनमें भी मिश्र का प्रासाद तो पूजा के योग्य कहे गए हैं परन्तु भिन्ना, खण्डिता की पूजा तो दोषकारक कही गई है।

छन्दोभेदा न कर्तव्या जातिभेदास्तथा पुनः।
हीनशाखा न कर्तव्या लतिने चन्द्रलोकनम्॥ 16॥

---

1. यहाँ ग्रन्थकार भुवनदेव ने जीर्णोद्धार के उपरान्त पुनः प्रतिष्ठावसर पर होने वाले तत्कालीन सप्तोत्सव (सूत्र 114,10 के अनुसार) एवं यात्रा का वर्णन किया है।

लतिन जाति के प्रासाद में भी छन्दोभेद, जातिभेद, हीनशाखा आदि चन्द्रलोकन में भी नहीं करना चाहिए।

तलच्छन्दानुसारेण हीनाङ्गं शिखरं भवेत्।
ऊर्ध्वं तु फांसनाकारं जातिभेदोऽत्र जायते॥ 17॥

तलछन्द के अनुसार तुलना करने पर यदि शिखर हीनाङ्ग हो अर्थात् उपयुक्त अनुपात में न बना हो और ऊपरी भाग में फांसनाकार स्त्री जाति का बना हो तो उसमें जातिभेद दोष होगा।

हीनशाखा न कर्तव्या लतिने चन्द्रलोकना।
भिन्नदोषाश्च चत्वारः प्रासादे दारुकर्मणि॥ 18॥

लतिन चन्द्रलोकन में हीनशाखा युक्त कार्य न हो तथा काष्ठ के प्रासाद में भी चारों भिन्न दोष नहीं रखने चाहिए।

इति सूत्रसन्तानगुणकीर्तिप्रकाशप्रोकृश्रीभुवनदेवाचार्योक्तापराजितपृच्छायां प्रासादनवजीर्णवास्तुनिर्णयाधिकारो नाम दशोत्तरशततमं सूत्रम्॥ 110॥

इस प्रकार भुवनदेवाचार्य कृत सूत्रसन्तानगुणकीर्ति प्रकाश या अपराजितपृच्छा में प्रासाद नव-जीर्ण वास्तु निर्णय अधिकार नामक एक सौ दसवाँ सूत्र पूर्ण हुआ॥ 110॥

जीर्णप्रासादलक्षणमेकादशोत्तरशततमं सूत्रम्॥ 111॥

विश्वकर्मोवाच —

अथातः सम्प्रवक्ष्यामि जीर्णप्रसादलक्षणम्।
पतिते वा प्रनष्टाङ्गे क्रिया त्वेवं विधोत्तमा॥ 1॥

विश्वकर्मा बोले कि अब मैं उन जीर्ण प्रासाद के लक्षणों के बारे में कहता हूँ जिनके गिर जाने से या जिनके अङ्ग नष्ट हो जाने पर उत्तम विधि से पुनः नवीनीकृत किया जा सके यानी उनका जीर्णोद्धार किया जा सके।

पञ्चाङ्गशुद्धिमाह —

सुमुहूर्ते दिने शुद्धे लग्ने चन्द्रबलोत्तमे।
चन्द्रताराबले चैव योगे चामृतसम्भवे॥ 2॥
अष्टवर्गस्ततोभेव्यां स्वगोत्रादिगोत्रसङ्कुलम्।
पूजनीया समस्तेदं [1]देवतार्थ प्रयाणवे॥ 3॥

1. मुद्रितपुस्तके 'दयत्याष्टप्रार्णवे ?॥' इति पाठः।

इस जीर्णोद्धार की विधि के लिए शिल्पी और कर्त्ता को सबसे पहले शुभ मुहूर्त के साथ-साथ शुद्ध लग्न और उत्तम चन्द्र बल, चन्द्र-ताराबल तथा अमृत सम्भव योग में अष्टवर्ग देखकर अपने स्वगोत्री भाई-बन्धुओं के समूह के साथ और अन्य भी जो पूजनीय जन हो उनके साथ देवता के लिए प्रणिपात् होना यानी प्रणाम करना चाहिए।

आचार्यादीनां पूजा च बलिमाह —

आचार्यः शिल्पिनां पूज्यो वस्त्रालङ्कारसंयुतैः।
तैश्चापि सर्वयुक्तैश्च स गच्छेद् देवसङ्कुलम्॥ 4॥

इस प्रसङ्ग में आचार्य और शिल्पी की वस्त्रालङ्कार से सिरोपाव-पहिरावनी करके पूजा करनी चाहिए, क्योंकि वे भी उपर्युक्त कहे गए सभी लोगों के उस देव सङ्कुल में यानी प्रासाद के देवसमूह में जाएँगे।

देवपूजां ततः कृत्वा क्षेत्रपालादिसंयुताम्।
दिक्पालेभ्यो बलिं दद्याद् वास्तुदेवेभ्य एव च॥ 5॥

इसके बाद, वहाँ जाकर क्षेत्रपालादि के साथ देवपूजा करें तथा दिक्पालादि और वास्तुदेवताओं को बलि अर्पण करें।

जलदेवान् स्थलदेवानूर्ध्वस्थांस्तलवासिनः।
पूजां बलिं समाप्यैतान् प्रणिपत्य क्षमापयेत्॥ 6॥

इसे पूजा कार्य में सभी जल-देवता, स्थल-देवता, ऊर्ध्वलोक और पातालओक के देवताओं की भी पूजा और बलि समाप्त करके उन सभी को प्रणाम करके क्षमापन की भी प्रार्थना करनी चाहिए।

अथ पातनविधिमाह —

अपतितानि सत्त्वानि पातयेच्च क्रियादिकैः।
स्वर्णमयं गजं कुर्याद् वृषभं वा यथोचितम्॥ 7॥

इसके उपरान्त, जो वास्तु वर्तमान में पूरा नहीं गिरा हुआ हो, उसे नवनिर्माण, जीर्णोद्धार के लिए गिराने की क्रिया को आरम्भ करें।

अथरूप्यमयं वापि गजं वा वृषभं तथा।
पातयेद् गजदन्ताग्रैर्वृषशृङ्गैरथापि वा॥ 8॥

इसके लिए सोने या चाँदी का हाथी या वृषभ बंनवा कर उस वास्तु को उक्त गजदन्त अथवा वृषशृङ्ग से गिराने का उपक्रम करना चाहिए।

ततोऽनुक्षाल्यमानेऽपि वास्तुस्थानं न चालयेत्।
ह्रस्ववृद्धी न कर्तव्ये कृते दोषो महाभयम्॥ 9॥

साथ ही इस बात का भी ध्यान रहे कि उस भाग को उखाड़ने अर्थात् गिराते हुए भी वास्तु का जो पूर्व मान, आसार आदि हो उसे नहीं चलाएँ, उसमें कोई अन्तर न लाएँ। कोई कमी-बेशी न करें। यदि करेंगे तो महान भय उपस्थित हो जाएगा।

पूर्ववास्तु स्थितं त्यक्त्वा तदुपर्यन्यवास्तुकम्।
पूर्वं चेद् विध्यते वास्तु मृत्युः कारावरादिषु॥ 10॥

क्योंकि, पूर्व में बने हुए वास्तु वेश्म या प्रासाद की स्थिति को बदल कर, उस पर यदि अन्य वास्तु का निर्माण किया जाएगा तो पूर्व में बने हुए वास्तु का वेध होगा और उससे कर्मकारों, कारीगरों की मृत्यु की आशङ्का रहेगी।

उद्धरेद्वा तथा द्रव्यं वास्तुस्थानं न चालयेत्।
उद्धरेच्चाहरेद् द्रव्यं लभते परमं पदम्॥ 11॥

अस्तु, चाहे जीर्ण वास्तु को उधेड़ें-गिराएँ या नया द्रव्य लगाएँ, किसी भी स्थिति में वास्तु के पूर्वमान को विचलित नहीं करें। इस तरह ध्यानपूर्वक वास्तु के उद्धार में द्रव्य या वस्तु को गिराने और नया बनाने से परमपद की प्राप्ति होती है।

पूर्वमानं प्रमाणं च कारयेद् विधिपूर्वकम्।
तद्रूपं तत्प्रमाणं च पूर्वसूत्रं न चालयेत्॥ 12॥

पूर्वमान को व प्रमाण को विधिपूर्वक यथावत रखना चाहिए। उसका पूर्वरूप, प्रमाण पूर्वसूत्र के अनुरूप ही रखते हुए उसमें किसी प्रकार का विचलन न करें।

बहुविध दोषामाह —

चलिते चालिते वापि दिग्मूढे स्थानवास्तुनि।
हीने तथाधिके चैव पदभुक्तिविनाशने॥ 13॥
निरन्तरा यदि स्तम्भा महामर्मनिपीडिताः।
अशुद्धाः विपरीताश्च शिल्पदोषैश्च दूषिताः॥ 14॥
छन्दालङ्काररहीनाश्च रूपमानविवर्जिताः।
एवमाद्या अनेके च दोषा बहुविधाः स्मृताः॥ 15॥

(वास्तु को पूर्वमानानुसार जीर्णोद्धार करते समय विविध प्रकार के शिल्प दोषों का ध्यान रखना चाहिए) चलित होना, विचलित करना या वास्तु को दिग्मूढ़ बनाना, हीन बनाना, अधिक बना देना, पदभागों को भूल जाना, उसका विनाश कर देना, निरन्तर बने स्तम्भों में कोई महामर्म का निपीड़न, वेध होना, अशुद्ध निर्माण, विपरीत निर्माण आदि शिल्प दोषों से दूषित बनाना तथा उसके छन्द-अलङ्कारों से हीन और पहले रूप और मान रहित बनाना—इस प्रकार बहुविध दोष कहे हैं।

तस्मात् सर्वपयत्नेन पूर्वसूत्रं न चालयेत्।
चलिते चालिते चैव तस्य स्थाने तु विग्रहम्॥ 16॥

इसलिए सभी प्रयत्नों से पूर्व के सूत्र, नाप-तौल प्रमाण को कभी भी विचलित नही करें, क्योंकि इनको चलित कर देने पर विग्रह खड़े होंगे।

न्यूनाधिक्ये फलाफलम् –

हीने हानिं प्रकुरुते ह्यधिके स्वजनक्षयम्।
आयहीने तु प्रासादे स्वामिनस्तु क्षयो भवेत्॥ 17॥

ये दोष-विग्रह ऐसे है कि हीन पर हानि करते है और अधिक बना देने पर अपने परिजनों का क्षय करते हैं। यदि प्रासाद आयहीन बन जाए तो गृहस्वामी का ही क्षय हो जाता है।

स्तम्भवेधे भयं घोरं स्वकुलोच्छेदनं भवेत्।
हन्याद् बन्धून् मर्मवेधे त्रिशूले च महाभयम्॥ 18॥

इसी तरह स्तम्भवेध से भी घोरभय, स्वकुल का नाश होता है। इससे बन्धु वर्ग का हनन होता है और मर्मवेध व त्रिशूलवेध से महाभय उपस्थित होता है।

शल्ये चार्थविनाशस्तु छन्दहीने सुताद् भयम्।
[1]एतदर्थाचार्यो वेध सम्यक् परित्यज्यते॥ 19॥

यदि भूमिस्थ शल्य रह जाए तो अर्थ विनाश होता है। छन्दहीन बन जाने पर पुत्रों को भय उपस्थित हो जाता है अतएव आचार्य को हरसम्भव वेध का चतुराई के साथ त्याग करना चाहिए।

मानहीने प्रजापीडा स्थूले चोरभयं तथा।
प्रविहीने च विद्वेषो दुर्भिक्षं शत्रुविग्रहः॥ 20॥

वास्तु के जीर्णोद्धार पर मान हीन होने पर प्रजा को पीड़ा होती है, स्थूल या विशेष मोटाई हो जाने पर चोरों से भय बढ़ता है और यदि बहुत हीन या कम हो जाए तो विद्वेष, दुर्भिक्ष और शत्रुओं से लड़ाई-झगड़े होते हैं।

आयहीनेऽनपत्यत्वं व्ययहीने च भोगदम्।
पीठहीने तु प्रासादे नश्यन्ति गजवाजिनः॥ 21॥

आयहीन होने पर अपने अपत्य, सन्तति का नाश तथा व्ययहीन होने पर भोगदाता होता है। जो प्रासाद पीठहीन हो जाता है तो हाथी व घोड़ों, वाहनादि का नाश होता है।

---

1. प्रकाशित पाठे नोलभ्यते।

तस्मात् सर्वपयत्नेन पूर्वसूत्रं न चालयेत्।
अधिकाङ्गश्च कर्तव्यः प्रासादो भूषणैर्गुणैः ॥ 22 ॥

इसलिए सब प्रकार के प्रयत्न करके पूर्वसूत्र अर्थात् पहले के बने नाप-जोख में बदलाव नहीं करें। साथ ही प्रासाद कों गुणात्मक रूप से सुन्दर और अलङ्करणों से अधिकाङ्ग भले ही बनाएँ।

न चाधिकं तु कुर्वीत यावत् पादविशोधितम्।
नवं चारोपयेद्वास्तु पुर-प्रासाद-मन्दिरे ॥ 23 ॥

परन्तु, वास्तु के पद विन्यास जहाँ तक बने हों उससे अधिक नहीं बनाते हुए प्रसाद के पुर के व भवन के नवनिर्माण में वास्तु का आरोपण करें।

चतुरस्त्रो[1] द्विधा भूमियुक्ता पूर्वोत्तरप्लवा।
शङ्कुप्राचीवास्तुपूजां कुर्याद् भूमिपरिग्रहम्।
पादप्रतिष्ठादिकृत्यं यावच्च भिट्टपूरणम् ॥ 24 ॥

चौकोर भूमि को दो प्रकार से पूर्वोत्तर प्लवा अर्थात् ईशानकोण की ओर ढाल रखे तथा शङ्कु से पूर्व दिशा को ओर मुख वाला, दिशाओं का शोधन रखते हुए वास्तु पूजन करके भूमि का परिग्रह अर्थात् नव निर्माण करें। वास्तु के पाद-प्रतिष्ठादि कृत्य तो जहाँ तक भिट्ट का पूरण हो, वहीं तक करें।

प्राचीशुद्धं समक्षेत्रमायव्ययविशोधितम्।
प्रासादं कारयेत्तत्र गृहं वै शुभलक्षणम् ॥ 25 ॥

इस तरह से प्राची शुद्धि, समतल क्षेत्र युक्त और आय-व्यय विशोधित प्रासाद किए जाएँ तो वे गृह शुभ लक्षण वाले होते हैं।

शुकनासं च तस्याग्रे कारयेद् विधिपूर्वकम्।
शुकाग्रे मण्डपं कुर्यात् सुरूपं लक्षणान्वितम् ॥ 26 ॥

प्रासाद के आगे शुकनास को विधिपूर्वक करें और शुक के आगे मण्डप को बड़ा ही सुन्दर लक्षणों से युक्त बनाया जाए। (प्रासाद शिखर के आगे मध्य ऊँचाई भी उसी शुकनास के बराबर ही बनती है, उससे ऊँची कभी नहीं बनती है।)

इति सूत्रसन्तानगुणकीर्तिप्रकाशप्रोक्तृश्रीभुवनदेवाचार्योक्तापराजितपृच्छायां
जीर्णप्रासादलक्षणाधिकारो नामैकादशोत्तरशततमं सूत्रम् ॥ 111 ॥

इस प्रकार भुवनदेवाचार्य कृत सूत्रसन्तानगुणकीर्ति प्रकाश या अपराजितपृच्छा में
जीर्णप्रासाद लक्षण अधिकार नामक एक सौ ग्यारहवाँ सूत्र पूर्ण हुआ ॥ 111 ॥

---

1. 'चतुरस्तो ?' इति प्रकाशित पाठः।

प्रासाददेशानुक्रमो नाम द्वादशोत्तरशततमं सूत्रम् ॥ 112 ॥

अथ देशनामानि च तत्र प्रासादरूपं। विश्वकर्मोवाच —

अथातः सम्प्रवक्ष्यामि प्रासादानां तु लक्षणम्।
विविधैः कर्मसूत्रैश्च कथितं यत्समासतः ॥ 1 ॥

(इस सूत्रों में विविध देशों के अनुसार वहाँ प्रचलित प्रासाद शैलियों के विषय में कहा जा रहा है) विश्वकर्मा बोले कि अब मैं प्रासादों के लक्षण और विविध प्रकार काम करने के सूत्रों को संक्षेप में कहता हूँ।

नागरा द्राविडाश्चैव वराटकाश्च मिश्रकाः।
लतिनाश्चैवसान्धारा विमाना भूमिजास्तथा ॥ 2 ॥
एते चाष्टान्वये शस्ताः शुद्धच्छन्दाः प्रकीर्तिताः।
देशजातिकुलस्थानवर्णभेदैस्तथापरे ॥ 3 ॥

(जैसा कि कहा गया है) 1. नागर, 2. द्राविड़, 3. वराटक, 4. मिश्रक, 5. लतिन, 6. सान्धार, 7. विमान और 8. भूमिज। ये आठ नाम वाले प्रासाद प्रशस्त कहे गए है जो शुद्ध छन्द में निर्मित होते हैं। इनके देश जाति कुलस्थान वर्ण भेद से अपर, अन्य होते हैं।

जातयोऽष्टौ प्रवर्तन्ते गङ्गातीरेषु सर्वदा।
अहिराजेषु सान्धारो नागरश्च प्रशस्यते ॥ 4 ॥
गौडबङ्गकामरूपे सान्धारो लतिनस्तथा।

ये आठों जातियों के प्रासाद सदा गङ्गा नदी के तीर पर पाए जाते हैं। इसके अतिरिक्त, अहिराज में और अहिछत्रपुर में सान्धार नागर प्रासाद को प्रशस्त माना है। गौड़प्रदेश, बङ्गाल और कामरूप (आसाम) में सान्धार और लतिन प्रासाद मान्य है।

तुङ्गकारण्येषु[1] गङ्गोदधौ विमानकः ॥ 5 ॥
चोलदेशे महानीले श्रीनीले पर्वते तथा।
मल्यकलिङ्गकर्णाटे कान्यकुब्जनिवासके ॥ 6 ॥
वैराज्येषु विराटे च कोङ्कणे दक्षिणापथे।

---

1. 'तुरकोडहालेषु ?' इति प्रकाशित पाठः। वेत्रवती या बेतवा और जम्बुल के सङ्गम का परवर्ती प्रदेश। यह प्राचीन काल का तुङ्गारण्य है और गङ्गा के निम्नवर्ती क्षेत्र में परिगणित है। महाभारत के अनुसार इस वन का विस्तार कालिञ्जर तक था— तुङ्गकारण्यमासाद्य ब्रह्मचारी जितेन्द्रियः, वेदानध्यापयत् तत्र ऋषिः सारस्वतः पुरा। तदरण्यं प्रविष्टस्य तुङ्गकं राजसत्तम्। पापं प्रणश्यत्यखिलं स्त्रियो वा पुरुषस्य वा॥ (वनपर्व. 85, 46 और 53)

नागरा द्राविडाश्छन्दा वराटा भूमिजास्तथा॥ 7॥
लतिनाश्चैव सान्धारा मिश्रकाश्च विमानकाः।
अष्टच्छन्दास्तथा चैते प्रासादाः परिकीर्तिताः॥ 8॥

तुङ्गकारण्य में और गङ्गा नदी के नीचे के भागों में विमान नागर मान्य कहे गए हैं। चोलदेश, महानील प्रदेश, श्रीनील के पर्वतों में, मलय और कलिङ्ग, कर्णाट, कान्यकुब्ज निवास, वैराज्य, विराट, कोङ्कण, दक्षिणापथ में नागर, द्राविड़ छन्द के और वराट तथा भूमिज प्रासाद, लतिन, सान्धार मिश्रक और विमान— ये आठों छन्द प्रासाद मान्य कहे गए हैं।

जयन्त्यां मालवे देशे काञ्च्यां कालञ्जरे तथा।
अन्तर्वेद्यां च मगधे मथुरायां हिमाश्रये॥ 9॥
दण्डकारण्यसह्याद्योश्चत्वारश्छन्दका इमे।
लतिना नागराश्चैव सान्धारा भूमिजास्तथा॥ 10॥

जयन्तीप्रदेश[1], मालव देश, काञ्ची, कालञ्जर तथा अन्तर्वेदी और मगध, मथुरा, हिमालय, दण्डकारण्य, सह्याद्रि में ये चारों छन्द—लतिन, नागर, सान्धार और भूमिज प्रशस्त कहे गए हैं।

सिन्धौ च खुरषाणे च *तेजो गक्षणकादिषु।
श्वभ्रभरुकादियुक्ते[2] पश्चिमे पार्श्वमण्डले॥ 11॥
सौराष्ट्रे गुर्ज्जरे देशे काश्मीरे च स्वयम्भरे।
[3]आनर्तभरुचं सौवीरश्च मज्झमिकास्तथा॥ 12॥
[4]वहिरावन्त्योमवन्दने आभीरे च वागुरिका।
[5]ययातिसृष्टयो चेदिराजजम्बूमार्गं तथापरे॥ 13॥
प्रासादाः स्त्रीपुरुषाणां सूर्ये कुर्यान्नपुंसकान्।
[6]तत्त चर्मणवतीकूले नागोद्भेदे ये दृश्यते॥ 14॥

सिन्धु प्रदेश, खुरसाण देश और तेजोभिभवन (*मध्यप्रदेश, जबलपुर),

---

1. जयन्ती क्षेत्र हुबली से 70 मील दूरी पर वनोशिला नामक ग्राम को कहा गया है। यह वर्धा नदी के तट पर है। पौराणिक आख्यान है कि मधु-कैटभ ने यहाँ तप किया था। दोनों के नाम से यहाँ मन्दिर भी हैं।
2. सवमोहनमादियुक्ते ? इति प्रकाशितपाठः।
3. प्रकाशितपाठे नोपलभ्यते।
4. प्रकाशितपाठे नोपलभ्यते।
5. 'यादि सृष्टयो...' इति प्रकाशितपाठः।
6. प्रकाशितपाठे नोपलभ्यते। विशेष— विष्णु, मार्कण्डेय, स्कन्दपुराणादि में भी इन देशों के नाम आए हैं।

श्वभ्रमती या साबरमती नदी के तटवर्ती प्रदेश व उससे लगते पश्चिमी पार्श्वमण्डल, सौराष्ट्र, गुर्जरदेश, कश्मीर तथा साँभर (राजस्थान), आनर्त, भड़ौंच, सौवीर, मेवाड़ तथा अवन्ति के बाहरी प्रदेशों में आभीर और वागुरिका या वागड़ प्रदेश, ययाति निवेशित पुर, चेदीराज, आबू व उनके परवर्ती क्षेत्रों में स्त्री व पुरुषों के लिए सूर्य के नपुंसक प्रासाद बनाएँ। ऐसे ही चम्बल नदी के किनारे, नागोद्भेद (नागदा या जहाजपुर) आदि में भी दिखाई देते हैं।

विमाननागरांश्छन्दान् कुर्याद्विमानपुष्पकान्।
सिंहावलोकवलभीफांसनांश्च रथारुहान्॥ 15॥
प्रवर्तन्ते सर्वदेशे व्योम चैकं न वर्तते।
एतेषु भरतक्षेत्राद्यं देशानुक्रम कथ्यताम्?॥ 16॥

विमान नागर छन्द में पुष्पक विमान करने चाहिए। इनमें सिंहावलोकन, वलभी, फांसनाकार, रथारूह सभी देशों में प्रचलित है, केवल व्योम आकाश में ही ये नहीं होते। इस तरह मैंने इनके भारत में देशानुक्रमों को कहा है।

इति सूत्रसन्तानगुणकीर्तिप्रकाशप्रोक्तृश्रीभुवनदेवाचार्योक्तापराजितपृच्छायां प्रासाददेशानुक्रमाधिकारो नाम द्वादशोत्तरशततमं सूत्रम्॥ 112॥

इस प्रकार भुवनदेवाचार्य कृत सूत्रसन्तानगुणकीर्ति प्रकाश या अपराजितपृच्छा में प्रासाद देशानुक्रम अधिकार नामक एक सौ बारहवाँ सूत्र पूर्ण हुआ॥ 112॥

प्रासादन्यूनाधिकलक्षणात्मकं त्रयोदशोत्तरशततमं सूत्रम्॥ 113॥

अधुना देवालयादीनां न्यूनाधिकलक्षणफलञ्च। विश्वकर्मोवाच —

एते सर्वेऽपि प्रासादा देशानुक्रमसंस्थिताः।
तेषामनुक्रमं वक्ष्ये प्रासादानां तु सर्वतः॥ 1॥

विश्वकर्मा बोले कि ये सभी प्रासाद भी देशों के अनुक्रम के अनुसार बनाए जाते हैं अतएव सर्वप्रकारेण उनका भी अनुक्रम कहता हूँ।

विभक्तिं तलच्छन्दे तु शिखरोर्ध्वे हि कारयेत्।
ऊर्ध्वाभिधानकं ख्यातं तलच्छन्दं हि तं तथा॥ 2॥

इनके तलछन्द के विमाग शिखर के ऊपर ही करने चाहिए, इसलिए इनका नाम ऊर्ध्वाभिधान तलछन्द के रूप में विख्यात हुआ है।

छन्दविहीनप्रासादे अर्चा स्थापन्निषेधं —

छन्दच्छन्दो यत्र नास्ति तत्रार्चां स्थापयेन्न हि।
तत्प्रासादफलं नैव ततो मोक्षो न लभ्यते॥ 3॥

यह ध्यान रहे कि जहाँ छन्द छन्दानुसार न हो वहाँ प्रासाद में अर्चा या मूर्ति की स्थापना नहीं करें, क्योंकि ऐसा किया जाए तो उसका कोई फल नहीं मिलेगा और उससे मोक्ष का लाभ भी नहीं हो सकता।

हीनमानादीनां फलमाह —

हीनमाने तु ये दोषाः कथये तान् समासतः।
आयुर्हानिं द्वारहीने नालिहीने धनक्षयः॥ 4॥

हीनमान या प्रमाण में कमी रहने के जो दोष हैं, उन्हें में संक्षेप में कहता हूँ। यदि वास्तु निर्मिति द्वारहीन हो तो उससे आयु की हानि होती है और नालीहीन होने पर धन का नाश होता है।

अपदस्थापितैः स्तम्भैर्महारोगं विनिर्दिशेत्।
स्तम्भव्यासोदये हीने कान्ता तत्र विनश्यति॥ 5॥

स्तम्भों को बिना पद के स्थापित करने पर महारोग होगा तथा स्तम्भ का व्यास और ऊँचाई में कमी रहने पर कर्ता की पत्नी का विनाश हो जाता है।

प्रासादे पीठहीने तु नश्यन्ति गजवाजिनः।
रथोपरथहीने तु प्रजापीडां विनिर्दिशेत्॥ 6॥

जो प्रासाद पीठ हीन बनते हैं उनसे हाथी-घोड़ों, वाहन का नाश होता है और शिखर के रथ और उपरथ से हीन होने पर प्रजा को पीड़ा पहुँचने की आशङ्का रहती है।

कर्णहीनो यदा वास्तुरयुक्तफलमादिशेत्।
क्रीडन्ति राक्षसास्तत्र फलं क्वापि न विद्यते॥ 7॥

इसी तरह वास्तु, प्रासाद कर्णहीन बनने पर विपरीत फल देता है। ऐसे प्रासाद में राक्षसगण क्रीड़ा करते हैं और ऐसे प्रासाद से कोई भी लाभ नहीं होता।

जङ्घाहीने भवेद् बन्धुकर्तृकावरनाशनम्।
शिखरे हीनमाने तु नश्यन्ति पुत्रपौत्रकाः॥ 8॥

प्रासाद यदि जङ्घा में हीन बन जाए तो उससे कारीगरों के बन्धुगणों का नाश होता है। यदि प्रासाद शिखर से हीन हो तो कर्ता के पुत्र-पौत्रों का नाश होता है।

अतिदीर्घे कुलोच्छेदो ह्रस्वे व्याधिसमुद्भवः।

स्थपुटस्थापने पीडा कर्ता तत्र विनश्यति॥ 9॥

इसी तरह यदि प्रासाद अति दीर्घ बनता है तो कुल का उच्छेद हो जाता है और छोटा हो जाता है तो व्याधियाँ होने लगती है। स्थपुट (संकड़ा) स्थापना करने से पीड़ा होती है और कर्ता उससे विनाश को प्राप्त होता है।

पञ्चदोषा: —

स्कन्धहीनः कबन्धश्च समसन्धिः शिरोगुरुः।

अप्रसारितपादश्च पञ्चैते धननाशनाः॥ 10॥

इसी प्रकार 1. स्कन्ध हीन प्रासाद, 2. कबन्ध (सिरकटे), 3. समसन्धि, 4. शिरोगुरु (सिर पर भारी बनाना) और 5. अप्रसारित पाद (पाया कम फैलाया होना)—ये पाँच दोष धन का नाश करने वाले कहे हैं।

मानाधिको न कर्तव्यो मानहीनं न कारयेत्।

शास्त्रोक्तविधिमानेन शुभदं सर्वकर्मसु॥ 11॥

अतः प्रासाद को न तो मान से अधिक बनाए न ही मान से हीन बनाएँ, केवल शास्त्रोक्त विधिमानुसार बनाने पर ही सब कामों में शुभफल मिल सकता है।

जीर्णोद्धार फलमाह —

वापी-कूप-तडागानि प्रासाद-भुवनानि च।

भग्नानि तूद्धरेद्याऽसौ लभतेऽष्टगुणं फलम्॥ 12॥

जीर्णोद्धार के पुण्य के बारे में कहते हैं कि बावड़ी, कूप, तालाब, प्रासाद, भवनादि यदि भग्न हो गए हो तो उनका पुनः जीर्णोद्धार करने से उनके बनाने से भी आठ गुणा ज्यादा फल कर्ता को मिलता है।

प्रतिमालिङ्गवेदीनां यावद्रेण्वंशकं भवेत्।

तावत्कोटिसहस्राब्दं रुद्रलोके स तिष्ठति॥ 13॥

इसी तरह भग्न प्रतिमा, लिङ्ग, वेदी आदि का भी जीर्णोद्धार किया जाता है तो वे जब तक नष्ट होकर भी रेणु के बराबर अंश भी हो जाए तब तक करोड़ों, हजारों वर्षों तक उसके कर्ता का रुद्रलोक का वास मिलता है।

प्रासाद निर्माण फलं —

कोटिवर्षं तृणच्छन्दे दशकोट्यस्तु मृण्मये।

इष्टिकायां दशगुणं पुण्यं शैले ह्यनन्तरशः॥ 14॥

केवल घास-फूस का प्रासाद बनाने पर भी करोड़ों वर्ष का पुण्य फल मिलता

है और मिट्टी का प्रासाद बनाने पर दस गुना अर्थात् दस करोड़ वर्षों का पुण्य मिलता है। ईंटों से बनाया गया प्रासाद इसका भी दस गुना तथा शैल या पाषाण से बनाया गया प्रासाद तो अनन्त गुना पुण्य प्रदाता होता है।

पांशुना क्रीडमानोऽपि यः करोति शिवालयम्।
अवश्यं लभते लक्ष्मीं पशुपतिं निष्कण्टकम्॥ 15॥

यहाँ तक कि खेल-खेल में कँकड़-पत्थरों से खेलते हुए भी यदि कोई कल्पित शिवालय भी बना दें तो ऐसा व्यक्ति भी धन-धान्य प्राप्त करेगा और पशुपतिनाथ शिव उसे सदा निष्कण्टक बनाए रखेंगे, उसकी रक्षा करते रहेंगे।[1]

पद्मशिलाद्वारे चैव तच्छिलापुरुषे तथा।
कलशध्वजे प्रतिष्ठा सप्तगुणं पुण्यं भवेत्॥ 16॥

पद्मशिला के द्वार की और उसके शिला पुरुष के स्थान की नया कलश, ध्वजा की प्रतिष्ठा कराने पर सात गुना पुण्य होता है।

राजसं तामसं चैव सात्त्विकं च तृतीयकम्।
धर्मस्य त्रिविधं ज्ञानं संसारे सम्प्रवर्तते॥ 17॥
समन्तादन्यद्रव्येषु राजसे दिग्गुणाधिकम्।
तासमे शतधा पुण्यमनन्तं सात्त्विके तथा॥ 18॥

इस संसार में राजस, तामस और सात्विक तीन तरह के धर्म के त्रिविध ज्ञान का प्रवर्तन होता रहता है। अन्य द्रव्यों से पुण्य होता है उससे राजस गुण से दुगुना पुण्य होता है, तामस से सौ गुना पुण्य और सात्विक से अनन्त गुना पुण्य होता है।

यश्च देवालयं कुर्यात् स्वर्लोके लभते ध्रुवम्।
क्रीडां सह सुरस्त्रीभिर्मानवो देवता भवेत्॥ 19॥

जो व्यक्ति देवालय बनाता है, वहाँ निश्चय ही स्वर्गलोक को प्राप्त करता है और वहाँ जाकर स्वर्ग की अप्सराओं के साथ क्रीड़ा में आमोद प्रमोद करता हुआ मनुष्य से देवता पद को प्राप्त कर लेता है।

इति सूत्रसन्तानगुणकीर्तिप्रकाशप्रोक्तृश्रीभुवनदेवाचार्योक्तापराजितपृच्छायां प्रासादन्यूनाधिकलक्षणाधिकारो नाम त्रयोदशोत्तरशतत सूत्रम्॥ 113॥

इस प्रकार भुवनदेवाचार्य कृत सूत्रसन्तानगुणकीर्ति प्रकाश या अपराजितपृच्छा में प्रासाद न्यूनाधिक लक्षण अधिकार नामक एक सौ तेरहवाँ सूत्र पूर्ण हुआ॥ 113॥

---

1. मेवाड़ प्रदेश के अधिकांश शिवालयों, देवीमन्दिरों आदि के दर्शन करने बाद लौटते समय श्रद्धालु राह में पड़े पत्थरों को अपने हाथों से जमाकर छोटे-छोटे देवालयों को बनाते हैं। मान्यता है कि इससे गृहनिर्माण की मनोकामना पूरी होती है और गृहदोष का निवारण होता है। यह मान्यता शिवधर्मपुराण में भी आई है।

मिश्रकप्रासादसप्तपुण्याहमाहात्म्यं चतुर्दशोत्तरशततमं सूत्रम् ॥ 114 ॥

अधुना मिश्रक प्रासादलक्षणफलञ्च। विश्वकर्मोवाच –

मिश्रकं तलच्छन्दं च नागरं च मण्डोवरम्।
शिखरं विमानोद्भवं प्रासादं सर्वकामदम् ॥ 1 ॥

विश्वकर्मा बोले कि जिसका तलछन्द और मण्डोवर नागर शैली का तथा शिखर विमान शैली का हो ऐसा मिश्रक प्रासाद सब कामनाओं की पूर्ति करने वाला होता है।

मिश्रकं तलच्छन्दं च पीठं वै नागरं स्मृतम्।
द्राविडा च भवेज्जङ्घा शिखरं विमानोद्भवम् ॥ 2 ॥
अथ हेमपुरे दिव्ये शतयोजनविस्तृते।
एकच्छत्रधरं राज्यं लभते जन्मजन्मानि ॥ 3 ॥

जिसका तलछन्द और पीठ नागर शैली की और जङ्घा द्राविड़ शैली की हो तथा शिखर विमान शैली का हो– ऐसा मिश्रक प्रासाद बनाने वाला सौ योजन विस्तार वाले दिव्य स्वर्णनगर में एकछत्रधारी राज्य जन्म-जन्मातर तक प्राप्त करता है।

सुखदा सर्ववर्णानां स्वर्गे तत्कृन्महीयते।
ईप्सितं लभते राज्यं स्वर्गे वाथ महीतले ॥ 4 ॥

वह व्यक्ति जो ऐसा मिश्रक प्रासाद बनाता है, सभी वर्णों के लोगों को स्वर्ग का सुख दिलाने की महिमा प्राप्त करता हुआ इस पृथ्वी पर अथवा स्वर्ग में अपना चाहा गया राज्य प्राप्त करता है।

मिश्रकस्तलच्छन्दे च पीठे च द्राविडः स्मृतः।
मण्डोवरे वराटश्च शिखरं चात्मभूमिजम् ॥ 5 ॥
नवखण्डभूवो मध्ये राज्यं जन्मनि जन्मनि।
इच्छास्थाने लभेद्राज्यं क्रीडन्ति च सुराङ्गनाः ॥ 6 ॥

ऐसा मिश्रक प्रासाद जिसका तलछन्द और पीठ द्राविड़ शैली की, मण्डोवर वराट शैली का और शिखर भूमिज शैली का हो, तो उसका निर्माता इस नौखण्ड वाले भुवन में जन्म-जन्मान्तर तक अपने मन चाहे स्थान का राज्य प्राप्त करके सुराङ्गनाओं, अप्सराओं के साथ क्रीड़ा करता है।

मिश्रकस्तलच्छन्दे च भूमिजश्च मण्डोवरे।
पुष्पकात्मजसंयुक्तं शिखरं द्राविडोद्भवम् ॥ 7 ॥

अथ हेमपुरे रम्ये शतयोजनविस्तृते।
एकच्छत्रधरं राज्यं लभते जन्मजन्मनि॥ 8॥

ऐसा मिश्रक प्रासाद जिसका तलछन्द भूमिज शैली का और मण्डोवर पुष्पक शैली का तथा शिखर द्राविड़ शैली का हो, उसका निर्माता भी सौ योजन विस्तार वाले स्वर्ण नगर का राज्य अनेक जन्मों तक प्राप्त करके एकछत्र राजा होता है।

मिश्रकस्तलच्छन्दे च मण्डोवरे च भूमिजः।
वराटः शिखरे ख्यातः पूज्यः सुरनरोरगैः॥ 9॥

ऐसा मिश्रक प्रासाद जिसका तलछन्द और मण्डोवर भूमिज शैली का शिखर वराट शैली का हो, वह भी सुर, नर और नागों से पूजित होता है।

अथ पुण्याह सप्तकं सफलं —

कूर्मशिला तथाद्वारं पद्मकं पुरुषः क्रमात्।
कलशो ध्वजः प्रतिष्ठा च सप्तपुण्याहकानि च॥ 10॥

(देवालय के निर्माणारम्भ से लेकर निर्माणोपरान्त देवप्रतिष्ठा तक सात कर्म होते हैं जिन्हें यथा विधि, निर्देश पूरा करना चाहिए) ये कर्म हैं- 1. कूर्मशिला स्थापना, 2. द्वार स्थापना, 3. पद्मशिला स्थापना, 4. प्रासादपुरुष की स्थापना, 5. कलश, 6. ध्वजारोहण तथा 7. देवप्रतिष्ठा।[1]

कृते कूर्मप्रतिष्ठायाः खाते पूर्णे च संस्थितौ।
भूमिलोके तथा राज्यं सर्वजन्मसु शाश्वतम्॥ 11॥

कूर्म प्रतिष्ठा करके खात पूर्ति हो जाने पर कर्ता को भूमि लोक का सब जन्मों के लिए शाश्वत राज्य पाने का पुण्य मिलता है।

प्रतिष्ठायां शिलायास्तु दैवज्ञैस्सत्यमुच्यते।
इच्छास्थाने स्वर्गलोके राज्यं जन्मनि जन्मनि॥ 12॥

इसी तरह शिला की प्रतिष्ठा से ज्योतिषियों ने ठीक ही कहा है कि उस व्यक्ति को जन्म-जन्मान्तरों तक स्वर्गलोक में अपनी मनचाही जगह पर राज्य मिलता है।

द्वारे प्रतिष्ठमाने तु स्तम्भोच्छ्रयसमन्विते।
महापुरं च लभते काञ्चनं शतयोजनम्॥ 13॥

---

1. इसी प्रकार सूत्रधारमण्डन ने भी कहा है कि उक्त सभी अवसरों पर वास्तुपूजन आवश्यक है। इससे कार्य निर्विघ्न, निरापद सम्पन्न होता है—कूर्मसंस्थागने द्वारे पद्माख्यायां तु पौरुषे। घटे ध्वजे प्रतिष्ठायामेव पुण्याहसप्तकम्॥ (प्रासादमण्डनं 1, 36)

द्वार की प्रतिष्ठा कराने पर तथा स्तम्भों की स्थापना से भी सौ योजन विस्तार वाले स्वर्ग के महानगर को कर्ता प्राप्त करता है।

पद्मशिलाप्रतिष्ठायां शिवालये भूमस्तके।
एकच्छत्रं महाराज्यं जनलोके च प्राप्नुयात्॥ 14॥

पद्म शिला की प्रतिष्ठा शिवालय में कराने वाला व्यक्ति भी इस भूमि के मस्तक पर जनलोक में एक छत्र का महाराज्य प्राप्त करता है।

पुरुषे स्थाप्यमानेत्वागमोक्तमन्त्रतस्तथा।
तपोलोके ब्रह्मलोके क्रीडति त्रिदशैः सह॥ 15॥

पुरुष में प्राण प्रतिष्ठा आगमोक्त मन्त्रों[1] के विधान से कराने पर भी वह कर्ता तपलोक और ब्रह्मलोक में सभी देवताओं के साथ आनन्द में क्रीड़ा करता है।

प्रस्थाप्यमाने कलशे क्षीरार्णवसमुद्भवे।
काञ्चने पुष्पविमाने सत्यलोके स गच्छति॥ 16॥

क्षीरार्णव से उत्पन्न होने वाले कलश की स्थापना प्रतिष्ठा कराने वाला व्यक्ति सोने के बने पुष्पक विमान में सवार होकर सत्यलोक को जाता है।

कृते महाध्वजारोपेपताकाध्वजचामरैः।
स गच्छेद् ज्ञानलोके तु यत्र शम्भुश्च देवता॥ 17॥

ध्वजारोपण और पताका ध्वज पर चढ़ाने व चामर करवाने वाला व्यक्ति ज्ञानलोक में जाता है, जहाँ भगवान शम्भू स्वयं व देवता निवास करते हैं।

बलीवर्दाः कर्मकरा अपराश्च शिवालये।
ते यान्ति परमं लोकं यत्र देव उमापतिः॥ 18॥

इसी तरह शिवालय में काम करने वाले सभी कर्मकर, बलीवर्द-बैल आदि सेवा में लगे पशु व अन्य जन भी उस परमलोक को जाते हैं जहाँ देव उमापति भगवान् शिव का निवास है।

मृत्काष्ठलोहशैला वा ये लग्नाश्च शिवालये।
दिव्यमूर्तिधराः सर्वे शिवलोके व्रजन्ति ते॥ 19॥

---

1. इस प्रकार के आगमोक्त मन्त्र शारदातिलक, रुद्रयामलादि में प्राप्त होते हैं। सर्वदेवप्रतिष्ठाविधि के अन्तर्गत भी इस प्रकार के मन्त्रोद्धृत किए गए हैं। शारदातिलक में प्राणप्रतिष्ठा मन्त्र इस प्रकार आया है—
पाशादित्र्यक्षरात्मान्ते स्यादमुष्यपदन्ततः। क्रमात् प्राणा इह प्राणास्तथा जीव इह स्थितः॥ अमुष्य सर्वेन्द्रियाणि भूयोऽमुष्यपदं भवेत्। वाङ्मनोनयनश्रोत्रघ्राणप्राणपदान्यथ॥ पश्चादिहागत्य सुखं चिरं तिष्ठन्तु ठद्वयम्। अयं प्राणमनुः प्रोक्तः सर्वजीवप्रदायकः॥ (शारदा. 4, 82-84)

इसी तरह शिवालय में जो भी मिट्टी, काष्ठ, लोह व शैल या पाषाण लगाए गए हैं वे भी दिव्य मूर्ति धारण करके सभी शिवलोक में जाते हैं (तो फिर कर्ता का तो कहना ही क्या है ?)

इति सूत्रसन्तानगुणकीर्तिप्रकाशप्रोक्तृश्रीभुवनदेवाचार्योक्तापराजितपृच्छायां मिश्रकप्रासादसप्तपुण्याहमाहात्म्यनिर्णयाधिकारो नाम चतुर्दशोत्तरशततम् सूत्रम्॥ 114॥

इस प्रकार भुवनदेवाचार्य कृत सूत्रसन्तानगुणकीर्ति प्रकाश या अपराजितपृच्छा में मिश्रक प्रासाद सप्त पुण्याह माहात्म्य निर्णय अधिकार नामक एक सौ चौदहवाँ सूत्र पूर्ण हुआ॥ 114॥

जगत्यङ्गसमुदायो नाम पञ्चदशोत्तरशततमं सूत्रम्॥ 115॥

अधुना जगत्यङ्गादीनार्थे प्रश्नं। अपराजित उवाच —

जगती तु किमाकारा कियती दैर्घ्यविस्तरे।
तथोच्छ्रयं कथय मे स्तरमानं विशेषतः॥ 1॥

अपराजित बोले कि हे प्रभु! जगती का आकार कैसा होता है, उसकी लम्बाई व चौड़ाई यानी दैर्घ्य-विस्तार कितना होता है तथा उसकी ऊँचाई और स्तरमान को भी विशेषतः कृपा करके कहिए।

प्रतिहारदेवकुलपङ्क्तिसोपान एव च।
आलयं सर्वदेवानां मालिकाक्रमयोगतः॥ 2॥

इसी तरह सभी देवताओं के प्रासादों के मालिका क्रम योग अर्थात् मंजिलों के क्रम योग के साथ ही प्रतिहारों, देवकुलों की पङ्क्ति तथा सोपानों, सीढ़ियों के बारे में भी बताइएगा।

विश्वकर्मोवाच —

सुरालयविभूत्यर्थं भूषणार्थं पुरस्य तु।
नराणां भुक्तिमुक्त्यर्थं सत्यार्थं चैव सर्वदा॥ 3॥

व्यक्ति अपनी विभूति यानी गौरव के लिए देवालय, प्रासाद बनवाते हैं। साथ ही प्रासाद नगरों के भूषण या सौदर्य-स्थलों के रूप में बनते है जिनसे लोगों को मुक्ति मिलती है और उन्हें जीवन के सत्यार्थ का भी सदा ज्ञान रहता है।

लोकानां धर्महेतुश्च क्रीडाहेतुश्च स्वर्भुवाम्।

कीर्तिरायुर्यशोऽर्थं च राज्ञां कल्याणकारकः ॥ 4 ॥[1]

ये प्रासाद लोगों की धर्म भावना हेतु और स्वर्ग की दिव्य शक्तियों की क्रीड़ा-भूमि हेतु भी बनाए जाते हैं। साथ ही ये राजा लोगों के कीर्ति, आयु, यश और कल्याण के लिए भी साधनभूत होते हैं।

प्रासादलक्षणं —

प्रासादो लिङ्गमित्युक्तो जगती पीठमेव च।
प्रतीहारदेवकुलविभागा नामतः परे ॥ 5 ॥

जो लिङ्ग, जगती, पीठ, प्रतिहार, देवकुल विभागों से युक्त होता है, उसे ही प्रासाद कहा जाता है अर्थात् उसे 'प्रासाद' नाम से जाना जाता है।

अथ जगत्याकारालक्षणं —

जगत्या लक्षणं वत्स शृणु वक्ष्यामि साम्प्रतम्।
सा चामूढदिशाभागा मनोज्ञा सर्वतः प्लवा ॥ 6 ॥

हे वत्स! अब मैं जगती के लक्षण संक्षेप में कहता हूँ जिसे सुनो। वह जगती सदा दिक्साधन में शुद्ध होती है। अमूढ या दिशायुक्त होती है। मनोप्रिय, सभी ओर प्लव वाली अर्थात् ढलान वाली होती है जिससे वहाँ का जल चारों और बहकर बाहर की ओर जा सके।

चतुरश्रा तथायता वृत्ता वृत्तायता तथा।
अष्टाश्रा च तथा कार्या प्रासादस्यानुरूपतः ॥ 7 ॥

जगती कई प्रकार की होती है— 1. चतुरश्रा या चौकोर, 2. आयताकार, 3. वृताकार, 4. वृत्तायता-लम्बाई युक्त गोलाकार में तथा, 5. अष्टाश्रा या आठ भुजक्षेत्र वाली अथवा प्रसाद की रचना के अनुरूप आकार वाली। जगती की मान संख्या इस तरह से कही गई है।

अथ जगतीप्रकारायामोत्सेधमानानि —

ज्येष्ठ कनिष्ठप्रासादे मध्यमे मध्यमा तथा।
ज्येष्ठे कनिष्ठा व्याख्याता जगती मानसङ्ख्यया ॥ 8 ॥

कनिष्ठ प्रासाद की जगती ज्येष्ठ, मध्यम प्रासाद की जगती मध्य और ज्येष्ठ प्रासाद की जगती कनिष्ठ बनाई जाती है।

---

1. तुलनीय— त्रिदशागारभूत्यर्थं भूषाहेतोः पुरस्य तु। भुक्तये मुक्तये पुंसा सर्वकालं च शान्तये॥ निवासहेतोर्देवानां चतुर्वर्गस्य(हे) सिद्धये। मनस्विनां च कीर्त्यायुर्यशस्सम्प्राप्तये नृणाम्॥ जगतीनामथ ब्रूमो लक्षणं विस्तरादिह। प्रासादं लिङ्गमित्याहु(स्त्रिग ?)ल्लयनाद् यतः॥ (समराङ्गण. 68, 1-3)

कनिष्ठे भ्रमणी चैका मध्यमे भ्रमणीद्वयम्।
ज्येष्ठे तिस्त्रो भ्रमण्यश्च साङ्गोपाङ्गिकसङ्ख्यया॥ 9॥

कनिष्ठ प्रासाद में एक भ्रमणी होती है, मध्यम प्रासाद में दो भ्रमणियाँ होती हैं और ज्येष्ठ प्रासाद में तीन भ्रमणियाँ साङ्गोपाङ्ग संख्या में होती हैं।

प्रासादपृथुमानेन द्विगुणा चोत्तमा तथा।
मध्यमा चतुर्गुणा याधमा पञ्चगुणोच्यते॥ 10॥

प्रासाद की चौड़ाई से दुगुनी जगती हो तो उसे उत्तम तथा चार गुनी जगती हो तो उसे मध्यम और पाँच गुणी जगती हो तो उसे अधम जगती कहते हैं।

षट्सप्तगुणाख्याता च युक्तिपर्यायसंस्थिता।
यत्र त्रिंपुरुषा यद्वा द्वारिकायां निगद्यते॥ 11॥

इसी प्रकार यदि जगती प्रासाद की चौड़ाई से छह अथवा सात गुनी बड़ी हो अथवा युक्ति प्रमाण से बनाई गई हो या जहाँ त्रिपुरुष (ब्रह्मा-विष्णु-शिव[1]) हो, उस जगती को द्वारिका नाम दिया गया है।[1]

समा सपादा सार्द्धोच्चा द्विगुणा वा मुखायते।
अपराजितकर्णाढ्या पूर्वमण्डपानुक्रमैः॥ 12॥

इसी तरह प्रासाद की चौड़ाई की अपेक्षा समान, सवाई, डेढ़ी, दुगुनी या आयताकार होगी। हे अपराजित! जगती को मण्डपों के अनुक्रम में निकलती बनानी।

करद्वादशकेऽर्धांशं शालात्र्यंशं द्वात्रिंशके।
द्वात्रिंशतिश्चतुर्थांशं सा भूतांशं शतार्धके॥ 13॥

यदि 12 गज की शाला हो तो जगती प्रासाद के अर्धांश (12 / 2 = 6) जितनी ऊँचाई की बनाएँ। यदि शाला 22 गज की हो तो जगती उसकी तृतीयांश (22 / 3 = 7.33) ही ऊँची बनाएँ। यदि शाला 32 गज की हो तो जगती उसकी चतुर्थांश (32 /4) यानी 8 गज ही ऊँचाई में रखें और यदि शाला 50 गज की हो तो जगती की ऊँचाई केवल (50 / 10= 5) यानी पाँच गज ही रखें।

भ्रमणीमण्डपद्वारादि निर्णयः —

चतुरश्रा सूर्यकर्णा विंशकर्णाष्टविंशतिः।
तथा षट्त्रिंशत्कर्णा च भ्रमण्यः पञ्च कीर्तिताः॥ 14॥

---

1. इस प्रकार का विधान चित्तौड़गढ़ स्थित समाधीश्वर मन्दिर जिसे भोजराज ने बनवाया था, में किया गया है। इसे महाराणा मोकल के समय जबकि उक्त प्रासाद का जीर्णोद्धार हुआ तब भी यथावत् रखा गया था। मयमतम् के अधिष्ठानविधान और सन्धिकर्मविधान नामक अध्यायों में जगती की रचना का वर्णन हुआ है।

प्रासाद में जगती पाँच प्रकार की कही गई है— 1. चौकोर, 2. बारह कोणी, 3. बीस कोणी, 4. अट्ठाईस कोणी तथा 5. छत्तीस कोणी। इस प्रकार पाँच फालनाओं वाली जगती होती है।

भ्रमणी त्रिभागोत्सेधे यावन्मूलप्रासादकम्।
कर्णौ देवकुलाशतायतन तत्स्मृतम् ?॥ 15 ॥

मूल प्रासाद की ऊँचाई से भ्रमणी की ऊँचाई तीसरा भाग अर्थात् 1 / 3 होती है। उसके कर्ण पर देवकुलियों का शतायतन होता है।

तथैवानुक्रमैर्वृद्धिर्भ्रमण्यो यावत् षोडश।
भद्रनिष्काशस्तद्बाह्ये शेषाः कर्णैव सङ्ख्यया॥ 16 ॥

इसी अनुक्रम में भ्रमणियों की ऊँचाई में वृद्धि होती जाती है जब तक कि उनकी संख्या सोलह हो। उनके भद्र दीवार का निकास भी बाहर की और कर्णों की संख्या के अनुसार होता है।

चतुर्द्वारसमायुक्तैश्चतुर्भिर्मण्डपैस्तथा।
दिग्दिग्द्वारसमायुक्तं [1]सर्वतोभद्रतोत्तमाः॥ 17 ॥

चार द्वारों से युक्त और चार मण्डपों से युक्त चारों दिशाओं में द्वार वाला सर्वतोभद्र–आयतन उत्तम कहा गया है।

बहुदेवकुलाने कर्णजाभ्रमजाभद्रजागर्भजामध्यजापार्श्वजेति जगतीनां षड्भेदाः —

प्रासादस्यानुमानेन बहुदेवकुलानि च।
प्राकारं कुर्यात्विदानीं षड्विधं च सलक्षणम्॥ 18 ॥
कर्णजा भ्रमजाश्चैव भद्रजा गर्भजास्तथा।
मध्यजाः पार्श्वजाश्चैव भेदा वै षड् भवन्ति च॥ 19 ॥

प्रासाद के मान के अनुसार ही बहु देवकुलियाँ (शालाएँ[2])भी बनाई जाती हैं और उनके परकोटे बनाए जाते हैं जो छह प्रकार के लक्षणों से युक्त होते हैं। ये हैं— 1. कर्णजा, 2. भ्रमजा, 3. भद्रजा, 4. गर्भजा, 5. मध्यजा और 6. पार्श्वजा।

कर्णेषु कर्णजा ख्याता भ्रमजा च परिभ्रमे।
भद्रजा भद्रसम्भूता गर्भजा गर्भमानतः॥ 20 ॥
परिभ्रमस्य मध्याङ्गे मध्यजा सा प्रकीर्तिता।

---

1. 'सहस्रायततोत्तमाः ?' इति प्रकाशित पाठः।
2. यह वर्णन समराङ्गणसूत्रधार के 68वें अध्याय में आया है।

चतुःपार्श्वेषु तस्याश्च पार्श्वजा सामिधीयते ॥ 21 ॥

इनमें कर्ण से कर्णजा बनते हैं, परिभ्रमण से भ्रमजा, भद्र से भद्रजा, गर्भ के मानानुसार गर्भ बनते हैं। परिभ्रम के मध्याङ्ग से मध्यजा बनते है और चारों पार्श्वों से पार्श्वजा का निर्माण होता है।

प्रतोलीलक्षणं —

प्रतोली चाग्रतः कार्या कपाटपुटसंयुता।
दृढार्गला च कर्तव्या कथ्यतेऽथ तथोच्छ्रयः ॥ 22 ॥

प्रासाद के आगे प्रतोली या पोल दो पाट वाले कपाट युक्त (किवाड़ों वाले द्वार) बनानी चाहिए। उसे बन्द करने और सुरक्षा के लिए दृढ़ अर्गला (आगलकिया) भी लगानी चाहिए।

प्रासादेषु जगतीसमुच्छ्रयः —

एकहस्ते तु प्रासादे जगत्या उच्छ्रयः समः।
द्विहस्ते हस्तसार्धस्तु त्रिहस्ते तु द्विहस्तकः ॥ 23 ॥

अब प्रतोली की ऊँचाई के बारे में कहते हैं। एक हाथ या गज की प्रासाद की चौड़ाई के समान ऊँचाई की जगती होनी चाहिए। दो हाथ गज के चौड़े प्रासाद की जगती की ऊँचाई डेढ़ गज की होनी चाहिए। तीन गज के चौड़े प्रासाद में जगती की ऊँचाई दो गज की होनी चाहिए।

सार्धं द्विकरमुत्सेधः प्रासादे वेदहस्तके।
चतुर्हस्तस्योपरिष्ठाद् यावद् द्वादशहस्तकम् ॥ 24 ॥

चार गज के चौड़े प्रासाद की जगती ढाई गज की होनी चाहिए और चार गज से ऊपर के बारह गज की चौड़ाई तक के प्रासाद की जगती की ऊँचाई प्रासाद की चौड़ाई के आधे के बराबर होनी चाहिए।

प्रासादस्यार्धमानेन त्रिभागेन ततः परम्।
चतुर्विंशतिहस्तान्तं कारयेत्तद्विचक्षणः ॥ 25 ॥

और, इससे आगे प्रासाद की चौड़ाई के तीसरे भाग के बराबर ही जगती की ऊँचाई रखनी चाहिए जो 20 गज तक की चौड़ाई के प्रासाद की विचक्षण शिल्पी रख सकते हैं।

पादेनैर्वोच्छ्रयं तावद् यावत्पञ्चाशद्धस्तकम्।
एवमन्यश्च कर्तव्यो जगतीनां समुच्छ्रयः ॥ 26 ॥

फिर, जब तक प्रासाद की चौड़ाई 50 गज तक जाए, तब तक जगती की ऊँचाई में भी क्रमशः प्रासाद की चौड़ाई के चतुर्थांश की वृद्धि करते जाना चाहिए। इसी तरह अन्य जगतियों की ऊँचाई रखनी होगी।

जगत्याङ्गानि तेषां मानं च —

तथोच्छ्रयं भजेत्प्राज्ञ अष्टाविंशपदैरधः।
जाड्यकुम्भं च त्रिपदं कर्णकं द्विपदं तथा॥ 27॥
पद्मपत्रसमायुक्ता त्रिपदा शीर्षपत्रिका।
क्षुरकं द्विपदं प्रोक्तं कुम्भकं सप्तभिः पदैः॥ 28॥
त्रिपदः कलशः प्रोक्तः पदं चान्तरपत्रिकम्।
कपोताली च त्रिपदा पुष्पकं युगसङ्ख्यया॥ 29॥

इसके अतिरिक्त जगती की ऊँचाई के अनुसार उसके विविध अङ्ग बनाने के लिए समझदार शिल्पी को चाहिए कि जगती की ऊँचाई के 28 भाग या पद बनाएँ। इनमें जाड्य कुम्भ 3 पद, कर्णक या कणिका 2 पद, पद्मपत्र के साथ ही शीर्षपत्रिका 3 पद, क्षुरक या खुरक 2 पद, कुम्भक 7 पद, कलश 3 पद और अन्तरपत्रिका 1 पद की, कपोताली 3 पद, पुष्पक 4 पद का होगा। इस प्रकार कुल 28 पद होते हैं।

पृथक्-पृथक् निकासमाह —

पुष्पकण्ठसुजालम्भं निर्गतं चाष्टभिः पदैः।
कर्णेषु च दिशापालाः प्राच्यादिषु प्रदक्षिणाः॥ 30॥
जगत्यां पश्चिमे भद्रे रथकैकत्रिभिस्तथा।
त्रिचतुःपञ्चषडश्वैः कर्तव्या वामदक्षिणम्॥ 31॥

अब उनमें प्रत्येक के निकास को बताते हैं। पुष्पकण्ठ आलम्भ में 8 पद के निकास का होता है। कर्णों पर दिक्पाल मूर्तियाँ[1] पूर्व दिशा से प्रदक्षिणक्रम में बनानी चाहिए। जगती की पश्चिमी भद्र अर्थात् दीवार पर रथिकाओं की संख्या एक-एक करके तीन और इनको 3, 4 5, 6 और 7 के क्रम से बाएँ-दाएँ बनाएँ।

वारिनिष्कास प्रमाणम् —

जलनिष्कासमकरमुखैश्च विकृताननैः।
उत्तानपादोन्नता च हस्ते हस्ते चतुर्यवाः॥ 32॥

---

1. शारदातिलक में दिशापालों के नाम इस प्रकार आए हैं— इन्द्रमग्निं यमं रक्षो वरुणं पवनं विधम्। ईशानं पन्नगाधीशमध ऊर्ध्वं पितामहम्॥ (शारदातिलक : लक्ष्मण देशिकेन्द्र 4, 114) अर्थात्— इन्द्र, अग्नि, यम, राक्षस, वरुण, पवन, चन्द्रमा, ईशान, पन्नगेश्वर तथा पितामह— ये पूर्वादि क्रम से दश दिशापाल हैं।

इसी तरह प्रासाद के जल निकास के लिए बनाए जाने वाले प्रणालों की आकृति भयानक मकराकृति में बनाएँ जो ऊँचाई में 1-1 गज पर 1-1 यव के प्रमाण से ऊँची होती जाए।

यथा सिंहासने राजा शोभते मणिदीप्तिभिः।
तथा जगत्यां प्रासादः पीठकर्मोपशोभितः॥ 33॥

जिस प्रकार किसी राजा की शोभा मणियों के प्रकाश से युक्त सिंहासन से बढ़ती है वैसे ही जगती की सुन्दर पीठकर्म शोभा (कारीगरी) से प्रासाद शोभायमान होता है।

आदिमूर्तिः पदन्यासात् प्रतिहारा वाम-दक्षिणाः।
वामे चैव भवेन्नन्दी महाकालश्च दक्षिणे॥ 34॥
याम्यद्वारे भवेद् भृङ्गी हेरम्बश्चैव दक्षिणे।
पश्चिमे दुर्मुखा वामे पाण्डुरो वाथ दक्षिणे॥ 35॥
सौम्यां चैव सितो वामेऽसितश्चैवं तु दक्षिणे।

प्रासाद की आदि-मूर्ति (मूलनायक लिङ्ग) के पदन्यासानुरूप ही उसके बाएँ-दाएँ प्रतिहार मूर्तियों की रचना करें। वाम भाग का प्रतिहार नन्दी और दक्षिण भाग में महाकाल हो। वाम द्वार में प्रतिहार भृङ्गी और दक्षिण में हेरम्ब होगा। पश्चिमी द्वार के वाम भाग में दुर्मुख प्रतिहार और दक्षिण भाग में पाण्डुर प्रतिहार हो। इसी तरह उत्तर द्वार के वाम भाग में सित नामक प्रतिहार और दक्षिण द्वार भाग में असित नामक प्रतिहार होगा।

मूलगर्भे भित्तिगर्भे सीमान्तं द्वारविस्तरः॥ 36॥
राजसेनश्चतुर्भागे भारपुत्तलिकायुतः।
वेदिकारूपसङ्घाटैः सप्तभागसमुच्छ्रितैः॥ 37॥

द्वार का विस्तार मूलगर्भ में भित्तिगर्भ से सीमान्त तक हो। प्रासाद का राजसेन चार भागों में भार पुतलिका युक्त बनाएँ और उसकी रचना सङ्घाट सात भाग की ऊँचाई की वेदिका युक्त हो।

द्विपदं चासनपट्टं कूटागारैः समन्वितम्।
लीलासनं सुखार्थं च कक्षासनं करोन्नतम्॥ 38॥

उस वेदिका का आसन पट्ट दो भाग का हो और कूटागार से युक्त हो। इसी प्रकार वेदिका पर लीलासन और कक्षासन भी एक गज की ऊँचाई का सुखासन सुखपूर्वक बैठने का हो।

तस्य त्रिविध तोरणमाह —

गण्डाग्रे शुण्डिकाग्रे च प्रतोल्यग्रे तथैव च।
तोरणं त्रिविधं ज्ञेयं ज्येष्ठ-मध्य-कनिष्ठकम्॥ 39॥
जगतीपृथुमानेन तत्रान्तरं निगद्यते।

अब तीन प्रकार के तोरण— गण्डाग्रे ज्येष्ठ, शुण्डिकाग्रे मध्यम और प्रतोल्येग्रे कनिष्ठ मान का बनते हैं और जगती की मोटाई के मान के अनुसार उनके अन्तर को कहा गया है।

अधिकं षोडशं चैव विभक्तं नवधा पुनः॥ 40॥
त्रिधा ज्येष्ठमिति ख्यातं त्रिधा मध्यं कनिष्ठकम्।

इसके लिए अधिक से अधिक सोलह पद को भी पुनः नौ-नौ प्रकार से विभक्त किया जाता है। उनमें तीन प्रकार के ज्येष्ठ, तीन प्रकार के मध्यम और तीन प्रकार के कनिष्ठ कहे गए है।

ब्रह्मस्थानादिगर्भे च स्तम्भगर्भे च तोरणम्॥ 41॥
स्तम्भगर्भे भित्तिगर्भे तन्मध्ये च विचक्षणः।
तोरणस्य च स्तम्भस्य विस्तरः कथितो मया॥ 42॥

ब्रह्मस्थान के आदि गर्भ से स्तम्भगर्भ रखते हुए तोरण बनते हैं और स्तम्भगर्भ तथा भितिगर्भ के मध्य में विचक्षणों के लिए तोरण और स्तम्भ के विस्तार के बारे में मैंने कहा है।

देवस्य वाहनप्रमाणं —

पट्टं पट्टानुसारेण चेलिकावलनैर्युतम्।
वाहनं यस्य देवस्य तदग्रे च प्रदापयेत्॥ 43॥
एक-द्वि-त्रि-चतुः-पञ्च-षट्-सप्तानुक्रमेण तु।
चतुष्किका च कर्तव्या सर्वकामफलप्रदा॥ 44॥

इसी प्रकार प्रासाद के देवता का वाहन भी देवता के आगे चेलिका वलनै युक्त अर्थात सुन्दर कलायुक्त समुचित पट्ट पर स्थापित करें। इस काम के लिए एक, दो, तीन, चार, पाँच, छह, सात आदि अनुक्रम में चौकियाँ बनाएँ जो सब कामनाओं की पूर्ति करने वाली कही गई हैं।

इति सूत्रसन्तानगुणकीर्तिप्रकाशप्रोक्तृश्रीभुवनदेवाचार्योक्तापराजितपृच्छायां जगत्यङ्गसमुदायाधिकारो नाम पञ्चदशोत्तरशततमं सूत्रम्॥ 115॥

इस प्रकार भुवनदेवाचार्य कृत सूत्रसन्तानगुणकीर्ति प्रकाश या अपराजितपृच्छा में जगती आदि अङ्ग समुदाय अधिकार नामक एक सौ पन्द्रहवाँ सूत्र पूर्ण हुआ॥ 115॥

चतुःषष्टिजगतीनामभेदात्मकं षोडशोत्तरशततमं सूत्रम्॥ 116॥

अधुना सुभद्रादीनां चतुःषष्टिजगतीनामभेदं। विश्वकर्मोवाच —

जगत्या लक्षणं चैव प्रोक्तं वै वास्तुवेदिभिः।
नामानि गुणदोषाणां विभागाश्छन्द एव च॥ 1॥

विश्वकर्मा बोले कि (पूर्वकाल में) वास्तुविदों ने जगतियों के लक्षण, नाम और गुण-दोष विभाग और छन्दवार प्रतिपादित किए हैं।[1]

प्रथमाष्टकमाह —

सुभद्रा-सर्वतोभद्रा-ललिता च लीलोदरी।
त्रिकूटा-चित्रकूटाख्या-श्रीमाला-गगनोदरी॥ 2॥
गजानने-चोत्कटाक्षे-सिन्दूररेणुवल्लभे।
जगत्योऽष्टौ प्रकर्तव्याः सर्वकामफलप्रदाः॥ 3॥

इनमें से प्रथम कोटि की 1. सुभद्रा 2. सर्वतोभद्रा, 3. ललिता, 4. लीलोदरी, 5. त्रिकूटा, 6. चित्रकूटा, 7. श्रीमाला और 8. गगनोदरी— इन आठ जगतियों को गजानन उत्कटाक्ष, सिन्दूर-रेणु-वल्लभ (गणेश) के लिए बनानी चाहिए।

द्वितीयाष्टकमाह —

इन्द्रपदा-त्रिभुवना-विजया-रुद्रमेखला।
सुविशाला विराजिता गौरी गङ्गातरङ्गिणी॥ 4॥
महेन्द्रे च प्रकर्तव्याः शान्तिदाः पुरमध्यगाः।
एता अष्टौ जगत्यश्च कामध्वंसिप्रियाः स्मृताः॥ 5॥

द्वितीय प्रकार की 1. इन्द्रपदा, 2. त्रिभुवना, 3. विजया, 4. रुद्रमेखला, 5. सुविशाला, 6. विराजिता, 7. गौरी और 8. गङ्गातरङ्गिणी— इन आठ जगतियों को पुर के मध्य में, शान्ति प्रदान करने हेतु महेन्द्र के लिए बनाना चाहिए। ये आठों जगतियाँ कामध्वंसिप्रिया भी कही जाती है।

तृतीयाष्टकमाह —

हंसध्वजः रत्नगर्भा माला च भ्रमरावली।
नक्रध्वजा महालक्ष्मी ब्राह्मणी चतुरानना॥ 6॥
लोकनाथसमुत्सृष्टा जगत्यः सर्वशान्तिदाः।
कार्याश्च ब्रह्मकेन्द्रेषु पुरमध्ये सुखावहाः॥ 7॥

---

1. यहाँ ग्रन्थकार अपने से पूर्ववर्ती ग्रन्थमतों, वास्तुविदों के मतों-सिद्धान्तों का स्मरण करता है।

तृतीय प्रकार की 1. हंसध्वजा, 2. रत्नगर्भा, 3. (चक्र) माला, 4. भ्रमरावली, 5. नक्रध्वजा, 6. महालक्ष्मी, 7. ब्राह्मणी और 8. चतुरानना— ये आठ जगतियाँ लोकनाथ (ब्रह्मा) के लिए सबको शान्ति प्रदान करने हेतु पुर के मध्य में यानी ब्रह्म केन्द्र में बनाना सुखदाई होता है।

चतुर्थाष्टकमाह —

नारायणी त्रिदशेन्द्री कौमारी हंसमालिका।
पत्रावली प्रभेदा च कनका त्रिदशोद्भवा॥ 8॥
लक्ष्मीप्रिये जगन्नाथे विष्णुदेवे सनातने।
जगत्योऽष्टौ प्रकर्तव्याः सर्वकामफलप्रदाः॥ 9॥

चतुर्थ प्रकार में 1. नारायणी, 2. त्रिदशेन्द्री, 3. कौमारी, 4. हंसमालिका, 5. पत्रावली, 6. प्रभेदा, 7. कनका और 8. त्रिदशोद्भवा— इन आठ जगतियों को सनातन जगन्नाथ लक्ष्मीप्रिय विष्णुदेव के लिए बनानी चाहिए जो सबकामनाओं की पूर्ति करने वाली है।

पञ्चाष्टकमाह —

सूर्याख्या चन्द्रमण्डला चन्द्रभासा मेघोदरी।
माहेन्द्री विजयानन्दा तापतेजा जयप्रभा॥ 10॥
आदित्ये तु समाख्याताः सूर्यलोकसमुद्भवाः।
एतास्त्वष्टौ जगत्यः स्युर्दिवाकरसुखावहाः॥ 11॥

पाँचवें प्रकार में 1. सूर्य नामक, 2. चन्द्रमण्डला, 3. चन्द्रभासा, 4. मेघोदरी, 5. माहेन्द्री 6. विजयानन्दा, 7. तापतेजा और 8. जयप्रभा—इन आठ जगतियों को सूर्यलोक से उत्पन्न होने वाले कहे गए आदित्यदेव के लिए बनानी चाहिए जो दिवाकर भगवान् को सुखदायी हो।

षष्ठष्टकमाह —

वसुन्धरा हरप्रिया राजेश्वरी च पार्थिवी।
सरस्वती कुसुमाख्या चूडामणिर्महोत्कटा॥ 12॥
गौर्यां तथा च चामुण्ड्यां हरसिद्धौ सभासु च।
एतास्त्वष्टौ प्रकर्तव्या इच्छाभुक्तिप्रदायकाः॥ 13॥

षष्ठ प्रकार में 1. वसुन्धरा, 2. हरप्रिया, 3. राजेश्वरी, 4. पार्थिवी, 5. सरस्वती, 6. कुसुम नामक, 7. चूड़ामणि और 8. महोत्कटा— इन आठ जगतियों को गौरी

तथा चामुण्डा, हरसिद्धि की सभा या दरबार के लिए बनानी चाहिए जिससे मनोवाञ्छित भोगों की प्राप्ति होती है।

सप्तमाष्टकमाह —

श्रीकर्णा नायिका चैव रत्नचूडा गोमापतिः।
अर्धनारी भैरवी च प्रधाना सर्वकूटका॥ 14॥
वीतरागे इति ख्याताः कर्तव्याः सर्वकामदाः।
सर्वकामफला नित्यं सुखदाश्च पुरःपतेः॥ 15॥

सातवें प्रकार में 1. श्रीकर्णा, 2. नायिका, 3. रत्नचूड़ा, 4. गोमापति, 5. अर्धनारी, 6. भैरवी, 7. प्रधाना और 8. सर्वकूटका— इन आठ जगतियों को वीतराग भगवान् (जिनदेव) के लिए बनाना चाहिए जिससे सब कामनाओं की पूर्ति होती है और पुरपति राजा के लिए नित्य सुख देने वाली और सभी कामनाओं को फलवती बनाने वाली हैं।

अष्टमाष्टकमाह —

वीरभद्रा सुपताका सुभद्रा पूर्णभद्रिका।
भद्राङ्गी जया विजया चाजिता ह्यष्टमी तथा॥ 16॥
सर्वदेवेषु कर्तव्याः शाश्वताः सुसुखावहाः।
इत्यष्टौ च प्रकर्तव्याश्चतुःषष्टिरुदाहृताः॥ 17॥

आठवें प्रकार में 1. वीरभद्रा, 2. सुपताका, 3. सुभद्रा, 4. पूर्णभद्रिका, 5. भद्राङ्गी, 6. जया, 7. विजया और 8. अजिता— इन आठ जगतियों को सभी देवताओं के लिए बनाया जाना शाश्वत सुख प्रदायक है।

चतुःषष्टिश्च जगतीनामभेदाः क्रमोदिताः।
देवतानुक्रमस्थानं कथितं सर्वकामदम्॥ 18॥

इस तरह इन आठ-आठ प्रकारों की कुल चौंसठ जगतियों के बारे में क्रमशः कहा गया। इन चौंसठ जगतियों के नाम भेद क्रमानुसार अपने-अपने देवता के क्रम में स्थानपरक कहा गया जो सब कामनाओं की पूर्तिकर्ता है।

इति सूत्रसन्तानगुणकीर्तिप्रकाशप्रोक्तश्रीभुवनदेवाचार्योक्तापराजितपृच्छायां
चतुःषष्टिजगतीनामभेदाधिकारो नाम षोडशोत्तरशततमं सूत्रम्॥ 116॥

इस प्रकार भुवनदेवाचार्य कृत सूत्रसन्तानगुणकीर्ति प्रकाश या अपराजितपृच्छा में चौंसठ जगतीभेद अधिकार नामक एक सौ सोलहवाँ सूत्र पूर्ण हुआ॥ 116॥

गणपतिशिवाष्टष्टजगतीलक्षणात्मकं सप्तदशोत्तरशततमं सूत्रम् ॥ 117 ॥

अधुना सुभद्रादीनां गणेशजगत्यष्टलक्षणं। विश्वकर्मोवाच —

चतुरश्रीकृते क्षेत्र विंशत्यंशैस्तुविस्तरः।
द्वात्रिंशदंशैरायामः कर्तव्यश्च मुखायतः॥ 1॥

(इस सूत्र में पूर्व सूत्रोक्त जगतियों के लक्षण, प्रमाणादि का विवेचन किया जा रहा है) विश्वकर्मा आगे बोले कि 20 भाग विस्तार वाला और 32 भाग लम्बाई वाला एक आयत समतल चतुष्कोण क्षेत्र मुख की ओर आयत रूपवाला बनाएँ।

अपरस्यर्जुसूत्रेण प्रासादश्च कलांशकैः।
षट्त्रिंशद्भिः पदैश्चैव मण्डपः शुभलक्षणः॥ 2॥

इसके ऊपरी भाग में प्रासाद के ऋजुसूत्र में अर्थात् सीध में 16 भागों या पदों वाला अथवा 36 पदों वाला शुभ लक्षणों से युक्त मण्डप बनाना चाहिए।

शुकघ्राणं भवेद्भागं प्रासादश्च कलांशकैः।
चतुष्की मूलसूत्रेण त्रिदिशं मण्डपस्य च॥ 3॥

प्रासाद के 16वें भाग में प्रासाद का शुकनास बनाएँ और मूलसूत्र से मण्डप के तीनों ओर चतुष्की अर्थात् चौकियाँ बनाएँ।

पञ्चभागो भवेत् कर्णो भद्रस्य दिक्प्रविस्तरः।
कर्णार्धो निर्गमः कार्यः प्रोक्तो भद्रेष्वयं विधिः॥ 4॥

भद्र या दीवार के दिक्विस्तार (दस भाग) के पाँच भाग में कर्ण बनाएँ और उस कर्ण का आधा निर्गम या निकास— इस विधि से भद्रों में रखें।

द्वात्रिंशत्यायते भद्रे प्रकुर्याद् वामदक्षिणे।
पूर्वभद्रार्धभागं तु गडगण्ड तु तुल्यतम्?॥ 5॥

मण्डप के वाम-दक्षिणायत भाग में 22 भाग का आयत वाला भद्र बनाएँ और पूर्व की ओर वाले भद्र के अर्ध भाग में उसके तुल्य ही गडगण्ड बनाएँ।

शुण्डिका भागविस्तारा द्वारं पृथुप्रासादके।
निर्गमश्च चतुर्भागैः शुण्डासोपानसञ्चयम्॥ 6॥

प्रासाद की चौड़ाई के विस्तार के अनुसार द्वार में एक भाग के बराबर की शुण्डिका बनाएँ जिसका निर्गम चार भाग का बनाएँ और उसमें शुण्डा पर आने के लिए सोपान, सीढ़ियाँ बनाएँ।

कर्णशाला द्विभागा स्याद् भ्रमणं सार्धभागकम्।

सार्धपञ्चविभागैस्तु शाला प्रासादस्योत्तरे ॥ 7 ॥

इसी तरह कर्ण पर दो भाग की कर्णशाला बनाएँ और उसके साथ ही डेढ़ भाग में भ्रमण भी जगती पर बनाएँ। प्रासाद के उत्तर में भी साढ़े पाँच भाग के विस्तार वाली शाला बनानी चाहिए।

पञ्चाण्डकसमायुक्ता सुभद्रा सर्वकामदा।
सर्वविघ्नोपशमना स्वर्गभोगप्रदायिका ॥ 8 ॥

इति सुभद्रा।

उस शाला पर पाँच अण्डक बनाएँ। ऐसी शाला को 'सुभद्रा' कहते हैं जो सब कामनाओं की पूर्ति करती है और सभी विघ्नों का नाश करके स्वर्ग के समस्त भोगों को प्रदान कराने वाली होती है।

प्रसादाद्यग्रशालाश्च[1] कर्णशालादिसूत्रतः।
प्रासादाभिमुखा कार्या सर्वतोभद्रा नाप्रतः ॥ 9 ॥

इति सर्वतोभद्रा।

प्रासाद के आगे शाला भी कर्णशाला की सीध में प्रासाद के अभिमुख अर्थात् सामने बनानी चाहिए जिसे 'सर्वतोभद्र' नाम से जानते हैं।

पृष्ठभागे प्रतिभद्रं षड्भागैः पूर्वनिर्गमः।
शालापूर्वप्रमाणेन त्रिभागैश्च कृतायती ॥ 10 ॥

इति ललिता।

इसी प्रकार की पूर्व प्रमाणानुसार तीन भागों की आयत-शाला बनाकर उसके पृष्ठ भाग में छह भाग का प्रतिभद्र पहले के निर्गम या निकास के अनुसार बनाएँ।

प्रासादाग्रशाला च पृष्ठतुल्या वामदक्षिणके।[2]
लीलोदरीति तन्नाम त्रिदशैरपिदुर्लभा ॥ 11 ॥

इति लीलोदरी।

पृष्ठभाग की शाला के तुल्य ही प्रासाद के आगे अग्रशाला बनाए जो वाम-दक्षिण भाग में पृष्ठभाग के तुल्य ही हो, इसका 'लीलोदरी' नाम कहा गया है जो देवताओं को भी दुर्लभ होती है।

अग्रशालां पुनर्दद्यात् त्रिकूटा नाम शोभना।

---

1. 'प्रदद्यादग्रशालाश्च' इति प्रकाशित पाठः।
2. 'परित्यक्ताग्रशाला च पृष्ठतुल्या व्यमोहके ?' इति प्रकाशित पाठः।

गिरिसुतासुतक्रीडा मनोह्लादनकारिका ॥ 12 ॥

इति त्रिकूटा।

इसी तरह प्रासाद के मण्डप आगे पुनः अग्रशाला बनाएँ जिसका नाम 'त्रिकूटा' होता है। इसमें गिरिसुता पार्वती के पुत्र गणेश की क्रीड़ा मनोह्लादनकारी होती है।

अग्रशाला परित्यक्ता पार्श्वभद्रकर्णद्वये।
चित्रकूटेति तन्नाम गणगन्धर्वसेविता ॥ 13 ॥

इति चित्रकूटा।

मण्डप के आगे अग्रशाला न बनाकर उभयपार्श्व (आजू-बाजू) के दोनों भद्रकर्णों को बनाएँ जिसका 'चित्रकूट' नाम है। यह गन्धर्वगणों द्वारा सेवित होता है।

पूर्वकर्णे तथाद्वारे शालां दद्यात्तु शोभनाम्।
श्रीमालेति च तन्नाम कर्तव्या सर्वकामदा ॥ 14 ॥

इति श्रीमाला।

इसी प्रकार द्वार पर और पूर्वभाग के कर्णों पर शोभायुक्त शाला बनाएँ। इसे 'श्रीमाला' नाम दिया है जो सबकामनाओं की पूर्ति करती है।

अग्रशाला समायुक्ता सर्वकामफलप्रदा।
गणेन्द्रस्य प्रकर्तव्या नाम्ना तु गगनोदरी ॥ 15 ॥

इति गगनोदरी।

इति गणेन्द्रस्य जगत्यष्टकम्।

प्रासाद के मण्डप के आगे बनी हुई शाला सबकामनाओं की सिद्धि करने वाली होती है। यह गणेन्द्र के लिए ही की जाती है और उसका नाम 'गगनोदरी' है।

इन्द्रसम्पदात्रिभुवनाख्याश्रीविजयारुद्रमेखलासुविशालाविराजिता गौरीगङ्गातरङ्गिणीति शिवाष्टजगतीलक्षणम् —

तद्रूपे तत्प्रमाणे च कर्णशाला यथा भवेत्।
पदिकं भ्रमणं चैव जगती स्यात् सुरान्तरे ॥ 16 ॥

इसी रूप में और इसी प्रमाणानुसार जो कर्णशाला होती है और जिसके एक भाग की भ्रमणी जगती पर बनाई जाती है, वह सुरान्तर होती है।

चतुर्भागो भवेत् कर्णो भागैकमुदकान्तरम्।
क्षोभण चार्धभागेन सर्वकामफलप्रदा ॥ 17 ॥

इस शाला के चारों भागों के कर्ण होते हैं और एक भाग में उदकान्तर या परनाला होता है जबकि आधे भाग में क्षोभणा होती है जो समस्त कामनाओं को पूरी करती है।

द्विभागं कर्णभद्रं च पादभागेन निर्गजः।
शाला द्विभागा कर्तव्या भागैकं भ्रमणं तथा॥ 18॥

उसके दो भाग में कर्णभद्र बनाएँ जिसका निकास एक भाग का हो, दो भाग की शाला बनाएँ जिसके एक भाग की भ्रमण भी कल्पित करें।

अपरभद्रेषु कर्तव्यं भद्रत्रिभागनिर्गतम्।
सार्धं कुर्याच्च द्वे पार्श्वे भागर्धं निर्गतं पुनः॥ 19॥

पीछे की ओर बनने वाली भद्रों या दीवारों को तीन भाग के निकास वाली बनाएँ। दोनों बाजुओं की भद्रों को डेढ़ भाग की बनाएँ जो आधे भाग के बराबर निकास वाली होगी।

कुर्यात्पार्श्वं तु तत्तुल्यं निर्गमश्च [1]अंशार्धकम्।
चतुर्भागश्च विस्तारो मुखभद्रं विधीयते॥ 20॥
द्विपदं देवकुलाख्या पदार्धं शुकनासकम्।
मण्डपं च त्रिभिर्भागैः पदिकभ्रमणैः सह॥ 21॥

पार्श्व (बाजू) में भी इसके बराबर ही निर्गम वाली अर्थात् आधे भाग की हो। इसकी मुखभद्र या आगे की दीवार चार भाग के विस्तार वाली होनी चाहिए। उसके आगे दो भाग की देवकुला या छोटी देवरी हो जिसके आधे भाग से शुकनास और तीन भाग में मण्डप जिसके एक भाग की भ्रमण भी होगी।

शालात्रयं प्रकर्तव्यं मण्डपार्श्वकभूषिताः।
अग्रशाला विधातव्या याम्योत्तरपूर्वक्रमैः॥ 22॥
चतुर्दशागारयुता नाम्ना सा चेन्द्रसम्पदा।
स प्राप्नुयादिन्द्रपदं तां कुर्याद्यः शिवालये॥ 23॥

इतीन्द्रसम्पदा।

मण्डप के तीनों ओर सुन्दर तीन शालाओं को बनाएँ जिसमें एक अग्रशाला और एक-एक उत्तर और दक्षिण में बनाएँ। ऐसा चौदह आगार युक्त प्रासाद 'इन्द्र सम्पदा' नाम का होता है और ऐसा शिवालय बनाने वाला इन्द्रपद को प्राप्त करता है।

प्रदद्यादग्रशालाश्च पूर्वमानं च कल्पयेत्।
तदा नाम्ना त्रिभुवना त्रिदशैरपि दुर्लभा॥ 24॥

इति त्रिभुवनाख्या।

---

1. 'विंशार्धकः ?।' इति प्रकाशित पाठः।

प्रासाद के आगे अग्रशाला पहले बताए गए मान के अनुसार कल्पित करें तो 'त्रिभुवना' नाम की शाला बनती है जो देवताओं को भी दुर्लभ है।

अग्रशाला प्रकर्तव्या भद्रिकायुक् याम्योत्तरे।
भद्रेऽपरे यथाकारा तद्रूपा च याम्योत्तरे॥ 25॥
श्रीविजयेति तन्नाम कर्तव्या सर्वकामदा।
विजयस्योद्भवो नित्यं यः कुर्यात् तां शिवालये॥ 26॥

इति विजया।

प्रासाद के आगे अग्रशाला उत्तर-दक्षिण की भद्रिका युक्त बनाएँ। भद्रों के पीछे उसी आकार की और उसी रूप की भद्रिका उत्तर-दक्षिण भी बनाएँ। ऐसी रचना 'श्रीविजय' संज्ञक है। यह सबकामनाओं को पूर्ण करने वाला शिवालय नित्य ही विजय दिलाने वाला बनाएँ।

अग्रशाला समायुक्ता कर्तव्या सर्वशोभना।
सा रुद्रमेखला ख्याता सिद्धकिन्नरसेविता॥ 27॥

इति रुद्रमेखला।

इसके अतिरिक्त प्रासाद में अग्रशालायुक्त सब तरह से सुन्दर 'रुद्रमेखला' नाम की जगती सिद्ध-किन्नरों द्वारा सेवित बनवाई जाती है।

उभयभद्रेष्वेकैकां कर्णे दद्याच्च शालिकाम्।
शालाश्चैव प्रभ्रष्टाश्च सुविशाला नाम्ना भवेत्॥ 28॥

इति सुविशाला।

दोनों भद्रों पर के कर्णों पर एक-एक शालिका बनाएँ। ऐसी शालाओं को 'प्रभ्रष्टा सुविशाला' नाम से जाना जाता है।

प्रदद्यादग्रशालां च सर्वलक्षणसंयुता।
विराजिता तदा नाम पूजिता त्रिदशैरपि॥ 29॥

इति विराजिता।

प्रासाद के आगे सभी लक्षणों से संयुक्त अग्रशाला बनाएँ। उसे 'विराजिता' नाम दिया गया है जो समस्त देवताओं द्वारा पूजित है।

याम्योत्तरापरभद्रे कर्णे दद्याच्च शालिकाः।
पार्वती च तदा नाम ईश्वरस्य प्रियात्मिका॥ 30॥

इति गौरी।

इसी प्रकार प्रासाद के उत्तर-दक्षिण और पश्चिम में भद्रों के कर्णों पर शालिका

बनाए जिसे 'पार्वती' नाम दिया है जो ईश्वर या शिव की प्रिया है।

अग्रशाला समायुक्ता सर्वालङ्कारसंयुता।
सुरासुरैश्चार्चनीया नाम्ना गङ्गातरङ्गिणी॥ 31॥

इति गङ्गातरङ्गिणी।

प्रासाद के आगे की अग्रशाला सभी अलङ्करणों से युक्त बनाएँ जो सुर और असुरों के द्वारा भी समानतः पूजनीया है। इसका नाम गङ्गातरङ्गिणी है।

इति सूत्रसन्तानगुणकीर्तिप्रकाशप्रोक्तश्रीभुवनदेवाचार्योक्तापराजितपृच्छायां गणपतिशिवाष्टाष्टजगतीलक्षणाधिकारो नाम सप्तदशोत्तरशततमं सूत्रम्॥ 117॥

इस प्रकार भुवनदेवाचार्य कृत सूत्रसन्तानगुणकीर्ति प्रकाश या अपराजितपृच्छा में गणपतिशिवाष्टाष्टजगतीलक्षण अधिकार नामक एक सौ सत्रहवाँ सूत्र पूर्ण हुआ॥ 117॥

ब्रह्म-विष्णु-त्रिपुरुषजगती नामाष्टादशोत्तरशततमं सूत्रम्॥ 118॥

इत्यमनन्तर ब्रह्मविष्णुत्रिपुरुषजगतीलक्षणं। विश्वकर्मोवाच —

आयामो विंशद् द्विगुणः पृथुत्वं चाष्टाविंशतिः।
ऋज्वपरकर्णसूत्रे प्रासादाश्च कलांशकैः॥ 1॥

(अब ब्रह्मा, विष्णु, त्रिपुरुष की जगती के सम्बन्ध में आगे) विश्वकर्मा ने कहा कि लम्बाई में 20 का दुगुना अर्थात् 40 और पृथुत्व अर्थात् चौड़ाई में 28 और दोनों कर्ण सूत्रों की सीध प्रासाद के सोलहवें भाग के बराबर हो।

द्विपदानि तवङ्गानि विस्तरैर्निर्गमैस्तथा।
शुकनासा चैकभागा षड्भागो मण्डपस्तथा॥ 2॥

... ...।
चतुष्कीद्वारसोपानं पूर्वमानविकल्पितम्॥ 3॥

प्रासाद के तवङ्गों का निकास विस्तार में दो पद का हो और छह भाग का मण्डप और एक भाग का शुकनास हो। (...) मण्डप की चौकी और द्वार तथा सीढ़ियाँ पहले बताए गए मान प्रमाण की हों।

आद्योद्भवकलशान्तं सपीठं त्रिगुणोन्नतम्।
जगती तेन मानेन सीमान्ते वाम-दक्षिणे॥ 4॥

इसी प्रकार प्रासाद अपने आदि उद्भव से कलश के अन्त तक अपनी पीठ युक्त चौड़ाई से तीन गुणा ऊँचा होना चाहिए और प्रासाद की जगती भी इसी मान के अनुसार बाएँ-दाएँ सीमान्त तक होनी चाहिए।

रथोपरथशोभाढ्यं भद्रोपभद्रमेव च।
अतः सीमा ततो बाह्यं जगती प्रासादोद्भवा ॥ 5 ॥

प्रासाद के रथ और उपरथ शोभायुक्त हों। इसी प्रकार से भद्र और उपभद्र भी शोभाजनक हों। इसी सीमा के बाहर प्रासाद से जगती निकलती हुई द्रष्टव्य हों।

त्यक्त्वा कर्णेषु तुर्यांशं पुनः कर्णो वेदाशंकः।
द्वादशांशापरभद्रं द्विगुणं वाम-दक्षिणे ॥ 6 ॥
कर्णे तु भद्र निष्काशं[1] मूलसीमान्तसूत्रतः।
हंसध्वजा तदा नाम ब्रह्मणश्च प्रियात्मका ॥ 7 ॥

इति हंसध्वजा।

इसमें प्रासाद के कर्णों या कोनों को चतुर्थांश छोड़कर पुनः कर्णों के चतुर्थांश पर बारह अंश की अपरभद्र या पीछे की भद्र दीवार बनाएँ और इसकी दुगुनी (12 × 2 = 24) अंश की बाएँ-दाएँ बनाएँ। कर्णों पर भद्र का निकास मूल सीमान्त सूत्र के अनुसार रखें। यह 'हंसध्वजा' नामक प्रासाद ब्रह्मा को प्रिय कहा गया है।

अग्रशाला तु दातव्या सर्वालङ्कारशोभिता।
रत्नगर्भा तदा नाम कर्तव्या सर्वकामदा ॥ 8 ॥

इति रत्नगर्भा।

प्रासाद के आगे अग्रशाला को सब अलङ्करणों से युक्त शोभा की बनाएँ। इसका नाम 'रत्नगर्भा' है जो सब कामनाओं की पूर्ति करने वाला है।

अपरभद्रेषु शालाः कर्तव्याः सर्वकामदाः।
चक्रमाला तदा नाम चतुराननवल्लभा ॥ 9 ॥

इति चक्रमाला।

पीछे, अपर भद्रों में शाला सब कामनाओं की पूर्ति करने वाली बनाएँ। इसका नाम 'चक्रमाला' है जो चतुरानन या ब्रह्मा को प्रिय है।

अग्रशाला परित्यज्य भद्रे दद्याद् याम्योत्तरे।
भ्रमरावली तन्नाम कर्तव्या वेदसम्भवे ॥ 10 ॥

इति भ्रमरावली।

इसी प्रकार आगे शाला नहीं बनाकर बाएँ-दाएँ भद्र पर शाला बनाएँ तो ऐसा प्रासाद 'भ्रमरावली' कहा जाएगा जो ब्रह्माजी के लिए बनाएँ।

---

1. 'कर्णे तु--- निष्काशं' इति प्रकाशित पाठः।

अग्रशालां पुनर्दद्यात् सर्वालङ्कारसंयुता।
नक्रध्वजेति तन्नाम कर्तव्या तु पितामहे॥ 11॥

इति मकरध्वजा।

प्रासाद के आगे सर्वालङ्कार युक्त अग्रशाला बनाएँ। ऐसा प्रासाद पितामह ब्रह्मा के लिए 'नक्रध्वजा' संज्ञक कहा गया हैं।

शालां याम्योत्तरे त्यक्त्वा द्वारे सोपानशुण्डिका।
चतुर्मुखे च कर्तव्या महालक्ष्मी पुर्मध्यगा॥ 12॥

इति महालक्ष्मी।

बाएँ-दाएँ शाला नहीं बनाकर प्रासाद के द्वार पर सोपान-शुण्डिका बनाएँ तो पुर के मध्यभाग में चौमुखा प्रासाद 'महालक्ष्मी' नामक बनाएँ।

बलाणकानि कार्याणि त्रिषु द्वारेषु शाश्वतम्।
ब्रह्माणीति च तन्नाम ब्रह्मदेवप्रियात्मिका॥ 13॥

इति ब्रह्माणी।

ऐसा प्रासाद जिसके तीन द्वारों पर बलाणकों को बनाया जाए, जो शाश्वत हो। इसे 'ब्रह्माणी' नामक प्रासाद कहते हैं और यह ब्रह्माजी की प्रिया को समर्पित कहा गया है।

याम्योत्तरे तथा द्वारे कारयेच्च तथापरे।
चतुराननेति तन्नाम शाश्वतं कमलासने॥ 14॥

इति चतुरानना।

बाएँ-दाएँ तथा पीछे भी प्रासाद के द्वार बनाए तो ऐसे प्रासाद को 'चतुरानन' नाम से कमलासन ब्रह्मा के लिए शाश्वत कहा गया है।

चतुरश्रं समं शुद्धं द्वात्रिंशतिविभाजितम्।
मध्ये षट्त्रिंशद्भागैस्तु मण्डपं शुभलक्षणम्॥ 15॥

इति ब्रह्मणो जगत्यष्टकम्।

इसी प्रकार समचौरस या चतुरश्र क्षेत्र को शुद्ध 40 भागों में विभाजित करके मध्य के 36 भागों में शुभलक्षण युक्त मण्डप बनाएँ।

पूर्वोत्तरे तथा याम्ये भागेन शुकनासकम्।
तस्याग्राग्रप्रासादानां कुर्याच्चन्द्रकलांशकैः॥ 16॥

प्रासाद के पूर्व में और उत्तर-दक्षिण में शुकनास के भाग तक व उसके आगे-आगे प्रासाद चन्द्र-कलांशक अर्थात् 16 अंश तक बनाते जाएँ।

चतुष्की पूर्वद्वारे तु कर्तव्या लक्षणान्विता।
प्रासादषोडशांशेन हीनाङ्गा वाम-दक्षिणे॥ 17॥

इसके पूर्व द्वार पर चौकी बनाएँ जो बड़ी सुन्दर हो और प्रासाद के सोलहवें भाग से हीनाङ्ग यानी सोलहवें भाग से कम प्रासाद बाएँ-दाएँ बनाएँ।

जगत्यपरकर्णे तु भागमेकं तु विस्तरः।
निर्गमः पञ्चभागैश्च विस्तरो लिङ्गभागिकः॥ 18॥

अपर कर्ण अर्थात् पीछे के कोने की जगती का विस्तार एक भाग का हो। उसका निकास पाँच भाग का तथा विस्तार लिङ्ग भाग का (3 ?) रखें।

दिक्षु तिसृषु कर्तव्यं भद्रं वै सर्वकामदम्।
अग्रभद्रस्य निष्कासो भागैश्चैकादशैस्तथा॥ 19॥

तीनों दिशाओं में सुन्दर, सर्वकामद भद्र बनाएँ और आगे की भद्र यानी दीवार का निकास 11 भाग का रखें।

शुण्डिकाद्वारसोपानं पूर्वमानविकल्पितम्।
जगतीमूलसीमाग्रे कर्तव्यो मण्डपः शुभः॥ 20॥
षड्भागैश्चैव विस्तीर्णं कर्तव्यं नृत्तमण्डपम्।
त्रिपुरुषेति विज्ञेया नाम्ना नारायणी शुभा॥ 21॥

इति नारायणी।

इसके द्वार सोपानयुक्त शुण्डिका पहले के मान प्रमाणानुसार बनाए और जगती के मूल में सीमा के आगे शुभ मण्डप बनाएँ जिसका विस्तार छह भाग का हो तो यह नृत्यमण्डप 'त्रिपुरुष' नाम से जाना जाता है और नारायणी शुभ होता है।

भद्रकर्णे तथा चाष्टौ शालाश्चेत्सर्वकामदाः।
त्रिदशेन्द्री तदा नाम सिद्धकिन्नरसेविता॥ 22॥

इति त्रिदशेन्द्री।

प्रासाद के भद्र या दीवारों, कर्णों या कोनों पर अष्टशाला बनें तो इसको 'त्रिदशेन्द्री' नाम की सिद्ध-किन्नर सेवित शाला कहा जाएगा।

गर्भशालापरभद्रे भवेच्चेत्सर्वकामदा।
कौमारीति तदा नाम कीर्तिता पापनाशिनी॥ 23॥

इति कौमारी।

प्रासाद के पर भद्र पर गर्भशाला बने जो सर्वकामदा हो, उसे 'कौमारी' नाम से जानते हैं। यह पापनाशिनी कही गई है।

त्यक्त्वा चापरशालां तु शालां दद्याद् याम्योत्तरे।
हंसमालेति तन्नाम कर्तव्या सर्वकामदा॥ 24॥

इति हंसमाला।

पीछे के भाग में शाला न बनाकर बाएँ-दाएँ भाग में शाला बनाएँ तो उसे 'हंसमाला' नाम से कहा गया है।

प्रयोजयेदग्रभोगे शालां चेल्लक्षणान्विताम्।
पत्रावली तदा नाम जगती सर्वकामदा॥ 25॥

इति पत्रावली।

इसी प्रकार प्रासाद के आगे यदि सभी लक्षणों से युक्त शाला बनाएँ तो उसका नाम 'पत्रावली' होता है, यह जगती सर्वकामदा है।

भागमेकं यदा कर्णे पुनर्भागं तु विस्तरे।
शाला सूत्र प्रदातव्या प्रभेदनयना मता॥ 26॥

इति प्रभेदनयना।

प्रासाद के एक भाग की कर्ण पर और एक भाग की विस्तार में शाला सूत्र बनाए तो उसे 'प्रभेदनयता' नाम की कहते हैं।

वाम-दक्षिणभद्रे तु कर्तव्यं च त्रिशालकम्।
कनकेति च तन्नाम कर्तव्या सर्वकामदा॥ 27॥

इति कनका।

प्रासाद के वाम-दक्षिण भाग में तीन शाला बनाएँ तो उसका 'कनक' नाम कहलाता है। यह सर्वकामदा होती है।

अपरे तु त्रिशालं च पूर्वेऽपि गुणसंयुतम्।
विष्णुदेवे तथा चैव कर्तव्या त्रिदशोद्भवा॥ 28॥

इति त्रिदशोद्भवा।

प्रासाद के पीछे त्रिशाला हो और आगे भी त्रिशाला हो, वह विष्णुदेव को अर्पित हो उसे 'त्रिदशोद्भवा' कहते हैं।

इति सूत्रसन्तानगुणकीर्तिप्रकाशप्रोक्तृश्रीभुवनदवोचार्योक्तापराजितपृच्छायां
ब्रह्मविष्णुत्रिपुरुषजगत्यधिकारो नामाष्टादशोत्तरशततमं सूत्रम्॥ 118॥

इस प्रकार भुवनदेवाचार्य कृत सूत्रसन्तानगुणकीर्ति प्रकाश या अपराजितपृच्छा में ब्रह्मविष्णु त्रिपुरुष जगती अधिकार नामक एक सौ अठारहवाँ सूत्र पूर्ण हुआ॥ 118॥

सूर्यस्यपार्थिव्यष्टजगतीलक्षणात्मकमेकोनविंशत्युत्तरशततमं सूत्रम् ॥ 119 ॥

इत्यमनन्तरार्कस्यपार्थिव्यष्टजगतीलक्षणं। विश्वकर्मोवाच —

चतुर्विंशतिर्भागाः स्युः षट्त्रिंशतिर्मुखायता।
चतुर्भागो भवेत् कर्णः प्रतिरथस्तु तत्समः ॥ 1 ॥

(पूर्वोक्त जगतियों के अतिरिक्त सूर्यादि के निमित्त) विश्वकर्मा बोले कि एक ऐसा आयत परिकल्पित करें जो 24 × 36 आकार का हो। उसमें 4 भाग का कर्ण या कोना और उसी के बराबर प्रतिरथ बनाएँ।

द्वौ द्वौ भागौ तु निष्कासो भद्रे चैव प्रतिरथे।
अष्टभागात्परं भद्रं विंशतिर्वाम-दक्षिणे ॥ 2 ॥

इसमें भद्र का और प्रतिरथ का निकास दो-दो भाग हो और पीछे के पद के आठ भाग और बाएँ-दाएँ भद्र के 20 भाग रखें।

चतुर्भागं द्वारमानं सोपानपङ्क्तिसञ्चयम्।
भद्रकोणो भवेद्भागो भागः शुण्डी तु विस्तरे ॥ 3 ॥

इनमें चार भाग का द्वार सोपानपङ्क्तियुक्त हों और भद्र के कोण एक भाग व शुण्डी एक भाग विस्तार की हो।

कर्णात्परमृजुसूत्रं प्रासादश्च कलांशकैः।
शुकनासो मण्डपश्च पूर्वमानविकल्पितौ ॥ 4 ॥

पिछले कर्ण का ऋजुसूत्र प्रासाद के एक कला या सोलह भाग जितना हों और शुकनास तथा मण्डप पहले के मान अनुसार बनाएँ।

कर्णे प्रतिरथे चैव शाला द्वादश कल्पयेत्।
सूर्याख्या सा समाख्याता सिद्धकिन्नरसेविता ॥ 5 ॥

इति सूर्याख्या।

कर्ण और प्रतिरथों पर बारह शाला बनाएँ। ऐसा 'सूर्याख्य' नामक प्रासाद सिद्ध-सेवित माना जाता है।

प्रदद्यादग्रशालाश्च सर्वालङ्कारसंयुता।
चन्द्रमण्डला तन्नाम सर्वविघ्नविनाशिनी ॥ 6 ॥

इति चन्द्रमण्डला।

आगे की ओर सभी अलङ्करणों से युक्त सुन्दर शाला बनाएँ तो उसे

'चन्द्रमण्डला' नाम की सर्वविघ्न हरने वाली कहा है।

परित्यज्याग्रशालाश्च भद्रे दद्याद् याम्योत्तरे।
चन्द्रभासा तदा नाम वन्दिता त्रिदशैरपि॥ 7॥

इति चन्द्रभासा।

आगे शाला नहीं बनाकर बाएँ-दाएँ भद्र पर शाला बनावें तो उसे 'चन्द्रभास' नाम दिया गया है जो देवताओं द्वारा भी वन्दित है।

प्रदद्यादग्रशालाश्च सर्वलक्षणसंयुता।
मेघोदरी तस्या नाम कर्तव्या च दिवाकरे॥ 8॥

इति मेघादरी।

समस्त लक्षणों से युक्त आगे की और शाला बनाएँ तो उसे 'मेघोदरी' नाम दिया है। इसे दिवाकर सूर्य के लिए बनाएँ।

भद्रशाला भद्रगर्भे त्वायता सर्वकामदा।
माहेन्द्री तु तस्या नाम सर्वकल्याणकारका॥ 9॥

इति माहेन्द्री।

भद्र के गर्भ पर आयताकार भद्रशाला बनाएँ, उसे 'माहेन्द्री' नाम की सर्वकामनाओं की पूर्ति करने वाली, सर्व कल्याण करने वाली कहा है।

याम्योत्तरे तथा भद्रे शालात्रिकं तु कारयेत्।
विजयानन्दा नामाख्या त्रिदशैरपि दुर्लभा॥ 10॥

इति विजयानन्दा।

बाएँ-दाएँ और भद्र पर शालात्रिक अर्थात् तीन शालाओं को बनाएँ तो 'विजयानन्दा' नामक देवताओं को भी दुर्लभ जगती होगी।

अपरे तु तथा नन्दा शालात्रिकं सुलक्षणम्।
प्रतापतेजा तन्नाम कर्तव्या सर्वकामदा॥ 11॥

इति प्रतापतेजा।

पश्चिम की और नन्दा नामक शालात्रिक अर्थात् तीन शाला सुलक्षणी बनाएँ, उसे 'प्रतापतेजा' नामक सर्वकामना पूर्तिकारी कहा है।

अग्रशाला तु तद्रूपा सर्वालङ्कारसंयुता।
विजयप्रभेति नाम्ना सा चादित्यसमप्रभा॥ 12॥

इति विजयप्रभा। इति सूर्याष्टजगत्यः।

यदि आगे की और भी वैसी ही शाला बनाएँ जो सब अलङ्करणों से युक्त हो तो

उसे 'विजयप्रभा' नाम की कहा है। यह सूर्य की प्रभा जैसी होगी।

पञ्चविंशतिर्विस्तार आयामः पञ्चत्रिंशतिः।
षड्भागो भवेत्कर्णे भद्रं चैव त्रयोदश॥ 13॥
वाम-दक्षिणभद्राणां विभागाः सप्तविंशतिः।
निर्गमे कर्णतुल्यानि सर्वभद्रेष्वयं विधिः॥ 14॥

इसके अतिरिक्त, 25 भाग चौड़ी और 35 भाग लम्बी जिसमें छह भाग के कर्ण और 13 भाग के भद्र हो, बाएँ-दाएँ भद्रों के विभाग 27 हों और उनका निकास कर्णों के बराबर ही हो, सभी भद्रों या दीवारों पर यही विधि बनाए रखें।

अपरस्यर्जुसूत्रेण प्रासादः पञ्चभागिकः।
शुकाग्रश्च भवेद्भागो मण्डपः सप्तविस्तरः॥ 15॥

पीछे की भद्र भी प्रासाद के सीध में 5 भाग की हो और शुकनास के आगे मण्डप का विस्तार 7 भाग का हों।

द्वारत्रयं मण्डपस्य जगतीनां तु कारयेत्।
गण्डशुण्डिकासोपानं पूर्वमानेन कल्पितम्॥ 16॥

जगती पर मण्डप के तीन द्वार बनाएँ जिनका गण्ड शुण्डिकासोपान या सीढ़ियाँ का मान पहले के अनुसार ही रखना चाहिए।

चतस्त्रः कर्णशालाश्च कर्त्तव्याश्च सुलक्षणाः।
वसुन्धरीति तन्नाम देवानां सततप्रिया॥ 17॥

इति वसुन्धरी।

उसके चार कर्णशालाएँ अति सुन्दर लक्षणों वाली बनाएँ। इसका 'वसुन्धरी' नाम रखा गया है जो देवताओं को भी सतत प्रिय लगता हैं।

पूर्वे च भद्रकोणे च शाले द्वे तु मनोरमे।
हरिप्रियेति तन्नाम सिद्धकिन्नरसेविता॥ 18॥

इति हरिप्रिया।

पूर्व की और तथा भद्र या दीवार के कोनों पर दो मनोरम शालाएँ बनाएँ तो उसका 'हरिप्रिया' नाम और वह सिद्ध-किन्नर सेवित कही गई है।

तथापरे यथापूर्वे शालां कुर्यान्मनोरमाम्।
राजेश्वरीति तन्नाम वन्दिता त्रिदशैरपि॥ 19॥

इति राजेश्वरी।

इसी प्रकार पश्चिम और पूर्व में मनोरम शालाएँ बनाए जिसका 'राजेश्वरी' नाम

देवताओं द्वारा भी वन्दित है।

त्यक्त्वा चापरभद्रे तु द्वे च याम्योत्तरे विदुः।
पार्थिवीति तु तन्नाम पूजिता सुरकिन्नरैः ॥ 20 ॥

इति पार्थिवी।

पीछे के भद्र पर कोई शाला नहीं बनाकर केवल बाएँ-दाएँ ही दो शालाएँ बनाएँ तो इसे 'पार्थिवी' नाम से सुर-किन्नर पूजते हैं।

पुनश्चापरभद्रे तु शालाः कुर्यान्मनोरमाः।
सरस्वतीति तन्नाम पूजिता देवदानवैः ॥ 21 ॥

इति सरस्वती।

पीछे की भद्र या दीवार पर एक मनोरम शाला बनाएँ जिसका 'सरस्वती' नाम से देव-दानव सभी पूजन करते हैं।

पुरतो ह्यग्रशाला च कर्तव्या सर्वकामदा।
कुसुमाख्येति सा चैवमाख्याता वास्तुवेदिभिः ॥ 22 ॥

इति कुसुमाख्या।

आगे की ओर अग्रशाला सब कामनाओं को पूर्ण करने वाली बनाएँ। उसे 'कुसुमाख्या' नाम से वास्तुविद पुकारते हैं।

पूर्वद्वारे परित्यज्य कर्तव्या च याम्योत्तरे।
ज्ञानकलाकुलोजन्म ? चूडामणिरिति स्मृता ॥ 23 ॥

इति चूडामणिः।

पूर्व द्वार पर शाला नहीं बनाकर ज्ञानी लोग केवल बाएँ-दाएँ शालाएँ बनाएँ जिसको 'चूडामणि' नाम दिया जाता है।

पूर्वद्वारे पुनः कार्याः शाला वै सुमनोरमाः।
महाकूटेति तन्नाम कर्तव्या सर्वलक्षणा ॥ 24 ॥

इति महाकूटा

इसी प्रकार गूर्व द्वार पर पुनः एक मनोरम शाला बनाएँ जिसका नाम 'महाकूट' है। इसको सब लक्षणों युक्त बनाएँ।

इति सूत्रसन्तानगुणकीर्तिप्रकाशप्रोक्तृश्रीभुवनदेवाचार्योक्तापराजित[illegible]यां सूर्यस्यपार्थिव्यष्टजगतीलक्षणाधिकारो नामैकोनविंशत्युत्तरशततमं सूत्रम् ॥ 119 ॥

इस प्रकार भुवनदेवाचार्य कृत सूत्रसन्तानगुणकीर्ति प्रकाश या अपराजितपृच्छा में सूर्ग पार्थिव अष्ट जगती लक्षणाधिकार नामक एक सौ उन्नीसवाँ सूत्र पूर्ण हुआ ॥ 119 ॥

चतुःषष्टिजगतीचतुःषष्टिपीठनामात्मकं विंशत्युत्तरशततमं सूत्रम् ॥ 120 ॥

अधुना श्रीकर्णिकानायिकारत्नचूडागोमापत्यर्धनारीश्वरी-भैरवीप्रधाना-सर्वकूटेति जिनेन्द्रजगत्यष्टकं। विश्वकर्मोवाच —

चतुर्विंशतिविस्तारे चत्वारिंशन्मुखायते।
द्वौ द्वौ भागौ त्यजेत्कर्णे पुरताऽग्रोभयस्तदा॥ 1॥

विश्वकर्मा बोले कि 24 भाग चौड़ी और 40 भाग मुख पर आयत (24 × 40) जिसके कर्णों पर दो-दो भाग आगे और पीछे दोनों और छोड़ें।

अपरस्यर्जुसूत्रेण प्रासादस्तु कलांशकैः।
शुक्रनासो भवेद्भागो मण्डपः षट्प्रविस्तृतः॥ 2॥
भद्रं तु भागनिष्कास उभयोर्वाम-दक्षयोः।
चतुष्किको चेत्तस्याग्रे द्विभागायामविस्तरे॥ 3॥

पीछे के ऋजुसूत्र से प्रासाद के सोलहवें भाग (1/16 हिस्से) में शुकनास बनाए और मण्डप छह भाग विस्तार वाला बनाए। उसके दोनों और बाएँ-दाएँ भद्र का निकास एक भाग का रखें और उसके आगे एक चतुष्किका या चौकी दो भाग विस्तार वाली बनाएँ।

द्विक्षण त्रिकमाख्यातं चतुर्भिस्तु चतुष्किका।
आयामश्चाष्टभागः स्यात् पृथुत्वं चैव चाष्टतः॥ 4॥

मध्य भाग, क्षण 2 भाग का, 3 भाग का अथवा 4 भाग का हो— ऐसी चतुष्किका या चौकी का आयाम आठ भाग और विस्तार भी आठ भाग का रखें।

अष्टांशैरुत्तमं ख्यातं मण्डपं नृत्यकं विदुः।
द्विभागा क्षणचतुष्का द्विभागा पट्टशालिका॥ 5॥

इसी प्रकार अष्टांश यानी आठ भाग वाले मण्डप को नृत्यशास्त्र के जानकार उत्तम मानते हैं। दो भाग से क्षण, मध्य चौकी या चतुष्का, दो भाग की पट्टशालिका बनाएँ।

कुर्याच्छालां द्विभागां वा ह्यष्टौ च देवसन्मुखाः।
सप्तसप्तोभये पक्षे द्वाविंशतिर्जिनालयाः॥ 6॥

इसके अतिरिक्त, दो भाग की शाला या आठ देवता के सामने बनाएँ तथा उभय पक्षों या दोनों बाजुओं में सात-सात शाला बाईस जिनालयों में बनाएँ।

त्रिकौ त्रिकस्योभयतः सङ्ख्या चतुर्विंशतिः।
चतुर्भिः पृथुनिष्कासोऽग्रे स्यादेवं बलाणकम्॥ 7॥

त्रिक और त्रिक के दोनों और चौबीस की संख्या में चारों और चौड़ाई के निकास में ऐसे ही बलाणक भी बनाएँ।

श्रीदा शान्तिकरा नित्यं पुरमध्ये सुखावहा।
जिनेन्द्रस्य भवनस्था सा वै श्रीकर्णिकाभिधा॥ 8॥

इति श्रीकर्णी।

ऐसे सौभाग्य देने वाले, शान्तिकारक सुखदायी पुर के मध्य भाग में बने जिनेन्द्र के भवन में 'श्रीकर्णिका' नाम से जाने जाते है।

मण्डपाद् गर्भसूत्रेण त्वष्टापदं याम्योत्तरे।
नायिकेति च तन्नाम जिनेन्द्रे सर्वदायिका॥ 9॥

इति नायिका।

मण्डप के गर्भसूत्र से बाएँ-दाएँ आठ भाग में बनी 'नायिका' नाम की जगती जिनेन्द्र प्रासाद में समस्त कामना की पूर्ति करती है।

अष्टापदं परित्यज्य तत्र कुर्याद् बलाणकम्।
रत्नचूडेति तन्नाम कर्तव्या शान्तिमिच्छता॥ 10॥

इति रत्नचूडा।

अष्टापद छोड़कर वहाँ पर बलाणक बनाया जाए तो उसे 'रत्नचूड़ा' नाम दिया जाता है जो शान्ति प्रदाता है।

यथापूर्वे तथापरे शालाः स्युश्चतुर्विंशतिः।
गोमापती तदा नाम कर्तव्या सर्वकामदा॥ 11॥

इति गोमापती।

जैसी पूर्व में वैसी ही पीछे भी चौबीस शाला हो तो उसको 'गोमापती' नाम दिया जाता है जो सब कामना पूर्तिकारक है।

याम्योत्तरबलाणकानपरे पट्टशालिका।
अर्धनारीश्वरी नाम वीतरागे तु शान्तिदा॥ 12॥

इत्यर्धनारीश्वरी।

बाएँ-दाएँ तो बलाणक बनाएँ और पीछे की ओर पट्टशालिका या पटशाल बनाएँ तो उसे 'अर्धनारीश्वरी' नाम दिया जाता है। यह वीतराग भगवान् को शान्तिदाता है।

अपरे रथशाला स्यान्मठो याम्ये प्रतिष्ठितः।
उत्तरे रथरन्ध्रं च नाम्ना सा शान्तिभैरवी॥ 13॥

इति भैरवी।

पीछे के भाग में तो रथशाला बनी हो और बायीं ओर मठ या आवास बना हो, उत्तर की ओर रथ का रन्ध्र-द्वार हो तो उसे 'भैरवी' कहते हैं।

याम्योत्तरे च द्वाराग्रे कुर्यादष्टापदं तथा।
प्रधानेति च तन्नाम सिद्धकिन्नरसेविता॥ 14॥

इति प्रधाना।

बाएँ-दाएँ और द्वार के अग्रभाग में अष्टापद बनाया जाए तो उसे सिद्ध-किन्नर सेवित 'प्रधान' के नाम से जाना जाता है।

अष्टापदस्य संस्थाने शालात्रिकं तु कारयेत्।
सर्वकूटेति तन्नाम कर्तव्या तु जिनेश्वरे॥ 15॥

इति सर्वकूटा।

इति जिनेन्द्रस्य जगत्यष्टकम्।

अष्टापद के स्थान पर तीन शालाएँ बनाए तो उसका नाम 'सर्वकूट' है, इसे जिनेश्वर के लिए बनाया जाए।

जगत्या अष्टच्छन्दाः —

यादृशो मूलप्रासादो जगती चैव तादृशी।
भिन्नच्छन्दा न कर्तव्या जगती प्रासादस्थितिः॥ 16॥

जैसा मूल प्रासाद हो, उसी के अनुरूप जगती भी बनानी चाहिए क्योंकि प्रासाद की स्थिति से भिन्न छन्द की जगती बनाना अनुचित है।

चतुरश्रा तथायतावृत्ता वृत्तायता तथा।
अष्टाश्रा च तथा कार्या छन्दाः पञ्च प्रकीर्तिताः॥ 17॥

सामान्यतया चौकोर, आयताकार, वृत्ताकार, वृत्तायता, अष्टाश्रा— इस तरह पाँच छन्दों में जगती बनती है।

चतुरश्रा वीरभद्रा सुपताका तथायता।
वृत्ता च पूर्णभद्रा च वृत्तायता भद्राङ्गिका॥ 18॥
अष्टाश्रा च जया प्रोक्ता विजया चैव स्वस्तिका।
अजिता षोडशाश्रा च द्वात्रिंशाश्रापराजिता॥ 19॥

इनमें से चतुरश्रा या चौकोर को वीरभद्रा, आयताकार को सुपताका, वृत्तायत को पूर्णभद्रा, वृत्तायता को भद्राङ्गिका और अष्टाश्रा को जया और विजया या स्वस्तिका भी। षोडशाश्रा को अजिता और बत्तीस कोणीय को अपराजिता कहते हैं।

समन्ताच्च शिवे कुर्याज्जगतीश्चतुःषष्टिकाः$_{64}$।
धर्मा-र्थ-काम-मोक्षाणां प्राप्तिहेतूरभिष्टदाः॥ 20॥

शिव के निमित्त 64 जगती की समन्ता नाम की बनाए जो धर्म, अर्थ, काम और मोक्ष की प्राप्ति हेतु अभिष्ट को देने वाली है।

आख्याता जगतीछन्दाः पीठमानमतः श्रुणु।
छन्दालङ्कारसंयुक्तं प्रोक्तं यद् वास्तुवेदिभिः॥ 21॥

इस प्रकार अब तक जगती-छन्दों के बारे में कहा गया। अब पीठ के मान-प्रमाण को सुनो! जो वास्तुवेद के जानकारों ने छन्द-अलङ्कारों से संयुक्त कहा है।

अथ चतुःषष्ठि पीठनामानि —

वैराग्यं पीठमाख्यातं पीठं चैव सुनन्दनम्।
मन्दरं तु भवेत्पीठं पीठं त्रैलोक्यभूषणम्॥ 22॥
मलयं चोज्जयन्तं च पीठं वै गन्धमादनम्।
हेमकूटं भवेत्पीठं चन्द्रशालं श्रियाननम्॥ 23॥
विजयं महातिलकं कामदं देवदुर्लभम्।
वाराहपीठं गरुडं श्रीनेत्रं च भद्रारथी॥ 24॥
भद्रं वै राष्ट्रवर्द्धनं शङ्खावर्तं च पुष्पकम्।
नागरं भद्रतिलकं श्रीवत्सं तु जयावहम्॥ 25॥
रत्नकूटं महाकूटं त्रिकूटं कूटवर्द्धनम्।
हंसं च हंसतिलकं महाकान्तं मनोहरम्॥ 26॥
वर्द्धमानं नन्द्यावर्तं श्रीकूटं विजयोद्भवम्।
कैलासं पृथ्वीतिलकं पृथ्वीजयं सुभद्रकम्॥ 27॥
इन्द्रनीलं महानीलं भूधरं च किरातकम्।
वृषभं भद्रपीठं च द्राविडं च वैराटकम्॥ 28॥
हर्म्यं हर्म्यतलं चैव सर्वभद्रं च सुन्दरम्।
हिमवानमृतोद्भवं कर्णिकारं महाप्रियम्॥ 29॥
तुङ्गारं सिंहपीठं च शक्त्याख्यं तु भैरवम्।

कुलपीठं तथा तूक्तं शुक्ताख्यं व्योम्नःपतिम्।
जयं च विजयं चैव त्वजितं चापराजितम्।
एवं चतुःषष्टिपीठा$_{64}$ वास्तुवेदैरुदाहृताः ॥ 31 ॥

पीठों के विभिन्न नाम ये हैं— 1. वैराग्य, 2. सुनन्दन, 3. मन्दर, 4. त्रैलोक्यभूषण, 5. मलय, 6. जयन्त, 7. गन्धमादन, 8. हेमकूट, 9. चन्द्रशाल, 10. श्रियानन, 11. विजय, 12. महातिलक, 13. कामद, 14. वाराह, 15. गरुड़, 16. श्रीनेत्र, 17. भद्रारथी, 18. भद्र, 19. राष्ट्रवर्धन, 20. शङ्खावर्त, 21. पुष्पक, 22. नागर, 23. भद्रतिलक, 24. श्रीवत्स, 25. जयावह, 26. रत्नकूट, 27. महाकूट, 28. त्रिकूट, 29. कूटवर्धन, 30. हंस, 31. हंसतिलक, 32. महाकान्त, 33. मनोहर, 34. वर्धमान, 35. नन्द्यावती, 36. श्रीकूट, 37. विजयोद्भव, 38. कैलास, 39. पृथ्वीतिलक, 40. पृथ्वीजय, 41. सुभद्र, 42. इन्द्रनील, 43. महानील, 44. भूधर, 45. किरात, 46. वृषभ, 47. भद्रपीठ, 48. द्राविड़, 49. वैराट, 50. हर्म्य, 51. हर्म्यतल, 52. सर्वभद्र, 53. हिमवान, 54. अमृतोद्भव, 55. कर्णिकार, 56. तुङ्गार, 57. सिंहपीठ, 58. शक्ति, 59. भैरव, 60. शक्ति, 61. जय, 62. विजय, 63. अजित और 64. अपराजित— इस प्रकार की चौंसठ पीठ वास्तुविदों ने कही हैं।

इति सूत्रसन्तानगुणकीर्तिप्रकाशप्रोक्तश्रीभुवनदेवाचार्योक्तापराजितपृच्छायां
चतुःषष्टिजगतीचतुःषष्टिपीठाधिकारो नाम विंशत्युत्तरशततं सूत्रम् ॥ 120 ॥
इस प्रकार भुवनदेवाचार्य कृत सूत्रसन्तानगुणकीर्ति प्रकाश या अपराजितपृच्छा में चौंसठ
जगती चौंसठ पीठ अधिकार नामक एक सौ बीसवाँ सूत्र पूर्ण हुआ ॥ 120 ॥

आयतनदेवानुक्रमनिर्णयो नामैकविंशत्युत्तरशततमं सूत्रम् ॥ 121 ॥

अधुना एकद्वारशिवायतनक्रमः। विश्वकर्मोवाच —

आयतनं गणादीनां देवतानां यथाविधि।
अनुक्रमेण वक्ष्यामि यथोक्तं च पृथक् पृथक् ॥ 1 ॥
वामे तु गजकर्णं च सिद्धिं दद्याच्च दक्षिणे।
द्वौ पृष्ठकर्णयोश्चैव धूम्रको बालचन्द्रमाः ॥ 2 ॥
उत्तरे तु सदा गौरी याम्ये चैव सरस्वती।
पश्चिमे यक्षराजस्तु बुद्धिः पूर्वे तु संस्थिता ॥ 3 ॥

इति गणपत्यायतनक्रमः।

(अब गाणपत्यादि विभिन्न सम्प्रदायों के देवालयों में विविध देवताओं की

स्थापना की स्थिति के विषय में कहा जा रहा है) विश्वकर्मा बोले कि अब गणपति आदि देवताओं के आयतन, स्थिति के बारे में यथाविधि अनुक्रम से पृथक-पृथक् कहता हूँ। वाम भाग में गजकर्ण गणेश हो। सिद्धि को दक्षिण, पीछे दोनों कोनों पर धूम्रक और बालचन्द्र तथा उत्तर की ओर सदा गौरी और दक्षिण की ओर सरस्वती को स्थापित करें। पश्चिम में यक्षराज और पूर्व में बुद्धि की स्थापना करनी चाहिए।

वामे गणपतिश्चैव दक्षिणे पार्वती स्थिता।
नर्ऋत्ये भास्करं विद्याद् वायव्ये च जनार्दनम्॥ 4॥
मातृभ्यो मातृसंस्थानं दक्षिणस्यां हि कारयेत्।
सौम्ये शान्तिगृहं कुर्यात् पश्चिमे जलशायिनम्॥ 5॥

इत्येकद्वारशिवायतनक्रमः।

एक द्वार वाले शिवालय में वाम भाग में गणपति, दक्षिण भाग में पार्वती स्थित होगी। नैर्ऋत्य कोण में भास्कर सूर्यदेव और वायव्य कोण में जनार्दन भगवान् विष्णु तथा मातृकाएँ मातृस्थान में दक्षिण दिशा में ही रखें। उत्तर दिशा में शान्तिगृह बनाएँ और पश्चिम में जलशायिन् भगवान नारायण की स्थापना करें।

चतुर्मुखशिवायतनक्रमः —

वामे स्नानगृहं कुर्यात् सोमद्वारं तु दक्षिणे।
मध्ये रुद्रः प्रतिष्ठाप्यो मातृस्थानं च दक्षिणे॥ 6॥
वामे देवीं महालक्ष्मीमुमां वै भैरवीं तथा।
ब्रह्मविष्णू तथा रुद्रं पृष्ठदेशे तु कारयेत्॥ 7॥
चन्द्रादित्यौ स्थितौ कर्णे ह्याग्नेय्यां स्कन्द एव च।
ईशाने विघ्नराजस्तु धूम्रम्रीशानगोचरे॥ 8॥

इति चतुर्मुखशिवायतनक्रमः।

यदि चतुर्मुख शिवालय हो तो वाम भाग में स्नानगृह और सोम-द्वार या शिव का द्वार दक्षिण में, मध्य में रुद्र की प्रतिष्ठा करें और मातृस्थान दक्षिण में रखें। वाम भाग में देवी महालक्ष्मी, उमा और भैरवी तथा पृष्ठदेश में ब्रह्मा-विष्णु और रुद्र को रखें। चन्द्रदेव और आदित्य सूर्यदेव को कोनों पर तथा आग्नेयकोण पर स्कन्द और ईशान कोण पर विघ्नराज गणपति को तथा धूम्र को भी ईशान कोण में बनाएँ।

ब्रह्मायतनक्रमः —

आग्नेय्यां तु गणेशः स्यान्नमातृस्थानं च दक्षिणे।
नैर्ऋत्ये तु सहस्राक्षो जलशायी च वारुणे॥ 9॥

उमाशङ्करौ वायव्ये ग्रहाश्चैवोत्तरस्थिताः।
ईशाने तु श्रियादेवी प्राच्यां तु धरणीधरः॥ 10॥

इति ब्रह्मायतनक्रमः।

यदि ब्रह्मा का प्रासाद हो तो आग्नेयकोण पर गणेश हो और मातृस्थान दक्षिण में हों। नैर्ऋत्यकोण में सहस्राक्ष और पश्चिम दिशा में जलशायी नारायण तथा वायव्यकोण में उमा के साथ शङ्कर और सभी ग्रह उत्तर में स्थित हों। ईशानकोण में श्रियादेवी और पूर्व दिशा में धरणीधर को स्थापित करना चाहिए।

विष्णवायतनक्रमः —

पूर्वे नारायणं देवं पुण्डरीकाक्षं दक्षिणे।
पश्चिमे चैव गोविन्दमुत्तरे मधुसूदनम्॥ 11॥
विष्णुं कुर्यात्तथेशाने चाग्नेय्यां तु जनार्दनम्।
नैर्ऋत्ये पद्मनाभं च वायव्ये माधवं तथा॥ 12॥
मध्ये तु केशवः स्थाप्यो वासुदेवस्तथोच्यते।
सङ्कर्षणश्च प्रद्युम्नो ह्यनिरुद्धो यथाक्रमम्॥ 13॥

विष्णु के मन्दिर में पूर्व दिशा में नारायण देव और दक्षिण दिशा में पुण्डरीकाक्ष, पश्चिम में गोविन्द और उत्तर में मधुसूदन, ईशानकोण में विष्णु और आग्नेयकोण में जनार्दन, नैर्ऋत्यकोण में पद्मनाभ और वायव्यकोण में माधव तथा मध्य में केशव की स्थापना करके वासुदेव, सङ्कर्षण, प्रद्युम्न और अनिरुद्ध को यथाक्रम स्थापित करें।

जलशायी तथा प्रोक्ताः दशावतारसंयुतः।
शूकरस्त्वग्रतः स्थाप्यः सर्वदेवमयः शुभः॥ 14॥
शेषकूर्मसमायुक्तो लक्ष्मीर्वै वाम-पार्श्वतः।
विष्ण्वायतनमित्येवं कथितं त्वपराजित॥ 15॥

इति विष्णवायतनक्रमः।

जलशायी भगवान् नारायण को दशावतार के साथ बनाएँ और उनके आगे की ओर वराह की स्थापना करें। यह स्वरूप सर्वदेवमय शुभ हो। शेष नाग और कूर्म के साथ लक्ष्मी को उनके बाएँ पार्श्व में स्थापित करें। इस तरह से हे अपराजित! यह विष्णवायतन बनता है।

सूर्यायतनक्रमः —

आग्नेय्यां तु कुजः स्थाप्यो गुरुर्याम्ये प्रतिष्ठितः।

नैर्ऋत्ये राहुसंस्थानं पश्चिमे चैव भार्गवः ॥ 16 ॥
वायव्ये केतुसंस्थानं सौम्यायां बुध एव च।
ईशाने च शनिं दद्यात् प्राच्यां चैव तु चन्द्रमाः ॥ 17 ॥

इति सूर्यायतनक्रमः।

सूर्य के मन्दिर में आग्नेयकोण में मङ्गल की स्थापना करें और गुरु को दक्षिण दिशा में प्रतिष्ठित करें। नैर्ऋत्य में राहु को रखें और पश्चिम में शुक्र को रखें। वायव्य में केतु का स्थान रखें और उत्तर में बुध का। ईशानकोण में शनि और पूर्व दिशा में चन्द्रमा को स्थापित करें।

गौर्यायतनक्रमः —

गौर्यायाः सम्प्रवक्ष्यामि देवतानामनुक्रमम्।
दक्षे मातृः श्रिया सौम्ये सावित्रीं पश्चिमे विदुः ॥ 18 ॥
द्वे पृष्ठकर्णयोश्चैव भगवती सरस्वती।
गणेशं च कुमार च त्वीशान चाग्निगोचरे ॥ 19 ॥
कुण्डलाभ्यामलङ्कृत्वा सर्वाभरणभूषिता।
मध्ये देवी प्रतिष्ठाप्या महेशस्य सदा प्रिया ॥ 20 ॥

इति गौर्यायतनक्रमः।

अब मैं गौरी के मन्दिर में देवताओं के नाम अनुक्रम से कहता हूँ। दक्षिण में मातृकाओं और उत्तर में श्रिया तथा पश्चिम में सावित्री और दोनों पृष्ठ.कोनों पर भगवती व सरस्वती की स्थापना करें। ईशानकोण पर गणेश और आग्नेयकोण पर कुमार या कार्तिकेय को कुण्डल और सभी अलङ्करणों से विभूषित बनाएँ। मध्यम में महेश की सदा प्रिय रहने वाली देवी गौरी की स्थापना करें।

जिनालयक्रमः —

जिनालयं प्रवक्ष्यामि जिनेन्द्रभवनं तथा।
आश्रयन्ति ततो दिव्या जिनशासनपारगाः ॥ 21 ॥
जिनेन्द्रस्य तथा यक्षा देव्यश्च जिनमातृकाः।
तीर्थङ्कराणां सर्वेषामतीतानामवर्जिनाम् ॥ 22 ॥
केवल्यृषभदेवाद्याः पद्मनाभादितः क्रमात्।
पृथक् चतुर्विंशतिर्वै जिनानां वा द्वासप्ततिः$_{72}$ ॥ 23 ॥

अब जिनेन्द्र भवन या जिनालय के बारे में कहता हूँ जहाँ सभी दिव्य जिनशासन के पार गए हुए तीर्थङ्कर आश्रय पाते हैं। जिनेन्द्रों की यक्षदेवियों की,

जिन मातृकाओं की और सभी अतीत के तीर्थङ्करों, ऋषभदेवादि केवलियों की और भावी पद्मनाम के क्रम से पृथक् चतुर्विंशति (अवसर्पिणी या चौबीसी) के अनुसार जिनों की संख्या बहत्तर होती है।

इति सूत्रसन्तानगुणकीर्तिप्रकाशप्रोक्तृश्रीभुवनदेवाचार्योक्तापराजितपृच्छाया-मायतनदेवानुक्रमनिर्णयाधिकारो नामैकविंशत्युत्तरशततमं सूत्रम्॥ 121॥

इस प्रकार भुवनदेवाचार्य कृत सूत्रसन्तानगुणकीर्ति प्रकाश या अपराजितपृच्छा में आयतन देवानुक्रम निर्णय अधिकार नामक एक सौ इक्कीसवाँ सूत्र पूर्ण हुआ॥ 121॥

बलाणकलक्षणं द्वात्रिंशत्युत्तरशततमं सूत्रम्॥ 122॥

अधुना बलानकमानमाह। विश्वकर्मोवाच —

अथातः सम्प्रवक्ष्यामि बलानकसुलक्षणम्।
विस्तीर्णं जगतीपादे पदपादविवर्जितम्॥ 1॥

(इस सूत्र में मन्दिर के प्रमुखाङ्ग बलाणक के विषय में कहा जा रहा है) विश्वकर्मा बोले कि अब मैं बलानक के सुलक्षणों को कहता हूँ। इसके विस्तीर्ण जगती पाद चतुर्थांश एक चौथाई पाद में कम होते हैं।

प्रासादव्यासमानेन गर्भमानेन चाऽथवा।
शालालिन्दप्रमाणेन त्रिविधं मानलक्षणम्॥ 2॥

बलानक के तीन प्रकार के मान बताए जाते हैं— 1. प्रासाद के व्यास के बराबर का मान 2. प्रासाद के गर्भ के मान के बराबर अथवा 3. शाला अलिन्द के बराबर का मान।

कनिष्ठे चोत्तमं कार्यमुत्तमे च कनिष्ठकम्।
मध्यमे मध्यमं कार्यमेतन्मानं च शोभनम्॥ 3॥

(शिल्पी के लिए यह ज्ञातव्य है कि देवालय में) इनके प्रयोग के बारे में यह ध्यान रखना चाहिए कि कनिष्ठ में उत्तम और उत्तम में कनिष्ठ तथा मध्यम में मध्य मान रखने पर शोभायुक्त होते हैं।

अन्यच्च युक्तिभेदैश्च पुरतः पृष्ठतोऽपिवा।
अनेकैरर्थभेदैश्च कथयाम्यपराजित॥ 4॥

इसके अन्य भी युक्ति भेद आगे, पीछे तथा अनेक अर्थ भेदों को हे अपराजित! मैं तुम्हें कहता हूँ।

अथ बलानकभेदा: —

वामनश्च विमानश्च हर्म्यशालश्च पुष्करः।

तथा चोत्तुङ्गनामा च पञ्चैते च बलानकाः॥ 5॥

बलानक पाँच प्रकार के होते हैं— 1. वामन बलानक, 2. विमान, 3. हर्म्यशाल, 4. पुष्कर और ५. उत्तुङ्ग बलानक।

वामनविमानहर्म्यशालपुष्करोत्तुङ्गेति पञ्चबलाणकास्तेषां लक्षणानि च —

वर्तनं कथयिष्यामि पदसंस्थानमानतः।

प्रासादाग्रे च प्राकारे मन्दिरे वारिमध्यतः॥ 6॥

इनका वर्तन भी पदमान संस्थान अनुसार कहता हूँ। वामन बलानक का प्रयोग प्रासाद के आगे प्राकार परकोटे पर, मन्दिर पर व जलाशय के मध्य में किया जाता है।

वामनं जगतीग्रस्तं विमानं तु तदाश्रितम्।

हर्म्यशालं गृहे वाऽपि प्रासादे नगराननेे॥ 7॥

इसी प्रकार विमान बलानक का प्रयोग वामन की जगती के आधारित होता है। हर्म्यशाल का प्रयोग गृह में, प्रासाद और नगर के द्वार पर किया जाता है।

पुष्करं वारिमध्यस्थमग्रतचैव भूषितम्।

सप्तभूमं नवभूममतऊर्ध्वं न कारयेत्॥ 8॥

पुष्कर बलानक का प्रयोग जलाशय के मध्य बने भवन (जलमहल) के आगे शोभायमान होता है। इन बलानकों को सात मंजिलों से लेकर नौ मंजिला तक बना सकते हैं, परन्तु इनसे अधिक नहीं बनाना चाहिए।

प्रासादाग्रे-जं कुर्याज्जगतीमुखमण्डनम्।

लक्षणं तस्यं वक्ष्यामि स्थानमानं च भूमिकाम्॥ 9॥

प्रासाद के आगे के भाग में जगती के द्वार पर शोभा बढ़ाने के लिए बलानक बनाने चाहिए जिनके स्थान-मान और मंजिलों के लक्षण मैं कहता हूँ।

एक-द्वि-त्रि-चतुः-पञ्च-षट्-सप्ता-ष्टभिरेव च।

स्थानं तथैवोव्येक्तं[1] कर्तव्यं तदनन्तरम्॥ 10॥

प्रासादादिक्रमद्वारं मण्डपान्ते निवेशयेत्।

तत्क्रमेण प्रकर्तव्यं द्वारं तस्य बालनके॥ 11॥

एक, दो, तीन, चार, पाँच, छः अथवा सात तक इनके स्थान कहे हैं जो इनके

1. 'स्थानं तस्य-सेवोक्तं?' इति प्रकाशित पाठः।

अनन्तर करने चाहिए और इनको प्रासादों के आदि क्रम द्वार पर अर्थात् मुख्यद्वार पर अथवा मण्डप के अन्त में बनाने चाहिए। इस प्रकार के क्रम में द्वारों पर बालनक बनाने चाहिए।

हस्तेऽङ्गुला भवेद् वृद्धिरङ्गुलं हस्तमानतः।
कर्तव्यं पूर्वमानेन हीने हीनं समे समम्॥ 12॥

हस्तमान अर्थात् गज के मान के अनुसार प्रति गज एक अङ्गुल की वृद्धि होनी चाहिए जो पूर्व मान के अनुसार करें। हीन मान के साथ हीन और सम के साथ सम मान कल्पित करना चाहिए।

जगती तु शिरोदेशे जठरं चोत्तमाङ्गजे ?।
जगत्युदयतो द्वारं कर्तव्यं तु बलानके॥ 13॥

जगती के शिरोभाग में बलानक का जठर मुख्य भाग का अङ्ग बनाएँ और जगती के उदय अर्थात् ऊँचाई आरम्भ हो, वहीं से बलानक पर जाने का द्वार भी बनाना चाहिए।

द्वारं चैतेन मानेन प्रकुर्याच्च बलानके।
परापरविभागेन हीनं वा अधिकं यदि॥ 14॥
तद्द्वारं दोषदं प्रोक्तमेकमानेन कामदम्।
पुरतः पृष्ठतो द्वारं यथा सौभाग्यतं न्यसेत्॥ 15॥

बलानक के द्वार भी इतने मानों के बनाने चाहिए। परापर विभाग के अर्थात् आगे-पीछे के भाग के द्वार यदि हीन या अधिक बन जाए तो वे द्वार दोषपूर्ण माने जाएँगे। अतः एक मान के अनुसार ही द्वार बनाए तो वे कामनापूर्ति करने वाले होते हैं। इस तरह आगे और पीछे के द्वारों को सौभाग्यदाता बनाया जाता है।

तुलोदयप्रमाणं —

तत्रैव तेन मानेन तत्समं च तुलोदयम्।
तथा तुलोदये भूमिर्घटकादि ततःसमम्॥ 16॥

इसी तरह इनके ही मान के अनुसार तुलोदय भीं बनाना चाहिए और तुलोदय के सभी घटक भी उसी के समान बनाने चाहिए।

तत्समं तु प्रकर्तव्यमुत्तमाङ्गं सपट्टकम्।
उदयोन्नतमानेन सोपानं तुलमध्यतः॥ 17॥

उसी के अनुरूप पट्टयुक्त उत्तमाङ्ग उत्सङ्ग को बनाना चाहिए और तुला के मध्य से ऊँचाई के मान के ही अनुसार बलानक तक जाने के सोपान अर्थात्

सीढ़ियाँ भी बनानी चाहिए।

अञ्चला[1] बाह्यतश्चैवं सौपानं च विदुर्बुधाः।
कुम्भी स्तम्भशिरःपट्टं पृथक् सूत्रात्तुलादिकम्॥ 18॥

भीतर की और बाहर की दो प्रकार की सीढ़ियों का क्रम विद्वानों ने बताया है। तुलादिकों के स्तम्भों के कुम्भी स्तम्भशिर, पट्ट पृथक् सूत्र में कहे हैं।

युक्ता न्यस्ताः समा कुम्भी स्तम्भोदुम्बरशिर्षिकाः।
भूमिं तु भूमिमानेन समसूत्रैर्विचक्षणाः॥ 19॥

कुम्भी को स्तम्भ के उदुम्बर-शीर्षिका के समसूत्र में भूमि पर भूमिमान के अनुसार ही बनाने का निर्देश विचक्षण शिल्पियों ने दिया है।

मूलपीठसमसूत्रे आदिभूमेस्तु मस्तकम्।
ऊर्ध्वं पट्टानुक्रमेण कर्तव्यो भूमिकाक्रमः॥ 20॥

आदि भूमि से लेकर मस्तक तक मूल पीठ के समसूत्र ऊँचा, ऊर्ध्वपट्ट अनुक्रम से करना चाहिए।

उदुम्बरशिरोभूमिर्जलाधारे प्रशस्यते।
बलानकस्तत्तदग्रे तोरणं भद्रमस्तके॥ 21॥

उदुम्बर के ऊपरी भाग में जलाधारी बनाना प्रशस्त कहा गया है और बलानक के आगे तोरण पर भद्रमस्तक बनाएँ।

तद्बाह्ये मत्तावरणं द्वाराणि वाम-दक्षिणे।
सन्मुखानि त्रीणि शेषं मत्तावरणके तथा॥ 22॥

उसके बाहर की ओर मत्तवारण द्वारों को बाएँ और दाएँ भाग में बनाएँ और बलानक के सन्मुख तीन शेष मत्तवारण द्वार बनाएँ।

देवप्रासादाग्रे बलानकं कुर्याद् —

शिवसूर्यौ ब्रह्मविष्णू चण्डिका जिन एव च।
एतेषां च सुराणां च कुर्यादग्रे बलानकम्॥ 23॥

शिव, सूर्य, ब्रह्मा, विष्णु, चण्डिका और तीर्थङ्करों के प्रासादों के आगे बलानक बनाने चाहिए।

विमानस्तुङ्गनामा च राजवेश्माग्रतः शुभः।
हर्म्यशालो गृहे वापि कर्तव्यो गोपुराकृतिः॥ 24॥

---

1. 'अस्तुला (?)' इति प्रकाशित पाठः।

विमान और उतुङ्ग नामक बलानक राजमहलों के आगे शुभ होते हैं। हर्म्यशाल बलानक को गृहों में भी गोपुराकृति, पोल के रूप में बनाया जा सकता है।

पुष्करो वारिमध्यस्थो वामनो देवताग्रतः।

इषुभेदा, वामनाद्याः कर्तव्यास्तु बलानकाः ॥ 25 ॥

पुष्कर बलानक को तो जलाशय के मध्य में ही बनाना चाहिए। वामन बलानक देवताओं के प्रासाद के आगे बनाया जाए। इस तरह इन पाँचों भेदों के बलानकों को वामन से लेकर बनाना चाहिए।

इति सूत्रसन्तानगुणकीर्तिप्रकाशप्रोक्तश्रीभुवनदेवाचार्योक्तापराजितपृच्छायां बलाणकलक्षणाधिकारो नाम द्वाविंशत्युत्तरशततमं सूत्रम् ॥ 122 ॥

इस प्रकार भुवनदेवाचार्य कृत सूत्रसन्तानगुणकीर्ति प्रकाश या अपराजितपृच्छा में बलाणक लक्षण अधिकार नामक एक सौ बाईसवाँ सूत्र पूर्ण हुआ ॥ 122 ॥

प्रासादपीठोदयमानं त्रयोविंशत्युत्तरशततमं सूत्रम् ॥ 123 ॥

अधुना नागरलतिनसान्धारमिश्रकविमानप्रासादपीठोदयमानं। विश्वकर्मोवाच —

एकहस्ते तु प्रासादे त्रयस्त्रिंशद्भिरङ्गुलैः।

द्विहस्ते तु प्रकर्तव्यः पञ्चपञ्चाशदङ्गुलैः ॥ 1 ॥

(इस सूत्र में नाना प्रासादों की पीठों का मान वर्णित है) विश्वकर्मा बोले कि एक गज की चौड़ाई वाले प्रासाद का पीठोदय मान 33 अङ्गुल और दो गज के प्रासाद की चौड़ाई वाले में 55 अङ्गुल का रखें।

सप्तसप्तत्यङ्गुलैश्च प्रासादे तु त्रिहस्तके।

चतुर्हस्ते तु प्रासादे एकोनशतसङ्ख्यकैः ॥ 2 ॥

तीन गज की चौड़ाई वाले प्रासाद के 77 अङ्गुल, चार गज की चौड़ाई वाले प्रासाद के 99 अङ्गुल का पीठोदयमान रखें।

प्रासादे पञ्चहस्ते सैकविंशतिशताङ्गुलैः।

पञ्चहस्तान्ततो वृद्धिर्हस्वं कुर्यात्तदूर्ध्वतः ॥ 3 ॥

पञ्चहस्तादूर्ध्वतश्च यावत्स्यान्नवहस्तकम्।

ह्रस्वं हस्तार्धभागेन पञ्चोर्ध्वं च नवान्तकम् ॥ 4 ॥

इसी प्रकार 5 गज चौड़ाई के प्रासाद के 121 अङ्गुल का पीठोदय होगा। पाँच गज से आगे तक कमी-वेशी करनी, परन्तु उसके ऊपर जब तक 9 गज न हो जाए तब तक आधे गज के बराबर कमी पाँच से नौ तक करें।

तदूर्ध्वे त्रयोदशान्तं पादभागं परित्यजेत्।
अष्टमांशं ततो ह्रस्वं यावद्विंशतिहस्तकम्॥ 5॥

इसके ऊपर 13 गज के अन्त तक चतुर्थांश या एक चौथाई ही कम करें और इसके ऊपर जब तक 20 गज तक जाए तब तक अष्टमांश कम करते जाएँ।

ततो द्वात्रिंशदंशं च ह्रस्वं यावच्छतार्धकम्।
प्रहरान्तं कुम्भकादेरुच्छ्रयो नागरे मतः॥ 6॥
विभक्ते चैकविंशत्या भागेन स्यात्तदुच्छ्रयः।
पीठानि पञ्च पञ्चादेर्नवान्तं भागवृद्धितः॥ 7॥

इसके बाद, बतीसवाँ भाग पचास गज तक बढ़ते समय कम करते जाएँ। नागर मतानुसार कुम्भक की आदि ऊँचाई प्रहरान्त तक 21 भाग की ऊँचाई होनी चाहिए। पीठों की 5 से आरम्भ करके 9 तक के अन्त के भाग में वृद्धि करते जाना चाहिए।

लतिने वाऽथ सान्धारे नागरे मिश्रकेऽपि वा।
विमानेऽपि समाख्यातः पीठमानसमुच्छ्रयः॥ 8॥

इस तरह प्रसिद्ध लतिन प्रासाद, सान्धार प्रासाद, नागर प्रासाद, मिश्रक प्रासाद या विमान प्रासाद में भी पीठमान की ऊँचाई बताई गई है।

द्राविडपीठोदयमानम् —

पृथुप्रासादार्धोदये द्राविडे पीठकोच्छ्रयः।
तदूर्ध्वे तु भवेद्रेखा द्राविडे कर्मचर्चिता॥ 9॥

द्राविड़ पीठ की ऊँचाई प्रासाद की पृथु या चौड़ाई के आधे के बराबर होनी चाहिए। इसके ऊपर तो द्राविड़ कर्म में चर्चित रेखा होती है।

भूमिजपीठोदयमानम् —

कुम्भकादेः क्षितेरन्ते भूमिजे वै पृथूदयः।
क्षितिशृङ्गोत्सेधमाने पीठमर्धे प्रकल्पयेत्॥ 10॥

भूमिज प्रासाद की चौड़ाई के बराबर कुम्भ के आदि से क्षिति के अन्त तक क्षितिशृङ्ग की ऊँचाई पीठ के आधे के बराबर कल्पित करनी चाहिए।

वराटपीठोदयमानम् —

वराटे वै विंशतिधा क्षितेरन्ततउच्छ्रयः।
ऋतुभागं भवेत्पीठमधः सप्तभिरुन्नतम्॥ 11॥

इसी प्रकार वराट प्रासाद में 20 तक क्षिति का अन्त ऊँचा होना चाहिए। इस तरह पीठ छह भाग या सात भाग ऊँची हों।

पीठोच्छ्रयप्रभेदास्तु कथियाश्च शुभप्रदाः।
इष्टमेवाप्नुतः कामं कर्तृकप्रवरावुभौ॥ 12॥

इति पीठोच्छ्रयप्रभेदाः।

इस तरह प्रासाद के पीठोदय को सभी भेदों से युक्त बताया जो शुभप्रदा है और जिससे काम करने वाले प्रवरजनों के काम में इष्ट की पूर्ति होती है।

भिट्टस्य मानं लक्षणञ्च —

प्रासादपादमानं च ज्ञात्वा चैव विचक्षणैः।
षोडशाङ्गुलमानेन16 कर्तव्यास्तु दृढाः समाः॥ 13॥
प्रासादच्छन्दमस्योर्ध्वे दृढखरशिलोत्तमा।
एकहस्ते पादहस्तः पञ्चान्तेऽङ्गुलवृद्धितः॥ 14॥

(अब भिट्ट का मान व लक्षण कहा जाता है) प्रासाद की चौड़ाई के चौथे भाग, या पादमान ज्ञात करके विचक्षण शिल्पी को चाहिए कि 16 अङ्गुल के मान के बराबर दृढ़ खरशिला उत्तम प्रकार से रखें। उक्त खरशिला एक गज के साथ चतुर्थांश गज के अनुसार पाँच गज के अन्त तक एक-एक अङ्गुल बढ़ाते जाएँ।

अर्धाङ्गुलं तदूर्ध्वे तु नवान्तं सुदृढोत्तमा।
पादवृद्धिं पुनर्दद्याद् हस्ते हस्ते तथा पुनः॥ 15॥
हस्तानां विंशतिर्यावदर्धपादा तदूर्ध्वतः।
विंशत्यङ्गुलपिण्डा च शतार्धे तु खरा शिला॥ 16॥

इसके ऊपर पुनः आधा-आधा अङ्गुल नौ गज तक उत्तम होता है। इसके बाद एक-एक गज पर पुनः चतुर्थांश अङ्गुल की वृद्धि करते जाए जब तक कि बीस गज तक न पहुँच जाएँ। इसके बाद 20 गज के ऊपर चतुर्थांश का भी आधा अर्थात् अष्टमांश ही बढ़ाएँ। इस तरह पचास गज तक के प्रासाद की खरशिला 20 अङ्गुल के पिण्ड की अर्थात् मोटाई की होनी चाहिए।

प्रासादच्छन्दमाकारैर्विविधैर्दलनिर्गमैः।
इष्टकारज्जुसम्युक्तास्तलतो ये च पृष्ठतः॥ 17॥
शिलास्ताश्चैव तीक्ष्णाग्राः स्पर्शयेत्तु प्रयत्नतः।
सुदृढाः समताढ्याश्च सूत्रपातं तदूर्ध्वतः॥ 18॥

प्रासाद के छन्द के आकार में तरह-तरह के दलों का निर्गम करते समय ईंटों और सूत की सीध तल से लेकर पृष्ठ तक रखना चाहिए और उनसे शिला को बड़ी ही तीक्ष्णता से प्रयत्नपूर्वक स्पर्श कराना चाहिए अर्थात् पक्की तरह से शिला पर ईंटों

को चुनाई के समय जमाना चाहिए। इससे वे सुदृढ़ समतायुक्त सूत्रपात में ऊँचाई तक जा सकेंगी।

भिट्टप्रमाणमाह —

एकहस्ते तु प्रासादे भिट्टं वेदाङ्गुलं स्मृतम्।
एकतः पञ्चहस्तान्तं हस्ते चैकैकमङ्गुलम्॥ 19॥

एक गज के प्रासाद की चौड़ाई होने पर उसके भिट्ट का मान चार अङ्गुल का होना चाहिए। एक गज से पाँच गज तक के चौड़ाई के प्रासाद में प्रत्येक गज के साथ एक-एक अङ्गुल की वृद्धि करते जाएँ।

पञ्चोर्ध्वं दशपर्यन्तं हस्ते पादोनमङ्गुलम्।
विंशत्यन्तं दशोर्ध्वं च वृद्धिरर्धाङ्गुला करे॥ 20॥
शतार्धान्तं ततो हस्तचतुष्के चैकमङ्गुलम्।
अनेनैव प्रकारेण भिट्टोच्छ्रयं प्रकल्पयेत्॥ 21॥

इसके बाद, 5 गज से दस गज की चौड़ाई वाले प्रासाद के अन्त तक अङ्गुल का चौथा भाग कम करते जाएँ अर्थात् 3/4 अङ्गुल का ही रखें। इसके बाद पुनः 10 से 20 गज की चौड़ाई वाले प्रासाद के क्रम में भिट्ट की यह वृद्धि आधा अङ्गुल की ही रखे गज के साथ। इसके आगे, 20 गज की चौड़ाई वाले प्रासाद से 50 गज की चौड़ाई वाले प्रासाद तक की भिट्ट का मान चार-चार गज की एक-एक अङ्गुल करते जाए। इसी प्रकार से भिट्ट की ऊँचाई भी कल्पित करें।

एकभिट्टं द्विभिट्टं वा भिट्टत्रयमथोच्यते।
एवं त्रिपुष्पकं चैव हर्षो धर्मो यशोऽपि च॥ 22॥

एक भिट्ट, दो भिट्ट या तीन भिट्ट— जैसा भी उचित लगे करें। इस प्रकार त्रिपुष्पक रचना से हर्ष, धर्म और यश बढ़ता है।

तृतीये च तदर्धेन पुष्पकान्वितचिप्पिका।
उच्छ्रयात् पादनिष्काशं कुर्याद्धि स्वस्वमानतः॥ 23॥

तीसरे भिट्ट पर उसके आधे भाग में पुष्प अलङ्करण से युक्त चिप्पिका बनाएँ जो अपने मान की अपेक्षा ऊँचाई से चतुर्थांश निकास युक्त बनें।

कर्णभद्रोपभद्राश्च रथोपरथकर्णिकाः।
इदं मानं तु भिट्टस्य पीठं चैव तदूर्ध्वतः॥ 24॥

इसी तरह भिट्ट के कर्णभद्र और उपभद्र भी, रथ और उपरथ तथा कर्णिका भी उक्त मान के अनुसार रहेगा। इनसे ऊपर की और फिर प्रासाद पीठ बनेगी जिसका

मान आगे निर्देशानुसार रखना चाहिए।

एकहस्तादिपञ्चाशद्धस्तान्तप्रासादेषु पीठमानम् —

एकहस्ते तु प्रासादे पीठं वै द्वादशाङ्गुलम्।
द्व्यष्टाङ्गुलं द्विहस्ते च त्रिहस्तेऽष्टादशाङ्गुलम्॥ 25॥

सामान्यतया पीठ एक गज के चौड़ाई वाले प्रासाद में 12 अङ्गुल प्रमाण से बनाए। दो गज की चौड़ाई वाले प्रासाद के 16 अङ्गुल और तीन गज की चौड़ाई वाले प्रासाद में 18 अङ्गुल ऊँची पीठ बनावें। इस प्रकार एक गज चौड़ाई वाले प्रासाद के 12 अङ्गुल अर्थात् 12/24 = 1/2 आधी; दो गज चौड़ाई वाले प्रासाद के 16 अङ्गुल अर्थात् 1/3 यानी त्रिभाग और तीन गज की चौड़ाई के प्रासाद के 18 अङ्गुल अर्थात् 1/4 यानी चतुर्थांश की परिकल्पना बनती है।

अर्धं पादं त्रिभागं वा त्रिविधं परिकल्पयेत्।
त्र्यंशेनार्धेनं पादेन चतुर्हस्ते सुरालये॥ 26॥
पादं पीठोच्छ्र्यं कार्यं प्रासादे पञ्चहस्तके।
पञ्चोर्ध्वं दशपर्यन्तं रसांशं हस्तवृद्धेय॥ 27॥

इसी तरह चार गज की चौड़ाई वाले प्रासाद के तीन अंश के आधे के बराबर तथा पाँच गज की चौड़ाई के प्रासाद का चतुर्थांश अर्थात् 120 भाजक 4 = 30 अङ्गुल का पीठोदय बनाए। पाँच गज से आगे 10 गज तक के चौड़ाई वाले प्रासाद के लिए एक-एक गज की वृद्धि के साथ 1/6 अंश बढ़ाते जाएँ।

ततो हस्ते चाष्टमांशा वृद्धिः स्याद् द्वादशावधि।
षट्त्रिंशदन्तं वृद्धिस्तु हस्ते वै द्वादशांशिका॥ 28॥
चतुर्विंशत्यंशिका तदूर्ध्वं यावच्छतार्धकम्।

इसके उपरान्त 12 गज के प्रासाद तक 1/8 अंश तक की वृद्धि करें और इसके पश्चात्, 12 के बाद 36 गज की चौड़ाई के प्रासाद के लिए पीठ की ऊँचाई 1/12 अंश की करते जाएँ। छत्तीस गज के बाद पचास गज तक की चौड़ाई वाले प्रासाद के 1/24 ऊँचाई प्रति गज के प्रमाण से रखनी चाहिए।

शुभदसर्वतोभद्रपद्मकवसुन्धरसिंहव्योमगरुडहंसवृषभेति नवधोच्छ्रयतो नवपीठ नामानि —

मध्ये न्यूनेऽधिके पञ्चमांशे ज्येष्ठं कनिष्ठकम्॥ 29॥
त्रिज्येष्ठमिति च ख्यातं त्रिमध्यं त्रिकनिष्ठकम्।
तस्याभिधानं वक्ष्येऽहमुदितं नवधोच्छ्र्यात्॥ 30॥

नौ प्रकार की पीठ की ऊँचाई बताई गई है—1. मध्य, 2. न्यून, 3. अधिक, 4. पञ्चमांश, 5. ज्येष्ठ, 6. कनिष्ठ, 7. त्रिज्येष्ठ, 8. त्रिमध्य और 9. त्रिकनिष्ठ। इन नौ ही ऊँचाइयों के अनुसार इनके नामों को अब कहता हूँ।

शुभदं सर्वतोभद्रं पद्मकं च वसुन्धरम्।
सिंहपीठं तथा व्योम गरुडं हंसमेव च॥ 31॥
वृषभं यद्भयेत्पीठं मेरोराधारकारणम्।
पीठमानमितिख्यातं प्रासादे आदिसीमया॥ 32॥

(इनके क्रमानुसार नाम है) 1. शुभद, 2. सर्वतोभद्र, 3. पद्मक, 4. वसुन्धरम्, 5. सिंहपीठ, 6. व्योम, 7. गरुड़, 8. हंस और 9. वृषभ। ये इतनी नौ प्रकार की पीठ मेरु के आधार का कारण होती है। इसे ही पीठमान कहा जाता है जो प्रासाद में आदि सीमा से बनता है।

इति सूत्रसन्तानगुणकीर्तिप्रकाशप्रोक्तश्रीभुवनदेवाचार्योक्तापराजितपृच्छायां प्रासादपीठोदयमानाधिकारो नाम त्रयोविंशत्युत्तरशततमं सूत्रम्॥ 123॥

इस प्रकार भुवनदेवाचार्य कृत सूत्रसन्तानगुणकीर्ति प्रकाश या अपराजितपृच्छा में प्रासाद पीठोदय मान अधिकार नामक एक सौ तेईसवाँ सूत्र पूर्ण हुआ॥ 123॥

नागरप्रासादपीठलक्षणकं चतुर्विंशत्युत्तरशततमं सूत्रम्॥ 124॥

अधुना नागरकोट्यान्तर्गतप्रासादस्य पीठलक्षणं। विश्वकर्मोवाच —

पीठोच्छ्रयं तथा मानं विभक्तं भागसङ्ख्या।
रूपं चांशं समुत्सेधं द्वाविंशतिविनिर्गतम्॥ 1॥

(इस सूत्र में नागर कोटि के प्रासादों की पीठ के लक्षण बताए जा रहे हैं) विश्वकर्मा बोले कि प्रासाद पीठ की ऊँचाई, उसका मान-माप आदि भाग और भागों की संख्या, उसका रूप, उसके अंश, उसकी उत्सेध यानी ऊँचाई आदि को 22 भाग विनिर्गत अर्थात् निकास युक्त बनाते हैं।

जाड्यकुम्भे ततो वक्ष्ये भागैर्नवभिरुच्छ्रितम्।
कर्णं कुर्यात्सार्धभागमर्धमन्तरपत्रिकाम्॥ 2॥

इसमें जाड्यकुम्भ (जाडिम्बा) की ऊँचाई 9 भाग की कही गई है। डेढ़ भाग का कर्ण करें जबकि अन्तरपत्र को आधे भाग का बनाना चाहिए।

सार्धाष्टांशं निर्गतं च सार्धद्व्यंशां तु चिप्पिकाम्।
स्कन्धं च सार्धपञ्चांशं सार्धभागां तु चिप्पिकाम्॥ 3॥

इसके बाद साढ़े आठ भाग का निकास व उसके ढाई भाग की चिप्पिका बनाएँ। उसका स्कन्ध साढे पाँच भाग का और उस पर भी डेढ़ भाग की चिप्पिका कल्पित करें।

कर्णालिः केन्द्रभागैश्च भागार्धाऽन्तरपत्रिका।
सार्धद्वयं कर्णकं च भागैका चिप्पिका मता॥ 4॥

कर्णाली को केन्द्रीय भाग में, आधे भाग की अन्तरपत्रिका बनानी चाहिए। इसके उपरान्त ढाई भाग का कर्णक और उस पर एक भाग की चिप्पिका बनाए।

द्विभागेऽन्तरपट्टं द्वे पदिके भागमध्यतः।
कर्णस्तथैकभागश्च भागः स्कन्धः सपट्टिकः॥ 5॥

इसी प्रकार दो भाग का अन्तरपट्ट और दो पद पर भागमध्य होगा। एक भाग से कर्ण और एक ही भाग से पट्टिका सहित स्कन्ध होगा।

सार्धाब्ध्यंशां ग्रासपट्टी भागं निर्वाणचिप्पिका।
उच्छ्रयः कथितश्चैवं निर्गमं शृणु साम्प्रतम्॥ 6॥

इसके अतिरिक्त साढ़े चार अंश की ग्रासपट्टी और एक भाग की निर्वाणचिप्पिका होगी। इस प्रकार इनकी ऊँचाई कही गई। अब उनका निर्गम अर्थात निकास कहता हूँ, जिसे सुनो।

तस्य निर्गमप्रमाणमाह —

सार्धद्व्यंशा कपोताली सार्धं कर्णकमेव च।
द्विभागा चिप्पिका ज्ञेया निर्गमश्चाष्टभागिकः॥ 7॥

इसी प्रकार ढाई अंश की कपोताली और डेढ़ भाग प्रमाण से कर्णक की रचना करें। उसके दो भाग की चिप्पिका बनाएँ। इस प्रकार सब आठ भाग के निर्गम हुए।

सूर्यांशैर्गजपीठ चाऽर्धभागान्तरपत्रिका।
कुर्यात्कर्णं चैकभागं भागं स्कन्धं सपट्टिकम्॥ 8॥

बारह भाग के गजपीठ को आधे भाग की अन्तरपत्रिका करें और एक भाग प्रमाण से कर्ण करें एवं एक भाग का ही पट्टिक युक्त स्कन्ध बनाएँ।

कर्णोर्ध्वे तु गजाः कार्याः सार्धाष्टांशसमुच्छ्रिताः।
ऊर्ध्वे कर्णस्ततो भागस्त्रिभागं स्कन्धपट्टकम्॥ 9॥

कर्ण के ऊपर की ओर गजों, हाथियों की रचना करें जो साढ़े आठ भाग ऊँचाई के होंगे। उनके ऊपर कर्ण बनाएँ और उसके तीन भाग का स्कन्धपट्ट बनाएँ।

द्विभागा च कपोताली क्षोभणा चार्धभागिका।
द्विभागा चिप्पिका चैवं चतुर्भागैश्च निर्गमः ॥ 10 ॥

इनके बाद, दो भाग की कपोताली और आधे भाग की क्षोभणा तथा दो भाग की चिप्पिका बनाए जो चार भाग निकास वाली हो।

दशभागं वाजिपीठं भागेऽर्धेऽन्तरपत्रिका।
पादोनभागकर्णश्च पादोनः स्कन्ध एव च ॥ 11 ॥

अब दस भाग का वाजीपीठ या अश्वस्तर बनाएँ जिसमें आधे भाग की अन्तरपत्रिका और तीन चौथाई भाग से कर्ण और तीन-चौथाई भाग का ही स्कन्ध बनाएँ।

वाजिमानं सप्तभागं कर्णान्तरसमुन्नतौ।
पादोन ऊर्ध्वकर्णश्च पादोना स्कन्धचिप्पिका ॥ 12 ॥
द्विभागा च कपोताली क्षोभणा भागनिर्गमा।
द्विभागा चिप्पिका चैव ... ... निर्गमैः सह ॥ 13 ॥

वाजीमान यानी अश्वों की ऊँचाई सात भाग की बनाएँ जिनके दोनों कोनों के अन्तर उठे हुए हो। कर्ण का उठान तीन चौथाई मात्र हो और इतनी ही स्कन्ध चिप्पिका हो। इस पर दो भाग की कपोताली हो जिसका निकास क्षोभणा एक भाग प्रमाण हो। दो भाग की चिप्पिका और.... उसका निकास हो।

नरपीठप्रमाणमाह —

नरपीठं ततो वक्ष्ये अष्टभागसमुन्नतम्।
अन्तःपत्रं च पादोनं कर्णः पादोनं एव च ॥ 14 ॥

अब नरपीठ के बारे में कहता हूँ जिसकी ऊँचाई आठ भाग की हो। इसका अन्तरपत्र तीन चौथाई और इतना ही कर्ण भाग होगा।

ऊर्ध्वं कर्णयश्च तन्मानः पादोना स्कन्धचिप्पिका।
रूपाणि पञ्चभागानि द्विभागैर्निर्गमैः सह ॥ 15 ॥

कर्ण के ऊपर की ओर उतना ही यानी तीन चौथाई कर्ण और उतने ही भाग प्रमाण से स्कन्धचिप्पिका बनाए। इनमें रूप पाँच भाग के बनाए जिनका निकास दो भाग का हो।

जाड्यकुम्भं च कर्णाली... चिप्पिका समा।
कपोतालीसमसूत्रे कर्णकः पूर्वनिर्गमः ॥ 16 ॥

इस तरह जाड्यकुम्भ और कर्णाली... चिप्पिका आदि को कपोताली के समसूत्र में कर्णक पहले बताए निकास के प्रमाण के होने चाहिए।

जाड्यकुमीस्कन्धसूत्रे कुर्याद् ग्रासस्य पट्टिकाम्।
ग्रासपट्टीप्रवेशात्तु द्विभागं गजपीठकम्॥ 17॥

जाड्यकुम्भ के समसूत्र में ग्रास की पट्टिका को बनाएँ। ग्रासपट्टिका के प्रवेश के दो भाग में गजपीठ बनाएँ।

ऊर्ध्वकर्णे कपोताली वाजिपीठं द्विभागिकम्।
तस्योर्ध्वे च कपोताली अर्धांशं नरपीठकम्॥ 18॥

जिसके ऊपर कर्ण पर कपोताली तथा दो भाग की वाजीपीठ, अश्वस्तर बनाएँ। इसके ऊपर की और कपोताली और आधे भाग प्रमाण नरपीठ अर्थात् नरस्तर बनाएँ।

नरपीठप्रवेशात्तु खुरकं सार्धभागिकम्।
प्रवेशनिर्गमावेवं कथितौ च शुभप्रदौ॥ 19॥

नरपीठ के प्रवेश में खुरक डेढ़ भाग का बनाएँ। इस तरह इनका प्रवेश और निकास शुभ फलदायी बताया गया है।

जाड्यकुम्भः पञ्चभागः कर्णाली चाष्टभागिका।
गजपीठं चतुर्भागं त्रिभागं वाजिपीठकम्॥ 20॥

जाड्यकुम्भ पाँच भाग का हो और कर्णाली आठ भाग की कल्पित करें। इसका गजपीठ चार भाग का और अश्वपीठ तीन भाग का करें।

नरपीठं द्विभागं च कर्तव्यं शुभलक्षणम्।
खुरकाज्जाड्यकुम्भान्तं द्वाविंशद्भागनिर्गतम्॥ 21॥
त्रिपञ्चांशं समुत्सेधं द्वाविंशतिविनिर्गतम्।
पीठमानमतो दृष्टं कथितं त्वपराजित॥ 22॥

नरपीठ दो भाग से शुभ लक्षण युक्त बनाए। जाड्यकुम्भ से खुरक 22 भाग निकास युक्त हो और 53 भाग की ऊँचाई का और 22 भाग निकास का होना चाहिए। इस प्रकार हे अपराजित! तुम्हें पीठमान कहकर प्रदर्शित किया गया है।

ईदृशं कुरुते यस्तु स सर्वफलमश्नुते।
अज्ञानात् कुरुते यस्तु शिल्पदोषो महान् भवेत्॥ 23॥

इस तरह यदि कोई निर्माण कार्य करेगा तो उसे सभी फलों की प्राप्ति होगी।

यदि इस तकनीकी ज्ञान के बिना कोई काम करेगा तो उसे महान शिल्पदोष का भागी होना पड़ेगा।

इति सूत्रसन्तानगुणकीतिप्रकाशप्रोकृश्रीभुवनदेवाचार्योक्तापराजितपृच्छायां नागरप्रासादपीठलक्षणाधिकारो नाम चतुर्विंशत्युत्तरशततमं सूत्रम्॥ 124॥

इस प्रकार भुवनदेवाचार्य कृत सूत्रसन्तानगुणकीर्ति प्रकाश या अपराजितपृच्छा में नागर प्रासाद पीठ लक्षण अधिकार नामक एक सौ चौबीसवाँ सूत्र पूर्ण हुआ॥ 124॥

प्रासादज्ञातिच्छन्दपीठलक्षणं पञ्चविंशत्युत्तरशततमं सूत्रम्॥ 125॥

अधुना पादबन्धश्रीबन्धवेदिबन्धप्रतिक्रमक्षुरबन्धेति पञ्चविधद्राविडपीठभेदाः

विश्वकर्मोवाच —

द्राविडे पीठकोत्सेधं द्वाविंशत्या विभाजयेत्।
वेदीबन्धत्रयं कुर्यादूर्ध्वतः सुरमस्तकात्॥ 1॥

(इस सूत्र में द्राविड़ादि प्रासादों के वेदीबन्धों के विषय में कहा जा रहा है। समराङ्गण. के 61वें अध्याय में पादबन्ध, श्रीबन्ध, वेदीबन्ध, प्रतिक्रम और क्षुरकबन्ध नाम से पीठों का वर्णन हुआ है।) विश्वकर्मा बोले कि द्राविड़ प्रासाद के लिए पीठ की ऊँचाई को सर्वप्रथम 22 भागों में विभाजित करें। इसमें तीन वेदीबन्ध करें और उनके ऊपर की ओर देवता के मस्तक तक उन्हें बनाएँ।

त्रिपदो जाड्यकुम्भस्तु द्विपदः कर्णकस्तथा।
पदं चान्तरपत्रं च द्विपदा चोर्ध्ववेदिका॥ 2॥

इनमें तीन 3 भाग का जाड्यकुम्भ, 2 भाग का कर्णक, 1 भाग का अन्तरपत्र और 2 भाग की ऊर्ध्व वेदिका बनाएँ।

पदार्धमन्तःपत्रं च द्विपदो जाड्यकुम्भकः।
सार्धं चान्तरपत्रं च द्विपदोर्ध्वे च वेदिका॥ 3॥

आधे भाग का अन्तरपत्र, दो भागों का जाड्यकुम्भ, पुनः डेढ़ भाग का अन्तरपत्र और उसके ऊपर 2 भाग की वेदिका होगी।

अर्धपञ्चमपदाख्या ? तृतीयं वेदिबन्धनम्।
पदार्धमन्तपत्रं च खुरकं च पदद्वयम्॥ 4॥

अब तीसरा वेदी बन्धन बनाए जिसमें साढ़े पाँच भाग है, उसका अन्तरपत्र आधे भाग का और खुरक 2 भाग का होगा।

कुमुदं पदमुत्सेधे तस्यैवोर्ध्वे ततः पदम्।

पदं चान्तरपत्रं च कर्णपाली च तत्समा ॥ 5 ॥

उसके उत्सेध या ऊँचे में 1 भाग का कुमुद हो और उसके ऊपर भी उतना ही यानी 1 पद भाग का अन्तरपत्र तथा उसके बराबर अर्थात् 1 भाग की कर्णपाली बनाएँ।

तत्समं तलकुम्भं च तत्समं च प्रचक्षते ?।

प्रथमं वेदिबन्धानां निर्गतं पदपञ्चकम् ॥ 6 ॥

उसके बराबर ही तलकुम्भ को उसके समान ही बनाएँ। पहले वेदीबन्धों को पाँच भाग का निकास देते हुए बनाया जाना चाहिए।

द्वितीयं सार्धवेदांशैस्तृतीयं च पदत्रयम्।

खुरकं च पदं सार्धत्रयोदशविनिर्गमे ॥ 7 ॥

इसी प्रकार दूसरे वेदी बन्धों को साढ़े चार भाग का निकास दें और तीसरे बन्धों को तीन भाग का निकास दें। फिर, खुरक को साढ़े तेरह भाग का निकास वाला बनाएँ।

जाड्यकुम्भस्य कर्णोर्ध्वे मकरास्यं महोत्कटम्।

तदुच्छ्रयः प्रकर्तव्यो यावद् वेद्याश्च मस्तकम् ॥ 8 ॥

द्वि-त्रि-चतुरङ्गुलानामन्तरणे पुनः पुनः।

न कारयेन्नक्रहीनां नासिकोपाङ्गफालनाम् ॥ 9 ॥

इसमें जाड्यकुम्भ के कर्णों के ऊपर मकराकृति भयङ्कर रूप की बनाएँ। उसके ऊपर की ओर वेदी के मस्तक तक उन्हें बनावे जो दो, तीन, चार अङ्गुलों के अन्तर पर पुनः-पुनः बनाएँ। इन नासिका के उपाङ्गों की फालनाओं को मकराकृतियों रहित नहीं बनाएँ।

कोटपालैर्युतं पूर्वं द्वितीयं भैरवान्वितम्।

तृतीयं कण्टकयुतं पीठं कुर्वीतं कोविदः।

पदप्रवेशं कुमुदं सुलीनं घण्टुमीदृशम् ?॥ 10 ॥

यह भी ज्ञातव्य है कि पहली पीठ को कोटपालों की आकृति से युक्त और दूसरी को भैरव की आकृति से युक्त बनाएँ। तीसरी पीठ को कण्टक आकृतियों से युक्त बनाएँ— ऐसा शिल्प के पण्डित बताते हैं। इस प्रकार से घण्टु में पदप्रवेश को, कुमुद को व सुलीन को बनाएँ।

पादे च पादबन्धाख्यं खुरकं स्थापयेत्तथा।

श्रीबन्धस्त्वेकसङ्घाटस्तदद्वया वेदिबन्धनम् ॥ 11 ॥

प्रतिक्रमस्त्रिभिः प्रोक्तः चतुर्भिः खुरबन्धनम्।
एते पञ्चविधा भेदा द्राविडे पीठसञ्ज्ञकाः ॥ 12 ॥

इति द्राविडपीठलक्षणम्।

इसी प्रकार एक पाद भाग से पादबन्ध नामक पीठ का खुरक को बनाए। ऐसे ही श्रीबन्ध के लिए भी एक भाग का सङ्घाट बनाए। दो भाग का वेदीबन्धन के लिए करें। प्रतिक्रम के लिए तीन भाग चार भाग का खुरबन्धन के लिए करें। इस तरह से पाँच प्रकार ये पाँच प्रकार के द्राविड़ पीठों की संज्ञाएँ बताई गई हैं।

अथ भूमिजप्रासादपीठलक्षणम् —

प्रासादे दशधा भक्ते पीठं सार्धांशमुच्छ्रितम्।
निर्गतं चैकभागेन विभञ्जायनवोलुटम् ? ॥ 13 ॥

(यदि भूमिज) प्रासाद हो तो उसकी चौड़ाई के 10 भाग करें। फिर, उसके डेढ़ भाग के बराबर पीठ की ऊँचाई रखें। उसका निकास 1 भाग का रखें तो उसे 'विभंजायनवोलुटं' (?) कहते हैं।

नरपीठं पदं विद्याद्भूमिजे पीठकोच्छ्रयम्।
निर्गतं च त्रिभागेन कर्तव्यं सर्वकामदम् ॥ 14 ॥

भूमिज प्रासाद के पीठ को नरपीठ कहते हैं जो एक भाग के बराबर की ऊँचाई की होती है। उसका निकास तीन भाग का करना चाहिए जो सब कामनाओं की पूर्ति करने वाला कहा है।

त्रिपदो जाड्यकुम्भश्च द्विपदः कर्णकस्तथा।
अन्तःपत्रं चैकपादं त्रिपदा ग्रासपट्टिका ॥ 15 ॥

इस पीठ का जाड्यकुम्भ तीन भाग का, उसका कर्णक दो भाग का रखें। उसका अन्तरपत्र एक भाग का और उसकी ग्रासपाट्टिका तीन भाग की बनाएँ।

जाड्यकुम्भः सार्धपादो द्विपदः कर्णकस्तथा।
अन्तःपत्रं पादमेकं खुरकः पाद एव च ॥ 16 ॥

जाड्यकुम्भ डेढ़ भाग का और उसका कर्णक दो भाग रखें। उसका अन्तरपत्र एक भाग का और खुरक को एक भाग से बनाएँ।

उदयं पञ्चधा कृत्वा जाड्यकुम्भस्तु पादतः।
पादोनयुग्मा कर्णाली सपादं गजपीठकम् ॥ 17 ॥

भूमिज पीठ की ऊँचाई के पाँच भाग करके उनके ही अनुसार जाड्यकुम्भ को एक भाग का, कर्णाली को पोने दो भाग की और गज पीठ सवा भाग की होगी।

नरपीठं पदं विद्याद्भूमिजे पीठकोच्छ्रयः।
निर्गमश्च त्रिभिर्भागः कर्तव्यः सर्वकामदः॥ 18॥

इति भूमिजप्रासादपीठलक्षणम्।

नरपीठ एक भाग की बनाएँ। इस तरह कुल एक, पौने दो और सवा कुल पाँच भाग होंगे जो पीठ की ऊँचाई होगी। इस पीठ का निकास तीन भाग का करना चाहिए जो सब कामनाओं की पूर्ति करता है।

अपराजित उवाच —

अलङ्कारं स्वरूपं च कथितं परमेश्वर।
विचित्रकाश्च प्रासादा येषांयुक्तिर्विधीयते॥ 19॥

अपराजित बोले कि हे परमेश्वर! अब आप विचित्र प्रासादों के अलङ्कार, स्वरूप और उनके बनाने की युक्ति भी बताइए।

स्वल्पद्रव्यः संयतात्मा सोत्साहो धर्महेतवे।
तद्द्रव्ययुक्तिमानं च कथ्यतां भुवनेश्वर॥ 20॥

जिनके पास कम द्रव्य हो फिर भी संयतात्मा होकर, उत्साह के साथ धर्मवृद्धि के हेतु उस अल्पद्रव्य से युक्ति युक्त प्रासाद निर्माण कर सके, ऐसा है भुवनेश्वर! मुझे कहिएगा।

इत्यमनन्तर साधारणपीठप्रमाणं विश्वकर्मोवाच-

हीनद्रव्ये शिवभक्ता ये कुर्वन्ति शिवालयम्।
तस्यानुक्रमयुक्तिं च कथयाम्यपराजित॥ 21॥

जो शिवभक्तगण कम द्रव्य से भी शिवालय बनाना चाहते हैं, उसके बनाने के युक्तिक्रम को हे अपराजित! मैं तुम्हें बताता हूँ।

गजाश्वरनरपीठाद्यमल्पद्रव्ये न सम्भवेत्।
जाड्यकुम्भश्च कर्णाली प्रशस्ता सर्वकामदा॥ 22॥

इस क्रम में यह ध्यान रखना चाहिए कि प्रासाद में प्रयुक्त होने वाले गज, अश्व और नरयुक्त पीठ अल्पद्रव्य में बनवाना सम्भव नहीं हैं। उसके लिए जाड्यकुम्भ और कर्णाली ही सबकामना की पूर्ति हेतु बनाना प्रशस्त कहा है।

जाड्यकुम्भः कर्णकश्च ऊर्ध्वे वै शीर्षपत्रिका।
शिरःपालीं विनात्वेवं कर्णं पीठं तु कारयेत्॥ 23॥

इति साधारणपीठप्रमाणम्।

अतएव जाड्यकुम्भ और कर्णक बनाकर उसके ऊपर शीर्षपत्रिका बनाएँ और

तदोपरान्त शिरपाली के बिना ही कर्ण पीठ को बनानी चाहिए।

अन्यदप्याह —

वराटे भूमिजं कुर्याल्लतिने चैव नागरम्।
सान्धारे नागराख्यं च मिश्रके च विमानके॥ 24॥

वराट संज्ञक प्रासाद में भूमिज को तथा लतिन में नागर को और सान्धार में नागर को और मिश्रक में विमान में संयुक्त करें।

लतिनं निर्गमैर्हीनं सान्धारं निर्गमाधिकम्।
विमानं भागतुल्यं च मिश्रकं तस्समं तथा॥ 25॥

लतिन में निकास रहित और सान्धार में अधिक निकास युक्त तथा विमान में उसी के भाग के समान और मिश्रक में उसी के समान रचना होगी।

वलभ्यां भूमिजं मानं फांसाकारे च द्राविडम्।
दारुजे भूमिजाख्यं च नागरं च रथारुहे॥ 26॥
पीठं च पीठकाकारं जगत्स्थावरजङ्गमम्।
सृष्टिपीठोद्भवं पीठं मेरोराधारकारणम्॥ 27॥

इसी प्रकार वलभी प्रासाद में भूमिज के मान तुल्य और द्राविड़ में फांसनाकार के समान, दारुज में भूमिज के समान और नागर में रथारूह के समान पीठ और पीठ का का आकार तथा जगत के सभी स्थावर और जंगम सृष्टि के उद्भव को मेरु की पीठ आधार में बनाएँ।

अन्य प्रासादपीठलक्षणम् —

व्योम्नश्च पृथिवी पीठं मेरुस्तस्य च मेखला।
मेघार्णवे ततः पीठं जलमाधार उच्यते॥ 28॥

व्योम एक प्रकार से पृथ्वी-पीठ युक्त है और मेरु उसकी मेखला है। मेघों का समुद्र उसकी पीठ है, जो जल को आधार बनाए हुए है।

तारिका लिङ्गपीठान्ते गजपीठं तदुच्यते।
भावानुभावयन् पीठे तत्पीठमनुसंस्थिते ?॥ 29॥

जिस लिङ्ग के पीठ के अन्त में तारिका हो उसे गजपीठ कहते हैं। इस प्रकार की भाव-अनुभाव युक्त पीठ अनुवर्त्यानुसार स्थित होती है।

वर्णानुवर्णयत् पीठं तत्पीठं भाववर्णिकम् ?।
अंशूना मेघपीठं तु मेघानां तु धराधरा॥ 30॥

वर्ण और अनुवर्ण युक्त पीठ को भाववर्णिक पीठ कहते हैं (?)। अंशूना-मेघपीठ अर्थात् शैल-पाषाण वाली मेघपीठ तो धराधर अर्थात् पहाड़ ही है।

देवानां पुष्पकं पीठं यानझम्पानकं नृणाम्।
सर्वेषामशनं पीठं.... स्यात्प्रतिक्रमम्॥ 31॥

देवताओं की पीठ पुष्पक है और मानवों के पीठ यान[1], गाड़ी-घोड़े और झम्पानक (पालकी या गाड़े) होते हैं। सबके लिए तो अशन अर्थात् भोजन ही पीठ है अर्थात् आधार है। इस तरह का प्रतिक्रम है।

सर्वेषां पीठमाधारः पीठहीनं निराश्रयम्।
पीठहीनां विनश्यन्ति अचिरेणैव सर्वदा॥ 32॥

सभी को पीठ ही आधार होता है और जो भी पीठ हीन हो, वह तो निराश्रय है और पीठ हीन व्यक्ति का शीघ्र ही विनाश हो जाता है, ऐसा सदा होता आया है।

इति सूत्रसन्तानगुणकीर्तिप्रकाशप्रोक्तृश्रीभुवनदेवाचार्योक्तापराजितपृच्छायां प्रासादज्ञातिच्छन्दपीठलक्षणाधिकारो नाम पञ्चविंशत्युत्तरशततमं सूत्रम्॥ 125॥

इस प्रकार भुवनदेवाचार्य कृत सूत्रसन्तानगुणकीर्ति प्रकाश या अपराजितपृच्छा में प्रासाद जातिछन्दपीठ लक्षण अधिकार नामक एक सौ पच्चीसवाँ सूत्र पूर्ण हुआ॥ 125॥

समस्तप्रासादोदयमानो नाम षड्विंशत्युत्तरशततमं सूत्रम्॥ 126॥

अधुना नागरप्रासादोदयमानं। विश्वकर्मोवाच —

एकहस्ते चोदयस्तु स्यात्त्रयस्त्रिंशदङ्गुलैः।
प्रासादे च द्विहस्ते तु पञ्चपञ्चाशदङ्गुलैः॥ 1॥
सप्तसप्तत्यङ्गुलानि प्रासादे तु त्रिहस्तके।
एकोनशताङ्गुलैश्च वेदहस्ते सुरालये॥ 2॥

---

1. ईशानशिवगुरुदेव मिश्र ने अपनी पद्धति में शिबिकाधिकार में शिबिका, रथ व खट्वादि को यानान्तर्गत लिया है और शयनासन के अन्य चिह्न बताए हैं। शिबिका के तीन नाम पैठी, शैखरी एवं मौण्डी बताए हैं। इनमें से पैठी भित्तिकान्तक होती है; शैखरी शिखर वाली और मौण्डी स्तम्भ के उत्तरान्त पर आच्छादन सहित बनती है— शिबिकाद्यं रथाद्यं च यानं खट्वादिकं तु यत्॥ शयनासनसञ्ज्ञं स्यात् तल्लक्ष्म प्रथगुच्यते। पैठी च शैखरी मौण्डी त्रिविधा शिबिका भवेत्॥ पैठी तु भित्तिकान्ता स्याच्छैखरी शिखरान्विता। मौण्डी स्तम्भोत्तरान्ता तु शालाच्छादनसंयुता॥ (ईशान. उत्तरार्द्ध 48, 42-44)
शिल्परत्नकार श्रीकुमार ने डोला, सुखासन, रथ, नौका, प्लवक इन पाँच प्रकार के यानों का वर्णन किया है— डोला सुखासनं तद्वद्रथो नौः प्लवकस्तथा। वाहानि पञ्च ज्ञेयानि नराणां कृत्रिमाणि वै। (शिल्परत्नम् उत्तर. 33, 51)

प्रासादे पञ्चहस्ते चैकविंशत्युत्तरं शतम्।
ह्रासवृद्धी पञ्चयावत् ह्रस्वं कुर्यात्तदूर्ध्वतः॥ 3॥

(इस सूत्र में समस्त प्रासादों के उदय मान के विषय में कहा जा रहा है) विश्वकर्मा बोले कि एक गज की चौड़ाई के प्रासाद की ऊँचाई 33 अङ्गुल, दो गज की चौड़ाई के प्रासाद की ऊँचाई 55 अङ्गुल, तीन गज के चौड़े प्रासाद की ऊँचाई 77 अङ्गुल, चार गज की चौड़ाई वाले प्रासाद की ऊँचाई 99 अङ्गुल और पाँच गज की चौड़ाई वाले प्रासाद की ऊँचाई 121 अङ्गुल। इस तरह पाँच गज तक की चौड़ाई वाले प्रासाद के प्रसङ्ग में ऊँचाई में यह क्रमिक कमी-वृद्धि दिखाई गए है। परन्तु, अब पाँच गज की चौड़ाई के प्रासाद के बाद के प्रासादों में इसमें क्रमिक कमी की जाए।

पञ्चोर्ध्वं नवपर्यन्तं वृद्धिर्मन्वङ्गुलैर्भवेत्।
अष्टहस्तोदयश्चैव प्रासादे दशहस्तके॥ 4॥

इस क्रम में पाँच गज की चौड़ाई वाले प्रासाद के ऊपर की चौड़ाई वाले नौ गज की चौड़ाई वाले प्रासाद की ऊँचाई में क्रमिक वृद्धि 14 अङ्गुल की ही हो। इसके बाद, 10 गज की चौड़ाई वाले प्रासाद की ऊँचाई 8 गज की और यह ऊँचाई 20 गज की चौड़ाई वाले प्रसाद तक प्रति गज 12 अङ्गुल बढ़ती जाए अर्थात् 20 गज चौड़ाई की प्रासाद की ऊँचाई में 12 अङ्गुल या आधे गज की वृद्धि होती जाएगी। अतः 11 गज के चौड़े प्रासाद के साढ़े आठ गज की ऊँचाई, 12 गज के 9 गज, 13 गज के साढ़े नौ, गज, 14 गज के 10 गज, 15 गज के साढ़े दस गज, 16 गज के 11 गज, 17 गज के साढ़े ग्यारह गज, 18 गज के 12 गज, 19 गज के साढ़े बारह गज और 20 गज के चौड़े प्रासाद की ऊँचाई 15 गज की होगी।

अथ वृद्धिक्रमाह —

विंशत्यन्तं दशोर्ध्वं च वृद्धिः सूर्याङ्गुलैर्भवेत्।
त्रयोदशकराः सप्ताङ्गुलं विंशतिहस्तके॥ 5॥
अतऊर्ध्वं पुनर्वृद्धिर्हस्ते हस्ते करार्धतः।
त्रिंशद्धस्ते सप्ताङ्गुलं हस्ता अष्टादशैव च॥ 6॥
ऊर्ध्वं पञ्चाशदन्तं च हस्ते हस्ते नवाङ्गुला।
कराणां वै सार्धपञ्चविंशतिश्च शतार्धके॥ 7॥

(हालांकि इन श्लोकों का क्रमशः प्रमाण उचित नहीं प्रतीत होता किन्तु श्लोक पाठ के अनुसार अनुवाद है) बीस गज तक के प्रासाद की चौड़ाई पर 7 अङ्गुल की वृद्धि

करें। इससे ऊपर पुनः प्रति गज 12 अङ्गुल की वृद्धि करें। इस तरह 30 गज की चौड़ाई वाले प्रासाद की ऊँचाई 7 अङ्गुल से 18 गज की हो जाती है। इसके ऊपर, फिर 50 गज तक की चौड़ाई वाले प्रासाद में प्रति गज 9 अङ्गुल बढ़ाते जाए जिससे 50 गज की चौड़ाई वाले प्रासाद की ऊँचाई साढ़े पच्चीस गज की हो जाएगी।

एकोनविंशत्यङ्गुला कामदा च तदग्रतः।
एषा युक्तिर्विधातव्या प्रासादस्योत्तमोदये॥ 8॥

इसके आगे, 19 अङ्गुल की वृद्धि अभीष्ट रहती है। यही युक्ति प्रासाद के उत्तम उदय हेतु मान्य की गई है।

नागरे लतिने चैव सान्धारे चैव मिश्रके।
विमाननागरच्छन्दे कुर्याद्विमानपुष्पके॥ 9॥
कुम्भकादि प्रहारानतं प्रयुक्तं वास्तुवेदिभिः।
तदधस्तात्तु पीठं च ऊर्ध्वे स्याच्छिखरोदयः॥ 10॥

इति नागरप्रासादोदयमानम्।

नागर, लतिन, सान्धार, मिश्रक के विमान या मन्दिर नागर छन्द में बनाएँ अथवा विमान पुष्पकछन्द में बनाएँ। इनके ऊपर कुम्भादि प्रहारान्त प्रयुक्त किए जाए, उनके नीचे पीठ बनाई जाए और ऊपर शिखरोदय बनाएँ— ऐसा वास्तुविदों ने कहा है।

तदन्यप्रासादोदयमानं —

विस्तारसम उत्सेधे यावत् प्रथमभूमिका।
शृङ्गकूटोदयं त्यक्त्वा शेषं मण्डोवरं भवेत्॥ 11॥

अन्य प्रकार के प्रासादोदय के लिए यह ज्ञातव्य है कि पहली भूमिका या मंजिल में तो प्रासाद के विस्तार के समान ही ऊँचाई बनाएँ। इनमें शृङ्ग, कूटोदय आदि छोड़कर शेष मण्डोवर की ऊँचाई आती है।

विमाने भूमिजे चैव वराटे च तथैव च।
द्राविडे चैवमुत्सेधं यावत्पीठोर्ध्वमस्तकम्॥ 12॥

इसी प्रकार विमान, भूमिज, वराट, द्राविड़ आदि जातियों के प्रासादों में ऊँचाई को प्रासाद के पीठ के मस्तक से गिने।

कर्णमानेन चोत्सेधं घण्टान्तं तु प्रकल्पयेत्।
एकभूम्यादितो वृद्धिर्यावद् द्वादशभूमिकाः॥ 13॥

कर्णमान की ऊँचाई को घण्टा अर्थात् गुम्बज तक कल्पित करें और ऐसा एक मंजिल से लेकर बढ़ाते-बढ़ाते बारह मंजिलों तक रखें।

जङ्घावृद्धिक्रमयोगे साद्यसूर्यान्तका भवेत्।
वलभीषु समस्तासु प्रासादपरमोदयः ॥ 14 ॥

यह जङ्घा वृद्धि क्रम योग आदि से बारह 12 तक होता है। सभी वलभी प्रासादों में यही उदय ऊँचाई परम मानी गई है।

सिंहावलोकनाः सर्वे सिंहकर्णैर्विभूषिताः।
विस्तरार्धः समुत्सेधः पर्यन्ते पृथुछाद्यकम्॥ 15 ॥

इन प्रासादों में सिंहावलोकन, झरोखे आदि सभी सिंहकर्ण से विभूषित बनाएँ और जितना विस्तार हो उसकी समानता की ही ऊँचाई होगी जो कि छाद्य तक हो।

धातुजे रत्नजे चैव दारुजे तु रथारुहे।
नागरच्छन्दवत्कुर्यात् प्रासादे परमोदयम्॥ 16 ॥

इसी प्रकार धातुज, रत्नज, दारुज या रथारुह प्रासाद को नागरछन्द में ही करना चाहिए, यही प्रासाद का परन उदय अर्थात् ऊँचाई कही गई है।

उच्छ्र्याः कथिताश्चैवं विभक्तिर्हस्तसख्यया।
अत उच्छ्र्यमध्यस्थभागसख्याः प्रकल्पयेत्॥ 17 ॥

इत्यन्यप्रासादोदयमानम्।

इस तरह प्रासाद की ऊँचाई के बारे में प्रति गज विभक्ति संख्या के क्रमानुसार कहा गया हैं। इसके आगे की ऊँचाई के बारे में मध्यस्थ भाग संख्या की प्रकल्पना कर लेनी होगी।

भित्तिमानं —

मृदिष्टकाकमर्युक्तां भित्तिं पादां प्रकल्पयेत्।
पञ्चमांशेऽथवा सा तु षष्ठांशे शैलजे भवेत्॥ 18 ॥

मिट्टी से बनने वाले प्रासाद, जो ईंटों युक्त भिति में बने, उसमें भित्ति को पाद अर्थात् एक चौथाई भाग से बनाएँ अथवा पञ्चमांश भाग की बनाएँ। शैलज या पाषाण के प्रासाद में यह षष्ठांश भाग की हो सकती है।

दारुजे सप्तमांशे च सान्धारे चाष्टमांशके।
धातुजे रत्नजे भित्तिः प्रासादे दशमांशतः ॥ 19 ॥

इसी तरह दारुज या काष्ठ के प्रसाद की भित्ति सप्तमांश और सान्धार प्रासाद की भित्ति अष्टमांश प्रमाण हों। धातु और रत्न के प्रासाद की भिति दशमांश तक की होगी।

प्रमाणं तद्यत्पृथुत्वं कुम्भके मूलनासिकै।

त्रि$_3$पञ्च$_5$सप्त$_7$नन्दान्तं$_9$ फालनोपाङ्गबाह्यतः ॥ 20 ॥

यह मोटाई का प्रमाण कुम्भक और मूलनासक तक बताया गया है। इसके बाहर फिर 3, 5, 7, और 9 फालनाओं के उपाङ्ग होते हैं।

रथे प्रतिरथे कर्णे कर्णिकायां च नन्दिका।
कर्णिका भद्रनिष्कासमुखभद्रं शुकाग्रकम् ॥ 21 ॥

इन प्रासादों के रथ, प्रतिरथ, कर्ण, कर्णिका और नन्दिका, कर्णिकाभद्र का विकास और मुखभद्र की ऊँचाई शुकाग्र तक अर्थात् शुकनासा तक होती है।

एतत्सर्व प्रयोक्तव्यं कर्णोपाङ्गादिनासिकाम्।
मूलसीमान्ततो बाह्ये नैतद् वास्तुपरिग्रहे ॥ 22 ॥

इन सभी कर्णोपाङ्गों को नासिका तक प्रयुक्त करना चाहिए और वास्तु परिग्रह के बाहर मूल सीमान्त के बाहर नहीं किया जाए।

यमचुल्लीनामकगर्भगेहम् —

चतुरश्रं भद्रकं च सुभद्रं प्रतिभद्रकम्।
गर्भगृहं फालनीयं मर्म तत्र न पीडयेत् ॥ 23 ॥

गर्भगृह को चतुरश्र, भद्रक, सुभद्र, प्रतिभद्रक व फालना युक्त बनाए जिससे कोई मर्माङ्ग पीड़ित न हो।

एक-द्वि-त्रिकमात्राभिर्गर्भगेहं यदायतम्।
यमचुल्ली तदा नाम भर्तुर्गृहविनाशिका ॥ 24 ॥

जिस गर्भगृह की एक, दो, तीन मात्रा तक की आयत रचना लंबाई होती है, उसे 'यमचुल्ली' नाम दिया जाता है जो कर्ता, स्वामी की विनाशक कही है।[1]

दारुजे वलभीनां तु आयतं च न दूषयेत्।
प्रशस्तं सर्वकृत्येषु चतुरश्रं शुभप्रदम् ॥ 25 ॥

---

1. मत्स्यपुराण में यमसूर्य और चुल्ली दो पृथक्-पृथक् शालभवनों के नाम व फल दिए गए हैं। पश्चिम और उत्तर शाला वाले भवन को यमसूर्य नामक शाल कहा गया है जो कि मनुष्यों के लिए राजा और अग्नि से भयदायक और कुलविनाशक होता है। केवल पूर्व व पश्चिम की ओर बना हुआ चुल्ली नामक द्विशाल भवन मृत्यु सूचक है वह स्त्रियों को विधवा करने वाला और अनेक प्रकार का भय उत्पन्न करने वाला होता है— यमसूर्यं च विज्ञेयं पश्चिमोत्तरशालकम्॥ राजाग्निभयदं नृणां कुलक्षयकरं च यत्॥ चुल्ली पूर्वापराभ्यां तु सा भवेन्मृत्युसूचनी॥ वैधव्यदायकं स्त्रीणामनेकभयकारकम्। (मत्स्य. 254, 9–10 एवं 12–13)
   वराहमिहिर ने कहा हैं— याम्याहीनं चुल्ली त्रिशालकं वित्तनाशकरमेतत्। पक्षघ्नमपरया वर्जितं सुतध्वंसवैरकरम्॥ (बृहत्संहिता 52, 38)

परन्तु, दारुज यानी काष्ठ के प्रासाद में वलभी का आयत होना दूषित नहीं करता तथापि सभी कामों में चतुरश्र ही शुभ माना गया है, इसका ध्यान रखना चाहिए।

इति सूत्रसन्तानगुणकीर्तिप्रकाशप्रोक्तृश्रीभुवनदेवाचार्योक्तापराजितपृच्छायां समस्तप्रासादोदयमानाधिकारो नाम षड्विंशत्युत्तरशततमं सूत्रम् ॥ 126 ॥

इस प्रकार भुवनदेवाचार्य कृत सूत्रसन्तानगुणकीर्ति प्रकाश या अपराजितपृच्छा में समस्त प्रासादोदय मान अधिकार नामक एक सौ छब्बीसवाँ सूत्र पूर्ण हुआ ॥ 126 ॥

नागरप्रासादविभक्तिस्तरप्रमाणलक्षणं सप्तविंशत्युत्तरशततमं सूत्रम् ॥ 127 ॥

अधुना नागरप्रासादखुरकप्रमाणं। विश्वकर्मोवाच —

उच्छ्र्याः कथिताः पूर्वं प्रासादे नागराभिधे।
विभक्तिभागसङ्ख्यां च कथयामि च साम्प्रतम् ॥ 1 ॥

विश्वकर्मा बोले कि पूर्व में नागर प्रासाद के ऊँचाई के बारे में कहा गया था। अब मैं उक्त ऊँचाई में विभक्ति भाग संख्या को कहता हूँ।

चतुश्चात्वारिंशदुक्तान् स्थापयदेग्रतः क्रमात्।
एकहस्तादितो यावत् पञ्चाशद्धस्तकं भवेत् ॥ 2 ॥

संख्या में विभक्तियों को 44 कहा गया है जिनको पहले स्थापित कर दें। ये एक गज से लेकर पचास गज तक में होते हैं।

खुरोन्नतिः पञ्चभागा द्विभागः खुरनिर्गमः।
अन्तःपत्रं च भागार्धं द्विभागः कर्ण ऊर्ध्वतः ॥ 3 ॥

खुरक की ऊँचाई पाँच भाग की और उसका निर्गम या निकास दो भाग का, अन्तःपत्र आधे भाग का, कर्ण ऊँचाई में दो भाग का करें।

चिप्पिका सार्धभागा स्यात् सार्धांशं कर्णकं भवेत्।
तीक्ष्णाग्रं तत्प्रकर्तव्यं पट्टिकाद्वयभूषितम् ॥ 4 ॥

चिप्पिका डेढ़ भाग और कर्णक भी डेढ़ भाग का हो व उसका अग्रभाग तीक्ष्ण करें जिसमें दो पट्टिकाएँ बनाकर उसकी शोभा बढ़ाएँ।

पट्टिका पादनिष्कासा सपादांशं च कर्णकम्।
स्कन्धः कुम्भो मुखाली च कर्णान्ते तद्विनिर्गमः ॥ 5 ॥

इति खुरकः।

इसी प्रकार पट्टिका को एक भाग, निकास दो और सवा भाग का कर्णक बनाएँ। स्कन्ध, कुम्भ, मुखाली को कर्णान्त में दो भाग निकास युक्त बनाएँ।

कुम्भमानम् —

विंशतिभागमुत्सेधं तदूर्ध्वं कुम्भकं न्यसेत्।
भागर्धं स्कन्धपट्टी च चिप्पिका चैकभागिका॥ 6॥

कुम्भक के लिए बीस भाग का उत्सेध रखें, उसके ऊपर की ओर कुम्भक रखें। उसमें आधे भाग की स्कन्धपट्टी और एक भाग की चिप्पिका बनाएँ।

वृत्ताकारं सुललितं स्कन्धं कुर्यात्तु कुम्भके।
विचित्रपल्लवाकीर्णं चिप्पीपत्रादिराजितम्॥ 7॥

कुम्भ को वृत्ताकार, सुन्दर स्कन्ध वाला बनाएँ और उसे तरह-तरह के सुन्दर पल्लवों और चिप्पी-पत्र आदि से सजाएँ।

प्रातर्मध्याह्नापरासु ब्रह्म-विष्णु-महेश्वराः।
त्रिसन्ध्यं भद्रशोभाढ्यं चित्रैः परिकरैर्वृतम्॥ 8॥

इनमें प्रातः, मध्याह्न और अपराह्न में ब्रह्मा, विष्णु, महेश्वर की त्रिसन्ध्य भद्रशोभा युक्त मूर्तियाँ परिकर के घेरे में बनाएँ।

नासायां रूपसङ्घाटा रथिका दलगर्भतः।
मृणालपत्रशोभाढ्यं स्तम्भेषु तोरणं न्यसेत्॥ 9॥

इति कुम्भकः।

इसी प्रकार नासा को सुन्दर रूप की रचना युक्त रथिका के दलगर्भ युक्त बनाएँ जिसमें मृणालपत्र की शोभा से भरपूर स्तम्भों पर तोरण की रचना करें।

कुम्भीकुम्भमानम् —

सर्वे रूपोतमाः कार्या विचित्राकाररूपिणः।
खुरमानं यथा चादौ कुम्भमानं तथा भवेत्॥ 10॥

इति कुम्भीकुम्भकः।

कुम्भीकुम्भन या सभी प्रकार के मूर्तिरूपकों से युक्त विचित्राकार रूपों के द्वारा खुरमान को आदि कुम्भमान के समान ही बनाएँ।

नागरकलशप्रमाणं —

कलशं चाष्टभागैः स्यादेकांशं मध्यचिप्पिका।
वृत्तं षड्भागमुक्तं भागा वै ऊर्ध्वचिप्पिका॥ 11॥

नागर कलश को आठ भाग का बनाएँ, उसमें एक भाग की चिप्पिका बनाएँ। उसका वृत्त छह भाग का बनाएँ और उस पर चिप्पिका बनाएँ।

पट्टिका बन्धशोभाढ्या नैकरत्नैः समाकुला।
अन्तःपट्टं सार्धद्वयं पुष्पकादिविभूषितम्॥ 12॥

इति कलशः।

फिर, अनेक रत्नों से युक्त बन्धशोभा की पट्टिका बनाकर, अन्तःपट्ट ढाई भाग का पुष्पों आदि से सजाया हुआ बनाना चाहिए।

कपोतालीप्रमाणं —

कपोताली चाष्टभागा भागार्धं ग्रासपट्टिका।
स्कन्धः सपादद्व्यंशस्त्वेकपादा मुखपट्टिका॥ 13॥

कपोताली को आठ भाग में और आधे भाग की ग्रासपट्टी बनाएँ, स्कन्ध को सवा दो भाग और मुखपट्टी एक भाग की बनाएँ।

कार्यः कर्णो द्विभागश्च स्कन्धः सार्धद्वयोन्नतः।
भागार्धं स्कन्धपट्टी च कर्तव्या मध्यव्यक्तयः॥ 14॥

कर्ण दो भाग और स्कन्ध को ढाई भाग के ऊँचे बनाएँ। स्कन्धपट्टी आधे भाग में मध्य में व्यक्त या बनानी चाहिए।

मुखपट्टादधोऽग्रे तु कर्तव्याश्च गगारकाः।
[1]समताग्रविधातव्यास्तराङ्गुलवेदांशकैः॥ 15॥

मुखपट्ट के नीचे आगे निकले हुए गगारक बनाएँ। ये समानतः आगे रूप वाले हों और चार अङ्गुल प्रमाण रखे जा सकते हैं।

ऊर्ध्वं स्कन्धो विधातव्यो दलानां गर्भभद्रतः।
ठकारा मुखलूमोर्ध्वे कपोताली त्वितीरिताः॥ 16॥

इति कपोताली।

गर्भ के भद्र से दलों को ऊर्ध्व स्कन्ध के बनाना चाहिए और ठकार मुख लूमों के ऊपर कपोताली बनानी चाहिए। इस प्रकार कपोताली का प्रमाण कहा गया।

मञ्चिकाया लक्षणं मानं च —

मञ्चिकाश्च प्रवक्ष्यामि व्यक्तिस्तु नवभागतः।
अन्तः पट्टं सपादं वा पादोनं कामरूपकम्॥ 17॥

---

1. 'समताग्रविधातव्यास्तराङ्गुलविदांशकैः ?' इति प्रकाशित पाठः।

अब मञ्चिका के बारे में कहता हूँ जो नौ भाग में व्यक्त होती है। उसमें अन्त:पट्ट सवा भाग का और कामरूपक पौन भाग का होगा।

पट्टिका भागपादेन स्कन्धश्चैव द्विभागिकः।
मुखपट्टी भवेत्पादा सपादः कर्ण एव च॥ 18॥

पट्टिका सवा भाग की और स्कन्ध दो भाग का, मुखपट्टी चतुर्थांश भाग की और कर्ण सवा भाग का होगा।

सपादश्च भवेत्स्कन्धः पादा चान्तरपट्टिका।
कर्णिकं सार्धभागं च पादा निर्वाणपट्टिका॥ 19॥

स्कन्ध भी सवा भाग का और अन्तरपट्टिका चतुर्थांश भाग की, कर्णिका डेढ़ भाग और निर्वाणपट्टिका चतुर्थांश की होगी।

कपोतालीयुक्तिसूत्रे कारयेच्च गगारकान्।
जङ्घास्तम्भैनिर्गमाढ्या भरणी लम्बनाकृतिः॥ 20॥

इति मञ्चिका।

मञ्चिका में कपोताली के युक्ति सूत्र में ही गगारक को बनाएँ। जङ्घास्तम्भों से निकलती हुई भरणी लम्बनाकृति में बनानी चाहिए।

अथ जङ्घाप्रमाणं —

कार्या तदूर्ध्वे जङ्घा च पञ्चत्रिंशत्समुच्छ्रिता।
भ्रमनिर्माणतः स्तम्भैर्नासिकोपाङ्गफालना॥ 21॥

इसके ऊपर की और पच्चीस भाग ऊँची जङ्घा बनाएँ। उसके भ्रम निर्माणानुसार स्तम्भ बनाएँ और उनमें नासिक, उपाङ्ग और फालनाएँ भी बनाएँ।

मूलनासासु सर्वासु स्तम्भैः स्युश्चतुरश्रिकाः।
गजश्च सिंहव्यालैश्च मकरैः समलङ्कृताः॥ 22॥

मूलनासक से सभी स्तम्भ चतुरश्र यानी चौकोर हों, उन पर गज, व्याल और मकराकृतियों से अलङ्करण किया जाए।

कर्णेष्वष्टौ च दिक्पालाः प्राच्यादिषु प्रदक्षिणम्।
नटेशः पश्चिमे भद्रे ह्यन्धकैः सह दक्षिणे॥ 23॥

कोनों पर आठों दिक्पाल पूर्व की ओर से प्रदक्षिणा क्रम में बनाए जाए। नटेश की मूर्ति पश्चिमी भद्र या दीवार और अन्धकासुर के साथ दक्षिण भद्र पर बनाए।

चण्डस्य चोत्तरे देवी दंष्ट्राननसुशोभिताः।
वीतरागे च शासनदेव्यश्चैव दिशाः प्रति॥ 24॥

उत्तरी भद्र या दीवार पर चण्डीदेवी तीक्ष्ण-दाढ़ों से युक्त शोभित बनाएँ। प्रतिदिशा में (यदि जिनालय हो तो) वीतराग-तीर्थङ्कर और शासन देवियों को बनाएँ।

वारिमार्गे मुनीन्द्रांस्तु प्रलीनांश्च तपःसु च।
गवाक्षाकारभद्रे तु कुर्यान्निर्गमभूषितान्॥ 25॥

मुनीन्द्रों को वारिमार्ग के खाँचों में तपस्या में रत दिखाए। भद्र या दीवार में गवाक्ष-झरोखों के आकार निर्गम, निकले हुए सुन्दर बनाएँ।

नानाभरणकैः स्तम्भैस्तिलकच्छाद्यभूषिताः।
ब्रह्म-विष्णु-महेशाद्या इल्लिकावलणैर्युताः॥ 26॥

इति जङ्घा।

तरह-तरह के आभूषणों से, तिलक से स्तम्भों और छाद्य को सजाएँ। इनमें ब्रह्मा, विष्णु, महेशादि इल्लिकावलणों से युक्त बनाएँ।

उद्गमप्रमाणं —

पञ्चदशोन्नतः कार्य उद्गमः सर्वकामदः।
छाद्यं भागं तथार्धा च कपोताली तदूर्ध्वतः॥ 27॥

उद्गम के प्रसङ्ग में ज्ञातव्य है कि 15 भाग ऊँचा उद्गम (डोढ़िया) सब कामनाओं की पूर्ति करने वाला होता है। उसके आधे में छाद्य हो और उसके ऊपर कपोताली बनाएँ।

पादं चान्तरपत्रं च सार्धं पञ्चोद्गमोदयः।
द्वितीयश्चोद्गमः कार्यः सार्धाष्टांशः समुच्छ्रितः॥ 28॥

अन्तरपत्र पाद चतुर्थांश भाग का और उद्गम की ऊँचाई साढ़े पाँच भाग होगी। दूसरा उद्गम भी साढ़े आठ भाग की ऊँचाई का बनाएँ।

अन्तःपत्री च भागार्धं तत्प्रमाणान्धकारिका।
ग्रासस्य पट्टिका कार्या त्रिभिर्भागैः समुच्छ्रिता॥ 29॥

आधे भाग की अन्तःपत्री और उतने ही प्रमाण की यानी आधे भाग की अन्धकारिका बनेगी। ग्रासपट्टी को तीन भाग की ऊँचाई की बनाएँ।

चित्राणि कपिरूपाणि निर्गमोद्गमकर्णिके।
दलरूपाश्चोत्पतन्ति वीक्षन्ते भावरूपकाः॥ 30॥

इत्युद्गमः।

यह ज्ञात रहे कि कर्ण को निर्गमोद्गम युक्त कपिरूपों से चित्रित, अलंकृत करें जो दलबल के साथ उत्पात करते दीखें, ऐसा भाव रूप युक्त होना अपेक्षित है।

भरणीप्रमाणं —

भरण्यष्टांशकोत्सेधा अधश्छन्दं तु वृत्तकम्।
उद्गमे ग्रासपट्टी च भरणी स्कन्धपट्टिका॥ 31॥

भरणी को आठ भाग में ऊँची बनाएँ जिसका नीचे का छन्द गोल, वृत्ताकार हों। उद्गम पर ग्रासपट्टी और भरणी पर स्कन्धपट्टिका नियोजित होगी।

वृत्ताकाराः प्रकर्तव्याः समपत्रा च निर्गमे।
पादोनांशं कामरूपं पादं स्यात् स्कन्धपट्टिका॥ 32॥

ये सब वृत्ताकार, गोलाई युक्त हो व समान पत्रानुसार निकास युक्त हों। इसमें कामरूप पौन भाग का और चतुर्थांश भाग की स्कन्धपट्टिका हों।

चिप्पिका चार्धभागा स्यात् सपादा कर्णपालिका।
पट्टिकान्तरपट्टी च पादपादं प्रकल्पयेत्॥ 33॥

चिप्पिका आधे भाग की और कर्णपाली सवा भाग की, पट्टिका और अन्तरपट्टी दोनों ही चतुर्थांश-चतुर्थांश प्रमाण की बनाएँ।

स्कन्धः कार्यो द्विभागश्च भागार्धं कर्णपालिका।
पट्टीकान्तरपट्टी च पादपादं प्रकल्पयेत्॥ 34॥

इसके बाद, स्कन्ध दो भागों का और आधे भाग की कर्णपालिका तथा पट्टिका और अन्तरपट्टी भी चतुर्थांश-चतुर्थांश बनाई जाएगी। (यहाँ आधा श्लोक पूर्व श्लोक के समरूप है)।

भागार्धं च भवेत्स्कन्धः कर्णः पादोनभागिकः।
अन्तःपत्रं चार्धभागं कर्तव्यं सर्वकामदम्॥ 35॥

स्कन्ध को आधे भाग का बनाएँ और कर्ण को पौन भाग तथा अन्तःपत्र आधे भाग का बनाएँ जो सब कामनाओं की पूर्ति करने वाला कहा गया है।

नासोपाङ्गेषु सर्वेषु पल्लवाः कामरूपिणः।
अशोकपल्लवाकाराः कर्तव्याः सर्वकामदाः॥ 36॥

सभी नासिकाओं पर बड़े सुन्दर पल्लवों की आकृतियाँ उत्कीर्ण करें जो अशोक के पल्लव के आकार में बनाई जाए तो सब कामनाओं की पूर्तिकारी हैं।

तमालपत्रकाकाराः कर्णकस्कन्धबन्धकाः।
तदालीनाकारपत्रैर्वकस्योर्ध्वं समार्गकैः॥ 37॥

इति भरणी।

कर्णक स्कन्ध के बन्धन को तमाल के पल्लवों की आकृति में बनाए और उनमें बक या बगुलों को समार्ग या एक ही मार्ग पर जाते हुए दिखाएँ।

पट्टयुक्ता शिरोवटीप्रमाणं —

शिरावटी पञ्चभागा समुच्छ्रये प्रकीर्तिता।
भारपुत्तलिकायुक्तां त्रिभागैस्तां च कारयेत्॥ 38॥

शिरावटी को पाँच भागों की ऊँचाई की बनाना कहा गया है। उसे भार-पुत्तलिका युक्त तीन भागों में करना चाहिए।

पादोनस्तु भवेत्स्कन्धः कर्णः पादोनभागिकः।
अन्तःपत्रं चार्धभागं कर्तव्यं सर्वकामदम्॥ 39॥

उसका स्कन्ध पादोन या तीन चौथाई भाग का हो और कर्ण भी पादोन ही हो। अन्तःपत्र आधे भाग का करना चाहिए जो सब कामनाओं की पूर्ति करने वाला होता है।

तदूर्ध्वे च भवेत्पट्टं भागैः पञ्चभिरूच्छ्रितम्।
तन्त्रकेन च संयुक्तं युक्तालङ्कारभूषितम्॥ 40॥

इति पट्टयुक्ता शिरोवटी।

इसके ऊपर के भाग में पट्ट होता है जिसकी ऊँचाई पाँच भाग की होती है। इसमें तन्त्रक के साथ समुचित अलङ्करणों को बनाना चाहिए।

कपोताल्यामालाप्रमाणं —

तदूर्ध्वं तु कपोताली पूर्वमानप्रकल्पिता।
सार्धद्वयं च तत्पट्टं कर्तव्यं सर्वकामदम्॥ 41॥

इति कपोताल्या माला।

इसके ऊपर कपोताली पहले बताए गए मान के अनुसार प्रकल्पित होगी। उसका पट्ट ढाई भाग का बनाएँ जो सब कामनाओं की पूर्ति करता हैं।

कूटच्छाद्योदयः —

कूटच्छाद्योत्सेधमानं स्यात्त्रयोदशभागतः।
भागार्धं स्कन्धपट्टी च स्कन्धश्चैव त्रिभागिकः॥ 42॥

कूटछाद्य की ऊँचाई का मान तेरह भाग का होगा। उसके आधे भाग की स्कन्ध पट्टी और तीन भाग का स्कन्ध बनाएँ।

भागार्धं मुखपट्टी च छाद्योत्सेधो युगांशकः।
एकभागा दण्डिका च अर्धं चान्तरपत्रिका॥ 43॥

इसी प्रकार आधे भाग की मुखपट्टी तथा छाद्य की ऊँचाई दो भाग की और एक भाग की दण्डिका तथा आधे भाग की अन्तरपत्रिका बनाई जाएँ।

कर्णः सपादभागश्च स्कन्धश्चैव द्विभागिकः।
स्कन्धपट्टी भागपादा कर्तव्या सर्वकामदा॥ 44॥

उसका कर्ण सवा भाग का और स्कन्ध दो भाग तथा स्कन्धपट्टी चतुर्थांश भाग की बनाएँ जो सब कामनाओं को पूर्ति करने वाली है।

कपोताल्यग्रनिष्कासं कुर्यात्तु दशभागिकम्।
चतुर्भागमधः स्कन्धं सार्धं च मणिबन्धकम्॥ 45॥

कपोताली का आगे का निकास दस भाग का रखें। उसके नीचे का स्कन्ध चार भाग का और मणिबन्ध को डेढ़ भाग का रखना चाहिए।

तत्तुल्याग्रे चिप्पिका तु कर्तव्या सर्वकामदा।

उसी के बराबर अर्थात् डेढ़ भाग की चिप्पिका उसके आगे बनाए जो सब कामनाओं की पूर्ति करती है।

अथोच्छ्रायप्रमाणमाह —

उच्छ्रयं कथयिष्यामि शृणु चैकाग्रमानसः॥ 46॥
कामरूपं भवेद् भागं पदिका स्कन्धपट्टिका।
भागार्धं चिप्पिकां कुर्यात् पादं च मुखपट्टिकाम्॥ 47॥

अब मैं ऊँचाई के बारे में कहता हूँ जिसे तुम एकाग्र मन होकर सुनो। उसके पदिका और स्कन्धपट्टिका एक भाग की व कामरूप अर्थात् सुन्दर होगी। उसकी चिप्पिका आधे भाग की कही गई है जबकि मुखपट्टिका चतुर्थांश होगी।

कर्णो द्विभागक इत्युक्तो भागर्धं दण्डकं मतम्।
मणिबन्धस्य संस्थाने त्रिभागं सारिलम्बनम्॥ 48॥

कर्णों को दो भाग का बनाए और दण्डक को आधे भाग कहा है। मणिबन्ध के स्थान पर तीन भाग प्रमाण का सारिलम्बन बनाए। इसका प्रवेश छह भागों का और निर्गम षोडषांश भाग का हो।

षड्भिर्भागैः प्रवेशः स्यात् षोडशांशैश्च निर्गमः।
वार्यन्तरं च षड्भागैः प्रवेशः षड्भिरेव च॥ 49॥

इसके वारी-अन्तर (जलार्थ निर्मिति) को छह भाग का बनाए और प्रवेश भी छह-छह भागों का और निर्गम षोडषांश भाग का हो।

स्वके स्वके च स्थाने च बृहल्लघुक्रमैस्तथा।
भक्तिपादषोडशांशे पृथुत्वमुदकान्तरे॥ 50॥

अपने स्थान के ऊपर बड़े-छोटे के क्रम में षोडषांश विभक्ति पादों में उदकान्तर, वारिमार्ग का पृथुत्व या मोटाई कल्पित करें।

इति सूत्रसन्तानगुणकीर्तिप्रकाशप्रोक्तश्रीभुवनदेवाचार्योक्तापराजितपृच्छायां नागरप्रासादविभक्तिस्तरप्रमाणलक्षणाधिकारो नाम सप्तविंशत्युत्तरशततमं सूत्रम्॥ 127॥

इस प्रकार भुवनदेवाचार्य कृत सूत्रसन्तानगुणकीर्ति प्रकाश या अपराजितपृच्छा में नागर प्रासाद विभक्ति स्तर प्रमाण लक्षण अधिकार नामक एक सौ सत्ताइसवाँ सूत्र पूर्ण हुआ॥ 127॥

प्रासादसमस्तमण्डोवरो नामाष्टाविंशत्युत्तरशततमं सूत्रम्॥ 128॥

अधुना मेरुमण्डोवरोदयस्तरसङ्ख्याप्रमाणं। विश्वकर्मोवाच —

मेरुमण्डोवरं वच्मि विभक्तिदलसङ्ख्यया।
पुरतः प्रोच्यते मानं स्थलानां स्थूलतोद्भवम्॥ 1॥
चतुःपञ्चाशदेवोक्ताः पुनर्भागैश्च पूर्वतः।

(इस सूत्र में प्रासादों के मण्डोवर यानी गर्भगृह की भित्तियों के विषय में लक्षण-प्रमाणादि कहे जा रहे हैं) विश्वकर्मा बोले कि अब मैं मेरु मण्डोवर यानी मेरु प्रासाद के लिए बनाए जाने वाले मण्डोवर को रचना के विभिन्न भागों दलों-स्तरों की संख्या के क्रम से कहता हूँ। पहले कहे गए मान के अनुसार बने स्थलों के स्थूलता से पैदा होने वाले 54 भागों के बारे में पूर्वकथितानुसार ही बनाए जाएँ।

भरण्यूर्ध्वे भवेन्मञ्ची ह्यष्टभागसमुच्छ्रिता॥ 2॥
पञ्चनेत्रोन्नता जङ्घा उद्गमे च त्रयोदश।

इसमें भरणी के ऊपर मञ्ची आठ भाग की ऊँचाई की और जङ्घा को पाँच नेत्र (अर्थात 5 × 2 = 10) भाग ऊँचाई की बनाएँ जो उद्गम तक १३ तेरह भाग हो।

पुनर्भरण्यष्टभागा शेषं पूर्वविकल्पितम्॥ 3॥
अतस्ताश्च पुनः स्थूला [1]एकपञ्चाशदवृद्धितः।

इसके ऊपर पुनः भरणी आठ भाग की पहले कही गई, वैसी ही बनावें। इसके बाद पुनः इक्यावन (एकपञ्चाशद वृद्धितः ?) तक स्थूलाकार या मोटी बनाएँ।

---

1. 'एकपञ्चाशर्दद्धितः।' इति प्रकाशित पाठः।

कूटच्छाद्योपरि कुर्यात् सप्तांशोन्नतमञ्चिकाम्॥ 4॥
षोडशांशा पुनर्जङ्घा भरणी सप्तभागिका।

कूटच्छाद्य के ऊपर सात भाग की ऊँची मञ्चिका बनाएँ। फिर, सोलह अंश या भागों में जङ्घा और सात भागों की भरणी बनाएँ।

शीर्षपट्टी चतुर्भागाऽन्तः पट्टः पञ्चभागिकः॥ 5॥
कूटच्छाद्यं द्वादशांशं कर्तव्यं सर्वकामदम्।
एषा युक्तिर्विधातव्या मेरुमण्डोवरे तथा॥ 6॥

इति मेरुमण्डोवराधिकारः।

इसी प्रकार मेरुमण्डोवर में शीर्षपट्टी को चार भाग और अन्तःपट्ट को पाँच भाग का बनाएँ। कूटछाद्य को बारह अंशों का बनाएँ। यह सब कामनाओं की पूर्ति करता है। यह युक्ति मेरुमण्डोवर के लिए बताई गई है।

अपराजित उवाच —

स्वल्पद्रव्यैः संयतैश्च क्रियते यः शिवालयः।
तन्मानानुक्रमं वक्ष्ये क्षीणवित्ताः कलौ युगे॥ 7॥

इस बीच, अपराजित ने प्रश्न किया कि कम पूँजी या धनराशि होने पर भी संयत होकर जो व्यक्ति शिवालय बनवाना चाहे, उसके लिए मान का अनुक्रम कहिए जिससे इस कलियुग में भी क्षीणवित्ता, कम धन वाले लोग निर्माण कार्य करवा सके।

अथ भूमिजप्रासादोदयस्तरसङ्ख्याप्रमाणं विश्वकर्मोवाच —

स्वल्पद्रव्यैर्यदा युक्तिर्महापुण्योदया भवेत्।
पीठं तु कथितं पूर्वमूर्ध्वमानमतः शृणु॥ 8॥
खुरं कुम्भी च कलशं कपोतालीमनन्तरम्।
... ... जङ्घारूपाणि मञ्चिका॥ 9॥
... ... शेषां कार्याश्च समसूत्रतः।
... ...॥ 10॥

विश्वकर्मा बोले कि कम द्रव्य होने पर शिवालय बनाने की युक्ति महापुण्योदय करने वाली होती है। उसके लिए पीठ के बारे में तो मैंने पहले ही बता दिया है, अब उसकी ऊँचाई का मान बताता हूँ जिसे सुनो। इसके खुरक, कुम्भी, कलश, कपोताली अन्तरपत्र... जङ्घारूपों में मञ्चिका.... शेष सभी समसूत्र में करें।

ग्रासपङ्क्त्या समं युक्ता कर्तव्या सर्वकामदा।
इति साधारणः प्रोक्तः प्रासादे स्तरसङ्ख्यया॥ 11॥

इसमें ग्रासपट्टी ठीक तरह की युक्ति से करनी चाहिए जिससे सब कामनाओं की पूर्ति हो। यह साधारण प्रासाद की स्तर संख्या बताई गई।

भूमिजे चैव प्रासादे वराटे च विमानके।
विस्ताराच्च समुत्सेधपर्यन्तं चाऽऽद्यभूमिका॥ 12॥
शृङ्गकूटोदयं त्यक्त्वा तन्मध्ये तु विचक्षणैः।
शीर्षोदयो विधातव्यश्छाद्यान्तं कुम्भकादितः॥ 13॥

भूमिज प्रासाद में, वराट प्रासाद में, विमान प्रासाद में आदि भूमि के विस्तार से ऊँचाई पर्यन्त अर्थात् पूरी ऊँचाई तक शृङ्ग-कूटोदय को छोड़कर इसके बीच में विचक्षण शिल्पीगण कुम्भक से आरम्भ करके छाद्यान्त तक शीर्षोदय या ऊँचाई बताते हैं।

तत्समुच्छ्र्ययुक्तिं च प्रवक्ष्ये स्तरसङ्ख्यया।
विभक्तं सार्धसप्तांशः कुम्भादिप्रहरान्तकम्॥ 14॥

उनकी ऊँचाई की युक्ति ठीक प्रकार से स्तर संख्यावार कहता हूँ। कुम्भादि से प्रहरान्त तक साढ़े सात भाग में विभक्त करें।

खुरकं पीठमध्ये तु सपादं कुम्भकोऽंशकः।
भागार्धं च घटे कुर्यादध ऊर्ध्वे च चिप्पिके॥ 15॥

इसमें पीठ के मध्य में खुरक सवा भाग का और कुम्भक एक भाग का और घट अर्थात् कुम्भ का आधा नीचे बनाएँ और उस पर चिप्पिका बनाएँ।

अन्तःपत्रं घटार्धं स्यात् घटतुल्या तु मालिका।
मञ्चिका तत्समोत्सेधे जङ्घा भागद्वयोन्नता॥ 16॥

अन्तःपत्र को घट का आधा अर्थात् चतुर्थांश भाग बनाएँ। घट के बराबर आधे भाग की मालिका बनाएँ। मञ्चिका भी उतनी ही ऊँची यानी आधे भाग की और जङ्घा को दो भाग ऊँची बनाएँ।

भरणं चैव भागार्धं शिरःपट्टी च तत्समा।
ऊर्ध्वे च तत्समं पट्टं पादार्धन्तरपत्रिका॥ 17॥

भरण को आधा भाग और शिरपट्टी को भी उसी के समान आधा भाग की बनाएँ। इसके ऊपर इतना ही अर्थात् आधे भाग का पट्ट और आधे भाग की अन्तरपत्रिका बनेगी।

पादोनांशं कूटच्छाद्यं निर्गमे च पदद्वयम्।
एकपादा क्षोभणां स्यात् स्तरमानमितीदृशम्॥ 18॥

इति भूमिजप्रासादोदयस्तरसङ्ख्याप्रमाणम्।

कूटछाद्य को पादोन अंश का यानी तीन-चौथाई भाग का बनाएँ जिसका निकास दो भाग रखें और एक भाग की क्षोभणा रखें। इस तरह प्रासाद की ऊँचाई के स्तर मान होते हैं।

द्राविडप्रासादमण्डोवरः —

द्राविडे चैवमुत्सेधे यावत्पीठोर्ध्वमस्तकम्।
कर्णे समुत्सेधमानं घण्टान्तं तु प्रकल्पयेत्॥ 19॥

पीठ से लेकर मस्तक तक द्राविड़ प्रासाद का उत्सेध यानी ऊँचाई को कर्ण की ऊँचाई तक के मान अनुसार घण्टान्त अर्थात् गुम्बज के सिरे तक की कल्पना करें।

एकभूमादितो वृद्धिरन्ते द्वादशभूमिकम्।
जङ्घावृद्धिक्रमयोगे साद्यसूर्यान्तका$_{12}$ भवेत्॥ 20॥

इति द्राविडप्रासादमण्डोवरः।

इसमें एक भूमि या मंजिल से लेकर बारह मंजिलों तक जङ्घावृद्धि का क्रम प्रारम्भ से बारह तक होता है।

धातुजरत्नजदारुजादिप्रासादमण्डोवराः —

धातुजे रत्नजे चैव दारुजे च रथारुहे।
प्रोक्तं च नागरं मानं प्रयुक्तं वास्तुवेदिभिः॥ 21॥

इसके अतिरिक्त धातु के, रत्न और काष्ठ के तथा रथारुह प्रासाद के मान नागर मानानुसार ही वास्तुविदों ने बताए हैं।

इत्येवं मानमुद्दिश्य वास्तुविद्भिरुहाहृतम्।
धर्मा-र्थ-काम-मोक्षाणां प्राप्तिहेतुरपीदृशम्॥ 22॥

इसी प्रकार का मान प्रमाण वास्तुविदों ने धर्म, अर्थ, काम और मोक्ष की प्राप्ति के निमित्त प्रतिपादित किया है।

सूत्रशास्त्रप्रयुक्तं च वास्तुवेदउदाहृतम्।
स सर्वमाप्नोति नर ईदृशं यस्तु कारयेत्॥ 23॥

जो व्यक्ति वास्तुवेद में बताए गए सूत्रशास्त्र[1] में निर्दिष्ट नियमों के अनुसार कार्य

---

1. सूत्रशास्त्र का पूर्व में भी सङ्केत किया है। सम्भवतः यह समराङ्गणसूत्रधार या अन्य विश्वकर्मीय ग्रन्थ

करता है, उसकी समस्त कामनाओं की पूर्ति होती है।

अज्ञात्वा कुरुते यस्तु स शिल्पी दोषभाग् भवेत्।
दोषं च वर्जयेत्प्राज्ञः कृते चैव महाभयम्॥ 24॥

जो शिल्पी इन नियमों से अनभिज्ञ है और कार्य करता है तो वह दोष का भागी होता है। इसलिए दोष को प्राज्ञ अर्थात् समझदार व्यक्ति नहीं होने दे क्योंकि दोष करने पर महाभय उपस्थित होता है।

सर्वं कुर्याच्च शास्त्रोक्तं सर्वं कुर्याच्च शोभनम्।
शास्त्रोक्तमेव चाऽत्रोक्तं द्रश्यं मूलागमे तथा॥ 25॥

अस्तु, सब कुछ शास्त्रोक्त विधि से करना ही शोभा देता है। शास्त्रोक्त ही यहाँ पर कहा गया है जिसको मूलागम से ही ध्यान में रखना चाहिए।

इति सूत्रसन्तानगुणकीर्तिप्रकाशप्रोक्तश्रीभुवनदेवाचार्योक्तापराजितपृच्छायां प्रासादसमस्तमण्डोवरधिकारो नामाष्टाविंशत्युत्तरं शततमं सूत्रम्॥ 128॥

इस प्रकार भुवनदेवाचार्य कृत सूत्रसन्तानगुणकीर्ति प्रकाश या अपराजितपृच्छा में प्रासाद समस्त मण्डोवर अधिकार नामक एक सौ अट्ठाईसवाँ सूत्र पूर्ण हुआ॥ 128॥

प्रासादगर्भगृहोदुम्बरार्धचन्द्रलक्षणद्वारप्रतिष्ठा नामैकोनत्रिंशदुत्तरशततमं सूत्रम्॥ 129॥

अधुना गर्भगृहोच्छ्रयमानं। विश्वकर्मोवाच —

गर्भगृहप्रमाणं च विश्वकर्मवचो यथा।
तथा ते सम्प्रवक्ष्यामि शृणुत्वमपराजित॥ 1॥

(देवालयों के ही विविध अङ्गों के क्रम में इस सूत्र में गर्भगृह के प्रमाण बताए जा रहे हैं) विश्वकर्मा बोले कि हे अपराजित! मैं विश्वकर्मा के मत से तुम्हें गर्भगृह के प्रमाण के बारे में कहता हूँ जिसे ध्यान से सुनो।[1]

होगा। कहा है कि वास्तुशास्त्रादि को समझने व समझाने के लिए सूत्रधारों के उपयोगार्थ अनेकों ग्रन्थ हैं यथा— भुवनकोश विज्ञान और प्रमाणसूत्रकर्मणि— सूत्रधारोपयोगार्थ वास्तुशास्त्रादिबोधनम्। भुवनकोशविज्ञानं प्रमाणं सूत्रकर्मणि॥ (अपराजित. 50, 6) वैसे पृथक् से 'वास्तुसूत्रोपनिषद्' भी मिलता है।

1. यहाँ किसी अन्य विश्वकर्मीय मत की ओर भी सङ्केत सम्भव है। विश्वकर्माप्रकाश में आया है कि जितनी भूमि में मन्दिर बनाना हो, उसका 16 भाग करें। मध्य के चार भाग में गर्भगृह बनाए और पुनः साढ़े बारह कल्पित कर चार भाग की भित्तिका की ऊँचाई करें। भित्ति की ऊँचाई का दुगुना शिखर की ऊँचाई रखें— तस्य मध्ये चतुर्भागं तस्मिन् गर्भं च कारयेत्। भागं द्वादशकं सार्द्धं ततस्तु परिकल्पयेत्॥

कुम्भी तु कुम्भके ज्ञेया स्तम्भो ज्ञेयस्तथोद्गमः।
भरणं भरणी ज्ञेया कपोताली तथा शिरः॥ 2॥

इस प्रसङ्ग में कुम्भी को कुम्भक जानो और स्तम्भ को उसका उद्गम। भरण को भरणी और कपोताली को उसका सिर जानना चाहिए।

अधस्यात् कूटच्छाद्यस्य कुर्यात्पट्टस्य पेटकम्।
अर्धोदये करोटं च कर्तव्य विधिपूर्वकम्॥ 3॥

कूटच्छाद्य के नीचे से लेकर पाट का पेटा बनाना चाहिए। इसकी आधे तक की ऊँचाई में विधिपूर्वक करोट को बनाना चाहिए।

तथान्य प्रमाणमाह —

अथान्यत् सम्प्रवक्ष्यामि मानं गर्भगृहस्य च।
प्रासादानां बृहन्मानं वत्स विज्ञायते यतः॥ 4॥

अब मैं गर्भगृह का अन्य, दूसरा मान कहता हूँ। हे वत्स! इससे प्रासादों का बृहन्मान यानी पूरा मान जानने में आ जाता है।

गर्भव्यासः षडंशस्तु सपादः सार्ध एव च।
पादोनांशाधिको वाऽपि ज्येष्ठ-मध्य-कनिष्ठकः॥ 5॥

गर्भगृह का व्यास सवा छह भाग, साढ़े छह भाग और पौने सात भाग भी हो सकता है जो क्रमशः ज्येष्ठ, मध्य और कनिष्ठ होगा।

तत्रोदयेऽष्टभिर्भक्ते भागेनैकेन कुम्भिका।
स्तम्भः सार्धचतुष्कांशो भागमुच्छालको मतः॥ 6॥

प्रासाद की ऊँचाई को आठ भाग करें। इनमें एक भाग की कुम्भिका, स्तम्भ साढ़े चार भाग का और एक भाग का उच्छालक रखें।

शीर्षकं भागमेकं तु अर्धं पट्टसमुच्छ्रयः।
गर्भव्यासार्धमानेन कुर्यात् पद्मशिलोदयम्॥ 7॥

शीर्षक को एक भाग का और आधे भाग का पट्ट का ऊँचाव करें। पद्मशिला की ऊँचाई को गर्भ के व्यास के आधे के बराबर करें।

च कर्तव्या दर्दरिका पञ्चसप्तमथोचिते।[1]

चतुर्भागेन भित्तीनामुच्छ्रायः स्यात्प्रमाणतः। द्विगुणः शिखरोच्छ्रायो भित्त्युच्छ्रायच्च यानतः॥ (विश्वकर्मा. 6, 57-58)

1. 'न कर्तव्या दर्दरिका पञ्चसप्तमथोचिते ?।' इति प्रकाशित पाठः।

अनेनैव प्रकारेण कुर्याद् गर्भगृहोच्छ्रयम्॥ 8॥

इति गर्भगृहोच्छ्रयमानम्।

इसी प्रकार दर्दरिका पाँच या सात यथोचित बनाएँ। इस प्रकार से ही गर्भगृह की ऊँचाई को रखनी चाहिए।

अथोदुम्बरमानमाह —

उदुम्बरं तथा वक्ष्ये कुम्भिकान्तं तदुच्छ्रयः।
तस्यार्धेन त्रिभागेन पादोनरहितं तथा॥ 9॥
उक्तं चतुर्विधं शस्तं कुर्याच्चैवमुदुम्बरम्।
अत्युत्तमाश्च चत्वारो न्यूना दुष्यास्तथाधिकाः॥ 10॥

अब उदुम्बर के बारे में कहता हूँ। सामान्यतया कुम्भिका के अन्त से उसकी ऊँचाई कल्पित होती है। उसकी आधी, तृतीयांश और चतुर्थांश भी— इसी प्रकार उदुम्बर चार प्रकार से प्रशस्त कहा गया है। ये चारों ही प्रकार अति उत्तम कहे गए हैं और इनसे कम या इनसे अधिक रखना दोषपूर्ण माना गया है।

खुरकोर्ध्वेऽर्धचन्द्रस्स्यात् तदूर्ध्वं स्यादुदुम्बरः।
उदुम्बरार्धे त्र्यंशे वा पादे वा गर्भभूमिका॥ 11॥

खुरक के ऊपर अर्धचन्द्र बनाते हैं और उसके ऊपर ही उदुम्बर बनता है। उदुम्बर के आधे, तृतीयांश या चतुर्थांश भाग में गर्भगृह की भूमिका होती है।

मण्डपेषु च सर्वेषु पीठान्ते रङ्गभूमिका।
एषा युक्तिर्विधातव्या सर्वकामफलोदया॥ 12॥

सभी मण्डपों में पीठ के अन्त तक रङ्गभूमिका होती है। इसी युक्ति से निर्माण करना विहित है जो सब कामनाओं की पूर्ति करने वाला है।

द्वार्विस्तरत्रिभागेन मध्ये मन्दारिका तथा।
वृत्तं मन्दारकं कुर्याद्युतं पद्ममृणालतः॥ 13॥

इसी प्रकार दो भाग विस्तार और तीन भाग के मध्य में मन्दारिका तथा वृत्त मन्दारक को पद्ममृणाल युक्त बनाएँ।

मूलनासिकयोर्मध्ये स्थाप्यश्चोदुम्बरस्तथा।
सिंहशाखा मूलनासा समसूत्रे विचक्षणैः॥ 14॥

मूलनासिकाओं के मध्य में उदुम्बर को स्थापित करें। इनमें सिंहशाखा को मूलनासिका के समसूत्र में विचक्षण शिल्पी बनाते हैं।

जाड्यकुम्भः कर्णमाला चोर्ध्वे वृत्तं मृणालकम्।
मन्दारोभयपक्षे तु कीर्तिवक्त्रद्वयं भवेत्॥ 15॥

जाड्यकुम्भ और कर्णमाला के ऊपर की ओर वृत या गोल मृणालक बनाएँ और मन्दार के दोनों ओर दो कीर्तिमुख बनाए जाने चाहिए।

भृकुट्या कुटिलाक्षं च दंष्ट्राभिः समलङ्कृतम्।
कर्णोपशृङ्गैस्तदधः शाखापत्रैरलङ्कृतम्॥ 16॥

इन कीर्तिमुखों की भृकुटी कुटिल, भयानक आँखों से युक्त हो और उनके तीखे दाँत भी दिखाई पड़ते हों, ऐसा अलंकृत करें। इनके कानों और उपशृङ्गों के नीचे शाखापत्रों का अलङ्करण होना चाहिए।

तलच्छन्दे च शाखा तु स्यादुदुम्बरपक्षयोः।
तद्रूपा क्रियते प्राज्ञैर्निर्गमे पीठसंयुता॥ 17॥

उदुम्बर का विधान तलछन्द से शाखा तक होता है। समझदार शिल्पी उसका निर्गम इसी रूप का पीठ युक्त बनाते हैं।

शालोदरपृथुत्वेन शाखावत्स्यादुदुम्बरः।
शाखाकपाटग्रहणी उभयोर्भित्तिमानतः॥ 18॥

इत्युदुम्बरमानम्।

गर्भशाला के उदर की चौड़ाई के अनुसार ही शाखा नियोजित होती है और उदुम्बर बनता है। द्वारशाखा को कपाटग्रहणी युक्त दोनों और की भीति के प्रमाणानुसार बनानी चाहिए।

अर्धचन्द्रमानमाह —

अर्धचन्द्रं प्रवक्ष्यामि यथोक्तं लक्षणान्वितम्।
द्वारस्य विस्तरार्धेन कर्तव्यस्तस्य निर्गमः॥ 19॥

अब मै अर्धचन्द्र के यथोचित लक्षणों को कहता हूँ। द्वार के विस्तार की अपेक्षा आधे के बराबर उसका निर्गम यानी निकास करना चाहिए।

निर्गमस्य प्रमाणेन द्विगुणं दैर्घ्यतस्ततः।
त्रिभागं चोत्सृजेद् भागं वृत्तं तु भ्रामयेत्ततः॥ 20॥

निर्गम के प्रमाण के बराबर से दुगुनी उसकी चौड़ाई यानी दैर्घ्य हो। इसके पुनः तीन भाग करें और एक भाग को वृत्ताकार बनाए।

अर्धचन्द्राकृतिं कुर्याच्छाखाग्रे गर्भकान्वितम्।
गगारकं याम्योत्तरे तस्यान्ते चैव पादुकाः॥ 21॥

उससे अर्धचन्द्राकृति करके शाखा और गर्भ के आगे बनाए। उसके बाएँ-दाएँ गगारक बनाएँ और उनके अन्त में पादुका की भी रचना करें।

पत्रशाखासमायुक्ताः पद्माकारैरलङ्कृताः।
गगारकौ च द्वा मध्ये वृत्तस्य वाम-दक्षिणे॥ 22॥
नाभ्युद्भवलतामध्ये गकोरादरनिर्गमः।
एवमुक्तश्चार्धचन्द्रः सर्वकामफलप्रदः॥ 23॥

इत्यर्धचन्द्रः।

इन सबको पत्रशाखाओं से युक्त कमलों के आकारों से अलंकृत करें। वृत्त को मध्य में रखकर बाएँ-दाएँ दो गगारक बनाएँ जिनके नाभि के मध्य से निकलते हुए ये कमलपत्र शाखा अलङ्करण हों। इस प्रकार का अर्धचन्द्र सर्व कामनाओं को पूरी करने वाला कहा गया है।

इत्यमनन्तर द्वारप्रतिष्ठामाह —

द्वारस्य चोच्छ्र्यः कार्यः शुभचन्द्रबलस्थितौ।
खातं कृत्वोदुम्बरस्य पञ्चरत्नानि निक्षिपेत्॥ 24॥

(अब द्वार की प्रतिष्ठा के अर्थ में कहा जा रहा है) द्वार की ऊँचाई बनाते समय शुभ चन्द्रबल अवश्य देखें। उदुम्बर के खात यानी नींव रखते समय नींव में पाँच प्रकार के रत्नों को रखना चाहिए।

शाखाश्चोदुम्बरश्चैव हीनाश्चैवोत्तरङ्गतः।
वस्त्रेणाच्छादितं कृत्वा वास्तुदेवं समर्चयेत्॥ 25॥

शाखा, द्वारशाखा और उदुम्बर को उतरङ्ग से कुछ कम रखें और इस अवसर पर वास्तुदेवता को वस्त्र से ढक करके पूजा करें।

आदौ दक्षिणशाखायां स्थापनं कुरुते ध्रुवम्।
शाखोत्सेधचतुर्थांशे द्वारपालौ प्रपूजयेत्॥ 26॥

इस क्रम में सबसे पहले दाहिनी शाखा को स्थापित करें, ऐसा निश्चित जानना चाहिए। शाखा की ऊँचाई के चौथे भाग में द्वारपालों की पूजा करनी चाहिए।

सहिरण्यैः सुकलशैर्वस्त्रैराच्छादितैः क्रमात्।
उदुम्बरस्याऽभिषेकस्तथा शाखोत्तरङ्गयोः॥ 27॥

पूजन के प्रयोजन से सोने की मोहरों, सुन्दर कलशों को रखें और नवीन वस्त्रों से आच्छादित कर क्रमपूर्वक उदुम्बर, शाखा और उतरङ्ग का अभिषेक करें।

उदुम्बरे च शाखायां प्रतिष्ठा च यथोच्यते।
कार्या तथा चोत्तरङ्गे प्रतिष्ठा सर्वकामदा ॥ 28 ॥

इस तरह से उदुम्बर और शाखा की प्रतिष्ठा करके उतरङ्ग की प्रतिष्ठा करें जो सब कामनाओं की पूर्ति करता है।

शिल्पिनं पूजयेत्तत्र वस्त्रालङ्कारभूषणैः।
अन्ये च पूजनीयास्ते तत्र ये कर्मचारिणः ॥ 29 ॥

इसके उपरान्त शिल्पियों को वस्त्रालङ्कार प्रदान कर सम्मानित करें। उनका पूजन करें और अन्य कर्मकरों और कर्मचारियों का भी पूजन-सम्मान करना चाहिए।

विश्रामस्तद्दिने वास्तुः सर्वविघ्नप्रशान्तिकृत्।
तदग्रे कथितव्यं च द्वारसूत्रप्रमाणकम् ॥ 30 ॥

इति द्वारप्रतिष्ठा।

इसके उपरान्त, उस दिन काम का विश्राम दिन यानी अवकाश का दिन घोषित करें जिससे वास्तु के समस्त विघ्नों की शान्ति हो। इसके आगे मैं द्वार के सूत्र, नियमों के बारे में कहूँगा।

इति सूत्रसन्तानगुणकीर्तिप्रकाशप्रोक्तृश्रीभुवनदेवाचार्योक्तापराजितपृच्छायां प्रासादगर्भगृहोदुम्बरार्धचन्द्रलक्षणद्वारप्रतिष्ठाधिकारो नामैकोनत्रिंशदुत्तरशततमं सूत्रम् ॥ 129 ॥

इस प्रकार भुवनदेवाचार्य कृत सूत्रसन्तानगुणकीर्ति प्रकाश या अपराजितपृच्छा में प्रासाद गर्भगृह उदुम्बर अर्धचन्द्र लक्षण द्वार प्रतिष्ठा अधिकार नामक एक सौ उन्नतीसवाँ सूत्र पूर्ण हुआ ॥ 129 ॥

समस्तजातीयप्रासादद्वारप्रमाणं त्रिंशदुत्तरशततमं सूत्रम् ॥ 130 ॥

अधुना नागरप्रासादद्वारमानं। विश्वकर्मोवाच —

प्रयुक्तं प्रद्योतकरं मधुरं मुखरं सदा।
उक्तं मुक्ताफलं पङ्क्तौ द्वारमाला प्रमाणतः ॥ 1 ॥[1]

(इस सूत्र में समस्त जातियों के प्रासादों के द्वारों के प्रमाणों का वर्णन है। इसमें लगता है कि रचनाकार ने अपना मूर्ण पाण्डित्य प्रदर्शित करने का प्रयास किया है जिससे गणित के अङ्कों की दुरुहता झलकती है) विश्वकर्मा बोले कि सदा ही मुखर

1. प्रसिद्ध शिल्पो सूत्रधार मण्डन (1433-68 ई.) के पुत्र सूत्रधार गोविन्द ने अपनी 'द्वारदीपिका' में इन्हीं श्लोकों को उद्धृत किया है।

होकर कहने वाला, मधुर आकर्षक मधुर वाणी में कहने वाला और सूर्य के समान प्रकाशित करने वाले कथन के द्वारा अपने मोतियों जैसी दन्तपङ्क्ति से उच्चारण करके मैं यह द्वारमाला, समस्त जातीय प्रासादों के प्रसङ्ग में सप्रमाण कहता हूँ।

द्वारस्य प्रस्तारक्रमाह —

तन्वादौ च कृतानष्टौ खबाणान् विन्यसेत् करान्।
प्रस्तार्याङ्कानुक्रमं च द्वारार्थं तु सुरालये॥ 2॥

(यहाँ रचयिता सुरालयों के द्वारों के लिए प्रस्तार अनुक्रम के अनुसार कुछ पारिभाषिक शब्दावली का प्रयोग कर रहा है। उसे उसी अर्थ में समझना होगा) तन्वादौ, तनु 1 आदि में और कृत यानी 4, अष्टो यानी 8, ख यानी 0, बाण यानी 5 के क्रम में कर या हस्त यानी गज को विन्यसेत् यानी निवेशित करें।

द्व्यष्टादौ च कलावृद्धिर्गुणयुग्मान्तगाः क्रमः।
द्वारोर्ध्वार्धश्च विस्तारो न तदर्धाधिकः शुभः॥ 3॥
प्रासादद्वारसूत्रार्थमङ्कं प्रस्तारयेद् बुधः।

प्रारम्भ में द्व्यष्ट यानी 16 और बाद में कला यानी 1/16 वृद्धि करते हुए पुनः गुण यानी 3 की और पुनः युग्म यानी 2 की वृद्धि अन्त तक क्रम से करें। द्वार का विस्तार उसकी ऊँचाई के आधे के बराबर रखें, उसे आधे से अधिक नहीं रखें। ऐसा करना शुभ नहीं है। इस तरह समझदार शिल्पी प्रासाद द्वारों के अङ्कों का प्रस्तार सूत्रार्थ, संक्षेप में याद रखने के लिए करें।

तनुस्त्वेका कृतैश्चतुरष्टावष्ट क्रमागतम्॥ 4॥
खं शून्यं पञ्चभिर्वाणा व्यसने विस्तरे शरः।
करो हस्ताभिधानं च क्रमात् प्रस्तारयेत्तथा॥ 5॥

अब परिभाषा समझते हैं— क्रमशः तनु का अर्थ 1 समझें, कृत का 4, अष्टा का 8, ख को शून्य 0 और बाण को पाँच 5 तथा व्यसन को विस्तार समझें। कर को हाथ, गज नाम से जाने और इस क्रम से प्रस्तार करें।

एकहस्तादिप्रासादाः पञ्चाशद्धस्तकावधि।
प्रस्तारक्रमयोगेन चतुरष्टौ सुसञ्ज्ञकाः॥ 6॥

इसके बाद, एक हाथ यानी गज वाले चौड़ाई के प्रासाद से लेकर पचास गज की चौड़ाई वाले प्रासाद तक प्रस्तारक्रम से चौरासी सुसंज्ञा बनती है।

द्व्यष्टादौ च षोडशान्ता कला वै षोडश स्मृताः।
गुणैस्त्रिभिर्युग्मे द्विभिः समुच्छ्र्यार्थेषु चाङ्गुलाः॥ 7॥

प्रारम्भ में सोलह के अन्त तक की सोलह कला समझें। गुण से 3 और युग्म से 2 को द्वार की ऊँचाई के लिए अङ्गुल समझें।

एकहस्ते तु प्रासादे द्वारं स्यात् षोडशाङ्गुलम्।
कार्या षोडशतो वृद्धिः पर्यन्ते च चतुष्करम्॥ 8॥
गुणाङ्गुलाऽष्टहस्तान्तं प्रयुक्ता वास्तुवेदिभिः॥ 9॥

एक गज चौड़े प्रासाद का द्वार 16 अङ्गुल ऊँचा होता है। इसमें चार गज तक की चौड़ाई वाले प्रासाद के लिए प्रति गज 16 अङ्गुल की वृद्धि करते जाएँ। उदाहरणार्थ— 1 गज 16 अङ्गुल, 2 गज 32 अङ्गुल, 3 गज 40 अङ्गुल, 4 गज 64 अङ्गुल। आगे 5 से 8 गज तक के चौड़े प्रासाद के लिए गुण = तीन अङ्गुल की वृद्धि करें। उदाहरणार्थ— 5 गज के 67 अङ्गुल, 6 गज के 70 अङ्गुल, 7 गज के 73 अङ्गुल और 8 गज के 76 अङ्गुल ऊँचा द्वार रखें। आगे 8 गज के ऊपर 9 से 50 गज तक के चौड़े प्रासाद के लिए प्रति गज में 2 अङ्गुल बढ़ाते जाएँ— ऐसा वास्तुविदों ने प्रयोग करके कहा है। उदाहरणार्थ— 9 गज के 78 अङ्गुल और 10 गज के 80 अङ्गुल, 50 गज के 80 + 80 = 160 अङ्गुल ऊँचा द्वार रखें।

द्वारं प्रासादसद्मादौ यानझम्पानतल्पके।
पृथुत्वमर्धमर्धं च शुभं स्यात्तु कलाधिके॥ 10॥

इति नागरप्रासादमानम्।

इस प्रकार प्रासाद, भवन, यान, झम्पान, तल्प इत्यादि सवारियों के लिए द्वार की मोटाई क्रमशः आधे-आधे प्रमाण से करना या कला प्रमाण से बढ़ाना शुभ है। (इस प्रकार नागर प्रासाद का द्वार मान कहा गया।)

भूमिजप्रासादद्वारमानं —

क्षमादौ पञ्च मुनीन्द्रा ग्रहाः शून्यबाणान्तगाः।
प्रस्तार्याङ्कानुक्रमं च द्वारार्थं तु सुरालये॥ 11॥

प्रारम्भ में क्षमा यानी 1, उसके बाद 5, मुनीन्द्र यानी 7, ग्रह यानी 9, शून्य यानी 0 और अन्त में बाण यानी 5 हो— इस तरह (5 0 9 7 5 1) प्रस्तार अङ्कानुक्रम से सुरालयों को द्वार के लिए काम में लें।

सूर्यादौ द्वादशवृद्धिस्तत्त्ववेदयुग्मान्तगाः।
अर्धेनार्धेन विस्तारः शुभः स्यात्तु कलाधिके॥ 12॥

प्रथमतः सूर्य अर्थात् 12 की वृद्धि चार तक, तत्व यानी 5 से, वेदयुग्मान्तगा- 8 तक 5 की वृद्धि करें और द्वार की ऊँचाई के आधे में पुनः उसका आधा जोड़कर

विस्तार दें, जो कलाधिक (सोलह अंश) होने से शुभ होता हैं।

क्षमा त्वेका तत्त्व पञ्च मुनीन्द्राः सप्त एव च।
ग्रहा नव शून्यैर्बिन्दुर्भूतबाणौ पञ्चांशकौ॥ 13॥
क्षमादौ पञ्च मुनीन्द्रा ग्रहाः शून्यबाणान्तगाः।
प्रासादद्वारसूत्रार्थमङ्कं प्रस्तारयेद् बुधः॥ 14॥

क्षमा अर्थात् 1, तत्व अर्थात् 5, मुनीन्द्र अर्थात् 7, ग्रह अर्थात् 9, शून्य अर्थात् बिन्दु 0, बाण अर्थात् 5 है। इस तरह से क्षमा से आरम्भ करके पाँच मुनीन्द्र, ग्रह और बाण तक अन्त तक प्रासाद द्वार के सूत्रार्थ संक्षेप में याद रखने योग्य प्रस्तारक्रम को समझदार शिल्पी स्मरण रखें।

एकहस्तादिप्रासादाः पञ्चाशद्धस्तकावधि।
पञ्चसप्तनवैर्वापि कार्या अङ्का सुसञ्ज्ञकाः॥ 15॥

एक हस्त (गज) की चौड़ाई वाले प्रासाद से 50 गज तक की चौड़ाई वाले प्रासाद तक की अवधि में पाँच, सात, और नौ तक भी अङ्कों को सुसंज्ञक करें।

एकहस्ते तु प्रासादे द्वारं सूर्याङ्गुलोदयम्।
हस्ते हस्ते सूर्यवृद्धिः यावत्स्यात् पञ्चहस्तकम्॥ 16॥

एक गज की चौड़ाई वाले प्रासाद के द्वार की ऊँचाई 12 अङ्गुल रखें। तदोपरान्त प्रत्येक गज के साथ 12-12 अङ्गुल की वृद्धि करते जाए जब तक कि पाँच हाथ का प्रासाद हो। उदाहरणार्थ— 5 गज के चौड़ाई के प्रासाद के 12 अङ्गुल प्रति गज से 60 अङ्गुल की ऊँचाई का द्वार होता है।

त्रितुर्यांशा च सप्तान्तं नवान्तं च तदर्धतः।
तदूर्ध्वं शतार्धान्तं च वर्धयेद् द्वयङ्गुलैः पुनः॥ 17॥

इसके बाद सात गज तक की चौड़ाई वाले प्रासाद के प्रति गज त्रितुर्यांश अर्थात् 12 / 4×3 = नौ और जोड़े। उदाहरणार्थ— 6 गज के प्रासाद में 60 + 9 = 69, 7 गज के प्रासाद में 69 + 9 = 78 अङ्गुल ऊँचा द्वार रखें। इसके आगे आठ और नौ गज की चौड़ाई वाले प्रासाद में प्रतिगज 12/2 अर्थात् 6 अङ्गुल बढ़ाएँ। उदाहरणार्थ— 8 गज के चौड़े प्रासाद के 78 + 6 = 84 और नौ गज के प्रासाद के लिए 84 + 6 = 90 अङ्गुल ऊँचा द्वार रखें। फिर, इसके बाद तो पचास गज तक की चौड़ाई वाले प्रासाद तक प्रति गज 2 अङ्क बढ़ाते जाए। उदाहरणार्थ— 10 गज के 92 अङ्गुल और 50 गज के चौड़े प्रासाद के 92 + 80 = 172 अङ्गुल ऊँचाई का द्वार अर्थात् 7 गज और 4 अङ्गुल ऊँचा द्वार रखें।

उच्छ्रयार्धेण विस्तारं शुभं स्यात्तु कलाधिकम्।
भूमिजे द्वारमानं च प्रयुक्तं वास्तुवेदिभिः ॥ 18 ॥

इति भूमिजप्रासादद्वारमानम्।

द्वार का विस्तार उसकी ऊँचाई का आधा हो और 1/16 भाग अधिक भी हो तो वह शुभ होता है— ऐसा वास्तुविदों ने भूमिज प्रासाद के लिए द्वारमान का प्रमाण प्रयुक्त किया है।

द्राविडप्रासादद्वारमानं —

रूपादौ रसदिगन्तं शून्यतत्त्वान्ततः क्रमात्।
प्रस्तार्याङ्कानुक्रमं च द्वारार्थं तु सुरालये॥ 19 ॥

रूप यानी 1 से आरम्भ करके रस या 6 और दिगन्त यानी 10 तक, इसके उपरान्त शून्य यानी 0 और तत्व यानी 5 तक क्रम से अङ्कानुक्रम का प्रस्तार सुरालयों के द्वारों के लिए करना चाहिए।

दशादौ दशवृद्धिश्च तत्त्वयुग्मान्तगाः क्रमात्।
पृथुत्वं च तदर्धेन शुभं स्यात्तु कलाधिके॥ 20 ॥

प्रारम्भ के 10 में 10 की वृद्धि करते हुए तत्वयुग्मान्त 5 × 2 = 10 तक क्रम से प्रासाद के द्वार का विस्तार उसकी ऊँचाई के आधे से एक कला यानी 1/16 की अधिकता रखते हुए बनाए तो शुभ होता है।

रूपस्त्वेको रसैः षट् च दिशं दश प्रस्तारयेत्।
पञ्चाशच्छून्यतत्त्वानि प्रस्तारस्य क्रमो भवेत्॥ 21 ॥

उक्त प्रस्तार क्रम में रूप का अर्थ एक 1 समझें, रस को 6 और दिशा को 10 समझें। इस तरह 5005 प्रस्तार क्रम होता है।

एकहस्तादिप्रासादाः पञ्चाशद्धस्तकावधि।
षट् तथा दिक् संस्थानेषु कार्या अङ्काः सुसञ्ज्ञकाः ॥ 22 ॥

एक गज की चौड़ाई के प्रासाद से 50 गज की चौड़ाई तक के प्रासाद तक छह तथा दिक् यानी 10 संस्थानों में सुसंज्ञक अङ्क रखें।

दिग्भिर्दश पञ्च तत्त्वैर्युग्मं द्वाभ्यां क्रमागतम्।
इति चाङ्गुलप्रस्तारं द्वारार्थं तु प्रकल्पयेत्॥ 23 ॥

दिग् अर्थात् 10, तत्त्व अर्थात् 5, युग्म अर्थात् 2 क्रम से यह अङ्गुल प्रस्तार द्वारों के लिए बताया गया है।

एकहस्ते तु प्रासादे द्वारं विद्याद्दशाङ्गुलम्।
दशाङ्गुलं प्रतिकरं यावत् षड्ढस्तकं भवेत्॥ 24॥

इस तरह से एक गज के चौड़े प्रासाद के लिए द्वार की ऊँचाई 10 अङ्गुल हो और इस तरह 6 गज तक प्रति गज के प्रासाद में 60 अङ्गुल की ऊँचाई का द्वार होगा।

अतऊर्ध्वं दिक्करानतं वृद्धिः पञ्चाङ्गुला भवेत्।
द्वयङ्गुला च ततो वृद्धिः पञ्चाशद्धस्तकावधि॥ 25॥

इसके ऊपर 10 गज तक के चौड़ाई के प्रासाद के लिए प्रति गज 5 अङ्गुल वृद्धि करें। उदाहरणार्थ— 10 गज के चौड़े प्रासाद के 60 + 20 = 80 अङ्गुल की ऊँचाई का द्वार होगा। उसके बाद 50 हाथ यानी गज तक की चौड़ाई वाले प्रासाद तक प्रति गज 2 अङ्गुल की वृद्धि करते जाए। अतः उदाहरणार्थ— 50 गज के चौड़ाई के प्रासाद के लिए 80 + 80 = 160 अङ्गुल अथवा 6 गज, 16 अङ्गुल ऊँचा द्वार बनेगा।

पृथुत्वं च तदर्धेन शुभं स्यात्तु कलाधिकम्।
द्राविडे द्वारविस्तारः प्रयुक्तो वास्तुवेदिभिः॥ 26॥

इस द्वार की चौड़ाई उसकी ऊँचाई के आधे से 1/16 अधिक रखने पर शुभ माना जाता है। इस तरह का द्वार विस्तार वास्तुविदों ने द्राविड़ प्रासाद के लिए प्रयुक्त किया है।

वराटमिश्रकाद्यन्यप्रासादद्वारमानं —

विमाने भूमिजे मानं वराटेषु तथैव च।
मिश्रके लतिने चैव मानं शस्तं च नागरम्॥ 27॥

विमान, भूमिज मान से और वराट संज्ञक प्रासाद में भी ऐसा ही रखें किन्तु मिश्रक, लतिन में नागर प्रासाद में प्रयुक्त मान को प्रशस्त माने।

दशहस्तात्परं चैव सान्धारे कामदं तथा।
विमाननागरच्छन्दे कुर्याद्विमानपुष्पके॥ 28॥

दस गज के ऊपर के सान्धार और कामद, विमान नागर छन्द में विमान पुष्पक छन्द का प्रयोग किया जाना चाहिए।

नागरं शोभनं द्वारं तथा सिंहावलोकने।
वलभ्यां भूमिजं मानं द्राविडं फांसनाकृतौ॥ 29॥

नागर द्वार शोभायुक्त होता है। उसके सिंहावलोकन या झरोखे भी सुन्दर होते हैं। वलभी के भूमिज मान रखें और द्राविड़ के फांसनाकृति के मान का प्रयोग करें।

धातुजे रत्नजे चैव दारुजे च रथारुहे।
यश्च्छन्दश्चैव प्रासादे द्वारं तन्मानकं भवेत्॥ 30॥

धातुज, रत्नज, दारुज और रथारुह में जो-जो प्रासाद जिस-जिस छन्द का हो, उसका द्वार भी उसी छन्द मान में बनाए।

इति सूत्रसन्तानगुणकीर्तिप्रकाशप्रोक्तृश्रीभुवनदवोचार्योक्तापराजितपृच्छायां समस्तजातीयप्रासादद्वारप्रमाणाधिकारो नाम त्रिंशदुत्तशततमं सूत्रम्॥ 130॥

इस प्रकार भुवनदेवाचार्य कृत सूत्रसन्तानगुणकीर्ति प्रकाश या अपराजितपृच्छा में सर्व जातीय प्रासाद द्वार प्रमाण अधिकार संज्ञक एक सौ तीसवाँ सूत्र पूर्ण हुआ॥ 130॥

प्रासादविभक्तिद्वारनिर्णयो नामैकत्रिंशदुत्तरशततमं सूत्रम्॥ 131॥

अधुना पद्मिनीमुकुलीहस्तिनीमालिनीनन्दिनीगान्धारीसुभगासुप्रभास्मरेत्येकादि नवान्तशाखानामानि। विश्वकर्मोवाच —

तदनन्तरमुद्दिष्टं द्वाराणां लक्षणं शुभम्।
ज्येष्ठं-मध्यं-कनिष्ठं च प्रत्येकं त्रिविधं तथा॥ 1॥

विश्वकर्मा बोले कि इसके बाद द्वारों के उद्दिष्ट यानी सज्जादि के शुभ लक्षणों को बताता हूँ। ये, ज्येष्ठ, मध्यम, कनिष्ठ और इनमें भी प्रत्येक के तीन प्रकार के होते हैं।

पद्मिनी नवशाखं च सप्तशाखं तु हस्तिनी।
नन्दिनी पञ्चशाखं तु त्रिविधं चोत्तमं भवेत्॥ 2॥

इनमें पद्मिनी नव शाखा की, हस्तिनी सप्त शाखा की और नन्दिनी पाँच शाखा की— ये तो तीन प्रकार की उत्तम होती है।

मुकुली मालिनी ज्येष्ठा गान्धारी सुभगा तथा।
मध्यमेति द्विधा प्रोक्ता कनिष्ठा सुप्रभा स्मृता॥ 3॥

मुकुली और मालिनी ज्येष्ठा है। गान्धारी और सुभगा मध्यम तथा सुप्रभा व स्मृता को कनिष्ठा कहा हैं।

मुकुली चाष्टशाखं च षट्शाखं चैव मालिनी।
गान्धारी च चतुःशाखं त्रिशाखं सुभगा स्मृता॥ 4॥

मुकुली आठ शाखा की, मालिनी छह शाखा की, गान्धारी चार शाखा की और सुभगा तीन शाखा की कही है।

सुप्रभा तु द्विशाखं चैकशाखं स्मरकीर्तितम्।
नवान्तमेकशाखादि लक्षणं कथ्यतेऽधुना॥ 5॥

सुप्रभा दो शाखा की और स्मर को एक शाखा की कहा है। इस तरह से एक से लेकर नव शाखा तक के द्वार लक्षणों का यहाँ कहा गया।

पद्मिन्यादिशाखानामायदोषविशुद्धिः —

नखशाखे ध्वजश्चैको वृषकः पञ्चशाखिके।
त्रिशाखे च तथा सिंहः सप्तशाखे गजः स्मृतः ॥ 6 ॥
द्विशाखे धूम इत्युक्तमग्निकर्मगृहं भवेत्।

(आयानुसार) नव शाखा व एक शाखा को ध्वज आय देनी चाहिए। पञ्च शाखा को वृषभ आय, तीन शाख को सिंह आय; सात शाखा को गज आय और दो शाखा को धूम आय देनी चाहिए जिससे कि अग्नि सम्बन्धी गृह होता है।

चतुःशाखे तु कर्तव्यः श्वानः कारुत्वजीविनाम् ॥ 7 ॥
षट्शाखे चैव कर्तव्यः रजकादेः खरः स्मृतः।
ध्वाङ्क्षश्चैवाऽष्टशाखे तु विहङ्गोदस्तथा स्मृतः ॥ 8 ॥

चार शाखा वाले द्वार को श्वान आय दें जिससे कि कारीगरी के सहारे जीवन-यापन करने वालों के लिए गृह बनता है। छह शाखा को खर आय दें जहाँ रजक या धोबी काम करते हैं। आठ शाखा के द्वार को ध्वांक्ष आय दें, जहाँ पक्षी आदि रखे जाते हैं।

देवेशानां नखशाखं सप्तशाखं दिवौकसाम्।
सार्वभौमे पञ्चशाखं त्रिशाखं मण्डलेश्वरे ॥ 9 ॥
द्विशाखं तु प्रकर्तव्यं शूद्र-वैश्य-द्विजन्मनाम्।

देवेशों के प्रासाद के लिए नवशाख के द्वार तथा देवताओं के प्रासादों के लिए सात शाखा के द्वार तथा सर्वभौम के लिए पाँच शाखा के द्वार, मण्डलेश्वर के लिए तीन शाखा के द्वार बनाएँ। शूद्र, वैश्य, द्विज लोगों के लिए दो शाखा के द्वार वाला गृह बनाएँ।

नवान्तमेकशाखादि आयदोषविशोधनम् ॥ 10 ॥
यथा शास्त्रं यथा मानं युक्तिर्विधीयते।
तथा द्वाराणि सर्वाणि कर्तव्यान्येव शिल्पिभिः ॥ 11 ॥

यहाँ नव शाखा से लेकर एक शाखा तक के आय-दोष को विशोधित करके बताया गया है, जो शास्त्रीय मान तथा युक्ति है। इसी अनुसार, सभी शिल्पियों को सभी द्वारों को बनाना चाहिए।

सार्धैरर्धैरङ्गुलैर्वा कुर्याद्धीनं तथाऽधिकम्।
आयदोषविशुद्ध्यर्थं ह्रस्ववृद्धी न दूषिते॥ 12॥

द्वार की ऊँचाई को आधे अङ्गुल से लेकर डेढ़ अङ्गुल तक आयदोष की शुद्धि के लिए न्यूनाधिक रखा जा सकता है और इस प्रकार की न्यूनाधिक्यता में कोई दोष नहीं होता।

प्रासादतलच्छन्दानुसारतो द्वारशाखानिर्णयः —

प्रासादजातिरूपं यत् तद्वद् द्वारं च सूत्रतः।
तलच्छन्दानुसारेण द्वारशाखां विभाजयेत्॥ 13॥

प्रासाद जिस जाति रूप का हो, उसी के सूत्र के अनुरूप उसका द्वार भी होना चाहिए। तलछन्दों के अनुसार ही द्वार शाखा का विभाजन किया जाना चाहिए।

त्र्यङ्गकादिविभेदेन नवाङ्गस्यानुसारतः।
शाखात्रयं त्रयङ्गकेषु पञ्चाङ्गे पञ्च वै लताः॥ 14॥

तीन अङ्गों के विभेद के अनुसार तथा नौ अङ्गों के अनुसार तीन शाखा तीन अङ्ग की और पाँच शाखा के पाँच अङ्ग के लता होते हैं।

सप्तशाखाश्च सप्ताङ्गे नवशाखा नवाङ्गके।
हीनशाखा न कर्तव्या अधिका नैव दूषयेत्॥ 15॥

सात शाखा के सात अङ्ग, नव शाखा के नौ अङ्ग बनाए। हीन शाखा अर्थात् इनसे कम शाखा न बनाए। इनसे अधिक बना दें तो भी कोई दोष नहीं समझें।

एकस्कन्धे यथा वृक्षे शाखा सङ्ख्या ह्यनेकशः।
प्रासादस्य तथा द्वारे हीनशाखा न शस्यते॥ 16॥

जैसे एक वृक्ष के स्कन्ध पर अनेक शाखाएँ होती हैं, वैसे ही प्रासाद के द्वार भी हैं। इनमें हीन शाखा रखना कभी उचित या प्रशस्त नहीं होता।

उभयोः कर्णयुक्तानि विभक्तान्युदकान्तरै।
प्रासादस्य तथाङ्गानि शेषं भद्रस्य भूषणम्॥ 17॥

इसमें दोनों ही कर्ण पर उदकान्तर युक्तिपूर्वक बनाए। प्रासाद के अङ्ग सभी शेष भद्रों या दीवारों के भूषण होते हैं।

अपराजित उवाच-

अर्चालिङ्गं न्यूनाधिकं प्रासादक्रममानतः।
शाखास्थानं कथं चाऽत्र सन्देहो मे वद प्रभो॥ 18॥

इस बीच, अपराजित ने प्रश्न किया कि प्रासाद क्रम मान से प्रतिमा अथवा लिङ्ग की न्यूनाधिकता को और शाखा स्थान के बारे में कहिए। प्रभु! मुझे इसमें सन्देह है, इसे दूर करिएगा।

विश्वकर्मोवाच —

शृणु वत्स महाप्राज्ञ पृष्टोऽहं पृच्छतेऽपरम्।
अर्चा श्रेष्ठा तथा लिङ्गं निलयांशेऽपराजिता॥ 19॥

विश्वकर्मा बोले कि हे महाप्राज्ञ! समझदार पुत्र! सुनो, तुम्हारा यह प्रश्न बड़ा उत्तम है। प्रतिमा तथा लिङ्ग निलयांश अर्थात् प्रासाद के अंशों के अनुरूप ही हे अपराजित! उचित होते हैं।

मानं न्यूनाधिकं शस्तं स्वयम्भुबाणरत्नजे।
घटितेषु विधिः ख्यातो ह्यर्चालिङ्गेषु तत्त्वतः॥ 20॥

इनमें भी मान स्वयम्भू, बाणज और रत्नज लिङ्ग में न्यूनाधिक प्रशस्त है। इस सम्बन्ध में घटित या कृत्रिम रूप से तैयार लिङ्गों के प्रसङ्ग में विधि कही है, जो अर्चा-लिङ्गों में भी तत्वतः सही है।

इति सूत्रसन्तानगुणकीर्तिप्रकाशप्रोक्तश्रीभुवनदेवाचार्योक्तापराजितपृच्छायां प्रासादविभक्तिद्वारनिर्णयाधिकारो नामैकत्रिंशदुत्तरशततमं सूत्रम्॥ 131॥

इस प्रकार भुवनदेवाचार्य कृत सूत्रसन्तानगुणकीर्ति प्रकाश या अपराजितपृच्छा में प्रासाद विभक्ति द्वार निर्णय अधिकार नामक एक सौ इकतीसवाँ सूत्र पूर्ण हुआ॥ 131॥

द्वारशाखाविभक्तिनिर्णयो नाम द्वात्रिंशदुत्तरशततमं सूत्रम्॥ 132॥[1]

अधुना त्रिशाखद्वारविभक्तिः। विश्वकर्मोवाच —

चतुर्भागाङ्कितं कृत्वा त्रिशाखं वर्त्तयेत्ततः।
मध्ये द्विभागिकं कुर्यात् स्तम्भं पुरुषसञ्ज्ञकम्॥ 1॥

(इस सूत्र में तीन से नौशाखीय द्वारों के विभक्ति नियमों के विषय में कहा जा रहा है। द्वार के निर्माण में विशिष्ट अलङ्करण तीन से लेकर नौ स्तर तक होता है, यहाँ शाखा-विभक्ति से यही आशय है) विश्वकर्मा बोले कि त्रिशाखा के लिए विस्तार में चार भाग करें। मध्य के दो भाग में पुरुष रूपस्तम्भ, माणक स्तम्भ करना चाहिए।

---

1. यह सूत्र ज्ञानप्रकाशदीपार्णव के छठे अध्याय में किञ्चित पाठान्तर के साथ मिलता है।

स्त्रीसञ्ज्ञा च भवेच्छाखा पार्श्वयोः पृथुभागिका।
निर्गमश्चैकभागेन रूपस्तम्भे प्रशस्यते॥ 2॥

रूप स्तम्भ का निर्गम यानी निकास एक भाग का रखें। रूपस्तम्भ के एक ओर (द्वार की ओर) पत्रशाखा और दूसरी और खल्वशाखा— ये दोनों पार्श्वों में बनने वाली शाखा स्त्री संज्ञक है।

पट्टके विस्तरः कार्यः प्रवेशश्चतुरंशतः।
कोणिका स्तम्भमध्ये तु भूषणार्थाय पार्श्वतः॥ 3॥
शाखोत्सेधे चतुर्थांशे द्वारपालौ निवेशयेत्।
कालिन्दी वामशाखायां दक्षिणे चैव जाह्नवी॥ 4॥

रूपस्तम्भ पुरुष संज्ञक पट्ट का विस्तार चार अंश प्रवेश का रखें। कोणिका को स्तम्भ के बीच में रखे और दोनों पार्श्वों के भूषण रूप में शाखा की ऊँचाई के चौथे भाग में द्वारपालों को निवेश करें तथा कालिन्दी यानी यमुना को वाम शाखा पर और गङ्गा को दक्षिणी शाखा पर रखें।

गङ्गाऽर्कतनयायुग्ममुभयोर्वाम-दक्षिणे।
गन्धर्वा निर्गमे कार्या एकभागा विचक्षणैः॥ 5॥
तत्सूत्रे खल्वशाखा च सिंहशाखा च भागिका।

इस तरह गङ्गा-यमुना (अर्क तनया) को दोनों ही बायीं व दक्षिणी शाखा पर रखें। इन पर एक भाग के गन्धर्व बनाएँ। खल्वशाखा और सिंहशाखा एक भाग की एक ही सूत्र में सीध में रखें।

नन्दी च वामशाखायां कालो दक्षलताश्रितः॥ 6॥
यक्षाः स्युरन्तशाखायां निधिहस्ताः शुभादयोः।
इति त्रिशाखं सम्प्रोक्तं पञ्चशाखमतः शृणु॥ 7॥

इति त्रिशाखद्वारम्।

वामशाखा पर नन्दी और काल को दक्षिणी शाखा पर बनाएँ। अन्तरशाखाओं में यक्षों को बनाएँ जिनके हाथों में निधियाँ हो (जैसा कि यक्षों को निधिपति कहा है)। इस प्रकार यहाँ त्रिशाख के बारे में कहा गया। अब पञ्चशाख के बारे में सुनो।

पञ्चशाखद्वारविभक्तिः —

शाखाविस्तारमानं च षड्भिर्भागैर्विभाजयेत्।
एकभागा भवेच्छाखा रूपस्तम्भो द्विभागिकः॥ 8॥

निर्गमश्चैकभागेन रूपस्तम्भे प्रशस्यते।
कोणिका स्तम्भमध्ये च उभयोर्वाम-दक्षिणे॥ 9॥

(पञ्चशाखीय द्वार के लिए) शाखा के विस्तार मान के छह भाग करें। इनमें एक भाग की शाखा, दो भाग का रूप स्तम्भ हो जिसका निकास एक भाग का होगा। स्तम्भ-मध्य के दोनों ओर बाएँ-दाएँ कोणिका की रचना होनी चाहिए।

गन्धर्वा निर्गमे कार्या एकभागा विचक्षणैः।
तत्सूत्रे खल्वशाखा च सिंहशाखा च भागिका॥ 10॥

गन्धर्वों को एक भाग निकास के बनाएँ और खल्वशाखा व सिंहशाखा को एक भाग की एक ही सूत्र, सीध में बनाएँ।

सपादः सार्धभागो वा रूपस्तम्भः प्रशस्यते।
उत्सेधे चाऽष्टमांशेन शस्तं शाखोदरं मतम्॥ 11॥

रूपस्तम्भ सदैव सवाये भाग का अथवा डेढ़ भाग का प्रशस्त होता है। शाखोदर की ऊँचाई आठवें भाग यानी अष्टमांश में प्रशस्त मानी गई है।

पत्रशाखा च गन्धर्वा रूपस्तम्भस्तृतीयकः।
चतुर्थी खल्वशाखा च सिंहशाखा ततःपरम्॥ 12॥
पञ्चशाखमिति ख्यातं सङ्क्षेपात् कथितं मया।

इति पञ्चशाखद्वारम्।

इस प्रकार पहली पत्रशाखा, दूसरी गन्धर्वशाखा, तृतीय रूपस्तम्भ, चौथी खल्वशाखा और इसके बाद सिंहशाखा— इस तरह संक्षेप में मेरे द्वारा पञ्चशाखा के बारे में कहा गया।

सप्तशाखद्वारविभक्तिः—

सप्तशाखं प्रवक्ष्यामि श्रृणु त्वमपराजित॥ 13॥
शाखाविस्तरमानं तु वसुभागविभाजितम्।
भागभागाश्च शाखाः स्युर्मध्यस्तम्भो द्विभागिकः॥ 14॥

हे अपराजित! अब पञ्चशाखा के बारे में कहता हूँ जिसे सुनो। इसके लिए शाखा के विस्तार मान को समानतः आठ भागों में विभाजित करें। इसमें से एक-एक भाग की शाखा रखें और रूपस्तम्भ दो भाग का बनाएँ।

कोणिका भागपादेन विस्तारे निर्गमे तथा।
निर्गमः सार्धभागेन रूपस्तम्भः प्रशस्यते॥ 15॥

एक पाद यानी चतुर्थांश से कोणिका का विस्तार करें और निकास में भी चतुर्थांश भाग रखें। रूपस्तम्भ का निकास डेढ़ भाग का रखना प्रशस्त है।

निर्गमो भागमेवं च निर्गमश्च तदर्धतः।
... ... शेषं शाखा प्रशस्यते ॥ 16 ॥

इसके अतिरिक्त इसका निर्गम एक भाग का अथवा उसका आधा भी रखा जा सकता है... शेष शाखा का प्रशस्त है।

पञ्चशाखा च गन्धर्वा रूपशाखा तृतीयका।
स्तम्भशाखा भवेन्मध्ये रूपशाखा तु पञ्चमी ॥ 17 ॥
षष्ठी स्यात् खल्वशाखा च सिंहशाखा च सप्तमी।
प्रासादकर्णसहितं सिहशाखाग्रसूत्रतः ॥ 18 ॥

इति सप्तशाखम्।

इसमें पाँचवीं गन्धर्व शाखा, तीसरी रूपशाखा व स्तम्भशाखा मध्य में होती है और रूपशाखा पांचवीं, छठी खल्वशाखा एवं सातवीं सिंहशाखा जो प्रासाद के कर्ण सहित सिंहशाखाग्र यानी आगे के एक ही सूत्र यानी सीध में होती है।[1]

नवशाखद्वारविभक्तिः —

नवशाखं प्रवक्ष्यामि देवानां दुर्लभं सदा।
यत्र विश्राम्यति शिवः सदा त्रिदशसम्युतः ॥ 19 ॥

अब नौशाखों के बारे में कहता हूँ जो सदा देवताओं को भी दुर्लभ रही है। यहाँ तो शिव विश्राम करते हैं और उनके साथ सदा देवतागण रहते हैं।

शाखविस्तारमानं तु रुद्रभाग$_{11}$विभाजितम्।
द्विभागः स्तम्भ इत्युक्त उभयोः कोणिकाद्वयम् ॥ 20 ॥
निर्गमः सार्धभागेन पादोनद्वयमेव वा।
रूपस्तम्भद्वयं कार्यं गन्धर्वद्वयमेव च ॥ 21 ॥

---

1. दीपार्णव में भी कहा गया है कि शाखा के विस्तार के आठ भाग करें। सभी छहों शाखाएँ एक-एक भाग की करें परन्तु मध्य का रूपस्तम्भ दो भाग का करें। पहली पत्रशाखा, दूसरी गन्धर्वशाखा, तीसरी रूपशाखा, चौथा रूपस्तम्भ, पाँचवीं रूपशाखा, छठी खल्वशाखा और सातवीं सिंहशाखा जाने। प्रासाद में रेखाओं के बराबर सिंहशाखा समसूत्र में करें—सप्तशाखं प्रवक्ष्यामि वसुर्भाग विभाजितम्। भागभागश्च शाखाः स्युर्मध्यस्तम्भो द्विभागिकः ॥ प्रथमा पत्रशाखा च गन्धर्वारूपशाखिका। चतुर्थी स्तम्भशाखा च रूपशाखा च पञ्चमी ॥ षष्ठी तु खल्वशाखा च सिंहशाखा च सप्तमी। प्रासादकर्ण सहिते सिंहशाखा समे सूत्रे ॥ (दीपार्णव 6, 24-26)

इसके लिए शाखा के कुल विस्तार को ग्यारह भाग में विभाजित करें। इस स्तम्भ के दो भाग की दोनों ओर दो कोणिका करें जिनका निकास डेढ़ भाग का हो अथवा पौने दो भाग का हो। इसमें रूपस्तम्भ दो बनाएँ और गन्धर्व भी दो बनाएँ।

पत्रशाखा च गन्धर्वा रूपस्तम्भस्तृतीयकः।
चतुर्थी खल्वशाखा च गन्धर्वा इति पञ्चमी॥ 22॥

इसके बाद पत्रशाखा एवं गन्धर्वशाखा तीसरी तथा खल्वशाखा चौथी और गन्धर्वशाखा पाँचवीं होती है।

रूपस्तम्भस्तु षष्ठी स्यात् रूपशाखा ततः परा।
खल्वशाखा चाष्टमी स्यात् सिंहशाखा तथान्तिमा॥ 23॥

रूपस्तम्भ छठी और रूपशाखा इसके बाद सातवीं होती है। खल्वशाखा आठवीं और सिंहशाखा अन्तिम यानी नवमी होती है।

पट्टके विस्तरः कार्यः प्रवेशश्चतुरंशतः।
पञ्चांशैश्च प्रकर्तव्यः सार्धचतुष्कतस्तथा॥ 24॥

पट्टक का विस्तार प्रवेश में चार अंश का करें। इसे पाँच भाग का अथवा साढ़े चार भाग का भी रख सकते हैं।

एवं च नवशाखं तु विभक्तं विश्वकर्मणा।
नवाङ्गे चैव प्रासादे नवशाखास्तु कारयेत्॥ 25॥

इति नवशाखद्वारम्।

इस तरह विश्वकर्मा[1] के द्वारा नवशाखा द्वारशाखा का विभाजन किया गया। नवाङ्ग यानी नौ अङ्ग के प्रासाद का द्वार भी नवशाखा का ही करें।

इति सूत्रसन्तानगुणकीर्तिप्रकाशप्रोक्तृश्रीभुवनदेवाचार्योक्तापराजितपृच्छायां द्वारशाखाविभक्तिनिर्णयोधिकारो नाम द्वात्रिंशदुत्तरशततमं सूत्रम्॥ 132॥

इस प्रकार भुवनदेवाचार्य कृत सूत्रसन्तानगुणकीर्ति प्रकाश या अपराजितपृच्छा में द्वारशाखा विभक्ति निर्णय अधिकार नामक एक सौ बत्तीसवाँ सूत्र पूर्ण हुआ॥ 132॥

---

1. बहुत सम्भव है कि यहाँ ग्रन्थकार भुवनदेव के लिए कोई विश्वकर्मीय ग्रन्थ उपस्कारक रहा हो। वैसे यह वर्णन समराङ्गणसूत्रधार में आया है जहाँ अधिकतम नौ द्वारशाखा करने का निर्देश है— क्रमेणानेन कर्तव्याः शाखाः स्वल्पा यदृच्छया। न नवभ्यः परं कार्या द्वारशाखाः कथञ्चन॥ (समराङ्गण. 54, 18) विश्वकर्माकृत ज्ञानप्रकाशदीपार्णव में भी यह वर्णन मिलता है। परवर्ती ग्रन्थ दीपार्णव में यह भी आया है कि शाखा की ऊँचाई के चौथे भाग का द्वारपाल (दायीं शाखा में) करें। उभयपार्श्व में यमुना और गङ्गा के स्वरूप भी कर सकते हैं। उसके दोनों ओर चामरधारी के स्वरूपों का बनाएँ। उसके ऊपर दण्ड के साथ कमल से शोभित शाखाएँ बनाएं— वेदांशे द्वारपालाश्च गङ्गायमुनयोस्तथा। परे चामरधारी च ऊर्ध्वे मृणालभूषितम्॥ (दीपार्णव 6, 32)

प्रासादद्वारप्रतिहारानुक्रमो नाम त्रयस्त्रिंशदुत्तरशततमं सूत्रम्॥ 133॥

अधुना शिवायतने द्वारदेवताः प्रतिहारक्रमश्च। विश्वकर्मोवाच —

नन्दी चैव महाकालो हेरम्बो भृङ्गी एव च।
दुर्मुखः पाण्डुरश्चैव सितश्चाऽसित एव च॥ 1॥
वेदांशा द्वारपालाः स्युर्गङ्गायमुनान्यूनतः।
तत्परे चामरधरा ऊर्ध्वं मृणालभूषिताः॥ 2॥

(इस सूत्र में प्रासादों के द्वार पर प्रतिहार या पहरुओं की स्थिति के विषय में कहा जा रहा है। जिस-जिस देवता का जो-जो देवालय हो, वहाँ उसी-उसी देव के द्वारदेवता स्थापित किए जाएँगे) विश्वकर्मा बोले कि शिवालय के द्वारदेवताओं में (पूर्वादि क्रम से) नन्दी, महाकाल, हेरम्ब, भृङ्गी, दुर्मुख, पाण्डुर, सित और असित— ये द्वारपाल होते हैं जो चार भाग प्रमाण से गङ्गा-यमुना के नीचे की ओर होते हैं। वे चामर लिए हुए और कमल से भूषित तत्पर, सदा तत्पर दिखाई देते हैं।[1]

पद्मपत्रं सुशोभाढ्यं स्तम्भं चैवेल्लिकान्वितम्।
मृणालैर्भूषयेदूर्ध्वं कुर्यात्कन्दस्य बाह्यतः॥ 3॥
कन्दवेधं यदा कुर्य्युस्तदा कुप्यन्ति देवताः।
समूलांश्च विनश्यन्ति कर्तृकावरकांस्तथा॥ 4॥

इसी प्रकार पद्मपत्र की शोभा से भरपूर स्तम्भ इल्लिका की खुदाई से युक्त हो। इसके ऊपर कमल के भूषण करें जो कन्द के बाहर की ओर हों। ध्यान रहे कि यदि कन्दवेध होता है तो देवता कुपित होते हैं और उससे प्रासाद के कर्ता व कारीगरों का समूल ही विनाश हो जाता है।

शाखास्यानुक्रमेणैव क्रमात्पट्टोत्तरङ्गयोः।
रूपस्तम्भद्वयं चैव कण्ठकूटसमन्वितम्॥ 5॥

शाखा के प्रमाण के अनुसार ही क्रम में पट्ट और उतरङ्ग बनाएँ। उनको तथा

---

1. देवतामूर्तिप्रकरणं में इन प्रतिहारों के दिशा व स्वरूपों का वर्णन आया है— मातुलिङ्ग च नागेन्द्रं डमरुं चाक्षसूत्रकम्। नन्दी मुकुटशोभाढ्यः सर्वाभरणभूषितः॥ खट्वाङ्गं च कपालं च डमरुं बीजपूरकम्। दंष्ट्राकराल वदनं महाकालं तु दक्षिणे॥ तर्जनी च त्रिशूलं च डमरुं गजमेव च। हेरम्बो वामभागे स्याद् भृङ्गीं दक्षिणतः शृणु॥ गजं डमरुखट्वाङ्गं तर्जनीं वामहस्तके। उभौ च दक्षिणे द्वारे भृङ्गी दक्षिणतः शुभः॥ त्रिशूलं डमरुं चैव खट्वाङ्गं च कपालकम्। कपालं डमरुं दण्डं बीजपूरं तथा दधत्॥ दुर्मुखः पश्चिमे वामे पाण्डुरो दक्षिणे तथा। मातुलिङ्गं मृणालं च खट्वाङ्गं पद्मदण्डकम्॥ सितश्चैवोत्तरे द्वारे वामे चैव व्यवस्थितः। पद्मदण्डं च खट्वाङ्गं मृणालं बीजपूरकम्। असितो दक्षिणे भागे उत्तरे द्वार एव च॥ (देवता. 6, 161-167) किञ्चित् प्रकारान्तर से यह वर्णन अपराजित. में भी आगे आया है।

दोनों रूपस्तम्भ भी कण्ठकूट समन्वित हो।

वृषस्थं शङ्करं विद्याद् ब्रह्माणं हंससंस्थितम्।
विष्णुं च गरुडारूढं श्रीकण्ठं नृत्यसंस्थितम्॥ 6॥

इति शिवायतने द्वारदेवताः।

(ताकों आदिकों में) देवस्वरूपों में शङ्कर को वृषभ पर, ब्रह्मा को हंस पर और विष्णु को गरुड़ पर आरुढ़ बनाएँ और श्रीकण्ठ को नृत्य मुद्रा में संस्थित करें।

विष्ण्वायतने द्वारदेवताः प्रतिहारक्रमश्च —

शङ्खचूडः प्रचण्डश्च जयश्च विजयस्तथा।
धाता चैव विधाता च सुभद्रो भद्र एव च॥ 7॥

विष्णुप्रासाद हो तो (पूर्वादि क्रम से) शङ्खचूड़, प्रचण्ड, जय, विजय, धाता, विधाता, सुभद्र और भद्र प्रतिहार बनाएँ।[1]

दक्षिणोत्तरक्रमेण गङ्गा च यमुना स्थिते।
उत्तरङ्गे भवेल्लक्ष्मीः क्षेत्रपाला उदुम्बरे॥ 8॥

इनके दक्षिणोत्तर क्रम में गङ्गा-यमुना को स्थित करें। उतरङ्ग में लक्ष्मी और उदुम्बर पर क्षेत्रपाल उत्कीर्ण करें।

कण्ठके मातरः कार्या ग्रहास्त्रिपुरुषस्तथा।
वासुदेवादिभेदांश्च द्वारेषु परिकल्पयेत्॥ 9॥

कण्ठक में मातृदेवियों तथा स्त्री-पुरुष, ग्रहों के करें। द्वारों पर वासुदेवादि भेदों से युक्त चतुर्व्यूह की कल्पना करें।

वासुदेवं सङ्कर्षणं प्रद्युम्नं चानिरुद्धकम्।
चतुर्युगप्रभेदेषु द्वारेषु परिकल्पयेत्॥ 10॥

इस क्रम में वासुदेव, सङ्कर्षण, प्रद्युम्न और अनिरुद्ध को कृतादि चारों युगों के भेद के अनुसार द्वार पर परिकल्पित करें।

---

1. देवतामूर्तिप्रकरणं में नाम और दिशाक्रम पूर्वादि से क्रमशः चण्ड, प्रचण्ड, जय, विजय, धाता, विधाता, भद्र व सुभद्र— इस प्रकार आया है। ये सब वामन आकार वाले शुभ होते हैं— प्रतीहारांस्ततो वक्ष्ये अष्टो चतुर्षु दिक्षु च। तस्यानुक्रमरूपं च लक्षयेद् यस्य यादृशम्॥ वामनाकाररूपाश्च कर्त्तव्याः सर्वतः शुभाः। तर्जनीं शङ्खचक्रं च दण्डं प्राग्दक्षिणक्रमात्॥ चण्डाभिधानकः प्रोक्तोऽस्यापसव्ये प्रचण्डकः। वामे चण्डः प्रकर्तव्यः प्रचण्डो दक्षिणे तथा॥ पद्मखड्गं खेटकं च गदां तेषु प्रदक्षिणे। विलोमैः पद्मगदयोर्जयो विजय दक्षिणे। तर्जनीं बाणचापं च गदां तेषु प्रदक्षिणा। गदाऽपि सव्यतः कुर्याद् धाता तस्माद् विधातृकः॥ तर्जनीं पद्मशङ्खं च गदा तेषु प्रदक्षिणा। सव्यापसव्ययोगेन सुभद्रो भद्र एव च॥ (देवता. 5, 110-115)

येषां परिकरा ये स्युस्तांस्तद्द्वारेषु कल्पयेत्।
भवेयुः सुखदा नित्यं कर्तुश्चावरकस्य तु॥ 11॥

इति विष्णवायतने द्वारदेवता।

इस प्रकार इन द्वारदेवताओं को परिकर पर सम्बन्धित देव यानी विष्णु के ही द्वारों पर परिकल्पित करें। इसी से ये प्रासाद के कर्ता और काम करने वाले शिल्पियों के लिए भी नित्य सुख देने वाले होते हैं।

ब्रह्मायतने द्वारदेवताः —

सत्यो धर्मः क्रमो जयो विजयो यज्ञभद्रकः।
भवश्च विभवश्चैव ब्रह्मणः प्रतिहारकाः॥ 12॥

(ब्रह्मा के मन्दिर में पूर्वादि के क्रम से) सत्य, धर्म, क्रम, जय, विजय, यज्ञभद्रक, भव और विभव— ये ब्रह्मा के प्रतिहार कहे गए हैं।[1]

ऋषीणामाश्रयः कार्यो देवतानां तु पार्श्वतः।
चतुर्वेदसमायुक्तं ब्रह्माणं सर्वशान्तिदम्॥ 13॥

इति ब्रह्मायतने द्वारदेवताः।

देवताओं के पार्श्व भाग में ऋषियों का आश्रय बनाएँ। यह ज्ञातव्य है कि ब्रह्मा सदैव चारों वेदों के साथ हो तो सर्व शान्तिदायक है।

सूर्यायतने द्वारदेवताः —

दण्डी च पिङ्गलश्चैव आनन्दश्चान्तकस्तथा।
चित्रो विचित्रो ज्ञातव्यः किरणाक्षः[2] सुलोचनः॥ 14॥
भास्करस्य समाख्याता अष्टैते प्रतिहारकाः।
पूर्वदिक्क्रमतः प्रोक्ताः प्राच्यादिषु प्रदक्षिणम्॥ 15॥

(सूर्य के प्रासाद में) दण्डी, पिङ्गल, आनन्द, अन्तक, चित्र, विचित्र, किरणाक्ष और सुलोचन—ये आठों प्रतिहार सूर्यदेव के हैं। ये द्वारदेवता पूर्व दिशा से प्रदक्षिणा

---

1. देवतामूर्तिप्रकरणं में सत्य, धर्म, प्रियोद्भव, जय, विजय, यज्ञभद्र, भव और विभव— ये पूर्वादि क्रम से प्रतिहार बताए गए हैं। ये पुरुषाकार, गम्भीर स्वभाव वाले, दाढ़ी-मूँछ वाले व मुकुटधारी होते हैं— ब्रह्मणोऽष्टौ प्रतीहाराः कथयिष्याम्यनुक्रमात्। पुरुषाकारगम्भीराः सकूर्चा मुकुटोज्ज्वलाः॥ पद्मं स्रुचाक्षरं दण्डं सत्यनामा तु वामतः। सव्यापसव्ययोगेन पद्मं दण्डश्च धर्मकः॥ अक्षं पद्मागमौ दण्डं करैर्धत्ते प्रियोद्भवः। दण्डागमस्रुचाफलैर्जयः स्यात् सर्वकामदः॥ अक्षसूत्रं गदाखेटं दण्डश्च विजयनामकः। अधोहस्तापसव्येन खेटकोः यज्ञभद्रकः॥ अक्षपाशाङ्कुशान् दण्डो भवः स्यात् सर्वकामदः। दण्डाङ्कुशपाशोत्पलं विभवः सर्वकामदः॥ (देवता. 4, 16-20)
2. 'ज्ञातव्याः किरणाख्यः' इति प्रकाशित पाठः। (तुलनीय—देवता. 4, 40)

क्रम में होते हैं।[1]

भास्करेषु द्वादशसु एषां कार्याश्च मूर्तयः।
सुप्रशस्ताः परिकराः शान्तिदाः सर्वकामदाः॥ 16॥

इति सूर्यायतने द्वारदेवताः।

सभी बारह सूर्यों[2] के लिए इनकी मूर्तियाँ करनी चाहिए। ऐसे परिकर प्रशस्त हैं और सभी कामनाओं को पूरी करने वाले एवं शान्ति देने वाले होते हैं।

गणेशायतने द्वारदेवताः—

अविघ्नो विघ्नराजश्च सुवक्त्रो बलवानथ।
गजकर्णश्च गोकर्णः सुसौम्यः शुभदायकः॥ 17॥

(गणेश के मन्दिर में पूर्वादि के क्रम से) अविघ्न, विघ्नराज, सुवक्त्र, बलवान, गजकर्ण, गोकर्ण, सुसौम्य और शुभदायक (संज्ञक द्वारदेवता हैं।)[3]

दिग्द्वारस्था युग्मतश्च एते विघ्नविनाशनाः।
इत्यष्टा च गणेशस्य प्रतिहाराः शुभप्रदाः॥ 18॥

इति गणेशायतने द्वारदेवताः।

ये दिशाओं के द्वारस्थ-युग्म विघ्नविनाशक हैं। ये आठों प्रतिहार गणेश के शुभ फलदायी हैं।

गौर्यायतने द्वारदेवताः—

जया च विजया चैव अजिता त्वपराजिता।

---

1. देवतामूर्तिप्रकरणं में कहा गया है कि सुख-शान्ति को चाहने वालों को इन आठों द्वारपालों की मूर्तियाँ पुरुषाकार बनवानी चाहिए और पूर्वादि क्रम से चारों द्वारों पर स्थापित करनी चाहिए। इनका स्वरूप निम्नानुसार होगा— सर्वे च पुरुषाकाराः कर्त्तव्याः शान्तिमिच्छता। चतुर्द्वारेषु च स्थाप्या दिशाश्चैव प्रदक्षिणे॥ प्रतर्जन्यूर्ध्वकिरणं ताम्रचूडं दण्डायुधम्। दण्डी वामविभागे तु पिङ्गलः स्यादतः शृणु॥ किरणे तु यदा शक्तिः किरणं ताम्रचूडके। तर्जनी दण्डपूर्वं च पिङ्गलः पूर्वदक्षिणे॥ तर्जन्यौ द्वे वज्रदण्डौ दधानाऽऽनन्दकः स्मृतः। तर्जनीदण्डापसव्यं स भवेदन्तकः शुभः॥ द्वे तर्जन्यौ पद्मदण्डौ चित्रो धत्ते स वामतः। तर्जनी दण्डापसव्ये विचित्रो दक्षिणे स्थितः॥ तर्जन्यौ किरणं दण्डं किरणाक्षस्तु धारयेत्। तर्जनीदण्डापसव्ये कर्त्तव्यः स सुलोचनः॥ (देवता. 4, 41-46)
2. देवतामूर्तिप्रकरणं में बारह सूर्यों के नाम इस प्रकार आए हैं— धाता मित्रोऽर्यमारुद्रो वरुणः सूर्य एव च। भगो विवस्वान् पूषा च सविता त्वष्ट्रविष्णुकौ॥ (देवता. 4, 34)
3. देवतामूर्तिप्रकरणं में इनके नाम व दिशादि का वर्णन इस प्रकार आया है— सर्वे च वामनाकाराः पुरुषाननसौम्यभाः। तर्जनी परशुं पद्ममविघ्नो दण्डहस्तकः॥ तर्जनीदण्डापसव्ये सभवेत् विघ्नराजकः। तर्जनीखड्गवरदं दण्डहस्तः सुवक्त्रकः॥ तर्जनीदण्डापसव्ये बलवन्तक दक्षिणे। तर्जनीं बाणचापं च दण्डं च गजकर्णकः॥ तर्जनीदण्डापसव्ये गोकर्णाकृतिपश्चिमम्। तर्जनी पद्माङ्कुशं च दण्डहस्तः सुसौम्यकः॥ तर्जनीदण्डापसव्ये च चैव शुभदायकः। पश्चद्वारादिके सर्वे अष्टौ चैव शुभावहः॥ (देवता. 8, 33-37)

विभक्ता मङ्गला कार्या मोहिनी स्तम्भिनी तथा ॥ 19 ॥

(गौरी के मन्दिर में पूर्वादि के क्रम से) जया, विजया, अजिता, अपराजिता, विभक्ता, मङ्गला, मोहिनी और स्तम्भिनी संज्ञक द्वारदेवता (प्रतिहारिका) हैं।[1]

कर्तव्याश्चेच्छता शान्तिमित्यष्टौ प्रतिहारिकाः।
गौर्यादिनवमूर्तीनां कुर्यात्परिकरांस्तथा ॥ 20 ॥

इति गौर्यायतने द्वारदेवताः।

जो शान्ति चाहते हैं, उन्हें ये आठों प्रतिहार गौर्यादि नव मूर्तियों के परिकर स्वरूप में करने चाहिए।

चण्डिकायतने द्वारदेवताः —

वैतालः करटश्चैव पिङ्गाक्षौ भृकुटिस्तथा।
धूम्रकः कङ्कदश्चैव रक्ताक्षश्च सुलोचनः ॥ 21 ॥

(चण्डिका के प्रासाद में पूर्वादि के क्रम से) वैताल, करट, पिङ्गाक्ष, भृकुटी, धूम्रक, कङ्कद, रक्ताक्ष और सुलोचन (प्रतिहार होंगे)।

इत्यष्टौ प्रतिहाराश्च चण्डिकाज्ञाकरास्सदा।
उक्तो द्वारक्रमश्चेति शस्तः परिकरे सदा ॥ 22 ॥

इति चण्डिकायतने द्वारदेवताः।

ये आठों प्रतिहार सदा चण्डिका की आज्ञा में रहने वाले हैं। अतः इनको द्वारक्रम में परिकर स्वरूप प्रशस्त माना गया है।

जिनेन्द्रायतने द्वारदेवताः —

हरादिवीतरागान्तं देवानां क्रमयोगतः।
अष्ट$_{8}$ षोडश$_{16}$ द्वात्रिंश$_{32}$च्चतुःषष्टिमेव$_{64}$ च ॥ 23 ॥

हर अर्थात् महादेव से लेकर वीतराग यानी तीर्थङ्कर तक के देवों के क्रमयोग आठ, सोलह, बत्तीस और चौंसठ होते हैं।

इन्द्रश्चेन्द्रजयश्चैव महेन्द्रो विजयस्तथा।
धरणेन्द्रः पद्मकश्च सुनाभः सुरदुन्दुभिः ॥ 24 ॥

---

1. देवतामूर्तिप्रकरणं में इनका दिशा क्रम व स्वरूप इस प्रकार आया है— अभयाङ्कुशपाशदण्डं जया चैव तु पूर्वतः। सव्यापसव्ययोगेन विजया नाम सा भवेत्॥ अभयाम्बुजपाशदण्डमजितासव्येऽपराजिता। अभयवज्राङ्कुशदण्डं विभक्तासव्ये मङ्गला॥ अभयं शङ्खपद्मदण्डं मोहिनी नाम वामतः। सव्यापसव्ययोगेन सा भवेत् स्तम्भिनी तथा॥ जया च विजया चैव अजिता चापराजिता। विभक्ता मङ्गला चैव मोहिनी स्तम्भिनी तथा॥ गौर्याऽऽयतने शस्ताश्च सृष्ट्यष्टौ द्वारपालिकाः॥ (देवता. 8, 18-21)

(जिनालयों में पूर्वादि क्रम से) इन्द्र, इन्द्रजय, महेन्द्र, विजय, धरणेन्द्र, पद्मक, सुनाभ और सुरदुन्दुभि (संज्ञक प्रतिहार होंगे)।

इत्यष्टौ8 प्रतिहाराश्च वीतरागेऽति शान्तिदाः।
अनुक्रमेण संस्थाप्याः प्राच्यादिषु प्रदक्षिणम्॥ 25॥

ये आठों प्रतिहार वीतराग के शान्तिदायक होते हैं। इनको पूर्व दिशा से यानी प्रदक्षिण क्रम में स्थापित करना चाहिए।[1]

लाञ्छनं सिंहासनं च चामरं कुसुमाञ्जलिः।
प्रभामण्डलाशोकाश्च दुन्दुभिश्छत्रकत्रयम्॥ 26॥

इनमें विशिष्ट लाञ्छन, सिंहासन, चामर, कुसुमाञ्जलि, प्रभामण्डल, अशोक द्रुम, दुन्दुभि, तीन छत्रक (ये लक्षण होंगे)।

वीतरागेऽतिविख्याता देवानां तु प्रतिक्रमाः।
यक्षशासनदेवीश्च कुर्यादुभयपार्श्वतः॥ 27॥

इति जिनेन्द्रायतने द्वारदेवताः।

ये सब वीतराग के विख्यात देवता प्रतिक्रम हैं। यक्ष, शासनदेवियों को भी इनके उभय पार्श्व यानी दोनों बाजू में बनाने चाहिए।[2]

इति सूत्रसन्तानगुणकीर्तिप्रकाशप्रोक्तृश्रीभुवनदेवाचार्योक्तापराजितपृच्छायां प्रासादद्वारप्रतिहारानुक्रमाधिकारो नाम त्रयस्त्रिंशदुत्तरशततमं सूत्रम्। 133॥

इस प्रकार भुवनदेवाचार्य कृत सूत्रसन्तानगुणकीर्ति प्रकाश या अपराजितपृच्छा में प्रासाद द्वार प्रतिहार अनुक्रम अधिकार नामक एक सौ तैंतीसवाँ सूत्र पूर्ण हुआ॥ 133॥

---

1. देवतामूर्तिप्रकरणं में यही मत आया है— इन्द्र इन्द्रजयश्चैव माहेन्द्रो विजयस्तथा॥ धरणेन्द्रो पद्मकश्च सुनाभः सुरदुन्दुभिः। इत्यष्टौ तु प्रतिहारा वीतरागे तु शान्तिदाः॥ फलवज्राङ्कुशं दण्डमिन्द्रोऽपसव्ये इन्द्रजयस्तथा। द्वौ वज्रौ फलदण्डं तु माहेन्द्रोऽपसव्ये विजयस्तथा॥ तदायुधयोगोद्धवास्त्रिपञ्चाद्रिफणोर्ध्वगाः। धरणेन्द्रः पद्मकश्च सर्वशान्तिकरौ स्मृतौ॥ यक्षरूपाविकाराश्च निधिहस्ताः शुभोदयाः। सुनाभो दुन्दुभिश्चैव सर्वे शान्तिप्रदायकाः॥ इत्यष्टो च प्रतीहारा जिनेन्द्रस्य च शान्तिदाः। नगरादिपुरग्रामे सर्वविघ्नप्रणाशनाः॥ (देवता. 7, 71–75)
2. यह वर्णन ग्रन्थ में आगे आया है। इसके लिए देवतामूर्तिप्रकरणं भी द्रष्टव्य है।

देवतादिग्भागमुखद्वारदोषो नाम चतुस्त्रिंशदुत्तरशततमं सूत्रम्॥ 134॥

अधुना देवता दिग्मुखं। विश्वकर्मोवाच —

यतो मुखश्च यो देवो यथा वै यत्र पश्यति।
तदहं कथयिष्यामि दृष्ट्वा शास्त्रार्थनिश्चयम्॥ 1॥

(इस सूत्र में प्रासाद में दिशानुसार देवताओं की स्थिति बताई गई है) विश्वकर्मा ने कहा कि जिस देवता का मुख जिधर होता है, उधर ही वह देखता है। इसी को मैं शास्त्र के अर्थ के अनुसार निश्चय करके कहता हूँ।

नोत्तराभिमुखाः कार्या न देवा दक्षिणामुखाः।
आदिदिशोन्मुखः कार्य आदिदेवो दिवाकरः॥ 2॥

देवताओं को कभी भी न तो उत्तराभिमुख करें और न दक्षिणाभिमुख करें। आदि दिशोन्मुख यानी पूर्व दिशा की ओर मुख रखे हुए आदिदेव सूर्य को रखना चाहिए।

चतुर्दिशामुखो ब्रह्मा कार्यो वा पूर्वदिङ्मुखः।
शम्भुर्बाणस्तथा घाट्यो मुखलिङ्गं सनातनम्॥ 3॥
व्यक्ताव्यक्तरूपकश्च विश्वेशः सर्वदिङ्मुखः।
सर्वत्र सर्वतोभद्रश्चतुर्द्वारः शिवालयः॥ 4॥

ब्रह्मा को चारों दिशा की ओर मुख किए हुए बनाए अथवा (प्रधानतः) पूर्व दिशा की ओर मुख किए हुए बनाए। शम्भुलिङ्ग, बाणलिङ्ग, घाट्यलिङ्ग, मुखलिङ्ग, सनातन, व्यक्त, अव्यक्त रूप के विश्वेश शिव को सभी दिशाओं की तरफ मुख किए हुए बना सकते हैं। सर्वत्र शिवालय सर्वतोभद्र अर्थात् चार द्वार का बनाया जा सकता है।

मूर्तिभेदेन यो ज्ञेयश्चतुर्द्वारः प्रकीर्तितः।
होमशाला च कर्तव्या चतुर्द्वारोपशोभिता॥ 5॥[1]

मूर्तिभेद के अनुसार ही जानकर चार द्वार कहे गए हैं। इसी तरह होमशाला को भी चार द्वारों से शोभित बनाना चाहिए।

यक्षराजं रममाणं विदुर्दक्षिणदिङ्मुखम्।
पूर्वापरमुखा ये च वक्ष्यन्ते ते यथार्थतः॥ 6॥

यक्षराज को विद्वान् शिल्पी दक्षिणमुखी बनाते हैं तथा इनको पूर्व और पश्चिम-मुखी बनाने का जो कहते है, वे भी ठीक ही कहते हैं।

---

1. दीपार्णव में इसके बा[illegible]तिरिक्त है—यज्ञमण्डपवेदीषु चतुर्द्वारः प्रकीर्तितः॥ (दीपार्णव 7, 5)

ब्रह्मा विष्णुः शिवः सूर्य इन्द्रस्कन्धहुताशनाः।
पूर्वापरमुखा ह्येते वास्तुशास्त्रेषु कीर्तिताः ॥ 7 ॥

इसी प्रकार ब्रह्मा, विष्णु, शिव, सूर्य, इन्द्र, स्कन्द, हुताशन यानी अग्नि आदि को पूर्व और पश्चिम मुखी बनाना (स्थापन) वास्तुशास्त्रों में वर्णित है।[1]

गणेशश्चैव नागेशः क्षेत्रपो भैरवस्तथा।
धनाध्यक्षश्च गन्धर्वा ग्रहमातृगणास्तथा ॥ 8 ॥
नकुलीश्च चण्डीशः कार्या दक्षिणदिङ्मुखाः।

गणेश, नागेश, क्षेत्रपाल, भैरव, धनाध्यक्ष कुबेर, गन्धर्व, ग्रहदेव, मातृगण, नकुलीश, चण्डी— इन सबको दक्षिण मुखी बनाना चाहिए।

एवं विदिङ्मुखाः कार्या नान्ये चैव दिवौकसः ॥ 9 ॥
नैर्ऋत्याभिमुखः स्थाप्यो हनूमान्बलबुद्धिमान्।

इस तरह की दक्षिण मुखी अन्य देवताओं की मूर्तियाँ नहीं बनानी चाहिए। बल-बुद्धिमान् हनुमान की स्थापना नैर्ऋत्य दिशाभिमुख करनी चाहिए।

रौद्र एकादशो रुद्रो राक्षसक्षयकारकः ॥ 10 ॥
ऊर्ध्वमूलमधोऽग्रं च विलोमं द्वाःकपाटकम्।
वरुणोत्तरपूर्वेण स्थित्वा चैव [2]सुखावहा ॥ 11 ॥

इसके अतिरिक्त एकादश रुद्रों को जो कि राक्षसों का क्षय करने वाले है, ऊर्ध्वमूल और अधो अग्र तथा विलोम दो कपाटयुक्त वरुण के उत्तर-पूर्व में स्थित करना सुखदायक है।

तथा याम्यामुखं द्वारं कर्तव्यं शास्त्रपारगैः।
देवाश्च द्वाराभिमुखा इति शास्त्रर्थनिश्चयः ॥ 12 ॥

इनके दक्षिण मुखी द्वार शास्त्र के जानकार पण्डितों ने बताया है और इनके देवता भी द्वाराभिमुखी हो, ऐसा शास्त्र में निश्चय किया गया है।

दक्षिणोत्तरामुखेन प्राच्यां वै वरुणे तथा।
वीतरागस्य प्रासादः पुरमध्ये सुखावहः ॥ 13 ॥

वीतराग का प्रासाद नगर के मध्य में दक्षिण, उत्तर, पूर्व व पश्चिम— किसी भी

---

1. यहाँ ग्रन्थकार ने निश्चित ही अन्यान्य वास्तुशास्त्रों का उल्लेख किया है। ज्ञानप्रकाशदीपार्णव, जयपृच्छादि में यह विषय रहा है। दीपार्णव में सातवाँ अध्याय अत्यल्प पाठान्तर के साथ यही है। देवतामूर्तिप्रकरणं मूलतः जयपृच्छा का ही अंशभूत माना जाता है। उसमें भी यह नियम आया है।
2. 'सुखास्त्रतः ?॥' इति प्रकाशित पाठः। दीपार्णवे— 'सुशास्त्रतः।' (7, 12)

दिशाभिमुख बनाना सुखावह होता है।

प्रशस्तं च समुत्सेधे [1]गृहस्यार्धभूरङ्गिका ?।
श्रियं शान्तिमीप्सितं च कर्तृकावरकावुभौ ॥ 14 ॥

इति देवतादिग्मुखम्।

इनके गृह के आधे के बराबर ऊँचाई पर भूरङ्गिका प्रशस्त कही गई है। जो भी श्रिय और शान्ति चाहते हों, उन्हें यह करना चाहिए।

इत्यमनन्तर मुखद्वारदोषाः —

उक्तमानाधिकं द्वारं धनधान्यविनाशकम्।
हीनं पीडां प्रकुरुते वलितं शत्रुविग्रहम् ॥ 15 ॥

सामान्यतः इन निर्दिष्ट द्वारों से अधिक मान के द्वार बनाने से धन-धान्य का विनाश होता है और इनको कम मान के बनाने पर पीड़ा, कमजोरी और शत्रुविग्रह होते हैं।

मृत्युदं चाधोविपुलं पूजाहानिकृदूर्ध्वतः।
यवमध्यसमं द्वारं सदा स्यात्कलिकारकम् ॥ 16 ॥

जो द्वार नीचे से बड़ा हो वह मृत्युदाता होता है और जो द्वार ऊपर से बड़ा हो उससे पूजा में हानि होती है। यवमध्य के समान (बीच में चौड़ा) बनने वाला द्वार सदैव कलहकारक होता है।

स्त्रीरोगकृन्न्यूनशाखं मध्यस्तम्भस्य मानतः।
हीनं पीडां प्रकुरुते अधिकं च धनक्षयम् ॥ 17 ॥

न्यूनशाखा का द्वार स्त्री के लिए रोगकारक होता है। जो मध्य स्तम्भ के मान से हीन है, वह पीड़ाकारी है और जो अधिक है उससे धनक्षय होता है।

दारुजे तु विलोमे च पूजाहानिर्धनक्षयः।
विपरीतं कपाटं तु सदा स्यात्कलिकारकम् ॥ 18 ॥

दारुज यानी काष्ठ का विलोम (विपरीत जातियों के काष्ठों से तैयार) हो तो पूजा हानि और धन का क्षयकारक है। विपरीत कपाट वाला तो सदा कलह या झगड़े कराने वाला होता है।

---

1. 'गृहस्यार्धभूरङ्गका ?' इति प्रकाशित पाठः।
उक्त श्लोक ज्ञानप्रकाशदीपार्णव में भी आए हैं— प्रशस्तं च समुत्सेधे गृहस्यार्धभूरंगिका। श्रियं शान्तिमीप्सितं च कृर्त्तः कारयितुस्तथा॥ (दीपार्णव 7, 17) उसके सम्पादक की टिप्पणी है कि भूरङ्गिका की प्रथा उत्तर भारत में प्रचलित रही है।

तथोर्ध्वमूलाधोग्रा च विलोमा द्वाःकपाटिका।
भ्रमच्छब्दकपाटं च कलिकृद्विपरीतकम्॥ 19॥

इसी तरह ऊपर को मूल हो जाए और नीचे से आगे निकल जाए और दोनों किंवाड़ विलोम हो, भ्रम विपरीत हो, कर्कश ध्वनि करने वाले किंवाड़ हो तो कलह को करने वाले होते हैं।

इति सूत्रसन्तानगुणकीर्तिप्रकाशप्रोक्तृश्रीभुवनदेवाचार्योक्तापराजितपृच्छायां देवतादिग्भागमुखद्वारदोषाधिकारो नाम चतुस्त्रिशदुत्तरशततमं सूत्रम्॥ 134॥

इस प्रकार भुवनदेवाचार्य कृत सूत्रसन्तानगुणकीर्ति प्रकाश या अपराजितपृच्छा में देवता दिग्भाग मुख द्वारदोष अधिकार नामक एक सौ चौतीसवाँ सूत्र पूर्ण हुआ॥ 134॥

देवतापदसंस्थानो नाम पञ्चत्रिंशदुत्तरशततमं सूत्रम्॥ 135॥

अधुना प्रासादगर्भमण्डलं। विश्वकर्मोवाच —

प्रासादानां समस्तानां विभक्तिर्गर्भभित्तितः।
गर्भमध्ये सर्वतश्च देवताः क्रमतः स्थिताः॥ 1॥

(इस सूत्र में प्रासाद में स्थापित होने वाले देवताओं के पद स्थान के विषय में कहा जा रहा है। ज्ञानप्रकाशदीपार्णव के आठवें अध्याय में भी यह नियम आया है और बहुत सम्भव है कि जयपृच्छा में भी यह विषय रहा हो) विश्वकर्मा बोले कि सभी प्रकार के प्रासादों की गर्भभित्ति के अनुसार गर्भ के मध्य में सभी देवता क्रमानुसार ही स्थित होते हैं।

चतुरश्रे आयते च वृत्ते वृत्तायते तथा।
अष्टाश्रे च तथा प्रोक्तो गर्भः प्रासादरूपतः॥ 2॥

सामान्यतः प्रासादों के गर्भ का रूप चतुरश्र (चौकौर), आयत (लम्ब चौकोर), वृत (गोलाकार), वृत्तायत (लम्बगोल) तथा अष्टाश्र (आठ भुज) का होता है।

ब्रह्मस्थानादिगर्भं च भित्तिपर्यन्तमेखलम्।
मण्डलं भवनाकारं विभक्तिक्रमच्छन्दतः॥ 3॥

आदिगर्भ के ब्रह्मस्थान अर्थात् केन्द्र से भित्तिपर्यन्त मेखला होती है। इस मेखला से बनने वाले मण्डल से विभक्ति क्रमछन्द से भवन का आकार बनता है।

अष्टाविंशतिसङ्ख्याकं$_{28}$ मध्यगर्भानुरूपतः।
क्रमादेकैकदेवानां निवासो मण्डले स्थितिः॥ 4॥

इस मण्डल में मध्यगर्भ के अनुरूप से क्रमानुसार एक-एक देवता का निवास होता है जिससे मण्डल में इनकी स्थिति की संख्या 28 बनती है।

तस्याष्टाविंशतिभागेषु पृथक् पृथक् प्रतिमापादसंस्थानम् —

प्रथमं मण्डलं चैव यद्भवेद् गर्भमध्यतः।
शिवस्य परमं स्थानं तन्मेरोरिव मध्यतः॥ 5॥

इसमें गर्भमध्य से जो पहला मण्डल बनता है वह शिव का परम स्थान कहा गया है और वह मेरुपर्वत की तरह मध्य में रहता है।

यवैर्यवार्द्धैस्तु किञ्चित् कुर्यादीशानमाश्रितम्।
समस्तैव मण्डलार्धं ततः सूत्रेण देवताः॥ 6॥

इसको एक यव के अथवा आधे यव के प्रमाण से मध्य से हटकर ईशान कोण की ओर बनाना चाहिए। समस्त मण्डलों के आधे से सूत्र में, सीध में अन्य देवताओं को स्थित करें।

o

पादपद्माग्रसंस्थाने स्वकीयपदमध्यतः।
पदस्य गर्भसंस्थाने पार्श्वगर्भाद्यादिकम् ?॥ 7॥

उनके चरण कमलों के संस्थान उनके ही चरणों के मध्य से पद का गर्भ संस्थान तथा पार्श्व गर्भादिक का संस्थान करें।

कर्णपिप्पिलिकासूत्रं भुजगर्भे तु संस्थितम्।
पादगुल्फगर्भसूत्रै पदगर्भेषु देवता॥ 8॥

उनके कानों के पिप्पलिका सूत्र को उनकी भुजा के गर्भ में रखें। इसी तरह उनके चरणों के गुल्फ यानी टखनों के गर्भसूत्र में देवता के चरणगर्भ को रखें।

द्वितीय हेमगर्भश्च नकुलीशस्तृतीयके।
चतुर्थे चैव सावित्री रुद्रस्स्यात् पञ्चमे पदे॥ 9॥
षष्ठे तथा षणमुखश्च सप्तमे च पितामहः।
अष्टमे वसुदेवश्च नवमे च जनार्दनः॥ 10॥
विश्वदेवाश्च दशमे अग्निरेकादशे तथा।
द्वादशे भास्करश्चैव दुर्गा चैव त्रयादेशे॥ 11॥
चतुर्दशे विघ्नराजो ग्रहाः पञ्चदशे तथा।
षोडशे मातृकाश्चैव गणास्सप्तदशे तथा॥ 12॥
अष्टादशे भैरवश्च क्षेत्रपालस्ततोऽधिके।
यक्षराजो विंशतिके हनूमानेविंशके॥ 13॥

द्वाविंशे च भृगुश्चैव घोरश्चैव ततोऽधिके।
चतुर्विंशे भवेद् दैत्यो राक्षसश्च पदेऽधिके॥ 14॥
पिशाचश्चैव षड्विंशे भूतानि च तथाऽपरे।
तदग्रे च पदं शून्यं क्रमेण मण्डलस्थिताः॥ 15॥

इस तरह से मण्डलों में दूसरा हेमगर्भ का, तीसरा नकुलीश, चौथा सावित्री गर्भ, पाँचवाँ रुद्र, छठा कार्तिकेय, सातवाँ पितामह ब्रह्मा, आठवाँ वासुदेव, नवाँ जनार्दन, दसवाँ विश्वदेवता, ग्यारहवाँ अग्निदेव, बारहवाँ भास्कर सूर्य, तेरहवाँ दुर्गा, चौदहवाँ विघ्नराज गणेश, पन्द्रहवाँ ग्रहों यानी नवग्रहों, सोलहवाँ षोडश मातृकाओं, सत्रहवाँ गणों, अठारहवाँ भैरव, उन्नीसवाँ क्षेत्रपाल, बीसवाँ यक्षराज, इक्कीसवाँ हनुमान, बाईसवाँ भृगु, तेईसवाँ घोर का, चौबीसवाँ दैत्यों, पच्चीसवाँ राक्षसों, छब्बीसवाँ पिशाचों, सत्ताईसवाँ भूतों और अट्ठाइसवाँ शून्य (आकाश)—इस क्रम से मण्डल में इनकी स्थिति होती है।

विष्णुस्थाने उमादेवी ब्रह्मस्थाने सरस्वती।
सावित्री मध्यदेशे तु लक्ष्मीं सर्वत्र दापयेत्॥ 16॥

विष्णुस्थान में उमादेवी को रख सकते है। ब्रह्मस्थान में सरस्वती को रख सकते है। मध्यदेश में सावित्री को रखें तथापि लक्ष्मी को सर्वत्र रख सकते हैं।

वीतरागो विघ्नराजे यथोक्तं जिनशासने।
मातृमण्डलमध्यये तु समस्ता देवतास्तथा॥ 17॥

वीतराग को विघ्नराज के स्थान में रख सकते है जैसा कि जिनशास्त्रों में कहा है।[1] इसके अतिरिक्त मातृमण्डल के मध्य में ही समस्त देवता होते हैं।

पर्यङ्कासनोर्ध्वस्थानि विष्णुरूपाणि यानि च।
विष्णुस्थाने जलशायी वाराहस्तत्पदे स्थितः॥ 18॥

ऊर्ध्वस्थान पर पर्यंकासन[2] पर विष्णु रूपों को और विष्णु के स्थान पर जलशायी, वाराह उनके पद पर स्थित करें।

---

1. प्रतिष्ठासारोद्धार के एक प्राचीनपाठ में इस प्रकार का मत आया है। इस सम्बन्ध में वसुनन्दी कृत प्रतिष्ठासार भी देखना चाहिए। जयपृच्छा के प्रासादतर देवतान्यासाधिकार में आया है— चण्डिका गणेशश्चैव जिनार्कः ब्रह्मणस्तथा॥ यामूर्ति मध्यदेशे तु पृष्ठिभद्रे तथैव च। अन्येन परिणा प्राज्ञ सर्वदेव स्वयं विधि॥ (जयपृच्छा 22, 17-18)
2. विवेकविलास में पर्यङ्कासन इस प्रकार कहा है कि आसनस्थ प्रतिमा में दाहिनी जङ्घा और पिण्डी के ऊपर बायाँ पाँव और बायाँ हाथ स्थापित करें। इसके बाद बायीं जङ्घा और बायीं पिण्डी के ऊपर दाहिना चरण और दाहिना हाथ रखना चाहिए— वामो दक्षिणजङ्घोर्वोरुपार्यङ्घ्रिः करोऽपि च। दक्षिणो वामजङ्घोर्वोस्तत्पर्यङ्कासनं मतम्॥ (विवेक. 1, 129)

विष्णुरूपाणि सर्वाणि नवमे च पदे तथा।
कल्की च रममाणश्च पदे वाराहके तथा॥ 19॥

इसी प्रकार सभी विष्णु रूपों को नवें पद तथा कल्कि के सुन्दर पद पर वाराह को स्थिति देनी चाहिए।

अर्धनारीश्वरं देवं रुद्रस्थाने च स्थापयेत्।
हरिशङ्करोमामूर्तिं विष्णुस्थाने प्रकल्पयेत्॥ 20॥

अर्धनारीश्वर देव को रुद्र के स्थान पर स्थापित करें। हरिशङ्कर और उमा की मूर्ति विष्णु स्थान पर प्रकल्पित करें।

सप्तमे ब्रह्मसंस्थाने मिश्रमूर्तिं च स्थापयेत्।
त्रिदेवं मिश्रयेच्चैव हरिहरपितामहम्॥ 21॥

सातवें ब्रह्मस्थान में मिश्र स्वरूप की मूर्ति की स्थापना करें। इनमें तीन देवों को यानी हरि, हर और पितामह ब्रह्मा को मिश्रित करने से हरिहरपितामह स्वरूप होता है।

चन्द्रार्कपितामहं च स्थापयेद्भास्करे पदे।
वेदांश्च ब्रह्मासंस्थाने ऋषीन्वै भास्करे पदे॥ 22॥

इसी प्रकार चन्द्रार्कपितामह यानी चन्द्र, सूर्य व ब्रह्मा को सूर्य के पद पर स्थापित करें। वेद को ब्रह्मा के संस्थान पर ऋषिगणों को सूर्य के पद पर स्थपित करें।

अतः परे तु ये देवा ग्रन्थेषूक्ता महत्तरैः।
सान्निध्यं सर्वकाले तु परिकरस्य च दापयेत्॥ 23॥

इति प्रतिमापादसंस्थानम्।

इसके बाद तो जो देवगण विविध ग्रन्थों में महत्तर कहे गए हैं, उनको सब समय में परिकर की सन्निधि में उत्कीर्ण या स्थापित करना चाहिए।

वर्णविषयकलिङ्गप्रतिष्ठास्थानम् —

लिङ्गं प्रतिष्ठास्थानं च वर्णानां हितकामदम्।
प्रतिष्ठाप्यं प्रकृतिभिः शाश्वतं च शुभप्रदम्॥ 24॥

चतुर्वर्णों के हित की कामना से शिवलिङ्ग की प्रतिष्ठा उक्त स्थान पर प्रकृतियों के साथ करने से शाश्वत शुभप्रद होता है।

यवैर्यवार्धैस्तु किञ्चित् कर्तव्यं च दिशाश्रितम्।
प्राच्यां शुभप्रदं विप्रे क्षत्रियाणां तु दक्षिणे॥ 25॥
वारुणे वैश्यजातीनां शूद्राणां तु तथोत्तरे।

चतुष्टयं समं ख्यातं चतुर्वर्णफलप्रदम्॥ 26॥

शिवलिङ्ग की स्थापना में यव प्रमाण अथवा आधे यव जितना कुछ भाग दिशाश्रित रखें। पूर्व दिशा की और बढ़ाकर रखने पर विप्र या ब्राह्मणों के लिए शुभप्रद है। क्षत्रियों के लिए दक्षिण की ओर रखना शुभप्रद, वेश्यों के लिए पश्चिम की और शुभप्रद और शूद्रों के लिए उत्तर की और रखते हुए शुभप्रद होता है। यह चारों वर्णों के लिए शुभफलप्रद नियम ठीक तरह से बता दिया गया।

शाश्वतं सर्ववर्णानां शिल्पिसन्तोषकारकम्।
ईशान्यां यत् स्थितं लिङ्गं पूज्यं चन्द्रार्कतारकैः॥ 27॥

सभी वर्णों के लिए और शिल्पियों के लिए शाश्वत सन्तोषकारक है। ईशान कोण की ओर को स्थित शिवलिङ्ग ही चन्द्र, सूर्य व तारकों के साथ पूज्य है।

अग्न्युपजीविभिर्लोकैराग्नेयीं दिशमाश्रितम्।

जो लोग अग्नि के द्वारा उपजीविका कमाते हैं (स्वर्णकार, लोहार, भङ्गारा, भरावा आदि) वे शिवलिङ्ग को आग्नेय दिशा की और रखते हुए स्थापित करें।

वेश्याकुलालरजकैर्वस्त्ररङ्गकभण्डकैः॥ 28॥
नैर्ऋतीमाश्रितं लिङ्गं शाश्वतं च शुभप्रदम्।
वायव्ये नर्तकनटैलिङ्गं स्थाप्यं विचक्षणैः॥ 29॥

वेश्या, कुलाल (बर्तन विक्रेता), रजक (धोबी), वस्त्र रङ्गने वाले छीपा-रङ्गकर्मी और भाण्डगण शिवलिङ्ग को नैर्ऋत्य कोण की और रखते हुए स्थापित करें तो शुभप्रद होगा। नर्तक और नट समुदाय शिवलिङ्ग को वायव्य दिशा की ओर रखते हुए स्थापित करें— ऐसा विचक्षणजनों ने कहा है।

हस्तार्धं च ततोऽर्धं च ततोऽप्यर्धं त्रिभागतः।
तस्यार्धं च तदर्धार्धमेतत् किञ्चित्प्रमाणतः॥ 30॥

इस स्थापना कार्य में गज का आधा, आधे का आधा तथा उसका भी आधा अथवा तीसरा भाग तथा उसका भी आधा व उस आधे का भी आधा—इतने किञ्चित् प्रमाण कहे हैं।

इति सूत्रसन्तानगुणकीर्तिप्रकाशप्रोक्तृश्रीभुवनदेवाचार्योक्तापराजितपृच्छायां
देवतापदसंस्थानाधिकारो नाम पञ्चत्रिंशदुत्तरशततमं सूत्रम्॥ 135॥

इस प्रकार भुवनदेवाचार्य कृत सूत्रसन्तानगुणकीर्ति प्रकाश या अपराजितपृच्छा में देवता पद संस्थान अधिकार नामक एक सौ पैंतीसवाँ सूत्र पूर्ण हुआ॥ 135॥

त्रिपुरुषप्रतिष्ठासूर्यमण्डलादिव्योमलक्षणं षट्त्रिंशदुत्तरशततमं सूत्रम् ॥ 136 ॥

अधुना त्रिपुरुषन्यूनाधिकमानं। विश्वकर्मोवाच —

ब्रह्मा विष्णुस्तथा रुद्रत्वेकस्मिन्वा पृथग्गेहे।
भूयो न्यूनन्यूनतश्च रुद्रौ हरिः पितामहः ॥ 1 ॥
अंशोनश्च हराद्विष्णुर्विष्णोरर्धं पितामहः।
वामदक्षिणयोगेन मध्ये रुद्रं च स्थापयेत् ॥ 2 ॥

(इस सूत्र में त्रिपुरुष प्रतिमा के विषय में कहा जा रहा है। यह पूर्व-मध्यकाल की एक विशिष्ट शैली[1] के वर्णन के रूप में है किन्तु इसका प्रवर्तन गुहाकालीन प्रतिमाओं से आरम्भ होता है।) विश्वकर्मा बोले कि ब्रह्मा, विष्णु तथा रुद्र एक ही स्थान में हों अथवा पृथक् गृह में हो इससे कोई न्यूनता-अन्यूनता नहीं होती। रुद्र, हरि और पितामह ब्रह्मा में हर, शिव से एक अंश विष्णु कम है और विष्णु से आधे अंश में ब्रह्मा पितामह कम हैं। इनको बाएँ-दाएँ योग से स्थापित करके मध्य में रुद्र की स्थापना करनी चाहिए।

संस्थाप्यं च शुभं कर्ता नृपाद्याः सुजनाः प्रजाः।
प्रकर्तव्यं त्यज विप्राद्याः समेयान्ति समन्वितम् ? ॥ 3 ॥

नृपाद्या यानी राजा से लेकर सुजन प्रजा इस तरह रुद्र की स्थापना के जो शुभ कर्ता है, उन्हें एकत्रित होकर विप्रों के सिवाय, समेय यानी सम्मेलन करने चाहिए।

ताभ्यां ह्रस्वो यदा रुद्रः क्षयो राज्ञि जने मृतिः।
राष्ट्रक्षोभो नृपयुद्धं ब्रह्मविष्णु समौ यदा ॥ 4 ॥

इनमें यदि रुद्र की प्रतिमा प्रमाण से कम हो तो राजा व प्रजा का क्षय होता है। यदि ब्रह्मा की प्रतिमा विष्णु के समान बनती है तो राष्ट्र में क्षोभ, भय उत्पन्न होता है और राजाओं में युद्ध की आशंका होती है।

अनावृष्टिर्जने मारिर्ब्रह्महृस्वे जनार्दने।

---

1. मेवाड़ से लेकर पश्चिम भारत के कई मन्दिरों में एक ही मुख में तीनों रूपों का स्थैतैक्य मिलता है, अकेले चित्तौड़गढ़ पर त्रिपुरुषनारायण का मन्दिर क्रमशः भोज और महाराणा रायमल के काल के बने हुए माने जाते हैं, इनमें रायमलकालीन कहे जाने वाला निश्चित ही पुरातन हो सकता है क्योंकि रायमल के पिता कुम्भा के काल में दुर्ग के पश्चिमी भाग का विकास हुआ था जबकि उक्त प्रासाद पूर्वीभाग में बना हुआ है। यह पहले ही बन चुका होगा किन्तु इसका उद्धार रायमल के काल में हुआ होगा, इस बात की सम्भावना अधिक प्रतीत होती है।

विपर्यये नृपाद्याश्च अस्वस्था भ्रमति प्रजा॥ 5॥

इति न्यूनाधिकमानम्।

यदि ब्रह्मा से जनार्दन कम हो तो अनावृष्टि और महामारी का भय होता है। अतएव इस प्रकार के विपर्यय यानी उलट-फेर से राजा से लेकर प्रजा तक सभी अस्वस्थ होते होते हैं और दर-दर भटकने वाले हो जाते हैं।

त्रिपुरुषस्थानप्रतिष्ठामाह —

आदौ ब्रह्मा हरिर्मध्ये चाऽन्ते रुद्रो यदा भवेत्।
ब्राह्मणोपद्रवो लोकास्तथा स्युर्दुष्टचेतसः॥ 6॥

प्रारम्भ में ब्रह्मा हो, मध्य में हरि (विष्णु) हो और अन्त में यदि शिव हो तो ब्राह्मणों में उपद्रव होता है और लोक में मनुष्यमात्र दुष्ट चित्तवाले हो जाते हैं।

विष्णुस्थाने यदा ब्रह्मा ब्रह्मस्थाने जनार्दनः।
तत्र राजभयं विद्यादुद्वेगमनसो जनाः॥ 7॥

इसी तरह यदि विष्णु स्थान में ब्रह्मा और ब्रह्मा के स्थान में जनार्दन या विष्णु हो तो वहाँ राजभय समझें और जनता के मन में उद्वेग होता है।

मध्ये ब्रह्मा हरिश्चान्ते आदौ रुद्रः प्रतिष्ठितः।
संहारो जायते तत्र व्याधिशोकाकुलो जनः॥ 8॥

इसके अतिरिक्त, यदि मध्य में ब्रह्मा की स्थापना करके विष्णु की स्थापना अन्त में की जाए और आदि में शिव की स्थापना हो तो वहाँ जनता में व्याधि और शोकाकुल होने से संहार, मारकाट की प्रवृत्ति मच जाती है।

ब्रह्मणश्च यदा विष्णुर्विष्णुस्थाने पितामहः।
तस्करोपहता लोका उद्वृत्तजनसङ्कुलाः॥ 9॥

ब्रह्मा के स्थान पर विष्णु और विष्णु के स्थान पर ब्रह्मा हो तो जनता को चोरों-तस्करों की मार सहनी पड़ती है और समाज में उद्वृत यानी आपाधापी मच जाती है।

रुद्रस्थाने हरिश्चैव हरिर्यत्र हरस्तथा।
जायन्ते स्त्रीजिता लोका अधर्मरतचेतसः॥ 10॥

यदि रुद्र के स्थान पर विष्णु अथवा विष्णु के स्थान पर रुद्र की स्थापना हो तो समस्त लोक की जनता अधर्म चित्त वाली होकर स्त्रियों के वश में हो जाती है और नीच कर्मरत हो जाती है।

ब्रह्मस्थाने यदा विष्णुर्विष्णुस्थाने चतुर्मुखः।

रुद्रः स्वस्थानसंस्थस्तु सर्वकामफलप्रदम्॥ 11॥

इसलिए यही सर्वश्रेष्ठ सर्वकाम फलप्रद है कि ब्रह्मा के स्थान पर विष्णु और विष्णु के स्थान पर ब्रह्मा हो तो भी रुद्र को तो अपने ही स्थान में स्थापित करें।

रुद्रवक्त्रत्रिभागोनो हरिरर्धः पितामहः।

तत्तुल्या वै उमादेवी सुखदा सर्वकामदा॥ 12॥

रुद्र के मुख से तीन भाग कम हरि का मुख और हरि के मुख से आधा पितामह ब्रह्मा का मुख तथा ब्रह्मा के मुख के समान ही उमादेवी का मुख रखना सदा सुखदायी और सब कामनाओं को पूरा करने वाला होता है।

न्यूनाधिका हरिर्ब्रह्मा उमादेवी च शङ्करः।

सर्वार्थाश्च गतास्तत्र यथोक्तफलमादिशेत्॥ 13॥

इति त्रिपुरुषस्थानप्रतिष्ठा।

अस्तु, हरि और ब्रह्मा तथा उमादेवी और शङ्कर में न्यूनाधिक रखने से सभी अर्थगत यथोक्त फल प्राप्त होते हैं।

सूर्यमण्डलाधिव्योमलक्षणमाह —

सर्वे लिङ्गाश्रिता देवा लिङ्ग देवाश्रितं शुभम्।

अन्योन्यतः प्रदातव्यं लिङ्गं नाऽन्यत्र दापयेत्॥ 14॥

सभी देवता लिङ्ग के आश्रित है। अतः लिङ्ग के आश्रित यानी लघु होने से ही देवताओं को शुभ माना जाता है। अन्य देवता एक दूसरे से दब सकते है परन्तु लिङ्ग को किसी से भी दबता हुआ नहीं रखें।

हरिर्ब्रह्मा च सविता शक्रश्चैव स्मरस्तथा।

स्कन्धसूत्रस्य चाऽधस्यात् स्थाणुसूत्रप्रमाणतः॥ 15॥

सामान्यतः हरि, ब्रह्मा, सविता या सूर्य, इन्द्र, कामदेव को सदा स्कन्धसूत्र से नीचे, स्थाणुसूत्र की सीध में रखें।

कटिमेढ्रसमस्थाने रतिमूर्तिप्रकल्पना।

शङ्खचक्रधरा चैव ऋषयो दण्डपिङ्गलौ॥ 16॥

रतिस्कन्धसमौ तौ तु अधस्ताच्चिबुकौ तथा।

कटि और मेढ्र के बराबरी तक ही रति की मूर्ति की परिकल्पना यानी निश्चय करें। शङ्ख और चक्र को धारण किए हुए दण्ड और पिङ्गल ऋषियों की मूर्तियाँ बनाएँ और इनकी ऊँचाई रति के चिबुक-ठोड़ी से नीचे रखें।

एकपृष्ठोपरि कार्या न पृष्ठे न च विस्तृताः ॥ 17 ॥
पादपद्मागतः सूत्रं मध्यं मध्येऽपि जायते।
नायकश्च रतिश्चैव क्रमशो युक्तिमाश्रितौ ॥ 18 ॥

इनको एक ही पीठ पर बनाएँ, आगे-पीछे नहीं बनाएँ। न फैले हुए यानी बड़े बनाएँ। इनके चरण कमलों के आगे से मध्य में यानी बीचों बीच रखें तथा नायक और रति को क्रमशः युक्ति सहित बनाएँ।

पादपृष्ठसमं सूत्रमर्चामानेन कारयेत्।
अष्टधा भाजयेत् सर्वमुपपीठोपरिस्थितम् ॥ 19 ॥

पाद पीठ के समस्त में सूत्र रखकर अर्चा का मान, नाप-तौल करें। उपपीठ पर स्थित सभी मूर्तियों को आठ भागों में विभाजित करें।

द्वौ भागौ शृङ्गमुत्सेधे पद्मं कुर्यात् सुवृत्तकम्।
पद्मपीठं तु भागेन भागौ द्वौ कण्ठकोच्छ्रयः ॥ 20 ॥

दो भागों में शृङ्गों की ऊँचाई, शिखरों की ऊँचाई पर पूरे गोलवृत्त में पद्म या कमल को करें। एक भाग में पद्मपीठ और दो भागों में कण्ठ की ऊँचाई रखें।

पीठं भागत्रयं कुर्यात् प्रवेशान्तरनिर्गमम्।
पादं पद्मसमुत्सेधे ऊरुजानुहृदिस्थितम् ॥ 21 ॥

तीन पीठ भागों के बराबर प्रवेश और निकास को रखें। एक पाद पद्म की ऊँचाई रखकर जङ्घा, उरु एवं हृदय को स्थित करें।

इत्यमनन्तर व्योमलक्षणमाह —

सुशृङ्गं केशराढ्यं च अष्टपत्रं सकर्णकम्।
एवं विधं प्रकर्तव्यं सूर्याग्रे व्योमलक्षणम् ॥ 22 ॥

सूर्य के आगे बनाए जाने वाले व्योम के शिखर सुन्दर हों, केशर से भरे-पूरे हों और अष्टपत्र अर्थात् स्वर्ण के कर्ण के लक्षण युक्त हों।

पीठं च मण्डलं प्रोक्तं प्रतिधारा च नासिका।
वेदी व्योम तथा कुण्डं पञ्चाङ्गं सूर्यमण्डलम् ॥ 23 ॥

पीठ को ही मण्डल कहते हैं और प्रतिधारा को नासिका कहते हैं। इनके अतिरिक्त वेदी, व्योम और कुण्ड— सूर्य मण्डल के ये पाँचों अङ्ग हैं।

मेरुस्तस्याऽग्रतः कार्यस्त्रिगर्भान्तरसंस्थितः।
पञ्चसप्तनवान्तः स्थो ह्यत ऊर्ध्वं न कारयेत् ॥ 24 ॥

इसके आगे की ओर मेरु पर्वत बनाएँ जो तीन गर्भभाग की दूरी पर हो अथवा पाँच या सात भाग या नौ भाग के अन्त तक की दूरी पर हो। इससे अधिक दूर नहीं बनाएँ।

हंसो वृषोऽथ गरुडो व्योम वै ज्येष्ठमध्यतः।
इषुस्थानेषु कर्तव्यं नाऽन्यपदाश्रितं भवेत्॥ 25॥

देवताओं के वाहनों में हंस, वृष, गरुड़, व्योम और ज्येष्ठ मध्य से इनको पाँचों स्थानों में बनाना चाहिए, किसी अन्य पद के आश्रित नहीं बनाएँ।

अर्चायामेन विस्तीर्ण सपादं सार्धमेव च।
विस्तरोच्छ्रयतुल्यं च उपपीठं त्रिभागतः॥ 26॥

इति व्योमलक्षणाधिकारः।

यहाँ अर्चा के नाप के बराबर विस्तीर्ण अथवा सवाया या डेढ़ा विस्तार के तुल्य में ऊँचाई हों। इस तरह उपपीठ तीन भाग की करें।

इति सूत्रसन्तानगुणकीर्तिप्रकाशप्रोक्तश्रीभुवनदेवाचार्योक्तापराजितपृच्छायां (त्रिपुरुषप्रतिष्ठा)व्योमलक्षणाधिकारो नाम षट्त्रिंशदुत्तरशततमं सूत्रम्॥ 136॥

इस प्रकार भुवनदेवाचार्य कृत सूत्रसन्तानगुणकीर्ति प्रकाश या अपराजितपृच्छा में त्रिपुरुष प्रतिष्ठा व्योम लक्षण अधिकार नामक एक सौ छत्तीसवाँ सूत्र पूर्ण हुआ॥ 136॥

द्वारदृष्टिनिर्णयो नाम सप्तत्रिंशदुत्तरशततमं सूत्रम्॥ 137॥

अधुना द्वारक्रमेणदृष्टिसंस्थानं। विश्वकर्मोवाच —

ब्रह्मा विष्णु शिवस्तान्तं[1] सोदुम्बरान्तकम्।

---

1. प्रकाशितपाठे इतः पूर्वं न लभ्यते।

विशेष— यह वर्णन ज्ञानप्रकाशदीपार्णव में भी आया है। वहाँ विश्वकर्मा ने कहा है कि द्वार की ऊँचाई के (शाखा के) 32 भाग करें। उसमें ऊपर के तीन भाग छोड़ दें और नीचे से आठवें भाग से शिवलिङ्ग, दसवें और ग्यारहवें भाग में किसी देव की दृष्टि नहीं कही है। बारहवें भाग में शयित विष्णु, जलशायी शेष नारायण, चौदहवें भाग में मातृका देवियाँ, सोलहवें भाग में यक्षों की, अट्ठारहवें भाग में शिव, पार्वती, लक्ष्मीनारायण और ब्रह्मा-सावित्री- ऐसे त्रिपुरुष, युग्ममूर्ति की दृष्टि रखनी चाहिए— द्वात्रिंशद् द्वारमुत्सेधमूर्ध्वके त्रीणि वर्जयेत्। अधोऽष्टमे शिवं प्रोक्तो दशैकादशहीनकम्॥ द्वादशे तु समुत्सेधे कुर्याच्च जलशायिनम्। चतुर्दशे मातृदेवीं षोडशे यक्षमेव च॥ अष्टादशे तु कर्तव्याकुभौ रुद्रौ च श्रीहरिः। ब्रह्मयुग्मं च कर्त्तव्यमत ऊर्ध्वं तथा शृणु॥ (दीपार्णव 8, 1-3) इसी प्रकार जयपृच्छा के 17वें अध्याय में भी देवतादृष्टिपद का वर्णन हुआ है। विवेकविलास में कहा है कि देवालय में सम्मुख द्वार की शाखा के नीचे से 8 भाग कर उसमें आठवाँ भाग सबके ऊपर आया हुआ त्याग दें और उसके नीचे का जो सातवाँ भाग हो उसके नीचे के पुनः सात भाग करें और उन सातों में से नीचे के भागों को छोड़ दें और ऊपर का जो सातवाँ भाग रहे उसमें अष्टमांश सम्भव है। उस अंश में प्रासाद के अन्दर रही हुई प्रतिमा

स्थापयेच्छिवलिङ्गानि द्वारार्धं न व्यतिक्रमेत्॥ 1॥

(प्रतिमा की स्थापना के प्रसङ्ग में द्वार दृष्टि अर्थात् प्रतिमा की द्वार से स्थिति पर विचार अपेक्षित है, इसी शिल्प कथ्य को इस सूत्र में कहा गया है) विश्वकर्मा बोले कि ब्रह्मा, विष्णु, शिव का अन्त उदुम्बर के अन्त तक है। शिवलिङ्गों को द्वार के आधे (गर्भगृह का जो द्वार हो, उसके मध्य भाग के प्रमाण) में स्थापित करें, इसमें कोई परिवर्तन नहीं करें।

द्वारोच्छ्रयस्य मध्यं तु वसु$_{8}$ भागविभाजितम्।
शुभाशुभदृष्टिस्थानं हिताहितफलप्रदम्॥ 2॥

द्वार की ऊँचाई के मध्य भाग को आठ भागों में विभाजित करें। इसमें शुभ और अशुभ दृष्टि स्थान रखने से ही हित और अहित फल जानना चाहिए।

पदमेकैककं भूयो ह्यष्टधा$_{8}$ प्रविभाजितम्।
चतुःषष्ठ्यंशोच्छ्रितं$_{64}$ स्यादुदुम्बरदशान्तकम्॥ 3॥

इसके बाद, एक-एक भाग को भी आठ-आठ भागों में पुनः विभाजित करें। इस तरह से उदुम्बर के अन्त तक 8 × 8 = 64 अंशों की ऊँचाई होगी।

विषमांशेषु सर्वेषु देवतादृष्टियोगतः।
दृष्टिस्थानानि द्वात्रिंशद् द्वात्रिंशच्च विलोमतः॥ 4॥

जितने भी विषम अंश हैं, उनमें देवता की दृष्टियोग करना उचित है। इस तरह दृष्टि स्थान 32 होते हैं और विलोम स्थान भी 32 होते हैं।

विषमस्था शुभा चैवं विषमे चाशुभोद्गमः।
दृष्टिदोषविपाकेन स्थाननाशो धनक्षयम्॥ 5॥

विषम स्थान में दृष्टि को रखना शुभ है और समस्थान में दृष्टि रखना अशुभ का कारक है। दृष्टि दोष के कारण स्थान का नाश और धन का क्षय होता है।

नगरे च पुरे ग्रामे राष्ट्रे तीर्थे तपोवने।
वाहदृष्टिहतं यच्च न पुनस्तरत्प्ररोहति॥ 6॥

किसी भी नगर गें, ग्राम में, पुर में, राष्ट्र में, तीर्थ में, तपोवन में जो भी दृष्टि पात से हत हुआ है, वह कभी पुनः नहीं पनप सकता है।

की दृष्टि शिल्पियों को रखनी चाहिए—द्वारशाखाष्टभिर्भागैरधःपक्षाद्विर्धायते। मुक्त्वाष्टमविभागं च यो भागः सप्तमः पुनः॥ तस्यापि सप्तमे भागे गजांशस्तत्र सम्भवेत्। प्रासादे प्रतिमादृष्टिर्नियोज्या तत्र शिल्पिभिः॥ (विवेक. 1, 158-159)

उदुम्बरादितः प्रोक्तमुत्तरङ्गोदरादधः।
देवताक्रमसंस्थानं कथयामि यथाविधि॥ 7॥

इसलिए मैं उदुम्बर के आदि से उत्तरङ्ग के नीचे तक, देवताओं के क्रम से दृष्टि संस्थान को यथाविधि कहता हूँ।

शिवप्रोक्त नवतत्त्वानि —

आदिः सृष्टिश्च तत्त्वं च अधिष्ठं चायुर्लक्ष्यकम्।
विज्ञा प्रज्ञा शान्तिः शिवोक्तानि तत्त्वानि वै नव॥ 8॥

शिव के द्वारा ये नौ तत्त्व कहे गए हैं— 1. आदि, 2. सृष्टि, 4. तत्त्व, 4. अधिष्ठ, 5. आयु, 6. लक्ष्य, 7. विज्ञा, 8. प्रज्ञा और 9. शान्ति।

द्वात्रिंशद्विषमस्थानानि तेषु प्रतिमाश्च —

प्रथमे च भवेदादिः सृष्टिश्चैव तृतीयके।
पञ्चमे च भवेत्तत्त्वमधिष्ठं सप्तमे स्थितम्॥ 9॥
आयुःस्थानं च नवमे लक्ष्ममेकादशे स्थितम्।
त्रयादशे भवेद्विज्ञा प्रज्ञा पञ्चदशस्थिता॥ 10॥
शान्तिः सप्तदशस्था च शिवतत्त्वकसंस्थितिः।

इनमें प्रथम भाग पर आदि$_1$ की स्थिति है, तीसरे भाग पर सृष्टि$_2$, पाँचवें भाग पर तत्त्व$_3$, सातवें भाग पर अधिष्ठ$_4$, नवें स्थान पर आयु$_5$, एकादश स्थान पर लक्ष्य$_6$, तेरहवें स्थान पर विज्ञा$_7$, पन्द्रहवें स्थान पर प्रज्ञा$_8$ और सत्रहवें स्थान पर शान्ति$_9$ और इस प्रकार शिवतत्त्वों की संस्थिति पूरी होनी है।

व्यक्ताव्यक्ते तदूर्ध्वे तु क्रमेण च सुसंस्थिते॥ 11॥
व्यक्तपदं च विज्ञेयमेकोनविंशत्यंशके।
व्यक्ताव्यक्तं त्वेकविंशे त्रयोविंशे च व्यक्तकम्॥ 12॥

इसमें व्यक्त और अव्यक्त इसके ऊर्ध्व क्रम में सुसंस्थित है। व्यक्त पदों को 19 अंश के भागों के तथा व्यक्ताव्यक्त भी 21 के और 23 अंश व्यक्त के कहे हैं। अर्थात् व्यक्ताव्यक्त मुखलिङ्ग 21 व अव्यक्त स्वरूप 19 भाग में होंगे जबकि 23 भाग व्यक्त या उमा-रुद्र के होंगे।[1]

पञ्चविंशे फालना स्यात् तत्र कामफलोदयः।
सप्तविंशे समुत्सेधे कुर्याच्च जलशायिनम्॥ 13॥

---

1. इस प्रकार शिवलिङ्ग, तत्त्व स्वरूप के लिए क्रमशः 1, 3, 5, 7, 9, 11, 13, 15, 17, 19 व 21 का क्रम है।

इसमें 25 फालना यानी शेषनाग की दृष्टि होती है जो कामना पूर्ति करती है। इसके अतिरिक्त 27 भाग की ऊँचाई में जलशायी नारायण को करें।

द्व्यधिके वैनतेयं च मातरस्त्वेकत्रिंशके।
त्रयस्त्रिंशे भवेद्यक्षो द्व्यधिके भृङ्गशूकरः॥ 14॥

उक्त प्रमाण से दो अधिक अर्थात् 29वें भाग में गरुड़ और 31वें भाग में मातर की, 33 में यक्ष और इनमें दो अधिक अर्थात 35 पर भृङ्ग व शूकर या वाराह की दृष्टि करें।

सप्तत्रिंशे उमारुद्रं द्व्यधिके बुद्ध एव च।
एकचत्वारिंशके च ब्रह्मयुग्मं च कारयेत्॥ 15॥

इसी प्रकार 37 में उमा–रुद्र को और इनसे दो अधिक अर्थात् 39 पर बुद्ध तथा 41वें भाग पर ब्रह्मा का युग्म यानी ब्रह्मा–सावित्री को करें।

दुर्वाससं च द्व्यधिके अगस्त्यं नारदं तथा।
पञ्चचत्वारिंशके च लक्ष्मीनारायणं विदुः॥ 16॥
सप्तचत्वारिंशके च स्थाप्यो धाता यथाविधि।

इनसे दो अधिक अर्थात् 43 पर दुर्वासा को, अगस्त्य और नारद को, 45 पर लक्ष्मीनारायण को, 47वें भाग पर धाता की यथाविधि स्थापना करें।

एकोनपञ्चाशत्तमे गणेशं च सरस्वतीम्॥ 17॥
ततश्च द्व्यधिके कुर्याच्छ्रियं पद्मासनां स्थिताम्।

इसी प्रकार 49वें भाग गणेश और सरस्वती को तथा इससे दो अधिक अर्थात् 51वें भाग पर लक्ष्मी को पद्मासनस्थ स्थित करें।

त्रिपञ्चाशत्तमे कुर्याद्धरसिद्धिं च कामदाम्॥ 18॥
ब्रह्मविष्णोश्च सूर्यस्य वीतरागस्य च क्रमात्।
पञ्चपञ्चाशत्तमे च ऊर्ध्वार्चादृष्टिसंस्थितिः॥ 19॥

इसके अतिरिक्त 53वें भाग पर हरिसिद्धि जो कि कामनापूर्ति करने वाली है, को करें। ब्रह्मा, विष्णु, सूर्य, वीतराग (तीर्थङ्कर)[1] को क्रम से 55वें भाग से ऊपर की और दृष्टियुक्त बनाएँ।

रुद्रार्चा ततो द्व्यधिके चण्डिकैकोनषष्ठिके।
द्व्यधिके भैरवश्चैव वेतालाश्च त्रिषष्ठिके॥ 20॥

---

1. दिगम्बराचार्य वसुनन्दी कृत प्रतिष्ठासार में द्वारोदय के नौ विभाग कर सातवें भाग से जिनदृष्टि करने का निर्देश है।

रुद्र (अघोररुद्र) की प्रतिमा को उक्त प्रमाण से दो अधिक अर्थात् 57वें भाग, चण्डिका को 59 की, भैरव की इससे दो अधिक अर्थात् 61 और वेताल की 63वें भाग पर करें।

वाहनदृष्टिं —

तदूर्ध्वे च पदं शून्यं महामर्म क्षयावहम्।
पादेऽर्चायाः कटिर्यावत् कार्या वाहनदृक् तथा॥ 21॥

इसके ऊपर शून्य पद है जो महामर्मयुक्त क्षयकारक कहा गया है। अर्चा के चरण से कटि तक ही वाहन की दृष्टि रखें।

धर्मार्थकाममोक्षाणां दृष्टिस्थापनपूजनात्।
सर्वार्चादृष्टिसंस्थानं भुक्तिमुक्तिप्रदं भवेत्॥ 22॥

धर्म, अर्थ, काम और मोक्ष की प्राप्ति हेतु दृष्टि स्थापना की पूजा से सभी अर्चाओं के दृष्टि संस्थान भोग और मुक्ति प्रद होते हैं।

इति सूत्रसन्तानगुणकीर्तिप्रकाशप्रोक्तृश्रीभुवनदेवाचार्योक्तापराजितपृच्छायां द्वारदृष्टिनिर्णयाधिकारो नाम सप्तत्रिंशदुत्तरशततमं सूत्रम्॥ 137॥

इस प्रकार भुवनदेवाचार्य कृत सूत्रसन्तानगुणकीर्ति प्रकाश या अपराजितपृच्छा में द्वार दृष्टि निर्णय अधिकार नामक एक सौ सैंतीसवाँ सूत्र पूर्ण हुआ॥ 137॥

प्रासादस्योर्ध्वमाननिर्णयो नामाष्टात्रिंशदुत्तरशततमं सूत्रम्॥ 138॥

अधुना देवालयस्योर्ध्वमानं। विश्वकर्मोवाच —

अथातः सम्प्रवक्ष्यामि प्रासादस्योर्ध्वलक्षणम्।
तलच्छन्दविभक्त्या तदूर्ध्वमानं विशेषतः॥ 1॥[1]

(यहाँ से प्रासाद के शिखरादि के विषय में वर्णन आरम्भ होता है) विश्वकर्मा बोले कि अब मैं प्रासाद की ऊँचाई के लक्षणों को कहता हूँ ये तलछन्द विभक्ति के अनुसार विशेषतः ऊर्ध्वमान होते हैं।

विभक्ते तु तलच्छन्दे शिखरोर्ध्वं तु कारयेत्।
शिखरे शुकाग्रसूत्रे उच्छ्रयो मण्डपस्य च॥ 2॥

---

1. सूत्रधार मण्डन के पुत्र सूत्रधार गोविन्द ने अपनी 'कलानिधि' में इस अध्याय को ज्यों का त्यों उद्धृत किया है। इससे पूर्व केवल यह मङ्गलाचरण आया है— भुवनेश्वर मानस्य तत्प्रणीताद्यः तन्त्रतः। विधीयते सुरागारशिखरार्थं कलानिधिः॥ बहुधा शिखराणिस्युरेकस्था पित्तलस्य हि। प्रासाद जातयो नामान्यतः ऊर्ध्वानुसारतः॥ (कलानिधिः सम्पादक- श्रीकृष्ण जुगनू, परिमल पब्लिकेशंस, दिल्ली 2006, प्रथम प्रकाश 1)।

पहले तलछन्द के विभाग कर लें। तदोपरान्त शिखर की ऊँचाई को करें। इसमें मण्डप की ऊँचाई शिखर के शुकनास के सूत्र में रखें।

प्रासादकाग्रशुकवन्मण्डपाग्रे चतुष्किका।
जगत्युत्तानपट्टं च शालाद्याः परितः क्रमात्॥ 3॥

प्रासाद के आगे शुक के समान एक मण्डप आगे चौकी होती है। प्रासाद की जगती पीठ के ऊपरी पट्ट से प्रासाद शाला का आरम्भ क्रम पूर्वक होता है।

जगत्यां लोपयेच्छालां शालायां मण्डपं तथा।
मण्डपे नैव प्रासादो ग्रस्तश्चेद् दोषकारकः॥ 4॥

जगती को शाला ढक देती है और शाला को मण्डप ढक देता है। मण्डप प्रासाद को ग्रस्त नहीं करें, यह निर्माण में अपेक्षित है। यदि वह करें तो दोषकारक होगा।

एवमादिगुणाः प्रोक्ताः सूत्रशास्त्रार्थबोधकैः।
विशिष्टगुणमाख्यास्ये प्रोक्तं वै वास्तुवेदिभिः॥ 5॥

इस प्रकार से आरम्भ में ही सूत्रशास्त्र, वास्तुशास्त्र के जानकारों ने कह दिया है। अब मैं वास्तुविदों के द्वारा कहे गए विशेष गुणों को कहता हूँ।

प्रासादस्य विशिष्टगुणमाह —

निरन्धारेषु सर्वेषु नागरे मिश्रकेऽपि वा।
विमाननागरच्छन्दे कुर्याद्विमानपुष्पके॥ 6॥

सभी निरन्धार प्रासादों, नागर प्रासादों और मिश्रक प्रासादों के विमान नागरछन्द के और विमानपुष्पक छन्द के करें।

भित्तेः पृथुत्वे यन्मानं तच्छृङ्गक्रम ऊर्ध्वतः।
गर्भमध्ये यदा रेखा महामर्मक्षयावहा॥ 7॥

भित्ति की चौड़ाई का मान जितना हो, उतना ही ऊँचाई श‍ृङ्गक्रम यानी शिखर रखें। गर्भ के मध्य में यदि रेखा आए तो वह महामर्म समझे, जो क्षयकारक है।

एकद्वित्रिकमा उक्ता भित्तिमध्ये यथोत्तरम्।
अधिका नैव कर्तव्या पीडिते च कुलक्षयः॥ ८॥

एक, दो, तीन क्रम में भित्ति के मध्य से उत्तरोत्तर शिखर चढ़ा सकते हैं। रेखा अधिक भी न हो और कम हो तो भी कुलक्षय होता हैं।

एकादिग्रहसङ्ख्यान्तमुरःश‍ृङ्गं कमोद्गतम्।
अधःस्थेन भवेल्लुसमुरःश‍ृङ्गं तु पश्चिमम्॥ 9॥

भद्र पर उरुशृङ्ग एक से लेकर क्रमशः नौ तक कर सकते है। इसमें नीचे का पश्चिमी उरुशृङ्ग लुप्त होगा।

सप्त सप्त ह्यधोलुप्ताः ऊर्ध्वस्थांशास्त्रयोदश।
एकवृद्ध्या घण्टबाह्ये स्कन्धे स्कन्धं तु कारयेत्॥ 10॥
एकैकं युक्तिसूत्रेण कुर्याद्वै सर्वकामदम्।
सूत्रयित्वा क्रमयोगे मूलसूत्रानुसारतः॥ 11॥

उरुशृङ्ग की ऊँचाई के 13 भाग करें। उनमें सात नीचे के लुप्त करके दूसरा ऊरुशृङ्ग बनाएँ। ऊरुशृङ्ग को स्कन्ध तक ही माने और आमलसार, घण्टों को उससे बाहर समझें। उनको एक-एक को इसी युक्तिपूर्वक, एक के ऊपर एक ऊरुशृङ्ग चढ़ाते जाएँ जो सब कामना को पूरी करता है। इसको मूल सूत्र के क्रमयोग में अवश्य रखें।

छन्दभेदो न कर्तव्यो जातिभेदो न वा पुनः।
उद्भवेच्च महामर्म जातिभेदे कृते सति॥ 12॥

प्रासाद रचना में छन्द भेद अथवा जाति भेद नहीं करना चाहिए। इनमें भेद करने पर महामर्म का उद्भव होता है।

यदि छन्दे नास्ति छन्दो नाऽऽद्यमाद्ये प्रतिष्ठितम्?।
तत्प्रासादफलं नास्ति ततो मोक्षो न विद्यते॥ 13॥

जिस प्रासाद का छन्द नहीं, उसकी आद्यप्रतिष्ठा भी नहीं, उस प्रासाद का कोई फल भी नहीं और उससे मोक्ष की प्राप्ति भी नहीं होती।

प्रासादस्य पुरो-भागे निर्वाणं मूलशृङ्गकम्।
तदग्रे शुक्रवत्कार्यमुरुशृङ्गाद्यनुक्रमात्॥ 14॥

प्रासाद के अग्रभाग में मूलशृङ्ग निर्वाण रूप है। उसके आगे ही शुकनास तक उरुशृङ्ग आद्य-क्रमानुसार करें।

एकत्रिपञ्चसप्ताङ्कसिंहस्थानानि कारयेत्।
तेषां विभक्तिसूत्रं तु कोलिकायामसूत्रतः॥ 15॥

ये एक, तीन, पाँच, सात तक सिंहस्थान किए जा सकते हैं। उनके विभाग कोलिका की सीध में ही होते हैं।

षट्कोल्यामाह —

अञ्चिता कुञ्चिता शस्या त्रिधोदितक्रमागता।
मध्यस्था भ्रमा सभ्रमा षट्कोल्यः परिकीर्तिताः॥ 16॥

कोलियों को अञ्चिता, कुञ्चिता, शस्या— इन तीन क्रमों में उदित कहा गया है। मध्यस्था, भ्रमा, सभ्रमा— इस प्रकार ये षट्कोल्या कही है।

प्रासादे दशधा भक्ते भूमिसीमा विचक्षणः।
अञ्चिता च द्विभागा स्यात् त्रिभागा कुञ्चिता तथा॥ 17॥
शस्या चैवं चतुर्भागा त्रिधा चोक्तक्रमागता।
--------------------------------॥ 18॥

विचक्षणों ने प्रासाद की भूमि सीमा को दस भागों में विभाजित किया है। इनमें 1. अञ्चिता दो भागों की, 2. कुञ्चिता तीन भागों की और 3. शस्या चार भागों की— इस क्रम में होती है।

प्रासादपदमध्यस्था द्रमा सद्मत्रिभागतः।
अर्धे तु सभ्रमा कार्या प्रासादस्य प्रमाणतः॥ 19॥

प्रासाद के भागों के मध्य में भ्रमा प्रासाद के तीसरे भाग तक होती है। प्रासाद के प्रमाण से आधे तक भी सभ्रमा कह सकते हैं।

अग्रे कोली कपोलं तु शुकनासस्तु नासिका।
सान्धारे स्तम्भरेखा च कर्तव्या मध्यकोष्ठके॥ 20॥

आगे की कोली को कपोल और शुकनास को नासिका तथा सान्धार में स्तम्भरेखा मध्य कोष्ठक में करनी चाहिए।

भ्रमणी बाह्यभित्तिश्च क्रमात्सङ्ख्यां प्रकल्पयेत्।
शृङ्गोरुशृङ्गप्रत्यङ्गं गणयेदण्डकानि च॥ 21॥

भ्रमणी बाह्यभित्ति की क्रम सें संख्या प्रकल्पित करें। शृङ्ग, ऊरुशृङ्ग, प्रत्यङ्ग तक अण्डकों की गणना करें।

सिंहकर्णं तवङ्गं तिलकं प्रासादभूषणम्।
कर्णं रथं प्रतिरथं सुभद्रं प्रतिभद्रकम्॥ 22॥
सलिलान्तरमार्गेण शुद्धान्येवाङ्गसङ्ख्यया।

सिंहकर्ण, तवङ्ग, तिलक— ये प्रासाद के भूषण है। कर्ण, रथ, प्रतिरथ, सुभद्र, प्रतिभद्रक, सलिलान्तर मार्गों से इन अङ्गों की संख्या शुद्ध बनती हैं।

इहैवाङ्गप्रमाणेन सपादं शृङ्गमुच्छ्रये॥ 23॥
स्कन्धस्यार्धोदये घण्टा सर्वकामफलप्रदा।

इसी प्रकार के अङ्ग प्रमाण से शृङ्ग की ऊँचाई सवाए मान की होती है। स्कन्ध की चौड़ाई का आधा ऊँचा घण्टा, आमलसार बनाना सब कामनाओं को पूरी करता है।

प्रहारांशं पुनर्दद्यात् पुनः शृङ्गाणि कारयेत्॥ 24॥

शृङ्गे शृङ्गे च प्रासादं विभक्तमिव कल्पयेत्।

समस्तानामधोभागे कुर्याच्छाद्यं विभूषितम्॥ 25॥

प्रहार अंशों को पुनः देकर पुनः शृङ्ग रचना करें अर्थात् शृङ्ग पर पुनः 13 भाग करके 7 भागों पर पुनः शृङ्ग रचना करें। इसी तरह प्रत्येक शृङ्ग करें। इन सब के नीचे के भाग में विभूषित अलङ्करण युक्त छाद्य करें।

अधः शृङ्गं पक्षभागे ऊर्ध्वशृङ्गोद्गमोद्गमम्।

उरुशृङ्गं यदा लुप्तं रेखाकर्णजलान्तरैः॥ 26॥

तत्र कारयितुः पीडा कर्तुश्चापि महद्भयम्।

नीचे के शृङ्गों के पक्षभाग में ऊपर के शृङ्गों का उद्गम होता है। यदि उरुशृङ्ग में रेखाकर्ण और जलान्तर लुप्त होते है तो यह कर्ता को और काम करने वालों के लिए पीड़ा और महाभय कारक होता है।

मूलशिलात उदये प्रासादे कलशान्तके॥ 27॥

भागे विभक्ते विंशत्या अधऊर्ध्वं प्रकल्पयेत्।

प्रासाद की ऊँचाई मूल शिला के लेकर कलश के अन्त तक मानी जाती है। उसे बीस भागों में विभक्त करके ऊँचा नीचा प्रकल्पित करें।

त्रिविधमण्डोवरप्रमाणमाह —

अष्टभागोदये ज्येष्ठः सार्द्धमष्टौ च मध्यमः॥ 28॥

कनिष्ठो नवभिर्भागैस्त्रिधा मण्डोवरो मतः।

शेषा ये ऊर्ध्वभागास्तैः कर्तव्यः शिखरोदयः॥ 29॥

इदं मानं समुद्दिष्टं प्रोक्तं वै वास्तुवेदिभिः।

इसमें आठ भाग ऊँचाई वाला ज्येष्ठ मण्डोवर, साढ़े आठ वाला मध्यम और नौ भागों वाला कनिष्ठ मण्डोवर माना गया हे। शेष जो भाग बचें, उन पर शिखर की ऊँचाई करे। इस मान-प्रमाण को वास्तुविदों ने समुदिष्ट यानी ऊँचाई-सज्जा के प्रसङ्ग में कहा हैं।

इति सूत्रसन्तानगुणकीर्तिप्रकाशप्रोक्तृश्रीभुवनदेवाचार्योक्तापराजितपृच्छायां प्रासादस्योर्ध्वमाननिर्णयोधिकारो नामाष्टात्रिंशदुत्तरशततमं सूत्रम्॥ 138॥

इस प्रकार भुवनदेवाचार्य कृत सूत्रसन्तानगुणकीर्ति प्रकाश या अपराजितपृच्छा में प्रासाद ऊर्ध्वमान निर्णय अधिकार नामक एक सौ अड़तीसवाँ सूत्र पूर्ण हुआ॥ 138॥

दशावतार-परिकरयु— विष्णु

रामपंचायन परिकरयुक्त मारुति

शीवपंचायन परिकरयुक्त विनायक

परिकरयुक्त ब्रह्मा

महिषासुरमर्दिनी

परिकरयुक्त सूर्य

परिकरयुक्त विष्णु

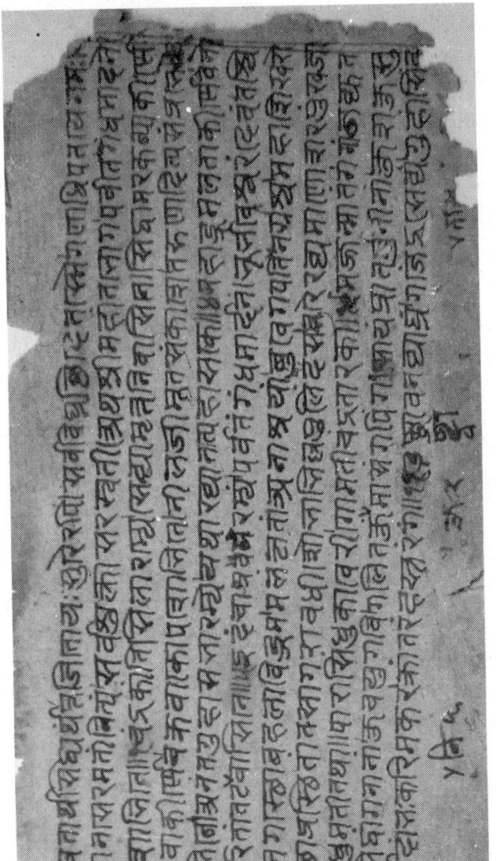

बड़ौदा (गुजरात) स्थित ऑरियण्टल इंस्टिट्यूट में विद्यमान अपराजितपृच्छा की 'क' संज्ञक पांडुलिपि का प्रथम पृष्ठ

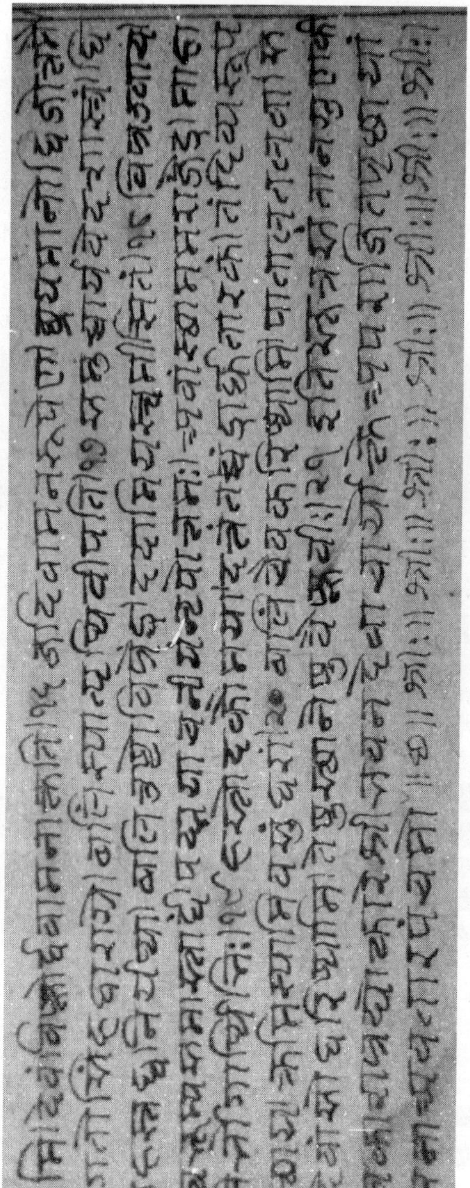

बड़ौदा के ऑरियण्टल इंस्टिट्यूट में विद्यमान अपराजितपृच्छा की एक पांडुलिपि में वामनावतार सूत्र का पुष्पिका सहित पृष्ठ

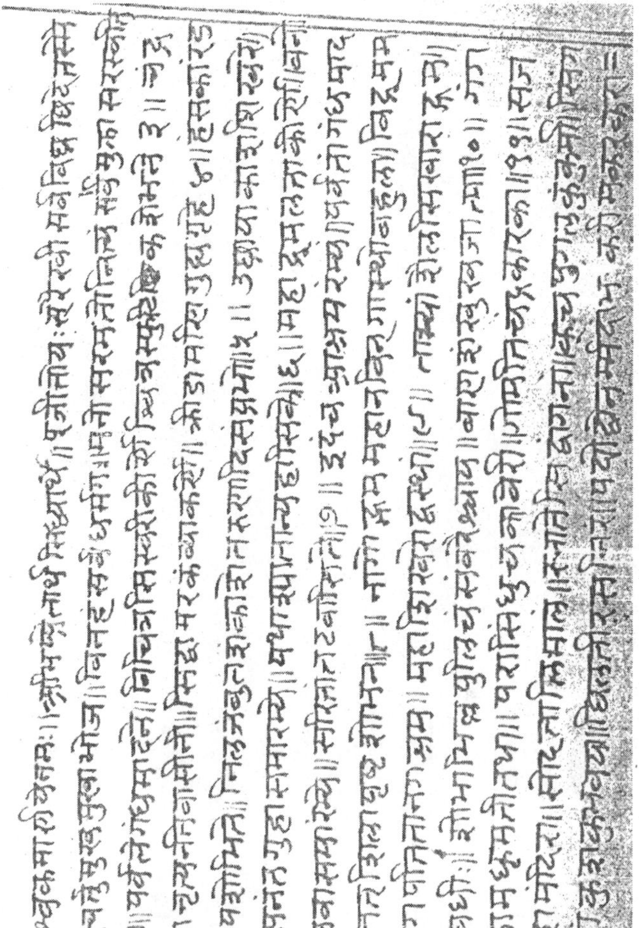

डूंगरपुर (राजस्थान) के शिल्पी श्री रघुनाथ सोमपुरा के संग्रह में विद्यमान अपराजितपृच्छा की पांडुलिपि का प्रथम पृष्ठ

जोधपुर-राजस्थान स्थित प्राच्य विद्या प्रतिष्ठान में मौजूद अपराजितपृच्छा की खण्डित पांडुलिपि (संख्या 18078-12) का एक पृष्ठ जिसमें राजगृहलक्षण अधिकार आया है

ग्रन्थोपदेष्टा भगवान् विश्वकर्मा अपने मानस पुत्रों जय,
विजय, सिद्धार्थ और अपराजित के साथ

पृथ्वी गौ के स्वरूप में और महाराज पृथु-संवाद का परिकल्पित चित्र।

(अपराजितपृच्छा एवं वायु आदि पुराणों सहित समरांगण सूत्रधार में यह मिथक कथा

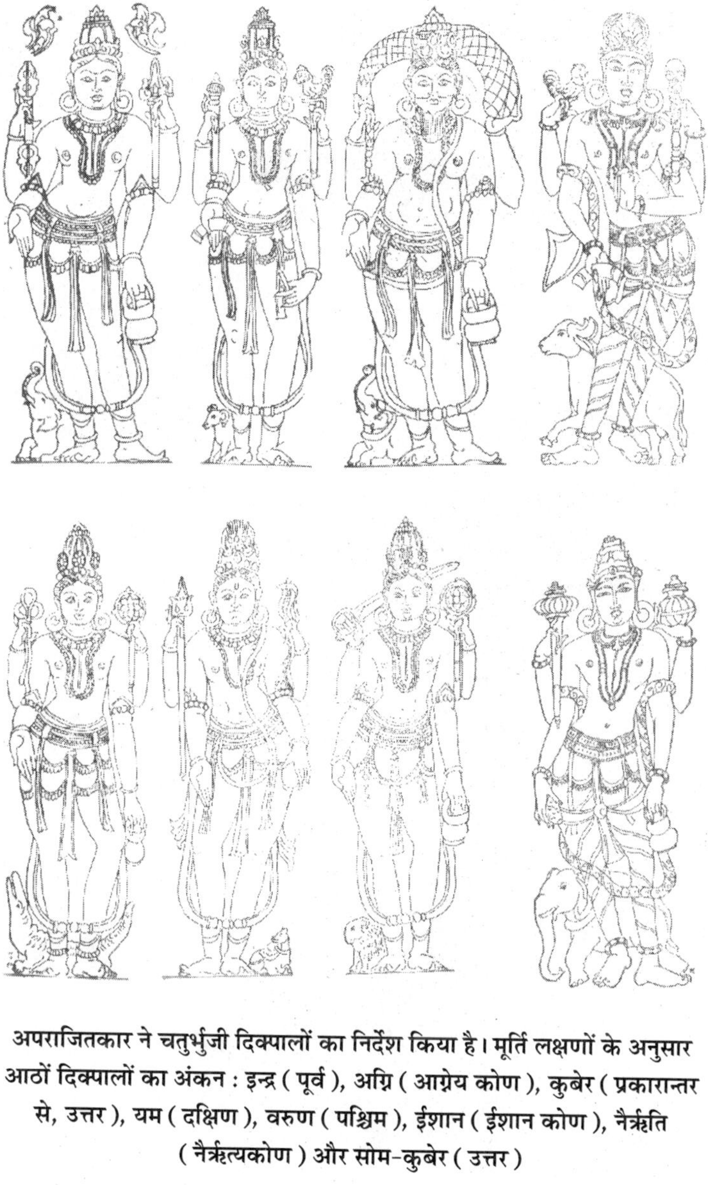

अपराजितकार ने चतुर्भुजी दिक्पालों का निर्देश किया है। मूर्ति लक्षणों के अनुसार आठों दिक्पालों का अंकन : इन्द्र (पूर्व), अग्नि (आग्नेय कोण), कुबेर (प्रकारान्तर से, उत्तर), यम (दक्षिण), वरुण (पश्चिम), ईशान (ईशान कोण), नैर्ऋति (नैर्ऋत्यकोण) और सोम-कुबेर (उत्तर)

विरालिका

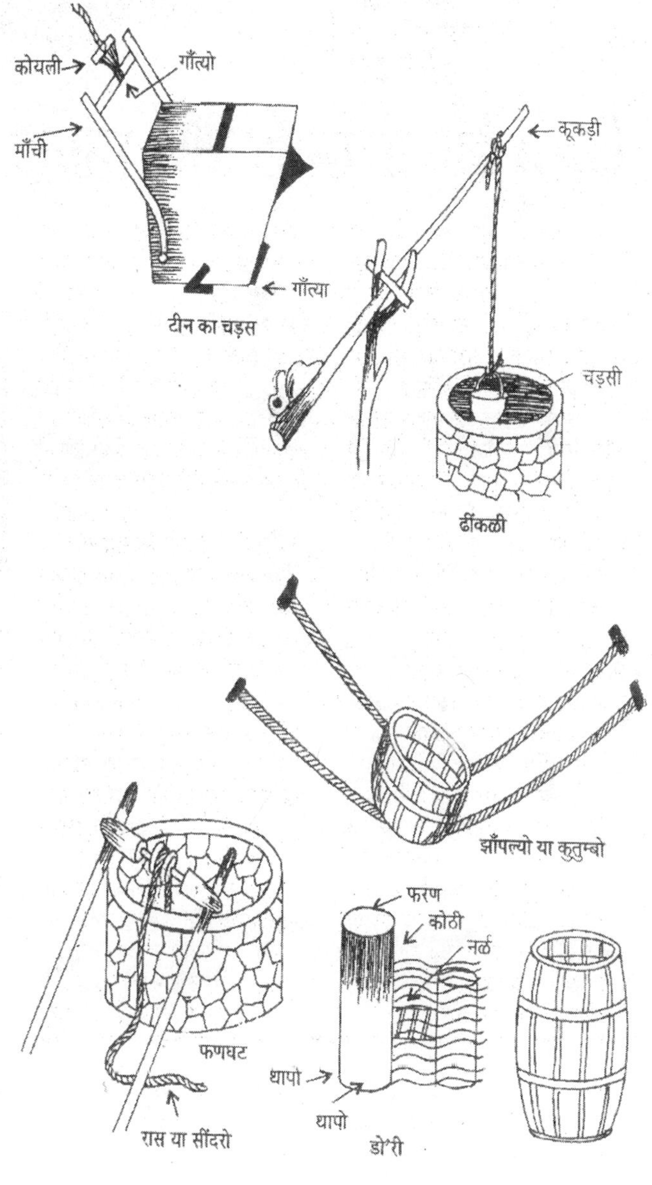

सिंचाई के लिए उपयोगी पारंपरिक साधन

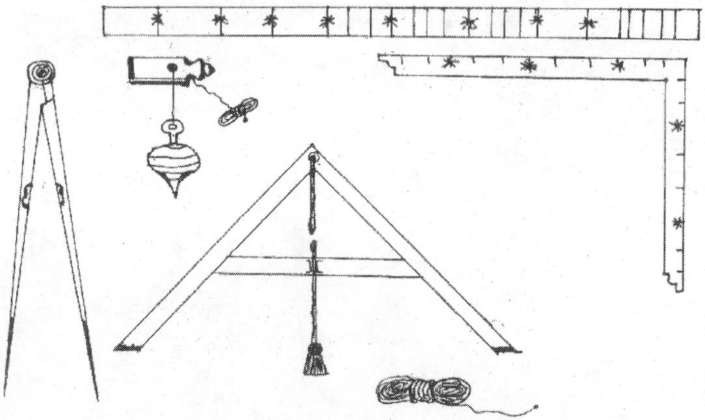

शिल्पियों और सूत्रधारों के विविध औजार : परकाल, गज, गुणिया, काठखुणा, लेवल-सांधणी, डोर आदि

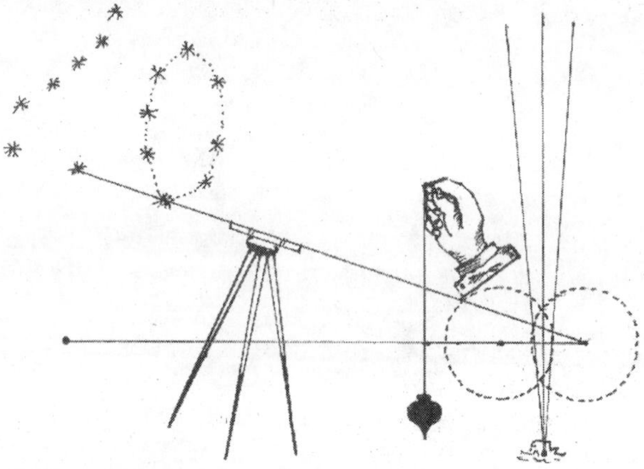

रात्रि में दिशा शोधन की प्राचीन मार्कटिक तारा और ध्रुवादि सम्मत विधि। यह विधि कुतुबनुमा के चलन के बाद लुप्त हो गई किंतु रात्रि में काफिलों पर चलने वाले आज भी ताराओं, कृतिका के आधार पर ही दिशा और समय का ज्ञान कर लेते हैं।

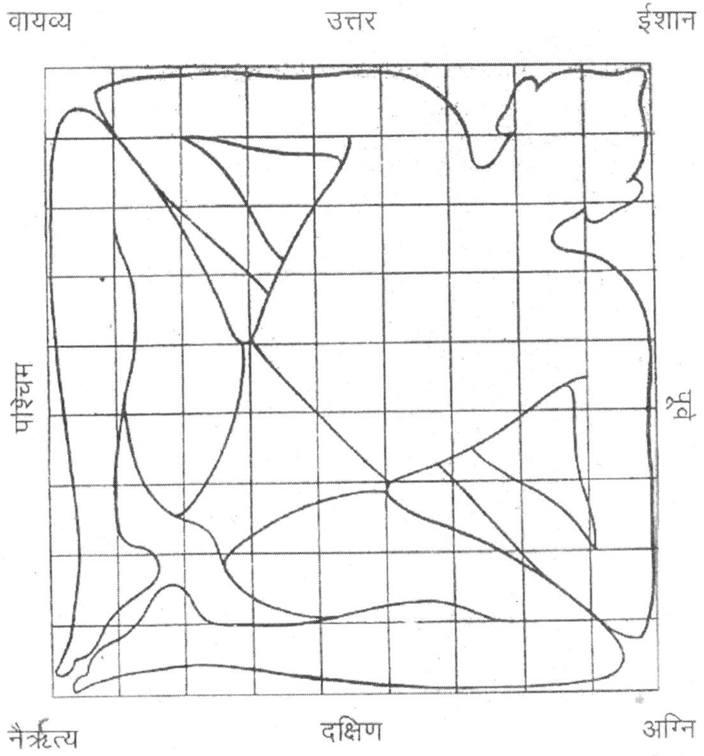

भूमि पर वास्तुपुरुष की शयित स्थिति। विदिशानुसार सिर, कोहनी, घुटना और चरणतलियों की स्थिति रहती है।

परमशायिक वास्तुपद विन्यास।(81 पदानुसार)

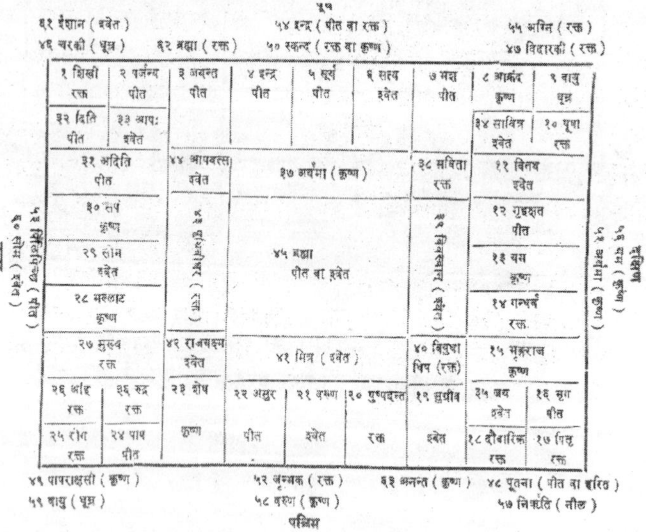

एकाशीतिपद(81 पद) सम्मत वृत्त वास्तु में देवताओं का न्यास क्रम। गोलाकार दीर्घ रचना, नाट्य प्रेक्षागृह, बुर्ज और अन्य वृत्तीय निर्मितियों के लिए यह योजना ज्ञेय है

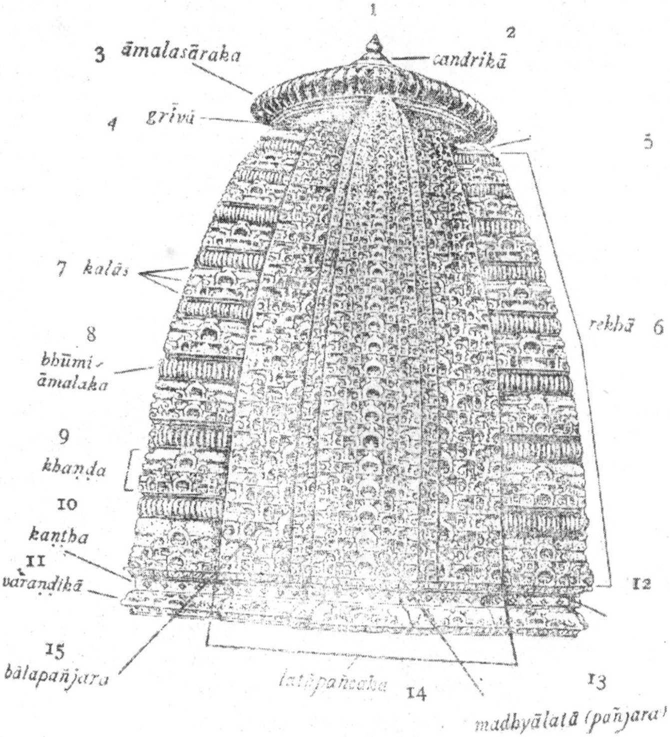

एक लतिन प्रासाद का शिखर

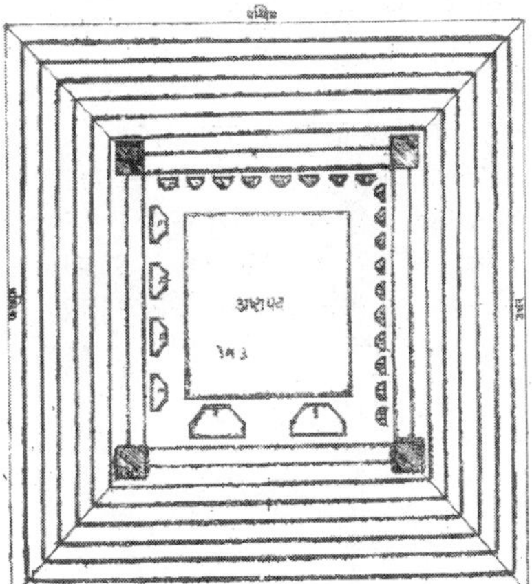

अद्यापद तलदर्शन

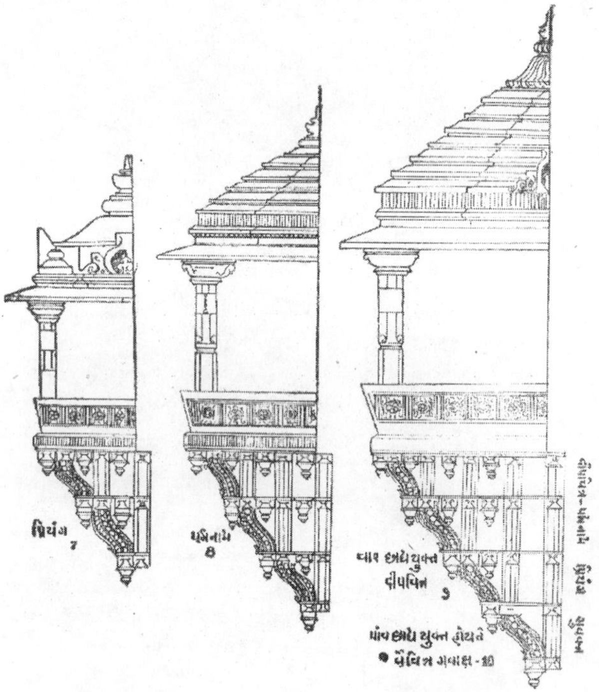

प्रियंगादि गवाक्ष जिनका निर्माण छाद्यानुक्रम से होता है

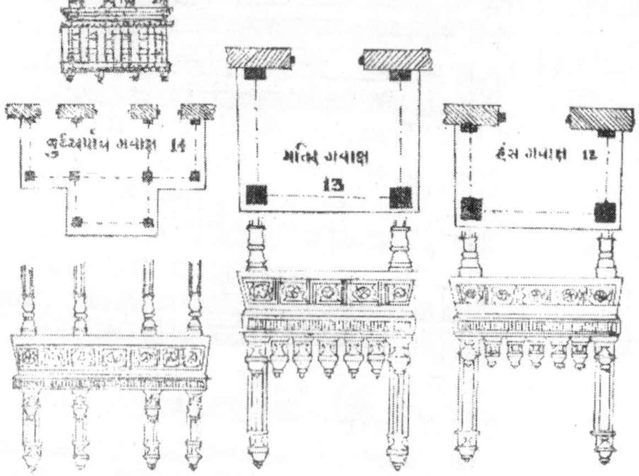

मतिदादि गवाक्ष और उनका तलीय विन्यास

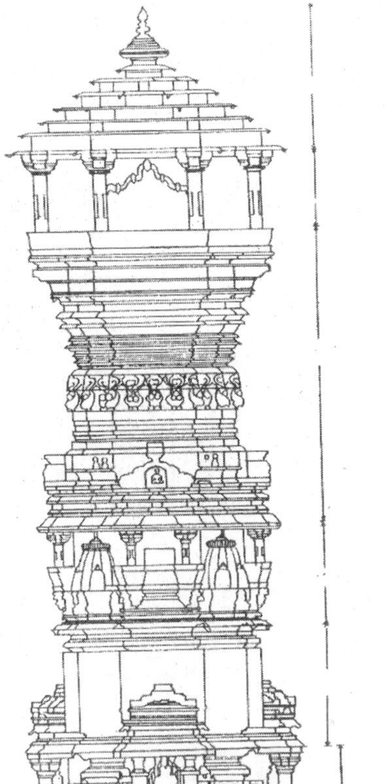

राजप्रासादों और दुर्गों की दर्शनीयता के प्रयोजन से कीर्तिस्तम्भ-जय स्तम्भ आदि का निर्माण होता रहा है। चित्तौड़गढ़ के जैन कीर्तिस्तम्भ के एक छोर का दर्शन।

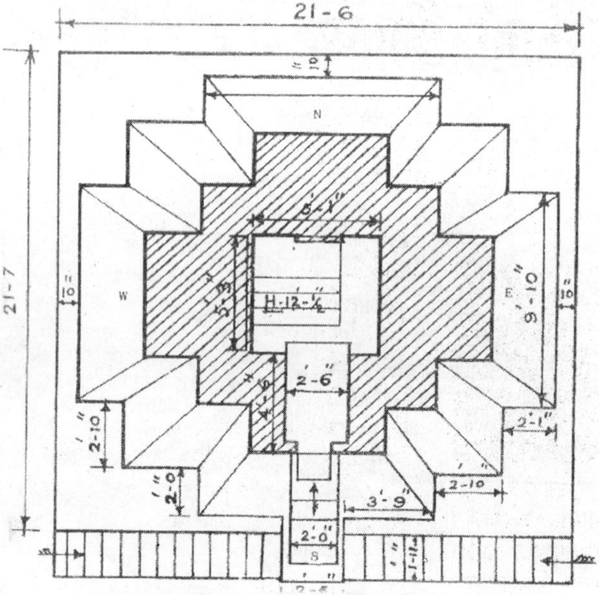

कीर्तिस्तम्भ की प्रथम तल योजना

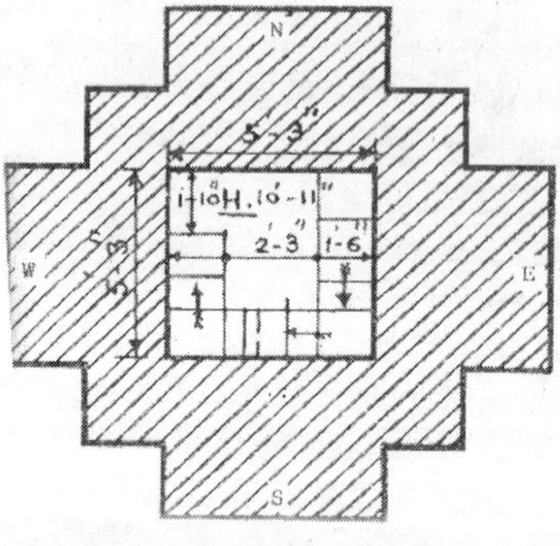

कीर्तिस्तम्भ की द्वितीय तल योजना

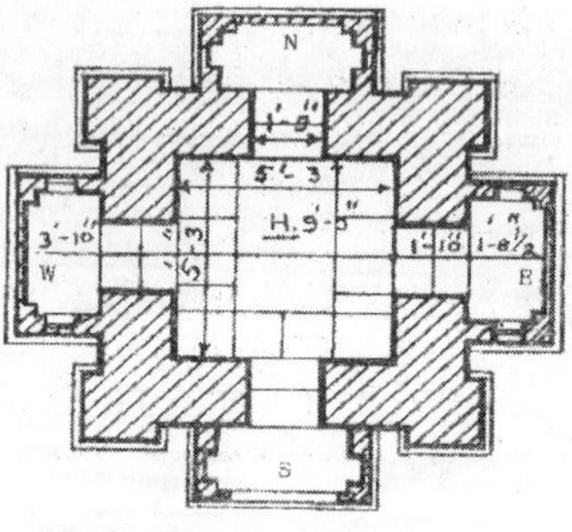

कीर्तिस्तम्भ की तृतीय तल योजना

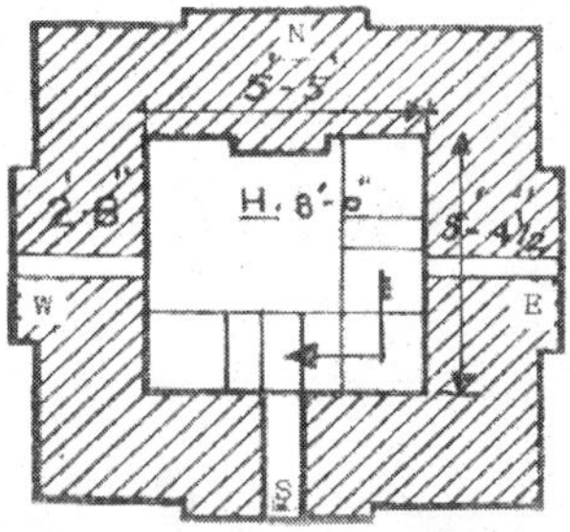

कीर्तिस्तम्भ की चतुर्थ तल योजना

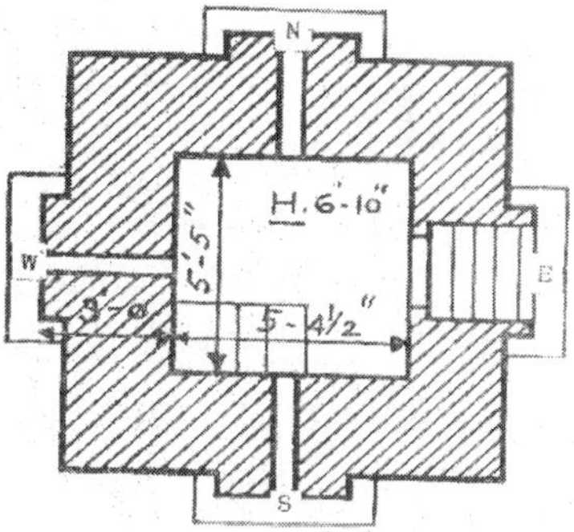

कीर्तिस्तम्भ की पंचम तल योजना

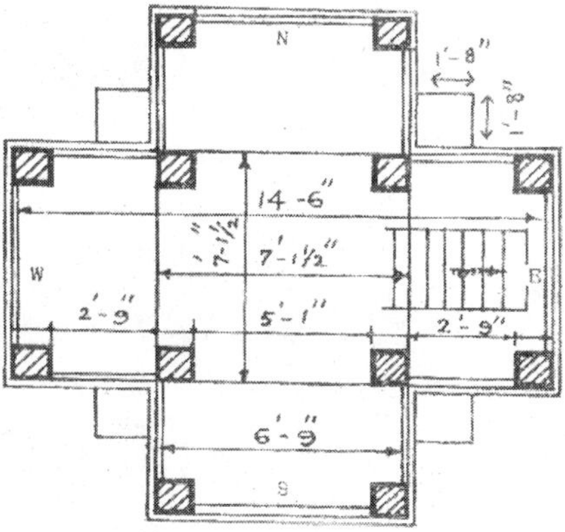

कीर्तिस्तम्भ की षष्ठ तल योजना

द्वार के आगे निर्मितेय शृंगारिक तोरण

आंध्रप्रदेश के मंडोवर कुलपाक, हैदराबाद

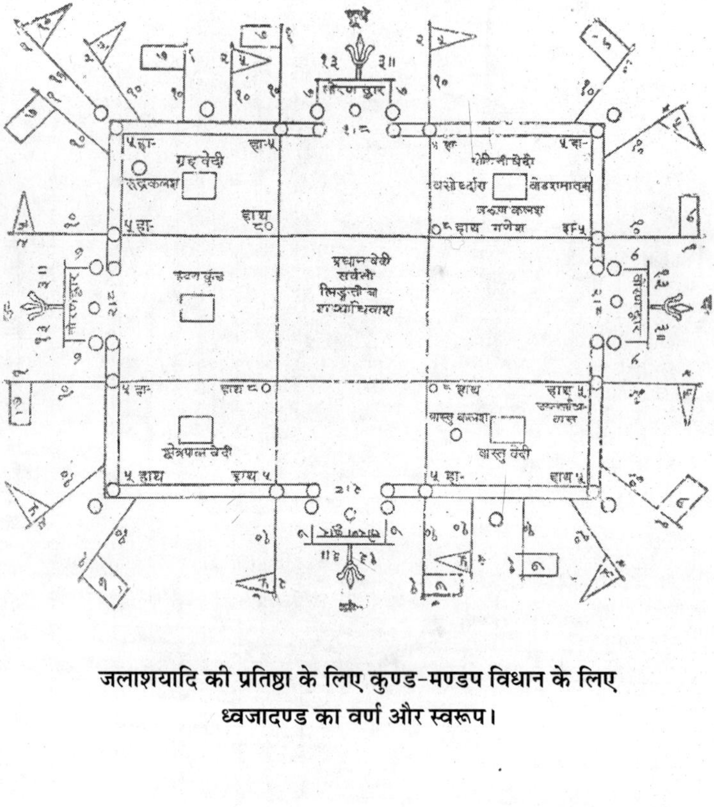

जलाशयादि की प्रतिष्ठा के लिए कुण्ड-मण्डप विधान के लिए ध्वजादण्ड का वर्ण और स्वरूप।

Parimal Sanskrit Series No. 113

Bhuvanadevācārya's Sūtrasantānaguṇakīrtiprakāśāparanāmadheyā

APARĀJITAPṚCCHĀ

(Treatise of Housing, Architecture, Mathematics, Iconography, Music and Dance etc.)

[Along with Sanskrit Text & 'Mohanabodhinī' Hindi commentary]

Vol. II

(Sūtra : 139-239)

Translated & Edited with scholarly notes

by

Dr. Shri Krishna 'Jugnu'

Prof. Bhanwar Sharma

PARIMAL PUBLICATIONS

DELHI

Published by

PARIMAL PUBLICATIONS

Office : 27/28, Shakti Nagar, Delhi-110007 (INDIA)

Retail Outlet : 22/3, Shakti Nagar, Delhi-110007 (INDIA)

ph. : +91-11-23845456, 47015168

e-mail : order@parimalpublication.com

url : http://www.parimalpublication.com

First Edition : Year 2011

ISBN : 978-81-7110-386-7 (Set)

978-81-7110-388-1 (Vol. II)

PRICE : Rs. 1850.00 (Set of 2 Vols.)

Printed at

Vishal Kaushik Printers

Near G.T.B. Hospital, Jagat Puri Vistar, Delhi-93

विषयानुक्रमणिका

रेखानिर्णयो नामैकोनचत्वारिंशदुत्तरशततमं सूत्रम्॥ 139॥

अधुना षट्पञ्चाशच्छतद्वयरेखा। विश्वकर्मोवाच —

अथातः सम्प्रवक्ष्यामि रेखाभेदं पृथग्विधम्।
सर्वाः कलाः समुत्पन्ना रेखाः षोडश कीर्तिताः॥ 1॥

(इस सूत्र से प्रासाद के शिखर पर प्रयुक्त होने वाली विविध कला- रेखाओं के विषय में कहा जा रहा है। सूत्रधार गोविन्द ने इसी आधार पर कलानिधि ग्रन्थ के द्वितीय प्रकाश का प्रणयन किया है) विश्वकर्मा बोले— अब मैं पृथक् विधि से रेखाभेदों को कहता हूँ। सभी कलाएँ सोलह रेखाओं से उत्पन्न हुई कही गई है।[1]

त्रिखण्डादौ खण्डवृद्ध्या खण्डान्यष्टादशावधि।
षोडशैव समा चाराः कलादौ परिकीर्तिताः॥ 2॥

आदि में तीन खण्ड करें, फिर एक-एक खण्ड वृद्धि करते हुए अठारह खण्डों तक करें। इनमें सोलह खण्ड समचार कलादि कहलाते हैं।

अष्टादावष्टषष्ठ्यन्तं चतुर्वृद्धिक्रमेण तु।
रेखाश्चैवं प्रयोक्तव्याः षट्पञ्चाशच्छतद्वयम्॥ 3॥

आठ से लेकर अड़सठ खण्डों तक चार-चार वृद्धि के क्रम में रेखाओं को करें जो कि दो सौ छप्पन तक होती है।

शशिनी शान्तिनी चैव लक्ष्मिणी कामिनी तथा।
पुष्पिणी च शुभा शान्ता आह्लादा कुमुदा तथा॥ 4॥
सुखासनी शङ्खिनी च विद्याशोधनिका तथा।
नाहिनी दीपिका सौम्या अमृता षोडशी तथा॥ 5॥

इनमें 1. शशिनी, 2. शान्तिनी, 3. लक्ष्मिणी, 4. कामिनी, 5. पुष्पिणी, 6. शुभा, 7. शान्ता, ८. आह्लादा, 9. कुमुदा, 10. सुखासनी, 12. शङ्खिनी, 12. विद्याशोधनिका, 13. नाहिनी, 14. दीपिनी, 15. सौम्या और सोलहवीं 16. अमृता रेखा कही जाती है।

एकैकस्याः स्वच्छन्देषु षोडशैव प्रकीर्तिताः।
रेखाश्चैवं प्रयोक्तव्याः षट्पञ्चाशच्छतद्वयम्॥ 6॥

इन रेखाओं में एक-एक के भी यानी प्रत्येक के सोलह छन्द होते हैं और उससे कुल दौ सौ छप्पन रेखाएँ बनती हैं।

---

1. विशेष विवरण के लिए देखिये— सूत्रधार गोविन्द कृत कलानिधि-शिखर विधान (द्वितीय प्रकाश)। इनका विभाजन और स्वरूप चित्रों के साथ तालिका में देखना चाहिए।

शशिन्याद्यास्त्रिखण्डाश्च रेखा वै षोडशोन्मिताः।
शान्तिन्याद्याश्चतुष्खण्डाः षोडशैव प्रकीर्तिताः॥ 7॥

इनमें 1. शशिनी से आरम्भ करके त्रिखण्डा रेखा सोलह बनती है; 2. शान्तिनी से आरम्भ करके चतुर्खण्डा रेखा भी सोलह बनती हैं।

लक्ष्मिण्याद्या सप्तखण्डा उक्ताश्चैवं तु षोडश।
कामिन्याद्याश्च षट्खण्डा रेखाः षोडश कीर्तिताः॥ 8॥

3. लक्ष्मिणी से आरम्भ करके पञ्चखण्डा रेखा भी सोलह बनती हैं; 4. कामिनी से आरम्भ-करके छह खण्डों की रेखा भी सोलह बनती हैं।

पुष्पिणाद्याः सप्तखण्डाः शुभाद्याश्चाष्टखण्डकाः।
शान्ताद्या ग्रहखण आह्लादाद्या दशखण्डकाः॥ 9॥
कुमुदाद्या रुद्रखण्डाः सुखासन्यादिकास्ततः।
शङ्खिन्याद्या विश्वखण्डा विद्याशोधादिकास्ततः॥ 10॥
नाहिन्याद्यास्तिथिखण्ड दीपिन्याद्याः कलोन्मिताः।
सौम्याद्याः सप्तदशभिर्वस्वेकैरमृतादिकाः॥ 11॥

इसी प्रकार 5. पुष्पिणी से सातखण्ड की; 6. शुभा से आठखण्ड की; 7. शान्ता से नौखण्ड की; 8. आह्लादा से दसखण्डों की; 9. कुमुदा से ग्यारहखण्डों की; 10. सुखासनी के आदि से बारहखण्डों की; 11. शशिनी के आरम्भ से तेरहखण्डों की; 12. विद्याशोधादिक तक चौदहभुवनों के खण्डों की; 13. नाहिनी से आरम्भ व पन्द्रहखण्डों तक; 14. दीपिनी के आरम्भ से सोलहखण्ड तक; 15. सौम्या से आरम्भ सत्रहखण्डों और 16. अमृता के आरम्भ से अठारह खण्डों की रेखाएँ निष्पन्नभूत होती है।

शशिन्याद्या अमृतान्ताः षोडशैव प्रकीर्तिताः।
एकैकस्याः स्वच्छन्देषु षोडशैव विनिर्गताः॥ 12॥

इस तरह से शशिनी से लेकर अमृता तक सोलह खण्डों को कहा गया। इनसे भी एक-एक से अपने छन्द के सोलह छन्द निकलते हैं।

अथ षोडशचाराः —

षोडशाथ द्विरष्टौ च षट्पञ्चाशच्छतद्वयम्।
सङ्ख्या प्रोक्ता च रेखाणां वास्तुविद्योद्भवा बुधैः॥ 13॥

इस तरह सोलह से सोलह कुल दो सौ छप्पन होते है। यह संख्या वास्तुविद्या के जानने वालों ने वास्तुमतानुसार उद्भूत बताई है।

रेखापृथुत्वादुदवः सपादः कर्णतोऽपि वा।
दिग्भक्ते$_{10}$ च तलच्छन्दे स्कन्धं कुर्यात् षडंशकम्॥ 14॥
स्कन्धस्थाने कलाचारो रेखान्तं साधयेत्तथा।

रेखा के विस्तार से उदय यानी ऊँचाई को सवाया, सपाद, कर्ण तक बनाएँ और तलछन्द को दस भाग में विभक्त करके छह भाग का स्कन्ध बनाएँ। स्कन्ध स्थान पर रेखान्त तक कलाचार का साधन किया जाना अपेक्षित है।

समः सपादः सार्द्धश्च पादोनो द्विगुणस्तथा॥ 15॥
द्विगुणश्च सपादो द्वौ सार्द्धौ पादोनसास्त्रयः।
त्रिगुणोऽथ सपादोऽसौ सार्धः पादोनवेदकः॥ 16॥
चतुर्गुणः सपादोऽसौ सार्ध पादोनपञ्चकः।
इति षोडशधा चारं त्रिखण्डाद्यासु लक्षयेत्॥ 17॥

सम यानी बराबर; सपाद यानी एक चौथाई (1 1/4); सार्ध यानी डेढ़ा(1 1/2), पादोन यानी पौने दो (1 3/4), द्विगुण (2), द्विगुण सपाद यानी सवा दो गुणा (2 1/4); द्वौ सार्धो यानी ढाई गुना (2 1/2); पादोनत्रय यानी पौने तीन (2 3/4); त्रिगुण यानी तीनगुना (3); सपादोसौ (3 1/4); सार्ध (3 1/2); पौने चार (3 3/4); चतुर्गुण यानी चार (4); सपादोसौ यानी सवा चार (4 1/4); सार्ध यानी चाढ़े चार (4 1/2); पादोन पञ्चक यानी पौने पाँच (4 3/4)— ये सोलह प्रकार के चार त्रिखण्ड हैं जिनको ध्यान में रखना चाहिए।

अथ कलाविचारः —

अष्टाद्यावष्टषष्ठ्यन्तं चतुर्वृद्ध्या कलाः क्रमात्।
न्यसेद्रेखासु ताभ्यस्स्युः षट्पञ्चाशच्छतद्वयम्$_{256}$॥ 18॥

आठ से आरम्भ करके अड़सठ तक चार-चार की कलावृद्धि से रेखाओं को बनाए जिससे दो सौ छप्पन भेद होते हैं।

त्रिखण्डारेखायाः कलासङ्ख्याः —

त्रिखण्डायां तु रेखायामादिखण्डे कलाष्टकम्।
द्वितीये च तृतीये च अष्टौ चाराः समा इमे ॥ 19॥
षोडशसु त्रिखण्डासु आदिखण्डे कलाष्टकम्।
चतुर्विंशतिधा स्कन्धे समचारसमुच्छ्रितिः॥ 20॥

त्रिखण्डा रेखाओं के आरम्भ से आठ कला के, दूसरे, तीसरे और आठों ही

चार— इस प्रकार समान होने चाहिए। सोलह त्रिखण्डों के आदिखण्ड में कलाष्टक को चौबीस प्रकार के स्कन्ध की समचार समुच्छिति यानी ऊँचाई होती है।

प्रथमाया आदिखण्डे कला अष्ट प्रयोजिताः।
द्वितीये वसुसङ्ख्याश्च तृतीयेऽष्टौ तथैव च॥ 21॥
चतुर्विंशतिकाश्चैवं समा चाराः प्रकीर्तिताः।
द्वितीया च भवेद्रेखा सपादचारी सञ्ज्ञिता॥ 22॥

इसमें पहली में आदिखण्ड में आठ कला प्रयोजित करें। दूसरे में आठ, तीसरे में भी आठ— इस तरह चौबीस समचार कहे हैं। यहाँ द्वितीय रेखा का नाम भी सपादचारी है।

स्कन्धे धिष्ण्यांशकैर्भक्ते वस्वङ्कदशसम्मिताः।
क्रमात्कलास्त्रिखण्डेषु सपादचारिका तु सा॥ 23॥

इसी प्रकार स्कन्ध को सत्ताईस भागों में विभक्त करें। इनमें 18 भाग सम्मित यानी सम्मिलित हैं। त्रिखण्डा क्रम से इसे सपादचारी कहा है।

भक्ते स्कन्धे च त्रिंशद्धा भवेद्रेखा तृतीयका।
प्रथमेऽष्ट दिगूर्ध्वे च स्कन्धे द्वादश चोन्मिताः॥ 24॥

इसी प्रकार स्कन्ध को तीस भागों में विभक्त करके तीसरी रेखा होती है। पहले अठारह भाग ऊँची और स्कन्ध पर बारह भाग के माप की हों।

स्कन्धे कलास्त्रयस्त्रिंशद्यत्र खण्डेष्वपि क्रमात्।
वसुरुद्रेन्द्रसङ्ख्या सा पादोनद्विकचारिका॥ 25॥

स्कन्ध पर जहाँ तीस कला होती है, वहाँ खण्डों में भी क्रम से 8, 11, 14 से पौने दो (1 3/4) चारिका होती है।

स्कन्धे षट्त्रिंशदंशे च वसुसूर्यद्विरष्टभिः।
स्कन्धे तु नवरामांशेऽष्टविश्वाष्टदशोन्मिताः॥ 26॥
अधःखण्डे तु यश्चार ऊर्ध्वं खण्डेऽप्यसौ भवेत्।
समं सा लभते चारं सपादं वा पदाधिकम्॥ 27॥
समं सपादं सार्धं वा यावत्पादोनपञ्चकम्।
त्रिखण्डादौ खण्डवृद्ध्याऽष्टादशखण्डकावधि॥ 28॥

स्कन्ध पर छत्तीस अंश हो तो 8, 12, 16 तथा स्कन्ध पर उनचालीस अंश हो तो 8, 13, 18 नीचे के खण्ड पर जो चार है, वही चार ऊँचाई के खण्ड में रखे जाने चाहिए। इस तरह चार को सम, सवाया या एक भाग अधिक, सम, सवाया, डेढ़ा

जो पौने पाँच तक आरम्भ में त्रिखण्डों से खण्डवृद्धि करते-करते अठारह खण्डों तक करें।

आदिखण्डे चतुर्वद्धिरूर्ध्वखण्डेषु तद्गुणा।
प्रतिखण्डे षोडशभिः षट्पञ्चाशच्छतद्वयम्॥ 29॥

आदिखण्ड में चार-चार की वृद्धि करते हुए ऊर्ध्वखण्डों में भी उतनी ही वृद्धि करते जाएँ। इस प्रकार प्रत्येक खण्ड से सोलह के 256 रूप होते हैं।

इत्यमनन्तर प्रासादेषु कलारेखानिर्णयः —

स्कन्धस्थाने कलाः पञ्च रेखाणां तु गुणोदिताः।
सिद्धा तुर्या कृता रेखा ऊर्ध्वे चामलसारिका॥ 30॥
विषमा भूमिकाः कार्या न शस्यन्ते समास्तु ताः।
द्वयोः प्ररथयोर्मध्ये वृत्तमामलसारकम्॥ 31॥

स्कन्ध स्थान पर सोलह पाँच रेखाओं को गुणोदिता तीन भाग ऊँची बनाएँ। चारों रेखाओं को सिद्ध करके इनके ऊपर आमलसारिका बनाएँ। विषमा से भूमिका करें। सम से यह ठीक नहीं मानी जाती। दोनों प्रतिरथों के मध्य में वृत्त बनाकर आमलसार बनाना चाहिए।

नागरे लतिने कुर्यात् सान्धारे चैव मिश्रके।
विमाननागरच्छन्दे विमानपुष्पके तथा॥ 32॥
विमाने भूमिजे चैव वृत्ते चाकर्णिकान्तके।
द्राविडे तु तथा चैवं तं तु रेखानुरूपकम्॥ 33॥

सान्धार प्रासाद और मिश्रक प्रासाद में नागर और लतिन छन्द करें। विमान और पुष्पक में विमान और नागर छन्द करें, विमान भूमिज में आमलसार का वृत्त कर्णिकान्त यानी कोनों के अन्त तक और द्राविड़ में वह रेखा के अनुरूप ही बनाएँ।

वराटे तु भवेद् घण्टा यादृग्मन्दारपुष्पकम्।
वलभीषु च सर्वासु गजपृष्ठाकृतिस्तथा॥ 34॥

वराट छन्द में गुम्बद आमलसार कलश को मन्दार पुष्प की आकृति में बनाएँ और सभी वलभियों को गजपृष्ठाकृति अर्थात् ऊभरी हुई गोलाई में बनाएँ।

नागरघण्टाकृतिकां कुर्यात् सिंहावलोकने।
घण्टा चैवमुपाख्याता प्रयुक्ता वास्तुवेदिभिः॥ 35॥

नागर छन्द के गुम्बद भी सिंहावलोकन यानी झरोखों से युक्त बनाएँ। वास्तुविदों ने ऐसे गुम्बद बनाने को ही कहा है।

नागरी लतिने रेखा सान्धारे मिश्रके तथा।
लम्बना सूत्रयोगेन रेखा भवति नागरी॥ 36॥

नागरी रेखा को लतिन, सान्धार, मिश्रक में ही रखे। लम्बना सूत्र के योग से रेखा नागरी बनती है।

कथिता गर्भमाधार्य विमाने भूमिजे तथा।
वराटे द्राविडे चैव प्रशस्तथा गर्भमार्गतः॥ 37॥

गर्भ का आधार मानकर भूमिज, विमान, वराट, द्राविड़ प्रासाद में गर्भ मार्ग से बनने वाली रेखा प्रशस्त मानी है।

स्तम्भाद्याश्चैव गर्भाद्याः प्रासादभित्तिमानतः।
चतुर्विधा भवेद्रेखा विमाने चैव भूमिजे॥ 38॥

स्तम्भ से, गर्भ से, प्रासाद से, प्रासादभित्ति से— इन चार प्रकारों से मान लेकर चार प्रकार की रेखा भूमिज और विमान प्रासाद में बनती है।

विराटे द्राविडे कार्या छन्दे विमाननागरे।
विमानपुष्पके तद्वद्वलभीष्वपि कामदा॥ 39॥

विराट और द्राविड़ में तो विमान और नागर छन्द में ही करें। विमान और पुष्पक में भी ऐसा ही तथा उनमें वलभी भी वैसी ही बनाए जो सब कामनाओं को पूरी करती है।

लाञ्छना सूत्रयोगेन रेखा सूत्रद्वयाङ्किता।
वेणुकोशोद्भवा रेखा कलाभेदक्रमादपि॥ 40॥
नागरे लतिने कार्या सान्धारेऽप्यथ मिश्रके।
दारुजे च रथारोहे प्रशस्ता सर्वकामदा॥ 41॥

लाञ्छना सूत्र के योग से दो सूत की रेखा कल्पित करें। इससे वेणुकोश— बांस के पुष्प के आकार की रेखा बनेगी जिसके कलाभेद यानी सोलह भेद से नागर, लतिन, सान्धार, मिश्रक, दारुज, रथारूह में ये प्रशस्त हैं, सब कामना पूरी करते हैं।

शिखाप्रान्ते भवेद्रेखा घण्टान्ता वाऽप्यथोच्यते।
स्कन्धान्ता च तथा प्रोक्ता अन्यथा दोषकारणम्॥ 42॥

शिखा के प्रान्त में रेखा होती है, उसे कलश के अन्त तक भी उचित बताते हैं। स्कन्ध के अन्त तक भी कही गई है। इसके अतिरिक्त सभी दोषकारक मानी गई हैं।

इति सूत्रसन्तानगुणकीर्तिप्रकाशप्रोक्तृश्रीभुवनदेवाचार्योक्तापराजितपृच्छायां
रेखानिर्णयाधिकारो नामैकोनचत्वारिंशदुत्तरशततमं सूत्रम्॥ 139॥

इस प्रकार भुवनदेवाचार्य कृत सूत्रसन्तानगुणकीर्ति प्रकाश या अपराजितपृच्छा में रेखा
निर्णय अधिकार नामक एक सौ उनचालीसवाँ सूत्र पूर्ण हुआ॥ 139॥

चन्द्रकलादिषट्पञ्चाशच्छतद्वयरेखानिर्णयो नाम चत्वारिंशदुत्तरशततमं सूत्रम्॥ 140॥

अधुना त्रिखण्डाद्यष्टादशखण्डारेखाकलाचारविचारः। विश्वकर्मोवाच —

समः सपादः सार्धश्च पादोनद्वय एव च।
द्विगुणश्चारः प्रकर्तव्यः सपादः सार्धद्विगुणः॥ 1॥
पादोनत्रयश्च तथा त्रयश्चैव पदाधिकः।
सार्धत्रयश्च पादोनचतुष्कं च चतुर्गुणम्॥ 2॥
सपादं सार्धं चतुष्कं तथा पादोनपञ्चकम्।
त्रिखण्डादावष्टादशान्ता चैषां युक्तिर्विधीयते॥ 3॥

विश्वकर्मा बोले कि समान, सवाया, डेढ़ा, पौने दोगुना, दुगुना, सवा दोगुना, ढाई गुना, पौने तीन गुना, तीन गुना, सवा तीन गुणा, साढ़े तीन गुना, पौने चार गुना, चार गुना, सवा चार गुणा, पौने पाँच गुणा—इस प्रकार त्रिखण्डाओं के प्रकार अठारह तक होते हैं, उनकी युक्ति कहता हूँ।

त्रिखण्डादौ कलाश्चाष्ट आद्यन्ते चतुर्वर्द्धयेत्।
अष्टादश्यामष्टषष्ठी प्रथमाधः खण्डयोजिता॥ 4॥
समसपादादिक्रमैर्यावत् पादोनपञ्चकम्।
स्कन्धस्थाने चारः कलासाधना क्रमयोगतः॥ 5॥

आदि त्रिखण्डा की आठ कला होती हैं जिन्हें आदि से चार-चार अठारह से अड़सठ प्रथम खण्ड की योजना समान, सवाया क्रम से जहाँ तक पौने पाँच हो, स्कन्ध स्थान के चार की कला साधना का क्रम होता है।

लम्बनासूत्रयोगेने भवेद्रेखा तु नागरी।
घण्टिकायां क्रमयोगे विमाने भूमिजेऽथवा॥ 6॥

इसमें लम्बना सूत्र योग से नागरी रेखा बनाते हैं जो कलश तक क्रम योग से विमान या भूमिज प्रासाद में होती है।

नामानि गुणदोषांश्च रेखाणां कथयाम्यतः।
अनुक्रमेण वक्ष्यामि शृणु चैकाग्रमानसः॥ 7॥

उन रेखाओं के नामानुसार गुण-दोष अब कहता हूँ, इसे अनुक्रम से कह रहा हूँ, उसे तुम एकाग्र मन से सुनो।

त्रिखण्डारेखानामलक्षणम् —

शशिनी शीतला सौम्या शान्ता चैव मनोरमा।
शुभा मनोभवा वीरा कुमुदा पद्मशेखरा॥ 8॥
ललिता लीलावती चैव त्रिदशा पूर्णमण्डला।
पूर्णभद्रा च भद्राङ्गी षोडशैव$_{16}$ प्रकीर्तिताः॥ 9॥

त्रिखण्डाः 16।

1. शशिनी, 2. शीतला, 3. सौम्या, 4. शान्ता, 5. मनोरमा, 6. शुभा, 7. मनोभवा, 8. वीरा, 9. कुमुदा, 10. पद्मशेखरा, 11. ललिता, 12. लीलावती, 13. त्रिदशा, 14. पूर्णमण्डला, 15. पूर्णभद्रा और 16. भद्राङ्गी— ये सोलह त्रिखण्डा रेखाएँ होती हैं।

चतुष्खण्डारेखानामलक्षणम् —

शान्तिनी च शुभा शान्ता त्रिदिवा देवदुर्लभा।
वीभत्सा च शिवा सौम्या वीरभद्रा नारायणी॥ 10॥
सुषिरा शेखरा रम्या पूर्णा च पूर्णभद्रिका।
विजया तत्र विज्ञेया द्वात्रिंशच्चैव$_{32}$ सङ्ख्यया॥ 11॥

चतुष्खण्डाः 16।

1. शान्तिनी, 2. शुभा, 3. शान्ता, 4. त्रिदिवा, 5. देवदुर्लभा, 6. वीभत्सा, 7. शिवा, 8. सौम्या, 9. वीरभद्रा, 10. नारायणी, 11.सुषिरा, 12. शेखरा, 13. रम्या, 14. पूर्णा, 15. पूर्णभद्रिका और 16. विजया— ये सोलह (पूर्व सहित) मिलकर बत्तीस हुईं।

पञ्चखण्डारेखानामलक्षणम् —

लक्ष्मिणी श्रीः सम्भवा च विदूरा पूर्णमण्डला।
सुगन्धा मानसी शैला नन्दा नन्दाक्षी कौतुका॥ 12॥

शान्तिर्लाभा च कल्याणी सुभद्रा च भद्रेश्वरी।
अष्टचत्वारिंशद्रेखा$_{48}$ इत्थं चैव प्रकीर्तिताः ॥ 13 ॥

पञ्चखण्डाः 17।

1. लक्ष्मिणी, 2. श्री, 3. सम्भवा, 4. विदुरा, 5. पूर्ण मण्डला, 6. सुगन्धा, 7. मानसी, 8. शैला, 9. नन्दा, 10. नन्दाक्षी, 11. कौतुका, 12. शान्ति, 13. लाभा, 14. कल्याणी, 15. सुभद्रा और 16. भद्रेश्वरी— ये (पूर्व सहित) मिलकर अड़तालीस रेखाएँ हुईं।

षट्खण्डारेखानामलक्षणम् —

कामिनी कमला पद्मा सम्भ्रमा भ्रमशेखरा।
शुभा च सारसम्भूता वैदेवी राजशेखरा ॥ 14 ॥
गान्धारी गन्धर्वा वृत्ता तिलका लोकसुन्दरी।
महाभद्रा तथा चैन्द्रा चतुःषष्ठिः$_{64}$ स्युरैक्यतः ॥ 15 ॥

षट्खण्डाः 16।

1. कामिनी, 2. कमला, 3. पद्मा, 4. सम्भ्रमा, 5. भ्रमशेखरा, 6. शुभा, 7. सारसम्भूता, 8. वैदेवी, 9. राजशेखरा, 10. गान्धारी, 11. गन्धर्वा, 12. वृत्ता, 13. तिलका, 14. लोकसुन्दरी, 15. महाभद्रा और 16. ऐन्द्रा— ये (पूर्व सहित मिलकर) चौंसठ रेखाएँ हुईं।

सप्तखण्डारेखानामलक्षणम् —

पुष्पिता पुष्पिका चम्पा समहा तिलकाऽद्भुता।
सिद्धा सिद्धाङ्गी स्वरूपा क्रीडामणिस्तथापरा ॥ 16 ॥
नरनारा नरेश्वरी विरूपाक्षा महोद्भवा।
सिद्धांसा सर्वमण्डला अशीतिः$_{80}$ सङ्ख्यया मताः ॥ 17 ॥

सप्तखण्डाः 16।

1. पुष्पिता, 2. पुष्पिका, 3. चम्पा, 4. समहा, 5. तिलका, 6. अद्भुता, 7. सिद्धा, 8. सिद्धाङ्गी, 9. स्वरूपा, 10. क्रीड़ामणि, 11. नरनारा, 12. नरेश्वरी, 13. विरूपाक्षा, 14. महोद्भवा, 15. सिद्धांसा और 16. सर्वमण्डला- ये (पूर्व सहित मिलकर) अस्सी रेखाएँ हुईं।

अथाष्टखण्डारेखानामलक्षणम् —

शुभा च शीतला गन्धा मालती हर्म्यसंयुता।
मेघा मेघपदाऽनुजा कृष्णा च निर्मला परा ॥ 18 ॥

तेजाः प्रतापतेजाश्च कीर्तिरानन्दका तथा।
सम्भृता ताश्च विज्ञेयाः षण्णवतिश्च सङ्ख्यया॥ 19॥

अष्टखण्डाः 16।

1. शुभा, 2. शीतला, 3. गन्धा, 4. मालती, 5. हर्म्य, 6. संयुता 7. मेघा, 8. मेघपदा, 9. अनुजा, 10. कृष्णा, 11. निर्मला, 12. तेजा, 13. प्रतापतेजा, 14. कीर्ति, 15. आनन्दा और 16. सम्भृता— ये (पूर्व सहित मिलकर) छियानवें रेखाएँ हुईं।

नवखण्डारेखानामलक्षणम् —

शान्ता च मुकुला नन्दा श्रिया भद्रा च नन्दना।
शोभना च सुभद्राख्या सुता च कुलनन्दिनी॥ 20॥
गम्भीरा मधुरा चैव शेखरा शिखरोन्नता।
महानीला रत्नाचला शतं च द्वादशोत्तरम्$_{112}$॥ 21॥

नवखण्डाः 16।

1. शान्ता, 2. मुकुला, 3. नन्दा, 4. श्रिया, 5. भद्रा, 6. नन्दना, 7. शोभना, 8. सुभद्र, 9. सुता, 10. कुलनन्दिनी, 11. गम्भीरा, 12. मधुरा, 13. शेखरा, 14. शिखरोन्नता, 15. महानीला और 16. रत्नाचला— ये (पूर्व सहित) एक सौ बारह रेखाएँ हुईं।

दशखण्डारेखानामलक्षणम् —

आह्लादा श्रिया नन्दा गोमती नामसुन्दरी।
सुभद्रा भद्रिका भद्रा भद्राङ्गा भद्रमालिनी॥ 22॥
सम्भूता भूतशरदा पताका कीर्तिवर्द्धिनी।
माहेन्द्री सुन्दराख्याता अष्टाविंशोत्तरं शतम्$_{128}$॥ 23॥

दशखण्डाः 16।

1. आह्लादा, 2. श्रिया, 3. नन्दा, 4. गोमती, 5. नामसुन्दरी, 6. सुभद्रा, 7. भद्रिका, 8 भद्रा, 9. भद्राङ्गा, 10. भद्रमालिनी, 11. सम्भूता, 12. भूतशरदा, 13. पताका, 14. कीर्तिवर्द्धिनी, 15. माहेन्द्री और 16. सुन्दराख्याता— ये (पूर्व सहित मिलकर) एक सौ अठाईस रेखाएँ हुईं।

एकादशखण्डारेखानामलक्षणम् —

कुमुदा भद्रका ध्वजा ध्वाजाक्षी मकरध्वजा।
सुपताका वीरभद्रा रूपभद्रा विनायका॥ 24॥

वीरा च विक्रमा रम्या मन्मथा देवसुन्दरी।
उग्रा कनकेशी चतुश्चत्वारिंशोत्तरं शतम् $_{144}$ ॥ 25 ॥

एकादशखण्डा: 16।

1. कुमुदा, 2. भद्रका, 3. ध्वजा, 4. ध्वजाक्षी, 5. मकरध्वजा, 6. सुपताका, 7. वीरभद्रा, 8. रूपभद्रा, 9. विनायका, 10. वीरा, 11. विक्रमा, 12. रम्या, 13. मन्मथा, 14. देवसुन्दरी, 15. उग्रा और 16 कनकेशी— ये (पूर्व सहित मिलकर) एक सौ चवालीस रेखाएँ हुईं।

द्वादशखण्डारेखानामलक्षणम् —

शाश्वती वरदा रम्या सुन्दरा मोदामोदकी।
शिवा च सर्वलम्भा च विशाला कुलनायका॥ 26 ॥
शिम्भा शिवतमा दिव्या शिवाङ्गना विश्वेश्वरी।
विश्वरूपा समाख्याता षष्ठयुत्तरशतं $_{160}$ तथा॥ 27 ॥

द्वादशखण्डा: 16।

1. शाश्वती, 2. वरदा, 3. रम्या, 4. सुन्दरा, 5. मोदा, 6. मोदकी, 7. शिवा, 8. सर्वलम्भा, 8. विशाला, 10. कुलनायका, 11. शिम्भा, 12. शिवतमा, 13. दिव्या, 14. शिवाङ्गना 15. विश्वेश्वरी और 16. विश्वरूपा— ये (पूर्व सहित मिलकर) एक सौ साठ रेखाएँ हुईं।

त्रयोदशखण्डारेखानामलक्षणम् —

शान्तिकी विमला सूर्या वर्द्धना विजया तथा।
वाञ्छिता वंशोद्भवा च वंशभूता तु रेखिता॥ 28 ॥
वंशताराधिवास्या च वश्या माना शिखोद्भवा।
वांस्या वसन्तोद्भवा च षट्सप्तत्युत्तरं शतम् $_{176}$ ॥ 29 ॥

त्रयोदशखण्डा: 16।

1. शान्तिकी, 2. विमला, 3. सूर्या, 4. वर्धना, 5. विजया, 6. वाञ्छिता, 7. वंशोद्भवा, 8. वंशभूता, 9. रेखिता, 10. वंशतारा, 11. अधिवास्या, 12. वश्या, 13. माना, 14. शिखोद्भवा, 15. वांस्या और 16. वसन्तोद्भवा— ये (पूर्व सहित मिलकर) एक सौ छियोत्तर रेखाएँ हुईं।

चतुर्दशखण्डारेखानामलक्षणम् —

विद्याशोधनिका रम्या गौरी हंसी सरस्वती।
सारङ्गी चैव सौरम्या शुकाग्राशोका शौचकी॥ 30 ॥

कनका कनकावती कन्दर्पी कन्दर्पाश्रिता।
कमला कलहंसी च द्विनवत्युत्तरं शतम् $_{192}$ **॥ 31 ॥**

चतुर्दशखण्डा: 16 ।

1. विद्याशोधनिका, 2. रम्या, 3. गौरी, 4. हंसी, 5. सरस्वती, 6. सारङ्गी, 7. सौरम्या, 8. शुकाग्रा, 9. अशोका, 10. शौचकी, 11. कनका, 12. कनकावती, 13. कन्दर्पी, 14. कन्दर्पाश्रिता, 15. कमला और 16. कलहंसी— ये (पूर्व सहित मिलकर) एक सौ बाणवें रेखाएँ हुईं।

पञ्चदशखण्डारेखानामलक्षणम् —

नाहिनी हस्तिनी चैव कुम्भिनी गजमालिनी।
गजी गजाङ्गा शेखरी राज्ञीचैव गजेश्वरी ॥ 32 ॥
रत्ना रत्नगर्भा माल्या जया चोग्रतेजास्तथा।
प्रिया वक्त्रा समाख्याता अष्टोत्तरशतद्वयम् $_{208}$ **॥ 33 ॥**

पञ्चदशखण्डा: 16 ।

1. नाहिनी, 2. हस्तिनी, 3. कुम्भिका, 4. गजमालिनी, 5. गजी, 6. गजाङ्गा, 7. शेखरी, 8. राज्ञी, 9. गजेश्वरी, 10. रत्ना, 11. रत्नगर्भा, 12. माल्या, 13. जया, 14. उग्रतेजा, 15. प्रिया और 16. वक्त्रा— ये (पूर्व सहित मिलकर) दो सौ आठ रेखाएँ हुईं।

षोडशखण्डारेखानामलक्षणम् —

द्वीपिनी सिंहनी सिंही सिंहरूपा सिंहोन्नता।
सिंहग्रीवा च सिंहा च सिंहाख्या च सिंहेश्वरी ॥ 34 ॥
महानादा नादवती सिंहनादा नादोद्भवा।
सिंहाङ्गना च सिद्धा च षोडशी सकलेश्वरी ॥ 35 ॥
समाख्याताश्चैव चतुर्विंश्योत्तरशतद्वयम् $_{224}$ **॥**

षोडशखण्डा: 16 ।

1. दीपिनी, 2. सिंहनी, 3. सिंही, 4. सिंहरूपा, 5. सिहोन्नता, 6. सिंहग्रीवा, 7. सिंहा, 8. सिंहाख्या, 9. सिंहेश्वरी, 10. महानादा, 11. नादवती, 12. सिंहनादा, 13. नादोद्भवा, 14. सिंहागना, 15. सिद्धा और 16. सकलेश्वरी- ये (पूर्व सहित मिलकर) दो सौ चौबीस रेखाएँ हुईं।

सप्तदशखण्डारेखानामलक्षणम् —

सौम्या नारायणी चैव रम्या नरा नरोत्तमा।
नरेश्वरी नराज्ञा च नराङ्गा च नृत्येश्वरी ॥ 36 ॥

वीरवती वीराङ्गी महावीरा वीरनायका।
वीभत्सा च सती शान्ता चत्वारिंशच्छतद्वयम् $_{240}$ ॥ 39 ॥

सप्तदशखण्डा: 16 ।

1. सौम्या, 2. नारायणी, 3. रम्या, 4. नरा, 5. नरोत्तमा, 6. नरेश्वरी, 7. नराज्ञा, 8. नराङ्गा, 9. नृत्येश्वरी, 10. वीरवती, 11. वीराङ्गी, 12. महावीर, 13. वीरनायका, 14. विभत्सा, 15. सती और 16. शान्ता— ये (पूर्व सहित मिलकर) दो सौ चालीस रेखाएँ हुईं।

अथाष्टदशखण्डारेखानामलक्षणम् —

रम्या रम्येश्वरी गङ्गा कुमुदा कुमुदशेखरी।
वीभत्सा पार्थिवा ज्ञेया कान्ता चैव मनोहरी॥ 38 ॥
स्वरूपा विक्रमा शान्ता मनोज्ञा सर्वतोमुखी।
यज्ञभद्रा सुखासीना षट्पञ्चाशच्छतद्वयम् $_{256}$ ॥ 39 ॥

अष्टादशखण्डा: 16 ।

1. रम्या, 2. रम्येश्वरी, 3. गङ्गा, 4. कुमुदा, 5. कुमुदेश्वरी, 6. विभत्सा, 7. पार्थिवा, 8. कान्ता, 9. मनोहरी, 10. स्वरूपा, 11. विक्रमा, 12. शान्ता, 13. मनोज्ञा, 14. सर्वतोमुखी, 15. यज्ञभद्रा और 16. सुखासीना— ये (पूर्व सहित मिलकर) दो सौ छप्पन रेखाएँ हुईं।

अष्टादशस्कन्धस्थाने उत्पन्ना हलकादिकाः।
एकादिकोद्भवा रेखाः प्रासादशिखरे मताः॥ 40 ॥

अठारह स्कन्ध स्थान में उत्पन्न हलकादिका, एक से आरम्भ करके रेखा प्रासाद के शिखर तक मानी गई हैं।

इति सूत्रसन्तानगुणकीर्तिप्रकाशप्रोक्तश्रीभुवनदेवाचार्योक्तापराजितपृच्छायां चन्द्रकलादिषट्पञ्चाच्छतद्वयरेखानिर्णयाधिकारो नाम चत्वारिंशदुत्तरशततमं सूत्रम्॥ 140 ॥

इस प्रकार भुवनदेवाचार्य कृत सूत्रसन्तानगुणकीर्ति प्रकाश या अपराजितपृच्छा में चन्द्रकलादि दो सौ छप्पन रेखा निर्णय अभिकार नामक एक सौ चालीसवाँ सूत्र पूर्ण हुआ॥ 140 ॥

रेखार्णवस्कन्धोदयकलाभेदो नामैकचत्वारिंशदुत्तरशततमं सूत्रम् ॥ 141 ॥

अधुना शिखरोदयभेदोद्भवाः पञ्चविंशतिरेखाः। विश्वकर्मोवाच —

सव्यासं शिखरं कार्यं सकलः शिरोच्छ्रयः।
व्यासस्य कर्णयोर्मध्ये द्विघ्नं चैव त्रिभिर्हताः ॥ 1 ॥
सूत्ररेखोच्छ्रिता रेखा सङ्ख्यायां पञ्चविंशतिः।
नामानि कथयिष्यामि सव्यासादेर्यथाक्रमम् ॥ 2 ॥

(इस सूत्र में रेखार्णव, स्कन्ध की ऊँचाई के बारे में कहा जा रहा है। यह शिखर का वैशिष्ट्य है) विश्वकर्मा बोले कि सभी शिखरों की ऊँचाई शिखर के व्यास के साथ करनी चाहिए। कोणों के मध्य के व्यास को दो या तीन से भाजित करें। इस तरह से सूत्र की रेखाओं की ऊँचाई की संख्या 25 होती है। उनके नाम व्यास के साथ क्रमानुसार कहता हूँ।

सव्यासा शोभना भद्रा सुरूपा सुमनोरमा।
शुभा चैव तथा शान्ता कौबेरी च सरस्वती ॥ 3 ॥
कौला च करवीरा च कुमुदा पद्मिनी तथा।
कनका विकटा चैव रम्या च रमणी तथा ॥ 4 ॥
वसुन्धरा तथा हंसी विशाखा नन्दिनी तथा।
जया च विजया चैव सुमुखा च प्रियानना ॥ 5 ॥
इत्येताः कीर्तिता रेखाः सङ्ख्यया पञ्चविंशतिः$_{25}$ ।
उदयभेदोद्भवाः ख्याताः सपादकर्णमध्यतः ॥ 6 ॥

इत्युदयभेदाः।

इनके नाम हैं— 1. सव्यासा, 2. शोभना, 3. भद्रा, 4. सुरूपा, 5. सुमनोरमा, 6. शुभा, 7. शान्ता, 8. कौबेरी, 9. सरस्वती, 10. कौला, 11. करवीरा, 12. कुमुदा, 13. पद्मिनी, 14. कनका, 15. विकटा, 16. रम्या, 17. रमणी, 18. वसुन्धरा, 19. हंसी, 20. विशाखा, 21. नन्दिनी, 22. जया, 23. विजया 24. सुमुखा और 25. प्रियानना। इतनी रेखाएँ कही गई है जिनकी संख्या पच्चीस है जो उदय, ऊँचाई के भेद के अनुसार कर्ण के मध्य से सवाए मान वाली हैं।

अथ कलाभेदोद्भवाः पञ्चविंशतिरेखाः —

पञ्चखण्डादौ खण्डर्द्ध्या एकोनत्रिंशकावधि$_{29}$ ।

खण्डचारे कला ज्ञेया अङ्कवृद्धिक्रमेण तु॥ 7॥

पञ्चखण्डों से आरम्भ करके, एक-एक खण्ड की वृद्धि करते हुए उनतीस तक खण्डा चार कला जाने जो अङ्क वृद्धि क्रम से होती है।

एक-द्वि-त्रि-चतुः-पञ्च-षट्-सप्ता-ष्टक्रमोद्गताः।
अनेन क्रमयोगेन एकोनत्रिंशकावधि$_{29}$ ॥ 8॥
पञ्च खण्डे कलाश्चैव खड्ख्यया दशपञ्च च।
एकोनत्रिंशे पञ्चत्रिंशदुत्तरं चतुःशतम्॥ 9॥

एक, दो, तीन, चार, पाँच, छह, सात, आठ क्रमों से उत्पन्न इसी क्रम योग से उनतीस तक, पञ्चखण्डों की कला खण्ड संख्या पन्द्रह, उनतीस पर पैंतीस और चार सौ होती है अर्थात् उनतीस पर पहुँचते-पहुँचते 435 रेखाएँ होती है। इस विधि में उनतीस तक की क्रम संख्या चार सौ पैंतीस होती है।

चन्द्रकल्पा कलावती कलधौता च रुधिरा।
नालिनी माला कमला दुन्दुभिर्वनवेल्लिका॥ 10॥
रत्नचूला वृन्दारका त्रिशिखा नन्दा कौमुदी।
नयना चक्रा चोन्मत्ता विशाला विभ्रमा लता॥ 11॥
मृगाक्षी द्वीपिनी शशी कौमुदी मञ्जरी तथा।
पूर्णरम्या च माहेन्द्री कीर्तिपताका तत्परे॥ 12॥
त्रैलोक्यविजया चैव नामभिः पञ्चविंशतिः$_{25}$।
कलारेखाः समाख्याताः सर्वकामफलप्रदाः॥ 13॥

इति कलाभेदोद्भवा रेखाः।

1. चन्द्रकल्पा, 2. कलावती, 3. कलघौता, 4. रुधिरा, 5. नलिनीमाला, 6. कमला, 7. दुन्दुभि, 8. वनवेल्लिका, 9. रत्नचूला, 10. वृन्दारका, 11. त्रिशिखा, 12. नन्दाकौमुदी, 13. नयनाचक्रा, 14. उन्मता, 15. विशाला, 16. विभ्रमा, 17. लता, 18. मृगाक्षी, 19. द्वीपिनी, 20. शशिकौमुदी, 21. मञ्जरी, 22. पूर्णरम्या 23. माहेन्द्री 24. कीर्तिपताका और 25. त्रैलोक्यविजया— ये पच्चीस नामों वाली कलारेखाएँ कही गई हैं जो सब कामना की पूर्ति करने वाली हैं।

विभक्तिसूत्रक्रमतः पञ्चविंशतिस्कन्धास्तेषां नामानि च —

दशधा मूलपृथुत्वे षड्भागः स्कन्ध उच्यतै।
पञ्चभागोऽथवा स्कन्धो भागो वामे च दक्षिणे॥ 14॥

शिखर के मूल व्यास को 10 भाग में विभाजित करने पर शिखर का स्कन्ध उन छह भागों के बराबर रखें अथवा स्कन्ध को पाँच भाग का रखकर उसके बाएँ-दाएँ एक एक भाग रखें।

षड्बाह्ये दोषदः प्रोक्तः पञ्चाधश्च न शस्यते।

षट्पञ्चमध्यतः स्कन्धे ऊर्ध्वभागे जिनाङ्किते$_{24}$ ॥ 15 ॥

छः से अधिक को दोषपूर्ण कहते है और पाँच से कम भी उचित नहीं है। इसलिए छह और पाँच के मध्य ही स्कन्ध को ऊँचा चौबीस भाग का रखें।

विभक्तिसूत्रक्रमतः स्कन्धाः स्युः पञ्चविंशतिः।

नामान्यनुक्रमात्तेषां कथये तव साम्प्रतम् ॥ 16 ॥

विभक्ति के नियम से भी स्कन्ध क्रमवार पच्चीस होते है। उनके नाम अनुक्रम से अब कहता हूँ।

समः शान्तः शुभः सौम्यो गन्धर्वः शङ्खवर्धनः।

कीर्तिनन्दो महाभोगः सम्भ्रतो दिशिनायकः ॥ 17 ॥

रुद्रतेजाः सदाभ्यासो जनानन्दस्तथाद्रकः।

यक्षो दक्षः क्षितिधरः समात्रः संयुतस्तथा ॥ 18 ॥

शेखरश्च प्रजापूर्णः प्रवर्तश्च प्रघातकः।

रेखातिभूषणश्चैव विजयानन्द इत्यमी ॥ 19 ॥

स्कन्धास्तु नामतो ज्ञेयाः सङ्ख्याताः पञ्चविंशतिः$_{25}$ ॥

वे हैं— 1. सम, 2. शान्त, 3. शुभ, 4. सौम्य, 5. गन्धर्व, 6. शङ्खवर्धन, 7. कीर्तिनन्द, 8. महाभोग, 9. सम्भ्रम, 10. दिशिनायक, 11. रुद्रतेजा, 12. सदाभ्यास, 13. जनानन्द, 14. अद्रक, 15. यक्ष, 16. दक्ष, 17. क्षितिधर, 18. समात्र, 18. संयुत, 20. शेखर, 21. प्रजापूर्ण, 22. प्रवर्त, 23. प्रघातक, 24. अतिभूषण, 25. विजयानन्द— ये सब स्कन्धों के नाम से पच्चीस संख्या होती है।

इति सूत्रसन्तानगुणकीर्तिप्रकाशप्रोक्तृश्रीभुवनदेवाचार्योक्तापराजितपृच्छायां रेखार्णवस्कन्धोदयकलाभेदाधिकारो नामैकचत्वारिंशदुत्तरशततमं सूत्रम् ॥ 141 ॥

इस प्रकार भुवनदेवाचार्य कृत सूत्रसन्तानगुणकीर्ति प्रकाश या अपराजितपृच्छा में रेखार्णव स्कन्ध उदय कलाभेदाधिकार नामक एक सौ इकतालीसवाँ सूत्र पूर्ण हुआ ॥ 141 ॥

प्रासादघण्टामलसारकनिर्णयो नाम द्वाचत्वारिंशदुत्तरशततमं सूत्रम्॥ 142॥

अधुना नागरलतिनसान्धारमिश्रकविमानपुष्पकभूमिजविमाननागरप्रासादेषु यदा आमलसारं तस्याङ्गप्रमाणं। विश्वकर्मोवाच-

प्रतिरथावुभौ मध्ये वृत्ते चामलसारके।
तत्तद्विभक्तिभागं च कथये यस्य यादृशम्॥ 1॥

(इस सूत्र में नागरादि प्रासादों के लिए आमलसार और उसके अङ्गों के प्रमाण कहे जा रहे हैं) विश्वकर्मा बोले कि दो-दो प्रतिरथों के मध्य में अमलसार के वृत में होने वाले विभक्ति भागों को जैसे वे होते हैं, वैसे ही उनको कहता हूँ।

उदये तु तदूर्ध्वे च विभक्ते चतुरंशतः।
ग्रीवा पादोनभागा स्यात्सपादं च तथाण्डकम्॥ 2॥

आमलसार का उदय, ऊँचाई चार भागों में विभक्त होती है। ग्रीवा पादोन तीन चौथाई भाग की, अण्डक एक से सवाया भाग का होगा।

चन्द्रिका चैकभागेन भागा चामलसारिका।
प्रासादस्याऽष्टमांशेन पृथुत्वं कलशाण्डके॥ 3॥

चन्द्रिका एक भाग की और आमलसारिका भी एक भाग की— कुल मिलाकर चार भाग ऊँचाई होगी। कलश का अण्डक पृथुत्व यानी मोटाई में प्रासाद के आठवें भाग के बराबर होना चाहिए।

युग्मप्रतिरथे कुर्यात् सुरतारं शिखरोद्भवे।
चन्द्रस्य तु च संस्थाने कुर्यादामलसारिकाम्॥ 4॥
द्वितीया पूर्वसंस्थाने शोषयेच्चार्धभागतः।

शिखर के ऊपर से ही दोनों प्रतिरथों के सुरतार करें और चन्द्र के संस्थान में आमलसारिका करें। दूसरे पर्व संस्थान को आधे भाग तक क्षीण करें।

नागरे लतिने कुर्यात् सान्धारे चैव मिश्रके॥ 5॥
वासोर्ध्वे चोदयं कृत्वा विभक्तं पञ्चभागिकम्।

नागर प्रासाद में लतिन प्रासाद का और सान्धार प्रासाद में मिश्रक का छन्द करें। प्रासाद के आवास की ऊँचाई के आधे को पाँच भागों में विभक्त करें।

कण्ठग्रीवाकुड्मलं च पद्मच्छत्रोपच्छत्रकम्॥ 6॥
विमाने पुष्पके भौमे कुर्याद्विमाननागरे।

इत्युक्तं चामलसारं प्रयुक्तं वास्तुवेदिभिः ॥ 7 ॥

इसमें कण्ठ, ग्रीवा, कुड्मल, पद्मछत्र और उपछत्रक करें। ये सब विमान, पुष्पक, भौमिज और नागर विमान प्रासादों में करें। इस तरह से आमलसार का विधान वास्तुविदों ने प्रयुक्त करना कहा हैं।

द्राविडीघण्टा —

द्विरष्टभागविस्तारे उच्छ्रयो दशभागतः।
अन्तःपत्रं भवेद्भागं भागार्धे चैव पट्टिका ॥ 8 ॥
कर्णस्तु सार्धभागश्च तदूर्ध्वे पद्मपत्रिका।

द्राविड़ी घण्टा के लिए 16 भाग का विस्तार और 10 भाग की ऊँचाई में अंतःपत्र एक भाग का और आधे भाग की उसकी पट्टिका, कर्ण डेढ़ भाग के और इसके ऊपर पद्मपत्रिका करें।

स्कन्धः षड्भागिको ज्ञेय उच्छ्रये भागसङ्ख्यया ॥ 9 ॥
षड्भागश्च भवेत्स्कन्धो निर्गमः पञ्चभागिकः।
द्राविडी च भवेद् घण्टा नासिकोपाङ्गशोभिता ॥ 10 ॥

प्रासाद का स्कन्ध छह भाग का जानें और उसकी ऊँचाई एक भाग की छह भाग के स्कन्ध का निर्गम पांच भाग का रखें। इस तरह से करने पर द्राविड़ी घण्टा-अमलसार बनता है जो नासिकों और उपाङ्गों से शोभित होता है।

वराटघण्टिकाप्रमाणम् —

पृथुत्वं तु द्वादशांशमुच्छ्रये नवभागिकम्।
कर्णस्तथा चैकभागः स्कन्धाद्यं चाष्टभागिकम् ॥ 11 ॥
अष्टाश्रोर्ध्वे षोडशाश्रा ततो द्वात्रिंशदश्रका।
मन्दारपुष्पकाकारा कार्या वराटघण्टिका ॥ 12 ॥

पृथुत्व, विस्तार में बारह भाग और ऊँचाई में नौ भाग करें जिसमें कर्ण एक भाग और स्कन्ध का आदि भाग आठ भाग होगा। पहले अष्टाश्रों के ऊपर सोलह अस्त्र फिर उसके ऊपर बत्तीस कोण का मन्दार पुष्प यानी आक के पुष्प के आकार का वराटघण्टिका यानी वराट गुम्बज बनाएँ।

वलभीप्रासादेषु गजपृष्ठाकृतिः —

वलभीः सम्प्रवक्ष्यामि आमलैर्वाम-दक्षिणेः।
उदयश्चैव षड्भागो विस्तारश्चाष्टभागकः ॥ 13 ॥

अब मैं वलभी के वाम-दक्षिण के आमलसारों के बारे में कहता हूँ। उनकी ऊँचाई छह भाग और विस्तार आठ भाग करें।

अधो भागे भवेत्कण्ठो वृत्तं चैव तु भागिकम्।
कपाली ? भागपादं तु त्रिपादं कीर्तितं मुखम्॥ 14॥

नीचे के भाग में कण्ठ करें जिसका वृत्त एक भाग का हो। कपाली पाद भाग की और मुख तीन पाद भाग का होगा।

द्विभागोच्छ्रिता शाखा च विस्तरे अष्ट अन्तिका।
विषमा मुकुटा कार्या पङ्क्तिश्च विषमा स्मृता॥ 15॥

शाखा दो भाग ऊँचाई की और उसका विस्तार आठ अन्त तक का हों। मुकट को विषम करें और पंक्ति को भी विषम ही मानें।

उभयामलमध्ये तु गजपृष्ठाकृतिस्तथा।
कलशाश्च त्रयः कार्या आयते च शुभप्रदाः॥ 16॥

दोनों आमलसारकों के बीच गज पृष्ठाकृति का उभार करें और उन पर तीन कलश करें जो लम्बाई में शुभप्रद होते हैं।

सिंहावलोकने दारुजे च घण्टारूपम् —

सिंहावलोकने कुर्याद् घण्टां मन्दारपुष्पकम्।
अर्कपुष्पोद्भवाः शस्ता दारुजे पुष्पकादयः॥ 17॥

इसमें सिहावलोकन-झरोखों के भी मन्दार पुष्प की आकृति के घण्टा-गुम्बद करें। दारुज और पुष्पकादि में भी अर्क पुष्पोद्भवा गुम्बद प्रशस्त कहे हैं।

इति सूत्रसन्तानगुणकीर्तिप्रकाशप्रोक्तृश्रीभुवनदेवाचार्योक्तापराजितपृच्छायां प्रासादघण्टामलसारकनिर्णयाधिकारो नाम द्वाचत्वारिंशदुत्तरशततमं सूत्रम्॥ 142॥

इस प्रकार भुवनदेवाचार्य कृत सूत्रसन्तानगुणकीर्ति प्रकाश या अपराजितपृच्छा में प्रासाद घण्टा आमलसारक निर्णय अधिकार नामक एक सौ बयालीसवाँ सूत्र पूर्ण हुआ॥ 142॥

कलशप्रमाणलक्षणं त्रिचत्त्वारिंशदुत्तरशततमं सूत्रम्॥ 143॥

अधुना प्रासादकलशोत्पत्तिः विश्वकर्मोवाच-

अथातः सम्प्रवक्ष्यामि कलशोत्पत्तिलक्षणम्।
भद्रं तु सर्वकल्याणं कलशं स्थापयेद्यथा॥ 1॥

(इस सूत्र में प्रासादों पर स्थापनार्थ कलश के मान-लक्षण और प्रासाद की

जात्यानुसार वहाँ स्थापना योग्य कलशों का वर्णन है। पूर्व में विश्वकर्मा ने इस प्रकार के कलश मान का वर्णन जयपृच्छादि में किया है। देवीपुराण, नारद और भविष्यपुराण कलश मानादि का वर्णन कृत्यकल्पतरु के प्रतिष्ठाखण्ड में उद्धृत है) विश्वकर्मा बोले कि अब मैं कलशोत्पति के लक्षणों को कहता हूँ जो सब कल्याण को करने वाला है इसलिए कलश की स्थापना यथाविधि करें।

क्षीरोदार्णवके पूर्वं मध्यमानं सुरासुरैः।
तत्रोत्पन्नं सुतिलकं कलशं कामरूपिणम्॥ 2॥

देवताओं और असुरों के द्वारा पूर्व में क्षीरसमुद्र का मन्थन किया जिससे सुतिलक नामक कामनाओं की पूर्ति करने वाला कलश उत्पन्न हुआ।

प्रतिष्ठादिषु सर्वेषु सर्वपुण्यमहोत्सवे।
संस्थाप्य पुण्यकलशं सर्वविघ्नोपशामकम्॥ 3॥

इसलिए सभी विघ्नों को उपशम करने हेतु समस्त पुण्य महोत्सवों के अवसरों पर इस पुण्य कलश की स्थापना प्रतिष्ठापूर्वक करनी चाहिए।

अभिषिक्तो दिव्यघटैः फलपल्लवसंयुतैः।
सर्वपापविनिर्मुक्तः श्रियं प्राप्नोति मानवः॥ 4॥

इसके लिए इस दिव्य घट-कलश को फल, पल्लवों से अभिषिक्त करें जिससे मानव सर्व पापों से छूट कर अपनी उन्नति को प्राप्त होता है।

क्षीरार्णवे समुत्पन्नं प्रासादस्याग्रजातकम्।
प्रासादो देवतानां च नरेन्द्राणां च हर्म्यकम्॥ 5॥
देवागारेषु सर्वेषु नृपाणां भवने तथा।
संस्थाप्यं दिव्यकलशं विश्वकर्मवचो यथा॥ 6॥

प्रासादों से भी पहले जन्मने वाला यह कलश क्षीरार्णव से समुत्पन्न हुआ है। इसलिए देवताओं के प्रासादों, राजागणों के प्रासादों, हर्म्य-हवेलियों, सभी देवस्थानों और सभी राजभवनों पर इस दिव्य कलश की संस्थापना अवश्य करनी चाहिए—ऐसा भगवान् विश्वकर्मा का वचन है।

नागरलतिनसान्धारमिश्रकविमाननागरविमानपुष्पकधातुजरत्नजरथारुहदारुजप्रासादेषु कलशमानं—

उत्पत्तिः कथिता चैवं लक्षणं शृणु साम्प्रतम्।
विभक्तिभागसङ्ख्यानां प्रमाणं सूत्रमानतः॥ 7॥

अब तक कलश की उत्पति के बारे में सुना जिसकी विभक्ति भाग संख्या को सूत्रमान के प्रमाणानुसार कहता हूँ।

शैलजे शैलजं कुर्याद् दारुजे दारुजं तथा।
धातुजे धातुजं चैव ऐष्टिके चैष्टिकं शुभम्॥ 8॥

शैलज यानी शिला के प्रासाद में शिला का कलश बनाएँ। दारुज यानी काष्ठ के प्रासाद में काष्ठ का कलश, धातुज यानी धातु के प्रासाद में धातु का कलश और ऐष्टिक यानी ईंटों के प्रासाद में ईंटों का कलश ही शुभ होता है।

चित्रे चित्रं विधातव्यं हेमजं सर्वकामदम्।
श्रेष्ठं सर्वत्र श्रेष्ठानां सुवर्णकलशध्वजम्॥ 9॥

इसी प्रकार चित्र में चित्रित प्रासाद में चित्रित कलश बनाना चाहिए परन्तु हेमज यानी स्वर्ण का कलश तो सर्वत्र कामना पूर्ण करने वाला होता है। अत: सर्वत्र श्रेष्ठों में श्रेष्ठ सुवर्ण कलश और सुवर्ण ध्वज होता है।

प्रासादस्याष्टमांशेन पृथुत्वं कलशाण्डकै।
षोडशांशैर्युतं$_{16}$ श्रेष्ठं मध्यं द्वात्रिंशदंशत:$_{32}$ ॥ 10॥

प्रासाद की मोटाई का अष्टमांश भाग कलश के अण्ड की मोटाई होनी चाहिए। यह मोटाई सोलहवें भाग और बत्तीसवें भाग के मध्य तक भी श्रेष्ठ मानी गई है।

मूलरेखा पञ्चमांशे पृथुत्वं तस्य कारयेत्।
घण्टा विस्तारपादेन तत्पादेन युता पुनः॥ 11॥
इत्थं कलशविस्तारमुच्छ्रयस्तस्य सार्द्धतः।

मूल रेखा के पाँचवें भाग के बराबर कलश की मोटाई करनी चाहिए। घण्टा का विस्तार एक भाग का और उतना ही एक भाग पुनः युक्त करते हुए कलश का विस्तार-मोटाई करें। कलश की ऊँचाई इस मोटाई से ड्योढ़ी यानी डेढ़ गुनी रखी जाएगी।

नागरे लतिने शस्तं सान्धारे मिश्रके तथा॥ 12॥
विमाननागरे छन्दे विमानपुष्पके तथा।
धातुजे रत्नजे चैव रथारोहे च दारुजे॥ 13॥

उपर्युक्त प्रमाण नागर, लतिन, सान्धार, मिश्रक, विमाननागर, विमानपुष्पक, धातुज, रत्नज, दारुज और रथारुह प्रासादों भी प्रशस्त है।

शैलजे च चतुर्थांशमैष्टिकादौ समस्तकै।
इत्युक्तं कलशं चैव सर्वकामफलप्रदम्॥ 14॥

शैलज यानी पाषाण के प्रासाद में चौथे भाग तक और ईंटों के प्रासाद में आदि से मस्तक तक कलश का मान कहा है, जो सब कामनाओं की पूर्ति करता है।

वराटद्राविडभूमिजविमानप्रासादेषु कलशमानं —

वराटे द्राविडे चैव भूमिजे च विमानके।
प्रासादस्य तु षष्ठांशे समस्तवलभीषु च॥ 15॥

इसके अतिरिक्त वराट, द्राविड़, भूमिज और विमान प्रासाद के छठे भाग और समस्त वलभी में भी छठे भाग का कलश ठीक रहता है।

तत्षडंशयुतं श्रेष्ठं कनिष्ठं तद्विहीनकम्।
इत्थं मानं समुद्दिष्टं कर्तव्य सर्वकामदम्॥ 16॥

कलश इससे हीन रखना कनिष्ठ माना जाता है। इसलिए इस मान को ध्यान में रखते हुए ही सभी काम करने चाहिए।

धमार्थकाममोक्षांश्च ईप्सितान् लभते ध्रुवम्।
युक्तालङ्कारयुक् स्थाप्यं कलशं कामरूपकम्॥ 17॥

इससे धर्म, अर्थ, काम और मोक्ष के चाहे गए फल निश्चय ही मिलते हैं। इसलिए कलश की स्थापना पूरे अलङ्करणों से युक्त सब कामना की पूर्ति करने के उद्देश्य से करनी चाहिए।

नागरकलशविशेषलक्षणं —

उच्छ्रयो नवभागः स्यात् षड्भागा विस्तृतिस्तथा।
अण्डकं चैकपादं स्यात् त्रिपदा पद्मपत्रिका॥ 18॥
ग्रीवा पादोनभागा च सपादं द्वे च कर्णिके।
मातुलिङ्गं त्रिभिर्भागैः कर्तव्यं सर्वकामदम्॥ 19॥

कलश की ऊँचाई नौ भाग और विस्तार छह भाग, एक भाग का अण्डक और तीन भाग की पद्मपत्रिका करें। ग्रीवा तीन चौथाई भाग की और सवा भाग की दो कर्णिका, मातुलिङ्ग तीन भाग का करना चाहिए जो सब कामनाओं की पूर्ति करता है।

उच्छ्रयः कथितश्चैवं विस्तरं शृणु साम्प्रतम्।
पद्मपत्रं त्रिभिर्भागैस्तत्कन्दे च द्विभागकम्॥ 20॥

इस प्रकार ऊँचाई के बारे में कहा गया। अब विस्तार चौड़ाई के बारे में सुनो। पद्मपत्र तीन भाग, उसका कन्द दो भाग का बनाएँ।

अण्डकं च घटाकारं कुर्यात्षड्भागविस्तृतम्।
ग्रीवा मध्ये द्विभागाभ्यां चतुर्भिः कर्णिकान्तरम्॥ 21॥

अण्डक को गोल गुम्बज के आकार का छह भाग के विस्तार का बनाएँ। ग्रीवा के बीच में दो-दो भागों की चार कर्णिकान्तर बनाएँ।

सार्धं द्व्यंश बीजपूरमग्रे निम्नं सुलक्षणम्।
प्रमाणं तत्र चाख्यातं कलशे सर्वकामदम्॥ 22॥

इति नागरप्रासादकलशः।

इस पर ढाई भाग का बीजपूरक यानी बीजोरा बनाए जो सुलक्षण यानी सुन्दरतम हो। इस प्रकार के प्रमाण कलश के कहे गए जो सब कामनाओं को पूरी करने वाला है।

कलशाङ्गानां लक्षणमानं —

अत ऊर्ध्वं पुनश्चाऽन्यं प्रवक्ष्येऽहमनुक्रमम्।
पूर्ववच्च समुत्सेधो विस्तरः पूर्वकल्पितः॥ 23॥

इसके आगे मैं पुनः अन्य अनुक्रम को कहता हूँ। पहले की तरह ही ऊँचाई और विस्तार-चौड़ाई पूर्व में कल्पित करें।

पद्मपत्रनिभाकारा त्रिपदा पद्मपत्रिका।
कर्णिका पदमेकं तु सपादः पद्मसम्भवः॥ 24॥
द्विभागं चाण्डकं कुर्याद् वृत्ताकारं सुलक्षणम्।
ग्रीवा पादोनभागा स्याद् भागार्धं चार्कपट्टिका॥ 25॥

पद्मपत्र के समान आकार वाली तीन भाग की पद्मपत्रिका, एक भाग की कर्णिका और सवा भाग की पद्मसम्भव, दो भाग का अण्डक सुन्दर वृत्ताकार यानी गोलाई में बनावें जिसकी ग्रीवा पौन भाग की और अर्क पट्टिका आधे भाग की बनाई जाएगी।

लतिने च प्रकर्तव्या अर्धं वै पद्मपत्रिका।
त्रिभागं बीजपूरं च अधिकस्य पद्माकृतिः॥ 26॥

लतिन प्रासाद में आधे में पद्मपत्रिका, तीन भाग का बीजपूरक पद्मपत्रिका से अधिक करें।

उच्छ्रयः कथितश्चेत्थं विस्तरं शृणु साम्प्रतम्।
पद्मपत्रं त्रिभिर्भागैर्द्विभागा कर्णिका वृता॥ 27॥

यह ऊँचाई के बारे में कहा अब तुम इसके विस्तार के बारे में सुनो। पद्मपत्र को तीन भाग का और दो भाग की गोल वृत की कर्णिका होगी।

पद्माग्रे पत्रिका चैव चतुर्भागा च विस्तरे।
षड्भागमण्डकं चैव ग्रीवा मध्ये द्विभागिका॥ 28॥

इसी प्रकार पद्म के आगे की पत्रिका चार भाग के विस्तार में होगी। अण्डक छह भाग का जिसके मध्य में ग्रीवा दो भाग की होगी।

अर्कपट्टी चतुर्भागा सार्धत्र्यंशा च पत्रिका।
सार्धद्वयं बीजपूरं निम्नाग्रे पद्मकाकृति॥ 29॥

अर्क पट्टी चार भाग की और पत्रिका साढ़े तीन भाग की, बीजपूरक ढाई भाग हो और उसके नीच पद्म-कमल जैसी आकृति होगी।

पद्मनिबन्धतिलकं मुक्तरत्नं सुवृत्तकम्।
अर्केऽर्कपट्टिकां कुर्यात् पद्मपत्राग्र उन्नता॥ 30॥

उसके सुवृतक यानी गोल मुक्तरत्न, पद्मनिबन्ध तिलक की अर्कपट्टिका की करें जिसके कमल के पंखुड़ियों के अग्रभाग उन्नत यानी खिले हुए हों।

इति सूत्रसन्तानगुणकीर्तिप्रकाशप्रोक्तृश्रीभुवनदेवाचार्योक्तापराजितपृच्छायां
कलशप्रमाणलक्षणाधिकारो नाम त्रिचत्वारिंशदुत्तरशततमं सूत्रम्॥ 143॥

इस प्रकार भुवनदेवाचार्य कृत सूत्रसन्तानगुणकीर्ति प्रकाश या अपराजितपृच्छा में कलश
प्रमाण लक्षण अधिकार नामक एक सौ तियालीसवाँ सूत्र पूर्ण हुआ॥ 143॥

प्रासादध्वजदण्डलक्षणं चतुश्चत्वारिंशदुत्तरशततमं सूत्रम्॥ 144॥

अधुना प्रासादध्वजलक्षणं। विश्वकर्मोवाच —

अथातः सम्प्रवक्ष्यामि प्रासादध्वजलक्षणम्।
दण्डोच्छ्रयप्रमाणं च पताकामण्डकीं तथा॥ 1॥

(यह सूत्र मन्दिरों के ध्वज, ध्वजदण्ड के लक्षणों पर आधारित है) विश्वकर्मा बोले कि अब मैं प्रासाद के ध्वज के लक्षणों के बारे में कहता हूँ। उसके दण्ड की ऊँचाई का प्रमाण और पताका और मण्डकी का प्रमाण भी कहता हूँ।

जया च विजया चैव वेणुकं घण्टचामरम्।
कलशोर्ध्वे समाख्यातं कर्तव्यं सर्वकामदम्॥ 2॥

इसी प्रकार जया और विजया[1] और वेणुक और घण्टा, चामर बनाकर उसके ऊपर कलश बनाने का निर्देश दिया गया है जो सर्वकामनाओं की पूर्ति करने वाला है।

ध्वजाधारस्तम्भिका च कलशैश्च विभूषिता।
वंशाधारो वज्रबन्धो वंशानां वेष्टनादिकम्॥ 3॥

ध्वजा के आधार की जो स्तभिका हो, उसको कलशों से सुशोभित करें। बांस के आधार को अच्छी तरह से बांस के सुदृढ़ बन्धनों अर्थात् वज्रबन्धों से सम्यक् वेष्टित करें।

आदिशिलोद्भवं मानं ऊर्ध्वे च कलशान्तिके।
तृतीयांशे प्रकर्तव्यो ध्वजादण्डः प्रमाणतः॥ 4॥

प्रासाद में आदि शिला से लेकर कलश के अन्त तक की ऊँचाई के मान के अनुसार उसके तृतीयांश भाग के बराबर ध्वजदण्ड की लम्बाई का प्रमाण रखें। (यह ज्येष्ठ प्रमाण है)।

अष्टमांशे ततो हीने मध्यमं शुभलक्षणम्।
कनिष्ठं तद्भवेद् दण्डं ज्येष्ठतः पादवर्जितम्॥ 5॥

इसमें भी अष्टांश भाग कम से मध्यम प्रमाण भी शुभ लक्षण युक्त होता है। जब ध्वज ज्येष्ठ से चतुर्थांश कम हो तो उसे कनिष्ठ ध्वज कहते है।

प्रासादपृथुमानेन ध्वजादण्डं तु कारयेत्।
मध्यमं दशमांशोन कनिष्ठं चोनपञ्चमम्॥ 6॥

सामान्यतया प्रासाद की चौड़ाई के मान के अनुसार ध्वजादण्ड करना चाहिए। मध्यम इससे दशमांश कम होता है और कनिष्ठ पञ्चमांश कम होता है।

मूलरेखाप्रमाणेन ज्येष्ठः स्याद् दण्डसम्भवः।
मध्यमं द्वादशांशोनं षडंशोनं कनिष्ठकम्॥ 7॥

इसी तरह मूल रेखा के प्रमाण से ज्येष्ठ ध्वजदण्ड को बनावें। मध्यम ध्वज दण्ड को इससे बारहवाँ भाग कम रखें तथा कनिष्ठ ध्वजदण्ड को इससे छठवें भाग कम रखें।

एकहस्ते तु प्रासादे दण्डं पादोनमङ्गुलम्।
अर्धाङ्गुला भवेद् वृद्धिः पञ्चाशद्धस्तकावधि॥ 8॥

---

1. सङ्कर्षणसंहिता में जय और विजय नाम के प्रत्यग्भाग में रखने का निर्देश है— जयञ्च विजयं नाम्ना प्रत्यग्भागे तथा न्यसेत्। क्षीरकुन्दावदातौ च नीलकौषेयवाससौ॥ पूर्वोक्तगणसादृश्यौ नाम्ना भद्रसुभद्रकौ। स्थापयेद्भूषितौ पुष्पैः द्वारस्य चोत्तरे दिशम्॥ (सङ्कर्षण. 6, 126-127)

एक गज के विस्तार वाले प्रासाद का ध्वजदण्ड पौन अङ्गुल रखें और आगे 50 गज के विस्तार वाले प्रासाद के प्रतिगज आधा अङ्गुल बढ़ाते जाएँ।

पृथुत्वं च प्रकर्तव्यं सुवृत्तं पर्वकान्वितम्।
एकादिपर्वतः कार्यः पञ्चविंशतिकावधि॥ 9॥

ध्वजदण्ड का पृथुत्व यानी मोटाई सुन्दर गोलाई युक्त और पर्वों (बंगड़ों) से युक्त बनाएँ। ये पर्व अर्थात् बंगड़ एक से पच्चीस तक बनाए जाने चाहिए।

जयन्तशत्रुमर्दनपिङ्गलसम्भवश्रीमुखआनन्दत्रिदेवकालदण्डदिव्यशेखरमहाकूट सूर्याख्यकमलोद्भवविश्वकर्मेति त्रयोदशध्वजदण्डनामलक्षणे —

विषमपर्वोद्गमाश्च शस्ताः स्वस्वाभिधानतः।
त्रयोदश स्युर्दण्डा वै पर्वभेदैस्तथोत्तमाः॥ 10॥

ध्वज के पर्व विषम संख्या में अपने-अपने नाम के अनुसार प्रशस्त होते हैं। इस तरह पर्व भेद के अनुसार तेरह प्रकार के दण्ड होते है जो उत्तम माने गए है।

जयन्तः शत्रुमर्दनः पिङ्गलो नाम सम्भवः।
श्रीमुखश्च तथानन्दस्त्रिदेवो दिव्यशेखरः॥ 11॥
कालदण्डो महाकूटः सूर्याख्यः कमलोद्भवः।
विश्वकर्मा समाख्याताः कर्तव्याः सर्वकामदाः॥ 12॥

इन दण्डों के नाम हैं—1. जयन्त, 2. शत्रुमर्दन, 3. पिङ्गल, 4. सम्भव, 5. श्रीमुख, 6. आनन्द, 7. त्रिदेव, 8. दिव्यशेखर, 9. कालदण्ड, 10. महाकूट, 11. सूर्याख्य, 12. कमलोद्भव और 13. विश्वकर्मा— ये सब कामना पूरी करने हेतु करें।[1]

जयन्तस्त्वेकपर्वश्च त्रिपर्वः शत्रुमर्दनः।
पिङ्गलः पञ्चपर्वश्च सप्तपर्वश्च सम्भवः॥ 13॥

इनमें 1. जयन्त ध्वज एक पर्व-बंगड़ वाला होता है, 2. शत्रुमर्दन ध्वज तीन पर्व, 3. पिङ्गल ध्वज पाँच पर्व, 4. सम्भव ध्वज सात पर्व वाला होता है।

श्रीमुखो नवपर्वश्च आनन्दो रुद्रपर्वकः।
त्रिदेवो विश्वपर्वश्च तिथिभिर्दिव्यशेखरः॥ 14॥

---

1. विश्वकर्मा के किसी प्राचीन शास्त्र में ध्वजाओं की विधियाँ रही हैं। नाट्यशास्त्र में भी इस बात का उल्लेख आया है— माहेन्द्रा वै ध्वजाः प्रोक्ता लक्षणैः सम्प्रकीर्तिताः। यो विधिर्यः क्रमश्चैव माहेन्द्रे वै ध्वजे स्मृतः॥ (नाट्यशास्त्र 21, 140) वैसे इन्द्रध्वज का विधान बृहत्संहिता, कालिकापुराण, विष्णुधर्मोत्तरपुराण और समराङ्गणसूत्रधार में आया है।

इसी प्रकार इसमें 5. श्रीमुख ध्वज नौ पर्व या बंगड़ वाला, 6. आनन्द ध्वज ग्यारह पर्व, 7. त्रिदेव ध्वज तेरह पर्व और 8. दिव्यशेखर ध्वज पन्द्रह पर्व यानी बंगड़ वाला होता है।

मुनीन्दुभिः कालदण्डो महोत्कटो नवेन्दुतः।
सूर्याख्यस्त्वेकविंशत्या कमलो वह्निनेत्रतः॥ 15॥

इसी तरह 9. कालदण्ड ध्वज सत्रह पर्व यानी बंगड़, 10. महोत्कट ध्वज उन्नीस पर्व, 11. सूर्याख्य ध्वज इक्कीस पर्व और 12. कमल ध्वज तेईस पर्व यानी बंगड़ का होता है।

तत्त्वपर्वो विश्वकर्मो दण्डनामानि पर्वतः।
शस्ताशस्तत्वमेतेषामभिधानगुणोद्भवम्॥ 16॥

इसके अतिरिक्त 13. विश्वकर्मा ध्वजदण्ड पच्चीस पर्वों वाला होता है। इस प्रकार पर्वों से इनका शस्त-अशस्त अभिधान गुणों से उत्पन्न बताया गया है।

मण्डक्यर्धचन्द्रगगारककलशघण्टाचामरपताकाद्यङ्गानि —

मण्डकी तस्य कर्तव्या अर्धचन्द्राकृतिस्तथा।
पृथुण्डसप्तगुणा हस्तादि पञ्चकावधि॥ 17॥
षड्गुणा च द्वादशान्तं शेषाः पञ्चगुणास्तथा।
तथा त्रिभागविस्ताराः कर्तव्याः सर्वकामदाः॥ 18॥

ध्वज की मण्डकी (ध्वज पर लगने वाली रचना) को अर्ध चन्द्राकृति से बनाएँ। उसका पृथुत्व यानी विस्तार दण्ड की मोटाई का सात गुना, एक गज से पाँच गज तक तथा बारह गज तक छह गुना और शेष सभी पाँच गुणा मोटाई का रखें। इसके विस्तार को तीन भाग करने चाहिए जो कामना पूर्ण करने वाला है।

अर्धचन्द्राकृति चैव पक्षे कुर्याद् गगारकम्।
वंशोर्ध्वे कलशं चैव पक्षे घण्टाप्रलम्बनम्॥ 19॥

अर्धचन्द्राकृति के दोनों पक्षों में गगारक बनाएँ। ध्वजस्तम्भ के वंश-दण्ड की ऊँचाई पर गण्डकी पर कलश और दोनों पार्श्व में मण्डकी के घण्टियाँ लटकाएँ।

चामरैर्भूषितं कुर्याद् घण्टा पक्षे विचक्षणः।
पताका पापहारी च शत्रुपक्षक्षयङ्करी॥ 20॥

घण्टियों के पक्षों को चामर युक्त करें। उस पर बाँधी जाने वाली पताका शत्रुपक्ष का क्षय करने वाली और पाप हरने वाली होती है।

ध्वजदण्डलक्षणं —

वंशमयस्तु कर्तव्यः सारदारुसमन्वितः।
निर्व्रणः सुदृढः कार्यो ज्वालादोषविवर्जितः॥ 21॥

ध्वजदण्ड का वंश अच्छी सार लकड़ी का बनाएँ जो छिद्र रहित, दृढ़ तथा किसी भी प्रकार की ज्वाला के दोष से रहित हो यानी जला हुआ नहीं हो।

समग्रन्थिर्विधातव्यो विषमपर्वसमन्वितः।
ध्वजादण्डप्रमाणेन पताकां च प्रलम्बयेत्॥ 22॥

ध्वजदण्ड के विषम पर्वों की ग्रन्थियाँ सम भाग में हों। पताका की लम्बाई ध्वजादण्ड के बराबर रखी जानी चाहिए।

पताकाप्रमाणं —

पृथुत्वमष्टमांशेन त्रिशाखाग्रविभूषितम्।
शिखाः पञ्च प्रकर्तव्या ध्वजाग्रे च विचक्षणैः॥ 23॥

उसकी चौड़ाई आठवें भाग के बराबर और उसको आगे से तीन शाखाओं में बनाएँ। विचक्षण लोग तो ध्वजा का अग्रभाग पाँच शिखा का करते हैं।

दिव्यवस्त्रपताका च अर्धचन्द्रैश्च किङ्किणीः।
चन्द्रार्कं वा वाहनं वापि[1] घुर्घुरान्वितम्॥ 24॥

पताका का वस्त्र दिव्य होना चाहिए। उस पर अर्धचन्द्राकृति वाली किङ्किणियाँ हों। उस पर चन्द्र, सूर्य अथवा सम्बन्धित देव का वाहन व घूघरे बन्धे हुए हों।

ध्वजस्य संस्थानादिविशेषलक्षणकथनं —

रेखाध त्रिभागोर्ध्वं सूत्रांशे पादवर्जितम्।
ध्वजोन्नतिस्तु कर्तव्या ईशाने नैर्ऋतेऽथवा॥ 25॥

प्रासाद में शिखर पर रेखा के नीचे से लेकर तीन भाग ऊपर सूत्रांश का भाग त्यागते हुए ध्वज की ऊँचाई ईशान कोण पर या नैर्ऋत्य कोण पर करनी चाहिए।[2]

प्रासादपृष्ठदंशे तु प्रतिरथे च दक्षिणे।

---

1. प्रकाशित पाठे नोपलभ्यते।
2. नारदपाञ्चरात्र में आया है— उष्णीषः कलशस्याथोर्ध्वभूमेस्तु सुशोभितः॥ मेखला नारद! सूक्ष्मा पत्रपुष्पसमन्विता। शिष्टं कृत्वा त्रिधा तस्मात् परमण्डं विनिर्गतम्॥ कण्ठं तु द्वितीयं तत्र कार्यं धात्रीफलाण्डवत्। भास्करमष्टचन्द्राश्च तत्र लेख्या महामुने!॥ ध्वजाधारस्तु कर्तव्य ईशाने नैर्ऋतेऽथवा। चरमे भूमिकाभागे शोभामानं सगोलकम्॥ हिरण्मयो ध्वजादण्डो भूमिकापञ्चकान्वितः। तत्र स्थाप्यो विधिं कृत्वाचार्यस्याज्ञानुसारतः॥ (नारदपञ्चरात्रे सङ्कर्षणसंहितामर्चनारात्रे 6, 107-111)

स्तम्भवेधस्तु कर्तव्यो भित्तेरष्टमांशके ॥ 26 ॥

जो प्रासाद के पीठ पीछे दक्षिणी प्रतिरथ पर हों। इसका ध्वजस्तम्भ वेध खूँटा प्रासाद की भीत के आठवें भाग में करें।

निलयो यस्य देवस्य तस्य देवस्य वाहनम्।
ध्वजा तु कारयेच्चैव मुखबिम्बप्रमाणतः ॥ 27 ॥

जिस देवता का प्रासाद हो, उसमें उसी देवता का वाहन भी हों और उस प्रासाद की ध्वजा भी देवता की मूर्ति के मुखबिम्ब के प्रमाण से बनाएँ।

यस्य यस्य हि देवस्य प्रासाद आलयो हि सः।
आयुधं तस्य देवस्य मुखबिम्बप्रमाणतः ॥ 28 ॥

जिस-जिस देवता का प्रासाद हों, उसके आयुध भी देवतामूर्ति के मुख बिम्ब के प्रमाण से बनाने चाहिए।

ध्वजच्छन्देषु पीठेषु अग्रस्थानेषु दर्शयेत्।
त्रीणि वाहनस्थानानि कलशाग्रेषु चाऽयुधम्॥ 29 ॥

इसी प्रकार ध्वज छन्दों में, पीठों में, अग्रस्थानों में, तीनों वाहन स्थानों को और आयुधों को कलश के आगे में दिखाएँ।

शैलजे चैव प्रासादे कलशस्य पदानुगम्।
खादिरमिन्द्रकीलं तु प्रवेश्य कलशान्तिके ॥ 30 ॥

शैलज यानी पाषाण से निर्मित प्रासाद के कलश के पाँव में जाती हुई खादिर-खैर वृक्ष की इन्द्रकील यानी ध्वजा की खूँटी को कलश के अन्त में प्रविष्ट करें।

चतुरश्रमष्टाश्रं वा वृत्तं वाऽग्राग्रवर्तुलम्।
सुदृढं निर्व्रणं कुर्याद् गर्भशुद्धं प्रमाणतः ॥ 31 ॥

इन्द्रकील को चतुरश्र यानी चौकोर, अष्टाश्र यानी आठ पहलू वाली, गोलाई युक्त अथवा अग्राग्र वर्तुल यानी आगे के भाग में गोलाई युक्त बनाएँ। जो सुदृढ़ और छिद्र रहित हों और प्रमाण से गर्भशुद्ध हों।

ध्वजावती स्तम्भिका च चतुरश्रा चाष्टांशका।
वृत्ताधः अष्टांशा च[1] वृत्तोर्ध्वे चतुरश्रिका ॥ 32 ॥

ध्वजा लगाने की स्तम्भिका भी चतुरश्रा यानी चौकोर या (चाष्टांश्रका-स्यात्) अष्टाश्र यानी आठ पहलू वाली हो। वह वृत्त के नीचे अष्टाश्र और वृत्त के ऊपर

---

1. प्रकाशित पाठे नोपलभ्यते।

चौकोर हो सकती है।

तदूर्ध्वे कलशं कुर्यात् सुरूपं लक्षणान्वितम्।
विकुञ्चनचालिके द्वे वंशाधारस्य बाह्यतः ॥ 33 ॥

उसके ऊपर कलश को सुरूप लक्षणों युक्त करें। ध्वजदण्ड को बाहर की ओर से विकुञ्चन यानी हिलने-डुलने से रोकने के लिए दो वंशाधार लगाएँ।

वंशबन्धाश्च कर्तव्या हस्ते हस्ते तथा पुनः।
हस्ते सपादे सार्धे वा द्विहस्ते वाऽप्यथोच्यते ॥ 34 ॥

ध्वजस्तम्भ के बन्धन एक-एक गज पर अथवा सवा गज पर अथवा डेढ़ गज पर या फिर दो गज पर अथवा जैसा उचित समझे वैसे लगाए जा सकते हैं।

इति सूत्रसन्तानगुणकीर्तिप्रकाशप्रोक्तश्रीभुवनदेवाचार्योक्तापराजितपृच्छायां प्रासादध्वजदण्डलक्षणाधिकारो नाम चतुश्चात्वारिंशदुत्तरशततमं सूत्रम् ॥ 144 ॥

इस प्रकार भुवनदेवाचार्य कृत सूत्रसन्तानगुणकीर्ति प्रकाश या अपराजितपृच्छा में प्रासाद ध्वजदण्ड लक्षण अधिकार नामक एक सौ चवालीसवाँ सूत्र पूर्ण हुआ ॥ 144 ॥

समस्तध्वजानिर्णयो नाम पञ्चचत्वारिंशदुत्तरशततमं सूत्रम् ॥ 145 ॥

अधुना सर्वध्वजानिर्णयः। विश्वकर्मोवाच-

वापीकूपतडागेषु कुण्डे च पुष्कराह्वये।
ध्वजास्तत्रापि कर्तव्याः स्थानमानं च लक्षितम् ॥ 1 ॥

विश्वकर्मा बोले कि वापी, कूप, तालाब, कुण्ड और पुष्कर-जलाशयों पर स्थान मान को लक्ष्य में रखते हुए ध्वजारोपण अवश्य करना चाहिए।

पुरे च नगरे चैव कोटे कुर्याद् ध्वजारुहान्।
राजगृहे रथे वापि ध्वजास्तत्राऽपि कारयेत् ॥ 2 ॥

पुर, नगर और कोट (किलाकोट) पर भी ध्वजारोहण होना चाहिए। राजभवन, रथ आदि पर भी ध्वजा अवश्य होनी चाहिए।

कटकादेश्च भवने महाराज्ञया ध्वजोद्भवः।
यत्र राजा ध्वजा तत्र अनेकाकारूपिणी ॥ 3 ॥

कटक (छावनी), सेना, फौज के भवनों पर और महाराजाओं के भवनों पर ध्वजारोपण होना ही चाहिए। जहाँ राजा रहते हैं वहाँ ध्वजा भी रहती है और उन ध्वजाओं के अनेक आकार और रूप होते हैं।

विधातव्या पताकाभिर्ध्वजा राज्ञोऽपि वल्लभा।
संग्रामारोहणे चै गजारोहे मनोरमा॥ 4॥

पताकाएँ और ध्वज राजाओं को अति प्रिय होते हैं। अतः उन्हें अवश्य लगाने का विधान हों। संग्राम, युद्ध के आरोहण करते समय, हाथियों की सवारी पर मनोरम ध्वजाएँ होनी चाहिए।

वसन्तादिकोत्सवेषु ध्वजाः सर्वेषु शोभनाः।
नगरे पुरे ग्रामादौ होलिकाया महोत्सवे॥ 5॥
राजप्रवेशे नगरे नृत्यमाडे महोत्सवे।
दिव्यवस्त्रपताका च तोरणैर्वस्त्रसम्भवैः॥ 6॥

वसन्तोत्सव जैसे अन्य उत्सवों पर भी ध्वजा से सबकी शोभा बढ़ती है। होलिका महोत्सव में नगर, ग्राम, पुर आदि में, राजप्रासादों के प्रवेशद्वारों पर और महोत्सव के नृत्य मण्डप पर भी ध्वजा दिव्य वस्त्र की पताका के रूप में तोरणों पर भी होनी चाहिए।

ततस्ता वाद्यभवने कोटे नित्यं तथैव च।
कपिशीर्षाङ्कुरे [1]कुर्यात् पञ्चैबाण तथोच्यते॥ 7॥

वैसे ही दिव्य वस्त्रों की बनी हुई ध्वज-पताका तथा वाद्य भवन (नक्कारखाने) पर नित्य हो, कोट व कँगूरों पर पाँच बाणों जितनी या जितनी उचित समझें, उतनी ऊँची लगाएँ।

प्रतोल्याद्यालमालादिप्राकारे सर्वतस्तथा।
ध्वजामालाकुलं कुर्यात् कैलाससदृशोपमम्॥ 8॥

प्रतोल्बी, नगर-द्वारों पर से लेकर नगरकोट पर बने समस्त मालों, भवनों पर सब जगह ध्वजाओं की भरमार कर देनी चाहिए ताकि कैलाश पर्वत जैसी शोभा बन सके।

अर्कयुद्धोद्भवस्थाने पुष्पप्राकारसङ्कुले।
अष्ट$_{8}$षोडश$_{16}$द्वात्रिंशद्$_{32}$ ध्वजा वै दिव्यवस्त्रतः॥ 9॥

अर्क युद्धोद्भव स्थान अर्थात् अग्नि-युद्ध के स्थान के स्थान पर तथा पुष्पों की बाड़ वाले सङ्कुल-स्थानों में आठ, सोलह या बत्तीस की संख्या तक दिव्य सुन्दर वस्त्रों से बनी हुई ध्वजा लगाएँ।

---

1. 'कुर्यात्पञ्चैवाणथोच्यते ?॥' इति प्रकाशित पाठः।

राजप्रवेशे कर्तव्यं प्रतोल्यग्रे सुशोभनम्।
ध्वजाः स्तम्भगताः कीर्तिपताकाश्चैव हस्तिषु॥ 10॥

इसी प्रकार राजमहलों के प्रवेशद्वारों, प्रतोली-पोलों के आगे, सुन्दर स्तम्भों पर ध्वजा लगानी चाहिए। हाथियों पर भी कीर्ति पताका लगाना चाहिए।

जयन्तप्रतापकीर्त्यानन्दमहोत्सवैकछत्रेतिपञ्चकीर्तिस्तम्भानां लक्षणं —

जयन्तश्च प्रतापाख्यः कीर्त्यानन्दो महोत्सवः।
एकच्छत्रस्तथा कार्याः कीर्तिस्तम्भाश्च पञ्च हि॥ 11॥

(अब पाँच प्रकार के कीर्तिस्तम्भों के निर्माण के सम्बन्ध में कहा जा रहा है) 1. जयन्त, 2. प्रताप, 3. कीर्त्यानन्द, 4. महोत्सव, 5. एकच्छत्र— इन नामों वाले पाँच कीर्तिस्तम्भ बनाने चाहिए।

एकविंशतिहस्तैश्च जयन्तो नाम नामतः।
उच्छ्रितश्च प्रतापस्त्रिचत्वारिंशत्करैस्तथा॥ 12॥

इनमें 1. जयन्त नाम का स्तम्भ इक्कीस गज ऊँचा होता है। 2. प्रताप नाम का स्तम्भ तियालीस गज ऊँचा होता है।

पञ्चषष्ठिकरैश्चैव स भवेत्कीर्तिनन्दनः।
सप्ताशीतिकरैश्चैव कामदस्तु महोत्सवः॥ 13॥

3. कीर्तिनन्दन नाम का स्तम्भ पैंसठ गज ऊँचा और 4. महोत्सव नाम का स्तम्भ सतासी गज ऊँचा होता है।

नवोत्तरशतहस्तैरेकच्छत्रो भवेत्तथा।
एवं पञ्च महास्तम्भा महाराजपुरे मताः॥ 14॥

इसी प्रकार 5. एकच्छत्र नाम का स्तम्भ एक सौ नौ गज ऊँचा बनता है। इस तरह महाराजा के नगर के लिए ये पाँच महास्तम्भ कहे गए हैं।

पृथुत्वं चतुर्थांशेने तत्षडंशेन चोर्ध्वतः।
पञ्चमांशेनाधः कुर्यात् षडंशोच्छ्रयमानतः॥ 15॥
तत् षडंशेन ऊर्ध्वेषु ऊर्ध्वमानं त्रिभूमिकम्।
वृत्ताकारं प्रकर्तव्यं घण्टाकलशसंयुतम्॥ 16॥

(अब उनके निर्माण मान प्रमाण बताए जा रहे है) कीर्तिस्तम्भों को वृत्ताकार, गोलाई के आकार में घण्टा, गुम्बज और कलश युक्त बनाना चाहिए। कीर्तिस्तम्भ अपने निर्माण में नीचे के विस्तार से ऊपर जाते-जाते कम विस्तार वाले होते जाते हैं और तीन मंजिलों वाले होते है (उनकी पाँच प्रकार की ऊँचाई 21, 43, 65, 87

और 109 गज की विविध नामानुसार कही है)। इनकी ऊँचाई के अनुपात में ही इनका पृथुत्व विस्तार और ऊँचाई को बता रहे हैं। कीर्तिस्तम्भ का विस्तार उसकी ऊँचाई का चतुर्थांश होता है और ऊँचाई पर षष्ठांश उसका पृथुत्व होता है। उस स्तम्भ के ऊपर षष्ठांश भाग की भूमि के तीन मंजिला वृत्ताकार बनाएँ जिसके गुम्बज और कलश युक्त होता है।

दक्षिणे तत्र वै कीर्ति-पताका हस्तकास्तथा।
आद्ये धर्मो द्वितीये तु यशः कीर्तिस्तदूर्ध्वतः॥ 17॥

उसके दक्षिणी भाग पर कीर्ति पताका के हस्तक-हत्थे हो। पहली मंजिल धर्म की, द्वितीय मंजिल यश की और ऊपर की मंजिल कीर्ति की होगी।

धर्मयशःकीर्तिदं स्यादेवं माडं त्रिभूमिकम्।
पीठबन्धोपरि कुर्यादूर्ध्वे चैवं तु मेखला॥ 18॥
दिक्पाललोकपालानां वसूनां च महत्तमाः।
चतुःषष्टिश्च दिव्यानां स्वर्गिणां त्वेकविंशतिः॥ 19॥

इस तरह धर्म, यश, कीर्ति के तीन कमरे, माड तीन मंजिलों में हों। उनके ऊपर पीठबन्धों पर मेखला पट्टी बनाएँ जिनमें दिक्पालों, लोकपालों, वसुओं और महात्माओं आदि चौंसठ दिव्यों को और इक्कीस स्वर्ग के निवासियों की स्थापना करनी चाहिए।

माडोपरि ध्वजादण्डपताकाः शत्रऊमर्दनः।
एवंविधं प्रकर्तव्यं कीर्तिस्तम्भस्य लक्षणम्॥ 20॥

इति कीर्तिस्तम्भलक्षणम्।

माडों यानी कमरों पर शत्रुओं का मर्दन करने वाली ध्वजदण्ड पताकाएँ फहराएँ। इस तरह से कीर्तिस्तम्भ के लक्षणों को सम्पादित करना चाहिए।

आनन्ददुन्दुभिकान्तश्रीमुखसुमनोहरेति पञ्चतडागध्वजस्तम्भलक्षणं —

तडागेषु च सर्वेषु खन्यमानेषु चादितः।
महायज्ञं तदा कुर्याद् ध्वजास्तम्भांस्तथैव च॥ 21॥

सभी तालाबों के निर्माण में आरम्भ से ही खुदाई करते समय महायज्ञ करना चाहिए और ध्वजास्तम्भ भी उसी प्रकार खड़े करने चाहिए।

आनन्दो दुन्दुभिः कान्तः श्रीमुखः सुमनोहरः।
नवहस्तो भवेदाद्यः सप्तदशकरोऽन्ततः॥ 22॥

द्विहस्तान्तरतो भेदा आनन्दादिकसञ्ज्ञकाः।
मनोहरान्ताश्चाख्याता पञ्च स्तम्भा भवन्ति हि॥ 23॥

(वहाँ जो पाँच प्रकार के ध्वज स्तम्भ किए जाए उनके नाम है) 1. आनन्द, 2. दुन्दुभि, 3. कान्त, 4. श्रीमुख और 5. सुमनोहर। पहला आनन्द नाम का स्तम्भ नौ हस्त प्रमाण वाला और अन्तिम पाँचवाँ सुमनोहर सत्रह गज का होगा। इस तरह इनकी ऊँचाई के भेद आनन्द नौ का, दुन्दुभि ग्यारह गज का, कान्त तेरह गज का और इसमें दो जोड़कर 13 + 2 श्रीमुख पन्द्रह गज का और अन्तिम 15 + 2 का सुमनोहर सत्रह गज का बनाएँ। इस तरह पाँचों स्तम्भों की क्रमिक ऊँचाई हुई।

तदग्रे कलशं कुर्याद् ध्वजावंशसमुद्भवम्।
पताका पापहारी च शत्रुपक्षक्षयङ्करी॥ 24॥

इति तडागे ध्वजाधिकारः।

उनके ऊपर भी ध्वजा वंश से उत्पन्न होने वाले कलशों को बनाना चाहिए। साथ ही पापहारी नामक पताका शत्रुपक्ष का क्षय करने वाली करें।

वापीध्वजविचारः —

समस्तासु च वापीषु ध्वजास्तम्भस्तथा भवेत्।
दक्षिणे द्वारनिष्कासे ध्वजास्तम्भं प्ररोपयेत्॥ 25॥

सभी वापियों, बावड़ियों पर भी ध्वजास्तम्भ होते हैं। बावड़ी पर दक्षिणी द्वार के निकास पर ध्वजास्तम्भ खड़ा करना चाहिए।[1]

पीठबन्धः सुकर्तव्य एक-द्वि-त्रिरोन्नतः।
ततः प्ररोपयेत् स्तम्भं सारदारुदृढोत्तमम्॥ 26॥
त्रिहस्तः पञ्चहस्तश्च सप्तहस्तः समुन्नतः।

उसके ऊपर पीठबन्ध एक, दो, तीन, गज का ऊँचा बनाएँ। फिर, उस पर अच्छी लकड़ी सारदारु का दृढ़ स्तम्भ आरोपित करें जिसकी ऊँचाई क्रमशः तीन, पाँच, और सात गज की होगी।

ज्ञानमर्थश्च कामश्च त्रिभिश्चैतत् त्रिकं भवेत्॥ 27॥
तदूर्ध्वे कलशं दिव्यं कर्तव्यं लक्षणान्वितम्।

---

1. बावड़ियों के बाहर ध्वजस्तम्भ खड़े करने की विशिष्ट परम्परा रही है। मेवाड़, गुजरात में प्राचीनकाल से ही बावड़ियों के निर्माण के साथ ही उनके बाहर, मुख के दायें स्तम्भ खड़े किए जाते रहे हैं। इनको खम्बा या थम्भ भी कहते हैं। कहीं-कहीं गोरधन (गोवर्धन) भी कहते हैं।

ध्वजावंशो भवेदूर्ध्वे पताका च प्रलम्बनम्॥ 28॥

इन तीनों के नाम भी क्रमशः 1. ज्ञान, 2. अर्थ और 3. काम है जो इनका त्रिक् है। इनके ऊपर भी दिव्य सुन्दर कलश करने चाहिए और ध्वजावंशों के ऊपर लम्बी पताकाएँ लगाएँ।

स्तम्भार्धं च भवेद्वंशो वंशतुल्या पताकिका।
एवंविधः प्रकर्तव्यःवापीनां तु ध्वजोद्भवः॥ 29॥

इति वापीध्वजाधिकारः।

स्तम्भ की ऊँचाई से बाँस की लम्बाई आधी हो और ध्वजा की पताका बाँस की लम्बाई के बराबर लम्बी हों। इस तरह बावड़ियों पर ध्वज बनाने चाहिए।

कुण्डपुष्करकूपध्वजालक्षणं —

कुण्डेषु पुष्करे कूपे ध्वजास्तम्भः समुद्भवेत्।
वापीस्तम्भप्रमाणेन कर्तव्यः सर्वकामदः॥ 30॥

कुण्डों और जलाशयों, कुओं पर भी ध्वजास्तम्भ खड़े करने चाहिए। उनको वापी स्तम्भ के प्रमाणानुसार ही करना चाहिए जिससे सब कामनाएँ पूरी होती हैं।

त्रिपञ्चसप्तहस्तान्ते उदकान्तरशतं शुभम्।
तथा प्राचीशानमध्ये विभजेन्नवभागतः॥ 31॥

इनकी ऊँचाई तीन, पाँच, सात गज तक होती है जो सैंकड़ों जलाशयों के लिए शुभ मानी गई है। इनके लिए पूर्व और ईशान दिशा तक नौ भाग करें।

वामे त्रयं परित्यज्य दक्षिणे च त्रयं त्यजेत्।
भुक्तिदश्चान्तरे भागे प्राचीतो मुक्तिदो भवेत्॥ 32॥

फिर, तीन भाग बायें से और तीन भाग दायें से छोड़कर बीच के तीन भागों में एक भाग भुक्ति का और प्राची का एक भाग मुक्ति का होगा।

सुखावहश्च मध्यस्थो धर्मार्थकाममोक्षदः।
एवंविधं प्रकर्तव्यं ध्वजानां लक्षणं शुभम्॥ 33॥

इति कुण्डपुष्करकूपध्वजाधिकारः।

उक्त दोनों के मध्य का सुखावह नाम का भाग है जो धर्म, अर्थ, काम, मोक्ष देने वाले हैं। इसी तरह शुभलक्षण वाली ध्वजाओं को करना चाहिए।

तालाबों, वापियों, कुण्डों पर बनने वाले स्तम्भों की रचना के चित्र इस प्रकार कल्पित होता है:— तालाबों पर बनने वाले आनन्द 9, दुन्दुभि 11, कान्त 13,

श्रीमुख 15, सुमनोहर 17 गज, वापियों पर ज्ञान 3, अर्थ 5, काम 7 गज का त्रिक् होता है।

इति सूत्रसन्तानगुणकीर्तिप्रकाशप्रोक्तृश्रीभुवनदेवाचार्योक्तापराजितपृच्छायां
समस्तध्वजानिर्णयाधिकारो नाम पपञ्चचत्वारिंशदुत्तरशततमं सूत्रम्॥ 145॥

इस प्रकार भुवनदेवाचार्य कृत सूत्रसन्तानगुणकीर्ति प्रकाश या अपराजितपृच्छा में समस्त
ध्वजा निर्णय अधिकार नामक एक सौ पैंतालीसवाँ सूत्र पूर्ण हुआ॥ 145॥

ध्वजामाहात्म्यनिर्णयो नाम षट्चत्वारिंशदुत्तर-शततमं सूत्रम्॥ 146॥

अधुना ध्वजामाहात्म्यनिर्णयं। विश्वकर्मोवाच —

पातालभूधरा लोकास्तथा वै द्वीपसागराः।
यत्र निवासात्मकानां धर्मस्तथानमनोद्भवः॥ 1॥
त्रीणि कुर्यादूर्ध्वतश्च अधस्तात् त्रीणी एव व।
स्वर्गारितडागानि यशो देवकुलं कुलम्॥ 2॥

विश्वकर्मा बोले कि पाताल, भूधर (पहाड़) तथा सागर के द्वीपों के द्वीपों में जहाँ कहीं भी अपने निवास हो, जो मन में धर्म स्थान की भावना भरते हो वहाँ तीन ऊपर की ओर सुखदायक तालाब, कीर्तिस्तम्भ और देवकुल मन्दिर, प्रासाद का समूह बनाएँ।

यत्र देवकुलाग्रे च ध्वजावंशश्च वंशकृत्।
पताका पापहारी च शत्रुपक्षक्षयङ्करी॥ 3॥

जहाँ देवकुलों के आगे बाँस से बनाई गई ध्वजावंश हो, उस पर शत्रु पक्ष को नष्ट करने वाली, पाप मिटाने वाली पताका लगाएँ।

पञ्चात्मपञ्चभूतानि पञ्चतत्त्वन्द्रियाणि च।
पञ्चैवः लोकपालाः स्यु पताकाग्रे शिखास्तथा॥ 4॥

पताका के अग्रभाग में पाँच शिखाएँ हो जो पाँच आत्मा, पाँच तत्त्व (पृथ्वी, जल, अग्नि, वायु और आकाश), पाँच इन्द्रियों (श्रोत, त्वक्, नेत्र, रसना व घ्राण), पाँच लोकपाल[1] की प्रतीक होती हैं।

---

1. पुराणों में आठ लोकपालों के नाम आए हैं— इन्द्रो वह्निः पितृपतिनिर्ऋतिवरुणोऽनिलः। धनदः शङ्करश्चैव लोकपाल पुरातनः॥ (वह्निपुराण) कापिलतन्त्र में पञ्चतत्त्वों के देवताधिपति पाँच बताए गए हैं-विष्णु, महेश्वरी, सूर्य, शिव और गणेश— आकाशस्यधिपो विष्णुरग्नेश्चैव महेश्वरी। वायु सूर्यः क्षितेरीशो जीवनस्य

पञ्चभिः पञ्चभिः पालयं धर्मो यत्र कुले भवेत्।
पञ्चैः स्यात् हर्म्यमानैः [1]धर्मारितत्कालाजिरम्॥ 4॥

इन पाचों से पाँचों की धर्म पालना जिस कुल में होती है, वहाँ हर्म्यों यानी भवनों में पाँचों ही धर्म अजिर, अक्षय काल तक होते हैं।

पवनैर्दोल्यमान ध्वजाफलमाह —

पवनैर्दोल्यमानाश्च क्रीडयन्ति दिशो दश।
फलन्ति फलकाले च हेन्यपापं पुण्योद्भवा ?॥ 6॥

पवन से दोलायमान होती हुई पताका दसों दिशाओं में क्रीड़ा करती है जिससे पापक्षीण होने का और पुण्य लाभ का फल फलकाल में फलित होता है।

मण्डुकी मण्डुकाकारा कीर्तिस्योर्द्धमहोद्भवाः ?।
मण्डपं दिव्यमाख्यातं जन्मजन्मनि कुलवासनम् ?॥ 7॥

कीर्ति पताका के ऊपर मण्डक के आकार की मण्डुकी बनानी चाहिए जो जन्म जन्मों तक कुल के आवासन के लिए दिव्य मण्डप के रूप में आख्यात हो।

जयविजयपताका गङ्गार्कतनयाभवा।
सुरनिलयोत्तराख्या या यस्ये [2]पृथिव्यान्तकै॥ 8॥

जय, विजय नाम की पताका, गङ्गा और यमुना की तरह पृथ्वी के अन्त तक स्वर्ग लोक का सुख देने वाली होती है।

कीर्ति घण्टा त्रिलोकेषु जन्म वा कुल उत्तमै।
ध्वजा भूष्या चामरैश्च व्यञ्जकैः सवराटकैः॥ 9॥

तीनों लोकों में उत्तम कुल में जन्म पाने के लिए ध्वजा को कीर्ति, घण्टा, चामर, विविध रंगो की पताका और कौड़ियों तथा रस्सी से विभूषित करें।

वंशपताकोत्तरस्थां तत्त्वंशे[3] कुलसम्भवा।
सहृदये हृदयात्मा च ब्रह्मज्ञान सउन्मीलता ?॥ 10॥

बाँस की पताका के ऊपर से उस वंश कुल में सहृदय हृदयात्मा धर्मात्मा ब्रह्म ज्ञानी का उन्मीलन यानी जन्म होता है।

गणाधिपः। गुरवो योगनिष्णाताः प्रकृतिं पञ्चधा गतान्। परीक्ष्य कुर्युः शिष्याणामधिकारविनिर्णयम्॥ (कापिलतन्त्र)

1. 'धर्मारितत्कालारिजम् ?॥' इति प्रकाशित पाठः।
2. 'यस्ये पृथिव्यातकै ?॥' इति प्रकाशित पाठः।
3. 'तत्त्वंक्षे' इति प्रकाशित पाठः।

तदूर्ध्वे कलशं स्थाप्यं घोरसंसारतारकरम्।
महात्मानः पुरं यान्ति शुभं रत्नमयं तथा॥ 11॥
ध्वजोदये तु तुष्यन्ति देवाश्च पितरस्तथा।
सदा सा कुलसन्तानसुपुष्ट्यायुष्करी भवेत्॥ 12॥

पताका ध्वज के ऊपर जो कलश स्थापित किया जाता है वह घोर संसार सागर से तारने वाला, महात्मा लोगों के पुरों, लोकों में ले जाता है और रत्नमय शुभ ध्वजा के उदय से देवताओं और पितरों को तुष्ट करता है जिससे वह सदा कुल सन्तान को सुपुष्ट करने वाला होता है।[1]

---

1. भविष्यपुराण के ब्राह्मपर्व में ध्वजा माहात्म्य आया है— हन्त ते कथयिष्यामि ध्वजारोपणमुत्तमम्। यदुक्तं ब्रह्मणां पूर्वमृषभाधिपते पुरः॥ पुरा देवासुरे युद्धे यानि देवैर्जयेप्सुभिः। कृतान्युपरि चिह्नानि वाहनानि ध्वजानि तु॥ लक्ष्मचिह्नध्वजं केतुरिति पर्यायनामभिः। कीर्तितः स च तस्येह प्रमाणं गदतः शृणु॥ ध्वजो वंशस्य कर्तव्यस्त्वविद्ध ऋजुरव्रणः। प्रासादायाम तुल्यस्तु ध्वजवंशप्रमाणतः॥ देवागारः या प्रोक्ता मञ्जरी कलशादयः। अथ वा तत्प्रमाणस्तु ध्वजदण्डः प्रकीर्तितः॥ अन्तर्गृहस्य या देवी सूत्रतः परिकल्पिता। तस्य व्यासो भवेद्वंशः प्रासादस्य यदूत्तम्॥ अथवा मूल सूत्रेण व्यासस्तस्य गृहस्य च। प्रासाद व्यास इत्युक्त इह वै स न संशयः॥ केतुदण्डो भवेद्वंशो न भिन्नो नाऽनृजुस्तथा। धनुर्ध्वजो युगं चैव नाविका पुरुषस्तथा॥ चतुर्हस्ता भवन्येते प्रशस्ताः कृष्णनन्दन। अष्टहस्तप्रमाणस्तु विंशार्द्धस्य प्रमाणतः॥ सामान्यो ध्वजदण्डस्तु सर्वसाधारणो मतः। उत्तमस्तु ध्वजो दण्डः स्मृतो हस्तांस्तु षोडश॥ विंशद्धस्तात्परं दण्डं शक्रकेतोर्न कारयेत्। युग्महस्तस्तु कर्तव्यो ध्वजदण्डो मनीषिभिः॥ चतुरङ्गुलविस्तीर्णः सुव्रतो (ह्यङ्गुलोपरि)। नातिसूक्ष्मो न च स्थूलः न कार्योन्नतपर्व च॥ समपर्वस्तु कर्तव्यः सुदृढः श्लक्ष्ण एव हि। वक्रः पुत्र विनाशाय सव्रणोऽर्थविनाशकः॥ रोगदोऽयुग्महस्तस्तु भिन्ने दुःखमनन्तकम्। करोति हानिं धर्मस्य हीनो वास्तुप्रमाणतः॥ वैषम्य समपर्वा वै दद्याच्छत्रुमधोन्नतः। जयो जयन्तो जैतेश्च शत्रुहन्ता जयावहः॥ नन्दोपनन्दनश्चैव इन्द्रोपेन्द्रस्तथैव च। दशैते कीर्तिता भेदा ध्वजस्यानन्दसम्मिताः॥ द्विहस्तस्तु जयो दण्डो जयन्तो द्विगुणो मतः। द्वादशोर्द्धस्तदा जैत्रः शत्रुहन्ताष्ट एव च॥ जयावहास्तु विंशार्द्धो नन्द आदित्यसम्मितः। चतुर्दशोपनन्दस्तु इन्द्रः षोडश उच्यते॥ उपेन्द्रोऽष्टादश प्रोक्तो आनन्दो विंशतिःस्मृतः। भिन्नोः वै चक्रसन्धिश्च न कार्यो दण्ड एव हि॥ मूल सूत्रेण कर्तव्यो व्यासतोऽन्तर्गृहस्य तु। ध्वजदण्डो महाबाहु अथवा वास्तुमानतः॥ मञ्जरीमानतो वाऽपि तद्वद्धनं तथा विभो। पताका च भवेत्कार्या ध्वजवंशावलम्बिनी॥ देवागारस्य शिखरा त्रिभागपरिमार्जनी। सा चोक्ता दशधा वीरमानतो नामतस्तथा॥ अङ्कुरः पल्लवश्चैव स्कन्धः शाखा तथैव च। पताका कदली वीर केतुर्लक्ष्मो जयस्तथा॥ ध्वजश्च दशमः प्रोक्तः सर्वदेवमयो नृप। अङ्कुरे ध्वजङ्गुलः प्रोक्तः पल्लवश्चतुरङ्गुलः॥ स्कन्धः षडङ्गुलः प्रोक्त शाखा चाष्टाङ्गुला मता। एकादशपताका तु कदली तु चतुर्दश॥ केतुस्तु षोडशः प्रोक्तो लक्ष्माष्टादश उच्यते। जयो विंशति वै प्रोक्तो विस्तारादङ्गुलानि च॥ चतुर्विंशो ध्वजः प्रोक्तः पताका द्व्यङ्गुलानि तु। देवागारस्य कुर्यात् प्रथमांशप्रमार्जनम्॥ अङ्कुरेति पताका सा विज्ञेया यदुनन्दन। पल्लवेति द्वितीयस्य मार्जनी परिकीर्तिता॥ त्रिभागमार्जनी स्कन्धः शाखा वै पञ्चमस्य तु। षष्ठस्योक्ता पताका तु कदली सप्तमस्य तु॥ अष्टमस्य तथा केतुर्लक्ष्मो वै नवमस्य तु। ततश्च दशमस्योक्तो जयन्तो यदुनन्दन॥ वृषस्थाना च मार्जी च ध्वजस्तु परिकीर्तितः। गजो मेषोऽथ महिषः कबन्धस्तु ऋषस्तथा॥ हरिणोऽथ नरश्चैव शरश्च नरसत्तम्। स्थानान्येतानि चाष्टौ तु प्रयुक्तस्य ध्वजस्य तु॥ दिशां भागात्तु वै पूर्वाक्रमेण परिकल्पयेत्। एवं दशाविधाः

ध्वजारोपे कृतं पुण्यं दशाश्वेमधिकं भवेत्।
सर्वपृथ्वीतीर्थपुण्यं ते व्रजयन्ति शिवालयम्॥ 13॥

इसी प्रकार वह आयुष्करी, दीर्घायु प्रदान करने वाला होता है और सारी पृथ्वी के पुण्यकारी तीर्थों के पुण्य के साथ वह शिवलोक को ले जाता है।

पूर्वान्परांश्च पञ्चाशदात्मानं च तथाधिकम्।
कुलमेकोत्तरशतं नरकात्तारयन्ति च॥ 14॥
आचार्यशिल्पिभिश्चैव यजमानो गृहानुगैः।
स याति परमं स्थानं यत्र देवो महेश्वरः॥ 15॥

प्रोक्ताः पताकास्तत्वदर्शिभिः॥ कर्तव्यास्ता यथा पूर्वं तच्छृणुश्च नराधिप। शुक्लवस्त्रमयी चित्रा सुघण्टा सुमनोरमा॥ नाना बुद्बुद सम्पन्ना किङ्किणी जालमण्डिता। ध्वजाग्राश्चैव कर्तव्या देवतालिङ्गसूचकाः॥ काञ्चनो वाऽथ रौप्यो वा मणिरत्नमयोऽथवा। रङ्गकैर्लिखितो वाऽथ तद्वाहनसमाकृति॥ ध्वजदण्डाग्रविन्यस्तः कर्तव्यो यदुनन्दन। गरुत्माँस्तु ध्वजो विष्णोरीश्वरस्य ध्वजो वृषः॥ ब्रह्मणः पङ्कजं कार्यं रवेः धर्मः स्मृतो ध्वजः। कुञ्जरो देवराजस्य यमस्य महिषो ध्वजः॥ हंसो जलाधिपस्योक्तः कुबेरस्य नरो ध्वजः। बलदेवस्य तालस्तु कामस्य मकरो ध्वजः॥ सिंहोध्वस्तु दुर्गायाः कीर्तितो यदुनन्दन। गोधा ध्वज उमादेव्या रेवन्तस्य हयः स्मृतः॥ कच्छपो वरुणोस्योक्तो वातस्य हरिणो मतः। पावकस्य तथा मेष आखुर्गणपतेः स्मृतः॥ ब्रह्मर्षीणां कुशः प्रोक्त इत्येषा ध्वजकल्पना। यस्य यो वाहनः प्रोक्तः स तस्य ध्वज उच्यते॥ विष्णोर्ध्वजस्य सौवर्णो दण्डः कार्य विचक्षणैः। पताका चाऽपि पीता स्याद्गरुडस्य समीपगा॥ ईश्वरस्य ध्वजो दण्डो राजतो यदुनन्दन। पताका चाऽपि शुक्ला स्याद्वृषभस्य समीपगा॥ पितामहध्वजो दण्डः स्मृतस्ताम्रमयो बुधैः। पद्मवर्णा पताका स्यात्पङ्कजस्य समीपगा॥ आदित्यस्य च सौवर्णा ध्वजदण्डः प्रकीर्तितः। पञ्चवर्णपताका स्याद्धर्मस्याधोग्रतः स्थिता॥ किङ्किणीजालसम्पन्ना नानाबुद्बुदसम्मिता। पुष्पमालोपसम्पन्ना नानाराजीवसंवृता॥ इन्द्रध्वजस्य दण्डोऽथ काञ्चनो यदुनन्दन। पताका बहुवर्णा स्यात् कुञ्जरस्य समीपगा॥ आयसश्चापि दण्डोक्तो यमचिह्नो विचक्षणैः। पताका वर्णतः कृष्णा महिषस्य समीपगा॥ जलाधिपध्वजो दण्डो राजतः परिकीर्तितः। पताकाः सर्वतः श्वेता विचित्रा सा कथ्यते॥ ध्वजे चापि कुबेरस्य दण्डो मणिमयः स्मृतः। पताका चापि रक्ता स्यान्नरपादसमीपगा॥ बलदेव ध्वजा दण्डो राजतो यदुनन्दन। पताका वर्णतः शुक्ला तालस्याधोगता स्मृता॥ कामध्वजे त्रिलोहः स्याद्दण्डो यदुकुलोद्वह। पताका रोहिणी तत्र मकरस्य समीपगा॥ मयूरं कार्तिकेयस्य चिह्नं लोकेषु गीयते। त्रिलोहदण्डमारूढं बहुरत्नविभूषितम्॥ बहुवर्णकचित्रा तु पताका कथिता बुधैः। हस्ति (दन्तभवं) दण्डं तथा कुर्यात् गणपतेर्नृप॥ ताम्रदण्डसमारूढं सुशुद्धं सुप्रतिष्ठितम्। शुक्ला पताका कर्तव्या सुप्रमाणा महीपते॥ मातृणां चापि कर्तव्यो नैकरूपो ध्वजो बुधैः। पताकाभिरनेकाभिर्बहुवर्णाभिरन्वितः॥ रेवन्तस्यापि कर्तव्यो ध्वजे वाजि नराधिप। रक्ता पताका तत्रापि कर्तव्या यदुनन्दन॥ चामुण्डा मन्दिरे कार्यः शिरोमालाध्वजस्तथा। नीला पताका कर्तव्या दण्डो लोहमयस्तथा॥ रीतीमयश्च मातृणा रेवन्तस्याऽपि कारयेत्। गोध्वजस्ताम्रमयः पताका गोपसन्निभा॥ स्वर्णदण्डस्तुवीरस्य ध्वजो मेष समन्वितः। पताकाबहुवर्णाढ्या कर्तव्या यदुनन्दन॥ अश्मसारमयो दण्डो ध्वजो वातस्य उच्यते। पताका कृष्णवर्णा तु हरिणस्य समीपगा॥ भगवत्यध्वजे दण्डः सर्वरत्नमयः स्मृतः। पताका च त्रिवर्णा स्यात्सिंहस्याधोगता नृप॥ एवंविधमिदं कृत्वा ध्वजं लक्षणलक्षितम्। (भविष्यपुराण : ब्राह्मपर्व, सप्तमी कल्प 138, 1-64)

उससे अपने पूर्व के पचास और अपने पीछे के पचास और अपना स्वयं का एक— इस तरह कुल एक सौ एक कुलों को नरक से तार देता है और आचार्य, शिल्पी, यजमान और उनके गृह अनुगामी परिवार सब वहाँ जाते है, जहाँ देव महेश्वर विराजित हैं।

काञ्चनेन विमानेन घण्टावितानशोभिता।
स याति देवनिलयं सेव्यते चाऽप्सरोगणैः॥ 16॥

वह सोने से बने विमान जो घण्टा, वितान से शोभायमान होते हैं के द्वारा स्वर्ग लोक को जाता है और वहाँ अप्सराओं से सेवित होता है।

शिल्प्याचार्ययजामना विष्णुलोकगतास्तथा।
आत्मवंशं भूमितले तारयन्ति भवार्णवात्॥ 17॥

शिल्पाचार्य, यजमान भी विष्णुलोक को जाते हैं और वे अपने वंश को इस भूमितल पर भवसागर से तार देते हैं।

बलीवर्दकर्मकराः सर्वे यान्ति शिवालयम्।
मर्त्यलोके वृक्षशिलास्तिष्ठेयुश्च शिवानुगाः॥ 18॥
बलीवर्द्धराः सर्वाः स्वेच्छया चैव सर्वतः।
गच्छन्ति दिव्यरूपेण त्रिषु लोकेषु मध्यतः॥ 19॥

इस सब काम को करने वाले बैल और कामगार सभी शिवालय को जाते हैं। जो शिवभक्त मर्त्यलोक में वृक्ष या शिला पर रहते हैं, वे सभी बैलों के रखने वाले अपनी स्वयं की इच्छा से सब तरह से तीनों लोकों के बीच से दिव्य रूप धारण करके जाते हैं।

लभन्ते चेप्सितं राज्यं स्वर्गं वा भूमिशासनम्।
अमितां लभते लक्ष्मीं यष्टा सुरैर्निष्कण्टकम्॥ 20॥

वे स्वर्ग या भूमि का शासन जहाँ का भी चाहें, प्राप्त करते हैं तथा अमित लक्ष्मी को प्राप्त करके देवताओं द्वारा निष्कण्टक होकर पूजे जाते हैं।

यजमानशिल्प्याचार्याः शिवासान्निध्यगाः सदा।
अधस्ताच्च पुरे रम्ये कैलाससदृशे तथा॥ 21॥
दिव्यरत्नमये चैव प्राकारैः काञ्चनैर्युते।
सप्तकोटिगणैर्युक्ताश्चन्द्रार्कतारवधि॥ 22॥
सूत्रकारापवरका यजमानहितैषिणः।
सुधया रचनालेपे यान्ति ते परमां गतिम्॥ 23॥

यजमान, शिल्पाचार्य जो सदा शिव के सान्निध्य में जाने वाले हैं, वे पातालों के रम्य स्थानों में कैलाश के समान स्थानों में, दिव्य रत्नमय सोने के प्राकारों से युक्त सात करोड़गणों सहित सूर्य, चन्द्र व तारे जब तक है तब तक की अवधि तक सूत्रकार-शिल्पी, उसके साथ काम करने वाले कामगार जो यजमान के हितैषी है और जिन्होंने सुधा यानी चूने के लेप से रचना की हैं, वे परम गति को जाते हैं।

इति सूत्रसन्तानगुणकीर्तिप्रकाशप्रोक्तृश्रीभुवनदेवाचार्योक्तापराजितपृच्छायां ध्वजामाहात्म्यनिर्णयाधिकारो नाम षट्चत्वारिंशदुत्तरशततमं सूत्रम्॥ 146॥

इस प्रकार भुवनदेवाचार्य कृत सूत्रसन्तानगुणकीर्ति प्रकाश या अपराजितपृच्छा में ध्वजा माहात्म्य निर्णय अधिकार नामक एक सौ छियालीसवाँ सूत्र पूर्ण हुआ॥ 146॥

सप्तप्रतिष्ठायज्ञमण्डपकुण्डविधिनिर्णयो नाम सप्तचत्वारिंशदुत्तरशततमं सूत्रम्॥ 147॥

अधुना वास्तुकर्मोक्तपुण्याहसप्तकं विश्वकर्मोवाच —

अथातः सम्प्रवक्ष्यामि प्रतिष्ठाविधिसप्तकम्।
तेषां मन्त्रक्रियाश्चैव कथयामि समासतः॥ 1॥

(यहाँ से वास्तु में कर्मकाण्ड के विषय में कहा जा रहा है) विश्वकर्मा बोले कि अब मैं प्रतिष्ठा विधि-सप्तक को कहता हूँ। उनकी मन्त्र-क्रिया को भी मैं संक्षेप में कहूँगा।

आदौ पादप्रतिष्ठा स्यात्तत्र कूर्मं च स्थापयेत्।
शिलाप्रतिष्ठा द्वितीया पीठान्ते भित्तिमध्यतः॥ 2॥

इसके अन्तर्गत 1. पहली पाद प्रतिष्ठा होती है जिसके अन्तर्गत कूर्म की स्थापना की जाती है; 2. द्वितीय शिला प्रतिष्ठा होती है जो पीठ के अन्त से भित्ति के मध्य तक सम्पन्न होती है।

उदुम्बरस्तृतीया च द्वारस्थापननामतः।
पद्माकारा पद्मशिला प्रतिष्ठा सा चतुर्थिका॥ 3॥

इसके बाद, 3. तृतीय उदुम्बर प्रतिष्ठा होती है जो द्वार स्थापन के नाम से जानी जाती है; 4. चौथी पद्मशिला प्रतिष्ठा पद्मक के आकार की होती है।

प्रासादे पञ्चमी चैवं पुरुषस्य निवेशनम्।
षष्ठी च कलशारोपः प्रासादाग्रे च यो भवेत्॥ 4॥

इसी क्रम में 5. पाँचवीं पुरुष निवेश प्रासाद में करने की प्रतिष्ठा होती है जबकि 6. छठवीं प्रासाद के ऊपर कलशारोपण प्रतिष्ठा होती है।

महायज्ञो महोत्साहो ध्वजानां तु समुच्छ्रयः।
सा सप्तमी प्रतिष्ठा च प्रयुक्ता वास्तुवेदिभिः ॥ 5 ॥

इति पुण्याहसप्तकम्।

इसी प्रकार 7. सातवीं महायज्ञ महोत्सव के साथ ध्वजारोहण की प्रतिष्ठा होती है जिसे वास्तुविदों ने प्रयोग में लिया है।[1]

इत्यमनन्तर चतुर्दशशान्तिकानि —

भूम्यारम्भपदे कूर्मे शिलायां सूत्रपातने।
खुरे द्वारोदये स्तम्भे पट्टे पद्मशिलासु च ॥ 6 ॥
शुकाग्रे पुरुषे चैव घण्टायां कलशोच्छ्रये।
आख्यातानि ध्वजारोपे शान्तिकानि चतुर्दश ॥ 7 ॥

इति चतुर्दशशान्तिकानि।

वास्तु में चौदह शान्तिकर्मों को निम्न क्रम से कहा गया है— 1. भूमिपूजन, 2. पाद प्रतिष्ठा, 3. शिला प्रतिष्ठा 4. सूत्रपातन, 5. खुरास्थापन, 6. द्वारोदय, 7. स्तम्भ प्रतिष्ठा, 8. पट्टप्रतिष्ठा, 9. पद्मशिला प्रतिष्ठा, 10. शुकाग्र पूजन, 11. प्रासादपुरुष निवेशन प्रतिष्ठा, 12. घण्टा, 13. कलशारोहण प्रतिष्ठा और 14. ध्वजारोपण प्रतिष्ठाकालीन शान्ति।

---

1. यही मत पूर्व में आया है। मण्डन कृत प्रासादमण्डनम् में आया है कि देवालय के निर्माणारम्भ से लेकर निर्माणोपरान्त देवप्रतिष्ठा तक सात कर्म होते हैं जिन्हें यथा विधि, निर्देश पूरा करना चाहिए। ये कर्म हैं— 1. कूर्मस्थापना, 2. द्वारस्थापना, 3. पद्मशिलास्थापना, 4. प्रासादपुरुष की स्थापना, 5. कलश, 6. ध्वजारोहण तथा 7. देवप्रतिष्ठा। इन सभी अवसरों पर वास्तुपूजन आवश्यक है। इससे कार्य निर्विघ्न, निरापद सम्पन्न होता है— कूर्म्मसंस्थापने द्वारे पद्माख्यायां तु पौरुषे। घटे ध्वजे प्रतिष्ठायां एवं पुण्याहसप्तकम्॥ (प्रासादमण्डनम् 1, 36)

अपराजितपृच्छा के ही मिश्रकप्रासादसप्तपुण्याह माहात्म्यसूत्र में भी इस सम्बन्ध में निर्देश किया गया है— कृते कूर्मप्रतिष्ठायाः खाते पूर्णे च संस्थितौ। भूमिलोके तथा राज्यं सर्वजन्मसु शाश्वतम्॥ प्रतिष्ठायां शिलायास्तु दैवज्ञैस्सत्य-मुच्यते। इच्छास्थाने स्वर्गलोके राज्यं जन्मनि जन्मनि॥ द्वारे प्रतिष्ठमाने तु स्तम्भोच्छ्रयसमन्विते। महापुरं च लभते काञ्चनं शतयोजनम्॥ पद्मशिला प्रतिष्ठायां शिवालये भूमस्तके। एकच्छत्रं महाराज्यं जनलोके च प्राप्नुयात्॥ पुरुषे स्थाप्य मानेत्वागमोक्तमंत्रतस्तथा। तपालोके ब्रह्मलोके क्रीडति त्रिदशैः सह॥ प्रस्थाप्यमाने कलशे क्षीरार्णवसमुद्भवे। काञ्चने पुष्पविमाने सत्यलोके स गच्छति॥ कृते महाध्वजारोपे पताकाध्वजचामरैः। स गच्छेद् ज्ञानलोके तु यत्र शम्भुश्च देवता। बलीवर्दाः कर्मकरा अपराश्च शिवालये। ते यान्ति परमं लोकं यत्र देव उमापतिः॥ मृत्काष्ठलोहशैला वा ये लग्नाश्च शिवालये। दिव्यमूर्तिधराः सर्वे शिवलोक व्रजन्ति ते॥ (अपराजित. 114, 11-19)

अथ यज्ञमण्डपाधिकारः —

प्रासादादग्र ईशाने चोत्तरे यज्ञमण्डपम्।
हस्तास्त्रयः-पञ्च-सप्त-नव-चैकादशाऽन्तरम्॥ 8॥
त्रयोदश तथा हस्ताः षोडशाऽथ तथोत्तमम्।
चतुरश्रं समं शुद्धं भुजकर्णविशोधितम्॥ 9॥

(अब यज्ञार्थ मण्डप रचना के विषय में कहा जा रहा है) प्रासाद के आगे अथवा ईशान कोण या उत्तर दिशा में चौकोर, इकसार और शुद्ध, भुजाओं और कोनों से विशुद्धित यज्ञमण्डप की रचना करनी चाहिए। इसका प्रमाण गजों के अनुसार 3, 5, 7, 9, 11, 13 अथवा 16 गज का उत्तम होता है।[1]

तथा भित्तिपुटं कृत्वा नवांशां मध्यवेदिकाम्।
षोडशस्तम्भसंयुक्तं चतुर्द्वारोपशोभितम्॥ 10॥

उस मण्डप के भित्तिपुट करके उसके नौ भागों में मध्य के भाग में वेदिका रचनी चाहिए। मण्डप के सोलह स्तम्भ और चारों ही ओर सुन्दर द्वार बनाएँ।

तारत्र्यंशोन्नता वेदी दर्शितोदरमस्तका।
पृथक् च विदिते स्थाने मण्डलं च समुद्धरेत्॥ 11॥

उक्त वेदी में चार व तीन अंश भाग से उदर व मस्तक दिखाई देना चाहिए। फिर किसी विदित, निश्चित स्थान पर अलग से मण्डल की रचना करनी चाहिए।

---

1. मदनरत्न में आया है कि मण्डप निर्माण किसके लिए और किस दिशा में करना चाहिए? विप्रों को प्राची, राजाओं को ईशान कोण, वैश्यों को उदीच्य या उत्तर व शूद्रों को पश्चिम में करना चाहिए। वैष्णवों को पूर्व या ईशान, शाक्त को पश्चिम या कौबेरी दिशा में करना चाहिए— विप्राणां मण्डपः प्राच्यां राज्ञामीशानकोणतः। विशामुदीच्यां शूद्राणां प्रतीच्यां शस्त ईरितः॥ वैष्णवो मण्डपः प्राच्यामीशान्यां शैव ईरितः। शाक्तः प्रतीच्यां कौबेर्यामितरेषां सुपर्वणम्॥ महामण्डपतः प्राच्यां उदीच्यां स्नानमण्डपम्। गजहस्तायतिं दीर्घं चतुरस्त्रं चतुर्दिशम्॥ वितस्त्युच्छ्रायसहितं चतुर्द्वारोप-शोभितम्। मध्ये महामण्डपतो ह्यर्धदेशं परित्यजेत्॥ तन्मध्ये स्थण्डिलं रम्यं हस्तमात्रप्रमाणकम्। चतुरङ्गलकोच्छ्रायं त्रितयस्वस्तिकैर्युतम्॥ (कुण्डमण्डपसिद्धि : विट्ठल दीक्षित, बलदाभाष्य 1, 14 पर उद्धृत)
ग्रन्थान्तर से यह भी कहा गया है कि गृह हो तो उत्तर-पूर्व, पूर्व या उत्तर में शुभ है। देवता की सन्निधि में या पुण्यदेश या जलाशय को देखकर सुसम भूमि पर हेरम्बपूजन के साथ ही मण्डप की रचना उत्तर में प्लव रखते हुए करनी चाहिए— गृहस्योत्तरपूर्वेण प्रागुदक्प्रवणं तथा। देवतासन्निधौ वाऽपि पुण्यदेशे जलाशये॥ सुसमे भूमिभागे च कृत्वा हेरम्बपूजनम्। मण्डपं रचयेत्तत्र चतुरस्त्रमुदक्प्लवम्॥ (तत्रैवोद्धृत)
इसी प्रकार मत्स्यपुराण में आया है— प्रासादस्योत्तरे वापि पूर्वे वा मण्डपो भवेत्। हस्तान् षोडश कुर्वीत दश द्वादश वा पुनः॥ मध्ये वेदिकया युक्तः परिक्षिप्तः समन्ततः। पञ्चसप्तापि चतुरः करान् कुर्वीत वेदिकाम्॥ (मत्स्य. 264, 13-14)

उदया(द)र्धान्तरे वेद्याः करमात्रं च विस्तृतम्।
कुण्डकानि तथा दिक्षु कर्तव्यानि क्रमेण तु॥ 12॥

वेदी की ऊँचाई के आधे के बराबर अन्तर पर केवल एक गज के विस्तार वाले कुण्डों को वेदी की सभी दिशाओं में क्रमवार बनाना चाहिए।

विताने पुण्यकलशाः पद्मपुष्पोपशोभिताः।
विदिक्षु दिक्षु मध्ये च ध्वजामालाकुलं तथा॥ 13॥

मण्डप के वितान में कमल के पुष्पों से शोभित पवित्र कलशों को बनाएँ और सभी विदिशाओं व दिशाओं के बीच में ध्वजाएँ और मालाओं की भरमार करें।

मण्डपस्य चतुर्द्वाःसु ललाटोच्छ्रयतोरणम्।
प्लक्षोदुम्बरन्यग्रोधाश्वत्थाः पूर्वादितः क्रमात्॥ 14॥

मण्डप के चारों द्वारों पर ललाट की ऊँचाई तक के तोरणद्वार बनाएँ जो कि प्लक्ष, उदुम्बर, वट और पीपल की लकड़ी के बनेंगे और पूर्वादि क्रम से लगेंगे।[1]

तत्तत्काष्ठमयान् कुर्यात् स्तम्भान्वै तोरणोदये।
उत्तरङ्गे त्रिशूलानि कर्तव्यानि क्रमेण तु॥ 15॥

तोरणों के खड़े हो जाने पर उन्हीं काष्ठों के माणक स्तम्भ भी बनाएँ। तोरणों के उत्तरङ्गों पर भी क्रम से त्रिशूलों को बनाएँ।

इन्द्रगोपोपमाः कृष्णाः पीताः सर्षपपुष्पवत्।
श्वेताश्चैव पताकाश्च पूर्वादिक्रमयोगतः॥ 16॥

इसके बाद पूर्व दिशा के क्रम से रङ्गीन पताकाएँ लगाएँ जिनका वर्ण क्रमशः वीरबहूटी यानी इन्द्रगोप के समान लाल, काला, पीला सरसों के पुष्प जैसा और श्वेत हो। यानी पूर्व में लाल, दक्षिण में काली, पश्चिम में पीली और उत्तर में श्वेत रङ्ग की पताकाएँ करें।[2]

---

1. कुण्डमण्डपसिद्धि और महाकपिलपञ्चरात्र में आया है कि पूर्व दिशा में वट या पीपल, दक्षिण में उदुम्बर, पश्चिम में पीपल अथवा पाकड़ और उत्तर में पाकड़ या वट का तोरणद्वार बनाएँ— न्यसेन्न्यग्रोधमैन्द्र्यान्तु याम्यां चौदुम्बरं तथा। वारुण्यां पिप्पलं चैव कौबेर्यां प्लक्षजं न्यसेत्। अश्वत्थोदुम्बरप्लक्षवटशाखा कृतानि च। मण्डपस्य प्रतिदिशं द्वाराण्येतानि कारयेत्॥ (कुण्डमण्डप. 1, 22 पर उद्धृत) मत्स्यपुराण में भी इसी प्रकार कहा गया है— चतुर्भिस्तोरणैर्युक्तो मण्डपः स्याच्चतुर्मुखः। प्लक्षद्वारं भवेत् पूर्वं याम्ये चौदुम्बरं भवेत्॥ पश्चादश्वत्थघटितं नैयग्रोधं तथोत्तरे। भूमौ हस्तप्रविष्टानि चतुर्हस्तानि चौच्छ्रये॥ (मत्स्य. 264, 15-16)
2. कुण्डमण्डपसिद्धि में रङ्ग के विषय में कहा है कि पूर्व कोण की ध्वजा रङ्ग पीला, अग्निकोण में लाल, दक्षिण का काला, नैर्ऋत्यकोण का नीला, पश्चिम में सफेद, वायव्य का धूम या हरित, उत्तर का सफेद

मध्ये च सर्ववर्णाश्च पताकाश्च समुच्छ्रयेत्।
वितानैर्विविधाकारैः पद्मपत्रोपशोभितैः ॥ 17 ॥

इनके मध्य में सभी प्रकार के वर्णों की मिली-जुली पताकाएँ लगाएँ और वितान में भी विविध आकार के कमलपत्रों की चित्र रचना से शोभा बढ़ाएँ।

मण्डपं दिव्यमाख्यातं पुरे च निलयोपमम्।
चतुःकर्णेषु वेद्याश्च षडंशोन्नतवेदिकाः ॥ 18 ॥

नगरों और भवनों में उन मण्डपों को दिव्य-आख्यात यानी दिव्य कहा गया है जिनमें वेदियों के चारों कोनों पर छह अंश ऊँची वेदिकाएँ बनी होती हैं।

तासामुत्तरपार्श्वे तु कुर्याद्वै स्नानमण्डपम्।
कार्यं च कामदं मूलमण्डपस्य त्रिभागतः ॥ 19 ॥

इति यज्ञमण्डपाधिकारः।

उन मण्डपों के उत्तर भाग में दो स्नान मण्डपों को बनाएँ जो मूलमण्डप के तीसरे भाग के विस्तार वाले हों और समस्त कामनाओं को पूरा करने वाले हों।

कुण्डविधिनिर्णयः —

विदिक्षु दिक्षु कुण्डानि कर्तव्यानि क्रमेण च।
उदयार्धान्तरे वेद्याः करमात्रश्च विस्तरः ॥ 20 ॥
हस्तमात्रं खनेत्कुण्डं विस्तृतं हस्तमेव च।
मेखला त्र्यङ्गुलैश्चैव कर्तव्या क्रमयोगतः ॥ 21 ॥

विदिशाओं और दिशाओं में क्रमपूर्वक कुण्डों को बनाना चाहिए और वेदी की ऊँचाई के आधे के बराबर एक गज मात्र के विस्तार और एक गज मात्र को खनन करें। इस तरह एक गज गहरा और एक गज विस्तार वाला कुण्ड बन जाता है। इस कुण्ड की मेखला तीन अङ्गुल की क्रमवार करनी चाहिए।[1]

एवं ईशान कोण की ध्वजा का रङ्ग श्वेत होना चाहिए—ध्वजान् द्विहस्तायतिकांश्च पञ्च हस्तान्सुपीतारुणकृष्णनीलान्। श्वेतासितश्वेत सितान्दिगीश वाहान्वहेद्दिक्करवंशशीर्षे॥ (कुण्डमण्डप. 1, 26) प्रतिष्ठासारसङ्ग्रह में आया है कि पीत, रक्तादि क्रम से वर्ण रखें और पाँच हाथ की ध्वजा हों, दस हाथ का बाँस से बना दण्ड हो— पीतरक्तादिवर्णाश्च पञ्चहस्त ध्वजाः स्मृताः। द्विपञ्चहस्तैर्दण्डैस्ते वंशजैः संयुता मता॥ (तत्रैवोद्धृत)

1. सोमशम्भुपद्धति में द्विज के लिए तीन, क्षत्रिय के लिए दो और वैश्य के लिए एक मेखला करने का निर्देश है— त्रिमेखलं द्विजे कुण्डे क्षत्रियस्य द्विमेखलम्। मेखलैका तु वैश्यस्य प्रोक्तं कुण्ड विशारदे॥ (तत्रैव 3, 2 पर उद्धृत एवं आगमरहस्य श्लोक 3720)

तस्य नाभिलक्षणम् —

तथाश्वत्थदलाकारा कुण्डनाभिश्च विस्तृता।
उत्तराभिमुखं कृत्वा गजोष्ट्रसदृशानना॥ 22॥

इस मेखला पर उत्तराभिमुख पीपल के पत्ते के आकार वाली विस्तृत कुण्डनाभि की रचना करें जो हाथी के ओंठ[1] के समान मुख वाली हों।

कुण्डयोनिस्तु कर्तव्या सर्वकामफलप्रदा।
इत्थं गुणाः समाख्याताः कुण्डदोषानथ शृणु॥ 23॥

ऐसी कुण्ड-योनि को सब कामनाओं की पूर्ति करने वाली समझें। इस तरह कुण्ड के गुणों को कहा गया, अब कुण्ड के दोषों को सुनिये।

इत्यमनन्तर कुण्डदोषमाह —

उत्तानमर्थनाशं च तथा चिन्तामधोमुखम्।
विकर्णं रोगबाहुल्यमिति दोषास्तथा स्मृताः॥ 24॥

यदि कुण्ड अधिक ऊँचे हों तो धन का नाश होता है और नीचे मुख वाले होते हैं तो चिन्ताकारक होते हैं। यदि विकर्ण यानी टेढ़े-मेढ़े हों, समसूत्र में नहीं हों तो रोगों को बढ़ाने वाले होते हैं— ये इनके दोष बताए गए हैं।[2]

---

1. तदुक्तं नारदीये— कुण्डौष्ठौ बोधिपत्रवत्। ओष्ठो योन्यग्रं कुण्डप्रविष्टाग्रेत्यर्थः। त्रैलोक्यसारेऽपि— प्रविष्टाभ्यन्तरे तथा। कुम्भद्वयसमायुक्ता चाश्वत्थदलवन्मता॥ (शारदातिलक की राघवभट्टकृत पदार्थादर्शटीका 3, 76 पर उद्धृत)
   तुलनीय— वितस्तिमात्रा योनिः स्याद् गजोष्ठसदृशी तथा। आयता छिद्रसंयुक्ता पार्श्वतः कलयोच्छ्रिता॥ कुण्डात् कलानुसारेण सर्वतश्चतुरङ्गुला। विस्तारेणोच्छ्रया तद्वच्चतुरस्रा समा भवेत्॥ (मत्स्य. 265, 34-35) नाभि के लिए कहा गया है कि कुण्ड के भीतर कमल के आकार की नाभि बनानी चाहिए अथवा कुण्ड की जैसी आकृति हो, वैसी ही नाभि का निर्माण करें। मुष्टि, अरत्नि और एक हाथ के कुण्ड में नाभि की ऊँचाई क्रमशः दो, तीन और चार अङ्गुल होनी चाहिए। अन्य कुण्डों में इसकी ऊँचाई भी बढ़ाते जाना चाहिए— कुण्डानां कल्पयेदन्तः नाभिमम्बुजसन्निभम्। तत्तत् कुण्डानुरूपं वा मानस्य निगद्यते॥ मुष्ट्यरन्त्येकहस्तानां नाभिरुत्सेध तारतः। द्वि-त्रि-वेदाङ्गुलोपेता कुण्डेष्वन्येषु वर्द्धयेत्॥ (शारदातिलक 3, 78-79)
2. विश्वकर्मा के मत से यह भी कहा गया है कि यदि गहराई अधिक हो तो कर्ता रोगी हो जाता है, कम गहराई हो तो धेनु व धन का क्षय होता है। यदि कुण्ड वक्र हो तो सन्ताप, मेखला छिन्न हो जाए ता मरण, मेखला नहीं हो तो शोक और नियम से अधिक मेखला हो तो धन का क्षय व योनि विहीन कुण्ड हो तो भार्या का विनाश हो जाता है। इसी प्रकार कण्ठ नहीं हो तो अपत्यध्वंस होता है— खाताधिके भवेद्रोगी हीने धेनुधनक्षयः। वक्रकुण्डे तु सन्तापो मरणं छिन्नमेखले॥ मेखलारहिते शोकोऽभ्यधिके वित्तसंक्षयः। भार्याविनाशनं कुण्डं प्रोक्तं योन्या विना कृतम्। अपत्यध्वंसनं प्रोक्तं कुण्डं यत् कण्ठवर्जितम्॥ (तत्रैव पदार्थादर्शटीका 3, 89 पर उद्धृत)

मण्डपवेद्यायां कुण्डव्यवस्थादीनां —

चतुरश्रं भवेत्पूर्वे आग्नेय्यां च भगोपमम्।
अर्धचन्द्रसमं याम्ये पञ्चकोणं तु नैर्ऋते॥ 25॥
वारुणे वर्तुलाकारं वायव्ये रसकोणकम्।
सौम्ये पद्मदलाकारमैशान्यां चाष्टकोणकम्॥ 26॥
मध्ये च दर्पणाकारं कुण्डान्युक्तानि वै नव।
मध्यस्थाने वेदिकावत् कुर्याद्वै कुण्डकाष्टकम्॥ 27॥

मण्डप वेदी पर कुण्डों की व्यवस्था इस प्रकार होती है— पूर्व दिशा में चौकोर, आग्नेय दिशा में योन्याकृति वाला, दक्षिण में अर्धचन्द्राकार, नैर्ऋत्य कोण में पञ्चकोणीय, वारुणी यानी पश्चिम दिशा में गोलाकार, वायव्य कोण में षट्कोणाकार, उत्तर दिशा में पद्मदलाकार, ईशान कोण में अष्टकोणाकार और मध्य में दर्पणाकार होंगे। इस प्रकार नौ कुण्ड कहे गए हैं जिनमें मध्य में वेदिकावत बनाएँ तो फिर ये कुण्डकाष्टक होगा।[1]

आहुतिसङ्ख्यानुसारे कुण्डप्रमाणं —

साधारणेषु यज्ञेषु शस्यते कुण्डपञ्चकम्।
आदौ चाऽयुतहोमे$_{10000}$ तु कुण्डं चैककरं$_{1}$ स्मृतम्॥ 28॥

साधारण यज्ञों के लिए तो पञ्चकुण्ड ही प्रशस्त हैं। पहले अयुत (10 हजार) आहुतियाँ देनी हों तो ऐसे होम के लिए एक हाथ प्रमाण कुण्ड बनाना चाहिए।

अयुताधिकलक्षार्धे$_{50000}$ कुण्डं कुर्याद् द्विहस्तकम्।
लक्षहोमे$_{100000}$ त्रिहस्तान्तं दशलक्षे$_{1000000}$ चतुष्करम्॥ 29॥

यदि दस हजार से अधिकतम पचास हजार तक आहुतियाँ देनी हों तो दो हाथ का, एक लाख आहुतियाँ देनी हों तो तीन हाथ तथा दस लाख आहुतियाँ देनी हों तो

---

1. कुण्डसिद्धिकार का मत है कि दिशानुसार कुण्डों का आकार तय किया जाना चाहिए। पूर्व दिशा में चतुरस्र, अग्निकोण में योनि के आकार का, दक्षिण में अर्द्धचन्द्र, नैर्ऋत्य में त्रिकोण, पश्चिम में गोल, वायव्य में षट्कोण, उत्तर में अष्टदलीय पद्माकार और ईशान कोण में यज्ञ कार्य किया जाना हो तो अष्टकोण वाला कुण्ड बनाना श्रेयस्कर है, ये दिशानुसार आठ दिक्पालों के कुण्ड माने गए हैं। कुण्ड निर्माण की विधि वर्णानुसार भी होती है— प्राच्याश्चतुष्कोणभगेन्दुखण्ड त्रिकोणवृत्ताङ्गभुजाम्बुजानि। अष्टास्त्रिशक्रेश्वरयोस्तु मध्ये वेदास्त्रि वा वृत्तमुशन्ति कुण्डम्॥ आशेशकुण्डैरिह पञ्चकुण्डी चैकं यदा पश्चिमसोमशैवे। वेद्याः सपादेन करेण यद्वा पदान्तरेणाखिलकुण्डसंस्था॥ विप्राच्छुत्यस्रं च वृत्तं च वृताद्धं त्र्यस्त्रि स्याद्वेदकोणानि वापि। सर्वाण्याहुर्वृत्तरूपाणि चान्ये योन्याकाराण्यङ्गनानां तु तानि॥ (आगमरहस्य, भाग प्रथम कुण्डसिद्धि से उद्धृत 31-33)

चार हाथ मान का यज्ञ कुण्ड तैयार किया जाना चाहिए।

त्रिंशल्लक्षे$_{3000000}$ पञ्चहस्तं कोट्यर्धे$_{5000000}$ षट्करं मतम्।
सप्ततिलक्षेऽद्रिकरं कोटिहोमे कराष्टकम्॥ 30॥

यदि तीस लाख तक आहुतियाँ देनी हो तो पाँच हाथ प्रमाण वाला, आधा कोटि यानी पचास लाख आहुतियाँ दी जानी हो तो छह हाथ प्रमाण का कुण्ड बनाएँ। सत्तर लाख होम के लिए सात हाथ प्रमाण का और एक करोड़ आहुतियाँ दी जानी हों तो आठ गज प्रमाण का कुण्ड बनाना चाहिए।[1]

ग्रहादिसर्वपूजासु कुण्डं स्यादेकहस्तकम्।
अङ्गुलत्रयतो वृद्धिः शूद्रादेर्ब्राह्मणान्ततः॥ 31॥

ग्रहादि समस्त पूजन कृत्यों में एक गज विस्तार और एक गज गहरा कुण्ड ही होता है। इसमें भी शूद्र से लेकर विप्र तक के यज्ञ कुण्ड में तीन अङ्गुल की वृद्धि होती है अर्थात् शूद्र के एक गज, वैश्य के एक गज व एक अङ्गुल, क्षत्रिय के एक गज व दो अङ्गुल और ब्राह्मण के एक गज और तीन अङ्गुल विस्तार व गहराई वाले कुण्ड होते हैं।

निरीक्ष्या प्रेक्षणं चैव तडनषडणस्तथा ?।
अधिकरणं वेधेन कुटिलसमस्ततः ?॥ 32॥
कुण्डार्चनां कण्ठप्रधानरेखा चतुःषष्ठिवज्रिकरणक।

---

1. यही प्रमाण प्रासादमण्डनम् में आया है— अयुते$_{10000}$ हस्तमात्रं$_{1}$ च लक्षार्द्धे$_{50000}$ तु द्वि$_{2}$हस्तकम्। त्रि$_{3}$हस्तं लक्षहोमे$_{100000}$ तु दशलक्षे$_{1000000}$ चतुः$_{4}$करम्॥ त्रिंशलक्षे$_{3000000}$ पञ्च$_{5}$हस्तं कोट्यधे$_{5000000}$ षट्$_{6}$करं मतम्। अशीतिलक्ष$_{8000000}$ऽद्रि$_{7}$करं कोटि$_{10000000}$होमेऽष्ट$_{8}$हस्तकम्॥ (प्रासाद. 8, 45-46)
शारदातिलक में आया है कि दस हजार आहुति में दो हाथ का और एक लाख आहुति में चार हाथ का कुण्ड कहा गया है। दस लाख की आहुति में छह हाथ का तथा एक करोड़ की आहुति में आठ हाथ का कुण्ड बनाना चाहिए— द्विहस्तमयुते लक्षे चतुर्हस्तमुदीरितम्। दशलक्षे तु षड्ढस्तं कोट्यामष्टकरं स्मृतम्॥ (शारदातिलक 3, 83)
इसी प्रकार सिद्धान्तशेखर में आया है— लक्षार्धे त्रिकरं कुण्डं लक्षहोमे चतुष्करम्। कुण्डं पञ्चकरं प्रोक्तं दशलक्षाहुतौ क्रमात्॥ षड्ढस्तं लक्षविंशत्यां कोट्यर्द्धे सप्तहस्तकम्॥ (तत्रैव पदार्थादर्शटीका 3, 84 पर उद्धृत)
आगे यह भी कहा गया है— सर्वसिद्धिकरं कुण्डं चतुरस्त्रमुदाहृतम्। पुत्रप्रदं योनिकुण्डमर्धेन्द्वाभं शुभप्रदम्॥ शत्रुक्षयकरं त्र्यस्त्रं वर्त्तुलं शान्तिकर्मणि। छेदमारणयोः कुण्डं षडस्त्रं पद्मसन्निभम्॥ पुष्टिदं रोगशमनं कुण्डमष्टास्त्रमीरितम्। विप्राणां चतुरस्त्रं स्याद्राज्ञां वर्त्तुलमिष्यते॥ (तत्रैव 3, 85-87)
भविष्यपुराण का मत है— मुष्टिमात्रं शतार्द्धे तु शते चारत्निमानकम्। सहस्त्रे त्वथ होतव्ये कुण्डं कुर्यात्करात्मकम्॥ द्विहस्तेमयुते तच्च लक्षहोमे चतुष्करम्। दशलक्षमिते होमे षट्करं सम्प्रचक्षते। अष्टहस्तात्मकं कुण्डं कोटिहोमेषु नाधिकम्॥ (आगमरहस्य में उद्धृत)

अष्टादश कुण्डविस्तरः न्यासउपनः ?॥ 33 ॥

(ये श्लोक अस्पष्ट लगते हैं तथापि) तड़न (पीटने), खडण (खोदने) तथा अधिकरण वेध से समस्त कुटिल (टेढ़ी-मेढ़ी) अशुद्धताओं का ध्यान से निरीक्षण और प्रेक्षण करें। कुण्ड की अर्चा-पूजा कण्ठ-प्रधान चौंसठ वज्रीकरण रेखाओं तथा अठारह कुण्ड विस्तार न्यास का कार्य करें।[1]

पूजन मन्त्रादीनां —

स्वस्तिश्री वह्नि आवाहनम्। आह्वाहन शान्ततेयगो।
रुहपत्यौ रेखात्रयं प्रकर्तव्यम्॥ 34॥
ब्रह्माऽऽद्यायां तु रेखायां द्वितीयायां जनार्दनः।
शिवःस्थितस्तृतीयायां हूंकारे सर्वदेवताः॥ 35॥

यह मन्त्र 'स्वस्तिश्री वह्निआवाहनम्। आह्वाहन शान्ततेयगो' शान्ति के लिए हैं। इसके लिए तीन रुहपत्य (?) रेखाएँ करनी चाहिए। पहली रेखा ब्रह्मा, दूसरी रेखा जनार्दन व तीसरी रेखा शिव की होगी, हूंकार में सभी देवताओं को समझें। आवाहन मन्त्र आगे दिया जा रहा है—

आँ ह्रं ह्रीं ह्रूं वह्निमूर्तये नमः स्वाहा।
आँ स्वाहा एनये नमः।
हुंति हवनान्तान्यकारेषु देशयेत्॥ 36॥

(इसमें) हुंति हवन के अन्त में अन्य कार्यों में प्रयोग करें।

उत्तरवेद्यां तु मध्यायः[2] सह्यायो समवर्षया ?।
अनये सूत्रवेदेयं स्थण्डिले तु शय्यासनम्॥ 37॥

उत्तर वेदी से मध्य वेदी तक.... (आगे पाठ अस्पष्ट है)।

शिल्पिनं पूजयेत्तत्र वस्त्रालङ्कारभूषणैः।
तथा गां शिल्पिने दद्यादलङ्कारसमन्विताम्॥ 38॥
लक्षणोद्धारकं कुर्यात् शास्त्रदृष्टेन कर्मणा।

(हवनादि के बाद कर्तव्य है कि) शिल्पी को वस्त्र और अलङ्कारों, आभूषणों

---

1. वशिष्ठसंहिता के मत से पदार्थादर्शटीका में कहा गया है कि न्यूनाधिक प्रमाण से बनने वाले कुण्ड से अनेकानेक दोष हो सकते हैं अतएव शुभ चाहने वालों को भली प्रकार निरीक्षण करते कुण्ड का कार्य करवाना चाहिए— अनेकदोषदं कुण्डमत्र न्यूनाधिकं यदि। तस्मात् सम्यक् परीक्ष्येदं कर्त्तव्यं शुभमिच्छता॥ (शारदा. पदार्थादर्शटीका 3, 89 पर उद्धृत)
2. 'उत्तरवेद्यां तु मध्योयः' इति प्रकाशित पाठः।

को निवेदित कर पूजन करें। शिल्पी को सजी-धजी गाय भेंट करें और शास्त्र की मर्यादा के अनुसार ही (प्रतिमा के) लक्षणों का उद्धार[1] करना चाहिए।

अथ स्नानविधौ —

पञ्चगव्यैस्तथा स्नात्वा पञ्चकषायसंयुतैः ॥ 39 ॥
क्षीरवृक्षत्वचाभिश्च पञ्चघटैरहीनकैः ।
चत्वारो विप्रहस्तेषु सूत्रधारे तु पञ्चमः ॥ 40 ॥

पञ्चकषाय वर्ग की औषधियों[2] से युक्त पञ्चगव्य[3] से और खिरनी के वृक्ष की छाल के चूर्ण से स्नानयोग्य विशिष्ट जल तैयार करें। इससे पाँच कलश भरें। इसमें से विप्र के हाथ से चार कलश से तो देव विग्रह को और पाँचवें घड़े से सूत्रधार को स्नान करवाएँ।[4]

शतसाहस्रकलशैः स्नानं तत्र समाचरेत्।
मन्त्रं चैव समुच्चार्य नानार्थेषु विघ्नापहम्॥ 41 ॥

इस प्रकार एक लाख कलशों वाला समाचरण करें।[5] इस अवसर पर निर्दिष्ट मन्त्रों का उच्चारण भी करनी चाहिए जिससे नाना प्रकार के विघ्नों का शमन होता है।

---

1. मानसार, मयमतम् व मत्स्यपुराण में नेत्रों व अन्य चिह्नों के उद्धारक का वर्णन आया है। पहले देवता के चारों ओर पीली सरसों, घृत, खीर द्वारा बलि प्रदान करें। फिर श्वेत पुष्पों से अलंकृत कर घृत, गुग्गुल से धूप करने के बाद ब्राह्मणों की पूजा करे और उन्हें अपनी शक्ति के अनुसार दक्षिणा दे। स्थापना कराने वाले ब्राह्मणों को गो, पृथ्वी तथा सुवर्ण की दक्षिणा देनी चाहिए। फिर ब्राह्मण को भक्तिपूर्वक इस मन्त्र द्वारा प्रतिमा में नेत्र ज्योति की स्थापना करे अथवा करवाए— अक्ष्णोरुद्धरणं वक्ष्ये लिङ्गस्यापि समासतः। सर्वतस्तु बलिं दद्यात् सिद्धार्थघृतपायसैः ॥ शुक्लपुष्पैरलङ्कृत्य घृतगुग्गुलधूपितम्। विप्राणां चार्चनं कुर्याद् दद्याच्छक्त्या च दक्षिणाम्॥ गां महीं कनकं चैव स्थापकाय निवेदयेत्। लक्षणं कारयेद् भक्त्या मन्त्रेणानेन वै द्विजः॥ ओं नमो भगवते तुभ्यं शिवाय परमात्मने। हिरण्यरेतसे विष्णो विश्वरूपाय ते नमः ॥ (मत्स्य. 264, 29-32)
2. जामुन, सेमल, मौलश्री या बकुल, बहेड़ा व बेर— जम्बुशाल्मलिवाण्यालं वकुलं वदरं तथा। कषायाः पञ्चविज्ञेयाः देव्याः प्रीतिकराः शुभाः ॥ (तुलनीय सुश्रुतसंहिता न. मो. वि.)
3. व्रतराज में आया है कि दुग्ध, दधि, घृत, गोमय और गोमूत्र पञ्चगव्य हैं— गोमूत्रं गोमयं क्षीरं दधिसर्पिर्यथाक्रमम् पञ्चगव्यमिदं प्रोक्तम्। इसी प्रकार शिवपुराण में भी कहा गया हैं : पञ्चगव्यैररभिषेको विशिष्यते। गोमयं गोजलं क्षीरं दध्याज्यं पञ्चगव्यकम्। (शिवपुराण विद्येश्वरसंहिता, 16, 111)
4. यही श्लोक प्रासादमण्डनम् में आया है कि पञ्चगव्य से, कषाय और खिरनी वृक्ष की छाल के चूर्ण से स्नान योग्य विशिष्ट जल को तैयार करें। इस विशेष जल के पाँच-पाँच कलश एक साथ भरकर सौ बार उक्त देव को स्नानकरा शुद्ध कराएँ—पञ्चगव्यैः कषायैश्च वल्कलैः क्षीरवृक्षजैः। स्नापयेत् पञ्चकलशैः शतवारं जलेन च॥ (प्रासाद. 8, 56)
5. देवस्नपन की विधि प्रतिष्ठामयूख में विस्तार से आई है— दश क्रमात्पुष्पैः फलः सौवर्णजलेन गोशृङ्गोदकेन धान्यैः सहस्रछिद्रैः सर्वौषधिभिः पञ्चपल्लवैस्तीर्थोदकैर्नवरत्नर्युताः कार्याः ॥ अवशिष्टेषु दशसु

मन्त्राः —

समुद्रो ज्येष्ठ सलिला समुद्रो ज्येष्ठ न सलिला समुद्रो ज्येष्ठस्त सलिला अपांदेवी।
उत्तराश्रवन्ति या सृता वरणानां चतुष्टयम् ?॥ 42 ॥

उक्त मन्त्रों का जाप करे। (आगे पाठ भ्रष्ट है)।[1]

कलशेषु कदम्बशाल्मली जम्ब्वशोकप्लक्षचूतटबिल्वनागकेशर पलाशपल्लवान्क्रमेण निक्षिप्य शुद्धजलमापूर्य लोकपालानावाहयेत्। सर्वेऽप्याकलशेष्वित्तेन स्थाप्याः। (भगवन्तभास्कर : मित्र मिश्र, प्रतिष्ठामयूख पृष्ठ 42)

प्रासादमण्डनम् में कहा गया है कि प्रतिष्ठेय देवता के स्नानोपचार के अवसर पर ऋचाओं का उच्चारण हों, वाद्यवृन्द वाद्यवादन करें, नाना प्रकार के माङ्गलिक गीतों से गगन गुञ्जार हों। स्नानोपचार के उपरान्त देवार्चा को पवित्र वस्त्राच्छादित करें और पुनः मण्डप स्थित स्थण्डिल पर स्थापित करें— वेद मन्त्रादि वादित्रैर्गीतमङ्गलनिःस्वनै। वस्त्रेणाच्छादयेद्देवं वेद्यान्तं मण्डपे न्यसेत्॥ (प्रासाद. 8, 57)

प्रतिष्ठामयूख के अनुसार मृत्तिका स्नान के समय निम्न मन्त्र का उच्चारण करें— अग्निमूर्धा दिवः ककुत्पतिः पृथिव्या अयम्। अपां रेतासि जिन्वति॥ (ऋक्. 8, 44, 16)

कषायस्नान के समय इस मन्त्र का निर्देश है— यज्ञायज्ञा वो अग्नये गिरागिरा च दक्षसे। प्रप्र वयममृतं जातवेदसं प्रियं मित्रं न संशिषम्॥ (तत्रैव 6, 48, 1)

गोमूत्र से स्नान के समय यह मन्त्र उच्चारित करें— तत्सवितुर्वरेण्यं भर्गो देवस्य धीमहि। धियो यो नः प्रचोदयात्॥ (तत्रैव 3, 62, 10)

गोमय स्नान के समय निम्न मन्त्र उच्चारित करने का निर्देश है— गन्धद्वारां दुराधर्षा नित्यपुष्टां करीषिणीम्। ईश्वरीं सर्वभूतानां तामिहोपह्वये श्रियम्॥ (ऋक्. परि.11, 9)

भस्मी से स्नान के समय का मन्त्र है— मा नस्तो के तनये मान आयुषि मा नो गोषु मा नो अश्वेषु रीरिषः। वीरान् मा नो रुद्रभाभिनोवधीर्हविष्मन्तः सदमित् त्वा हवामहे॥ (ऋक्. 1, 114, 8) इसी प्रकार गन्धजल से स्नान के समय 'तत्सवितुः' मन्त्र उच्चारित करें।

1. मूल पाठ में यह वर्णन भ्रष्ट हो गया है। यह विधि सम्भवतः मत्स्यपुराण से उद्धृत है। पुराण पाठ में कहा गया है कि मण्डप के स्नान कक्ष में लाकर प्रतिमा को स्नान कराना चाहिए। पञ्चगव्य, कषाय, मृत्तिका, भस्म, जल इन सामग्रियों से चार वेद मन्त्रों का उच्चारण करते हुए प्रतिमा का मार्जन कराएँ। चारों मन्त्र इस प्रकार हैं— 'समुद्रज्येष्ठा सलिलस्य.' (ऋक्. सं. 7, 49, 1) 'आपो दिव्या.' (ऋक्. सं. 7, 49, 2) 'यासां राजा.' (तत्रैव 1, 3) और 'आपो हि ष्ठा.' (वाजय. सं. 11, 50)। इस प्रकार देवता की प्रतिमा को स्नान करवाकर 'गन्धद्वारा' इस मन्त्र से सुगन्धित द्रव्य चन्दनादि से पूजा करे और दो वस्त्रों से ढँककर शयन कराए। यह अभिवस्त्र की विधि है। तदन्तर विद्वान् पुरुष 'उत्तिष्ठ ब्रह्मणस्पते.' इस मन्त्र का उच्चारण कर प्रतिमा को उठाए और 'आमूरजा.' (वाजस. सं.) 'रथे तिष्ठ' इन दो मन्त्रों से रथ पर या ब्रह्मरथ पर शिल्पियों द्वारा रखवाकर ले आए और 'आकृष्णेन'(वाजस. सं. 33, 45) मन्त्र द्वारा मूर्ति को मन्दिर में प्रवेश कराएँ व शय्या पर कुश तथा पुष्पों को बिछाकर बुद्धिमान पुरुष उसे पूर्वाभिमुख कर धीरे से स्थापित करें। तदनन्तर वस्त्र और सुवर्ण सहित निद्रा कलश को देवता के सिरहाने की ओर 'आपो देवी.'(तत्रैव 12, 35) 'आपोऽस्मान् मातरः.'(वाजस. सं. 4, 2) इन मन्त्रों को जपते हुए स्थापित करना चाहिए। इसके बाद रेशमी वस्त्रों द्वारा नेत्रों को ढककर तकिया दे अथवा रेशमी वस्त्र को प्रतिमा के सिर के नीचे रख दें। तदनन्तर बैठकर मधु और घृत द्वारा स्नान करवाकर व

इत्यमनन्तर कर्तव्यमाह —

मन्त्रानेतान्समुच्चार्य स्नानं च देवताकृतेः।
शतसाहस्त्रकलशैः कृत्वा देवं च स्थापयेत्॥ 43॥

इसी प्रकार मन्त्रोच्चारण करके देवता को शतसाहस्त्र (ग्यारह सौ) कलशों से स्नान करवाएँ और विराजित करें।

भेरीमृदङ्गवाद्यादिशङ्खशब्दैश्च मङ्गलैः।
वेददुन्दुभिनिस्वानैर्नृत्यगीतसमन्वितैः॥ 44॥

इस अवसर पर भेरी, मृदङ्गादि वाद्यों का वादन करें, शङ्खध्वनि के साथ मङ्गलगान और वेद दुन्दुभि घोष से नृत्य, सङ्गीतयुक्त समारोह हो।

आरोपयेद्रथे देवं कृत्वा च त्रिप्रदक्षिणम्।

पीली सरसों से पूजाकर 'आप्यायस्व.'(वाजस. सं. 12, 112) तथा 'या ते रुद्र शिवा तनू.'(तत्रैव 16, 2, 36) इन मन्त्रों के उच्चारणपूर्वक चारों ओर से चन्दन व पुष्पादि से देवता की पूजा करें। फिर 'बार्हस्पत्य.'(तत्रैव 17, 36) मन्त्र द्वारा श्वेत वर्ण के सूत का बना हुआ कङ्गन अर्पित करें। इसके बाद अनेक प्रकार के चित्र-विचित्र रेशमी अथवा सूती वस्त्रों द्वारा प्रतिमा को भलीभाँति ढककर उभय पार्श्व में छत्र, चामर, दर्पण आदि सामग्रियों को रखना चाहिए व पुष्पयुक्त चँदोवा स्थापित करें। वहीं विविध प्रकार से रत्न, औषध, अन्य घरेलू वस्तुएँ, विचित्र प्रकार के पात्र, शय्या, आसन आदि अपनी आर्थिक शक्ति के अनुरूप 'अभि त्वा शूरं.' इस मन्त्र का उच्चारण करते हुए रखें। इसके बाद दूध, मधु, घृत, छहों प्रकार के रसों से संयुक्त भक्ष्य एवं भोज्य अन्न और खीर को भी चारों ओर रखकर पूजा करें और 'त्र्यम्बकं यजामहे' (वाजस. सं. 3, 60) मन्त्र से प्रचुर परिमाण में प्रयत्नपूर्वक भूतल पर सब ओर से घी से बलि निवेदित करनी चाहिए—

ततो लिङ्गमथार्चां वा नीत्वा स्नपनमण्डपम्। गीतमङ्गलशब्देन स्नपनं तत्र कारयेत्॥ पञ्चगव्यकषायेण मृद्भिस्मोदकेन वा। शौचं तत्र प्रकुर्वीत वेदमन्त्रचतुष्टयात्॥ समुद्रज्येष्ठमन्त्रेण आपोदिव्येति चापरः। यासां राजेति मन्त्रस्तु आपोहिष्ठेति चापरः॥ एवं स्नाप्य ततो देवं पूज्य गन्धानुलेपनैः। प्रच्छाद्य वस्त्रयुग्मेन अभिवस्त्रेत्युदाहृतम्॥ उत्थापयेत्ततो देवमुत्तिष्ठ ब्रह्मणस्पते। आमूरजेति च तथा रथे तिष्ठेति चापरः॥ रथे ब्रह्मरथे वापि धृतां शिल्पिगणेन तु। आरोप्य च ततो विद्वानाकृष्णेन प्रवेशयेत्॥ ततः प्रास्तीर्य शय्यायां स्थापयेच्छनकैर्बुधः। कुशानास्तीर्य पुष्पाणि स्थापयेत्प्राङ्मुखं ततः॥ ततस्तु निद्राकलशं वस्त्रकाञ्चनसंयुतम्। शिरोभागे तु देवस्य जपन्नेवं निधापयेत्॥ आपोदेवीति मन्त्रेण आपोऽस्मान् मातरोऽपि च। ततो दुकूलपट्टैश्चाच्छाद्य नेत्रोपधानकम्॥ दद्याच्छिरसि देवस्य कौशेयं वा विचक्षणः। मधुना सर्पिषाभ्यज्य पूज्य सिद्धार्थकैस्ततः॥ आप्यायस्वेति मन्त्रेण या ते रुद्र शिवेति च। उपविश्यार्चयेद् देवं गन्धपुष्पैः समन्ततः॥ सितं प्रतिसरं दद्याद् बार्हस्पत्येति मन्त्रतः। दुकूलपट्टैः कार्पासैर्नानाचित्रैरथापि वा॥ आच्छाद्य देवं सर्वत्र छत्रचामरदर्पणम्। पार्श्वतः स्थापयेत्तत्र वितानं पुष्पसंयुतम्॥ रत्नान्योषधयस्तत्र गृहोपकरणानि च। भाजनानि विचित्राणि शयनान्यासनानि च॥ अभि त्वा शूरमन्त्रेण यथा विभवतो न्यसेत्। क्षीरं क्षौद्रं घृतं तद्वद् भक्ष्यभोज्यान्नपायसैः॥ षड्विधैश्च रसैस्तद्वत् समन्तात्परिपूजयेत्। बलिं दद्यात् प्रयत्नेन मन्त्रेणानेन भूरिशः॥ त्र्यम्बकं यजामह इति सर्वतः शनकैर्भुव्य। मूर्त्तिपान् स्थापयेत् पश्चात् सर्वदिक्षु विचक्षणः॥ (मत्स्य. 265, 7-23)

प्रविशेदुत्तरद्वारात् स्नानवारि न लङ्घयेत्॥ 45॥
लङ्घिते दोषमाप्नोति विघ्नं कूटमहाभयम्।

इसके बाद, देवता के विग्रह को रथ में आरोहण करवाकर उनकी तीन प्रदक्षिण करके उन देव-विग्रहों को उत्तर द्वार से प्रासाद में प्रवेश करवाएँ। इस समय उनके स्नान करवाए गए जल का उल्लङ्घन नहीं करें क्योंकि स्नानोदक का उल्लङ्घन करने से दोष होता है और महाभयानक, कूट-विघ्न उपस्थित हो सकता है।

आनयेदीशानवेद्यां तुलामारोपयेत्ततः॥ 46॥
उत्तरेऽङ्घ्री शिरो याम्ये पूर्वे वा पश्चिमे तथा।

इस तरह सावधानीपूर्वक लाए गए देव-विग्रह को ईशान वेदी पर प्रतिष्ठित करने के बाद उन्हें तुला में विराजित करें। उनके पाँव उत्तर दिशा की ओर तथा सिर दक्षिण दिशा की ओर रखें अथवा पूर्व या पश्चिम दिशा में रखें।

कलशं तच्छिरो देशे वामे स्याद् दर्पणः शुभः॥ 47॥
व्यजनं दक्षिणे देशे पादस्थाने कमण्डलुम्।
आच्छादयेद् दिव्यवस्त्रैर्विताने दिव्यवस्त्रके॥ 48॥

फिर, उनके सिर की ओर कलश तथा बायीं ओर दर्पण, दाई और पँखा और पाँवों की ओर कमण्डलु रखकर[1] देव-विग्रह को दिव्य वस्त्रों से निर्मित वितान व बहुमूल्य वस्त्रों से आच्छादित (आँगी या अङ्गरचना) करें।

स्थण्डिलानि ततो ह्यष्टौ द्वारयोः कलशानि च।
अकृष्टं चेतिमन्त्रेण द्वारपालान् निवेशयेत्॥ 49॥

इसके बाद आठों द्वार पर लगे स्थण्डिलों को और आठों कलशों को 'अकृष्टं' इस मन्त्र के उच्चारण के साथ द्वारपाल को बैठा दें।

बलिकर्म प्रकुर्वीत दिक्पतींश्च क्षमापयेत्।
गन्धधूपैश्च बलिभिरिन्द्रादीन् दशदिक्षु च॥ 50॥

इसके बाद बलिकर्म करके दिक्पालों से क्षमायाचना करें और गन्ध, धूप से इन्द्रादि दसों दिक्पालों को बलि निवेदन करें।

---

1. प्रासादमण्डनम् में आया है कि देव के शीर्ष के समीप कलश और चरणों के निकट कमण्डलु रखा जाना चाहिए। देवता के दक्षिण भाग में व्यजन या विजण-पङ्खा तथा वामाङ्ग में दर्पण को रखना चाहिए। इसके बाद पूर्वादि दिशाओं में वज्रादि रत्नन्यास कर दिक्पालों का पूजन करें— कलशं तु शिरोदेशे पादस्थाने कमण्डलुम्॥ व्यजनं दक्षिणे देशे दर्पणं वामतः शुभम्। रत्नन्यासं ततः कुर्याद्दिक्पालादिकपूजनम्॥ (प्रासाद. 8, 58-59)

द्वे द्वे चाहुती हवनामस्वव्याह्रतिपूर्वकैः ॥[1]
इत्यनुक्रमं कुण्डैश्च ऋत्विजानां तु सङ्ख्यया ॥ 51 ॥
ब्रह्माचार्य ऋत्विजश्च द्वारपालास्तथा परे।
चत्वार इति कुण्डेषु ऋत्विजश्चैव षोडश ॥ 52 ॥
अष्टौ तु द्वारपालाश्च दिशांपालास्तथोत्तमाः।
एवंविधः प्रकर्तव्यो मण्डपे तु महोत्सवः ॥ 53 ॥

इसी प्रकार उनको उनके नाम-जाप सहित दो-दो हवनाहुतियाँ व्याहृतिपूर्वक प्रदान करें। इस प्रकार अनुक्रम के साथ कुण्डों पर जितने ऋत्विजों की संख्या हो[2], ब्रह्मचारियों की संख्या हो, द्वारपालों की संख्या हो, उन सबको जैसे चारों कुण्डों के सोलह ऋत्विजों को तथा आठों द्वारपालों को और सभी दिशापालों को आहुतियाँ दो-दो प्रदान करें। इस विधि से मण्डप का महोत्सव सम्पादित करना चाहिए।

इति सूत्रसन्तानगुणकीर्तिप्रकाशप्रोक्तृश्रीभुवनदेवाचार्योक्तापराजितपृच्छायां सप्तप्रतिष्ठायज्ञमण्डपकुण्डविधिनिर्णयाधिकारो नाम सप्तचत्वारिंशदुत्तरशततमं सूत्रम् ॥ 147 ॥

इस प्रकार भुवनदेवाचार्य कृत सूत्रसन्तानगुणकीर्ति प्रकाश या अपराजितपृच्छा में सप्तप्रतिष्ठा यज्ञमण्डपकुण्ड विधि निर्णय अधिकार नामक एक सौ सैंतालीसवाँ सूत्र पूर्ण हुआ ॥ 147 ॥

मण्डलविधिर्नामाष्टचत्वारिंशदुत्तरशततमं सूत्रम् ॥ 148 ॥

अधुना मण्डपविधिः। विश्वकर्मोवाच —

मण्डलेषु च सम्पूज्या निर्वाणदीक्षितादिषु।
विधिर्ज्ञेयानि तत्रैव मण्डलानि भवन्ति हि ॥ 1 ॥

विश्वकर्मा बोले कि निर्वाण दीक्षा आदि के लिए मण्डल पूजन करना चाहिए। कहाँ पर कैसा मण्डल हो, इसके लिए उसकी निर्माण-विधि को जानना चाहिए।

सर्वतोभद्रं भद्रं च लतालिङ्गोद्भवं तथा।

---

1. द्वे द्वे चाहुती हवनामस्वजाप्यश्च मेव च ?। इति प्रकाशित पाठः।
2. प्रासादमण्डनं में आया है कि यज्ञ अवसर पर विद्वान पुरुष को यज्ञकर्म विशारद 32, 16 या 8 ऋत्विजों को आमन्त्रित करना चाहिए। ऋत्विजों को सम्पूर्ण रूप से वेद-वेदाङ्गों का ज्ञान हो और वे अच्छे कुल से तथा सर्वाङ्ग या अङ्गभङ्ग दोष से मुक्त होने चाहिए— द्वात्रिंशत् षोडशाष्टौ च ऋत्विजो वेदपारगान्। कुलीनानङ्गसम्पूर्णान् यज्ञार्थमभिमन्त्रयेत् ॥ (प्रासाद. 8, 54)
मत्स्यपुराण में आया है—द्वात्रिंशत्षोडशाथापि अष्टौ वा श्रुतिपारगः। ज्येष्ठमध्यकनिष्ठेषु मूर्तिपा वः प्रकीर्तिताः ॥ (मत्स्य. 265, 6) अर्थात् ज्येष्ठ, मध्यम और कनिष्ठ पूर्तियों की प्रतिष्ठा में क्रमशः बत्तीस, सोलह और आठ वेदपारगामी ब्राह्मण मूर्तिरक्षक ऋत्विज् बतलाए गए हैं।

लिङ्गं च गौरीतिलकं अर्धचन्द्रं च स्वस्तिकम्॥ 2॥
योन्याकारं न च वाच्यं चापाकारं टङ्कमम्।
गजदन्तं पुरुषाक्षं चतुरश्राणि भेदतः॥ 3॥

इन मण्डलों में सर्वतोभद्रमण्डल, भद्र, लतालिङ्गोद्भव मण्डल, लिङ्गमण्डल, गौरीतिलकमण्डल, अर्धचन्द्रमण्डल, स्वस्तिकमण्डल, योन्याकार, धनुषाकार, टङ्काकार, गजदन्त, पुरुषाक्ष और चतुरश्र— ये भेद कहे गए हैं।

एकहस्तं द्विहस्तं वा हस्तत्रयमथोच्यते।
ज्येष्ठमध्यकनिष्ठानि उदितानि त्रिधा क्रमात्॥ 4॥

इनकी ऊँचाई एक हाथ, दो हाथ या तीन हाथ कही गई है। इसी आधार पर ये ज्येष्ठ, मध्य और कनिष्ठ—तीन प्रकार के कहे गए हैं।

ब्रह्मविष्ण्वर्कपूजासु सर्वभद्रं तु कामदम्।
भद्रं तु सर्वदेवानां भुवनानां त्रयं तथा॥ 5॥

ब्रह्मा, विष्णु, सूर्य की पूजा के लिए सर्वतोभद्रमण्डल बनाकर पूजा करना कामना पूरी करने वाला है जबकि तीनों भवनों के समस्त देवताओं के लिए भद्रमण्डल की पूजा करनी चाहिए।

लतालिङ्गोद्भवं पूज्यं लिङ्गं चैव शिवात्मनः।
पूजायां सर्वदेवानां गौरीतिलकभद्रकम्॥ 6॥

शिवात्मन! लतालिङ्गोद्भव मण्डल की पूजा लिङ्गार्थ करनी चाहिए। अन्य शैव देवताओं के लिए गौरी तिलक भद्र की पूजा करनी चाहिए।

अर्धचन्द्रं तडागेषु चापाकारं तथैव च।
टङ्काभं स्वस्तिकं चैव वापीकूपेषु पूजितम्॥ 7॥

अर्धचन्द्र मण्डल की पूजा जलाशयों और वैसे ही उनके लिए चापाकार मण्डल की पूजा करनी चाहिए। टङ्काकार और स्वस्तिक मण्डल की पूजा बावड़ी, कूपादि के लिए करनी चाहिए।

जलपट्टपीठिकासु योन्याकारं तु कामदम्।
गजदन्तं महादुर्गे प्रशस्तं मण्डलं शुभम्॥ 8॥

जलपट्ट पीठिका के लिए योन्याकार मण्डल की पूजा कामनाओं को पूरी करने वाली है जबकि गजदन्त नामक मण्डल की पूजा महादुर्ग के लिए प्रशस्त और शुभ कही गई है।

वर्णार्थं च शिलापृष्ठे श्वेतं कुर्याच्च मण्डलम्।
रक्तं मिश्रं च सिन्दूरैः पीतं मिश्रं हरीतकैः ॥ 9 ॥
हरिद् मिश्रं बालरसैः श्वेतं दुग्धं वशादिजम्।
इत्येतद्वर्णमाकारे मण्डलार्थं प्रयुज्यते ॥ 10 ॥

वर्णों के प्रसंग में यह ज्ञातव्य है प्रथमतः शिला के ऊपर श्वेत मण्डल बनाना चाहिए। रक्त वर्ण मिश्रित रंग सिन्दूर, पीला मिश्रित हरा, हरित मिश्रित बालरस और श्वेत दूधिया वर्ण का मण्डल के लिए प्रयोग किया जा सकता है।

अथ सर्वतोभद्रमण्डलरचनामाह —

चतुरश्रं समं कृत्वा भुजकर्णविशोधितम्।
भाजयेत् षोडशभागैः षट्पञ्चाशच्छतद्वयम् ॥ 11 ॥

वेदिका के लिए आधार को चौकोर और समतल बनाकर भुजकर्ण विशोधित करें। उसमें सोलह-सोलह भागों को करते हुए कुल 256 कोष्ठक बनाएँ।

मध्ये भागचतुष्के च पद्मं चैव प्रदापयेत्।
तदनन्तरपङ्क्तौ च भवेत् पद्मार्धवीथिका ॥ 12 ॥
पद्मतुल्यानि द्वाराणि चतुर्दिक्षु प्रकल्पयेत्।
स्वस्तिवापी लताभद्रं द्वे द्वे च प्रतिकर्णकम् ॥ 13 ॥

पश्चात् उसके मध्य भाग में चतुष्क कल्पित कर उसे पद्माकार बनाएँ। इसके अनन्तर पंक्तियाँ डालते हुए आधे पद्म में वीथिका बनाएँ। पद्म के बराबर ही उसकी चारों ही दिशाओं में द्वार परिकल्पित करने चाहिए। इसमें प्रत्येक कर्ण पर दो-दो स्वस्तिक अथवा लताभद्र करने चाहिए।

शस्तं द्वारं चतुर्भागं द्वारकण्ठस्तदर्धतः।
काकिलं वै कण्ठसमं द्वारशोभिकपालकम् ॥ 14 ॥
द्वारस्योभयपक्षे तु वापी स्यादष्टकोष्ठकैः।
वीथीकर्णे भवेद् भद्रं पञ्चकोष्ठसमन्वितम् ॥ 15 ॥

उसमें द्वार की रचना चार भाग से करना प्रशस्त होता है और द्वार से आधे प्रमाण से कण्ठ की रचना करनी चाहिए। कण्ठ के समान काकिल करें और द्वार की शोभा के लिए कपाल या शिखर करें। द्वार के दोनों बाजू पर गर्त के आठ कोष्ठक भी किए जा सकते हैं और वीथी के कोनों पर पाँच कोष्ठक समन्वित भद्र बनाएँ।

तस्याग्रे स्वस्तिकं कुर्यात् पादतश्चतुरश्रकम्।
तस्याग्रे तु भवेद्भद्रं स्वस्तिकं च तदन्ततः॥ 16॥
वापीभद्रकयोर्मध्ये लता कोष्ठचतुष्कतः।
अष्टौ वाप्यश्च भद्राणि लताश्च स्वस्तिकानि च॥ 17॥
चतुर्द्वारसमायुक्तं वीथिकान्तरजन्मे ?।

उसके आगे की ओर स्वस्तिक चतुर्थांश रूप से चौकोर करें, उसके आगे भद्र बनाएँ और उसके अन्त में स्वस्तिक होगा। वापी व भद्रक दोनों के बीच में चौकोर कोष्ठकों सहित लता का न्यास होगा तथा आठ वापी और भद्र तथा लता और स्वस्तिक होंगे। वीथिका के अन्तर भाग को चार द्वार सहित बनाएँ।

सर्वतोभद्रमेवं तु कर्तव्यं चैव मानतः॥ 18॥
मध्यं द्व्यष्टककोष्ठैश्च चतुष्कस्य न कारयेत्।
द्वात्रिंशद्रेखिका बाह्येऽष्टपत्राणि द्वितीयके॥ 19॥
केशराणि तृतीये च नवबीजांश्चतुर्थके।
एवंविधं प्रकर्तव्यं सर्वदैवतपूजनम्॥ 20॥

सर्वतोभद्र मण्डल की रचना सदा यथेष्ट मान से करनी चाहिए। उसके मध्य में द्व्य-अष्टक अर्थात् सोलह कोष्ठक हों किंतु चतुष्क को नहीं करें। बत्तीस रेखाएँ कर बाहर अष्टपत्र द्वितीयत: होंगे, तृतीयत: केशर की रचना और चतुर्थत: नवबीजों का न्यास होगा। इस प्रकार से समस्त देवताओं का पूजन करना चाहिए।

तीर्थानि नवपीतानि चतुर्धा केशराणि च।
रक्तानि पद्मपत्राणि बाह्यरेखा चतुर्विधा॥ 21॥
सत्वं रजस्तमश्चेति त्रिवृत्ता वीथिका भवेत्।
चतुर्द्वाराणि श्वेतानि वीथिकर्णान्वितानि च॥ 22॥

इसी अनुक्रम में तीर्थों के लिए नौ पीत (खण्ड) होंगे, चार केशर होंगे, पद्मपत्र रक्तवर्ण के होंगे और चार प्रकार से बाह्यरेखा होगी। वीथिका तीन वृत्त में होंगी और वे क्रमश: सत्व, रज और तम रूप में होंगी। चार द्वार श्वेत वीथिका-कर्ण सहित होंगे। चार भद्र और चार रेखाएँ श्वेत होंगी।

चतुर्भद्रा भवेद्रेखा श्वेतानां च चतुष्टयम्।
पीतं स्वस्तिचतुष्कं च रक्तानां च चतुष्टयम्॥ 23॥
पीतवर्णा लता कार्या वाप्यर्धहरिताऽप्यथः।
अर्धपीतां ततः कुर्यात्कर्णान्ते वृत्तबाह्यतः॥ 24॥

चार स्वस्तिक पीत वर्ण के होंगे और चार ही रक्तवर्ण के होंगे। पीले वर्ण के चार और चार ही रक्तवर्ण के स्वस्तिक होंगे। पीले वर्ण से लता जिसमें आधा हरित वर्ण होगा, ऐसे ही कर्णान्त एवं बाह्य आवृत्त को आधा पीला किया जाएगा।

तथा द्व्यङ्गुलवृत्तानि सत्त्वरजस्तमांसि च।
रजो ब्रह्मा तमो विष्णुः सत्त्वं चैव महेश्वरः॥ 25॥

इति सर्वतोभद्रमण्डलम्।

ऐसे ही दो अंगुल प्रमाण से सत्व, रज व तम के वृत्त होंगे, इसमें रज वृत्त ब्रह्मा, तम वृत्त विष्णु और सत्त्व वृत्त महेश्वर का होगा।

अथ प्रतिष्ठाकार्यमाह —

एक-द्वि-त्रि-चतुः-पञ्च-षड्रात्रैश्चाऽधिवासनम्।
सुमुहूर्ते शुभे लग्ने प्रतिष्ठाप्यादि चाऽऽनयेत्॥ 26॥

प्रतिष्ठा के लिए प्रतिमा को एक, दो, तीन, चार, पाँच और छह रात्रि तक अधिवासन करवाना चाहिए।[1] इसके बाद अच्छा मुहूर्त, शुभ लग्न देखकर प्रतिष्ठा करनी चाहिए।

स्वमानीतो यदा देवो निमित्तं लक्षयेत्तदा।
शुभे च सिद्धिमाप्नोति अशुभे च वधादिकम्॥ 27॥

जिस देव प्रतिमा का जो मान हो, उसके अनुसार ही निमित्त और लक्षण देखना चाहिए। यदि शुभ लक्षण हो तो वह सिद्धि देगी और अशुभ लक्षण होने पर वधादि फल होता है।

रत्नन्यासं ततः कुर्याल्लिङ्गार्चायां विचक्षणः।
धात्वौषधीश्च रत्नानि धान्यान्यष्ट तथैव च॥ 28॥

विचक्षण को चाहिए कि वे रत्नन्यास के बाद शिवलिङ्ग या देव प्रतिमा को धातु न्यास, औषधि न्यास, रत्नन्यास और अष्ट धान्यादि न्यास करवाएँ। (इस सम्बन्ध में आगे कहा जा रहा है)।

इति सूत्रसन्तानगुणकीर्तिप्रकाशप्रोक्तश्रीभुवनदेवाचार्योक्तापराजितपृच्छायां
मण्डलविध्यधिकारो नामाष्टचत्वारिंशदुत्तरशततमं सूत्रम्॥ 148॥

इस प्रकार भुवनदेवाचार्य कृत सूत्रसन्तानगुणकीर्ति प्रकाश या अपराजितपृच्छा में
मण्डलविधि अधिकार नामक एक सौ अड़तालीसवाँ सूत्र पूर्ण हुआ॥ 148॥

---

1. उपर्युक्त निर्देश मत्स्यपुराण से तुलनीय है— त्रिरात्रमेकरात्रं वा पञ्चरात्रमथापि वा। सप्तरात्रमथो कुर्यात् क्वचित् सद्योऽधिवासनम्। (मत्स्य. 265, 52)

रत्नन्यासप्रतिष्ठा नामैकोनपञ्चाशयादुत्तरशततमं सूत्रम्॥ 149॥

अधुना रत्नन्यासः। विश्वकर्मोवाच —

धात्वौषधीश्च रत्नानि धान्यान्यष्ट तथैव च।
वक्ष्ये मन्त्रानुक्रमं च यथोक्तं च पृथग् बुधैः॥ 1॥[1]

(इस सूत्र में पूर्व सूत्र के अनन्तर प्रतिष्ठावसर की परम्परानुसार धातु, औषधादि न्यास के विषय में कहा जा रहा है) विश्वकर्मा बोले कि धातु, औषधियों, रत्नों तथा अष्टधान्यों के बारे में और (लोकपालों के न्यास करने के लिए) मन्त्रानुक्रम वैसे ही कहता हूँ, जैसा कि पहले ज्ञानियों द्वारा कहा गया है।

न्यासार्थ लोकपालमन्त्रमाह —

आँ इन्द्रस्तु महतां दीप्तः सर्वदेवाधिपो महान्।
वज्रहस्तो गजारूढस्तस्मै नित्यं नमो नमः॥ 2॥[2]

(पूर्व दिशा के स्वामी) महान् दीप्तिशाली, सभी देवताओं के अधिपति वज्रधारी और ऐरावत-गजारूढ़ इन्द्र हैं, उन्हें नित्य बारम्बार नमस्कार है।

आँ अग्निस्तु महतां दीप्तः सर्वतेजोऽधिपो महान्।
मेषारूढः शक्तिहस्तस्तस्मै नित्यं नमो नमः॥ 3॥

(आग्नेय कोण के स्वामी) अग्निदेव जो बहुत दीप्तिमान, सब तेजों के अधिपति और महान् है तथा मेष पर सवार, हाथ में शक्ति धारण किए हुए हैं, उन्हें नित्य बारम्बार नमस्कार है।

आँ यमस्तु महतां दीप्तः सर्वप्रेताधिपो महान्।
महिषस्थो दण्डहस्तस्तस्मै नित्यं नमो नमः॥ 4॥

(दक्षिण दिशा के स्वामी) यमदेव जो महान् दीप्तिशाली, समस्त प्रेतों के अधिपति और महान् हैं, जो महिष पर आरूढ़ और दण्ड हाथ में लिए हैं, उन्हें नित्य बारम्बार नमस्कार है।

आँ निर्ऋतिस्तु महादीप्तः सर्वक्षेत्राधिपो महान्।
खड्गहस्तः शिवारूढस्तस्मै नित्यं नमो नमः॥ 5॥

---

1. इस सूत्र पर मत्स्यपुराण का प्रभाव है। मत्स्यपुराण के अध्याय 266 में इन देवताओं व उनके मन्त्रों का वर्णन हुआ है। यहाँ न्यास करने के निमित्त प्रत्येक लोकपाल के निर्धारित मन्त्रों को कहा गया है— न्यासमन्त्रानतो वक्ष्ये लोकपालात्मकानिह। (मत्स्य. 266, 19)
2. तुलनीय— इन्द्रस्तु सहसा दीप्तः सर्वदेवाधिपो महान्॥ वज्रहस्तो महासत्त्वस्तस्मै नित्यं नमो नमः॥ (तत्रैव 266, 19-20)

(नैर्ऋत्य कोण के स्वामी) निर्ऋति जो महादीप्त और समस्त क्षेत्राधिपतियों में महान् है तथा खड्गधारी और शिवा (लोमड़ी ? शव) पर आरूढ़ हैं, उन्हें नित्य बारम्बार नमस्कार है।

ॐ वरुणस्तु महादीप्तः सर्ववार्यधिपो महान्।
नक्रारूढः पाशहस्तस्तस्मे नित्यं नमो नमः ॥ 6 ॥

(पश्चिम दिशा के स्वामी) वरुणदेव जो महादीप्तिमय है और सर्व जलाधिपों में महान् है, मगर की सवारी करने वाले और हाथ में पाश रखने वाले हैं, उन्हें नित्य बारम्बार नमस्कार है।

ॐ वायुस्तु महतां दीप्तः सर्वमण्डलपो महान्।
ध्वजाहस्तो मृगारूढस्तस्मै नित्यं नमो नमः ॥ 7 ॥

(वायव्य कोण के स्वामी) वायुदेव जो महान् दीप्तिमय और समस्त मण्डलाधिपों में शीर्ष है, ध्वजा हाथ में लिए और मृगारूढ़ है, उन्हें नित्य बारम्बार नमस्कार है।

ॐ कुबेरस्तु महादीप्तः सर्वयक्षाधिपो महान्।
निधिहस्तो गजारूढस्तस्मै नित्यं नमो नमः ॥ 8 ॥

(उत्तर दिशा के स्वामी) कुबेरदेव जो महादीप्त और समस्त यक्षाधिपतियों में बहुत महान् है, जो हाथ में निधि रखते हैं और गजारूढ़ हैं, उन्हें नित्य बारम्बार नमस्कार है।

ॐ ईशानस्तु महादीप्तः सर्वयोगाधिपो महान्।
शूलहस्तो वृषारूढस्तस्मै नित्यं नमो नमः ॥ 9 ॥

(ईशान कोण के स्वामी) ईशानदेव जो महादीप्त और सभी योगाधिपतियों में महान्, शूलधारक और वृषारूढ़ है, उन्हें नित्य बारम्बार नमस्कार है।

ॐ ब्रह्मा तु महतां दीप्तः सर्वसृष्ट्यधिपो महान्।
हंसारूढः पद्महस्तरस्तरस्मै नित्यं नमो नमः ॥ 10 ॥

(ऊर्ध्व दिशा के स्वामी) ब्रह्मा जो महान् दीप्तिशाली, सर्व सृष्टि अधिपतियों में महान् है, हंस की सवारी करने वाले, हाथ में पद्म धारण करने वाले है, उन्हें नित्य बारम्बार नमस्कार है।

ॐ विष्णुस्तु महतां दीप्तः सर्वयोगाधिपो महान्।
ताक्ष्यारूढो गदाहस्तस्तस्मै नित्यं नमो नमः ॥ 11 ॥

(नीचे की दिशा के स्वामी) विष्णु जो कि महादीप्तिशाली है और

सर्वयोगाधिपों में महान् है, गरुड़ की सवारी करने वाले और हाथ में कौमोदकी गदा धारण करने वाले है, उन्हें नित्य बारम्बार नमस्कार है।[1]

रत्नादि न्यासमाह —

अनेन क्रमयोगेन रत्नन्यासं तथोत्तमम्।
पूर्वादिक्रमयोगेन रत्नधात्वौषधानि च॥ 12॥

(उक्त लोकपालों के क्रम से) अब उत्तम रत्नन्यास को कहता हूँ। पूर्वादि दिशा के क्रमयोग से रत्न, धातु व औषधियों का न्यास करें।[2]

वज्रवैडूर्यमुक्ताश्च इन्द्रनीलसुनीलकम्।
पुष्परागं च गोमेदं प्रवालं पूर्वतः क्रमात्॥ 13॥

इनमें वज्र, विल्लौर, मुक्ता, इन्द्रनील यानी नीलम, महानील, पुखराज, गोमेद और प्रवाल को पूर्वादि क्रम से रखना चाहिए।[3]

धातुन्यासं —

हेमं रौप्यं ताम्रकांस्ये रीतिकां नागवङ्गकौ।
पूर्वादिक्रमतश्चैव आयसं चैवमन्ततः॥ 14॥

---

1. मत्स्यपुराण में अन्य के मन्त्रों का स्वरूप इस प्रकार आया है— आग्नेयः पुरुषो रक्तः सर्वदेवमयः शिखी॥ धूमकेतुरनाधृष्यस्तस्मै नित्यं नमो नमः। यमश्चोत्पलवर्णाभः किरीटी दण्डधृक् सदा॥ धर्मसाक्षी विशुद्धात्मा तस्मै नित्यं नमो नमः। निर्ऋतिस्तु पुमान् कृष्णः सर्वरक्षोऽधिपो महान्॥ खड्गहस्तो महासत्त्वस्तस्मै नित्यं नमो नमः। वरुणो धवलो जिष्णुः पुरुषो निम्नगाधिपः॥ पाशहस्तो महाबाहुस्तस्मै नित्यं नमो नमः। वायुश्च सर्ववर्णो वै सर्वगन्धवहः शुभः॥ पुरुषो ध्वजहस्तश्च तस्मै नित्यं नमो नमः। गौरो यश्च पुमान् सौम्यः सर्वौषधिसमन्वितः॥ नक्षत्राधिपतिः सोमस्तस्मै नित्यं नमो नमः। ईशानपुरुषः शुक्लः सर्वविद्याधिपो महान्॥ शूलहस्तो विरूपाक्षस्तस्मै नित्यं नमो नमः। पद्मयोनिश्चतुर्मूर्तिर्वेदवासाः पितामहः॥ यज्ञाध्यक्षश्चतुर्वक्त्रस्तस्मै नित्यं नमो नमः। योऽसावनन्तरूपेण ब्रह्माण्डं सचराचरम्॥ पुष्पवद् धारयेन्मूर्ध्नि तस्मै नित्यं नमो नमः। ओङ्कारपूर्वका ह्येते न्यासे बलिनिवेदने॥ (तत्रैव 266, 20-29)
2. इनके न्यास के साथ ही लोकपालों को बलि दें और मन्त्रों का न्यास करते हुए घृत से अनुलिप्त गर्त को श्वेतवस्त्र से यत्नपूर्वक ऊपर से आच्छादित कर दें। बाद में देवेश को उठाकर सुन्दर इष्टदेश में आथर्वणोक्त 'ध्रुवा द्यौः.' इस मन्त्र का उच्चारण करते हुए गर्त पर स्थापित कर दें। फिर उसे स्थिर करके उसके मस्तक पर हाथ रखकर अपने को नाना प्रकार के आभूषणें से विभूषित परब्रह्म का अंश मानकर परम सद्भावपूर्वक निष्कल देवदेवेश्वर का ध्यान करके सोमसूक्त तथा रुद्रसूक्त का पाठ करें। ध्यान के समय जिस देवता का जैसा स्वरूप हो, वैसा ही उसका स्मरण करना चाहिए। (तत्रैव 266, 30-34)
3. मत्स्यपुराण में हीरा, मोती, वैदूर्य, शङ्ख, स्फटिक, पुखराज, नीलम और महानील नामक रत्नों को पूर्व दिशा के क्रम से रखने का मत है— वज्रमौक्तिकवैदूर्यशङ्खस्फटिकमेव च। पुष्परागेन्द्रनीलं च नीलं पूर्वादिदिक्क्रमात्॥ (तत्रैव 266, 10)

इसी प्रकार धातु न्यास के लिए स्वर्ण, रजत, ताम्र, काँसा, रीतिका (पीतल), नाग (कथीर), वंग (सीसा या दाँगा), आयस (लोहा)— इनको भी पूर्वादि क्रम से स्थापित करना चाहिए।[1]

औषधिधान्यश्च न्यासं —

वचा वह्निः सहदेवी विष्णुक्रान्ता च वारुणी।
सञ्जीवनी ज्योतिष्मती ईश्वरी पूर्वतः क्रमात्॥ 15॥

औषध न्यास के लिए वचा, वह्नि (चित्रक), सहदेवी (गन्धवर्णा, दण्डोत्पला), विष्णुक्रान्ता (नीलपर्णी, शङ्खपुष्पी), वारुणी (इन्द्रवारणी), सञ्जीवनी, ज्योतिष्मती (कङ्गुनी) और ईश्वरी (गन्धनाकुली)— इन औषधियों को पूर्वादि क्रम से न्यास करें।[2]

यवो व्रीहिस्तथा कङ्गुर्जूर्णाद्याश्च तिलैर्युता।
शाली मुद्गा समाख्याता गोधूमाश्च क्रमेण तु॥ 16॥

धान्य न्यास के लिए जौ, व्रीहि (शालि), कङ्गुनी (प्रियङ्गु, काकुनी), जूर्णा (देवधान्य, ज्वार), तिल, शालीधान्य, मूँग और गेहूँ— इन आठ धान्यों को पूर्वादि क्रम से न्यास करें।[3]

यज्ञमण्डपविसर्जनं —

यद्देवाभरणं पूजा वस्त्रालङ्कारभूषणम्।
स्नानमण्डपोपस्करान् स्थालीपात्रं तु शिल्पिने॥ 17॥
शलाका मधुपात्रं च छत्रिकाद्यं च शिल्पिने।
स्नानशय्या ध्वजाद्यं च दातव्यं चैव शिल्पिने॥ 18॥

यह ज्ञातव्य है कि जो भी देवता के पूजन के आभरण, वस्त्र, अलङ्कार, आभूषण और स्नान के, मण्डप के पात्र और स्थालीपात्र आदि हों, वे सब शिल्पी को जाते हैं। इसी तरह शलाका, मधुपात्र, छतरी भी शिल्पी के लिए हैं। शय्या, स्नान सामग्री, ध्वजादि भी शिल्पी को ही देनी चाहिए।

---

1. तुलनीय— कनकं विद्रुमं ताम्रं कांस्यं चैवारकूटकम्। रजतं विमलं पुष्पं लोहं चैव क्रमेण तु॥ काञ्चनं हरितालं च सर्वाभावेऽपि निक्षिपेत्। (तत्रैव 266, 17-18)
2. तुलनीय— न्यस्य क्रमेण पूर्वादि चन्दनं रक्तचन्दनम्। अगरुं चाञ्जनं चापि उशीरं च ततः परम्॥ वैष्णवीं सहदेवी च लक्ष्मणां च ततः परम्। स्वलोकपालनाम्ना तु न्यसेदोङ्कारपूर्वकम्॥ (तत्रैव 266, 13-14)
3. तुलनीय— गोधूमं च यवं तद्वत् तिलमुद्गं तथैव च। नीवारमथ श्यामाकं सर्षपं व्रीहिमेव च॥ (तत्रैव 266, 12)

सर्वं यज्ञोपस्करं च शय्यावितानकादिकम्।
अन्योपस्करकं सर्वमाचार्याय प्रदापयेत्॥ 19॥

इति यज्ञमण्डपविसर्जनम्।

यज्ञ की सारी सामग्री और पात्र, शय्या, वितान आदि एवं अन्य उपस्कर यानी काम में आने वाले पात्र— ये सभी आचार्य को प्रदान करने चाहिए।

अथ महोत्सवकरणं —

अतश्चानन्तरं कुर्यादस्य चैव महोत्सवम्।
नृत्यैश्च गीतवादित्रैः फलपुष्पवितानकैः॥ 20॥
प्रकीर्णविधिधास्वाद्यैः फलैश्चैनवनेकशः।
द्वारनालैः सुशोभाढ्यैः पुष्पवितानसङ्कुलैः॥ 21॥

इसके पश्चात् महोत्सव करना चाहिए जिसमें नृत्य, गीत, बाजे-गाजे का प्रयोग किया जाए और फल-फूलों के वितान और विविध स्वाद वाले अनेक प्रकार के फलों को भी संगृहीत किया जाए। द्वारनालों (? द्वारपालों) पर भी बड़ी सुन्दर प्रकार से पुष्पों के वितानों की भरमार होनी चाहिए।

कदलीस्तम्भशोभाढ्यैर्ध्वजामालाकुलैस्तथा।
रम्भापत्रैः प्रेक्षणीयैर्लास्याताण्डवकादिकैः॥ 22॥

वहाँ पर केले के सुन्दर स्तम्भ बनाए जाए और ध्वजा, माला की सजावट की जाए। केले के पत्रों पर लास्य और ताण्डव नृत्यों आदि के दर्शनीय चित्रों को बनाया जाना चाहिए।

आरात्रिकैर्गन्धधूपैर्गीतकामलकायकैः।
भोगैश्चैवातिभोगैश्च कर्पूराद्यैश्च कुङ्कुमैः॥ 23॥

इसके बाद निर्मल काया से गन्ध, धूप व गीतों के साथ भगवान् की आरती करें। तरह-तरह के भोग व अतिभोग निवेदित करे और कर्पूर, कुङ्कुम चढ़ाएँ।

कूर्मादौ च तथा कुर्याच्छिलासंस्थापने तथा।
द्वारे पद्मशिलायुक्तौ पुरुषस्य निवेशने॥ 24॥

इसी विधि से कूर्मादि शिलाओं का संस्थापन करना चाहिए और द्वार पर पद्मशिला युक्त प्रतिमा पुरुष का निवेशन करना चाहिए।

कलशे च ध्वजारोपे प्रतिष्ठासप्तके तथा।
शान्तिका द्विसप्तके च प्रयुक्तं वास्तुवेदिभिः॥ 25॥

वास्तुकर्ता को कलश और ध्वजारोपण के साथ ही प्रतिष्ठा सप्तक और शान्तिक द्विसप्तक (चौदह शान्तियों) का प्रयोग करना चाहिए।[1]

शुभं चेदं कारयेद्यः प्रतिष्ठासप्तकादिकम्।
स याति परमं लोकं यत्र देवः सदाशिवः॥ 26॥

इस प्रकार प्रतिष्ठा सप्तकादि की शुभ क्रियाओं के विधान से यजमान उस परमलोक को जाता है, जहाँ देव सदाशिव विराजित हैं।

इति सूत्रसन्तानगुणकीर्तिप्रकाशप्रोक्तश्रीभुवनदेवाचार्योक्तापराजितपृच्छायां रत्नन्यासप्रतिष्ठाधिकारो नामैकोनपञ्चाशदुत्तरशततमं सूत्रम्॥ 149॥

इस प्रकार भुवनदेवाचार्य कृत सूत्रसन्तानगुणकीर्ति प्रकाश या अपराजितपृच्छा में रत्नन्यास प्रतिष्ठा अधिकार नामक एक सौ उनचासवाँ सूत्र पूर्ण हुआ॥ 149॥

प्रासाददेवतान्यासो नाम पञ्चाशदुत्तरशततमं सूत्रम्॥ 150॥

अधुना प्रासादाङ्गेषु देवगणन्यासः। विश्वकर्मोवाच —

प्रासादे देवतान्यासं स्थापयेच्च समस्ततः।
तदनुक्रमतो वक्ष्ये शृणुचैकाग्रमानसः॥ 1॥

(इस सूत्र में प्रासाद में देव प्रतिमा के न्यास के विषय में कहा जा रहा है) विश्वकर्मा बोले कि (हे अपराजित!) प्रासाद में स्थापित समस्त देवताओं का न्यास अनुक्रम से कहता हूँ जिनको एकाग्रमन से सुनो।

पादे पराक्रमं देवं प्रतिष्ठाप्य भूमध्यतः।
प्राग्भारोद्भवं देवं शिलायां च तदूर्ध्वतः॥ 2॥
शिलोद्भवोद्धता चादौ दंष्ट्रया भूः समस्तिका।
वराहरूपेण खरशिलायां धरणीधरः॥ 3॥

इस क्रम में भूमि के मध्य में प्रासाद के पाद में पराक्रम देव को प्रतिष्ठापित करके उसके ऊपर प्राग्भारोद्भव देव शिला को रखें। उस शिलोद्भव से आरम्भ में वराहरूप में अपने दाँतों पर समस्त भूमि को खरशिला के रूप में धारण करके धरणीधर रूप से प्रसिद्ध हुए हैं।

सूत्रपातं समासार्य स्थाप्यश्चिन्तामणिस्तथा।
आद्यस्तरोर्ध्वदेशे च तत्र नागकुलानि च॥ 4॥

---

1. विशेष द्रष्टव्य : अपराजित. सूत्र 147, श्लोक 1–7.

प्रतिष्ठाप्याः पन्नगाश्च स्थाने पोल्यभिधानके।
तदूर्ध्वे कुम्भकाख्ये च संस्थाप्या जलदेवताः ॥ 5 ॥

आदि के स्तरों के ऊर्ध्वदेश में, ऊपर की तरफ सूत्रपात करके चिन्तामणि की स्थापना के साथ वहाँ नागकुलों की प्रतिष्ठा करके पन्नगों, नागों को पोल अभिधान वाले स्थान पर प्रतिष्ठित किया जाए। फिर, उसके ऊपर कुम्भ के लिए निर्धारित स्थान पर जल देवता (जल-कलश) की स्थापना होगी।

पुष्पकं च तदूर्ध्वे तु चिप्पिका पुष्पकान्विता।
संस्थाप्याः किन्नरास्तत्र चिप्पिकापुष्पकाकुलाः ॥ 6 ॥
जाड्यकुम्भे स्थितो नन्दी कर्णाल्यां च ततो हरिः।

कुम्भ के ऊपर पुष्पक और पुष्पों से युक्त चिप्पिका बनाकर उस पर किन्नरों की संस्थापना करके चिप्पिका व पुष्पों के समूह युक्त जाड्य कुम्भ में नन्दी को स्थित करें तथा कर्णाली में हरि को स्थित करें।

गजपीठे गणेशश्च अश्वपीठे तथाऽश्विनौ ॥ 7 ॥
नरपीठे नरांश्चैव स्थापयेत् क्रमयोगतः।

इसी प्रकार गजपीठ में गणेश और अश्वपीठ में अश्विनीकुमारों को तथा नरपीठ में मानवों को क्रमयोग पूर्वक स्थापित करें।

क्षमां देवीं च खुरके स्त्रष्टारं कुम्भके तथा ॥ 8 ॥
निर्गमोद्गमसीमायां ततः सृष्टिर्विनिर्गता।
सन्ध्यात्रयं प्रतिष्ठाप्यं क्रमतो भद्रकत्रये ॥ 9 ॥

खुरक में क्षमादेवी अर्थात् भूदेवी को और कुम्भक में सृष्टा-ब्रह्मा को स्थापित करें जिनसे निर्गम और उद्गमसीमा में सृष्टि का निकास होता हुआ करके सन्ध्यात्रय-तीनों सन्ध्याओं की प्रतिष्ठा क्रमशः भद्रकत्रय के रूप में करें।

कलशे च स्थिता देवी पार्वती तु हरप्रियः।
धनदोऽन्तरपत्रे च प्रतिष्ठाप्यो यथाक्रमम् ॥ 10 ॥
कपोताल्यां गन्धर्वा अन्तःपत्रे च किन्नराः।
शारदा मञ्चिकायां च जङ्घायां मेरुरेव च ॥ 11 ॥

कलश में हरप्रियादेवी पार्वती को स्थित करके धनद-कुबेर को अन्तरपत्र में यथाक्रम प्रतिष्ठित करें। कपोताली पर गन्धर्वों को और अन्तःपत्र पर किन्नरों को, मञ्चिका पर शारदा को और प्रासाद की जङ्घा पर मेरु को स्थापित करें।

लोकपालाश्च दिक्पालाः सुराश्चाथ गणेश्वरः।

उदीच्यामिन्द्रदेवश्च सावित्री भरणे स्थिता॥ 12॥

लोकपालों, दिक्पालों, सुरों, गणेश्वरों और इन्द्रदेव को उत्तर दिशा में तथा सावित्री को भरण में स्थित करें।

भाराधारः शिरावट्यां पट्टे देव्यश्च संस्थिताः।

विद्याधराः कपोताल्यामन्तःपत्रे सुरास्तथा॥ 13॥

शिरावटी पट्ट के भाराधार पर देवियों की संस्थापना करें। कपोताली पर विद्याधरों को और अन्तःपत्र पर देवताओं को को संस्थित करें।

पर्जन्यः कूटच्छाद्ये तु छाद्यनिर्गमसंयुते।

तदनन्तरतो देवान् स्थापयेद् गर्भमध्यतः॥ 14॥

कूटछाद्य पर पर्जन्य को छाद्यनिर्गम के साथ स्थापित करें। इसके बाद, अन्तर स्थान के देवताओं को गर्भगृह के मध्य में स्थापित करें।

शाखयोश्चन्द्रसूर्यौ तु त्रिमूर्तीश्चोत्तरङ्गके।

उदुम्बरे स्थिता यक्षा अश्विनावर्धचन्द्रके॥ 15॥

द्वारशाखाओं में चन्द्र-सूर्य को तथा उतरङ्ग में त्रिमूर्ति को, उदुम्बर में यक्षों को और अर्धचन्द्र में अश्विनों को स्थित करें।

कोणिकायां धराधारः क्षितिश्चोत्तानपट्टके।

स्तम्भेषु पर्वताः प्रोक्ता आकाशं च करोटके॥ 16॥

कोणिका पर धराधार और उत्तानपट्ट के ऊपर क्षिति को, स्तम्भों पर पर्वतों को तथा करोटक पर आकाश को स्थित करें।

जालके ऋषिसङ्घाश्च सुरा मध्ये प्रतिष्ठिताः।

मकर जाह्नवी गङ्गा चण्डेशे गोमती तथा॥ 17॥

जालियों में ऋषियों के सङ्घों को और मध्य भाग में देवताओं को स्थित करें। मकर पर जाह्नवी (गङ्गा) तथा चण्डेश पर गोमती नदियों को स्थित करें।

ब्रह्मा विष्णुस्तथा सूर्य ईश्वरी च सदाशिवः।

उरःशृङ्गे तथा पञ्च भद्रभद्रेष्वयं विधिः॥ 18॥

ब्रह्मा, विष्णु, सूर्य, ईश्वरी (जगदम्बा) तथा सदाशिव को पाँचों ऊरुशृङ्गों पर और भद्र (भींतों) पर इसी विधि से स्थापित करें।

शिखरे चेश्वरं विद्याच्छिखायां तु सुराधिपम्।

ग्रीवायां त्वम्बरं देवमण्डके च निशाकरम्॥ 19॥

शिखर पर ईश्वर शिव को समझे और शिखा पर देवगणों के अधिपति इन्द्रदेव को समझें। प्रासाद की ग्रीवा भाग पर अम्बरदेव को और अण्डक पर निशाकर चन्द्रमा को समझें।

पद्माक्षं पद्मपत्रे चाऽमलमामलसारके।

कलशे च स्थितो रुद्रो व्योमव्यापी सदाशिवः॥ 20॥

पद्मपत्र पर पद्माक्ष को और आमलसार पर अमल को, कलश में रुद्र को व्योम व्यापी सदाशिव रूप में स्थित समझें।

सद्यो वामस्तथा घोरस्तत्पुरुष ईश एव च।

कर्णे प्रतिरथे चैव रथे पञ्चभद्रयोः॥ 21॥

प्रासाद रथ के पञ्जर भद्रों-दीवारों पर, कर्ण, प्रतिरथ, रथ पर 1. सद्योजात, 2. वामदेव, 3. अघोर, 4. तत्पुरुष और 5. ईशान की स्थापना करें।

पञ्चवक्त्राणि पञ्चाङ्गसङ्ख्या भद्रान्तगा भवेत्।

इत्येते च समाख्याताः प्रासादे त्रिदशाः खलु॥ 22॥

ये पाँचों मुख पञ्चाङ्ग संख्या भद्रों यानी दीवारों के अन्त तक जाती हुए होंगे। इस सबसे प्रासाद में सभी त्रिदशा-देवतागण होते हैं, ऐसी ख्याति है।

न्यूनाधिकं स्थिता यत्र देवास्तत्रैव ते पुनः।

हीने हीनां प्रतिष्ठाप्या अधिके चाधिकाः शुभाः॥ 23॥

कहीं अधिक, कहीं कम और जहाँ भी स्थित हों वे भी पुनः 'हीने हीनाः प्रतिष्ठाप्या' कम हों उन्हें कम स्थान में प्रतिष्ठित करें तथा अधिक हो तो अधिक स्थान पर प्रतिष्ठा करें, जो शुभ मानी गई है।

इति सूत्रसन्तानगुणकीर्तिप्रकाशप्रोक्तृश्रीभुवनदेवाचार्योक्तापराजितपृच्छायां प्रासाददेवतान्यासाधिकारो नाम पञ्चाशदुत्तरशततमं सूत्रम्॥ 150॥

इस प्रकार भुवनदेवाचार्य कृत सूत्रसन्तानगुणकीर्ति प्रकाश या अपराजितपृच्छा में प्रासाद देवता न्यास अधिकार नामक एक सौ पचासवाँ सूत्र पूर्ण हुआ॥ 150॥

सूत्रधारपूजाविधिर्नामैकपञ्चाशदुत्तरशततमं सूत्रम्॥ 151॥

अधुना सूत्रधारपूजनविधिः। विश्वकर्मोवाच —

इत्यनन्तरतो वत्स पूजित्वा सूत्रधारकम्।

यज्ञमण्डपमध्ये च मण्डलं कारयेच्छुभम्॥ 1॥

(यह सूत्र शिल्पियों, कर्मचारियों के सम्मान का निर्देश करता है) विश्वकर्मा बोले कि हे वत्स! इसके बाद, सूत्रधार शिल्पी का पूजन करने के लिए यज्ञमण्डप के मध्य में शुभ मण्डल बनाना चाहिए।

पट्टाच्छादनकं कृत्वा स्वस्तिकं च समालिखेत्।
सूत्रासने सूत्रधारं पादौ प्रक्षाल्य स्थापयेत्॥ 2॥

एक पट्ट यानी चौकी-बाजोट पर वस्त्र बिछाकर उस पर स्वस्तिक लिखें और सूत्रधार को पाद प्रक्षालन कराकर उस पर कपास के आसन पर विराजमान करें।

कुङ्कुमालेपनं कृत्वाऽऽवृणुयाद् दिव्यवस्त्रतः।
मुकुटं कुण्डलं सूत्रं कङ्कणं दिव्यमुद्रिकाम्॥ 3॥
हारकेयूरसंयुक्तं पादाभरणकादिकम्।
देयं स्त्रीनरयुग्मस्य [1]पुत्रपौत्रयुतस्य च॥ 4॥

सूत्रधार को कुङ्कुम से तिलक करें। उनको दिव्य वस्त्र भेंट करके उनका वरण करे। उन्हें मुकुट, अच्छी पगड़ी, कुण्डल यानी कानों की मुरकियाँ, सूत्र-जनेऊ, कङ्कण-कड़े तथा सुन्दर मुद्रिका (अँगूठी) आदि, हार, केयूर जैसे आभूषण, पाँवों में पहनने के जेवर, पदत्राण आदि नर-नारी के जोड़ों को पुत्र-पौत्रों सहित प्रदान करें।

गृहोपस्करकं सर्वं गोमहिष्यश्वकादिकम्।
दासीकर्मकरांश्चैव यत्सुखासनकादिकम्॥ 5॥

सूत्रधार को उसके घर में काम आने वाले साधन, बर्तन, गौ-भैंस, अश्व, दास-दासी, काम करने वाले नौकर, सुखासन, पलङ्ग, कुर्सियाँ आदि भेंट करें।

ग्रामं चै ततो दद्यात् कृष्णां वा भूमिमुत्तमाम्।
अन्ये ये पूजनीया वै उत्तमाष्टंकपाणिकाः॥ 6॥
वस्त्रप्रावरणैः सर्वे उत्तमादिक्रमेण तु।

साथ ही सूत्रधार को ग्रामदान करें तथा उत्तम काली मिट्टी वाली खेती की भूमि भेट करें। इसी तरह जो भी उत्तम कुशल टङ्कपाणि (टाँकियों से टंचाई करने वाले) पूजनीय कारीगर हों, उन्हें भी वस्त्र और दुपट्टे आदि सभी उत्तमादि क्रम से भेंट करें।

सर्वेषां टङ्कपाणीना दत्त्वा दानं च पुण्यकृत्॥ 7॥
सर्वेषां कर्मकराणां धनं दद्याच्च सर्वतः।
वस्त्रप्रावरणान् कृत्वा पुण्यदानं च सर्वथा॥ 8॥

---

1. 'पुत्रपौत्रयुतस्य च॥' इति प्रकाशित पाठः।

सभी टङ्कपाणी यानी घड़ाई करने वालों, कर्मकर यानी कारीगरों को पुण्यकृत दान स्वरूप धन दान करें। उन्हें भी वस्त्र व दुपट्टे भेंट करके सब तरह से पुण्यदान करें।

नाऽपकुर्याद्यथा वत्स सूत्रधारः स्वकर्मसु।
तस्मिंस्तुष्टे च सन्तुष्टा ब्रह्म-विष्णु-हरादयः ॥ 9 ॥

हे वत्स! जहाँ तक हो सके, अपने किसी भी आचरण से कभी सूत्रधार का अपकार, अपमान नहीं करें क्योंकि सूत्रधार के सन्तुष्ट होने पर ही ब्रह्मा, विष्णु और शिव भी सन्तुष्ट होते हैं।

भोजनीयास्तत्र सर्वे मिष्टान्नैः खण्डपाचितैः।
ताम्बूलं लेपनं दद्याद्यावत् सन्तुष्टिमाप्नुयुः ॥ 10 ॥

इस भेंट-पूजा के सम्मान-महोत्सव के उपरान्त सभी को खाण्ड (शक्कर) के बने मिष्ठान्नों का भोजन कराएँ और भोजनोपरान्त सबको ताम्बूल भेंट करें व तिलक करके पूरी तरह से उनकी सन्तुष्टि प्राप्त करें।

सूत्रधारष्टङ्कहस्तास्तुष्टा यत्र गृहेषु च।
तत्र तुष्टः शिवो देवस्त्रिदशैश्चैव संयुतः ॥ 11 ॥
तत्तुष्टा च जगत्तुष्टं त्रैलोक्यं सचराचरम्।

क्योंकि, जिस गृह में सूत्रधार और उसके साथ काम करने वाले टङ्कहस्ता यानी टांकी से घड़ाई करने वाले कारीगर सन्तुष्ट होते हैं उस गृह और गृहपति से सभी देवताओं सहित स्वयं भगवान शिव भी तुष्ट होते हैं और उनके तुष्ट होने से सारा जगत् तुष्ट होता है तथा तीनों लोकों के चर और अचर प्राणी भी सन्तुष्ट होते हैं।

सर्वतीर्थोद्भवं पुण्यं सर्वदेवप्रतोषणम् ॥ 12 ॥
सन्तुष्टचेतसः कृत्वा याचनीयं करोदकम्।
असि पुण्यं स्वयं दाता देयं निष्केवलावयम् ॥ 13 ॥

इसी से सभी तीर्थों से प्रकट होने वाला पुण्य और सभी देवताओं को प्रतोषण भी मिलता है। सूत्रधार को सर्वतः सन्तुष्ट करके उनसे याचना करनी चाहिए। वह यह पुण्य अपने हाथ में सङ्कल्प को जल लेकर दाता स्वरूप होकर निष्केवल दान करें।

सूत्रधारापण्यावेषु आत्महस्तं तु याचितम्।
मम सन्तानेन मोक्षं दद्याद् भवप्लवान्तकम् ॥ 14 ॥
मया विरूपं व्यक्तं तु [1]अदत्वं पातकरूपकम्।

---

1. 'अदत्वंकपातरूपकम्' इति प्रकाशित पाठः।

तथा, निवेदन करें कि आपके हाथ से मैं अपने हाथ में यह पुण्य की याचना करके अपनी सन्तान को भवसागर से पार होकर मोक्ष प्राप्ति की कामना करता हूँ और मुझे दान नहीं देने के पातक रूपी विरूप होने से अपने को बचा सकूँ।

क्षमावृद्धिः प्रकर्तव्यं सन्तुष्टैः पुण्यदानकम्॥ 15॥

एवमेव प्रदातव्यं सूत्रधारेण चोदकम्।

निष्केवलं च पुण्यं ते यजमान सदाऽस्तु हि॥ 16॥

फिर, क्षमापन के वचनों के साथ इस पुण्यदान को प्राप्त करके सन्तुष्ट होना प्रकट करें। इसी तरह से सूत्रधार के हाथ में सङ्कल्प का जल दें और वह भी यजमान को यह निष्केवल पुण्य अर्पण करके आशीर्वाद दें कि वह सदा सुखी रहें।

इति सूत्रसन्तानगुणकीर्तिप्रकाशप्रोक्तृश्रीभुवनदेवाचार्योक्तापराजितपृच्छायां सूत्रधारपूजाविध्यधिकारो नामैकपञ्चाशदुत्तरशततमं सूत्रम्॥ 151॥

इस प्रकार भुवनदेवाचार्य कृत सूत्रसन्तानगुणकीर्ति प्रकाश या अपराजितपृच्छा में सूत्रधार पूजा विधि अधिकार नामक एक सौ इकावनवाँ सूत्र पूर्ण हुआ॥ 151॥

गुरुयागनिर्णयो नाम द्विपञ्चाशदुत्तरशततमं सूत्रम्॥ 152॥

विश्वकर्मोवाच —

गुरुयागं प्रवक्ष्यामि शृणु त्वमपराजित।

येनाऽसौ लभते पुण्यमिहलोके परत्र च॥ 1॥

विश्वकर्मा बोले कि हे अपराजित सुनो! मैं तुम्हें गुरुयाग के बारे में बताता हूँ जिससे इस लोक और परलोक का पुण्य लाभ होता है।

यज्ञमण्डपमध्ये च पट्टः स्थाप्यस्तथोपरि।

अष्टपत्रं लिखेत्पद्मं पूजयेद् गुरुपादुकाम्॥ 2॥

यज्ञमण्डप के बीच में पट्ट की स्थापना करके फिर उसके ऊपर अष्टपत्र- सोने की पट्टी से पद्मकमल लिखें और उस पर गुरुपादुकाओं (पाँवड़ियों) को स्थापित करके उनका पूजन करें।

आच्छाद्य युग्मवस्त्राभ्यां गन्धैर्धूपैश्च पुष्पतः।

मन्त्रमुद्राक्रियायुक्तं पूजयेद् गुरुपादुकाम्॥ 3॥

दोनों पादुकाओं को वस्त्र से ढँक करके गन्ध, धूप, पुष्प, मन्त्र और मुद्रादि क्रियाओं के साथ उनका पूजन करें।

आवाहनाय तत्रैव दृष्ट्यग्रे पादुकाऽपरा।
पादौ प्रक्षाल्य तत्रैव पूजयेद् भक्तिभावतः॥ 4॥

वहाँ गुरुदेव का आवाहन करके सामने, दृष्टि के आगे रखी हुई पादुकाओं का प्रक्षालन करके वहीं उनकी भक्तिभाव से पूजा करें।

पाटपट्टैस्तथा पट्टैर्दिव्यवस्त्रादिकैरपि।
एवं स्त्रीनरयुग्मं च पूजयेद् गुरुपादुकाम्॥ 5॥

पाट पर रखे पट्टों और पट्टों पर रखें दिव्य वस्त्रादिकों में स्त्री-नरयुग्म भाव से गुरुपादुकाओं का पूजन करें।

हारकेयूरमुकुटैर्मुद्रिकाभिश्च कङ्कणैः।
कर्णभूषाकटिसूत्रैः पादाभरणकादिकैः॥ 6॥
स्त्री युक्ताभरणैः पूज्या वस्त्रालङ्कारभूषिता।
हंसतूलयुता शय्या विविधान्यासनानि च॥ 7॥
छत्रं सुखासनं चैव चामरव्यजनादिकम्।
गजश्चाऽश्वो रथो वाऽपि नैकधा वाहनानि च॥ 8॥
अन्ये चोपस्कराः सर्वे देया धान्यधनादि च।
देशो ग्रामः पुरं खेटो नगरं कूटकर्वटः॥ 9॥
गुरुभ्यश्च प्रदातव्या ह्यतिसन्तुष्टचेतसा।
गुरौ हृष्टे च तुष्यन्ति सुराश्च पितरोऽपि च॥ 10॥

फिर हार, केयूर, मुकुट, मुद्रिकाओं, कङ्कणों, कान के पहनने के आभूषणों, कमर में पहनने के कन्दोरों, पाँवों में धारण करने के आभूषणों, स्त्रियों के योग्य आभूषणों और वस्त्रालङ्कारों तथा हंसतूल यानी स्वच्छ रुई की बनी शय्या-बिछौना, तरह-तरह के आसन, छत्र, सुखासन, चामर, पँखे और हाथी, घोड़े, रथ व अनेक तरह के वाहन, अन्य काम में आने योग्य वस्तुएँ, धान्य, धन, देश, ग्राम, पुर, खेट, नगर, कूट-कर्वट आदि अति सन्तुष्ट मन से गुरुदेव को भेट करें क्योंकि गुरु के सन्तुष्ट होने पर देवता और पितर भी सन्तुष्ट होते हैं।[1]

गुरुः सन्तोषितो येन त्रैलोक्यं तस्य गोचरम्।
सन्तोषितो गुरुर्येन कैलासे युक्त ईश्वरे॥ 11॥

---

1. देव्यागम में आया है— आसनं शयनं वस्त्रं भूषणं पादुकां तथा। छायां कलत्रमन्यच्च यत्तत्स्पृष्टं तु पूजयेत्॥ (शारदातिलक पदार्थादर्शटीका 2, 152 पर उद्धृत)

जिसने गुरु[1] को सन्तुष्ट कर लिया, उसको त्रिलोक गोचर हो जाता है, तीनों लोकों की दिव्य दृष्टि मिल जाती है। जिसने गुरु को सन्तुष्ट कर लिया, उसने कैलासयुक्त ईश्वर यानी महादेव शिव को ही सन्तुष्ट कर लिया।

गुरुर्ब्रह्मा गुरर्विष्णुर्गुरुरीशः सदाशिवः।
तस्माद् दीक्षा गृहीतव्या देवीदेवार्चनक्रियाः॥ 12॥
सन्ध्याश्च तर्पणं चेव सूर्यादेरर्चनाविधिः।

गुरु ब्रह्मा है, गुरु ही विष्णु है, गुरु ही ईश सदाशिव है। उसी से दीक्षा ग्रहण करके, देवी तथा देवताओं के अर्चन-पूजन की क्रिया, तर्पण, सन्ध्या, सूर्यादि अर्चन की विधि सीखें।

ततो देवाग्रतो गत्वा उपस्थानानि कारयेत्॥ 13॥
ओषधीस्नपनं चैव यतो व्याधिर्न पीडयेत्।
महोत्सवं ततः कुर्यात् पुष्पवितानसङ्कुलैः॥ 14॥

इसके उपरान्त, देवता के आगे जाकर उपस्थानों को करें। ओषधियुक्त जल से स्नान करे जिससे कोई व्याधि पीड़ा न होगी। इसके बाद पुष्पों का वितान सजाकर महोत्सव मनाएँ।

कदलीस्तम्भशोभाढ्यैस्तोरणैर्दिव्यवस्त्रकैः।
नैवेद्यैः खण्डपक्वैश्च फलपुष्पैरनेकधा॥ 15॥
सधूपामोदबहुलैर्दीपमालादिसङ्कुलैः।
आरात्रिकं ततः कृत्वा गीतनृत्यसुवाद्यकैः॥ 16॥

कदली स्तम्भों की शोभा से, दिव्य वस्त्रों से सजे तोरणों से सजावट करें। देवता को प्रसाद, नैवेद्य खाण्ड-शक्कर के बने व्यञ्जनों, फलों और अनेक प्रकार के पुष्पों से निवेदित करें। धूप, आमोद की भरमार से और दीपमाला से जगमगाहट करके देवता की आरती उतारें। इस प्रकार गीत, नृत्य और वाद्यों के साथ महोत्सव आयोजित करें।

अथ चाऽनन्तरं वत्स आत्मानं विनिवेदयेत्।
भार्यया युक्त एवं च दण्डवत्प्रणमेद् भुवि॥ 17॥

---

1. महाकपिलपञ्चरात्र में गुरु की परीक्षा के सन्दर्भ में कहा गया है— नातिबालो न वृद्धश्च न खञ्जो न कृशस्तथा। नाधिकाङ्गो न हीनाङ्गो न खल्वाटो न दन्तुरः॥ कृतज्ञं वाग्मिनं शूरं प्रतिष्ठागमपारगम्। वास्तुविद्याकृताभ्यासं शल्योद्धारविवेकिनम्। क्रियानुक्रमवेत्तारं मुद्रातन्त्रविवेकिनम्। शुचिः सुवेशस्तरुणः सर्वभूतसमानधीः। धीमाननुद्धतमतिः कृतज्ञः शिष्यवत्सलः। श्रद्धावाननसूयश्च गृहस्थो गुरुरुच्यते॥ (शारदातिलक पदार्थादर्शटीका 2, 144 पर उद्धृत)

हे वत्स! इसके अनन्तर अपनी भार्या सहित भूमि पर दण्डवत प्रणाम करके उनको आत्म निवेदन करें, समर्पण करें।

आत्मवित्तानुसारेण देवे दद्याच्च निग्रहम्।
भार्यायुक्तश्च देवाग्रे निग्रहं तु समुच्चरेत्॥ 18॥
उभाभ्यां च समुत्थेयं गुरोरेवाज्ञया तदा।

अपने सामर्थ्यानुसार देवता को निग्रह-वचन दें तथा देवता के आगे अपनी भार्या सहित निग्रह-वचन का उच्चारण करें यानी बोलमा बोलें। फिर, दोनों ही उठकर गुरुदेव की आज्ञा प्राप्त करें।[1]

इति सूत्रसन्तानगुणकीर्तिप्रकाशप्रोक्तृश्रीभुवनदेवाचार्योक्तापराजितपृच्छायां गुरुयागनिर्णयाधिकारो नाम द्विपञ्चाशदुत्तरशततमं सूत्रम्॥ 152॥

इस प्रकार भुवनदेवाचार्य कृत सूत्रसन्तानगुणकीर्ति प्रकाश या अपराजितपृच्छा में गुरुयाग निर्णय अधिकार नामक एक सौ बावनवाँ सूत्र पूर्ण हुआ॥ 152॥

शिलाकूर्मपुरुषप्रमाणं त्रिपञ्चाशदुत्तरशततमं सूत्रम्॥ 153॥

अधुना कूर्मप्रमाणं। विश्वकर्मोवाच —

एकहस्ते तु प्रासादे कूर्मश्चार्धाङ्गुलः स्मृतः।
अर्धवृद्धिः प्रकर्तव्या पञ्चदशहस्तावधि॥ 1॥

(प्रासादादि में स्थापना के लिए कूर्म का विशेष महत्व है। इस सूत्र में प्रासाद के आकार, मान के अनुसार कूर्म शिला का मानादि कहा जा रहा है। इस मान के लिए प्रासादमण्डनादि ग्रन्थ अपराजित के ऋणि हैं) विश्वकर्मा बोले कि एक हाथ (गज) के विस्तार वाले प्रासाद के लिए कूर्म का प्रमाण आधा अङ्गुल कहा गया है। इसी तरह आगे भी प्रत्येक हाथ विस्तार के साथ आधे-आधे अङ्गुल की वृद्धि पन्द्रह गज तक के विस्तार के प्रसाद के लिए होगी।

एकविंशतिहस्तान्तं पादवृद्धिः प्रकीर्तिता।
तदर्धेन पुनर्वृद्धिर्मन्वङ्गुलः शतार्द्धके॥ 2॥

---

1. यह भी कहा गया है कि देवता की भाँति ही मन्त्र है, मन्त्र की भाँति ही गुरु है और गुरु की भाँति ही भक्ति से सर्व साधा जा सकता है— यथा देवे तथा मन्त्रे यथा मन्त्रे तथा गुरौ। यथा गुरौ तथा स्वात्मन्येवं भक्तिक्रमः स्मृतः॥ (शारदातिलक पदार्थादर्शटीका 2, 152 पर उद्धृत) शिष्य में यह भाव होना चाहिए— गुरूच्यमाने वचने वदेदित्थं वचस्तदा। प्रसीद नाथ देवेति तथेति च कृतादरम्॥ प्रणम्योपविशेत् पार्श्वे तथा गच्छेदनुज्ञया। मुखावलोकी सेवेत कुर्यादादिष्टमादरात्॥ असत्यं न वदेदग्रे न बहु प्रलेपेदपि। कामं क्रोधं तथा लोभं मानं प्रहसनं स्तुतिम्॥ (तत्रैवोद्धृत)

इसके बाद, इक्कीस हाथ तक के विस्तार में चतुर्थांश अङ्गुल की वृद्धि होगी। इक्कीस हाथ विस्तार से ऊपर प्रत्येक हाथ पर अष्टांश अङ्गुल वृद्धि करते रहें। इसके बाद पचास हाथ विस्तार के प्रसाद के लिए चौदह अङ्गुल विस्तार वाला कूर्म बनाया जाएगा।

एतन्मानं मध्यमानं कनिष्ठं पादवर्जितम्।
पादाधिकं भवेज्ज्येष्ठं कूर्मे मानं त्रिधोदितम्॥ 3॥

कूर्म का यह प्रमाण मध्यमान से कहा गया है। इनमें चतुर्थांश अङ्गुल की कमी की जाए तो कनिष्ठ मान और चतुर्थांश की वृद्धि की जाए तो ज्येष्ठ मान होगा। इस प्रकार कूर्म के तीन प्रमाण कहे गए हैं।

हैमो रोप्यश्च कर्तव्यः सर्वपापप्रणाशनः।
करोति य इमं कूर्मं य यज्ञफलमाप्नुयात्॥ 4॥

कूर्म को सोने अथवा चाँदी का बनाना चाहिए। यह समस्त पापों का नाश करने वाला है। जो इस प्रकार धातु का कूर्म बनवाता है, वह यज्ञ का फल प्राप्त करता है।

स्नानं पञ्चामृतं कार्यं कूर्मस्य तु यथाविधि।
अर्चयित्वा प्रयत्नेन सुधूपामोदयपुष्पकैः॥ 5॥

कूर्म को यथाविधि पञ्चामृत से स्नान करवाए और प्रयत्नपूर्वक धूप-सुगन्ध व पुष्पादि से पूजा करें।

तिलैर्यवैस्तथा होमं पूर्णाहुतिं प्रदापयेत्।
निवेशयेत्ततः कूर्मं वेदावादित्रमङ्गलैः॥ 6॥

इति कूर्मप्रमाणम्।

तिल, जौ से हवन करें और पूर्णाहुति करें। इसके बाद कूर्म को वैदिक ऋचाओं की मङ्गल ध्वनि और वाद्य वादन के बीच निवेशित करें।

प्रासादमानतः शिलाप्रमाणं —

अतः परं प्रवक्ष्यामि शिलाः प्रासादमानतः।
एकहस्तं समारभ्य पञ्चाद्धस्तकावधि॥ 7॥

इसके बाद, प्रासादमान के अनुसार धारणीशिला (खरशिला) का मान कहता हूँ। एक गज विस्तार वाले प्रासाद से लेकर पचास गज विस्तार वाले प्रासाद तक मान कहता हूँ।

एकहस्ते तु प्रासादे शिला वेदाङ्गुला$_4$ भवेत्।
षडङ्गुला$_6$ द्विहस्ते च त्रिहस्ते च ग्रहाङ्गुला$_9$ ॥ 8 ॥
चतुर्हस्ते च प्रासादे शिला स्याद् द्वादशाङ्गुला$_{12}$ ।

एक हाथ विस्तार वाले प्रासाद के लिए शिला चार अङ्गुल की होगी। दो गज के विस्तार वाले प्रासाद में छह अङ्गुल की शिला और तीन हाथ के विस्तार वाले प्रासाद में बारह नौ अङ्गुल की शिला होगी। इसी प्रकार चार हाथ के प्रासाद में बारह अङ्गुल की शिला होगी।

तृतीयांशोदयः कार्यो हस्तादौ च युगान्ततः ॥ 9 ॥
ततः परेऽष्टहस्तान्तं [1]वृद्धिर्द्व्यङ्गुलतो भवेत्।

एक हाथ से चार गज तक के विस्तार वाले प्रासाद की शिला की मोटाई उसके विस्तार के तृतीयांश के बराबर होगी। इसके बाद पाँच हाथ से आठ हाथ के अन्त तक वृद्धि प्रत्येक हाथ के विस्तार के साथ दो-दो अङ्गुल करते जाएँ अर्थात् पाँच हाथ के साथ 12+2= 14; छह हाथ के साथ 14+2=16; सात हाथ के साथ 16+2=18; आठ हाथ के साथ 18+2=20 अङ्गुल मानें।

पुनअर्धङ्गुलतो[2] वृद्धिः पञ्चाशद्धस्तकावधि॥ 10 ॥
पादेन चोच्छ्रिता शस्ता तां कुर्यात् पङ्कजान्विताम्।
कर्तृकावरका राजा प्रजा नन्दन्ति वै चिरम्॥ 11 ॥

इसके बाद, पुनः आधा अङ्गुल की वृद्धि करते जाएँ। प्रति हाथ के मान से पचास हाथ के विस्तार तक अर्थात् नौ हाथ पर 20+1/2= $20^{1/2}$; इसी प्रकार दस हाथ पर $20^{1/2}$+1/2= 21; बीस हाथ पर 21+5=26, तीस हाथ पर 31, चालीस हाथ पर 36 और पचास हाथ पर 41 अङ्गुल-मान होगा। यह शिला अपनी लम्बाई, विस्तार के चौथे भाग के बराबर मोटाई युक्त होगी, ऐसी प्रशस्त होती है। उस पर कमल का रूपक बनाया जाए तो शिल्पी, उसके सहयोगी कर्मकार, राजा सहित प्रजा वर्ग चिरकाल पर्यन्त आनन्द का उपभोग कर सकेंगे।

अष्टाङ्गुलोच्छ्रिता शस्ता वेदाश्रा करयोगतः।

---

1. 'वृद्धिस्त्र्यङ्गुलतो' इति प्रकाशित पाठः।
2. 'पुनदर्यङ्गुलतो' इति प्रकाशित पाठः।
प्रकारान्तर से यह भी कहा गया है कि नौ से पचास हाथ तक के प्रासाद में प्रत्येक हाथ दो दो अङ्गुल बढ़ा करके बनाएँ। इस प्रकार पचास हाथ तक के विस्तार वाले प्रासाद के लिये 108 अङ्गुल के मान की धरणी शिला होती है। वह चौथे भाग मोटी रखें और कमल की आकृतियों से शोभायमान बनाएँ। (तुलनीय— प्रासादमण्डनम् की टीका)

शस्तं मानं शैलजे स्यादैष्टिके च तदर्धतः॥ 12॥

चार गज के योगानुसार शिला की मोटाई आठ अङ्गुल की प्रशस्त है। यह शस्त मान शिला निर्मित प्रासाद की कूर्मशिला के लिए है। ईंट से बनने वाले प्रासाद की कूर्मशिला की मोटाई इससे आधी अर्थात् चार अङ्गुल की प्रशस्त है।

शैलजे शैलजा कार्या ऐष्टिके चेष्टिकामयी।
तत् पिण्डाग्रे भवेत्पद्मं शिला पिण्डाष्टमांशकम्॥ 13॥

पाषाण से बनने वाले प्रासाद की कूर्मशिला भी शैली यानी पाषाण की करनी चाहिए और ईंटों से बनने वाले प्रासाद की ईंटों से बनानी चाहिए। उनके पिण्ड के अग्रभाग में शिलापिण्ड के अष्टमांश भाग में पद्म बनाना चाहिए।

पद्मपत्रयुता चैव नन्द्यावर्ती च स्वस्तिका।
तदेवायुधसञ्ज्ञा च पीठबन्धवशानुगा॥ 14॥

पद्मपत्र युक्त कूर्मशिला पर नन्द्यावर्ती स्वस्तिक भी बनाएँ। इसी प्रकार देवायुध के नाम के अनुरूप ही पीठबन्ध भी होना चाहिए।

नवशिला नामानि —

नन्दा-भद्रा-जया-पूर्णा-विजया पञ्चमी शिला।
मङ्गला ह्यजिताऽपराजिता च धरणीभवा॥ 15॥

शिलाओं के नाम 1. नन्दा, 2. भद्रा, 3. जया, 4. पूर्णा, 5. विजया, 6. मङ्गला, 7. अजिता, 8. अपराजिता और 9. धरणीभवा हैं।

शिलां निवेशयेत्पूर्वं पश्चात्पीठनिबन्धनम्।
जङ्घायां शिखरे चैव वेदिका कलशान्तरे॥ 16॥

पहले शिला निवेश करें फिर उस पर प्रासादपीठ का निबन्धन यानी चुनाई करें और प्रासाद जङ्घा से शिखर तक वेदिका को कुम्भिका के बाद बनाएँ।

शिलोपरि समस्तं तच्छिलाधश्चोपपीठकम्।
इति युक्तिर्विधातव्या शिलानां शुभलक्षणा॥ 17॥

यह सब निर्माण शिला के ऊपर की ओर होता है और उस शिला के नीचे उपपीठ होती है। इस युक्ति से शुभ लक्षण कूर्मशिला का विधान कहा गया है।

अधःखाते सम्पुटेषु निधिकुम्भांश्च योजयेत्।
पद्मश्चाथ महापद्मः शङ्खो मकरकच्छपौ॥ 18॥
मुकुन्दकुन्दनीलाश्च खर्वश्च निधयो नव।

खात के नीचे अर्थात् नींव की खुदाई में सम्पुटों में निधिकुम्भों को रखना चाहिए। ये निधियाँ हैं— 1. पद्म, 2. महापद्म, 3. शङ्ख, 4. मकर, 5. कच्छप, 6. मुकुन्द, 7. कुन्द, 8. नील और 9. खर्व।

नवनिधि कुम्भनामानि —

समुद्रश्च विमद्रश्च सुनन्दः पुष्पदन्तकः ॥ 19 ॥
जयोऽथ विजयश्चैवं कुम्भः पूर्णस्तथोत्तमः ।
इत्येवं नवकुम्भाश्च नियोज्यास्तत्र वै क्रमात् ॥ 20 ॥

नौ कुम्भों के नाम हैं— 1. समुद्र, 2. विमद्र, 3. सुनन्द, 4. पुष्पदन्त, 5. जय, 6. विजय, 7. कुम्भ, 8. पूर्ण और 9. उत्तम। इन नौ कुम्भों को क्रम से रखना चाहिए।

अथ प्रासादपुरुषस्य प्रमाणन्यासः —

अथातः सम्प्रवक्ष्यामि पुरुषस्य प्रवेशनम् ।
न्यसेद्देवालयेष्वेवं जीवस्थानफलं भवेत् ॥ 21 ॥

इसके आगे मैं प्रासाद-पुरुष के प्रवेशन के विषय में कहता हूँ। (यह स्वर्णपुरुष देवालय का जीव स्थान है)। उसको देवालय में स्थापना करने से जीव-स्थान का फल होता है।

छादनोपप्रवेशेषु शृङ्गमध्येऽथवोपरि ।
शुकनासावसानेषु वेद्यूर्ध्वे भूमिकान्तरे ॥ 22 ॥
मध्यगर्भे विधातव्यो हृदयवर्णको विधिः ।

इसका प्रवेश छादन या छज्जे में, शृङ्ग के मध्य अथवा उसके ऊपर, शुकनास के अन्तिम भाग में, वेदी के ऊपर और दो भूमिकाओं के बाद, मध्य गर्भ में करना चाहिए। यह हृदयवर्णक या जीव विधि कही गई है।

हंसतुलीं ततो कुर्यात् ताम्रपर्यङ्कसंस्थिताम् ॥ 23 ॥
शयनं चापि निर्दिष्टं पद्मं वै दक्षिणे करे ।
त्रिपताकं करं वामं कारयेद्धृदि संस्थितम् ॥ 24 ॥

इसको ताम्र के पर्यङ्क पर रेशम की शय्या बनाकर शयन करवाएँ। प्रासादपुरुष के दायें हाथ में पद्म और बायें हाथ में त्रिपताका रखकर उस हाथ को वक्ष पर रखते हुए बनाना चाहिए।

इत्यमनन्तर प्रमाणमाह —

प्रमाणं तस्य वक्ष्यामि प्रासादादौ समस्तकम् ।
यावच्छतार्ध हस्तादेः कल्पयेच्च यथाक्रमम् ॥ 25 ॥

वृद्धिरर्धाङ्गुलाद्धस्ते यावन्मेरुं प्रकल्पयेत्।
एवंविधं प्रकर्तव्यं सर्वकामफलप्रदम्॥ 26॥

अब मैं प्रासाद के आरम्भ से उसके मस्तक तक के प्रमाणों को कहता हूँ जो एक हाथ, गज से पचास गज तक क्रम से समझना चाहिए। इसमें प्रति हाथ आधे अङ्गुल की वृद्धि करते जाए जितनी ऊँचाई का मेरु शिखर हो। ऐसी विधि से ही इसका निर्माण, निवेश करना चाहिए ताकि सर्व कामनाएँ पूरी हों।

हेमजं तारजं वापि ताम्रजं वापि भागशः।
कलशे चाम्बुपूर्णे तु सौवर्णं पुरुषं न्यसेत्॥ 27॥

प्रासादपुरुष को (निर्माण की दृष्टि से) स्वर्ण, रजत अथवा ताम्र धातु से बनाएँ और जलपूर्ण कलश में स्थापित करें।

पर्य्यङ्कस्य चतुःपत्सु कुम्भाश्चत्वार एव च।
हिरण्यनिधिसंयुक्ता आत्ममुद्राभिरङ्किताः॥ 28॥

बाद में उसे पर्यङ्क पर रखें और अपने नाम वाली स्वर्णमुद्रा से पूरित चार कलश पर्यङ्क के चारों पायों के निकट रखें।

एवमारोपयेद् देवं यथोक्तं वास्तुशासने।
तस्य नैव भवेद् दुःखं यावदाभूतसम्प्लवम्॥ 29॥

इस प्रकार वास्तुशास्त्र में कहे गए विधान के अनुसार देवारोपण करना चाहिए ताकि सभी भूतों के प्रलय काल तक भी व्यक्ति को कोई पीड़ा नहीं होती है।

इति सूत्रसन्तानगुणकीर्तिप्रकाशप्रोक्तृश्रीभुवनदेवाचार्योक्तापराजितपृच्छायां
शिलाकूर्मपुरुषप्रमाणाधिकारो नाम त्रिपञ्चाशदुत्तरशततमं सूत्रम्॥ 153॥

इस प्रकार भुवनदेवाचार्य कृत सूत्रसन्तानगुणकीर्ति प्रकाश या अपराजितपृच्छा में शिला कूर्म पुरुष प्रमाण अधिकार नामक एक सौ तिरपनवाँ सूत्र पूर्ण हुआ॥ 153॥

वैराज्योद्भवप्रासादनिर्णयो नाम चतुष्पञ्चाशदुत्तरशततमं सूत्रम्॥ 154॥

अधुना वैराज्यपुष्पककैलासमणिकत्रिपवेष्टपेति पञ्चविमानाः। विश्वकर्मोवाच —

अथातः सम्प्रवक्ष्यामि प्रासादान् क्षेत्रसंस्थितान्।
तेषां च कथयिष्यामि भेदान् पञ्च समीरितान्॥ 1॥

(इस सूत्र में वैराज्य संज्ञक प्रासाद से बनने वाले प्रासादों के विषय में कहा गया है) विश्वकर्मा बोले कि (हे अपराजित!) अब मैं प्रासादों के क्षेत्र संस्थान और

उनके पाँच भेद संक्षेप में कहता हूँ।

विमानाः प्रथमं पञ्च स्वयं ब्रह्मप्रभाषिताः।
मनोह्लादकरा ह्येते तथा स्वच्छन्दचारिणः॥ 2॥

ये पाँचों विमान सबसे पहले स्वयं ब्रह्माजी ने कहे हैं जो अपने-अपने छन्दों के अनुसार बनते हुए मन को आह्लादित करने वाले हैं।

वैराज्यः प्रथमो नाम पुष्पकश्च द्वितीयकः।
कैलासो मणिकस्तत्र तथा चैव त्रिविष्टपः॥ 3॥

इनमें पहला वैराज्य प्रासाद, दूसरा पुष्पक, तीसरा कैलास, चौथा मणिक और पाँचवाँ त्रिविष्टप प्रासाद है।

वैराज्यं चतुरश्रं च कैलासं वृत्तमेव च।
पुष्पकं कारयेत्प्राज्ञश्चतुरश्रायतं तथा॥ 4॥
वृत्तायतं चैव कुर्यान्मणिकं तत्र बुद्धिमान्।
त्रिविष्टपमथाष्टाश्रं सर्वदेवालयेषु च॥ 5॥
प्रयुक्ता विधितश्छन्दाः सूत्रमार्गैरनेकधा।

वैराज्य प्रासाद चौकोर होता है। कैलास गोलाकार होता है। पुष्पक प्रासाद को ज्ञानी शिल्पी आयताकार बनाते हैं। बुद्धिमान मणिक प्रासाद को वृत्तायत यानी लम्बगोल बनाते हैं जबकि त्रिविष्टप प्रासाद सभी देवालयों में अष्टाश्र यानी आठ भुजाओं के आकार में बनता है। इन प्रासादों में विधि के अनुसार अनेक तरह के सूत्रमार्गों का प्रयोग होता है।

वैराज्यकुलसम्भवानां पञ्चप्रकारप्रासादानां सङ्ख्याकथनं —

वैराज्यकुलसम्भूताः सर्वे प्रासादसञ्ज्ञकाः॥ 6॥
प्रासादानां समस्तानां वैराज्या देवसम्भवाः।
भवन्ति चेषुभेदा वै वैराज्योद्भवसद्मनाम्॥ 7॥
प्रासादा वै पञ्चशतान्यष्टाशीत्यधिकानि 588 च।
सर्वेषां मूलयोनिस्तु वैराज्य नाम कीर्तिता॥ 8॥

वैराज्य कुल से उत्पन्न होने वाले सभी प्रासादों, मन्दिरों का वैशिष्ट्य यह है कि उन्हीं से समस्त देव प्रासादों का होना सम्भव है। इनके मूल पाँच भेदों को वैराज्य सद्म नाम से जाना गया है। ये वैराज्य प्रासाद कुल 588 प्रकार के होते हैं। इन सबका मूल योनि वैराज्य के अनुसार ही रखा जाता है।

चतुरश्रायतच्छन्दे पुष्पकादिशतत्रयम्।
अन्ये पञ्चाशतान्येवं वृत्ताः कैलाससम्भवाः ॥ 9 ॥
वृत्तायतास्सार्धशतसङ्ख्यका मणिकोद्भवाः।
त्रैविष्टपासतथाष्टाश्रा मताः सार्धशतत्रयम् ॥ 10 ॥

पुष्पकादि प्रासाद चौकोर यानी आयत छन्द में 300 होते हैं। कैलास सम्भव अन्य प्रासाद वृत्त, गोलाकार छन्द में 500 हैं। मणिक जाति के वृत्तायत लम्बगोलाकार छन्द में 150 होते हैं और त्रिविष्टप जाति के प्रासाद आठ भुजाओं वाले छन्द में 350 होते हैं।

सङ्ख्ययाष्टाशीत्युत्तराण्यष्टादशशतानि च।
उक्ताः श्रेष्ठा ब्रह्मणश्च वैराज्यकुलसम्भवाः ॥ 11 ॥
तन्मध्ये मिश्रकाश्चैव शतं च द्वादशोत्तरम्।
स्युर्विंशतिशतान्येवं प्रासादा मिश्रसम्युताः ॥ 12 ॥

वैराज्य कुल से होने वाले प्रासादों की संख्या 1888 ब्रह्माजी द्वारा श्रेष्ठ कही गई है। इनके बीच में मिश्रक छन्द के भी 112 प्रासाद होते हैं। इस तरह ये सब मिलकर 1888 + 112 = 2000 होते हैं। ये मिश्रक प्रासाद हैं।

पञ्चाशत् सहस्राणि पञ्चविंशतिधाः पृथक्।
एकैके तेऽष्टधा भिन्नाश्चतुर्लक्षमितास्तथा ॥ 13 ॥

पचास हजार पच्चीस प्रकार के प्रासादों के भी आठ-आठ रूप होकर ये मिश्रक (50025 × 8 = 400200) यानी चार लाख से अधिक हो जाते हैं।

चतुरश्राश्च वैराज्या वृत्ताः कैलाससम्भवाः।
चतुरश्रायताः सर्वे पुष्पाख्यकुलजातकाः ॥ 14 ॥
वृत्तायता मणिकजा अष्टाश्राश्च त्रिविष्टपाः।
इषुभेदसमुत्पन्नाः प्रासादाः सर्वकामदाः ॥ 15 ॥

जैसा कि कहा गया है कि वैराज्य प्रासाद चौकोर होते हैं। कैलास प्रासाद वृत्त यानी गोलाकार होते हैं। पुष्पक कुल के सभी प्रासाद आयताकार होते हैं। मणिक कुल के सभी प्रासाद वृत्तायत यानी लम्बगोलाकार होते हैं। त्रिविष्टप कुल के सभी प्रासाद अष्टाश्र यानी आठ कोणीय होते हैं। इस प्रकार इन पाँच भेदों में सभी कामना पूर्ति करने वाले प्रासाद परिगणित होते हैं।

एकहस्तं समारभ्य पञ्चाशद्धस्तकावधि।
हस्तान्तरैस्ततो भेदा हस्तार्धैश्च न संशयः ॥ 16 ॥

एक हाथ से आरम्भ करके पचास हाथ तक एक-एक गज के अन्तर से ये भेद उत्पन्न होते हैं। यही नहीं, आधे-आधे हाथ से ये अन्तर छन्दों में आए तो भी कोई सन्देह नहीं करें।

हस्तपादैस्त्र्यङ्गुलैश्च कुर्यादङ्गुलकक्रमम्।
प्रयुक्ता विविधाश्छन्दाः प्रमाणं शास्त्रमानतः॥ 17॥

यहाँ तक कि हस्तपाद यानी चतुर्थांश, तीन अङ्गुल, एक अङ्गुल क्रम से भी विविध छन्दों में शास्त्र मानानुसार इनमें अन्तर रखा जाता है।

इषुच्छन्दाष्टजातीनां नामसङ्ख्याच लक्षणम्।
तथा तदूर्ध्वमार्गेषु तलेष्वभिहितं यथा॥ 18॥
सङ्ख्याताश्च तलच्छन्दभक्तिभागा अनेकधाः।
चतुर्भागादिकं मध्यं सूर्यात्तरशतान्तकम्$_{112}$ ॥ 19॥

इस प्रकार इन पाँचों छन्दों में आठों जातियों के प्रासादों के नाम और लक्षण तथा उनके ऊँचाई, ऊर्ध्वमार्गों की तलों की कही गई संख्या और उनके तलछन्द के भागों के अनेक प्रकार के भाग चार-चार भागादिक 112 तक होते हैं।

भागान्तरे ततो भेदा ग्रहाधिकशतं$_{109}$ विदुः।
तत्रोत्पन्ना यथा भेदा उपाङ्गानां तथैव च॥ 20॥

फिर, इनके भागों के अन्तर में होने वाले भेद भी 109 कहे गए हैं। इनसे भी उत्पन्न होने वाले भेद और उपाङ्गों के भेद भी इसी तरह से होते हैं।

इति सूत्रसन्तानगुणकीर्तिप्रकाशप्रोक्तश्रीभुवनदेवार्योक्तापराजितपृच्छायां
वैराज्योद्भवप्रासादनिर्णयाधिकारो नाम चतुष्पञ्चाशदुत्तरशततमं सूत्रम्॥ 154॥

इस प्रकार भुवनदेवाचार्य कृत सूत्रसन्तानगुणकीर्ति प्रकाश या अपराजितपृच्छा में वैराज्य उद्भव प्रासाद निर्णय अधिकार नामक एक सौ चौवनवाँ सूत्र पूर्ण हुआ॥ 154॥

वैराज्यादिप्रासादलक्षणं पञ्चपञ्चाशदुत्तरशततमं सूत्रम्॥ 155॥

अधुना वैराज्यप्रासादलक्षणं। विश्वकर्मोवाच —

अथो वक्ष्ये च वैराज्यं प्रासादं सर्वकामदम्।
वल्लभं सर्वदेवानां शिवस्यापि विशेषतः॥ 1॥
अनन्तपुण्यदां चैवं पूजां वै ब्रह्मणोदिताम्।
तेषामनुक्रमं वक्ष्ये शृणु चैकाग्रमानसः॥ 2॥

(इस सूत्र में वैराज्य प्रासाद और इस कोटि के अन्य मन्दिरों के विषय में कहा जा रहा है) विश्वकर्मा बोले कि अब मैं सब कामनाओं को पूर्ण करने वाले वैराज्य प्रासाद के बारे में कहता हूँ जो सभी देवताओं और विशेषकर शिव को भी अति प्यारा है। ब्रह्माजी ने उसकी अनन्त पुण्य देने वाली पूजा कही है। उस सबको मैं क्रमवार कहता हूँ। अतः एकाग्र मन से इसे सुनो।

चतुरश्रीकृते क्षेत्रे तथा षोडशभाजिते$_{16}$ ।
तस्य मध्यं चतुर्भागैगर्भं सूत्रैश्च कारयेत्॥ 3॥
द्वादशस्वथ शेषेषु बाह्ये भित्तीः प्रकल्पयेत्।

वैराज्य प्रासाद के लिए अधिगृहीत भूमि को चतुरश्र कर उसके सोलह भाग करे। उनमें से चार भाग मध्य में गर्भ सूत्र करें और शेष बारह भागों को भित्ति परिकल्पित करें।

भित्तिर्भागोच्छ्रयं चैव चतुर्भागैश्च कारयेत्॥ 4॥
भित्त्युच्छ्रयो जन्मतश्च सपादः शिखरोदयः।

भित्ति के भागों की ऊँचाई को चार भागों में करें। आरम्भ से भित्ति के विस्तार के सवाये भाग के बराबर ही शिखर की ऊँचाई रखनी चाहिए।

चतुर्गुणैः पृथक्सूत्रैः पद्मकोशं समालिखेत्॥ 5॥
स्कन्धकोशान्तरं चैव सप्तभागैश्च भाजयेत्।
एकभागा भवेद् ग्रीवा सार्धं चामलसारकम्॥ 6॥
पद्मपत्रं तथा सार्धं त्रिभागैः कलशोन्नतिः।

भित्ति के विस्तार के चार गुने पृथक् सूत्र से चाप लेकर पद्मकोष लिखें। इसके बाद, प्रासाद के स्कन्ध और कोश के बीच के भाग को सात भागों में विभाजित करें। इस सात भागों में एक भाग की ग्रीवा, डेढ़ भाग का आमलसार और इसी तरह डेढ़ भाग का पद्मपत्र और तीन भाग की कलश की ऊँचाई होती है। इस प्रकार कुल सात भाग हुए।

चतुर्द्वारेषु प्राग्ग्रीवा गर्भतुलाश्च गर्भतः॥ 7॥
हेमरत्नमयैः स्तम्भैः शुक्लपट्टैः सुच्छाद्यकैः।
मुक्तादिभिश्च खचितैर्वितानैर्दिव्यभूषणैः॥ 8॥

गर्भगृह के चारों द्वारों पर प्राग्रीव तथा गर्भगृह की गर्भतुला सोने और रत्नों से जड़े हुए उसके स्तम्भ हो जो स्वच्छ, श्वेत वस्त्र से ढँके हुए हों। वे वस्त्र भी इतने सुन्दर कि उन पर मोतियों से जड़े हुए अलङ्करण हों तथा गर्भगृह के वितान भी

दिव्य आभूषणों से युक्त हों।

स्फाटिकैर्विविधैर्जालैर्हिरण्यमणिवेदिकैः।

सिंहकर्णैः सुशोभढ्यैर्निर्यूहाच्छाद्यकर्णकैः॥ 9॥

गर्भगृह के विविध भागों में स्फटिक यानी संगमरमर की जालियाँ और गर्भगृह में मणियों से जड़ी हुई स्वर्ण निर्मित वेदियाँ हों। गर्भगृह के सिंहकर्णों से शोभायमान निर्यूहों यानी नरजुओं (ब्रेकेट्स) की गर्भगृह की छत के कोने में भरमार हों।

शिखरैर्हेमरत्नाढ्यैर्घण्टाकलशकान्वितैः।

गजाश्वनरपीठाद्यैः सर्वलक्षणसम्युतैः॥ 10॥

गर्भगृह का शिखर रत्नजटित स्वर्णकलश और घण्टा आमलसारयुक्त हों। गर्भगृह की बाहरी भित्ति पर गजथर, अश्वथर और नरथर पीठ सभी लक्षणों से युक्त बने हों।

लोकनाथेऽति दृष्टव्या आदौ वैराज्यसम्भवाः।

वैराज्या वैपञ्चशतान्यष्टाशीत्युत्तराणि$_{588}$ च॥ 11॥

इति वैराज्यप्रासादलक्षणम्।

आदिकाल में लोकनाथ ब्रह्मा की दृष्टि से पहला वैराज्य प्रासाद इसी प्रकार बनना सम्भव हुआ। इस तरह के वैराज्य प्रासादों की 588 विभिन्न जातियाँ है।

पुष्पकप्रासादलक्षणम् —

आयामः पञ्चभागैश्च चतुर्भागैश्च विस्तरः।

याम्योत्तरे उरःशृङ्गाण्यूर्ध्वं त्रिकलशान्वितम्॥ 12॥

सिंहकर्णपुरः पृष्ठे प्राग्ग्रीवा द्वारबाह्यतः।

पूर्वालङ्कारशोभाढ्यः पुष्पकः सर्वकामदः॥ 13॥

ऐसा प्रासाद जिसमें लम्बाई पाँच भाग की और चौड़ाई चार भाग की तथा उत्तर और दक्षिण में तीन कलशों से युक्त ऊँचे उरुशृङ्ग, सिंहकर्ण आगे और प्राग्रीव पीछे, द्वार के बाहर की ओर अलङ्कारों की भरपूर शोभा हो— इस तरह का पुष्पक प्रासाद सब कामनाएँ पूरी करता है।

पुष्पकाच्च समुत्पन्नं प्रासादानां शतत्रयम्$_{300}$।

चतुरस्त्रायताः प्रोक्ता आद्येऽन्ते सृष्टिकर्मणा॥ 14॥

इति पुष्पकप्रासादलक्षणम्।

इस पुष्पक प्रासाद से तीन सौ अन्य प्रकार के प्रासाद चतुरस्रायत यानी आयताकार होते हैं जिनको आदिकाल में ब्रह्माजी ने बताया है।

कैलासप्रासादलक्षणम् —

चतुरश्राः समाः शुद्धाः कर्णोर्ध्वे च सुवृत्तकाः।
सिंहकर्णैर्भूषितोर्ध्वाः पूर्वालङ्कारशोभिताः॥ 15॥
चतुर्द्वारेषु प्राग्ग्रीवाः सुवितानैर्विभूषिताः।
कैलासाद्याः समुत्पन्ना वृत्ताः पञ्चशतानि$_{500}$ च॥ 16॥

इति कैलासप्रासादलक्षणम्।

ऐसा प्रासाद जो चतुरस्र यानी चौकोर हो और शुद्धतः उनके कोनों पर सुन्दर गोलाई हो, ऊपर की ओर सिंहकर्णों से भूषित और पूर्व के अलङ्कारों से शोभित हों, चारों द्वारों पर प्राग्रीव और सुन्दर वितानों से विभूषित हो—कैलास प्रासाद है। (आदिकाल में) कैलासादि कोटि में ऐसे पाँच सौ गोलाकार प्रासाद उत्पन्न हुए।

मणिकप्रासादलक्षणम् —

षड्भागैश्च तथाऽऽयामश्चतुर्भागैश्च विस्तरा।
विस्तरार्धं भ्रमे वृत्तं वाम-दक्षिणतो भवेत्॥ 17॥
कुक्षिव्यासं बुधः कुर्याद् भागपादं ततः पुनः।
एवं वृत्तायताः कार्या द्वारवेदीविभूषिताः॥ 18॥
घण्टाकलशशृङ्गादिपूर्वालङ्कारशोभिताः।
प्रासादा मणिकोत्पन्नास्तथा सार्धशतानि$_{150}$ च॥ 19॥

इति मणिकप्रासादलक्षणम्।

ऐसा प्रासाद जिसमें छह भाग की लम्बाई और चार भाग की चौड़ाई हो, विस्तार की आधी चौड़ाई के आधे के बराबर बाएँ-दाएँ वृत्ताकार में भ्रमण हों। इसमें समझदार शिल्पी कुक्षी के व्यास एक चौथाई भाग मिलाकर उसे सवाया करें और लम्ब-गोलाकार वृत्तायत द्वार तथा वेदी सहित विभूषित करें। उस पर घण्टा, आमलसार, शृङ्ग व अलङ्करणों की शोभा हों। ऐसे मणिक संज्ञक प्रासाद में डेढ़ सौ प्रकार के अन्य मणिक प्रासाद उत्पन्न होते हैं।

त्रिविष्टपप्रासादलक्षणम् —

अष्टाश्राश्च ततः शुद्धास्तथा च समकर्णकाः।
तदर्धं च भवेद् भद्रं कामदाश्च त्रिविष्टपाः॥ 20॥

चतुर्द्वारेषु प्राग्ग्रीवाः पूर्वालङ्कारशोभिताः।
एवं सार्धत्रिशतानि$_{350}$ प्रासादाश्च त्रिविष्टपाः॥ 21॥

इति त्रिविष्टपप्रासादलक्षणम्।

ऐसा प्रासाद जिसमें समकर्ण के शुद्ध अष्टाश्र यानी अष्टाकोण हों, उसके आधे के बराबर भद्र अर्थात् भित्ति होती है, यह सब कामनाओं की पूर्ति करने वाला त्रिविष्टप प्रासाद है। इसके चारों द्वारों के प्राग्रीव पूर्व के अलङ्करणों से शोभित होते हैं। साढ़े तीन सौ त्रिविष्टप प्रकार के प्रासाद होते हैं।

पञ्चकान्तरतश्चैवं मिश्रकाः सर्वकामदाः।
सूर्यौत्तरशतं$_{112}$ चैवं मिश्रकाणां समुद्भवाः॥ 22॥

उपर्युक्त पाँचों प्रकार के प्रासादों के अन्तर से मिश्रक प्रासाद बनते हैं जो भी सब कामनाओं को पूरा करते हैं। ये मिश्रक प्रासाद 112 प्रकार के कहे गए हैं।

तेषां वर्णालङ्काराः —

वैराज्याः श्वेतवर्णाढ्याः श्वेतालङ्कारभूषिताः।
पुष्पकाः हेमवर्णाश्च हेमरत्नैर्विभूषिताः॥ 23॥

इनमें से प्रथम वैराज्य जाति के प्रासाद श्वेत रङ्ग की भरमार और श्वेत अलङ्कारों से विभूषित होते है। द्वितीय प्रकार के पुष्पक जाति के प्रासाद पीले रङ्ग के होते हैं और स्वर्ण तथा अन्य रत्नों से विभूषित होते हैं।

कैलासा हिमवर्णाश्च श्वेतालङ्कारभूषिताः।
मणिकाः सर्ववर्णाः स्युस्तथैपव च त्रिविष्टपाः॥ 24॥

तीसरे प्रकार के कैलास जाति के प्रासाद हिमवर्ण के अर्थात् श्वेत-पारदर्शी और श्वेतालङ्कारों से विभूषित होते हैं। चौथे प्रकार के मणिक जाति के प्रासाद सभी रङ्गों के हो सकते हैं। इसी तरह पाँचवें प्रकार के त्रिविष्टप जाति के प्रासाद भी सभी रङ्गों के हो सकते हैं।

पीठोपपीठजङ्घाश्च मेखकाकूटच्छाद्यकम्।
सिंहकर्णश्च शिखरः सर्वरत्नविभूषितः॥ 25॥

इन सभी प्रासादों में पीठ, उपपीठ, जङ्घा, मेखला तथा कूटछाद्य, सिंहकर्ण, शिखर इत्यादि सब रत्नों से विभूषित होते हैं।

जालव्यालकपोतालीसिंहकर्णसुच्छाद्यकैः।
स्फटिकैर्हेमरत्नाढ्यैः सर्वलक्षणसम्युतैः॥ 26॥

ये सब जाल-व्याल, कपोताली, सिंहकर्ण और सुन्दर छाद्ययुक्त स्फटिक यानी संगमरमर के बने और स्वर्ण तथा रत्नों से लकदक व सभी लक्षण से युक्त होते हैं।

पूर्वं च ब्रह्मणा प्रोक्ताः पूजापञ्चमहोत्सवाः।

तत आदौ समुत्पन्नाः प्रासादः सर्वकामदाः॥ 27॥

पहले ही ब्रह्माजी ने इनके लिए पाँच महोत्सवों से पूजा करने का विधान कहा है जिससे आदि में ये सर्वकामना पूरी करने वाले प्रासाद उत्पन्न हुए।

यैरिह क्रियते पूजा शिवस्य पृथिवीतले।

लभन्ते ते ब्रह्मलोकं शिवलोकमभीप्सितम्॥ 28॥

जो लोग इस पृथ्वीतल पर शिव की पूजा इस तरह करते हैं, वे सब ब्रह्मलोक का लाभ प्राप्त करते हैं और मनोवाञ्छित शिवलोक को प्राप्त करते हैं।

इति सूत्रसन्तानगुणकीर्तिप्रकाशप्रोक्तृश्रीभुवनदेवाचार्योक्तापराजितपृच्छायां वैराज्यादिप्रासादलक्षणाधिकारो नाम पञ्चपञ्चाशदुत्तरशततमं सूत्रम्॥ 155॥

इस प्रकार भुवनदेवाचार्य कृत सूत्रसन्तानगुणकीर्ति प्रकाश या अपराजितपृच्छा में वैराज्यादि प्रासाद लक्षण अधिकार नामक एक सौ पचपनवाँ सूत्र पूर्ण हुआ॥ 155॥

वैराज्यप्रासादाभिधानं षट्पञ्चाशदुत्तरशततमं सूत्रम्॥ 156॥

अधुना एकएकाङ्गप्रासादस्तस्य नामरूपनिर्माणं। विश्वकर्मोवाच —

वैराज्यादींस्ततो वक्ष्ये प्रासादाः पञ्चविंशतिः 25।

चतुरश्रो भवेदेकस्त्र्यङ्गाश्च त्रय एव च॥ 1॥

(वैराज्यादि शेष प्रासादों के विषय में इस सूत्र में विवेचन हुआ है) विश्वकर्मा बोले कि अब मैं वैराज्यादि पच्चीस प्रासादों के विषय में कहता हूँ। इनमें एक तो चतुरश्र यानी चौकोर होता है और तीन अन्य तीन अङ्गों वाले होते हैं।

भवन्ति पञ्च पञ्चाङ्गाः सप्ताङ्गान् सप्त कारयेत्।

नवाङ्गाश्च नवाख्याताः प्रासादाः पञ्चविंशतिः॥ 2॥

इसी प्रकार पाँच अन्य पाँच अङ्गों वाले तथा सात अन्य सात अङ्गों वाले, नौ अन्य नौ अङ्गों वाले— इस तरह इस कोटि के पच्चीस प्रासाद कहे गए हैं।

त्र्यङ्गास्त्रयः प्रासादास्तेषां नामरूपनिर्माणं —

वैराजश्चतुरश्रश्च कर्तव्यो विधिपूर्वकम्।

अधस्तान्नन्दनश्चैव सिंहः श्रीनन्दनस्तथा॥ 3॥

त्र्यङ्गा इमे त्रयश्चैव कर्तव्याश्च सदा बुधैः।

इनमें 1. वैराज्य प्रासाद को चौकोर विधिपूर्वक करना चाहिए। इसके उपरान्त 2. आनन्द, 3. सिंह और 4. श्रीनन्दन— इन तीनों को सदा ही तीन अङ्गों से युक्त करना बुद्धिमानों का कर्तव्य कहा गया है।

पञ्चपञ्चाङ्गाः प्रासादस्तेषां नामरूपनिर्माणं —

मन्दरो मलयश्चैव विमानः सुविशालकः॥ 4॥
कर्णाक्षश्चेति पञ्चाङ्गाः प्रासादाश्च प्रकीर्तिताः।

इनके अतिरिक्त 5. मन्दर, 6. मलय, 7. विमान, 8. सुविशाल और 9. कर्णाक्ष— ये पाँचों प्रासाद पाँच अङ्गों वाले कहे गए हैं।

सप्तसप्ताङ्गाः प्रासादस्तेषां नामरूपनिर्माणं —

सप्ताङ्गान् कथयिष्यामि प्रासादान् सर्वकामदान्॥ 5॥
शान्तिदान् वै विघ्नहरान् शुद्धवंशसमुद्भवान्।

अब मैं समस्त कामनाएँ पूरी करने वाले सात अङ्गों वाले प्रासादों के विषय में कहता हूँ जो शान्ति देने वाले तथा विघ्नों को हरने वाले और इस कोटि के शुद्ध वंश में उत्पन्न हुए हैं।

महेन्द्रो रत्नशीर्षश्च शतशृङ्गोऽथ भूधरः॥ 6॥
भुवनाद्यो मण्डनाख्यस्त्रैलोक्यविजयस्तथा।
पृथ्वीवल्लभ एवं च सप्ताङ्गाश्च प्रकीर्तिताः॥ 7॥

ये हैं— 10. महेन्द्र, 11. रत्नशीर्ष, 12. शतशृङ्ग, 13. भूधर, 14. भुवनमण्डन, 15. त्रैलोक्यविजय और 16. पृथ्वीवल्लभ— इन सातों को सप्ताङ्ग प्रासाद कहा गया है।

नवाङ्गा नव प्रासादास्तेषां नामानि —

महीधरश्च कैलासो नवमङ्गल एव च।
गन्धमादनवर्साङ्गसुन्दरौ तु तथैव च॥ 8॥
विजयानन्दसर्वाङ्गतिलकावेवमेव च।
महाभोगस्तथा मेरुर्नवाङ्गाः परिकीर्तिताः॥ 9॥

इनके अतिरिक्त 17. महीधर, 18. कैलास, 19. नवमङ्गल, 20. गन्धमादन, 21. सर्वाङ्गसुन्दर, 22. विजयानन्द, 23. सर्वाङ्गतिलक, 24. महाभोग और 25. मेरु— ये नौ प्रासाद नौ अङ्गों वाले प्रासाद कहे गए हैं।

एतेषां रूपविन्यासमाह —

वैराजाद्याः समाख्याताः प्रासादाः पञ्चविंशतिः।
एतेषां रूपनिर्माण कथयामि यथाविधि॥ 10॥

इस प्रकार वैराज्य से आरम्भ होने वाले विख्यात् प्रासाद पच्चीस हैं। इन सबके रूप के निर्माण को मैं यथाविधि कहता हूँ।

एते समतला ज्ञेयाः समनिर्गमनिर्गताः।
समजाति समे सूत्रे शुद्धच्छन्दाः प्रकीर्तिताः॥ 11॥

ये सब ही समतल वाले कहे गए हैं और इनकी निर्गमता और अनिर्गमता भी समान कही गई हैं। इनकी जाति सम है, सूत्र सम हैं और ये सब ही शुद्धछन्द वाले कहे गए हैं।

विभक्तिभिन्नच्छन्दानां भक्तिसूत्रानुनिर्गताः।
गर्भसूत्रविनिर्गता गर्भा एकमनेकधाः॥ 12॥

इनकी विभक्ति भिन्न छन्दों वाली किन्तु इनके भागों के सूत्र से ही निकली हैं। इनके गर्भसूत्र से निकले गर्भ अनेक प्रकार के होते हैं।

समाश्च विषमाः समविषमाश्च समासमाः।
कार्यास्तथा समसमा तथा च विषमासमाः॥ 13॥
विचित्राङ्गा विभक्ताश्च विचित्रसूत्रान्तर्गताः।
विचित्रशिखराकीर्णा विचित्रपद्मपत्रकाः॥ 14॥
(चित्रपद्मदलोद्भवाः)

ये सम, विषम, सम-विषम, सम-असम, सम-सम, विषम-सम, विचित्र अङ्ग, विभक्ता, विचित्र सूत्रान्तर्गता, विचित्र शिखराकीर्णा और विचित्र पद्मपत्रका युक्त अथवा चित्र पद्मदलोद्भवा होते हैं।

इति सूत्रसन्तानगुणकीर्तिप्रकाशप्रोक्तश्रीभुवनदेवाचार्योक्तापराजितपृच्छायां वैराज्यप्रासादाभिधानाधिकारो नाम षट्पञ्चाशदुत्तरशततमं सूत्रम्॥ 156॥

इस प्रकार भुवनदेवाचार्य कृत सूत्रसन्तानगुणकीर्ति प्रकाश या अपराजितपृच्छा में वैराज्य प्रासाद अभिधान अधिकार नामक एक सौ छप्पनवाँ सूत्र पूर्ण हुआ॥ 156॥

वैराज्यादिनगरप्रासादलक्षणं सप्तपञ्चाशदुत्तरशततमं सूत्रम् ॥ 157 ॥

अधुना वैराज्यप्रासादः। विश्वकर्मोवाच —

वैराज्यमथ वक्ष्यामि प्रासादां सर्वकामदम्।
विश्राम्यन्तीशविष्णु च ब्रह्मा यत्र रविस्तथा॥ 1॥

विश्वकर्मा बोले कि अब मैं वैराज्यादि समस्त कामनाओं को पूर्ण करने वाले प्रासाद के विषय में कहता हूँ। ये प्रासाद शिव, विष्णु, ब्रह्मा और सूर्य के विश्राम के लिए कहे गए हैं।

एकद्वारं चतुर्द्वारं त्रिद्वारं च तथैव च।
द्वारद्वयं च कर्तव्यं दूषणं च कदाचन॥ 2॥

इन प्रासादों में एक द्वार, चार द्वार, तीन द्वार और वैसे ही दो द्वार भी किए जा सकते हैं। इससे कदाचित कोई दोष नहीं माना जाता है।

पूर्वोत्तरयाम्ये चैव पूर्वापरोत्तरे तथा।
याम्यापरोत्तरे शस्तं त्रिद्वारं त्रिविधं स्मृतम्॥ 3॥

पूर्व, उत्तर और दक्षिण द्वार; पूर्व, पश्चिम और उत्तर द्वार तथा दक्षिण, पश्चिम और उत्तर द्वार— ये तीन प्रकार के त्रिद्वार प्रशस्त है।

पूर्वापरे स्याद् द्विद्वारं दूषयेच्च याम्योत्तरे।
एकद्वारं च माहेन्द्यां चतुर्द्वारं चतुर्दिशम्॥ 4॥

प्रासाद में दो द्वार बनाने हों तो पूर्व और पश्चिम दिशा में प्रशस्त हैं परन्तु उत्तर और दक्षिण दिशा में दो द्वार नहीं बनाने चाहिए, क्योंकि ये दोषकर्त्ता है। यदि एक ही द्वार बनाना हो तो पूर्व दिशा में ही बनाए और चार द्वार बनाना हो तो चारों दिशा में बनाने चाहिए।

पूर्वे च भुक्तिदं द्वारं मुक्तिदं वरुणोद्गतम्।
याम्योत्तरे शिवे द्वारे कृते दोषो महद्भयम्॥ 5॥

पूर्व दिशा का द्वार भुक्ति यानी भोग देने वाला है और पश्चिम दिशा का द्वार मुक्ति को देने वाला है। इसी प्रकार शिव प्रासाद में यदि उत्तर और दक्षिण दिशा में द्वार किया जाय तो बड़ा दोष और भय करने वाला होता है।

एकद्वारं च माहेन्द्र्यमन्यथा दोषदं भवेत्।
भद्रं सर्वत्र कल्याणं चतुर्द्वारे शिवालये॥ 6॥

शिवालय में एक द्वार रखना हो तो पूर्व दिशा में ही रखें और अन्य दिशा में

रखे तो दोष देने वाला है परन्तु चारों दिशा में चार द्वार बनाएँ तो कल्याणकारक एवं शुभ हैं।

ब्रह्मविष्णुरवीणां च कुर्यात्पूर्वोक्तमेव हि।
समोसरणे च जैनेन्द्रे दिशा दोषो न विद्यते॥ 7॥

ब्रह्मा, विष्णु और सूर्य के प्रासादों में ऊपर कहे अनुसार द्वार बनाएँ। जिनदेव के समोसरण में एक द्वार के लिए दिशा का कोई दोष नहीं है, चाहे जिस दिशा में द्वार बना सकते हैं।

चतुरश्रं समं शुद्धं षोडशांशोपकल्पितम्।
वेदांशो गर्भ आख्यातो भित्तिः सूर्यपदोद्भवा॥ 8॥

चतुरस्र समतल शुद्ध क्षेत्र को सोलह भागों में विभाजित करें जिसमें से चार भाग मध्य के गर्भगृह के लिए और शेष बारह भाग भित्ति भ्रमण के लिए समझें।

भ्रमनिर्माणतः स्तम्भैः सीमा प्राग्ग्रीवकाग्रतः।
चतुर्भागोन्नता भित्तिः सपादा शिखरोन्नतिः॥ 9॥

भ्रम निर्माण करते समय स्तम्भ की सीमा (मथाले पर), प्राग्रीव (पाटड़ा) के आगे तक रखे। प्रासाद के गर्भगृह की भित्ति की ऊँचाई भी चार भागों के बराबर होती है और प्रासाद का शिखर इससे सवाया ऊँचा होता है।

चतुर्गुणैः पृथक्सूत्रैः पद्मकोशं समालिखेत्।
स्कन्धकोशान्तरं चैव सप्तभागैश्च कारयेत्॥ 10॥

प्रासाद के गर्भगृह की भित्ति के विस्तार के नाप के चार गुने पृथक् सूत्र से चाप लेकर पद्मकोश लिखें। शिखर के स्कन्ध के कोश के ऊपर के भाग को सात भागों में विभाजित करें।

ग्रीवा भागा समुत्सेधे सार्धमामलसारकम्।
पद्मच्छत्रं तथा सार्धं त्रिभागः कलशोऽन्तरे॥ 11॥

इनमें आमलसार की ग्रीवा एक भाग की ऊँचाई तक, डेढ़ भाग आमलसार के, पद्मपत्र भी डेढ़ भाग का और तीन भाग का कलश होगा।

शुकनासान् सिंहकर्णान् चतुर्दिक्षु प्रकल्पयेत्।
जगती वै पञ्चगुणा कामदा चतुरानना॥ 12॥

शुकनासों और सिंहकर्णों को चारों दिशाओं में कल्पित करें। प्रासाद की जगती पीठ पाँच गुना विस्तार की होती है जो चौकोर व कामना पूरी करने वाली हैं।

इमं वैराज्यकं देवप्रासादं कारयेत्तु यः।
एकविंशतिस्वर्गाणां लभते राज्यमीप्सितम्॥ 13॥

इति वैराज्यप्रासादः।

इस प्रकार से जो वैराज्य देव प्रासाद को करता है, वह इक्कीस स्वर्गों का इच्छित राज्य प्राप्त करता है। (यह प्रथम तुल चतुरस्र इण्डक 1 का वर्ग हुआ)।

त्र्यङ्गस्त्रयो प्रासादा यथा —

वैराज्यस्य च संस्थाने नन्दनं कारयेच्छुभम्।
कर्णं तथा चैकभागमुदकान्तरभूषितम्॥ 14॥

(अब तीन अङ्ग वाले तीन प्रासादों का वर्णन किया जा रहा है) वैराज्य के स्थान पर शुभ नन्दन प्रासाद को करें जिसका कर्ण एक भाग उदकान्तर (जलप्रवाह की नाली) युक्त हों।

द्विभागं च भवेद् भद्रमर्धभागेन् निर्गतम्।
भागार्धं पार्श्वसूत्रं तु निर्गमस्तत्समो भवेत्॥ 15॥

दो भाग की भद्र (भित्ति) हो जो आधे भाग निकली हुई हों। आधे भाग का पार्श्वसूत्र, आधे भाग के निकास का होगा।

सार्धभागंस्तु विस्तार एवं भद्रं विधीयते।
कर्णेष्वेकैकशृङ्गं च भद्रे द्वे उरुमञ्जरी॥ 16॥

भद्र का विस्तार यानी मोटाई डेढ़ भाग की हों। कर्ण पर एक-एक शृङ्ग और भींत पर दो ऊरुमञ्जरी बनाएँ।

शिखरं त्र्यंशविस्तार पादोनं वेदमुच्छ्रितम्।
पद्मकोशोद्भवसूत्रे पञ्चांशः कलशोऽन्तिके॥ 17॥

शिखर की चौड़ाई तीन भाग और पौने चार भाग की ऊँचाई युक्त हों। पद्मकोश के पाँच भागों के अन्त में कलश होगा।

रथिका तु यदा भद्रे नन्दनः सर्वकामदः।
इह नन्दति तत्कर्ता स्वर्गे वा त्रिदशैः सह॥ 18॥

इति नन्दनः।

भद्र, भींत पर रथिका (डोढ़िया) हो तो नन्दन सब कामना पूरी करने वाला होता है और उसका कर्ता इस भूतल पर भी आनन्द से रहता है तथा स्वर्ग में भी देवताओं के साथ विचरण करता है। (यह द्वितीय तुल भाग 4, इण्डक 13 का हुआ)।

मुखभद्रे प्रतिभद्रमुद्गमो रथिकोपरि।
कर्णशृङ्गे सिंहकर्णः सिंहनामा च उच्यते॥ 19॥

मुखभद्र (मुख्य भित्ति) पर प्रतिभद्र, रथिका (डोढ़िया) और उन पर कर्णशृङ्ग, सिंहकर्ण हो तो उस प्रासाद को सिंह संज्ञक प्रासाद कहा जाता है।

देवानां तु प्रकर्तव्याः सिंहस्तत्रैव शाश्वतः।
तुष्येद्गिरिसुता तस्य सौभाग्यधनपुत्रदा॥ 20॥

इति सिंहः।

इसमें देवताओं का शाश्वत निवास करवाया जाना चाहिए। इससे गिरिसुता पार्वती तुष्ट होकर कर्ता को सौभाग्य, धन और पुत्र प्रदान करती हैं। (यह तृतीय हुआ जिसमें इण्डक 13 हैं)।

कर्णे शृङ्गे तु दातव्यं पञ्चाण्डकविभूषितम्।
तथा श्रीनन्दनो नाम कर्तुः सन्तानवर्द्धकः॥ 21॥

इति नन्दनः। इति त्र्यङ्गास्त्रयः।

प्रासाद के कोनों पर शृङ्ग बनाए और उसे पञ्च अण्डक से विभूषित करें। इस तरह उसका नाम श्रीनन्दन होता है जो कर्ता को सन्तान की वृद्धि कराने वाला होता है। (यह चतुर्थ हुआ जिसमें इण्डक 29 हैं)।

पञ्चपञ्चाङ्ग प्रासादा यथा —

षड्भागायते भागं कर्ण प्रतिरथं तथा।
द्विभागं च भवेद् भद्रं निर्गमश्चार्धभागतः॥ 22॥

(अब पञ्चाङ्ग वाले पाँच प्रासादों के विषय में कहा जा रहा है जिनमें) विस्तार के छह भाग और कर्ण व प्रतिरथ बने हों तथा दो भागों की भित्ति जो आधे भाग निकली हुई हों।

प्रतिरथं भागनिष्कासं गर्भो वेदांशकैः पृथुः।
द्वे द्वे कर्णे तथा भद्रे शृङ्गं प्रतिरथेऽथवा॥ 23॥

इसी प्रकार उसके प्रतिरथ एक भाग के निकास में हो और गर्भगृह चार भाग का विस्तार में हों। कर्णों की संख्या दो-दो भद्र पर हो अथवा प्रतिरथ पर एक शृङ्ग हो।

एवंविधः प्रकर्तव्यो मन्दरस्तु शिवात्मजः।
मेरुपुण्यार्धकार्धं तु लभ्यते मन्दरे कृते॥ 24॥

इति मन्दरः।

इस विधि से मन्दर प्रासाद करें। शिवात्मज गणेश के लिए इस प्रासाद की

रचना करें जिससे कर्ता को मेरु प्रासाद बनाने के पुण्य का आधा पुण्य मिलता है। (यह पाँचवाँ हुआ, तुल भाग 6, इण्डक 25 होंगे)।

भद्रे शृङ्गत्रयं कुर्यान्मलयो नाम नामतः।

इति मलयः।

प्रासाद के भद्र पर तीन शृङ्ग बनाए जाने से मलय संज्ञक प्रासाद बनता है। (यह छठवाँ हुआ जिसमें इण्डक 29 होंगे)।

त्यक्त्वैकभद्रशृङ्गं तु प्रत्यङ्गानि प्रदापयेत्॥ 25॥
प्रतिरथोर्ध्वतिलको विमानः सर्वकामदः।

इति विमानः।

एक भद्रशृङ्ग छोड़कर प्रत्यङ्गों को बनाएँ तथा प्रतिरथ पर तिलक बनाएँ तो वह प्रसाद विमान संज्ञक होगा। यह सर्व कामनाएँ पूरी करने वाला है। (यह सातवाँ हुआ जिसमें इण्डक 33 व तिलक 8 होंगे)।

भद्रे तृतीयोरुशृङ्गं स भवेत् सुविशालकः॥ 26॥

इति सुविशालकः।

जिस प्रासाद के भद्र, भित्ति पर तीन शृङ्ग हो, वह सुविशालक प्रसाद होता है। (यह आठवाँ हुआ जिसमें इण्डक 37 व तिलक 9 होंगे)।

त्यक्त्वैकभद्रशृङ्गं तु विक्रमः स्यात्प्रतिरथे।
कर्णे चाष्टदलं कुर्यान्नाम्ना त्रैलोक्यभूषणः॥ 27॥

इति त्रैलोक्य भूषणः। इति पञ्चाङ्गाः पञ्च।

भद्र पर एक शृङ्ग को छोड़कर एक प्रतिरथ बनाने पर विक्रम प्रासाद होता है। इसके कोनों पर अष्टदल कमल मञ्जरी करनी चाहिए जिससे यह त्रैलोक्यभूषण नाम का होता है। (यह नवाँ हुआ जिसमें इण्डक 41 व मञ्जरी 4 होगी)।

सप्तसप्ताङ्गा प्रासादा यथा —

अष्टधा चायते क्षेत्रे भुजकर्णविशोधिते।
भागं भागं च भद्रार्धं कर्णः प्रतिरथो रथः॥ 28॥

(अब सप्ताङ्ग वाले सात प्रासादों का वर्णन किया जा रहा है) आयताकार क्षेत्र को आठ भागों में विभाजित करें और उसके भुज, भित्तियों पर कर्ण बनाएँ। प्रत्येक भाग पर और भद्रार्ध पर कर्ण, प्रतिरथ और एक-एक भाग के रथ बनाएँ।

प्रतिरथोंऽशो निष्कासे रथोऽर्धोऽर्ध च भद्रकम्।
उदकान्तरयुक्तश्च पञ्चांशो गर्भविस्तरः॥ 29॥

प्रतिरथों को एक भाग का निकास दें और रथों को आधा-आधा निकास भद्र से दें। गर्भ के विस्तार के पाँच भागों में उदकान्तर (प्रणाल) बनाएँ।

द्वे शृङ्गे तिलकं कर्णे शृङ्गे प्रतिरथे तथा।
एकशृङ्गं चोपरथे उरःशृङ्गाणि द्वादश ॥ 30 ॥

दोनों शृङ्गों पर, कर्ण शृङ्गों पर और प्रतिरथों पर तिलक की रचना करें। उपरथ पर एक शृङ्ग हो और उरुशृङ्ग बारह हों।

पञ्चांशं मूलशिखरं घण्टाकलशभूषितम्।
ईप्सितं लभते कर्ता यावदाभूतसम्प्लवम् ॥ 31 ॥

इति माहेन्द्रः।

मूल शिखर पाँच भाग का हो जिस पर घण्टा, आमलसार और कलश की शोभा हों। ऐसे (माहेन्द्र प्रासाद का) निर्माण करने वाले को मनोवाञ्छित फल प्रलयकाल तक प्राप्त होता रहेगा। (यह दसवाँ है जिसमें तुल भाग 8, इण्डक 45 व तिलक 4 होंगे)।

कर्णे शृङ्गत्रयं कुर्याद्रत्नशीर्षः स उच्यते।

इति रत्नशीर्षः।

कोनों पर तीन शृङ्ग करने से बनने वाला प्रासाद रत्नशीर्ष कहलाता है। (यह ग्यारहवाँ हुआ जिसमें इण्डक 53 होंगे)।

त्यक्त्वैकशृङ्गं भद्रस्य मत्तालम्बं तु कारयेत् ॥ 32 ॥
तस्यच्छाद्योर्ध्वकर्णे तु ततः शृङ्गाणि दापयेत्।
सितशृङ्गस्तदा नाम्ना ईश्वरस्य सदा प्रियः ॥ 33 ॥

इति सितशृङ्गः।

भद्र पर एक शृङ्ग छोड़कर मत्तालम्ब (गोख) बनाएँ, उसके छत के ऊपर कोनों पर शृङ्गों को बनाएँ तो वह प्रासाद सितशृङ्ग होगा जो सदा ही ईश्वर को प्रिय है। (यह बारहवाँ हुआ जिसमें इण्डक 53 होंगे)।

तिलकानि च शृङ्गेषु तथोपरथकेषु च।
रथप्रतिरथोर्ध्वे च तिलकानि प्रकल्पयेत् ॥ 34 ॥
शेषाः पञ्चाण्डशृङ्गाश्च भूधराख्यः स उच्यते।

इति भूधराख्यः।

शृङ्गों पर और रथों, उपरथों पर तिलकों की रचना करें। रथ और प्रतिरथों पर भी तिलकों की रचना करें और शेष शृङ्गों पर पाँच अण्डकों की रचना करे तो बनने

वाला प्रासाद भूधर नामक होगा। (यह तेरहवाँ है जिसमें इण्डक 85 व तिलक 20 होंगे)।

श्रीवत्सं चैव रेखार्धं भवेद् भुवनमण्डनः ॥ 35 ॥

इति भुवनमण्डनः।

श्रीवत्स प्रासाद पर रेखार्ध बनाने पर वह भुवनमण्डन प्रासाद कहा जाएगा। (यह चौदहवाँ है जिसमें इण्डक 89 व तिलक 16 होंगे)।

तथैव तिलकं कुर्याच्छृङ्गद्वयमथोपरि।
त्रलोक्यविजयश्चैव तच्छृङ्गैः क्षितिवल्लभः ॥ 36 ॥

इति त्रैलोक्यविजयक्षितिवल्लभौ। इति सप्ताङ्गाः सप्त।

इसी तरह यदि दोनों शृङ्गों के ऊपर तिलकों की रचना करें तो वह त्रैलोक्यविजय नामक होगा। यह इसके शृङ्गों से ही क्षितिवल्लभ यानी पृथ्वी प्रिय होता है। (यह पन्द्रहवाँ हुआ जिसमें इण्डक 97 एवं तिलक 16 होंगे। इसी प्रकार अन्य सोलहवाँ हुआ जिसमें इण्डक 101 एवं तिलक 16 होंगे)।

नवनवाङ्गा प्रासादाः यथा —

महीधरं प्रवक्ष्येऽहं शतमूले विभाजिते।
पदिकश्च ततः कर्णौ भद्रं द्विपदमिश्रितम् ॥ 37 ॥

(अब नवाङ्ग वाले नौ प्रासादों का वर्णन किया जा रहा है) अब मैं महीधर प्रासाद के बारे में कहता हूँ जो अधिगृहीत क्षेत्र के दस भाग करने पर बनता है। इसके एक भाग के कर्ण और भद्र दो भाग के होंगे।

कर्णस्योभयतस्त्रयस्त्रयः प्रतिरथास्तथा।
निर्गमास्समभागैश्च भागार्धं भद्रनिर्गमः ॥ 38 ॥

कोनों पर दोनों और तीन-तीन प्रतिरथ समान भाग में निकास वाले भद्र भित्ति के आधे भाग में बनेंगे जो निकास युक्त होंगे।

भागषट्कायतोगर्भः सप्तभागोऽथवोच्यते।
कर्णे प्रतिरथे भद्रे द्वे द्वे शृङ्गे च कारयेत् ॥ 39 ॥

विस्तार के आयत भाग छह का गर्भगृह अथवा सात भाग का जैसा भी उचित हो बनाएँ। उसके कर्ण पर, प्रतिरथों पर व भद्र पर दो दो शृङ्ग बनाएँ।

रथोपरथे तिलकं प्रत्यङ्गं च रथोपरि।
मत्तालम्बयुतं भद्रं स्यान्महीधरसञ्ज्ञकः ॥ 40 ॥

इति महीधरः।

रथ और उपरथ पर तिलक की रचना करें तथा रथों के ऊपर प्रत्यङ्गों की रचना करे जो मत्तालम्ब (गोख) युक्त हो ऐसी भद्र-भित्ति वाला प्रासाद महीधर नाम का होता है। (यह सत्रहवाँ हुआ जिसमें तुल भाग 10 इंडक 41 व तिलक 16 होंगे)।

भद्रे शृङ्गं तृतीयं च कैलासः शङ्करप्रियः।
भद्र त्यक्त्वा रथे शृङ्गं नवमङ्गल उच्यते॥ 41॥

इति कैलासनवमङ्गलौ।

भद्र भित्ति पर तीन शृङ्ग होने पर शङ्कर को प्यारा कैलास प्रासाद होता है और भद्र को छोड़कर रथों पर शृङ्ग बनाने पर उसे नवमङ्गल प्रासाद कहते हैं। (यह अठारहवाँ हुआ जिसमें इण्डक 45 व तिलक 16 होंगे तथा उन्नीसवें नवमङ्गल में इण्डक 49 और तिलक 8 होंगे)।

तथा भद्रे पुनर्दद्यात् स भवेद् गन्धमादनः।
त्यक्तं भद्रे रथे शृङ्गं युक्तं सर्वाङ्गसुन्दरः॥ 42॥

इति गन्धमादनसर्वाङ्गसुन्दरौ।

यदि भद्र पर पुनः शृङ्ग बनाएँ तो वह गन्धमादन प्रासाद होता है। भद्र को छोड़कर रथ पर शृङ्ग बनाएँ तो वह सर्वाङ्गसुन्दर प्रासाद होता है। (यह बीसवाँ हुआ जिसमें इण्डक 53 व तिलक 8 होंगे जबकि इक्कीसवें में इण्डक 57 व तिलक 16 होंगे)।

भद्रे दद्यात्पुनः शृङ्गं विजयानन्दसञ्ज्ञकः।

इति विजयानन्दः।

भद्र पर यदि पुनः शृङ्ग बनाएँ तो यह विजयानन्द नामक प्रासाद होता है। (यह बाईसवाँ हुआ जिसमें इण्डक 61 व तिलक 16 होंगे)।

मत्तालम्बयुते भद्रे उपशृङ्गं परित्यजेत्॥ 43॥
मत्तालम्बोभयकर्णे कुर्याच्छृङ्गद्वयं तथा।
सर्वाङ्गतिलको नाम कर्तुः सन्तानभोगदः॥ 44॥

इति सर्वाङ्गतिलकः।

उपशृङ्ग को छोड़कर केवल मतालम्ब यानी गोखयुक्त भद्र बनाएँ व दोनों कोनों पर मतालम्ब, दो शृङ्ग बनाएँ तो सर्वाङ्गतिलक नामक प्रासाद होता है जो कर्ता को सन्तान और भोग प्रदान करता है। (यह तेईसवाँ हुआ जिसमें इण्डक 65 व तिलक 16 होंगे)।

उरुशृङ्गं ततो दद्यान्मत्तालम्बसमन्वितः।
महाभोगस्तदानाम सर्वकामफलप्रदः॥ 45॥

इति महाभोगः।

यदि मत्तालम्ब के साथ उरुशृङ्ग भी बनाएँ तो महाभोग नामका प्रासाद सब कामना पूरी करने वाला बनता है। (यह चौबीसवाँ हुआ जिसमें इण्डक 69 एवं तिलक 16 होंगे)।

रथे कर्णे प्रतिरथे शृङ्गं चोपरथे तथा।
मेरुरेष समाख्यातः सर्वदेवैः सुपूजितः॥ 46॥

इति मेरुः। इति नवाङ्गा नव।

रथों, कर्णों, प्रतिरथों, शृङ्गों व उपरथों से युक्त प्रासाद को मेरु प्रासाद कहा जाता है जो सभी देवताओं से सुपूजित है। (यह पच्चीसवाँ है जिसमें इण्डक 97 होंगे)।

सर्वस्वर्णमये मेरौ पुण्यं यत् त्रिः प्रदक्षिणैः।
शैले पक्केष्टके चैव तत्पुण्ये लभते नरः॥ 47॥
सृष्टावुक्ता ब्रह्मणा याः पूजा वै पञ्चविंशतिः।
वैराजाद्याः समुत्पन्नाः सर्वे प्रासादसञ्ज्ञकाः॥ 48॥

सम्पूर्ण सोने से बने मेरु के पुण्य की तीन प्रदक्षिणा चाहे पाषाण निर्मित मेरु प्रासाद की अथवा पक्की ईंटों से निर्मित मेरु प्रासाद की करके जो पुण्य नर प्राप्त करता है, उसके लिए सृष्टा ब्रह्मा ने कहा है कि उससे वैराज्यादि से उत्पन्न सभी पच्चीस प्रासादों की पूजा हो जाती है।

इति सूत्रसन्तानगुणकीर्तिप्रकाशप्रोक्तश्रीभुवनदेवाचार्योक्तापराजितपृच्छायां वैराज्यादिनगरप्रासादलक्षणाधिकारो नाम सप्तपञ्चाशदुत्तरशततमं सूत्रम्॥ 157॥

इस प्रकार भुवनदेवाचार्य कृत सूत्रसन्तानगुणकीर्ति प्रकाश या अपराजितपृच्छा में वैराज्यादि नगर प्रासाद लक्षणाधिकार नामक एक सौ सत्तावनवाँ सूत्र पूर्ण हुआ॥ 157॥

पञ्चविंशतिलतिनप्रासादनिर्णयो नामाष्टपञ्चाशदुत्तरशततमं सूत्रम्॥ 158॥

अधुना लतिनाः पञ्चविंशतिप्रासादा रुचकादीनां। विश्वकर्मोवाच —

लतिनान् कथयिष्यामि प्रासादान् रुचकादिकान्।
नामानि रूपनिर्माणं कथयामि यथाविधि॥ 1॥

(इस सूत्र में लतिन और रुचकादि प्रासादों के निर्णय पर प्रकाश डाला गया है) विश्वकर्मा बोले कि अब मैं लतिन प्रासादों और रुचकादि प्रासादों के विषय में उनके नाम, रूपनिर्माण की विधि कहता हूँ।

तेषां नामानि —

रुचको भद्रकश्चैव हंसो हंसोद्भवस्तथा।
प्रतिहंसस्तथा नन्दो नन्द्यावर्तो धराधरः॥ 2॥
वर्धमानो गिरिकूटः श्रीवत्सश्च त्रिकूटकः।
मुक्तकोणो गजश्चैव गरुडः सिंह एव च॥ 3॥
भवश्च विभवश्चैव पद्मो मालाधरस्तथा।
वज्रकः स्वस्तिकः शङ्कुर्मलयो मकरध्वजः॥ 4॥
इत्येते च समुद्दिष्टाः प्रासादाः पञ्चविंशतिः$_{25}$।
लक्षणेन च सम्युक्तान् कथयामि समासतः॥ 5॥

इनमें 1. रुचक, 2. भद्रक, 3. हंस, 4. हंसोद्भव, 5. प्रतिहंस, 6. नन्द, 7. नन्द्यावर्त, 8. धराधर, 9. वर्धमान, 10. गिरिकूट, 11. श्रीवत्स, 12. त्रिकूटक, 13. मुक्तकोण, 14. गज, 15. गरुड, 16. सिंह, 17. भव, 18. विभव, 19. पद्म, 20. मालाधर, 21. वज्रक, 22. स्वस्तिक, 23. शङ्कु, 24. मलय और 25. मकरध्वज— इन नामों से ये पच्चीस प्रासाद कहे गए हैं। अब मैं प्रत्येक प्रासाद के लक्षणों को संक्षेप से कहता हूँ।

रुचकाद्याः षोडशैव चतुरश्राः प्रकीर्तिताः।
भवश्च विभवश्चैव चतुरश्रायतौ तथा॥ 6॥
पद्मो मालाधरश्चैव वृत्तौ तौ चैव कारयेत्।
वृत्तायतौ च कर्तव्यो मलयो मकरध्वजः॥ 7॥
वज्रकः स्वस्तिकः शङ्कुरष्टाश्राः परिकीर्तिताः।
तेषां च रूपनिर्माणं कथयामि समासतः॥ 8॥

रुचकादि सोलह प्रासाद चतुरस्र यानी चौकोर कहे गए हैं। भव तथा विभव प्रासाद दोनों चतुरश्रायत कोटि के कहे गए हैं। पद्म व मालाधर दोनों को गोलाकार बनाना चाहिए। मलय तथा मकरध्वज दोनों को लम्बगोलाकार बनाए जाएँगे। वज्रक, स्वस्तिक तथा शङ्कु ये तीन आठ पहलू वाले होते हैं। इनके रूपनिर्माण के बारे में आगे संक्षेप से कहता हूँ।

चतुरश्रीकृते क्षेत्रे चतुर्भागविभाजते।
भागा भागा तु भित्ती द्वे शेषं गर्भगृहं भवेत्॥ 9॥

इनके लिए अधिगृहीत क्षेत्र को समचौरस करें और चार भागों में विभाजित करें। एक-एक भग की भित्ति और शेष दो भागों का गर्भगृह होगा।

तदग्रतः पुनः कार्यो भागद्वयविनिर्गभः।
विस्तारे तु त्रयो भागाः प्राग्ग्रीवः स्तम्भभूषितः॥ 10॥

इसके आगे पुनः दो भागों का निकास होगा और उसका विस्तार तीन भागों का करके स्तम्भों पर प्राग्रीव (पाटड़ा) विभूषित किया जाएगा।

पीठोत्सेधश्च भागेन जङ्घा तत्र द्विभागतः।
वरवण्डयन्तरपत्रं च पादोनभागमश्नुते॥ 11॥

पीठ की ऊँचाई एक भाग की और जङ्घा को दो भागों की करें। वरवण्ड और अन्तरपत्र को पौन भाग का करें।

सार्धपञ्चांशतश्चैव पीठोच्छ्रयं प्रकल्पयेत्।
भागार्ध चैकभागं च भागं भागार्धमेव च॥ 12॥
कुमुदं कलशं चैव कपोताल्यन्तरैः सह।
अनेन क्रमयोगेन पीठोच्छ्रायं प्रकल्पयेत्॥ 13॥

पीठ की ऊँचाई साढ़े पाँच भाग की करें। एक भाग और आधा भाग यानी डेढ़ भाग और पुनः डेढ़ भाग के कुमुद व कलश को कपोताली के अन्तर में साथ-साथ करें। इसी क्रमयोग से पीठ की ऊँचाई कल्पित होगी।

सपादचतुरंशाश्च उच्छ्राये शिखरस्य च।
चतुर्गुणैः पृथक्सूत्रैः पद्मकोशं समालिखेत्॥ 14॥

शिखर की ऊँचाई सपाद, चतुरांश की यानी सवा चार भाग की होगी। इसके चार गुना चाप पृथक् सूत्र से पद्मकोश को लिखें जिससे शिखर की रेखाओं का नमण बन सके।

स्कन्धकोशान्तरं चैव सप्तभागंश्चकारयेत्।
ग्रीवा भागसमुत्सेधा सार्धमामलसारकम्॥ 15॥

स्कन्ध के ऊपर के कोशान्तर के सात भाग करें। उसमें से एक भाग की आमलसार की ग्रीवा, डेढ़ भाग का आमलसार होगा।

पद्मच्छत्रं तथा सार्धं त्रिभागैः कलशोन्नतिः।
रुचकस्तु समाख्यातो भद्रकं चाप्यथ शृणु॥ 16॥

इति रुचकः।

डेढ़ भाग का पद्मच्छत्र और तीन भाग का कलश बनाएँ। इस तरह रुचक प्रासाद कहा गया। अब भद्र के विषय में सुनो।

द्विभागो भद्रविस्तारः पादषड्भागनिर्गतम्।
भद्रकस्य समाख्याता शिखान्ते च रथाकृतिः ॥ 17 ॥

इति भद्रकः।

भद्र यानी भींत का विस्तार दो भाग का और सवा छह भाग का निकास और शिखान्त तक रथाकृति वाला भद्रक प्रासाद होगा।

वार्यन्तरं तथा कुर्यान्मध्ये भद्रककर्णयोः।
ततो हंसः स विज्ञेयः स्वरूपो लक्षणान्वितः ॥ 18 ॥

इति हंसः।

भद्र या भित्ति और कर्ण के मध्य में वार्यन्तर (प्रणाल) बनाएँ तो यह लक्षण हंस नामक प्रासाद का होगा।

वार्यन्तरं भद्रके तु भद्रमध्ये तु कारयेत्।
हंसोद्भवस्तथा नाम ब्रह्मणश्च सुखावहः ॥ 19 ॥

इति हंसोद्भवः।

भद्र और भद्र के बीच वार्यन्तर (प्रणाल) बनाएँ तो हंसोद्भव नामक प्रासाद होगा जो कि ब्रह्मा के लिए सुखद है।

यथा भद्रे तथा कर्णे कारयेदुदकान्तरम्।
निर्गतं भागपादेन द्वौ स्तम्भौ कर्णभद्रयोः ॥ 20 ॥

इति प्रतिहंसः।

यदि भद्र में और कर्ण पर उदकान्तर (प्रणाल) बनाएँ और चतुर्थांश भाग में निकास करते दो स्तम्भों को कोनों व भद्रों वाला प्रासाद बनाएँ तो वह प्रतिहंस संज्ञक प्रासाद होगा।

प्राग्ग्रीवं चैव रुचके भद्रमानेन कारयेत्।
निर्गतं नष्टकर्णं च स नन्दः सर्वकामदः ॥ 21 ॥

इति नन्दः।

रुचक प्रासाद का प्राग्रीव (पाटड़ा, आगे का भाग) उसी के भद्र के नाप का बनवाएँ और निर्गम में नष्टकर्ण करने पर नन्द नाम का प्रासाद सब कामनाओं को पूरा करने वाला बनता है।

प्राग्ग्रीवे तु पुरोऽलिन्दं कारयेद्विधिपूर्वकम्।
नन्द्यावर्तस्तथा नाम कर्तव्यो देवतालयः ॥ 22 ॥

इति नन्द्यावर्तः।

प्राग्रीव आगे के अलिन्द पर विधिपूर्वक बनाएँ तो नन्द्यावर्त नामक देवतालय बनता है।

कक्षे जलान्तरं चैव स्तम्भैच्छाद्यविभूषितैः।
धराधरश्च विज्ञेयः सदेव्यमरवल्लभः॥ 23॥

इति धराधरः।

कक्ष पर जलान्तर (परनाला) हो और स्तम्भों पर छत बनी हो तो उसे धराधर प्रासाद कहते हैं जो अमरवल्लभ (देवताओं को प्रिय) है।

दशधा भाजिते क्षेत्रे द्विभागः कर्णविस्तरः।
त्रिभागं च भवेद्भद्रं सार्धः प्रतिरथो मतः॥ 24॥

इति वर्धमानः।

क्षेत्र को दस भागों में विभाजित करें और दो भागों का कर्ण विस्तार हो, तीन भाग का भद्र और डेढ़ भाग का प्रतिरथ बनाएँ तो बनने वाला वर्धमान संज्ञक प्रासाद होता है।

कर्णे वार्यन्तरं कुर्याद् गिरिकूटः स उच्यते।
कर्णे प्रतिरथे चैव श्रीवत्सो वारिसंयुते॥ 25॥

गति गिरिकूटश्रीवत्सौ।

यदि कर्णों पर वार्यन्तर (परनाला) बनाए तो इसे गिरिकूट कहते हैं। कर्ण पर यदि प्रतिरथ बनाएँ तो परनाला युक्त श्रीवत्स प्रासाद होगा।

वर्धमानस्य संस्थाने भद्रमध्ये जलान्तरम्।
त्रिकूटः स तु विज्ञेयः कर्तव्यः शुभलक्षणः॥ 26॥

इति त्रिकूटः।

वर्धमान के स्थान पर भद्र-भित्ति के मध्य में जलान्तर (परनाला) बनाएँ तो त्रिकूट नामक का प्रासाद शुभ लक्षणों वाला बनता है।

कर्णे भद्राणि देयानि नष्टाङ्गं मूलनासिकम्।
मुक्तकोणः स विज्ञेयः सर्वकामफलप्रदः॥ 27॥

इति गुक्तकोणः।

कर्णों, भद्रों-भित्तियों पर नष्टाङ्ग मूलनासिका बनाएँ तो ऐसा प्रासाद मुक्तकोण नामक होता है जो सब कामना पूरी करने वाला समझा जाता है।

उभौ प्रतिरथौ मध्ये पृष्ठतो वृत्तमालिखेत्।
एवं विधः प्रकर्तव्यः स गजः सर्वकामदः॥ 28॥

इति गजः।

दोनों प्रतिरथों के मध्य में पीछे की ओर वृत्त (गोलाकार) लिखें। इस तरह से गज नामक प्रासाद सर्वकामनाएँ पूरी करने वाला होता है।

वर्धमानस्य संस्थाने पार्श्वं कुर्यात्तदूर्ध्वतः।
कुर्याद्वृतौ शृङ्गकूटौ पक्षिराजः सुखाश्रयः॥ 29॥

इति गरुडः।

वर्धमान के स्थान पर पार्श्वभाग को उससे ऊँचा करें तथा शृङ्गकूटों के वृत्ताकार बनाए तो पक्षीराज यानी गरुड संज्ञक प्रासाद सुखदायी होता है।

प्रतिभद्रं च हंसे चेत् सिंहनामा स उच्यते।
चतुरश्रास्तु कथिताः सर्वकामफलप्रदाः॥ 30॥

इति सिंहः।

प्रतिभद्र पर यदि हंस हो तो उसे सिंह नामक प्रासाद कहते हैं। ये सब चतुरस्र यानी चौकोर प्रासाद हैं जो सर्वकामनाओं को पूर्ण करने वाले कहे गए हैं।

गिरिकूटस्त्रिकूटश्च यदा गर्भायतो भवेत्।
भवश्च विभवश्चैव त्रिलिङ्गाश्च प्रकीर्तिताः॥ 31॥

इति भवविभवौ।

गिरिकूट और त्रिकूट यदि गर्भायत (मध्य से आयताकार स्वरूप) हो तो भव और विभव त्रिलिङ्गा प्रासाद कहे जाते हैं।

वृत्ते षोडश कर्णाद्याः विना भद्रैश्च पद्मकः।
विना कर्ण कलाभद्रैर्भवेन्मालाधरः स तु॥ 32॥

इति पद्ममालाधरौ।

वृत्त (गोलाई) में सोलह कर्णों वाला बिना भद्र-भित्ति वाला पद्मक और बिना कर्ण कलाभद्र-भित्ति वाला मालाधर प्रासाद होता है।

अष्टकर्णो वज्रकः स्यात्स्वस्तिको भद्रसंयुतः।
स्वस्तिके प्रतिभद्राणि शङ्कुश्चाष्टाश्रसूत्रतः॥ 33॥

इति वज्रकस्वस्तिकशङ्कवः।

आठ कर्णों वाला वज्रक प्रासाद तथा भद्र-भित्तियुक्त स्वस्तिक प्रासाद और स्वस्तिक प्रासाद के प्रतिभद्र हो तो शङ्कु प्रासाद आठ भुजाओं वाला बनता है।

मलयस्त्वायते पद्मे मालाधृङ् मकरध्वजः।
लतिनाः कथियास्त्वेवं प्रासादाः पञ्चविंशतिः॥ 34॥

इति मलयमकरध्वजौ।

मलय प्रासाद के आयत में पद्म प्रासाद, मालाधर और मकरध्वज प्रासाद— ये लतिन जाति के पच्चीस प्रासादों की संख्या हुई।

इति सूत्रसन्तानगुणकीर्तिप्रकाशप्रोक्तृश्रीभुवनदेवाचार्योक्तापराजितपृच्छायां पञ्चविंशतिलतिनप्रासादनिर्णयाधिकारो नामाष्टपञ्चाशदुत्तरशततमं सूत्रम्॥ 158 ॥

इस प्रकार भुवनदेवाचार्य कृत सूत्रसन्तानगुणकीर्ति प्रकाश या अपराजितपृच्छा में पच्चीस लतिनप्रासाद निर्णयाधिकार नामक एक सौ अठावनवाँ सूत्र पूर्ण हुआ॥ 158 ॥

केशर्यादिसान्धारप्रासादनिर्णयो नामैकोनषष्ट्युत्तरशततमं सूत्रम्॥ 159॥

विश्वकर्मोवाच —

सान्धारांश्च ततो वक्ष्ये प्रासादान् पर्वतोपमान्।
शिखरैर्विविधाकारैर्नैकाण्डैश्च विभूषितान्॥ 1॥

(पर्वताकार सान्धार वर्गान्तर्गत केशर्यादि[1] प्रासादों के सम्बन्ध में इस सूत्र में विस्तृत विवेचन है) विश्वकर्मा बोले कि इसके उपरान्त, पर्वत के समान सान्धार प्रासादों (प्रदक्षिण वाले महाप्रासाद) के बारे में कहता हूँ जो विविध आकार वाले तथा शिखरों व अनेक अण्डों से विभूषित होते हैं।

आद्यः पञ्चाण्डको ज्ञेयः केसरी नाम नामतः।
तावदन्तं चतुर्वृद्धिर्यावदेकोत्तरं शतम् $_{101}$ ॥ 2॥

इनमें पहला प्रासाद पाँच अण्डकों से युक्त केसरी नाम से जाना जाता है। फिर, इन अण्डकों में चार-चार की वृद्धि होते हुए 101 अण्डकों तक यह वृद्धि निरन्तर होती जाती है।

तेषां पञ्चविंशति नामानि —

केशरी सर्वतोभद्रो नन्दनो नन्दशालिकः।
नन्दीशो मन्दरश्चैव श्रीवत्सश्चामृतोद्भवः॥ 3॥

---

1. विभिन्न अङ्गों से परिपूर्ण और गर्भगृह के साथ ही प्रदक्षिणा मार्ग वाले मन्दिर सान्धार शैली के माने जाते हैं। ये नागर शैली के हैं। यदि इनमें प्रदक्षिणा मार्ग न हो तो वे निरन्धार कहे जाते हैं। सान्धार जाति के प्रासाद गुजरात, सौराष्ट्र, राजस्थान और मेवाड़ में मिलते हैं। मध्यप्रदेश के खजुराहो में भी ऐसे मन्दिर बने। सोमनाथ का महाप्रासाद सान्धार जाति का रहा है। इसके केसरी, नन्दन, मन्दर, श्रीतरु, इन्द्रनील, रत्नकूट और गरुड— ये सात जातियों के होते हैं और अनुक्रम से इनके 2+3+1+6+3+7+3 इस प्रकार कुल 25 रूपवाले होते हैं।

हिमवान् हेमकूटश्च कैलासः पृथिवीजयः।
इन्द्रनीलो महानीलो भूधरो रत्नकूटकः ॥ 4 ॥
वैडूर्यः पद्मरागश्च वज्रको मुकुटोज्ज्वलः।
ऐरावतो राजहंसो गरुडो वृषभस्तथा ॥ 5 ॥
मेरुः प्रासादराजस्स्याद्देवानामालयो हि सः।
संयोगेन च सान्धारान् कथयामि यथार्थतः ॥ 6 ॥

इनमें 1. केसरी, 2. सर्वतोभद्र, 3. नन्दन, 4. नन्दशालिक, 5. नन्दीश, 6. मन्दर, 7. श्रीवत्स, 8. अमृतोद्भव, 9. हिमवान्, 10. हेमकूट, 11. कैलास, 12. पृथ्वीजय, 13. इन्द्रनील, 14. महानील, 15. भूधर 16. रत्नकूटक, 17. वैडूर्य, 18. पद्मराग, 19. वज्रक, 20. मुकुटोज्ज्वल, 12. ऐरावत, 22. राजहंस, 23. गरुड, 24. वृषभ और 25. मेरु है जो प्रासादराज कहलाता है जो देवताओं का आवास है।[1] अब इनके परस्पर संयोग से बनने वाले सान्धार प्रासादों के विषय में यथार्थतः कहता हूँ।

दशहस्तादधस्तान्न प्रासादो भ्रमसंयुतः।
षअ्त्रिंशान्तं निरन्धाराः घाट्ये वेदादिहस्ततः ॥ 7 ॥
पञ्चविंशतिः सान्धाराः प्रयुक्ता वास्तुवेदिभिः।
भ्रमहीनास्तु ये कार्याः शुद्धच्छन्देषु नागराः ॥ 8 ॥

यह ज्ञातव्य है कि 10 गज के विस्तार से कम विस्तार वाले प्रासाद भ्रमण युक्त नहीं बनते। चार हाथ से लेकर छत्तीस हाथ तक के विस्तार के प्रासाद निरन्धार घड़े जाते हैं। पच्चीस प्रकार के सान्धार प्रासाद वास्तुविदों के प्रयोग में लाए गए हैं। ये सब शुद्ध नागर छन्द में भ्रमण रहित ही किए जाते हैं।

चतुरश्रीकृते क्षेत्रे अष्टाष्टकविभाजिते।
भागभागं भ्रमभित्तिर्द्विभागो देवतालयः ॥ 9 ॥

इनके लिए चौकोर, समतल क्षेत्र को आठ-आठ भागों में विभाजित करें। एक भाग की भ्रमण भित्ति और दो भागों को देवतालय का गर्भगृह करें।

---

1. क्षीरार्णव की एक मूल प्रति में इस प्रकार का मतान्तर भी मिलता है— वज्रं वैडूर्यं मुक्तं वा इन्द्रमणि भूतिलकम्। पुष्परागं च गोमेदं प्रवालं शृङ्गभूषणम्॥ तथा शृङ्गतलं विद्यादष्टभागं च लक्षणम्। केसरी सर्वतोभद्र नन्दस्य विशेषतः॥ मन्दरो हेमकूटश्च कैलासोमृतोद्भवः। श्रीवृक्षो विजयश्चैव अष्टधा च निश्चलम्॥ नन्दशाल हेमवांश्च नन्दीशो इन्द्रनीलकम्। श्रीवत्साद्योमनेकाश्चदशधा तलं दीयते॥ रत्नकूट भूधराख्य महानीलं हेमकूटकम्। हेमवर्णाऽमृतोद्भवो श्रीवत्सं मन्दरस्तथो। सर्वतोभद्र केशरीं च ह्येते चाष्ट विभक्तितलम्। तथा शृङ्गतल विद्यात् दशाष्ट भागं च लक्षणम्॥ (क्षीरार्णव 21, 8-11)

निरन्धारे पदा भित्तिरर्धं गर्भं प्रकल्पयेत्।
मध्यच्छन्दश्च वेदाश्रो बाह्ये कुम्भायतं शृणु॥ 10॥

निरन्धार प्रासाद में एक भाग की भित्ति के आधे के बराबर गर्भगृह में बनाएँ। मध्य का छन्द चौकोर हो और बाहर का कुम्भायत सुनो!

क्षेत्रार्धे च भवेद् भद्रं भद्रार्धं कर्णविस्तरः।
कर्णस्यार्धप्रमाणेन कर्तव्यो भद्रनिर्गमः॥ 11॥
चतुष्कर्णेषु ख्यातानि श्रीवत्सशिखराणि च।
रथिकोद्गमे च पञ्चैव केशरी गिरिजाप्रियः॥ 12॥

इति केशरी।

क्षेत्र के आधे में भद्र-भित्ति होती है और भद्र के आधे के बराबर कर्ण का विस्तार रखें। कर्ण के आधे के प्रमाणानुसार भद्र-भित्ति का निर्गम-निकास रखें। चारों कर्णों पर श्रीवत्सशिखर बनाना कहा गया है। रथिकों के उद्गम के साथ ये पाँच केसरी प्रासाद गिरिजा माता पार्वती को प्रिय हैं।

सर्वतोभद्रः —

क्षेत्रे विभक्ते दशधा गर्भः षोडशकोष्ठकैः।
भित्तिं भ्रमं च भित्तिं च भागभागं प्रकल्पयेत्॥ 13॥

क्षेत्र को दस भागों में विभाजित करके गर्भ को सोलह कोष्टकों का बनाएँ। भित्ति को, भ्रमण को तथा पुनः भित्ति को एक-एक भाग की प्रकल्पित करें।

द्विभागः कर्ण इत्युक्तो भद्रं षड्भागिकं तथा।
निर्गतं चैकभागेन भागिका पार्श्वक्षोभणा॥ 14॥

दो भागों का कर्ण कहा है और भद्र छह भागों से करें। एक भाग की निर्गत-निकास वाली और पार्श्वक्षोभणा (बाजू की क्षोभणा) भी एक भाग की करें।

कर्णिका चार्धभागेन भागार्धं भद्रनिर्गतम्।
भागत्रयं च विस्तारे मुखभद्रं विधीयते॥ 15॥

कर्णिका को आधे भाग की तथा भद्र-भित्ति का निर्गत-निकास भी आधा भाग का करें। तीन भागों के विस्तार वाला मुखभद्र कहा गया है।

भद्रे वै तूद्गमाः पञ्च कर्णेऽष्टशृङ्गकानि च।
श्रीवत्सशिखरं कार्यं घण्टाकलशसंयुतम्॥ 16॥

इति सर्वतोभद्रः।

भद्रों पर पाँच कर्ण और आठ शृङ्गों को बनाएँ। इस तरह घण्टा, आमलसार और कलश सहित श्रीवत्सशिखर को बनाना चाहिए (ऐसा प्रसाद सर्वतोभद्र होगा)।

नन्दनः —

श्रीवत्सभद्रमारूढे रथिकोद्गमभूषिते।
नन्दने नन्दति स्वामी दुरितं हरति ध्रुवम्॥ 17॥

इति नन्दनः।

श्रीवत्स में भद्रों-भित्तियों पर रथिकों को बनाया जाए तो नन्दन प्रासाद बनता है जो स्वामी को आनन्द देता है और पापों को निश्चित ही हरता है।

नन्दिशालः —

तस्योर्ध्वे भवार्धशृङ्गं ? भद्रं तस्यानुरूपतः।
नन्दिशालो गुणैर्युक्तः स्वरूपो लक्षणान्वितः॥ 18॥

इति नन्दिशालः।

इसके ऊपर की और आधा शृङ्ग हो और भद्र-भित्ति भी उसी के अनुरूप हो तो नन्दिशाल प्रासाद गुणों युक्त और स्वरूपवान लक्षणों से युक्त बनता है।

नन्दीशः —

त्रिभागं च भवेद्भद्रं भद्रार्धं प्ररथस्तथा।
कर्णे शृङ्गद्वयं भद्रं एकैकं प्ररथे तथा॥ 19॥

इति नन्दीशः।

तीन भागों का भद्र हो तथा भद्र के आधे के बराबर प्ररथ हो तथा कर्ण पर दो-दो शृङ्ग हो और भद्र पर एक-एक प्ररथ हो तो वह नन्दीश प्रासाद होता है।

मन्दरः —

द्वादशांशस्तु विस्तारो मूलगर्भस्तदर्धतः।
भागभागं तु कर्तव्या द्वे भित्ती चान्धकारिका॥ 20॥

बारह भागों का विस्तार और उसका आधा अर्थात् छह भाग का मूल गर्भगृह, उसके एक-एक भाग की दो भित्ति और अन्धकारिका करें।

कर्णप्ररथभद्रार्धं कारयेद् द्विद्विभागतः।
प्ररथः समनिष्कासो भद्रं भागेन निर्गतम्॥ 21॥

भद्र के आधे में कर्ण और प्ररथ दो-दो भाग के करें। प्ररथ का निकास भद्र के एक भाग का निकला हुआ होना चाहिए।

कर्णे द्वे भद्रके द्वे च चैकं प्रतिरथे तथा।
सघण्टाकलशा रेखा रथिकोद्गमभूषिता॥ 22॥

इति मन्दरः।

इसी प्रकार कर्ण पर दो, भद्र पर दो और प्रतिरथ पर एक घण्टा, अमलसार और कलश व रेखा रथिक से निकलती हुई बनाएँ (तो मन्दर प्रासाद होगा)।

श्रीवृक्षः —

चतुर्दशांशविस्तारे गर्भश्चाऽष्टांशविस्तरः।
भागभागं भ्रमो भित्तिर्बाह्यभित्तिस्तु भागिका॥ 23॥
कर्णे शृङ्गद्वयं कुर्याच्छिखरं चाष्टविस्तरम्।

चौदह अंश-भाग के विस्तार में गर्भगृह का विस्तार आठ भागों का हों तथा एक-एक भाग के भ्रमण-भित्ति हो और उसके बाहर की भित्ति भी एक भाग की हों। कर्णों पर दो शृङ्ग करे और शिखर को आठ भाग के विस्तार में करें।

प्ररथः कर्णमानेन तिलकं शृङ्गकोपरि॥ 24॥
नन्दिकायां च तिलकं भद्रे शृङ्गत्रयं भवेत्।
श्रीवृक्षस्तु समाख्यातः कर्तव्यस्तु श्रियः पतेः॥ 25॥

इति श्रीवृक्षः।

प्ररथ को कर्ण के मान के अनुरूप करें और शृङ्गों पर तिलक बनाएँ। नन्दिका, तिलक, शृङ्ग ये भद्र-भित्ति पर तीनों होते हैं, उसे श्रीवत्स प्रासाद नाम से जाना जाता है। इसे लक्ष्मीपति विष्णु के लिए बनाना चाहिए।

अमृतोद्भवः —

कर्णे शृङ्गत्रयं कुर्यात्प्ररथः पूर्वकल्पितः।
अमृतोद्भवनामासौ प्रासादः सुरपूजितः॥ 26॥

इत्यमृतोद्भवः।

कर्णों पर तीन शृङ्ग करें और प्ररथ पहले की तरह ही करें तो उसे अमृतोद्भव नाम का प्रासाद कहा जाता है। यह देवताओं से पूजित होता है।

हिमवान् प्रासादः —

द्वे द्वे शृङ्गे प्रतिरथे त्यमृतोद्भवसंस्थितौ।
हिमवान् द्वे उरःशृङ्गे पूज्यः सुरनरोरगैः॥ 27॥

इति हिमवान् प्रासादः।

अमृतोद्भव के स्थान पर प्रतिरथ पर दो-दो शृङ्ग स्थित हो, ऐसा हिमवान् प्रासाद दो ऊरुशृङ्गों का होगा। यह सुर नर व नागों पूजित होता है।

हेमकूटः —

उरःशृङ्गत्रयं भद्रे नन्दिका तिलकान्विता।
हेमकूटस्तदा नाम प्रकर्तव्यस्त्रिमूर्तिके ॥ 28 ॥

इति हेमकूटः।

भद्र-भिति पर तीन ऊरुशृङ्ग तथा तिलक युक्त नन्दिका हो तो हेमकूट नाम का प्रासाद बनता है जो त्रिमूर्तियों (ब्रह्मादि तीनों देवों) के लिए बनता है।

कैलासः —

नन्दिकाग्रान्ततः शृङ्गं रेखाश्च तिलकोत्तमाः।
कैलासश्च तदा नाम ईश्वरस्य सदाप्रियः ॥ 29 ॥

इति कैलासः।

नन्दिका के आगे की और शृङ्ग, रेखा और तिलकोत्तम हो तो कैलास नाम का प्रासाद बनता है जो ईश्वर (शिव) के लिए सदा ही प्रिय कहा गया है।

पृथ्वीजयः —

रेखोर्ध्वे तिलकं त्यक्त्वा शृङ्गं तत्रैव कारयेत्।
पृथ्वीजयस्तदा नाम कर्तव्यः सर्वदैवते ॥ 30 ॥

इति पृथ्वीजयः।

प्रासाद रेखा के ऊपर के तिलक को न बनाकर वहाँ शृङ्ग बनाएँ तो पृथ्वीजय नाम का प्रासाद बनता है। यह सब देवताओं के लिए होता है।

इन्द्रनीलः —

षोडशांशकविस्तारे द्विभागः कर्णविस्तरः।
नन्दिका चैकभागेन द्व्यंशःप्रतिरथस्तथा ॥ 31 ॥

इन्द्रनील प्रासाद के लिए सोलह भागों के विस्तार में दो भाग कर्ण के विस्तार के लिए, एक भाग की नन्दिका तथा दो भाग का प्रतिरथ हो।

पुनर्नन्दी भवेद्भागं भद्रं वेदांशविस्तरम्।
समस्तं समनिष्कासं भद्रे भागो विनिर्गमः ॥ 32 ॥

पुनः नन्दी एक भाग का हो और भद्र-भित्ति चार भाग के विस्तार की हों। समस्त सम निकास वाले हों और भद्र-भित्ति का एक भाग का निकास हो।

चतुःषष्ठ्यंशको गर्भो वेष्टितो भित्तिभागतः।

बाह्यभित्तिर्भवेद्भागा द्विभागा च भ्रमन्तिका॥ 33॥

चौंसठ भाग का गर्भगृह हो जिसके चारों और एक भाग की भित्ति हो तथा बाह्य भित्ति भी एक भाग की हो और दो भाग की भ्रमन्तिका (भ्रमणी) हों।

कर्णे शृङ्गद्वयं कार्यं शिखरं सूर्यविस्तरम्।

नन्दिकायां तु तिलकं प्रत्यङ्गं च द्विभागिकम्॥ 34॥

कर्ण-कोनों पर दो शृङ्ग करें और शिखर को बारह भाग के विस्तार का करें। इसके नन्दिका, तिलक और प्रत्यङ्ग दो-दो भागों के हों।

शृङ्गद्वयं प्रतिरथे उरःशृङ्गं षडंशकम्।

शृङ्गद्वयं नन्दिकायामुरःशृङ्गं युगांशकम्॥ 35॥

प्रतिरथ पर दो शृङ्ग हो तथा उरुशृङ्ग छह भाग का हों, नन्दिका के दो शृङ्ग हों तथा उरुशृङ्ग चार भाग के हों।

द्विभागं भद्रशृङ्गं तु शृङ्गार्धे चैव निर्गमः।

कर्णे प्रतिरथे चैव ह्युदकान्तरभूषितम्॥ 36॥

दो भाग के भद्र शृङ्ग और शृङ्ग के आधे के बराबर निकास हों। कर्ण-कोनों और प्रतिरथों पर उदकान्तर (परनाले) हों।

इन्द्रनीलस्तदा नाम इन्द्रादिसुरपूजितः।

वल्लभः सर्वदेवानां शिवस्यापि विशेषतः॥ 37॥

इतीन्द्रनील:।

ऐसा इन्द्रनील नामका प्रासाद इन्द्रादि सुरों से पूजित तथा सब देवताओं का प्रिय प्रासाद शिव को भी विशेष प्रिय होता है।

महानील: —

कर्णे नन्दी तथा शृङ्गं रेखोर्ध्वे तिलकं तथा।

महानीलस्तदा नाम कर्तव्यः सर्वदैवते॥ 38॥

इति महानील:।

कोनों पर नन्दी और शृङ्ग हों तथा रेखा के ऊपर की ओर तिलक हों तो महानील नाम का प्रासाद होता है जो सभी देवताओं के लिए बनाना चाहिए।

भूधर: —

कार्यं शृङ्गं च तिलके रेखा मध्ये प्रशस्यते।

भूधरस्स समाख्यातः प्रासादो देवतालयः ॥ 39 ॥

इति भूधरः।

शृङ्ग और तिलकों का बनाना रेखा के मध्य में प्रशस्त कहा गया है। इससे भूधर नाम का ख्यात प्रासाद बनता है जिसमें देवगण आश्रय लेते हैं।

इत्यमनन्तर रत्नकूटः —

भूधरस्य यथा प्रोक्तं द्विभागं वर्द्धयेत् पुनः।
पूर्ववद् दलसङ्ख्यायां भद्रपार्श्वे द्विनन्दिके ॥ 40 ॥

जैसा कि भूधर के लिए कहा गया है, यदि उसमें पुनः दो भाग बढ़ाए जाएँ और दलों की संख्या भी पहले की तरह ही रखें तथा भद्र-भित्ति के पार्श्व में दो नन्दिका बनाएँ।

द्विभागं बाह्यभित्तिश्च शेषं पूर्वप्रकल्पितम्।
तलच्छन्दमिति ख्यातमूर्ध्वमानमतः शृणु ॥ 41 ॥

बाह्य भित्तिका दो भाग की व शेष पहले की ही तरह रखें। यह इसका तलच्छन्द कहा गया, अब ऊर्ध्वमान को सुनो!

कर्णे द्विशृङ्गं तिलकं शिखरं सूर्यविस्तरम्।
तिलके द्वे नन्दिकायां प्रत्यङ्गं तु द्विभागिकम् ॥ 42 ॥

कोनों पर दो तिलक हों और शिखर बारह भाग के विस्तार का तथा नन्दिका पर दो तिलक और प्रत्यङ्ग भी दो भागों का हों।

शृङ्गत्रयं प्रतिरथे षड्भागा चोरुमञ्जरी।
तिलके द्वे पुनर्नन्द्यामुरःशृङ्गं युगांशकम् ॥ 43 ॥

प्रतिरथों पर तीन शृङ्ग हो और छह भाग की ऊरुमञ्जरी हों। नन्दी पर पुनः दो तिलक हो और ऊरुशृङ्ग चार भाग का हों।

नन्द्यां च शृङ्गतिलके त्रिभागा चोरुमञ्जरी।
द्विभागं भद्रशृङ्गं च अर्धे चार्धे तु निर्गमः ॥ 44 ॥

नन्दी पर शृङ्ग और तिलक तथा तीन भाग की ऊरुमञ्जरी, दो भाग का भद्रशृङ्ग और आधे का आधा अर्थात् चतुर्थांश का निकास हों।

रत्नकूटस्तदा नाम शिवलिङ्गेषु कामदः।
प्रशस्तः सर्वदेवेषु राज्ञां तु जयकारणम् ॥ 45 ॥

इति रत्नकूटः।

ऐसा प्रासाद रत्नकूट नाम का होगा। शिवलिङ्गों के अर्थ में यह सर्व कामना पूर्ति करने वाला व प्रशस्त कहा है। यह सब देवताओं के लिए तथा राजाओं के लिए जय का कारण होता है।

रत्ननामात्वैडूर्य्यः —

शृङ्गं तृतीयं रेखोर्ध्वे कर्तव्यं सर्वशोभनम्।
वैडूर्य्यश्च तदा नाम कर्तव्यः सर्वदैवते॥ 46॥

इति वैडूर्य्यः।

(अब रत्नों के नाम से बनने वाले प्रासादों में) शिखर की रेखा के ऊपर तीसरा शृङ्ग शोभायमान करे तो उसे वैडूर्य प्रासाद कहते हैं। यह सभी देवताओं के लिए है।

पद्मराग: —

तथैव तिलकं नन्द्यां शृङ्गयुग्मं तु संस्थितम्।
पद्मरागस्तदा नाम सर्वदेवसुखावहः॥ 47॥

इति पद्मरागः।

इसी तरह शृङ्ग युग्मों पर तिलक व नन्दी को बनाएँ तो वह प्रासाद पद्मराग (पुखराज) नाम का होगा। सब देवताओं को सुखदाई होता है।

वज्रक: —

रेखोर्ध्वे च ततः शृङ्गं कर्तव्यं सर्वशोभनम्।
वज्रकश्चेति नामासौ शक्रादिसुरवल्लभः॥ 48॥

इति वज्रकः।

रेखाओं के ऊपर सर्वशोभायमान शृङ्ग करें तो उसे वज्रक नाम का प्रासाद कहेंगे जो इन्द्रादि सभी देवताओं को प्रिय कहा गया है।

मुकुटोज्ज्वल: —

भक्ते विंशतिधा क्षेत्रे द्विभागः कर्णविस्तरः।
सार्धभागं भवेन्नन्दी कर्णवत्प्रथस्तथा॥ 49॥

(मुकुटोज्ज्वल प्रासाद के लिए) क्षेत्र को बीस भागों में विभाजित करें। उनमें दो भाग कर्ण के विस्तार के लिए, डेढ़ भाग नन्दी के लिए तथा कर्ण की तरह ही दो भाग का प्रथ करें।

पुनर्नन्दी सार्धभागं भागा वै भद्रनन्दिका।
वेदांशो भद्रविस्तार एकभागस्तु निर्गमः॥ 50॥

पुनः नन्दी डेढ़ भाग से और एक भाग की भद्रनन्दिका बनाएँ। चार भाग का भद्र-भित्ति का विस्तार रखें जो एक भाग के निकास से युक्त हों।

द्विभागा बाह्यभित्तिश्च द्विभागा च भ्रमन्तिका।
तत्समा मध्यभित्तिश्च गर्भोऽष्टांशैः प्रकल्पितः॥ 51॥

दो भाग की बाह्य भित्ति और दो भाग की भ्रमन्तिका और उसी के समान दो भाग मध्य भित्तिका रखें। गर्भगृह आठ भागों का बनाएँ।

कर्णे द्विशृङ्गं तिलकं रेखा द्विसप्तविस्तरा।
नन्द्यां शृङ्गं च तिलकं प्रत्यङ्गं तु तदूर्ध्वतः॥ 52॥

कर्ण-कोनों पर दो शृङ्ग और तिलक बनाएँ और रेखा को चौदह भाग की विस्तार वाली रखें और उसके ऊपर नन्दी, शृङ्ग, तिलक और प्रत्यङ्ग बनाएँ।

शृङ्गत्रयं प्रतिकर्णे सप्तांशा चोरुमञ्जरी।
नन्द्यां शृङ्गं च तिलकमुरःशृङ्गं षडंशकम्॥ 53॥

प्रतिकर्ण-कोनों पर तीन शृङ्ग करें और सात भाग की ऊरुमञ्जरी बनाएँ। नन्दी, शृङ्ग और तिलक तथा ऊरुशृङ्ग छह भागों के प्रमाण के हों।

भद्रनन्द्यां तथा शृङ्गमिषुभागोरुमञ्जरी।
भद्रशृङ्गं द्विभागं स मुकुटोज्ज्वलउच्यते॥ 54॥

इति मुकुटोज्ज्वलः।

भद्र-भित्ति पर की नन्दी तथा शृङ्ग, ऊरुमञ्जरी पाँच भागों की हों। भद्र-भित्ति का शृङ्ग दो भागों का हो तो यह मुकुटोज्ज्वल नाम का प्रासाद होता है।

ऐरावतः —

रेखोर्ध्वे च ततः शृङ्गं कर्तव्यं सर्वकामदकम्।
ऐरावतस्तदा नाम शक्रादिसुरवल्लभः॥ 55॥

इत्यैरावतः।

यदि रेखा के ऊपर शृङ्ग हो तो सब कामनाओं को पूर्ण करता है। इस प्रासाद को ऐरावत नाम दिया है। इसे इन्द्रादि देवताओं का प्रिय प्रासाद कहते है।

राजहंसः —

तथैव तिलकं कुर्याद् भद्रकर्णे तु शृङ्गकम्।
राजहसंः समाख्यातः कर्तव्यो ब्रह्ममन्दिरे॥ 56॥

इति राजहंसः।

इसी प्रकार तिलक बनाए और भद्रकर्ण पर शृङ्ग बनाएँ तो वह प्रासाद राजहंस नाम का होगा। इस प्रासाद को ब्रह्मा हेतु बनाएँ।

पक्षिराजः —

रेखोर्ध्वे च ततः शृङ्गं कर्तव्यं सर्वकामदम्।
पक्षिराजस्तदा नाम कर्तव्यः स श्रियः पतेः ॥ 57 ॥

पक्षिराजः।

रेखा के ऊपर शृङ्ग हो जो सब कामना पूर्ण करता है तो वह पक्षिराज नाम का प्रासाद श्रीपति विष्णु को प्रिय बनता है।

वृषभः —

द्वाविंशत्या विभक्ते च द्विभाग भित्तिका भवेत्।
भ्रमणी तत्समा चैव पुनर्भित्तिश्च तत्समा ॥ 58 ॥

(वृषभ प्रासाद के लिए) क्षेत्र को बाईस भागों में विभाजित करें। उसमें से दो भाग की भित्ति का होती है। भ्रमणी भी उसके समान ही दो भागों की होती है। जो भित्ति बनाएँ, वह भी दो भागों की हों।

शतमूलपदैर्गर्भः कर्तव्यो लक्षणान्वितः।
कर्णप्रतिरथरथोपरथा द्वि द्वि विस्तराः ॥ 59 ॥

(इस तरह 6 + 6 = 12 भाग निकलने पर जो शेष दस भाग बनते हैं) इनमें गर्भगृह लक्षणों युक्त बनाना चाहिए। कर्ण, प्रतिरथ, रथ और उपरथ दो-दो भागों के विस्तार का बनाएँ।

भद्रनन्दी भवेद् भागं वेदांशो भद्रविस्तरः।
भागो भद्रे निर्गमः स्याच्छेषा वै पूर्वकल्पिताः ॥ 60 ॥

भद्रनन्दी को एक भाग की और भद्र का विस्तार चार भाग का तथा भद्र का निर्गम एक भाग और शेष सभी पूर्वानुसार ही रखें।

कर्णे द्विशृङ्गं तिलकं शिखरं षोडशांशकम्।
शृङ्गद्वयं प्रतिरथे प्रत्यङ्गं च त्रिभागिकम् ॥ 61 ॥

कर्णों पर दो शृङ्ग, तिलक हो और शिखर सोलह भाग का हो जिसके प्रतिरथ पर दो शृङ्ग और प्रत्यङ्ग तीन भागों का होना चाहिए।

रथे शृङ्गत्रयं कुर्याच्छृङ्गोर्ध्वे चोरुमञ्जरी।
द्वे द्वे शृङ्गे उपरथे उरःशृङ्गं षडंशकम् ॥ 62 ॥

रथ पर तीन शृङ्ग करें और शृङ्गों पर ऊरुमञ्जरी बनाएँ। उपरथ पर भी दो-दो शृङ्ग बनाएँ और ऊरुशृङ्ग को छह भाग का करें।

भद्रनन्द्यां भवेच्छृङ्गं वेदाशां चोरुमञ्जरी।
द्विभागं भद्रशृङ्गं च कर्तव्यं च मनोरमम्॥ 63॥

भद्रनन्दी पर शृङ्ग हों और ऊरुमञ्जरी चार भागों की हों। दो भाग के भद्रशृङ्ग बड़े मनोरम सुन्दर बनाने चाहिए।

सप्तनवत्यण्डकयुक्[97] **कर्तव्यो लक्षणान्वितः।**
वृषभो नाम विख्यात ईश्वरस्य सदा प्रियः॥ 64॥

इति वृषभः।

यह सत्तानवें अण्डकों से युक्त लक्षणों वाला वृषभ नामका प्रासाद ईश्वर शिव को सदा ही प्रिय कहा गया है।

मेरुप्रासादः —

कर्णे शृङ्गत्रयं चैव एकोत्तरशताण्डकः[101] **।**
मेरुश्चापि समाख्यातः कर्तव्यश्च त्रिमूर्तिके॥ 65॥

इति मेरुप्रासादः।

कर्णों पर तीन शृङ्ग हों और एक सौ एक अण्डक हो तो यह मेरु नामक विख्यात प्रासाद होगा। इस प्रासाद को त्रिमूर्ति लिए बनाना चाहिए।

सर्वस्य हेममेरोश्च यत्पुण्यं त्रिः प्रदक्षिणैः।
कृते शैलेष्टकाभिश्च तत्पुण्याल्लभतेऽधिकम्॥ 66॥

सोने के सभी मेरुओं की तीन प्रदक्षिणा करने का जो पुण्य होता है, उससे अधिक पुण्य शैल-पाषाण और ईंटों के मेरु प्रासाद के बनाने से होता है।

हरो हिरण्यगर्भश्च हरिर्दिनकरस्तथा।
एते देवाः स्थित मेरो नान्येषां स कदाचन॥ 67॥

हरि (विष्णु), हिरण्यगर्भ (ब्रह्मा) और हर (शिव) और दिनकर (सूर्य)— ये सब देवता ही मेरु के अन्तर्गत प्रतिष्ठित हो सकते हैं, इनके अतिरिक्त अन्य कोई भी कभी इस कोटि के प्रासाद में स्थापित नहीं हो सकता है।

इति सूत्रसन्तानगुणकीर्तिप्रकाशप्रोक्तश्रीभुवनदेवाचार्योक्तापराजितपृच्छायां
केशर्यादिसान्धारप्रासादनिर्णयोधिकारो नामैकोनषष्ट्युत्तरशततमं सूत्रम्॥ 159॥

इस प्रकार भुवनदेवाचार्य कृत सूत्रसन्तानगुणकीर्ति प्रकाश या अपराजितपृच्छा में केशर्यादि
सान्धार प्रासाद निर्णयाधिकार नामक एक सौ उनसठवाँ सूत्र पूर्ण हुआ॥ 159॥

नागरोद्भवविमानपुष्पकप्रासादलक्षणं षष्ट्युत्तरशततमं सूत्रम् ॥ 160 ॥

अधुना नागरोद्भवविमानपुष्पकप्रसादलक्षणं प्रथमं पुष्पकः। विश्वकर्मोवाच —

पुष्पको विजयश्चैव सुभद्रो नन्दश्रीधरौ।
विशालो दुन्दुभिः प्रान्तो गरुडश्चारुवर्धनः ॥ 1 ॥
सिंहः पद्मः सम्भवश्च सुभ्रतश्चामृतोद्भवः।
गृहराजः सिद्धिकामो नन्दिघोषः सुनन्दनः ॥ 2 ॥
तारागणो बृहच्छालो हंसः सर्वाङ्गसुन्दरः।
तथा च पुष्पविजयो मेरुः प्रासादनायकः ॥ 3 ॥
पञ्चविंशतिरित्युक्ताः प्रासादाः पुष्पकादयः।
विमानपुष्पकच्छन्दे सर्वदेवसुखावहाः ॥ 4 ॥

(इस सूत्र में नागरोद्भव विमानपुष्पकादि प्रासादों का वर्णन किया जा रहा है) विश्वकर्मा बोले कि 1. पुष्पक, 2. विजय, 3. सुभद्र, 4. नन्द, 5. श्रीधर, 6. विशाल, 7. दुन्दुभि, 8. प्रान्त, 9. गरुड, 10. चारुवर्धन, 11. सिंह, 12. पद्म, 13. सम्भव, 14. सुभ्रत, 15. अमृतोद्भव, 16. गृहराज, 17. सिद्धिकाम, 18. नन्दीघोष, 19. सुनन्दन, 20. तारागण, 21. बृहत्शाल, 22. हंस, 23. सर्वाङ्गसुन्दर, 24. पुष्पविजय और 25. मेरु जो कि प्रासाद नायक है। ये पच्चीस पुष्पकादि प्रासाद कहे गए हैं। ये पुष्पक छन्द में बने विमान सभी देवताओं को सुख पहुँचाने वाले हैं।

विज्ञेयः केशरी पूर्वं पञ्चाण्डः कर्णशृङ्गतः।
विमानं शिखरं कुर्यान्मत्तालम्बेषु पुष्पकः ॥ 5 ॥

इति पुष्पकः।

पहले केशरी प्रासाद को जानना चाहिए। जो कर्ण से शृङ्ग तक पाँच अण्डकों से युक्त होता है और शिखर विमान प्रासाद आकार में मत्तालम्बों (गोखों) सहित बनता है, उसे पुष्पक प्रासाद कहा जाता है।

विजयः —

छन्दे च दशधा भक्ते कर्णे शृङ्गे तु नन्दनः।
मल्लतलोर्ध्वरेखायां विजयः पुष्पकद्वयात् ॥ 6 ॥

इति विजयः।

विजय संज्ञक प्रासाद के लिए क्षेत्र को दस भागों में विभाजित करें और कर्ण तथा शृङ्ग पर नन्दन तथा मल्लतल को ऊर्ध्व रेखाओं में बनाएँ। यह विजय प्रासाद नामक दूसरा पुष्पक कहा गया।

सुभद्रनन्दः —

केशरी च प्रतिरथे सुभद्रः सर्वकामदः।
कर्णोर्ध्वे केशरी कार्यः पूर्ववन्नन्दसञ्ज्ञकः॥ 7॥

इति सुभद्रनन्दौ।

प्रतिरथ पर केशरी छन्द से सुभद्र प्रासाद सब कामनाओं को पूरा करने वाला बनता है। कर्णों के ऊपर केशरी छन्द करने पर पहले की भाँति नन्दन नामक प्रासाद बनता है।

श्रीधरः —

तृतीयो पुष्पको भद्रे श्रीधरश्चेति सञ्ज्ञितः।

इति श्रीधरः।

भद्र पर तीसरा पुष्पक हो तो श्रीधर नामका का प्रासाद कहा जाता है।

विशालः —

मन्दरतिलकरेखा कार्या मल्लतले तथा॥ 8॥
उरुमञ्जरी विमाने तदग्रे पुष्पकद्वयम्।
प्रत्यङ्गे पुष्पकश्चैव विशालः सर्वकामदः॥ 9॥

इति विशालः।

मल्लतल पर मन्दर, तिलक और रेखा करें तथा विमान पर उरुमञ्जरी और उसके आगे दो पुष्पक तथा प्रत्यङ्गों में भी पुष्पक बनाने से विशाल प्रासाद सर्व कामना पूरी करने वाला बनता है।

दुन्दुभिः —

रेखोर्ध्वे तिलकं कुर्याच्छृङ्गं पञ्चाण्डकं खलु।
दुन्दुभिर्नाम प्रासादः कर्त्तव्यः सर्वदैवते॥ 10॥

इति दुन्दुभिः।

यदि रेखा के ऊपर तिलक बनाएँ और सभी शृङ्गों को पाँच अण्डकों से युक्त करें तो यह दुन्दुभि नामका प्रासाद सब देवताओं के लिए होता है।

प्रान्तः —

रेखोर्ध्वे च ततः शृङ्गं पञ्चाण्डकविभूषितम्।
प्रान्तश्चेति समाख्यातः कर्तव्यः शान्तिमिच्छता॥ 11॥

इति प्रान्तः।

रेखा के ऊपर की ओर शृङ्ग पाँच अण्डकों से विभूषित हों तो वह प्रान्त नामका प्रासाद शान्ति चाहने वालों को बनाना चाहिए।

गरुड: —

उरुमञ्जरी प्रत्यङ्गे तां कुर्यात् कुमुदोद्भवाम्।
पुष्पकं मञ्जरीस्थाने गरुडश्चेति सञ्ज्ञितः॥ 12॥

इति गरुड:।

प्रत्यङ्ग पर ऊरुमञ्जरी बनाकर उसे कुमुदोद्भव बनाने और पुष्पक को मञ्जरी के स्थान पर करने से गरुड नामक प्रासाद होता है।

चारुवर्धन: —

पृथ्वीजयो भवेत्पूर्वं शिखरं वै मल्लतलम्।
उरःशृङ्गे पुष्पकस्तु स भवेच्चारुवर्धनः॥ 13॥

इति चारुवर्धन:।

पूर्व में तो पृथ्वीजय छन्द का प्रासाद हो और शिखर मल्लतल के समान हो तथा ऊरुशृङ्गों पर पुष्पक छन्द हो तो वह चारुवर्धन प्रासाद होता है।

सिंह: —

द्विपुष्पकयुतं भद्रं विमाने मञ्जरीद्वयम्।
सिंहसञ्ज्ञः स कर्तव्यो देवीनां शान्तिमिच्छता॥ 14॥

इति सिंह:।

भद्र तो पुष्पक युक्त हो और विमान पर दो मञ्जरी हों तो वह सिंह नामक प्रासाद होगा और इसे देवियों के लिए शान्ति इच्छुकों को बनाना चाहिए।

पद्म: —

पञ्चाण्डकानि शृङ्गाणि रेखोर्ध्वे तिलकं शुभम्।
पद्मसञ्ज्ञकस्तदा नाम कर्तव्यः सर्वदैवते॥ 15॥

इति पद्म:।

शृङ्गों पर पाँच अण्डक हों और रेखा के ऊपर शुभ तिलक बनें हों तो ऐसा पद्म नाम का प्रासाद सब देवताओं के लिए बनाना चाहिए।

सम्भव: —

कर्तव्या च तृतीयोरुमञ्जरी कुमुदोद्भवा।
तदग्रे पुष्पको नन्द्यां तिलकं स तु सम्भवः॥ 16॥

इति सम्भव:।

तीसरी ऊरुमञ्जरी करने पर कुमुदोद्भव बनता है और उसके आगे पुष्पक और नन्दी तथा तिलक बनाने पर सम्भव नामक प्रासाद बनता है।

सुभ्रतः —

पञ्चाण्डकश्च रेखोर्ध्वे सुभ्रतो नाम शोभनः।

इति सुभ्रतः।

रेखा के ऊपर यदि पाँच अण्डक बनें तो ऐसा शुभ प्रासाद सुभ्रत नाम से जाना जाता है।

अमृतोद्भवः —

शृङ्गाणि भद्रकर्णेष्वमृतोद्भवो द्विपुष्पकः॥ 17॥

इत्यमृतोद्भवः।

भद्र के कर्णों पर शृङ्ग हों तो द्विपुष्पक प्रासाद अमृतोद्भव नामक होगा।

गृहराजः —

रेखोर्ध्वे तिलकं चैव पुष्पकाकारसंस्थितम्।
गृहराजस्तदा नाम कर्तुः सन्तानवर्द्धनः॥ 18॥

इति गृहराजः।

रेखा के ऊपर तिलक बना हो और पुष्पक के आकार में स्थित हो तो वह गृहराज नामक प्रासाद होगा जो कि कर्ता के सन्तान की वृद्धि करता है।

सिद्धिकामः —

इन्द्रनीले मूलरेखा उरःशृङ्गे तु पुष्पकः।
प्रत्यङ्गे पञ्च तद्रूपाः सिद्धिकामः स उच्यते॥ 19॥

इति सिद्धिकामः।

इन्द्रनील पर मूलरेखा हो और ऊरुशृङ्ग पर पुष्पक छन्द हो और प्रत्यङ्गों को भी पुष्पक रूप में ही बनाएँ तो सिद्धिकाम नामक प्रासाद कहलाता है।

नन्दिघोषः —

कार्या ऊर्ध्वेऽर्क $_{12}$ मञ्जर्यः स्वच्छन्दाच्च विमानकाः।
नन्दिघोषस्तदा नाम कर्तव्यः सर्वदैवते॥ 20॥

इति नन्दिघोषः।

ऊपर की ओर बारह मञ्जरियाँ बनाएँ और विमान का स्वच्छन्द बनाएँ तो ऐसा प्रासाद नन्दिघोष नामक होगा। इसे सब देवताओं के लिए बनाएँ।

सुनन्दनः —

तस्य शृङ्गाणि सर्वाणि कुर्यात् पञ्चाण्डकानि च।
सुनन्दस्तदा नाम सर्वशान्तिप्रदः सदा॥ 21॥

इति सुनन्दनः।

उसके सभी शृङ्गों को पाँच अण्डकों से युक्त करें तो ऐसा सुनन्दन नाम का प्रासाद सदा सबको शान्ति प्रदाता होता है।

तारागणः —

प्रत्यङ्गे च उरःशृङ्गं कुर्यात् तु कुमुदोपमम्।
रेखोर्ध्वे चैव तिलकं स तारागण उच्यते॥ 22॥

इति तारागणः।

प्रत्यङ्गों पर उरुशृङ्ग कुमुद की उपमा का करें और रेखा के ऊपर तिलक बनाएँ। ऐसे को तारागण प्रासाद कहते हैं।

बृहच्छालः —

भद्रे कर्णे च शृङ्गाणि मत्तालम्बद्वयं तथा।
बृहच्छालस्तु नाम्नाऽसौ कर्तव्यः सर्वदैवते॥ 23॥

इति बृहच्छालः।

भद्र, कर्ण और शृङ्गों पर दो मतालम्ब (गोख) बनाए जाएँ तो उसे बृहत्छाल (बृहद् शाल) नाम का प्रासाद कहेंगे, जो सब देवताओं के लिए बनाना चाहिए।

हंसः —

रेखोर्ध्वे च ततः शृङ्गं पञ्चाण्डकविभूषितम्।
हंस नामा स च प्रोक्तः सर्वदेवेषु शाश्वतमम्॥ 24॥

इति हंसः।

रेखा के ऊपर शृङ्ग हो जिन पर पाँच अण्डकों की शोभा हो तो ऐसा प्रासाद हंस नाम का होगा और वह सभी देवताओं के लिए शाश्वत कहा गया है।

सर्वाङ्गसुन्दरः —

रत्नकूटे मूलरेखा कार्यं मल्लतलं तथा।
पुष्पकाश्च त्रयो भद्रे विमाने चोरुमञ्जरी॥ 25॥
सर्वाङ्गसुन्दरो नाम कर्तव्यस्तु शिवात्मजे।

जिसमें रत्नकूट पर मूलरेखा हो, मल्लतल बनाया हो, तीन पुष्पक भद्र पर हों

और विमान पर उरुमञ्जरी हो तो ऐसा सर्वाङ्गसुन्दर नामक प्रासाद शिवात्मज (गणेश) के लिए बनाएँ।

पुष्पविजय: —

उरुमञ्जरी प्रत्यङ्गे तदग्रे च द्विपुष्पकम्॥ 26॥
रेखोर्ध्वे तिलकं कुर्यात् पुष्पकाकाररूपकः।
स ख्यातः पुष्पविजयः कर्तव्यः सर्वकामदः॥ 27॥

उरुमञ्जरी प्रत्यङ्गों पर और उसके आगे दो पुष्पक तथा रेखा के ऊपर तिलक बनाएँ जो पुष्पक के आकार के रूप का हों तो वह पुष्पविजय कहलाता है। उसे सब कामनाओं की पूर्ति हेतु करें।

मेरुः —

तस्य शृङ्गाणि सर्वाणि कुर्यात्पञ्चाण्डकानि च।
मेरुसञ्ज्ञकमित्येव सर्वकामप्रदायकम्॥ 28॥

उक्त प्रासाद के सभी शृङ्गों पर भी पाँच अण्डक बनाएँ तो वह मेरु नामक प्रासाद सर्वकामनाओं की पूर्ति करने वाला बनता है।

अन्यदप्याह —

मल्यातलं द्वादशधा द्विभागः कर्णविस्तरः।
सार्धभागः प्रतिरथो भागार्धा चैव कर्णिका॥ 29॥

(इसी के अन्तर्गत) मल्या तल बारह भागों का हों, उसमें दो भाग का कर्ण विस्तार हों और डेढ़ भाग का प्रतिरथ और आधे भाग की कर्णिका हों।

चतुर्भागायतं भद्रमर्धभागं तु निर्गतम्।
कर्णानुगानि शृङ्गाणि भूमिजे पञ्चभूमवत्॥ 30॥

इसी प्रकार चार भाग के विस्तार में भद्र हो जो आधा भाग के निकास युक्त हो और शृङ्ग सभी कर्णों के अनुगामी हो जो पञ्चभूमिवत भूमिज की तरह हों।

श्रीवत्से कर्णशृङ्गाणि पञ्चभू भूमिजे यथा।
कर्णिका चार्धभागा स्यात्पञ्चभद्रं विमानके॥ 31॥

श्रीवत्स पर कर्ण शृङ्ग हों और भूमिज के पञ्चभूम के समान हों। कर्णिका आधे भाग की और पञ्च भद्र-भित्तियाँ विमान प्रासाद के अनुरूप हों।

भद्रे कर्णे च शृङ्गाणि त्रिभूमे भूमिजे यथा।
कुमुदाख्यस्तदा नाम भद्रलक्षणसंयुतः॥ 32॥

इसके अतिरिक्त भद्रों-भित्तों पर कर्णों पर, शृङ्गों पर भूमिज की तरह ही तीन भूमियाँ-मंजिले हों तो वह कुमद नामका भद्रलक्षण युक्त प्रासाद होता है।

इति सूत्रसन्तानगुणकीर्तिप्रकाशप्रोक्तश्रीभुवनदेवाचार्योक्तापराजितपृच्छायां नागरोद्भवविमानपुष्पकप्रासादलक्षणाधिकारो नाम षष्ट्यत्तरशततमं सूत्रम्॥ 160॥

इस प्रकार भुवनदेवाचार्य कृत सूत्रसन्तानगुणकीर्ति प्रकाश या अपराजितपृच्छा में नागरोद्भव विमान पुष्पक प्रासाद लक्षण अधिकार नामक एक सौ साठवाँ सूत्र पूर्ण हुआ॥ 160॥

कुम्भकाद्युद्भवप्रासादात्मकमेकषष्ट्युत्तरशततमं सूत्रम्॥ 161॥

अधुना कैलासच्छन्दजाः कुम्भकादि पञ्चविंशतिप्रासादा। विश्वकर्मोवाच —

अथातः सम्प्रवक्ष्यामि प्रासादानां तु लक्षणम्।
नामपादप्रमाणं च प्रयुक्तं कुम्भकादिकम्॥ 1॥

(इस सूत्र में कैलास छन्द से बनने वाले कुम्भकादि पच्चीस प्रासादों का वर्णन है) विश्वकर्मा बोले कि अब मैं कुम्भकादि प्रासादों में प्रयुक्त होने वाले नाम, पाद-प्रमाण एवं उनके लक्षणों की ठीक-ठीक प्रकार से कहता हूँ।

तेषां नामानि —

कुम्भकः स्वामिभद्रश्च गरुडश्च सुशीलकः।
स्वस्तिकश्चैव कैलासो नलिनो भिन्नमन्दरः॥ 2॥
गजभद्रस्तथा तुङ्ग उदकुम्भश्च मोदकः।
गवाक्षः सिंहभद्रश्च इन्द्रमिश्रश्च नन्दकः॥ 3॥
पद्माक्षः कीर्तिदश्चैव वज्रकश्चन्द्रहर्षणौ।
निषधो नाम प्रासादः सर्वकामार्थसाधनः॥ 4॥
सर्वाङ्गतिलको ज्ञेयः स्वामिभरण एव च।
भिन्मेरुस्तथा नाम प्रासादा देवदुर्लभाः॥ 5॥

इनके नाम हैं—1. कुम्भक, 2. स्वामीभद्रक, 3. गरुड, 4. सुशीलक, 5. स्वस्तिक, 6. कैलास, 7. नलिन, 8. भिन्नमन्दर, 9. गजभद्र, 10. तुङ्ग, 11. उदकुम्भ, 12. मोदक, 13. गवाक्ष, 14. सिंहभद्र, 15. इन्द्रमिश्र, 16. नन्दक, 17. पद्माक्ष, 18. कीर्तिद, 19. वज्रक, 20. चन्द्रक, 21. हर्षक, 22. निषध, 23. सर्वाङ्गतिलक, 24. स्वामिभरण और 25. भिन्नमेरु। इन नामों वाले प्रासाद देवों को भी दुर्लभ होते हैं।

कैलासच्छकोत्पन्नाद्य कुम्भकप्रासादा: —

वेदाश्रमष्टभिर्भक्तं कर्णान्ते तु सुवृत्तकम्।
पीठोपपीठजङ्घाश्च मेखलाकूटच्छाद्यकम्॥ 6॥
वृत्ताकारं सर्वमिदं संपादं शृङ्गमुन्नतम्।

(इनके तल छन्द के लिए सर्वप्रथम अधिगृहीत) चौकोर क्षेत्र को आठ भागों में विभाजित करके कर्णान्त तक को अच्छे गोलाकार में बनाकर, पीठ, उपपीठ, जङ्घा, मेखला, कूट और छाद्य— सभी को वृत्ताकार बनाएँ और शृङ्ग को सवाया प्रमाण से ऊँचा बनाएँ।

घण्टाकलशशोभाढ्यं प्राग्ग्रीवाग्रसुशोभितम्॥ 7॥
कैलासच्छन्दकोत्पन्न आद्यः कुम्भकसञ्ज्ञितः।
कुम्भकादिसमुत्पन्नाः प्रासादाः पञ्चविंशतिः$_{25}$॥ 8॥

उस पर घण्टा-आमलसार तथा कलश से शोभित करें। उसके आगे प्राग्रीव-पाटड़ा सुन्दर शोभायमान करें तो यह कैलास छन्द का प्रासाद आद्य कुम्भक कहलाता है। इस तरह कुम्भकादि से उत्पन्न प्रासाद पच्चीस होते हैं।

स्वामिभद्रः —

परिधावष्टधा भक्ते द्विद्व्यंशं दिक्षु भद्रकम्।
निर्गमश्चार्धभागेन स्वामिभद्रश्च नामतः॥ 9॥

इस विधि से ही वृत की परिधि को आठ भागों में विभाजित करके दो-दो भागों के भद्रक-भित्तियाँ करें जिनका निकास आधे भाग का हो तो वह प्रासाद स्वामिभद्र नाम का होता है।

पक्षिराजसुशीलस्वस्तिकश्च —

प्रतिभद्रे पक्षिराजः सुशीलो वारिमार्गतः।
कर्णाष्टकं चाष्टभद्रं स्वस्तिकः स तु नामतः॥ 10॥

इसके यदि प्रतिभद्र बनाए जाएँ पर वह पक्षीराज (गरुड) और वारिमार्ग (परनाला) युक्त हो तो सुशील नामक प्रासाद होता है। आठ कोने और आठ ही भद्रों से युक्त हो तो स्वस्तिक नाम का प्रासाद बनता है।

कैलासः —

भद्रकर्णकयोर्मध्ये भद्रपादे तु कर्णिका।
कैलासश्च तदा नाम सिद्धकिन्नरसेवितः॥ 11॥

भद्र-भित्ति और कोनों के मध्य में भद्र-भित्ति के पाद में कर्णिका हो तो वह कैलास नामका सिद्धों और किन्नरों से सेवित प्रासाद बनता है।

नलिनः —

कुर्याद् भद्राणि तस्यैव भद्रार्धेन निर्विर्गतम्।
नलिनश्च तदा नाम कर्तव्यो देवतालयः ॥ 12 ॥

यदि भद्र-भित्तों को वैसे ही बनाए किन्तु उनको भद्र के आधे के बराबर निकास दे तो वह नलिन नाम का प्रासाद बनता है। इसे सभी देवों के आलय के रूप में बनाना चाहिए।

भिन्नमन्दरः —

षोडशोरस्कशृङ्गाणि अष्टभद्रं तु योजयेत्।
स भिन्नमन्दरः ख्यातः कर्तव्यः सर्वशान्तिदः ॥ 13 ॥

यदि आठों भद्रों पर सोलह ऊरुशृङ्गों को बनाएँ तो वह भिन्नमन्दर नाम का प्रासाद सबको शान्ति देने वाला होता है।

गजभद्रः —

चतुर्भद्रेषु प्राग्ग्रीवा गजभद्रश्च नामतः।

चारों भद्रों-भित्तों पर प्राग्रीव-पाटड़ा हो तो वह गजभद्र नामक प्रासाद होता है।

तुङ्गः —

कीर्णवृत्तेषु कर्णेषु तुङ्गनामा स उच्यते ॥ 14 ॥

उक्त प्रासाद ही यदि कीर्णवृत्तों का हो तो उसको तुङ्ग नाम दिया गया है।

उदकुम्भः —

कर्णाश्च कर्णिकाश्चैव स्वस्ववृत्तसमुद्भवाः।

यदि कर्ण और कर्णिकाएँ भी अपने-अपने वृत से उत्पन्न हो तो उदकुम्भ नाम का प्रासाद होता है।

मोदकः —

उदकुम्भस्तदा नाम मोदकश्चोदकान्तरे ॥ 15 ॥

यदि उसमें उदकान्तर (परनाला) हो तो वह मोदक प्रासाद होता है।

गवाक्षः —

अष्टौ प्राग्ग्रीवकान् कुर्यात् कर्णयोः स्वस्तिकाकृतीन्।
गवाक्षस्तु तदा नाम सिद्धकिन्नरसेवितः ॥ 16 ॥

आठों प्राग्रीवों यानी पाटड़ों को करने पर और कर्णों को भी स्वस्तिकाकार बनाने पर गवाक्ष नामक प्रासाद बनता है जो सिद्धों और किन्नरों से सेवित होता है।

सिंहभद्रः —

भद्रे सिंहावलोका वै उद्गमाकारसंस्थिताः।
अष्टौ भद्रेषु कर्तव्याः सिंहभद्रः स नामतः ॥ 17 ॥

यदि भद्र-भित्तों पर सिंहावलोक-झरोखे हों और उद्गमाकार में स्थित हों, उसके आठों भद्र बनाए तो वह सिंहभद्र नामक प्रासाद होता है।

इन्द्रमिश्रः —

अशीत्यंशैव परिधौ चतुर्भद्रं षडष्टतः।
कर्णाश्च द्विपदा उक्ता भद्रमध्ये त्रयस्त्रयः ॥ 18 ॥
इन्द्रमिश्रस्तदा नाम पूजितस्त्रिदशैरपि।

यदि परिधि अस्सी भागों की हो और चार भद्र अड़सठ भागों में हो तथा भद्रों के मध्य में तीन-तीन दो-दो भाग के कर्ण हों तो वह इन्द्रमिश्र नाम का देवताओं से भी पूजित प्रासाद होता है।

पद्माक्षः —

भद्रे रथाश्चतुष्पादाः षण्णवत्यंशतस्तलम् ॥ 19 ॥
द्वे द्वे शृङ्गे च भद्रेषु पद्माक्षः स तु नामतः।

यदि भद्र पर चार भाग के रथ हों और तल छियानवें भाग का हों और भद्र-भित्तों पर दो-दो शृङ्ग बने हों तो वह पद्माक्ष नाम का प्रासाद होता है।

कीर्तिदः —

कर्णाश्चाष्टदलाः कार्याः कीर्तिदः सर्वशोभनः ॥ 20 ॥

इसमें यदि कर्णों को आठ दल वाले करें तो वह कीर्तिद नाम का सर्वशोभन प्रासाद बनता है।

वज्रकाख्यः —

प्राग्ग्रीवाश्चैव भद्रेषु स्थिता दिक्षु विदिक्षु च।
वज्रकाख्यस्तदा नाम शक्रादिसुरवल्लभः ॥ 21 ॥

यदि दिशाओं और विदिशाओं में भद्रों पर प्राग्रीव-पाटड़े बने हों तो वज्रक नाम का प्रासाद बनता है जो इन्द्रादि सुरों को प्रिय है।

चन्द्रकः —

प्राग्ग्रीवाश्च तथाऽऽलेख्या ईलिकाकारशोभनाः।
चन्द्रकश्च तदा नाम वल्लभो रोहिणीपतेः॥ 22॥

यदि प्राग्रीव-पाटड़ों पर शोभायमान ईलिका लिखें तो वह चन्द्रक नाम का प्रासाद होता है जो रोहिणीपति (चन्द्रमा) का प्रिय है।

हर्षणः —

परिधौ षण्णवत्यंशैर्द्व्यष्टभद्रं चतुष्पदम्।
द्विपदाः षोडशकर्णा हर्षणश्च समीरितः॥ 23॥

यदि परिधि को छियानवें भाग की बनाकर आठ भद्रों को चार भागों की बनाएँ और दो भाग के सोलह कर्ण हो तो हर्षण नामक प्रासाद बनता है।

निषधः —

चतुर्भद्रेषु प्राग्ग्रीवाः कर्तव्याः सर्वकामदाः।
निषधश्च तदा नाम सुरकिन्नरसेवितः॥ 24॥

इसी प्रकार यदि चारों भद्र-भित्तों पर प्राग्रीव-पाटड़े बनाए जाएँ तो निषध नाम का बनने वाला प्रासाद सुर-किन्नरों से सेवित होता है।

सर्वाङ्गतिलकः —

भद्रकेषु च सर्वेषु प्राग्ग्रीवांश्च प्रादपयेत्।
सर्वाङ्गतिलको नाम सर्वदेवेषु पूजितः॥ 25॥

यदि सभी भद्रों-भित्तियों पर प्राग्रीव-पाटड़े रखे जाएँ तो वह सर्वाङ्गतिलक नाम का प्रासाद सभी देवताओं से पूजित होता है।

स्वामिभरणः —

वज्रकस्य तु कर्णांश्च कुर्यादष्टदलाकृतीन्।
आख्यातः स्वामिभरणः पूजितस्त्रिदशैरपि॥ 26॥

जिसमें वज्रक प्रासाद जैसे कर्ण हों और आठ दल की आकृति हो तो वह स्वामिभरण नामक प्रासाद देवताओं से भी पूजित होता है।

भिन्नमेरुः —

कुर्यात् षोडशभद्रेषूरःशृङ्गाद्वयं द्वयम्।
भिन्नमेरुस्तदा नाम सेवितः सिद्धकिन्नरैः॥ 27॥

जिसमें सोलह भद्र-भित्तों पर दो-दो शृङ्ग करें तो वह भिन्नमेरु नाम वाला प्रासाद सिद्धों और किन्नरों से सेवित कहा जाता है।

सर्वे वृत्तास्तु कर्तव्याः प्रासादाः कुम्भकादयः।
कैलासच्छन्दजाश्चैव कुम्भकाद्याश्च कामदाः॥ 28॥

ये सभी कुम्भकादि प्रासाद गोलाकार में बनाने चाहिए जो सभी कैलासछन्द से उत्पन्न हुए हैं। ये कुम्भक प्रासाद से आरम्भ होते हैं और सभी कामनाओं को पूरा करने वाले कहे गए हैं।

इति सूत्रसन्तानगुणकीर्तिप्रकाशप्रोक्तृश्रीभुवनदेवाचार्योक्तापराजितपृच्छायां कुम्भकाद्युद्भवप्रासादाधिकारो नामैकषष्ट्युत्तरशततमं सूत्रम्॥ 161॥

इस प्रकार भुवनदेवाचार्य कृत सूत्रसन्तानगुणकीर्ति प्रकाश या अपराजितपृच्छा में कुम्भक उद्भव प्रासाद अधिकार नामक एक सौ इकसठवाँ सूत्र पूर्ण हुआ॥ 161॥

विमाननागरच्छन्दजपुष्पकादिप्रासादलक्षणात्मकं द्विषष्ट्युत्तरशततमं सूत्रम्॥ 162॥

अधुना विमाननागरच्छन्दजपुष्पकादिप्रासादलक्षणार्थ प्रश्नं। अपराजित उवाच —

विमाननागरच्छन्दे पुष्पकैश्च विभूषिते।
विमानपुष्पकच्छन्दाः क्रमान्नागरजातयः॥ 1॥
कथं विभक्तिच्छन्दाश्च रूपालङ्कारका वृत्ताः।
कथयस्व प्रसादेन विश्वेश जगतः प्रभो॥ 2॥

(इस सूत्र में पूर्व वर्णित 160वें सूत्र के अनुसार विमान नागर छन्द से बनने वाले प्रासादों के लक्षणों को कहा जा रहा है) अपराजित बोले कि पुष्पक जाति वालों से विभूषित नागरछन्द के विमानों और नागर जाति को क्रम में पुष्पक छन्द के विमानों के विभागों, छन्दों, रूपों, अलङ्कारों और वृत्तों के बारे में बताइएँ। हे विश्वेश! जगत प्रभु यह सब कृपापूर्वक कहियेगा।

विश्वकर्मोवाच —

अथातः सम्प्रवक्ष्यामि प्रासादानां तु लक्षणम्।
विभक्तिच्छन्दमाकारं प्रयुक्तं पुष्पकादिकम्॥ 3॥

विश्वकर्मा बोले कि अब मैं प्रासादों (देवमन्दिरों) के लक्षणों में उनके विभाग, छन्द, आकार जो कि पुष्पकादि विमानों में प्रयुक्त होते हैं, को कहता हूँ।

तेषां नामानि —

पुष्पको विजयश्चैव सुभद्रो नन्दश्रीधरो।
विशालो दुन्दुभिः प्रान्तो गरुडश्चारुवर्धनः॥ 4॥
सिंहः पद्मः सम्भवश्च सुव्रतश्चाऽमृतोद्भवः।
गृहराजः सिद्धिकामो नन्दिघोषः सुनन्दनः॥ 5॥
तारागणो बृहच्छालो हंसः सर्वाङ्गसुन्दरः।
तथा च पुष्पविजयो मेरुः प्रासादनायकः॥ 6॥
पञ्चविंशतिरित्युक्ताः प्रासादाः पुष्पकादयः।
वल्लभः सर्वदेवानां विमानपुष्पकास्तथा॥ 7॥

(पहले प्रासादों के नाम) 1. पुष्पक, 2. विजय, 3. सुभद्र, 4. नन्द, 5. श्रीधर, 6. विशाल, 7. दुन्दुभि, 8. प्रान्त, 9. गरुड, 10. चारुवर्धन, 11. सिंह, 12. पद्म, 13. सम्भव, 14. सुव्रत, 15. अमृतोद्भव, 16. गृहराज, 17. सिद्धिकाम, 18. नन्दिघोष, 19. सुनन्दन, 20. तारागण, 21. बृहच्छाल, 22. हंस, 23. सर्वाङ्गसुन्दर, 24. पुष्पविजय और 25. प्रासादों का नायक मेरु— ये पुष्पकादि 25 कहे गए प्रासाद विमान सभी देवताओं को प्रिय हैं।

अथ प्रथम पुष्पकः —

चतुरश्रीकृते क्षेत्रै अष्टाष्टकविभाजिते।
क्षेत्रार्धं च भवेद् भद्रं भद्रार्धं कर्णविस्तरः॥ 8॥
कर्णार्धस्य प्रमाणेन कर्तव्यो भद्रनिर्गमः।
भद्रोपभद्रयुक्कर्ण उदयकान्तरभूषितः॥ 9॥

(इन प्रासादों में प्रथम पुष्पक के लिए) चौकोर समतल क्षेत्र को आठ अष्ठकों में विभाजित करें। इनमें क्षेत्र के आधे भाग के विस्तार में तो भद्र-भित्तियाँ होती हैं और भद्र-भित्तियों के विस्तार के आधे कर्ण विस्तार लिए होते हैं। इन कर्ण विस्तारों के प्रमाणानुसार ही भद्र-भित्तियों का निर्गम निकास रखना चाहिए। भद्र-भित्तियों, उप भद्र-भित्तियों व कर्णों को उदकान्तर (प्रणाल) युक्त बनाना चाहिए।

वेद ऋत्वाङ्गवेदाग्रे वेदगर्भसंस्थितिः ?।
सूर्या भित्त्या भ्रमनेखै वसुयुग्मैस्तलित्विया॥ 10॥
वेदऋत्वाङ्गवेदाश्रे वेद वा लिङ्गपीठयोः।
आयवत्सादि सूर्यैश्च [1]विद्मंशेषभित्तिया:॥ 11॥

1. 'विग्मंशेषभित्तिया: ?' इति प्रकाशित पाठः।

इन भागों में से चार ऋत्वाङ्ग में, चार आगे, चार गर्भ में स्थित, बारह भित्तों में, बारह भ्रमण में, सोलह तलों में, चार ऋत्वान्त में, चार भुजाओं में, चार लिङ्गपीठ में, बारह आय वत्सादि में और शेष भित्तियों में जानें।

पीठोपपीठजङ्घाश्च मेखलामाल्यच्छाद्यकम्।
यन्मानं नागरे प्रोक्तं तच्छस्तं सर्वकामदम्॥ 12॥

इनके पीठ, उपपीठ, जङ्घा, मेखला, माला, छाद्यक आदि का जो मान नागर प्रासादों के सन्दर्भ में बताए है, वे ही इनमें भी प्रशस्त व सर्वकामद कहा गया है।

सान्धारेषु प्रकर्तव्या भद्रे चन्द्रावलोकना।
मण्डोवरपञ्चमांशहीनं भद्रेषु छाद्यकम्॥ 13॥

सान्धार प्रासादों में भद्रों-भित्तियों में चन्द्रावलोकन (झरोखे) बनाने चाहिए। मण्डोवर में पञ्चमांश भाग की कमी रखे और भद्र-भित्तियों पर छाद्यक (छत) बनाएँ।

या तदूर्ध्वे संवरणा घण्टाकूटैरलङ्कृता।
उद्गमे सिंहकर्णाढ्या भद्रे भद्रे प्रशस्यते॥ 14॥

उसके ऊपर संवरणा, घण्टा (आमलसार) और कूट से अलंकृत करें। उसके उद्गम से ही सिंहकर्णों की भरमार प्रत्येक भद्र-भित्ति पर होनी ही चाहिए।

प्रहरस्य ततश्चोर्ध्वे त्रिभागं शृङ्गमुन्नतम्।
लताख्यसर्वतोभद्रं कर्णे कर्णे नवाण्डकम्॥ 15॥

प्रहरस्य-इस ढके हुए डोला के ऊपर तीन भागों में ऊँचे शृङ्ग बनाएँ तो यह लता नाम का सर्वतोभद्र प्रत्येक कोनों पर नव अण्डकों वाला प्रासाद होगा।

षडंशं मूलशिखरमष्टभागसमुन्नतम्।
विमानं पञ्चभूमं च शृङ्गैर्विंशतिभिर्वृतम्॥ 16॥

छह भागों का मूल शिखर जो आठ भाग ऊँचा होगा। यह विमान पाँच मंजिलों वाला और बीस शृङ्गों युक्त गोल आकार में होगा।

अर्धोदयोक्ता घण्टा च विभक्ता पञ्चभागतः।
कण्ठो ग्रीवा कुड्मलं च पद्मच्छत्रोपच्छत्रकम्॥ 17॥
तदूर्ध्वे कलशं स्थाप्यं क्षीरार्णवसमुद्भवम्।

उसके कहे गए आठ भागों के आधे चार भागों के बराबर घण्टा (आमलसार) हो जो पाँच भागों में विभक्त हो जिसमें कण्ठ, ग्रीवा, कुड्मल, पद्मच्छत्र और उपच्छत्रक हों और उनके ऊपर क्षीरार्णव से निकले हुए कलश की स्थापना करें।

मत्तालम्बयुतं भद्रं पुष्पकैः समलङ्कृतम्॥ 18॥

समत्तावरणच्छाद्यं घण्टाकूटैरलङ्कृतम्।

द्वितीयभूमिकोर्ध्वे तु घण्टा वै पुष्पकोन्नता॥ 19॥

इसके मत्तालम्ब (गोख) युक्त भद्र-भित्तियाँ हो जो पुष्पकों से अलंकृत हों तथा समत्तावरण (संवरणा) की छत घण्टा (आमलसार), कूटों से सजी हुई हों। उसकी दूसरी मंजिल पर भी घण्टा (आमलसार) पुष्पक के जितना ही ऊँचा बनाएँ।

इमं यः कारयेच्चैवं प्रासादं पुष्पकाह्वयम्।

पुष्पकीर्णं भवेद्राज्यं स्वर्गे वा भूमिशासने॥ 20॥

इति पुष्पकः।

इस प्रकार से जो कोई (पुष्पक) प्रासादों को पुष्पकों से युक्त यानी पुष्पों की भरमार वाला बनाता है, वह स्वर्ग का अथवा इस पृथ्वी पर शासक होगा।

विजयस्य तलच्छन्दमानाह —

चतुरश्रीकृते क्षेत्रे शतमूलविभाजिते।

भागं भित्तिर्भ्रमो भागं गर्भश्चन्द्रकलांशकैः॥ 21॥

अतश्चैवं निरन्धारान् प्रकुर्याच्च भ्रमैर्विना।

(दूसरे विजय प्रासाद के लिए) चौकोर, समतल क्षेत्र को दस भागों में विभाजित करें। इनमें एक भाग भित्ति, एक भाग का भ्रमण और गर्भ सोलह भाग का करें। इस प्रकार ही बिना भ्रमणी वाले निरन्धार प्रासादों की रचना करनी चाहिए।

षट्त्रिंशत्पदको गर्भः शेषा भित्तिर्द्विभागिका॥ 22॥

द्विभागः कर्णं इत्युक्तो द्विभागो भद्रविस्तरः।

भद्रार्धे च प्रतिष्ठानमुभयोरपि पक्षयोः॥ 23॥

छत्तीस भाग का गर्भगृह और शेष भागों में भित्तियाँ दो-दो भागों की तथा दो भाग के कर्ण और दो भाग का ही भद्र का विस्तार हों। भद्र का आधा अर्थात् एक भाग का प्रतिष्ठान दोनों पक्षों में बनाएँ।

निर्गमश्चैकभागेन भद्रे प्रतिरथेऽथवा।

तलच्छन्दमिति प्रोक्तमूर्ध्वमानमतः शृणु॥ 24॥

प्रतिष्ठान का निर्गम यानी निकास भद्र अथवा प्रतिरथ में एक भाग का होगा। यह सब तलछन्द कहा गया। अब आगे ऊँचाई के मान को सुनो।

इत्यमनन्तर ऊर्ध्वमानमाह —

चतुरो नन्दनान्कर्णे कुर्याच्च विधिपूर्वकम्।
शिखरं चाष्टविस्तार सार्धदिग्भिः समुच्छ्रितम्॥ 25॥
मल्लतलं पञ्चभूमं षष्टिशृङ्गसमावृतम्।
कर्णे पञ्चाण्डकाः कार्याः श्रीवत्सः प्ररथे तथा॥ 26॥

इसमें शिखर का विस्तार आठ भाग का और उसकी ऊँचाई पन्द्रह भागों की, मल्लतल पाँच भूम यानी मंजिला होगा जिसके चारों ओर साठ शृङ्ग बने हों तथा कोणों पर पाँच अण्डक, श्रीवत्स और प्ररथ भी करें।

अर्धोदये भवेद् घण्टा कलशं भूमिजावृतम्।
उरःशृङ्गक्रमयोगे द्वौ द्वौ मत्तावलम्बकौ॥ 27॥

इसकी ऊँचाई के आधे में ही घण्टा (आमलसार), कलश भूमिजावृत में बने हुए तथा ऊरुशृङ्गों का क्रम योग दो-दो मत्तावलम्बों (गोखों) से युक्त होगा।

पीठोपपीठजङ्घाश्च मेखलामाल्छाद्यकम्।
नागरच्छन्द आख्यातः पूर्वमानप्रकल्पितः॥ 28॥

इसके पीठ, उपपीठ, जङ्घा, मेखला, छाद्य और माला सभी नागरच्छन्द के पूर्वमान में प्रकल्पित अनुसार ही कहे गए हैं।

शुकनासाग्रसंयुक्त-दिव्यमण्डपभूषितम्।
जगत्याततयायुक्तं [1]कुर्याच्छृङ्गसमुच्छ्रितम्॥ 29॥

यह प्रासाद शुकनासाग्र से युक्त, दिव्य मण्डप से विभूषित जगती और शृङ्गों से युक्त बनाएँ।

इत्थं यः कारयेच्चै प्रासादं विजयोद्भवम्।
लभेत परमाँल्लोकान् भुक्त्वा भोगान् स स्वर्गजान्॥ 30॥

इति विजयः।

इस प्रकार जो इस विजयोद्भव प्रासाद को बनाता है वह स्वर्ग के भोगों को भोग करके परमलोक को प्राप्त करता है।

सुभद्रप्रासादः —

विजयस्य च संस्थाने केशरी प्ररथे भवेत्।
सुभद्रो नाम विज्ञेयः कर्तुः कल्याणकारकः॥ 31॥

इति सुभद्रः।

---

1. 'कुर्याच्छान्ति?' इति प्रकाशित पाठः।

(तीसरे सुभद्र नामक प्रासाद के लिए) विजय प्रासाद के स्थान में यदि केशरी प्रासाद के अनुसार प्रथ हो तो ऐसा प्रासाद सुभद्र नाम से जाना जाता है जो कर्ता के कल्याण का कारक होता है।

नन्दप्रासादः —

कर्णोर्ध्वे क्रमसंस्थाने प्रदेयश्चैव केशरी।
पादोनद्वयं पृथुत्वं ? सार्धद्वयं समुच्छ्रितिः ॥ 32 ॥

(चौथे नन्द नामक प्रासाद के लिए) यदि विजय प्रासाद के कर्णों-कोनों के ऊपर केशरी के कर्ण दें तथा दोनों कर्णों की मोटाई पौने दो भाग हों तथा उसकी ऊँचाई ढाई भाग हों।

शृङ्गं षडंशविस्तारं सार्धसप्तांशमुच्छ्रितम्।
इदं मल्लतलं प्रोक्तमेकषष्टिस्तथाण्डकाः ॥ 33 ॥

उसके शृङ्गों का विस्तार छह भाग और ऊँचाई सात भाग हो तो यह मल्लतल नाम का कहा जाता है जिसके इकसठ अण्डक होते हैं।

मत्तलम्बद्वयं भद्रे उरः शृङ्गक्रमेण च।
विधेयं पूर्ववच्छेषं स नन्दः सर्वकामदः ॥ 34 ॥

इति नन्दः।

इसमें भद्र-भीतों पर दो मतावलम्ब (गोख) होते हैं और क्रम से ऊरुशृङ्ग भी बनाए जाते हैं। इस तरह यह सब कामना पूरी करने वाला नन्द प्रासाद कहलाता है।

श्रीधरप्रासादः —

वेदयुग्मैकवेदास्त्रे गर्भः स्याच्चतुरंशतः।
द्वे भित्ती भ्रमयुक्ते चैकैकं पदं च कल्पयेत् ॥ 35 ॥

(पाँचवें श्रीधर प्रासाद के लिए) यदि 'वेदयुग्मैक वेदास्त्रे' अर्थात् 8 + 4 = 12 किनारे और चार भाग का गर्भगृह हो जिसके दो भित्तियाँ भ्रमण युक्त एक-एक भाग की विहित हों।

द्विभागः कर्ण इत्युक्तो भागर्ध चैव कर्णिका।
सार्धभागाः प्रतिरथो निर्गमे विस्तरे तथा ॥ 36 ॥
पुनः कर्णी चार्धभागा त्रिभागो भद्रविस्तरः।

दो भाग के कर्ण-कोने हों तथा आधे भाग की कर्णिका हों, डेढ़ भाग का प्रतिरथ हों, विस्तार में निकास में पुनः आधे भाग की कर्णी हों और तीन भाग का भद्र- भित्ति का विस्तार हों।

निर्गमश्चैकभागेन शिखरादिसमुद्भवे ॥ 37 ॥

वेदांशो भद्रविस्तारस्तदर्धेन तु निर्गमः ।

उसके निर्गम यानी निकास एक भाग के हों और उस पर शिखरादि बने हों। उसके भद्रों का विस्तार चार भाग व निर्गम-निकास उससे आधा अर्थात् दो भाग का होगा।

भद्रावलोकनं कुर्याच्छाद्यघण्टासमन्वितम् ॥ 38 ॥

विधेयं पूर्ववच्छेषं पीठाद्यं छाद्यकान्तकम् ।

नागरोक्तविधं मानं प्रयुक्तं वास्तुवेदिभिः ॥ 39 ॥

इसमें भद्रावलोकन (झरोखे) करे और छाद्य-छत पर घण्टा (आमलसार) बना हो। शेष सभी पूर्ववत पीठ से लेकर छाद्य के अन्त तक बनाएँ। यह नागरोक्त विधि का मान वास्तुविदों ने प्रयुक्त या प्रतिपादित किया है।

उक्तद्विक्रमके कर्णे नन्दनः सर्वतो भवेत् ।

प्ररथे सर्वतोभद्रं शृङ्गं मल्लतलं तथा ॥ 40 ॥

द्वौ पुष्पकौ युतौ भद्रे तवङ्गाकारूपिणौ ।

इस द्विक्रम के कोणों पर अर्थात् क्रमवार दो कर्णों वाले प्रासाद में सब प्रकार से नन्दन छन्द का प्रयोग हुआ हो। उसके प्ररथ में, सर्वतोभद्र, शृङ्ग तथा मल्लतल में और दो पुष्पकों युक्त भद्र-भित्ति हो जो तवङ्गाकार रूप में बनी हो।

प्रत्यङ्गे पुष्पकं कुर्याच्छाद्यघण्टाद्यलङ्कृतम् ॥ 41 ॥

घण्टाकुम्भशुकाग्रे च जगतीमण्डपादिकम् ।

पूर्ववच्च विधातव्यं प्रशस्तं सर्वकामदम् ॥ 42 ॥

उसके प्रत्यङ्ग में पुष्पक छन्द बनावे जो छाद्य, घण्टा (आमलसार) से अलंकृत हो। उसके शुकनासा के आगे भी आमलसार व कलश हो और उसकी जगती पीठ मण्डपादि पूर्ववत् रखे तो यह सर्व कामनाओं को पूरी करने में प्रशस्त होगा।

श्रीधरोऽयं समाख्यातः प्रासादो देवतालयः ।

लक्ष्म्यानन्दयुतो नित्यं कर्तुः सन्तानवर्धनः ॥ 43 ॥

इति श्रीधरः।

इसको श्रीधर नाम से विख्यात् देवालय प्रासाद कहेंगे जो नित्य ही लक्ष्मी के आनन्द युक्त होगा व कर्ता के लिए सन्तानवर्धनकारी होगा।

विशालप्रासादः —

तद्रूपश्च तदाकारो युक्तः पूर्वगुणैस्तथा ।

तृतीयः पुष्पको भद्रे विशालः सर्वशान्तिदः ॥ 44 ॥

इति विशालः।

(छठवें विशाल प्रासाद के लिए) इसी के रूप और आकार में पूर्व गुणों युक्त प्रासाद के भद्र पर तृतीय पुष्पक बनाएँ तो यह विशाल नामक प्रासाद सबको शान्ति प्रदायक होगा।

दुन्दुभिप्रासादः —

ऋत्वङ्कचन्द्रवेदाश्रे गर्भस्यारिराष्टकैः ?।
भ्रमभित्तिश्चैकपादा द्विभागा बाह्यभित्तयः ॥ 45 ॥[1]

(सातवें दुन्दुभि नामक प्रासाद के लिए हालांकि आरम्भिक श्लोक का पाठ भ्रष्ट है किन्तु 'अङ्कानां वामतो गति' के अनुसार ऋतु 6 अङ्क 9 चन्द्र 1 और वेद 4 अर्थात्) 4196 अस्र या कोने व गर्भ (स्यारिराष्टकै? यानी शत्रु 6, अष्ट 8) छह या आठ कोनों का हो। भ्रमण की भित्ति एक भाग की और बाह्य भित्ति दो भाग की हो।

द्विभागः कर्णइत्युक्तो भागर्धं चैव कर्णिका।
कर्णतुल्यः प्रतिरथो विस्तरे निर्गमे तथा ॥ 46 ॥

दो भागों के कर्ण और आधे भाग की कर्णिका, कर्ण के समान ही दो भागों का प्रतिरथ का विस्तार और निकास हों।

पुनश्च कर्णिका भागं वेदांशो भद्रविस्तरः।
निर्गमश्च तदर्धेन कर्तव्यः शान्तिसिद्धिदः ॥ 47 ॥

पुनः इसमें कर्णिका एक भाग की और भद्र-भित्ति का विस्तार चार भाग का हों, उसका निर्गम-निकास आधा अर्थात् दो भाग का करने से वह सिद्धि और शान्ति प्रदाता होता है।

पीठोपपीठजङ्घाश्च मेखलामल्लच्छाद्यकम्।
शुकाग्रं मण्डपाद्यं च पूर्वमानप्रकल्पितम् ॥ 48 ॥

उसके पीठ, उपपीठ, जङ्घा, मेखला, मल्लच्छाद्यक हों और शुकनासा के आगे मण्डपादि पूर्व मानानुसार प्रकल्पित हों।

कर्णे शृङ्गद्वयं कुर्यान्नन्दनेन समावृतम् ?।
प्रतिरथे च तत्तुल्यं कर्तव्य शान्तिमिच्छता ॥ 49 ॥

---

1. इसी से मिलता जुलता श्लोक आगामी सूत्र में आया है— ऋत्वङ्कचन्द्रवेदाश्रे वेदर्तुगर्भ उच्यते। शशी चन्द्रश्चन्द्रश्च भ्रमोभित्तिश्च कल्पिता: ॥ (अपराजित. 163, 22)

उसके कर्णों-कोनों पर दो शृङ्ग जो नन्दन छन्दों से आवृत हो (?), शान्ति के इच्छुकों को उसके प्रतिरथ भी उसी के अनुरूप करने चाहिए।

दिग्विस्तरं च शिखरं त्रयोदशसमुच्छ्रितम्।
तद्रूपमानं मल्लं तु एकषष्टिस्तथाण्डकाः ॥ 50 ॥

उसका विस्तार आठ भाग का (दिग्विस्तार) और ऊँचाई तेरह भाग की हो, उसी के अनुरूप मान के मल्ल भी हों और उसके 61 अण्डक हों।

उरःशृङ्गक्रमयोगे पुष्पकद्वयमुद्गमे।
प्रत्यङ्के पुष्पकं कुर्यात् तवङ्गाकाररूपिणम्॥ 51 ॥

उरुशृङ्ग क्रम योग में बने हों और उद्गम में आरम्भ में दो पुष्पक, प्रत्यङ्ग पर पुष्पक तवङ्गाकार रूप के बनाएँ।

घण्टा कुम्भशुकाग्रे च जगत्याद्यं च पूर्ववत्।
एवंविधः प्रकर्तव्यः प्रासादोऽयं तु दुन्दुभिः ॥ 52 ॥

शुकनासा के आगे-घण्टा (आमलसार) और कलश हो तथा जगती आदि पूर्ववत रखे। इस विधि से यह दुन्दुभि नाम का प्रासाद बनाना चाहिए।

क्षेमं चाऽत्र सुभिक्षं च नृपादौ वर्धते प्रजा।
धर्मार्थकाममोक्षाणां प्राप्तिहेतुरभीप्सितः ॥ 53 ॥

इति दुन्दुभिः।

इससे राजा के राज्य में क्षेम बना रहता है, सुभिक्ष सदा रहेगा और प्रजा की वृद्धि के साथ-साथ इच्छित धर्म, अर्थ, काम और मोक्ष की प्राप्ति होती रहेगी।

प्रान्तप्रासादः —

तृतीयं पुष्पकं दद्यात् स भवेत् प्रान्तसञ्ज्ञकः।
प्राप्नोति भोगं मुक्तिं च स्वर्गं वा प्रभुशासनम्॥ 54 ॥

इति प्रान्तः।

(आठवें प्रान्त प्रासाद के लिए) इन पर तीसरा पुष्पक देने पर वह प्रान्त नामक प्रासाद बनता है जिससे भोग, मुक्ति, स्वर्ग व प्रभुशासन यानी भगवान की कृपा प्राप्त होती है।

गरुडप्रासादः —

त्यक्त्वा पुष्पकमेकं च भद्रं पञ्चांशविस्तरम्।
अलङ्कृतं संवरणैस्त्रिभिर्भागैश्च निर्गमः ॥ 55 ॥

एवं गरुडमाख्यातं कुर्याद् यो विष्णुमन्दिरे।
प्राप्नोति विष्णुलोकं स यावदाभूतसम्प्लवम्॥ 56॥

इति गरुडः।

(नवें गरुड प्रासादार्थ) एक पुष्पक कम करने पर और भद्र-भित्ति को पाँच भागों के विस्तार का बनाकर संवरणों से अलंकृत करें। तीन भागों का निर्गम-निकास करे तो गरुड नामक प्रासाद बनता है। जो ऐसा विष्णु मन्दिर बनाता है, वह प्रलय काल तक विष्णुलोक को प्राप्त किए रहता है।

चारुवर्धनप्रासादः —

पुनः कुर्यात्तथा भद्रमुरःशृङ्गं विमानके।
प्रत्यङ्गाग्रे पुष्पकश्च स भवेच्चारुवर्धनः॥ 57॥

(दसवें चारुवर्धन प्रासादार्थ) पुनः भद्रों और ऊरुशृङ्गों को विमान छन्द के बनाएँ, प्रत्यङ्गों के आगे पुष्पक छन्द हो तो वह चारुवर्धन प्रासाद बनता है।

वर्धते धनपुत्रैश्च जन्मजन्मनि भूतले।
अतस्तु भोगभोक्ता स्यात् स्वर्गे भूयोऽपवर्गभाक्॥ 58॥

इति चारुवर्धनः।

इससे धन और पुत्र इस भूतल पर जन्म-जन्म तक बढ़ते हैं और यहाँ के भोगों को भोग करके फिर कर्ता स्वर्ग में भी अपवर्ग का भागीदार होता है।

सिंहप्रासादः —

मत्तालम्बद्वयं भद्रे सिंहनामा स शोभनः।
पार्वत्यादिकदेवीनां सर्वासां शान्तिदायकः॥ 59॥

इति सिंहः।

(ग्यारहवें सिंह नामक प्रासादार्थ) भद्रों पर दो मतावलम्ब (गोख) हों तो यह सिंह नामका सुन्दर प्रासाद पार्वती आदि देवियों को और अन्य सभी को शान्तिदायक होता है।

पद्मसम्भवश्च प्रासादः —

द्वितीयं चाऽपि प्रत्यङ्गे कुर्यात् कुमुदवच्च तत्।
पद्मसम्भवनामानौ कर्तव्यौ परमेष्ठिते॥ 60॥

इति पद्मसम्भवौ।

(बारहवें पद्म और तेरहवें सम्भव प्रासाद के लिए) यदि इसके कुमुद प्रासाद की तरह दूसरा विधान प्रत्यङ्गों पर बनाएँ तो ये पद्म और सम्भव नाम के प्रासाद

होंगे। इनको परमेष्ठि के लिए करना चाहिए।

सुव्रतप्रासादः —

पद्मसम्भवसंस्थाने तद्रूपे तदवस्थिते।
कर्णे प्रतिरथे चैव क्रमाद्दद्यात्तृतीयकम्॥ 61॥
पूर्वोद्गमसमाकारस्वरूपं लक्षणान्वितम्।

(चौदहवें सुव्रत नामक प्रासादार्थ) यदि पद्म सम्भव के स्थान पर उसी रूप का प्रासाद वहाँ पर स्थित करें जिसमें कर्ण और प्रतिरथों पर भी क्रम से तृतीयाङ्ग और दें और पहले के उद्गम के समान आकार व स्वरूप लक्षणों से युक्त बनाएँ।

उरःशृङ्ग परित्यज्य भद्रे दद्याद् द्विपुष्पकम्॥ 62॥
प्रत्यङ्गके पुष्पकवदसौ सुव्रतसञ्ज्ञकः।
क्रियते यैः शुभं तेषामिह लोके परत्र च॥ 63॥

इति सुव्रतः।

ऊरुशृङ्गों को छोड़कर भद्रों पर दो पुष्पक छन्द के दें और प्रत्यङ्गों को भी पुष्पक के जैसे ही बनाएँ तो वह सुव्रत नाम का प्रासाद बनाने वाले इस लोक में और परलोक में भी शुभ फल प्राप्त करते हैं।

अमृतोद्भवप्रासादः —

तृतीयं पुष्पकं दद्यात्स भवेदमृतोद्भवः।
येन प्राप्येताऽमरत्वं भुक्तिश्च त्रिदेशैः सह॥ 64॥

इत्यमृतोद्भवः।

(पन्द्रहवें अमृतोद्भव नामक प्रासादार्थ) इस पर तीसरा पुष्पक दें तो अमृतोद्भव नाम का प्रासाद बनता है। इससे अमरता प्राप्त होती है और देवताओं के साथ भोगों की प्राप्ति होती है।

गृहराजप्रासादः —

कर्णिका चैकभागा स्याच्छेषं पूर्वप्रकल्पितम्।
षट्पञ्चाशं द्विशतकं वास्तुसंस्थानमेव च॥ 65॥

(सोलहवें गृहराज नामक प्रासाद के लिए) एक भाग की कर्णिका हो और शेष सब पूर्ववत् बना हो। इस तरह दो सौ छप्पन वास्तु संस्थान रूप होते हैं।

महोरःशृङ्गं विमानं प्रत्यङ्गाद्यं सपुष्पकम्।
सर्वशृङ्गं नन्दनवत् क्रमात्त्रित्रिभिरावृतम्॥ 66॥

महा ऊरुशृङ्ग, विमान, प्रत्यङ्गादि पुष्पक के साथ हो और सभी शृङ्ग नन्दन प्रासाद के समान हो और क्रम से तीन-तीन से आवृत्त हों।

गृहराजस्तदा नाम कर्तव्यः सर्वदैवते।
कैलाशसदृशं चैव गृहं जन्मसु निश्चलम्॥ 67॥

इति गृहराजः।

इस प्रकार बनने वाला यह गृहराज नाम का प्रासाद सभी देवताओं के लिए बनेगा। उसके कर्ता का गृह और जन्म कैलास पर्वत के समान निश्चल होगा।

सिद्धिकामप्रासादः —

बृहच्छृङ्गे मल्लतलं विमानस्तस्य चाग्रतः।
कार्यो विमान् प्रत्यङ्गे सिद्धिकामः स सिद्धिदः॥ 68॥

इति सिद्धिकामः।

(सत्रहवें सिद्धिकाम प्रासाद के लिए) बड़े-बड़े शृङ्ग हों, मल्लतल और विमान उसके आगे हो। प्रत्यङ्गों पर भी विमान छन्द करें तो वह सिद्धिकाम नामक प्रासाद अपने नामानुसार ही सिद्धिदाता होता है।

नन्दिघोषप्रासादः —

तृतीयं पुष्पकं कुर्यात् कर्णे प्रतिरथे तथा।
नन्दिघोषस्तदा नाम सर्वदैवतवल्लभः॥ 69॥

इति नन्दिघोषः।

(अठारहवें नन्दिघोष प्रासादार्थ) कर्णों पर और प्रतिरथों पर तीसरा पुष्पक बनाएँ तो वह प्रासाद नन्दीघोष नाम का बनता है जो सब देवताओं को प्रिय है।

सुनन्दनप्रासादः —

क्षेत्रेऽष्टादशधा भक्ते त्रिभागः कर्णविस्तरः।
रथोपरथिकौ चैव द्वौ द्वौ भागौ प्रकल्पयेत्॥ 70॥

(उन्नीसवें सुनन्दन प्रासादार्थ) अधिगृहीत क्षेत्र को अठारह भागों में विभक्त करें और कर्ण का विस्तार तीन भाग का करे तथा रथों और उपरथिकाओं को दो-दो भागों के करें।

वेदांशो भद्रविस्तारस्तदर्धेन च निर्गमः।
द्वौ द्वौ भागौ भ्रमो भित्ती शेषं गर्भगृहं भवेत्॥ 71॥

भद्र-भित्ति का विस्तार चार भाग का और उसका निर्गम-निकास आधा अर्थात् दो भागों का करें। दो-दो भागों की भ्रमणी तथा भित्ति एवं शेष भागों में गर्भगृह करें।

कुर्याच्च मन्दरं कर्णे पञ्चविंशतिरण्डकाः।

पृथग् द्विभागविस्तारो नन्दनः स्यात्तदूर्ध्वतः ॥ 72 ॥

इसमें मन्दर के कर्णों पर पच्चीस अण्डक करें। उसके ऊपर पृथक् दो भागों के विस्तार वाला नन्दन बनाया जाए।

शतमूले भवेद्रेखा तथा मल्लतलोद्भवा।

घण्टाकलशशोभाढ्या सर्वकामफलप्रदा ॥ 73 ॥

शतमूल-दश रेखा हों और मल्लतल से निकली हों। इन पर घण्टा यानी आमलसार एवं कलश की पूरी शोभा हों तभी वह सब कामनाओं को पूरा करने वाला प्रासाद होगा।

शृङ्गद्वयं प्रतिरथे एकं चोपरथे तथा।

त्रिपुष्पकयुतं भद्रं प्रत्यङ्गं च सपुष्पकम् ॥ 74 ॥

प्रतिरथों पर दो शृङ्ग और उपरथ पर एक शृङ्ग हो। भद्र-भित्ति त्रिपुष्पक युक्त हों और प्रत्यङ्ग भी पुष्पक युक्त हों।

एवंविधः प्रकर्तव्यः प्रासादोऽसौ सुनन्दनः।

भुक्त्वा तु भूमिजान् भोगान् स्वर्गे नन्दति भूपतिः ॥ 75 ॥

इति सुनन्दनः।

इस विधि से सुनन्दन प्रासाद को करना चाहिए जिससे भूपति को इस भूमि के भोगों को भोग कर स्वर्ग में भी आनन्द मिल जाता है।

तारागणप्रासादः —

महोरःशृङ्गः पुष्पको विमानः पञ्चभूमिकः।

तारागणः समाख्यातः प्रासादो ह्यमरालयः ॥ 76 ॥

इति तारागणः।

(बीसवें तारागण प्रासादार्थ उक्त रचना के साथ) महा ऊरुशृङ्ग वाला पुष्पक विमान पाँच मंजिला होता है तो ऐसा प्रासाद देवप्रासादों की कोटि में तारागण नाम से ही विख्यात होता है।

बृहत्छालप्रासादः —

बृहच्छृङ्गे मल्लतलं तदग्रे व विमानकः।

प्रत्यङ्गं चैव तद्रूपं बृहच्छालः स उच्यते ॥ 77 ॥

इति बृहच्छालः।

(इक्कीसवें बृहच्छाल प्रासाद के लिए उक्त रचना के साथ) बड़े शृङ्गों पर मल्लतल हो और उसके आगे विमान हो। प्रत्यङ्ग भी तद्रूप के हों तो वह बृहच्छाल नाम का प्रासाद कहा जाता है।

हंसप्रासादः —

कुर्याच्चतुष्पुष्पकं च कर्णे प्रतिरथोर्ध्वतः।
तदा नाम्ना हंस इति ब्रह्मणश्च सदा प्रियः॥ 78॥

इति हंसः।

(बाईसवें हंस प्रासाद के लिए उक्त रचना सहित) चार पुष्पक करें और कर्णों पर प्रतिरथ ऊपर की ओर करें। ऐसा हंस नाम का प्रासाद ब्रह्माजी को सदा प्रिय है।

सर्वाङ्गसुन्दरप्रासादः —

कुर्याद् द्विपुष्पकं कर्णे स भवेत्सर्वसुन्दरः।
सर्वदेवे शुभः शस्तः सर्वकामफलप्रदः॥ 79॥

इति सर्वाङ्गसुन्दरः।

(तेईसवें सर्वाङ्गसुन्दर प्रासाद के लिए) कर्ण पर दो पुष्पक बनाए जाएँ तो वह सर्वाङ्गसुन्दर प्रासाद होता है। वह सभी देवताओं के लिए शुभ है और समस्त कामना को पूरी करने वाला है।

पुष्पकविजयप्रासाद —

विंशतिर्धामविस्तारो वेदांशः कर्णविस्तरः।
त्रिभिर्भागैः प्रतिरथो निर्गमो विस्तरस्तथा॥ 80॥

(चौबीसवें पुष्पकविजय प्रासाद के लिए नियम यह है कि) बीस भाग का विस्तार हो जिसमें से चार भाग का कर्ण-विस्तार हों। तीन भाग के प्रतिरथ और उनका विस्तार भी तीन भाग का ही हो।

षडंशो भद्रविस्तारस्त्रिभागश्चास्या निर्गमः।
द्वौ द्वौ भागौ भ्रमो भित्ती शेषं गर्भगृहं भवेत्॥ 81॥

छह भाग का भद्र-भित्ति का विस्तार और तीन भाग का उसका निर्गम-निकास हों। दो-दो भाग से भ्रमण व भित्ति हों तथा शेष गर्भगृह का प्रमाण होगा।

कर्णे पृथ्वीजयं कुर्यान्मन्दरं प्ररथे तथा।
द्विपुष्पकयुतं भद्रं प्रत्यङ्गे पुष्पकं तथा॥ 82॥

कर्णों पर पृथ्वीजय और प्ररथ पर मन्दर करें। भद्र को दो पुष्पकों से युक्त करें। प्रत्यङ्ग पर भी पुष्पक करें।

मूलरेखां मल्लतले षोडशांशैश्च विस्तरः।
स पुष्पविजयो नाम्ना सर्वदेवहितात्मकः॥ 83॥

इति पुष्पकविजयः।

मूल रेखा पर मल्लतल सोलह भागों का विस्तार वाला हो तो वह पुष्पकविजय नाम का प्रासाद सभी देवताओं के हित वाला हो जाता है।

इत्यमनन्तर मेरुप्रासादः —

विमानं वृद्धोरुशृङ्गं पुष्पकं प्रतिभद्रके।
भद्रे द्विपुष्पकं कुर्यात् प्रत्यङ्गे चैव पुष्पकम्॥ 84॥
मेरुश्चासौ समाख्यातः कर्तव्यः सर्वदैवते।

(अन्तिम, पच्चीसवाँ मेरु प्रासादनायक प्रासाद के लिए) विमान पर बृद्ध यानी बड़े-बड़े ऊरुशृङ्ग और प्रतिभद्र पर पुष्पक हों। भद्र पर दो पुष्पक हों तथा प्रत्यङ्गों पर भी पुष्पक हों तो वह मेरु नाम से विख्यात् प्रासाद होगा। इसे सब देवताओं के लिए बनाया जाता है।

मेरुर्मेरूपमो दिव्यः सर्वरत्नमयोऽपि च॥ 85॥
[[1]सर्वप्रासादनायकं तु सर्वहिताय कथ्यते।
एतैश्च लभ्यते पुण्यं पूजा स्याच्छिवमोदिका॥ 86॥]

इति मेरुः।

मेरु तो मेरु की ही दिव्य उपमा का है जो सब रत्नमय होता है। यह सभी प्रासादों का नायक और सर्व हितकारी कहा गया है। इससे पुण्य लाभ होता है। इसकी पूजा शिव को भी आनन्द देने वाली मानी जाती है।

इति सूत्रसन्तानगुणकीर्तिप्रकाशप्रोक्तृश्रीभुवनदेवाचार्योक्तापराजितपृच्छायां पुष्पकादिप्रासादलक्षणाधिकारो नाम द्विषष्ट्युत्तरशततमं सूत्रम्॥ 162॥

इस प्रकार भुवनदेवाचार्य कृत सूत्रसन्तानगुणकीर्ति प्रकाश या अपराजितपृच्छा में पुष्पक आदि प्रासाद लक्षण अधिकार नामक एक सौ बासठवाँ सूत्र पूर्ण हुआ॥ 162॥

---

1. मुद्रितपुस्तके नास्ति। तुलनीय— मेरुर्मेरूपमः कार्यो वाञ्छिता शुभमात्मन॥ सर्वस्वर्णमयं मेरूं यद् दत्वा पुण्यमाप्नुयात्। तमिष्टकाशैलमयं कृत्वा तदधिकं भजेत्॥ (समराङ्गण. 55, 14-15)

श्रीधरादिप्रासादलक्षणात्मकं त्रिषष्ट्युत्तरशततमं सूत्रम् ॥ 163 ॥

अपराजित उवाच —

पुष्पकाः कथिता देवानेकपुष्पकसङ्कुलाः।
कथयस्व तथान्यांश्च ये प्रोक्ताः श्रीधरादिकाः ॥ 1 ॥

(इस सूत्र में श्रीधरादि चालीस प्रासादों के लक्षणों पर विचार हुआ है। ऐसा ही वर्णन समराङ्गणसूत्रधार में हुआ है। इस पूरे सूत्र पर समराङ्गण सूत्रधार के 57वें अध्याय का प्रभाव है) अपराजित बोले कि हे देव! आपन अनेकों पुष्पों के समूह से युक्त बनने वाले पुष्पक प्रासादों के बारे में कहा। अब कृपा करके जो श्रीधरादिक अन्य प्रासाद है, उनके विषय में भी कहिए।

विश्वकर्मोवाच —

अथातः सम्प्रवक्ष्यामि प्रासादान् श्रीधरादिकान्।
नामलक्षणसम्युक्तान् वास्तुवेदसमुद्भवान् ॥ 2 ॥

विश्वकर्मा बोले कि अब मैं श्रीधरादिक प्रासादों के बारे में कहता हूँ। उनके नाम, लक्षण जो वास्तुवेद से समुद्भव हुए है, उन्हें भी कहता हूँ।

तेषां नामानि —

श्रीधरो हेमकूटश्च सुभद्रो रिपुकेसरी।
पुष्पो विजयभद्रश्च श्रीनिवासः सुदर्शनः ॥ 3 ॥
कुसुमकेशर नामा च तथा च सुरसुन्दरः।
नन्द्यावर्तश्च पूर्णश्च सिद्धार्थशङ्खवर्धनः ॥ 4 ॥
त्रैलोक्यभूषणः पद्मो वज्रबाहु विशालकः।
कमलोद्भवहंसौ च लक्ष्मीधरोऽतिवज्रकः ॥ 5 ॥
रतिदेहः सिद्धिकामः पञ्चचामरसञ्ज्ञकः।
नन्दिघोषो मनुनूत्(?मनुत्) कीर्णः सुप्रभः सुरनन्दनः ॥ 6 ॥
हर्षो दुर्धरो विजयस्त्रिकूटो नवशेखरः।
पुण्डरीकः सुनाभश्च महेन्द्रः शिखिशेखरः ॥ 7 ॥
वराटः सुमुखश्चेति चत्वारिंशत्$_{40}$ प्रकीर्तिताः।

1. श्रीधर, 2. हेमकूट, 3. सुभद्र, 4. रिपुकेसरी, 5. पुष्पक, 6. विजयभद्र, 7. श्रीनिवास, 8. सुदर्शन, 9. कुसुमकेशर (पुष्पशिखर), 10. सुरसुन्दर, 11. नन्द्यावर्त, 12. पूर्ण, 13. सिद्धार्थक, 14. शङ्खवर्धन, 15. त्रैलोक्यभूषण, 16. पद्म, 17.

वज्रबाहु (पक्षबाहु), 18. विशाल, 19. कमलोद्भव, 20. हंस(ध्वज), 21. लक्ष्मीधर, 22. अतिवज्रक, 23. रतिदेह, 24. सिद्धिकाम, 25. पञ्चचामर, 26. नन्दिघोष, 27. अनुत्कीर्ण, 28. सुप्रभ, 29. सुरनन्दन, 30. हर्ष, 31. दुर्धर, 32. विजय, 33. त्रिकूट, 34. नवशेखर, 35. पुण्डरीक, 36. सुनाभ, 37. महेन्द्र, 38. शिखिशेखर, 39. वराट, 40. सुमुख— ये चालीस कहे गए।[1]

शुद्धच्छन्दास्तथैते च मिश्रकास्तु दशैव$_{10}$ च ॥ 8 ॥
शुद्धानां लक्षणं वक्ष्ये विभक्तिं भागसङ्ख्यया।
तलच्छन्दमलङ्कारैः प्रयुक्तं वास्तुवेदिभिः ॥ 9 ॥

ये इतने शुद्धच्छन्द के हैं और मिश्रक छन्द के दस हैं। इन शुद्धों के लक्षण, विभक्ति, भाग संख्यानुसार, तलछन्द, अलङ्कार आदि को जो वास्तुवेदियों द्वारा प्रयुक्त किए गए हैं, कहता हूँ।

श्रीधरः —

चतुरश्रीकृते क्षेत्रे चतुर्विंशतिभाजिते।
कर्णः प्रतिरथो भद्रं वेदैर्वेदैस्तथाऽष्टभिः ॥ 10 ॥

(इनमें से पहले श्रीधर प्रासाद के लिए) समचौकोर क्षेत्र को चौबीस भागों में विभाजित करें। उसमें कर्ण चार, प्रतिरथ चार और भद्र आठ भागों के हों।

त्रिनिष्कासः प्रतिरथो भद्रं वेदांशनिर्गमम्।

---

1. भोजराज ने देवानुसार इनके नाम क्रमशः 1. श्रीधर, 2. हेमकूट, 3. सुभद्र, 4. रिपुकेसरी, 5. पुष्पक, 6. विजयभद्र, 7. श्रीनिवास, 8. सुदर्शन तथा 9. कुसुमशेखर बताए हैं जो भगवती पार्वती के प्रिय प्रासाद हैं। इसके बाद भगवान् शङ्कर के प्रिय प्रासाद हैं— 10. सुरसुन्दर, 11. नन्द्यावर्त, 12. पूर्ण, 13. सिद्धार्थ, 14. शङ्खवर्धन तथा 15. त्रैलोक्यभूषण। इसके अनन्तर 16. पद्म ब्रह्मा का प्रिय प्रासाद है जबकि 17. पक्षबाहु, 18. विशाल, 19. कमलोद्भव और 20. हंसध्वज। इनके उपरान्त 21. लक्ष्मीधर नामक प्रासाद भगवान् विष्णु को प्रिय है और सर्वदेव साधारण प्रासाद हैं—22. महावज्र, 23. रतितनु, 24. सिद्धिकाम, 25. पञ्चचामर, 26. नन्दिघोष, 27. अनुकीर्ण, 28. सुप्रभ, 29. सुरानन्द, 30. हर्षण, 31. दुर्धर, 32. दुर्जय, 33. त्रिकूट, 34. नवशेखर, 35. पुण्डरीक, 36. सुनाभ, 37. महेन्द्र, 38. शिखिशेखर, 39. वराट और 40. सुमुख— ये चालीस शुद्ध प्रासाद कहे गए हैं—श्रीधरो हेमकूटश्च सुभद्रो रिपुकेसरी। पुष्पो विजयभद्रश्च श्रीनिवासः सुदर्शनः ॥ भगवत्याः प्रिया ह्येते तथा कुसुमशेखरः। देवस्य शम्भोर्दयितः प्रासादः सुरसुन्दरः ॥ नन्द्यावर्तश्च पूर्णश्च सिद्धार्थः शङ्खवर्धनः। त्रैलोक्यभूषणेश्चेति पद्मस्तु ब्रह्मणः प्रियः ॥ पक्षबाहुर्विशालश्च तथान्यः कमलोद्भवः। हंसध्वज इति ख्याताः प्रासादा ब्रह्मणः प्रियाः ॥ लक्ष्मीधरोख्यः प्रासादो वसतौ मधुविद्विषः। महावज्रो रतितनुः सिद्धिकामस्तथापरः ॥ पञ्चचामरसञ्ज्ञश्च नन्दिघोषाख्य एव च। अनुकीर्णः सुप्रभः सुरनन्दोऽथ हर्षणः ॥ दुर्धरो दुर्जयश्चैव त्रिकूटो नवशेखरः। पुण्डरीकः सुनाभश्च महेन्द्रः शिखि शेखरः ॥ वराटः सुमुखः शुद्धश्चत्वारिंशादितीरिता। (समराङ्गण. 57, 2-9)

द्वौ द्वौ भागौ तथा भित्ती भ्रमणी वेदविस्तरा॥ 11॥
षड्दारुकं भ्रमादौ च चतुःषष्टिश्च गर्भकः।

प्रतिरथ का निष्कास तीन और भद्र का निष्कास चार भागों का हों। उनमें दो-दो भाग की भ्रमणी और भित्ति तथा विस्तार चार भाग का, भ्रमणी के आरम्भ के षडदारुक चौंसठ भागों का गर्भ हों।

सार्धायामो मण्डपश्च जगतीषु गुणोत्तमा॥ 12॥
पीठोपपीठजङ्घाश्च मेखलाकूटच्छाद्यकम्।
प्रशस्तं नागरे नाम भद्रे भद्रावलोकना॥ 13॥
कर्णे भद्रे द्विद्विशृङ्गमेकं प्रतिरथे भवेत्।
पञ्चविंशत्यण्डकस्तु श्रीधरश्च सुरालयः॥ 14॥

डेढ़ आयाम का मण्डप की जगती उत्तम गुण वाली हो। पीठ, उपपीठ, जङ्घा, मेखला, कूट, छाद्य आदि सबको नागर नामक प्रासादों में जो प्रशस्त कहे गए हैं, वैसे ही भद्र, चन्द्रावलोकन-झरोखे कर्णों और भद्रों पर दो-दो शृङ्ग और एक प्रतिरथ हों। पच्चीस अण्डक युक्त यह श्रीधर सुरालय होता है।

घण्टाकलशशुकाग्रपताकाध्वजशोभितः।
श्रीरानन्दो भवेन्नित्यं स्वर्गे वा भूमिशासने॥ 15॥

इति श्रीधरः।

इसके घण्टा-आमलसार, कलश, शुकनास और पताका युक्त ध्वज की शोभा होती है। यहाँ सदा श्री और आनन्द होता है जो कि भूमि पर और स्वर्ग में भी समान कहा गया है।

हेमकूटः —

चतुश्रीकृते क्षेत्रे शतमूलविभाजिते।
द्विभागः कर्णइत्युक्तः सार्धः प्रतिरथो भवेत्॥ 16॥

(द्वितीय हेमकूट प्रासादार्थ) सम चौसर क्षेत्र को दस भागों में विभाजित करें। दो भाग के कर्ण और डेढ़ भाग का प्रतिरथ होता है।[1]

त्रिभागो भद्रविस्तारो निर्गमस्तु तदर्धतः।

---

1. भोज का मत है कि हेमकूट प्रासाद सब विद्याधरों का स्थान और पिनाकी भगवान् शिव का आश्रय है। इसको 26 अंशों में विभाजित चौकोर क्षेत्र के करने पर यहाँ छह पदों से कर्ण, बारह भाग से शाला होगी— हेमकूटमथ ब्रूमः शुभलक्षणसंयुतम्। सर्वविद्याधरस्थामाश्रयः स पिनाकिनः॥ चतुश्रीकृते क्षेत्रे षड्विंशत्यंशभाजिते। तत्र स्युः षड्पदा कर्णाः शाला द्वादशभागिका:॥ (समराङ्गण. 57, 50-51)

सार्धभागः प्रतिरथ-निर्गमश्च प्रकीर्तितः ॥ 17 ॥

तीन भाग का भद्र-भित्ति का विस्तार और डेढ़ भाग का उस भित्ति का निर्गम-निकास, डेढ़ भाग का प्रतिरथ का निर्गम कहा गया है।

भागं भागं भ्रमो भित्तिः शेषं गर्भगृहं भवेत्।

मण्डोवरजगत्याद्यं पूर्वमानप्रकल्पितम् ॥ 18 ॥

एक-एक भाग के भ्रमण और भित्ति और शेष गर्भगृह का प्रमाण होता है। इसके मण्डोवर, जगती आदि पूर्व मानों के अनुसार कल्पित किए जाएँगे।

कर्णे च नन्दनं कुर्यात् केशरी प्ररथे भवेत्।

भद्रे शृङ्गद्वयं कुर्यात्तिलकं तिलकोपरि ॥ 19 ॥

इसके कर्णों पर नन्दन छन्द और प्ररथों पर केसरी छन्द होता है। भद्र-भित्ति पर दो शृङ्ग और तिलकों पर तिलक करें।

रेखा षडंशविस्तारा तिलकं सार्धमुच्छ्रितम्।

प्रत्यङ्गं नष्टकर्णं च हेमकूटः स उच्यते ॥ 20 ॥

रेखा छह भाग विस्तार की तथा तिलक डेढ़ भाग ऊँचा, उसमें प्रत्यङ्ग और नष्टकर्ण हो तो उसे हेमकूट कहा जाता है।

हेमरत्नपुरे रम्ये हेमप्राकारशोभिते।

ईप्सितं लभते राज्यं स्वर्गे वा भूमिशासने ॥ 21 ॥

इति हेमकूटः।

इसका कर्त्ता सोने के प्राकारों से शोभित सुन्दर हेमरत्नपुर में अपनी इच्छानुसार भूमि पर शासन प्राप्त करता है और स्वर्ग में भी यही लाभ करता है।

सुभद्रः —

ऋत्वङ्कचन्द्रवेदाश्रे वेदर्तुगर्भ उच्यते।

शशी चन्द्रश्चन्द्रश्च भ्रमोभित्तिश्च कल्पिताः ॥ 22 ॥

(तीसरे सुभद्र प्रासाद के लिए) छह, नौ, एक, चार भुजाओं वाले, चार तथा छह भाग गर्भगृह के लिए कहे गए है। इसमें एक, एक, एक, भाग की भ्रमण भित्ति कल्पित होगी (?) ।[1]

---

1. इस अस्पष्ट सङ्केत के प्रसङ्ग में भोज का मत विचारणीय है कि इस सुभद्र का नाम इसलिए पड़ा कि इसमें प्रत्येक अङ्ग भद्रयुक्त होता है। चौदह भागों के चौकोर क्षेत्र में 17 भागों से गर्भ और छह पदों से विस्तृत स्कन्द करे। यहाँ भित्ति बीस पदों व कन्द के समान होगी। कर्ण इनके प्रत्येक अङ्ग से पद के

वेदकर्णत्र्तुभद्रमुदकान्तरभूषितम्।
कर्णे च सर्वतोभद्रं भद्रे चन्द्रावलोकनम्॥ 23॥

चार भाग का कर्ण और छह भाग से भद्र-भित्ति जो उदकान्तर (परनाला) युक्त हो। सर्वतोभद्र छन्द के कर्ण हों और भद्रों में चन्द्रावलोकन (झरोखे) हों।

दिग्भागं मूलशिखरं घण्टाकलशभूषितम्।
सुभद्रो नाम विज्ञेयः सर्वकल्याणकारकः॥ 24॥

इति सुभद्रः।

मूल शिखर दिग्भाग यानी दस भाग का और आमलसार एवं कलश से विभूषित हो तो यह सुभद्र नाम का प्रासाद सब कल्याण का कारक होता है।

रिपुकेसरीः —

कर्णे द्वितीयमुपरि सर्वतोभद्रकं भवेत्।
द्विभागं तिलकं कुर्यात् प्ररथे चोरुमञ्जरी॥ 25॥

(चौथे रिपुकेसरी प्रासाद के लिए) दो कर्णों के ऊपर सर्वतोभद्र हो और दो भाग का तिलक करें तथा प्ररथ पर उरुमञ्जरी करे।

मत्तालम्बयुतं भद्रं नाम्ना स रिपुकेसरी।
हन्ति सर्वान् रिपूंश्चासौ इहलोके परत्र च॥ 26॥

इति रिपुकेसरी।

इसी प्रकार मतावलम्ब (गोख) युक्त भद्र हो तो ऐसा रिपुकेसरी नामक प्रासाद इस लोक व परलोक के सभी रिपुओं का हनन करता है।[1]

विस्तार वाले होंगे। दो अंश से मध्य का विस्तार, दोनों का निकास एक पद से विहित कहा गया है। इसके अनन्तर इसी मान से अन्य निर्गम रखा जाएगा। बाहर की भित्ति दो पद वाली होगी। चार पद से आयताकार कर्ण और उसकी भद्र दो पदीय तथा उसका निकास आधे भाग से होगा। गर्भ का विस्तार साढ़े पाँच पद के प्रमाण से होगा। उसमें सभी दिशाओं में दो पद से निकास होगा— सुभद्राख्यमथ ब्रूमः प्रासादं भद्रभद्रकम्। सुभद्रोऽयमतः प्रोक्तो भद्रे भद्रे यतोऽन्वितः॥ चतुश्रीकृते क्षेत्रे चतुर्दशविभाजिते। गर्भः षोडशभिर्भागैः कन्दः षट्पदविस्तृतः॥ भित्तिः स्यात् पदविंशत्या तत्र कन्दसमाः स्मृताः। कर्णाः प्रत्यङ्गकान्येषां प्रत्येकं पदविस्तरात्॥ द्व्यंशो मध्यगविस्तार उभयोर्निर्गमः पदम्। द्व्यंशः सरसि विस्तार आक्रान्तपदनिर्गमैः॥ द्विपदा बाह्यभित्तिः स्याद् विस्तारेण सुशोभिता। चतुष्पदायतः कर्णो भद्रं तस्य द्विभागिकम्॥ निर्गमोऽस्यार्धभागेन स्यादेवं सुन्दरं कृतम्। कर्णे कोणास्तु पदिका दिक्षु सर्वासु शोभनाः॥ निगूढविस्तरः कार्यः सार्ध पञ्चपदोन्मितः। द्विपदो निर्गमस्तत्र सर्वदिक्षु विधीयते॥ सलिलान्तरकं कुर्यादन्तरे कर्णभद्रयोः। प्रविष्ट पदमानेन पदमानेन विस्तृतम्॥ (तत्रैव 57, 87–94)

1. तुलनीय— सर्वपाक्षयकरस्त्रिषु लोकेषु कीर्तितः॥ रिपुकेसरीसञ्ज्ञोऽयं प्रासादः परिकीर्त्यते। चतुरश्रीकृते क्षेत्रे भागविंशति$_{20}$भाजिते॥ द्विपदाबाह्यभित्तिः स्यान्मध्यभित्तिश्च तावती। भ्रमणी द्विपदा कार्या विस्तारात्

पुष्पकः —

सुभद्रस्य च संस्थाने तद्रूपे तदवस्थिते।

कर्णे चाष्टदलं कुर्यात्तिलकं चैव शोभनम्॥ 27॥

(पाँचवें पुष्पक प्रासाद के लिए) सुभद्र प्रासाद के स्थान पर उसी के रूप व उसी के स्थान पर अवस्थित कर्णों पर आठ दलीय कमल तिलक शोभा-युक्त करें।

तद्वसन्तमहोराज्ये प्राप्यते जन्मजन्मनि।

पुष्पकः पुष्पप्रकर-युक्तो वाराङ्गना यथा॥ 28॥

इति पुष्पकः।

ऐसे देवालय का निर्माता व्यक्ति महाराज्यों में जन्म-जन्म तक निवास करता है। यह पुष्पक प्रासाद—पुष्प-प्रकर समूहों से युक्त (जैसे वाराङ्गना सहित) होता है।[1]

विजयभद्रः —

हेमकूटस्य संस्थाने तद्रूपे तदवस्थिते।

कर्णकुर्यादिद्वितिलकं केशरी च भवेदथ॥ 29॥

(छठवें विजयभद्र प्रासाद के लिए) हेमकूट के स्थान पर उसी के रूप के और उसी के स्थान पर कर्णों पर दो तिलक केसरी छन्द के बनाएँ।

कर्णे नन्दनपर्यन्तं तिलकं तत्र कारयेत्।

शेषं च पूर्ववद् ज्ञेयं नाम्ना विजयभद्रकः॥ 30॥

इति विजयभद्रः।

इसी प्रकार कर्णों पर नन्दन पर्यन्त वहाँ तिलक बनाएँ। शेष रचनाओं को पहले की तरह ही रखें तो इसे वियजभद्रक प्रासाद नाम से जाना जाएगा।

श्रीनिवासः —

प्रतिरथोऽर्धनिष्कासः संस्थाने श्रीधरस्य च।

क्रममूर्ध्वे परित्यज्य कर्णे वै सर्वभद्रकम्॥ 31॥

सर्वदिग्गता॥ गर्भोऽष्टविस्तृतः कर्णः सार्धभागिकः। चतुर्भागायतं भद्रं कुर्याद् भागेन निर्गतम्॥ (तत्रैव 57, 112-115)

1. भोज ने यह भी कहा है कि पुष्पक नामक प्रासाद को धनद यानी कुबेर के लिए बनाना चाहिए। ऐसा पूर्वकाल में किसी विश्वकर्मीय ग्रन्थ में वर्णन हुआ है— इदानीं पुष्पकं नाम प्रासादमभिदध्महे। निर्मितो धनदस्याय: पूर्वं विश्वकर्मणा॥ (तत्रैव 57, 141) अपराजितकार भी यह कहता है कि पूर्व में ब्रह्मीय या विश्वकर्मा के ग्रन्थ में ऐसे प्रासादों का वर्णन हुआ है और वे वहीं से उद्धृत कर रहे हैं। विश्वकर्माप्रकाश में पुष्पक नामोल्लेखभर हैं।

(सातवें श्रीनिवास प्रासादार्थ) श्रीधर प्रासाद के स्थान पर प्रतिरथों का निकास आधे भाग का हों, ऊर्ध्व क्रम को छोड़कर कर्णों पर सर्वभद्रक हों।

तदूर्ध्वमुदकं कुर्यात् प्रमाणेन पृथुत्ववत्।
सप्तविंशतिभक्तं च पृथुघ्ने भद्रकाकृतिः ॥ 32 ॥

उनके ऊपर उदक (परनाले) करें। प्रमाण में काफी पृथुत्व यानी चौड़े हों और भद्र की आकृति सताईस भागों की चौड़ाई वाली हों।

द्वितीया भूमिका मूर्ध्नि ततो माडाश्चतुष्किकाः।
कर्णे भद्रे प्रकर्तव्या ऊर्ध्वे मध्यचतुष्किकाः ॥ 33 ॥
मत्तावरणदाद्ययुग् घण्टाकूटैरलङ्कृता।

उसके दूसरी मंजिल पर आगे की ओर माडा चौकी हो और कर्णों पर तथा भद्रों पर मध्य चौकी करनी चाहिए। यह आमलसार और कूटों-कँगूरों से अलंकृत मत्तावरण व छाद्य युक्त हों।

भद्रोद्गमाश्च शृङ्गोर्ध्वे माडाद्याश्चाद्यभूमिका ॥ 34 ॥
श्रीनिवासस्तदानाम यत्र वै रमते ध्रुवम्।
भुक्त्यर्थं च प्रकर्तव्यः प्रासादः सूरपूजितः ॥ 35 ॥

इति श्रीनिवासः।

भद्र से निकले हुए शृङ्ग ऊपर की ओर हो और आदि भूमि से ही माड यानी कमरे बने हों तो यह प्रासाद श्रीनिवास नाम का होता है जहाँ देवताओं की पूजा, भोग अनन्त काल तक आनन्दपूर्वक होता है।

सुदर्शनः —

पुष्पकस्य च संस्थाने तद्रूपे तदवस्थिते।
भद्रकं कर्णतिलकं भद्रे स्यात् सिंहकर्णकः ॥ 36 ॥

(आठवें सुदर्शन संज्ञक प्रासादार्थ) पुष्पक के स्थान पर उसी रूप व उसी स्थिति में भद्रक, कर्ण, तिलक एवं भद्रों पर सिंहकर्ण हों।

सुदर्शनस्तदा नाम कर्तव्यं विष्णुमन्दिरम्।
क्रीडते विष्णुलोके च सेव्यते सुरयोषिता ॥ 37 ॥

इति सुदर्शनः।

ऐसा सुदर्शन नाम का विष्णु मन्दिर होगा जिसका अवश्य निर्माण करना चाहिए। इसका कर्ता विष्णुलोक में सरसुन्दरियों की सेवा पाता है।

पुष्पशिखरः —

चतुरश्रीकृते क्षेत्रेऽष्टकर्णा भिन्नसूत्रतः।
कर्णार्धा च भवेत् कर्णी उभयकर्णमध्यतः ॥ 38 ॥

(नवें पुष्पशिखर या कुसुमशेखर प्रासादार्थ) चौकोर समभूमि वाले क्षेत्र आठ कोणे भिन्न सूत्र में हो और कर्णी भी कर्णों की आधी हो जो दोनों कर्णों के मध्य में बनी हों।

कूटावृतः पञ्चभूमो घण्टाकलशभूषितः।
तद्रूपं मण्डपं पीठं लभतेऽनङ्गशर्म च ॥ 39 ॥

इति पुष्पशिखरः।

यह कूटों से आवृत पाँच मंजिला आमलसार व कलश से विभूषित हों। उसके मण्डप और जगती पीठ भी उसी रूप की हों तो वह अनङ्ग (कामदेव) को भी लजाए, ऐसे सौन्दर्य का लाभ पाता है।

सुरसुन्दरः —

द्वितीयकं कर्म त्यक्त्वा पूर्ववद्रिपुकेशरी।
तिलकं तत्र संस्थाने स भवेत् सुरसुन्दरः ॥ 40 ॥

इति सुरसुन्दरः।

(दसवें सुरसुन्दर प्रासादार्थ) द्वितीय क्रम को छोड़कर पहले की तरह ही रिपुकेसरी प्रासाद के छन्द का तिलक उस स्थान पर बनाए तो वह सुरसुन्दर प्रासाद होता है।

नन्द्यावर्तः —

चतुरश्रीकृते क्षेत्रै कर्णान्ते वृत्तकं भवेत्।
अष्टचत्वारिंशदंशैः परिधिं च प्रकल्पयेत् ॥ 41 ॥

(ग्यारहवें नन्द्यावर्त प्रासादार्थ) चौकोर समतल क्षेत्र में कोनों तक वृत्त-गोलाई हो और अड़तालीस भागों की परिधि बनाएँ।

विदिक्षु दिक्षु भद्राणि चतुष्पादानि कल्पयेत्।
पृथक् कर्णाश्च द्विपदा एकैकं भद्रकान्तरे ॥ 42 ॥

दिशाओं और विदिशाओं की भद्रों की चार पादों-भागों की कल्पना करें। कर्णों को पृथक् दो पादों युक्त तथा भद्रक अन्तरों के एक-एक पादयुक्त बनाएँ।

द्विक्रमोर्ध्वे तु रेखाश्च भद्रे वै सिंहकर्णकाः।
पञ्चभूमोर्ध्वे-शिखरं घण्टाकलशभूषितम् ॥ 43 ॥

रेखा के दूसरे क्रम में ऊपर की ओर भद्रों पर सिंहकर्णों को बनाएँ और पाँच भूमि-मंजिलों के ऊपर शिखर बनाएँ जो आमलसार-कलश से विभूषित हों।

तद्रूपं मण्डपं पीठं नाऽन्यत्रैवं स्वरूपतः।
नन्दते स चिरं लोके नन्द्यावर्तः स उच्यते॥ 44॥

इति नन्द्यावर्तः।

इसमें उसी के रूप का मण्डप, पीठ हो अन्य रूप का नहीं हो तो वह कर्ता इस लोक में चिरकाल तक आनन्द का उपभोग करता है। इस प्रासाद को नन्द्यावर्त नामक प्रासाद कहा जाता है।

पूर्णः —

क्षेत्रेऽष्टादशधा भक्ते वेदांशः कर्णविस्तरः।
कर्णिका चैकभागा स्याद् भद्रं चाऽष्टांशविस्तरम्॥ 45॥

(बारहवें पूर्ण प्रासाद के लिए) चौकोर क्षेत्र को अठारह भागों में विभक्त करें। उनमें चार भागों का कोने का विस्तार रखें। कर्णिका एक भाग की और भद्र आठ भागों के विस्तार से रखें।

भद्रावलोकनं कुर्याद् भित्तिकर्णेषु कर्णिकाः।
कर्णे च सर्वतोभद्रं श्रीवत्सस्तस्य कर्णिका॥ 46॥

उसमें भद्रावलोकन (झरोखे) बनाए तथा भित्ति, कर्णों पर कर्णिकाएँ बनाएँ। कर्ण पर बनने वाले सर्वतोभद्र पर श्रीवत्स प्रासाद की-सी कर्णिका करें।

अर्धोदये चादिभूः स्याच्छेषा वै पादभागिकाः।
तृतीया भूमिका चोर्ध्वे ततो माडान्निवेशयेत्॥ 47॥

आरम्भ से आधी ऊँचाई तक एक भाग हों और शेष चतुर्थांश भाग। तीसरी भूमिका यानी मंजिल के ऊपर माडों यानी कमरों का निवेशन हो।

सार्धचतुर्भूमियुक्तः पूर्णः स्यात्सर्वकामदः।
पूर्वस्वर्गसुखं लोके स्वर्गे वा भूमिशासनम्॥ 48॥

इति पूर्णः।

इस तरह से साढ़े चार मंजिलों युक्त पूर्ण नामक प्रासाद सर्वकामना पूर्ण करने वाला होता है और कर्ता को भूमि पर शासन और स्वर्ग में पूर्ण सुख देने वाला है।

सिद्धार्थकः —

सुदर्शनस्य संस्थाने तद्रूपे तदवस्थिते।

कर्णे च सर्वतोभद्रं स तु सिद्धार्थको भवेत् ॥ 49 ॥

इति सिद्धार्थकः।

(तेरहवें सिद्धार्थ प्रासाद के लिए) सुदर्शन के संस्थान पर उसके रूप का और उसकी स्थिति के अनुसार कर्ण पर सर्वतोभद्र वाला प्रसाद बनाएँ तो वह सिद्धार्थक प्रासाद होता है।

शङ्खवर्धनः —

वृत्तं पूर्ववत् परिधौ चतुर्विंशतिभाजिते।
शस्ता द्व्यंशा अष्टकर्णा अन्तरे कर्णिकाः पदाः ॥ 50 ॥

(चौदहवें शङ्खवर्धन प्रासाद के लिए क्षेत्र को) पहले की भाँति वृत परिधि को चौबीस भागों में विभाजित करें। इसमें दो भागों के अष्टकर्ण और उनके अन्तर पर एक भाग की कर्णिका बनाएँ।

शङ्खावर्तसमं मध्ये वितानं दिव्यभूषणम्।
तद्रूपं शिखरं कार्यं शङ्खावर्त च मण्डपम् ॥ 51 ॥

मध्य में इसे शङ्खावर्त (शङ्ख के समान आर्वतावली) के समान बनाएँ और उस पर दिव्य वितान की रचनाकर विभूषित करें। उसी रूप का शिखर करें और शङ्खावर्त मण्डप करें।

शङ्खवर्धननामाऽसौ कर्तव्यो विष्णुमन्दिरम्।
कर्ता यायाद्विष्णुलोके यावदाभूतसम्प्लवम् ॥ 52 ॥

इति शङ्खवर्धनः।

इस तरह यह शङ्खवर्धन नाम का विष्णु मन्दिर बनता है। यह कर्ता को प्रलय काल तक, जब तक कि विष्णुलोक है, तब तक उसमें उसका वास देता है।

त्रैलोक्यभूषणः —

त्रैलोक्यभूषणं वक्ष्ये वन्दितं त्रिदशैरपि।
शतार्धहस्तके ज्येष्ठो मध्यो दशकरोनकः ॥ 53 ॥
त्रिंशद्धस्तेः कनिष्ठः स्यात्त्रिधोदितक्रमागतः।
वल्लभः सर्वदेवानां शिवस्यापि विशेषतः ॥ 54 ॥

(पन्द्रहवें त्रैलोक्यभूषण प्रासादार्थ) अब मैं त्रैलोक्यभूषण प्रासाद के बारे में कहता हूँ जो देवताओं से भी वन्दित है। (इसके तीन भेद हैं) 50 हाथ का ज्येष्ठ होता है, मध्यम इससे दस गज कम अर्थात् 40 हाथ का और कनिष्ठ 30 गज का

होता है। यह क्रम से तीनों की ऊँचाई बताई गई। यह सब देवताओं को प्रिय है और शिव को तो विशेषतः प्रिय है।[1]

त्रिंशद् भागैस्त्रिधा भक्ते गर्भः स्याद्दशभागिकः।
द्वौ द्वौ भागौ भ्रमो भित्तिः कर्तव्यमविशङ्कितैः ॥ 55 ॥

तीस भागों के तीन भागों में गर्भगृह का विस्तार दश भाग का हों और दो-दो भागों से भ्रमण और भित्तियाँ हों जिन्हें विना शङ्का के बनानी चाहिए।

भित्तित्रयं प्रकर्तव्यं तथा च भ्रमणीद्वयम्।
भद्रकं मध्यच्छन्देषु द्वितीये वर्धमानकः ॥ 56 ॥

तीन भित्तियाँ करनी चाहिए और दो भ्रमणियाँ दो बनाएँ। भद्रक-भित्ति को मध्य छन्दों की और दूसरी भित्ति को वर्धमान छन्द की बनाएँ।

अन्तर्भित्तिं परित्यज्य कुर्यात् षड्दारुकद्वयम्।
त्रैलोक्यभूषणं बाह्ये भद्रे चन्द्रावलोकनम्।
वृत्तस्य पञ्चमांशे तु भित्तिः शेषस्तु गर्भकः ॥ 57 ॥

अन्तर्भित्ति को छोड़कर उन पर दो षट्दारुक बनाएँ। बाहर का रूप त्रैलोक्य भूषण जैसा रखें और भद्रों-भित्तों पर चन्द्रावलोकन (झरोखे) रखें। वृत्त का पाँचवाँ भाग भित्तियों का रखें जबकि शेष भाग गर्भगृह का होगा।

चतुष्पदा रथाः कर्णा एकभागा च कर्णिका।
भद्रकर्णी भवेद् भागा भद्रं स्याद्दिक्प्रविस्तरम् ॥ 58 ॥
अङ्गमानेन निष्कासो भद्रं पञ्चांशनिर्गमम्।

रथों पर चार भाग के कर्णों और एक भाग की कर्णिका बनाएँ। भद्रकर्णी भी एक भाग की रखें। भद्र को दस भाग विस्तार की बनाएँ और छह भाग का निकास रखें। भद्र को पाँच भाग निर्गम यानी निकास देना चाहिए।

पादमानोच्छ्रितं पीठं पञ्चपीठादिभूषणम् ॥ 59 ॥
उपपीठं तथा जङ्घा मेखलाकूटच्छाद्यकम्।
त्रयोविंशतिरुत्सेधे भद्रं षोडशं चोन्नतम् ॥ 60 ॥

मान के चौथे भाग (चतुर्थांश) के अनुसार पीठ की ऊँचाई रखें और पञ्चपीठों

1. भोज का मत है कि यह त्रैलोक्यभूषण प्रसाद सभी देवताओं से वन्दित है। यह सब देवों का आश्रय और पाप का विनाशक है। इनमें कनिष्ठ 30 हाथ वाला, मध्यम 43 हाथ और उत्कृष्ट 50 हाथ वाला बताया गया है— त्रैलोक्यभूषणं ब्रूमो वन्दितं त्रिदशैरपि। आश्रयं सर्वदेवानां पापस्य च विनाशनम्॥ त्रिंशद्धस्त उत्कृष्टस्त्रिविधो हस्त संख्यया॥ (समराङ्गण. 57, 352)

आदि से विभूषित करें। इसमें उपपीठ करें तथा जङ्घा, मेखला, कूट, छाद्य को तेईस भाग की ऊँचाई और भद्र को सोलह भाग ऊँचाई से बनाएँ।

कर्णे प्रतिरथे चैव द्वे द्वे शृङ्गे च कारयेत्।

अष्ट सप्ताण्डकाः कर्णाः प्ररथाश्च षडण्डकाः ॥ 61 ॥

कर्णों और प्रतिरथों पर दो-दो शृङ्ग करें। सात अण्डकों वाले आठ कर्ण और छह अण्डकों वाले प्ररथों को बनाएँ।

उरःशृङ्गाण्यष्ट कुर्यात् प्रत्यङ्गानि ततोऽष्टभिः।

भद्रं संवरणायुक्तं कुर्यात् त्रैलोक्यभूषणम् ॥ 62 ॥

आठ उरुशृङ्गों और आठ ही प्रत्यङ्गों को करें। भद्र-भित्ति को संवरणा युक्त करें तो यह त्रैलोक्यभूषण प्रासाद होता है।

कर्णाश्चाष्टदलाः कार्याः प्रत्यङ्गे वर्धमानकः।

घण्टाकलशशोभाढ्यः कर्तव्यः शुभलक्षणः ॥ 63 ॥

इति त्रैलोक्यभूषणः।

इसके कर्ण अष्टदल कमल युक्त और प्रत्यङ्ग वर्धमानक छन्द के होंगे। इसे आमलसार, कलश के साथ शुभलक्षणों से युक्त बनाना चाहिए।

पद्मः —

द्वात्रिंशद्भक्ते परिधौ वृत्ताकारस्तु पूर्ववत्।

द्वि द्वि भागं भवेत्कर्णः पद्मपत्राकृतिस्तथा ॥ 64 ॥

(सोलहवें पद्म प्रासादार्थ) पहले की भाँति वृत्ताकार परिधि को बत्तीस भागों में विभक्त करें। उनमें दो-दो भागों के कर्ण हों जिनकी पद्मपत्र के समान आकृति हों।

मण्डोवरश्च पादोनः सपादा शिखरोन्नतिः।

तलच्छन्दोद्भवं रूपं पञ्च भू घण्टिकावधि ॥ 65 ॥

पद्माख्यश्च तदा प्रोक्तः पद्मनाभस्य मन्दिरम्।

कर्तृकावरकाश्चैव विष्णुलोकं व्रजन्ति हि ॥ 66 ॥

इति पद्मः।

इसमें मण्डोवर चतुर्थांश कम हों और शिखर की ऊँचाई सवाई हों। इसकी तलछन्द से आमलसार तक का उपजा रूप पाँच मंजिला हों। इसे पद्म नामक प्रासाद कहेंगे जो पद्मनाभ (विष्णु) का मन्दिर है। इस प्रासाद के कर्ता और कामकार विष्णुलोक को जाते हैं।

पक्षबाहुः —

दशधाभाजिते छन्दे द्विभागः कर्णविस्तरः।
भागं भागं भवेत्कर्णी वेदांशो भद्रविस्तरः॥ 67॥

(सत्रहवें पद्म प्रासादार्थ) दश भागों में विभाजित करने से बनने वाले छन्द में दो भाग का कर्ण विस्तार, एक-एक भाग की कर्णी और चार भाग का भद्र-भित्ति का विस्तार होगा।

द्विभागो भद्रनिष्कास एकभागा च कर्णिका।
द्विभागा च भवेद् भित्तिः शेषं गर्भगृहं मतम्॥ 68॥

इसमें दो भागों का भद्र का निकास और एक भाग की कर्णिका हों। दो भागों की भित्ति एवं शेष गर्भगृह माना जाता है।

मण्डोवरश्च पादोनः सपादा शिखरोन्नतिः।
कुर्यात् कर्णेषु कूटानि विमानं पञ्चभूमिकम्॥ 69॥

मण्डोवर चतुर्थांश कम तथा शिखर की ऊँचाई सवाई रखते हुए कर्णों पर कूटों को बनाकर विमान को पाँच भूमिक यानी मंजिलों वाला करें।

भद्रे भद्रे तु प्राग्ग्रीवाच्छाद्यघण्टाद्यलङ्कृताः।
पक्षबाहुस्तदा नाम कर्तव्यः सर्वदैवते॥ 70॥

इति पक्षबाहुः।

प्रत्येक भद्रक पर प्राग्रीव (गोख या पाटड़ा) रखते हुए छाद्य, आमलसार से अलंकृत करें। यह पक्षबाहु नाम का प्रासाद सभी देवताओं के लिए बनाना चाहिए।

विशालः —

त्रयोदशाण्डकं पूर्व नागरच्छन्दनन्दनः।
चतुर्द्वारेषु प्राग्ग्रीवाः विशालस्तु शिवालयः॥ 71॥

इति विशालः।

(अठारहवें विशाल प्रासाद के लिए) तेरह अण्डकों वाला पूर्वोक्त नागरछन्द के नन्दन प्रासाद जिसके चारों द्वारों पर यदि प्राग्रीव बने हों तो उसे विशाल नाम का शिवालय कहते हैं।

कमलोद्भवः —

वृत्ताकारो ह्यसौ पूर्वः परिधिर्युगवेदतः[44]।
कर्णाश्च द्विपदाः प्रोक्ता भद्रं वै पञ्चविस्तरम्॥ 72॥

(उन्नीसवाँ कमलोद्भव प्रासाद) पहले की भाँति ही वह वृत्ताकार हो जिसकी परिधि 44 प्रमाण की हो। दो-दो पदों के कर्ण हों, भद्र के लिए पाँच भाग का विस्तार होगा।

चतुर्भद्रं सूर्यकर्णा विकर्णे तत्र लाञ्छिताः।
मण्डोवरश्च पादोनः सपदाः शिखरोदयः॥ 73॥

चार भद्र और बारह कर्ण सहित वहाँ विकर्ण भी बने हों। मण्डोवर चतुर्थांश कम हो और शिखर उससे सवाया ऊँचा हो।

पञ्चभूमिसमायुक्त एकषष्टिस्तथाण्डकाः।
घण्टाकलशपूर्वं च शुकाग्रं समलङ्कृतम्॥ 74॥

इसी प्रकार उसके इकसठ अण्डकों युक्त पाँच मंजिलें हों। वह आमलसार कलश, शुकाग्र से पहले की तरह ही अलंकृत होना चाहिए।

विधेर्विष्णो रवेः कुर्याच्छिवस्याऽपि विशेषतः।
जगतीगर्भसम्युक्तं नाम्ना वै कमलोद्भवम्॥ 75॥

इति कमलोद्भवः।

इस प्रकार बनने वाला प्रासाद विष्णु, सूर्य के लिए विधेय है। शिव के लिए तो विशेषतः विधेय है। यह जगती पीठ और गर्भगृह से संयुक्त प्रासाद कमलोद्भव नाम से जाना जाता है।

हंसध्वजः —

सिद्धार्थस्य च संस्थाने तद्रूपे तदवस्थिते।
विमानं पञ्चभूमं च कुर्याच्छृङ्गं तु कामदम्॥ 76॥

(बीसवाँ कमलोद्भव प्रासाद) सिद्धार्थ के स्थान पर उसी रूप के और उसी स्थिति में पाँच मंजिलें विमान को सुन्दर शृङ्गों से युक्त करें तो वह प्रासाद हंसध्वज नाम का होगा।

हंसध्वजस्तदा नाम चतुर्द्वारैरलङ्कृतः।
चतुर्भिर्मण्डपैः ख्यातः स्वर्गादिभोगदायकः॥ 77॥

इति हंसध्वजः।

इस प्रासाद के चारों द्वारों होंगे और उन पर चार ही मण्डपों की रचना-अलंकृति होगी। यह प्रासाद स्वर्गादि भोगों को देने वाला है।

लक्ष्मीधरः —

पूर्वं पृथ्वीजयश्चैव षण्णवत्युत्तरं शतम्।
रेखोर्ध्वे तिलकं कुर्यान्नन्दिका तिलकं तथा॥ 78॥

(इक्कीसवाँ लक्ष्मीधर प्रासाद) पहले की तरह के पृथ्वीजय प्रासाद को भी एक सौ छियानवें भागों का करें। उसके रेखाओं के ऊपर तिलक और नन्दिका भी तिलक युक्त बनाएँ।

अण्डकैः सप्तत्रिंशद्भिर्लक्ष्मीधर इतीरितः।

रमते तत्र लक्ष्मीश्च सहिता विष्णुना सदा॥ 79॥

इति लक्ष्मीधरः।

इसके सैंतीस अण्डक बनाएँ तो यह लक्ष्मीधर नाम का प्रासाद होता है जहाँ विष्णु के साथ लक्ष्मी का सदा ही निवास होता है।

वज्रकः —

वृत्तं पूर्व च परिधौ षट्त्रिंशद्भिर्विभाजिते।

द्विपदाः सूर्यकर्णाश्च पादा द्वादश कर्णिकाः॥ 80॥

(बाईसवाँ वज्रक प्रासाद) पहले की तरह वृत्त परिधि को छत्तीस भागों में विभाजित करें। दो भागों वाले बारह कर्णों को और एक भाग की बारह कर्णिका बनाएँ।

मण्डोवरश्च पादोनः सपादाः शिखरोच्छ्रयः।

षड्भूमिकयुतश्चैव वज्रकः सर्वकामदः॥ 81॥

इति वज्रकः।

मण्डोवर चतुर्थांश कम रखें तथा शिखर सवाया ऊँचा बनाएँ। यह छह भूमि यानी छह मंजिलों वाला वज्रक प्रासाद सब कामनाएँ पूरी करता है।

रतिदेहः —

श्रीनिवासस्य संस्थाने तद्रूपे तदवस्थिते।

चतुष्की भद्रप्राग्ग्रीवे तदग्रे वेदमण्डपाः॥ 82॥

(तेईसवाँ रतिदेह या रतितनु संज्ञक प्रासाद) श्रीनिवास प्रासाद के स्थान पर उसी रूप का और उसी स्थिति का बनाएँ। इसके चौकी और भद्र पर गोख हों और आगे चार मण्डप हों।

सार्धेषु भूमिकोत्सेधं माडं कुर्याच्च कामदम्।

रतिदेहस्तदा नाम कामदेवस्य चालयः॥ 83॥

इति रतिदेहः।

उसकी मंजिल की ऊँचाई डेढ़ी हो और उस पर सुन्दर माड यानी कमरा बनाएँ तो यह रतिदेह नाम का प्रासाद होता है जिसे कामदेव का आलय कहा गया है।

सिद्धिकामः —

भद्रकं पूर्वविज्ञेयं यदुक्तं रुचकादिके।
भद्रोद्गमसायुक्तः सिद्धिकामस्स उच्यते॥ 84॥

इति सिद्धिकामः।

(चौबीसवाँ सिद्धिकाम संज्ञक प्रासाद) जैसा कि रुचकादिकों के बारे में कहा गया, वैसे ही पूर्वविज्ञानुसार भद्रक-भींतें हो और इसे यदि भद्रोद्गम युक्त बनाएँ तो वह सिद्धिकाम प्रासाद कहा जाता है।

पञ्चचामरः —

नन्दिशालगुणैर्युक्तस्त्यक्तैकाग्रोरुमञ्जरीः।
मत्तालम्बं ततः कुर्यात् स भवेत् पञ्चचामरः॥ 85॥

इति पञ्चचामरः।

(पच्चीसवाँ पञ्चचामर प्रासाद) नन्दिशाल प्रासाद के गुणों से युक्त हों परन्तु उसमें आगे की उरुमञ्जरी नहीं बनी हों। उसके मत्तालम्ब (गोख) बनाए तो पञ्चचामर प्रासाद होगा।

नन्दिघोषः —

रतिदेहत्रिभूम्यूर्ध्वे कुर्याच्च शिखरोत्तमम्।
नन्दिघोषस्तदानाम कर्तव्यः सर्वदैवते॥ 86॥

इति नन्दिघोषः।

(छब्बीसवाँ नन्दिघोष प्रासाद) रतिदेह प्रासाद की तीन मंजिलों के ऊपर यदि उत्तम शिखर बनें तो यह नन्दिघोष नामक प्रासाद सब देवताओं के लिए करना चाहिए।

मनूत्कीर्णः —

अष्टांशैश्च कृतं क्षेत्रं ह्यष्टभद्रमलङ्कृतम्।
अष्टकर्णोदकैर्युक्तं तद्रूपं शिखरोत्तमम्॥ 87॥

(सत्ताईसवाँ मनूत्कीर्ण प्रासाद) आठ भागों वाले क्षेत्र के जो आठ भद्र-भित्तों से अलंकृत हों, आठ कर्णोदक (प्रनालों) से युक्त हों और उसी रूप के शिखर वाला हों।

मनूत्कीर्णं तदा नाम चतुर्दश मनुप्रियम्।
विधेर्विष्णो रवेः कुर्याच्छिवस्यापि विशेषतः॥ 88॥

इति मनूत्कीर्णः।

यह मनूत्कीर्ण नाम का प्रासाद चौदह मनुओं को प्रिय तथा विष्णु, सूर्य और विशेषकर शिव को प्रिय है, उसे करना चाहिए।

सुप्रभः —

विशाले कर्णतिलकं कर्णोर्ध्वे तिलकं तथा।
चतुःप्राग्ग्रीवसंयुक्तः सुप्रभो नाम नामतः ॥ 89 ॥

इति सुप्रभः।

(अठाईसवाँ सुप्रभ प्रासाद) विशाल प्रासाद के कर्ण, तिलक हों और कर्णों के ऊपर भी तिलक हों और चार प्राग्रीव (गोख) युक्त यह सुप्रभ नाम का देव-प्रासाद होता है।

सुरानन्दः —

भूमिजं वै मल्लतलं कर्णे कूटं च द्राविडम्।
वराटं तु प्रतिरथे सुरानन्दः स उच्यते ॥ 90 ॥

इति सुरानन्दः।

(उन्नतीसवाँ सुरानन्द या सुरनन्दन प्रासाद) मल्लतल भूमिज छन्द का हों और कर्णों पर कूट द्राविड छन्द का तथा वराट छन्द का प्रतिरथ हों तो ऐसा सुरानन्द नाम का प्रासाद होगा।

हर्षणः —

कर्णशृङ्गं भद्रशृङ्गं सन्त्यजेत्पञ्चचामरे।
सिंहकर्णद्वयं कार्यं हर्षणो नाम नामतः ॥ 91 ॥

इति हर्षणः।

(तीसवाँ हर्ष या हर्षण संज्ञक प्रासाद) पञ्चचामर को छोड़कर कर्णशृङ्ग और भद्रशृङ्ग तथा दो सिंहकर्ण बनाए तो यह हर्षण नाम का प्रासाद बनता है।

दुर्धरः —

सिद्धार्थश्च भवेत्पूर्वं सिंहकर्णैः स दुर्धरः।
दुर्धरो नाम गुणतः शिवसान्निध्यदः सदा ॥ 92 ॥

इति दुर्धरः।

(इकतीसवाँ दुर्धर प्रासाद) सिद्धार्थ के पूर्व में सिंहकर्ण दुर्धर छन्द के हों तो वह गुण में भी दुर्धर नाम से प्रासाद बनता है जो शिव का सान्निध्य देता है।

विजयः —

श्रीवत्सश्च भवेत्पूर्वं विजयो भद्रकोद्गमैः।

विजयं सर्वकल्याणमायुरारोग्यवर्धनम्॥ 93॥

इति विजयः।

(बत्तीसवाँ विजय प्रासाद) श्रीवत्स के पूर्व में भद्र से निकले हुए विजय छन्द हो तो उसे विजय नाम का प्रासाद कहा जाएगा। यह सर्व कल्याण और आरोग्य व आयु को बढ़ाने वाला होता है।[1]

त्रिकूट[2]: —

कर्णे च भवेद् भद्रं त्रिकूटः पञ्चभूमिकः।
देशभाग्योद्घाटनार्थे शिवः स्याद्दक्षिणाननः॥ 94॥

इति त्रिकूटः।

(तैंतीसवाँ त्रिकूट प्रासाद) कर्ण पर भद्र हो और पाँच मंजिला हों तो वह त्रिकूट होता है। (ऐसे त्रिकूट प्रासाद से) देश के भाग्योदय के लिए शिव दक्षिणानन[3] होते हैं।

नवशेखरः —

त्यक्तकर्णद्वयं शृङ्गं तिलकं कामदं भवेत्।
नवशेखर नामाऽसौ कर्तव्यः सर्वदैवते॥ 95॥

इति नवशेखरः।

(चौंतीसवाँ नवशेखर प्रासाद) शृङ्ग के दो कर्णों को छोड़कर तिलक हों तो ऐसा प्रासाद मनोरथों की पूर्ति करने वाला नवशेखर नामक होगा। इसे सब देवताओं

---

1. समराङ्गण में इसे दुर्जय कहा गया है। भोज का मत है कि जिस नगर या पुर में इसको बनाया जाता है, वहाँ न अकाल होता है न ही व्याधियों का कोई भय रहता है— दुर्जयः क्रियते यत्र पुरे वा नगरेऽथवा। न भवेत् तत्र दुर्भिक्षं न च व्याधिकृतं भयम्॥ (समराङ्गण. 57, श्लोकाङ्क नहीं)
2. प्रकाशित पाठ में इसे 'चित्रकूट' भी कहा गया है। चित्रकूट चित्तौड़गढ़ का प्राचीन नाम रहा है। सम्भवतः यहाँ के प्रभाव से इसे चित्रकूट प्रासाद कहा जाने लगा हो। चालुक्य कुमारपाल के 1150 ई. के अभिलेख में इस दुर्ग का यही नाम आया है—चित्रकूटगिरिषु पुष्कलशोभां द्रष्टुमान नृपतिः कुतुकेन। यदुच्च सुर सद्मार्गोपरिष्ठात्प्रपतन्सदा रथं नयत्यलं मन्दं मन्दं भङ्गभयाद्रविः। (जैन लेख संग्रह भाग 3, पृष्ठ 82-84 पङ्क्ति 11-12)
   समराङ्गणसूत्रधार में दो स्थानों पर चित्रकूट प्रासाद का वर्णन है। ईशानशिवगुरुदेवपद्धति में चित्रकूट प्रासाद के लक्षण आए हैं। कहा गया है कि मध्य को भद्र बिना करें और कोष्ठक, ककर हो और अन्य अलङ्कार आदि रचनाएँ मेरुकूटादि प्रासादों की तरह हो तो चित्रकूट प्रासाद होगा जो हरि को प्रिय है— मध्यभद्रं विना तत्र कोष्ठकं ककर भवेत्। शेषं पूर्ववदाभूष्य चित्रकूटं हरिप्रियम्॥ (ईशानशिवगुरुदेव. उत्तरार्द्ध, जातितरविमानालङ्कार अधिकार 29, 32)
3. मेवाड़ क्षेत्र में डावा (दक्षिणानन, टूटमान) होना एक मुहावरा है जिसका अर्थ है कि लाभकारी होना। जैसे 'देवी डावी व्ही तो न्याल कीधा।' अर्थात् देवी दक्षिणानन हुई तो निहाल कर दिया।

के लिए करना चाहिए।

पुण्डरीकः —

केशरीसिंहकर्णश्च युक्तश्छन्दैस्तु नागरैः।
पुण्डरीकस्तदा नाम कर्तव्यं विष्णुमन्दिरम्॥ 96॥

इति पुण्डरीकः।

(पैंतीसवाँ पुण्डरीक प्रासाद) केसरी व सिंहकर्ण यदि नागर के छन्दयुक्त हों तो वह पुण्डरीक नाम का विष्णु मन्दिर होगा जिसे करना चाहिए।

सुनाभः —

हंसोद्भवे कर्णशृङ्गं सुनाभः सुभद्रोद्गमैः।
सुनाभश्च गुणैः प्रोक्तो यावदाहूतसम्प्लवम्॥ 97॥

इति सुनाभः।

(छत्तीसवाँ सुनाभ प्रासाद) हंस प्रासाद से निकलते हुए कर्ण शृङ्ग हों और सुभद्र प्रासाद से निकलने वाले सुनाभः हो तो सुनाभ के गुणों वाला यह प्रासाद प्रलय काल तक गुण–गाथा युक्त होगा।

महेन्द्रः —

मल्लं वराटशृङ्गैश्च तिलकं च महेन्द्रकः।
महेन्द्रो नाम गुणत इन्द्रलोके पतिर्भवेत्॥ 98॥

इति महेन्द्रः।

(सैंतीसवाँ महेन्द्र प्रासाद) मल्ल वराट छन्द के शृङ्ग युक्त हों, तिलक महेन्द्र छन्द के हों तो यह महेन्द्र नामक होगा। इसके गुण से कर्ता इन्द्रलोक का स्वामी होगा।

शिखिशेखरः —

चतुर्भिः सर्वतोभद्रैर्गर्भः स्यादुदकान्तरे।
शिखरं शिखिसंयुक्तंनाम्नाऽसौ शिखिशेखरः॥ 99॥

इति शिखिशेखरः।

(अड़तीसवाँ शिखिशेखर प्रासाद) गर्भगृह के चारों ओर सर्वतोभद्र उदकान्तर-प्रनाला युक्त हों और शिखर शिखि से युक्त हो तो यह शिखिशेखर नामक प्रासाद होगा।

वराटः —

लताख्यं सर्वतोभद्रं मत्तालम्बे वराटकः।

वराटो नाम गुणतस्तिष्ठेत्स शिवसन्निधौ ॥ 100 ॥

इति वराटः।

(उनतालीसवाँ वराट प्रासाद) लताछन्द का सर्वतोभद्र हो तथा वराटक छन्द का मत्तालम्ब–गोख हो तो यह गुण से वराट नाम का शिव सन्निधि योग्य प्रासाद बनता है।

सन्मुखः —

भूमिजं वै मल्लतलं मत्तालम्बैस्तु सन्मुखः।
सान्धारमथवा कुर्यात् कथितः(कस्तो ?) मिश्रकोद्भवः ॥ 101 ॥

इति सन्मुखः।

(चालीसवाँ सन्मुख अथवा सुमुख प्रसाद) मल्लतल भूमिज छन्द का हों और सन्मुख छन्दक हों। यदि उसे सान्धार बनाए तो वह मिश्रकोद्भव प्रासाद बनता है।

चत्वारिंशदिमे प्रोक्ताः प्रयुक्ताः श्रीधरादिकाः।
सर्वे शस्ताश्च शुभदाः सर्वकामफलप्रदाः ॥ 102 ॥

इस तरह ये चालीस श्रीधरादिक प्रासाद कहे गए। ये सभी प्रशस्त और शुभ है तथा सब कामनाओं को पूरा करने वाले हैं।

इति सूत्रसन्तानगुणकीर्तिप्रकाशप्रोक्तृश्रीभुवनदेवाचार्योक्तापराजितपृच्छायां श्रीधरादि प्रासादलक्षणाधिकारो नाम त्रिषष्ट्युत्तरशततमं सूत्रम् ॥ 163 ॥

इस प्रकार भुवनदेवाचार्य कृत सूत्रसन्तानगुणकीर्ति प्रकाश या अपराजितपृच्छा में श्रीधरादि प्रासाद लक्षण अधिकार नामक एक सौ तिरसठवाँ सूत्र पूर्ण हुआ ॥ 163 ॥

पूर्णभद्रादिनागरप्रासादलक्षणात्मकं चतुःषष्ट्युत्तरशततमं सूत्रम् ॥ 164 ॥

अधुना पूर्णभद्रादिनागरप्रासादलक्षणं ब्रह्मादीनां प्रासादपञ्चकं। विश्वकर्मोवाच —

पूर्णभद्रः सुभद्रश्च श्रीशैलः कुमुदोद्भवः।
सर्वतोभद्र इत्युक्ताः प्रासादा ब्रह्मणः प्रियाः ॥ 1 ॥

(ग्रन्थ के इस सूत्र में पूर्णभद्र आदि नागर जाति के पच्चीस प्रासादों का वर्णन हैं जो उनके निर्माण वैशिष्ट्य के अनुसार पाँच–पाँच की संख्या में ब्रह्म, विष्णु, जिनदेव, सूर्य और शिव को प्रिय है) विश्वकर्मा बोले कि 1. पूर्णभद्र, 2. सुभद्र, 3. श्रीशैल, 4. कुमुदोद्भव और 5. सर्वतोभद्र— ये पाँच प्रासाद ब्रह्मा को प्रिय कहे गए हैं।[1]

---

1. समराङ्गणसूत्रधार इसका उत्स है जैसा कि पूर्व सूत्र की पाद टिप्पणि में स्पष्ट किया गया है, किन्तु रचनाकाल तक मेवाड़, गुजरात आदि क्षेत्रों में जिनालयों का बड़े पैमाने पर निर्माण होने लगा था, ऐसे में एक पञ्चक जिनेन्द्र प्रिय प्रासादों का भी निर्धारित किया गया।

कीर्तिपताकर्षिकूटौ श्रीवत्सो विजयस्तथा।

गरुडश्च समाख्याताः प्रासादा हरिवल्लभाः ॥ 2 ॥

1. कीर्तिपताका, 2. ऋषिकूट, 3. श्रीवत्स, 4. विजय और 5. गरुड नामों के प्रासाद हरि अर्थात् विष्णु को प्रिय हैं।

पद्मरागो विशालाख्यो विभवो रत्नसम्भवः।

लक्ष्मीकोटर इत्येवं पञ्चैते तु जिनाश्रयाः ॥ 3 ॥

1. पद्मराग, 2. विशाल, 3. विभव, 4. रत्नसम्भव और 5. लक्ष्मीकोटर— ये पाँच जिनालय कहे गए हैं।

हंस ऐरावतश्चैव त्रिमुखः पद्मकस्तथा।

स्वस्तिकश्च समाख्याताः पञ्चैते भानुवल्लभाः ॥ 4 ॥

1. हंस, 2. ऐरावत, 3. त्रिमुख, 4. पद्मक और 5. स्वस्तिक नाम के पाँचों प्रासाद सूर्य को प्रिय है।

वृषभो गिरिकूटश्च कैलासश्चामरस्तथा।

महेन्द्रश्च समाख्याताः पञ्चैते शिववल्लभाः ॥ 5 ॥

1. वृषभ, 2. गिरिकूट, 3. कैलास, 4. अमर और 5. महेन्द्र कहे जाने वाले ये पाँचों प्रासाद शिव को प्रिय है।

विभक्ति तलच्छन्दानामूर्ध्वमानं विशेषतः।

प्रयुक्ता विविधाश्छन्दा वास्तुवेदसमुद्भवाः ॥ 6 ॥

(अब) इन सबके विभाग, तलछन्द, ऊँचाई के मान जो विशेषतः विविध छन्दों में वास्तुवेदोत्पन्न प्रासादों में प्रयुक्त होते हैं, उन सबको बताऊँगा।

ब्रह्मप्रासादपञ्चकनामलक्षणम् —

भक्ते विंशतिधा क्षेत्रे त्रिभागः कर्णविस्तरः।

तत्समश्च प्रतिरथो विस्तरे निर्गमे तथा ॥ 7 ॥

(इन प्रासादों में ब्रह्मा को प्रिय पाँच प्रासादों का वर्णन) क्षेत्र की 20 भागों में विभक्त करके उनमें से तीन भाग का कर्ण विस्तार करें। उसी के समान तीन भागों को प्रतिरथ के विस्तार और निकास में करें।

भागा नन्दी च षड्भद्रं द्विभागो भद्रनिर्गमः।

चतुर्भागा भवेद् भित्तिः शेषं गर्भगृहं भवेत् ॥ 8 ॥

एक भाग का नन्दी और एक भाग का ही षड्भद्र बनाएँ। दो भागों का भद्र का निकास रखें। चार भाग की भित्ति और शेष भागों का गर्भगृह होता है।

कर्णे द्विशृङ्गं तिलकं शिखरं सूर्यविस्तरम्।
रथैकशृङ्गतिलकमष्टांशा चोरुमञ्जरी॥ 9॥

कर्णों पर दो-दो शृङ्ग हों और तिलक हों। शिखर का विस्तार बारह भाग का हो। रथ के एक तिलक और शृङ्ग हों तथा आठ भागों की उरुमञ्जरी हों।

नन्दिकायां च तिलकमुरःशृङ्गं षडंशकम्।
रथोद्गमस्ततो भद्रे पूर्णभद्रस्य लक्षणम्॥ 10॥

जब नन्दिका पर तिलक हों और ऊरुशृङ्ग छह भागों का हों तथा रथ से ही भद्र निकले हों तो यह (प्रथम) पूर्णभद्र प्रासाद के लक्षण होते हैं।

उरःशृङ्गं च वेदांशं भद्रे कुर्यात्तृतीयकम्।
सुभद्रश्च तदा नाम प्रासादः क्षितिभूषणः॥ 11॥

उरुशृङ्ग चार भागों के और भद्र तीन भागों के हों तो यह (द्वितीय) सुभद्र नाम का प्रासाद बनता है जो पृथ्वी का भूषण कहा जाता है।

भद्रे शृङ्गं परित्यज्य नन्दीशृङ्गाणि कारयेत्।
श्रीशैलश्च तदा नाम कथितश्च विरञ्चिना॥ 12॥

भद्रों पर शृङ्गों को छोड़कर नन्दी पर शृङ्गों को करें तो यह (तृतीय) श्रीशैल नाम का प्रासाद विरञ्चि (ब्रह्मा) को प्रिय कहा गया है।

भद्रे शृङ्गे कुमुदकः कर्तव्यः शुभलक्षणः।
कर्णे च तिलकं शृङ्गं सर्वतोभद्रलक्षणम्॥ 13॥

इति ब्रह्मप्रासादपञ्चकम्।

यदि भद्र और शृङ्गों से (चतुर्थ) कुमुदोद्भव हो और कर्णों और तिलकों पर शृङ्ग हों तो ये (पञ्चम) सर्वतोभद्र प्रासाद के लक्षण होंगे।

विष्णुप्रासादपञ्चकनामलक्षणम् —

क्षेत्रे च द्वाविंशतिधा पूर्ववत्तलसंस्थितिः।
कर्णप्ररथमध्ये च नन्दिका चैकभागिका॥ 14॥

(अब विष्णु प्रासादों का वर्णन) क्षेत्र को 22 भागों में विभाजित कर पहले की तरह तल की संस्थिति बनाएँ और कर्णों व प्ररथों के मध्य में एक भाग की नन्दिका हो।

कर्णे प्रतिरथे चैव द्वे द्वे शृङ्गे च कारयेत्।
त्रिभिर्भागैश्च प्रथमं सार्धद्व्यंशं द्वितीयकम्॥ 15॥

इसके अतिरिक्त कर्णों और प्रतिरथों पर दो-दो शृङ्ग किए जाएँ, उनमें भी

पहला शृङ्ग तीन भाग का और दूसरा शृङ्ग ढाई भाग का हो।

नन्दिकायां ततः शृङ्गं शृङ्गं षोडश विस्तरम्।
शिखरोर्ध्वे उरःशृङ्गं षड्भागं च तदग्रतः॥ 16॥

नन्दिका पर भी शृङ्ग सोलह भाग विस्तार वाले हों। उसके शिखर की ऊँचाई पर आगे की ओर छह भाग का उरुशृङ्ग हों।

प्रत्यङ्गं त्र्यंशतः कीर्तिपताकस्य च लक्षणम्।
उरःशृङ्गं तृतीयं च ऋषिकूटः स उच्यते॥ 17॥

इसमें प्रत्यङ्ग यदि तीन भाग के हों तो वह (प्रथम) कीर्तिपताका प्रासाद के लक्षण होंगे। यदि इसमें तीन उरुशृङ्ग हों, तो यह (द्वितीय) ऋषिकूट नामक प्रासाद कहलाता है।

रेखोर्ध्वे तिलकं नन्द्यां शृङ्गं श्रीवत्स उच्यते।
ततः शृङ्गे च विजयः सर्वकामफलप्रदः॥ 18॥

यदि इस रचना में रेखा के ऊपर तिलक बनाया हों और नन्दी पर शृङ्ग बना हो तो यह (तृतीय) श्रीवत्स प्रासाद कहलाता है। उस पर यदि शृङ्ग हों तो वह सर्वकाम फलप्रद (चतुर्थ) विजय प्रासाद होगा।

कर्णे कूटं नन्दिशृङ्गं कर्णस्योभयपक्षतः।
पक्षिराजः समाख्यातः प्रासादो भवनोत्तमः॥ 19॥

इति विष्णुप्रासादपञ्चकम्।

यदि उसके कर्णों पर कूट हो, नन्दी पर शृङ्ग हों और दोनों पक्षों पर कर्ण हों तो वह (पञ्चम) पक्षिराज (गरुड) नाम का प्रासाद भवनों में उत्तम होता है।

जिनेन्द्रप्रासादपञ्चकनामलक्षणम् —

कर्णे नन्दीप्रतिरथौ पूर्ववच्च सुसंस्थितौ।
नन्दिका भागनिष्कासा द्विभागं पार्श्वक्षोभणा॥ 20॥

(अब जिनेन्द्र प्रासादों का वर्णन) कर्णों पर नन्दी और प्रतिरथों का पूर्ववत् स्थित करे। नन्दिका एक भाग निकास युक्त हों और दो भागों की बाजूओं की क्षोभणा हों।

भागा नन्दी पुनः कार्या वेदांशो भद्रविस्तरः।
निष्कासश्चक भागस्तु कर्तव्यः शुभलक्षणम्॥ 21॥

एक भाग का नन्दी पुनः करें और चार भाग का भद्र-भित्ति का विस्तार करें। उसका निकास एक भाग का शुभ लक्षणों से युक्त करें।

चतुर्भागं भवेद् भित्तिः शेषं गर्भगृहं भवेत्।
कर्णे शृङ्गत्रयं कार्यं क्रमतो भागनिर्गतम्॥ 22॥

उसके चार भाग की भत्ति और शेष भागों का गर्भगृह हो। कर्णों पर तीन शृङ्ग हो जो क्रमशः एक-एक भाग के निकास युक्त हों।

षोडशांशं च शिखरमुरःशृङ्गं तदर्धतः।
तत्पदोनं तदग्रं च तस्याग्रं च युगांशकम्॥ 23॥

सोलह भाग विस्तार का शिखर और उसका आधा (आठ भाग) विस्तार का उरुशृङ्ग हों, जो आगे से एक भाग कम हों। उसका आगे का भाग चार भागों का हों।

कर्णे प्रतिरथे तुल्या द्विक्रमा चैव नन्दिका।
कर्णे प्रतिरथे भद्रे शृङ्गाणि त्रीणि त्रीणि च॥ 24॥

कर्णों पर, प्रतिरथों पर एक जैसी द्विक्रमा नन्दिका हों और कर्णों और प्रतिरथों पर भद्रों पर तीन-तीन शृङ्ग हों।

द्वौ द्वौ कूटौ नन्दिकायां प्रत्यङ्गानि ततोऽष्टभिः।
भद्रनन्द्येककूटं च पद्मरागः स उच्यते॥ 25॥

इसी प्रकार दो-दो कूट नन्दिकाओं पर हों और उनके प्रत्यङ्ग आठ हों। भद्र व नन्दी पर एक कूट हों तो ऐसा (प्रथम) पद्मराग प्रासाद कहलाता है।

भद्रशृङ्गे विशालाख्यो विभवं च तथा शृणु।
कर्णकूटं नन्दिशृङ्गं नाम्ना वै विभवस्तथा॥ 26॥

यदि भद्र-भित्ति पर शृङ्ग हों तो वह (द्वितीय) विशाल नामक प्रासाद होगा। इसक बाद विभव के लक्षण सुनों। उसमें कर्ण पर कूट और नन्दी पर शृङ्ग बने हों तो वह (तृतीय) विभव नाम का प्रासाद होता है।

ततः शृङ्गे कामदस्तु कर्तव्यो रत्नसम्भवः।
भद्रे चेन्नन्दिका त्यक्ता लक्ष्मीकोटर उच्यते॥ 27॥

इति जिनेन्द्रप्रासादपञ्चकम्।

यदि उसके शृङ्ग कामद छन्द के हों तो यह (चतुर्थ) रत्नसम्भव प्रासाद बनता है। यदि इसके भद्र-भित्तों पर नन्दिका छोड़ दें तो यह (पञ्चम) प्रासाद लक्ष्मीकोटर कहलाता है।

सूर्यप्रासादपञ्चकनामलक्षणम् —

तद्रूपं च तदाकारं भद्रं षड्भागविस्तारम्।
द्वौ द्वौ नन्दी पार्श्वतश्चैकैकभाग प्रकल्पितौ॥ 28॥

(अब पाँच सूर्य प्रासादों का वर्णन) उसी रूप के और उसी आकार के छह भागों के विस्तार से भद्र-भित्ति हों। उसके उभय पार्श्व में दो-दो नन्दी एक-एक भाग से परिकल्पित करें।

चतुष्पदा रथकर्णाः शृङ्गं षोडशविस्तरम्।
उरःशृङ्गं तथाष्टांशं षडंशं तस्य चाग्रतः॥ 29॥
चतुर्भागमुरःशृङ्गं भद्रे कुर्यात्तथोद्गमम्।

चार भाग के रथकर्ण हों और शृङ्ग सोलह भागों के विस्तार के हों। उरुशृङ्ग आठ भागों के विस्तार के हो जो उसके आगे छह भाग हो। चार भाग का उरुशृङ्ग भद्र पर निकलता हुआ बनाएँ।

कर्णे प्रतिरथे चैव शृङ्गाणि त्रीणि त्रीणि च॥ 30॥
नन्दिकायामेकशृङ्गं शेषे कूटानि कारयेत्।
इति शास्त्र(? शस्त) गुणैर्युक्तो हंसनामा स उच्यते॥ 31॥

कर्णों और प्रतिरथों पर तीन-तीन शृङ्ग बनाएँ। नन्दिका पर एक शृङ्ग हो शेष भागों में कूटों को बनाए तो यह (प्रथम) हंस नाम का प्रशस्त प्रासाद बनता है।

भद्रे शृङ्गं पुनर्दद्यात् स्यादैरावतलक्षणम्।
त्यक्तं नन्दिद्वयं भद्रे त्रिमुखः सर्वकामदः॥ 32॥

भद्रों पर पुनः शृङ्ग बनाए तो (द्वितीय) ऐरावत प्रासाद के लक्षण होंगे। यदि भद्र पर दोनों नन्दियों को छोड़ दें तो यह (तृतीय) त्रिमुख नामक प्रासाद सब कामनाओं को पूरी करता है।

भद्रशृङ्गे पद्मरागः कर्तव्यो लक्षणान्वितः।
शृङ्गं त्यक्त्वा भद्रनन्दी स्वस्तिकस्तु भवेत्तदा॥ 33॥

इति सूर्यप्रासादपञ्चकम्।

उसमें भद्र पर शृङ्गों की रचना हो तो (चतुर्थ) पद्मराग प्रासाद होगा, इसी पर ऐसे ही लक्षण होंगे। इसके अतिरिक्त यदि भद्र पर और नन्दी पर शृङ्ग छोड़ दें तो वह (पञ्चम) स्वस्तिक प्रासाद बनता है।

शिवप्रासादपञ्चकनामलक्षणम् —

चतुरश्रीकृते क्षेत्रे द्वाविंशतिविभाजिते।
चतुष्पदा रथकर्णा एकैकांशा च नन्दिका॥ 34॥

(अब पाँचों शिवप्रिय प्रासादों का वर्णन) चौकोर, समतल क्षेत्र को बाईस भागों में विभाजित करें। रथ और कर्ण चार-चार भाग के और एक-एक अंश से

नन्दिका रखें।

षड्भागं च भवेद्भद्रं द्विद्व्यंशा युग्मनन्दिकाः।
भद्रे शृङ्गत्रयं कार्यं द्वात्रिंशत्यंशशृङ्गकम्॥ 35॥

छह भाग से भद्र-भित्ति बनाएँ और दो-दो भागों की युग्मनन्दिका रखें। भद्र पर तीन शृङ्ग करें और शृङ्ग का विस्तार बाईस भागों का हों।

कर्णे प्रतिरथे कुर्याद् द्वादशांशोरुमञ्जरी।
तथा नन्दौ द्वितिलकं प्रत्यङ्गं स्याद्युगांशकम्॥ 36॥

इसके कर्णों पर प्रतिरथ करें और बारह भागों की उरुमञ्जरी करें। दो नन्दों पर दो तिलक करें और प्रत्यङ्ग को युगांश यानी चार भाग का करें।

रथे शृङ्गं तिलकं तु नन्दावष्टांशमञ्जरी।
भद्रनन्द्यापं द्वितिलकं षडंशा चोरुमञ्जरी॥ 37॥

रथ पर शृङ्ग और तिलक बनाए तथा नन्दा (? नन्द्या) और मञ्जरी आठ भाग की करें। भद्र पर बनने वाली नन्द्या के दो तिलक करें और छह अंश से उरुमञ्जरी बनाएँ।

भद्रे शृङ्गं चतुर्थं च चतुर्भागैस्तु विस्तरः।
एवंविधः प्रकर्तव्यः प्रासादो वृषभाभिधः॥ 38॥

भद्र पर चौथा शृङ्ग चार भाग के विस्तार वाला बनाएँ। इस विधि से (प्रथम) वृषभ नाम के प्रासाद को बनाना चाहिए।

भद्रनन्द्यामेकशृङ्गं गिरिकूटस्य लक्षणम्।
कर्णोर्ध्वे च ततः शृङ्गं कैलासः सर्वकामदः॥ 39॥

भद्रनन्द्या पर एक शृङ्ग हों तो यह (द्वितीय) गिरिकूट प्रासाद का लक्षण होगा। यदि उसके कर्णों के ऊपर शृङ्ग हों तो वह (तृतीय) कैलास प्रासाद सर्वकामद होगा।

तथैव तिलकं कुर्याद् द्विशृङ्गा रथनन्दिका।
अमरोऽसौ समाख्यातः कर्तव्यः सर्वकामदः॥ 40॥

इसी के समान तिलक बनाएँ और दो शृङ्गों वाली रथनन्दिका हों तो वह (चतुर्थ) अमर नाम का प्रासाद सब कामनाओं की पूर्ति करने वाला बनता है।

ततः शृङ्गे तु माहेन्द्रः कर्तव्यः शान्तिमिच्छता।
प्रासादपञ्चकं चैतत्कर्तव्यं शिववल्लभम्॥ 41॥

इति शिवप्रासादपञ्चकम्।

यदि इसके शृङ्ग हो तो यह (पञ्चम) महेन्द्र प्रासाद होगा। शान्ति चाहने वालों को इसे अवश्य बनाना चाहिए। इस तरह से इस प्रासाद पञ्चक को अवश्य करे जो शिव को अति प्रिय है।

इति सूत्रसन्तानगुणकीर्तिप्रकाशप्रोक्तश्रीभुवनदेवाचार्योक्तापराजितपृच्छायां पूर्णभद्रादिनागरप्रासादलक्षणाधिकारो नाम चतुःषष्ट्यत्तरशततमं सूत्रम् ॥ 164 ॥

इस प्रकार भुवनदेवाचार्य कृत सूत्रसन्तानगुणकीर्ति प्रकाश या अपराजितपृच्छा में पूर्णभद्रादि नागर प्रासाद लक्षणाधिकार नामक एक सौ चौंसठवाँ सूत्र पूर्ण हुआ ॥ 164 ॥

भूधरादिप्रासादलक्षणात्मकं पञ्चषष्ट्युत्तरशततमं सूत्रम् ॥ 165 ॥

अधुना भूधरादिजातिशुद्धपञ्चविंशतिप्रासादलक्षणं। विश्वकर्मोवाच —

अत ऊर्ध्वं प्रवक्ष्यामि प्रासादानां तु लक्षणम्।
भक्त्या छन्दैस्तथाकारैर्नागरा भूधरादयः ॥ 1 ॥

(इसं सूत्र में भूधर, भद्रादि पच्चीस प्रासादों के लक्षणों को कहा जा रहा है) विश्वकर्मा बोले कि इसके आगे मैं भूधरादि नागर प्रासादों के भाग, छन्द तथा आकारों के लक्षणों को कहता हूँ।

भूधरभद्रकनन्दीशनन्दिवर्धनपुष्पकमन्दरगरुडवृषभैरावतराजहंससुभद्रपृथ्वीजयेन्द्र-नीलमहापद्मवैडूर्यसिंहत्रिविष्टपकैलासपुण्यवर्धनवर्धमानगिरिकूटहंससर्वाङ्गसुन्दर श्रीनिवासश्रियानन्दमेरव —

भूधरो भद्रकश्चैव नन्दीशो नन्दिवर्धनः।
पुष्पको मन्दरश्चैव गरुडो वृषभस्तथा ॥ 2 ॥
ऐरावतो राजहंसः सुभद्रः पृथिवीजयः।
इन्द्रनीलो महापद्मो वैडूर्यः सिंह एव च ॥ 3 ॥
त्रिविष्टपस्तु विज्ञेयः कैलासः पुण्यवर्धनः।
वर्धमानो गिरिकूटः हंसः सर्वाङ्गसुन्दरः ॥ 4 ॥
श्रीनिवासः श्रियानन्दो मेरुः प्रासादनायकः।
पञ्चविंशतिराख्याता$_{25}$ जातिशुद्धाश्च नागराः ॥ 5 ॥

इनमें 1. भूधर, 2. भद्रक, 3. नन्दीश, 4. नन्दिवर्धन, 5. पुष्पक, 6. मन्दर, 7. गरुड, 8. वृषभ, 9. ऐरावत, 10. राजहंस, 11. सुभद्र, 12. पृथिवीजय, 13. इन्द्रनील, 14. महापद्म, 15. वैडूर्य, 16. सिंह, 17. त्रिविष्टप, 18. कैलास, 19. वर्धमान, 20. गिरिकूट, 21. हंस, 22. सर्वाङ्गसुन्दर, 23. श्रीनिवास, 24. श्रियानन्द

और 25. प्रासाद नायक मेरु— ये नागर जाति के शुद्ध 25 प्रासाद विख्यात है।

चतुर्भेदैस्तलोर्ध्वे तु प्रासादाः पञ्चविंशतिः।
इषु₅ पञ्चा₅ष्ट₈ सप्ता₇ऽत्र प्रयुक्ता वास्तुवेदिभिः॥ 6॥

इन 25 प्रासादों के तलों और ऊँचाई के भी चार-चार भेद होते हैं। इस तरह से वास्तुशास्त्र के ज्ञाताओं ने इनके 7855 भेद प्रयोग में लिए हैं।

भूधरादीनाविस्तारमाह —

भूधरे वर्धमाने तु भद्रं वै चतुरंशकम्।
मन्दरे च सुभद्रे च त्रिभागो भद्रविस्तरः॥ 7॥
केशरी पूर्ववज्ज्ञेयः पञ्चाण्डकविभूषितः।

भूधर प्रासाद और वर्धमान प्रासाद में भद्र चार भाग के विस्तार के होते हैं। मन्दर प्रासाद और सुभद्र प्रासाद के भद्र तीन भाग के विस्तार के होते हैं। केसरी प्रासाद को पहले की भाँति पाँच अण्डकों से भूषित जानना चाहिए।

मत्तालम्बयुतं भद्रं भूधरो नाम नामतः॥ 8॥
भद्रश‍ृङ्गे भद्रकं च द्वितीये नन्दिशालकः।

मतावलम्ब (गोख) युक्त भद्र वाला (1.) भूधर नाम का प्रासाद होता है। भद्र पर श‍ृङ्ग हो तो (2.) भद्रक और दो हो तो (3.) नन्दिशालक होगा।

भद्रे त्यक्तं च कर्णोर्ध्वे दद्यात्स्यान्नन्दिवर्धनः॥ 9॥
तथैव च यदा श‍ृङ्गं मत्तालम्बोऽग्रभद्रके।
पुष्पको नाम विज्ञेयः सर्वकामफलप्रदः॥ 10॥

कर्णों के ऊपर से भद्र रहित हो तो वह (4.) नन्दिवर्धन प्रासाद होता है। इसी प्रकार के श‍ृङ्ग यदि आगे के भद्र के मतावलम्ब (गोख) युक्त हो तो यह (5.) पुष्पक नाम का प्रासाद जानें, जो सब कामना पूरी करता है।

नवभक्ते तलच्छन्दे नन्दिका भागमेव च।
भद्रे कर्णे द्विद्विश‍ृङ्गं नन्द्यां श‍ृङ्गं तु मन्दरः॥ 11॥
भद्रे श‍ृङ्गं तृतीयं च गरुडो विष्णुमन्दिरम्।

तलछन्द को नौ भागों में विभक्त करें। उसमें एक भाग की नन्दिका तथा भद्रों पर और कर्णों पर दो-दो श‍ृङ्ग हो और नन्द्या के श‍ृङ्ग हो तो यह (6.) मन्दर होगा। भद्र पर तीसरा श‍ृङ्ग हो तो यह (7.) गरुड प्रासाद विष्णु मन्दिर होता है।

भद्रे कर्णे यदा श‍ृङ्गं मत्तालम्बे वृषस्तथा॥ 12॥
तथैव भद्रे चेच्छृङ्गं शुभ ऐरावतो मतः।

चतुर्थे भद्रशृङ्गे तु ब्रह्योक्तो राजहंसकः ॥ 13 ॥

भद्र पर और कर्ण पर यदि शृङ्ग हों। और मत्तालम्ब (गोख) हो तो (8.) वृष प्रासाद होता है। इसी प्रकार भद्र पर यदि शृङ्ग हों तो (9.) ऐरावत और चतुर्थ पर भद्रशृङ्ग हों तो यह ब्रह्मा का कहा हुआ (10.) राजहंस प्रासाद होगा।

विभक्तमेकादशभिर्नन्दिकायां द्विशृङ्गकम्।
नन्दनश्च तथा कर्णे श्रीवत्सस्तु तदूर्ध्वतः ॥ 14 ॥
नन्दिकायां ततः शृङ्गं द्वितीये तिलकं भवेत्।
मत्तालम्बस्त्रिभद्रेषु सुभद्रो नाम नामतः ॥ 15 ॥

क्षेत्र को ग्यारह भागों में विभक्त करें और नन्दिका को दो शृङ्गों से युक्त बनाएँ। कर्ण पर नन्दन छन्द और उसके ऊपर श्रीवत्स छन्द हों, नन्दिका के शृङ्ग हों और दूसरा तिलक भी बना हों तथा तीनों भद्रों पर मत्तालम्ब (गोख) हों तो यह (11.) सुभद्र प्रासाद होता है।

पृथ्वीजयो भद्रशृङ्गे इन्द्रनीलो द्वितीयके।
तृतीयके महापद्मो वैडूर्य्यश्च चतुर्थके ॥ 16 ॥

इसमें पहले भद्रशृङ्ग हों तो वह (12.) पृथ्वीजय और द्वितीय पर (13.) इन्द्रनील, तृतीय पर (14.) महापद्म और चौथा पर हों तो (15.) वैडूर्य प्रासाद होगा।

त्यक्तं भद्रे नन्दिशृङ्गं सिंहो वै सर्वकामदः।
तस्य भद्रे यदा शृङ्गं तदा नाम त्रिविष्टपः ॥ 17 ॥

भद्र पर नन्दिशृङ्ग को छोड़ दें तो यह (16.) सिंह संज्ञक प्रासाद सर्वकामद होगा। इसी के भद्र पर यदि शृङ्ग बनाएँ तो यह (17.) त्रिविष्टप प्रासाद हो जाता है।

स्यात्कर्णे च यदा शृङ्गं भवेत्पञ्चाण्डकं तथा।
कैलासो नाम विज्ञेय ईश्वरस्य सदा प्रियः ॥ 18 ॥

इसी के भद्र पर यदि शृङ्ग हों और पञ्चाण्डक युक्त हों तो यह (18.) कैलास नाम का प्रासाद शिव को सदा प्रिय होता है।

अन्यदप्याह —

त्रयोदशविभक्ते च द्विभागः कर्णविस्तरः।
सार्धभागः प्रतिरथो भागतश्चैव नन्दिका ॥ 19 ॥

क्षेत्र को तेरह भागों में विभक्त करें और दो भाग का कर्णों का विस्तार रखें, डेढ़ भाग का प्रतिरथ और एक भाग की नन्दिका हों।

चतुर्भागं भवेद् भद्रं मुखभद्रविभूषितम्।
चत्वारो मन्दराः कर्णे केशरी च तदूर्ध्वतः ॥ 20 ॥

इसमें चार भाग का भद्र जो मुखभद्र से विभूषित हों तथा कर्णों पर चारों मन्दर छन्द हों और उनके ऊपर केसरी छन्द हों।

पञ्चाण्डकं प्रतिरथे नन्द्यां च तिलकं तथा।
त्रिमत्तालम्बप्रभद्रं वर्धमानः स उच्यते ॥ 21 ॥

इसी प्रकार प्रतिरथों पर पञ्चाण्डक हो और नन्द्या, तिलक सहित भद्र पर तीन मत्तालम्ब (गोख) हों तो यह (19.) वर्धमान नाभ का प्रासाद होता है।

गिरिकूटो भद्रशृङ्गे द्वितीये हंस एव च।
तृतीये च भवेच्छृङ्गं नाम्ना सर्वाङ्गसुन्दरः ॥ 22 ॥

इसके अतिरिक्त भद्र शृङ्ग पर (20.) गिरिकूट, दूसरे भद्र पर (21.) हंस, तीसरे भद्र पर शृङ्ग हों, यह (22.) सर्वाङ्गसुन्दर प्रासाद होता है।

चतुर्थशृङ्गे कुर्यात्तु श्रीनिवास तथोत्तमम्।
त्यक्तभद्रं नन्दिशृङ्गं श्रियानन्दस्ततो भवेत् ॥ 23 ॥

उसी के चौथा शृङ्ग करें तो यह (23.) श्रीनिवास नामक उत्तम प्रासाद होता है। उसी के भद्र पर यदि नन्दि व शृङ्ग छोड़ दिए जाएँ तो वह (24.) श्रियानन्द प्रासाद होता है।

चतुर्थे भद्रशृङ्गे तु मेरुः स्याद्भवनोत्तमः।
प्रासादानां समस्तानां मेरू राजा विधीयते ॥ 24 ॥

यदि चतुर्थ भद्रशृङ्ग हो तो (25.) मेरु प्रासाद भवनों में उत्तम बनता है। समस्त प्रासादों में मेरु प्रासाद को राजा माना जाता है।

सान्धारका इमे कार्याः सभ्रमा भ्रमवर्जिताः।
दशहस्ताद्यदा हीनं न कुर्याद् भ्रमसंयुतम् ॥ 25 ॥

इस तरह सान्धार प्रासादों को करना चाहिए। चाहे वे भ्रम युक्त हों, चाहे भ्रम रहित हों। ध्यान रहे कि यदि दस गज से ये कम हों तो इन प्रासादों को भ्रम युक्त नहीं बनाना चाहिए।

इति सूत्रसन्तानगुणकीर्तिप्रकाशप्रोक्तश्रीभुवनदेवाचार्योक्तापराजितपृच्छायां भूधरादिप्रासादलक्षणाधिकारो नाम पञ्चषष्ट्युत्तरशततमं सूत्रम् ॥ 165 ॥

इस प्रकार भुवनदेवाचार्य कृत सूत्रसन्तानगुणकीर्ति प्रकाश या अपराजितपृच्छा में भूधरादि प्रासाद लक्षण अधिकार नामक एक सौ पैंसठवाँ सूत्र पूर्ण हुआ ॥ 165 ॥

सुरतर्वादिप्रासादलक्षणात्मकं षट्षष्ट्युत्तरशततमं सूत्रम्॥ 166॥

अधुना सुरतर्वादिप्रासादार्थ प्रश्नं। अपराजित उवाच —

उक्ता ये सुरतर्वाद्याः प्रासादाः सर्वकामदाः।
प्रशस्ताश्च विना दोषैः कथयस्व प्रसादतः॥ 1॥

(इस सूत्र में अन्य सुरतरु इत्यादि प्रासादों के विषय में कहा जा रहा है) अपराजित ने प्रश्न किया कि सुरतरु संज्ञक प्रासाद से आरम्भ होने वाले और समस्त कामनाओं को पूर्ण करने वाले जो प्रासाद कहे गए हैं, उनमें जो प्रशस्त और निर्दोष हो, उनको कृपाकर कहिए।

विश्वकर्मोवाच —

अथातः सम्प्रवक्ष्यामि प्रासादनां तु लक्षणम्।
नाम पादप्रमाणं च संस्थानोन्मानलक्षणम्॥ 2॥

विश्वकर्मा बोले कि अब मैं (ऐसे) प्रासादों के लक्षण कहता हूँ जिनमें नाम के अनुसार ही पाद-प्रमाण (भागों के अंशादि) और संस्थानों के मान, उन्मान आदि के लक्षण भी होंगे।

तेषां नामानि —

सुरतरुः श्रियानन्दः सुरानन्दस्तृतीयकः।
नन्दाख्यो नन्दनश्चैव ह्यमृतोद्भव एव च॥ 3॥
पृथ्वीजयश्च वैडूर्यो मुकुटोज्ज्वल एव च।
लक्ष्मीभूषणनामा च तथा सर्वाङ्गभूषणः॥ 4॥
भुवनमण्डनश्चैव श्रीरथः पुण्यवर्धनः।
मन्दरो हिमवांश्चैव राजहंसो मनुप्रभः॥ 5॥
सुरवल्लभस्त्रैलोक्यः सिद्धार्थश्च रतिप्रभः।
महाकान्तः पद्मरागो मेरुश्च त्रिदशालयः॥ 6॥

1. सुरतरु, 2. श्रियानन्द, 3. सुरानन्द, 4. नन्द, 5. नन्दन, 6. अमृतोद्भव, 7. पृथ्वीजय, 8. वैडूर्य, 9. मुकुटोज्ज्वल, 10. लक्ष्मीभूषण, 11. सर्वाङ्गभूषण, 12. भुवनमण्डन, 13. श्रीरथ, 14. पुण्यवर्धन, 15. मन्दर, 16. हिमवान्, 17. राजहंस, 18. मनुप्रभ, 19. सुरवल्लभ, 20. त्रैलोक्य, 21. सिद्धार्थ, 22. रतिप्रभ, 23. महाकान्त, 24. पद्मराग और 25. मेरु देवालय।

पञ्चविंशतिरित्युक्ता महाप्रासादनायकाः।
वक्ष्यामि लक्षणं तेषां प्रस्तारच्छन्दनिर्णयम्॥ 7॥

ये पच्चीस महाप्रासाद नायक कहे गए हैं। अब इनके लक्षण, प्रस्तार, तलच्छन्द के निर्णय को कहता हूँ।

सुरतरुः —

चतुरश्रीकृते क्षेत्रे त्रयोदशविभाजिते।
त्रिभागौ भद्रविस्तारः कर्णमानं द्विभागिकम्॥ 8॥

(प्रथम सुरतरु संज्ञक प्रासाद) चौकोर क्षेत्र को तेरह भागों में विभाजित करें और इसमें तीन भाग से भद्र का विस्तार, दो भागों का कर्ण मान रखें।

भद्रार्धं च प्रतिरथो युग्माकारावुभौ च तौ।
षडंशः पदनिष्कासः सर्वेषां च सुखावहः॥ 9॥

भद्र के आधे अर्थात् डेढ़ अंश के प्रतिरथ जो दोनों युग्माकार यानी जोड़ी में हों। उन सबका निकास छह भाग का सुखद होता है।

उदकान्तरसंयुक्तं घण्टाकलशभूषितम्।
चतुर्विंशवल्लीकमेकाण्डकविभूषितम्॥ 10॥

उनके उदकान्तर (प्रनाले) बने हुए हों और वे आमलसार तथा कलश से भूषित और चौबीस वल्ली व एक अण्डक से विभूषित हों।

प्रासादं सुरतर्वाख्यमिमं यः कारयेन्नरः।
इच्छितं लभते राज्यं भुक्त्वा भोगांश्चस्वर्पतिः॥ 11॥

इति सुरतरुः।

इस प्रकार बनने वाला प्रासाद सुरतरु नाम का होगा। जो इसको बनाता है, वह इच्छित राज्य प्राप्त करता है और उसको भोगने के बाद भी वह स्वर्गपति इन्द्रपद को पाता है।

श्रियानन्दः —

भद्रं कर्णे भवेद् भागं सपादः प्ररथस्तथा।
वल्लभः सर्वदेवानां श्रियानन्दः शुभङ्करः॥ 12॥

इति श्रियानन्दः।

(द्वितीय प्रासाद) ऐसे ही यदि भद्र पर एक भाग के कर्ण हों और सवाया भाग का प्ररथ हों तो यह सब देवताओं का प्रिय श्रियानन्द प्रासाद शुभकारी होता है।

सुरानन्दः —

कर्णे शृङ्गं विधातव्यं रथिका भद्रशोभिता।

सुरतरुंस्तच्छिखरं सुरानन्दः स उच्यते॥ 13॥

इति सुरानन्दः।

(तृतीय प्रासाद) कर्ण पर शृङ्ग बनाएँ और भद्र की शोभयुक्त रथिका बनाएँ। इसका सुरतरुवत् शिखर बनाएँ तो वह सुरानन्द प्रासाद कहा जाएगा।

नन्दनः —

भद्रे तु शिखरं देयं घण्टाकलशभूषितम्।
सर्वतोभद्रकाकारो नन्दाख्योऽसौ भवेत्तदा॥ 14॥

(चतुर्थ प्रासाद) भद्र पर शिखर बनाएँ जो आमलसार और कलश से भूषित हों। उसका आकार सर्वतोभद्रक का हो तो वह नन्द नामक का प्रासाद होगा। •

तद्रूपे तत्प्रमाणे च भद्रपक्षे तु कर्णिका।
भद्रे कर्णे द्विशृङ्गं च नन्दनः सर्वकामदः॥ 15॥

इति नन्दनः।

(पञ्चम प्रासाद) इसी रूप और प्रमाण के अतिरिक्त भद्र के पार्श्व में कर्णिका हों, भद्र पर और कर्ण पर दो शृङ्ग हों तो वह नन्दन नाम का प्रासाद सब कामनाओं को पूरा करने वाला होता है।

अमृतोद्भवः —

अष्टधा भाजिते चैव समक्षेत्रै विचक्षणैः।
द्विभागः कर्ण इत्युक्तः कर्णिका चार्धभागतः॥ 16॥

(षष्ठ प्रासाद) विद्वान शिल्पी को चाहिए कि वह समतल क्षेत्र को आठ भागों में विभाजित करें। इसमें दो भाग के कर्ण कहे गए हैं जबकि आधे भाग की कर्णिका होगी।

तत्समा च द्वितीया च निर्गमे विस्तरे नाम।
द्विभागं मुखभद्रं च अर्धभागेन निर्गमः॥ 17॥

उसी के समान द्वितीय कर्णिका भी करें जो निकास और विस्तार में भी उसी के समान हों। दो भागों का मुखभद्र करे जो आधे भाग के निकास युक्त हों।

कर्णे शृङ्गं विधातव्यं सघण्टं त्र्यंशकोन्नतम्।
तदूर्ध्वे तिलकं चैव द्विभागश्च तथोदयः॥ 18॥

कर्ण पर शृङ्ग बनाए जो घण्टायुक्त (आमलसार सहित) हों और तीन भाग उन्नत हों। उसके ऊपर तिलक बनाएँ जिनका उदयमान यानी ऊँचाई दो भागों से होगी।

कर्णशृङ्गोभयपक्षे कर्ण्यां शृङ्गं समोदयम्।
द्विभागमुन्नतं कुर्याच्छृङ्गं च प्रतिकर्णके॥ 19॥

दोनों बाजुओं (उभय पार्श्व) पर कर्णशृङ्ग बनाएँ और शृङ्गों के समान ऊँचाई वाली कर्णी भी बनाएँ। दो भागों की ऊँचाई वाले शृङ्ग प्रत्येक कर्ण पर बनाएँ।

भागोन्नता च रथिका तद्विस्तारो द्विभागिकः।
षड्भागा मूलरेखा च त्रिभागा चोरुमञ्जरी॥ 20॥

एक भाग की ऊँचाई वाली रथिका बनाए जिसका विस्तार दो भागों का हों। मूलरेखा छह भाग की और तीन भाग की उरुमञ्जरी होगी।

द्वितीया च द्विभागा स्यादेकभागा तृतीयका।
द्वादशैवोरुमञ्जर्यः शृङ्गाणां विंशतिस्तथा॥ 21॥

दूसरी उरुमञ्जरी दो भाग की और तीसरी एक भाग की होगी। इस्र प्रकार बारह तो उरुमञ्जरियाँ और बीस शृङ्ग हों।

चतुस्तिलकसंयुक्तं त्रयस्त्रिंशत्तथाऽण्डकाः।
अमृतोद्भवनामाऽसौ वन्दितस्त्रिदशैरपि॥ 22॥

इत्यमृतोद्भवः।

इसमें चार तिलक से युक्त तैंतीस अण्डक होते हैं। इस प्रकार बनने वाला प्रासाद अमृतोद्भव होता है जो देवताओं से वन्दित कहा गया है।

पृथिवीजयः —

दशधा भाजिते क्षेत्रे द्विभागः कर्णविस्तरः।
अर्धभागा कर्णिका च सपादा च द्वितीयका॥ 23॥

(सप्तम प्रासाद) समतल क्षेत्र को दस भागों में विभाजित करके दो भाग का कर्ण विस्तार, आधे भाग की कर्णिका और सवा भाग की दूसरी कर्णिका हों।

अर्धभागा तृतीया च भद्रं स्यात्सार्धभागिकम्।
कर्णे शृङ्गद्वयं कुर्यात् षड्भागा मूलमञ्जरी॥ 24॥

आधे भाग की तीसरी कर्णिका हों और भद्र डेढ़ भाग का हों। कर्णों पर दो शृङ्ग करें और मूल मञ्जरी को छह भागों की करें।

कर्णेशृङ्ग सङ्गता च सार्धद्व्यंशोरुमञ्जरी।
द्विभागा च द्वितीया स्यात् प्रत्यङ्गं च तदूर्ध्वतः॥ 25॥

कर्णशृङ्गों पर उन्हीं के सङ्गत की ढाई विभागों की उरुमञ्जरियाँ बनाएँ। दूसरी उरुमञ्जरी दो भागों की बनाएँ और उसके ऊपर प्रत्यङ्ग बनाएँ।

एकभागां मञ्जरिकां रथिकोपरि दापयेत्।
पुनरग्रे चार्धभागां चतुर्थीमुरुमञ्जरीम्॥ 26॥

एक भाग की मञ्जरिका रथिका के ऊपर भी दें और पुनः उसके आगे की ओर आधे भाग की चौथी उरुमञ्जरी बनाएँ।

चतुर्विंशति शृङ्गाणि चोरःशृङ्गाणि षोडश।
लघुकर्ण्यां च तिलकं प्रत्यङ्गे तु ततोऽष्ट च॥ 27॥
पृथ्वीजयस्तथैकोनपञ्चाशच्चाण्डकैर्भवेत्।
एकच्छत्रं धराराज्यं भवेज्जन्मनि जन्मनि॥ 28॥

इति पृथिवीजयः।

चौबीस शृङ्गों और सोलह उरुशृङ्गों वाला व आठ लघुकर्ण और आठ तिलक प्रत्यङ्गों पर हों तो यह पृथ्वीजय नामक प्रासाद होगा। यह उनचास अण्डकों वाला बनता है। इसे बनाने वाले का इस धरा पर जन्म-जन्म तक एकच्छत्र राज्य होता है।

वैडूर्य्यः —

क्षेत्रे द्वादशधा भक्ते द्विभागः कर्णविस्तरः।
कर्णिका चार्धभागा स्यात् सार्धः प्रतिरथो भवेत्॥ 29॥

(अष्टम प्रासाद) क्षेत्र को बारह भागों में विभाजित करें। उसमें दो भाग का कर्ण का विस्तार करें। आधे भाग कर्णिका, डेढ़ भाग का प्रतिरथ होगा।

अर्धभागा पुनः कर्णी तत्समा भद्रकर्णिका।
निष्कासो विस्तरसमः कर्णिका प्ररथे तथा॥ 30॥

आधे भाग की पुनः कर्णी और उसी के समान आधे भाग की भद्रकर्णिका बनाएँ। निकास और विस्तार के समानतः कर्णिका प्ररथों पर हों।

द्विभागो भद्रविस्तारो निर्गमश्चैकभागिकः।
भागोत्सेधा च रथिका भागा स्याच्चोरुमञ्जरी॥ 31॥

भद्र का विस्तार दो भागों का और निकास एक भाग का हों। एक भाग की ऊँचाई की रथिका हों और एक ही भाग की उरुमञ्जरी हों।

द्वितीयका तद्द्विगुणा त्रिभागा तु तृतीयका।
चतुर्थी च चतुर्भागा तृतीयावत् प्रत्यङ्गकम्॥ 32॥

दूसरी उरुमञ्जरी उससे दुगुनी और तीसरी उरुमञ्जरी उससे तीन गुनी, चौथी उरुमञ्जरी चार भागों की हों जिसके प्रत्यङ्ग उरुमञ्जरी जैसे हों।

उरुजङ्घर्यर्धभागा प्रदाप्या रथिकोर्ध्वतः।
रथकर्ण्यां भवेच्छृङ्गं प्रत्यङ्गे च द्विकर्णकम्।
कर्णे प्रतिरथे चैव द्विद्विशृङ्गं प्रदापयेत्॥ 33॥

आधे भाग की उरुमञ्जरी रथिका के ऊपर की ओर भी दें। रथकर्णी पर शृङ्ग हो और प्रत्यङ्ग दो कर्णों से युक्त हों। कर्णों पर और प्रतिरथों पर दो-दो शृङ्ग करें।

चत्वारिंशच्च शृङ्गाण्युरुमञ्जर्य्यश्च विंशतिः।
प्रत्यङ्गे चाष्टमञ्जर्यः शेषं च तिलकान्वितम्॥ 34॥

इस तरह चालीस शृङ्गों और बीस उरुमञ्जरियों एवं प्रत्यङ्गों पर आठ मञ्जरियाँ तथा शेष तिलकों वाला हों।

ख्यातो वैडूर्य एकोनसप्तत्यण्डकतो 69 भवेत्।
कर्ता चाऽवरकैः सार्धं (?सार्थ)शिवलोके महीयते॥ 35॥

इति वैडूर्य्यः।

इस प्रकार से निर्मित यह प्रासाद वैडूर्य नाम से विख्यात है जो उनसठ अण्डकों से युक्त होता है। इसका कर्ता व कामगार अर्थ सहित शिवलोक को प्राप्त करता है।

मुकुटोज्ज्वलः —

क्षेत्रे विभक्ते मन्वंशै 14 र्द्विभागः कर्णविस्तरः।
अर्धभागा कर्णिका च सार्धः प्रतिरथो भवेत्॥ 36॥

(नवम प्रासाद) समतल क्षेत्र को चौदह भागों में विभक्त करें और दो भागों का कर्ण विस्तार, आधे भाग की कर्णिका और डेढ़ भाग का प्रतिरथ होता है।

पुनः कर्णी चार्धभागा नन्दिका चैकभागिका।
अर्धा कर्णी विधातव्या द्विभागौ भद्रविस्तरः॥ 37॥

पुनः कर्णी आधे भाग की और नन्दिका एक भाग की, आधे भाग की कर्णी करें और दो भागों का भद्र का विस्तार करें।

कर्णे द्विशृङ्गं तिलके द्वे द्वै नन्द्यां प्रतिरथे।
षट् त्रिद्विसार्धैकार्धमुरःशृङ्गाणि कल्पयेत्॥ 38॥

कर्णों पर दो शृङ्ग और तिलक हो और दो-दो नन्द्या प्रतिरथों पर बनाएँ। इनके छह, तीन, दो, डेढ़, एक, आधे प्रमाण से उरुशृङ्गों को कल्पित करें।

षोडशप्रत्यङ्गयुक्तं शेषं वै कूटकं तथा।
मुकुटोज्ज्वल आख्यातः कर्तव्यः सर्वदैवते॥ 39॥

इति मुकुटोज्ज्वलः।

यह सोलह प्रत्यङ्गों से युक्त हों और शेष कूटक हो तो मुकुटोज्ज्वल नाम से विख्यात प्रासाद होगा। इसे सभी देवताओं के लिए करना चाहिए।

लक्ष्मीभूषण: —

चतुर्विंशतिभिर्भक्ते द्विभागाः कर्णकानुगाः।
त्रिसङ्घाटा मध्यकर्णे शेषा भागेन कल्पिताः॥ 40॥

(दशम प्रासाद) चौरस क्षेत्र को चौबीस भागों में विभाजित करें। उनमें से दो भाग के कर्ण बनाएँ, तीन भाग के मध्यकर्ण, शेष एक भाग से बनाएँ।

द्विभागं पृथुभद्रं स्यादर्धे द्वे द्वे च कर्णिके।
द्व्यंशोदया च रथिका सार्धद्व्यंशा तु कर्णिका॥ 41॥

दो भागों की मोटाई के भद्र और आधे भाग की दो-दो कर्णिका हों। दो भागों की ऊँचाई वाली रथिका और ढाई भागों की कर्णिका हों।

द्वितीया तु त्रिभागास्यदार्धयुक्ता तृतीयका।
तत्तुल्या तु चतुर्थ्यूर्ध्वे तिलकं त्येकभागिकम्॥ 42॥

दूसरी कर्णिका तीन भागों की और तीसरी कर्णिका साढ़े तीन भागों की और चौथी कर्णिका भी इसके तुल्य हों। उसके ऊपर की ओर एक भाग का तिलक हों।

पञ्चमी च चतुर्भागा द्विभागं तिलकं तथा।
षष्ठी चतुर्थी विज्ञेया प्रत्यङ्गतिलकोपरि॥ 43॥

पाँचवीं कर्णिका चार भाग की और उसके ऊपर दो भाग का तिलक हों। छठवीं कर्णिका चौथी के समान हो और उसके तिलक के ऊपर प्रत्यङ्ग हों।

चतुर्थी पञ्चमी षष्ठी त्रिसङ्घाटं तदुच्यते।
स्यात् कर्णे रथिकामध्ये सङ्घाटस्तत्प्रमाणतः॥ 44॥

इस तरह चौथी, पाँचवीं और छठवीं को त्रिसङ्घाट कहा जाता है। जब रथिका के मध्य में कर्ण होते हैं और सङ्घाट उसके प्रमाणानुसार होता है।

पोषयेन्मध्यकर्णार्धं शोषयेत्पक्षककर्णिकाम्।
तत्प्रत्यङ्गे मध्यकर्णी लघुस्तथा वामदक्षिणे॥ 45॥

मध्य कर्णार्ध को तो पुष्ट करें और पक्षकर्णिका का सङ्कुचित करें। उसके प्रत्यङ्गों पर बायें-दायें लघु मध्यकर्णी स्थित हो।

एकद्वित्रिचतुःषट् अष्टस्यादावुभौ व च ?।
ऊरुमञ्जरी त्यागानि द्विरष्टौस्यान्मूलमञ्जरी ?॥ 46॥

ये एक, दो, तीन, चार, छह और आठ की संख्या में दोनों ओर हों (?), उरुमञ्जरी छोड़कर सोलह मूलञ्जरी हों (?)।

त्रिभागमुच्छ्रितं शृङ्गं भागास्यात्पद्मपत्रिका।
द्राविडे वराटकूटं त्रिसङ्घाटे प्रकल्पयेत्॥ 47॥

तीन भाग की ऊँचाई वाला शृङ्ग हों और एक भाग की पद्मपत्रिका हों। साथ ही द्राविड और वराट छन्द का कूट हो, ऐसे त्रिसङ्घाटों को बनाएँ।

कर्णे प्रतिरथे चैव त्रित्रिशृङ्गं समुन्नतम्।
षट्त्रिंशच्छृङ्गाणि कर्ण्यां चतुःषष्टिस्तथैव च॥ 48॥

इसमें कर्णों और प्रतिरथों पर ऊँचे-ऊँचे तीन-तीन शृङ्ग बनाएँ। यह छत्तीस शृङ्गों और चौंसठ कर्णियों सहित होगा।

अष्टाविंशत्युरःशृङ्गं प्रत्यङ्गानि च द्वात्रिंशत्।
शृङ्गाणि सर्वाणि शतं सप्तपञ्चाशदुत्तरम् [157] **॥ 49॥**

इसमें अट्ठाईस उरुशृङ्ग और बत्तीस प्रत्यङ्गों की रचना हों। सभी शृङ्ग मिलाकर एक सौ सत्तावन हों।

लक्ष्मीभूषणनामाऽसौ सर्वदेवहितावहः।
कर्तृकारून् प्राप्येत्तद् यत्स्थानं देवदुर्लभम्॥ 50॥

इति लक्ष्मीभूषणः।

इस प्रकार की रचना वाला लक्ष्मीभूषण प्रासाद होगा। इसके बनाने वाले और शिल्पी को वह स्थान प्राप्त होता है जो देवताओं के लिए भी दुर्लभ है।

सुर्वाङ्गभूषणः —

अष्टाविंशतिभक्ते च द्विभागः कर्णविस्तरः।
तत्समश्च प्रतिरथो निर्गमश्चैकभागिकः॥ 51॥

(एकादश प्रासाद) समतल, चौरस क्षेत्र को 28 भागों में विभाजित करें। उनमें दो भाग कर्ण का विस्तार करें और उसी के समान दो भागों का प्रतिरथ बनाएँ।

रथश्चाऽनुगतश्चैव द्विभागं विस्तरे पृथक्।
सार्धभाग नन्दिका च तत्समा प्रतिनन्दिका॥ 52॥

उसका निकास एक भाग का हो, रथ के पीछे दो भाग विस्तार से पृथक डेढ़ भाग की नन्दिका करें और उसी के समान डेढ़ भाग की प्रतिनन्दिका भी बनाएँ।

अर्धमर्धं विधातव्याश्चतस्त्रः कर्णिका बुधैः।
द्विभागो भद्रविस्तारो निर्गमश्चार्धभागिकः॥ 53॥

विद्वान शिल्पी को आधे-आधे भाग चार कर्णिकाओं को बनाना चाहिए। भद्र-भित्ति का विस्तार दो भागों का हों और उसका निकास आधे भाग का होना चाहिए।

रथिकांशोन्नता सार्धं कर्णीशृङ्गं समुन्नतम्।
द्विभागं द्वितीयं चैव सार्धद्व्यंशं तृतीयकम्॥ 54॥

रथिका एक भाग की ऊँचाई की हों और कर्णीशृङ्गों की ऊँचाई डेढ़ भाग हों। द्वितीय कर्णीशृङ्ग दो भाग प्रमाण से हों जबकि तीसरी ढाई अंश से हों।

त्र्यंशोन्नतं चतुर्थं च चतुरंशैस्तु पञ्चमम्।
षष्ठं च तत्समं ज्ञेयमूर्ध्वशृङ्गं तु द्व्यंशकम्॥ 55॥

चौथी कर्णी तीन भागों की, पाँचवीं कर्णी चार भागों की एवं छठी कर्णी भी उसी के समान चार भागों की हों और शृङ्गों की ऊँचाई दो भागों की हों।

अन्यानि सर्वशृङ्गाणि वेदांशानि समुच्छ्रितौ।
त्रिभागा चाच्छ्रिता शृङ्गे भागा स्यात् पद्मपत्रिका॥ 56॥

अन्य सभी शृङ्ग चार भागों की ऊँचाई के हों। शृङ्ग के तीन भागों की ऊँचाई पर एक भाग की पद्मपत्रिका होगी।

त्रिशृङ्गमुच्छ्रितं कर्णे द्व्यंशं प्रतिरथे तथा।
रथे कर्णे समन्ताच्च प्ररथे च तथानुगाः॥ 57॥

तीन शृङ्गों की ऊँचाई पर कर्णों पर दो भागों के प्रतिरथ तथा रथों पर कर्ण पूरे हों और प्ररथ भी उन्हीं के समान होंगे।

षट्पञ्चाशत्कर्ण$_{56}$ शृङ्गमष्टषष्टिर्दलाण्डकाः$_{68}$।
उरःशृङ्गाणि द्वात्रिंशत् प्रत्यङ्गानि ततोऽष्टभिः॥ 58॥

छप्पन कर्ण शृङ्ग और अड़सठ दल अण्डकों के हों। उरुशृङ्ग तो बत्तीस हों और प्रत्यङ्ग वहाँ आठ होंगे।

रेखाविंशतिभागाश्च शृङ्गगर्भे च मञ्जरी।
पञ्चषष्ट्युत्तरशतमण्डकानां$_{165}$ प्रशस्यते॥ 59॥

रेखा बीस भाग और शृङ्ग के गर्भ में मञ्जरी हों। इसमें एक सौ पैंसठ अण्डकों की संख्या प्रशस्त कही गई है।

सर्वाङ्गभूषणश्चैव प्रासादः सुरवल्लभः।
सुरैः सह क्रीडयन्ते यावदाहूतसम्प्लवम्॥ 60॥

इति सर्वाङ्गभूषणः।

इस प्रकार बनने वाला यह सर्वाङ्गभूषण प्रासाद देवताओं का प्रिय है। इसका निर्माण करने वाला व्यक्ति प्रलय काल तक देवताओं के साथ क्रीड़ा कर सकता है।

इत्यमनन्तर भुवनमण्डनः —

भद्रे शृङ्गं प्रदातव्यं नाम्ना भुवनमण्डनः।
प्रियश्च नित्यं देवानां नवषष्टिशताण्डकः ॥ 61 ॥

इति भुवनमण्डनः।

(बारहवाँ प्रासाद) यदि इसके भद्र पर शृङ्ग बना दें तो भुवनमण्डन नाम का यह प्रासाद देवों का नित्य प्रिय और एक सौ उनहत्तर अण्डकों से युक्त होता है।

श्रीरथः —

विमानवत्सुरतरौ कर्णे शृङ्गं त्रिभूमिकम्।
भद्रे रथोद्गमश्चैव श्रीरथः सर्वकामदः ॥ 62 ॥

इति श्रीरथः।

(तेरहवाँ प्रासाद) सुरतरु विमान के समान कर्णों पर त्रिभूमिक यानी तीन मंजिले शृङ्ग हों और भद्र पर रथों को बनाएँ तो श्रीरथ प्रासाद सब कामना पूरी करने वाला बनता है।

पुण्यवर्धनः —

श्रीवत्से कर्णशृङ्गाणि विमानः पञ्चभूमिकः।
रथिकाभद्रशोभाढ्यो नाम्नाऽसौ पुण्यवर्धनः ॥ 63 ॥

इति पुण्यवर्धनः।

(चौदहवाँ प्रासाद) श्रीवत्स प्रासाद पर कर्णशृङ्ग हों और ऐसा विमान जो पाँच मंजिला हो तथा रथिका, भद्र आदि से शोभित हो, उसका नाम पुण्यवर्धन होता है।

मन्दरः —

सुरानन्दं कर्णशृङ्गे सर्वतोभद्रमालिखेत्।
मन्दरोऽसौ समाख्यातः सुरूपो लक्षणान्वितः ॥ 64 ॥

इति मन्दरः।

(पन्द्रहवाँ प्रासाद) सुरानन्द प्रासाद के कर्ण शृङ्गों पर सर्वतोभद्र लिखें तो वह मन्दर नाम का प्रासाद सुन्दर लक्षणों से युक्त होता है।

हिमवान् —

विमानच्छन्दं नन्दाख्ये शिखरे चोरुमञ्जरी।

हिमवांश्च तदा नाम वन्दितस्त्रिदशैरपि॥ 65॥

इति हिमवान्।

(सोलहवाँ प्रासाद) विमानछन्द के नन्द नामक प्रासाद के शिखर पर उरुमञ्जरी हों तो वह हिमवान् नाम का प्रासाद देवताओं से भी वन्दित होता है।

राजहंसः —

तद्रूपे तु द्वितीया च त्रिभूमा चोरुमञ्जरी।
राजहंसस्तदा नाम सिद्धकिन्नरसेवितः॥ 66॥

इति राजहंसः।

(सत्रहवाँ प्रासाद) यदि उसी के रूप की दूसरी तीन मंजिला उरुमञ्जरी वाला प्रासाद हों तो वह राजहंस नाम का होगा जो सिद्ध-किन्नरों से सेवित होता है।

मनुप्रभः —

अमृते कर्णशृङ्गं च कर्तव्यं तु नवाण्डकम्।
मनुप्रभस्तदा नाम प्रासादो देवतालयः॥ 69॥

इति मनुप्रभः।

(अठारहवाँ प्रासाद) अमृतछन्द के प्रासाद के कर्णशृङ्गों पर यदि नौ अण्डक बनाएँ तो मनुप्रभ नाम का प्रासाद देवताओं का आवास रूप बनता है।

सुरवल्लभः —

पृथ्वीजये सर्वशृङ्गं कर्तव्यं च नवाण्डकम्।
सुरवल्लभनामासाविच्छाभुक्तिप्रदायकः॥ 68॥

इति सुरवल्लभः।

(उन्नीसवाँ प्रासाद) पृथ्वीजय छन्द के प्रासाद के सभी शृङ्गों को नौ अण्डकों से युक्त बनाने पर होने वाला सुरवल्लभ नाम का प्रासाद इच्छानुसार भोगों का देने वाला होता है।

त्रैलोक्यः —

वैडूर्य्ये सर्वशृङ्गाणि कर्तव्यानि च सर्वतः।
त्रैलोक्यस्तु तदा नाम पूज्यः सुरनरोरगैः॥ 69॥

इति त्रैलोक्यः।

(बीसवाँ प्रासाद) वैडूर्य छन्द के प्रासाद के सभी शृङ्ग सभी ओर बनाएँ तो त्रैलोक्य नाम का प्रासाद देवता, मनुष्य और नागगणों से पूजित बनता है।

सिद्धार्थकः —

मुकुटोज्ज्वलवच्छृङ्गं कर्तव्यं च नवाण्डकम्।
सिद्धार्थकस्तदा नाम सिद्धिभुक्तिप्रदायकः ॥ 70 ॥

इति सिद्धार्थकः।

(इक्कीसवाँ प्रासाद) मुकुटोज्जवल छन्द के प्रासाद को नौ अण्डक से युक्त करें तो सिद्धार्थक नाम का प्रासाद सिद्धि व भोगों को देने वाला बनता है।

रतिप्रभः —

लक्ष्मीभूषणशृङ्गं च भूषणीयं नवाण्डकैः।
चतुर्मुखो रतिप्रभः कामदेव सुखालयः ॥ 71 ॥

इति रतिप्रभः।

(बाईसवाँ प्रासाद) लक्ष्मीभूषण छन्द के प्रासाद को नौ अण्डकों से विभूषित करे और चतुर्मुख बनाएँ तो रतिप्रभ नाम का प्रासाद कामदेव का सुखालय होता है।

महाकान्तः —

सर्वाङ्गभूषणे शृङ्गं कर्तव्यं सर्वतोभवम्।
महाकान्तस्तदा नाम कर्तव्यः सर्वदैवते ॥ 72 ॥

इति महाकान्तः।

(तेईसवाँ प्रासाद) सर्वाङ्गभूषण छन्द के प्रासाद के सभी ओर शृङ्ग बनाएँ तो वह महाकान्त नाम का प्रासाद होगा। इसे सभी देवताओं के लिए बनाना चाहिए।

पद्मरागः —

नवाण्डकं च कर्तव्यं शृङ्गं भुवनमण्डने।
पद्मरागस्तदा नाम कर्तव्यः पद्मयोनये ॥ 73 ॥

इति पद्मरागः।

(चौबीसवाँ प्रासाद) भुवनमण्डन छन्द के प्रासाद को यदि नौ अण्डक युक्त बनाएँ तो पद्मराग नामक प्रासाद बनेगा जो पद्मयोनि ब्रह्मा के लिए होगा।

सहस्त्राण्डको मेरुः —

केतकीस्वर्णदलतस्तादृशी चोरुमञ्जरी।
विमाने नव शृङ्गाणि शिखरे चोरुमञ्जरी ॥ 74 ॥

(पच्चीसवाँ प्रासाद) केतकी के पुष्पों के स्वर्ण दलों जैसी उरुमञ्जरी हों, विमान के नौ शृङ्ग हो और शिखर पर उरुमञ्जरी हों।

प्रत्यङ्गानि विमाने च मूलरेखा च शृङ्गतः।
लताः पञ्चैकादशांशा मेरुर्दशशताण्डकः॥ 75॥

इति सहस्राण्डको मेरुः।

विमान के प्रत्यङ्ग भी उसकी मूलरेखा से सङ्गत रखते हों और लता ग्यारह भागों की पाँच (पञ्चैकादशांशा) की हो तो सहस्र अण्डकों का मेरु नामक प्रासाद बनता है।

इति सूत्रसन्तानगुणकीर्तिप्रकाशप्रोक्तश्रीभुवनदेवाचार्योक्तापराजितपृच्छायां सुरतर्वादिप्रासादलक्षणाधिकारो नाम षट्षष्ट्युत्तरशततमं सूत्रम्॥ 166॥

इस प्रकार भुवनदेवाचार्य कृत सूत्रसन्तानगुणकीर्ति प्रकाश या अपराजितपृच्छा में सुरतरु आदि प्रासाद लक्षण अधिकार नामक एक सौ छासठवाँ सूत्र पूर्ण हुआ॥ 166॥

एकविंशतिमेरुलक्षणं सप्तषष्ट्युत्तरशततमं सूत्रम्॥ 167॥

अधुना नागरशुद्धछन्दजैकविंशतिमेरुलक्षणं तेषां नामानि। विश्वकर्मोवाच —

मेरुर्वृषभो गरुडो मन्दरो लक्ष्मीकोटरः।
कैलासः पञ्चवक्त्रश्च विमानो गन्धमादनः॥ 1॥
मुक्तकोणे गिरिश्चैव तिलकश्चन्द्रशेखरः।
मन्दरतिलकश्चैव सौभाग्यः सुन्दरस्तथा॥ 2॥
श्रीतिलको विशालश्च श्रीकूटो नन्दिवर्धनः।
पद्मसम्भव आख्याताः प्रासाददास्त्वेकविंशतिः$_{21}$॥ 3॥

(इस सूत्र में नागर शुद्ध छन्द से होने वाले इक्कीस मेरु आदि प्रासादों के लक्षणों का वर्णन है। समराङ्गण. में नामान्तर के साथ इसका वर्णन हुआ है) विश्वकर्मा अपराजित के प्रति बोले कि 1. मेरु, 2. वृषभ, 3. गरुड, 4. मन्दर, 5. लक्ष्मीकोटर, 6. कैलास, 7. पञ्चवक्त्र, 8. विमान, 9. गन्धमादन, 10. मुक्तकोण, 11. गिरि, 12. तिलक, 13. चन्द्रशेखर, 14. मन्दरतिलक, 15. सौभाग्य, 16. सुन्दर, 17. श्रीतिलक, 18. विशाल, 19. श्रीकूट, 20. नन्दिवर्धन और 21. पद्मसम्भव— नाम के ये इक्कीस प्रासाद होते हैं।

दशधा चाऽष्टधा चैव नवधा च प्रकल्पयेत्।
भागो भागा भ्रमो भित्तिः शेषं गर्भगृहं भवेत्॥ 4॥

इनके लिए चौरस क्षेत्र को 10, 8 या 9 भागों में विभाजित करें। उनमें एक भाग का भ्रमण और एक भाग की भिति तथा शेष भागों का गर्भगृह होता है।

मेरुर्वृषभो गरुड एषां युक्तिर्विधीयते।

ज्येष्ठो मध्यः कनिष्ठश्च मेरुस्त्रिविध उच्यते ॥ 5 ॥

यहाँ मेरु, वृषभ और गरुड प्रासादों की युक्ति बताता हूँ। ज्येष्ठ, मध्य और कनिष्ठ— इस प्रकार मेरु प्रासाद तीन तरह के कहे जाते हैं।[1]

दशहस्तादधो नास्ति प्रासादो भ्रमसंयुतः।

लतिने त्वेकहस्तादि पञ्चाशद्धस्तकावधि ॥ 6 ॥

नागरैः शुद्धछन्दाश्च कर्तव्याः सर्वकामदाः।

दस गज से नीचे विस्तार में कोई भी प्रासाद भ्रमण युक्त नहीं होता। लतिन छन्द में एक गज से लेकर पचास गज तक नागर जाति के शुद्ध छन्दों का प्रयोग करना चाहिए जो सब कामनाओं को पूरा करते हैं।

कर्णाद्यं गर्भपर्यन्तं विभागानां तु निश्चयः ॥ 7 ॥

एकविंशतिप्रासादा मेरुकाद्यसमुद्भवाः।

क्रमयुक्त्या विधातव्याः प्रयुक्ता वास्तुवेदिभिः ॥ 8 ॥

इस प्रसङ्ग में कर्ण से लेकर गर्भ तक विभागों का निश्चय करें। इक्कीस प्रासाद मेरु छन्द से होते हैं जिन्हें वास्तुविदों ने क्रमिक युक्ति से निश्चित किया है।

मेरुप्रासादः —

षड्ढस्त$_{6}$ वेद$_{6}$ युगका$_{2}$ युग$_{2}$ वेद$_{4}$ द्विषड्$_{12}$ वसु$_{8}$ ।

पृथुमानेन निष्कासो भद्रं षड्भिर्विनिर्गतम् ॥ 9 ॥

(प्रथम प्रासाद) छह, चार, दो, दो, चार, बारह और आठ हाथ के विस्तारयुक्त मान से भद्र को बनाते हुए निकास छह भाग से करें।

कर्णे च नन्दिकां कुर्यात् तत्तुल्यां प्ररथे तथा।

केशरी स्यादुपरथे श्रीवत्सो नन्दिकोद्गमे ॥ 10 ॥

कर्ण पर नन्दिका करें और उसके समान ही प्ररथ करें। उपरथ केसरी छन्द का करें और नन्दिका का उद्गम श्रीवत्स छन्द से करें।

त्रीणि$_{3}$ षट्$_{6}$ चत्वारि$_{4}$ कर्णे नन्द्यां प्ररथके क्रमात्।

प्रत्यङ्गे चैव द्वात्रिंशदुरःशृङ्गाणि विंशतिः$_{20}$ ॥ 11 ॥

---

1. वराहमिहिर ने प्रासादाध्याय में बीस प्रासादों के नामों में इनको परिगणित किया है— मेरुमन्दरकैलासविमानच्छन्दनन्दनाः। समुद्रपद्मगरुडनन्दिवर्धनकुञ्जराः ॥ गुहराजो वृषो हंसः सर्वतोभद्रको घटः। सिंहो वृत्तश्चतुष्कोणः षोडशाष्टाश्रयस्तथा॥ इत्येते विंशतिः प्रोक्ताः प्रासादाः सञ्ज्ञया मया। (बृहत्संहिता 56, 17-19)

इसमें क्रमशः तीन कर्ण, छह नन्द्या, चार प्ररथ करें। इसमें 32 प्रत्यङ्गों और 20 उरुशृङ्गों को करें।

चन्द्रावलोकना भद्रे छाद्यघण्टाद्यलङ्कृता।
आमलसारं कलशं शुक्रनासयुता ध्वजा॥ 12॥

भद्र-भितों पर चन्द्रावलोकन (झरोखे) बनाएँ और छत (घूमट) अमलसार से अलंकृत हो जो कलश और शुकनास सहित ध्वजा युक्त हों।

मण्डपैः सुवितानैश्च सभ्रमा जगती तथा।
शालाकुलो युक्ति कीर्णं सहस्राण्डक मेरुकः॥ 13॥

इति मेरुप्रासादः।

मण्डपों पर सुन्दर वितान और जगती भ्रमण युक्त हों। इसी तरह शालाओं का समूह युक्तिपूर्वक हो तो ऐसा प्रासाद सहस्राण्डक मेरु प्रासाद होता है।

वृषमेरुः —

इषु$_5$पक्ष$_2$र्तु$_6$यमलां$_2$ स्तत्त्व$_5$ द्व्य$_5$ग्नि$_3$यम$_2$र्तवः$_6$ ।
भद्रं चार्धार्धनिष्कासं पृथक् शेषां विनिर्गताः॥ 14॥

(द्वितीय प्रासाद) पाँच, दो, छह, दो, पाँच, दो, तीन, दो और छह— इस प्रमाण से गर्भादि से कोण तक विभाजन करें और भद्र का निकास अर्धार्ध (चतुर्थांश) करें, शेष निनिर्गत यानी बिना निकास के हों।

कर्णे च सर्वतोभद्रं श्रीवत्से रथनन्दिके।
त्रीणि षट् चत्वारि क्रमादुरःशृङ्गाणि षोडश॥ 15॥

कर्ण पर सर्वतोभद्र छन्द हो और रथ तथा नन्दिका पर श्रीवत्स छन्द हों। इनको क्रमशः तीन, छह और चार से रखें और उरुशृङ्ग सोलह हों।

द्वात्रिंशच्चैव प्रत्यङ्गे जगत्याद्यं च पूर्ववत्।
ज्ञेयो वृषभमेरुश्च सार्धसप्तशताण्डकः॥ 16॥

इति वृषभमेरुः।

प्रत्यङ्ग 32 हो और जगती आदि पूर्ववत् हों तो इसे वृषभ मेरु प्रासाद जानें। इस पर साढ़े सात सौ अण्डक होते हैं।

गरुडमेरुः —

इषु$_5$वेदे$_4$षु$_5$वेदाश्च$_4$ भद्रं षट्$_6$ च यथाक्रमम्।
नन्दनद्विक्रमं कर्णे तत्तुल्यं प्ररथे तथा॥ 17॥

(तृतीय प्रासाद) पाँच, चार, पाँच, चार और छह— इस क्रम से भद्र की रचना करें। कर्णों पर दो नन्दन हो और उनके समान ही दो प्ररथ भी हों।

केशर्य्युपरथे देयस्तिलकानि तदूर्ध्वतः।
द्वादशैवोरःशृङ्गाणि प्रत्यङ्गे तु तथाऽष्ट च॥ 18॥

उपरथ केसरी छन्द का हों और उसके ऊपर तिलक दें। बारह उरुशृङ्ग हों और प्रत्यङ्ग की संख्या आठ हों।

मेरुसञ्ज्ञश्च गरुडो ज्ञेयः पञ्चशताण्डकः।
विधेर्विष्णो रवेः कार्यो जैनादीनां च शाश्वतः॥ 19॥

इति गरुडमेरुः।

यह मेरु जात्यान्तर्गत का गरुड संज्ञक प्रासाद पाँच सौ अण्डकों से युक्त होता है जो विष्णु, सूर्य और जैनादिकों के लिए शाश्वततः मान्य है जिसे करना चाहिए।

मन्दरमेरुः —

इषु$_5$ पञ्च$_5$ त्रि$_3$ षट्कं$_6$ चाऽथाष्टाविंशति$_{28}$ भाजिते।
कर्णे केशरिको द्वौ द्वावेकः प्रतिरथे तथा॥ 20॥
उरःशृङ्गद्वयं चैव नन्द्यां च तिलकं तथा।

(चतुर्थ प्रासाद) पाँच, पाँच, तीन, छह और अट्ठाईस भागों में क्षेत्र को विभाजित करें। दो कर्णों पर केशरी छन्द हो। दो प्रतिरथों व एक प्रतिरथ पर भी केसरी छन्द हों। दो उरुशृङ्ग और नन्द्या और तिलक भी दो-दो हों।

पञ्च$_5$ वेद$_4$ चतुः$_4$ षट्कं$_6$ कर्णाद्या भ्रमभित्तयः॥ 21॥
पञ्चाशीत्यण्डकैर्युक्तः कर्तव्यः सर्वकामदः।
मन्दरो मेरुसञ्ज्ञश्च शिवसूर्यादिके भवेत्॥ 22॥

इति मन्दरमेरुः।

भ्रम और भित्तियाँ पाँच, चार, चार और छह कर्ण से गर्भ तक क्रमशः हों। पिचासी अण्डकों से युक्त यह मन्दर मेरु प्रासाद शिव, सूर्यादि के लिए बनाएँ।

लक्ष्मीकोटरमेरुः —

वेदे$_4$न्दु$_1$ वेदे$_4$न्दु$_1$ युगा$_2$ अष्टाविंशतिभाजिते$_{28}$।
कर्णे प्रतिरथे चैव द्वे द्वे शृङ्गे च सर्वतः॥ 23॥

(पञ्चम प्रासाद) चार, एक, चार, एक और दो भाग अट्ठाईस भागों में विभक्त क्षेत्र में कर्ण से गर्भ तक क्रमशः हों। कर्णों और प्रतिरथों पर दो-दो शृङ्ग सभी ओर हों।

नन्द्यां च लघुशृङ्गाणि कर्णतुल्यानि चोच्छ्रये।
तदूर्ध्वे लघुतिलकं रथिका त्र्यंशकोन्नता॥ 24॥

उनके ऊपर नन्द्या और लघुशृङ्गों को कर्ण के समान ही बनाएँ। उनके ऊपर लघुतिलक और रथिका तीन भाग की ऊँचाई युक्त हों।

षोडश चोरःशृङ्गाणि प्रत्यङ्गे तु तथाऽष्ट च।
चतुस्त्रिंशत्सर्वभद्रे भद्रकाणां च सङ्ख्यया॥ 25॥

सोलह उरुशृङ्ग और आठ प्रत्यङ्ग हों। भद्रक-भित्तियों की संख्या चौंतीस सर्वभद्राकृति में हों।

चतुर्विंशतितिलकैः सभ्रमौ वा भ्रमैर्विना।
पञ्चषष्टिश्च द्विशतं लक्ष्मीकोटरकाण्डकाः॥ 26॥

इति लक्ष्मीकोटरमेरुः।

इसको चौबीस तिलकों से युक्त और भ्रम सहित अथवा भ्रम के बिना ही बनाएँ। दो सौ पैंसठ अण्डकों से युक्त यह लक्ष्मीकोटर मेरु प्रासाद होता है।

कैलासमेरुः —

वेद$_4$ रामा$_3$ ब्धि$_7$ त्रि$_3$ वेदाः$_4$ षट्त्रिंशद्भिर्विभाजिते$_{36}$।
भ्रमैर्विना सभ्रमो वा कर्तव्यः सर्वकामदः॥ 27॥

(छठवाँ प्रासाद) चार, तीन, सात, तीन और चार भागों के क्रम से छत्तीस भागों में विभाजित क्षेत्र में भ्रम के बिना अथवा भ्रम युक्त निर्माण करना चाहिए जो सब कामनाओं को पूरा करता है।

कर्णे प्रतिरथे चैव द्वे द्वे शृङ्गे पञ्चाण्डकाः।
द्वादश चोरःशृङ्गाणि प्रत्यङ्गानि तथाऽष्ट च॥ 28॥
कर्ण्यां तिलकानि कुर्यात्कैलासो नामतो भवेत्।

इति कैलासमेरुः।

कर्ण व प्रतिरथों पर दो-दो शृङ्ग पञ्चाण्डक युक्त हो। उनके उरुशृङ्ग बारह और प्रत्यङ्ग आठ हो। कर्णों पर तिलक बनाएँ तो यह कैलास मेरु नाम का प्रासाद होगा।

पञ्चवक्त्रमेरुः —

एकचत्वारिंशदेव प्रशस्यन्तेऽण्डकास्तथा॥ 29॥
पक्ष$_2$ युग्म$_2$ चन्द्र$_1$ वेदै$_4$ र्भक्तेऽष्टादशभिस्तथा$_{18}$।
कर्णे शृङ्गद्वयं चैव पञ्चाण्डकविभूषितः॥ 30॥

(सातवाँ प्रासाद) इकतालीस अण्डक जिसके लिए प्रशस्त कहे गए हैं, उसके दो, दो, एक और चार भागों को अठारह भागों में विभक्त क्षेत्र के क्रम में लें। कर्णों पर दो शृङ्ग बनाएँ जो पाँच अण्डकों से विभूषित हों।

दापयेत्तिलकं कर्ण्यां शृङ्गं प्रतिरथे तथा।
कार्याण्यष्टोरुशृङ्गाणि पञ्चवक्त्रस्तु नामतः ॥ 31 ॥

इति पञ्चवक्त्रमेरुः।

कर्णी पर तिलक दें और प्रतिरथों पर शृङ्ग दें। इसी प्रकार आठ उरुशृङ्ग करें तो यह पञ्चवक्त्र मेरु नामक प्रासाद होता है।

विमानमेरुः —

पक्ष$_2$चन्द्र$_1$गुणाश्चैव$_3$ विभक्ते सूर्यसङ्ख्यया$_{12}$ ।
चत्वारो नन्दनाः कर्णे विमानः शिखरोद्गमे ॥ 32 ॥

(अष्टम प्रासाद) दो, एक, तीन भागों को बारह भागों में विभक्त क्षेत्र के क्रम में ले। इनमें चार नन्दन कर्णों पर बनाएँ। शिखर का उद्गम विमान छन्द का करें।

त्रिसप्तत्यण्डको ज्ञेयो भद्रे च रथिकोद्गमः।
विमानोऽसौ समाख्यातः कर्तव्यः सर्वकामदः ॥ 33 ॥

इति विमानमेरुः।

इसके तिहत्तर अण्डक बनाएँ। भद्र से रथिकाओं का उद्गम करें तो यह विमान मेरु नामक प्रासाद सब कामना पूर्ति करने वाला होगा।

गन्धमादनमेरुः —

अष्टौ$_8$क$_1$पक्ष$_2$चन्द्राश्च$_1$ चतुर्विंशतिभाजिते$_{24}$ ।
कर्णे च केशरी कार्यो भद्रे शृङ्गद्वयं तथा ॥ 34 ॥

(नवम प्रासाद) आठ, एक, दो और एक भागों को चौबीस भागों में विभक्त क्षेत्र में क्रमानुसार लें। कर्णों पर केसरी छन्द करें और भद्रों पर दो शृङ्ग बनाएँ।

प्रत्यङ्गे चाऽष्टशृङ्गाणि अण्डकाः सप्तविंशतिः$_{27}$ ।
सर्वदेवालयो युक्तो नाम्ना वै गन्धमादनः ॥ 35 ॥

इति गन्धमादनमेरुः।

प्रत्यङ्गों पर आठ शृङ्गों को बनाएँ और सत्ताईस अण्डकों को बनाएँ तो यह प्रासाद सब देवताओं के लिए गन्धमादन मेरु नामक प्रासाद होता है।

मुक्तकोणमेरुः —

षड्$_{6}$ चन्द्र$_{1}$ तत्त्वानि$_{5}$ षट्त्रिंशद्धिश्च$_{36}$ भाजिते।
कर्णे शृङ्गद्वयं चैवमेकं प्रतिरथे भवेत्॥ 36॥

(दशम प्रासाद) छह, एक और पाँच भागों को छत्तीस भागों में विभाजित क्षेत्र में क्रम से लें। कर्णों पर दो शृङ्ग करें और एक प्रतिरथ पर हों।

भद्रे शृङ्गत्रयं कार्यं पञ्चाण्डं दलशृङ्गकम्।
त्रिनवत्यण्डकः कार्यो मुक्तकोणश्च लक्षितः॥ 37॥

इति मुक्तकोणमेरुः।

भद्रों पर तीन शृङ्ग करें और वे पाँच अण्डक से युक्त हो। इस तरह 93 अण्डकों से युक्त लक्षणों वाला यह मुक्तकोण मेरु प्रासाद होता है।

गिरिमेरुः —

पक्षै$_{2}$ क$_{1}$ युग्म$_{2}$ मेकं$_{1}$ च युग्मं$_{2}$ षोडशभाजिते$_{16}$।
कर्णे प्रतिरथे द्वे द्वे शृङ्गं पञ्चाण्डभूषितम्॥ 38॥

(ग्यारहवाँ प्रासाद) दो, एक, दो, एक और दो भागों को सोलह भागों में विभाजित क्षेत्र में क्रम से लें। कर्णों और प्रतिरथों पर दो–दो शृङ्ग पाँच अण्डकों से विभूषित बनाएँ।

द्वादशैवोरुशृङ्गाणि प्रत्यङ्गानि तथाऽष्ट च।
अण्डकाः शतमेकं चैवं चत्त्वारिंशदुत्तरम्॥ 39॥

इति गिरिमेरुः।

बारह उरुशृङ्गों और आठ प्रत्यङ्गों के साथ शतमेक (? 101 अथवा!) अण्डकों से युक्त एक सौ चालीस अण्डकों वाला (यह गिरिमेरु प्रासाद) होता है।

तिलकमेरुः —

यमे$_{2}$ न्दु$_{1}$ द्वये$_{2}$ कै$_{1}$ क$_{1}$ पक्षा$_{2}$ अष्टादशविभाजिते$_{18}$।
कर्णेऽनुगे त्रिशृङ्गं च पञ्चाण्डकविभूषितम्॥ 40॥

(बारहवाँ प्रासाद) दो, एक, दो, एक, एक और दो भागों को अठारह भागों में विभाजित क्षेत्र में क्रम से लें। कर्णों के अनुसार तीन शृङ्ग बनाएँ जो पाँच अण्डक से विभूषित हों।

प्रत्यङ्गानि तथा चाऽष्टावुरःशृङ्गाणि षोडश।
तिलकेऽण्डकानां त्रयोदशाधिकशतद्वयम्॥ 41॥

इति तिलकमेरुः।

आठ प्रत्यङ्गों और सोलह उरुशृङ्गों को बनाएँ। तिलक और अण्डकों की संख्या दो सौ तेरह हो तो यह तिलक मेरु प्रासाद बनता है।

चन्द्रशेखरमेरुः —

त्रि$_3$द्वि$_2$त्रि$_3$युग्मे$_2$न्दु$_1$रसा$_6$श्चतुस्त्रिंशद्विभाजिते$_{34}$।
तिलकतुल्याण्डयुक् तादृक् शृङ्गऽब्जशेखरः ॥ 42 ॥

इति चन्द्रशेखरः।

(तेरहवाँ प्रासाद) तीन, दो, तीन, दो, एक और छह भागों को चौंतीस भागों में विभाजित क्षेत्र में क्रम से लें। तिलकों के तुल्य ही अण्डक युक्त तथा उन्हीं के समान शृङ्गो पर कमलशेखर बने हों (तो यह चन्द्रशेखर मेरु प्रासाद होगा)।

मन्दरतिलकोमेरुः —

पक्ष्म$_2$युग्म$_2$द्वयं$_2$ शस्तं भक्तं द्वादशधा तथा।
कर्णे शृङ्गद्वयं कुर्यातिलकं प्ररथे तथा ॥ 43 ॥

(चौदहवाँ प्रासाद) क्रमशः दो, दो और दो प्रशस्त भागों को बारह भागों में विभाजित क्षेत्र में लें तथा कर्णों पर दो शृङ्ग बनाएँ। तिलकों और प्ररथों को भी उसी तरह बनाएँ।

प्रत्यङ्गे च तथा चाऽष्टावुरःशृङ्गाणि षोडश।
मन्दरोमेरुराख्यातः पञ्चविंशतिरण्डकाः ॥ 44 ॥

इति मन्दरतिलकोमेरुः।

आठ प्रत्यङ्गों और उनसे दुगुने, सोलह उरुशृङ्गों को बनाएँ तो यह मन्दर मेरु प्रासाद होगा जो पच्चीस अण्डकों से युक्त बनता है।

सौभाग्यमेरुः —

पक्ष$_2$युग्मै$_2$क$_1$युग्मा$_2$न्ताश्चतुर्दशविभाजिते$_{14}$।
केशरी श्रीवत्सकर्णे प्ररथे तिलकं तथा ॥ 45 ॥

(पन्द्रहवाँ प्रासाद) दो, दो, एक और दो भागों को चौदह भागों में विभाजित क्षेत्र में क्रम से ग्रहण करें। कर्णों पर केसरी और श्रीवत्स छन्द हो तथा प्ररथों पर तिलक हो।

द्वादशैवोरुशृङ्गाणि सप्तसप्ततिरण्डकाः।
सौभाग्यनामा कर्तव्यो भुक्तिकामार्थदस्तथा ॥ 46 ॥

इति सौभाग्यः।

बारह उरुशृङ्ग और सतत्तर अण्डक हों तो यह सौभाग्य मेरु नाम का प्रासाद बनता है जो भोगों, कामनाओं और अर्थों का दाता है।

सर्वसुन्दरमेरुः —

गुणे$_3$न्दु$_1$रामै$_3$क$_1$गुणा$_3$ द्वाविंशतिविभाजिते$_{22}$ ।
कर्णे रथे द्विद्विशृङ्गं पञ्चाण्डकविभूषितम्॥ 47॥

(सोलहवाँ प्रासाद) तीन, एक, तीन, एक और तीन भागों को बाइस भागों में विभाजित क्षेत्र में क्रम से लें। कर्णों पर और रथों पर दो-दो शृङ्ग हो और पाँच अण्डकों से वे विभूषित हों।

प्रत्यङ्गे च तथा चाऽष्टावुरःशृङ्गाणि षोडश।
चत्वारिंशं शतं सङ्ख्याऽण्डकानां सर्वसुन्दरे॥ 48॥

इति सर्वसुन्दरः।

प्रत्यङ्ग आठ हो और उरुशृङ्ग सोलह हों और एक सौ चालीस अण्डकों की संख्या से युक्त यह सर्वसुन्दर मेरु प्रासाद बनता है।

श्रीतिलकमेरुः —

पक्षै$_2$क$_1$द्वये$_2$क$_1$पक्षाश्च$_2$ क्षेत्रे षोडश$_{16}$ भाजिते।
रथे कर्णे द्विद्विशृङ्गं पञ्चाण्डकविभूषितम्॥ 49॥

(सत्रहवाँ प्रासाद) दो, एक, दो, एक और दो भागों को सोलह भागों में विभाजित क्षेत्र में क्रम से लें। रथों व कर्णों पर दो-दो शृङ्ग पाँच अण्डकों से विभूषित होंगे।

षोडशैवोरुशृङ्गाणि प्रत्यङ्गे तु ततोऽष्टभिः।
पञ्च चत्वारिंशं शतं तथा श्रीतिलकेऽण्डकाः॥ 50॥

इति श्रीतिलकः।

सोलह उरुशृङ्ग और प्रत्यङ्ग आठ हों। एक सौ पैंतालीस अण्डकों से युक्त ऐसा श्रीतिलक मेरु प्रासाद बनता है।

विशालमेरुः —

पञ्चै$_5$ त्रि$_3$युग्मै$_2$वेदा$_4$स्स्युरष्टाविंशतिभाजिते$_{28}$ ।
कर्णे शृङ्गद्वयं कार्यं नवाण्डकविभूषितम्॥ 51॥

(अठारहवाँ प्रासाद) पाँच, तीन, दो और चार भागों को अट्ठाइस भागों में विभाजित क्षेत्र में क्रम से लें। कर्णों पर दो शृङ्ग करे जो नौ अण्डकों से विभूषित हों।

अष्टौ चैवोरुशृङ्गाणि प्रत्यङ्गानि तथाऽष्ट च।
अण्डा एकोननवति$_{89}$र्विशालः सर्वकामदः ॥ 52 ॥

इति विशालः।

आठ उरुशृङ्ग और आठ ही प्रत्यङ्ग हों। निवासी अण्डकों युक्त यह विशाल मेरु नामक प्रासाद सब कामना पूरी करने वाला होता है।

श्रीकूटमेरुः —

पक्षे$_{2}$न्दु$_{1}$रामा$_{3}$ एवं तु क्षेत्रे द्वादशभाजिते$_{12}$।
शृङ्गमेकं तथा कर्णे पञ्चाण्डकविभूषितम् ॥ 53 ॥

(उन्नीसवाँ प्रासाद) दो, एक और तीन भागों को बारह भागों में विभाजित क्षेत्र में क्रम से लें। कर्ण पर एकशृङ्ग पाँच अण्डकों से विभूषित बनाएँ।

भद्रे संवरणा चैव घण्टाकूटैरलङ्कृता।
एकविंशत्यण्डकयुक्$_{120}$ श्रीकूटो नाम शोभनः ॥ 54 ॥

इति श्रीकूटमेरुः।

इसी प्रकार भद्रों पर संवरणा बनाएँ, जो घूमट एवं कूट से अलंकृत हों। एक सौ बीस अण्डकों से युक्त यह श्रीकूट मेरु प्रासाद बड़ा सुन्दर बनता है।

नन्दिवर्धनमेरुः —

गुण$_{3}$राम$_{3}$द्वये$_{2}$क$_{1}$पक्षा$_{2}$ द्वाविंशतिविभाजिते$_{32}$।
अनुगे शृङ्गतिलकं कर्णे कार्यं द्विशृङ्गकम् ॥ 55 ॥

(बीसवाँ प्रासाद) तीन, तीन, दो, एक और दो भागों को बाईस भागों में विभाजित क्षेत्र में क्रम से लें। शृङ्गों के अनुसार ही तिलक बनाएँ और कर्णों को दो शृङ्गों से युक्त बनाएँ।

शृङ्गं चोपरथेऽथोरुमञ्जर्यो द्वादशैव च।
शृङ्गैः पञ्चाण्डकैर्युक्तो नन्दिवर्धननामकः ॥ 56 ॥

इति नन्दिवर्धनः।

शृङ्गों, उपरथों पर बारह उरुमञ्जरियाँ बनाएँ। शृङ्गों को पाँच अण्डकों से युक्त बनाएँ तो यह नन्दिवर्धन प्रासाद होता है।

पद्मसम्भवमेरुः —

वेद$_{4}$रामै$_{3}$क$_{1}$पक्षाश्च$_{2}$ क्षेत्रे विंशतिभाजिते$_{20}$।
क्रमोत्तरक्रमयुक्तस्त्रयस्त्रयः कर्णानुगे ॥ 57 ॥

द्वादशैवोरुशृङ्गाणि प्रत्यङ्गे च तथाऽष्टभिः।

(अन्तिम इक्कीसवाँ प्रासाद) चार, तीन, एक और दो भागों को बीस भागों में विभाजित क्षेत्र में क्रम से लें। क्रमोत्तर क्रम युक्ति से तीन-तीन कर्णों के अनुसार बारह (3+3+3+3=12) उरुशृङ्ग और आठ प्रत्यङ्ग हों।

त्रिंशद्विंशतिर्द्वादश चाण्डकाः कर्णशृङ्गके॥ 58॥
पञ्चविंशतिरेव स्युर्दिक्षु प्रतिरथे तथा।
मूलरेखाकर्णशृङ्गे कुर्यात्पञ्चाण्डकास्ततः॥ 59॥

कर्णों के शृङ्गों के तीस, बीस और बारह अण्डक क्रम से हों। ऐसे ही पच्चीस प्रतिरथों और दिशाओं में भी बनाएँ। मूलरेखा और कर्ण शृङ्गों पर पाँच अण्डक बनाएँ।

एकोत्तरसहस्राण्डो नाम्नाऽसौ पद्मसम्भवः।
हरिर्हिरण्यगर्भश्च हरो दिनकरस्तथा॥ 60॥

इति पद्मसम्भवः।

एक हजार एक अण्डकों से युक्त यह पद्मसम्भव नामक मेरु प्रासाद विष्णु, हिरण्यगर्भ (ब्रह्मा), हर (शिव) तथा दिनकर (सूर्यदेव) को प्रिय है।

एतेषामेव मेरुः स्यान्नाऽन्येषां च कदाचन।
एकोत्तरसहस्राण्डः पद्मसम्भवमेरुकः॥ 61॥

इतने (21) प्रकार के मेरु प्रासाद होते हैं। इनसे अन्य कभी भी नहीं हो सकते। (जैसा कि कहा गया है) एक हजार एक अण्डकों से युक्त पद्मसम्भव मेरु होता है।

इति सूत्रसन्तानगुणकीर्तिप्रकाशप्रोक्तश्रीभुवनदेवाचार्योक्तापराजितपृच्छाया-
मेकविंशतिमेरुलक्षणाधिकारो नाम सप्तषष्ट्युत्तरशततमं सूत्रम्॥ 167॥

इस प्रकार भुवनदेवाचार्य कृत सूत्रसन्तानगुणकीर्ति प्रकाश या अपराजितपृच्छा में इक्कीस मेरु लक्षण अधिकार नामक एक सौ सड़सठवाँ सूत्र पूर्ण हुआ॥ 167॥

मिश्रकप्रासादलक्षणात्मकमष्टषष्ट्युत्तरशततमं सूत्रम्॥ 168॥

अधुना मिश्रकप्रासादलक्षणं। विश्वकर्मोवाच —

मिश्रकान् कथयिष्यामि ये चोक्ताः पूर्वमेवहि।
पृथगेकादिसम्भूताः प्रशस्ताः सर्वकामदाः॥ 1॥

(इस सूत्र में रुचकादि मिश्रक प्रासादों के लक्षणों का वर्णन किया जा रहा है। समराङ्गण. में भी मिश्रक प्रासादों का वर्णन हुआ है) विश्वकर्मा बोले कि अब मैं मिश्रक प्रासादों के बारे में कहता हूँ जिनको मैंने पहले भी कहा था। ये सब पृथक्-पृथक् प्रसादों के परस्पर संयोग से उत्पन्न हुए हैं किसी सभी कामनाओं को पूरा करने वाले हैं।

रुचकोद्भवमिश्रकप्रासाद नामानि: —

सुभद्रश्च किरीटश्च सर्वतोभद्र एव च।
सिंहकेशरी नामा च चित्रकूटो धराधरः ॥ 2 ॥
तिलकोऽथ श्रीतिलकस्तथा सर्वाङ्गसुन्दरः।
नवैतेः मिश्रकाः ख्याता रुचकाद्यसमुद्भवाः ॥ 3 ॥

1. सुभद्र, 2. किरीट, 3. सर्वतोभद्र, 4. सिंहकेशरी, 5. चित्रकूट, 6. धराधर, 7. तिलक, 8. श्रीतिलक और 9. सर्वाङ्गसुन्दर— ये इतने नौ मिश्रक प्रासाद विख्यात् हैं जो रुचकादि प्रासादों से उत्पन्न हुए माने गए हैं।

श्रीधराद्यादशमिश्रकप्रासाद नामानि: —

विजयो नन्दसञ्ज्ञश्च महाघोषस्तथापरः।
वृद्धिरामाभिधाश्च प्रासादोऽन्यो वसुन्धरः ॥ 4 ॥
मुद्गकोऽथ बृहच्छालस्तथैव च सुधाधरः।
संवराख्यश्च सर्वाङ्गः प्रयुक्ताः श्रीधरादिके ॥ 5 ॥
केशर्याद्यान् कथयिष्मे जाताः शस्ताश्च ये ततः।

1. विजय, 2. नन्द, 3. महाघोष, 4. वृद्धिराम, 5. वसुन्धर, 6. मुद्गक, 7. बृहच्छाल, 8. सुधाधर (आगे नाम सुधाकर आया है), 9. संवर और 10. सर्वांग— ये श्रीधर के अन्तर्गत प्रयुक्त होते हैं और ये सब केशरी प्रासादों से उत्पन्न हुए (मिश्रक प्रासाद) हैं जो सभी प्रशस्त हैं।

श्रीतिलकोद्भवाख्यादिः प्रोक्तः प्रथममिश्रकः ॥ 6 ॥
लताख्यस्त्रिपुराख्यश्च पञ्चवक्त्रश्चतुर्मुखः।
नवात्मकश्च विज्ञेयः गूढात्मकसमुद्भवाः ॥ 7 ॥

इसमें (1.) श्रीतिलकोद्भव संज्ञक प्रासादों के लिए कहता हूँ जो प्रथम मिश्रक कोटि के हैं। इसमें अन्य हैं (2.) लता संज्ञक (3.) त्रिपुर संज्ञक, (4.) पञ्चवक्त्र संज्ञक, (5.) चतुर्मुख संज्ञक, (6.) नवात्मक संज्ञक और (7.) गूढात्मक से होने वाले हैं।

इत्यमनन्तर रुचकोद्भवमिश्रकप्रासादाः —

भद्रकस्य च संस्थाने भद्रे शृङ्गं यदा भवेत्।
सुभद्रो नाम विज्ञेयः किरीटः कर्णकूटतः॥ 8॥
केशरी च भवेत्पूर्वं भद्रे शृङ्गं यदा भवेत्।
लताख्यः सर्वतोभद्रः सर्वकामफलप्रदः॥ 9॥

भद्रक प्रासाद के संस्थान पर यदि भद्र-भित्तों पर शृङ्ग हो तो यह सुभद्र नाम का प्रासाद जाना जाता है। इसमें पूरे पर कर्ण तक कूट हो तो किरीट होगा। यदि केशरी छन्द पहले से ही हो और भद्र-भित्तों पर यदि शृङ्ग हों तो वह लता नामक होगा। इसी प्रकार से सर्वतोभद्र (चतुर्द्वार) प्रासाद सबकामनाओं को पूरा करने वाला होता है।

भद्रे शृङ्गं परित्यज्य सिंहं तत्रैव कारयेत्।
मिश्रयोगेन यो मिश्रः स भवेत् सिंहकेसरी॥ 10॥

भद्र-भित्तों पर शृङ्ग न बनाकर वहाँ सिंह छन्द करे तो इस मिश्रयोग से जो मिश्रप्रासाद बनता है, वह सिंहकेसरी प्रासाद होता है।

श्रीवत्सस्यैव संस्थाने भद्रे कूटं सुविश्रुतम्।
कर्णे तेनैव योगेन प्रतिशृङ्गोपशोभिते॥ 11॥
कुम्भकैः सप्तदशभिः पद्मघण्टाद्यलङ्कृतः।
चित्रकूटः समाख्यातो विचित्रशिखरान्वितः॥ 12॥

श्रीवत्स प्रासाद के संस्थान पर यदि भद्र-भित्तों पर सुविश्रुत कूट बने हों और कर्णों पर उसी योग से प्रतिशृङ्गों की भी शोभा हो, सत्रह कुम्भ-कलशों से युक्त पद्म-घण्टादि से अलंकृत हो तो चित्रकूट नामक प्रासाद विचित्र शिखरों से युक्त होता है।[1]

कर्णे भद्रे प्रतिष्ठाने पूर्णं शृङ्गं यदा भवेत्।
अण्डकाः षोडशैको वा स भवेच्च धराधरः॥ 13॥

कर्णों और भद्रों पर यदि पूर्ण शृङ्ग बने हों और सोलह अण्डक हों तो वह धराधर नामक मिश्रक प्रासाद होता है।

---

1. इस सम्बन्ध में धाराधिप भोज ने कहा है— कर्णप्राग्रीवकैश्चित्रैः सप्राग्रीवश्च यो वृत्तः। द्वाभ्यां द्वाभ्यां गवाक्षाभ्यां चतुर्दिशमलङ्कृतः॥ कपोतालीपरिक्षिप्तः शोभितो द्वारसम्पदा। तदानीं चित्रकूटाख्यः प्रासादः सोऽभिधीयते॥ (समराङ्गण. 49, 32-33)

श्रीवत्सस्य च संस्थाने कर्णे कूटं निधापयेत्।

शृङ्गं भद्रोपभद्रे तु स नाम्ना तिलकं स्मृतः ॥ 14 ॥

श्रीवत्स के स्थान पर यदि कर्णों पर कूट बनाया जाए और भद्र-उपभद्र पर शृङ्गों को बनाया जाए तो वह तिलक नामक मिश्रक प्रासाद बनता है।

यथा कर्णे तथा भद्रे या भवेच्चित्रकूटवत्।

उत्तमाङ्गेषु योगेषु स भवेत् सर्वसुन्दरः ॥ 15 ॥

इति रुचकोद्भवनवमिश्रकप्रासादाः।

कर्ण पर और भद्र पर जो चित्रकूट के समान होता है। वह इन उत्तम अङ्गों के योग से सर्वसुन्दर नामक मिश्रक प्रसाद होता है।

श्रीधराद्या दशमिश्रप्रासादाः —

कर्णे च सर्वतोभद्रः केशरी प्ररथे भवेत्।

विजयोभद्र उत्पन्नो विजयो नाम नामतः ॥ 16 ॥

(अब श्रीधरादि दस मिश्र प्रासाद) कर्णों पर सर्वतोभद्र छन्द हों और प्ररथों पर केशरी छन्द हों तो विजयभद्र से उत्पन्न विजय नाम का मिश्रक प्रासाद होता है।

चतुर्भिः सर्वतोभद्रैर्भद्रोत्सेधस्तु कर्णवत्।

उद्गमः शिखरोर्ध्वे च भवेत्तिलकसञ्ज्ञकः ॥ 17 ॥

चारों ओर से सर्वतोभद्र छन्द हों और भद्र-भित्तों की ऊँचाई भी कर्ण तक हों और उद्गम से शिखर की ऊँचाई तक हों तो वह तिलक नामक मिश्रक प्रासाद बनेगा।

नन्दिघोषः कर्णशृङ्गैर्महाघोषः स उच्यते।

रतिदेहेऽभित्तौ वृद्धिरामेऽण्डाश्चैकविंशतिः ॥ 18 ॥

वसुन्धरो रतिदेहे मत्तावरणकैर्भवेत्।

षडश्रैः केशरी (कर्णै)र्मुद्गको नाम कीर्तितः ॥ 19 ॥

यदि कर्ण शृङ्गों पर नन्दिघोष छन्द हों तो वह महाघोष मिश्रक होता है। रतिदेह प्रासाद यदि भित्ति से रहित हों तो वृद्धिराम बनेगा जिसमें अण्डक इक्कीस होंगे। वसुन्धर के लिए रतिदेह का तलच्छन्द होगा और मतवारण होंगे। छह कोनों का केशरी कर्ण पर हों तो यह मुद्गक नाम का मिश्रक प्रासाद होता है।

बृहच्छालः कमलजे प्ररथे भद्रकर्णिका।

भद्रे शृङ्गं यदा तस्य स सुधाक(ध)रसञ्ज्ञकः ॥ 20 ॥

कमलोद्भव पर बृहच्छाल होगा और उसमें प्ररथों पर भद्रकर्णिका होगी। भद्र-भित्तों पर यदि शृङ्ग हों तो यह सुधाकर नामक मिश्रक होता है।

प्रतिरथेषु सर्वेषु यदा कूटं विधापयेत्।
मिश्रकस्तु स विज्ञेयो नाम्ना श्रीतिलकं खलु॥ 21॥

सभी प्रतिरथों पर यदि कूट बनाए जाएँ तो यह श्रीतिलक नाम का मिश्रक प्रासाद संसार में जाना जाता है।

सर्वे कूटान्विताः कार्याः सर्वे कार्याश्चतुर्मुखाः।
मिश्रका बहुतिलकाः शेषा वै कूटसञ्ज्ञकाः॥ 22॥

इति श्रीधराद्या दशमिश्रप्रासादाः।

इन सभी को कूटों से युक्त करने चाहिए। सभी चतुर्मुख बनाने चाहिए। मिश्रक प्रासाद बहुत से तिलकों वाले होते हैं और शेष कूट संज्ञक नाम के होते हैं।

श्रीतिलकोद्भवाख्यलताख्यत्रिपुराख्यपञ्चनवात्मका —

भक्ते द्वादशधा क्षेत्रे षट्त्रिंशत्कोष्ठगर्भकः।
भागो भागा भ्रमो भित्तिर्भागा वै बाह्यभित्तिका॥ 23॥
कर्णानुगं द्विभागं च भद्रं द्विगुणविस्तरम्।
एकैकभागनिष्कासो भद्रे प्रतिरथेऽथ वा॥ 24॥
कर्णे प्रतिरथे कुर्याच्छृङ्गं वै सर्वतोभवम्।

क्षेत्र को बारह भागों में बांटे। उसमें छत्तीस कोठों का गर्भगृह हों, एक भाग का भ्रमण, एक भाग की भित्ति और एक भाग की बाह्यभित्ति हों। कर्णी की ओर की दो भागों में भद्र का विस्तार दुगुणा हों तथा भद्र और प्रतिरथों का निकास एक-एक भाग का हों। कर्ण और प्रतिरथों पर शृङ्ग बनाने से सर्वतोभव होता है।

द्वितीयक्रमैः कर्णोर्ध्वे कूटं स्यात्तिलकान्वितम्॥ 25॥
शिखरं चाष्टविस्तारं षड्भागा चोरुमञ्जरी।
प्रथमे च चतुर्भागः श्रीतिलकस्तु कामदः॥ 26॥

दूसरे क्रम में कर्ण के ऊपर कूट तिलक युक्त बनाएँ, आठ भाग के विस्तार वाला शिखर और छह भाग की उरुमञ्जरी हो तो यह प्रथम चार भागों वाला श्रीतिलक सर्वकामना पूरा करता है।

श्रीतिलकाग्रसंस्थाने तत्प्रमाणांशतस्तथा।
संलग्ना बाह्यभित्तौ च भद्रे चन्द्रावलोकना॥ 27॥
मध्यकोष्ठकद्वारं तु भवेच्छ्रीतिलकाग्रतः।

श्रीतिलक के आगे के स्थान में उतने ही प्रमाण के भागों में बाह्य भित्ति संलग्न हो और भद्र-भित्तों में चन्द्रावलोकन (झरोखे) बने हों और मध्य द्वार वाला कोष्ठक

हों तो वह श्रीतिलक आगे से बनता है।

केशरि द्वार्द्वयं कुर्यात् लताख्यः सर्वकामदः ॥ 28 ॥
यथाऽग्रतस्तथा पृष्ठे त्रिपुष्कर इतीरितः।
याम्योत्तरेऽग्रतः पृष्ठे पञ्चवक्त्रो महेश्वरः ॥ 29 ॥

केशरी के दो द्वार बनाए तो लता नाम का प्रासाद सब कामना पूरी करने वाला बनता है। जैसे आगे वैसे ही पीछे हो तो त्रिपुष्कर नाम का, दक्षिण और उत्तर में तथा आगे और पीछे द्वार हों तो पञ्चवक्त्र नाम का प्रासाद महेश्वर का होता है।

पञ्चवक्त्रस्य संस्थाने स्याच्चतुर्दिक्षु केशरी।
द्विकोष्ठकं त्यजेत्स्तम्भं दापयेच्च चतुष्किकाम् ॥ 30 ॥
चतुर्मुखस्तदा नाम प्रासादः स्यान्मनोहरः।
विधेर्विष्णो रवेः कुर्याच्छम्भोः कुर्याद्यदृच्छया ॥ 31 ॥

पञ्चवक्त्र के साथ पर चारों ओर केशरी रचना हों, दो कोठे छोड़कर स्तम्भ एवं चौकी बनाएँ तो वह चतुर्मुख नाम का मनोहर प्रासाद बनता है जो ब्रह्मा, विष्णु, सूर्य के लिए करें और इच्छा हो तो शिव के लिए भी करें।

पञ्चषष्टिकरैर्ज्येष्ठो मध्यमः स्याच्छतार्धतः।
कनिष्ठः पञ्चत्रिंशद्भिस्त्रिविधः स्यान्नवात्मकः ॥ 32 ॥

इनमें पैंसठ गज विस्तार का प्रासाद ज्येष्ठ, पचास का मध्यम और पैंतीस हाथ का कनिष्ठ प्रासाद होता है। इस तरह ये तीन प्रकार से नौ रूपों में होते है।

नवदेवतात्मक प्रासादः —

चतुश्रीकृते क्षेत्रे चैकविंशतिभाजिते।
षड्भागिको भवेत् कर्णो निर्गमः पञ्चभागिकः ॥ 33 ॥

चौकोर समतल क्षेत्र को इक्कीस भागों में विभाजित कर छह भागों के कर्ण रखें और कर्णों का निकास पाँच भाग का हो।

समाकारो भवेत्कर्णः शतमूलविभाजितेः।
भागो भागा भ्रमो भित्तिः शेषं गर्भगृहं भवेत्।
तत्प्रमाणेन कर्तव्या भ्रमन्ती बाह्यभित्तिका ॥ 34 ॥

दस भागों में विभाजित क्षेत्र में कर्ण समान आकार के हों। उनमें एक भाग की भ्रम और एक भाग की भित्ति हों और शेष गर्भगृह होता है। उसी के प्रमाण से भ्रमणी और बाह्य भित्ति को भी करनी चाहिए।

नवभागं मध्यकोष्ठं क्षेत्रभागोर्ध्वतो भवेत्।
चतुर्भद्रं चतुष्कर्णं मध्ये स्याद् गर्भकोष्ठकम्॥ 35॥
कर्णे तथा द्विद्विशृङ्गं सर्वभद्रो नवाण्डकः।

मध्यकोष्ठ नौ भागों का, एक भाग ऊपर की ओर हों। भद्र-भित्तियों पर चार कर्ण हों और उनके मध्य में गर्भगृह हों। कर्णों पर दो-दो शृङ्ग हों तो नौ अण्डकों वाला सर्वभद्र नाम का प्रासाद होता है।

नवांशं मूलशिखरं वलभी भद्रभद्रतः॥ 36॥
घण्टाकलशसम्युक्तपताकाध्वजभूषितः।
नवात्मकस्तदा नाम कर्तव्यो नव दैवते॥ 37॥

मूलशिखर नौ भागों का विस्तार युक्त हों और भद्र-भित्ति से भद्र-भित्ति तक वलभी हों, घण्टा (घूमट आमलसार), कलश और पताका तथा ध्वज से विभूषित नवात्मक नामक प्रासाद नौ देवताओं के लिए करना चाहिए।

ईशान्यामीशदेवः स्यादाग्नेय्यां पुरुषोत्तमः।
ब्रह्मा च वायुदिग्भागे नैर्ऋत्य च दिवाकरः॥ 38॥
मध्यगर्भे शिवः स्थाप्यः प्राच्यां चैव पुरन्दरः।
धर्मो याम्येऽथा वरुणः पश्चिमे सोम उत्तरे॥ 39॥

इसमें ईशान कोण में 1. ईशदेव (महेश्वर) हो, 2. आग्नेय कोण में पुरुषोत्तम देव, 3. वायव्य कोण में ब्रह्मदेव, 4. नैर्ऋत्य कोण में दिवाकर (सूर्यदेव), 5. गर्भ के मध्य में शिव, 6. पूर्व दिशा में पुरन्दर (इन्द्रदेव), 7. दक्षिण में धर्मराज, 8. पश्चिम में वरुणदेव और 9. उत्तर में सोमदेव होंगे।

इमं देवालयं कुर्यात् प्रासादं सर्वशान्तिदम्।
सुभिक्षं क्षेममारोग्यं यत्र देशेऽयमुद्भवेत्॥ 40॥

इस तरह यह देवालय करने पर सभी प्रासादों में यह शान्ति देने वाला होता है। जिस देश में ऐसे प्रासाद का यह निर्माण होता है वहाँ सुभिक्ष, क्षेम और आरोग्य बना रहता है।

इति सूत्रसन्तानगुणकीर्तिप्रकाशप्रोक्तृश्रीभुवनदेवाचार्योक्तापराजितपृच्छायां
मिश्रकप्रासादलक्षणाधिकारो नामाष्टषष्ट्युत्तरशततमं सूत्रम्॥ 168॥

इस प्रकार भुवनदेवाचार्य कृत सूत्रसन्तानगुणकीर्ति प्रकाश या अपराजितपृच्छा में मिश्रक प्रासाद लक्षण अधिकार नामक एक सौ अड़सठवाँ सूत्र पूर्ण हुआ॥ 168॥

सागरतिलकादिप्रासादलक्षणात्मक–मेकोनसप्तत्युत्तरशततमं सूत्रम् ॥ 169 ॥

अधुना सागरतिलकादिप्रासादलक्षणं। विश्वकर्मोवाच —

अथातः सम्प्रवक्ष्यामि प्रासादानां तु लक्षणम्।
विभक्तिच्छन्दतिलकैस्तिलकाः सागरादिकाः ॥ 1 ॥

(इस सूत्र में सागर तिलकादि प्रसादों के लक्षणों का वर्णन है। इनको सागर से उत्पन्न माना गया है। यह वर्णन किञ्चित् पाठान्तर के साथ क्षीरार्णव अथवा वृक्षार्णव नामक ग्रन्थ के किसी पाठ में भी रहा है, जहाँ शिल्परत्नाकरकार ने उद्धृत किया है) विश्वकर्मा बोले कि अब मैं सागरतिलकादि प्रासादों के लक्षण, विभक्ति, छन्द और तिलकों के बारे में कहता हूँ।

तिलकसागरादि प्रासादनामानि —

क्षीरार्णवसमुत्पन्नो नाम्ना तिलकसागरः।
गौरीरुद्राख्यतिलकौ श्रीहरिप्रियपूर्वकौ ॥ 2 ॥
लक्ष्मीभूतिलकौ चैव रम्भेन्द्रतिलकौ तथा।
मन्दरो हिमवांश्चैव कैलासतिलकस्तथा ॥ 3 ॥
पृथिव्यादिस्त्रिभुवन इन्द्रनीलस्तथोत्तमः।
सर्वाङ्गतिलकश्चैव तिलकः सुरवल्लभः ॥ 4 ॥
सिंहोनक्रध्वजश्चैव मङ्गलस्तिलकाख्यकः।
पद्मकः सोमविजयौ त्रैलोक्यतिलकस्तथा ॥ 5 ॥
पञ्चविंशति इत्युक्तास्तिलकाः सागरादिकाः।

क्षीरार्णव से उत्पन्न प्रासादों में (तिलक नामान्त वाले)1. तिलकसागर, 2. गौरीतिलक, 3. रुद्रतिलक, 4. श्रीतिलक, 5. हरितिलक, 6. लक्ष्मीतिलक, 7. भूतिलक, 8. रम्भातिलक, 9. इन्द्रतिलक, 10. मन्दरतिलक, 11. हिमवानतिलक, 12. कैलासतिलक, 13. पृथ्वीतिलक, 14. त्रिभुवनतिलक, 15. इन्द्रनीलतिलक, 16. सर्वाङ्गतिलक, 17. सुरवल्लभतिलक, 19. सिंहतिलक, 19. मकरध्वजतिलक, 20. मङ्गलतिलक, 21. तिलकाक्ष, 22. पद्मकतिलक , 23. सोमतिलक, 24. विजयतिलक और 25. त्रैलोक्यतिलक— ये पच्चीस सागरादिक तिलक प्रासाद है।

तिलकसागरप्रासादात्प्रथमविभक्तिः —

छन्दालङ्कारसम्युक्ताः कथ्यन्ते त्वपराजित ॥ 6 ॥

[1]वैदास्त्रञ्च चतुःस्तम्भैर्दिशांपतिसुरैर्धृतम्।
छाद्यघण्टाकूटयुक्तो नाम्ना तिलकसागरः ॥ 7 ॥

इति सागरतिलकः।

हे अपराजित! इनको अब छन्द, अलङ्कारों सहित कहता हूँ। चौकोर क्षेत्र में, चार स्तम्भ करना और उनमें चार दिशाओं के दिग्पालों की मूर्तियाँ करें। छाद्य तथा कूट करें। इसी तरह आमलसार तथा सिंह करें। इस प्रासाद का नाम तिलकसागर है।

गौरीतिलकः —

अष्टौ तिलकसङ्घाटाः कर्णगर्भोर्ध्वरेखिका।
दिक्तिलकार्धनिष्कासो गौरीतिलक ईरितः ॥ 8 ॥

इति गौरीतिलकः।

(चौकोर क्षेत्र की प्रासाद रचना में) आठ तिलक करें एवं कर्ण के ऊपर, गर्भ के ऊँचे तक रेखाएँ खींचें। दिक् आठ तिलकों वाला, आधा भाग निकास युक्त हो तो यह गौरी तिलक प्रासाद बनता है।

रुद्रतिलकः —

केशरी पूर्ववज्झेयः शृङ्गे च तिलकं भवेत्।
ख्यातोऽसौ रुद्रतिलकः कर्तव्यः सर्वदैवते ॥ 9 ॥

इति रुद्रतिलकः।

पहले की भाँति ही केशरी छन्द के शृंगों पर तिलक बने हों तो यह रुद्रतिलक नामक प्रासाद होगा। इसे सब देवताओं के लिए करना चाहिए।

श्रीतिलकः —

कर्णशृङ्गोर्ध्वतिलकं भद्रोर्ध्वे सिंहकर्णकः।
कर्तुः शान्तिश्रीप्रदोऽसौ ख्यातः श्रीतिलकाभिधः ॥ 10 ॥

इति श्रीतिलकः।

कर्णशृङ्गों के ऊपर तिलक हों और भद्रों के ऊपर सिंह कर्ण हों तो यह कर्ता को शान्ति और श्री प्रदान करने वाला श्रीतिलक प्रासाद होता है।

हरितिलकः —

भद्रे शृङ्गं प्रदातव्यं नन्दनाकारवत्तथा।

---

1. 'वैराज्यश्च चतुःस्तम्भैर्दिशावृत्योरुमावृतम् ?।' इति प्रकाशित पाठः।

तिलकान्तो हरिनामा सिद्धकिन्नरसेवितः ॥ 11 ॥

इति हरितिलकः।

भद्रों पर शृङ्ग बनाएँ जो नन्दन आकारवत् हों तो यह हरितिलक नामक प्रासाद सिद्धों एवं किन्नरों से सेवित बनता है।

लक्ष्मीतिलकः —

भद्रे शृङ्ग द्वितीयं च स्थापयेद् रथिकोर्ध्वतः।
लक्ष्मीतिलक आख्यातः क्रीडाहेतुश्च श्रीपतेः ॥ 12 ॥

इति लक्ष्मीतिलकः।

भद्रों पर दो शृङ्ग हो जो रथिका के ऊपर की ओर बने हों तो यह लक्ष्मीतिलक नामक प्रासाद श्रीपति (विष्णु) के क्रीड़ा के लिए बनता है।

भूतिलकः —

नन्दनस्य च संस्थाने कर्णोध्वे तिलकं न्यसेत्।
प्रत्यङ्गे पार्श्वकर्णी च स स्याद्भूतिलकोऽर्थदः ॥ 13 ॥

इति भूतिलकः।

नन्दन प्रासाद के स्थान पर कर्णों पर तिलक बनाएँ और प्रत्यङ्ग पर पार्श्वकर्णी बनाए तो यह भूतिलक नामक प्रासाद धन देने वाला होता है।

रम्भातिलकः —

कर्णे शृङ्गद्वयं कुर्यात् प्ररथे तिलकं तथा।
रम्भातिलक आख्यातः कर्तव्यः शान्तिमिच्छता ॥ 14 ॥

इति रम्भातिलकः।

कर्ण पर दो शृङ्ग करें और प्ररथ पर तिलक बनाएँ तो यह रम्भातिलक नाम का प्रासाद शान्ति चाहने वालों को करना चाहिए।

इन्द्रतिलकः —

शृङ्ग प्रतिरथे चैव कर्णोर्ध्वे तिलकं न्यसेत्।
नाम्नाऽसाविन्द्रतिलकः पूज्यः सुरनरोरगैः ॥ 15 ॥

इतीन्द्रतिलकः।

प्रतिरथों पर शृङ्ग और कर्णों के ऊपर तिलक बनें तो यह प्रासाद इन्द्रतिलक नाम का होगा एवं सुर, नर व नागों द्वारा पूज्य होता है।

मन्दरतिलकः —

मन्दरः पूर्ववज्ज्ञेयस्तिलकं प्ररथोर्ध्वतः।
प्रत्यङ्गं नष्टकर्णं च भद्रे शृङ्गत्रयं तथा॥ 16॥

इति मन्दरतिलकः।

पहले की भाँति मन्दर प्रासाद बनाएँ और उसके प्ररथों पर तिलक बनाएँ, प्रत्यङ्ग नष्टकर्ण हों अर्थात् कर्णरहित हों और भद्रों पर तीन शृङ्ग बनाए तो यह मन्दरतिलक प्रासाद बनता है।

हिमवन्ततिलकः —

कर्तव्यं तिलके शृङ्गं कर्णोध्वे तिलकं न्यसेत्।
हिमवानिति नामाऽसौ कर्तव्यः सर्वशान्तिदः॥ 17॥

इति हिमवन्ततिलकः।

तिलकों पर शृङ्ग करें और कर्णों के ऊपर बनाएँ तो यह हिमवान् नाम का प्रासाद बनेगा, जो सबको शान्ति देने हेतु बनाना चाहिए।

कैलासतिलकः —

भद्रकर्णोद्गमे शृङ्गं तिलकं प्ररथोर्ध्वतः।
कर्णोर्ध्वेऽपि यदा शृङ्गं नाम्ना कैलाससम्भवः॥ 18॥

इति कैलासतिलकः।

भद्रकर्णों से उत्पन्न होते शृङ्ग और प्ररथों पर तिलक हों तो यह कर्णों के ऊपर भी शृङ्गों वाला कैलास सम्भव (कैलासतिलक) नाम का प्रासाद होता है।

पृथ्वीतिलकः —

कर्णोर्ध्वे तु तिलकं स्याच्छृङ्गं प्रतिरथोर्ध्वतः।
पृथ्वीतिलकनासाऽसौ पृथिवीतीर्थपुण्यदः॥ 19॥

इति पृथ्वीतिलकः।

कर्णों के ऊपर तिलक हों और प्रतिरथों पर शृङ्ग हों तो यह पृथ्वीतिलक नाम का प्रासाद पृथ्वी पर तीर्थों का पुण्य देने वाला होता है।

त्रिभुवनतिलकः —

पृथ्वीजयस्य संस्थाने नन्दिकोर्ध्वे तु कर्णिका।
तद्रूपा कर्णपार्श्वे च द्विशृङ्गं कर्णानुगे॥ 20॥

पृथ्वीजय के स्थान पर नन्दिका के ऊपर कर्णिका हों और उसी के रूप की

पार्श्वकर्ण भी हों तथा कर्ण के साथ ही दो शृङ्ग भी हों।

कर्ण्यां च शृङ्गतिलकं भद्रं शृङ्गे चतुर्भवम्।
प्रत्यङ्गे चाऽष्टाकार्याणि रेखाध्र्वे तिलकं तथा॥ 21॥

इति त्रिभुवनतिलक:।

कर्णी पर शृङ्ग, तिलक तथा भद्र पर शृङ्ग चारों ओर हों, प्रत्यङ्गों पर आठ कर्ण हों और रेखाओं के ऊपर तिलक बने हों तो यह त्रिभुवन तिलक प्रासाद बनता है।

इन्द्रनीलतिलक: —

तथैव कुर्याच्छृङ्गं च तिलकं प्ररथोर्ध्वतः।
इन्द्रनीलस्तदानाम कर्तव्यः शान्तिमिच्छता॥ 22॥

इतीन्द्रनीलतिलक:।

उसी प्रकार से प्ररथों के ऊपर शृङ्गों और तिलकों को बनाएँ तो यह इन्द्रनील नाम का प्रासाद होगा। इसे शान्ति के इच्छुकों को बनाना चाहिए।

सर्वाङ्गतिलक: —

भद्रे कर्णे च शृङ्गाणि शेषं वै पूर्ववत् स्थितम्।
सर्वाङ्गतिलको नाम कर्तव्यः सर्वदैवते॥ 23॥

इति सर्वाङ्गतिलक:।

भद्रों व कर्णों पर शृङ्ग हों और शेष पहले जैसा ही हों तो यह सर्वाङ्गतिलक नामक प्रासाद सब देवताओं के लिए बनाया जाएगा।

सुरवल्लभतिलक: —

शृङ्ग प्रतिरथोर्ध्वे च रेखोर्ध्वे तिलकं शुभम्।
सुरवल्लभ आख्यातो धर्मकामार्थसाधकः॥ 24॥

इति सुरवल्लभतिलक:।

प्रतिरथों के ऊपर शृङ्ग हों और रेखाओं के ऊपर शुभ तिलक हों तो यह सुरवल्लभ नाम का प्रासाद धर्म, काम और अर्थ का साधक होता है।

सिंहतिलक: —

हर्य्यादितिलके शृङ्गं कार्याः पञ्चाण्डकास्तथा।
कर्तव्यः सिंहतिलकः पार्वत्य शान्तिमिच्छता॥ 25॥

इति सिंहतिलक:।

हरि आदि तिलक पर शृङ्ग बनाएँ जो पाँच अण्डकों से युक्त हों तो यह

सिंहतिलक प्रासाद पार्वतीदेवी के लिए शान्ति इच्छुकों को करना चाहिए।

मकरध्वजतिलकः —

पूर्वं भेवद् भूतिलकः शृङ्गं पञ्चाण्डकं तथा।
मकरध्वजनामा च कार्यो रतिपतेरसौ ॥ 26 ॥

इति मरध्वजतिलकः।

पहले की भाँति भूतिलक प्रासाद शृङ्ग पाँच अण्डकों से युक्त हो तो मकरध्वज नामक प्रासाद होगा। इसे रतिपति कामदेव हेतु बनाना चाहिए।

मङ्गलतिलकः —

रम्भातिलकशृङ्गेषु प्रकर्तव्या नवाण्डकाः।
तिलकान्तो मङ्गलोऽसौ कर्तव्यः सर्वदैवते ॥ 27 ॥

इति मङ्गलतिलकः।

इसके अतिरिक्त, रम्भातिलक प्रासाद के शृङ्गों को नव अण्डकों से युक्त बनाएँ तो यह मङ्गलतिलक प्रासाद होगा। इसे सब देवताओं के लिए करना चाहिए।

तिलकाक्षः —

शृङ्गाणि चेन्द्रतिलके कार्याः पञ्चाण्डकास्तथा।
तिलकाख्यस्तदा नाम कार्यः शान्तिमहोत्सवः ॥ 28 ॥

इति तिलकाख्यः।

इन्द्रतिलक प्रासाद के शृङ्गों को पाँच अण्डकों से युक्त बनाएँ। यह तिलकाख्य (तिलकाक्ष) नाम का प्रासाद शान्ति महोत्सव हेतु करना चाहिए।

पद्मतिलकः —

तथा शृङ्गेषु कर्तव्याः सर्वभद्रनवाण्डकाः।
पद्मको हि तदा नाम कर्तव्यः शान्तिश्रीप्रदः ॥ 29 ॥

इति पद्मतिलकः।

शृङ्गों पर सर्वभद्र प्रासाद के नौ अण्डक बनाएँ तो यह पद्मक नाम का प्रासाद शान्ति और श्री देने वाला होगा। इसे इसी प्रयोजन से बनाना चाहिए।

सोमतिलकः —

मन्दरे तिलके शृङ्गं कर्तव्याश्च नवाण्डकाः।
तदा तु सोमतिलकः कर्तव्यः सर्वदैवते ॥ 30 ॥

इति सोमतिलकः।

मन्दर प्रासाद के तिलकों पर शृङ्ग नौ अण्डकों से युक्त बनाएँ तो यह सोमतिलक प्रासाद बनता है जो सब देवताओं के लिए करना चाहिए।[1]

त्रैलोक्यतिलकः —

पृथ्वीजये तु शृङ्गेषु प्रकर्तव्या नवाण्डकाः।
नाम्ना त्रैलोक्यतिलकः कर्तव्यः शान्तिमिच्छता॥ 31॥

इति त्रैलोक्यतिलकः।

अन्तिम पृथ्वीजय प्रासाद के शृङ्गों पर नौ अण्डक बनाएँ तो यह त्रैलोक्यतिलक नामक प्रासाद शान्ति चाहने वालों को बनाना चाहिए।

इति सूत्रसन्तानगुणकीर्तिप्रकाशप्रोक्तश्रीभुवनदेवाचार्योक्तापराजितपृच्छायां सागरतिलकादिप्रासादलक्षणाधिकारो नामैकोनसप्तत्युत्तरशततमं सूत्रम्॥ 169॥

इस प्रकार भुवनदेवाचार्य कृत सूत्रसन्तानगुणकीर्ति प्रकाश या अपराजितपृच्छा में सागरतिलकादि प्रासाद लक्षणाधिकार नामक एक सौ उनसत्तरवाँ सूत्र पूर्ण हुआ॥ 169॥

मेरुविंशतिर्नाम सप्तत्युत्तरशततमं सूत्रम्॥ 170॥

अधुना मेरुविंशतिप्रासादलक्षणं। विश्वकर्मोवाच —

मेरुः प्रासादराजस्तु देवानां सततं प्रियः।
ख्यातो मन्दरमेरुश्च तथा कैलासमेरुकः॥ 1॥

---

1. इसके बाद 'विजयतिलक' का वर्णन यहाँ छूट गया लगता है। शिल्परत्नाकर में इसका वर्णन आया है— शृणु वत्स प्रदक्ष्यामि विजयतिलकं शुभम्। कर्णान्तं गर्भपर्यन्तं विभक्तौ भाग योजना॥ चतुरस्त्री क्षेत्रे दिवाकरविभाजिते। भागद्वयश्च शालार्धं भागैकेन च निर्गमम्॥ द्विभागमनुगं ज्ञेयं विस्तरे निर्गमे तथा। कोणं द्विभागमित्युक्तं स्थापेच्च चतुर्दिशि॥ हे वत्स सुनो अब मैं तुम्हें विजयतिलक प्रासाद के लक्षण और कर्ण से गर्भ पर्यन्त की भाग योजना भी कहता हूँ। चौरस क्षेत्र के बारह भाग करके उनमें दो भागों का आधा भद्र बनाए और उसके एक भाग का निकासु बनाए। पढरा समदल बनाए तथा कर्ण भी समदल बनाए। इसके चारों तरफ इसी प्रमाण से रचना करनी चाहिए। आगे भी कहा गया है कि ऊपर के मान में कर्णों पर दो क्रम अर्थात् केशरी और सर्वतोभद्र के शृङ्ग करें, तिलक चढ़ाएँ। पढरे पर सर्वतोभद्र और केशरी शृङ्ग करे। भद्र पर गवाक्ष-झरोखे बनाना और उनके मतवारण-कठेड़ा भी करना। इनको इलिका तोरणों से विभूषित करना। इनके ऊपर सुशोभित दोढ़ियाँ बनाना। इनको संवरणावाले घण्टा, कूटों से युक्त करें। इनके ऊपर भद्रों पर तीन उरुशृङ्ग बनाएँ तथा इनके दाएं-बाएं अङ्ग पर प्रत्यङ्गों को बनाएँ और नीचे मञ्जरियाँ करे। जिस छन्द का प्रासाद हो उसी छन्द का मण्डप करें। उसके ऊपर संवरणा करना, उसको घण्टा तथा कूटों से सुशोभित करना। इनमें हाथी और सिंह भी बनाए और तरह-तरह के आभूषणों से युक्त मूर्तियाँ बनाएँ। एक सौ नव्यासी अण्डक तथा बीस तिलक वाला विजयतिलक प्रासाद जो बनाता है, उसको सर्वकाम में विजय प्राप्त होगी। (शिल्परत्नाकर 7, 75)

त्रिविष्टपो भवेन्मेरुर्मेरुश्च पृथिवीजयः।
पृथ्वीभूषणमेरुश्च सर्वतोभद्रमेरुकः॥ 2॥
भवेद् विमानमेरुश्च नन्दनः स्वस्तिकस्तथा।
मुक्तकोणश्च श्रीवत्सो हंसो वै मेरुरुच्यते॥ 3॥
रुचको वर्धमानश्च वैनतेयो गजस्तथा।
सिंहश्च पद्मको मेरुर्मेरुर्वै नन्दिवर्धनः॥ 4॥

(इस सत्तरवें सूत्र में मेरु नामान्त वाले बीस प्रासादों के छन्द, तलच्छन्द और उनके उदयमान को बताया जा रहा है) विश्वकर्मा बोले कि इस विंशति में 1. मेरु प्रासादराज देवताओं को सदा प्रिय है। इसके अतिरिक्त 2. मन्दरमेरु, 3. कैलासमेरु, 4. त्रिविष्टपमेरु, 5. पृथिवीजयमेरु, 6. पृथ्वीभूषणमेरु, 7. सर्वतोभद्रमेरु, 8. विमानमेरु, 9. नन्दनमेरु, 10. स्वस्तिकमेरु, 11. मुक्तकोणमेरु, 12. श्रीवत्समेरु, 13. हंसमेरु, 14. रुचकमेरु, 15. वर्धमानमेरु, 16. वैनतेयमेरु (गरुडमेरु), 17. गजमेरु, 18. सिंहमेरु, 19. पद्मकमेरु और 20. नन्दिवर्धनमेरु।

छन्दाश्च विविधाः ख्यातास्तलच्छन्दास्तथोर्ध्वगाः।
मेरुविंशतिराख्याताः प्रयुक्ता वास्तुवेदिभिः॥ 5॥

इस तरह विविध छन्दों, तलछन्दों तथा ऊँचाइयों की यह मेरुविंशति प्रसिद्ध है जो वास्तुविदों द्वारा प्रयोग में लाई गई है।

दिक्करादिशतार्धान्ताः प्रासादा भ्रमसंयुताः।
तस्याधो भ्रमयुक्तिश्चेन्महादोष इति स्मृतः॥ 6॥

यह ज्ञातव्य है कि दस से लेकर पचास हाथ तक के प्रासाद भ्रमणयुक्त होते हैं। इनसे कम विस्तार वाले प्रासादों को भ्रमणयुक्त बनाना महादोषकारक होता है।

षट्त्रिंशत्करतोऽधस्ताद्यावद्धस्तचतुष्टयम्।
विना भ्रमैर्निरन्धाराः कर्तव्याः शान्तिमिच्छता॥ 7॥

छत्तीस हाथ से कम और चार हाथ तक के विस्तार वाले प्रासादों को बिना भ्रमण के निरन्धार ही बनाना शान्ति चाहने वालों के हित में है।

मेरुप्रासादः —

चतुरश्रीकृते क्षेत्रे शतमूलविभाजिते।
पदैः षोडशभिर्गर्भो भागभित्त्वा च वेष्टिता॥ 8॥

ऐसे प्रासाद के लिए पहले चौरस क्षेत्र को दस भागों में विभाजित करें। इनमें सोलह पदों का गर्भगृह, एक भाग की भित्ति और एक भाग की वेष्टिताभित्ति हो।

बाह्यभित्तिर्भवेद् भागा भागा चान्धारकारिका।
मध्यच्छन्दे वर्धमानः कपोताल्यग्रभूषितः॥ 9॥

बाह्य भित्ति एक भाग की और एक भाग की अन्धारिका हों। इसका मध्यछन्द वर्धमान का हों। इसे आगे कपोताली से विभूषित करें।

कपोताली भवेद् द्वारे सीमान्ते चाऽथवोच्यते।
मध्यच्छन्दः समाख्यातो बाह्यच्छन्दमतः शृणु॥ 10॥

इसी प्रकार द्वारों पर भी कपोताली बनाएँ। इसके अतिरिक्त सीमान्त पर अथवा जहाँ भी उचित समझें, बनाएँ। यह मध्यछन्द कहा गया। अब बाह्यछन्द सुनो!

तेषां बाह्यच्छन्दमाह —

द्विभागः कर्णविस्तार उदकान्तरभूषितः।
सार्धभागः प्रतिरथो निर्गमे विस्तरे तथा॥ 11॥

कर्णों का विस्तार दो भाग का उदकान्तर (प्रणाल) युक्त हों। डेढ़ भाग के प्रतिरथ हो जो विस्तार और निकास में भी इतने ही प्रमाण के होंगे।

त्रिभागं च भवेद् भद्रं विस्तरे निर्गमे समः।
कर्णतुल्यानुगे भित्तिर्भद्रे चन्द्रावलोकना॥ 12॥

तीन भाग से भद्र-भित्ति हो जो विस्तार और निकास में भी इतना ही हों। पुनः कर्ण के तुल्य ही उसके भद्र-भित्ति हों जिसमें झरोखे बने हों।

न कार्या तस्य कपिली बाह्यच्छन्देषु वर्जिता।
कर्णाग्रे मण्डपं कुर्यात् समं सपादं सार्धकम्॥ 13॥

इसमें कपिली नहीं करनी चाहिए क्योंकि बाह्य छन्दों में इसके बनाने की मनाही है। इसके कर्ण के आगे मण्डप बनाएँ जो इसके बराबर, इससे सवाये अथवा इससे ड्योढ़े हों।

तेषां ऊर्ध्वच्छन्दमाह —

शिखरोर्ध्वच्छन्द एवं तथा वै कथ्यतेऽधुना।
कर्णो द्विभाग इत्युक्त उदकान्तरभूषितः॥ 14॥

अब शिखर की ऊँचाई के छन्द को कहता हूँ। कर्णों को दो भागों में बनाएँ जो उदकान्तरों यानी परनालों से विभूषित हों।

सार्धभागः प्रतिरथस्तत्तुल्यो निर्गमस्तथा।
पक्षद्वये वारिमार्गः प्ररथेऽस्य समुद्भव॥ 15॥

डेढ़ भाग के प्रतिरथ बनाए जिनका निकास भी डेढ़ भाग का उसके ही तुल्य हों। दोनों पक्षों पर वारिमार्ग यानी परनाले बनाएँ जो प्ररथों से निकलते हों।

नन्दिका चार्धभागा स्याद्विस्तरे निर्गमे तथा।
कर्णिका भागपादोन भद्रं सार्धं च विस्तरे॥ 16॥

इसमें नन्दिका आधे भाग की हो जो विस्तार और निकास में भी आधे-आधे भाग की हो। कर्णिका एक भाग की और भद्र डेढ़ भाग विस्तार वाली हो।

निर्गमे चार्धभागेन भागपादेन कर्णिका।
एवंविधः प्रकर्तव्यो मेरोश्च तलच्छन्दकः॥ 17॥

उसका निकास आधे भाग हो। एक भाग की कर्णिका हो। इस तरह से मेरु संज्ञक प्रासाद का तलछन्द करना चाहिए।

वार्यन्तरादीनां —

कर्णे वार्यन्तरं कुर्याच्छेषं सूर्यांशभाजितम्।
द्विभागश्च भवेत्कर्णस्तत्तुल्यः प्ररथो भवेत्॥ 18॥

कर्णों पर वार्यन्तरों यानी प्रणाल बनाएँ और शेष को बारह भागों में विभाजित करें उनमें दो भाग का कर्ण और उसके समान ही दो भाग का प्ररथ बनाएँ।

वेदांशं च भवेद् भद्रमेकभागेन निर्गतम्।
अनुगे शृङ्गतिलकं कुर्यात् कर्णे द्विशृङ्गकम्॥ 19॥

चार भाग का भद्र और एक भाग उसका निकास हों। इसके साथ ही शृङ्गतिलक बनाए और कर्णों पर दो शृङ्ग बनाएँ।

मत्तालम्बयुतं भद्रमुरःशृङ्गद्वयं भवेत्।
प्रत्यङ्गैश्च समायुक्तं शिखरं चाष्टविस्तरम्॥ 20॥
घण्टाकलशशोभाढ्यं कर्तव्यं सर्वकामदम्।

उसमें मत्तावलम्ब-गोख युक्त भद्र हों और उस पर दो उरुशृङ्ग हों। प्रत्यङ्गों से युक्त शिखर आठ भागों के विस्तार वाला होगा जिसे आमलसार, कलश की शोभा के साथ बनाए जो सब कामनाओं को पूरा करता है।

तदूर्ध्वे मन्दरं कुर्याच्छुद्धच्छन्दे तु नागरे॥ 21॥
शृङ्गोद्गमः प्रतिरथे नन्दिशालोर्ध्वनन्दनः।
स्तम्भोत्सेधो नन्दिकायां [1]भागैकार्धपादकम्॥ 22॥

---

1. 'भागैकार्धमाख्यातम्?' इति प्रकाशित पाठः।

इसके ऊपर मन्दर प्रासाद नागर के शुद्ध छन्द में करें। शृङ्गों से निकलते हुए प्रतिरथों पर नन्दिशाल छन्द हों और इसके ऊपर नन्दन छन्द हों। स्तम्भों की ऊँचाई पर नन्दिका एक भाग या डेढ़ भाग की अथवा उससे चतुर्थांश अधिक हो।

पद्मावती तदूर्ध्वेऽर्धा शृङ्गं पञ्चाण्डभूषितम्।
स्तम्भोर्ध्वे लघुकर्णी च कर्तव्या तिलकात्मिका॥ 23॥

इसके आधे ऊपर पद्मावती, शृङ्ग पाँच अण्डकों से विभूषित हों। स्तम्भों के ऊपर लघुकर्णी को तिलक युक्त करना चाहिए।

कण्ठोर्ध्वे रथिकां दद्यादुद्गमैः समलङ्कृतम्।
प्रथमं चोरःशृङ्गं च भागार्धं पादनिर्गतम्॥ 24॥

कण्ठ के ऊपर रथिका दें और उद्गम से ही अच्छी तरह अलंकृत करें। पहला उरुशृङ्ग एक भाग के निकास से युक्त आधे भाग में बना हो।

द्वितीयमुरःशृङ्गं च चैकभागं चार्धनिर्गतम्।
तृतीयं नन्दिकोर्ध्वे च द्विभागं भागनिर्गतम्॥ 25॥

दूसरा उरुशृङ्ग एक भाग का और आधे भाग के निकास युक्त हों। तीसरा ऊरुशृङ्ग नन्दिका के ऊपर बनाए जो दो भागों के निकास वाला हों।

प्रत्यङ्गं चैव तद्रूपं तलच्छन्दप्रमाणतः।
चतुर्थमुरःशृङ्गं च त्रिभागं द्व्यंशनिर्गतम्॥ 26॥

प्रत्यंग भी इसी रूप में तलछन्द के प्रमाण युक्त हों। चौथा उरुशृङ्ग तीन भाग का एवं दो भाग के निकास वाला हो।

शृङ्गं षडंशविस्तारं सार्धसप्तांशमुच्छ्रितम्।
प्रकर्तव्यं मल्लतलं शृङ्गे शृङ्गे शराण्डकम्॥ 27॥

शृङ्गों का विस्तार छह भागों का और साढ़े सात भाग की ऊँचाई सहित होगा। इसके साथ ही मल्लतल बनाएँ और प्रत्येक शृङ्ग पर पाँच अण्डक बनाएँ।

कण्ठो ग्रीवा कुड्मल च पद्मच्छत्रोपच्छत्रकम्।
तदूर्ध्वे कलशः स्थाप्यः क्षीरार्णवसमुद्भवः॥ 28॥

कण्ठ, ग्रीवा पर कुड्मल और पद्मछत्र, उपछत्र बनाएँ। इनके ऊपर कलश की स्थापना करनी चाहिए जो कि क्षीरार्णव से समुद्भूत हुआ है।

आदिद्वितीयोरःशृङ्गे कर्तव्या कुमुदाकृतिः।
तृतीये च चतुर्थे च विमानः सर्वकामदः॥ 29॥

पहला और दूसरा उरुशृङ्ग कुमुद आकृति में बनाएँ। तीसरे और चौथे उरुशृङ्ग को विमान आकृति में बनाएँ जो सब कामना पूरी करने वाला होगा।

प्रत्यङ्गकविमानास्तु शुकाग्राद्गमसंयुताः।

ध्वजान्वितपताकाश्च कर्तव्याः सर्वकामदाः॥ 30॥

प्रत्यङ्ग भी विमान की आकृति युक्त शुकनासा से संयुक्त हो। इनको ध्वजा व पताका युक्त बनाना चाहिए जिससे ये सब कामना पूरी करें।

इमं यः कारयेच्चैव मेरुं च पृथिवीपतिः।

एकच्छंत्रं महीराज्यं लभते जन्मजन्मनि॥ 31॥

इस प्रकार से जो भी पृथ्वीपति राजा इस मेरु प्रासाद को बनाता है तो वह जन्म-जन्म तक इस पृथ्वी पर एकछत्र राज्य पाता है।

सर्वपृथ्वीतीर्थपुण्यं फलं स्यादश्वमेधजम्।

दशकोटिगवां दानं राहोश्चन्द्रार्कलिङ्गने॥ 32॥

इति मेरुप्रासादः

यही नहीं, पृथ्वी के सभी तीर्थों के सेवन का पुण्य, अश्वमेध यज्ञों का फल, दस करोड़ गायों के दान और चन्द्रग्रहण अथवा सूर्य ग्रहण पर किए जाने वाले दान का फल मिलता है। (इस प्रकार प्रथम मेरुप्रासाद हुआ)।

मन्दरमेरुः —

दशधा भाजिते पूर्वं मन्दरे सर्वकामदे।

भागो भागा भ्रमो भित्तिर्देवकोष्टं द्विरष्टतः॥ 33॥

(द्वितीय प्रासाद) अधिगृहीत चौरस क्षेत्र को सर्वकामद मन्दर प्रासाद के लिए पहले दस भागों में विभाजित करें। एक भाग का भ्रमण, एक भाग की भित्ति और देवकोष्ठ यानी गर्भगृह सोलह भाग का बनाएँ।

द्विभागः कर्णविस्तारो भद्रं षड्भागिकं तथा।

कर्णे च नन्दिशालश्च शिखरं च विमानजम्॥ 34॥

दो भागों का कर्ण विस्तार और छह भाग से भद्र बनाएँ। कर्णों पर नन्दिशाल छन्द और शिखरों का विमान छन्द हों।

पञ्चभूकर्णशोभाढ्यं सर्वतोभद्रमालिखेत्।

रथिका कर्णशृङ्गाढ्या भद्रं तत्राऽपि कारयेत्॥ 35॥

इसी प्रकार पाँच मंजिला शोभायमान सर्वतोभद्र बनाएँ। रथिका पर कर्णशृङ्ग हों और भद्र भी वहाँ पर बनाएँ।

नागरा हि प्रतिरथा रथानां वाम-दक्षिणे।
मन्दरो मेरुराख्यातः शिवा-र्क-हरि-ब्रह्मणाम्॥ 36॥

इति मन्दरमेरुः

नागर छन्द के प्रतिरथ हो जो रथ के दाएँ-बाएँ बने हों तो यह प्रासाद मन्दरमेरु नामक होगा। यह शिव, सूर्य, हरि और ब्रह्मा के लिए होगा।

कैलासमेरुः —

मन्दरस्य तलच्छन्दे भद्रं प्राग्ग्रीवभूषितम्।
द्विक्रमादूर्ध्वशिखरं पञ्चभूम्यो विमानजाः॥ 37॥

(तृतीय प्रासाद) मन्दर प्रासाद का तलछन्द हों तथा भद्र प्राग्रीव यानी गर्भगृह के आगे के मण्डप से विभूषित हों। दो क्रमों में उर्ध्वशिखर बने हो जो पाँच मंजिले विमान छन्द के हों।

नन्दिशालं नन्दनं च कर्णशृङ्गेषु दापयेत्।
सदाशिवप्रियश्चाऽसौ कैलासः सर्वकामदः॥ 38॥

इति कैलासमेरुः

इसके साथ ही नन्दिशाल और नन्दन छन्द को कर्ण शृङ्गों में दें। यह सदाशिव को प्रिय कैलासमेरु प्रासाद सब कामना पूरी करता है।

त्रिविष्टपमेरुः —

मन्दरस्य च संस्थाने तद्रूपे तदवस्थिते।
भद्रे द्वे उरुमञ्जर्यो विमानाः कुमुदोद्भवाः॥ 39॥

(चतुर्थ प्रासाद) मन्दर के स्थान पर उसी रूप का और उसी स्थिति की भद्रों पर दो उरुमञ्जरियाँ विमान छन्द के कुमुद से उत्पन्न होती हुई बनाएँ।

कैलासवत्कर्णशृङ्गं शिखरं मन्दरात्मकम्।
त्रिविष्टपः समाख्यातः प्रासादः सुरवल्लभः॥ 40॥

इति त्रिविष्टपमेरुः

कैलास जैसे कर्णशृङ्ग बनाएँ और शिखर मन्दर छन्द का हों तो यह त्रिविष्टप नाम का प्रासाद देवताओं का प्रिय बनता है।

पृथ्वीजयमेरुः —

त्रिविष्टपस्य संस्थाने तद्रूपे तदवस्थिते।
प्ररथे सर्वतोभद्रं कर्तव्यं तु नवाण्डकम्॥ 41॥

(पञ्चम प्रासाद) त्रिविष्टप के स्थान पर उसी रूप और उसी स्थिति के प्ररथों पर सर्वतोभद्र नौ अण्डकों का करें।

पृथ्वीजयस्तदा नाम कर्तव्यः सर्वकामदः।
एकच्छत्रं धराराज्यं तस्य पृथ्वीं च शासतः॥ 42॥

इति पृथ्वीजयमरुः

इस प्रकार से बनने वाला यह पृथ्वीजय नाम का प्रासाद सब कामना पूरी करता है। इससे एकछत्र धराराज्य यानी कर्ता के शासनाधिकार में पृथ्वी होगी।

पृथ्वीभूषणमेरुः —

छन्देऽष्टधा विभक्ते च भित्तिगर्भभ्रमन्तिकाः।
द्विभागश्च भवेत्कर्णो भद्रं भागचतुष्टयम्॥ 43॥
निर्गतं सार्धभागेन कर्णे स्यादुदकान्तरम्।

(षष्ठ प्रासाद) चौरस क्षेत्र को आठ भागों में विभाजित करें जिनमें भित्ति, गर्भ और भ्रमन्तिका बनेगी। दो भागों के कर्ण, भद्र चार भाग के बनाए जो डेढ़ भाग के निकास युक्त हों और कर्णों पर उदकान्तर यानी प्रणाल बने हों।

कर्णे च नन्दिका कार्या शिखरं वै विमानजम्॥ 44॥
पञ्चाण्डकं भवेच्छृङ्गं घण्टाकलशभूषितम्।
सिंहकर्णात्मकं भद्रं पृथ्वीभूषणसञ्ज्ञकः॥ 45॥

इति पृथ्वीभूषणमेरुः

कर्णों पर नन्दिका बनाएँ और शिखर विमानछन्द के हों जिनके शृङ्ग पाँच अण्डकों से युक्त हों और आमलसार, कलश से विभूषित हों। उसमें भद्र सिंहकर्ण जैसे हों तो यह पृथ्वीभूषण नामक मेरु प्रासाद बनता है।

सर्वतोभद्रमेरुः —

पृथ्वीभूषणसंस्थाने तद्रूपे तदवस्थिते।
उरःशृङ्गं ततो भद्रे कर्तव्यं च विमानजम्॥ 46॥

(सप्तम प्रासाद) पृथ्वीभूषण के संस्थान पर उसी रूप में और उसी स्थिति में उसके भद्र पर उरुशृङ्ग करें जो कि विमान छन्द के हों।

रथोद्गमस्तदग्रे च स्वरूपो लक्षणान्वितः।
सर्वतोभद्रनामाऽसौ सर्वकल्याणकारकः॥ 47॥

इति सर्वतोभद्रमेरुः

उसके आगे रथ से उत्पन्न होते स्वरूप, लक्षणों को बनाएँ तो यह सर्वतोभद्र मेरु प्रासाद सब कल्याण करने वाला होता है।

विमानमेरुः —

दशधा च तलच्छन्दः सान्धारः पूर्वविस्तरः।
द्विभागश्च भवेत्कर्णः कर्णिका चार्धभागिका॥ 48॥

(अष्टम प्रासाद) चौरस क्षेत्र का तलछन्द दस भागों में विभाजित कर उसका पूर्व विस्तार सान्धार प्रासाद का हों। दो भागों के कर्ण और आधे भाग की कर्णिका हों।

एकभागः प्रतिरथश्चाऽर्धभागस्तु निर्गमे।
पुनर्द्विभागा कर्णी स्याद् भागपादेन निर्गता॥ 49॥

एक भाग का प्रतिरथ हो, जो आधा भाग के निकास युक्त हों। पुनः इसके दो भाग की कर्णी हो जो एक भाग के निकास से युक्त हो।

द्विभागो भद्रविस्तारो निर्गमो भाग एव च।
कर्णे प्रतिरथे शृङ्गं पञ्चभूम्यो विमानजाः॥ 50॥

दो भागों का भद्र विस्तार हो जो एक भाग के निकास से युक्त हों। कर्णों पर और प्रतिरथों पर शृङ्ग पाँच मंजिलें विमान छन्द के हों।

कर्णे नवाण्डकं शृङ्गं पञ्चाण्डकमथाऽनुगे।
घण्टाकलशशोभाढ्यो विमानः सर्वकामदः॥ 51॥

इति विमानमेरुः

कर्णों पर नौ अण्डक हों। उसके बाद शृङ्गों पर पाँच अण्डक करें जो आमलसार, कलश की शोभायुक्त हों तो यह विमानमेरु प्रासाद सब कामना पूरी करने वाला होगा।

नन्दनमेरुः —

कर्णे द्विक्रमतः कार्या नन्दिशाले च नन्दिका।
नन्दनाख्यः प्रतिरथे भद्रे शृङ्गद्वयं भवेत्॥ 52॥

(नवम प्रासाद) कर्णों पर दो क्रमों में नन्दिशाल और नन्दिका बनाएँ। प्ररथ पर नन्दन छन्द हों और भद्रों पर दो शृङ्ग बनाएँ।

अष्टप्रत्यङ्गसम्युक्ता विमाने चोरुमञ्जरी।
नन्दनः कामदश्चेत्थं विमाने मूलमञ्जरी॥ 53॥

इति नन्दनमेरुः

आठ प्रत्यङ्गों से युक्त विमान छन्द की उरुमञ्जरी हों तो यह नन्दनमेरु सब कामनाएँ पूरी करें। इसके विमान छन्द की मूलमञ्जरी भी होगी।

स्वस्तिकमेरुः —

चतुरश्रीकृते क्षेत्रे कर्णान्ते वृत्तमालिखेत्।
वेदर्त्वंशैश्च परिधौ षट्पदं भद्रकाष्टकम्॥ 54॥

(दशम प्रासाद) चौरस क्षेत्र को कर्णों तक वृत यानी गोलाकर लिखें। वेंद 4. ॠतु 6. चौसठ भाग का परिधि हों। छह भाग के भद्रकाष्टक हों।

पदिका कर्णिका प्रोक्ता भद्रं वेदांशविस्तरम्।
निर्गमश्चैकभागेन कर्तव्यः सर्वकामदः॥ 55॥

एक भाग की कर्णिका, चार भाग के विस्तार से भद्र हों जिसका निकास एक भाग का हो जो सब कामना पूरी करता है।

कर्णाश्च द्विपदा अष्टौ तत्र शृङ्गाणि कारयेत्।
सीमां द्विभागिकां त्यक्त्वा पुनर्वृत्तं तु कारयेत्॥ 56॥

दो भाग वाले कर्ण हों जिनके आठ शृङ्गों को भी बनाएँ। दो भाग की सीमा छोड़कर पुनः एक अन्य वृत बनाएँ।

अष्टचत्वारिंशद्भक्ते ह्यष्टभद्रं चतुष्पदम्।
द्विपदा अष्टकर्णश्च लताण्डं भूमिपञ्चकम्॥ 57॥

उसको अड़तालीस भागों में विभाजित करके चार-चार भाग के अष्टभद्र बनाएँ। दो भागों वाले आठ कर्ण हों और पाँच मंजिलों पर लता छन्द के अण्डक हों।

घण्टाकलशशोभाढ्या भद्रं द्विद्वयुरुमञ्जरि।
स्वस्तिकोऽसौ समाख्यातः कर्तव्यः शान्तिमिच्छता॥ 58॥

इति स्वस्तिकमेरुः

उस पर आमलसार और कलश की शोभा हों तथा भद्र पर दो-दो उरुमञ्जरियाँ हों। यह स्वस्तिक नाम का मेरु प्रासाद शान्ति चाहने वालों को करना चाहिए।

मुक्तकोणमेरुः —

मन्दरस्य च संस्थाने मध्ये तत्रैव तादृशः।
वेदांशो भद्रविस्तारस्तदर्धं तु विनिर्गतम्॥ 59॥

(एकादश प्रासाद) मन्दर के संस्थान पर मध्य में भी वैसा ही हों। चार भागों का भद्रविस्तार जो इसका आधा अर्थात् दो भाग निकास युक्त हों।

वार्यन्तरं भद्रपक्षे त्रिभागः कर्णविस्तरः।
मूलनासास्थानतश्चैकभागोभयनिर्गता॥ 60॥

भद्र के पार्श्व में वार्यन्तर यानी प्रणाल कर्ण के विस्तार से तीन भाग का हों। मूलनासा का स्थान एक भाग का दोनों ही ओर निकास वाला हों।

द्विभागो भद्रविस्तारो भागमेकैकनिर्गतम्।
कर्णभद्रं वृत्तभद्रे एकांशमुदकान्तरम्॥ 61॥

दो भागों का भद्र विस्तार हो जो एक भाग के निकास से युक्त हों। कर्णभद्र वृत्तभद्र पर एक भाग के उदकान्तर यानी प्रणाल से युक्त बने हों।

संस्थाने मूलनासाया भागं स्यात्कर्णकक्षकम्।
निर्गमः कर्णमानेन पृथुत्वं चतुरंशकम्॥ 62॥

मूलनासिका के स्थान पर एक भाग का कर्णकक्ष हों जिसका निकास भी कर्ण के मान के अनुसार एक भाग का हों। इसकी मोटाई चार भाग की होगी।

अष्टभागा भवेद्रेखा मल्लभूतलपञ्चका।
कर्णे तिलकसङ्घाटो भद्रे वै कूटघण्टिके॥ 63॥

आठ भाग की रेखा हों और पाँच मल्लभूतल हों। कर्णों पर तिलकों का समूह हों और भद्रों पर कूट घण्टिका होगी।

शृङ्गं च घण्टाकलशध्वजमालाकुलं भवेत्।
मुक्ताः संसारतस्ते यैर्मुक्तकोणो विधीयते॥ 64॥

इति मुक्तकोणमेरुः

शृङ्ग और आमलसार, कलश, ध्वजा-माला युक्त हों तो यह मुक्तकोणमेरु प्रासाद इस संसार से मुक्ति प्रदाता माना गया है।

श्रीवत्समेरुः —

स्यान्मध्ये पूर्ववत्तत्र श्रीवत्सो बाह्यच्छन्दके।
कर्णे प्रतिरथे चैव लताण्डं भूमिपञ्चकम्॥ 65॥

(द्वादश प्रासाद) मध्य में तो पहले की भाँति ही हों और बाह्य छन्द श्रीवत्स का हों। कर्णों पर प्रतिरथ हों जिन पर पाँच मंजिले लता छन्द के अण्डक बने हों।

कर्णे वराटशृङ्गाणि प्ररथे द्राविडानि च।
छाद्यप्राग्ग्रीवकौ भद्रे श्रीवत्सो मेरुच्यते॥ 66॥

इति श्रीवत्समेरुः

कर्णों पर वराट छन्द के शृङ्ग हों और प्ररथ पर द्राविड़ छन्द हों। छत के साथ ही प्राग्रीव यानी आगे मण्डप हों तो यह श्रीवत्समेरु प्रासाद कहलाता है।

हंसमेरुः —

वार्यन्तरं भद्रके च कर्णेऽण्डं भूमिपञ्चकम्।
वराटः कूटभद्रे च कर्णे वै द्राविडो भवेत्॥ 67॥

(त्रयोदश प्रासाद) भद्रों पर वार्यन्तर यानी प्रणाले हों और कर्णों पर पाँच मंजिलों पर अण्डक हों। वराट छन्द के कूटभद्र हों और कर्ण द्राविड़ छन्द के हों।

घण्टाकलशसम्युक्तो भद्रे प्राग्ग्रीवको भवेत्।
हंसमेरु स्तदा नाम ब्रह्मणः स सदा प्रियः॥ 68॥

इति हंसमेरुः

आमलसार कलशयुक्त प्राग्रीव मण्डप भद्र पर हों तो यह हंसमेरु नाम का प्रासाद ब्रह्माजी को सदा प्रिय होता है।

रुचकमेरुः —

रुचकस्तु भवेत्पूर्वं कर्णेऽण्डं भूमिपञ्चकम्।
मेषनक्रकूटपालैः कण्टकैरावृतः शुभः॥ 69॥

(चतुर्दश प्रासाद) पहले की भाँति ही रुचक छन्द हों और कर्णों पर पाँच मंजिलों पर अण्डक हों। यह मेष, मगर, कूटपालों और कण्टकों से आवृत्त और शुभ होता है।

भद्र युक्तश्च प्राग्ग्रीवच्छाद्यघण्टाद्यलङ्कृतः।
रुचकश्च समाख्यातः कर्तव्यो देवतालयः॥ 70॥

इति रुचकमेरुः

भद्र पर प्राग्रीव, आमलसार, कलश आदि से अलंकृत हों तो यह रुचकमेरु नाम का देवालय होगा, इसे (इसी तरह) बनाना चाहिए।

वर्धमानमेरुः —

वर्धमानो भवेत्पूर्वं कर्णेऽण्डं भूमिपञ्चकम्।
शृङ्गं तस्य च कर्तव्यं द्राविडे कर्मचर्चितम्॥ 71॥

(पञ्चदश प्रासाद) पहले की भाँति वर्धमान छन्द हों और कर्णों पर पाँच मंजिलों पर अण्डक हों। उसके शृङ्ग तो द्राविड छन्द में जैसे चर्चित है, वैसे ही करने चाहिए।

घण्टाकलशशोभाढ्यो भद्रे प्राग्ग्रीवसंयुतः।
वर्धमानस्तदा नाम नित्यं श्रीर्वर्धते यशः ॥ 72 ॥

इति वर्धमानमेरुः

आमलसार, कलश की शोभा युक्त भद्रों पर प्राग्रीव बना हों तो यह वर्धमान नाम का प्रासाद नित्य ही यश की अभिवृद्धि करता है।

गरुडमेरुः —

वर्धमानः पूर्वमयं तदूर्ध्वे वाम-दक्षिणे।
त्रिपुष्कराकृतिः कार्यां शृङ्गैर्मल्लतलोद्भवैः ॥ 73 ॥

(षोडश प्रासाद) पहले की भाँति वर्धमान छन्द हो, उसके ऊपर बाएँ-दाएँ त्रिपुष्कराकार आकृति के शृङ्गों को मल्लतल से उत्पन्न होते हुए बनाएँ।

विमानपक्षे शृङ्गाणि पृष्ठे प्राग्ग्रीवकस्तथा।
अग्रतो मण्डपैर्युक्तः पक्षिराजश्च श्रीपदः ॥ 74 ॥

इति गरुडमेरुः

विमान के पार्श्वों में शृङ्ग हों और पीठ पर प्राग्रीव मण्डप हों और आगे मण्डप हों तो यह पक्षिराज गरुडमेरुप्रासाद भी के पद का दाता होता है।

गजमेरुः —

वर्धमानो ह्यसौ पूर्वं पृष्ठतो वृत्तमालिखेत्।
वामे दक्षे च भद्राद्यं सप्तभूवलयाकृति ॥ 75 ॥

(सप्तदश प्रासाद) पूर्वानुसार ही वर्धमान छन्द हो, पूर्व की ओर तथा पीछे की ओर वृत लिखें। बाएँ-दाएँ और भद्र के आदि में सात भूवलयाकृति बनाए।

वेद्यां लेख्यं गजपृष्ठं घण्टाकलशसंयुतम्।
दिव्यमण्डपशोभाढ्यः सगजः सर्वकामदः ॥ 76 ॥

इति गजमेरुः

वेदी पर गजपृष्ठ लिखें जो आमलसार व कलश युक्त हों तो यह दिव्य मण्डप शोभा युक्त गज वाला यह सब कामना पूरी करने वाला गजमेरु प्रासाद होगा।

सिंहमेरुः —

विज्ञेयः केशरी पूर्वं शिखरं च विमानजम्।
प्राग्ग्रीवयुक्तं भद्राद्यं कर्णाण्डं भूमिपञ्चकम् ॥ 77 ॥

(अष्टादश प्रासाद) पहले की भाँति पूर्वभाग केसरी छन्द का हो, शिखर विमान छन्द का हों। भद्राद्य प्राग्रीव युक्त हों और पाँच मंजिलों पर कर्ण अण्डकों से युक्त हों।

घण्टाकलशशोभाढ्यो दिव्यमण्डपसंयुतः।
देवीनामालयः कार्यः सिंहों भगवतीगृहम्॥ 78॥

इति सिंहमेरुः

आमलसार, कलश की शोभायुक्त दिव्य मण्डप वाला यह देवी का आलय सिंहमेरु नाम का प्रासाद भगवती का गृह होता है।

पद्मकमेरुः —

वृत्तं वेदाश्रके कर्णे द्वात्रिंशद्भिर्विभाजिते।
षोडश द्विपदाः कर्णाः कर्तव्या भद्रवर्जिताः॥ 79॥

(उनविंश प्रासाद) वृत पर चतुरस्र कर्ण हों और क्षेत्र बत्तीस भागों में विभाजित हो, उसमें दो-दो भागों के सोलह कर्ण होंगे किंतु जिनके भद्र नहीं बनेंगे।

भूमिजं शृङ्गमेव च भूमिजं भूमिपञ्चकम्।
घण्टाकलशशोभाढ्यं कारयेन्मेरुपद्मकम्॥ 80॥

इति पद्मकमेरुः

शृङ्गों को भूमिज छन्द के बनाएँ और भूमिज छन्द के पाँच मंजिलें हों। आमलसार, कलश की शोभा वाला यह पद्मकमेरु प्रासाद इसी प्रकार करना चाहिए।

नन्दिवर्धनमेरुः —

तलच्छन्दं मल्लतलमुच्छ्ये सप्तभूमिकम्।
नागरशृङ्गाणि कर्णे प्ररथे द्राविडानि च॥ 81॥

(विंश प्रासाद) तलछन्द तो मल्लतल जैसा हों और ऊँचाई सात मंजिलों वाली हों। नागर छन्द के शृङ्ग बने हों, कर्णों और प्ररथों पर द्राविड़ छन्द हों।

भद्रे वराटकूटांश्च लतां वै वामदक्षिणे।
नन्दिवर्धन आख्यातः सुरूपो लक्षणान्वितः॥ 82॥

इति नन्दिवर्धनमेरुः

इसी प्रकार भद्र पर वराट छन्द हों जिनके बाएँ-दाएँ लता छन्द हों तो यह सुन्दर और लक्षणान्वित नन्दिवर्धनमेरु नाम का प्रासाद होता है।

इति सूत्रसन्तानगुणकीर्तिप्रकाशप्रोक्तृश्रीभुवनदेवाचार्योक्तापराजितपृच्छायां
विंशतिमेर्वाधिकारो नाम सप्तत्युत्तरशततमं सूत्रम्॥ 170॥

इस प्रकार भुवनदेवाचार्य कृत सूत्रसन्तानगुणकीर्ति प्रकाश या अपराजितपृच्छा में मेरु बीसी
अधिकार नामक एक सौ सत्तरवाँ सूत्र पूर्ण हुआ॥ 170॥

भूमिजप्रासादलक्षणात्मकमेकसप्तत्युत्तरशततमं सूत्रम् ॥ 171 ॥

अधुना निषधाद्यादशचतुरश्राः कुमुदादयो वृत्ताकाराश्चतुःशालाः सप्तस्वस्तिकाद्या अष्टशाला भूमिजप्रासादाः। विश्वकर्मोवाच —

अथातः सम्प्रवक्ष्यामि प्रासादान् भूमिजाभिधान्।
वेदाश्रा वृत्तसंस्थाना अष्टशालास्ततः परम् ॥ 1 ॥

(प्रासाद वर्णन के अन्तर्गत इस सूत्र में भूमिज प्रासादों का वर्णन किया जा रहा है। सागर और मेरु अर्थात् गिरि के बाद भूमि से उद्भूत देवालयों के प्रसङ्ग में यह वर्णन विचारणीय है। यह सूत्र समराङ्गण. के अध्याय 65वें अध्याय से प्रेरित है[1]) विश्वकर्मा बोले कि अब मैं भूमिज नाम वाले प्रासादों के बारे में कहता हूँ जो चार भुजाओं वाले चौकोर, गोलाकार एवं आठ शालयुक्त इससे भी परवर्ती शालाओं वाले होते हैं।

निषदसिंहनन्देतित्र्यङ्गस्त्रयश्चतुरश्राः —

निषधः सिंहनन्दाख्यौ मलयाद्रिश्च मन्दरः।
प्रभामणिर्माल्यवांश्च मलयो नवमालिकः ॥ 2 ॥
पृथ्वीध्वजस्तथा चेमे चतुरस्त्राः प्रकीर्तिताः।
त्रि$_3$ पञ्चा$_5$श्च$_7$ नवाङ्गाश्च$_9$ सङ्ख्यया तु दशैव$_{10}$ च ॥ 3 ॥

इनमें 1. निषध, 2. सिंह, 3. नन्दा, 4. मलय, 5. मन्दर, 6. प्रभामणि, 7. माल्यवान, 8. मलय, 9. नवमालिक और 10. पृथ्वीध्वज— ये सब प्रासाद चौकोर कहे गए हैं। इनमें तीन, पाँच, सात, नौ और संख्या में दस भी होते हैं।

वृत्तानां च ततो वक्ष्ये नाम सङ्ख्यां च लक्षणम्।
कुमुदः कमलः कमलोद्भवः किरणस्तथा ॥ 4 ॥
शतशृङ्गो निरावेदस्तथा सर्वाङ्गसुन्दरः।
त्र्यङ्गादितोऽङ्गवृद्धिश्च नवाङ्गान्तं च सङ्ख्यया ॥ 5 ॥

अब इसके बाद वृत्त या गोलाकार प्रासादों को लक्षणों और संख्या के अनुसार कहता हूँ। इनमें 1. कुमुद, 2. कमल, 3. कमलोद्भव, 4. किरण, 5. शतशृङ्ग, 6. निरावेद और 7. सर्वाङ्गसुन्दर— ये तीन अङ्गों से आरम्भ करके एक-एक अङ्ग की

---

1. समराङ्गण. में कहा गया है— भूमिजानां विमानानां ब्रूमो लक्ष्म क्रमागतम्। चतुरश्रीकृतानां च वृत्तानां साष्टशालाम् ॥ केषाञ्चिन्निर्गमस्तत्र जायते भागसङ्ख्यया। केषाञ्चित् पुनरेष स्याद् वृत्तमध्यमधिष्ठितः ॥ चतुरश्रीकृते क्षेत्र दशभागविभाजिते। चतुर्भूमियुतस्याथ लक्ष्मच्छन्दस्य कथ्यते ॥ चत्वारश्चतुरश्राः स्युर्निषधो मलयाचलः। माल्यवान् नवमाली च निषधस्तेषु कथ्यते ॥ इत्यादि.. (अध्या. 65, 1-4)

वृद्धि करते हुए नवाङ्ग तक की संख्या में होते हैं।

स्वस्तिकोऽथ स्वस्तिकान्तवज्रो हर्म्यतलस्तथा।
श्रीतिलकः समाख्यात उदयोद्भव एव च॥ 6॥
पृथिवीभूषणश्चाऽथ गन्धमादन एव च।
त्रैलोक्यभूषणश्चेति ह्यष्टशालाः प्रकीर्तिताः॥ 7॥
पञ्चविंशतिराख्याताः प्रासादा भूमिजोद्भवाः।

इनके अलावा 1. स्वस्तिक, 2. स्वस्तिकान्त, 3. वज्र, 4. हर्म्यतल, 5. श्रीतिलक नाम से तथा 6. उदयोद्भव, 7. पृथ्वीभूषण, 8. गन्धमादन और 9. त्रैलोक्यभूषण— ये इतने अष्टशालयुक्त कहे गए हैं। इस तरह ये सब पच्चीस देवालय भूमिज प्रासादों से उत्पन्न हुए हैं।

तदनुक्रमरूपं च कथये तव साम्प्रतम्॥ 8॥
निषधादौ दशेमेच चतुरस्त्राः प्रकीर्तिताः।

अब मैं इनके अनुक्रमतः रूपों को कहता हूँ। इनमें निषध से आरम्भ होने वाले पूर्वोक्त दसों प्रासाद चौकोर आकृति के होते हैं।

वृत्ताकाराश्चतुःशालाः सप्तैव कुमुदादयः॥ 9॥
स्वस्तिकाद्यास्तथा चाष्टावष्टशालाः प्रकीर्तिताः।
त्रिविधा विधितः ख्यात भूमिजाः पुरभूषणाः॥ 10॥

कुमुद से आरम्भ होने वाले सातों वृत्ताकार प्रासाद चार शाला वाले होते हैं। स्वस्तिक से आरम्भ होने वालों में आठ प्रासाद अष्टशाला युक्त होते हैं। इस तरह पुरभूषण भूमिज प्रासाद विधितः तीन प्रकार के होते हैं।

निषधस्य तलच्छन्दादीनां —

निषधं सम्प्रवक्ष्यामि यथावदनुपूर्वशः।
चतुरश्रीकृते क्षेत्रे दशधा प्रविभाजिते॥ 11॥

(तीन अङ्ग वाले प्रासाद) अब मैं निषध प्रासाद के बारे में जैसा पहले था, वैसा कहता हूँ। इसके लिए चौरस क्षेत्र को दश भागों में विभाजित करें।

द्विभागः कोण इत्युक्तो भागार्धमुदकान्तरैः।
षड्भागं तु भवेद्भद्रं विभजेद् दशभागिकम्॥ 12॥

दो भागों के कोण और आधे भाग के उदकान्तर (प्रणाले) बनाएँ। छह भाग का भद्र हों जिसे दस भागों में विभाजित करें।

एकैकभागाः कर्ण्यश्च निर्गमे विस्तरे तथा।
द्विभागो भद्रनिष्कासः सर्वभद्रेष्वयं विधिः॥ 13॥

एक-एक भाग का कर्ण विस्तार और एक-एक भाग का ही उनका निकास हों। दो भागों का भद्र निकास हों। अन्य सभी भद्र भी इसी विधि से बनाएँ।

द्विभागं क्षोभयेत्पार्श्वं निर्गमो भाग एवं च।
चतुर्भागं च विस्तारे मुखभद्रं विधीयते॥ 14॥

दो भागों में पार्श्व को दबाएँ और एक भाग में उसका निकास रखें। चार भागों के विस्तार वाला मुखभद्र बनाना चाहिए।

षड्भागश्च भवेद्गर्भो भित्तिस्तत्र द्विभागिका।
भित्तितुल्याग्रकपिली शुकाग्रं च सुरालये॥ 15॥

छह भाग का गर्भगृह बनाएँ। उसकी भित्ति दो भागों की हों। भित्ति के बराबर ही दो भागों की आगे की कपिली और प्रासाद के शुकनास भी बनाएँ।

द्विभागमेकभागं वा त्रिभागमथवोच्यते।
इत्थं शुकाग्रं त्रिविधं ज्येष्ठ-मध्य-कनिष्ठकम्॥ 16॥

ये शुकनास दो भाग, तीन या एक भाग— जैसा भी उचित लगे, करें। ये तीन प्रकार के शुकनासा के अग्रभाग 1. ज्येष्ठ, 2. मध्यम और 3. कनिष्ठ क्रम से तीन प्रकार के कहे गए हैं।

पृथग्मानोदयं कृत्वा क्षित्यन्तं भागसङ्ख्यया।
सपादोदयशृङ्गं च शेषं मण्डोवरो भवेत्॥ 17॥

इसमें पृथक् मान से प्रासाद की ऊँचाई भागों की संख्या के अनुसार क्षितिज के अन्त तक करें। शृङ्ग की ऊँचाई उससे सवाई हों और शेष भागों में मण्डोवर बनाएँ।

एकादशोदयश्चोर्ध्वे त्र्यङ्गादौ च समस्तके।
पञ्चाङ्गादौ च सूर्यांशाः सप्ताङ्गादौ त्रयोदश॥ 18॥
चतुर्दशोच्छ्रये भागा नवाङ्गेषु च सर्वतः।
एष चोदय आख्यातः शृङ्गाणां मालिकाक्रमः॥ 19॥

यह ज्ञातव्य है कि तीन अङ्गों से आरम्भ होने वाले सभी प्रासादों के ग्यारह भाग ऊँचाई के होते हैं। पाँच अङ्गों से आरम्भ होने वालों के बारह, सात अङ्गों से आरम्भ होने वालों के तेरह और नौ अङ्गों से आरम्भ होने वालों के चौदह भागों की ऊँचाई सब ओर होती है। इस प्रकार मालिकाक्रम से शृङ्गों की ऊँचाई बताई गई है।

निषधः सिंहनन्द्याख्यौ त्र्यङ्गा वै वेदभूमिकाः।
निषधो दशभागैः स्यात्तथा सिंहोऽष्टभागिकः॥ 20॥
नन्दाख्यो नवभिर्भागैः कर्तव्यः सर्वकामदः।
निषधश्च चतुर्भूमिः सिंहनन्दौ त्रिभूमिकौ॥ 21॥

सामान्यतया निषध, सिंह और नन्दा नामक प्रासाद तीन अङ्गों वाले और चार मंजिले होते हैं। निषध (का तलच्छन्द) दस भाग का, सिंह का आठ भाग और नन्दा का नौ भागों का करना चाहिए। निषध को चार मंजिला, सिंह और नन्दा को तीन मंजिला बनाएँ।

सिंहे भद्रं चतुर्भागं नन्दाख्ये पञ्चभागिकम्।
षड्भागं च भवेद्भद्रं प्रासादे निषधे तथा॥ 22॥

इसी प्रकार सिंह में भद्र चार भाग से, नन्दा में भद्र पाँच भाग और निषध के छह भाग भद्र प्रमाण होगा।

सिंहे भद्रं चतुरस्त्रं नन्दाख्ये कर्णिकायुतम्।
कर्णिका मुखभद्रे च निषधे भद्ररूपकम्॥ 23॥

सिंह में भद्र चौकोर हो, नन्दाख्य के भद्र कर्णिकायुक्त हों। निषध के मुखभद्र कर्णिकायुक्त हों।

द्वादशोच्छ्रयभद्रं च प्रासादे निषधे तथा।
चतुःसार्धत्रयत्रय सार्धभागोर्ध्ववेदिका॥ 24॥
घण्टोदयश्च स्कन्धोर्ध्वे कुम्भस्तत्तुल्य उच्छ्रये।

निषध प्रासाद में भद्रों की ऊँचाई बारह भाग हों। चार, साढ़े तीन, तीन, डेढ़ भागों की ऊँचाई की वेदिकाएँ हों। घूमट, आमलसार की ऊँचाई कन्धे से ऊपर हों और कलश भी उसी के तुल्य ऊँचाई का होगा।

अथ क्षितिजासूर्यसेनिकापर्यन्तागजकुम्भि(कन्य)कासिंहरूपानरसिंहासर्वतोभद्रा-गगनोदरीचित्रसङ्घाटेति त्रिदशालये नव वेदिकाः —

प्रथमा क्षितिजा नाम द्वितीया सूर्यसेनिका।
तृतीया चैव पर्यन्ता चतुर्थी गजकुम्भिका (कन्यका)॥ 25॥
पञ्चमी सिंहरूपा च नरसिंहा च षष्ठिका।
सप्तमी सर्वतोभद्रा चाष्टमी गगनोदरी॥ 26॥
नवमी चित्रसङ्घाटा वेदिकास्त्रिदशालये।

कण्ठो ग्रीवा कुड्मलं च पद्मच्छत्रोपच्छत्रकम् ॥ 27 ॥

(अब प्रासादों में वेदिकाओं की रचना के बारे में कहते हैं) 1. क्षितिजा, 2. सूर्यसेनिका, 3. पर्यन्ता, 4. गजकुम्भिका (कन्यका) , 5. सिंहरूपा, 6. नरसिंहा, 7. सर्वतोभद्रा, 8. गगनोदरी और 9. चित्रसङ्घाटा— ये नौ वेदिकाएँ देवताओं के मन्दिरों में होती है। (इन वेदिकाओं में रचनात्मक प्रदर्शन के रूप में) कण्ठ, ग्रीवा, कुड्मल, पद्मछत्र और उपछत्रक इनमें होते हैं।

अन्यदप्याह —

त्र्यङ्गाः शस्ताश्चतुर्भूमा निषधः सिंहनन्दकौ।
पञ्चाङ्गाः पञ्चभूमास्तु सप्ताङ्गाः सप्तभूमिकाः ॥ 28 ॥
नवाङ्गा नवभूमास्तु भूमिाः पुरभूषणाः।
ततः परं न कर्तव्यं शुद्धच्छन्दे तु भूमिजे ॥ 29 ॥

इति त्र्यङ्गास्त्रयः।

निषध, सिंह और नन्दा ये तीन प्रासाद तीन अङ्गों और चार मंजिल वाले हैं। पाँच अङ्गों वाले पाँच मंजिले, सात अङ्गों वाले सात मंजिले और नौ अङ्गों वाले नौ मंजिले भूमिज प्रासाद पुरभूषण (बस्ती के शोभास्पद अलङ्करण) होते हैं। इनके आगे शुद्ध छन्द के भूमिज प्रासादों को नहीं बनाना चाहिए।

मलयाद्रिर्मन्दरः प्रभामणिरिति त्रयः पञ्चाङ्गाश्चतुरश्रा भूमिजप्रासादाः —

छन्दे द्वादशधा भक्ते द्विभागः कर्णविस्तरः।
सार्धभागः प्रतिरथश्चार्धभागा तु कर्णिका ॥ 30 ॥
पञ्चभागं भवेद् भद्रं निर्गमश्चैकभगिकः।
मलयाद्रौ शुद्धच्छन्दे प्ररथः सार्धभागिकः ॥ 31 ॥

(पञ्चाङ्ग वाले प्रासाद) क्षेत्र के तलछन्द को बारह भागों में विभाजित करके दो भाग का कर्ण विस्तार, डेढ़ भाग का प्रतिरथ, आधे भाग की कर्णिका और पाँच भाग भद्र करें जो एक भाग के निकास से युक्त हों। यह मलयादि प्रासाद शुद्धछन्द का है। इसमें प्ररथ डेढ़ भाग होगा।

कर्णतुल्यः प्रतिरथो भद्रं द्विगुणकविस्तरम्।
भद्रे प्रतिरथे वापि निर्गमो भागभागतः ॥ 32 ॥

इसमें कर्ण के समान ही प्रतिरथ तथा भद्र दुगुने विस्तार से हों। भद्र और प्रतिरथ का निकास भी एक-एक भाग का होगा।

मन्दरस्तु समाख्यातः क्रमत्यागे प्रभामणिः।
भित्त्यन्ते च क्रमं त्यक्त्वा ततो रेखाश्च भूमिजाः॥ 33॥

मन्दर प्रासाद के क्रम में प्रभामणि प्रासाद के भित्ति के अन्त के क्रम को छोड़कर भूमिज छन्द की रेखा बनाएँ।

कर्णे प्रतिरथे चैव लताशृङ्गाणि कारयेत्।
त्र्यंशपादत्रयं कुर्यात्पादोनत्रयमेव च॥ 34॥
सार्धत्रयं प्रकर्तव्यं सार्धभागा तु वेदिका।
पञ्चाङ्गा पञ्चभूमाश्च घण्टाकलशमूर्ध्वतः॥ 35॥

इति पञ्चाङ्गास्त्रयः।

कर्ण और प्रतिरथ पर लता छन्द के शृङ्ग बनाएँ। तीन भाग, सवा तीन भाग और पौने तीन भाग, साढ़े तीन भाग या डेढ़ भाग की इसमें वेदिका हों। ऐसे प्रासाद पाँच अङ्गों और पाँच मंजिले तथा उस पर आमलसार व कलश बनेंगे।

माल्यवन्मलयेति चतुरश्रभूमिजानां सप्ताङ्गद्वयम् :—

क्षेत्रे च पञ्चदशभिर्भूजकर्णविशोधिते।
द्विभागः कर्णकः सार्धो रथः प्रतिरथस्तथा॥ 36॥

(सप्ताङ्ग वाले प्रासाद) चौरस क्षेत्र को पन्द्रह भागों में विभाजित करें जिसके भुजकर्ण शुद्ध बने हों। दो भाग का कर्णक, डेढ़ भाग का रथ और डेढ़ भाग का प्रतिरथ बनाएँ।

पञ्चभागं भवेद् भद्रं विस्तरे च प्रकीर्तितम्।
रथे प्रतिरथे भद्रे भागभागो विनिर्गमः॥ 37॥
माल्यवानिति सम्प्रोक्तो मलयं च ततः शृणु।

पाँच भाग का भद्र विस्तार कहा है। इसमें रथ, प्रतिरथ, भद्र एक-एक भाग के निकास युक्त हों। यह माल्यवान नामक प्रासाद कहा गया, अब मलय के बारे में सुनो।

रथो भागः सपादश्च प्ररथश्च ततोऽधिकः॥ 38॥
एवं मलयं आख्यातः कथ्यते भूमिकोदयः।
सूर्यसेना(सूरसेनक!) त्रिभिर्भागैः पादह्रस्वैः सप्ताङ्गके॥ 39॥
सार्धभागा भवेद्वेदी घण्टाकलशमूर्ध्वतः।
सप्ताङ्गाः सप्तभूमाश्च माल्यवान्यमलयस्तथा॥ 40॥

इति सप्ताङ्गद्वयम्।

रथ एक भाग का, प्ररथ सवाया अथवा इससे भी अधिक हो— ऐसा मलय नामक प्रासाद भूमि से उठा हुआ कहा गया है। सूरसेनक तीन भाग और पौने सात अङ्गों की डेढ़ भाग की वेदी और उसके ऊपर आमलसार व कलश होंगे। सात अङ्ग वाले सात मंजिले माल्यवान और मलय प्रासाद होते हैं।

नवमालिकपृथ्वीध्वजेति चतुरश्रभूमिजानां नवाङ्गद्वयम् : —

क्षेत्रेऽष्टादशधा भक्ते शुद्धच्छन्दे नवाङ्गकाः।
कर्णो द्विभागो विस्तारे शेषा वा पादह्रासिताः॥ 41॥

(नौ अङ्ग वाले प्रासाद) चौरस क्षेत्र को अठारह भागों में विभाजित करें। शुद्ध छन्द के नौ अङ्ग बनाएँ। कर्ण दो भागों के विस्तार वाले एवं शेष एक पाद कम हों।

कर्णे रथे प्रतिरथे बालपञ्जरभद्रकम्।
पञ्चभागं भवेद् भद्रं भागः स्याद्दलनिर्गमः॥ 42॥
नवमालिक आख्यातः पृथ्वीध्वजमतः शृणु।

कर्ण, रथ पर बालपञ्जर वाला भद्र हों। भद्र पाँच भाग विस्तार का और एक भाग उसका निकास हों। यह नवमालिक प्रासाद कहा गया, अब तुम पृथ्वीध्वज प्रासाद के बारे में सुनो।

सार्धभागः प्रतिरथो भद्रं वै सार्धपञ्चकम्॥ 43॥
कृत्वा पञ्चदशोत्सेधमष्टाशविभाजितम्।
त्रिभागा चोच्छ्रिता भूमिः शेषाः पादेन ह्रासिताः॥ 44॥

उसमें डेढ़ भाग का प्रतिरथ और भद्र का प्रमाण साढ़े पाँच भाग का होगा। क्षेत्र के पन्द्रह भागों की ऊँचाई हों, उसे अठारह भागों में विभाजित करें। त्रिभाग की ऊँचाई की भूमि शेष पाद कम हों अर्थात् वह भाग की हों।

ऊर्ध्ववेदी भवेद् भागा घण्टा पूर्वं प्रकल्पिता।
नवाङ्गा नवभूमाश्च प्रासादा भूमिजा मताः॥ 45॥

इति नवाङ्गद्वयम्।

ऊर्ध्ववेदी एक भाग की हो, आमलसार पहले जैसा ही होगा। इस तरह नौ अङ्गों वाला, नौ मंजिला यह भूमिज प्रासाद कहा गया।

कुमुदकमलकमलोद्भवकिरणशतशृङ्गनिरावेदसर्वाङ्गसुन्दरेति भूमिजवृत्तजाति सप्त प्रासादाः —

चतुरश्रीकृते क्षेत्रे प्रासादा वृत्तजातयः।
पञ्चमांशे भवेद्भित्तिः कर्णान्ते वृत्तमालिखेत्॥ 46॥

(वृत्त जातीय प्रासाद) समलत किए गए क्षेत्र में वृत्तजातीय अर्थात् गोलाकृति के प्रासाद बनाएँ जिसके पाँच भाग की भित्ति हों और कर्णों तक वृत्त लिखें।

अष्टाविंशत्यंशपरिधौ भद्रं पञ्चभागिकम्।
द्विपदश्च भवेत्कर्णस्त्रिभूमः कुमुदो भवेत्॥ 47 ॥

अट्ठाईस भागों की परिधि बनाएँ, भद्र को पाँच भागों के विस्तार की बनाएँ। दो भागों के कर्ण हों। ऐसा तीन मंजिला कुमुद प्रासाद होता है।

कर्णाश्चाष्टदलाः कार्याः भद्रालेखैरलङ्कृताः।
ऊर्ध्वे घण्टाकलशयुक् कुमुदः सर्वकामदः॥ 48 ॥

कर्णों को आठ दल वाले करें जिनके भद्र खचित चित्रों से अलंकृत हों। उनके ऊपर आमलसार, कलश बने हों तो ऐसा कुमुद प्रासाद सब कामना पूरी करता है।

षट्त्रिंशद्भक्तपरिधौ भद्रान्तर्द्विद्विकर्णिकाः।
चतुर्भूमश्च कमलो घण्टाकलशकोन्नतः॥ 49 ॥

जिस प्रासाद में छत्तीस भागों में विभक्त परिधि हों और भद्रान्त तक दो-दो कर्णी बनी हों ऐसा चार मंजिला कमल प्रासाद होगा।

कर्णाश्चाष्टदलाकाराः कर्तव्यास्सुमनोरमाः।
एवंविधः प्रकर्तव्यः कमलो नाम शोभनः॥ 50 ॥

वह आमलसार, कलशयुक्त और सुमनोहर होगा। इस प्रकार की विधि से कमल नामक प्रासाद को शोभायुक्त बनाएँ।

कमलोद्भवक्षेत्रं तु चतुर्दशविभाजितम्।
द्विभागः कर्णविस्तारो भद्रं षड्भागिकं तथा॥ 51 ॥
कर्णतुल्यः प्रतिरथो विकर्णे चाऽपि संस्थितः।

कमलोद्भव के लिए अधिगृहीत क्षेत्र भी चौदह भागों में विभाजित करें। दो भाग के कर्ण विस्तार हों, भद्र छह भाग का हों और कर्ण के तुल्य ही प्रतिरथ हों, जो विकर्णों पर भी हों।

पञ्चभूम्युच्छ्रितं कुर्याद् घण्टाकलशभूषितम्॥ 52 ॥
पञ्चमांशे भवेद् भित्तिः शेषं गर्भगृहं भवेत्।
एवंविधः प्रकर्तव्यो नाम्नाऽसौ कमलोद्भवः॥ 53 ॥[1]

ये पाँच मंजिले ऊँचे बनाएँ और आमलसार कलशयुक्त करें। पाँच भागों की

---

1. इसके बाद किरण संज्ञक प्रासाद के लक्षण नहीं आए हैं बल्कि श्लोक 62-63 में वर्णन है।

भित्ति हों, शेष की गर्भगृह बनाएँ। इस तरह बनने वाला कमलोद्भव प्रासाद होगा।

शतशृङ्गमथो वक्ष्ये प्रासादं सर्वकामदम्।
वल्लभं सर्वदेवानां शिवस्यापि विशेषतः ॥ 54 ॥

अब शतशृङ्ग (सौ शृङ्ग के) प्रासाद के बारे में कहता हूँ जो सब देवताओं को प्रिय है और शिव को तो विशेषतः प्रिय है।

वेदाश्रे भक्तिभागाश्च विंशतिस्त्वेकवर्जिता।[1]
पञ्चभागं भवेद् भद्रं द्विभागः कर्णविस्तरः ॥ 55 ॥
भद्रकर्णकयोर्मध्ये द्वौ द्वौ प्रत्यङ्गकौ स्मृतौ।

इसके लिए चौरस क्षेत्र को बीस में एक कम अर्थात् उन्नीस भागों में बाँटे। इसमें पाँच भाग भद्र, दो भाग का कर्ण विस्तार व भद्रकर्णों के बीच दो-दो प्रत्यङ्ग होते हैं।

पञ्चमांशे भवेद् भित्तिः शेषं गर्भगृहं भवेत् ॥ 56 ॥
सप्तभूमसमुत्सेधो घण्टाकलशभूषितः।
कर्णाश्चाष्टदलाः कार्याः प्रत्यङ्गं वर्धमानवत् ॥ 57 ॥

पाँच भाग की भित्ति और शेष भागों में गर्भगृह होता है। सात मंजिलों तक की ऊँचाई हो जो आमलसार और कलश से विभूषित हों। इसके कर्ण अष्टदलों के बनाएँ और प्रत्यङ्ग वर्धमान जैसे हों।

अर्जुनफलसंयुक्ता बालपञ्जरिका मता।
एवंविधं प्रकर्तव्यं शतशृङ्गस्य लक्षणम् ॥ 58 ॥

इसके लिए अर्जुन (इन्द्रदुम, आँजना) के फलाकार वाले बालपञ्जरिका बनाएँ। इस विधि से शतशृङ्ग प्रासाद के लक्षणों को करना चाहिए।

विभक्तं पञ्चविंशत्या वक्ष्ये सर्वाङ्गसुन्दरम्।[2]
यथा भद्रं तथा कर्णः प्रभद्रं शतशृङ्गवत् ॥ 59 ॥

अब मैं सर्वाङ्गसुन्दर प्रासाद के बारे में कहता हूँ। क्षेत्र को पच्चीस भागों में विभक्त करें। इसके जैसे भद्र होते हैं, वैसे ही कर्ण होते है और इसके प्रभद्र शतशृङ्ग के समान होते हैं।

---

1. समराङ्गण. में 'चतुश्रीकृते क्षेत्रे विंशतित्वेकवर्जिता' पाठ होना चाहिए, हालांकि वह पाठ भ्रष्ट है— चतुरश्रीकृते क्षेत्रे विंशत्यैकोन (यान्तिभे ?)। (समराङ्गण. 65, 110)
2. समराङ्गण. में आया है— चतुश्रीकृते क्षेत्रे चतुर्विंशतिभाजिते। कर्णा द्विभागविस्तारा: शाला स्यात् पञ्चभागिका॥ (तत्रैव 65, 132)

भद्रकर्णकयोर्मध्ये त्रित्रिप्रत्यङ्गकं तथा।

कर्णश्चाष्टदलाः प्रोक्ताः प्रत्यङ्गं वर्धमानवत्॥ 60॥

भद्रकर्णकों के मध्य में तीन-तीन प्रत्यङ्गक बनाएँ और कर्णों को अष्टदल के और प्रत्यङ्ग वर्धमान जैसे बनाएँ।

अग्रेऽर्जुनफलैस्तुल्यं तदग्रे भद्रकं भवेत्।

पञ्चमांशयुता भित्तिः शेषं गर्भगृहं भवेत्॥ 61॥

नवभूमिसमायुक्तं कुर्यात्सर्वाङ्गसुन्दरम्।

इसके आगे अर्जुन के फल के समान भद्रक होते हैं। पाँच भागों युक्त भित्ति और शेष भागों में गर्भगृह होता है। इस तरह नौ मंजिल वाला सर्वांगसुन्दर प्रासाद बनाएँ।

अष्टचत्वारिंशदंशैर्भक्ते भद्रं युगांशकम्॥ 62॥

वेदा वेदा भद्रमध्ये कर्णाः कार्या द्विपादकाः।

भद्रान्ते वर्धमानाश्च ह्यष्टांशा युग्मतः स्थिताः॥ 63॥

षड्भूमिकोच्छ्रतः कार्यः किरणः सर्वकामदः।

इसी प्रकार क्षेत्र को अड़तालीस भागों में विभक्त करें। भद्र चार भागों की, चार-चार भागों से मध्य भद्र, कर्ण दो भागों के हों। भद्रान्तों को वर्धमान छन्द के आठ भागों में दो-दो स्थित हों। छह मंजिल ऊँचा यह किरण प्रासाद करें तो सब कामना पूरी करने वाला होगा।

नष्टकर्णं रथयुग्मं कमलः पूर्ववत् स्थितः॥ 64॥

उच्छ्रये किरणच्छन्दो निरावेदः कलाधिकः।

इसके अतिरिक्त रथयुग्म को कर्ण रहित बनाएँ और कमल पहले की तरह ही हों तथा ऊँचाई में किरण छन्द हों तो यह निरावेद (निरवद्य प्रासाद) सोलह भागों से अधिक होगा।

निरावेदस्य परिधौ चतुष्षष्ट्या विभाजिते॥ 65॥

चतुष्पदानि भद्राणि कर्णा द्विपदविस्तराः।

निरावेद की परिधि चौंसठ भागों में विभाजित हों। इसमें चार भागों से भद्र और कर्ण दो भागों के विस्तार वाले हों।

षट् षट् कार्या भद्रमध्ये ह्यष्टभूमिसमुच्छ्रितिः॥ 66॥

द्वौ द्वावष्टदलाः कार्या वर्धमानद्विकद्विकम्।

द्वौ द्वौ भद्रकयुक्ताश्च कर्तव्यः सर्वकामदः॥ 67॥

छह-छह मध्यभद्र आठ मंजिले ऊँचे हों। दो-दो अष्टदलों को करे जो वर्धमान छन्द के दो-दो होंगे। दो-दो भद्र को युक्त करे जो सर्वकामद होगी।

घण्टाकलशशस्ताश्च शान्तिदाश्च पुरः पतेः।
इति मानं समुद्दिष्टं वृत्तानां भूमिजेषु च॥ 68॥

इति सप्तवृत्तजातयः।

यह प्रासाद आमलसार और कलशयुक्त हों तो नगराधिपति को शान्ति देने वाले होंगे। इस प्रकार का मान इन ऊँचाई वाले गोल भूमिज प्रासादों का है।

स्वस्तिकस्वस्तिकान्तवज्रहर्म्यतलश्रीतिलकोदयोद्भवपृथिवीभूषणगन्धमादनत्रैलोक्य भूषणेति भूमिजाष्टशालाष्टकम् —

कर्णान्तवृत्तं वेदाश्रे परिधौ द्विनगांशतः$_{14}$।
भद्राणि पञ्चपादानि ख्यातानि पूर्वच्छन्दके॥ 69॥
चतुष्पदो भवेत्कर्णः पञ्चभूमिसमुच्छ्रितः।
घण्टाकलशशोभाढ्यः स्वस्तिको नाम नामतः॥ 70॥

(अष्टशालीय प्रासाद) कर्णों के अन्त तक वृत्त करें और चतुरश्र परिधि चौदह भागों की हों। पहले कहे गए छन्दों के अनुसार भद्र पाँच भागों से हों। चार भागों का कर्ण हों जो पाँच मंजिला ऊँचा हों और आमलसार, कलश से विभूषित हों तो ऐसा स्वस्तिक नाम का प्रासाद बनता है।

भद्रकेषु च कर्णेषु वज्रशृङ्गं विधापयेत्।
वज्रस्वस्तिक आख्यातः शक्रादिसुरवल्लभः॥ 71॥

भद्रक के कर्णों पर वज्रशृङ्गों को बनाएँ तो यह वज्रस्वस्तिक नाम का इन्द्रादि देवताओं का प्रिय प्रासाद बनता है।

वेदोत्तरशतांश्चैव परिधिं तत्र कारयेत्।
सप्तभूमो हर्म्यतलः कलाकर्णोऽष्टभद्रकः॥ 72॥

एक सौ चार अंशों की परिधि बनाएँ तो सात मंजिला यह हर्म्यतल प्रासाद होगा जिसके सोलह कर्ण अष्टक भद्रक वाले हों।

हर्म्यतले श्रीतिलकः स्वस्तिके वज्रकस्तथा।
भागतः परिधौ भक्ते शतं षट् त्रिंशदुत्तरम्॥ 73॥

हर्म्यतल में श्रीतिलक छन्द और स्वस्तिक के वज्रक छन्द हों। भागों के अनुसार से परिधि को एक सौ छत्तीस भागों की बनाएँ।

त्र्यष्टकर्णोऽष्टभद्रश्च नवभूमिसमुच्छ्रितः।
पृथिवीभूषणो वज्रे वज्रस्वस्तिकपूर्वके॥ 74॥
अन्यथा पृथ्वीभूषण छन्दैकोद्भवाख्यकम् ?।
पूर्वं ज्ञेयः स्वस्तिकश्च भद्रं वै सप्तभागिकम्॥ 75॥
कर्णोद्गमो द्विभागः स्याद् [[1]सर्वलक्षणसंयुता]।

तीन अष्टकर्ण आठ भद्रों के नौ मंजिला ऊँचाई से युक्त हों। यह पृथ्वीभूषण वज्र पर और वज्रस्वस्तिक पूर्व की तरह ही हों। अन्यथा पृथ्वीभूषण छन्द का यह...। पूर्व ज्ञात भद्र स्वस्तिक छन्द के सात भागों के हो जो कर्णों पर दो भागों के होंगे और इस प्रकार यह समस्त लक्षणों वाला हों।

भद्रे च शृङ्गमेकैकं स भवेद् गन्धमादनः।
त्रैलोक्यभूषणो नाम द्विद्विशृङ्गसमुद्भवः॥ 76॥

भद्र पर एक-एक शृङ्ग हों तो यह गन्धमादन नाम का प्रासाद होता है। इसके अतिरिक्त त्रैलोक्यभूषण नाम का प्रासाद दो-दो शृङ्गों वाला होता है।

इति सूत्रसन्तानगुणकीर्तिप्रकाशप्रोक्तृश्रीभुवनदेवाचार्योक्तापराजितपृच्छायां भूमिजप्रासादलक्षणाधिकारो नामैकसप्तत्युत्तरशततमं सूत्रम्॥ 171॥

इस प्रकार भुवनदेवाचार्य कृत सूत्रसन्तानगुणकीर्ति प्रकाश या अपराजितपृच्छा में भूमिज प्रासाद लक्षण अधिकार नामक एक सौ इकत्तरहवाँ सूत्र पूर्ण हुआ॥ 171॥

विमानप्रासादलक्षणात्मकं द्वासप्तत्युत्तरशततमं सूत्रम्॥ 172॥

अधुना नागरच्छन्दविमानप्रासादलक्षणं। विश्वकर्मोवाच —

विमानांश्च प्रवक्ष्यामि प्रासादान् शिखरोत्तमान्।
नागरश्चछन्द आख्यातो भूमिः शिखरोद्गमः॥ 1॥

(इस सूत्र में नागर छन्द विमान के प्रासादों के लक्षणों का वर्णन हैं। ये संख्या में पच्चीस हैं और इनका भूमिज छन्दीय शिखर होता है) विश्वकर्मा बोले कि अब मैं शिखरोत्तम विमान प्रासादों के बारे में कहता हूँ जो नागर छन्द के कहे गए हैं और जिनका शिखर भूमिज छन्द का होता है।

विमानगरुडादि पञ्चविंशति प्रासादाः —

विमानो गरुडो ध्वजो विजयो गन्धमादनः।

---

1. समराङ्गण. (65, 187) के आधार पर यह पाठपूर्त्यर्थ है। प्रकाशित पाठ में यहाँ यह श्लोक खण्डित है।

हिमवान् हेमकूटश्च कैलासस्त्रिपुरोद्भवः ॥ 2 ॥

श्रियो हंसो हंसपक्ष उद्योतो वज्रसम्भवः ।

पुराख्यः सुनदरश्चैत्यो विशालो भद्रसञ्ज्ञकः ॥ 3 ॥

मन्दरः कूर्मसौम्यौ च ऐरावतो मालाधरः ।

मेरुर्विमानान्ययजाः प्रासादाः पञ्चविंशतिः$_{25}$ ॥ 4 ॥

इस कोटि में 1. विमान, 2. गरुड, 3. ध्वज, 4. विजय, 5. गन्धमादन, 6. हिमवान्, 7. हेमकूट, 8. कैलास, 9. त्रिपुरोद्भव, 10. श्रिय, 11. हंस, 12. हंसपक्ष, 13. उद्योत, 14. वज्रसम्भव, 15. पुर, 16. सुन्दर, 17. चैत्य, 18. विशाल, 19. भद्र, 20. मन्दर, 21. कूर्म, 22. सौम्य, 23. ऐरावत, 24. मालाधर और 25. मेरु— ये सब विमान नाम वाले पच्चीस प्रासाद है।

विमानः —

नवधा भाजिते क्षेत्रे द्विभागः कर्णविस्तरः ।

पञ्चभागं भवेद् भद्रमेकभागेन निर्गतम् ॥ 5 ॥

इनमें से पहले प्रासाद के लिए अधिगृहीत क्षेत्र को नौ भागों में विभाजित करें और दो भागों का कर्ण का विस्तार एवं पाँच भाग से भद्र बनाएँ जो एक भाग के निकास का हों।

भागार्धं क्षोमयेत्पार्श्वे निर्गमश्चार्धभागिकः ।

चतुर्भागं च विस्तारे मुखभद्रं विधीयते ॥ 6 ॥

इसमें आधा भाग बाजुओं में दबाएँ और आधे भाग का निकास रखें। चार भागों का विस्तार वाला मुखभद्र कहा गया है।

कर्णे शृङ्गं वारिमार्गैर्भूमिजानामनुक्रमैः ।

घण्टाकलशसंयुक्तो विमानः पञ्चभूमिकः ॥ 7 ॥

इसके कर्णों पर शृङ्ग और वारिमार्ग यानी प्रणाल हो जो भूमिज छन्द और नामों के अनुक्रम में होंगे। इसी प्रकार आमलसार, कलश के साथ यह पञ्च मंजिला विमान प्रासाद होता है।

गरुडध्वजश्च :—

प्राग्ग्रीवाश्च चतुर्भद्रे गरुडः सर्वकामदः ।

चतुर्द्वारैर्ध्वजो नाम सर्वदेवसुखावहः ॥ 8 ॥

चारों भद्रों-भित्तों पर प्राग्ग्रीव यानी पाटड़े हों तो गरुड प्रासाद सब कामना पूरी

करने वाला होता है। इसी प्रकार चारों द्वारों पर ध्वज हों तो यह ध्वज नामक प्रासाद सब देवताओं को सुख पहुँचाने वाला होता है।

विजयगन्धमादनश्च :—

रुद्रांशैर्भाजिते छन्दे भागा स्यात्पक्षकर्णिका।
विधेयं पूर्वच्छेषं विजयः सर्वकामदः ॥ 9 ॥
कर्णिकाभिश्चोर्ध्वशृङ्गं स भवेद् गन्धमादनः।

यदि ग्यारह भागों में विभाजित क्षेत्र में एक भाग की पक्षकर्णिका, बाकी सब पूर्ववत् हों तो विजय नामक प्रासाद सब कामना पूरी करने वाला बनता है। इसमें यदि ऊर्ध्वशृङ्ग कर्णिकाओं पर हों तो यह गन्धमादन नामक प्रासाद होता है।

हिमवानहेमकूटश्च :—

भक्ते द्वादशधा छन्दे प्ररथः सार्धभागतः ॥ 10 ॥
कर्णे प्रतिरथे चैव शिखरे पञ्चभूमिकः।
आख्यातो हिमवान् हेमकूटस्तु समनिर्गमः ॥ 11 ॥

यदि क्षेत्र को बारह भागों में विभक्त कर प्ररथ डेढ़ भाग का रखें और कर्णों तथा प्रतिरथों पर पाँच मंजिले शिखर हों तो ये हेमकूट और हिमवान् समान निकास वाले प्रासाद बनते हैं।

कर्णत्यागे भवेद्रेखा कैलासः पञ्चभूमिकः।
भद्रकर्णे च कुमुदः स भवेत्त्रिपुरोद्भवः ॥ 12 ॥

इनके कर्ण रहित रेखा हों तो कैलास नामक पाँच मंजिला प्रासाद होगा और यदि भद्रकर्णों का छन्द कुमुद जैसा हों तो यह त्रिपुरोद्भव प्रासाद होता है।

श्रियहंसश्च :—

मत्तालम्बो मुखभद्रे श्रियो वै सर्वकामदः।
शिखरे वै लता कार्या हंसनामा स उच्यते ॥ 13 ॥

इनके मुखभद्र पर मतालम्ब यानी गोख हों तो श्रिय नामक प्रासाद सब कामना पूरी करने वाला होगा। यदि उसका शिखर लता छन्द वाला हों तो हंस नामक प्रासाद कहा जाएगा।

हंसपक्षोद्यतश्च :—

प्राग्ग्रीवास्तस्य मध्ये च हंसपक्षस्तु ब्रह्मजः।
चतुर्द्वारसमायुक्त उद्योत उदयोद्भवः ॥ 14 ॥

इसके बीच में प्राग्रीव यानी प्राक् मण्डप हों तो हंसपक्ष नामक यह प्रासाद ब्रह्मा का प्रिय कहा है। यदि इसके चार द्वार हों तो उद्योत नामक समुन्नत प्रासाद होता है।

वज्रसम्भवः —

सान्धारो मध्य आख्यातो भद्रे चन्द्रावलोकना।
वज्रसम्भव आख्यातः कर्तव्यः सर्वशान्तिदः ॥ 15 ॥

मध्यम से सान्धार हों और भद्रों पर चन्द्रावलोकन यानी झरोखे हों तो वज्रसम्भव नाम का प्रासाद होता है जो सबको शान्ति देने के लिए अवश्य बनाना चाहिए।

पुराख्यः —

भक्ते छन्दे च मन्वंशैः स्तम्भकः सार्धभागतः।
हिमवत्पूर्वकं शेषं पुराख्यः सर्वकामदः ॥ 16 ॥

क्षेत्र को चौदह भागों में विभाजित करें, डेढ़ भाग के इसके स्तम्भ बनाएँ। शेष सब हिमवान् के समान रखें तो यह पुर नामक प्रासाद सब कामना पूरी करने वाला होता है।

सुन्दरचैत्यविशालसान्धारश्च : —

सुन्दरः प्राग्ग्रीवयुक्तश्चैत्यो वाराटशृङ्गतः।
विशालो हीनप्राग्ग्रीवः सान्धारे भद्रसञ्ज्ञकः ॥ 17 ॥

प्राग्रीव युक्त होने पर यह सुन्दर नामक प्रासाद होता है और इसके वराट छन्द के शृङ्ग हों तो यह चैत्य नामक प्रासाद होता है। बिना प्राग्रीव के यह विशाल प्रासाद और सान्धार बनाने पर यह भद्र नामक प्रासाद बनता है।

मन्दरसौम्यश्च : —

द्राविडे पक्षशृङ्गाणि मन्दरः सर्वकामदः।
लतायुक्तस्तु कूर्माख्यः सौम्यो मत्तावलम्बकैः ॥ 18 ॥

इसके बाजुओं के शृङ्ग द्राविड छन्द के हों तो यह मन्दर नामक प्रासाद सब कामना पूरी करने वाला होगा। लता छन्द के साथ होने पर सौम्य संज्ञक प्रासाद होगा।

ऐरावतमालाधरश्च : —

ऐरावतश्च प्राग्ग्रीवैश्चतुर्वक्त्रैर्मालाधरः।
सान्धारश्छन्द आख्यातो भद्रे चन्द्रावलोकना ॥ 19 ॥

मेरुः प्रासाद आख्यातः कर्तव्यः सर्वदैवते।
कर्त्ता शिवपुरं याति कौबेरं पदमाप्नुयात्॥ 20॥

इसी प्रकार प्राग्रीव होने पर यह ऐरावत प्रासाद होता है और चारों ओर मुखद्वार होने पर यह मालाधर प्रासाद बनता है। सान्धार छन्द में बने भद्रों पर चन्द्रावलोकन यानी झरोखे हों तो वह मेरु नामक प्रासाद होगा जिसे सब देवताओं के लिए बनाना चाहिए। इसका निर्माता शिवलोक को जाता है और कुबेर का पद पाता है।

इति सूत्रसन्तानगुणकीर्तिप्रकाशप्रोक्तृश्रीभुवनदेवाचार्योक्तापराजितपृच्छायां विमानप्रासादलक्षणाधिकारो नाम द्वासप्तत्युत्तरशततमं सूत्रम्॥ 172॥

इस प्रकार भुवनदेवाचार्य कृत सूत्रसन्तानगुणकीर्ति प्रकाश या अपराजितपृच्छा में विमान प्रासाद लक्षण अधिकार नामक एक सौ बहत्तरहवाँ सूत्र पूर्ण हुआ॥ 172॥

द्राविडप्रासादपञ्चपीठलक्षणात्मकं त्रिसप्तत्युत्तरशततमं सूत्रम्॥ 173॥

अधुना द्राविडप्रासादपञ्चपीठलक्षणं। विश्वकर्मोवाच —

द्राविडांश्च प्रवक्ष्यामि प्रासादान् शुभलक्षणम्।
पीठान्पञ्चैव सम्प्रोक्तान् कथयिष्याम्यनुक्रमात्॥ 1॥

(यह सूत्र द्राविड जाति के प्रासादों में प्रयुक्तेय पाँच प्रकार के पीठबन्धों के बारे में जानकारी देता है। समराङ्गण. में 61वें अध्याय में यह वर्णन मिलता है। काश्यपशिल्पम्, मयादि ग्रन्थों में भी प्रासादों, लिङ्गादि की पीठों का वर्णन हुआ है) विश्वकर्मा बोले कि अब मैं शुभ लक्षणों वाले द्राविड प्रासादों के बारे में कहता हूँ। इनके पाँच पीठ कहे गए जिनको मैं क्रमशः कहूँगा।

तेषां नामानि —

पादबन्धन आद्यः स्याच्छ्रीबन्धाख्यो द्वितीयकः।
तृतीयो वेदबन्धाख्यश्चतुर्थश्च प्रतिक्रमः॥ 2॥
पञ्चमः पीठ आख्यातो नाम्ना खुरकबन्धनः।
एकैकानुक्रमं वक्ष्ये शृणु चैकाग्रमानसः॥ 3॥

इन पीठ बन्धनों में 1. पहला पादबन्धन, 2. दूसरा श्रीबन्ध, 3. तीसरा वेदबन्ध (वेदीबन्धन), 4. चौथा प्रतिक्रम और 5. पाँचवाँ खुरकबन्धन— इनको मैं एक-एक के क्रम में कहता हूँ। अस्तु, एकाग्रमन से सुनो।

पादबन्धादीनां लक्षणप्रमाणमाह —

उत्सेधं भागविंशत्या$_{20}$ विभजेत्पादबन्धने।
श्रीबन्धे सप्तविंशत्या$_{27}$ विंशत्या$_{20}$ वेदिबन्धने॥ 4॥
प्रतिक्रमे नवदश$_{19}$ विंशत्या$_{20}$ खुरके तथा।
तदनुक्रमतः प्रोक्तं प्रवक्ष्ये पादबन्धने॥ 5॥

(प्रथम) पादबन्धन पीठ के उत्सेध यानी ऊँचाई को बीस भागों में विभक्त करें। श्रीबन्ध के सताईस, वेदिबन्धन के बीस, प्रतिक्रम के उन्नीस, खुरक के बीस भाग— इस अनुक्रम में करें। आगे पादवन्धन के प्रसङ्ग में कहा जा रहा है।

प्रथमपीठस्य लक्षणं —

खुरकः पञ्चभागस्तु द्विभागा पद्मपत्रिका।
त्रिभागश्च कपोतः स्याच्छेदो भागः प्रकीर्तितः॥ 6॥

पाँच भाग का खुरक, पद्मपत्रिका दो भागों की, कपोत तीन भाग और छेद एक भाग का होगा।

कण्ठो द्विभागः कर्तव्यस्त्रिभागा पद्मपत्रिका।
त्र्यंशः कपोतः पट्टी तु भागा स्यात्पादबन्धने॥ 7॥

कण्ठ दो भाग का, पद्मपत्रिका का तीन भाग की करनी चाहिए। तीन अंश से कपोत और एक भाग की पट्टी पादबन्धन के लिए होती है।

द्वितीयपीठस्य लक्षणं —

नीडवर्त्ती चतुर्भागा द्विभागा पद्मपत्रिका।
एकभागा कर्णिका च कुमुदं त्र्यशंकोन्नतिः॥ 8॥

(द्वितीय पीठ के लिए) चार भाग की नीडवर्ती, दो भाग की पद्मपत्रिका, एक भाग की कर्णिका और तीन भाग ऊँचा कुमुद करें।

छेदो मेषश्च मकरो नक्रपट्टी च छेदकः।
कण्ठश्च पट्टिका वेदी छेदः स्युर्भागभागतः॥ 9॥

छेद में मेष, मकर, नक्रपट्टी और छेदन हों। कण्ठ और पट्टिका, वेदी और छेद एक-एक भाग के होंगे।

द्विभागः कण्ठ इत्युक्तः पट्टिका भागमेव च ।
पद्मपत्री भवेद् भागा कपोताली त्रिभागिका॥ 10॥
छेदस्तथैकभागः स्याच्छ्रीबन्धाख्यः समुन्नतः।

दो भागों का कण्ठ कहा गया है और एक भाग की ही पट्टिका, पद्मपत्री एक भाग की, कपोताली तीन भाग की, वहाँ छेद एक भाग का हों तो ऐसा श्रीबन्ध नामक समुन्नत पीठ बनता है।

तृतीयपीठस्य लक्षणं —

सप्तविंशत्युन्नतः स्यात् प्रवक्ष्ये वेदिबन्धनम्॥ 11॥
नीडवर्त्ती चतुर्भागा द्विभाग पद्मपत्रिका।

(तृतीय पीठ) वेदिबन्धन की ऊँचाई सत्ताईस भाग होती है। इसमें नीडवर्ती चार भाग की, पद्मपत्रिका दो भाग की होगी।

कर्णिका भागमेकं तु त्रिभागा कुमुदोन्नतिः॥ 12॥
छेदो मेषश्च मकरो नक्रपट्टी च छेदकः।
कण्ठः पद्मपत्री च भागभागं समुन्नतः॥ 13॥

कर्णिका एक भाग की, कुमुद की ऊँचाई तीन भाग की हों और छेद के मेष, मकर, नक्रपट्टी और छेदक हों। कण्ठ, पद्मपत्री एक-एक भाग की ऊँचाई के हों।

वेदी त्रि(द्वि) भागा कर्तव्या भागा स्याच्छेदकोन्नतिः।
वेदीबन्धन उक्तश्च विंशत्यंशैः समुच्छ्रितः॥ 14॥

वेदी तीन (? दो) भाग की करें और छेदक की ऊँचाई एक भाग की रखें। इस वेदीबन्धन को बीस भाग की ऊँचाई का कहा गया है।

चतुर्थपीठस्य लक्षणं —

नीडवर्त्ती पञ्चभागा द्विभागा पद्मपत्रिका।
एकभागा कर्णिका च कुमुदं त्रिपदोन्नतम्॥ 15॥

(चतुर्थ पीठ) नीडवर्ती पाँच भाग की, पद्मपत्रिका दो भागों की, कर्णिका एक भाग की हों और कुमुद तीन भाग ऊँचा हों।

छेदो भागं द्वयं कण्ठः पट्टिका भागमेव च।
पद्मपत्री भवेद् भागं रसना च द्विभागिका॥ 16॥
छेदो भागः प्रकर्तव्यो नाम्ना स स्यात् प्रतिक्रमः।
ऊनविंशतिभागैश्च कर्तव्या तु समुच्छ्रितिः॥ 17॥

छेद एक भाग का, कण्ठ दो भाग, पट्टिका एक भाग, पद्मपत्री एक भाग, रसना दो भाग और छेद एक भाग का करना चाहिए। इससे यह प्रतिक्रम पीठ बनता है। इसको उन्नीस भागों की ऊँचाई का बनाएँ।

पञ्चमपीठस्य लक्षणं —

नीडवर्त्ती चतुर्भाग द्विभागा पद्मपत्रिका।
कर्णिका चैकभागेन द्विभागा कुमुदोन्नतिः ॥ 18 ॥

(पञ्चम पीठ) नीडवर्ती चार भाग से, दो भाग की पद्मपत्रिका, एक भाग की कर्णिका और दो भाग की कुमुद की ऊँचाई हों।

मेषो नक्रश्च मकरी-पट्टी छेदश्च भागतः।
कण्ठः पट्टी भागभागं भागा स्यात्पद्मपत्रिका ॥ 19 ॥

मेष, नक्र, मकरी-पट्टी और छेद एक-एक भाग के होंगे। कण्ठ, पट्टी एक भाग की, पद्मपत्रिका भी एक भाग की करें।

कपोतस्तु त्रिभागैः स्याच्छेदो वै भाग एव च।
आवृतः पञ्चमः पीठो नाम्रा खुरकबन्धनः ॥ 20 ॥

इसके अतिरिक्त कपोत तीन भाग का व छेद भाग का हों तो यह आवृत पाँचवाँ पीठ खुरकबन्धन नाम का होता है।

इति सूत्रसन्तानगुणकीर्तिप्रकाशप्रोक्तृश्रीभुवनदेवाचार्योक्तापराजितपृच्छायां द्राविडप्रासादपञ्चपीठलक्षणाधिकारो नाम त्रिसप्तत्युत्तरशततमं सूत्रम् ॥ 173 ॥

इस प्रकार भुवनदेवाचार्य कृत सूत्रसन्तानगुणकीर्ति प्रकाश या अपराजितपृच्छा में द्राविड प्रासाद पञ्चपीठ लक्षणाधिकार नामक एक सौ तिहत्तरवाँ सूत्र पूर्ण हुआ ॥ 173 ॥

द्राविडप्रासादलक्षणात्मकं चतुःसप्तत्युत्तरशततमं सूत्रम् ॥ 174 ॥

अधुना द्राविडप्रासादलक्षणं। विश्वकर्मोवाच —

इदानीं द्राविडान् वक्ष्ये प्रासादान् सर्वकामदान्।
पीठपञ्चकमित्युक्तं तलछन्दास्तु पञ्चधा ॥ 1 ॥

(इस सूत्र में भौमिक प्रासादों में परिगणित द्राविड प्रासादों का वर्णन है। समराङ्गण. के 62वें अध्याय में इनका वर्णन है। अंशुमद्भेदागम, कामिकागम, मानसार और मयमतम् आदि दक्षिण के ग्रन्थों में ऐसे विमान-वास्तु का विस्तार से विवरण मिलता है) विश्वकर्मा बोले कि अब सब कामनाओं को पूर्ण करने वाले द्राविड प्रासादों का वर्णन करता हूँ जिनमें (पूर्व सूत्रानुसार) पाँच पीठ कही गई हैं और जिनके तलछन्द भी पाँच प्रकार के हैं।

द्राविडप्रासादस्य पञ्चविंशति —

ऐन्द्राद्भवो राजहंसो नन्दनः सिंहपञ्जरः।
त्र्यङ्गाश्चत्वार एवोक्ता द्राविडा एकभूमिकाः॥ 2॥

इनमें 1. ऐन्द्रोद्भव, 2. राजहंस, 3. नन्दन और 4. सिंहपञ्जर— ये चारों ही तीन अङ्गों वाले और एक मंजिले द्राविड प्रासाद कहे गए हैं।

गरुडो वर्धमानश्च श्रीतरुः प्रमदाप्रियः।
नन्दिघोषः समाख्याताः पञ्चाङ्गाश्च त्रिभूमिकाः॥ 3॥

इनके अतिरिक्त, 1. गरुड़, 2. वर्धमान, 3. श्रीतरु, 4. प्रमदाप्रिय और 5. नन्दिघोष नाम वाले पाँच अङ्ग वाले और तीन मंजिले प्रासाद होते हैं।

स्वस्तिकः शङ्कुकर्णाख्यो गोविन्दो नन्दिवर्धनः।
पृथ्वीजयः पताकश्च सप्ताङ्गाः पञ्चभूमिकाः॥ 4॥

अन्य 1. स्वस्तिक, 2. शङ्कुकर्ण, 3. गोविन्द, 4. नन्दिवर्धन, 5. पृथ्वीजय और 6. पताक— ये सब सात अङ्ग वाले और पाँच मंजिले होते हैं।

सर्वाङ्गः सर्वतोभद्रः सर्वसुन्दरसम्भ्रमौ।
जनानन्दः क्षितिधरो नवाङ्गाः सप्तभूमिकाः॥ 5॥

इसी तरह 1. सर्वाङ्ग, 2. सर्वतोभद्र, 3. सर्वसुन्दर, 4. सम्भ्रम, 5. जनानन्द और 6. क्षितिधर— ये सब नौ अङ्ग वाले और सात मंजिले कहे गए हैं।

पद्मसूत्रो महापद्मः कैलासो मेरुनायकः।
चत्वारो वृत्तका उक्ता द्राविडाः पञ्चविंशतिः$_{25}$॥ 6॥

पुनः 1. पद्मसूत्र, 2. महापद्म, 3. कैलास और 4. मेरुनायक— ये चारों वृत्तका यानी गोलाकार कहे गए हैं। ये सब द्राविड़ प्रासाद पच्चीस हैं।

ऐन्द्राद्भवराजहंसनन्दनसिंहपञ्जरा इति चत्वारस्त्यङ्गा एकभूमिकाः —

भक्तं वेदाश्रकं चार्धे भद्रं पादं च निर्गतम्।
ऐन्द्रोद्भवः पदं कर्णं उदकान्तरभूषितः॥ 7॥

(प्रथम प्रकार के प्रासाद) वास्तु क्षेत्र चार भागों में विभाजित कर आधे भाग में भद्र हो जो कि चतुर्थांश निकासयुक्त हों। ऐन्द्रोद्भव के एक भाग के कर्ण उदकान्तर यानी प्रणालयुक्त होंगे।

भद्रार्धे मुखभद्रं च राजहंसश्च नामतः।
भद्रोदये नन्दनाख्यः कर्णभद्रे च पञ्जरः॥ 8॥

भद्र के आधे पर मुखभद्र हों तो राजहंस नामक प्रासाद होता है। भद्र की ऊँचाई पर नन्दन नामक प्रासाद होता है। जिसके भद्र पर कर्ण हो, वह (सिंह) पञ्जर होता है।

पीठोर्ध्वं कर्णमानेन विभक्तं पञ्चभागिकम्।

सार्धभागे भवेज्जङ्घा सपादः कूटकोदयः॥ 9॥

(इन प्रासादों में) पीठ की ऊँचाई कर्णमान के अनुसार करे जो कि पाँच भागों में विभक्त हों। डेढ़ भाग की जङ्घा और सवाया कूट की ऊँचाई युक्त हों।

वेदी पादोनभागा स्याद् घण्टा वै सार्धभागिका।

ऊर्ध्वे कलशमाख्यातं कर्तव्यं सर्वकामदम्॥ 10॥

एकभूमाश्च चत्वारो गरुडं च ततः शृणु।

वेदी पौन भाग की होती है और घण्टा (आमलसार) डेढ़ भाग का हों जिसके ऊपर कलश बनाएँ जो कि सब कामना पूर्ण करता है। ये चारों एकभूमि यानी एक मंजिल वाले प्रसाद हैं। अब गरुडादि प्रासादों के विषय में सुनो।

गरुडवर्धमानश्रीतरुप्रमदाप्रियनन्दिघोषा इति पञ्च पञ्चाङ्गस्त्रिभूमिकाः —

षड्भागश्चैव विस्तारो भागः प्रतिरथो भवेत्॥ 11॥

निर्गमोऽर्धं वार्मार्गयुक् शेषं पूर्वप्रकल्पितम्।

(द्वितीय प्रकार के प्रासाद) उनके छह भाग के विस्तार में एक भाग का प्रतिरथ होता है जो आधे भाग का निकास युक्त होगा। वारिमार्ग (प्रणाल) से युक्त होता है। शेष सब रचनाएँ पहले की तरह ही होती हैं। (यह गरुड प्रासाद होगा)।

गरुडाख्यो मुखभद्रे वर्धमानः स उच्यते।

भद्रोदके श्रीधरो भद्रकर्णे प्रमदाप्रियः॥ 12॥

गरुड के मुखभद्र हों तो उसे वर्धमान कहा जाता है। भद्रों पर उदक यानी प्रणाले हों तो श्रीधर और भद्र पर कर्ण हों तो प्रमदाप्रिय कहा जाता है।

यदा प्रतिरथे भद्रं नन्दिघोषः स उच्यते।

पीठोर्ध्वे कर्णमानेनोदये त्रिदशभाजिते॥ 13॥

यदि प्रतिरथों पर भद्र हों तो नन्दिघोष कहा जाता है। इनकी पीठ की ऊँचाई कर्ण के मान के आधार पर होती है जो कि तेरह भागों में विभाजित होती है।

सपादद्व्यंशका जङ्घा कूटं भागद्वयोन्नतम्।

पादोनद्व्यंशका जङ्घा सार्धः कूटसमुच्छ्रयः॥ 14॥

सवा दो भागों की जङ्घा और कूट दो भाग ऊँचा हों। पौने दो की जङ्घा और डेढ़ भाग की कूट की ऊँचाई होगी।

सपाद् जङ्घाऽंशका कूटो वेदी स्यादर्धभागिका।
पादोनत्र्यंशका घण्टा कर्तव्याश्च त्रिभूच्छ्रया:॥ 15॥

इति त्रिभूमिका: पञ्च।

सवाये मान से जङ्घांशक कूट हों, वेदी आधे भाग की हों। पौने तीन भाग से घण्टा (आमलसार) हों और तीन मंजिल ऊँचाई हों।

स्वस्तिकशङ्कुकर्णगोविन्दनन्दिवर्धनपृथिवीजयपताका इति षट् सप्ताङ्गा: सप्त भूमिका: —

विभक्ते चाऽष्टधा छन्दे द्विभाग: भद्रविस्तार:।
भागभागं रथकर्णो रथकर्णौ तत्तदर्धं स निर्गतम्॥ 16॥

(तृतीय प्रकार के प्रासाद) वास्तु क्षेत्र को आठ विभाग छन्द में विभाजित करें। उनमें दो भाग भद्र का विस्तार होगा। एक भाग के रथकर्ण होंगे जो कि आधे भाग के निकासयुक्त होंगे।

स्वस्तिकश्च समाख्यात: शङ्कुकर्णस्तु भद्रके।
गोविन्दो मुखभद्रेषु भद्रोदनन्दिवर्धन:॥ 17॥
द्वौ द्वौ प्रतिरथो भद्रे स भवेत्पृथिवीजय:।
वर्धमानो यदा कर्ण: पताक: सर्वकामद:॥ 18॥

उक्त प्रकार से बने प्रासाद को स्वस्तिक कहते हैं। इसके भद्रक हों तो शङ्कुकर्ण होगा। मुखभद्र हों तो गोविन्द, भद्रों पर प्रणालें हों तो नन्दिवर्धन, दो-दो प्रतिरथ भद्र पर हों तो पृथ्वीजय और वर्धमान कर्ण हों तो पताक प्रासाद होगा जो सर्वकामद होता है।

पीठोर्ध्वे कर्णमानेन षड्विंशतिभाजिते।
जङ्घा सार्धत्रयं कुर्यात् कूटं वै पादयुक्त्रयम्॥ 19॥

(पञ्चभूमिका प्रासाद के लिए) पीठ की ऊँचाई कर्णमान के अनुसार छब्बीस भागों में विभाजित करें। जङ्घा साढ़े तीन भाग की और कूट सवा तीन भाग का होगा।

त्रिभागं च पुनर्जङ्घा कूटं पदविवर्जितम्।
सार्धद्विभागा जङ्घा च कूटं पादयुतद्वयम्॥ 20॥

तीन भाग की पुनः जङ्घा हो, कूट एक भाग कम अर्थात् दो भाग का और ढाई भाग की जङ्घा के साथ कूट सवा दो भाग का होगा।

द्विभागं च तथा जङ्घा कूटं पादोनद्व्यंशकम्।

जङ्घा च सार्धभागोक्ता कूटं भागसमुच्छ्रितम्॥ 21॥

इसी प्रकार दो भाग की जङ्घा, कूट पौने दो भाग का, जङ्घा डेढ़ भाग की और कूट एक भाग की ऊँचाई वाला होगा।

अर्धभागा भवेद् वेदी घण्टा पादोनद्व्यंशका।

एवमादिगुणोपेताः कर्तव्याः पञ्चभूमिकाः॥ 22॥

इति पञ्चभूमिकाः षट्।

इसके साथ ही आधे भाग की वेदी होगी जिस पर घण्टा (आमलसार) पौने दो भाग का होगा। इस तरह आरम्भ से गुणों युक्त इनको पाँच मंजिले ही बनाना चाहिए।

सर्वाङ्गसर्वतोभद्रसर्वसुन्दरसंभ्रमजनानन्दक्षितिधरा इति षड् नवाङ्गाः सप्तभूमिक द्राविडप्रासादाः —

विभक्ते दशधा छन्दे द्विभागो कर्णविस्तरः।

पादास्त्रयः प्रतिरथा स्तत्तदर्धं विनिर्गतम्॥ 23॥

(चतुर्थ प्रकार के प्रासाद) वास्तु क्षेत्र को दस छन्द में विभाजित करके दो भागों का कर्ण विस्तार, तीन भागों का प्रतिरथ करे जो इसके आधे भाग में निकासयुक्त हों।

मध्ये भद्रस्य कर्णस्य प्ररथाश्च त्रयस्त्रयः।

उदकान्तरसंयुक्ताः कर्तव्याः सर्वकामदाः॥ 24॥

कर्ण के मध्यभद्र पर तीन-तीन प्ररथ बने हो जो उदकान्तर प्रणालों युक्त हों और सब कामनाओं को पूरी करने वाले कहे गए हैं।

सर्वाङ्गः स समाख्यातः प्रभद्रे सर्वभद्रकः।

सुन्दरः कर्णभद्रे स्याद् भद्रोदके तु सम्भ्रमः॥ 25॥

भद्राणि च प्रतिरथे जनानन्दः स उच्यते।

यह प्रासाद सर्वाङ्ग नाम से विख्यात है। जिसके प्रभद्र हों तो सर्वभद्रक, कर्णभद्र हों तो सुन्दर और भद्र के प्रनाले हों तो सम्भ्रम, भद्रों पर प्रतिरथ हों तो इसे जनानन्द कहा जाता है।

कर्णे चाऽष्टदलं कार्यं द्वितीयं प्ररथे तथा॥ 26॥

शेषे युग्मप्रतिरथे कार्यां वै वर्धमानकाः।

क्षितिधरस्तदा नाम प्रासादः सुरवल्लभः॥ 27॥

कर्णों पर अष्टदल बनाएँ, दूसरे कर्ण पर प्ररथ और शेष पर प्रतिरथों की जोड़ करें तो यह वर्धमानक होता है। क्षितिधर नामक प्रासाद भी देवताओं को प्रिय है।

पीठोर्ध्वे कर्णमानेन पञ्चत्रिंशत्समुच्छ्रितिः।

आदिजङ्घा चतुर्भागं पादोनं कूटमुच्छ्रितम्॥ 28॥

इनके लिए पीठ की ऊँचाई कर्ण के मान के अनुसार ही पैंतीस भागों की ऊँचाई की होती है। इनमें पहली जङ्घा चार भाग की चतुर्थांश कम अर्थात् पौने चार भाग की कूट की ऊँचाई हों।

पादह्रस्वा भवेज्जङ्घा पादोनं कूटमुन्नतम्।

एवमादिक्रमयोगे भागं कूटं तु सप्तमम्॥ 29॥

इसके बाद चतुर्थांश कम जङ्घा होगी और पौन भाग का कूट ऊँचा हों। इस प्रकार आदि क्रम योग से कूट के सात भाग होंगे।

अर्धभागं भवेद्वेदी घण्टा भागद्वयोन्नता।

एवंविधं प्रकर्तव्यं नवाङ्गं सप्तभूमिकम्॥ 30॥

इति सप्तभूमिकाः षट्।

इसी प्रकार आधे भाग की वेदी, आमलसार दो भाग का ऊँचा होगा। इस विधि से नवाङ्ग प्रासादों के लिए सात मंजिलें बनानी चाहिए।

पद्मनाममहापद्मकैलासमेरव इति चत्वारो वृत्ताः प्रासादाः —

अष्टकोणाः पञ्चभूमा पद्मनामा च कामदः।

पञ्चभूमा द्व्यष्टदला महापद्म इति स्मृतः॥ 31॥

(पञ्चम प्रकार के प्रासाद) आठ कोण वाले पाँच मंजिले पद्म नाम के प्रासाद सब कामना पूरी करते हैं। पाँच मंजिले दो अष्टदलयुक्त प्रासाद महापद्म कहलाते हैं।

चतुर्विंशतिभिर्वृत्तः कैलासः सप्तभूमिकः।

द्वात्रिंशद्भिर्दलैर्वृत्तः स भवेन्मेरुनायकः॥ 32॥

चौबीस भागों के वृत्त वाला कैलास प्रासाद सात मंजिला होता है। बत्तीस दलों वाला वृत्त हों तो वह मेरु नामक प्रासाद होता है।

घण्टाकलशशोभाढ्यान् शुक्रनासाग्रसंयुतान्।

चित्रकूटान्वितान् कुर्यात् प्रासादान् सर्वकामदान्॥ 33॥

इनके आमलसार, कलश की शोभा के साथ आगे निकली हुई शुकनास भी हो, उसे विचित्रकूटों युक्त बनाएँ। ये सब कामनाओं को पूरा करने वाले प्रासाद हैं।

इत्यमनन्तर एक-द्वि-त्रिसङ्घाटलक्षणम् —

कूटांश्चाऽथ प्रवक्ष्यामि द्राविडकर्मचर्चितान्।
तदनुक्रमयुक्ती च कथये तव साम्प्रतम्॥ 34॥

(इसके उपरान्त स्कन्ध मान के निकास के प्रसङ्ग में कहा है कि) द्राविड प्रासाद कार्य में प्रयोज्य कूटों के बारे में कहता हूँ। उनके अनुक्रम की युक्ति भी अब तुम्हें बताता हूँ।

पञ्चभागैः पृथुः कूट उच्छ्रये सप्तभागिकः।
वेदीबन्धत्रयं कार्यं त्रिसङ्घाटभिति स्मृतः॥ 35॥

ऐसा कूट जो पाँच भाग मोटा (विस्तार वाला) और सात भाग ऊँचा हों और जिसके तीन वेदीबन्ध किए जाए तो वह त्रिसङ्घाट कूट नाम से जाना जाता है।

वेदीघण्टाद्वयोरूपर्ध्वे द्विसङ्घाटाभिधः स्मृतः।

इसके अतिरिक्त वेदी और घण्टा इन दोनों का रूपाङ्कन ऊपर हों तो वह द्विसङ्घाट कूट नाम से जाना जाता है।

एकवेदीबन्धकोर्ध्वे वेदीघण्टाद्यलङ्कृतः॥ 36॥
एकसङ्घाटसञ्ज्ञोऽयं कर्तव्यः सर्वकामदः।

एक वेदीबन्ध के ऊपर वेदी, घण्टा आदि अलंकृत किए जाते हैं। इस तरह एक सङ्घाट कूट को बनाना चाहिए जो सब कामनाओं को पूरा करता है।

द्विभागं सार्धभागं च भागिकं चार्धभागिकम्॥ 37॥
त्रिसङ्घाट इति प्रोक्तश्चार्धभागाश्च वेदिकाः।

(इनमें) दो भाग, डेढ़ भाग, एक भाग और आधा भाग— इस तरह तीन सङ्घाट वाले कूट कहलाते है। इनके आधे भाग की वेदिका होती है।

द्विभागकोच्छ्रिताः कूटाः कर्तव्या नासिकोद्भवाः॥ 38॥
कर्तव्य एकसङ्घाटो द्विसङ्घाटस्तथोच्यते।
त्रिसङ्घाटस्तु कर्तव्यो वेदीघण्टा तदूर्ध्वतः॥ 39॥

दो भाग की ऊँचाई का कूट नासिक तक करना चाहिए। एक सङ्घाट वाला करें या दो सङ्घाट वाला कूट, जहाँ जैसा उचित समझे करें। यदि तीन सङ्घाट वाला कूट करें तो उसके ऊपर वेदी और घण्टा भी करें।

सङ्घाटे प्रथमे कुर्यान्मकरान्विकृताननान्।
द्वितीये कोटपालांश्च कण्टकांश्च तृतीयके॥ 40॥

पहले सङ्घाट पर भयानक मुखवाला मकर बनाएँ। दूसरे पर कोटपाल और तीसरे सङ्घाट पर कंटक बनाने चाहिए।

वेदीघण्टा तदूर्ध्वे तु कार्या पूर्वगुणैर्युता।
एवंविध प्रकर्तव्यं स्कन्धमानाद्विनिर्गतम्॥ 41॥

इनसे ऊपर वेदी और घण्टा यानी आमलसार पहले के निर्देशानुसार ही बनाएँ। इस विधि से स्कन्धमान का निकास करना चाहिए।

इति सूत्रसन्तानगुणकीर्तिप्रकाशप्रोक्तश्रीभुवनदेवाचार्योक्तापराजितपृच्छायां द्राविडप्रासादलक्षणाधिकारो नाम चतुःसप्तत्युत्तरशततमं सूत्रम्॥ 174॥

इस प्रकार भुवनदेवाचार्य कृत सूत्रसन्तानगुणकीर्ति प्रकाश या अपराजितपृच्छा में द्राविड प्रासाद लक्षण अधिकार नामक एक सौ चौहत्तरवाँ सूत्र पूर्ण हुआ॥ 174॥

वराटप्रासादलक्षणात्मकं पञ्चसप्तत्युत्तरशततमं सूत्रम्॥ 175॥

अधुना वराटप्रासादलक्षणं। विश्वकर्मोवाच —

प्रासादान् सम्प्रवक्ष्यामि वराटान्वयजानथ।
नामपादप्रमाणं च संस्थानोन्मानलक्षणम्॥ 1॥

(ग्रन्थकार भुवनदेवाचार्य इस सूत्र में वराट संज्ञक प्रासादों का वर्णन करते हैं। ये प्रासाद वराटादि से क्रमशः आठ, चार, छह, छह, एक की कोटि में एक, तीन, पाँच, सात, नौ मंजिले होते हैं) विश्वकर्मा बोले कि अब मैं वराट नाम वाले प्रासादों के बारे में कहता हूँ। साथ ही उनके नाम, भागों के प्रमाण और संस्थानों के मान, उन्मान और लक्षण भी बताता हूँ।

तेषां पञ्चविंशति नामानि —

वराटः पुष्पश्चैव श्रीपुञ्जश्च तृतीयकः।
सर्वतोभद्रनाम च सिंहों वै सिंहभद्रकः॥ 2॥
कर्णिकारश्च कुमुदो वर्द्धनामः श्रीवत्सकः।
पुण्डरीकः सुनाभश्च वेणुकः सिंहपञ्जरः॥ 3॥
नन्द्यावर्तश्च पुण्याख्यः पताको नन्दनस्तथा।
श्रीतिलको महाकान्तः सुन्दरश्चारुवर्द्धनः॥ 4॥

कम्बलः किरणश्चैव महापद्मस्तथापरः।

पञ्चविंशतिराख्याताः$_{25}$ प्रासादाः सर्वकामदाः ॥ 5 ॥

इनके नाम हैं—1. वराट, 2. पुष्पक, 3. श्रीपुञ्ज, 4. सर्वतोभद्र, 5. सिंह, 6. सिंहभद्रक, 7. कर्णिकार, 8. कुमुद, 9. वर्धमान, 10. श्रीवत्सक, 11. पुण्डरीक, 12. सुनाभ, 13. वेणुक, 14. सिंहपञ्जर, 15. नन्द्यावर्त, 16. पुण्य, 17. पताक, 18. नन्दन, 19. श्रीतिलक, 20. महाकान्त, 21. सुन्दर, 22. चारुवर्धन, 23. कमल, 24. किरण और 25. महापद्म— ये पच्चीस प्रासाद सभी कामनाएँ पूरी करने वाले हैं।

वराटाद्येकभूमिका अष्ट प्रासादः —

चतुरश्रीकृते क्षेत्रे एकभागविभाजिते।

चतुःस्तम्भसमायुक्तमेकद्वारेणभूषितम् ॥ 6 ॥

(वराट संज्ञक प्रासाद) चौरस वास्तु क्षेत्र को एक ही भाग के रूप में विभाजित (कल्पित) करें। इसके चार स्तम्भों वाले एक द्वार से भूषित करें।

क्षेत्रे भागोदयं स्तम्भं रथभूफलकान्तरम्।

आदिभूम्युदयार्धेन पीठबन्धं प्रकल्पयेत् ॥ 7 ॥

उस क्षेत्र में एक भाग ऊँचाई वाला स्तम्भ करें जो आठ (रथभूफलकान्तर युक्त यानी रथ 7, भू 1) फलकों युक्त हों। आरम्भिक भूमि के ऊँचाई के आधे तक पीठबन्ध की कल्पना करें।

कर्तव्या तत्र छाद्योर्ध्वे घण्टा मन्दारपुष्पवत्।

वराटश्च समाख्यातः कर्तव्यः सर्वदैवते ॥ 8 ॥

इति वराटः

तदनन्तर छाद्य के ऊपर आमलसार को मन्दार पुष्प (आक के फूल) के समान बनाएँ तो यह वराट नाम का प्रासाद सब देवताओं के लिए विहित कहा है।

द्वितीय पुष्पक प्रासादः —

चतुर्धा भाजिते छन्दे द्विभागो भद्रविस्तरः।

निर्गतः पादपादेन सर्वभद्रेष्वयं विधिः ॥ 9 ॥

क्षेत्र को चार भागो में विभाजित करें जिसके दो भागों का भद्र विस्तार हों, निकास एक भाग का हों। इसमें सभी भद्र इसी विधि से बनाएँ।

कर्णे भद्रेषु घण्टा च रूपे मन्दारपुष्पवत्।

मध्योर्ध्वे च बृहद्घण्टा पुष्पको नाम नामतः ॥ 10 ॥

इति पुष्पकः

भद्रों के कर्णों पर आमलसार को मन्दार पुष्प के समान बनाएँ। मध्य के ऊपर बड़े आकार में आमलसार बनाएँ तो वह पुष्पक नाम का प्रासाद बनता है।

तृतीय श्रीपुञ्ज प्रासाद: —

चतु:पुष्पकसङ्घाट ऊर्ध्वे घण्टा तु पञ्चमी।
श्रीपुञ्जऽसौ समाख्यात: कर्तव्य: सर्वदैवते॥ 11॥

इति श्रीपुञ्ज:

चार तो पुष्पक छन्द की और ऊपर पाँचवीं आमलसार हों तो श्रीपुञ्ज नाम का प्रासाद होगा। इसे सब देवताओं के लिए करना चाहिए।

चतुर्थ सर्वतोभद्र प्रासाद: —

अधस्तादष्टसङ्घाटं पुन: कुर्यात्तदूर्ध्वत:।
तृतीया तु तदूर्ध्वे च घण्टा मन्दरापुष्पवत्॥ 12॥

नीचे तो आठ सङ्घाट हों और ऊपर भी पुन: ऐसा ही करें, इनके ऊपर तीसरे भी बनाएँ जिन पर आमलसार की रचना मन्दार पुष्प जैसी हों।

पादह्रस्वोर्धभूमिश्च रसा: $_{6}$ स्कन्धो दिशा $_{10}$ अध: ?।
सर्वतोभद्र आख्यात: कर्तव्य: सर्वदैवते॥ 13॥

इति सर्वतोभद्र:

एक पाद (चतुरांश) कम की आधी मंजिलें हों, छह भाग के स्कन्ध और दस भाग नीचे से हों। यह सर्वतोभद्र नाम का प्रासाद होगा। इसे सब देवताओं के लिए करें।

पञ्चम सिंहभद्र प्रासाद: —

क्षेत्रार्धे च भवेद् भद्रं भद्रार्धे कर्णविस्तर:।
कर्णार्धस्य प्रमाणेन कर्तव्यो भद्रनिर्गम:॥ 14॥

वास्तु क्षेत्र के आधे में भद्र हों और आधे में कर्ण का विस्तार हों। कर्ण के आधे प्रमाण से भद्र का निकास करें।

पञ्चभागो भवेद् गर्भश्चात्वारश्चार्धपञ्चमा:।
कर्णे भद्रे च कूटानि सर्वभद्राणि कारयेत्॥ 15॥

सामान्यतया पाँच भागों का गर्भगृह होगा किन्तु यह चार भाग अथवा साढ़े पाँच भाग का भी हों सकता है। कर्णों एवं भद्रों पर कूट बने हों जो सब भद्रों पर बनेंगे।

एकभूम्यूर्ध्वघण्टा च कुर्यान्मन्दरापुष्पवत्।
सिंहनामा समाख्यातः प्रासादः पार्वतीसुखः॥ 16॥

इति सिंहः

एक मंजिल के ऊपर आमलसार मन्दार पुष्प के समान हों तो सिंह नाम का प्रासाद होगा जो माता पार्वती को सुखदायी होता है।

षष्ठसप्ताष्ट सिंहभद्र-कर्णिकार-कुमुद प्रासादः —

प्रतिभद्रे सिंहभद्रो भद्रे द्विद्विजलान्तरम्।
कर्णिकारोऽथ कुमुदः कर्णे तद्रूपके तथा॥ 17॥

इति सिंहभद्र-कर्णिकार-कुमुदाः। इत्येकभूमिका अष्टौ।

(उक्त प्रासादों के अतिरिक्त) यदि इनमें प्रतिभद्र हों तो सिंहभद्र प्रासाद, भद्रों पर दो-दो जलान्तर यानी प्रणाले हों तो कर्णिकाकार प्रासाद और वैसे ही कर्ण पर रचना की जाए तो वह कुमुद प्रासाद होगा। (इस प्रकार वराटादि एक भूमिका वाले आठ प्रासाद हुए)।

अथ त्रिभूमाश्चत्वारः —

चतुरस्त्रं समं क्षेत्रं शतमूलविभाजितम्।
द्विभागः कर्णविस्तारो भद्रं भागत्रयं भवेत्॥ 18॥

(अब वर्धमानादि तीन भूमिका वाले चार प्रासादों के विषय में कहा जा रहा है) चौकोर समतल क्षेत्र को दस भागों में विभाजित करें। इसमें दो भाग का कर्ण विस्तार हों और भद्र तीन भाग के हों।

भद्रार्धे च प्रतिस्थानमुभयोर्वामदक्षयोः।
भागपादेन निष्कासो भद्रे प्रतिरथेऽथवा॥ 19॥

भद्र के आधे में प्रति स्थान दोनों ओर बाएँ-दाएँ बनाएँ जो एक भाग के निकास भद्र और प्रतिरथों से युक्त हों।

कर्णे प्रतिरथे सर्वभद्राणि त्रीणि त्रीणि च।
वलभीत्रितयं भद्रे घण्टामन्दारपुष्पवत्॥ 20॥
वर्धमानस्तदा नाम कर्तव्यः सर्वकामदः।

इति वर्धमानः

कर्णों और प्रतिरथों को तीन-तीन सब भद्रों पर बनाएँ। भद्रों पर वलभी के यह त्रितय आमलसार मन्दार पुष्प के समान के हों तो यह (नवम) वर्धमान नाम का प्रासाद सब कामना पूरी करने वाला होगा।

दशम श्रीवत्स प्रासादः —

भद्रे वार्य्यन्तरे द्वे चेद् श्रीवत्सः स तदोच्यते ॥ 21 ॥

इति श्रीवत्सः

यदि उसमें भद्रों पर दो-दो वार्यान्तर यानी प्रणाले हों तो वह श्रीवत्स नाम का प्रासाद कहा जाता है।

एकादश पुण्डरीक प्रासादः —

यथा भद्रे तथा कर्णे पुण्डरीकश्च नामतः।

इति पुण्डरीकः

इसी प्रकार जैसे भद्रों पर वैसे ही कर्णों पर प्रणाले हों तो वह पुण्डरीक नामक प्रासाद होता है।

द्वादश सुनाभ प्रासादः —

तथा रूपं प्रतिरथे सुनाभो नाम उच्यते ॥ 22 ॥

इति सुनाभः इतित्रिभूमाश्चत्वारः॥

इसके अतिरिक्त उसी रूप के प्रणाले प्रतिरथ बना दिए जाएँ तो वह सुनाभ नाम का प्रासाद कहा जाता है।

पञ्चभूमाः षट् प्रासादः —

कर्णतुल्यः प्रतिरथश्चतुर्भागं च भद्रकम्।
पञ्चभूमिसमायुक्तो वेणुको नाम शोभनः ॥ 23 ॥

इति वेणुकः

(अब वेणुकादि पाँच भूमिका वाले छह प्रासाद) कर्ण के समान प्रतिरथ और चार भागों का भद्र हों और पाँच मंजिलों वाला हों तो वेणुक नाम का प्रासाद होगा। यह शोभायुक्त होता है।

चतुर्दश सिंहपञ्जर प्रासादः —

कर्णं प्रतिरथं भद्रं चतुरश्रं प्रकल्पयेत्।
भद्रं च कर्णिकायुक्तं स भवेत् सिंहपञ्जरः ॥ 24 ॥

इति सिंहपञ्जरः

उसमें कर्ण, प्रतिरथ और भद्र को चौकोर बनाएँ तथा भद्र कर्णिका युक्त हों तो यह सिंहपञ्जर प्रासाद होगा।

पञ्चदशषोडश नन्द्यावर्तपूर्णाक्षौ —

द्विद्विवार्य्यन्तरं भद्रे नन्द्यावर्तश्च नामतः।
यथा भद्रे तथा कर्णे पूर्णाक्षो नाम नामतः॥ 25॥

इति नन्द्यावर्त-पूर्णाक्षौ

भद्रों पर दो-दो वार्यन्तर यानी प्रणाले हों तो नन्द्यावर्त नामक प्रासाद होगा। जैसे भद्र हों वैसे ही कर्ण हों तो यह पूर्णाक्ष नामक प्रासाद होता है।

सप्तदशाष्टादश पताकनन्दनौः —

कर्णे त्यक्त्वाऽगुने दद्यात् पताको नाम शोभनः।
रथे प्रतिरथे कर्णे भवेन्नन्दन उत्तमः॥ 26॥

इति पताक-नन्दनौ इति पञ्चभूमाः षट्।

इसी प्रकार उसे यदि पीछे कर्ण छोड़कर बनाया जाए तो पताक नामक प्रासाद होता है। रथ और प्रतिरथ पर कर्ण हों तो यह नन्दन नामक प्रासाद उत्तम होता है।

सप्तभूमाः षट् प्रासादः श्रीतिलक-महोकान्तौ —

चतुर्दशविभक्ते च द्विभागः कर्णविस्तरः।
भवेत्तद्द्विगुणं भद्रं निर्गमश्चार्धभागिकः॥ 27॥

(अब श्रीतिलकादि सात भूमिका वाले छह प्रासाद) वास्तु क्षेत्र को चौदह भागों में विभाजित करके दो भाग का कर्ण का विस्तार रखें। उससे दुगुना अर्थात् चार भाग का भद्र हों और उसका निकास आधे भाग का हों।

भद्रकर्णकयोर्मध्ये द्वौ द्वौ प्रतिरथौ तथा।
निर्गतं चार्धभागेन सार्धभागस्तु विस्तरः॥ 28॥

भद्र और कर्णों के मध्य में दो-दो प्रतिरथ हो जो आधे भाग के निकास से युक्त हों और डेढ़ भाग के विस्तार में हों।

सप्तभूमिश्च कर्तव्यः श्रीतिलकनामकः।
भद्रे वार्य्यन्तरे द्वे च महाकान्तस्स उच्यते॥ 29॥

इति श्रीतिलक-महोकान्तौ

इस प्रकार बनने वाला यह श्रीतिलक नाम का प्रासाद होगा। इसे सात मंजिला बनाएँ। भद्रों पर दो वार्यन्तर यानी प्रणाले बनाएँ तो महाकान्त नाम का प्रासाद होगा।

सुन्दरचारुवर्धनकमलाः —

कर्णोदकैः सुन्दरः स्यात् प्ररथे चारुवर्धनः।

भद्रेषु प्रतिभद्रं च भवेत् कमलसञ्ज्ञकः ॥ 30 ॥

इति सुन्दर-चारुवर्धन-कमलाः

कर्णों पर प्रणाले हों तो सुन्दर नाम प्रासाद होगा और प्ररथों पर प्रणाले हों तो चारुवर्धन प्रासाद होगा। भद्रों और प्रतिभद्रों पर प्रणाले हों तो वह कमल नामक प्रासाद होता है।

तत्रोदकान्तरे द्वे द्वे किरणो नाम नामतः ।
सप्तभूमाश्च कर्तव्याः प्रासादाः शुभलक्षणाः ॥ 31 ॥

इति किरणः इति सप्तभूमाः षट्।

वहाँ यदि प्रणाले दो-दो की संख्या में हों तो किरण नामक प्रासाद होता है। इन प्रासादों को सात मंजिले व शुभ लक्षणों सहित बनाने चाहिए। (ये सात भूमिका वाले छह प्रासाद हुए)।

इत्यमनन्तर नवभूम एकः —

छन्देऽष्टादशधा भक्ते द्विभागः कर्णविस्तरः ।
पादोनद्व्यंशः प्ररथः सार्धं स्यात्तत्र चानुगम् ॥ 32 ॥

(इसके बाद नौ भूमिका वाला महापद्म प्रासाद) चौरस क्षेत्र के छन्द को आठ भागों में विभाजित करें और दो भाग का कर्ण विस्तार रखें। पौने दो भाग का प्ररथ और उसके बाद का प्ररथ डेढ़ भाग का हों।

बालपञ्जरः सपादो भद्रं स्यात्पञ्चभागिकम्।
भागावुभे कर्णिके च वेदांशं मुखभद्रकम् ॥ 33 ॥

बालपञ्जर सवाये भाग का और भद्र पाँच भाग का हों। एक भाग की दोनों कर्णिका हों और चार भाग का मुखभद्र हों।

नवभूभाश्च कर्तव्या घण्टा मन्दारपुष्पवत्।
शुकाग्रयुक्तश्च महापद्मः स्यात् सर्वकामदः ॥ 34 ॥

इति महापद्म इति नवभूमएकः।

इस प्रासाद को नौ मंजिला बनाएँ। इसके आमलसार को मन्दार पुष्प के समान रखें। शुकनास युक्त यह महापद्म सब कामना पूरी करता है।

एकभूमिप्रासादलक्षणम् —

स्तम्भाद्याश्चैव गर्भाद्याः पादाः श्रीतर्वमानतः ?।
चतुर्विंशतिभिश्चौरै रेखाभिश्च वराटकाः ॥ 35 ॥

(एक भूमिका वाले प्रासाद के लक्षण) स्तम्भ से लेकर गर्भ तक के भाग श्रीतरु मान के हों। चौबीस चार (शिखरीय रेखाखण्ड की की रचना संख्या) पर भी वराटक छन्द की रेखाएँ हों।

वराटे द्राविडे चैव घण्टान्त उदयः स्मृतः।
प्रोक्ताश्च विविधाश्छन्दाः प्रयुक्ता वास्तुवेदिभिः ॥ 36 ॥

प्रासाद चाहे वराट छन्द के, चाहे द्राविड छन्द के अनुसार हों, वहाँ ऊँचाई आमलसार तक मानी गई है। इस तरह वास्तुविदों ने प्रयोग में लाने के लिए विविध छन्दों को कहा है।

कर्णमानोदयं सर्वं घण्टान्तं च प्रकल्पयेत्।
दशभागोदयं कृत्वा विभजेत्तदनन्तरम् ॥ 37 ॥

ये सभी कर्ण के मान से उदय होते हैं और आमलसार पर अन्त होते कहे गए हैं। इस समग्र को दस भागों की ऊँचाई करें फिर उसे विभाजित करें।

द्विभागा च भवेज्जङ्घा द्विगुणः कूटकोदयः।
चतुर्भागोदया घण्टा विभागो ह्येकभूमिके ॥ 38 ॥

इत्येकभूमिकः।

उसमें दो भाग की जङ्घा और उससे दुगुनी कूट की ऊँचाई हों। चार भाग की ऊँचाई में आमलसार हों। ये विभाग एक मंजिले प्रासाद के हैं।

त्रिभूमिकप्रासादलक्षणम् —

द्व्यष्टभागोदयं कृत्वा विभजेत्तदनन्तरम्।
द्विभागा च भवेज्जङ्घा द्विगुणः कूटकोदयः ॥ 39 ॥

(अब तीन भूमिका वाले प्रासाद के लक्षण) सोलह भागों की ऊँचाई करें। इसके अनन्तर उसका विभाजन करें। दो भाग की जङ्घा और उससे दुगुने कूट की ऊँचाई हों।

एकभागा भवेज्जङ्घा त्रिभागं कूटमुन्नतम्।
जङ्घार्धं सार्धद्वयांशं कूटं घण्टा च त्र्यंशिक ॥ 40 ॥

इति त्रिभूमिकः।

इसी प्रकार एक भाग की जङ्घा और तीन भाग की कूट की ऊँचाई हों। जङ्घार्ध तक ढाई भाग, कूट और घण्टा (आमलसार) तीन भागों में होगा। (इस प्रकार त्रिभूमिक प्रासाद के लक्षण बताए गए हैं)।

पञ्चभूमिकप्रासादलक्षणम् —

विंशत्यंशोदयं कृत्वा विभजेत्तदन्तरम्।
द्विभागा च भवेज्जङ्घा द्विगुणः कूटकोदयः ॥ 41 ॥

(पाँच भूमिका वाले प्रासाद के लक्षण) बीस भागों से ऊँचाई करें। तदनन्तर उसका विभाजन करते हुए दो भागों की जङ्घा करें और दुगुनी कूट की ऊँचाई रखें।

सार्धं जङ्घा त्रिभिः कूटं जङ्घैका सार्धत्र्यंशकम्।
अर्धं जङ्घा द्व्यंशकूटं पदिका सार्धभागिकम् ॥ 42 ॥

इसी प्रकार डेढ़ भाग जङ्घा, तीन भाग से कूट करें और एक जङ्घा साढ़े तीन भाग की होगी। आधे भाग की जङ्घा, दो भाग के कूट के अतिरिक्त पदिका डेढ़ भाग की रखें।

एकांशां च तथा घण्टां कुर्यान्मन्दारपुष्पवत्।
पञ्चभूम इति ख्यातः कर्तव्यः सर्वकामदः ॥ 43 ॥

इति पञ्चभूमिकः।

इसमें एक भाग प्रमाण का आमलसार हों जिसे मन्दार पुष्प के समान पुष्पित बनाएँ। यह पञ्च भौमिक प्रासाद सर्वकामद होता है।

सप्तभूमिकप्रासादलक्षणम् —

त्रिचत्वारिंशद्भाजिते कथ्यते सप्तभूमिकः।
त्र्यंशा जङ्घा सप्तकूटं त्र्यंशा जङ्घा च षट् ततः ॥ 44 ॥

(सात भूमिका वाले प्रासाद के लक्षण) अब तियालीस भागों में विभाजित सप्तभूमिक प्रासाद को कहता हूँ। इसमें तीन भाग की जङ्घा, सात भाग का कूट और पुनः तीन भाग की जङ्घा तथा आगे छह भाग का कूट होगा।

जङ्घा द्व्यंशाः पञ्चकूटं द्वौ जङ्घा वेदकूटकः।
सार्धं जङ्घा त्रिभिः कूटं जङ्घैकांशा द्विकूटकम् ॥ 45 ॥

इसके अनन्तर दो भाग की जङ्घा और पाँच भाग के कूट होंगे। पुनः दो भाग जङ्घा, चार भाग के कूटक, डेढ़ भाग जङ्घा, तीन भाग के कूट, एक भाग जङ्घा और दो भाग के कूटक होंगे।

अर्धं जङ्घा भागकूटं घण्टा भागद्वयोन्नता।
इतीत्थं सप्तभूमश्च कर्तव्यः सर्वकामदः ॥ 46 ॥

इति सप्तभूमिकः।

पुनः आधे भाग की जङ्घा और एक भाग का कूट होगा। इसके ऊपर दो भाग ऊँचाई का घण्टा होगा। इस तरह सात मंजिला प्रासाद सर्वकामद बनता है।

नवभूमोदयप्रासादलक्षणम् —

एकषष्ट्युदयं कृत्वा विभजेन्नवभूमिकम्।
वेदा जङ्घा चाष्टकूटं वेदा जङ्घाऽश्वकूटकम्॥ 47॥

(नौ भूमिका की ऊँचाई वाले प्रासाद के लक्षण) प्रासाद की इकसठ भाग की ऊँचाई करें तदनन्तर नौ मंजिलों का विभाजन करें। चार भाग की जङ्घा, आठ भाग के कूट, चार भाग जङ्घा, सात भाग कूट करें।

त्र्यंशाजङ्घा च षट्कूटं त्रिजङ्घा पञ्चकूटकम्।
द्वौ जङ्घा कूटकं वेदा द्वौ जङ्घा कूटकं त्रयः॥ 48॥

इसके बाद, तीन भाग जङ्घा, छह भाग कूट, तीन भाग जङ्घा, पाँच भाग कूट करें। पुनः दो भाग जङ्घा, चार भाग कूट, दो भाग जङ्घा, तीन भाग से कूट करें।

सार्धा जङ्घा सार्धद्वयं भागं द्विकूटकम्।
जङ्घार्धं कूटको भागो घण्टास्यात्सार्धभागिका॥ 49॥

इति नवभूमोदयः।

इसके बाद डेढ़ भाग जङ्घा, ढाई भाग कूट करें। एक भाग जङ्घा, दो भाग कूट करें। पुनः आधे भाग की जङ्घा, एक भाग का कूटक और फिर आमलसार डेढ़ भाग का होगा। (इस प्रकार से नौ भूमिका वाला प्रासाद होगा)।

अन्यदप्याह —

वराटः पुष्पकश्चैव श्रीपुञ्जः सर्वतोभवः।
एते कूटैः समावृत्ताः कर्तव्याः सर्वकामदाः॥ 50॥

सामान्यतया वराट संज्ञक प्रासाद, पुष्पक, श्रीपुञ्ज और सर्वतोभद्र— ये सभी प्रासाद कूटों से समावृत करने चाहिए। इस प्रकार से इनको बनाना सर्व कामनाएँ पूर्ण करने वाला है।

इति सूत्रसन्तानगुणकीर्तिप्रकाशप्रोक्तृश्रीभुवनदेवाचार्योक्तापराजितपृच्छायां
वराटप्रासादलक्षणाधिकारो नाम पञ्चसप्तत्युत्तरशततमं सूत्रम्॥ 175॥

इस प्रकार भुवनदेवाचार्य कृत सूत्रसन्तानगुणकीर्ति प्रकाश या अपराजितपृच्छा में वराट
प्रासाद लक्षण अधिकार नामक एक सौ पिचहत्तरवाँ सूत्र पूर्ण हुआ॥ 175॥

स्त्रीसञ्ज्ञकवलभीप्रासादलक्षणात्मकं षट्सप्तत्युत्तरशततमं सूत्रम् ॥ 176 ॥

अधुना स्त्रीसञ्ज्ञकवलभीप्रासादलक्षणं। विश्वकर्मोवाच —

अथातः सम्प्रवक्ष्यामि स्त्रीसञ्ज्ञानमरालयान्।
वलभ्यन्यवविख्यातानायतान् शुभलक्षणान्॥ 1 ॥

(इस सूत्र में स्त्रीलिङ्ग की कोटि वाले प्रासादों का वर्णन है) विश्वकर्मा बोले कि अब मैं स्त्री संज्ञक अमरालयों या देव प्रासादों के बारे में कहता हूँ। ये वलभी नाम से विख्यात है और आयतवत् एवं चतुर्मुख लक्षणों वाले हैं।[1]

तेषां पञ्चविंशति नामानि —

नन्दिनी हस्तिनी चैव शान्ता च कुमुदोद्भवा।
हंसिनी हंसतिलका शृङ्गारा चाब्जमञ्जरी॥ 2 ॥
कुमुदा स्वस्तिका रम्या माहेन्द्री पर्यन्तकी।
अशोका चम्पकाख्याता वसन्ता नक्रकेतकी॥ 3 ॥
गान्धारी सर्वतोभद्रा वर्धमानी श्रीशैलजा।
नन्द्यावर्ती महाक्रान्तिर्मेरुकूटाभिधानका॥ 4 ॥
त्रैलोक्यतिलका चैव विख्याताः पञ्चविंशतिः$_{25}$ ।
इत्युक्ता वलभीसञ्ज्ञाः स्त्रीलिङ्गाश्च प्रकीर्तिताः॥ 5 ॥

इनमें 1. नन्दिनी, 2. हस्तिनी, 3. शान्ता, 4. कुमुदोद्भवा, 5. हंसिनी, 6. हंसतिलका, 7. शृङ्गारा, 8. अब्जमञ्जरी, 9. कुमुदा, 10. स्वस्तिका, 11. रम्या, 12. माहेन्द्री, 13. पर्यन्तकी, 14. अशोका, 15. चम्पका, 16. वसन्ता, 17. नक्रकेतकी (मकरकेतकी), 18. गान्धारी, 19. सर्वतोभद्रा, 20. वर्धमानी, 21. श्रीशैलजा, 22. नन्द्यावर्ती, 23. महाक्रान्ति, 24. मेरुकूटा और 25. त्रैलोक्यतिलका— ये पच्चीस विख्यात् है। ये सब वलभी नाम वाले स्त्रीलिङ्ग कहे गए है।

नन्दिन्यादि षडेकभूमिकाः —

चतुर्भागश्च विस्तार आयतं पञ्चभागिकम्।

---

1. मेवाड़-मालवा और गुजरात में मन्दिर के साथ-साथ मन्दरी यानी लघु मन्दिरों की परम्परा है। प्रधान मन्दिर के साथ बनने वाले अन्य मन्दिरों को मन्दरियाँ कहा जाता है। सास-बहू जैसे मन्दिरों के सम्बोधन के मूल में भी यही मान्यता लक्षित होती है, जो बड़ा हो वह सास और जो छोटा हो वह बहू के नाम से कहा जाता है। मेवाड़ के नागदा और मध्यप्रदेश के ग्वालियर में इन नामों वाले मंदिर विद्यमान हैं। ग्रन्थ के रचनाकाल से पूर्व ही यहाँ यह परम्परा देखने में आती है। इस पर समरांगण. का भी प्रभाव है।

भित्तिर्भागा शुभो रम्यो गर्भः षट्पद उच्यते॥ 6॥

(नन्दिनी आदि एक भूमिका वाले छह स्त्री संज्ञक प्रासाद) क्षेत्र के चार भागों का विस्तार और पाँच भागों की लम्बाई, भित्ति एक भाग की शुभ व सुन्दर और गर्भगृह छह भाग का कहा है।

गर्भतुल्या स्कन्धवेदी घण्टा स्कन्धाकृतिर्भवेत्।
वेद्यूर्ध्वे चैव वलभी गजपृष्ठाकृतिर्भवेत्॥ 7॥

गर्भगृह के समान ही स्कन्धवेदी और घूमट भी स्कन्धाकृति का ही होता है। वेदी के ऊपर वलभी गज की पीठ जैसी आकृति में गोलाई युक्त होती है।

वाम-दक्षिणतो लेख्या पुरः पृष्ठे ठकारिका।
शुकनासाऽग्रतःख्याता नन्दिनी सर्वकामदा॥ 8॥

इसके बाएँ-दाएँ लेख्या और और आगे-पीछे ठकारिया होती है। शुकनास की रचना आगे होती है। ऐसा नन्दिनी प्रासाद सब कामना पूरी करता है।

त्रिभागं पृष्ठभद्रं च द्विभागं पक्षभद्रकम्।
हस्तिनी च समाख्याता कर्तव्या सर्वकामदा॥ 9॥

इसके तीन भाग की पृष्ठभद्र हों और दो भाग पक्षभद्र हों तो इसे हस्तिनी नाम से जाना जाएगा। इसका निर्माण सर्वकामद माना गया है।

कर्णे वार्यन्तरं कार्यं भद्रे भद्रे ठकारिका।
शान्ता सा च समाख्याता कूटाक्षा सर्वकामदा॥ 10॥

यदि कर्णों पर वार्यन्तर यानी प्रणाले हों और भद्र-भद्र पर ठकारिका हों तो यह शान्ता नाम से विख्यात और कूटाक्षा सब कामना पूरी करती है।

वार्यन्तरं भद्रमध्ये सा भवेत् कुमुदोद्भवा।
यथा भद्रे तथा कर्णे हंसिनी सर्वकामदा॥ 11॥

यदि वार्यन्तर यानी प्रणाले भद्र के मध्य में हों तो उसे कुमुदोद्भवा कहा जाता है। जैसे भद्र वैसे ही कर्ण हों तो वह हंसिनी नामक होगी। उसे सर्वकामदा कहा है।

पृष्ठभद्रे मुखभद्रं सा हंसतिलका मता।
तलच्छन्देषु चाऽऽद्येषु वलभीषट्कमेव च॥ 12॥

इत्येकभूमिकाः षट्।

यदि पृष्ठ पर भद्र हों और मुख पर भद्र तो उसे हंसतिलका कहा गया है। इस तरह तलछन्दों के आरम्भ से यह वलभी-षटक होता है। (ये छहों स्त्री प्रासाद एक भूमिका वाले हैं)।

त्रिभूमिकाः सप्त —

षड्भागश्चैव विस्तार आयामोऽष्टांश एव च।
सार्धभागा भवेद् भित्तिः शेषं गर्भगृहं भवेत्॥ 13॥

(तीन भूमिका वाले स्त्री प्रासाद) छह भाग की चौड़ाई और आठ भाग की लम्बाई; डेढ़ भाग की भित्ति और शेष गर्भगृह होता है।

कर्णे कूटानि कार्याणि भूमिकात्रयमेव च।
तदूर्ध्वे वेदिकास्कन्धो वलभ्यश्च तदूर्ध्वतः॥ 14॥

इसमें कर्णों पर कूट बनाएँ और तीन मंजिले हों। इनके ऊपर वेदिका स्कन्ध हों और उनके ऊपर वलभी बनाएँ।

चतुर्भागं पृष्ठभद्रं तदर्धं वाम-दक्षिणे।
अर्धभागस्तुनिष्कासः कर्णे स्यादुदकान्तरम्॥ 15॥

चार भाग पृष्ठभद्र हों, उसके आधे प्रमाण के भद्र बाएँ-दाएँ हों जिनका निकास आधे भाग का हों। साथ ही कर्णों पर उदकान्तर यानी प्रणाल बनाएँ।

भद्रे भद्रे च वलभी वाराटाकूटघण्टिका।
शृङ्गारा च तदा नाम दुर्लभा देवदानवैः॥ 16॥

प्रत्येक भद्र पर वलभी हों और वाराट छन्द के कूट एवं आमलसार हों तो यह शृंगारा नामक स्त्री प्रासाद होगा। यह देव-दानवों को भी दुर्लभ है।

अर्धभागा भद्रकर्णी भवेत् कुमुदमञ्जरी।
भद्रेऽम्बुमार्गैः कुमुदा स्व(श्व ?)स्तिका कर्णसादृशैः॥ 17॥

इसी प्रकार यदि आधे भाग की भद्रकर्णी हों तो कुमुदमञ्जरी, भद्रों पर अम्बूमार्ग यानी प्रनाले हों तो कुमुदा और कर्ण सादृश हों तो स्वस्तिका नामक प्रासाद होगा।

पृष्ठभद्रे मुखभद्रं रम्या नाम तथोच्यते।
पक्षभद्रे मुखभद्रं माहेन्द्री सर्वकामदा॥ 18॥

पृष्ठभद्र और मुखभद्र होने पर रम्या नाम होगा जबकि पक्षभद्र व मुखभद्र हों तो माहेन्द्री नाम होगा जिसे सब कामनाएँ पूर्णकर्ता प्रासाद कहा है।

पृष्ठभद्रे प्रतिभद्रं नाम्ना पर्यन्तकी मता।
द्वितीयतलच्छन्देषु वलभीसप्तकं तथा॥ 19॥

इति त्रिभूमिकाः सप्त।

यदि पृष्ठभद्र और प्रतिभद्र हों तो उसे पर्यन्ता कहते हैं। इस तरह द्वितीय तलच्छन्द के अनुसार यह वलभी सप्तक हुआ। (इस प्रकार ये तीन भूमिका वाले सात प्रासाद हुए)।

पञ्चभूमाः षट् —

अष्टभागश्च विस्तार आयामो दशभागिकः।
द्विभागो भित्तिविस्तारः शेषं गर्भगृहं भवेत्॥ 20॥

(पाँच भूमिका वाले स्त्री प्रासाद) आठ भाग की चौड़ाई, दस भाग की लम्बाई, दो भाग का भित्ति विस्तार हों और शेष गर्भगृह होता है।

द्विभागः कर्णविस्तार उदकान्तरभूषितः।
त्रिभागं भद्रमित्युक्तं भद्रार्धे प्ररथो भवेत्॥ 21॥

दो भाग का कर्ण विस्तार होगा, उदकान्तर यानी प्रणाल से युक्त होता है। तीन भाग का भद्र और भद्र का आधा भाग का प्ररथ होता है।

भागार्धं निर्गमं कुर्याद् रथे प्रतिरथेऽथवा।
त्रिभागं कुक्षिभद्रं च भागार्धे पक्षकर्णिका॥ 22॥

इसके अतिरिक्त रथ और प्रतिरथ का निकास आधे भाग का होगा। तीन भाग का कुक्षिभद्र और आधे भाग की पक्षकर्णिका होगी।

गर्भतुल्योच्छ्रिता वेदी पञ्चभूमा हिता तथा।
रथोपरथकर्णे तु कूटैश्च विविधैः क्रमात्॥ 23॥

गर्भगृह के समान ही ऊँची वेदी पाँच मंजिली हितकर होती है। रथों, उपरथों और कर्णों पर विविध क्रमों से कूट बने हों।

वेद्यूर्ध्वे वलभी चैव ह्यालेख्या वाम-दक्षिणे।
अशोका नाम विख्याता संसारशोकत्रासिनी॥ 24॥

वेदी के ऊपर वलभी और बाएँ-दाएँ आलेख्य हों तो वह स्त्री प्रासाद अशोका नाम का होगा। यह रचना संसार के शोक को त्रास पहुँचाने वाली होती है।

वार्यन्तरं प्रतिरथे चम्पका सर्वकामदा।
भद्रोदकैर्वसन्ता स्यात् कर्णे मकरकेतकी॥ 25॥

इसमें यदि प्रणाले प्रतिरथों पर हों तो चम्पका नाम, भद्रों पर प्रणाले हों तो वसन्ता नाम और कर्णों पर प्रणाले हों तो मकरकेतकी नाम होगा।

पुनः कार्यं प्रतिरथे गान्धारी सर्वकामदा।

भद्रे भद्रे प्रतिभद्रं सर्वतोभद्रिका भवेत्॥ 26॥

इति पञ्चभूमाः षट्।

इस पर पुनः प्रतिरथों पर प्रणाले हों तो गान्धारी नाम और भद्र-भद्र पर प्रणाले हों तो वह सर्वतोभद्रिका होती है। (इस प्रकार पाँच भूमिका वाले छह स्त्री प्रासाद हैं)।

इत्यमनन्तर सप्तभूमाः —

दशभागश्च विस्तार आयामश्च द्विसप्तकम्।
द्विभागा च भवेद् भित्तिः शेषं गर्भगृहं भवेत्॥ 27॥

(सात भूमिका वाले प्रासाद) दस भाग की चौड़ाई एवं चौदह भागों की लम्बाई हों। दो भाग की भित्ति करें और शेष गर्भगृह होगा।

द्विभागः कर्णविस्तारः सार्धः प्रतिरथो भवेत्।
द्वितीयस्तेन मानेन भद्रं वेदांशविस्तरम्॥ 28॥

इसमें दो भाग का कर्ण विस्तार, डेढ़ भाग का प्रतिरथ होता है। उसी मान से द्वितीय प्रतिरथ हों और भद्र चार भागों के विस्तार में हों।

त्रिभागो भद्रविस्तारो भागार्धं पक्षकर्णिका।
कुक्षिभद्रं त्रिभिर्भागैस्तदर्धः प्ररथो भवेत्॥ 29॥

तीन भागों के भद्र विस्तार में आधे भाग की पक्षकर्णिका हों। कुक्षिभद्र तीन भाग का और प्ररथ उसका आधा भाग का होता है।

गर्भतुल्योर्ध्ववेदी च भूमिकाः सप्त चोच्छ्रिताः।
वराटैर्द्राविडः कूटैर्नागरैश्च विशेषतः॥ 30॥

गर्भगृह के बराबर ही ऊपर की वेदी और उस पर सात मंजिलें होंगी। वराट, द्राविड़ छन्द के कूट हों और नागर छन्द के कूट हों तो और भी विशेष होते हैं।

वर्धमानी तदा नाम वन्दिता त्रिदशैरपि।
भद्रोदकैः श्रीशैलजा नन्द्यावर्ती कर्णोदकैः॥ 31॥

इस प्रकार से बनी वर्धमानी नाम की मन्दरी देवताओं से वन्दिता है। भद्रों पर प्रणाले हों तो श्रीशैलेजा और कर्णों पर प्रणाले हों तो नन्द्यावर्ती होगी।

वार्यन्तरं प्रतिरथे महाकान्तिश्च कामदा।
मेरूकूटाभिधानं च कर्णे कुर्याच्च भद्रकम्॥ 32॥
त्रैलोक्यतिलका ख्याता भद्रे चेत् प्रतिभद्रकम्।

इति सप्तभूमाः।

यदि प्रतिरथों पर प्रणाले हों तो महाकान्ति नामक और कर्णों पर भद्र बनाएँ तो मेरुकूटा नाम होगा। भद्रों और प्रतिभद्र पर प्रणाले हों तो त्रैलोक्यतिलका नाम से विख्यात होगा।

स्त्रीसञ्ज्ञकाश्च प्रासादा वलभ्यः पञ्चविंशतिः ॥ 33 ॥
वराटे कूटोदयत ऊर्ध्वमानं विभज्यते।
एषां युक्त्या विधातव्याः प्रासादाः सर्वकामदाः ॥ 34 ॥

इस प्रकार ये स्त्री संज्ञका प्रासादों की वलभी पचीसी है। इनमें वराट छन्द के कूटों के उदय से ऊँचाई का मान विभाजित करें। इस युक्ति से इन सभी प्रासादों को बनाने पर ये सब कामनाएँ पूरी करते हैं।

इति सूत्रसन्तानगुणकीर्तिप्रकाशप्रोक्तृश्रीभुवनदेवाचार्योक्तापराजितपृच्छायां
स्त्रीसञ्ज्ञकवलभीप्रासादाधिकारो नाम षट्सप्तत्युत्तरशततमं सूत्रम् ॥ 176 ॥

इस प्रकार भुवनदेवाचार्य कृत सूत्रसन्तानगुणकीर्ति प्रकाश या अपराजितपृच्छा में स्त्री सञ्ज्ञक प्रासाद लक्षण अधिकार नामक एक सौ छिहत्तरवाँ सूत्र पूर्ण हुआ ॥ 176 ॥

सिंहावलोकनप्रासादनिर्णयो नाम सप्तसप्तत्युत्तरशततमं सूत्रम् ॥ 177 ॥

अधुना दारूच्छन्दजसिंहावलोकनप्रासादलक्षणं। विश्वकर्मोवाच —

प्रासादान् सम्प्रवक्ष्यामि जात्या सिंहावलोकनान्।
छाद्योद्गमेषु घण्टाभिः सिंहकर्णैरनेकधा ॥ 1 ॥

(इस सूत्र में सिंहावलोकन प्रासादों के विषय में कहा जा रहा है जिनकी संख्या 25 हैं और ये काष्ठ से बनने योग्य प्रासाद हैं) विश्वकर्मा बोले कि अब मैं सिंहावलोकन जाति के प्रासादों के बारे में बताऊँगा। इसके छाद्य से लेकर घण्टा (आमलसार) तक अनेक सिंहकर्ण होते हैं।

तेषां नामानि —

पुष्पको भद्रपद्माख्यो नन्दश्च नन्द्यावर्तकः।
सर्वतोभद्रसिंहौ च मन्दरः पुष्पभद्रकः ॥ 2 ॥
कैलासश्च जयः कान्तो मनोहृच्चारूवर्धनः।
सम्भवो रत्नकूटश्च तारागणसुलोचनौ ॥ 3 ॥
हिमवान् हेमकूटश्च पृथ्वीजयसुमिश्रकौ।
ऐरावतो हंसपक्षः पक्षिराट् पुष्पकोदयः ॥ 4 ॥

दारुकर्मारजिताश्च दारुजाः पञ्चविंशतिः$_{25}$ ।
द्वारच्छाद्यलूमपातघण्टाद्यैः सिंहकर्णकैः ॥ 5 ॥

इनमें 1. पुष्पक, 2. भद्रपद्म, 3. नन्दन, 4. नन्द्यावर्तक, 5. सर्वतोभद्र, 6. सिंह, 7. मन्दर, 8. पुष्पभद्रक, 9. कैलास, 10. जय, 11. कान्त, 12. मनोहर, 13. चारुवर्धन, 14. सम्भव, 15. रत्नकूट, 16. तारागण, 17. सुलोचन, 18. हिमवान्, 19. हेमकूट, 20. पृथ्वीजय, 21. सुमिश्रक, 22. ऐरावत, 23. हंसपक्ष, 24. पक्षिराट् और 25. पुष्पकोदय— ये सब दारुकर्मा यानी लकड़ी से बनने वाला पच्चीस दारुज प्रासाद हैं। इनके द्वार, छत, लूम, पात, आमलसार आदि सिंहकर्ण छन्द के होते हैं।

पुष्पकभद्रकपद्मकनन्द्यावर्ता इति पुष्काद्याः पञ्च —

चतुरश्रीकृते क्षेत्रे चाष्टधा प्रतिभाजिते।
भागो भागा भ्रमो भित्तिस्तथा स्युर्मध्यभित्तयः ॥ 6 ॥

(पुष्पकादि पञ्च प्रासाद) चौकोर, समतल क्षेत्र को आठ भागों में विभाजित करें। इसमें एक-एक भाग के भ्रम और भित्ति तथा मध्यभित्तियाँ होती हैं।

शेषं गर्भगृहं कुर्याद् विस्तारसममुच्छ्रितम्।
मध्यगर्भं भित्तिसूत्रे भ्रमन्तीस्तम्भमोक्षयोः ॥ 7 ॥

शेष गर्भगृह होता है जो चौड़ाई के जितना ही, ऊँचाई वाला हों। मध्यगर्भ-भ्रमन्ती और स्तम्भों को छोड़कर, भित्ति सूत्र में होता है।

सूत्रमानायतं कुर्यान्मण्डपं समसूत्रकैः।
एकं द्वारं त्रीणि वाऽपि भद्रे चन्द्रावलोकनम् ॥ 8 ॥

सूत्र के नाप के अनुसार ही लम्बाई युक्त मण्डप को समसूत्र में बनाएँ। एक द्वार हों या तीन द्वार हों। भद्रों पर चन्द्रावलोकन (झरोखे) होने चाहिए।

तत्र छाद्यत्रयं कार्यं चत्वारः सिंहकर्णकाः।
ऊर्ध्वघण्टा तथैकैव पुष्पकः सर्वकामदः ॥ 9 ॥

इनके तीन छाद्य बनाएँ और चार सिंहकर्णक बनाएँ। ऊपर घण्टा यानी आमलक बनाएँ तो वह पुष्पक प्रासाद होगा जो सारी कामनाएँ पूर्ण करता है।

द्विभागः कर्णविस्तारो भद्रं भागचतुष्टयम्।
निर्गतं चैकभागेन सर्वभद्रेष्वयं विधिः ॥ 10 ॥

दो भागों में कर्णों का विस्तार हों, चार भाग के भद्र हो जो एक भाग के निकास युक्त हों। सर्व भद्रों की यही विधि है।

अष्टैव सिंहकर्णाश्च प्रतिकर्णाष्टकं तथा।
भद्रको नाम विख्यातः सर्वदा भद्रकारकः ॥ 11 ॥

आठ सिंहकर्ण हों, प्रतिकर्ण भी आठ हों तो यह भद्रक नाम से विख्यात प्रासाद होगा जो सदैव कल्याण करने वाला है।

भद्रं तु कर्णिकायुक्तं चतुर्भिः सिंहकर्णकैः।
पद्मकस्तु समाख्यातः कर्तव्यः सर्वदैवते ॥ 12 ॥

भद्र को कर्णिका युक्त करें और चार सिंहकर्णक बनाएँ तो वह पद्मक नाम का प्रासाद होगा। इसको सब देवताओं के लिए करना चाहिए।

निर्गमो भद्रभागश्च सीमामानेन विस्तरः।
नन्दनः स समाख्यातो नन्द्यावर्तः प्रभद्रके ॥ 13 ॥

इति पुष्पकाद्याः पञ्च।

यदि भद्र का निकास एक भाग और सीमा मानानुसार विस्तार हों तो वह नन्दन नाम का होगा। इसके अतिरिक्त उसमें प्रभद्रक हों तो वह नन्द्यावर्त होगा।

सर्वतोभद्रसिंहमन्दरपुष्पभद्रेति सर्वतोभद्रचतुष्टयम् —

विभक्ते दशधा छन्दे द्विभागः कर्णविस्तरः।
त्रिभागं च भवेद् भद्रं भद्रार्धं प्ररथस्तथा ॥ 14 ॥

(सर्वतोभद्रादि चार प्रासाद) वास्तु क्षेत्र को छन्द रचना के लिए दस भागों में विभाजित करें। दो भागों में कर्ण का विस्तार हों, तीन भाग का भद्र और भद्र के आधा भाग का प्ररथ बनाएँ।

भागो भागा भ्रमो भित्तिः शेषं गर्भगृहं मतम्।
मण्डपं पूर्वमाख्यातं स्तम्भानां गर्भसूत्रतः ॥ 15 ॥

इसके अतिरिक्त एक-एक भाग की भ्रम और भित्ति तथा शेष गर्भगृह होगा। इसका मण्डप पहले बताए अनुसार हों और स्तम्भ गर्भसूत्र में हों।

सिंहकर्णास्ततश्चाऽष्टौ प्रतिकर्णाश्च षोडश।
पञ्चघण्टासमायुक्तं सर्वतोभद्रलक्षणम् ॥ 16 ॥

इसके आठ सिंहकर्ण और सोलह प्रतिकर्ण हों। ये पाँच आमलसारों से युक्त हों। ये सर्वतोभद्र प्रासाद के लक्षण हैं।

मल्लच्छाद्यं ख्यातमूर्ध्वे सिंह नाम स उच्यते।
मन्दरो नवघण्टाढ्यः पुष्पभद्रः प्रभद्रके ॥ 17 ॥

इति सर्वतोभद्रक चतुष्टयम्।

इसके ऊपर मल्लच्छाद्य हों तो इसका सिंह नाम होता है। नौ आमलसार युक्त हों, तो यह मन्दर नाम का प्रासाद होगा और प्रभद्र होने पर इसे पुष्पभद्र कहते हैं।

कैलासजयकान्तेति कैलासादित्रयम् —

भक्ते द्वादशधा छन्दे द्विभागो भद्रविस्तरः।
कर्णतुल्यः प्रतिरथः शेषं युज्जीत पूर्ववत्॥ 18॥

(कैलासादि तीन प्रासाद) क्षेत्र को बारह भागों में विभाजित करें और दो भागों का भद्र विस्तार, कर्ण के बराबर प्रतिरथ और शेष को पहले की भाँति योजित करें।

भद्रं वेदांशविस्तारं भद्रे चन्द्रावलोकनम्।
त्रिच्छाद्यं मल्लच्छाद्योर्ध्वे कैलासो नवघण्टकः॥ 19॥

भद्र चार भागों के विस्तार में और भद्रों पर चन्द्रावलोकन हों, तीन छाद्य हों, उन पर मल्लच्छाद्य की रचना हों तो वह कैलास प्रासाद होगा। यह नौ आमलसार का होगा।

भद्रे दद्यात् प्रतिभद्रं सिंहकर्णाश्च षोडश।
जयन्तो नाम विख्यातः कान्तः स्यात् प्रतिभद्रके॥ 20॥

इति कैलासादित्रयम्।

यदि भद्रों पर प्रतिभद्र हों, सिंहकर्ण सोलह हों तो वह जयन्त नाम से विख्यात् प्रासाद बनेगा और यदि प्रतिभद्र हों तो कान्त नाम का प्रासाद होता है।

मनोहरचारुवर्धनसम्भवरत्नकूटतारागणसुलोचना इति मनोहराद्याः षट् —

चतुर्दशविभक्ते च द्विभागा बाह्यभित्तयः।
विधेयं पूर्ववच्छेषं षडंशो भद्रविस्तरः॥ 21॥

(मनोहरादि छह प्रासाद) क्षेत्र को चौदह भागों में विभाजित करें। दो भागों की बाह्य भित्तियाँ हों, शेष सब पहले की तरह ही बनाएँ। भद्र विस्तार छह भागों का रखें।

मल्लच्छाद्यै पञ्चछाद्यं शान्तिदः स्यान्मनोहरः।
चारुवर्धनः प्रभद्रे सम्भवः पक्षकर्णिकः॥ 22॥

इसके बाद यदि मल्लच्छाद्य विधि से पाँच छाद्य हों तो यह शान्तिदाता मनोहर प्रासाद होता है। यदि प्रभद्र हों तो चारुवर्धन और उसके साथ पक्षकर्णिका हों तो सम्भव नामक प्रासाद होगा।

प्ररथान्ते यदा कर्णी रत्नकूटः स नामतः।
तारागणो द्विघण्टः स्याद् द्विकर्णश्च सुलोचनः॥ 23॥

इति मनोहराद्याः षट्।

यदि प्ररथ के अन्त में कर्णी हों तो यह रत्नकूट नाम का प्रासाद, दो आमलसार युक्त हों तो वह तारागण होगा। दो कर्ण हों तो सुलोचन नामक प्रासाद बनता है।

हिमवान्हेमकूटपृथ्वीजयसुमिश्रकेरावतहंसपक्षपक्षिराटपुष्पकोदयं इति अष्ट —

भक्ते षोडशधा छन्दे द्विद्व्यंशा भ्रमभित्तयः।
शेषं गर्भं प्रकुर्वीत पूर्वमानप्रकल्पितम्॥ 24॥

(हिमवान आदि आठ प्रासाद) क्षेत्र को सोलह भागों में विभाजित कर दो-दो भागों की भ्रम और भित्तियाँ करें। शेष में गर्भगृह पूर्वमान के जैसा ही प्रकल्पित होगा।

माल्यच्छाद्ये सप्तच्छाद्य घण्टाः सप्तदशैव च।
हिमवांश्च तदा नाम पूज्यः सुरनरोरगैः॥ 25॥

इसमें यदि माल्यछाद्य विधि के सात छाद्य हों और आमलसार सत्रह हों तो यह हिमवान् नामक प्रासाद देवताओं, मनुष्यों एवं नागों से पूज्य होता है।

सिंहकर्णद्विकं कुर्यात् हेमकूटः स उच्यते।
भद्रं च कर्णिकायुक्तं कामदः पृथिवीजयः॥ 26॥

सिंहकर्णों की जोड़ी बनाने पर यह हेमकूट नाम से विख्यात होता है। भद्र यदि कर्णिका युक्त बनाएँ तो पृथ्वीजय नाम से सब कामना पूरी करता है।

मिश्रकोऽम्ब्वन्तरे कर्णी भद्रे ऐरावतस्तथा।
भद्रार्धे चैव निष्कासो हंसपक्षस्तु नामतः॥ 27॥

यदि अन्तर में प्रणाले हों तो मिश्रक प्रासाद, भद्र पर कर्णी हों तो ऐरावत प्रासाद, भद्र के आधे में निकास हों तो हंसपक्ष नाम का प्रासाद होगा।

द्विनिर्गमः पक्षिराजः कर्तव्यः सर्वकामदः।
दारुच्छन्देषु चेत्युक्ताः पुष्पाद्याः पञ्चविंशतिः$_{25}$ ॥ 28॥

इति हिमवानेति अष्टम्।

इसी प्रकार दो निकास हों तो पक्षिराज बनता है जो सब कामना पूरी करने वाला होता है। इस तरह ये दारुच्छन्दों में बने पच्चीस पुष्पादि प्रासाद हैं।

इति सूत्रसन्तानगुणकीर्तिप्रकाशप्रोक्तश्रीभुवनदेवाचार्योक्तापराजितपृच्छायां
सिंहावलोकनप्रासादनिर्णयाधिकारो नाम सप्तसप्तत्युतरशततमं सूत्रम्॥ 177॥

इस प्रकार भुवनदेवाचार्य कृत सूत्रसन्तानगुणकीर्ति प्रकाश या अपराजितपृच्छा में
सिंहावलोकन प्रासाद निर्णयाधिकार नामक एक सौ सतत्तरहवाँ सूत्र पूर्ण हुआ॥ 177॥

नपुंसक प्रासादलक्षणात्मकमष्टसप्तत्युत्तरशततमं सूत्रम् ॥ 178 ॥

अधुना पञ्चविंशतिप्रासादलक्षणं नपुंसक। विश्वकर्मोवाच —

संक्षेपे फांसनाकाराः प्रासादा ये भवन्ति च।
तेषां नामानुक्रमं च कथयामि समासतः ॥ 1 ॥

(इस सूत्र में नपुंसक प्रासाद, फांसनाकार मन्दिरों के लक्षण कहे जा रहे हैं) विश्वकर्मा बोले कि संक्षेप में जो प्रासाद फांसनाकार होते हैं, उनके नाम मैं अनुक्रम से थोड़े में कहता हूँ।

तेषां नामानि —

सुविशालं भद्रशान्ते श्रीजयं च जयावहम्।
श्रीवत्सं हंसतिलकं गरुडं चारुवर्धनम् ॥ 2 ॥
शङ्खनाभं सुनाभं च जयन्तं गन्धमादनम्।
निषेधं शेखरं सौम्यं मन्दरं वै कैलासकम् ॥ 3 ॥
पृथ्वीजयं श्रीजयं च कैरातं रत्नसम्भवम्।
वृषभं मेरुकूटं च पञ्चविंशतिरेव25 **च ॥ 4 ॥**

इनमें (पूर्व में वर्णित 1. रुचक), 2. सुविशाल, ३. भद्र, 4. शान्त, 5. श्रीजय, 6. जयावह, 7. श्रीवत्स, 8. हंसतिलक, 9. गरुड़, 10. चारुवर्धन, 11. शङ्खनाभ, 12. सुनाभ, 13. जयन्त, 14. गन्धमादन, 15. निषध, 16. शेखर, 17. सौम्य, 18. मन्दर, 19. कैलास, 20. पृथ्वीजय, 21. श्रीजय, 22. रत्नसम्भव, 24. वृषभ और 25. मेरुकूट— ये पच्चीस होते हैं।

रुचकादीनां विधयः —

रुचकः पूर्ववद् ज्ञेयः शिखरं फांसनाकृति।
त्रिभूमं चोर्ध्वघण्टा च सुविशाल तु नामतः ॥ 5 ॥

रुचक पहले की भांति फांसनाकार शिखर वाला जाने। तीन मंजिला और उस पर आमलसार हों तो इसे सुविशाल नाम देते हैं।

चतुर्भूमं भद्रनामा शान्तं स्यात्पञ्चभूमिकम्।
षड्भूमं श्रीजयं नाम सप्तभूमं जयावहम् ॥ 6 ॥

चार मंजिला प्रासाद भद्र नाम से जाना जाएगा। पाँच मंजिला प्रासाद शान्त कहलाता है। छह मंजिला श्रीजय और सात मंजिला जयावह होगा।

पञ्चभद्रं तस्य कार्यं त्रिभूमोर्ध्वोरुघण्टिका।
पञ्चभूमं च कर्तव्यं श्रीवत्सं नाम शोभनम् ॥ 7 ॥

इसके पाँच भद्र-भित्ति करें और तीन मंजिलों पर आमलसार घण्टिका बनाएँ। यदि यह पाँच मंजिला बनाएँ तो शोभाकारक श्रीवत्स प्रासाद होगा।

षड्भूमं हंसतिलकं गरुडं सप्तभूमिकम्।
सुवर्धनं चाष्टभूमं कर्तव्यं सर्वकामदम्॥ 8॥

हंसतिलक को छह मंजिला करें। गरुड को सात मंजिला बनाएँ। सुवर्धन को आठ मंजिला करें जो सब कामनाएँ पूरी करता हैं।

शङ्खावर्तं शङ्खाभं सुनाभं वृत्तकं मतम्।
जयन्तं च तथाऽष्टास्त्रं स्वस्तिकं गन्धमादनम्॥ 9॥

शङ्ख की भाँति आवृत्तियों वाला प्रासाद शङ्खनाभ (शङ्खाभ) होगा। सुनाभ को वृत्ताकार करें। जयन्त को अष्टभुजाकार और गन्धमादन को स्वस्तिकाकार बनाएँ।

निषधं पद्मदलवच्छेखरं नवभूमिकम्।
सौम्यं तु दशभूमं स्यान्मन्दरं रुद्रभूमिकम्॥ 10॥

निषध को कमल दल के समान, शेखर को नौ मंजिला बनाएँ। सौम्य को दस मंजिला और मन्दर को ग्यारह मंजिला बनाएँ।

द्वादश प्ररथा भद्रे भद्रे द्विद्वयुरुघण्टिकाः।
नवभूमिकसम्युक्तं कैलासं सर्वकामदम्॥ 11॥

इसके भद्र पर बारह प्ररथ और दो-दो उरुघण्टिका बनाएँ। कैलास नामक सर्वकामद प्रासाद को को नौ मंजिला बनाएँ।

पृथ्वीजयं दशभूमं श्रीजयं रुद्रभूमिकम्।
सूर्यभूमं च कैरातं विश्वभू रत्नसम्भवम्॥ 12॥

पृथ्वीजय प्रासाद को दस मंजिला बनाएँ। श्रीजय को ग्यारह मंजिला, कैरात को बारह मंजिला और रत्नसम्भव को तेरह मंजिला बनाएँ।

वृषभाख्यं शक्रभूमं तिथिभू मेरुकूटकम्।
इति मानसमुद्दिष्टाः प्रासादाः फांसनोपमाः॥ 13॥

वृषभ को चौदह मंजिला और मेरुकूट को पन्द्रह मंजिला बनाएँ। इस प्रकार ये मान फांसना नाम वाले प्रासादों के बताए गए हैं।

इति सूत्रसन्तानगुणकीर्तिप्रकाशप्रोक्तश्रीभुवनदेवाचार्योक्तापराजितपृच्छायां
नपुंसकप्रासादलक्षणाधिकारो नामाष्टसप्तत्युत्तरशततमं सूत्रम्॥ 178॥

इस प्रकार भुवनदेवाचार्य कृत सूत्रसन्तानगुणकीर्ति प्रकाश या अपराजितपृच्छा में नपुंसक प्रासाद लक्षण अधिकार नामक एक सौ अठत्तरहवाँ सूत्र पूर्ण हुआ॥ 178॥

विमानादि चतु:षष्टिप्रासादलक्षणात्मक-मेकोनाशीत्युत्तरशततमं सूत्रम् ॥ 179 ॥

अधुना चतु:षष्टिप्रासादलक्षणं। विश्वकर्मोवाच —

विमानः सर्वतोभद्र गजपृष्ठश्च पद्मकः।
वृषभो मुक्तकोणश्च नलिनीकश्च द्राविडः ॥ 1 ॥
अष्टौ श्रेष्ठाश्च सर्वे वै प्रासादाः सर्वकामदाः।
त्रिपुरान्तक एव स्युर्नाऽन्येषु तु कदाचन ॥ 2 ॥

(इस सूत्र में चौंसठ प्रासादों के लक्षण हैं। ये प्रासाद आठ-आठ की संख्या में क्रमशः शिव, विष्णु, ब्रह्मा, सूर्य, देवी, गणपति, जिनदेव और अन्य समस्त देवताओं के लिए बनाने का निर्देश है। देवानुसार प्रासादों की कोटियों का निर्धारण इस सूत्र की विशेषता है। यह वर्णन समरांगण. के 59वें अध्याय में आया है।) विश्वकर्मा बोले कि 1. विमान, 2. सर्वतोभद्र, 3. गजपृष्ठ, 4. पद्मक, 5. वृषभ, 6. मुक्तकोण, 7. नलिनीक और 8. द्राविड़— ये आठ सर्वश्रेष्ठ प्रासाद सब कामनाओं को पूरा करते हैं। ये त्रिपुरान्तक यानी शिव के लिए ही है, अन्य देवताओं के लिए इन्हें कभी भी नही बनाएँ।

गरुडो वर्धमानश्च शङ्खावर्तश्च पुष्पकः।
गृहराजः स्वस्तिकश्च रुचकः पुण्यवर्धनः ॥ 3 ॥
अष्टौ प्रोक्ताः सर्वदेवः प्रासादाः सर्वकामदाः।
विष्णुदेवस्य शस्ताश्च कर्तव्याः शान्तिमिच्छता ॥ 4 ॥

(आठ विष्णु प्रासाद) 1. गरुड़, 2. वर्धमान, 3. शङ्खावर्त, 4. पुष्पक, 5. गृहराज, 6. स्वस्तिक, 7. रुचक और 8. पुण्यवर्धन— ये आठ प्रासाद सब देवताओं के लिए बनाएँ जो सब कामनाओं को पूरा करते हैं। ये विष्णु देवता के लिए तो प्रशस्त हैं ही, शान्ति के अभिलाषी जनों को इन्हें बनाना चाहिए।

मेरुमन्दरकैलासा हंसो वै भद्र एव च।
उत्तुङ्गो मिश्रकश्चैव तथा मालाधरोऽष्टमः ॥ 5 ॥
इत्यष्टौ ब्रह्माणश्चैव प्रासादाः पुरमध्यगाः।
स्थापयेद् ब्रह्मकेन्द्रेषु चत्वारो वरुणसंयुतैः ॥ 6 ॥

(आठ ब्रह्म प्रासाद) इनके अतिरिक्त 1. मेरु, 2. मन्दर, 3. कैलास, 4. हंस, 5. भद्र, 6. उत्तङ्ग, 7. मिश्रक और 8. मालाधर— ये आठ ब्रह्माजी के प्रासाद हैं, जो पुर

के मध्य में बनाएँ। इन्हें ब्रह्मकेन्द्र में स्थापित करें और चारों वरुणों से संयुत करें।

गवयश्चित्रकूटश्च किरणः सर्वसुन्दरः।
श्रीवत्सः पद्मनाभश्च वैराजो वृत्त एव च॥ 7॥
सूर्यलोकोद्भवाश्चाष्टौ सृष्टाश्च त्रिदशैरिमे।
इत्यष्टौ च प्रकर्तव्या रवेः पूर्वा-पराङ्मुखाः॥ 8॥

(आठ सूर्य प्रासाद) इनके अलावा, 1. गवय, 2. चित्रकूट, 3. किरण, 4. सर्वसुन्दर, 5. श्रीवत्स, 6. पद्मनाम, 7. वैराज और 8. वृत्त— ये आठों सूर्यलोक से उद्भूत हुए हैं और इनको देवताओं ने बनाया है। इसलिए इन आठों को सूर्यनारायण के लिए पूर्वाभिमुख अथवा पश्चिमाभिमुखी बनाएँ।

नन्द्यावर्तश्च वलभिः सुवर्णः सिंह एव च।
विचित्रो योगपीठश्च घण्टानादपताकिनौ॥ 9॥
शक्त्यावतारसम्भूता देवीनां च प्रशंसिताः।
इत्यष्टौ च प्रकर्तव्याः प्रासादाः शुभलक्षणाः॥ 10॥

(आठ देवी प्रासाद) 1. नन्द्यावर्त, 2. वलभी, 3. सुवर्ण, 4. सिंह, 5. विचित्र, 6. योगपीठ, 7. घण्टानाद और 8. पताकिन— ये आठ शक्ति के अवतार से उत्पन्न हुए हैं व देवियों द्वारा प्रशंसित है। इन आठों प्रासादों को शुभलक्षणयुक्त बनाना चाहिए।

गुहाधारः शलाकश्च वेणुभद्रश्च कुञ्जरः।
हर्षश्च विजयश्चैव उदकुम्भश्च मोदकः॥ 11॥
अष्टौ सर्वे विघ्नहराः सर्वे शान्तिप्रदायकाः।
गणनाथस्य कर्तव्याः सर्वदोषः प्रशाम्यति॥ 12॥

(आठ गणेश प्रासाद) 1. गुहाधार, 2. शलाक, 3. वेणुभद्र, 4. कुञ्जर, 5. हर्ष, 6. विजय, 7. उदकुम्भ और 8. मोदक— ये आठ सभी विघ्नों का नाश करने वाले, सबको शान्ति देने वाले हैं। इनको गणनाथ यानी गणेश के लिए बनाना चाहिए जिससे ये सब प्रकार दोषों का शमन करते हैं।

हर्म्यश्चैव महापद्मोज्जयन्तौ गन्धमादनः।
शतशृङ्गो निरावेद्यो विभ्रान्तश्च मनोहरः॥ 13॥
तीर्थङ्करोद्भवाः सर्वे सर्वशान्तिप्रदायकाः।
जिनेन्द्रस्य प्रकर्तव्याः पुरमध्येषु शान्तिदाः॥ 14॥

(आठ जिनेन्द्र प्रासाद) 1. हर्म्य, 2. महापद्म, 3. जयन्त, 4. गन्धमादन, 5.

शतशृङ्ग, 6. निरावेद्य, 7. विभ्रान्त और 8. मनोहर— ये आठों तीर्थकरों के द्वारा उत्पन्न हुए हैं और सब शान्ति प्रदायक हैं। जिनेन्द्र के लिए इन्हें करना चाहिए और पुर के मध्य में इनको बनाकर सबको शान्ति देने हेतु तत्पर रहना चाहिए।

वृत्तो वृत्तायतश्चैत्यः किङ्किणी लयनस्तथा।
पट्टिशो विभवश्चैव तथा तारागणो मतः॥ 15॥
प्रयुक्ताः सर्वदेवेषु प्रासादाः शाश्वताः शुभाः।
एवमेव चतुःषष्टिः$_{64}$ ख्याताः प्रासादकाभिधाः॥ 16॥

इति चतुःषष्टिप्रासादाः।

(आठ सर्वदेवतायतन) 1. वृत्त, 2. वृत्तायत, 3. चैत्य, 4. किङ्किणी, 5. लयन, 6. पट्टीश, 7. विभव और 8. तारागण— ये आठ प्रासाद सब देवताओं के लिए शाश्वत और शुभ हैं। इस तरह चौंसठ नामों वाले ये प्रासाद विख्यात् है।

विमानसर्वतोभद्रगजपृष्ठापद्मकवृषमभुक्तकोणनलिनीकद्राविडेति शिवप्रासाद अष्टकम् —

नामानि कथितान्येवं लक्षणं शृणु साम्प्रतम्।
विभक्तिभागसङ्ख्याश्च तलच्छन्दोर्ध्वमानतः॥ 17॥

(अपराजित को सम्बोधित करते हुए विश्वकर्मा बोले कि) इन सबके नामों को तो कह दिया, अब इनके लक्षणों को सुनो। इनके विभक्ति, भाग संख्या, तलच्छन्द, ऊर्ध्वमान के अनुसार सब कहता हूँ।

दशधा भाजिते क्षेत्रै द्विभागः कर्णविस्तरः।
पञ्चभागं भवेद् भद्रमर्धभागा तु कर्णिका॥ 18॥
कर्णे शृङ्गाणि कार्याणि भूमिजानामनुक्रमैः।
घण्टाकलशसम्युक्तो विमानः पञ्चभूमिकः॥ 19॥

(इनके लिए) क्षेत्र को दस भागों में विभाजित करके उनमें से दो भागों का कर्ण का विस्तार करें, पाँच भाग का भद्र और आधे भाग की कर्णिका बनाएँ। कर्णों पर शृङ्गों को बनाएँ जो भूमिजछन्द के नामों के अनुक्रम में हों। इन प्रासादों पर आमलसार कलश हों और विमान पाँच मंजिला हों।

भद्रे चैवोद्गमाः पञ्च कर्णे शृङ्गाणि चाष्ट हि।
नागरच्छन्दजः कार्यः सर्वभद्रो नवाण्डकः॥ 20॥
तस्यापि भद्रजं शृङ्गं गजपृष्ठस्तु कामदः।
द्व्यष्टकर्णः पञ्चभूमो विमानभद्रः पद्मकः॥ 21॥

इसके भद्रों से निकलते हुए पाँच कर्णों और आठ शृङ्गों को नागर छन्द के करें तो यह सर्वभद्र नौ अण्डकों का बनता है। इसके भी भद्र से शृङ्ग निकले हों तो यह गजपृष्ठ सब कामना पूरी करने वाला बनता है। सोलह कर्णों और पाँच मंजिले विमानभद्र को पद्मक कहते हैं।

केशरी पूर्ववज्ज्ञेयः कर्णे तिलकशृङ्गकैः।
विमानजं च शिखरं वृषभः सर्वकामदः॥ 22॥

वह पहले की तरह केशरी छन्द सहित हों और कर्णों पर तिलक तथा शृङ्ग हों और विमान छन्द का शिखर हों तो यह वृषभ प्रासाद सब कामना पूरी करने वाला होता है।

सर्वभद्रे कर्णभद्रं नष्टाङ्गं मूलनासिकम्।
मुक्तकोणः स विज्ञेयः सर्वकामफलप्रदः॥ 23॥

सर्वभद्र के कर्ण पर भद्र हों और मूलनासिका नष्टाङ्ग यानी नहीं बनाएँ तो यह मुक्तकोण नाम का प्रासाद जाना जाता है जो सब कामनाओं के फल को देने वाला होगा।

गजपृष्ठेद्व्यरुशृङ्गं कर्तव्यं सर्वकामदम्।
नलिनीकः स विज्ञेयः कर्तव्यस्त्रिपुरान्तके॥ 24॥
मल्लतलं भूमिजवद् द्राविडकर्मचर्चितः।
द्राविडस्तु तदा नाम कर्तव्यस्तु महेश्वरे॥ 25॥

इति शिवप्रासादाष्टकम्।

गजपृष्ठ पर दो उरुशृङ्ग हों तो यह नलिनीक होगा जो सर्वकामद है। इसे त्रिपुरान्तक शिव के लिए बनाना चाहिए। मल्लतल भूमिज छन्द का हो जो द्राविड़ कामों में चर्चित है तो यह द्राविड़ नाम का प्रासाद होगा। इसे महेश्वर के लिए बनाना चाहिए। (इस प्रकार शिव के योग्य आठ प्रासाद हुए)।

गरुडवर्धमानशङ्खावर्तपुष्पकगृहराजस्वस्तिकरुचकपुण्यवर्धनेति विष्णुप्रासाद अष्टकम् —

वर्धमानस्य संस्थाने पक्षे कुर्यात्तदूर्ध्वतः।
कूटावृतं च शिखरं पक्षिराजा गृहं श्रियः॥ 26॥
याम्योत्तरे विना पक्षं स भवेद्वर्धमानकः।
शङ्खनाभिसमाकारः शङ्खावर्तस्तु सृष्टितः॥ 27॥

यदि वर्धमान के स्थान पर पक्षों को उसके ऊपर करें और शिखर को कूटों से

आवृत्त करें तो पक्षिराज गरुडगृह श्रेयस्कर बनता है। बाएँ-दाएँ उसके पक्ष न हों तो वह वर्धमान होता है। शङ्ख नाभि के समान आकार वाला हों तो वह शङ्खावर्त कहलाता है।

श्रीवत्सभद्रकर्णेषु कुर्यात्तिलकशृङ्गकम्।

प्ररथः स्याल्लतिनजः पुष्पकः सर्वकामदः ॥ 28 ॥

लताख्यसर्वतोभद्रं तादृक् शृङ्गे गृहेश्वरः।

श्रीवत्स छन्द के भद्र कर्णों पर हों और तिलक व शृङ्ग करें तथा लतिन छन्द के प्ररथ करें तो वह पुष्पक सब कामना पूरी करने वाला होगा। लता छन्द का सर्वतोभद्र और उसके जैसे ही शृङ्ग हों तो गृहराज प्रासाद होता है।

अष्टभद्रश्चाष्टकोणः स्वस्तिकः पञ्चभूमिकः ॥ 29 ॥

चतुरश्रं विना भद्रै रुचकः शिखरे तथा।

अष्टभद्रो द्व्यष्टाकोणोऽश्वभूमः पुण्यवर्धनः ॥ 30 ॥

इति विष्णुप्रासादाष्टकम्।

आठ भद्र और आठ कोण और पाँच मंजिला हों तो स्वस्तिक प्रासाद बनता है। चार भुजाओं वाला, बिना भद्रों के हों और शिखर हों तो रुचक प्रासाद होता है। आठ भद्रों और सोलह कोणों वाला तथा बारह मंजिला प्रासाद पुण्यवर्धन होता है। (इस प्रकार विष्णु के आठ प्रासाद हुए)।

मेरुमन्दरकैलासहंसभद्रोत्तुङ्गमिश्रकमालाधरेति ब्रह्मप्रासादाष्टकम् —

केशरिभद्रे त्रिशृङ्गं कर्णे कुर्याच्च मन्दरम्।

नवभूम्युच्छ्रिता रेखा मेरुर्वै ब्रह्मणो मतः ॥ 31 ॥

यदि केशरी छन्द के भद्र के तीन शृङ्ग हो, कर्णों पर मन्दर छन्द और नौ मंजिला ऊँचा रेखा युक्त प्रासाद हों तो वह मेरु ब्रह्मा को प्रिय कहा है।

भद्रे कर्णे द्वि द्वि शृङ्गमेकैकं प्ररथे तथा।

मन्दरः स समाख्यातः पञ्चविंशतिकुम्भकः ॥ 32 ॥

भद्र पर और कर्णों पर दो-दो शृङ्ग और प्ररथों पर एक-एक हों तो वह मन्दर नाम का पच्चीस कलशों वाला प्रासाद होता है।

नन्दिशालकर्णशृङ्गं कर्तव्यं च नवाण्डकम्।

कैलासश्च तदा नाम कर्तव्यः पुरमध्यगः ॥ 33 ॥

नन्दिशाल छन्द के कर्णशृङ्ग हों और उसे नौ अण्डकों वाला बनाएँ तो वह कैलास नाम का प्रासाद होगा, इसे पुर के मध्य में बनाना चाहिए।

देयं भद्रं च रुचके हंसः कर्णोदकान्तरेः।
तत्प्राग्ग्रीवाश्च कर्तव्याः स भवेद्भद्रसञ्ज्ञकः॥ 34॥

यदि रुचक छन्द में भद्र बनाएँ तो हंस प्रासाद होता है जिसके कर्णों पर प्रणाले यानी उदकान्तर बनाएँ। यदि उसके प्राग्रीव यानी पाटड़ा करें तो वह भद्र नाम का प्रासाद होगा।

तस्य भद्रोद्गमाः पञ्च भवेदुत्तुङ्गसञ्ज्ञकः।
एकं शृङ्गं भद्रशृङ्गे विदुस्तं मिश्रकाभिधम्॥ 35॥

उसके भद्र पाँच बनाएँ जाए तो वह उतुङ्ग नाम का प्रासाद होता है। भद्रशृङ्गों पर एक ही शृङ्ग हों तो उसे मिश्रक नाम का जानना चाहिए।

वृत्तं मालाधरं कुर्याद् वलभ्याकृतिशृङ्गकम्।
घण्टा घटयुताः सर्वे कर्तव्याः सर्वकामदाः॥ 36॥

इति ब्रह्माप्रासादाष्टकम्।

इसी प्रकार वलभी आकृति वाले शृङ्ग हों और वृत्त हों तो मालाधर बनता है। उसके आमलसार, कलश आदि बनेंगे। ये सभी प्रासाद कामनाओं को पूरा करने के लिए बनाने चाहिए। (इस प्रकार ब्रह्मा के लिए आठ प्रासाद हुए)।

गवयचित्रकूटकिरणसर्वसुन्दरश्रीवत्सपद्मनाभवैराजवृत्तेति सूर्यप्रासादाष्टकम् —

विभक्ते चाऽष्टधा छन्दे पञ्चाण्डं कर्णशृङ्गकम्।
पञ्चोद्गमयुतं भद्रं गवयो नाम नामतः॥ 37॥

क्षेत्र को आठ भागों में विभाजित करें और कर्ण के शृङ्गों पर पाँच अण्डक करें। पञ्चोद्गम युक्त भद्र हों तो वह गवय नाम का प्रासाद होता है।

कर्णोर्ध्वे तिलकं दद्याच्चित्रकूटस्स सञ्ज्ञितः।
पञ्चभूमो विना भद्रैः किरणः सूर्यकर्णतः॥ 38॥

कर्णों के ऊपर तिलक दें तो वह चित्रकूट नाम का प्रासाद होता है। बिना भद्रों का पाँच मंजिला प्रासाद जिसके बारह कर्ण हों तो वह किरण प्रासाद कहा जाएगा।

प्राग्ग्रीवाश्चैव भद्रेषु भवेत्सर्वाङ्गसुन्दरः।
वर्धमानेन तु प्राग्ग्रीवाः श्रीवत्सः उदकान्तरेः॥ 39॥

भद्रों पर प्राग्रीव हों तो वह सर्वाङ्गसुन्दर प्रासाद होता है। वर्धमान छन्द के प्राग्रीव हों और उदकान्तर यानी प्रणाले हों तो श्रीवत्स प्रासाद होता है।

द्व्यष्टकर्णा विनाभद्रं पद्मनाभोऽब्जपत्रवत्।
रुचके तु चतुर्द्वारं स वैराज्याभिधानकः॥ 40॥

सोलह कर्ण भद्र के बिना हों तो पद्मनाम नाम का कमलपत्र के समान प्रासाद होता है। रुचक छन्द के चार द्वार बनाएँ तो वह वैराज्य नामक प्रासाद होता है।

वृत्तो वृत्तश्च कर्तव्यः शिखरं वलिकाकृति।
इत्यष्टौ च प्रकर्तव्याः प्रासादाः सूर्यलोकजाः ॥ 41 ॥

इति सूर्यप्रासादाष्टकम्।

वृत्त प्रासाद के लिए वृत्त बनाएँ तथा शिखर भी वलिका की आकृति का होगा। इस प्रकार ये आठों प्रासाद सूर्यलोक से उत्पन्न हुए। इनको सूर्यार्थ बनाने चाहिए।

नन्द्यावर्तवलभिसुवर्णसिंहविचित्रयोगपीठघण्टानादपताकिनिति देवीप्रासादअष्टकम् —

सीमाभद्रं रुचकस्य पदपादेन निर्गतम्।
नन्द्यावर्तस्तदानाम शिखरं कक्षकर्णके ॥ 42 ॥

सीमा पर रुचक छन्द के भद्र हो जो एक भाग के निकास युक्त करें तो वह नन्द्यावर्त नाम का प्रासाद होता है जिसके शिखर कक्षकर्ण के युक्त होते हैं।

तद्वच्चैवाऽऽयतं कुयाद् वलभी गजपृष्ठवत्।
सुवर्णः सर्वतोभद्रे तद्रूपैः कर्णश्रृङ्गकैः ॥ 43 ॥

इसी के समान यदि आयताकार रचना करें तो वलभी गजपृष्ठ के समान बनता है। सर्वतोभद्र के ऊपर उसी छन्द के कर्णश्रृङ्ग हों तो वह सुवर्ण प्रासाद होता है।

केशरी च भवेत्पूर्वं सिंहः कर्णे तु कूटके।
कूटोर्ध्वे तिलकं दद्याद्विचित्र इति सञ्ज्ञितः ॥ 44 ॥

पहले की भाँति केशरी छन्द हों और कर्ण तथा कूटयुक्त हों तो वह सिंह प्रासाद होता है। कूट के ऊपर यदि तिलक दें तो यह विचित्र नाम का प्रासाद होता है।

भद्रश्रृङ्गाणि भद्रेऽब्धि प्राग्ग्रीवैर्योगपीठकः।
वराटयुक् सर्वभद्रो घण्टानादश्चतुर्मुखः ॥ 45 ॥

भद्रों पर श्रृङ्ग बने हों और भद्रों पर पाटड़े भी हों तो वह योगपीठ नामक प्रासाद बनेगा। वराट छन्द का सर्वभद्र हों घण्टानाद नामक प्रासाद होगा। यह चतुर्मुख बनेगा।

केशरी च भवेत्पूर्वं कर्णे कूटानि कारयेत्।
पञ्चकूटभवा रेखाऽष्टमो भद्ररथोद्गमैः ॥ 46 ॥

इति देवीप्रासादाष्टकम्।

पहले का केशरी छन्द हों और कर्णों पर कूटों को बनाएँ तो वह पाँच कूटों से होने वाला (पताकिन) आठवाँ प्रासाद होता है जिसके भद्ररथ से निकलते हुए रेखा होती है। (इस प्रकार देवी के आठ प्रासाद हुए)।

गुहाधारशलाकवेणुभद्रकुञ्जरहर्षविजयोदकुम्भमोदकेति गणपतिप्रासादाष्टकं —

विभक्ते दशधा क्षेत्रे कारयेच्च लताख्यजम्।
तस्य द्वितीयोरुशृङ्गं गुहाधारः स उच्यते॥ 47॥

क्षेत्र को दस भागों में विभाजित करे और उसे लता छन्द में बनाएँ। उसके दो उरुशृङ्ग हों तो गुहाधार प्रासाद कहलाता है।

भद्रके कर्णजा रेखा भद्रोद्गमविभूषिता।
शलाको नाम विज्ञेयो वेणुको रुचकोद्गमैः॥ 48॥

भद्र पर कर्ण से निकलती रेखा हो जो भद्र से भी निकलती हों तो वह शलाक नाम का प्रासाद होगा। यदि वह रुचक छन्द से निकले तो उसे वेणुक प्रासाद कहते हैं।

द्राविडे त्वेकभूमिश्चेत् कुञ्जरः सर्वकामदः।
त्रिभूमो द्राविडस्त्र्यङ्गो भवेद्धर्षाभिधानकः॥ 49॥

यदि वह एक मंजिला और द्राविड छन्द में हों तो कुंजर नाम का प्रासाद सब कामनाएँ पूर्ण करने वाला होगा। यदि तीन मंजिला, द्राविड छन्द में तीन अङ्गों से युक्त हों तो वह हर्ष नाम का प्रासाद होता है।

लतिने वर्धमानश्चेद् विजयो भद्राकोद्गमैः।
अष्टभद्रं विना कर्णैरुदकुम्भः स कामदः॥ 50॥
मोदकश्चैत्यकाकारः शिखरं वलिकोन्यतः।

इति गणपतिप्रासादाष्टकम्।

यदि लतिन छन्द पर वर्धमान छन्द हों तो विजय नामक प्रासाद भद्रों से उद्भूत होता है। बिना कर्ण के अष्टभद्र वाला उदकुम्भ प्रासाद कामनाएँ पूरी करता है। चैत्य के आकार वाला शिखर बलिका युक्त हों तो यह मोदक नामक प्रासाद होता है।

हर्म्यमहापद्मोज्जयन्तगन्धमादनशतशृङ्गनिरावेद्यविभ्रान्तमनोहरेति जिनेन्द्रप्रासाद अष्टकम् —

द्व्यष्टकर्णा विनाभद्रैः स महापद्मसञ्ज्ञकः॥ 51॥
द्विभूमिकगृहाकारः कूटे घण्टा तृतीयका।
विख्यातो हर्म्यनाम्नोज्जयन्तः प्रत्यलिन्दकैः॥ 52॥

बिना भद्र के सोलह कर्ण हों तो वह महापद्मक नाम का होगा। दो मंजिला गर्भगृहाकार जिसके कूट पर तीन आमलसार हों तो वह हर्म्य नाम का प्रासाद होता है और यदि इसके प्रत्यालिन्द हों तो उज्जयन्त नामक प्रासाद होता है।

चत्वारो मण्डपास्तस्य स भवेद् गन्धमादनः।

सप्ताङ्गो भूमिजः पञ्चभूमः स्याच्छतशृङ्गकः॥ 53॥

इसके यदि चार मण्डप हों तो वह गन्धमादन प्रासाद होता है। भूमिज छन्द के सात अङ्गों से युक्त तथा पाँच मंजिला प्रासाद हों तो वह शतशृङ्गक नाम का होगा।

निरावेद्यस्तु प्राग्ग्रीवैर्विभ्रान्तश्च चतुर्मुखः।

एकैकमुरुशृङ्गं च कामदः स मनोहरः॥ 54॥

इति जिनेन्द्रप्रासादाष्टकम्।

प्राग्रीव-प्रवेश मण्डप से निरावेद्य नामक प्रासाद और चारों ओर मुख होने पर वह विभ्रान्त नामक प्रासाद होता है। एक-एक उरुशृङ्ग होने से वह मनोहर नामक प्रासाद सब कामनाओं पूरी करने वाला होता है। (इस प्रकार आठ जिनालय हुए)।

वृत्तवृत्तायतचैत्यकिङ्किणीलयनपट्टिशविभवतारागणेति सर्वदेवप्रासादाष्टकम् —

वृत्तो वृत्तायतश्चैव चैत्यो वै वेद्यकङ्कृतः।

सुभद्रो भद्रशृङ्गेषु किङ्किणी नाम प्रोच्यते॥ 55॥

वृत्त नामक प्रासाद वृत्ताकार व वृत्तायत प्रासाद लम्बगोल होता है। वेदी से अलंकृत होने पर वह चैत्य नामक प्रासाद होगा। भद्र पर शृङ्गों के होने से सुभद्र वाला किङ्किणी नाम से कहा जाएगा।

भद्रोद्गमैश्च लयनः पट्टिश्छाद्यवरण्डिकः।

द्व्यलिन्दकश्च विभवः पट्टिघाटैस्तारागणः॥ 56॥

भद्रों से उत्पन्न होने पर इसे लयन नाम के प्रासाद रूप में जानते है। छाद्य और वरण्डक से इसे पट्टिछाद्य प्रासाद कहते हैं। दो अलिन्दों यानी बरामदों से युक्त होने से विभव नामक प्रासाद होगा। पट्टिघाटों (वस्त्र, चीरादि से निर्मित) होने से वह तारागण संज्ञक प्रासाद होता है।

चतुःषष्टिश्च$_{64}$ कथिताः प्रासादाः सर्वकामदाः।

पूजिताः सर्वदेवेशेषु सर्वदेवसुखावहाः॥ 57॥

इति सर्वदेवप्रासादाष्टकम्।

इस तरह यहाँ उन चौंसठ प्रासादों का वर्णन किया गया जो सब कामना पूरी करते हैं और सभी देवताओं से पूजित हैं। ये प्रासाद सभी देवतागणों को सुख देने

वाले होते हैं।

इतिसूत्रसन्तानगुणकीर्तिप्रकाशप्रोक्तृश्रीभुवनदेवाचार्योक्तापराजितपृच्छायां विमानादिचतुःषष्टिप्रासादलक्षणाधिकारो नामैकोनाशीत्युत्तरशततमं सूत्रम्॥ 179॥

इस प्रकार भुवनदेवाचार्य कृत सूत्रसन्तानगुणकीर्ति प्रकाश या अपराजितपृच्छा में विमानादि चौंसठ प्रासाद लक्षणाधिकार नामक एक सौ उनासीवाँ सूत्र पूर्ण हुआ॥ 179॥

विमाननागरच्छन्दजनवमेरुर्नामाशीत्युत्तरशततमं सूत्रम्॥ 180॥

अधुना विमाननागरच्छजनवमेरुलक्षणं। विश्वकर्मोवाच —

नवमेरुस्तथा प्रोक्तान् कथये तव साम्प्रतम्।
एकैकस्य यथा नाम लक्षणं यस्य यादृशम्॥ 1॥

(प्रस्तुत सूत्र में विमाननागर छन्द में निर्मितेय नौ मेरु प्रासादों का वर्णन किया जा रहा है। मेरु प्रासादों के सन्दर्भ में यह विवरण बहुत वैज्ञानिक है) विश्वकर्मा बोले कि जो नौ मेरु कहे गए हैं, उन्हें अब मैं तुम्हें बताता हूँ। उनके एक-एक के नाम और उनके जैसे-जैसे लक्षण हैं, उन सभी को कहता हूँ।

एकोत्तरशताण्डकः श्रीमेरुः —

श्रीमेरुः$_1$ प्रथमो नाम द्वितीया हेमशीर्षकः$_2$।
सुरवल्लभस्तृतीय$_3$ स्तुर्यो भुवनमण्डनः$_4$॥ 2॥
पञ्चमो रत्नशीर्षाख्यः$_5$ षष्ठो वै किरणोद्भवः$_6$।
सप्तमो कमलहंसः$_7$ सुवर्णकेतुरष्टमः$_8$॥ 3॥
नवमो मेरुराख्यातो नाम्ना तु वृषभध्वजः$_9$।
इत्युक्तश्च महोमेरुस्त्रिधोदितक्रमागतः॥ 4॥

इनमें प्रथम श्रीमेरु नाम का प्रासाद है; दूसरा हेमशीर्षक; तृतीय सुरवल्लभ, चतुर्थ भुवनमण्डन, पञ्चम रत्नशीर्ष नाम का, षष्ठ किरणोद्भव है, सप्तम कमलहंस, अष्टम सुवर्णकेतु और नवम वृषभध्वज नाम से मेरु प्रासाद विख्यात है। ये सब महामेरु तीन प्रकार की ऊँचाई के क्रम में होते हैं।

तेषां विधयः —

भवेत्रिरथिकश्चाऽऽद्यो यावन्नवरथान्तकम्।
पञ्चसप्तरथाश्चोक्ता अङ्गमित्यभिधीयते॥ 5॥

इनमें प्रारम्भिक प्रासाद तीन रथिकों से युक्त होते हैं जबकि दूसरे रथों के अन्त

तक के होते हैं। ये पाँच, सात रथों वाले कहे गए है। ये उनके अङ्ग कहे गए हैं।

पञ्चादिहस्ततो मेरुः पञ्चाशद्धस्तकावधि।

हस्तान्तरे ततो भेदा भूतवेदाश्च सङ्ख्यया॥ 6॥

सामान्यतया पाँच गज से आरम्भ करके मेरु पचास गज तक के होते हैं। उनके एक-एक हाथ के अन्तर पर भेद होते हैं जो चौवन संख्या में है।

विना भ्रमैः सभ्रमाश्च महोमेरुर्भ्रमद्वयम्।

इत्युक्तसमलङ्कारः प्रयुक्ता वास्तुवेदिभिः॥ 7॥

उनमें बिना भ्रमण वाले, भ्रमण वाले, दो भ्रमण वाले महामेरु में इस तरह के अलङ्कार वास्तुविदों ने प्रयुक्त किए हैं।

मेर्वादीनां लक्षणं —

श्रीमेरुनाम प्रोक्तोऽसावेकोत्तरशताण्डकः$_{101}$।

सपादशताण्डको$_{125}$ यो हेमशीर्षः स उच्यते॥ 8॥

इनमें से 1. श्रीमेरु नाम से कहा गया प्रासाद एक सौ एक अण्डक वाला होता है और 2. हेमशीर्ष सवा सौ अण्डकों वाला कहा गया है।

सुरवल्लभनामा स यस्सार्धद्विशताण्डकः$_{250}$।

पञ्चसप्तत्युत्तरत्रिशताण्डो$_{375}$ लोकमण्डनः॥ 9॥

3. सुरवल्लभ नाम का प्रासाद दो सौ पचास अण्डकों वाला होता है और 4. लोकमण्डन प्रासाद तीन सौ पिचहत्तर अण्डकों वाला प्रासाद होता है।

रत्नशीर्षस्तथा चैकोत्तरपञ्चशताण्डकः$_{501}$।

सपादषट्शताण्डको$_{625}$ मेरुर्वै किरणोद्भवः॥ 10॥

5. रत्नशीर्ष प्रासाद पाँच सौ एक अण्डकों वाला होता है और 6. किरणोद्भव मेरु प्रासाद सवा छह सौ अण्डकों वाला होता है।

सार्धसप्तशताण्डैश्च$_{750}$ स्मृतः कमलहंसकः।

स्वर्णकेत्वभिधानश्च पादोनाङ्कशताण्डकैः$_{875}$॥ 11॥

7. कमलहंस प्रासाद साढ़े सात सौ अण्डकों वाला माना जाता है और 8. स्वर्णकेतु नाम का प्रासाद पौने नौ सौ अण्डकों वाला होता है।

एकोत्तरसहस्राण्डो$_{1001}$ मेरुश्च वृषभध्वजः।

अण्डसङ्ख्याभिधानं च कथितं त्वपराजित॥ 12॥

इसी प्रकार 9. वृषभध्वज मेरु प्रासाद एक हजार एक अण्डकों वाला होता है। हे अपराजित! इस प्रकार मेरु प्रासादों की अण्डकों की संख्या कही गई।

पञ्चादिहस्ततो मेरुः पञ्चाशद्धस्तकावधि।

हस्तान्तरे भेदकाः षट्चत्वारिंशच्च सङ्ख्यया॥ 13॥

पाँच गज (हाथ) के विस्तार से लेकर पचास गज के विस्तार तक के मेरु प्रासादों को एक-एक गज के अन्तर के भेद से छियालीस संख्या होती है।

अण्डविंशतिवृद्ध्या च हस्तभेदा इति स्मृताः।

षट्चत्वारिंशत्क एको भेद उक्तश्च शाश्वतः॥ 14॥

ये गज भेद अण्ड-विंशति वृद्धि भेद के क्रम में होते हैं। इस तरह छियालीस तक के ये भेद शाश्वत चले आए हैं।

तेषां विभाजनमाह —

चतुरश्रीकृते क्षेत्रे अष्टाष्टकविभाजिते।

भागो भागा भ्रमो भित्तिर्द्विभागो गर्भ उच्यते॥ 15॥

समचौरस क्षेत्र को आठ अष्टकों में विभाजित करें। इनमें एक-एक भाग के भ्रमण और भित्ति हों और दो भागों का गर्भगृह कहा गया है।

द्विभागो भित्तिविस्तारः शेषं गर्भो भ्रमं विना।

विना भ्रमं सभ्रमं वा दूषयेन्नहि मेरुकम्॥ 16॥

दो भाग का भिति विस्तार बनाएँ और शेष का गर्भगृह रखें जो भ्रमण बिना ही हों। मेरु प्रासाद भ्रमण रहित हों या सभ्रम किन्तु उससे कोई दोष नहीं होता।

क्षेत्रार्धे च भवेद् भद्रं भद्रार्धे कर्णविस्तरः।

कर्णकार्धप्रमाणेन कर्तव्यो भद्रनिर्गमः॥ 17॥

क्षेत्र के आधे तक भद्र हों, भद्र के आधे तक का कर्ण का विस्तार हों। कर्ण के आधे के बराबर ही भद्र का निकास कल्पित करें।

भद्रं गवाक्षकोपेतं मध्ये कुर्याच्च सम्मुखम्।

याम्योत्तरे शुकाग्रे तु जङ्घायामस्त्रयोदश॥ 18॥

भद्र के मध्य में अथवा सामने की ओर गवाक्ष यानी गोखड़े बनाएँ अथवा बाएँ-दाएँ और शुकनास के आगे बनाएँ और इनके तेरह जङ्घाएँ रखें।

पीठोपपीठजङ्घाश्च मेखलाकूटच्छाद्यकम्।

पुनर्जङ्घोद्गमश्छाद्यं प्रहरान्ते सप्तोन्नतम्॥ 19॥

जङ्घाओं के पीठ, उपपीठ, मेखला एवं छाद्य हों और पुनः जङ्घा से निकलता हुआ छाद्य हों जो प्रहर आठवीं जङ्घा के बाद सात भागों की ऊँचाई वाले हों।

राजसेनवेद्यासनस्तम्भोच्छालच्छाद्यान्तकैः।
षड्भागमुन्नतं कूटं घण्टा कूटैरलङ्कृताः॥ 20॥

राजसेनक, वेदी, आसन, स्तम्भ, शाला और अन्त में छाद्य हों। छह भाग की ऊँचाई वाले कूट आमलसार व कूट से अलंकृत हों।

चत्वारो नन्दनाः कर्णे विमानमुरुशृङ्गकम्।
सार्धत्रिभागिकं कुर्यात्तदूर्ध्वे तु विनिर्गतम्॥ 21॥

कर्णों पर चार नन्दना हों। विमान छन्द के उरुशृङ्ग हों। वे साढ़े तीन भाग के ऊँचे हों और इतने ही निकास युक्त हों।

षडंशं मूलशिखरं विमानं पञ्चभूमिकम्।
रथिकोद्गमशोभाढ्यं शुकनामसाग्रभूषितम्॥ 22॥

मूल शिखर छह भाग का हों और विमान पाँच मंजिला हों जिस पर रथिकों से निकलने वाली शोभा हों और आगे शुकनास से विभूषित हों।

कण्ठो ग्रीवा कुड्मलं च पद्मचछत्रोपच्छत्रकम्।
तदूर्ध्वे कलशं स्थाप्यं क्षीरार्णवसमुद्भवम्॥ 23॥

इति मेर्वभिधानो नामैकोत्तरशताण्डको मेरुः।

इसके साथ ही कण्ठ, ग्रीवा, कुड्मल, पद्मछत्र एवं उपछत्र हों। उनके ऊपर कलश की स्थापना करें जो कि क्षीरार्णव से उद्भूत है। (इस प्रकार यह श्रीमेरु नामक एक सौ एक अण्डकों वाला प्रासाद हुआ)।

हेमशीर्षाभिधान सपादशताण्डको मेरुः —

चतुरश्रीकृते क्षेत्रे शतमूलविभाजिते।
द्विभागः कर्ण इत्युक्तः सार्धः प्रतिरथो भवेत्॥ 24॥

समचौरस क्षेत्र को दस भागों (शतमूल) में विभाजित करें। दो भाग से कर्ण, डेढ़ भाग के प्रतिरथ रखें।

त्रिभागो भद्रविस्तारो मत्तालम्बैर्विभूषितः।
उक्ताः प्रतिरथाः सूर्या उरुशृङ्गं विमानकम्॥ 25॥

तीन भाग का भद्र विस्तार हों जो मतावलम्बों यानी गोखड़ों से विभूषित हों। प्रतिरथ बारह हों और विमान पर उरुशृङ्ग होने चाहिए।

विमानं मूलशिखरं घण्टाकलशभूषितम्।
शुकाग्रकसमायुक्तं शेषं पूर्वप्रकल्पितम्॥ 26॥

विमान के मूल शिखर को आमलसार और कलश से विभूषित करें। वह शुकनास युक्त हों और शेष पूर्ववत् होगा।

विना भ्रमं सभ्रमो वा शाश्वतो हेमशीर्षकः।
हेमकूटपुरे यान्ति यावच्चन्द्रार्कतारकम्॥ 27॥

इति हेमशीर्षाभिधानो नाम सपादशताण्डको मेरुः।

इस प्रकार बनने वाला हेमशीर्षक प्रासाद बिना भ्रमण का अथवा भ्रमण सहित हो, उसको बनाने वाला जब तक सूर्य, चाँद और तारे रहेंगे, तब तक हेमकूटपुर में निवास करेगा। (इस प्रकार हेमशीर्ष नामक सवा सौ अण्डकों वाला प्रासाद हुआ)।

सुरवल्लभनामक सार्धद्विशताण्डको मेरुः —

भक्ते द्वादशधा क्षेत्रे द्विभागः कर्णविस्तरः।
पार्श्वकर्णी भवेद् भागा सार्धः प्रतिरथो भवेत्॥ 28॥

क्षेत्र को बारह भागों में विभाजित करके दो भाग का कर्ण विस्तार करें। एक भाग की पार्श्वकर्णी और डेढ़ भाग का प्रतिरथ करें।

कर्णी प्रोक्त चार्धभागा द्विभागो भद्रविस्तरः।
चत्वारो नन्दनाः कर्णे दशांशैर्नागरोद्भवाः॥ 29॥

आधे भाग की कर्णी, दो भाग का भद्र विस्तार और चार भाग की नन्दना कर्णों पर हों जो दस भागों की और नागर छन्द से उत्पन्न हुई हों।

तदूर्ध्वे सार्धभागैश्च द्वितीये केशरी क्रमे।
शिखरं वै मल्लतलं प्रत्यङ्गं कुमुदोद्भवम्॥ 30॥

इसके ऊपर डेढ़ भाग दूसरे केशरी क्रम में कल्पित करें। उसका शिखर मल्लतल और प्रत्यङ्ग आदि कुमुद छन्द से उत्पन्न हों।

उरुशृङ्गं च कुमुदं विमानः स्याद् द्वितीयकः।
एवं लक्षणकं कुर्यान्मेरु च सुरवल्लभम्॥ 31॥

इसमें उरुशृङ्ग और कुमुद विमान दूसरे क्रम पर हों। इस तरह के लक्षणों से सुरवल्लभ नामक मेरु प्रासाद को बनाएँ।

वल्लभः सर्वदेवानां स्वर्गे वा भूमिशासनम्।
ईप्सितं लभते राज्यं स्वर्गे वा क्षितिमध्यतः॥ 32॥

इति सुरवल्लभाभिधानो नाम सार्धद्विशताण्डको मेरुः।

यह समस्त देवताओं को प्रिय है जो चाहे स्वर्ग के हों या इस भूमि पर शासन करते हों, जो इसे बनाएँ वह मनचाहा राज्य स्वर्ग में या इस पृथ्वी पर प्राप्त करता

है। (इस प्रकार यह सुरवल्लभ नामक प्रासाद दो सौ पचास अण्डकों वाला हुआ)।

भुवनमण्डननामक पञ्चसप्तत्यधिकत्रिशताण्डको मेरुः —

चतुर्दशविभक्ते च द्विभागः कर्णविस्तरः।
नन्दनस्तत्र कर्तव्य ऊर्ध्वे स्यात्सर्वभद्रकः॥ 33॥

क्षेत्र को चौदह भागों में विभाजित करें। दो भाग का कर्ण विस्तार हों। उस पर नन्दन और ऊपर की ओर सर्वभद्रक बनाएँ।

मल्लतलं च शिखरं घण्टाकलशभूषितम्।
भागा च पार्श्वकर्णी स्यात् श्रीवत्सश्च ततो भवेत्॥ 34॥

मल्लतल और शिखर आमलसार और कलश से विभूषित हों। इसमें एक भाग की पार्श्वकर्णी हों तो वह श्रीवत्स होता है।

कर्णतुल्यः प्रतिरथः सर्वतोभद्रभूषितः।
तदूर्ध्वे तिलकं स्थाप्यमुरुश‍ृङ्गं मल्लतलम्॥ 35॥

कर्ण के समान प्रतिरथ हो जो सर्वतोभद्र से विभूषित हों। उसके ऊपर तिलक, बनाएँ तथा ऊरुशृङ्ग और मल्लतल भी हों।

कर्णिका चैकपादा तु श्रीवत्सस्तत्र भूषितः।
कुमुदाख्यं चोरुशृङ्गं तद्वत् प्रत्यङ्गकं तथा॥ 36॥

एक भाग की कर्णिका हों जो कि श्रीवत्स से विभूषित हों। कुमुद जाति के उरुशृङ्ग हों और उसी के समान प्रत्यङ्गक हों।

भद्रे कर्णे च श्रीवत्सः कुमुदं चोरुशृङ्गकम्।
विना भ्रमं सभ्रमो वा कार्यो भुवनमण्डनः॥ 37॥

भद्रों पर व कर्णों पर श्रीवत्स और कुमुदछन्द के उरुशृङ्ग हों। यह बिना भ्रमण के अथवा भ्रमण युक्त करने पर भुवनमण्डन प्रासाद होता है।

रत्नकूटे महाशैले राज्यं यावच्च मेदिनी।
चन्द्रार्कतारकं यावद् यावद्देवो महेश्वरः॥ 38॥

इति भुवनमण्डनाभिधानो नाम पञ्चसप्तत्यधिकत्रिशताण्डको मेरुः।

इसको बनाने वाला रत्नकूट के महाशैल पर्वत पर जब तक पृथ्वी है तब तक राज्य पाए तथा जब तक चन्द्र, सूर्य और तारे हैं और जब तक महेश्वर देव हैं तब तक उसका भोग करता है। (इस प्रकार भुवनमण्डन प्रासाद तीन सौ पिचहत्तर अण्डकों वाला हुआ)।

रत्नशीर्षनामैकोत्तरपञ्चशताण्डको मेरुः —

द्वात्रिंशद्भाजिते क्षेत्रे पञ्चांशः कर्णविस्तरः।
पार्श्वकर्णी भवेद् भागा वेदांशः प्ररथस्तथा॥ 39॥

क्षेत्र को बत्तीस भागों में विभाजित करें और उसमें से पाँच भाग कर्ण का विस्तार करें। एक भाग की पार्श्वकर्णी एवं चार भाग का प्ररथ करें।

द्विभागा च पुनः कर्णी भद्रं चाष्टांशविस्तरम्।
कर्णे च मन्दरं कुयाच्छिखरं कौमुदं तथा॥ 40॥

दो भाग की पुनः कर्णी, भद्र आठ भाग के विस्तार वाले हों। कर्णों को मन्दर का करें और शिखर को कौमुद छन्द का बनाएँ।

सर्वतोभद्र ऊर्ध्वे तु मल्लं शिखरमुत्तमम्।
द्वात्रिंशत्यंशविस्तारं घण्टाकलशभूषितम्॥ 41॥

ऊपर की और सर्वतोभद्र छन्द हों और मल्ल का उत्तम शिखर बनाएँ। वह बाईस भागों के विस्तार वाला हों और आमलसार, कलश से विभूषित हों।

पार्श्वकर्णी केशरिणः प्रत्यङ्गं च विमानजम्।
प्ररथे सर्वतोभद्रमूर्ध्वे तद्रूपकं भवेत्॥ 42॥

पाश्वकर्णी केशरी छन्द की व प्रत्यङ्ग विमान छन्द के हों। प्ररथ, सर्वतोभद्र छन्द के और ऊपर भी इसी रूप के होने चाहिए।

मल्लतलं चोरुशृङ्गं तद्वत् प्रत्यङ्गकर्णिका।
मत्तालम्बोऽग्रभद्रेषु चोरुशृङ्गं तु कौमुदम्॥ 43॥

मल्लतल, उरुशृङ्ग की तरह ही प्रत्यङ्ग एवं कर्णिका हों। आगे भद्र पर मत्तालवम्ब यानी झरोखे हों और उरुशृङ्ग कुमुद छन्द के हों।

सभ्रमं च ततः कुर्याद् रेखामर्मवितर्कितम्।
नवखण्डधरामध्ये तद्राज्यं जन्मजन्मनि॥ 44॥

इति रत्नशीर्षभिधानो नामैकोत्तरपञ्चशताण्डको मेरुः।

इसको भ्रमण युक्त बनाएँ जिसमें रेखा के मर्म पर पूरा विचार करें। इसको बनाने वाला इस नौखण्डा धरा के मध्य जन्म-जन्मों तक राज्य का सुख भोगता है। (इस प्रकार रत्नशीर्ष प्रासाद पाँच सौ एक अण्डकों वाला हुआ)।

किरणोद्भवनामक सपादषट्शताण्डको मेरुः —

छन्देऽष्टादशधा भक्ते त्रिभागः कर्णविस्तरः।
पाश्वकर्णी भवेद् भागा द्विभागः प्ररथस्तथा॥ 45॥

क्षेत्र को आठ भागों में विभाजित कर तीन भाग का कर्ण विस्तार करें और एक भाग की पार्श्वकर्णी व दो भाग का प्ररथ करें।

पुनः कर्णी भवेद् भागा वेदांशो भद्रविस्तरः।
श्रीवृक्षो(वत्सो) मूलकर्णे तु तच्छृङ्गं च विमानजम्॥ 46॥

पुनः एक भाग की कर्णी, चार भाग भद्र विस्तार, श्रीवत्स छन्द का मूलकर्ण और उसके विमान छन्द के शृङ्ग हों।

मन्दरश्च तदूर्ध्वे तु द्विभागः कर्णविस्तरः।
द्वादशांशा मूलरेखा मल्लतलं च शृङ्गकम्॥ 47॥
द्वौ मन्दरौ प्रतिरथे चाधऊर्ध्वे तु संस्थितौ।

उसके ऊपर मन्दर छन्द (के शृङ्ग) हों। भागों पर कर्ण का विस्तार हों। बारह भागों की मूलरेखा और मल्लतल शृङ्गों के समान व दो मन्दर प्रतिरथों पर स्थित हों।

तदूर्ध्वतः प्रमाणेन चोरःशृङ्गं मल्लतलम्॥ 48॥
कर्णे च तिलकं कार्यं प्रत्यङ्गं च विमानजम्।

इसके ऊपर की ओर इसी प्रमाण से उरुशृङ्ग और मल्लतल हों। कर्णों पर तिलक बनाएँ। प्रत्यङ्गों को विमान छन्द के बनाएँ।

तद्रूपा चाग्रकर्णी तु ह्युरुशृङ्गं तु कारयेत्॥ 49॥
उरःशृङ्गे च कुमुदो मत्तालम्बैर्भद्रोन्नतम्।

उनके जैसी ही अग्रकर्णी और उरुशृङ्गों को बनाना चाहिए। उरुशृङ्ग कुमुद छन्द के हों और भद्र पर उन्नत मतावलम्ब यानी झरोखे हों।

एवमादिगुणोपेतं कुर्याद्वै शुभलक्षणम्॥ 50॥
गत्वा तु सूर्यलोकं वै सूर्यतेजः समन्वितः।
सूर्यो यावच्च विख्यातस्तावत्तिष्ठत्यसौ नरः॥ 51॥

इति किरणोद्भवाभिधानो नाम सपादषट्शताण्डको मेरुः।

इस तरह के गुणों से युक्त, शुभलक्षणों से इसे बनाएँ तो निर्माता सूर्यलोक में जाकर वह सूर्य के तेज को समन्वित करता है। जब तक सूर्य विख्यात् रहेगा तब तक वह नर भी बना रहेगा। (इस प्रकार किरणोद्भव मेरु प्रासाद सवा छह सौ अण्डकों वाला हुआ)।

कमलहंसनामक सार्धसप्तशताण्डको मेरुः —

क्षेत्रे विंशतिधा भक्ते त्रिभागः कर्णविस्तरः।
पार्श्वकर्णी भवेद् भागा द्विभागः प्ररथो भवेत्॥ 52॥

क्षेत्र को बीस भागों में विभाजित करें और उसमें से तीन भाग का कर्ण विस्तार करें। एक भाग की पार्श्वकर्णी और दो भाग के प्ररथ करें।

तत्समो रथ आख्यातो भद्रं वेदांशविस्तरम्।

कर्णे कैलास इत्युक्तस्तच्छृङ्गं च विमानजम्॥ 53॥

उसके समान ही रथ, चार भाग का भद्र का विस्तार, कर्ण कैलास छन्द के, शृङ्ग विमान छन्द के हों।

तदूर्ध्वे नन्दिशालश्च माल्यवान् शिखरे तथा।

कर्णिका वै नन्दनजा प्रत्यङ्गं तु विमानजम्॥ 54॥

इसके ऊपर नन्दिशाल और शिखर पर माल्यवान छन्द करें। कर्णिका को नन्दन छन्द वाली और प्रत्यङ्ग को विमान छन्द का करें।

नन्दिशालः प्रतिरथे तद्रूपं तु तदूर्ध्वतः।

मल्लतलोरुशिखरं कर्तव्यं शुभमिच्छता॥ 55॥

इसी प्रकार इसके ऊपर नन्दिशाल छन्द के प्रतिरथ व उसी के अनुरूप उसके ऊपर भी बनाएँ। शुभ इच्छुकों को इस पर मल्लतल और उरु, शिखर करना चाहिए।

नन्दनो रथ ऊर्ध्वे तु ह्युरुशृङ्गं विमानजम्।

पृथुत्वे चैव षड्भागः कुमुदो भद्रकारुहः॥ 56॥

इसके ऊपर नन्दन छन्द का रथ और विमान छन्द के उरुशृङ्ग बनाएँ। इनकी मोटाई, विस्तार में छह भाग की हों और कुमुद छन्द के भद्रक हों।

स्थापितो ब्रह्मकेन्द्रेषु ब्रह्मा लोकपितामहः।

स याति ब्रह्मलोके तु यावदाहृतसम्प्लवम्॥ 57॥

इति कमलहंसाभिधानो नाम सार्धसप्तशताण्डको मेरुः।

इस प्रकार जो व्यक्ति इसके ब्रह्म केन्द्र में लोक पितामह ब्रह्मा की स्थापना करता है, वह प्रलय काल तक ब्रह्मलोक में निवास करता है। (इस प्रकार कमलहंस नामक साढ़े सात सौ अण्डकों का प्रासाद हुआ)।

सुवर्णकेतुनामक पञ्चसप्तत्यधिकाष्टशताण्डको मेरुः —

द्वाविंशतिभक्तक्षेत्रे शतमूलगर्भो भवेत्।

भागभागा भित्तयः स्युः शेषं चैवान्धकारिका॥ 58॥

क्षेत्र को बाईस भागों में विभाजित करें। इनमें से दस भाग का गर्भगृह बनाएँ। एक-एक भाग की भित्तियाँ हो, शेष भागों की अन्धारिका बनाएँ।

कर्णे पृथुत्वं वेदांशं कैलासं विमानशिखरम् ?।
तदर्धमूर्ध्वतः शस्तं नन्दनं सर्वकामदम्॥ 59॥

कर्णों का विस्तार चार भागों का करें और विमान का शिखर कैलास छन्द का हों। उसके आधे ऊपर नन्दन प्रशस्त कहा है, वह सर्व कामनाओं को पूर्ण करता है।

माल्यवन्तं च शिखरे संसारभयनाशनम्।
तदूर्ध्वे केशरी पार्श्वे प्रत्यङ्गं च विमानजम्॥ 60॥

माल्यवन्त छन्द के शिखर संसार का भय का नाश करने वाले हैं। उसके ऊपर की ओर केशरी छन्द के पार्श्व हों और प्रत्यङ्ग विमान छन्द के हों।

सार्धत्रयं प्रतिरथः नन्दनं नन्दनात्परम्।
अष्टभागैर्मल्लतलं कौमुदी चोरुमञ्जरी॥ 61॥

साढ़े तीन भाग के प्रतिरथ, नन्दन नन्दन छन्द के, आठ भाग का मल्लतल, कौमुदी छन्द की उरुमञ्जरी करें।

एकभागा कर्णिका चाऽऽवृत्तं केशरिणा युतम्।
उरुःश्रृङ्गं विमानं च कर्तव्यं तु भद्राण्डकम्॥ 62॥

इसमें एक भाग की कर्णिका करें जो केशरी से आवृत्त हों। उरुश्रृङ्ग विमान के और भद्र अण्डकों युक्त करें।

वेदांशो भद्रविस्तार उरुश्रृङ्गं च कौमुदम्।
क्रमसूत्रे द्वाविंशतिर्लघुप्रत्यङ्गकानि च॥ 63॥

चार भागों में भद्र का विस्तार करें और फिर उरुश्रृङ्ग कौमुदी छन्द के बनाएँ। इस प्रकार क्रम सूत्र में बाईस लघु प्रत्यङ्गकों को बनाएँ।

एवं तथा पञ्चसप्तत्यधिकाष्टशताण्डकः।
मानमुक्तं च विधिना लभ्यते चेप्सितं फलम्॥ 64॥

इति सुवर्णकेत्वभिधानो नाम पञ्चसप्तत्यधिकाष्टशताण्डको मेरुः।

इस प्रकार से यह आठ सौ पिचहत्तर अण्डकों वाला सुवर्णकेतु प्रासाद बनाने वाला अहंकार से रहित रहकर ब्रह्मा विधाता से मनचाहा फल प्राप्त करता है। (इस प्रकार सुवर्णकेतु नामक पौने नौ सौ अण्डकों वाला प्रासाद हुआ)।

वृषभध्वजनामकैकोत्तर सहस्राण्डको मेरुः —

चतुरश्रीकृते क्षेत्रे चतुर्विंशति भाजिते।
षड्भागश्च भवेद्गर्भो द्विद्व्यंशा भ्रमभित्तयः॥ 65॥

क्षेत्र को चौरस करके चौबीस भागों में विभाजित करें। इसमें से छह भाग का गर्भ रखें। दो-दो भागों की भ्रमण और भित्तियाँ हों।

भ्रमणीद्वयकं कार्यं भित्तीनां च त्रयं तथा।
अधस्ताद् भ्रममेकं तु त्रिभागा भ्रमभित्तयः॥ 66॥

दो भ्रमणियाँ करे और भित्तियाँ तीन करें। इनके नीचे की ओर एक ही भ्रमणी करे और तीन भागों की भ्रमण भित्तियाँ हों।

वेदांशः कर्णविस्तारः पृथ्वीजयविमानकम्।
ऊर्ध्वे त्रिभागं कुर्याद्वै नन्दिशालं तु कामदम्॥ 67॥

कर्ण का विस्तार चार भागों का, पृथ्वीजय छन्द का विमान हों। ऊपर की ओर तीन भागों का नन्दिशाल बनाएँ जो इच्छा पूर्ति करने वाला होगा।

माल्यवन्तं च शिखरे द्व्यष्टभागैश्च विस्तरः।
भागा कर्णी कुमुदजा प्रत्यङ्गं तु विमानजम्॥ 68॥

पुनः माल्यवन्त छन्द के शिखर हो जो सोलह भागों के विस्तार वाले होंगे। कुमुद छन्द की एक भाग की कर्णी और प्रत्यङ्ग विमान छन्द के होंगे।

त्रिभिर्भागैः प्रतिरथं मन्दरं सर्वकामदम्।
सार्धद्वयं नन्दिशालं तदूर्ध्वं लक्षणान्वितम्॥ 69॥

तीन भागों का प्रतिरथ मन्दर छन्द का हों तो सर्वकामद होगा। ढाई भाग का नन्दिशाल इसके ऊपर बहुत ही लक्षणों से युक्त बनाएँ।

मल्यातलमुरःशृङ्गं कल्पयेद् गुणपूर्वकम्।
कर्णी कुमुद आख्याता चोरुशृङ्गं विमानजम्॥ 70॥

इसी प्रकार मल्यातल, उरुशृङ्गों की गुणवत्तापूर्ण परिकल्पना करें। कर्णी कुमुद छन्द की हों और उरुशृंग विमान छन्द के होंगे।

चतुर्भागं चैव भद्रं कुमुदा चोरुमञ्जरी।
तदर्धं मुखभद्रं च श्रीवत्सा चोरुमञ्जरी॥ 71॥

चार भागों के भद्र बनाएँ और कुमुद छन्द की उरुमञ्जरी हों। उसके आधे मुखभद्र पर श्रीवत्स छन्द की उरुमञ्जरी होगी।

एवमापूर्यते शृङ्गैरेकोत्तरसहस्त्रकैः।
लभते शिवलोकं स यावदाहृतसम्प्लवम्॥ 72॥

इति वृषभध्वजाभिधानो नामैकोत्तरसहस्त्राण्डको मेरुः।

इस तरह से एक हजार एक शृङ्गों वाले प्रासाद को बनाने वाला शिवलोक को प्राप्त करके प्रलय पर्यन्त वहाँ निवास करता है। (इस प्रकार वृषभध्वज मेरु प्रासाद एक हजार एक अण्डकों वाला हुआ)।

इति सूत्रसन्तानगुणकीर्तिप्रकाशप्रोक्तृश्रीभुवनदेवाचार्योक्तापराजितपृच्छायां
विमानानागरच्छन्दजनवमेर्वधिकारो नामाशीत्युत्तरशततमं सूत्रम् ॥ 180 ॥

इस प्रकार भुवनदेवाचार्य कृत सूत्रसन्तानगुणकीर्ति प्रकाश या अपराजितपृच्छा में विमान नागर छन्दज मेरु अधिकार नामक एक सौ अस्सीवाँ सूत्र पूर्ण हुआ ॥ 180 ॥

महामेरुप्रासादनिर्णयोनामैकाशीत्युत्तरशततमं सूत्रम् ॥ 181 ॥

अधुना महामेरुप्रासाद निर्णयः। विश्वकर्मोवाच —

चतुरश्रीकृते क्षेत्रे मेरौ सार्कशतांशकै$_{112}$।
अथापि भाजिते भागैः सनिर्गमतले समे ॥ 1 ॥
कर्णान्ताद् गर्भपर्यन्तं विभागानां तु निश्चयः।
षट्पञ्चाशद्विभागैश्च$_{56}$ कथयिष्याम्यनुक्रमात् ॥ 2 ॥

(इस सूत्र में महामेरु प्रासादों के तलच्छन्द आदि विभागों के बारे में बताया गया है। मेरु प्रासादों में महामेरु मन्दिरों का अपना वैशिष्ट्य है, ये चौकोर क्षेत्र पर उन्नत शिखर युक्त होते हैं)। विश्वकर्मा बोले कि मेरु के लिए क्षेत्र को चौकोर करें। उसे एक सौ बारह भागों में विभाजित करें। भागों का विभाजन करते समय उनको निकास और तल को समान रखें तथा कर्ण से लेकर गर्भगृह के अन्त तक विभागों का निश्चय करें। अब इन छप्पन विभागों को अनुक्रम से कहता हूँ।

तस्य विभाजनमाह —

ग्रहा$_{9}$ रामाः$_{3}$ शरा$_{5}$ रामा$_{3}$ नन्दा$_{9}$ रामाः$_{3}$ शरा$_{5}$ गुणः$_{3}$।
पक्षौ$_{2}$ च भुवनानीति$_{14}$ सीमार्धं भक्तिभागतः ॥ 3 ॥
युगा$_{4}$ दिशश्च$_{10}$ ऋतवः$_{6}$ कर्णे कर्ण्यामुपरथे।
शृङ्गाणामिति सङ्ख्या च कथिताऽसावनुक्रमात् ॥ 4 ॥

इसमें नौ, तीन, पाँच, तीन, नौ, तीन, पाँच, गुण, दो और चौदह— इस प्रकार का विभाजन अर्ध सीमा भाग तक किया जाए। इसी प्रकार से कर्ण पर चार, कर्णी पर दस और उपरथ पर छह शृङ्गों की संख्या रखें। यह मैंने अनुक्रम कहा है।

क्रमोत्तरं ह्रस्वह्रस्वादुपर्युपरि च क्रमात्।
अध उर्ध्व योगतश्च स सोमतो ? क्रमागतो ॥ 5 ॥

ये क्रमोत्तरतः एक-दूसरे पर कम से कम होते जाते हैं। नीचे-ऊपर की ओर के योग से ये समता से क्रमागत होते है (?)।

षष्टिभागैर्मूलगर्भो भित्तिका चाऽष्टभागिका।
दशभागं च भ्रमणमष्टांशा भित्तिका पुनः ॥ 6 ॥
नन्द$_9$रसे(रागे)$_6$न्द्रिय$_{10}$पक्षा$_2$ द्वयष्टतो$_{16}$ भद्रविस्तरः।
भागभागं तु निष्कासो रथोपरथकानुगे ॥ 7 ॥

इसमें साठ भाग का मूलगर्भ, आठ भाग की भित्तिका, दस भाग के भ्रमण, और आठ भाग की पुनः भिति होगी। भद्र का विस्तार नौ, छह, दस, दो और सोलह भाग होगा। रथ, उपरथों का निकास एक-एक भाग होगा।

अर्धार्धे कर्णान्तभद्रं मध्यच्छन्दे प्रकीर्तितम्।
वार्यन्तरं विना कार्यं कूम्भकादिच्छाद्यान्तकम् ॥ 8 ॥

कर्ण के आधे के आधे बराबर भद्र हों। यह मध्य छन्द की कही गई है। इस पर कुम्भ-कलश आदि छत के अन्त तक बिना प्रणाले के बनाएँ।

तद्रूपाकारकोऽग्रे तु ततोऽधिकविनिर्गमः।
फालयेद् भ्रमध्ये तु बाह्यच्छन्दपिरक्रमम् ॥ 9 ॥

आगे का भाग उसी रूप का हों और उससे अधिक निकास वाला हों। भ्रमण के मध्य में और परिक्रमा के बाहर की ओर फालना करें।

चन्द्रावलोकनं भद्रे चत्वारिंशद्भिरुन्नतम्।
षट्पञ्चाशत्समुत्सेधो मेरूणां प्रहरान्तके ॥ 10 ॥

भद्रों पर चन्द्रावलोकन यानी झरोखे बनाएँ जो कि चालीस की संख्या में ऊपर की ओर हों। मेरु की प्रहरान्त तक की ऊँचाई छप्पन गज (हाथ) की होती है।

पीठोपरि च कर्तव्यो भद्रशालसमुच्चयः।
राजसेनो वेदिका च स्तम्भोच्छालकशीर्षकम् ॥ 11 ॥

इसी प्रकार पीठ के ऊपर भद्रशालों का समुच्चय बनाएँ। राजसेन, वेदिका और स्तम्भ व शालाओं के लिए शीर्षक बनाएँ।

पट्टोर्ध्वे दण्डच्छाद्यं तदूर्ध्वे संवरणा भवेत्!
पृथुत्वार्धेन निष्कासो भद्रेषु सकलेषु च ॥ 12 ॥

पट्ट या पाटों के ऊपर आड़े छाद्य हों और उसके ऊपर संवरणा बनाएँ। चौड़ाई के आधे के बराबर निकास सभी भद्रों-भीतों का होगा।

समस्तभक्तिपादेषु कर्तव्यो मेखलोदयः।
पीठोपपीठजङ्घाश्च मेखलाकूटच्छाद्यकम्॥ 13॥

सभी भागों के अंशों को मेखला से युक्त उठते हुए बनाएँ। साथ ही पीठ, उपपीठ, जङ्घा, मेखला, कूट और छाद्य होंगे।

पुनर्जङ्घोद्गमच्छाद्यं प्रहारान्तोऽर्धमुन्नतः।
मण्डपा अग्रयुक्ताश्च कर्तव्यामूलसूत्रतः॥ 14॥

पुनः जङ्घा से निकलता हुआ छाद्य करें जो प्रहरान्त तक ऊँचा हों। उसके आगे मण्डप हों जो मूल के समसूत्र में बनाया जाएगा।

पञ्चाशीत्यण्डकाः$_{85}$ कार्याः कर्णशृङ्गष्वैरावतः।
कर्णे प्रतिरथे ताभ्यां समक्रमसमुद्भवः॥ 15॥

इसके पिच्चासी अण्डक कर्ण के शृङ्गों पर ऐरावत छन्द के बनाएँ। ये उनके कर्ण और प्रतिरथ पर एक से क्रम में उठे हों।

एकादशोद्गमो मेरुस्तन्मानः शृङ्गकक्रमः।
स विंशतिसहस्त्राण्डैः सूर्यसङ्ख्यैश्च$_{12}$ शृङ्गकैः॥ 16॥

मेरु पर उसके मान के अनुसार ग्यारह शृङ्ग बनाएँ तो यह बारह की संख्या की शृङ्गों पर एक हजार बीस अण्डक हों।

कर्णिका शृङ्गमेकं तु सर्वतोभद्रके भवेत्।
दशक्रमेण वै ताभ्यामण्डानां नवतिस्तथा॥ 17॥

कर्णिका पर एक शृङ्ग सर्वतोभद्र छन्द का हों। ये दस के क्रम में बने हों और इनके ऊपर नब्बे अण्डक बने हों।

एकादशोद्गमो मेरुः कर्णिकानां तथाऽष्टकम्।
कर्ण्यण्डकाश्च विंशत्युत्तरसप्तशतानि च॥ 18॥
शृङ्गाण्यशीतिः कर्ण्यः षट् तथा चैकादशोद्गमैः।

ग्यारह भागों के उद्गम वाला मेरु जिसके आठ कर्णिका बनी हों, उसमें कर्ण के अण्डक सात सौ बीस होंगे। इसमें अस्सी की संख्या में शृङ्ग, छह कर्ण ग्यारह भागों के उद्गम से हों।

इत्यमनन्तर रथस्यानुक्रम शृङ्गण्डकश्च —

रथस्यानुक्रमं वक्ष्ये ह्यण्डकैः शृङ्गसङ्ख्यया॥ 19॥

अब रथों की क्रम संख्या के अनुसार अण्डकों और शृङ्गों के बारे में कहता हूँ।

एकरथे चाण्डकास्तु सङ्ख्याय पञ्चविंशतिः।
शृङ्गाणि स्युः षट् क्रमतस्तथा सार्धशताण्डकैः॥ 20॥

एक रथ वाले के अण्डकों की संख्या पच्चीस होती है, शृङ्ग छह होते हैं और इनके क्रमानुसार एक सौ पचास अण्डक होते हैं।

चतूरथे त्वेकादश कार्याः षट्क्रमतस्तथा।
पञ्चविंशतिः शृङ्गाणां सङ्ख्या वै षट्शताण्डकैः॥ 21॥

चार रथ वाले के ग्यारह अण्डक करें और छह का क्रम उसी प्रकार रखें। इनके पच्चीस शृङ्गों पर छह सौ अण्डकों की संख्या होगी।

भद्रे कर्णी केशरिणो नवक्रमत् एव च।
पञ्चचत्वारिंशदण्डः कर्तव्यः सर्वकामदः॥ 22॥

भद्रों पर केशरी छन्द की कर्णी हों जो नौ के क्रम में बनी हों। इन पर पैंतालीस अण्डक बनाएँ जो सब कामनाएँ पूरी करने वाले होंगे।

भद्रसंवरणोर्ध्वे च दर्शनीया च कर्णिका।
प्रकर्तव्याः केशरिणश्चाण्डकाः पञ्च भूषिताः॥ 23॥

भद्रों के ऊपर की ओर संवरणा पर दर्शनीय सुन्दर कर्णिका बनाएँ और केशरी छन्द के अण्डक पाँच की संख्या में करें।

चत्वारस्त्रयो द्वावेक उभयभद्रे विंशतिः।
कुर्याच्छताण्डकं चेत्थं मेरुरेकादशोद्गमः॥ 24॥

चार, तीन, दो, एक ऐसे दोनों भद्रों पर एक सौ बीस अण्डकों को करें तो यह ग्यारहवें उद्गम वाला मेरु होता है।

एकादशोद्गमो मेरुः प्रत्यङ्गाष्टकमेव च।
नवशृङ्गाणि वै भद्रे कार्याणि त्वपराजित॥ 25॥

इस ग्यारह उद्गमवाले, प्रणालों वाले मेरु के आठ प्रत्यङ्ग होते हैं। हे अपराजित! भद्रों पर नौ शृङ्ग करने होते हैं।

मूलरेखा पृथुत्वं च द्वासप्तत्यंशकं भवेत्।
शृङ्गं चतुस्त्रिंशदंशं तदर्धं च विनिर्गतम्॥ 26॥

इसी प्रकार मूल रेखा का विस्तार चौदह भागों का होता है। शृङ्ग चौंतीस अंशों के हो जो इसके आधे भाग के निकास युक्त हों।

द्व्यष्ट द्वादश दशाष्ट षट् चत्वारो द्वयं तथा।
एको भागास्तदग्रे स्यादुःशृङ्गे ह्यनुक्रमः॥ 27॥

सोलह, बारह, दश, आठ, छह, चार, दो तथा एक भागों के क्रम से इसके आगे अनुक्रम में उरुशृङ्ग बनाएँ।

अष्टभागं च प्रत्यङ्गं शेषं स्याद् ... क्रमम्।
चतुर्विंशति-प्रत्यङ्गं षट्त्रिंशदुरुमञ्जरि॥ 28॥
सर्वे चामलसारास्तु दिव्यकुम्भविभूषिताः।

आठ भाग के प्रत्यङ्ग और शेष (?) क्रम में होते हैं। चौबीस प्रत्यङ्ग हों और छत्तीस उरुमञ्जरियाँ हों जो सभी आमलसार और दिव्य कलशों से विभूषित हों।

एवमेव प्रकर्तव्यं महामेरोश्च लक्षणम्॥ 29॥
एकाधिकं प्रकर्तव्यं दशोत्तरसहस्रकम्।

इस तरह से महामेरु के लक्षणों को निर्मित करना चाहिए। इनको एक हजार दस से एक अधिक के बनाएँ अर्थात् अण्डकों वाला बनाएँ।

महामेरु निर्माणफलमाह —

महामेर्वभिधानश्च कर्तव्यस्त्रिपुरान्तके॥ 30॥
हरो हिरण्यगर्भश्च हरिर्दिनकरस्तथा।
एते देवाः स्थिता मेरौ नाऽन्ये चैव कदाचन॥ 31॥

ऐसा महामेरु नाम वाला प्रासाद त्रिपुरान्तक शिव के लिए बनता है। महामेरु प्रासाद में हर-शिव, हिरण्यगर्भ-ब्रह्मा, हरि-विष्णु और दिनकर-सूर्य देवता प्रतिष्ठा के लिए ही करना चाहिए, अन्य किसी देवता के लिए नहीं बनाएँ।

तत्सन्ताने यैः कृतोऽयं पूर्णमन्नं भवेत्सदा।
मातृपक्षं पितृपक्षं तारयेन्नरकार्णवात्॥ 32॥

जो लोग इन प्रासादों का निर्माण कराते हैं, उनके सन्तान सदा पूर्ण अन्न वाले होते हैं अर्थात् सुख सम्पन्न होते हैं, वे अपने मातृपक्षों और पितृपक्षों को तार देते हैं।

उत्पन्नश्च भवेत्स्वर्गे स्वेच्छया पृथिवीपतिः।
महामेरुध्वजारोहे यावच्चन्द्रार्कमेदिनी॥ 33॥

ऐसे लोग नया ज़न्म पाने पर भी इस पुण्य से अपनी इच्छानुसार पृथ्वीपति होते हैं। महामेरु पर ध्वजारोहण का पुण्य जब तक चन्द्र, सूर्य और यह पृथ्वी रहेगी तब तक अक्षुण्ण रहेगा।

इति सूत्रसन्तानगुणकीर्तिप्रकाशप्रोक्तृश्रीभुवनदेवाचार्योक्तापराजितपृच्छायां
महामेरुप्रासादनिर्णयाधिकारो नामैकाशीत्युत्तरशततमं सूत्रम्॥ 181॥

इस प्रकार भुवनदेवाचार्य कृत सूत्रसन्तानगुणकीर्ति प्रकाश या अपराजितपृच्छा में महामेरु प्रासाद निर्णय अधिकार नामक एक सौ इक्यासीवाँ सूत्र पूर्ण हुआ॥ 181॥

श्रीचतुर्दशभुवनगिरिमेरुप्रासादलक्षणात्मकं द्व्यशीत्युत्तरशततमं सूत्रम् ॥ 182 ॥

अधुना चतुदर्शभुवनगिरिमेरुगिरिप्रासाद लक्षणं। विश्वकर्मोवाच —

शतार्धं$_{50}$ च तदर्धं$_{25}$ च षट्त्रिंशत्कं$_{36}$ तथैव च।
प्रत्येकंत्रिविधं ज्ञेयं ज्येष्ठ-मध्य-कनिष्ठकम्॥ 1 ॥

(इस सूत्र में चौदह भुवनगिरि मेरु प्रासाद के लक्षणों का वर्णन है) विश्वकर्मा ने कहा कि मेरुओं में पचास, पच्चीस और छत्तीस हाथ के प्रमाण कहे गए हैं— इन तीनों को भी ज्येष्ठ, मध्यम और कनिष्ठ तीन प्रकार के समझें।

त्रिज्येष्ठं च तथाख्यातं त्रिमध्यं त्रिकनिष्ठकम्।
मेरोरियं हस्तसङ्ख्यया विभागश्च ततः परम्॥ 2 ॥

इस तरह से तीन ज्येष्ठ, तीन मध्यम और तीन कनिष्ठ मेरु होते हैं। इनके हस्तों की संख्या के विभाग पृथक् से होते हैं।

तेषां विभक्तिसङ्ख्यामाह —

श्रीचतुर्दशभुवनगिरिमेर्वभिधस्य च।
षट्सप्ततिर्भागससङ्ख्या विभक्ता तु क्रमागता॥ 3 ॥

सामान्यतः चौदह भुवनगिरि मेरु नामके प्रासादों में छियोत्तर भागों में विभक्ति संख्या क्रमानुसार होती है।

आद्यः कर्णप्रतिरथरथयुग् बालपञ्जरः।
सार्धस्तम्भैर्भूषिताश्च शाला वै वाम-दक्षिणे॥ 4 ॥

आरम्भ में कर्ण, प्रतिरथ व रथ दो-दो, बालपञ्जर और डेढ़ भाग में स्तम्भों से विभूषित शाला बाएँ-दाएँ बनी हों।

रथप्ररथसंयुक्तास्तत्परे बालपञ्जराः।
तत्कर्णा वै नवनवादिकाङ्गकविकल्पनात्॥ 5 ॥

इसके बाद रथ, प्ररथ से युक्त बालपञ्जर हों। उनके कर्णों पर नौ-नौ अङ्गों की परिकल्पना करें।

वसु$_{8}$मुनि$_{7}$रस$_{6}$इषु$_{5}$ वेदा$_{4}$ विकारै$_{3}$ सालया ?।
पृथुत्वे च विधातव्यो विभागोऽयमतः परम्॥ 6 ॥

आठ, सात, छह, पाँच, चार, तीन, सालया (?) शाला के विस्तार के विभागों को इस परम मत में यहाँ बताया गया है।

प्रासादेषु प्रशस्त सप्तगर्भाः —

गर्भः शुकः शुकोदरः शान्तः श्रीगर्भसुन्दरौ।
प्रशस्तो वै सप्तगर्भाः प्रासादेषु समागताः ॥ 7 ॥

सभी प्रासादों में 1. गर्भ, 2. शुक, 3. शुकोदर, 4. शान्त, 5. श्री, 6. गर्भ और 7. सुन्दर— ये सातों ही गर्भ प्रशस्त और मान्य कहे हैं।

रथप्रतिरथादीनां —

रथैः प्रतिरथैः कर्णैः पञ्जरादिक्रमत्रयम्।
द्विकर्मोर्ध्वं ? स्तम्भे भद्रै स्तरवङ्गरधिकोदरम् ॥ 8 ॥
कर्णे आदिक्रमैः कुर्यादधस्तात् त्रिशताण्डकैः।
द्विशताण्डकैस्तदूर्ध्वे शताण्डश्च तदूर्ध्वतः ॥ 9 ॥

इनके रथ, प्रतिरथ, कर्ण, बालपञ्जरादि क्रम में तीन होते हैं। दो ऊपर की ओर। स्तम्भों, भद्रों पर तवङ्ग, अधिकोदर आदि कर्णों पर आरम्भ से करना चाहिए। नीचे से उसके ऊपर की ओर तीन सौ अण्डक, इन पर दो सौ अण्डक और सौ अण्डक इनसे भी ऊपर की ओर बनाएँ।

पञ्च सङ्घाटजा रेखा भ्रमिका च समुच्छ्रिता।
एकद्वित्रिशताण्डकाः कर्तव्याः सर्वकामदाः ॥ 10 ॥

इनके लिए पञ्च सङ्घाटज रेखा बनाएँ जो भ्रमणिका से उठती हों। इस तरह एक सौ, दो सौ और तीन सौ अण्डकों को बनाएँ जो कि सर्वकामद होते हैं।

सभागश्च प्रतिरथः क्रमत्रयसमुच्छ्रितः।
आदिक्रमैरुद्गमश्च एक-द्वि-त्रिशताण्डकेः ॥ 11 ॥

इसमें सवाए भाग से युक्त प्रतिरथ होगा जो कि तीन क्रमों में उठता है। इसके पहले क्रम में उद्गम- आरम्भ से ही एक सौ, दो सौ और तीन सौ अण्डकों को करें।

पञ्चविंशत्यण्ड ऊर्ध्वं तिलकं च तदूर्ध्वतः।
प्रत्यङ्गान्यष्टभागैश्च स्युर्द्वाविंशतिरण्डकाः ॥ 12 ॥

पच्चीस अण्डकों पर तिलक बनाएँ, उनके ऊपर की ओर आठ भागों में प्रत्यङ्गों को बनाएँ और उन पर बीस अण्डकों की रचना करें।

षड् लघुप्रत्यङ्गकानि तत्ससङ्ख्यैरण्डकैस्तथा।
षड्भागश्चैव रथस्त्रिक्रमोर्ध्वसमुच्छ्रयः ॥ 13 ॥

छह लघु प्रत्यङ्गों पर इतनी ही संख्या में अण्डकों को बनाएँ। छह भाग की संख्या के रथ बनाएँ जो कि तीन क्रमों में ऊँचे उठे हुए हों।

आद्यः सार्धशताण्डशऽपरो विंशतिकाधिकः।

नवाशीत्यण्डस्तृतीयोऽष्टाविंशत्युरुमञ्जरी॥ 14॥

पहले क्रम के डेढ़ सौ अण्डकों वाले, इसके बाद बीस अधिक वाले अण्डक अर्थात् 170 और तीसरे क्रम के 89 अण्डकों से युक्त हों और उन पर अट्ठाईस ऊरुमञ्जरियाँ हों।

त्रिसङ्घाटास्सप्तभूमा दश द्विद्विशताण्डकैः।

पञ्जरः पञ्चभागैश्च क्रमत्रयमुच्छ्रितः॥ 15॥

त्रिसङ्घाट वाली सात मंजिले जो दस दो-दो सौ अण्डकों और पाँच भागों के पञ्जर वाली तीन क्रमों में उच्छ्राय लिए हुए हों।

एको द्विशताण्ड आद्यो द्वितीये पञ्चविंशतिः।

पञ्चाण्डकास्तृतीये चाऽष्टादशांशोरुमञ्जरी॥ 16॥

इनमें दो सौ अण्डकों वाला आरम्भ का, दूसरा पच्चीस अण्डकों वाला एवं तीसरा पाँच अण्डकों वाला हों और साथ ही अठारह भागों की ऊरुमञ्जरियाँ हों।

त्रिसङ्घाटाः पञ्चभूमास्त्रिचत्वरिंशदण्डकैः।

विनोदकान्तरं स्तम्भा वेदांशकमिता स्मृताः॥ 17॥

ये तीन सङ्घाट वाले, पाँच मजिले तियालीस अण्डकों युक्त हों। इनके विनोदकान्तर छन्द के स्तम्भ हो जो कि चार भागों के प्रमाण वाले कहे गए हैं।

पञ्चविंशत्यण्डमाद्ये पञ्चाण्डाश्च तदूर्ध्वतः।

भुवनांशं चोरुशृङ्गं विमानं पञ्चभूमिकम्॥ 18॥

इसी प्रकार आरम्भ में पच्चीस अण्डकों से युक्त हों। पाँच अण्डक इनके ऊपर हों। इनके भुवनांश यानी चौदह ऊरुशृङ्ग हों और विमान पाँच मंजिलों वाला हों।

षोडशांशं भवेद् भद्रं दशांशैस्तु विमानकम्।

सप्ताण्डकं तदग्रे तु कुर्यात्कुमुदजं तथा॥ 19॥

मेरुरेकाधिकदशसहस्राण्डक ईरितः।

इनके सोलह भागों में भद्र हों और दस भागों का विमान हों। इसके आगे सात अण्डक कुमुद छन्द के करें। इस प्रकार दस हजार एक अण्डकों वाली रचना होगी।

एवं शृङ्गोद्भवः कार्यश्छन्दे विमानागरे॥ 20॥

द्वाविंशतिर्मूलगर्भः षड्भागो भद्रविस्तरः।

भ्रममेकं सूर्यभित्तीः सभ्रमं च प्रकल्पयेत्॥ 21॥

इसी प्रकार के शृङ्गों को विमान और नागर छन्द के करें जिनका मूलगर्भ बाईस भाग का हों और भद्र का विस्तार छह भाग का रखें। एक भाग से भ्रमण और बारह भाग की भित्ति हों। इसको सभ्रम अर्थात् भ्रमण सहित करें।

विमाने भूमिजा घण्टा कर्तव्या सर्वकामदा।
क्षीरार्णवसमुत्पन्नं कलशं तु ध्वजाग्रजम्॥ 22॥

विमान पर भूमिज छन्द के आमलसार बनाएँ जो सब कामनाओं को पूर्ण करने वाला है। इसके आगे क्षीरार्णव से उत्पन्न कलश को ध्वजा से आगे की ओर करें।

महामेरुध्वजारोहपुण्यमाह —

महामेरुध्वजारोह पुण्यं शताश्वमेधध्वजम्।
पूर्वापरान् विंशतिकान् तारयेन्नकार्णवात्॥ 23॥

इस तरह के महामेरु पर ध्वजारोहण करने वाले को सौ अश्वमेध यज्ञों का पुण्य मिलता है और वह अपने पूर्व की बीस और बाद की बीस पीढ़ियों को नरक के समुद्र से तार देता है।

इति सूत्रसन्तानगुणकीर्तिप्रकाशप्रोकृश्रीभुवनदेवाचार्योक्तापराजितपृच्छायां श्रीचतुर्दशभुवनगिरीमेरुप्रासादलक्षणाधिकारो नाम द्व्यशीत्युत्तरशततमं सूत्रम्॥ 182॥
इस प्रकार भुवनदेवाचार्य द्वारा विरचित सूत्रसन्तानगुणकीर्ति प्रकाश अथवा अपराजितपृच्छा में श्री चौदहभुवनगिरि मेरु प्रासाद लक्षण अधिकार नामक एक सौ बयासीवाँ सूत्र पूर्ण हुआ॥ 182॥

मेरुप्रासादवर्णनिर्णयोत्मकं त्र्यशीत्युत्तरशततमं सूत्रम्॥ 183॥

अधुना मेरुप्रासादवर्णनिणर्यं। विश्वकर्मोवाच –

चतुर्षु पूर्ववर्णेषु विप्रा वै सृष्टिमार्गतः।
क्षत्रिया वैश्या अधः स्थाश्चतुर्वर्णा द्विजादयः॥ 1॥

(इस सूत्र में वर्णक्रमानुसार मेरु प्रासाद के निर्माण और फलाफल के बारे में कहा गया है। यह तत्कालीन समाज — सांस्कृतिक पक्ष का भी परिचायक है) विश्वकर्मा बोले कि सृष्टि के आरम्भ में चारों वर्णों में से विप्र वर्ण ही था। इसके उपरान्त क्षत्रिय, वैश्यादि चार वर्ण हुए (जैसा कि शांतिपर्व में भी आया है)।

विप्रक्षत्रियवैश्याश्च शूद्राश्चेति चतुष्टयम्।
एकैकस्य क्रमयुक्ती कथये तव साम्प्रतम्॥ 2॥

चातुर्वर्ण में 1. विप्र, 2. क्षत्रिय, 3. वैश्य और 4. शूद्र— ये वर्ण चतुष्टय है। अब आगे एक-एक के प्रासाद के बारे में क्रमशः कहता हूँ।

शूद्रस्य मेरुनिर्माणफलमाह —

अपि चेद्देशमध्ये तु विना राज्ञो धनेश्वरः।
शूद्रोऽपि कारयेन्मेरुं वक्ष्ये तद्गुणदोषकम्॥ 3॥

यदि किसी देश में राजा की आज्ञा के बिना ही कोई धनपति शूद्र किसी मेरु प्रासाद का निर्माण कराएँ तो उसके गुण-दोषों को निम्न कथनानुसार जानें।

भवेत्तत्सन्तानवृद्धी राजराष्ट्रादिकक्षयः।
स्वल्पवृष्टिरल्पशस्यमुद्वसन्ति शनैः शनैः॥ 4॥

ऐसी स्थिति में उस देश में सन्तानों की वृद्धि होने से राज्य व राष्ट्र की हानि होती है। कम वर्षा से खेतों में उपज-निपज में कमी आती है और धीरे-धीरे वह देश उजाड़ हो जाएगा।

स्यादन्यवंशजो राजा प्रवासिन्यश्च तत्प्रजाः।
ग्रामोऽरण्ये वनं ग्रामे यथाऽन्यः सृष्टिसम्भवः॥ 5॥

वहाँ किसी दूसरे वंश का राजा आकर अधिकार कर लेगा और वहाँ की प्रजा को प्रवासी बना देगा। ग्राम अरण्य हो जाएँगे और वनों में ग्राम बसेंगे या कहीं अन्यत्र सृष्टि सम्भव होगी।

वैश्यस्य मेरुनिर्माणफलमाह —

वैश्येनाऽपि यदा मेरुर्विना राज्ञः प्रकार्यते।
विभ्रमस्तत्र राष्ट्रेषु दुःस्थिंता भ्रमति प्रजा॥ 6॥

इसी प्रकार यदि (धनवान) वैश्य भी बिना राजाज्ञा लिए मेरु प्रासाद का निर्माण कराता है तो उस राष्ट्र में विभ्रम, आपसी फूट-परस्ती होगी और जनता कुदशा में भटकने लगेगी।

क्षत्रियस्य मेरुनिर्माणफलमाह —

क्षत्रियोऽपि विना राज्ञो यदि मेरुं च कारयेत्।
तस्करोपद्रुपा लोकास्तत्र राष्ट्रेषु नित्यशः॥ 7॥

यदि कोई (धनपति) क्षत्रिय बिना राजा की आज्ञा लिए मेरु प्रासाद का निर्माण करवाता है तो उस प्रदेश में चोरों, तस्करों के उत्पात निरन्तर बढ़ेंगे।

विप्रस्य मेरुनिर्माणफलमाह —

विप्रोऽपि कारयेन्मेरुं विना राज्ञो धनेश्वरः।
परस्परं प्रजाकोपो भवति ग्रामदुःस्थितिः ॥ 8 ॥

इसी प्रकार यदि कोई धनेश्वर ब्राह्मण बिना राजा की स्वीकृति लिए मेरु प्रासाद का निर्माण करवाता है तो प्रजा में परस्पर कोप, उत्पीड़न होगा और परस्पर लड़ाई-झगड़े व वैमनस्य से ग्राम दुखद स्थिति में हो जाएँगे।

वर्णानुसारेण प्रशस्त मेरुः —

शस्तः शताण्डकः शूद्रे वैश्ये पञ्चशताण्डकः।
तथा विप्रे सहस्राण्डो राज्ञि तद्द्विगुणः स्मृतः ॥ 9 ॥

(अब किस वर्ण को कैसा मेरु प्रासाद शुभ है, कहते हैं) शूद्र वर्ण के लिए सौ अण्डकों वाला, वैश्य के लिए पाँच सौ, विप्र के लिए हजार और क्षत्रिय राजा को इससे दुगुने यानी दो हजार अण्डकों वाला मेरु प्रासाद बनाना प्रशस्त है, ऐसा जाने।

पूर्णापूर्ण निर्माणफलं —

महाराजेश्वरः स स्यान् महाराज्यमहीपतिः।
महामेरूद्भवे चैव शान्ती राष्ट्रप्रजादिषु ॥ 10 ॥

इससे वह महाराजेश्वर होकर महान् राज्य का महीपति होगा। महामेरु के निर्माण करवाने से उत्पन्न शान्ति से प्रजा सहित राष्ट्र सुखी होगा।

अर्धनिष्पन्नमात्रं तु त्यजेन्मेरुं महीपतिः।
तस्य राष्ट्रे विभ्रमः स्याद्यावन्न कलशारुहः ॥ 11 ॥

यदि इसका निर्माण आधा ही हुआ हों या राजा ने उसे बनाना छोड़ दिया हों तो उस राष्ट्र में असमंजस की स्थिति पैदा होगी, कलशारोहण के अभाव में वहाँ प्रजा में कलह की स्थिति होगी।

हरो हिरण्यगर्भश्च हरिर्दिनकरस्तथा।
एतेषां कारयेन्मेरुं नाऽन्यदेवे कदाचन ॥ 12 ॥[1]

प्रायः शिव, ब्रह्मा, सूर्य और विष्णु के लिए मेरु प्रासाद का निर्माण करें अन्य देवताओं के लिए इसको नहीं बनाना चाहिए।

कुर्याद्यदाऽन्यदेवेषु शताण्डादिकमेरुकम्।

---

1. तुलनीय— हरो हिरण्यगर्भश्च हरिर्दिनकरस्तथा। एते देवाः स्थिता मेरौ नाऽन्ये चैव कदाचन॥ (अपराजितपृच्छा 181, 31)

तस्य राज्ञो भवेद्देशे विभ्रमो दुःस्थिता प्रजा ॥ 13 ॥

यदि किसी अन्य देवता के लिए कोई सौ अण्डकों वाले मेरु का निर्माण करवाता है तो उस राजा के देश में विभ्रम होकर प्रजा दुःखपूर्ण स्थिति में पहुँचेगी।

उक्त एवं शुद्धच्छन्दो महामेराः समुद्भवः।
प्रजानां शान्तिदो राज्ञां राष्ट्रादौ च महोत्सवः ॥ 14 ॥

अतएव शुद्ध छन्द में ही महामेरु का निर्माण करवाएँ और राजा राष्ट्र में महोत्सव करें जिससे प्रजा में सुख और शान्ति की वृद्धि होगी।

तथान्य फलनिर्देशमाह —

महाराजेन चेन्मेरुः कृतो वै पूर्वतो महान्।
त्रिवर्णिभिस्तथा मेरुः कर्तव्यस्तदनन्तरम् ॥ 15 ॥

यह ज्ञातव्य है कि पूर्वकाल में यदि किसी महाराजा ने मेरु प्रासाद का निर्माण कराया हों तो ही अन्य त्रिवर्णों के व्यक्तियों को वहाँ मेरु प्रासाद बनवाना चाहिए।

राज्ञाऽकृतो यदामेरुः क्रियते चाऽन्यवर्णिभिः।
भयं तत्र च दुर्भिक्षं दुःस्था राजप्रजादयः ॥ 16 ॥

यदि राजा के द्वारा न होकर अन्य किसी वर्ण के व्यक्ति द्वारा मेरु प्रासाद का निर्माण करवाया जाता है तो उस राज्य की प्रजा में भय, दुर्भिक्ष, दुखद अवस्था होगी।

राजेन्द्रैर्यः कृतः पूर्वं महामेरुर्महोदयः।
ततो हीनाश्च कर्तव्यः शेषवर्णैस्तथैव च ॥ 17 ॥

जिस किसी राजेन्द्र ने पूर्वकाल में कोई महामेरु प्रासाद का निर्माण कराया हुआ हों तो उसके बाद अन्य किसी भी वर्ण द्वारा उससे कम प्रमाण का ही मन्दिर बनवाना चाहिए।

अधस्तान्मेरुतः कार्यः प्रासादोऽन्यश्च राजभिः।
ततोहीनोऽन्यवर्णैश्च ह्यण्डकैर्हस्तकैस्तथा ॥ 18 ॥

राजा की उक्त निर्मिति की अपेक्षा अन्य वर्ण को उससे न्यून ऊँचाई का ही प्रासाद बनाना चाहिए। ऐसे में अण्डकों की संख्या भी कम और हस्त प्रमाण भी न्यून रखना चाहिए।

अधिकैरण्यकैर्हस्तेः क्रियते चाऽन्यवर्णिभिः।
राजपीडा महादुःखं राहुग्रस्तार्कवद्भवेत् ॥ 19 ॥

यदि अन्य वर्ण के व्यक्ति द्वारा पूर्व निर्मित मेरु प्रासाद से अधिक अण्डकों और अधिक गज मान का मेरु प्रासाद बनाया जाएगा तो राजपीड़ा और महादुःख इतना बढ़ जाएगा मानो राहु ने सूर्य को ग्रस लिया हों।

तुल्यो यदाऽधिको वापि शालारूपगुणोऽपरः।
अधिकः स्त्रीजनस्तत्र भृत्या वै तुल्यविग्रहाः॥ 20॥

इसी प्रकार यदि अन्य वर्ण के व्यक्ति द्वारा बनवाया गया मेरु प्रासाद पूर्वकाल में राजा द्वारा निर्मित मेरु प्रासाद के समान हों अथवा अधिक हो, शाला, रूप, गुणात्मक दृष्टि से भी उत्तम हों तो उस राष्ट्र में स्त्रियों और सेवकों में सदा ही झगड़े होते रहेंगे।

नगरादौ देशमध्ये राजप्रासादतोऽधिकः।
कृतश्चेदन्यवर्णैश्च राजपीडा भवेत्सदा॥ 21॥

किसी नगर के आरम्भ में, देश के मध्य में तथा उक्त पूर्व में बने राजा के मेरु प्रासाद से अधिक किसी अन्य वर्ण के व्यक्ति द्वारा बनवाया गया मेरु प्रासाद हों तो सदा ही राजपीड़ा बनी रहेगी।

इति सूत्रसन्तानगुणकीर्तिप्रकाशप्रोक्तश्रीभुवनदेवाचार्योक्तापराजितपृच्छायां मेरुप्रासादवर्णनिर्णयाधिकारो नाम त्र्यशीत्युत्तरशततमं सूत्रम्॥ 183॥

इस प्रकार भुवनदेवाचार्य कृत सूत्रसन्तानगुणकीर्ति प्रकाश या अपराजितपृच्छा में मेरु प्रासाद वर्ण निर्णय अधिकार नामक एक सौ तियासीवाँ सूत्र पूर्ण हुआ॥ 183॥

समस्तमण्डपनिर्णयो नाम चतुरशीत्युत्तरशततमं सूत्रम्॥ 184॥

अधुना त्रिविधमण्डपरूपवर्णनं। विश्वकर्मोवाच—

मण्डपास्त्रिविधा वत्स! ज्येष्ठ-मध्य-कनिष्ठकाः।
प्रासादद्विगुणायामः कनिष्ठो मण्डपो भवेत्॥ 1॥
पादोनद्वितयो मध्यो ज्येष्ठः सार्धस्तथैव च।

(प्रासाद विवरण के बाद इस सूत्र से ग्रन्थकार प्रासाद और अन्यान्य उपयोगी मण्डपों का वर्णन आरम्भ करता है। वास्तु विषयक मयमतं[1], मानसार,

1. मयमतम् में विविध प्रकार के मण्डपों का वर्णन हुआ है— देवानां द्विजभूमीशवैश्यानां शूद्रजन्मनाम्। तत्तद्योग्यं यथायुक्त्या मण्डपं प्रविधीयते॥ प्रासादाभिमुखे पुण्यक्षेत्रे वारामके शुभे। ग्रामादिवस्तुमध्ये च चतुर्दिक्षु विदिक्ष्वपि॥ बाह्याभ्यन्तरतो वापि गृहाणां मध्यमे मुखे। वासार्थमण्डपं चैव यागमण्डपमेव च॥

विश्वकर्माप्रकाश[1], समराङ्गणसूत्रधार[2], जयपृच्छा[3], प्रासादमण्डनम् आदि ग्रन्थों में भी मण्डपों का वर्णन हुआ है) विश्वकर्मा बोले कि हे वत्स! मण्डप तीन प्रकार के होते हैं— ज्येष्ठ. मध्यम और कनिष्ठ। जो मण्डप प्रासाद से दुगुने विस्तार वाला होता है, वह कनिष्ठ कहा जाता है। जो मण्डप पौने दो गुना हो वह मध्यम और जो प्रासाद से डेढ़ गुना आयाम वाला हो, वह ज्येष्ठ कहा जाता है।

एकैकास्त्रिविधा ज्ञेया ज्येष्ठ-मध्य-कनिष्ठका: ॥ 2 ॥
त्रिज्येष्ठमिति च ख्यातं त्रिमध्यं त्रिकनिष्ठकम्।
नवधा पुनरेकैकं सप्तविंशतिसङ्ख्यया ॥ 3 ॥

इन ज्येष्ठ, मध्यम और कनिष्ठ मण्डपों में भी एक-एक के तीन प्रकार होते हैं। इस प्रकार ये त्रिज्येष्ठ, त्रिमध्यम और त्रिकनिष्ठ मण्डप कहे गए हैं। ये नौ प्रकार से पुन: एक-एक करके संख्या में सत्ताईस हो जाते हैं।

प्रासादपीठवत् पीठं तत्समा रङ्गभूमिका।
पट्टः पट्टोदरे कार्यो मूलगर्भविनिर्गत: ॥ 4 ॥

प्रासाद की पीठ के समान ही मण्डप-पीठ हों और तद्वत् रङ्गभूमिका हों। पट्ट-पटाव और पट्टोदर-पाटड़े मूलगर्भ के निकास से युक्त बनाएँ जाने चाहिए।

मूलगर्भ समुद्धूत: पट्टो धर: पीठान्तके।
दशाष्टनवभागैश्च त्रिधा चन्द्रावलोकना ॥ 5 ॥

मूलगर्भ से निकलने वाला पटाव, पीठ के अन्त तक धारण करवाएँ और उसमें दस, नौ एवं आठ भागों में तीन प्रकार के चन्द्रावलोकन यानी झरोखे बनाने चाहिए।

मण्डपस्य निर्माण विधय: —

अथ चोच्छ्रयमध्यं चैकविंशत्यङ्गुलोन्नतम्।
मत्तावरणशोभाढ्यं कक्षासनं करोन्नतम् ॥ 6 ॥

अब मण्डप की मध्य ऊँचाई कहते हैं। यह इक्कीस अङ्गुल प्रमाण रखी जाए।

अभिपेकादियोग्यं च नृत्तमण्डपकं तथा। वैवाहिकं च मैत्र च तथोपनयनार्हकम्॥ आस्थानमंडपं चैव बलालोकनमण्डपम्। सन्धिकार्यार्हकं क्षौरं मुक्तिकर्मसुखान्वितम्॥ (मय. 25, 1-5)

1. विश्वकर्माप्रकाश में आया है— अथात: सम्प्रवक्ष्यामि मण्डपानां च लक्षणम्। मण्डपानां प्रवरान् वक्ष्ये प्रासादस्यानुरूपत: ॥ विविध मण्डपा कार्या श्रेष्ठमध्यकनियस:। (विश्वकर्मा. 6, 123-124)
2. तुलनीय— प्रासादाद् द्विगुणं कुर्यात् कनिष्ठं तत्र मण्डपम्॥ पादोनद्विगुणं मध्यं प्रासादे तु कनीयसि। तस्मिन्नेव कनीयांसं विदध्यात् सार्धमानत:॥ पादोनद्विगुण: सार्ध: सपादश्चेति मध्यमे। सार्ध: सपादस्तुल्यश्चेत्युत्तमाद्या: स्युरुत्तमे ॥ सपादद्विगुणा: सार्धद्विगुणा: सान्तरोद्भवा:। (समराङ्गण. 67, 1-4)
3. पाठान्तर के साथ ये ही श्लोक जयपृच्छा और क्षीरार्णव में भी आए हैं।

उस पर मत्तावरण की शोभा सहित कक्षासन एक गज की ऊँचाई वाला हों।

शेषं सार्धैः पञ्चभिश्च भागैरेवं प्रकल्पयेत्।
राजसेनः सपादः स्यात् सपात्र्यंशा च वेदिका॥ 7॥

शेष भागों को डेढ़ अथवा पाँच भागों में परिकल्पित करें। राजसेनक को सवाये मान से रखे और वेदिका को सवा तीन भाग का बनाएँ।

भाग आसनपट्टश्च कूटागारै समन्वितः।
तदूर्ध्वे सार्धसप्तांशं यावत् पट्टस्य पेटकम्॥ 8॥

एक भाग का आसनपट्ट को बनाएँ जो कि कूटागारों से समन्वित हों। उस पर साढ़े सात भाग रखें जो कि पट्ट के पेटे तक पहुँचे।

सार्धपञ्चोच्छ्रयः स्तम्भो घटिपल्लवभूषितम्।
भरणं चार्धभागं च सार्धं स्याच्च तथा शिरः॥ 9॥

स्तम्भों को साढ़े पाँच भाग की ऊँचाई के सुन्दर घट-पल्लवों से विभूषित करें। भरण को आधे भाग का और उसका शिरोभाग डेढ़ भाग का रखें।

पादोनं भरणं चाऽधं सपादं शिर उन्नतम्।
एवंविधं प्रकर्तव्यं शीर्षोच्छालकसंयुतम्॥ 10॥

नीचे का भरण पौन भाग का और उसका शिर सवा भाग का ऊँचा हों। इस विधि से शीर्ष और शालक को संयुक्त बनाना चाहिए।

पट्टं भागद्वयं कुर्यान्मध्योर्ध्वे छाद्यमुन्नतम्।
त्रिभागं निर्गमं छाद्ये ललितं पट्टपेटकैः॥ 11॥

मध्य के पट्ट दो भाग के करें। मध्य के ऊपर उन्नत छत करें। छत का निकास तीन भाग हों और सुन्दर ललित पट्ट और पटाव हों।

विस्तारस्य दशांशेन हीनां हन्याच्च कर्त्तरीम्।
कपोताली चार्धभागा दण्डच्छाद्यं तु मस्तके॥ 12॥

उनका विस्तार दस भागों का रखें। इससे कम रखने पर कर्ता को मृत्यु का सामना करना पड़ता है। कपोताली आधे भाग की हों जिसके सिर पर दण्डछाद्य यानी आड़ी छत बनाएँ।

चतुष्कं चैव साष्टांशं षोडशांशमथोच्यते।
द्विभागः पट्टविस्तारस्ततो वृत्तं च भ्रामयेत्॥ 13॥
वृत्तार्धे च समुत्सेधं विचित्रं परिकल्पयेत्।

चौकी आठ भाग की हों किन्तु यह सोलह भाग की भी रखी जा सकती है। दो भाग का पट्ट विस्तार हो, वहाँ से वृत्त को भ्रमण कराएँ। वृत्त के आधे उसकी ऊँचाई करें जो विचित्र, मनोहर कल्पित हों।

स्तम्भोदय प्रमाणमाह —

स्तम्भोदयश्च भक्तव्यश्चाष्टपञ्चाशदंशतः ॥ 14 ॥
दर्दरी सप्तभागा च द्विभागा ग्रासपट्टिका।
पदं त्वन्तरपत्रं च पादभागा द्विपट्टिका ॥ 15 ॥

वहाँ पर स्तम्भों की ऊँचाई अठावन भागों तक विभाजित करें। दर्दरी सात भाग की, ग्रासपट्टिका दो भागों की, एक भाग का अन्तरपत्र, एक भाग की दो पट्टिकाएँ हों।

चिप्पिका चार्धभागोक्ता स्कन्धः स्यात्सार्धभागिकः।
अन्तःपट्टी चार्धभागा कर्णको भाग एव च ॥ 16 ॥

चिप्पिका आधे भाग की, स्कन्ध डेढ़ भाग के हों। अन्तःपट्टी आधे भाग की और कर्णक एक भाग का रखें।

चिप्पिका चार्धभागा स्याद् भागार्धं कामरूपिका।
निर्गमश्चार्धभागो हि सपादा चैव चिप्पिका ॥ 17 ॥

पुनः चिप्पिका आधे भाग की और आधे भाग की कामरूपिका भी हों। निकास आधे भाग का रखें और पुनः चिप्पिका को सवा भाग का बनाएँ।

सपादभागं कर्णकं पादार्धं पट्टिके उभे।
त्रिभागः स्कन्ध इत्युक्तः पादभागं प्रवेशनम् ॥ 18 ॥

सवा भाग का कर्णक और आधे भाग की पट्टिका दोनों ओर करें। यहाँ तीन भाग का स्कन्ध कहा गया है और उसका प्रवेशक एक भाग का कल्पित करें।

रूपकण्ठः पञ्चभागोऽर्धभागान्तरपट्टिक।
चिप्पिका चार्धभागोक्ता कर्णोंऽश ऊर्ध्व उन्नतः ॥ 19 ॥

इसमें रूपकण्ठ पाँच भाग का, आधे भाग की अन्तरपट्टिका करें। आधे भाग की यहाँ चिप्पिका हों। कर्ण एक भाग की ऊँचाई के होंगे।

पादोनत्र्यंशरूपाणि कर्णश्चैवार्धभागिकः।
अन्तःपत्रं भागपादं निर्गतं सार्धभागिकम् ॥ 20 ॥

पौने तीन भागों की रूपा, कर्ण आधे भाग के, अन्तःपत्र एक भाग के होंगे और निकास को डेढ़ भाग का रखा जाएगा।

सप्तभागश्च विस्तारो निर्गमो दशभागिकः।
विद्याधरा द्विरष्टांशाः प्रयोक्तव्याः प्रदक्षिणम्॥ 21॥

सात भाग के विस्तार, निकास दस भाग का हों। विद्याधरा यानी बारहदरी सोलह भाग की करें जो प्रदक्षिणा वाली बनाएँ।

सार्धषट्कं गजतालु भागार्धं तत्र चिप्पिका।
चतुर्भागां भवेल्लूमा भागार्धं कामरूपिका॥ 22॥

यहाँ पर साढ़े छह भाग का गजतालु होगा। यहाँ आधे भाग की चिप्पिका हों और चार भाग की लूमा तथा आधे भाग की कामरूपिका होगी।

अन्तःपत्रं पादभागं चिप्पिका द्व्यंशनिर्गता।
लूमा लूमासमा कार्य्या भागार्धं श्रवणं तथा॥ 23॥

इसके बाद अन्तःपत्र एक भाग के, चिप्पिका दो भागों के निकास युक्त हों। लूमा लूमा के ही समान हों और आधे भाग का श्रवण बनाएँ।

प्रथमा स्याद् द्विभागेन द्वितीया षड्भिरेव च।
सार्धपञ्चभिस्तृतीया कोलं पञ्चाशमुन्नतम्॥ 24॥

इसमें पहली दो भागों की, दूसरी छह भाग, तीसरी साढ़े पाँच भाग की हों तथा कोल पाँच अंश उन्नत करें।

एकभागेन वलिका निर्गमेक पदाधिका।
भागार्धं चिप्पिका ज्ञेया पद्मं स्यात्सार्धभागिकम्॥ 25॥

एक भाग की वलिका और निकास में एक भाग अधिक हों यानी दो भाग की हों। आधे भाग की चिप्पिका हों और पद्म डेढ़ भाग का रखें।

द्विभागा वलिका ज्ञेया विस्तारे पिण्डके तथा।
द्विभागा च भवेल्लूमा कर्णो भागत एव च॥ 26॥

(इसके बाद पुनः) वलिका दो भागों की जाने जो विस्तार और मोटाई में समान होगी। दो भागों की लूमा और एक भाग से कर्ण को कल्पित करें।

पञ्चस्तरोद्गतं कोलं पृथुत्वे पञ्चभागिकम्।
द्विभागोक्ता च वलिका सर्वं स्तरान्तरेषु च॥ 27॥

कोल पञ्चस्तरोद्गत यानी पाँच स्तरों की हो जो पाँच भाग के विस्तार में हों। दो भागों की वलिका और सभी स्तर अपने-अपने अन्तर से बने।

पद्मकोणं त्रिकोणं च कोलानां पञ्चकं तथा।
समाशृङ्गोद्गता कक्ष-सन्धौ स्याद् गजतालुका॥ 28॥

पद्मकोण त्रिकोण हों और कोलों का पञ्चक हों। शृङ्ग से निकलने वाले कक्ष समान हों और सन्ध सभी गजतालुकों युक्त हों।

नागविद्याधरा उक्ता गगाराग्रसन्धौ समाः।
शृङ्गे कीर्तिमुखाः कार्याः शाखापत्रैरलङ्कृताः॥ 29॥

नाग, विद्याधरों से युक्त गगारा, अग्र-सन्धियाँ भी समानतः हों। इसी प्रकार शृङ्गों पर कीर्तिमुखों को करना चाहिए जो शाखा और पत्रों से अलंकृत हों।

वारिकोक्ता च कर्तव्या ?[1] विद्याधरोपरिस्थिता।
अष्टषोडश द्वादशाऽऽमलकैर्वृत्तकोपमा॥ 30॥

वारिका (प्रणाले) करनी चाहिए जो विद्याधरी यानी बारहदरी के ऊपर स्थित हों कि बाद आठ, सोलह, बारह आमलसारों के आवर्त से विभूषित हों।

आकृत्यानुसारेण स्तम्भनामानि —

रुचका भद्रकाश्चैव वर्धमानास्तृतीयकाः।
अष्टाश्राः स्वस्तिकाश्चैव स्तम्भाः प्रासादरूपतः॥ 31॥

मण्डप हेतु 1. रुचक, 2. भद्रक, 3. वर्धमान 4. अष्टाश्र और 5. स्वस्तिकाकार स्तम्भ प्रासाद के अनुरूप ही बनाएँ।

चतुरश्राश्च रुचका भद्रका भद्रसंयुताः।
वर्धमानाः प्रतिरथे तथाऽष्टांशैश्चाष्टाश्रकाः॥ 32॥
आसनोर्ध्वे भवेद् भद्रमष्टकर्णैस्तु स्वस्तिकाः।
प्रकर्तव्याः पञ्चविधाः स्तम्भाः प्रासादरूपिणः॥ 33॥

चार कोनों वाला चतुरस्त्र स्तम्भ रुचक होता है। भद्र वाला भद्रक, प्रतिरथ वाला वर्धमान, आठ कोनों वाला अष्टाश्र और आसन के ऊपर से भद्र और आठ कोनों वाला स्वस्तिक स्तम्भ कहा जाता है। इन पाँच प्रकार स्तम्भ को प्रसाद के रूप के अनुसार ही निर्मित किया जाना चाहिए।

प्रासादस्य दशांशेन स्तम्भानां विस्तरः पृथक्।
एकादशांशैः कर्तव्यो द्वादशांशैरथोच्यते॥ 34॥
त्रयोदशांशैः कर्तव्यः शक्रांशैश्च तथोच्यते।
एतन्मानं समुद्दिष्टं स्तम्भानां विस्तरे पृथक्॥ 35॥

---

1. 'वाहिकोक्ता च कर्तव्या' इति सम्भाव्यपाठः। यथा— द्रष्टव्ये ग्रन्थस्य पञ्चदशोत्तर द्विशततमं षोडशोत्तर द्विशततमश्च सूत्रे— 'कार्या वाहिकोभयमध्यतः' इत्यादौ।

प्रासाद के दस अंश के बराबर स्तम्भ का विस्तार रखना चाहिए। इन्हें पृथक् से एकादशांश भागों के अथवा बारह अंशों के भी, जैसा उचित हों कर सकते हैं। तेरहवें और चौदहवें अंश के बराबर भी स्तम्भ का विस्तार रखा जा सकता है। इस प्रकार पाँच प्रकार के स्तम्भ विस्तार मान पृथक् से बताए गए हैं।

इति सूत्रसन्तानगुणकीर्तिप्रकाशप्रोकृश्रीभुवनदेवाचार्योक्तापराजितपृच्छायां
समस्तमण्डपनिर्णयोधिकारो नाम चतुरशीत्युत्तरशततमं सूत्रम्॥ 184॥

इस प्रकार भुवनदेवाचार्य कृत सूत्रसन्तानगुणकीर्ति प्रकाश या अपराजितपृच्छा में समस्त
मण्डप निर्णय अधिकार नामक एक सौ चौरासीवाँ सूत्र पूर्ण हुआ॥ 184॥

समस्तमण्डपनिर्णयो नाम पञ्चाशीत्युत्तरशततमं सूत्रम्॥ 185॥

अधुना समस्तमण्डपनिर्णयं। विश्वकर्मोवाच —

अथातः सम्प्रवक्ष्यामि मण्डपानां तु लक्षणम्।
प्रासादस्य प्रमाणेन मण्डपं कारयेद् बुधः॥ 1॥

(इस सूत्र में मण्डपों के आकार, लक्षणों के प्रसङ्ग में विवेचन है) विश्वकर्मा बोले कि अब मैं मण्डपों के लक्षणों को बताता हूँ। ज्ञानीजन प्रासाद के प्रमाण के अनुसार ही मण्डपों की रचना करते हैं।

सप्तधा मण्डपप्रमाणं —

समं सपादं सार्धं च पादोनद्वयमेव च।
द्विगुणं चाऽपि कर्तव्यं सपादद्वयमेव च॥ 2॥
सार्धद्वयं तु कर्तव्यमत ऊर्ध्वं न कारयेत्।
सप्तधा प्रमाणसूत्रं वास्तुविद्भिरुहाहृतम्॥ 3॥

सामान्यतया आकार के अनुसार मण्डपों के सात प्रकार कहे गए हैं— 1. सम (प्रासाद के बराबर), 2. सपाद (सवाया), 3. सार्ध (डेढ़ा), 4. पादोनद्वय (पौने दो भाग), 5. द्विगुण (दुगुना), 6. सपादद्वय (सवा दुगुना) और 7. सार्धद्वय (ढाई गुना)। इनसे ऊपर संख्या के मण्डप नहीं बनाएँ। इनके सात प्रकार के प्रमाण सूत्र भी वास्तुवेत्ताओं ने प्रतिपादित किए हैं।

प्रासादेषु स सर्वेषु दशहस्ताधिकेषु च।
उक्तं समं सपादं च मण्डपं वास्तुवेदिभिः॥ 4॥

वास्तुशास्त्रियों ने दस गज से अधिक विस्तार वाले प्रासादों के लिए सम (बराबर विस्तार वाले) अथवा सपाद (सवाया विस्तार वाले) मण्डपों की रचना

करने का निर्देश किया है।

पञ्चहस्तात्परं चैव यावत्स्याद् दशहस्तकम्।
सार्धायामं मण्डपं च सृष्टं वै विश्वकर्मणा॥ 5॥

पाँच गज से अधिक और जब तक दस गज विस्तार होने तक सार्ध (डेढ़ गुना) विस्तार वाले मण्डप की रचना विश्वकर्मा[1] द्वारा प्रवर्तित है।

चतुर्हस्ते च प्रासादे पादोनद्व्यंशविस्तरः।
त्रिहस्ते द्विगुणश्चैव तद्विशिष्टा चतुष्किका॥ 6॥

चार हाथ के विस्तार वाले प्रासाद के पौने दो अंश के विस्तार वाला और तीन हाथ के विस्तार वाले प्रासाद के लिए दोगुना विस्तार वाला मण्डप बनाएँ जिसके लिए एक विशिष्ट चौकी भी करें।

चतुष्कं वाऽपि चाष्टांश शुकस्तम्भानुसारतः।
वितानं वै संवरणा चोर्ध्वमानेन मण्डपे॥ 7॥

चौकी को चौकोर बनाएँ अथवा अष्टकोणीय किन्तु वह शुकनास और स्तम्भों के अनुसार ही होनी चाहिए। मण्डप के ऊपर उसी के मानानुसार वितान और संवरणा भी बनाएँ।

अलिन्दैर्द्विगुणैश्चाऽत्र द्विगुणं च प्रकल्पयेत्।
द्वौत्रयश्चत्वारोऽलिन्दा द्विगुणात्परमण्डपे ?॥ 8॥

जहाँ दुगुने अलिन्द बनाने हों, वहाँ पर मण्डप को भी दुगुने विस्तार से परिकल्पित करें। जहाँ दो, तीन, चार अलिन्द हों वहाँ मण्डप के दुगुने से अधिक विस्तार होना चाहिए (? सम्भवतः तीन और चार गुना ही हो)।

वितानानि संवरणा विभक्तानि चतुष्किका ?।
स्वके स्वके च स्थाने तु पादाद्या तद्भुक्तिभिः॥ 9॥

मण्डपों के वितान, संवरणा, विभाग, चौकियाँ अपने-अपने स्थान पर आदि भाग से समस्त भागों तक होनी चाहिए।

सार्धमानेनाऽर्प्यते च तत्र [2]मूलसंवरणोभिः।
शुकनाससमा घण्टा न न्यूना न ततोऽधिका॥ 10॥

---

1. यहाँ भी ग्रन्थकार ने किसी पूर्ववर्ती विश्वकर्मीय ग्रन्थ का मत दिया है किन्तु वर्तमान में उपलब्ध किसी पाठ में यह मत दिखाई नहीं देता है।
2. 'मूलसंवरणोक्तिः ?।' इति प्रकाशित पाठः।

वहाँ डेढ़ गुना मान के अनुसार मूल संवरणा हों सकती है। शुकनास के बराबर ही शिखर के आमलक की ऊँचाई रखनी चाहिए। इससे अधिक या अल्प नहीं रखें अर्थात् समसूत्र में रखे।

मूलप्रासादशिखरस्योदय भागं —

मूलप्रासादशिखरमुच्छ्ये यत्प्रकल्पितम्।
छाद्योर्ध्वे स्कन्धपर्यन्तमेकविंशतिभाजितम् $_{21}$ **॥ 11 ॥**

जब मूलप्रासाद के शिखर की ऊँचाई कल्पित करनी हों तो छाद्य के ऊपर से स्कन्ध भाग तक के कुल इक्कीस भाग करें।

अङ्क $_{9}$ **दिशा** $_{10}$ **रुद्र** $_{11}$ **सूर्य** $_{12}$ **त्रयोदशान्तमुत्सृजेत्** $_{13}$ **।**
शुकनासस्य संस्थानं छाद्योर्ध्वे पञ्चधोन्नतम्॥ 12 ॥

प्रासाद के छाद्य पर शुकनास के लिए नौ, दस, ग्यारह, बारह और तेरह— ये पाँच प्रकार की ऊँचाइयाँ बताई गई हैं।

दोषस्य फलमाह —

तेन मानेन पादान्तं(दांशं) मण्डपोर्ध्वे समुत्सृजेत्।
तदूर्ध्वे च न कर्तव्यमधःस्थं नैव दूषयेत्॥ 13 ॥
प्रासादा मण्डपाः शाला जगत्यश्च व्यतिक्रमात्।
अन्योन्यं च यदाग्रस्ता महोदोष इति स्मृतः॥ 14 ॥

इन भागों के मान के अनुसार ही मण्डपों की ऊँचाई की भी रचना करें। इन मानों से ऊपर भी न करें और नीचे-कम भी नहीं अन्यथा ऐसा करने पर दोष माना जाएगा क्योंकि प्रासादों, मण्डपों, शालाओं, जगतियों में कोई भी व्यतिक्रम यानी हेर-फेर हों और ये एक दूसरे को ग्रस्त करें तो इसे महादोष माना जाता है।

मण्डपजगत्याशालात् प्रासादग्रस्तेषु फलं —

स्यान्मण्डपेषु प्रासादग्रस्तेषु स्वामिविग्रहः।
जगत्या चैव प्रासादग्रस्तायां तु प्रजाभयम्॥ 15 ॥

मण्डपों से यदि प्रासाद ग्रस्त हों तो स्वामी के घर-परिवार में विग्रह अर्थात् लड़ाई-झगड़े होते रहते हैं। जगती से यदि प्रासाद ग्रस्त होता है तो प्रजा को भय बना रहता है।

शालाभिर्मूलप्रासादो ग्रस्तः स्याद्दोषकारकः।
तद्ग्रस्तं नैव कर्तव्यं स्वगोत्रै कलहं रिपुः॥ 16 ॥

यदि शालाओं से मूलप्रासाद ग्रस्त होता है तो वह भी दोषकारक होता है। अतः इस ग्रस्त-दोष को भी नहीं करना चाहिए। क्योंकि ऐसा होने पर स्वगोत्र में कलह और शत्रुओं का भय बना रहता है।

अन्यदप्याह —

उत्तानपट्टैः प्रासादः प्रजाग्रस्तो नृपो यथा।
जगतीशालविधिश्च मूलसूत्रानुसारतः॥ 17॥
जगतीमूलप्रासादौ ग्रस्तौ यदि परस्परम्।
कुरुतस्तावन्धकारं राहुग्रस्ते दिवाकरे॥ 18॥

प्रासाद की अपेक्षा यदि पट्टों की ऊँचाई अधिक हों तो राजा की दशा प्रजा के ग्रस्त यानी प्रजाधीन जैसी होती है। विविध प्रकार की जगती, शालाएँ यदि मूलसूत्र के अनुसार जगती व मूल प्रासाद को परस्पर ग्रस्त करती हों तो ऐसा अन्धकार मचेगा मानो दिवाकर सूर्य को राहु ने ग्रस्त कर लिया हों।

त्रिविधाकार प्रासादानुसारेण मण्डपस्य निर्देशं —

ज्येष्ठ-मध्य-कनिष्ठाश्च प्रासादा ये भवन्ति च।
तदग्रे मण्डपान् कुर्याज्ज्येष्ठ-मध्य-कनिष्ठकान्॥ 19॥

प्रासाद आकार में ज्येष्ठ, मध्यम, कनिष्ठ— तीन प्रकार के होते हैं। इनके आगे के मण्डप भी ज्येष्ठ, मध्यम और कनिष्ठ ही बनाने चाहिए।

समं तलं च विषमं सङ्घाटो मुखमण्डपः।
भित्त्यन्तरे यदा स्तम्भपट्टादिर्नैव दूषणम्॥ 20॥

मुखमण्डप का तल समान हों अथवा विषम हो— भित्ति के अन्तर पर यदि पट्टादि और स्तम्भ हों तो कोई दोष नहीं होता है।

क्षणमध्येषे सर्वेषु पदमेकं न दापयेत्।
युग्मं च दापयेत्तत्र वेधदोषविवर्जितम्॥ 21॥

क्षण अर्थात् केन्द्र के मध्य से सभी मण्डपों के एक पद यानी भाग कभी नहीं दे। वहाँ हमेशा युग्म यानी दो, जुड़वाँ ही दे और वह भी वेध दोष से रहित होना चाहिए।

क्षणमध्येषु सर्वेषु स्तम्भमेकं न दापयेत्।
दद्याद्युग्माकारमेव मूलगर्भं न पीडयेत्॥ 22॥

इसी प्रकार केन्द्र या क्षण के मध्य में सभी मण्डपों के एक ही स्तम्भ नहीं बनाएँ वरन् उन्हें युग्माकार, दो की संख्या में बनाएँ ताकि मूलगर्भ पीड़ित न हों।

मण्डपानां समस्तानां लक्षणं कथ्यतेऽधुना।
गतिं स्तम्भं च भित्तिश्च विभक्तिंभागसङ्ख्यया॥ 23॥

इस तरह समस्त मण्डपों के लक्षणों को अभी कहा गया जो सब गति, स्तम्भों, भित्तियों और विभक्ति की भाग संख्याओं के अनुसार है।

इति सूत्रसन्तानगुणकीर्तिप्रकाशप्रोक्तृश्रीभुवनदेवाचार्योक्तापराजितपृच्छायां समस्तमण्डपनिर्णयोधिकारो नाम पञ्चाशीत्युत्तरशततमं सूत्रम्॥ 185॥

इस प्रकार भुवनदेवाचार्य कृत सूत्रसन्तानगुणकीर्ति प्रकाश या अपराजितपृच्छा में समस्त मण्डप निर्णय अधिकार नामक एक सौ पचासीवाँ सूत्र पूर्ण हुआ॥ 185॥

पुष्पकादिसप्तविंशतिमण्डपा नाम षडशीत्युत्तरशततमं सूत्रम्॥ 186॥

अधुना पुष्पकादिसप्तविंशतिमण्डपं। विश्वकर्मोवाच —

पुष्पकः पुष्पभद्रश्च सुप्रभो मृगनन्दनः।
कौशल्यो बुद्धिसङ्कीर्णो गजभद्रो जयावहः॥ 1॥
श्रीवत्सो विजयश्चैव वस्तुकीर्णश्च श्रीधरः।
यज्ञभद्रो विशालाख्यः सुश्रेष्ठः शत्रुमर्दनः॥ 2॥
भूजयो नन्दनश्चैव तथा विमानभद्रकः।
सुग्रीवो हर्षणश्चैव कर्णिकारः पदाधिकः॥ 3॥
सिंहकः सिंहभद्रौ च समसूत्रस्तथैव च।
इत्येते मण्डपा प्रोक्ताः सप्तविंशतिसङ्ख्यया॥ 4॥

(इस सूत्र में 27 प्रकार के पुष्पकादि मण्डपों के नाम आए हैं। यही विषय विश्वकर्माप्रकाश[1], मत्स्यपुराण[2], समराङ्गणसूत्रधार[3], जयपृच्छा, ज्ञानप्रकाशदीपार्णव,

---

1. तुलनीय— नामतस्तान् प्रवक्ष्यामि श्रृणुष्व द्विजसत्तमाः॥ पुष्पकः पुष्पभद्रश्च सुवृत्तोऽमृतनन्दनः। कौशल्यो बुद्धिसङ्कीर्णो गजभद्रो जयावहः॥ श्रीवृक्षो विजयश्चैव वास्तुकीऽर्ण श्रुतन्धरः। जयभद्रो विलासश्च संश्लिष्टः शत्रुमर्दनः॥ भाग्यपञ्चो नन्दनश्च मानवो मानभद्रकः। सुग्रीवो हर्षणश्चैव कर्णिकारः पदाधिक। सिंहश्च यामभद्रश्च शत्रुघ्नश्च तथैव च। सप्तविंशतिराख्याता लक्षणं श्रृणुत द्विजाः॥ (विश्वकर्माप्रकाश 6, 124-128)
2. तुलनीय— पुष्पकः पुष्पभद्रश्च सुव्रतोऽमृतनन्दनः। कौशल्यो बुद्धिसङ्कीर्णो गजभद्रो जयावहः॥ श्रीवत्सो विजयश्चैव वास्तुकीर्तिः श्रुतिञ्जयः। यज्ञभद्रो विशालश्च सुश्लिष्टः शत्रुमर्दनः॥ भागपञ्चो नन्दनश्च मानवो मानभद्रकः। सुग्रीवो हरितश्चैव कर्णिकारः शतर्धिकः॥ सिंहश्च श्यामभद्रश्च सुभद्रश्च तथैव च। सप्तविंशतिराख्याता लक्षणं श्रृणुत द्विजाः॥ (मत्स्य. 270, 3-6)
3. समराङ्गण में पाठ बहुत भ्रष्ट है किन्तु अपराजित के आधार पर उसको शुद्ध करें तो यही क्रमादि लक्षित होता है— पुष्पकः पुष्पभद्रश्च सुप्रभो तथा भवेत्॥ इति स्तम्भद्वयत्यगाद् ब्रूमो मण्डपविंशतिम्। कौशल्यो

प्रासादमण्डनम् और परवर्ती शिल्परत्नाकर[1] आदि ग्रन्थों में आया है। परस्पर किञ्चित् पाठभेद मिलता है) विश्वकर्मा बोले कि 1. पुष्पक, 2. पुष्पभद्र, 3. सुप्रभ, 4. मृगनन्दन, 5. कौशल्य, 6. बुद्धिसङ्कीर्ण, 7. गजभद्र, 8. जयावह, 9. श्रीवत्स, 10. विजय, 11. वस्तुकीर्ण, 12. श्रीधर, 13. यज्ञभद्र, 14. विशालाख्य, 15. सुश्रेष्ठ, 16. शत्रुमर्दन, 17. भूजय, 18. नन्दन, 19. विमान, 20. भद्रक, 21. सुग्रीव, 22. हर्षण, 23. कर्णिकार, 24. पदाधिक, 25. सिंहक, 26. सिंहभद्र और 27. समसूत्र— ये इतने सताईस की संख्या में मण्डप कहे गए हैं।

तेषां विधयः —

चतुरश्रीकृते क्षेत्रे त्रिधा नवपदाङ्कितम्।
कर्णे स्तम्भाश्च चत्वारो द्वौ द्वौ भद्रे ससूत्रके ॥ 5 ॥

समचौरस क्षेत्र को तीन बार नौ भागों में अर्थात् सत्ताईस भागों में विभाजित करे। कर्णों पर चार स्तम्भ करें और दो-दो भद्रों के समसूत्र में बनाएँ।

अष्टांशपदयुक्ताश्च सूर्यस्तम्भाः ससूत्रके।
प्राग्ग्रीवाग्रे पदमेकं स भवेद् भद्रसञ्ज्ञकः ॥ 6 ॥

प्रासाद के आठवें भाग के विस्तार वाले बारह स्तम्भों को समसूत्र में बनाएँ। प्राग्रीव-पाटड़े के आगे एक भाग का जो स्तम्भ होता है, उसे भद्र संज्ञक कहते है।

तद् भद्रं च परित्यज्य सिंहकोऽन्तश्चतुष्किकः।
प्राग्ग्रीवादग्रयुक्ताश्च सिंहनामा स उच्यते ॥ 7 ॥

उस भद्र को छोड़कर सिंहक के अन्त तक चतुष्किका-चौकी हों तो वह प्राग्रीव-पाटड़े के आगे होने पर सिंह नाम से कही जाती है।

चतुष्कीं मध्यतस्त्यक्त्वा प्राग्ग्रीवाश्च चतुर्दिशम्।
पदाधिको नामतोऽग्रे त्रिपदः कर्णिकारकः ॥ 8 ॥

बुद्धिसङ्कीर्णो गजभद्रो जयावहः ॥ श्रीवत्सो विजयश्चैव वस्तुकीर्णश्रुतिजयः। यज्ञभद्रो विशालाश्च सुश्लिष्टः शत्रुमर्दनः ॥ भूजयो नन्दनश्चैव तथा विमानभद्रकः। सुग्रीवो हर्षनामा च कर्णिकारः पदाधिकः ॥ सिंहश्च सिंहभद्रश्च समसूत्रस्तथैव च। सप्तविंशतिरित्युक्ता मण्डपानां समासतः ॥ एषां विचित्ररूपाणां प्रासादाकृतिधारिणाम्। (समराङ्गण. 67, 13-21)

1. इन सत्ताईस मण्डपों के नामों में दीपार्णव व शिल्परत्नाकर में कुछ पाठान्तर है। उदाहरणार्थ — 2. पुष्पभद्र को पुष्पदीप, 3. सुप्रभ को सुव्रत, 4. मृगनन्दन को अमृतनन्दन, 5. कौशल को कौशिल्य, 7. गजभद्र को राजभद्र, 8. जयावह को द्वयावह, 11. वस्तुकीर्ण को वास्तुकीर्ण, 12. श्रीधर को श्रुतिजय, 14. विशालाख्य को विशालाक्ष 17. भूजय को भागपञ्च, 19. विमान को मानव, 20. भद्रक को मानभद्र, 22. हर्षण को सरित, 24. पदाधिक को पराधिक-शताधिक, और 27. समसूत्र को सुभद्र कहा गया है।

चौकी के मध्य को छोड़कर चारों दिशाओं में प्राग्रीव-पाटड़े हों तो उसे पदाधिक कहा जाता है। जिसके आगे तीन भाग हों तो कर्णिकारक कहा जाएगा।

त्रिपदे पदमेकं च चतुष्कं हर्षणो मतः।
सुग्रीवस्त्रिपदाग्रेचाऽपरे विमानभद्रकः॥ 9॥

तीन भागों में एक भाग मिलाने पर जो चतुष्क होता है उसे हर्षण नाम दिया है। तीन भाग का सुग्रीव, उसके आगे अपर भाग में विमानभद्रक होगा।

दद्यात्पक्षेऽपरे त्यक्त्वा नन्दनः सर्वकामदः।
तदाऽपरे भूजयः स परित्यक्तचतुष्किकः॥ 10॥

इसके पक्षों को छोड़कर अपर बनाएँ तो सर्वकामद नन्दन और उससे अपर भूजय होता है जिसके चतुष्किक यानी चौकी नहीं होती है।

पूर्वभद्रे चापदिशं कर्णेऽलिन्दश्चतुर्दिशम्।
स शत्रुमर्दनः ख्यातः सुश्रेष्ठश्चापरे यदि॥ 11॥

पूर्व भद्र पर अपदिशों और कर्णों पर चतुर्दिश अलिन्द हों तो उसे शत्रुमर्दन कहते हैं। इससे अपर सुश्रेष्ठ होता है।

कुर्यात्पक्षेऽपरे त्यक्त्वा विशालाक्षः स उच्यते।
तथाऽपरे यज्ञभद्रो मण्डपः सर्वकामदः॥ 12॥

अपर को छोड़कर यदि पक्षों को बनाएँ तो वह विशालाक्ष कहा जाता है। इसके अपर यज्ञभद्र मण्डप होगा जो सर्वकामद माना गया है।

त्रिपदाग्रे श्रीधराख्यो वास्तुकीर्णस्तथाऽपरे।
दद्यात् पक्षेऽपरे त्यक्त्वा विजयो नाम नामतः॥ 13॥

इसके तीन भाग आगे श्रीधर और इसके अपर वास्तुकीर्ण होगा। अपर के पक्ष को छोड़कर बनने वाला विजय नामक मण्डप होगा।

तथाऽपरे च श्रीवत्सः पदिकाग्रे जयावहः।
पदिकं त्यक्तमग्रे तु चतुष्कं गजभद्रकः॥ 14॥

इसके अपर श्रीवत्स और एक पदिका आगे हों तो वह जयावह होता है। पुनः एक पदिक आगे छोड़कर चतुष्क को गजभद्रक कहा जाता है।

तथाऽग्रे बुद्धिसङ्कीर्णः कौशल्यश्चापरे तथा।
दद्यात्कक्षेऽपरे त्यक्त्वा स भवेन्मृगनन्दनः॥ 15॥

उसके आगे बनने वाला बुद्धिसङ्कीर्ण और उसके अपर बनने वाला कौशल्य होता है। इसमें पक्षों को छोड़कर अपर में मृगनन्दन होता है।

तथाऽपरे सुप्रभस्तु कर्तव्यः सर्वकामदः।
त्रिपदं चाग्रभद्रं च स भवेत् पुष्पभद्रकः॥ 16॥

इससे अपर सुप्रभ होगा जिसको सर्व कामनाएँ पूर्ण करने वाली निर्मिति कहा है। उसके आगे तीन पद पर बनने वाला पुष्पभद्रक होता है।

पुष्पकः सर्वत्रिपदः परित्यक्तचतुष्किकः।
एवं तु युक्तिर्विज्ञेया मण्डपाः पुष्पकादयः॥ 17॥

पुष्पक सभी त्रिपद चतुष्की रहित होते हैं। इस तरह की युक्ति से पुष्पकादिक मण्डपों को समझना चाहिए।

पुष्पादिकमण्डपे स्तम्भादीनां —

चतुःषष्टिस्तम्भयुक्तः पुष्पको नाम विश्रुतः।
द्विद्विस्तम्भत्यागयुक्त्या पुष्पाद्याः सप्तविंशतिः॥ 18॥

चौंसठ स्तम्भ युक्त पुष्पक नामक मण्डप विख्यात है। दो-दो स्तम्भों को कम करते हुए पुष्पक से आरम्भ होकर सताईस मण्डप होते हैं।[1]

पुष्पकाद्याश्च युक्तास्स्युः समैर्वा विषमैस्तलैः।
अनुक्रमं युक्तमाद्य? सप्तविंशति मण्डपाः॥ 19॥

पुष्पक मण्डप से आरम्भ होने वाले समस्त मण्डप समतल वाले अथवा विषम तल वाले होते हैं। अनुक्रम में ये सभी सत्ताईस मण्डप हैं।

नृत्यमण्डपः —

समैः क्षणः समैः स्तम्भैः समैश्चैवमलिन्दकैः।
विषमे तु तुलापट्टं गूढे चन्द्रावलोकना॥ 20॥
निर्गूढे नृत्य आख्यातोऽधस्ताद् भद्रावलोकना।
चन्द्रावलोकना जालैः कार्याः कर्णानुगास्तथा॥ 21॥

समान क्षण यानी केन्द्र हो, समान स्तम्भ और समान अलिन्द हों। तुलापट्ट विषम हो, गूढ़मण्डप पर चन्द्रावलोकन भी विषम ही हों। निगूढ़ अर्थात् बिना भद्रों-भित्तियों वाला मण्डप नृत्यमण्डप कहा जाता है। उसके नीचे भद्रावलोकन यानी झरोखे, चन्द्रावलोकन हों और जालियों को कर्णों के अनुसार बनाना चाहिए।

निःस्तम्भा भित्तिका स्तम्भैरष्टांशा च चतुष्किका।

---

1. दीपार्णव में आया है कि प्रथम पुष्पक नाम का चौंसठ स्तम्भों का मण्डप जाने। उसमें दो-दो स्तम्भ अनुक्रम से कम करने से सत्ताईस मण्डप तक होते हैं। सुभद्र नाम का मण्डप बारह स्तम्भ का होगा— पुष्पकोऽथ चतुःषष्ट्या सुभद्रो स्तम्भद्वादश। पुष्पकाद् द्वौ द्वौ हीनाः स्युर्मण्डपाः सप्तविंशतिः॥ (दीपार्णव 10, 26)

स्तम्भेषु युग्मस्तम्भाश्च मूलसूत्रसमुद्भवाः ॥ 22 ॥

बिना स्तम्भों की भित्तिका वाली मण्डप चौकी में स्तम्भों को अष्टांशा बनाने चाहिए। स्तम्भों में सभी युग्म स्तम्भ बनाएँ जो मूलसूत्र के अनुगमन करते हुए हों।

क्षणमध्येषु सर्वेषु स्तम्भमेकं न दापयेत्।
युग्मं च दापयेत्तत्र वेधदोषविवर्जितम् ॥ 23 ॥

केन्द्रों (क्षण) के मध्य में कभी भी एक स्तम्भ नहीं दे। हमेशा युग्म यानी दो स्तम्भों की जोड़ी ही बनाएँ जो वेधदोष रहित हों।

मूलस्तम्भे यथासूत्रं स्तम्भो देयस्तु मण्डपे।
तदा नगरनृपेन्द्रजयमानजयः सदा ॥ 24 ॥

मूल-स्तम्भ में ही मण्डप में स्तम्भों को बनाएँ। तभी नगर और राजा तथा यजमान की सदा जय होती है।

उत्पद्यते स्तम्भवेधे पद्मिनी नाम राक्षसी।
पीडयेत् पुरराजादीन् वास्तुविद्भिरुदाहृतम् ॥ 25 ॥

यह ज्ञातव्य है कि स्तम्भ वेध होने पर पद्मिनी नाम की राक्षसी उत्पन्न हो जाती है जो पुर के राजा और प्रजा तथा वास्तुविदों को पीड़ा पहुँचाती है।

द्विद्विस्तम्भह्रासयोगे चतुष्षष्ट्या द्वादशान्तम्।
पुष्पकाद्या इमे सूत्र सप्तविंशतिमण्डपाः ॥ 26 ॥

दो-दो स्तम्भों की कमी करते हुए क्रम योग से चौंसठ स्तम्भों से बारह स्तम्भों तक पुष्पकादि मण्डप करें। इस सूत्र में सत्ताईस मण्डप कहे गए हैं।[1]

इति सूत्रसन्तानगुणकीर्तिप्रकाशप्रोक्तश्रीभुवनदेवाचार्योक्तापराजितपृच्छायां पुष्पकादिसप्तविंशतिमण्डपाधिकारोनामषडशीत्युत्तरशततमं सूत्रम् ॥ 186 ॥

इस प्रकार भुवनदेवाचार्य कृत सूत्रसन्तानगुणकीर्ति प्रकाश या अपराजितपृच्छा में पुष्पकादि सत्ताईस मण्डप अधिकार नामक एक सौ छियासीवाँ सूत्र पूर्ण हुआ ॥ 186 ॥

---

1. विश्वकर्माप्रकाश में इनके स्तम्भों की संख्या और फलाफल इस प्रकार आया है— स्तम्भा यत्र चतुष्षष्ठिः$_{64}$ पुष्पकः स उदाहृतः। द्वाषष्ठिः$_{62}$ पुष्पभद्रस्तु षष्ठिस्तु$_{60}$ वृत्त उच्यते॥ स्तम्भोऽष्टपञ्चाशद्$_{58}$ वापि कथ्यतेऽमृतनन्दनः। कौशल्योऽथ षट्पञ्चाश$_{56}$च्चतुःपञ्चाशतात्पुनः$_{54}$॥ नाम्ना तु बुद्धिसङ्कीर्णो द्विहीनो$_{52}$ राजभद्रकः। जयावहस्त्रि पञ्चाश$_{50}$च्छ्रीवत्सत्सु द्विहीनकः$_{48}$॥ द्वाविंशद्धर्वणो$_{22}$ ज्ञेयः कर्णिकारश्च विंशतिः$_{20}$। पदद्विकोऽष्टाविंशति$_{18}$भिद्विरष्टौ$_{16}$ सिंह उच्यते॥ विहीनो$_{14}$ यामभद्रस्तु शत्रुघ्नश्च निगद्यते। यामभद्रः क्वचित्प्रोक्तो द्वादशस्तम्भसंयुतः$_{12}$॥ मण्डपाः कथिता ह्येते यथावल्लक्षणान्विताः। त्रिकोणवृत्तगर्भ्ये तु अष्टकोणं द्विरष्टकग्॥ चतुष्कोणं च कर्त्तव्यं संस्थानं मण्डपस्य तु। राज्यं च विजयं चैव आयुर्वर्धनमेव च॥ पुत्रलाभं स्त्रियं पुष्टिं स्त्रीपुत्रादिषु क्रमाद्भवेत्। एवं तु शुभदः प्रोक्तः अन्यथा तु भयप्रदः॥ (विश्वकर्मा. 6, 127-136)

विंशतिमण्डपा नाम सप्ताशीत्युत्तरशततमं सूत्रम् ॥ 187 ॥

अधुना वर्धमानाधष्टमण्डपाः विश्वकर्मोवाच —

वर्धमानः स्वस्तिकाख्यो गरुडः सुरनन्दनः।
सर्वतोभद्रकैलासेन्द्रननीला रत्नसम्भवः ॥ 1 ॥

(इस सूत्र[1] में वर्धमानादि आठ गूढ़ और सुभद्रादि बारह त्रिक् प्राग्रीव सहित कुल बीस मण्डपों का वर्णन है) विश्वकर्मा बोले कि 1. वर्धमान, 2. स्वस्तिक, 3. गरुड़, 4. सुरनन्दन, 5. सर्वतोभद्र, 6. कैलास, 7. इन्द्रनील और 8. रत्नसम्भव (ये आठ मण्डप हैं)।

चतुरश्रो वर्धमानः स्वस्तिको भद्रसंयुतः।
गरुडः सप्रतिरथः सुरानन्दः प्रभद्रकैः ॥ 2 ॥
कर्णोदैः सर्वतोभद्रः कैलासो भद्रकोदकैः।
प्रतिरथाविन्द्रनीलः त्रिभिः स्याद्रत्नसम्भवः ॥ 3 ॥
इत्यष्टौ च समाख्याता वर्धमानादिमण्डपाः।

इन आठों में वर्धमान मण्डप चौकोर होता है। स्वस्तिक मण्डप भद्र यानी भित्तियुक्त होता है। गरुड मण्डप प्रतिरथों युक्त होता है। सुरनन्दन प्रभद्रकों से युक्त होता है। सर्वतोभद्र कर्णों पर प्रणालों से युक्त होता है। कैलास भद्र-भित्तों पर प्रणालों से युक्त होता है। इन्द्रनील प्रतिरथों से युक्त और रत्नसम्भव कर्णों, भद्रों पर प्रणालों और प्रतिरथ— इन तीनों से युक्त होता है। ये आठों वर्धमानादि नामों से विख्यात् मण्डप है।

बाह्यच्छन्दे प्रकर्तव्या मण्डपाः सर्वकामदाः ॥ 4 ॥
पादोनकर्णः प्ररथः प्रभद्रो द्विगुणस्ततः।
भद्रार्धे मुखभद्रं च शेषाश्चैव षडंशकाः ॥ 5 ॥

बाह्य छन्दों के अनुसार ही सब कामनाओं को पूरा करने वाले मण्डपों को बनाना चाहिए। इनके कर्ण पादोन अर्थात् पौने भागों में होते है और प्ररथ और प्रभद्र इनसे दुगुने भागों में होते है अर्थात् भागों में भद्र का आधा मुखभद्र और शेष छह भागों के होते हैं।

निर्गमो दलार्धपादैः कर्तव्यः सर्वकामदः।
भद्रद्विगुणनिष्कासः कर्तव्यः शान्तिमिच्छता ॥ 6 ॥

---

1. इन मण्डपों का नामोल्लेख जयपृच्छा के 14वें अध्याय में आया है।

उनका निकास डेढ़ भाग का करना चाहिए जिससे सब कामनाओं की पूर्ति होती है। भद्र-भित्तों का निकास दुगुणा होता है। शान्ति चाहने वालों को ऐसा ही करना चाहिए।

दलभक्तिक्रमः प्रोक्तः मूलप्रासादसङ्ख्यया।
कर्तव्या निर्गमैर्हीनाः स्वस्वाकाराश्च मण्डपाः ॥ 7 ॥

यह दल का विभाग क्रम मूल प्रासाद के भाग संख्या के अनुसार कहा गया है। इनको निकास रहित करें और इन मण्डपों को अपने आकार के ही बनाना चाहिए।

सपीठमण्डोवरादि प्रासादाकृतिर्मेखला।
भद्रे गवाक्षकोपतं मूलप्रासादसन्निभम् ॥ 8 ॥

इनके पीठ, मण्डोवर आदि भी प्रासाद की आकृति के अनुरूप मेखला युक्त बनाएँ। भद्रों पर गोखड़े होने चाहिए जो मूल प्रासाद के ही समान हों।

उक्ताः कर्णे कुम्भकाद्या मानः प्रासादसीमार्धकम्।
रथोपरथभद्राणां पीठाद्यं बाह्यनिर्गतम् ॥ 9 ॥

इनके कर्णों पर कुम्भादि भी प्रासाद की सीमा के आधे मान के अनुरूप बनाएँ। इनके रथ, उपरथ और भद्रों को पीठ के आरम्भ से बाहर की ओर निकास युक्त बनाएँ।

भित्तिः प्रासादमानेन पीठान्तोत्तानपट्टकः।
एकं वा त्रीणि वा कुर्याद् द्वाराणि कामदानि वै ॥ 10 ॥

इनकी भीतें प्रासाद के मान के अनुसार और पीठ के अन्त तक उत्तानपट्टक को बनाएँ। इनके एक या तीन द्वार करें जो कामना पूरी करने वाले होते हैं।

शुकस्तम्भानुसूत्रेण चाष्टांशं भित्तिमाचरेत्।
मध्यपीठोच्छ्रयोत्सेधा मण्डपाद्याः समस्तकाः ॥ 11 ॥

शुकनास को स्तम्भों के समसूत्र में बनाएँ और उन्हें आठ भाग की भिति युक्त बनाएँ। समस्त मण्डपों को मध्यपीठ के उत्सेध यानी ऊँचाई के बनाने चाहिए।

अष्टांशवृत्तोर्ध्वतश्च वितानान्तं समुच्छ्रितिः।
चतुष्किका याम्योत्तरे अग्रे वा वामतोऽथवा ॥ 12 ॥
या प्रासादे द्वारशाखा तद्विधं मण्डपादिकम्।

आठ भागों की ऊँचाई पर के वृत्त पर एक ऊँचा वितानान्त बनाएँ। इसके दाएँ-बाएँ चौकी हो जो आगे या बाएँ बनाएँ अथवा प्रासाद की द्वार शाखा पर बनाएँ। इस विधि से समस्त मण्डपादि को बनाना चाहिए।

करोटकं स्यात्तदूर्ध्वे [1]कूटच्छन्दो तु कारयेत्॥ 13॥

[2]यथा शोभः प्रकर्तव्या मण्डपै भूषणक्रिया।

तत ऊर्ध्वं संवरणाऽन्तिमं कूटघण्टोच्छ्रितम्॥ 14॥

इति वर्धमानाद्यष्टमण्डपाः।

इनके ऊपर की ओर करोटक करें और कूट छन्दों को बनाएँ। शोभाप्रद लगे वैसा मण्डप पर अलङ्करण करना चाहिए और शीर्ष पर संवरणा और अन्तिम भाग में कूट, आमलसार ऊँचाई पर बनाएँ।

इत्यमनन्तर सुभद्रादि द्वादश प्राग्रीवस्त्रिकमण्डपाः। विश्वकर्मोवाच —

सुभद्रश्च किरीटी च दुन्दुभिः प्रान्त एव च।

मनोहरश्च शान्तश्च नन्दाख्यश्च सुदर्शनः॥ 15॥

रम्यकश्च सुनाभश्च सिंहः सूर्यात्मकस्तथा।

निर्गूढाग्रे त्रिकं ख्यातं द्वादश मुखमण्डपाः॥ 16॥[3]

(इसके बाद सुभद्रादि बारह त्रिक् प्राग्रीव मण्डपों के विषय में कहा जा रहा है) विश्वकर्मा बोले कि 1. सुभद्र, 2. किरीटी, 3. दुन्दुभि, 4. प्रान्त, 5. मनोहर, 6. शान्त 7. नन्दन, 8. सुदर्शन, 9. रम्यक, 10. सुनाभ, 11. सिंह और 12. सूर्यात्मक— ये बारह मण्डप बिना दीवारों भित्तों के होते है। इनके त्रिक् से विख्यात है। ये प्रासाद के आगे होते हैं।

द्वाराग्रे चैव निर्गूढं तदग्रे च चतुष्किका।

सुभद्रो नाम विज्ञेयो मण्डपः सर्वकामदः॥ 17॥

द्वारों के आगे ये निर्गूढ़ बिना भित्तों के होते है और इनके आगे चौकी होती है। ऐसे मण्डप का नाम सुभद्र होता है जो सब कामना पूरी करता है।

उभयोः कक्षयोर्दद्यात् किरीटी नामतः स्मृतः।

एकं च दुन्दुभिः पूर्वे अथोभौ प्रान्ततस्तथा॥ 18॥

दोनों कक्षों को देने पर इसको किरीटी नाम से जानते है। एक कक्ष पूर्व हों तो दुन्दुभि और दोनों बाजुओं में हों तो इसे प्रान्त कहते हैं।

पूर्वे चतुष्किकायां च कामदश्च मनोहरः।

शान्तश्चैतदुभाभ्यां च स्तम्भैर्द्वयष्टभिरेव च॥ 19॥

---

1. 'वुधाबन्धो ?' इति प्रकाशित पाठः।
2. प्रकाशित पाठे नोपलभ्यते।
3. ये ही श्लोक अल्प पाठान्तर के साथ 'जयपृच्छा' (14, 8-9) में आए है।

पूर्व में चौकियाँ हों तो मनोहर सब कामना पूरी करने वाला बनता है। दोनों ओर सोलह स्तम्भों से युक्त होने पर इसे शान्त कहते हैं।

मूलप्रासादद्द्विगुणं त्रिकाणां पृथुनिर्गतम्।
त्रिभिश्चतुष्किकाऽऽयामे पृथुत्वे त्रिभिरेव च॥ 20॥
सर्वप्रासादपीठस्य समाख्यातं त्रिकं तथा।

मूल प्रासाद के विस्तार से दुगुना, त्रिकों को विस्तार में निकासयुक्त और आयाम-विस्तार में तीन चतुष्कियों-चौकियों को तीन-तीन करें। सभी प्रासाद में पीठों के समान ही इन त्रिकों को भी करें।

शेष षट् मण्डपः —

पुनरेव प्रवक्ष्यामि तद्विधान् षट् च मण्डपान्॥ 21॥

इसके बाद मैं पुनः इसी विधान से निर्मितेय छह मण्डपों के बारे में कहता हूँ।

तस्य बाह्ये पुनर्दद्यात् प्रत्यलिन्दमनुक्रमात्।
चतुष्कीक्रमयोगेन मण्डपान् षट् च लक्षयेत्॥ 22॥

इनके बाहर की ओर पुनः प्रत्यालिन्द अनुक्रम से बनाएँ। चौकियों के क्रम योग से इन छह मण्डपों को पहचाने।

चतुष्किके चेत्पूर्वेऽग्रे नन्दाख्यः सर्वकामदः।
त्यक्त्वाग्रे चोदरे गर्भे दद्याच्चैव सुदर्शनः॥ 23॥

चौकियाँ पूर्व में और आगे हों तो नन्द नाम का मण्डप सब कामनाएँ पूरी करता है। आगे को छोड़कर यदि उदर में, गर्भ में चौकी दे तो वह सुदर्शन मण्डप होता है।

उभे कक्षे पुनः श्चाग्रे रम्यकः समुदाहृतः।
अग्रे द्विचतुष्किकाभ्यां सुनाभो नाम सम्प्रतः॥ 24॥

दोनों कक्षों पर और पुनः आगे चौकी दे तो रम्यक नाम का मण्डप कहा गया है। इसी प्रकार आगे चौकियाँ हों तो सुनाभ नाम होता है।

अलिन्दयुक्तौ द्वौ पक्षौ सिंहनामा स उच्यते।
मुक्तकोणाकृतिः स्थित्वा पूर्वकर्णे सूर्यात्मकः॥ 25॥

यदि दो अलिन्दों से युक्त दोनों पक्ष हों तो सिंह नामक मण्डप कहा जाता है। यदि मुक्त कोणाकृति में स्थित हो, पूर्व कर्ण हों तो सूर्यात्मक मण्डप होता है।

नालोद्भवः पृथुत्वे च चतुःक्षणाग्रनिर्गतः।

क्षणे क्षणे चतुष्क्या वितान संवरणोदयः ॥ 26 ॥

इतिसुभद्रादिमण्डपाः।

यह ज्ञातव्य है कि विस्तार में नालोद्भव हो जो चार क्षण (भाग) निकास वाला हों और प्रत्येक क्षण पर चौकियाँ, वितान और संवरणों की ऊँचाई कल्पित करें।

इति सूत्रसन्तानगुणकीर्तिप्रकाशप्रोक्तश्रीभुवनदेवाचार्योक्तापराजितपृच्छायां विंशतिमण्डपाधिकारो नाम सप्ताशीत्युत्तरशततमं सूत्रम् ॥ 187 ॥

इस प्रकार भुवनदेवाचार्य कृत सूत्रसन्तानगुणकीर्ति प्रकाश या अपराजितपृच्छा में बीस मण्डप अधिकार नामक एक सौ सत्तासीवाँ सूत्र पूर्ण हुआ ॥ 187 ॥

मण्डपनिर्णयोनामाष्टाशीत्युत्तरशततमं सूत्रम् ॥ 188 ॥

अधुना प्राग्ग्रीवादि षोडशमण्डपनामलक्षणं। विश्वकर्मोवाच —

प्रासादस्याग्रतः कार्या लतिनेषु च मण्डपाः।
ताननुक्रमतः सूत्र कथयामि यथाविधि ॥ 1 ॥

(यह मण्डप निर्माण विषयक अन्तिम सूत्र है। इसमें शेष प्राग्ग्रीवादि, मेर्वादि, मन्दरादि और नन्दनादि मण्डपों का वर्णन आया है) विश्वकर्मा बोले कि प्रासादों के आगे की ओर लतिन जाति के मण्डपों को करना चाहिए। उनके अनुक्रम के सूत्र को मैं यथाविधि कहता हूँ।

प्राग्ग्रीवश्च चतुष्कश्च सन्मुखस्त्रिजगस्तथा।
श्रीधरः पुष्पकश्चैव श्रीपदः श्रियानन्दकः ॥ 2 ॥
संवराख्यः पृथ्वीधरः पुण्यभद्रो जयन्तकः।
शङ्कुपर्णश्च गोविन्दो महाभोगी दिवौकसः ॥ 3 ॥
द्विरष्ट$_{16}$ मण्डपाः प्रोक्ताः प्राग्ग्रीवादि समुद्भवाः।
छन्दलक्षणसम्युक्ता उक्ता वै सूत्रमार्गतः ॥ 4 ॥

इनमें से 1. प्राग्रीव, 2. चतुष्क, 3. सन्मुख, 4. त्रिजगत, 5. श्रीधर, 6. पुष्पक, 7. श्रीपद, 8. श्रियानन्द, 9. संवराख्य, 10. पृथ्वीधर, 11. पुण्यभद्र, 12. जयन्त, 13. शङ्कुपर्ण, 14. गोविन्द, 15. महाभोगी, 16. दिवौकस— ये सोलह मण्डप प्राग्रीवादि से उत्पन्न हुए कहे गए है। इनके छन्द लक्षणों युक्त सूत्र मान के अनुसार कहे हैं।[1]

---

1. समराङ्गणसूत्रधार में कहा गया है कि प्रासादों के नामानुसार ही मण्डपों का भी नामकरण होता है— प्रासादो यादृशस्यादृङ् मण्डपोऽपि तदग्रतः ॥ यानि प्रासादनामानि तानि स्युर्मण्डपेष्वपि। वास्तुसंज्ञे भेदोऽयं मण्डपानां विधीयते ॥ (समराङ्गण. 67, 24-25)

प्राग्रीवादीनां स्वरूपमाह—

प्रासादाग्रे तु द्वौ स्तम्भौ प्राग्ग्रीवः परिकीर्तितः।
चतुष्कश्च चतुस्तम्भैः षड्भि स्तम्भैश्च सन्मुखः॥ 5॥
अष्टस्तम्भैश्च त्रिजगो दशस्तम्भैस्तु श्रीधरः।
दक्षिणे त्रिकप्रकारौ स्तम्भा द्वादश पुष्पकः॥ 6॥

प्रासाद के आगे दो स्तम्भ हों तो उसे प्राग्रीव मण्डप कहते है। चार स्तम्भ हों तो चतुष्क, छह स्तम्भ हों तो सन्मुख, आठ स्तम्भ हों तो त्रिजगत, दश स्तम्भ हों तो श्रीधर और दक्षिण पार्श्व में त्रिक प्रकार सहित बारह स्तम्भ बने हों तो पुष्पक नामक मण्डप होता है।

चतुष्किका तदग्रे द्विसप्तस्तम्भैश्च श्रीपदः।
द्व्यष्टस्तम्भैः श्रियानन्दः संवरोऽग्रचतुष्किकः॥ 7॥
त्यक्तचतुष्किकः पक्ष-प्राग्ग्रीवे पृथिवीधरः।
अग्रे च त्यक्तप्राग्ग्रीवश्चतुष्की मध्यतस्तथा॥ 8॥
पुण्यभद्रस्तदानाम जयन्तश्चाग्रसंयुतः।

पुष्पक के आगे चौकी और चौदह स्तम्भ हों तो श्रीपद नामक मण्डप होगा। यदि वहाँ सोलह स्तम्भ हों तो श्रियानन्द, आगे चौकी बनी हों तो संवर, चौकी रहित और पक्ष पर प्राग्रीव यानी पाटड़ा हों पृथ्वीधर, आगे प्राग्रीव रहित हों और मध्य में चौकी हों तो पुण्यभद्र नामक और उसके आगे प्राग्रीव हों तो जयन्त नामक मण्डप होगा।

पूर्वे तिस्रश्चतुष्क्यश्च शङ्कुपर्णश्च सञ्ज्ञितः॥ 9॥
प्राग्ग्रीवा त्रिपदा पक्षे पूर्वे चैका चतुष्किका।
गोविन्दश्च तदा नाम भोगी स्यात्त्रिपदाग्रकः॥ 10॥
मुक्तकोणेऽथ पूर्वे तु त्रिदशाख्यश्च नामतः।
पञ्चपट्ठो(पीठो) परि कुर्याद् विख्यातन्नृत्यमण्डपान्॥ 11॥

इति प्राग्ग्रीवादिषोडश मण्डपाः।

इसी प्रकार पूर्व में तीन चौकियाँ हों तो शङ्कुपर्ण नामक मण्डप होगा। प्राग्रीव तीन भागों से हों व पक्षों पर और पूर्व में एक चौकी हों तो गोविन्द मण्डप, यदि तीन भाग आगे हों तो महाभोगी मण्डप, पूर्व की ओर मुक्तकोण हों तो त्रिदशाख्य यानी दिवौकस मण्डप होता है। (इसके अतिरिक्त) इनको पाँच पीठों से युक्त करने पर ये नृत्य-मण्डप के रूप में विख्यात होते हैं। (इस प्रकार प्राग्रीवादि सोलह मण्डपों का वर्णन हुआ)।

मेर्वादिपञ्चविंशतिमण्डपा: —

मेर्वादींश्च प्रवक्ष्यामि पञ्चविंशति$_{25}$ मण्डपान्।
भित्तिद्वारप्राग्ग्रीवांश्च भूमिकां माडमुच्छ्रयम्॥ 12॥

अब मैं मेरु आदि से होने वाले 25 मण्डपों के बारे में कहता हूँ। इसमें उनकी भित्ति, द्वार, प्राग्रीव, भूमिका यानी मंजिलें, उनके माड तथा उनकी ऊँचाई के बारे में भी कहूँगा।

मेरुमन्दरकैलासा हिमवान् गन्धमादनः।
हेमकूटो रत्नकूटस्तथा वै शृङ्गवांस्ततः॥ 13॥
इन्द्रनीलः पद्मरागो महापद्मस्तथापरः।
कीर्तिपताकपूर्णाख्यौ शतशृङ्गः सुरप्रियः॥ 14॥
शान्तिदेहश्च पुण्यात्मा भूर्भुवःस्वस्तथैव च।
महाकान्तः पुरुषान्तः प्रतापवर्द्धनस्तथा॥ 15॥
लक्ष्मीविलासो विरोधस्त्रैलोक्यविजयस्तथा।
पञ्चविंशतिरित्युक्ता मेर्वाद्या मण्डपास्तथा॥ 16॥

इनमें 1. मेरु, 2. मन्दर, 3. कैलास, 4. हिमवान्, 5. गन्धमादन, 6. हेमकूट, 7. रत्नकूट, 8. शृङ्गवान, 9. इन्द्रनील, 10. पद्मराग, 11. महापद्म, 12. कीर्तिपताक, 13. पूर्ण, 14. शतशृङ्ग, 15. सुरप्रिय, 16. शान्तिदेह, 17. पुण्यात्मा, 18. भूर्भुवः 18. स्वः, 20. महाकान्त, 21. पुरुषान्त, 22. प्रतापवर्धन, 23. लक्ष्मीविलास, 24. विरोध और 25. त्रैलोक्यविजय— ये पच्चीस मेरु आदि मण्डप कहे गए हैं।

तेषां परिकल्पनस्थानाह : —

अधः प्रासादकाग्रे तु बलाणकमथोपरि।
निर्गूढाग्रे त्रिकः प्रोक्तस्तस्याग्रे नृत्यमण्डपः॥ 17॥

प्रासाद के आगे, नीचे की ओर निर्गूढ़ त्रिक अर्थात् बिना भित्तों वाले तीन मण्डप बनाएँ जिनके ऊपर बलाणक यानी बैठने का बरामदा बना हों। इसके आगे ही नृत्य-मण्डप कहा गया है।

राजद्वारे प्रतोल्यां च वापीद्वाराग्र एव च।
देवागारे जगत्यग्रे जगतिद्वारकं विदुः॥ 18॥

इन बलाणकों को राजा के महलों के द्वारों पर, प्रतोली-पोलों पर, बावड़ियों के द्वारों पर, देवमन्दिरों की जगती के आगे और जगती द्वारों पर जाने (करना चाहिए)।

इत्थं समस्तस्थानेषु मेर्वादीन्मण्डपानथ।
लक्षणेन समायुक्तान् कथयामि समासतः ॥ 19 ॥

अब इन समस्त स्थानों पर मेरु आदि मण्डपों को लक्षणों से युक्त बनाने के बारे में समासतः कहता हूँ।

चतुरश्रीकृते क्षेत्रै अष्टधा प्रविभाजिते।
भवेन्मध्ये द्विभागस्तु चतुष्कः संवृतो धरैः ॥ 20 ॥
अलिन्दं भागिकं कुर्याद् द्वादशस्तम्भकोच्छ्रितम्।
द्वितीयो विंशतिस्तम्भैरष्टाविंशतिभिः परः ॥ 21 ॥

समचौरस क्षेत्र को आठ भागों में विभाजित करें। मध्य के दो भागों पर चतुष्क- चौकी का संवृत घेरा पर हों। एक भाग का आलिन्द बनाएँ और बारह स्तम्भ ऊँचे बनाएँ। दूसरा बीस स्तम्भों वाला और अपर तीसरा अट्ठाईस स्तम्भों वाला करें।

भद्रं तु भागनिष्कासं षड्भागं चैव विस्तरे।
प्रतिभद्रं ततो भागे चतुर्भागं तु विस्तरम्॥ 22 ॥

इनके भद्र-भित्ति एक भाग के निकास युक्त हों और छह भागों के बराबर उनका विस्तार कल्पित करें। एक भाग के प्रतिभद्र हो जो चार भागों के विस्तार के वाले हों।

द्विभागायामविस्तारः प्राग्ग्रीवः स्याच्चतुर्दिशम्।
सूर्योत्तरशतस्तम्भा भूमिका पञ्चधोच्छ्रिता॥ 23 ॥
मेरुमण्डप उक्तश्च द्विभौमोर्ध्वे च माडतः।
प्रकर्तव्याः संवरणाश्छाद्यकूटघण्टादितः॥ 24 ॥

इसके साथ ही दो भागों के आयाम वाले प्राग्रीव-पाटड़ चारों ओर हों। एक सौ बारह स्तम्भ और पाँच मंजिल ऊँचा हों। ऐसे मेरु मण्डप के दो मंजिलों की ऊँचाई पर माड बनाना चाहिए और इस पर संवरणा, छाद्य, कूट और आमलसार आदि बनाएँ।

माडोऽपि तादृशः कार्यो यादृशो मेरुमण्डपः।
द्विर्द्विस्तम्भह्रस्वयोगान्मण्डपाः स्युरनुक्रमात्॥ 25 ॥
चतुःषष्टिस्तम्भकान्तं मण्डपाः पञ्चविंशतिः।
तदूर्ध्वे वै संवरणाऽनेकालिन्दैश्च संयुता॥ 26 ॥

यहाँ माड भी उसी प्रकार का बनाएँ जिस प्रकार का मेरु मण्डप हों। ये सभी मण्डप (112 स्तम्भों से क्रमशः) दो-दो स्तम्भ कम करते हुए अनुक्रम से बनते जाते हैं। अन्ततः चौंसठ स्तम्भों तक ये पच्चीस मण्डप होते हैं। इनके ऊपर संवरणा अनेकों आलिन्दों से संयुक्त होती है।

शेषं विच्छिन्नरूपादि कल्पयेच्च यथाक्रमम्।
अतः प्रासादतुल्या च द्वितीया भूमिरूर्ध्वतः ॥ 27 ॥

इनके अतिरिक्त इनमें शेष सभी विच्छिन्न रूप, अलग-अलग ढंग से यथाक्रम प्रकल्पित करें। इन्हें प्रासाद के तुल्य ही बनाते हुए इन पर दूसरी मंजिल भी बनाएँ।

प्रासादस्कन्धहीनाङ्गा प्रकर्तव्या तृतीयका।
समत्तावरणच्छाद्यसंवरणं वितानकम् ॥ 28 ॥
प्राङ्गणेः माडरूपाढ्याः कर्तव्याः शुभलक्षणाः ॥ 29 ॥

इति मेर्वादिमण्डपनिर्णयाधिकारः।

यदि तीसरी मंजिल करें तो प्रासाद के स्कन्ध से नीचे ही रखें। उसके मत्तावरण, छाद्य, और संवरणा, वितान, प्राङ्गण पर सुन्दर माड शुभलक्षणों से युक्त बनाएँ। (ये पच्चीस मेरु आदि मण्डप हुए)।

मन्दरादिकाः पञ्चविंशतिमण्डपाः तत्र सुरालये —

मन्दरो मलयश्चैव विशालः श्रीधरस्तथा।
विजयः पञ्चमः प्रोक्ता मण्डपाश्च सुरालये ॥ 30 ॥

इनके अतिरिक्त 1. मन्दर, 2. मलय, 3. विशाल, 4. श्रीधर और 5. विजय— ये पाँच मण्डप देव मन्दिरों के लिए कहे गए हैं।

यज्ञार्थे मण्डपाः —

माहेन्द्रो विजयश्चैव हेमकूटः सुनन्दनः।
विमलः पञ्चमः प्रोक्तो यज्ञार्थे मण्डपाः शुभाः ॥ 31 ॥

1. माहेन्द्र, 2. विजय, 3. हेमकूट, 4. सुनन्दन और 5. विमल— ये पाँच मण्डप यज्ञों के लिए शुभ होते हैं।

सभामण्डपाः —

समर्थो भूधरो दक्षो देवाक्षः क्षितिभूषणः।
एते सभामण्डपाश्च सर्वकामफलप्रदाः ॥ 32 ॥

1. समर्थ, 2. भूधर, 3. दक्ष, 4. देवाक्ष और 5. क्षितिभूषण— ये पाँच

सभामण्डप सब कामनाओं को फलीभूत करते हैं।

राज्ञाविभूषणार्थे मण्डपाः —

वैष्णवो नन्दनः शक्रो नन्दः पद्मश्च पञ्चमः।

राज्ञां विभूषणार्थाय सर्वे ते नृपनन्दनाः॥ 33॥

1. वैष्णव, 2. नन्दन, 3. शक्र, 4. नन्द और 5. पद्म— ये पाँच मण्डप राजा के विभूषण यानी शृङ्गार के लिए उपयुक्त है और ये सभी राजा के आनन्द को देने वाले हैं।

नरपतिभोजनहिताय मण्डपाः —

पुष्पश्च सूर्यगर्भश्च चन्द्रभागश्च चन्द्रकः।

सुपर्णश्चाऽथ कर्तव्या नृपाणां भोजते हिताः॥ 34॥

इनके अतिरिक्त 1. पुष्प, 2. सूर्यगर्भ, 3. चन्द्रभाग, 4. चन्द्रक और 5. सुवर्ण— ये पाँच मण्डप राजा के भोजन के लिए हितकारी है।

तेषां लक्षणमाह —

प्रासादस्याऽनुमानेन मण्डपो द्विगुणायतः।

शुकनाससमा घण्टा न न्यूना न ततोऽधिका॥ 35॥

विंशतिभिर्धरैः स्तम्भाः कूटस्तम्भाः षड्विंशतिः।

मन्दरो नाम विज्ञेयोऽन्तर्विषमतलोन्नतः॥ 36॥

उक्त मण्डपों में देव मन्दिर के विस्तार के अनुमान के मण्डपों को दुगुने विस्तार से बनाएँ। इनका आमलसार शुकनास तक ही होना चाहिए न इससे अधिक न ही इससे कम हों। इनके धर-स्तम्भ बीस हों और कूट-स्तम्भ छब्बीस हों तो यह मन्दर नामक मण्डप होगा जिसका भीतरी तल विषम और ऊँचा होता है।

अष्टाष्टस्तम्भत्यागे च शेषाश्चत्वार ईरिताः।

चतुःस्तम्भाच्चतुर्वृद्ध्या विंशत्यन्ताश्च याज्ञिकाः॥ 37॥

यदि आठ स्तम्भों को छोड़कर शेष चार इस तरह से बनाएँ कि चारों स्तम्भों में (संख्या में पाँच तक) चार-चार की वृद्धि होकर अन्त तक बीस हों तो (माहेन्द्रादि पाँच) याज्ञिक मण्डप होंगे।

षोडशाद्याश्चतुरश्रा भद्रभेदैः समन्विता।

चतुरश्रक्षणत्यागे द्वाभेंदैगृहमण्डपाः॥ 38॥

आरम्भ के सोलह स्तम्भों को चौकोर बनाएँ जो भद्र-भित्तियों के भेदों से

समन्वित हों (तो सभा मण्डप) और चौकोर आजू-बाजू वाले क्षण-मध्य को त्यागकर दो भेदों-प्रकारों में करें तो गृह (विभूषार्थ) मण्डप बनते हैं।

चतुरश्राश्चतुर्वृद्धया राज्ञां वै भोजने हिताः।
पञ्चविंशतिराख्याता मण्डपा मन्दरादिकाः॥ 39॥

इति मन्दरादि पञ्चविंश मण्डपाः।

इसी प्रकार चौकोर स्तम्भों की संख्या में चार-चार की वृद्धि करें तो यह राजा के भोजन मण्डप के लिए (पाँचों) हितकर है। इस तरह से पच्चीस मण्डपों को मन्दरादि नामों सहित कहा गया। (यह मन्दरादि आठ मण्डपों का वर्णन हुआ)।

नन्दनाद्यष्टमण्डपाः —

षोडशांश कृतं क्षेत्रं द्विमध्ये भ्रमभागिकम्।
प्रत्यालिन्दौर्द्वितीय च तृतीयं पूर्वभद्रके॥ 40॥

अन्य मण्डपों के लिए चौकोर समतल क्षेत्र को सोलह भागों में विभाजित करें। मध्य के दो को भ्रमण के भाग करें। दूसरे को प्रत्यालिन्द बनाएँ और तीसरे को भद्र-पूर्वभद्र बनाएँ।

भद्रे परे चतुर्थं च पञ्चमं कक्षयोस्तथा।
पूर्वभद्रालिन्दैः षष्ठमपरालिन्दः सप्तमम्॥ 41॥
कक्षद्वये चाऽष्टमं चाऽष्टौ वै नन्दनादिकाः।
तदनुक्रमनामानि कथयामि समासतः॥ 42॥

चौथे को दूसरे भद्र, पाँचवें को कक्षों के लिए, छठे को पूर्वभद्र और अलिन्द के लिए, इसके बाद आलिन्द के लिए सातवें को, दोनों कक्षों के लिए आठवें को— इस तरह ये आठ नन्दनादि नाम वाले मण्डप कहे गए जिनके (नामों) को अनुक्रम से संक्षेप से कहता हूँ।

नन्दनोऽथो भद्रजयौ विजयो मङ्गलस्तथा।
पूर्णो माहेन्द्रकश्चैव अष्टमो मकरध्वजः॥ 43॥
अष्टौ समतलाज्ञेया दिव्यवितानभूषिताः।
ऊर्ध्वे संवरणाकाराः कर्तव्याः सर्वकामदाः॥ 44॥

इति नन्दनाद्यष्टौ मण्डपाः।

इनमें 1. नन्द, 2. भद्र, 3. जय, 4. विजय, 5. मङ्गल, 6. पूर्ण, 7. माहेन्द्र और 8. मकरध्वज— ये आठों मण्डप समतल समझें। ये सब सुन्दर वितानयुक्त होते हैं।

इनके ऊपर संवरणा बनानी चाहिए जो सब कामना को पूर्ण करने वाली होती है। (इस प्रकार नन्दनादि आठ मण्डप हुए)।

इति सूत्रसन्तानगुणकीर्तिप्रकाशप्रोक्तश्रीभुवनदेवाचार्योक्तापराजितपृच्छायां मण्डपसूत्रनिर्णयाधिकारो नामाष्टाशीत्युत्तरशततमं सूत्रम्॥ 188 ॥

इस प्रकार भुवनदेवाचार्य कृत सूत्रसन्तानगुणकीर्ति प्रकाश या अपराजितपृच्छा में मण्डप सूत्र निर्णय अधिकार नामक एक सौ अठासीवाँ सूत्र पूर्ण हुआ॥ 188 ॥

वितानर्निर्णयोनाम नवाशीत्युत्तरशततमं सूत्रम्॥ 189॥

अधुना वितानर्निर्णयः। विश्वकर्मोवाच —

सुरसद्मशुकाग्रान्तं दिव्यमण्डपभूषितम्।
शुकाग्रे च त्रिकाग्रे च नृत्यरङ्गबलाणकम्॥ 1॥

(इस सूत्र से वितानों का वर्णन आरम्भ होता है। देवालयों में शुकनासा के आगे मण्डप होते हैं और इनको नाना वितानों से युक्त किया जाता है। ये मण्डप की शोभा में चार चाँद लगा देते हैं) विश्वकर्मा बोले कि देवताओं के प्रासादों में शुकनास के आगे उसकी बराबर ऊँचाई वाला सुन्दर विभूषित मण्डप होता है। शुकनास के आगे, त्रिक के आगे नृत्यरङ्ग, बलाणक को जाने।

वास्तुवेदोद्भवाः सर्वे रूपच्छन्दक्रमागताः।
देशजातिकुलस्थानं वर्णभेदैस्तथापरम्॥ 2॥

ये सभी मण्डप वास्तुवेद के नियमों से उत्पन्न होते हैं जिनके, रूप-छन्द, क्रम वास्तु के अनुरूप ही होते हैं। उनके देश, जाति, कुल, स्थान, वर्ण भेद आदि भी कहे गए हैं।

मण्डपानां समस्तानां मध्ये कुर्याद्वितानकम्।
आद्योत्पत्तिसमं सर्ववितानानां तु लक्षणम्॥ 3॥

सभी प्रकार के मण्डपों के मध्य में वितानों की रचना करें। सभी वितानों को मण्डपों की आदि उत्पत्ति के लक्षणों से युक्त ही बनाना चाहिए।

क्षिप्तोत्क्षिप्तसमतलेति त्रिप्रकारवितानम् —

वितानानि विचित्राणि क्षिप्तान्युत्क्षिप्तकानि च।
समतलानि ज्ञेयानि उदितानि त्रिधा क्रमात्॥ 4॥

वितान विचित्र प्रकारों के बनते हैं। इनमें तीन मुख्य हैं— 1. क्षिप्त 2. उत्क्षिप्त

और 3. समतल।[1]

पद्मकनाभिच्छन्दसभामार्गमन्दारकेति चतुर्विधविताना: —

त्रयोदशाधिकशतं सहस्त्रं₁₁₁₃ च वितानका:।
प्रोक्ताश्च विविधाश्छन्दा लूमास्तत्र त्वनेकधा॥ 5॥

वितानों की संख्या एक हजार एक सौ तेरह कही गई है। उनके विविध प्रकार के छन्द होते हैं और अनेकों प्रकार की लूमाएँ भी बनाई जाती हैं।

पद्मको नाभिच्छन्दश्च सभामार्गस्तृतीयक:।
मन्दारक इति प्रोक्तो वितानाश्च चतुर्विधा:॥ 6॥

इनमें 1. पद्मक, 2. नाभिछन्द, 3. सभामार्ग और 4. मन्दारक— नाम से वितानों के चार प्रकार कहे गए हैं।

तेषां विप्रादि वर्णमाह —

पद्मको विप्रजाति: स्यात् क्षत्रियो नाभिच्छन्दक:।
सभामार्गो भवेद्वैश्य: शूद्रो मन्दारकस्तथा॥ 7॥
पद्मक: श्वेतवर्ण: स्यात् क्षत्रियो रक्तवर्णक:।
सभामार्गो भवेत्पीतो मन्दार: सर्ववर्णक:॥ 8॥

इनमें पद्मक वितान विप्र जाति का, नाभिछन्द क्षत्रिय जाति का, सभामार्ग वैश्य जाति का और मन्दारक वितान शूद्र जाति का कहा गया है। पद्मक को विप्र कोटि का होने से श्वेत वर्ण का करें। क्षत्रिय का नाभिछन्द रक्त वर्ण का, सभामार्ग वैश्य का पीत वर्ण का और मन्दारक शूद्र का होने से सब वर्णों का होता है।

---

1. उक्त दोनों श्लोक दीपार्णव के मण्डपाधिकार (श्लोक 21-22) में आए हैं। वहाँ वितान के तीन प्रकार इस प्रकार कहे गए है— क्षिप्तान्युक्षिप्त, द्वितीय समतल और तृतीय उदित। क्षिप्तउत्क्षिप्त यानि घुमट थर के ऊपर कोल जैसे ऊपर चढ़कर पुन: नीचे उतर के पुन: ऊपर चढ़कर ढकने वाला वितान है। समतल यानी सीधे छतीये के जैसे ढके वह समतल होता है। उदित यानी घूमट के स्तर कोल काँच वाला के घेरा से ऊँचा-ऊँचा करके ढके। अगर सादे गलता के स्तर से भी घूमट होता है। उसके मध्य में यज्ञशिला घूमट जैसी लटकती होती है। वह उदित तीसरा प्रकार होता है। मण्डप का वितान घूमट की चौड़ाई से आधा ऊँचा रखें। उस चौड़ाई के 66 भाग करें। उसकी ऊँचाई में 23 भाग करें। सात भाग की कर्णदर्दरिका, चार भाग का रूपकण्ठ, उसमें (आठ) सोलह विद्याधरों के रूपों को निकलते हुए बनाएँ। गजतला यानी कोलादि का छह भाग का, उस पर दूसरा थर साढ़े छह भाग का मोटा करें। उस पर पाँच भाग कोल का थर कर पुन: साढ़े चार भाग का गजतालु करें। वितान को इस विधि से ही अनेक प्रकार से सुशोभित करें—उदयो विस्तरार्द्धेन षट्षष्टिभिर्विभाजिते। कर्णदर्दरिका कार्या सप्तभागप्रमाणत:॥ रूपकण्ठश्चतुर्भाग: षोडशविद्याधरयुक्। गजतालु षड्भागं तु सार्द्धषड्भागकं तथा॥ पञ्चभागं भवेत् कोल: चतु:सार्द्धश्चतुर्थक:। एवं तु कारयेन्नित्यं वितानानैकमण्डितम्॥ (दीपार्णव 10, 23-25)

तेषां अलङ्करणाह —

विचिरत्नवर्णाढ्याः पद्मपत्रभिवाम्भसि।

पद्मोद्भवास्तथा लूमा नागवीथिपरिभ्रमाः ॥ 9 ॥

इन वितानों में विचित्र रत्नों की भरमार और कमल के पत्रों जैसी रचना तथा कमलों से निकलती हुई लूमाएँ होती है। वितान के परिभ्रमण से नागवीथी यानी हाथियों की कतार पङ्क्ति या सर्पाकार रचनाएँ बनी होती है।

पद्मोद्भवं बन्धसन्धौ नागविद्याधरोदितम्।

कीर्तिमुखपत्रशाखावज्रशृङ्गैर्निरन्तरम्॥ 10 ॥

इसमें सभी बन्ध कमलों से निकलते हुए दिखाए जाते हैं जिनसे नाग और विद्याधरों के रूप बने होते हैं। इनके साथ ही कीर्तिमुख, पत्रशाखा, वज्र-शृङ्गों की भी क्रमिक रूप से रचना की जाती है।

गजतालू तथापरे लूमा छन्दक्रमोद्गता।

श्वेतरक्तहरित्पीतैर्वलिकाकारशोभितम्॥ 11 ॥

वितान की गोलाई-गजतालु जैसी और उससे लूमाछन्द क्रम से बने हुए श्वेत, लाल, हरे, पीले, वलिकाकार यानी बेलड़ियों के आकार में बने हुए शोभा देते हैं।

क्वचित्तु हेमवर्णं च मेघोदरनिभं क्वचित्।

क्वचिच्च श्वेतवर्णं स्यात् क्वचिन्नीलोत्पलप्रभम्॥ 12 ॥

इनमें से कोई तो सुनहरे, कोई मेघ जैसे घनश्याम, कोई श्वेत और कोई नील कमल के वर्ण के प्रभा से युक्त भी होते हैं।

विचित्रवर्णसङ्काशं गन्धर्वगणसेवितम्।

किन्नविद्याधरोक्तगीतवाद्यसुनृत्यकम्॥ 13 ॥

ये वितान विचित्र वर्णों, रङ्गों की आभा वाले गन्धर्वगणों से सेवित होते हैं और किन्नर, विद्याधरों के गीत, वाद्य वादन और सुनृत्यों की मुद्राओं से शोभित होते हैं।

केतकीबकुलै रम्भामुचकुन्दैश्च मल्लिकैः।

पाटलै राजचम्पाभिर्जातिनागकदम्बकैः॥ 14 ॥

सुसाराशोकपत्रैश्च पुन्नागैर्नागकेशरैः।

श्वेतरक्तोत्पलैः पद्मपत्रैः संस्कारशोभितैः॥ 15 ॥

इसी प्रकार केतकी, बकुल, रम्भा, मुचकुन्द, मल्लिका, पाटल, राजचम्पा, जाति पुष्प, सुपारी, कदम्ब, सुसार (तगर जैस सुदृढ़ वृक्ष), अशोक के पल्लवों, पुन्नाग, नागकेशर, श्वेतकमल, रक्तकमल और कमलपत्रों आदि संस्कारों से शोभायमान होते हैं।

वितानं पुष्पसङ्काशं पुष्पजातमनेकधा।

रम्भापुष्पकसङ्काशं वितानाग्रं तु यादृशम्॥ 16॥

इस प्रकार वितानों में पुष्पों की आभा होती है जो अनेकों पुष्पों से जात होती है। रम्भा यानी केले के पुष्प के समान आभायुक्त वितान का अग्रभाग होता है।

शुद्धसङ्घाटभिन्नोद्भिन्नेत्यन्य चतुर्विधवितानप्रभेदाः —

वितानानां प्रभेदाश्च सम्प्रोक्ता वास्तुवेदिभिः।

शुद्धाश्च छन्दसङ्घाटा भिन्ना उद्भिन्नकास्तथा॥ 17॥

वितानों के भेद भी वास्तुविदों ने कहे हैं। शुद्ध छन्द के, सङ्घाट वाले, भिन्न सङ्घाट वाले और उद्भिन्न प्रकार वाले भी होते हैं।

पद्मके चतुर्विधप्रभेदां सङ्ख्याकथनम् —

पद्मके शुद्धच्छन्दाश्च चतुःषष्टिः$_{64}$ प्रकीर्तिताः।

षट्त्रिंशच्चैव$_{36}$ सङ्घाटास्तथैव परिकीर्तिताः॥ 18॥

शतद्वयं च भिन्नाश्च उद्भिन्नास्तत्समास्तथा।

इनमें पद्म आदि चौंसठ प्रकार के शुद्ध छन्द कहे हैं। इसी तरह छत्तीस प्रकार के शुद्ध सङ्घाट के कहे है। दौ सौ भिन्न प्रकार के वितान और दो सौ ही उद्भिन्न प्रकार के वितान है।

नाभ्युद्भवच्छन्दे चतुर्विधप्रभेदानां वितानानां सङ्ख्याकथनम् —

एवं पद्मोद्भवे छन्दे शुद्धाद्याश्च प्रकीर्तिताः॥ 19॥

चत्वारिंशच्च$_{40}$ सङ्घाटाः शतं$_{100}$ भिन्नास्तथैव च।

उद्भिन्नाश्च समुत्पन्नाः षट्त्रिंशदधिकं शतम्$_{136}$ ॥ 20॥

शुद्धाश्चतुर्विंशतिक$_{24}$ सङ्ख्याकाः सम्प्रकीर्तिताः।

एवं नाभ्युद्भवच्छन्दे वितानानां शतत्रयम्$_{300}$ ॥ 21॥

इसी तरह पद्मोद्भव छन्द के शुद्धादि कहे गए हैं। चालीस प्रकार के सङ्घाट वितान होते हैं। उसी तरह सौ भिन्न प्रकार के होते हैं। उद्भिन्न सङ्घाट के वितान एक सौ छत्तीस प्रकार के होते हैं। शुद्ध छन्द के चौबीस संख्या के है। इस प्रकार नाभि से उत्पन्न होने वाले छन्दों के वितान तीन सौ होते हैं।

सभामार्गे शुद्धादिप्रभेदानां सङ्ख्याकथनम् —

सभामार्गे द्विरष्टौ$_{16}$ च शुद्धाश्चैव समीरिताः$_{16}$ ।

षट्त्रिंशच्चैव$_{36}$ सङ्घाटा भिन्ना वस्वब्धिभेदतः$_{87}$ ॥ 22॥

उद्भिन्नाश्च शतं त्वेकं$_{101}$ सभामार्गविनिर्गताः।
एवं सभामार्गजातवितानानां शतद्वयम्$_{200}$ ॥ 23 ॥

सभामार्ग जाति के वितान सोलह और शुद्ध जाति के वितान भी इतने ही सोलह है। सङ्घाट जाति के वितान छत्तीस प्रकार के और भिन्न जाति के वितान सत्तासी प्रकार के एवं उद्भिन्न जाति के एक सौ एक वितान सभामार्ग से निकले हैं। इस तरह सभामार्ग वितान जाति के दो सौ की संख्या में होते हैं।

मन्दारके प्रत्येकप्रभेदानां सङ्ख्याकथनम् —

मन्दारके तथा प्रोक्ताः शुद्धच्छन्दा दशैव$_{10}$ च।
सङ्घाटा वै पञ्चदश$_{15}$ चत्वारिंशच्च$_{40}$ भिन्नकाः ॥ 24 ॥
अष्टचत्वारिंशदेवमुद्भिन्नाश्च$_{48}$ प्रकीर्तिताः।

मन्दार जाति के शुद्ध छन्दों के वितान दस प्रकार के हैं। सङ्घाट जाति के पन्द्रह, भिन्न जाति के वितान चालीस और उद्भिन्न जाति के वितान अड़तालीस प्रकार के कहे गए हैं।

एवं मन्दारकभवा त्रयोदशाधिकं शतम्$_{113}$ ॥ 25 ॥
वितानानि समस्तानि एकादशशतानि च।
त्रयोदशाधिकान्येव$_{1113}$ विचित्राणि भवन्ति च ॥ 26 ॥

इसी तरह मन्दारक जाति के वितान एक सौ तेरह प्रकार के होते है। ये सभी वितान मिलकर ग्यारह सौ तेरह विचित्र प्रकारों के हो जाते हैं।

इति सूत्रसन्तानगुणकीर्तिप्रकाशप्रोक्तृश्रीभुवनदेवाचार्योक्तापराजितपृच्छायां वितानर्निर्णयाधिकारो नाम नवाशीत्युत्तरशततमं सूत्रम् ॥ 189 ॥

इस प्रकार भुवनदेवाचार्य कृत सूत्रसन्तानगुणकीर्ति प्रकाश या अपराजितपृच्छा में वितान निर्णय अधिकार नामक एक सौ नवासीवाँ सूत्र पूर्ण हुआ ॥ 189 ॥

वितानवर्णनं नवत्युत्तरशततमं सूत्रम् ॥ 190 ॥

अधुना चतुर्विध वितानवर्णनं। विश्वकर्मोवाच —

वितानांश्च प्रवक्ष्यामि भेदैस्तच्च चतुर्विधम्।
पद्मकं नाभिच्छन्दं च सभा मन्दारकं तथा ॥ 1 ॥

(पूर्व सूत्र में जिन चार प्रकारों के वितानों की संख्यादि पर विचार हुआ, उनके भेदानुसार लक्षणों पर इस सूत्र में वर्णन किया जा रहा है) विश्वकर्मा बोले कि अब

मैं वितानों के चार प्रकारों को बताता हूँ। ये है— 1. पद्मक, 2. नाभिछन्द, 3. सभा और 4. मन्दारक।

एतेषां भेदा: शुद्धसङ्घाटभिन्नोद्भिन्नानिति —

शुद्धश्च छन्दसङ्घाटो भिन्न उद्भिन्न एव च।
एतेषां सन्ति ये भेदाः कथये तान् समासतः ॥ 2 ॥

इनमें 1. शुद्धछन्द के, 2. सङ्घाट छन्द, 3. भिन्नछन्द और 4. उद्भिन्न छन्द के— ये इन वितानों के भेद होते हैं जिन्हें संक्षेप से कहता हूँ।

एकत्वे च भवेच्छुद्धः सङ्घाटश्च द्विमिश्रणात्।
त्रिमिश्राश्च तथा भिन्ना उद्भिन्नाश्चतुरन्विताः ॥ 3 ॥

ये वितान एकत्व होने से शुद्ध कहलाते हैं। दो के मिश्रण से सङ्घाट कहे जाते हैं। तीन का मिश्रण होने पर भिन्न और चार का मिश्रण होने पर उद्भिन्न कहलाते हैं।

द्विमिश्रणे पद्मनाभसभापद्मसभामन्दारक कमलोद्भवेति मिश्रकचतुष्टयम् —

पद्मनाभं सभापद्मं सभामन्दारकं तथा।
कमोद्भवमाख्यातं मिश्रकाणां चतुष्टयम् ॥ 4 ॥

मिश्रक वितान-चतुष्टय के अन्तर्गत आने वालों के नाम है— 1. पद्मनाम, 2. सभापद्म, 3. सभामन्दारक और 4. कमलोद्भव।

अधस्तात् पद्मकं छन्दं नाभिच्छन्दं तदूर्ध्वतः।
पद्मनाभं च तन्नाम मिश्रकं चादिजातकम् ॥ 5 ॥

जो नीचे से पद्मक छन्द का और ऊपर से नाभिछन्द का हों उसे पद्मनाभ नाम का मिश्रक जाति का वितान कहते हैं। यह आद्य (प्रथम जातीय) स्वरूप है।

अधस्तात्तु सभाच्छन्दं पद्मच्छन्दं तदूर्ध्वतः।
सभापद्ममितिख्यातं द्वितीयं मिश्रकं तथा ॥ 6 ॥

नीचे तो सभाछन्द का हों और ऊपर की ओर पद्मछन्द का हों उसे सभापद्म नाम का मिश्रक द्वितीय कहते हैं।

अधस्तात्तु सभाच्छन्दं मन्दारकमथोर्ध्वतः।
सभामन्दारकं नाम तृतीयं मिश्रजातकम् ॥ 7 ॥

नीचे तो सभाछन्द हों और ऊपर मन्दारक छन्द हों तो उसे सभामन्दरक नामक तीसरा मिश्र जातीय छन्द कहते हैं।

पद्मके च यथा छन्दे पद्माकृति च लम्बितम्।

कमलोद्भवमाख्यातं चतुर्थं मिश्रजातकम्॥ 8॥

इसी प्रकार पद्मक छन्द में पद्माकृति का लम्बित हों तो उसे कमलोद्भव नाम का चतुर्थ मिश्रक जाति का वितान कहते हैं।

(पद्मोद्भवादिकं) सर्वं वितानच्छन्दसम्भवम्।
कर्तव्यं सर्वदेवानामीश्वरे तु विशेषतः॥ 9॥

ये सभी पद्मोद्भवादिक (पद्म से निस्रत होने वाले) वितान छन्द से बनते हैं। इनको सभी देवताओं के लिए निर्मित करना चाहिए और शिव के लिए तो विशेषत: बनाने चाहिए।

कस्य कस्य देवस्याग्रे क:को वितान: तस्य योजनाच्छादिकथनम् —

नाभिकं विष्णुदेवंशे सभा वै ब्रह्मणस्तथा।
सूर्ये मन्दारकं चैव शुद्धच्छन्दाः प्रकीर्तिताः॥ 10॥

नाभिक वितान विष्णु भगवान् के लिए, सभा वितान ब्रह्मा के लिए, मन्दारक सूर्य के लिए होगा, इस प्रकार ये शुद्ध छन्द के कहे गए हैं।

पार्वत्यादिकदेवीनां सर्वासां पद्मनाभकम्।
गणनाथे सभापद्मं कर्तव्यं शान्तिमिच्छता॥ 11॥

पार्वती आदि सभी देवियों के लिए पद्मनाभ वितान बनाएँ। गणनाथ अर्थात् गणेशजी के लिए सभापद्म वितान शान्ति चाहने वालों को बनाना चाहिए।

सभामन्दारकं नाम वीतरागेऽतिशान्तिदम्।
कमलोद्भवमेवं च सर्वछेववितानकम्॥ 12॥

सभामन्दारक नामक वितान वीतराग को अति शान्ति देता है। इनके अतिरिक्त कमलोद्भव वितान सब देवताओं के लिए बनाना चाहिए।

यद्देवाग्रे वितानं स्यात्तद्गुणं तदाच्छादनम्।
सेवितं गन्धर्वगणैः शान्तिदं श्रीप्रदं तथा॥ 13॥

जिस देवता आगे जैसा वितान बनाएँ, उसी के गुण वाला उसका छाद्य-छत भी बनाएँ। गन्धर्वगणों से सेवित शान्ति देने वाला श्रीपद वितान होता है।

अष्ट द्वादश द्विरष्ट चतुर्विंशतिर्द्वात्रिंशत्।
चतुःषष्टिर्विद्याधरास्तदूर्ध्वे च वराङ्गनाः॥ 14॥

आठ, बारह, सोलह, चौबीस, बत्तीस, चौंसठ विद्याधरों और उनसे ऊपर वराङ्गनाएँ यानी अप्सराएँ बनानी चाहिए।

ततानद्धघनाद्यैश्च वादित्रैः सुस्वरैस्तथा।
नाटकैर्नृत्यङ्गाद्यैर्गीतनादैरनेकधा॥ 15॥
पटिपाटपटैश्चैव नेत्रपाटैः स्यान्महोमकैः ?।

वे तान युक्त घन आदिकों से, वाद्यों से, सुस्वरों में, नाटक-नृत्य के अङ्गों से, गीत, नाद सहित अनेक प्रकार से मण्डित हों। वे पटिपाट पटों से अर्थात् तरह-तरह की रेशमी साड़ियों से और नेत्रभङ्गिमा से मन को मोहने वाले हों।

क्षीरोदकैस्तु भरवार्मैः पवनाप्लुतैः सुहारिकाः॥ 16॥
सुवर्णरेखानुमानाक्षपुष्पप्रकरमेव च।
वितानाग्रविद्याधरैर्नागविद्याधरादिकम्॥ 17॥

क्षीरोदक से भरवार्म (समुद्र पर उठती उर्मियों से उत्कीर्ण) और हवा से झूलते सुन्दर हार-मालाओं, सोने की लड़ियों जैसी प्रतीत होने वाली रचना, सुन्दर आँखें, पुष्पों का पुञ्ज, मालादि हाथ में लिए हो— ऐसी वितानों के आगे विद्याधर और नागों तथा विद्याधरों आदि की रचना होगी।

वस्त्रस्य लम्बनं सर्वं देवदेवैस्तु रम्यकम्।
विचित्रोत्पलसङ्काशं कुङ्कुमारुणमोदितम् ?॥ 18॥

उनके लम्बे-लम्बे वस्त्र बनाएँ। सभी देवी-देवताओं के भी रम्य यानी सुन्दर वेशभूषा बनाएँ। वे विंचित्र प्रकार के उत्पलों की आभा युक्त तथा कुङ्कुम के लालिमा से युक्त हो, ऐसी रचना करें।[1]

इति सूत्रसन्तानगुणकीर्तिप्रकाशप्रोक्तृश्रीभुवनदेवाचार्योक्तापराजितपृच्छायां वितानवर्णनाधिकारो नामनवत्युत्तरशततमं सूत्रम्॥ 190॥

इस प्रकार भुवनदेवाचार्य कृत सूत्रसन्तानगुणकीर्ति प्रकाश या अपराजितपृच्छा में वितान वर्णन अधिकार नामक एक सौ नब्बेवाँ सूत्र पूर्ण हुआ॥ 190॥

वितानदेवतानुक्रमो नामैकनवत्युत्तरशततमं सूत्रम्॥ 191॥

अधुना वितानदेवतानुक्रमः त्रिपुरान्तके अष्टविताना:। विश्वकर्मोवाच —

पद्मं चैव विकाशं च ह्यष्टपत्रं सुकर्णिकम्।
छत्रं च नागवीथी च पुष्पकं भ्रमरावली॥ 1॥

---

1. ऐसे वितानों का विधान प्राचीन स्तूपों से लेकर पूर्वमध्यकालीन मन्दिरों में देखा जा जा सकता है। उदयपुर जिलान्तर्गत नागदा, आबू के गिरि मन्दिरों आदि में द्रष्टव्य है।

आद्योत्पत्तिर्वितानानां सूत्रसम्पातचित्रकम्।
एते चाष्टवितानाश्च कर्तव्यास्त्रिपुरान्तके॥ 2॥

(इस सूत्र में शिवादि देवताओं के मन्दिरों में करने योग्य वितानों का निर्देश किया गया है। वितानों को भी देवताओं के योग्यायोग्य कहा गया है) विश्वकर्मा बोले कि 1. पद्म, 2. विकाश, 3. अष्टपत्र, 4. सुकर्णिक, 5. छत्र, 6. नागवीथी, 7. पुष्पक, 8. भ्रमरावली— ये वितानों की आद्योत्पत्ति सूत्र सम्पात और विचित्रता से युक्त है। ये आठों वितान त्रिपुरान्तक शिव के लिए बनाने चाहिए।

गरुडध्वजादि वैष्णवाष्टविताना: —

नाभ्यं नाभ्युद्भवं चैव श्रीवत्सं च मालाधरम्।
नन्दाख्यं सूर्योद्भवं च गरुडं वैष्णवं तथा॥ 3॥
नाभिच्छन्दोद्भवा आद्यास्तत्र सम्पातकर्णिका।
एते चाष्टवितानास्तु कर्तव्या गरुडध्वजे॥ 4॥

इसके अतिरिक्त 1. नाभ्य, 2. नाभि–उद्भव, 3. श्रीवत्स, 4. मालाधर, 5. नन्द, 6. सूर्याद्भव, 7. गरुड और 8. वैष्णव— ये सब वितान नाभि से उद्भव हुए माने गए हैं अपने सम्पात और कर्णिका के आधार पर। ये आठ वितान गरुडध्वज विष्णु के हेतु बनाने चाहिए।

परमेष्ठिनि अष्टविताना: —

कमलं कमलोद्भवं शङ्खावर्तं मेघोदयम्।
महापद्मं महाकान्तं हंसं वै हंसपक्षकम्॥ 5॥
आदिसृष्ट्युद्भवकाले प्रयुक्ता: परमश्वरे।
एते चाऽष्टवितानाश्च कर्तव्या: परमेष्ठिनि॥ 6॥

इसी प्रकार 1. कमल, 2. कमलोद्भव, 3. शङ्खावर्त, 4. मेघोदय, 5. महापद्म, 6. महाकान्त, 7. हंस और 8. हंसपक्ष— इन वितानों को आदि सृष्टि के उद्भव के समय परमेश्वर ने प्रयुक्त किया। ये आठ वितान परमेष्ठी ब्रह्मा के हेतु करने चाहिए।

भास्करे अष्टविताना: —

व्योमं व्योमाङ्कं किरणं व्योमाक्षं सर्वसुन्दरम्।
मेघच्छत्रं महाबिम्बं दीप्तं कुर्याच्च भास्करे॥ 7॥

इसके अतिरिक्त 1. व्योम, 2. व्योमाङ्क, 3. किरण, 4. व्योमाक्ष, 5. सर्वसुन्दर, 6. मेघच्छत्र, 7. महाबिम्ब और 8. दीप्त— इन आठ वितानों को भास्कर सूर्यदेव के

हेतु बनाना चाहिए।

पार्वत्यादीश्वरीषु अष्टविताना: —

पद्मनाभं सुगम्भीरं सिंहकर्णं पताकिनम्।
घण्टानादं महानादं तिलकं सर्वसुन्दरम्॥ 8॥
पार्वत्यादिकदेवीनां चण्डिकाया: श्रियस्तथा।
एतान्यष्टवितानानि कर्तव्यानीश्वरीषु च॥ 9॥

इसी प्रकार 1. पद्मनाभ, 2. सुगम्भीर, 3. सिंहकर्ण, 4. पताकिन, 5. घण्टानाद, 6. महानाद, 7. तिलक और 8. सर्वसुन्दर— इन आठों को पार्वती आदि देवियों, चण्डिका, श्री आदि ईश्वरीयों अर्थात् देवियों के हेतु करना चाहिए।

गणाधिपे अष्टविताना: —

सभापद्मं कुञ्जरं च मेघराज्यं मेघोद्भवम्।
हर्षं च मोदकं शान्तं विजयं च गणाधिपे॥ 10॥

इसके अतिरिक्त 1. सभापद्म, 2. कुञ्जर, 3. मेघराज्य, 4. मेघोद्भव, 5. हर्ष, 6. मोदक, 7. शान्त और 8. विजय— ये आठ वितान गणाधिप गणेश के हेतु बनाने चाहिए।

वीतरागे अष्टविताना: —

सभामन्दारकं रम्यं हर्षं च वसन्तोद्भवम्।
वसन्ततिलकं सैन्यं विचित्रं च चूडामणे:॥ 11॥
वीतरागे तथा बौद्धे मण्डपे स्युर्नृप:(र्जिना)लय।
एते चाऽष्टवितानाश्च वीतरागेऽति शान्तिदा:॥ 12॥

इसी प्रकार 1. सभामन्दारक, 2. रम्य, 3. हर्ष, 4. वसन्तोद्भव, 5. वसन्ततिलक, 6. सैन्य, 7. विचित्र और 8. चूडामणि— ये आठ वीतराग तथा बौद्ध मण्डपों सहित जिनालयों में बनाने चाहिए। ये आठों वितान वीतराग देवों को अत्यन्त शान्ति प्रदान करने वाले होते हैं।

सर्वसुरेषु अष्टविताना: —

कमलोद्भवं रम्यं च विचित्रं चित्रकर्मकम्।
तारागणं वृद्धिरामं सुच्छत्रं च विमानकम्॥ 13॥
एते चाऽष्टवितानाश्च कार्या: सर्वसुरेषु च।
श्रियं शान्तिमीप्सितं च लभते कर्तृकायरौ॥ 14॥

इसी तरह 1. कमलोद्भव, 2. रम्य, 3. विचित्र, 4. चित्रकर्म, 5. तारागण, 6. वृद्धिराम, 7. सुछत्र और 8. विमान— ये आठ वितान सभी देवताओं के हेतु करने चाहिए। इनके बनाने वाले मनचाही श्री और शान्ति को प्राप्त करते हैं।

तत्र विशेषलक्षणं —

समस्तेः कारयेच्चैवं शिवविष्णुसप्तदशोक्ता ?।
षट् देवादि विरञ्चि सूर्ये पञ्च आत्मादिकम ?॥ 15 ॥
देवीनां चतुर्देवोक्ता गणानां त्रिभिरेव च ?।
आत्माद्या द्वौ वीतरागैः शेषोद्यः सर्वदेवता ?॥ 16 ॥
देवानां प्रशस्तानि मिद विभागोक्तानि च ?॥
एवं (हरहरिधाताश्च) वितानदेवतानुक्रमाधिकः[1] ॥ 17 ॥

ये समस्त वितान शिव, विष्णु- सात, दस, छह देवादि और विरञ्ची-ब्रह्मा, सूर्य, पञ्च आत्मादिकों के हेतु तथा देवियों, चारों कहे गए देवों, तीन गणों, आत्मादि, दोनों वीतरागों, शेष सभी देवता तथा देवों के लिए ये सब कहे गए विभाग प्रशस्त होते है। इस प्रकार हर-हरि-धातादि के लिए वितानानुक्रम वर्णन कहा गया।

इति सूत्रसन्तानगुणकीर्तिप्रकाशप्रोक्तश्रीभुवनदेवाचार्योक्तापराजितपृच्छायां
वितानदेवतानुक्रमाधिकारो नामैकनवत्युत्तरशततमं सूत्रम् ॥ 191 ॥

इस प्रकार भुवनदेवाचार्य कृत सूत्रसन्तानगुणकीर्ति प्रकाश या अपराजितपृच्छा में वितान देवता अनुक्रम अधिकार नामक एक सौ इकरानवाँ सूत्र पूर्ण हुआ ॥ 191 ॥

वितानच्छन्दो नाम द्विनवत्युत्तरशततमं सूत्रम् ॥ 192 ॥

अधुना वितानच्छन्दकोद्भवा लूमाः। विश्वकर्मोवाच —

लूमांश्चाऽथ प्रवक्ष्यामि वितानच्छन्दकोद्भवाः।
शृङ्गारो विनाङ्गनाश्च विना लूमैर्वितानकम् ॥ 1 ॥

(वितान विषयक इस सूत्र में पद्मकादि छन्दों से होने वाले विविध वितानों और उनके शोभार्थ लूमाओं का वर्णन है। यह किसी पूर्ववर्ती विश्वकर्मीय शास्त्र से प्रेरित है) विश्वकर्मा बोले कि अब वितान छन्दों से बनने वाली लूमाओं के बारे में कहता हूँ। जैसे नारियाँ शृंगार के बिना शोभायमान नहीं होती, उस तरह से वितान भी बिना

---

1. मुद्रितपुस्तके 'इति वितानदेवतानुक्रमाधिकारः ॥' इति पाठः।

लूमा के सौंदर्यहीन हो जाते हैं।

पुमान विना च सन्तानैः पुत्रपौत्रादिकैस्तथा।
राष्ट्रं विना दन्तिभिश्च सर्वथैव न शोभते॥ 2॥
तदनुक्रमयुक्तीश्च नामानि लक्षणादिकम्।
कथयामि समासेन विश्वकर्मवचो यथा॥ 3॥

जिस प्रकार पुरुष बिना सन्तान के, पुत्र पौत्रादिकों के बिना और जैसे राष्ट्र बिना हाथियों (गजबल) के सर्वथा शोभा नहीं पाता है (वैसे ही लूमाओं की स्थिति है)। अतएव मैं यहाँ उस अनुक्रम युक्ति से संक्षेप में कहता हूँ और लूमाओं के लक्षणों को और उनके नामों को कहता हूँ, जैसा कि विश्वकर्मा[1] ने कहा था।

अथ तुम्बिनी-लम्बिनी-हेला-शान्ता-मनोरमा-गान्धारी- हस्तिजिह्वा-नागाङ्गा-पुष्पावलीति नव लूमास्तासां च लक्षणानि —

तुम्बिनी लम्बिनी हेला शान्ता चैव मनोरमा।
गान्धारी हस्तिजिह्वा न नागाङ्गा च पुष्पावली॥ 4॥
उक्ता लूमा नवत्वेवं सुरूपाः स्युर्वितानकैः।
लूमानुक्रमसंयुक्तं वितानं दिव्यकं भवेत्॥ 5॥

लूमाओं में 1. तुम्बिनी, 2. लम्बिनी, 3. हेला, 4. शान्ता, 5. मनोरमा, 6. गान्धारी, 7. हस्तिजिह्वा, 8. नागाङ्गा और 9. पुष्पावली— ये नौ प्रकार की लूमाएँ वितानों के लिए बड़ी सुन्दर होती है। लूमाओं के अनुक्रम से संयुक्त होने पर वितानों में दिव्यता प्रदर्शित होने लगती है।

यथोदकं विना भूमिर्लोका जीवादिकं विना।
तथा वितानं निर्लूमं योषितः पुरुषं विना॥ 6॥

जिस प्रकार पानी के बिना भूमि व्यर्थ होती है और यह लोक जीवादिकों के अभाव में व्यर्थ होता है, उसी तरह वितान भी लूमाओं के बिना निरर्थक होते हैं जैसे कि नारियाँ पुरुषों के बिना।

इत्यमनन्तर लूमास्वरूपाह —

क्षिप्ते तु तुम्बिनी ज्ञेया उत्क्षिप्ते लम्बिनी तथा।
हेला समतले चोक्ता त्रिधोदित क्रमागता॥ 7॥

---

1. यहाँ पुनः ग्रन्थकार ने विश्वकर्मीय ग्रन्थ की ओर सङ्केत किया है। बहुत सम्भव है कि यह 'विवेक कल्पलता' नामक ग्रन्थ रहा हो, जिसका उल्लेख सूत्रधार गोविन्द ने अपनी कलानिधि में किया है। उस ग्रन्थ में मन्दिरों के शिखर और अन्य सज्जादि का वर्णन था, सम्प्रति यह असूचित ग्रन्थ है।

इनमें से 1. तुम्बिनी लूमा क्षिप्त यानी निकली या उभरी हुई होती है तथा 2. लम्बिनी लूमा उत्क्षिप्त यानी अधिक उभार या ऊपर उठी हुई जबकि 3. हेला लूमा समतल ही होती है। इस प्रकार ये तीन प्रकार की क्रमागत लूमाएँ बताई गई हैं।

शान्ता गजतालुवृत्ते मेघोदरे मनोरमा।
गजदंष्ट्रोक्तमाना च गान्धारी च विद्याधरैः(रे)॥ 8॥
लम्बिते गजजिह्वाख्या नागाङ्गा क्षिप्तोत्क्षिप्तके।
मन्दारके पुष्पावली इत्थं लूमाः प्रकल्पिता॥ 9॥

इनके अतिरिक्त 1. शान्ता लूमा हाथी के तालु जैसी गहराई वाली होती है, 2. मनोरमा उभरे हुए मेघों के समान, 3. गान्धारी हाथी के दाँतों की तरह निकली हुई, 4. गजजिह्वा विद्याधरों के समान लम्बित, 5. नागाङ्गा कहीं गहरी खुदी हुई और कहीं गहरी उभरी हुई और 6. पुष्पावली लूमा आक के पुष्पों के आकार जैसी होती है— इस तरह से (छह अन्य) लूमाओं की रचना की कल्पना की गई है।

तुम्बिनी पद्मपत्रे च लम्बिनी त्वेककोलजा।
द्विकोला च भवेद्धेला शान्ता चैव त्रिकोलका॥ 10॥

इनमें 1. तुम्बिनी लूमा पद्मपत्र के समान आकार वाली, 2. लम्बिनी एक कोल[1] से उत्पन्न हुई-सी, 3. हेला दो कोलों से उत्पन्न हुई-सी और 4. शान्ता लूमा तीन कोलों से उत्पन्न हुई जैसी होती है।

कार्या मनोहराकारा चतुष्कोलैर्मनोरमा।
गान्धारी पञ्चकोलैश्च हस्तिजिह्वैकतालुका॥ 11॥

इसी प्रकार 5. मनोरमा लूमा को मनोहर आकार वाले चार कोलों जैसी सुन्दर बनानी चाहिए, 6. गान्धारी को पञ्चकोल से युक्त बनाएँ और 7. हस्तिजिह्वा लूमा को एक तालु वाली गहरी खुदी हुई बनाएँ।

नागाङ्गा द्विगजतालुस्त्रितालुः स्यात्पुष्पावली।
दंष्ट्रा विद्याधरोक्ता च! तयोर्भवाद्य सूत्रतः!॥ 12॥

इति लूमाभिकारः।

अन्य 8. नागाङ्गा को दो गजतालु वाली-सी गहराई युक्त करें और 9. पुष्पावली लूमा को तीन तालु की गहराई वाली बनाएँ। इनके दाँत विद्याधरों जैसे आरम्भ में ही सूत्रतः कहे गए हैं।

---

1. कोल यानी बैर अथवा कालीमिर्च जैसे गोल आकार वाली होगी।

अथ पद्मकच्छन्दोद्भववितानाष्टकं पद्मम् —

चतुरस्त्रं समं शुद्धं भागमेकं वेदाश्रकम्।
तत्प्रमाणं चाष्टकोणं भिन्नसूत्रैः प्रभेदितम्॥ 13॥

(अब पद्मक छन्द से होने वाले आठ वितानों का वर्णन है। इनमें प्रथमतः) चौकोर, समचौरस एक भाग बाजुओं वाला हों। इसी तरह के प्रमाण से अष्टकोण, आठ बाजुओं वाले अलग सूत्र से भेद कहे गए हैं।

कक्षान्तरे गर्भसूत्रं व्यक्तदिग् विदिग् मध्यतः।
क्षोभणा चार्धभागोक्ता अष्टलूमाः पद्मम्भसा॥ 14॥

इनका गर्भसूत्र कक्षाओं, बाजुओं के अन्तर पर बाहर तक होता है जो दिशाओं और विदिशाओं में मध्य में व्यक्त होता है। आधे भागों की गहराई में खुदी हुई क्षोभणा, आठ लूमा पद्म के समान होती है।

मुकुली भागपादेन अधिकास्य (?) पद्माकृतिः।
लूमान्तरे चान्तरस्थं कर्तव्यं पद्मकेशरम्॥ 15॥

इनके एक भाग की मुकुली और पुष्पकली हो जो अधिकतर पद्माकृति वाली बनाई जाए। लूमाओं के अन्तरों, किनारों पर और भीतर की ओर भी पद्मकेशर, परागों को बनाना चाहिए।

वृत्तस्था चाष्टलूमानां परिघौ पद्मपत्रिका।
सगग्रकोपम च लूमाग्रे च गगा(का)रकम्॥ 16॥
बाह्यकर्णं परित्यज्य पद्मकं नाम नामतः।

इति पद्म।

वृत्तस्थ गोलाकार आठ लूमाओं की परिधि को पद्मपत्रिका यानी कमल के पत्तों के आकार की बनाएँ। सग यानी भाले की तीक्ष्ण नोक के समान लूमा का अग्रभाग बनाकर, फिर गगारक भी बनाएँ। इसके बाह्यकर्ण नहीं बनाएँ। इसका नाम पद्मक कहा जाता है।

विकाशम् —

अर्धभागं तस्य बाह्ये पङ्क्तौ स्याद् गजतालुका॥ 17॥
अष्टलूमा च्छन्दभवा मुकुल्योऽष्टौ प्रकीर्तिताः।
तुम्बिकाश्चतुर्विंशति ... ...॥ 18॥

जिसके बाहर आधे भाग की बाहरी पङ्क्तियाँ गजतालु जैसी गहराई युक्त हों और

जो अष्टलूमा छन्द से बनी हो, उन्हें अष्ट मुकुली लूमा कहा गया है। तुम्बिका लूमा चौबीस होती है...।

निबन्धलूमाग्रपङ्क्तौ परिधौ पद्मपत्रिका।
एवमादिगुणैर्युक्तंविकाशं नाम नामतः ॥ 19 ॥

इति विकाशम्।

निबन्ध लूमाओं की आगे की पङ्क्ति में और परिधि पर पद्मपत्रिका बनाएँ। इस तरह के लक्षणों से युक्त हों तो उसे विकाश नाम से जाना जाता है।

अष्टपत्रम् —

गजतालुकयोः स्थानेऽर्धचन्द्रं कमलाष्टकम्।
विदिक्षुदिक्षुसंस्थाने चाऽष्टपत्रं तु नामतः ॥ 20 ॥

इत्यष्टपत्रम्।

यदि लूमाओं के गजतालुओं जैसी गहराई में अर्धचन्द्र जैसी आठ कमलाकृति बनी हो जो दिशाओं-विदिशाओं में भी फैली हों तो उसे अष्टपत्र नाम से जाना जाता है।

छत्रम् —

अष्टकोलमध्ये तु पद्मं भागं च लम्बयेत्।
रम्भापुष्पोद्भवादग्रे चाऽष्टशृङ्गैस्तु छत्रकम्॥ 21 ॥

इति छत्रम्।

अष्टकोल लूमाओं के मध्य में पद्माकृति को एक भाग लम्बा किया जाए और उसके आगे केले के पुष्पों जैसे अग्रभाग हों और उनके आठ सींग भी हों तो उसे छत्र कहते हैं।

सुकर्णिकम् —

मध्ये छत्रे चाष्टलूमः शृङ्गान्ते चाऽष्टकर्णिकाः।
गोकर्णसदृशाकाराः कर्णेऽश्वत्थदलाकृतिः ॥ 22 ॥

इति सुकर्णिकम्।

मध्य के छत्र के आठ लूमा हों और शृङ्गों के अन्त में आठ कर्णिका बनी हो जो गायों के कानों के आकार की लम्बी हों और कोनों पर पीपल-पत्र की आकृति में लम्बी हों तो उसे सुकर्णिका कहते हैं।

नागवीथी —

अष्टकोणे बाह्यशृङ्गे कर्णिकाश्च शृङ्गान्तरे।

क्षोभयित्वा ततः शेषं नागबन्धैरनेकधा ॥ 23 ॥

कर्णस्थाने नागवीथि(धि ?)रष्टकोलानि बाह्यतः ।

गति नागवीथिः ।

बाहरी शृङ्गों के अष्टकोणों पर शृङ्गों के अन्तर से कर्णिकाएँ हों और इनमें कई प्रकार के अनेकों नागबन्धों[1] की खुदाई की गई हो तथा कर्ण के स्थान पर अर्थात् कोनों पर नागवीथी-गलियारा हो जो बाहर की ओर आठ कोलाकृति युक्त हों तो उसे नागवीथी कहा जाता है।

पुष्पके —

पुष्पकं नाम विख्यातं चतुःकोलाष्टकैः कृतम् ॥ 24 ॥

इति पुष्पकम् ।

इसके अतिरिक्त चार कोलाष्टकों को करने पर तो विख्यात पुष्पक नामक रचना होगी।

भ्रमरावली —

अष्टबाह्ये द्विरष्टौः च कुर्यात्पद्माकृतीस्तथा ।

भ्रमरावलीति तन्नाम दुर्लभं देवदानवैः ॥ 25 ॥

इति भ्रमरावली ।

इति पद्मकच्छन्दोद्भवं वितानम् ।

आठ बाहर की ओर तथा सोलह को पद्माकृति की लूमा बनाने पर भ्रमरावली नाम की बनती है जो देव-दानवों के लिए भी दुर्लभ है। (इस प्रकार पद्मक छन्द से बनने वाले आठ वितान हुए)।

अथ नाभ्यच्छन्दोद्भववितानाष्टकं नाभ्यम् —

चतुरश्रीकृते क्षेत्रे भुजकर्णविशोधते ।

चतुर्भागाङ्कितं कृत्वा पादषोडशकान्वितम् ॥ 26 ॥

समचौरस क्षेत्र की भुजाओं और कर्णों का शोधन करें। उसके चार-चार भागों में विभाजन करने से कुल सोलह भागों वाले पद बन जाते हैं।

कर्णरेखात्रयं कार्यं विकर्णत्रयमेव च ।

मध्यं चतुष्पदं वृत्तं मूलनाभिसुसंस्थितम् ॥ 27 ॥

---

1. जगत गाँव स्थित मंदिर में नागबन्धों की रचना देखने में आती है। भोज ने भी नागबन्ध का वर्णन किया है और शिल्पप्रकाश में नागबन्ध रचने का विवरण उपलब्ध होता है।

इसमें कर्ण रेखाएँ तीन करें और विकर्ण रेखाएँ भी तीन करें। मध्य के चार पदों में वृत बनाएँ जिसमें मूल नाभि ठीक तरह से स्थित हों।

तथाऽर्धचन्द्राकृतयो द्वौ द्वौ भागौ चतुर्दिशम्।
नाभ्यनाम्ना च विख्यातं वितानं विष्णुवल्लभम्॥ 28॥

इति नाभ्यम्।

इसी प्रकार चारों दिशाओं में दो-दो भागों के अर्धचन्द्राकार बनाएँ जिससे यह नाभि नाम वाला वितान बनेगा जो भगवान् विष्णु को प्रिय है।

नाभ्योद्भवम् —

भागमेकं तु परिधौ वर्धयेत्तु समासतः।
द्वौ द्वौ भागौ दिक्षुकोणं विदिग्मध्ये तदर्धकम्॥ 29॥

इति नाभ्योद्भवम्।

एक भाग की परिधि को संक्षेप में बढ़ाएँ। दो-दो भागों के दिशाओं के कोणों को विदिशाओं के मध्य आधे बनाएँ (तो नाभ्योद्भव वितान होगा)।

पञ्चनाभ्यश्रीवत्सम् —

पुनश्च वर्धयेद् भागं वेदाश्रमष्टभागकम्।
विकर्णानां सर्वसूत्रं नाभ्यकर्णे व्यवस्थितम्॥ 30॥

इति पञ्चनाभ्यश्रीवत्सम्।

(इसके बाद एक से अधिक नाभि वाले वितानों का वर्णन है) पुनः एक भाग बढ़ाए और चार बाजुओं को आठ भाग के करें। सभी विकर्णों को नाभिकर्ण के सर्वसूत्र में व्यवस्थित करना चाहिए। (इस प्रकार पाँच नाभि वाला श्रीवत्स वितान होगा)।

सप्तनाभ्यमालाधरम् —

अष्टभागं च विस्तारे आयामे सूर्यभागकम्।
कुर्यान्मालाधरं प्राज्ञो वितानं दिव्यभूषणम्॥ 31॥

विद्वान शिल्पी को चाहिए कि वह आठ भाग का विस्तार और लम्बाई बारह भाग की करके मालाधर नाम का वितान दिव्य अलङ्करण युक्त बनाएँ।

समतलं च विज्ञेयं कर्णरेखासमस्तकम् (समन्वितम्)।
पूर्वापरयुक्तियोगे मध्यं कुर्याद् युगांशकैः॥ 32॥

इसकी कर्ण रेखाओं को समतल से समन्वित करें। आगे-पीछे के योग से युक्तिपूर्वक मध्य को दो (या चार) भागों का बनाएँ।

नाभ्युद्भवाकारमध्यं कर्तव्यं सर्वशान्तिदम्।
एकैकं पूर्वापरतः तद्रूपालङ्कृतं तथा ॥ 33 ॥

नाभि से उत्पन्न होते हुए आकार में इसको करने से यह सबको शान्ति प्रदान करता है। एक-एक को पूर्व और अपद पहले और बाद वाले को उसी रूप से अलंकृत करें।

याम्योत्तरे च पार्श्वाङ्गे द्वे द्वे नाभ्ये उदाहृते।
ऊर्ध्वे नाभ्यादिकं कुर्यात् समस्तं बाह्यतो मुखम् ॥ 34 ॥

बाएँ-दाएँ और आजू-बाजू में दो-दो नाभियाँ बनाएँ। ऊपर की ओर नाभ्यादिक (उठी हुई नाभि) सभी बाहर की ओर मुख किए हुए बनाएँ।

त्रिपङ्क्तौ ऊर्ध्वक्षिप्ताङ्गे सप्तान्तं च सुलम्बितम्।
एवंविधं प्रकर्तव्यं विष्णवे सर्वमण्डनम् ॥ 35 ॥

इति सप्तनाभ्यमालाधरम्।

तीन पङ्क्ति तक तो ऊपर की और निकले हुए अङ्ग रखे और सात पङ्क्तियों तक सुलम्बित बनाएँ। इसी विधि से भगवान् विष्णु के लिए सभी वितानों का मण्डन करना चाहिए। (इस प्रकार सात नाभि वाला मालाधर वितान होगा)।

नवनाभ्यनन्दाख्यम् —

द्वादशांशं समं क्षेत्रं कर्णसूत्रात्मकं तथा।
विकर्णं सूत्रयेन्नाभ्यं चतुर्भागं कलांशकम् ॥ 36 ॥

क्षेत्र को बारह भागों को बनाकर समतल कर कर्णसूत्र के अनुसार बनाएँ। विकर्ण को भी नाभि सूत्रानुसार चार भागों में बाँटकर कलांशक अर्थात् सोलह अंशों का बनाएँ।

नाभ्योद्भवाकारमध्यं कुर्यात् समतलं तथा।
चतुःकणर्षु चत्वारि चत्वार्मेवं चतुर्दिशम् ॥ 37 ॥

मध्य को नाभि से उत्पन्न होता हुआ आकार देते हुए उसे समतल बनाएँ। चारों कर्णों पर चारों-चारों को इसी तरह चारों दिशाओं में बनाएँ।

तथा चैकं गर्भमध्ये कर्तव्यं दिव्यभूषणम्।
नवनाभ्योद्भवं ख्यातं तुम्बिका नव लम्बिताः ॥ 38 ॥

इति नवनाभ्यं नन्दाक्षम्।

इसके साथ ही एक भाग को गर्भ के मध्य में दिव्य भूषण युक्त सुन्दर बनाएँ। इस तरह यह नवनाभ्योद्भवा नाम का तुम्बिका वितान नौ लम्बितों युक्त बनता है।

(यह नौ नाभि वाला तुम्बिका वितान हुआ)।

त्रयोदशनाभ्यूसूर्योद्भवम् —

पूर्वभागिका सङ्ख्या पूर्वमानप्रकल्पिता।
सूत्रात्पञ्च विकर्णानि स्थितान्यककतस्तथा॥ 39॥

पूर्वभाग की संख्या को पूर्वमान के अनुसार प्रकल्पित करें और सूत्र से पाँच विकर्णों को एक-एक करके यथास्थान स्थित करें।

तथापरमुखान्यष्टावूर्ध्वे वर्ध नाभ्याकृतीनि च।
कर्णश्चतुर्थ्यो मुनियुक्तं! सूर्योद्भवं तु कामदम्॥ 40॥

इति त्रयोदशनाभ्यं सूर्योद्भवम्।

इसके अतिरिक्त अपर-दूसरी ओर मुख वाली आठ नाभि आकृतियों को ऊपर की ओर बढ़ाए। कर्ण चतुर्थी के साथ मुनि (या सात) भाग बनाने पर सब कामना पूरी करने वाला सूर्योद्भव नामक वितान होता है। (यह तेरह नाभि वाला सूर्योद्भव वितान हुआ)।

सप्तदशनाभ्यगरुडम् —

द्व्यष्टभागाङ्कितं क्षेत्रं कर्णे नाभ्यं युगाशंकम्।
बाह्ये च द्वादशोक्तानि श्रीवत्सं मध्यतस्तथा॥ 41॥

इति सप्तदशनाभ्यं गरुडम्।

क्षेत्र को सोलह भागों में अङ्कित करें कर्ण पर नाभि दो अंशों की बनाएँ। बाहर की ओर बारह नाभियाँ कही गई है जो मध्य से बनी हों तो वह श्रीवत्स नाम का वितान होता है। (यह सत्रह नाभि वाला गरुड वितान हुआ)।

वैष्णवम् —

छन्दं विंशतिधा भक्तं चतुर्मध्ये श्रीवत्सकम्।
शेषाणि बाह्यपरिधौ कुर्यान्नाभ्यानिषोडश॥ 42॥

इति वैष्णवम्।

इति नाभ्यच्छन्दोद्भवं वितानाष्टकम्।

क्षेत्र के छन्द को बीस भागों में विभाजित करके के चार भागों को श्रीवत्स छन्द के बनाएँ शेष सभी बाह्य परिधि पर सोलह नाभियों को करें (तो वैष्णव वितान होगा, ये नाभिछन्द से होने वाले आठ वितान हुए)।

अथ सभामार्गोद्भवाष्टवितानानि कम्बलम् —

वेदभक्तं तु वेदाश्रमष्टशृङ्गं त्रिच्छत्रकम्।

एकैक शृङ्गमध्ये तु पृथक् कोलत्रयं क्षिपेत्॥ 43॥

(अब सभामार्ग से होने वाले आठ वितानों का वर्णन है। इसमें प्रथमतः) क्षेत्र को चार भागों में विभाजित करें। चार भुजाओं वाले आठ शृङ्गों को तीन छत्र युक्त बनाएँ। एक-एक शृङ्ग के मध्य में तीन कोल यानी बैर जैसी आकृति के पृथक् विधान करें।

लम्बिता(ते) पृष्ठदेशे तु कुर्याद् गजतालुके।
कक्षैकं कर्णिकायुक्तं कम्बलं नामतो भवेत्॥ 44॥

इति कम्बलम्।

इसी प्रकार पीछे के भागों में लम्बिता छन्द का गजतालु की गोलाई युक्त एक कक्ष कर्णिका से युक्त बनाएँ तो यह कम्बल नामक वितान होता है।

कम्बलोद्भवम् —

तस्य बाह्ये पुनर्दद्यादष्टशृङ्गाणि पङ्क्तितः।
क्षिपेत् कोलत्रयं हस्तितालुकं कर्णिकाभवम्॥ 45॥

इति कम्बलोद्भवम्।

इसके बाहर की ओर पुनः आठ शृङ्गों को एक पङ्क्ति में बनाएँ और उनमें तीन कोल यानी बैर की आकृति बनाएँ और गजतालु की गोलाई युक्त कर्णिका करें (तो कर्णिकोद्भव वितान होगा)।

शङ्खावर्तम् —

शङ्कुभिर्वेष्टयेत्सूत्रं वृत्तं कीले तु भ्रामयेत्।
शङ्खावर्तक्रमशृङ्गैर्ह्रासवृद्धिक्रमोदितः॥ 46॥

इति शङ्खावर्तम्।

शङ्कुओं पर सूत्र लपेट लें और फिर कीले से वृत्त की रचना करें। इससे शङ्ख के वृत्त क्रम के शृङ्ग बनेंगे जो उत्तरोत्तर कम से अधिक की ओर क्रम से बढ़ते जाएँगे।

मेघोदरम् —

कमलोद्भवस्य बाह्ये मेघमालाद्वयोद्भवः।
गजतालुकाकृति च वलणैरष्टधाकुलम्॥ 47॥

इति मेघोदरम्।

कमलोद्भव छन्द के वितान के बाहर की ओर यदि दो मेघमाला छन्द के

वितान हो, उनकी आकृति गजतालु जैसी हों और आठ वलणों का समूह बना हों तो मेघोदय वितान होगा।

महापद्मम् —

तस्य मेघं परित्यज्य दधादष्टशृङ्गाकुलम्।
षोडशादि त्रिकोणानि कर्णिका स्याच्छृङ्गान्तरे॥ 48॥

इति महापद्मम्।

उस मेघछन्द को छोड़कर यदि आठ शृङ्गों के समूह को बनाएँ और सोलह त्रिकोणों तथा शृङ्गों के अन्तर पर कर्णिका बनाएँ तो महापद्म वितान बनता है।

महाकान्तम् —

तस्यैव तु त्रिकोणाग्रे पद्माकाराणि षोडश।
तस्याग्रे लम्बितं कुर्यादष्टशृङ्गै समाकुलम्॥ 49॥

इति महाकान्तम्।

उसके ही त्रिकोण के आगे सोलह कमलों के आकार हों और उसके आगे आठ शृङ्गों के समूह वाले लम्बितों को बनाएँ तो महाकान्त नामक वितान होता है।

हंसम् —

द्विरष्टौ पद्मकोलानि तत्कुर्याज्जिनसङ्ख्यया$_{24}$।
हंसनामेति विख्यातं वितानं सर्वकामदम्॥ 50॥

इति हंसम्।

सोलह कमल के कोल यानी बैराकृति के हों, उनको चौबीस की संख्या में बनाएँ तो हंस नाम से विख्यात वितान बनता है जो कर्ता की सब कामनाओं को पूरा करता है।

हंसपक्षकम् —

पद्मकोणलम्बितयोर्मध्ये चाष्टशृङ्गाकुलम्।
लम्बितं च तदूर्ध्वे तु हंसपक्षमितीरितम्॥ 51॥

इति हंसपक्षम्।

इति सभामार्गोद्भवाष्टवितानानि।

पद्मकोण छन्द के लम्बित हों, उनके मध्य आठ शृङ्गों का समूह हों और उनके ऊपर भी लम्बित बने हों तो इसे हंस पक्ष नामक वितान कहते हैं। (इस प्रकार सभामार्ग से बनने वाले अष्ट वितान हुए)।

अथ मन्दारकाष्टवितानानि व्योम —

अष्टकोणायते छन्दे वि(त्रि)च्छत्रं कर्णिकायुतम्।
व्योमनासेति विख्यातं सूर्यलोकसमुद्भवम्॥ 52॥

इति व्योम।

(अब मन्दारक आदि आठ वितानों का वर्णन है। इनके लिए) अष्टकोण वाले आयत छन्द के क्षेत्र तीन छत्र कर्णिका युक्त बनाएँ तो यह व्योम नाम से विख्यात वितान बनता है जो सूर्यलोक से उत्पन्न माना गया है।

व्योमार्कम् —

द्विभागवृद्धिः परिधौ चतुःकर्णें व्योमाकृति।
चत्वारि त्वेकभूम्यपग्रे व्योमार्कं लम्बितं भवेत्॥ 53॥

इति व्योमार्कम्।

परिधि की वृद्धि दो-दो भागों में करते जाएँ और चारों कर्णों पर व्योमछन्द की आकृति बनाएँ। ये चार आकृतियाँ एक मंजिल के आगे हों तो व्योमार्क नामक लम्बित वाला वितान बनता है।

किरणम् —

षट्कोणायते छन्दे त्रिच्छत्रं कर्णिकायुतम्।
शृङ्गषड्भिश्च तद्रूपैः सप्तमन्दारकं विदुः॥ 54॥

इति सप्तमन्दारककिरणम्।

छह कोणों वाले आयत छन्द के तीन छत्र कर्णिका युक्त बनाएँ और छह शृङ्ग भी उसी रूप के बनाएँ तो यह सप्तमन्दार का वितान बनता है।

व्योमाक्षम् —

पूर्ववद् व्योमयुक्तौ तु द्वौ द्वौ भागौ च वर्धयेत्।
भागद्वयेऽष्टव्योमानि एकं वै चाग्रलम्बितम्॥ 55॥

इति नवमन्दारकव्योमाक्षम्।

पहले की भाँति का व्योम छन्द युक्त हों और उसको दो-दो भागों से बढ़ाते जाएँ और दो भागों वाले आठ व्योम छन्द बनाएँ तथा एक भाग का अग्रलम्बित भी बनाएँ तो यह नवमन्दारक व्योमाक्ष वितान होता है।

सर्वसुन्दरम् —

व्योमार्कस्य च बाह्ये तु अष्टौ मन्दारकाणि च।

त्रयोदशाख्यमाख्यातं कार्यं मन्दारकं च तत्॥ 56॥

इति सर्वसुन्दरम्।

व्योमार्क छन्द के बाहर की ओर आठ मन्दारक छन्द हों और त्रयोदश नाम से विख्यात उसके मन्दारक भी बनाएँ तो सर्वसुन्दर वितान होगा।

मेघच्छत्रम् —

नवमन्दारकबाह्ये चाष्टमन्दारकं तथा।
मेघच्छत्रं नाम सप्तदशमन्दारकं हि तत्॥ 57॥

इति मेघच्छत्रम्।

बाहर की ओर नव मन्दारक हो, साथ ही आठ मन्दारक हों तो यह मेघछत्र नामक सत्रह मन्दारकों का वितान होता है।

महाबिम्बम् —

सप्तमन्दारकबाह्ये पुनः कुर्यात्तु द्वादश।
एकोनविंशतिकान्तं कर्तव्यं सर्वकामदम्॥ 58॥

इति महाबिम्बम्।

सात मन्दारक पुनः बाहर की ओर हो, उन्हें पुनः बारह प्रमाण से बनाएँ तो यह उनतीस मन्दारकों वाला (महाबिम्ब) वितान सब कामना पूरी करता है।

दीप्तम् —

नवमन्दारकबाह्ये पुनर्दद्यात्तु षोडश।
पञ्चविंशत्यन्तमेतत् कर्तव्यं शान्तिमिच्छता॥ 59॥

इति दीप्तम्।

नव मन्दारक बाहर की ओर हों और पुनः उनमें सोलह मन्दारक दे तो पच्चीस मन्दारकों वाला यह (दीप्त) वितान होगा, इसे शान्ति इच्छुकों को बनना चाहिए।

अथोपसंहार —

एकैकस्य क्रमयोगे मिश्राण्युक्तानि वै क्रमात्।
एवमादिगुणोपेतं सर्वं मन्दारकं विदुः॥ 60॥

इस प्रकार एक-एक के क्रमयोग से ये वितानादि मिश्र रूप में क्रमशः कहे गए हैं। इन्हीं गुणादि लक्षणों से युक्त सभी मन्दारकों को समझें।

इति सूत्रसन्तानगुणकीर्तिप्रकाशप्रोक्तश्रीभुवनदेवाचार्योक्तापराजितपृच्छायां वितानच्छन्दाधिकारो नाम द्विनवत्युत्तरशततमं सूत्रम्॥ 192॥

इस प्रकार भुवनदेवाचार्य कृत सूत्रसन्तानगुणकीर्ति प्रकाश या अपराजितपृच्छा में वितान छन्द अधिकार नामक एक सौ बरानवाँ सूत्र पूर्ण हुआ॥ 192॥

मण्डपोर्ध्वे संवरणा नाम त्रिनवत्युत्तरशततमं सूत्रम्॥ 193॥

अधुना पञ्चविंशति संवरणाः। विश्वकर्मोवाच —

संवरणाः प्रवक्ष्यामि यथोक्ताः पूर्वमेव हि।
तासां नामानुक्रमं च कथयामि समासतः॥ 1॥

(इस सूत्र में मण्डप के ऊपर बनने वाली संवरणाओं के विषय में कहा जा रहा है। संवरणाएँ बहुत सुन्दर स्वरूप लिए होती हैं, सिर के अग्र भाग पर केशसज्जा की भाँति ही प्रासाद-मण्डप-काया में संवरणा का महत्व है) विश्वकर्मा बोले कि जैसे पहले कहा गया[1], वैसे ही अब मैं संवरणाओं के बारे में कहता हूँ, उनके नामों के क्रम को भी संक्षेप में कहता हूँ।

संवरणा नामानि —

पुष्पिका नन्दिनी चैव दशाक्षा देवसुन्दरी।
कुलतिलका रम्या च उद्भिन्ना च नारायणी॥ 2॥
नलिका चम्पका चैव पद्माख्या च समुद्भवा।
त्रिदशा देवगान्धारी रत्नगर्भा चूडामणिः॥ 3॥
हेमकूटा चित्रकूटो हिमाख्या गन्धमादनी।
मन्दरा मन्दिनीख्याता कैलासा रत्नसम्भवा॥ 4॥
मेरुकूटोद्भवा ख्याताः सङ्ख्यया पञ्चविंशतिः।[2]

इनमें 1. पुष्पिका, 2. नन्दिनी, 3. दशाक्षा, 4. देवसुन्दरी, 5. कुलतिलक, 6. रम्या, 7. उद्भिन्ना, 8. नारायणी, 9. नलिका, 10. चम्पका, 11. पद्मा, 12. समुद्भवा, 13. त्रिदशा, 14. देवगान्धारी, 15. रत्नगर्भा, 16. चूडामणि, 17. हेमकूटा, 18. चित्रकूटा, 19. हिमा, 20. गन्धमादनी, 21. मन्दरा, 22. मन्दिनी, 23. कैलासा, 24. रत्नसम्भवा और 25. मेरुकूटोद्भवा— ये पच्चीस संख्या की संवरणा विख्यात है।

तस्य विधयः —

पृथगेकैक संस्थाने भक्ता भागैश्च सङ्ख्यया॥ 5॥
आद्या वै पञ्चघण्टा च पुष्पिका नाम नामतः।

---

1. अपराजित. 185, 5-9, तुलनीय— ज्ञानप्रकाशदीपार्णव अध्याय 11, ज्ञानरत्नकोश का संवरणाध्याय, जयपृच्छा अध्याय 16 आदि।
2. जयपृच्छा नामक ग्रन्थ में इसके बाद आया है— सिद्ध विद्याधरैर्यक्षे सिंहगजैश्चतुर्दिशः। इदृशं कारयेत्प्राज्ञं संवरणा मण्डपोपरि॥ (जयपृच्छा 16, 13)

तावच्चैव चतुर्वृद्धिर्यावदेकोत्तरं(?-वेदोत्तरं) शतम्॥ 6॥
पञ्चविंशतिराख्यतां विभक्तिभागसङ्ख्यया।

इनमें से पृथक्-पृथक् एक-एक संस्थान में विभाजित करने पर यह पच्चीस की संख्या होती है। इनमें प्रथम पुष्पिका संवरणा पाँच घण्टा अथवा आमलसार वाली होती है और इनमें भी चार-चार घण्टाओं की वृद्धि करते जाने पर उनकी संख्या एक सौ चार तक हो जाती है। इस प्रकार से ये विभक्ति भागों की संख्या के अनुसार पञ्चविंशति यानी संवरणा-पच्चीसी होती है।[1]

विभक्ति दीनां —

अष्टभागोद्भवा चाऽद्या पुष्पिका नाम नामतः॥ 7॥
तदनन्तरं वृद्धिश्च चतुर्भागैर्यथोत्तरम्।
चतुर्घण्टोद्भवा वृद्धिः सङ्ख्याभेदाश्च नामतः॥ 8॥

उल्लेखनीय है कि विभक्ति के अनुसार आठ भागों से उत्पन्न होने वाली पहली संवरणा पुष्पिका नाम से कही जाती है। इसके बाद उत्तरोत्तर चार-चार भागों की वृद्धि से चार-चार आमलसारों की वृद्धि होते हुए संख्या भेद के अनुसार नाम वाली होती जाती है। (जैसा कि तालिका में द्रष्टव्य है)।[2]

---

1. पुष्पिकादि में विभक्ति, घण्टादि क्रम से संवरणाओं का स्वरूप इस प्रकार होगा —

क्रम	नाम	विभक्ति	घण्टा	क्रम	नाम	विभक्ति	घण्टा
1.	पुष्पिका	8	5	2.	नन्दिनी	12	9
3.	दशाक्षा	16	13	4.	देवसुन्दरी	20	17
5.	कुलतिलक	24	21	6.	रम्या	28	25
7.	उद्भित्रा	32	29	8.	नारायणी	36	33
9.	नलिका	40	37	10.	चम्पका	44	41
11.	पद्मा	48	45	12.	समुद्भवा	52	49
13.	त्रिदशा	56	53	14.	देवगान्धारी	60	57
15.	रत्नगर्भा	64	61	16.	चूडामणि	68	65
17.	हेमकूटा	72	69	18.	चित्रकूटा	76	73
19.	हिमा	80	77	20.	गन्धमादनी	84	81
21.	मन्दरा	88	85	22.	मन्दिनी	92	89
23.	कैलासा	96	93	24.	रत्नसम्भवा	100	97
25.	मेरुकूट	104	101	–	–	–	–

2. उपर्युक्त मत ही ज्ञानप्रकाशदीपार्णवकार का है— पञ्चविंशतिरित्युक्ता विभक्तिर्भागसङ्ख्यया। विभक्तिरष्टभागाद्या यावद् वेदोत्तरं शतम्॥ तदनन्तरं वृद्धिश्च चतुर्भागा यथोत्तरम्। चतुर्घंटोद्भवा वृद्धिः सङ्ख्याभेदैश्च नामतः॥ (वही 11, 3-4) वास्तुमञ्जरीकार सूत्रधार नाथा ने भी इस मत को स्वीकार

चतुरश्रीकृते क्षेत्रे अष्टधा प्रतिभाजिते।
उच्छ्रयः स्याच्चतुर्भागैः सर्वासामथार्धोदयः ॥ 9 ॥

इसके लिए सर्वप्रथम समचौरस क्षेत्र को आठ भागों में विभाजित करें। ऊँचाई चार भाग की रखें। सभी संवरणाओं की इसी तरह ऊँचाई करनी चाहिए।

मूलकूटोद्भवाः कर्णा द्विभागैः पृथग्विस्तराः।
भागोदया विधातव्याः कूटा वै सर्वकामदाः ॥ 10 ॥

मूलकूट से निकलने वाले कर्णों का पृथक से विस्तार दो भागों का रखें। इनकी ऊँचाई एक भाग से रखें। इसी से वे सर्वकामद होती हैं।

उदयं च प्रवक्ष्यामि भागाश्चत्वार एव च।[1]
छाद्योद्गमास्तदर्धे च कर्णे कर्णे च घण्टिका ॥ 11 ॥

इसके बाद इनके उदय अथवा ऊँचाई के बारे में कहता हूँ जिसमें से एक भाग को पुनः चार भाग करें और छत से निकलती हुई उसके आधे तक कोनों-कोनों पर आमलसारिकाएँ बनाएँ।

तद्रूपा भद्रकूटाश्च शृङ्गकूटास्तदर्धतः।
सिंहस्थाना कर्णघण्टी ब्रहद्घण्टी तदूर्ध्वतः ॥ 12 ॥

उसी रूप के भद्रकूटों को भी बनाएँ और शृङ्गकूटों को उनसे आधे तक बनाएँ। सिंहस्थान वाली कोने की आमलसारिका और इसके ऊपर बड़ी आमलसारी बनाएँ।

संवरणा गर्भमूले रथिका द्व्यंशविस्तरा।
भागैका चोदये कार्या भागा पक्षतवङ्गिका ॥ 13 ॥

संवरणा के गर्भमूल में दो भागों के विस्तार वाली रथिका बनाएँ। इसका उदय यानी ऊँचाई एक भाग की हों। एक भाग की ही बाजू की तवङ्गिका भी कल्पित करें।

तदूर्ध्वे चोद्गमो भागस्तवङ्गोर्ध्वे च कूटकः।
सिंहं वै उद्गमोर्ध्वे तु उरोघण्टा भागोपरि ॥ 14 ॥

इसके ऊपर और आरम्भ में एक भाग के कूटक तवङ्गों के ऊपर बनाएँ। उद्गम यानी आरम्भ में तो सिंह ऊपर की ओर हों उनके ऊपर ऊरुघण्टा एक भाग की करें।

किया है— पञ्चाद्यैकोत्तरं शतं घण्टा संवरणा भवेत्॥ पञ्चविंशतिरित्युक्ता प्रथमा वसुभागिका। (वास्तुमञ्जरी, प्रासादाधिकार 2, 156-157)

1. प्रकाशित पाठे नोपलभ्यते। (तुलनीय ज्ञानप्रकाशदीपार्णव 11, 13)

तदुपरि सिंहस्थानं भागैकं च विनिर्गतम्।
तस्योपरि मूलघण्टा द्विभागा च भागोच्छ्रया॥ 15॥

इसके ऊपर सिंह का स्थान एक भाग का निकला हुआ बनाएँ। इसके ऊपर मूलघण्टा यानी मूल आमलसार दो भागों से हों किन्तु उसकी ऊँचाई एक भाग की रखें।

अष्टसिंहैः पञ्चघण्टैः कूटै रेवं द्विरष्टभिः।
चतुर्भिर्मूलकूटश्च पुष्पिका नाम नामतः॥ 16॥

इस तरह से कुल आठ सिंह, पाँच आमलसार, सोलह कूट और चार मूलकूटों से युक्त यह पुष्पिका नाम की संवरणा बनती है।

नन्दिनी —

तवङ्गकूटयोर्मध्ये तिलकं द्व्यंशविस्तरम्।
भागोदयं विधातव्य रूपरङ्घाटभूषितम्॥ 17॥

तवङ्गों और कूटों के मध्य दो भागों के विस्तार से तिलक बनाएँ। उनकी ऊँचाई एक भाग की रखें। इन पर रूपघण्टा यानी छोटा-सा आमलसार बनाकर इन्हें विभूषित करना चाहिए।

तवङ्गरथिकाश्चैव द्विभागोदयिनः स्मृताः।
अष्टचत्वारिंशत्कूटो$_{48}$ मूलेस्युः पूर्ववत्तथा॥ 18॥

तवङ्गों की रथिकाएँ भी दो भागों की ऊँचाई की कही गई है। इस तरह मूल से अड़तालीस कूट पूर्ववत बनाएँ।

नवघण्टा समायुक्ता स्याद्वै द्वादशसिंहतः।
नन्दिनी नाम विख्याता कर्तव्या शान्तिमिच्छता॥ 19॥

इन पर नौ आमलसार और बारह सिंह बनाएँ। तब यह नन्दिनी नाम से विख्यात संवरणा बनती है। इसको सभी शान्ति चाहने वालों को बनाना चाहिए।

कार्या तिलकवृद्धिश्च यावत्क्षेत्रं वेदाश्रकम्।
मण्डपदलनिष्कासैर्भक्तिभागैस्तु कल्पना॥ 20॥

इसके बाद एक-एक तिलक की वृद्धि करते-करते जब तक क्षेत्र के चारों बाजू तक न पहुँच जाए, बताते रहें। इनका मण्डप दल से भी निकास विभक्त किए गए भागों के अनुसार ही बनाना चाहिए।

बृहद्दलैर्भिन्नोद्भिन्ना मण्डपक्रमभागतः।

आसां युक्तिर्विधातव्या मेरुकूटान्तकल्पना॥ 21॥[1]

इसी प्रकार से बड़े-बड़े दल वाले भिन्न और उद्भिन्न मण्डप क्रमशः बनते हैं। इस युक्ति से मेरुकूटों को अन्त तक कल्पना करके बनाएँ।

इति सूत्रसन्तानगुणकीर्तिप्रकाशप्रोक्तृश्रीभुवनदेवाचार्योक्तापराजितपृच्छायां मण्डपोर्ध्वे संवरणाधिकारो नाम त्रिनवत्युत्तरशततमं सूत्रम्॥ 193॥

इस प्रकार भुवनदेवाचार्य कृत सूत्रसन्तानगुणकीर्ति प्रकाश या अपराजितपृच्छा में मण्डप ऊर्ध्व संवरणा अधिकार नामक एक सौ तरानवाँ सूत्र पूर्ण हुआ॥ 193॥

पञ्चतोरण हिन्दोलका नाम चतुर्नवत्युत्तरशततमं सूत्रम्॥ 194॥

अधुना पञ्चतोरणपञ्चहिन्दोलकलक्षणं। विश्वकर्मोवाच —

तोरणाः पञ्चधा वत्स पञ्च हिन्दोलकाः स्मृताः।
मठाः सप्तैव सम्प्रोक्ता रथाश्च नव सङ्ख्यया॥ 1॥
एकैकस्य यथान्यायं कथये तव साम्प्रतम्।

(इस सूत्र में पाँच प्रकार के तोरणों और हिन्दोलकों का वर्णन हुआ है। हालांकि ग्रन्थकार ने 115वें सूत्र में भी तोरणों का विवरण दिया है) विश्वकर्मा बोले कि हे वत्स! तोरण पाँच प्रकार के होते हैं और हिन्दोलक भी पांच तरह के होते हैं। मठ सात तरह के और रथ नौ तक होते हैं। इन सबको अब मैं एक-एक कर न्यायपूर्वक तुम्हें कहता हूँ।

---

1. उक्त वर्णन और विश्वकर्मीय ज्ञानप्रकाशदीपार्णव में पर्याप्त समानता है। यथा —चतुरश्रीकृते क्षेत्रे अष्टभागविभाजिते। भागौ द्वौ रथिका कार्या चतुर्दिक्षु व्यवस्थिता॥ कर्णे घण्टिका द्विभागा तदधः कूटकोणतः। मूलघण्टा त्रय (चतुः)भागा भागैकं कलशं भवेत्॥ उदयं च प्रवक्ष्यामि भागाश्चत्वार एव च। छाद्योद्गमास्तरकूटः तदूर्ध्वं घण्टिका भवेत्॥ तद्रूपा भद्रघण्टा च चतुष्कूटा ह्यधस्तथा। सिंहस्थानं गर्भघण्टा उरुघण्टा तदूर्ध्वतः॥ गर्भमूलोद्गमे कार्या रथिकाद्वयंशविस्तरा। भागोदये छाद्योद्गमं कूटा वै सर्वकामदा॥ तदूर्ध्वे च चतुःकर्णे भागोच्छ्राया च घण्टिका। तस्योपरि मूलघण्टा चतुष्कोणे चतुष्कूटा॥ कूटोर्ध्वे त्रिभागायामे मूलघण्टा सार्द्धोदया। सिंहं वै उद्गमोर्ध्वे तु उरुघण्टा भागोपरि॥ तदुपरि सिंहस्थानं भागैकं च विनिर्गतम्। सिंहविद्याधरयक्षसिंहगजैश्चतुर्दिशि॥ अष्टसिंहैः पञ्चघण्टैः कूटैरेवं द्विरष्टभिः। चतुर्भिर्मूलकूटाश्च पुष्पिकानाम नामतः॥ भानुभागं भवेत्क्षेत्रं कर्णो भागत्रयस्तथा। षड्भाग भद्रविस्तारश्चतुर्दिक्षु नियोजयेत्॥ तवङ्गकूटयोर्मध्ये तिलकं द्वयंशविस्तरम्। भागोदयं विधातव्यं रूपसङ्घाट भूषितम्॥ सिद्धविद्याधरयक्षसिंहगजैश्चतुर्दिशि। कूटोपरि हि कूटश्च भद्रकर्णे चतुर्दिशि॥ कर्णे च कूटघण्टा च तस्योपरि पुनर्भवेत्। अष्टचत्वारिंशत्कूटा मूले स्युः पूर्ववत्तथा॥ नवघण्टासमा युक्ता तदूर्ध्वे सूर्यसिंहकाः। नन्दिनीनाम विख्याता कर्त्तव्यः सर्वकामदा॥ कार्या तिलकवृद्धिश्च यावत्क्षेत्रं वेदाश्रकम्। मण्डपदलनिष्काशैर्भक्तिभागैस्तु कल्पना॥ वृहद्दलैर्भिन्नोद्भिन्ना मण्डपक्रमभागतः। आसां युक्तिर्विधातव्या मेरुकूटान्त कल्पना॥ (दीपार्णव 11, 9-24)

पञ्चविध तोरण नामानि—

उत्तुङ्गं मालाधरं च विचित्रं चित्ररूपकम्॥ 2॥

मकरध्वजस्तथा प्रोक्तस्तोरणः पञ्चम स्तथा।

एकैकस्य तदा भेदाः कथयिष्याम्यनुक्रमात्॥ 3॥

1. उत्तुङ्ग, 2. मालाधर, 3. विचित्र, 4. चित्ररूपक और 5. मकरध्वज— ये पाँच प्रकार के तोरण होते हैं। अब मैं इनमें से एक-एक का भेद अनुक्रम से बताता हूँ।

उत्तुङ्ग —

पीठं प्रासादपीठस्य किञ्चिन्न्यूनं तु कारयेत्।

पट्टं पट्टानुसारेण पट्टं दद्यात्तु तोरणे॥ 4॥

इसके लिए प्रासाद की पीठ को तोरण की पीठ से कुछ कम रखें। पाटों के नियमानुसार ही तोरणों पर भी पाट रखें।

पादोन द्व्यंशकं पीठं भागेनैकेन कुम्भिका।

तदूर्ध्वे तु विधातव्यः स्तम्भः पञ्चांशकोदयः॥ 5॥

पौने दो भाग की पीठ और एक भाग की कुम्भिका बनाएँ और उसके ऊपर पाँच भागों का ऊँचा स्तम्भ बनाएँ।

भागार्धं भरणं चैव शिरः पादोनभागिकम्।

पादोनद्व्यंशा गडवी शिरोच्छालस्तु पूर्ववत्॥ 6॥

इसमें आधे भाग का भरण करें और शिर पौन भाग का बनाएँ। पौने दो भागों की गडवी और वहाँ शिर का उच्छाल पहले की तरह ही पौन भाग रखें।

एकभागं तथा पट्टं तदूर्ध्वे खूं(कू)ट छाद्यकम्।

तिलकं स्तम्भगर्भे स्यात् मकारो दिक्षु चोन्नतः(चतुर्दिक्षु समुन्नतम्)॥ 7॥

एक भाग का पाट और उसके ऊपर की ओर कूट छाद्य बनाएँ। स्तम्भ के गर्भ में तिलक हों और मकर चारों दिशाओं में समुन्नत यानी उठे हुए होंगे।

तिस्त्रस्तिस्त्रस्तथा कार्या इल्लिका वलणैर्युताः।

सदाशिवं मध्यदेशे ब्रह्मविष्णू याम्योत्तरे॥ 8॥

इनके तीन-तीन इल्लिकाओं को वलण युक्त बनाएँ। मध्य की इल्लिका सदाशिव नाम की और बाएँ-दाएँ की इल्लिका ब्रह्मा-विष्णु नाम की होती है।

तदूर्ध्वे क्षणोद्भवा! (क्षोभणा) कार्या इल्लिकाना मलङ्कृति।

उत्तुङ्गं नाम विख्यातं तोरणं प्रथमं विदुः ॥ 9 ॥

इत्युत्तुङ्ग।

इनके ऊपर क्षोभणा बनाकर इल्लिकाओं की अलंकृति करें। इस तरह से उत्तुङ्ग नाम का यह प्रथम तोरण होता है।

मालाधरः —

तद्रूपाकारादग्रे तु युगमाकारैर्द्वितीयकः।
मालाधरस्तदा नाम तोरणश्च द्वितीयकः ॥ 10 ॥

इति मालाधरः।

इसी के रूपाकार का आगे की ओर हों तो यह युग्म आकार लिए दूसरा मालाधर नाभ का तोरण होता है।

विचित्रम् —

तस्योपरि पदानि ? (च) चतुष्काकार संस्थितम्।
पूर्वापरयाम्योत्तरे इल्लिकाश्च चतुर्दिशम् ॥ 11 ॥

इति विचित्रम्।

उसके ऊपर चौकोर आकार पद संस्थित करें और आगे पीछे-बाएँ-दाएँ चारों दिशाओं में इल्लिकाएँ बनाएँ तो यह तृतीय विचित्र तोरण बनता है।

चित्ररूपकम् —

स्तम्भोभयपक्षौ तु मत्तावरणवेष्टितौ।
चित्ररूपं तदा नाम कर्तव्यं तोरणं शुभम् ॥ 12 ॥

इति चित्ररूपकम्।

स्तम्भों के दोनों ही ओर के बाजुओं में मत्तावरण बने हुए हों तो वह चित्ररूप नामक चतुर्थ तोरण होता है।

मकरध्वजः —

षड्भि स्तम्भेस्तु रूपाढ्येर्मत्तावरणवेष्टितैः।
मरकध्वजनामा तु तोरणस्त्रिपुरान्तके ॥ 13 ॥

इति मकरध्वजः।

इति पञ्चतोरणाः।

छह स्तम्भों वाला और सुन्दर रूपों वाले मत्तवारणों से वेष्टित हों तो वह पञ्चम मकरध्वज नामक तोरण त्रिपुरान्तक शिव के निमित्त होता है। (इस प्रकार पाँच

प्रकार के तोरण हुए)।

अथ हिन्दोलकमाह —

उत्तुङ्गस्य च संस्थाने दारुपट्टमधः शिरम्।
महोत्सवं तु तन्नाम कार्यं हिन्दोलकं तथा॥ 14॥

इति महोत्सवः।

(इसके बाद पाँच हिन्दोलकों का वर्णन) उत्तुङ्ग तोरण के संस्थान में लकड़े का पाट शिर के नीचे हों तो यह महोत्सव नामक हिन्दोलक होता है।[1]

पञ्चविध हिन्दोलकाः —

महोत्सवो वसन्तश्च क्रीडामणिः श्रियोद्भवः।
मकरपताकोद्भवो हिन्दोलः पञ्चमस्तथा॥ 15॥

हिन्दोलकों में 1. महोत्सव, 2. वसन्त, 3. क्रीडामणि, 4. श्रियोद्भव और 5. मकरपताकोद्भव— ये पाँच हिन्दोलक होते हैं।

वसन्तः —

महोत्सवस्य संस्थाने अर्धं शीर्ष समुन्नतम्।
पक्षस्तम्भौ च प्रत्येकमिल्लिका तिलकान्वितौ॥ 16॥
एकस्मिनब्रह्मलोकश्च विष्णुलोको द्वितीयके।
शिवलोकस्तदूर्ध्वे तु वसन्तो नाम नामतः॥ 17॥

इति वसन्तः।

महोत्सव के संस्थान पर आधे तक शीर्ष की ऊँचाई में उठे हुए पक्ष स्तम्भ हों और उन दोनों में प्रत्येक इल्लिका और तिलक युक्त हों तो इनमें एक तो ब्रह्मलोक, द्वितीय विष्णुलोक और इनके ऊपर शिवलोक हों और यह वसन्त नामक हिन्दोलक होता है।

क्रीडामणिः —

पक्षयो र्द्वे चतुष्के च कर्तव्ये तत्समोन्नते।
क्रीडामणिस्तु नाम्ना वै मतावरणवेष्टितः॥ 18॥

इति क्रीडामणिः।

---

1. हिन्दोलक से आशय यान से भी है। प्रेङ्खा, दोला, दोलिका, हिन्दोला आदि इसके पर्याय हैं। मेवाड़, वागड़ आदि प्रदेशों में जलझूलनी एकादशी पर देवयात्राएँ लकड़ी के हिन्दोलक या बेवाण में निकाली जाती है। देवयात्रादि के लिए हिन्दोलक का प्रयोग होता है, जैसा कि शब्दकल्पद्रुम में आया है— श्रावणशुक्लपक्षविहितभगवद्यात्रा विशेषः। (शब्दकल्पद्रुम भाग 5, पृष्ठ 537-38)

दोनों पक्षों में उनके समान ऊँचाई के चतुष्कों को बनाएँ तो यह क्रीडामणि नाम का मत्तवारणों से वेष्टित हिन्दोलक होता है।

श्रियोद्भव: —

द्विभूमिका चतुष्क्युक्ता मध्ये कुर्यात्त्रिभूमिकाम्।
श्रियोद्भवस्तदा नाम कार्यो हिन्दोलकस्तथा ॥ 19 ॥

इति श्रियोद्भव:।

दो मंजिला, चतुष्कियों युक्त जिसके मध्य में तीन मंजिलें हों तो यह श्रियोद्भव नाम का हिन्दोलक होगा, जिसे इसी तरह करना चाहिए।

मकरपताकोद्भव: —

चतुरश्रीकृते क्षेत्रे पदमेकं विभाजितम्।
सीमासूत्रे निर्गता च सूर्यस्तम्भैर्द्विभूमिका ॥ 20 ॥
तदूर्ध्वे च चतुःस्तम्भा भूमिकाभिरलङ्कृताः।

चौरस क्षेत्र को एक भाग में विभाजित करें। सीमासूत्रों से निकलते हुए बारह दो मंजिले स्तम्भों के ऊपर की ओर चार स्तम्भ मंजिलों से अलंकृत हों।

पञ्च संवरणाढ्यं च मध्ये हिन्दोलकं भवेत्।
मकरपताकोद्भवं कर्तव्यं च महेश्वरे ॥ 21 ॥

इसी प्रकार से पाँच संवरणाओं की शोभा के मध्य में हिन्दोलक हों तो यह मकरपताकोद्भव नामक हिन्दोलक होता है जो महेश्वर के निर्मित करना चाहिए।

इति सूत्रसन्तानगुणकीर्तिप्रकाशप्रोक्तृश्रीभुवनदेवाचार्योक्तापराजितपृच्छायां पञ्चतोरण हिन्दोलकाधिकारो नाम चतुर्नवत्युत्तरशततमं सूत्रम् ॥ 194 ॥

इस प्रकार भुवनदेवाचार्य कृत सूत्रसन्तानगुणकीर्ति प्रकाश या अपराजितपृच्छा में पञ्चतोरण हिन्दोलक अधिकार नामक एक सौ चौरानवाँ सूत्र पूर्ण हुआ ॥ 189 ॥

सप्तमठ नवरथ निर्णयो नाम पञ्चनवत्युत्तरशततमं सूत्रम् ॥ 195 ॥

अधुना सप्तमठ नवरथश्च विश्वकर्मोवाच —

मठाः सप्त प्रकर्तव्याः प्रासादराजकोपमाः।
पृथगेकैक संस्थानं कथये भूमिकाक्रमम् ॥ 1 ॥

(जैसा कि पूर्व सूत्र में कहा गया है, इस सूत्र में सात प्रकार के मठों और नौ प्रकार के रथों का वर्णन हुआ है। रथों का वर्णन मयमतम्, ईशानशिवगुरुदेवपद्धति,

शिल्परत्नम् आदि में भी आया है। विजयतन्त्र नामक ग्रन्थ में भी रथलक्षण आए हैं। शिल्प के अन्तर्गत शिबिका, पर्यङ्क, रथ-यानादि की विधियाँ परिगणित है) विश्वकर्मा बोले कि प्रासादराज की उपमा के अनुरूप ही सात मठों को करना चाहिए। इनके एक-एक संस्थान को मैं अलग से भूमिका क्रम यानी मंजिलों के क्रमानुसार कहता हूँ।

मठ नामानि —

मन्दरो हेमकूटाख्यो वर्धनः पृथिवीजयः।
कैलासो रत्नकूटाख्यो मेरुसञ्ज्ञोऽभिधानतः॥ 2॥

मठों में 1. मन्दर, 2. हेमकूट, 3. वर्धन, 4. पृथिवीजय, 5. कैलास, 6. रत्नकूट और 7. मेरू नाम वाले सात मठ[1] होते हैं।

मन्दरः —

षड्दारुकाय वरकैर्युग्माकारैः सुसंस्थिताः।
द्विक्षणा च पट्टशाला मत्तगजा याम्योत्तरे॥ 3॥

जिसमें सुन्दर, युग्माकार रूप में संस्थित षड्दारुक चार स्तम्भों पर दो-दो लकड़ी के पाटों से युक्त तथा दो क्षण यानी भूमि वाली पट्टशाला हो, जिसके बाएँ-दाएँ मत्तगज बने हुए हों।

ऊर्ध्वेऽपवरकयुक्ताः पट्टशाला विवर्जिताः।
प्राकारकपिशीर्षाढ्याः प्रतोल्यग्र सुशोभिताः॥ 4॥

इति मन्दरः।

ऊपर की ओर को अपवरक यानी छोटी मेड़ियाँ बनी हो, जिसमें पट्टशाला नहीं बनी हों। उनके प्राकार कपिशीर्षक यानी कँगूरों से युक्त हों और द्वार पर प्रतोली यानी पोल आगे की ओर सुशोभित हों तो वह मन्दर मठ होता है।

हेमशीर्षः —

मध्ये चतुष्की स्तम्भाढ्या अलिन्दैः परिवेष्टिता।

---

1. अमरकोश में कहा गया है कि जहाँ पर छात्रों का निवास होता है, उसे मठ कहा जाता है : छात्रादि निलयः। (नामलिङ्गानुशासनम् 2, 2, 8) शब्दकल्पद्रुम में आया है : मठ वासमर्द्दयोः अल्। छत्रशीला विद्यार्थिनच्छात्राः। छत्रेण गुरुसेवा लक्ष्यते गुरुदोषच्छादनात् ह्त्रं तच्छीलत्वात् छात्रः विकारसङ्केति ष्णः। आदिना परिव्राजकक्षपणकादीनां ग्रहः। छात्रादीनां निलयो गृहं छात्रादिनिलयः। अर्थकथनमेतत्। नामाप्येतदिति केचित्। छात्रशाला प्रतिश्रयश्चात्रैव। इति भरतः। 'मठादिप्रतिष्ठाप्रयोगतत्त्व' नामक ग्रंथ में मठों के विधान का विस्तृत वर्णन आया है। (शब्दकल्पद्रुम भाग 3, पृष्ठ 569-574)

द्विक्षणाग्र पट्टशाला मूलगृहोर्ध्वभूमिका॥ 5॥

यदि मध्य में स्तम्भों की चतुष्की हो, आलिन्दों से परिवेष्टित हों और उसके दो क्षण यानी भूमि के आगे पट्टशाल मूल गृह के ऊपर की मंजिल में हों।

द्वितीयभूमस्तके तु कर्तव्या पुष्पकाकृतिः।
हेमशीर्षस्तु तन्नाम कर्तव्यं तु तपस्विनाम्॥ 6॥

इति हेमशीर्षः।

इसी प्रकार इसके दूसरी मंजिल के मस्तक को पुष्प की आकृति का बनाएँ तो यह हेमशीर्ष नामक मठ तपस्वियों के लिए बनेगा।

वर्धमानः —

याम्योत्तरे पट्टशाला षड्दारुकापवरकैः।
वर्धमानस्तु तन्नाम कर्तव्यः शान्तिमिच्छता॥ 7॥

इति वर्धमानः।

बाएँ-दाएँ पट्टशाला हों और षड्दारुक यानी चार स्तम्भों पर दो लकड़ी के पाट लगे हुए तथा अपवरक यानी पास में छोटी कोटड़ियाँ हों तो यह वर्धमान नाम का मठ होगा, इसे शान्ति चाहने वालों को बनाना चाहिए।

पृथ्वीजयः —

द्विभूमिका तथा ताभ्यां त्रिक्षणः पट्टशालिका।
पृथ्वीजयश्च तन्नाम कर्तव्यस्तु मुनीन्द्रकः॥ 8॥

इति पृथ्वीजयः।

दो मंजिलें हों तथा उन मंजिलों में तीन क्षणों यानी भूमि वाले पट्टशालिक बने हों तो यह पृथिवीजय नामक मठ होगा। इसे मुनीन्द्रों के लिए बनाना चाहिए।

कैलासः —

द्विक्षणा पट्टशाला च कर्तव्या चैव दक्षिणैः।
मत्तावरणयुक्तैक भूमिका कपिशीर्षकः॥ 9॥

यदि दो भूमिका की पट्टशाला दक्षिण की ओर करें और मत्तवारणों से युक्त भूमि यानी मंजिल पर कपिशीर्षक या कँगूरे बनाएँ।

याम्योत्तरेऽपवरकान् त्यक्त्वा न्यसेच्चतुः क्षणाम्।
अग्रशालां प्रकुर्वीत कैलासं तु भवालयम्॥ 10॥

इति कैलासः।

बाएँ-दाएँ अपवरको यानी छोटी कोटड़ियाँ न बनाकर चार क्षणों-आँगनों को बनाएँ तथा इसके आगे अग्रशाला बनाएँ तो यह कैलास नामक मठ भवालय यानी संसार का घर बनता है।

रत्नशीर्षः —

तृतीयभूमस्तके तु कर्तव्या पुष्पकाकृतिः।
रत्नशीर्षमितिख्यातं मुनीनां जितचेत्साम्॥ 11॥

इति रत्नशीर्षः।

यदि तीसरी मंजिल के ऊपर की ओर मस्तक पर पुष्प की आकृति बनाएँ तो यह रत्नशीर्ष नाम का मठ मुनियों और अपने चित को जीते हुए साधुओं के योग्य कहा है।

मेरुः —

पञ्चभागेः प्रकर्तव्यः सुवेदी संस्थितो मठः।
द्विभौमा च पट्टशाला पुष्पकं तु तदूर्ध्वतः॥ 12॥

यदि पाँच मंजिलों को करके मठ में सुन्दर वेदी स्थापित करें और दो मंजिली पट्टशाल बनाकर उसके ऊपर पुष्पक आकृति बनाएँ।

एवं तु मेरुसञ्ज्ञश्च कर्तव्यस्तु मठाधिपः।
तपस्तेजोभवे नित्यं नृपराष्टस्य शान्तिदः॥ 13॥

इति मेरुः।

इति सप्तमठाधिकारः।

इस तरह से मेरु नामक यह मठ मठाधीश के लिए करना चाहिए जिससे तप और तेज दोनों ही राजा के राज्य में शान्ति बनाएँ रखें। (इस प्रकार सात प्रकार के मठों का वर्णन हुआ)।

अथ रथवर्णनं विश्वकर्मोवाच —

रथांश्चैव प्रवक्ष्यामि प्रोक्तांश्च नवसङ्ख्यया।
तदभिधानमाने च कथयामि विशेषतः॥ 14॥

विश्वकर्मा बोले कि नौ की संख्या में कहे गए रथों के विषय में कहता हूँ। विशेषतः उनके नामों को मान के अनुसार बताता हूँ।[1]

---

1. ईशानशिवगुरुदेव मिश्र द्वारा तीन प्रकार के रथ बताए गए हैं— देवरथ, विप्ररथ और राजरथ। ये क्रमशः देवताओं के उत्सव, यज्ञोत्सव एवं युद्धार्थ कल्पित किए जाते थे— देवद्विजनरेन्द्राणां त्रिविधं रथमुच्यते।

नन्दश्च नन्द्यावर्त नन्दिघोषः पराजयः।
पताकः पद्मको नाम पृथ्वीजयो महोद्भवः॥ 15॥
श्रीमेरुश्च तथा ख्यातः कर्तव्यः सर्वकामदः।
एवमाद्योक्तसङ्ख्याश्च रथाश्च नवकामदाः॥ 16॥

रथों में 1. नन्द, 2. नन्द्यावर्त, 3. नन्दिघोष, 4. पराजय, 5. पताक, 6. पद्मक, 7. पृथ्वीजय, 8. महोद्भव और 9. श्रीमेरु—ये सभी कामनाओं को पूर्ण करने वाले हैं। इस तरह प्रथम से लेकर नौ तक ये रथ[1] समस्त कामनाएँ पूरी करने वाले हैं।

दशाङ्गुलो भवेन्नाहों वृत्तव्यासप्रमाणतः।
एकादश द्वादश च त्रयोदश चतुर्दश॥ 17॥
पञ्चदश तथा मानं वृत्तव्याससमुद्भवम्।

इन रथों में नाह (बन्ध) दस अङ्गुल प्रमाण होता है। यह भी वृत्त यानी गोलाई और व्यास के प्रमाणानुसार होता है। इसमें से वृत्त-व्यास से उत्पन्न होने वाले मान (पाँच प्रकार के) क्रमशः ग्यारह, बारह, तेरह, चौदह और पन्द्रह हैं।

तत्समा दीर्घता ज्ञेया द्विच्छत्राकारकोऽग्रतः॥ 18॥
नाहे व्यासोद्भावारकास्तत्समो गण्डोद्भवः।
बाह्याभ्यन्तरतो गण्डं तूलिकाकारवृत्तकम्॥ 19॥

उनके अनुसार समान रूप के दो छत्रों के आकार से दीर्घता युक्त शिबिकाएँ होती हैं। नाह पर व्यास से उत्पन्न होने वाली भावारका और उसी के समान गण्डोद्भव होता

देवानामुत्सवार्थं च द्विजानां यज्ञकर्मसु॥ राज्ञां युद्धार्थमेव स्यात्कल्पयेत् रथमुच्यते। (ईशानशिवगुरुदेवपद्धति क्रिया. 18, 8- 9)

इसी प्रकार मयमतं में कहा गया है कि समस्त राजाधिपत्य होने के समय, राजकीय युद्ध, राजमहोत्सव, कोई माङ्गलिक कार्य, देवता की पूजा, सोमयाग अथवा अन्य आवश्यक कार्य होने पर राजादि को रथारोहण करना चाहिए— सर्वराजाधिपत्यैश्च राजयुद्धैर्महोत्सवैः। मङ्गले देवपूजायां सोमयागं तथैव च॥ इत्येव कर्मणादिष्टं रथारोहणमिष्यते। (मयमतं 31, 49-50)

महाविश्वकर्मा ने रथ का मान इस प्रकार बताया है— एवं भारमिदं प्रोक्तं चक्रनाभिगतं तु वा। भारबाह्यगतं वापि भारमध्यगतं तु वा॥ अभ्यन्तरगतं वापि विस्तरं तु कल्पयेत्। विस्तारात् पादमाधिक्यमर्धाधिक्यमथापि वा॥ त्रिपादं द्विगुणं चैव आयामं तु प्रकल्पयेत्। विस्तारसमुत्सेधं भारोर्ध्वे वासनान्तकम्॥ (मयमतम् : ब्रूनो डिगेंस का अंग्रेजी अनुवाद, पृष्ठ 723 पर उद्धृत)

1. विश्वकर्मीय रथलक्षण में भी देवता और राजा के रथों के नौ नाम आए हैं किन्तु वे संज्ञाएँ पृथक् हैं : श्रीकर, विजय, कान्त, श्रीकेश, विशालक, श्रीभद्र, श्रीविशाल, भद्र एवं भद्रविशालक : (दैवभूसुरराज्ञं) रथमानविधिं सम्यग्वक्ष्ये संक्षिप्य शास्त्रतः। श्रीकरं विजयं कान्तं श्रीकेशं च विशालकम्। श्रीभद्रं श्रीविशालं च भद्राभद्रविशालकम्। एवं नवविधं प्रोक्तं तन्त्रवाद्भिः पुरातनैः॥ (विश्वकर्मीयरथलक्षणम् : सम्पादक- रघुनाथ पुरुषोत्तम कुलकर्णी, कनिष्क पब्लिशर्स, दिल्ली, 1994 ई., 1, 39-40)

है जो बाहरी तथा भीतरी गण्ड तूलिका के आकार का वृत्तीय होता है।

गण्डोर्ध्वे च भवेत्पिण्डो वृत्तः(तः) पञ्च सुगण्डकैः।
विंशत्यरकसंयुक्तं चक्रमानस्य लक्षणम्॥ 20॥

इसी प्रकार गण्ड के ऊपर की ओर पिण्ड होता है। इस तरह पाँच वृत्त अच्छे गण्डकों से युक्त होते हैं। बीस आरों से युक्त चक्रमान यानी पहिए के मान के लक्षण हैं।

उभयोश्चक्रयोर्गर्भो ह्यङ्गुलैः पञ्चषष्टिभिः।
चतुरङ्गुलतो वृद्धिर्यावत् पञ्चप्रमाणकम्॥ 21॥

रथ में लगने वाले दोनों चक्रों के गर्भों (छिद्रों) के बीच पैंसठ अङ्गुल की दूरी होगी। (यदि) इसको चार-चार अङ्गुल और बढ़ाया जाए तो पाँच प्रकार के अन्तराल के प्रमाण होंगे।

चक्रार्धे भवेत् सेद्धं छटकाटं पावतो दिवि ?।
गुह्यमस्तकपीठाङ्गं पीठान्ते च समुन्नतम्॥ 22॥

चक्र के आधे में सेद्ध (?) होता है। छटकाट पावतो दिवि ? गुह्य मस्तक पीठाङ्ग पीठ के अन्त तक पूरा ऊँचा होता है।

हस्तका गुह्यग्राह्यं त्रिष्टि बाणेषु निश्चला ?।
त्राणानां तत्समोपेता मुद्धट्टपारकोन्नता ?॥ 23॥

इसमें हस्तका (बैठते समय पकड़ने वाले हत्थे), गुप्त सामान रखने का भंडार, त्रिष्टि, बाण आदि अङ्गों को सुदृढ़ करना चाहिए तथा त्राणों को उसी के अनुसार बनाकर मुद्धट्टपारक को उन्नत करें (?)।

हस्तका गुह्यग्राह्यादि धुरिकाश्चैव वेष्टिताः।
प्रवेशे चतुरश्राक्षा शेषाणां च वृत्तोद्भवः॥ 24॥

हस्तका (हत्थे या लगाम की डोरी) और गुह्य ग्राह्यादि सामान और धुरियों को अच्छी प्रकार से वेष्टिता यानी बाँधी रखें। प्रवेश में पहले चौकोर अक्षा हों और शेषों को गोल ही बनी रखें।

अर्गली च डिम्बला च गुत्यके चक्रबाह्यतः।
धुरिका चार्गला कार्या आयसैः सुदृढोत्तमा॥ 25॥

अर्गली (लघु कुण्डी या बन्धपट्ट) और डिम्बला तथा गुत्यक को चक्र के बाहर की ओर रखें। धुरिका और अर्गला को सुदृढ़ उत्तम लोहे की बनाना चाहिए।

ऊर्ध्वे ऊर्ध्वे च शीर्षाणामग्रवृत्ता च कावरी।
टङ्कापाणि पूर्वापरे उन्नता मध्यतस्तुला॥ 26॥

शीर्षों को ऊपर-ऊपर की ओर, कावरी (पालकीनुमा रचना) आगे की ओर गोल बनाएँ। आगे और पीछे टङ्कापाणि बीचों बीच सन्तुलित और ऊँचे बनाएँ।

छन्दकं (वटिकं) फलकः कुर्यात्तुलारक्षाभिकीलिता।
पंशुलीकाग्रपादं च तस्याग्रे कर्कटीत्रयम्॥ 27॥

वाहन के छन्दक फलक यानी फाटकों को तुलारक्षाओं से कीलित रखें अर्थात् फाटक पर चटखनी जैसी कील रखे जो अनायास न खुल जाए। पंशुलीकाग्रपाद और उसके आगे तीन कर्कटी बनाएँ।

मकरानोन्नतं कार्यं धरं रथाग्रशोभनम्।
तस्योर्ध्वे मायूरपदं! तत्रान्ते स्यात्तृतीयकम्॥ 28॥

धर को रथ के आगे शोभायमान करने के लिए उस पर ऊँचाई की ओर मकरों की आकृतियाँ बनाएँ। इनके ऊपर की ओर मायूरपद को और उसके भी अन्त में तृतीयक को बनाएँ।

अपरोभवचक्रान्ते चाष्टमांशे हलाग्रकम्।
चक्रत्रयोद्भवं कार्यवाहिनी स्याद् दृढात्मका॥ 29॥

दूसरी ओर दोनों चक्रों के अन्त में, अष्टमांश भाग से हलाग्र बनाएँ। तीन चक्रों के बनाने से वाहिनी-रथ दृढात्मक हो जाता है।

तस्यार्धं तध्वानैश्च ? छन्दकं (वटिकं) सुदृढात्मकम्।
तस्योर्ध्वे च रथः कार्यः सर्वलक्षण संयुतः॥ 30॥

उसके आधे में तध्वानो? और छन्दकों (वटिकों) को सुदृढ़ात्मक बनाएँ। इनके ऊपर की ओर रथ को सभी लक्षणों से संयुत बनाना चाहिए।

रथस्य पर्याया: —

नन्दो वै नन्दतः प्रोक्तो नन्द्यावर्तस्तु शालिकः।
नन्दिघोषो मन्दराभः सतिलकः पराजयः॥ 31॥
पताकः श्री(वृक्ष)वत्सश्च पद्मको हेमशीर्षकः।
पृथ्वीजयश्च कैलास इन्द्रनीलो महोद्भवः॥ 32॥
श्रीमेरूद्भवाकारो नाम्ना वै रत्नशीर्षकः।
इत्युक्ता वै नवरथाः प्रयुक्ता वास्तुवेदिभिः॥ 33॥

इन रथों में 1. नन्द को नन्दत भी कहते हैं और 2. नन्द्यावर्त को शालिक, 3. नन्दिघोष को मन्दराभ, 4. पराजय को सतिलक, 5. पताक को श्रीवत्स, 6. पद्मक को हेमशीर्षक, 7. पृथ्वीजय को कैलास, 8. महोद्भव को इन्द्रनील तथा 9. श्री

मेरुद्भवाकार को रत्नशीर्षक के नाम से भी जानते हैं। इतने नौ रथों को वास्तुविदों द्वारा प्रयोग में लाया गया है।[1]

इति सूत्रसन्तानगुणकीर्तिप्रकाशप्रोक्तश्रीभुवनदेवाचार्योक्तापराजितपृच्छायां सप्तमठनवरथाधिकारो नाम पञ्चनवत्युत्तरशततमं सूत्रम्॥ 195॥

इस प्रकार भुवनदेवाचार्य कृत सूत्रसन्तानगुणकीर्ति प्रकाश या अपराजितपृच्छा में सप्तमठ नवरथ अधिकार नामक एक सौ पिचानवाँ सूत्र पूर्ण हुआ॥ 195॥

---

1. मयमतम् में रथनिर्माण की विधि इस प्रकार आई है— द्विचक्रबाह्ये विस्तारं षट्सप्ताष्टवितस्तियुक्॥ चक्र नाभिद्वयं नाभिच्छायामोक्षान्तरस्य तु। हारबाह्यं च तावत् स्याद् विस्तारार्धाधिकायतम्॥ चतुस्त्रिद्व्यङ्गुलोत्सेधं बाहल्यं पञ्चभारकम्। त्रिसप्तनवधा तत्र व्यासोत्सेधाश्च पूर्ववत्॥ आयामानुगतं तिर्यक् कुल्यकम्पं दृढीकृतम्। मध्यभारोपरि तुलामध्य निर्गमनाग्रस्तः॥ ललाटं तु त्रिहस्तादि तदग्रं कुटिलाकृति। मध्यभारं इति प्रोक्तं कूपरो युगभागभाक्॥ भारोपर्यङ्गुलघन फलकाप्रस्तरो भवेत्। अक्षमक्षोत्तरं चक्र भट्टभारोपयानकम्॥ उत्ससेधं पञ्चषट्सप्तबाहल्यं द्वित्रिमात्रकम्। अष्टादशाङ् गुल दैर्ध्यं पार्श्वे भागोपयानकम्॥ पोतिकाकारसंयुक्तं मयपट्टैर्दृढीकृतम्। क्षोर्ध्वोत्तरबाहुल्यतुल्यच्छिद्रात्म मध्यमम्॥ तदधस्त्वक्षरक्षार्थं पार्श्वयोर्बन्धनं भवेत्। उपधानविधानं तु तुल्यव्यासार्धतीव्रकम्॥ अक्षस्यावधि दैर्ध्यं स्याद् दारु चेत् चतुरश्रकम्। अयःपट्टैश्च कीलैश्च स्वशिखाभिर्दृढीकृतम्॥ सार्धबद्धकरं पादोत्सेधचक्रार्धमिष्यते। अक्षान्तरसमं चक्रं विस्तारं परिकीर्तितम्॥ नाभिर्दशाङ्गुलोत्सेधा वितस्त्यायामविस्तृतम्। तत्पट्टनाभिमध्ये तु द्वात्रिंशद्वा त्रिरष्टकम्॥ अष्टाष्टकं तु वा तत्र युक्त्या संख्यासमन्वितम्। अकारवर्णमूलाग्रत्रयङ्गुलं सार्धमात्रकम्॥ मूले षण्णवमाकारं मूलेऽग्रे शिखयान्वितम्। रोहारोहघने चैव अक्षोत्तारं तथा बकम्॥ भारस्योदयपट्टैश्च कीलकैः पट्टबन्धकैः। योग्यं च द्व्यंशपादांशैरयःपट्टैश्च बन्धयेत्॥ तत्स्थाने चोपपीठे च गुह्यं युक्तिवशान्नयेत्। अक्षान्तेऽक्षोत्तरबन्धे दारुकीलैः प्रयोजयेत्॥ पादोत्सेधद्विभागैकं भागं स्याच्चूलिकोच्छ्रयम्। अग्रे पार्श्वे तले वा तु गलिका पट्टिकान्तरे॥ पृष्ठे पञ्चाङ्गुलोत्सेधं मुखपट्टिकयावृतम्। अन्तरे कर्णवातस्य मुकुलाग्रोत्तरान्तिका॥ भारो भारोपधानं च अक्षमक्षोत्तरं तथा। कूबरः कूबरस्याग्रे द्वयपट्टैश्च कीलकैः॥ तत्तद्योगैश्च तत्स्थाने बन्धयेश्चाभवेदपि(?)। अक्षमक्षोत्तरं मध्ये दारुकीलं प्रयोजयेत्॥ सर्वराजाधिपत्यैश्च राजयुद्धैर्महोत्सवैः। मङ्गले देवपूजायां सोमयागं तथैव च॥ इत्येव कर्मणादिष्टं रथारोहणमिष्यते। वासद्वित्रिगुणायामं वक्रं तत्तत्समन्वितम्॥ सप्ततालं तु वा दैर्ध्यं त्रिचतुर्मात्रविस्तृतम्। स्वस्वपादवशात् तत्र पूर्वं चाधरतो दिशि॥ हारोपर्यन्तरोपेतं ह्रस्वपादोत्तरान्वितम्। चतुष्षष्टिकसङ्ख्याभिः स्तम्भयुक्तसमन्वितम्॥ षट्सार्ध पञ्चपञ्चैव तालेन चरणोदयम्। सप्ततालं तुलादैर्घ्य त्रिचतुर्मात्रविस्तरम्॥ स्वस्वपादवशात् तत्र पूर्ववच्चोत्तरादिकम्। एकद्वित्रितलोपेतमेकं वाथ चतुर्मुखम्॥ मण्डपाकारसंयुक्तं शालाकारशिरःक्रियम्। त्रिचतुष्पञ्चषट्सप्तहस्तचक्रान्तमिष्यते॥ चक्रोत्सेधं चतुष्पञ्चषट्क+वेष्टतीव्रकम्। अक्षमक्षोत्तरं चैव वारो वा यानकं यथा॥ अष्टाष्टविपुलोत्तुङ्गैर्दारु कीलैर्दृढीकृतम्। एकद्वित्रितलोपेतैः प्रासादवदलङ्कृतम्॥ षोडशस्तम्भसंयुक्तं दिग्दिक्षु मुखभद्रकम्। सर्वालङ्कारसंयुक्तं रङ्गं तद्योजयेद् दृढम्॥ तथैव शिल्पिमानीय योजनीयं विचक्षणैः॥ पादुकं मिथुनांशकपद्मकं लेखिते चरणांशकमूर्तिकम्। तिर्यगादिकृतपट्टिककल्पितं पञ्चबोधिरसकुड्मलमेव च॥ द्वित्रिपादकरनन्दवर्गकैर्द्विप्रभागमिति गण्यमिष्यते॥ पद्मं तु पट्टीसहकर्णप्रस्तरं व्यालं तु नक्रक्रममेव शोभितम्। कर्णांशपद्मं जगति प्रतिष्ठां नराप्रवेशं कुमुदं तु भागम्॥ वस्वंश कर्णं गुणभागपट्टी शिवांशवेदी सकलं धरातलम्। शरण्यपद्म च तु कर्णवेदिका वर्णेन वेदी गलपक्षमंशम्॥ प्रस्तरांशमुनिदेवसानकं नाट्यताल उपधानकल्पितम्॥ (मयमतम् 31, 29-62)

ब्रह्मविष्णुसंवादे लिङ्गाधिकारो नाम षण्णवत्युत्तरशततमं सूत्रम्॥ 196॥

इत्यमनन्तर लिङ्गोत्पत्तिः। विश्वकर्मोवाच —

पुरा चैकार्णवे घोरे नष्टे स्थावरजङ्गमे।
समुद्भूतौ तदादेवौ ब्रह्मा विष्णुस्तथैव च॥ 1॥
तदुद्भवा चाऽऽद्यसृष्टिर्जगत्स्थावरजङ्गम्।

(इस सूत्र से पुनः पुराणोचित सृष्टि का उत्पत्ति प्रसङ्ग[1] आरम्भ होता है और शिवलिङ्गोद्भव की कथा का वर्णन है) विश्वकर्मा बोले कि पूर्वकाल में एकार्णव के घोर प्रलय काल में समस्त स्थावर पेड़-पौधे एवं जङ्गम-चल फिर सकने वाले जीव मात्र नष्ट हों गए थे। उस समय ब्रह्मा और विष्णु देवताओं का प्रादुर्भाव हुआ था। इस बीच ही आदि सृष्टि उत्पन्न हुई जिसमें सभी स्थावर एवं जङ्गम जीव उत्पन्न हुए।

कल्पान्ते च तयोर्वादो रौद्रे च दिवसे स्थिते॥ 2॥
तयोर्विवदतोर्मध्ये लिङ्गं तेजोमयं महत्।
उद्भिन्नं धरणीं भित्त्वा सप्तलोकमयं शुभम्॥ 3॥

तदनन्तर उनसे कल्पान्त में, रौद्र के दिवस में स्थिति होने पर दोनों में वाद-विवाद हुआ। दोनों देवता सृष्टि के निर्माण को लेकर अपना-अपना दावा करने लगे थे। इसी बीच एक महत् तेजोमय लिङ्ग प्रकट हुआ[2] जो कि धरती से उत्पन्न होकर सातों ऊर्ध्वलोकों को पार करता हुआ शुभ लक्षणों से युक्त दिखाई देता था।

सप्तलोकोर्ध्वतो मेरुः प्रकारस्फुटितोदितः।
त्रिदशकुलसभायां पीठिकाग्रसमुद्भवः॥ 4॥

सात लोकों की ऊँचाई तक पहुँचा हुआ यह मेरु प्राकारों को भी फोड़ता हुआ

---

1. शिवपुराण, लिङ्गपुराण और शिवधर्मपुराण में लिङ्ग के प्रथम प्रादुर्भाव का प्रसङ्ग आया है। लिङ्गपुराण के पूर्वार्द्ध के सत्रहवें अध्याय में यह कथा आई है। शिवपुराण में विद्येश्वरसंहिता (अध्याय 4-8) में यही कथा श्वेतकल्प के प्रसंग में परिभाषित हुई है और नन्दिकेश्वर ने सनत्कुमार से इस प्रसंग को सुनाया है। स्कन्दपुराण (3, 1, 14, 24-41) में इसी कथा को अत्यधिक विस्तार के साथ नन्दिकेश्वर को मार्कण्डेय मुनि के प्रति प्रकट करते कहा गया है। यह कथा वर्तमान श्वेतवाराहकल्प के पहले ब्रह्माण्ड की सृष्टि के समय जबकि वैमानिक सर्ग अर्थात् देवताओं की सृष्टि समाप्त हो गई और चार हजार युग के अन्त में वृष्टि नहीं होने से स्थावर-जङ्गम सब सूख गए, तब की है।
2. तुलनीय : पुरा कल्पे महाकाले प्रपन्ने लोकविश्रुते। अयुध्यतां महात्मानौ ब्रह्मविष्णु परस्परम्॥ तयोर्मानं निराकर्तुं तन्मध्ये परमेश्वरः। निष्कलकस्तम्भरूपेण स्वरूपं समदर्शयेत्॥ ततः स्वलिङ्गचिह्नत्वात् स्तम्भतो निष्कलं शिवः। स्वलिङ्गं दर्शयामास जगतां हितकाम्यया॥ तदा प्रभृति लोकेषु निष्कलं लिङ्गमैश्वरम्। सकलं च तथा वेरं शिवस्यैव प्रकल्पितम्॥ (शिवपुराण विद्येश्वर. 5, 27-30)

उदित हों रहा था। देवताओं के समूह की सभा में यह पीठिका के आगे की ओर समुद्भूत हुआ था।

वाचाऽशरीरिणी प्राह दीयतां मे तथोत्तरः।
अस्य लिङ्गस्य को ह्यन्तो मध्ये चाऽधस्तथोर्ध्वतः॥ 5॥

उस लिङ्ग से आकाशवाणी वाणी प्रकट होकर कहने लगी— 'मेरे इस प्रश्न का उत्तर दो कि इस लिङ्ग का मध्य, अधः और ऊपर का अन्त कहाँ है?'

स्रष्टा प्रोक्तं च— भगवन् नाहं द्दष्टा तव प्रभुः।
श्रुत्वा वाक्यं ब्रह्मणस्तु किञ्चिदाकुपिताननः॥ 6॥
ब्रह्मविष्णूद्भवस्त्वेवं संवादोऽभूत्परस्परम्।
अहं द्रक्ष्याम्यस्य चान्तं वदन्ता च परस्परम्॥ 7॥

तब सृष्टा ब्रह्माजी ने कहा कि हे भगवन्! हे प्रभु मैं आपको नहीं देख पाता हूँ। ब्रह्माजी के वचनों को सुनकर बिना किसी प्रकार से कुपित हुए ब्रह्मा और विष्णु में परस्पर यह संवाद इस तरह उत्पन्न हुआ कि 'मैं इसका अन्त देखूँगा।' ऐसे वचन दोनों ने ही परस्पर कहे।

संवादो भयसम्पातमवलोक्य परस्परम्।
द्वयोर्मध्येऽभवल्लिङ्गं सुविस्तीर्णं महोद्भवम्॥ 8॥
योजनायुतविस्तीर्णं मुभयोःसन्मुखेऽभवत्।

दोनों को इस तरह परस्पर बातचीत करते देखकर उनके बीच एक सुविस्तीर्ण महोद्भव लिङ्ग प्रकट हुआ। यह लिङ्ग अयुत (10000) योजन के विस्तार में दोनों के सामने ही साकार हुआ।

शम्भुस्तावववदद्वाक्यं श्रूयतां वचनं मम॥ 9॥
ब्रह्मा चोर्ध्वे विष्णुरधः अन्तं च बृहदात्मनः।

तब शम्भु ने उन दोनों को यह वाक्य कहा कि 'मेरा वचन सुनो! ब्रह्मा तो ऊपर जाकर इसके अन्त का पता लगाएँ और विष्णु नीचे जाकर पता लगाए कि मैं कितना बड़ा हूँ?'

आगतौ च पुनस्तत्र लज्जयोधोमुखौ स्थितौ।
पुनरेव ततो वाणी लिङ्गमध्याद्विनिः स्मृता॥ 9॥[1]
नादयन्ती जगत्सर्वं मेघगाम्भीरनिस्वना।

---

1. प्रकाशित पाठ में यहाँ नवाँ श्लोक पुनः पुनः आया है।

इस प्रकार जब वे अपना-अपना प्रयास करके पुनः लौटकर लज्जित हों मुँह लटकाए हुए खड़े हों गए तब पुनः वही वाणी लिङ्ग के भीतर से समस्त जगत को निनादित करती हुई निकली जो कि मेघों के समान गम्भीर थी।

न त्वं श्रेष्ठोऽसि वै ब्रह्मन् न च विष्णो त्वमीश्वरः॥ 10॥

अहं ज्येष्ठस्तथेशश्च युवयोः प्रभुरेव च।

भवद्भ्यां मम चैतस्य प्रमाणमुपलक्ष्यताम्॥ 11॥

यश्चाऽस्य वेद वै चान्तं स श्रेष्ठो युवतोर्भवेत्।

इत्युक्तौ तौ विलक्ष्यौ तु विप्लुतौ च दिद्दक्षया॥ 12॥

वह वाणी थी— 'न तो हे ब्रह्मा तुम श्रेष्ठ हों और न ही हे विष्णु तुम भी ईश्वर हों। वास्तव में तो मैं ही ज्येष्ठ तथा ईश हूँ और तुम दोनों का प्रभु हूँ। तुम दोनों और मैंने इसका प्रमाण भी देख लिया है कि जो कोई इस लिङ्ग के अन्त का पता लगाएगा, वही तुम दोनों में श्रेष्ठ होगा।' इतना कहकर उनके देखते-देखते ही वह वाणी उनके सामने ही विलुप्त हों गई।

लिङ्गार्चनपरौ भूत्वा द्रष्टुकामौ व्यवस्थितौ।

तत्प्रमाणपरौ भूत्व तन्निष्ठौ तत्परायणौ॥ 13॥

दिव्ये तु(ऽब्दे) द्विशते पूर्णे ताभ्यां मध्येऽर्चितो हरः।

इसके बाद दोनों ब्रह्मा और विष्णु लिङ्ग के दर्शन की कामना में व्यवस्थित होकर अर्चना करने में लग गए। उसका प्रमाण लाने की उत्कण्ठा में भरे होकर उसी एक निष्ठा से उसके परायण हों गए। दो सौ दिव्य वर्षों तक तो उन दोनों के द्वारा शिव की अर्चना की जाती रही।

प्रत्यक्षतां गतो देवः परितुष्टेन चेतसा॥ 14॥

त्रिशूलपाणिर्वरदश्चार्धकृतशेखरः।

त्रिलोचना वृषारूढो नागयज्ञोपवीतकः॥ 15॥

उन दोनों की अर्चना से परितुष्ट होकर प्रसन्नचित भगवान् शिवदेव प्रत्यक्ष हुए। उस समय उनका स्वरूप एक हाथ में त्रिशूल धारण किए, दूसरा वरदयुक्त था। सिर पर अर्धचन्द्र धारण किए, त्रिलोचन, वृष पर सवार और नागों के यज्ञोपवीत से युक्त था।

तुष्टोऽहं युवयोर्भक्तौ वरदः समुपस्थितः।

ब्रह्मन् विष्णो भवद्भ्यां तत् प्रयच्छामि न संशयः॥ 16॥

भगवान् शिव ने इस रूप में प्रकट होकर उन दोनों को कहा कि 'हे भक्तों मैं तुम दोनों पर प्रसन्न हुआ हूँ और तुम दोनों को वरदान देने के लिए ही उपस्थित

हुआ हूँ। हे ब्रह्मा और हे विष्णु! तुम दोनों के जो भी प्रश्न हों वे पूछो और संशय मत करो।'

योजनायुतविस्तीर्णमुच्छितं च समन्ततः।
तन्मध्यतोऽवदद्वाक्यमुभौ वै श्रूयतामिति॥ 17॥

इस तरह अयुत (10000) योजन विस्तीर्ण, पूरी तरह की ऊँचाई वाले लिङ्ग के मध्य से बोलते हुए उनके वाक्यों को उन दोनों ने सुना।

ब्रह्मा चोऽर्ध्वमधो विष्णुरन्तं च बृहदात्मनः।
तदशब्दोद्भवाज्ञानौ गतावूर्ध्वमधस्तदा॥ 18॥

इस प्रकार से ब्रह्मा ने ऊपर की ओर के अन्त का पता लगाने और विष्णु ने नीचे की ओर के अन्त का पता लगाने का निश्चय किया। उक्त शब्दों से उद्भासित, ज्ञानधारक होकर ऊपर की ओर ब्रह्मा तथा नीचे की ओर विष्णु गए।[1]

अधो धूमाकुलं दृष्ट्वा ततो विष्णुर्निवर्त्तितः।
ब्रह्मोर्ध्वे तु यदा याति केतकी सन्मुखेऽभवत्॥ 19॥

नीचे की ओर जाने पर चारों ओर धूमाकुल अंधियारा पाकर विष्णु तो लौट आए परन्तु जब ब्रह्माजी ऊपर की ओर जा रहे थे तब केतकी[2] का पुष्प उनके देखने में आया। (इस पर ब्रह्मा ने उससे पूछा)।

ब्रह्मोवाच —

भो भो गन्धमादनाक्षि कुतः स्थानात्त्वमागता।
लिङ्गान्तं द्रष्टुकामोऽहं केतकि तत्र का कथा॥ 20॥

ब्रह्मा बोले कि 'हे गन्धमादन आँखों वाली! तुम किस स्थान से आ रही हो, हे केतकी! मैं लिंग के अन्त को देखने की कामना लिए हुए हूँ, तुम बताओ कि वहाँ की क्या कथा है-वहाँ का कैसा वर्णन है, कहों।'

केतक्युवाच —

नैकयुगसहस्राणि आयाता लिङ्गमस्तकात्।
तस्य व साक्ष्यमहं ब्रह्मन् लिङ्गान्ताद्विनिर्वतिता॥ 21॥

---

1. शिवपुराण की कथा में आया है कि उक्त वाणी को सुनकर विष्णु शूकर का रूप धारण कर लिंग के मूलभाग का पता लगाने के लिए नीचे की ओर गए और ब्रह्मा हंस का रूप धारण कर उस अग्निस्तम्भ की ऊपरी सीमा को देखने के लिए गए : इत्युक्त्वा सूकरतनुर्विष्णुस्तस्यादिमीयिवान्॥ तथा ब्रह्मा हंसतनुस्तदन्तं वीक्षितुं ययौ। (विद्येश्वरसंहिता 7, 16-17)
2. शिवपुराण में आया है-- अथ गच्छंस्तु व्योम्रा च विधिस्तात पिता तव। ददर्श केतकीपुष्पं किञ्चिद्विच्युतमद्भुतम्॥ (तत्रैव 7, 19)

इस पर केतकी बोली—'ब्रह्माजी! लिङ्ग के मस्तक का विस्तार अनेक सहस्रयुगों के विस्तार वाला है। इसकी साक्षी मैं हूँ क्योंकि लिङ्ग के अन्त (मस्तक से ही गिरती) आ रही हूँ।'

गन्धमादनेति वाक्य ? ब्रह्मणः स्तुतिनन्दिता।
त्वयां (यि) समाहितात्मा च तव स्नेहान्निवर्तिता ॥ 22 ॥

गन्धमादनी केतकी के इस वाक्य को सुनकर ब्रह्माजी ने उस केतकी की प्रशंसा और वन्दना की 'हे केतकी! तेरे समान हितात्मा और तेरे जैसे स्नेह से कभी भी वंचित न रखने वाले अन्य कोई नहीं है।'

परमेष्ठी स केतक्या निवृत्तः क्ष्मातले तदा।
लिङ्गाग्रे च समुत्था ये केतकी ब्रह्मणो हृदि ॥ 23 ॥
किमर्थमागतौ दृष्टं लिङ्गान्तमधऊर्ध्वतः।
एवं वचोऽवदल्लिङ्गं ब्रूतं हरि पितामहौ ॥ 24 ॥

इस तरह परमेष्ठि ब्रह्मा उस केतकी से निवृत्त होकर पुनः पृथ्वीतल पर आ गए और लिङ्ग के आगे खड़े होकर केतकी का हृदय में स्मरण कर ही रहे थे कि लिङ्ग में से ध्वनि आई। उसने हरि और ब्रह्मा से प्रश्न किया कि 'क्या तुम दोनों लिङ्ग आदि-अन्त के छोर को देखकर आए हो?'

विष्णुरुवाच —

नाऽन्तो दृष्टं श्रुतो वाऽपि न वा वेदागमादितः।
धूमाकुलोऽवदद्विष्णुर्विशेषान्न मयेक्षितम् ॥ 25 ॥
मया दृष्टौ नैव चाऽन्तो नैव चापि सुरासुरैः।
इत्युक्तानन्दतरं चाध वचस्तु परमेष्ठिनः ॥ 26 ॥

इस पर विष्णु बोले कि 'हे प्रभु! मैंने तो न तो लिङ्ग के अन्त को देखा न ही इसके अन्त को सुना। यही नहीं, न इसके अन्त के बारे में वेदों और आगमों में ही पढ़ा। मैं तो जहाँ तक गया वहाँ तक अन्धेरा ही अन्धेरा देखा। मेरे द्वारा तो किसी भी प्रकार से अन्त नहीं देखा गया और न कभी भी किसी भी सुर या असुर ने इसके अन्त को देखा है।' भगवान् विष्णु के इतना कहने के बाद परमेष्ठि ब्रह्मा भी वैसा ही कहने लगे।

ब्रह्मोवाच —

अवदत् पञ्चमशिरो दृष्टोन्तो व्योमतः परम्।
अमृतं जल्पितं चेन्मे साक्षिणी गन्धमादनी ॥ 27 ॥

ब्रूहि मेत्वं सत्यात्मिके पुष्पराजादिजातिके।
मया ह्यन्तः परोद्दष्टः निङ्गस्य व्योमतः परम्॥ 28॥

ब्रह्मा ने कहा कि 'मैंने अपने पाँचवें सिर से लिङ्ग के अन्त को आकाश के परे तक देखा, इसमें यदि मैं झूठ कह रहा हूँ, तो मेरी साक्षी यह गन्धमादनी केतकी है। हे केतकी! मुझे कहों कि तुम सत्य आत्मा वाली हों और पुष्पराजादि के जाति की हों कि मेरे द्वारा लिङ्ग का अन्त देखा गया जो व्योम के अन्त से भी परे था या नहीं।'

कः साक्षी भवः कार्य ईश्वरो लिङ्गमब्रवीत्।
ज्ञानलिङ्गस्योऽन्तिके च समानीता पुष्पावती॥ 29॥

इस पर लिङ्ग के भीतर से ईश्वर शिव की वाणी हुई कि क्या लिङ्ग के अन्त का ज्ञान हो जाने की साक्षी स्वरूप यह केतकी पुष्पावती तुम्हारे द्वारा इसी कार्य के लिए बुलाई गई है?

ईश्वर उवाच —

भो भो गन्धमादनाक्षि सत्यं वद पुष्पावती।
नाऽनृतं सत्यमेवत्वमाख्याहि श्वेतकर्णिके॥ 30॥
तव वंशे नाऽनृतं च पुष्पदीर्घाग्रके खलु।
वक्रकीट (कणृ) कुलाकीर्णे वकाग्रे ब्रूहि शाश्वतम्॥ 31॥

इस पर ईश्वर ने कहा कि 'हे गन्धमादनी आँखों वाली पुष्पावती! सत्य-सत्य कहों। हे श्वेतकर्णिके! कभी भी झूठ मत कहना, सत्य को ही कहना क्योंकि तुम्हारे पुष्प समस्त बगीचों में प्रसिद्ध है। तुम्हारे वंश में झूठ का प्रचलन ही नहीं है। इसलिए हे वक्रकोणों के समूहों वाली! वक्र अग्रभाग वाली!! शाश्वत सत्य को ही कहों।' इस पर केतकी कहने लगी।

केतक्युवाच —

लिङ्गमस्तकतश्चाऽहमानीता परमेष्ठिना।
मम सत्यमिदं वाक्यं नाऽनृतं परमश्वेर:॥ 32॥

केतकी बाली कि 'हे प्रभु! मैंने लिङ्ग के मस्तक के अन्त तक परमेष्ठि ब्रह्मा को पहुँचाया, यह मेरा सत्य वचन है। हे परमेश्वर! इसमें कुछ भी झूठ नहीं है।'

अन्यदप्याह —

अधेश्वरेणाऽनुकाक्यं शापिता गन्धमादनी।
परोपकारहेतुत्वे पूजानर्हा भविष्यति॥ 33॥

केतकी के इस प्रकार मिथ्या साक्ष्यवत् झूठे वचन को सुनते ही ईश्वर के द्वारा गन्धमादनी शापिता हों गई—'हे केतकी! अब से तेरी परोपकार के लिए कभी भी पूजा नहीं होगी।'

पञ्चमं तु शिरश्छिन्नं ब्रह्मणोऽनृतवादिनः।
अनामिकाङ्गुष्ठकोटान्निहतं च तदाननम्॥ 34॥
त्रुटितं चेश्वरकरे लग्नं तद् ब्रह्मणः शिरः।
अथ स्मृतं स्कन्दवाक्यं हन्याऽऽसन्मिम नानृतम्॥ 35॥
आहूतश्च तथा नीतो मयूरस्थः षडाननः।
प्रणतश्च तदा देवः स्कन्देन परमेश्वरः॥ 36॥

इसी प्रकार ब्रह्मा का भी पाँचवाँ सिर उनके असत्यवादी होने के कारण उनके चारों मस्तकों के ऊपर से विछिन्न हों गया और उस कटे हुए ब्रह्मा के पाँचवें सिर को ईश्वर शिव ने अपनी अनामिका और अँगूठे के नोक से पकड़कर स्कन्द कीर्तिकेय का स्मरण किया। उन्हें कहा कि 'इसी तरह अन्य किसी भी झूठ बोलने वालों का हनन कर दें।'[1] षडानन कार्तिकेय शिव द्वारा आहूत होने पर मयूर पर सवार होकर आए थे और (कार्य करके) परमेश्वर शिव को प्रणाम किया।

ईश्वर उवाच —

भो पुत्र ते महद् ज्ञानं सत्यवादी षडानन।
करावलोकमात्रेण हित्यं भाष्यं तु कार्त्तिक॥ 37॥
वाक्यं स्कन्दपुराणस्य नाऽसत्यं तु षडानन।
वरं ब्रूहि च दास्यामि व्यक्तोऽहं तव कार्तिक॥ 38॥

इस अवसर पर ईश्वर बोले कि हे पुत्र षडानन! तुम महान् ज्ञानी और सत्यवादी हों। किसी का हाथ देखने मात्र से ही हे कार्तिकेय! तुम हितकर भाषण ही करते हों। इसीलिए स्कन्दपुराणान्तर्गत[2] कोई भी वाक्य हे षडानन! असत्य नहीं है। तुम वर माँगों मैं वरदान देता हूँ— यह मैं तुम्हें स्पष्ट कह रहा हूँ।

---

1. शिवपुराण में आया है कि शिव ने ब्रह्मा का घमण्ड चूर्ण करने के लिए भौंहों के मध्य से भैरव को उत्पन्न किया। भैरव ने अपने एक हाथ से ब्रह्माजी के केशों को पकड़कर और दूसरे हाथ के पकड़ी हुई तलवार से असत्यभाषी पाँचवें मुख को काट डाला : स वै गृहीत्वैककरेण केशं तत्पञ्चमं दृप्तमसत्यभाषिणम्। छित्वा शिरो ह्यस्य निहन्तुमुद्यतः प्रकल्पयन्खड्गमतिस्फुटं करैः॥ (विद्येश्वर. 8, 4)
2. ग्रन्थकार यहाँ स्कन्दपुराण का वर्णन करता है। वह स्कन्दपुराण की विषय-वस्तु से प्रभावित रहा है, इसी कारण वह शैव ज्ञात होता है। मेवाड़ और गुजरात दोनों ही क्षेत्रों में स्कन्दपुराण का बड़ा प्रभाव

कार्तिकेयोवाच —

स चाऽऽगमो गतो दैत्यैर्गृहीत्वा क्षिप्त आर्णवे।
तदा त्यक्तं मया देव न कृतं ग्रन्थशासनम्॥ 39॥

इस अवसर पर कार्तिकेय कहने लगे कि (पूर्वकाल में) दैत्यों ने समस्त आगमों को समुद्र में डाल दिया था, उन्हें मैं वापस लाना चाहता हूँ। इसके सिवाय हे देव! मुझे किसी ग्रन्थ का शासन नहीं चाहिए।'

तदाऽभवदीश्वराज्ञा आश्वानय जलाधिपम्।
वरुणस्ताऽऽगतश्चाऽर्ममीशायाऽदाच्च भक्तितः॥ 40॥

इस पर शिव की आज्ञा हुई कि 'शीघ्र ही जलाधिप वरुणदेव का को बुला लाओ।' इस बीच, वरुणदेव ने आते ही भगवान् शिव को भक्तिपूर्वक अर्ध्य दिया।

शिवोवाच —

सदामृतं! वरुणेन्द्र ममाज्ञातस्त्वमाशु वै।
त्वयि क्षिप्तं यथा ग्रन्थमर्पयस्वाऽन्यतोऽपि वा॥ 41॥
मैनाकः पर्वतो नामार्णवोपकण्ठवासवात्।
ग्रन्थस्तस्या करे क्षिप्तो रक्षणीयो भयातुरः॥ 42॥

शिव ने कहा— 'हे सदा अमृतस्वरूप वरुणदेव! आप मेरी आज्ञा से शीघ्र ही पधार गए हों। आपके भीतर डाले गए ग्रन्थ और किसी अन्य को भी अर्पित कर दिए हों तो भी समुद्र के उपकण्ठ में बसे मैनाक नामक पर्वत उन ग्रन्थों की अपने हाथ में पड़ने से भयातुर होकर, रक्षणीय मानकर रक्षा कर रहा है।

तदानीय स्कन्दागमं पुराणलक्षणान्वितम्।
समर्पयन्महादेवे भक्तिमांस्तु जलाधिपः।
तुष्टोऽहं चाम्बुराजेन्द्र ग्रन्थो भक्त्वा नगे धृतः॥ 43॥
वरं ब्रूहि च दास्यामि इच्छितं च मनःस्थितम्।

हे जलाधिप! आपने उसके पास से पुराण लक्षणों (सर्ग, प्रतिसर्ग, वंश, मन्वन्तर व वंशानुकीर्तन) से युक्त स्कन्दागम को लाकर मुझ महादेव को भक्तिपूर्वक समर्पित कर दिए। हे अम्बुराजेन्द्र! मैनाक पर्वत द्वारा भक्ति से धारण किए ग्रन्थों को प्राप्त करके मैं तुष्ट हुआ हूँ। इसलिए तुम जो भी इच्छित वर चाहो, मैं तुम्हें वर दूँगा।

रहा है। अपराजित. के छन्दों पर भी इसी पुराण का प्रभाव दिखाई देता है। आगे भी स्कन्दपुराण के अध्यायों की विषय सामग्री का उल्लेख आता है।

नासत्यं नान्यथा चैव ददामि यत्त्वयेप्सितम् ॥ 44 ॥
मत्सन्मुखे तथा चैव जल्पनीयं जलाधिप।

ध्यान रखो कि इसमें कोई असत्य नहीं है और न कोई अन्य बात है। मैं तो जो भी तुम्हारी इच्छा होगी उसे पूरी करूँगा ही। अस्तु, हे जलाधिप! मेरे सामने जो भी कहने योग्य हों कहों। '

वरुणोवाच —

अस्मद्भक्त्वा यदा तुष्टो दास्यसि त्वमभीप्सितम् ॥ 45 ॥
अस्माकमभिधानेन चेदं शास्त्रं महीतले।
तथा चाऽस्तु शिवज्ञानं (वाज्ञातः) यावत्कल्पान्तमेव च ॥ 46 ॥
स्कन्दपुराणोद्भवं स्यात्सामुद्रमभिधानतः।

तब जलाधिप वरुणदेव ने भगवान शिव से कहा—'हे प्रभु मेरी भक्ति से प्रसन्न होकर आप मुझे मेरा चाहा वरदान देना ही चाहते हैं तो यही वरदान दें कि जब ये शास्त्र महीतल पर जाएँ तो मेरे नाम से जाने जाए, ये ग्रन्थ मेरे अभिधान (नामान्त में सागर, अर्णव, सिन्धु इत्यादि) से युक्त हों।' इस पर भगवान् शिव ने 'तथास्तु' कहकर कहा कि जब तक कल्पान्त होगा, स्कन्दपुराण को 'सामुद्र' अभिधान से जाना जाएगा।

सर्वलक्षणमत्रोक्तं पुरुषादेस्तथैव च ॥ 47 ॥
अश्वगजेन्द्रमहिष गोवृषादिकजन्मनाम्।
आयुर्लक्षणकोपेतं मृत्वादि कालवञ्चना ॥ 48 ॥
तीर्थयात्रादि नियमो व्रतानां सारमुद्धृतम्।

इस (पुराण के प्रमुखतः काशीखण्ड में) ग्रन्थ में सभी लक्षण—पुरुषलक्षणों से लेकर, अश्व, गजेन्द्र, महिष, गौ, वृषादिकों के जन्म, आयु के लक्षण, मृत्यु सूचक लक्षणादि कालवञ्चना, तीर्थ-यात्रादि नियम, व्रतों का सार कहा हुआ है।

कापालिकोद्भवं वेषं ? निष्कासदर्शनोद्भवम् ? ॥ 49 ॥
अष्टादशैव भेदाश्च महाव्रतसमुद्भवाः।

इसी प्रकार कापालिकों से उत्पन्न वेश, निष्कास दर्शनों से उत्पन्न अठारह भेदों और महाव्रतों से उत्पत्ति बताई है।

वाराणस्यां गङ्गातीरे कपर्दी कनकेश्वरः ॥ 50 ॥
महेशो मुक्तवान् ब्रह्मकपालं तत्र पाणितः।

तत्रस्थस्तु महादेवः कपालेश्वरनामकः ॥ 51 ॥
तत्र स्नातो नरो यस्तु ज्ञानादज्ञानतोऽपि वा।
समुक्तो नाऽत्र सन्देहों ब्रह्महत्यादिपातकः।
लभते धर्मा-र्थ-काम-मोक्षांश्च मनसेप्सितान् ॥ 52 ॥

वाराणसी के गङ्गा तीर पर कपर्दी कनकेश्वर महेश को मुक्तिदाता के रूप में हाथ में ब्रह्मकपाल लिए हुए है, उन महादेव का कपालेश्वर के नाम से ध्यान करके जो कोई भी व्यक्ति जाने-अनजाने में भी स्नान कर लेता है, वह तुरन्त मुक्त हो जाता है, इसमें कोई सन्देह नहीं। वह ब्रह्म हत्यादि पापों से भी मुक्त होकर इच्छित धर्म, अर्थ, काम और मोक्ष— पदार्थ चतुष्टय को प्राप्त कर लेता है।

तत्र काले समुद्भूत लिङ्गाकारस्वरूपिणः।
ब्रह्मविष्ण्वादिका देवा भक्त्वा वै पूजने रताः ॥ 53 ॥
देव-दानव-गन्धर्वाः पिशाचोरग-राक्षसाः।
सर्वे ते भक्तिमन्तश्च लिङ्गरूपैलङ्कृताः ॥ 54 ॥

इस बीच, वहाँ उस स्तम्भ लिङ्गाकार स्वरूपी ईश्वर को उत्पन्न हुआ जान करके ब्रह्मा, विष्णु आदि देव उन्हें भक्तिपूर्वक पूजने में लग गए। देव, दानव, गन्धर्व, पिशाच, उरुग, राक्षस आदि सभी ने भक्तिपूर्वक लिङ्ग रूप से अपने को अलंकृत किया।

न लिङ्गाच्चापरो देवो धर्म-कामा-र्थ-मोक्षदः।
इदं चैव जगत् सर्वं लिङ्गरूपे लयं गतम् ॥ 55 ॥
लयं गताश्च कल्पान्ते लिङ्गे जीवानुरूपकाः।
उद्भूतं च पुनर्लिङ्गाज्जगत्स्थावरजङ्गमम् ॥ 56 ॥

उन सभी ने यह भली-भाँति जान लिया कि लिङ्ग के सिवाय कोई भी देव धर्म, अर्थ, काम, मोक्ष का दाता नहीं हों सकता है। यह सारा जगत लिङ्ग रूप ही है और इसी में लय हों रहा है। कल्पान्त में लय हो जाने पर भी जीव के अनुरूप लिङ्ग होता है और वही लिङ्ग पुनः उत्पन्न होकर जगत में स्थावर जङ्गम होकर आता है।

भूयश्चकोद्भवा तु राज्ञ मुद्राभिधानवर्तकाः ?।
यत्रोत्पन्नं सृष्टिरूपं तद्रूपाः सृष्टिकाधिपाः ॥ 57 ॥

जैसे राजा की मुद्रा उसके नाम से अपना वर्तन पूरा करती हुई चलती है, उसी प्रकार यह स्थावर जङ्गम का चक्र भी उत्पन्न होता रहता है। जिस रूप की सृष्टि जहाँ होती है, वहाँ उसी रूप का, उस सृष्टि का अधिप राजा भी होता है।

सयोनिलिङ्गसम्भूताः सर्वे जीवानुरूपकाः।
सृष्ट्यधिपो महादेवो नाऽन्ये चैव दिवौकसः॥ 58॥
यदाकारो महादेवस्तद्रूपः सृष्टिसम्भवः।
ज्ञानचक्षुर्विना वेद नाऽन्यदेवस्य भक्तकः॥ 59॥

सभी जीवों के रूप सयोनि और सलिङ्ग उत्पन्न होते हैं। इस सृष्टि का अधिपति स्वामी महादेव ही है कोई अन्य देवता नहीं। जिस आकार का अर्थात् लिङ्ग रूप का महादेव है, उसी रूप की सृष्टि उत्पन्न होती है। यह सब बात ज्ञान चक्षु के बिना किसी भी व्यक्ति को समझ में नहीं आती न ही यह किसी अन्य देव की भक्ति करने से आती है।

लिङ्गसृष्ट्युद्भवं सर्वं लिङ्गरूपाश्च देवताः।
तद्योनिमात्रसम्युक्तं धर्मकामार्थमोक्षदम्॥ 60॥
लिङ्गोद्भूताः सर्वदेवा न कस्माल्लिङ्गसम्भवः।

लिङ्ग रूप से ही सृष्टि उत्पन्न होती है और सभी देवता भी लिङ्ग रूप में ही हैं। उनकी योनि मात्र धर्म, काम, अर्थ, मोक्ष को देने वाली है। लिङ्गों से उत्पन्न हुए सभी देव है किसी देव से लिङ्ग उत्पन्न नहीं हुआ है।

सृष्ट्युद्भवः सयोनिश्च शिवशक्त्या चराचरम्॥ 61॥
शिवलिङ्गोद्भवा शक्तिः शक्तिमांश्च शिवस्तथा।
उभयोरपि संयोगाच्छिवशक्त्योश्चराचरम्॥ 62॥

चराचर सृष्टि का उद्भव सयोनि शिव-शक्ति से है। शक्ति भी शिवलिङ्ग से उत्पन्न हुई है और शिव ही शक्तिमान देव है। इन दोनों के संयोग से ही शिव-शक्ति के संयोग से ही यह यह चराचर है।

शिवशक्तितश्च भवो देवतानामनुक्रमात्।
तदुद्भवादिकं नैव विना लिङ्गं सृष्ट्यधिपम्?॥ 63॥

शिव-शक्ति से ही देवताओं का अनुक्रम से नाम हुआ है। उनकी उत्पत्ति भी बिना इस सृष्टि के अधिपति लिङ्ग के नहीं होती है।

आकाशं लिङ्गमित्याहुः क्षितिः स्याज्जलहारिका।
तन्मध्ये सर्वभूतात्म लयानाल्लिङ्गमुच्यते॥ 64॥[1]

---

1. यह श्लोक स्कन्दपुराण में इस प्रकार से आया है—आकाशं लिङ्गमित्याहुः पृथिवी तस्य पीठिका। आलयः सर्वदेवानां लयनाल्लिङ्गमुच्यते॥ (वीरमित्रोदय के लक्षणप्रकाश में उद्धृत)

इसलिए आकाश को लिङ्ग कहा है और पृथ्वी उसकी जलहारिका पीठिका यानी योनि है। इन दोनों के बीच ही सभी भूत प्राणी होते हैं। इसमें सबका लय होता है, इसीलिए इसे लिङ्ग कहते हैं।

उच्छ्रयो लिङ्गमित्याहुः पृथिवी तस्य पीठिका।
उमा तु पीठिका शेया(?ज्ञेया) शङ्करो लिङ्गमुच्यते॥ 65॥

जो भी उठाव हों वे सभी लिङ्ग कहे गए है और पृथिवी उनकी पीठिका योनि, जलाधारी आदि है। उमा को पीठिका जानो और शिव को लिङ्ग कहा गया है।[1]

शङ्करस्य तु ये भक्ता योनिलिङ्गार्चने रताः।
धर्मा-र्थ-काम-मोक्षांस्ते प्राप्नुवन्ति च शाश्वतम्॥ 66॥

शङ्कर के जो भक्तगण योनि-लिङ्गार्चन में निरत हैं, वे धर्म, अर्थ, काम और मोक्ष को शाश्वत रूप से प्राप्त करते हैं।

सोदयात् कुण्डलिनं दृष्ट्वा सायंप्रहरविमुदा।
द्वितीयमिन्द्रस्पददोरक्ष कुण्डलिनं वसम्॥ 67॥[2]

जो उदयकाल से लेकर सान्ध्यकाल तक के प्रहरों में कुण्डलिन शिव को देखते हुए मुदित होता रहता है, वह कुण्डलिन से रक्षित होकर द्वितीय इन्द्र की भाँति इन्द्र के पद पर होता है।

इति सूत्रसन्तानगुणकीर्तिप्रकाशप्रोक्तृश्रीभुवनदेवाचार्योक्तापराजितपृच्छायां ब्रह्मविष्णुसंवादे लिङ्गाधिकारो नाम षण्णवत्युतरशततमं सूत्रम्॥ 196॥

इस प्रकार भुवनदेवाचार्य कृत सूत्रसन्तानगुणकीर्ति प्रकाश या अपराजितपृच्छा में ब्रह्मविष्णु संवाद में लिङ्ग अधिकार नामक एक सौ छियानवाँ सूत्र पूर्ण हुआ॥ 196॥

सुप्रभेदागम में कहा गया है कि प्रलयकाल में जब समस्त भूतादि प्राणी जिसमें लीन हो जाते हैं और सृष्टिकाल में पुनः जिसमें से उत्पन्न होते हैं, वह लिङ्ग है— लयं गच्छन्ति भूतानि संहारे निखिलं यतः। सृष्टिकाले पुनस्सृष्टिं तस्माल्लिङ्गमुदाहृतम्॥ (एलिमेण्ट्स ऑफ हिन्दू आइकॉनोग्राफी, भाग द्वितीय, खण्ड द्वितीय, परिशिष्ट पृष्ठ 3 तथा लिङ्गपुराण 99, 8)

1. तुलनीय : लिङ्गवेदिर्महादेवी लिङ्गं साक्षान्महेश्वरः। लयानाल्लिङ्गमित्युक्तं तत्रैव निखिलं जगत्॥ (शिवरुद्रसंहिता, सृष्टिखण्ड 10, 28)

2. 'स्वेत कुण्डलिनं दृष्ट्वा संयग्रहरविमुदा?। द्वितीयमिन्द्रमिन्द्रस्य ददोरक्ष कुण्डलिनं वसम्?' इति प्रकाशित पाठः।

लिङ्गार्चनविधिर्नाम सप्तनवत्युत्तरशततमं सूत्रम्॥ 197॥

अधुना लिङ्गार्चनविधिः। विश्वकर्मोवाच —

पुरा चाऽऽराधितं लिङ्गं धर्मभक्तिरतैस्तथा।
लिङ्गं भद्र स्वरूपे च सम्प्राप्तः परमां गतिम्॥ 1॥

(इस सूत्र में शिवलिङ्ग की पूजा के विषय में कहा गया है। इससे शिवलिङ्ग के विविध पूजित स्वरूपों और देवादि गणों द्वारा प्रचारित विधानों पर प्रकाश पड़ता है। शिवपुराण[1] और लिङ्गपुराण[2] में देवताओं से पूजित विविध प्रकार के लिङ्गों का वर्णन आया है) विश्वकर्मा बोले कि प्राचीन काल से ही धर्म और भक्ति में तल्लीन लोगों द्वारा लिङ्ग की आराधना चली आई है। लिङ्ग के इस भद्र स्वरूप से लोगों ने

---

1. शिवपुराण में आया है कि विष्णु ने विश्वकर्मा को सभी देवताओं के लिए शिवलिङ्ग बनाकर प्रदान करने को कहा। इस पर विश्वकर्मा ने अधिकार के अनुसार लिङ्गों का निर्माण कर देवताओं को प्रदान किए थे। पद्मरागमणि का लिङ्ग इन्द्र को, सोने का लिङ्ग विश्रवा के पुत्र कुबेर को, पुखराज का धर्मराज को, श्याम वर्ण वाला लिङ्ग वरुण को, इन्द्रनीलमणि का लिङ्ग विष्णु को, सुवर्णमय लिङ्ग ब्रह्मा को प्रदान किया। विश्वेदेवा और वसुओं को चाँदी का लिङ्ग, अश्विनीकुमारों को पीतल का, लक्ष्मी को स्फटिकमणि का, आदित्यों को ताँबे का, चन्द्रमा को मोती का, अग्निदेव को हीरे का लिङ्ग बनाकर दिया। विप्रों व उनकी पत्नियों को मिट्टी का, मयदानव को चन्दन का, नाग को प्रवाल या मूँगे का, देवी को मक्खन का, योगी को भस्म का, यक्षों को दही का और छाया को पीठी का लिङ्ग दिया। ब्रह्माणी को पूजन के लिए रत्नमय लिङ्ग दिया जबकि बाणासुर आदि को पारे का लिङ्ग पूजार्थ दिया : पद्मरागमयं शक्रो हैमं विश्रवसः सुतः॥ पीतं मणिमयं धर्मो वरुणः श्यामलं शिवम्। इन्द्रं नीलमयं विष्णुर्ब्रह्मा हेममयं तथा॥ विश्वेदेवास्तथा रौप्यं वसवश्च तथैव च। आरकूटमयं वापि पार्थिवं ह्यश्विनौ मुने॥ लक्ष्मीश्च स्फाटिकं देवी ह्यादित्यास्ताम्रनिर्मितम्। मौक्तिकं सोमराजो वै वज्रलिङ्गं विभावसुः। मृण्मयं चैव विप्रेन्द्रा! विप्रपत्न्यस्तथैव च। चान्दनं च मयो नागः प्रवालमयमादरात्॥ नवनीतमयं देवी योगी भस्ममयं तथा। यक्षा दधिमयं लिङ्गं छाया पिष्टमयं तथा॥ रत्नलिङ्गं च ब्रह्माणि शिवं पूजयति ध्रुवम्। पारदं पार्थिवं बाणः समर्चति परेऽपि वा॥ एवंविधानि लिङ्गानि दत्तानि विश्वकर्मणा। ते पूजयन्ति सर्वे वै देवा ऋषिगणास्तथा॥ (शिवपुराण रुद्रसंहिता, सृष्टिखण्ड 12, 30-37)
2. लिङ्गपुराण किञ्चित अन्तर है : इन्द्रनीलमयं लिङ्गं विष्णुना पूजितं सदा। पद्मरागमयं शक्रो हैमं विश्रवसः सुतः॥ विश्वेदेवास्तथा रौप्यं वसवः कान्तिकं शुभम्। आरकूटमयं वायुरश्विनौ पार्थिवं सदा॥ स्फटिकं वरुणो राजा आदित्यास्ताम्रनिर्मितम्। मौक्तिकं सोमराड् धीमान्स्तथा लिङ्गमनुत्तमम्॥ अनन्ताद्या महानागाः प्रवालकमयं शुभम्। दैत्या ह्ययोमयं लिङ्गं राक्षसाश्च महात्मनः॥ त्रैलोहिकं गुह्यकाश्च सर्वलोहमयं गणाः। चामुण्डा सैकतं साक्षान्मातरश्च द्विजोत्तमाः॥ दारुजं नैर्ऋतिर्भक्त्या यमो मारकतं शुभम्। नीलाद्याश्च तथा रुद्राः शुद्धं भस्ममयं शुभम्। लक्ष्मीवृक्षमयं लक्ष्मीर्गुहो वै गोमयात्मकम्। मुनयो मुनिशार्दूलाः कुशाग्रमयमुत्तमम्॥ वामाद्याः पुष्पलिङ्गं तु गन्धलिङ्गं मनोन्मनी। सरस्वती रत्नेन कृतं रुद्रस्य वाम्भसा॥ दुर्गा हैमं महादेवं सवेदिकमनुत्तमम्। उग्रा पिष्टमयं सर्वे मन्त्रा ह्याज्यमयं शुभम्॥ वेदाः सर्वे दधिमयं पिशाचाः सीसनिर्मितम्। लेभिरे च यथायोग्यं प्रसादाद्ब्रह्मणः पदम्। बहुनात्र किमुक्तेन चराचरमिदं जगत्। शिवलिङ्गं समभ्यर्च्य स्थितमत्र न संशयः॥ (लिङ्ग. पूर्व. 74, 2-12) किञ्चित मतान्तर से यही वर्णन प्रतिष्ठालक्षणसारसमुच्चय में भी आया है। (लक्षणसमुच्चय, 32वीं विधि 44-60)

परम गति को पाया है।

शक्रादीनां लिङ्गार्चनमाह —

शक्रेणाराधितो देवो लिङ्गं वज्रमयं स्मृतम्।
सुरराजपदं प्राप्तं रम्भाशक्ति युतात्मभिः ?॥ 2॥

इन्द्रदेव ने भी वज्रमय लिङ्ग यानी हीरे से बने हुए लिङ्ग की आराधना की थी, ऐसा माना जाता है। इसी ने इन्द्र को सुरराज का पद और रम्भा जैसी शक्ति साथ में मिली।

धनदाराधितो देवो लिङ्गं स्वर्णमयं तथा।
सम्प्राप्तो धनदत्वं च स्वयोनौ नाऽत्र संशयः॥ 3॥

धनद यानी कुबेर ने सोने का लिङ्ग बनाकर उसकी आराधना की थी। इसी से उसने अपनी ही योनि में धनद पद को पाया, इसमें कोई संशय नहीं है।

विश्वेदेवाराधितो वै लिङ्गं रूप्यमयं स्मृतम्।
प्राप्तः स विश्वेदेवत्वं स्वयोनौ नाऽत्र संशयः॥ 4॥

विश्वेदेवों ने चाँदी के बने लिङ्ग की आराधना की जिससे उन्होने अपनी योनि में ही विश्वेदेवत्व को प्राप्त कर लिया, इसमें कोई संशय नहीं है।

मारुताराधितो देवो लिङ्गं वै पित्तलात्मकम्।
पवनत्वं स्म प्राप्नोति सवयौनौ नाऽत्र संशयः॥ 5॥

मारुतों ने पित्तल के बने लिङ्ग की आराधना की। इससे उन्हें पवनत्व अपनी ही योनि में प्राप्त हों गया, इसमें कोई संशय नहीं जाने।

आराधितोऽष्ट वसुभिर्लिङ्गं कांस्यमयं स्मृतम्।
वसुत्वाद्य पदं प्राप्तं स्वयोनौ नाऽत्र संशयः॥ 6॥

आठ वसुओं ने कांस्य के बने लिङ्ग की आराधना करके वसुत्व आद्यपद को अपनी ही योनि में प्राप्त किया, इसमें कोई संशय नहीं जानना चाहिए।

मरीच्यादिगणैर्देवः स्वल्प ? लिङ्गं पुरार्चितम्।
शतार्ध विना त्वेकैश्च ? प्राप्ता देवपदं तथा॥ 7॥

मरिचि आदि देवगणों ने स्वल्प (? त्रपुज) लिङ्ग का प्राचीन काल में अर्चन किया। इससे उन उनचास[1] मरुतों ने देव पद को प्राप्त किया।

---

1. अल्पज्ञात 'वह्निपुराण' के गणभेदनामाध्याय में मरुत के उनचास प्रकार और उनके नाम आए हैं— एकज्योतिश्च द्विर्ज्योतिस्त्रिज्योतिर्ज्योतिरेव च। एकशक्रो द्विशक्रश्च त्रिशक्रश्च महाबलः॥ इन्द्रश्च गत्यदृश्यश्च

तथा व्यन्तरजैर्देवो लिङ्गं वै पित्तलात्मकम्।
आराधितं ततस्ते वै मुक्तिं प्राप्ता स्वयोनितः॥ 8॥

इसी तरह से व्यन्तरों में उत्पन्न देवों ने भी पित्तल का लिङ्ग बनाकर उसकी आराधना की जिससे उन्होंने अपनी ही योनि में मुक्ति प्राप्त कर ली थी।

शीशकोद्भवलिङ्गं तु पैशाचैरर्चितं पुरा।
मुक्तिं प्राप्तास्तेन ते च स्वयोनेर्नाऽत्र संशयः॥ 9॥

पिशाचों ने शीशे के बने हुए लिङ्ग से पुराकाल में आराधना करके अपनी ही योनि में मुक्ति प्राप्त कर ली इसमें कोई संशय नहीं।

वासुक्याद्यैश्च नागैश्च लिङ्गं तद्व्यमनोर्चितम् ?।
ततः पातालराज्यं तु सम्प्राप्ताः कुलपन्नगाः॥ 10॥

वासुकी आदि नागों ने तद्व्यमनोर्चित लिङ्ग (? अयस्कान्तमणोर्चितम्) की आराधना की जिससे उन्हें समस्त पन्नगों पर पाताल राज्य प्राप्त हुआ।

दीप्तं वह्न्यर्चितं लिङ्गं ज्योतिर्मण्डलमध्यगम्।
हुताशनः पदं प्राप्तः सर्वदेवमुखं तथा॥ 11॥

अग्नि ने वह्न्यर्चितलिङ्ग की ज्योतिमण्डल के मध्य में आराधना करके हुताशन पद की प्राप्ति की जिससे वह सब देवताओं के मुख हों गए।

आदित्यादीनामर्चल्लिङ्गमाह —

सूर्यकान्तमयं लिङ्गमादित्येन पुरार्चितम्।
सूर्यत्वं च पदं प्राप्तं स्वयोनौ नाऽत्र संशयः॥ 12॥

सूर्यदेव ने सूर्यकान्तमणि से निर्मित लिङ्ग की आराधना करते हुए अपनी ही योनि में सूर्यत्व को प्राप्त किया, इसमें कोई संशय नहीं है।

चन्द्रकान्तमयं लिङ्गं सोमेन च पुरार्चितम्।
प्राप्तं नक्षत्राधिपत्यं स्वयोनौ नाऽत्र संशयः॥ 13॥

चन्द्रमा ने चन्द्रकान्तमणि निर्मित लिङ्ग की अर्चना से अपनी ही योनि में नक्षत्रों

ततः पतिसकृत्परः। मितश्च संमितश्चैव सुमितश्च महाबलः॥ ऋतजित् सत्यजिच्चैव सुषेण सेनजित्तथा। अन्तिमित्रोऽनमित्रश्च पुरुमित्रोऽपराजितः। ऋतुश्च ऋतवाहश्च धर्ता च धरुणो ध्रुवः। विधारणो नाम तथा देवदेवो महाबलः॥ ईदृक्षश्चाप्यदृक्षश्च एते दश मिताशिनः। व्रतिनः प्रसदृक्षश्च सभरश्च महायशाः॥ धाता दुर्गो धितिर्भीमस्त्वभियुक्तस्त्वपात् सहः। घुतिर्घपुरनाय्योऽथ वासः कामो जयो विराट्। इत्येकोनाश्च पञ्चाशन्मरुतः पूर्वसम्भवाः॥ (शब्दकल्पद्रुम चतुर्थकाण्ड पृष्ठ 313) प्रकारान्तर से वायुपुराण (7, 123-130) में भी इन मरुद्गणों के नाम आए हैं।

के अधिपतीत्व को प्राप्त कर लिया, इसमें काई संशय नहीं है।

प्रवालकमयं लिङ्गं पुरा मङ्गलपूजितम्।
बुधेनाराधितं लिङ्गमिन्द्रनीलमयं पुरा॥ 14॥
पुष्परागमयं लिङ्गं वाचस्पतिसुपूजितम्।
शुक्रेण वै शङ्खमयं शनिना कृष्णनीलजम्॥ 15॥
केतुना वैडूर्यमयं गामेधीयं च राहुणा।

मङ्गल ने पुराकाल में प्रवाल (मूँगा) से निर्मित लिङ्ग की आराधना से, बुध ने इन्द्रनीलमणि निर्मित लिङ्ग की आराधना से, बृहस्पति ने पुखराजमय लिङ्ग की आराधना से, शुक्र ने शङ्खमय लिङ्ग और शनि ने कृष्णनीलम से निर्मित लिङ्ग से, केतु ने वैडूर्य लिङ्ग से और राहु ने गोमेधीय लिङ्ग से (आराधना की)।

आर्हतैः पूजितं लिङ्गं शुद्धस्फटिकजं तथा॥ 16॥
महालिङ्गं हैमवतं ब्रह्मणा स्वयमर्चितम्।
हेमकूटे विरूपाक्षं तज्जनार्दनपूजितम्॥ 17॥
देवीभिश्च समस्ताभिरष्टलोहमयं तथा।
भैरवेः क्षेत्रपालैश्च [1]त्रपुजद्यात्मकमर्चितम्॥ 18॥
योगिनीभिर्दिव्यलिङ्गं ब्रह्मरन्ध्रे च ध्यानजम्।

इसी प्रकार अर्हतों ने स्फटिक लिङ्ग से, ब्रह्मा ने स्वयं अर्चित हेमवन्त महालिङ्ग से, जनार्दन ने हेमकूट पर विरूपाक्ष लिङ्ग की आराधना से, समस्त देवियों ने अष्टलौहमय लिङ्ग की आराधना से, भैरवों और क्षेत्रपालों ने त्रपुजात्मक लिङ्ग की अर्चना से और योगिनियों ने ब्रह्मरन्ध्र में ध्यान करने से उत्पन्न दिव्यलिंङ्ग की आराधना से मुक्ति पाई।

शैलजं पार्थिवं लिङ्गं धातुजं रत्नजं तथा॥ 19॥
धर्मा-र्थ-काम-मोक्षं च प्राप्नोति मनसि स्थितम्।

इसी प्रकार शैलज-पाषाण से बने, धातुज-धातु से बने, पार्थिव-मिट्टी से बने, रत्नज-रत्नों से बने लिङ्ग में भी मन को स्थिर करके धर्म, अर्थ, काम, मोक्ष की प्राप्ति की गई है।

लिङ्गं देवो रत्नजं च भुक्तिकामैर्नरेश्वरैः।
धातुदं शान्तिदं पूज्यं राजभिर्मुक्तिकीर्तिदम्॥ 20॥

---

1. 'त्रिजद्यात्मकमर्चितम्?॥' इति प्रकाशित पाठः।

भोगों की कामना करने वाले राजाओं ने रत्न से निर्मित लिङ्गदेव की आराधना की तथा धातु से बने लिङ्ग से राजाओं ने शान्ति, भुक्ति और कीर्ति अर्जित की।

शैलजं वर्णभेदाः —

शैलजं च प्रवक्ष्यामि ह्यष्टवर्णमुदा हृतम्।
श्वेतं च पद्मवर्णं च कुमुदाभं च मुद्गभम्॥ 21॥
पाण्डुरं माक्षिकनिभं कपोताभं च भृङ्गभम्।

अब मैं शैलज यानी पाषाण से बनने वाले आठ वर्ण के लिङ्गों के बारे में कहता हूँ। ये हैं—1. श्वेत, 2. पद्म जैसे, 3. कुमुद जैसे, 4. मूँग जैसे, 5. पाण्डुर जैसे, 6. शहद जैसे, 7. कपोत जैसे और 8. भौंरे जैसे वर्ण वाले लिङ्ग।

श्वेतेर्विप्रा प्रवर्द्धन्ते राजन् पद्मवर्णकैः॥ 22॥
वैश्याः कुमुदवर्णैश्च मुद्गाभैः शूद्रजातयः।
शेषवर्णैस्तथा चैव सामान्याननुलक्षयेत्॥ 23॥

श्वेत लिङ्ग की पूजा से विप्रों की वृद्धि होती है। पद्मवर्ण के लिङ्ग से राजन्य यानी क्षत्रिय वर्ण को लाभ होता है। कुमुदवर्ण के लिङ्ग से वैश्य वर्ग को लाभ होता है। मूँग जैसे वर्ण के लिङ्ग से शूद्र जातियों को लाभ होता है। शेष सभी वर्णों के लिए सामान्य रूप से लाभदायक है।

वर्णानुसारे प्राप्तलाभमाह —

आरोग्यं पाण्डुवर्णे स्यात् माक्षिके विजयः स्मृतः।
कपोते चार्थवृद्धिश्च भृङ्गाभे सुप्रजाः स्त्रियः॥ 24॥

यह उल्लेखनीय है कि पाण्डु वर्ण के लिङ्ग की आराधना से आरोग्य होता है। शहद जैसे वर्ण के लिङ्ग की आराधना से विजय मिलती है। कबूतर जैसे वर्ण के लिङ्ग की आराधना से अर्थ की वृद्धि होती है और भौंरे जैसे वर्ण के लिङ्ग की आराधना से अच्छी सन्तान और अच्छी स्त्रियाँ मिलती है।

पृथ्वीमयं पार्थिवं स्याद् द्विधा तच्चैव भेदतः।
पक्वापक्व रेणुकाभिः सुखलिङ्गं प्रकीर्तितम्॥ 25॥

पृथ्वीमय लिङ्ग भी दो प्रकार के पार्थिव भेदों में होते है— पके हुए और बिना पके हुए। रेती के बने लिङ्गों को सुखलिङ्ग कहते हैं।

गन्धलिङ्गमाह —

सौभाग्यं कुङ्कुमाढ्यैः कर्पूरैः कामदं तथा।

कस्तूरिकाभवं लिङ्गं भुक्तिकामादिभोगदम्॥ 26॥

कुङ्कुम से बने लिङ्ग सौभाग्य को देने वाले होते हैं। कर्पूर से बने हुए लिङ्ग कामना पूरी करते हैं और कस्तूरी से बने लिङ्ग भोग, काम और मोक्ष देने वाले हैं।

फलोत्थपुष्पलिङ्गमाह —

मातुलिङ्गभयं पूज्यं भुक्तिकामैश्च राज्यदम्।
मध्यगं करवीराणां पूजितं श्रीपदं भवेद्॥ 27॥

मातुलिङ्ग से लिङ्ग की पूजा से भोग, काम और राज्य मिलता है। मध्यग और करवीर के लिङ्गों की आराधना से श्रीपद की प्राप्ति होती है।

सन्तानवृद्धिदं पूज्यं लिङ्गं सर्वफलोद्भवम्।
यद्यत्फलोद्भवं लिङ्गं तैः फलैर्नोपजीवयेत्॥ 28॥

सभी फलों से निर्मित लिङ्ग की आराधना से सन्तान की वृद्धि होती है। यहाँ यह ज्ञातव्य है कि अपने प्रयोजन के लिए जिन-जिन फलों से लिङ्गों का निर्माण करें, उन फलों से कभी उपजीविका नहीं कमाए।

चित्रेऽथवागमेवाऽपि नियमार्थं सुपूजितम्।
तथाक्षतमयं पूज्यं मन्त्रलिङ्गं च पूजयेत्॥ 29॥

नियमार्थ पूजन के लिए चित्र (पिछवाई, तस्वीर) अथवा आगमशास्त्र की भी पूजा लिङ्ग रूप में की जा सकती है। इसी तरह अक्षतमय लिङ्ग का पूजन करें अथवा मन्त्रमय लिङ्ग (यन्त्र में उत्कीर्ण अथवा मन्त्रमय शिवार्चा) की पूजा कर सकते हैं।

उक्त्वा षडक्षरं मन्त्रं पुण्यं लिङ्गस्य दर्शनम्।
पञ्चवारं समुच्चार्य लिङ्गवक्त्रादिदर्शनम्॥ 30॥

षडक्षर मन्त्र (ॐ नमः शिवाय) का उच्चारण करके पवित्र लिङ्ग के दर्शन करने चाहिए। लिङ्ग के मुख के दर्शन के समय यह षडक्षर मन्त्र पाँच बार उच्चारण करना चाहिए।

इति सूत्रसन्तानगुणकीर्तिप्रकाशप्रोक्तृश्रीभुवनदेवाचार्योक्तापराजितपृच्छायां
लिङ्गार्चनविध्यधिकारो नाम सप्तनवत्युत्तरशततमं सूत्रम्॥ 197॥

इस प्रकार भुवनदेवाचार्य कृत सूत्रसन्तानगुणकीर्ति प्रकाश या अपराजितपृच्छा में
लिङ्गार्चनविधि अधिकार नामक एक सौ सित्यानवाँ सूत्र पूर्ण हुआ॥ 197॥

रत्नज लिङ्गप्रमाणमष्टनवत्युत्तरशततमं सूत्रम्॥ 198॥

अधुना रत्नज लिङ्गप्रमाणं। विश्वकर्मोवाच --

अत ऊर्ध्वं प्रवक्ष्यामि रत्नजादिकलक्षणम्।
रत्नजं धातुजं चैव लोहाष्टकविनिर्मितम्॥ 1॥

(इस सूत्र में रत्नों से बनने वाले लिङ्गों के प्रमाण, लक्षण आदि कहे गए हैं। शिवलिङ्गों के विविध स्वरूपों में रत्नजलिङ्ग का अपना विशेष महत्व है। वास्तुशास्त्रों में तो इसका वर्णन है ही 7वीं सदी में सम्पादित हुए प्रतिष्ठालक्षणसारसमुच्चय में भी यह वर्णन रहा है जिसे हेमाद्रि ने चतुर्वर्गचिन्तामणि में उद्धृत किया है।[1] वीरमित्रोदय के लक्षण प्रकाश सहित स्कन्दपुराण, गरुडपुराण, लिङ्गपुराण, कालोत्तर, ज्ञानरत्नावली, सिद्धान्तशेखर आदि में भी यह वर्णन आया है) विश्वकर्मा बोले कि इसके उपरान्त मैं रत्नाजादिक् लिङ्गों के लक्षणों को कहता हूँ। इसमें रत्नज, धातुज और आठ प्रकार के धातुओं से बनने वाले लिङ्गों का वर्णन है।

तथाऽनुक्रमसूत्रं च प्रमाणं यस्य यादृशम्।
यथाक्रमं विधातव्यं यथापङ्क्ति? (प्रोक्तं) पृथक् पृथक्॥ 2॥

इनका यथानुक्रम सूत्र और प्रमाण को जैसा कहा गया है, उसी अनुक्रम से कहता हूँ। यह पृथक्-पृथक् कहा गया है।

मुद्गप्रमाणाद्योद्भव रुद्रभागेति सङ्ख्यया ?।

---

1. प्रतिष्ठालक्षणसारसमुच्चय में आया है कि रत्नों से बनने वाले लिङ्ग दो प्रकार के होते हैं : 1. निर्मित किए जाने वाले और 2. अनिर्मित। शिल्पकार द्वारा काष्ठ से बनने वाले, घड़े गए लिङ्ग निर्मित माने जाते हैं और स्वाभाविक रूप से विशुद्धतः जो रत्नों से बनते हैं, उनको अनिर्मित कहा जाता है, इनकी पूजा करने से राजाओं को भुक्ति व मुक्ति सहित धन मिलता रहता है। बिन्दु सहित, रौद्र स्वरूप, आगे जिसमें शूल निकला हो, चिपिट, पतला, ऊर्ध्ववदन, अधोवदन, नीचे से बड़ा तथा मोटा एवं निस्तेज रत्न को लिङ्ग के लिए त्याज्य समझें : द्विविधं रत्नजं लिङ्गं निर्मितं चाप्यनिर्मितम्। कारुभिर्घटितं यच्च तलिङ्गं निर्मितं स्मृतम्॥ स्वभावोत्थं विशुद्धं यद्रत्नं तच्चाप्यनिर्मितम्। तत्पूज्यं राजभिर्यत्नात् भुक्तिमुक्त्यर्थिभिः सदा॥ त्यजेद्बिन्द्वन्वितं रौद्रं शूलाग्रं चिपिटं कृशम्। ऊर्ध्वाधोवदनं दीर्घमधःस्थूलं च निष्प्रभम्॥ (हेमाद्युरुदाहृत एवं लक्षणसारसमुच्चय, सम्पादक - वेदाचार्य दामोदर शर्मा, काठमाण्डु, 1969 ई., लिङ्गद्रव्यनिर्णयवनप्रवेश संज्ञक प्रथम विधि, 46-48)
सुप्रभेदागम में बारह प्रकार के क्षणिकलिङ्ग, दो प्रकार के मृण्मय, आठ प्रकार के दारुज, आठ ही प्रकार के लौहज, सात प्रकार के रत्नज, चार प्रकार के शैलज लिङ्गों की गणना की गई है। इसी प्रकार रत्नज, लोहज और बाणलिङ्ग को चललिङ्ग तथा शैलज, मृण्मय व दारुज को अचललिङ्ग कहा गया है-- क्षणिकं द्वादशं प्रोक्तं मृन्मयं द्विविधं पुनः। दारुजं चाष्टजा प्रोक्तमष्टधा लोहजं स्मृतम्॥ सप्तधा रत्नजं चैव शैलजं तु चतुर्विधम्। रत्नजं लोहजं चैव बाणलिङ्गं चलं स्मृतम्॥ शैलजं चाचलं प्रोक्तं मृन्मयं दारुजं तथा। (एलिमेण्ट्स ऑफ हिन्दू आइकॉनोग्राफी, भाग द्वितीय, खण्ड द्वितीय, परिशिष्ट पृष्ठ 4)

येषां प्रविष्टमानाय ब्रह्माद्यैर्वैष्णवान्तिकम् ?॥ 3 ॥
भद्रभागोद्भवा सङ्ख्या अङ्गुलैर्वर्धयेत्त्रयम् ?।

इन रत्न लिङ्गों में मूँग के आकार से लिङ्ग को आरम्भ करके ग्यारह भागों की संख्या तक लिङ्ग का निर्माण करें। इनमें ब्रह्मा के पद से आरम्भ करते हुए विष्णु के वैष्णव लिङ्गों के अन्त तक तीन-तीन अङ्गुलों की वृद्धि करते हुए ग्यारह की संख्या तक पहुँचती है। (भद्र शिव का एक नाम है। अस्तु, रुद्र संख्या 11 कही गई है)।[1]

बाललिङ्गस्य विधातव्या च ब्रह्मरुद्रान्तकै तु एवम्॥ 4 ॥[2]
एकाद्यङ्गुलतो वृद्धिं नवान्तामुपलक्षयेत्।
तदभिधानानुक्रमं कथयाम्पराजित॥ 5 ॥

बाललिङ्ग अर्थात् छोटे लिङ्ग से लेकर ब्रह्म और रुद्र लिङ्ग के अन्त तक जो विधा कही गई है, वह एक आध अङ्गुल की वृद्धि करते-करते नौ अङ्गुलों की वृद्धि के अन्त तक लक्ष्य में रखें। उनके सबके नामों को हे अपराजित! अब मैं तुम्हें क्रमशः कहता हूँ।

शिवं शर्वं जयं लिङ्गं सुनाभं च जयावहम्।
विजयं भासुरं मोक्षं सर्वजं नवमं मतम् ?॥ 6 ॥
अभिधानप्रमाणानि लिङ्गान्युक्तानि वै नव।
अङ्गुलाङ्गुलान्तरतः लिङ्गानां वर्धते क्रमः॥ 7 ॥
एकाङ्गुलोद्भवं मध्ये लिङ्गान्यष्टौ यथाक्रमम्।

इसमें 1. शिव, 2. शर्व, 3. जयलिङ्ग, 4. सुनाभ, 5. जयावह, 6. विजय, 7. भासुर, 8. मोक्ष और 9. सर्वज नवाँ लिङ्ग कहा गया है। अभिधान प्रमाणों से अर्थात् नामों के अनुसार ये नौ लिङ्ग कहे गए हैं। एक-एक अङ्गुल के अन्तर से लिङ्गों का क्रम बढ़ता जाता है। एक अङ्गुल के मध्य से उत्पन्न होने वाले लिङ्गों के भी आठ क्रम है।

मुद्गप्रमाणान्यष्टौ च शास्त्रदृष्ट्या ततः क्रमात्॥ 8 ॥
मनोहरं श्रीमुखाख्यं रुद्रतेजो महोत्सवम्।

---

1. नियम यह है कि एक अङ्गुल से लेकर चल लिङ्ग को पाँच अङ्गुल तक बनाना अधम लिङ्ग के लक्षण हैं। इसमें छह से लेकर दस अङ्गुल तक का प्रमाण मध्यम, ग्यारह से लेकर पन्द्रह अङ्गुल तक का प्रमाण श्रेष्ठ लिङ्ग के लिए कहा गया है— एकाङ्गुलादिपञ्चान्तमधमं चलमुच्यते। षडादिदशपर्यन्तं चललिङ्गं च मध्यमम्॥ एकादशाङ्गुलादि स्यात्क्रमपञ्चदशान्तकम्। श्रेष्ठं लिङ्गं प्रमाणं तु श्रेष्ठाद्यङ्गुललक्षितम्॥ (मयदीपिका : मयमतम्, चौखम्बा संस्कृत सीरीज, वाराणसी, 2008 के द्वितीय खण्ड के परिशिष्ट में उद्धृत)
2. 'वललिङ्गस्य विधाख्या च ब्रह्मरुद्रां च कैतवम् ?॥' इति प्रकाशित पाठः।

आनन्द्रं च सुवक्त्राख्यं श्रीपुञ्जं नन्दिवर्धनम्॥ 9॥
इति मुद्गप्रमाणानि लिङ्गान्युक्तानि चाऽष्ट वै।
अङ्गुलक्रमवृद्ध्याऽष्टावन्यानि कथितानि च॥ 10॥

मूँग के आकार के प्रमाण से इन आठों की शास्त्रीय दृष्टि[1] से क्रम इस प्रकार है—1. मनोहर, 2. श्रीमुख, 3. रुद्रतेज, 4. महोत्सव, 5. आनन्द, 6. सुवक्त्र, 7. श्रीपुञ्ज और 8. नन्दिवर्धन— इतने मूँग के प्रमाण के आठ लिङ्ग कहे गए। इनको एक-एक अङ्गुल की वृद्धि क्रम के ही अनुसार वृद्धि करते हुए कहा गया है।

द्वासप्तिश्च$_{72}$ लिङ्गानां सङ्ख्या चैव प्रमाणतः।
अष्टाङ्गुलोद्भवान्तं च पुन नीमानि पूर्ववत्॥ 11॥

लिङ्गों की संख्या प्रमाणानुसार बहत्तर है। आठ अङ्गुल से उत्पन्न होकर अन्त तक उनके नाम पहले की भाँति ही है।

रत्नजलिङ्गस्य नामानि —

रत्नजानां तु नामानि कथितान्यपराजित।
सर्वरत्नोद्भवं लिङ्गं कर्तव्यं सर्वकामदम्॥ 12॥

हे अपराजित! अब मैं रत्नों[2] से बनने वाले लिङ्गों के नाम तुम्हें कहता हूँ। सभी रत्नों से बनने वाले लिङ्गों को अपनी समस्त कामनाएँ पूरी करने हेतु बनाना चाहिए।

---

1. मयसङ्ग्रह में आया है कि मूङ्ग के आधारभूत मानकर एक अङ्गुल तक के लिङ्ग की शास्त्रविदों को सम्यक् रूप से सदा ही परीक्षा करनी चाहिए। ऐसे महारत्न और महामूल्य वाले लिङ्ग सदा ही गुणों से भरपूर होते हैं, उनकी पूजा करने से राजाओं को जय, शान्ति, आरोग्य, विपुल धन, सत्य, प्रताप, यश और चिरायु की प्राप्ति होती है— मुद्गाद्यङ्गुलपर्यन्तं शास्त्रज्ञैः सुपरीक्षितम्। महारत्नं महामूल्यं यत् गुणाद्यन्वितं सदा॥ तस्यार्चनाज्जयः शान्तिरारोग्यं विपुलाः श्रियः। सत्प्रतापो यशश्चायुर्भवेयुर्भूपतेश्चिरम्॥ (मयसंग्रह : मयमतम्, पूर्वोक्त के द्वितीय खण्ड के परिशिष्ट में उद्धृत)
2. शुक्राचार्य (शुक्रनीति 4, 41-46) ने नौ महारत्नों का नामोल्लेख किया है— हीरा, मोती, मूँगा, गोमेद, नीलम, वैडूर्य, पुखराज, पन्ना व लाल (माणिक)। इसमें ग्रहों की प्रियता के सन्दर्भ में यह सूची सलक्षण दी गई है—

क्रम	रत्न का नाम	ग्रह	रङ्ग व लक्षण
1.	माणिक्य	सूर्य	लाल, इन्द्रगोप, या वीरबहूटी के समान तुल्य
2.	मोती	चन्द्र	लाल, पीला, श्वेत, श्याम रङ्ग और चमकदार
3.	पन्ना (पाची)	बुध	मोर या नीलकण्ठ के पंख जैसी आभा
4.	पुखराज	वृहस्पति	सोने की झलक वाला
5.	मूँगा	मङ्गल	पीलापन लिए लाल रङ्ग वाला
6.	वज्र (हीरा)	शुक्र	तारों के समान कान्ति वाला
7.	इन्द्रनील	शनि	जलवाले मेघ की जैसी आभा वाला

वज्रवैडूर्यार्ककान्ति पुष्परागेन्दुकान्तिभिः।
मणि मौक्तिकस्फाटिक राजावर्तप्रवालकैः॥ 13॥
मरकतोत्पलनीलैः कर्कतै पुलकैस्तथा।
महानीलैः सुनीलैश्च गिरिवज्रैश्च पीलुतैः॥ 14॥
गोमेदेश्च शिखादीपैरितिरत्नाभिधानकैः।
शङ्खाद्यैर्गजदन्तैश्च लिङ्गं कुर्याच्च कामदम्॥ 15॥

1. हीरा, 2. वैडूर्य, 3. अर्ककान्ति यानी सूर्यकान्तमणि, 4. पुष्पराग, 5. इन्दुकान्ति यानी चन्द्रकान्तमणि, 6. मणि, 7. मोती, 8. स्फटिक, 9. राजावर्त, 10. प्रवाल, 11. मरकत, 12. नीलोत्पल, 13. कर्कत, 14. पुलक (पौलिक), 15. महानील, 16. सुनील, 17. गिरिवज्र, 18. पीलुत, 19. गोमेद और 20. शिखादीप— ये रत्नों के नाम है[1] जिनसे लिङ्ग बनते हैं। शङ्खों से और गजदन्त से भी लिङ्गों का निर्माण करने से कामना पूर्ति होती है।[2]

सयोन्या निर्माण निर्देशमाह —

सयोनिमानसंयुक्तं सर्वकामफलप्रदम्।
विना योनिं न कर्तव्यं धातुजं रत्नजं तथा॥ 16॥

8.	गोमेद	राहु	पीला, लाल कान्तिवाला
9.	वैडूर्य (लहसुनिया)	केतु	बिल्ली के समान आँखों वाला, लकीरों से रहित

शुक्राचार्य ने कहा है सम्पूर्ण रत्नों में वज्र हीरा रत्न की श्रेष्ठता होती है। अर्थात रत्नों में श्रेष्ठ हीरा है और लहसूनिया तथा मूँगा रत्नों में नीच अथवा निकृष्ट होते हैं। पन्ना, माणिक्य व मोती रत्नों में श्रेष्ठ हैं जबकि नीलम, पुखराज और वैडूर्य रत्नों में मध्यम हैं।

1. युक्तिकल्पतरुकार ने रत्नों की गणना इस प्रकार की है— वज्रं मरकतञ्चैव पद्मरागश्च मौक्तिकम्। इन्द्रनीलं महानीलं वैदुर्यं गन्धसञ्ज्ञकम्॥ चन्द्रकान्तं सूर्यकान्तं स्फाटिकं पुलकस्तथा। कर्केतं पुष्परागञ्च तथा ज्योतीरसं द्विज॥ स्फाटिकं राजावर्तञ्च तथा राजमयं शुभम्। सौगन्धिं तथा गन्धश्च शङ्खं ब्रह्ममयस्तथा। गोमेदं रुधिराख्यञ्च तथा भल्लातकं द्विज। धूली मरकञ्चैव तुत्थकं सीसमेव च॥ पीलुं प्रवालकञ्चैव गिरिवज्रञ्च भार्गव। भुजङ्गमणिश्चैव तथा वज्रं मणिः शुभः। तित्तिरञ्च तथा पीतं भ्रामरञ्च तथोत्पलम्॥ वज्राण्येतानि सर्वाणि धार्य्यान्येव महीभृता। सुवर्ण प्रतिबद्धानि जयारोग्यसमृद्धये॥ (युक्तिकल्पतरु में विष्णुधर्मोत्तरपुराण से उद्धृत, अलङ्कारयुक्ति 52-57)
2. मयसङ्ग्रह में इन रत्नादि लिङ्गों का फल इस प्रकार वर्णित है— सर्वं रत्नभवं श्रेष्ठं तत्र वज्रमरिच्छिदे। पद्मरागं महाभूत्यै सौभाग्याय च मौक्तिकम्॥ पुष्टिमूलं महानीलं ज्योतीरससमुद्भवम्। यशसे कुलसन्तत्यै तैजसं सूर्यकान्तजम्। चन्द्रप्रियं मृत्युजितं स्फाटिकं सर्वकामदम्। शूलाख्यमणिजं शत्रुक्षयाय पौलिकं तथा॥ यत्सन्निधानात् शूलरोगनाशः स शूलमणिः। सस्यकं सस्यनिष्पत्तौ भौजङ्गं दिव्यसिद्धिदम्। श्रेष्ठं मारकतं लिङ्गमारोग्याहितचेतसाम्॥ वैकृते च महावर्त्तरक्तायस्कान्तजं हितम्। क्षुद्रसिद्धिषु तन्मन्त्रजातिसंस्कृतमिष्टदम्॥ गुणाढ्यं फलं विप्राः परासु मणिजातिषु। वर्णाभिधानसंस्थानविशेषेभ्यश्च तद्विदा॥ (मयमतं पूर्वोक्तोद्धृत व लक्षणप्रकाश पृष्ठ 611-612 तुलनीय : समराङ्गण सूत्रधार अध्याय 70)

लिङ्ग को योनि सहित और मान प्रमाणानुसार ही बनाना चाहिए, तभी वह सब कामनाओं को पूरा करने वाला होता है। धातु से अथवा रत्न से बनने वाले लिङ्ग को कभी भी बिना योनि के नहीं बनाना चाहिए।

तेषां फलमाह —

धर्मकाम्यं चार्थऽकाम्यं तथेच्छामोक्षकाम्यके।
चतुर्विधानि काम्यानि लिङ्गयोन्यादिभेदतः॥ 17॥

धर्म की कामना करने वाले, अर्थ का कामना करने वाले, (काम की) इच्छा करने वाले और मोक्ष की कामना करने वाले— ऐसे चारों ही प्रकार की कामना लिङ्ग- योनि के भेद से पूरी होती है।

यादृग्वर्णं भवेल्लिङ्गं तादृग्वर्णं च पीठकम्।
धर्मकाम्यं च तद्यद्वै धर्मार्थं स्यात् सुपूजितम्॥ 18॥

जिस वर्ण या रङ्ग का लिङ्ग हो, उसी रङ्ग की उसकी पीठ भी बनानी चाहिए। उसके सुपूजन से जैसे धर्म और कामना की प्राप्ति होती है वैसे ही धर्म और अर्थ की प्राप्ति होती है।

नीलमर्कतजं लिङ्गं पीठिका श्वेतवर्णिका।
अर्थकाम्यं तु तन्नाम पूजितं चार्थहेतवे॥ 19॥

नीलमरकत लिङ्ग की पीठिका श्वेत होती है और इनको अर्थकाम्य नाम से अर्थ-धन के लिए पूजा जाता है।

श्वेतरक्ते यदा वर्णे इच्छाकाम्यं च नामतः।
इच्छासिद्धिं स प्राप्नोति सरूतल्लिङ्गार्चने रतः॥ 20॥

यदि श्वेत व रक्त रङ्ग हों तो उसका नाम इच्छाकाम्य होता है। उस लिङ्ग की अर्चना करने वाले को इच्छासिद्धि मिलती है।

धातुरत्नै र्विवर्णा च श्वेतपीतादित स्तथा।
मोक्ष्यकाम्यं तु तत्प्रौतं मुक्तिमाग्रप्रदापकम्॥ 21॥

धातु, रत्नों में विवर्ण यानी वर्ण रहित श्वेत, पीत आदि रङ्ग से मोक्षकाम्य कहा गया है जिससे मुक्ति मार्ग की प्राप्ति होती है।

धमार्थ-काम-मोक्षा-र्थं लिङ्गार्चा स्याच्चतुर्विधा।
मूलागमे च निर्दिष्टं शास्त्रज्ञैरुक्तमेव च॥ 22॥

इस तरह से धर्म, अर्थ, काम, मोक्ष हेतु लिङ्ग-अर्चा चार प्रकार की होती है। यह मूल आगमों में शास्त्रज्ञों ने निर्दिष्ट किया हुआ है।

सर्वरत्नजलिङ्गानि [1]पीठस्थानैकसूत्रतः।
ब्रह्मविष्णुरुद्रांशकैः क्रमाल्लिङ्गं त्रिधोदितम्॥ 23॥

सभी रत्नलिङ्गों में पीठस्थान एक सूत्र से कल्पित होगा। ब्रह्मा, विष्णु और रुद्र के अंशों के अनुसार क्रम से लिङ्ग तीन प्रकार के होते हैं।

विना ब्रह्मविष्ण्वंशाभ्या बाणं स्याद्रात्नधातुजम्।
मुद्गाकारमिदं चैकरुद्रांशं$_{11}$ च सुशोभनम्॥ 24॥

बिना विष्णु और ब्रह्मा के अंशों के रत्न और धातुओं से बनने वाले बाणलिङ्ग होते हैं। मूँग के आकार से लेकर रुद्रांश यानी ग्यारह मूँग के बराबर इनकी शोभा होती है।

लिङ्गमानेन पीठं स्यात् पीठमानेन रुद्रकः।
भ्रामयेत् परिधौ वृत्तं रुद्रांशपङ्क्तिपार्श्वतः॥ 25॥

लिङ्ग के मान प्रमाण के अनुसार पीठ बनानी चाहिए और पीठ मान से ही रुद्र होते है। ग्यारह भाग की पङ्क्ति-रेखा से परिधि के वृत्त को फिराएँ।

तत्तुल्यमग्रमानं च कन्दव्यासोर्ध्वमग्रतः ?।
समेखलाः प्रकर्तव्याः सव्रणा [2]मार्गमूढिताः॥ 26॥

उसी के बराबर मान से कन्द-व्यास आगे ऊँचा बनाएँ। इसको मेखलायुक्त बनाएँ। यदि व्रणयुक्त यानी किसी दाग, खड्डे से युक्त होगा तो वह मार्गमूढ़ित यानी दिग्मूढ़ करने वाला होगा, अतएव इससे बचें।

एकादिहस्तप्रासादाः पञ्चाशद्धस्तकावधि।
रत्नलिङ्गेषु कर्तव्या न न्यूनाधिकदूषणम्॥ 27॥

एक गज विस्तार के प्रासाद से लेकर पचास गज तक के विस्तार के प्रासाद में रत्नलिङ्गों को बनाना थोड़ा-बहुत दूषणयुक्त है।

रत्नधातुजलिङ्गानां बाणादेश्च स्वयम्भुवः।
निलयं न्यूनमधिकं कुर्याद्वै सर्वकामदम्॥ 28॥

रत्न और धातु से बनने वाले लिङ्ग निर्मितेय और बाण आदि स्वयम्भूव लिङ्ग कहे गए हैं। इनके लिए निलय-प्रासाद न्यूनाधिक हों तो भी सब कामना पूरी करने वाले होते हैं।

---

1. 'पाद्यस्त्रानैकसूत्रतः ?' इति प्रकाशित पाठः।
2. 'मार्गमूर्छिताः ?' इति प्रकाशित पाठः।

द्रव्यानुरूपतः कुर्यान्निलयं स्वेच्छया नरः।
नागरा द्राविडाश्चैव वराटा मिश्रकास्तथा॥ 29॥
लतिनाश्चैव सान्धारा विमाना भूमिजास्तथा।
देशजातिकुलस्थानवर्णभेदानुरूपतः॥ 30॥

अस्तु, व्यक्ति को अपनी द्रव्यशक्ति यानी क्षमता के अनुरूप ही अपनी इच्छित लिङ्ग के लिए निलय यानी मन्दिर बनाना चाहिए। इनमें नागर, द्राविड़, वराट, मिश्रक, लतिन, सान्धार, विमान, भूमिज आदि प्रासाद अपने देश, जाति, कुल, स्थान, वर्ण, भेदानुरूप ही बनाने चाहिए।[1]

इति सूत्रसन्तागनुणकीर्तिप्रकाशप्रोक्तृश्रीभुवनदेवाचार्योक्तापराजितपृच्छायां रत्नजलिङ्गप्रमाणाधिकारो नामाष्टनवत्युत्तरशततमं सूत्रम्॥ 198॥

इस प्रकार भुवनदेवाचार्य कृत सूत्रसन्तानगुणकीर्ति प्रकाश या अपराजितपृच्छा में रत्नजलिङ्ग प्रमाण अधिकार नामक एक सौ अठानुवाँ सूत्र पूर्ण हुआ॥ 198॥

अष्टलोहमयलिङ्गनिर्णयो नाम नवनवत्युत्तर शततमं सूत्रम्॥ 199॥

विश्वकर्मोवाच —

लोहादिधातुजातानि वच्मि लिङ्गानि सम्प्रति।
अष्टाङ्गुलं भवेदाद्यं त्रिहस्तान्तं च तद्भवेत्॥ 1॥

(इस सूत्र में आठ प्रकार के धातुओं से बनने वाले लिङ्गों का नामोल्लेख सहित वर्णन है। लोहलिङ्ग का वर्णन द्राविड़ वास्तुग्रन्थों में विस्तार से हुआ है) विश्वकर्मा बोले कि अब मैं लोहादि धातुओं से बनने वाले लिङ्गों के बारे में कहता हूँ। ये लिङ्ग आठ अङ्गुल से आरम्भ होकर अन्ततः तीन हाथ तक के होते है।

अष्टाङ्गुलादयो लिङ्गाद्वृद्धिरष्टाङ्गुलक्रमात्।
इत्थं तु नवलिङ्गानि कनिष्ठं त्रिकरोच्छ्रितम्॥ 2॥
नवलिङ्गाभिधानानि कथयिष्याम्यनुक्रमात्।

प्रारम्भ में आठ अङ्गुल से लेकर लिङ्गों में क्रमशः आठ-आठ अङ्गुल की वृद्धि होती जाती है। इस तरह नौ लिङ्ग तीन हाथ की ऊँचाई तक के कनिष्ठ होते है। इन नव लिङ्गों के नामों को मैं अनुक्रम से कहता हूँ।

---

1. मयमतम् (33, 5-121) में नागर, द्राविड़, वेसर आदि नाम और प्रमाण से बनने वाले लिङ्गों का वर्णन आया है। मानसार, अगस्त्यकृत सकलाधिकार तथा काश्यपशिल्पम् भी इस सम्बन्ध में द्रष्टव्य है।

श्रियोद्भवं महाकान्तं प्रोद्यन्तं सम्भवं तथा॥ 3॥
सोमराजं महाराजं राजलिङ्गं महान्तकम्।
वृषध्वजं तथाख्यातं लिङ्गं च नवमं भवेत्॥ 4॥

इनमें प्रथम आठ अङ्गुल वाला 1. श्रियोद्भव, 2. महाकान्त, 3. प्रोद्यन्त, 4. सम्भव, 5. सोमराज, 6. महाराज, 7. राजलिङ्ग, 8. महान्तक और 9. वृषध्वज नाम का नवाँ (तीन हाथ प्रमाण का) लिङ्ग होता है।

अथ लिङ्गाष्टकं —

लिङ्गाष्टक निबन्धे तु धातुलिङ्गाङ्गुलान्तरे ?।
कुर्यादाद्यं चाष्टकोर्ध्वे तच्चैकैकाङ्गुलान्तरे॥ 5॥

इसके अतिरिक्त लिङ्गाष्टक धातुलिङ्ग अङ्गुलान्तर से निबन्ध यानी बनाएँ। आरम्भ में आठ अङ्गुल के करें और इससे ऊपर एक-एक अङ्गुल के अन्तर के करें।

अष्टाभिरष्टकैरेवं चतुःषष्टिश्च सङ्ख्यया।
एकैकाङ्गुलमध्ये तु लिङ्गाष्टकमुदाहृतम्॥ 6॥

इस तरह से इन आठों को आठ-आठ के क्रम में करने से चौसठ की संख्या हो जाती है। एक-एक अङ्गुल के मध्य यह लिङ्गाष्टक कहा गया है।

शिवं शर्वं जयं चैव सुनाभं च जयावहम्।
विजयं भासुरं साक्षमष्टलिङ्गाङ्गुलान्तरे॥ 7॥
अष्टकोर्ध्वे पुनस्त्वेवमभिधानान्यष्टावधि।

इसी प्रकार 1. शिव, 2. शर्व, 3. जय, 4. सुनाभ, 5. जयावह, 6. विजय, 7. भासुर और 8. साक्ष— ये आठ लिङ्ग एक-एक अङ्गुल के अन्तर से बनते हैं। इन आठों के आगे भी पुनः इसी तरह से आठ प्रकार के नाम होते हैं।

पुनश्चाङ्गुलमध्येऽष्टौ लिङ्गानि मुद्गगमानतः॥ 8॥
मनोहरं श्रीमुखाख्यं रुद्रतेजो महोत्सवम्।
आनन्दं च सुवक्त्राख्यं श्रीपुञ्जम् नन्दिवर्द्धनम्॥ 9॥
इत्युक्तायष्टलिङ्गानि मुद्गतुल्यानि मानतः।

इनमें पुनः अङ्गुलों के मध्य आठ लिङ्ग मूँग के आकार के मान के अनुसार होते हैं— 1. मनोहर, 2. श्रीमुख, 3. रुद्रतेज, 4. महोत्सव, 5. आनन्द, 6. सुव्रत, 7. श्रीपुञ्ज और 8. नन्दिवर्धन। ये आठों लिङ्ग मूँग के आकार के मानानुसार होते हैं।

अङ्गुलाङ्गुलतो वृद्धिर्लिङ्गानां कथिता क्रमात्॥ 10॥
चतुःषष्टिश्च लिङ्गानिभूयोऽष्टाङ्गुलमध्यतः।
इत्थं लिङ्गानि द्वादशोत्तर पञ्चशतानि 512 च॥ 11॥

अब इनके एक-एक अङ्गुल की वृद्धि को क्रम से कहते हैं। इस तरह आठ अङ्गुल के मध्य से क्रमवार चौसठ लिङ्ग बनते हैं। ये ही लिङ्ग अन्ततः पाँच सौ बारह होते हैं।

अष्टलोहमयानां च लिङ्गानां तु प्रमाणकम्।
सयोनिमानसंयुक्ते सर्वकामार्थं साधकम्॥ 12॥

आठ लोहमय लिङ्गों के प्रमाण से, सयोनि मान सहित ये सभी कामना और अर्थसिद्धि के साधन बनते हैं।

अष्टलौह नामानि —

हैमं रौप्यं तथा ताम्रं कांस्यं च पित्तलं तथा।
त्रपु नागः सप्तमः स्यात्कृष्ण लोहं तथाऽष्टमम्॥ 13॥
इति चाष्टौ लोहकाद्या धातवः परिकीर्तिताः।
कामदानि च कार्याणि अष्टलोहमयानि च॥ 14॥

अष्टलौह में 1. स्वर्ण, 2. चाँदी, 3. ताम्र, 4. काँसा, 5. पित्तल, 6. त्रपु यानी राँगा या कलई, 7. नाग या सीसा और 8. कृष्ण लोहा (विजूसार) कहा है। ये आठों लौह धातु नाम से भी प्रसिद्ध हैं।[1] कामनापूर्ति हेतु इन आठ लोहमय लिङ्गों को बनाना चाहिए।

लोहमिश्रं च कर्तव्यं सुधेव सर्वकामदम्।
सयोनिमानसंयुक्तमिच्छाभुक्ति प्रदायकम्॥ 15॥

मिश्र लोह का बनाया गया लिङ्ग अमृत की भाँति सब कामनाओं की पूर्ति करता है। उसे सयोनि एवं मानयुक्त बनाने से इच्छानुसार भोगों की प्राप्ति होती है।

लोहादिलिङ्गकायामप्रमाणं कामदं तथा।
पुनर्विभक्तं च त्रिधा ब्रह्मविष्णुरुद्रांशकम्॥ 16॥

लोहादिक लिङ्गों का आयाम-विस्तार का प्रमाण भी कामना पूर्ति में सहायक माना गया है। अस्तु, इन्हें पुनः तीन प्रकार के भागों के अनुसार ब्रह्मा, विष्णु और रुद्र के भागों में विभक्त कर बनाया जाता है।

---

1. भविष्यपुराण में सप्तधातु का नामोल्लेख है— सुवर्णं रजतं ताम्रमारकूटं तथैव च। लोहं त्रपु तथा सीसं धातवः सप्त कीर्तिताः॥

ब्रह्मादौ मध्यमे विष्णू रुद्रश्चान्ते प्रकीर्तितः।
कार्यस्त्र्यंस्तथायामं एकांशं च पृथुत्वकम्॥ 17॥

इसमें आदि या आधार पद पर ब्रह्मांश, विष्णु मध्य में और रुद्र को अन्त में कल्पित किया जाता है। तीनों को आयाम या विस्तार में तीन अंश और पृथुत्व या मोटाई में एक अंश का बनाना चाहिए।

मस्तकावर्त्तनं मध्ये बाह्ये वैराष्ट्रविभ्रमः।
मस्तकान्तोद्भवं पीठं पार्श्वाङ्गे तु प्रदक्षिणम्॥ 18॥

इनका मस्तक-आवर्तन मध्य में रखना चाहिए। यदि यह मस्तक-आवर्तन बाहर होगा तो राष्ट्र में विभ्रम यानी उन्माद फैल जाएगा। पीठ के मस्तक अन्त से उत्पन्न लिङ्ग के पार्श्वाङ्गों यानी बाजूओं से प्रदक्षिणा होनी चाहिए।

नृपादि कोट्यानुसारेण पूज्यलिङ्गमाह —

अष्टाङ्गुलभवं लिङ्गं पूज्यते चक्रवर्तिभिः।
सप्ताङ्गुलं महाराजैर्महीपालैश्च भक्तितः॥ 19॥

आठ अङ्गुल प्रमाण वाला लिङ्ग चक्रवर्तियों द्वारा पूजा जाता है और सात अङ्गुल प्रमाण के लिङ्ग की महाराजा और महीपालों द्वारा भक्तिपूर्वक पूजा होती है।

षडङ्गुलात्मकं लिङ्गं महामण्डलकेश्वरः।
पञ्चाङ्गुलं तथा लिङ्गमर्च्यं वै भुक्तिकामकैः॥ 20॥

छह अङ्गुल का लिङ्ग महामण्डलेश्वरों द्वारा पूजा जाता है और पाँच अङ्गुल के लिङ्ग का पूजन भोग की कामना वाले (भुक्तिक कोटि के शासक) करते हैं।

महासामन्तसञ्ज्ञैस्तु लिङ्गं वेदाङ्गुलोच्छ्रितम्।
त्र्यङ्गुलं चैव सामन्तैर्भुक्तिकामैश्च पूजितम्॥ 21॥

चार अङ्गुल के लिङ्ग का पूजन महासामन्तगण भोग की कामना से करते हैं। इसी प्रकार तीन अङ्गुल के लिङ्ग का पूजन सामन्त भोगैच्छा से करते हैं।

यत्यर्थलिङ्ग प्रमाणमाह —

द्व्यङ्गुलात्मकमध्यं च तथैव द्व्यङ्गुलायतम्।
मुक्त्यर्थं यतिभिश्चैव पूजनीयमशङ्कितैः॥ 22॥

यतियों के लिए दो अङ्गुल मध्य प्रमाण वाला और दो अङ्गुल ही विस्तार वाला लिङ्ग निशङ्कतः पूजनीय माना जाता है। यह मुक्ति के लिए लिए है।

अङ्गुलद्वयमध्यं च जनैः सर्वैर्हितार्थदम्।

तथैकाङ्गुलिकं मध्ये सर्वकामार्थमुक्तिदम्॥ 23॥

यह दो अङ्गुल मध्य वाला लिङ्ग सभी जनों के सर्वहितार्थ होता है। इसी तरह एक अङ्गुल मान का लिङ्ग सभी काम, अर्थ और मुक्ति प्रदान करता है।

मनोहरादितो लिङ्गं यावत्स्याननन्दिवर्धनम्।
कार्यं रत्नमयं चैव धर्म-कामा-र्थ-मोक्षदम्॥ 24॥

मनोहर से लेकर नन्दीवर्धन नामक लिङ्ग तक सब रत्नमय लिङ्ग ही होने चाहिए। ये सब धर्म, अर्थ, काम और मोक्ष देने वाले कहे गए हैं।

इति सूत्रसन्तानगुणकीर्तिप्रकाशप्रोक्तृश्रीभुवनदेवाचार्योक्तापराजितपृच्छायां मष्टलोहमयलिङ्गनिर्णयाधिकारो नाम नवनवत्युत्तरशततमं सूत्रम्॥ 199॥

इस प्रकार भुवनदेवाचार्य कृत सूत्रसन्तानगुणकीर्ति प्रकाश या अपराजितपृच्छा में अष्टलोहमय लिङ्ग निर्णय अधिकार नामक एक सौ निन्यानुवाँ सूत्र पूर्ण हुआ॥ 199॥

दारुलिङ्ग निर्णयो नाम द्विशततमं सूत्रम्॥ 200॥

अधुना दारुजलिङ्गनिर्णयः। विश्वकर्मोवाच —

वक्ष्यामि दारुजं लिङ्गं धर्म-कामा-र्थ-मोक्षदम्।
तदनुक्रमयुक्तीश्च कथयाम्यपराजित॥ 1॥

(इस सूत्र में काष्ठ से बनने वाले लिङ्गों के लक्षण और नामादि दिए गए हैं। समराङ्गण. मयमतम्, मानसार अग्निपुराण, देवतामूर्तिप्रकरण इत्यादि ग्रन्थों में दारुलिङ्ग महिमा, योग्य काष्ठ लक्षण, परीक्षादि भी आए हैं। दारुलिङ्ग को पुरुषार्थ चतुष्टय की प्राप्ति में सहायक बनाया गया है) विश्वकर्मा बोले— हे अपराजित! अब मैं धर्म, काम, अर्थ, मोक्षदायक दारवलिङ्ग के विषय में उनके क्रम व युक्ति के अनुसार कहता हूँ।

द्व्यष्टकाङ्गुलमाद्यं स्यात् षड्ढस्तान्तं समुच्छ्रितम्।
तन्मध्यानुक्रमं वच्मि मुक्ति-कामा-र्थहेतवे॥ 2॥

सोलह अङ्गुल से लेकर छह हाथ तक की ऊँचाई वाले काष्ठ लिङ्ग हों सकते हैं। इनके बीच के अनुक्रम को मुक्ति, काम और अर्थ के हेतु कहता हूँ।

षोडशाङ्गुलमाद्यं स्यात् क्रमात् षोडशवृद्धितः।
विधेयं लिङ्गनवकं षट्करान्तं प्रकीर्तितम्॥ 3॥

दारु लिङ्ग को सोलह अङ्गुल से आरम्भ करके क्रम से सोलह अङ्गुल की

वृद्धि करते हुए ये विधेय नौ लिङ्ग छह गज के अन्त तक ऊँचे कहे गए हैं (यथा- 16, 32, 48, 64, 80, 96, 112, 128 और 144 अङ्गुल)।

मकरेन्दु माङ्गल्यं[1] पुष्पाक्षं तु सिद्धार्थकम्।
दण्डाख्यं पौरुषं काम्यं पुष्पकं च फलोद्भवम्॥ 4॥
एवं च नवलिङ्गानि सर्वकामार्थदानि च।

इनमें 1. मकरेन्दु (16 अङ्गुल), 2. माङ्गल्य (32 अङ्गुल), 3. पुष्पाक्ष (48 अङ्गुल), 4. सिद्धार्थक (64 अङ्गुल), 5. दण्ड (80 अङ्गुल), 6. पौरुष (96 अङ्गुल), 7. काम्य (112 अङ्गुल), 8. पुष्पक (128 अङ्गुल) और 9. फलोद्भव (144 अङ्गुल)— इस प्रकार ये नौ लिङ्ग सभी कामनाओं, अर्थ को देने वाले हैं।

शिवशासनोक्त लिङ्गोचित दारुजातयस्तल्लक्षणञ्च —

उक्तानि यानि वै दारुभ(म)यानि शिवशासने॥ 5॥
चन्दनो देवदारुश्च रक्तचन्दन एव च।
सर्पश्च शिंशपाश्चैव शिरीषाशोककौ तथा॥ 6॥
कर्पूरागरुकौ चैव हिन्तालमधुपादपाः।
तथा खदिरकश्चैव पारिजातकपङ्कजाः॥ 7॥
श्रीफललवङ्गाक्षोराञ्जनकाश्च तथैव च।
बीजकार्जुनकौ वृक्षा अन्ये ये च दृढात्मकाः॥ 8॥
निर्व्रणाः सुदृढाः कार्याः प्राञ्जला दोषवर्जिताः।
शाखोद्भवादिक भेदग्रन्थिकोटरवर्जिताः॥ 9॥

शिवशासन में जो काष्ठमय लिङ्ग कहे गए हैं, वे हैं— 1. चन्दन, 2. देवदारु, 3. रक्तचन्दन, 4. सर्प (एक दिव्यौषध), 5. शिंशपा, 6. शिरीष, 7. अशोक, 8. कर्पूर, 9. अगरु, 10. हिन्ताल, 11. महुआ, 12. खदिर, 13. पारिजात, 14. पङ्कज, 15. श्रीफल, 16. लवङ्ग, 17. अक्षोर (अखरोट), 18. अञ्जनका, 19. बीजका और 20. अर्जुन सहित अन्य जो दृढ़ात्मक वृक्ष हों, जो निर्व्रणा हो, कार्योपयोगी हो, प्राञ्जल, दोषरहित और शाखाओं से उत्पन्न होने वाले तथा भेदग्रन्थि और छिद्र रहित हों— ऐसे वृक्षों के काष्ठ को लिङ्गार्थ काम में लिया जाना चाहिए।

षोडशाङ्गुलतो हीनं लिङ्गं कुर्यान्न दारुजम्।
षोडशाङ्गुलतो वृद्धिर्नवलिङ्गेषु कीर्तिता॥ 10॥

---

1. 'मकरेन्दु त्यक्तमालं?' इति प्रकाशित पाठः। देवतामूर्तिप्रकरणे— मकरेन्दु च माङ्गल्यं पुष्पं सिद्धार्थकं ततः। दण्डाख्यं पौरुषं (प्रौरवं) काम्यं पुष्पकं च फलोद्भवम्॥ (6, 65)

तथाष्टकनिबन्धे च षोडशाङ्गुलवृद्धितः।
अष्टाविंशत्युत्तरञ्च शतं लिङ्गानि सङ्ख्यया॥ 11॥

सोलह अङ्गुल से कम ऊँचाई का काष्ठलिङ्ग नहीं बनाएँ। सोलह अङ्गुलों से आगे की वृद्धि ही नौ लिङ्गों की कही गई है। इस तरह अष्टकनिबन्ध[1] भी सोलह अङ्गुल की वृद्धि से ही होता है। इस तरह लिङ्गों की कुल संख्या 128 होती है।

पुनश्चाङ्गुलमध्येऽष्टौ लिङ्गानि मुद्गमानतः।
पञ्चविंशत्युत्तरकसहस्रं सङ्ख्यया भवेत्॥ 12॥

इसी क्रम में पुनः अङ्गुल मध्य मान से आठों लिङ्गों को मूँग की आकृति के मान से कुल 1025 संख्या होती है।

अन्यदप्याह —

निलयं दारुजं कुर्यादिष्टिकाभिस्तथोच्यते।
निलयद्रव्यादिन्यूनं दारुजं न प्रकास्यते॥ 13॥
शैलजे चाऽथ प्रासादे कुर्याल्लिङ्गं च शाश्वतम्।

इन काष्ठ के लिङ्गों का मन्दिर भी दारुज या काष्ठ का ही बनाना चाहिए अथवा यह मन्दिर ईंटों का भी बनाया जा सकता है। जिन लोगों के पास अर्थाभाव होता है, वे काष्ठ का मन्दिर नहीं बना सकते हैं, ऐसे में शैलज या पाषाण के बने मन्दिरों में लिङ्ग को स्थायित्व दिया जा सकता है।

स्वभुबाणं तथ घाट्यं रत्नजं धातुजं तथा॥ 14॥
सर्वाणीमानि लिङ्गानि निलये शैलजे हि वै।
दारुजे दारुजं शस्तं धातुजे धातुरत्नजम्॥ 15॥

स्वयम्भू, बाण तथा पाषाण के घड़े हुए लिङ्ग, रत्न से बने हुए, धातु निर्मित और ऐसे सभी लिङ्गों को पाषाण से बने मन्दिर में ही स्थापित करना चाहिए। वैसे काष्ठ के लिङ्ग के लिए काष्ठ का मन्दिर ही प्रशस्त है और धातुलिङ्ग के लिए धातु का मन्दिर उचित है।

इत्येवं मानमुद्दिष्टं दारुलिङ्गप्रमाणतः (कम्)।
द्व्यष्टकाङ्गुलमाद्यं स्यात् षट्करं चान्ततस्तथा॥ 16॥

---

1. दीक्षागम में अष्ट निबन्ध विधि इस प्रकार आई है— नन्द्यावर्तशिलाभिश्च ब्रह्मांशं बन्धयेत्क्रमात्। मध्यमं युवतीपीठमष्टबन्धेन बन्धयेत्॥ लाक्षासर्जरसं कोष्ठं माक्षिकं शङ्खचूर्णकम्। गैरिकं नवनीतं च अतसीतैलमेव च॥ एतानि सर्वमालोड्य पक्वं कुर्यात् सुबन्धयेत्। (दीक्षा. 14, 69-71)

इस प्रकार उपर्युक्त सभी मान काष्ठलिङ्ग के कहे गए हैं जो सोलह अङ्गुल से लेकर छह गज तक ऊँचाई के प्रमाण वाले होते हैं।

इति सूत्रसन्तानगुणकीर्तिप्रकाशप्रोक्तृश्रीभुवनदेवाचार्योक्तापराजितपृच्छायां दारुलिङ्गनिर्णयोधिकारो नाम द्विशततमं सूत्रम् ॥ 200 ॥

इस प्रकार भुवनदेवाचार्य कृत सूत्रसन्तानगुणकीर्ति प्रकाश या अपराजितपृच्छा में दारुलिङ्ग निर्णय अधिकार नामक दो सौवाँ सूत्र पूर्ण हुआ ॥ 200 ॥

शैलजलिङ्गहस्ताङ्गुलप्रमाण निर्णयो नामैकोत्तर द्विशततमं सूत्रम् ॥ 201 ॥

अधुना शैलजलिङ्गहस्ताङ्गुलप्रमाणनिर्णयः। विश्वकर्मोवाच —

अथातः सम्प्रवक्ष्यामि शैललिङ्गप्रमाणकम्।
हस्तादि नवान्तं लिङ्गनवकं हस्तवृद्धितः ॥ 1 ॥

(इस सूत्र में शैलज यानी पाषाणलिङ्गों के प्रमाण कहे जा रहे हैं। शैवागमों, मयमतम्, मानसार, विश्वकर्माप्रकाश, विष्णुधर्मोत्तर. समराङ्गण. आदि में इनका वर्णन मिलता है) विश्वकर्मा बोले कि अब मैं प्रस्तरमय शिवलिङ्गों के बारे में कहता हूँ। ये एक हाथ से लेकर नौ हाथ तक क्रमशः वृद्धि किए जाने पर बनते हैं। इस प्रकार प्रति गज वृद्धि वाले ये नौ लिङ्ग होंगे।

हस्ताधश्च न कर्तव्यं लिङ्गं शैलमयं तथा।
तदूर्ध्वं तु प्रकर्तव्यं प्रस्तारानुक्रमेण च ॥ 2 ॥

प्रस्तरमय लिङ्ग को कम से कम एक हाथ का बनाएँ, उससे कम नहीं बनाएँ। इनका उत्तरोत्तर वृद्धिक्रम या प्रस्तार आगे दिए अनुसार समझना चाहिए।

हस्तादि नवहस्तान्तं त्रयस्त्रिंशल्लिङ्गानि कनिष्ठ नवकमाह —

सूत्रहस्तादथारभ्य पादवृद्ध्या त्रिहस्तकम्।
कनिष्ठनलिङ्गानां पादवृद्धिरनुक्रमात् ॥ 3 ॥

(एक हाथ से तीन हाथ तक के शिवलिङ्ग 'कनिष्ठ' कहे गए है) सूत्र के अनुसार एक हाथ से लेकर पादवृद्धि यानी चतुर्थांश की वृद्धि तीन हाथ तक करते जाने से कनिष्ठ लिङ्गों की संख्या नौ होगी। (यह कनिष्ठ नवक है)।

मध्यम नवकमाह —

मध्यमानि च लिङ्गानि पादवृद्ध्या नव क्रमात्।

युगहस्तादितश्चैवं तथा षड्ढस्तकावधि॥ 4॥

(चार से छह हाथ तक के 'मध्यम' माने गए हैं) मध्यम लिङ्ग भी पादवृद्धि क्रम से नौ ही होते हैं। ये चार हाथ से आरम्भ कर उत्तरोत्तर चतुर्थांश वृद्धि करते हुए छह हाथ तक पहुँचते हैं। (यह मध्यम नवक है)।

उत्तम नवकमाह —

आयामे सप्तहस्तं च नवहस्तान्तमेव च।
उत्तमं लिङ्गनवकं पादवृद्ध्या यथाक्रमम्॥ 5॥

(सात से नौ हाथ तक के 'उत्तम' या 'ज्येष्ठ' कहे गए है) उत्तम लिङ्गों का नवक सात हाथ से लेकर नौ हाथ तक क्रमशः पादवृद्धि अथवा चतुर्थांश वृद्धि करते जाने पर बनता है। (यह उत्तम नवक है)।

त्रिचतुर्हस्तयोर्मध्ये षट्सप्तकरयोरिपि।
पादवृद्ध्या त्रीणि त्रीणि षड्लिङ्गानां समुद्भवः॥ 6॥
सङ्ख्यातानि त्रयस्त्रिंश$_{33}$ लिङ्गानि पादवृद्धितः।
हस्तादि नवहस्तान्तं त्रयस्त्रिंशच्च सङ्ख्यया॥ 7॥

इसी बीच, तीन और चार हाथ के मध्य से छह-सात हाथ तक पादवृद्धि क्रम से तीन-तीन और छह लिङ्गों का उद्भव होता है। इस प्रकार इन तीनों के प्रमाण में पादवृद्धि करने से कुल 33 शिवलिङ्ग होते हैं। यह एक हाथ से लेकर नौ हाथ तक तैंतीस ही संख्या हुई। इससे स्पष्ट है कि ये लिङ्ग क्रमशः 1. एक हाथ, 2. सवा हाथ, 3. डेढ़ हाथ, 4. पौने दो हाथ, 5. दो हाथ, 6. सवा दो हाथ, 7. ढाई हाथ, 8. पौने तीन हाथ, 9. तीन हाथ, 10. सवा तीन हाथ, 11. साढ़े तीन हाथ, 12. पौने चार हाथ, 13. चार हाथ, 14. सवा चार हाथ, 15. साढ़े चार हाथ, 16. पौने पाँच हाथ, 17. पाँच हाथ, 18. सवा पाँच हाथ, 19. साढ़े पाँच हाथ , 20. पौने छह हाथ, 21. छह हाथ, 22. सवा छह हाथ, 23. साढ़े छह हाथ, 24. पौने सात हाथ, 25. सात हाथ, 26. सवा सात हाथ, 27. साढ़े सात हाथ, 28. पौने आठ हाथ, 29. आठ हाथ, 30. सवा आठ हाथ 31. साढ़े आठ हाथ, 32. पौने नौ हाथ, 33. नौ हाथ के हुए।

तेषां नामानि —

अभिधानक्रमं तेषां कथयाम्यपराजित।
अनुक्रमेण ख्यातानि त्रयस्त्रिंशच्च सङ्ख्यया॥ 8॥
भवं भवोद्भवं भावं संसारभयनाशनम्।

पाशयुक्तं महातेजो महादेवं परात्परम्॥ 9॥

ईश्वरं शेखरं शिवं शान्तं वै मनोह्लादकम्।

रुद्रतेजः (सदात्मकं, सदात्मज्ञं) वामदेवमघोरकम्॥ 10॥

तत्पुरुषं तथेशानं मृत्युञ्जयं च विजयम्।

किरणाक्षमघोरास्त्रं श्रीकण्ठं पुण्यवर्द्धनम्॥ 11॥

पुण्डरीकं सुवक्त्राख्यमुमातेजो विश्वेश्वरम्।

त्रिनेत्रं त्र्यम्बकं नाम (घोरं) महाकालं च नामतः॥ 12॥

इन तैंतीसों के नाम क्रमशः इस प्रकार बताए हैं— 1. भव, 2. भवोद्भव, 3. भाव, 4. संसारभयनाशन, 5. पाशयुक्त, 6. महातेज, 7. महादेव, 8. परात्पर, 9. ईश्वर, 10. शेखर, 11. शिव, 12. शान्त, 13. मनोह्लादक, 14. रुद्रतेज, 15. सदात्मक (सदात्मज्ञ), 16. वामदेव, 17. अघोर, 18. तत्पुरुष, 19. ईशान, 20. मृत्युञ्जय, 21. विजय, 22. किरणाक्ष, 23. अघोरास्त्र 24. श्रीकण्ठ, 25. पुण्यवर्धन, 26. पुण्डरीक, 27. सुवक्त्र, 28. उमातेज, 29. विश्वेश्वर, 30. त्रिनेत्र, 31. त्र्यम्बक, 32. घोर और 33. महाकाल।[1]

शास्त्रोक्तलिङ्गानां मानसङ्ख्यासमीकरणम् —

त्रयस्त्रिंशत् पादवृद्ध्या हस्तादिक नवान्तकम्।

पादार्धवृद्ध्या च पुनः पञ्चषष्टिश्च$_{65}$ सङ्ख्या॥ 13॥

ये तैंतीस लिङ्ग पादवृद्धि क्रम से एक हाथ से नौ हाथ तक की ऊँचाई में बनते हैं। इसी तरह पूर्वोक्त क्रम से पादार्धवृद्धि करने पर पुनः 65 तक संख्या पहुँचेगी।

त्रिकोनशत$_{97}$ लिङ्गानि तथाद्व्यङ्गुलवृद्धितः।

तथैकाङ्गुलवृद्ध्या तु त्रिनवत्यधिकं शतम्॥ 14॥

पूर्वोक्त क्रम से दो-दो अङ्गुल वृद्धि करने पर 97 तक लिङ्गों की संख्या पहुँचेगी। पूर्वोक्त क्रम से एक अङ्गुल वृद्धि करने पर लिङ्गों की संख्या 193 तक पहुँचेगी।

एवमर्धाङ्गुलवृद्ध्या लिङ्गसङ्ख्या ह्यनुक्रमात्।

---

1. देवतामूर्तिप्रकरणम् में ये नाम इस प्रकार आए हैं— लिङ्गानि नवहस्तान्तं श्रीभवंतूद्भव भावम्॥ भयहत पाशहरणं पापस्तेज उच्यते। ततः परं महातेजा परापरमहेश्वरम्॥ शेखरं च शिवं शान्तं मनोह्लादकरं ततः। रुद्रतेजः सदात्मकं वामदेवमघोरेश्वरम्॥ तत्पुरुषं तथेशानं मृत्युञ्जयविजय क्रमात्। किरणाक्ष मघोरास्त्रं श्रीकण्ठं मुनिवर्धनम्॥ पुण्डरीकं सुवक्त्राख्यं उमातेजं विश्वेश्वरम्। त्रिनेत्रं त्र्यम्बकं चैव महाकालं च नामतः॥ (देवतामूर्ति. 6, 71-75)

पञ्चाशीत्यधिकं चैव शतत्रयमुदाहृतम् $_{385}$ **॥ 15 ॥**

इसी प्रकार पूर्वोक्त क्रम से अर्द्धाङ्गुल-अर्द्धाङ्गुल की वृद्धि करते जाने पर लिङ्गों की संख्या 385 तक पहुँच जाएगी।

अङ्गुलवेदांशयुक्त्या क्रमशो वृद्धितस्तथा।

एकोनसप्तत्युत्तर-सप्तशतान्यनुक्रमात् $_{769}$ **॥ 16 ॥**

पूर्वोक्त क्रम से अङ्गुल का चतुर्थांश बढ़ाते जाने पर लिङ्गों की कुल 769 तक संख्या पहुँचेगी।

तथा मुद्गप्रमाणेन पूर्वमानविकल्पनात्।

द्विचत्वारिंशदुत्तर चतुर्दश शतानि $_{1442}$ **च ॥ 17 ॥**

इसके बाद, पूर्वोक्त परिकल्पानुसार ही क्रम से यदि एक-एक मूँग के मान की वृद्धि करते जाएँ तो लिङ्गों की संख्या 1442 तक हो जाएगी।

मुद्गप्रमाणलिङ्गानामेकैक दशभेदतः।

चतुर्दशसहस्राग्रे सविंशतिचतुःशतम् $_{14420}$ **॥ 18 ॥**

जबकि, इसी क्रम से मुद्ग-प्रमाण लिङ्गों में प्रत्येक के दस-दस भेद करने पर इनकी संख्या बढ़कर 14420 पहुँच जाएगी।

इति शास्त्रोक्तलिङ्गानां मानसङ्ख्या समीरिता।

उक्तमन्तरमानं च निलयांश्च वदाम्यहम्॥ 19 ॥

इस प्रकार यह शास्त्रोक्त लिङ्गों की मान संख्या कही गई। इसके बाद, इनके अन्तरमानों के अनुसार इनके प्रासादों के विषय में भी कहूँगा।

इति सूत्रसन्तानगुणकीर्तिप्रकाशप्रोक्तश्रीभुवनदेवाचार्योक्तापराजितपृच्छायां शैलजलिङ्गहस्ताङ्गुलप्रमाणनिर्णयोधिकारो नामैकोत्तरद्विशततमं सूत्रम्॥ 201 ॥

इस प्रकार भुवनदेवाचार्य कृत सूत्रसन्तानगुणकीर्ति प्रकाश या अपराजितपृच्छा में पाषाण के लिङ्ग और उसके लिए हस्त-अङ्गुल प्रमाण निर्णय अधिकार नामक दो सौ एकवाँ सूत्र पूर्ण हुआ॥ 201 ॥

शैलजघाट्यादिलिङ्गनिर्णयो नाम द्व्युत्तरशद्विशततमं सूत्रम्॥ 202॥

अधुना शैलजघाट्यादिलिङ्गनिर्णयः। विश्वकर्मोवाच —

अथातः सम्प्रवक्ष्यामि लिङ्गपीठकलक्षणम्।

लिङ्गासन निलयादि प्रमाणं सूत्रमार्गतः॥ 1 ॥

(यह सूत्र पाषाण लिङ्ग और उनके लिए प्रासाद के आकार-प्रमाण पर केन्द्रित है। इसमें प्रधानतः लिङ्ग स्वरूप, वहाँ निर्मितेय आसन, शिवालय, विभक्ति के विषय में विविध मत, दोषादि को संवादरूप में प्रतिपादित किया गया है। दीप्तागम, मयमतम्, मानसार, सकलाधिकार, काश्यपशिल्पम्, समराङ्गण. दीपार्णव आदि में भी यह विषय मिलता है) विश्वकर्मा बोले कि अब यहाँ में लिङ्गपीठक के लक्षणों, लिङ्गासन को और निलय आदि के प्रमाण को सूत्र के रूप में कहे गए नियम से कहता हूँ।

षट्त्रिंशत्करतोधस्तात् यावद्धस्त चतुष्टयम्।
भवन्ति लिङ्गमानेन तदाधारादिकं विना॥ 2॥
चतुर्भ्योऽध एकहस्तं द्विहस्तं वा त्रिहस्तकम्।
न कुर्याद् घाट्यलिङ्गेषु शैलजं रत्नजं विना॥ 3॥

सामान्यतया छत्तीस हाथ से नीचे जब तक चार हाथ की ऊँचाई तक के लिङ्ग हों तो इनको बिना किसी आधारादिक के बनाना चाहिए परन्तु चार हाथ के नीचे के एक हाथ के, दो हाथ के या तीन हाथ के घड़े हुए पाषाण के लिङ्ग और रत्नों के बने लिङ्गों को आधार-पीठ के बिना के नहीं बनाएँ।

प्रासादमानेन लिङ्गमानम् —

हस्तमानं भवेल्लिङ्गं वेदहस्ते सुरालये।
सप्तवेदांशं तु लिङ्गं षट्त्र्यंशेन हस्तकम्॥ 4॥[1]

(सुरालयों में प्रतिष्ठाप्य लिङ्ग का मान) एक हाथ के मान के लिङ्ग के लिए चार हाथ विस्तार का सुरालय बनाना चाहिए। अट्ठाईस (7 × 4 = 28) अंश के लिङ्ग के लिए छत्तीस अंश के हाथ का सुरालय बनाएँ।

पञ्चादिभूतवेदान्ते प्रासादे हस्तसङ्ख्यया।
मध्यमं पञ्चमांशेन हस्तादि नवहस्तकम्॥ 5॥[2]

पाँच हाथ से लेकर पैंतालीस हाथ तक के प्रासाद में पाँचवें भाग का लिङ्ग

1. सम्भाव्य पाठः देवतामूर्तिप्रकरणे — 'हस्तमानं भवेल्लिङ्गं वेदहस्ते सुरालये। ज्येष्ठलिङ्गं तु वेदांशे षट्त्रिंशे नवहस्तकम्।' चार हाथ के प्रासाद में एक हाथ ऊँचाई वाला लिङ्ग प्रतिष्ठित करें। ज्येष्ठ मान का लिङ्ग वही है जो सुरालय के आकार से एक चौथाई हो। इस क्रम से छत्तीस हाथ के प्रासाद में नौ हाथ का लिङ्ग स्थापित किया जा सकता है। (6, 76 तथा रूपमण्डनम् 4, 59)
2. 'पश्चादि भूतवेदान्तं प्रासादहस्तसङ्ख्यया। मध्यमं पञ्चमांशेन हस्तादि नवान्तकम्?' इति प्रकाशित पाठः। साधुपाठः देवतामूर्तिप्रकरणे (6, 77)

स्थापना योग्य होता है, यह मध्यम मान है। इस मान के अनुसार नौ हाथ के लिङ्ग के लिए प्रासाद पैंतालीस हाथ का होगा।

ऋत्वादि युगतत्त्वान्ते हस्तसङ्ख्ये शिवालये।
षडंशेन प्रकर्तव्या हस्तादि [1]नव हस्तकम्॥ 6॥

छह हाथ से 54 हाथ तक के देवालय में छठवें भाग का लिङ्ग स्थापित करना चाहिए, यह कनिष्ठ मान है। इस मान के अनुसार नौ हाथ के लिङ्गार्थ 54 हाथ का सुरालय होगा।

ज्येष्ठलिङ्गे प्रकर्तव्याः प्रासादाश्च कनिष्ठकाः।
मध्यमे मध्यमा युक्ताः कनिष्ठे लिङ्ग उत्तमाः॥ 7॥
सीमामानेनेति लिङ्गमेकहस्तात् नवानाकम्।

ज्येष्ठ मान के लिङ्गों के लिए कनिष्ठ प्रासाद बनाना चाहिए। मध्यम लिङ्ग के लिए मध्यम प्रासाद और कनिष्ठ लिङ्ग के लिए उत्तम प्रासाद बनाना चाहिए। यह सीमा मान एक हाथ के लिङ्ग से लेकर नौ हाथ तक के लिए है।

स्पष्टार्थ चक्र

मान	लिङ्गाकार	प्रासादानुसार लिङ्गमान
ज्येष्ठ	1/4	36 हाथ में 9 हाथ
मध्यम	1/5	45 हाथ में 9 हाथ
कनिष्ठ	1/6	54 हाथ में 9 हाथ

गर्भगेहमानेन लिङ्गमानम् —

पुनश्चान्मदतोऽप्येवं गर्भमानादि कथ्यते॥ 8॥
प्रासादमानतो लिङ्गं निलया लिङ्गमानतः।
विधातव्यं मानयुक्तं दोषो न्यूनाधिके भवेत्॥ 9॥

अब पुनः मैं गर्भमानादि यानी गर्भगृह के मान कहता हूँ। प्रासाद के मान के अनुसार लिङ्ग और लिङ्ग के मान के अनुसार प्रासाद हों। यह निर्दिष्ट मान के अनुसार ही बनाएँ। न्यूनाधिक बनाने पर दोषकारक सिद्ध होगा।

गर्भार्धेन तु यल्लिङ्गं तत्कनिष्ठमुदाहृतम्।

---

1. 'ऋत्वादि युगतत्त्वान्ता हस्तसङ्ख्या शिवालये। षडंशेन प्रकर्तव्या हस्तादि नव अन्तिकम्?॥' इति प्रकाशित पाठः। तुलनीय— कृत्वादि युगलत्वान्त (ऋत्वादि युगतत्त्वान्ते हस्त सङ्ख्या) शिवालये। षष्ठांशेन प्रकृर्त्तव्यं हस्तादि नवहस्तकम्॥ (रूपमण्डनम् 4, 61)

विभक्ते पञ्चधा गर्भे ज्येष्ठं लिङ्गं त्रिभागतः॥ 10॥
नवधा भाजिते गर्भे मध्यमं पञ्चभागतः।

जो लिङ्ग गर्भगृह के विस्तार से आधे विस्तार की ऊँचाई का हो, उसे कनिष्ठ लिङ्ग कहते हैं। गर्भगृह के पाँच भाग करने पर उनमें तीन भाग के विस्तार की ऊँचाई वाला लिङ्ग ज्येष्ठ और गर्भगृह के विस्तार के नौ भाग करने पर उनमें से पाँच भाग के विस्तार की ऊँचाई वाला हों तो वह मध्यम लिङ्ग कहा जाता है।

स्पष्टार्थ चक्र

मान	प्रासाद के गर्भगृह के भाग	लिङ्ग के भाग
ज्येष्ठ	पाँच भाग	तृतीय भाग
मध्यम	नौ भाग	पञ्चम भाग
कनिष्ठ	अर्धभाग	अर्ध भाग

कार्यं तदन्तरतो वै एकैकस्य त्रिकं त्रिकम्॥ 11॥
ज्येष्ठाधश्च कनिष्ठोर्ध्वे विभक्तं च नवांशतः।
त्रिकं ज्येष्ठं त्रिकं मध्यं त्रिकं चैव कनिष्ठकम्॥ 12॥

इनके भी एक-एक के अन्तर से तीन-तीन बनाने चाहिए। ज्येष्ठ से नीचे और कनिष्ठ से ऊपर नौ भागों में लिङ्गों की विभक्ति होती है जिसमें तीन ज्येष्ठ, तीन मध्य और तीन ही कनिष्ठ लिङ्ग होते हैं।

त्रिधा विभक्तगर्भेषु चैकांशं गर्भमानतः।
साधारणमिति प्रोक्तं ज्येष्ठ-मध्य-कनिष्ठकम्॥ 13॥[1]

इस प्रकार गर्भगृह के विस्तार के तीन भाग करने पर उनमें एक भाग के विस्तार के बराबर लिङ्गों को साधारण लिङ्ग कहते हैं। इस प्रकार यहाँ ज्येष्ठ,

---

1. इस निर्देश और मत्स्यपुराण के मत में साम्यता है। कहा गया है कि गर्भगृह के आधे भाग में स्थापित प्रशस्त लिङ्ग (कनिष्ठ) है, उसे पाँच भागों में विभाजित कर उनमें से तीन भागों को ज्येष्ठ कहा जाता है। भीतरी मान को नौ से विभाजित कर उसके पाँचवें भाग को मध्यम कहते हैं। गर्भ के एक ही भाग को नौ भागों में विभाजित कर उनमें लिङ्गों को स्थापित करें। इसी समसूत्र वाले गर्भ-भाग को नौ भागों में बाँटे। उनमें से आधा ज्येष्ठ, आधा कनिष्ठ और मध्यभाग मध्यम कहा जाता है। इस प्रकार गर्भ को तीन भागों में विभक्त करना चाहिए। फिर उनमें तीन ज्येष्ठ, तीन मध्यम और तीन ही कनिष्ठ भेद होंगे। इस प्रकार नौ भेद होंगे— प्रासादस्य प्रमाणेन लिङ्गमानं विधीयते। लिङ्गमानेन वा विद्यात् प्रासादं शुभलक्षणम्॥ भागार्धेन तु यल्लिङ्गं कार्यं तदिह शस्यते॥ पञ्चभागविभक्तेषु त्रिभागो ज्येष्ठ उच्यते। भाजिते नवधा गर्भे मध्यमं पाञ्चभागिकम्॥ एकस्मिन्नेव नवधा गर्भे लिङ्गानि कारयेत्। समसूत्रं विभज्याथ नवधा गर्भभाजितम्॥ ज्येष्ठमर्धं कनीयोऽर्धं तथा मध्यममध्यमम्। एवं गर्भः समाख्यातस्त्रिभिर्भागैर्विभाजयेत्॥ ज्येष्ठं तु त्रिविधं ज्ञेयं मध्यमं त्रिविधं तथा। कनीयस्त्रिविधं तद्विल्लिङ्गभेदा नवैव तु॥ (मत्स्य. 263, 2 एवं 7-11)

मध्यम और कनिष्ठ लिङ्गों के विषय में कहा गया।

अपराजित उवाच —

न्यूनाधिकोक्त लिङ्गानि लयं वा तन्यूनाधिकम्।

द्वारनिलयोद्भवाद्यस्तु ? तत्र दोषाः कथं प्रभो ॥ 14 ॥

अपराजित ने कहा कि न्यूनाधिक लिङ्गों के लिए प्रासाद भी न्यूनाधिक मान के होते हैं। द्वार और निलय के मान के अनुसार होने वाले लिङ्गों के दोषों को हे प्रभु! कहिएगा।

विश्वकर्मोवाच —

अर्चालिङ्गोद्भवं मानं वेश्मांशे त्वपराजित।

न्यूनाधिको न कर्तव्यः प्रासादः सूत्रतः क्रमात् ॥ 15 ॥

इस पर विश्वकर्मा बोले कि हे अपराजित! अर्चा (प्रतिमा), लिङ्ग को लेकर कल्पित होने वाले मान से प्रासाद के अंशों का मान कभी न्यूनाधिक नहीं करें। उसे प्रासाद सूत्र के नियमों के क्रम से ही बनाना चाहिए।

स्वभुबाणजरत्नजघटितेषु मानमाह —

वेश्म न्यूनाधिकं शस्तं स्वभुबाणे च रत्नजे।

घटितेषु विधिः ख्यातो ह्यर्चालिङ्गेषु तत्त्वतः ॥ 16 ॥

केवल स्वयम्भू व बाणलिङ्गों के सन्दर्भ में प्रासाद न्यूनाधिक भी हों तो प्रशस्त कहे गए हैं परन्तु रत्नों से बनने वाले, घड़े गए व पाषाण के लिङ्ग जो तत्वतः अर्चा लिङ्ग होते हैं, के लिए तो निर्दिष्ट विधि के ही अनुसार प्रासाद-मान होना चाहिए।

धातुजे रत्नजे चैव स्वभुबाणे च दारुजे।

वेश्म न्यूनाधिकं प्रोक्तं वक्त्रलिङ्गे तु पार्थिवे ॥ 17 ॥

शैलजे घाट्यलिङ्गे तु विधिरुक्तश्च शास्त्रतः।

कर्तव्यं सूत्रकारेण प्रमाणं चानुपूर्वशः ॥ 18 ॥

धातु से बनने वाले, रत्नों से निर्मित, काष्ठ से निर्मित, स्वयम्भू और बाणलिङ्गों के प्रासाद कम ज्यादा कहे गए है; परन्तु मुखलिङ्ग, मिट्टी के लिङ्ग, पाषाण के लिङ्ग और घड़े हुए लिङ्ग के लिए तो निर्धारित शास्त्र विधि के अनुसार ही पहले के सूत्रकारों ने जो प्रमाण बनाएँ है, उन्हीं को ग्रहण करना चाहिए।

मृद्दारु शैललोहानामायामो युगनेत्रांशकैः$_{8}$ (वेदयुग्मांशकैः)।

रसैः$_{6}$ सार्धसप्तभिश्च वसु$_{8}$ भीरन्ध्र$_{10}$ कैस्तथा ॥ 19 ॥

चतुर्विधश्च विष्कम्भः कर्तव्यः शास्त्रपारगैः।

मृदा, काष्ठ, शैल और लोह धातुओं के प्रसङ्ग में विस्तार क्रमशः आठ अंश, छह, साढ़े सात तथा दस अंश के होंगे। इस प्रकार चार प्रकार के विष्कम्भ शास्त्र के जानकार विद्वानों को करने चाहिए।

सुरगणार्चितादीनां प्रमाणमाह —

सुरगणार्चिता[1] नाद्यं आद्यं सर्वसमादि सैसकम्॥ 20॥
विष्कम्भं रहितायामं कृत्वा रुद्रांशमर्धतः।

इसी प्रकार देवताओं से पूजित, आदि-अनादि, सभी समाकार और सीसे के बने लिङ्गों को विष्कम्भ रहित रुद्रांश के आधे यानी साढ़े पाँच अंश आयाम वाला बनाएँ।

अष्टभि वैष्णवं ज्ञेयं चतुर्भि ब्रह्मणस्तथा॥ 21॥
नाहपादेन विष्कम्भ ऋषिभिर्ब्रह्मणः पदम्।

आठ का विस्तार वैष्णव जाने, चार का विस्तार ब्रह्मा का होगा (जैसे कि लिङ्ग के अधोर्ध्व रचना के सन्दर्भ में कहा गया है[2])। इनमें नाह चतुर्थांश तथा विष्कम्भ सात अंश से ब्रह्मा के पद पर होगा (अथवा नाहपादेन यानी दिन की तीस घड़ियों का चौथा भाग साढ़े सात भाग विष्कम्भ यानी विस्तार ऋषियों और ब्रह्मा के पद का है)।

अष्टभिर्वैष्णवं ज्ञेयं रुद्रांशं ग्रहसङ्ख्यया॥ 22॥
इत्थमन्यच्च कर्तव्यं लिङ्गं सुरगणार्चितम्।

आठ को वैष्णव जाने और ग्रहसंख्या यानी नौ को रुद्रांश जाने। इनसे अलग सुरगणार्चित लिङ्ग को बनाना चाहिए।

तस्य तावत्पुनस्त्वेवं कर्तव्यं तत्त्वनाद्यकम्॥ 23॥
विष्कम्भं सार्धसप्तांशं पादोनाष्टांशमाब्जजम्।
अष्टभिर्वैष्णवं शैवं सपादाष्टभिरेव च॥ 24॥

---

1. मयमतम् में आया है कि ऐसा लिङ्ग जिसकी चौड़ाई का प्रमाण उसकी ऊँचाई की एक चौथाई हो तथा अन्य प्रमाणादि पूर्व निर्देशानुसार ही हो, वह सुरगणार्चित लिङ्ग कहा जाता है—इष्टायामसमोपेतं स्वायामार्धार्धविस्तरम्। शेषं पूर्ववदुद्दिष्टं नाम्ना सुरगणार्चितम्॥ (मय. 33, 81)
2. लिङ्ग में ऊर्ध्वभाग वृत्तरूप से होता है जो शिवस्वरूप होता है, उसके नीचे ब्रह्मभाग होता है जो चौकोर होता है जबकि मध्य का भाग विष्णु का कहा जाता है जो आठ कोणीय होता है— माहेश्वरं त्रिभागं तु ऊर्ध्ववृत्तं त्ववस्थितम्॥ अधस्ताद् ब्रह्मभागस्तु चतुरस्रो विधीयते। अष्टाग्रो वैष्णवो भागो मध्यस्तस्य उदाहृतः॥ (मत्स्य. 263, 15-16)

इनके पुनः इसी तरह तत्वनाद्यकं—पाँच आदि से करें। विष्कम्भ विस्तार साढ़े सात या पौने आठ अंश अब्जजम् यानी ब्रह्मा के माने। आठ वैष्णव और सवा आठ शैव के होंगे।

अनाद्यनामतः प्रोक्तमन्यद् मानं च वक्ष्यते।
विष्कम्भं नवभागं स्यात् सार्धाष्टांशं 'पितामहः'॥ 25॥
अष्टभिर्वैष्णवं ज्ञेयं माहेशं सार्धसप्तकम्।[1]

इस प्रकार अब तक जो मान कहे, उनके अतिरिक्त अब अन्य मान भी कहता हूँ। विष्कम्भ या विस्तार नौ भागों का माने, इस नवें मान के साढ़े आठ भाग पितामह ब्रह्मा, मध्य के आठ भाग विष्णु और साढ़े सात भाग महेश के कहे गए हैं।

इदमन्यच्च कर्तव्यमनाद्यलिङ्गलक्षणम्॥ 26॥

इनके अतिरिक्त, अन्य अनाद्यलिङ्गों के लक्षणों को करना चाहिए।

मूले मध्ये तथाग्रे च विस्तारायामतः समम्।
सर्वतः सदृश्यां चैव लिङ्गं वै सर्वतः समम्॥ 27॥

(समलिङ्ग) मूल, मध्य में और आगे विस्तार यानी आयाम में समान होता है।[2] वह सब ओर से लिङ्ग एक-सा सब तरह से बराबर होता है— ब्रह्म भाग, विष्णु भाग और शिव भाग की मोटाई समान होगी।

गुरु उपदेशात् उत्तमलिङ्गाः —

विवर्ताक्षं वर्द्धमानं श्रीपुञ्जं नन्दिवर्धनम्।
चत्वार्य्युत्तमलिङ्गानि क्रमो गुरुपदेशतः॥ 28॥

1. विवर्ताक्ष, 2. वर्धमान, 3. श्रीपुञ्ज और 4. नन्दिवर्धन— ये चारों उत्तमलिङ्ग गुरु के उपदेशानुसार कहे गए हैं।

वासुदेवादिकं लिङ्गं सप्तेन्दुभ्यां षडिन्दुतः।
इषुशब्दाद्युगक्ष्माभ्यां पृथु युक्तं च लिङ्गकम्॥ 29॥

यह ज्ञातव्य है कि वासुदेवादिक लिङ्ग का अनुपात 7-1 से लेकर 6-1 तक होगा और 5-1 से 4-1 तक लिङ्ग की मोटाई होती है, जो उचित होगी।

---

1. यह मत सूत्रधार मण्डन के निर्देश से तुलनीय है— विष्कम्भं नवभागंतु सार्द्धमष्ट पितामहः। नारायणोऽष्टभिर्ज्ञेयः सप्तसार्धं महेश्वरः॥ (देवतामूर्ति. 6, 83)
2. मत्स्यपुराण में भी आया है कि जो लिङ्ग आगे, मूल तथा मध्य भाग में एक समान होता है वह सभी मनोरथों को पूर्ण करता है— अग्र(?थ) मूले च मध्ये तु प्रमाणे सर्वतः समम्। एवं विधं तु यल्लिङ्गं भवेत् तत् सार्वकामिकम्॥ (मत्स्य. 263, 24)

सप्तेन्दुभ्यो विवर्ताख्यं षट्चन्द्रौ वर्धमानकम्।
इषुशब्दौ च श्रीपुञ्जं युगक्ष्मे नन्दिवर्धनम्॥ 30॥

पूर्वोक्त लिङ्गों में से 7-1 का अनुपात विवर्त नामक लिङ्ग, 6-1 का अनुपात वर्धमान, 5-1 का अनुपात श्रीपुञ्ज और 4-1 का अनुपात नन्दिवर्धन का होता है।

विष्कम्भं रहितायामं शेषं ? (शिव) चन्दांशमर्धतः।
षट्चन्द्रायतो विष्णुः शेषं ब्रह्मण उच्यते॥ 31॥

विष्कम्भ रहित शेष आयाम शिव का है जो चन्द्रांश अर्धतः है अर्थात् आधा होगा। इसी तरह 6-1 आयत वाला विष्णु और शेष ब्रह्मा का होता है।[1]

लिङ्गस्य ब्रह्मादिभागाः —

समस्तानां हि लिङ्गानां ब्रह्मादौ चतुरस्रकः।
कर्णसूत्रात्मुक्तकोणे विष्णुरष्टाश्रको भवेत्॥ 32॥
ब्रह्मादिस्थानतो लुप्तो वृत्ताकारसमुद्भवः।
पूजाभाग ऊर्ध्वतः स्यादुद्रांशो वृत्तसञ्ज्ञकः॥ 33॥

समस्त लिङ्गों में ब्रह्म का आदि भाग चतुरस्र यानी चौकोर होता है। फिर, इस चतुरस्र के कोणों को काट कर जो अष्टकोणीय भाग बनता है वह विष्णु का होता है। इसके बाद के ब्रह्मा व विष्णु भाग के समस्त कोणों का लोप करके केवल गोलाई के आकार का जो भाग ऊपर रहता है, वह शिव का भाग पूजा का होता है।[2]

लिङ्गशिरोवर्तनम् —

विस्तारं चास्य लिङ्गस्य तदन्तमुपलक्षयेत्।
विभक्तिर्मस्तके तेषां लिङ्गानां पञ्चधा भवेत्॥ 34॥

अब लिङ्ग का विस्तार उसकी ऊँचाई के अन्त को उपलक्ष में रखते हुए कहते है। उन लिङ्गों के मस्तक की भाग विभक्ति पाँच प्रकार की होती है।[3]

---

1. मत्स्यपुराण में आया है— तथान्यदपि वक्ष्यामि गर्भमानं प्रमाणतः॥ गर्भमानप्रमाणेन यल्लिङ्गमुचितं भवेत्। चतुर्धा तद् विभज्याथ विष्कम्भं तु प्रकल्पयेत्॥ देवतायतनं सूत्रं भागत्रयविकल्पितम्। अधस्ताच्चतुरस्रं तु अष्टास्रस्य मध्यभागतः॥ पूज्यभागस्ततोऽर्धं तु नाभिभागस्तथोच्यते। आयामे यद्भवेत् सूत्रं नाहस्य चतुरस्रके॥ चतुरस्रं परित्यज्य अष्टास्रस्य तु यद्भवेत्। तस्याप्यर्धं परित्यज्य ततो वृत्तं तु कारयेत्॥ (मत्स्य. 263, 17-21)
2. तुलनीय— ब्रह्मांशश्चतुरस्रोऽधो मध्येऽष्टाष्टास्रस्तु वैष्णवः। पूजाभागः सुवृतः स्यात् पीठोर्ध्वं शङ्करस्य च॥ (देवतामूर्ति. 6, 84)
3. मयमतम् में शिरोवर्तन विधि के विषय में कहा गया है कि मुनिजनों ने पाँच प्रकार से लिङ्ग के सिर प्रदेश का वर्णन किया है— 1. छत्राभ (छत्र के समान), 2. त्रपुषाभ (कुष्माण्डाकार), 3. कुक्कुटकाण्ड

छत्राकारमष्टमांशे सार्धद्वयंशं षडंशके।
त्रपुषाभं वेदभक्ते द्विभागं कुक्कुटाण्डभम्॥ 35॥
त्रिभक्ते लिङ्गविस्तारे चैकांशमर्धचन्द्रकम्।
सार्धत्र्यंशेन तुल्यं स्यादष्टांशे बुद्बुदाकृतिः॥ 36॥[1]

ये हैं 1. छत्राकार— आठवें भाग, ढाई अंश एवं छह अंश का होता है; 2. त्रपुषाभ— चार भाग; 3. कुक्कुटाण्डभ— दो भाग का; 4. अर्धचन्द्र—लिङ्ग के विस्तार के तीन भाग करके उनमें एक भाग का और 5. बुद्बुदाकृति— साढ़े तीन भाग का अथवा अष्टांश विभक्ति।

तेषां हान्याद् फलमाह —

तस्याधो भवति व्याधी राष्ट्रभङ्गं च वक्रके।
मध्यहीने च दुर्भिक्षमधोहीने प्रजाक्षोभः॥ 37॥
ऊर्ध्वहीने सर्वनाशो (ह्यङ्ग) हीने प्रजाक्षयः।

(मुर्गी के अण्डे के समान गोलाई लिए), 4. अर्द्धचन्द्र (आधे चन्द्रमा के समान) और 5. बुद्बुदाकार (जल के बुलबुले के समान)। यदि लिङ्ग की चौड़ाई को षोडश भागों में बाँटा जाए तो एक भाग या दो, तीन अथवा चार भाग छत्राभ लिङ्ग का रखा जाएगा। इसमें ऊर्ध्व-अधः क्रमशः सम्यक् रूप से वृत्ताकार रखा जाएगा। उक्त छत्राभ लिङ्ग के शिरोप्रदेश को चार प्रकार से बनाया जा सकता है। इसमें प्रथम दो प्रकार समलिङ्ग जिनमें ब्रह्मादि अंश समानतः होंगे एवं तृतीय भाग-भेद शिवाधिक लिङ्ग का होगा। इसी प्रकार से चतुर्थ प्रकार की ऊँचाई को वर्द्धमान संज्ञक लिङ्ग के लिए जाने। यहाँ सङ्करादि अन्य अशुभ वर्तन के लिए भी जानना चाहिए। यदि लिङ्ग का आकार त्रपुषाभ हो तो चौड़ाई की अपेक्षा वृत्त की ऊँचाई छह में से ढाई भाग से कल्पित होगी। कुक्कुटाभ हो तो उसकी ऊँचाई लिङ्ग की चौड़ाई की आधी ही होगी। यदि अर्द्धचन्द्राकार हो तो एक तिहाई अंश होगी और बुद्बुदाकार होने पर ऊँचाई का प्रमाण आठ में से साढ़े तीन भाग होगी। पूर्वोक्त प्रकार के बताए गए मानादि प्रमाण समस्त प्रकार के लिङ्गों के लिए उपयुक्त होते हैं— शिरसो वर्तनमधुना लिङ्गानां वक्ष्यते क्रमशः॥ छत्राभा त्रपुषाभा कुक्कुटकाण्डार्धचन्द्रसदृशाभाः। बद्बुदसदृशाः पञ्चैवोद्दिष्टा वर्तना मुनिभिः॥ व्यासे षोडशभागे लिङ्गस्यैक$_1$ द्वि$_2$गुण$_3$युगांशेषु$_4$। सांलम्ब्याधोभागानुभयोरपि पार्श्वयोः क्रमशः॥ छत्राभानि शिरांसि च चत्वारीह$_4$ प्रवर्तते विधिना। समलिङ्गे प्रथमे द्वे$_2$ शैवाधिकलिङ्गेके तृतीयं स्यात्॥ चतुरंशेषु यदुक्तं तत् प्रोक्तं वर्धमानस्य। सङ्करमन्योन्यं वाप्यशुभं स्याद् वर्तनानां च॥ (त्रपुषाभानुषडंशे$_6$ सार्धद्व्यंशेन कर्तव्या।) उच्चर्धं कुक्कुटजं त्र्यंशैकांशेन्दुखण्डनिभम्। बुद्बुदसदृशं सार्धं त्र्यंशं$_{3॥}$ व्यासेऽष्टभागे$_8$ तु॥ सर्वेषामपि चैताः सामान्या (वर्तना)स्तु लिङ्गानाम्। (मय. 33, 92-97; तुलनीय समराङ्गण. 70, 67-68)

1. देवतामूर्तिप्रकरण में ये ही श्लोक प्रकारान्तर से आए हैं। यदि शिवलिङ्ग के मान को आठ से विभाजित करें तो ढाई भाग का छत्र और शीर्ष के छह भाग त्रपुषाभ यानी मुर्गे के अण्डे के जैसे होंगे। लिङ्ग के विस्तार के तीन भाग करें, एक भाग को अर्धचन्द्र की तरह रखें। विस्तार को पुनः आठ भागों में बांटकर तीन भाग को बुलबुले के आकार का सिर करें— छत्राभमष्टमांशे तु सार्धद्व्यंशे षडंशके। त्रपुषाभं विस्तारार्धे कुक्कुटाण्डं शिरोमतम्॥ त्रिभागे लिङ्गविस्तारे चैकांशेनार्धचन्द्रकम्। सार्धत्र्यंशेन तुल्यं स्यादष्टांशे बुद्बुदाकृतिः॥ (देवतामूर्ति 6, 35-36)

इनसे नीचे बनाने पर व्याधियाँ होती है। वक्र बनाने पर राष्ट्रभङ्ग होता है। मध्य भाग में कम हों तो दुर्भिक्ष और नीचे का भाग कम रखने पर प्रजा का क्षोभ बढ़ता है। इसी प्रकार ऊपर का भाग कम रखने पर सर्वनाश समझें और अङ्गहीन बनाने पर प्रजा का क्षय होता है।

पूजाहानिर्भागदीर्घे मध्यदीर्घे प्रजाक्षयः ॥ 38 ॥
अनावृष्टिरधोदीर्घे राष्ट्रभङ्गोऽङ्गदीर्घतः।

दीर्घ भाग बनाने पर पूजा में हानि होती है। मध्य भाग दीर्घ होने पर प्रजा का क्षय और नीचे का भाग दीर्घ होने पर अनावृष्टि होती है। इसी प्रकार अन्य अङ्गों की दीर्घता होने पर (सम्बन्धित क्षेत्र में) राष्ट्रभङ्ग होता है।

सन्धिरेखाबिन्दुजाल कीलकादि कलङ्ककैः ॥ 39 ॥
गौर! छिद्रतांध ? (ब ?) धूलिकाकमार्जारपादतः।
विनिर्मुक्तं चाऽथलिङ्गं भुक्तिमुक्तिप्रदं भवेत् ॥ 40 ॥

इसी तरह लिङ्ग (निम्नलिखित दोष) सन्धिरेखा, बिन्दुजाल, कीलक, कलङ्क, गौर, छिद्रता, अन्धता, धूलिका या बिल्ली के पाँव जैसे चिह्नों से मुक्त हों तो ही भोग और मुक्ति प्रदान करने में समर्थ होता है।

इति सूत्रसन्तानगुणकीर्तिप्रकाशप्रोक्तृश्रीभुवनदेवाचार्योक्तापराजितपृच्छायां
शैलजघाट्यादिलिङ्गनिर्णयाधिकारो नाम द्व्युत्तरद्विशततमं सूत्रम् ॥ 202 ॥

इस प्रकार भुवनदेवाचार्य कृत सूत्रसन्तानगुणकीर्ति प्रकाश या अपराजितपृच्छा में शैलज
घाट्यादि लिङ्ग निर्णय अधिकार नामक दो सौ दोवाँ सूत्र पूर्ण हुआ ॥ 202 ॥

लिङ्गपरीक्षानाम त्र्युत्तर द्विशततमं सूत्रम् ॥ 203 ॥

अधुना लिङ्गपरीक्षां। विश्वकर्मोवाच —

शाणाविद्ध शितं कृत्वा चले रक्षादिभिः क्रमात्।
यावन्निर्वाणतां याति तावत्कुर्याद्विचक्षणः ॥ 1 ॥

(इस सूत्र में लिङ्ग की परीक्षा के लिए विविध विधियों, निमित्तों, शुभाशुभ लक्षणों का वर्णन किया गया है। देवतामूर्तिप्रकरण, दीपार्णवादि में यह विषय अल्परूप से मिलता है। उपदेश के साथ सूत्रारम्भ हुआ है। इसमें औजार से लिङ्ग को घड़ते हुए उभरने वाले लक्षणों को प्रसङ्गतः लिखा गया है) विश्वकर्मा बोले कि सान यानी सिकली पर घिसे हुए तेज धार वाले हथियार के साथ इस चलायमान

पृथ्वी[1] पर रक्षादि के क्रम से जब तक विचक्षण व्यक्ति मृत्यु को नहीं प्राप्त हो जाए, तब तक उसे कर्म करते रहना चाहिए।

शुभाशुभ चिह्ननुक्रमं —

शुद्धं तत् तु निरीक्षेत तस्मिंश्चिह्नं शुभाशुभम्।
तस्य चिह्ननुक्रमं च प्रवक्ष्यामि च नामतः ॥ 2 ॥

लिङ्ग में शुभाशुभ चिह्नों को देखकर उसके शुद्ध होने का निरीक्षण करें। उसके इन चिह्नों के अनुक्रम को नामवार कहता हूँ।

पद्माकारं स्वस्तिकं च शङ्खाभं चक्रसन्निभम्।
छत्राकृति ध्वजाकारं त्रिशूलाकृति पार्वतम् ॥ 3 ॥
मत्स्यमकर कूर्माभं कलशाकृतिकं तथा।
अर्धचन्द्राकृति तथा चैवं गोवृषभाकृति ॥ 4 ॥
वज्रखड्गाकृतिकं च दण्डभं चामराकृति।
वृषावृति! लिङ्गाकारं सयोनिमात्र(न) संयुतम् ॥ 5 ॥
स्थपतिस्थपकानां तु पुत्रपौत्रविवृद्धकम्।

(घड़ाई करने वालों को यह ध्यान रखना चाहिए कि) 1. पद्माकार, 2. स्वस्तिक जैसी आकृति, 3. शङ्ख, 4. चक्र जैसी आकृति, 5. छत्राकृति, 6. ध्वजाकार, 7. त्रिशूलाकृति, 8. पर्वतीय आकृति, 9. मत्स्य-मकर-कूर्म जैसी आकृति, 10. कलशाकृति, 11. अर्धचन्द्राकृति, 12. गो-वृषभाकृति, 13. वज्र-खड्गाकृति, 14. दण्ड जैसी आकृति, 15. चामराकृति 16. वृषावृति (गौमूत्रिका), 17. लिङ्गाकार, 18. सयोनि मान संयुत— ये सब चिह्न-लक्षण स्थपति और स्थापकों के लिए पुत्र-पौत्रों की वृद्धि करने वाले है।

बहुलिङ्गदृश्यफलं —

बहूनि यत्र दृश्यते लिङ्गे लिङ्गानि सर्वतः ॥ 6 ॥
पूर्वा-पर-याम्यो-त्तरे दृश्यते लिङ्गमुन्नतम्।
राजा भृत्यैर्मन्त्रिभिश्च वर्द्धते प्रजया सह ॥ 7 ॥

जिस स्थान पर बहुतायत से सर्वत्र लिङ्गों का दर्शन होता है, पूर्व-पश्चिम-उतर-दक्षिण चारों ही दिशाओं उन्नत लिङ्ग बने हों तो राजा, उनके भृत्य, मन्त्रिगण समस्त प्रजा के साथ वृद्धि को प्राप्त करते है।

---

1. ग्रन्थकार ने यहाँ पर पृथ्वी को चलिता कहा है।

दृश्यते पर्वतो यत्र ह्यनेकशिखराकृतिः।
राजा सेनावधं कुर्यान्मासेनाऽत्र न संशयः॥ 8॥

जहाँ अनेक शिखराकृतियों के पर्वत दिखाई देते हैं वहाँ (चढ़ाई करने वाले) राजा की सेना का एक मास में सम्पूर्ण वध होता है, इसमें कोई संशय नहीं।[1]

लिङ्गचिह्नानि सफलमाह —

समुद्रवीचिसङ्काशं मण्डलाकृतिकं तथा।
राजा परगतं राष्ट्रमचिराद्विनिवर्तयेत्॥ 9॥

जहाँ लिङ्गों में समुद्र की लहरों जैसी आकृति पाई जाए अथवा मण्डल (घेरे) बने हुए दिखाई दें तो राजा किसी पराये राष्ट्र की ओर से शीघ्र ही चला आएगा।

गोब्राह्मणहितं चैव यजमानोऽपि वर्द्धते।
सुखदं सर्ववर्णानां शान्तिपुष्टिप्रदायकम्॥ 10॥

इससे गो-ब्राह्मणों का भी हित होगा और यजमान की भी वृद्धि होगी। यह सभी वर्ण के लोगों के लिए भी सुखद होगा और शान्ति-पुष्टि को देने वाला होगा।

इन्द्रायुधनिभा रेखा चतुर्वर्णोपशोभिता।
शुक्ला विप्रस्य सुखदा रक्ता राज्ञो विधीयते॥ 11॥
वैश्यस्य पीतिका रेखा कृष्णा शूद्रस्य शस्यते।

जिस लिङ्ग में इन्द्रधनुष के समान रेखा में चारों रङ्ग शोभा देते हों उनमें शुक्ल-श्वेत रङ्ग ब्राह्मणों को सुख देने वाला, लाल रङ्ग राजाओं को अनुकूल, पीला रङ्ग वैश्य और काला रङ्ग शूद्र को प्रशस्त होता है।

अविच्छिन्ना भवेद्रेखा पुत्रपौत्रविवर्द्धिनी॥ 12॥
विच्छिन्ना बिन्दुसंयुक्ता वर्जनीया प्रयत्नतः।

यदि लिङ्ग में अविच्छिन्न रेखा दिखाई पड़े तो वह पुत्र-पौत्रों को बढ़ाने वाली समझे परन्तु, यदि विच्छिन्न (कटी-फटी) रेखा दिखाई दे तो इसे अशुभ मानकर प्रयत्नपूर्वक वर्जनीय समझे।

---

1. गुजरात के चाम्पानेर से निकली अरावली पर्वतमाला अपनी अनेक शिखराकृतियों के लिए प्रसिद्ध है, लोकाञ्चल में इसे आडावला यानी आड़ा-अँवला (टेढ़े-बाँके) कहा जाता है। यह इस पर्वतमाला की विशेषता ही रही है कि यहाँ शत्रुओं ने चढ़ाई की किन्तु उनका कई बार बचकर निकलना कठिन हो गया, कई बार स्वयं स्थानीय नरेश भी पराङ्मुख हुआ। ग्रन्थ के रचनाकाल के कुछ समय पूर्व ही मालवा के मूँजराज द्वारा मेवाड़ पर चढ़ाई और उसके ऐसे ही परिणाम सम्भवतः इस विचार के पीछे निहित है।

कङ्कभासाकृतिश्चैव गृध्रकाकाकृतिस्तथा॥ 13॥
वलयाद्याकृतिश्चैव कौशिकाकृतिरेव च।
कीटसर्पपतङ्गाश्च दृश्यन्ते यत्र वर्णतः॥ 14॥
अधमं तद्विजानीयात् प्रयत्नेन विवर्जयेत्।
चिह्नं तु कथितं तेषां लाञ्छनानि ह्यतः शृणु॥ 15॥

यदि लिङ्ग में कङ्क या बगुले जैसे आकृति, गृध या कौवे का आकार हो, वलयाकार आकृति, उल्लू की आकृति हो और कीट, सर्प, पतङ्ग आदि जहाँ वर्णतः दिखाई दे तो उसको अधम लिङ्ग जाने, वह प्रयत्नपूर्वक वर्जित समझना चाहिए। इस प्रकार इन चिह्नों को तो मैंने कह दिया, अब इनके लाञ्छनों को भी सुनो।

लिङ्गस्य लाञ्छनाह —

आवर्तं दक्षिणं श्रेष्ठं वामावर्तं विगर्हितम्।
येनामिदी (आवर्तो) दृश्यते यत्र विपुलो मेखलान्वितः॥ 16॥
तल्लिङ्गं पूजयेन्नित्यं सर्वकामार्थ साधकम्।

यदि लिङ्ग दक्षिणावर्त हों तो श्रेष्ठ होता है परन्तु वामावर्त हों तो ठीक नहीं होता। जिन लिङ्गों में आवर्त और मेखलाओं की बहुलता दिखाई दे तो ऐसे लिङ्ग की सदा पूजा करनी चाहिए। इससे साधक के समस्त काम व अर्थों की सिद्धि होती है।

अन्यदप्याह —

प्रासादो वा रथो वापि नन्द्यावर्तस्तथाङ्कुशम्॥ 17॥
रम्भा कन्यायुक्त! (पुष्प) माला शिवा च दर्पणं तथा।
कलशं चैव हारं च अक्षसूत्रं पवित्रकम्॥ 18॥
वस्त्रयुग्मं कुण्डलं च तारकाकृतिकं तथा।
कुण्डलं चेति विज्ञेयं लाञ्छनं शोभनं खलु॥ 19॥

इसी प्रकार प्रासाद और रथ भी नन्द्यावर्त और अङ्कुश वाले होते है। रम्भा-केल कन्यायुक्त हों अर्थात् पुष्पयुक्त हो, माला, शिवा, पार्वती, दर्पण, कलश, हार, अक्षसूत्र, पवित्र वस्त्र, युग्म कुण्डल, तारकाकृति और कुण्डल आदि लाञ्छन हों तो उन सबको शुभ समझना चाहिए।

अन्यदप्याह —

सोमे सूर्ये वृषे पद्मे शङ्खे वै विपुलं धनम्।
छत्रेषु चामरे चैव राज्यलाभं विनिर्दिशेत्॥ 20॥

यदि लिङ्ग पर चन्द्रमा, सूर्य, वृष, पद्म, शङ्ख के लाञ्छन हों तो विपुल धन की प्राप्ति होगी। छत्र, चामर के लाञ्छन हों तो वे राज्यप्राप्ति के लाभ को दिखाते हैं।

मकरे चाक्षसूत्रे च कलशे च कमण्डलौ।
हारे वस्त्रे भगे चैव स्वस्तिके विजयस्तथा॥ 21॥

मकर, अक्षसूत्र, कलश, कमण्डलु, हार, वस्त्र, भग, स्वस्तिक के लाञ्छन हों तो विजय प्राप्त होती है।

लाञ्छनाक्षरसंस्थाने फलमाह —

लाञ्छनाक्षरसंस्थाने शुभं वाप्यथवाशुभम्।
वायव्याग्नेयमाहेन्द्रे वारुण्यां च यथाविधि॥ 22॥
अकारश्च उकारश्च एऐ ओऔ अंअस्तथा।
गजडदबं च ज्ञात्वा यथा तत्र च दृश्यते॥ 23॥

इसी प्रकार से लाञ्छनों को अक्षर के स्थानों में भी शुभ या अशुभ जानना चाहिए। इसके लिए वायव्य कोण, आग्नेय कोण, पूर्व दिशा और पश्चिम दिशा में यथा विधि अकार, उकार, एऐ, ओ औ, अं अः तथा गजडदब अक्षरों के आधार पर जानकारी का प्रयत्न करें— जहाँ भी वे दिखाई दें।

एतेषु दृश्यमानेषु महाबन्धभयं भवेत्।
आकारो दृश्यते यत्र अकारो वा तथैव च॥ 24॥
ऋॠ च दृश्यते यत्र उजघटयषस्तथा।
नरपदाश्चाक्षराणि आग्नेय्यां च प्रकीर्तिताः॥ 25॥
एतेषु दृश्यमानेषु अग्निदोषभयं भवेत्।

इन सबके दिखाई पड़ने पर महाबन्धन का भय उपस्थित होगा, ऐसा समझें। जहाँ भी आकार दिखाई दे अथवा उसी तरह अकार दिखाई दें; ऋ ॠ जहाँ दीखें; उ ज घ ट य ष तथा न र प द अक्षर आग्नेय दिशा के कहे गए हैं तो उनके दिखाई पड़ने पर अग्निदोष भय होता है।

(उचकारो लकारश्च) अनुनासिकं सञ्ज्ञकाः॥ 26॥
यन्माहेन्द्राश्रितं ज्ञेयं लिङ्गे चिह्नं शुभप्रदम्।
ककारश्च व(ल)कारश्च भूज ऊध ? (छजपथ)स्तथापरः॥ 27॥
शषसकारा विज्ञेयाः सकारश्च सुसम्भवः।
एभिस्तु लाञ्छैनर्लिङ्गं सर्वकामार्थ साधकम्॥ 28॥

कथितानि लाञ्छनानि शल्यदोषमतः शृणु।

उचकार और लकार अनुनासिक सञ्ज्ञक अक्षर यदि पूर्व दिशा के आश्रित दीखें तो ऐसे चिह्न का लिङ्ग शुभ समझे। ककार लकार, छ ज प थ तथा पर यानी पश्चिम में, शेषसकार को भी सुसम्भव समझे। ये सभी लाञ्छन लिङ्गों में होने से सब काम, अर्थों के साधक बनते हैं। ये सब लाञ्छन कहे गए, अब आगे शल्य दोषों के बारे में सुनो।

तत्र शल्यदोष सफलमाह —

सयोनिमात्र सम्युक्तं लक्षणीयं विपश्चिता॥ 29॥
(अथ) तस्मिंल्लिङ्गे चैव मण्डलं यत्र दृश्यते।
सगर्भं तद्विजानीयाद् जीवशल्यं विचक्षणम्॥ 30॥

विपश्चित अर्थात् समझदारों को सयोनिमात्र लिङ्ग को ही सम्युक्त लक्षणीय समझना चाहिए। यदि लिङ्गों में भी कभी मण्डल दिखाई दें तो उसे सगर्भ समझें क्योंकि उसके गर्भ में कोई जीव (जीवाष्म) हों सकता है। इस जीवशल्य को विचक्षण लोग पहचानते हैं।[1]

माञ्जिष्ठाभे मण्डलं स्यात् हरिते कर्करो भवेत्।
पीठे (ते) गोधां विजयानीयात् कृष्णो विद्याद् भुजङ्गमम्॥ 31॥
कपिले मूषको ज्ञेयः श्यामे तु कृकलाशकः।

यदि मँजीठ के रङ्ग का मण्डल दिखाई पड़े (हरित हो) तो केंकड़ा उसके गर्भ में होगा। पीला मण्डल हों तो उसके गर्भ में गोधा-गोह समझें। काला मण्डल हों

---

1. लिङ्गार्थ पाषाण परीक्षण के सन्दर्भ में इस प्रकार की मान्यता सर्वप्रथम विष्णुधर्मोत्तरपुराण में आई है। मयमतम् आदि में भी है। तुलनीय है— सगर्भां तां विजानीयाद् यत्नेन च विवर्जयेत्। माञ्जिष्ठवर्ण संकाशे गर्भे भवति दर्दुरः॥ पीतके मण्डले गोधा कृष्ण विद्याद्भुजङ्गमम्। कपिले मूषकं विद्यात् कृकलासं तथारुणै॥ गुडवर्णे तु पाषाणं कापोते गृहगोधिका। आपो निस्त्रिंशवर्णाभे भस्मे वर्णे तु वालुका॥ (विष्णुधर्मोत्तर. 3, 90, 11-13)

मण्डल विवरण सुप्रभेदागम (क्रियापादः 33, 72) एवं ईशानशिवगुरुदेवपद्धति में भी आया है— अथ गर्भास्तु वक्ष्यन्ते त्येजल्लिङ्गं सगर्भकम्। गर्भास्तु लक्षयेल्लिङ्गं सगर्भं चेत् परित्यजेत्॥ (ईशान. क्रिया. अध्याय 37, 1)

'शिल्परत्नम्' के रचयिता श्रीकुमार के अनुसार वच्छनाग, हीराकसीस (हराथोथा) और गेरू (हिरमिच) ये तीनों समान भाग लेकर दूध में पीसें। इस लेप को पाषाण पर डालें और एक रात्रि रहने दें। धोने के बाद दोष युक्त पाषाण पर दाग, चिह्नादि उभार आते हैं— तुल्यांश क्षीरिपिष्टैस्तु विषकासीस गैरिकैः। दृषदालिप्य निः शेषमेकरात्रोषितं ततः॥ प्राक्षालमगर्भात् दोषांश मण्डलैस्तत्र दक्षयेत्। (शिल्परत्नं, पाषाणपरीक्षणम्)

प्रकाशक :

परिमल पब्लिकेशन्स

२७/२८ शक्ति नगर

दिल्ली - ११०००७

दूरभाष : २३८४५४५६, ४७०१५१६८

ई-मेल : order@parimalpublication.com

ISBN : 978-81-7110-386-7 (सेट)

978-81-7110-388-1 (भाग-२)

प्रथम संस्करण : वर्ष २०११

मूल्य - १८५०.०० रुपये (भाग १-२)

मुद्रक

विशाल कौशिक प्रिंटर्स

नजदीक जी.टी.बी. हॉस्पिटल;

जगतपुरी विस्तार, दिल्ली-११००९३

परिमल संस्कृत ग्रन्थमाला संख्या - ११३

श्रीभुवनदेवाचार्योक्ता सूत्रसन्तानगुणकीर्तिप्रकाशापरनामधेया

अपराजितपृच्छा

(बृहच्छिल्पस्थापत्यशास्त्रञ्च)

(संस्कृत मूल, 'मोहनबोधिनी' हिन्दी व्याख्या एवं श्लोकानुक्रमणिका सहित)

द्वितीय भाग

(सूत्र : १३९-२३९ तक)

सम्पादक एवं अनुवादक

डॉ. श्रीकृष्ण 'जुगनू'

प्रो. भँवर शर्मा

परिमल पब्लिकेशन्स

दिल्ली

♠♠♠

तो गर्भ में भुजङ्ग-सर्प और कपिल वर्ण का मण्डल हों तो लिङ्ग के गर्भ में मूषक समझें। श्याम वर्ण हों तो कृकलाशक या गिरगिट होगा।

अतिरक्ते च वर्णे तु इन्द्रगोपकमादिशेत्॥ 32॥

किंशुकाभे च खर्जूरः अतसीभे पिपीलिका।

भस्मभे ? (स्मृमरो) ज्ञेयः वाल्हिका श्वेतभस्ममे॥ 33॥

विचित्रे वृश्चिकं विद्याद् खद्योतमग्निसन्निभे।

अत्यधिक लाल रङ्ग का मण्डल हों तो इन्द्रगोप या वीरबहूटी समझे। किंशुक जैसा रङ्ग हों तो खर्जूर-कनखजूर, अलसी जैसा रङ्ग हों तो चींटी, भस्म का रङ्ग हों तो भ्रमर (?), श्वेत भस्म का रङ्ग हों तो वाह्लिका एवं विचित्र रङ्ग हों तो विच्छु समझे।

चम्पाभे कृभयः ? प्रोक्ताः श्वेतवर्णे नरोत्तमः॥ 34॥

इति त्याज्या लिङ्गदोषा मूर्तिदोषं विवर्जयेत्।

अग्नि के समान रङ्ग हों तो खद्योत, चम्पा का रङ्ग हों तो कृमि तथा श्वेतवर्ण से नरोत्तम समझे। इन सभी लिङ्ग-दोषों को त्यागना चाहिए, ये ही मूर्ति दोष भी है, अतः इन्हें वर्जित समझें।[1]

अथ लिङ्गलक्षणोद्धरणविधिं —

लक्षणोद्धरणं वक्ष्ये सर्वलिङ्गेषु कामदम्॥ 35॥

---

1. विवेकविलास में कहा गया है कि जब प्रतिमादि का निर्माण करना हो तो पाषाण की शुभाशुभता पर विचार किया जाना चाहिए। पत्थर में कोई दाग, मण्डल या अन्य दोष है अथवा नहीं इसके लिए निर्मल काँजी के साथ बिल्व के फल की छाल पीसकर पाषाण या काष्ठ पर लेप करने से उसका मण्डल (दाग) प्रकट हो जाता है। जिस पाषाण या काष्ठ की प्रतिमा बनानी हो उस पर पूर्वोक्त रीति से लेप करने के बाद यदि पाषाण में स्वाभाविक रूप से मधु जैसा मण्डल दृष्टिगोचर हो तो उसमें खद्योत पाया जाएगा; यदि भस्म जैसा मण्डल दिखाई दे तो रेत होगी; गुड़ के सदृश मण्डल प्रतीत हो तो भीतर लाल मेंढ़क, आकाशवर्ण जैसा मण्डल हो तो पानी; कपोत के वर्ण जैसा मण्डल हो तो छिपकली; मञ्जीष्ठ जैसा वर्ण हो तो मेंढ़क; रक्त वर्ण का मण्डल हो तो गिरगिट; पीले वर्ण का मण्डल दीख पड़े तो गोह; कपिल वर्ण का मण्डल हो तो चूहा; काले वर्ण का मण्डल हो तो सर्प तथा चित्र-विचित्र मण्डल दृष्टिगोचर हो तो भीतर बिच्छू है— ऐसा जानना चाहिए। इस प्रकार के मण्डल वाले पाषाण या काष्ठ की प्रतिमादि बनाने से कर्ता के सन्तान, लक्ष्मी, प्राण और राज्य का विनाश होता है—निर्मलेनारनालेन पिष्टया श्रीफलत्वचा। विलिसेऽश्मनि काष्ठे वा प्रकटं मण्डलं भवेत्॥ मधुभस्मगुडव्योम कपोतसदृशप्रभैः। माञ्जिष्ठैररुणैः पीतैः कपिलैः श्यामलैरपि॥ चित्रैश्च मण्डलैरैभिरन्तर्ज्ञेया यथाक्रमम्। खद्योतो वालुका रक्तभेकोऽम्बुगृहगोधिका॥ दर्दुरः कृकलासश्च गोधाखुसर्पवृश्चिकाः। सन्तानविभवप्राण राज्योच्छेदश्च तत्फलम्॥ (विवेकविलास 1, 183-186)

अब सभी लिङ्गों के लक्षणोद्धरण को कहता हूँ जो सब मनोरथों को पूरी करने वाले हैं।[1]

पूजा भागो मस्तकाद्यो विभक्तास्तु कलांशकैः।
पीठोर्ध्वं दशमान्ते च लिङ्गाकृति च लक्षणम्॥ 36 ॥[2]
पृथुत्वमष्टमांशनो भयरेखान्तरे विदुः।
मस्तकं लिङ्गकाकारं लक्षितं च चतुर्विधम् (पञ्चधा तथा)॥ 37 ॥

लिङ्ग का पूजा भाग मस्तक से कला अंशों अर्थात् सोलह भागों में विभक्त कहा गया है। पीठ के ऊपर से दस भागों तक लिङ्गाकृति के लक्षण कहे हैं। इसकी मोटाई अष्टमांश कम दोनों रेखाओं के अन्त तक समझें। लिङ्ग के आकार के मस्तक चार प्रकार (? पाँच प्रकार) के होते हैं।

पक्षयोश्चतुर्भागोर्ध्वं रेखापार्श्वे लिङ्गाकृतिः।
पीठोर्ध्वे द्विभागे कुर्याद् भ्रम (मणि) रेखां प्रदक्षिणम्॥ 38 ॥[3]
ऊर्ध्वरेखान्तरं यद्वत् स्वाष्टमांशेत्यात्मकम्।[4]
एवं विधं प्रकर्तव्यं चतुर्धा (पञ्चधा) लिङ्गमानतः॥ 39 ॥

इसमें दोनों पक्षों के चार भागों के ऊपर रेखा पार्श्व में लिङ्ग की आकृति को दर्शाती है। पीठ से ऊपर दो भागों पर भ्रमणि रेखा प्रदक्षिणा क्रमानुसार करें। ऊर्ध्वाध्वर रेखान्तर अपने अष्टमांशात्मक होगा। इस विधि से चारों (पाँचों) लिङ्गमानों को करना चाहिए।

इति सूत्रसन्तानगुणकीर्तिप्रकाशप्रोक्तश्रीभुवनदेवाचार्योक्तापराजितपृच्छायां
लिङ्गपरीक्षाधिकारो नाम त्र्युत्तर द्विशततमं सूत्रम्॥ 203 ॥

इस प्रकार भुवनदेवाचार्य कृत सूत्रसन्तानगुणकीर्ति प्रकाश या अपराजितपृच्छा में लिङ्ग परीक्षा अधिकार नामक दो सौ तीनवाँ सूत्र पूर्ण हुआ॥ 203 ॥

---

1. हयशीर्षपञ्चरात्रम् में कहा गया है कि रत्न, चललिंगादि में लक्षणोद्धार नहीं किया जाता है — न कुर्याल्लक्षणोद्धारं रत्नजानां चलात्मनाम्। सुप्रभालक्षणं त्वेषां स्वर्णजानामपि द्विज॥ तस्मात्र लक्षणोद्धारं कुर्यात्पाषाणलिङ्गवत्। अचलानां तैजसानां क्वचिदिष्येत् लक्षणम्॥ (लक्षणप्रकाश पृष्ठ 605 पर उद्धृत)
2. देवतामूर्तिप्रकरण में पाठान्तर से यह श्लोक आया है और कहा है कि शिवलिङ्ग की ऊँचाई का मान सोलह भागों में बाँटते हुए 10वें भाग को लिङ्गपूजा चिह्न के रूप में स्वीकारे— पूजायामे कलांशे तु लिङ्ग चिह्न दशांशकैः। (देवतामूर्ति. 6, 98)
3. सूत्रधार मण्डन का मत है कि पीठ के ऊपर ऊर्ध्वाध्वर प्रदक्षिण क्रमानुसार चारों ओर रेखा खींचनी चाहिए— पीठस्योर्ध्व द्विभागेन रेखा कार्या प्रदक्षिणे॥ (देवतामूर्ति. 6, 98)
4. 'उमरेखान्तरं यद्वत् स्वाष्टमांशेत्यात्मकम्?।' इति प्रकाशित पाठः।

पार्थिवलिङ्गव्यक्ताव्यक्तनिर्णयो नाम चतुरुत्तर द्विशततमं सूत्रम् ॥ 204 ॥

अधुना व्यक्ताव्यक्तपार्थिवलिङ्गनिर्णयः विश्वकर्मोवाच —

पार्थिवस्य प्रवक्ष्यामि विधानं परमं शुभम्।

(इसके बाद पार्थिव[1] लिङ्गों का वर्णन किया गया है। दीप्तागम, मयमतम्, मानसार, दीपार्णवादि वास्तु व शिल्पग्रन्थों में पार्थिव लिङ्गों का वर्णन मिलता है) विश्वकर्मा कहने लगे कि अब मैं परम शुभ पार्थिव लिङ्गों का विधान कहता हूँ।

पक्वापक्व द्विविध पार्थिवलिङ्गम् —

पक्वं चैवमपक्वं वा पार्थिवं द्विविधं स्मृतम् ॥ 1 ॥
तत्राऽपक्वं प्रशंसन्ति आयुष्यं श्रीबलप्रदम्।
तदनुक्रमयोगं च कथयामस्तवान्वितके ॥ 2 ॥

पार्थिव लिङ्ग दो प्रकार के होते हैं— 1. पक्व और 2. अपक्व। इनमें अपक्वलिङ्ग की यह प्रशंसा है कि वह आयुष्य, श्री एवं बल को देने वाला है। अब इनके अनुक्रम योग को भी मैं उनके अन्तिम प्रकार तक कहता हूँ।

श्वेतां पीतां तथा रक्तां मृत्तिकां च समाहरेत्।
तथा गोधूमचूर्णं तु माक्षिके चूर्णमेव तु ॥ 3 ॥
कपिलाया धृतं क्षीरं पञ्चक्षीरं च वृक्षजम्।
गुडं च गुग्गुलं चैव चूर्णयित्वा च प्रक्षिपेत् ॥ 4 ॥
वर्जयित्वान्यद्रव्याणि [2]लाक्षामयणकाम्बिकम् ?।

पार्थिव लिङ्ग के लिए श्वेत, पीत तथा रक्त वर्ण की मिट्टी का संग्रह करें। इसी तरह गेहूँ का आटा और छत्ते के मोम का चूर्ण, कपिला गाय का घी, दूध और वृक्षों से प्राप्त होने वाला पञ्चक्षीर, गुड़, गुग्गुलु का भी चूर्ण बनाकर इनमें मिला लें। इनके अतिरिक्त लाक्षादिक अन्य द्रव्य वर्जनीय है। अस्तु, इन्हें काम में नहीं लें।

प्रतिक्षेपो वरण्डेषु मासं पक्षाधिकं तथा ॥ 5 ॥
ततस्तु कारयेलिङ्गं विधियुक्तिक्रमैस्तथा।
व्यक्ताव्यक्तमिदं कुर्याच्छाश्वतं सर्वकामदम् ॥ 6 ॥

इन सब द्रव्यों को मिलाकर एक महीने अथवा एक पखवाड़े से अधिक समय

---

1. पार्थिव से सामान्य अर्थ 'पृथिव्या ईश्वरः' पृथिवी + तस्येश्वरः किया गया है। (शब्दकल्पद्रुम तृतीय खण्ड, पृष्ठ 127)
2. 'लाक्षाकुद्दालकाम्बिकम्' पाठेऽपि।

तक मिट्टी के ढेर को पड़ा रखें। इसके बाद इस ढेर से विधि, युक्ति के अनुसार लिङ्ग की रचना करनी चाहिए। इस तरह व्यक्ताव्यक्त लिङ्ग की रचना करें जो शाश्वत है और सब कामना पूरी करने वाला है।

अव्यक्तव्यक्त लिङ्गम् :–

अव्यक्तमिदमुक्तं तु व्यक्तमानं प्रवक्ष्यते।

अव्यक्त लिङ्ग तो यहाँ कह दिया, अब व्यक्त लिङ्ग के मान कहता हूँ।

पूजाभागस्त्रिभागे तु वक्त्रस्य निर्गमं विदुः॥ 7॥

मृद्दारुलोहशैलैश्च श्वेतं लिङ्गं तु कामदम्।

लिङ्ग के पूजा भाग को तीन भाग का करें जो लिङ्ग के मुख का निकास होता है। मिट्टी, काष्ठ, लोह, धातु, पाषाण आदि के श्वेत वर्ण के लिङ्ग ही सब कामना पूरी करने वाले होते हैं।

पार्श्वलिङ्गसमायुक्तं तु तत्मानेन तत्कुरु॥ 8॥

लिङ्गार्चा पृथुमानं तद्विभक्तं द्वादशाङ्गुलम्।

चतुर्विंशतिकोच्छ्राये वक्त्रं वै द्वादशाङ्गुलम्॥ 9॥

पार्श्वलिङ्गों के साथ ही उनको अपने-अपने मान के अनुसार करना चाहिए। लिङ्गार्चा की मोटाई के मान को बारह अङ्गुलों में विभक्त करें। चौबीस अङ्गुल के ऊँचे लिङ्ग में मुख भाग बारह अङ्गुल का होता है।

ललाटं द्व्यङ्गुलं प्रोक्तं भ्रूनेत्रं द्व्यङ्गुलं तथा।

नासिका द्व्यङ्गुला प्रोक्ताऽधरौ चैककाङ्गुलौ॥ 10॥

इनमें मुख का ललाट दो अङ्गुल का, भौंहें और नेत्र दो अङ्गुल के, नासिका भी दो अङ्गुल की कही है जबकि अधर एक-एक अङ्गुल प्रमाण के होंगे।

शङ्खाकृतिः कण्ठरेखा हनुकाद्व्यङ्गुलतायता।

वेदाङ्गुलं पृथुवक्त्रं द्व्यङ्गुला नासिकापुटिः॥ 11॥

कण्ठ की रेखाओं को शङ्खाकार बनाएँ और ठुड्डी दो अङ्गुल के विस्तार की करें। चार अङ्गुल मुख का विस्तार हों जिसमें दो अङ्गुल प्रमाण नासिकापुट हों।

द्व्यङ्गुलायतकं नेत्रं तन्मानं नेत्रकान्तरम्।

चापाकारा च दृष्टिः स्याद् भ्रुलता चाङ्गुलायता॥ 12॥

दो अङ्गुल विस्तार वाले नेत्र हों और दोनों नेत्रों के बीच का अन्तर भी दो अङ्गुल का ही रखे। धनुष के आकार की आँखें बनाएँ व भौहें एक अङ्गुल के विस्तार की हों।

द्वादशाङ्गुलविस्तारे कर्णावेकैककाङ्गुलौ।
भ्रूसमोत्सेधकौ चैव उभौ कर्णौ समानतः॥ 13॥

बारह अङ्गुल के विस्तार के साथ कान की मोटाई एक-एक अङ्गुल की रखें। भौहों की सीध में कानों की ऊँचाई होनी चाहिए।

जटामुकुटसंयुक्तं शशाङ्ककृतशेखरम्।
शिवाननं कुण्डलादि दिव्याभरणभूषितम्॥ 14॥

फिर, जटा मुकुट बनाकर शीश पर चन्द्रमा को बनाएँ। इसी प्रकार शिव के मुख को कुण्डल आदि दिव्य आभूषण से भूषित करना चाहिए।

इत्यमनन्तर शिवपञ्चवक्त्र ध्यानम्[1] —

सद्योजातः —

प्रालेयामलबिन्दुकुन्दधवलं गोक्षीरफेनप्रभं
भस्माभ्यङ्गमनङ्गदेहदमनं ज्वालावलीलोचनम्।
ब्रह्मेन्द्रादिमरुद्गणैः स्तुतिपरैरभ्यर्चितं योगिभिः
वन्देऽहं सकलं कलङ्करहित स्थाणोर्मुखं पश्चिमम्॥ 15॥

इति सद्योजातः।

प्रालेय—हिम के निर्मल श्वेत बिन्दु जो कुन्द, धवल गाय के दूध के फेन की श्वेत आभायुक्त है। शिव की देह भस्म के अभ्यङ्ग से वेष्टित, कामदेव के दमन हेतु आँखों में ज्वालाओं की शृङ्खला है। ब्रह्मादि, इन्द्र और मरुद्गणों द्वारा स्तुति से उनकी अर्चा हों रही है और योगियों द्वारा जिनकी सेवा हों रही है— ऐसे सकल कलङ्क रहित स्थाणु-शिव के मुख की जो कि पश्चिम दिशास्थ है, मैं वन्दना करता हूँ।

वामदेवः —

गौरं कुङ्कुमकपिङ्गलं सुतिलकं व्यापाण्डुगण्डस्थलं

---

1. सदाशिव की उपासना के प्रसङ्ग में इन पञ्चमुखों का वर्णन होता है। शैव मान्यता है कि सृष्टि, पालन, संहार और तिरोभाव ये संसार का विस्तारकर्ता हैं और पाँचवाँ अनुग्रह कृत्य है जो मोक्ष का हेतु माना जाता है। वह सदा ही सदाशिव में विद्यमान होता है, जैसा कि शिवपुराण की विद्येश्वरसंहिता में आया है— सर्गः संसारसंरम्भस्तत्प्रतिष्ठा स्थितिर्मता। संहारो मर्दनं तस्य तिरोभावस्तदुत्क्रमः। तन्मोक्षोऽनुग्रहस्तन्मे कृत्यमेवं हि पञ्चकम्॥ सर्गादि यच्चतुःकृत्यं संसारपरिजृम्भणम्। पञ्चमं मुक्तिहेतुर्वै नित्यं मयि च सुस्थिरम्॥ (शिव. विद्येश्वर. 10, 3-4)
ये ही पञ्चमुख अलग-अलग रूप से आराधित होते हैं। इनके वैदिक ध्यान होते हैं और पृथक् से तान्त्रिक ध्यान भी हैं, जो कि अपराजितपृच्छाकार ने यहाँ उद्धृत किए हैं।

भ्रूविक्षेपकटाक्षवीक्षणलसत्संसक्तकर्णोत्पलम्।[1]
स्निग्धं बिम्बफलाधरं प्रहसितं नीलालकालङ्कृतं
वन्दे पूर्णशशाङ्कमण्डलनिभं वक्त्रं हरस्योत्तरम्॥ 16॥

इति वामदेवः।

गौरवर्ण पर कुङ्कुम, पिङ्गल, सुतिलक वाले और अश्वेत गण्डस्थल है, जिनके भ्रू नेत्रों से विक्षेप कटाक्षदृष्टि से शोभायमान हैं और बिम्ब के कानों में कमल (कणोत्पलम्) लगे हैं। स्निग्ध बिम्बाफल के समान लाल अधर मधुर हास्य लिए हुए है और केशों की नीली अलकाएँ जटाएँ बन रही है। इस तरह के महादेव के उत्तर के मुख को जो कि पूर्णचन्द्र की मण्डल के आभा से युक्त है— मैं वन्दना करता हूँ।

अघोरः —

कालाभ्रभ्रमराञ्जनाचलनिभं व्यावृत्तपिङ्गेक्षणं
खण्डेन्दुद्वयमिश्रितांशुदशनप्रोद्भिन्नदंष्ट्राङ्कुरम्।
सर्पप्रोतकपालशक्तिसकलं व्याकीर्णमाशेखरं
वन्दे दक्षिणमीश्वरस्य कुटिलभ्रूभङ्गरौद्रं मुखम्॥ 17॥[2]

इत्यघोरः।

काले रङ्ग के भ्रमर जैसे अञ्जन के साथ जो अचल दिखाई देते हैं उन हर-महादेव के व्यावृत पिङ्गल नेत्र हैं, जिनके भाल पर खण्डांश के चन्द्रमा की द्युति चमक रही हैं और जिनके सुन्दर दाँतो को भेदती हुई दाढ़ों के अङ्कुर दिखाई दे रहे है, जो सर्प धारण किए, कपाल में जिनकी सकल शक्ति हैं जो शीश तक व्याप्त है—ऐसे दक्षिणामूर्ति ईश्वर शिव के कुटिल भ्रू भङ्गिमायुक्त रौद्र मुख की मैं वन्दना करता हूँ।

तत्पुरुषः —

संवर्ताग्नितडित्प्रतप्तकनकप्रस्पर्द्धितेजोऽरुणं
गम्भीरस्मृतिनिः सृतोग्रदशनं प्रोद्भासिताम्राधरम्।

---

1. 'गौरं कुङ्कुमकपिञ्जरं सुतिलकं (व्यालोल) ह्यापाण्डु गण्डस्थलम्। भ्रविक्षेपकटाक्षवीक्षणलसत्संसिक्त (बिम्बे तु) कर्णोत्पलम् (बिवं सकर्णोत्पलम्)॥' इति प्रकाशित पाठः।
2. 'कालाभ्रभ्रमराञ्जनद्युतिनिभं (हरं) व्यावृत्तपिङ्गेक्षणम्। बालेन्दुद्वयनिः सृतं (भालेन्दुद्युतिभासितं) सुदशनं प्रोद्भिन्नंदाष्टाङ्कुरम्। सर्वप्रातकपालशुक्तिसकलं (शकलं) व्याकीर्णमाशेखरम्। वन्दे दक्षिणमीश्वरस्य कुटिलं भ्रूभङ्गरौद्रं मुखम्॥' इति प्रकाशित पाठः।

बालेन्दुद्युतिलोलपिङ्गलजटाभारबद्धोरगमं
वन्दे सिद्धसुरासुरेन्द्रनमितं पूर्वं मुखं शूलिनः ॥ 18 ॥[1]

इति तत्पुरुषः।

संवर्ताग्नि—प्रलयकाल की बिजली की तपती अग्नि में सोने के तपे हुए लाल रङ्ग जैसा स्वरूप तथा गम्भीर ध्वनि निकलती हुई, चमकते हुए सुन्दर दाँत और ताम्र रङ्ग के अधर, नवीन बाल चन्द्रमा की द्युति युक्त तथा डोलते हुए पिङ्गल रङ्ग का जटाभार, जो नागों से बन्धे हुए हैं—ऐसे सिद्धगणों, सुरों, असुरों और सुरेन्द्र जिनके प्रति प्रणम्य हैं, शिव के ऐसे पूर्व (तत्पुरुष) मुख की मैं वन्दना करता हूँ।

ईशानः —

व्यक्ताव्यक्तगुणोत्तरं सुवदनं षट्त्रिंशतत्त्वाधिकं
तस्मादुत्तरतत्त्वमक्षरमिति ध्येयं सदा योगिभिः।
वन्दे तामसवर्जितेन मनसा सूक्ष्मातिसूक्ष्मं परं
शान्तं पञ्चममीश्वरस्य वदनं खव्यापि तेजोमयम् ॥ 19 ॥[2]

इतीशानः।

व्यक्ताव्यक्त गुणोत्तर, सुन्दर वदन वाले और जो जो छत्तीस तत्त्वों[3] से अधिक है, जिनसे प्राप्त उत्तरतत्त्व अक्षरों का योगीगण सदा ही ध्यान करते है—ऐसे तामस रहित मन वाले, सूक्ष्मातिसूक्ष्म परम शान्त ईश्वर शिव के पाँचवें मुख की जो कि आकाश में व्याप्त तेजोमय है—मैं वन्दना करता हूँ।

मुखलिङ्गमाह —

मुखलिङ्गं त्रिवक्त्रं वा एकवक्त्रञ्चतुर्मुखम्।
सम्मुखं चैकवक्त्रं स्यात्त्रिवक्त्रे पृष्ठते नहि ॥ 20 ॥

सामान्यतया मुखलिङ्ग तीन, एक और चारमुख वाला होता है। यदि एक मुख

---

1. 'संवर्ताग्नितडित्प्रतप्तकनकप्रस्पर्द्धितेजोऽरुणम्। गम्भीरध्वनिनिः सृतं सुदशनं प्रोद्भासिताम्राधरम्। बालेन्दुद्युति लोलपिङ्गलजटाभारप्रबद्धोरगम्। वन्दे सिद्धसुरासुरेन्द्रसुनुतं तत्पूरुषस्याऽऽननम्॥' इति प्रकाशित पाठः।

2. 'व्यक्ताव्यक्तगुणोतरं च वरदं षट्त्रिंशतत्त्वाधिकम्। तस्मादुत्तरतत्त्वमक्षरमिति ध्येयं सदा योगिभिः। वन्दे तामसवर्जितेन मनसा सूक्ष्मातिसूक्ष्मं परम्। शान्तं पञ्चममीश्वरस्य वदनं खव्यापि तेजोमयम्॥' इति प्रकाशित पाठः। ये ध्यान एकलिंग महात्म्य में भी आए है।
इतः परमष्टा विंशतिपर्यन्त श्लोका लुप्ताः— प्रकाशित पाठः।

3. कला, काल, नियति, विद्या, राग, प्रकृति और गुण— ये सात तत्त्व, पञ्चभूत, पञ्चतन्मात्रा, दस इन्द्रियाँ, चार अन्तःकरण और पाँच शब्दादि विषयों को मिलाकर छत्तीस तत्त्व होते हैं।

वाला लिङ्ग हों तो मुख सम्मुख रहता है, तीन मुख वाले में मुख पीछे की ओर नहीं रहता है।

पश्चिमास्यं स्थितं शुभ्रं कुङ्कुमाभं तथोत्तरम्।
याम्यं कृष्णं करालं स्यात् प्राच्यां दीप्ताग्निसन्निभम्॥ 21॥

पीछे रहने वाला मुख उज्ज्वल होगा। उत्तरवाला लाल, दक्षिण वाला काला व कराल-भयङ्कर और सामने वाला दीप्त अग्नि की भाँति होना चाहिए।

सद्यो वामं तथाऽघोरं तत्पुरुषं चतुर्थकम्।
पञ्चमञ्च तथेशानं योगिनामप्यगोचरम्॥ 22॥

जैसा कि ऊपर कहा गया है कि शिव के मुखलिङ्ग में पहला मुख सद्योजात, द्वितीय वामदेव, तृतीय अघोर और चतुर्थ तत्पुरुष है तथा पाँचवाँ ईशान हैं जो योगियों के लिए भी अगोचर है।

यस्य राष्ट्रे तु लिङ्गस्य मस्तकं शून्यलक्षणम्।
तस्यालक्ष्मीर्महारोगो दुर्भिक्षं वाहनक्षयः॥ 23॥

जिस देश में शून्य लक्षण वाला लिङ्ग का मस्तक होता है, उसको अलक्ष्मी, महान् रोग, दुर्भिक्ष और वाहनों का क्षय होता है।

तस्मात्परिहरेद्राजा धर्म-कामा-र्थ-मुक्तये।
शून्य लिङ्गे स्वयं राजा राष्ट्रं चैव प्रणश्यति॥ 24॥

अतः राजा को प्रयासपूर्वक धर्म, अर्थ, काम और मोक्ष की सिद्धि के लिए इस दोष का परिहार करना चाहिए अन्यथा स्वयं राजा और उनका अधिकृत राष्ट्र प्रनष्ट हो जाता है।[1]

सोपीठं च पूजयेद्यस्तु देवी देवश्च पूजितौ।
शैलजं रत्नजं चापि धातुजं वापि दारुजम्॥ 25॥

पीठ सहित जो व्यक्ति लिङ्ग का पूजन करता है, उससे देवी-देवता दोनों ही पूजित हो जाते हैं चाहे वह लिङ्ग शैलज हो, धातुज अथवा दारुज ही क्यों न हों।

परानन्दात्मकं लिङ्गं विशुद्धं शिवमक्षरम्।
निष्कलं सर्वङ्गं ज्ञेय योगिनां हृदि संस्थितम्॥ 26॥

इसी प्रकार परमानन्द स्वरूप, अक्षर, विशुद्ध, निष्कल एवं सर्वाङ्ग लिङ्ग तो योगियों के हृदय में स्थित होता है, ऐसा जाने।

---

1. 23-24 श्लोका : लिङ्गपुराणात्।

लिङ्गं तु द्विविधं प्राहुर्बाह्यमाभ्यन्तरं तथा।
बाह्यं स्थूलं मुनिश्रेष्ठाः सूक्ष्ममाभ्यन्तरस्तथा॥ 27॥

लिङ्ग को दो प्रकार का भी कहा गया है जिसमें से पहला बाह्य और दूसरा आन्तरिक होता है। बाह्य लिङ्ग स्थूल होता है जबकि आभ्यन्तरिक लिङ्ग सूक्ष्म है।

कर्मयज्ञरताः स्थूलाः स्थूललिङ्गार्चनेरताः।
आध्यात्मिकं च यल्लिङ्ग प्रत्यक्ष यस्य ना भवेत्॥ 28॥

कर्म को यज्ञ मानकर लगे रहने वाले स्थूल हैं, वे स्थूल के ही अर्चन में संलग्न रहते हैं जबकि आध्यात्मिक जो लिङ्ग है, वह कभी प्रत्यक्ष नहीं होता है।

शैलजोक्तलिङ्गार्चने व्याधिनामुक्तये ध्रुवम्।
स्वाद्योद्भवस्तथा पुण्यं साहस्त्रं कारयेत्तथा॥ 29॥[1]

शैलज कहे गए लिङ्ग की अर्चना से निःसन्देह व्याधियों से मुक्ति मिल जाती है और स्वयम्भु या आद्योद्भव लिङ्ग की अर्चना से पुण्य मिलता है। इसी प्रकार सहस्त्रलिङ्ग की अर्चना भी करें।

सर्वात्ममादि लिङ्गानां रुद्रवेदमुच्छ्रिते?।
वृत्ते नागहते राम(श्च)शतमष्टोत्तरं चयेत्॥ 30॥

इति शतलिङ्गः।

सभी लिङ्गों में आत्मस्थ रुद्रवेद (? रुद्रदेव) सबसे ऊँचे हैं। वे नागों से परिवेष्टित हैं, एक सौ आठ (?) का चयन करें।

सर्वमयादि लिङ्गानां रुद्रोवेदसमुच्छ्रिते।
एके नवति लिङ्गानि प्रत्येकं विषमैः पदैः॥ 31॥

सर्वमयादि लिङ्ग में रुद्रवेद से उत्पन्न एक से नब्बे तक के लिङ्ग के प्रत्येक के विषम पद होंगे।

घटितं सारितं चैव स्वयम्भु पार्थिवं तथा।
शाणादि विहितं चाद्यं नदीमध्याच्च सारितम्॥ 32॥

घड़े हुए, नदी के मध्य से प्राप्त, स्वयम्भू और पार्थिव, शाणादि लिङ्ग और आदि काल के लिङ्ग भी विहित है।

स्वभु स्वयं भूमिजातं पार्थिवं नगपृष्ठगम्।
एवं चतुर्विधं लिङ्गं बाणलिङ्गमतः परम्॥ 33॥

---

1. 'शैलजोक्तलिङ्गनन्देशसहस्राद्यर्चना?। स्वाद्योद्भवस्तथा पुण्यं श्यतासहस्राद्यंतगा?॥' इति प्रकाशित पाठः।

इसी तरह स्वभू, स्वयं, भूमिजात, नगपृष्ठ वाले गोल पार्थिवलिङ्ग— ये चार प्रकार के लिङ्ग कहे गए, आगे बाणलिङ्ग के विषय में कहा जाएगा।

इति सूत्रसन्तानगुणकीर्तिप्रकाशप्रोक्तृश्रीभुवनदेवाचार्योक्तापराजितपृच्छायां पार्थिवलिङ्गव्यक्ताव्यक्तनिर्णयाधिकारो नाम चतुरुत्तरद्विशततमं सूत्रम् ॥ 204 ॥

इस प्रकार भुवनदेवाचार्य कृत सूत्रसन्तानगुणकीर्ति प्रकाश या अपराजितपृच्छा में पार्थिव लिङ्ग व्यक्ताव्यक्त निर्णय अधिकार नामक दो सौ चारवाँ सूत्र पूर्ण हुआ ॥ 204 ॥

बाणलिङ्गोत्पत्तिर्नाम पञ्चोत्तर द्विशततमं सूत्रम् ॥ 205 ॥

अधुना बाणलिङ्गं। विश्वकर्मोवाच —

बाणो नाम महादैत्यः पूर्वमाऽऽराध्यदेवताः।
ब्रह्मविष्णु सुरेन्द्राश्च पुरार्थं तेन याचिताः ॥ 1 ॥

(इस सूत्र में बाणलिङ्ग की उत्पत्ति को कथा सहित वर्णित किया गया है। बाणासुर का आख्यान मत्स्यपुराण के अध्याय 187 सहित स्कन्दादि पुराणों में आया है) विश्वकर्मा बोले कि बाण नाम का महादैत्य हुआ। उसने पूर्वकाल में देवताओं की आराधना की और ब्रह्मा, विष्णु और सुरेन्द्र से पुर के लिए उसने याचना की।

तुष्टैश्च दत्तमेकैकं पुरं दिव्यं च काञ्चनम्।
पुरत्रयं तु संयोज्य अन्तरिक्षगतः स च ॥ 2 ॥
पुरैः पवनवेगैश्च भ्रमन्ति स्म प्रदक्षिणम्।
पुरत्रयाधिपत्यं स प्राप्तस्त्रिपुरनामकः ॥ 3 ॥

तुष्ट होकर इन देवताओं ने उस बाण को एक-एक करके काञ्चन के दिव्य पुर प्रदान किए। इस तरह दिए गए तीनों पुरों को एक साथ मिलाकर वह अन्तरिक्ष में चला गया और ये तीनों पुर अन्तरिक्ष में पवन वेग से प्रदक्षिणा क्रम में भ्रमण करने लगे। इस तरह तीनों पुरों को आधिपत्य पाकर वह त्रिपुर नाम वाला हों गया।

जितवान् देवदैत्यादीन् यक्षविद्याधरोरगान्।
चन्द्रसूर्यादिकांस्तेऽथ शम्भुं शरणमागताः ॥ 4 ॥
अभयं दत्तवान् देवोऽवदत्तांश्च तथागतान्।
गङ्गानर्मदयोर्मध्ये त्रिपुरं पातयाम्यहम् ॥ 5 ॥

उसने देव, दैत्य सहित यक्ष, विद्याधरों और नागों को जीत लिया। यह देखकर सूर्य, चन्द्रादि देवता शिव के शरणागत हुए और उन्होंने जब उनसे निवेदन किया तो शम्भुदेव ने उनको अभय होने का वरदान दिया और कहा कि इस त्रिपुर को मैं

गङ्गा और नर्मदा नदी के मध्य के भाग की भूमि पर गिरा दूँगा।

बाणायाऽथाक्षिपद् बाणं हरो बाणोऽप्यचिन्त्यस च।
बाणं चिक्षेप नष्टौ तौ बाणौ क्षिप्तौ परस्परम्॥ 6॥
पुरं चादृश्यगतिकं भ्रमत्तिष्ठत्क्षणे क्षणे।

इस बीच, शिव के बाण से आक्षेपित होकर भी बाणासुर निश्चिन्त रहा और उसने अपना बाण चलाकर शिव के बाण पर प्रहार किया जिससे वे दोनों बाण परस्पर टकराकर नष्ट हों गए। वह पुर तो अदृश्यगति से क्षण प्रतिक्षण भ्रमण करता ह रहा।

शून्यचेता दृढात्माऽपि हरो दृष्ट्वा च पूर्गतिम्॥ 7॥
ईशेन विन्त्यमानोऽथ वरदो मुनिपुङ्गवः।
स गतो नागरदस्तत्र यत्र तत्रिपुरं पुरम्॥ 8॥

शून्यचित वाले दृढ़ात्मा शिव ने भी पुर की यह सञ्चलन गति देखी। इस बीच, भगवान् शिव के स्मरण करने पर वरदान देने वाले मुनि पुङ्गव नारद मुनि जहाँ त्रिपुर बाण का पुर था, वहाँ पहुँच गए।

बाणेन चाऽर्ध्यमादाय नारदश्च सुपूजितः।
बाणभार्या भानुमती तेजः स्था सत्पथे स्थिता॥ 9॥
प्रणिपत्य मुनिं प्राह ब्रह्मपुत्रं तु नारदम्।

उन्हें आया देखकर बाणासुर ने नारद मुनि को अर्ध्यदान किया और उनकी पूजा की। बाण की पत्नी भानुमती तेजस्वी और सत्पथ पर स्थित रहने वाली थी। वह प्रणिपत्य होकर, प्रणाम करते हुए ब्रह्मा के मानस पुत्र नारद मुनि से बोली।[1]

राज्ञी उवाच —

स्त्रीणां ब्रूहि कथं सत्यं व्रतं च परमेश्वरः।
अस्माकं तु मुनीन्द्रस्त्वं सर्वसिद्धिप्रदायकः॥ 10॥

रानी बोली कि हे परमेश्वर नारद जी! कृपा करके बताएँ कि स्त्रियों के लिए सत्य व्रत कौनसा है जिससे हे मुनीन्द्र! आप हम को सर्वसिद्धि प्रदान करने वाले हों सके।

---

1. स्कन्दपुराण में कहा गया है— दृष्ट्वा देवी मुनिश्रेष्ठं कृत्वा पादाभिवन्दनम्। आसनं काञ्चनं शुभ्रमर्घ्यपाद्यादिकं ददौ॥ तस्यै स भगवांस्तुष्टो ह्याशीर्वादमदात्परम्। नान्या देवी! त्रिलोकेऽपि त्वत्समा दृश्यतेऽङ्गना॥ पतिव्रताशुभाचारासत्य-शौचसमन्विता। यस्याः प्रभावात्त्रिपुरं भ्रमतेचक्रवत्सदा॥ तच्छ्रुत्वा वचनं देवी नारदस्य मुदान्वितम्। पर्यपृच्छदृषिं भक्त्या धर्मं धर्मभृताम्वरा॥ (रेवाखण्ड 26, 86-89)

नारद उवाच —

स्त्रीभिश्चेदं व्रतं कार्यमनेकसिद्धिकारकम्।
द्वादशमासोभपक्ष-तृतीयाः कामदा व्रते॥ 11॥

नारद बोले कि स्त्रियों के लिए निम्न व्रत करने से अनेक सिद्धियों का कारक होता है। यह व्रत बारहों महीने दोनों पक्षों की तृतीया का कामदा व्रत कहलाता है।

द्वादशमासोभक्षतृतीयासु पार्वतीव्रतं तासां नामानि —

चैत्रे वसन्तोत्सवाख्या कृष्णे धर्मप्रदायिनी।
वैशाखे तृतीयाऽक्षया कृष्णे सन्ततिकारिणी॥ 12॥

चैत्रमास के शुक्ल पक्ष में वसन्तोत्सव नाम की तृतीया (गणगौर) और कृष्ण पक्ष की तृतीया धर्म प्रदायिनी होती है। वैशाख के शुक्ल पक्ष में अक्षयतृतीया का व्रत (अक्षय फलदायी) और कृष्ण पक्ष की तृतीया का व्रत सन्ततिकारक होता है।

ज्येष्ठे गगनराज्ञी च कृष्णे शोकप्रणाशिनी।
आषाढे दमती देवी (शान्तिदानाम) कृष्णे धर्मप्रकाशिनी॥ 13॥

ज्येष्ठ मास के शुक्ल पक्ष की तृतीया का व्रत गगन की रानी का है जबकि कृष्ण पक्ष की तृतीया का व्रत शोकों का निवारण करने वाला है। आषाढ़ मास में शुक्ल पक्ष की तृतीया दमतीदेवी (शान्तिदा) का और इसकी कृष्ण पक्ष की तृतीया का व्रत धर्म को प्रकाशित करने वाला है।

श्रावणे वै मधुमती कृष्णे स्याद्रूपदायिनी।
हरिताली भाद्रपदे कृष्णे कज्जलकामिनी॥ 14॥

श्रावण के शुक्ल पक्ष की तृतीया मधुमती नाम से व्रत संज्ञक और कृष्ण पक्ष की तृतीया रूपदायिनी होती है। भाद्रपद में शुक्ल पक्ष की तृतीया हरताली तीज कहलाती है जबकि कृष्ण पक्ष की तृतीया कजली तीज संज्ञक है।

आश्विनेऽभ्यस्तपत्रा (ह्यनसूया) च कृष्णे दशरथा तथा।
कार्तिके कीर्तिदा नाम कृष्णे स्यात्कलिनाशिनी॥ 15॥

आश्विन मास में शुक्ल पक्ष की तृतीया अस्तपत्रा (अनसूया) और कृष्ण पक्ष की तृतीया दशरथा कहलाती है। कार्तिक में शुक्ल पक्ष की तृतीया कीर्तिदा और कृष्ण पक्ष की तृतीया कलहनाशिनी कही गई है।

मार्गशीर्ष अह्विवन्ना! कृष्णे च सुखदा तथा।
पौषे च पार्वती देवी कृष्णे मोक्षप्रदायिनी॥ 16॥

मार्गशीर्ष में शुक्ल पक्ष की तृतीया अहिवन्ना (? हरगौरी) और कृष्ण पक्ष की तृतीया का व्रत सुखदा कहा जाता है। पौष माह में शुक्ल पक्ष की तृतीया का व्रत पार्वती व्रत और कृष्ण पक्ष की तृतीया का व्रत मोक्षप्रदायिनी कहा जाता है।

माघे माघेश्वरी ख्याता कृष्णे सौभाग्यदायिनी।
फाल्गुने श्रीफलाख्या च कृष्णे च जातिका तथा॥ 17॥

इसी प्रकार माघ मास में शुक्ल पक्ष की तृतीया का व्रत माघेश्वरी तथा कृष्ण पक्ष की तृतीया का व्रत सौभाग्यदायिनी तीज का व्रत होता है। फाल्गुन मास में शुक्ल पक्ष की तृतीया श्रीफला संज्ञक है जबकि कृष्ण पक्ष की तृतीया जातिका संज्ञक है।[1]

द्वादशमासना: 12 ख्यातास्तृतीया: पार्वतीव्रतम्।
गौर्याव्रतमुपोष्येदं यागं कृत्वा महोत्सवम्॥ 18॥
ईप्सितं लभते कामं त्रिपुराधिपतिप्रिये।

ये बारह मास की विख्यात् तृतीया के पार्वती व्रत है। इन गौरी व्रतों के करने के बाद याग (या उद्यापन) करके महोत्सव मनाना चाहिए। इस प्रकार से त्रिपुराधिपति की प्रिया (की तरह) तुम अपना चाहा हुआ कार्य पूरा होने का लाभ प्राप्त करोगी।

दूर्वाष्टमी बुधाष्टमी ललिता सर्वसुन्दरी ?॥ 19॥
सर्वराजादिविप्रेण [2]पतिव्रतात्वमुत्तेजोगतम्।
एवं तु त्रिपुरे छिद्रं सम्प्राप्तं त्रिदशैरपि॥ 20॥

इसी प्रकार दूर्वाष्टमी, बुधाष्टमी, ललिता सर्वसुन्दरी (?) आदि के व्रत सर्वराजादि विप्रों के प्रति कहा गया। (नारद ने विपरीत क्रम से इनके करने की बात कही तो) रानी के पातिव्रत्य के त्याग से उनका तेज चला गया।[3] इस तरह से उस बाणासुर के त्रिपुर में छिद्र दोष हों गया जिसे देवताओं ने जान लिया।

---

1. प्रकारान्तर से तृतीया व्रतों का वर्णन नारदपुराण (पूर्वभाग अध्याय 112, 1-63) में हुआ है— इत्येवं कथितानीह तृतीयाया व्रतानि ते। भक्त्या कृति चेष्टांस्तु कामान्दर्द्युमनोगतान्॥ स्कन्दपुराण में भी पृथक् से तृतीया के व्रतों की विधि आई है- तथा मे पतिपुत्राणामवियोग: प्रदीयताम्। अनेन विधिना कृत्वा तृतीयां मधुसञ्ज्ञिकाम्॥ (रेवाखण्ड नानातिथिषुदानवर्णन 26, 106-162)
2. पत्योत्तरभुक्तचेतस्तम्?। इति प्रकाशित पाठ:।
3. मत्स्यपुराण में आया है कि नारद ने रानी अनौपम्या के प्रति ऐसे आचारों का वर्णन किया कि विपरीत फल देने वाले थे। इससे बाणासुर की स्त्रियों का मन पातिव्रत से विचलित हो गया, उनका मन दूसरी ओर रम गया, उनका तेज नष्ट हो गया और बाण के नगर में छिद्र उत्पन्न हो गया— पतिव्रतात्वमुत्सृज्य

आयातो नारदो भूयो यत्राऽऽसीच्छूलपाणिकः।
रथे चारुह्य देवेशं गणं कृत्वा महेश्वरः॥ 21॥

इसके बाद वे नारदजी को जहाँ शूलपाणि शिव थे, वहाँ लेकर आए। उन्होंने देवेश महादेव को गण बनाकर दिव्यरथ पर आरूढ़ किया।

अथोमुमोचाग्निबाणं ज्वलितं ज्वालमालया।
पातितं दिव्यबाणेन हाहाकारसमुद्भवम्॥ 22॥
त्रिखण्डं त्रिपुरं कृत्वा पातितं धरणीतले।

इसके बाद महेश्वर ने फिर अग्निबाण छोड़ा जिससे ज्वालामाला से प्रदीप्त होकर वह त्रिपुर गिरने लगा। उस दिव्य बाण से त्रिपुर में हाहाकार मच गया। त्रिपुर के तीन खण्ड होकर धरती पर आ गिरे।[1]

एकं च पतितं खण्डं श्रीशैले त्रिपुरान्तिके॥ 23॥
तत्र वै कोटिलिङ्गानां सिद्धं क्षेत्रं प्रभावतः।

उनमें से एक खण्ड त्रिपुरान्तक श्रीशैल पर गिरा, वहाँ उसके प्रभाव से कोटि लिङ्गों का सिद्धक्षेत्र हों गया।

द्वितीयं पतितं खण्डं पर्वतेऽमकरकण्टके॥ 24॥
अमरेश्वरोद्भवा[2] कोटिः कोटि लिङ्ग प्रभावतः।
नर्मदायां च लिङ्गं त्वमरकण्टकनिर्मितम्॥ 25॥

उनमें से दूसरा खण्ड अमरकण्टक पर्वत पर गिरा जिससे अमरेश्वर के प्रभाव से कोटि-कोटि लिङ्गों की उत्पत्ति हुई।[3] इसी कारण नर्मदा के लिङ्ग अमरकण्टक निर्मित होते हैं।

तृतीयं पतितं खण्डं वाराणस्यां तु पुत्रक।

तासां तेजो गतः ततः। पुरे छिद्रं समुत्पन्नं बाणस्य तु महात्मनः॥ (मत्स्य. 187, 52)

1. तुलनीय— एवं तु त्रिपुरं दग्धं शङ्करेण महात्मना। ज्वालामालाप्रदीप्तं तत् पतितं धरणीतले॥ (मत्स्य. 188, 78)
2. 'अमरविद्योद्भवा ? ' इति प्रकाशित पाठः।
   विशेष — मत्स्यपुराण में दो ही खण्डों का वर्णन हुआ है— एकं निपतितं तत्र श्रीशैले त्रिपुरान्तके। द्वितीयं पतितं तस्मिन् पर्वतेऽमरकण्टके॥ दग्धेषु तेषु राजेन्द्र रुद्रकोटिः प्रतिष्ठिता। ज्वलत्तदपतत् तत्र तेन ज्वालेश्वरः स्मृतः॥ ऊर्ध्वेन प्रस्थिततास्तस्य दिव्यज्वाला दिवं गताः। हाहाकारस्तदा जातो देवासुरकृतो महान्॥ (तत्रैव 188, 79-81)
3. रुद्र ने अमरकण्टक पर्वत पर उत्तम माहेश्वरपुर में बाण को स्तम्भित कर दिया, इस कारण रूप में वहाँ से बाणलिङ्गोत्पत्ति होती है— शरमस्तम्भयद् रुद्रो माहेश्वरपुरोत्तमे। एवं वृत्तं तदा तस्मिन् पर्वतेऽमरकण्टके॥ (तत्रैव 188, 82)

तत्र सार्धकोटि लिङ्गं ख्यातमुद्भवनाशकम् ॥ 26 ॥

हे पुत्र! त्रिपुर का तीसरा खण्ड वाराणसी में गिरा। वह लिङ्ग डेढ़ करोड़ पुनर्जन्म को मिटाने वाले के रूप में विख्यात् है।

इति सूत्रसन्तानगुणकीर्तिप्रकाशप्रोक्तश्रीभुवनदेवाचार्योक्तापराजितपृच्छायां बाणलिङ्गोत्पत्तिनिर्णयाधिकारो नाम पञ्चोत्तरद्विशततमं सूत्रम् ॥ 205 ॥

इस प्रकार भुवनदेवाचार्य कृत सूत्रसन्तानगुणकीर्ति प्रकाश या अपराजितपृच्छा में बाण लिङ्ग उत्पत्ति निर्णय अधिकार नामक दो सौ पाँचवाँ सूत्र मूर्ण हुआ ॥ 205 ॥

बाणलिङ्गं षडुत्तरद्विशततमं सूत्रम् ॥ 206 ॥

अधुना बाणलिङ्गं। विश्वकर्मोवाच —

अतः परं प्रवक्ष्यामि बाणलिङ्गस्यं लक्षणम्।
पूर्वमाराधितश्चेशो भक्तैश्च त्रिदशैरपि ॥ 1 ॥

(इस सूत्र में बाणलिङ्ग का कोणानुसार वर्णन किया गया है। बाणलिङ्ग का स्कन्दपुराण सहित अन्य पुराणों, देवतामूर्तिप्रकरण, रूपमण्डन आगमादि में वर्णन आया है) विश्वकर्मा बोले कि अब इसके आगे मैं बाणलिङ्गों के लक्षणों को कहता हूँ। पहले के लोगों ने और देवताओं ने भक्तिपूर्वक महादेव की आराधना इन बाणलिङ्गों के द्वारा सम्पन्न की थी।

एकादिचतुर्दशान्तास्यभेदलक्षणम् —

एकास्याद् द्विसप्तान्तमास्यभेदस्य लक्षणम्।[1]
एकास्त्रं च स्वयं देव स्त्रिनेत्रः शूलपाणिकः ॥ 2 ॥

इनमें एक से लेकर चौदह कोण तक के बाण लिङ्ग के लक्षण होते हैं। एकास्त्र यानी एक कोण वाले लिङ्ग को स्वयं महादेव त्रिनेत्रवान, शूलपाणि अर्थात् अपने हाथ में त्रिशूल धारण करने वाले हैं।

उमामहेश्वरं द्वयस्त्रं त्र्यस्त्रं त्रिपुरुषं तथा।
ब्रह्मणा चाऽर्चितं लिङ्गं तथा वेदास्त्रसञ्ज्ञकम् ॥ 3 ॥

द्वयस्त्र यानी दो कोनों वाले लिङ्ग में उमा और महेश्वर साथ होते है। त्र्यस्त्र यानी तीन कोनों वाले को त्रिपुरुष जाने। चतुःस्त्र यानी चार कोनों वाला लिङ्ग ब्रह्माजी के द्वारा अर्चित कहा गया है।

---

1. 'एकस्यादि सप्तानो आसीलश्चातदश्च लक्षणम्?' इति चान्य पाठः।

पञ्चास्त्रं लोकपालैश्च षडश्रं शिखिकेतुना।

सप्ताश्रं वरुणेनाऽथ चाष्टाश्रं वसुभिस्तथा॥ 4॥

पञ्चास्त्र यानी पाँच कोने वाला लिङ्ग लोकपालों द्वारा तथा षडास्त्र यानी छह कोनों वाला लिङ्ग शिखिकेतु यानी कार्तिकेय द्वारा अर्चित है। सप्तास्त्र यानी सात कोनों वाला वरुण द्वारा तथा अष्टास्त्र यानी आठ कोनों का लिङ्ग वसुओं द्वारा अर्चित है।

नवग्रहैर्नवाश्रं च दशाश्रं च दिशाधिपैः।

एकादशास्त्रं विष्णुना सूर्येण द्वादशास्त्रकम्॥ 5॥

नवास्त्र यानी नौ कोनों वाला लिङ्ग नवग्रहों द्वारा और दशास्त्र या दस कोनों वाला दिक्पालों द्वारा अर्चित है। एकादशास्त्र यानी ग्यारह कोनों वाला विष्णु के द्वारा एवं द्वादशास्त्र यानी बारह कोनों का लिङ्ग सूर्य के द्वारा अर्चित कहा है।

त्रयोदशास्त्रं सर्वैश्च शक्रास्त्रं शक्रतस्तथा।

एकाद्यं चतुर्दशान्तं कथितं च यथाक्रमम्॥ 6॥

इस प्रकार त्रयोदशास्त्र यानी तेरह कोनों वाला लिङ्ग सभी लोगों के द्वारा अर्चित और शक्रास्त्र यानी चौदह कोनों वाला लिङ्ग इन्द्र के द्वारा अर्चित है। इस तरह एक से लेकर चौदह कोनों तक के बाणलिंगों को यथाक्रम कह दिया है।

एकादिचतुर्दशान्तास्य लिङ्गस्थापनफलमाह —

एकाश्रं स्थापितं लिङ्गं येन वै पृथिवीतले।

मुच्यते सर्वपापेभ्यो ब्रह्महत्यादिभिश्च सः॥ 7॥

द्वयश्रकं च तथा लिङ्गं स्थापितं भक्ति तत्परैः।

मोदते दिवि मुक्तः स्यात् स गोहत्यादि पातकैः॥ 8॥

जिस किसी ने भी इस पृथ्वीतल पर एकास्त्र बाणलिङ्ग की स्थापना की है, वह ब्रह्महत्या जैसे जघन्य पापों और अन्य सभी पापों से तत्काल मुक्त हो जाता है। जो कोई भक्ति में तत्पर रहते हुए द्वयश्रक लिङ्ग की स्थापना करता है वह भी गोहत्या जैसे पापों से मुक्त होकर स्वर्ग में आनन्द-प्रमोद करता है।

त्र्यश्रकं च तथा लिङ्गं पूजितं च सुरासुरैः।

अश्वमेधादिपुण्यं च लभते नाऽत्र संशयः॥ 9॥

पुरुषमेधनं पुण्यं चतुराश्रे च पूजिते।

त्र्यश्रक बाणलिङ्ग सुरों और असुरों द्वारा पूजित है, इसके संस्थापक, पूजक को अश्वमेध यज्ञ का पुण्य मिलता है, इसमें कोई संशय नहीं है। चतुराश्र बाणलिङ्ग के पूजने से पुरुषमेध यज्ञ का पुण्य मिलता है। पञ्चाश्र बाणलिङ्ग के पूजन से

अगम्यागमन के पाप से तथा अभक्ष्याभक्षण के पाप से मुक्त हो जाता है।

अगम्यागमनान्मुक्तो ह्यमक्ष्यस्य च भक्षणात्॥ 10॥

मुक्तपापश्च विज्ञेयः पञ्चाश्रे पूजिते तथा।

स्त्रीबालघाती शुद्धः स्याच्छिवलोकं षडश्रके॥ 11॥

पञ्चाश्र बाणलिङ्ग के पूजन से अगम्यागमन के पाप से तथा अभक्ष्याभक्षण के पाप से मुक्त हो जाता है। इसी प्रकार षडश्र बाणलिङ्ग के पूजन से स्त्री और बालघाती शुद्ध होकर शिवलोक को जाता है।

सप्तास्त्रे बाणलिङ्गे तु पृथ्वीदानफलं भवेत्।

अष्टाश्रं तु यदालिङ्गं पूजितं पृथिवीतले॥ 12॥

गुरुस्त्रीपापमुक्तश्च लभते शिवलोकताम्।

सप्ताश्रक बाणलिङ्ग का पूजन करने से पृथ्वीदान करने का पुण्य लाभ होता है। अष्टाश्र बाणलिङ्ग का पूजन यदि इस पृथ्वीतल पर हों तो व्यक्ति गुरुस्त्री के साथ किए पाप से भी मुक्त हों करके शिवलोक को प्राप्त करता है।

नवाश्रं तु यदा लिङ्गं पूजितं च प्रयत्नतः।

समुक्तः सर्वपापेभ्यो बहुस्वर्णादिकं फलम्॥ 13॥

सप्तकोटिजन्मपापं नश्येद्दर्शनतः क्षणात्।

नवाश्रक बाणलिङ्ग को यदि प्रयत्नपूर्वक पूजा जाए तो वह व्यक्ति सभी पापों से मुक्त होकर बहुत से स्वर्ण आदि धन सम्पति का फल प्राप्त करता है। उसके दर्शन मात्र से क्षण भर में सात करोड़ जन्मों के पाप नष्ट हो जाते है।

शिवलोकं दशाश्रे च लभतेनाऽत्र संशयः॥ 14॥

एकादशाश्रं च तथा संसारभयनाशनम्।

द्वादशाश्रं तथा लिङ्गं सूर्यतेजः समप्रभम्॥ 15॥

इसी प्रकार दशाश्र बाणलिङ्ग के पूजन से व्यक्ति को शिवलोक की प्राप्ति होती है, इसमें कोई संशय नहीं। एकादशाश्र बाणलिङ्ग के पूजने से संसार के समस्त भयों का नाश हो जाता है। द्वादशाश्र बाणलिङ्ग के पूजने से सूर्य के समान तेजस्विता प्राप्त हो जाती है।

त्रयोदशारं लिङ्गं तु अर्चितं च सदाबुधैः।

पृथ्वीदेवाधिपत्यं च प्राप्यते नाऽत्र संशयः॥ 16॥

त्रयोदशास्त्र बाणलिङ्ग का अर्चन समझदारों द्वारा सदा करते रहने से उन्हें पृथ्वी के देवता होने का आधिपत्य मिल जाता है, इसमें कोई संशय नहीं।

चतुर्दशास्त्रं लिङ्गं तु स्वर्गादौ देवपूजितम्।
दशाश्वमेधजन्यं च फलं प्राप्नोति मानवः ॥ 17 ॥

चतुर्दशाश्र बाणलिङ्ग की पूजा स्वर्गादि में भी देवताओं ने की जिससे उन्हें दस अश्वमेध जन्य फल मिला। इसी तरह मानव भी इसकी पूजा करें तो उसे भी यह दशाश्वमेध का फल प्राप्त होगा।

इति सूत्रसन्तानगुणकीर्तिप्रकाशप्रोक्तृश्रीभुवनदेवाचार्योक्तापराजितपृच्छायां बाणलिङ्गाधिकारो नाम षडुत्तरद्विशततमं सूत्रम् ॥ 206 ॥

इस प्रकार भुवनदेवाचार्य कृत सूत्रसन्तानगुणकीर्ति प्रकाश या अपराजितपृच्छा में बाणलिङ्ग अधिकार नामक दो सौ छठा सूत्र पूर्ण हुआ ॥ 206 ॥

पीठिकालक्षणं सप्तोत्तर द्विशततमं सूत्रम् ॥ 207 ॥

अधुना पीठिकालक्षणं। विश्वकर्मोवाच —

लिङ्गायामसमं पीठे पृथुत्वं तु प्रमाणतः।
ब्रह्माद्यं चैव विष्णवन्तं विदुः पीठसमुच्छ्रयम् ॥ 1 ॥

(इस सूत्र में लिङ्गार्थ पीठिका के लक्षण आए हैं। मत्स्यपुराण, अग्निपुराणादि में भी पीठिकाओं के लक्षण आए हैं। समराङ्गण. में पाठ खण्डित मिलता है किन्तु देवतामूर्तिप्रकरणम् और रूपमण्डनम् में अपराजित. का ही अनुवर्ती पाठ है) विश्वकर्मा बोले कि लिङ्ग के विस्तार के बराबर ही पीठ की मोटाई का प्रमाण कहा है। पीठ की ऊँचाई लिङ्ग के नीचे के ब्रह्मभाग से आरम्भ होकर विष्णुभाग के अन्त तक होती है।

प्रणालं तु विभागेन स्कन्धतुल्यार्धकं तथा।
त्रिधा विभक्तमग्रं वै मध्यांशे जलमार्गतः ॥ 2 ॥[1]

पीठ का प्रणाल पीठ-स्कन्ध के आधे के समान होता है। इसके आगे के भाग को तीन भागों में विभक्त करके मध्य के भाग में जलमार्ग, नाली बनाएँ।

---

1. अग्निपुराण में आया है— प्रणालस्य त्रिभागेण निर्गमस्त् त्रिभागतः ॥ मूलेऽङ्गुल्यग्रविस्तारमग्रे त्र्यंशेन चार्द्धतः। उषत्रिम्रन्तु कुर्वी खातं तच्चोत्तरेण वै ॥ सममूलस्य विस्तारमग्रे कुर्यात् तदर्द्धतः। विस्तारस्य तृतीयेन तोयमार्गन्तु कारयेत् ॥ (अग्नि. 53, 21-22 व 55, 4)
सूत्रधार मण्डन का मत है— विस्तारस्य त्रिभागेन प्रणालं चाधिकं मतम्। तदर्धेनाग्रविस्तारं त्रिभागो जलवाहकः ॥ (रूप. 4, 85) तथा— मूलादग्रं प्रणालस्य प्रमाणादधिकं शुभम्। जलमार्गस्त्रिभागेन चाग्रतस्तु सुशोभनम् ॥ (देवतामूर्ति. 6, 152)

स्कन्धे तु पादमेकैकं मध्यवंशोद्भवाकृतिः।

पृथुत्वे पीठसूर्यांशा मेखला भ्रमणाकृतिः॥ 3॥

मेखलायास्त्रिभागेन पात्रं! (खातं) कुर्यात्तथा परम्।

याम्योत्तरं तत्सपादमग्रे वै सार्धभागिकम्॥ 4॥

पीठ के स्कन्ध-भाग के एक-एक अंश छोड़कर मध्य के भाग में वंशोद्भवाकृति में यानी बाँस की तरह खड़ी हुई आकृति में बाण लिङ्ग हों। इसके बाद, पीठ की मोटाई के बारहवें भाग के बराबर तीन भाग लेकर भ्रमणाकृति में मेखला (किनारी) बनानी चाहिए और उसमें शेष भाग को खोदकर गहराई वाला बनाएँ। पीठ का मान उत्तर से दक्षिण को सवाया अथवा डेढ़ा बनाएँ।

कूर्मपृष्टोद्भवाकारं मस्तकं दर्पणोपमम्।

मेखलामध्यतः कार्यं तावत् पीठं तु कामदम्॥ 5॥

पीठ को मध्य से कूर्मपृष्ठोद्भव यानी कछुए की पीठ की तरह उठी हुई बनाएँ और उसका मस्तक दर्पण के समान चिकना बनाएँ। तभी यह पीठ सब मनोरथों की पूर्ति करने वाली होती है।

तस्योदमानमाह —

उच्छ्रये चैव पीठस्य त्रिंशद्धा प्रविभाजिते।

एकांशा भूगतिः कार्या त्रिभागा कर्णपट्टिका॥ 6॥

भागार्धं मुखपट्टी च त्रिभागा स्कन्धकोन्नतिः।

पीठ की ऊँचाई को भी तीन भागों में विभाजित करें और एक भाग की भूगति-भूमि में गाड़े, तीन में से एक भाग कर्णपट्टिका रखें। इसमें आधे भाग की मुखपट्टी रखें। इस तरह तीन भागों की स्कन्ध की ऊँचाई होती है।

स्कन्धस्य पट्टिका सार्धा भागार्धेऽन्तरपट्टिका॥ 7॥

सार्धद्व्यंशं कर्णकं स्यादेकभागा तु चिप्पिका।

स्कन्ध की पट्टिका डेढ़ भाग की और उसकी अन्तरपट्टिका आधे भाग की होगी। ढाई भाग का कर्णक और एक भाग की चिप्पिका हों।

सार्धद्व्यंशा कपोताली चान्तःपट्टं द्विभागकम्॥ 8॥

सार्धाः पञ्च ग्रासपट्टिः कर्तव्यं विधिपूर्वकम्।

पुनः ढाई भाग की कपोताली तथा दो भागों का अन्तरपट्ट और साढ़े पाँच भाग की ग्रासपट्टिका को विधिपूर्वक करें।

अर्धे तु स्कन्धपट्टयाश्च त्रिभागं स्कन्धक्षोभणम्॥ 9॥
अर्धे तु मुखपट्टयाश्च चतुर्भागं च कर्णकम्।
क्षोभणस्याष्टभिर्भागैः कर्तव्यं तदशङ्कितै॥ 10॥
यावद्दीर्घं भवेलिङ्गं तावान् पीठस्य विस्तरः।

स्कन्धपट्टिका के आधे में तीन भाग की स्कन्ध की खुदाई हों। मुखपट्टिका के आधे में चार भाग का कर्णक बनाएँ। इसकी खुदाई भी आठ भागों में बिना किसी शङ्का के करनी चाहिए। जहाँ तक लिङ्ग की दीर्घता है उसी अनुरूप पीठ का विस्तार भी करना उचित है।[1]

पीठिकालिङ्गश्च सञ्ज्ञा तयोर्न्यूनाधिक्ये दोषमाह —

उमा तु पीठिका ज्ञेया लिङ्गं शङ्कर उच्यते॥ 11॥
न्यूनाधिकं न कर्तव्यमुमायाः शङ्करस्य च।
न्यूनाधिके कृते दोषः कुरुते राष्ट्रविभ्रमम्॥ 12॥

इति पीठकालक्षणम्।

लिङ्ग के सन्दर्भ में पीठिका को उमा और लिङ्ग को शिव शङ्कर जाने। उमा और शङ्कर को एक दूसरे से न्यूनाधिक नहीं बनाएँ क्योंकि अल्पाधिक्य करने पर दोष होता है। फलतः राष्ट्र में भ्रम उत्पन्न हो जाता है।

---

1. मत्स्यपुराण में आया है कि पीठिका की ऊँचाई को सोलह भागों में विभक्त करें। उनमें बीच का एक भाग पृथ्वी में प्रविष्ट किया जाएगा। ऊपर के शेष चार भाग जगती कहे जाते हैं। उनसे ऊपर का एक भाग पटल भाग से घिरा हुआ वृत्त होता है। उसके ऊपर तीन भागों से कण्ठ, एक भाग से कण्ठपट्ट, दो भागों से ऊर्ध्वपट्ट तथा शेष भागों से पट्टिका की जाती है। एक-एक भाग जगती तक एक-दूसरे में प्रविष्ट रहते हैं। फिर शेषपट्टिका तक सबका निर्गम कहा जाता है। पट्टिका में जल निकलने के लिए सोमसूत्र से मिली नाली बनानी चाहिए। यह सभी पीठिकाओं का सामान्य लक्षण है— पीठोच्छ्रायं यथावच्च भागन् षोडश कारयेत्॥ भूमावेकःप्रविष्ट स्याच्चतुर्भिर्जगती मता। वृत्तो भागस्तथैकः स्याद् वृतः पटलमागतः॥ भागैस्त्रिभिस्तथा कण्ठः कण्ठपट्टस्तु भागतः। भागाभ्यामूर्ध्वपट्टश्च शेषभागेन पट्टिका॥ प्रविष्टं भागमेकैकं जगतीं यावदेव तु। निर्गमस्तु पुनस्तस्य यावद् वै शेषपट्टिका॥ वारिनिर्गमनार्थं तु तत्र कार्यः प्रणालकः। पीठिकानां तु सर्वासामेतत्सामान्यलक्षणम्॥ (मत्स्य. 262, 1-5)
ज्ञानप्रकाश दीपार्णव में आया है— उच्छ्रायमष्टदशभिर्भागैः कृत्वा विचक्षणः। कर्णं तु सार्द्धभागेन पट्टिका चार्द्धभागिका॥ द्वितीया चार्द्धभागेन स्कन्धश्चैव त्रिभागिकः। पट्टिका स्कन्धमूले तु अर्द्धभागा ततो न्यसेत्॥ अन्तःपत्रं तथा चात्र सार्द्धभागेन शोभनम्। पट्टिका चार्धभागा तु द्विभागं कर्णकं भवेत्॥ पट्टिका चार्धभागा तु सार्धा चान्तरपट्टिका। पट्टिका चार्धभागा तु त्रिभिस्तु स्कन्ध एव च॥ पट्टिका चार्धभागा तु द्वितीया तत्समा भवेत्। सार्ध भागं तथा कर्णं योज्या स्थानेषु पट्टिका॥ प्रवेशः सप्तभिर्भागैः पीठिका च तथा बुध। कर्णं सार्द्धत्रयं ज्ञेयं पादोना पट्टिका भवेत्॥ (दीपार्णव 13, 62-70)

दशविध पीठिका नामानि —

स्थण्डिला[1] च तथा वापी यक्षी वेदी तथैव च।
मण्डला पूर्णचन्द्रा च वज्री पद्माकृतिस्तथा॥ 13॥
अर्धचन्द्रा त्रिकोणा च विज्ञेया दशपीठिकाः।
आसां तु रूपसंस्थानं कथयामि निबोध ते॥ 14॥

(रचना भेद से बनने वाली) दस प्रकार की पीठिकाओं के नाम इस प्रकार है— 1. स्थण्डिला, 2. वापी, 3. यक्षी, 4. वेदी, 5. मण्डला, 6. पूर्णचन्द्रा, 7. वज्री, 8. पद्माकृति, 9. अर्धचन्द्रा और 10. त्रिकोणा। इनके रूप संस्थान को तुम्हारे समझने के लिए कहता हूँ।

तेषां रूपसंस्थानमाह —

स्थण्डिला चतुरश्रां च एकमेखलया युता।
द्विमेखला भवेद्वापी यक्षी चैव त्रिमेखला॥ 15॥
चतुरश्रायता चैव वेदी सर्वार्थशोभना।
लिङ्गेष्वेताः प्रयत्नेन वर्जनीया सदा बुधैः॥ 16॥

इनमें 1. स्थण्डिला पीठिका चतुरस्रा (चौकोर) होती है। इसके एक ही मेखला होती है; 2. वापी नामक पीठिका दो मेखला वाली होती है; 3. यक्षी पीठिका तीन मेखला युक्त होती है और 4. वेदी चतुरश्रायता होती है और सर्वार्थ, शुभ करने वाली है। ज्ञानी व्यक्तियों को इनके लिङ्ग को सदा प्रयत्नपूर्वक वर्जनीया मानना चाहिए।

कार्या च मण्डलाकारा मेखलाभिरलङ्कृता।
मण्डला सा तु विज्ञेया गणानां वृद्धिहेतवे॥ 17॥
पूर्णचन्द्रसमाकाराः मध्येन्सस्त द्विमेखला।
सा विज्ञेया पूर्णचन्द्रा रुद्राणां सततं प्रिया॥ 18॥

इसी प्रकार 5. मण्डल आकार वाली पीठ को मेखलाओं से अलंकृत करें तो उसे मण्डला नाम से जाना जाता है, इससे गणों की वृद्धि होती है; 6. पूर्णचन्द्र के

---

1. शुण्डिला' इति प्रकाशित पाठः।
ये ही नाम मत्स्यपुराण में आए हैं— विशेषान् देवताभेदाञ्शृणुध्वं द्विजसत्तमाः। स्थण्डिला वाथ वापी वा यक्षी वेदी च मण्डला॥ पूर्णचन्द्रा च वज्रा च पद्मा वार्धशशी तथा। त्रिकोणा दशमी तासां संस्थानं वा निबोधत॥ (तत्रैव 262, 6-7; तुलनीय— देवतामूर्ति. 6, 142-143 एवं ज्ञानप्रकाशदीपार्णव 13, 75-81; समराङ्गण. 70, 104-114 आदि पाठ भ्रष्ट है)।

समान आकार वाली और मध्य में दो मेखला युक्त पीठ को पूर्णचन्द्रा कहते हैं जो रुद्र को सदा प्रिय है।

षडश्रा च भवेद् वज्री मेखलात्रयभूषिता।

षोडशाश्रा भवेत् पद्मा किञ्चिद्ध्रस्वा तु मूलतः॥ 19॥[1]

इसी तरह 7. वज्री पीठिका षडस्र (षट्कोण) वाली होती है और वह तीन मेखलाओं से भूषित होती है; 8. पद्मा नामक पीठिका सोलह कोण वाली होती है और मूल में कुछ कम होती है।

लग्नज्यधनुषाकारा अर्धचन्द्रा तु सा भवेत्।

त्रिकोणा चोर्ध्वतो ह्रस्वा शक्त्या च सदृशी भवेत्॥ 20॥

न्यस्ता चोत्तरपूर्वेण प्रशस्ता लक्षणान्विता।

इसी भाँति 9. अर्धचन्द्रा पीठिका चढ़े हुए धनुष के आकार की होती है और 10. त्रिकोणा पीठिका ऊपर की ओर से कम, शक्ति की भाँति प्रतीति देती है।[2] यह पूर्व एवं उत्तर की ओर कुछ ढालू और श्रेष्ठ लक्षणों से युक्त होती है।

लिङ्गस्यार्धत्रिभागेन बाहुल्यार्धसमन्विता॥ 21॥

मेखलायास्त्रिभागेन खातं चैव प्रणालतः।

अधस्तात् पादहीनं तु कारयेच्चैव क्षोभणम्॥ 22॥

लिङ्ग के आधे के तीन भागों के बाहुल्य में आधा भाग और समन्वित करने पर तथा मेखला के तीसरे भाग जितना गहरा खात करें और प्रणाल बनाएँ। मेखला से नीचे एक चौथाई अंश की कमी रखकर खुदाई करें।

प्रमाणादधिकं कार्यं प्रणालं चोत्तरे तथा।

पृथुपीठत्रिभागेन निष्कांश तस्य कारयेत्॥ 23॥

प्रमाण से कुछ अधिक ही उत्तर की तरफ प्रणाल को रखे। प्रनाले का निकास पीठ की मोटाई के तीसरे भाग जितना रखे।

विस्तारस्तत्प्रमाणेन मूलार्धं च तदग्रतः।

जलमार्गविधानं तदग्रतश्च सुशोभनम्॥ 24॥

---

1. 'षोडशास्रा भवेत् पद्मा किञ्चिच्च स्यात् मृणालवत्।' इति देवतामूर्ति. पाठः। (6, 147)
2. मेखला और स्वरूप का किञ्चित भेद मत्स्यपुराण में आया है— स्थण्डिला चतुरस्रा तु वर्जिता मेखलादिभिः। वापी द्विमेखला ज्ञेया यक्षी चैव त्रिमेखला॥ चतुरस्रायता वेदी न तां लिङ्गेषु योजयेत्। मण्डला वर्तुला या तु मेखलाभिर्गणप्रिया॥ रक्ता द्विमेखला मध्ये पूर्णचन्द्रा तु सा भवेत्। मेखलात्रयसंयुक्ता षडस्रा वज्रिका भवेत्॥ षोडशास्रा भवेत् पद्मा किञ्चिद्ध्रस्वा तु मूलतः। तथैव धनुषाकारा सार्धचन्द्रा प्रशस्यते॥ त्रिशूलसदृशी तद्वत् त्रिकोणा ह्यूर्ध्वतो मता। (मत्स्य. 262, 8–12)

उसका विस्तार भी उसी प्रमाण से उसके मूलार्ध तक का उसके आगे रखें। उसमें सुन्दर-सा जलमार्ग यानी नाली बनानी चाहिए।[1]

तेषां फलमाह —

ददाति स्थण्डिला चैव धनं धान्यं च पुष्पकलम्।
गोमहिषीप्रदा वापी यक्षी सर्वार्थसम्पदम्॥ 25॥

इन पीठिकाओं में स्थण्डिला पीठिका की स्थापना भरपूर धन-धान्य देने वाली होती है। वापी पीठिका गाय-भैंसों को प्रदान करती है। यक्षी पीठिका सर्वार्थ और (वेदी) सम्पदा देती है।

मण्डला कीर्तिबहुला पूर्णचन्द्रा तु शान्तिदा।
वज्री शत्रुविनाशय पद्मा सौभाग्यदायिनी॥ 26॥

मण्डला पीठिका की स्थापना कीर्ति को बहुत बढ़ाती है। पूर्णचन्द्रा पीठिका शान्ति प्रदान करती है। वज्री पीठिका शत्रुओं का विनाश करती है और पद्मा पीठिका सौभाग्य प्रदान करने वाली है।

पुत्रं दद्यादर्धचन्द्रा त्रिकोणा शत्रुनाशनी।
देवस्य योज(?यज)नार्थं तु पीठिकास्तत्र कीर्तिताः॥ 27॥

अर्धचन्द्रा पीठ पुत्र देने वाली है। त्रिकोणा पीठ शत्रुओं का नाश करती है। इस प्रकार देवता की पूजा के लिए ये दस प्रकार की पीठिकाएँ कही गई हैं।[2]

पीठिकानां स्वजातिकर्त्तव्यता —

शैले नियोजयेच्छैलीं दारुजे दारुजां तथा।
पार्थिवे पार्थिवा कार्या लोहजे लोहजोत्तमा॥ 28॥

पाषाण का लिङ्ग हों तो उसके हेतु पाषाण की पीठिका ही बनाएँ। काष्ठ के लिङ्ग हेतु काष्ठ की पीठिका करें। मिट्टी के लिङ्ग के लिए मिट्टी की और लौहादि धातु के लिङ्ग के लिए तद्नुसार ही लौह धातु की पीठिका ही बनाना उत्तम है।

---

1. तुलनीय— प्रागुदक्प्रवणा तद्वत् प्रशस्ता लक्षणान्विता॥ परिवेषं त्रिभागेग निर्गमं तत्र कारयेत्। विस्तारं तत्प्रमाणं च मूले चाग्रे तथोर्ध्वतः॥ जलमार्गश्च कर्तव्यस्त्रिभागेन सुशोभनः। लिङ्गस्यार्धविभागेन स्थौल्येन समधिष्ठिता॥ मेखला तत्त्रिभागेन खातं चैव प्रमाणतः। अथवा पादहीन तु शोभनं कारये् सदा॥ उत्तरस्थं प्रणालं च प्रमाणादधिकं भवेत्। (तत्रैव 262, 12-16)
2. तुलनीय— स्थण्डिलायामथारोग्यं धनं धान्यं च पुष्कलम्॥ गोप्रदा च भवेद् यक्षी वेदी सम्पत्प्रदा भवेत्। मण्डलायां भवेत् कीर्तिवरदा पूर्णचन्द्रका॥ आयुष्प्रदा भवेद् वज्रा पद्मा सौभाग्यदा भवेत्। पुत्रप्रदार्धचन्द्रा स्यात् त्रिकोणा शत्रुनाशिनी॥ देवस्य यजनार्थं तु पीठिका दश कीर्तिताः। (तत्रैव 262, 16-19)

रत्नजे धातुजा शस्ता रत्नजा तु विशेषतः।
नान्ययोनिं प्रकुर्वीत कृतायां वैरविग्रहे॥ 29॥

रत्न के लिङ्ग के लिए धातु की पीठ बन सकती है, यदि रत्नों की पीठ बन सके तो यह और भी उत्तम होगा। लिङ्ग के अनुरूप ही पीठ भी बनाएँ, किसी अन्य वस्तु की योनि नहीं बनाएँ अन्यथा वैर-विग्रह होगा।

यावद्दीर्घं भवेल्लिङ्गं तावान् पीठस्य विस्तरः।
मानाधिकं न कुर्वित उमायाः शङ्करस्य च॥ 30॥

जितना दीर्घ, ऊँचा लिङ्ग हों उतनी ही विस्तार की पीठ होती है। अस्तु, उमा-पीठ और शङ्कर-लिङ्ग है, उनमें किसी प्रकार से मान में अधिकता नहीं करें।

उमा तु पीठिका ज्ञेया लिङ्गं शङ्कर उच्यते।
एवमेव समाख्यातं पीठिकानां तु लक्षणम्॥ 31॥

पीठिका को उमा समझे और लिङ्ग को शङ्कर कहा जाता है। इसी तरह से पीठिकाओं के लक्षणों को कहा गया है।[1]

इति सूत्रसन्तानगुणकीर्तिप्रकाशप्रोक्तृश्रीभुवनदेवाचार्योक्तापराजितपृच्छायां पीठिकालक्षणाधिकारो नाम सप्तोत्तरद्विशततमं सूत्रम्॥ 207॥

इस प्रकार भुवनदेवाचार्य कृत सूत्रसन्तानगुणकीर्ति प्रकाश या अपराजितपृच्छा में पीठिका (जलाधारी) लक्षण अधिकार नामक दो सौ सातवाँ सूत्र पूर्ण हुआ॥ 207॥

नन्दीश्वर (वृषभ) लक्षणमष्टोत्तर द्विशततमं सूत्रम्॥ 208॥

अधुना चण्डनाथलक्षणं। विश्वकर्मोवाच —

अथातः सम्प्रवक्ष्यामि नन्दिकेश्वरलक्षणम्।

(इस सूत्र में सर्वप्रथम चण्डनाथ और बाद में नन्दीकेश्वर की प्रतिमाओं, उनकी स्थापन स्थिति आदि का वर्णन हुआ है। ज्ञानप्रकाशदीपार्णव, प्रासादमण्डनम्, देवतामूर्तिप्रकरणं आदि में यह वर्णन आया है। दीपार्णवकार इसको किसी विश्वकर्मीय शास्त्र के अनुसार उद्धृत करता है। देवतामूर्तिप्रकरणकार मण्डन ने इस सम्बन्ध में 'ज्ञेयानि दीपार्णवे' कहकर दीपार्णव के मतानुसन्धान का निर्देश किया है) विश्वकर्मा बोले कि अब मैं नन्दीकेश्वर के लक्षणों को कहता हूँ।

---

1. शैले शैलमयीं दद्यात् पार्थिव पार्थिवीं तथा॥ दारुजे दारुजां कुर्यान्मिश्रे मिश्रां तथैव च। नान्ययोनिस्तु कर्तव्या सदा शुभफलेप्सुभिः॥ अर्चायामासमं दैर्घ्यं लिङ्गायामसमं तथा। यस्य देवस्य या पत्नी तां पीठे परिकल्पयेत्। एतत् सर्वं समाख्यातं समासात् पीठलक्षणम्॥ (तत्रैव 262, 19-21)

पादोने वा त्रिभागोने पीठिकोच्छ्रयमानतः ॥ 1 ॥
उच्छ्रयेचण्डकं कुर्यात् स्थूलं भीष्माननं तथा।
पिबन्तं च तथा माक्षं विकृताननमूर्ध्वगम् ॥ 2 ॥

(चण्डनाथ की प्रतिमा के लिए) पीठिका की ऊँचाई के मान से चौथा भाग कम अथवा तीसरा भाग कम चण्डकी ऊँचाई को रखें। उसे माक्ष-शिवस्नानोदक, निर्माल्य पीता हुआ बनाएँ और उसका मुख भयानक बनाएँ।

चण्डिकाग्रकेशैश्चैव निबद्धोपरि चण्डिका ?।
हारकैयूरसम्युक्तं कङ्कणाभ्यामलङ्कृतम् ॥ 3 ॥

उसके सिर के अग्रकेश भी चण्डिका रूप में उसके सिर के ऊपर की ओर बन्धे हुए बनाएँ। उसको हार, केयूर और कङ्कणों से अलंकृत बनाएँ।

पदतश्चाष्टमं गत्वा तपनाक्षं पद्मकृतिम्।
रुचकं भद्रकं चैव हंसं वा वर्धमानकम् ॥ 4 ॥

पदतः भागों के अनुसार उसे आठ भाग का बनाएँ। उसकी तपती आँखें पद्माँकृति में बनावें। रुचक, भद्रक, हंस अथवा वर्धमान जाति के नर के छन्द में बनाएँ।

जगत्युपरि कुर्याद्वै बाह्ये वै वामतस्तथा।
एवं विधं तु कर्तव्यं चण्डनाथस्य लक्षणम् ॥ 5 ॥

इति चण्डनाथलक्षणम्।

उसे जगती यानी पीठ के ऊपर बनाएँ या उससे बाहर बायीं ओर बनाएँ। इस विधि से चण्डनाथ के लक्षणों को बनाया जाना चाहिए।[1]

इत्यमनन्तर नन्दीश्वरलक्षणं —

नन्दीश्वरं ततो यक्ष्ये यदुक्तं पूर्वमेव हि।
तस्य स्वरूपसंस्थानं कथयामि तु सम्प्रति ॥ 6 ॥

अब आगे नन्दिकेश्वर के बारे में कहता हूँ, जैसा पहले ही कहा गया था। उसके स्वरूप संस्थान को भी इसी समय कहता हूँ।

---

1. प्रासादमण्डनम् में आया है कि शिवलिङ्ग के स्नानाभिषेक के उपरान्त जल गूढमार्ग से बहता हुआ चण्ड के मुख पर गिरना चाहिए। देवाभिषेक से गिरकर बहते हुए जल को कभी लांघना नहीं चाहिए। ऐसा करने पर पूर्ववत पुण्यों का नाश होता हैं— शिवस्नानोदकं गूढमार्गं चण्डमुखे क्षिपेत्। दृष्टं न लङ्घयेत्तत्र हन्ति पुण्यं पुराकृतम् ॥ (प्रासाद. 2, 32)
अपराजितपृच्छा में यही मत इस रूप में है— स्नानोदकं गूढमार्गे तदा कुर्यात्प्रदक्षिणम्। दृष्टं न लङ्घयेत्स्नानं हन्ति पुण्यं पुराकृतम् ॥ (198, 23)

ब्रह्माद्यं विष्णुभागान्तं कल्पयेत्तस्य चोच्छ्रयम्।
पादाधिको भवेज्जेष्ठः कनिष्ठः पादवर्जितः ॥ 7 ॥

नन्दिकेश्वर की ऊँचाई लिङ्ग के ब्रह्म भाग से आरम्भ करके विष्णु भाग के अन्त तक की कल्पना करें। इसमें भी यदि चतुर्थांश ऊँचा हों तो उसे ज्येष्ठ कहें और चतुर्थांश कम ऊँचा हों उसे कनिष्ठ कहना चाहिए (समानतः हों तो मध्यमान होगा)।

तदुच्छ्रयं च विभजेद् भागैः पञ्चभिरेव च।
तत्र भागप्रमाणेन सप्तभागायतो भवेत् ॥ 8 ॥
द्विभागं च भवेद् वक्त्रमायामे चोच्छ्रयं विदुः।

इसकी ऊँचाई को पाँच भागों में विभाजित करें। वह इन भागों के अनुसार सात भागों की आयत या लम्बाई में होता है। इन सात भागों में दो भागों का नन्दी का मुख होगा जिसका विस्तार दो भागों में और ऊँचाई में होगा।

अधोभागे मस्तकस्य भोगसूत्रै च सक्थिनी ॥ 9 ॥
शृङ्गं पादं तु विस्तारे विस्तारादुच्छ्रयोऽधिकः।

नन्दीकेश्वर के मुख के नीचे के भाग में भोगपात्र और नन्दी की जङ्घा बनाएँ। नन्दी के सींगों को एक भाग के विस्तार के बनाएँ। उनकी ऊँचाई विस्तार से अधिक रखी जाएगी।

शृङ्गाधश्चार्धभागेन कर्णः पादोनभागिकः ॥ 10 ॥
भागमेकं भवेद्ग्रीवा पृथु कम्बलतः सह।

सीगों के नीचे का भाग आधा और कान पौन भाग के बनाएँ। एक भाग की नन्दी की ग्रीवा और उसके गलकम्बल को भी मोटाई युक्त बनाएँ।

अधोभागे मस्तकाच्च पृष्ठस्कन्धं च भागिकम् ॥ 11 ॥
त्रिभागायतकं पृष्ठं त्रिभागं पृथु कुक्षयोः।
द्विभागमुच्चैरुदरं च परमारुतत्युत्तमम् ? ॥ 12 ॥

मस्तक के भाग से नीचे पीठ और कन्धे एक भाग के बनाएँ। तीन भागों की लम्बाई वाली पीठ और तीन भागों की मोटाई के उसके कुक्ष-बगलें हों। दो भाग ऊँचाई का नन्दी का पेट बनाएँ जो मारुत (हवा) से उत्तमतः भरा-पूरा यानी उभरा हुआ हों।

बाहुल्यं भागमेकं तु जङ्घा युग्मांशकायता।
अर्धभागैक अग्रं च ? खुरिका चार्धभागतः ॥ 13 ॥

नन्दी की जङ्घाओं को एक भाग की करें किन्तु जङ्घा दो भाग की लम्बाई की बनाएँ। आधे भाग का उसका अग्रभाग और उसके खुरों को भी आधे भाग में बनाएँ।

पुच्छमूलं भागपादमग्रं कुर्यात्तदर्धतः।
चतुर्भागायतं पुच्छं भागैकं चाग्रचामरम्॥ 14॥
तदुत्तमं च सोत्साहं पादैकं चोच्छ्रितं क्रमात्।

नन्दी के पूँछ का मूल एक भाग का और उसको आगे से आधे भाग की बनाएँ। पूँछ की चार भागों की लम्बाई रखें जिसके आगे एक भाग का बालों का चामर हों। नन्दी को उत्तम स्वरूप में उत्साहयुक्त दिखाने के लिए एक भाग क्रम से ऊँचा बनाएँ।

घण्टाचामर घर्घरमालालङ्कार भूषितम्॥ 15॥
शृङ्गाभरणमप्येवं कुडिकाग्र समोदका।
मोदका वृषवक्त्राग्रे तापसौवदुकाकारम्॥ 16॥

उसके गले में घण्टा-चामर-घर्घरमाला (घूघरमाळ) जैसे अलङ्कार विभूषित हों। इन शृङ्गार के आभूषणों के बाद उसके सामने थाल में मोदक रखे। वृष के मुख के आगे इन मोदकों को वैसे ही निवेदित करें जैसे कि तपस्वियों के सम्मुख आदरपूर्वक परोसे गए हों।

स्थापन स्थानमाह —

प्रासादमान तश्चान्तर्लिङ्गस्थानादि कल्पितम्।
एकद्वित्रि चतुःपञ्चषट्सप्ताङ्गुलकान्तरे॥ 17॥
मूर्तिस्थाने तु कर्तव्या मूलस्तम्भैश्चतुष्किका।

प्रासाद मान के अन्त तक लिङ्ग स्थानादि कल्पित किए गए है। एक, दो, तीन, चार, पाँच, छह और सात अङ्गुलों के अन्तर पर वाहन मूर्तिस्थान को मूल स्तम्भों की चौकी के बीच में बनाना चाहिए।[1]

वाहनदृष्टिनामाह —

वृषस्य चोच्छ्रयः कार्यो विष्णुभागन्तदृष्टिकः॥ 18॥
पादं जानु कटिं यावदर्चाया वाहनस्य दृक्।

---

1. तुलनीय—वाहनं यस्य देवस्य तत्तस्याग्रे प्रकल्पयेत्। एकद्वित्रिचतुःपञ्च वा षट्सप्तपदान्तरे॥ वाहनं मूर्तिलिङ्ग च मूलप्रासादमानतः। (देवतामूर्ति. 6, 168-169)

गुह्यनाभिस्तनान्तं वा सूर्ये व्योमस्तनान्तकम्[1] ॥ 19 ॥

नन्दी (वृष) की ऊँचाई लिङ्ग के विष्णु भाग के अन्त तक दृष्टि रखे हुए बनाएँ। अर्चा के पाद, जङ्घा, कटि तक जब वाहन की दृष्टि हों अथवा अर्चा के गुह्य, नाभि एवं स्तनान्त तक दृष्टि हों अथवा सूर्य की दिशानुसार स्तनान्त (सोमस्तनसूत्र सम) तक हों।

विलोमे कुरुते पीडामधोदृष्टिः सुखक्षयम्।
स्थानं हन्यादूर्ध्वदृष्टिः स्वस्थाने मुक्तिदायिका ॥ 20 ॥

इससे विपरीत करने पर पीड़ा होगी, नीची दृष्टि होने पर सुख का क्षय होगा। ऊँची दृष्टि होने पर स्थान की हानि होगी। अस्तु, वाहन की अपने निर्धारित स्थान की दृष्टि रखने से ही मुक्ति मिलती है।[2]

इति सूत्रसन्तानगुणकीर्तिप्रकाशप्रोक्तश्रीभुवनदेवाचार्योक्तापराजितपृच्छायां चण्डीश्वर(नन्दीश्वर) वृषभ लक्षणाधिकारो नामाष्टोत्तरद्विशततमं सूत्रम् ॥ 208 ॥

इस प्रकार भुवनदेवाचार्य कृत सूत्रसन्तानगुणकीर्ति प्रकाश या अपराजितपृच्छा में चण्डीश्वर (नन्दीश्वर) वृषभ लक्षणाधिकार नामक दो सौ आठवाँ सूत्र पूर्ण हुआ ॥ 208 ॥

---

1. तुलनीय— वृषभस्य विष्णवान्ते च लिङ्गे दृष्टवां नियोजयेत्। सूर्यस्याग्रे भवेत् सोमस्तनसूत्रसमोदयः ॥ (देवतामूर्ति. 6, 169)

2. दीपार्णव में वृषभ के लक्षण इस प्रकार आए हैं— अथातः सम्प्रवक्ष्यामि वृषभं दिव्यलक्षणम्। प्रयत्नेन यथाशास्त्रं यथोक्तं विश्वकर्मणा॥ स भवति यथाभेदैर्ज्येष्ठमध्यमकन्यसैः। ज्येष्ठस्तु नवभागश्च उच्छ्रये सप्तभागिकः ॥ प्रासादस्य तु मानेन गर्भगृहस्य मानतः। लिङ्गमानं प्रमाणं तु तन्माने वृषभो भवेत् ॥ अन्यथा न कर्त्तव्यं कर्त्तव्यं शुभदायकम्। वक्त्रं सार्द्धं द्विभागं च ग्रीवा सार्द्धभागिका॥ सार्द्धभागस्ततः स्कन्धस्त्रिसार्धं पृष्ठमेव च। पादश्च सार्धो द्विभागस्तु पिण्डे सार्द्धभागिके॥ शृङ्गान्तरं भागमेकं यावत् कर्णान्तरं तथा। ज्येष्ठमानं विधियते मध्यमो वृषभः शृणु॥ अष्टभागो भवेद् दीर्घे उच्छ्रये तु षड्भागिकः। वक्त्रं सपादं द्विभागं ग्रीवा सपादभागिका॥ सपादभागं स्कन्धं च पृष्ठं तु सपादत्रयम्। पादौ द्वौ सार्द्धभागैस्तु खुरिका चार्द्धभागिका॥ घुर्घरं चार्द्धभागं तु शृङ्गमूले द्विनेत्रकम्। शृङ्गान्तरं द्विनेत्र च ततः शृङ्गद्वयं भवेत्॥ एवं शृङ्गान्तरं प्रोक्तं मानो हि वृषभस्य च। अतः कनीयसं वक्ष्ये यथा रुद्रेण भाषितम्।। सप्त पञ्चविभागेन आयामे चोच्छ्रये बुधः। तत्र भागोदितं कृत्वा शान्तिकं पौष्टिकं भवेत्॥ वक्त्रं तु द्विभागं कुर्याद्...विधीयते। लक्षणहीने हरेद्राजा कर्णहीने तथा प्रजा॥ शृङ्गहीने हतं द्रव्यं स्कन्धहीने दुर्भिक्षकम्। पादहीने हरेद् बन्धु तथा पादगनष्टकम्॥ एतस्य च महादोषा वृषभस्य तु वर्जिता। ईदृशं लक्षणहीनं दूरितः परिवर्जयेत्॥ रा भवेत्तस्य दातारं वृषभं सौख्यदायकम्। कार्यो लक्षणसंयुक्त अन्यथा अशुभकरः॥ गुणदोषान न जानाति तं शिल्पिनं तु वर्जयेत्। प्रासादगर्भः क्रीयते गर्भार्धेन च पीठिका॥ लिङ्गः पीठिकामानेन तन्माने वृषभो भवेत्। अन्यथा न कर्त्तव्यं कर्तव्यं शुभमुत्तमम्॥ (दीपार्णव 15, 1–17)

प्रतिमाप्रमाणं नवोत्तरद्विशततमं सूत्रम् ॥ 209 ॥

अधुना प्रतिमाप्रमाणं ऊर्ध्वार्चा। विश्वकर्मोवाच —

प्रासादमानोद्भवार्चा प्रमाणैस्त्रिविधोदिता।

(इस सूत्र से प्रतिमाओं के लक्षणों से पूर्व प्रासादादि मानों से ऊर्ध्व, शयनस्थादि प्रतिमाओं के प्रमाणादि के विषय में कहा जा रहा है। प्रतिमामानलक्षणम्, चित्रलक्षणम्, विष्णुधर्मोत्तरपुराण, दीपार्णव, देवतामूर्तिप्रकरणम् आदि ग्रन्थों में भी यह विषय आया है) विश्वकर्मा बाले कि प्रासाद के मान के अनुसार बनने वाली अर्चा अर्थात् मूर्ति के प्रमाण तीन प्रकार के कहे गए हैं।

सीमागर्भद्वारमानं तुर्यो हस्ताङ्गुलैर्विधिः ॥ 1 ॥
आदौ सीमा पुनर्गर्भं द्वारमानं तृतीयकम्।
हस्ताङ्गुलक्रमोक्तं च अर्चामानं चतुर्थकम् ॥ 2 ॥

इसी प्रकार सीमागर्भगृह के द्वार मान से चार गज और अङ्गुल की विधि कही है। इस पहले सीमानुसार प्रमाण से पुनः (द्वितीय मान) गर्भगृह से, तीसरा मान द्वार से, चौथा मान हस्त और अङ्गुल प्रमाण से कहा है। इस तरह अर्चा मान चार प्रकार का होता है।

सीमामानोद्भवार्चा —

सीमार्धं च षडंशोनं हस्तात्तुर्यकरान्तगम्।
इषु $_5$ रसा $_6$ त्मकहस्ते स्थिता सीमा त्रिभागतः ॥ 3 ॥
पादोद्भवा दशान्तं च षडंशोना ह्यमा तथा।
पञ्चमांशा च पादोना हस्तविंशतिकावधि ॥ 4 ॥
त्रिंशद्धस्ते षडंशेन त्रिभागोनं प्रकल्पयेत्।

(अब ऊर्ध्वार्चा यानी खड़ी प्रतिमाओं के लिए सीमा मान को कहा जा रहा है) सीमार्ध से लेकर चार हाथ में षष्ठांश हाथ अर्थात् चार अङ्गुल कम के मान तक ($3^{1/6}$ हाथ तक) प्रतिमा होगी। सीमा के तीन भाग से इषु (5), रस (6) हाथ के एक पाद के आरम्भ करके दस पाद के अन्त तक छह अंश कम की ह्यमा, पाँच अंशों में एक पाद कम अर्थात् $4^{3/4}$ से बीस हाथ तक के तीन गज वाले मान षष्ठांश (1/6) के तीन भाग 1/6, 1/6, 1/6 = 3/6 =1/2 की कमी को कल्पित करें।

सप्तांशेऽर्चामानं त्यक्तार्धे चत्वारिंशदंशकैः ॥ 5 ॥
अष्टमांशां शतार्धे तु त्रिभागोनां प्रकल्पयेत्।

इसी प्रकार सातवें अंश को अर्चा मान में छोड़कर, साढ़े चालीस अंशों के, आठवें अंश से पचास तक तीन भाग कम की कल्पना करें।

सीमामानोद्भवाख्याता ऊर्ध्वार्चा तु तथोत्तमा ॥ 6 ॥

मध्यमा द्वादशांशोभा अष्टांशोना कनिष्ठिका।

ज्येष्ठ-मध्या-धमाः ख्याताः सीमामाने त्रिधोदिताः ॥ 7 ॥

इति सीमामानोद्भवार्चा।

ये सीमा मान से होने वाले मान विख्यात् है जो खड़ी अर्चा के लिए उत्तम हैं। इनमें भी बारह अंश की कमी वाले मध्यम हैं और आठवें अंश की कमी वाले कनिष्ठ है। इस तरह ज्येष्ठ, मध्यम और अधम यानी कनिष्ठ—ये प्रसिद्ध सीमा मान तीन प्रकार के कहे गए हैं।

देवगृहभित्यादिनिर्णयः —

चतुश्रीकृते क्षेत्रे दशधा प्रविभाजिते।

चतुर्भागैश्च द्वे भित्ति शेषं गर्भगृहं मतम् ॥ 8 ॥

प्रासाद के समचौरस किए हुए क्षेत्र को दस भागों में विभाजित करें। इसमें चार भाग की दो भितियाँ रखे और शेष बीच के भाग का गर्भगृह करना चाहिए।[1]

गर्भगृह त्रिभागैश्च ह्यर्चा कार्या सुशोभना।

दशांशोना मध्यमा च पञ्चांशोना कनीयसी ॥ 9 ॥

इति गर्भमानम्।

गर्भगृह के तीसरे भाग के प्रमाण की सुशोभना (ज्येष्ठा) प्रतिमा बनाएँ। इससे दशांश कम की मध्यमा और पञ्चमांश कम करने से कनिष्ठ मान की प्रतिमा होती है। (इस प्रकार गर्भगृह के मान की प्रतिमा होती है)।[2]

---

1. तुलनीय— चतुश्रीकृते क्षेत्रे दशधा भू विभाजिते। चतुर्भागे भवेद् भित्तिः शेषं गर्भगृहं स्मृतम् ॥ (देवतामूर्ति. 1, 23) वराहमिहिर ने कहा है कि प्रासाद के विस्तार का आधा गर्भगृह और आधे भाग के मान की दोनों भित्तियाँ करनी चाहिए— विस्ताराद्धं भवेद् गर्भो भित्तयो न्यासतत्समः ॥ (बृहत्संहिता 56, 12)

   इसी प्रकार ठक्कर फेरू का मत है कि प्रासाद का मान भित्ति एवं कुम्भ के स्तर तक माना जाता है। उसका दस भाग करें और उसमें से दो-दो भाग की भित्ति एवं छह भाग का गर्भगृह करना चाहिए— पासायस्य पमाणं गणिज्ज सह भित्तिकुम्भगथराओ। तस्य य दस भागाओ दो दो भित्ति हिं रसगब्भे ॥ (वास्तुसार 3, 20)

2. तुलनीय— गर्भगेहत्रिभागेण ज्येष्ठार्च्चा कथिता बुधैः। मध्यमा च दशांशोना पञ्चांशोना कनीयसी ॥ (देवतामूर्ति. 1, 24)

द्वारमानोद्भवार्चा —

द्वारमानोद्भवां वक्ष्ये ह्यर्चां सर्वत्र शोभनाम्।
ऊर्ध्वाऽऽसनस्था शय्यास्था प्रत्येका मानसम्भवा ॥ 10 ॥

अब द्वार मान से उत्पन्न होने वाला मान कहता हूँ जो कि प्रतिमा को सर्वत्र शोभायुक्त करता है। खड़ी मूर्ति, बैठी मूर्ति और शयन की हुई मूर्ति— प्रत्येक की मान के अनुसार ही उत्पत्ति होती है।[1]

तत्त्वयुग्मोद्भवे$_{10}$ द्वारे ह्यर्चामानं त्रिधोदितम्।
षट्चन्द्रौ$_{16}$ तत्त्वेन्दू$_{15}$ शक्राः$_{14}$ ऊर्ध्वार्चा सङ्ख्या मताः ॥ 11 ॥

दस (तत्वयुग्म) भाग के द्वार से मूर्ति का मान तीन प्रकार का होता है। खड़ी हुई प्रतिमा की 16, 15 एवं 14 मान संख्या कही गई हैं— ये क्रमशः ज्येष्ठ, मध्यम एवं कनिष्ठ प्रतिमाओं के मान हैं।

आसनस्था पूर्वमाने शक्र$_{14}$ विश्व$_{13}$ सूर्यांशतः$_{12}$ ।
स्थितासना च केशान्तं प्रमाणं सूत्रतः स्मृतम् ॥ 12 ॥

इति द्वारमानोद्भवार्चा।

आसनस्थ यानी बैठी हुई प्रतिमा के भी पूर्व मान के अनुसार 14, 13 और 12 के प्रमाण आसन के केशान्त तक प्रमाणसूत्रानुसार कहे हैं।[2]

---

1. मत्स्यपुराण में कहा गया है कि मन्दिर के प्रवेश द्वार की जो ऊँचाई हो, उसे आठ भागों में विभाजित करे और उसमें से एक भाग छोड़कर शेष दो भागों से प्रतिमा बनाएँ, पुनः उन दो भागों की संख्या को तीन भागों में बाँटकर उसके एक भाग के बराबर पीठिका बनवाए जो न तो बहुत ऊँची हो न ही अधिक नीची— द्वारोच्छ्रायस्य यन्मानष्टधा तत् तु कारयेत्। भागमेकं ततस्त्यक्त्वा परिशिष्टं तु यद् भवेत्॥ भागद्वयेन प्रतिमा त्रिभागी कृत्य तत्पुनः। पीठिका भागतः कार्या नातिनीचा न चोच्छ्रिता॥ (मत्स्य. 258, 24-25)

2. सूत्रधार मण्डन ने द्वार के मान से ज्येष्ठादि तीनों प्रकार की प्रतिमाओं का वर्णन किया है। द्वार की ऊँचाई के आठ भाग कर एक भाग को छोड़ने, शेष सात भाग के तीन भाग करने व इन्हीं में से दो भाग के मान की प्रतिमा व एक भाग की पीठिका बनाने का निर्देश दिया है। यह खड़ी प्रतिमा का मान है। यदि बैठी हुई प्रतिमा हो तो दो भाग की पीठिका और एक भाग की प्रतिमा बनाएँ। मध्यम मान की प्रतिमा के लिए द्वार की ऊँचाई के नौ भाग करें, ऊपर का एक भाग छोड़ दे और शेष जो आठ भाग हों, उनके पुनः तीन भाग करें जिनमें से दो भाग की प्रतिमा व एक भाग की पीठिका होगी। कनिष्ठ मान की प्रतिमा के लिए द्वार की ऊँचाई के तीन भाग करें और उसमें से दो भाग की प्रतिमा और एक भाग की पीठिका बनाएँ— द्वारोच्छ्रयोऽष्टधा कार्ये भागमेकं परित्यजेत्॥ सप्तभागं त्रिधा कृत्वा द्विभागा प्रतिमा भवेत्। द्वारं विभज्य नवधा भागमेकं परित्यजेत्॥ अष्टौ भागांस्त्रिधा कृत्वा द्विभागे प्रतिमा भवेत्। त्रिभागैर्भाजिते द्वारे द्विभागेऽर्चा प्रकीर्तिता॥ भागमेकं भवेत् पीठं कनिष्ठा मध्यमोत्तमा। या प्रोक्ता द्वारमानेन सादौ श्रेष्ठा प्रकीर्तिता॥ (देवतामूर्ति. 1, 16-19)

प्रासादमानतोहस्ताङ्गुलक्रमेणार्चा —

हस्ताङ्गुलक्रमेणैव अर्चा प्रासादमानतः।
तस्यानुक्रम उक्तश्च पङ्क्ति सोपानसञ्चयः॥ 13॥

(अब प्रासाद के मानानुसार हस्ताङ्गुल क्रम से प्रतिमा का प्रमाण) हाथ, अङ्गुल के प्रमाण से क्रमवार प्रतिमा को प्रासाद के मान अनुसार उसके अनुक्रम को पङ्क्ति सोपान सञ्चय-सीढ़ियों की पङ्क्ति सहित कहा गया है।

रुद्रादौ$_{11}$ चैव दिग्वृद्धि$_{10}$र्हस्तैका$_{1}$द्वेदहस्ततः$_{4}$।
पक्षवृद्धा$_{15}$दिषुश्चान्त$_{5}$ [1]शतार्धान्ताङ्गुलोद्भवम्॥ 14॥
एतन्मानोद्भवा ज्येष्ठा त्रिधोदितक्रमागता।

एक हाथ के विस्तार वाले प्रासाद में ग्यारह अङ्गुल की (खड़ी प्रतिमा) स्थपित करनी चाहिए। बाद में प्रत्येक चार हाथ के विस्तार वाले प्रासाद में दस-दस अङ्गुल बढ़ाकर प्रतिमा रखें। पुनः पाँच से पन्द्रह हाथ तक विस्तार के देवालय में दो-दो अङ्गुल बढ़ाए और इसके बाद पचास हाथ तक के विस्तार वाले प्रासाद में एक-एक अङ्गुल बढ़ी हुई प्रतिमा होगी। यह मान ज्येष्ठ प्रतिमा का कहा है, जो उदित क्रम से तीन प्रकार का होता है।[2]

त्यक्तविंशत्यंशा मध्या दशांशोना कनीयसी॥ 15॥
उक्तमूर्ध्वार्चाप्रमाणं..............................।

यदि इसमें से बीसवाँ भाग कम करें से मध्यम मान की प्रतिमा एवं दशांश कम करने पर कनिष्ठ मान की प्रतिमा होगी। ये ऊर्ध्व अर्चा के प्रमाण कहे गए हैं।

शय्यास्थार्चाप्रमाणम् —

.... शय्यास्था त्वेकमानतः।
न्यूनां न्यूनाधिकार्चानां प्रमाणमिति सम्भवेत्॥ 16॥

(अब सोई हुई प्रतिमा का प्रमाण) शय्यास्थ यानी सोई हुई प्रतिमा के प्रमाण कहे हैं जो कि एक मान से; कम और छोटी एवं बड़ी के होते हैं।

वराहमिहिर ने देवालय के द्वार की अष्टमांश ऊँचाई की तिहाई तुल्य पीठिका व द्विगुणित पीठिका तुल्य प्रतिमा को आवश्यक बताया है— देवागारद्वारस्याष्टांशोनस्य यस्तृतीयोऽंशः। तत्पिण्डिकाप्रमाणं प्रतिमा तद्द्विगुणपरिमाणा॥ (बृहत्संहिता 56, 16)

1. 'सनार्धान्ताङ्गुलोद्भवा?॥ इति प्रकाशित पाठः।

2 तुलनीय— एकहस्ते तु प्रासादे मूर्तिरिकादशाङ्गुला। दशाङ्गुला ततो वृद्धिर्यावद्धस्तचतुष्टयम्॥ द्व्यङ्गुला दशस्तान्ता शतार्धान्ताङ्गुलस्य च। (देवतामूर्ति. 1, 12-13)

हस्तपादादिवृद्धिश्च क्रमेण परिकीर्तिता।
हस्ताद्यं तुर्यपर्यन्तमतऊर्ध्वं न कारयेत्॥ 17॥

इनका प्रमाण हाथ और पाद प्रमाण की वृद्धि के क्रम से कहा गया है। इनको एक हाथ से लेकर चार हाथ तक ही करना चाहिए, इससे ऊपर कभी नहीं करें।

त्र्यङ्गुलतो दिग् हस्तान्तं वृद्धिं कुर्यादनुक्रमात्।
दिगुत्तरं शतार्धान्तमेकैकाङ्गुलवृद्धितः॥ 18॥

यदि प्रासाद का (पाँच से लेकर) दस हाथ विस्तार हों तो तीन-तीन अङ्गुल क्रम से वृद्धि करें। ग्यारह हाथ से लेकर पचास हाथ तक विस्तार के प्रासाद में एक-एक अङ्गुल की वृद्धि करते हुए प्रतिमा रखें। (यह मध्यम मान की प्रतिमा होगी)

विंशत्यंशैः कनिष्ठोना ज्येष्ठा तदंशवर्धनात्।
इत्यादिकं तथा प्रोक्तं त्रिविधं मानमेव हि॥ 19॥

यदि इसमें बीसवाँ अंश कम किया जाए तो कनिष्ठ मान की प्रतिमा होगी जबकि यदि बीसवाँ अंश बढ़ाया जाए तो ज्येष्ठ मान की प्रतिमा होगी। इस प्रकार आरम्भ से तीन प्रकार के मान कहे गए हैं।[1]

आसनस्थ द्वितीयं तु ऊर्ध्वार्चा प्रथमास्तथा।
तृतीया शयनस्थां प्रमाणमेतत्सम्भवम्॥ 20॥[2]

(इसी प्रकार) प्रथम मान खड़ी प्रतिमा का है, द्वितीय प्रमाण आसनस्थ एवं तृतीय प्रमाण शयनस्थ प्रतिमा का होता है।

इति सूत्रसन्तानगुणकीर्तिप्रकाशप्रोक्तश्रीभुवनदेवाचार्योक्तापराजितपृच्छायां
प्रतिमाप्रमाणाधिकारो नाम नवोत्तरद्विशततमं सूत्रम्॥ 209॥

इस प्रकार भुवनदेवाचार्य कृत सूत्रसन्तानगुणकीर्ति प्रकाश या अपराजितपृच्छा में प्रतिना
प्रमाण अधिकार नामक दो सौ नौवाँ सूत्र पूर्ण हुआ॥ 209॥

---

1. ये प्रमाण सूत्रधार मण्डन ने प्रासाद मान के बैठी प्रतिमा के सम्बन्ध में दिए हैं— हस्तार्वेदहस्तान्ते षड्वृद्धिः स्यात् षडङ्गुला। तदूर्ध्वं दशहस्तान्ता त्र्यङ्गुला वृद्धिरिष्यते॥ एकाङ्गुला भवेद् वृद्धिर्यावत् पञ्चाशद्धस्तकम्। विंशत्येकाधिका ज्येष्ठा विंशत्योना कनीयसी॥ (देवतामूर्ति. 1, 14-15)
2. 'आसनस्थोद्भवा ख्याता शयनस्था क्रमोद्भवा?। स्थित्वा शयनकेशान्तं प्रमाणमेतत्सम्भवम्?॥' इति प्रकाशित पाठः। तुलनीय— ऊर्ध्वार्चा प्रथमा प्रोक्ता आसनस्था द्वितीयिका। (देवतामूर्ति. 1, 16)

प्रतिमालक्षणविधिर्नाम दशोत्तरद्विशततमं सूत्रम् ॥ 210 ॥

अधुना प्रतिमालक्षणं द्वादशोत्तरशताङ्गुलो नवतालोच्छ्रयः। विश्वकर्मोवाच —

यत् किञ्चित्प्रतिमायामं विभजेन्नवभागतः$_{9}$ ।
स्वकीयाङ्गुलमानेन भागं वै द्वादशाङ्गुलम्$_{12}$ ॥ 1 ॥

(इस सूत्र में प्रतिमाओं के तालादि पर चर्चा की जा रही है। आपाद प्रतिमा कितने अङ्गुल की हो, उसमें विभिन्न अवयवों की लम्बाई-चौड़ाई, मोटाई कितनी हो, इसे शिल्पशास्त्र में ताल-पैमाने से माना जाता है। बहुत पहले नग्नजित का इस पर कोई ग्रन्थ था जिसमें द्राविड़मान व्यवहार्य था, वर्तमान में उसका तिब्बती संस्करण 'चित्रलक्षणम्' मिलता है। प्रतिमामान लक्षणम् या आत्रेयतिलक, काश्यपशिल्पम्, मत्स्यपुराण, बृहत्संहिता, काश्यपसंहिता[1], चित्रसूत्रम् आदि में यह वर्णन आया है) विश्वकर्मा बोले कि प्रतिमा का जो भी विस्तार हो, उसे नौ भागों में विभाजित करें। (देवप्रतिमाओं में) अपने हाथ के अङ्गुलमान से बारह अङ्गुल मान रखा जाता है।

अष्टोत्तरशततं$_{108}$ सङ्ख्यैरङ्गुलैरुच्छ्रयो भवेत्।
नवतालः स विज्ञेयो व्यवहारे प्रसिद्ध्यति ॥ 2 ॥

---

1. काश्यप ने प्रतिमा, चित्रादि में यह प्रमाण माना है— द्वादशाङ्गुलकं वक्त्रं ललाटं चतुरङ्गुलम्। नासा ग्रीवा तु कर्तव्या तुल्या चैतत्प्रमाणतः॥ शङ्खान्तरं ललाटस्य ज्ञेयमष्टाङ्गुलं पृथु। हनुद्वयं तु चिबुकमङ्गुलद्वितयं स्मृतम्॥ चतुरङ्गुलिकौ कर्णौ भ्रुवावेव तथा स्मृते। द्व्यङ्गुलौ पृथुलौ कर्णौ भ्रूमध्यं तत्प्रमाणतः॥ कर्णनेत्रान्तरं कुर्यात् तत्सार्धं चतुरङ्गुलम्। अधरोऽङ्गुलमानं तु तदर्धेनोत्तरं स्मृतम्॥ चतुरङ्गुलकं वक्त्रं नासाग्रं द्व्यङ्गुलं स्मृतम्। नेत्रे द्व्यङ्गुलके दीर्घे तत्त्रिभागेन तारकः॥ दृक्तारा पञ्चमांशेन दूषिकाङ्गुलसम्मिता। द्व्यङ्गुलं चाक्षिपुटकं तथा नासापुटौ स्मृतौ॥ कर्णस्रोतोऽङ्गुलमितं सुकुमारं तथैव च। गोच्छा चाङ्गुलिका कार्या तत्समा केशरेखिका॥ द्व्यङ्गुलौ तु स्मृतौ शङ्खावायतौ चतुरङ्गुलौ। चतुर्दशाङ्गुलः शीर्षो द्वात्रिंशत् परिणाहतः॥ एकविंशत् स्मृता ग्रीवा विस्तारात् स्याद्दशाङ्गुला। कण्ठार्च्चं हृदयं नाभी मेढ्रं तद्द्वादशाङ्गुलम्॥ ऊरू जङ्घे चतुर्विंशा जानुनी चतुरङ्गुले। द्वादशाङ्गुलिकौ पादौ विस्तारात् तु षडङ्गुलौ॥ गुल्फादधोभागगतं चतुरङ्गुलमुन्नतम् । अङ्गुष्ठं त्र्यङ्गुलं दीर्घं पञ्चैव परिणाहतः॥ शेषाः पादानुसारेण परिमाणं प्रकल्पयेत्। जङ्घाग्रे परिधिर्ज्ञेयो ह्यङ्गुलानि चतुर्दश॥ ऊरू तद्द्विगुणौ प्रोक्तौ कटिस्तत्त्रिगुणा स्मृता। अङ्गुलं तु भवेन्नाभी वेधगाम्भीर्ययोरपि॥ नाभीमध्ये परीणाहश्चत्वारिंशद्द्विसंयुतः। षोडश स्तनयोर्मध्यं कक्ष्ये ऊर्ध्वं षडङ्गुले॥ अष्टाङ्गुलौ स्मृतौ स्कन्धौ बाहू विंशच्चतुर्युतौ। बाहू मूले षोडश स्याद्धस्ताग्रे द्वादश स्मृताः॥ षडङ्गुलं हस्ततलं सप्त दैर्घ्येण च स्मृतम्। पञ्चाङ्गुला भवेद् मध्या तर्जन्यार्धाङ्गुलोनिता॥ अनामिका च तत्तुल्या कनिष्ठा चाङ्गुलोनिता। सुरूपास्ताश्च कर्तव्या द्विपर्वाङ्गुष्ठिका स्मृता॥ त्रिपर्वाङ्गुलयः शेषा नखाः पर्वार्धविस्तृताः। देशवेषयुतान् हस्तान् सौम्यरूपांश्च कारयेत्॥ स्वरूपा लक्षणोपेता प्रतिमा वृद्धिदा भवेत्। (नग्नजित : चित्रलक्षणम्, सम्पादक : डॉ. श्रीकृष्ण 'जुगनू', चौखम्बा संस्कृत सीरीज़ ऑफिस, बनारस, 2006 में उद्धृत परिशिष्ट, 1-19)

इसी तरह 108 तक अङ्गुल की ऊँचाई होती है। इसको व्यवहार में नवताल नाम से जाना गया है, जो प्रसिद्ध है।

नवताले ततो वृद्धौ मस्तोर्ध्वे चतुरङ्गुलैः।

विख्यातोऽर्चायामको द्वादशोत्तरशताङ्गुलः$_{112}$ ॥ 3 ॥

नौ ताल से आगे वृद्धि चार अङ्गुल की मस्तक के ऊपर तक करने पर अर्चा का मान 112 अङ्गुल विस्तार की विख्यात है।

उष्णीषमङ्गुलं प्रोक्तं त्र्यङ्गुलं शिरउच्यते।

तालो ललाटाद् गलान्तं सर्वत्रैव मुखे क्रमः ॥ 4 ॥

इसमें उष्णीष-बालों का जूड़ा या पगड़ी एक अङ्गुल की और सिर तीन अङ्गुल का होता है। इसके बाद गले तक एक ताल, नौ अङ्गुल ललाट से नीचे तक का सर्वत्र मुखों का क्रम समझना चाहिए।

त्र्यङ्गुलं च ललाटं स्यादङ्गुलं नेत्रसूत्रकम्।

नेत्रसूत्रे तु कर्तव्या नासिका चतुरङ्गुला ॥ 5 ॥

तीन अङ्गुल का ललाट होता है और एक अङ्गुल का नेत्रसूत्र। नेत्रसूत्र के चार अङ्गुल तक नासिका की लम्बाई रखनी चाहिए।

गोजका चैकमात्रा स्यादधरं त्रियवान्तरम्।

ओष्ठो यवैः पञ्चभिः स्याद्धनुः सार्धाङ्गुला भवेत् ॥ 6 ॥

गोजका-नथूने एक अङ्गुल और ओष्ठ तीन अङ्गुल के अन्तर के हों। ओष्ठ पाँच यव के बराबर और ठुड्डी डेढ़ अङ्गुल की हों, जिसका विस्तार दो अङ्गुल का रखें।

विस्तारे वै द्व्यङ्गुलं तु गलमर्धाङ्गुलं मतम्।

ग्रीवा सार्धाङ्गुला स्तनसूत्रं त्रयोदशाङ्गुलम् ॥ 7 ॥

गले को आधे अङ्गुल विस्तार का, ग्रीवा डेढ़ अङ्गुल की और स्तनसूत्र तेरह अङ्गुल नीचे तक रखें।

द्वादशाङ्गुलका नाभि उदरं चतुरङ्गुलम्।

वलिकात्रयसम्युक्तं गुह्यमष्टाङ्गुलं तथा ॥ 8 ॥

इसके नीचे बारह अङ्गुल तक नाभि और उदर-पेट चार अङ्गुल का हों, जिसमें तीन वलिका (नाभि पर पड़ने वाली भँवरियाँ) बनाएँ। इसके नीचे गुह्य भाग आठ अङ्गुल का होगा।

पञ्चमात्रोद्धवं मेढ्रं वृषणश्चतुरङ्गुलः।

[1]मणिबन्धादधो विद्यात् केशरेखास्तथैव च॥ 9॥

पाँच मात्रा का मेढ्र तथा वृषण (अण्डकोश) चार अङ्गुल प्रमाण के होंगे। मणिबन्ध के नीचे केशरेखा यथाकार होगी।

चतुर्विंशत्यङ्गुला स्याज्जङ्घा जानुयुगाङ्गुलम्।
जङ्घामानेन नलको गुल्फः स्याच्चतुरङ्गुलः॥ 10॥

चौबीस अङ्गुल की जङ्घा और घुटने चार अङ्गुल के होंगे। जङ्घा के मान के बराबर अर्थात् चौबीस अङ्गुल के नलका और गुल्फ का प्रमाण चार अङ्गुल रखें।

उच्छ्रयः कथितश्चैवं मस्त(क)न्तो नवतालकः।
षट् त्रिंशदङ्गुलो मध्यो विस्तरं शृणुसम्प्रति॥ 11॥

इस प्रकार मैंने नवताल प्रमाण से प्रतिमा की ऊँचाई कही है जो मस्तकान्त तक होती है। इसका मध्यभाग छत्तीस अङ्गुल में होता है। इसके बाद, अर्चा के विस्तार के बारे में सुनो।

नवतालमूर्तेरन्यावयवपरिमाणमाह —

चन्द्रोपमं ललाटं स्याद्विस्तारे चाष्टमात्रकम्।
आयामे द्व्यङ्गुले नेत्रे विस्तारे चाङ्गुलायते॥ 12॥

चन्द्रमा के समान ललाट होता है जिसका विस्तार आठ मात्रा का हों। नेत्रों का विस्तार दो अङ्गुल का और विस्तार एक अङ्गुल का होगा।

नासोर्ध्वं च भवेन्मात्रं द्विमात्रं नयनान्तरम्।
सार्धाङ्गुला च नासा स्यात्पुटिः स्याद् द्वियवान्तरा॥ 13॥

नाक की ऊँचाई एक मात्रा की और आँखों का अन्तराल दो मात्रा का रखें। डेढ़ अङ्गुल की नासिका हों जिसकी पुटी दो यवों के अन्तर जितनी रखें।

निष्पावसदृशी श्रोत्रपुटिरर्धाङ्गुला तथा।
पिप्पली पुटितुल्या च पिञ्छली(चम्पिका)चतुरङ्गुला॥ 14॥

छाजले (सूपड़े) के आकार के कान की श्रोतपुटी आधे अङ्गुल की और कान की पिप्पली पुटि के बराबर आधे अङ्गुल की हों।

हनुका द्व्यङ्गुलायामे गण्डौ वृत्तो षड्ङ्गुलौ।
द्वादशाङ्गुले विस्तारे कर्णौ चैकैकमङ्गुलम्॥ 15॥

हनुका ठुड्डी दो अङ्गुल आयाम वाली और गण्ड प्रदेश छह अङ्गुल के विस्तार

1. प्रकाशितपाठे नोपलभ्यते।

मे हो, बारह अङ्गुल विस्तार में कान हों जिनका आयाम एक-एक अङ्गुल का रखें।

कर्णपार्श्वं द्विमात्रं च तत्तुल्यं चान्यतो ? (चोन्नतौ) भवेत्।

अङ्गुष्ठाङ्गुलमायामे कर्णौ वै लक्षणान्वितः ॥ 16 ॥

कानों के पार्श्व दो मात्राओं के तथा उसके बराबर ही दो मात्राओं की ऊँचाई के बनाएँ। अङ्गुष्ठ सहित अङ्गुलों के आयाम-विस्तार वाले कान होते हैं जो लक्षणान्वित यानी बड़े सुन्दर स्वरूप के बनाएँ।

हनुकेशान्तयोर्मध्ये मानं षट्त्रिंशदङ्गुलम्।

ग्रीवाष्टांशा परिणाहे चतुर्विंशतिमात्रका ॥ 17 ॥

हनु-टुड्डी और केशान्त की बीच की दूरी का मान छत्तीस अङ्गुल का होता है। ग्रीवा का परिणाह (मोटाई) आठ अंश तथा चौबीस मात्रा से रखे।

अष्टाङ्गुलौ तथा स्कन्धौ स्तनोर्ध्वे द्वादशाङ्गुले।

कक्षास्थान प्रकोष्ठाभ्यां षोडशाङ्गुलमीरितम् ॥ 18 ॥

आठ अङ्गुल के कन्धे जो स्तनों से बारह अङ्गुल ऊँचे हों। कक्षा स्थान यानी कमर का भाग प्रकोष्ठ (कोहनी युक्त) सोलह अङ्गुल का विस्तार होता है।

प्रकोष्ठान्मणिबन्धश्चाऽङ्गुलान्यष्टाऽथवा दश।

सप्ताङ्गुलं करतलं मध्यमा पञ्चमात्रका ॥ 19 ॥

उक्त प्रकोष्ठ (कोहनी) से मणिबन्ध आठ अथवा दश अङ्गुल का होता है। सात अङ्गुल का करतल (हथेली) और उसमें मध्यमा अङ्गुली पाँच मात्रा की होगी।

तर्जनी चाऽनामिका च हीना च स्याच्चतुर्यवैः।

अनामिका पञ्चयवहीना सा स्यात्कनिष्ठिका ॥ 20 ॥

तर्जनी और अनामिका अङ्गुलिका मध्यमा से चार यव कम होती है। अनामिका से पाँच यव हीन कनिष्ठिका अङ्गुली होती है।

अङ्गुष्ठं स्याच्चतुर्मात्रं तालार्धं च करोर्ध्वकम्।

पञ्चाङ्गुलं च विस्तीर्णं कुर्यात्करतलं तथा ॥ 21 ॥

अङ्गुठा चार मात्रा का होता है। हाथ की ऊँचाई आधे ताल की रखते हुए करतलों को पाँच अङ्गुलों के विस्तार वाला बनाएँ।

अष्टयवान्तरेऽङ्गुष्ठं तर्जनी षड्यवान्तरे।

मध्याद्यान्तिमान्ताः सप्त षट्पञ्चयवान्तराः ॥ 22 ॥

इसमें आठ यव के अन्तर का अङ्गुष्ठ और छह यव के अन्तर की तर्जनी

अङ्गली हों। मध्यमा से लेकर अन्तिम अङ्गुली तक का विस्तार सात, छह अथवा पाँच यवों के अन्तर का होता है।

त्रिपर्वकास्तथा सर्वा निम्रा अग्रे सुवृत्तका:।
पर्वार्धेन नखास्ताभ्यस्ताभिः सार्धं विनिर्गता:॥ 23॥

सभी अङ्गुलियाँ त्रिपर्व युक्त होती है, आगे की ओर नीचे पूरी गोलाई लिए होती है। पर्व के आधे भाग के नाखून होते हैं जो डेढ़ भाग में निकले हुए होंगे।

सार्धद्विपर्वं चाङ्गुष्ठं पर्वार्धं च नखा: स्मृता:।
कुलरेखा च कर्तव्या अङ्गुष्ठमनुवर्तते॥ 24॥

ढाई पर्व का अङ्गुष्ठ और उसके पर्व का आधा नाखून होता है। अँगूठे के अनुवर्ती कुलरेखा बनानी चाहिए।

कनिष्ठाधस्तर्जन्यन्तमायूरेखा समीरिता।
मध्यमा च तथा रेखा धनरेखा तदूर्ध्वत:॥ 25॥

कनिष्ठा के नीचे तर्जनी अङ्गुली के अन्त से आयुरेखा निकलती है। मध्यमा रेखा से ऊपर धनरेखा होती है।

त्र्यङ्गुलो मणिबन्धः स्यान्नाहे सार्धदशाङ्गुलम्।
गजहस्तोपमौ बाहू संस्थितौ च मनोहरौ॥ 26॥

तीन अङ्गुल से मणिबन्ध रखें और उसका नाह-विस्तार साढ़े दस अङ्गुल रखें। हाथी की सूण्ड के समान बाहू सुन्दर ढंग से बनाएँ।

विंशत्यङ्गुलकं चैव कक्षयोरुभयान्तरम्।
सप्ताङ्गुलं भुजस्कन्धः कक्षे चैकैकमङ्गुलम्॥ 27॥

कमर के दोनों ओर का अन्तर बीस अङ्गुल का होता है। सात अङ्गुल का भुज-स्कन्ध कमर से एक-एक अङ्गुल दूरी पर होगा।

चतुर्दशाङ्गुलो मध्यो नाभ्यूर्ध्वे च षडङ्गुलम्।
अष्टादशाङ्गुलं नाभेर्द्विमुखं चोरुमूलकम्॥ 28॥

मध्य भाग चौदह अङ्गुलों का और नाभि के ऊपर से छह अङ्गुल का रखें। नाभि से अठारह अङ्गुल की दूरी पर दो मुख वाला ऊरुमूल होगा।

एकादशाङ्गुला जङ्घा निम्नाग्रे च सुवर्तिता।
सप्ताङ्गुलं जानुशिरो नलाग्रं निम्नमावृतम्॥ 29॥

ग्यारह अङ्गुल की जङ्घा होगा जो नीचे व आगे की ओर पूरी गोलाई में हों। सात अङ्गुल का जानुशिर तथा नलों का अग्रभाग नीचे की ओर गोलाई युक्त होगा।

वेदाङ्गुलं गुल्फमूलं नाहं च द्वादशोद्भवम्।

षडङ्गुलं पूर्वपादः तर्जन्याः पूर्वभागतः ॥ 30 ॥

सार्धत्र्यङ्गुलमङ्गुष्ठं तर्जनी चतुरङ्गुला।

गुल्फ मूल (टखने) चार अङ्गुल के और नाह बन्धन बारह अङ्गुल का हों। पूर्व पाद यानी पाँव का अगला भाग तर्जनी से पूरी चौड़ाई से छह अङ्गुल का रखें। साढ़े तीन अङ्गुल का अँगूठा और चार अङ्गुल की तर्जनी रखें।

पञ्चाङ्गुलपरीणाहमङ्गुष्ठाग्रं तथोन्नतम् ॥ 31 ॥[1]

अङ्गुष्ठसार्धाङ्गलोक्तं तर्जनी च तदर्धकम् ?।

अङ्गुष्ठार्धं तु सूत्रेण कुर्यादग्रे कनिष्ठिकाम् ॥ 32 ॥

पाँचों अङ्गुलियों के विस्तार में अँगूठा आगे और उन्नत हो, अङ्गूठे का विस्तार डेढ़ अङ्गुल का कहा है, तर्जनी का विस्तार अँगूठे का आधा अर्थात् पौन अङ्गुल का और अँगूठे के आधे से सूत्र में कनिष्ठिका का अग्रभाग रखें।

निम्नमानक्रमः प्रोक्तः पर्वसङ्ख्याभिधीयते।

त्रिपर्वकोद्भवांश्चान्या अङ्गुष्ठं च द्विपर्वकम् ॥ 33 ॥

अब पर्व संख्या को निम्नलिखित मान क्रम से कहा जाता है। सभी अङ्गुलियाँ तीन पर्वों वाली होती है। अँगूठा दो पर्वों का होता है।

पर्वार्धं च नखं कुर्यात्स्मृतः सर्वेष्वयं विधिः।

षण्मात्रः पादविस्तारश्चतुर्मात्रा च पार्ष्णिका ॥ 34 ॥

अङ्गुलियों के नख पर्व के आधे रखे— सभी की यही विधि है। पाँव का विस्तार छह मात्रा का और चार मात्रा की पार्ष्णिका यानी एडी रखें।

पादमूलतले चापाकारे मध्योन्नते तथा।

अक्षि ? गुल्फौ प्रकर्तव्यौ अर्धार्धमात्रकावुभौ ॥ 35 ॥

पाद का मूलतल धनुष के आकार का बीच से उठा हुआ बनाएँ। टखने उभय पार्श्व यानी दोनों ओर आधे-आधे मात्रा के बनाएँ।

स्कन्धौ समुन्नताकारौ पृष्ठमध्यस्तु वंशवत्।

वंशास्थतो वृतपक्षौ[2] सर्वावयवशोभनौ ॥ 36 ॥

स्कन्धों को अच्छे उठे हुए बनाएँ और पीठ का मध्य भाग बाँस जैसी सीध में

1. प्रकाशित पाठे नोपलभ्यते।
2. 'वंशक्षिसौ त्रतपक्षौ ?' इति प्रकाशित पाठः।

बनाएँ। रीढ़ के बाँस जैसी सीध में स्थित गोल पक्ष के समस्त शरीर के अवयव सुन्दर बनाने चाहिए।[1]

---

1. मत्स्यपुराण में नवताल के अनुसार पुरुष व नारी प्रतिमाओं में अङ्गों का विभाजन इस प्रकार किया गया है— प्रतिमामुखमानेन नव भागान् प्रकल्पयेत्। चतुरङ्गुला भवेद् ग्रीवा भागेन हृदयं पुनः॥ नाभितस्मादधः कार्या भागेनैकेन शोभना। निम्नत्वे विस्तरत्वे च अङ्गुलं परिकीर्तितम्॥ नाभेरधस्तथा मेढ्रं भागेनैकेन कल्पयेत्। द्विभागेनायतावूरू जानुनी चतुरङ्गुले॥ जङ्घे द्विभागे विख्याते पादौ च चतुरङ्गुलौ। चतुर्दशाङ्गुलस्तद्वन्मौलिरस्य प्रकीर्त्तितः॥ ऊर्ध्वत्वानमिदं प्रोक्तं पृथुत्वं च निबोधत। सर्वावयवमानेषु विस्तारं शृणुत द्विजाः॥ चतुरङ्गुलं ललाटं स्यादूर्ध्वं नासा तथैव च। द्व्यङ्गुलस्तु हनुर्ज्ञेय ओष्ठौ द्व्यङ्गुलसम्मितौ॥ अष्टाङ्गुलं ललाटं च तावन्मात्रे भ्रुवौ मते। अर्धाङ्गुला भ्रुवोर्लेखा मध्ये धनुरिवानता॥ उन्नताग्रा भवेत् पार्श्वे श्लक्ष्णतीक्ष्णा प्रशस्यते। अक्षिणी द्व्यङ्गुलायामे तदर्धं चैव विस्तरे॥ उन्नतोदरमध्ये तु रक्तान्ते शुभलक्षणे। तारकार्धविभागेन दृष्टि स्यात् पञ्चभागिकी॥ द्व्यङ्गुलं तु भ्रुवोर्मध्ये नासामूलमथाङ्गुलम्। नानाग्रविस्तरं तद्वत् पुटद्वयमथानतम्॥ नासापुटविलं तद्वदर्धाङ्गुलमुदाहृतम्। कपोले द्व्यङ्गुले तद्वत् कर्णमूलाद् विनिर्गते॥ हन्वग्रमङ्गुलं तद्वद् विस्तारो द्व्यङ्गुलो भवेत्। अर्धाङ्गुला भ्रुवो राजी प्रणालसदृशी समा॥ अर्धाङ्गुलसमस्तद्वदुत्तरोष्ठस्तु विस्तरे। निष्पावसदृशं तद्वन्नासापुटदलं भवेत्॥ सृक्किणी ज्योतिस्तुल्ये तु कर्णमूलात् षडङ्गुले। कर्णौ तु भ्रूमसौ ज्ञेयौ ऊर्ध्वं तु चतुरङ्गुलौ॥ द्व्यङ्गुलौ कर्णपार्श्वौ तु मात्रामेकाकं तु विस्तृतौ। कर्णयोरुपरिष्टाच्च मस्तकं द्वादशाङ्गुलम्॥ ललाटात् पृष्ठतोऽर्धेन प्रोक्तमष्टादशाङ्गुलम्। षट्त्रिंशदङ्गुलश्चास्य परिणाहः शिरोगतः॥ सकेशनिचयो यस्य द्विचत्वारिंशदङ्गुलः। केशान्ताद्धनुका तद्वदङ्गुलानि तु षोडश॥ ग्रीवामध्यपरीणाहश्चतुर्विंशतिकाङ्गुलः। अष्टाङ्गुला भवेद् ग्रीवा पृथुत्वेन प्रशस्यते॥ स्तनग्रीवान्तर प्रोक्तमेकतालं स्वयम्भुवा। स्तनयोरन्तरं तद्वद् द्वादशाङ्गुलमिष्यते॥ स्तनयोर्मण्डं तद्वद् द्व्यङ्गुलं परिकीर्तितम्। चूचुकौ मण्डलस्यान्तर्यवमात्रावुभौ स्मृतौ॥ द्वितालं चापि विस्ताराद् वक्षःस्थलमुदाहृतम्। कक्षे षडङ्गुले प्रोक्ते बाहुमूलस्तनान्तरे॥ चतुर्दशाङ्गुलौ पादावङ्गुष्ठौ तु त्रिरङ्गुलौ। पञ्चाङ्गुलपरीणाहमङ्गुष्ठाग्रं तथोन्नतम्॥ अङ्गुष्ठकसमा तद्वदायामा स्यात् प्रदेशिनी। तस्याः षोडशभागेन हीयते मध्यमाङ्गुली॥ अनामिकाष्टभागेन कनिष्ठा चापि हीयते। पर्वत्रयेण चाङ्गुल्यौ गुल्फौ द्व्यङ्गुलकौ मतो॥ पार्ष्णिद्व्यङ्गुलमात्रस्तु कलयोच्चैः प्रकीर्त्तितः। द्विपर्वाङ्गुष्ठकः प्रोक्तः परीणाहश्च द्व्यङ्गुलः॥ प्रदेशिनीपरीणाहस्त्र्यङ्गुलः समुदाहृतः। कनिष्ठिकाष्टभागेन हीयते क्रमशो द्विजाः॥ अङ्गुलेनोच्छ्रयः कार्यो ह्यङ्गुष्ठस्य विशेषतः। तदर्धन तु शेषाणामङ्गुलीनां तथोच्छ्रयः॥ जङ्घाग्रे परिणाहस्तु अङ्गुलानि चतुर्दश। जङ्घामध्ये परीणाहस्तथैवाष्टादशाङ्गुलः॥ जानुमध्ये परीणाह एकविंशतिरङ्गुलः। जानूच्छ्रयोऽङ्गुलः प्रोक्तो मण्डलं तु त्रिरङ्गुलम्॥ ऊरुमध्ये परीणाहो ह्यष्टाविंशतिकाङ्गुलः॥ एकत्रिंशोपरिष्टाच्च वृषणौ तु त्रिरङ्गुलौ॥ द्व्यङ्गुलं च तथा मेढ्रं परीणाहः षडङ्गुलः। मणिबन्धादधो विद्यात् केशरेखास्तथैव च॥ मणिकोशपरीणाहश्चतुरङ्गुल इष्यतै। विस्तरेण भवेत् तद्वत् कटिरष्टादशाङ्गुलौ। द्वाविंशति तथा स्त्रीणां स्तनौ च द्वादशाङ्गुलौ। नाभिमध्यपरीणाहो द्विचत्वारिंशदङ्गुलः॥ पुरुषे पञ्चपञ्चाशत् कट्या चैव तु वेष्टनम्। कक्षयोरुपरिष्टात् तु स्कन्धौ प्रोक्तौ षडङ्गुलौ॥ अष्टाङ्गुलां तु विस्तारे ग्रीवा चैव विनिर्दिशेत्। परीणाहे तथा ग्रीवां कला द्वादश निर्दिशेत्॥ आयामो भुजयोस्तद्वद् द्विचत्वारिंशदङ्गुलः। कार्यं तु बाहुशिखरं प्रमाणे षोडशाङ्गुलम्॥ ऊर्ध्वं यद्बाहुपर्यन्तं विद्यादष्टादशाङ्गुलम्। तथैकाङ्गुलहीनं तु द्वितीयं पर्व उच्यते। बाहुमध्ये परीणाहो भवेदष्टादशाङ्गुलः। षोडशोक्तः प्रबाहुस्तु षट्कलोऽग्रकरो मतः॥ सप्ताङ्गुलं करतलं पञ्च मध्याङ्गुली मता। अनामिका मध्यमायाः सप्तभागेन हीयते। तस्यास्तु पञ्चभागेन कनिष्ठा परिहीयते। मध्यमायास्तु हीना वै पञ्चभागेन तर्जनी॥ अङ्गुष्ठस्तर्जनीमूलादधः प्रोक्तस्तु तत्समः। अङ्गुष्ठपरिणाहस्तु विज्ञेयश्चतुरङ्गुलः॥ शेषाणामङ्गुलीनां तु भागो भागेन हीयते। मध्यमापर्वमध्यं तु अङ्गुलद्वयमायतम्॥ यवो

इति सूत्रसन्तानगुणकीर्तिप्रकाशप्रोक्तृश्रीभुवनदेवाचार्योक्तापराजितपृच्छायां प्रतिमालक्षणविधिनिर्णयाधिकारोनाम दशोत्तरद्विशततमं सूत्रम् ॥ 210 ॥

इस प्रकार भुवनदेवाचार्य कृत सूत्रसन्तानगुणकीर्ति प्रकाश या अपराजितपृच्छा में प्रतिमा लक्षण विधि निर्णय अधिकार नामक दो सौ दसवाँ सूत्र पूर्ण हुआ ॥ 210 ॥

स्थानकविधिनिर्णयोनामेकादशोत्तर द्विशततमं सूत्रम् ॥ 211 ॥

अधुना स्थानकविधिः। विश्वकर्मोवाच —

अथ वक्ष्ये स्थानविधिं क्रमयोगमुपागतम्।

(इस सूत्र में प्रतिमा की स्थानविधि के अन्तर्गत सीधी, वक्रादि स्थितियों का वर्णन किया जा रहा है, शिल्पियों के लिए प्रतिमा निर्माण, उत्कीर्णन के लिए यह नियम बहुत महत्वपूर्ण होता है। चित्रादि में भी यह नियम उपयोगी है। यह मूलतः समराङ्गणसूत्रधार के 79 वें अध्याय में आया है।) विश्वकर्मा बोले कि अब मैं क्रम योग से बनने वाली स्थान विधि को कहता हूँ।

ऋज्वागतार्धर्जुसाचीकृतद्वयर्धज्वाख्येति पराङ्वृत्तचतुष्टयम् —

ऋज्वागतादि स्थानानि पञ्च वै पूर्वभागतः ॥ 1 ॥
कार्याण्यपराङ्मुखानि चतुर्वृत्ताभिधानि च।

स्थान विधि के अन्तर्गत ऋज्वागतादि स्थान पाँच हैं जो आगे से भाग किए गए हैं। पराङ्मुख (पीछे की ओर) से चार वृत्ताभिधान कहे गए हैं।

ब्रह्मसूत्रोद्भवं पूर्वं सन्मुखं चावलोकने ॥ 2 ॥
अङ्गभिधानसञ्ज्ञे तु ऋज्वागतादिस्थानतः।
ऋज्वागतं ध्रुवं पूर्वं तदाद्यं प्रवृत्तभ्रमः ॥ 3 ॥

ब्रह्मसूत्र से बनने वाले मुख को पूर्व की ओर का माना है अर्थात् यह आगे या सम्मुख चेहरा होता है जिसे ऋज्वागत नाम उसके पहले स्थान के कारण दिया गया

यवेन सर्वासां तस्यास्तस्याः प्रहीयते। अङ्गुष्ठपर्वमध्यं तु तर्जन्याः सदृशं भवेत्॥ यवद्वयाधिकं तद्वदग्रपर्व उदाहृतम्। पर्वार्धे तु नखान् विद्यादङ्गुलीषु समन्ततः॥ स्निग्धं श्लक्ष्णं प्रकुर्वीत ईषद्रक्तं तथाग्रतः। निम्नपृष्ठं भवेन्मध्ये पार्श्वतः कलयोच्छ्रितम्॥ तथैव केशवल्लीयं स्कन्धोपरि दशाङ्गुला। स्त्रियः कार्यास्तु तन्वङ्ग्यः स्तनोरुजघनाधिकाः॥ चतुर्दशाङ्गुलायाममुदरं तासु निर्दिशेत्। नानाभरणसम्पन्नाः किञ्चिच्छ्लक्ष्णभुजास्ततः॥ किञ्चिद् दीर्घं भवेद् वक्त्रमलकावलिरुत्तमा। नासा ग्रीवा ललाटं च सार्धमात्रं त्रिरङ्गुलम्॥ अध्यर्धाङ्गुलविस्तारः शस्यतेऽधरपल्लवः। अधिकं नेत्रयुग्मं तु चतुर्भागेन निर्दिशेत्। ग्रीवाबलिश्च कर्तव्या किञ्चिदर्धाङ्गुलोच्छ्रयः॥ एवं नारीषु सर्वासु देवानां प्रतिमासु च। नवतालमिदं प्रोक्तं लक्षणं पापनाशनम्॥ (मत्स्य. 258, 26-75)

है। ऋज्वागत प्रमाण को आरम्भिक, आगे का ध्रुव (स्थायी) मानकर आगे बढ़ना चाहिए।

स्वाङ्गुलोद्भवयुक्ता च पादयुक्ता त्रिशोभना।
भ्रुकेशान्तयोर्मध्ये च शिरोवृत्ते तु मानतः॥ 4॥
आद्यमृज्वागतं नाम अर्धर्जु च द्वितीयकम्।
साचीकृतं तृतीयं तु द्व्यर्धर्ज्वाख्यं चतुर्थकम्॥ 5॥

अपने अङ्गुल प्रमाण से उत्पन्न होने वाले पाद-भागों से युक्त तीन शोभाजनक भाग भ्रू केशान्त के मध्य सिर की गोलाई के मान से बनने वाला रूप (1.) आद्यमृज्वागत नाम वाला होता है। इसके बाद का दूसरा रूप (2.) अर्धऋजु और तीसरा रूप (3.) साचीकृत तथा चौथा रूप (4.) द्व्यर्धर्ज्वाख्य कहलाता है।

ऋज्वागतपरावृत्तार्धर्जुपरावृत्तसाचीकृतपरावृत्तद्व्यर्धर्जुपरावृत्तेति परावृत्तचतुष्टयम् —

उपर्य्यथो सूत्रधातैः पराङ्मुख (वृत्त) चतुष्टयम्।
ऋज्वागतपरावृत्तमर्धर्जुपरावृत्तकम्॥ 6॥
साचीकृतपरावृत्तं ततो द्व्यर्धर्जुपूर्वकम्।
इत्युक्तं परभागैश्च परावृत्तचतुष्टयम्॥ 7॥

इसी तरह से उपर्युक्त सूत्रधात के अनुसार ही पराङ्मुख यानी पीछे की ओर के वृत्त चतुष्टय होते हैं जिनको 1. ऋज्वागत परावृत्त, 2. अर्धऋजु परावृत्त, 3. साचीकृत परावृत्त और 4. द्व्यर्धर्जु परावृत्त कहते हैं। यह परभाग यानी पिछले भाग से परावृत्त चतुष्टय कहे गए।

पार्श्वगतलक्षणम् —

उभयर्ज्वागतमध्ये प्रत्यङ्गाङ्गकशोभनम्।
इति पार्श्वगतं प्रोक्तं स्थानकं नवमं विदुः॥ 8॥

इन दोनों प्रकार के ऋज्वागतों के मध्य में सभी अङ्गों की शोभा युक्त जो रूप दिखाई देता है, वह पार्श्वगत रूप है जो गणना में नवाँ होता है।

पिपलीकण्ठमध्ये च बाह्वोश्च स्कन्धगर्भतः।
अक्षसूत्रोद्भवाख्यं च पार्श्वसूत्रं प्रतिष्ठितम्॥ 9॥

पिपली कण्ठ के मध्य में होती है। बाहें स्कन्ध के गर्भ से आरम्भ होती हैं। शरीर के दोनों ओर के पार्श्वसूत्रों की रचना अक्ष सूत्रोद्भवा कहलाती है।

नासाग्रं दशनाग्रं च अङ्गुष्ठाग्रं तथैव च।
पूर्वे प्रतिष्ठितं सूत्रं क्रमयुक्तिमुपागतम्॥ 10॥

इसी तरह नासाग्र रेखा (नासिका की सीमा), दशनाग्र रेखा (दन्तपङ्क्तियों की सीमा) और अङ्गुष्ठाग्र रेखा (अँगूठे की सीमा) पहले की पार्श्वगत रेखा प्रतिष्ठा सूत्र की क्रमयुक्ति से ही रची जाती है।

ललाटनासिकामध्ये चिबुकस्तनयोस्तथा।
मेढ्रं च गुह्यमूलं च वलसूत्रं प्रतिष्ठितम्॥ 11॥

इसके अतिरिक्त वलसूत्र का उपयोग ललाट, नासिका, चिबुक, स्तन, मेढ्र और गुह्यमूल के बीच से होता है।

कुर्यात्थूलं च सूत्रस्थं नासाग्रमात्रनिर्गतम्।
उच्छ्वासः सार्धद्व्याक्षोऽङ्गुष्ठमूलं वेदाङ्गुलम्॥ 12॥

नासाग्र भाग को थोड़ा स्थूल बनाते हुए सूत्र में कुछ निर्गत-निकला हुआ अंश बनाएँ जो उच्छ्वास यानी साँस लेता हुआ-सा दिखाई दें। आँखें ढाई अङ्गुल की और अङ्गुष्ठमूल चार अङ्गुल का रखें।

क्षिप्त्वा सङ्गमत्रियवं गोजिकामात्रमेव च॥ 13॥
अधरान्तं गतं सूत्रं हनुकामात्रमेव च।

सङ्गम तीन यव प्रमाण का बनाएँ, गोजिका को भी इतने ही यव की बनाएँ। अधर के नीच तक गया हुआ सूत्र हनु यानी ठुड्डी तक जाता है।

ग्रीवा वेदाङ्गुलोत्क्षिप्ता आहिका(? पालिका) मात्रसञ्ज्ञिक॥
जङ्घा मध्ये त्रिभागोक्ता द्विगुणं जानुमस्तके॥ 14॥

ग्रीवा को चार अङ्गुल का स्थापित करें। कानों की पालिका भी इतनी ही मात्रा की बनाएँ। जङ्घा मध्य तीन भाग और जानुशिर दो भाग का रखें।

षण्मात्रा गुल्फसूत्रे च प्रवेशो निर्गमस्तथा।
निर्गमश्च प्रवेशश्च युक्तिमानं विधीयते॥ 15॥

छह मात्रा का गुल्फ यानी टखनों का सूत्र रखें। उसे निकला और बैठा हुआ भी उतना ही छह मात्रा का रखें। इस तरह के निकास और प्रवेश को युक्ति मान यानी सूझ-बूझ के अनुसार बनाया जाए।

कार्यं पृष्ठे स्तनसूत्रे चतुर्दशाङ्गुलक्रमात्।
नाभिदेशे तथा सङ्ख्याऽऽसनसूत्रे चतुर्दश॥ 16॥

इसके पीछे स्तन सूत्र भी चौदह अङ्गुल का करें और नाभि सूत्र नाभिदेश पर और आसनसूत्र भी चौदह अङ्गुल का कल्पित करें।

इति सूत्रसन्तानगुणकीर्तिप्रकाशप्रोक्तृश्रीभुवनदेवाचार्योक्तापराजितपृच्छायां स्थानकविधिनिर्णयाधिकारो नामैकादशोत्तरद्विशततमं सूत्रम्॥ 211॥

इस प्रकार भुवनदेवाचार्य कृत सूत्रसन्तानगुणकीर्ति प्रकाश या अपराजितपृच्छा में स्थानक विधि निर्णय अधिकार नामक दो सौ ग्यारहवाँ सूत्र पूर्ण हुआ॥ 211॥

एकादशरुद्रनिर्णयो नाम द्वादशोत्तर द्विशततमं सूत्रम्॥ 212॥

अधुना एकादशरुद्रनिर्णयः। विश्वकर्मोवाच —

सद्यो वामाऽघोरतत्पुरुषावीशान एव च।
मृत्युञ्जयश्च विजयः किरणाक्षोऽघोरास्त्रकः॥ 1॥
श्रीकण्ठश्च महादेवो रुद्राश्चैकादश स्मृताः।
द्वादशकलासम्पूर्ण-मूर्तिश्चैवं सदाशिवः॥ 2॥

(इस सूत्र से ग्रन्थकार शिवादि मूर्तियों के लक्षणों का वर्णन करता है। यह वर्णन परवर्ती देवतामूर्तिप्रकरणम्, रूपमण्डनम्, प्रासादमञ्जरी आदि ग्रन्थों का उपस्कारक बना। इस सूत्र में प्रथमतः आगे वर्णित की जाने वाली देव-देवियों की मूर्तियों की प्राग्भूमिका है) विश्वकर्मा बोले कि एकादश रुद्रों में 1. सद्योजात, 2. वामदेव, 3. अघोर, 4. तत्पुरुष, 5. ईशान, 6. मृत्युञ्जय, 7. विजय, 8. किरणाक्ष, 9. अघोरास्त्रक, 10. श्रीकण्ठ और 11. महादेव -- ये स्वरूप कहे गए हैं। सदाशिव की प्रतिमा बारह कलाओं से सम्पूर्ण होती है।

अन्यदप्याह —

गणेशं च कुमारं च तथाऽष्टौ द्वारपालकान्।
दिक्पालकसमायुक्तं नृत्यन्तं त्रिपुरान्तकम्॥ 3॥

इसी प्रकार गणेश, शिवकुमार-कार्तिकेय, अष्ट द्वारपाल, दिक्पाल के साथ ही नृत्यमूर्ति और त्रिपुरान्तक शिव की प्रतिमा होती है।

अर्धनारीश्वरं वक्ष्ये तथा चोमामहेश्वरम्।
कृष्णशङ्करमेवं च हरिहरपितामहम्॥ 4॥
हरिहरस्वर्णगर्भं सचन्द्रार्कं पितामहम्।
त्रिपुरुषं ब्रह्म-विष्णुमहेशं तु त्रिमूर्तिभिः॥ 5॥

(शिव की युगल प्रतिमाओं में) अर्धनारीश्वर को कहूँगा, इसी प्रकार उमा-महेश्वर, कृष्णशङ्कर, हरिहरपितामह, हरिहरस्वर्णगर्भ, चन्द्रार्कपितामह, त्रिपुरुष, ब्रह्मा-विष्णु-महेश की त्रिमूर्ति भी होती है।

भास्करं ग्रहसम्युक्तं कृष्णं च द्वारकास्थितम्।
जैनेन्द्रं वच्मि चतुर्विंशति तीर्थङ्करानपि॥ 6॥
गौर्याश्चैव तथा मूर्ति दुर्गानवकमेव च।
श्रियस्तथा च भैरव्या मातृणां च तथाष्टकम्॥ 7॥

इसी प्रकार सूर्यादि नौ ग्रह, कृष्ण, द्वारका के अतिरिक्त चौबीस जैन तीर्थङ्करों की प्रतिमाओं के विषय में कहूँगा। गौरी, नवदुर्गा, लक्ष्मी, भैरव और आठ मातृकाओं की मूर्तियों का भी वर्णन करूँगा।

अथ सद्योजात: —

शुक्लाम्बरधरं देवं शुक्लमाल्यानुलेपनम्।
शुक्लोष्णीषं शुक्लनेत्रं शुक्लयज्ञोपवीतिनम्॥ 8॥
जटाभारसमायुक्तं बालेन्दुकृतशेखरम्।
त्रिलोचनं सौम्यमुखं [1]कुण्डलास्यमभूषितम्॥ 9॥
दिव्यदेहं महाकायं नवयौवनमण्डितम्।
महाभुजं महोत्साहं वरदाभयपाणिकम्॥ 10॥

इति सद्योजात: प्रथमो रुद्र:।

(एकादश रुद्रों में प्रथम नवजात या सद्योजात स्वरूप) श्वेत वस्त्र को धारण करने वाले सद्योजात देव शुक्ल माला और श्वेत चन्दन का आलेपन किए होते हैं। वे शुक्ल पगड़ी वाले, शुक्ल नेत्र वाले और शुक्ल ही यज्ञोपवीत वाले हैं। जटाभार से युक्त और सिर पर बालचन्द्र को धारण करते हैं। वे त्रिलोचन, सौम्यमुख, कुण्डलों से विभूषित हैं। इसी प्रकार वे दिव्य काया वाले, महावदन, नवयौवन की आभा वाले, महाभुजी, महान् उत्साह को प्रदर्शित करने वाले और प्रदक्षिणत: वर-अभय मुद्रा धारण किए होते हैं।[2]

वामदेव: —

रक्ताम्बरधरं देवं रक्तयज्ञोपवीतिनम्।
रक्तोष्णीषं रक्तनेत्रं रक्तमाल्यानुलेपनम्॥ 11॥

---

1. 'चतु:कुण्डलभूषितम्?॥' इति प्रकाशित पाठ:।
2. तुलनीय— देवतामूर्ति. (6, 1-2) एवं रूपमण्डनम् (4, 1-2) मयमतम् में आया है कि पश्चिम में प्रसन्नमुख होगा व रत्न के कुण्डलों से मण्डित होगा। जटाजूट पर अर्द्धचन्द्रमा एवं सर्प होगा। इस स्वरूप में मुख पूर्ण चन्द्रमा की आभा वाला होगा। उक्त पश्चिम मुख 'सद्योजात' (तत्काल जन्मा हुआ, बालरूप) कहलाता है— प्रसन्नं वारुणं वामं रत्नकुण्डल मण्डितम्। सार्धेन्दुहिजटाजूटं पूर्णचन्द्रनिभं मुखम्॥ सद्योजाताह्वयं ... (मयमतम्, 36, 116-117)

जटायां कृतचन्द्रं च त्रिनेत्रं तुङ्गनासिकम्।
महारक्तं (?वक्त्रं) महाबाहुं शूल खट्वाङ्ग धारिणम्॥ 12॥
रक्तास्यं रक्तनयनं रक्तकुण्डलधारिणम्।
सर्वालङ्कारसम्युक्तं सर्वाभरणभूषितम्॥ 13॥

इति वामदेवो द्वितीयो रुद्रः।

(द्वितीय रुद्र वामदेव) रक्ताम्बर धारण करने वाले देव लाल यज्ञोपवीत धारण किए, रक्त उष्णीष, रक्त नेत्र, लाल माला और लाल चन्दन का अनुलेपन किए होते हैं। वे जटाओं पर चन्द्र को धारण किए, तीन नेत्रों और लम्बी नासिका वाले, दीर्घमुख, दीर्घ भुजाओं में शूल, खट्वाङ्ग धारण किए, रक्तमुख, लालिमा वाले नेत्र और लाल-लाल कुण्डलों को धारण किए होते हैं। साथ ही समस्त अलङ्करणों को धारण किए समस्त आभरणों से विभूषित होते हैं।[1]

अघोरः —

करालदंष्ट्रं विकटास्यं सर्पशीर्षं त्रिलोचनम्।
मुण्डमालाधरं देवं सर्पकुण्डलमण्डितम्॥ 14॥
भुजङ्गकेयूरधरं सर्पहारोपवीतिनम्।
गोनसं कटिसूत्रं च गले वृश्चिकमालिकाम्॥ 15॥

(तृतीय रुद्र अघोरदेव) वे बड़े दाँतों-दाढ़ों वाले, विकट रूप, सिर पर सर्प को धारण करने वाले और त्रिलोचन हैं। वे मुण्डों की माला धारण किए, सर्प के कुण्डलों से विभूषित हैं। वे भुजङ्ग को केयूर के रूप में धारण किए, सर्प का ही हार व उपवीत लिए, गोनस-सर्प का कटिसूत्र एवं वृश्चिकों की गले में माला धारण किए हैं।

नीलोत्पलदलश्याममतसीपुष्पसन्निभम्।
भृङ्गभ्रूभङ्गजटिलं शशाङ्ककृतशेखरम्॥ 16॥
तक्षकं कर्कोटकं च पायूनेत्रे पुरौ कृतौ।

---

1. तुलनीय— देवतामूर्ति. (6, 3-5) एवं रूप. (4, 3-4)
मयमतम् में कहा गया है कि सौम्य या उत्तरमुख, जिसे 'वामदेव' कहा जाता है बन्धूक के पुष्प की भाँति दैदीप्यमान होता है। यह भी चन्द्राङ्कित, जटाजूट युक्त व तिलक व केश अलकों से युक्त होगा। वामदेव-मुख नवयौवना की तरह विविध अलङ्कारों से युक्त होगा। मुख धमिल्ल केशराशि के मुकुट से प्रभविष्णयुक्त होगा। इस प्रकार एक, दो, तीन व चतुर्मुख लिङ्ग की रचना की जानी चाहिए— ....सौम्यं बन्धूकपुष्पमप्रभम्। चन्द्राङ्कितजटाजूटं तिलकालकसंयुतम्॥ युवत्याभरणोपेतं वक्त्रं धम्मिल्लकोज्ज्वलम्। एकद्वित्रिचतुर्वक्त्रमेवं लिङ्गं प्रकीर्तितम्॥ (मयमतम्, 36, 117-118)

अघोरसञ्ज्ञकं हेतुं कालरूपमिवापरम्॥ 17॥

वे नीलोत्पल-नीलकमल या काली अलसी के पुत्र के समान आभा लिए, भौरें के रङ्ग जैसी भौहें, काली जटाएँ धारण किए और सिर पर चन्द्रमा धारण किए हैं। वे पाँवों में तक्षक, कर्कोटक के पायूनेत्र (नूपुर) धारण किए हैं। वे अघोर संज्ञक हैं, उन्हें कालरूप से जाना गया है।

महावीर्यं महोत्साहमष्टबाहुं महाबलम्।
रिपुसैन्यं त्रासयन्तं निवेशो यत्र भूतले॥ 18॥
खट्वाङ्गं च कपालं च खेटकं पाशमेव च।
वामहस्तचतुष्केण शस्त्राणां च चतुष्टयम्॥ 19॥
त्रिशूलं कलशं (?कुलिशं) खङ्गं दण्डश्चैवारिमर्दनम्।
करेषु वै दक्षिणेषु चैतदस्त्रचतुष्टयम्॥ 20॥

इत्यघोर स्मृतीयो रुद्रः।

अघोर महाबलशाली, महान् उत्साह से युक्त, आठ भुजाओं वाले और बड़े पराक्रमी हैं, वे शत्रुबल व तद्जन्य भय का निवारण करने वाले हैं, उनकी व्याप्ति निखिल भूतल पर है। उनके बाँये हाथों में खट्वाङ्ग, कपाल, खेटक और नागपाश—ये चार आयुध हैं जबकि दाहिनी भुजाओं में वे त्रिशूल, परशु (कलश ?), खङ्ग और शत्रुओं का मर्दन करने वाला दण्डास्त्र धारण किए हैं।[1]

तत्पुरुषः —

पीताम्बरधरं देवं पीतयज्ञोपवीतिनम्।
मातुलिङ्गं करे वामे अक्षसूत्रं च दक्षिणे॥ 21॥

इति तत्पुरुषश्चतुर्थो रुद्रः।

(चतुर्थ रुद्र तत्पुरुषदेव) ये देव पीले वस्त्र धारण करने वाले और पीला ही यज्ञोपवीत धारण किए होते हैं। बायें हाथ में बीजपूरक (मातुलिङ्ग) और दाहिने

---

1. तुलनीय— देवतामूर्ति. (6, 6-12) एवं रूप. (4, 5-11)
मयमतम् में कहा गया है कि मुखलिङ्ग में दक्षिण मुख 'अघोर' कहलाता है। इसमें सिंह के समान ही मुख तथा नासिका बनाई जाएगी। प्रतिमा का वर्ण राजावर्तरत्न की भाँति होगा और नाग के कुण्डलों का मण्डन होगा। मुख सर्पों से वेष्टि होगा। साथ ही जटाजूट पर चन्द्रमा होगा। मुख तीक्ष्ण दन्त सहित होगा। जिह्वा स्थूल होगी। रक्तिम श्मश्रु व तीन नेत्र होंगे— अघोरं दक्षिणं वक्त्रं सिंहाक्षं सिंहनासिकम्। राजावर्तनिभच्छायं फणिकुण्डलमण्डितम्॥ ससर्पप्रोतनं तुण्डं चन्द्राङ्कित केशाभरम्। सदंष्ट्र स्थूलजिह्वं च पिङ्गश्मश्रु त्रिलोचनम्॥ (मयमतम्, 36, 114-115)

हाथ में अक्षसूत्र को धारण करते हैं।[1]

ईशान: —

शुद्धस्फटिकसङ्काशं जटाचन्द्रविभूषितम्।
त्रिनेत्रं शूलहस्तं च वामे धृतकपालकम्॥ 22॥

इतीशान: पञ्चमो रुद्र:।

(पञ्चम रुद्र ईशानदेव) ये देव शुद्ध स्फटिक जैसी आभा वाले, जटा पर चन्द्रमा को धारण, त्रिनेत्र होते हैं। वे हाथ में शूल धारण किए हैं और वे बायें हाथ में कपालधारी हैं।[2]

मृत्युञ्जय: —

कपालमालिनं श्वेतं शशाङ्ककृतशेखरम्।
व्याघ्रचर्मधरं रुद्रं नागेन्द्रोरुविभूषितम्॥ 23॥
त्रिशूलं चाक्षसूत्रं च विभर्ति दक्षिणे करे।
कपालं कुण्डिकां वामे योगमुद्रां करद्वये॥ 24॥

इति षड्भुजमृत्युञ्जय: षष्ठो रुद्र:।

(षष्ठ रुद्र मृत्युञ्जयदेव) ये कपालों की माला धारण करने वाले, श्वेत वर्ण तथा सिर पर चन्द्रमा को धारण करने वाले हैं। देह पर व्याघ्र का चर्म धारण किए ये रुद्र नागेन्द्र को धारण करते हैं। उनके दाहिनी भुजाओं में त्रिशूल, अक्षसूत्र तथा बायें हाथ में कपाल, कुण्डिका हैं। शेष दो हाथों में योगमुद्रा हैं।[3]

विजय: —

एकवक्त्रं त्रिनेत्रं च शशाङ्ककृतशेखरम्।
बृहल्ललाटकापोलं कम्बुग्रीवं सुशोभनम्॥ 25॥
चतुर्भुजं महाबाहुं शूलपङ्कजधृत्करम्।

---

1. तुलनीय— देवतामूर्ति. (6, 13) एवं रूप. (4, 12)
मयमतम् में इस मूर्ति का लक्षण प्रकारान्तर से आया है। जो मुख पूर्व में होगा, उसमें त्रिनेत्र होंगे और वह सस्मित होगा। पूर्वमुख को 'तत्पुरुष' कहा जाता हैं। यह मुख जटाजूट पर चन्द्राकित और इसमें कुमकुम वर्णवत् प्रभविष्णुता होगी। इसमें मकर कुण्डल होंगे तथा चक्षु कमलपत्र की भाँति होते हैं— चतुर्णामपि वक्त्राणामलङ्कारमथोच्यते। त्रिनेत्रं सस्मितं वक्त्रं पूर्वं तत्पुरुषाह्वयम्॥ चन्द्राङ्कितजटाजूटं कुङ्कुमद्रवसंनिभम्। नक्रकुण्डलसंयुक्तं पद्मपत्रयदीक्षणम्॥ (मयमतम्, 36, 112-113)
2. तुलनीय— देवतामूर्ति. (6, 14) एवं रूप. (4, 13)
3. तुलनीय— देवतामूर्ति. (6, 15-16) एवं रूप. (4, 14-15)

दिव्यरूपधरं देवं वरदाभयपाणिकम्॥ 26॥

इति विजयः सप्तमो रुद्रः।

(सातवें रुद्र विजयदेव) ये एक मुख, त्रिनेत्र और सिर पर चन्द्रमा को धारण करने वाले हैं, वृहद् भाल एवं कपाल वाले एवं शङ्ख-सी सुन्दर ग्रीवा वाले हैं। उनके चार भुजाओं वाले, महाबाहु हैं। उनकी दाहिनी भुजाओं में त्रिशूल, कमल हैं तथा बायें हाथ वरद एवं अभय मुद्रा में है।[1]

किरणाक्षः —

चतुर्भुजं महावक्षः शुक्लाक्षं सूत्रपाणिकम्।
पुस्तकाभयहस्तं च वरदाक्षं त्रिलोचनम्॥ 27॥

इति किरणाक्षोऽष्टमो रुद्रः।

(आठवें रुद्र किरणाक्षदेव) ये चारभुजा वाले महत्वक्ष, शुक्ल नेत्र वाले हैं और हाथ में सूत्र धारण किए हैं (?)। इसी प्रकार दाहिने हाथ में पुस्तक एवं अभय मुद्रा बायें हाथ वरद मुद्रा एवं अक्षसूत्र है। किरणाक्ष तीन नेत्रों वाले हैं।[2]

अघोरास्त्रः —

ज्वलत्पावकसङ्काशं खड्गहस्तं त्रिशूलिनम्।
महाक्रोधकरं देवं मायाकृतमहाग्रहम्॥ 28॥

इत्यघोरास्त्रो नवमो रुद्रः।

(नवें रुद्र अघोरास्त्रदेव) ये ज्वलनशील अग्नि की भाँति प्रभविष्णु से युक्त है। उनके हाथों में खड्ग और त्रिशूल हैं। देव महाक्रोध करने वाले, मायाकारी ओर महाग्रह करने वाले हैं।[3]

श्रीकण्ठः —

चित्रसूत्रवस्त्रधरं चित्रज्ञोपवीतिनम्।
चित्ररूपं महासत्यं चित्रैश्वर्यसमन्वितम्॥ 29॥
चतुर्बाहुं चैकवक्त्रं सर्वालङ्कारभूषितम्।

---

1. तुलनीय— देवतामूर्ति. (6, 17-18)
2. तुलनीय— देवतामूर्तिप्रकरणम् में पाठान्तर है— चतुर्भुज महाबाहु शुक्लाक्षिपाणिपादकम्। पुस्तकाभयहस्तं च वरदाक्षं त्रिलोचनम्॥ (6, 19) एवं रूपमण्डनम् में आया है— चतुर्भुजो महाबाहुः शुक्लपादाक्षिपाणिकम्। पुस्तकाभयहस्तोऽसौ स वराक्षस्त्रिलोचनः॥ (4, 16)
3. तुलनीय— देवतामूर्तिप्रकरणम् में पाठान्तर मिलता है— ज्वलत्पावकसङ्काशं खड्गहस्तं त्रिशूलिनम्। महाक्रोधधरं देवं भयक्षत्तं (?) महद्भयम्॥ (6, 20)

खड्गं धनुः शरं खेटं शशाङ्ककृत शेखरम्॥ 30॥

इति श्रीकण्ठो दशमो रुद्रः।

(दसवें रुद्र श्रीकण्ठदेव) ये विचित्र सूत्र के वस्त्र धारण करने वाले, विचित्र यज्ञोपवीत धारण किए, विचित्र रूप वाले, महासत्य एवं विचित्र ऐश्वर्य से युक्त है। वे चतुर्बाहु, एक मुख वाले एवं समस्त आभूषणों से अलंकृत हैं। उनके हाथों में प्रदक्षिणतः खड्ग, धनुष, बाण, खेटक हैं और सिर पर चन्द्रमा है।[1]

महादेवः —

त्रिलोचनश्चतुर्बाहुः शुक्लाक्षः [2]सुकरद्वयः।
दक्षेणपाणिना पूर्णं वंशामृतरसं पिबेत्॥ 31॥
धृतमुक्ताक्षसूत्रश्च महादेवो धनोर्जितः।
महाश्चर्यप्रदायी च रुद्रश्चैकादशः स्मृतः॥ 32॥

इति महादेव एकादशो रुद्रः।

(ग्यारहवें रुद्र महादेव) ये त्रिलोचन, चारभुजा वाले, शुक्ल आँखों वाले और उनके दो हाथ सुन्दर हैं। महादेव अपने दाहिने हाथ से सम्पूर्ण वंशामृत रस का पाने करने वाले हैं। बायें हाथ में मुक्ता, अक्षसूत्र हैं। महादेव धनोर्जित (? उमार्चित) है और महाश्चर्य प्रदायक हैं— इस प्रकार एकादश रुद्र कहे गए हैं।[3]

सदाशिवः —

पद्मासनेन संस्थाय! योगासनकरद्वयम्।
पञ्चवक्त्रभयं शक्ति शूलखट्वाङ्गधृत्करम्॥ 33॥
भुजङ्गसूत्रडमरु बीजपूरधरं शुभम!।
इच्छाज्ञानक्रियं चैव त्रिनेत्रं ज्ञानसागरम्॥ 34॥

इति द्वादशकलासम्पूर्णमूर्त्तिः सदाशिवः।

भगवान् सदाशिव पद्मासन में संस्थित हैं, उनके दो हाथ योगासन मुद्रा में हैं। वे पञ्चमुख व भयकारी है। उनके हाथों में प्रदक्षिणतः अभयमुद्रा, शक्ति, शूल, खट्वाङ्ग हैं जबकि शेष हाथों में भुजङ्ग, अक्षसूत्र, डमरु एवं बीजपूरक शुभ-सुन्दर हैं। इच्छा, ज्ञान, क्रिया शक्तियों के प्रतीक उन ज्ञानसागर के त्रिनेत्र हैं।[4]

---

1. तुलनीय— देवतामूर्ति. (6, 21-22) एवं रूप. (4, 17-18)
2. 'सुकरश्चर्तुः' इति सम्भाव्य पाठः।
3. तुलनीय— देवतामूर्ति. (6, 23-24)
4. तुलनीय— देवतामूर्तिप्रकरणम् में पाठान्तर इस प्रकार आया है— पद्मासनशिवच्छायां योगासनकरद्वयम्। पञ्चवक्त्रमयं शक्तिशूलखट्वाङ्गधृत्करम्॥ भुजङ्गमक्षसूत्रं च डमरु मातुलिङ्गकम्। इच्छाज्ञानं कि

गणपतिः —

गजाननं चतुर्बाहुं त्र्यक्षं पुरुषरूपिणम्।
एकदन्तं महाचण्डं व्यालयज्ञोपवीतिनम्॥ 35॥
स्वदन्तं दक्षिणे हस्ते परशुं चाऽपरे करे।
उत्पलं चोर्ध्वतो नामे तस्याऽधो मोदकं स्थितम्॥ 36॥
सिन्दूर रक्तं कुम्भं च कुङ्कुमारुणविग्रहम्।
कुर्याच्च मूषकारूढं सिद्धिदं सर्वकामदम्॥ 37॥

इति गणपतिः।

(गणपति का स्वरूप) ये गजानन, चारभुजा, तीन आँखों वाले और पुरुषाकृति, एकदन्त, अति प्रचण्ड आकृति वाले और व्याल का यज्ञोपवीत धारण करने वाले हैं। दाहिनी भुजा में अपना ही दन्त लिए और परहस्त में परशु धारण किए हैं। उनके ऊपर उत्पल-कमल एवं नीचे मोदक थाल स्थित हैं। वे सिन्दूराभ, रक्तवर्ण, कुम्भ सहित एवं कुङ्कुम जैसा अरुणाभ लिए हैं। उनको मूषकारूढ़ करना सिद्धि एवं समस्त मनोरथों का साधक है।[1]

हरिहरमूर्तिः —

वरदं चाङ्कुशं दन्तं परशुं दक्षिणे करे।[2]

त्रिनेत्र ज्ञानतार्णवम्॥ (6, 25-26)

1. तुलनीय— देवतामूर्ति. (8, 22) एवं (5, 15), हयशीर्षसंहिता (24, 14-15) व अग्निपुराण (50, 23-26) मयमतम् में कहा गया है कि गणेश की प्रतिमा गजमुख होनी चाहिए और दायें एकदन्त होगी। वह स्थूलकाय तथा तीन नेत्र वाली हो। गणाधिप का वर्ण रक्त, चारभुजाएँ, लघुकद तथा महोदर (तोंदिया) होना चाहिए। गणाधिप को नाग की उपवीत धारण करवाएँ। उरु, जानु घने, मोटे एवं भारी होंगे। कमलासन पर देव को बिराजित करवाएँ तथा वाम पैर नीचे निकला हुआ हो। इसी प्रकार दक्षिण पैर मुड़ा हुआ होगा तथा शूण्ड वामावर्त में (बायीं) हों। दायें एक हाथ में वह अपना भङ्गुर दाँत तथा अन्य हाथ में अङ्कुश धारण किए होंगे। वाम हाथों में क्रमशः अक्षमाला और मोदक धारण करवाए जाने चाहिए। करण्ड मुकुट, मौलीबन्ध तथा हार आदि आभरणों से देव को अलङ्कृत करें। इस प्रकार की गणाधिप की प्रतिमा को खड़े हुए या पद्मपीठ पर स्थित करें। यदि देव नृत्त मुद्रा में हों तो उनकी चार अथवा छह भुजाएँ बनाएँ व ध्वज सहित वाहन आखु (मूषक) का भी अङ्कन करना चाहिए— गजाननस्त्वेकदन्तः समस्तस्तु त्रिलोचनः। रक्तवर्णश्चतुर्बाहुर्भूतरूपो महोदरः॥ नागयज्ञोपवीतस्तु घनपिण्डोरुजानुकः। पद्मासनोपरिष्टात् तु वामाङ्घ्रिशयितं कुरू॥ दक्षिणं कुञ्चितं पादं वामावर्ताङ्गुलीयकम्। स्वदन्तमङ्कुशं कुर्याद् दक्षिणे वै करद्वये॥ वामद्वयेऽक्षमालां च लड्डुकं च प्रदायेत्। करण्डिकाभ मौल्यङ्गो हाराद्याभरणान्वितः॥ एवं गणाधिपः प्रोक्तः स्थितो वा पद्मपीठके। नृत्ते च षट्चतुर्बाहु सकेतुराखुवाहनः॥ (मयमतम् 36, 122-126)
2. 'वरं चापाङ्कुशं दन्तं परशुं दक्षिणे करे' सुझावपाठः।

कपालं शराक्षमालं पाशं दण्डं च वामके ॥ 38 ॥
पञ्चवक्त्रं त्रिनेत्रं च हरं रुद्रगणेश्वरम्।
वृषभवाहनोपेतं सर्वकामार्थसाधनम् ॥ 39 ॥

इति हरिहरमूर्तिः।

(हरिहर की सङ्घाट मूर्ति) जिनका एक दाहिना हाथ वरदमुद्रा में, तीन दाहिने हाथों में क्रमशः (चाप!), अङ्कुश, दन्त व परशु होते हैं, बायें हाथ में कपाल, बाण, अक्षमाला, पाश एवं दण्ड हैं (इस प्रकार जो दशभुज है), जो पञ्चमुख, त्रिनेत्र हैं, वे हरिहर गणेश्वर वृषभ के वाहन पर आरूढ़ हैं और समस्त मनोरथों के साधक हैं।[1]

शिवकुमार कार्तिकेयः —

षड्वक्त्रं द्वादशभुजं लोचनत्रयसंयुतम्।
शिव्यारूढं(?शिख्यारूढं)मांसलं च कुमारं कुमाराकृतिम् ॥ 40 ॥

(शिवसुत कार्तिकेय का स्वरूप) कुमार-कार्तिकेय छह मुख, बारह भुजा वाले और तीन नेत्रों वाले हैं। वे मयूर पर आरूढ़, मांसलदेह और कुमार की आकृति में हैं।

शरं शक्तिं च खड्गं च अङ्कुशं दण्डमेव च।
अक्षसूत्रं षडेतानि वामकेषु भुनेषु च ॥ 41 ॥
श्रृङ्गं धनुः पाशखेटं वरदां च कमण्डलुम्।
दक्षिणेषु भुजेष्वेवमस्त्राणां षट्कमेव च ॥ 42 ॥

इति स्वामिकार्तिकेयः।

उनके बायें हाथों में क्रमशः बाण, शक्ति, खड्ग, अङ्कुश, दण्ड और अक्षसूत्र हैं जबकि दाहिनी भुजाओं में क्रमशः श्रृङ्ग, धनुष, पाश, खेटक, वरमुद्रा और कमण्डलु ये छहों आयुध धारण किए हैं।

वैद्यनाथः —

क्षीरोदार्णवमध्यस्थमुद्भवेऽमृतरूपिणम्।
विषजीर्णं भुजङ्गानां तस्य आदौ समुद्भवम्! ॥ 43 ॥
सर्वाश्चर्यमयं रूपं विबोधाद्विषहारकम्।
दारिद्र्यकुष्ठहरं च धर्मा-र्थ-काम-मोक्षदम् ॥ 44 ॥

---

1. देवतामूर्तिप्रकरण में निम्न स्वरूप है—कार्यो हरिहरश्चापि दक्षिणार्धे सदाशिवः। वामार्द्धे च हृषिकेशः श्वेतनीलाकृती क्रमात्। वरत्रिशूलचक्राब्जधारिणो बाहवः क्रमात्। दक्षिणे वृषभः पार्श्वे वामे विहङ्गराडिति ॥ (6, 57-58)

(शिव की वैद्यनाथ मूर्ति) जो क्षीरसागर के मध्य से अमृतरूप में उद्भूत हुए हैं, जीर्णविष के भुजङ्ग प्रथम उद्भूत हुए(? समाप्त करने वाले है), जो समस्त आश्चर्यमय रूप वाले, विबोधकारी और विषहारक हैं तथा द्रारिद्र्य एवं कुष्ठव्याधि का हरण करने वाले और धर्म-अर्थ-काम एवं मोक्ष प्रदायक हैं।

मुक्तामण्डलशोभाढ्यं तप्तकाञ्चनसप्रभम्।
हारकेयूरसम्युक्तं प्रभामण्डलमण्डितम्॥ 45॥
त्रिनेत्रं षड्भुजं शुभ्रं जटाखण्डेन्दुभूषितम्।
व्याघ्राजिनं सितं सौम्यं नागयज्ञोपवीतिनम्॥ 46॥
त्रिशूलं चाक्षसूत्रं च कपालं कुण्डिकां तथा।
याम्ये सौम्ये च विभ्राणं व्यालव्याप्तौ तथा॥ 47॥

जो मोतीमय के मण्डल की शोभा के धनी, तपे हुए सोने की प्रभा से युक्त, हार, केयूर जैसे आभरणों से युक्त और प्रभामण्डल से मण्डित हैं, जिनके तीन नेत्र, छह भुजाएँ, श्वेत वर्ण, जटाओं पर अर्द्धचन्द्रमा शोभित हैं, वे व्याघ्रजिन को धारण किए, सित स्वरूप, सौम्य आकृति वाले तथा नाग के यज्ञोपवीत को धारण किए हैं। वे अपने चार हाथों में त्रिशूल, अक्षसूत्र, कपाल, कुण्डिका हैं और शेष एक दायें और एक बायें हाथ में क्रमशः सर्प को धारण किए हैं।

पद्मासनस्थितं देवं वैद्यनाथं हरं प्रभुम्।
वनमालादिसंयुक्तं सूर्यकोटिसमप्रभम्॥ 48॥
महाकेयूरसम्युक्तं प्रभामण्डलमण्डितम्।
वैद्यनाथं विजानीयात् शक्त्यारोग्यप्रदायकम्॥ 49॥

इति वैद्यनाथ मूर्तिः।

इसी प्रकार वे वैद्यनाथ हरप्रभु पद्मासन पर स्थित है। वनमाला आदि से संयुक्त और कोटिशः सूर्यों की आभा को दर्शाने वाले हैं। महाकेयूर से सन्नद्ध, प्रभा मण्डल से मण्डित वैद्यमान को शक्ति, आरोग्य को प्रदान करने वाला जानना चाहिए।[1]

धन्वन्तरि सुषेणौ —

पीवरतां[2] वरं शान्तं कमण्डल्वक्षपाणिकम्।

---

1. शिवपुराण (4, 28, 1-10) में रुद्र के इस स्वरूप की कथा है जबकि इसका उत्स ऋग्वेद में निहित है जहाँ रुद्र को सहस्त्रों औषधियाँ रखने वाला और भिषगों का भिषग कहा गया है— गाथपतिं मेधपतिं रुद्रं जलाषभेषजम्। तच्छंयो सुम्नमीमहे॥ (ऋक्. 1, 43, 4 इत्यादि)
2. 'गोरशतां ?' इति प्रकाशित पाठः।

धन्वन्तरिं सुषेणं वा वानरास्यामराङ्गकम्॥ 50॥
अमृतागमहस्तं च कुर्यात्तत्पार्श्वयोः सदा।
अवतारः कृतो येन रामलक्ष्मणतत्त्वतः॥ 51॥

(धन्वन्तरि[1] या वैद्य सुषेण[2] का स्वरूप) पुष्टकाय, हाथों में प्रदक्षितः वरमुद्रा, शान्त-अभय मुद्रा, कमण्डलु और अक्षसूत्र सहित भगवान धन्वन्तरि या सुषेण को बनाएँ, उनका मुख वानर, अङ्ग देवता जैसा बनाएँ। उनके उभय पार्श्व में हाथ में अमृतागम (अमृत घटधारी अथवा आयुर्वेद) लिए दो आकृतियाँ उत्कीर्ण होती हैं। इसी प्रकार से राम-लक्षण के अवतार तत्त्वतः करें।

इति सूत्रसन्तानगुणकीर्तिप्रकाशप्रोक्तृश्रीभुवनदेवाचार्योक्तापराजितपृच्छायां एकादशरुद्रनिर्णयाधिकारो नाम द्वादशोत्तद्विशततमं सूत्रम्॥ 212॥

इस प्रकार भुवनदेवाचार्य कृत सूत्रसन्तानगुणकीर्ति प्रकाश या अपराजितपृच्छा में एकादश रुद्र निर्णय अधिकार नामक दो सौ बारहवाँ सूत्र पूर्ण हुआ॥ 212॥

दिक्पालादिविविधमूर्तिलक्षणो नाम त्रयोदशोत्तरं द्विशततमं सूत्रम्॥ 213॥

अधुना दिक्पालादिविविधमूर्तिलक्षणं शिवस्याष्टौ प्रतिहाराः। विश्वकर्मोवाच — पूर्वद्वारे नन्दिमहाकालौ —

मातुलिङ्गं च नागेन्द्रं डमरुं शूलमेव च।
नन्दी मुकुटशोभाढ्यः सर्वाभरणभूषितः॥ 1॥
खट्वाङ्गं च कपालं च डमरुं बीजपूरकम्।
दंष्ट्राकरालवदनो महाकालस्तु दक्षिणे॥ 2॥

इति पूर्वप्रतिहारौ।

---

1. विष्णुधर्मोत्तरपुराण में कहा गया है कि धन्वन्तरि का स्वरूप सुन्दर एवं प्रियदर्शन बनाएँ, उनके दो हाथों में अमृत कलश होंगे-- धन्वन्तरिश्च कर्तव्यः सुरूपः प्रियदर्शनः। करद्वयगतं चास्य सामृतं कलशं भवेत्॥ (विष्णुधर्मोत्तर. 3, 74, 41) भागवत में स्वरूप इस प्रकार आया है— अथोदधेर्मथ्यमानात् काश्यपैरमृतार्थिभिः। उदतिष्ठन्महाराज पुरुषः परमाद्भुतः॥ दीर्घपीवरवरदोर्दण्डः कंम्बुग्रीवोऽरुणेक्षणः। श्यामलस्तरुणः स्रग्वी सर्वाभरणभूषितः॥ पीतवासा महोरस्कःसुमृष्टमणिकुण्डलः। स्निग्धकुञ्चितकेशान्तः सुभगः सिंहविक्रमः॥ अमृतापूर्णकलशं बिभ्रद् वलयभूषितः। स वै भगवतः साक्षाद्विष्णोरंशांशसम्भवः॥ धन्वन्तरिरिति ख्यात आयुर्वेददृगिज्यभाक्। (भागवत. 8, 8, 31-35)
2. सुषेण के मुख के वानरतुल्य होने के पीछे कारण ये है कि वे वरुण के पुत्र और वानराधिपति सुग्रीव के वैद्यराज हैं, जैसा कि रामायण (बालकाण्ड 45, 32) में आया है।

(मूर्तिकला विषयक इस सूत्र में शिवालय में उत्कीर्ण व स्थापित किए जाने वाले द्वारपालों, इन्द्रादि दिक्पालों और त्रिपुरान्तक शिव की प्रतिमा के लक्षणों का वर्णन है) विश्वकर्मा बोले कि शिवालय के पूर्वद्वार के प्रतिहारों में प्रथम वामभाग के प्रतिहार नन्दी है जो अपने हाथों में प्रदक्षिणतः बीजपूरक, नागेन्द्र, डमरु व शूल लिए हैं, मुकुट और अन्य समस्त आभूषणों से अलंकृत हैं। द्वितीय प्रतिहार महाकाल है जो अपनी भुजाओं में प्रदक्षिणतः खट्वाङ्ग, कपाल, डमरु और बीजपूरक लिए होते हैं और वे बड़ी दाढ़ों वाले और उनका मुख भयङ्कर होता है।

दक्षिणद्वारे हेरम्बभृङ्गी —

तर्जनी त्रिशूलं चैव गदां डमरुकं तथा।
हेरम्बो वामभागे हि भृङ्गिं दक्षिणे स्मृतः ॥ 3 ॥
गदाडमरुखट्वाङ्गं तर्जनी वामहस्तके।
उभौ वा दक्षिणद्वारे भृङ्गी दक्षिणतः शुभः ॥ 4 ॥

इति दक्षिणप्रतिहारौ।

शिवालय के दक्षिण के प्रथम वाम भाग के प्रतिहार हेरम्ब है जो अपने हाथों में क्रमशः तर्जनी-मुद्रा, त्रिशूल, गदा और डमरु धारण करते हैं। उनके दक्षिण में द्वितीय प्रतिहार भृङ्गी हैं जो अपने हाथों में प्रदक्षितः गदा, डमरु, खट्वाङ्ग और तर्जनी-मुद्रा धारण करते हैं। इन दोनों प्रतिहारों को दक्षिण द्वार पर करें और हेरम्ब के दाहिने भृङ्गी को करना शुभ है।

पश्चिमद्वारे दुर्मुखपाण्डुरौ –

त्रिशूलं डमरुं चैव खट्वाङ्गं बीजपूरकम्।
पश्चिमे दुर्मुखो वामे तद्वक्त्रं गोमुखाकृति ॥ 5 ॥
पश्चिमद्वारि कार्यः स पाण्डुरोऽस्याथ दक्षिणे।
खट्वाङ्गं च कपालं च डमरुं बीजपूरकम् ॥ 6 ॥

इति दुर्मुखो वामे पाण्डुरो दक्षिणे।

शिवालय के पश्चिम द्वार पर प्रथम प्रतिहार दुर्मुख है जो अपने हाथों में सृष्टिक्रम से त्रिशूल, डमरु, खट्वाङ्ग और बीजपूरक धारण करते हैं, उनका मुँह गोमुख के समान बनता है। पश्चिम द्वार पर ही दुर्मुख के दाहिने पाण्डुर नामक प्रतिहार होता है। उसके हाथ में प्रदक्षिणतः खट्वाङ्ग, कपाल, डमरु और बीजपूरक होता है।

उत्तरद्वारे सितासितौ —

मातुलिङ्गं मृणालं च खट्वाङ्गं पद्मदण्डकम्।
सितश्चैवोत्तरे द्वारे वामे चैव व्यवस्थितः ॥ 7 ॥
पद्मखण्डं (पद्मदण्डं!) च खट्वाङ्गं मृणालं बीजपूरकम्।
असितो दक्षिणे भोगे उत्तरे द्वार एव च ॥ 8 ॥

इति सितो वामेऽसितश्च दक्षिणे।

शिवालय के उत्तर द्वार पर प्रथम प्रतिहार सित है जिनके हाथों में सृष्टिक्रम से मातुलिङ्ग (बीजपूरक), मृणाल (कमल), खट्वाङ्ग और पद्मदण्ड होता है। सित को उत्तर दिशा के द्वार पर बायें स्थापित करना चाहिए। उत्तरी द्वार पर ही सित के दाहिने द्वितीय प्रतिहार असित की स्थापना होगी जिनके हाथों में प्रदक्षिणतः पद्मदण्ड, खट्वाङ्ग, मृणाल और बीजपूरक होता है।[1]

इन्द्रः —

वरं वज्राङ्कुशौ चैव कुण्डीं धत्ते करेस्तु यः।
गजारूढः सहस्राक्ष इन्द्रो वै पूर्वतः स्थितः ॥ 9 ॥

---

1. मयमतम् में आया है कि द्वारपालों में नन्दी व काल को पूर्व में दण्डी व मुण्डिन को दक्षिण, विजय व भृङ्गिरीटी को पश्चिम और गोप तथा अनन्तक को उत्तर में स्थापित करना चाहिए। इनको प्रदक्षिणादि क्रम से स्थापित करना चाहिए। द्वारपालों के वर्ण इस प्रकार होंगे : नन्दी— श्याम वर्ण, काल— कुमकुम वर्ण, दण्डिन— नीलम, मुण्डिन— रक्ताभ वर्ण, विजय— श्वेत, भृङ्गिरीटी— मयूर ग्रीवा, गोप— गहरे लाल कमल व अनन्तक — श्याम वर्ण— नन्दी कालः पूर्वतो दक्षिणे स्याद् दण्डी मुण्डी वैजयो भृङ्गिरीटी। प्रत्यग्गोपानन्तकावुत्तरस्यां न्यस्तव्याः स्युर्दक्षिणादिक्रमेण॥ श्याम कुङ्कुमनिभेन्द्रकेन्द्रगोपोपमं सितमयूरकन्धरम्। पद्मनीलनिभकालसन्निभं द्वारपालवरवर्णमुच्यते॥ (मय. 36, 310-311)

ये हाथों में क्रमशः (नन्दिन) दण्ड, (काल) टङ्क, (दण्डिन) धारदार खड्ग, (मुण्डिन) भिन्दिपाल अथवा युद्धदण्ड, (विजय) बरछा, (भृङ्गिरीटी) त्रिशूल, (गोप) वज्र तथा (अनन्तक) नवीन धारयुक्त शक्ति धारण करते हैं। इनकी चार-चार भुजाएँ, तीन या दो आँखें तथा भयोत्पादक दाढ़े हैं। ये मुकुट धारण करते हैं और शरीर पर नागभूषित रहते हैं। इनके हाथों में (शिरोन्नत हाथों में क्रमशः) एक हाथ में धारदार सूच्य या नुकीला अस्त्र हो, दूसरे में अर्द्धचन्द्र तथा अन्य में कमल हो। उनके अङ्ग वस्त्र चमकीले हो तथा काया के अनुसार इच्छित हो। इनके चेहरे नित्य भयकारी, किन्तु स्वयं निर्भीक हों; प्रचण्ड रूप हों; उन्हें बहुक्रीयमाण बनाएँ। केशराशि गुंथी हो तथा हाथों में शूलधारी हों, ये शशिधर (शिव) के मन्दिर में स्थित होंगे— दण्डं टङ्कं च खड्गं निशितशिखियुतं भिण्डिपालं च वेलं शूलं वज्रं च शक्तिं स्फुरितशिखियुतं बिभ्रतोऽन्योन्यमेवम्। हस्तैर्युक्ताश्चतुर्भिस्त्रिभिरपि नयनैर्लोचनाभयामथो वा संयुक्ताश्चोग्रदंष्ट्रा मकुटतटलसच्छूलनागाङ्किताङ्गाः ॥ यत् सूच्यं चार्धचन्द्र ह्यलकमलयुतं हस्तकं बिभ्रतस्ते देहे देहेऽष्टमांशावधिकपरियुताः शान्तटङ्कावृता वा। देवानामेव नित्याभयभयकरवक्त्राः प्रचण्डस्वरूपाः नानाकृत्योपयुक्ताः शशिधरभवने सालकाः शूलहस्ताः ॥ (तत्रैव 36, 312-313)

देवालय के पूर्व में इन्द्र की प्रतिमा स्थापित होगी। इन्द्र की चार भुजाओं में वर-मुद्रा, वज्र, अङ्कुश व कुण्डी होती है और वे गजारूढ़ तथा हजार आँखों वाले देवता हैं।[1]

हुताशनः —

वरदः शक्तिहस्तश्च समृणालकमण्डलुः।
ज्वालापुञ्जनिभो देवो मेषारूढो हुताशनः॥ 10॥

(देवालय के आग्नेयकोण में) अग्निदेव वर-मुद्रा, शक्ति, मृणाल और कमण्डलु अपने हाथों में धारण किए होते हैं। उनकी दीप्ति ज्वाला के पुञ्ज की भाँति प्रतीति देती है, वे मेष पर आरूढ़ होते हैं।[2]

यमः —

लेखनीं पुस्तकं धत्ते कुक्कुटं दण्डमेव च।
सुमहामहिषारूढो यमः कृष्णाङ्गं ईरितः॥ 11॥

(देवालय के दक्षिण में) यमराज काली काया वाले, अपने हाथों में क्रमशः लेखनी, पुस्तक, मुर्गा और दण्ड लिए और पुष्ट बड़े भैंसे पर आरूढ़ होते हैं।[3]

निर्ऋतिः —

खड्गं च खेटकं हस्ते कर्त्री चैवारिमस्तकम्।
दंष्ट्रालम्बमुखीं कुर्याच्छवानारूढां च निर्ऋतिम्॥ 12॥

(देवालय के नैऋत्यकोण में) निर्ऋति नामक दिक्पाल अपने हाथों में सृष्टिक्रम से खड्ग, खेटक, कैंची और शत्रु का मस्तक लिए होते हैं। उनकी दाढ़े लम्बी

---

1. मत्स्यपुराण में यह लक्षण है— इदानीं सुरराजस्य रूपं वक्ष्ये विशेषतः॥ सहस्रनयनं देवं मत्तवारणसंस्थितम्। पृथूरुवक्षोवदनं सिंहस्कन्धं महाभुजम्॥ किरीटकुण्ड ‑धरं पीवरोरुभुजेक्षणम्। वज्रोत्पलधरं तद्वन्नानाभरणभूषितम्॥ पूजितं देवगन्धर्वैरप्सरोगणसेवितम्। छत्रचामरधारिण्यः स्त्रियः पार्श्वे प्रदर्शयेत्॥ सिंहासनगतं चापि गन्धर्वगणसंयुतम्। इन्द्राणीं वामतश्चास्य कुर्यादुत्पलधारिणीमम्॥ (मत्स्य. 260, 66-70)

2. मत्स्यपुराण में यह लक्षण है— वह्नेस्तु लक्षणं वक्ष्ये सर्वकामफलप्रदम्। दीप्तं सुवर्णवपुषमर्धचन्द्रासने स्थितम्॥ बालार्कसदृशं तस्य वदनं चापि दर्शयेत्। यज्ञोपवीतिनं देवं लम्बकूर्मधरं तथा॥ कमण्डलुं वामकरे दक्षिणे त्वक्षसूत्रकम्। ज्वालावितानसंयुक्तमजवाहनमुज्ज्वलम्॥ कुण्डस्थं वापि कुर्वीत मूर्ध्नि सप्तशिखान्वितम्। (मत्स्य. 261, 9-12)

3. मत्स्यपुराण में यह लक्षण है— तथा यमं प्रवक्ष्यामि दण्डपाशधरं विभुम्॥ महामहिषमारूढं कृष्णाञ्जनचयोपमम्। सिंहासनगतं चापि दीप्ताग्निसमलोचनम्॥ महिषश्चित्रगुप्तश्च करालाः किंकरास्तथा। समन्ताद् दर्शयेत् तस्य सौम्यासौम्यान् सुरासुरान्॥ (मत्स्य. 261, 12, 14)

निकली हुई होती हैं। वे शववाहनारूढ़ होते हैं।[1]

वरुणः —

वरं पाशं च कमलं कैरर्बिभ्रत्कमण्डलुम्।
कर्तव्यो मकरारूढो वरुणः पश्चिमे तथा॥ 13॥

(देवालय के पश्चिम में) वरुण नामक दिक्पाल अपने हाथों में वर-मुद्रा, पाश, कमल और कमण्डलु धारण किए होते हैं, उनको मकर पर आरूढ़ कर पश्चिम दिशा में स्थिति देनी चाहिए।[2]

पवनः —

वरं ध्वजं पताकां च दधद्धस्तैः कमण्डलुम्।
मृगारूढो हरिद्वर्णः पवनो वायुदिक्पतिः॥ 14॥

(देवालय के वायव्यकोण में) दिक्पति वायुदेव को हाथों में सृष्टिक्रमतः वर-मुद्रा, ध्वज, पताका, कमण्डलु सहित बनाएँ और मृगारूढ़ और हरितवर्ण से युक्त करें। पवनदेव वायव्य-दिक्पति है।[3]

धनदः —

गदां निधिं बीजपूरं कैरर्बिभ्रत्कमण्डलुम्।
गजारूढः प्रकर्तव्यो धनदश्चात्तरे तथा॥ 15॥

(देवालय के उत्तर में) धनद-कुबेर को गदा, निधि, बीजपूरक और कमण्डलु प्रदक्षिणतः हाथ में लिए, हाथी-ऐरावत पर आरूढ़ करे और उत्तर में स्थापित करें।[4]

ईशानः —

वरदं च त्रिशूलं च नागेन्द्रं बीजपूरकम्।
वृषारूढश्च कर्तव्य ईशानो धवलद्युतिः॥ 16॥

---

1. मत्स्यपुराण में यह लक्षण है— राक्षसेन्द्रं तथा वक्ष्ये लोकपालं च नैर्ऋतम्। नरारूढं महाकायं रक्षोभिर्बहुभिर्वृतम्॥ खड्गहस्तं महानीलं कज्जलाचलसंनिभम्। नरयुक्तविमानस्थं पीताभरणभूषितम्॥ (मत्स्य. 261, 15-16)
2. मत्स्यपुराण में यह लक्षण है— वरुणं च प्रवक्ष्यामि पाशहस्तं महाबलम्। शङ्खस्फटिकवर्णाभं सितहाराम्बरावृतम्॥ झषासनगतं शान्तं किरीटाङ्गदधारिणम्। (मत्स्य. 261, 17-18)
3. मत्स्यपुराण में यह लक्षण है— वायुरूपं प्रवक्ष्यामि धूम्रं तु मृगवाहनम्॥ चित्राम्बरधरं शान्तं युवानं कुञ्चितभ्रुवम्। मृगाधिरूढं वरदं पताकाध्वजसंयुतम्॥ (मत्स्य. 261, 18-19)
4. मत्स्यपुराण में यह लक्षण है— कुबेरं च प्रवक्ष्यामि कुण्डलाभ्यामलङ्कृतम्। महोदरं महाकायं निध्यष्टकसमन्वितम्॥ गुह्यकैर्बहुभिर्युक्तं धनव्यकरैस्तथा। हारकेयूररचितं सिताम्बरधरं सदा॥ गदाधरं च कर्तव्यं वरदं मुकुटान्वितम्। नरयुक्तविमानस्थमेवं रीत्या च कारयेत्॥ (मत्स्य. 261, 20-22)

(देवप्रासाद के ईशानकोण में) ईशान को वरद-मुद्रा, त्रिशूल, नागेन्द्र और बीजपूरक सृष्टिमार्गतः हाथ में लिए वृष पर आरूढ़ करें और धवल-आभा के साथ स्थापित करना चाहिए। (इस प्रकार अष्ट दिक्पालों की प्रतिमाओं का वर्णन हुआ)।[1]

त्रिपुरान्तकः —

एकवक्त्रं दशभुजं नृत्यन्तं त्रिपुरान्तकम्।
सिंहचर्मपरिधानं मृगचर्मोत्तरीयकम्॥ 17॥
रक्ताम्बरधरं देवं सूर्यकोटिसमप्रभम्।
कपालमालाभरणं शशाङ्ककृतशेखरम्॥ 18॥

शिव की त्रिपुरान्तक प्रतिमा को एकमुख, दशभुज, नृत्य मुद्रा में बनाएँ। सिंह के चर्म के परिधान और मृगचर्म का उत्तरीय धारण किए देवाधिदेव रक्ताम्बर धारे, कोटिशः सूर्य की प्रभा के समान प्रतीति देते हों। कपालों की माला व नाना आभरणों से युक्त वे सिर पर चन्द्रमा को धारण किए हों।

खट्वाङ्गखेटकधरं धृतखड्गकपालकम्।
त्रिशूलादिन कण्ठा च शरशार्ङ्गविधारिणम्॥ 19॥
पाशाङ्कुशधरं देवं कुण्डलाभ्यामलङ्कृतम्।
हरं संस्थाप्य नृत्यन्तं वलयाकारसंस्थितम्॥ 20॥

इति दिक्पालयुक्तत्रिपुरान्तकमूर्तिः।

त्रिपुरान्तक प्रतिमा की (दस) भुजाओं में प्रदक्षिणतः खट्वाङ्ग, खेटक, खड्ग, कपाल, त्रिशूल, कण्ठ, बाण, शार्ङ्गधनुष, पाश, अङ्कुश— ये आयुध होंगे। वे कुण्डलादि से अलंकृत होंगे। इस प्रतिमा को नृत्यरत, वलयाकार (चूड़ी की भाँति घूर्णनरत) संस्थिति दी जाएगी।[2]

अर्धनारीश्वरः —

अर्धनारीश्वरं वक्ष्ये उमादेहार्धधारिणम्।
वामाङ्गे च स्तनं कुर्यात् कर्णे वै ताडपत्रकम्॥ 21॥

---

1. मत्स्यपुराण में यह लक्षण है— तथैवेशं प्रवक्ष्यामि धवलं धवलेक्षणम्। त्रिशूलपाणिनं देवं त्र्यक्षं वृषगतं प्रभुम्॥ (मत्स्य. 261, 23)
2. मयमतम् में कहा है कि त्रिपुरान्तक प्रतिमा में शिव को एक (दक्षिणी) पाँव पर सन्तुलित खड़ा कर वाम पाद को उठा, झुका बनाएँ। उनकी भुजाओं में सृष्टिक्रमानुसार धनुष, बाण व मृग तथा परशु होने चाहिए— सुस्थितं दक्षिणं पादं वामपादं तु कुञ्चितम्। धनुर्बाण समायुक्तं कृष्णापरशुसंयुतम्॥ वृषभस्यन्दनस्थानं सर्वदेवगणान्वितम्। उमया सहितं देवं कुर्याद् वै त्रिपुरान्तकम्॥ वैरिनाशार्थकं पूज्यं कुर्यात् त्रिपुरसुन्दरम्। (मय. 36, 65-67 एवं दीप्तागम 16, 132-134)

बालिका वामकर्णे तु दक्षिणे कुण्डलं तथा।
मुकुटार्धे च माणिक्यं जटाकारं च दक्षिणे ॥ 22 ॥

अब मैं अर्धनारीश्वर की प्रतिमा के विषय में कहता हूँ जिसमें शिव अपने शरीर के आधे भाग में उमा–पार्वती को धारण किए होते हैं। इस प्रतिमा के बायें भाग में स्त्री की भाँति स्तन होंगे और कानों में ताड़पत्र (पत्रियाँ) धारण करवाए अथवा बायें कान में बालिका और दाहिने कान में कुण्डल होंगे। बायें मुकुट का आधा भाग माणिक्यादि से जटित होगा तो आधा दाहिना भाग जटाकार होगा।

अर्धे चैव स्त्रियो रूपं सर्वाभरणभूषितम्।
पुरुषं दक्षिणे भागे कपालकटिमेखलम् ॥ 23 ॥
त्रिशूलं चाक्षसूत्रं च तद्दक्षिणकरोद्धृतम्।
कमण्डलुं दर्पणं च गणेशं वामतस्तथा ॥ 24 ॥

इत्यर्धनारीश्वरः।

अर्धनारीश्वर की प्रतिमा में वामाङ्ग नारी रूप में समस्त आभूषणों से विभूषित होगा। दाहिना भाग पुरुषाङ्ग होगा जिसे कपाल और कटि में मेखला से युक्त किया जाएगा। दाहिने हाथों में क्रमशः त्रिशूल और अक्षसूत्र धारण करवाए और बायें हाथों में प्रदक्षितः कमण्डलु एवं दर्पण हों। इसी ओर गणेश भी होंगे।[1]

---

1. यही वर्णन देवतामूर्तिप्रकरणम् (6, 27–30) में आया है। मत्स्यपुराण में अर्धनारीश्वर की प्रतिमा का वर्णन इस प्रकार आया है— अधुना सम्प्रवक्ष्यामि अर्धनारीश्वरं परम्। अर्धेन देवदेवस्य नारीरूपं सुशोभनम्॥ ईशार्धे तु जटाभागो बालेन्दुकलया युतः। उमार्धे चापि दातव्यौ सीमन्ततिलकावुभौ॥ वासुकिं दक्षिणे कर्णे वामे कुण्डलमादिशेत्। बालिका चोपरिष्टात् तु कपालं दक्षिणे करे। त्रिशूलं वापि कर्तव्यं देवदेवस्य शूलिनः॥ वामतो दर्पणं दद्यादुत्पलं तु विशेषतः। वामबाहुश्च कर्तव्यः केयूरवलयान्वितः॥ उपवीतं च कर्तव्यं मणिमुक्तामयं तथा॥ स्तनभारं तथार्धे तु वामे पीतं प्रकल्पयेत्। परार्धमुज्ज्वलं कुर्याच्छ्रोण्यर्धं तु तथैव च॥ लिङ्गार्धमूर्ध्वगं कुर्याद् व्यालाजिनकृताम्बरम्। वामे लम्बपरीधानं कटिसूत्रत्रयान्वितम्॥ नानारत्नसमोपेतं दक्षिणे भुजगान्वितम्। देवस्य दक्षिणं पादं पद्मोपरि सुसंस्थितम्॥ किञ्चिदूर्ध्वं तथा वामं भूषितं नूपुरेण तु। रत्नैर्विभूषितान् कुर्यादङ्गुलीष्वङ्गुलीयकान्॥ सालक्तकं तथा पादं पार्वत्या दर्शयेत् सदा। अर्धनारीश्वरस्येदं रूपमस्मिन्नुदाहृतम्॥ (मत्स्य. 260, 1–10)
मयमतम् में कहा गया है कि अर्धनारीश्वर की मूर्ति में आधे भाग में नारी का उत्कीर्णन शुभ लक्षणों से करना चाहिए। इस मूर्ति में ईश और उमा का संयुक्त स्वरूप होता है। वाम भाग में उमा और ईश दक्षिणाङ्ग में होते हैं— (अर्धं देवस्य नारी तु कर्तव्या शुभलक्षणा।) उमया सहितं वाममैशमर्धं तु दक्षिणे॥ अतिपीतजटाभारमुकुटं सुविचित्रम्॥ वामोमार्धं सधम्मिल्लं सीमन्तं तिलकालकम्। कुण्डलं दक्षिणे कर्णे वासुकिं च व्यवस्थितम्॥ ताडिकं वामके दद्यात् पालिकां च प्रदापयेत्। कपालं दक्षिणे हस्ते शूलं टङ्कं क्रमेण वा॥ सोत्पलं वामहस्तं तु केयूरकटकान्वितम्। पवित्रमक्षसूत्रं च वामेऽवामे प्रयोजयेत्॥ सहारं कन्धरार्धं तु वामे साग्निं च दक्षिणम्। स्तन युक्तमुमार्धं तु दक्षिण वृद्धवक्षसम्॥ श्रोण्यर्धं दक्षिणे शम्भोर्व्याघ्रचर्मकृताम्बरम्। उमार्धं कटिसूत्रं च चित्रवस्त्रपरिच्छदम्॥ पादौच्च देवदेव्योश्च

उमामहेश्वरः —

उमामहेश्वरं वक्ष्ये उमया सह शङ्करम्।
मातुलिङ्गं त्रिशूलं च धृतं दक्षिणतः करे॥ 25॥
आलिङ्गन् वामहस्तेन नागेन्द्रं च द्वितीयके।
हरस्कन्धे उमाहस्तं दर्पणं द्वितीय करे॥ 26॥

अब मैं उमा-महेश्वर की प्रतिमा का वर्णन करता हूँ जिसमें उमा के साथ शङ्कर होते हैं। इसमें महेश्वर के चार हाथ होंगे, दाहिने हाथों में बीजपूरक और त्रिशूल होगा जबकि बायाँ एक हाथ आलिङ्गनयुक्त व दूसरा बायाँ हाथ नागेन्द्र को धारण किए होगा। पार्वती का दाहिना हाथ शङ्कर के कन्धे पर रखा हुआ तथा बायें हाथ में दर्पण होगा।

अधस्तादवृषभं कुर्यात् कुमारं च गणेश्वरम्।
भृङ्गिरिटिं तथा कुर्यान् निर्मांसं नृत्यसंस्थितम्॥ 27॥

इत्युमामहेश्वरमूर्तिः।

इस प्रतिमा के नीचे के भाग पर वृषभ को बनाएँ, साथ ही एक ओर कार्तिकेय एवं दूसरी ओर गणेश को। इसी प्रकार निर्मांस-कशकाय नृत्यरत भृङ्गीरीट नामक अनुचर को बनाना चाहिए।[1]

समपद्मोपरिस्थतौ। नूपुरालङ्कृत किञ्चित्कुञ्चितं वामपादकम्॥ साङ्गुलीयं तथा देव्या भूषितं वामपादकम्। चतुर्भुजं तु वा देवमुमार्धं शुकसंयुतम्॥ ईशार्धं रक्तवर्णं तु श्यामवर्णमुमार्धकम्। अर्धनारीश्वरं रूपं कुर्याद् विद्वान् सलक्षणम्॥ (मय. 36, 81-89)

1. देवतामूर्तिप्रकरणम् (6, 31-33) में 'भृङ्गिरीटं तथा कुर्यान्नियमानृत्यसंस्थितम्' पाठान्तर के साथ यही पाठ है। मत्स्यपुराणकार ने यह स्वरूप दिया है— उमामहेश्वरस्यापि लक्षणं शृणुत द्विजाः। संस्थानं तु तयोर्वक्ष्ये लीलाललितविभ्रमम्॥ चतुर्भुजं द्विबाहु वा जटाभरेन्दुभूषितम्। लोचनत्रयसंयुक्तमुमैकस्कन्धपाणिनम्॥ दक्षिणेनोत्पलं शूलं वामे कुचभरे करम्। द्वीपचिर्मपरीधानं नानारत्नोपशोभितम्॥ सुप्रतिष्ठं सुवेषं च तथार्धेन्दुकृताननम्। वामे तु संस्थिता देवी तस्योरौ बाहुगूहिता॥ शिरोभूषणसंयुक्तैरलकैर्ललिताननां। सबालिका कर्णवती ललाटतिलकोज्वला॥ मणिकुण्डलसंयुक्ता कर्णिकाभरणा क्वचित्। हारकेयूरबहुला हरवक्त्रावलोकिनी॥ वामांसं देवदेवस्य स्पृशन्ती लीलया ततः। दक्षिणं तु बहिः कृत्वा बाहुं दक्षिणतस्तथा॥ स्कन्धे वा दक्षिणे कुक्षौ स्पृशन्त्यङ्गुलिजैः क्वचित्। वामे तु दर्पणं दद्यादुत्पलं वा सुशोभनम्॥ कटिसूत्रत्रयं चैव नितम्बे स्यात् प्रलम्बकम्। जया च विजया चैव कार्तिकेयविनायकौ॥ पार्श्वयोदर्शयेत् तत्र तोरणे गणगुह्यकान्। माला विद्याधरांस्तद्वद्वीणावानप्सरोगणः॥ एतद् रूपमुमेशस्य कर्तव्यं भूतिमिच्छता। (मत्स्य. 260, 11-20)

मयमतम्, दीप्तागमादि ग्रन्थों में उमा-महेश्वर की प्रतिमा में कार्तिकेय की स्थिति भी वर्णित है। इसलिए इस प्रतिमा को सोमास्कन्द भी कहा गया है। अर्द्धचन्द्रासन पर बिराजित यह (स-उमास्कन्द) प्रतिमा गौरी सहित होती है। उनके हाथ गौरी के साथ होते हैं और वह वामाङ्ग में भुजाओं में बद्ध होती है—

कृष्णशङ्करः —

कृष्णशङ्करकं वक्ष्ये कृष्णार्धेन तु संस्थितम्।
कृष्णार्धे मुकुटं कुर्याज्जटाभारं च दक्षिणे॥ 28॥
कुण्डलं दक्षिणे कर्णे वामे मकरकुण्डलम्।
अक्षमालां त्रिशूलं च चक्रं वै शङ्खमेव च॥ 29॥

इति कृष्णशङ्करमूर्तिः।

अब कृष्णशङ्कर की मूर्ति का स्वरूप कहता हूँ। इस प्रतिमा में बायें का आधा भाग कृष्ण का स्वरूप होगा। इस कृष्णार्ध स्वरूप के सिर पर मुकुट होगा जबकि दाहिने अर्ध भाग के सिर पर जटाभार होगा। इसी दाहिने भाग में कान में कुण्डल तथा बायें कान में मकर-कुण्डल होंगे। इस प्रतिमा में हाथों में अनुक्रम से अक्षमाला, त्रिशूल, (सुदर्शन) चक्र और शङ्ख धारण होगा।[1]

हरिहरपितामहः —

एकपीठसमारूढमेकदेहनिवासिनम्।
षड्भुजं च चतुर्वक्त्रं सर्वलक्षणसम्युतम्॥ 30॥
अक्षसूत्रं त्रिशूलं च गदां चैव तु दक्षिणे।
कमण्डलुं च खट्वाङ्गं चक्रं वामभुजे तथा॥ 31॥

इति हरिहरपितामहः।

हरि-हर-पितामह (एकस्थ त्रिमूर्ति विष्णु-शिव-ब्रह्मा) की प्रतिमा एक ही आसन पर और एक ही काया वाली हों। वह छह भुजा वाली, चार मुँह और समस्त लक्षणों से युक्त होगी। इसमें दाहिनी तीन भुजाओं में क्रमशः अक्षमाला, त्रिशूल और गदा तथा बायीं तीन भुजाओं में कमण्डलु, खट्वाङ्ग और (सुदर्शन) चक्र होगा।[2]

अर्धचन्द्रासनं देवं वामाङ्गस्थितगौरिकम्। उमासहितहस्तं तु देव्या हस्तोपगूहितम्॥ उमामहेश्वरं रूपं पूर्वोक्तस्वस्वरूपकम्। देवस्य वामपार्श्वे तु देवीं कुर्याद्विचक्षणः॥ उमाशङ्करयोर्मध्ये स्कन्दं वै बालरूपिणम्। सुखासनं युक्त्या कुर्यादुमास्कन्दान्वितं भवेत्॥ उमास्कन्दस्य देवस्य सर्वकामार्थसिद्धिदम्। (मय. 36, 59-62)

दीप्तागम का मत है—... उमासहितमुच्यते॥ देवस्य वामपार्श्वे तु देवीं कुर्याद्द्विबाहुकाम्। उमाशङ्करसुखासीनौ स्कन्दो मध्ये तु संस्थितः॥ (दीप्ता. 16, 129-130)

1. यही वर्णन देवतामूर्तिप्रकरणम् (6, 34-35) में आया है।
2. यही वर्णन देवतामूर्तिप्रकरणम् (6, 43-44) एवं रूपमण्डनम् (4, 32-33) में आया है। पाठान्तर 'एकपीठसमारूढं तनुत्रयनिवासिनम्' भी है। यह प्रतिमा तीनों ही प्रधान देवताओं की एकता की प्रतीक

हरिहरहिरण्यगर्भः —

चतुर्वक्त्रं चाष्टबाहुं चतुष्कैकनिवासनम्।
ऋज्वागतो मुखः कार्यः पद्महस्तो दिवाकरः॥ 32॥
खट्वाङ्ग-त्रिशूलहस्तो रुद्रो दक्षिणतः शुभः।
कमण्डलुं चाक्षसूत्रमपरे स्यात् पितामहः॥ 33॥
वामे तु संस्थितश्चैवं शङ्खचक्रधरो हरिः।
एवं विधं प्रकर्तव्यं सर्वकामफलप्रदम्॥ 34॥

इति हरिहरहिरण्यगर्भः।

(विष्णु, शिव, ब्रह्मा और सूर्य की समन्वित रूप) हरिहरहिरण्यगर्भ की प्रतिमा चतुर्मुख, आठ भुजाओं वाली एवं चारों ही स्वरूप एक ही चौकी-स्थान पर हों। ऋज्वागत (सीधा, पूर्वी) मुख सूर्य का होगा जिनके दोनों हाथों में पद्म होंगे। शिव का मुख इसके दाहिनी ओर एवं क्रमशः खट्वाङ्ग तथा त्रिशूल हाथों में होंगे। पश्चिम में ब्रह्म मुख एवं भुजाओं में कमण्डलु एवं अक्षसूत्र होगा। इसके बाद, बायीं ओर विष्णु का मुख क्रमशः शङ्ख, चक्र धारण किए होगा। इस प्रकार से बनवाई गई प्रतिमा समस्त मनोरथों को सिद्ध करने वाली होती है।[1]

चन्द्रार्कपितामहः —

षड्भुजं च चतुर्वक्त्रं सर्वाभरणभूषितम्।

है जिसका उत्स वायुपुराण (द्वितीय खण्ड, 5, 85-86) के उन श्लोकों में है जिसमें इन देवताओं को रज, तम और सत्व का प्रतीक कहा है।

1. यही वर्णन सर्वप्रथम समराङ्गणसूत्रधार में आया है जहाँ कहा गया है कि हर (महादेव), हिरण्यगर्भ (ब्रह्मा), हरि (विष्णु) एवं दिनकर (सूर्य)— ये चारों ही प्रसिद्ध देव हैं और समस्त देवताओं के द्वारा पूजनीय भी हैं। इन एक्य-स्वरूप-समन्वित देवों का पृथक् निवेशन करना चाहिए। आठ भुजा, चार मुख वाले, कुण्डल और उज्वल मुकुट धारण किए और हार, केयूर से युक्त रत्नमालाओं से शोभायमान सूर्य की प्रतिमा को पद्म हाथों में लिए और ऋषियों से अभिवन्दित करते हुए बनाएँ। वाम भाग में शंख और चक्र धारण किए मधुसूदन विष्णु को कण्ठाभरण से युक्त, सिर पर उज्वल मुकुट धारण किए हुए बनाना चाहिए। (ब्रह्मा प्रतिमा) पितामह ब्रह्मा को पश्चिम में बृहज्जठर मण्डल (वृद्धावस्था व बड़े उदर से), कमण्डलु, अक्षसूत्र धारण किए और कूर्च (दाढ़ी-मूँछ) से विभूषित बनाएँ— हरो हिरण्यगर्भश्च हरिर्दिनकरोऽपि च। एते देवाः समाख्याता देवनामपि पूजिताः॥ पृथक्त्वेन च कर्तव्या एकरूपसमन्विताः। अष्टबाहुश्चतुर्वक्त्रः कुण्डली मुकुटोज्ज्वलः॥ हारकेयूरसंयुक्तो रत्नमालोपशोभितः। ऋष्यागतपुरः कार्यः पद्महस्तो दिवाकरः॥ शङ्खचक्रधरो देवो वामे च मधुसूदनः। कण्ठाभरणसंयुक्तो मूर्धा च मुकुटोज्ज्वलः॥ ब्रह्मा पश्चिमतः कार्यो बृहज्जठरमण्डलः। कुण्डिकामक्षसूत्रं च दधत् कूर्चविभूषितः॥ (समराङ्गण. 56, 307-311) अपराजित का वर्णन देवतामूर्तिप्रकरणम् (6, 45-47) में उद्धृत है।

कमण्डलुं चाक्षसूत्रमुभयोः [1]कमलधृत्करम् ॥ 35 ॥
मृणालमूर्ध्वकरयोः कर्तव्यं शुभलक्षणम्।
सर्वाभरणसम्युक्तं सर्वकामफलप्रदम् ॥ 36 ॥

इति चन्द्रार्कपितामहः।

(चन्द्रमा-सूर्य-ब्रह्मा) चन्द्रार्कपितामह की प्रतिमा छह भुजाओं, चार मुख वाली और समस्त आभूषणों से भूषित होगी। उसमें (ब्रह्मा के) दो हाथों में कमण्डलु और अक्षसूत्र होगा, (सूर्य के) दो हाथों में पद्म तथा ऊपर के शेष (चन्द्रमा के) दो हाथों में मृणाल धारण किए होंगे। यह शुभ लक्षणों से युक्त बनाएँ। इसको सभी आभरणों से युक्त करना समस्त मनोरथों की सिद्धि करने वाला है।[2]

इति सूत्रसन्तानगुणकीर्तिप्रकाशप्रोक्तश्रीभुवनदेवाचार्योक्तापराजितपृच्छायां दिक्पालादिविविधमूर्तिलक्षणाधिकारो नाम त्रयोदशोत्तर द्विशततमं सूत्रम् ॥ 213 ॥
इस प्रकार भुवनदेवाचार्य कृत सूत्रसन्तानगुणकीर्ति प्रकाश या अपराजितपृच्छा में दिक्पालादि विविध मूर्ति लक्षण अधिकार नामक दो सौ तेरहवाँ सूत्र पूर्ण हुआ ॥ 213 ॥

ब्रह्मसूर्यादिनवग्रहा नाम चतुर्दशोत्तर द्विशततमं सूत्रम् ॥ 214 ॥

अधुना ब्रह्मसूर्यादिनवग्रहमूर्तयः कमलासनः। विश्वकर्मोवाच —

ऋग्वेदादिविभेदेन कृतादियुगभेदतः।
विप्रादिवर्णभेदेन चतुर्वक्त्रश्चतुर्भुजः ॥ 1 ॥
ब्रह्मा पितामहश्चैव विरञ्चिः कमलासनः।
एकैकस्य यथा प्रोक्ता मूर्तिः स्यात्परमेष्ठिनः ॥ 2 ॥

(इस सूत्र में ब्रह्मा की कृतादि युगभेदानुसार पूजित एवं नवग्रह सहित सूर्य की प्रतिमाओं का वर्णन है। देवतामूर्तिप्रकरणम् में ये श्लोक उद्धृत किए गए हैं) विश्वकर्मा बोले कि ऋग्वेद सहित चार वेदों के भेद (ऋग्वेद, सामवेद, यजुर्वेद एवं अथर्ववेद), सतयुग आदि चार युग (कृतयुग, त्रेता, द्वापर एवं कलयुग), ब्राह्मण आदि चार वर्ण (विप्र, क्षत्रिय वैश्य एवं शूद्र) के अनुसार ही (कमलासन ब्रह्मा) चतुर्मुख एवं चार भुजाओं वाले होते हैं। इसी के अनुसार वे क्रमशः ब्रह्मा, पितामह,

---

1. 'एकजद्दकरम्?' इति प्रकाशित पाठः।
2. यह स्वरूप भुवनदेवाचार्य की विशिष्ट देन है, जिसे बाद में सूत्रधार मण्डन ने देवतामूर्तिप्रकरणम् (6, 48-49) में उद्धृत किया है।

विरञ्चि और कमलासन कहे जाते हैं। इन्हीं एक-एक परमेश्वर की प्रतिमा का वर्णन आगे होगा।

अक्षसूत्रं करे दक्षे शुचि(?स्रुचि)स्तस्योर्ध्वतः स्थिता।
पुस्तकं वामहस्ते च तस्याधस्तात् कमण्डलुः ॥ 3 ॥
कमलासनमूर्तिः स्यात्सर्ववर्णहितप्रदा।
कलौ युगे भवेच्चैवं कर्तृकप्रवरादिषु ॥ 4 ॥

इति कमलासनः।

उन (ब्रह्मा) के नीचे के दाहिने हाथ में अक्षसूत्र एवं माला, ऊपर के हाथ में स्रुचि (यज्ञ का कर्छा), ऊपर के बायें हाथ में पुस्तक एवं नीचे के हाथ में कमण्डलु होता है। कमल के आसन पर विराजित यह (कमलासन) प्रतिमा समस्त वर्णों के हित प्रदायक है— कलियुग में कर्ता एवं प्रवरादि के लिए भी।[1]

विरञ्चिः —

अक्षसूत्रं पुस्तकं च शुचि(?स्रुचि)श्चैव कमण्डलुः।
विरञ्चेः सा भवेन्मूर्ति द्वापरे सुखदायिनी ॥ 5 ॥

इति विरञ्चिः।

विरञ्ची नामक ब्रह्मा की मूर्ति की चारों भुजाओं में अनुक्रम से अक्षसूत्र, पुस्तक, स्रुचि और कमण्डलु होता है, यह प्रतिमा द्वापर युग में सुखदायिनी मानी गई है।[2]

पितामहः —

कमण्डलुश्चाक्षसूत्रं श्रुवाश्च पुस्तकं तथा।
पितामहस्य मूर्तिः स्यात् त्रेतायां सुखदायिनी ॥ 6 ॥

इति पितामहः।

पितामह नामक मूर्ति की चारों भुजाओं में प्रदक्षिणतः कमण्डलु, अक्षसूत्र, श्रुवा और पुस्तक होते हैं। पितामह की यह प्रतिमा त्रेतायुग में सुखदायिनी है।[3]

ब्रह्मणो मूर्तिः —

पुस्तकं चाक्षसूत्रं च श्रुवाश्चैव कमण्डलुः।

---

1. यही वर्णन देवतामूर्तिप्रकरणम् (4, 2-4) में उद्धृत है किन्तु वहाँ द्वितीय श्लोक का अभाव है। रूपमण्डनम् (2, 6) में पहला श्लोक ही उद्धृत किया गया है।
2. यही श्लोक देवतामूर्तिप्रकरणम् (4, 5) में उद्धृत है।
3. यही वर्णन देवतामूर्तिप्रकरणम् (4, 6) में 'शुचिर्वै पुस्तकं तथा' पाठान्तर सहित उद्धृत है।

ब्रह्मणः सा भवेन्मूर्तिः कृते तु सुखदायिनी॥ 7॥

ब्रह्मा की मूर्ति की चारों भुजाओं में अनुक्रम से पुस्तक, अक्षसूत्र, श्रुवा और कमण्डलु होंगे। यह प्रतिमा कृतयुग में सुखदायिनी मानी गई है। (ये युगानुसार प्रतिमाएँ हैं)।

ब्रह्मा: —

ब्रह्मा सुवक्त्रः सुभावः कर्णसंस्थितकुण्डलः।
किरीटमालाशोभाढ्य समांस गलकेशकः॥ 8॥
तप्तकाञ्चनवर्णाभो मणिरत्नहारोज्ज्वलः।
मुक्ताकटककेयूर सर्वाभरण भूषितः॥ 9॥

इति ब्रह्मणो मूर्तिः।

ब्रह्मा की प्रतिमा सुन्दर मुख और सुस्थिर भाव में स्थित होगी। कानों में कुण्डल होंगे। सिर पर किरीट मुकुट होगा, मालाओं की शोभा, पुष्टकाय, गले में केश (श्मश्रु), तपे हुए सोने जैसे आभा, मणि रत्नों के हार धारण किए, मुक्तामय कटक, केयूर आदि समस्त आभूषणों से विभूषित होगी।[1]

नवग्रहसहिता सूर्यमूर्तिः —

आदित्यस्य प्रवक्ष्यामि मूर्तिं नवग्रहान्विताम्।

---

1. मत्स्यपुराण में ब्रह्मा की मूर्ति के निम्न लक्षण हैं— ब्रह्मा कमण्डलुधरः कर्तव्यः स चतुर्मुखः हंसारूढः क्वचित् कार्यः क्वचिच्च कमलासनः॥ वर्णतः पद्मगर्भाभश्चतुर्बाहुः शुभेलणः। कमण्डलुं वामकरे स्रुवं हस्ते तु दक्षिणे॥ वामे दण्डधरं तद्वत् स्रुवञ् चापि प्रदर्शयेत्। मुनिभिर्देवगन्धर्वैः स्तूयमानं समन्ततः॥ कुर्वाणमिवं लोकांस्त्रीञ् शुक्लाम्बरधरं विभुम्। मृगचर्मधरं चापि दिव्ययज्ञोपवीतिनम्॥ आज्यस्थालीं न्यसेत् पार्श्वे वेदांश्च चतुरः पुनः। वामपार्श्वेऽस्य सावित्रीं दक्षिणे च सरस्वतीम्॥ अग्रे च ऋषयस्तद्वत् कार्याः पैतामहे पदे। (मत्स्य. 260, 40-45)
दीप्तागम के अनुबन्ध में ब्रह्मा की प्रतिमा के लक्षण इस प्रकार आए हैं— चतुवक्त्रं चतुर्बाहुं कमण्डल्वक्षधारिणम्॥ रक्तवर्णं जटाजूटयुक्तं यज्ञसूत्रोत्तरीयकम्। रक्तक्षौमधरं देवं वरदाभयहस्तकम्॥ अक्षमालाधारं सव्ये वामहस्ते कमण्डलुम्। आसीनं वा स्थितं वाथ कुर्यात्पद्मासनास्थितम्॥ सावित्री वाक्पती चैव उभयोः पार्श्वयोः स्थिताः। (दीप्ता. पटल 16, अनुबन्ध 2, 1-4)
इसी प्रकार मयमतम् में कहा गया है कि वे महा कमलनाल पर आसीत हैं। सृष्टिकर्ता ब्रह्मा की मूर्ति को चतुर्मुख और चतुर्हस्त बनाया जाना चाहिए। वे तृप्त स्वर्ण-वर्ण हैं। उनके सिर पर केशों का बन्धित मुकुट है और विद्युत रश्मियों की भाँति प्रभविष्णुयुक्त हैं— (अधुना सम्प्रक्ष्यामि ब्रह्मरूपं महानल।) चतुर्मुखश्चतुर्बाहुः तप्तकाञ्चनसन्निभः। विद्युद्दामपिशङ्गार्चिजटामकुटबन्धनः॥ कुण्डली चाङ्गदी हारी मृगचर्मोत्तरीयकः। उत्तरीयोपवीतं च गलान्ते सन्निवेशयेत्॥ बभ्रूरू मौञ्जिकाधारः शुक्लमाल्याम्बरः शुचिः। अक्षमाला च कूर्चश्च दक्षिणे तु करद्वये॥ कमण्डलुकुशौ वामे स्रुक् स्रुवं वाऽथ दक्षिणे। आज्यस्थालीं कुशं वाऽपि वामहस्ते प्रदापयेत्॥ वरदाभयहस्तो वा जटामुकुटमण्डितः। वामभागे तु सावित्री भारती दक्षिणेंऽशके॥ ऋषयः परिवारास्तु हंसारूढः कुशध्वजः। आसीनो वा स्थितो ब्रह्मा पद्मासनमुदाहृतम्॥ (मय. 36, 2-7)

रक्तवर्णो महातेजाः शतपद्मोपरिस्थितः ॥ 10 ॥
सर्वलक्षणसंयुक्तः सर्वाभरणभूषितः ।
द्विभुजश्चैकवक्त्रश्च श्वेतपङ्कजधृत्करः ॥ 11 ॥
तेजोवर्तुलबिम्बस्य मध्यस्थो रक्तवाससः ।
इदमादित्यरूपं स्यात् सर्वपापप्रणाशनम् ॥ 12 ॥

अब मैं नौ ग्रहों सहित सूर्य की प्रतिमा के विषय में कहता हूँ। रक्तवर्ण, महान दीप्तिशाली, सौ पद्मों के आसन पर स्थित सूर्य की प्रतिमा को समस्त लक्षणों से युक्त एवं समस्त आभूषणों से विभूषित करना चाहिए। वे दो हाथों वाले, एक मुख तथा हाथों में श्वेतकमल धारण किए होंगे। तेजमय, वर्तुलाकार बिम्ब के मध्यस्थ और लाल ही वस्त्रों में होंगे। इस प्रकार आदित्य का प्रतिमा स्वरूप हों तो वह समस्त पापों का विनाश करने वाला कहा जाता है।

तत्रैव ग्रहावर्णाः —

श्वेतवर्णो भवेत्सोमो रक्तो ह्यङ्गारकस्तथा ।
बुधश्च पीतवर्णाभस्तादृग्रूपं गुरोस्तथा ॥ 13 ॥
गोक्षीरधवलः शुक्रः कृष्णवर्णः शनैश्चरः ।
राजावर्तनिभो राहुर्धूम्रः केतुः सदा भवेत् ॥ 14 ॥

इस प्रतिमा के साथ बनाएँ जाने वाले ग्रहों में सोम श्वेत वर्ण, मङ्गल रक्त वर्ण, बुध पीत वर्ण, उसी प्रकार गुरु भी पीत वर्ण, शुक्र गाय के दूध के समान धवल, शनि कृष्ण वर्ण, राहु राजावर्त के समान और केतु धूएँ जैसे वर्ण के होंगे।

तस्य आयुधादीनां —

सोमः कमलहस्तः स्यात् कुजो दण्डकमण्डलू ।
योगासनस्थश्च बुधो गुरुश्चाऽक्षकमण्डलू ॥ 15 ॥
अक्षं कमण्डलुं शुक्रः शनिर्दण्डकमण्डलू ।
अर्धकायः स्थितो राहुः केतुः करपुटाकृतिः ॥ 16 ॥

इसी प्रकार सोम के हाथ में कमल, मङ्गल के हाथ में दण्ड व कमण्डलु, बुध योगासनस्थ, गुरु अक्ष एवं कमण्डलु, शुक्र भी अक्षसूत्र एवं कमण्डलु, शनि दण्ड एवं कमल लिए होंगे। राहु आधी काया में स्थित और केतु अञ्जलिबद्ध मुद्रा में होंगे।

तस्य वाहनाः —

सप्ताश्वरथआदित्यश्चन्द्रो दशहयः स्मृतः ।

मेषारूढोऽङ्गारकश्च बुधः सर्पासनस्थितः ॥ 17 ॥

सूर्य सप्ताश्व-वाहन हैं, चन्द्रमा को दस अश्वों पर सवार जाने। मङ्गल मेषारूढ़ और बुध सर्पासन पर विराजित होंगे।

हंसारूढं गुरुं विद्यात् शुक्रं दर्दुरवाहनम्।
शनिं च महिषारूढं राहुं वै कुण्डमध्यगम्॥ 18 ॥

गुरु हंसारूढ़ होते हैं जबकि शुक्र दर्दुर-वाहन, शनि महिषारूढ़ एवं राहु कुण्ड मध्य स्थित (कुण्ड से उठा हुआ मुख) कहे गए हैं।

सर्पपुच्छाकृतिं केतुं शनिं दंष्ट्राकरालकम्।
किरीटमाला शोभाढ्याः सर्वाभरणभूषिताः ॥ 19 ॥

इति ग्रहसहिता सूर्यमूर्तिः।

केतु को सर्पपुच्छ के सदृश्य बनाएँ, शनि की प्रतिमा में भयानक दाढ़े होंगी। ये सभी किरीट मालाधारी व शोभित स्वरूप में समस्त आभूषणों से विभूषित होंगे।[1]

इति सूत्रसन्तानगुणकीर्तिप्रकाशप्रोक्तश्रीभुवनदेवाचार्योक्तापराजितपृच्छायां ब्रह्मसूर्यादिनवग्रहाधिकारो नाम चतुर्दशोत्तर द्विशततमं सूत्रम्॥ 214 ॥

इस प्रकार भुवनदेवाचार्य कृत सूत्रसन्तानगुणकीर्ति प्रकाश या अपराजितपृच्छा में ब्रह्मा सूर्यादि नवग्रहाधिकार नामक दो सौ चौदहवाँ सूत्र पूर्ण हुआ॥ 214 ॥

सर्वप्रतिमा नाम पञ्चदशोत्तर द्विशततमं सूत्रम्॥ 215 ॥

अधुना सर्वप्रतिमालक्षणे विष्णुमूर्तेश्च लक्षणं। विश्वकर्मोवाच —

अथातः सम्प्रवक्ष्यामि विष्णुमूर्तेश्च लक्षणम्।
वर्णभेदानुक्रमं च मूर्तीनां च पृथग्विधिम्॥ 1 ॥

(सर्वप्रतिमा नामक इस सूत्र में विष्णु की वर्णभेदानुक्रम से प्रतिमाओं के लक्षण दिए गए है, बाद में खण्डित, व्यङ्गित प्रतिमाओं के दोष, जीर्णोद्धार विचार

---

1. मत्स्यपुराण में सूर्य की प्रतिमा के लक्षण इस प्रकार आए हैं— प्रभाकरस्य प्रतिमामिदानीं शृणुत द्विजाः। रथस्थं चैकचक्रं च रथं तस्य प्रकल्पयेत्॥ सप्ताश्वं चैकचक्रं च रथं तस्य प्रकल्पयेत्। मुकुटेन विचित्रेण पद्मगर्भसमप्रभम्॥ नानाभरणभूषाभ्यां भुजाभ्यां धृतपुष्करम्। स्कन्धस्थे पुष्करे ते तु लीलयैव धते सदा॥ चोलकच्छन्नवपुषं क्वचिच्चित्रेषु दर्शयेत्। वस्त्रयुग्मसमोपेतं चरणौ तेजसावृतौ॥ प्रतीहारौ च कर्तव्यौ पार्श्वयोर्दण्डिपिङ्गलौ। कर्तव्यौ खड्गहस्तौ तौ पार्श्वयोः पुरुषावुभौ॥ लेखनीकृतहस्तं च पार्श्वे धातारमव्ययम्। नानादेवगणैर्युक्तमेवं कुर्याद् दिवाकरम्॥ अरुणः सारथिश्चास्य पद्मिनीपत्रसंनिभः। अश्वौ सुवलयग्रीवावन्तस्थौ तस्य पार्श्वयोः॥ भुजङ्गरज्जुभिर्बद्धाः सप्ताश्वा रश्मिसंयुताः। पद्मस्थं वाहनस्थं वा पद्महस्तं प्रकल्पयेत्॥ (मत्स्य. 261, 1-8)

के साथ ही वाहिका और तोरण के सम्बन्ध में निर्देश है। यह वर्णन कालान्तर में देवतामूर्तिप्रकरण, रूपमण्डनम् एवं प्रासादमञ्जरी में भी उद्धृत हुआ है) विश्वकर्मा कहते हैं कि अब मैं विष्णु की प्रतिमा के लक्षणों को कहता हूँ। वर्णभेद के क्रम से इनकी प्रतिमाओं की पृथक्-पृथक् विधि है।

वर्णभेदानुसारेण विष्णुमूर्तिनां शुभदत्वमाह —

केशवो नारायणश्च माधवो गोविन्दस्तथा।
स्थापिता मूर्तयश्चैषां विप्राणां च सुखावहाः॥ 2॥

विष्णु की केशव, नारायण, माधव और गोविन्द की मूर्तियों की स्थापना ब्राह्मणों के लिए सुखदायी कही गई है।

विष्णोर्मधुसूदनस्य क्षत्रियस्य फलप्रदे।
त्रिविक्रमवामनयोः स्थापनं वैश्यसौख्यदम्॥ 3॥
स्थापिताश्रैधरी मूर्तिः शूद्रस्याऽपि सुखावहा।

विष्णु, मधुसूदन की स्थापना क्षत्रियों के लिए फलदायी है जबकि त्रिविक्रम और वामन की प्रतिमाओं की स्थापना वैश्यों के लिए सुखकारक है। श्रीधर की मूर्ति शूद्रों के लिए सुखावह मानी गई है।[1]

रजकानां चर्मकारनटानां वरटस्य च॥ 4॥
कैवर्तमेदभिल्लानां हृषीकेशः सुखावहः।

धोबियों, चर्मकार-मोचियों, नटों और वरटों-म्लेच्छों, केवटों, मेदों और भीलों के लिए हृषिकेश की प्रतिमा की स्थापना करना सुख प्रदायक है।[2]

कुम्भकारो वणिग्वेश्या चक्रिकध्वजिनावपि॥ 5॥
एतेषां प्रकृतीनां च सर्वेषां च सुखावहः।
पद्मनाभः सुविख्यातः स्थाप्यो देवश्चतुर्भुजः॥ 6॥

कुम्भकारों-कुम्हार-प्रजापतियों, वणिक-वेश्या, तेलियों के लिए भी विष्णु प्रतिमा उनकी प्रकृति के अनुसार सर्वथा सुखकारक है। इनको पद्मनाभ की विख्यात चतुर्भुजी प्रतिमा की स्थापना करनी चाहिए।

---

1. तुलनीय— देवतामूर्ति. (5, 1-3) एवं रूपमण्डनम् (3, 3-5)
2. मेदों के दमन से ही मेवाड़ का दमन हुआ माना जाता है, पुराने शिलालेखों, एकलिङ्गमाहात्म्य आदि ग्रन्थों में मेवाड़ के लिए 'मेदपाट' की संज्ञा इसी अर्थ में आई है— मेदिनी मेदसां पूरैः पूर्णा सम्प्रति वर्तते। (एकलिङ्ग. 3, 3) इस पूरे ही अञ्चल में भीलों की बहुतायत रही है और ग्रन्थकार इनमें आ रहे परिवर्तन से परिचित हुआ था, ऐसा प्रतीत होता है। चर्मकारों द्वारा चमड़े धोने के कारण ही मेवाड़ की सीमा पर बहने वाली चम्बल नदी चर्मण्यवती कहलाती थी।

वांस्त्र्यम्बकः श्रीमान् दण्डिनां च विशेषतः।
दामोदरः समाख्यातस्तथा च ब्रह्मचारिणाम्॥ 7॥

वासत्र्यम्बक, श्रीमानों, दण्डिनों के लिए विशेष रूप से दामोदर की प्रतिमा करें। ब्रह्मचारियों को भी इसी रूप की प्रतिमा करनी चाहिए।

यच्छन्त्येते शुभं राज्यं भृत्यपुत्रकलत्रकम्।
हरिं हरं हेमगर्भं नारसिंहमतः परम्॥ 8॥

जो लोग शुभ, राज्य, सेवक, पुत्र, पत्नी की इच्छा करते हों, वे हरिहर, हेमगर्भ, नृसिंह की पूजा-स्थापना करें।

वामनं चैव वाराहं सर्ववर्णेषु कारयेत्।
धनं धान्यं च सौभाग्यं लभन्ते कर्तृकावराः॥ 9॥

वामन और वराह की प्रतिमा सभी वर्ण वालों को करनी चाहिए। इससे कर्ता व कर्मी दोनों ही धन-धान्य और सौभाग्य का लाभ प्राप्त करते हैं।

व्यङ्गितस्फुटजीर्णादिमूर्तिनां दोषादोषविचारः —

स्थापिता चैव यन्मूर्तिर्व्यङ्गिता चेद्विसर्जयेत्।
तन्मूर्तिश्च प्रकर्तव्या नाऽन्यमूर्तिं प्रवेशयेत्॥ 10॥

यदि स्थापित प्रतिमा टूट-फूट जाए तो उसको विसर्जित कर देनी चाहिए और उस प्रतिमा के स्थान पर अन्य मूर्ति का निवेश करना चाहिए।

नखकेशाद्यङ्गकैश्च हारैः कण्ठविभूषणैः।
कङ्कणैः कटिसूत्रैश्च किरीटकुण्डलादिभिः॥ 11॥
वनमाला तुरगाद्या! नूपुरैः पादकङ्कणैः।
शस्त्राद्यायुधभेदेश्च व्यङ्गितामपि तां त्यजेत्॥ 12॥

यदि स्थापित प्रतिमा के नख, केश जैसे अङ्ग, हार, कण्ठाभरण, कङ्कण, कटिसूत्र, किरीट-मुकुट, कुण्डल, वनमाला, नूपुर, पाँवों के कङ्कण, शस्त्र, आयुध पूरे ही विभेदित हो जाएँ तो उसे त्याज्य जाने।

नखकेशाभूषणादिशस्त्रवस्त्राद्यलङ्कृतिः।
विषमा व्यङ्गिता नैव दूषयेन्मूर्तिमङ्गकम्॥ 13॥

किन्तु, यह ज्ञातव्य है कि प्रतिमा में केवल नख, केश, आभूषणादि, शस्त्र, वस्त्र आदि अलङ्करण विषम या खण्डित हो जाए[1], तो वह कभी दूषित नहीं मानी जाती है।

---

1. देवतामूर्तिप्रकरणम् में आया है कि स्थापित की गई प्रतिमा के अङ्ग, प्रत्यङ्ग खण्डित हो जाए तो उस

शान्तिपुष्ट्यादि कृत्यैश्च पुनः सा च समीकृता।
पुनारथोत्सवं कृत्वा प्रतिमा अर्चयेच्छुभाः ॥ 14 ॥

प्रतिमा के दूषित होने पर शान्ति-पुष्टि आदि विधान करने चाहिए और पुनः उसे समीकृत करना चाहिए। इस अवसर पर रथोत्सव करें और शुभ प्रतिमा की ही अर्चना करनी चाहिए।[1]

अङ्गोपाङ्गैश्च प्रत्यङ्गैः कथंचिद् व्यङ्गदूषिता।
विसर्ययेत्तां प्रतिमामन्यमूर्तिं प्रवेशयेत्॥ 15 ॥

प्रतिमा में यदि अङ्गोपाङ्ग, प्रत्यङ्ग यदि खण्डित और दूषित हो जाए तो उसे विसर्जित कर अन्य प्रतिमा का निवेश करना चाहिए।

जीर्णोद्धारक्रमयुक्तिं प्रतिष्ठादिभिराचरेत्।
प्रतिष्ठानन्तरे प्राज्ञः कुर्यादष्टमहोत्सवान्॥ 16 ॥

इस अवसर पर जीर्णोद्धार की युक्ति से क्रमशः विधान कर प्रतिष्ठादि कृत्यों का सम्पादन करना चाहिए।[2] प्रतिष्ठा के उपरान्त समझदार को आठमान का महोत्सव (आठमान का भण्डारा, जैसी कि परम्परा रही है) करना चाहिए।

याः खण्डिताश्च दग्धाश्च विशीर्णाः स्फुटितास्तथा।
न तासां मन्त्रसंस्कारो गतासुस्तत्र देवता॥ 17 ॥

प्रतिमा को त्याग दिया जाना चाहिए किन्तु यदि नख, आभूषण, माला अथवा शस्त्र खण्डित हो जाए तो वह अत्याज्य होती है— अङ्गप्रत्यङ्ग भग्ना या मूर्तिः स्थाप्या विसर्जयेत्। नखाभरणमालास्त्रैर्भग्नां तां न विसर्जयेत्॥ (5, 7)

1. मत्स्यपुराण में दूषित प्रतिमाओं के दोषादोष पर इस प्रकार विचार हुआ है— नाधिकाङ्गा न हीनाङ्गाः कर्तव्या देवताः क्वचित्॥ स्वामिनं घातयेन्न्यूना करालवदना तथा। अधिका शिल्पिनं हन्यात् कृशा चैवार्थनाशिनी॥ कृशोदरी तु दुर्भिक्षं निर्मांसा धननाशिनी। वक्रनासा तु दुःखाय संक्षिप्ताङ्गी भयङ्करी॥ चिपिटा दुःखशोकाय अनेत्रा नेत्रनाशिनी। दुःखदा हीनवक्त्रा तु पाणिपादकृशा तथा॥ हीनाङ्गा हीनजङ्घा च भ्रमोन्मादकरी नृणाम्। शुष्कवक्त्रा तु राजानं कटिहीना या भवेत्॥ पाणिपादविहीना या जायते मारको महान्। जङ्घाजानुविहीना च शत्रुकल्याणकारिणी॥ पुत्रमित्रविनाशाय हीनवक्षःस्थला तु या। सम्पूर्णावयवा या तु आयुर्लक्ष्मीप्रदा सदा॥ एवं लक्षणमासाद्य कर्तव्यः परमेश्वरः। (मत्स्य. 259, 15-21)

2. पाञ्चरात्रोक्त विष्णुसंहिता में 92 श्लोकों में जीर्णोद्धारविधि का वर्णन किया गया है। जीर्णोद्धार का फल स्थापना से दस गुणा अधिक बताया गया है। जीर्ण हो जाने के उपरान्त प्रतिमा को शीघ्र ही नवीकृत कर प्रतिष्ठित करने का निर्देश है- अथ वक्ष्यामि संक्षिपाज्जीर्णोद्धारविधिं परम्। स्थापनात् सर्वथा कार्यो यस्मिन् दशगुणो विधिः॥ सर्वात्मनो होर्पिम्बे भङ्गे जीर्णे चले स्थिते। ग्राम राष्ट्रादिनाशः स्यात् तस्मात् कार्या तदुद्धृतिः॥ देहं देही यथा जीर्णं त्यक्त्वा देहान्तरं व्रजेत्। त्यक्त्वा जीर्णं तथा बिम्बं देवोऽपि भजते नवम्॥ अर्चां त्यजति देवेशो जीर्णां जीर्णामिव स्रजम्। मा विक्षन् यातुधाना इत्युद्धरेदविलम्बितम्॥ (24, 1-4) आत्रेयतिलक नामक ग्रन्थ में उद्धार कार्य-विषयका महत्व इस रूप में हुआ है— जीर्णोद्धरणमर्च्चानां कृतं येन महात्मना। युगकोटिसहस्राणि देवलोकमहीयते। (आत्रेय. 243)

यदि प्रतिमा खण्डित हो जाए, जल जाए, विशीर्ण हो जाए या फट जाए तो वहाँ पर मन्त्र, संस्कार आदि नहीं करें क्योंकि वहाँ से देवता चले जाते हैं, ऐसी प्रतिमा में देवत्व नहीं होता है।

परे वर्षशताद्देवाः स्थापिताश्च महत्तरैः।
सान्निध्यं सर्वकालं तु व्यङ्गितानपि न त्यजेत्॥ 18॥

किन्तु, जिस प्रतिमा की स्थापना को सौ से अधिक वर्ष हों गए हों और जिसे किसी महात्मा ने स्थापित किया हों तो उसे सर्वकाल बने रखना चाहिए, यदि वह टूट भी जाए तो भी उसे त्यागना नहीं चाहिए।[1]

पतनाद् व्यङ्गिता देवास्तेषां दुरितमुद्धरेत्।
स्नपनोत्सवयात्रासु पुनारूपाणि चाचरेत्॥ 19॥

यदि प्रतिमा लाते-ले जाते गिरने से टूट गई हों तो उसका उद्धार अपेक्षित होता है, उसको स्नान करवाए, यात्रादि उत्सव करें और पुनः संस्कार करें।

नवैरेवापि जीर्णैर्वा ह्यर्चा चा चाऽपि शोभना।
परिष्कारेऽपरिष्कारे तत्रदोषे न विद्यते॥ 20॥

प्रतिमा चाहे नई हों अथवा जीर्ण किन्तु वह शोभाकारक हो, परिष्कृत हों या अपरिष्कृत, उसमें कोई दोष नहीं होता है।

वाहिकाक्रमः —

चतुर्भुजे वा द्विभुजे तस्यान्ते वाहिका क्रमम्।
युग्मतालौ पृथगेका वाहिका पृथुमानतः॥ 21॥
तत्तुल्यं च भवेद्दैर्घ्यं वाहिकानां प्रमाणकम्।

---

1. रूपमण्डनम् में कहा गया है— अतीताब्दः शता मूर्तिः पूज्या स्यान्महत्तमैः। खण्डिता स्फुटिताऽप्यर्च्या अन्यथा दुःखदायका॥ धातुरत्नविलेपोत्था व्यङ्गाः संस्कारयोग्यका। काष्ठपाषाणजा भग्नाः संस्कारार्हा न देवताः॥ (रूप. 1, 11-12) इसी प्रकार प्रासादमञ्जरी के रूपाधिकार में आया है— महत्तमैस्थागितार्चं व्यङ्गितानपि न (सं?) त्यजेत्। व्यङ्गेर्वाहनभूषाश्रोपा सकेर (?) परामृषी॥ (प्रासादमञ्जरी 3, 195) अग्निपुराण में कहा गया है कि यदि शिवलिङ्ग में कोई दोष नहीं हो, नदी की धारा से उसके कट जाने की सम्भावना दिखाई देती हो तो उसे शास्त्रोक्त विधि से अन्यत्र स्थापित कर दिया जाना चाहिए। सुस्थापित तथा दुःस्थापि शिवलिङ्ग को चलायमान नहीं करना चाहिए। सौ बार हवन कर शिवलिङ्ग की स्थापना करें और हजार बार हवन कर पूर्वोक्त स्थिति में स्थानान्तरित करने के लिए उखाड़ना चाहिए। जीर्ण लिङ्ग की भी यदि पूजा होती हो तो वह सुस्थिर होता है जबकि यदि नया भी हो और पूजा नहीं होती हो तो दुःस्थित होता है— ... निर्व्रणं च भवेद्यदि। नादयेन प्रवाहेण तदपाक्रियते यदि॥ ततोऽन्यत्रापि संस्थाप्य विधिदृष्टेण कर्मणा। सुस्थितं चास्थितं वाऽपि शिवलिङ्ग न चालयेत्॥ शतेन स्थापनं कुर्यात्सहस्त्रेण तु चालनम्। पूजादिभिश्च संयुक्तं जीर्णाद्यमपि सुस्थितम्॥ (अग्नि. 103, 4-6)

प्रतिमा चाहे चार भुजा वाली हों या दो भुजा वाली, उसके अन्त में वाहिका (प्रतिमा के चतुर्दिक परिकर) को करें। यह दो ताल से होगी, अन्य वाहिका मोटाई के मान से भी बनाई जाती है। इस मोटाई के बराबर ही प्रतिमा के उस वाहिका का दैर्घ्य यानी विस्तार का प्रमाण कहा गया है।

देवताक्रम तद्रूपं ? तोरण छन्दमीदृशम्॥ 22॥
वाहिकास्तोरणे ? कुर्याद् यस्य देवस्य ये गणाः।

देवता के क्रम व उसके रूप के समान ही उसके लिए छन्द विधि से तोरण बनाएँ। वाहिका के तोरण पर उक्त देवता के गणों को बनाएँ।

शान्तिदां: सर्वकालेषु सर्वविघ्नप्रणाशनाः॥ 23॥
द्वारशाखाकारनिकरार्धरकथकान्विताः ?।
वाहिका बाह्यपक्षे तु गजैः सिंहैरलङ्कृताः॥ 24॥

ऐसा करना शान्तिकारक और सर्वकाल समस्त विघ्नों का विनाश करने वाला है। द्वारशाखा के आकार की तरह ही आधे निकर-दर्पणों से उसे युक्त करें। वाहिका के बाह्य भाग में गज, सिंहों का अलङ्करण करना चाहिए।

लीलोदरललितश्रीपुञ्जनन्दिवर्धनचित्रकूटेतिपञ्चप्रकारतोरणलक्षणम् —

तदूर्ध्वं तोरणं कुर्यात् पञ्चधा प्रोच्यते बुधैः।
लीलोदरं च ललितं श्रीपुञ्जं नन्दिवर्धनम्॥ 25॥
चित्रकूटाभिधेयं च पञ्चमं तोरणं मतम्।

इस वाहिका के ऊपर तोरण करना चाहिए, ऐसा ज्ञानियों ने कहा है। इसके तोरण पाँच प्रकार के कहे गए हैं— 1. लीलोदर, 2. ललित, 3. श्रीपुञ्ज, 4. नन्दीवर्धन और 5. पाँचवाँ चित्रकूट संज्ञक।[1]

ललितं चेलिकाकारं त्रिरथिकं लीलोदरम्॥ 26॥
श्रीपुञ्जं पञ्चरथिकं सप्तभिर्नन्दिवर्धनम्।
नवभिश्च रथैर्युक्तं चित्रकूटं च कामदम्॥ 27॥
रथिका याम्योत्तरयोर्मकरी विकृतानना।
रथिकोभपक्षे तु ईलिका वलणैर्युता॥ 28॥

---

1. रूपमण्डनम् (6, 38) में 'लतितं चेतिकाकारं त्रिरथं बलितोदरम्। श्रीपुञ्जं पञ्चरथिकं सप्तावा (सप्तमा-) नन्दवर्धनम्॥' पाठान्तर का टीकाकार बलदेव श्रीवास्तव ने अर्थ किया है कि ललित, चेतिकाकार, त्रिरथ, बलितोदर, श्रीपुञ्ज, पञ्चरथिक और सातवाँ आनन्दवर्धन- ये सात प्रकार की रथिकाएँ होती हैं। इसके विपरीत अपराजित के श्लोक में पाँच ही प्रकार के तोरणों का वर्णन है जो उचित जान पड़ता है।

इनमें ललित नामक तोरण इलिकाकार बनता है, लीलोदर संज्ञक तोरण तीन रथिकाओं वाला बनता है। श्रीपुञ्ज नामक तोरण पाँच रथिकाओं वाला और नन्दीवर्धन सात रथिकाओं वाला होगा। चित्रकूट संज्ञक तोरण नौ रथिकाओं सहित रथ वाला होगा जो कामनाओं को पूर्ण करने वाला है। इसमें रथिका के उत्तर-दक्षिण में विकृत मुख वाली मकरी होगी। रथिका के आजू-बाजू में ईलिका को वलण सहित बनाना चाहिए।

अन्यदप्याह —

ब्रह्मविष्णू रविं कुर्याद् भद्राद्या गौरिकास्तथा।
चण्डिकां बुद्धमर्हन्तं गणनाथादि शोभनम्॥ 29॥

इसमें भद्रादि पर ब्रह्मा, विष्णु, सूर्य या गौरी को बनाना चाहिए। चण्डिका, बुद्ध और अर्हत-जिनदेव, गणनाथ की प्रतिमाओं से भी इसे शोभित करें।

यादृग्वर्णोद्भवा अर्चास्तादृक् परिकरादिकम्।
विवर्णादौ महादोषो घाट्यमाने तु सर्वतः॥ 30॥

जिस वर्ण की प्रतिमा बनी हो, उसी वर्ण का परिकर बनाना चाहिए। यदि इसमें विवर्ण होगा और प्रतिमा का घटित मान त्रुटित हो तो महादोष जानना चाहिए।

रत्नादिकोद्भवेष्वेवं मार्कतस्फाटिकादिषु।
नं वैवर्ण्याकीर्णदोषो ह्यर्चा परिकरादिषु॥ 31॥

मरकत, स्फटिकादि रत्नों, धातुओं से बनने वाली प्रतिमा में परिकर विवर्ण या विकीर्ण भी तो दोष नहीं माना जाएगा।

इति सूत्रसन्तानगुणकीर्तिप्रकाशप्रोक्तृश्रीभुवनदेवाचार्योक्तापराजितपृच्छायां सर्वप्रतिमाधिकारो नाम पञ्चदशोत्तर द्विशततमं सूत्रम्॥ 215॥

इस प्रकार भुवनदेवाचार्य कृत सूत्रसन्तानगुणकीर्ति प्रकाश या अपराजितपृच्छा में सर्व प्रतिमा अधिकार नामक दो सौ पन्द्रहवाँ सूत्र पूर्ण हुआ॥ 215॥

ऊर्ध्वासनस्थाशयनस्थार्चापरिकरो नाम षोडशोत्तर द्विशततमं सूत्रम्॥ 216॥

अधुना ऊर्ध्वासनस्थार्चापरिकरलक्षणं। विश्वकर्मोवाच —

आसनस्था तथैवार्चा शयनस्था विशेषतः।
तासामनुक्रमं युक्तिं वक्ष्ये परिकरादिकम्॥ 1॥

(इस सूत्र में उन प्रतिमाओं और परिकर के रूपालङ्कार का वर्णन है जो शिल्प में ऊर्ध्व, आसनस्थ और शयनस्थ कही गई है) विश्वकर्मा बोले कि अब मैं विशेष रूप से आसनस्था (बैठी हुई) और शयनस्था (सोई हुई) प्रतिमाओं के साथ बनने वाले परिकर[1] के विषय में अनुक्रम से युक्तिपूर्वक कहूँगा।

ऊर्ध्वासनस्थार्चापरिकरमाह —

पूर्वमानान्विताः कुर्यादर्चा वै सर्वशोभनाः।
पक्षद्वये भुजानां तु युग्मतालप्रविस्तरैः॥ 2॥
मकर्य्यैः कर्णिका वृत्ताः सुरूपाः लक्षणान्विताः।

पूर्व कथित मान के अनुसार सब दृष्टि से सुन्दर प्रतिमा को बनाना चाहिए। प्रतिमा में भुजाओं के दोनों ही ओर दो ताल प्रमाण से परिकर मकर, कर्णिकावृत्त सहित सुरूप, सुन्दर लक्षणों वाला बनाएँ।

तिलकोर्ध्वे मृगाङ्कः स्यान्मालाचयसमन्विताः॥ 3॥
कामदा बाह्यपक्षे तु गजसिंहादितः क्रमात्।
पृष्ठपट्टोद्भवा कार्यां वाहिकोभयमध्यतः॥ 4॥

उसमें तिलक के ऊपर भृगाङ्क और मालाओं की कतारें हो, कामदा बाहरी पक्ष में गज-सिंहादि को क्रम से बनाएँ और पृष्ठपट्ट के मध्य से वाहिका को दोनों ही ओर निकास युक्त करें।

प्रतिमास्कन्धकोत्सेधपृष्ठपट्टान्तवाहिका।
दोला च तोरणं कार्यं नेमिकाकाररूपके॥ 5॥

(ऊर्ध्व) प्रतिमा के स्कन्ध की ऊँचाई तक पृष्ठपट्ट वाहिका हो, इसमें हिन्दोला और तोरण को नेमिकाकार स्वरूप में करें।

त्रिरथिका तथा कार्यां छत्रत्रयसमन्विता।
अशोकपत्रकाकारा छत्रदण्डसमन्विता॥ 6॥

---

1. परिकर शब्दशास्त्रीय दृष्टि से 'परिकीर्य्यते' इति, के रूप में व्याख्यायित हुआ है। अमरकोष (3, 3, 195) में पर्यङ्क या परिवार के अर्थ में इसका प्रयोग हुआ है। मार्कण्डेयपुराण (16, 25) में प्रगाढ़गात्रिकाबन्ध के अर्थ में आया है जबकि साहित्यदर्पण में इसे अलङ्कार के अर्थ में प्रयुक्त किया गया है— उक्तिर्विशेषैः साभिप्रायैः परिकरो मतः। (साहित्य. 10, 75) प्रतिमाःशास्त्रों में मुख्य प्रतिमा के निकटक्षेत्र में शोभाकारक मुख्य अलङ्करण परिकर संज्ञक होता है। विष्णु का परिकर दशावतार से युक्त, शिव का पञ्चायतन परिवार, सूर्य का परिकर नवग्रह युक्त, देवी के पार्श्व में सप्तमातृकाएँ अथवा दुर्गा के नौ रूपों वाला होता है। जैन प्रतिमा में अष्टप्रतिहारी या लाञ्छनादि होते हैं तो राम की प्रतिमा में रामायण के आख्यानों का उत्कीर्णन होता है।

अधस्तात् फणिमण्डपं मयूरकान्ति सन्निभम्।
मयूरकस्य चाधस्तात् सिंहासनमलङ्कृतम्॥ 7॥

इसी प्रकार उसे त्रिरथिका और तीन छत्र से युक्त करें। अशोकपत्र (आशापाल के पल्लव) जैसी रचना और छत्र व दण्ड सहित बनाएँ। उनके नीचे फणिमण्डप भी बनाएँ जिसकी कान्ति मयूर की तरह हों। मयूर के नीचे अलंकृत सिंहासन को बनाएँ।

अर्चा चोर्ध्वोदये कार्या सिंहासनसमन्विता।
पक्षद्वये धर्मचक्रं गजसिंहैरलङ्कृतम्॥ 8॥
यक्षाः शासनदेवश्च तस्य चोभयपक्षतः।
एवमेव तथा कार्यं सिंहासनमलङ्कृतम्॥ 9॥

इस प्रतिमा में ऊपर, ऊँचाई वाले सिंहासन को युक्त करें और उभय पार्श्व यानी दोनों ही ओर धर्मचक्र बनाएँ। हाथी और सिंह के स्वरूप से अलंकृत भी करें।[1]

ऊर्ध्वाऽऽसनस्था चैवं स्यादर्चा सर्वशोभना।
तदुच्छ्रयत्रिभागेन जलपट्टस्य निर्गमः॥ 10॥

ऊर्ध्वस्था एवं आसनस्था प्रतिमा को सब प्रकार से शोभित करें और उनकी ऊँचाई के तीसरे भाग से जलपट्ट का निकास कल्पित करें।

तस्योर्ध्वे पीठबन्धस्तु कर्तव्यो लक्षणान्वितः।
एवमूर्ध्वासनस्थायाः कार्यः परिकरस्तथा॥ 11॥

उसके ऊपर पीठबन्ध को आवश्यक लक्षणों से युक्त करना चाहिए। इस प्रकार से ऊर्ध्व और आसनस्थ प्रतिमा के लिए परिकर का कार्य सम्पादित करें।

शयनस्थार्चापरिकरलक्षणम् —

यथोदितं परिकरं शयनस्थां च वच्म्यहम्।
तदनुक्रमयुक्तिं च कथयामि विशेषतः॥ 12॥

---

1. रूपमण्डनम् में जिनदेव परिकर के विषय में कहा गया है कि जिनदेव की प्रतिमा तीन छत्रों से युक्त व त्रिरथ प्रकार की होगी। अशोक पल्लव, देव दुन्दुभिवादक, असुर आदि व गज तथा सिंहों से युक्त हो। परिकर के मध्य में धर्म (कर्म?) चक्र व पार्श्व में दक्षिणियाँ हो। परिकरों का बाह्य विस्तार दो ताल व दीर्घता प्रधान प्रतिमा के समान, बराबर हो। इनके ऊपर तोरण की संरचना हो। प्रतिमा के बाह्य भाग में गाय-सिंह से अलंकृत वाहिकाएं हों। प्रतिमा द्वारशाखा से युक्त हो और उसमें विभिन्न देवताओं की मूर्तियाँ बनी हो। रथिकाओं को ब्रह्मा, त्रिष्णु, ईश, चण्डिका, जिन, गौर व गणेश से युक्त किया जाए (देवता. 6, 33-39 तुलनीय— देवतामूर्तिप्रकरणम् : सम्पादक, अनुवादक - डॉ. श्रीकृष्ण 'जुगनू', दिल्ली 2003, जिनप्रतिमालक्षणाधिकार की भूमिका)

इसी प्रकार शयनस्था प्रतिमा (जैसा कि शयनस्थ विष्णु प्रतिमा में होता है) के परिकर के विषय में भी कहता हूँ। विशेषकर उसके युक्तिक्रम के बारे में कहूँगा।

शयनस्था तु या चाऽर्या पर्य्यङ्कान्तं यथोदिता।
कार्यां तद्द्विगुणा चैव वाहिका शीर्षपदान्तिका॥ 13॥

शयनस्था प्रतिमा के लिए पर्यङ्क के अन्त तक का मान ग्रहण करें और उससे दुगुने प्रमाण तक सिर से लेकर पाँव तक वाहिका को करें।

गजसिंहैरलङ्कृत्वा कर्तव्या सर्वकामदा।
तस्योर्ध्वे तोरणं चैव सदोर्ध्वे! चाधिकोदयम्॥ 14॥

उसको गज, शार्दूल की रचनाओं से अलंकृत करना हमेशा मनोरथों की पूर्ति करने वाला है। उस पर तोरण होगा जो कि अपेक्षित रूप से अधिक ऊँचाई का बनाएँ।

त्रिपञ्चसप्तान्ता पङ्क्तिरर्चा सर्वत्र शोभना।
सप्तलोकादिक्रमैश्च कर्तव्यास्तत्र देवताः॥ 15॥
भुवर्लोकोऽथस्वर्लोको महोलोको जनोऽपरः।
तपोलोको सत्यलोको ज्ञानलोकस्तु सप्तमः॥ 16॥

इसमें तीन से लेकर पाँच, सात पङ्क्तियों तक शोभाकारक मूर्तियों का अङ्कन करें और सात लोक तक क्रमशः (मुख्य देवता से सम्बद्ध) विभिन्न लोकों देवताओं को उत्कीर्ण करें। ये देवता भुवर्लोक, स्वर्लोक, महर्लोक और उस पर जनलोक, तपलोक, सत्यलोक एवं सातवें ज्ञानलोक के कहे गए हैं।

पर्यङ्काधश्च कार्याणि नवनागकुलानि च।
सप्ताब्धयोऽमृतकुम्भाः कर्तव्याः सर्वकामदाः॥ 17॥

पर्यङ्क के नीचे नौकुली नागों को बनाएँ और सात समुद्र, अमृत कलशों को बनाना समस्त कामनाओं का पूर्त्यर्थक होता है।

लक्ष्मीः पादतले लग्ना पक्षिराजः कृताञ्जलिः।
ब्रह्माद्या ऋषिभिर्देवास्ते स्थिताश्च यथाक्रमम्॥ 18॥

इसमें पाँवों के तल पर लक्ष्मीदेवी को बनाएँ और पक्षीराज गरुड़ को अञ्जलिबद्ध स्वरूप में बनाएँ। इसके साथ ही वन्दनारत ब्रह्मा आदि, ऋषि-मुनि, देवताओं को यथाक्रम स्थित करना चाहिए।

विशेष ज्ञातव्यमाह —

आसनस्था तु या ह्यर्चा तद्रूपं वाहिकाद्वयम्।
मूलार्चा नेत्रतस्तत्र तयोर्दृष्टिं च योजयेत्॥ 19॥

यह ज्ञातव्य है कि यदि आसनस्थ प्रतिमा हों तो उसके रूप के समान ही दो वाहिकाएँ होंगी। देवालय में मूल प्रतिमा के नेत्र जहाँ हों, उसी के अनुसार प्रतिमा की दृष्टि का संयोजन करना चाहिए।

शयनस्था तत्तद्रूपैर्मूलदृक्समसूत्रतः।
ऊर्ध्वे यावुश्रान्ते कुर्याद् दृष्टिनिकारूपोद्भवा!॥ 20॥

इसी प्रकार शयनस्था प्रतिमा हों तो उसके लिए, तद्नुसार ही मूल नेत्रसूत्र कल्पित करें और ऊर्ध्व प्रतिमा हों तो अन्त तक दृष्टि रखते हुए रूपाकार करें।

एवं विधं च कर्तव्यमर्चापरिकरादिकम्।
न्यूनाधिकं न कुर्वीत कृते दोषो महाभयम्॥ 21॥

इस प्रकार से प्रतिमाओं के लिए परिकरों का निर्माण, संयोजन करना चाहिए। इस प्रमाण से न्यूनाधिक नहीं करें क्यों विपरीत होने पर दोष और महाभय होता है।

इति सूत्रसन्तानगुणकीर्तिप्रकाशप्रोक्तृश्रीभुवनदेवाचार्योक्तापराजितपृच्छायां ऊर्ध्वासनस्थाशयनस्थार्चापरिकराधिकारो नाम षोडशोत्तर द्विशततमं सूत्रम्॥ 216॥

इस प्रकार भुवनदेवाचार्य कृत सूत्रसन्तानगुणकीर्ति प्रकाश या अपराजितपृच्छा में ऊर्ध्व, आसन, शयनस्थ अर्चा परिकर अधिकार नामक दो सौ सोलहवाँ सूत्र पूर्ण हुआ॥ 211॥

विष्णुमूर्तिलक्षणं सप्तदशोत्तर द्विशततमं सूत्रम्॥ 217॥

अधुना विष्णुमूर्तिलक्षणं विश्वकर्मोवाच —

अथातः सम्प्रवक्ष्यामि विष्णुमूर्तेश्च लक्षणम्।
मूर्तयो वासुदेवाद्या युगादिवर्णभेदतः॥ 1॥

(विष्णुमूर्तिलक्षण संज्ञक इस सूत्र में पाञ्चरात्र संहिताओं के अनुसार युगभेद से पूजित प्रतिमाओं का वर्णन है। इसके बाद इन मूर्तियों वर्ण-क्रम से उनकी पूजा का स्वरूप कहा गया है। इस पर स्कन्दादि पुराणों का भी प्रभाव है) विश्वकर्मा बोले कि अब मैं विष्णु भगवान् की मूर्तियों के लक्षणों को कहता हूँ। वासुदेवादि मूर्तियाँ युग और वर्णादि के भेद से होती है।

वासुदेवसङ्कर्षणप्रद्युम्नानिरुद्धवर्णनम् —

कृते युगे वासुदेवस्त्रेतायां कृष्ण एव च।[1]
प्रद्युम्नो द्वापरे चैवानिरुद्धश्च कलौ युगे॥ 2॥

---

1. 'कृते युगे वासुदेवस्त्रेता सङ्कर्षण एव च' इति साधुपाठः। यथा— तृतीय श्लोकस्य क्रमः।

कृत युग में विष्णु की वासुदेव, त्रेता में कृष्ण, द्वापर में प्रद्युम्न एवं कलिकाल में अनिरूद्ध की प्रतिमा होती है।[1]

वासुदेवो भवेद्विप्रे क्षत्रे सङ्कर्षणः शुभः।
प्रद्युम्नश्च तथा वैश्ये शूद्रे चैवानिरुद्धकः॥ 3॥

(पूज्यार्थ) विप्रों के लिए वासुदेव, क्षत्रियों के लिए सङ्कर्षण शुभ, वैश्यों के लिए प्रद्युम्न एवं शूद्रों के लिए अनिरूद्ध की प्रतिमा होती है।

वासुदेवलक्षणम् —

शुद्धस्फटिकसङ्काशं छत्राकारं तु मस्तके।
दक्षिणे च करे शङ्खस्तस्याधस्ताद् गदा शुभा॥ 4॥
वामे चोर्ध्वे तथा चक्रमधः पद्मं सुशोभनम्।
स्याद्वासुदेवमूर्तिः स्वा पूजनीया द्विजोत्तमैः॥ 5॥

इनमें शुद्ध-श्वेत स्फटिक के समान आभायुक्त, मस्तक पर छत्र के आकार वाली और दाहिने हाथों में ऊपर शङ्ख एवं नीचे गदा शुभ होती है। बायें ऊपर के हाथ में चक्र एवं नीचे के हाथ में पद्म शोभित होता है। इस प्रकार की वासुदेव स्वरूप की प्रतिमा द्विज जनों के लिए पूज्य कही गई है।

वासुदेवलक्षणम् —

रक्तवर्णं दिव्यदेहं मुकुटं चैव मस्तके।
दक्षिणोर्ध्वे करे शङ्खं तस्याऽधश्च गदोत्तमा॥ 6॥

---

1. रूपमण्डनम् में कहा गया है कि कृतादि चारों युग में क्रमशः वासुदेव, सङ्कर्षण, प्रद्युम्न और अनिरुद्ध की प्रतिमाएँ श्वेत, लाल, पीत एवं कृष्ण वर्ण (विप्र, क्षत्रिय, वेश्य एवं शूद्रों) से पूजित है— वासुदेवः सङ्कर्षणः प्रद्युम्नश्चानिरुद्धकः। श्वेतरक्तपीतकृष्णाः क्रमात् कलियुगादिषु॥ (रूप. 3, 1)
महाभारत में इस चतुर्मूर्ति चतुर्व्यूह का उल्लेख प्राचीनतम है— चतुर्मूर्तिश्चतुर्बाहुश्चतुर्व्यूहश्चतुर्गतिः। चतुरात्मा चतुर्भावश्चतुर्वेदविदेकपात्॥ इसके शाङ्करभाष्य में कहा गया है— चतस्रो मूर्तयो विराट्सूत्राव्याकृततुरीयात्मानोऽस्येति चतुर्मूर्तिः। सिता रक्ता पीता कृष्णा चेति चतस्रो मूर्त्तयोऽस्येति वा। चत्वारो बाहवोऽस्येति चतुर्बाहुः इति नाम वासदेवे रूढम्। 'शरीरपुरुषश्छन्दः पुरुषो वेदपुरुषो महापुरुषः' इति बह्वृचोपनिषदुक्ताश्चत्वार पुरुषा व्यूहा अस्येति चतुर्व्यूहः। आश्रमाणां वर्णानां चतुर्णां यथोक्तकारिणां गतिश्चतुर्गतिः। रागद्वेषादिरहितत्वात् चतुरः आत्मा मनः यस्य मनोबुद्धिरङ्कारश्चित्तश्चेति अन्तःकरणचतुष्टयं भवत्युत्पद्यते यस्मादिति चतुर्भावः। चतुरो वेदान् वेत्तीति चतुर्वेदवित्। प्रपञ्चलक्षण एकः पादो विभूत्यंशरूपोऽस्येति एकपात्। 'पादोऽस्य विश्वा भूतानि' इति श्रुतेः। 'विष्टभ्याऽहमिदं कृत्स्नमेकांशेन स्थितो जगत्' इति भागवद्वचनात्॥ (ब्रह्मसंहिता : सम्पादक : आर्थर आवलोन, मद्रास, पुनर्मुद्रण दिल्ली 1985, पृष्ठ 51)
इसी प्रकार व्यास का वचन है— व्यूह्यात्मानं चतुर्हा तु वासुदेवादिमूर्तिभिः। सृष्ट्यादीनि करोतीति चतुर्व्यूह उदाहृतः॥ (तत्रैवोद्धृत पृष्ठ 26)

वामोर्ध्वे तु भवेत्पद्मं तस्याधश्च सुदर्शनम्।
साङ्कर्षणी भवेन्मूर्तिः क्षत्रियाणां वरप्रदा॥ 7॥

रक्तवर्ण वाली विष्णु की दूसरी प्रतिमा दिव्य देह वाली, सिर पर मुकुट धारण किए होती है। इसके दाहिने ऊपर के हाथ में शङ्ख और नीचे के हाथ में उत्तम गदा होगी। वाम हाथों में ऊपर पद्म एवं नीचे सुदर्शन चक्र होता है। इस प्रकार से बनने वाली सङ्कर्षण की प्रतिमा क्षत्रियों के लिए वर प्रदायक होती है।

प्रद्युम्नलक्षणम् —

पीतवर्णा महातेजः [1]प्रमुखीकृतमस्तका।
दक्षिणोर्ध्वकरे शङ्खं तस्याऽधश्चक्रमुत्तमम्॥ 8॥
वामे कौमोदकी चोर्ध्वे तस्याऽधः पङ्कजं तथा।
प्रद्युम्नस्य भवेन्मूर्तिर्वैश्यानां हितकामदा॥ 9॥

विष्णु की तृतीय प्रतिमा पीत वर्ण वाली, महातेजोमय, प्रमुखीकृत (? त्रपुषीकृत यानी ककड़ी के आकार वाला[2]) सिर वाली होती है। दाहिने ऊपर के हाथ में शङ्ख और नीचे के हाथ में चक्र उत्तम होता है। बायें ऊपर के हाथ में कौमोदकी गदा एवं नीचे के हाथ में पङ्कज होता है। इस प्रकार बनने वाली प्रद्युम्न की प्रतिमा वैश्यों के लिए हितकारी और कामना पूर्तिकारक होती है।

अनिरुद्धलक्षणम् —

अतसीपुष्पसङ्काशा बालेन्दुकृतमस्तका।
दक्षिणोर्ध्वे गदा चैव तस्याधश्चक्रमुत्तमम्॥ 10॥
वामोर्ध्वहस्ते शङ्खं च तस्याधः पङ्कजोत्तमम्।
अनिरुद्धस्य मूर्तिः स्याच्छूद्राणां वरदायिनी॥ 11॥

अलसी के पुष्प के समान दिखाई देने वाली (काले वर्ण वाली), बालचन्द्रमा के समान मस्तक वाली विष्णु की चतुर्थ मूर्ति है। उसके दाहिने ऊपरी हाथ में गदा और नीचे के हाथ में चक्र उत्तम होता है। बायें ऊपरी हाथ में शङ्ख एवं नीचे के हाथ में पङ्कज उत्तम होता है। इस स्वरूप वाली अनिरुद्ध की प्रतिमा शूद्रों के लिए वरदायिनी कही जाती है।

---

1. 'त्रपुषीकृतमस्तका' इति सम्भाव्यपाठः।
2. जैसा कि रूपमण्डनम् में कहा गया है— पूज्या द्विजादिभिश्चैषां छत्राभं कुक्कुटाण्डवत्। त्रपुषाभञ्च बालेन्दुरूपं कुर्याच्छिरः क्रमात्॥ (रूप. 3, 2)

चतुमूर्तीनां त्रित्रिभेदाः —

केशवो नारायणश्च माधवो वासुदेवकः।
(सङ्कर्षणो गोविन्दश्च विष्णुश्च मधुसूदनः।)[1]
त्रिविक्रमो वामनश्च श्रीधरः प्रद्युम्नस्तथा॥ 12॥
हृषीकेशः पद्मनाभो दामोदरोऽनिरुद्धकः।

(वासुदेवादि चारों प्रतिमाओं से होने वाली तीन-तीन प्रतिमाएँ) केशव, नारायण और माधव स्वरूप की मूर्तियाँ वासुदेव से कही गई है। सङ्कर्षण से गोविन्द, विष्णु और मधुसूदन की प्रतिमाएँ होती हैं। त्रिविक्रम, वामन एवं श्रीधर की प्रतिमाएँ प्रद्युम्न से और हृषिकेश, पद्मनाभ एवं दामोदर की प्रतिमाएँ अनिरुद्ध से कही गई है।[2] (इस प्रकार ये बारह मूर्तियाँ हुईं)।

सर्वमूर्तीनां करक्रमाच्छस्त्रभेदकथनम् —

दक्षहस्तस्याध आद्यं दक्षिणोर्ध्वं पुनस्तथा॥ 13॥
वामस्योर्ध्वमद्यश्चान्ते नाम्ना प्रदक्षिणक्रमः॥ 14॥
अथासां सर्वमूर्तीनां शस्त्रभेदाः करक्रमात्।
नापसव्येन कुर्वीत मूर्तीर्वै विष्णुरूपिकाः॥ 15॥

विष्णु की इन प्रतिमाओं में हस्तायुधों का निर्धारण प्रदक्षिण क्रम से करें। सबसे पहले दक्षिणाधः हाथ (नीचे का दाहिना) और तदोपरान्त क्रमशः दक्षिणोर्ध्व (ऊपर का दाहिना), वामोर्ध्व (ऊपर का बायाँ) और वामाधः (नीचे का बायाँ)— इस प्रकार से हाथों को प्रदक्षिणतः जाने। यह समस्त मूर्तियों में हाथों में आयुध भेद-क्रम कहा गया है। विष्णु की प्रतिमा में भी कभी आयुधों का इससे अपसव्य क्रम (विपरीत क्रम) नहीं करना चाहिए।

वासुदेवादित्रयम् —

पद्मशङ्खे चक्रगदे केशवे वासुदेवके।
शङ्खाम्बुजगदाचक्रं नारायणे तत्सम्भवे॥ 16॥
गदाचक्रे शङ्खपद्मे माधवे वासुदेवके।

---

1. प्रकाशितपाठे नोपलभ्यते। अस्याधाराः — 18-19 श्लोकाः।
2. टी. गोपीनाथ राव ने अहिर्बुध्न्यसंहिता और बृहद्ब्रह्मसंहिता जैसे पाञ्चरात्र आगमों के आधार पर इस मान्यता को परिभाषित किया है, वासुदेवादि शक्तिमयव्यू है जिनसे अन्य विग्रहों का निष्कास होता है। एलिमेण्ट्स ऑफ हिन्दू आइकॉनोग्राफी, भाग प्रथम, खण्ड प्रथम, पृष्ठ 234-237)

सालङ्कारं भवेद्रूपं श्वेतवर्णं तथैव च॥ 17॥

इति वासुदेवत्रयम्।

वासुदेव से होने वाली (पूर्वोक्त) केशव की प्रतिमा में हाथों में सव्य क्रम से पद्म, शङ्ख, चक्र और गदा होती है। उसी से होने वाली नारायण की प्रतिमा में हाथों में क्रमशः शङ्ख, पद्म, गदा और चक्र आयुध होते हैं। वासुदेव से ही होने वाली माधव की प्रतिमा में हाथों में सव्यक्रम से गदा, चक्र, शङ्ख एवं पद्म होते हैं। इनको अलङ्करण सहित और श्वेत वर्ण से बनानी चाहिए।

सङ्कर्षणादित्रयम् —

चक्रं गदा पद्मशङ्खौ गोविन्दे गोपवर्द्धने।
गदापद्मे शङ्खचक्रे विष्णौ स्युर्जगतीपतौ॥ 18॥
चक्रशङ्खौ पद्मगदे तथा स्युर्मधुसूदने।
साङ्कर्षणास्त्रयो भेदा विष्णुरूपादिकोद्भवाः॥ 19॥

इति सङ्कर्षणादित्रयम्।

(सङ्कर्षण से होने वाली) गोपवर्धन गोविन्द की प्रतिमा में हाथों में क्रमशः चक्र, गदा, पद्म और शङ्ख होंगे। जगत्पति विष्णु की प्रतिमा के हाथों में सव्य क्रम से गदा, पद्म, शङ्ख और चक्र होगा। मधुसूदन की प्रतिमा के हाथों में क्रमशः चक्र, शङ्ख, पद्म और गदा होगी। इस प्रकार से सङ्कर्षण से बनने वाली विष्णु के रूप की ये तीन प्रतिमाएँ हैं।

प्रद्युम्नादित्रयम् —

पद्मं गदा चक्रशङ्खौ रूपे त्रैविक्रमे तथा।
शङ्खचक्रगदापद्मं वामने बलिबन्धने॥ 20॥
पद्मं चक्रं गदा शङ्खं श्रीधरे श्रीनिकेतने।
प्रद्युम्नस्य त्रयो भेदा विष्णुशस्त्रसमुद्भवाः॥ 21॥

इति प्रद्यऊम्नादित्रयम्।

(प्रद्युम्न से होने वाली) त्रिविक्रम की प्रतिमा के हाथों में क्रमशः पद्म, गदा, चक्र और शङ्ख का अङ्कन होगा। बलि राजा का बन्धन करने वाले वामन के रूपाङ्कन में शङ्ख, चक्र, गदा और पद्म क्रमशः होंगे। श्रीनिकेतन श्रीधर की प्रतिमा हाथों में सव्य क्रम से पद्म, चक्र, गदा और शङ्ख धारण किए होती है। इस प्रकार प्रद्युम्न से होने वाले ये तीन भेद विष्णु के आयुधादि भेद-क्रम से होंगे।

अनिरुद्धादित्रयम् —

गदा चक्रं पद्मशङ्खौ हृषीकेशे उदाहृताः।
शङ्खपद्मे चक्रगदे पद्मनाभे [1]ब्रह्मोदये॥ 22॥
पद्मशङ्खगदाचक्रं दामोदरं उदाहृतम्।
अनिरुद्धस्य भेदाश्च पुराणैश्च प्रबोधिताः॥ 23॥

इत्यनिरुद्धादित्रयम्।

इसी प्रकार हृषिकेश की प्रतिमा के हाथों में क्रमशः गदा, चक्र, पद्म और शङ्ख होंगे। ब्रह्मा को उदित करने वाले पद्मनाभ के हाथों में अनुक्रम से शङ्ख, पद्म, चक्र और गदा आयुध होंगे। दामोदर की प्रतिमा के हाथों में सव्यतः पद्म, शङ्ख, गदा और चक्र होंगे। इस प्रकार अनिरुद्ध से होने वाली प्रतिमाओं के भेद पुराणों[2] में कहे गए हैं।

त्रिकचतुर्भेदैर्द्वादशान्यमूर्तयः —

अथान्याः सम्प्रवक्ष्यामि मूर्ती वै वासुदेवजाः।
सङ्कर्षणश्च प्रद्युम्नोऽनिरुद्धश्च यथाक्रमम्॥ 24॥

इसके बाद मैं उन अन्य प्रतिमाओं को यथाक्रम कहता हूँ जो कि वासुदेव, सङ्कर्षण, प्रद्युम्न और अनिरुद्ध से होने वाली हैं।

अधोक्षजः कृष्णकार्तिकेयश्च पुरुषोत्तमः।
तार्क्ष्यध्वजाच्युतोपेन्द्रा जयन्तो नारसिंहकः॥ 25॥
जनार्दनो गोवर्धनो हरिः कृष्णस्तथैव च।

इनमें 1. अधोक्षज, 2. कृष्णकार्तिकेय, 3. पुरुषोत्तम, 4. गरुडध्वज, 5. अच्युत, 6. उपेन्द्र, 7. जयन्त, 8. नारसिंह, 9. जनार्दन, 10. गोवर्धन, 11. हरि एवं उसी प्रकार 12. कृष्ण की प्रतिमाएँ हैं।

अधोक्षजः —

पद्मं गदा शङ्खचक्रे तथैवाऽक्षोधजे सदा॥ 26॥

---

1. ''ब्रह्मोद्भवे ?' इति प्रकाशित पाठः।
2. स्कन्दपुराण के वैष्णवखण्ड के उत्कलखण्ड में विष्णु की बारह मूर्तियों का संवत्सर पर्यन्त होने वाले चौबीस पक्षों के साथ सम्बन्ध बताया गया है— अनादि देवस्य हरेर्मूर्त्तियो द्वादशैव याः। विष्णवादि नामप्रथिता प्रतिमासं प्रपूजयेत्॥ एकैकां मूर्तिमेतासां मासेषु द्वादशस्वपि। प्रत्यहं पूजयोत्पुष्पैः फलैर्द्वादशभिस्तथा॥ (2, 2, 44, 2-3) आगे मन्त्रोच्चार के साथ इन मूर्तियों का नाम एवं उनका माहात्म्य आया है।

इनमें से पहली अधोक्षज की प्रतिमा में सदा आयुध-क्रम पद्म, गदा, शङ्ख और चक्र का रहेगा।

कृष्णकार्तिकेयः —

पद्मं कृष्णकार्तिकेये शक्तिखेटककम्बवः।

विष्णु की कृष्णकार्तिकेय की प्रतिमा में आयुध-क्रम पद्म, शक्ति, खेटक और शङ्ख होता है।

पुरुषोत्तमः —

चक्रपद्मे शङ्खगदे तथा च पुरुषोत्तमे॥ 27॥

पुरुषोत्तम की प्रतिमा में सव्यक्रम से चक्र, पद्म, शङ्ख व गदा हाथ में होगी।

गरुडध्वजः —

पद्मं शङ्खो ध्वजा गदा चिह्नं चक्रं तार्क्ष्यस्थे गरुडध्वजे।

गरुड पर सवार गरुडध्वज की प्रतिमा में आयुध-क्रम पद्म, शङ्ख, ध्वजा एवं चक्र— ये चिह्न होंगे।

अच्युतः —

गदा पद्मं चक्रशङ्खावच्युते विष्णुरूपके॥ 28॥

विष्णु की अच्युत स्वरूपी प्रतिमा में आयुध-क्रम गदा, पद्म, चक्र और शङ्ख का होता है।

उपेन्द्रः —

उपेन्द्रमूर्तौ शङ्खोऽथ गदा चक्रं च पद्मकम्।

उपेन्द्र की मूर्ति में आयुध-क्रम शङ्ख, गदा, चक्र और पद्म का होगा।

जयन्तः —

अक्षचक्रदण्डपद्मं वादित्रैः परिवेष्टिते॥ 29॥
जयन्तनामविख्याते रिपुसैन्यविमर्दने।

अक्ष, चक्र, दण्ड और पद्म सहित वाद्यवादकों से घिरे जयन्त नाम से विख्यात् विष्णु प्रतिमा शत्रु सेना का विमर्दन करती हुई होती है।[1]

---

1. जयन्त इन्द्र के पुत्र का नाम है किन्तु यह विष्णु का एक नाम भी है, महाभारतकार ने विष्णु के १९९वें क्रम पर इस नाम का प्रयोग किया है— अर्को वाजसनः शृङ्गी जयन्तः सर्वविज्जयी॥ (महा. 13, 149, 98) इसकी टीका में शाङ्करभाष्य में कहा गया है— अरीन् अतिशयेन् जयति जयहेतुरिति वा जयन्तः।

नारसिंहः —

चक्रपद्म गदाशङ्खा नारसिंहे तथैव च॥ 30॥

चक्र, पद्म, गदा और शङ्ख— इन आयुधों को क्रमशः धारण किए प्रतिमा नारसिंह की होती है।

जनार्दनः —

पद्मं चक्रं शङ्खगदे तथैव च जनार्दने।

पद्म, चक्र, शङ्ख, गदा को उसी सव्य क्रम से धारण करने वाली विष्णु प्रतिमा जनार्दन स्वरूप की होती है।

गोवर्धनः —

गोवर्धने चाऽक्षचक्र शङ्खाब्जं गोपवल्लभे॥ 31॥

गोपियों के प्रियात्मन् गोवर्धन की प्रतिमा में आयुध-क्रम अक्षसूत्र, चक्र, शङ्ख और पद्म का होता है।

हरिः —

शङ्खचक्रे पद्मगदे हरौ वै मोक्षदायके।

विष्णु के हरि रूप की प्रतिमा में आयुध-क्रम शङ्ख, चक्र, पद्म और गदा होगा.।

कृष्णः —

शङ्खो गदा पद्मचक्रं कृष्णमूर्तौ तथैव च॥ 32॥
तिस्त्रस्तिस्त्रश्चतुर्भेदैरेवं द्वादशमूर्त्तयः॥

इति विष्णुमूर्तयः।

कृष्ण की प्रतिमा में आयुध-क्रम शङ्ख, गदा, पद्म और चक्र का होगा। इस प्रकार (वासुदेवादि) चतुर्विग्रहों से तीन-तीन कर ये बारह अन्य प्रतिमाएँ होती है।[1]

जयन्त के शत्रुविजयी स्वरूप के कारण ही ज्योतिष में इस नाम का एक योग बताया गया है कि जब चन्द्रमा अपने उच्च स्थान एकादश को गया हो तब यह शत्रुपक्ष के लिए विनाशकारी योग होगा— यत्र स्वोच्चगतश्चन्द्रो लग्नादेकादशे स्थितः। जयन्तो नाम योगोऽयं शत्रुपक्षविनाशकृत्॥ इसी प्रकार इस प्रतिमा में वादकों से घिरे होने का कारण सोलह ध्रुवकों के अन्तर्गत जयन्त संज्ञक प्रथम ध्रुवक का होना भी है— आदिताले जयन्तः स्यात् शृङ्गाररससंयुतः। रुद्रसङ्ख्याक्षरपद आयुर्वृद्धिकरः परः॥ (सङ्गीतदामोदर, जयपुर 1998, द्वितीयस्तबक पृष्ठ 64)

1. देवतामूर्तिप्रकरण में विष्णु की चौबीस प्रतिमाओं का वर्णन इस प्रकार आया है— भुजाओं में पद्म, शङ्ख, चक्र और गदा को धारण करने वाले केशव; चक्र, शङ्ख, पद्म और गदा को धारण करने वाले मधुसूदन; गदा, शङ्ख, कमल और चक्र को धारण करने वाले दामोदर; गदा, शङ्ख, चक्र और पद्म को धारण करने

इति सूत्रसन्तानगुणकीर्तिप्रकाशप्रोक्तृश्रीभुवनदेवाचार्योक्तापराजितपृच्छायां विष्णुमूर्तिलक्षणाधिकारो नाम सप्तदशोत्तरद्विशततमं सूत्रम् ॥ 217 ॥

इस प्रकार भुवनदेवाचार्य कृत सूत्रसन्तानगुणकीर्ति प्रकाश या अपराजितपृच्छा में विष्णुमूर्ति लक्षण अधिकार नामक दो सौ सत्रहवाँ सूत्र पूर्ण हुआ ॥ 217 ॥

द्वारवती नामाष्टादशोत्तर द्विशततमं सूत्रम् ॥ 218 ॥

अधुना द्वारवतीवर्णनं। विश्वकर्मोवाच —

द्वारकायाः प्रवक्ष्यामि छन्दान्पञ्च प्रकीर्तितान्।
अनुक्रमादथैकैकं कथयिष्यामि च ध्रुवम् ॥ 1 ॥

(इस सूत्र में द्वारावती या द्वारकापुरी बनाने का वर्णन है। विष्णु या श्रीकृष्ण के मन्दिरों के रूप में इस पुरी के निर्माण की सम्भवतः परम्परा रही है।[1] भुवनदेवाचार्य की यह अनूठी देन है। ग्रन्थ के रचनाकाल में सम्भव है, ऐसी परम्परा चल पड़ी हों अथवा द्वारकापुरी के मन्दिर का यह कोई रूप रहा हों। जलाशयों को भी इस रूप

वाले वासुदेव है। इसी प्रकार चक्र, शङ्ख, गदा और कमल को धारण करने वाले प्रद्युम्न; गदा, कमल शङ्ख और कमल को धारण करने वाले विष्णु है। गदा, चक्र, शङ्ख और कमल के धारक माधव; चक्र, गदा, शङ्ख और पद्म को धारण करने वाले अनिरुद्ध है। चक्र, पद्म, शङ्ख, और गदा के धारक पुरुषोत्तम; पद्म, गदा, शङ्ख और चक्र के धारक अधोक्षज; कमल, चक्र, शङ्ख और गदा को धारण करने वाले जनार्दन है। चक्र, गदा, पद्म और शङ्ख के धारक गोविन्द; पद्म, गदा, चक्र और शङ्ख के धारक त्रिविक्रम है। पद्म, चक्र, गदा और शङ्ख को धारण करने वाले श्रीधर; गदा, चक्र, पद्म, और शङ्ख को धारण करने वाले हृषिकेश है। चक्र, पद्म, गदा और शङ्ख के धारक नरसिंह; गदा, पद्म, चक्र और शङ्ख को धारण करने वाले अच्युत है। शङ्ख, चक्र, गदा और पद्म को धारण करने वाले वामन; शङ्ख, पद्म, गदा और चक्र के धारक नारायण है। शङ्ख, पद्म, चक्र और गदा को धारण करने वाले पद्मनाभ; शङ्ख, गदा, चक्र और पद्म को धारण करने वाले उपेन्द्र है। शङ्ख, चक्र, पद्म और गदा को धारण करने वाले हरि और शङ्ख, गदा, कमल और चक्र के धारक कृष्ण है—

केशवः प-शं-च गश्च मधुसूदनश्च-शं-प-गः। सङ्कर्षणो ग-शं-प-चै-र्दामोदरः प-श-ङ्ग-चः ॥ वासुदेवो ग-शं-च-पैः प्रद्युम्नश्चक्र-श-ङ्ख-पः। विष्णुर्गदा-प-शं-चक्री माधवो ग-च्च-शङ्ख-पैः ॥ अनुरुद्धश्च-गं-शं-पः पुरुषोत्तमश्च-पाशङ्गैः। अधोक्षजः प-गांश-चो जनार्दनः प-चं-शं-गः ॥ गोविन्दश्चक्-गा-प-शैस्त्रिविक्रमः प-ग-च-शैः। श्रीधर पद्म-चं-गा-शै-र्हृषीकेशो ग-च-प-शैः ॥ नरसिंहश्च-प-ग-शै-रच्युतो ग-प-चक्र-शैः। वामनः शं-च-ग-पद्मै-र्नारायण शं-प-ग-चः ॥ पद्मनाभः शं-प-चा-ग उपेन्द्रः शं-गदा-च-पैः। हरिः शं-च-प-गः पूज्यः कृष्णः शं-ग-प चक्रभृत् ॥ (देवतामूर्ति. 5, 8-13; विशेष विवरण- रूपमण्डनम् 3, 11-23)

1. भूतशुद्धितन्त्र में सात मोक्षदायिनी पुरियों के रूप में द्वारावती का नामोल्लेख आया है— अयोध्या मथुरा माया काशी काञ्ची अवन्तिका। पुरी द्वारावती चैव सप्तैता मोक्षदायिका: ॥ (भूतशुद्धितन्त्र। तुलनीय— अपराजित. 28, 38)

में विकसित करने की परम्परा है, जैसा कि मेवाड़ में राजसमन्द झील का स्थापत्य पूरा वैष्णवीय स्वरूप लिए हुए है। देवालयों में पितृपक्ष में सांझी अङ्कन में भी द्वारावती बनाई जाती है। दीपार्णव के उत्तरार्ध[1] आदि ग्रन्थों में ये लक्षण मिलते हैं) विश्वकर्मा बोले कि अब मैं द्वारका के सम्बन्ध में पाँच छन्दों को कहूँगा। इनमें से एक-एक के अनुक्रम को भी निश्चित कर बताऊँगा।

द्वारिका छन्दान्पञ्चमाह —

पद्मिनी विजयाख्या च श्रीतुङ्गा चैव शान्तिका।
महोत्सवा च विज्ञेयाः पञ्चैव द्वारिका मताः ॥ 2 ॥

द्वारका सृजन के पाँच छन्द कहे गए हैं— 1. पद्मनी छन्द, 2. विजय संज्ञक, 3. श्रीतुङ्ग, 4. शान्तिका और 5. महोत्सव छन्द।

युगानुसारेण छन्दाः —

पद्मिन्याख्या कृतयुगे त्रेतायां विजया तथा।
श्रीतुङ्गाख्या द्वापरे च शान्तिका च कलौयुगे ॥ 3 ॥
चतुर्युगे चतुर्वर्णे प्रशस्ता च महोत्सवा।
तलच्छन्दाश्चतस्त्रः स्युः पञ्चमी स्यान्महोत्सवा ? ॥ 4 ॥

इनमें से पद्मिनी नाम का द्वारकाछन्द कृतयुग, विजय संज्ञक छन्द त्रेतायुग, श्रीतुङ्ग नामक छन्द द्वापर और शान्तिका छन्द कलियुग के लिए कहा है। चारों ही

---

1. दीपार्णव में बहुत भ्रष्टपाठ मिलता है, अल्प संशोधन के साथ तुलनीय है— अथातः सम्प्रवक्ष्यामि द्वारवत्या सुलक्षणम्। आदिमूर्ति कृष्णदेव द्वारिकायां जगत्पते॥ विनाराज्ञा प्रजायहृत पुंसहिनास्तु योषितः। द्वारिका कृष्णहीना तु विना कृष्णं न शोभते॥ एकवक्त्र कृष्ण मूर्त्या च द्वारिकायां तु पलं भवेत्। द्वारकान्ये वर्तियुक्ताना तत्पुण्यं नरं लभेत्॥ स्वप्ने वा मनसा वाऽपि द्वारिका यस्तु कारयेत्। स लभेत् विष्णुलोके यावदाघ्नि संयुता॥ अर्धमाने त्रिभागे वा वासुदेवद्यु न्यूनतः। आदिमूर्ति श्राद्धेन वाराह सश्य तथादेव॥ वैकुण्ठ विश्वरूपं च अनन्त त्रैलोक्यमोहन। एतत् स्कन्धसमानाश्च शेषाश्चततो न्यूनता॥ प्रासादे मण्डपे वाथे गर्भ मध्ये प्रतिष्ठिते। वेदीकाक्षं जलपीठे उदुम्बरोछ्रयं तुल्यते॥ सव्यवर्ते सुरास्थाप्यं दूर्वासादि गणाधिपे। दूर्वासा विविधाश्चैव वासुदेवं तु केशव॥ नारायणं च मध्येयं विश्वास्तम्भ तथैव च। सङ्कर्षणं गोविन्दं विष्णु च मधुसूदनम्॥ देवकी च योगेश कृष्णान्त स्थप्ये दिति। त्रैलोक्यमोहन वापि लक्ष्मी नारायणां विदु॥ प्रद्युम्नतस्थाप्यं त्रिविक्रमं ततः परम्। वामन श्रीधर चैव वैकुण्ठं च तथैव च॥ अनिरुद्ध ऋषिकेश पद्मनाभं च दामोदरम्। रुक्मिण ततः स्थाप्यं गणाधिप्यं तथैव च॥ आदिमूर्ति कृष्णदेव द्वारिकायां जगत्पते। मध्ये तु ततः स्थाप्य सर्वदेवमयशुभम्॥ शेष कूर्म्म समायुक्त लक्ष्मी स्याद् वामपार्श्वत। प्रद्युम्ना च अनिरुद्धो च प्रतिहारो प्रकल्पयेत्॥ वैकुण्ठ विश्वाकारं वा च स्तनसूत्रे नियोजयेत्। वासुदेवो क्रमेणैल कण्ठस्त्व शून्यो नसेत्॥ चतुषष्ठिः भवेद्वारं शुकरं (?)पञ्चविंशति। एवं च द्वारिका स्थाप्य सर्वलक्षण संयुतः॥ (दीपार्णव उत्तर. 17, 78-93)

युगों में चारों ही वर्णों के लिए महोत्सव संज्ञक छन्द प्रशस्त जाने। इनमें से चार के तलच्छन्द से पाँचवाँ महोत्सवा छन्द होता है।

देवमूर्त्यानुसारेण पद्मिन्यादिछन्दाः —

सङ्कर्षणस्य विजया वासुदेवस्य पद्मिनी।
प्रद्युम्नस्य च श्रीतुङ्गाऽनिरुद्धस्याऽथ शान्तिका॥ 5॥
महोत्सवा च क्रियते सर्वमूर्तिषु कामदा।
धर्मा-र्थ-काम-मोक्षाणां प्राप्तिहेतव ईरिताः॥ 6॥

द्वारावती के छन्दों के अनुसार विजय संज्ञक छन्द सङ्कर्षण के हेतु, पद्मिनी संज्ञक छन्द वासुदेव के लिए, श्रीतुङ्ग संज्ञक छन्द प्रद्युम्न तथा शान्तिकाभिधान वाला छन्द अनिरुद्ध के लिए है। महोत्सवा को समस्त मूर्तियों के लिए करना मनोरथकारी है। इसी प्रकार से धर्म, अर्थ, काम और मोक्ष के हेतु से इनको करना चाहिए।

युगानुसारेण छन्दाः —

चतुरश्रीकृते क्षेत्रे दशधा प्रविभाजिते।
द्विभागा भित्तिरित्युक्ता गर्भः षड्भाग ईरितः॥ 7॥
मध्यक्षेत्रत्रिभागस्तु ह्यर्चापीठः सुशोभनः।

छन्दानुसार सर्वप्रथम क्षेत्र को समचौरस करें और उसे दस भागों में विभाजित करें। इसमें से दो भाग से भित्ति और छह भागों का गर्भस्थान करें। इसी प्रकार मध्य क्षेत्र में तीन भागों से प्रतिमा योग्य सुन्दर पीठ का निर्माण करना चाहिए।

चतुरस्त्रे समेक्षेत्रेऽम्बुपट्टं वेदिकाकृतिः॥ 8॥
प्रतिष्ठाप्यो वासुदेवः पूर्वदिङ्मुख एव च।
सङ्कर्षणः स्यात्सुखदो दक्षिणाभिमुखस्थितः॥ 9॥

चौकोर, समतल क्षेत्र पर जलपट्ट, वेदिका की आकृति बनाकर वासुदेव की पूर्वाभिमुख प्रतिमा स्थापित करनी चाहिए। सङ्कर्षण की दक्षिणाभिमुख प्रतिमा की स्थापना सुखद होती है।

प्रद्युम्नः सुखदो देवस्तथा वरुणदिङ्मुखः।
कौबेरीमुखसंस्थश्च ह्यनिरुद्धस्तथोच्यते॥ 10॥

इसी प्रकार प्रद्युम्नदेव की प्रतिमा को पश्चिमाभिमुख स्थापित करना सुखद है और उत्तर दिशा की ओर मुख किए अनिरुद्ध की प्रतिमा की स्थापना के लिए कहा गया है।

एकपीठसमारूढाश्चत्वारो हरयः स्थिताः।
अपरप्रागग्निनिर्ऋत्याश्रिताः कृष्ण उच्यते ?॥ 11 ॥
धर्मार्थकाममोक्षाश्च लभ्यन्ते कृष्णदेवतः।
कृष्णदेवस्याऽऽदि मूर्तिः द्वारकादि जगत्यपतेः॥ 12 ॥

इसमें एक ही पीठ पर चारों ही विष्णु प्रतिमाओं को विराजित करना चाहिए। पश्चिम, पूर्व, अग्नि और नैर्ऋत्य कोणाश्रित कृष्ण की प्रतिमा कही गई है (?)। कृष्ण के इस प्रकार से स्थापना से धर्म, अर्थ, काम और मोक्ष की सिद्धि होती है। क्योंकि कृष्ण की प्रतिमा ही आदिदेव की मूर्ति है, वे द्वारकादि जगत् के स्वामी है।

यथा प्रजा विना राज्ञा पुंभिर्हीनास्तु योषितः।
द्वारिका कृष्णहीना तु विना कृष्णं न शोभते॥ 13 ॥

जिस प्रकार बिना राजा के प्रजा, पुरुष के अभाव में नारी की स्थिति होती है, वैसे ही कृष्ण के अभाव में द्वारिका की स्थित है। कृष्ण के अभाव में द्वारकापुरी की शोभा ही नहीं है।

एकया कृष्णमूर्त्या च लब्धपुण्या च द्वारिका।
समस्तमूर्तियुक्ताऽपि विना कृष्णं न पुण्यभाक्॥ 14 ॥

द्वारका में एक ही कृष्ण की मूर्ति से पुण्य की उपलब्धि होती है, यदि समस्त मूर्तियाँ भी हों तो कृष्ण के अभाव में पुण्योदय नहीं होता है।

स्वप्ने वा मनसा वाऽपि द्वारिकां यस्तु कारयेत्।
लभेत् विष्णुलोकं य यावदाभूतसम्प्लवम्॥ 15 ॥

जो कोई स्वप्न में या मन में भी इस प्रकार से द्वारका की रचना करता है तो वह विष्णुलोक को प्राप्त होता है और प्रलयकाल तक वहाँ रहता है।

वर्द्धमानापरं शिखरं कर्णानुगे कक्षाकृति।[1]
प्राग्ग्रीवोभय कुक्ष्योश्च पक्षिराजाधिप गृहे॥ 16 ॥

इत्यादि मूर्तिः।

इसके साथ वर्धमान शिखर और कर्ण के अनुकरण के साथ कक्षाकृति करें और मण्डप के पार्श्वों में कुक्षी सहित पक्षीराज गरुड का गृह भी बनाएँ।

तस्य विभक्त्यानुक्रमाह —

आदिमूर्तिर्यथाकृष्णस्ततो हीना मस्तकाः।

---

1. 'वर्द्धमानापरं शिखरं ? कर्णानुगे कुछाकृति ?।' इति प्रकाशित पाठः।

विभक्तयनुक्रमौ तासां कथयामि विशेषतः ॥ 17 ॥

उक्त कृष्ण की प्रथम अथवा मूल मूर्ति की अपेक्षा अन्य प्रतिमाओं को सिर भाग से कम करें। अब इनके विभक्ति क्रम को विशेषतः कहता हूँ।

पादेन वा त्रिभागेन न्यूनः स्याद्वासुदेवकः।
आदिमूर्त्यर्धभागेन वाराहस्य तथोदयः ॥ 18 ॥

वासुदेव की प्रतिमा को कृष्ण की उक्त प्रतिमा से चतुर्थांश या तृतीयांश कम प्रमाण से स्थापित करें, मूल प्रतिमा के आधे भाग से वराह की प्रतिमा की ऊँचाई रखें।

देवमानमिति ख्यातं भृत्यमानं च कथ्यते।
कटिनाभिस्तनन्धूना नूनं भृत्यादि-देवताः ॥ 19 ॥

उक्त देव प्रतिमाओं का मान कहा गया, अब भृत्यों का मान कहता हूँ। भृत्यादि देवताओं को मूल प्रतिमा की कटि, नाभि और उदर से नीचे तक की ऊँचाई की करनी चाहिए।

वैकुण्ठो विश्वरूपश्चाऽनन्तस्त्रैलोक्यमोहनः।
एते स्कन्धसमानाश्च शेषा न्यूनास्ततोऽपि च ॥ 20 ॥

वैकुण्ठ, विश्वरूप, अनन्त और त्रैलोक्यमोहन के स्वरूपों को स्कन्ध के बराबर करें जबकि शेष प्रतिमाओं को इससे भी न्यून करें।

प्रासादे देवतामध्ये मण्डपे गर्भमध्यतः।
उदुम्बरोच्छ्रयसमा वेदिका जलपीठिका ॥ 21 ॥
वेदास्त्रं वेदिकाकारं जलपट्टस्य निर्गमम्।
वासुदेवादिक्रमेण स्थापयेच्चतुरो हरीन् ॥ 22 ॥

प्रासाद के, देवताओं के मध्य में, मण्डप में और गर्भ के बीच से उदुम्बर के समान ऊँचाई तक वेदिका और जलपीठिका बनाएँ। वेदिका का आकार चौकोर करें और जलपट्ट का निकास रखे और वासुदेवादि क्रम से चारों विष्णु प्रतिमाओं की स्थापना करनी चाहिए।

तत्रैव सवर्णपरिकर वासुदेवः —

शुक्लाम्बरधरो देवः शुक्लमाल्यानुलेपनः।
शुक्लध्वजपताश्च शुक्लयज्ञोपवीतिकः ॥ 23 ॥
चतुःसहस्त्रगोपीयुक् कार्यः परिकस्तथा।
रुक्मिण्यादिगोपीयुक् प्राङ्मुखो वासुदेवकः ॥ 24 ॥

श्वेत परिधान को धारण किए, शुक्ल पुष्पों की माला और गोपीचन्दन का अनुलेपन, शुक्ल ही ध्वज पताका और शुक्ल यज्ञोपवीत धारण किए, परिकर में चार हजार गोपियाँ रुक्मिणी आदि सहित हों— ऐसे वासुदेव को पूर्वाभिमुख स्थापित करें।

सरक्तवर्णपरिकर अनन्तः —

रक्ताम्बरधरो देवो रक्तमाल्यानुलेपनः।
रक्तध्वजपताकश्च रक्तयज्ञोपवीतिकः॥ 25॥
रोहिण्यादिगोपिकायुगनन्तो दक्षिणामुखः।
चतुःसहस्त्रगोपिकायुक् कार्यः परिकरस्तथा॥ 26॥

रक्त परिधान को धारण किए, रक्त पुष्पों की माला और रक्तचन्दन का अनुलेपन, रक्त ही ध्वज पताका और रक्त यज्ञोपवीत धारण किए, रोहिणी आदि गोपियों के साथ अनन्त (सङ्कर्षण) को दक्षिणमुख स्थापित करें। उनके परिकर में चार हजार गोपियाँ होंगी।

सपीतवर्णपरिकर प्रद्युम्नः —

पीताम्बरधरो देवः पीतमाल्यानुलेपनः।
पीतध्वजपताकश्च पीतयज्ञोपवीतकः॥ 27॥
रत्यादिगोपिकायुक्तः प्रद्युम्नः पश्चिमामुखः।
चतुःसहस्त्रगोपिकायुक् कार्यः परिकरस्तथा॥ 28॥

पीले परिधान को धारण किए, पीले पुष्पों की माला और पीला ही अनुलेपन, पीली ही ध्वज पताका और पीले यज्ञोपवीत को धारण किए, रति आदि गोपियों के साथ प्रद्युम्न को पश्चिमाभिमुख स्थापित करें। चार हजार गोपियों सहित उनका परिकर करें।

सवर्णपरिकर अनिरुद्धः —

नीलाम्बरधरो देवश्चातसीपुष्पसन्निभः।
नीलध्वजपताकश्च नीलयज्ञोपवीतकः॥ 29॥
उषादिगोपिकायुक्तोऽनिरूद्धश्चोत्तरामुखः।
चतुःसहस्त्रगोपिकायुक् कार्यः परिकरस्तथा॥ 30॥

नीले परिधान को धारण किए, अलसी के पुष्पों के समान दिखाई देने वाले, नीले ही ध्वज पताका और नीले यज्ञोपवीत को धारण किए अनिरुद्ध को उषादि

गोपियों सहित उत्तराभिमुख स्थापित करें। उनके लिए चार हजार गोपियों सहित परिकर होगा।

शेषाः पङ्क्तौ प्रकर्तव्याः केशवादिकमूर्त्तयः।
पक्षभद्रे मण्डपस्य मध्योत्तमगवाक्षके॥ 31॥

शेष पङ्क्तियों में केशवादि की मूर्तियों को करना चाहिए। पार्श्व में भद्र करें और मण्डप के मध्य में सुन्दर गवाक्ष बनाने चाहिए।

वैकुण्ठो दक्षिणे स्थाप्यो वामतो विश्वरूपकः।
मूलगर्भस्य मध्येत्वनन्तत्रैलोक्यमोहनौ॥ 32॥

इस प्रकार वैकुण्ठ की प्रतिमा को दक्षिण में स्थापित करें और उनके वाम भाग में विश्वरूप को विराजित करें। मूल गर्भ के मध्य में अनन्त और त्रैलोक्यमोहन को प्रतिष्ठित करें।

मण्डपाग्रे त्रिकं प्रोक्तं कर्तव्यं सर्वकामदम्।
एक-द्वि-त्रिक्षणाः कार्याः परितो मत्तवारणाः॥ 33॥

मण्डप के आगे त्रिक् की रचना समस्त मनोरथों को पूर्ण करने वाली है। इसी प्रकार एक, दो और तीन क्षण करें, परितः मत्तवारण का विधान करें।

वाराहों मध्यदेशे तु पीठोदुम्बरतः समः।
मेष(?शेषं) कूर्म समायुक्तं लक्ष्मीं वै वामपार्श्वतः॥ 34॥

इसमें मध्य स्थान में वाराह की प्रतिमा हो जो कि पीठ और उदुम्बर के समानतः होगी। शेषनाग, कूर्म सहित लक्ष्मीदेवी वाम पार्श्व में विराजित होगी।

सन्मुखे च गवाक्षस्य द्वारस्य वाम-दक्षिणे।
दुर्वासा नारदश्चैव ह्यगस्तिर्दण्डपाणिकः॥ 35॥
यथाविधि विधातव्या [1]सव्ययुधा च द्वादशौः।
विताने गोकुलोद्धाव कालीयस्यायभिदायकम् ?॥ 36॥

साथ ही उनके सामने, द्वार के बायें-दायें गवाक्षों की रचना होगी। दुर्वासा, नारद, अगस्त हाथों में दण्ड सहित होंगे। इस प्रकार बारहों रूपों को सव्यक्रम से आयुध सहित करें। इसी प्रकार वितान पर गोकुल की योजना बनाएँ, कालीय मद-मुख हरण स्वरूप करें।

एवं वै द्वारिका कार्या संसारे मोक्षदायिनी।

---

1. 'वत्सयुक्ता ? च द्वादशी ?' इति प्रकाशित पाठः।

धर्मा-र्थ-काम-मोक्षाणां वाञ्छितार्थफलप्रदा ॥ 37 ॥

द्वारकापुरी की इस विधि से रचना करना संसार में मोक्षदायिनी कही गई है। वह धर्म, अर्थ, काम और मोक्ष सहित वाञ्छित अर्थ-फल प्रदान करने वाली है।

इति सूत्रसन्तानगुणकीर्तिप्रकाशप्रोकृश्रीभुवनदेवाचार्योक्तापराजितपृच्छायां द्वारवत्यधिकारो नामाष्टादशोत्तर द्विशततमं सूत्रम् ॥ 218 ॥

इस प्रकार भुवनदेवाचार्य कृत सूत्रसन्तानगुणकीर्ति प्रकाश या अपराजितपृच्छा में द्वारावती अधिकार नामक दो सौ अठारहवाँ सूत्र पूर्ण हुआ ॥ 218 ॥

विष्णुमूर्तयो नामैकोनविंशत्युत्तर द्विशततमं सूत्रम् ॥ 219 ॥

अधुना विष्णुमूर्तयः जलशायी। विश्वकर्मोवाच —

अथातः सम्प्रवक्ष्यामि लक्षणं जलशायिनः।
शयानः शेषपर्यङ्के शेषं तुल्यो ने धृतिः ?॥ 1 ॥

(इस सूत्र में विष्णु की शेषशायी, वाराहवतार, वैकुण्ठ, अनन्त, त्रैलोक्यमोहन और वाहन गरुड सहित प्रतिहार चण्ड, प्रचण्ड, जय, विजय, धातृ, विधातृ, भद्र एवं सुभद्र की प्रतिमाओं का वर्णन हुआ है) विश्वकर्मा बोले कि अब मैं जलशायी भगवान् विष्णु की मूर्ति के लक्षणों को कहता हूँ। वे शेषनाग के पर्यङ्क पर शयन करते हैं।

अष्टतालस्तथायामे [1]तन्मानानिऽर्धवृत्तोद्भवम्।
नवतालः पूर्णवृत्ते लिङ्गरूपसुखासनम् ॥ 2 ॥

इस प्रतिमा का विस्तार आठ ताल का होगा और उस मान से आधा वृत्त होगा। प्रतिमा नवताल में हों तो पूर्णवृत्त होगा और लिङ्ग स्वरूप सुखासन में होगा।

तेनावर्तेन रूपं स्यात् गर्भं कुर्यात् शाश्वतम्।
एकः शिरोधरो हस्तश्चैको हृत्कमलस्थितः ॥ 3 ॥

उनका आवर्त रूप गर्भ के मान से होता है। प्रतिमा में जलशायी विष्णु का एक हाथ मस्तक के नीचे और दूसरा हृदयकमल पर स्थित होगा।

गदा वै वामतो हस्ते ऊर्ध्वे चैव सुदर्शनम्।
किरीटमाला शोभाढ्यो वनमालाविभूषितः ॥ 4 ॥

अन्य हाथों में, नीचे से ऊपर के बायें हाथों में क्रमशः गदा और सुदर्शन चक्र

1. 'तन्मानि धू वृतोद्भवम् ?।' इति प्रकाशित पाठः।

को दिखाया जाए। उनको किरीट माला से शोभित और वनमाला से विभूषित करें।

हारकेयूरसंयुक्तः कुण्डलाभ्यामलङ्कृतः।
माला तुल्याः सप्त फणा मुकुटान्ते व्यवस्थितः ॥ 5 ॥

वे हार, केयूर से संयुत, कुण्डलादि से अलंकृत किए जाएँगे। उनके मुकुट के अन्त में सात फण माला के समानतः व्यवस्थित होंगे।

भृतामृताः सप्तकुम्भा नवनागकुलान्यधः।
लक्ष्मीः पादतले लग्ना तार्क्ष्यः करपुटाञ्जलिः ॥ 6 ॥

नीचे अमृत से भरे हुए सात कशल और नाग देवियाँ, पाद तल के निकट लक्ष्मी और अञ्जलिबद्ध गरुड होंगे।

ब्रह्मा च नाभिकमले कमलयोनिसञ्ज्ञकः।
सप्तलोकाः परिकराः क्रमेण परिकीर्तिताः ॥ 7 ॥

नाभिकमल से निकले हुए ब्रह्मा होंगे जो कि कमलयोनि संज्ञक कहे जाते हैं। परिकर में क्रम से सातों लोक उत्कीर्ण किए जाएँगे।

दशावताराः कर्तव्याः मन्दरोन्मथनादिकम्।
एवं विधः प्रकर्तव्यो विष्णुर्वै जलशायिकः ॥ 8 ॥

इसी प्रकार परिकर पर दशावतार और मन्दार पर्वत से समुद्र मन्थन का अभिप्राय भी उत्कीर्ण होगा। इस प्रकार से जलशायी विष्णु की प्रतिमा का निर्माण किया जाना चाहिए।

साहाय्ये केशवः कार्यस्त्रिविक्रमदामोदरौ।
अधोक्षजस्तथैव स्यान्नाऽन्यमूर्तिः प्रशस्यते ॥ 9 ॥

इति जलशयनः।

इसके सहायक, सहचरत्व रूप में केशव, त्रिविक्रम, दामोदर, अधोक्षज और अन्यान्य मूर्तियाँ करनी चाहिए।

वाराहः —

सप्तभागोच्छ्रयं कुर्यान्नवभागायतो भवेत्।
द्विभागं मस्तकं कुर्यात् तुण्डनाली द्विभागतः ॥ 10 ॥

(अब वराह की प्रतिमा के विषय में कहा जा रहा है) इस प्रतिमा में सात भाग की ऊँचाई करें और नौ भाग का विस्तार रखे, दो भाग प्रमाण से मस्तक और दो ही भाग से तुण्डनाली (वराहमुख) करें।

भागा पिण्डे तुण्डनाली ? ग्रीवास्थाने सार्धद्विकम्।

त्रिवलीसहिता ग्रीवा सार्धांशद्विकवृत्तिका॥ 11॥

इस तुण्डनाली या मुख का जो प्रमाण है, उससे ढाई गुना ग्रीवा स्थान बनाएँ। ग्रीवा को त्रिवली (भौंरी) सहित बनाएँ और डेढ़, दो गुनी वृत्तिका करें।

मस्तकार्धभागः स्कन्धः पादाश्चतुर्भागतः।

एवं पृष्ठोद्भवः कार्यो द्विरदाकारकस्तथा॥ 12॥

मस्तक के आधे भाग प्रमाण से स्कन्ध एवं पाँवों का प्रमाण चौथा भाग रखें। इसी प्रकार मुख के पीछे से होने वाले दो दाढ़ें निकलती हुई बनाएँ।

सार्धद्व्यंशावग्रपादावपरौ च द्विभागकौ।

त्रिभागं पिण्डकं कार्यं भागंस्यादक्षदेशकम्॥ 13॥

ढाई गुने प्रमाण से आगे के पाँव और पीछे के पाँव दो भाग से करें। तीन भाग से पिण्डक (टाँग की पिण्डली) और एक भाग प्रमाण से आँखों की रचना करें।

भागार्धश्चाग्रपादश्च भागपादा खुरी मता।

द्विभागं बाह्यकं कार्यं सार्धस्याऽपि क्रमेण च॥ 14॥

आगे के पाँवों में आधे भाग का प्रमाण रखे और एक भाग से खुरी बनाएँ। दो भाग से बाहर बाह्यक का कार्य करें तथा डेढ़ भाग से उनका क्रम आरम्भ करें।

जानुभागं चार्धभागं शुण्डिका (?क्षुरिका) पादभागिका।

पिण्डभागे बाहुमध्ये एकभागं तथोदरम्॥ 15॥

जानु के भाग को आधे भाग से और क्षुरिका (शुण्डिका) को एक भाग प्रमाण से करें। पिण्ड के भाग से बाहुओं के बीच का भाग करें और एक भाग से उदर करना चाहिए।

चतुर्भागौ च द्वौ कुक्षी सुवृत्तं जठरं तथा।

पुष्करं भागपादोनं पादैका कोष्ठपालिका॥ 16॥

चार भागों से दो कुक्षियाँ बनाएँ और पेट को सुवृत्ताकार बनाएँ। पुष्कर (जिव्हा का अग्रभाग) को चतुर्थांश और कोष्ठपालिका को इसके सवाए प्रमाण से करें।

पुष्करं समविस्तारं वृत्ताकारं सुसंस्थितम्।

पुष्करे छिद्रयुग्मं च वक्त्रं दंष्ट्रा द्वयान्वितम्॥ 17॥

पुष्कर का समानतः विस्तार हों और वह वृत्ताकार और भलीभाँति स्थित हों। इस पुष्कर में दो छिद्र हों और मुख पर दो दाँढ़े निकली हुई हों।

भागत्रयात्पुष्करतोऽर्धभागं मस्तकं परे।
सपादभागः कर्णश्च स तत्राग्रोन्नतो भवेत्॥ 18॥

पुष्कर के तीसरे भाग का आधा भाग मस्तक के पीछे का हों। चतुर्थांश से कान करे जो आगे से ऊँचे हों।

कर्णयोः समसूत्रे तु भागार्धं दृष्टिरेव च।
गजनेत्रोपमा कार्या मस्तकं गजमस्तवत्॥ 19॥

कानों के समसूत्र में आधे भाग से दृष्टि हों। हाथी के नेत्रों के सदृश्य दिखाई देने वाली इस प्रतिमा में मस्तक को हाथी के मस्तक के समान करें।

मस्तपुस्तकयोर्मध्ये भाग षंडश वृत्तकाः।
उद्धृताग्रो वामपादोऽपरं स्याग्रे क्रमम्?॥ 20॥

मस्तक एवं उसके पीछे के भाग के बीच में छह अंश का वृत्त हों। इसमें आगे के बायें पाँव उठे हुए और पीछे के (?) क्रम में होंगे।

मस्तकस्य भागपादे पृष्ठे मेरुर्लिङ्गाकृतिः।
तत्प्रदक्षिणतः कुर्यात् त्रैलोक्यं सचराचरम्॥ 21॥

मस्तक के चतुर्थांश प्रमाण से पीछे मेरु लिङ्ग की आकृति होगी। उसकी परिक्रमा करते हुए तीनों लोकों के समस्त चराचर को दिखाए।

पुच्छग्रीवाग्रन्थिहृदयाग्रे वै शेषसम्भवः।
कार्यश्चाऽधस्तु कूर्मो वै तस्याऽधो जलपट्टकम्॥ 22॥

इसी प्रकार पूँछ, गला की ग्रन्थी को हृदय के आगे करें। इसके नीचे आधे भाग में कूर्म बनाएँ और उसके आधे प्रमाण से जलपट्टक करें।

एवमादि प्रकर्तव्यमुक्तं सौकरमानकम्।
दंष्ट्राग्रे वै लक्ष्मीर्वामे दंष्ट्रायां दक्षिणः करः॥ 23॥

इति वाराहप्रमाणम्।

इस प्रकार से शूकर (वाराह प्रतिमा का) मान यहाँ कहा गया जिसका अनुकरण करना चाहिए। इसमें दाढ़ों के आगे, ऊपर वाम भाग में लक्ष्मी होगी और दाँतों का दाहिने हाथ में दाँत होगा।

इत्यमनन्तर वैकुण्ठादि चतुमूर्त्यमाह —

वैकुण्ठो विश्वरूपश्चाऽनन्त त्रैलोक्यमोहनौ।
पृथगेकैकमूर्तीश्च कथयिष्याम्यनुक्रमात्॥ 24॥

इसके बाद वैकुण्ठ, विश्वरूप, अनन्त और त्रैलोक्यमोहन विष्णु की एक-एक मूर्ति के विषय में पृथक् से क्रमशः कहता हूँ।

वैकुण्ठः —

प्रवच्म्यथ वैकुण्ठं सोऽष्टबाहुर्महाबलः।
गरुडस्थश्चतुर्वक्त्रः कर्तव्यः शान्तिमिच्छता॥ 25॥

वैकुण्ठ की प्रतिमा के विषय में कहता हूँ जो कि आठ भुजाओं वाली, महाबली स्वरूप में होगी। शान्ति के इच्छुकों को उसे गरुडारूढ़, चार मुखी बनानी चाहिए।

गदा खड्गो बाणचक्रे दक्षिणेऽस्त्रचतुष्टयम्।
शङ्खः खेटो धनुः पद्मं वामे चाऽस्त्रचतुष्टयम्॥ 26॥

इस प्रतिमा में दक्षिणी चार भुजाओं में अनुक्रम से गदा, खड्ग, बाण और चक्र आयुध होंगे जबकि बायीं चार भुजाओं में शङ्ख, खेट, धनुष और पद्म आयुध होंगे।

पुरतः पुरुषाकारो नारसिंहश्च दक्षिणे।
अपरे श्रीमुखाकारो वाराहास्यस्तथोत्तरे॥ 27॥

इति वैकुण्ठः।

इसमें पूर्व मुख पुरुषाकार होगा, दक्षिण मुख नारसिंह का, पश्चिम श्रीमुख[1] का और उत्तर मुख वाराह का होगा।

विश्वरूपः —

विश्वरूपो महातेजा विश्वज्ञः सृष्टिकारकः।
तस्य चाऽनुक्रमं वक्ष्ये भुजानां विंशतिस्तथा॥ 28॥

विष्णु की विश्वरूप प्रतिमा महा तेजवान्, विश्व की ज्ञाता और सृष्टि की कारणभूत है। उसकी बीस भुजाओं (में धारण करने योग्य आयुधों) का क्रम मैं आगे कहता हूँ।

पताका हलशङ्खौ च वज्राङ्कुशशरास्तथा।
चक्रं च बीजपूरं च वरो दक्षकरेषु च॥ 29॥

---

1. रूपमण्डन ने त्रुटि से श्रीमुख को स्त्रीमुख पाठ के रूप में मान्य किया गया है किन्तु श्रीमुख उपयुक्त प्रतीत होता है जैसे कि आगे के 31वें श्लोक में भी आया। रूपमण्डन के साथ ही देवतामूर्तिप्रकरण में भी स्त्रीमुख ही पाठ है— वैकुण्ठश्च प्रवक्ष्यामि सोऽष्टबाहुर्महाबलः। ताक्ष्यासनश्चर्तुर्वक्त्रः कर्त्तव्यः शान्तिमिच्छता। गदां खड्गं चक्रशरं दक्षिणे च चतुष्टयम्। शङ्खं खेटं धनुः पद्मं वामे दद्याच्चतुष्टयम्॥ अग्रतः पुरुषाकारं नारसिंहं च दक्षिणे। अपरं स्त्रीमुखाकारं वाराहास्यं तथोत्तरम्॥ (रूप. 3, 52-54 तुलनीय देवतामूर्ति. 6, 91-93)

दाहिनी भुजाओं में क्रमशः पताका, हल, शङ्ख, वज्र, अङ्कुश, शर, चक्र, बीजपूरक आयुध और वरमुद्रा— ये नौ होंगे।

पताका दण्डपाशौ च गदाशार्ङ्गं तथैव च।
पद्मं शृङ्गी च मुशलमक्षं वामभुजेषु च॥ 30॥
करयुग्मे योगमुद्रो वैनतेयोपरिस्थितः।

इसी प्रकार बायीं भुजाओं में पताका, दण्ड, पाश, गदा, शार्ङ्गधनुष, पद्म, शृङ्गी, मूसल आयुध और अक्षसूत्र— ये नौ चिह्न होंगे। इसके अतिरिक्त दोनों ओर की दो भुजाओं में योगमुद्रा होगी। विश्वरूप गरुड पर आसनस्थ होंगे।

नरश्च नारसिंहश्च श्रीमुखः सूकराननः॥ 31॥
स्त्रष्टा विश्वस्य जगतो विश्वमूर्ति महोद्भवः।
शक्तिविंशतिसम्युक्तः कर्तव्यः सर्वकामदः॥ 32॥

इति विश्वरूपः।

उनकी मुख स्थिति में पूर्व में नर मुख, दक्षिण में नारसिंह, पश्चिम में श्रीमुख और उत्तर में शूकर जैसा मुख होगा।[1] वे विश्व के सृष्टा, जगदीश, विश्वमूर्ति और महान् उद्भव रूपी हैं। उनके हाथों में इस प्रकार से बीस प्रकार की शक्तियों की सम्पन्नता करने से समस्त मनोरथों की पूर्ति होती है।

अनन्तः —

अनन्तोऽनन्तरूपश्च यतोऽनन्तजगद्भवः।
अनन्तशक्तिसङ्कीर्णोऽनन्तरूप समुद्भवः॥ 33॥

अनन्तानन्त स्वरूप वाले विष्णु जगत् को उत्पन्न करने वाले, अनन्त शक्तियों से सम्पन्न और अनन्त रूपों में होते हैं।

भुजैर्द्वादशकैर्युक्तश्चतुर्वक्त्रो महोत्सवः।
सुपर्णकेतुराख्यातः कर्तव्यः सर्वकामदः॥ 34॥

अनन्त को बारह भुजाओं से युक्त करें, चार मुख वाला और बहुत उत्साहित करने वाले स्वरूप में दिखाएँ। वे गरुडध्वजा वाले के लिए ख्यात हैं, उनको गरुडध्वज ही बनाना सब कामनाओं की पूर्ति करने वाला है।

गदा खड्गश्च चक्रं च वज्राङ्कुशवरास्तथा।
भुजेषु दक्षिणेष्वेवमस्त्रषट्कं तथोत्तमम्॥ 35॥

---

1. किञ्चित पाठान्तर के साथ मण्डन ने भी इसे उद्धृत किया है। द्रष्टव्य— रूप. (3, 55-57); देवतामूर्ति. (6, 94-97)

अनन्त की दाहिनी छह भुजाओं में अनुक्रम से गदा, खड्ग, चक्र, वज्र, अङ्कुश आयुध और वर-मुद्रा उत्तम होती है।

शङ्खः खेटो धनुः पद्मं दण्डपाशौ तथैव च।
भुजेषु चैव वामेषु ह्यस्त्रषट्कमितीरितम्॥ 36॥

बायीं छह भुजाओं में शङ्ख, खेट, धनुष, पद्म, दण्ड और पाश इसी क्रम के अनुसार होंगे।

नरास्यो नारसिंहास्यः श्रीमुखः सूकराननः।
तेजः पुञ्जमयः कार्यो ह्यनन्तो नाम नामतः॥ 37॥

इत्यनन्तः।

मुखों में पूर्व में नर मुख, दक्षिण में नरसिंह, पश्चिम में श्रीमुख और उत्तर में शूकर जैसा मुख होगा। वे तेज के पुञ्जमय हैं, उन अनन्त नाम वाले विष्णु को इसी रूप में बनाएँ।[1]

त्रैलोक्यमोहनः —

त्रैलोक्यमोहनं वक्ष्ये संसारे मोहकारकः।
स षोडशभुजैर्युक्तस्तार्क्ष्यस्थश्च महाबलः॥ 38॥

विष्णु के त्रैलोक्यमोहन स्वरूप के विषय में कहता हूँ जो कि संसार को मोहित कर देने वाला है। इस स्वरूप को सोलह भुजाओं वाला, गरुड पर आरूढ़ और महान् बलशाली बनाएँ।

गदा वज्राङ्कुशौ बाणः शक्तिश्चक्रं तथा क्रमात्।
वरदश्चेति हस्तेषु ह्यस्त्राणि दक्षिणेषु च॥ 39॥

त्रैलोक्यमोहन के दाहिने हाथों के आयुधों में अनुक्रम से गदा, चक्र, अङ्कुश, बाण, शक्ति, सुदर्शन चक्र और वर-मुद्रा होती है।

मुद्गरः पाशशार्ङ्गे च शङ्खः पद्मं कमण्डलुः।
शृङ्गी वामेषु हस्तेषु योगमुद्रा करद्वये॥ 40॥

इसी प्रकार बायीं भुजाओं में मुद्गर, पाश, शार्ङ्गधनुष, शङ्ख, पद्म, कमण्डलु और शृङ्गी आयुध होते हैं। दोनों ही ओर के एक-एक हाथ में योग-मुद्रा भी होगी।

नरास्यो नारसिंहास्यः सूकरः कपिलाननः।
द्विरष्टशक्तिसंयुक्तः$_{16}$ कार्यस्त्रैलोक्यमोहनः॥ 41॥

---

1. तुलनीय— देवतामूर्ति. (6, 98-101); रूप. (3, 58-59)

इति त्रैलोक्यमोहनः।

पूर्व में नर मुख, दक्षिण में नरसिंह, पश्चिम में शूकर और उत्तर में कपिल मुख- इस प्रकार से त्रैलोक्यमोहन की मुख स्थिति होगी, वे सोलह भुजाओं में शक्तियों से सम्पन्न होंगे।[1]

तार्क्ष्यः —

वैनेतयं प्रवक्ष्यामि प्रमाणे स्वामिसन्निभः।
विष्णोरेवाग्रतः कार्यो नान्येषां च दिवौकसाम्॥ 42॥

अब मैं वैनेतेय गरुड मूर्ति के लक्षणों को कहता हूँ जो स्वामी के ही समान दर्श होगी। गरुड को विष्णु की प्रतिमा के आगे ही स्थापित करना चाहिए, अन्य किसी देवता के आगे नहीं।

मूले चार्चोद्भवं मानं नतां स्तासादत्वांसकै ?।
नवतालोद्भवा कार्या अर्चा चायामतस्तथा॥ 43॥
पञ्चषट्सप्ता द्विरङ्गुला नतो छाया ?।
गुह्यनाभिस्तनं यावत् वाहनस्योच्छ्रयोऽग्रतः॥ 44॥

गरुड की प्रतिमा का मान से मूल से मस्तक तक कल्पित होगा (?)। यह प्रतिमा विस्तार की दृष्टि से नवताल प्रमाण से बनने वाली कही गई है। इसमें पाँच, छह और सात अङ्गुल के प्रमाण से गुह्याङ्ग, नाभि और स्तन दो अङ्गुल नत छाया (?) प्रमाण से कल्पित होंगे जो कि वाहन की ऊँचाई के साथ होंगे।

पादो जानु कटिर्यावदर्चाया वाहनस्य दृक्।
करपुटाग्रस्थानं च कर्तव्यं वै भयात्मकम्॥ 45॥

इसी प्रकार पाँव, जानु, कटि तक वाहन की दृष्टि होगी। वे करबद्ध मुद्रा में स्थान के आगे होंगे और भयात्मक रूप से किए जाते हैं।

नररूपसमाकारः तुङ्गतीक्ष्णोग्रनासिकः।
भुजोपर्य्युभयपक्षो मुकुटालङ्कृतस्तथा॥ 46॥
तलजानुर्वामपादः पादो जानुपुटोऽपरः।
पादपद्माग्रकं भव्यं पक्षोत्सेधसुशोभितः॥ 47॥

इति गरुडः।

---

1. तुलनीय— देवतामूर्ति. (6, 102-105); रूप. (3, 60-62)

गरुड को पुरुष के समाकार, तुङ्ग और तीखी आगे निकली हुई नासिका वाला बनाएँ। भुजाओं के दोनों पार्श्व में पँख होंगे। वे मुकुट से अलंकृत होंगे। बायें पैर का जानु धरा पर स्थित होगा जबकि दाहिना पैर मुड़ा हुआ होगा। चरणकमलों के आगे ऊँचाई वाले भव्य पँख शोभित करें।

तथा चान्य देववाहन स्थापनविधय: —

शिवाग्रे वृषभः स्थाप्यो विष्णोरग्रे च पक्षिराट्।
ब्रह्मणोऽग्रे सदा चैवं श्वेताङ्गो हंस एव च॥ 48॥
सूर्याग्रे च भवेद् व्याम देव्यग्रे पादुका तथा।
अर्चायाः पादपद्माग्रे पादुका तुल्यमुच्छ्रिता॥ 49॥

इति देववाहनः।

शिव के आगे वृषभ की स्थापना होगी, विष्णु के आगे पक्षीराज गरुड, ब्रह्मा के आगे सदा ही श्वेत अङ्ग वाले हंस की स्थापना होगी, सूर्य के आगे व्याम और देविका के आगे पादुका की स्थापना होगी। प्रतिमा के चरणकमलों के आगे पादुका के समान ही इनकी ऊँचाई होगी।

अष्ट विष्णु प्रतिहारा: —

प्रतीहारांस्ततो वक्ष्ये ह्यष्टौ चैव चतुर्दिशम्।
तदनुक्रमरूपं च लक्षयेवक्ष्येऽहं यस्य यादृशम्॥ 50॥
वामनाकाररूपाश्च कर्तव्याः सर्वथोत्तमाः।

अब भगवान् विष्णु के चारों दिशाओं में स्थापित होने वाले आठ प्रतिहारों के विषय में क्रमशः जैसे लक्षण होते हैं, वैसे ही कहता हूँ। इन प्रतिहारों को वामनाकार में मूर्त्यमान करना सबविध उत्तम कहा गया है।

पूर्वे चण्ड-प्रचण्ड: —

तर्जनी शङ्खचक्रे च दण्डश्च प्रथमो वरः॥ 51॥
चण्डाभिधानश्चाख्यातोऽसव्यासव्ये प्रचण्डकः।
वामे चण्डः प्रकर्तव्यः प्रचण्डश्चैव दक्षिणे॥ 52॥

तर्जनी अङ्गुली उठाए, शङ्ख, चक्र और दण्ड को दाहिने हाथ में धारण करने वाला चण्ड नामक पूर्व दिशा का प्रतिहार है। इन्हीं आयुध, मुद्रा को बायें हाथ में रखने वाला दूसरा प्रचण्ड नामक प्रतिहार है। इनमें पूर्व दिशा की बायीं ओर चण्ड तथा उसके दाहिनी ओर प्रचण्ड की स्थापना करनी चाहिए।

दक्षिणे जय-विजयः —

पद्मं खड्गः खेटकाख्यो गदा चैव प्रदक्षिणम्।
जयोऽथ विजयः पद्मगदयोश्च विलोमतः ॥ 53 ॥

पद्म, खड्ग, खेटक (ढाल) और गदा इन चार आयुधों को प्रदक्षिणतः धारण करने वाला दक्षिण दिशा में बायीं ओर जय नामक प्रतिहार होता है। इसके विपरीत पद्म के स्थान पर गदा और गदा के स्थान में पद्म को और शेष आयुधों को पूर्ववत् धारण करने वाला विजय नाम का प्रतिहार दाहिनी ओर स्थापित करें।

पश्चिमे धातृ-विधातृः —

तर्जनी बाणचापौ च गदा चैव प्रदक्षिणम्।
धाता गदा चापसव्ये विधाता च तथोत्तमः ॥ 54 ॥

इसी प्रकार तर्जनी अङ्गुली ऊपर उठाए, बाण, धनुष और गदा को प्रदक्षिण क्रम से धारण करने वाला पश्चिम दिशा में बायीं ओर धाता नामक प्रतिहार की स्थापना होगी। इसके अतिरिक्त अपनी भुजाओं में गदा, तर्जनी, बाण और धनुष को धारण करने वाला विधाता नामक प्रतिहार उसके दाहिनी ओर स्थापित होता है।

उत्तरे भद्र-सुभद्रः —

तर्जनी पद्मशङ्खौ च गदा चैव प्रदक्षिणम्।
भद्रश्च शस्त्रापसव्ययोगे चैव सुभद्रकः ॥ 55 ॥

इत्यष्टौ प्रतिहाराः।

उत्तर दिशा में भद्र नामक प्रतिहार तर्जनी अङ्गुली को उठाए, कमल, शङ्ख और गदा को प्रदक्षिणतः धारण करने वाला बायीं ओर स्थापित होगा। इन आयुधों को विपरीत क्रम से धारण करने वाला सुभद्र नामक प्रतिहार दाहिनी ओर स्थापित होगा।[1]

इति सूत्रसन्तानगुणकीर्तिप्रकाशप्रोक्तश्रीभुवनदेवाचार्योक्तापराजितपृच्छायां विष्णुमूर्त्यधिकारो नामैकोनविंशत्युत्तरद्विशततमं सूत्रम् ॥ 219 ॥

इस प्रकार भुवनदेवाचार्य कृत सूत्रसन्तानगुणकीर्ति प्रकाश या अपराजितपृच्छा में विष्णु मूर्ति अधिकार नामक दो सौ उन्नीसवाँ सूत्र पूर्ण हुआ ॥ 219 ॥

---

1. प्रतिहारों से सम्बद्ध ये ही श्लोक अल्प पाठान्तर से देवतामूर्तिप्रकरणम् में उद्धृत किए गए हैं— प्रतीहारांस्तता वक्ष्ये अष्टौ चतुर्षु दिक्षु च। तस्यानुक्रमरूपं च लक्षयेद् यस्य यादृशम् ॥ वामानाकाररूपाश्च कर्त्तव्याः सर्वतः शुभाः। तर्जनीं शङ्खचक्रं च दण्डं प्राग्दक्षिणक्रमात् ॥ चण्डाभिधानकः प्रोक्तोऽस्यापसव्ये प्रचण्डकः। वामे चण्डः प्रकर्त्तव्यः प्रचण्डो दक्षिण तथा ॥ पद्मखड्गं खेटकं च गदां तेषु प्रदक्षिणे। विलोमैः पद्मगदयोर्जयो विजय दक्षिणे ॥ तर्जनीं बाण चापं च गदां तेषु प्रदक्षिणा। गदाऽपि सव्यतः कुर्याद् धाता तस्माद् विधातृकः ॥ तर्जनी पद्म शङ्खं च गदां तेषु प्रदक्षिणा। सव्यापसव्ययोगेन सुभद्रो भद्र एव च ॥ (देवतामूर्ति. 6, 110-115)

सर्वप्रतिहारनिर्णयो नाम विंशत्युत्तर द्विशततमं सूत्रम्॥ 220॥

अधुना सर्वप्रतिहारनिर्णयः ब्रह्मप्रतिहाराः। विश्वकर्मोवाच —

ब्रह्मणोऽष्ट प्रतीहारान् कथयिष्याम्यनुक्रमात्।
पुरुषाकारगम्भीराः सुकूर्चा मुकुटोज्ज्वलाः॥ 1॥

(इस सूत्र में ब्रह्मादि देवताओं के प्रतिहारों के लक्षण वर्णित हैं। मन्दिरों के द्वार पर पूर्वादि चारों दिशा में दो-दो के क्रम से इन प्रतिहारों की स्थापना होती है। एक प्रकार से ये मन्दिरों के उस लक्षण के प्रतीक भी हैं जो प्रथम दृष्टया मन्दिर के देव या देवी के होने को दर्शाते हैं। ये सभी आयुध सहित होते हैं) विश्वकर्मा बोले कि अब मैं ब्रह्मा के आठ प्रतिहारों के विषय में क्रमशः कहता हूँ। सभी पुरुषाकार और गम्भीर होंगे। ये सभी सुन्दर कूर्चा और उज्ज्वल मुकुटधारी होते हैं।

पूर्वे सत्य-धर्मकः —

पद्मं स्त्रुक् पुस्तकं दण्डः वामे स्यात्सत्यनामकः।
शस्त्रापसव्ययोगेन दक्षिणे धर्मको भवेत्॥ 2॥

इनमें पूर्व दिशा के द्वार के बायें भाग में सत्य नामक प्रतिहार है। उसके दाहिने हाथ में कमल और स्रुवा (होम करने की कर्छा) और बायें हाथ में पुस्तक और दण्ड होगा। दूसरा पूर्व दिशा के दाहिने भाग में धर्म नामक प्रतिहार होता है। अपसव्य क्रम से अर्थात् उसके नीचे के बायें हाथ में कमल और ऊपर के बायें हाथ में दण्ड, ऊपर के दाहिने हाथ में स्रुवा और शेष हाथ में पुस्तक होगी।

दक्षिणे प्रियोद्भव-जयः —

अक्षपद्मागमा दण्डः वामे चैव प्रियोद्भवः।
दण्डागमस्त्रुक् फलकं यज्ञः स्यात्सर्वकामदः॥ 3॥

इसके बाद, दक्षिण दिशा के बायीं ओर प्रियोद्भव नामक प्रतिहार स्थापित होगा। उसके दाहिने हाथों में क्रमशः अक्षमाला, पद्म, आगम या पुस्तक और दण्ड होंगे। इसके दाहिनी ओर जय नामक प्रतिहार होता है। उसके हाथों में क्रमशः दण्ड, आगम, स्रुवा और फलक सर्व कामनाओं की पूर्ति करने वाला होगा।

पश्चिमे विजय-यज्ञभद्रः —

अक्षसूत्रं गदा खेटं दण्डो विजयनामकः।
अधोहस्तापसव्येन फलयुक् यज्ञभद्रकः॥ 4॥

पश्चिम दिशा के बायीं ओर विजय नामक प्रतिहार होगा। उसके दाहिने नीचे के

हाथ में अक्षसूत्र, गदा, खेटक और दण्ड होंगे। दाहिनी ओर यज्ञभद्र नामक प्रतिहार के हाथों में अपसव्य क्रम से उक्त आयुध अर्थात् नीचे के बायें हाथ में क्रमशः खेटक. दण्ड, अक्षसूत्र और गदा होगी।

उत्तरे भव-विभवः —

अक्षपाशाङ्कुशदण्डा भवः स्यात्सर्वकामदः।
दण्डाङ्कुशपाशपद्मं विभवः सर्वशान्तिदः ॥ 5 ॥

इसी प्रकार उत्तर दिशा के बायीं ओर भव नामक प्रतिहार सर्व कामनाओं की पूर्ति करने वाला है। वह नीचे के दाहिने हाथ में अक्षमाला, पाश, अङ्कुश और दण्ड धारण किए होगा। इसके दाहिनी ओर विभव नाम का प्रतिहार होगा जो नीचे के दाहिने हाथ में क्रमशः दण्ड, अङ्कुश, पाश और कमल धारण किए होता है और यह सर्व शान्तिकारक है।[1]

इति ब्रह्मप्रतिहारा अष्ट।

भास्करस्याष्टौ प्रतिहाराः —

दण्डी च पिङ्गलश्चैव ह्यानन्दो नन्दकस्तथा।
चित्रो विचित्रो ज्ञातव्याः किरणाक्षः सुलोचनः ॥ 6 ॥
सर्वे ते पुरुषाकाराः कर्तव्याः शान्तिमिच्छता।
अष्टौ स्युश्च चतुर्द्वाःसु सव्यदक्षिणतः क्रमात् ॥ 7 ॥

सूर्य के आठ प्रतिहारों में दण्डी, पिङ्गल, आनन्द, नन्दक, चित्र, विचित्र किरणाक्ष और सुलोचन हैं। ये सभी पुरुषाकार कहे गए हैं। इनको शान्ति के इच्छुकों को बनाना चाहिए। ये आठों ही प्रतिहार पूर्वादि प्रदक्षिण क्रम से सूर्य मन्दिर के चारों ही द्वारों पर स्थापित किए जाते हैं।

पूर्वे दण्डी-पिङ्गलः —

तर्जनी किरणश्चैव ताम्रचूडश्च दण्डकः।
दण्डी नाम तथा वामे शृणु पिङ्गलकस्य च ॥ 8 ॥
शक्तिश्च किरणस्थाने ताम्रचूडपदेऽशकः।
पूर्ववत् तर्जनीदण्डौ पिङ्गलः पूर्व-दक्षिणे ॥ 9 ॥

इनमें प्रथम ऊपर की हुई तर्जनी अङ्गुली, किरण के आकार का आयुध, ताम्रचूड़ नामक शस्त्र और दण्ड इन आयुधों को क्रमशः हाथों में धारण करने वाला,

---

1. तुलनीय— देवतामूर्ति. (4, 17-20); रूप. (2, 14-17)

पूर्व दिशा में बायीं ओर का दण्डी नामक प्रतिहार होता है। इसके विपरीत किरण के स्थान में शक्ति और ताम्रचूड के स्थान में किरण को तथा तर्जनी-मुद्रा एवं दण्ड को पूर्ववत् धारण करने वाला पूर्व दिशा में दाहिनी ओर स्थापित होने वाला पिङ्गल नामक प्रतिहार होगा।

दक्षिणे आनन्द-अन्तकः —

तर्जन्यौ द्वे वज्रदण्डावानन्दक इति स्मृतः।
तर्जनी दण्डापसव्ये सम्भवे दन्तक(नन्दक!)स्तथा॥ 10॥

दोनों हाथों में तर्जनियों को उठाए, वज्र और दण्ड को धारण करने वाला आनन्द नामक प्रतिहार सूर्य की दक्षिण दिशा के द्वार की बायीं ओर स्थापित होगा। ऊपर के आयुधों में तर्जनी-मुद्रा और दण्ड बायें और दाहिने हाथों में करने से नन्दक (दन्तक?) नामक प्रतिहार होता है। उसे आनन्द की दाहिनी ओर स्थापन किया जाता है।

पश्चिमे चित्रक-विचित्रकः —

द्वे तर्जन्यौ पद्मदण्डौ वामतश्चित्रकः स्मृतः।
तर्जनी दण्डापसव्ये विचित्रो दक्षिणे स्थितः॥ 11॥

दोनों हाथ की दो तर्जनी अङ्गुलियों को उठाए, पद्म और दण्ड को धारण करने वाला चित्रक नामक प्रतिहार पश्चिम दिशा के द्वार की बायीं ओर स्थापित होगा। ऊपर के आयुधों में तर्जनी और दण्ड को चतुर्थ हाथ तथा दाहिनी ओर तर्जनी-मुद्रा एवं तृतीय हाथ में पद्म धारण करने वाला विचित्रक नामक प्रतिहार दाहिनी ओर स्थापित होता है।

उत्तरे किरणाक्ष-सुलोचनः —

तर्जन्यौ किरणो दण्डः किरणाक्षस्तथैव च।
तर्जनी दण्डापसव्यौ प्रतीहारः सुलोचनः॥ 12॥

इसी प्रकार दो हाथों की तर्जनी अङ्गुली को उठाए, किरण और दण्ड को धारण करने वाला किरणाक्ष नामक प्रतिहार सूर्य के उत्तर दिशा के द्वार की बायीं ओर स्थापित होगा और ऊपर के आयुधों में तर्जनी-मुद्रा और दण्ड को अपसव्य क्रम से यानी बायें हाथों में तथा किरण को दाहिने हाथों में धारण करने वाला सुलोचन नामक प्रतिहार उसके दाहिनी ओर स्थापित होगा।

इत्यष्टौ च प्रतीहाराः सर्वविघ्नप्रणाशनाः।

सर्वे तेजोमया नित्यं सूर्यदेवप्रत्यात्मकाः ॥ 13 ॥

इति भास्करस्याष्टौ प्रतिहाराः।

ये आठ प्रतिहार हैं जो समस्त विघ्नों का निवारण करने वाले हैं। ये सारे ही तेजामय और नित्य प्रति सूर्यदेव के प्रति आत्मिकता लिए होते हैं।[1]

गणेशस्याष्टौ प्रतिहाराः—

अविघ्नो विघ्नराजश्च सुवक्त्रो बलवानथ।
गजकर्णश्च गोकर्णः सौम्यश्चभयदायकः ॥ 14 ॥
सर्वे तु वामनाकाराः सौख्यदाः पुरुषाननाः।

गणेश के आठ प्रतिहारों में हैं— अविघ्न, विघ्नराज, सुवक्त्र, बलवान, गजकर्ण, गोकर्ण, सौम्य और अभयदायक। ये आठों ही प्रतिहार वामनाकार, सुखदायक और पुरुष के मुख वाले होते हैं।

पूर्वद्वारे अविघ्न-विघ्नराजकः—

तर्जनी परशुः पद्मं दण्डो हस्तेष्वविघ्नकः ॥ 15 ॥
तर्जनी दण्डापसव्ये स भेद्विघ्नराजकः।
पूर्वद्वारोभयभागे सर्वविघ्नविनाशकः ॥ 16 ॥

तर्जनी अङ्गुली को उठाए, परशु, पद्म और दण्ड को अपने हाथों में सव्य क्रम से धारण करने वाला अविघ्न नामक प्रतिहार पूर्व द्वार के बायीं ओर स्थापित होगा। इसके विपरीत, तर्जनी, दण्ड, परशु और पद्म को अपसव्य क्रम से धारण करने वाला विघ्नराज नामक प्रतिहार पूर्व द्वार के दाहिनी ओर स्थापित होगा। ये समस्त विघ्नों का विनाश करने वाले हैं।

दक्षिणद्वारे सुवक्त्रक-बलवानः—

तर्जनी खड्गखेटो तु दण्डो हस्तेः सुवक्त्रकः।
तर्जनी दण्डापसव्ये बलवांश्च समीरितः ॥ 17 ॥

तर्जनी अङ्गुली को उठाए, खड्ग, खेटक और दण्ड को प्रदक्षितः धारण करने वाला सुवक्त्र नामक प्रतिहार दक्षिण द्वार की बायीं और स्थापित होगा। इसके विपरीत, तर्जनी-मुद्रा, दण्डादि को अपसव्य क्रम से धारण करने वाला बलवान नामक प्रतिहार दक्षिण द्वार पर दाहिनी ओर स्थापित होगा।

पश्चिमद्वारे गजकर्णक-गोकर्णकः—

---

1. तुलनीय— देवतामूर्ति. (4, 40-46); रूप. (2, 26-27)

तर्जनी बाणचापौ च दण्डश्चक्राब्जकर्णकः।[1]
तर्जनी दण्डापसव्ये गोकर्णः पश्चिमस्थितः॥ 18॥

प्रदक्षिणतः हाथ में तर्जनी अङ्गुली को उठाए, बाण, धनुष और दण्ड को धारण करने वाला गजकर्णक नामक प्रतिहार पश्चिम द्वार पर बायीं ओर स्थापित होगा। तर्जनी-मुद्रा, दण्ड, बाण और धनुष को अपसव्यतः धारण करने वाला गोकर्णक नामक प्रतिहार पश्चिम द्वार की दाहिनी ओर स्थपित किया जाता है।

उत्तरद्वारे सौम्यक-अभयदायकः —

तर्जनीपद्माङ्कुशाश्च दण्डश्चैव स सौम्यकः।
शस्त्रापसव्ये च तथा भवेदभयदायकः॥ 19॥

इसी प्रकार तर्जनी अङ्गुली को उठाए, पद्म, अङ्कुश और दण्ड को सव्य क्रमानुसार धारण करने वाला सौम्यक नामक प्रतिहार उत्तर द्वार पर बायीं ओर रखे। तर्जनी-मुद्रा, दण्ड, कमल और अङ्कुश को अपसव्य क्रम से धारण करने वाला आठवाँ अभयदायक नामक प्रतिहार उत्तर द्वार पर दाहिनी ओर स्थपित होगा।

द्वारपक्षौ सर्वदिक्षु स्थाप्या विघ्नविनाशनाः।
इत्यष्टौ च प्रतीहारा नृपाणां शान्तिमिच्छता॥ 20॥

इति गणेशप्रतिहाराः।

इस प्रकार से गणेशायतन के द्वार के आजू-बाजू, सभी दिशाओं में प्रतिहारों की स्थापना विघ्न विनाशक है। ये आठों प्रतिहार राजाओं को शान्ति के लिए स्थापित करना चाहिए।[2]

गौर्या द्वारपालिकाः —

जया च विजया चैव अजिता चापराजिता।
निभक्ता[3] मङ्गला चैव मोहिनी स्तम्भनी तथा॥ 21॥

गौरी के प्रासाद में जया, विजया, अजिता, अपराजिता, निभक्ता (विभक्ता!), मङ्गला, मोहिनी और स्तम्भिनी (ये आठ द्वारपालिका सृष्टि क्रम से कही गई है)।

पूर्वद्वारे जया-विजयाः —

अभयाङ्कुशपाशाश्च (पाशश्च!) दण्डः प्रदक्षिणं जया।
सव्यापसव्ये शस्त्राणां विजया सा प्रकीर्तिता॥ 22॥

---

1. 'तर्जनीवाणचापश्च दण्डश्च गजकर्णकः।' इति साधुपाठः। यथा—रूप. (5, 23)
2. तुलनीय— देवतामूर्ति. (4, 40-46); रूप. (5, 21-25)
3. 'विभक्ता' इति देवतामूर्तिप्रकरणे (8, 20; रूप. 5, 13)

(पूर्वादि दिशाओं में क्रमशः जयादि प्रतिहारिन या द्वारपालिकाओं की स्थिति होगी) इनमें अभय-मुद्रा, अङ्कुश, पाश और दण्ड आयुधों को पूर्व दिशा में बायीं ओर क्रमशः धारण करने वाली जया नामक द्वारपालिका और दाहिने क्रम से अर्थात् दण्ड, पाश, अङ्कुश और अभय-मुद्रा को धारण करने वाली विजया नामक द्वारपालिका है जो पूर्वद्वार की दायीं ओर स्थापित होगी।

दक्षिणद्वारे अजिता-अपराजिता: —

अभयाब्जपाशा दण्डोऽजिता सव्येऽपराजिता।

दक्षिण दिशा में अभय-मुद्रा, कमल, पाश और दण्ड को बायें क्रम से धारण करने वाली अजिता नामक द्वारपालिका और इन्हीं आयुधों को दाहिने क्रम से धारण करने वाली अपराजिता नामक द्वारपालिका है। इनमें अजिता को दक्षिण द्वार पर बायीं ओर और एवं अपराजिता को दाहिनी ओर स्थापित किया जाएगा।

पश्चिमद्वारे निभक्ता-मङ्गला: —

अभयावज्राङ्कुशदण्डा निभक्तासव्यैर्मङ्गला॥ 23॥[1]

पश्चिम द्वार पर एक हाथ में अभय-मुद्रा, वज्र, अङ्कुश और दण्ड को बायें क्रम से धारण करने वाली निभक्ता (विभक्ता!) नामक द्वारपालिका होगी जबकि दाहिने क्रम से धारण करने वाली मङ्गला नाम की द्वारपालिका है। इनमें निभक्ता को पश्चिम द्वार की बायीं ओर तथा मङ्गला को दाहिनी ओर स्थापित करना चाहिए।

उत्तरद्वारे मोहिनी-स्तम्भनी: —

अभयशङ्खाब्जदण्डा मोहिनीत्येव नामतः।
शस्त्रापसव्ययोगेन सा भवेद् स्तम्भनी तथा॥ 24॥
गौर्याश्चायतने शस्ता अष्टौ स्युर्द्वारपालिकाः।

इति गौर्या द्वारपालिकाः।

देवी के उत्तर में एक हाथ में अभय-मुद्रा, शङ्ख, पद्म और दण्ड को बायें क्रम से धारण करने वाली मोहिनी संज्ञक द्वारपालिका द्वार पर बायीं ओर स्थागित होगी जबकि इन्हीं आयुधों को दाहिने क्रम से धारण करने वाली स्तम्भनी नामक द्वारपालिका उत्तरी द्वार पर दाहिनी ओर प्रतिष्ठित होगी। इस तरह देवी के मन्दिर में इन आठ द्वारपालिकाओं की स्थितियाँ प्रशस्त होती है।[2]

---

1. 'अभीवज्राङ्कुशदण्डा विनिभक्ताऽसव्यैर्मङ्गला ?' इति प्रकाशित पाठः।
2. तुलनीय— देवतामूर्ति. (8, 18-21); रूप. (5, 11-14)

चण्डिकाया अष्टौ प्रतिहाराः —

चण्डिकायास्तथैवोक्तान् कथयिष्याम्यनुक्रमात् ॥ 25 ॥
वेतालः कोटरश्चैव पिङ्गाक्षो भृकुटिस्तथा।
धूम्रकः कङ्कद(ट)श्चैव रक्ताक्षश्च सुलोचनः ॥ 26 ॥
दंष्ट्रास्यविकटाः कोपे स्फुरद्दशनकोज्ज्वलाः।
बर्वरीकाश्च कृष्णाङ्गा मरक्ताक्षा महाबलाः ॥ 27 ॥

अब मैं चण्डिकादेवी के प्रतिहारों के स्वरूप को अनुक्रम से कहता हूँ। इनमें वेताल, कोरट (करट!), पिङ्गाक्ष, भृकुटि, धूम्रक, कङ्कद (कङ्कट!), रक्ताक्ष और सुलोचन— ये आठ प्रतिहारों के नाम हैं। ये सभी भयङ्कर दाँत-दाढ़ों वाले और क्रोध से तमतमाये प्रतीत होते हैं और इनके दन्त पङ्क्ति उज्ज्वल है। वे बर्बरी की भाँति, काले अङ्ग वाले, मरकत तुल्य रक्तिम आँखों वाली और महाबली हैं।

पूर्वद्वारे वेताल-कोटरः —

तर्जनी चैव खट्वाङ्गो डमरुर्दण्ड आयुधम्।
वैतालः स समाख्यातो ह्यपसव्ये तु कोटरः ॥ 28 ॥

इनमें तर्जनी अङ्गुली को उठाए, खट्वाङ्ग, डमरु और दण्ड को प्रदक्षिण क्रम से धारण करने वाला वेताल नाम से ख्यात प्रतिहार है और इन्हीं आयुधों को अपसव्य क्रम से धारण करने वाला कोटर नाम का प्रतिहार है। (ये दोनों पूर्वी द्वार पर वाम-दक्षिणतः स्थापित होंगे)।

दक्षिणद्वारे पिङ्गाक्ष-भृकुटिः —

अभयखड्गखेटकं दण्डः पिङ्गाक्ष एव च।
अभयापसव्ययोगे भवेद् भृकुटिनामकः ॥ 29 ॥

अभय-मुद्रा, खड्ग, खेटक और दण्ड को सृष्टि क्रम से धारण करने वाला पिङ्गल नामक प्रतिहार और इन्हीं शस्त्रों को अपसव्य क्रम से धारण करने वाला भृकुटि नामक प्रतिहार है। (ये दोनों दक्षिण द्वार के प्रतिहार वाम-दक्षिणतः स्थापित होंगे)।

पश्चिमद्वारे धूम्रक-कङ्कदः —

तर्जनी वज्राङ्कुशा वै दण्डो धूम्रकनामकः।
सव्यापसव्ययोगेन भवेत् कङ्कद(ट)नामकः ॥ 30 ॥

तर्जनी अङ्गुली को उठाए, वज्र, अङ्कुश और दण्ड को सव्य क्रम से धारण

करने वाला धूम्रक नामक प्रतिहार है जबकि इन्हीं आयुधों को अपसव्य क्रम से धारण करने वाला कङ्कद नामक प्रतिहार है। (ये दोनों पश्चिमी द्वार के प्रतिहार वाम-दक्षिणतः स्थापित होंगे)।

उत्तरद्वारे रक्ताक्ष-त्रिलोचनः —

तर्जनी च त्रिशूलं च खट्वाङ्गो दण्ड एव च।
रक्ताक्षस्स च नाम्ना वै वामे दक्षे त्रि(सु!)लोचनः ॥ 31 ॥

इसी प्रकार तर्जनी अङ्गुली को उठाए, त्रिशूल, खट्वाङ्ग और दण्ड को सव्य अनुक्रम से धारण करने वाला रक्ताक्ष प्रतिहार है जबकि इन्हीं आयुधों को अपसव्य क्रम से धारण करने वाला त्रिलोचन (सुलोचन!) नामक प्रतिहार है। (ये दोनों उत्तरी द्वार के प्रतिहार वाम-दक्षिणतः स्थापित होते हैं)।

दिशाद्वारपक्षयुग्मो स्थिता विघ्नविनाशनाः।
इत्यष्टौ च प्रतीहारा देवीनां सर्वसम्मताः ॥ 32 ॥

इति चण्डिकाया अष्टौ प्रतिहाराः।

दिशाओं के अनुक्रम में स्थित द्वारों के उभय पक्षों पर इनकी स्थापना विघ्नों का विनाश करने वाली है। ये चण्डिका देवी के आठों प्रतिहार सर्व सम्मत हैं।[1]

जिनेन्द्रस्य अष्ट प्रतिहाराः —

इन्द्र इन्द्रजयश्चैव महेन्द्रो विजयेन्द्रकः।
धरणेन्द्रः पद्मकश्च सुनाभः सुरदुन्दुभिः ॥ 33 ॥
इत्यष्टो च प्रतीहाराः पी(?वी)तरागादिशान्तिदाः।
पृथगेकैकशश्चैव कथयिष्याम्यनुक्रमम् ॥ 34 ॥

इन्द्र, इन्द्रजय, महेन्द्र, विजयेन्द्र, धरणेन्द्र, पद्मक, सुनाम और सुरदुन्दुभि— ये आठ वीतराग जिनेन्द्रदेव के प्रतिहार हैं जो कि शान्ति देने वाले हैं। अब इनके लक्षणों को एक-एक पृथक्-पृथक् अनुक्रम से कहता हूँ।

पूर्वद्वारे इन्द्र-इन्द्रजयः —

फलं वज्राङ्कुशौ दण्ड इन्द्रोऽसव्ये इन्द्रजयः।

पूर्व दिशा के द्वार के दाहिनी ओर का प्रतिहार इन्द्र नामक है जो कि सव्य क्रम से फल, वज्र, अङ्कुश और दण्ड को धारण करने वाला है और इन्हीं आयुधों को अपसव्य क्रम से धारण करने वाला बायीं ओर का प्रतिहार इन्द्रजय नामक है।

1. तुलनीय— देवतामूर्ति. (8, 99-104); रूप. (5, 51-56)

दक्षिणद्वारे महेन्द्र-विजयेन्द्रः —

[1]द्वौ वज्रो फलदण्डौ च माहेन्द्रो विजयोद्भवः ॥ 35 ॥

दक्षिण दिशा के द्वार पर दाहिनी ओर का प्रतिहार महेन्द्र नामक है जो दो वज्र, फल और दण्ड को सृष्टिक्रम से धारण करता है। इन्हीं आयुधों को अपसव्य क्रम से धारण करने वाला बायीं ओर का प्रतिहार विजय नामक होगा।

पश्चिमद्वारे धरणेन्द्र-पद्मक: —

[2]तदायुधयोगोद्भवास्त्रिपञ्चादिफणोदर्ध्वगाः।
धरणेन्द्रः पद्मकश्च सर्वे शान्तिकराः स्मृताः ॥ 36 ॥

उपर्युक्त आयुधों के योग से अर्थात् सव्य क्रम से धारण करने पर धरणेन्द्र नामक दाहिनी ओर का प्रतिहार होगा जबकि बायीं ओर का अपसव्य क्रम से आयुध धारक पद्मक होगा। इन दोनों के ऊपर तीन अथवा पाँच इत्यादि सर्प के फण भी बनाएँ जाते हैं। ये सभी शान्तिकारक कहे गए हैं। ये पश्चिम दिशा के प्रतिहार हैं।

उत्तरद्वारे सुनाभ-सुरदुन्दुभिः —

यक्षरूपाधिकाराश्च निधिहस्ताः शुभोदराः।
सर्वशान्तिप्रदावेवं सुनाभः सुरदुन्दुभिः ॥ 37 ॥

उत्तर दिशा के प्रतिहार यक्ष रूप वाले होंगे, जिनके हाथे में निधि और वे सुन्दर उदर वाले होंगे। द्वार के दाहिनी ओर सुनाभ और बायें सुरदुन्दुभि नामक प्रतिहार होगा। है। ये सभी को शान्ति प्रदान करने वाले हैं।

इत्यष्टौ च जिनेन्द्रस्य प्रतिहाराश्च शान्तिदाः।
नगरादौ पुरे ग्रामे सर्वविघ्नप्रणाशनाः ॥ 38 ॥

इति जिनेन्द्रस्याष्टौ प्रतिहाराः।

जिनेन्द्र देव के ये आठों प्रतिहार शान्तिदायक हैं। किसी भी नगर, पुर और गाँव आदि में ये सब विघ्नों का विनाश करने वाले कहे गए हैं।[3]

इति सूत्रसन्तानगुणकीर्तिप्रकाशप्रोक्तश्रीभुवनदेवाचार्योक्तापराजितपृच्छायां सर्वप्रतिहारनिर्णयाधिकारो नाम त्रिंशत्युत्तरद्विशततमं सूत्रम् ॥ 220 ॥

इस प्रकार भुवनदेवाचार्य कृत सूत्रसन्तानगुणकीर्ति प्रकाश या अपराजितपृच्छा में सर्व प्रतिहार निर्णय अधिकार नामक दो सौ बीसवाँ सूत्र पूर्ण हुआ ॥ 220 ॥

---

1. 'द्वौ वज्रो फलदण्डौ च महेन्द्रोऽसव्ये विजयः ?' इति प्रकाशितपाठः।
2. 'तदायुधयोगोद्भवास्त्रिपञ्चाश्वफणा (ग्रहा) मताः।' इति प्रकाशितपाठः।
3. तुलनीय— देवतामूर्ति. (7, 70-75); रूप. (6, 29-33)

जिनेन्द्रमूर्तिलक्षणमेकविंशत्युत्तर द्विशततमं सूत्रम्॥ 221॥

अधुना जिनेन्द्रमूर्तिलक्षणं। विश्वकर्मोवाच —

तीर्थङ्करान् प्रवक्ष्यामि चतुर्विंशतिसङ्ख्यकान्।
नामवर्णलाञ्छनार्थ-देवी-यक्षादिकक्रमम्॥ 1॥

(जिनेन्द्र मूर्ति लक्षण[1] संज्ञक इस सूत्र में समस्त चौबीस तीर्थङ्करों, शासनदेवियों, जिनयक्षादि का वर्णन हुआ है। जैन शास्त्रों में प्रतिष्ठासारोद्धार, आचारदिनकर आदि में प्रकारान्तर से इस सम्बन्ध में वर्णन मिलता है किन्तु भुवनदेव का यह वर्णन रूपमण्डनम्, देवतामूर्तिप्रकरणम्, प्रासादमञ्जरी आदि में ज्यों का त्यों मिलता है) विश्वकर्मा बोले कि अब मैं चौबीस संख्या वाले तीर्थङ्करों के बारे में कहता हूँ। उनके नाम सहित वर्ण, लाञ्छन और शासन देवियों व यक्षादि का क्रमशः वर्णन करूँगा।

चतुर्विंशतिरर्हन्तः —

ऋषभश्चाजितश्चैव सम्भवश्चाभिनन्दनः।
सुमतिः पद्मप्रभश्च सुपार्श्वः [2]सप्रभो सप्तमो मतः॥ 2॥

---

1. वराहमिहिर ने जिनमूर्ति के सम्बन्ध में इतना ही कहा है कि जानु पर्यन्त लम्बमान भुजाओं सहित, श्रीवत्स चिह्न से शोभाजनक, शान्त, दिगम्बर, तरुणाई सहित सुन्दर रूपेण जिन प्रतिमाओं को बनाना चाहिए— आजानुलम्बबाहुः श्रीवत्साङ्कः प्रशान्तमूर्तिश्च। दिग्वासास्तरुणो रूपवांश्च कार्योऽर्हतां देवः॥ (बृहत्संहिता 58, 45)
मानसार के 55वें अध्याय में 47 श्लोकों में जिन प्रतिमा लक्षणों का वर्णन हुआ है जबकि मयमतम् में कहा गया है कि जिन देव की प्रतिमा को नील एवं अञ्जन वर्ण की बनाएँ और अशोक द्रुम से युक्त करें। उनको सिंहासन या पद्मासन पर स्थानक बनाएँ। जिन देव की भुजाएँ देह के समानान्तर अवलम्बित हों और दृष्टि नीचे, चिह्न दोनों ही स्तनों के मध्य हों। देव का अनुपात अन्य देवताओं के समान हों। चामरधारियों की ऊँचाई का प्रमाण देवता की तीस अङ्गुल रखनी चाहिए। प्रतिमा में शेषाङ्ग पूर्व निर्दिष्ट स्वरूप से ही बनाए जाने चाहिए। उन्हें निर्वस्त्र (दिगम्बर) ही बनाएँ। उनको सुरासुर से आराधित बनाएँ और तीन छत्र से युक्त करें। देव की प्रतिमा के बाहु पार्श्व में लता हो जिसका वर्ण रक्ततुल्य होगा। भुजाएँ दो हों। प्रतिमा के पार्श्व में यक्षेन्द्र और अपराजिता को कटि तक झुके हुए सिर सहित बनाएँ। एतद् विषयक प्रतिमा का ज्ञान पूर्व में ऐसे शास्त्रज्ञों ने बताया है कि जो कि शास्त्र-सिन्धु के कुशल तैराक थे— नीलाञ्जननिभं जैनमशोकद्रुमसेवितम्। स्थानकमानसनमुक्तं सिंहपद्मासनान्वितम्॥ पार्श्व बाहुः स्तनान्ते तु दृष्टिर्देवप्रमाणकम्। देवाङ्गुलेन त्रिंशद्वा चामरग्राहिमानकम्॥ शेषं पूर्ववदुद्दिष्टं युक्त्या रूपं निरम्बरम्। सुराद्यैरमरैः सेव्यं त्रिच्छत्रेण समन्वितः॥ पार्श्वबाहुलतारक्तं तत्तद्वर्णं द्विबाहुकः। यक्षेन्द्रकापराजितौ पार्श्वे कट्यन्त शीर्षकौ॥ कर्तव्यौ पूर्वमुक्तौ च शास्त्रज्ञैः शिल्पपारगैः। (मय. 36, 284-288)
2. 'सप्रंभोसमो मतः॥' इति प्रकाशित पाठः।

चन्द्रप्रभश्च सुविधि:[1] शीतलो दशमो मत:।

श्रेयांश्चैसो वासुपूज्यश्च विमलोऽनन्तसञ्ज्ञक:॥ 3॥

धर्म: शान्ति: कुन्थुररो मल्लिनाथस्तथैव च।

मुनिस्तथा सुव्रतश्च नमिश्चारिष्टनेमिक:।

पार्श्वनाथो वर्धमानश्चतुर्विशंतिरर्हताम्॥ 4॥

सभी चौबीस तीर्थङ्करों के नाम क्रमश: हैं— 1. ऋषभदेव, 2. अजितनाथ, 3. सम्भवनाथ, 4. अभिनन्दन 5. सुमति, 6. पद्मप्रभ, 7. सुपार्श्व (जो उत्तम प्रभामय हो), 8. चन्द्रप्रभ, 9. सुविधिनाथ, 10. शीतलनाथ, 11. श्रेयांसनाथ, 12. वासुपूज्य, 13. विमलनाथ, 14. अनन्तनाथ, 15. धर्मनाथ, 16. शान्तिनाथ, 17. कुन्थुनाथ, 18. अरनाथ, 19. मल्लिनाथ, 20. मुनिसुव्रत, 21. नमिनाथ 22. अरिष्टनेमि, 23. पार्श्वनाथ तथा 24. वर्द्धमान अर्थात् महावीर स्वामी।

जिनानां वर्णा: —

चन्द्रप्रभ: पुष्पदन्त: श्वेतौ वै क्रोञ्चसम्भवौ ?।

पद्मप्रभो धर्मनाथो रक्तोत्पलनिभौ मतौ॥ 5॥

सुपार्श्व: पार्श्वनाथश्च हरिद्वर्णौ प्रकीर्तितौ।

नेमिश्च: श्यामवर्ण: स्यान्नीलो मल्लि: प्रकीर्तित:॥ 6॥

शेषा: षोडश सम्प्रोक्तास्तप्तकाञ्चनसमप्रभा:।

वर्णानि कथितान्यग्रे लाञ्छनानि तत: श्रृणु॥ 7॥

तीर्थंकरों के वर्ण के विषय में ज्ञातव्य है कि चन्द्रप्रभ, पुष्पदन्त नामक तीर्थङ्कर श्वेत वर्ण और कौंच की तरह सम्भववर्णा हैं। पद्मप्रभ, धर्मनाथ रक्त कमल के समान है। सुपार्श्व और पार्श्वनाथ हरित्वर्ण के समान कहे गए हैं। नेमिनाथ श्याम वर्ण और मल्लिनाथ नील वर्ण के जाने, अन्य सभी जिनदेवों को तप्त हेम वर्ण वाला कहा गया है। इस प्रकार यहाँ अर्हत प्रतिमाओं के वर्ण के विषय में कहा गया, अब आगे अन्य लाञ्छन (चिह्नों) के विषय में सुनो।

यथाक्रमेण जिनानां लाञ्छनानि —

वृषो गजाश्वकपय: क्रौञ्चपद्मकस्वस्तिका:।

चन्द्रो मकरश्रीवत्सौ गण्डको महिषस्तथा॥ 8॥

शूकर: शशादनश्च वज्रश्च मृग आजक:।

---

1. 'चन्द्रप्रभ: पुष्पदन्त:' इति देवतामूर्ति. (7, 2) पाठ:।

नन्द्यावर्तश्च कलशः कूर्मो नीलाब्जशङ्खकौ॥ ९॥
सर्पः सिंहश्चर्षभादेर्लाञ्छानानीरितानि च।

तीर्थंकरों के लाञ्छन क्रमशः निम्न हैं— वृष (ऋषभदेव), गज (अजित), अश्व (सम्भव), कपि (अभिनन्दन), क्रौञ्च (सुमति), पद्म (पद्मप्रभ), स्वस्तिक (सुपार्श्व), चन्द्र (चन्द्रप्रभ), मकर (सुविधि), श्रीवत्स (शीतल), गैंडा (श्रेयांस), महिष (वासुपूज्य), शूकर (विमल), शश (अनन्त), वज्र (धर्म), मृग (शान्ति), अज (कुन्थु), नन्द्यावर्त (अर), कलश (मल्लि), कूर्म (सुव्रत), नीलकमल (नमि), शङ्ख (अरिष्टनेमि), सर्प (पार्श्व), सिंह (वर्द्धमान)। इन लाञ्छनों को इसी रीति से करें।[1]

---

1. देवतामूर्तिप्रकरणम् और रूपमण्डनम् में इन तीर्थङ्करों की राशियाँ और नक्षत्रों का वर्णन भी हुआ है। निम्न तालिका से इनको एक दृष्टि से जाना जा सकता है—

क्रम	तीर्थंकर	वर्ण	लांछन	जन्मनक्षत्र	जन्मराशि
1.	ऋषभ	स्वर्ण	वृष	उत्तराषाढा	धनु
2.	अजित	स्वर्ण	गज	रोहिणी	वृष
3.	सम्भव	स्वर्ण	अश्व	मृगशीर्ष	मिथुन
4.	अभिनन्दन	स्वर्ण	कपि	पुनर्वसु	मिथुन
5.	सुमति	स्वर्ण	क्रौञ्च	मघा	सिंह
6.	पद्मप्रभ	रक्त	अब्ज	चित्रा	कन्या
7.	सुपार्श्व	स्वर्ण	स्वस्तिक	विशाखा	तुला
8.	चन्द्रप्रभ	श्वेत	शशि	अनुराधा	वृश्चिक
9.	पुष्पदन्त	श्वेत	मकर	मूल	धनु
10.	शीतल	स्वर्ण	श्रीवत्स	पूर्वाषाढ़ा	धनु
11.	श्रेयांस	स्वर्ण	खड्गी	श्रुति	मकर
12.	वासुपूज्य	रक्त	महिष	शतभिषा	कुम्भ
13.	विमल	स्वर्ण	शूकर	उत्तराभाद्रपद	मीन
14.	अनन्त	स्वर्ण	श्येन	स्वाती	मीन
15.	धर्म	स्वर्ण	वज्र	पुष्य	कर्क
16.	शान्ति	स्वर्ण	मृग	भरणी	मेष
17.	कुन्थु	स्वर्ण	छाग	कृतिका	वृष
18.	अर	स्वर्ण	नन्द्यावर्त	रेवती	मीन
19.	मल्लि	नील	घट	अश्विनी	मेष
20.	सुव्रत	कृष्ण	कूर्म	श्रवण	मकर
21.	नमिनाथ	स्वर्ण	नीलोत्पल	अश्विनी	मेष
22.	नेमिनाथ	कृष्ण	शङ्ख	चित्रा	कन्या
23.	पार्श्व	नील	फणधर	विशाखा	तुला
24.	वर्द्धमान	स्वर्ण	सिंह	विशाखा	तुला

चतुर्विंशतिः जिनानां शासनदेव्यः —

चतुर्विंशतिरुच्यन्ते क्रमाच्छासनदेविकाः ॥ 10 ॥

अब आगे इन तीर्थंकरों की चौबीस ही शासनदेवियों (यक्षियों) का क्रमशः वर्णन किया जा रहा है।

चक्रेश्वरी रोहिणी च प्रज्ञा वै वज्रशृङ्खला।
नरदत्ता मनोवेगा कालिका ज्वालमालिका ॥ 11 ॥
महाकाली मानवी च गौरी गान्धारिका तथा।
विराटा तारिका चैवानन्ताग(म ?)तिश्च मानसी ॥ 12 ॥
महामानसी च जया विजया चापराजिता।
बहुरूपा च चामुण्डाऽम्बिका पद्मावती तथा ॥ 13 ॥
सिद्धायिकेति देव्यस्तु चतुर्विंशतिरर्हताम्।
कथितान्यभिधानानि शस्त्रभेदोऽत्र कथ्यते ॥ 14 ॥

जैन शासनदेवियों के नाम हैं[1]— 1. चक्रेश्वरी, 2. रोहिणी, 3. प्रज्ञा, 4. वज्रशृङ्खला, 5. नरदत्ता, 6. मनोवेगा, 7. कालिका, 8. ज्वालामालिका, 9. महाकाली, 10. मानवी, 11. गौरी, 12. गान्धारी, 13. विराटा, 14. अनन्तमति, 15. मानसी, 16. महामानसी, 17. जया, 18. विजया, 19. अपराजिता, 20. बहुरूपा, 21. चामुण्डा, 22. अम्बिका, 23 पद्मावती और सिद्धायिका— ये चौबीस अर्हतों की शासनदेवियाँ कही गई है। अब इनके नामानुसार ही आयुधभेदों, लक्षणों को कहूँगा।

सायुध देव्यवर्णनम् —

षट्पादा द्वादशभुजा चक्राण्यष्टौ द्विवज्रकम्।
मातुलिङ्गाभये चैव तथा पद्मासनाऽपि च ॥ 15 ॥
गरुडोपरिसंस्था च चक्रेशी हेमवर्णिका।

इति चक्रेश्वरी ॥ 1 ॥

प्रथम (ऋषभदेव की) शासनदेवी चक्रेश्वरी देवी छह पाँवों और बारह भुजाओं

---

1. इनके नामों को लेकर श्वेताम्बर और दिगम्बर जैन मतों में किञ्चित मतभेद है। अपराजितपृच्छा का वर्णन दिगम्बर जिनशासन में बहुमान्य प्रतिष्ठासारसङ्ग्रह, आशाधराचार्यकृत प्रतिष्ठासारोद्धार, नेमिचन्द्र देवाचार्य कृत प्रतिष्ठातिलक का निकटवर्ती प्रतीत होता है। देवतामूर्तिप्रकरणम् और रूपमण्डनम् का वर्णन श्वेताम्बर मत में मान्य लक्षणों के निकट है। वर्धमान सूरीश्वर कृत आचारदिनकर में यक्षिणियों का वर्णन नाम, रूप सहित हुआ है।

वाली है जिनमें से आठ हाथों में वह चक्र धारण किए होती है और दो में वज्र धारण करती है। इसी प्रकार शेष दो हाथों में बीजपूरक और अभय-मुद्रा में होती है। वह पद्मासन में गरुड पर अवस्थित होती है और उसका वर्ण सोने के समान होता है।[1]

चतुर्भुजा श्वेतवर्णा शङ्खचक्राभयवरा।
लोहासना च कर्तव्या रथारूढा च रोहिणी॥

इति रोहिणी॥ 2॥

द्वितीय (अजितनाथ की) शासनदेवी रोहिणी चारभुजाओं वाली, श्वेत वर्ण और हाथों में सव्य क्रम से शङ्ख, चक्र, अभय-मुद्रा और वरद-मुद्रा धारण किए, लोहासन पर विराजित होकर रथ पर आरूढ़ होती है।

प्रज्ञावती श्वेतवर्णा षड्भुजा चैव संश्रुता।
अभयवरदफल-चन्द्राः परशुरुत्पलम्॥ 17॥

इति प्रज्ञावती॥ 3॥

तृतीय (सम्भवनाथ की) शासनदेवी प्रज्ञावती श्वेतवर्ण, छह भुजाओं वाली कही गई है। उसकी भुजाओं में क्रमशः अभय-मुद्रा, वर-मुद्रा, फल, चन्द्रमा, परशु और उत्पल-कमल धारण होगा।

नागपाशाक्षफलकं वरदं हंसवाहिनी।
चतुर्भुजा तथैवोक्ता विख्याता वज्रशृङ्खला॥ 18॥

इति वज्रशृङ्खला॥ 4॥

चौथी (अभिनन्दन की) विख्यात् शासनदेवी वज्रशृङ्खला अपनी चार भुजाओं में क्रमशः नागपाश, अक्ष, फल और वर-मुद्रा धारण किए होती है। वह हंसवाहिनी कही गई है।

चतुर्भुजा चक्रवज्र-फलानि वरदं तथा।
श्वेतहस्तिसमारूढा कर्तव्या नरदत्तिका॥ 19॥

इति नरदत्ता॥ 5॥

पाँचवीं (सुमतिनाथ की) शासनदेवी चार भुजाओं वाली होती है जिनमें वह क्रमशः चक्र, वज्र, फल और वर-मुद्रा धारण किए होगी। नरदत्ता को श्वेत हाथी पर

1. तुलनीय— स्वर्णाभा गरुडासनाष्टभुजयुग् वामे च हस्तोच्चये वज्रं चापमथाङ्कुशं गुरुधनुः सौम्याशया बिभ्रती। तस्मिंश्चापि हि दक्षिणेऽथ वरदं चक्रं च पाशं शरान् सच्चक्रापरचक्रभञ्जनरता चक्रेश्वरी पातु नः॥ (आचार. तृतीयखण्ड, पृष्ठ 89)

आरूढ़ बनाना चाहिए।

चतुर्भुजा[1] स्वर्णवर्णाऽशनि चक्रफलं वरम्।
अश्ववाहन संस्था च मनोवेगा तु कामदा॥ 20॥

इति मनोवेगा॥ 6॥

छठवीं (पद्मप्रभ की) शासनदेवी चार हाथों, स्वर्ण वर्ण वाली और हाथों में क्रमशः अशनि, चक्र, फल और वर-मुद्रा धारण करती है। वह अश्व के वाहन पर आरूढ़ है। यह मनोवेगा मनोरथों को पूर्ण करने वाली है।

कृष्णाऽष्टबाहुस्त्रिशूलपाशाङ्कुशधनुःशरा।
चक्राभयवरदाश्च महिषस्था च कालिका॥ 21॥

इति कालिका॥ 7॥

सातवीं (सुपार्श्वनाथ की) शासनदेवी कालिका है जो काले वर्ण की, आठ भुजाओं वाली जिनमें वह त्रिशूल, पाश, अङ्कुश, धनुष, बाण, चक्र, अभय-मुद्रा और वर-मुद्रा धारण करती है। वह महिषारूढ़ कही गई है।[2]

कृष्णा चतुर्भुजा घण्टा त्रिशूलं च फलं वरम्।
पद्मासना वृषारूढा कामदा ज्वालमालिनी॥ 22॥

इति ज्वालमालिनी॥ 8॥

आठवीं (चन्द्रप्रभ की) शासनदेवी ज्वालमालिनी को कृष्णवर्ण की बनाएँ। वह अपनी चार भुजाओं में घण्टा, त्रिशूल, फल और वर-मुद्रा धारण करती है। वह पद्मासनस्थ होकर वृष पर आरूढ़ होती है और कामनाएँ सिद्ध करती है।

चतुर्भुजा कृष्णवर्णा वज्रगदावराभयाः।
कूर्मस्था च महाकाली सर्वशान्तिप्रदायिनी॥ 23॥

इति महाकाली॥ 9॥

नवीं (सुविधिनाथ की) शासनदेवी चार भुजा और काले वर्ण वाली बनाएँ। वह अपनी भुजाओं में क्रमशः वज्र, गदा, वर-मुद्रा और अभय-मुद्रा धारण करती है। महाकाली नामक सर्व शान्ति प्रदायिका शासनदेवी को कूर्म पर विराजित करें।

चतुर्भुजा श्यामवर्णा पाशाङ्कुशफलं वरम्।

---

1. 'चतुर्वर्णा' इति प्रकाशित पाठः।
2. तुलनीय— श्यामाभा पद्मसंस्था वलयवलिचतुर्बाहुविभ्राजमाना पाशं विस्फूर्जमूर्जस्वलमपि वरदं दक्षिणं हस्तयुग्मे। बिभ्राणा चापि वामेऽङ्कुशमपि कविषं भोगिनं च प्रकृष्टा देवीनामस्तु काली कलिकलितकलिस्फूर्तितद्भूतये नः॥ (आचार. वही, पृष्ठ ९०)

सूकरोपरिसंस्था च मानवी चार्थदायिनी॥ 24॥

इति मानवी॥ 10॥

दसवीं (शीतलनाथ की) शासनदेवी श्याम वर्ण वाली, अपने हाथों में क्रमशः पाश, अङ्कुश, फल और वर-मुद्रा धारण करती है। मानवी नामक यह यक्षी शूकर पर आसीन होती है और अर्थदायिनी है।

पाशाङ्कुशाब्जवरदाः कनकाभा चतुर्भुजा।
सा कृष्णहरिणारूढा कार्या गौरी च शान्तिदा॥ 25॥

इति गौरी॥ 11॥

ग्यारहवीं (श्रेयांसनाथ की) शासनदेवी अपने हाथों में क्रमशः पाश, अङ्कुश, पद्म और वर-मुद्रा धारण करती है। वह सोने जैसी आभा वाली और चार भुजा है। उसे कृष्णहरिण पर आरूढ़ बनाएँ तो वह शान्ति प्रदान करने वाली सिद्ध होती है।

करद्वये पद्मफले नक्रारूढा तथैव च।
श्यामवर्णा प्रकर्तव्या गान्धारी नामिका भवेत्॥ 26॥

इति गान्धारी॥ 12॥

बारहवीं (वासुपूज्य की) शासनदेवी अपने दो हाथों में फल, पद्म धारण करती है। वह मकर पर आरूढ़ होती है। इस गान्धारी नामक यक्षी को श्यामवर्णा बनाएँ।

श्यामवर्णा षड्भुजा द्वौ वरदौ खड्गखेटकौ।
धनुर्बाणौ विराटाख्या व्योमयानगता तथा॥ 27॥

इति विराटाख्या॥ 13॥

तेरहवीं (विमलनाथ की) शासनदेवी श्यामवर्णा और छह भुजा वाली है। उसे दो हाथों में वर-मुद्रा, खड्ग, खेटक, धनुष और बाण सहित बनाएँ। विराटा नामक यह यक्षी व्योमयान से गति करने वाली है।

चतुर्भुजा स्वर्णवर्णा धनुर्बाणौ फलं वरम्।
हंसासनाऽनन्तमतिः कर्तव्या शान्तिदायिनी॥ 28॥

इत्यनन्तमतिः॥ 14॥

चौदहवीं (अनन्तनाथ की) शासनदेवी चार भुजाओं वाली, स्वर्णवर्णा होती है। वह अपने हाथों में क्रमशः धनुष, बाण, फल और वर-मुद्रा धारण करती है। हंसासना अनन्तमति को बनाएँ तो वह शान्तिदायिनी सिद्ध होती है।

षड्भुजा रक्तवर्णा च त्रिशूलं पाशचक्रके।
डमरुर्वै फलवरे मानसी व्याघ्रवाहना॥ 29॥

इति मानसी ॥ 15 ॥

पन्द्रहवीं (धर्मनाथ की) शासनदेवी छह भुजाओं वाली और लाल वर्ण की होती है। वह अपने हाथों में क्रमशः त्रिशूल, पाश, चक्र, डमरु, फल और वर-मुद्रा धारण करती है। मानसी नामक यह यक्षी व्याघ्र पर आसीन होगी।

चतुर्भुजा सुवर्णाभा शरः शार्ङ्गं च वज्रकम्।
चक्रं महामानसी स्यात् पक्षिराजोपरिस्थिता ॥ 30 ॥

इति महामानसी ॥ 16 ॥

सोलहवीं (शान्तिनाथ की) शासनदेवी चार भुजाओं वाली, स्वर्ण तुल्य आभा वाली है। वह अपने हाथों में अनुक्रम से बाण, धनुष, वज्र और चक्र धारण करती है। महामानसी नामक इस यक्षी को गरुड पर स्थिति देनी चाहिए।

वज्रचक्रे पाशाङ्कुशौ फलं च वरदो जया।
कनकाभा षड्भुजा च कृष्णशूकरसंस्थिता ॥ 31 ॥

इति जया ॥ 17 ॥

सत्रहवीं (कुन्थुनाथ की) शासनदेवी वज्र, चक्र, पाश, अङ्कुश, फल और वर-मुद्रा— अपने छह हाथों में अनुक्रम से धारण करने वाली है। जया नामक यह यक्षी कनक जैसी आभा वाली और कृष्णशूकर पर विराजित होती है।

सिंहासना चतुर्बाहुर्वज्रचक्रफलोरगाः।
तेजोवती स्वर्णवर्णा नाम्ना सा विजया मता ॥ 32 ॥

इति विजया ॥ 18 ॥

अठारहवीं (अरनाथ की) शासनदेवी सिंहासन पर विराजित होती है। वह चार भुजाओं वाली है जिनमें क्रमशः वज्र, चक्र, फल और उरग-साँप धारण करती है। वह तेजोवती है और स्वर्ण जैसे वर्ण वाली है। उसका नाम विजया है।

खड्गखेटो फलवरौ श्यामवर्णा चतुर्भुजा।
शान्तिदाऽष्टापदस्था च विख्याता ह्यपराजिता ॥ 33 ॥

इत्यपराजिता ॥ 19 ॥

उन्नीसवीं (मल्लिनाथ की) शासनदेवी अपनी चार भुजाओं में क्रमशः खड्ग, खेटक, फल और वर-मुद्रा को धारण करती हैं। वह श्याम वर्ण वाली है। अपराजिता नाम से विख्यात इस यक्षी को अष्टापद पर आसीन करना चाहिए। वह शान्तिदायक है।

द्विभुजा स्वर्णवर्णा च खड्गखेटकधारिणी।

सर्पासना च कर्तव्या बहुरूपा सुखावहा ॥ 34 ॥

इति बहुरूपा ॥ 20 ॥

बीसवीं (मुनि सुव्रत की) शासनदेवी दो भुजाओं वाली और स्वर्ण के वर्ण जैसी आभा लिए है। वह अपनी भुजाओं में क्रमशः खड्ग व खेटक धारण करती है। सर्प पर आसीन बहुरूपा नामक यह शासनदेवी सुख देने वाली है।

रक्ताभाष्टभुजा शूलखड्गौ मुद्गरपाशकौ।
वज्रचक्रे डमर्वक्षौ चामुण्डा मर्कटासना ॥ 35 ॥

इति चामुण्डा ॥ 21 ॥

इक्कीसवीं (नमिनाथ की) शासनदेवी रक्त वर्णा, आठ भुजाओं वाली है जिनमें वह क्रमशः शूल, खड्ग, मुद्गर, पाश, वज्र, चक्र, डमरु व अक्षसूत्र धारण करती है। यह चामुण्डा नामक यक्षी मर्कट (वानर) के आसन पर विराजित होती है।

हरिद्वर्णा सिंहसंस्था द्विभुजा च फलं वरद्।
पुत्रेणोपास्यमाना च सुतोत्सङ्गा तथाऽम्बिका ॥ 36 ॥

इत्यम्बिका ॥ 22 ॥

बाईसवीं (अरिष्टनेमि की) शासनदेवी हरित वर्ण वाली, सिंह पर आरूढ़, दो भुजाओं वाली है जिनमें वह क्रमशः फल और वर-मुद्रा को धारण करती है। उसके साथ एक पुत्र उपासनारत हो जबकि एक शिशु क्रोड़ में हो, इसका नाम अम्बिका कहा गया है।

पाशाङ्कुशौ पद्मवरे रक्तवर्णा चतुर्भुजा।
पद्मासना कुक्कुटस्था ख्याता पद्मावतीति च ॥ 37 ॥

इति पद्मावती ॥ 23 ॥

तेईसवीं (पार्श्वनाथ की) शासनदेवी अपनी चार भुजाओं में अनुक्रम से पाश, अङ्कुश, पद्म और वर-मुद्रा धारण करती है। वह रक्तवर्णा हैं। पद्म के आसन पर विराजित और कुक्कुटस्था है। उसकी ख्याति पद्मावती के रूप में है।

द्विभुजा कनकाभा च पुस्तकं चाभयं तथा।
सिद्धायिका तु कर्तव्या भद्रासनसमन्विता ॥ 38 ॥

इति सिद्धायिका ॥ 24 ॥

इति चतुर्विंशतिः शासनदेव्यः।

चौबीसवीं (वर्धमान महावीर की) शासनदेवी सिद्धायिका है जो दो भुजाओं वाली है और कनक जैसी आभा लिए है। उसके हाथों में क्रमशः पुस्तक और

अभय-मुद्रा है। सिद्धायिका को भद्रासन सहित बनाना चाहिए।

इत्यमनन्तर जिनोपासकयक्षनामानि —

वृषवक्त्रो महायक्षस्त्रिमुखश्चतुराननः।
तुम्बुरुः कुसुमाख्यश्च मातङ्गो विजयस्तथा॥ 39॥
जयो ब्रह्मा किन्नरेशः कुमारश्च तथैव च।
षण्मुखः पातालयक्षः किन्नरो गरुडस्तथा॥ 40॥
गन्धर्वश्चैव यक्षेशः कुबेरो वरुणस्तथा।
भृकुटिश्चैव गोमेधः पार्श्वो मातङ्ग एव च॥ 41॥
यक्षाश्चतुर्विंशतिकाः ऋषभादेर्यथाक्रमम्।
भेदांश्च भुजशस्त्राणां कथयामि समासतः॥ 42॥

जिनोपासक यक्षों में 1. वृषमुख (गोमुख), 2. महायक्ष, 3. त्रिमुख, 4. चतुरानन, 5. तुम्बरु, 6. कुसुम, 7. मातङ्ग, 8. विजय, 9. जय, 10. ब्रह्मा, 11. किन्नरेश, 12. कुमार, 13. षण्मुख, 14. पाताल, 15. किन्नर, 16. गरुड, 17. गन्धर्व, 18. यक्षेश, 19. कुबेर, 20. वरुण, 21. भृकुटि, 22. गोमेध, 23. पार्श्व और 24 मातङ्ग— ये चौबीस यक्ष ऋषभदेव आदि के क्रम से होते हैं। आगे मैं इनके भेद, भुजाओं में धारण किए जाने वाले आयुधों के अनुसार संक्षिप्त रूप से कहूँगा।[1]

तस्याऽयुधादीनां —

वराक्षसूत्रे पाशश्च मातुलिङ्गं चतुर्भुजः।
श्वेतवर्णो वृषमुखो वृषभासनसंस्थितः॥ 43॥

इति वृषवक्त्रः॥ 1॥

वृषमुख यक्ष चार भुजाओं वाला और उनमें क्रमशः वर-मुद्रा, अक्षसूत्र, पाश और मातुलिङ्ग धारण करता है। वह श्वेतवर्ण और वृष जैसे मुख वाला है और वृषभ पर ही आसीन होता है।[2]

श्यामोऽष्टबाहुर्हस्तिस्थो वरदाभयमुद्गराः।

---

1. रूपमण्डनम् में नाम इस प्रकार आए हैं— गोमुखो महायक्षस्त्रिमुखो यक्षनायकः। तुम्बरुः कुसुमश्चापि माताङ्गो विजयो जयः॥ ब्रह्मा यक्षेट् कुमारः षण्मुखपातालकिन्नराः। गरुडो गन्धर्वा यक्षेट् कुबेरो वरुणोऽपि च॥ भृकुटिर्गोमेध पार्श्वोव मातङ्गोऽर्हदुपासकाः॥ (रूप. 6, 12-13)
2. तुलनीय— सव्येतरोर्ध्वकरदीप्रपरश्वधाक्षसूत्रं तथाऽधरकराङ्कफलेष्टदानम्। प्राग्गोमुखं वृषमुखं वृषगं वृषाङ्क भक्तं यजे कनकभं वृषचक्रशीर्षकम्॥ (ग्रन्थान्तर) एवं प्रतिष्ठातिलक (पृष्ठ 331, 7, 1), प्रतिष्ठासारोद्धार (3, 129)

अक्षपाशाङ्कुशाः शक्तिर्मातुलिङ्गं तथैव च॥ 44॥

इति महायक्षः॥ 2॥

महायक्ष यक्ष श्याम वर्ण, अष्ट बाहु और हाथी पर विराजित होता है। उनके हाथों में क्रमशः वर-मुद्रा, अभय-मुद्रा, मुद्गर, अक्षसूत्र, पाश, अङ्कुश, शक्ति और मातुलिङ्ग होता है।

मयूरस्थस्त्रिनेत्रश्च त्रिवक्त्रः श्यामवर्णकः।
परश्वक्षगदाचक्र शङ्खा वरश्च षड्भुजः॥ 45॥

इति त्रिमुखः॥ 3॥

त्रिमुख यक्ष मयूर पर आरूढ़ और तीन-तीन नेत्र सहित तीन मुख वाला है। उसका वर्णन श्याम है। अपने छह हाथों में वह क्रमशः परशु, अक्षसूत्र, गदा, चक्र, शङ्ख और वर-मुद्रा धारण करता है।

नागपाशवज्राङ्कुशा हंसस्थश्चतुराननः।
द्वौ सर्पो फलवरदौ तुम्बुरुर्गरुडासनः॥ 46॥

इति चतुरानन-तुम्बुरू॥ 4-5॥

चतुरान यक्ष हाथों में क्रमशः नाग, पाश, वज्र और अङ्कुश धारण करता है और हंस पर आरूढ़ होता है। तुम्बरु नामक यक्ष गरुड पर आसीन और अपने हाथों में दो सर्प, फल और वर-मुद्रा धारण किए होगा।

कुसुमाख्यो गदाक्षो च द्विभुजो मृगसंस्थितः।
मातङ्गः स्याद् गदापाशौ द्विभुजा मेषवाहनः॥ 47॥

इति कुसुम-मातृङ्गौ॥ 6-7॥

कुसुम नामक यक्ष अपनी दो भुजाओं में क्रमशः गदा और अक्ष धारण करता है और मृग पर संस्थित होता है। मातङ्ग नामक यक्ष दो भुजा वाला जिनमें क्रमशः गदा और पाश धारण किए व मेष पर आरूढ़ होता है।

पर्शुपाशाभयवराः कपोते विजयः स्थितः।
शक्त्यक्ष फलवरदा जयः कूर्मासनस्थितः॥ 48॥

इति विजय-जयौ॥ 8-9॥

अपनी भुजाओं में क्रमशः परशु, पाश, अभय-मुद्रा और वरद-मुद्रा धारण करने वाला विजय यक्ष कपोतारूढ़ होता है। शक्ति, अक्ष, फल और वर-मुद्रा क्रमशः धारक किए जय नामक यक्ष कूर्म के आसन पर स्थित होता है।

पाशाङ्कुशाभयवरा ब्रह्मा स्याद्धंसवाहनः।

त्रिशूलाक्षफलवरा यक्षेट्श्वेतो वृषस्थितः ॥ 49 ॥

इति ब्रह्म-यक्षेशौ ॥ 10-11 ॥

भुजाओं में क्रमशः पाश, अङ्कुश, अभय-मुद्रा और वर-मुद्रा धारण किए ब्रह्मा नामक यज्ञ हंस पर आरूढ़ होता है। यक्षेश नामक यक्ष अपने हाथों में क्रमशः त्रिशूल, अक्ष, फल और वर-मुद्रा में और श्वेत वर्ण वाला तथा वृष पर आरूढ़ होता है।

धनुर्बाणफलवराः कुमारः शिखिवाहनः।
षण्मुखः षड्भुजा वज्रो धनुर्बाणौ(?र्बाणक्ष) फलं वरः ॥ 50 ॥

इति कुमार-षण्मुखौ ॥ 12-13 ॥

धनुष, बाण, फल और वर-मुद्रा को अपने हाथों में क्रमशः धारण करने वाला कुमार नामक यक्ष का वाहन मोर है। षण्मुख नामक यक्ष छह भुजाओं वाला होता है जिसके हाथों में क्रमशः वज्र, धनुष, बाण, (अक्ष), फल और वर-मुद्रा क्रमशः होगी।

किन्नरेशः पाशाङ्कुशौ धनुर्बाणौ फलं वरः।
पातालश्च वज्राङ्कुशौ धनुर्बाणौ फलं वरः ॥ 51 ॥

इति किन्नर पातालौ ॥ 14-15 ॥

किन्नरेश नामक यक्ष के हाथों में क्रमशः पाश, अङ्कुश, धनुष, बाण, फल और वर-मुद्रा होगी। पाताल नामक यक्ष की भुजाओं में अनुक्रम से वज्र, अङ्कुश, धनुष, बाण, फल और वर-मुद्रा होती है।

पाशाङ्कुशफलवरा गरुडः स्याच्छुकासनः।
पद्माभयफलवरा गन्धर्वः स्याच्छुकासनः ॥ 52 ॥

इति गरुड-गन्धर्वौ ॥ 16-17 ॥

गरुड यक्ष अपने हाथों में क्रमशः पाश, अङ्कुश, फल और वर-मुद्रा में तथा शुक के आसीन होता है। गन्धर्व यक्ष भी शुक पर आसीन होगा किन्तु उसके हाथों में क्रमशः पद्म, अभय-मुद्रा, फल और वर-मुद्रा होती है।

यक्षेट् खरस्थो वज्रारि धनुर्बाणाः फलं वरः।
पाशाङ्कुशफलवरा धनेट् सिंहे चतुर्मुखः ॥ 53 ॥

इति यक्षेश कुबेरौ ॥ 18-19 ॥

यक्षेट् नामक यक्ष खर पर आरूढ, वज्र, अरिमस्तक, धनुष, बाण, फल और वर-मुद्रा होती है। धनपति कुबेर पाश, अङ्कुश, फल और वर-मुद्रा धारी होता है।

वह सिंह पर आसीन और चतुर्मुख होगा।

पाशाङ्कुश धनुर्बाण सर्पवज्रा ह्यपांपतिः।
शूलशक्ति [1]वज्रखेटाभयडमरुर्भृकुटिस्तथा॥ 54॥[2]

इति वरुण भृकुटी॥ 20-21॥

जलाधिपति वरुण नामक यक्ष अपने हाथों में क्रमशः पाश, अङ्कुश, धनुष, बाण, सर्प और वज्र धारण किए होगा। भृकुटि नामक यक्ष के हाथों में क्रमशः शूल, शक्ति, वज्र, खेटक, अभय-मुद्रा और डमरु नामक आयुध होंगे।

पार्श्वो धनुर्बाण भृण्डि मुद्गरश्च फलं वरः।
सर्परूपः श्यामवर्णः कर्तव्यः शान्तिमिच्छता॥ 55॥

इति पार्श्वः॥ 22॥

पार्श्व नामक यक्ष के हाथ क्रमशः धनुष, बाण, भुशुण्डी, मुद्गर, फल और वर-मुद्रा से युक्त होंगे। वह सर्प स्वरूप, श्याम वर्ण होता है। शान्ति के इच्छुकों को उसे इसी रूप में बनाना चाहिए।

फलं वरोऽथ द्विभुजो मातङ्गो हस्तिसंस्थितः।
यक्षाश्चतुर्विंशतिका स्तथर्षभादितः क्रमात्॥ 56॥

इति मातङ्गौ॥ 23॥

मातङ्ग नामक यक्ष के दो हाथ होंगे जो क्रमशः फल, वर-मुद्रा में होंगे। वह गज पर आरूढ़ होगा। इस प्रकार ये चौबीस यक्ष हुए जो ऋषभदेवादि के क्रम से होंगे।

---

1. 'वज्रखेटा ? डमरुर्भृकुटिस्तथा॥' इति प्रकाशित पाठः।
2. इत्यमनन्तर सम्भावित पाठः 'पुष्पयानं गोमेधं त्रिवक्त्रं मुद्गरं पर्शुस्तथा। दण्डश्च फलं वज्रौ वरं बिभ्रत सितवर्णं तदा॥' ग्रन्थकार ने इसके बाद नेमिनाथ के गोमेध नामक यक्ष के लक्षणों का वर्णन नहीं किया है। आशाधरकृत प्रतिष्ठासारोद्धार में आया है कि वह शङ्ख के चिह्न, कृष्ण वर्ण, तीन मुख वाला, पुष्पासन और मनुष्य की सवारी करने वाला और छह भुजाओं वाला है। उसका आयुध क्रम मुद्गर, परशु, दण्ड, फल, वज्र और वर-मुद्रा है—श्यामस्त्रिवक्त्रो द्रुघणं कुठारं दण्डं फलं वज्रवरौ च बिभ्रत्। गोमेधयक्षः श्रित शङ्खलक्ष्मा पूजां नृवाहोऽर्हतु पुष्पयानः॥ (प्रतिष्ठा. चतुर्विंशतियक्षार्चने)
इसके अतिरिक्त देवतामूर्ति प्रकरण में इस यक्ष को नरारूढ़, त्रिमुख, श्वेत वर्ण सहित बीजपूरक, परशु, चक्र, शक्ति, शूल एवं नकुल धारण किए वर्णित किया गया है— नेमिनाथस्य गोमेधो नरस्थस्त्रिमुखोऽसितः। बीजपूरं पर्शुं चक्रं शक्तिशूलं च नाकुलम्॥ (7, 62) इसी प्रकार आचारदिनकर में आया है— षड्बाह्वम्बकभाक् शितिस्त्रिवदना बाह्यं नरं धारयन् परशूद्यत्पलपूर चक्रकलितो हस्तोत्करे दक्षिणे। वामे पिङ्गलशूलशक्तिललितो गोमेधनामा सुरः सङ्घस्यापि हि सप्तभीतिहरणो भूयात्प्रकृष्टो हितः॥ (आचार. तृतीय खण्ड, पृष्ठ 87)

चामरेन्द्रच्छत्रत्रयमशोकः पुष्पवर्षणम्।
ज्ञानं ध्वनि(ध्वजा)स्तथा यक्षदेवीनां लाञ्छनानि च॥ 57॥

चामर, इन्द्र, तीन छत्र, अशोक वृक्ष, पुष्पवृष्टि, ज्ञान, ध्वजा आदि भी यक्ष और शासनदेवियों के लाञ्छन के रूप में होंगे।

इति सूत्रसन्तानगुणकीर्तिप्रकाशप्रोक्तृश्रीभुवनदेवाचार्यक्तापराजितपृच्छायां
जिनेन्द्रमूर्तिलक्षणाधिकारो नामैकविंशत्युत्तरद्विशततमं सूत्रम्॥ 221॥[1]

इस प्रकार भुवनदेवाचार्य कृत सूत्रसन्तानगुणकीर्ति प्रकाश या अपराजितपृच्छा में जिनेन्द्र
मूर्ति लक्षण अधिकार नामक दो सौ इक्कीसवाँ सूत्र पूर्ण हुआ॥ 221॥

गौरीललीया दुर्गामूर्तयो नाम द्वाविंशत्युत्तर द्विशततमं सूत्रम्॥ 222॥

अधुना गौरीललीया दुर्गामूर्तयः। विश्वकर्मोवाच —

गौर्य्याश्च सम्प्रवक्ष्यामि प्रमाणं मूर्तिलक्षणम्।

(इस सूत्र में पहले गौरी की प्रतिमाओं के लक्षणों का वर्णन है और बाद में पञ्चलीला और नवदुर्गा की मूर्तियों का। इनमें गौरी की द्वादश मूर्तियों का नियोजित स्वरूप प्राचीनतम साक्ष्य के रूप में अपराजितपृच्छाकार की ही देन प्रतीत होता है। इसे शिवशासनी कहा गया है जिसे मण्डन और सूत्रधार नाथा ने भी उद्धृत किया है, दीपार्णवकार[2] ने चौबीस गौरी रूपों का वर्णन किया है जो परवर्ती या अन्य किसी

---

1. इत्यमनन्तर प्रकाशित पाठे जिनमन्त्रादीना विशेषः— अरि हन्ताणं एवं कलिरहियं निष्कलं शुद्धां वयाण भयं हिय पप्पकं प्रमाण निवसतं। जिणवै नमः॥ नमो अरिहन्ताणं भगवन्ताणं आयगराणं तिथकराणं नमो लोयेसा सव्वाह्वयं। सव्वणा सव्वदेयं चउद्द्रय भूयादेसीयं जीव दयादेसीयां धम्मदायादेसीयं। सप्रदाया देसीयं स प्रजीवाण कर्म्य मयाणदेसीयं सयलमुहागे सुद्वादेयं। नमो हिरणां नमो हिं सिद्धाचार्यो या ध्यायसर्व साधुभ्य॥ पुन मोचयेत् भोक्राणां॥ 66॥

2. अथातः सम्प्रवक्ष्यामि गौर्यादिचतुर्विंशतिम्। चतुर्भुजा त्रिनेत्रा च सर्वाभरणभूषिता॥ पीताङ्गी पीतवर्णा च पीतवस्त्रविभूषिता। एकवक्त्रा त्रिनेत्रा च स्वरूपे यौवनान्विता॥ सुप्रभा सुतेजाद्या च मुकुटेन विराजिता। प्रभामण्डलसंयुक्ता कुण्डलाभरणभूषिता॥ हारकङ्कणकेयूरा पादयोर्नूपुरास्थिता। सिंहस्कन्धे समारूढ़ा नानारूपकरोद्यता॥ देवगान्धर्वगणेन पूजिता सुरगणैस्तथा। कृतयुगे तोतला नाम पूज्यते ब्राह्मणैः सदा॥ त्रिपुराख्या तु क्षत्रियैः सौभाग्या च वैश्यस्तथा। विजया शूद्रजातिभिः पूज्याश्चत्वारो ब्राह्मणैः॥ त्रयश्च राज्यजातिभिः द्वयो वैश्यैश्च पूज्यते। अथैका शूद्रजातिभिः कथ्यते तस्य लक्षणम्॥ दक्षिणे चाक्षमालां च तस्याधश्च कमण्डलुम्। तथैव पीछिकां वामे वामाधः शङ्खमुत्तमम्॥ रूपेण तोतला नाम मूर्तिश्च हंसवाहिनी। अभयं च दक्षिणे हस्ते तस्योर्ध्वेऽङ्कुशमङ्गुले॥ पाशं च वामहस्ते तु लिङ्गं च तद्धः स्थितम्। प्रेतासना महादेवी त्रिपुरा नाम मूर्तिकः॥ दक्षिणे चाक्षसूत्रं च तस्योर्ध्वे पद्ममुत्तमम्। वामे तु पुस्तकं चैव वामाधः फलमुत्तमम्॥ गरुडे च समारूढा सौभाग्यवेत्ता मूर्तिकः। दक्षिणे चाक्षसूत्रं च तदूर्ध्वे दण्डमुत्तमम्॥ वामे तु पुस्तकं चैव वामधश्चाभयं तथा। प्रसन्नमुखा देवी च विजया नाम मूर्तिकः॥ दक्षिणे

साक्ष्य का परिणाम प्रतीत होता है) विश्वकर्मा बोले कि मैं गौरी प्रतिमाओं के लक्षण व प्रमाणों को कहता हूँ।

गौरी मूर्त्यर्थ अङ्गुलप्रमाणानि —

ब्रह्मसूत्रोद्भवं सर्वं भजेदेकशताङ्गुलम्$_{101}$ ॥ 1 ॥
त्रयोदशाङ्गुलं$_{13}$ मुखं ग्रीवास्यादङ्गुलत्रयम्$_{3}$ ।
अष्टाङ्गुलौ$_{8}$ स्तनौ वृत्तौ हिक्का ? च चतुरङ्गुला$_{4}$ ॥ 2 ॥
द्वादशाङ्गुलिका$_{12}$ नाभिरुदरं चतुरङ्गुलम्$_{4}$ ।
वलिकात्रयसम्युक्तं गुह्यं सप्ताङ्गुलं$_{7}$ तथा ॥ 3 ॥
द्वाविंशत्यङ्गुला$_{22}$ जङ्घा जानु स्यादङ्गुलं त्रयम्$_{3}$ ।
जङ्घामानेन नलकः पादमूलं तु जानुवत् ॥ 4 ॥

ब्रह्मसूत्र से इन सबका निर्माण करें। इसके लिए कुल आयाम को एक सौ एक भागों में विभाजित करें। इसमें से तेरह अङ्गुल का मुख और ग्रीवा को तीन अङ्गुल प्रमाण से करें। स्तनों को आठ अङ्गुल प्रमाण से और वृत्ताकार करें तथा हिक्का को

चाभयं चैवं तूर्ध्वे लिङ्गमीश्वरम्॥ वामे गजाननं चैव मातुलिङ्गं चाधः स्थितम्। गोधिका लाञ्छनं चैव पार्वती नाम मूर्तिकः ॥ अभयं दक्षिणे हस्ते तदूर्ध्वे रुद्रमेव च। वामे गणपतिं चैव वामाधः चाक्षमालिका॥ सिंहवाहने समारूढा शूलेश्वरी नाम मूर्तिषु। दक्षिणे चाक्षमालां तु तदूर्ध्वे लिङ्गमेव च॥ वामे गणपति चैत्र तस्याधः पद्ममुत्तमम्। गोधिका वाहने चैव ललिता नाम मूर्तिषु॥ अभयं दक्षिणे हस्ते तदूर्ध्वे ईश्वरं तथा। वामे गणपति चैव वामाधश्च कमण्डलुम॥ सर्वाभरणभूषिताश्च ईश्वरी सिंहवाहिनी। पद्मं दक्षिणहस्ते च तदूर्ध्वे ईश्वरं तथा॥ वामे गणपति चैव वामाधश्चाभयं तथा। सिंहवाहनसमारुढा मनेश्वरी नाम मूर्तिषु॥ अभयं दक्षिणे हस्ते तदूर्ध्वे ईश्वरं तथा। वामे गणपति चैव वामाधः पद्ममुत्तमम्॥ उमापतिनामा मूर्तिः देवी च सिंहवाहिनी। अक्षसूत्रं दक्षिणे च तदूर्ध्वे ईश्वरं तथा।। वामे गणपति चैव मातुलिङ्गमधः स्थितम्। सिंहासने समारूढा त्रिनेत्रा नाम मूर्तिषु॥ अक्षसूत्रं दक्षिणे च तदूर्ध्वे ईश्वरं तथा। वामे गणपतिं चैव तस्याधः पुस्तकं तथा॥ हंसवाहनमारुढा रमणा नाम मूर्तिषु। पद्मं च दक्षिणे हस्ते तस्योर्ध्वे पद्ममुत्तमम्॥ पुस्तकं वामहस्तेन तथाधश्च कमण्डलुम्। कमलालाच्छनं चैव देवीनाम कुलकला॥ अक्षमालां दक्षिणे च तस्योर्ध्वे पद्ममुत्तमम्। दर्पणं वामहस्ते च वामाधः फलमुत्तमम्॥ हस्तिनो वाहना देवी जङ्घानामतो मूर्तिषु। वरदं दक्षिणे हस्ते तस्योर्ध्वेऽकुशमुत्तमम्॥ पाशं च वामहस्ते तु वामाधश्चाभयं तथा। ब्रह्मा विष्णुस्तथा रुद्र ईश्वरश्च सदाशिवः॥ एते पञ्च महाप्रोक्ताः पादमूले व्यवस्थिताः। त्रैलोक्यविजया नाम स सर्वकामदा॥ दक्षिणे चाक्षसूत्रं च तदूर्ध्वे पद्ममुत्तमम्। पुस्तकं वामहस्ते तु वामाधश्चाभयं तथा॥ कमलासनमारुढा देवी कामेश्वरी तथा। चण्डिनीतानी दध्यनी (?) जम्भिनी ज्वलतप्रभा। सहितं भैरवरूपा कोटराक्षी च भीषणी॥ प्रेतारुढा विशाला च द्वादश पञ्चलोचना। पञ्चमहादीप्तमुद्राश्च पञ्चकभूषणा॥ सिंहचर्मपरिधाना गजचर्मोत्तरीयकम्। नीलोत्पल समाभासा सूर्यकोटिसमप्रभम्॥ कपालाभरणं खण्ड खण्ड षड्वर्गधारिणी। कपालटङ्गधरा ज्ञेया त्रैलोक्योद्योतघण्टिका॥ शरसारङ्गधरा दिव्या पाशाङ्कुशधरा च तु। सर्पकुण्डलसंयुक्ता सर्पाभरणभूषिता॥ सर्पकङ्कणकेयूरा नानाभरणभूषिता। इत्येवं भैरवीदेवी सपादपरिकीर्तिता॥
(ज्ञानप्रकाशदीपार्णव 16, 1-44)

चार अङ्गुल प्रमाण से, इसके नीचे बारह अङ्गुल नाभि और चार अङ्गुल से उदर का प्रमाण रखे। प्रतिमा में तीन वलिकाएँ रखें और गुह्याङ्ग को सात अङ्गुल रखें। इसी प्रकार बाईस अङ्गुल से जङ्घा और जानु का प्रमाण तीन अङ्गुल रखे। जङ्घा के मान से ही पद नलक और पाँवों के मूल को जानु के ही समान यानी तीन अङ्गुल का रखें।

चतुर्भुजा त्रिनेत्रा च सर्वाभरणभूषिता।
गोधासनोपरिष्ठा च कर्तव्या सर्वकामदा॥ 5॥

इन गौरी प्रतिमाओं को चार भुजाओं वाली त्रिनेत्रा और समस्त आभूषणों से विभूषित करें। उनको गोधा यानी गोह के आसन पर विराजित करें तो वे समस्त कामनाओं की पूर्ति करने में सहायक होती है।

द्वादश गौर्य्यानामानि —

उमा च पार्वती गौरी ललिता च श्रियोत्तमा।
कृष्णा हेमवती रम्भा सावित्री च तथैव च॥ 6॥
त्रिखण्डा तोतला चैव त्रिपुरा द्वादशी मता।[1]
एवं द्वादशमूर्तिश्च [2]कुयाद्वै शिवशासनीः॥ 7॥

इन प्रतिमाओं में 1. उमा, 2. पार्वती, 3. गौरी, 4. ललिता, 5. श्रिया, 6. कृष्णा, 7. हेमवती, 8. रम्भा, 9. सावित्री, 10. त्रिखण्डा, 11. तोतला और 12. त्रिपुरा— ये बारह गौरी मूर्तियाँ करनी चाहिए।

उमामूर्तिः —

अक्षसूत्रं चाम्बुजं च दर्पणश्च कमण्डलुः।
एवं भवेदुमामूर्तिः पूजिता त्रिदशैरपि॥ 8॥

(प्रथम गौरी) अपने हाथों में अक्षसूत्र, पद्म, दर्पण और कमण्डलु को अनुक्रम से धारण करने वाली उमा देवी की प्रतिमा को देवताओं द्वारा पूजा जाता है।

पार्वतीमूर्तिः —

अक्षसूत्रं शिवो देवो गणाध्यक्षः कमण्डलुः।
पक्षद्वये चाग्निकुण्डं पार्वती पर्वतोद्भवा॥ 9॥

(द्वितीय गौरी) पार्वती की प्रतिमा के हाथ क्रमशः अक्षसूत्र, शिव, गणाध्यक्ष

---

1. 'त्रिषंडा(श्रीखण्डा) तोतला (चोत्पला) चैव त्रिपुरा द्वादशी मता।' इति प्रकाशित पाठः।
2. 'कुर्माद्वै शिवशासनीः' इति प्रकाशित पाठः।

और कमण्डलु से युक्त होंगे। उसके आजू-बाजू में अग्निकुण्ड होंगे। पार्वती पर्वत से उत्पन्न कही गई है।

गौरीमूर्तिः —

अक्षसूत्राभयपद्मं तदधश्च कमण्डलुः।
गौर्य्यामूर्तिस्तथा चैव कर्तव्या शिवशासनी॥ 10॥

(तृतीय गौरी) शिवशासनी गौरी की मूर्ति के हाथों में क्रमशः अक्षसूत्र, अभय-मुद्रा, पद्म और तदनन्तर नीचे के हाथ में कमण्डलु होंगे। यह प्रतिमा इसी रूप में बनाएँ।

ललितामूर्तिः —

शूलाक्षसूत्रवीणाश्च तथैव च कमण्डलुः।
ललिता चैव तन्नाम सिद्धचारणसेविता॥ 11॥

(चतुर्थ गौरी) शूल, अक्षसूत्र, वीणा और कमण्डलु को अपने हाथों में अनुक्रम से धारण करने वाली ललितादेवी की मूर्ति होगी जो सिद्धों और चारणों से सेवित है।

श्रियामूर्तिः —

अक्षपद्माभयवरं गोधिकासनसंस्थिता।
श्रियामूर्तिस्तु तन्नाम गृहे पूज्या श्रिये सदा॥ 12॥

(पाँचवीं गौरी) अक्षसूत्र, पद्म, अभय-मुद्रा और वर-मुद्रा को क्रमशः धारण करने वाली और गोधिकासन पर विराजित श्रिया नामक गौरी की मूर्ति है जिसकी सदैव गृह पर पूजा करनी चाहिए।

कृष्णामूर्तिः —

अक्षसूत्रं कमण्डलु हृदये [1]सम्पुटाञ्जलिः।
मध्ये पञ्चाग्निकुण्डानां कृष्णा नाम तु शोभना॥ 13॥

(छठवीं गौरी) अक्षसूत्र, कमण्डलु को क्रमशः हाथों में उठाए, शेष दो हाथों को बाँधे (करबद्ध) हृदय पर स्थित किए और पञ्चाग्नि कुण्डों के मध्य स्थित गौरी कृष्णा के नाम से शोभायमान होती है।

हेमवतीमूर्तिः —

हिमवान् शैलराजस्तु तस्यापत्यं गिरीन्द्रजा।

---

1. 'सम्पुराञ्जलिः।' इति प्रकाशित पाठः।

[1]पद्मदर्पणा व्याख्याता विवाहे तु महेश्वरी॥ 14॥

(सातवीं गौरी) हिमवान् हिमालय जैसे शैलराज के अधिपति गिरीन्द्र की पुत्री हेमवती हाथों में पद्म, दर्पण धारण करती हैं जबकि दो हाथ व्याख्यान मुद्रा में होते हैं। यह महेश्वरी वैवाहिक स्वरूप में होती है।

रम्भामूर्तिः —

कमण्डल्वक्षवज्राश्च अङ्कुशो गजसंस्थित।
[2]तथाऽप्रतिमरूपा च रम्भा नाम तु कामदा॥ 15॥

(आठवीं गौरी) रम्भा अपनी भुजाओं में कमण्डलु, अक्षमाला, वज्र, अङ्कुश को अनुक्रम से धारण करने वाली और हाथी पर आरूढ़ होती है। ऐसे अप्रतिम रूप में रम्भा समस्त कामनाओं की पूर्ति करने वाली है।

सावित्रीमूर्तिः —

अक्षसूत्रं पुस्तकाब्जे तदधश्च कमण्डलुः।
चतुर्वक्त्रा तु सावित्री श्रोत्रियाणां गृहे स्थिता॥ 16॥

(नवीं गौरी) अक्षसूत्र, पुस्तक, अब्ज-कमल और चौथे नीचे के हाथ में कमण्डलु को अनुक्रमतः धारण करने वाली, चार मुख वाली सावित्री देवी श्रोत्रियों के गृह में स्थित कही गई है।

त्रिखण्डामूर्तिः —

अक्षसूत्रं वज्रशक्ती तदधश्च कमण्डलुः।
त्रिखण्डा वृद्धये पूज्या सर्वकामफलप्रदा॥ 17॥

(दसवीं गौरी) हाथों में क्रमशः अक्षसूत्र, वज्र, शक्ति और चौथे नीचे के हाथ में कमण्डलु को धारण करने वाली त्रिखण्डा की पूजा वृद्धि और समस्त कामनाओं और फलों को पूरा करने वाली है।

तोतलामूर्तिः —

अक्षसूत्रं तथा दण्डः खेटकं चामरं तथा।
श्वेता ध्यानार्चनाद्देवी तोतला विषनाशिनी॥ 18॥[3]

---

1. 'पद्मदर्पणसम्युक्ता विवाहे तु महेश्वरी॥' इति प्रकाशित पाठः।
2. 'सा प्रतीतोद्भवद् रूपा रम्भा च सर्वकामदा' इति देवीमूर्तिप्रकरणस्य पाठः। (8, 10)
3. तुलनीय— 'शूलाक्षसूत्रं दण्डं च श्वेतचामरकं तथा। श्वेतदेहा भवेद्देवी तोतला पापनाशिनी॥' इति देवीमूर्तिप्रकरणस्य पाठः। (8, 13)

(ग्यारहवीं गौरी) अक्षसूत्र, दण्ड, खेटक और चामर को अनुक्रम से हाथों में धारण करने वाली श्वेत वर्णा तोतला देवी विषनाशिनी कही गई है।

त्रिपुरामूर्तिः —

पाशाङ्कुशाभयवरा [1]धृते स्यात्तु चतुर्भुजा।
त्रिपुरा नाम सम्पूज्या वन्दिता त्रिदशैरपि॥ 19॥

इति गौर्या द्वादशमूर्त्तयः।

(बारहवीं गौरी) पाश, अङ्कुश, अभय-मुद्रा और वर-मुद्रा को अनुक्रम से अपनी चार भुजाओं में धारण करने वाली त्रिपुरा नामक गौरी देवताओं के लिए भी वन्दनीय है।

पञ्चललीयाः —

ललीयाः पञ्च वक्ष्यामि शस्त्रभेदैः प्रभेदिताः।
लीलया लीला लीलाङ्गी ललिता च लीलावती॥ 20॥
प्रोक्तास्तथाऽनुक्रमतः स्वासनस्था ? श्चतुर्भुजाः।

अब ललीया (लीलया) आदि पञ्चलीला[2] प्रतिमाओं के स्वरूप को शस्त्रों के भेदों के अनुसार कहता हूँ। ये पाँच हैं- लीलया, लीला, लीलाङ्गी, ललिता और लीलावती। अब इन चतुर्भुजा देवियों का अपने-अपने आसन के क्रम से वर्णन करता हूँ।

तप्तकाञ्चनवर्णाभा बालसूर्यसमप्रभाः॥ 21॥
सुवक्त्राश्च सुनेत्राश्च सुरूपा रूपदायिकाः।
रक्तोष्ठाः कम्बुग्रीवाश्च कर्णपूरायतेक्षणाः॥ 22॥

ये लीला देवियाँ तपे हुए सोने के समान वर्ण वाली, उदित होते हुए सूर्य के समान आभायुक्त हैं। सुन्दर मुख वाली, सुन्दर आँखों और सुन्दर स्वरूप वाली एवं रूपदायिका है। ये देवियाँ लाल ओष्ठ, शङ्ख के समान ग्रीवा वाली और कर्णपूर को धारण करती है।

अक्षसूत्रकमण्डलू अधो हस्तेषु कामदाः।
सर्वासामीदृशौ हस्तौ कथ्येते चोर्ध्वहस्तकौ॥ 23॥

---

1. 'धनेस्या ? च्च चतुर्भुजा।' इति प्रकाशित पाठः। 'पाशाङ्कुशाभयवरं चतुर्हस्तेष्वनुक्रमात्' इति देवतामूर्तिप्रकरणे।
2. लीला नामक देवियों का उत्स बृहद्ब्रह्मसंहिता में देखा जा सकता है जहाँ लीला को नारायण से अभिन्न सिद्ध किया गया है जो ब्रजभूमि पर राधा के नाम से ख्यात है। (ब्रहद्ब्रह्म. 2, 4, 99-182)

वे अपने नीचे के हाथों में अक्षसूत्र और कमण्डलु धारण कर मनोरथों को सिद्ध करती हैं। सभी पाँचों नीचे से इसी प्रकार द्रष्टव्य होंगी। अब ऊर्ध्व हाथों के आयुधों के विषय में कहता हूँ।

मृणालयुग्मं ललीया लीला पद्मं च पुस्तकम्।
लीलाङ्गी पाशपद्मौ च ललिता वज्रमङ्कुशम्॥ 24॥
पाशाङ्कुशौ लीलावती ललीया: पञ्च चेरिता:।

इति पञ्चललीया:।

लीलया नामक देवी अपने ऊपर के दोनों हाथों में दो मृणाल धारण करती हैं। लीला क्रमशः पद्म और पुस्तक धारण करती है। लीलाङ्गी के हाथों में क्रमशः पाश और पद्म होगा। ललिता के ऊपरी हाथों में वज्र और अङ्कुश तथा लीलावती देवी के हाथों में पाश और अङ्कुश धारण होगा। इस प्रकार से पाँचों लीलादेवियों के स्वरूप को किया जाएगा।

नवदुर्गामूर्तय: —

अथाऽतोऽनन्तरं वक्ष्ये दुर्गाणा नवकं तथा॥ 25॥
आदौ तत्र महालक्ष्मीर्नन्दा क्षेमक(मङ्क!)री तथा।
शिवदूती [1]महार(च)ण्डा भ्रमरी सर्वमङ्गला॥ 26॥
रेवती हरसिद्धिश्च नवदुर्गा: प्रकीर्तिता:।
क्रमतः पृथगेकैका: कथयाम्यपराजित॥ 27॥

इसके बाद मैं नव दुर्गाओं के स्वरूप का वर्णन करता हूँ। इनमें प्रथम 1. महालक्ष्मी हैं, 2. नन्दा, 3. क्षेमङ्करी, 4. शिवदूती, 5. महारण्डा, 6. भ्रमरी, 7. सर्वमङ्गला, 8. रेवती और 9. हरसिद्धि— ये नौ दुर्गा कही गई हैं। हे अपराजित! अब मैं इनके पृथक्-पृथक् रूप वर्णन को क्रमशः कहता हूँ।

महालक्ष्मी: —

वरं त्रिशूलं खेटं च पानपात्रं च विभ्रती।

---

1. यहाँ पर महारण्डा पाठ ही होना चाहिए, प्रकाशित पाठ में सम्पादक ने कोष्ठक में महाचण्डा पाठ की सम्भावना बताई है किन्तु देवतामूर्तिप्रकरण में महारण्डा पाठ आया है और चित्तौड़गढ़ के कीर्तिस्तम्भ (15वीं सदी) में नवदुर्गा के समूह की जो प्रतिमाएँ लेखाङ्कित उपलब्ध हैं, उनमें भी 'महारण्डा' नाम ही उत्कीर्ण है। उल्लेखनीय है कि चित्तौड़गढ़ में अपराजितपृच्छा के मूर्तिलक्षणों ही नहीं, प्रासादलक्षणों और वास्तुसिद्धान्तों का बड़े पैमाने पर उपयोग हुआ। महाराणा कुम्भा (1433-1468 ई.) का दूसरा प्रमुख शिल्पी सूत्रधार जयता इस ग्रन्थ का जानकार था। उसने चित्तौड़गढ़ में इस ग्रन्थ का पूरा लाभ उठाया। इसलिए इस ग्रन्थ के पाठ में महारण्डा पाठ ही उपयुक्त प्रतीत होता है।

नागं तथा नीलकण्ठे महालक्ष्मीः सुखप्रदा ॥ 28 ॥

अपने हाथों में क्रमशः वरद-मुद्रा, त्रिशूल, खेटक और पानपात्र को धारण करने वाली, नीलकण्ठा और उसमें साँप को धारण करने वाली महालक्ष्मी सुखप्रदायिका है।[1]

नन्दाः —

अक्षसूत्रं खड्गखेटौ पानपात्रं तथैव च।
नन्दा नाम सुविख्याता पूज्या चानन्दहेतवे ॥ 29 ॥

अपने हाथों में अनुक्रम से अक्षसूत्र, खड्ग, खेटक और पानपात्र को धारण करने वाली नन्दा देवी आनन्द के निमित्त पूज्या कही गई है।

क्षेमङ्करीः —

वरं त्रिशूलं पद्मं च पानपात्रं करेषु च।
क्षेमङ्करीति तन्नाम क्षेमारोग्य प्रदायिनी ॥ 30 ॥

अपनी भुजाओं में क्रमशः वर-मुद्रा, त्रिशूल, पद्म और पानपात्र को धारण करने वाली क्षेमङ्करी नामक देवी कल्याण और आरोग्य प्रदान करने वाली है।

शिवदूतीः —

कमण्डलुश्चक्रखेटौ पानपात्रं तथोत्तमम्।
शिवदूतीति तन्नाम सर्ववृद्धिप्रदायिनी ॥ 31 ॥

जो अपने हाथों में क्रमशः कमण्डलु, चक्र, खेटक और पानपात्र को धारण करती है, वह शिवदूती नामक देवी सर्व प्रकारेण वृद्धि को देने वाली है।

महारण्डाः —

खड्गत्रिशूलौ घण्टा वै अथो चर्म तथोत्तमम्।[2]
महारण्डा तदा नाम वन्दिता त्रिदशैरपि ॥ 32 ॥

---

1. मत्स्यपुराण में महालक्ष्मी के निम्न लक्षण आए हैं— श्रियं देवीं प्रवक्ष्यामि नवे वयसि संस्थिताम्। सुयौवनां पीनगण्डां रक्तौष्ठीं कुञ्चितभ्रुवम् ॥ पीनोन्नतस्तनतटां मणिकुण्डलधारिणीम्। सुमण्डलं मुखं तस्याः शिरः सीमन्तभूषणम् ॥ पद्मस्वस्तिकशङ्खैर्वा भूषितां कुन्तलालकैः। कञ्चुकाबद्धगात्री च हारभूषौ पयोधरौ ॥ नागहस्तोपमौ बाहू केयूर-कटकोज्ज्वलौ। पद्मं हस्ते प्रदातव्यं श्रीफलं दक्षिणे भुजे ॥ मेखलाभरणां तद्वत् तप्तकाञ्चनसप्रभाम्। नानाभरणसम्पन्नां शोभनाम्बरधारिणीम् ॥ पार्श्वे तस्याः स्त्रियः कार्याश्चामरव्यग्रपाणयः। पद्मासनोपविष्टा तु पद्मसिंहासनस्थिता ॥ करिभ्यां स्नाप्यमानासौ भृङ्गाराभ्यामनेकशः। प्रक्षालयन्तौ करिणी भृङ्गाराभ्यां तथापरौ ॥ स्तूयमाना च लोकेशैस्तथा गन्धर्वगुह्यकैः। (मत्स्य. 261, 40-47)
2. 'खड्गत्रिशूलौ घण्टा वै पानपात्र तथोत्तमम्' इति साधुपाठः। तुलनीय— खड्गं तथा त्रिशूलं च घण्टापात्र तथोन्नतम्। (देवतामूर्ति. 8, 56)

हाथों में क्रमशः खङ्ग, त्रिशूल, घण्टा और अथो (? खेटक या पानपात्र) के साथ उत्तम चर्म को धारण करने वाली महरण्डा नामक दुर्गा देवताओं के लिए भी वन्दनीय है।

भ्रमरी: —

खड्ग डमरुकं खेटं बिभ्रती पानपात्रकम्।
भ्रमरी च तदा नाम भ्रामयेदुष्टचेतसः ॥ 33 ॥

जो अपने हाथों में सृष्टिक्रम से खड्ग, डमरु, खेटक और पानपात्र को धारण करने वाली है, वह भ्रमरी नामक देवी दुष्टों के भ्रम का निवारण करने वाली है।

सर्वमङ्गला: —

अक्षसूत्रं तथा वज्रं घण्टा पात्रं तथोत्तमम्।
सर्वमङ्गलमाङ्गल्या सर्वविघ्नविनाशिनी ॥ 34 ॥

अपने हाथों में क्रमशः अक्षसूत्र, वज्र, घण्टा और उत्तम पानपात्र को धारण करने वाली सर्वमङ्गला नामक दुर्गा है। वह सबका मङ्गल करने वाली और समस्त विघ्नों का विनाश करने वाली है।

रेवती: —

दण्डं त्रिशूलं खट्वाङ्गं पानपात्रं च बिभ्रती।
रेवतीति तदा नाम सर्वशान्तिप्रदायिनी ॥ 35 ॥

अपने हाथों में क्रमानुसार दण्ड, त्रिशूल, खट्वाङ्ग और पानपात्र को धारण करने वाली रेवती नामक दुर्गादेवी सर्व प्रकारेण शान्ति प्रदायिका कही गई है।

हरसिद्धि: —

कमण्डलुश्च खड्गश्च डमरुः पानपात्रकम्।
हरसिद्धिः रिति ख्याता सर्वेषां सिद्धिहेतुका ॥ 36 ॥

इति नवदुर्गाः।

जो अपनी भुजाओं में क्रमशः कमण्डलु, खड्ग, डमरु और पानपात्र को धारण करती है, वह हरसिद्धि नाम से ख्यात और सबकी सिद्धि की हेतुका है।

गोधासना भवेद् गौरी ललीया हंसवाहना।
सिंहारूढा भवेद् दुर्गा कर्तव्याः सर्वकामदाः ॥ 37 ॥

उक्त देवियों में से बारह गौरी देवियों का आसन गोह का है। पाँच ललीया देवियों का वाहन हंस है और नौ ही दुर्गा देवियों का वाहन सिंह का है। ये समस्त

देवियाँ सब मनोरथों को पूर्ण करने वाली है।

इति सूत्रसन्तानगुणकीर्तिप्रकाशप्रोक्तृश्रीभुवनदेवाचार्योक्तापराजितपृच्छायां गौरीललीयादुर्गामूर्त्यधिकारो नाम द्वाविंशत्युत्तर द्विशततमं सूत्रम्॥ 222॥

इस प्रकार भुवनदेवाचार्य कृत सूत्रसन्तानगुणकीर्ति प्रकाश या अपराजितपृच्छा में गौरी, ललीया, दुर्गा मूर्ति अधिकार नामक दो सौ बाईसवाँ सूत्र पूर्ण हुआ॥ 222॥

देवीमूर्तिलक्षणं त्रयोविंशत्युत्तर द्विशततमं सूत्रम्॥ 223॥

अधुना देवीमूर्तिलक्षणं चामुण्डामूर्तिं। विश्वकर्मोवाच —

या चण्डघातिनीदेवी चामुण्डलक्षणं शृणु।

(इस सूत्र में चण्डघातिनी, महिषासुरमर्दिनी कात्यायिनी और भैरवादि गणों सहित वाराही, वैष्णवी आदि देवी प्रतिमाओं का वर्णन हुआ है) विश्वकर्मा कहते हैं कि सुनो! अब मैं चण्डघातिनी देवी चामुण्डा के लक्षणों को कहता हूँ।

निर्मांसा क्रूररूपा च उग्रनासा कृशोदरी॥ 1॥
कपिला चोर्ध्वकेशी च नीलाङ्गी रक्तलोचना।
स्फुरन्नयनदंष्ट्रा च विकृत नखराननना॥ 2॥

चामुण्डा मूर्ति निर्मांस (माँस रहित काया वाली), क्रूर रूपा, उग्र नासिका, कृशकाय पेट वाली होती है। वह कपिल वर्ण के ऊँचे केश वाली, नीलाङ्गी और लाल आँखों वाली है। फड़कते नेत्रों, दांतों वाली और विकृत नख व मुख वाली है।

त्रिशूलखड्गखेटाश्च धनुर्बाणश्च पाशकः।
अङ्कुशश्चैव घण्टा च तथा दर्पणवज्रकौ।
दण्डः कुठारशङ्खौ च चक्रं गदा च मुद्गरः॥ 3॥

वह सोलह भुजा वाली और अपने हाथों में त्रिशूल, खड्ग, खेटक, धनुष, बाण, पाश, अङ्कुश, घण्टा, दर्पण, वज्र, दण्ड, कुठार, शङ्ख, चक्र, गदा और मुद्गर धारण किए होती है।

सृक्किणी कपालमालालङ्कृतिं बिभ्रती तथा।
शवारूढा तु चामुण्डा जङ्घे घण्टावलम्बिके॥ 4॥

वह सृक्किणी, कपाल की माला से अलंकृत दिखाई देती है। चामुण्डा शव पर आरूढ़ और उसके जङ्घा तक घण्टिकाएँ अवलम्बित हैं।

व्याघ्रचर्मपरीधाना भुजङ्गाभरणान्विता।

सुनू पुरा घननादा दैत्यकाल इवापरः ॥ 5 ॥

इति चामुण्डामूर्तिः ।

वह व्याघ्र के चर्म को परिधान बनाकर धारण करने वाली और सर्पों के आभूषण से युक्त होती है। वह पुराकाल की घननाद की पुत्री और दैत्यों के संघ की काल है।[1]

कात्यायनी मूर्तिः —

कात्यायनीमतो वक्ष्ये क्षत्रयोद्गतशासनी।
तेजः प्रतापदा नित्यं नृपाणां मुखबोधिनी ॥ 6 ॥

(महिषासुर का वध करने वाली) कात्यायनी देवी की प्रतिमा के विषय में कहता हूँ जो कि क्षत्रयोद्गत शासनी है और तेज, प्रताप को देने वाली एवं राजाओं के लिए नित्य ही मुखबोधिनी है।

शूलखड्गौ वज्रचक्रे बाणो दक्षिणबाहुषु।
चापखेटकपाशश्च घण्टा वामेषु चाङ्कुशम् ॥ 7 ॥

वह दशभुजा है जिनमें से दक्षिणी भुजाओं में वह क्रमशः शूल, खड्ग, वज्र, चक्र और बाण को धारण करती है। वाम हाथों में क्रमशः धनुष, खेटक, पाश, घण्टा और शेष हाथ में अङ्कुश लिए होती है।

अधस्तान्महिषं कुर्याद् विशिरस्कं च पादयोः।
विद्याद्दक्षिणपादं तु महिषस्योपरिष्ठितम् ॥ 8 ॥
पादपद्माय पादौ च वामपादं प्रदापयेत्।

उसके पाँवों के नीचे सिर विहीन महिष पड़ा हुआ, उसका दाहिना पाँव महिष की पीठ पर स्थित और बायाँ पद्मपीठ पर होता है।

तथा छिन्नशिरस्कं च दैत्यन्तं रक्तवाससम् ॥ 9 ॥
गृहीत्वा चैव केशाग्रे वामकेन तथेश्वरी।
हृदि शूलेन निर्भिन्नं महिषकुक्षौ सुदर्शनम् ॥ 10 ॥

सिर कटा दैत्य अत्यन्त रक्त से सना हुआ, लथपथ होता है। देवी बायें हाथ में

---

1. मत्स्यपुराण में योगेश्वरी चामुण्डा का स्वरूप इस प्रकार दिया गया है— तीक्ष्णखड्गधरां तद्वद् वक्ष्ये योगेश्वरीमिमाम्। दीर्घजिह्वामूर्ध्वकेशरीमस्थिखण्डैश्च मण्डिताम्॥ दंष्ट्राकरालवदनां कुर्याच्चैव कृशोदरीम्। कपालमालिनीं देवीं मुण्डमालाविभूषिताम्॥ कपालं वामहस्ते तु मांसशोणितपूरितम्। मस्तिष्काक्तं च बिभ्राणां शक्तिकां दक्षिणे करे॥ गृध्रस्था वायसस्था वा निर्मांसा विनतोदरी। करालवदना तद्वत् कर्तव्या सा त्रिलोचना॥ चामुण्डा बद्धघण्टा वा द्वीपिचर्मधरा शुभा। (मत्स्य. 261, 33-37)

असुर के कटे हुए केशों को ग्रहण किए और दाहिने हाथ में धारण किए शूल से महिष के कुक्षी भाग को विदीर्ण किए हुए सुदुर्दर्शन रूप में दिखाई देती है।

देव्यास्तु वाहनं सिंहः संलग्नो महिषोपरि।
कात्यायनी नामिका च कर्तव्या चैवमेव हि॥ 11॥

इति कात्यायनी।

देवी का वाहन सिंह महिषासुर के ऊपर भिड़ता हुआ हो, कात्यायनी नामक देवी का स्वरूप इसी प्रकार से बनाना चाहिए।[1]

देव्यस्य भैरवादिगणां —

मातृणां च ततो वक्ष्ये भैरवादिगणांस्तथा।
वीरेशं कारयेद्वत्स वीणाहस्तं सनर्त्तनम्॥ 12॥
गणनाथं ततः कुर्यात् गजवक्त्रं महोत्कटम्।
आदौ तु गणनाथं च ह्यन्ते कुर्यात्तु भैरवम्॥ 13॥

मातृकाओं के वर्णन के उपरान्त में देवियों के भैरवादि गणों के विषय में कहता हूँ। मातृकाओं के साथ वीरेश्वर को हाथ में वीणा लिए, नर्तन करते हुए बनाना चाहिए। उनके साथ ही गणनाथ को गजमुख और महोत्कट बनाएँ। आरम्भ में गणनाथ और अन्त में भैरव का मूर्त्याङ्कन किया जाना चाहिए।

मातृणां च तथा मध्ये पङ्क्तौ स्युश्चण्डिकादयः।
प्रवक्ष्येऽनुक्रमं तत्र शृणु चैकाग्रमानसः॥ 14॥

मातृकाओं के मध्य पङ्क्ति में चण्डिकादि की मूर्तियों को भी बनाएँ। मैं उनका वर्णन क्रमानुसार करता हूँ, एकाग्र होकर सुनो!

चामुण्डाः —

कर्णे कपालमाला च मुण्डखट्वाङ्गशूलकाः।

---

1. मत्स्यपुराण में कात्यायनी मूर्ति लक्षण इस प्रकार दिए गए हैं— कात्यायन्याः प्रवक्ष्यामि रूपं दशभुजं तथा॥ त्रयाणामपि देवानामनुकारानुकारिणीम्। जटाजूटसमायुक्तामर्धेन्दुकृतशेखराम्॥ लोचनत्रयसंयुक्तां पूर्णेन्दुसदृशाननाम्। अतसीपुष्पवर्णाभां सुप्रतिष्ठां सुलोचनाम्॥ नवयौवनसम्पन्नां स्वर्वाभरणभूषिताम्। सुचारुदशनां तद्वत् पीनोन्नतपयोधराम्॥ त्रिभङ्गस्थानसंस्थानां महिषासुरमर्दिनीम्। त्रिशूलं दक्षिणे दद्यात् खड्गं चक्रं क्रमादधः॥ तीक्ष्णवाणं तथा शक्तिं वामतोऽपि निबोधत। खेटकं पूर्णचापं च पाशमङ्कुशमेव च॥ घण्टां वा परशुं वापि वामतः संनिवेशयेत्। अधस्तान्महिषं तद्वद् विशिरस्कं प्रदर्शयेत्॥ शिरश्छेदोद्भवं तद्वद् दानवं खड्गपाणिनम्। वेष्टितं नागपाशेन भ्रुकुटीभीषणाननम्॥ सपाशवामहस्तेन धृतकेशं च दुर्गया। वमद्रुधिरवक्त्रं च देव्याः सिंहं प्रदर्शयेत्॥ देव्यास्तु दक्षिणं पादं समं सिंहोपरि स्थितम्। किञ्चिदूर्ध्वं तथा वाममङ्गुष्ठं महिषोपरि॥ स्तूयमानं च तद्रूपममरैः संनिवेशयेत्। (मत्स्य. 260, 55-66)

निर्मांसा क्रूररूपा च चामुण्डा दशनोज्ज्वला ॥ 15 ॥

कर्ण पर कपालों की माला, हाथों में मुण्ड, खट्वाङ्ग, शूल (एक आयुध का वर्णन नहीं है) धारण किए, निर्मांसा और क्रूर रूप में दिखाई देने वाली चामुण्डा उज्ज्वल दाँतों वाली होती है।

वाराही: —

अक्षसूत्रं च खड्गश्च घण्टा चैव कमण्डलुः।
महिषस्था शूकरास्या वाराही सर्वकामदा ॥ 16 ॥

अपने हाथों में क्रमशः अक्षसूत्र, खड्ग, घण्टा और कमण्डलु को धारण करने वाली, महिष पर आरूढ़, शूकर के समान मुख वाली वाराही देवी समस्त कामनाओं की पूर्ति करने वाली है।

ऐन्द्री: —

गजासना चाक्षसूत्रं दण्डः पाशः कमण्डलुः।
ऐन्द्री देवी च कर्तव्या चामुण्डा प्रेतगा तथा ॥ 17 ॥

गज पर आरूढ़, हाथों में क्रमशः अक्षसूत्र, दण्ड, पाश और कमण्डलु को धारण करने वाली— ऐसे ऐन्द्री देवी को बनाएँ। चामुण्डा को प्रेतारूढ़ करना चाहिए।

कौमारी: —

अक्षसूत्रं च शक्तिश्च ताम्रचूडः कमण्डलुः।
मयूरस्था च कौमारी षड्वक्त्रा च प्रकीर्तिता ॥ 18 ॥

अपने हाथों में क्रमशः अक्षसूत्र, शक्ति, ताम्रचूड़ और कमण्डलु को धारण करने वाली और मोर पर स्थित कौमारी को छह मुख वाली बनानी चाहिए।

ब्रह्माणी: —

अक्षस्रुचौ पुस्तकं च तथा चैव कमण्डलुः।
चतुर्वक्त्रा च ब्रह्माणीं हंसारूढा च कामदा ॥ 19 ॥

अपने हाथों में अनुक्रम से अक्षसूत्र, स्रुचा, पुस्तक और कमण्डलु को धारण किए चार मुख वाली ब्रह्माणी को हंसारूढ़ करना कामनाओं की सिद्धि में सहायक है।

वैष्णवी: —

गदाचक्रे शङ्खपद्मे कुण्डलाभ्यामलङ्कृता।
गरुडासन संस्था च वैष्णवी सर्वकामदा ॥ 20 ॥

हाथों में क्रमशः गदा, चक्र, शङ्ख और पद्म को धारण करने वाली, दोनों ही कानों में कुण्डलादि से अलंकृत, गरुड पर सवार वैष्णवी की मूर्ति सर्व कामना पूर्ति करती है।

महेश्वरी: —

वृषस्थाक्षशूलखड्गाः खट्वाङ्गं मातुलिङ्गकम्।
जटामुकुटेन्दुयुक्ता[1] श्वेताङ्गी च महेश्वरी॥ 21॥

इति मातृकाणां मूर्तयः।

महेश्वरी देवी वृष पर सवार, अक्षसूत्र, शूल, खड्ग, खट्वाङ्ग और मातुलिङ्ग (छठवें आयुध का वर्णन नहीं) को धारण करने वाली है। वह जटामुकुट से युक्त और श्वेताङ्गी होती है।

इति सूत्रसन्तानगुणकीर्तिप्रकाशप्रोक्तृश्रीभुवनदेवाचार्योक्तापराजितपृच्छायां देवीमूर्तिलक्षणाधिकारो नाम त्रयोविंशत्युत्तरद्विशततमं सूत्रम्॥ 223॥

इस प्रकार भुवनदेवाचार्य कृत सूत्रसन्तानगुणकीर्ति प्रकाश या अपराजितपृच्छा में देवी मूर्ति लक्षण अधिकार नामक दो सौ तेईसवाँ सूत्र पूर्ण हुआ॥ 223॥

चित्रसद्भावनिर्णयो नाम चतुर्विंशत्युत्तरद्विशततमं सूत्रम् ॥ 224॥

अधुना चित्रसद्भावनिर्णयः। अपराजित उवाच —

भुवनेशं देवदेवं सप्तलोकजगत्पतिम्।
महातेजश्चित्ररूपमनाद्यं त्वजितेश्वरम् (तु जिनेश्वरम् ?)॥ 1॥

अपराजित बोले— 'हे भुवनेश! देवों के देव!! सप्तलोकों के जगत्पति!! आपका महातेज स्वरूप विचित्राकार अनादि काल से ही अजितेश्वर स्वरूप है।'

कृताञ्जलिपुटो भूत्वा पृच्छति त्वपराजितः।
चित्रकाणां समुत्पत्तिं कथयस्व परमेश्वर॥ 2॥

करबद्ध, प्रणिपत होते हुए अपराजित ने विश्वकर्मा से प्रश्न किया— ' हे परमेश्वर! आप चित्रकला की उत्पत्ति मुझसे बताने की कृपा करें।

चित्रं कतिविधं प्रोक्तं विचित्रं कीदृशं भवेत्।
चित्रभाः कथमुत्पन्ना कथयस्व प्रसादतः॥ 3॥

'चित्र कितने प्रकार के होते हैं, चित्र की विधि क्या हैं, वह विचित्र किस

1. 'जटाकिरीटेन्दुयुक्ता' इति प्रकाशित पाठः।

प्रकार से दिखाई देता है, चित्र की आभा कैसे उत्पन्न होती है, यह सब आप मेरे प्रति कहने का अनुग्रह करें।

चित्रावतारसद्भावमुत्पत्ति प्रलयादिकम्।
अस्मन्मनोबोधनार्थं चित्ररूपं च कथ्यताम्॥ 4॥

'इसमें चित्रों के बनने में होने वाले सद्भावों की उत्पत्ति, भाव प्रवणता तथा उनके प्रलय यानी मिटने के कारण आदि को हमारे समझने के लिए कहने का कष्ट कीजिएगा।'

विश्वकर्मोवाच —

चित्रमूलोद्भवं सर्वं त्रैलोक्यं सचराचरम्।
ब्रह्म-विष्णु-भवाद्याश्च सुरासुरनरोरगाः॥ 5॥
स्थावरं जङ्गमं चैव सूर्य-चन्द्रौ च (चित्रकारा च) मेदिनी।
चित्रमूलोद्भवं सर्वं जगत्स्थावरजङ्गमम्॥ 6॥

विश्वकर्मा कहने लगे— 'तीनों लोक, चर-अचर संसार की उत्पत्ति चित्रमूल से बताई गई है। प्रजापिता ब्रह्मा, विष्णु, महेश, समस्त देव-दानव, सर्प, सूर्य, चन्द्र, पृथ्वी के सारे स्थावर, जङ्गम संसार का मूल ही चित्र है।

वृक्ष-गुल्म-लता-वल्लय स्वेद-जाणु-जरायुजाः।
सर्वे चित्रोद्भवा वत्स! भूधरा द्वीप-सागराः॥ 7॥

'वृक्ष, गुल्म, लता, वल्लिका आदि वनस्पति, स्वेदज-अण्डज-जरायुजादि अर्थात् लींख-जूँ, मनुष्य, पशु-पक्षी आदि समस्त जीव चित्र से ही उत्पन्न हुए हैं। पर्वत, द्वीप और सागर भी इसके अपवाद नहीं हैं।

चतुरशीति 84 लक्षाणि जीवयोनिरनेकधा।
चित्रमूलोद्भवाः सर्वे संसार-द्वीप-सागराः॥ ३॥

'चौरासी लाख योनियों में अनेकानेक जीव और सभी संसार, द्वीप व जलागार-सागर चित्रमूलोद्भव ही माने जाते हैं।

श्वेत-रक्त-पीत-कृष्णा वर्णा वै चित्ररूपकाः।
तनौ च नखकेशादि चित्ररूपमिवाम्भसाम्॥ 9॥

'श्वेत, रक्त, पीला और कृष्ण या काला वर्ण चित्र के रूपक ही हैं। जीवों के शरीर में जो नख, केश आदि हैं वे चित्र के ही रूप हैं जैसे कि पानी में पड़ी हुई परछाई का रूप हो।

भगवान् भवरूपश्च पश्यतीदं परात्परम्।
आत्मवद्वै सर्वमिदं ब्रह्मतेजोऽनुपश्यताम्॥ 10॥

'स्वयं भगवान् से ही भवरूप होकर यानी उत्पन्न होकर यह आया है, ऐसा समझकर इस समस्त ब्रह्म को परात्पर भगवान ही समझकर देखो, इससे हमें यह सब जगत आत्मवत् दिखाई देगा और इसमें हमें ब्रह्मतेज की अनुभूति होगी।

पश्यन्ति भावरूपैश्च जले चन्द्रमसं यथा।
तद्वच्चित्रमयं सर्वं पश्यन्ति ब्रह्मवादिनः॥ 11॥

'जैसे कि जल में पड़ी चन्द्रमा की परछाई को भाव रूप में हम चन्द्रमा समझकर देखते हैं, उसी प्रकार से ब्रह्मवादिन् लोग यह सब जगज्जाल उसी तरह के चित्रमय-भाव रूप में देखते हैं।

विश्वं विश्वावतारश्च त्वनाद्यन्तश्च सम्भवेत्।
आदि चित्रमयं सर्वं पश्यन्ति ब्रह्मचक्षुषा॥ 12॥

'निश्चय ही यह विश्व ही विश्वावतार अनादि और अनन्त होकर ही सम्भव हुआ है। जो ब्रह्मचक्षुजन यानी ब्रह्मज्ञानी है, वे तो यह सब कुछ आदि से ही चित्रमय ही देखते हैं।

शिव-शक्तेर्यथारूपं संसारे सृष्टिकोद्भवः।
चित्ररूपमिदं सर्वं दिनं रात्रिस्तथैव च॥ 13॥

'शिव-शक्ति से जैसे संसार में सृष्टिक्रम का उद्भव हुआ, वैसे ही रात-दिन सब चित्ररूप ही जानने चाहिए।

निमिषश्च पलं घट्यो यामः पक्षकएव च।
मासाश्च ऋतवश्चैव कालः संवत्सरादिकः॥ 14॥

'निमेष, पल, घटी, याम, पक्ष, मास, ऋतुएँ और काल आदि संवत्सर आदि सभी कुछ चित्र के रूप ही जानने चाहिए।

चित्ररूपमिदं सर्वं संवत्सरयुगादिकम्।
कल्पादिकोद्भवं सर्वं सृष्ट्याद्यं सर्वकर्मणाम्॥ 15॥

'पुनश्च, यह जाने कि संवत्सर से आगे चतुर्युग— कृतयुग, त्रेता, द्वापर एवं कलियुग और कल्पादि का उद्भव, सब सृष्टि का आदि स्वरूप सभी कर्मों का आरम्भ चित्र से हुआ है।

ब्रह्माण्डादिसमुत्पत्ती रवितारचिता तथा।
तेषां चित्रमिदं ज्ञेयं नानात्वं चित्रकर्मणाम्॥ 16॥

'यही नहीं, ब्रह्माण्ड आदि की उत्पत्ति के साथ ही जो कुछ रचा गया अथवा अरचित और नानात्व भी है, तो वह सब चित्रकर्म-रूप है।

ब्रह्माण्डादिगणाः सर्वे तद्रूपाः पिण्डमध्यगाः।
आत्मा चात्मस्वरूपेण चित्रवत् सृष्टिकर्मणि॥ 17॥

'ब्रह्माण्ड आदि सब गण— सूर्य, चन्द्रमा, तारागणों में जो कुछ दिखाई देता है, वह सब उसी रूप में हमारे इस पिण्ड के मध्यस्थ भी है। यह आत्मा ही स्वयं अपने आत्म स्वरूप से चित्र के समान इस सृष्टि को करती है।

आत्मरूपमिदं पश्येद् दृश्यमानं चराचरम्।
चित्रावतारे भावं च विधातुर्भाववर्णतः॥ 18॥

'अस्तु, यह जो चराचर हमें दृश्यमान हैं या दिखाई देता है, वह आत्मरूप से ही दिखाई देता है। सभी भावों को चित्रावतार के भावों के सदृश्य भाववर्णन को समझना ही विधातदृष्टि है।

आत्मानं च शिवं पश्येद् यद्वय्य जलचन्द्रमाः।
तद्वच्चित्रमयं सर्वं शिव-शक्तिमयं परम्॥ 19॥

'हमें अपने को शिव-स्वरूप में देखना चाहिए। वैसे ही जैसे कि जल में चन्द्रमा की परछाई द्रष्टव्य होती है, हमारे चेतन में भी उसी प्रकार परब्रह्म, परमेश्वर की परछाई झलक रही है। इसलिए उसी प्रकार से यह सब कुछ चित्रमय ही है और यह सब परम शिव-शक्तिमय ही है।

ऊर्ध्वमूलमधः शाखं वृक्षं[1] चित्रमयं तथा।
शिव-शक्तयालयं चैव चन्द्रार्कपवनात्मकम्॥ 20॥

'यह संसार एक ऐसा वृक्ष है जिसकी जड़ें ऊपर और शाखाएँ नीचे हैं अर्थात् यह संसार अनुभूतिवशात् इसी प्रकार का चित्रलोक दिखाई देता है। यह शिव-शक्तिमय संसार-आलय है एवं चन्द्रमा, सूर्य और पवनात्मक कहा गया है।

सूर्यपीठोद्भवा शक्तिः संलग्ना ब्रह्ममार्गतः।
लीयमाना चन्द्रमध्ये चित्रकृत् सृष्टिकर्मणि॥ 21॥

'सूर्य रूपेण पीठोद्भव या सूर्य की पीठ से उत्पन्न होने वाली जो शक्ति है और

---

1. उपनिषदों की भाँति ही श्रीमद्भगवद्गीता में कहा गया है कि एक शाश्वत अश्वत्थ वृक्ष है जिसकी जड़ें तो ऊपर की ओर हैं और शाखाएँ नीचे की ओर तथा पत्तियाँ वैदिक स्तोत्र हैं, जो इस वृक्ष को जानता है, वह वेदविद् हैं— ऊर्ध्वमूलमधःशाखमश्वत्थं प्राहुरव्ययम्। छन्दांसि यस्य पर्णानि यस्तं वेद स वेदवित्॥ (गीता 15, 1)

जो ब्रह्ममार्ग की ओर संलग्न है वह भी चन्द्रमा के मध्य में चित्रित सृष्टिकर्म जैसी ही है।

चित्रावताररूपं तु कथितं च परात्परम्।
यतस्तु वर्तते चित्रे जगत्स्थावरजङ्गमम्॥ 22॥

'इस परात्पर के द्वारा यह चित्रावतार रूप कहा गया जिससे यह समस्त स्थावर, जङ्गम जगत चित्र रूप में ही बरतने में आता है।

देवोदेवी शिवः शक्तिः व्याप्तं यतश्चराचरम्।
चित्ररूपमिदं ज्ञेयं जीवमध्ये च जीवकम्॥ 23॥

'देव, देवी, शिव, शक्ति सहित इस चराचर संसार में जो कुछ व्याप्त है, उसे चित्र रूप में ही जानना चाहिए। जैसे जीवों के मध्य में जीवन या चेतना है वैसे ही संसार में चित्र को जाने।

कूपो जले जलं कूपे विधिपर्य्यायतस्तथा।
तद्वच्चित्रमयं विश्वं चित्रं विश्वे तथैव च॥ 24॥

'जिस प्रकार कूप में जल है और जल में उसी कूप की परछाई दिखाई देती है, ऐसी विधि-पर्याय अर्थात् उलटफेर सर्वत्र दिखाई देता है, वैसे ही चित्र एवं विश्व का परस्पर सम्बन्ध जानना चाहिए अर्थात् विश्व की चित्र के बिना और बिना चित्र के विश्व की कल्पना नहीं की जा सकती है।'

इति सूत्रसन्तानगुणकीर्तिप्रकाशप्रोक्तृश्रीभुवनदेवाचार्योक्तापराजितपृच्छायां चित्रसद्भावनिर्णयाधिकारो नाम चतुर्विंशत्युत्तर द्विशततम् सूत्रम्॥ 224॥

इस प्रकार भुवनदेवाचार्य कृत सूत्रसन्तानगुणकीर्ति प्रकाश या अपराजितपृच्छा में चित्र सद्भाव निर्णय अधिकार नामक दो सौ चौबीसवाँ सूत्र पूर्ण हुआ॥ 224॥

चित्रप्रतिमातालनिर्णयो नाम पञ्चविंशत्युत्तर द्विशततमं सूत्रम्॥ 225॥

अधुना चित्रप्रतिमातालनिर्णयः। अपराजित उवाच —

हैमादावष्टलौहेषु रत्नधातुभवेषु च।
पाषाणैष्टिककाष्ठेषु मृणमयादौ समस्तके॥ 1॥
एतत्समस्तचित्रेषु चित्ररूपं तु कीदृशम्।
कथयस्वप्रसादेन विश्वकृत् त्वं जगत्पते॥ 2॥

(इस चित्र प्रतिमा ताल निर्णय नामक सूत्र में अष्टधातु, रत्न, पाषाण, काष्ठ,

मिट्टी आदि से बनने वाले चित्र-प्रतिमाओं सहित परमाणु से लेकर तालादि के प्रमाणों को कहा गया है। इसमें तत्कालीन माप-मान प्रणाली भी उल्लिखित है। इस प्रसङ्ग में अपराजित का प्रश्न है) अपराजित बोले कि स्वर्णादि अष्टलोह की मूर्तियों से लेकर रत्न और धातुओं से निर्मितेय, पाषाण, इष्टिका और काष्ठ से निर्मितेय तथा समस्त मृण्मयादि यानी मिट्टी से बनने वाले समस्त स्वरूपों, मूर्तियों का निर्माण कैसे हों सकता है ? हे जगत्पति! विश्वकर्मा आप हमें कृपा करके कहिये।

विश्वकर्मोवाच —

पट्टपाषाणफलके वास्तुवस्तु विशेषतः।
मृत्तिकादौ दन्ते काष्ठे रत्नधातूद्भवे तथा॥ 3॥
इत्थं समस्तद्रव्येषु चित्ररूपसमुद्भवः।
तद्रूपक्रमयुक्तीश्च शृणु चैकाग्रमानसः॥ 4॥

विश्वकर्मा बोले कि पट्ट-काष्ठ पट्ट पर, पाषाण फलक पर और वास्तु (भवन प्रासादि) वस्तु में, विशेष करके मृतिका से लेकर, गजादि के दाँत, काष्ठ, रत्नधातु आदि समस्त द्रव्यों से चित्र-रूप यानी प्रतिमाएँ बनती हैं। इनके निर्माण की क्रम युक्ति को तुम एकाग्रमन से सुनो!

अपराजित भो प्राज्ञ सर्वं शा(श)स्त्रादिकौशलम्।
चित्रं विचित्रागमतः सम्प्रोक्ताः प्रतिमास्तथा॥ 5॥

हे सर्वशास्त्रादि में कुशल प्राज्ञ अपराजित! विचित्रागम में कही गई प्रतिमाओं तथा चित्रों का मान प्रमाण (लघुत्तम इकाई परमाणु से लेकर) निम्नानुसार होगा।

परमाण्वादिकल्पितं रूपमानमाह —

भास्करोदयनादिष्ट दीप्ति रश्मिप्रकाशतः।
जालान्तरगतो रेणुर्दशने च पृथक् पृथक्॥ 6॥

सूर्य के उदय होने पर भवनों के जालों-छिद्रों के अन्दर से जो रश्मियों का प्रकाश आता है और उस प्रकाश में जो अलग-अलग रेणु (धूल के कण) दिखाई देते हैं, उन्हीं को लघुत्तम आधार मानकर समस्त परमाणुओं आदि का प्रमाण माना जाता है। इसको पृथक्-पृथक् निम्न प्रकार से समझना चाहिए—

उद्दिष्टं परमाण्वादि प्रमाणं च समन्ततः।
परमाण्वष्टकं रेणुः केशाग्रं च तदष्टतः॥ 7॥
अष्टाष्टगुणनादेवं केशाग्रं च प्रसिद्ध्यति।

न्यूनतम, छोटी से छोटी इकाई रेणु है और आठ रेणु मिलाकर एक परमाणु होता है। आठ परमाणुओं का एक केशाग्र होता है। इसी तरह केशाग्र से आठ-आठ गुणा बढ़ते हुए अन्य क्रमशः वृद्धिगत होते हुए प्रमाण प्रसिद्ध हुए हैं।[1]

अष्टकेशाग्रतो लिक्षा यूका चैव तदष्टतः ॥ 8 ॥
अष्टाभिश्चैव यूकाभिर्यवश्चैवं प्रसिद्ध्यति।
तथाङ्गुलं चाष्टयवः प्रतीतं तत् प्रागुवधः ॥ 9 ॥

इनमें आठ केशाग्र के मिलने से एक लीक्षा (लींख के बराबर) प्रमाण होता है। आठ लीक्षा के मिलने से एक यूका अथवा जूँ का प्रमाण होगा। आठ यूका के प्रमाण से एक यव (जो) की मोटाई कही गई है। इससे आगे बढ़कर आठ यव के बराबर एक अङ्गुल की धारणा बुद्धिमानों ने बनाई है।

रूपमानमितिप्रोक्तं परमाण्वादि कल्पितम्।
मूलमानं प्रोक्तमथो तनुमानविनिर्णयम्॥ 10 ॥

इस प्रकार जो रूप-मान (प्रतिमाओं का प्रमाण) कहा गया है, वह परमाणु आदिकों से ही कल्पित हुआ है। इस मूलमान को जैसे कहा गया, उससे ही तनुमान-सभी मानों का विनिर्णय होता है।

तालमानमाह —

अङ्गुलोद्भवमानं तु स्यान्मात्राङ्गुलसञ्ज्ञकम्।
कला द्विमात्रा कथिता सैव गोलक उच्यते॥ 11 ॥

अङ्गुलों से अनुमित होने वाले मानों को 'मात्राङ्गुल' नाम दिया है इस मात्रा के

---

1. कौटलीयार्थशास्त्रे— अष्टौ परमाणवो स्थचक्रविप्रुट। अष्टौ लिक्षा। ता अष्टौ यूकामध्यः। ते अष्टौ यवमध्यः। अष्टौ यवमध्या अङ्गुलम्॥ अर्थात्— आठ परमाणु एक स्थरेणु के बराबर होते हैं, आठ स्थरेणु एक लिक्षा, आठ लिक्षा एक यूकामध्य, आठ यूकामध्य एक यवमध्य तथा आठ यवमध्य एक अङ्गुलमान के बराबर होते हैं।

तथा च मत्स्यपुराणे— जालान्तरप्रविष्टानां भानूनां यद्रजः स्फुटम्। त्रसरेणुः स विज्ञेयो बालाग्रं तैरथाष्टभिः॥ तदष्टकेन लिख्या तु यूका लिख्याष्टकैर्मता। यवो यूकाष्टकं तद्वष्टभिस्तैस्तदङ्गुलम्॥ (अध्याय 258, 17-18)

वराहमिहिरमते— जालान्तरगे भानो यदणुतरं दर्शनं रजो याति। तद्विन्द्यात् परमाणुं प्रथमं तद्धि प्रमाणानाम्। परमाणुरजो वालाग्रलिक्षयूकं यवोऽङ्गुलं चेति। अष्टगुणानि यथोत्तरमङ्गुलमेकं भवति संख्या॥ (बृहत्संहिता 58, 1-2)

उत्पलभट उद्धृतौ— जालान्तरगते भानौ यत् सूक्ष्मं दृश्यते रजः। प्रथमं तत्प्रमाणां परमाणुं प्रचक्षते॥ तस्माद्रजः कचाग्रं च लिक्षा यूका यवोऽङ्गुलम्। क्रमादष्टगुणं ज्ञेयं जिनसङ्ख्याङ्गुले करः॥ (सविवृत्तिबृहत्संहितायां 57, 2)

आधार पर बनने वाली दो मात्रा की एक 'कला' होती है, जिसे पर्यायतः 'गोलक' भी कहते हैं।

द्विमात्रं गोलकं विद्याद् भागं चैव द्विगोलतः।
भागं त्रिगुणितं तालस्तन्मातान् प्रतिमा त्रिधा॥ 12॥

इसी प्रकार दो मात्रा से गोलक और दो गोलक से एक भाग होता है, तीन भागों से एक ताल और इस ताल मान से प्रतिमाएँ तीन प्रकार की होती है।[1]

एकतालादिषोडशतालान्ताः प्रतिमाः —

मानं तालात्मकं यत्तन् मूर्त्यार्जवसमुच्छ्रयः।
पृष्ठाद्यङ्गुलतः कार्यं ताल सूत्रे प्रसिद्ध्यति॥ 13॥

आर्जव यानी सन्मुख खड़ी हुई मूर्ति का मान तालात्मक, पहली अङ्गुली की पीठ से नाप करने से तालसूत्र बनता है, ऐसा प्रसिद्ध है।

ज्ञेयं तालं कीर्तिवक्त्रं तथा जलचरा मताः।
विहङ्गाश्च द्विताला: स्युः कुञ्जराश्च त्रितालकाः॥ 14॥

(देवालयों, प्रासादों आदि में निर्मित होने वाले स्वरूपों, अलङ्करणों के लिए ज्ञातव्य है कि) इस प्रमाण के अनुसार एक ताल के प्रमाण वाले कीर्तिमुख तथा जलचर जीव कहे गए है। दो ताल के विहङ्ग यानी पक्षी और तीन ताल प्रमाण के कुञ्जर (हाथी) कहे गए हैं।

चतुस्तालाश्च तुरगाः किन्नराः पञ्चतालकाः।
गणनाथश्च षट्तालो यक्षाश्चैवं प्रकीर्तिताः॥ 15॥

---

1. भोजदेव ने 'समराङ्गणसूत्रधार' में सामान्य मानों का संज्ञाभेद बताया है जिसके अनुसार एक अङ्गुल को मात्रा कहा है। दो अङ्गुलों को कला, तीन को पर्व, चार को मुष्टि, पाँच अङ्गलों को तल कहा गया है। छह अङ्गुल का कर-पाद होता है, सात की दिष्टि, आठ की तूणि, नौ की प्रादेश, दस की शयताल, ग्यारह की गोकर्ण, बारह की वितस्ति, चौदह पाद और इक्कीस अङ्गुल की रत्नि कही जाती है। इसी क्रम से चौबीस की अरत्नि, बयालीस का किष्कु, बयासी अङ्गुल का व्याम (पुरुष), छियानवें का चाप, एक सौ छह अङ्गुल का दण्ड कहा जाता है। इसी प्रकार तीन धनुष का नल्व, एक सहस्र धनु का एक क्रोश, दो क्रोश की एक गव्यूति और चार गव्यूतियों का एक योजन प्रमाण मानवेदियों ने माना है— संज्ञाभेदोऽथ सामान्यमानानां प्रतिपाद्यते। स्यादेकमङ्गुलं मात्रा कला प्रोक्ताङ्गुलद्वयम्॥ पर्व त्रीण्यङ्गुलान्याहुर्मुष्टिः स्याच्चतुरङ्गुलः। तलं स्यात् पञ्चभिः षड्भिः करपादाङ्गुलैर्भवेत्॥ सप्तभिर्दिष्टिरष्टाभिरङ्गुलैस्तूणिरिष्यते। प्रादेशो नवभिस्तैः स्याच्छयतालो दशाङ्गुलः॥ गोकर्ण एकादशभिर्वितस्तिर्द्वादशाङ्गुलः। चतुर्दशभिरुद्दिष्टः पादो नाम तथाङ्गुलैः॥ रत्निः स्यादेकविंशत्या स्यादरत्निः करोन्मितः। द्वाचत्वारिंशता किष्कुरङ्गुलैः 'परिकीर्तितः॥ चतुरुत्तरयाशीत्या व्यामः स्यात् पुरुषस्तथा। षण्णवत्यङ्गैश्चापो भवेन्नाडीयुगं तथा॥ शतं षडुत्तरं दण्डो नल्वस्त्रिंशद्धनुर्मितः। क्रोशो धनुस्सहस्रं तु गव्यूतं तद्द्वयं विदुः॥ चतुर्गव्यूतमिच्छन्ति योजनं मानवेदिनः॥ (समराङ्गणसूत्रधार 9, 40-47)

इसके बाद, चार ताल के घोड़े, पाँच ताल के किन्नरगण, छह ताल के गणनाथ (भैरव, गणेश, वीरेश्वर, नन्दीश्वर आदि गण) और यक्ष भी कहे गए हैं।

सप्ततालां मानवाश्च अष्टांशा द्विव्ययोषितः।
नवांशा सर्वदेवाश्च सम्प्रोक्ता वै तथैव च॥ 16॥

अन्य प्रतिमाओं में सात ताल के प्रमाण से मानवीय प्रतिमाएँ होंगी। आठ ताल की सुर-सुन्दरियाँ, नौ ताल के समस्त देवगण इसी तरह कहे गए हैं।

दशतालो भवेद्रामो विष्णुर्वैरोचनस्तथा।
सिद्धास्तथा जिनवरास्तथा कार्या दशांशतः॥ 17॥

इन देवादि की प्रतिमाओं में दस ताल के प्रमाण से श्रीराम, विष्णु और विरोचन (बलि के पिता) की प्रतिमाएँ होंगी। इस दस अंश के प्रमाण से ही सिद्धगणों और जिनेश्वर-तीर्थङ्कर आदि की प्रतिमाएँ करनी चाहिए।[1]

एकादशांशा रुद्रश्च भूतानि च तथैव च।
द्वादशांशा मधुमुरौ वैताला रूपतो मताः॥ 18॥

इसके बाद, ग्यारह ताल के अंश से रुद्र को बनाएँ और उनके भूतगणादि भी वैसे ही ग्यारह ताल के बनाएँ। बारह ताल के मधु-मुर (मधु-कैटभ) राक्षस तथा वैतालों का रूप कहा गया है।

त्रयोदश राक्षसानां दानवानां चतुर्दश।
तालाः पञ्चदश प्रोक्ताश्चामुण्डा भृगुरूपकः॥ 19॥

तेरह ताल के राक्षस और चौदह तालों के दानवों का रूपाङ्कन किया जाए। पन्द्रह तालों की चामुण्डा की मूर्ति और भृगु का रूपक बनाएँ।

जटामुकुटचन्द्राङ्कृताः षोडश तालतः।
कार्या षोडश तालान्ताः शास्त्रतो नाधिकास्ततः॥ 20॥

जटामुकुट, चन्द्राङ्कित स्वरूप सोलह ताल का करें। सोलह ताल से अधिक की प्रतिमाओं को करना शास्त्र सम्मत नहीं है, अतः नहीं करें।

अष्टधातुमयादि प्रतिमालक्षणम् —

युगांजीवऽसङ्ख्यात् सागरात् पृथिव्यान्तगा।

---

1. राम से आशय यहाँ तीनों ही राम- जामदग्न्य राम, दशरथात्मज राम और बलराम है। दस ताल से आशय प्रायः पाँच हाथ या साढ़े सात फीट ऊँचाई से है। तुलनीय मत्स्यपुराण —अतः परं प्रवक्ष्यामि देवाकारान् विशेषतः। दशतालः स्मृतो रामो बालिर्वैरोचनिस्तथा॥ वाराहो नारसिंहश्च सप्ततालस्तु वामनः। मत्स्यकूर्मौ च निर्दिष्टौ यथाशोभं स्वयम्भुवा॥ (मत्स्य. 259, 1-2)

विष्णु ब्रह्मा रुद्र धर्मज्ञानस्य च साधनम्॥ 21॥

जयतु सर्वशास्त्रश्च धरित्र्यवेदिवत्तथा।

कथयस्थानुगमनं च वर्णानुरूपकाः॥ 22॥[1]

सागर से लेकर पृथ्वी पर युग-युग में व्याप्त असंख्य जीव-चराचर, विष्णु, ब्रह्मा, रुद्र और धर्मज्ञान के साधन सभी शास्त्रों की जय हो, जो धरती रूपी वेदिका पर अवस्थित हैं और वर्णों के अनुगमन के लिए कहे गए है।

इत्यमनन्तर प्रतिमा वर्णकम् —

अपराजित मद्वाक्यं हृदयानन्दनं शृणु।

प्रतिमा लक्षणं प्रोक्तं कथयिष्यामि वर्णकम्॥ 23॥

हे अपराजित! मेरे वचनों को हृदय को आनन्द देने वाले समझ कर सुनो! प्रतिमाओं के तालादि लक्षण तो मैंने कह दिया, अब उनके वर्ण को कहता हूँ।

सौवर्णी राजती ताम्री पैत्तली रैतिकी तथा।

शैशकी वै कांस्यमयी कृष्णलोहमयी तथा॥ 24॥

अष्टधातु भवाः प्रोक्ताः कर्तव्याः सर्वकामदाः।

1. सोने की, 2. चाँदी, 3. ताम्र, 4. पित्तल, 5. रीतिकी-राँगा, 6. सीसा, 7. काँस्य, 8. कृष्णलोह— इन आठ धातुओं से सब कामनाओं की पूर्ति करने वाली मूर्ति बनाएँ।

तथा च मृत्तिकामय्यः काष्ठमय्यो यथाक्रमम्॥ 25॥

इसी तरह मृत्तिकामय यानी मिट्टी की तथा काष्ठ की प्रतिमा अभीष्ट पूर्ति करने वाली बनानी चाहिए।

पञ्चगव्यं चम्पपुष्पं श्रीखण्डं पायसं तथा।

सौगन्धिकं चामरादि रक्तचन्दनमेव च॥ 26॥

महे चोमामहेशस्य शुभं कार्यं यथाक्रमम्।

इसी क्रम में इस भूमि पर पञ्चगव्य की, चम्पा के पुष्पों की, श्रीखण्ड-चन्दन की, पायस की, सौगन्धिक, चामरादि की, रक्तचन्दन की उमा-महेश की शुभ प्रतिमाओं की यथाक्रम से बनाया जा सकता है।

शुचिकार्येगृहार्थे च प्रासादोपयोगी मूर्तयः —

पूर्वोक्ताः काष्ठमय्यश्च शुचीकार्ये नियोजिताः॥ 27॥

---

1. 'युगांजीव संख्यात् सागरात् पृथिव्यान्त मध्यगा?। वेद ब्रह्मा द्र धर्मज्ञानस्य साधनम्?॥ जयतु सर्वशास्त्र धरित्र्यवेदिव्यधरा?। कथयस्थानुगमनं च वर्णानुरूकाः?॥' इति प्रकाशित पाठः।

मणिरत्नप्रवालैश्च वज्र वैडूर्यमौक्तिकैः।
हैमैस्तारैः शाणशुद्धै राजावर्तैश्च स्फाटिकैः॥ 28॥
गृहेषु प्रतिमाः पूज्याः शेषाः प्रासादसञ्ज्ञके।
अर्चा सपीठिका कार्या वैपरीत्ये महद्भयम्॥ 29॥

पहले कही गई काष्ठमय प्रतिमाओं को शुचि कार्य यानी पवित्र पूजा के कार्यों में नियोजित करें। मणि, रत्न, प्रवाल, वज्र हीरा, वैडूर्य, मोती, स्वर्ण के तार, शाण पर शुद्ध घिसे हुए राजावर्त और स्फटिक की निर्मित प्रतिमाएँ गृहों में गृहस्थ लोग अपने पूजन में रख सकते हैं, शेष प्रतिमाएँ प्रासाद संज्ञक है जिनको मन्दिरों में रखना चाहिए। अर्चा को सदा पीठिका के युक्त बनाएँ, पीठिका रहित प्रतिमा से बड़ा भय होता है।

इति सूत्रसन्तानगुणकीर्तिप्रकाशप्रोक्तृश्रीभुवनदेवाचार्योक्तापराजितपृच्छायां चित्रप्रतिमाताल निर्णयाधिकारो नाम पञ्चविंशत्युत्तरद्विशततमं सूत्रम्॥ 225॥

इस प्रकार भुवनदेवाचार्य कृत सूत्रसन्तानगुणकीर्ति प्रकाश या अपराजितपृच्छा में चित्र प्रतिमा ताल निर्णय अधिकार नामक दो सौ पच्चीसवाँ सूत्र पूर्ण हुआ॥ 225॥

स्वच्छन्दभैरवावतारो नाम षड्विंशत्युत्तर द्विशततमं सूत्रम्॥ 226॥

अधुना स्वच्छन्दभैरवावतारः। विश्वकर्मोवाच —

स्वच्छन्दभैरवं वक्ष्ये आयुधानां तथा क्रमम्।

(इस सूत्र में भैरव के स्वच्छन्द संज्ञक स्वरूप का वर्णन किया गया है। शिव के दशावतारों में भैरव परिगणित हैं। शिवपुराण में यह मान्यता है।[1] स्कन्दपुराण के काशीखण्ड में भैरवप्रादुर्भाव वर्णन हुआ है[2] किन्तु भुवनदेवाचार्य का प्रस्तुत वर्णन मेवाड़ आदि की आञ्चलिक परम्परा के अनुवर्तन स्वरूप हुआ है क्योंकि इसमें पूजा का विवरण भी है। यह बहुत संयोग ही है कि भैरव के अधिकांश आयुध इस अंचल में भैरव या भैरूँजी को कुलदेवता मानने वाले लोगों में कुल-आयुध के रूप में पूजे जाते हैं। इस सूत्र में स्वच्छन्द भैरव और अष्टभैरव के लक्षणों का वर्णन हुआ है) विश्वकर्मा बोले कि स्वच्छन्द भैरव के आयुधों को यथाक्रम कहता हूँ।

अधुना स्वच्छन्दभैरवस्यायुधानां क्रमवर्णनम् —

गदा पट्टिपपर्शू च शक्तिर्बाणो धनुस्तथा॥ 1॥

---

1. शिवपुराण (3, 8, 2)
2. स्कन्दपुराण (काशीखण्ड 31, 1-157)

पुष्पाक्षसूत्रसर्पाश्च बीजपूरकमुद्गरौ।
चषकं अर्थ शतघ्नी कोशं डमरुमौशले॥ 2॥
शुचिस्तथा च खण्डेन्दुः पीयूषं दर्पणादिकम्।
वामोर्ध्वक्रमेणैश्च गदाद्या दर्पणान्तगाः॥ 3॥

इन आयुधों में बायें हाथों में 1. गदा, 2. पट्टीश, 3. परशु, 4. शक्ति, 5. बाण, 6. धनुष, 7. पुष्प, 8. अक्षसूत्र, 9. सर्प, 10. बीजपूरक, 11. मुद्गर, 12. चषक (प्याला), 13. अर्थ, 14. शतघ्नी, 15. कोश, 16. डमरु, 17. मूसल, 18. शुचि, 19. अर्धचन्द्रमा, 20. पीयूष और 21. दर्पण। इन सब इक्कीस आयुधों का क्रम बाएँ ऊपर के हाथ में गदा आयुध से आरम्भ होकर दर्पण के अन्त तक पूरा होता है।

वरदं शशिनी खड्गश्चाङ्कुशं ज्ञानपुस्तकम्।
चामरं पूर्णकलशं शूलं खट्वाङ्गमेव च॥ 4॥
अभयं च[1] विषं कुण्डी शङ्खं शूर्पश्च मोदकम्।
मद्यपात्रं वस्त्रवजौ कमलं चक्रकीरके॥ 5॥

इसी तरह आगे 1. वर-मुद्रा[2], 2. पूर्णचन्द्र, 3. खड्ग, 4. अङ्कुश, 5. ज्ञान-मुद्रा[3], 6. चामर, 7. पूर्णकलश, 8. शूल, 9. खट्वाङ्ग, 10. अभय-मुद्रा[4], 11. विष, 12. कुण्डी, 13. शङ्ख, 14. शूर्प, 15. मोदक, 16. मद्यपात्र, 17. वस्त्र, 18. वज्र, 19. कमल, 20. चक्र, 21. कीर (शुक)।

वरदाद्याः शुक्रान्ताश्च दक्षिणेषु प्रदक्षिणम्।
योनिमुद्रासंयुतौ द्वौ करौ सकरमुद्रिकौ॥ 6॥

इन सब आयुधों का क्रम दायें ऊपर के हाथ से क्रमशः वरद से आरम्भ होकर शुक के अन्त तक प्रदक्षिण क्रम से होता है। शेष हाथों में से दो हाथ योनि-मुद्रा में हों और अन्य हाथों में मुद्रिका हों।

तस्य स्वरूपवर्णनम् —

उपास्ते चाऽऽदिपुरुषं द्वौ भुजौ शिरसि स्थितौ।
पञ्चास्यश्च त्रिनेत्रश्च शतार्धं भ्रामयन् करान्॥ 7॥
अर्धद्वयमृजुगतं बद्धपद्मासनद्वयम्।

---

1. 'न च चक्षुः ?' इति प्रकाशित पाठः।
2. अधोमुखो दक्षहस्तः प्रसृतो वरमुद्रिका। इति शारदातिलके (पदार्थादर्शटीका 18, 12)
3. वाममुष्टिः स्वाभिमुखी बद्धा पुस्तकमुद्रिकाः। (तत्रैव 5, 4)
4. ऊर्ध्वीकृतो वामहस्तः प्रसृतोऽभयममुद्रिका। (तत्रैव 18, 12)

वे आदि पुरुष परमात्मा की उपासना करते हुए हों और उनके दो हाथ सिर पर विद्यमान हों। उनके पाँच मुख, तीन नेत्र और पचास हाथ पूर्वोक्त आयुध क्रम से भ्रमित हों। शेष हाथों में से दो हाथ (आधे) सीधे प्रसारित हों और दो पद्म-मुद्रा बद्ध (पद्मासन?) होंगे। (इस प्रकार यह प्रतिमा पचास हाथ की होगी)।

एकविंशतितालमानायास्तस्यमूर्तेरूर्ध्वमानम् —

स्वच्छन्दभैरवो माने तालनां त्वेकविंशतिः॥ ८॥
ततस्तालांस्तु गुणयेद् द्वादशाङ्गुलकैस्तथा।
तदङ्गुलप्रमाणेन द्विपञ्चाशच्छतद्वयम् 252 **॥ 9॥**

(अर्धद्वय ऋजगत रूप में और बद्ध पद्मासनद्वय मुद्रा में) स्वच्छन्द भैरव प्रतिमा का मान इक्कीस तालों का होता है। इन तालों को बारह अङ्गुल के गुणे और इस अङ्गुल प्रमाण से दो सौ बावन अङ्गुल होते हैं।

प्रथम पङ्क्तौ नवास्यं जटायुक्तं द्वितालकम्।
द्वितीयपङ्क्तौ तत्समा शिवयोनिः सदोदिता॥ 10॥
सप्तवक्त्राणि तस्योर्ध्वे तालमेकं [1]द्विजोत्तम।
शिरो विंशत्यङ्गुलकं ग्रीवा चाष्टाङ्गुला मता॥ 11॥
द्वात्रिंशन्नाभिदेशस्तदधो गुह्यं तु विंशतिः।
शून्य बाणा भवेज्जङ्घा गुल्फः पञ्चाङ्गुलस्तथा॥ 12॥

पहली पङ्क्ति में नौ मुख जटायुक्त व दो ताल मान के बनाएँ। दूसरी पङ्क्ति में उसी के समान नौ मुख शिव योनि से उदित होते हुए बनाएँ। हे द्विजोत्तम! इनके ऊपर सात मुख को एक ताल मान से बनाने जिनका शिर बीस अङ्गुल का होगा और जिसकी ग्रीवा आठ अङ्गुल की हों। इसके नीचे बत्तीस अङ्गुल पर नाभि देश

---

1. 'द्विजोत्तम' यहाँ अपराजित के प्रति सम्बोधन आया है जो पुराणों की सूत शैली की भाँति हैं किन्तु भुवनदेव ने इस सम्बोधन को विप्र अपराजित के प्रति प्रयुक्त किया है। मेवाड़ के शासकों के लिए यह सम्बोधन आया है। बापा रावल ही नहीं, गुहिल वंश के मूल पुरुष, परवर्ती शक्तिकुमार, विजयसिंह, अपराजितादि शासकों को अनेकत्र विप्र कहा है। प्रो. डी. सी. सरकार ने यहां के गुहिल शासकों को विप्र-क्षत्रिय सिद्ध करने का प्रयास किया है। आहाड़ से मिले शक्तिकुमार के अभिलेख (977 ई.) और कदमाल गाँव से प्राप्त विजयसिंह के ताम्रपत्र (1083 ई.) में इस वंश के मूल पुरुष गुहदत्त को महीदेव-भूदेव या ब्राह्मण ही कहा गया है— आनन्दपुरविनिर्ग्रतविप्रकुल आनन्दनो महीदेवः। जयति श्री गुहदत्तः प्रभवः श्रीगुहिलवंशस्य॥ (द गुहिल्स ऑफ किष्किन्धा : डी. सी. सरकार, संस्कृत कॉलेज, कोलकता, 1965, पृष्ठ 1-6, इण्डियन एंटिक्वेरी भाग 49, पृष्ठ 186 एवं एपिग्राफिका इण्डिका भाग 31, पृष्ठ 237)

बनाएँ और नाभि देश से नीचे बीस अङ्गुल पर गुह्य देश बनाएँ। जङ्घा प्रदेश को शून्य बाण की अर्थात् पचास अङ्गुल की बनाएँ और पाँच अङ्गुल के गुल्फ बनाएँ।

पञ्चाशच्चैव नलकः सप्ताङ्गुलस्तलोच्छ्रयः।
ऊर्ध्वमानं तु कथितं तिर्यक् च शृणु सम्प्रति॥ 13॥

पचास अङ्गुल के नलके बनाएँ जो सात अङ्गुल तल से ऊँचे होंगे। इस प्रकार से ये सब ऊँचाई के मान कहे गए, अब तिर्यक् मान सुनो!

तत्तिर्यग्मानकथनम् —

मुखं पूर्वोक्तमानेन द्वितालं चैव मध्यकम्।
दशाङ्गुलं तनुबाह्ये बाहुः षोडश विस्तरे॥ 14॥
चतुर्दश तथा चाष्टौ क्रमतो बाहु विस्तरः।
नाना विस्तरितं कार्यमष्टाविंशतिभिस्तथा॥ 15॥

मुख पहले कहे गए मान के अनुसार ही दो ताल का मध्य में बनाएँ। तन से दश अङ्गुल बाहर की ओर बाहु बनाएँ जो सोलह अङ्गुल के विस्तार में हों। चौदह और आठों के क्रम में बाहुओं का विस्तार हों। इस तरह नाना प्रकार के विस्तार में अट्ठाईसों को निरूपित करें।

सप्तवर्णाः कुशमानं कटिविस्तरतः शुभम्।
द्वितालं जङ्घाविस्तारस्तन्मध्यं सार्धभागकम्॥ 16॥

सात रङ्गों की कुशाओं से आच्छादित कटिभाग को सुन्दर बनाएँ। जङ्घा का विस्तार दो ताल का होगा जिसका मध्यभाग डेढ़ भाग का होना चाहिए।

कटिबन्ध तस्याधौ[1] च चतुर्विंशतिरङ्घ्रिकम्।
श्रोणी[2] मात्रं तथाङ्गुष्ठं शेषाः सार्धाङ्गुला मता॥ 17॥

इसके साथ ही कटिबन्ध चौबीस अङ्गुल का तथा श्रोणी मात्र अङ्गुष्ठ हों और शेष अवयव डेढ़ अङ्गुल के होंगे।

षोडशाङ्गुलमंसः स्याद् भुजसन्धिर्मुनिद्वयम्।
द्वात्रिंशच्च पुनर्वात्या चतुर्विंशतिकाग्रतः॥ 18॥
पूर्वोक्तेन प्रमाणेन करं कुर्यात् प्रयत्नतः।
द्वात्रिंशल्लक्षणोपेतो रुद्रः स्वच्छन्दभैरवः॥ 19॥

---

1. 'कणिबध ? तसाब्धौ' इति प्रकाशित पाठः।
2. 'तोणी ?' इति प्रकाशित पाठः।

इसी प्रकार से सोलह अङ्गुल के कन्धे और भुजसन्धि चौदह अङ्गुल की हों। बत्तीस अङ्गुल की पुनर्वात्या चौबीस अङ्गुल आगे की ओर हों। इस प्रकार से पूर्वोक्त प्रमाणों के अनुसार प्रयत्नपूर्वक स्वच्छन्द भैरव के करों को बनाएँ। ये स्वच्छन्द भैरव बत्तीस लक्षणों (जैसा कि आगे पुरुष लक्षणों के प्रसङ्ग में आएगा) से युक्त होते हैं।

अष्टभैरवा: —

पाशाङ्कुशधनुर्बाणाः शूलवज्रगदाभयम्।
अष्टौ भैरवरूपाणि कुर्यादेव प्रदक्षिणम्॥ 20॥

(स्वच्छन्द भैरव के पार्श्व-देवताओं के रूप में) अष्ट भैरवों की प्रतिमाओं में क्रमशः पाश, अङ्कुश, धनुष, बाण, शूल, वज्र, गदा और अभय-मुद्रा— ये प्रदक्षिण क्रम से हस्तायुध होंगे।

तत्पूजामन्त्रविधानम् —

सूत्रधारस्ततः प्राज्ञः शुक्लाम्बरधरः शुचिः।
हविष्यनियताहारो जपहोमपरायणः॥ 21॥
सुसमीक्ष्यं प्रदेशं तु कुङ्कुमार्द्रं सुसिञ्चितम्।
[1]इमं मे गङ्गे यमुनेऽभिषिच्य सलिलैः शुभैः॥ 22॥

इसके बाद (भैरव की प्रतिमा के लिए पूर्व-पूजा विधि) बुद्धिमान सूत्रधार को चाहिए कि वह पवित्र श्वेत वस्त्र धारण करें और हविष्य का नियत आहार मात्र ग्रहण करें। जप, होम परायण होकर किसी क्षेत्र का चयन करें जिसे कुङ्कुम, चन्दन आदि से अच्छी प्रकार सिञ्चित करें। इसी प्रकार वहाँ 'इमं मे गङ्गे' इत्यादि मन्त्रोच्चार सहित शुभ जल का छिड़काव करें।

कायेन्मण्डपं पूर्वमार्द्रशाखाविनिर्मितम्।
उत्तराभिमुखो विश्वकर्मरेखाकरो धृतिः॥ 23॥
अग्र आयाहि मन्त्रेण[2] रेखास्तत्र प्रयोजयेत्।

स्नान करके पहले से ही शाखाओं को आर्द्र किए मण्डप को बनाएँ। उत्तराभिमुख होकर विश्वकर्म-रेखा-कर अर्थात् चित्रण की लेखनी धारण करके 'अग्र आयाहि' मन्त्र से वहाँ रेखा खींचें।

---

1. इमं मे गङ्गे यमुने सरस्वति शुतुद्रि स्तोमं सचता परुष्ण्या। असिक्न्या मरुद्वृधे वितस्तयार्जीकीये शृणुह्या सुषोमया॥ (ऋग्वेद 10, 75, 5)
2. अग्न आ याहि वीतये गृणानो हव्यदातये। नि होता सत्सि बर्हिषि। (सामवेद 1, 1)

योगायोगेति[1] मन्त्रेण कर्मसूत्रं समारभेत्॥ 24॥
अग्निर्ज्योतिर्हि[2] मन्त्रेण टङ्किकाग्रं च संस्पृशेत्।

इसके बाद, 'योगायोगेति' मन्त्र से कर्मसूत्र अर्थात सूत्र छाँटने की डोरी को हाथ में लेकर कार्य आरम्भ करें। 'अग्निर्ज्योतिः' मन्त्र से टाँकी के अग्रभाग से मूर्ति निर्माण स्थल को स्पर्श करें।

प्रज्वलद्विन्यसेदस्त्र टङ्काग्रे सर्वतोमुखम्॥ 25॥
अमृतीशं ह्म्यंदये न्यस्य ? अस्त्रेणोज्वलति तदा।
आ देव[3] इति मन्त्रेणपुनः पठति टङ्किकाम्॥ 26॥

जब कार्य आरम्भ हों तो टाँकी की चोट से चारों ओर चिनगारियाँ बिखरेगी। तब अमृतीश ह्यमांद येनस्य (?) अस्त्र से चमक, ज्वलन पैदा होगी। तब 'आ देव' इत्यादि मन्त्र से पुनः पढ़े और टाँकी को चलाए।

शिल्पिनो भोजयेत्तत्र वस्त्रलङ्कारसंयुतान्।
ब्राह्मणान्यभोजयेत्तत्र शुद्धसैन्यं तपस्विनाम्॥ 27॥
भूरि(मि)दानं ततः कुर्याद् भूत्वा चाऽकृपणस्तथा।
समाचरेत्कर्म तत्र कृत्वा पञ्च महोत्सवान्॥ 28॥

कर्ता को चाहिए कि वह शिल्पियों को वस्त्रालङ्कार से संयुत करके भोजन कराएँ। इसी तरह से वहाँ उन ब्राह्मणों को भी जो शुद्ध व तपस्वियों की जमात में हों, भोजन कराएँ। फिर, खुले हाथ से अकृपण भाव से उनके प्रति भूमिदान करें और पञ्च महोत्सव करके इस सब कार्य का समापन करें।

यस्य देवस्य या मूर्तिश्चिन्तयेत्तां हृदम्बुजे।
उमान्माहं देहिनां जन्त्रवाहक॥ 29॥

जिस देव की जो मूर्ति हों उसका अपने हृदय-कमल में चिन्तन करें। ('उमान्माहं देहिनां जन्त्रवाहक' अस्पष्ट है)।

हंसमन्त्रेति —

व्याहरेत्रिषु लोकेषु यस्य कस्यचिदामयम्।
तस्मात् सर्वेमन्त्रेषु हंसो बीजः स उच्यते॥ 30॥

---

1. योगेयोगे तवस्तरं वाजेवाजे हवामहे। सखाय इन्द्रमूतये॥ (ऋग्वेद 1, 30, 7)
2. अग्निर्ज्योर्तितिर्ज्योतिरग्निरिन्द्रो ज्योतिर्ज्योतिरिन्द्रः। सूर्यो ज्योतिर्ज्योतिः सूर्यः॥ (सामवेद 19, 6, 10)
3. आ देवानामग्रयावेह यातु नराशंसो विश्वरूपेभिरश्वैः। ऋतस्य पथा नमसा मियेधो देवेभ्यो देवतमः सुषूदत्॥ (ऋग्वेद 10, 70, 2)

हंसः सदाशिवोदेवो हंसश्चैवेश्वरो हरिः।
ब्रह्मा हंसो यमः सूर्योऽग्निर्हंसः सर्वदैवतम्॥ 31॥
आपो वायुश्च खं हंसो धर्मेन्दौ धनदः क्षितिः।
ध्रुवं ते हंसमित्येव गतो [1]हमिति बीजानि च॥ 32॥
एवं स गतो हंसः सर्वात्मा [2]परमात्मेत्युच्यते।
हंसे लीना पराशक्तिरित्यर्थं यान्ति तत्र वै॥ 33॥

तीनों ही लोकों में जिस किसी के चित्त में व्यवहार करता हुआ जो श्वास चल रहा है, उसे इसीलिए सभी मन्त्रों में हंस बीज कहा है। हंस ही सदाशिव देव है। हंस ही ईश्वर-रुद्र और हरि-विष्णु है। ब्रह्मा हंस है। यम, सूर्य, अग्नि हंस है। सभी देवता हंस ही है। जल, वायु, आकाश हंस ही है। धर्म, इन्द्र, कुबेर, पृथ्वी निश्चित ही सब हंस ही है। 'हं' इसका बीज है। इस प्रकार से जो सर्वात्मा में हंस है, वह परमात्मा कहा गया है। जो हंस में पहुँच गया (उन्मनी अवस्था, अजपोसंहारावस्था) तो यह समझे कि वह हंस में ही लीन होकर साक्षात् पराशक्ति के अर्थ में विहार यानी विचरण करता है।[3]

---

1. 'हं मिगतानि च?' इति प्रकाशित पाठः।
2. 'परम्परा?।' इति प्रकाशित पाठः।
3. इसी ग्रन्थ में पूर्व में उपनिषद् मतानुसार कहा गया है कि साधक को हंस-योग की साधना करनी चाहिए। इसके अभ्यास में हकार से आरम्भ करें और सकार से अन्त करें परन्तु ध्यान रखें कि यह प्राणायाम की साधना है जिसमें केवल प्राण के आवागमन को साक्षी भाव से लक्ष्य करके देखना है। आते श्वास में 'ह' की ध्वनि जैसा अभ्यास और जाते श्वास में 'स' की ध्वनि जैसा आभास मात्र करना है और किसी प्रकार का 'ह' वर्ण या 'स' वर्ण का वर्णोच्चार अर्थात् ध्वनि मुख उच्चारित नहीं होनी चाहिए। इस प्रकार इस सहजयोग में अनन्त हंस के नित्याभ्यास से पद पर दृढ़ स्थिति प्राप्त होती है और इस सहजयोग में नित्य श्वास के आने-जाने के स्वरूप योग में सात करोड़ जप सहज ही प्रतिदिन होते रहते हैं— इस योग में मात्र श्वास पर आते-जाते समय लक्ष्य रखना है। इस सहजयोग के हंस प्राणायाम में नासिका के वाम व दक्षिण गोचर से अर्थात् चन्द्रनाड़ी व सूर्यनाड़ी से सञ्चरित होने वाले श्वास की लम्बाई छत्तीस अङ्गुल की होनी चाहिए अर्थात् व्यक्ति को सदा दीर्घ श्वास लेने का अभ्यास होना चाहिए। जिससे वायु में स्थित प्राणों की पूर्ण प्राप्ति होती रहे। इस योग की सहज प्रक्रिया में 'हंसो', 'सोहं' की ध्वनि स्वयं ही उच्चारित होती रहती है, इसीलिए इसे हंस (योग) कहा जाता है। इस प्रकार के हंसयोग के जाप में योगी अपने हाथ में अक्षमाला नहीं चलाता है तथापि उसके जाप सात करोड़ इस हंसत्व से पूरे निवर्त हो जाते हैं। इस प्रकार का विश्वगत सञ्चार समस्त प्राणियों के लिए शुभदायक है। इसीलिए हंस रूप में इन प्राणों के स्थित होने से ही इनको प्राणतत्त्व नाम से कहा गया है— हकारादि सकारान्तं संस्मरेत्तदहर्निशम्। लक्षयेत्तत्र सञ्चारं वर्णोच्चारविवर्जितम्॥ अनन्तं सहजं हंसं नित्याभ्यासपदे स्थितम्। गमागमनयोगेन सप्तकोटिजपः स्मृतः॥ षट्त्रिंशदङ्गुलं चारे वामदक्षिणगोचरे। स्वयमुच्चार्यते हंसो हंसस्तेन स उच्यते॥ यावन्न चालयेद्योगी ह्यक्षसूत्रकरस्थितम्। सप्तकोटिजपं कृत्वा

इत्यमनन्तर वर्णाः —

वर्णा एकोनपञ्चाश(49)न्निधनं यान्ति तत्र वै।
निधनान्ते तु विज्ञेया वर्णास्ते तु महेश्वरः(रात्)॥ 34॥
निधनं तु गता शक्तिर्यदा मूर्ध्नि प्रलीयते।
शून्यस्थानमिदं प्रोक्तं सेव्यते योगिभिः सदाः॥ 35॥

वर्णाक्षर उनचास है। जहाँ से इनका आरम्भ होता है, (कुण्डलीवत्) वहीं इनका समापन होता है। जब इन वर्णों का समापन होता है तो ज्ञात होता है कि कि ये वर्ण सभी महेश्वर से ही आए है। इस तरह चरम को प्राप्त हुई शक्ति जब मूर्ध्रा तक प्रसारित होती है, तो उसे शून्य स्थान कहते है। समस्त योगीगण जिसके प्रति नित्य सेव्यभाव लिए रहते है यानी शून्य समाधि में।[1]

अन्यदप्याह —

मूर्ध्रा हृदयमायात्यमनस्कं परमं पदम्।
स्थित्वासने सूत्रधारो जपेन्मन्त्रं सबीजकम्॥ 36॥
या मूर्त्तिर्यस्य देवस्य शक्तिं तस्यैव तां न्यसेत्॥
मूर्तिप्रारम्भमन्त्रम्।[2]

हंसस्त्वेवं निवर्तते॥ एवं विश्वगतश्चारः प्राणिनां शुभदायकः। हंसरूपे स्थिताः प्राणाः प्राणास्तत्त्वैः प्रकीर्तिताः॥ (अपराजित. 13, 12-16)

हंसोपनिषद् में आया है कि सोऽहम् मन्त्र के दस कोटि जाप करने से साधक को नाद का अनुभव होता है— अस्यैव जपकोट्यां नादमनुभवति एवं सर्वं हंसवशान्नादो दशविधो जायते। चिणीति प्रथमः। चिञ्चिणीति द्वितीयः। घण्टानादस्तृतीयः। शङ्खनादश्चतुर्थम्। पञ्चमस्तन्त्रीनादः। षष्ठस्तालनादः। सप्तमो वेणुनादः। अष्टमो मृदङ्गनादः। नवमो भेरीनादः। दशमो मेघनादः। नवमं परित्यज्य दशममेवाभ्यसेत्॥ (हंस. 16-17)

1. इस प्रसङ्ग में शारदातिलक और उस पर पदार्थादर्श टीका से विशेष भावानुभूति की जा सकती है। वहाँ रुद्र की पचास कलाओं का उल्लेख हुआ है— पञ्चाशद्वारगुणिता पञ्चाशद्वर्णमालिकाम्। सूते तद्वर्णतोऽभिन्ना कला रुद्रादिकान् क्रमात्॥ (शारदातिलक 1, 111) यह भी कहा है कि निरोधिका अग्नि स्वरूपा है इसलिए शिवात्मक है। बिन्दु चन्द्र स्वरूप है, इसलिए शक्त्यात्मक है। शिव शक्ति के योग से वह बिन्द्वात्मा, तेजो निधान सूर्य स्वरूप हो जाता है, यतः शिव शक्तिमय बिन्दु से वर्णों की उत्पत्ति होती है (वही 112-113) कुण्डली के प्रसङ्ग में आया है— योगिनां हृदयाम्भोजे नृत्यन्ती नित्यमञ्जसा। आधारे सर्वभूतानां स्फुरन्ती विद्युदाकृतिः। शङ्खावर्त्तक्रमाद् देवी सर्वमावृत्य तिष्ठति। कुण्डलीभूतसर्पाणामङ्ग श्रियमपेयुषी॥ सर्वदेवमयी देवी सर्वमन्त्रमयी शिवा। सर्वतत्त्वमयी साक्षात् सूक्ष्मात् सूक्ष्मतरा विभुः॥ इत्यादौ...(तत्रैव 1, 53-55) सूतसंहिता के अन्त में भी इस तरह का वर्णन मिलता है जिसमें लकार को छोड़कर उनचास वर्णों की गणना की गई है।

2. यह पाठ यहीं तक है किन्तु मत्स्यपुराण (266, 52) में इन मन्त्रों का उल्लेख हुआ है— 'यज्जाग्रतो दूरमुदेति' 'ततो विराडजातय' इति च। 'सहस्रशीर्षा पुरुष' इति च 'अभि त्वा शूर नो नुम' इति च।

मूर्धा और हृदय में परम पद को अमनस्क होकर, आमन्त्रित करके सूत्रधार आसन पर स्थित होकर उस मन्त्र का सबीज जप करें, जिससे कि सम्बन्धित देवता की मूर्ति बनानी हो। उसके लिए उसे वैसी ही शक्ति उस जाप से उसे मिल सकेगी और उसमें वह शक्ति का न्यास कर सकेगा।

इति सूत्रसन्तानगुणकीर्तिप्रकाशप्रोक्तश्रीभुवनदेवाचार्योक्तापराजितपृच्छायां
स्वच्छन्दभैरवावताराधिकारो नामाषड्विंशत्युत्तरं द्विशततमं सूत्रम्॥ 226 ॥

इस प्रकार भुवनदेवाचार्य कृत सूत्रसन्तानगुणकीर्ति प्रकाश या अपराजितपृच्छा में स्वच्छन्द
भैरव अवतार अधिकार नामक दो सौ छब्बीसवाँ सूत्र पूर्ण हुआ॥ 226 ॥

चित्रपत्रोत्पत्तिनिर्णयो नाम सप्तविंशत्युत्तर द्विशततमं सूत्रम्॥ 227 ॥

अधुना चित्रपत्रोत्पत्तिनिर्णयः। अपराजित उवाच —

चित्ररूपसमुद्भावाः सुरासुरनरोरगाः।
त्वयैव कथितं पूर्वमुत्त्पति प्रलयादिकम्॥ 1 ॥
पत्रोत्पत्तिः कथं देव चित्रमूलसमुद्भवा।

(इस सूत्र में चित्र-पत्र की उत्पत्ति और उनके प्रकार आदि पर विचार हुआ है। मन्दिरों ही नहीं, स्त्री-पुरुषों के अङ्गादि के सौन्दर्य में भी पत्रों का उपयोग होता आया है।[1] चित्र की भाँति ही पत्र का उद्भव हुआ है) अपराजित बोले कि हे प्रभु! आपने ही पूर्व में कहा था कि समस्त सुर, असुर, नागों की उत्पत्ति और प्रलय आदि सब चित्ररूप से ही समुद्भूत है। हे देव अब बताएँ कि पत्रोत्पत्ति किस तरह से चित्रमूल से हुई?

कथयस्व प्रसादेन पत्रं चित्रं च कीदृशम्॥ 2 ॥
दिनपत्रं कथं प्रोक्तमृतुपत्रं च कीदृशम्।

'पुरुष एवेदं सर्वं' 'त्रिपादूर्ध्व' मिति च 'येनेदं भूत' मिति 'नत्वा वाँ अन्य' इति॥ ये मन्त्र वाजसनेयी संहिता 31 में आए हैं।

1. प्रसाधन के अङ्ग के रूप में भी पत्रों का अङ्कन होता रहा है। कालिदास ने कुमारसम्भव (3, 33, 38; 7, 5), रघुवंश (6, 72; 16, 67; 17, 24 एवं 9, 29), मालविकाग्निमित्रम् (3, 5) एवं ऋतुसंहार (4, 5) इत्यादि में पत्र रचना के सङ्केत दिए हैं। स्त्री और पुरुष दोनों के ही शरीर के बाहु, वक्ष, मुखादि भागों पर पत्र-रचना होती रही है। गोरोचन और कुङ्कुम का इसमें प्रयोग होता था। पार्वती के अङ्ग पर गोरोचन से पत्र रचना का उल्लेख कुमारसम्भव में हुआ है। रघुवंश में राजा अतिथि का वर्णन है जिसके राज्याभिषेक के अवसर पर मुख पर गोरोचन, चन्दन और अङ्गराग से पत्र-रचना हुई थी। हर्षचरित में (पुरमण्डन पत्रभङ्ग मकरिका) यमराज की अर्धाङ्गिनियों के मुख पर मकर की छाप वाले पत्रों का अङ्कन होने की जानकारी उपलब्ध है।

चन्द्रकलोद्भवं पत्रं षोडशात्मकमेव च॥ 3॥
जलपत्रं स्थलपत्रं नरपत्रं गजोद्भवम्।
मेघपत्रोद्भवं चैव कथयस्व परेश्वर॥ 4॥

आप कृपा करके कहें कि पत्र-चित्र किस प्रकार के होते हैं? इनमें 1. दिनपत्र किसे कहते है, 2. ऋतुपत्र किस तरह का होता है, 3. चन्द्रलोक से उद्भव होने वाला पत्र क्या वास्तव में सोलह प्रकार का होता है, 4. जलपत्र, 5. स्थलपत्र, 6. नरपत्र, 7. गजोद्भव, 8. मेघपत्रोद्भव पत्र आदि को हे परमेश्वर! हमारे प्रति कहिये।

नागरं द्राविडं पत्रं व्यन्तरं वेसरं तथा।
कालिङ्गं यामुनं पत्रं कीदृक् चैतत्सुलक्षणम्॥ 5॥
शिशुपत्रं च सकलं स्वस्तिकं वर्धमानकम्।
सर्वतोभद्रकाकारं कथयस्व परेश्वर॥ 6॥

इसी प्रकार 9. नागरपत्र, 10. द्राविडपत्र, 11. व्यन्तरपत्र, 12. वेसरपत्र, 13. शिशुपत्र, 16. सकलपत्र, 17. स्वस्तिकपत्र, 18. वर्धमानक और 19. सर्वतोभद्र के आकार को भी हे परमेश्वर! हमें कहियेगा।

पञ्चपत्राणि चान्मच्च षोडशात्मक्रमेव च।
तत्तद्रूपोद्भवं चैव लक्षकोट्यादिसङ्ख्यकम्॥ 7॥
पत्रस्थानानि वै सार्धं सुरसन्द्यादिकोद्भवम्।
कथयस्व प्रसादेन पत्रस्थानादिसाधनम्॥ 8॥

पञ्चपत्रों और अन्य षोडशात्मक क्रम के पत्रों को, उनके उन रूपों के कारण होने वाले लाख कोटि संख्याओं को कहें। पत्र-स्थानों में इनसे डेढ़ गुने सुरसद्मादिकोद्भवम्- देवताओं के आश्रय यानी स्वर्ग से उत्पन्न कहा है। अस्तु, कृपा करके पत्रस्थानादि और साधनों को कहियेगा।

विश्वकर्मोवाच —

शृणु वत्स महाभाग त्वमेवं प्रकटीकृतम्।
पत्रोत्पत्तिं च वक्ष्येऽहं शृणु चैकाग्रमानसः॥ 9॥

विश्वकर्मा ने उत्तर दिया कि हे वत्स! महाभाग्यवान् तुमने ही इस सम्बन्ध में जिज्ञासा कर समस्त विषय प्रकटीकृत कर दिया है। अब मैं तुम्हें पत्रोत्पति के बारे में कहता हूँ जिसे एकाग्रमन से सुनो!

क्षीरोदार्णवके पूर्वं मथ्यमाने सुरासुरैः।
तत्रोत्पन्नो महावृक्षौ नाम्ना सुरतरुस्तदा॥ 10॥

नानापत्रसमाकीर्णो नानापुष्पसमाकुलः।
नाना फलकसम्युक्तो ललिताङ्गो मनोहरः॥ 11॥

पूर्वकाल में देवताओं व राक्षसों ने क्षीरोदक समुद्र का मन्थन किया जिससे एक महावृक्ष निकला जिसका नाम सुरुतरु (देवद्रुम, कल्पवृक्ष) था। वह वृक्ष अनेकों प्रकार के पत्रों से लकदक था और उसमें अनेकों पुष्पों का भी भरमार थी। उसमें अनेक प्रकार के फल लगे थे। वह बहुत ही सुन्दर ललिताङ्गों वाला वृक्ष था।

सुगन्धामोदबहुलः सुगन्धागन्धितोत्पलः।
तद्गन्धमोहिताः सर्वे देवदैत्यादिकास्तथा॥ 12॥
परस्परं देवदैत्या वृक्षार्थे लुब्धचेतसः।
अमृतोद्भवं[1] मन्यन्ते दैत्याश्च त्रिदशा अपि॥ 13॥

उस वृक्ष से सुगन्ध, आमोद की बहुतायत थी। उसकी सुगन्ध कमलों की गन्ध जैसी थी जिससे समस्त देव-दैत्यादि सम्मोहित हों गए थे। अस्तु, देव और दैत्यगणों को मन में उसे वृक्ष को प्राप्त करने का लोभ सवार हों गया क्योंकि दैत्यों सहित देवताओं ने भी उस वृक्ष को ईश्वरीय अमृत से उत्पन्न हुआ मान लिया था।

शाखापत्रोद्भवश्चतुर्दिक्षु मध्यत ऊर्ध्वतः।
मानतः पत्रसङ्कीर्णो दिशाभेदैः परात्परम्॥ 14॥

उस सुरवृक्ष की शाखाओं से निकलने वाले पत्र चारों ओर, सभी दिशाओं में मध्य में, ऊपर की ओर मान सहित परात्पर दिशा भेद से फैले हुए थे।

षड्जाति पत्रभेदाह—

नागरं पूर्वशाखायां द्राविडं दक्षिणोद्भवम्।
अपरे व्यन्तरं चैव वेशरं च तथोत्तरे॥ 15॥
कालिङ्गमूर्ध्वतश्चैव शाखान्तर्जं च पामुनम्।
षड्जात्युत्पत्तिभेदैश्च पत्रमेवं समुद्गतम्॥ 16॥

इनमें से पूर्व की ओर की शाखाओं में फैले पत्र 1. नागर कहलाए, दक्षिण की ओर की शाखाओं में फैले पत्र 2. द्राविड, पश्चिम में फैले 3. व्यन्तर तथा उत्तर में फैले पत्र 4. वेसर संज्ञक कहलाए। इसी प्रकार 5. कलिङ्ग पत्र वृक्ष के ऊपर की ओर वाले तथा शाखान्तरों में 6. यामुनपत्र— इस तरह छह जाति भेद से पत्रों की उत्पत्ति हुई।

1. 'ईश्वरोद्भवं' इति पाठः।

पञ्चदश पत्रभेदाह —

नन्दादिक्रमयोगेन तथा चन्द्रकलाक्रमः।

दिनपत्रोद्भवस्त्वेवं सङ्ख्यातो दशपञ्चभिः॥ 17॥

नन्दादि तिथि क्रम योग से तथा चन्द्रमा की कलाओं के क्रम से दिनपत्रों का उद्भव हुआ जिनकी संख्या पन्द्रह होती है।

नन्दा भद्रा जया रिक्ता पूर्णास्यात् पञ्चमी तथा।

पञ्च पञ्च तथा पञ्च मासार्धे तु यथा यथा॥ 18॥

पूर्वोक्त क्रमानुसार (1.) नन्दा, (2.) भद्रा, (3.) जया, (4.) रिक्ता और (5.) पूर्णा तिथियाँ होती है। इस प्रकार पाँच-पाँच और पाँच कुल पन्द्रह दिन का मासार्ध या पखवाड़ा होता है।

नन्दायाः शिशुपत्रं च भद्राया सकलं तथा।

स्वस्तिकं तु जयायाश्च रिक्ताया वर्धमानकम्॥ 19॥

पूर्णायाः सर्वतोभद्रं पञ्चमं परिकीर्तितम्।

इनमें नन्दा तिथि से शिशुपत्र, भद्रा से सकलपत्र, जया से स्वस्तिकपत्र, रिक्ता से वर्धमानपत्र और पूर्णा तिथि से पाँचवाँ सर्वतोभद्रपत्र कहा गया है।

षष्ठिकादि दशम्यन्तमन्यपञ्चसमुद्भवः॥ 20॥

जयं च विजयं चैव उद्गतं पत्रमक्षयम्।

सर्वमङ्गल भवाख्यं पञ्चान्ये च प्रकीर्तिताः॥ 21॥

षष्ठयाद्यं च दशम्यन्तं पत्राणां पञ्चकं तथा।

पुनः षष्ठि से लेकर दशमी तक अन्य पाँच पत्रों की उत्पन्न कही है। जय, विजय से निष्पत्र अक्षयपत्र कहे गए हैं। ये सर्वमङ्गल करने वाले और दूसरे पञ्च पत्र कहे गए है। ये षष्ठि से दशमी तक के पत्रों का पञ्चक है।

पुनरन्यानि पञ्चैकादशाद्यं पूर्णान्तं तथा॥ 22॥

श्रियं श्रियोद्भवाख्यं च रत्नगर्भ तेजोभवम्।

सर्वानन्दं महोत्साहं पत्राणां दशपञ्चकम्॥ 23॥

पुनः अन्य पत्र पञ्चक एकादशी से लेकर पूर्णिमान्त तक का श्रिय, श्रियोद्भव नामक और तेजोभव रत्नगर्भ है। इस तरह से सर्वानन्द महोत्साह वाले पत्रों का यह दश पञ्चक यानी पन्द्रह पत्र स्वरूप होता है।

ऋत्वानुसारेण पत्रभेदाह—

वसन्ते नागरं पत्रं द्राविडं ग्रीष्मके तथा।

वर्षासु यनतरभवं वेसरं च शरदर्तौ ॥ 24 ॥
हेमन्ते चैव कालिङ्गं यामुनं शिशिरोद्गतम्।
षड्तूद्भवपत्राणि सर्वाणि शुभदानि च ॥ 25 ॥

ऋतुओं के अनुसार होने वाले पत्रों में वसन्त ऋतु में नागर पत्र, ग्रीष्म ऋतु में द्राविड पत्र, वर्षा ऋतु में व्यन्तर पत्र, शरद ऋतु में वेसर पत्र, हेमन्त, ऋतु में कालिङ्ग पत्र और शिशिर ऋतु में यामुन पत्र होते है। इस तरह छहों ऋतुओं के बनने वाले सभी पत्र शुभ देने वाले है।

तथा शाखोद्भवं पत्रमुक्तं दशविधं क्रमात्।
शाखोद्भवं पञ्चैव (षट्चैव) कन्दजानि तु षोडश ॥ 26 ॥
तथा चाकारपत्राणि लक्षकोट्यादिकानि च।

इसी तरह शाखाओं से उत्पन्न होने वाले पत्र भी क्रमशः दस प्रकार के कहे गए है। शाखोद्भव पत्र तो पाँच है और कन्द से उत्पन्न होने वाले पत्र सोलह है। इसी तरह आकार की दृष्टि से पत्रों की तो लक्षकोटि संख्या हों सकती है।

पुरन्यानि वक्ष्येऽहं प्रकारैः पञ्चतानि च ॥ 27 ॥
हंसपत्रं नक्रपत्रं मत्स्यपत्रं च कूर्मकम्।
पद्मपत्रं तथा चैव पञ्चकं जलजं भवेत् ॥ 28 ॥

पुनः अन्य तरह के पाँच प्रकारों के पत्रों को मैं कहता हूँ। इनमें 1. हंस पत्र, 2. मकर पत्र, 3. मत्स्य पत्र, 4. कूर्म पत्र, 5. पद्मपत्र— यह जलज पंचक पत्रों का समूह हुआ।

स्थलजं छन्दजाकारं प्रासादगृहकादिकम्।
नरनार्यादिकं पत्रं नरपत्रं च पञ्चमम् ॥ 29 ॥

अब स्थल से बनने वाले पत्रों के छन्द से होने वाले प्रासाद, गृह आदि, नर-नारी आदि पत्रों के साथ ही नर पत्र पाँचवाँ हुआ।

गजपत्रमश्वपत्रं जानुगं पद्मजं तथा।
सिंहासनादिपत्रं च गजपत्रं तु पञ्चकम् ॥ 30 ॥

गजोद्भव पत्रों में 1. गज पत्र, 2. अश्वपत्र, 3. जानुग, 4. पद्मज, 5. सिंहासनादि पत्र— ये पाँच गजपत्र हुए।

अनेकाकारपत्रं च मेघपत्रं तथैव च।
पत्राकारास्तथा चैते कथितास्त्वपराजित ॥ 31 ॥

पत्र अनेकाकार हैं और मेघपत्र भी इसी तरह के है। इन सभी पत्राकारों को हे अपराजित! मैंने कह दिया।

पुनः स्थानेषु सर्वेषु तत्र पत्राणि योजयेत्।
स्तम्भेषु द्वारपक्षेषु प्रासादेषु च सर्वतः ॥ 32 ॥
षोडशाभरणश्चैव तत्र पत्रं तु दापयेत्।
हारकेयूर कङ्कणकटिसूत्रादिभिः समैः ॥ 33 ॥
यत्र स्थाने भवेत्पत्रं लक्ष्मीस्तत्र हितेक्षणा।
नाऽपत्रतो[1] भवेल्लक्ष्मीः शुभस्थानं च पत्रतः ॥ 34 ॥

अब पुनः इन पत्रों को सभी स्थानों पर जहाँ-जहाँ भी नियोजित करें, जैसे-कि स्तम्भों पर, द्वारों के बाजुओं पर, प्रासादों आदि सब जगह पर। षोडशाभरणों में सोलह प्रकार के आभूषणों में प्रयोग हेतु पत्रादि बनाएँ।[2] हार, केयूर, कङ्कण, कटिसूत्रादि में जहाँ-जहाँ पत्र होता है, वहाँ लक्ष्मी की सदा हितदृष्टि रहती है। जहाँ पत्र नहीं हैं, वहाँ लक्ष्मी भी नहीं रहती। अतएव पत्र से ही सभी आभराणादि शुभ स्थान युक्त होते हैं।

इति सूत्रसन्तानगुणकीर्तिप्रकाशप्रोक्तृश्रीभुवनदेवाचार्योक्तापराजितपृच्छायां चित्रपत्रोत्पत्तिनिर्णयोधिकारो नाम सप्तविंशत्युत्तर द्विशततमं सूत्रम् ॥ 227 ॥

इस प्रकार भुवनदेवाचार्य कृत सूत्रसन्तानगुणकीर्ति प्रकाश या अपराजितपृच्छा में चित्रपत्र की उत्पति-निर्णय अधिकार नामक दो सौ सत्ताईसवाँ सूत्र पूर्ण हुआ ॥ 227 ॥

पत्रजाति कण्टभेद जीवसूत्रनिर्णयो नामाष्टाविंशत्युत्तर द्विशततमं सूत्रम् ॥ 228 ॥

विश्वकर्मोवाच —

अथातः सम्प्रवक्ष्यामि कण्टकानां तु लक्षणम्।
अष्टौ जातिक्रमच्छन्दात् कण्टका अभिधानतः ॥ 1 ॥

(इस सूत्र में पत्र जाति और कण्टकों के भेदादि पर विमर्श है। यह कला, तक्षण विषयक विवरण है) विश्वकर्मा बोले कि अब मैं कण्टकों के लक्षणों को कहता हूँ। आठ जाति छन्दों के क्रम से कण्टकों के नाम कहे गए हैं।

---

1. 'नाभ्यचित्रोद्भवा ?' इति पाठः।
2. इस पत्र रचना से तरह-तरह की डिजाइन की कल्पना की ओर सङ्केत लगता है। देशी भाषा में इन अलङ्करणों का नाम पानड़ी, पान, पाँखड़ी आदि सार्थक लगता है।

कण्टकनामानि —

कलिश्च कलिकश्चैव व्यामिश्रश्चित्रकौशलः।
व्यावर्तश्चैव व्यावृत्तः सुभङ्गो भङ्गचित्रकः॥ 2॥

इनमें 1. कलि, 2. कलिक, 3. व्यामिश्र, 4. चित्रकौशल, 5. व्यावर्त, 6. व्यावृत, 7. सुभङ्ग और 8. भङ्गचित्रक— ये कण्टकों के नाम है।

तेषां रूपाणि —

अगस्तिपुष्पकाकारः सम्भवेत् कलिकण्टकः।
वराहदंष्ट्राकृतिकः कलिकश्चेति सञ्ज्ञितः॥ 3॥
बद्धपुष्पोद्भवश्चैव व्यामिश्रो मध्यकेशरः।
उकाराकारसदृशः स भवच्चित्रकौशलः॥ 4॥
व्यावर्तो व्याघ्रनखवद् व्यावृत्तः कलशाकृतिः।

अगस्ति के पुष्प के आकार का कलिकण्टक कहलाता है। वाराह के दाँत की आकृति का होने पर उसका नाम कलिक होता है। बन्द पुष्प से होने वाला व्यामिश्र नाम का मध्य केशर कंटक है। उकार के आकार जैसा कण्टक हो तो उसका नाम चित्र कौशल है। व्याघ्र के नख्र के समान मुड़ा हुआ कण्टक व्यावर्त नाम से कहा है। कलश की आकृति जैसे गोलाकार कण्टक को व्यावृत्त कहते हैं।

भङ्गचित्रोबदखत् सुभङ्गः कृतिकाकृतिः॥ 5॥
नागरो व्याघ्रनखवद् द्राविडस्तदनन्तरम्।
बदरीकेतकीनां च द्राविडः कण्टकैः समः॥ 6॥
व्यन्तरो वराहदंष्ट्रो वेसरो मुनिपुष्पवत्।
उकाराकारः कलिङ्गो यामुनः पुष्पगर्भकः॥ 7॥
उक्ता अष्टविधाकारा षड्जातीयाश्च कण्टकाः।
कण्टकानां तथाकाराः कथितां पूर्वमेव च॥ 8॥

सुभङ्ग और भङ्गचित्र आकार में कृतिका-कैंची के जैसे होते हैं। इनके अतिरिक्त नागर कण्टक व्याघ्रनख के समान होते हैं परन्तु द्राविड कण्टक इनसे भिन्न होते हैं। द्राविड कण्टक तो बैर और केतकी के कण्टक जैसी आकृति के होते है। व्यन्तर जाति के कण्टक वाराह के दाँत जैसे और वेसर जाति के कण्टक मुनि अगस्त्य के पुष्प जैसे होते हैं। कलिङ्ग कण्टक उकार के आकार के होते हैं। पुष्पगर्भ कलि के आकार का यामुन कण्टक होता है। इस तरह आठ प्रकार के और

छह जाति के कण्टकों के बारे में कहा गया। इन कण्टकों के आकारों को पहले ही कह दिया गया था।

वेदाक्षरं पदं कृत्वाकण्टकावर्तनोद्गतम्।
ब्रह्मस्थाने भवेद् बिन्दुर्वामावर्तेन वर्तितः ॥ 9 ॥
तद्वर्तिताग्रसंस्थाने बिन्दुः स्यादक्षरोद्भवः।
तदूर्ध्वे भ्रमगर्भं च वृत्तमर्धं चन्द्राकृति ॥ 10 ॥
ब्रह्मस्थानोर्ध्वगतं च दक्षिणोद्भवाकारकम्।
कलिकोद्भवाक्षं वाराह कर्णसम्भवम् ॥ 11 ॥

चार पद बनाकर कण्टकों के वर्तन का निर्माण होता है। ब्रह्मस्थान में बिन्दू होता है जहाँ से वामावर्तन से वर्तिन, घूमने वाला मोड़ होता है। उस मुड़ाव वर्तिता के आगे अक्षर से उद्भूत बिन्दु बनते जाते है। उसके ऊपर भ्रमण के गर्भ से आधा वृत्त चन्द्र की आकृति में बनता है। यह ब्रह्म स्थान से उत्पन्न होकर ऊपर की ओर जाता हुआ दक्षिण की ओर उत्पन्न होने वाला होता है। यह कलिका की आँख से उत्पन्न होकर वाराह के कान जैसा बड़ा हो जाता है।

तस्योर्ध्वेऽपरेद्गम्यं त तदान्यताग्रं कण्टकोपमम्।
अग्रस्याग्र पदवर्णेषु अपरानतः कर्णिकाकृतिः ॥ 12 ॥

इसके ऊपर से परे जाने पर उसके आगे का अन्य कण्टक बनता जाता है। इस तरह आगे के आगे पद वर्णों से अपर तक की कर्णिकाकृति बनती जाती है।

तस्या यावत्याग्रेन भवधी पदपादो........।
पृथुग्रीवा त्रिपादे.... पादोद कण्टका..... ? ॥ 13 ॥

उसकी जहाँ तक आगे जाने की अवधि हों और पद पाद बनते हों..... वहाँ पृथुग्रीवा मोटी गर्दन वाले, तीन पाद के, पादोदर कण्टक..... ? बनते जाते हैं।

...।
..... त्र स्थानात्समुद्भव्यां म्रे निम्नाग्र धान्यान्तकम् ? ॥ 14 ॥
चक्रग्रीवोद्गताँकारिकं कलिकोद्भवं वाराहकर्णिकोद्गतम्।

पत्र स्थानों से उद्भव होने वाले आगे (निम्नाग्र स्थानोत् कम्) आगे के नीचे के स्थान के अन्त तक चक्र की ग्रीवा के आकार की कलिकाओं का उद्भव शुरू हो जाता है जो बढ़ते-बढ़ते वाराह के कर्ण की आकृति जितना बड़ा आकार ले लेते है।

अग्राधारः पुनः पृष्ठे कलिका मुनिपुष्पवत् ॥ 15 ॥
कण्टकोदरमध्ये तु कलिका जीवसूत्रकम्।

तदास्पहम्.. ॥ 16 ॥

रोमास्थिमांसत्वचाश्च एवं क्षितिगुणोद्भवाः।

.... चक्ष्ये जीवसूत्रेण कथ्यते॥ 17॥

इस तरह आगे के आधार से पुनः पीछे लौटने पर कलिका मुनि-अगस्त्य के पुष्प के आकार की हो जाती है। यह कण्टक के उदर के मध्य में जो कलिका बनती है, वह एक तरह से उस कण्टक का जीवसूत्र होती है। उससे ही......... कण्टक के रोम, अस्थि, माँस, त्वचा एवं पृथ्वी के गुणों का उद्भव होता है।...... जीवसूत्र से कहा गया।

रेखास्थिवर्णमांसानि चतुश्छायाः प्रकीर्तिताः।

पादाद्यङ्गानि सर्वाणि नाडीरोसं च विदु वर्तया॥ 18॥

मज्जा च क्षितिराख्याता राजेन्द्रन्यदय बीजकम् ?।

.... अद्भ्यो रससमुद्भवः॥ 19॥

रेखा, अस्थि, वर्ण, माँस आदि को चतुश्छाया-चार छाया कहा गया है। पाँव से आरम्भ करके सभी नाड़ियों का उरोस (वर्तया) करके (विदु) जानो। मज्जा को क्षिति (पृथ्वी) कहा है और राजेन्द्र! अन्य को बीज कहा है.........जिससे अदभ्य रस सम्भव होता है।

.... तेजो द्रव्यस्य बीजकम्।

.... वायुश्च वर्तनाकृतिः॥ 20॥

आकाशं (भूमिऽऽपोनलोवायु)पञ्चतत्त्वोद्भवं तथा।

जीवसूत्रमिदं ज्ञेयं पत्राकारं प्रकथ्यते॥ 21॥

तेज द्रव्य का बीज है...... वायु वर्तनों, मोड़ की आकृति है। आकाश अपनी सूक्ष्मता में पञ्चतत्वों से बना है। इस तरह क्षिति-पृथ्वी जल-रस, तेज अग्रि, वायु और आकाश इन पाँच तत्वों से उद्भूत इस जीव सूत्र को जानकर इसे पत्राकार में कहा जाता है।

अन्यदप्याह—

घनघटाकुलाकीर्णमग्रे चलितकुञ्चिकम्।

भङ्गे (अङ्गे) भङ्गोद्भवं मनेकाकाररूपकम्॥ 22॥

बादलों की घटाओं से भरपूर आकारों को बनाते समय आगे-आगे चलती हुई कूचिका-लेखनी (ब्रश) से तरह-तरह के भङ्ग-मोड़ उत्पन्न होते जाते है जिनके अनेकाकार रूप होते जाते हैं।

शुकचञ्चुसमाकारं बदरीकण्टकाकृति।
पलाल धूमसङ्काशं द्राविडं पत्रमुच्यते॥ 23॥

जो मुड़े हुए होने पर तोते की चोंच जैसे अथवा बेर के मुड़े हुए कण्टक के आकार के बनते हैं तथा पलाल से उठने वाले धुएं के आकार में अस्त-व्यस्त आकृति में बनने वाले रूपों को द्रविड पत्र कहा गया है।

क्वचिद् भिन्नं क्वचिच्छन्नं क्वचिदन्योन्यवेष्टितम्।
मुनिपुष्पसमाकीर्णं वेशरं पत्रमुच्यते॥ 24॥

इनके आकारों में कोई अलग-अलग, कोई कटे-फटे, कोई एक दूसरे से गूँथे हुए मुनि यानी अगस्त्य-पुष्पों के समूह जैसे बनने वाले को वेसर पत्र कहते हैं।

उच्यते व्यन्तरं पत्रमूर्ध्वे भङ्गोद्भवाकृति।
उकारकण्टकाकीर्णं कालिङ्गं पत्रमुच्यते॥ 25॥

ऊपर की ओर से भङ्ग से बनने वाली आकृति को व्यन्तर पत्र कहा गया जाता है। इसी तरह उकार के आकार वाले कण्टक समूह को कालिङ्ग पत्र कहा जाता है।

सुदीर्घ त(वि)रलभङ्गै रग्रे व्यावृत्तकैस्तथा।
पुष्पगर्भोद्भवाकीर्णं यामुनं पत्रमुच्यते॥ 26॥

सुदीर्घ हो, विरलता से भङ्ग या मोड़ वाला हो, आगे की ओर से व्यावृत-घुमाव वाला हो, पुष्पों के गर्भ से उत्पन्न हुए समूहों में हों तो उसे यामुनपत्र कहा जाता है।

ललितं कोमलं भङ्गै र्विषमे गर्भसम्भवम्।
सुकुमारगर्भोद्भवं वाह्यवर्ता (व्यावर्तस्या) कुलोद्भवम्॥ 27॥
तरलं नागरं चैव वलितं व्यन्तरं तथा।
आकुञ्चितं वेसरं च ऊर्ध्वं कालिङ्गकं भवेत्॥ 28॥

ललित, कोमल भङ्ग या मोड़ों से युक्त असमान गर्भ-केन्द्र से उत्पन्न होने वाले, सुकुमार कोमल गर्भोद्भव, केन्द्र से बने, बाहर की ओर वर्तन करते हुए कुलोद्भव-समूहों से बने हुए, तरल को नागर और वलित या मुड़े हुए को व्यन्तर तथा आकुञ्चित सिकुड़े हुए को वेसर और ऊपर की ओर उठते हुए को कालिङ्ग पत्र कहते हैं।

पुनस्त्रिपञ्चसप्ताद्यं याव.........वधि।
अतिवक्रकुलाकीर्णं द्राविडं कण्टकोद्भवम्॥ 29॥

पुनः तीन, पाँच, सात से आरम्भ करके जब तक (अ)वधि हो, बहुत ही वक्र,

टेढ़ी-मेढ़ी आकृतियों की भरमार युक्त द्राविड़ कण्टकोद्भवा होते हैं।

उदितं यामुनं वक्रैः कण्टकानां तु निर्णयः।
देशजातिकुलस्थानं वर्णभेदास्तथापरः॥ 30॥
पत्राकारो वर्णभेदो जीवसूत्रादि चोदितम्॥

यामुन पत्र उदित यानी आरम्भ से ही वक्र या टेढ़े-मेढ़े बनते हैं। यही कण्टकों का निर्णय हैं। इसके अतिरिक्त इसमें देश, जाति, कुल, स्थान को वर्ण भेदादि अपर पत्राकारों में वर्णभेद से जीवसूत्रादि कहे गए हैं (जो आगे आएँगे)।

इति सूत्रसन्तानगुणकीर्तिप्रकाशप्रोक्तृश्रीभुवनदेवाचार्योक्तापराजितपृच्छायां पत्रजाति कण्टकभेद जीवसूत्रनिर्णयाधिकारो नामाष्टाविंशत्युत्तरद्विशततमं सूत्रम् ॥ 228॥

इस प्रकार भुवनदेवाचार्य कृत सूत्रसन्तानगुणकीर्ति प्रकाश या अपराजितपृच्छा में पत्र जाति कण्टक भेद जीव सूत्र निर्णय अधिकार नामक दो सौ अठाईसवाँ सूत्र पूर्ण हुआ॥ 228॥

देशजातिकुलस्थान वर्णभेदवर्णनमैकोनत्रिंशदुत्तर द्विशततमं सूत्रम्॥ 229॥

विश्वकर्मोवाच —

देशजातिकुलस्थानं वर्णभेदाश्च कथ्यते।

(इस सूत्र में नागरादि देशों में होने वाले कण्टकों या लोगों की जाति, कुलस्थानादि सहित वर्णों का संक्षिप्त वर्णन हुआ है, नृविज्ञान की दृष्टि से यह वर्णन रोचक है। वात्स्यायन ने नाना देशों के साथ ही वहाँ की स्त्रियों की स्थिति का वर्णन किया है) विश्वकर्मा कहते हैं कि अब देश, जाति, कुलस्थान, और वर्ण भेद को कहते हैं।

देशानुसारेण ज्यात्यादीनां —

पूर्वोद्भवं नागरं च कर्णाटे द्राविडं स्मृतम्॥ 1॥
व्यन्तरं पश्चिमभवं वेशरं चोत्तरे तथा।

पूर्व दिशा में उत्पन्न होने वाले नागर और कर्णाट प्रदेश में उत्पन्न होने वालों को द्राविड कहा जाता है। पश्चिम दिशा में उत्पन्न को व्यन्तर और उत्तर दिशा में उत्पन्न होने वालों को वेशर कहा जाता है।

कलिङ्गदेशे कालिङ्गं यामुनः सर्वतः स्थितम्॥ 2॥
देशजातिश्च कथिता कुलस्थानं कुलोद्गतम्।

कलिङ्ग देश वालों को कालिङ्ग और अन्य सब ओर स्थित और उत्पन्न हों उनको यामुन कहा है। ये देशानुसार जातियाँ कही गई। अब कुल स्थान और कुलोद्गत उत्पति कहते हैं।

नागरं विप्रजातिः स्याद् द्राविडं क्षत्रियस्तथा ॥ 3 ॥
व्यन्तरं वैश्यजातिश्च वेशरं च तथैव च।
कालिङ्गं चित्र! (मिश्र) वर्णाढ्यं यामुनं सर्वतः समम् ॥ 4 ॥
कुलस्थानोद्भवश्चेत्थं वर्णभेदश्चकथ्यते।

नागर विप्र जाति के होते हैं। द्राविड क्षत्रिय जाति के, व्यन्तर वैश्य जाति के और वैसे ही वेशर वैश्य जाति के कहे गए हैं। कालिङ्ग में वर्णों की भरमार है और यामुन सब जगह समान है। ये इनके कुलस्थानों के अनुसार इसकी उत्पत्ति कही है। अब इनके वर्णभेद को कहते हैं।

नागरं श्वेतवर्णं स्याद् द्राविडं रक्त वर्णकम् ॥ 5 ॥
व्यन्तरं पीतसंकाशं हरिद्वर्णं तु वेशरम्।
हरिद्वर्णं च कालिङ्गं यामुनं सर्ववर्णकम् ॥ 6 ॥

सामान्यतया नागर श्वेत वर्ण के होते हैं। द्राविड रक्तवर्ण के, व्यन्तर पीतवर्ण के और वेशर हरित वर्ण के होते हैं। कलिङ्ग भी हरित् वर्ण के होते हैं जबकि यामुन सभी वर्ण के होते हैं।

इति सूत्रसन्तानगुणकीर्तिप्रकाशप्रोक्तृश्रीभुवनदेवाचार्योक्तापराजितपृच्छायां देशजातिकुलस्थान वर्णभेदवर्णनाधिकारो नामैकोनत्रिशदुत्तरद्विशततमं सूत्रम् ॥ 229 ॥
इस प्रकार भुवनदेवाचार्य कृत सूत्रसन्तानगुणकीर्ति प्रकाश या अपराजितपृच्छा में देश जाति कुल स्थान वर्ण भेद वर्णन अधिकार नामक दो सौ उनतीसवाँ सूत्र पूर्ण हुआ ॥ 229 ॥

सरस्वत्यर्चन गुरुशिष्यसम्बन्धलक्षणं त्रिंशदुत्तरद्विशततमं सूत्रम् ॥ 230 ॥

अधुना सरस्वत्यर्चन गुरुशिष्यसम्बन्धलक्षणः। विश्वकर्मोवाच —

सरस्वत्यर्चनं वत्स शृणु वक्ष्यामि साम्प्रतम्।
आचार्ये क्रमयुक्तिं च दीक्षासारसमुच्चयम् ॥ 1 ॥

(इस सूत्र में सरस्वती-अर्चना की विधि और गुरु-शिष्य सम्बन्ध लक्षणों पर विचार किया गया है। इसमें आगमिक पद्धति पर पूरा प्रभाव है। सारसमुच्चय ग्रन्थ कौनसा है? ज्ञात नहीं किन्तु इस नाम के कई ग्रन्थ मिलते हैं, शिवपुराण और

लक्षणसारसमुच्चय में इसके कुछ लक्षण मिलते हैं) विश्वकर्मा बोले कि हे वत्स! अब में सरस्वती की अर्चना विधि को कहता हूँ जिसे सुनो। आचार्य जिस क्रमयुक्ति से शिष्य को दीक्षा देने का सार समुच्चय कहते हैं, उसे सुनो!

आदौ परीक्षयेच्छिष्यं शकुनं च निरीक्षयेत्।
लग्नशुद्धिं ग्रहयोगे ततो दीक्षा प्रदीयते॥ 2॥

इस क्रम में सर्वप्रथम शिष्य की परीक्षा करनी चाहिए और दीक्षा से पूर्व शकुन को देखना चाहिए। इसी प्रकार लग्नशुद्धि, ग्रहयोग भी देखने चाहिए, बाद में ही दीक्षा देनी चाहिए।

शिष्यलक्षणम् —

विनीतं सोद्यमं धीरं शान्तं शीलगुणान्वितम्।
विनयाचारसंयुक्तं गुरुपादार्चने रतम्॥ 3॥

शिष्य के लक्षणों में यह आवश्यक है कि वह विनीत, उद्यमी, धीर, शान्त, शील या मूल्यनिष्ठ गुणों, विनयाचार से संयुक्त और गुरु के चरणों की अर्चना में रत हों।

कुशलं सर्वशास्त्रेषु वास्तुवेदोद्भवादिषु।
देवाग्निगुरुपूजासु रतं धर्मेषु नित्यशः॥ 4॥

वह सभी शास्त्रों में कुशल हो, वास्तुवेद से होने वाली क्रियाओं का जानकार हो, देवता, अग्नि, गुरु पूजा में रत रहने वाला नित्य धर्ममार्गानुयायी हों।

इत्यादिगुणसम्युक्तं दीक्षयेच्छिष्यकोत्तमम्।
गुणाधिकश्च कथितो वर्ज्यदोषान्वदाम्यहम्॥ 5॥

इस प्रकार के गुणों से युक्त जो व्यक्ति हो, उसे ही सद्शिष्य मानकर दीक्षा देनी चाहिए। ये सब आवश्यक गुणों की अधिकता को बताया गया किन्तु अब मैं शिष्य में वर्जनीय दोषों को भी कहता हूँ।

वर्ज्यदोषादीनां —

कुब्जं च बधिरं चैव चक्षुर्हीनं खल्वाटकम्।
कुरूपं व्याधियुक्तं च कुदेहं कृष्णरूपकम्॥ 6॥
कुसङ्गं पापनिरतं व्यङ्गदौषैश्यच दूषितम्।
वर्जयेदीदृशं शिष्यं दीक्षितो गुरुविघ्नकृत्॥ 7॥

ऐसा व्यक्ति जो कूबड़ा, बधिर, अन्धा, गँजा, कुरूप, रुग्ण, कुदेह, काला,

कुसङ्गी, पापाचारी, टेढ़े-मेढ़े अङ्ग वाला हों तो उसे शिष्य के योग्य नहीं समझना चाहिए। यदि ऐसे को दीक्षा दी गई तो वह गुरु के लिए विघ्नकारी होगा।

पूजाविधिं —

मठेऽथवा गृहे चोक्ता देवार्चा वेदिकोत्तमा।
तत्रस्थां पूजयेद्देवीं वाग्वाणीं (वाग्देवीं) चैव भैरवीम्॥ 8॥

दीक्षा के लिए मठ-छात्रावास हों या गृह, वहाँ सर्वप्रथम प्रतिमा के लिए उत्तम वेदिका बनाएँ और उस पर वाग्देवी सरस्वती को स्थापितकर पूजा करें अथवा उस वेदी पर भैरवी की स्थापना कर पूजन करें।

भद्रकं मण्डलं कृत्वा सूर्यकोणैरलङ्कृतम्।
तन्मध्यसूत्रतः कुर्याद् द्वाराणि च चतुर्दिशम्॥ 9॥
द्वारपालाः प्रपूज्याश्च क्षेत्रपालास्ततो नृभिः।
पूज्यास्तथाऽष्टदिक्पाला क्रमतश्च प्रदक्षिणम्॥ 10॥

इसके लिए भद्रक मण्डल बनाएँ जो बारह कोणों से अलंकृत होगा। उसके बीच में सूत्र से चारों ही ओर द्वारों को बनाएँ। इन द्वारों पर क्रमशः द्वारपालों का पूजन करे, बाद में क्षेत्रपालों का भी पूजन करें और नृभिः (अज्ञात[1] आत्माओं, आदित्यगण)की पूजन करे। बाद में आठों ही दिक्पालों का प्रदक्षिणतः पूजन करना चाहिए।

महापद्मं चाऽष्टदलं तन्मध्ये कर्णिकां तथा।
पत्रान्तरे च भैरव्याः कुलदेव्याश्च कर्णिकाः॥ 11॥
तत्केशरमध्यपङ्क्तौ चतुर्वर्णाः सितादिकाः।
श्वेत-रक्त-पीत-कृष्णाः पुनरप्येव वर्णकाः॥ 12॥

इसी बीच, अष्टदल वाले एक महापद्म की रचना करें। उसके मध्य में कर्णिका की रचना करें और पत्रों के अन्तर पर भैरवी और कर्णिका पर कुलदेवियों को स्थापित करें। उस पद्मदल के मध्य केसर पङ्क्ियों श्वेतादि चारों ही वर्णों को बनाएँ। पुनः क्रमशः श्वेत, रक्त, पीला और कृष्ण रङ्गों का प्रयोग कर अन्य पङ्क्ति की रचना करें।

षट्कोणकभिदं व्योम षड्दूतिकार्चने मतम्।
तत्र मध्ये भवेच्छक्तिः पृथिवी सृष्टिरूपिका॥ 13॥

इसके अनन्तर षट्कोण रूप में व्योम बनाकर षड्दूतिका (रति, वाणी, रमा,

---

1. ऋग्वेद में विभूतियों को सद्भावनापूर्वक लोकमङ्गल में प्रयुक्त करने को महत्त्व दिया गया है, वहाँ दान परम्परा के सन्दर्भ में 'नृचक्षस' का प्रयोग आया है— शतधारं वायुमर्कं स्वर्विदं नृचक्षस्ते अभिचक्षते हविः। (ऋक् 10, 107, 4)

ज्येष्ठा, दुर्गा व काली) की अर्चना करें। उस षट्कोण के मध्य में जो शक्ति होती है, वह पृथिवी सृष्टिरूपिका ही होती है।

कामाख्या निलयीभूता बद्धपद्मासना स्थिता।
अक्षमाला तथा वीणा पुस्तकं च कमण्डलुः ॥ 14 ॥
नीलकण्ठी श्वेतभुजा श्वेताङ्गी चन्द्रशेखरा।
महाविद्या महावाणी भारती च सरस्वती ॥ 15 ॥
सम्पूज्या मन्त्रतः कृत्वा तोरणानां चतुष्टयम्।
वस्त्रान्ते(वेश्मान्ते)पीठिकायुक्तं वितानादि विभूषितम् ॥ 16 ॥

उसमें कामाख्यादेवी पद्मासन में बद्ध होकर विराजित होती है। उसके हाथ में अक्षमाला, वीणा, पुस्तक और कमण्डलु होंगे। वह नीलकण्ठी है तथा भुजाएँ श्वेत और श्वेत ही अङ्ग होगा जबकि सिर पर चन्द्रमा का मुकुट होगा। ऐसी महाविद्या, महावाणी, भारती और सरस्वती का रूप होता है।[1] इसके बाद, भली प्रकार से पूजा करके चार तोरणों को बनाएँ जो कि पूजाघर के अन्त में बने हुए हों और वितानादि रचनाओं से विभूषित और पीठिका युक्त हों।

पूजानन्तरकर्तव्यमाह —

मुष्टिमात्रैकैकग्रासपरेणाग्रदिनेषु च।

---

1. देवीपुराण (महाभागवत) में कामाख्यातीर्थ व देवी की बड़ी महिमा आई है। सर्वविद्यात्मिका काली ही कामाख्या रूपिणी है। उस शक्तिपीठ में उनकी तथा अपने इष्टदेवता की पूजा करके भक्तिपूर्वक जो इष्टमन्त्र का जप करता है, उसका मन्त्र सिद्ध हो जाता है। जो रक्तवस्त्र धारण करने वाली, तीन भयंकर नेत्रों से सुशोभित, चार भुजाओं को विकराल दन्तावली तथा प्रलयकालीन मेघों की आभा से सुशोभित हैं, जो मणिसिंहासन पर विराजमान है और सिंह, प्रेत तथा कमल पर आसीन हैं- ऐसी परमेश्वरी महाकालिका भगवती कामाख्या का ध्यान करने वाले भक्तों के लिए भगवती का वाहन सिंह विष्णुस्वरूप, शव शिवस्वरूप तथा कमल ब्रह्मस्वरूप हो जाता है। लपलपाती जिह्वावाली, अत्यन्त घोरस्वरूपिणी, स्वर्णकिरीट से प्रकाशित, बहुमूल्य मणि-माणिक्य से जटित उत्तम आभूषणों से अलंकृत तथा सृष्टि- पालन-संहार करने वाली जगद्धात्री कामाख्या की सदा उपासना करनी चाहिए- ध्यायतां परमेशानीं कामाख्यां कालिकां पराम्। रक्तवस्त्रपरीधानां घोरनेत्रत्रयोज्ज्वलाम्॥ चतुर्भुजां भीमदंष्ट्रां युगान्तजलदद्युतिम्। मणिसिंहासने न्यस्तां सिंहप्रेताम्बुजस्थिताम्॥ हरिः सिंहः शवः शम्भुर्ब्रह्मा कमलरूपधृक्। जलज्जिह्वां महाघोरां किरीटकनकोज्ज्वलाम्॥ अनर्घ्यमणिमाणिक्यघटितैर्भूषणोत्तमैः। अलंकृतां जगद्धात्रीं सृष्टिस्थित्यन्तकारिणीम्॥ (महाभागवत 77, 5-8)
कालिकापुराण में कामाख्या ध्यान इस प्रकार आया है— रविशशियुतकर्णा कुङ्कुमापीतवर्णा मणिकनकविचित्रा लोलजिह्वा त्रिनेत्रा। अभयवरदहस्ता साक्षसूत्रप्रहस्ता प्रणतसुरनरेशा सिद्धकामेश्वरी सा॥ अरुण कमलसंस्था रक्तपद्मासनस्था नवतरुणशरीरा मुक्तकेशी सुहारा। शवहृदिपृथुतुङ्गा स्वाङ्घ्रियुग्मा मनोज्ञा शिशुरविसमवस्त्रा सर्व कामेश्वरी सा॥ (कालिकापुराण अध्या. 62)

कार्यमेकाग्रमनसा प्रायश्चितं च धीमता।
श्वेतवस्त्रान्तरे स्नाप्यं शुद्धे लग्ने दिने पुनः ॥ 17 ॥
श्वेतवस्त्रैर्युतं शिष्यमानयेत्तोरणान्तिकम्।

पूजा के दूसरे दिन, मुट्ठीभर, एक-एक ग्रास लेते हुए एकाग्र मन से प्रायश्चित करें। बुद्धिमान को चाहिए कि वह इस अवसर पर श्वेत वस्त्र धारण किए हों। स्नान करके शुद्ध लग्न को ग्रहण करें और पुनः श्वेत वस्त्रों को धारण कर शिष्य को उक्त तोरणों के नीचे आने के लिए निर्देशित करें।

सुलग्नवेलामुहूर्ते अन्तर्वेद्यां तु स्थापयेत् ॥ 18 ॥
निरीक्षयेतु वाग्देवीं प्रसीद परमेश्वरि।
अर्चयित्वा ततो देवीं पुष्पाञ्जलिमथार्पयेत् ॥ 19 ॥

इस प्रकार सुलग्न वेला का मुहूर्त देखकर अन्तर्वेदी की स्थापना करें और वाग्देवी का दर्शन करके प्रार्थना करें कि 'हे वाग्देवी! मुझ पर कृपाकर प्रसन्न हो, हे परमेश्वरी!' इस प्रकार वाग्देवी का अर्चन, पूजन करके देवी को पुष्पाञ्जलि निवेदित करें। मन्त्र और न्यासादि इन मन्त्रों से होगा —

अत्रमन्त्रः —

ॐ ह्रीं कौशिनी यादान्नमः। ॐ ह्रीं उपकेशिनी पादान्नमः।
आँ ह्रीं सर्वकेशी पादान्नमः। आँ ह्रां ह्रीं सरस्वती पादान्नमः ॥ 20 ॥

मूलमन्त्रः।

आँ ह्रीं हृदयाय नमः। ॐ ह्रीं शिरसे स्वाहा।
आँ ह्रीं शिखाय वषट्। ॐ ह्रीं कवचाय हुम्।
ॐ ह्रौं नेत्रत्रयाय वौषट्। ॐ ह्रः अस्त्राय फट् ॥ 21 ॥

इत्यङ्गन्यासः।

आँ गं गणपतेय नमः ॥ आँ बं बटुकनाथाय नमः ॥
आँ दिं दिक्पालेभ्यो नमः ॥ आँ द्रं द्वारपालय नमः ॥ 22 ॥
आँ क्षें क्षेत्रपालाय नमः ॥ आँ कं कलविद्यायै नमः ॥
आँ ह्रीं शक्तिबीजाय नमः ॥ आँ राँरीं रूपायै नमः ॥ 23 ॥

शक्तिबीजत्रयम्।

आँ ह्रीं ह्रा ह्रीं ह्रं हंसबीजाय नमः ॥ आँ ह्रां ह्रीं नमः ॥

इति जाप्य।

आँ ह्रीं वद वद वाग्वादिनि नमः।

सारस्वतजपः 100008 ॥ 24 ॥

होमं कुर्याद्दशांशेन पुष्पैर्वै ब्रह्मवृक्षजैः।

होमः 100008 इति अन्यः स्यात् सारस्वतः ॥ 25 ॥

इस प्रकार से जो 100008 जप होगा, उसके दशांश का होम ब्रह्मवृक्ष यानी पलाश के पुष्पों से करें। इसी तरह अन्य सारस्वत होम भी 100008 आहुतियों का ही होता है।

लिखितं पाठयेच्चैव चित्राद्यं रूपसाधकम्।

दद्याच्छिष्यस्य हितवान् गुरुर्हस्तं च मस्तके ॥ 26 ॥

अवाप्नुहि स्वकर्मादि सामर्थ्य त्वं च पुत्रक।

गुरुर्माता पिता चैव देवदेवो गुरुस्तथा ॥ 27 ॥

पाठ चाहे लिखित हों अथवा मूर्ति-चित्रादि रूप की साधना करें और गुरु को अपने शिष्य के सिर पर अपने हितवान हाथ से आशीर्वाद देना चाहिए। गुरु उस शिष्य से कहे कि 'हे पुत्र तुमने अपने ही स्वकर्म से और सामर्थ्य से यह दीक्षा पाई है। अतः आज से गुरु ही तुम्हारे माता-पिता है, गुरु ही तुम्हारे देवदेव है।'

ज्ञानकारणकं चैव इहलोके परत्र च।

गुरु हर्षे हर्षितं तु गुरूणामिच्छया भवेत् ॥ 28 ॥

'गुरु ही तुम्हारे इस लोक और परलोक के ज्ञान के कारण स्वरूप हैं अतः आज से तुम गुरु के हर्षित होने पर हर्षित होना और गुरु के इच्छावर्ती बन जाना।'

गुरुः सन्तोषितः सर्वं गुरुभक्त्या प्रयच्छति।

गुरोः शिष्यस्य सम्बन्धः कर्मसाधनसाधकः ॥ 29 ॥

'इस प्रकार से गुरु को सन्तोषित कर देने के लिए तुम सब कुछ भक्तिपूर्वक उन्हें अर्पित कर देना। गुरु और शिष्य का यह सम्बन्ध सभी कर्मों के साधनों का साधन है।'

गुरोः शिष्यस्य सम्बन्धाद् ज्ञानं वै चित्रभूमिकम्।

शेषा रजरसचित्रं ? सम्बन्धाश्च परस्परम् ॥ 30 ॥

यह ज्ञातव्य है कि गुरु-शिष्य के इस सम्बन्ध से चित्रभूमिका यानी मूर्त्यादि की भूमिका का ज्ञान होता है। शेष सभी रजचित्र, रसचित्र भी इसी परस्पर के गुरु-शिष्य सम्बन्ध से ही होते हैं।

× × × × × × × × ×।

सविन्यास्य सम्बन्धं सर्व सर्वतोद्भवम् ?॥ 39॥

कुलालस्य सम्बन्धं स्थानसाधन (साध्यस्तथा)।

धर्मा-र्थ-काम-मोक्षाणां साधनं (तथैव च)॥॥ 40॥

सविन्यास सम्बन्ध को ही सर्व वर्णों की उत्पत्ति का कारण समझे। कुलाल यानी कुम्हार का सम्बन्ध स्थान के साधन से सध जाता है, वैसे ही (गुरु-शिष्य का) यह सम्बन्ध धर्म, अर्थ, काम और मोक्ष का साधनभूत होता है।

इति सूत्रसन्तानगुणकीर्तिप्रकाशप्रोक्तृश्रीभुवनदेवाचार्योक्तापराजितपृच्छायां सरस्वत्यर्चन गुरुशिष्यसम्बन्धलक्षणाधिकारो नाम त्रिंशदुत्तरद्विशततमं सूत्रम्॥ 230॥

इस प्रकार भुवनदेवाचार्य कृत सूत्रसन्तानगुणकीर्ति प्रकाश या अपराजितपृच्छा में सरस्वती अर्चना, गुरु-शिष्य सम्बन्ध लक्षण अधिकार नामक दो सौ तीसवाँ सूत्र पूर्ण हुआ॥ 230॥

पट्टपत्रवर्तनानिर्णयो नामैत्रिंशदुत्तर द्विशततमं सूत्रम्॥ 231॥

विश्वकर्मोवाच —

अतः परं प्रवक्ष्यामि चित्रादि पट्टसाधनम्।

शाकवृक्षोद्भवाकार्या चित्राभ्यासार्थपट्टिका॥ 1॥

(इस सूत्र में पुनः ग्रन्थकार ने चित्रकला को आधार बनाया है। इसमें चित्रों के अभ्यास के लिए आवश्यक पट्टी और खड़िया या अङ्कनी बनाने की विधि लिखी है। इस प्रकार का वर्णन समराङ्गणसूत्रधार में भी आया है किन्तु ग्रन्थकार ने यहाँ क्षेत्रीय तत्कालीन विधि का वर्णन किया है) विश्वकर्मा बोले कि अब इसके बाद, मैं चित्रादि पट्टों, फलकों का साधन कहता हूँ। चित्रकला के अभ्यास के लिए सागवान के वृक्ष की पट्टिका यानी पाटी बनाएँ।

अन्यदप्याह—

अत्यग्निमालिता या च इष्टिता आयसाकृतिः।

रन्ध्रकीर्णकुलाया च गृहीतव्या लूणीकृता॥ 2॥

अतिसूक्ष्मा च कर्तव्या दीपशिखाकज्ज्लोपमा।

इसके अतिरिक्त, ऐसी ईंट-पट्टी जो तेज आग में पकाई गई हों और लोह जैसी दिखाई देती हो, उसे लेकर उसके सभी छिद्रों को भरते हुए ऐसी घिसे कि लूणी जैसी चिकनी हो जाए। इसके बाद उसे मुलायम करते हुए दीपशिखा से बनने वाले काजल की तरह काली करें।

गौधूमैः खलचूर्णं तु तक्रमध्ये तु प्रक्षिपेत्॥ 3॥
तदनन्तरोद्भवं च सूक्ष्मवस्त्रेषु गालयेत्।
भाण्डे तु तादृशं क्षिप्तं मृद्वग्निना शनैः शनैः॥ 4॥

इसके बाद गेहूँ के खरलकृत चूर्ण, आटे को छाछ में मिलाएँ और तदनन्तर बारीक कपड़े से कपटछन करें। उस छने हुए भाग को एक बर्तन में डालकर मद्धम आग पर धीरे-धीरे पकाएँ।

तथा दृढरसाकारं वज्रलेपसमं भवेत्।
तेनाथ मर्द्दयेत्पट्टभिष्टिका सूक्ष्मचूर्णतः॥ 5॥

इस प्रकार आटे और छाछ का वह मिश्रण दृढ़ रसाकार होकर वज्रलेप के समान बन जाएगा। उस लेप (लेई) को उक्त इक्टिका- पट्टिका पर बारीक चूर्ण के साथ लेपित करें (उससे सभी छिद्र भर जाएँगे)।

पक्षद्वये सुप्रलेपो ह्यन्तर्येन प्ररोहते।
पट्टबन्धनमेवं तु कर्तव्यं चित्रहेतवे॥ 6॥[1]

इस प्रकार पट्टिका के आगे-पीछे दोनों ही भागों पर, एक के बाद दूसरी ओर भी इस लेप को चढ़ाएँ। इस प्रकार से चित्र के हेतु दो पक्षों में पट्टबन्धन तैयार किया जा सकता है।

पत्रवर्तनाह —

यत्र पाण्डुरागारौ च गृहीत्वा सितोपलम्।
तस्य प्रयुक्तं वर्तनं यथावर्णास्तथाग्रहे॥ 7॥

जहाँ पर खड़ी-पाण्डु की खदान हों, वहाँ से श्वेत टुकड़ा ग्रहण करें। इसी (स्लेट-पेन्सिल) को उक्त पट्टिका पर लिखने के लिए प्रयोग करें। यह श्वेत वर्ण का भी हों सकता है और यथावश्यकता उसे अन्य वर्ण का भी किया जा सकता है।[2]

---

1. इत्यमनन्तरे 'पत्रवर्तना निर्णयो लुप्तः स्यात्' टिप्पण्यां मात्र प्रकाशित पाठेति।
2. मेवाड़ और आसपास के क्षेत्र में आज भी ऐसी पट्टिकाओं का प्रचलन है। इन पर लिखने के लिए खड़िया मिट्टी की कलमें काम में ली जाती है जिनको लोक भाषा में 'वर्तना' ही कहा जाता है। निम्बाहेड़ा, हरकियाखाल, जावदरोड, मल्हारगढ़ के आसपास इन स्लेट-पेंसिलों की कई खदानें हैं। वर्तना (चॉक, खड़िया-कलम) के लिए मालवा में लिखिंत समराङ्गण. में विधि आई है। वहाँ इसे वर्तिका कहा गया है। इसके अनुसार किसी ऐसे अच्छे क्षेत्र को देखें कि जहाँ पेड़-पौधे हों और पोखर, नदी का किनारा, पर्वतों की खोह या खदान हो या फिर वन अरण्य हो, वहाँ से अथवा गुहाओं से मिट्टी के ढेलों को ग्रहण करे। ध्यान रहे यह मिट्टी का ढेला वर्तन योग्य हो। ऐसी मिट्टी बहुत बारीक होनी चाहिए, यह अच्छी होती है। उसको कूट पीसकर पिष्ट जैसी बनाए। इसमें चावल का माँड मिलाए।

इति सूत्रसन्तानगुणकीर्तिप्रकाशप्रोक्तृश्रीभुवनदेवाचार्योक्तापराजितपृच्छायां पट्टपत्रवर्तनानिर्णयोधिकारो नामैकत्रिंशदुत्तरद्विशततमं सूत्रम्॥ 231॥
इस प्रकार भुवनदेवाचार्य कृत सूत्रसन्तानगुणकीर्ति प्रकाश या अपराजितपृच्छा में पट्टपत्र वर्तन निर्णय अधिकार नामक दो सौ इकतीसवाँ सूत्र पूर्ण हुआ॥ 231॥

लेपकर्म द्वात्रिंशदुत्तरद्विशततमं सूत्रम्॥ 232॥

अधुना लेपकर्मविधिं। विश्वकर्मोवाच—

लेपकर्म प्रवक्ष्यामि यदुक्तं पूर्वमेव हि।
श्वेता रक्तां तथा पीता मृतिकां च समाहरेत्॥ 1॥

(इस सूत्र में लेपकर्म के विषय में कहा गया है और यह सङ्केत है कि यह पूर्व के किसी ग्रन्थ आदि से लिया गया है। वैसे विष्णुधर्मोत्तर, बृहत्संहिता, मयमतम् आदि विष्णुसंहिता[1], तन्त्रसमुच्चय आदि ग्रन्थों में वज्रलेपादि संज्ञक अध्यायों में लेपकर्म के समान ही द्रव्यादि के नाम मिलते हैं) विश्वकर्मा ने कहा कि जैसा मैंने पहले कहा था, वैसे लेपकर्म को कहता हूँ। इसलिए सफेद, लाल और पीली मिट्टी का संग्रह करें।

कापिलं तु घृतं क्षीरमतसीमाथ मेव च।
यवगोधूमचूर्णं तु वर्णं च वसुकघृतम्॥ 2॥

कपिला गाय का घृत और दूध, अलसी का तेल, जौ और गेहूँ का आटा एवं

जब गर्मी हो तो सप्तांश, सर्दी हो तो पञ्चांश अथवा छह अंश और वर्षा ऋतु हो तो चतुर्थांश घोल ही उसमें मिलाएँ। इस युक्ति के बाद उस कल्क को बाँधे। यदि पढ़ने वाले बच्चे के लिए चाहिए तो दो अङ्गुल प्रमाण का और पट्ट या पट्ट के लिए उपयोग करना हो तो वर्तना को चार अङ्गुल का बनाए। कुछ रेखाओं के लिए इसे तीन अङ्गुल प्रमाण का भी बनाया जा सकता है— इदानि वर्तिकालक्ष्म भूमिबन्धश्च कथ्यते। गुल्मान्तरे शुभे क्षेत्रे पद्मिन्यां सरितस्तटे॥ पार्वतानां च कक्षेषु वापि काननान्तरे। भौमा लवणपिण्डाः स्युर्मूलेषु च महीगु(रु?)हाम्॥ क्षेत्रेष्वेतेषु या जाताः स्थिराः श्लक्ष्णाश्च पाण्डुराः। ग्राह्या (मृद्वावसासेष्वा?) विज्ञेया कटुशर्करा॥ क्षेत्राणामानुपूर्व्येण मृत्तिका कथिता शुभा। पेषयेत् कुट्टयित्वा तां ततः कल्कं समाचरेत्। शालिभक्तस्य दातव्यस्तत्र भागो यथोदितः। ग्रीष्मर्तौ सप्तमं भागं शीतकाले च पञ्चमम्॥ षष्ठं शरदि वर्षासु चतुर्थं भागमानयेत्। वर्तिकाबन्धनार्था (यादार्थ) मायान्ति तेन ता॥ अग्राया शालिवक्त्राभा यवं यव्यां सुखगृहम्। कुर्कुटाराग्रसदृशी? कर्मभागविकल्पतः॥ शिक्षाकालेऽङ्गुलद्वन्द्वं प्रमाणेन विधीयते। कुथरेखासु शस्यन्ते वर्ति(काः) त्र्युङ्गुलोन्मिताः॥ (पटा?) चित्ररेखासु कुर्वीत मानेन चतुरङ्गुलाः। (समराङ्गण. 72, 1-9)

1. विष्णुसंहितायां— लाक्षा सर्जरसः शङ्खः सिकता कुरुविन्दकः। पुरं हिङ्गुलकं बोळा फलःक्राथेन बन्धनम्॥ विमलाद्यष्टकं पेष्यं द्रवद्रव्यमनुग्रहाः। नवशक्तिमयो बन्धो लक्ष्मीमाधवयोर्भवेत्॥ एवं कृत्वाष्टबन्धं तु घृताद्यैः पञ्चशक्तिभिः॥ (विष्णुसंहिता 18, 75-77)

कुछ वसुक (नमक) एवं रङ्गों व घृत को मिलाएँ।

क्षीरवृक्षत्वचा...(मिश्रं) बकुलं गुडसंयुतम्।
सेन्द्रवृक्षं प्रेषणीयं मास वा पक्षतोऽधिकम्॥ 3॥

खीरनी (क्षीरवृक्ष) की छाल, बकुल (मौलसिरी) एवं गुड़ के साथ मिलाकर उसमें इन्द्रवृक्ष (कुटज, अर्जुन या धव) मिलाकर उस मिश्रण को एक पखवाड़े या एक मास तक रखें।

पाषाणगर्भचूर्णं तु सूक्ष्मं कृत्वा समस्तकम्।
पट्टत उद्धरेल्लेपं (कल्कं) मर्दयेत्तैलवारिभिः॥ 4॥

इसके उपरान्त पाषाणगर्भ (सूक्ष्मचूर्ण, झींकी) करके उसे निकालस कपड़े से छान करके उसमें मिलाएँ और पट्ट पर उसका लेप कर तथा उसके तेलयुक्त जल से मर्दन करें यानी मलें।

प्रक्षिप्तातसीतैलेन सुपिष्टं कज्जलोपमम्।
पिण्डान्कृत्वा मुष्टिमात्रानातपैः शुष्कतापितान्॥ 5॥

इस सुपिष्ठ को अलसी तेल में मिलाकर उसे काजल के समान चिकना करे और फिर उसके एक-एक मुट्ठी तक के पिण्ड (लड्डू, गोले) बनाएँ तथा धूप में सुखाएँ।

आस्फोटिते वज्रसमाः आतपः सिद्धिकामदः।
अतस्तु स्फुटिते पिण्डे बन्धद्रव्यादिकं क्षिपेत्॥ 6॥

जब गर्म होकर ये वज्र के समान फूटे या आस्फोटित हों तो उन्हें सिद्ध हुआ समझना चाहिए कि वे काम में लेने के योग्य हों गए हैं। फिर, इन फूटे हुए पिण्डों में बन्धन के लिए अन्य द्रव्य आदि मिलाए।[1]

---

1. यह सम्भवतः ईंट निर्माण की विधि हो। मय का कथन है कि ताम्रफुल्ला मिट्टी ही ईंटों के लिए उपयोगी है। जिस मिट्टी से ईंटें बनानी हो, वह कङ्कड़, पत्थर, जड़ और अस्थि जन्य दोषों से रहित होनी चाहिए। उसमें सफेद रेती मिलाएँ। वह एक रङ्ग की होनी चाहिए तथा स्पर्श पर प्रसन्नतादायक हों। बाद में उसे घुटनों तक गड्ढाकर उसमें पानी भरकर डाल दें। जब पानी मिट्टी एक हो जाएँ तो उस मिश्रण को बिना रूके चालीस बार पैरों से दबाएँ। इस क्रिया के बाद उसे क्षीर, कदम्ब, आम, अभय, अक्ष और त्रिफला के रस में डूबोएँ। इसके बाद उसे तीन बार गूँथे और ईंटों के लिए तैयार करें- ऊषरं पाण्डुरं कृष्णचिक्कणं ताम्रपुल्लकम्॥ मृदश्चतस्रस्तास्वेव गृह्णीयात् ताम्रपुल्लकम्। अशर्कराश्ममूलास्थिलोष्टं सतनुवालुकम्॥ एकवर्णं सुखरपर्शमिष्टं लोष्टेष्टकादिषु। मृत्खण्डं पूरयेदग्रे जानुदघ्ने जले ततः॥ आलेड्य मर्दयत् पद्भ्यां चत्वारिंशत् पुनः पुनः क्षीरद्रुम कदम्बाम्राभयाक्षत्वग्जलैरपि॥ त्रिफलाम्बुभिरासिक्त्वा मर्दयेन्मासमात्रकम्। (मयमतम् 15, 114-118)

सुधाबन्धनमाह —

शु(सु)द्धा(धा) याश्च प्रवक्ष्यामि बन्धनं दलनं तथा।
शैलजा बन्धका वापि श्वेताः पाषाणकोत्तमाः ॥ 7 ॥
खण्डश्चैव कर्तव्या प्रमाणे धात्रिकोपमाः।
सुसञ्चिताः क्रमैर्युक्ता [1]आनेया उपलान्तरे॥ 8 ॥

अब इसके संयोजन के लिए मैं सुधा यानी चूना-कलई को बन्धन[2] और दलन-पिसाई के लिए उपयुक्त कहूँगा। शैलजा यानी पाषाण चूर्ण झींकी- श्वेत पाषाण की झींकी इसके लिए सर्वोत्तम होती है। इसको ठीक तरह सञ्चित करके क्रमयुक्ति से आरण्याछाणों (उपलान्तरों) में इनको पकाएं।

अन्यदप्याह —

लाक्षागुलमधूच्छिष्टगुग्गुलूनां समांशकाः।

वास्तुविद्या नामक ग्रन्थ में गृह पर आच्छादन के साधन 'मृल्लोष्ट' के लक्षण, उसके निर्मितिय प्रकार और आच्छादन क्रम को कहा गया है। प्रथमतः चार प्रकार की मृदा के लक्षण कहे हैं कि उक्त मिट्टी 1. चिक्कणा (प्रकृति प्रदत्त स्नेहनगुण या चिकनाई वाली) 2. पाण्डुर (श्वेत-पीले रङ्ग वाली) 3. सलवणा (क्षारवाली) और 4. ताम्रफुल्ला (ताँबे के समान रङ्ग वाली)। इसको गृहकार्योपयोगी मृदा कहा गया है। इसे ग्रहण करना चाहिए। उक्त ताम्रफुल्ला मिट्टी को लेकर उसका शोधन करना चाहिए। ऐसी मिट्टी जिसमें तुष, कोयला, अस्थि, पत्थर-कङ्कड़, लकड़ी आदि हो, वह वर्जित कही गई है। बारीक रेत सहित ताम्रफुल्ला मिट्टी को अन्दर-बाहर से साफ कर जानुमात्र गहराई वाले जल के गड्ढे में डाल दें। वह गीली हो जाए तब पाँवों से बारम्बार (चालीस बार) गूँथना-दबाना चाहिए। इसी दौरान उसे क्षीर या दूध वाले वृक्ष— पीपल, वट आदि की छाल का क्वाथ (में भिगोएँ) और फिर त्रिफला (हरड़-बहेड़ा-आँवला) के रस को डालें ताकि उसका ऊष्मा जन्य दोष दूर हो सके। (विषकीटों का प्रभाव नहीं हो इसके लिए शिरीषवृक्ष का क्वाथ डाले)। इस प्रकार से कुशल लोगों को मिट्टी को तैयार करना चाहिए। इससे तैयार मिट्टी का पिण्ड-लौंदा गृहावश्यक लक्षणों से युक्त ही होगा— अथ वक्ष्यामि सङ्क्षेपान्मृल्लोष्टानां च लक्षणम्। चिक्कणा पाण्डराख्या च सलोणा च विगर्हिता॥ चतुर्थी ताम्रफुल्ला तु कर्मयोग्या मृदिष्यते। तुषाङ्गारास्थिपाषाणकाष्ठशर्करलोष्टकैः॥ वर्जिताः सूक्ष्मसिकतास्ताम्रफुल्लाभिधाश्च याः। ताः प्रक्षिप्यावटे मृत्स्ना जानुमात्रं जलं क्षिपेत्॥ आलोड्य पद्भिः सङ्क्षोभ्य मर्दयेत् ताः पुनः पुनः। ततः क्षीरागशैरीषत्वक्क्वाथत्रिफलाम्बुभिः॥ मर्दयेन्मासमात्रं तु तत्कर्मकुशलैर्नरैः। लोष्टानि कल्पयेत् सम्यक् तेषां लक्षणमुच्यते॥ (वास्तुविद्या 16, 1-5)

1. ये सारे द्रव्य बन्धन झींकी, आराइश, निकालस नाम से शिल्पी वर्ग में काम आते हैं। तन्त्रसमुच्चय में प्रकारान्तर से अष्टबन्ध के लिए द्रव्यों का प्रमाण बताया गया है। इसमें छह भाग शङ्ख, सर्ज चार भाग, अभया दो भाग, कार्पास एक भाग, उपल पाषाण एक भाग, नदी की रेत एक भाग, जतु या लाख आधा भाग और आँवलकी आधा भाग लिया जाना चाहिए— शङ्खः षड्गुणितः पयोधिगुणितः सर्जो द्विवृद्धाभया कार्पासोपलवालुकाः सजतुकाः प्रत्येकमेकांशकाः। लाक्षार्धामलकीसमेतमखिलं सञ्चूर्ण्य संयोजितं तैलक्लिष्टसुपिष्टमात्मनवशक्त्यात्माष्टबन्धं विदुः॥ (तन्त्र. 11, 105)
2. 'आर्णात्पलान्तरैः ?॥' इति प्रकाशित पाठः।

एतेषां द्विगुणं भागं ग्राह्यं सर्जरसं तदा॥ 9॥
गैरिकाचूर्णकं तस्मादर्धं तु घनचूर्णकम्।
सर्वेषामर्धतस्तैलं निक्षिपेल्लोहभाजने॥ 10॥[1]

(अब विशेष लेप के लिए कहा जा रहा है) लाख, गुल, मधूच्छिष्ट (मोम) एवं गुग्गुल को समान भाग में लें तथा इन सबमें दो गुना सर्जरस का सम्मिश्रण करें। उसमें गैरिक इन सबका आधा और उतना ही घनचूर्ण (अभरक, वल्कल, लोह) मिलाएँ। इन सब द्रव्यों की कुल मात्रा से आधा तेल लें और लोहे के बर्तन में भरकर लोहे की कुरछी से मिलाएँ।

तथा वरेष्टिकामध्ये आधारानि सुवि...(क्षिपेत्)।
समस्तं ज्वालयेन्मध्ये यावद्दशनिशान्तकम्॥ 11॥
मल्लिकायावकं कृत्वा स्थूणिकाकामस्तकम्।
क्षिपेब्दिल्वरसाद्य च मासं वा पक्षतोऽधिकम्॥ 12॥
शिलोत्थार्धकयुक्तं च! मर्दयेच्छुद्धयोत्तमा (त्सुधयोत्तमा)।
त्रिचारा उत्तमाख्याता रूपार्थेन चतुर्थिका ?॥ 13॥

इसके बाद अच्छी ईंटों के मध्य आधार रूप में इसको मिलाएँ। इन सभी के जलने में जब तक दस रात्रियों का समय नहीं बीते, उसका मल्लिकायावक करके स्थूणीकाकार पिण्ड रूप मस्तक बनाएँ। फिर, उसको बिल्व रस में डालकर एक माह तक अथवा इससे भी एक पक्ष अधिक समय तक रखें। इस सबको शिला के उद्धार के लिए उत्तम चूने में मिलाए और मर्दन करें। इस मर्दन को तीन बार करने के लिए त्रिचारा कहा है जो उत्तम माना जाता है— यह एक प्रकार से तीन बार छाना हुआ निकालस है। रूपार्थे यानी मूर्ति के लिए यह चार बार छन्न हो तो और भी उत्तम होगा।

अर्चारूपोद्भवाकार्या मानयुक्तिश्च शास्त्रतः।
सञ्चित्य त्विष्टिकाबन्धं हस्तपादशीर्षादितः॥ 14॥
सूक्ष्मे तु वङ्गुलो लेपः स्थूले त्वङ्गुलमात्रकः।
दिनेऽर्धे च दिनान्ते वा दद्याल्लेपानुलेपनम्॥ 15॥

इस तरह बनने पर कोई भी अर्चा-मूर्ति का रूप निर्माण करने में शास्त्र मानानुसार मानयुक्ति से ईंटों के बन्धन रूप में इस मसाले को चुनाई- सञ्चिन्त्य में काम में लें और मूर्ति के हाथ, पादादि से शीर्ष तक की चुनाई करें। तदोपरान्त इस

---

1. प्रकाशिपाठे नोपलभ्यते। एषां श्लोकाः वास्तूद्धारधोरण्यामोद्धृते। (5, 23 तुलनीय मतमतम्)

चुनाई पर सूक्ष्म रूप से एक अङ्गुल का लेप चढ़ाएँ और स्थूल होने पर पुनः इस पर एक अङ्गुल मात्र का लेप चढ़ाएँ। ये लेप आधे दिन तक अथवा सायंकाल तक लेपानुलेप करते हुए करने चाहिए।

सर्वाङ्गे लिप्तमात्रं च सूक्ष्मतेजः समुद्भवेत्।
शीर्षे काचोत्तमखण्ड टीकाभरण संयुता॥ 16॥

इस प्रकार से मूर्ति के समस्त अङ्गों पर लेप हो जाने के बाद उस मूर्ति में सूक्ष्म तेज सौन्दर्य प्रकट होने लगता है। फिर, मूर्ति के शीर्ष पर उत्तम काच के खण्ड-टुकड़े से टीका का आभरण बनाएँ।

वर्णे रसविशेषां च मसिरेखां समुद्धरेत्।
अङ्गप्रत्यङ्ग कोपाङ्गदृष्टिकाभिरनेकधा॥ 17॥
विचित्रवस्त्रालङ्कारैर्भूषितां चित्रकोपमाम्।
स्वभावजैरलङ्कारर्नखकेशादिभिः क्रमात्॥ 18॥

रस विशेष लाने के लिए यानी अधिकाधिक सौन्दर्य प्रदर्शन के लिए इस आभरण के वर्ण का निखारने स्याही की रेखाओं से इसका उठाव दे यानी उभार दें। इसके बाद प्रतिमा के अङ्ग-प्रत्यङ्ग तथा उपाङ्गों को अनेक दृष्टियों से विचित्र वस्त्रालङ्कारों से चित्र की उपमा, शोभा के अनुसार भूषित करें। इस क्रिया में प्रतिमा में स्वाभाविक अलङ्कारों के साथ ही नख-केशादि भी क्रम से बनाएँ।

भृङ्गहस्ता गजदन्ता बद्धपर्य्यङ्कसंस्थिता।
योगमुद्रा करयुग्मे करोद्धृतगजादिका॥ 19॥
हारकेयूरसम्युक्ता कुण्डलाभ्यामलङ्कृता।
मालामुकुटशोभाढ्या कर्तव्या शान्तिमिच्छता॥ 20॥

भृङ्गहस्ता यानी घुमाव के साथ घोटाई करते हुए हाथीदाँत के बने हुए चिकने औजार से घोटाई के लिए अच्छे बन्धे हुए पर्यङ्क-आसन पर बैठकर योगमुद्रा में तल्लीन होकर दोनों हाथों में वह हाथीदाँत का औजार थामे हुए मूर्ति के हार, केयूर से युक्त कुण्डल आदि से अङ्करण करवाएँ। मूर्ति को माला, मुकुट की भी शोभा से युक्त करें, ऐसा शान्ति के इच्छुकों को अवश्य धारण करवाना चाहिए।

भैरवी भैरवो देवः सर्वदेवादितः क्रमात्।
शास्त्रप्रमाण युक्ता च शुभ्रवर्णा च तेजसा॥ 21॥

इस प्रकार भैरवी, भैरव आदि देवों को और अन्य समस्त देवताओं को भी क्रम से शास्त्र प्रमाण सहित शुभ्रवर्ण व तेजोमय बनेंगे।

इति सूत्रसन्तानगुणकीर्तिप्रकाशप्रोक्तृश्रीभुवदेवाचार्योक्तापराजितपृच्छायां लेपकर्माधिकारो 'नाम द्वात्रिंशदुत्तरद्विशततमं सूत्रम्॥ 232॥

इस प्रकार भुवनदेवाचार्य कृत सूत्रसन्तानगुणकीर्ति प्रकाश या अपराजितपृच्छा में लेपकर्म अधिकार नामक दो सौ बत्तीसवाँ सूत्र पूर्ण हुआ॥ 232॥

चित्राभिधान निर्णयो नाम त्रयस्त्रिंशदुत्तरद्विशततमं सूत्रम्॥ 233॥

अधुना चित्राभिधाननिर्णयं। विश्वकर्मोवाच—

चित्रकर्म प्रवक्ष्यामि रूपालङ्कारसंयुतम्।
कीर्तिवक्त्रोद्भवाकारं ? कथये तव साम्प्रतम्॥ 1॥

(इस सूत्र में चित्रकर्म के विषय में कहा गया है और चित्रसूत्रम् का उल्लेख आया है। यह विष्णुधर्मोत्तर. में आया है और समराङ्गणसूत्रधार में भी प्रवर्तित है। हालांकि नग्नजित का पृथक् से विश्वकर्मीय चित्रलक्षणं मिलता है किन्तु ग्रन्थकार सम्भवतः इससे अनभिज्ञ ही था) विश्वकर्मा ने कहा कि अब मैं रूप और अलङ्कारों से युक्त चित्रकर्म के विषय में कहता हूँ। इसमें सबसे पहले कीर्तिमुख से आरम्भ होने वाले आकारों को कहता हूँ।

भृकुटिकुटिलान्त्रनेत्र वाराहकर्णमेषशृङ्गोद्भवम्।
मृगकपोलसिंहवक्त्रं कीर्तिः स्यान्मुखोपमाख्याता!॥ 2॥

कीर्तिमुख की रचना करते समय उसकी भृकुटि को और नेत्रों को कुटिल, भयानक बनाएँ। उसकी आकृति में वराह के जैसे बड़े कान, मेंढ़े जैसे मुड़े हुए सींग, मृग के समान कपोल और सिंह के समान चेहरा— ऐसी कीर्तिमुख की ख्याति कही है।

व्यालरूपवर्णनमाह —

भृकुटिः स्याद् बद्धकर्णाऽश्वस्कन्धः केशरावृतः।
क्रममध्ये परावृत्ता ह्रस्वपादः सिंहोत्तमः॥ 3॥

अब व्यालों का रूप वर्णन करता हूँ। भृकुटि कानों तक तनी हुई, बन्धी हुई हों, कन्धे अश्व के समान पुष्ट हों। इन पर केश बढ़े हुए हों, क्रम से परावेत्ता- पिछले आवर्त पाँव छोटे हों और सिंह के पञ्जों से बने हुए उत्तम हों। (इन व्यालों के सोलह प्रकार हैं)

सिंहव्यालं गजव्यालमश्वव्यालं नरादिकम्।
वृषव्यालं मेषव्यालं शुकव्यालं च सौकरम्॥ 4॥

माहिषं मूषकव्यालं कीटव्यालं च व्याक(वान)रम्।
हंसकुक्कुटमायूरं त्रिपल्ली सर्थ(?र्प)व्यालकम्॥ 5॥
इति षोडश व्यालानि उक्तानि मुखभेदतः।
शरीरं हि महद्रूपं (शरीरमहिवद्रूपं) हस्तपादपुच्छादिकम्॥ 6॥

1. सिंहव्याल, 2. गजव्याल, 3. अश्वव्याल, 4. नरादिक्व्याल, 5. वृषव्याल, 6. मेषव्याल, 7. शुकव्याल 8. सूकरव्याल, 9. माहिषव्याल, 10. मूषकव्याल, 11. कीटव्याल, 12. वानरव्याल, 13. हंसव्याल, 14. कुक्कुटव्याल, 15. मयूरव्याल, 16. त्रिपल्लीव्याल सर्पव्याल। इस तरह मुखों के भेद से सोलह प्रकार के व्यालों का वर्णन किया गया। इन व्यालों का शरीर विशाल रूप का अथवा सर्प का आकार का हों और उसके हाथ, पाँव, पुच्छ आदि भी हों।

व्यालानन्तरतो रूपमनेकाकारतः स्मृतम्।
त्रुटितं त्रिभङ्गि चैव ललितं कुञ्चितं तथा॥ 7॥
गमितालीढ प्रत्यालीढावृत्तं परिवर्तकम्।
उद्भिन्नं भिन्नसूत्रं च व्यावर्त्तं च महोद्भवम्॥ 8॥
नानारूपं समाख्यातं शोकं च पद्मकेशरम्।
द्विरष्टोक्तानि साकूतं रूपाणि विविधानि च॥ 9॥

व्यालान्तरों के भी अनेक आकारों के रूप होते हैं। ये रूप हैं— 1. त्रुटित, 2. त्रिभङ्गी, 3. ललित, 4. कुञ्चित, 5. गमितालीढ़, 6. प्रत्यालीढ़, 7. आवृत्त, 8. परिवर्तक, 9. उद्भिन्न, 10. भिन्नसूत्र, 11. व्यावृत्त, 12. महोद्भव, 13. शोक, 14. पद्मकेशर, 15. साकूत, 16. नानारूप— ये विविध प्रकार की आकृतियों में सोलह कहे गए हैं।

वैयाघ्रं समपादं च आलीढं च प्रत्यात्म(दि)कम्।
पूर्वापरयाम्योत्तर रहोबोधव्या च ममापतिः ?॥ 10॥
नवषणोक्ताक्षा लक्षयेच्चित्र सूत्रधानेन।
द्वैरसाख्याता शान्तादि सहतोद्भवा ?॥ 11॥

व्याघ्रपद, समपाद, आलीढ़ और प्रत्यालीढ़ चाल में, पूर्वापर यानी आगे-पीछे, व्यामोत्तर यानी दायें-बायें अहोबोधव्या... सर्पाकार का बोध कराने वाले, उमापति-शिव की स्मृति दिलाने वाले (पाठ अस्पष्ट है...) नौ-छह आँखों वाला सूत्रधार के द्वारा बने लक्षित हों जिससे नौ रसख्याता यानी शान्तादि रस सहज ही उत्पन्न हो...।

वृक्षगुल्मलतावल्ली रम्भास्तम्भा महोद्गताः।
धवलोत्तुङ्गमाडानि वेश्मानि विविधानि च॥ 12॥

नगरग्रामपुरादिदेशानां च पुनः क्रमम्।

वृक्ष, गुल्म, लला, वल्लरी, केले के स्तम्भ बड़े-बड़े और ऊँचे उठे हुए तथा सुधाधवल यानी चूने से पुते हुए उत्तुङ्ग माड-भवन और तरह-तरह के आवासगृह हों। इनमें नगर, ग्राम, पुर आदि देशों का क्रम पुनः बना हुआ होना चाहिए।

द्वीपसागरोद्भवानी सर्वाणि मण्डलानि च॥ 13॥
सर्वजीवोद्भवं पूर्वं लक्षयेच्चित्रसूत्रकम्।
चित्राभ्यासोद्भवाः सर्वे सुरासुरनरोरगाः(त्तमाः)॥ 14॥

इसी तरह द्वीप, सागर तथा उनसे निकले हुए सभी मण्डल और सभी जीवों की उत्पत्ति पहले ही चित्ररूप में चित्रसूत्र के अनुसार देख लेनी चाहिए। सभी सुर, असुर और नरोत्तमों के आकार चित्राभ्यास से ही बनते हैं।

मेधाश्चित्रवर्णरूपा आदित्याश्चैव चन्द्रमाः।
ग्रहनक्षत्राद्याः सर्वे अर्चिर्वाहन संयुताः॥ 15॥
दिक्पालादिका लक्ष्या इन्द्राद्याः सुप्रदक्षिणम्।
गजाश्वरवरपादाद्या असङ्ख्यातास्तथैव च॥ 16॥

कलाकार की मेधा या बुद्धि स्वयं चित्रवर्ण की होकर सूर्य, चन्द्रमा, ग्रह, नक्षत्र और सभी देवतागण अपने वाहनों सहित, दिक्पाल, इन्द्र आदि को सुप्रदक्षिणा क्रम से, गज, अश्व और अन्य पदचर जो असंख्य रूपों में होते हैं, इन विविध रूपों में प्रकट होते हैं।

..।
सभादौ च विन्तेदार्थं युक्त नृत्यनाट्यादिकम्॥ 17॥

इस प्रकार अर्थयुक्त नृत्य नाटिकादि भी सभा के पूर्व ही सूत्रधार की मेधा यानी चिन्तन में आ जाता है।

एवमादि समस्तं च चित्राभ्यासाच्च लक्षयेत्।
तथा चित्राभ्यासरूपा! त्रैलोक्यं सचराचरम्॥ 18॥

ये सब और समस्त रूप चित्राभ्यास से ही दिखाई देते हैं। इसलिए कहते हैं कि यह चराचर त्रैलोक्य चित्राभ्यास रूप ही हैं।

इति सूत्रसन्तानगुणकीर्तिप्रकाशप्रोक्तश्रीभुवदेवाचार्योक्तापराजितपृच्छायां
चित्राभिधाननिर्णयाधिकारो नाम त्रयस्त्रिंशदुत्तरद्विशततमं सूत्रम्॥ 233॥

इस प्रकार भुवनदेवाचार्य कृत सूत्रसन्तानगुणकीर्ति प्रकाश या अपराजितपृच्छा में चित्र
अभिधान निर्णय अधिकार नामक दो सौ तेंतीसवाँ सूत्र पूर्ण हुआ॥ 233॥

स्त्रीपुरुषलक्षणं चतुस्त्रिंशदुत्तर द्विशततमं सूत्रम् ॥ 234 ॥

अपराजित उवाच —

लक्षणं स्त्रीपुरुषाणां बाह्यतोऽभ्यन्तरे तथा।
कथयस्व प्रसादेन समुद्रोक्तं यथा पुरा ॥ 1 ॥

(यह सूत्र अङ्ग विद्या विषयक है।[1] इस विद्या का प्रवर्तक समुद्र को माना जाता है। बृहत्संहिता में गर्ग और पराशर के मतानुसार भी देहादि लक्षण आए हैं किन्तु वहां भी समुद्र को प्राचीनाचार्य कहा गया है। वैसे अङ्गविज्जा नामक कुषाणकालीन ग्रन्थ मिल चुका है जिसमें इस विद्या को अत्यन्त विस्तार से समझाया गया है) अपराजित बोले कि आप कृपा करके हमें स्त्री-पुरुषों के उन बाह्य और आन्तरिक लक्षणों को कहिए जिन्हें पूर्व काल में समुद्र ने (सामुद्रिकशास्त्र) में कहा था।

विश्वकर्मोवाच —

अथातः सम्प्रवक्ष्यामि स्त्रीनरादेश्च लक्षणम्।
तच्चानुक्रमतः पूर्वं यदुक्तं तु कलाबुधैः ॥ 2 ॥

विश्वकर्मा बोले कि अब मैं स्त्रियों और पुरुषों के लक्षणों को कहता हूँ। उनको उसी अनुक्रम में कहूँगा जैसा कि पूर्व में ज्ञानियों द्वारा कहा गया है।

आदौ परीक्षयेदायुः पश्चाल्लक्षणमेव च।
तच्च स्त्रीणां वामभागे पुरुषाणं च दक्षिणे ॥ 3 ॥

सबसे पहले महिला और पुरुषों की आयु की परीक्षा करें, इसके बाद उनके लक्षणों को देखना चाहिए। स्त्रियों के लक्षण वाम भाग से और पुरुषों के लक्षण उनके शरीर के दायें, दक्षिण भाग से देखने चाहिए।

आदौ वक्ष्ये पूरुषाणां स्त्रीणां च तदनन्तरम्।
दृष्ट्यवलोकमात्रेण लक्षयेत् स्त्रीनरादिकम् ॥ 4 ॥[2]

---

1. विष्णुधर्मोत्तरपुराण (द्वितीयखण्ड अध्याय 8-9), अग्निपुराण (अध्याय 243), गरुडपुराण (आचारखण्ड अध्याय 63-65) और स्कन्दपुराण (काशीखण्ड, अ. 37), दैवज्ञकामधेनु (अध्याय 16), विवाहवृन्दावन (अध्याय 14), समराङ्गणसूत्रधार आदि में भी इन लक्षणों पर विचार मिलता है। समुद्रसञ्जीवन, हस्तसञ्जीवन, करलक्खन इत्यादि अल्पज्ञात ग्रन्थों में भी यह वर्णन है। ग्रन्थकार ने प्रधानतः वराह व समुद्र के मतों के आश्रय में अपने विचारों को सामासिक रूप में प्रस्तुत किया है। समुद्र कृत समुद्रतिलक ग्रन्थ मिलता है। इसके श्लोक बृहत्संहिता, विवेकविलास और वीरमित्रोदय के लक्षणप्रकाश में भी उद्धृत है और इसी आधार पर इस सूत्र के श्लोकों का शुद्धीकरण, संशोधन किया गया है।
2. इत्यमनन्तर — पञ्चदीर्घं पञ्चह्रस्व पञ्चसूक्ष्मं षडुन्नतम्। सप्तरक्तं त्रिगम्भीरं त्रिविस्तीर्णं प्रशस्यते ॥ 5 ॥

अब मैं सबसे पहले पुरुषों के लक्षणों को कहता हूँ और उसके बाद स्त्रियों के लक्षणों को कहूँगा। यहाँ यह ज्ञातव्य है कि एक दृष्टि डालने मात्र से ही स्त्री और पुरुष की पहचान हो जाती है (कि कौन तो स्त्री है और कौन पुरुष?)।

पुरुषलक्षणमाह —

पञ्चदीर्घश्चतुर्ह्रस्वः पञ्चसूक्ष्मः षडुन्नतम्।
सप्तरक्तस्त्रिविस्तीर्णस्त्रिगम्भीरः प्रशस्यते॥ 5॥

किसी पुरुष के देहाङ्गों में पाँच अङ्ग दीर्घ हों, चार अङ्ग लघु, पाँच सूक्ष्म, छह उन्नत, सात लाल वर्ण वाले, तीन विस्तीर्ण और तीन अङ्ग गम्भीर हों तो प्रशस्त जानने चाहिए।[1]

बाहु नेत्रान्तरे चापि हनुनी वृषणौ तथा।
स्तनयोरन्तरं चैव पञ्चदीर्घः प्रशस्यते॥ 6॥

जिस पुरुष में नासिका, कुचों का अन्तराल, आँखें, हनु और भुजा— ये पाँच अङ्ग यदि दीर्घ हों तो प्रशस्त होते हैं।

ग्रीवा प्रजननं श्रोणीर्ह्रस्वे जङ्घे च पूजिते।
तथेतरेषु सर्वेषु सर्वमेव प्रशस्यते॥ 7॥

ग्रीवा, लिङ्ग, श्रोणी और जङ्घा प्रदेश ये चार यदि ह्रस्व यानी छोटे हों तो व्यक्ति पूजा जाता है। इस प्रकार सभी लघु अङ्गों को प्रशस्त जानना चाहिए।

हस्तयो र्नेत्रयोश्चैव पञ्चदीर्घं प्रञ्चमम्। एवमादिगुणोपेतं पञ्चदीर्घं प्रशस्यते॥ 6॥ ग्रीवा चन्द्रकं जननं पृष्ठं जङ्घा तथैव च। इति प्रकाशित पाठः च 7-8-9-10- 11-12-13 श्लोका : लुप्तमिति। अयं पाठ सविवृत्तिबृहत्संहितायां (अध्या. 67) उपलभ्यते।

1. यहाँ 5, 4, 5, 6, 7, 3 और 3 को मिलाकर कुल 33 लक्षण बताए हैं जबकि सामुद्रतिलक में 32 लक्षण ही बताए हैं— इह भवति सप्तरक्तः षडुन्नतः पञ्चसूक्ष्मदीर्घो यः। त्रिविपुललघुगम्भीरो द्वात्रिंशल्लक्षणः स पुमान्॥ (सामुद्र. शरीराध्याय 2, 88) वराहमिहिर ने गर्ग के मतानुसार कहा है कि जिसके तीन अङ्ग विस्तीर्ण, तीन गम्भीर, छह ऊँचे, चार लघु, सात रक्तवर्ण और पाँच अङ्ग लम्बे या सूक्ष्म होते हैं, वह राजा होता है। उत्पलभट्ट ने भी यह मत व्यक्त किया है। मनुष्य के इन अङ्गों का विभाग वराहमिहिर ने इस प्रकार किया है— त्रिषु विपुलो गम्भीरस्त्रिष्वेव षडुन्नतश्चतुर्ह्रस्वः। सप्तसु रक्तो राजा पञ्चसु दीर्घश्च सूक्ष्मश्च॥ नाभि स्वरः सत्त्वमिति प्रशस्तं गम्भीरमेतत् त्रितयं नराणाम्। उरो ललाटं वदनं च पुंसा विस्तीर्णमेतत् त्रितयं प्रशस्तम्॥ वक्षोऽथ कक्षा नखनासिकास्यं कृकाटिका चेति षडुन्नतानि। ह्रस्वानि चत्वारि च लिङ्गपृष्ठं ग्रीवा च जङ्घे च हितप्रदानि॥ नेत्रान्त पादकरताल्वधरोष्ठजिह्वा रक्ता नखाश्च खलु सप्त सुखावहानि। सूक्ष्माणि पञ्च दशनाङ्गुलिपर्वकेशाः साकं त्वचा कररुहा न च दुःखितानाम्। हनुलोचनबाहुनासिकाः स्तनयोरन्तरमत्र पञ्चमम्। इति दीर्घमिदं तु पञ्चकं न भवेत्येव नृणामभूभृताम्॥ (सविवृत्ति बृहत्संहिता 67, 84-88)

सूक्ष्माण्यङ्गुलिपर्वाणि दन्ता रोमाणि च च्छविः।
तथा नखाश्च सर्वे च पञ्चसूक्ष्मः प्रशस्यते॥ 8॥

अङ्गुलियों के पर्व, दन्तपङ्क्ति, त्वचा, नख तथा केशराशि— ये पाँच यदि सूक्ष्म हों तो शुभकारक होते हैं।

कक्षाक्षिवक्षांसि तथा मुखं पृष्ठं कृकाटिका।
सर्वभूतेषु निर्दिष्टः षडुत्सेधः प्रशस्यते॥ 9॥

सभी लोगों में कक्षा, आँख, वक्ष, अंसी या कन्धे, मुख, पृष्ठ मुख व कृकाटिका या घेंटू— ये 6 अङ्ग यदि सामान्यतः उन्नत हों तो प्रशस्त होते हैं।

पाणी पादौ तथा चास्यमुझे नेत्रे स्तनौ नखाः।
सप्त रक्तानि यस्याहुर्मनुजेन्द्रं तमादिशेत्॥ 10॥

हाथ, पाँव, मुख, ओष्ठ, नेत्र, स्तन और नख— ये सात जिस व्यक्ति में लाल वर्ण के होते हैं, तो वह मनुष्यों में राजा होता है।

उरो मुखं ललाटं च त्रिविस्तीर्ण प्रशस्यते।
सत्त्वं स्वरश्च नाभिश्च त्रिगम्भीरः प्रशस्यते॥ 11॥

उर, मुख और ललाट— ये तीन यदि विस्तीर्ण हों तो प्रशस्त होते हैं। इसी प्रकार सत्व (चित्त का एक गुण, स्वभाव), स्वर एवं नाभि— ये तीन गम्भीर होना शुभ हैं।

भूम्यापोऽनलवाय्वभ्रसम्भूताः पञ्च कीर्तिताः।
छाया भूविष्णुशक्रार्कचन्द्राणां च तथापराः॥ 12॥

(किसी भी व्यक्ति के ऊपर छाया अर्थात् वर्णादि में आभास का परिणाम) भूमि, जल, अग्नि, वायु, आकाश की छाया प्रशस्त कही गई है। (किसी किसी ने दस छाया भी कही है यथा-) भूमि आदि की तरह ही पाँच अन्य छाया विष्णु, इन्द्र, सूर्य, चन्द्र (एवं यम) की कही गई है।

गम्भीरो दुन्दुभिः स्निग्धो महांश्चैवानुनादवत्।
इति स्वर गुणान् पञ्च समुद्रः प्राह तत्त्ववित्॥ 13॥

गम्भीर, दुन्दुभि, स्निग्ध, महान और अनुनाद के समान— ये पाँच प्रकार के स्वरों के गुण समुद्र द्वारा बताए गए हैं। इन के अनुसार भी व्यक्ति के स्वर पर विचार करना चाहिए।[1]

---

1. यह वर्णन बृहत्संहिता (68, 89-95) में आया है। तत्त्व और नामानुसार ही इन छायाओं से व्यक्ति की प्रवृत्ति होती है।

कन्यालक्षणमाह —

पूर्णचन्द्रमुखी कन्या बालसूर्य्यसमप्रभा।
विशालनेत्रा बिम्बोष्ठी सा कन्या लभते सुखम्॥ 14॥[1]

पूर्णचन्द्र के सदृश मुख मण्डल से सुशोभित, बाल सूर्य के समान लाल-लाल कान्ति वाली, विशाल नेत्रों से युक्त, बिम्बा फल की भाँति ओष्ठवाली कन्या चिरकाल तक सुख का उपभोग करती है।

गतौ हंसगतिर्या च नातिह्रस्वाति दीर्घिका।
सुखिनी सा भवेल्लोके समुद्रकथितं तदा॥ 15॥[2]

जिस कन्या की चाल हंस के समान हों और जो न बहुत ठिगनी और बहुत लम्बी हो, ऐसी कन्या संसार में सुखी होती है, ऐसा समुद्राचार्य ने भी पहले कहा है।

नोन्नतं न च निम्न वा शिरोरोमविवर्जितम्।
अर्धचन्द्राकृति सौम्यं ललाटं शस्यते स्त्रियाः॥ 16॥

(समुद्राचार्य की उक्ति है) आधे चन्द्रमा के समान, रोम रहित और न तो नत और न ही उन्नत (समान) स्त्रियों का ललाट शुभ होता है।

नातिलम्बौ मृदू तुल्यौ संलग्नौयुक्तमांसलौ।
कर्णौ यस्याःस्मृता सा तु राजभार्या न संशयः॥ 17॥

स्त्री के कान केशादि के लक्षणों में न तो अधिक लम्बे हो, मुलायम, समान और संलग्न कान जो कि अल्प माँस से युत हों तो ऐसी कन्या राजभार्या होती है, इसमें संशय नहीं है।

सुस्निग्धा नीलवर्णाश्चमृदवः कुञ्चिताः कलाः।
शस्यन्ते योषितोनित्यं धनपुत्रप्रदा यतः॥ 18॥

स्निग्ध और नील वर्ण, कोमल, कुटिल-कुञ्चित, कला केश जो कि एक-एक रोमकूप वाले ही हो, ऐसे जिस स्त्री के होते हैं, वह नित्य धन, पुत्रादि से सम्पन्न होती हैं।

यस्याः करतले छत्रं प्राकारस्तोरणं तथा।
अपि दासकुले जाता राजपत्नी भविष्यति॥ 19॥

---

1. तुलनीय — गरुडपुराण (आचारखण्ड, 63, 4)
2. प्रकाशित पाठे 16-17-18 श्लोकाः लुप्ताः।

जिस कन्या के करतल में छत्र, प्राकार और तोरण का चिह्न होता है, वह भले ही दास कुल में उत्पन्न हुई हों किन्तु वह राजपत्नी बनती है।

यस्याः करतले रेखा अङ्कुशाकार शोभिता।
गजाधिपस्य पत्नी सा भवत्येवं न संशयः॥ 20॥

जिस कन्या के करतल में अङ्कुश के आकार वाली रेखा शोभित होती हो, वह गजाधिप यानी राजा की पत्नी बनती है, इसमें कोई संशय नहीं है।

छत्रं च चामरं चैव यस्याः करतले भवेत्।
सार्वभौमनृपस्त्री सा भवत्येवं न संशयः॥ 21॥

जिसके करतल में छत्र, चामर के चिह्न होते हैं, वह कन्या निस्सन्देह सार्वभौमनृप यानी चक्रवर्ती राजा की पत्नी होती है।

यस्याः करतले रेखा खड्गाकारा प्रदर्श्यते।
पत्या पत्नी युध्यते साऽन्यत्र वै वैरकारिणी॥ 22॥

जिसके करतल में तलवार के आकार जैसी रेखा दिखाई देती हो, ऐसी कन्या से पति-पत्नी के बीच सदैव कलह होगा, ऐसी कन्या अन्यत्र वैरकारिणी होती है।

यस्याः करतले पद्मं धनधान्यसमृद्धिनी।
शङ्खाकारा यदा रेखा स्नानदेवार्चने रता॥ 23॥

जिस कन्या के करतल में पद्म की आकृति होती है वह धन-धान्य से समृद्ध होती है और जिसके हाथ में शङ्ख के आकार की रेखा हों वह स्नान, ध्यान, देवार्चन में रत रहने वाली होती है।

यस्याः शूलाकृती रेखा सा भवेच्च तपस्विनी।
दीर्घकेशी भवेद् दुःखाद् व्रतिनी च प्रवासिनी॥ 24॥

जिस कन्या के हाथ में शूल की आकृति वाली रेखा उभरी होती है, वह बहुत तपस्वी होती है। जिसके दीर्घ केश हों व दुःखी रहती हुई व्रतार्थी के साथ-साथ प्रवासिनी हो जाती है।

यस्याः करतले रेखा दीपकारा च दृश्यते।
सा पुत्रपौत्रसन्तानेर्भवेच्च कुलशालिनी॥ 25॥

जिसके करतल में दीप के आकार जैसी रेखा दिखाई देती हों वह पुत्र, पौत्रादि सन्तानों से भरे-पूरे कुल की धनी होती है।

नन्द्यावर्तो यदा हस्ते नित्यं कल्याणकारिणी।
षट्कोणातहस्ता या पूज्या सा पूजनैः सदा॥ 26॥

इसी प्रकार जिसके करतल में नन्द्यावर्त का चिह्न हों वह सदा ही कल्याणकारिणी होती है। जिस कन्या का हाथ छह कोणाकार हों वह सदैव पूज्या होगी और सदा ही पूजन कर्म में रत रहेगी।

यस्या हस्ते ध्वजाकारा रेखा [1](तु दृश्यते)।
सापि दासकुले जाता सा राजमहिषी भवेत्॥ 27॥

जिस कन्या के हाथ में ध्वजा के आकार वाली रेखा दिखाई देती है, वह दास कुल में भी हुई तो भी राजा के यहां महारानी बनेगी।

बाल्यावस्थाद्दशलक्षणा (विवेकविलासे): —

पादगुल्फौ च जङ्घे च जानुनी मेढ्रमुष्ककौ।
नाभिकट्यौ च जठरं हृदयं च स्तनान्वितम्॥ 28॥
जत्रुबाहू तथैवौष्ठ कन्धरे दृग्भ्रुवौ तथा।
भालमौली दश क्षेत्राण्येतान्याबाल्यतोऽङ्गके॥ 29॥

कन्या में 1. पाँव और गुल्फ, 2. जङ्घा और जानु, 3. लिङ्ग और अण्ड, 4. नाभि और कटी, 5. पेट, 6. स्तन और हृदय, 7. जत्रु (ग्रीवा और भुजा का जोड़) और भुजा, 8. ओठ और कण्ठ, 9. नेत्र और भृकुटि, 10. कपाल और मस्तक— ये दश क्षेत्र बाल्यावस्था से ही शरीर में होते हैं।

एकैकक्षेत्रसम्भूतं लक्षणं वाप्यलक्षणम्।
दशभिर्दशभिर्वर्षैस्त्रीत्रोदत्ते निजं फलम्॥ 30॥

उक्त एक-एक क्षेत्र के शुभाशुभ लक्षण स्त्री पुरुषों को क्रम से दस वर्ष में फल देने वाले कहे गए हैं।

यत्पादाङ्गुलयः क्षोणीं कनिष्ठाद्याः स्पृशन्ति न।
एकद्वित्रिचतुः सङ्ख्यान् क्रमात्सा मारयेत्पतीन्॥ 31॥

जिस स्त्री के पाँव की कनिष्ठा प्रमुख चार अङ्गुलियों में कनिष्ठा से लगाकर एक, दो, तीन अथवा चारों अङ्गुलियाँ चलते समय भूमिपर न अटकती हों वह स्त्री क्रमशः एक, दो, तीन और चार भर्तार का हनन करने वाली कही गई है।

पादाङ्गुलीलक्षणं —

यत्पादाङ्गुलिरेकापि भवेद्धीना कथञ्चन।
येन केनापि सा सार्धं प्रायः कलहकारिणी॥ 32॥[2]

---

1. इत्यमनन्तर 27-42 श्लोका मातृकायां न लभ्यन्ते।
2. जगन्मोहन में समुद्राचार्य का मत इस प्रकार आया है— यस्या न स्पृशते भूमिमङ्गुली च कनिष्ठिका।

जिस स्त्री के पाँव की एकाध अङ्गुली किसी प्रकार से छोटी हों तो वह स्त्री जिस किसी के साथ कलह करने वाली होती है।

अल्पवृत्तेन वक्रेण शुष्केणलघुनापि च।
चिपिटेनातिरिक्तेन पादाङ्गुष्ठेन दूषिता॥ 33॥

जिस स्त्री के पाँव का अँगूठा किञ्चित् गोल, टेढ़ा, सूखा हुआ, छोटा, चपटा या लम्बा और दूसरी अङ्गुलियों से अलग पड़ गया हो, वह स्त्री दोषयुक्त होती है।

कृपणा स्यान्महापार्ष्णिर्दीर्घपार्ष्णिस्तु कोपना।
दुःशीलोन्नतपार्ष्णिश्च निन्द्या विषमपार्ष्णिका॥ 34॥

जिस स्त्री के पाँव का तल या पटरी बड़ी हो वह कृपण होती है। लम्बी हो वह क्रोधी होती है। ऊँची हों वह दुराचारिणी और नीची हो वह निन्दनीय कही है।

अन्यान्य अशुभलक्षणं —

उच्छलद्धूलिचरणा सर्वस्थूलमहाङ्गुलिः।
बहिर्विनिपतत्पादा दीर्घपादप्रदेशिनी॥ 35॥
विरलाङ्गुलिकौ स्थूलौ पृथू पादौ च बिभ्रती।
सशब्दगमना स्थूलगुल्फा स्वेदयुतांह्रिका॥ 36॥

जो चलते समय पाँव से धूल उड़ाती हो; जिसके पाँव का अँगूठा दूसरी अङ्गुलियों से अधिक मोटा हो; जो चलते हुए आजू-बाजू बाहर रखती हो, जिसके पाँव की तर्जनी बहुत लम्बी हो; जिसके पाँव छूटी हुई अङ्गुली के मोटे और चौड़े हो; चलते हुए जिसके पैर में शब्द हो; जिसके जानु मोटे हो; जिसके पाँव पर पसीना बहुत आता हो (ऐसी कन्या को सदोषा जाननी चाहिए)।

अन्यदप्याह --

उद्बद्धपिण्डिका स्थूलजङ्घा वायसजङ्घिका।
निर्मांसघटकच्छाय विश्लिष्टकृशजानुका॥ 37॥
बहुधारप्रस्रविका शुष्कसकटकट्यपि।
चतुर्विंशतितो न्यूनाधिकाङ्गुलकटी नता॥ 38॥
मृदङ्गयवकूष्माण्डो दरिकात्युच्चनाभिका।
दधती वलितं रोमावर्तिनं कुक्षिमुन्नतम्॥ 39॥

भर्तारं प्रथमं हत्वा द्वितीयेन सह स्थिता॥ यस्या न स्पृशते भूमिं कनिष्ठा विरला द्विजाः। सन्नतभ्रूकुटीगण्डा पुंश्चली चाप्यभागिनी॥ यस्या अनामिका ह्रस्वा तां विद्यात्कलहप्रियाम्। अङ्गुष्ठं तु व्यतिक्रम्य यस्याः पादे प्रदेशिनी॥ कुमारी कुरुते जारं यौवनस्यैव का कथा। (वीरमित्रोदय लक्षणप्रकाश, पृष्ठ 133)

इसी प्रकार जिस स्त्री के पाँव की पिण्डली ऊँची और बन्धी हुई जैसी हो; काकजंघा; जिसकी पिण्डलियाँ मांस रहित; घड़े के पैंदे जैसे; ढुलमुल; मोटे और कृश हों; जिसकी लधुनीति बहुत धारा वाली हो; जिसकी कमर सूखी; तंग और चौड़ाई में 24 अङ्गुल से कम या अधिक हो, जिसका पेट मृदङ्ग; जौ या भूरे कद्दू जैसा हो; जिसकी नाभि बहुत ऊँची हो; जिसकी कुक्षी करचली वाली; केश की भँवरी वाली और ऊँची हों (वह सदोषा होती है)।

विषकन्यालक्षणमाह —

यस्याः केशांशुकस्पर्शान्म्लायन्ति कुसुमस्त्रजः।
स्नानाम्भसि विपद्यन्ते बहवः क्षुद्रजन्तवः॥ 40॥
म्रियन्ते मत्कुणास्तल्पे तथा यूकाश्च वासति।
वातश्लेष्मव्यथामुक्ता सा च पित्तोदयान्विता॥ 41॥

जिसके केश और वस्त्र के स्पर्श से फूलों के हार कुम्हला जाते हों; जिसके स्नान के पानी में बहुत से क्षुद्र जीवों का प्राणान्त हो जाता हो, जिसके बिस्तर में खटमलों की मौत हो जाती हो; जिसके वस्त्र में जूएँ भी मरती हों, जो कफ-वात विकार से मुक्त हों किन्तु जिसे पित्त विकार होता हो— ऐसी कन्या विष कन्या हों सकती है।

गण्डकूपकाः यस्या स्मितेषु तां वर्जयेद्बुधः।
(यत्राऽऽकारस्ततो गुणाः) अशुभं परिवर्जयेत्॥ 42॥

मुस्कुराते समय जिस कन्या के गालों में गढ्ढे पड़ जाते हों, उसको ज्ञानियों को त्याग देना चाहिए। आकार के अनुसार ही गुणों को ध्यान में रखते हुए अशुभ लक्षणों को त्याग देना चाहिए।

इति सूत्रसन्तानगुणकीर्तिप्रकाशप्रोक्तृश्रीभुवनदेवाचार्योक्तापराजितपृच्छायां
स्त्रीपुरुषलक्षणाधिकारो नाम चतुस्त्रिंशदुत्तरद्विशततमं सूत्रम्॥ 234॥

इस प्रकार भुवनदेवाचार्य कृत सूत्रसन्तानगुणकीर्तिप्रकाश या अपराजितपृच्छा में स्त्री पुरुष लक्षण अधिकार नामक दो सौ चौंतीसवाँ सूत्र पूर्ण हुआ॥ 234॥

षट्त्रिंशदायुधनिर्णयो नामपञ्चत्रिंशदुत्तर द्विशततमं सूत्रम्॥ 235॥

अपराजित उवाच —

कवचादीन्यायुधानि कथं लक्ष्याणि मानतः।
तदनुक्रमयुक्ती च कथय परमेश्वर॥ 1॥

(आयुध तत्कालीन सामाजिक व्यवस्था की आवश्यकता थी। शिल्प के अन्तर्गत इस विषय को सम्मिलित किया गया है। विश्वकर्मा द्वारा देवताओं के लिए

आयुध निर्माण का वर्णन कई पुराणों में आया है। विष्णुपुराण में उनकी सान पर सूर्य की किरणों की छंगाई करने का सङ्केत मिलता है। अर्थशास्त्र, मानसोल्लास, नीतिप्रकाशिका आदि में आयुध लक्षण व निर्माण की विधियाँ मिलती हैं। सुप्रभेदागम[1] में दस प्रकार के आयुधों की विधियाँ आई हैं) अपराजित बोले— हे परमेश्वर अब आप मुझे कवच और आयुधादि के लक्षण और उनके मान के विषय में उनकी युक्ति सहित बताइए।

विश्वकर्मोवाच —

कवचानां लक्ष्म वक्ष्ये वज्रदेहानुरूपिणाम्।
शस्त्रोपघातके चैव युद्धकाले हितानि च॥ 2॥

विश्वकर्मा बोले— मैं तुम्हें पहले कवच के लक्षण कहता हूँ जो कि वज्रदेह के अनुरूप होते हैं। ये युद्धकाल में शस्त्रों द्वारा किए जाने वाले घात से रक्षण की दृष्टि से सर्वथा हितावह होते हैं।

आयसोद्भवपत्राणि कर्तव्यानि विचक्षणः।
द्व्यङ्गुलायतकं कुर्यात् पृथुत्वं चैकमङ्गुलम्॥ 3॥

कवच के लिए बुद्धिमान् को सदा ही आयसपत्र या लोह के पत्तर का उपयोग करना चाहिए। यह पत्तर दो अङ्गुल विस्तार वाला और उसकी मोटाई एक अङ्गुल तक रखनी चाहिए।

कवचं तेऽधुना वक्ष्ये वज्रदेहानुरूपिणम्।
वृत्ताकारं तु स्वविवे द्विसोर्धत ?॥ 4॥

अब कवचों के लक्षण को कहता हूँ। कवच के लिए गोलाकार (कड़ियाँ) अथवा अपने विवेक के अनुसार भी आयस का प्रयोग हों सकता है।

तनुत्राण देहदृष्टि द्विगुणवस्त्रादिकोद्भव!।
कटिसूत्र सूत्रस्य संस्थाने अवलि भुजा॥ 5॥
रक्षीवाग् छित्तिनानि कण्टिकाकसिणैर्धिताः।
शीर्षे तु मुकुटाकारमचलं सर्वतस्तथा॥ 6॥

देह की रक्षा से काया के परिमाण की दृष्टि से वे धार्य-वस्त्र की अपेक्षा दो गुने उठे हुए दिखाई देने चाहिए। कटिसूत्र सूत्र के संस्थान में धारण होगा और भुजाओं की रक्षा के लिए रक्षीवाग्, छित्तिना, कण्टिका, काक-तलवार धारण रहेंगे।

---

1. ... अस्त्राणां लक्षणं शृणु। शूलं परशु वज्रञ्च खट्वाङ्गं पाशं तथाङ्कुशम्॥ घण्टानागं च वह्निञ्च क्षुरिका च दशायुधम्। (सुप्रभेदागम 22, 170-171)

जङ्घा रेखा प्रकर्त्तव्याऽऽयामे तीर्थकलाकृतिः।
पा(दाभ्यां!) कृत्वा गजस्य गडमुखोद्गताः॥ 7॥
पक्षिराजश्च पृष्ठे च धार्यं वै राजपुत्रकैः।
... ...॥ 8॥
... ...।
... ... ॥ 9॥

इति कवचमाह।

सिर पर कवच को मुकुटाकार बनाकर धारण किया जाएगा और वह सभी स्थितियों में अचल रहेगा, इसका प्रयत्न हों। जंघा रेखा के लिए विस्तृत तीर्थकलाकृति होगी। (पाँवों) के लिए गज का गडमुखा किया जाएगा। राजपुत्र को पृष्ठ पर पक्षीराज (गरुड़ नामक कवच) धारण करना चाहिए।[1]

अथायुधनामानि —

आयुधानोमतो वक्ष्ये नामसङ्ख्यावलिं क्रमात्।
त्रिशूलच्छुरिकाखड्गखेटाः खट्वाङ्गकं धनुः॥ 10॥
बाणपाशाङ्कुशा घण्टारिष्टिदर्पणदण्डकाः।
शङ्खश्चक्रं गदावज्रशक्तिमुद्गरभृशुण्डयः॥ 11॥
मुशलः परशुश्चैव कर्त्तिका च कपालकम्।
शिरः सर्पश्च शृङ्गं च हलः कुन्तस्तथैव च॥ 12॥
पुस्तकाक्षकमण्डलु शुचयः पद्मपत्रके।
योगमद्रा तथा चैव षट्त्रिंशच्छ(स)त्रकाणि च॥ 13॥

(विश्वकर्मा कहते हैं कि) अब तुम्हें आयुधों के नाम बताता हूँ। ये 1. त्रिशूल, 2. छूरिका, 3. खड्ग, 4. खेट या ढाल, 5. खट्वाङ्ग, 6. धनुष, 7. बाण, 8. पाश, 9. अङ्कुश, 10. घण्टा, 11. रिष्टि, 12. दर्पण, 13. दण्ड, 14. शङ्ख, 15. चक्र, 16. गदा, 17. वज्र, 18. शक्ति, 19. मुद्गर, 20. भृशुण्डी, 21. मुशल, 22. परशु, 23.

---

1. भोजदेवकृत युक्तिकल्पतरु में आयुध व कवच के लिए कहा गया है : खड्गादीनान्तु गणना पूर्व्वमेव निदर्शिता। अस्त्रात्मनैव निर्द्दिष्टकवचादिरपीष्यते॥ तल्लक्षणं सङ्ग्रहेण प्रवक्ष्यामि निबोधत। काष्ठं चर्म्म च सकलं त्रयमेतत्तु दुस्तरम्॥ यथोत्तरं गुणयुतं तथा पूर्व्वन्तु निन्दितम्। शरीरावरकत्वन्तु लघुत्वं दृढता तथा॥ दुर्भेद्यतेति कथितं कवचे गुणसङ्ग्रहः। सच्छिद्रतातिगुरुता तनुता सुखभेद्यता॥ कवचानां विनिर्द्दिष्टः समासाद्दोषसङ्ग्रहः। अत्र वर्णो विनिर्दिष्टः क्रमादेवं चतुर्व्विधः॥ सितो रक्तस्तथा पीतः कृष्णो ब्रह्मादिषु क्रमात्। केचित् कुर्व्वन्ति कुशलाः कवचं धातु सम्भवम्। कनकं रजतं ताम्रं लोहं तेषु यथाक्रमम्॥ (शब्दकल्पद्रुम, भाग द्वितीय, पृष्ठ 67)

कर्त्तिका, 24. कपाल या खोपड़ी-खप्पर, 25. शिर या शत्रु का सिर, 26. सर्प, 27. शृङ्ग या सींग, 28. हल, 29. कुन्त या भाला, 30. पुस्तक, 31. माला, 32. कमण्डल, 33. शूचि या स्रुवा, 34. पत्र-कमल, 35. पानपात्र और 36. योगमुद्रा— इस प्रकार कुल छत्तीस प्रकार के आयुध होते हैं (जो प्रतिमाओं के हाथों में भी होते हैं)।

षोडशाख्यं पदं कृत्वा पदेन नाभिवृत्तकम्।
तदूर्ध्वे चोभयपक्षौ भीषणाग्रौ प्रकीर्तितौ ॥ 14 ॥
पट्टास्त्रांशशक्तिपिण्डवलणं कण्टकावृतम्।
उभयोः कटकोपेतो मध्ये शक्त्यंश उन्नतः ॥ 15 ॥
दशभागर्भवेद् पृथुत्व चैकभागिकम्।

इति त्रिशूलः।

त्रिशूल के लिए सोलह पद प्रमाण रखें, एक पद से नाभिवृत्त करें। उसके ऊपर दोनों ही ओर भीषण अग्रभाग कहे गए हैं। उसमें पट्ट तलवार के तीसरे अंश के होंगे और पिण्डकाय वलणवत और कण्टकों से युक्त होंगे। दोनों ही ओर कटक होंगे और मध्य में तलवार जैसा भाग उन्नत होगा। यह दस भाग का होगा और मोटाई एक भाग होगी।

छुरिकालक्षणमाह —

छुरिका लक्षणं वक्ष्ये यदुक्तं परमेश्वरैः।
कौमारी चैव लक्ष्मीश्च शङ्खिनी तुन्दका तथा ॥ 17 ॥
पापिनी शुभगा ला(ल)क्षा षडङ्गुलादिकोद्भवाः।
द्वादशान्तिमाङ्गुलान्यङ्गुलमानं प्रशस्यते ॥ 18 ॥

जैसा कि शिव द्वारा कहा गया, मैं छुरिका के लक्षणों को कहता हूँ। ये छुरियाँ सात प्रकार की होती है— 1. कुमारी, 2. लक्ष्मी, 3. शङ्खिनी, 4. तुन्दका, 5. पापिनी, 6. शुभगा और लक्षा। इनमें क्रमशः पहली कुमारी छुरी छह अङ्गुल लम्बी होती है। अन्य क्रमशः सात, आठ, नौ, दस, ग्यारह और अन्तिम लक्षा बारह अङ्गुल की प्रशस्त कही गई है।

आदिहीना मतिभ्रंशं मध्यहीना धनक्षयम्।
हन्याद्वंश वंशहीना शूलाग्रे मृत्युसम्भवः ॥ 19 ॥

यदि इनमें से प्रारम्भ से हीन टूटी या विकार युक्त होती है तो वह बुद्धि का नाश करती है। मध्य में हीन हुई तो धन का अपक्षय करती है। वंश या मूठ में दोष

युक्त हुई तो कुलच्छेदन करती है और यदि शूल के आगे दोषयुक्त हों तो मृत्युकारक होगी।

चतुरङ्गुला भवेन्मुष्टिरूर्ध्वे द्व्यङ्गुलताडिता।
मुष्टिकाधो यवाकारो जडनार्थे च कीलकम्॥ 20॥

इति छुरिका।

छुरी की मुष्टि चार अङ्गुल लम्बी और दो अङ्गुल मोटी होती है। मूठ के नीचे का भाग जौ की आकृति के जैसा अर्थात् मध्य में कुछ मोटा और किनारों पर पतला होगा। इनको जड़ने के लिए कील का प्रयोग होता है।

शस्त्रं शतार्धाङ्गुलं स्यान्मध्यमं तु द्विहीनतः।
तद् द्विहीनं कनिष्ठं स्यात् त्रिविधं खड्ग उच्यते॥ 21॥
... ... द्भवामूर्ध्वे तानिकोभयपक्षतः।
पालिकोर्ध्वे यवं कुर्यात्ताडकाधस्तुग्राहकम्॥ 22॥
जडिद्वयं! ग्राहके च जवकः खड्ग उच्यते।

इति खड्ग।

खड्ग को पचास अङ्गुल प्रमाण बनाएँ, यह ज्येष्ठ मान है। यदि इसमें से दो अङ्गुल कम 48 अङ्गुल की बनाएँ तो मध्य मान होगा और इससे से भी दो अङ्गुल कम 46 अङ्गुल की बनाएँ तो कनिष्ठ मान कहा जाएगा।[1] इस प्रकार खड्ग के तीन प्रकार कहे गए हैं। ..... उसके ऊपर हो एवं दोनों ही पक्षों पर तान हो। उसमें पालिका के ऊपर यव को बनाएँ और नीचे मूठ के यहाँ पर ताडक हो। इसमें जडिद्वय (?) ग्रहण करने वाला हों तो खड्ग को जवक कहा जाता है।

खड्गमानोद्भवो व्यासो द्व्यङ्गुलाभ्यां तथाधिकः॥ 23॥
तद्वदग्रे पुनस्त्वेवं ज्येष्ठ-मध्य-कनिष्ठकम्।
उभयपक्षे चाऽन्तरं तु चतुर्दशाङ्गुलैर्भवेत्॥ 24॥

---

1. गर्गमुनि का मत है—अङ्गुलानि च पञ्चाशत्प्रधानः खड्ग उच्यते। तदर्धको निकृष्टः स्यात्तन्मध्ये मध्यमः स्मृतः॥ विषमाङ्गुलसंस्थो यो व्रणः सोऽनिष्टदः स्मृतः। शुभः समाङ्गुलस्थस्तु मध्यगो मध्यमः स्मृतः॥ त्रिंशद्यावद्विनिर्दिष्टमङ्गुलानां फलं ततः। षोडशाङ्गुलगो ज्ञेयो व्रणो मध्यफलप्रदः॥ (बृहत्संहिता 50, 20 पर उद्धृत)
इसी प्रकार सुप्रभेदागम में आया है : एकाङ्गुलन्तु विस्तारमधस्तात् कञ्चुकं भवेत्॥ चतुरङ्गुलविस्तारा फलका चतुरश्रका। त्रियङ्गुलं भवेत् कंर्णं तस्य नाहं द्वेमाङ्गुलम्॥ कर्णोद्धवे पालिकां कुर्यात् फलकोक्तार्धमानतः। तदूर्ध्वोङ्गुलविस्तारमर्धाङ्गुलमथायतम्॥ ऋतुकृत्वा कर्तिर्वक्त्रमेवं खड्ग लक्षणम्॥ (सुप्रभेदागम 22, 178-181)

हस्ताधारद्वयं कुर्याद् वृत्ताकारं तु वारुणम्।

इति खेटकम्।

खङ्ग का जो प्रमाण हो, उससे खेटक का व्यास बराबर तथा एक अङ्गुल और दो अँगुल अधिक व्यास रखें तो ये मान क्रमशः कनिष्ठ, मध्यम और ज्येष्ठ होंगे। खङ्ग व खेटक का अन्तर चौदह अङ्गुल (अर्थात् उस पर लगाए जाने वाले चन्द्रादि का अन्तर) होगा। उसको पकड़ने के लिए दो हस्ताधार (हत्थे) वृत्ताकार और वारुण रूप के होंगे।

... ...॥ 25॥

... ... धनिर्मांसं निनेत्रज्ञात्वावंडपम्।?

श्वेतासं सृगस्त्र... ... ? हेमदण्डविभूषितः॥ 26॥

इति खट्वाङ्गः।

खट्वांग आयुध ... निर्मांस, तीन नेत्र रूप में ज्ञेय है... वह सुवर्णदण्ड से विभूषित होगा।

द्विमुष्ट्यन्ध्यङ्गुलं मध्यं मध्योर्ध्वं च द्विहस्ततः।

निम्नं चोभयतः कुर्य्याद् गुणाधारे तु कर्णिके॥ 27॥

--- गुलं मध्यदेशे चवमोनै र्गुणैर्मतम्?।

धनुष का चाप मध्यभाग में दो मुष्ठी और अङ्गुल प्रमाण का हो और दोनों ओर दो हाथ लम्बाई लिए हों। नीचे से लेकर ऊपर तक गुण या प्रत्यंचा हो जो कान तक खींची जा सकती हों। बाण को खींचते समय अङ्गुल प्रमाण ही मध्य स्थल पर बाहर रहना चाहिए।

सप्ताष्टनवमुष्टिश्च बाणंः पुष्प अद्गर्णौ? युतः॥ 28॥

कुम्भके कुम्भयेद् बाणं पूरकेण तु पूरयेत्।

रेचके रेचयेद् बाणं त्रिविधं शरलक्षणम्॥ 29॥

इति धनुर्बाणः।

बाण सात, आठ या नौ मुष्ठी प्रमाण का होगा तथा उसका पुष्प यथोचित प्रमाण वाला होगा। उसके संचालन के आधार पर तीन भेद हैं : कुम्भक करके चढ़ाना या रोकना, पूरक करके छोड़ना और रेचक करके खींचना।

मकरद्वित्रिकं वापि पाशो ग्रन्थिसमाकुलम्?।

अङ्कुशं चाऽङ्कुशाकारं तालमानसमावृतम्॥ 30॥

इति पाशाङ्कुशौ।

दो या तीन मकर गाँठ लगाकर पाश को बनाया जाना चाहिए।[1] अङ्कुश का अङ्कुश के आकार वाला ही उचित ताल व मान सहित बनाएँ।

घण्टा घण्टाकृतिं कुर्याच्चतुर्धारा च रिष्टिका।
दर्पणं दर्शनार्थं च दण्डः स्यात्खड्गमानतः ॥ 31 ॥

इति घण्टारिष्टिदर्पणदण्डम्।

घण्टा को घण्टा की आकृति के समान बनाएँ। चार धार युक्त रिष्टिका का निर्माण करें। देखने के लिए दर्पण बनाएँ और खड्ग के मान के बराबर दण्ड का निर्माण करें।

शङ्खश्च दक्षिणावर्तश्चक्रं चारयुतं तथा।
गदा च खड्गमाना स्यात् पृथुतालं अकंदाणे त्रयम् ?॥ 32 ॥

इति शङ्खचक्रगदा।

शङ्ख को दक्षिणावर्त (जिसके कम्ब में दक्षिणी ओर उठती रेखाएँ हों) बनाएँ और चक्र को गतिशीलता के दर्शाएँ। गदा को खड्ग के मान के समान ही रखे किन्तु उसका ताल मोटा होगा (?)।

वज्रं शूलद्वयं दीर्घमेकविंशतिशूलतः।
अर्धेन्दुनिभधाराग्रा शक्तिः स्याद् द्वादशाङ्गुला ॥ 33 ॥

इति वज्र-शक्तिः।

वज्र दो बड़े शूलों से युक्त और इक्कीस शूलों वाला होता है। अर्धचन्द्रमा के समान आगे धार वाली शक्ति को बारह अङ्गुल प्रमाण से बनाएँ।

हस्तग्राह्यश्चोर्ध्वतश्च मुद्गरः षोडशाङ्गुलिः।
भृशुण्डी युग्मदोरास्या द्विहस्तान्ताग्रचालका ॥ 34 ॥

इति मुद्गर-भृशुण्डी।

मुद्गर नामक आयुध के लिए हाथ में पकड़ने योग्य ऊर्ध्व भाग को सोलह अङ्गुल रखना चाहिए। भृशुण्डी आयुध दो मुख वाला और दो हाथ अग्र चाल वाला होगा।

विंशत्यङ्गुलं मुशलं चतुरङ्गुलवृत्तकम्।
अर्धचन्द्रोपमः पर्शुस्तद्दण्डः खड्गमध्यतः ॥ 35 ॥

इति मुशल-पर्शू।

मूसल को बीस अङ्गुल का बनाएँ और उसके वृत्त का घेरा चार अङ्गुल प्रमाण रखना चाहिए। परशु को आधे चन्द्रमा के आकार का बनाएँ और उसके लिए दण्ड

---

1. पाश के लिए सुप्रभेदागम में आया है : फणद्वयसमायुक्तः पाशः प्रोक्तो भुजङ्गम्॥ (तत्रैव 22, 181)

को खड्ग के मान से आधा (25 अङ्गुल प्रमाण) कहा गया है।

कर्तिका छुरिकामाना चक्रे च [1]त्रिसमाकृतिः।
शिरोऽस्थिकं कपालं स्माच्छिरश्च रिपुशीर्षकम्॥ 36॥

इति कर्त्तिका-कपालशीर्षकम्।

कर्तिका या कैंची को छुरिका के मान के समान बनाएँ। उसमें तीन (? दो) चक्र एक जैसे आकार के हों। इसी प्रकार सिर की कपाल-अस्थि (से बनने वाला) शिर रिपुशीर्षक कहा जाता है।

सर्पो भुजङ्गस्त्रिफणी शृङ्गं स्याद्वै गवादिजम्।
हलं हलाकृतिः कुर्यात् कुन्तं वै पञ्चहस्तकम्॥ 37॥

इति सर्प-शृङ्ग-हल-कुन्तम्।

सर्पायुध को तीन फणी नाग जैसा बनाएँ। गाय आदि से प्राप्त सींग से शृंग बनाएँ। हल बिल्कुल हल की आकृति का बनाएँ और कुन्त या भाला पाँच हाथ के प्रमाण का होगा।

पुस्तकं युग्मतालं स्यात् जाप्यामालाऽक्षसूत्रकम्।
कमण्डलुश्च पादोनः श्रुच्वै षट्त्रिंशदङ्गुला॥ 38॥

इति पुस्तकाऽक्षमालाकमण्डलुश्रुचयः।

पुस्तक को दो ताल से बनाना चाहिए। सम्भवतः यही प्रमाण जाप्य माला व अक्षसूत्र के लिए भी रखना चाहिए। यही प्रमाण कमण्डलु का भी होगा जबकि शूची सा सरवा छत्तीस अङ्गुल प्रमाण का बनाना चाहिए।

पद्मं च पद्मसङ्काशं पत्रं मुक्तं च लोलकम्।
पद्मासनार्ध युग्महस्ता योगमुद्रा तथोच्यते॥ 39॥

इति पद्मपत्रं योगमुद्रा।

पद्म को पद्म के समान ही दिखाएँ, उसके पत्र मुक्त किन्तु डोलते हुए होंगे। पद्मासन में हाथ आधे जुड़े हुए हों तो उसे योगमुद्रा कहा जाएगा।

इति सूत्रसन्तानगुणकीर्तिप्रकाशप्रोक्तृश्रीभुवदेवाचार्योक्तापराजितपृच्छायां
षट्त्रिंशदायुधनिर्णयोधिकारो नाम पञ्चत्रिंशदुत्तरद्विशततमं सूत्रम्॥ 235॥

इस प्रकार भुवनदेवाचार्य कृत सूत्रसन्तानगुणकीर्ति प्रकाश या अपराजितपृच्छा में छत्तीस आयुध निर्णय अधिकार नामक दो सौ पैंतीसवाँ सूत्र पूर्ण हुआ॥ 235॥

---

1. 'द्विसमाकृति' इति साधुपाठः। कैंची के हत्थे में अङ्गुलियाँ डालने के लिए जो चक्राकार छेद होते हैं, सम्भवतः उनसे आशय है।

षोडशाभरणलक्षणं षट्त्रिंशदुत्तर द्विशततमं सूत्रम् ॥ 236 ॥

अपराजित उवाच —

[1]सुरासुरनरादीनां भूषणानि कथं प्रभो।
कथयस्व प्रसादेन सर्वं विश्वजगत्पते ॥ 1 ॥

(इस अध्याय में सोलह आभूषणों का और उनके निर्माण में प्रयुक्त होने वाले रत्न-धातुओं का वर्णन है। ये आभूषण तत्कालीन समाज में व्यवहार्य थे। नाट्यशास्त्र के 23वें अध्याय में भी विविध आभूषणों का वर्णन है। मानसोल्लास आदि में भी आभूषणों का विवरण है। रत्नादिकों पर 'अगस्तिमत' नामक प्राचीन ग्रन्थ है और उसी पर बुधभट्ट ने रत्नपरीक्षा की रचना की जिसे गरुडपुराण में ज्यों का त्यों उद्धृत किया गया है। 'आगमश्च प्रमाणञ्च रूपनिर्वर्णनं तथा॥ विश्वकर्ममतात् कार्यं सुबुद्ध्यपि प्रयोक्तृभिः' से नाट्यशास्त्र (23, 43-44) सूचित करता है कि विश्वकर्मा के किसी ग्रन्थ में आभूषणों का विस्तृत वर्णन था। मुद्रित पुस्तक में प्रस्तुत सूत्र आरम्भ से ही त्रुटित है, यहाँ उसे सम्पादित किया गया है) अपराजित बोले कि हे प्रभो! आप मुझे देवता, असुर और मनुष्यों के आभूषण के विषय में कहिये। हे विश्वजगत्पते! आप कृपा कर उनका समस्त विवरण मुझसे कहें।

विश्वकर्मोवाच —

भूषणानि तात वक्ष्ये आपादतलमस्तकम्।
षोडशाभरणानीह कथितानि च पुत्रक ॥ 2 ॥

हे तात! मैं तुम्हें पादतल से लेकर मस्तक तक धारण किए जाने वाले आभूषणों के बारे में कहता हूँ। पुत्र! ये आभरण सोलह हैं, उनको (क्रमशः) बताता हूँ।

---

1. मुद्रितपुस्तके 'सुरासुरनरादीनां भूषणानि कथं प्रभो। अतियुक्ततरं चैव शम्भुना यत्प्रकाशितम्॥ 1॥ वाद्य-नर्तन-गीताद्यं तालमूलसमुद्भवम्। कथयस्व प्रसादेन सर्वं विश्वजगत्पते॥ 2॥ विश्वकर्मोवाच—भूषणं तात ते वक्ष्ये पादादौ षोडशात्मकम्। तथाभरणसूत्राणि कथये शृणु पुत्रक॥ 3॥ मेरुद्वयं निगदितं पताका सूचिका तथा। दशदलितगुरुणोद्दिष्टं नष्टं च षष्टकम्॥ 4॥ भवन्ति प्रस्तारगताः षडिमे प्रत्ययाः खलु। (चत्वार आद्यास्सुरवेश्मनां च) कर्तारएवामरवेश्मनां च दक्षाअपि प्रत्ययकान् षडेतान्। ये वै न जानन्ति गुरुपदिष्टास्ते सूत्रधारा रिपवः प्रजानाम्॥' इत्यारम्भस्य पाठः। ग्रन्थ के प्रकाशित पाठ में इस सूत्र का आरम्भ बहुत त्रुटित है। अपराजित के प्रश्न के श्लोक सहित पाँच श्लोक आए हैं और इनमें चौथे श्लोक के बाद संख्या नहीं दी गई है। इसके बाद पुनः अपराजित का वही प्रश्न है जो प्रथम श्लोक है। अतः यहाँ अध्याय संपादित है। मेरु छन्द सम्बन्धी विवरण सूत्र 68 में आया है और वहाँ 37वें क्रम पर 'ये वै न (नैव)..' श्लोक आ चुका है। इनका अर्थ वहीं देखना चाहिए।

नूपुरः पादकटकः प्रलम्बोदकमेव च।
मेखलोर्ध्वे कटिसूत्रं (तथा कट्यां) हारो वक्षः स्थलालयः ॥ 3 ॥
मुक्ताफलानि सर्वाणि शुद्धाकर भवानी च।

इनमें (पाँवों से) नूपुर, पादकटक, प्रलम्बोदक, मेखला, कटिसूत्र और वक्षस्थल पर धारण करने योग्य हार होता है। इन सब में मोतियों का प्रयोग होता है और वे शुद्ध स्थल से प्राप्त होने चाहिए।

पाण्ड्यमातङ्गसौराष्ट्रे हैम सौर्प्पारे कौशले ॥ 4 ॥
वेण्यातटे कलिङ्गे च वज्राकरसमुद्भवः।
एभ्यो (एषु) [1]मुक्तासमानानि शुद्धरत्नानि यानि च ॥ 6 ॥

यह ज्ञातव्य है कि पाण्ड्य प्रदेश, मातङ्ग (? अंग), सौराष्ट्र, हैम (हिमालय), सोपारा, कौशल, वेणी के तट, कलिंग और हीरों की खान से उद्भूत होने वाले मुक्ता समान (उन्हीं के नाम वाले और) शुद्ध रत्न होते हैं। (यह वर्णन आगे हीरों के सम्बन्ध में आया है)।

अथवा चाहिमातङ्ग वाराहमत्स्यनक्रजाः।
शङ्खजा वेणुजाश्चैवं मुक्तानां (मध्ययोनता ?) योनय इमाः ॥ 6 ॥

इसके अतिरिक्त सर्प, हाथी, शूकर, मत्स्य और मगर में पाए जाने वाले, शंख और बाँस में उत्पन्न होने वाले मोती अपनी-अपनी योनियों के अनुसार नाम[2] से पहचाने जाते हैं।

निश्चलत्वमन्यूनत्वं निर्वाणत्वं सुगन्धिता।
सुवेध्यं च मणिं वीक्ष्य[3] कण्ठे धार्य्यं च भूभुजेः ॥ 7 ॥
व्यङ्गितानि यदा तानि त्यजेदेतानि भूपतिः।

---

1. 'मुक्तासनामानि' इति साधुपाठ। देश से आने वाले मोती के नाम के आगे पहचान के लिए उस देश का नाम होता रहा होगा, जैसे सोरठ का मोती, सोपारा का मोती आदि। तुलनीय : सैंहलिकपारलौकिकसौराष्ट्रिकताम्रपर्ण पारशवाः। कौबेरपाण्ड्यहाटकाहेमका इत्याकरास्त्वष्टौ॥ (गरुडपुराण पूर्व. 69, 23)
2. तुलनीय : द्विपेन्द्रजीमूतवराहशङ्खमत्स्याहिशुक्त्युद्भववेणुजानि। मुक्ताफलानि प्रथितानि लोके तेषाञ्च शुक्त्युद्भवमेव भूरि॥ (गरुड. पूर्व. 69, 1) तथा : कोलाहिकरिमत्स्यानां शीर्षे मुक्ताफलोद्भवः। त्वक्सार शुक्ति शङ्खानां गर्भे मुक्ताफलोद्भवः॥ विस्तृत रूप से देखें मानसोल्लास (द्वितीय विंशति, चतुर्थाध्याय) और शिल्पशास्त्रे आयुर्वेदः भूलोकमल्ल सोमेश्वरकृत, सम्पादक व अनुवाद- डॉ. श्रीकृष्ण जुगनू, प्रो. भँवर शर्मा, चौखम्बा, वाराणसी, 2008 ई., पृष्ठ 49-51
3. मुद्रितपुस्तके 'वीक्ष्म' इति पाठः।

पुराणि (रत्नानि) सौम्यरूपाणि नृपार्थं हार उत्तमः ॥ 8 ॥

इति हारः।

इसी प्रकार निश्चत्व, अन्यूनत्व, निर्वाणत्व (निर्व्रणत्व), सुगन्धिता, सुवेध्यता और मणिवत् सुन्दर दिखाई देने वाले मोती को राजा को अपने कण्ठ पर धारण करना चाहिए। यदि टूटा हुआ मोती हों तो राजा को उसे त्याग देना चाहिए किंतु पुराने रत्न हों और सौम्य हों तो राजा के लिए उनका हार में प्रयोग उत्तम होता है।

पदकं सम्प्रवक्ष्यामि सर्वरत्नैरलङ्कृतम्।
धूली ? मरकतं चाद्यं तथा चैवं सपत्रकम्॥ 9 ॥
कीटपक्षोऽपरः प्रोक्तो गरुडागार एव च।
चत्वारो मणयः प्रोक्ताः सर्वे दुःखप्रणाशनाः ॥ 10 ॥

अब पदकं (कण्ठाभरण) के बारे में कहता हूँ जो सब प्रकार के रत्नों से अलंकृत होता है। इसमें प्रथम धूली मरकत, द्वितीय सपत्रक, तृतीय कीटपक्ष और चतुर्थ गरुड़ागार— ये चारों प्रकार की मणियाँ सब प्रकार के दुखों का नाश करने वाली हैं।

पञ्चधा भाजिते क्षेत्रे पुन(र्नारद ?)स्त्वेवं च पञ्चभिः।
तन्मध्ये च महादिव्यं मरक्तं सुरवल्लभम्॥ 11 ॥

इसके लिए आभूषण के क्षेत्र को पाँच भागों में बाँटे, फिर उनके भी पाँच-पाँच भाग करके उनके बीच-बीच में महादिव्य मरकत पन्ना जड़ें जो कि देवताओं का प्रिय होता है।

माणिक्यं पूर्वतो देशे दाडिमीबीजसप्रभम्।
उदिता कर्कटच्छाया ?(उदितार्कसमच्छायं) प्रभामण्डण्डितम्॥ 12 ॥

उसकी पूर्व दिशा में माणिक्य नामक रत्न जड़ा जाता हैं जो दाड़िम के बीज के समान प्रभायुक्त लाल रंग का होता है। उसका प्रभा मण्डल उदित होते हुए सूर्य के समान लालिमा की समता लिए होता है।

दृश्यते तत्तु माणिक्यं दक्षिणं दिशमाश्रितम्।
पद्मरागनिभं स्वच्छं दीपकांशु स्वभावकम्॥ 13 ॥

वह माणिक्य नामक लाल रत्न दक्षिण दिशा के आश्रित भी देखा गया है। वह पद्मराग के समान स्वच्छ होता है और स्वाभाविक रूप से दीपकांश या चमकदार होता है।

अपरं च महादिव्यं माणिक्यं ब्रह्मवल्लभम्।

सुस्निग्धं दुग्धवत्स्वच्छं दाडिमी कुसुमप्रभम्॥ 14॥

इसके बाद पश्चिम में भी माणिक्य होता है जो ब्रह्मप्रिय होता है। वह सुस्निग्ध और दूध के समान स्वच्छ होता है तथा दाडिम के पुष्प के जैसा लाल रंग का होता है।

तन्माणिक्यं तु कौबर्य्यां शाश्वतं शक्तिपूजने।
दक्षिणोत्तरप्राचीषु नीलं वै वज्रवत् क्रमात्॥ 15॥

उत्तर दिशा में शक्तिपूजन के प्रयोजन से माणिक्य को काम में लिया जाता है। इसी तरह दक्षिणोत्तर में और पूर्व में नीलम व हीरे को क्रमशः प्रयोग में लाया जाता है।

तन्मध्ये विदिशायां च वज्रं शक्रस्य वल्लभम्।
पद्माकारं घृतं दधात्परिधौ नालरूपकम्॥ 16॥

उनके मध्य में विदिशाओं में इन्द्र को प्रिय हीरे की जड़ाई की जाएगी। उसे पद्माकार देकर उसकी परिधि को नाल रूप में बनाना चाहिए।

विचित्रकण्टकैर्युक्तं पञ्चशाखा (पत्रशाखा) विभूषितम्।
दण्डशृङ्खलरूपं च खचितं चित्ररत्नकैः॥ 17॥
लशुनं मध्यभूमौ स्याध्दृदयानन्द कारकम्।

इति पदकम्।

उसे तरह-तरह के कँगूरे देकर पञ्चशाखा (पत्रशाखा, पानड़ी) से विभूषित करें। उसके दण्ड-शृंखल रूप अर्थात् सांकल चपटे दण्ड के रूप में बनाकर विभिन्न रत्नों को जड़ें। इनके मध्य की भूमि पर लसुनियाँ लगाएँ जो कि हृदय को आनन्द देने वाला होता है।

श्रीवत्सं सम्प्रवक्ष्यामि सदा विष्णोश्च वल्लभम्॥ 18॥
चतुरस्त्रं समं कृत्वा रसभागविभाजितम्।
चतुष्पदं च मध्यस्थं रमणं ? कलिकोद्भवम्॥ 19॥
बाह्यपङ्क्तौ दिशायां च चतुर्भागैश्चतुर्दिशम्।
कोणे पदानि चत्वारि दिशायां मूर्ध्नि पत्रकम्॥ 20॥

अब मैं श्रीवत्स नामक आभूषण के बारे में कहूँगा, जो भगवान् विष्णु को प्रिय होता है। एक समान चौकोर बनाकर उसे छह भागों में विभाजित करें। उसके मध्य के चार भागों में रमणीय उठती हुई कलिकाएँ बनाएँ। बाहर की ओर कतारों में चारों दिशाओं में चार-चार भाग प्रत्येक दिशा में बनाएँ। उनके कोणों वाले चारों पदों पर दिशाओं की ओर मुँह किए हुए पत्रक (पानड़ी) बनाएँ।

क्षिपेत्समस्तगर्तेषु शुचीर्वीराहकर्णिकाः।
तन्मध्ये च महारत्नं सर्वलक्षणं संयुतम्॥ 21॥
तस्याऽधः पङ्कजं दिव्यमष्टपत्रं सकेसरम्।
मृणालग्रन्थिवल्लीकं कन्दं कलिविभूषितम्॥ 22॥
वर्तना कथिता सा तु कथ्यते तेऽधुना पुनः।

इस प्रकार बनाएँ सभी गर्तों में जड़ाई का कार्य करें। इसमें सफेद वराहदन्त की कर्णिका को जड़ना चाहिए। मध्य भाग में किसी महारत्न को जड़ें जो कि सभी लक्षणों से युक्त होना चाहिए। उसके नीचे कमल बनाएँ जिसके दिव्य आठ पँखुड़ियाँ हों और उनमें कमल केसर बीच-बीच हों। उनमें कमलनाल-मृणालग्रन्थि जैसी लीक-लकीर बनाएँ जो कि कन्दकलि से विभूषित होनी चाहिए— इस प्रकार कार्य करने की विधि कही गई है, इसे पुनः समझाता हूँ।

क्षपगर्भ(र्त्त)क मध्यस्थं मध्ये चोपाश्रयं क्षिपेत्॥ 23॥
सोमकान्तिं तस्योपरि सुधाधौतं सदासितम्?।
वर्णानुक्रमपरिधौ धूल्याद्यं गरुडान्तगम्॥ 24॥

इस आभूषण में क्षेपगर्तक के बीच-बीच में उपाक्षय-आधार लगाना चाहिए। उसके ऊपर चन्द्रकान्तमणि का प्रयोग करें जो कि सफेद आभा लिए प्रतीति देती हों। इसके बाद परिधि पर वर्णानुक्रम से धूली से आरम्भ करते हुए गरुड़ के अन्त तक जाती रत्नावली को जड़ना चाहिए।

तदुपरि पत्रवल्ली पुष्पराग चतुष्टयम्।
कोणस्थानेषु वैडूर्य्यचतुष्कं विघ्ननाशनम्॥ 25॥
चक्रकोणेषु सर्वेषु निक्षिपेत् परिधौ क्रमात्।

उसके ऊपर पत्रवल्ली (पत्तों वाली बेल) बनाकर उसमें चार पुष्पराग के पुष्प बनाना चाहिए और चारों कोनों पर चार-चार वैडूर्य रत्न को जड़ना चाहिए। ये विघ्नों का नाश करने वाले हैं। सभी चक्रों के कोनों पर परिधि के क्रम से (हीरा आदि रत्नों की जड़ाई करनी चाहिए)।

अथ वज्राकरनामानि —

पौण्ड्र मातङ्गसौराष्ट्रहेमसापरिकौशलाः॥ 26॥
वेण्वातरं कलिङ्गश्च वज्रस्याष्टौ तथाकराः।
वर्णानुक्रमं वक्ष्ये विप्रशूद्रान्तजातिषु॥ 27॥

(उसमें जड़ने योग्य हीरे) पौण्ड्र (एक अनार्य देश), मातङ्ग (कामरूप के दक्षिण-पूर्व में स्थित), सौराष्ट्र (गुजरात), हिमालय, सापरी (सोपारा या ऊपरी), कोसल, वेण्वातर (वेण्वातट, वेणा नदी के निकटवर्ती या वैराकर) और कलिङ्ग— ये आठ हीरों की खानों के प्रदेश हैं। ये हीरे क्रमशः सफेद, लाल, नीले और काले होते हैं तथा ये क्रमशः विप्र, क्षत्रिय, वैश्य और शूद्रों के लिए विहित है।

त्रास ? (मुक्ताः)कलङ्कितर्दोषै...रत्नदोषः(रत्नदोषस्दुदुःखदः)।

(मल, बिन्दुयुक्त, रेखा सहित) त्रास (चोटिल) और कलंकित रूप होना— ये हीरों के पाँच दोष कहे गए हैं जो दुःखप्रदायक होते हैं।[1]

तथा चान्यरत्नानि —

पद्मरागस्तथा पुष्पं महानीलं सुनीलकम्॥ 28॥[2]
[मौक्तिकं मरकतञ्चैव वैडुर्यं गन्धसञ्ज्ञकम्।
चन्द्रकान्तं सूर्यकान्तं स्फाटिकं पुलकन्तथा॥ 29॥
कर्केतं कर्कोतनख्यातं ज्योतीरसं तथापरे।
स्फाटिकं राजवर्तञ्च तथा राजमतं शुभम्॥ 30॥
सौगन्धिकं तथा गञ्जं शङ्खं ब्रह्ममयन्तथा।
गोमेदं रुधिराख्यञ्च तथा भल्लातकं बुधः॥ 31॥
धूली मरकतञ्चैव तुत्थकं सीसमेव च।
पीतं प्रवालकञ्चैव गिरिवज्रञ्च भास्करम्॥ 32॥
भुजङ्गममणिश्चैव तथा वज्रं मणिः शुभः।
तित्तिरञ्च तथा पीतं भ्रामरञ्च तथोत्पलम्॥ 33॥
वज्राण्येतानि सर्वाणि धार्यान्येव महीभृता।
सुवर्ण प्रतिबद्धानि जयारोग्य समृद्धये॥ 34॥

अन्य रत्नों में पद्मराग, पुष्पराग, महानील, सुनील, मोती, मरकत, वैडूर्य, गन्ध नामक रत्न, चन्द्रकान्तमणि, सूर्यकान्तमणि, स्फटिक, पुलक, कर्केत जो कि कर्कोतन नाम से भी ख्यात है, ज्योतिरस, स्फटिक राजावर्त जो राजमत से शुभ माना गया है,

---

1. तुलनीय : मलोबिन्दुस्तथा रेखा त्रासः काकपदं च यत्। एते दोषास्समाख्याताः पञ्च रत्नेषु कोविदैः॥ (रत्नपरीक्षा, सरस्वती महल, तंजौर, पृष्ठ 10) अत्यर्थं लघुवर्णतश्च गुणवत् पार्श्वेषु सम्यक्स्थितम् रेखाबिन्दुकलङ्ककाकपदकत्रासादिभि वर्जितम्। लोकेऽस्मिन् परमाणुमात्रपि यद् व्रजं क्वचिद् दृश्यते तस्मिन्देवसमाश्रयो ह्यवितथं तीक्ष्णाग्रधारं यदि॥ (युक्तिकल्पतरु अलंकारयुक्ति 55)
2. मुद्रितपुस्तके इतः परं 38 श्लोकान्तं न लभ्यते। कोष्ठान्तर्गत श्लोकाः युक्तिकल्पतरु ग्रन्थात् उद्धृतः।

सौगन्धिक पद्मराग, गुंजा, ब्रह्ममय शंख, गोमेद, रुधिर नामक रत्न, भल्लातक, धूली मरकत, तुत्थक, शीशा, पीला प्रवाल, गिरिवज्र, नागमणि, शुभ वज्रमणि, तीतर जैसा व पीला एवं भौंरे जैसा उत्पल, वज्र इन सबको राजा को धारण करना चाहिए। सोने में जड़कर धारण करने से जय, आरोग्य और समृद्धि होती है।

सिंहले तु भवेद्रक्तं पद्मरागमनुत्तमम्।
पीतं काणपुरोद्भूतं कुरुविन्दमिति स्मृतम्॥ 35॥
अशोकपल्लवच्छायमनुं सौगन्धिकं विदुः।
तुम्बुरेच्छाययानीलं नीलगन्धि प्रकीर्तितम्॥ 36॥
उत्तमं सिंहलोद्भूतं निकृष्टं तुम्बुरोद्भवम्।
मध्यजं मध्यमं ज्ञेयं माणिक्यं क्षेत्रभेदत्॥ 37॥
आरक्तकान्तिहीनश्च चिक्कणश्च विशेषतः।
मांसखण्डसमाभासोऽन्त्यजः पापनाशनः॥ 38॥]

इनमें से सिंहल द्वीप में उत्पन्न हुआ लाल पद्मराग उत्तम होता है। काणपुर से मिलने वाला पीला होता है व कुरुविन्द नामक कहा जाता है। यदि वह अशोक के पत्ते की आभा वाला हों तो सौगन्धिक कहा जाता है। तुम्बुरु जैसा हों तो नीलगन्धि नाम से जाना जाता है। सिंहल द्वीप में उत्पन्न पद्मराग उत्तम रत्न होता है, तुम्बुर का निकृष्ट होता है, मध्य देश का पद्मराग मध्यम होता है। यह पहचान इसकी क्षेत्र के भेदानुसार होती है। इनमें से सम्पूर्णतः लाल पद्मराग, कान्ति से विहीन और चिकना हों तथा मांस के टुकड़े जैसा प्रतीत हों तो शूद्र जाति का पापनाशक होता है।

[गुणाबहुला यद्यरत्नै नृपं नित्यं धारयेत्।][1]
तदधस्तान्मृणालं च (कण्टककलि[2])भूषितम्॥ 39॥
मध्यभूमौ समस्तायां पत्रपङ्क्तिविराजितम्।
दिक्स्थानेषु स्थितं बाह्ये पद्मराग चतुष्टयम्॥ 40॥

जिस रत्न में बहुत गुण हों अर्थात् जो मूल्यवान हो, उसे राजा को नित्य धारण करना चाहिए। (कौस्तुभ नामक आभरण में) नीचे कमलनाल को काँटेदार कलियों से विभूषित करें। सभी के मध्य के भाग को पँखुड़ियों को बनाना चाहिए। बाहर की चारों ही दिशाओं के स्थानों पर चार पद्मराग बनाएँ।

महारत्नेन्द्रनीलाश्च चत्वारश्च चतुर्दिशम्।

---

1. '... रायेत्?' इति प्रकाशित पाठः।
2. मुद्रितपुस्तके 'कण्टकैककलिक?' इति पाठः।

अष्टौ च कोणपत्रेषु पुष्परागास्तथोदिताः ॥ 41 ॥

तन्मध्यतो वै शिरीषशाखापत्रथवराजितम्।

समस्तं हीरकैर्बद्धं मुक्ताभिर्मणिभिस्तथा ॥ 42 ॥

विचित्रपत्रसंयुक्तमूर्ध्वे कुर्यात् सुरूकपम्।

दण्डस्तु भागविस्तीर्णो द्विभागश्चोर्ध्वतो भवेत् ॥ 43 ॥

फिर उसके मध्य की ओर शिरीष शाखा पत्र से युक्त शोभा प्रदान करें और सारे अलंकरणों को हीरों से, मोतियों से, मणियों से लकदक करना चाहिए। तरह-तरह के पत्रों से ऊपर की ओर बड़ी सुन्दर रचना करनी चाहिए जिसका दण्ड एक भाग विस्तार का और दो भाग ऊँचाई वाला बनाना चाहिए।

उपान्तं गर्त्तसम्पन्नं हीरकैः खचितं तथा।

अन्तरे तस्य माणिक्यमुदितार्कसमप्रभम् ॥ 44 ॥

उपाश्रयं च सङ्क्षिप्य न्युसं वाराभिवर्जितम् ?।

दृढत्वं च मृदुत्वं च मृणालकमलोपमम् ॥ 45 ॥

इसके उपरान्त छोरों-किनारों पर गर्त बनाकर उनमें हीरों की जड़ाई करें जिनके अन्तर पर माणिक्य को जड़ना चाहिए जो उदित होते हुए सूर्य के समान प्रभा वाले हों। उनके आधार को थोड़ा-बहुत रत्नों की जड़ाई करके पूर्ण करना चाहिए। इससे कमलनाल दृढ़, मृदुत्व गुण लिए प्रतीत होगी।

ईदृशं च महालिङ्गमपांपतिसमुद्भवम्।

हृ(त)त्पद्मोपरिस्थाप्यः सौम्यकान्तिश्चिन्तामणिः ॥ 46 ॥

दुर्लभः कौस्तुभश्चायं सुरासुरनरोरगैः।

सौम्यकान्तिं विना विष्णुं नाऽपि देवैरवाप्यते ॥ 47 ॥

इति कौस्तुभः।

इस प्रकार से महालिंग को सागर से उठता हुआ दीखे, ऐसा बनाएँ। इस सौम्य कान्तिदायक चिन्तामणि को हृदय पर धारण करना चाहिए। यह बड़ा दुर्लभ कौस्तुभ आभूषण है जिसे देवता, असुर, मनुष्य और उरग भी चाहते हैं। इसकी सौम्य कान्ति नहीं हों तो वह विष्णु व देवताओं के लिए पाने योग्य नहीं रहता है।

प्रथमं शिशुपत्रं च सकलं च द्वितीयकम्।

स्वस्तिकं तु तृतीयं च वर्द्धमानं चतुर्थकम् ॥ 48 ॥

तथाऽन्यत्सर्वतोभद्रं पञ्चपत्रामिति स्मृतम्।

क्षीरार्णवसमुत्पन्नं मुद्रारूपं तथोत्तमम् ॥ 49 ॥

हेममयानि सर्वाणि चितानि मणिरत्नतः।
हृदि कण्ठे तथा मूर्ध्नि सदा धार्याणि भूपते॥ 50॥

इति पत्राभरणम्।

पत्राभरणों में प्रथम शिशुपत्र होता है, द्वितीय सकलपत्र होता है। स्वस्तिक नामक पत्र तृतीय और वर्द्धमानपत्र चतुर्थ होता है। पाँचवाँ पत्र सर्वतोभद्र के नाम से जाना जाता है। ये सब पत्र समुद्र से उत्पन्न हुए हैं जो सर्वोत्तम मुद्रा के रूप में मूल्यवान कहे गए हैं। ये सभी सोने के बने हुए होते हैं और मणिरत्नों से जटित होते हैं। राजा इनको सदैव अपने हृदय-प्रदेश, कण्ठ और सिर पर धारण करते हैं।

मुकुटं सम्प्रवक्ष्यामि ज्येष्ठमध्यकनिष्ठिकम्।
शेखरं प्रथमं ना किरीटं च द्वितीयकम्॥ 51॥
तृतीयं चाऽमलसारं मूले मुकुटमण्डनम्।

अब मैं मुकुट के बारे में कहता हूँ जो कि ज्येष्ठ-मध्य और कनिष्ठ प्रकार के होते हैं। इनमें शेखर नामक का मुकुट प्रथम, किरीट नामक मुकुट द्वितीय है जबकि तीसरा आमलसारक होता है जो कि मूल मुकुट-मण्डित होता है।

शेखरं शिखराकारमङ्गत्रयविभूषितम्॥ 52॥
तन्मध्ये च महारत्नं वत्नं वै रुद्ररूपकम्।
मरक्तं वामदेशे च साक्षाद्वै विष्णुदैवतम्॥ 53॥
दक्षिणे पद्मरागं च पुरुषाख्यवपुः कृतम्।

शेखर का आकार शिखर जैसा होता है। इसके तीन अंग शोभायमान होते हैं। उनके मध्य में महारत्न हीरा मानों रुद्र के रूप में होता है, जिसके बायीं ओर मरकत मणि साक्षात् विष्णुरूप होती है। दायीं ओर पद्मराग को पुरुष के शरीर के रूप में कल्पित किया गया है।

त्रिभिःशृङ्गै रत्नमयं मूलदेशे प्रपूजितम्॥ 54॥
सदाशिवो मध्यपट्टे श्रेणीयुक्तश्च मण्डितः।
पद्मरागैश्च मणिभिरिन्द्रनीलादिभिस्तथा॥ 55॥
पूरिताहीरककणैः समस्ता खचिता मही।
पत्रवल्ली त्रिभङ्गी च कर्णिका कलिकैर्युतम्॥ 56॥
शेखरं शीर्षके पूज्यं नरेशस्य भवेत्सदा।

इति शेखरः।

इम तीनों की रत्नमय शृङ्गों-शिखरों की मूलदेश में पूजा की जाती है। मध्यपट्ट-पगड़ी में सदाशिव श्रेणीयुक्त मण्डित होते हैं जिसके साथ पद्मराग और इन्द्रनीलादि मणियाँ जटित होती हैं। ये सब हीरक कणों से सारी सतह को जड़े हुए और पत्रवल्ला या पत्रवेल, त्रिभङ्गी कर्णिका कलिकाओं के साथ होते हैं। शेखर या मुकुट को सदा राजाओं के सिर पर ही पूज्य माना जाता है।

[सुरपतिनिभं नृपं धारयेत् मुकुटं सदा[1] ॥ 57 ॥]
अतो वक्ष्यामि मुकुटं तथा सुरगणार्चितम्।
पट्टं शशिप्रभाभं च शृङ्गपञ्चकसंयुतम्॥ 58॥
शृङ्गाण्युपरि चत्वारि त्रीणि चैव तदूर्ध्वतः।
शृङ्गद्वयं तत्परं तदुपर्येकं च शृङ्गकम्॥ 59॥

राजाओं को सदा देवराज इन्द्र के जैसे मुकुट को धारण करना चाहिए। इस क्रम मैं (किरीट) मुकुट के बारे में कहता हूँ जिससे देवगणों की अर्चा-पूजा होती है। इसका पट्ट चन्द्रमा की प्रभा जैसा श्वेत होता है और इसके पाँच शिखर होते हैं। इन पाँचों शिखरों पर (क्रमशः कम करते हुए) चार शृङ्ग, उन पर तीन शृङ्ग, उन पर दो और तदोपरान्त एक शृङ्ग होता है।

शृङ्गाणि चैव कार्याणि मणिभिर्भूषितानि च।
हीरकेण समायोज्य पत्रवल्लीसमन्वितम्॥ 60॥
तत्रमध्ये महादिव्यं सोमकान्तिमणिं तथा।
धृतं(तद्वै)शिरसि सम्पूज्यं मुकुटं च किरीटकम्॥ 61॥

इति किरीटमुकुटः।

इन शृङ्गों को मणियों से विभूषित करना चाहिए। इसमें हीरे पत्रवल्ली से समन्वित होने चाहिए। इनके मध्य में महादिव्य चन्द्रकान्तमणि को धारण करवाएँ। इस पर धारण किए जाने वाले किरीट-मुकुट की पूजा करें।

वक्ष्येऽथामलसारं च मुकुटं देवदुर्लभम्।
अर्धचन्द्राकृतिपट्टं मुक्ताषोडशकावृतम्॥ 62॥
पञ्चाण्डकमयं दिव्यं सर्वरत्नविराजितम्।

अब आमलसार मुकुट (आँवळमुकुट) के सम्बन्ध में कहता हूँ जो देवताओं के लिए भी दुर्लभ है। इसमें पट्ट को अर्द्धचन्द्रकार करना चाहिए जिस पर सोलह

---

1. मुद्रितपुस्तके श्लोकार्द्ध लुप्तम्।

मोती जटित पछेवड़ी बाँधी जाती है। यह पाँच अण्डकों से युक्त होता है और सभी में जड़े हुए सभी रत्न दिव्य (बहुमूल्य) होते हैं।

खचितं हीरकैः सर्वं वैडूर्य्यमणिमध्यगैः ॥ 63 ॥
मुक्ताफलमयी श्रेणिरण्डकैरावृता सदा।
वज्रवैडूर्य्यगोमेदपुष्परागेन्द्रनीलकाः ॥ 64 ॥
एते पञ्च महापुण्या उपर्य्युपरितश्चिताः।
पञ्चरत्नमिदं दिव्यं स्वयमेव सदाशिवः ॥ 65 ॥

इसमें हीरे जड़े जाते हैं जिनके मध्य में वैदूर्यमणियाँ जड़ी होती हैं। इनमें मोतियों की कतार होती हैं जो सदा अण्डकों से आवृत होती है। इन पर हीरा, वैदूर्य, गोमेद, पुखराज और इन्द्रनीलमणि जड़ी जाती है— ये सभी पाँचों महापुण्यवान रत्न कहे गए हैं जो एक दूसरे के ऊपर चुने हुए होते हैं। ये पाँचों ही दिव्य रत्न अपने आप में सदाशिव स्वरूप हैं।

समस्तेषु च कोणेषु कर्केतं लशुनं तथा।
वार्यन्तरे समस्ते च पत्रवल्ली विराजिता ॥ 66 ॥
विद्रुमश्च महानीलं कोणगं(जं) खचितं सदा।
महातेजः सूर्यकान्तिं मौलिमध्ये च पुष्पकम् ॥ 67 ॥

इस मुकुट के सभी कोनों पर कर्केतन और लसुनियाँ जड़े जाएँगे और वार्यान्तरों पर सभी ओर पत्रवल्ली सुशोभित की जाती है। सदैव कोनों पर विद्रूम और महानील को जड़ना चाहिए और महातेजोमय सूर्यकान्तमणि को मुकुट के मध्य में पुष्प की तरह जड़ना चाहिए।

परीक्ष्येमानि रत्नानि यानि शुद्धानि तानि च।
ग्राह्यणि सूत्रधारेण मुकुटार्थं नृपस्य च ॥ 68 ॥
मुकुटं दिव्यरूपं च शिरस्युपरि धार्यते।
सुरभूमिपतीनां च ह्यन्येषां मुकुटं न हि ॥ 69 ॥

इत्यामलसारमुकुटः।

रत्नों की उचित विधि से परीक्षा करनी चाहिए और जो शुद्ध रत्न हो, वे ही सूत्रधार को चाहिए कि राजा के मुकुट के लिए ग्रहण करें। ऐसे दिव्य रूप मुकुट को सिर के ऊपर धारण किया जाता है। यह मुकुट देवताओं और राजाओं के लिए उचित है, अन्य किसी के लिए नहीं।

कण्ठाभरणकं ज्ञेय मुक्ताफलयमं शुभम्।

तन्मध्ये पद्मरागं च सूर्यतेजः समप्रभम्॥ 70॥

इति कण्ठः।

अब कण्ठाभरण (कण्ठला) को जानों जो शुभ मोतियों से लकदक होता है। इनके मध्य में सूर्य के प्रकाश जैसी प्रभा देने वाला पद्मराग जड़ा जाता है।

ततो बाहुबलं वक्ष्ये सर्वसौभाग्यदायकम्।
मध्यदेशे मरकतः परिधौ सर्वरत्नकम्॥ 71॥
हीरकैः खचितं सर्वं शिशुपत्रविराजितम्।
क्षिपेत्समस्तगर्तेषु माणिक्यमणिकादिकम्॥ 72॥

इसके बाद, बाहुबल नामक आभूषण के बारे में कहता हूँ जो समस्त सौभाग्यों को देने वाला है। उसके मध्य में मरकत होता है और परिधि पर अन्य सभी रत्नों को जड़ा जाता है। यूँ यह सारा हीरों से जड़ा हुआ होता है और उसमें शिशुपत्र (छोटी-छोटी पत्तियाँ) की रचनाएँ की जाती हैं। उसके सभी गर्तों में माणिक्य मणि आदि जड़े जाते हैं।

उपाश्रयस्य चोत्तङ्गे ? पद्मरागमधः स्थितम्।
कोमलं ललितं नालं हीरकः खचितं तथा॥ 73॥
बद्धे बाहुबले चाऽस्क्षियो भूपस्य जायते।
भुजे सम्पूज्य माणिक्यं सूर्यतेजो द्युतिः सदा॥ 74॥

इति बाहुबलः।

इसमें ऊपरी भाग में (दिव्यरत्न) होगा और नीचे की ओर पद्मराग स्थित होगा। उसके कोमल सुन्दर नाल हीरे से जड़ी हुई बनाई जाती है। यह बाहुबल-भुजबन्ध राजाओं को बाँधने पर उनका अक्षय बल बढ़ता है। भुजा पर सदा माणिक्य की पूजाकर बाँधने से उनकी तेजस्विता सूर्य की द्युति के समान रहती है।

कुण्डले मुकुटं चैतच्छृङ्गारार्थं त्रिकं सदा।
मुक्ताफलमयी वल्ली चामीकरं तस्यान्तरे॥ 75॥
एषां गर्तेषु सर्वेषु हीरकं क्षेपयेत्सदा।
पद्मरागं तस्य मध्ये दिव्यकान्तिं सुतेजसम्॥ 76॥

इति कुण्डली।

शृङ्गार के लिए ये तीन सदा ही प्रयुक्त होते हैं : 1. कुण्डली, 2. मुकुट और 3. मोतियों की वल्ली। सभी में रत्नों के अन्तराल पर यथास्थान सोने का प्रयोग होता है। (कुण्डल कानों में, मुकुट सिर पर और उसके बाद मोतियों की माला धारण की

जाती है)। कुण्डली के सभी गड्ढों में सदा हीरों को जड़ना चाहिए। उसके मध्य में दिव्य कान्तिमयी पद्मराग को जड़ना चाहिए।

योज्यं च कङ्कणं बाह्वोर्नवरत्नमयं शुभम्।
हीरकंपद्मरागं च महानीलं च मौक्तिकम्॥ 77॥
मरक्तं विद्रुमं पुष्पं गोमेदं हसनं (लशुनं) तथा।
एतेभ्यश्च महादिव्या ग्रहाश्चैव यथा प्रभाः॥ 78॥

बाहुओं पर नवरत्नों से जड़े हुए कङ्कण (हस्ताभरण) को धारण करना शुभ होता है। इन रत्नों में 1. हीरा, 2. पद्मराग (माणिक्य), 3. महानील, 4. मोती, 5. मरकत, 6. विद्रुम, 7. पुष्पराज (पुखराग), 8. गोमेद और 9. लसुनिया होते हैं। इन सभी रत्नों की इनके अपने-अपने ग्रहों के समान आभा होती है।[1]

यद्धस्ते कङ्कणं दिव्यं शुद्धरत्नैः समावृतम्।
तस्य गेहे महापीडा न भवन्ति कदाचन॥ 79॥

इसलिए कहा जाता है कि जिसके हाथ में ऐसे दिव्य, शुद्ध रत्न जड़े हुए कंकण धारण होते हैं, उसके घर में कभी (ग्रहजन्य) महाव्याधि नहीं होती है।

---

1. नवग्रहों की मुद्रिका भी बनती है। इसके मध्य में सूर्य के रत्न के रूप में माणिक्य, पूर्व में शुक्र का रत्न हीरा होता है। आग्नेय कोण में चन्द्र का रत्न मुक्ता और कुज का रत्न प्रवाल दक्षिण दिशा में होगा। नैर्ऋत्य में राहु का रत्न गोमेद, पश्चिम में शनि का रत्न नीलम होगा। वायव्य में गुरु का रत्न पुष्पराग, उत्तर में केतु का रत्न वैडूर्य और ईशान कोण में बुध का रत्न मरकत जड़ा जाएगा : मध्ये भानोस्सुमाणिक्यं पूर्वे वज्रं च भार्गवे। चन्द्रे मुक्ताऽनलदिशि कुजे याम्ये प्रवालकम्। नैर्ऋत्ये राहोर्गोमेदं नीलं तु पश्चिमे शनेः। वायव्य गुरो पुष्परागख्यं केतोर्वैडूर्यमुत्तरे। ईशान्ये ज्ञो मरकतं एवं स्याद्ग्रहमुद्रिका॥ (रत्नपरीक्षा, पूर्वोक्त पृष्ठ 45)

बुद्धगुप्त ने नौ महारत्नों का नामोल्लेख किया है— हीरा, मोती, मूँगा, गोमेद, नीलम, वैडूर्य, पुखराज, पन्ना और लाल (माणिक)। शुक्राचार्य की तरह ही इस ग्रन्थ में ग्रहों की प्रियता के सन्दर्भ में यह सूची सलक्षण दी गई है—

क्रम	रत्न की संज्ञा	ग्रह	वर्ण व लक्षण
1.	माणिक्य	सूर्य	लाल, इन्द्रगोप, या वीरबहूटी के समान तुल्य
2.	मुक्ता	चन्द्र	लाल, पीला, श्वेत, श्याम रङ्ग और चमकदार
3.	पन्ना	बुध	मोर या नीलकण्ठ के पंख जैसी आभा
4.	पुखराज	वृहस्पति	सोने की आभा वाला
5.	मूँगा	मङ्गल	पीलापन लिए लाल वर्ण वाला
6.	हीरा	शुक्र	तारों के समान कान्ति वाला
7.	इन्द्रनील	शनि	जलवाले मेघ की जैसी आभा युक्त
8.	गोमेद	राहु	पीला, लाल कान्तिवाला
9.	वैडूर्य (लहसुनिया)	केतु	बिलाव के समान आँखों वाला, रेखाओं से हीन

गाङ्गेयं निकषे शुद्धं दिव्यं ... ... ग्रन्थितम्।
महारत्नं तस्य मध्ये माणिक्यं वाम-दक्षिणे॥ 80॥
परिधौ हीरकं चैव तीक्ष्णधाराविवर्जितम्।
हस्तकंड शशंभाव तंच पुरविश्वके निर्मितम् ?॥ 81॥

गांगेय और कसौटी पर खरे उतरे हुए (सोना) पर ये दिव्य रत्न जड़े जाते हैं। उनके मध्य में महारत्न और बायें-दायें माणिक्य होगा। परिधि पर हीरा जड़ा जाएगा। इसका ध्यान रहे कि वह हीरा तीखी धार वाला नहीं हों, ऐसा हीरा इस आभूषण में त्याज्य होता है। वह हस्तकंड (? हस्तिकुण्ड), शश भाव (?) और विश्वकेपुर (बनारस) में तैयार हुआ हों।

तन्मध्ये पद्मरागं मरक्तं वाम-दक्षिणे।
मुक्ताश्च वामदेशे तु शुद्धशृङ्खलमेव च॥ 82॥
हारकङ्कणनिबद्धं मध्यदण्डसकेवलम् ?।
करपद्मं च तन्नाम करालङ्कार उत्तमः॥ 83॥

इति नवग्रहकङ्कणम्।

उसके मध्य में पद्मराग (माणिक्य) जड़ा हों और उसके बायें-दायें मरकत जड़ा हुआ हों। बायें भाग में मोतियों की शुद्ध शृङ्खला होगी। मध्य भाग में हार-कङ्कण बन्धे हुए होंगे। करपद्म उसका नाम है जो हाथ का उत्तम अलङ्कार माना जाता है।

रामचन्द्रं प्रवक्ष्यामि हस्तकाब्जस्थितं सदा।
तन्मध्ये च महादिव्यं माणिक्यं सूर्यसंन्निभम्॥ 84॥
अष्टपत्रं क्षिपेद् गर्भे सङ्कीर्णं हीरकैस्तथा।
कणांश्च पूरयेत् सर्वं ? पत्रपत्रेष्वयं विधिः॥ 85॥
कलितं कलिकाभिश्च चामीकरं करं तथा।
इदं खड्गं महादिव्यं सर्वपापप्रणाशनम्॥ 86॥

इति रामचन्द्रखड्गम।

अब रामचन्द्र नामक खड्ग के बारे में कहता हूँ जो सदैव हस्तकमल में धारण की जाती है। उसके मध्य में सदा ही माणिक्य जड़ा जाता हे जो महादिव्य होता है और सूर्य के समान प्रभायुक्त होता है। इसके गर्भ में अष्टपत्र के रूप में सोना जड़ें। इसमें सभी पत्र (पानड़ियों) में इसी विधि से हीरे के कण जड़े जाते हैं। इसे सोने की ऐसी जड़ाई से बनाएँ कि वह सुन्दर कलिकाओं वाली दीखे। यह महादिव्य

खड्ग सभी पापों का नाश करने वाली है।

मस्तके मध्यतः कुर्यादुभयो हीरकं तथा।
मृणालदण्डसदृशं कार्यं चैवाङ्गुलीयकम्॥ 87॥

इत्यङ्गुलिकम्।

अँगूठी को सिरे के मध्य में दोनों ओर हीरा जड़कर बनाएँ। इसमें शेष आकार को कमल के दण्ड के समान बनाना चाहिए।

मरक्तं पद्मरागं च हीरकं दक्षिणोत्तरे।
हरिब्रह्मात्मकं नाम युगलं च तदुच्यते॥ 88॥

इति युगलाङ्गुलिकम्।

जुड़वाँ अँगूठी को इस तरह बनाएँ कि मरकत और पद्मराग के प्रयोग के साथ ही बायें व दायें हीरा जड़ा हुआ हों। इस प्रकार से बनी हुई युगल-अँगूठी को 'हरि-ब्रह्मात्मक' कहा जाता है।

सोमकान्तिर्यदा मध्ये मरक्तं दक्षिणे स्थितम्।
माणिक्यमुत्तरे देशे उक्तं त्रिपुरुषं च तत्॥ 89॥

इति टीकात्रिपुरुषम्।

उक्त क्रम में ही तीन पुरुषात्मक अँगूठी के लिए मध्य में चन्द्रकान्त मणि होगी और मरकत दायें और माणिक्य बायें भाग में जड़ा हुआ हों। इन तीन रत्नों से यह 'त्रिपुष' कही जाती है।

मरक्तं पुष्परागश्च माणिक्यं मौक्तिकं तथा।
हीरकं च यदा मध्ये आङ्गुष्ठं तत्सदाशिवः॥ 90॥

इत्याङ्गुष्ठम्।

यदि मरकत, पुखराज, माणिक्य, मोती और हीरा मध्य में जड़ा हुआ हों तो वह 'सदाशिव' आँगुष्ठ कहा जाता है।

कनिष्ठां मुक्ताफलं चक्रसद्य इति प्रभा।
मृणालदण्डसदृशं तदर्धाङ्गुलिकं कृतम्॥ 91॥

इत्यर्धाङ्गुलिकम्।

छोटे मोतियों के चक्र के समान जिसकी प्रभा हों और जिसको कमलदण्ड के समान बनाया जाएगा तो वह 'अर्धाङ्गुलिक' होगी।

अन्योयतः सिथते वज्रे तद्धारा प्राङ्मुखी तथा।

सा विज्ञेया वज्रधारा इन्द्रकान्त ? द्युतिप्रभा! ॥ 92 ॥

इति वज्रधारा।

एक दूसरे के साथ जहाँ हीरे जड़े हुए हों, ऐसे हार को प्राङ्गमुखी कहा जाता है। यह वज्रधारा इन्द्रकान्त की द्युति वाला होगा।

शुद्धस्यान्ते मणी सर्वे निर्दोषो हेमसंयुताः ?।
तस्यतुष्यन्ति देवा वै येन चाङ्गुलिका धृता ॥ 93 ॥

इत्यङ्गुलिका।

जिसमें प्रयुक्त होने वाली सभी मणियाँ शुद्ध हों और वे सोने में जड़ी गई हों, ऐसी अँगूठी जिसने धारण कर रखी हो, उससे देवता सन्तुष्ट होते हैं।

सर्वरत्नमयं दिव्यं पूरितं हैरकैः कणैः।
कुण्डलं तदिति प्राज्ञैर्वासुदे(स्तुवे)वे(दे) उदाहृतम् ॥ 94 ॥

इति कुण्डलम्।

सब प्रकार के दिव्य रत्नों से युक्त और हीरे के कणों से जड़ा हुआ कुण्डल विद्वानों ने शिल्पशास्त्रों में बताया है।

पादाङ्गुलीषु सर्वासु मुद्रिका रत्नवर्जिताः।
यः कुर्यादन्यथा मूढस्तत्पादौ छेदयेन्नृपः ॥ 95 ॥

इति पादमुद्रिका।

पाँवों की अँगुलियों में जो अँगूठी (मुद्रिका) धारण की जाती है, उसमें रत्न नहीं जड़ा जाना चाहिए। कोई इसके विपरीत यदि रत्न जड़ दें तो राजा को उस मूढ़ के पाँव कटवा देने चाहिए (क्योंकि, रत्न अंग और शिरोधार्य होते हैं, वे पाँव में नहीं गिराए जाते हैं)।

क्रोधलोभभयान्मोहात् पादे रत्नं करोति यः।
करौ पादौ शिरतस्य छेद्यं भूपतिना तथा ॥ 96 ॥
पादे तदा यदा राजा कुर्याद्रत्न विपर्ययम्।
स पतेन्नरके घोरे [1]यावद्भूतसंप्लवम् ॥ 97 ॥

इसी प्रकार यदि कोई (प्रतिस्पर्द्धावशात्) आवेश में आकर, लोभ के वशीभूत होकर, डराया जाकर अथवा मोह से ग्रस्त होकर पाँव में रत्न धारण करे तो राजा को उसके हाथ, पाँव और सिरादि अंगच्छेदित करवा देना चाहिए। यदि राजा भी पाँवों

---

1. मुद्रित पुस्तके 'यादवाभूतसंप्लवम्' इति पाठः।

में इस तरह विपरीत आचरण कर पाँवों में रत्न धारण करता है तो प्रलयकाल तक घोर नरक में निवास करता है।

एतत्तु दक्षिणे भागे नृपैर्वै धार्यते सदा।
कर्केतनं मरकतं लशुनं विद्रुमस्तथा॥ 98॥
धार्यते वामदेशे तु पूज्यं वै तत्तथा भवेत्।
[[1]मधुबिन्दुसमं वापि गोमूत्रौघसमप्रभम्॥ 99॥
गोमेदकं मौक्तिकं] तथाऽन्यद्वज्रमुत्तमम्।
एतत्तु सर्वदेहेषु धार्यमाणं न दुष्यते॥ 100॥

इन सबको राजा सदा दायें भाग में धारण करें : कर्केतन, मरकत (पन्ना), लशुनिया और विद्रुम। बायें भाग में उन रत्नों को धारण करना चाहिए जो कि उस ओर के लिए पूज्य हों। इनमें शहद के बिन्दु के समान या गोमूत्र के समान दिखाई देने वाला गोमेद और मोती तथा ऐसे ही अन्य रत्नों सहित वज्र को देह के किसी भी भाग पर धारण करने में कोई दोष नहीं है।

मणी [दिव्यं खचेन्नित्याम्भरणं] तदूर्ध्वं चरणैर्विना।
पादेन स्पर्शयेद्रत्नं यो नरो देवनिर्मितम्॥ 101॥
स पतेन्नरके घोरे राजवध्यस्तथा भवेत्।

मणि आदि दिव्य रत्नों को सदा चरणों के आभूषण को छोड़कर ऊर्ध्व आभूषणों में भी जड़ना चाहिए। उनको पाँव लगाते समय व्यक्ति को यह सोचना चाहिए कि वे देवताओं के बनाएँ हुए हैं। ऐसा करने वाला घोर नरक में पड़ता है और उसका राजा द्वारा वध भी होता है।

[जयं कीर्तिमद्धिश्च तथा] दीर्घजीवनः॥ 102॥
वनेचरा जलचरा कृमिकीटपतङ्गकाः।
कुर्यादाभरणं नैषु यदिच्छैज्जीवितं चिरम्॥ 103॥

इस प्रकार रत्नाभरण विजय, कीर्ति, समृद्धि और दीर्घ जीवन देते हैं। चिरकाल तक जीवन के अभिलाषियों को कभी आभूषणों में वनचर, जलचर, कृमि, कीट, पतंगों की आकृतियों को नहीं बनवाना चाहिए।

... ...।
... ...॥ 104॥

---

1. मुद्रितपुस्तके '.... गोसूत्रं मौक्तिकं तथा॥ 99॥ ... तथाऽन्यद्वज्रमुत्तमम्।' इति।

... ... ।

... ... ? लोमासुक्षिप्तान्युत्क्षिप्तकानि च ॥ 105 ॥

... ... ।

... ... ॥ 106 ॥

... ... ।

... ... ॥ 107 ॥

... ... ।

... ... ॥ 108 ॥ लुप्तम्।

मण्डलं देवरूपं च शान्तिमूर्तिः सदाशिवम्।
उरः कर्णं शिरो धार्यं तस्य तस्य... ... ... ॥ 109 ॥
... ... रूपाणि सर्वाणि आभरणान्यनेकधा ॥ 110 ॥

(आभूषण में बनने वाला) मण्डल देवता के स्वरूप है और वे सदाशिव की शान्तिमूर्ति कहे गए हैं, जो जहाँ का आभूषण हो, उनको हृदय पर, कानों में, सिर इत्यादि पर धारण करें। ... रूप के सभी आभूषण अनेक प्रकार के हैं।

सूत्रधारेणाऽपि कार्यं शास्त्रेष्वभिहितं च यत्।
हेमजं शुद्धसम्बद्धं घाट्यं पत्रविचित्रकम् ॥ 111 ॥
शुद्धहेमं तु तन्नाम ईदृग्मणिविभूषितम्।
मुक्ताफलं तदा नाम दिवृक्षं ?... ... सरे नृपः ? ॥ 112 ॥

सूत्रधार (जड़िया) को भी चाहिए कि जो शास्त्रों में हितकारी बताया गया है, वैसा ही करें। शुद्ध सुवर्ण से पत्र-पानड़ियों के विचित्र प्रकार के घाट करें। इस तरह जो खरा सोना हो, उसमें ही इस प्रकार की सब मणियाँ विभूषित करें, नकली सुवर्ण में नहीं। उसको मुक्ताफल से वृक्ष... राजा ?।

समस्तं हीरकैर्बद्धं क्षेपकर्त ? मपाश्रयम् ?।
हीरकं तु तदानाम सदास्परदपरं नृपे ॥ 113 ॥
पुष्पाकृति चेन्द्रतेजः सदा चेन्द्रस्य वल्लभम्।
... ... सदागर्तेषु मरक्तं मणिपूरितम् ॥ 114 ॥

सभी को हीरों से जड़ें और आधार के गर्त को भरकर निगोठ कर देना चाहिए। उसको हीरक नाम दिया गया है जो राजा को लाभकारी होता है। पुष्प के आकार की चन्द्रकान्तमणि सदा ही इन्द्र को प्रिय हैं।... सभी गर्तों में मरकत व मणियों को जड़ा जाना चाहिए।

हृत्यकण्डसार यस्य विषै तस्य विषो ... ... ?।
पुष्पाक्षं च तदा नाम देवस्यैवं सदा प्रियम्॥ 115॥

हृत्यकण्डसार जिसका विष है, उस विष के ... पुष्पाक्ष नाम से देवता को सदा ही प्रिय है।

गोमूत्रप्राशनं भस्म करे चैव तु मुद्रिका।
सुकाञ्चनं पार्थिवस्य पादलग्नं न दुष्यते॥ 116॥
... ...।(लुप्तम्)
षोडशाभरणान्येवं राजा वै धारयेत् सदा॥ 117॥

(मौंजीबन्धादि संस्कारावसर पर कायिक शुद्धि के लिए) गोमूत्र का पान करते समय, भस्म हाथ में लेते समय और राजा के चरणों में नमस्कार करते समय यदि (रत्न एवं) सोने की मुद्रिका पाँवों में लग भी जाए तो कोई दोष नहीं होता है। (अच्छी प्रकार से परीक्षित और अच्छी तरह से तैयार किए गए) ऐसे सोलह आभरणों को राजा सदा धारण करें।

इति सूत्रसन्तानगुणकीर्तिप्रकाशप्रोक्तृश्रीभुवनदेवाचार्योक्तापराजितपृच्छायां
षोडशाभरणलक्षणाधिकारो नाम षट्त्रिंशदुत्तरद्विशततमं सूत्रम्॥ 236॥

इस प्रकार भुवनदेवाचार्य कृत सूत्रसन्तानगुणकीर्ति प्रकाश या अपराजितपृच्छा में सोलह
आभरण लक्षण अधिकार नामक दो सौ छत्तीसवाँ सूत्र पूर्ण हुआ॥ 236॥

तालवादित्रलक्षणं सप्तत्रिंशदुत्तर द्विशततमं सूत्रम्॥ 237॥

अपराजित उवाच —

पञ्चमोवेद इत्युक्तः श्रूयते गीतनामकः।
तस्यानुक्रममाख्याहि प्राप्तिं रागगतेस्तथा॥ 1॥
कतिभेदाश्च भावानां नादजानामनुक्रमात्।
प्रोक्तं नृत्यं कतिविधं कतिस्थानानि वारिका ?॥ 2॥
अङ्गानि चाङ्गहाराश्च कतितालाश्च हस्ततः।
[हस्तद्वयस्यसंयोगे वर्तते कति] रसदृष्टिभिः॥ 3॥

(इस सूत्र से गान्धर्वशास्त्र का वर्णन आरम्भ होता है। विष्णुधर्मोत्तरपुराण में इसका और रूपङ्करकला का अनन्य सम्बन्ध बताया गया है। इस सूत्र पर भरताचार्य के नाट्यशास्त्र सहित अन्य संगीत विषयक ग्रन्थों का प्रभाव है) अपराजित ने पूछा कि गीत नामक पञ्चमवेद कहलाने के बारे में सुनते आए हैं। अतः कृपा करके आप

हमें इसकी प्राप्ति के लिए अनुक्रम से राग, गति के बारे में बताए। इसी क्रम में भाव कितने प्रकार के भेद वाले होते हैं जो नादों के अनुक्रम से उपजते हैं, इसी प्रकार कृपा कर कहें कि नृत्य कितने प्रकार के हैं और उनकी वारिका (चारिका) किन-किन स्थानों की होती है। इस क्रम में विविध अङ्गों, अङ्गहारों के बारे में भी कहे और यह भी बताएँ कि ताल कितने होते हैं, हाथ से बनने वाली मुद्राएँ कितनी हैं? हाथों की असंयुत मुद्राएँ और रसदृष्टि के बारे में कहिये।

[मार्गदेशीयगतत्वेन तालो कतिविधोमतः।
शुद्धसालगसङ्कीर्णास्तालभेदाः कथं प्रभो!॥ 4॥
यति प्रस्तारकश्चेति ताल प्राणश्च किं स्मृताः।
तालः कालक्रियानं लयस्साम्यं नरं वा स्त्रियम्॥ 5॥
ताण्डवं नटनं नृत्तं च][1] गीतनृत्यादिकं तथा।
एतत्सर्वं समासने कथयस्व प्रसादतः॥ 6॥

इसी प्रकार हे प्रभो! संगीत के मार्गी और देशी रूप, ताल कितने प्रकार हैं, शुद्ध सालग और सङ्कीर्ण ताल के भेद कहें। यति, प्रस्तार इत्यादि ताल के प्राण क्या हैं, ताल क्रिया और नर या नारी के नृत्त की लीनता, ताण्डव व नटन, गीत-नृत्यादि सहित समस्त विधाओं के बारे में संक्षिप्त रूप से कहिये।

विश्वकर्मोवाच —

शृणु वत्स प्रवक्ष्यामि परिपृष्टं च यत्त्वया।
सर्वं च नृत्यगीतादे र्याथातथ्यं(यथातथ्यं) वदाम्यहम्॥ 7॥

विश्वकर्मा बोले कि हे वत्स! तुमने जिस प्रश्न को किया है, उसे कहता हूँ जिसे सुनो। सभी नृत्य गीतादि के बारे में जो कुछ तथ्य है उसे कहता हूँ।

ऋग्वेदाद्याश्चतुर्वेदा गीतवेदोऽथ पञ्चमः।
तस्यानुक्रमयुक्तिं च शृणु त्वेकाग्रमानसः॥ 8॥

ऋग्वेदादि चारों वेदों के बाद पाँचवाँ गीत-वेद हुआ। उसके अनुक्रम युक्ति को एकाग्र मन से सुनो।

तमृते देवा न हर्षयन्त्यानन्दानतमस्तका।
अनङ्गागमरूपाख्यं महाशास्त्रमुदाहृतम्॥ 9॥

इसमें रत होने पर देवातागण तक आनन्द के नतमस्तक होकर इससे आनन्दित होते हैं क्योंकि यह कामदेव का आगमरूप नामक महाशास्त्र कहा गया है।

---

1. मुद्रितपुस्तके कोष्ठान्तर्गतश्लोकाः नोपलभ्यते।

नव नाट्ये रसा भिन्ना महामोहोत्सवात्मका: ?।
तदनुक्रमं प्रवक्ष्यामि [1]भुवनदेवभाषितम् ॥ 10 ॥

नाट्य के नौ भिन्न भिन्न रस है जो महा महोत्सवात्मक है। उसके अनुक्रम को जैसा भुवनदेव ने कहा और विश्वकर्मा ने प्रकाशित किया है वैसा ही मैं कहता हूँ।[2]

अनन्तरं ततो वक्ष्ये तालमानं च लक्षणम्।
यत: प्रवर्तते वाद्यं रथे वै पथिका यथा ॥ 11 ॥
समस्तं वै तालवाद्यं तालहीनं न विद्यते।
तालहीनं तथा वाद्यं चक्षुर्हीनो यथा नर: ॥ 12 ॥

इसके बाद में तालमान के लक्षणों को कहता हूँ जिससे वाद्यों का प्रवर्तन ऐसे ही चल पड़ा जैसे पाथिका पगडण्डी पर रथ चल पड़ते हैं ध्यान रखे कि समस्त गीतादि नृत्यादि तालमान के ही अनुसार तालवाद्यों पर आधारित है, इनमें कोई भी ताल हीन नहीं होते।

करहीना यथा शक्तिर्विना मन्त्रैश्च राज्यकम्।
तालहीनं तथा वाद्यमावासे दीपकैर्विना ॥ 13 ॥

तालहीन वाद्य तो ऐसा ही समझे जैसे चक्षुहीन-अंधा नर होता है, अथवा यों समझों कि बिना हाथ की शक्ति या बिना मंत्री के राजा। यहाँ तक कि ताल हीन वाद्य तो ऐसा ही है जैसे दीपक के बिना आवास गृह हो।

ताल आद्य: समस्तेषु रूपके नृत्यशासने।
तालाश्चत्वार आद्यश्च प्रकृति [3]मध्यस्तथा ॥ 14 ॥

सभी रूपकों में यानी नृत्यशासन में ताल ही आद्य और प्रमुख है। आदि ताल चार हैं जो प्रकृति के मध्यत: है।

पादपाणिसुनुत्राणा देहदृष्टिविकारयो:।
भंडवृत्योवल:लख्यं तालमानमविद्यते ॥ 15 ॥ ?

पाद-पाँव, पाणि-हाथ, सुनैत्राणाम (सुनुत्राणा प्रकाशित पाठ) सुन्दर नेत्रों की देह दृष्टि और उसके विविध विकारों को भांड की वृति बल से बल को देखकर-अर्थात् अभिनेता की कला के वल से तालमान बनता है।

अथं मानं प्रवक्ष्यामि प्रस्तारच्छन्दलक्षणम्।

---

1. 'तमृते देवा न हर्षन्त्यानन्दानतमस्तका।' इति प्रकाशित पाठ:।
2. 'विश्वकर्मप्रकाशितम्' इति पाठ:।
3. मुद्रितपुस्तके 'मंद्यपस्तथा ?' इति पाठ:।

द्वादशङ्गुलपरिणाहं नाभिवृत्तसताङ्गुलम्॥ 16॥?

अब मैं तालमान को प्रस्तार छन्द लक्षण से कहता हूँ। बारह अङ्गुल विस्तार का एव नाभि में वृताकार सप्ताङ्गुल-सात अङ्गुल का (सताङ्गुल-प्रकाशित पाठ) द्व्यङ्गुलोश्च- दो अङ्गुल का तानि होता है (टयङ्गुलोश्च-प्रकाशित पाठ) और कर्ण डेढ़ अङ्गुल के होते हैं।

ठयङ्गुलोश्च भवेत्तानिः कर्णे वै सार्धमङ्गुलम्।
पादाङ्गुलो भवेत पिण्डो नाभिरत्नं च तत्समम्॥ 17॥
अवोटिकाः? ततः कार्य्या दैर्घ्ये वै द्वादशाङ्गुला।
नेत्रपट्टं पदं कुर्यात् पट्टिका पट्टतः समा॥ 18॥

एक पाद-भाग अङ्गुल का पिण्ड होता है नाभि रत्न भी इसके ही समान होता है। अवोटिका? इसके ऊपर को करें जिसकी दीर्घता-लम्बाई बारह अङ्गुल की हों। नेत्र पट्ट को एक पद का करें और पट्टिका को भी पट्ट के ही समान करें।

प्रमाणं कथितं चैव नामानि शृणु साम्प्रतम्।
प्रस्तारच्छन्दसंयुक्तं कथयामि यथाविधि॥ 19॥

ये प्रमाण तो मैंने कह दिए अब इनके नामों को सुनो। इन नामों को प्रस्तारच्छन्द से संयुक्त यथाविधि कहता हूँ।

चच्चत्पुटश्चाचपुट उदया घट्टिका पुनः।[1]

---

1. यह पाठ भ्रष्ट प्रतीत होता है। भरत ने ताल के दो भेद किए हैं 1. चतुरस्र और त्र्यस्र। दोनों की उत्पत्ति एवं प्रकृति समान मानी गई है। इनकी दो प्रकार की द्विगुणित स्रोनातोमयी उत्पत्ति कही है जो चच्चत्पुट और चाचपुट होती है : चतुरस्रश्च त्र्यस्रश्च तालो द्विविध एव हि। द्विविधस्यापि तालस्य चैका प्रकृतिरिष्यते॥ तथा योनिद्वयं चास्य कीर्त्यमानं निबोधत। चञ्चत्पुटस्तु विज्ञेयो तथा चाचपुटोऽपि च॥ (नाट्य. 31, 7-8) यह भी कहा गया है कि इनमें से किसी एक से चतुष्कल और द्विकल ताल प्रवृत्त होता है। अतः चच्चत्पुट को चतुरस्र तथा चाचपुट को त्र्यस्र ताल भी कहा जाता है, ये गुरु एवं लघु अक्षरों से निर्मित या युक्त होते हैं : चतुष्कलोऽथ द्विकलस्तालो यस्मात् प्रवर्तते। चतुरस्रस्तु विज्ञेयस्तालश्चञ्चत्पुटो बुधैः॥ त्र्यस्रश्चाचपुटश्चैव गुरुलघ्वक्षरान्वितः॥ (तत्रैव 31, 9-10) त्र्यस्र चाचपुट का एक भेद उद्घट अथवा उद्घट्टक होता है। जब त्र्यस्र में सभी गुरुवर्ण या तीन गुरु हों तो उसकी कलाएँ निष्काम और दो शम्याएँ होंगी, इस प्रकार उद्घट्ट होगा : त्र्यस्रं सर्वगुरुं कृत्वा निष्क्रामं तत्र योजयेत्। शम्याद्वयं ततस्त्वेष उद्घट्टः कथितो बुधैः॥ (तत्रैव 31, 25) नाट्यशास्त्र में कहा गया है कि चच्चत्पुट के तीन प्रकार होते हैं : सन्निपातादि, शम्यादि और तालादि : सन्निपातादिको ज्ञेयः शम्यादिश्च तथापरः। तालादिश्च त्रिभिर्भेदैः पुनश्चञ्चत्पुटो भवेत्॥ (तत्रैव 31, 15-16)
नाट्यशास्त्र की एक मातृका में पाँच तालों का वर्णन मिलता है : व्युदस्य युग्ममोजश्च पञ्चताला भवन्ति हि। मिश्रा गीताङ्गसंयुक्ता ज्ञेया ह्युदघट्टिकादयः। कलाः पञ्च तथा सप्त पुनर्नव च कीर्तिताः। दशैकादश

सन्निपातयुक्तश्च विज्ञेय भवमुखैतिसमुद्भवाः ?॥ 20॥
सद्यो वामस्तथाऽघोरस्तपुरुष ईशानकः।
सदा द्योक्त चस्त्राणां (चत्र्याणां!) तालाश्चच्चत्पुटादयः॥ 21॥

चच्चत्पुट और चाचपुट इनसे पुनः उदया घट्टिका। (इनमें से प्रथम चच्चत्पुट की) 5. सन्निपातयुक्त (पातकला जाननी चाहिए)। भवमुख समुद्भवा? सद्य, वाम, अघोर, तत्पुरुष, ईशानक, सदाद्योत आदि चच्चत्पुट के अन्तर्गत हैं।

चच्चत्पुटे कला अष्टौ षड् वै चाचपुटे तथा।
तत्तुल्या उदयाघट्टे द्वादशैव घट्टिकापरे॥ 22॥
द्वे कले समीयेत एवं शिक्षा धतु त्रिंशतिः।
पञ्चतालेषु कर्त्तव्या न दृष्टा भरतागमे॥ 23॥

उपर्युक्त चच्चत्पुट में 8 कला (ऽऽऽऽ) होती है; चाचपुट में 6 कला (ऽऽऽ) होती है; उदयाघट्ट में भी उसके ही समान 6 कला (ऽऽऽ) होती है, घट्टिक में 12 कला (ऽऽऽऽऽऽ) होती है।[1] दो कलाओं को मिलाने पर इस तरह शिक्षा-तीस होती है (धतु त्रिंशति?)। यहाँ पाँच तालों को करना चाहिए। ये भरतागम अर्थात् भरतोक्त नाट्यशास्त्र में भी नहीं देखी गई हैं।

एके गुरु पंगे लघु गुरुलघुपुनरुच्यते।
द्वौ गुरु द्वौ लघूमेकं च पुनः स्यात्तद्रूपतः॥ 24॥
गुरु वेदा लघुयुग्मं नाम स्याद् घट्टिकापते ?।
गुरुस्त्वेको लघुस्त्वेकः प्रस्तारो यस्य चेदृशः॥ 25॥

चैवेति सङ्कीर्णाः समुदाहृताः॥ न ह्येषामुपयोगोऽस्ति सप्तरूपे ध्रुवासु च। प्रवृत्तादिषु कर्त्तव्या एते भूयः प्रयोक्तृभिः॥ इति श्लोकत्रयं अधिकम्।

1. चच्चत्पुट और चाचपुट ये दोनों ही ताल अपने नाम के अक्षरों के अन्दर रहने वाले लघु अक्षरों द्वारा यथाक्षर हैं। जैसे चच्चत्पुटः शब्द के प्रथम दो एवं दूसरा ये दो संयुक्ताद्य रहने से दीर्घ या गुरु हैं, चतुर्थ लघु तथा अन्तिम विसर्ग पर रहने पर 'चच्चत्पुटे त्वन्त्यं प्लुतं' नियम से अन्तिम अक्षर प्लुत हो जाने पर ऽ ऽ। ऽ' इस प्रमाण के अक्षरों के अनुसारी यथाक्षर चच्चत्पुट होगा। इसी प्रकार चाचपुट ऽ ऽ। ऽ' इन अक्षरों के प्रमाण के अनुसार चाचपुट होगा। इनके चच्चत्पुट द्विकल के रूप में 8 गुरु तथा चाचपुट के द्विकल ताल वाले रूप में 6 गुरु रहेंगे, यथा द्विकल चच्चत्पुट-ऽऽऽऽऽऽऽऽ और ऽऽऽऽऽऽ रूप वाला द्विकल चाचपुट होगा। इसके बाद यह ज्ञातव्य है कि जब एककल चच्चत्पुट में 4 अक्षरों की 8 मात्राएँ होंगी, अतः द्विकल में 16 मात्राएँ या आठ गुरु हो जाएँगे। एककल चाचपुट में 4 अक्षरों की 6 मात्राएँ होती है परन्तु द्विकल में 6 गुरु होते हैं। (विशेष द्रष्टव्य : नाट्यशास्त्रम् : सम्पादक - बाबूलाल शुक्ल शास्त्री, चौखम्भा, वाराणसी, द्वितीय संस्करण, 2006 ई., अध्याय 31 एवं भूमिका भाग 4, पृष्ठ 33-37)

एक गुरु पंग में लघु इसी तरह पुनः गुरु लघु कहे हैं। दो गुरु दो लघु फिर पुनः एक इनके ही समान रूप का हों अर्थात्-दो गुरु और दो लघु हों गुरु और दो लघु हों। चार गुरु और दो लघु हों तो उसका नाम घट्टिकापते (? घटिकायते) होता है। एक गुरु और एक लघु हों तो इनका प्रस्तार इसी तरह का होता है।

... ... ।

... ... ॥ 26 ॥

... ... ।

... ... ॥ 27 ॥ **(श्लोकद्वयं लुप्तः)**

सन्निपातः स विज्ञयेः पञ्चमस्ताल उच्यते।

इसको सन्निपात पंचम ताल की कही जाने वाली समझें। इस तरह से तालों के बारे में कहा गया।

तालोपरान्तवाद्यम् —

एवं च कथितस्तालो वाद्यं च शृणु साम्प्रतम्॥ 28॥

कला अष्ट षोडश द्वात्रिंशच्चतुःषष्ठिस्तथा।

... ... ॥ 29 ॥

यहाँ तक ताल के बारे में कहा गया, अब वाद्यों के बारे में सुनो। कला आठ, सोलह, बत्तीस, चौंसठ होती है।

अर्धोद्धह्लस्वयोगं च त्वाते पुनः पूर्णतः ?।

एवं चच्चत्पुटः ... ... ताले वाद्ये तु लक्षणम्॥ 30॥

द्वादशश्चतुर्विंशत्या चाचपुटेषु वादयेत्।

उद्धट्टितेस्माभिर्घट्टिका युक्तेषु वादयेत्॥ 31॥

सन्निपाते तिमित्युक्तं क्वासं वाद्यस्वरैः समुद्धूतम्।?

एवं वै तालवाद्यं च कथितं च शुभप्रदम्॥ 32॥

इति पञ्चताल प्रस्तार वाद्यलक्षणम्।

आधे-आधे ह्रस्व (कम) योग से पुनः वह पूर्ण की ओर बढ़ती है?। इस प्रकार चच्चत्पुंट होता है। ताल के वाद्य लक्षण क्रम में बारह से चौबीस तक चाचपुटों को बजाएँ। उद्घटिका को भी ऐसे ही घट्टिका से युक्त कर बजाएँ। सन्निपात को तिमित्युक्त कुयास को वाद्यस्वरों में समुद्धूत करें? इस प्रकार से तालवाद्य होते हैं जो शुभप्रद कहे गए हैं।

आतोद्यविधिमिदानीं —

ततः नद्धादिकं चैव वादित्रं स्याच्चतुर्विधम् ?।[1]
पृथगेकैक निष्कासं शृणु चैकाग्रमानसः ॥ 33 ॥

इसके बाद यह जानें कि नद्धादिक (अवनद्धादि) वादित्र चार प्रकार के होते हैं, जिनके निष्कास को एकाग्रचित्त होकर सुनो!

वीणा वा लवणी चैव सारङ्गी रामणोछंतम्।
बाणाक्षिकरर्युक्ता खवीतन्ति मालाकुलम्॥ 34 ॥
हुडक्का मृदङ्गः पटहः करटा टङ्का च दुन्दुभिः।
त्रिवली ढक्का कोदली घडसत्रवकाधिततो ?॥ 35 ॥
तालः घण्टा कलिखिश्च ध[घ]नकं साद्यकोद्भवम् ?।

वीणा, लवणी, सारङ्गी, रामणोछंतम (रावणहत्था) और बाणाक्षिकरयुक्त (बाण 5, अक्षी 2, कर 2 अर्थात् 2-2-5) खवीतन्ति मालाकुलम् (केशादि प्रयुक्त) बाल-तन्तुओं से खींचा हुआ—(ये वाद्य तार से बनने एवं बजने वाले हुए)। इसी प्रकार अन्य (अवनद्ध या मँढ़े गए) वाद्यों में हुडुका, मृदङ्ग, पटह, करटा, टङ्का, दुन्दुभि, त्रिवली, ढक्का, कोदली— ये घड़ाई के कार्य से बनने वाले वाद्य हुए। (ऐसे ही घन वाद्यों में) ताल, घण्टा, कलिखि, घनक— ये वाद्य साद्यकोद्भव या साधक द्वारा बजाए जाते हैं।

सुषिरं च ततो वक्ष्ये कथयामि समासतः ॥ 36 ॥
वंशो मधुकरी शृङ्गी युग्मतित्तिरी काहली।
भैरी चुक्का मस्तरधरी फूंक वाद्यो स स्वरोद्भवा॥ 37 ॥

इति अवनद्धादि चतुर्विधवाद्यलक्षणम्।

अब सुषिर (पोले या फूंक से बजने वाले) वाद्यों को संक्षेप में कहता हूँ : वंश (वंशी, बाँसुरी), मधुकरी (बीन), शृंगी (सींगी), युग्मतित्तिरी (जुड़वाँ तित्तिरी, पुँपाड़ी या शहनाई जैसा प्राचीन वाद्य, जिसमें फूँक के लिए दो पत्र लगते रहे हों), काहली, भेरी, चुक्का (सिंहमुखा) और मस्तरधरी (? मशक, मस्करधरी या खोखले बाँस का अलगोजा)— ये फूंक वाद्य हैं जिनसे स्वर निकलते हैं।

---

1. नाट्यशास्त्र में कहा गया है कि वाद्य चार प्रकार के हैं : तत, अवनद्ध, घन और सुषिर। वीणा आदि वाद्य तत, पीटे जाने वाले पुष्कर या मृदङ्ग आदि अवनद्ध, काँसी आदि धातुओं के बने हुए तालार्थ वाद्य घन और फूँककर हवा मारने से बजने वाले बाँसुरी जैसे वाद्य सुषिर होते हैं : ततञ्चैवावनद्धञ्च घनं सुषिरमेव च। चतुर्विधन्तु विज्ञेयमातोद्यं लक्षणान्वितम्॥ ततं तन्त्रीगतं ज्ञेयमवनद्धन्तु पौष्करम्। घनं तालस्तु विज्ञेयः सुषिरो वंश उच्यते॥ (नाट्य. 28, 1-2)

अस्या वाद्यविधिः —

टटट टटः डंडडडडटंडं दंदांदांकड कर्तिक धित्ता।

भ्पुंगतकट भ्पुंगतकट तट धुंधुंतकट दंदांदांकड कत्तिढक्कधित्ता।

त्रिगुणैः करटवाद्या वा गुणा कंसाल वाद्याः ॥ 38 ॥

टटट टटः डंडडडटंडं दंदांदांकड कर्तिक धित्ता, भ्पुंगतकट भ्पुंगतकट तट घुंधुंतकट दंदांदांकड कतिढक्कधित्ता— इस प्रकार के तीन बार बोल करटवाद्य या कँसाल वाद्य के होते हैं।

तदोंदोंदोत्तातः दोताः तलुलोंका पञ्चगुणैः।

ते तुलवाद्याः द्योद्योंताः ताधोधोता धोंत ॥ 39 ॥

तथो किडितिंग तारत् प्रांत्रिगुणा मृदङ्गवाद्याः।

तदोंदोंदोत्तातः दोताः तलुलोंका पञ्चगुणैः, ते तुलवाद्याः द्योद्योंताः ताधोधोता धोंत, तथो किडितिंग तारत्प्राम्— ये बोल तीन बार मृदङ्ग वाद्य के होते हैं।

तः तर्ल्लतर्ल्लूत किडिगिडितात पुलिन्तः ॥ 40 ॥

किडिगिंडिताल्लँ ततं लूँतर्लं तर्लूंल्वताः किडिगिडिता।

त्रिगुणा हुडुक्का वाच्या वा।

तंर्द्ध तंर्द्ध तर तर्द्ध तर तर्द्धतः पञ्चगुणैथका वाद्याः ॥ 41 ॥

तः तर्ल्लतर्ल्लूत किडिगिडितात पुलिन्त किडिगिंडिताल्लँ ततं लूँतर्लू तर्लूंल्वताः किडिगिडिता— इस तरह त्रिगुणा बोल हुडुक्का वाद्य होते हैं अथवा तंर्द्ध तंर्द्ध तर तंर्द्ध तर्द्धत— ये पाँच गुणा बोल (इस) वाद्य के होते हैं।[1]

इति सूत्रसन्तानगुणकीर्तिप्रकाशप्रोक्तृश्रीभुवनदेवाचार्योक्तापराजितपृच्छायां तालवादित्रलक्षणाधिकारो नाम सप्तत्रिंशदुत्तरद्विशततमं सूत्रम् ॥ 237 ॥

इस प्रकार भुवनदेवाचार्य कृत सूत्रसन्तानगुणकीर्तिप्रकाश या अपराजितपृच्छा में तालवादित्र लक्षण अधिकार नामक दो सौ सैंतीसवाँ सूत्र पूर्ण हुआ ॥ 237 ॥

गीतभाषास्वरग्रामभेदलक्षणमष्टात्रिंशदुत्तर द्विशततमं सूत्रम् ॥ 238 ॥

विश्वकर्मोवाच —

सप्त स्वरास्त्रयो ग्रामा मूर्च्छनास्त्वेकविंशतिः21 ।

ताना एकोनपञ्चाशदित्येतस्वरमण्डलम् ॥ 1 ॥

---

1. ऐसे बोलों के लिए नाट्यशास्त्र का 29वाँ, 31वाँ और 33वाँ अध्याय देखना चाहिए।

(इस 'गीत, भाषा, स्वर, ग्राम भेद लक्षण' सूत्र में सङ्गीत के विभिन्न पक्षों को उजागर किया गया है। पुराणों में वायु, नारद और ब्रह्माण्ड पुराणों में यह विषय आया है जबकि नाट्यशास्त्र सहित सङ्गीत के सङ्गीतरत्नाकर, बृहद्देशी, सङ्गीतराज, सङ्गीत मुक्तावली, सङ्गीतदर्पण, सङ्गीत दामोदर में भी यह विषय विवृत्त है) विश्वकर्मा बोले कि सात स्वर (षडज, ऋषभ, गान्धार, मध्यम, पञ्चम, धैवत, निषाद), तीन ग्राम (नारद के अनुसार षड्ज, मध्यम और गान्धार तीन ग्राम), इक्कीस मूर्च्छनाएँ (सात देव, सात पितृ और सात ऋषियों की), उनचास तानें (साम गान करने वाले मध्यम गान में बीस, षड्ज ग्राम में चौदह और गान्धार ग्राम में पन्द्रह तान मानते हैं)— इतनों से मिलकर स्वर मण्डल बनता है।[1]

सप्त स्वराश्च गीयन्ते सारिगमपधनिभिः।
[2]चत्वारस्तत्र षडजेमध्यस्त्रयो विवर्जिताः॥ 23॥
षड्जश्चर्षभगान्धारौ मध्यमः पञ्चमस्तथा।
धैवतश्च निषादश्च स्वराः सप्तैव सम्मताः॥ 3॥

सात स्वर जो गाए जाते है वे हैं— 1. सा, 2. रे, 3. ग, 4. म, 5. प, 6. ध और 7. नि। इनमें षडज में चार और मध्यम में तीन स्वर हीन होते हैं। षडज, ऋषभ, गान्धार, मध्यम, पञ्चम, धैवत, निषाद— ये सात स्वर सम्मत माने गए हैं।

---

1. ये श्लोक नारदपुराण के पूर्वभाग में (अध्या. 50, 30-31) पर आए हैं। इसी प्रकार ब्रह्माण्डपुराण और वायुपुराण में भी यही मत व्यक्त किया गया है— सप्त स्वरास्त्रयोग्रामा मूर्च्छनास्त्वेकविंशतिः॥ तानाश्चैकोनपञ्चाशदित्येतत्स्वरः मण्डलम्॥ (ब्रह्माण्ड. 2, 61, 29; वायु. 86, 36)
बृहद्धर्मपुराण में कहा गया है— यथाविधि कृतं गानं जगन्मोहयते चिरान्। तस्माद्यथाविधानं वै गाय नारद श्रूयते॥ सौखरूर्यञ्च विधिज्ञानं गाने द्वयमपेक्ष्यते। अनिशेते विधिज्ञानं सौखर्य्यन्तु फलाधिकम्॥ पदाली तु पदार्थानां वाचिका न तु दर्शिका। खरबन्धविशेषेण रससाक्षात्करी तु सा॥ मूलाधारे वसेदग्निस्तस्मनान्नादोऽभिपद्यते। पञ्चस्थानानि भित्वासौ व्यक्तो भवति मूर्द्धनि॥ नाभौ सूक्ष्मोऽतिपूर्व्वः स्यात् सूक्ष्मो हृदि विशिष्यते। कण्ठे भवति चाव्यक्तो मुखे कृत्रिमतां व्रजेत्॥ मूर्द्धनि च तथाऽव्यक्तो नाद एष प्रकीर्त्तितः। नाभेश्च मूर्द्धपर्य्यन्तं सन्ति द्वाविंशतिः क्रमात्॥ श्रुतयो नाम विख्याता दयावत्यादयो मताः। ता वै चतस्रो द्वे तिस्रश्चतस्रस्तिस्र एव च। द्वे च षट् च संहताः स्युः षड्जाद्याः सप्त वै स्वराः॥ षड्जश्च ऋषभश्चैव गान्धारो मध्यमस्तथा। पञ्चमो धैवतश्चैव निषादश्चैव तत्क्रमात्॥ एते सप्तस्वराः प्रोक्तोस्त्रिधैषां गतयो मताः। घोरो मद्रस्तथोच्चैश्च स्वरबन्धविशेषकाः॥ स्वरप्रबन्धनामानो रागा रागिनीस्य एव च। कोटयः पञ्चलक्षाणि पञ्च तद्वत् सहस्रकम्॥ रागिण्यश्चैव रागाश्च शिवकण्ठे वसन्त्यमौ। तेषां प्रधानभूताश्च षडागाः कामदादयः॥ षट्त्रिंशदपि तेषां वै भार्य्या दासोसमन्विताः। सालङ्काराः सुरूपास्ता परमानन्दमूर्त्तयः॥ एवन्तु खलु रागाणां सुसम्यक् प्रतिपत्तये। आरोहन्त्यवरोहन्ति सञ्चरन्ति खरा द्विज॥ आरोही चावरोही च सञ्चारी तेन ते त्रिधा। एते यन्त्रेष्वपि प्रोक्ता यन्त्रकण्ठानुभौ समौ॥ (बृहद्धर्म. मध्य. 43, 17-30)
2. 'चत्वारस्तत्र त्वंदेभ्य ? त्र्यस्त्रयो विवर्जिताः ?॥' इति प्रकाशित पाठः।

स्वरस्य प्रतीतिं —

षड्जं वदेन्मयूरश्च गावो रविन्त चर्षभम्।
अजा वदन्ति गान्धारं क्रौञ्चनार्यस्तु मध्यमम्॥ 4॥
पुष्पसाधारणे काले कोकिलाः पञ्चमं तथा।
अश्वाश्च धैवतं प्राहु निषादं रौति कुञ्जरः॥ 5॥

षड्ज की ध्वनि मयूर के जैसी होती है। वृषभ की ध्वनि गाय के रम्भाने की की जैसी होती है। गान्धार की ध्वनि बकरी की जैसी होती है। मध्यम की ध्वनि क्रौञ्च पक्षी की नारी जैसी होती है। पञ्चम की ध्वनि साधारण समय में पुष्पों में बैठी कोयल की-सी होती है। धैवत की ध्वनि घोड़ों के हिनहिनाने के जैसी होती है। निषाद की ध्वनि हाथी की चिङ्घाड़ने के जैसी होती है।[1]

कण्ठे व्यामुच्यते षड्ज ऋषजः शीर्षके तथा।
नासिकायां तु गान्धार उरस्तो मध्यमस्तथा॥ 6॥
उरसशीर्षकण्ठात्पञ्चम ताल्वादुत्त्थितः धैवतः।[2]
निषादः सर्वतो ज्ञेयः स्वरा इत्थं च स्थानतः॥ 7॥

कण्ठ से षड्ज की ध्वनि का उच्चारण होता है। शीर्ष से ऋषभ तथा नासिका से गान्धार का, उर यानी हृदय से मध्यम का उच्चारण होता है। हृदय, शीर्ष व कण्ठ से पञ्चम तथा तालु से धैवत का उद्भव होता है। निषाद सब तरह से जाना जाता है। इतने स्वरों के स्थान कहे गए है।

स्वराणां स्वरूपकुलवर्णादिनिर्णयः —

पद्मपत्रनिभः षड्ज ऋषभः स्यात्कापिञ्जलः।
गान्धारः कर्बुराकारः कुन्देन्दुप्रभमध्यमः॥ 8॥
पञ्चमस्तु भवेत्कृष्णो धैवतः पीतवर्णकः।
निषादः सर्ववर्णश्च स्वरा इत्थं च वर्णतः॥ 9॥

इन स्वरों में षड्ज स्वर कमल पत्र के समान होता है। वृषभ कपिञ्जल

---

1. तुलनीय— नारदपुराण (पूर्व. 50, 61-62)
2. एवं स्थाने लुप्तम् इति प्रकाशित पाठै। तुलनीय— कण्ठादुत्तिष्ठते षड्ज ऋषभः शिरसः स्मृतः। नासायाश्चैव गान्धार उरसो मध्यम स्वरः॥ उरसः शिरसः कण्ठादुत्थित पञ्चमस्वरः। तालुदेशात् समुत्पन्नो धैवतस्तु यशस्विनि॥ निषादस्तु समुत्पन्नो विज्ञेयः सर्वसन्धितः॥ एवं स्वरान् विजानियादुत्पन्नान् गीतसागरे। महादेव मुखाद्भूतान् देशीमार्गे च संस्थितान्॥ (बृहद्देशी, दे. प्र. 29, 81-83; नारद. पूर्व 50, 63-65)

(शुक!) के समान, गान्धार कुर्बुर (कनक!) के आकार वाला, मध्यम पूर्णचन्द्रमा के समान, पञ्चम कृष्ण वर्ण, धैवत पीत वर्ण का और निषाद सर्व वर्ण युक्त होता है। इस तरह से स्वरों के वर्ण बताए गए हैं।[1]

अग्निश्च सविता सोमो गुरुश्च वरुणस्तथा।
इन्द्रश्च विश्वदेवाश्च स्वराणामधिदेवताः ॥ 10 ॥

इन स्वरों के अधिदेवता षड्जादि क्रम से 1. अग्नि, 2. सूर्य, 3. चन्द्र, 4. गुरु, 5. वरुण, 6. इन्द्र और 7. विश्वदेव होते हैं।[2]

गोत्रकर्त्तात्रृष्यादीनां —

अग्निश्च काश्यपश्चैव गौतमश्चाङ्गिरास्तथा।
भार्गवः कौशिकश्चैव वसिष्ठो गौत्रकारकाः ॥ 11 ॥

इन स्वरों के क्रमशः गोत्रकारक ऋषि हैं— 1. अग्नि, 2. काश्यप, 3. गौतम, 4. अङ्गिरा, 5. भार्गव, 6. कौशिक और 7. वसिष्ठ।

हृदयं कण्ठतालू च त्रयो योगाः प्रकीर्तिताः।
एकैकस्वरविश्रान्ता स्तिस्त्रस्तिस्त्रश्च मूर्च्छनाः ॥ 12 ॥
ताना एकोनपञ्चाशदुच्यन्ते सप्तसप्ततः।
समा (उदा) हरेद्गीतवेदं ज्ञात्वेति स्वरमण्डलम् ॥ 13 ॥

इति सप्तस्वराधिकारः।

हृदय, कण्ठ और तालू ये तीन ही इसमें योग करने वाले स्थान कहे गए हैं। इनमें एक-एक के स्वर विश्रान्त से तीन-तीन मूर्च्छनाएँ बनती है। इन सातों स्वरों की सात-सात प्रकार से उनचास तानें बनती है। यह साम गीतवेद (सामवेद) से उदाहरण लेकर गीतों का स्वर मण्डल जाना जाता है।

देशगीतमार्गभाव रागोत्पत्त्यादिकं तथा।
(स्वर) भाषोत्त्पत्तिं तव वक्ष्यामयनुक्रमात् ॥ 14 ॥

गीतों में देशी, मार्गी, भाव, रागोत्पत्ति आदि और स्वर—भाषोत्पति आदि अब मैं तुम्हें अनुक्रम से कहता हूँ।

---

1. तुलनीय— पद्मपत्रप्रभः षड्ज ऋषभः शुकवर्णकः। कनकाभस्तु गान्धारो मध्यमः कुन्दसन्निभः ॥ पञ्चमस्तु भवेत् कृष्णः पीतवर्णस्तु धैवतः। निषादः सर्ववर्णोऽयं विज्ञेयाः स्वरवर्णकाः ॥ (वही, दे. प्र. 29, 73 74; नारदपुराण पूर्व 50, 47–48)
2. तुलनीय— षड्जस्य दैवतं ब्रह्मा ऋषभो वह्निदैवतः। गान्धारो भारतीदेवी मध्यमो हरदैवतः ॥ पञ्चमः शतयज्ञस्तु धैवतो गणनायकः। निषादो भानुदेवस्तु इत्येते स्वरदेवताः ॥ (वही, दे. प्र. 29, 75–76)

रागश्चोपरागमाह —

श्रीरागश्च वसन्तश्च पञ्चमो भैरवस्तथा।
मेघरागश्च विज्ञेयः षष्ठो नट्टनरायणः॥ 15॥

राग छह हैं— 1. श्रीराग, 2. बसन्त, 3. पञ्चम, 4. भैरव, 5. मेघराग तथा छठा राग 6. नट्टनारायण के नाम से जानना चाहिए।[1]

गौरी कोला च गान्धारी द्राविडी मालकोसिका।
षष्ठी स्याद्देवगान्धारी श्रीरागाच्च विनिर्गता॥ 16॥

इनमें से प्रथम 'श्रीराग' से क्रमशः 1. गौरी, 2. कोला, 3. गान्धारी, 4. द्राविड़ी, 5. मालकौंस और 6. देवगान्धारी रागें निकलती है।

हिन्दोला कोसिका रामगिरिश्च पद्ममञ्जरी।
गुडग्रीवाऽथ देशाख्या-संवदन्ति वसन्तजाः॥ 17॥

द्वितीय वसन्त राग से निकलने वाले राग हैं— 1. हिन्दोल, 2. कोसिका, 3. रामगिरि, 4. पद्ममञ्जरी, 5. गुडग्रीवा और 6. देशी।

भैरवी गुर्जरी चैव भाषा वैलावली तथा।
कार्णाटी कलहंसा च षडेता भैरवे मताः॥ 18॥

तृतीय भैरव राग से निकलने वाले राग हैं— 1. भैरवी, 2. गुर्जरी, 3. भाषा, 4. वेलावली, 5. कर्णाटी और 6. कलहंसा।

---

1. सङ्गीत में भरत और हनुमन्मते में भैरव, कौशिक, हिन्दोल, दीपक, श्रीराग और मेघ रागों की गणना हुई है किन्तु उपर्युक्त मत कल्लिनाथ, सोमेश्वर वाला है, हनुमन्मत में कहा गया है कि प्रत्येक राग में पाँच रागिनियाँ होती हैं। मध्यकालीन गर्गसंहिता में राग-रागिनियों के साथ उनके पुत्रादि का नामोल्लेख आया है : 1. भैरव राग : भैरवी, पिङ्गला, लीलावती और आगरी— ये पाँच स्त्रियाँ और महर्षि, समृद्ध, पिङ्गल, मागध, बिलावल, वैशाख, ललित और पञ्चम— ये आठ पुत्र माने गए। 2. मेघमल्लार राग : चित्रा, जय-जयवन्ती, विचित्रा, व्रजमल्लारी और अन्धकारी— ये पाँच स्त्रियाँ और श्यामकार, सोरठ, नट, उड्डायन, केदार, व्रजरहस्य, जलधार व विहाग— ये आठ पुत्र माने गए। 3. दीपक राग : कञ्चुकी, मञ्जरी, टोडी, गुर्जरी और शाबरी— ये पाँच स्त्रियाँ और शुभकाम, गौड़कल्याण, कामरूप, कान्हरा, रामसञ्जीवन, सुखनामा और मन्दहास— ये आठ पुत्र स्वीकारे गए। 4. मालकौशक राग : गान्धारी, वेदगान्धारी, धनाश्री, स्वर्मणि व गुणागरी— ये पाँच स्त्रियाँ और मेघ, मचल, मारुमाचार, कौशिक, चन्द्रहार, घूँघट, विहार व नन्द— ये आठ पुत्र माने गए। 5. श्रीराग राग : बैराठी, कर्णाटी, गौरी, गौरावटी व चतुश्चन्द्रकला— ये पाँच स्त्रियाँ और सारङ्ग, सागर, गौर, मरुत, पञ्चशर, गोविन्द, हमीर और गीर्भीर— ये आठ पुत्र कहे गए। 6. हिण्डोल राग : वसन्ती, परजा, हेरी, तैलङ्गी व सुन्दरी— ये पाँच स्त्रियाँ और मङ्गल, वसन्त, विनोद, कुमुद, वीहित, विभास, स्वर तथा मण्डल ये आठ पुत्र माने गए।(गर्गसंहिता, विश्वजित्खण्ड 44, 4-21)

त्रिगुणा खम्भावती च आभेरी ककुभा तथा।
विराटी चैव सावेरी षडैताः पञ्चमे (?चतुर्थे) मताः ॥ 19 ॥

1. त्रिगुणा, 3. खम्भावती, 3. आभेरी, 4. ककुभा, 5. विराटी और 6. सावेरी— ये छह राग पञ्चम से कहे गए हैं।

बङ्गाली माधुरी चैव कामोदा चैव साधका।
देबाश्री(वग्री) देवमाला च षडेताः मेघरागजाः ॥ 20 ॥

पाँचवें मेघराज से होने वाले राग हैं— 1. बङ्गाली, 2. माधुरी, 3. कामोद, 4. साधका, 5. देवगिरि (देबाश्री) और 6. देवमाला।

त्रोटकी मोटकी चैव दुम्बी नट्टा वराटका।
गान्धारी सिन्धुमल्हारी षड् वै नट्टनरायणाः ॥ 21 ॥

छठवें नट्टनारायण राग से होने वाले राग हैं— 1. त्रोटकी, 2. मोटकी, 3. दुम्बी, 4. नट्टा 5. वराटका 6. गान्धारी-सिन्धु-मल्हारी।[1]

अन्यदप्याह —

यद्रागाद्याः समुत्पन्ना गीयते तेन ताः सह।
यद्यन्यथा मिश्रितं तद् दुष्यते परदारवत् ॥ 22 ॥

प्रथमतः जो राग हो, उसी से उत्पन्न होने वाले रागों को उसके साथ गाना

---

1. बृहद्धर्मपुराण में नारद ने अपने प्रश्न में स्पष्ट किया है कि राग, उनकी रागिनीयों, उनके दास, व दासियाँ कौन कौन हैं— 'रागाणां वद नामानि रागिणीनाञ्च सत्तम। काञ्च दास्यः परिप्रोक्ता दासा वा कमलेक्षण॥' इस पर हरि ने कहा था— कामदश्च वसन्तश्च मल्लारश्च विभाषकः। गान्धारो दीपकश्चैव रागा एते षडीरिताः॥ मायूरी तोटिका गौडी वराडी च विलोलिका। धनाश्रीरपि विख्यातां कामदस्य प्रिया शुभा॥ वागीश्वरी शारदी च श्यामा वृन्दावनी तथा। वैजयन्ती जयन्ती च दास्य एताः प्रकीर्त्तिताः॥ परजश्चैव दासश्च भवेत् कामदकस्य हि॥ केदारी चैव कल्याणी सिन्धुरा सुहया तथा। अश्वारूढा च कार्णाटी वसन्तस्य प्रिया मता॥ श्यामकेली देवकेली मालिनी कामकेलिका। सम्भावती सस्वरा च दास्यस्तासां क्रमात् स्मृताः॥ हिल्लोल दति विख्यातो वसन्तरागकिङ्करः॥ नटी च सुरहट्टी च पाहिडी चारुरूपिणी। नीला जयजयन्ती च षड्व मल्लारयोषितः॥ चक्रवाकी चन्द्रमुखी रसिका च विलासिका। यामिनी श्यामघटिका दास्यस्तामां क्रमात् स्मृताः॥ रामकेली च ललिता कोडरा कौमुदी तथा। भैरवी शर्व्वरी चैव विभाषस्य प्रिया मता॥ तरङ्गिणी नागिनी च किशोरौ हेमभूषण। कल्लोलिनी भीमनेत्रा दास्यस्तासां क्रमान्नताः॥ श्यामघोटक द्वत्याख्यो विभाषस्य तु किङ्करः॥ श्रीवैं रूपवती गौरी धानसी च तथापरा। मङ्गलाख्या च गान्धर्व्वी गान्धारस्य प्रिया दूमाः॥ पटमञ्जरी च मञ्जीरा महापद्मावती तथा। वेलावली च भूपाली गन्धिनी चेति दासिकाः॥ गौडराज इति ख्यातो दासो गान्धारसेवकः॥ उत्तरी पूर्व्विका चैव गुज्जरी कालगुज्जरी। तथा गोण्डकरी ख्याता मालेति दीपकप्रिया॥ दीपहस्ता दीपवर्णा दीपकर्णा प्रदीपिका। दीपाक्षी दीपवक्रा च दास्यस्तासां प्रकीर्त्तिताः॥ प्रदौपनाभ इत्याख्यो विख्यातो दास एव च॥ एने प्रोक्ता रागवर्णा गाय नारद तत्ववित्॥ (बृहद्धर्म. वही, 31-50)

चाहिए। यदि इसके विपरीत व्यवहार किया जाएगा या अन्य राग का प्रयोग होगा तो ऐसा करना दोषप्रद होगा। वैसे ही जैसे कोई परस्त्री के साथ सम्बन्ध बनाकर दूषण का पात्र होता है।

गीतस्य चतुर्दशदोषा: —

कीलितं च तथा स्थूलं विस्तरं च कृशोदरम्।
अतिदीर्घं त्रोटिता(का) क्षं काकस्वरं [1]मूर्धगतम्॥ 23॥
विश्रान्तं बहुविश्रान्तं तालहीनं [2]विश्लिष्टम्।
छन्दं(दो)मिश्रमप्रसिद्धं गीतादोषाश्चतुर्दश॥ 24॥

गीत के चौदह दोष बताए गए हैं— 1. कीलित, 2. स्थूल, 3. विस्तर, 4. कृशोदर, 5. अतिदीर्घ, 6. त्रोटिका, 7. काकस्वर, 8. मूर्धगत (अत्यन्त उच्च स्वर से सिर तक चढ़ाया हुआ अपूर्णगान), 9. विश्रान्त (ठहरा हुआ), 10. बहुविश्रान्त (बार-बार रुकने वाला), 11. तालरहित, 12. विश्लिष्ट, 13. मिश्र छन्दोबद्ध और 14. अप्रसिद्ध।[3]

करणत्रयं ग्राहकं च द्रवकं द्विमेव च।
इति गीतं समाख्यातं सर्वेदग्राभोगकैः ?॥ 25॥

करणत्रय, ग्राहक, दो द्रवक— ये गीत कहलाते हैं जो सभी अग्राभोगको (? ग्रामोद्भव हैं)।

पु......वासभ गोद्गीर्ण द्वाविंशति स्तुमेव च ?।
देशीमार्गसुलालीनं मातृकर्णाटिकोद्भवम् ?॥ 26॥

पु.... वासभ गोद्गीर्ण बाईसवीं तथा देशी, मार्गी, सुलालीन, मातृकर्णाटिक से उत्पन्न होने वाला (? अस्पष्ट है)।

स्वरकरणं पाट(द) करणं विदग्धाक्षं कपाट गीतटम्।
करणं च सारीवडलं उक्तं वातद्विधोत्तमम्॥ 27॥

स्वर करण, पादकरण, विदग्धाक्ष, कपाट, गीतटम्, करण और सारीवडल ये वात द्विधोत्तम है। (अस्पष्ट है)।

---

1. '... ...' इति प्रकाशित पाठः।
2. 'मष्टकम्' इति प्रकाशित पाठः।
3. तुलनीय— शङ्कित भीषणं भीतमुद्धुष्टमनुनासिकम्। काकस्वरं मूर्द्धगतं तथा स्थानवर्जितम्॥ विस्वरं विरसं चैव विश्लिष्टं विषमाहतम्। व्याकुलं तालहीनं च गीतिदोषाश्चतुर्दश॥ (नारदपुराण पूर्व. 50, 44-45)

इति सूत्रसन्तानगुणकीर्तिप्रकाशप्रोक्तृश्रीभुवनदेवाचार्योक्तापराजितपृच्छायां गीतलक्षणे भाषास्वरग्रामादिभेदलक्षणाधिकारो नामाष्टात्रिंशदुत्तरद्विशततमं सूत्रम् ॥ 238 ॥

इस प्रकार भुवनदेवाचार्य कृत सूत्रसन्तानगुणकीर्ति प्रकाश या अपराजितपृच्छा में गीत लक्षण में भाषा स्वर, ग्रामादि भेद लक्षण अधिकार नामक दो सौ अड़तीसवाँ सूत्र पूर्ण हुआ ॥ 238 ॥

ताण्डवादिनृत्य लक्षणात्मकमेकोन चत्वारिंशदुत्तर द्विशततमं सूत्रम् ॥ 239 ॥

विश्वकर्मोवाच —

नृत्यानां लक्षणं वक्ष्ये यदुक्तं ताण्डवादिकम्।
अङ्गभङ्गक्रमं सूत्रैः(त्र) कथ्यते तव साम्प्रतम् ॥ 1 ॥

(इस सूत्र में नृत्य के लक्षण लिखे गए हैं। नाट्यशास्त्र और उसकी अभिनव-भारत्यादि आदि टीकाओं, महाराणा कुम्भा कृत सङ्गीतराज के नृत्यरत्नकोशादि में नृत्यों के लक्षण हैं किन्तु शिव के जिन नृत्यों का इसमें नामोल्लेख है, वह विरला ही कहा जाएगा। शिव के नौ नृत्यों के प्रतिमा रूपों का वर्णन अंशुमद्भेदागम या काश्यपशिल्पम् में आया है। वहाँ कहा गया है कि यों तो शिव के नृत्य 108 हैं किन्तु उनमें प्रारम्भिक नौ होते हैं) विश्वकर्मा बोले कि अब मैं ताण्डवादि नृत्यों के लक्षणों को कहता हूँ। इनके अङ्गभङ्ग क्रम के सूत्रों को भी कहता हूँ।[1]

---

1. काश्यपशिल्पम् के इन रूपों की प्रतिमा के लक्षणों का पाठ यहाँ उद्धृत है। यद्यपि उक्त पाठ त्रुटित ही अधिक होने से अर्थ नहीं दिया जा रहा है किन्तु अध्येताओं के लिए रुचिकर होगा : नृत्तमष्टादशं ह्येव तेष्वादौ नवमुच्यते। ... शम्भोः सव्यशरीरस्थावुभौ पादौ तु कीर्तितम्। अपस्मारोदरोच्च तु धर्मनन्दाष्टमात्रकम् ॥ तन्मुखं तु समुद्धृत्य बाललीलासमन्वितम्। व्यालं वै वामहस्तेन दक्षिणे तस्य चेन्द्रियम् ॥ सस्यश्यामनिभाकारमपरमारं द्विजोत्तम। कलांशं पद्मपीठोच्चं विस्तारं च चतुर्गुणम् ॥ सपादं सार्धपादोनं द्विगुणं वा तदायतम्। ऊर्ध्वपद्ममधोपद्मं पिण्डिकां चोक्तवद्भवेत् ॥ प्रभामण्डलसंयुक्तमनेन विधिना कुरु। गुणाङ्गुलं समारभ्य शतमात्रावसानकम् ॥ तावदेवाङ्गुलाख्या तु कालकोनशतोदयम्। एकाङ्गुलं समारभ्यैकैकावयववर्धनम् ॥ पश्चात्सख्यासनं ख्याते दण्डः स्यात्प्रथमस्य तु। तत्तदष्टाशहीनं तु ऊर्ध्वोर्ध्वं तु क्रमात्कृशग् ॥ एकद्वित्रिचतुष्पञ्चषट्सप्तवसुमात्रकम्। गुनः गुनस्तथा संख्यामुपकुर्यात्प्रकल्पगेत् ॥ कर्तुरिच्छावशात्तेषु दण्डसङ्ख्यं तु तत्कुरु। नानाताल लताभिश्च नानापुष्पैश्च शोभितम् ॥ तस्योपरिष्टादलिनं हस्तं वै शिखरं बधुः। कर्तव्यं परितो विप्र तालस्याभ्यन्तरान्वितम् ॥ भानुमण्डलं वा धीमान्प्रभामण्डलवर्तनम्। तस्य वामे उमादेवीं प्रागुक्त विधिना कुरु ॥ इदं 1. स्यात्प्रथमं नृत्तं सर्वलोकहितावहम्। तदैव दक्षिणे पार्श्वे जटाग्रे च विभाजिते ॥ शम्भोर्देहान्तरं चैव षोडशाङ्गुल सम्मितम्। स्त्रीमानोक्ताङ्गसंयुक्तं हृदयं चालिसंयुतम् ॥ एवं मानविधिं युक्तं नृत्तं युक्त्या 2. द्वितीयकम्। तदैव वामपादं तु अथस्मारोपरि स्थितम् ॥ उद्धृतं दक्षिणं पादं वामपादं प्रसारितम्। ललाटमध्यवामे तु वामनासापुटान्तके ॥ लम्बयेद् ब्रह्मसूत्र तु स्थितपादस्य गुल्फके। शेषं प्रागिव कर्तव्यं यथा नृत्त 3. तृतीयकम् ॥ अवकीर्णजटाभारजटामुकुटसंयुतम्। जटामुकुटसंयुक्तं शेषं प्रथम नृत्तवत् ॥ 4. चतुर्थं नृत्तमेतद्धि सर्वप्राणि हितावहम्। कर्णान्तमुद्धृतं सव्यपादं वामं तु कुञ्चितम् ॥ भूताष्टक

नृत्य संस्थानेवैशिष्ट्यं हस्तादीनां रसाभिव्यञ्जकतां —

अङ्गभङ्गयो मुखे कार्यः स्तने कट्यां च पादयोः।
यतोहस्तस्तो दृष्टिर्यतो दृष्टिस्ततो मनः[1] ॥ 2 ॥

नृत्य मुद्राओं में मुख, शरीर, स्तन, कटि और पैर अनेक भङ्गों से युक्त हों और उनकी दृष्टि हाथों की ओर तथा मन दृष्टि की ओर केन्द्रित होगा।

तलपादे पञ्च प्रोक्ता ऊर्ध्वोर्ध्वौ च कटौ त्रयः।
त्रयो वक्षसि विज्ञेया आनने च तथैव च ?॥ 3 ॥

इसमें तलपाद भङ्ग पाँच प्रकार के कहे गए हैं, उसके ऊपर कटि के भी तीन भङ्ग होते हैं। ऐसे ही वक्ष के भी तीन भङ्ग होते हैं और मुख के भी तीन ही भङ्ग कहे गए हैं।

चत्वारो ग्रीवायां च षट् बाह्वोः करतले च षट् ।
दश वक्त्रे नव नसि षट् त्रिंशद्दृष्टितस्तथा ॥ 4 ॥

समायुक्तमेतत्पञ्चक नृत्तकम्। अभयं शूलपाशं च डमरुं दक्षिणे करे॥ कपालं चाग्निपाशं च गण्डं हस्तिकरोपमम्। गजहस्तोपमं हस्तं प्रसार्य दक्षिणानुकम्॥ यद्वत्प्रथमनृत्तं स्यात्सर्वसूत्र प्रसारयेत्। 5. चित्त पञ्चमनृत्तं स्यादेवमेवेति नृत्यते॥ दोर्भिः षोडशसंयुक्तं वामे गौरीसमायुतम्। हस्ताभ्यामुद्धृतं स्कन्ध स्तनं तस्य प्रसारितम्॥ अभयं शूलपाशं च खड्गं डमरुकध्वजम्। वेतालं सूचिहस्तं च दक्षमष्टकरं भवेत्॥ अनलं गजहस्ताभं खेटकं विस्मयं तथा। घण्टां चैव कपालं च छुरिकां सूचिमेव च॥ वामे त्वष्टभुजाख्यातं शेषं पञ्चमनृत्तवत्। 6. षष्ठमं ह्येवमाख्यातं राजराष्ट्रसुखावहम्॥ त्रिनेत्रमष्टहस्तं च सुविकीर्णजटाधरम्। कुञ्चितं वामपादं तु अपस्मारोपरि स्थितम्॥ वामपार्श्वे शिरस्थस्य विकीर्णाङ्घ्रिश्च दक्षिणे। उद्धृतं दक्षिणाङ्गुष्ठनीव्रं संहितसङ्गमम्॥ पूर्वसूत्रं तथाऽङ्गुष्ठनीव्रं भान्वङ्गुलं भवेत्। अभयं शूलपाशं च डमरु दक्षिणे करे॥ कपालमग्निपात्रं च तथा विस्मयहस्तकम्। गजहस्तोपमं वामे चतुर्थे चैवमेव हि॥ गजहस्तोपमं सव्यं वामं व्यालसमं तु वा। ललाटस्य तु मध्ये तु वामे तु स्थानमध्यमे॥ वामाङ्घ्रिनलिकामध्ये लम्बेयेब्रह्मसूत्रकम्। तत्सूत्राद्वामजान्वन्तं नीव्रं चैव नवाङ्गुलम्॥ नतमानं दशांशं स्याद्वामे गौरीसमायुतम्। 7. सप्तमं नृत्तमाख्यातं जगद्दुःखविनाशकम्॥ तमेव षड्भुजं भेदमभयं डमरुं तथा। शूलं दक्षिणपार्श्वे तु कपालं विस्मयं तथा॥ गजहस्तोपमं वामे सूत्रं 8. प्राग्वत्तदष्टमम्। चतुर्भुजं त्रिनेत्रं वा जटामुकुटमण्डनम्॥ अभयं डमरुं सव्ये वामेऽग्निर्गजहस्तवत्। अपस्मारं विना पीठे वामाङ्घ्रिकुञ्चितं स्थितम्॥ तत्तत्पुरस्थितं पीठे सव्यपादकनिष्ठके। तत्पादं कुञ्चितं युक्त्या सूत्रं युक्त्या तु लम्बयेत्॥ 9. नवमं नृत्तमाख्यातं गङ्गाधरमतः परम्॥ (काश्यपशिल्पम् 65, 4 एवं 60-96)

1. तुलनीय : भङ्गे भङ्गे मुखं कुर्याद्धस्तौ दृष्टिं च नर्त्तने। हस्ताकाद्यं भवेल्लोके कर्मणोऽभिनयेऽखिलम्॥ यतो हस्तस्ततो दृष्टिर्यतो दृष्टिस्ततो मनः। यतो मनस्ततो भावो यतो भावस्ततो रसः॥ अर्थात् : नृत्य करते समय जिस प्रकार पैर विभिन्न रूप से चलित किया जाता है, उसी प्रकार मुँह व दोनों भुजाओं से दृष्टि को भी बनाया जाता है। जिस प्रकार हाथ किसी विषय को बताता है, वैसे ही दृष्टि भी उसी विषय को स्पष्ट करती है। इसी प्रकार जैसी दृष्टि वैसा मन, जैसा मन वैसा ही भाव, जैसा भाव वैसा ही रस प्रतीत होता है। (देवतामूर्तिप्रकरण 8, 122-123)

ग्रीवा के चार भङ्ग होते हैं जबकि भुजाओं के छह और हथेलियों के भी छह भङ्ग हैं। चेहरे के दस भङ्ग, नासिका के छह और दृष्टि के तीस भङ्ग बताए गए हैं।

कर्णयो वैं दश तथा भ्रूरेखायां च षट् तथा।
पद्रूपलक्षणावृत्या भावार्थं प्रकटीकृतम्॥ 5॥

कानों के दस तथा भ्रूरेखा के छह भङ्ग होते हैं जिनके द्वारा उस-उस रूप के लक्षण वृत्ति और भावार्थ का प्रकटीकरण होता है।

पञ्चस्थानं चतुर्वृत्तिर्नृत्यं च ग्रहसङ्ख्ययकम्।
द्विरष्टात्वाकात्याक्ताश्च तस्य ते वा षट् त्रिंशतिः ?॥ 6॥

पाँच स्थान, चार वृत्तियाँ और नृत्य नौ की संख्या वाले कहे गए हैं। सोलह त्याक्ता— इस प्रकार ये सब मिलकर छत्तीस होते हैं।

द्वात्रिंशच्चारिकायुक्तं भेदानां चतुःषष्टिभिः ?।
सम्प्रमष्टाधिकार षट् ... ... प्रशस्यते ?॥ 7॥

इनके साथ ही बत्तीस चारिका भेद मिलते हैं तो ये ये भेद क्रमशः चौंसठ हो जाते हैं। सम्प्रमष्टाधिकार छह... प्रशस्त कहे गए हैं (?)।

अतोऽथाभिधानानुक्रमं प्रयोगं नृत्यकादिकम् ?।
एवमादिगुणैर्युक्तं नृत्यं च श्रृणु साम्प्रतम्॥ 8॥

यहां तक नृत्यादिकों के नामानुक्रम अभिधानों का प्रयोग हुआ है। इस प्रकार के आदिगुणों से युक्त नृत्य के बारे में अब सुनो।

नव नृत्यनामाह —

प्रथमे ताण्डवं नृत्यं द्वितीयं भैरवं तथा।
तृतीयं करणाख्यं च श्रृङ्गाराच्च चतुर्थकम्॥ 9॥
पञ्चमं प्रावृतं चैव षष्ठं [1]सुकुमारकम्।
पुराटकं सप्तमं च स्वस्तिकं चैव चाष्टमम्॥ 10॥
नृत्यानां नृत्यराजं च संध्यानृत्यं महोत्सवम्।
नवैतानि च नृत्यान्याख्यातानि परमेश्वरैः॥ 11॥

अब आदि गुण से युक्त नृत्यों के बारे में सुनो जो मैं तुमसे कहता हूँ। इनमें प्रथम नृत्य ताण्डव; द्वितीय भैरव; करण नामक; चतुर्थ श्रृङ्गार; पाँचवाँ प्रावृत्त; छठवाँ सुकुमार; सातवाँ पुराटक; आठवाँ स्वस्तिक और नृत्यों में नृत्यराज के रूप में

1. मुद्रितपुस्तके नास्ति।

नवाँ सन्ध्या-नृत्य महोत्सव है। इन नौ नृत्य नृत्यों की परमेश्वर शिव द्वारा प्रसिद्धि की गई है।

समं पादनिश्रमा ?... ... ... ते वामदक्षिणैः।
रङ्गं तत्र दृष्टि वाद्यानां दस्त्रत्पकोद्भवा ?॥ 12॥

सम पादानिश्रमा ? ... से बायें-दायें, जहाँ रङ्ग हों वहाँ दृष्टि हों और वाद्यों की भी वैसी रूपता हो ?

दोल पुष्पकरोर्वामे दक्षिणे गजदन्ताग्रतः ?।
राग संस्थित स्थानै आदि नृत्यं च ताण्डवम्॥ 13॥

बायें हाथ में पुष्प हों और दक्षिण हाथ में गजदन्त को लेकर दोलायमान हों और राग-स्थान में स्थित हों हों यह प्रथम ताण्डव नृत्य होगा।

(इतः परं च लभ्यते[1]*)*

---

1. अपराजित पृच्छा का प्रकाशित पाठ यहीं तक मिलता है। इसमें एक ताण्डव नृत्य भी पूरा नहीं हुआ है। हालांकि पूर्व में काश्यपशिल्पम् से नौ नृत्यमूर्तियों को पाद टिप्पणी में स्पष्ट किया गया है। अन्य नृत्यों का विवरण संगीत के प्राचीन ग्रन्थों में रहा है किन्तु वर्तमान पाठों में स्पष्टतः नहीं है। शब्दों के आधार पर किञ्चित व्याख्या की जा रही है ताकि पाठ की पूर्ति की दिशा में विचार हो सके।

मुरारी के अनर्घराघव और विशाखदत्त (लगभग 8वीं सदी) के मुद्राराक्षस नाटकों में क्रीडान् उपमान में शिव के ऐसे ताण्डव का स्मरण किया गया है जो निरन्तर ध्यान में रखकर किया गया है, चरणाघात की स्वच्छन्दता से कहीं रसातल में नहीं पहुँच जाए, ऐसी सम्भावनाओं से बचते-बचते। हाथों की उच्छृंखलता कहीं लोकान्तर को शीर्ण नहीं कर दे, भाव-भंगिमाओं और भुजाओं को संकोच से प्रकट करते हुए। लक्ष्य वस्तुओं पर भीषण अग्निकण उगलती दृष्टि न टिकाते हुए, कहीं सब कुछ जलकर भस्म न हो जाए। (अनर्घराघव 7, 105 एवं मुद्राराक्षस 102) मुरारी ने ऐसी कल्पना भी की है कि नृत्यारम्भ में ही शिव के शरीर की वृद्धि देखते ही डरकर गौरी का वामार्ध अलग जाकर बैठ जाता है और एक ही चरण वाले शिव भयंकर रूप धारण करते हैं। (अनर्घ. 7, 103) नृत्यरत शिव का कण्ठदेश प्रलयान्धकार में विलीन हो जाता है। कहीं उनके नृत्य में सिर घूमने लगने पर संसार ही घूमने लगता है और महाभैरवी को पता ही नहीं चलता कि सिर अलग नाच रहा है और धड़ अलग नृत्यरत है। (तत्रैव 7, 105) मालतीमाधव में एक ऐसे ताण्डव का उल्लेख है जिसमें नन्दी के हाथों ताडित पखावज में मेघध्वनि से भ्रान्तिमान हुए कुमार के मयूर को देखकर सर्पराज वासुकी, गणेश की सूण्ड में आनन्दपूर्वक घुसने से दिशाओं को शब्दायमान करने वाले चित्कार शब्द युक्त विनायक का वक्त्र कम्पन होता है। (मालतीमाधव 1, 1) सन्ध्या नृत्य का उल्लेख मेघदूत में और विस्तृत वर्णन मयमतम् (36, 67-80) में आया है जो वहीं से उद्धृत किया गया है :

1. ताण्डव : शिव के ताण्डव के अनेक प्रकार हैं। शैवागमों में आनन्दताण्डव या ललित ताण्डव, संध्या ताण्डव, कालिका ताण्डव, त्रिपुर ताण्डव, गौरी ताण्डव, संहार ताण्डव और उमा ताण्डव— इन सात ताण्डवों का उल्लेख आया है। एकलिंगजी मन्दिर, उदयपुर के सभामण्डप के स्तम्भों पर प्रलय ताण्डव, कालिका ताण्डव, उमा ताण्डव, गौरी ताण्डव, त्रिपुर ताण्डव और आनन्द ताण्डव के चित्र विद्यमान है। आगमों में यह भी उल्लेख है कि नटराज शिव द्वारा प्रस्तूयमान संध्या ताण्डव के समय ब्रह्मा ताल देते हैं,

सरस्वती वीणावादन करती है, इन्द्र बाँसुरी एवं विष्णु मृदङ्ग बजाते हैं, लक्ष्मी गान करती हैं तथा सभी देवगण उक्त नृत्य का अवलोकन करते हैं। शिव व शिवा का सम्पृक्त होकर सक्रियता दर्शाना ही नटराज का नर्तन है। इसमें मृदङ्ग, भेरी, पटह, भाण्ड, डिंडिम, पणव, दर्दुर एवं गोमुख आदि आनद्ध वाद्यों का उपयोग किया गया था। दक्षिण के चिदम्बरम् मन्दिर में नटराज की प्रतिमा स्थापित है। नटराज ने पहली बार पृथ्वी पर चिदम्बरम् मन्दिर में सन्ध्या-समय में ताण्डव नृत्य प्रस्तुत किया था, ऐसी अनुश्रुति है। (कल्याण शिवोपासना अङ्क, पृष्ठ 190-191)

यह कथा राजस्थान के हर्षनाथ मन्दिर के साथ भी जुड़ी है। यहाँ से प्राप्त अभिलेख (विक्रम संवत् 1013) के अनुसार त्रिपुरान्तक शिव ने इस पर्वत पर त्रिपुर विजय का उल्लास व्यक्त करते हुए नृत्य किया था। ऐसे में उनका नाम हर्ष व इस पर्वतशिखर का नाम हर्षगिरि हो गया। यहाँ नृत्य मूर्तियों का उत्कीर्णन किया गया है। (एफ. कीलहॉर्न : हर्ष स्टोन इन्सक्रिप्शन ऑफ द चाहमान विग्रहराज, एपिग्राफिया इण्डिका 2, पृष्ठ 116-130)

2. भैरव : यह भयानक रूप के अर्थ में प्रतीत होता है।

3. करण : यह अङ्गहार का प्रधान सहायक है। सामान्य रूप से हस्त व पाद के सम्यक् योग से करण की निष्पत्ति होती है — हस्तपादसमायोगो नृत्यस्य करणं मतम्। (नाट्य. 4, 30)। नाट्यशास्त्र की अभिनवभारती टीका से प्रतीत होता है कि हस्त-पाद का प्रयोग विस्तृत आशय में है। हस्त का अर्थ हाथ मात्र नहीं होकर शरीर का ऊर्ध्वाङ्ग है और पाद से आशय शरीर के अपरकाय से है जिसमें पसली, कटि, ऊरू, जङ्घा, चरणादि आते हैं। इन दोनों की जो क्रिया होगी, वह पारिभाषिक रूप से करण है। करण 'तलपुष्पपुट' से लेकर 'गङ्गावतरण' तक कुल 108 प्रकार के हैं। यहाँ ज्ञातव्य है कि दक्षिण के शासक कोपरुञ्जीदेव (1243-72 ई.) ने चिदम्बरम् में नटराज के गोपुरों में पाषाणों को काटकर करणों को उत्कीर्ण करवाया था। प्रत्येक करण का नाम-निर्देश नाट्यशास्त्र के श्लोकों के साथ किया था, इनमें से 93 करण ही आज मिलते हैं जबकि शेष नदारद हैं। यहाँ सभी करणों का दृष्टान्त स्त्री नर्तकियों द्वारा प्रस्तुत किया गया है। नाट्यशास्त्र के अनुसार नृत्य के सभी करण शिव द्वारा क्रियान्वित हुए और परम्परानुसार भरताचार्य को इनका प्रशिक्षण मिला। (विशेष द्रष्टव्य— वेङ्कटनारायण स्वामी नायडू, श्रीनिवासुलु नायडू वेङ्कट रङ्गय्या पन्तुलु : ताण्डव लक्षणम् या द फण्डामेन्टल्स ऑफ एन्शियेण्ट हिन्दू डान्सिंग, मुँशीराम मनोहरलाल प्रकाशन, नई दिल्ली, पुनर्मुद्रण 1971, परिशिष्ट बी, पृष्ठ 117-128 एवं चित्र)

4. शृङ्गार : शृङ्गार रस प्रधान नृत्य हो सकता है क्योंकि अमरकोश की टीका में आया है— पुंस स्त्रियां स्त्रियां: पुंसी संयोगं प्रति या स्पृहा। स शृङ्गार इति ख्यातो रतिक्रीडादिकारणम्॥

5. प्रावृत्त : यह प्रकृष्टावरण युक्त अभिव्यक्ति का हेतु हो सकता है, जिसे ओडितवस्त्र के रूप में भी भरत ने परिभाषित किया है। सर्वदर्शनसंग्रह के अन्तर्गत शैव दर्शन में आया है- प्रावृतीशौ बलं कर्म्म मायाकार्य्यञ्चतुर्विधम्। पाशजालं समासेन धर्मनाम्नैव कीर्त्तिता॥ अस्यार्थ- प्रावृणोति प्रकर्षेणाच्छादयत्यात्मनो दृक्क्रिये इति प्रावृत्तिः स्वाभाविक्यशुचिर्मल इति। स्कन्दपुराण के माहेश्वरखण्ड में 'प्रनृत्य' का उल्लेख है।

6. सुकुमार : यह देवताओं की वन्दना से सम्बद्ध नृत्य कहा गया है। यह शृङ्गार रस से सम्बद्ध होता है। इसमें स्त्रियों व पुरुषों के प्रणयाभिभूत अवस्था वाले ऐसे कथोपकथन होते हैं जो स्मर-प्रेरित दशा में उद्भूत होते हैं— देवस्तुत्याश्रयं ह्येतत् सुकुमारं निबोधतः। स्त्रीपुंसयोस्तु संलापो यस्तु कामसमुद्भवः। तज्ज्ञेयं सुकुमारं हि शृङ्गाररससम्भवम्॥ (नाट्य. 5, 308)

7. पुराटक : संज्ञानुसार यह भिक्षाटन मूर्ति के स्वरूप का कोई नृत्य रहा होगा जिसमें भिक्षु रूप में शिव पुर में नर्तन करते प्रतीति देते हों। अंशुमद्भेदागम के 74वें अध्याय में इस स्वरूप का वर्णन मिलता है।

8. स्वस्तिक : यह मङ्गल प्रधान नृत्य रहा होगा। सूतसंहिता के मुक्तिखण्ड में वर्णन है कि व्यासादि

सन्ध्यानृत्यं (तथा च मयमते अध्या. 36) —

नृत्तं भुजङ्गललितं संध्यायुक्त(?नृत्त)मिहोच्यते ॥ 67 ॥

शिव की नृत्त प्रतिमा में देव को सर्प से खेलते हुए दिखाना चाहिए, यह संध्या नृत्त है।

डमरूं चापि वह्निन्ध च दक्षिणेऽदक्षिणे करे।
त्रिशूलं परशुं खड्गं बाणं स्याद्दक्षिणे करे ॥ 68 ॥

सृष्टि क्रमानुसार शिव के एक दक्षिण हाथ में डमरू तथा बाएँ एक हाथ में अग्नि है। दूसरे दायें हाथों में क्रमशः त्रिशूल, परशु, खड्ग और बाण हैं।

खेटकं च पिनाकं च दण्डं पाशं च वामतः।
चारुचारीप्रचारेण प्रज्वलकरणान्वितम् ॥ 69 ॥

मुनियों ने धनुराशिस्थ सूर्य में आर्द्रा नक्षत्र के दिन शिवगङ्गा नामक तीर्थ में स्नानकर तप किया और शिव ने प्रसन्न होकर नृत्य स्वरूप में दर्शन दिया। करोड़ों सूर्यों के समान वे तेजोमय थे, उनका गात्र अतीव निर्मल था, दुःखहारी शिव का वक्ष प्रदेश विशाल था, कटि सिंह की तरह तनु थी। शिव कृपा से मुनियों के बन्धन समाप्त हो गए, स्वस्ति वाचन के बीच मंगल ध्वनियाँ गूंजी और दिव्य पुष्पों की वृष्टि हुई, काहला आदि वाद्यों से संसार गूँज उठा। सुर-असुर व मानव भी वहाँ पहुँचे, सर्वजनहित सोचकर देवी सहित शिव वहाँ के सभापति बने। वेदमन्त्रों सहित तैयार करके समस्त संसार के स्वामी त्रिनेत्र, नीलकण्ठ भगवान् शिव ने महान उत्सव के आनन्द सहित पुण्डरीकपुर की प्रदक्षिणा की, समस्त जनसमूह, उनके भक्तगण, दोनों पुत्र व प्रसन्न नन्दी उनकी सेवा में विद्यमान रहे। इस प्रकार ताण्डव को शोभायमान करने वाले शिव ने शिवगङ्गा में स्नान किया और उस तीर्थ को सभी के लिए सुलभ कराते हुए लोकार्पित कर दिया : ततः प्रसन्नो भगवान्महेश्वरो मुनीश्वराणामपि दृष्टिगोचरः। प्रनृत्यमानोऽभवदम्बिकापतिः समस्तवेदान्तसभापतिः शिवः। व्यासादयो वेदविदां वरां हरं दिवाकराणां शतकोटिभिः। समानतेजस्कमतीव निर्मलं विशालवक्षस्थलमार्तिहारिणम्॥ दृष्ट्वा प्रसादेन महत्तरेण ते प्रणम्य सर्वे भुवि दण्डवत् पुनः। प्रजल्य भक्त्या विवशा विचेष्टिता निवृत्तबन्धा अभवन्प्रसादतः॥ पुष्पवृष्टिरभवन्महत्तरा स्वस्तिमङ्गलपुरस्सराऽपि च। काहलादिरवपूरित जगत्तोषिता अपि सुरासुरा जनाः॥ आगता अपि सुरासुरा जना अप्सरोभिरखिलैरनुत्तमैः। शङ्करश्च भगवान्सभापतिः सर्वलोकहिकाम्ययाऽम्बया॥ सह परिकरबन्धं वेदमन्त्रेण कृत्वा निखिलभुवननाथो नीलकण्ठस्त्रिनेत्रः। सकलजन समूहैः सेव्यमानः स्वभक्तैस्तनययुगलयुक्तो नन्दिनाऽऽनन्दितेन॥ महोत्सवविनोदेन भगवान् परमेश्वरः। पुण्डरीकपुरं दिव्यं प्रादक्षिण्यक्रमेण सः॥ चरित्वा शिवगङ्गायां शम्भुस्ताण्डवमण्डितः। स्नानं कृत्वा ददौ तीर्थं सर्वेषां प्राणिनां हरः॥ (सूतसंहिता, मुक्तिखण्ड 9, 47-54)

9. संध्या-नृत्य महोत्सव : सन्ध्या नृत्य शिव का नृत्य महोत्सव इसलिए कहा गया है कि इसी से नाट्यादि की उत्पत्ति हुई है। यह सन्ध्याकाल में ही हुआ जिसको नाना करणों से संयुक्त अङ्गहारों से विभूषित किया गया। उसका संयोग पूर्व में करने का निर्देश है जिससे शुद्ध पूर्वरङ्ग इन नृत्यादि उपकरणों में समन्वित होने पर 'चित्र' शब्द से व्यवहृत किया जाता है— मयापीदं स्मृतं नृत्यं सन्ध्याकालेषु नृत्यता। नानाकरणसंयुक्तैरङ्गहारै र्विभूषितम्। पूर्वरङ्गविधावस्मिन् त्वया सम्यक् प्रयोज्यताम्॥ यश्चायं पूर्वरङ्गस्तु त्वया शुद्धः प्रयोजितः। एतद्विमिश्रतश्चायं चित्रो नाम भविष्यति॥ (नाट्य. 4, 13 एवं 15)

इसी प्रकार वाम हाथों में खेटक, पिनाक नामक धनुष, दण्ड व पाश है। सुन्दर, चलित पद नृत्य के विभिन्न करणों को अभिव्यक्ति देते हैं।

दक्षिणं कुञ्चितं पादं वामं जान्वन्तमुद्धृतम्।
जानुबाह्यादि पौष्ण्यर्यन्तमेकादित्रिमुखान्तरम्॥ 70॥

इस मुद्रा में उनका दक्षिणी पाँव दोलायमान तथा बायाँ पाँव घुटने तक की ऊँचाई से ऊपर उठा हुआ है। बायीं ऐड़ी से दायें घुटने का झुकाव त्रिकालिक या तीन गुना होगा। यह मुख पर्यन्त ऊँचाई से साम्यता लिए होगा।

तदन्तरेऽष्टभागे तु नवधा निर्गमं मतम्।
निर्गमं वामपादं तु युक्त्या तत्र प्रयोजयेत्॥ 71॥

पद की उच्चता में प्रतिमा का निष्कास नौ भाग का होने पर अन्तराल आठवाँ भाग होगा। खासकर वाम पद नृत्त के प्रयोजन को निष्पन्न करता है, ऐसे में निर्माण में विशेषोक्ति का ध्यान रखना चाहिए।

ऋज्वागतमुखं किञ्चित् कायं वै सत्रिभङ्गिकम्।
साभयं दक्षिणं हस्तमङ्गुष्ठान्तं स्तनान्तकम्॥ 72॥

इस प्रतिमा में मुख ऋज्वागत या सीधा एवं काया किञ्चित तिर्यक् होगी जिसमें तीन प्रकार की भङ्गिमाओं का दर्शन होगा। स्तनान्त तक दायें एक हाथ की खुली हथेली व अङ्गूठा अभय मुद्रा को दर्शाता होगा।

उद्यड्डुमरुकं हस्तं कर्ण चूलान्तमुद्धृतम्।
गजहस्तोपमं वामं वामपादान्तिकं गतम्॥ 73॥

इस स्वरूप में डमरुधारी बायाँ एक हाथ कर्णान्त की सीध में एवं बायाँ हाथ गजशूण्ड की भाँति माँसल होगा और नीचे वाम पद तक झुका हुआ होगा।

साग्निवामकरं बाहुं मात्रोच्चं कारयेत् सुधीः।
बाहुकक्षान्तरं तावत् व्याघ्रचर्मधरोसनः॥ 74॥

अग्निपात्रधारी वाम हाथ कन्धों से ऊपर उठा हुआ होगा। यह बाहु कक्ष से ऊपर उठे होगा। वे व्याघ्रचर्म धारण किए होंगे।

वामेऽवामे फणी कृत्वा न्यसेद्वामेऽभयं तु वा।
संवि(सुधी!)कीर्णजटाभारं बकपक्षविचित्रितम्॥ 75॥

दायें या बायें हाथ में वह नाग उठाए हैं अथवा बायाँ हाथ अभय मुद्राधारी होगा। सुधीर शिव की विचित्र जटा की केशराशि बक पक्षी के पङ्खों से सज्जित होगी (अर्थात् नृत्य में वे जटाएँ उड़ते बक-पक्ष तुल्य प्रतीत होती है)।

करोटिमालया युक्तं जटाजूटसचन्द्रकम्।

संविकीर्णजटासङ्ख्या पञ्च$_5$ सप्त$_7$ नवोदिता$_9$ ॥ 76 ॥

यह जटा भी कपाल-माला धारण किए हैं। जटाजूट पर चन्द्र विराजित है। बिखरी जटाएँ पाँच, सात अथवा नौ की संख्या में होगी, जो कि उनकी नृत्य की संख्या भी है।

वामे गौरी त्रिभागे तु अवामे नन्दिकेश्वरः।

नृत्तवाद्यादिमुदितौ नृत्त भृङ्गीश पूर्वकम् ॥ 77 ॥

देव के वाम भाग में गौरी की प्रतिमा है, जो शिव के आकार की तीसरा भाग है। दायें नन्दिकेश्वर है। दोनों ओर भृङ्गीश नृत्य करते हुए पूर्वानुसार प्रसन्नतापूर्वक वाद्य वादन कर रहे हैं।

देव-दानव-गन्धर्व-सिद्ध-विद्याधरान्वितम्।

पार्श्वयोर्मुनिभिर्युक्तं सुरवृन्दनिषेवितम् ॥ 78 ॥

इस प्रतिमा में देव, दानव, गन्धर्व, सिद्ध और विद्याधर सहित पार्श्व में मुनिगण हों तथा सुरगणों को अभिवन्दित करते दिखाया जाना चाहिए।

पीठस्तोयाम्बुजस्थो वा स्थापयेत्तन्निरन्तरम्।

पादाधारमपस्मारं भुजङ्गत्रासमीरितम् ॥ 79 ॥

नृत्तपूजाफल सद्यः शत्रुनाशकरं भवेत्।

इस मूर्ति को पीठ पर अथवा जलीय कमलासन पर बनाना चाहिए। यह भुजङ्ग-नृत्त स्वरूप होगी, जिसके पादाधार में, बाएँ पैर से दमित अप्रस्मार हों। शिव के इस नृत्त स्वरूप की पूजा से शत्रुगणों का विनाश होता है।

अन्यदप्याह (तथा च लिङ्गपुराणे पूर्व. अध्या. 106) —

संरम्भान्तिप्रसङ्गाद्वै तस्याः सर्वमिदं जगत्।

क्रोधाग्निना च विप्रेन्द्रा सम्बभूव तदातुरम् ॥ 20 ॥

भवोपि बालरूपेण श्मशाने प्रेतसङ्कुले।

रुरोद मायया तस्याः क्रोधाग्निं पातुमीश्वरः ॥ 21 ॥

(परमेश्वरी काली ने जब पार्वती की आज्ञा से देवशत्रु दारुक का वध किया तब हे ब्राह्मणो!) उसके वेग और क्रोधाग्नि से निखिल विश्व त्रस्त हों गया। शिव ने तब बालरूप धारण किया और प्रेत समुदाय के बीच श्मशाम में माया की शक्तिपूर्वक स्थित हों गए। वे पार्वती के क्रोध की अग्नि को शान्त करने की इच्छा लेकर (उनके पुत्रवत्) रुदन करने लगे।

तं दृष्ट्वा बालमीशानं मायया तस्य मोहिता।
उत्थाप्याघ्राय वक्षोजं स्तनं सा प्रददौ द्विजाः ॥ 22 ॥
स्तनतेज तदा सार्धं कोपमस्याः पपौ पुनः।
क्रोधानानेन वै बालः क्षेत्राणां रक्षकोऽभवत् ॥ 23 ॥

बालक ईशान को ऐसा करते देखकर देवी भी उनकी माया से मोहित हों गई। उसने बालको उठाकर चूम लिया और सिर को सूँघा तथा छाती से लगा लिया। बालक ईशान ने उन देवी के दुग्धपान करते हुए उनके कोप का भी पान कर लिया और इस तरह वह उस समस्त क्षेत्र के रक्षक हों गए।

मूर्तयोष्टौ च तस्यापि क्षेत्रपालस्य धीमतः।
एवं वै तेन बालेन कृता सा क्रोधमूर्च्छिता ॥ 24 ॥
कृतमस्याः प्रसादार्थं देवदेवेन ताण्डवम्।
संध्यायां सर्वभूतेन्द्रैः प्रेतैः प्रीतेन शूलिना ॥ 25 ॥

इसके उपरान्त उन क्षेत्रपाल की आठ मूर्तियाँ हों गईं और देवी का क्रोध शान्त हों गया। उनको प्रसन्न करने के प्रयोजन से देवदेव त्रिशूलधारी शिव स्वयं मुदित हुए और अपने समस्त भूतादि गणों के साथ सन्ध्या काल में ताण्डव नृत्य किया।

पीत्वा नृत्तामृतं शम्भोराकण्ठं परमेश्वरी।
ननर्त सा च योगिन्यः प्रेतस्थाने यथासुखम् ॥ 26 ॥
तत्र सब्रह्मका देवाः सेन्द्रोपेन्द्राः समन्ततः।
प्रणेमुस्तुष्टुवः कालीं पुनर्देवीं च पार्वतीम् ॥ 27 ॥
एवं संक्षेपतः प्रोक्तं ताण्डवं शूलिनः प्रभोः।
योगानन्देन च विभोस्ताण्डवं चेति चापरे ॥ 28 ॥

यह देख परमेश्वरी भी अपने को रोक नहीं पाई, उसने शिव के नृत्य रूपेण अमृत का आकण्ठ पान किया और श्मशान में अपनी योगिनियों के साथ नर्तन किया। उनके चारों ही ओर देवगण भी थिरक पड़े जिनमें ब्रह्मा, इन्द्र और विष्णु भी थे। सभी ने काली को नमस्कार किया, उनका स्तवन किया। इस प्रकार शूलिन प्रभु शिव के ताण्डव नृत्य को संक्षेप में कहा गया। कतिपय लोगों का भी मानना है कि शंकर का ताण्डव योग के आनन्द के कारण हुआ।

अपराजितपृच्छायां समाप्तः।

♠♠♠

प्रमुख उपस्कारक ग्रन्थ

अग्निपुराण : वेद व्यास कृत, सम्पादक-अनुवादक- तारिणीश झा एवं घनश्याम त्रिपाठी, हिन्दी साहित्य सम्मेलन, प्रयाग 1998 ई.

अथर्ववेद : अनुवादक- श्रीराम शर्मा, गायत्री शक्तिपीठ, हरिद्वार 2000 ई.

अपराजितपृच्छा : भुवनदेवाचार्य, सम्पादक पोपटभाई अम्बाशङ्कर मन्कड, बड़ौदा ऑरियण्टल इंस्टीट्यूट, बडोदरा, 1950 ई.

अर्थशास्त्र : कौटिल्य चाणक्य विरचित, सम्पादक व मूलाख्य टीका-टी. गणपति शास्त्री, त्रिवेन्द्रम संस्कृत सीरीज, त्रिवेन्द्रम, 1925 ई., अंग्रेजी टीका- शामा शास्त्री, मद्रास, 1920 ई.

अष्टाङ्गहृदय : वाग्भट्ट कृत तथा पं. शिव शर्मा कृत शिवदीपिका टीका, खेमराज श्रीकृष्णदास, मुम्बई 1997 ई.

अष्टादशस्मृति : सर्वधर्म निरूपण सहित, खेमराज श्रीकृष्णदास, मुम्बई तथा *बीस स्मृतियाँ* : सम्पादक - श्रीराम शर्मा आचार्य, संस्कृति संस्थान, ख्वाजा कुतुब, वेद नगर, बरेली 1994 ई.

आचारदिनकर : आचार्य वर्द्धमान सूरी, प्राच्य विद्यापीठ, शाजापुर, 2005 ई.

आत्रेयतिलक (प्रतिमामानलक्षण) : सम्पादक- प्रो. फणीन्द्रनाथ बोस, इण्डोलॉजीकल बुक हाऊस, जवाहरनगर, दिल्ली, पुनर्प्रकाशित 1978 ई., अनुवाद- डॉ. श्रीकृष्ण जुगनू, शीघ्र प्रकाश्य.

ईशानशिवगुरुदेवपद्धति : ईशानशिवगुरुदेव मिश्र, सम्पादक - टी. गणपति शास्त्री, अनन्तशयन ग्रन्थमाला, राजकीय मुद्रणालय, त्रिवेन्द्रम, 1920–25 ई.

ऋग्वेद: अनुवादक- श्रीरामशर्मा, गायत्री शक्तिपीठ, हरिद्वार 2000 ई.

एकलिङ्गमाहात्म्य (पुराण) : सम्पादक व अनुवादक- डॉ. श्रीकृष्ण 'जुगनू' एवं प्रो. भँवर शर्मा, आर्यावर्त संस्कृति संस्थान, दिल्ली, 2011 ई.

कामसूत्र : वात्स्यायन विरचित एवं यशोधरकृत जयमङ्गला टीका, निर्णयसागर प्रेस, मुम्बई 1920 ई.

कामिकागम : पूर्वकामिकागम, सम्पादक - सी स्वामीनाथ गुरुक्कल, मद्रास, 1975 ई., उत्तरकामिकागम (ग्रन्थलिपि) मद्रास, 1900 ई. गोपीनाथ राव द्वारा उद्धृत.

कालिकापुराण : नाग पब्लिशर्स, जवाहरनगर, दिल्ली 1999 ई., अनुवाद- पं. मृत्युंजय त्रिपाठी, नवशक्ति प्रकाशन, वाराणसी, 2008 ई.

काश्यपीयकृषिसूक्ति : प्रो. गुएल वोज्तेल्ला कृत अंग्रेजी अनुवाद-ए संस्कृत वर्क ऑन एग्रीकल्चर-2, ऑक्टा ऑरियण्टालिया, एकेडमी साइंटिएरम, हंगरी तथा एसएम अयाचित कृत अनुवाद- एग्री हिस्ट्री बुलेटिन 4, एशियन एग्री-हिस्ट्री फाउण्डेशन, सिकन्दराबाद, 2002 ई.

काश्यपशिल्पम् (अंशुमद्भेदागम) : काश्यप मुनि विरचित, सम्पादक - श्रीकृष्ण शर्मा, आनन्द आश्रम संस्कृत सीरीज, पूना, 1926 ई., तमिल अनुवाद : सरस्वती महल पुस्तकालय, तञ्जावुर, संस्करण 2005 ई. मराठी अनुवाद : डॉ. आरपी कुलकर्णी, मुम्बई एवं पुनर्संशोधन सहित हिन्दी अनुवाद - डॉ. श्रीकृष्ण 'जुगनू' एवं प्रो. भँवर शर्मा, प्रकाशनाधीन.

कुण्डमण्डपसिद्धि : विट्ठलदीक्षित, टीकाकार वायुनन्दन मिश्र, मास्टर खेलाड़ीलाल सङ्कटाप्रसाद संस्कृत पुस्तकालय, वाराणसी तथा *मण्डपकुण्डसिद्धि* नाम से बलदेव पाठक कृत भाष्य, श्रीनिवास शर्मा कृत टीका, चौखम्बा कृष्णदास अकादमी, वाराणसी, 2002 ई.

कुण्डरत्नावली : सम्पादक- मिताली देव, सम्पूर्णानन्द संस्कृत विश्वविद्यालय, वाराणसी, 2003 ई.

कृत्यकल्पतरु : भट्टश्रीलक्ष्मीधरविरचित, नवम भाग प्रतिष्ठाकाण्ड, सम्पादक के.वी. रङ्गास्वामी आयङ्गार, ऑरियण्टल इन्स्टीट्यूट, बडोदरा, 1997 ई.

कृषिपराशर : पराशर मुनि प्रणीत, अनुवादक- चौधरी नारायणसिंह, जयभारत प्रेस बनारस, 1971 ई.

कौतुकचिन्तामणि : राजा प्रतापरुद्रदेव कृत, प्रो. पी. के. गोडे कृत स्टडीज इन इण्डियन कल्चरल हिस्ट्री, खण्ड द्वितीय, पुणे 1960 ई. में उल्लिखित, प्राच्य विद्या प्रतिष्ठान, जोधपुर में विद्यमान पाण्डुलिपि संख्या 10, 107, 68, 4886.

क्षीरार्णव : विश्वकर्माकृत, सम्पादक - प्रभाशङ्कर ओघड़भाई सोमपुरा, गोरावाड़ी पालीताणा, 1967 ई.

खण्डखाद्यकम् (ब्रह्मसिद्धान्त) : ब्रह्मगुप्त, आमराजकृत वासनाभाष्य, सम्पादक बबुआ मिश्रा, कोलकता विश्वविद्यालय, कोलकता 1925 ई.

गजशास्त्रम् : पालकाप्यकृत, अनन्तभट्टारक कृत भावसन्दर्शिनी टीका, सम्पादक-डॉ. सिद्धार्थ यशवन्त वाकणकर व वैद्य प्रो. वी. बी. म्हैस्कर, भारतीय कला प्रकाशन, दिल्ली, 2006 ई.

गरुडपुराण : वेद व्यास कृत, सम्पादक- पं. रामतेज पाण्डेय, चौखम्बा विद्या भवन, वाराणसी, 1986 ई., संक्षिप्त हिन्दी अनुवाद- गीताप्रेस गोरखपुर के कल्याण के वर्ष 74 का विशेषाङ्क 2000 ई.

ग्रहलाघव : गणेश दैवज्ञ विरचित, पं. रामस्वरूप भारद्वाज कृत टीका, खेमराज श्रीकृष्णदास, मुंबई, संस्करण 2001 ई.

चतुर्वर्गचिन्तामणि : पं. हेमाद्रिकृत, सम्पादक -यज्ञेश्वर स्मृतिरत्न कामाख्यानाथ तर्कवागीश, परिशेषखण्ड, कालनिर्णय, एशियाटिक सोसायटी, कोलकाता, 1895 ई., पुनर्मुद्रण चौखम्बा संस्कृत संस्थान, वाराणसी, 1999 ई.

चित्रलक्षणम् : नग्नजित्‌विरचित, सम्पादक - डॉ. श्रीकृष्ण 'जुगनू', चौखम्बा संस्कृत सीरिज ऑफिस, बनारस 2006 ई.

ज्योतिर्निबन्ध : शूरमहाठश्रीशिवराज विनिर्मित, संशोधक- रङ्गनाथ शास्त्री व प्रकाशक विनायक गणेश आप्टे, आनन्दआश्रम संस्कृत ग्रंथावलि क्रम 85, 1919 ई.

ज्योतिर्विदाभरणम् : कालिदास दैवज्ञ विरचित्, व्याख्याकार- प्रो. रामचन्द्र पाण्डेय, मोतीलाल बनारसीदास, दिल्ली, 1987 ई.

ज्योतिषरत्नमाला : श्रीपतिभट्टाचार्य प्रणीत, सम्पादक - व्याख्याकार डॉ. श्रीकृष्ण 'जुगनू', परिमल पब्लिकेशंस, शक्तिनगर, दिल्ली 2004 ई.

तन्त्रसमुच्चय (सव्याख्या) : नारायणनम्बूदिरीपाद प्रणीतः शङ्करप्रणीत तथा विमर्शिन्याख्याया व्याख्या समेतः, संशोधक- सम्पादक टी. गणपति शास्त्री, राजकीय मुद्रणालय, त्रिवेन्द्रम्, 1919 ई. प्रो. पी. उन्नी के सम्पादन में पुनर्प्रकाशन - नाग पब्लिकेशंस, दिल्ली 1999 ई. तथा इसी के तृतीय शिल्पभाग का मलयालम अनुवाद, पञ्चाङ्गम् प्रेस एण्ड बुक सेलर, कुन्नामकुलम्, त्रिचूर, केरल, 2002 ई.

दीप्तागम : (पटल 1-21) सम्पादक- मेरी लूस बरज़ेर बिल्लोरेट, ब्रूनो डिगेंस व विंसेंट लेफेवरे, फ्रेंच इंस्टीट्यूट पाण्डीचेरी, 2004 ई.

देवतामूर्तिप्रकरणम् : सूत्रधार मण्डन, सम्पादक - डॉ. श्रीकृष्ण 'जुगनू', न्यू भारतीय बुक कॉरपोरेशन, चन्द्रावल दिल्ली, 2003 ई. परिशिष्ट में रूपमण्डनम्.

देवीपुराण (महाभागवत) : वेदव्यास प्रणीत, कल्याण मासिक का विशेषाङ्क, सम्पादक राधेश्याम खेमका, गीताप्रेस गोरखपुर, 2005 ई.

नरपतिजयचर्यास्वरोदय : नरपतिकवि प्रणीत, संपादक गणेशदत्त तिवारी, चौखम्बा संस्कृत संस्थान, वाराणसी 1999 ई.

नाट्यशास्त्रम् : भरताचार्य, सम्पादक- पं. दुर्गाप्रसाद शर्मा, आत्मज पं. केदारनाथ साहित्यभूषण, पुनर्मुद्रित राष्ट्रीय संस्कृत संस्थान, नई दिल्ली 1991 ई., सम्पादक-अनुवाद : बाबूलाल शुक्ल शास्त्री, चौखम्भा संस्कृत संस्थान, वाराणसी, संस्करण 2006 ई.

नारदपुराण : अनुवाद, गीताप्रेस गोरखपुर, कल्याण के वर्ष 28 का विशेषाङ्क 1954 ई.

नारदसंहिता : नारद प्रणीत, व्याख्याकार पण्डित रामजन्म मिश्र, चौखंबा संस्कृत संस्थान, वाराणसी, संस्करण 2001 ई. एवं खेमराज श्रीकृष्णदास, मुंबई संस्करण 2001 ई.

पद्मपुराण - अनुवाद, गीताप्रेस गोरखपुर, कल्याण के वर्ष 19 का विशेषाङ्क 1945 ई., मूलपाठ : मनसुखराय मोर, 5 क्लाइव रॉ, कोलकाता, वि. सं. 2013.

प्रमाणमञ्जरी : सूत्रधार मल्ल कृत, सम्पादक - प्रियबाला शाह, बड़ौदा आरियण्टल सीरिज, बड़ौदा, 1958 ई. अनुवाद - डॉ. श्रीकृष्ण 'जुगनू', चौखम्बा संस्कृत सीरीज ऑफिस, बनारस, 2008 ई.

बृहत्संहिता : वराहमिहिर- भट्टोत्पलीयविवृत्ति सम्पादक - सुधाकर द्विवेदी, सम्पूर्णानन्द संस्कृत विश्वविद्यालय, बनारस, 1996 ई., हिन्दी अनुवाद अच्युतानन्द झा, चौखम्बा प्रकाशन, बनारस, 1997 ई. एवं **वाराहीसंहिता** नाम से पं. सुखानन्द मिश्र एवं पं. बलदेव मिश्र कृत अनुवाद, खेमराज श्रीकृष्णदास, मुम्बई, संस्करण 2000 ई.

बृहद्देशी : मतङ्गमुनि प्रणीत, सम्पादक-डॉ. प्रेमलता शर्मा, इन्दिरा गांधी कला केंद्र, नई दिल्ली 1992 व 1993 ई.

बृहद्धर्मपुराण : वेदव्यास, सम्पादक- हरप्रसाद शास्त्री, एशिटिक सोसायटी ऑफ बंगाल द्वारा प्रकाशित, 1897 ई. एवं पुनर्मुद्रण- चौखम्बा संस्कृत सीरीज ऑफिस, बनारस, कृष्णदास संस्कृत सीरीज, क्रम 18, 1974 ई.

बृहद्दैवज्ञरञ्जनम् : दैवज्ञरामदीन, खेमराजकृष्णदास वैंकटेश्वर प्रेस, मुम्बई 1925 तथा डॉ. मुरलीधर चतुर्वेदी कृत अनुवाद, मोतीलाल बनारसीदास, दिल्ली 2001 ई.

बृहद्योगयात्रा : वराहमिहिर, सम्पादक : डॉ. डेविड पिङ्गरी, मद्रास ऑरियण्टल लाइब्रेरी, मद्रास 1971 ई.

ब्रह्मपुराण : वेदव्यास, गीताप्रेस गोरखपुर, कल्याण के वर्ष 21 के विशेषाङ्क के रूप में मार्कण्डेयपुराण के साथ प्रकाशित 1947 ई.

ब्रह्माण्डपुराण : वेद व्यासकृत, सम्पादक- के. वी. शर्मा, चौखम्बा संस्कृत सीरिज ऑफिस, वाराणसी, संस्करण 2000 ई.

ब्राह्मस्फुटसिद्धान्त : ब्रह्मगुप्तकृत, वासना विज्ञान एवं हिन्दी भाष्य, आचार्य राम स्वरूप शर्मा, इण्डियन इंस्टीट्यूट ऑफ एस्ट्रोनॉमिकल एंड संस्कृत रिसर्च, करोलबाग, दिल्ली, 1966 ई.

भविष्यपुराण : (अर्थमात्र) अनुवाद संयोजक-महाप्रभुलाल गोस्वामी, गीताप्रेस गोरखपुर के कल्याण के 66वें वर्ष का विशेषाङ्क 1992 ई. मूलपाठ एवं टीका बाबूराम उपाध्याय, हिन्दी साहित्य सम्मेलन 1995-2003 ई.

मत्स्यपुराण : वेदव्यास विरचित, गीताप्रेस गोरखपुर, कल्याण का विशेषाङ्क 1985 ई. पुनर्प्रकाशन 2005 ई.

मनुस्मृति (मानव धर्मशास्त्र) : मनु कृत, कुल्लूकभट्ट कृत मन्वार्थ मुक्तावली, हिन्दी हरगोविन्द शास्त्री, चौखम्भा संस्कृत संस्थान, वाराणसी, संस्करण 2001 ई.

मनुष्यालयचन्द्रिका : नीलकण्ठ मूसत कृत, सम्पादक- टी. गणपति शास्त्री (मूलपाठ), अनन्तशयन संस्कृत ग्रन्थमाला, क्रमाङ्क- 56, राजकीय मुद्रणालय, त्रिवेन्द्रम्, 1917 ई.; अंग्रेजी में इञ्जीनियरिंग टीका- डॉ. ए. अच्युतन तथा डॉ. बालगोपाल टी. एस. प्रभु, वास्तुविद्या प्रतिष्ठानम्, सारस्वतम्, किलीयानाड, कालिकट, 1998 ई. समीक्षापाठ सहित हिन्दी अनुवाद - डॉ. श्रीकृष्ण 'जुगनू', चौखम्बा संस्कृत सीरीज ऑफिस, बनारस, 2006 ई.

मयमतम् : मयमुनि विरचित, सम्पादक - टी. गणपतिशास्त्री, अनन्तशयन ग्रन्थावली, तिरुवनन्तपुरम् 1919 ई. भाषाटीका : डॉ. श्रीकृष्ण 'जुगनू', चौखम्बा संस्कृत सीरीज ऑफिस, बनारस, 2008 ई.

मयशास्त्रम् : मयमुनिकृत, सम्पादक - फणीन्द्रनाथ बोस, इण्डोलॉजीकल बुक हाऊस, जवाहरनगर, दिल्ली, पुनर्प्रकाशित 1978 ई. एवं **तच्चुशास्त्रम्** नाम से मलयालम अनुवाद, पञ्चाङ्गम् प्रेस एण्ड बुक सेलर, कुन्नामकुलम्, त्रिचूर, केरल, 2002 ई. **मयदीपिका** तथा **मयसङ्ग्रह** का नामोल्लेख हेमाद्रि विरचित चतुर्वर्गचिन्तामममणि के व्रतखण्ड में उल्लिखित, मयमतम्, वाराणसी 2008 ई. के परिशिष्ट में तीनों उपलब्ध

मयूरचित्रम् : नारदमुनि प्रणीत, सम्पादक अनुभूति चौहान, परिमल पब्लिकेशंस, शक्तिनगर, दिल्ली 2005 ई.

महाभारत : वेद व्यास प्रणीत, गीताप्रेस गोरखपुर वि.सं. 2025 तृतीय संस्करण एवं पी. सी. राय सम्पादित, कलकत्ता 1881 ई.

मानसागरी : मानसागर कृत, व्याख्याकार- विजयकान्त मिश्र शास्त्री, भारतीय विद्या प्रकाशन, वाराणसी 1999 ई.

मानसार : मानमुनि विरचित, तृतीय भागः सम्पादक - प्रसन्नकुमार आचार्य, ऑक्सफोर्ड यूनिवरसिटी प्रेस, ऑक्सफोर्ड, 1936 ई. पुनर्मुद्रण - मुंशीराम मनोहरलाल, दिल्ली, 1997ई. तथा लॉ प्राईस पब्लिकेशंस, दिल्ली 2002 ई.

मानववास्तुलक्षणम् : नारायण नम्बूदिरीपाद कृत, प्रसन्नकुमार आचार्य सम्पादित 'मानसार' के तृतीय भाग के परिशिष्ट 'ग' में खण्डित पाठ के रूप में प्रकाशित पृष्ठ 446-451 तक 1936 ई.

मानसोल्लास अपरनाम अभिलषितार्थचिन्तामणि (द्वितीय भाग) : भूलोकमल्ल सोमेश्वर विरचित, सम्पादक - जी. के. श्रीगोण्डेकर, बड़ौदा ऑरियण्टल इन्स्टीट्यूट, वडोदरा, 1939 ई., हिन्दी अनुवाद : डॉ. श्रीकृष्ण 'जुगनू' एवं प्रो. भँवर शर्मा, शीघ्र प्रकाश्य.

मार्कण्डेयपुराण : वेदव्यास प्रणीत, अनुवादक- धर्मेन्द्रनाथ शास्त्री, सहित्य भण्डार, मेरठ 1983 ई.

मुहूर्तचिन्तामणि : राम दैवज्ञ कृत तथा प्रमिताक्षरा टीका, सम्पादक-अनूप मिश्र, गङ्गाविष्णु श्रीकृष्णदास, मुंबई, 1928 ई., गोविंद दैवज्ञकृत पीयूषधारा टीका, सम्पादक-केदारदत्त जोशी, मोतीलाल बनारसीदास, दिल्ली, संस्करण 1995 ई.

मुहूर्ततत्त्व : केशव दैवज्ञ, मराठी अनुवाद-विष्णु वासुदेव जोशी, तृतीय संस्करण, पूना 1925 ई., हिन्दी- डॉ. श्रीकृष्ण 'जुगनू', चौखम्बा संस्कृत सीरीज ऑफिस, बनारस, 2008 ई.

भागवतमहापुराण : वेदव्यास कृत, सम्पादक - हनुमानप्रसाद पोद्दार, गीताप्रेस गोरखपुर, 1999 ई.

युक्तिकल्पतरु : भोजदेवकृत, सम्पादक - ईश्वरचन्द्र शास्त्री, कोलकता संस्कृत सीरीज, क्रमाङ्क 1, कोलकाता, 1917 ई.

योगयात्रा : वराहमिहिर कृत व हरिनन्दन मिश्र कृत प्रकाशिका टीका, सम्पादक डॉ. सत्येन्द्र मिश्र, कृष्णदास अकादमी, बनारस, संस्करण 1999 ई.

रत्नपरीक्षा (स्मृतिसारोद्धारे, ईश्वर दीक्षितीये, हालास्यमाहात्म्ये) : सम्पादक–वी. गोपाल आयङ्गार, सरस्वती महल, तंजौर, 1969 ई.

रसरत्नसमुच्चय : रसप्रभा टीका- डॉ. इन्द्रदेव त्रिपाठी, चौखम्भा ऑरियण्टालिया, दिल्ली, 2008 ई.

राजमार्तण्ड : धाराधिप भोजराज प्रणीत, सम्पादक डॉ. श्रीकृष्ण 'जुगनू', चौखम्बा संस्कृत सीरीज ऑफिस, बनारस, 2011 ई.

राजवल्लभवास्तुशास्त्रम् : सूत्रधारमण्डन कृत, सम्पादन व व्याख्या - डॉ. श्रीकृष्ण 'जुगनू', परिमल पब्लिकेशंस, दिल्ली 2005 ई. *वास्तुराजराजवल्लभ* नाम से रामयत्न ओझा द्वारा सम्पादित, मास्टर खेलाड़ीलाल सङ्कटाप्रसाद, बनारस, 2000 ई.

रामचरितमानस : गोस्वामी तुलसीदास, गीताप्रेस गोरखपुर, संस्करण 2048.

लक्षणसमुच्चयम् (प्रतिष्ठालक्षणसारसमुच्चय) : शिवाचार्य वैरोचन कृत, सम्पादक- दामोदर शर्मा एवं संशोधक- पं. बाबू कृष्ण शर्मा, नेपाल राजकीय पुस्तकालय, काठमाण्डू, 1968 ई., हिन्दी अनुवाद- डॉ. श्रीकृष्ण 'जुगनू' एवं प्रो. भँवर शर्मा, शीघ्र प्रकाशनाधीन.

लघुजातकम् : वराहमिहिर विरचित तथा पण्डित लषणलाल झा कृत तत्त्वप्रभा टीका, कृष्णदास अकादमी, वाराणसी, 1983 ई.

लिङ्गपुराण : वेदव्यास प्रणीत, संपादक- जीवानंद विद्यासागर, कोलकता, 1885 ई., शिबतोषिणी टीका सहित वैंकटेश्वर मुद्रणालय, मुम्बई का नाग पब्लिकेशन, दिल्ली से 2004 ई. में पुनर्मुद्रण, अनुवाद–पं. द्वारकाप्रसाद मिश्र शास्त्री, चौखंबा संस्कृत सीरीज ऑफिस, बनारस, 2008 ई.

लीलावती- भास्कराचार्य, संपादक रामचन्द्र पाण्डेय, कृष्णदास अकादमी, वाराणसी, 1993 ई.

वत्सुसारपयरणम् : (प्राकृत ग्रन्थ) ठक्कुरफेरू विरचित, रत्नपरीक्षादि सप्तग्रन्थ संग्रह में सङ्कलित, सम्पादक - अगरचन्द नाहटा, भँवरलाल नाहटा, राजस्थान प्राच्य विद्या प्रतिष्ठान, जोधपुर 1963 ई. तथा डॉ. श्रीकृष्ण 'जुगनू' द्वारा पुनर्सम्पादित व अनूदित, प्रकाशनाधीन.

वराहपुराण : वेदव्यास प्रणीत, सम्पादक एवं अनुवादक - चौधरी नारायण सिंह, काशीराज न्यास, रामनगर, वाराणसी, 1977 ई., अनुवाद, गीताप्रेस गोरखपुर, कल्याण का विशेषाङ्क 1977 ई.

वशिष्ठसंहिता : वशिष्ठ विरचित, खेमराज श्रीकृष्णदास, मुम्बई 1915 ई.

वामनपुराण : वेदव्यास प्रणीत अनुवाद, गीताप्रेस गोरखपुर, कल्याण का विशेषाङ्क 1982 ई.

वायुपुराण : वेदव्यास प्रणीत, अनुवादक रामप्रताप त्रिपाठी- हिंदी साहित्य सम्मेलन, प्रयाग 1987 ई.

वाल्मीकीयरामायण : अनुवादक- रामनारायण त्रिपाठी राम, गीताप्रेस गोरखपुर

वास्तु उद्धारधोरिणी : सूत्रधार गोविन्द कृत, सम्पादक व अनुवादक - डॉ. श्रीकृष्ण 'जुगनू' चौखम्बा संस्कृत सीरिज ऑफीस बनारस, 2008 ई.

वास्तुमञ्जरी : क्षेत्रार्कसूनु सूत्रधार नाथा विरचित, सम्पादक एवं अनुवादक - डॉ. श्रीकृष्ण 'जुगनू', चौखम्बा संस्कृत सीरीज ऑफिस, बनारस, 2006 ई.

वास्तुरत्नावली : जीवनाथदैवज्ञकृत, अनुवाद- डॉ. श्रीकृष्ण जुगनू, चौखम्भा ऑरियण्टालिया, दिल्ली, 2009 ई.

वास्तुविद्या : अज्ञातकर्तृककृत, के. महादेव शास्त्री कृत व्याख्या, अनन्तशयन ग्रन्थावली, त्रिवेन्द्रम द्वितीय संस्करण 1940 ई., हिन्दी अनुवाद - डॉ. श्रीकृष्ण 'जुगनू', चौखम्बा संस्कृत सीरीज ऑफिस, बनारस, 2010 ई., **वास्तुविद्या** के एक अन्य पाठ का सम्पादन एवं गुजराती टीका प्रभाशङ्कर ओघड़भाई सोमपुरा, पथिक सोसायटी, अहमदाबाद, 1977 ई.

वास्तुमण्डनम् : सूत्रधार मण्डन, सम्पादक - डॉ. श्रीकृष्ण 'जुगनू', चौखम्बा सुरभारती प्रकाशन, वाराणसी, 2009 ई.

वास्तुसारमण्डनम् : सूत्रधार मण्डन, सम्पादक - प्रभाशङ्कर ओघड़भाई सोमपुरा, पथिक सोसायटी, अहमदाबाद, 1977 ई. आयतत्त्वसहित समीक्षात्मक पाठ एवं अनुवादक- डॉ. श्रीकृष्ण 'जुगनू', न्यू भारतीय बुक कॉरपोरेशन, दिल्ली, 2005 ई.

वास्तुसौख्यम् : टोडरानन्दोक्त, नीलकण्ठदैवज्ञ विरचित, सम्पादक - कमलाकान्त शुक्ल, सम्पूर्णानन्द संस्कृत विश्वविद्यालय, वाराणसी, संस्करण 1999 ई.

विधानपारिजात : अनन्तभट्ट विरचित, सम्पादक - ईश्वरचन्द्र शास्त्री, एशियाटिक सोसायटी ऑफ बंगाल, कोलकाता, पुनर्मुद्रण कृष्णदास अकादमी, वाराणसी, 1992 ई.

विवेकविलास : मुनि जिनदत्त सूरीश्वर कृत, सम्पादक-अनुवादक डॉ. श्रीकृष्ण 'जुगनू', आर्यावर्त संस्कृति संस्थान, दिल्ली, 2007 ई.

विश्वकर्मवास्तुशास्त्रम् : विश्वकर्माभाषित, सम्पादक - के. वासुदेव शास्त्री, सरस्वती महल पुस्तकालय, तञ्जावुर, संस्करण 1999 ई., हिन्दी अनुवाद- डॉ. श्रीकृष्ण 'जुगनू' एवं प्रो. बी. एल. शर्मा, परिमल पब्लिकेशंस, दिल्ली, 2010 ई.

विश्वकर्माप्रकाश : विश्वकर्माकृत, अनुवाद - मिहिरचन्द्र, खेमराज कृष्णदास, मुम्बई, संस्करण 1998 ई.

विश्ववल्लभ-वृक्षायुर्वेद : चक्रपाणि मिश्र विरचित, संपादक- डॉ. श्रीकृष्ण 'जुगनू', 'महाराणा प्रताप का दरबारी पण्डित चक्रपाणि मिश्र और उसका साहित्य' में प्रथमग्रंथ, महाराणा प्रताप स्मारक समिति, उदयपुर 2002 ई.

विष्णुधर्मोत्तरमहापुराण : कृष्णद्वैपायनव्यासभाषित, सम्पादक - मधुसूदन माधवप्रसाद शर्मा, खेमराजकृष्णदास, वैंकटेश्वर प्रेस, मुम्बई 1911 ई. पुनर्संपादन - नागशरणसिंह, नाग पब्लिकेशन, दिल्ली, 1998 ई., तृतीयखण्ड : सम्पादक - डॉ. प्रियबाला शाह, बड़ौदा ऑरियण्टल इंस्टीट्यूट, बड़ौदा 1958 ई., चित्रसूत्रम् : स्टेला क्रेमरिश, कोलकाता संस्कृत कॉलेज, कोलकाता, द्वितीय संस्करण 1928 ई.

विष्णुपुराण : पराशर मुनि विरचित, श्रीधरकृत आत्मप्रकाशिका संस्कृत टीका, परिमल पब्लिकेशंस, शक्तिनगर, दिल्ली 2003 ई. एवं हिन्दी अनुवाद- मुनिलाल गुप्त, गीताप्रेस गोरखपुर, बीसवाँ संस्करण 1998 ई.

विष्णुसंहिता : सम्पादक- टी. गणपति शास्त्री, त्रिवेन्द्रम संस्कृत सीरिज, तिरुवनन्तपुरम्, 1925 ई. पुनर्मुद्रण राष्ट्रीय संस्कृत संस्थान, नई दिल्ली 1991 ई.

वृक्षायुर्वेद : सुरपालमुनि प्रणीत, सम्पादक - डॉ. श्रीकृष्ण 'जुगनू', चौखम्बा संस्कृत सीरीज ऑफिस, बनारस, 2004 ई.

शारदातिलकतन्त्रम् : लक्ष्मण देशिकेन्द्र एवं राघवाचार्यकृत पदार्थादर्श टीका, सम्पादक- मुकुन्द झा बक्शी, चौखम्बा प्रकाशन, बनारस, 1963 ई.

शिल्पदीपक : सूत्रधार गङ्गाधर प्रणीत, सम्पादक - डॉ. श्रीकृष्ण 'जुगनू', चौखम्बा संस्कृत सीरीज ऑफिस, बनारस, 2005 ई.

शिल्परत्नम् : श्रीकुमार विरचित (पूर्वार्द्ध) सम्पादक - टी. गणपति शास्त्री, अनन्तशयन संस्कृत ग्रन्थमाला, क्रमाङ्क 75, राजकीय मुद्रणालय, त्रिवेन्द्रम्, 1922 ई.; (उत्तरार्द्ध) सम्पादक - के. साम्बशिव शास्त्री, अनन्तशयन संस्कृत ग्रन्थमाला, क्रमाङ्क 98, राजकीय मुद्रणालय, त्रिवेन्द्रम्, 1929 ई.

शिल्पशास्त्रम् : सम्पादक - फणीन्द्रनाथ बोस, लाहौर, 1917 ई. इण्डोलॉजीकल बुक हाऊस, जवाहरनगर, दिल्ली से पुनर्प्रकाशित 1978 ई. मलयालम अनुवाद - सेतुमाधवन कोईथत्ता, पी.के. ब्रदर्स, कालिकट, 1996 ई. उडिया पाठ : धर्मग्रन्थ स्टोर प्रा. लि. अलिशाबाजार, कटक 2001 ई. एवं पुनर्सम्पादन व हिन्दी अनुवाद- डॉ. श्रीकृष्ण 'जुगनू', चौखम्बा संस्कृत सीरीज ऑफिस, वाराणसी 2006 ई.

शिल्पप्रकाश : रामचन्द्र कौलाचार, सम्पादक - एलिस बोर्नर व एस. आर. शर्मा, लियेडेन, 1963 ई. मोतीलाल बनारसीदास, दिल्ली से पुनर्प्रकाशित 2005 ई.

शिल्पशास्त्रे आयुर्वेद : भूलोकमल्ल सोमेश्वरकृत, सम्पादक-अनुवाद-डॉ. श्रीकृष्ण जुगनू, प्रो. भँवर शर्मा, चौखम्बा संस्कृत सीरिज ऑफिस, वाराणसी, 2008 ई.

शिवपुराण : वेद व्यासकृत, अनुवाद-डॉ. ब्रह्मानन्द त्रिपाठी, चौखम्बा संस्कृत प्रतिष्ठान, दिल्ली, वि. सं. 2049.

शुक्रनीति : शुक्राचार्य प्रणीत, व्याख्याकार- ब्रह्मशङ्कर मिश्र, चौखम्बा संस्कृत संस्थान, बनारस चतुर्थ संस्करण 1999 ई.

शुल्बसूत्रम् : कात्यायन, कर्क, महीधर भाष्य, जयकृष्णदास हरिदास गुप्त, चौखम्बा संस्कृत सीरीज ऑफिस, वाराणसी 1958 ई.

सकलाधिकारम् : अगस्त्य मुनि, सम्पादक - के. वासुदेव शास्त्री, सरस्वती महल लाइब्रेरी, क्रमाङ्क 92, द्वितीय संस्करण 1996 ई.

सङ्गीतदामोदर : पं. शुभङ्कर लाहिड़ी कृत, अनुवाद- प्रो. हरिराम आचार्य, पब्लिकेशंस स्कीम, जयपुर 2000 ई.

संगीतोपनिषत्सारोद्धार,: एलेन मीनेर, इन्दिरा गांधी राष्ट्रीय कला केंद्र, नई दिल्ली, 1998 ई.

समराङ्गणसूत्रधार- धाराधिपभोजदेवविरचितम् - सम्पादक टी. गणपति शास्त्री, गायकवाड संस्कृत ग्रन्थमाला, क्रम-25, केन्द्रीय पुस्तकालय वडोदरा, 1929, प्रो. पुष्पेन्द्रकुमार की अंग्रेजी भूमिका के साथ मूलपाठ का पुनर्प्रकाशन, न्यू भारतीय बुक कॉर्पोरेशन, दिल्ली, 2000ई. हिन्दी अनुवाद डॉ. श्रीकृष्ण 'जुगनू', प्रो. भँवर शर्मा, चौखम्बा संस्कृत सीरिज ऑफिस, वाराणसी, 2011 ई.

सरस्वतीपुराण : सम्पादक एवं टीका- प्रो. पी. आर. अहीरराव, पिंपरी, पूना, संस्करण 2005 ई.

सुश्रुतसंहिता : पं. मुरलीधर शर्मा राजवैद्य कृत सान्वय टीका, खेमराज श्रीकृष्णदास, मुम्बई 1998 ई.

सूतसंहिता : सम्पादक- स्वयंप्रकाश गिरि गोस्वामी, दक्षिणामूर्ति मठ प्रकाशन, वाराणसी, 1999 ई.

सूर्यसिद्धान्त : मयासुर कृत, रङ्गनाथकृत गूढार्थप्रकाशिका टीका, अनुवादक- रामचन्द्र पाण्डेय, चौखम्बा सुरभारती प्रकाशन, वाराणसी, 2000 ई.

स्कन्दपुराण : वेदव्यास विरचित, चौखम्बा संस्कृत सीरिज ऑफिस, वाराणसी, 2008 ई., गीताप्रेस गोरखपुर के मुखपत्र कल्याण के 25वें वर्ष का वार्षिकाङ्क 1951 ई.

हरिवंश : वेदव्यास प्रणीत, टीकाकार- रामनारायणदत्त शास्त्री पाण्डेय 'राम', गीताप्रेस गोरखपुर 1999 ई.

जर्नल्स, कोश व शोधग्रन्थादि

इण्डियन एण्टीक्वेरी : कोलकाता

एपिग्रापिया इण्डिका : आर्कियोलॉजिकल सर्वे ऑफ इण्डिया, मुम्बई

जर्नल ऑफ ऑरियण्टल इंस्टीट्यूट : बड़ौदा

नागरी प्रचारिणी पत्रिका : वाराणसी

अपराजितपृच्छा : ए क्रिटिकल स्टडी : डॉ. एल. मिश्र, लक्ष्मी प्रकाशन, इलाहाबाद 1994 ई.

अमरकोश : अमरसिंह, चौखम्बा संस्कृत संस्थान, वाराणसी, वि. सं. 2039.

ए संस्कृत-इंग्लिश डिक्शनरी: सर मोनियर मोनियर विलियम्स, परिमल पब्लिकेशंस, दिल्ली, संशोधित संस्करण, 2009 ई.

कला की कालकथा : डॉ. श्रीकृष्ण 'जुगनू', उमेश प्रकाशन, न्यू लुकरगंज, इलाहाबाद 2005 ई.

कवीन्द्राचार्य लिस्ट : लिस्ट ऑफ द वर्क्स इन द कलेक्शन ऑफ कवीन्द्राचार्य, ए सेवन्टीन्थ सेंच्युरी पण्डित : सम्पादक आर. ए. शास्त्री, गायकवाड़ ऑरियण्टल इंस्टीट्यूट, बड़ौदा, ग्रन्थ संख्या 1421, 22 एवं 23, 1921 ई.

कुमारपालदेव चरितम् : सोमतिलकसूरीकृत, मुनि जिनविजय सम्पादित कुमारपालचरित्रसंग्रह में संकलित, द्वितीय संस्करण श्रुत रत्नाकर प्रकाशन, अहमदाबाद, 2008 ई.

ताण्डव लक्षणम् या द फण्डामेन्टल्स ऑफ एन्शियेण्ट हिन्दू डान्सिंग : वेङ्कटनारायण स्वामी नायडू, श्रीनिवासुलु नायडू वेङ्कट रङ्गय्या पन्तुलु, मुँशीराम मनोहरलाल प्रकाशन, नई दिल्ली, पुनर्मुद्रण 1971 ई.

द गुहिल्स ऑफ किष्किन्धा : प्रो. डी. सी. सरकार, संस्कृत कॉलेज, कोलकता, 1965 ई.

पुराणकालीन रूपङ्कर कलाएँ : डॉ. जगदीश चन्द्रिकेश, दिल्ली, 2010 ई.

पॉम लीफ एण्ड सेलेक्टेड पेपर्स मैन्यूस्क्रीप्ट बिलोगिंग टू द दरबार लाइब्रेरी नेपाल : महामहोपाध्याय हरप्रसाद शास्त्री, एम. ए., सी. एल. ई, वाल्यूम 2, बेपटिस्ट मिशन प्रेस, कोलकाता 1915 ई.

बृहत्तरभारत : चन्द्रगुप्त वेदालङ्कार, गुरुकुल कांगड़ी, 1939 ई.

मेवाड़ का प्रारम्भिक इतिहास : डॉ. श्रीकृष्ण 'जुगनू', अंकुर प्रकाशन, उदयपुर, 2009 ई.

वैष्णव, शैव एवं अन्य धर्म : प्रो. आर. जी. भाण्डारकर, अनुवादक–उमाशंकर व्यास, इण्डोलॉजीकल बुक हाऊस, दिल्ली, 1978 ई.

शब्दकल्पद्रुम : स्याराजा राधाकान्तदेव बहादुर विरचित, वरदाप्रसाद हरिचरण, 71 पाथुरियाघाटा स्ट्रीट, कोलकाता, 1808–18 ई., पुनर्मुद्रण राष्ट्रीय संस्कृत संस्थान, दिल्ली 1987 ई.

संस्कृत हिंदी कोश : वी. एस. आप्टे, नाग पब्लिकेशंस, दिल्ली, 1995 ई.

हरिवंशपुराण का सांस्कृतिक विवेचन : डॉ. वीणापाणि पाण्डे, सूचना विभाग उत्तरप्रदेश, लखनऊ 1960 ई.

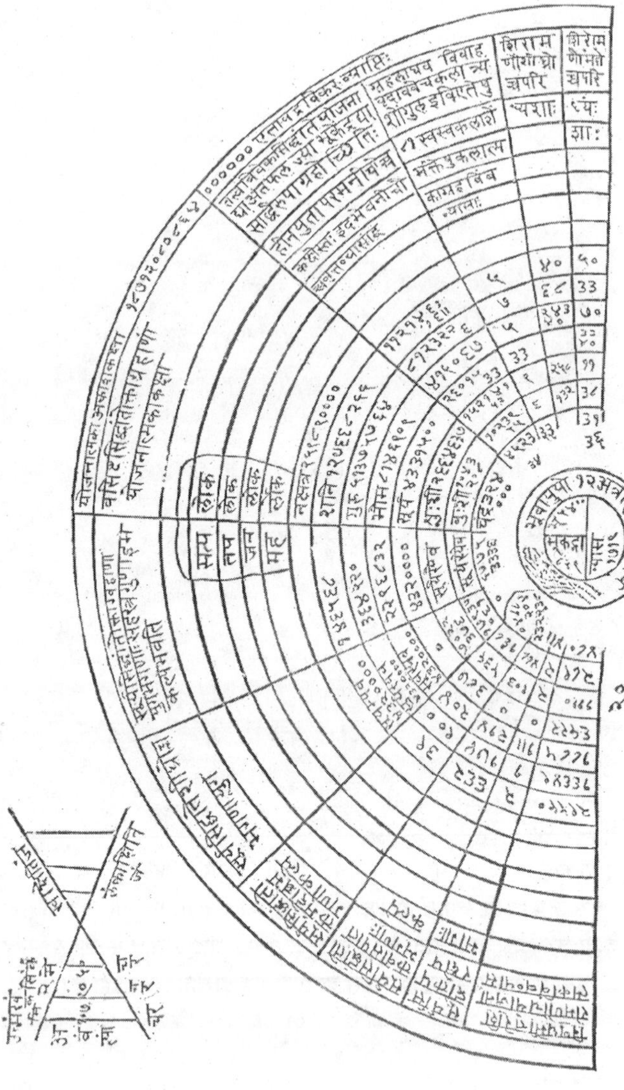

ग्रन्थानुसार लोकादि की स्थिति

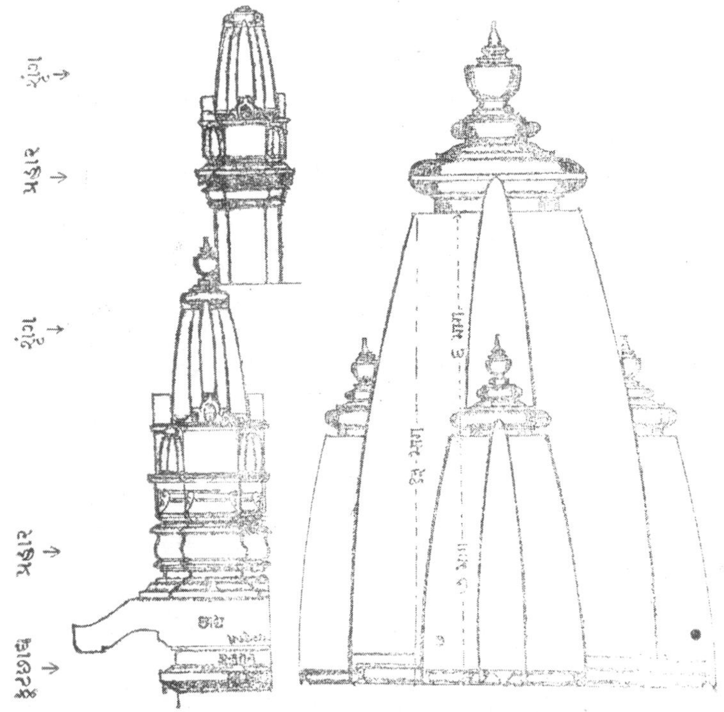

प्रासाद के शिखर विधान पर प्रयोजनीय रेखाओं (कामड़ी–बन्धन; सूत्र 139) का विन्यास स्वरूप। इसी रूप में प्रासाद के शिखर का क्रमशः विस्तार और संकुचन होता है तो वह चिरस्थायी होता है। एकांड और अनेकांड प्रासाद के शिखर सहित उन पर शृंग–उरुशृंग के न्यास के लिए यह प्राचीन विधि रही है।

चक्र 1 त्रिखण्डारेखा

क्रम संख्या	चार की संज्ञा	रेखा की संज्ञा	कुल कला	प्रथमखंड की कला	द्वितीयखंड की कला	तृतीयखंड की कला
1.	समचार 8 × 1= 8	शशिनी	24	8	8	8
2.	सपादचार 8 × 1। = 8	शीतला	27	8	9	10
3.	सार्द्धचार 8 × 1॥ = 12	सौम्या	30	8	10	12
4.	पादोनद्वयचार 8 × 1॥। = 14	शान्ता	33	8	11	14
5.	द्विगुणचार 8 × 2 = 16	मनोरमा	36	8	12	16
6.	सपादद्विगुणचार 8 × 2। = 18	शुभा (उमा)	39	8	13	18
7.	सार्द्धद्विगुणचार 8 × 2॥ = 20	मनोभवा	42	8	14	20
8.	पादोनत्रयचार 8 × 2॥। = 22	वीरा	45	8	15	22
9.	त्रयचार 8 × 3 = 24	कुमुदा	48	8	16	24
10.	पदाधिकत्रयचार 8 × 3। = 26	पद्मशेखरा	51	8	17	26
11.	सार्द्धत्रयचार 8 × 3॥ = 28	लतिना (ललिता)	54	8	18	28
12.	पादोनचतुष्कचार 8 × 3॥। = 30	लीलावती	57	8	19	30
13.	चतुर्गुणचार 8 × 4 = 14	त्रिदशा	60	8	20	32
14.	सपादचतुष्कचार 8 × 4। = 34	पूर्णमण्डला	63	8	21	34
15.	सार्द्धचतुष्कचार 8 × 4॥ = 36	पूर्णभद्रा	66	8	22	36
16.	पादोनपञ्चकचार 8 × 4॥। = 38	भद्राङ्गी	69	8	23	38

चक्र 2 चतुष्खण्डारेखा

क्रम सं.	चार की संज्ञा	रेखा की संज्ञा	कुल कला	प्रथमखंड की कला	द्वितीयखंड की कला	तृतीयखंड की कला	चतुर्थखंड की कला
1.	समचार 12 × 1 = 12	शान्तिनी	48	12	12	12	12
2.	सपादचार 12 × 1। = 15	शुभा	54	12	13	14	15
3.	सार्द्धचार 12 × 1॥ = 18	शान्ता	60	12	14	16	18
4.	पादोनद्वयचार 12 × 1॥। = 21	त्रिदिवा	66	12	15	18	21
5.	द्विगुणचार 12 × 2 = 24	देवदुर्लभा	72	12	16	20	24
6.	सपादद्विगुणचार 12 × 2। = 27	वीभत्सा	78	12	17	22	27
7.	सार्द्धद्विगुणचार 12 × 2॥ = 30	शिवा	84	12	18	24	30
8.	पादोनत्रयचार 12 × 2॥। = 33	सौम्या	90	12	19	26	33
9.	त्रयचार 12 × 3 = 36	वीरभद्रा	96	12	20	28	36
10.	पदाधिकत्रयचार 12 × 3। = 39	नारायणी	102	12	21	30	39
11.	सार्द्धत्रयचार 12 × 3॥ = 42	सुषिरा	108	12	22	32	42
12.	पादोनचतुष्कचार 12 × 3॥। = 45	शेखरा	114	12	23	34	45
13.	चतुर्गुणचार 12 × 4 = 48	रम्या	120	12	24	36	48
14.	सपादचतुष्कचार 12 × 4। = 51	पूर्णा	126	12	25	38	51
15.	सार्द्धचतुष्कचार 12 × 4॥ = 54	पूर्णभद्रिका	132	12	26	40	54
16.	पादोनपञ्चकचार 12 × 4॥। = 57	विजया	138	12	27	42	57

चक्र 3 पञ्चखण्डारेखा

क्रम सं.	चार की संज्ञा	रेखा की संज्ञा	कुल कला	प्रथमखंड की कला	द्वितीयखंड की कला	तृतीयखंड की कला	चतुर्थखंड की कला	पञ्चमखंड की कला
1.	समचार 16 × 1 = 16	लक्ष्मिणी	80	16	16	16	16	16
2.	सपादचार 16 × 1। = 20	श्री	90	16	17	18	19	20
3.	सार्द्धचार 16 × 1॥ = 24	सम्भवा	100	16	18	20	22	24
4.	पादोनद्वयचार 16 × 1॥। = 28	विधूरा	110	16	19	22	25	28
5.	द्विगुणचार 16 × 2 = 32	पूर्णमंडला	120	16	20	24	28	32
6.	सपादद्विगुणचार 16 × 2। = 36	सुगन्धा	130	16	21	26	31	36
7.	सार्द्धद्विगुणचार 16 × 2॥ = 40	मानसी	140	16	22	28	34	40
8.	पादोनत्रयचार 16 × 2॥। = 44	शैला	150	16	23	30	37	44
9.	त्रयचार 16 × 3 = 48	नन्दा	160	16	24	32	40	48
10.	पदाधिकत्रयचार 16 × 3। = 52	मन्दाक्षी	170	16	25	34	43	52
11.	सार्द्धत्रयचार 16 × 3॥ = 56	कौतुका	180	16	26	36	46	56
12.	पादोनचतुष्कचार 16 × 3॥। = 60	शान्ति	190	16	27	38	49	60
13.	चतुर्गुणचार 16 × 4 = 64	लाभा	200	16	28	40	53	64
14.	सपादचतुष्कचार 16 × 4। = 68	कल्याणी	210	16	29	42	55	68
15.	सार्द्धचतुष्कचार 16 × 4॥ = 72	सुभद्रा	220	16	30	44	58	72
16.	पादोनपञ्चकचार 16 × 4॥। = 76	भद्रेश्वरी	230	16	31	46	61	76

चक्र 4 षट्खण्डारेखा

क्र. सं.	चार की संज्ञा	रेखा की संज्ञा	कुल कला	प्रथमखंड की कला	द्वितीयखंड की कला	तृतीयखंड की कला	चतुर्थखंड की कला	पञ्चमखंड की कला	षष्ठखंड की कला
1.	समचार 20 × 1 = 20	कामिनी	120	20	20	20	20	20	20
2.	सपादचार 20 × 1। = 25	कमला	135	20	21	22	23	24	25
3.	सार्द्धचार 20 × 1॥ = 30	पद्मा	150	20	22	24	26	26	30
4.	पादोनद्वयचार 20 × 1॥। = 35	संभ्रमा	165	20	23	26	29	32	35
5.	द्विगुणचार 20 × 2 = 40	भ्रमशेखरा	180	20	24	28	32	36	40
6.	सपादद्विगुणचार 20 × 2। = 45	शुभद्रा	195	20	25	30	35	40	45
7.	सार्द्धद्विगुणचार 20 × 2॥ = 50	शांतिशंभूना	210	20	26	32	38	44	50
8.	पादोनत्रयचार 20 × 2॥। = 55	वैदेवी	225	20	27	34	41	48	55
9.	त्रयचार 20 × 3 = 60	राजशेखरा	240	20	28	36	44	52	60
10.	पदाधिकत्रयचार 20 × 3। = 65	गान्धारी	255	20	29	38	47	56	65
11.	सार्द्धत्रयचार 20 × 3॥ = 70	गन्धर्वा	270	20	30	40	50	60	70
12.	पादोनचतुष्कचार 20 × 3॥। = 75	वृत्ता	285	20	31	42	53	64	75
13.	चतुर्गुणचार 20 × 4 = 80	तिलका	300	20	32	44	56	68	80
14.	सपादचतुष्कचार 20 × 4। = 85	लोकसुंदरी	315	20	33	46	59	72	85
15.	सार्द्धचतुष्कचार 20 × 4॥ = 90	महाभद्रा	330	20	34	48	62	76	90
16.	पादोनपञ्चकचार 20 × 4॥। = 95	इन्द्रा	345	20	35	50	65	80	95

चक्र 5 सप्तखण्डारेखा

क्रम सं.	चार की संज्ञा	रेखा की संज्ञा	कुल कला	प्रथमखंड की कला	द्वितीयखंड की कला	तृतीयखंड की कला	चतुर्थखंड की कला	पञ्चमखंड की कला	षट्खंड की कला	सप्तमखंड की कला	
1.	समचार	पुष्पिता	168	24	24	24	24	24	24	24	24 × 1 = 24
2.	सपादचार	पुष्पिका	189	24	25	26	27	28	29	30	24 × 1 I = 30
3.	सार्द्धचार	चम्पा	210	24	26	28	30	32	34	36	24 × 1 II = 36
4.	पादोनद्वयचार	समहा	231	24	27	30	33	36	39	42	24 × 1 III = 42
5.	द्विगुणचार	तिलका	252	24	28	32	36	40	44	48	24 × 2 = 48
6.	सपादद्विगुणचार	अद्भुता	273	24	29	34	39	44	49	54	24 × 2 I = 54
7.	सार्द्धद्विगुणचार	सिद्धा	294	24	30	36	42	48	54	60	24 × 2 II = 60
8.	पादोनत्रयचार	सिद्धाङ्गी	315	24	31	38	45	52	59	66	24 × 2 III = 66
9.	त्रयचार	स्वरूपा	336	24	32	40	48	56	64	72	24 × 3 = 72
10.	पदाधिकत्रयचार	क्रीडामणि	357	24	33	42	51	60	69	78	24 × 3 I = 78
11.	सार्द्धत्रयचार	नरनारा	378	24	34	44	54	64	74	84	24 × 3 II = 84
12.	पादोनचतुष्कचार	नरेश्वरी	399	24	35	46	57	68	79	90	24 × 3 III = 90
13.	चतुर्गुणचार	विरूपाक्षा	420	24	36	48	60	72	84	96	24 × 4 = 96
14.	सपादचतुष्कचार	महोद्भवा	441	24	37	50	63	76	89	102	24 × 4 I = 102
15.	सार्द्धचतुष्कचार	सिद्धसा	462	24	38	52	66	80	94	108	24 × 4 II = 108
16.	पादोनपञ्चकचार	सर्वमण्डला	483	24	39	54	69	84	99	114	24 × 4 III = 114

चक्र 6 अष्टखण्डारेखा

क्रम सं.	चार की संज्ञा	रेखा की संज्ञा	कुल कला	प्रथमखंड की कला	द्वितीयखंड की कला	तृतीयखंड की कला	चतुर्थखंड की कला	पञ्चमखंड की कला	षट्खंड की कला	सप्तमखंड की कला	अष्टमखंड की कला	
1.	समचार	शुभा		28	28	28	28	28	28	28	28	28 × 1 = 28
2.	सपादचार	शीतला		28	29	30	31	32	33	34	35	28 × 1। = 35
3.	सार्द्धचार	गन्धा		28	30	32	34	36	38	40	42	28 × 1॥ = 42
4.	पादोनद्वयचार	मालती		28	31	34	37	40	43	46	49	28 × 1॥। = 49
5.	द्विगुणचार	हर्म्यसंयुता		28	32	36	40	44	48	52	56	28 × 2 = 56
6.	सपादद्विगुणचार	मेत्रा		28	33	38	33	48	53	58	63	28 × 2। = 63
7.	सार्द्धद्विगुणचार	मेघपदा		28	34	40	46	52	58	64	70	28 × 2॥ = 70
8.	पादोनत्रयचार	अनुजा		28	35	42	49	56	63	70	77	28 × 2॥। = 77
9.	त्रयचार	कृष्णा		28	36	44	52	60	68	76	84	28 × 3 = 84
10.	पदाधिकत्रयचार	निर्मला		28	37	46	55	64	73	82	91	28 × 3। = 91
11.	सार्द्धत्रयचार	परा		28	38	48	58	68	78	88	98	28 × 3॥ = 98
12.	पादोनचतुष्कचार	तेजा:		28	39	50	61	72	83	94	105	28 × 3॥। = 105
13.	चतुर्गुणचार	प्रतापतेजा:		28	40	52	64	76	88	100	112	28 × 4 = 112
14.	सपादचतुष्कचार	कीर्ति		28	41	54	67	80	93	106	119	28 × 4। = 119
15.	सार्द्धचतुष्कचार	आनन्दका		28	42	56	70	84	98	112	126	28 × 4॥ = 126
16.	पादोनपञ्चकचार	सम्मृता		28	43	58	73	88	103	118	133	28 × 4॥। = 133

चक्र 7 नवखण्डारेखा

क्रम सं.	चार की संज्ञा	रेखा की संज्ञा	कुल कला	प्रथमखंड की कला	द्वितीयखंड की कला	तृतीयखंड की कला	चतुर्थखंड की कला	पञ्चमखंड की कला	षट्खंड की कला	सप्तमखंड की कला	अष्टमखंड की कला	नवमखंड की कला	
1.	समचार	शान्ता		32	32	32	32	32	32	32	32	32	32 × 1 = 32
2.	सपाद	मुकुला		32	33	34	35	36	37	38	39	40	32 × 1 I = 40
3.	सार्द्ध	नन्दा		32	34	36	38	40	42	44	46	48	32 × 1 II = 48
4.	पादोनद्वय	श्रिया		32	35	38	41	44	47	50	53	56	32 × 1 III = 56
5.	द्विगुण	भद्रा		32	36	40	44	48	52	56	60	64	32 × 2 = 64
6.	सपादद्विगुण	नन्दना		32	37	42	47	52	57	62	67	72	32 × 2 I = 72
7.	सार्द्धद्विगुण	शोभना		32	38	44	50	54	62	68	74	80	32 × 2 II = 80
8.	पादोनत्रय	सुभद्राख्या		32	39	46	53	60	67	74	81	88	32 × 2 III = 88
9.	त्रय	सुता		32	40	48	56	64	72	80	88	96	32 × 3 = 96
10.	पदाधिकत्रय	कुलनंदिनं		32	41	50	59	68	77	86	95	104	32 × 3 I = 104
11.	सार्द्धत्रय	गंभीरा		32	42	52	62	72	82	92	102	112	32 × 3 II = 112
12.	पादोनचतुष्क	मधुरा		32	43	54	65	76	87	98	109	120	32 × 3 III = 120
13.	चतुर्गुण	शेखरा		32	44	56	68	80	92	104	116	128	32 × 4 = 128
14.	सपादचतुष्क	शिखरोन्नता		32	45	58	71	84	97	110	123	136	32 × 4 I = 136
15.	सार्द्धचतुष्क	महानीला		32	46	60	74	88	102	116	130	144	32 × 4 II = 144
16.	पादोनपञ्चक	रत्नाचला		32	47	62	77	92	107	122	137	152	32 × 4 III = 152

चक्र 8 दशखण्डारेखा

क्रम सं.	चार की संज्ञा	रेखा की संज्ञा	कुल कला	प्रथमखंड की कला	द्वितीयखंड की कला	तृतीयखंड की कला	चतुर्थखंड की कला	पञ्चमखंड की कला	षट्खंड की कला	सप्तमखंड की कला	अष्टमखंड की कला	नवमखंड की कला	दशममखंड की कला	
1.	समचार	आह्लादा		36	36	36	36	36	36	36	36	36	36	36 × 1 = 36
2.	सपाद	श्रिया		36	37	38	39	40	41	42	43	44	45	36 × 1 I = 45
3.	सार्द्ध	नन्दा		36	38	40	42	44	46	48	50	52	54	36 × 1 II = 54
4.	पादोनद्वय	गोमती		36	39	42	45	48	51	54	57	60	63	36 × 1 III = 63
5.	द्विगुण	नामसुंदरी		36	40	44	48	52	56	60	64	68	72	36 × 2 = 72
6.	सपादद्विगुण	सुभद्रा		36	41	46	51	56	61	66	71	76	81	36 × 2 I = 81
7.	सार्द्धद्विगुण	भद्रिका		36	42	48	54	60	66	72	78	84	90	36 × 2 II = 90
8.	पादोनत्रय	भद्रा		36	43	50	57	64.	71	78	85	92	99	36 × 2 III = 99
9.	त्रय	भद्राङ्गा		36	44	52	60	68	76	84	92	100	108	36 × 3 = 108
10.	पदाधिकत्रय	भद्रमालिनी		36	45	54	63	72	81	90	99	108	117	36 × 3 I = 117
11.	सार्द्धत्रय	संभूता		36	46	56	66	76	86	96	106	116	126	36 × 3 II = 126
12.	पादोनचतुष्क	भूतशरदा		36	47	58	69	80	91	102	113	124	135	36 × 3 III = 135
13.	चतुर्गुण	पताका		36	48	60	72	84	96	108	120	132	144	36 × 4 = 144
14.	सपादचतुष्क	कीर्तिवर्द्धिनी		36	49	62	75	88	101	114	127	140	153	36 × 4 I = 153
15.	सार्द्धचतुष्क	माहेंद्री		36	50	64	78	92	106	120	134	148	162	32 × 4 II = 162
16	पादोनपञ्चक	सुंदरा		36	51	66	81	96	111	126	141	156	171	32 × 4 III = 171

चक्र 9 एकादशखण्डारेखा

क्रम सं.	चार की संज्ञा	रेखा की संज्ञा	कुल कला	प्रथमखंड की कला	द्वितीयखंड की कला	तृतीयखंड की कला	चतुर्थखंड की कला	पञ्चखंड की कला	षद्खंड की कला	सप्तखंड की कला	अष्टखंड की कला	नवखंड की कला	दशखंड की कला	एकादशखंड की कला	
1.	समचार	कुमुदा		40	40	40	40	40	40	40	40	40	40	40	40 × 1 = 40
2.	सपाद	भद्रका		40	41	42	43	44	45	46	47	48	49	50	40 × 1 I = 50
3.	सार्द्ध	ध्वजा		40	42	44	46	48	50	52	54	56	58	60	40 × 1 II = 60
4.	पादोनद्वय	ध्वजाक्षी		40	43	46	49	52	55	58	61	64	67	70	40 × 1 III = 70
5.	द्विगुण	मकरध्वजा		40	44	48	52	56	60	64	68	72	76	80	40 × 2 = 80
6.	सपादद्विगुण	सुपताका		40	45	50	55	60	65	70	75	80	85	90	40 × 2 I = 90
7.	सार्द्धद्विगुण	वीरभद्रा		40	46	52	58	64	70	76	82	88	94	100	40 × 2 II = 100
8.	पादोनत्रय	रूपभद्रा		40	47	54	61	68	75	82	89	96	103	110	40 × 2 III = 110
9.	त्रय	विनायका		40	48	56	64	72	80	88	96	104	112	120	40 × 3 = 120
10.	पदाधिकत्रय	वीरा		40	49	58	67	76	85	94	103	112	121	130	40 × 3 I = 130
11.	सार्द्धत्रय	विक्रमी		40	50	60	70	80	90	100	110	120	130	140	40 × 3 II = 140
12.	पादोनचतुष्क	रम्या		40	51	62	73	84	95	106	117	128	139	150	40 × 3 III = 150
13.	चतुर्गुण	मन्मथा		40	52	64	76	88	100	112	124	136	148	160	40 × 4 = 160
14.	सपादचतुष्क	देवसुंदरी		40	53	66	79	92	105	118	131	144	157	170	40 × 4 I = 170
15.	सार्द्धचतुष्क	उग्रा		40	54	68	82	96	110	124	138	152	166	180	32 × 4 II = 180
16.	पादोनपञ्चक	कनकेशी		40	55	70	85	100	115	130	145	160	175	190	32 × 4 III = 190

चक्र 10 द्वादशखण्डारेखा

क्रम सं.	चार की संज्ञा	रेखा की संज्ञा	कुल कला	प्रथमखंड की कला	द्वितीयखंड की कला	तृतीयखंड की कला	चतुर्थखंड की कला	पञ्चखंड की कला	षट्खंड की कला	सप्तखंड की कला	अष्टखंड की कला	नवखंड की कला	दशखंड की कला	एकादशखंड की कला	द्वादशखंड की कला	
1.	समचार	शाश्वती		44	44	44	44	44	44	44	44	44	44	44	44	44 × 1 = 44
2.	सपाद	वरदा		44	45	46	47	48	49	50	51	52	53	54	55	44 × 1। = 55
3.	सार्द्ध	रम्या		44	46	48	50	52	54	56	58	60	62	64	66	44 × 1॥ = 66
4.	पादोनद्वय	सुंदरा		44	47	50	53	56	59	62	65	68	71	74	77	44 × 1॥। = 77
5.	द्विगुण	आमोदा		44	48	52	56	60	64	68	72	76	80	84	88	44 × 2 = 88
6.	सपादद्विगुण	आमोदकी		44	49	54	59	64	69	74	79	84	89	94	99	44 × 2। = 99
7.	सार्द्धद्विगुण	शिवा		44	50	56	62	68	74	80	86	92	98	104	110	44 × 2॥ = 110
8.	पादोनत्रय	सर्वलभ्या		44	51	58	65	72	79	86	93	100	107	114	121	44 × 2॥। = 121
9.	त्रय	विशाला		44	52	60	68	76	84	92	100	109	116	124	132	44 × 3 = 132
10.	पदाधिकत्रय	कुलनायका		44	53	62	71	80	89	98	107	116	125	134	143	44 × 3। = 143
11.	सार्द्धत्रय	शिम्भा		44	54	64	74	84	94	104	114	124	134	144	154	44 × 3॥ = 152
12.	पादोनचतुष्क	शिवतमा		44	55	66	77	88	99	110	121	132	143	154	165	44 × 3॥। = 165
13.	चतुर्गुण	दिव्या		44	56	68	80	92	104	116	128	140	152	164	176	44 × 4 = 176
14.	सपादचतुष्क	शिवाङ्गना		44	57	70	83	96	109	122	135	148	161	174	187	44 × 4। = 187
15.	सार्द्धचतुष्क	विश्वेश्वरी		44	58	72	86	100	114	128	142	156	170	184	198	44 × 4॥ = 198
16.	पादोनपञ्चक	विश्वरूपा		44	59	74	89	104	119	134	149	164	179	194	209	44 × 4॥। = 209

चक्र 11 त्रयोदशखण्डारेखा

क्रम सं	चार की संज्ञा	रेखा की संज्ञा	कुल कला	प्रथमखंड की कला	द्वितीयखंड की कला	तृतीयखंड की कला	चतुर्थखंड की कला	पञ्चमखंड की कला	षष्ठखंड की कला	सप्तखंड की कला	अष्टखंड की कला	नवखंड की कला	दशखंड की कला	एकादशखंड की कला	द्वादशखंड की कला	त्रयोदशखंड की कला	
1.	समचार	शांतिकी		48	48	48	48	48	48	48	48	48	48	48	48	48	48 × 1 = 48
2.	सपाद	विमला		48	49	50	51	52	53	54	55	56	57	58	59	60	48 × 1। = 60
3.	सार्द्ध	सूर्या		48	50	52	54	56	58	60	62	64	66	68	70	72	48 × 1॥ = 72
4.	पादोनद्वय	वर्द्धना		48	51	54	57	60	63	66	69	72	75	78	81	84	48 × 1॥। = 84
5.	द्विगुण	विजया		48	52	56	60	64	68	72	76	80	84	88	92	96	48 × 2 = 96
6.	सपादद्विगुण	वांछिता		48	53	58	63	68	73	78	83	88	93	98	103	108	48 × 2। = 108
7.	सार्द्धद्विगुण	वंशोद्भवा		48	54	60	66	72	78	84	90	96	102	108	114	120	48 × 2॥ = 120
8.	पादोनत्रय	वंशभूता		48	55	62	69	76	83	90	97	104	111	118	125	132	48 × 2॥। = 132
9.	त्रय	रेखिता		48	56	64	72	80	88	96	104	112	120	128	136	144	48 × 3 = 144
10.	पदाधिकत्रय	वंशतारा		48	57	66	75	84	93	102	111	120	129	138	147	156	48 × 3। = 156
11.	सार्द्धत्रय	अधिवास्या		48	58	68	78	88	98	108	118	128	138	148	158	168	48 × 3॥ = 168
12.	पादोनचतुष्क	वश्या		48	59	70	81	92	103	114	125	136	147	158	169	180	48 × 3॥। = 180
13.	चतुर्गुण	माना		48	60	72	84	96	108	120	132	144	156	168	180	192	48 × 4 = 192
14.	सपादचतुष्क	शिखोद्भवा		48	61	74	87	100	113	126	139	152	165	178	191	204	48 × 4। = 204
15.	सार्द्धचतुष्क	वांस्या		48	62	76	90	104	118	132	146	160	174	188	202	216	48 × 4॥ = 216
16.	पादोनपञ्चक	वसंतोद्भवा		48	63	78	93	108	123	138	153	168	183	198	213	228	48 × 4॥। = 228

चक्र 12 चतुर्दशखण्डारेखा

क्रम सं.	चार की संज्ञा	रेखा की संज्ञा	कुल कला	प्रथमखंड की कला	द्वितीयखंड की कला	तृतीयखंड की कला	चतुर्थखंड की कला	पञ्चमखंड की कला	षष्ठखंड की कला	सप्तखंड की कला	अष्टखंड की कला	नवखंड की कला	दशखंड की कला	एकादशखंड की कला	द्वादशखंड की कला	त्रयोदशखंड की कला	चतुर्दशखंड की कला	
1.	समचार	विद्याशेधनिका		52	52	52	52	52	52	52	52	52	52	52	52	52	52	52 × 1 = 52
2.	सपाद	रम्या		52	53	54	55	56	57	58	59	60	61	62	63	64	65	52 × 1 I = 65
3.	सार्द्ध	गौरी		52	54	56	58	60	62	64	66	68	70	72	74	76	78	52 × 1 II = 78
4.	पादोनद्वय	हसी		52	55	58	61	64	67	70	73	76	79	82	85	88	91	52 × 1 III = 91
5.	द्विगुण	सरस्वती		52	56	60	64	68	72	76	80	84	88	92	96	100	104	52 × 2 = 104
6.	सपादद्विगुण	सारङ्गी		52	57	62	67	72	77	82	87	92	97	102	107	112	117	52 × 2 I = 117
7.	सार्द्धद्विगुण	सौम्या		52	58	64	70	76	82	88	94	100	106	112	118	124	130	52 × 2 II = 130
8.	पादोनत्रय	शुकाग्रा		52	59	66	73	80	87	94	101	108	115	122	129	136	143	52 × 2 III = 143
9.	त्रय	अशोका		52	60	68	76	84	92	100	108	116	124	132	140	148	156	52 × 3 = 156
10.	पदाधिकत्रय	शौंचकी		52	61	70	79	88	97	106	115	124	133	142	151	160	169	52 × 3 I = 169
11.	सार्द्धत्रय	कनका		52	62	72	82	92	102	114	122	132	142	152	162	172	182	52 × 3 II = 182
12.	पादोनचतुष्क	कनकावती		52	63	74	85	96	107	120	129	140	151	162	173	184	195	52 × 3 III = 195
13.	चतुर्गुण	कन्दर्पी		52	64	76	88	100	112	126	136	148	160	172	184	196	208	52 × 4 = 208
14.	सपादचतुष्क	कंदर्पाश्विनी		52	65	78	91	104	117	132	143	156	169	182	195	208	221	52 × 4 I = 221
15.	सार्द्धचतुष्क	कमला		52	66	80	94	108	122	138	150	164	178	192	206	220	234	52 × 4 II = 234
16.	पादोनपञ्चक	कलहंसी		52	67	82	97	112	127	144	157	172	187	202	217	232	247	52 × 4 III = 247

चक्र 13 पञ्चदशखण्डारेखा

क्रम सं.	चार की संज्ञा	रेखा की संज्ञा	कुल कला	प्रथमखंड की कला	द्वितीयखंड की कला	तृतीयखंड की कला	चतुर्थखंड की कला	पञ्चमखंड की कला	षष्ठखंड की कला	सप्तखंड की कला	अष्टखंड की कला	नवखंड की कला	दशखंड की कला	एकादशखंड की कला	द्वादशखंड की कला	त्रयोदशखंड की कला	चतुर्दशखंड की कला	पञ्चदशखंड की कला	
1.	समचार	शांतिकी		56	56	56	56	56	56	56	56	56	56	56	56	56	56	56	56 × 1 = 56
2.	सपाद	विमला		56	57	58	59	60	61	62	63	64	65	66	67	68	69	70	56 × 1। = 70
3.	सार्द्ध	सूर्या		56	58	60	62	64	66	68	70	72	74	76	78	80	82	84	56 × 1॥ = 84
4.	पादोनद्वय	वर्द्धना		56	59	62	65	68	71	74	77	80	83	86	89	92	95	98	56 × 1॥। = 98
5.	द्विगुण	विजया		56	60	64	68	72	76	80	84	88	92	96	100	104	108	112	56 × 2 = 112
6.	सपादद्विगुण	वांछिता		56	61	66	71	76	81	86	91	96	101	106	111	116	121	126	56 × 2। = 126
7.	सार्द्धद्विगुण	वंशोद्भवा		56	62	68	74	80	86	92	98	104	110	116	122	128	134	140	56 × 2॥ = 140
8.	पादोनत्रय	वंशभूता		56	63	70	77	84	91	98	105	112	119	126	133	140	147	154	56 × 2॥। = 154
9.	त्रय	रेखिता		56	64	72	80	88	96	104	112	120	128	136	144	152	160	168	56 × 3 = 168
10.	पदाधिकत्रय	वंशतारा		56	65	74	83	92	101	110	119	128	137	146	155	164	173	182	56 × 3। = 182
11.	सार्द्धत्रय	अधिवास्या		56	66	76	86	96	106	116	126	136	146	156	166	176	186	196	56 × 3॥ = 196
12.	पादोनचतुष्क	वश्या		56	67	78	89	100	111	122	133	144	155	166	177	188	199	210	56 × 3॥। = 210
13.	चतुर्गुण	माना		56	68	80	92	104	116	128	140	152	164	176	188	200	212	224	56 × 4 = 224
14.	सपादचतुष्क	शिखोद्भवा		56	69	82	95	103	121	134	147	160	173	186	199	212	225	238	56 × 4। = 238
15.	सार्द्धचतुष्क	वांस्या		56	70	84	98	112	126	140	154	168	182	196	210	224	238	252	56 × 4॥ = 252
16.	पादोनपञ्चक	वसंतोद्भवा		56	71	86	101	116	131	146	161	176	191	206	221	236	251	266	56 × 4॥। = 266

चक्र 14 षोडशखण्डारेखा

क्रम सं.	चार की संज्ञा	रेखा की संज्ञा	कुल कला	प्रथमखंड की कला	द्वितीयखंड	तृतीयखंड	चतुर्थखंड	पञ्चमखंड	समखंड	षष्ठखंड	अष्टखंड	नवखंड	दशखंड	एकादशखंड	द्वादशखंड	त्रयोदशखंड	चतुर्दशखंड	पञ्चदशखंड	षोडशखंड	
1.	समचार	द्विपिनी		60	60	60	60	60	60	60	60	60	60	60	60	60	60	60	60	60 × 1 = 60
2.	सपाद	सिंहिनी		60	61	62	63	64	65	66	67	68	69	70	71	72	73	74	75	60 × 1 I = 75
3.	सार्द्ध	सिंही		60	62	64	66	68	70	72	74	76	78	80	82	84	86	88	90	60 × 1 II = 90
4.	पादोनद्वय	सिंहरूपा		60	63	66	69	72	75	78	81	84	87	90	93	96	99	102	105	60 × 1 III = 105
5.	द्विगुण	सिंहोत्रता		60	64	68	72	76	80	84	88	92	96	100	104	108	112	116	120	60 × 2 = 120
6.	सपादद्विगुण	सिंहग्रीवा		60	65	70	75	80	85	90	95	100	105	110	115	120	125	130	133	60 × 2 I = 133
7.	सार्द्धद्विगुण	सिंहा		60	66	72	78	84	90	96	102	108	114	120	126	132	138	144	150	60 × 2 II = 150
8.	पादोनत्रय	सिंहाख्या		60	67	74	81	88	95	102	109	116	123	130	137	144	151	158	165	60 × 2 III = 165
9.	त्रय	सिंहेश्वरी		60	68	76	84	92	100	108	116	124	132	140	148	156	164	172	180	60 × 3 = 180
10.	पदाधिकत्रय	महानादा		60	69	78	87	96	105	114	123	132	141	150	159	168	177	186	195	60 × 3 I = 195
11.	सार्द्धत्रय	नादवती		60	70	80	90	100	110	120	130	140	150	160	170	180	190	200	210	60 × 3 II = 210
12.	पादोनचतुष्क	सिंहनादा		60	71	82	93	104	115	126	137	148	159	170	181	192	203	214	225	60 × 3 III = 225
13.	चतुर्गुण	नादोद्भवा		60	72	84	96	108	120	132	144	156	168	180	192	204	216	228	240	60 × 4 = 240
14.	सपादचतुष्क	सिंहाङ्गमा		60	73	86	99	112	125	138	151	164	177	190	203	216	229	242	255	60 × 4 I = 255
15.	सार्द्धचतुष्क	सिद्धा		60	74	88	102	116	130	144	158	172	186	200	214	228	242	256	270	60 × 4 II = 270
16.	पादोनपञ्चक	सकलेश्वरी		60	75	90	105	120	135	150	165	180	195	210	225	240	255	270	285	60 × 4 III = 285

चक्र 15 सप्तदशखण्डारेखा

क्रम सं.	चार की संज्ञा	रेखा की संज्ञा	कुल कला	प्रथमखंड की कला	द्वितीयखंड	तृतीयखंड	चतुर्थखंड	पञ्चमखंड	सप्तखंड	षष्ठखंड	अष्टखंड	नवखंड	दशखंड	एकादशखंड	द्वादशखंड	त्रयोदशखंड	चतुर्दशखंड	पञ्चदशखंड	षोडशखंड	सप्तदशखंड	
1.	समचार	सौम्या		64	64	64	64	64	64	64	64	64	64	64	64	64	64	64	64	64	64× 1 = 64
2.	सपाद	नारायणी		64	65	66	67	68	69	70	71	72	73	74	75	76	77	78	79	80	64 × 1। = 80
3.	सार्द्ध	रम्या		64	66	68	70	72	74	76	78	80	82	84	86	88	90	92	94	96	64 × 1॥ = 96
4.	पादोनद्वय	नरा		64	67	70	73	76	79	82	85	88	91	94	97	100	103	106	109	112	64 × 1॥। = 112
5.	द्विगुण	नरोत्तमा		64	68	72	76	80	84	88	92	96	100	104	108	112	116	120	124	128	64 × 2 = 128
6.	सपादद्विगुण	नरेश्वरी		64	69	74	79	84	89	94	99	104	109	114	119	124	129	134	139	144	64 × 2। = 144
7.	सार्द्धद्विगुण	नराज्ञा		64	70	76	82	88	94	100	106	112	118	124	130	136	142	148	154	160	64 × 2॥ = 160
8.	पादोनत्रय	नराङ्गगा		64	71	78	85	92	99	106	113	120	127	134	141	143	155	162	169	176	64 × 2॥। = 176
9.	त्रय	नृत्येश्वरी		64	72	80	88	96	104	112	120	128	136	144	152	160	168	176	184	192	64 × 3 = 192
10.	पदाधिकत्रय	वीरवती		64	73	82	91	100	109	118	127	136	145	154	163	172	181	190	199	208	64 × 3। = 208
11.	सार्द्धत्रय	वीराङ्गी		64	74	84	94	104	114	124	134	144	154	164	174	184	194	204	214	224	64 × 3॥ = 224
12.	पादोनचतुष्क	महावीरा		64	75	86	97	108	119	130	141	152	163	174	185	196	207	218	229	240	60 × 3॥। = 240
13.	चतुर्गुण	वीनायिका		64	76	88	100	112	124	136	148	160	172	184	196	208	220	232	244	256	60 × 4 = 256
14.	सपादचतुष्क	विभत्सा		64	77	90	103	116	129	142	155	168	181	194	207	220	233	246	259	272	64 × 4। = 272
15.	सार्द्धचतुष्क	सती		64	78	92	106	120	134	148	162	176	190	204	218	232	246	260	274	288	64 × 4॥ = 288
16.	पादोनपञ्चक	शांता		64	79	94	109	124	139	154	169	184	199	214	229	244	259	274	289	304	64 × 4॥। = 304

चक्र 16 अष्टादशखण्डारेखा

क्रम सं.	चार की संज्ञा	रेखा की संज्ञा	कुल कला	प्रथमखंड की कला	द्वितीयखंड	तृतीयखंड	चतुर्थखंड	पञ्चमखंड	सप्तखंड	षष्ठखंड	अष्टखंड	नवखंड	दशखंड	एकादशखंड	द्वादशखंड	त्रयोदशखंड	चतुर्दशखंड	पञ्चदशखंड	षोडशखंड	सप्तदशखंड	अष्टादशखंड	
1.	समचार	रम्या		68	68	68	68	68	68	68	68	68	68	68	68	68	68	68	68	68	68	68× 1 = 68
2.	सपाद	रम्येश्वरी		68	69	70	71	72	73	74	75	76	77	78	79	80	81	82	83	84	85	68 × 1। = 85
3.	सार्द्ध	गङ्गा		68	70	72	74	76	78	80	82	84	86	88	90	92	94	96	98	100	102	68 × 1॥ = 102
4.	पादोनद्वय	ककुदा		68	71	74	77	80	83	86	89	92	95	98	101	104	107	110	113	116	119	68 × 1॥। = 119
5.	द्विगुण	कुकुदशेखरी		68	72	76	80	84	88	92	96	100	104	108	112	116	120	124	128	132	136	68 × 2 = 136
6.	सपादद्विगुण	विभत्सा		68	73	78	83	88	93	98	103	108	113	118	123	128	133	138	143	148	153	68 × 2। = 153
7.	सार्द्धद्विगुण	पार्थिवा		68	74	80	86	92	98	104	110	116	122	128	134	140	146	152	158	164	170	68 × 2॥ = 170
8.	पादोनत्रय	कांवा		68	75	82	89	96	103	110	117	124	131	138	145	152	159	166	173	180	187	68 × 2॥। = 187
9.	त्रय	मनोहरी		68	76	84	92	100	108	116	124	132	140	148	156	164	172	180	188	196	204	68 × 3 = 204
10.	पदाधिकत्रय	स्वरूपा		68	77	86	95	104	113	122	131	140	149	158	167	176	185	194	203	212	221	68 × 3। = 221
11.	सार्द्धत्रय	विक्रमा		68	78	86	98	108	118	128	138	148	158	168	178	188	198	208	218	228	238	68 × 3॥ = 238
12.	पादोनचतुष्क	शांता		68	79	90	101	112	123	134	145	156	167	178	189	200	211	222	233	244	255	68 × 3॥। = 255
13.	चतुर्गुण	मनोज्ञा		68	80	92	104	116	128	140	152	164	176	188	200	212	224	236	248	260	272	68 × 4 = 272
14.	सपादचतुष्क	सर्वतोमुखी		68	81	94	107	120	133	146	159	172	185	198	211	224	237	250	263	276	289	68 × 4। = 289
15.	सार्द्धचतुष्क	यज्ञभद्रा		68	82	96	110	124	138	152	166	180	194	208	222	236	250	264	278	292	306	68 × 4॥ = 306
16.	पादोनपञ्चक	सुखासीना		68	83	98	113	128	143	158	173	188	203	218	233	248	263	278	293	308	323	68 × 4॥। = 323

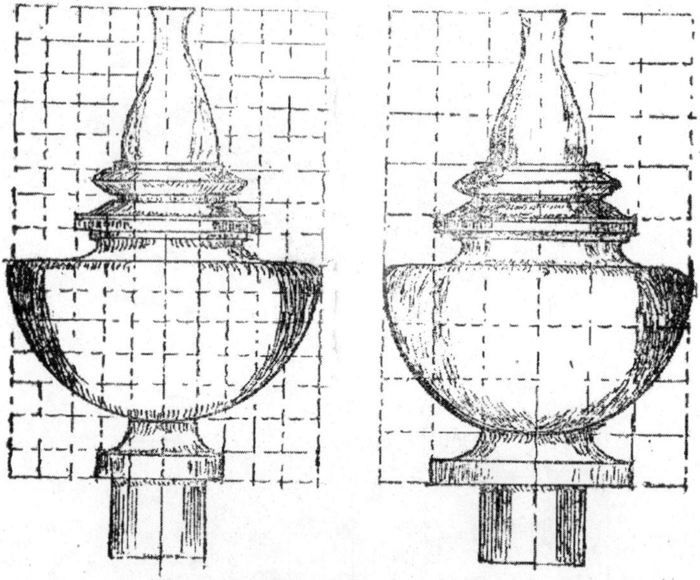

कलश के मानादि के दो चित्र और उनकी रेखानुसार आयोजना : बायें दस एवं पंद्रह विभाग का कलश, दायें छह और नव विभाग का कलश

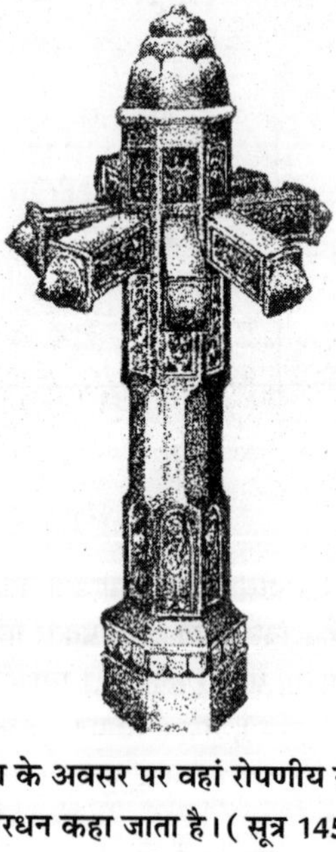

जलाशय की प्रतिष्ठा के अवसर पर वहां रोपणीय स्तम्भ, जिसे कहीं-कहीं गोरधन कहा जाता है। (सूत्र 145, 30)

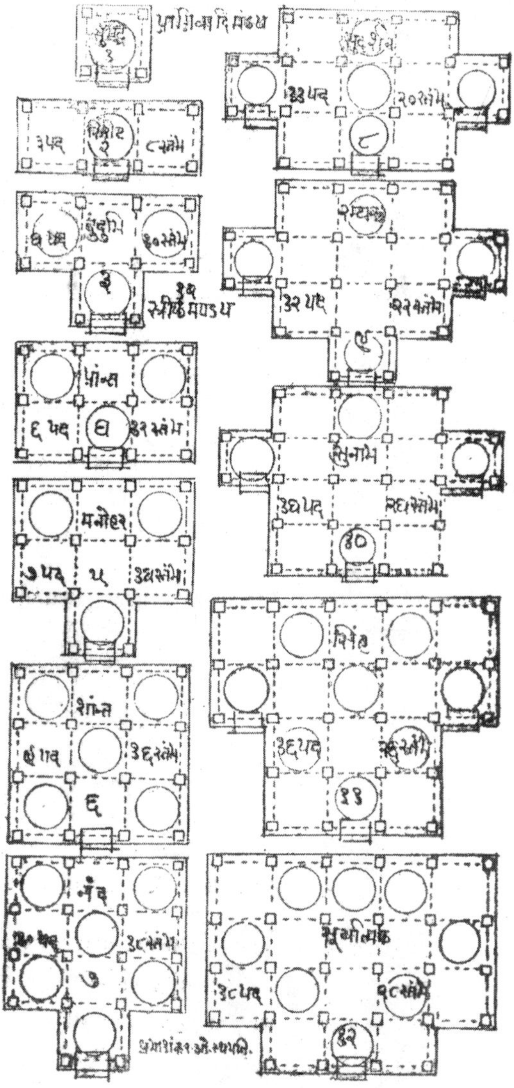

मंदिर और अन्यत्र बनने वाले प्राग्रीवादि बारह मण्डपों की योजना। इन मण्डपों में से सुभद्र मण्डप में 1 पद एवं 4 स्तम्भ होंगे। इसी प्रकार किरीट (3 पद, 8स्तम्भ), दुन्दुभि (4 पद, 10 स्तम्भ), प्रान्त (6पद, 12 स्तम्भ), मनोहर (7 पद, 14 स्तम्भ), शान्त (9 पद, 16स्तम्भ), नन्द (10 पद, 18स्तम्भ), सुदर्शन (11 पद, 20 स्तम्भ), रम्यक (12 पद, 22 स्तम्भ), सुनाभ (14 पद, 24 स्तम्भ), सिंह (16पद, 26स्तम्भ) और सूर्यात्मक (18पद, 28स्ताम्भ) मण्डपों की योजना होगी।

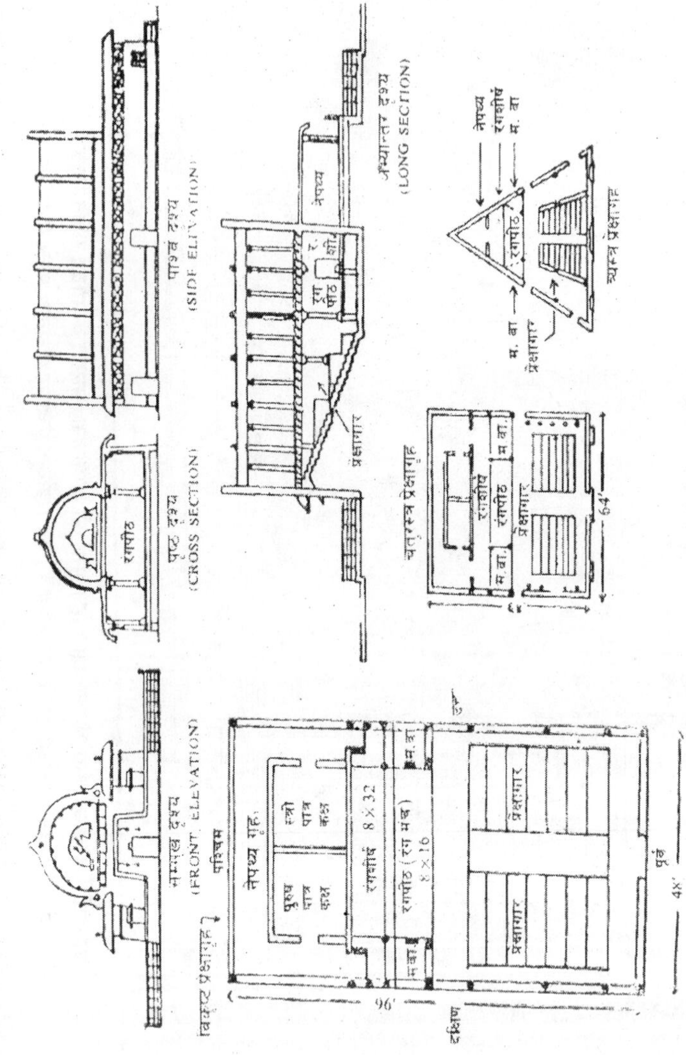

प्राचीन भारत में बनने वाले प्रेक्षागृहों की विविध योजनाएँ

प्रासादों में छाद्योर्ध्व जंघा और गवाक्ष सहित शृंगों की आयोजना। प्रासाद के सौंदर्य सहित सुदृढ़ता के प्रयोजन से इन रचनाओं का विधान होता है। यह रेखांकन पंचासर पार्श्वनाथ मंदिर पाटन का है।

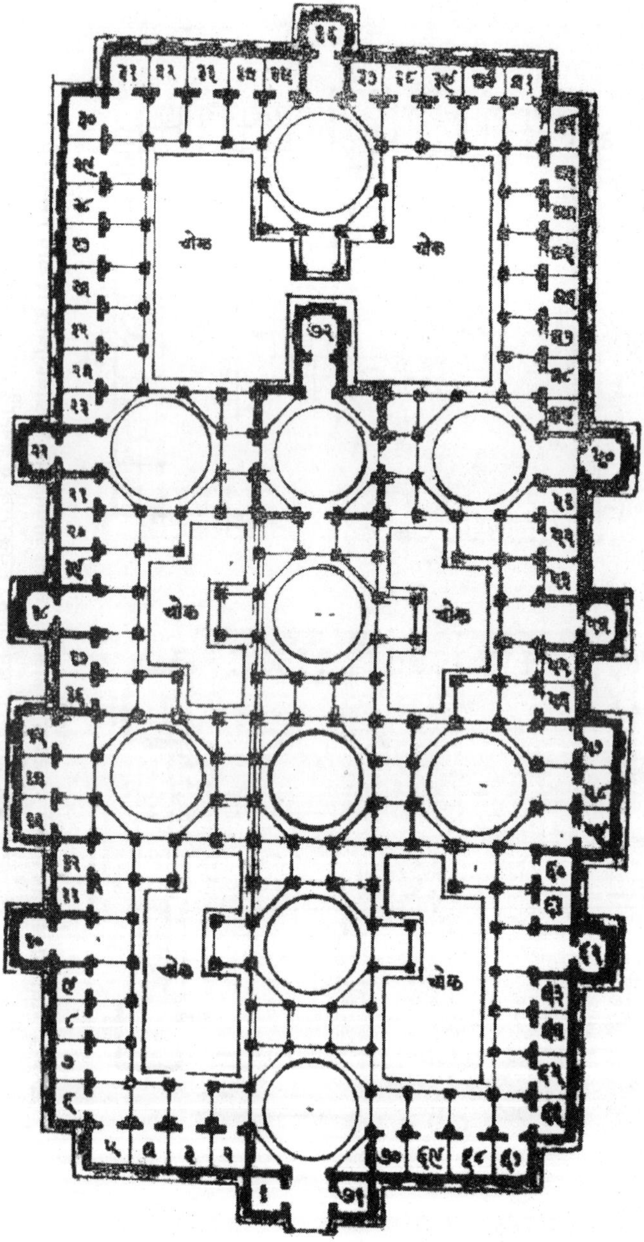

वशाल देवालय का तलच्छन्द : बहत्तर देवकुलिकाओं के आयतन की आयोजना

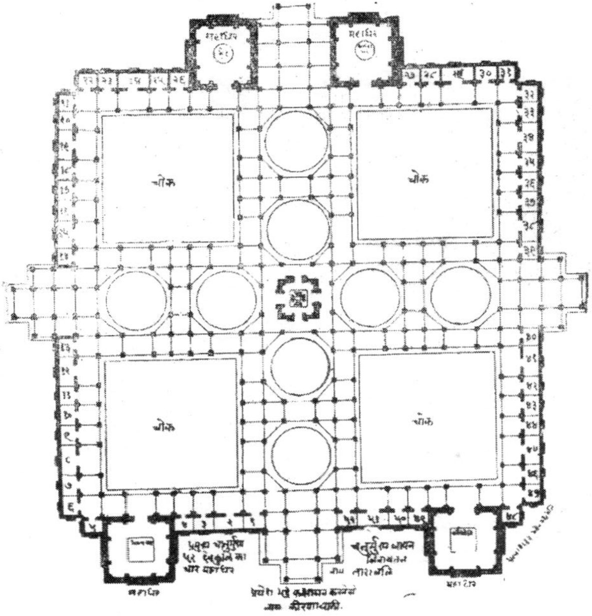

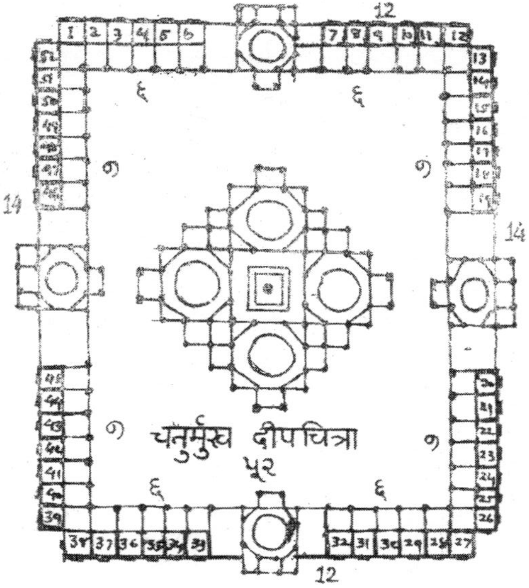

चतुर्मुख शिवालय आयतन जिसमें 52 देवकुलिकाओं के जगती आयतन को दिखाया गया है। (बायें) चतुर्मुखी दीपचित्रा आयतन। इसमें भी 52 देवकुलिकाएँ बनती हैं।

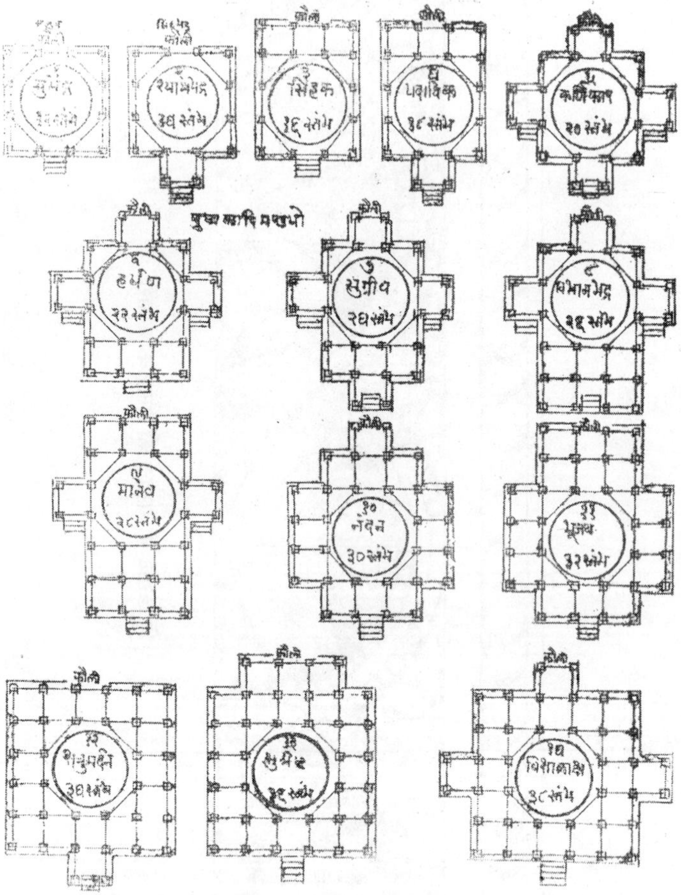

सुभद्रादि द्वादश मण्डपों में कौली और नियोजनीय स्तम्भों की योजना

शिखरादि में भारवट की सुन्दर कलाकारी

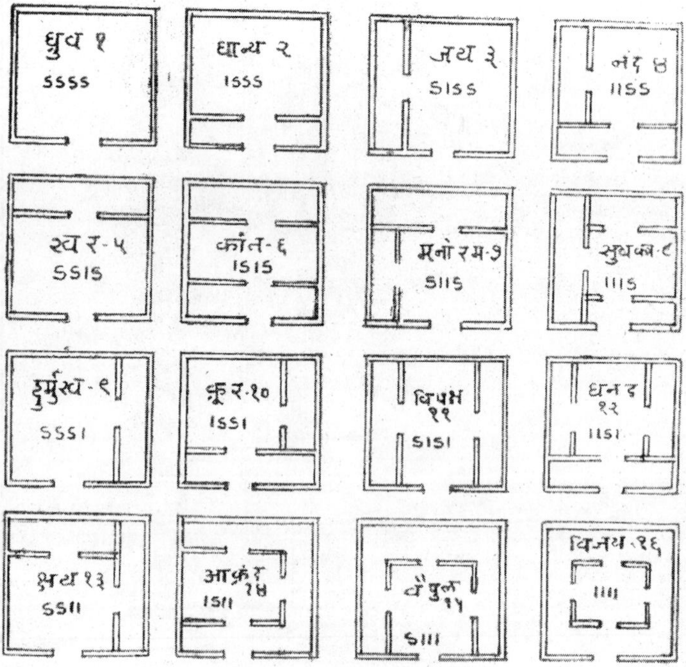

ध्रव इत्यादि सौलह प्रकार के गृह-स्वरूप

निरन्धार प्रासाद का गर्भगृह, गूढ मण्डप, त्रिक् मण्डप, नृत्य मण्डप या शृंगार चौकी सहित प्रासाद के विभिन्न अंगों-उपांगों का सम्यक् पक्ष दर्शन।

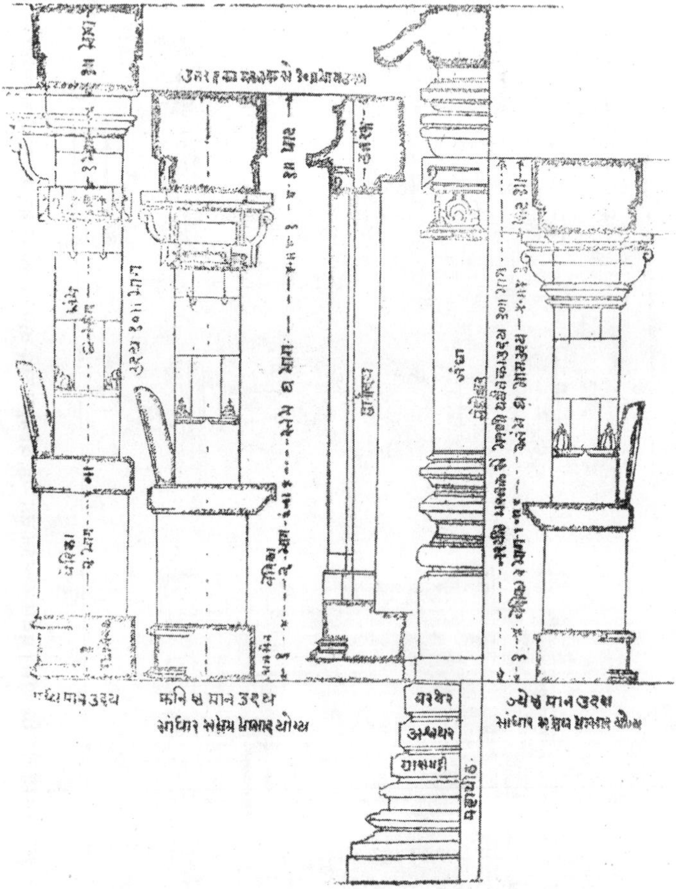

सान्धार-निरन्धार प्रासाद में मण्डोवर के थर और मण्डप के स्तम्भों के समन्वय को दर्शाते रेखांकन

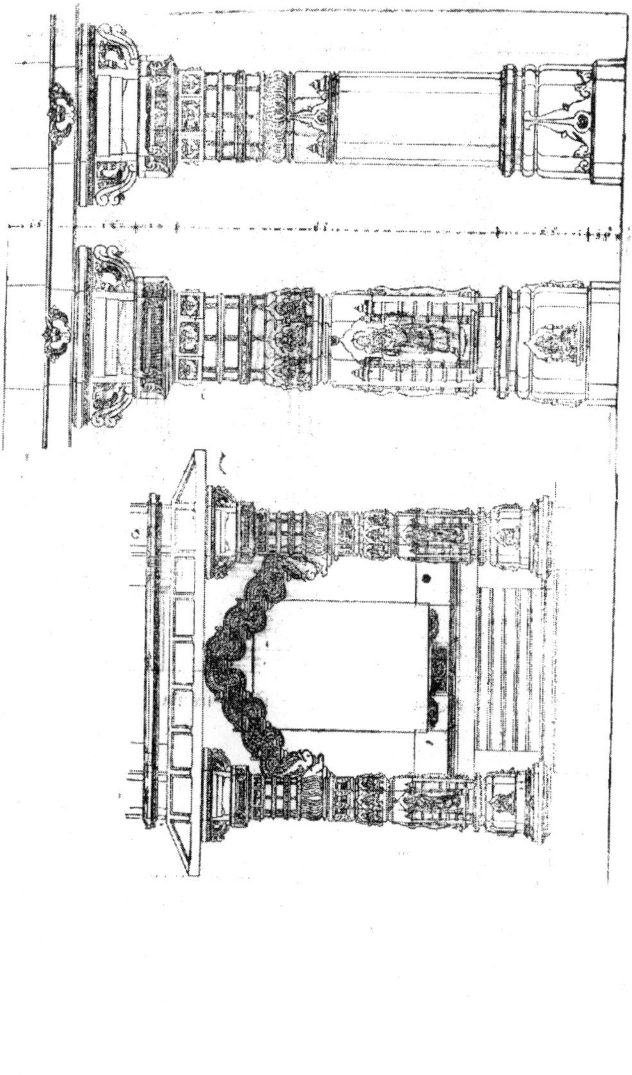

द्वार-तोरण और स्तम्भों का विन्यास। पूर्वमध्यकाल का यह वैशिष्ठ्य लंबे काल तक प्रासाद रचना में बना रहा।

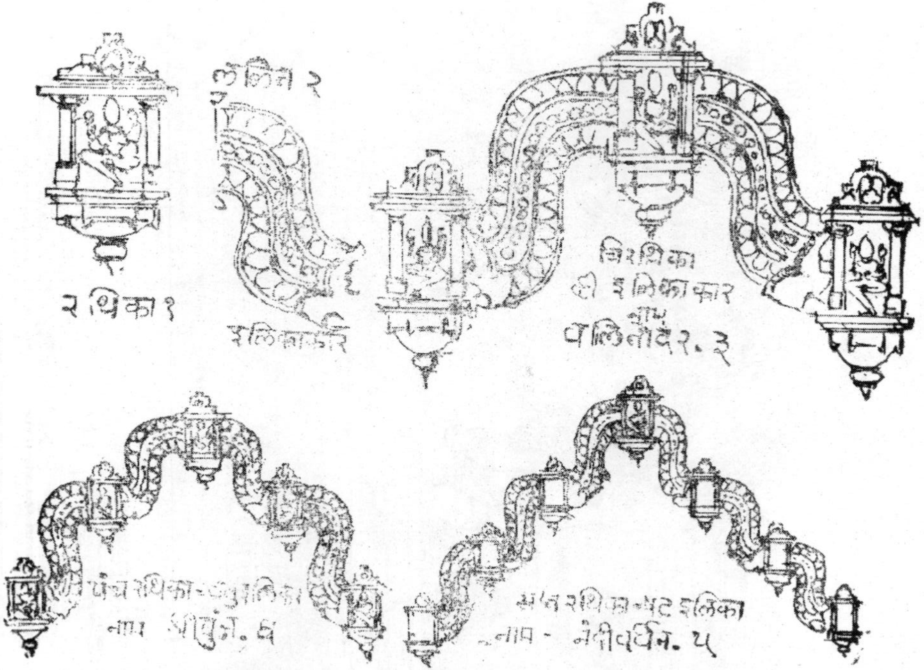

अपराजित के मतानुसार रथिका, इलिका, वलिका, श्रीपुंज और नन्दवर्धन नामक तोरणों का स्वरूप।

प्रासाद में स्तम्भों को संयोजित करने वाले अलंकृत हिंडोलक तोरण, मकर मुख से निष्पन्न हिंडोलक रचना, ठेकी आदि का कार्य।

प्रासाद की छत के तहत क्षिप्त-उपक्षिप्त सभा मन्दारक वितान की रचना
और उसका उत्कीर्णन स्वरूप।

कुछ और तोरणों तथा उनके कोनों की सज्जा सहित मुखादि का न्यास-विधान एवं मदल-स्वरूप।

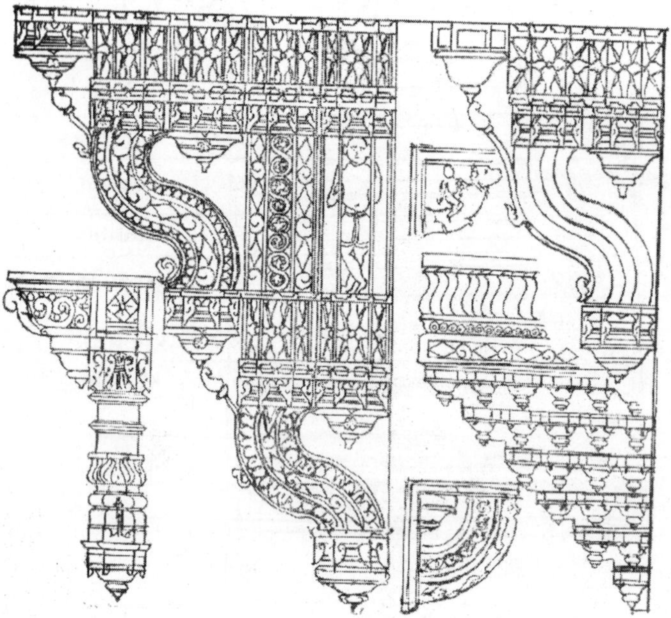

मदल के पृथक्-पृथक् स्वरूप

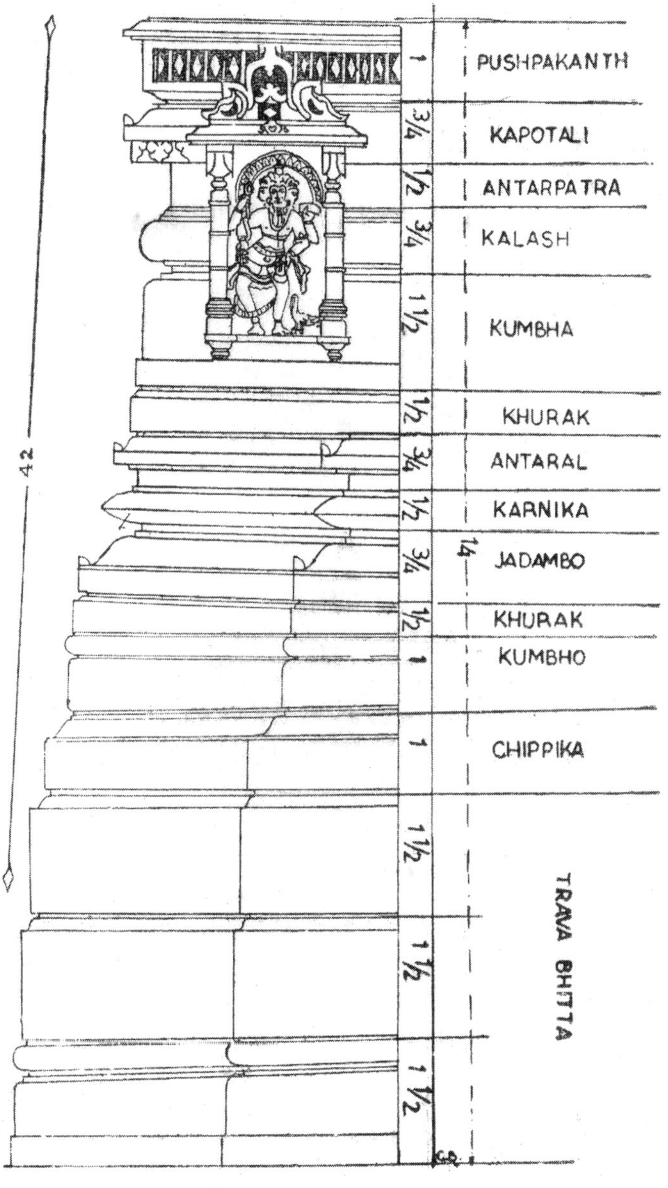

१०वीं सदी में प्रचलित रहे प्रासाद की जगती

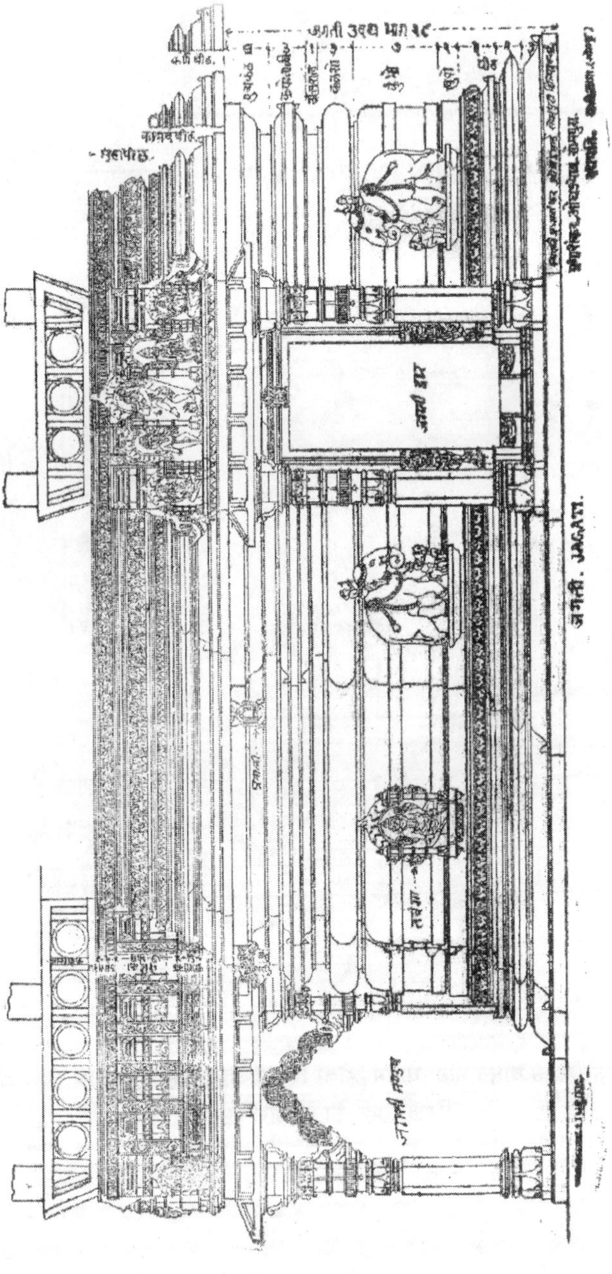

१२वीं सदी के एक देवालय की जगती

खजुराहो के वामन मंदिर का मण्डोवर जिसमें उचित पैमाने के साथ एकाण्डी शिखर तक का विन्यास द्रष्टव्य है

श्लोकानुक्रमणिका

आ

इ

ऊ

ऋ

ए

ख

ग

घ

छ

ध

न

भ

र

ल

श

ष

स